EINKOMMENSTEUER-HANDAUSGABE 1995

Bitte wichtige Hinweise auf der Seite 6 beachten!

Für den Veranlagungszeitraum 1995 sind anzuwenden

1. das **EStG 1990** in der Fassung der Bekanntmachung vom 7. 9. 1990 (BGBl. I S. 1898, 1991 I S. 808, BStBl I S. 453) unter Berücksichtigung
   a) der Änderungen durch
   - Kapitel IV Sachgebiet B Abschnitt II Nr. 16 der Anlage I des Einigungsvertragsgesetzes vom 23. 9. 1990 (BGBl. II S. 885, BStBl I S. 654),
   - das Vierte Agrarsoziale Ergänzungsgesetz (**4. ASEG**) vom 27. 9. 1990 (BGBl. I S. 2110, BStBl I S. 726),
   - das Gesetz über Wertpapier-Verkaufsprospekte und zur Änderung von Vorschriften über Wertpapiere (**VerkaufsprospektG**) vom 13. 12. 1990 (BGBl. I S. 2749, BStBl 1991 I S. 140),
   - das Kultur- und Stiftungsförderungsgesetz (**KultStiftFG**) vom 13. 12. 1990 (BGBl. I S. 2775, BStBl 1991 I S. 51),
   - das Steueränderungsgesetz 1991 (**StÄndG 1991**) vom 24. 6. 1991 (BGBl. I S. 1322, BStBl I S. 665),
   - das Steueränderungsgesetz 1992 (**StÄndG 1992**) vom 25. 2. 1992 (BGBl. I S. 297, BStBl I S. 146),
   - das Erste Gesetz zur Bereinigung von SED-Unrecht (Erstes SED-Unrechtsbereinigungsgesetz – **1. SED-UnBerG**) vom 29. 10. 1992 (BGBl. I S. 1814, BStBl 1993 I S. 9),
   - das Gesetz zur Neuregelung der Zinsbesteuerung (**Zinsabschlaggesetz**) vom 9. 11. 1992 (BGBl. I S. 1853, BStBl I S. 682),
   - das **Verbrauchsteuer-Binnenmarktgesetz** vom 21. 12. 1992 (BGBl. I S. 2150, BStBl 1993 I S. 96),
   - das Gesetz zur Umsetzung des Föderalen Konsolidierungsprogramms (**FKPG**) vom 23. 6. 1993 (BGBl. I S. 944, BStBl I S. 510),
   - das Standortsicherungsgesetz (**StandOG**) vom 13. 9. 1993 (BGBl. I S. 1569, BStBl I S. 774),
   - das Gesetz zur Förderung eines freiwilligen ökologischen Jahres (FÖJ-Förderungsgesetz – **FÖJG**) vom 17. 12. 1993 (BGBl. I S. 2118, BStBl 1994 I S. 19),
   - das Gesetz zur Bekämpfung des Mißbrauchs und zur Bereinigung des Steuerrechts (Mißbrauchsbekämpfungs- und Steuerbereinigungsgesetz – **StMBG** –) vom 21. 12. 1993 (BGBl. I S. 2310, BStBl 1994 I S. 50),
   - das Zweite Gesetz zur Umsetzung des Spar-, Konsolidierungs- und Wachstumsprogramms (**2. SKWPG**) vom 21. 12. 1993 (BGBl. I S. 2374, BStBl 1994 I S. 111),
   - das Gesetz zur Neuordnung des Eisenbahnwesens (Eisenbahnneuordnungsgesetz – **ENeuOG**) vom 27. 12. 1993 (BGBl. I S. 2378, BStBl 1994 I S. 136),
   - das Sechste Gesetz zur Änderung des Parteiengesetzes und anderer Gesetze vom 28. 1. 1994 (BGBl. I S. 142, BStBl I S. 207),
   - das Gesetz zur sozialen Absicherung des Risikos der Pflegebedürftigkeit (Pflege-Versicherungsgesetz – **PflegeVG**) vom 26. 5. 1994 (BGBl. I S. 1014, 2797, BStBl I S. 531),
   - das Gesetz zur Förderung des Wohnungsbaues (Wohnungsbauförderungsgesetz – **WoBauFördG 1994**) vom 6. 6. 1994 (BGBl. I S. 1184, BStBl I S. 585),
   - das Zehnte Gesetz zur Änderung des Häftlingshilfegesetzes und anderer Gesetze vom 8. 6. 1994 (BGBl. I S. 1214, BStBl I S. 748),
   - das Zweite Gesetz zur Bereinigung von SED-Unrecht (Zweites SED-Unrechtsbereinigungsgesetz – **2. SED-UnBerG**) vom 23. 6. 1994 (BGBl. I S. 1311, BStBl I S. 508),
   - das Gesetz zur einkommensteuerlichen Entlastung von Grenzpendlern und anderen beschränkt steuerpflichtigen natürlichen Personen und zur Änderung anderer gesetzlicher Vorschriften (**Grenzpendlergesetz**) vom 24. 6. 1994 (BGBl. I S. 1395, BStBl I S. 440),

- das Dritte Gesetz zur Durchführung versicherungsrechtlicher Richtlinien des Rates der Europäischen Gemeinschaften (**Drittes Durchführungsgesetz/EWG zum VAG**) vom 21. 7. 1994 (BGBl. I S. 1630, BStBl I S. 742),
- das Gesetz über den Wertpapierhandel und zur Änderung börsenrechtlicher und wertpapierrechtlicher Vorschriften (**Zweites Finanzmarktförderungsgesetz**) vom 26. 7. 1994 (BGBl. I S. 1749, BStBl I S. 586),
- das Gesetz zur Reform der agrarsozialen Sicherung (Agrarsozialreformgesetz 1995 – **ASRG 1995**) vom 29. 7. 1994 (BGBl. I S. 1890, BStBl I S. 543),
- das Gesetz zur Neuordnung des Postwesens und der Telekommunikation (Postneuordnungsgesetz – **PTNeuOG**) vom 14. 9. 1994 (BGBl. I S. 2325, BStBl 1995 I S. 256),
- das Gesetz über die Entschädigung nach dem Gesetz zur Regelung offener Vermögensfragen und über staatliche Ausgleichsleistungen für Enteignungen auf besatzungsrechtlicher oder besatzungshoheitlicher Grundlage (Entschädigungs- und Ausgleichsleistungsgesetz – **EALG**) vom 27. 9. 1994 (BGBl. I S. 2624),
- das Gesetz zur Änderung des Umwandlungssteuerrechts vom 28. 10. 1994 (BGBl. I S. 3267, BStBl I S. 839),

b) der für 1995 wirksam gewordenen Änderungen durch
- das **Jahressteuergesetz 1996** vom 11. 10. 1995 (BGBl. I S. 1250, BStBl I S. 437),
- das **Gesetz zur Neuregelung der steuerrechtlichen Wohneigentumsförderung** vom 15. 12. 1995 (BGBl. I S. 1783, BStBl I S. 775),
- das Gesetz zur Ergänzung des Jahressteuergesetzes 1996 und zur Änderung anderer Gesetze (Jahressteuer-Ergänzungsgesetz 1996 – **JStErgG 1996**) vom 18. 12. 1995 (BGBl. I S. 1959, BStBl I S. 786),

2. die **EStDV 1990** in der Fassung vom 28. 7. 1992 (BGBl. I S. 1418, BStBl I S. 498), zuletzt geändert durch das Gesetz vom 18. 12. 1995 (BGBl. I S. 1959, BStBl I S. 786),

3. die **EStR 1993** in der Fassung vom 18. 5. 1994 (BStBl I Sondernummer 1/1994).

Auf die Rechtsänderungen durch das **Jahressteuergesetz 1996,** das **Gesetz zur Neuregelung der steuerrechtlichen Wohneigentumsförderung** und das **JStErgG 1996**, soweit sie noch nicht für den VZ 1995 gelten, sowie die Rechtsänderungen durch das **Zweite Gesetz zur Änderung des Arbeitsförderungsgesetzes im Bereich des Baugewerbes** vom 15. 12. 1995 (BGBl. I S. 1809, BStBl I S. 786), wird in den Fußnoten hingewiesen

Auf die ab 1996 geltenden Änderungen wird in Fußnoten hingewiesen.

Falls sich Gesetzesänderungen nach Drucklegung dieser Handausgabe ergeben sollten, die für den VZ 1995 gelten, können Sie hierzu ein kostenloses Informationsblatt anfordern.

Haben Sie ein Faxgerät? Stellen Sie dieses bitte auf „Abruf" oder „Polling" und wählen Sie 02 28 / 7 24 99 08.

Einkommensteuer Handausgabe 1995

Richtlinien
mit Einkommensteuergesetz, Durchführungsverordnung,
Hinweisen und Nebenbestimmungen

Bearbeitet von

Dipl.-Finanzwirtin
Gerlinde Rosenbaum

Dipl.-Finanzwirt
Norbert Sowinski

Ausgabe April 1996

stv stollfuß verlag bonn

Hinweise

Die Stollfuß-Handausgabe 1995 übernimmt die Konzeption des Amtlichen Einkommensteuer-Handbuchs. Dieses gibt seit der Ausgabe 1993 die für den jeweiligen Veranlagungszeitraum geltenden Texte des Einkommensteuergesetzes und der Einkommensteuer-Durchführungsverordnung wieder und trennt Verwaltungsvorschriften (Einkommensteuer-Richtlinien 1993) und Hinweise.

Die Hinweise machen den Rechtsanwender auf die Rechtsprechung des Bundesfinanzhofs, auf BMF-Schreiben und auf Rechtsquellen außerhalb des Einkommensteuerrechts, die in das Einkommensteuerrecht hineinwirken, aufmerksam. Sie geben den aktuellen Stand

- einer ausgewählten Rechtsprechung des Bundesfinanzhofs, die im Bundessteuerblatt verbindlich veröffentlicht wurde,
- der Verwaltungsvorschriften der Länder, die aufgrund von im Bundessteuerblatt veröffentlichten BMF-Schreiben veröffentlicht sind,

wieder.

In Anhängen sind ausgewählte Gesetzestexte, BMF-Schreiben und Tabellen, sowie ein Verzeichnis der in der Handausgabe zitierten Urteile und Schreiben zusammengestellt.

Die mit einer senkrechten Randlinie versehenen Stellen kennzeichnen die Änderungen gegenüber der Ausgabe 1994, die für den Veranlagungszeitraum 1995 von Bedeutung sind.

Die Stollfuß-Handausgabe enthält gegenüber dem Amtlichen Einkommensteuer-Handbuch zusätzliche Erläuterungen, Urteile, BMF-Schreiben und andere aktuelle Hinweise, die jeweils grau gerastert dargestellt sind. Erstmals für den Veranlagungszeitraum 1996 anzuwendende Texte des Einkommensteuergesetzes und der Einkommensteuer-Durchführungsverordnung sind in der Regel in Fußnoten abgedruckt. Auf die besonderen Probleme der Lohnsteuer wird nicht näher eingegangen; insofern wird auf die ebenfalls im Stollfuß-Verlag erschienene „Lohnsteuer-Handausgabe" verwiesen.

Das Zeichen → im laufenden Richtlinientext zeigt ein Stichwort in den alphabetisch geordneten Hinweisen an. Im übrigen dient es zum Querverweis.

Zitierweise:

- die Einkommensteuer-Richtlinien, z. B. R 6 zu § 3 Nr. 66 EStR 1993
  R 186 Abs. 2 EStR 1993
- die amtlichen Hinweise, z. B. H 6 Nr. 66 (Sanierung) EStH 1995
  H 186 (Adoption) EStH 1995

Die nicht amtlichen Ergänzungen sind mit ihrer jeweils gesondert genannten Fundstelle zu zitieren.

Die Deutsche Bibliothek – CIP-Einheitsaufnahme

Einkommensteuer-Handausgabe...: Richtlinien mit Einkommensteuergesetz, Durchführungsverordnung, Hinweisen und Nebenbestimmungen. – Bonn: Stollfuß.
ISSN 0178-6679
1995. – Ausg. April 1996. – (1996)
ISBN 3-08-361095-5

ISBN 3-08-**361095**-5

Stollfuß Verlag Bonn 1996 · Alle Rechte vorbehalten
Satz: Computersatz Bonn GmbH, Bonn
Druck und Verarbeitung: Bercker, Kevelaer
96EF4R

Inhaltsübersicht

Seite
Abkürzungsverzeichnis 31
Tabellarische Übersicht 35

A. Einkommensteuergesetz, Einkommensteuer-Durchführungsverordnung, Einkommensteuer-Richtlinien, Hinweise

Seite

I. Steuerpflicht

			Seite
§ 1	EStG	....	39
	R 1.	Steuerpflicht	40
	R 2.	Zuständigkeit bei der Besteuerung	45

II. Einkommen

1. Sachliche Voraussetzungen für die Besteuerung

§ 2	EStG Umfang der Besteuerung, Begriffsbestimmungen		46
	R 3.	Ermittlung des zu versteuernden Einkommens ..	47
	R 4.	Ermittlung der festzusetzenden Einkommensteuer	48
§ 2 a	EStG Negative ausländische Einkünfte		49
	R 5.	Negative ausländische Einkünfte	50

2. Steuerfreie Einnahmen

§ 3	EStG		54
	§ 4 EStDV Steuerfreie Einnahmen ...		60
	R 6.	Steuerbefreiungen auf Grund des § 3 EStG	61
		– zu § 3 Nr. 24	80
		– zu § 3 Nr. 27	83
		– zu § 3 Nr. 44	95
		– zu § 3 Nr. 66	105
		– zu § 3 Nr. 67	107
	R 7.	Steuerbefreiungen nach anderen Gesetzen, Verordnungen und Verträgen	109
	R 8.–10. unbesetzt		109
§ 3 a	EStG (weggefallen)		110
	R 11. unbesetzt		110

			Seite
§ 3 b	EStG Steuerfreiheit von Zuschlägen für Sonntags-, Feiertags- oder Nachtarbeit		110
§ 3 c	EStG Anteilige Abzüge		110

3. Gewinn

§ 4	EStG Gewinnbegriff im allgemeinen		111
	§ 6 EStDV Eröffnung, Erwerb, Aufgabe und Veräußerung eines Betriebs		114
	§ 8 EStDV Eigenbetrieblich genutzte Grundstücke von untergeordnetem Wert		114
	R 12.	Betriebsvermögensvergleich	114
	R 13.	Betriebsvermögen	115
	R 14.	Einlagen und Entnahmen	129
	R 15.	Bilanzberichtigung und Bilanzänderung	135
	R 16.	Einnahmenüberschußrechnung	137
	R 17.	Wechsel der Gewinnermittlungsart	140
	R 18.	Betriebseinnahmen und -ausgaben	142
	R 19.	Rechtsverhältnisse zwischen Angehörigen	144
	R 20.	Abziehbare Steuern	148
	R 21.	Geschenke, Bewirtung, andere die Lebensführung berührende Betriebsausgaben	148
	R 22.	Besondere Aufzeichnung	154
	R 23.	Kilometer-Pauschbetrag und Aufwendungen für doppelte Haushaltsführung	155
	R 24.	Abzugsverbot für Sanktionen	157

7

Inhaltsübersicht

		Seite
§ 4 a	**EStG Gewinnermittlungszeitraum, Wirtschaftsjahr**	159
	§ 8 b EStDV Wirtschaftsjahr	159
	§ 8 c EStDV Wirtschaftsjahr bei Land- und Forstwirten	160
R 25.	Gewinnermittlung bei einem vom Kalenderjahr abweichenden Wirtschaftsjahr	160
§ 4 b	**EStG Direktversicherung**	163
R 26.	Direktversicherung	163
§ 4 c	**EStG Zuwendungen an Pensionskassen**	165
R 27.	Zuwendungen an Pensionskassen	165
§ 4 d	**EStG Zuwendungen an Unterstützungskassen**	166
R 27 a.	Zuwendungen an Unterstützungskassen	171
§ 5	**EStG Gewinn bei Vollkaufleuten und bei bestimmten anderen Gewerbetreibenden**	179
R 28.	Allgemeines	179
R 29.	Ordnungsmäßige Buchführung	180
R 30.	Bestandsaufnahme des Vorratsvermögens	184
R 31.	Bestandsmäßige Erfassung des beweglichen Anlagevermögens	186
R 31 a.	Immaterielle Wirtschaftsgüter	188
R 31 b.	Rechnungsabgrenzungen	192
R 31 c.	Rückstellungen	194
§ 6	**EStG Bewertung**	202
	§ 7 EStDV Unentgeltliche Übertragung eines Betriebs, eines Teilbetriebs, eines Mitunternehmeranteils oder einzelner Wirtschaftsgüter, die zu einem Betriebsvermögen gehören	204
R 32.	Anlagevermögen und Umlaufvermögen	204
R 32 a.	Anschaffungskosten	205
R 33.	Herstellungskosten	207
R 33 a.	Aufwendungen im Zusammenhang mit einem Grundstück	209
R 34.	Zuschüsse für Anlagegüter	212
R 35.	Übertragung stiller Reserven bei Ersatzbeschaffung	213
R 35 a.	Teilwert	217
R 36.	Bewertung des Vorratsvermögens	219
R 36 a.	Bewertung nach unterstellten Verbrauchs- und Veräußerungsfolgen	221
R 37.	Bewertung von Verbindlichkeiten	224
R 38.	Bewertung von Rückstellungen	225
R 39.	Bewertung von Entnahmen und Einlagen	227
R 40.	Bewertungsfreiheit für geringwertige Anlagegüter	229
§ 6 a	**EStG Pensionsrückstellung**	233
R 41.	Rückstellungen für Pensionsverpflichtungen	234
§ 6 b	**EStG Gewinn aus der Veräußerung bestimmter Anlagegüter**	246
	§ 9 a EStDV Anschaffung, Herstellung	249
R 41 a.	Ermittlung des Gewinns aus der Veräußerung bestimmter Anlagegüter im Sinne des § 6 b EStG	249
R 41 b.	Übertragung aufgedeckter stiller Reserven und Rücklagenbildung nach § 6 b EStG	251
R 41 c.	Sechsjahresfrist im Sinne des § 6 b Abs. 4 Nr. 2 EStG	255
§ 6 c	**EStG Gewinn aus der Veräußerung von Grund und Boden, Gebäuden sowie von Aufwuchs auf oder Anlagen im Grund und Boden bei der Ermittlung des Gewinns nach § 4 Abs. 3 oder nach Durchschnittssätzen**	258
R 41 d.	Gewinn aus der Veräußerung von Gebäuden sowie von Aufwuchs auf oder Anlagen im Grund und Boden bei der Ermittlung des Gewinns nach § 4 Abs. 3 EStG oder nach Durchschnittssätzen	258

Inhaltsübersicht

		Seite
§ 6 d	EStG Befristete Rücklage bei Erwerb von Betrieben, deren Fortbestand gefährdet ist	260
§ 7	EStG Absetzung für Abnutzung oder Substanzverringerung	262
	§ 10 EStDV Absetzung für Abnutzung im Fall des § 4 Abs. 3 des Gesetzes	264
	§ 10 a EStDV Bemessung der Absetzungen für Abnutzung oder Substanzverringerung bei nicht zu einem Betriebsvermögen gehörenden Wirtschaftsgütern, die der Steuerpflichtige vor dem 21. Juni 1948 angeschafft oder hergestellt hat	264
	§ 11 c EStDV Absetzung für Abnutzung bei Gebäuden	264
	§ 11 d EStDV Absetzung für Abnutzung oder Substanzverringerung bei nicht zu einem Betriebsvermögen gehörenden Wirtschaftsgütern, die der Steuerpflichtige unentgeltlich erworben hat	265
R 42.	Abnutzbare Wirtschaftsgüter	265
R 42 a.	Wirtschaftsgebäude, Mietwohnneubauten und andere Gebäude	268
R 43.	Bemessungsgrundlage für die AfA	270
R 44.	Höhe der AfA	272
R 44 a.	Absetzung für Substanzverringerung	280
§ 7 a	EStG Gemeinsame Vorschriften für erhöhte Absetzungen und Sonderabschreibungen	282
R 45.	Gemeinsame Vorschriften für erhöhte Absetzungen und Sonderabschreibungen	283
R 46.–51. unbesetzt		287
§ 7 b	EStG Erhöhte Absetzungen für Einfamilienhäuser, Zweifamilienhäuser und Eigentumswohnungen	288
	§ 15 EStDV Erhöhte Absetzungen für Einfamilienhäuser, Zweifamilienhäuser und Eigentumswohnungen	290
R 52.	Anwendungsbereich	290
R 53.–75. unbesetzt		290

		Seite
§ 7 c	EStG Erhöhte Absetzungen für Baumaßnahmen an Gebäuden zur Schaffung neuer Mietwohnungen	291
R 76.	Erhöhte Absetzungen für Baumaßnahmen an Gebäuden zur Schaffung neuer Mietwohnungen	291
§ 7 d	EStG Erhöhte Absetzungen für Wirtschaftsgüter, die dem Umweltschutz dienen	292
R 77.	Erhöhte Absetzungen für Wirtschaftsgüter, die dem Umweltschutz dienen	293
R 78.	unbesetzt	293
§ 7 e	EStG Bewertungsfreiheit für Fabrikgebäude, Lagerhäuser und landwirtschaftliche Betriebsgebäude	294
	§ 13 EStDV Begünstigter Personenkreis im Sinne der §§ 7 e und 10 a des Gesetzes	294
	§ 22 EStDV Bewertungsfreiheit für Fabrikgebäude, Lagerhäuser und landwirtschaftliche Betriebsgebäude	295
R 78 a.	Weitergeltung der Anordnungen zu § 7 e EStG	295
R 79.–81. unbesetzt		295
§ 7 f	EStG Bewertungsfreiheit für abnutzbare Wirtschaftsgüter des Anlagevermögens privater Krankenhäuser	296
R 82.	Bewertungsfreiheit für abnutzbare Wirtschaftsgüter des Anlagevermögens privater Krankenhäuser	296
§ 7 g	EStG Sonderabschreibungen und Ansparabschreibungen zur Förderung kleiner und mittlerer Betriebe	299
R 83.	Sonderabschreibungen zur Förderung kleiner und mittlerer Betriebe	300
§ 7 h	EStG Erhöhte Absetzungen bei Gebäuden in Sanierungsgebieten und städtebaulichen Entwicklungsbereichen	304
R 83 a.	Erhöhte Absetzungen nach § 7 h EStG von Aufwendungen für bestimmte Maßnahmen an Gebäuden in Sanierungsgebieten und städtebaulichen Entwicklungsbereichen	304

Inhaltsübersicht

		Seite
§ 7 i	EStG Erhöhte Absetzungen bei Baudenkmalen	306
	R 83 b. Erhöhte Absetzungen nach § 7 i EStG von Aufwendungen für bestimmte Baumaßnahmen an Baudenkmalen	306
§ 7 k	EStG Erhöhte Absetzungen für Wohnungen mit Sozialbindung	308
	R 83 c. Erhöhte Absetzungen für Wohnungen mit Sozialbindung	309

4. Überschuß der Einnahmen über die Werbungskosten

§ 8	EStG Einnahmen	310
§ 9	EStG Werbungskosten	311
	R 84. Aufwendungen für Fahrten bei Einkünften aus Vermietung und Verpachtung	312
§ 9 a	EStG Pauschbeträge für Werbungskosten	314
	R 85. Pauschbeträge für Werbungskosten	314

4a. Umsatzsteuerrechtlicher Vorsteuerabzug

§ 9 b	EStG	316
	R 86. Auswirkungen der Umsatzsteuer auf die Einkommensteuer	316

5. Sonderausgaben

§ 10	EStG	318
	§ 29 EStDV Anzeigepflichten bei Versicherungsverträgen und Bausparverträgen	322
	§ 30 EStDV Nachversteuerung bei Versicherungsverträgen	323
	§ 31 EStDV Nachversteuerung bei Bausparverträgen	323
	§ 32 EStDV Übertragung von Bausparverträgen auf eine andere Bausparkasse	324
	R 86 a. Sonderausgaben (Allgemeines)	324
	R 86 b. Unterhaltsleistungen an den geschiedenen oder dauernd getrennt lebenden Ehegatten	325

		Seite
R 87.	Renten und dauernde Lasten	328
R 87 a.	Vorsorgeaufwendungen (Allgemeines)	329
R 88.	Versicherungsbeiträge	330
R 89.	Nachversteuerung von Versicherungsbeiträgen	334
R 90.–91.	unbesetzt	334
R 92.	Beiträge an Bausparkassen zur Erlangung eines Bauspardarlehens (Allgemeines)	334
R 93.	unbesetzt	338
R 94.	Nachversteuerung von Bausparbeiträgen	338
R 95.	Wahlrecht zwischen Sonderausgabenabzug und Wohnungsbauprämie für Bausparbeiträge	342
R 96.–100.	unbesetzt	342
R 101.	Kirchensteuern	343
R 102.	Steuerberatungskosten	343
R 103.	Aufwendungen für die Berufsausbildung oder die Weiterbildung in einem nicht ausgeübten Beruf	344
R 104.	Schulgeld	350
R 105.–106.	unbesetzt	352
R 107.–109.	unbesetzt	353
R 109 a.	Nachversteuerung für Versicherungsbeiträge und Bausparbeiträge bei Ehegatten im Fall ihrer getrennten Veranlagung	353

§ 10 a	EStG Steuerbegünstigung des nicht entnommenen Gewinns	354
	§ 45 EStDV Steuerbegünstigung des nicht entnommenen Gewinns im Fall des § 10 a Abs. 1 des Gesetzes	355
	§ 46 EStDV Nachversteuerung der Mehrentnahmen	355
	§ 47 EStDV Steuerbegünstigung des nicht entnommenen Gewinns im Fall des § 10 a Abs. 3 des Gesetzes	356
	R 110. Weitergeltung der Anordnungen zu § 10a EStG	356
§ 10 b	EStG Steuerbegünstigte Zwecke	357

Inhaltsübersicht

	Seite
§ 48 EStDV Förderung mildtätiger, kirchlicher, religiöser, wissenschaftlicher und der als besonders förderungswürdig anerkannten gemeinnützigen Zwecke	357
§ 50 EStDV Überleitungsvorschrift zum Spendenabzug	358
R 111. Ausgaben zur Förderung mildtätiger, kirchlicher, religiöser und wissenschaftlicher Zwecke und der als besonders förderungswürdig anerkannten gemeinnützigen Zwecke im Sinne des § 10 b Abs. 1 EStG	358
R 112. Mitgliedsbeiträge und Spenden an politische Parteien	367
R 113. Begrenzung des Abzugs der Ausgaben für steuerbegünstigte Zwecke	368
§ 10 c EStG Sonderausgaben-Pauschbetrag, Vorsorgepauschale	370
R 114. Berechnung der Vorsorgepauschale bei Ehegatten	371
§ 10 d EStG Verlustabzug	375
R 115. Verlustabzug	375
§ 10 e EStG Steuerbegünstigung der zu eigenen Wohnzwecken genutzten Wohnung im eigenen Haus	380
R 115 a. Steuerbegünstigung der zu eigenen Wohnzwecken genutzten Wohnung im eigenen Haus	383
§ 10 f EStG Steuerbegünstigung für zu eigenen Wohnzwecken genutzte Baudenkmale und Gebäude in Sanierungsgebieten und städtebaulichen Entwicklungsbereichen	387
R 115 b. Steuerbegünstigung für zu eigenen Wohnzwecken genutzte Baudenkmale und Gebäude in Sanierungsgebieten und städtebaulichen Entwicklungsbereichen	387
§ 10 g EStG Steuerbegünstigung für schutzwürdige Kulturgüter, die weder zur Einkunftserzielung noch zu eigenen Wohnzwecken genutzt werden	388

	Seite
§ 10 h EStG Steuerbegünstigung der unentgeltlich zu Wohnzwecken überlassenen Wohnung im eigenen Haus	400
§ 10 i EStG Vorkostenabzug bei einer nach dem Eigenheimzulagengesetz begünstigten Wohnung	401

6. Vereinnahmung und Verausgabung

	Seite
§ 11 EStG	403
R 116. Zufluß von Einnahmen und Abfluß von Ausgaben	403
§ 11 a EStG Sonderbehandlung von Erhaltungsaufwand bei Gebäuden in Sanierungsgebieten und städtebaulichen Entwicklungsbereichen	406
R 116 a. Sonderbehandlung von Erhaltungsaufwand bei Gebäuden in Sanierungsgebieten und städtebaulichen Entwicklungsbereichen	406
§ 11 b EStG Sonderbehandlung von Erhaltungsaufwand bei Baudenkmalen	407
R 116 b. Sonderbehandlung von Erhaltungsaufwand bei Baudenkmalen	407

7. Nicht abzugsfähige Ausgaben

	Seite
§ 12 EStG	408
R 117. Abgrenzung der Kosten der Lebensführung von den Betriebsausgaben und Werbungskosten	408
R 117 a. Studienreisen, Fachkongresse	411
R 118. Benutzung von Personenkraftwagen für betriebliche/berufliche und private Zwecke	414
R 119. Reisekosten	415
R 120. Geldstrafen und ähnliche Rechtsnachteile	420
R 121. Nichtabziehbare Steuern und Nebenleistungen	422
R 122. Spenden	422

Inhaltsübersicht

	Seite
R 123. Freiwillige Zuwendungen, Zuwendungen auf Grund einer freiwillig begründeten Rechtspflicht und Zuwendungen an gesetzlich unterhaltsberechtigte Personen	423

8. Die einzelnen Einkunftsarten

a) Land- und Forstwirtschaft (§ 2 Abs. 1 Satz 1 Nr. 1)

	Seite
§ 13 EStG Einkünfte aus Land- und Forstwirtschaft	424
§ 51 EStDV Ermittlung der Einkünfte bei forstwirtschaftlichen Betrieben	*425*
R 124. Freibetrag für Land- und Forstwirte	425
R 124 a. Abgrenzung der gewerblichen und landwirtschaftlichen Tierzucht und Tierhaltung	425
R 125. Bewertung von Vieh bei buchführenden Land- und Forstwirten	428
R 125 a. Bewertung von Vieh bei Gewinnermittlung nach § 4 Abs. 3 EStG	429
R 126. Rechtsverhältnisse zwischen Angehörigen in einem landwirtschaftlichen Betrieb	429
R 127. Ermittlung des Gewinns aus Land- und Forstwirtschaft	430
R 128. Buchführung bei Gartenbaubetrieben, Saatzuchtbetrieben, Baumschulen und ähnlichen Betrieben	433
R 128 a. Minderung der Anschaffungs- oder Herstellungskosten eines Waldes	434
R 129.–130. unbesetzt	434
§ 13 a EStG Ermittlung des Gewinns aus Land- und Forstwirtschaft nach Durchschnittssätzen	435
§ 52 EStDV Erhöhte Absetzungen nach § 7 b des Gesetzes bei Land- und Forstwirten, deren Gewinn nach Durchschnittssätzen ermittelt wird	*437*

	Seite
R 130 a. Ermittlung des Gewinns aus Land- und Forstwirtschaft nach Durchschnittssätzen	438
§ 14 EStG Veräußerung des Betriebs	444
R 131. Wechsel im Besitz von Betrieben, Teilbetrieben und Betriebsteilen	444
R 132. Durch behördlichen Zwang veranlaßte Veräußerungen	446
R 133. unbesetzt	446
§ 14 a EStG Vergünstigungen bei der Veräußerung bestimmter land- und forstwirtschaftlicher Betriebe	447
R 133 a. Freibetrag bei Betriebsveräußerung im ganzen (§ 14 a Abs. 1 bis 3 EStG)	449
R 133 b. Freibetrag für die Abfindung weichender Erben (§ 14 a Abs. 4, 6 und 7 EStG)	449
R 133 c. Freibetrag für Schuldentilgung (§ 14 a Abs. 5 EStG)	451

b) Gewerbebetrieb (§ 2 Abs. 1 Satz 1 Nr. 2)

	Seite
§ 15 EStG Einkünfte aus Gewerbebetrieb	454
R 134. Selbständigkeit	455
R 134 a. Nachhaltigkeit	463
R 134 b. Gewinnerzielungsabsicht	464
R 134 c. Beteiligung am allgemeinen wirtschaftlichen Verkehr	466
R 135. Abgrenzung des Gewerbebetriebs gegenüber der Land- und Forstwirtschaft	467
R 136. Abgrenzung des Gewerbebetriebs gegenüber der selbständigen Arbeit	470
R 137. Abgrenzung des Gewerbebetriebs gegenüber der Vermögensverwaltung	477
R 138. Mitunternehmerschaft	485
R 138 a. Steuerliche Anerkennung von Familiengesellschaften	491
R 138 b. unbesetzt	495

Inhaltsübersicht

		Seite
	R 138 c. Verluste aus gewerblicher Tierzucht oder gewerblicher Tierhaltung	495
§ 15 a	EStG Verluste bei beschränkter Haftung	497
	R 138 d. Verluste bei beschränkter Haftung	498
§ 16	EStG Veräußerung des Betriebs	502
	R 139. Veräußerung des gewerblichen Betriebs	502
§ 17	EStG Veräußerung von Anteilen an Kapitalgesellschaften bei wesentlicher Beteiligung	520
	§ 53 EStDV Anschaffungskosten bestimmter Anteile an Kapitalgesellschaften	520
	§ 54 EStDV Übersendung von Urkunden durch die Notare	521
	R 140. Veräußerung von Anteilen an einer Kapitalgesellschaft	521
	R 141. unbesetzt	527
	c) Selbständige Arbeit (§ 2 Abs. 1 Satz 1 Nr. 3)	
§ 18	EStG	528
	R 142. Aufzeichnungspflicht und Buchführungspflicht von Angehörigen der freien Berufe	528
	R 143. Betriebsvermögen	529
	R 144. Beiträge der Ärzte zu Versorgungseinrichtungen und zum Fürsorgefonds der Ärztekammern	530
	R 145. unbesetzt	530
	R 146. Abgrenzung der selbständigen Arbeit gegenüber der nichtselbständigen Arbeit, Nebentätigkeit	530
	R 147. Veräußerungsgewinn nach § 18 Abs. 3 EStG	532
	R 148. unbesetzt	534
	R 149. Einkommensteuerrechtliche Behandlung der Erfinder	534

		Seite
	d) Nichtselbständige Arbeit (§ 2 Abs. 1 Satz 1 Nr. 4)	
§ 19	EStG	535
	R 150. Allgemeines zu den Einkünften aus nichtselbständiger Arbeit	535
	R 151.–152. unbesetzt	535
§ 19 a	EStG Überlassung von Vermögensbeteiligungen an Arbeitnehmer	536
	e) Kapitalvermögen (§ 2 Abs. 1 Satz 1 Nr. 5)	
§ 20	EStG	540
	R 153. Werbungskosten bei Einkünften aus Kapitalvermögen	542
	R 154. Einnahmen aus Kapitalvermögen	543
	R 155. unbesetzt	548
	R 156. Sparer-Freibetrag	548
	f) Vermietung und Verpachtung (§ 2 Abs. 1 Satz 1 Nr. 6)	
§ 21	EStG	549
	§ 82 a EStDV Erhöhte Absetzungen von Herstellungskosten und Sonderbehandlung von Erhaltungsaufwand für bestimmte Anlagen und Einrichtungen bei Gebäuden	549
	§ 82 b EStDV Behandlung größeren Erhaltungsaufwands bei Wohngebäuden	550
	§ 82 g EStDV Erhöhte Absetzungen von Herstellungskosten für bestimmte Baumaßnahmen	550
	§ 82 i EStDV Erhöhte Absetzungen von Herstellungskosten bei Baudenkmälern	551
	R 157. Erhaltungsaufwand und Herstellungsaufwand	551
	R 158.–160 a. unbesetzt	556
	R 161. Sonderfälle von Einnahmen und Werbungskosten	556
	R 162. Ermittlung des Nutzungswerts der Wohnung im eigenen Haus und einer unentgeltlich oder verbilligt überlassenen Wohnung	559

Inhaltsübersicht

		Seite
R 162 a.	Miet- und Pachtverträge zwischen Angehörigen und Partnern einer nichtehelichen Lebensgemeinschaft	560
R 163.	Behandlung von Zuschüssen	561
R 164.	Miteigentum	563
R 164 a.	Substanzausbeuterecht	564
§ 21 a EStG	Pauschalierung des Nutzungswerts der selbstgenutzten Wohnung im eigenen Haus	565
R 164 b.	Anwendungsbereich	566

g) Sonstige Einkünfte (§ 2 Abs. 1 Satz 1 Nr. 7)

		Seite
§ 22 EStG	Arten der sonstigen Einkünfte	567
§ 55 EStDV Ermittlung des Ertrags aus Leibrenten in besonderen Fällen		569
R 165.	Besteuerung von wiederkehrenden Bezügen mit Ausnahme der Leibrenten	570
R 166.	Wiederkehrende Bezüge bei ausländischen Studenten und Schülern	572
R 167.	Besteuerung von Leibrenten	573
R 168.	Renten nach § 2 Abs. 2 der 32. DV zum Umstellungsgesetz (UGDV)	579
R 168 a.	Besteuerung von Leistungen im Sinne des § 22 Nr. 3 EStG	580
R 168 b.	Besteuerung von Bezügen im Sinne des § 22 Nr. 4 EStG	581
§ 23 EStG	Spekulationsgeschäfte	582
R 169.	Spekulationsgeschäfte	582

h) Gemeinsame Vorschriften

		Seite
§ 24 EStG		587
R 170.	Begriff der Entschädigung im Sinne des § 24 Nr. 1 EStG	587
R 171.	Nachträgliche Einkünfte	589
§ 24 a EStG	Altersentlastungsbetrag	591
R 171 a.	Altersentlastungsbetrag	591

		Seite
§ 24 b EStG	(weggefallen)	592

III. Veranlagung

		Seite
§ 25 EStG	Veranlagungszeitraum, Steuererklärungspflicht	593
§ 56 EStDV Steuererklärungspflicht		593
§ 60 EStDV Unterlagen zur Steuererklärung		594
R 172.	Verfahren bei der getrennten Veranlagung von Ehegatten nach § 26 a EStG	595
R 173.	unbesetzt	595
§ 26 EStG	Veranlagung von Ehegatten	596
R 174.	Voraussetzungen für die Anwendung des § 26 EStG	596
§ 26 a EStG	Getrennte Veranlagung von Ehegatten	599
§ 61 EStDV Antrag auf anderweitige Verteilung der außergewöhnlichen Belastungen im Fall des § 26 a des Gesetzes		599
§ 62 c EStDV Anwendung der §§ 7 e und 10 a des Gesetzes bei der Veranlagung von Ehegatten		599
§ 62 d EStDV Anwendung des § 10 d des Gesetzes bei der Veranlagung von Ehegatten		600
R 174 a.	Getrennte Veranlagung von Ehegatten nach § 26 a EStG	600
§ 26 b EStG	Zusammenveranlagung von Ehegatten	603
R 174 b.	Zusammenveranlagung von Ehegatten nach § 26 b EStG	603
§ 26 c EStG	Besondere Veranlagung für den Veranlagungszeitraum der Eheschließung	604
R 174 c.	Besondere Veranlagung für den Veranlagungszeitraum der Eheschließung nach § 26 c EStG	604
R 175.	unbesetzt	604
§ 27 EStG	(weggefallen)	604
§ 28 EStG	Besteuerung bei fortgesetzter Gütergemeinschaft	604
§§ 29–31 EStG	(weggefallen)	604

IV. Tarif

		Seite
§ 31	EStG Familienleistungsausgleich	605
§ 32	EStG Kinder, Kinderfreibetrag, Sonderfreibeträge	605
R 176.	Im ersten Grad mit dem Steuerpflichtigen verwandte Kinder	608
R 177.	Pflegekinder	608
R 178.	Allgemeines zur Berücksichtigung von Kindern	610
R 179.	unbesetzt	610
R 180.	Kinder, die für einen Beruf ausgebildet werden	611
R 180 a.	Kinder, die mangels Ausbildungsplatzes ihre Berufsausbildung nicht beginnen oder fortsetzen können	612
R 180 b.	Kinder, deren Berufsausbildung durch Grundwehrdienst, Zivildienst oder ähnliche Dienste unterbrochen worden ist	613
R 180 c.	Kinder, die ein freiwilliges soziales Jahr leisten	614
R 180 d.	Kinder, die wegen körperlicher, geistiger oder seelischer Behinderung außerstande sind, sich selbst zu unterhalten	614
R 181.	Höhe des Kinderfreibetrags in Sonderfällen	616
R 181 a.	Übertragung des Kinderfreibetrags	616
R 182.	Haushaltsfreibetrag, Zuordnung von Kindern	618
R 183.	unbesetzt	619
§ 32 a	EStG Einkommensteuertarif	620
R 184.	unbesetzt	621
R 184 a.	Splitting-Verfahren bei verwitweten Personen (§ 32 a Abs. 6 Nr. 1 EStG)	621
R 184 b.	Splitting-Verfahren bei Personen, deren Ehe im Veranlagungszeitraum aufgelöst worden ist (§ 32 a Abs. 6 Nr. 2 EStG)	622
§ 32 b	EStG Progressionsvorbehalt	623
R 185.	Progressionsvorbehalt	624

		Seite
§ 32 c	EStG Tarifbegrenzung bei gewerblichen Einkünften	627
R 185 a.	Tarifbegrenzung bei gewerblichen Einkünften (§ 32 c EStG)	627
§ 32 d	EStG Entlastung bei niedrigen Erwerbseinkommen	629
R 185 b.	Entlastung bei niedrigen Erwerbseinkommen (§ 32 d EStG)	630
§ 33	EStG Außergewöhnliche Belastungen	631
R 186.	Außergewöhnliche Belastungen allgemeiner Art	631
R 187.	Aufwendungen wegen Pflegebedürftigkeit	635
R 188.	Aufwendungen wegen Krankheit, Behinderung und Tod	636
R 189.	Aufwendungen für die Wiederbeschaffung von Hausrat und Kleidung	640
§ 33 a	EStG Außergewöhnliche Belastung in besonderen Fällen	642
R 190.	Aufwendungen für den Unterhalt und eine etwaige Berufsausbildung	644
R 191.	Ausbildungsfreibeträge	648
R 192.	Aufwendungen für eine Hilfe im Haushalt oder für vergleichbare Dienstleistungen (§ 33 a Abs. 3 EStG)	652
R 192 a.	Zeitanteilige Ermäßigung nach § 33 a Abs. 4 EStG	653
R 193.	unbesetzt	655
§ 33 b	EStG Pauschbeträge für Behinderte, Hinterbliebene und Pflegepersonen	656
§ 65 EStDV Nachweis der Behinderung		657
R 194.	Pauschbeträge für Behinderte, Hinterbliebene und Pflegepersonen	658
§ 33 c	EStG Kinderbetreuungskosten	661
R 195.	Kinderbetreuungskosten	661
R 196.	unbesetzt	665

Inhaltsübersicht

	Seite
§ 34 EStG Außerordentliche Einkünfte	666
R 197. Umfang der steuerbegünstigten Einkünfte	666
R 198. Berechnung des ermäßigten Steuersatzes	667
R 199. Anwendung des § 34 Abs. 1 Satz 1 EStG auf Entschädigungen im Sinne des § 24 Nr. 1 EStG sowie auf Nutzungsvergütungen und Zinsen im Sinne des § 24 Nr. 3 EStG	670
R 200. Einkünfte aus der Vergütung für eine mehrjährige Tätigkeit (§ 34 Abs. 3 EStG)	671
R 201.–203. unbesetzt	674
§ 34 a EStG (weggefallen)	674
§ 34 b EStG Steuersätze bei außerordentlichen Einkünften aus Forstwirtschaft	675
§ 68 EStDV Betriebsgutachten, Betriebswerk, Nutzungssatz	676
R 204. Außerordentliche Holznutzungen	676
R 205. Nachgeholte Nutzungen im Sinne des § 34 b Abs. 1 Nr. 1 EStG	677
R 206. Holznutzungen infolge höherer Gewalt (Kalamitätsnutzungen) im Sinne des § 34 b Abs. 1 Nr. 1 EStG	678
R 207. Nutzungssatz	678
R 208. Zusammentreffen der verschiedenen Holznutzungsarten	679
R 209. Berechnung der Einkünfte aus außerordentlichen Holznutzungen, nachgeholten Nutzungen und Holznutzungen infolge höherer Gewalt	680
R 210. Umfang der steuerbegünstigten Einkünfte	682
R 211. Höhe der Steuersätze	682
R 212. Voraussetzungen für die Anwendung der Vergünstigungen des § 34 b EStG	682

	Seite
V. Steuerermäßigungen	
1. Steuerermäßigung bei ausländischen Einkünften	
§ 34 c EStG	685
§ 68 a EStDV Einkünfte aus mehreren ausländischen Staaten	686
§ 68 b EStDV Nachweis über die Höhe der ausländischen Einkünfte und Steuern	686
§ 68 c EStDV Nachträgliche Festsetzung oder Änderung ausländischer Steuern	686
R 212 a. Ausländische Steuern	687
R 212 b. Ermittlung des Höchstbetrags für die Steueranrechnung	688
R 212 c. Antragsgebundener Abzug ausländischer Steuern	689
R 212 d. Bestehen von Doppelbesteuerungsabkommen	689
R 212 e.–f. unbesetzt	691
§ 34 d EStG Ausländische Einkünfte	692
R 212 g. Nachträgliche Einkünfte aus Gewerbebetrieb	693
2. Steuerermäßigung bei Einkünften aus Land- und Forstwirtschaft	
§ 34 e EStG	694
R 213. Steuerermäßigung bei Einkünften aus Land- und Forstwirtschaft	694
2a. Steuerermäßigung für Steuerpflichtige mit Kindern bei Inanspruchnahme erhöhter Absetzungen für Wohngebäude oder der Steuerbegünstigungen für eigengenutztes Wohneigentum	
§ 34 f EStG	698
R 213 a. Steuerermäßigung nach § 34 f EStG	699
2b. Steuerermäßigung bei Mitgliedsbeiträgen und Spenden an politische Parteien und unabhängige Wählervereinigungen	
§ 34 g EStG	701
R 213 b. Zuwendungen an politische Parteien	701
R 213 c.–d. unbesetzt	703

Inhaltsübersicht

3. Steuerermäßigung bei Belastung mit Erbschaftsteuer

§ 35 EStG 704

R 213 e. Steuerermäßigung bei Belastung mit Erbschaftsteuer 704

VI. Steuererhebung

1. Erhebung der Einkommensteuer

§ 36 EStG Entstehung und Tilgung der Einkommensteuer 706

R 213 f. Anrechnung von Steuervorauszahlungen, von Steuerabzugsbeträgen und von Körperschaftsteuer 707

R 213 g. Zusammenhang zwischen der Besteuerung der Kapitalerträge und der Anrechnung von Kapitalertragsteuer oder von Körperschaftsteuer 708

R 213 h. Anrechnung von Körperschaftsteuer bei Auslandsbeziehungen 708

§ 36 a EStG Ausschluß der Anrechnung von Körperschaftsteuer in Sonderfällen 710

R 213 i. Anteilseigner mit beherrschendem Einfluß 710

§ 36 b EStG Vergütung von Körperschaftsteuer 711

R 213 j. Vergütung von Körperschaftsteuer und Erstattung von Kapitalertragsteuer durch das Bundesamt für Finanzen nach den §§ 36 b, 36 c, 44 b Abs. 1 EStG 711

R 213 k. Einzelantrag beim Bundesamt für Finanzen (§§ 36 b, 44 b Abs. 1 EStG) 711

§ 36 c EStG Vergütung von Körperschaftsteuer auf Grund von Sammelanträgen 713

R 213 l. Sammelantrag beim Bundesamt für Finanzen (§§ 36 c, 44 b Abs. 1 EStG) 714

§ 36 d EStG Vergütung von Körperschaftsteuer in Sonderfällen 715

R 213 m. Vergütung von Körperschaftsteuer und Erstattung von Kapitalertragsteuer durch das Finanzamt im vereinfachten Verfahren (§§ 36 d, 44 b Abs. 2 EStG) 715

§ 36 e EStG Vergütung des Körperschaftsteuer-Erhöhungsbetrags an beschränkt Einkommensteuerpflichtige 719

§ 37 EStG Einkommensteuer-Vorauszahlung 720

R 213 n. Einkommensteuer-Vorauszahlung 721

2. Steuerabzug vom Arbeitslohn (Lohnsteuer)

§ 38 EStG Erhebung der Lohnsteuer 722

§ 38 a EStG Höhe der Lohnsteuer 723

§ 38 b EStG Lohnsteuerklassen 724

§ 38 c EStG Lohnsteuertabellen 725

§ 39 EStG Lohnsteuerkarte 727

§ 39 a EStG Freibetrag beim Lohnsteuerabzug 730

§ 39 b EStG Durchführung des Lohnsteuerabzugs für unbeschränkt einkommensteuerpflichtige Arbeitnehmer 732

§ 39 c EStG Durchführung des Lohnsteuerabzugs ohne Lohnsteuerkarte 734

§ 39 d EStG Durchführung des Lohnsteuerabzugs für beschränkt einkommensteuerpflichtige Arbeitnehmer 735

§ 40 EStG Pauschalierung der Lohnsteuer in besonderen Fällen 737

§ 40 a EStG Pauschalierung der Lohnsteuer für Teilzeitbeschäftigte 738

§ 40 b EStG Pauschalierung der Lohnsteuer bei bestimmten Zukunftssicherungsleistungen 739

§ 41 EStG Aufzeichnungspflichten beim Lohnsteuerabzug 740

§ 41 a EStG Anmeldung und Abführung der Lohnsteuer 741

§ 41 b EStG Abschluß des Lohnsteuerabzugs 742

§ 41 c EStG Änderung des Lohnsteuerabzugs 743

Inhaltsübersicht

	Seite
§ 42 EStG (weggefallen)	744
§ 42 a EStG (weggefallen)	744
§ 42 b EStG Lohnsteuer-Jahresausgleich durch den Arbeitgeber	744
§ 42 c EStG (weggefallen)	745
§ 42 d EStG Haftung des Arbeitgebers und Haftung bei Arbeitnehmerüberlassung	746
§ 42 e EStG Anrufungsauskunft	748
§ 42 f EStG Lohnsteuer-Außenprüfung	748

3. Steuerabzug vom Kapitalertrag (Kapitalertragsteuer)

§ 43 EStG Kapitalerträge mit Steuerabzug	749
§ 43 a EStG Bemessung der Kapitalertragsteuer	752
§ 44 EStG Entrichtung der Kapitalertragsteuer in den Fällen des § 43 Abs. 1 Satz 1 Nr. 1 bis 5, 7 und 8 sowie Satz 2	754
§ 44 a EStG Abstandnahme vom Steuerabzug	756
R 213 o. Voraussetzungen für die Abstandnahme vom Kapitalertragsteuerabzug	757
§ 44 b EStG Erstattung der Kapitalertragsteuer	759
R 213 p. Erstattung von Kapitalertragsteuer	759
§ 44 c EStG Erstattung von Kapitalertragsteuer an bestimmte Körperschaften, Personenvereinigungen und Vermögensmassen	761
§ 44 d EStG Bemessung der Kapitalertragsteuer bei bestimmten Kapitalgesellschaften	762
R 213 q. Bemessung der Kapitalertragsteuer bei bestimmten Kapitalgesellschaften	764
§ 45 EStG Ausschluß der Erstattung von Kapitalertragsteuer	765
§ 45 a EStG Anmeldung und Bescheinigung der Kapitalertragsteuer in den Fällen des § 43 Abs. 1 Satz 1 Nr. 1 bis 5, 7 und 8 sowie Satz 2	766
§ 45 b EStG Besondere Behandlung von Kapitalerträgen im Sinne des § 43 Abs. 1 Satz 1 Nr. 5	767

	Seite
§ 45 c EStG Entrichtung der Kapitalertragsteuer in den Fällen des § 43 Abs. 1 Satz 1 Nr. 6	768
§ 45 d EStG Mitteilungen an das Bundesamt für Finanzen	769

4. Veranlagung von Steuerpflichtigen mit steuerabzugspflichtigen Einkünften

§ 46 EStG Veranlagung bei Bezug von Einkünften aus nichtselbständiger Arbeit	771
§ 70 EStDV Ausgleich von Härten in bestimmten Fällen	772
R 214. unbesetzt	773
R 215. Veranlagung nach § 46 Abs. 2 Nr. 2 EStG	773
R 216. unbesetzt	773
R 217. Veranlagung nach § 46 Abs. 2 Nr. 8 EStG	773
R 218.–221. unbesetzt	773
§ 46 a EStG (weggefallen)	773
§ 47 EStG (weggefallen)	773

VII. (weggefallen)

§ 48 EStG (weggefallen)	773

VIII. Besteuerung beschränkt Steuerpflichtiger

§ 49 EStG Beschränkt steuerpflichtige Einkünfte	774
R 222. Beschränkte Steuerpflicht bei Einkünften aus Gewerbebetrieb	776
R 222 a. Beschränkte Steuerpflicht bei Einkünften aus selbständiger Arbeit	778
R 223. Bedeutung der Besteuerungsmerkmale im Ausland bei beschränkter Steuerpflicht	778
§ 50 EStG Sondervorschriften für beschränkt Steuerpflichtige	779
§ 73 EStDV Sondervorschrift für beschränkt Steuerpflichtige	781
R 224. Bemessungsgrundlage für die Einkommensteuer und Steuerermäßigung für ausländische Steuern	781

Inhaltsübersicht

	Seite
R 225.–226. unbesetzt	783
R 227. Übergang von der beschränkten zur unbeschränkten Steuerpflicht und umgekehrt	783
§ 50 a EStG Steuerabzug bei beschränkt Steuerpflichtigen	784
§ 73 a EStDV Begriffsbestimmungen	785
§ 73 c EStDV Zeitpunkt des Zufließens im Sinne des § 50 a Abs. 5 Satz 1 des Gesetzes	786
§ 73 d EStDV Aufzeichnungen, Steueraufsicht	786
§ 73 e EStDV Einbehaltung, Abführung und Anmeldung der Aufsichtsratsteuer und der Steuer von Vergütungen im Sinne des § 50 a Abs. 4 des Gesetzes (§ 50 a Abs. 5 des Gesetzes)	786
§ 73 f EStDV Steuerabzug in den Fällen des § 50 a Abs. 6 des Gesetzes	787
§ 73 g EStDV Haftungsbescheid	787
R 227 a. Steuerabzug bei Lizenzgebühren, Vergütungen für die Nutzung von Urheberrechten und bei Veräußerungen von Schutzrechten usw.	787
R 227 b. Steuerabzug bei Einkünften aus künstlerischen, sportlichen, artistischen und ähnlichen Darbietungen	788
R 227 c. Berechnung des Steuerabzugs nach § 50 a EStG in besonderen Fällen	788

IX. Sonstige Vorschriften, Bußgeld-, Ermächtigungs- und Schlußvorschriften

§ 50 b EStG Prüfungsrecht	791
§ 50 c EStG Wertminderung von Anteilen durch Gewinnausschüttungen	792
R 227 d. Wertminderung von Anteilen durch Gewinnausschüttungen	793
§ 50 d EStG Besonderheiten im Fall von Doppelbesteuerungsabkommen	797
R 227 e. Besonderheiten im Fall von Doppelbesteuerungsabkommen	797
§ 50 e EStG Bußgeldvorschriften	799
§ 51 EStG Ermächtigung	800
§ 74 EStDV Rücklage für Preissteigerung	809
R 228.–230. unbesetzt	809
§ 76 EStDV Begünstigung der Anschaffung oder Herstellung bestimmter Wirtschaftsgüter und der Vornahme bestimmter Baumaßnahmen durch Land- und Forstwirte, deren Gewinn nicht nach Durchschnittssätzen zu ermitteln ist	810
R 231. Bewertungsfreiheit nach § 76 EStDV	813
§ 78 EStDV Begünstigung der Anschaffung oder Herstellung bestimmter Wirtschaftsgüter und der Vornahme bestimmter Baumaßnahmen durch Land- und Forstwirte, deren Gewinn nach Durchschnittssätzen zu ermitteln ist	814
R 232.–233. unbesetzt	814
§ 80 EStDV Bewertungsabschlag für bestimmte Wirtschaftsgüter des Umlaufvermögens ausländischer Herkunft, deren Preis auf dem Weltmarkt wesentlichen Schwankungen unterliegt	815
R 233 a. Bewertungsabschlag für bestimmte Wirtschaftsgüter des Umlaufvermögens ausländischer Herkunft	816
§ 81 EStDV Bewertungsfreiheit für bestimmte Wirtschaftsgüter des Anlagevermögens im Kohlen- und Erzbergbau	817
R 234. Weitergeltung der Anordnungen zu § 82 d EStDV	820
R 235. unbesetzt	820
§ 82 f EStDV Bewertungsfreiheit für Handelsschiffe, für Schiffe, die der Seefischerei dienen, und für Luftfahrzeuge	820
§ 51 a EStG Festsetzung und Erhebung von Zuschlagsteuern	822
§ 52 EStG Anwendungsvorschriften	824
§ 52 EStG –1996–	833
§ 84 EStDV Anwendungsvorschriften	843
§ 52 a EStG (weggefallen)	845

Inhaltsübersicht

		Seite
§ 53	EStG (weggefallen)	845
§ 53 a	EStG (weggefallen)	845
§ 53 b	EStG (weggefallen)	845
§ 54	EStG (weggefallen)	845
§ 55	EStG Schlußvorschriften (Sondervorschriften für die Gewinnermittlung nach § 4 oder nach Durchschnittssätzen bei vor dem 1. Juli 1970 angeschafftem Grund und Boden)	846
	R 236. Bodengewinnbesteuerung	847
§ 56	EStG Sondervorschriften für Steuerpflichtige in dem in Artikel 3 des Einigungsvertrages genannten Gebiet	855
§ 57	EStG Besondere Anwendungsregeln aus Anlaß der Herstellung der Einheit Deutschlands	856
	R 237. Verlustabzug nach § 57 Abs. 4 EStG	856
§ 58	EStG Weitere Anwendung von Rechtsvorschriften, die vor Herstellung der Einheit Deutschlands in dem in Artikel 3 des Einigungsvertrages genannten Gebiet gegolten haben	857
§ 59	EStG (weggefallen)	857
§ 60	EStG (weggefallen)	857
§ 61	EStG Entlastung bei niedrigen Erwerbseinkommen im Lohnsteuerverfahren	858

		Seite
X. Kindergeld		
§ 62	EStG Anspruchsberechtigte	859
§ 63	EStG Kinder	859
§ 64	EStG Zusammentreffen mehrerer Ansprüche	859
§ 65	EStG Andere Leistungen für Kinder	860
§ 66	EStG Höhe des Kindergeldes, Zahlungszeitraum	860
§ 67	EStG Antrag	860
§ 68	EStG Besondere Mitwirkungspflichten	861
§ 69	EStG Überprüfung des Fortbestehens von Anspruchsvoraussetzungen durch Meldedaten-Übermittlung	861
§ 70	EStG Festsetzung und Zahlung des Kindergeldes	861
§ 71	EStG Zahlungszeitraum	862
§ 72	EStG Festsetzung und Zahlung des Kindergeldes an Angehörige des öffentlichen Dienstes	862
§ 73	EStG Zahlung des Kindergeldes an andere Arbeitnehmer	863
§ 74	EStG Zahlung des Kindergeldes in Sonderfällen	863
§ 75	EStG Aufrechnung	864
§ 76	EStG Pfändung	864
§ 77	EStG Erstattung von Kosten im Vorverfahren	864
§ 78	EStG Übergangsregelungen	865

B. Anlagen zu den Einkommensteuer-Richtlinien 1993

Anlage 1	Übersicht über die Berichtigung des Gewinns bei Wechsel der Gewinnermittlungsart	867
Anlage 2	Übersicht über die degressiven Absetzungen für Gebäude nach § 7 Abs. 5 EStG	869
Anlage 3	Übersicht über die steuerrechtlichen Vorschriften der §§ 7 b, 10 e, 10 f, 10 g, 10 h und 52 Abs. 14 a, 14 b, 14 c und 21 EStG	871
Anlage 4	Muster einer Bestätigung über Zuwendungen an juristische Personen des öffentlichen Rechts oder öffentliche Dienststellen	877
	Muster einer Bestätigung über Zuwendungen an eine der in § 5 Abs. 1 Nr. 9 des Körperschaftsteuergesetzes bezeichneten Körperschaften, Personenvereinigungen oder Vermögensmassen	878

Inhaltsübersicht

		Seite
Anlage 5	Muster einer Bestätigung über Zuwendungen an politische Parteien im Sinne des Parteiengesetzes	879
Anlage 6	Muster einer Bestätigung über Zuwendungen an unabhängige Wählervereinigungen	881
Anlage 7	Verzeichnis der allgemein als besonders förderungswürdig im Sinne des § 10 b Abs. 1 EStG anerkannten Zwecke	883
Anlage 8	Verzeichnis ausländischer Steuern, die der deutschen Einkommensteuer entsprechen	885
Anlage 9	Übersicht über die Steuerermäßigung für Steuerpflichtige mit Kindern bei Inanspruchnahme erhöhter Absetzungen für Wohngebäude oder der Steuerbegünstigungen für eigengenutztes Wohneigentum (§ 34 f EStG)	889
Anlage 10	Verzeichnis von Staaten, die unbeschränkt Steuerpflichtigen eine dem § 49 Abs. 4 EStG entsprechende Steuerbefreiung gewähren	891

C. Anhänge

Anhang 1
Angehörige

I. Steuerliche Behandlung von Unterhaltsleistungen an Angehörige im Ausland;
hier: Ländergruppeneinteilung ab 1990
BMF vom 11. 12. 1989 (BStBl I S. 463) .. 893

II. Steuerliche Anerkennung von Darlehensverträgen zwischen Angehörigen
BMF vom 1. 12. 1992 (BStBl I S. 729) ... 895

III. Steuerliche Anerkennung von Darlehensverträgen zwischen Angehörigen
BMF vom 25. 5. 1993 (BStBl I S. 410) ... 897

IV. Steuerliche Behandlung der Aufwendungen für
a) den Unterhalt von Auslandskindern,
b) den Unterhalt von sonstigen Angehörigen im Ausland,
c) die Berufsausbildung von Auslandskindern
BMF vom 22. 12. 1994 (BStBl I S. 928) .. 898

Anhang 2
Außensteuer

Gesetz über die Besteuerung bei Auslandsbeziehungen (Außensteuergesetz) 904

Anhang 3
Außergewöhnliche Belastungen

I. Berücksichtigung von Kfz-Aufwendungen Geh- und Stehbehinderter und außergewöhnlich Gehbehinderter als außergewöhnliche Belastung;
hier: Angemessenheit der Aufwendungen
BMF vom 11. 4. 1994 (BStBl I S. 256) ... 916

II. Berücksichtigung von Aufwendungen für typischen Unterhalt und außergewöhnlichen Bedarf anderer Personen nach §§ 33 und 33 a Abs. 1 EStG
BMF vom 6. 3. 1995 (BStBl I S. 182) 917

Anhang 4
Baugesetze

I. Baugesetzbuch (BauGB – Auszug) 919

II. Zweites Wohnungsbaugesetz (Wohnungsbau- und Familienheimgesetz – II. WoBauG – Auszug) 924

III. Verordnung über wohnungswirtschaftliche Berechnungen (Zweite Berechnungsverordnung – II. BV – Auszug) .. 926

Anhang 5
Bausparkassen

Verzeichnis der Bausparkassen 928

Anhang 6
Beitrittsgebiet

I. Ertragsteuerliche Folgen aus der Änderung des ehelichen Güterrechts im Beitrittsgebiet
BMF vom 15. 9. 1992 (BStBl I S. 542) ... 929

Inhaltsübersicht

II. Einkommensteuerrechtliche Fragen im Zusammenhang mit der Vermögensrückgabe im Beitrittsgebiet bei den Einkünften aus Vermietung und Verpachtung
BMF vom 11. 1. 1993 (BStBl I S. 18) 933

III. Unternehmensrückgabe nach dem Vermögensgesetz;
hier: Grundzüge der Unternehmensrückgabe sowie deren bilanzielle und ertragsteuerliche Behandlung
BMF vom 10. 5. 1994 (BStBl I S. 286, 380) 935

IV. Ermittlung der Wiederherstellungs-/ Wiederbeschaffungskosten zum 1. Juli 1990 für im Beitrittsgebiet gelegene Gebäude und der AfA-Bemessungsgrundlage
BMF vom 21. 7. 1994 (BStBl I S. 599) ... 947

V. Ermittlung der Wiederherstellungs-/ Wiederbeschaffungskosten zum 1. Juli 1990 für im Beitrittsgebiet gelegene Gebäude und der AfA-Bemessungsgrundlage
BMF vom 15. 1. 1995 (BStBl I S. 14) 949

Anhang 7
Betriebliche Altersversorgung

Gesetz zur Verbesserung der betrieblichen Altersversorgung (BetrAVG – Auszug) 950

II. Gesetz zur Förderung eines gleitenden Übergangs älterer Arbeitnehmer in den Ruhestand (Altersteilzeitgesetz – Auszug) 962

III. Pensionsverpflichtungen;
hier: Aktivierung des Anspruchs aus einer Rückdeckungsversicherung
Gleichlautende Erlasse der obersten Finanzbehörden der Länder vom 22. 2. 1963 (BStBl II S. 47) 965

IV. Steuerrechtliche Behandlung von Aufwendungen des Arbeitgebers für die betriebliche Altersversorgung des im Betrieb mitarbeitenden Ehegatten
BMF vom 4. 9. 1984 (BStBl I S. 495)
BMF vom 9. 1. 1986 (BStBl I S. 7) 966

V. Steuerrechtliche Fragen der betrieblichen Altersversorgung;
hier: Auswirkungen der durch das Bilanzrichtlinien-Gesetz geänderten handelsrechtlichen Vorschriften
BMF vom 13. 3. 1987 (BStBl I S. 365) ... 971

VI. Berücksichtigung von Sozialversicherungsrenten bei der Berechnung von Pensionsrückstellungen nach § 6 a EStG
BMF vom 10. 12. 1990 (BStBl I S. 868) . 973

Anhang 8
Betriebsverpachtung

0a. Verpachtung des Betriebs
Gleichlautende Erlasse der obersten Finanzbehörden der Länder
(BStBl 1965 II S. 4, 5) 976

0b. Verpachtung land- und forstwirtschaftlicher Betriebe
Gleichlautende Erlasse der obersten Finanzbehörden der Länder vom 17. 12. 1965 (BStBl 1966 II S. 29, 34) ... 979

0c. Eigenbewirtschaftung als Voraussetzung für das Verpächterwahlrecht (Übergangsregelung zum BFH-Urteil vom 20. 4. 1989 – BStBl II S. 863)
BMF vom 23. 11. 1990 (BStBl I S. 770) – Auszug 981

Zweifelsfragen im Zusammenhang mit der Ausübung des Verpächterwahlrechts gemäß R 139 Abs. 5 EStR
BMF vom 17. 10. 1994 (BStBl I S. 771) . 982

Anhang 9
Bilanzierung

0. Ertragsteuerrechtliche Behandlung von Mietereinbauten und Mieterumbauten;
hier: Anwendung der Grundsätze der BFH-Urteile vom 26. 2. 1975 (BStBl II S. 443)
BMF vom 15. 1. 1976 (BStBl I S. 66) 985

I. Zuordnung von Vorführwagen bei Kraftfahrzeughändlern zum Umlaufvermögen oder zum Anlagevermögen
BMF vom 15. 6. 1982 (BStBl I S. 589) ... 987

Ia. § 6 d EStG;
hier: Anwendungskriterien im Bescheinigungsverfahren
BMF vom 2. 8. 1983 (BStBl I S. 390) 988

II. Bilanzsteuerrechtliche Behandlung des Geschäfts- oder Firmenwerts, des Praxiswerts und sogenannter firmenwertähnlicher Wirtschaftsgüter
BMF vom 20. 11. 1986 (BStBl I S. 532) .. 990

III. Zuordnung einer Verbindlichkeit zum Betriebs- oder Privatvermögen
BMF vom 27. 7. 1987 (BStBl I S. 508) ... 992

Inhaltsübersicht

Seite

IIIa. Bestimmung des Teilwerts bei unverzinslichen und niedrig verzinslichen Darlehensforderungen gegenüber Betriebsangehörigen
BMF vom 17. 1. 1990 (BStBl I S. 71)
BMF vom 5. 1. 1990 (BStBl I S. 239) 993

IIIb. Bewertung von Pflanzenbeständen in Baumschulbetrieben
BMF vom 9. 1. 1991 (BStBl I S. 133) 995

IIIc. Einkommensteuerliche Behandlung
a) der Milchaufgabevergütung nach dem Dritten Gesetz zur Änderung des Milchaufgabevergütungsgesetzes (MAVG) vom 24. 7. 1990 (BGBl. I S. 1470);
b) der Vereinbarungen über die zeitweilige Nutzungsüberlassung von Anlieferungsreferenzmengen nach der Neunzehnten Verordnung zur Änderung der Milchgarantiemengenverordnung vom 28. 3. 1991 (BGBl. I S. 799)
BMF vom 15. 4. 1991 (BStBl I S. 497) ... 997

IIId. Absetzungen für Abnutzung (AfA); Nutzungsdauer von PKW und Kombifahrzeugen
BMF vom 3. 12. 1992 (BStBl I S. 734)
BMF vom 28. 5. 1993 (BStBl I S. 483) ... 999

IV. Bewertung des beweglichen Anlagevermögens und des Vorratsvermögens (§ 6 Abs. 1 Nrn. 1 und 2 EStG) hier: Voraussetzungen für den Ansatz von Festwerten sowie deren Bemessung
BMF vom 8. 3. 1993 (BStBl I S. 276) 1001

IVa. Ertragsteuerliche Behandlung von im Eigentum des Grundeigentümers stehenden Bodenschätzen
BMF vom 9. 8. 1993 (BStBl I S. 678) 1002

IVb. Rückstellungen für Zuwendungen anläßlich eines Dienstjubiläums
BMF vom 29. 10. 1993 (BStBl I S. 898) . 1004

IVc. Pauschalwertberichtigung bei Kreditinstituten
BMF vom 10. 1. 1994 (BStBl I S. 98)
BMF vom 9. 5. 1995 1007

V. Steuerrechtliche Behandlung des Wirtschaftsguts „Praxiswert"; Änderung der Rechtsprechung
BMF vom 15. 1. 1995 (BStBl I S. 14) 1009

Seite

Va. Milch-Garantiemengen-Verordnung; ertragsteuerliche Behandlung der Anlieferungsreferenzmengen nach der Neunundzwanzigsten Verordnung zur Änderung der Milch-Garantiemengen-Verordnung vom 24. September 1993 (BGBl. I S. 1659)
BMF vom 2. 2. 1995 (BStBl I S. 148) 1010

VI. Bewertung von Tieren in land- und forstwirtschaftlich tätigen Betrieben nach § 6 Abs. 1 Nr. 1 und 2 EStG
BMF vom 22. 2. 1995 (BStBl I S. 179) ... 1012

**Anhang 10
Buchführung**

I. Handelsgesetzbuch – Auszug 1016

Ia. Ordnungsmäßigkeit der Buchführung; hier: Offene-Posten-Buchhaltung Gleichlautende Erlasse der obersten Finanzbehörden der Länder vom 10. 6. 1963 (BStBl I 1964 S. 93) 1022

II. Buchführung in land- und forstwirtschaftlichen Betrieben
BMF vom 15. 12. 1981 (BStBl I S. 878) .. 1023

IIa. Verwendung von Mikrofilmaufnahmen zur Erfüllung gesetzlicher Aufbewahrungspflichten
BMF vom 1. 2. 1984 (BStBl I S. 155) 1029

III. Grundsätze ordnungsmäßiger Buchführung (GoB); Verbuchung von Bargeschäften im Einzelhandel
BMF vom 14. 12. 1994 (BStBl 1995 I S. 7) 1032

IIIa. Grundsätze ordnungsmäßiger DV-gestützter Buchführungssysteme (GoBS)
BMF vom 7. 11. 1995 (BStBl I S. 738) ... 1033

**Anhang 11
Bundeskindergeldgesetz**

Bundeskindergeldgesetz (BKGG – Auszug) 1044

**Anhang 12
Doppelbesteuerung**

Stand der Doppelbesteuerungsabkommen 1051

II. Besteuerung des Arbeitslohns nach den Doppelbesteuerungsabkommen; hier: Anwendung der 183-Tage-Klausel
BMF vom 5. 1. 1994 (BStBl I S. 11) 1056

Inhaltsübersicht

Anhang 12 a
Düsseldorfer Tabelle

I. Unterhaltsrichtlinien des OLG Düsseldorf zum Kindes- und Ehegattenunterhalt (Stand: 1. 7. 1992) 1060

II. Unterhaltsrichtlinien des OLG Düsseldorf zum Kindes- und Ehegattenunterhalt (Stand: 1. 1. 1996) 1063

Anhang 13
Erbfolgeregelungen

I. Ertragsteuerliche Behandlung der Erbengemeinschaft und ihrer Auseinandersetzung
BMF vom 11. 1. 1993 (BStBl I S. 62) 1066

II. Ertragsteuerliche Behandlung der vorweggenommenen Erbfolge;
hier: Anwendung des Beschlusses des Großen Senats vom 5. 7. 1990 (BStBl II S. 847)
BMF vom 13. 1. 1993 (BStBl I S. 80) 1088

III. Abzug von Schuldzinsen als Betriebsausgaben oder Werbungskosten – Aufgabe der sog. Sekundärfolgenrechtsprechung durch den BFH;
Anwendung der BFH-Urteile vom 2. 3. 1993 – VIII R 47/90 – (BStBl 1994 II S. 619), vom 25. 11. 1993 – IV R 66/93 – (BStBl 1994 II S. 623) und vom 27. 7. 1993 – VIII R 72/90 – (BStBl 1994 II S. 625)
BMF vom 11. 8. 1994 (BStBl I S. 603) ... 1100

Anhang 14
Existenzminimum

Anwendung des § 32 d EStG (Entlastung bei niedrigen Erwerbseinkommen)
BMF vom 26. 10. 1993 (BStBl I S. 895) 1101

Anhang 14 a
Familienleistungsausgleich ab VZ 1996

Einführungsschreiben zum Familienleistungsausgleich
BMF vom 18. 12. 1995 (BStBl I S. 805) . 1105

Anhang 15
Fördergebiet

I. Gesetz über Sonderabschreibungen und Abzugsbeträge im Fördergebiet (Fördergebietsgesetz – FördG) 1109

II. Zweifelsfragen bei der Anwendung des Fördergebietsgesetzes
BMF vom 29. 3. 1993 (BStBl I S. 279) ... 1114

III. Inanspruchnahme von Sonderabschreibungen nach dem Fördergebietsgesetz und Zugehörigkeits-, Verbleibens- und Verwendungsvoraussetzungen bei
1. Vermögensübergang im Sinne des Umwandlungssteuergesetzes
2. Realteilung einer Personengesellschaft
3. Ausscheiden von Gesellschaftern aus einer Personengesellschaft mit der Folge des Entstehens eines Einzelunternehmens
BMF vom 14. 7. 1995 (BStBl I S. 374) ... 1120

Anhang 16
Gewinnermittlung

I. Schuldzinsen für Kontokorrentkredite als Betriebsausgaben oder Werbungskosten
BMF vom 10. 11. 1993 (BStBl I S. 930) . 1123

II. Steuerliche Anerkennung von Aufwendungen für die Bewirtung von Personen aus geschäftlichem Anlaß als Betriebsausgaben nach R 21 Abs. 7 EStR 1993
BMF vom 21. 11. 1994 (BStBl I S. 855) . 1127

Anhang 17
Grundstückshandel

Abgrenzung zwischen privater Vermögensverwaltung und gewerblichem Grundstückshandel
BMF vom 20. 12. 1990 (BStBl I S. 884) . 1129

Anhang 18
Investitionszulage

I. Investitionszulagengesetz 1996 (InvZulG 1996) 1135

II. Gewährung von Investitionszulagen nach der Investitionszulagenverordnung und nach dem Investitionszulagengesetz 1991
BMF vom 28. 8. 1991 (BStBl I S. 768) ... 1139

III. Gewährung von Investitionszulagen nach der Investitionszulagenverordnung und nach dem Investitionszulagengesetz 1991
BMF vom 31. 3. 1992 (BStBl I S. 236) ... 1153

IV. Gewährung von Investitionszulagen bei Schiffen, deren Hauptzweck die Freizeitbeschäftigung ist;
hier: Verbleibensvoraussetzung
BMF vom 28. 12. 1992 (BStBl 1993 I S. 20) 1155

Inhaltsübersicht

Seite

V. Zweifelsfragen bei der Anwendung des Investitionszulagengesetzes 1993 (BGBl. I S. 1650, BStBl 1993 I S. 856) BMF vom 28. 10. 1993 (BStBl I S. 904) .. 1156

VI. Investitionszulage für Personenkraftwagen; hier: Anwendung des BFH-Urteils vom 16. 7. 1993 (BStBl 1994 II S. 304) BMF vom 6. 3. 1994 (BStBl I S. 230) 1161

VII. Zweifelsfragen bei der Anwendung des Investitionszulagengesetzes;
1. Verbleibensvoraussetzung bei Transportmitteln,
2. Abgrenzung der Gewerbezweige nach der Klassifikation der Wirtschaftszweige, Ausgabe 1993,
3. Anzahl der Arbeitnehmer bei der auf 10 v. H. erhöhten Investitionszulage nach § 5 Abs. 3 InvZulG 1993,
4. Erhöhte Investitionszulage nach § 5 Abs. 2 oder 3 InvZulG 1993 bei Betriebsaufspaltung
BMF vom 30. 12. 1994 (BStBl 1995 I S. 18) 1162

VIII. Zweifelsfragen zu den Änderungen des Investitionszulagengesetzes 1993 durch Artikel 18 des Jahressteuergesetzes 1996 BMF vom 12. 2. 1996 (BStBl I S. 111) ... 1169

Anhang 19
Investmentgesetze

I. Gesetz über Kapitalanlagegesellschaften (KAGG – Auszug) 1172

II. Gesetz über den Vertrieb ausländischer Investmentanteile und über die Besteuerung der Erträge aus ausländischen Investmentanteilen (Auslandinvestment-Gesetz – AuslInvestmG – Auszug) 1180

Anhang 19 a
Kapitalvermögen

I. Steuerliche Behandlung der rechnungsmäßigen und außerrechnungsmäßigen Zinsen aus Lebensversicherungen
BMF vom 31. 8. 1979 (BStBl I S. 592) BMF vom 13. 11. 1985 (BStBl I S. 661) . 1184

II. Ermittlung des einkommensteuerpflichtigen Kapitalertrags aus Zero Coupon Bonds, die zu einem Privatvermögen gehören
BMF vom 24. 1. 1985 (BStBl I S. 77) BMF vom 1. 3. 1991 (BStBl I S. 422) 1188

Seite

III. Zu Fragen der einkommensteuerrechtlichen Behandlung von
a) Emissionsdisagio, Emissionsdiskont und umlaufbedingtem Unterschiedsbetrag zwischen Marktpreis und höherem Nennwert bei festverzinslichen Wertpapieren,
b) unverzinslichen Schatzanweisungen, die zu einem Privatvermögen gehören
BMF vom 24. 11. 1986 (BStBl I S. 539) . 1191

IV. Steuerrechtliche Behandlung von Einnahmen aus partiarischen Darlehen nach den deutschen Doppelbesteuerungsabkommen;
hier: Abgrenzung zu Einnahmen aus stillen Beteiligungen
BMF vom 16. 11. 1987 (BStBl I S. 740) . 1193

V. Steuerliche Behandlung verschiedener Formen von Kapitalanlagen
BMF vom 30. 4. 1993 (BStBl I S. 343) ... 1194

VI. Einkommensteuerrechtliche Behandlung von Options- und Finanztermingeschäften an der Deutschen Terminbörse (DTB) und von anderen als Optionsscheine bezeichneten Finanzinstrumenten im Bereich der privaten Vermögensverwaltung
BMF vom 10. 11. 1994 (BStBl I S. 816) . 1195

VII. Zurechnung von Kapitalerträgen aus Anderkonten
BMF vom 6. 6. 1995 1199

VIII. Berechnung des steuerpflichtigen Ertrags nach der Marktrendite bei Anlageinstrumenten in Fremdwährung
BMF vom 24. 10. 1995 1200

Anhang 20
Land- und Forstwirtschaft

I. Gesetz zum Ausgleich von Auswirkungen besonderer Schadensereignisse in der Forstwirtschaft (Forstschäden-Ausgleichsgesetz) 1201

Ia. Gesetz zur Förderung der Einstellung der landwirtschaftlichen Erwerbstätigkeit (FELEG – Auszug) 1205

Ib. Erlaß betr. Abgrenzung der Rotfäule als Kalamität
FinMin Baden-Württemberg vom 15. 6. 1967 (BStBl II S. 197) 1211

Inhaltsübersicht

Ic. Bewertung von Nebenbetrieben der Land- und Forstwirtschaft nach § 42 BewG 1965
Gleichlautende Erlasse der obersten Finanzbehörden der Länder
vom 15. 6. 1971 (BStBl I S. 324),
vom 25. 4. 1972 (BStBl I S. 352),
vom 6. 12. 1989 (BStBl I S. 462) 1212

II. Abgrenzung der Land- und Forstwirtschaft vom Gewerbe
BMF vom 31. 10. 1995 (BStBl I S. 703) . 1213

Anhang 21
Leasing

I. Ertragsteuerliche Behandlung von Leasing-Verträgen über bewegliche Wirtschaftsgüter
BMF vom 19. 4. 1971 (BStBl I S. 264) ... 1216

II. Ertragsteuerliche Behandlung von Finanzierungs-Leasing-Verträgen über unbewegliche Wirtschaftsgüter
BMF vom 21. 3. 1972 (BStBl I S. 188) ... 1219

III. Steuerrechtliche Zurechnung des Leasing-Gegenstandes beim Leasing-Geber
BMF vom 22. 12. 1975 1222

IV. Ertragsteuerliche Behandlung von Teilamortisations-Leasing-Verträgen über unbewegliche Wirtschaftsgüter
BMF vom 23. 12. 1991 (BStBl 1992 I S. 13) 1224

V. Bilanz- und gewerbesteuerrechtliche Behandlung der Forfaitierung von Forderungen
BMF vom 9. 1. 1996 (BStBl I S. 9) 1226

Anhang 22
Lebensversicherungen

I. Verlängerung der Laufzeit von Versicherungsverträgen im Sinne des § 10 Abs. 1 Nr. 2 Buchstabe b Doppelbuchstaben cc und dd EStG bei Bürgern der ehemaligen DDR und von Berlin (Ost)
BMF vom 22. 2. 1991 (BStBl I S. 330) ... 1227

II. Anwendung des § 10 Abs. 2 Satz 2 und des § 52 Abs. 13 a Satz 4 EStG in der Fassung des Steueränderungsgesetzes 1992 vom 25. 2. 1992 (BGBl. I S. 297, BStBl I S. 146)
BMF vom 19. 5. 1993 (BStBl I S. 406) ... 1229

III. Anwendung des § 10 Abs. 2 Satz 2 und des § 52 Abs. 13 a Satz 4 EStG in der Fassung des Steueränderungsgesetzes 1992 vom 25. 2. 1992 (BGBl. I S. 297, BStBl I S. 146);
hier: Verlängerung der Frist zur Bereinigung des steuerschädlichen Einsatzes von Lebensversicherungen
BMF vom 14. 6. 1993 (BStBl I S. 484) ... 1234

IV. Anwendung des § 10 Abs. 2 Satz 2 und des § 52 Abs. 13 a Satz 4 EStG in der Fassung des Steueränderungsgesetzes 1992 vom 25. 2. 1992 (BGBl. I S. 297, BStBl I S. 146)
BMF vom 2. 11. 1993 (BStBl I S. 901) ... 1235

V. Anwendung des § 10 Abs. 2 Satz 2 und des § 52 Abs. 13 a Satz 4 EStG in der Fassung des Steueränderungsgesetzes 1992 vom 25. 2. 1992 (BGBl. I S. 297, BStBl I S. 146);
hier: Einräumung eines unwiderruflichen Bezugsrechts für den Todesfall
BMF vom 6. 5. 1994 (BStBl I S. 311) 1239

VI. Anwendung des § 10 Abs. 2 Satz 2 und des § 52 Abs. 13 a Satz 4 EStG in der Fassung des Steueränderungsgesetzes 1992 vom 25. 2. 1992 (BGBl. I S. 297, BStBl I S. 146)
BMF vom 26. 9. 1994 (BStBl I S. 749) ... 1240

VII. Gesonderte Feststellung der Steuerpflicht von Zinsen aus einer Lebensversicherung nach § 9 der Verordnung zu § 180 Abs. 2 AO
BMF vom 27. 7. 1995 (BStBl I S. 371) ... 1243

VIII. Einkommensteuerrechtliche Behandlung von Lebensversicherungen nach Inkrafttreten des Dritten Durchführungsgesetzes/EWG zum VAG vom 21. Juli 1994 (BGBl. I S. 1630); Abgrenzung zwischen kapitalbildenden Lebensversicherungen und Sparverträgen
BMF vom 22. 1. 1996 (BStBl I S. 36) 1245

Anhang 23
Lohnsteuer-Richtlinien

Lohnsteuer-Richtlinien 1993 (LStR 1993 – Auszug) 1246

Anhang 24
Mitunternehmer

Besteuerung der Mitunternehmer von Personengesellschaften
BMF vom 20. 12. 1977 (BStBl 1978 I S. 8) 1248

Inhaltsübersicht

II. Zu Fragen der schenkweise als Kommanditisten in eine Kommanditgesellschaft aufgenommenen minderjährigen Kinder als Mitunternehmer (Anwendung des BFH-Urteils vom 10. 11. 1987 – BStBl 1989 II S. 758) BMF vom 5. 10. 1989 (BStBl I S. 378) ... 1260

Anhang 25
Nutzungswertbesteuerung

I. Neuregelung der steuerrechtlichen Förderung des selbstgenutzten Wohneigentums (Wohneigentumsförderungsgesetz); hier: Übergangsregelungen nach § 52 Abs. 21 EStG bei Wohnungen im Privatvermögen BMF vom 19. 9. 1986 (BStBl I S. 480) ... 1261

II. Neuregelung der steuerrechtlichen Förderung des selbstgenutzten Wohneigentums (Wohneigentumsförderungsgesetz); hier: Übergangsregelungen nach § 52 Abs. 15 und 21 EStG bei Wohnungen im Betriebsvermögen BMF vom 12. 11. 1986 (BStBl I S. 528) .. 1265

Anhang 25 a
Öffentlich-rechtliche Religionsgemeinschaften

I. Bayern 1270
II. Brandenburg 1271
III. Bremen 1272
IV. Hessen 1273
V. Mecklenburg-Vorpommern 1274
VI. Nordrhein-Westfalen 1275
VII. Rheinland-Pfalz 1276
VIII. Saarland 1277
IX. Sachsen 1278
X. Schleswig-Holstein 1279
XI. Thüringen 1280

Anhang 26
Pauschalierung

0a. Steuerliche Behandlung ausländischer Kulturvereinigungen BMF vom 20. 7. 1983 (BStBl I S. 382) BMF vom 30. 5. 1995 (BStBl I S. 336) ... 1281

0b. Steuerliche Behandlung von Arbeitnehmereinkünften bei Auslandstätigkeiten (Auslandstätigkeitserlaß) BMF vom 31. 10. 1983 (BStBl I S. 470) . 1283

Pauschalierung der Einkommensteuer und Körperschaftsteuer für ausländische Einkünfte gemäß § 34 c Abs. 5 EStG und § 26 Abs. 6 KStG BMF vom 10. 4. 1984 (BStBl I S. 252) ... 1285

II. Einkommensteuerrechtliche Behandlung der nicht im Inland ansässigen Korrespondenten inländischer Rundfunk- und Fernsehanstalten sowie inländischer Zeitungsunternehmen BMF vom 1. 12. 1992 (BStBl I S. 730) BMF vom 12. 1. 1993 (BStBl I S. 109) ... 1287

Anhang 27
Reisekosten

I. Steuerliche Behandlung von Reisekosten und Reisekostenvergütungen bei Auslandsdienstreisen und -geschäftsreisen ab 1. Januar 1994 BMF vom 9. 3. 1994 (BStBl I S. 212) 1291

II. Steuerliche Behandlung von Reisekosten und Reisekostenvergütungen bei Auslandsdienstreisen und -geschäftsreisen innerhalb der Europäischen Union für die Zeit vom 28. Juni bis 31. Dezember 1995 BMF vom 12. 7. 1995 (BStBl I S. 380) ... 1296

III. Steuerliche Behandlung von Reisekosten und Reisekostenvergütungen bei Auslandsdienstreisen und -geschäftsreisen ab 1. Januar 1996 BMF vom 29. 11. 1995 (BStBl I S. 822) . 1297

Anhang 27 a
Solidaritätszuschlag

I. Solidaritätszuschlagsgesetz (SolZG) 1995 1301

II. Berechnungsschema zur Ermittlung des Solidaritätszuschlags 1303

Anhang 27 b
Steuerabzug

I. Steuerabzug von Vergütungen im Sinne des § 50 a Abs. 4 EStG, die beschränkt Steuerpflichtigen zufließen; hier: Entlastung von den deutschen Abzugsteuern aufgrund von Doppelbesteuerungsabkommen – DBA – nach einem vereinfachten Verfahren („Kontrollmeldeverfahren") BMF vom 21. 12. 1993 (BStBl 1994 I S. 4) 1304

27

Inhaltsübersicht

	Seite
II.	Merkblatt; Entlastung von deutscher Abzugsteuer gemäß § 50 a Abs. 4 EStG aufgrund von Doppelbesteuerungsabkommen (DBA) BMF vom 1. 3. 1994 (BStBl I S. 201) 1307
III.	Merkblatt; Entlastung von deutscher Kapitalertragsteuer von Dividenden und bestimmten anderen Kapitalerträgen gemäß § 44 d EStG, den Doppelbesteuerungsabkommen (DBA) oder sonstigen zwischenstaatlichen Abkommen BMF vom 1. 3. 1994 (BStBl I S. 203) 1310
IV.	Abzugsteuer bei künstlerischen, sportlichen, artistischen oder ähnlichen Darbietungen gemäß § 50 a Abs. 4 EStG BMF vom 30. 5. 1995 (BStBl I S. 337) ... 1313
V.	Merkblatt; Entlastung von der Abzugsteuer im Sinne von § 50 a Abs. 4 Einkommensteuergesetz (EStG) auf Grund von Doppelbesteuerungsabkommen (DBA); BfF, Stand: Juni 1995 1326
VI.	Merkblatt über die Entlastung vom Steuerabzug aufgrund von DBA bei Honoraren, die an Künstler oder Sportler mit Wohnsitz außerhalb der Bundesrepublik Deutschland für die Ausübung einer Tätigkeit im Inland gezahlt werden BfF, Stand: 1995 1335
VII.	Merkblatt über die Entlastung vom Steuerabzug aufgrund von DBA bei Honoraren, die an Künstler oder Sportler mit Wohnsitz außerhalb der Bundesrepublik Deutschland für die Ausübung einer Tätigkeit im Inland gezahlt werden BfF, Stand: 1996 1339
VIII.	Muster und Merkblatt für die Anmeldung über den Steuerabzug bei Vergütungen an beschränkt Steuerpflichtige 1996 1344

Anhang 28
Umwandlungssteuerrecht
I.	Umwandlungssteuergesetz (UmwStG) 1348
II.	Gesetz über steuerliche Maßnahmen bei Änderung der Unternehmensform (UmwStG 1977) hier: Zweifelsfragen zum Sechsten und Siebenten Teil des Gesetzes BMF vom 16. 6. 1978 (BStBl I S. 235) ... 1360
III.	Erstmalige Anwendung des neuen Umwandlungssteuergesetzes BMF vom 19. 12. 1994 (BStBl 1995 I S. 42) 1361

	Seite

Anhang 29
Verluste bei beschränkter Haftung
0.	Zweifelsfragen zur Anwendung des § 15 a EStG BMF vom 8. 5. 1981 (BStBl I S. 308) – Auszug 1362
I.	Begriff des Kapitalkontos i. S. des § 15 a EStG und Begriff der nicht unwahrscheinlichen Vermögensminderung i. S. des § 15 a EStG; hier: Anwendung der BFH-Urteile vom 14. 5. 1991 – VIII R 31/88 – und – VIII R 111/86 – BMF vom 20. 2. 1992 (BStBl I S. 123) ... 1364
II.	§ 15 a EStG; hier: Umfang des Kapitalkontos i. S. des § 15 a Abs. 1 Satz 1 EStG BMF vom 24. 11. 1993 (BStBl I S. 934) . 1366
III.	Zweifelsfragen zu § 15 a EStG; hier: Saldierung von Gewinnen und Verlusten aus dem Gesellschaftsvermögen mit Gewinnen und Verlusten aus dem Sonderbetriebsvermögen BMF vom 15. 12. 1993 (BStBl I S. 976) . 1368

Anhang 30
Vermietung und Verpachtung
0a.	Zur sinngemäßen Anwendung des § 15 a EStG bei den Einkünften aus Vermietung und Verpachtung (§ 21 Abs. 1 Satz 2 EStG) BMF vom 14. 9. 1981 (BStBl I S. 620) – Auszug 1369
0b.	Einkommensteuerrechtliche Behandlung von Bausparzinsen und Schuldzinsen bei selbstgenutztem Wohneigentum BMF vom 28. 2. 1990 (BStBl I S. 124) ... 1371
I.	Negative Einkünfte aus der Vermietung und Verpachtung im Rahmen von sog. Bauherrenmodellen und vergleichbaren Modellen sowie geschlossenen Immobilienfonds BMF vom 31. 8. 1990 (BStBl I S. 366) ... 1372
Ia.	Verfahren bei der Geltendmachung von negativen Einkünften aus der Beteiligung an Verlustzuweisungsgesellschaften und vergleichbaren Modellen BMF vom 13. 7. 1992 (BStBl I S. 404) BMF vom 28. 6. 1994 (BStBl I S. 420) ... 1380
II.	Einkunftserzielung bei den Einkünften aus Vermietung und Verpachtung BMF vom 23. 7. 1992 (BStBl I S. 434) ... 1386

# Inhaltsübersicht

Seite

III. Einkunftsermittlung bei im Betriebsvermögen gehaltenen Beteiligungen an vermögensverwaltenden Personengesellschaften
BMF vom 29. 4. 1994 (BStBl I S. 282) ... 1387

IIIa. Abgrenzung der Eigen- und Fremdnutzung bei Ferienwohnungen
BMF vom 4. 5. 1994 (BStBl I S. 285) 1390

IIIb. Sinngemäße Anwendung des § 15 a Abs. 5 Nr. 2 2. Alt. EStG bei den Einkünften aus Vermietung und Verpachtung von Gesellschaften des bürgerlichen Rechts;
hier: Anwendung der BFH-Urteile vom 17. 12. 1992 – IX R 150/89, IX R 7/91 – und vom 30. 11. 1993 – IX R 60/91 – (BStBl 1994 II S. 490, 492, 496)
BMF vom 30. 6. 1994 (BStBl I S. 355) ... 1391

IIIc. Zurechnung von Einkünften aus Vermietung und Verpachtung bei Treuhandverhältnissen; BFH-Urteil vom 27. 1. 1993 (BStBl 1994 II S. 615)
BMF vom 1. 9. 1994 (BStBl I S. 604) 1393

IV. Ertragsteuerliche Beurteilung von Aufwendungen eines geschlossenen Immobilienfonds im Zusammenhang mit dem Erwerb eines Grundstücks; rechtliche Einordnung der aufzubringenden Eigenkapitalvermittlungsprovision; Anwendung des BFH-Urteils vom 11. Januar 1994 (BStBl 1995 II S. 166)
BMF vom 1. 3. 1995 (BStBl I S. 167) 1395

Anhang 31
Vermögensbildung

Fünftes Gesetz zur Förderung der Vermögensbildung der Arbeitnehmer (Fünftes Vermögensbildungsgesetz – 5. VermBG) 1396

II. Verordnung zur Durchführung des Fünften Vermögensbildungsgesetzes (VermBDV 1994) 1407

Anhang 32
Versicherungen

Verzeichnis der ausländischen Versicherungsunternehmen, denen die Erlaubnis zum Betrieb eines nach § 10 Abs. 1 Nr. 2 EStG begünstigten Versicherungszweigs im Inland erteilt ist ... 1412

Seite

Anhang 33
Versorgungsausgleich

Erstes Gesetz zur Reform des Ehe- und Familienrechts;
hier: Einkommensteuerrechtliche Behandlung des Versorgungsausgleichs
BMF vom 20. 7. 1981 (BStBl I S. 567) ... 1414

Anhang 34
Wohneigentumsförderung

I. Steuerbegünstigung der zu eigenen Wohnzwecken genutzten Wohnung im eigenen Haus nach § 10 e EStG
BMF vom 31. 12. 1994 (BStBl I S. 887) . 1416

II. Eigenheimzulagengesetz (EigZulG) .. 1439

III. Muster des Antrags auf Eigenheimzulage 1444

Anhang 35
Wohnungsbau

0a. Sonderausgabenabzug und Prämienbegünstigung von Bausparbeiträgen;
hier: Verwendung von Bausparmitteln zur Wohnungsmodernisierung durch Mieter
BMF vom 24. 11. 1982 (BStBl I S. 868) . 1447

0b. Gesetz über eine Wiedereingliederungshilfe im Wohnungsbau für rückkehrende Ausländer – Auszug 1449

I. Anwendung der §§ 7 c und 7 k EStG und der §§ 14 c und 14 d BerlinFG sowie des § 7 b Abs. 8 EStG
BMF vom 17. 2. 1992 (BStBl I S. 115) ... 1451

II. Maßgeblichkeit des Bauantrags in den Fällen des § 7 Abs. 5 Nr. 1 EStG
BMF vom 8. 12. 1994 (BStBl I S. 882) .. 1460

Anhang 35a
Zerlegung

Gesetz über die Steuerberechtigung und die Zerlegung bei der Einkommensteuer und der Körperschaftsteuer (Zerlegungsgesetz – Auszug) 1461

Anhang 36
Zinsabschlag

I. Freistellungsauftrag
BMF vom 3. 9. 1992 (BStBl I S. 582) 1464

II. Einzelfragen zur Anwendung des Zinsabschlaggesetzes
BMF vom 26. 10. 1992 (BStBl I S. 693) .. 1466

29

Inhaltsübersicht

III. Zinsabschlaggesetz;
hier: NV-Bescheinigungen und Freistellungsbescheide bei Körperschaften
BMF vom 27. 11. 1992 (BStBl I S. 772) .. 1471

IIIa. Rechtsnatur der Bundestags-, Landtags-, Gemeinderats-, Stadtrats-, Bezirkstags- und Verbandsgemeinderatsfraktionen – Zinsabschlaggesetz –
BMF vom 1. 12. 1992 1472

IV. Zinsabschlaggesetz;
hier: Anwendung bei Personenzusammenschlüssen
BMF vom 18. 12. 1992 (BStBl 1993 I S. 58) 1473

V. Erstattung des Zinsabschlags von Erträgen einer juristischen Person des öffentlichen Rechts aus Kapital auf Treuhandkonten
BMF vom 1. 3. 1993 (BStBl I S. 276) 1475

VI. Erstattung einbehaltenen Zinsabschlags in Treuhandfällen bei Steuerausländern
BMF vom 18. 1. 1994 (BStBl I S. 139) ... 1476

VII. Berücksichtigung von gezahlten Stückzinsen bei Personenverschiedenheit von Käufer und Depotinhaber
BMF vom 15. 3. 1994 (BStBl I S. 230) ... 1477

VIII. Zinsen aus Mietkautionen
BMF vom 9. 5. 1994 (BStBl I S. 312) 1478

IX. Zinsabschlag von Kapitalerträgen aus unverzinslichen Schatzanweisungen des Bundes einschließlich Bundesbank-Liquiditäts-U-Schätzen
BMF vom 12. 10. 1994 (BStBl I S. 815) . 1479

X. Steuerbescheinigungen nach § 45 a EStG
BMF vom 17. 5. 1995 (BStBl I S. 280) ... 1480

XI. Einkommensteuerliche Behandlung der Einnahmen aus festverzinslichen Anleihen und Schuldverschreibungen mit Vorschaltkupons
BMF vom 29. 5. 1995 (BStBl I S. 283) ... 1483

XII. Muster und Merkblatt für den Antrag auf Ausstellung einer Bescheinigung gemäß § 44 a Abs. 4 und 5 EStG, § 44 c Abs. 1 und 2 EStG 1484

**Anhang 37
Zonenrandförderung**

I. Gesetz zur Förderung des Zonenrandgebietes (Zonenrandförderungsgesetz – ZRFG – Auszug) 1487

II. Steuerliche Maßnahmen zur Förderung von Investitionen im Zonenrandgebiet nach § 3 des Zonenrandförderungsgesetzes (§ 3 ZRFG)
BMF vom 27. 12. 1989 (BStBl I S. 518) . 1489

**Anhang 38
Urteile und Schreiben** 1498

D. Tabellen

Einkommensteuertarif 1990 1561

Einkommensteuer-Tabelle 1995 (Grund- und Splittingtabelle) 1562

Anlagen 4 bis 5 b zum Einkommensteuergesetz (Zusammengefaßte Zusatztabellen für 1993–1995) 1594

Tabellen-Anhang 1596

E. Stichwortverzeichnis
(Seite 1609)

Abkürzungsverzeichnis

A	Abschnitt	BFH/NV	Sammlung amtlich nicht veröffentlichter Entscheidungen des Bundesfinanzhofs (Zeitschrift)
a. a. O.	am angegebenen Ort		
Abs.	Absatz		
AfaA	Absetzung für außergewöhnliche Abnutzung	BGB	Bürgerliches Gesetzbuch
		BGBl.	Bundesgesetzblatt
AfA	Absetzung für Abnutzung	BKGG	Bundeskindergeldgesetz
AFG	Arbeitsförderungsgesetz	BMF (BdF)	Bundesministerium der Finanzen
AfS	Absetzung für Substanzverringerung		
		BMWF	Bundesminister für Wirtschaft und Finanzen
AG	Aktiengesellschaft		
AIG	Auslandsinvestitionsgesetz	BSHG	Bundessozialhilfegesetz
AktG	Aktiengesetz	BStBl	Bundessteuerblatt
AMBlFin	Amtliches Mitteilungsblatt der Verwaltung für Finanzen des Vereinigten Wirtschaftsgebietes	BuchO	Buchungsordnung
		BVerfG	Bundesverfassungsgericht
		BVG	Bundesversorgungsgesetz
AO	Abgabenordnung	bzw.	beziehungsweise
ASpG	Altsparergesetz	DB	Der Betrieb (Zeitschrift)
ASRG	Gesetz zur Reform der agrarsozialen Sicherung (Agrarsozialreformgesetz 1995)	DBA	Doppelbesteuerungsabkommen
		DMBilG	D-Markbilanzgesetz
		DV	Durchführungsverordnung
AStG	Außensteuergesetz	EALG	Entschädigungs- und Ausgleichsleistungsgesetz
AusfFördG	Gesetz über steuerliche Maßnahmen zur Förderung der Ausfuhr		
		EFG	Entscheidungen der Finanzgerichte (Zeitschrift)
AuslInvestmG	Auslandinvestment-Gesetz		
BadGVBl	Badisches Gesetz- und Verordnungsblatt	EigZulG	Eigenheimzulagengesetz
		ENeuOG	Gesetz zur Neuordnung des Eisenbahnwesens (Eisenbahnneuordnungsgesetz)
BAföG	Bundesausbildungsförderungsgesetz		
BAG	Bundesarbeitsgericht	EntwLStG	Entwicklungsländer-Steuergesetz
BAnz.	Bundesanzeiger		
BauGB	Baugesetzbuch	ErbStG	Erbschaftsteuergesetz
BauNVO	Baunutzungsverordnung	EStG (EStG 1990)	Einkommensteuergesetz 1990 in der Fassung vom 7. 9. 1990 (BGBl. I S. 1898, BStBl I S. 453); siehe auch Vorwort zum EStH 1995 und Absatz 3 der Einführung zu den EStR
BB	Der Betriebs-Berater (Zeitschrift)		
BerlinFG	Berlinförderungsgesetz		
BErzGG	Erziehungsgeld nach dem Bundeserziehungsgeldgesetz		
BetrAVG	Gesetz zur Verbesserung der betrieblichen Altersversorgung	EStG 1987	Einkommensteuergesetz 1987 in der Fassung vom 27. 2. 1987 (BGBl. I S. 617, BStBl I S. 274),
BewDV	Durchführungsverordnung zum Bewertungsgesetz		
BewG	Bewertungsgesetz	EStG 1986	Einkommensteuergesetz 1986 in der Fassung vom 15. 4. 1986 (BGBl. I S. 441, BStBl I S. 172)
BewRGR	Richtlinien zur Bewertung des Grundvermögens		
BfF	Bundesamt für Finanzen	EStG 1985	Einkommensteuergesetz 1985 in der Fassung vom 12. 6. 1985 (BGBl. I S. 977, BStBl I S. 223)
BFH	Bundesfinanzhof		
BFHE	Sammlung der Entscheidungen des Bundesfinanzhofs (Zeitschrift)	EStG 1983	Einkommensteuergesetz 1983 in der Fassung vom 24. 1. 1984 (BGBl. I S. 113, BStBl I S. 51)

Abkürzungsverzeichnis

EStG 1981	Einkommensteuergesetz 1981 in der Fassung vom 6. 12. 1981 (BGBl. I S. 1249, BStBl I S. 666)
EStG 1979	Einkommensteuergesetz 1979 in der Fassung vom 21. 6. 1979 (BGBl. I S. 721, BStBl I S. 379)
EStG 1977	Einkommensteuergesetz 1977 in der Fassung vom 5. 12. 1977 (BGBl. I S. 2365, BStBl I S. 624)
EStG 1975	Einkommensteuergesetz 1975 in der Fassung vom 5. 9 .1974 (BGBl. I S. 2165, BStBl I S. 733)
EStG 1969	Einkommensteuergesetz in der Fassung vom 12. 12. 1969 (BGBl. I S. 2265, BStBl I S. 832)
EStG 1953	Einkommensteuergesetz in der Fassung vom 15. 9. 1953 (BGBl. I S. 1355, BStBl I S. 378)
EStDV (EStDV 1990)	Einkommensteuer-Durchführungsverordnung 1990 in der Fassung vom 28. 7. 1992 (BGBl. I S. 1418, BStBl I S. 498), zuletzt geändert durch Gesetz vom 18. 12. 1995 (BGBl. I S. 1959, BStBl 1996 I S. 786)
EStDV 1986	Einkommensteuer-Durchführungsverordnung 1987 in der Fassung vom 24. 7. 1986 (BGBl. I S. 1239, BStBl I S. 399)
EStDV 1981	Einkommensteuer-Durchführungsverordnung 1981 in der Fassung vom 23. 6. 1982 (BGBl. I S. 700, BStBl I S. 592)
EStDV 1979	Einkommensteuer-Durchführungsverordnung 1979 in der Fassung vom 24. 9 .1980 (BGBl. I S. 1801, BStBl I S. 680)
EStDV 1977	Einkommensteuer-Durchführungsverordnung 1977 in der Fassung vom 5. 12. 1977 (BGBl. I S. 2443, BStBl I S. 700)
EStDV 1975	Einkommensteuer-Durchführungsverordnung 1975 in der Fassung vom 24. 1 .1975 (BGBl. I S. 369, BStBl I S. 129)
EStH (EStH 1995)	Amtliches Einkommensteuer-Handbuch 1995
EStH 1994	Amtliches Einkommensteuer-Handbuch 1994
EStH 1993	Amtliches Einkommensteuer-Handbuch 1993
EStR (EStR 1993)	Einkommensteuer-Richtlinien für das Kalenderjahr 1993 vom 18. 5. 1994 (BStBl I Sondernummer 1/1994)
EStR 1990	Einkommensteuer-Richtlinien für das Kalenderjahr 1990 vom 2. 7. 1990 (BStBl I Sondernummer 1/1990)
EStR 1987	Einkommensteuer-Richtlinien für das Kalenderjahr 1987 vom 24. 2. 1988 (BStBl I Sondernummer 1/1988)
EStR 1984	Einkommensteuer-Richtlinien für das Kalenderjahr 1984 vom 15. 4. 1985 (BStBl I Sondernummer 2/1985)
EStR 1981	Einkommensteuer-Richtlinien für das Kalenderjahr 1981 vom 7. 4. 1982 (BStBl I Sondernummer 1/1982)
EStR 1978	Einkommensteuer-Richtlinien für das Kalenderjahr 1978 vom 22. 5. 1979 (BStBl I Sondernummer 3/1979)
EStR 1975	Einkommensteuer-Richtlinien für das Kalenderjahr 1975 vom 14. 4. 1976 (BStBl I Sondernummer 2/1976)
EStER 1956/57	Einkommensteuer-Ergänzungsrichtlinien 1956/57 vom 26. 3. 1958 (BStBl I S. 86)
EuGH	Europäischer Gerichtshof
FELEG	Gesetz zur Förderung der Einstellung der landwirtschaftlichen Erwerbstätigkeit
FG	Finanzgericht
FKPG	Gesetz zur Umsetzung des Föderalen Konsolidierungsprogramms
FlüHG	Flüchtlingshilfegesetz
FMBl	Amtsblatt des Bayerischen Staatsministeriums der Finanzen
FÖJG	Gesetz zur Förderung eines freiwilligen ökologischen Jahres (FÖJ-Förderungsgesetz)
FördG	Gesetz über Sonderabschreibungen und Abzugsbeträge im Fördergebiet (Fördergebietsgesetz)
FVG	Finanzverwaltungsgesetz
GBl.	Gesetzblatt der DDR
GbR	Gesellschaft bürgerlichen Rechts
GdB	Grad der Behinderung
gem.	gemäß

Abkürzungsverzeichnis

GenG	Genossenschaftsgesetz	PflegeVG	Gesetz zur sozialen Absicherung des Risikos der Pflegebedürftigkeit (Pflege-Versicherungsgesetz)
GewStDV	Gewerbesteuer-Durchführungsverordnung in der für den jeweiligen VZ geltenden Fassung		
GewStG	Gewerbesteuergesetz in der für den jeweiligen VZ geltenden Fassung	PTNeuOG	Gesetz zur Neuordnung des Postwesens und der Telekommunikation (Postneuordnungsgesetz)
GewStR	Gewerbesteuer-Richtlinien in der für den jeweiligen VZ geltenden Fassung	R	Richtlinie
		RdF	Reichsminister der Finanzen
GG	Grundgesetz für die Bundesrepublik Deutschland	Reichsgesetzbl.	Reichsgesetzblatt
		RepG	Reparationsschädengesetz
GmbH	Gesellschaft mit beschränkter Haftung	RFH	Reichsfinanzhof
		RStBl	Reichssteuerblatt
GrStDV	Grundsteuer-Durchführungsverordnung	SachBezVO	Sachbezugsverordnung
		SaDV	Sammelantrags-Datenträger-Verordnung
GrStG	Grundsteuergesetz		
GVBl Bln.	Gesetz- und Verordnungsblatt für Berlin	SchwbG	Schwerbehindertengesetz
H	Hinweis	SGB	Sozialgesetzbuch
HAG	Heimarbeitsgesetz	StandOG	Gesetz zur Verbesserung der steuerlichen Bedingungen zur Sicherung des Wirtschaftsstandorts Deutschland im Europäischen Binnenmarkt (Standortsicherungsgesetz)
HFR	Höchstrichterliche Finanzrechtsprechung (Zeitschrift)		
HGB	Handelsgesetzbuch		
i. d. R.	in der Regel		
InvZulG	Investitionszulagengesetz		
JMBl	Justizministerialblatt	StBlNRW	Steuerblatt Nordrhein-Westfalen
JStErgG 1996	Jahressteuer-Ergänzungsgesetz 1996	StGB	Strafgesetzbuch
		StMBG	Gesetz zur Bekämpfung des Mißbrauchs und zur Bereinigung des Steuerrechts (Mißbrauchsbekämpfungs- und Steuerbereinigungsgesetz)
JStG 1996	Jahressteuergesetz 1996		
KAGG	Gesetz über Kapitalanlagegesellschaften		
KG	Kommanditgesellschaft	StPO	Strafprozeßordnung
KHG	Krankenhausfinanzierungsgesetz	StZBl Bln	Steuer- und Zollblatt für Berlin
		Tz.	Textziffer
KStG	Körperschaftsteuergesetz	UmwStG	Gesetz über steuerliche Maßnahmen bei Änderung der Unternehmensform (Umwandlungssteuergesetz)
KStR	Körperschaftsteuer-Richtlinien in der für den jeweiligen VZ geltenden Fassung		
		USG	Unterhaltssicherungsgesetz
LAG	Lastenausgleichsgesetz	UStDB 1951	Durchführungsbestimmungen zum Umsatzsteuergesetz (1951)
LStDV	Lohnsteuer-Durchführungsverordnung in der für das jeweilige Kalenderjahr geltenden Fassung		
		UStG	Umsatzsteuergesetz
LStR	Lohnsteuer-Richtlinien	UStR	Umsatzsteuer-Richtlinien
MaBV	Makler- und Bauträgerverordnung	VAK	Vollarbeitskraft
		VE	Vieheinheit
MinBlFin	Ministerialblatt des Bundesministers der Finanzen	VermBDV	Verordnung zur Durchführung des Vermögensbildungsgesetzes
OFH	Oberster Finanzgerichtshof	VermBG	Vermögensbildungsgesetz
OHG	Offene Handelsgesellschaft	vgl.	vergleiche
OWiG	Gesetz über Ordnungswidrigkeiten	VO	Verordnung
PartG	Parteiengesetz	VZ	Veranlagungszeitraum

Abkürzungsverzeichnis

WBFBl	Amtsblatt des Finanzministeriums Württemberg-Baden	**WoPG**	Wohnungsbau-Prämiengesetz
WEG	Wohnungseigentumsgesetz	**WoPR**	Richtlinien zum Wohnungsbau-Prämiengesetz
WiGBl	Gesetzblatt der Verwaltung des Vereinigten Wirtschaftsgebiets	**WÜD**	Wiener Übereinkommen über diplomatische Beziehungen
WoBauFördG	Gesetz zur Förderung des Wohnungsbaues (Wohnungsbauförderungsgesetz)	**WÜK**	Wiener Übereinkommen über konsularische Beziehungen
		z. B.	zum Beispiel
WoBauG	Wohnungsbaugesetz (Wohnungsbau- und Familienheimgesetz)	**ZDG**	Zivildienstgesetz
		ZPO	Zivilprozeßordnung
WoPDV	Verordnung zur Durchführung des Wohnungsbau-Prämiengesetzes	**ZRFG**	Zonenrandförderungsgesetz
		ZuwG	Zuwendungsgesetz

Tabellarische Übersicht
über die betragsmäßige Entwicklung ausgewählter Tatbestände im Einkommensteuerrecht[1])

	1992	1993	1994	1995	1996
Erweiterte unbeschränkte Steuerpflicht (§ 1 Abs. 3 EStG)					
– Einnahmen im Sinne des § 1 Abs. 3 EStG nicht mehr als	5.000	5.000	6.000	6.000	–
Antrag auf Veranlagung zur unbeschränkten Steuerpflicht (§ 1 Abs. 3 EStG)					
– Einkünfte, die im Kalenderjahr der deutschen Einkommensteuer zu mindestens unterliegen oder nicht der deutschen Einkommensteuer unterliegende Einkünfte betragen nicht					90 v. H.
mehr als	–	–	–	–	12.000
Kilometer-Pauschbetrag für Fahrten zwischen Wohnung und Arbeitsstätte (§ 9 Abs. 1 Satz 3 Nr. 4 EStG)					
– bei Benutzung eines Kraftwagens	0,65	0,65	0,70	0,70	0,70
– bei Benutzung eines Motorrads oder Motorrollers	0,30	0,30	0,33	0,33	0,33
Vorsorgeaufwendungen (§ 10 EStG)					
– Grundhöchstbetrag (§ 10 Abs. 3 Nr. 1 EStG)					
+ zusammenveranlagte Ehegatten	4.680	5.220	5.220	5.220	5.220
+ andere Personen	2.340	2.610	2.610	2.610	2.610
– Vorwegabzug (§ 10 Abs. 3 Nr. 2 EStG)					
+ zusammenveranlagte Ehegatten	8.000	12.000	12.000	12.000	12.000
+ andere Personen	4.000	6.000	6.000	6.000	6.000
– Kürzung des Vorwegabzugs in den Fällen des § 10 Abs. 3 Nr. 2 Satz 2 EStG		16 v. H.[2])	16 v. H.	16 v. H.	16 v. H.
+ wegen Altersversorgung	9 v. H.	–	–	–	–
+ wegen Krankenversorgung	3 v. H.	–	–	–	–
– Zusätzlicher Höchstbetrag für Beiträge zu einer zusätzlichen freiwilligen Pflegeversicherung (§ 10 Abs. 3 Nr. 4 EStG)	–	–	–	360	360
Vorsorgepauschale (§ 10 c Abs. 2 EStG)					
– Höchstbetrag (§ 10 c Abs. 2 Satz 2 EStG)					
+ Nummer 1	4.000	6.000	6.000	6.000	6.000
abzüglich ... v. H. des Arbeitslohns	12	16	16	16	16
+ Nummer 2	2.340	2.610	2.610	2.610	2.610
+ Nummer 3					
... bis zu ...	1.170	1.305	1.305	1.305	1.305
Versorgungs-Freibetrag (§ 19 Abs. 2 EStG)					
höchstens	4.800	6.000	6.000	6.000	6.000
Sparer-Freibetrag (§ 20 Abs. 4 EStG)					
+ zusammenveranlagte Ehegatten	1.200	12.000	12.000	12.000	12.000
+ andere Personen	600	6.000	6.000	6.000	6.000

---

[1]) Soweit im einzelnen nicht anders vermerkt, Angaben in „Deutsche Mark".
[2]) Zur Anwendung → § 52 Abs. 12 Satz 5 EStG.

Übersicht

	1992	1993	1994	1995	1996
Kinderfreibetrag (§ 32 Abs. 6 EStG) in bestimmten Fällen doppelter Betrag	2.052	2.052	2.052	2.052	mtl. 261 jährl. 3.132
Grundfreibetrag (§ 32 a EStG)					
Alleinstehend	5.616	5.616	5.616	5.616	12.095
Verheiratet	11.232	11.232	11.232	11.232	24.191
Existenzminimum (§ 32 d EStG)					
– die festzusetzende Einkommensteuer beträgt 0 DM					
+ bei Anwendung des § 32 a Abs. 5 oder 6 EStG bei Erwerbsbezügen bis	–	21.059	22.139	23.111	–
+ in anderen Fällen bei Erwerbsbezügen bis	–	10.529	11.069	11.555	–
– die festzusetzende Einkommensteuer wird gemildert					
+ bei Anwendung des § 32 a Abs. 5 oder 6 EStG bei Erwerbsbezügen bis	–	25.595	27.215	30.347	–
+ in anderen Fällen bei Erwerbsbezügen bis	–	12.797	13.607	15.173	–
Unterhaltsaufwendungen (§ 33 a Abs. 1 EStG)					
– Höchstbetrag, wenn für die unterhaltene Person die Voraussetzungen für einen Ausbildungsfreibetrag erfüllt sind, unabhängig von deren Lebensalter	4.104	4.104	4.104	4.104	–
– Höchstbetrag für eine andere unterhaltene Person,					
+ wenn diese das 18. Lebensjahr noch nicht vollendet hat	4.104	4.104	4.104	4.104	–
+ wenn diese das 18. Lebensjahr vollendet hat	6.300	6.300	7.200	7.200	–
– Höchstbetrag bei gesetzlicher Unterhaltsverpflichtung und in bestimmten anderen Fällen	–	–	–	–	12.000
– Anrechnungsfreier Betrag	4.500	4.500	6.000	6.000	1.200
Steuerermäßigung bei Mitgliedsbeiträgen und Spenden an politische Parteien und an unabhängige Wählervereinigungen (§ 34 g EStG)					
– Höchstbetrag (§ 34 g Satz 2 EStG)					
+ bei zusammenveranlagten Ehegatten	1.200	1.200	3.000	3.000	3.000
+ bei anderen Personen	600	600	1.500	1.500	1.500
Kindergeld (§ 66 Abs. 1 EStG)					
für das erste und zweite Kind jeweils	–	–	–	–	200
für das dritte Kind	–	–	–	–	300
für das vierte und jedes weitere Kind jeweils	–	–	–	–	350

A.

Einkommensteuergesetz
(EStG 1990)

Einkommensteuer-Durchführungsverordnung 1990
(EStDV 1990)

Einkommensteuer-Richtlinien 1993
(EStR 1993)

Hinweise

Einführung   **EStR**

(1) Die Einkommensteuer-Richtlinen sind Weisungen an die Finanzbehörden zur einheitlichen Anwendung des Einkommensteuerrechts, zur Vermeidung unbilliger Härten und zur Verwaltungsvereinfachung.

(2) Anordnungen, die mit den nachstehenden Richtlinien im Widerspruch stehen, sind nicht mehr anzuwenden.

(3) Diesen Richtlinien liegt, soweit im einzelnen keine andere Fassung angegeben ist, das Einkommensteuergesetz 1990 in der Fassung der Bekanntmachung vom 7. September 1990 (BGBl. I S. 1898), zuletzt geändert durch Gesetz vom 18. Dezember 1995 (BGBl. I S. 1959), zugrunde.

I. Steuerpflicht

§ 1 EStG

S 2100*)
S 2101

(1) ¹**) Natürliche Personen, die im Inland einen Wohnsitz oder ihren gewöhnlichen Aufenthalt haben, sind unbeschränkt einkommensteuerpflichtig. ²Zum Inland im Sinne dieses Gesetzes gehört auch der der Bundesrepublik Deutschland zustehende Anteil am Festlandsockel, soweit dort Naturschätze des Meeresgrundes und des Meeresuntergrundes erforscht oder ausgebeutet werden.

(2) ¹Unbeschränkt einkommensteuerpflichtig sind auch deutsche Staatsangehörige, die S 2102
1. im Inland weder einen Wohnsitz noch ihren gewöhnlichen Aufenthalt haben und
2. zu einer inländischen juristischen Person des öffentlichen Rechts in einem Dienstverhältnis stehen und dafür Arbeitslohn aus einer inländischen öffentlichen Kasse beziehen,

sowie zu ihrem Haushalt gehörende Angehörige, die die deutsche Staatsangehörigkeit besitzen oder keine Einkünfte oder nur Einkünfte beziehen, die ausschließlich im Inland einkommensteuerpflichtig sind. ²Dies gilt nur für natürliche Personen, die in dem Staat, in dem sie ihren Wohnsitz oder ihren gewöhnlichen Aufenthalt haben, lediglich in einem der beschränkten Einkommensteuerpflicht ähnlichen Umfang zu einer Steuer vom Einkommen herangezogen werden.

(3) ¹Als unbeschränkt einkommensteuerpflichtig gelten auch natürliche Personen, die die Voraussetzungen des Absatzes 2 Satz 1 Nr. 1 und 2 erfüllen, sowie ihr nicht dauernd getrennt lebender Ehegatte, wenn die Steuerpflichtigen allein oder zusammen mit ihrem Ehegatten im Ausland einkommensteuerpflichtige Einnahmen von nicht mehr als 6.000 Deutsche Mark im Veranlagungszeitraum beziehen. ²Satz 1 ist entsprechend anzuwenden bei Empfängern von Versorgungsbezügen im Sinne des § 19 Abs. 2 Satz 2 Nr. 1, soweit dafür nicht nach einem Abkommen zur Vermeidung der Doppelbesteuerung das Besteuerungsrecht dem ausländischen Staat zusteht, in dem der Steuerpflichtige seinen Wohnsitz hat. S 2102

(3 – JStG 1996 –) ¹Auf Antrag werden auch natürliche Personen als unbeschränkt einkommensteuerpflichtig behandelt, die im Inland weder einen Wohnsitz noch ihren gewöhnlichen Aufenthalt haben, soweit sie inländische Einkünfte im Sinne des § 49 haben. ²Dies gilt nur, wenn ihre Einkünfte im Kalenderjahr mindestens zu 90 vom Hundert der deutschen Einkommensteuer unterliegen oder die nicht der deutschen Einkommensteuer unterliegenden Einkünfte nicht mehr als 12.000 Deutsche Mark im Kalenderjahr betragen; dieser Betrag ist zu kürzen, soweit es nach den Verhältnissen im Wohnsitzstaat des Steuerpflichtigen notwendig und angemessen ist. ³Inländische Einkünfte, die nach einem Abkommen zur Vermeidung der Doppelbesteuerung nur der Höhe nach beschränkt besteuert werden dürfen, gelten hierbei als nicht der deutschen Einkommensteuer unterliegend. ⁴Weitere Voraussetzung ist, daß die Höhe der nicht der deutschen Einkommensteuer unterliegenden Einkünfte durch eine Bescheinigung der zuständigen ausländischen Steuerbehörde nachgewiesen wird. ⁵Der Steuerabzug nach § 50 a ist ungeachtet der Sätze 1 bis 4 vorzunehmen. ¹)

(4) Natürliche Personen, die im Inland weder einen Wohnsitz noch ihren gewöhnlichen Aufenthalt haben, sind vorbehaltlich der Absätze 2 und 3 beschränkt einkommensteuerpflichtig, wenn sie inländische Einkünfte im Sinne des § 49 haben. S 2103

(4 – JStG 1996 –) Natürliche Personen, die im Inland weder einen Wohnsitz noch ihren gewöhnlichen Aufenthalt haben, sind vorbehaltlich der Absätze 2 und 3 und des § 1a beschränkt einkommensteuerpflichtig, wenn sie inländische Einkünfte im Sinne des § 49 haben. ¹)

---

*) Aktenplan-Nummer für die Finanzverwaltung.
**) Die hochgestellten Ziffern geben die laufenden Nummern der Sätze an.
¹) § 1 Abs. 3 und 4 EStG in der Fassung des JStG 1996 ist für VZ vor 1996 ausschließlich in Verbindung mit § 1a Abs. 1 EStG, eingefügt durch das JStG 1996, anzuwenden.

§ 1, 1 a EStG
R 1

> Für beschränkt steuerpflichtige Staatsangehörige eines Mitgliedstaates der Europäischen Union oder eines Staates, auf den das Abkommen über den Europäischen Wirtschaftsraum anwendbar ist, gilt auf Antrag nach § 52 Abs. 2 EStG in der Fassung des JStG 1996 für VZ vor 1996 § 1 a Abs. 1 in Verbindung mit § 1 Abs. 3 EStG in der Fassung des JStG 1996 wie folgt:

EStG

§ 1 a – JStG 1996 –[1])

(1) ¹Für Staatsangehörige eines Mitgliedstaates der Europäischen Union oder eines Staates, auf den das Abkommen über den Europäischen Wirtschaftsraum anwendbar ist, die nach § 1 Abs. 1 unbeschränkt einkommensteuerpflichtig sind und die Voraussetzungen des § 1 Abs. 3 Satz 2 bis 4 erfüllen, oder die nach § 1 Abs. 3 als unbeschränkt einkommensteuerpflichtig zu behandeln sind, gilt bei Anwendung von § 10 Abs. 1 Nr. 1, § 26 Abs. 1 Satz 1, § 32 Abs. 7 und § 33 c Abs. 1 hinsichtlich des Ehegatten und der Kinder folgendes:

1. Unterhaltsleistungen an den geschiedenen oder dauernd getrennt lebenden Ehegatten (§ 10 Abs. 1 Nr. 1) sind auch dann als Sonderausgaben abziehbar, wenn der Empfänger nicht unbeschränkt einkommensteuerpflichtig ist. ²Voraussetzung ist, daß der Empfänger seinen Wohnsitz oder gewöhnlichen Aufenthalt im Hoheitsgebiet eines anderen Mitgliedstaates der Europäischen Union oder eines Staates hat, auf den das Abkommen über den Europäischen Wirtschaftsraum Anwendung findet. ³Weitere Voraussetzung ist, daß die Besteuerung der Unterhaltszahlungen beim Empfänger durch eine Bescheinigung der zuständigen ausländischen Steuerbehörde nachgewiesen wird;

2. der nicht dauernd getrennt lebende Ehegatte ohne Wohnsitz oder gewöhnlichen Aufenthalt im Inland wird auf Antrag für die Anwendung des § 26 Abs. 1 Satz 1 als unbeschränkt einkommensteuerpflichtig behandelt. Nummer 1 Satz 2 gilt entsprechend. ²Bei Anwendung des § 1 Abs. 3 Satz 2 ist auf die Einkünfte beider Ehegatten abzustellen und der Betrag von 12.000 Deutsche Mark zu verdoppeln;

3. ein Haushaltsfreibetrag (§ 32 Abs. 7) wird auch abgezogen, wenn das Kind, für das dem Steuerpflichtigen ein Kinderfreibetrag oder Kindergeld zusteht, in der Wohnung des Steuerpflichtigen gemeldet ist, die nicht im Inland belegen ist. ²Nummer 1 Satz 2 gilt sinngemäß. Weitere Voraussetzung ist, daß der Steuerpflichtige, falls er verheiratet ist, von seinem Ehegatten dauernd getrennt lebt;

4. Aufwendungen für Dienstleistungen zur Betreuung eines zum Haushalt eines Alleinstehenden gehörenden Kindes (§ 33 c Abs. 1) gelten auch dann als außergewöhnliche Belastung, wenn das Kind nicht unbeschränkt einkommensteuerpflichtig ist. ²Nummer 1 Satz 2 gilt sinngemäß. ³Lebt der Steuerpflichtige, falls er verheiratet ist, von seinem Ehegatten nicht dauernd getrennt, ist § 33 c Abs. 5 anwendbar.

(2)[2])

R 1 **R 1. Steuerpflicht**

– unbesetzt –

---

[1]) § 1 a Abs. 1 ist für Staatsangehörige eines Mitgliedstaates der Europäischen Union auf Antrag auch für VZ vor 1996 anzuwenden, soweit Steuerbescheide noch nicht bestandskräftig sind; für Staatsangehörige und für das Hoheitsgebiet Finnlands, Islands, Norwegens, Österreichs und Schwedens gilt dies ab dem VZ 1994 (→ § 52 Abs. 2 EStG in der Fassung des JStG 1996).

[2]) § 1 a Abs. 2 in der Fassung des JStG 1996:
„(2) Für unbeschränkt einkommensteuerpflichtige Personen im Sinne des § 1 Abs. 3, die die Voraussetzungen des § 1 Abs. 2 Satz 1 Nr. 1 und 2 erfüllen und an einem ausländischen Dienstort tätig sind, gelten die Regelungen des Absatzes 1 Nr. 2 bis 4 entsprechend mit der Maßgabe, daß auf Wohnsitz, gewöhnlichen Aufenthalt, Wohnung oder Haushalt im Staat des ausländischen Dienstortes abzustellen ist."

§ 1, 1 a EStG

Hinweise

Allgemeines

Die unbeschränkte Einkommensteuerpflicht erstreckt sich auf sämtliche inländische und ausländische Einkünfte, soweit nicht für bestimmte Einkünfte abweichende Regelungen bestehen, z. B. in DBA oder in anderen zwischenstaatlichen Vereinbarungen.

Dazu A 1 LStR 1993:

(1) Unbeschränkt einkommensteuerpflichtig gemäß § 1 Abs. 2 EStG sind insbesondere von der Bundesrepublik Deutschland ins Ausland entsandte Staatsangehörige, die Mitglied einer diplomatischen Mission oder konsularischen Vertretung sind – einschließlich der zu ihrem Haushalt gehörenden Angehörigen –, soweit die Voraussetzung des § 1 Abs. 2 EStG erfüllt ist. Für einen ausländischen Ehegatten gilt dies auch, wenn er die Staatsangehörigkeit des Empfangsstaates besitzt.

(2) Als unbeschränkt einkommensteuerpflichtig gemäß § 1 Abs. 3 EStG gelten deutsche Staatsangehörige[1]) ohne diplomatischen oder konsularischen Status sowie ihre nicht dauernd getrennt lebenden Ehegatten, die bei deutschen juristischen Personen des öffentlichen Rechts im Inland und Ausland tätig sind. Voraussetzung ist, daß der Arbeitnehmer allein oder zusammen mit seinem Ehegatten im Wohnsitzstaat einkommensteuerpflichtige Einnahmen im Wert von nicht mehr als 5.000[2]) DM im Kalenderjahr bezieht. Dies ist durch Vorlage einer Bescheinigung der zuständigen Finanzbehörde nachzuweisen. Im Wohnsitzstaat einkommensteuerpflichtige Einnahmen sind allein solche, die nach dem Recht des jeweiligen Staates steuerbar und nicht sachlich von der Steuer befreit sind; der Begriff Einnahmen ist nicht im Sinne von Einkünfte zu verstehen (BFH-Urteil vom 19. 6. 1991 – BStBl II S. 914).

Arbeitslohn-Besteuerung nach den DBA

Anwendung der 183-Tage-Klausel. → BMF vom 5. 1. 1994 (BStBl I S. 11) *Anhang 12*

Auslandskorrespondenten

→ BMF vom 1. 12. 1992 (BStBl I S. 730)[3]) und vom 12. 1. 1993 (BStBl I S. 109)[3])

Auslandslehrkräfte und andere nicht entsandte Arbeitnehmer

→ BMF vom 9. 7. 1990 (BStBl I S. 324), aber Sonderregelung für in den USA tätige Auslandslehrkräfte und andere nicht entsandte Arbeitnehmer → BMF vom 10. 11. 1994 (BStBl I S. 853)

Einkommensteuerrechtliche Behandlung der durch das Bundesverwaltungsamt – Zentralstelle für das Auslandsschulwesen – an deutsche Auslandsschulen vermittelten Lehrer (und anderen nicht entsandten Arbeitnehmern)

Bezug: BMF-Schreiben vom 15. August 1989 – IV B 4 – S 2102 – 27/89 – (BStBl I S. 329)

BMF vom 9. 7. 1990 (BStBl I S. 324)

IV B 4 – S 2102 – 12/90

Auf Grund der Erörterungen mit den obersten Finanzbehörden der Länder vertrete ich zur einkommensteuerrechtlichen Behandlung der durch das Bundesverwaltungsamt – Zentralstelle für das Auslandsschulwesen – an deutsche Auslandsschulen vermittelten Lehrer (und anderen nicht entsandten Arbeitnehmern) folgende Auffassung:

Die Rechtsverhältnisse dieser Steuerpflichtigen werden ab dem 1. Januar 1991 in der Weise geregelt, daß ihre Rechte und Pflichten gegenüber dem Auswärtigen Amt als der für die auswärtige Kulturpolitik zuständigen Stelle der Bundesrepublik Deutschland in einem (Verpflichtungs- und) Zuwendungsbescheid geregelt werden, der die Betroffenen bezüglich ihrer Rechtsverhältnisse stärker vom Bund als vom ausländischen Schulträger abhän-

---

[1]) ab VZ 1995: natürliche Personen
[2]) ab VZ 1994: 6.000 DM
[3]) Zur einkommensteuerrechtlichen Behandlung der nicht im Inland ansässigen Korrespondenten → BMF vom 23. 1. 1996 – IV B 4 – S 2303 – 14/96. Die Regelungen sind auf Bezüge anzuwenden, die nach dem 31. 12. 1995 zufließen. Sie ersetzen die o. g. BMF-Schreiben.

gig macht; der Dienstvertrag mit dem Schulträger bestimmt künftig nur noch die organisatorische Einbindung in den Betrieb der Auslandsschule und ist gegenüber dem Zuwendungsbescheid von zweitrangiger Bedeutung. Aus diesem Grund sind ab 1991 die betroffenen Steuerpflichtigen unter den Voraussetzungen des § 1 Abs. 3 EStG als unbeschränkt einkommensteuerpflichtig zu behandeln. Die BFH-Urteile vom 14. November 1986 (BStBl 1989 II S. 351) und vom 2. März 1988 (BStBl II S. 768) sind wegen der geänderten Rechtsverhältnisse der Betroffenen ab diesem Zeitpunkt nicht mehr anzuwenden, soweit darin zur Frage der unbeschränkten Steuerpflicht Stellung genommen wird. Die Ausführungen in dem BFH-Urteil vom 14. November 1986 zur Berechnung der abziehbaren Werbungskosten sind hingegen weiter anzuwenden.

Besteuerung der in die USA vermittelten Lehrkräfte und anderer nicht entsandter Arbeitnehmer; Anwendung des § 1 Absatz 2 oder 3 EStG

BMF vom 10. 11. 1994 (BStBl I S. 853)

IV B 4 – S 2104 – 27/94

Die durch das Bundesverwaltungsamt – Zentralstelle für das Auslandsschulwesen – an deutsche Auslandsschulen vermittelten Lehrkräfte und andere nicht entsandte Arbeitnehmer sind unter den Voraussetzungen des § 1 Abs. 3 EStG grundsätzlich als unbeschränkt einkommensteuerpflichtig zu behandeln (BMF-Schreiben vom 9. Juli 1990, BStBl I S. 324). Es ist gefragt worden, ob die unbeschränkte Einkommensteuerpflicht sich bei amtlich vermittelten Lehrkräften, die an Deutschen Schulen in den USA tätig sind, oder bei anderen nicht entsandten, in den USA tätigen Arbeitnehmern statt aus § 1 Abs. 3 EStG bereits aus § 1 Abs. 2 EStG ergeben kann, der keine Unschädlichkeitsgrenze (bis Veranlagungszeitraum 1993: DM 5.000, ab Veranlagungszeitraum 1994: DM 6.000) enthält. Im Einvernehmen mit den obersten Finanzbehörden der Länder vertrete ich hierzu folgende Auffassung:

Nach § 1 Abs. 2 EStG sind deutsche Staatsangehörige auch dann unbeschränkt einkommensteuerpflichtig, wenn sie zwar nicht im Inland ansässig sind, aber zu einer inländischen juristischen Person des öffentlichen Rechts in einem Dienstverhältnis stehen und hierfür Arbeitslohn aus einer inländischen öffentlichen Kasse beziehen, sowie unter bestimmten Voraussetzungen insbesondere zu ihrem Haushalt gehörende Ehegatten. Dies gilt nach § 1 Abs. 2 Satz 2 EStG allerdings nur, wenn die Personen in dem Staat, in dem sie ansässig sind, **lediglich in einem der beschränkten Einkommensteuerpflicht ähnlichen Umfang** herangezogen werden.

Diese Voraussetzungen sind bei nicht entsandten, in den USA tätigen Arbeitnehmern des inländischen öffentlichen Dienstes und ihren Ehegatten erfüllt.

In den USA gelten nämlich Personen, deren Aufenthalt in den USA „regierungsbezogen" ist (foreign government related individuals, Sec 7701 [b] [5] [A] des Internal Revenue Code), nicht als in den USA ansässig. Hierzu gehören neben Personen mit Diplomatenstatus auch Personen, deren Visumskategorie Diplomatenstatus entspricht. Dem Diplomatenstatus entsprechen sog. A-Visen. Die amtlich vermittelten Lehrkräfte sowie andere nicht entsandte, in den USA tätige Arbeitnehmer und ihre Ehegatten erhalten A-2-Visen. Sie unterliegen in den USA deshalb nur der Einkommensteuer, soweit sie Einkünfte aus amerikanischen Quellen beziehen; sie werden also dort nur in einem der beschränkten Einkommensteuerpflicht ähnlichen Umfang zur Einkommensteuer herangezogen. Die amtlich in die USA vermittelten deutschen Lehrkräfte sowie andere nicht entsandte, in den USA tätige Arbeitnehmer und ihre Ehegatten sind damit bereits unter den Voraussetzungen des § 1 Abs. 2 EStG unbeschränkt einkommensteuerpflichtig.

Auslandstätigkeitserlaß

Anhang 26 → BMF vom 31. 10. 1983 (BStBl I S. 470)

Beschränkte und unbeschränkte Einkommensteuerpflicht

Umsetzung des EuGH-Urteils vom 14. 2. 1995 im Rahmen des JStG 1996 → BMF vom 6. 12. 1995 – BStBl I S. 803; abgedruckt zu H 224.

Diplomaten und sonstige Beschäftigte ausländischer Vertretungen in der Bundesrepublik

→ § 3 Nr. 29 EStG

§ 1, 1 a EStG
H 1   R 1

Doppelbesteuerung
→ Verzeichnis der Abkommen zur Vermeidung der Doppelbesteuerung   Anhang 12
Entlastung von deutschen Abzugssteuern
→ Freistellung
Erweiterte beschränkte Steuerpflicht
→ §§ 2 und 5 AStG   Anhang 2
Erweiterte unbeschränkte Steuerpflicht
→ § 1 Abs. 2 und 3 EStG

Im Ausland bei internationalen Organisationen beschäftigte Deutsche fallen nicht unter § 1 Abs. 2 oder 3 EStG, da sie ihren Arbeitslohn nicht aus einer inländischen öffentlichen Kasse beziehen.

→ BMF vom 9.11.1992 (BStBl I S. 726) – Auszug –:

Billigkeitsregelung in Fällen, in denen ein Steuerpflichtiger und sein nicht dauernd getrennt lebender Ehegatte zunächst unter den Voraussetzungen des § 1 Abs. 2 EStG unbeschränkt einkommensteuerpflichtig sind bzw. unter den Voraussetzungen des § 1 Abs. 3 EStG als unbeschränkt steuerpflichtig gelten,

– der Steuerpflichtige dann aus dienstlichen Gründen in das Inland versetzt wird und
– der nicht dauernd getrennt lebende Ehegatte aus persönlichen Gründen noch für kurze Zeit im Ausland verbleibt.

Freistellung von deutschen Abzugssteuern
→ § 50 d EStG, Besonderheiten im Fall von DBA

Gastlehrkräfte – Besteuerung nach den DBA

Besteuerung von Gastlehrkräften nach den Doppelbesteuerungsabkommen (DBA)

BMF vom 10. 1. 1994 (BStBl I S. 14)

IV C 5 – S 1300 – 196/93

Unter Bezugnahme auf das Ergebnis der Erörterungen mit den obersten Finanzbehörden der Länder gilt für die Besteuerung der Gastlehrkräfte nach den Doppelbesteuerungsabkommen (DBA) folgendes:

1. Die DBA enthalten unterschiedliche Regelungen zur Befreiung von Lehrtätigkeitsvergütungen bei Gastlehrkräften. Die Befreiung von der deutschen Steuer kann davon abhängen, daß der Gastlehrer im Entsendestaat im Sinne des DBA ansässig bleibt oder daß er zumindest unmittelbar vor Aufnahme der Tätigkeit dort ansässig war. Nach einigen Abkommen setzt die Steuerfreiheit voraus, daß die Vergütungen aus Quellen außerhalb des Tätigkeitsstaats stammen. Die Besonderheiten des jeweiligen Abkommens sind zu beachten. Wird die Lehrkraft aus öffentlichen Kassen des ausländischen Entsendestaats besoldet, sind die Bestimmungen des Abkommens über Zahlungen aus öffentlichen Kassen anzuwenden.

2. Nach mehreren DBA sind die Lehrkräfte aus dem jeweiligen Partnerstaat mit ihren Einkünften aus der Lehrtätigkeit in Deutschland von der deutschen Einkommensteuer befreit, wenn sie sich hier vorübergehend für höchstens zwei Jahre zu Unterrichtszwecken aufhalten (z. B. Artikel XIII DBA-Großbritannien). Bei längerem Aufenthalt tritt für in den ersten beiden Aufenthaltsjahren erzielte Einkünfte aus Lehrtätigkeit auch dann keine Steuerbefreiung ein (wie bisher schon im Verhältnis zu Großbritannien), wenn ursprünglich eine kürzere Verweildauer geplant war und der Aufenthalt später verlängert wurde; es ist auf die objektiv feststellbare Verweildauer abzustellen (BFH-Urteil vom 22. 7. 1987, BStBl II S. 842).

Liegt ein Zeitraum von mehr als sechs Monaten zwischen zwei Aufenthalten, so gelten die Aufenthalte nicht als zusammenhängend. Beträgt der Zeitraum weniger als sechs Monate, so gilt der Aufenthalt als nicht unterbrochen, es sei denn, aus den Umständen des Einzelfalls ergibt sich, daß die beiden Aufenthalte völlig unabhängig voneinander sind.

43

Ist nach einem Doppelbesteuerungsabkommen die Steuerbefreiung von einem Antrag abhängig, darf der Lohnsteuerabzug nur dann unterbleiben, wenn das Betriebsstättenfinanzamt bescheinigt, daß der Arbeitslohn nicht der deutschen Lohnsteuer unterliegt (vgl. BFH-Urteil vom 10. 5. 1989 – BStBl II S. 755). Ist die Steuerbefreiung nach einem Doppelbesteuerungsabkommen antragsunabhängig, hat das Betriebsstättenfinanzamt gleichwohl auf Antrag eine Freistellungsbescheinigung zu erteilen. Wird nach einem Doppelbesteuerungsabkommen zulässigerweise kein Antrag gestellt, kann die Überprüfung der für die Lohnsteuerbefreiung maßgebenden Zweijahresfrist im Rahmen einer Lohnsteuer-Außenprüfung und unter Umständen die Inanspruchnahme des Arbeitgebers als Haftungsschuldner in Frage kommen.

Ist zweifelhaft, ob es bei einer ursprünglich vorgesehenen längstens zweijährigen Aufenthaltsdauer bleibt, können Freistellungsbescheinigungen unter dem Vorbehalt der Nachprüfung (§ 164 AO) erteilt werden und Steuerfestsetzungen nach § 165 AO insoweit vorläufig erfolgen oder ausgesetzt werden.

3. Unabhängig von dem in Nummer 2 dargestellten Grundsatz kann im Einzelfall nach Maßgabe der allgemeinen Vorschriften eine Billigkeitsmaßnahme in Betracht kommen, z. B. bei Verlängerung des Aufenthalts einer Gastlehrkraft im Falle einer Schwangerschaft. Ebenso kann in Fällen, in denen der vorübergehende Aufenthalt der Gastlehrkraft durch Heirat mit einem hier Ansässigen und Begründung des Familienwohnsitzes im Inland beendet wird, von einer Nachversteuerung der bis zum Zeitpunkt der Eheschließung bezogenen Bezüge abgesehen werden, sofern die bis dahin ausgeübte Gastlehrtätigkeit den Zeitraum von höchstens zwei Jahren nicht überschreitet.

4. Lehranstalten im Sinne dieser Regelungen können neben Universitäten, Schulen und anderen Lehranstalten des jeweiligen Staates auch private Institute sein. Voraussetzung ist, daß sie nach Struktur und Zielsetzung mit öffentlichen Lehranstalten, gleich welchen Typs, vergleichbar sind. Insbesondere müssen sie einen ständigen Lehrkörper besitzen, der nach einem festen Lehrplan Unterricht mit einem genau umrissenen Ziel erteilt, das auch von vergleichbaren öffentlichen Lehranstalten verfolgt wird. Das Vorliegen dieser Voraussetzungen kann im allgemeinen bei privaten Lehranstalten unterstellt werden, soweit ihnen Umsatzsteuerfreiheit nach § 4 Nr. 21 Buchstabe a oder b UStG gewährt wird. Nicht erfüllt werden diese Voraussetzungen z. B. von Fernkursveranstaltern und anderen Einrichtungen, bei denen nur ein sehr loses Verhältnis zwischen Lehranstalt und Schülern besteht oder bei denen die Lehrkräfte ihre Tätigkeit in der Hauptsache nebenberuflich ausüben.

Forschungsinstitutionen mit mehreren Instituten können nicht in ihrer Gesamtheit als Lehranstalt im Sinne der Doppelbesteuerungsabkommen anerkannt werden. Eine Anerkennung ist nur für die einzelnen Institute möglich, sofern diese die Voraussetzungen hierfür nachweisen oder sich durch Bescheinigungen der zuständigen Kultusministerien als Lehranstalten ausweisen.

5. Als Lehrer ist jede Person anzusehen, die an einer Lehranstalt eine Lehrtätigkeit hauptberuflich ausübt. Ein besonderer Nachweis der Qualifikation ist nicht zu fordern.

6. Soweit aufgrund der Nummer 2 für die ersten beiden Aufenthaltsjahre keine Steuerfreiheit eintritt, ist das BFH-Urteil vom 22. 7. 1987 (BStBl II S. 842) für Veranlagungszeiträume vor 1988 in noch offenen Fällen nicht über den entschiedenen Einzelfall hinaus anzuwenden.

7. Dieses Schreiben tritt an die Stelle meiner Schreiben vom 8. 4. 1953 – IV S 2227 – 14/53 –, 4. 9. 1975 – IV C 5 – S 1300 – 343/75 –, 5. 4. 1976 – IV C 5 – S 1301 Gr Br – 43/76 –, 15. 7. 1980 – IV C 5 – S 1300 – 242/80 –, 23. 8. 1985 – IV C 6 – S 1301 SAf – 6/85 – und 18. 8. 1986 – IV C 5 – S 1301 GB – 35/86 –.

Gewöhnlicher Aufenthalt
→ § 9 AO

Grenzgänger Niederlande[1]

Das Ausführungsgesetz Grenzgänger Niederlande ist nicht anzuwenden, wenn zugleich eine erweiterte unbeschränkte Steuerpflicht nach § 1 Abs. 3 EStG vorliegt (→ BFH vom 27. 7. 1994 – BStBl II S. 127).

Künstler

- Steuerliche Behandlung beschränkt steuerpflichtiger Künstler → BMF vom 1. 12. 1995 – IV B 4 – S 2303 – 135/95.
- Besteuerung der Einkünfte aus nichtselbständiger Arbeit bei beschränkt einkommensteuerpflichtigen Künstlern → BMF vom 15. 1. 1996 (BStBl I S. 55).

Schiffe

Schiffe unter Bundesflagge rechnen auf hoher See zum Inland.

→ BFH vom 12. 11. 1986 (BStBl 1987 II S. 377)

Unbeschränkte Steuerpflicht – auf Antrag –

Die rückwirkende Regelung für Steuerpflichtige, die die Anwendung der in § 1a Abs. 1 Nr. 1 bis 4 EStG in der Fassung des JStG 1996 genannten Vorschriften (insbesondere Ehegattensplitting, Haushaltsfreibetrag) beantragen, ergibt sich aus § 1a Abs. 1 in Verbindung mit § 1 Abs. 3, § 52 Abs. 2 EStG in der Fassung des JStG 1996. Sie gilt nur für Staatsangehörige eines Mitgliedstaates der Europäischen Union oder eines Staates, auf den das Abkommen über den Europäischen Wirtschaftsraum Anwendung findet. Für Staatsangehörige anderer Staaten ist für den Veranlagungszeitraum 1995 ein Antrag auf Veranlagung nach § 50 Abs. 4 EStG möglich.

Wechsel der Steuerpflicht

→ R 227

Wohnsitz

→ § 8 AO

Behält ein ins Ausland versetzter Arbeitnehmer eine Wohnung im Inland bei, deren Benutzung ihm jederzeit möglich ist und die so ausgestattet ist, daß diese ihm jederzeit als Bleibe dienen kann, so ist – widerlegbar – zu vermuten, daß er einen Wohnsitz im Inland hat (→ BFH vom 17. 5. 1995 – BFHE 178, 294).

R 2. Zuständigkeit bei der Besteuerung

– unbesetzt –

Hinweise

Freistellung von deutschen Abzugssteuern

Für die Entlastung (Erstattung und Freistellung) von deutschen Abzugssteuern – mit Ausnahme des Steuerabzugs vom Arbeitslohn – auf Grund von DBA ist nach § 5 Abs. 1 Nr. 2 FVG das Bundesamt für Finanzen zuständig.

Wohnsitzverlegung

→ §§ 54 bis 57, 59, 61 BuchO-AdV

Zuständigkeit bei der Besteuerung

→ §§ 16 bis 29 AO

---

[1]) Durch Artikel 13 des JStG 1996 wurde dem Ausführungsgesetz Grenzgänger Niederlande ein neuer § 9 angefügt. Danach ist das Gesetz letztmals für das Kalenderjahr 1995 anzuwenden.

II. Einkommen

1. Sachliche Voraussetzungen für die Besteuerung

EStG

§ 2
Umfang der Besteuerung, Begriffsbestimmungen

(1) ¹Der Einkommensteuer unterliegen
1. Einkünfte aus Land- und Forstwirtschaft,
2. Einkünfte aus Gewerbebetrieb,
3. Einkünfte aus selbständiger Arbeit,
4. Einkünfte aus nichtselbständiger Arbeit,
5. Einkünfte aus Kapitalvermögen,
6. Einkünfte aus Vermietung und Verpachtung,
7. sonstige Einkünfte im Sinne des § 22,

die der Steuerpflichtige während seiner unbeschränkten Einkommensteuerpflicht oder als inländische Einkünfte während seiner beschränkten Einkommensteuerpflicht erzielt. ²Zu welcher Einkunftsart die Einkünfte im einzelnen Fall gehören, bestimmt sich nach den §§ 13 bis 24.

(2) Einkünfte sind
1. bei Land- und Forstwirtschaft, Gewerbebetrieb und selbständiger Arbeit der Gewinn (§§ 4 bis 7 g),
2. bei den anderen Einkunftsarten der Überschuß der Einnahmen über die Werbungskosten (§§ 8 bis 9 a).

(3) Die Summe der Einkünfte, vermindert um den Altersentlastungsbetrag und den Abzug nach § 13 Abs. 3, ist der Gesamtbetrag der Einkünfte.

(4) Der Gesamtbetrag der Einkünfte, vermindert um die Sonderausgaben und die außergewöhnlichen Belastungen, ist das Einkommen.

(5) Das Einkommen, vermindert um den Kinderfreibetrag nach § 32 Abs. 6, den Haushaltsfreibetrag nach § 32 Abs. 7 und um die sonstigen vom Einkommen abzuziehenden Beträge, ist das zu versteuernde Einkommen; dieses bildet die Bemessungsgrundlage für die tarifliche Einkommensteuer.

(6) Die tarifliche Einkommensteuer, vermindert um den Entlastungsbetrag nach § 32 c und die Steuerermäßigungen, ist die festzusetzende Einkommensteuer.

---

¹) Absatz 5 wurde durch das JStG 1996 ab VZ 1996 geändert:
„(5) ¹Das Einkommen, vermindert um den Kinderfreibetrag nach den §§ 31 und 32, den Haushaltsfreibetrag nach § 32 Abs. 7 und um die sonstigen vom Einkommen abzuziehenden Beträge, ist das zu versteuernde Einkommen; dieses bildet die Bemessungsgrundlage für die tarifliche Einkommensteuer. ²Knüpfen andere Gesetze an den Begriff des zu versteuernden Einkommens an, ist für deren Zweck das Einkommen in allen Fällen des § 32 um den Kinderfreibetrag zu vermindern."

²) Absatz 6 wurde durch das JStG 1996 und das JStErgG 1996 ab VZ 1996 neugefaßt:
„(6) ¹Die tarifliche Einkommensteuer, vermindert um den Entlastungsbetrag nach § 32 c, die anzurechnenden ausländischen Steuern und die Steuerermäßigungen, vermehrt um die Steuer nach § 34 c Abs. 5, die Nachsteuer nach § 10 Abs. 5 und den Zuschlag nach § 3 Abs. 4 Satz 2 des Forstschäden-Ausgleichsgesetzes, ist die festzusetzende Einkommensteuer. ²Wurde das Einkommen in den Fällen des § 31 um den Kinderfreibetrag vermindert, ist für die Ermittlung der festzusetzenden Einkommensteuer das Kindergeld der tariflichen Einkommensteuer hinzuzurechnen."

(7) ¹Die Einkommensteuer ist eine Jahressteuer. ²Die Grundlagen für ihre Festsetzung sind jeweils für ein Kalenderjahr zu ermitteln. ³Besteht die unbeschränkte oder beschränkte Einkommensteuerpflicht nicht jeweils während eines ganzen Kalenderjahrs, so tritt an die Stelle des Kalenderjahrs der Zeitraum der jeweiligen Einkommensteuerpflicht.

S 2111
¹)

R 3. Ermittlung des zu versteuernden Einkommens

Das zu versteuernde Einkommen ist wie folgt zu ermitteln:

1	Summe der Einkünfte aus den Einkunftsarten	S 2117
2	+ nachzuversteuernder Betrag (§ 10 a EStG)	S 2118
3	+ aufgelöste Akkumulationsrücklage (§ 58 Abs. 2 EStG)	
4	+ Hinzurechnungsbetrag (§ 2 Abs. 3 Satz 3, Abs. 4 EStG, § 2 Abs. 1 Satz 3, Abs. 2 Auslandsinvestitionsgesetz)	
5	– ausländische Verluste bei DBA (§ 2 a Abs. 3 Satz 1 EStG)	
6	= Summe der Einkünfte	
6a	– im VZ durch Erbfolge übergegangener, beim Erblasser nicht ausgeglichener/rückgetragener Verlust aus dem VZ	
7	– Altersentlastungsbetrag (§ 24 a EStG)	
8	– Abzug für Land- und Forstwirte (§ 13 Abs. 3 EStG)	
9	= Gesamtbetrag der Einkünfte (§ 2 Abs. 3 EStG)	
10	– Sonderausgaben (§§ 10, 10 b, 10 c EStG)	
11	– außergewöhnliche Belastungen (§§ 33 bis 33 c EStG)	
12	– Steuerbegünstigung der zu Wohnzwecken genutzten Wohnungen, Gebäude und Baudenkmale sowie der schutzwürdigen Kulturgüter (§§ 10 e bis 10 h, 52 Abs. 21 Sätze 4 bis 7 EStG und § 7 FördG)	Anhang 15
13	– Verlustabzug (§§ 10 d, 2 a Abs. 3 Satz 2 EStG)	
13a	+ zuzurechnendes Einkommen einer ausländischen Familienstiftung (§ 15 AStG)	Anhang 2
14	= Einkommen (§ 2 Abs. 4 EStG)	S 2112
15	– Kinderfreibetrag (§ 32 Abs. 6 EStG)	
16	– Haushaltsfreibetrag (§ 32 Abs. 7 EStG)	
17	– Tariffreibetrag (§ 32 Abs. 8 EStG)²)	
18	– Härteausgleich nach § 46 Abs. 3 EStG, § 70 EStDV	
19	= zu versteuerndes Einkommen (§ 2 Abs. 5 EStG).	

Hinweise

Besondere Veranlagung für den VZ der Eheschließung
→ § 26 c EStG

Familienleistungsausgleich ab VZ 1996
→ BMF vom 18. 12. 1995 (BStBl I S. 805).

Anhang 14 a

¹) Absatz 7 Satz 3 wurde durch das JStG 1996 ab VZ 1996 geändert:
„³Besteht während eines Kalenderjahrs sowohl unbeschränkte als auch beschränkte Einkommensteuerpflicht, so sind die während der beschränkten Einkommensteuerpflicht erzielten inländischen Einkünfte den während der unbeschränkten Einkommensteuerpflicht erzielten Einkünften hinzuzurechnen."
²) Bis einschließlich VZ 1993.

§ 2 EStG
R 4 H 3, 4

Getrennte Veranlagung
→ §§ 26, 26 a EStG
→ R 174 Abs. 3
Zusammenveranlagung
→ §§ 26, 26 b EStG

R 4 R 4. Ermittlung der festzusetzenden Einkommensteuer

Die festzusetzende Einkommensteuer ist wie folgt zu ermitteln:

1   Steuerbetrag
    a) laut Grundtabelle/Splittingtabelle
      (§ 32 a Abs. 1, 5, § 50 Abs. 3 EStG)
    oder
    b) nach dem bei Anwendung des Progressionsvorbehalts (§ 32 b EStG) oder der Steuersatzbegrenzung sich ergebenden Steuersatz

2   + Steuer auf Grund Berechnung nach den §§ 34, 34 b, 34 c Abs. 4 EStG

3   = tarifliche Einkommensteuer (§ 32 a Abs. 1, 5 EStG)

3a – Entlastungsbetrag nach § 32 c EStG

Anhang 2   4 – ausländische Steuern nach § 34 c Abs. 1 und 6 EStG, § 12 AStG
            5 – Steuerermäßigung bei Land- und Forstwirten nach § 34 e EStG
            6 – Steuerermäßigung für Einkünfte aus Berlin (West) nach den §§ 21, 31 Abs. 14 a BerlinFG[1])

Anhang 26 7 + Steuern nach § 34 c Abs. 5 EStG
             8 – Steuerermäßigung für Steuerpflichtige mit Kindern bei Inanspruchnahme erhöhter Absetzungen für Wohngebäude oder der Steuerbegünstigungen für eigengenutztes Wohneigentum (§ 34 f Abs. 1, 2 EStG)
             9 – Steuerermäßigung bei Mitgliedsbeiträgen und Spenden an politische Parteien und unabhängige Wählervereinigungen (§ 34 g EStG)
          10 – Steuerermäßigung nach § 34 f Abs. 3 EStG
          11 – Steuerermäßigung bei Belastung mit Erbschaftsteuer (§ 35 EStG)

Anhang 15 11a – Steuerermäßigung nach § 7 a FördG
Anhang 20 11b + Zuschlag nach § 3 Abs. 4 Satz 2 des Forstschäden-Ausgleichsgesetzes
          12 + Nachsteuer nach den §§ 30, 31 EStDV

13 = festzusetzende Einkommensteuer (§ 2 Abs. 6 EStG).

H 4   **Hinweise**

Allgemeines

S 2111 Sind nur während eines Teils des Kalenderjahrs Einkünfte bezogen worden, so sind diese Einkünfte als Bemessungsgrundlage für das Kalenderjahr anzusetzen.
→ R 227

Anrechnung einbehaltener Steuerabzugsbeträge
→ R 213 f

Erstattung von Einkommensteuer

Anhang 2 → § 11 Abs. 2 und 3 AStG

Zuordnung von Gewinnen bei abweichendem Wirtschaftsjahr
→ § 4 a Abs. 2 EStG

---

[1]) Durch Zeitablauf überholt.

§ 2 a
Negative ausländische Einkünfte

(1) ¹Negative Einkünfte

1. aus einer in einem ausländischen Staat belegenen land- und forstwirtschaftlichen Betriebsstätte,
2. aus einer in einem ausländischen Staat belegenen gewerblichen Betriebsstätte,
3. a) aus dem Ansatz des niedrigeren Teilwerts eines zu einem Betriebsvermögen gehörenden Anteils an einer Körperschaft, die weder ihre Geschäftsleitung noch ihren Sitz im Inland hat (ausländische Körperschaft), oder
   b) aus der Veräußerung oder Entnahme eines zu einem Betriebsvermögen gehörenden Anteils an einer ausländischen Körperschaft oder aus der Auflösung oder Herabsetzung des Kapitals einer ausländischen Körperschaft,
4. in den Fällen des § 17 bei einem Anteil an einer Kapitalgesellschaft, die weder ihre Geschäftsleitung noch ihren Sitz im Inland hat,
5. aus der Beteiligung an einem Handelsgewerbe als stiller Gesellschafter und aus partiarischen Darlehen, wenn der Schuldner Wohnsitz, Sitz oder Geschäftsleitung in einem ausländischen Staat hat,
6. a) aus der Vermietung oder der Verpachtung von unbeweglichem Vermögen oder von Sachinbegriffen, wenn diese in einem ausländischen Staat belegen sind, oder
   b) aus der Vermietung oder der Verpachtung von Schiffen, wenn diese Einkünfte nicht tatsächlich der inländischen Besteuerung unterliegen, oder
   c) aus dem Ansatz des niedrigeren Teilwerts oder der Übertragung eines zu einem Betriebsvermögen gehörenden Wirtschaftsguts im Sinne der Buchstaben a und b,
7. a) aus dem Ansatz des niedrigeren Teilwerts, der Veräußerung oder Entnahme eines zu einem Betriebsvermögen gehörenden Anteils an
   b) aus der Auflösung oder Herabsetzung des Kapitals
   c) in den Fällen des § 17 bei einem Anteil an

einer Körperschaft mit Sitz oder Geschäftsleitung im Inland, soweit die negativen Einkünfte auf einen der in den Nummern 1 bis 6 genannten Tatbestände zurückzuführen sind,

dürfen nur mit positiven Einkünften der jeweils selben Art aus demselben Staat, in den Fällen der Nummer 7 auf Grund von Tatbeständen der jeweils selben Art aus demselben Staat, ausgeglichen werden; sie dürfen auch nicht nach § 10 d abgezogen werden. ²Den negativen Einkünften sind Gewinnminderungen gleichgestellt. ³Soweit die negativen Einkünfte nicht nach Satz 1 ausgeglichen werden können, mindern sie die positiven Einkünfte der jeweils selben Art, die der Steuerpflichtige in den folgenden Veranlagungszeiträumen aus demselben Staat, in den Fällen der Nummer 7 auf Grund von Tatbeständen der jeweils selben Art aus demselben Staat, erzielt. ⁴Die Minderung ist nur insoweit zulässig, als die negativen Einkünfte in den vorangegangenen Veranlagungszeiträumen nicht berücksichtigt werden konnten (verbleibende negative Einkünfte). ⁵Die am Schluß eines Veranlagungszeitraums verbleibenden negativen Einkünfte sind gesondert festzustellen; § 10 d Abs. 3 gilt sinngemäß.

(2) ¹Absatz 1 Satz 1 Nr. 2 ist nicht anzuwenden, wenn der Steuerpflichtige nachweist, daß die negativen Einkünfte aus einer gewerblichen Betriebsstätte im Ausland stammen, die ausschließlich oder fast ausschließlich die Herstellung oder Lieferung von Waren, außer Waffen, die Gewinnung von Bodenschätzen sowie die Bewirkung gewerblicher Leistungen zum Gegenstand hat, soweit diese nicht in der Errichtung oder dem Betrieb von Anlagen, die dem Fremdenverkehr dienen, oder in der Vermietung oder der Verpachtung von Wirtschaftsgütern einschließlich der Überlassung von Rechten, Plänen, Mustern, Verfahren, Erfahrungen und Kenntnissen bestehen; das unmittelbare Halten einer Beteiligung von mindestens einem Viertel am Nennkapital einer Kapitalgesellschaft, die ausschließlich oder fast ausschließlich die vorgenannten Tätigkeiten zum Gegenstand hat, sowie die mit dem Halten der Beteiligung in Zusammenhang stehende Finanzierung gilt als Bewirkung gewerblicher Leistungen, wenn die Kapitalgesellschaft weder ihre Geschäftsleitung noch ihren Sitz im Inland hat. ²Absatz 1 Satz 1 Nr. 3 und 4 ist nicht anzuwenden, wenn der Steuer-

§ 2 a EStG
R 5

pflichtige nachweist, daß die in Satz 1 genannten Voraussetzungen bei der Körperschaft entweder seit ihrer Gründung oder während der letzten fünf Jahre vor und in dem Veranlagungszeitraum vorgelegen haben, in dem die negativen Einkünfte bezogen werden.

(3) ¹Sind nach einem Abkommen zur Vermeidung der Doppelbesteuerung bei einem unbeschränkt Steuerpflichtigen aus einer in einem ausländischen Staat belegenen Betriebsstätte stammende Einkünfte aus gewerblicher Tätigkeit von der Einkommensteuer zu befreien, so ist auf Antrag des Steuerpflichtigen ein Verlust, der sich nach den Vorschriften des inländischen Steuerrechts bei diesen Einkünften ergibt, bei der Ermittlung des Gesamtbetrags der Einkünfte abzuziehen, soweit er vom Steuerpflichtigen ausgeglichen oder abgezogen werden könnte, wenn die Einkünfte nicht von der Einkommensteuer zu befreien wären, und soweit er nach diesem Abkommen zu befreiende positive Einkünfte aus gewerblicher Tätigkeit aus anderen in diesem ausländischen Staat belegenen Betriebsstätten übersteigt. ²Soweit der Verlust dabei nicht ausgeglichen wird, ist bei Vorliegen der Voraussetzungen des § 10 d der Verlustabzug zulässig. ³Der nach den Sätzen 1 und 2 abgezogene Betrag ist, soweit sich in einem der folgenden Veranlagungszeiträume bei den nach diesem Abkommen zu befreienden Einkünften aus gewerblicher Tätigkeit aus in diesem ausländischen Staat belegenen Betriebsstätten insgesamt ein positiver Betrag ergibt, in dem betreffenden Veranlagungszeitraum bei der Ermittlung des Gesamtbetrags der Einkünfte wieder hinzuzurechnen. ⁴Satz 3 ist nicht anzuwenden, wenn der Steuerpflichtige nachweist, daß nach den für ihn geltenden Vorschriften des ausländischen Staates ein Abzug von Verlusten in anderen Jahren als dem Verlustjahr allgemein nicht beansprucht werden kann.

¹)

(4) ¹Wird eine in einem ausländischen Staat belegene Betriebsstätte in eine Kapitalgesellschaft umgewandelt, so ist ein nach Absatz 3 Sätze 1 und 2 abgezogener Verlust, soweit er nach Absatz 3 Satz 3 nicht wieder hinzugerechnet worden ist oder nicht noch hinzuzurechnen ist, im Veranlagungszeitraum der Umwandlung in entsprechender Anwendung des Absatzes 3 Satz 3 dem Gesamtbetrag der Einkünfte hinzuzurechnen. ²Satz 1 ist nicht anzuwenden, wenn

1. bei der umgewandelten Betriebsstätte die Voraussetzungen des Absatzes 3 Satz 4 vorgelegen haben oder
2. der Steuerpflichtige nachweist, daß die Kapitalgesellschaft nach den für sie geltenden Vorschriften einen Abzug von Verlusten der Betriebsstätte nicht beanspruchen kann.

R 5. Negative ausländische Einkünfte

Einkünfte derselben Art

(1) ¹Einkünfte der jeweils selben Art nach § 2 a Abs. 1 EStG sind grundsätzlich alle unter einer Nummer aufgeführten Tatbestände, für die die Anwendung dieser Nummer nicht nach § 2 a Abs. 2 EStG ausgeschlossen ist. ²Die Nummern 3 und 4 sind zusammenzufassen. ³Negative Einkünfte nach § 2 a Abs. 1 Nr. 7 EStG, die mittelbar auf einen bei der inländischen Körperschaft verwirklichten Tatbestand der Nummern 1 bis 6 zurückzuführen sind, dürfen beim Anteilseigner mit positiven Einkünften der Nummer 7 ausgeglichen werden, wenn die Einkünfte auf Tatbestände derselben Nummer oder im Fall der Nummern 3 und 4 dieser beiden Nummern zurückzuführen sind. ⁴Einkünfte der Nummer 7 können auch mit Einkünften nach der jeweiligen Nummer ausgeglichen werden, auf deren Tatbestände die Einkünfte der Nummer 7 zurückzuführen sind.

Betriebsstättenprinzip

(2) ¹Für jede ausländische Betriebsstätte ist gesondert zu prüfen, ob negative Einkünfte vorliegen. ²Negative Einkünfte aus einer nicht aktiven gewerblichen Betriebsstätte dürfen nicht mit positiven Einkünften aus einer aktiven gewerblichen Betriebsstätte ausgeglichen werden.

---

¹) Dem Absatz 3 wurde durch das JStG 1996 ab VZ 1996 ein neuer Satz angefügt:
„³Der am Schluß eines Veranlagungszeitraums nach den Sätzen 3 und 4 der Hinzurechnung unterliegende und noch nicht hinzugerechnete (verbleibende) Betrag ist gesondert festzustellen; § 10 d Abs. 3 gilt entsprechend."

§ 2 a EStG
H 5   **R 5**

Prüfung der Aktivitätsklausel

(3) ¹Ob eine gewerbliche Betriebsstätte ausschließlich oder fast ausschließlich eine aktive Tätigkeit nach § 2 a Abs. 2 EStG zum Gegenstand hat, ist für jedes Wirtschaftsjahr gesondert zu prüfen. ²Maßgebend ist hierfür das Verhältnis der Bruttoerträge. ³Abschnitt 76 Absatz 8 und Absatz 9 Satz 1 bis 4 KStR ist sinngemäß anzuwenden.

Betriebsstättenverluste bei DBA

(4) Das Antragsrecht nach § 2 a Abs. 3 EStG auf Abzug von Verlusten ausländischer Betriebsstätten muß für die gesamten nach einem DBA befreiten Einkünfte aller in dem ausländischen Staat belegenen gewerblichen Betriebsstätten einheitlich ausgeübt werden.

Gesamtrechtsnachfolge

(5) Die nach § 2 a Abs. 1 EStG nicht ausgeglichenen oder nicht verrechneten negativen Einkünfte sowie der nach § 2 a Abs. 3 EStG abgezogene und noch nicht hinzugerechnete Betrag gehen im Erbfall auf den Erben über.

Hinweise   H 5

Allgemeines

Bei § 2 a EStG ist zwischen den **Fallgruppen** der **Absätze 1 und 2** und **Absätze 3 und 4** zu unterscheiden. Absatz 1 schränkt für die dort abschließend aufgeführten Einkünfte aus ausländischen Quellen den Verlustausgleich und Verlustabzug ein. Hiervon ausgenommen sind nach **Absatz 2** insbesondere negative Einkünfte aus einer gewerblichen Betriebsstätte im Ausland, die die dort genannten Aktivitätsvoraussetzungen erfüllt. Der eingeschränkte Verlustausgleich bedeutet, daß die negativen Einkünfte nur mit positiven Einkünften derselben Art (→ R 5) und aus demselben Staat ausgeglichen werden dürfen. Darüber hinaus dürfen sie in den folgenden VZ mit positiven Einkünften derselben Art und aus demselben Staat verrechnet werden. Die in einem VZ nicht ausgeglichenen oder verrechneten negativen Einkünfte sind zum Schluß des VZ gesondert festzustellen. Die Regelungen in Absatz 1 und 2 wirken sich bei negativen Einkünften aus ausländischen Staaten, mit denen kein DBA besteht oder mit denen im DBA besteht, nach dem die Einkünfte von der deutschen Besteuerung nicht freigestellt sind, unmittelbar auf die Besteuerungsgrundlage aus. Bei nach DBA steuerfreien Einkünften wirkt sich § 2 a Abs. 1 und 2 EStG im Rahmen des Progressionsvorbehalts auf den Steuersatz aus (→ H 185).

Demgegenüber ermöglicht **Absatz 3** auf Antrag den Verlustausgleich und Verlustabzug für Verluste aus gewerblichen Betriebsstätten in einem ausländischen Staat, mit dem ein DBA besteht, wenn die Einkünfte nach dem DBA in Deutschland steuerbefreit und die Aktivitätsvoraussetzungen des Absatzes 2 erfüllt sind. Fallen in einem späteren VZ insgesamt positive gewerbliche Einkünfte aus diesem Staat an, ist eine Nachversteuerung durchzuführen. In diesem Fall ist ein Betrag bis zur Höhe des abgezogenen Verlustes dem Gesamtbetrag der Einkünfte hinzuzurechnen. Eine Nachversteuerung kommt nach **Absatz 4** außerdem bei Umwandlung der ausländischen Betriebsstätte in eine Kapitalgesellschaft in Betracht. Die Regelungen in § 2 a Abs. 3 und 4 EStG sind aus § 2 a Abs. 1 und 2 **AIG** übernommen worden und erstmals ab VZ 1990 anzuwenden.

Beteiligungen an inländischen Körperschaften mit Auslandsbezug (§ 2 a Abs. 1 Nr. 7 EStG)

B e i s p i e l 1 (Einkünfte nur nach Nummer 7):

Der Steuerpflichtige hält im Betriebsvermögen eine Beteiligung an der inländischen Kapitalgesellschaft A, die eine nicht aktive gewerbliche Betriebsstätte im Staat X hat. Außerdem hat er im Privatvermögen eine Beteiligung an der inländischen Kapitalgesellschaft B, die ebenfalls über eine nicht aktive gewerbliche Betriebsstätte im Staat X verfügt. Während die A in den Jahren 01 bis 03 in ihrer ausländischen Betriebsstätte Verluste erleidet, erzielt die B in diesem Zeitraum Gewinne. Im Jahr 02 nimmt der Steuerpflichtige eine Teilwertabschreibung auf die Beteiligung an der A vor. Im Jahr 03 veräußert der Steuerpflichtige die Beteiligung an der B und erzielt hieraus einen Veräußerungsgewinn nach § 17 EStG.

Die Gewinnminderung auf Grund der Teilwertabschreibung in 02 erfüllt einen Tatbestand des § 2 a Abs. 1 Nr. 7 (hier Buchstabe a) in Verbindung mit Nr. 2 EStG.

Die Veräußerung der Beteiligung an der B in 03 erfüllt einen Tatbestand des § 2 a Abs. 1 Nr. 7 (hier Buchstabe c) in Verbindung mit Nr. 2 EStG. Die negativen Einkünfte aus der Teilwertabschreibung in 02 sind daher in 03 mit dem Veräußerungsgewinn zu verrechnen.

Beispiel 2 (Einkünfte nach Nummer 7 und Nummern 1 bis 6):

Der Steuerpflichtige hat eine nicht aktive gewerbliche Betriebsstätte im Staat X und eine Beteiligung an einer inländischen Kapitalgesellschaft A, die in X ebenfalls eine nicht aktive gewerbliche Betriebsstätte unterhält. Während der Steuerpflichtige mit seiner ausländischen Betriebsstätte Gewinne erzielt, erleidet die ausländische Betriebsstätte der A Verluste. Der Steuerpflichtige veräußert die Beteiligung an der A mit Verlust.

Die negativen Einkünfte aus der Veräußerung der Beteiligung erfüllen einen Tatbestand des § 2 a Abs. 1 Nr. 7 (Buchstabe a oder c) in Verbindung mit Nr. 2 EStG. Sie sind mit den positiven Einkünften aus der eigengewerblichen ausländischen Betriebsstätte auszugleichen, da diese Betriebsstätte den Tatbestand des § 2 a Abs. 1 Nr. 2 EStG erfüllt.

Betriebsstätte

→ § 12 AO

→ Einkunftsart im Sinne des § 2 a Abs. 1 EStG

Betriebsstättenverluste bei DBA

Die Entscheidung, ob und in welcher Weise sich Verluste im Sinne des § 2 a Abs. 3 EStG auswirken, ist im Veranlagungsverfahren zu treffen. Im Rahmen eines evtl. Feststellungsverfahrens hat das Betriebsstätten-Finanzamt lediglich sämtliche tatsächlichen und rechtlichen Voraussetzungen festzustellen (→ BFH vom 21. 8. 1990 – BStBl 1991 II S. 126).

Einkünfte derselben Art

→ R 5 Abs. 1

Bei negativen Einkünften aus VZ vor 1992 ist für die Frage der Verrechnung mit positiven Einkünften maßgebend, welcher Nummer die jeweiligen negativen Einkünfte nach der geltenden Fassung des § 2 a Abs. 1 und 2 EStG zuzuordnen wären.

Einkünfteermittlung

Die Einkünfte sind unabhängig von der Einkünfteermittlung im Ausland nach den Vorschriften des deutschen Einkommensteuerrechts zu ermitteln. Dabei sind alle Betriebsausgaben oder Werbungskosten zu berücksichtigen, die mit den im Ausland erzielten Einnahmen in wirtschaftlichem Zusammenhang stehen.

Einkunftsart im Sinne des § 2 a Abs. 1 EStG

Welche Einkunftsart im Sinne des § 2 a Abs. 1 EStG vorliegt, richtet sich nur nach den im Ausland gegebenen Merkmalen (sog. isolierende Betrachtungsweise; → BFH vom 21. 8. 1990 – BStBl 1991 II S. 126).

Nachversteuerung

– Auch hinsichtlich der Verluste, die vor 1982 abgezogen worden sind (→ BFH vom 20. 9. 1989 – BStBl 1990 II S. 112).

– In Veräußerungsfällen ist bei der Hinzurechnung weder der Freibetrag nach § 16 Abs. 4 EStG noch der ermäßigte Steuersatz nach § 34 EStG zu gewähren (→ BFH vom 16. 11. 1989 – BStBl 1990 II S. 204).

– Zur Nachversteuerung von ausländischen Verlusten bei Tausch einer Kommanditbeteiligung gegen Anteile an einer ausländischen Kapitalgesellschaft → BFH vom 30. 4. 1991 (BStBl II S. 873).

Personengesellschaften

Die Entscheidung, ob und in welcher Weise sich Verluste im Sinne des § 2 a Abs. 3 EStG auswirken, ist im Veranlagungsverfahren zu treffen. Im Rahmen eines evtl. Feststellungsverfahrens hat das Betriebsstätten-Finanzamt lediglich sämtliche tatsächlichen und rechtlichen Voraussetzungen festzustellen (→ BFH vom 21. 8. 1990 – BStBl 1991 II S. 126).

Wird eine ausländische Personengesellschaft im Ausland als juristische Person besteuert, so steht dies der Anwendung des § 2 a Abs. 3 EStG nicht entgegen (→ BFH vom 16. 11. 1989 – BStBl 1990 II S. 204).

Verluste bei beschränkter Haftung (§ 15 a EStG)

→ R 138 d Abs. 4

§ 2 a EStG
H 5   R 5

Verlustverrechnung
Für Verluste vor 1992 nur zeitlich begrenzt möglich (→ § 2 a Abs. 1 Satz 2 EStG in der Fassung vor dem StÄndG 1992).

Zusammenveranlagung
Bei zusammenveranlagten Ehegatten können negative Einkünfte nach § 2 a Abs. 1 EStG des einen Ehegatten mit positiven Einkünften des anderen Ehegatten der jeweils selben Art und aus demselben Staat ausgeglichen oder verrechnet werden (→ BFH vom 6. 7. 1989 – BStBl II S. 787).

2. Steuerfreie Einnahmen
§ 3

Steuerfrei sind

1. a) Leistungen aus einer Krankenversicherung, aus einer Pflegeversicherung und aus der gesetzlichen Unfallversicherung,

   b) Sachleistungen und Kinderzuschüsse aus den gesetzlichen Rentenversicherungen einschließlich der Sachleistungen nach dem Gesetz über die Alterssicherung der Landwirte,

   c) Übergangsgeld nach dem Sechsten Buch Sozialgesetzbuch und Geldleistungen nach den §§ 10, 36 bis 39 des Gesetzes über die Alterssicherung der Landwirte,

   d) das Mutterschaftsgeld nach dem Mutterschutzgesetz, der Reichsversicherungsordnung und dem Gesetz über die Krankenversicherung der Landwirte, die Sonderunterstützung für im Familienhaushalt beschäftigte Frauen, der Zuschuß zum Mutterschaftsgeld nach dem Mutterschutzgesetz sowie der Zuschuß nach § 4 a Mutterschutzverordnung oder einer entsprechenden Landesregelung;

2. das Arbeitslosengeld, das Kurzarbeitergeld, das Schlechtwettergeld, die Arbeitslosenhilfe, das Unterhaltsgeld und die übrigen Leistungen nach dem Arbeitsförderungsgesetz und den entsprechenden Programmen des Bundes und der Länder, soweit sie Arbeitnehmern oder Arbeitsuchenden oder zur Förderung der Ausbildung oder Fortbildung der Empfänger gewährt werden, sowie Leistungen nach § 55 a des Arbeitsförderungsgesetzes, Leistungen auf Grund der in § 141 m Abs. 1 und § 141 n Abs. 2 des Arbeitsförderungsgesetzes genannten Ansprüche, Leistungen auf Grund der in § 115 Abs. 1 des Zehnten Buches Sozialgesetzbuch in Verbindung mit § 117 Abs. 4 Satz 1 oder § 134 Abs. 4 des Arbeitsförderungsgesetzes, § 160 Abs. 1 Satz 1 und § 166 a des Arbeitsförderungsgesetzes genannten Ansprüche, wenn über das Vermögen des ehemaligen Arbeitgebers des Arbeitslosen das Konkursverfahren oder Gesamtvollstreckungsverfahren eröffnet worden ist oder einer der Fälle des § 141 b Abs. 3 des Arbeitsförderungsgesetzes vorliegt, und der Altersübergangsgeld-Ausgleichsbetrag nach § 249 e Abs. a des Arbeitsförderungsgesetzes;

2a. die Arbeitslosenbeihilfe und die Arbeitslosenhilfe nach dem Soldatenversorgungsgesetz;

3. Kapitalabfindungen auf Grund der gesetzlichen Rentenversicherung und auf Grund der Beamten-(Pensions-)Gesetze;

4. bei Angehörigen der Bundeswehr, des Bundesgrenzschutzes, der Bereitschaftspolizei der Länder, der Vollzugspolizei und der Berufsfeuerwehr der Länder und Gemeinden und bei Vollzugsbeamten der Kriminalpolizei des Bundes, der Länder und Gemeinden

   a) der Geldwert der ihnen aus Dienstbeständen überlassenen Dienstkleidung,

   b) Einkleidungsbeihilfen und Abnutzungsentschädigungen für die Dienstkleidung der zum Tragen oder Bereithalten von Dienstkleidung Verpflichteten und für dienstlich notwendige Kleidungsstücke der Vollzugsbeamten der Kriminalpolizei,

   c) im Einsatz gewährte Verpflegung oder Verpflegungszuschüsse,

   d) der Geldwert der freien ärztlichen Behandlung, der freien Krankenhauspflege, des freien Gebrauchs von Kur- und Heilmitteln und der freien ärztlichen Behandlung erkrankter Ehegatten und unterhaltsberechtigter Kinder;

5. die Geld- und Sachbezüge sowie die Heilfürsorge, die Soldaten auf Grund des § 1 Abs. 1 Satz 1 des Wehrsoldgesetzes und Zivildienstleistende auf Grund des § 35 des Zivildienstgesetzes erhalten;

---

[1]) Zur Anwendung → § 52 Abs. 2 a EStG in der Fassung des JStG 1996:
„(2 a) § 3 Nr. 2 in der Fassung des Gesetzes vom 11. Oktober 1995 (BGBl. I S. 1250) ist erstmals für den Veranlagungszeitraum 1995 anzuwenden."

§ 3 Nr. 2 wurde durch das Zweite Gesetz zur Änderung des Arbeitsförderungsgesetzes im Bereich des Baugewerbes ab VZ 1996 ergänzt:
Nach dem Wort „Schlechtwettergeld" wurden die Wörter „das Winterausfallgeld," eingefügt.

[2]) § 3 Nr. 4 Buchstabe d wurde durch das JStG 1996 ab VZ 1996 neu gefaßt:
„d) der Geldwert der auf Grund gesetzlicher Vorschriften gewährten Heilfürsorge;".

6. Bezüge, die auf Grund gesetzlicher Vorschriften aus öffentlichen Mitteln versorgungshalber an Wehrdienstbeschädigte und Zivildienstbeschädigte oder ihre Hinterbliebenen, Kriegsbeschädigte, Kriegshinterbliebene und ihnen gleichgestellte Personen gezahlt werden, soweit es sich nicht um Bezüge handelt, die auf Grund der Dienstzeit gewährt werden; S 2342

7. Ausgleichsleistungen nach dem Lastenausgleichsgesetz, Leistungen nach dem Flüchtlingshilfegesetz, dem Bundesvertriebenengesetz, dem Reparationsschädengesetz, dem Vertriebenenzuwendungsgesetz, dem NS-Verfolgtenentschädigungsgesetz sowie Leistungen nach dem Entschädigungsgesetz und nach dem Ausgleichsleistungsgesetz, soweit sie nicht Kapitalerträge im Sinne des § 20 Abs. 1 Nr. 7 und Abs. 2 sind; ¹)

8. Geldrenten, Kapitalentschädigungen und Leistungen im Heilverfahren, die auf Grund gesetzlicher Vorschriften zur Wiedergutmachung nationalsozialistischen Unrechts gewährt werden. ²Die Steuerpflicht von Bezügen aus einem aus Wiedergutmachungsgründen neu begründeten oder wieder begründeten Dienstverhältnis sowie von Bezügen aus einem früheren Dienstverhältnis, die aus Wiedergutmachungsgründen neu gewährt oder wieder gewährt werden, bleibt unberührt; S 2342

9. Abfindungen wegen einer vom Arbeitgeber veranlaßten oder gerichtlich ausgesprochenen Auflösung des Dienstverhältnisses, höchstens jedoch 24.000 Deutsche Mark. ²Hat der Arbeitnehmer das 50. Lebensjahr vollendet und hat das Dienstverhältnis mindestens 15 Jahre bestanden, so beträgt der Höchstbetrag 30.000 Deutsche Mark, hat der Arbeitnehmer das 55. Lebensjahr vollendet und hat das Dienstverhältnis mindestens 20 Jahre bestanden, so beträgt der Höchstbetrag 36.000 Deutsche Mark; S 2340

10. Übergangsgelder und Übergangsbeihilfen auf Grund gesetzlicher Vorschriften wegen Entlassung aus einem Dienstverhältnis; S 2342

11. Bezüge aus öffentlichen Mitteln oder aus Mitteln einer öffentlichen Stiftung, die wegen Hilfsbedürftigkeit oder als Beihilfe zu dem Zweck bewilligt werden, die Erziehung oder Ausbildung, die Wissenschaft oder Kunst unmittelbar zu fördern. ²Darunter fallen nicht Kinderzuschläge und Kinderbeihilfen, die auf Grund der Besoldungsgesetze, besonderer Tarife oder ähnlicher Vorschriften gewährt werden. ³Voraussetzung für die Steuerfreiheit ist, daß der Empfänger mit den Bezügen nicht zu einer bestimmten wissenschaftlichen oder künstlerischen Gegenleistung oder zu einer Arbeitnehmertätigkeit verpflichtet wird; S 2342

12. aus einer Bundeskasse oder Landeskasse gezahlte Bezüge, die in einem Bundesgesetz oder Landesgesetz oder einer auf bundesgesetzlicher oder landesgesetzlicher Ermächtigung beruhenden Bestimmung oder von der Bundesregierung oder einer Landesregierung als Aufwandsentschädigung festgesetzt sind und als Aufwandsentschädigung im Haushaltsplan ausgewiesen werden. ²Das gleiche gilt für andere Bezüge, die als Aufwandsentschädigung aus öffentlichen Kassen an öffentliche Dienste leistende Personen gezahlt werden, soweit nicht festgestellt wird, daß sie für Verdienstausfall oder Zeitverlust gewährt werden oder den Aufwand, der dem Empfänger erwächst, offenbar übersteigen; S 2337

13. die aus öffentlichen Kassen gezahlten Reisekostenvergütungen, Umzugskostenvergütungen und Trennungsgelder. ²Vergütungen für Verpflegungsmehraufwendungen sind nur insoweit steuerfrei, als sie die Höchstbeträge nach § 4 Abs. 5 Satz 1 Nr. 5 nicht überschreiten; S 2338 ²)

14. Zuschüsse eines Trägers der gesetzlichen Rentenversicherung zu den Aufwendungen eines Rentners für seine Kranken- und Pflegeversicherung; S 2342

15. Zuwendungen, die Arbeitnehmer anläßlich ihrer Eheschließung oder der Geburt eines Kindes von ihrem Arbeitgeber erhalten, soweit sie jeweils 700 Deutsche Mark nicht übersteigen; S 2342

---

¹) Zur Anwendung → § 52 Abs. 2 a EStG.
²) § 3 Nr. 13 Satz 2 wurde durch das JStG 1996 und das JStErgG 1996 ab VZ 1996 neu gefaßt:
„²Die als Reisekostenvergütungen gezahlten Vergütungen für Verpflegungsmehraufwendungen sind nur insoweit steuerfrei, als sie die Pauschbeträge nach § 4 Abs. 5 Satz 1 Nr. 5 nicht übersteigen; Trennungsgelder sind nur insoweit steuerfrei, als sie die nach § 9 Abs. 1 Satz 3 Nr. 5 und Abs. 5 sowie § 4 Abs. 5 Satz 1 Nr. 5 abziehbaren Aufwendungen nicht übersteigen;"

§ 3 EStG

S 2338 [1]
16. die Vergütungen, die Arbeitnehmer außerhalb des öffentlichen Dienstes von ihrem Arbeitgeber zur Erstattung von Reisekosten, Umzugskosten oder Mehraufwendungen bei doppelter Haushaltsführung erhalten, soweit sie die beruflich veranlaßten Mehraufwendungen, bei Verpflegungsmehraufwendungen die Höchstbeträge nach § 4 Abs. 5 Satz 1 Nr. 5 und bei Familienheimfahrten mit einem eigenen oder zur Nutzung überlassenen Kraftfahrzeug die Pauschbeträge nach § 9 Abs. 1 Nr. 4 nicht übersteigen;

17. Zuschüsse zum Beitrag nach § 32 des Gesetzes über die Alterssicherung der Landwirte;

18. das Aufgeld für ein an die Bank für Vertriebene und Geschädigte (Lastenausgleichsbank) zugunsten des Ausgleichsfonds (§ 5 Lastenausgleichsgesetz) gegebenes Darlehen, wenn das Darlehen nach § 7 f des Gesetzes in der Fassung der Bekanntmachung vom 15. September 1953 (BGBl. I S. 1355) im Jahr der Hingabe als Betriebsausgabe abzugsfähig war;

S 2342
19. Entschädigungen auf Grund des Gesetzes über die Entschädigung ehemaliger deutscher Kriegsgefangener;

S 2342
20. die aus öffentlichen Mitteln des Bundespräsidenten aus sittlichen oder sozialen Gründen gewährten Zuwendungen an besonders verdiente Personen oder ihre Hinterbliebenen;

21. Zinsen aus Schuldbuchforderungen im Sinne des § 35 Abs. 1 des Allgemeinen Kriegsfolgengesetzes in der im Bundesgesetzblatt Teil III, Gliederungsnummer 653–1, veröffentlichten bereinigten Fassung;

S 2342
22. der Ehrensold, der auf Grund des Gesetzes über Titel, Orden und Ehrenzeichen in der im Bundesgesetzblatt Teil III, Gliederungsnummer 1132–1, veröffentlichten bereinigten Fassung, zuletzt geändert durch Gesetz vom 24. April 1986 (BGBl. I S. 560), gewährt wird;

S 2342
23. die Leistungen nach dem Häftlingshilfegesetz, dem Strafrechtlichen Rehabilitierungsgesetz, dem Verwaltungsrechtlichen Rehabilitierungsgesetz und dem Beruflichen Rehabilitierungsgesetz;

S 2342 [2]
24. Leistungen, die auf Grund des Bundeskindergeldgesetzes oder nachträglich auf Grund der durch das Bundeskindergeldgesetz aufgehobenen Kindergeldgesetze gewährt werden;

S 2342
25. Entschädigungen nach dem Bundes-Seuchengesetz;

S 2121
26. Aufwandsentschädigungen für nebenberufliche Tätigkeiten als Übungsleiter, Ausbilder, Erzieher oder für eine vergleichbare nebenberufliche Tätigkeit, für nebenberufliche künstlerische Tätigkeiten oder für die nebenberufliche Pflege alter, kranker oder behinderter Menschen im Dienst oder Auftrag einer inländischen juristischen Person des öffentlichen Rechts oder einer unter § 5 Abs. 1 Nr. 9 des Körperschaftsteuergesetzes fallenden Einrichtung zur Förderung gemeinnütziger, mildtätiger und kirchlicher Zwecke (§§ 52 bis 54 der Abgabenordnung). ²Als Aufwandsentschädigungen sind Einnahmen für die in Satz 1 bezeichneten Tätigkeiten bis zur Höhe von insgesamt 2.400 Deutsche Mark im Jahr anzusehen;

---

[1]) § 3 Nr. 16 wurde durch das JStG 1996 ab VZ 1996 neu gefaßt:
„16. die Vergütungen, die Arbeitnehmer außerhalb des öffentlichen Dienstes von ihrem Arbeitgeber zur Erstattung von Reisekosten, Umzugskosten oder Mehraufwendungen bei doppelter Haushaltsführung erhalten, soweit sie die beruflich veranlaßten Mehraufwendungen, bei Verpflegungsmehraufwendungen die Pauschbeträge nach § 4 Abs. 5 Satz 1 Nr. 5 und bei Familienheimfahrten mit dem eigenen oder außerhalb des Dienstverhältnisses zur Nutzung überlassenen Kraftfahrzeug die Pauschbeträge nach § 9 Abs. 1 Satz 3 Nr. 4 nicht übersteigen; Vergütungen zur Erstattung von Mehraufwendungen bei doppelter Haushaltsführung sind nur insoweit steuerfrei, als sie die nach § 9 Abs. 1 Satz 3 Nr. 5 und Abs. 5 sowie § 4 Abs. 5 Satz 1 Nr. 5 abziehbaren Aufwendungen nicht übersteigen;"

[2]) § 3 Nr. 24 wurde durch das JStG 1996 aufgehoben; zur Anwendung → § 52 Abs. 2 c EStG in der Fassung des JStG 1996:
„(2 c) Für Leistungen nach dem Bundeskindergeldgesetz für Kalenderjahre vor 1996, die nach dem 31. Dezember 1995 zufließen, ist § 3 Nr. 24 in der bis zum 31. Dezember 1995 geltenden Fassung anzuwenden."

§ 3 EStG

27. der Grundbetrag der Produktionsaufgaberente und das Ausgleichsgeld nach dem Gesetz zur Förderung der Einstellung der landwirtschaftlichen Erwerbstätigkeit bis zum Höchstbetrag von 36.000 Deutsche Mark;
28. die Aufstockungsbeträge im Sinne des § 3 Abs. 1 Nr. 1 Buchstabe a sowie die Beiträge und Aufwendungen im Sinne des § 3 Abs. 1 Nr. 1 Buchstabe b und des § 4 Abs. 2 des Altersteilzeitgesetzes;
29. das Gehalt und die Bezüge,   S 1310
    a) die die diplomatischen Vertreter ausländischer Staaten, die ihnen zugewiesenen Beamten und die in ihren Diensten stehenden Personen erhalten. ²Dies gilt nicht für deutsche Staatsangehörige oder für im Inland ständig ansässige Personen;
    b) der Berufskonsuln, der Konsulatsangehörigen und ihres Personals, soweit sie Angehörige des Entsendestaats sind. ²Dies gilt nicht für Personen, die im Inland ständig ansässig sind oder außerhalb ihres Amtes oder Dienstes einen Beruf, ein Gewerbe oder eine andere gewinnbringende Tätigkeit ausüben;
30. Entschädigungen für die betriebliche Benutzung von Werkzeugen eines Arbeitnehmers (Werkzeuggeld), soweit sie die entsprechenden Aufwendungen des Arbeitnehmers nicht offensichtlich übersteigen;   S 2342
31. die typische Berufskleidung, die der Arbeitgeber seinem Arbeitnehmer unentgeltlich oder verbilligt überläßt; dasselbe gilt für eine Barablösung eines nicht nur einzelvertraglichen Anspruchs auf Gestellung von typischer Berufskleidung, wenn die Barablösung betrieblich veranlaßt ist und die entsprechenden Aufwendungen des Arbeitnehmers nicht offensichtlich übersteigt;   S 2342
32. die unentgeltliche oder verbilligte Sammelbeförderung eines Arbeitnehmers zwischen Wohnung und Arbeitsstätte mit einem vom Arbeitgeber gestellten Kraftfahrzeug, soweit die Sammelbeförderung für den betrieblichen Einsatz des Arbeitnehmers notwendig ist;   S 2342
33. zusätzlich zum ohnehin geschuldeten Arbeitslohn erbrachte Leistungen des Arbeitgebers zur Unterbringung und Betreuung von nicht schulpflichtigen Kindern der Arbeitnehmer in Kindergärten oder vergleichbaren Einrichtungen;   S 2342
34. Zuschüsse des Arbeitgebers, die zusätzlich zum ohnehin geschuldeten Arbeitslohn zu den Aufwendungen des Arbeitnehmers für Fahrten zwischen Wohnung und Arbeitsstätte mit öffentlichen Verkehrsmitteln im Linienverkehr gezahlt werden. ²Das gleiche gilt für die unentgeltliche oder verbilligte Nutzung öffentlicher Verkehrsmittel im Linienverkehr zu Fahrten zwischen Wohnung und Arbeitsstätte, die der Arbeitnehmer auf Grund seines Dienstverhältnisses zusätzlich zum ohnehin geschuldeten Arbeitslohn in Anspruch nehmen kann;
35. die Einnahmen der bei der Deutsche Post AG, Deutsche Postbank AG oder Deutsche Telekom AG beschäftigten Beamten, soweit die Einnahmen ohne Neuordnung des Postwesens und der Telekommunikation nach den Nummern 11 bis 13 steuerfrei wären;
36. Einnahmen für Leistungen zur Grundpflege oder hauswirtschaftlichen Versorgung bis zur Höhe des Pflegegeldes nach § 37 des Elften Buches Sozialgesetzbuch, wenn diese Leistungen von Angehörigen des Pflegebedürftigen oder von anderen Personen, die damit eine sittliche Pflicht im Sinne des § 33 Abs. 2 gegenüber dem Pflegebedürftigen erfüllen, erbracht werden. Entsprechendes gilt, wenn der Pflegebedürftige Pflegegeld aus privaten Versicherungsverträgen nach den Vorgaben des Elften Buches Sozialgesetzbuch oder eine Pauschalbeihilfe nach Beihilfevorschriften für häusliche Pflege erhält;   ¹)
37. bis 41. (weggefallen);
42. die Zuwendungen, die auf Grund des Fulbright-Abkommens gezahlt werden;   S 2342
43. der Ehrensold für Künstler sowie Zuwendungen aus Mitteln der Deutschen Künstlerhilfe, wenn es sich um Bezüge aus öffentlichen Mitteln handelt, die wegen der Bedürftigkeit des Künstlers gezahlt werden;   S 2342

---

¹) Zur Anwendung → § 52 Abs. 2 d EStG in der Fassung des JStG 1996:
„(2 d) § 3 Nr. 36 in der Fassung des Gesetzes vom 11. Oktober 1995 (BGBl. I S. 1250) ist auf Einnahmen für Pflegeleistungen, die ab dem 1. April 1995 erbracht werden, anzuwenden."

§ 3 EStG

S 2342
44. Stipendien, die unmittelbar aus öffentlichen Mitteln oder von zwischenstaatlichen oder überstaatlichen Einrichtungen, denen die Bundesrepublik Deutschland als Mitglied angehört, zur Förderung der Forschung oder zur Förderung der wissenschaftlichen oder künstlerischen Ausbildung oder Fortbildung gewährt werden. ²Das gleiche gilt für Stipendien, die zu den in Satz 1 bezeichneten Zwecken von einer Einrichtung, die von einer Körperschaft des öffentlichen Rechts errichtet ist oder verwaltet wird, oder von einer Körperschaft, Personenvereinigung oder Vermögensmasse im Sinne des § 5 Abs. 1 Nr. 9 des Körperschaftsteuergesetzes gegeben werden. ³Voraussetzung für die Steuerfreiheit ist, daß

    a) die Stipendien einen für die Erfüllung der Forschungsaufgabe oder für die Bestreitung des Lebensunterhalts und die Deckung des Ausbildungsbedarfs erforderlichen Betrag nicht übersteigen und nach den von dem Geber erlassenen Richtlinien vergeben werden,

    b) der Empfänger im Zusammenhang mit dem Stipendium nicht zu einer bestimmten wissenschaftlichen oder künstlerischen Gegenleistung oder zu einer Arbeitnehmertätigkeit verpflichtet ist,

    c) bei Stipendien zur Förderung der wissenschaftlichen oder künstlerischen Fortbildung im Zeitpunkt der erstmaligen Gewährung eines solchen Stipendiums der Abschluß der Berufsausbildung des Empfängers nicht länger als zehn Jahre zurückliegt;

45. (weggefallen);

S 2342
46. Bergmannsprämien nach dem Gesetz über Bergmannsprämien;

S 2342
47. Leistungen nach § 14 a Abs. 4 und § 14 b des Arbeitsplatzschutzgesetzes;

S 2342
48. Leistungen nach dem Unterhaltssicherungsgesetz, soweit sie nicht nach dessen § 15 Abs. 1 Satz 2 steuerpflichtig sind;

49. laufende Zuwendungen eines früheren alliierten Besatzungssoldaten an seine im Geltungsbereich des Grundgesetzes ansässige Ehefrau, soweit sie auf diese Zuwendungen angewiesen ist;

S 2336
50. die Beträge, die der Arbeitnehmer vom Arbeitgeber erhält, um sie für ihn auszugeben (durchlaufende Gelder), und die Beträge, durch die Auslagen des Arbeitnehmers für den Arbeitgeber ersetzt werden (Auslagenersatz);

S 2342
51. Trinkgelder, die dem Arbeitnehmer von Dritten gezahlt werden, ohne daß ein Rechtsanspruch darauf besteht, soweit sie 2.400 Deutsche Mark im Kalenderjahr nicht übersteigen;

S 2339
52. besondere Zuwendungen des Arbeitgebers an den Arbeitnehmer nach näherer Maßgabe einer Rechtsverordnung, soweit es aus sozialen Gründen oder zur Vereinfachung des Besteuerungsverfahrens geboten erscheint, die Zuwendungen ganz oder teilweise steuerfrei zu belassen;

53. (weggefallen);

54. Zinsen aus Entschädigungsansprüchen für deutsche Auslandsbonds im Sinne der §§ 52 bis 54 des Bereinigungsgesetzes für deutsche Auslandsbonds in der im Bundesgesetzblatt Teil III, Gliederungsnummer 4139–2, veröffentlichten bereinigten Fassung, soweit sich die Entschädigungsansprüche gegen den Bund oder die Länder richten. ²Das gleiche gilt für die Zinsen aus Schuldverschreibungen und Schuldbuchforderungen, die nach den §§ 9, 10 und 14 des Gesetzes zur näheren Regelung der Entschädigungsansprüche für Auslandsbonds in der im Bundesgesetzblatt Teil III, Gliederungsnummer 4139–3, veröffentlichten bereinigten Fassung vom Bund oder von den Ländern für Entschädigungsansprüche erteilt oder eingetragen werden;

55. und 56. (weggefallen);

57. die Beträge, die die Künstlersozialkasse zugunsten des nach dem Künstlersozialversicherungsgesetz Versicherten aus dem Aufkommen von Künstlersozialabgabe und Bundeszuschuß an einen Träger der Sozialversicherung oder an den Versicherten zahlt;

§ 3 EStG

58. das Wohngeld nach dem Wohngeldgesetz und dem Wohngeldsondergesetz, die sonstigen Leistungen zur Senkung der Miete oder Belastung im Sinne des § 38 des Wohngeldgesetzes und öffentliche Zuschüsse zur Deckung laufender Aufwendungen für eine zu eigenen Wohnzwecken genutzte Wohnung im eigenen Haus oder eine zu eigenen Wohnzwecken genutzte Eigentumswohnung, deren Nutzungswert nicht zu besteuern ist, soweit sie nicht durch ein Dienstverhältnis veranlaßt sind;   S 2342 [1])

59. die Zusatzförderung nach § 88 e des Zweiten Wohnungsbaugesetzes und nach § 51 f des Wohnungsbaugesetzes für das Saarland, soweit die Einkünfte dem Mieter zuzurechnen sind, und die Vorteile aus einer mietweisen Wohnungsüberlassung im Zusammenhang mit einem Arbeitsverhältnis, soweit sie die Vorteile aus einer entsprechenden Förderung nach dem Zweiten Wohnungsbaugesetz nicht überschreiten;

60. Leistungen aus öffentlichen Mitteln an Arbeitnehmer des Steinkohlen-, Pechkohlen- und Erzbergbaues, des Braunkohlentiefbaues und der Eisen- und Stahlindustrie aus Anlaß von Stillegungs-, Einschränkungs-, Umstellungs- oder Rationalisierungsmaßnahmen;   S 2342

61. Leistungen nach § 4 Abs. 1 Nr. 2, § 7 Abs. 3, §§ 9, 10 Abs. 1, §§ 13, 15 des Entwicklungshelfer-Gesetzes;   S 2342

62. Ausgaben des Arbeitgebers für die Zukunftssicherung des Arbeitnehmers, soweit der Arbeitgeber dazu nach sozialversicherungsrechtlichen oder anderen gesetzlichen Vorschriften oder nach einer auf gesetzlicher Ermächtigung beruhenden Bestimmung verpflichtet ist. ²Den Ausgaben des Arbeitgebers für die Zukunftssicherung, die auf Grund gesetzlicher Verpflichtung geleistet werden, werden gleichgestellt Zuschüsse des Arbeitgebers zu den Aufwendungen des Arbeitnehmers   S 2333

   a) für eine Lebensversicherung,

   b) für die freiwillige Versicherung in der gesetzlichen Rentenversicherung,

   c) für eine öffentlich-rechtliche Versicherungs- oder Versorgungseinrichtung seiner Berufsgruppe,

wenn der Arbeitnehmer von der Versicherungspflicht in der gesetzlichen Rentenversicherung befreit worden ist. ³Die Zuschüsse sind nur insoweit steuerfrei, als sie insgesamt bei Befreiung von der Versicherungspflicht in der gesetzlichen Rentenversicherung der Angestellten die Hälfte und bei Befreiung von der Versicherungspflicht in der knappschaftlichen Rentenversicherung zwei Drittel der Gesamtaufwendungen des Arbeitnehmers nicht übersteigen und nicht höher sind als der Betrag, der als Arbeitgeberanteil bei Versicherungspflicht in der gesetzlichen Rentenversicherung der Angestellten oder in der knappschaftlichen Rentenversicherung zu zahlen wäre. ⁴Die Sätze 2 und 3 gelten sinngemäß für Beiträge des Arbeitgebers zu einer Pensionskasse, wenn der Arbeitnehmer bei diesem Arbeitgeber nicht im Inland beschäftigt ist und der Arbeitgeber keine Beiträge zur gesetzlichen Rentenversicherung im Inland leistet; Beiträge des Arbeitgebers zu einer Rentenversicherung auf Grund gesetzlicher Verpflichtung sind anzurechnen.

63. (weggefallen);

64. bei Arbeitnehmern, die zu einer inländischen juristischen Person des öffentlichen Rechts in einem Dienstverhältnis stehen und dafür Arbeitslohn aus einer inländischen öffentlichen Kasse beziehen, die Bezüge für eine Tätigkeit im Ausland insoweit, als sie den Arbeitslohn übersteigen, der dem Arbeitnehmer bei einer gleichwertigen Tätigkeit am Ort der zahlenden öffentlichen Kasse zustehen würde; bei anderen für einen begrenzten Zeitraum in das Ausland entsandten Arbeitnehmern, die dort einen Wohnsitz oder ihren gewöhnlichen Aufenthalt haben, der ihnen von einem inländischen   S 2341

---

[1]) § 3 Nr. 58 wurde durch das Gesetz zur Neuregelung der steuerrechtlichen Wohneigentumsförderung ab VZ 1996 neu gefaßt:

„58. das Wohngeld nach dem Wohngeldgesetz und dem Wohngeldsondergesetz, die sonstigen Leistungen zur Senkung der Miete oder Belastung im Sinne des § 38 des Wohngeldgesetzes sowie öffentliche Zuschüsse zur Deckung laufender Aufwendungen und Zinsvorteile bei Darlehen, die aus öffentlichen Haushalten gewährt werden, für eine zu eigenen Wohnzwecken genutzte Wohnung im eigenen Haus oder eine zu eigenen Wohnzwecken genutzte Eigentumswohnung, deren Nutzungswert nicht zu besteuern ist, soweit die Zuschüsse und Zinsvorteile die Vorteile aus einer entsprechenden Förderung mit öffentlichen Mitteln nach dem Zweiten Wohnungsbaugesetz nicht überschreiten;"

Arbeitgeber gewährte Kaufkraftausgleich, soweit er den für vergleichbare Auslandsdienstbezüge nach § 54 des Bundesbesoldungsgesetzes zulässigen Betrag nicht übersteigt;

S 2333
65. Beiträge des Trägers der Insolvenzsicherung (§ 14 des Gesetzes zur Verbesserung der betrieblichen Altersversorgung in der im Bundesgesetzblatt Teil III, Gliederungsnummer 800–22, veröffentlichten bereinigten Fassung, zuletzt geändert durch Gesetz vom 18. Dezember 1989, BGBl. I S. 2261) zugunsten eines Versorgungsberechtigten und seiner Hinterbliebenen an eine Pensionskasse oder ein Unternehmen der Lebensversicherung zur Ablösung von Verpflichtungen, die der Träger der Insolvenzsicherung im Sicherungsfall gegenüber dem Versorgungsberechtigten und seinen Hinterbliebenen hat. ²Die Leistungen der Pensionskasse oder des Unternehmens der Lebensversicherung auf Grund der Beiträge nach Satz 1 gehören zu den Einkünften, zu denen die Versorgungsleistungen gehören würden, die ohne Eintritt des Sicherungsfalls zu erbringen wären. ³Soweit sie zu den Einkünften aus nichtselbständiger Arbeit im Sinne des § 19 gehören, ist von ihnen Lohnsteuer einzubehalten. ⁴Für die Erhebung der Lohnsteuer gelten die Pensionskasse oder das Unternehmen der Lebensversicherung als Arbeitgeber und der Leistungsempfänger als Arbeitnehmer;

S 2140
66. Erhöhungen des Betriebsvermögens, die dadurch entstehen, daß Schulden zum Zweck der Sanierung ganz oder teilweise erlassen werden;

67. das Erziehungsgeld nach dem Bundeserziehungsgeldgesetz und vergleichbare Leistungen der Länder sowie Leistungen nach dem Kindererziehungsleistungs-Gesetz und der Kindererziehungszuschlag nach dem Kindererziehungszuschlagsgesetz;

68. (weggefallen);

¹) 69. Leistungen an durch Blut oder Blutprodukte HIV-infizierte oder an AIDS erkrankte Personen durch das Programm „Humanitäre Soforthilfe".

EStDV

S 2125

EStDV
§ 4
Steuerfreie Einnahmen

Die Vorschriften der Lohnsteuer-Durchführungsverordnung über die Steuerpflicht oder die Steuerfreiheit von Einnahmen aus nichtselbständiger Arbeit sind bei der Veranlagung anzuwenden.

¹) Zur Anwendung → § 52 Abs. 2 f EStG in der Fassung des JStG 1996:
Die Änderung ist erstmals für den VZ 1994 anzuwenden.

§ 3

EStG

Steuerfrei sind

1. a) Leistungen aus einer Krankenversicherung, aus einer Pflegeversicherung und aus der gesetzlichen Unfallversicherung,
   b) Sachleistungen und Kinderzuschüsse aus den gesetzlichen Rentenversicherungen einschließlich der Sachleistungen nach dem Gesetz über die Alterssicherung der Landwirte,
   c) Übergangsgeld nach dem Sechsten Buch Sozialgesetzbuch und Geldleistungen nach den §§ 10, 36 bis 39 des Gesetzes über die Alterssicherung der Landwirte,
   d) das Mutterschaftsgeld nach dem Mutterschutzgesetz, der Reichsversicherungsordnung und dem Gesetz über die Krankenversicherung der Landwirte, die Sonderunterstützung für im Familienhaushalt beschäftigte Frauen, der Zuschuß zum Mutterschaftsgeld nach dem Mutterschutzgesetz sowie der Zuschuß nach § 4a Mutterschutzverordnung oder einer entsprechenden Landesregelung;

S 2342

R 6. Steuerbefreiungen auf Grund des § 3 EStG

R 6

Zu § 3 Nr. 1

– unbesetzt –

Hinweise

H 6 Nr. 1

Krankenversicherung

Leistungen aus einer Krankenversicherung sind Bar- und Sachleistungen. Es ist ohne Bedeutung, ob die Leistungen an den ursprünglich Berechtigten oder an Hinterbliebene gewährt werden.

Unfallversicherung

Leistungen aus der gesetzlichen Unfallversicherung sind Bar- und Sachleistungen. Es ist ohne Bedeutung, ob die Leistungen an den ursprünglich Berechtigten oder an Hinterbliebene gewährt werden.

Die Steuerfreiheit kann auch für Leistungen aus einer ausländischen gesetzlichen Unfallversicherung in Betracht kommen (→ BFH vom 7. 8. 1959 – BStBl III S. 462).

EStG § 3

Steuerfrei sind

...

S 2342 [1)] 2. das Arbeitslosengeld, das Kurzarbeitergeld, das Schlechtwettergeld, die Arbeitslosenhilfe, das Unterhaltsgeld und die übrigen Leistungen nach dem Arbeitsförderungsgesetz und den entsprechenden Programmen des Bundes und der Länder, soweit sie Arbeitnehmern oder Arbeitsuchenden oder zur Förderung der Ausbildung oder Fortbildung der Empfänger gewährt werden, sowie Leistungen nach § 55 a des Arbeitsförderungsgesetzes, Leistungen auf Grund der in § 141 m Abs. 1 und § 141 n Abs. 2 des Arbeitsförderungsgesetzes genannten Ansprüche, Leistungen auf Grund der in § 115 Abs. 1 des Zehnten Buches Sozialgesetzbuch in Verbindung mit § 117 Abs. 4 Satz 1 oder § 134 Abs. 4 des Arbeitsförderungsgesetzes, § 160 Abs. 1 Satz 1 und § 16 a des Arbeitsförderungsgesetzes genannten Ansprüche, wenn über das Vermögen des ehemaligen Arbeitgebers des Arbeitslosen das Konkursverfahren oder Gesamtvollstreckungsverfahren eröffnet worden ist oder einer der Fälle des § 141 b Abs. 3 des Arbeitsförderungsgesetzes vorliegt, und der Altersübergangsgeld-Ausgleichsbetrag nach § 249 e Abs. 4 a des Arbeitsförderungsgesetzes;

R 6

R 6. Steuerbefreiungen auf Grund des § 3 EStG

Zu § 3 Nr. 2

– unbesetzt –

H 6 Nr. 2

Hinweise

Altersübergangs-Ausgleichsbetrag

→ BMF vom 10. 1. 1995 (BStBl I S. 133):

Steuerliche Behandlung des Altersübergangsgeld – Ausgleichsbetrag nach § 249 e Abs. 4 a AFG

BMF vom 10. 1. 1995 (BStBl I S. 133)

IV B 6 – S 2295 – 1/95

Bezieher von Altersübergangsgeld, die zum frühestmöglichen Zeitpunkt aus dem Erwerbsleben ausscheiden und Altersrente der gesetzlichen Rentenversicherungen in Anspruch nehmen, können unter bestimmten Umständen anstelle des wegfallenden Altersübergangsgeldes ab 1. Januar 1995 nach § 249 e Abs. 4 a des Arbeitsförderungsgesetzes einen Altersübergangsgeld-Ausgleichsbetrag erhalten. Nach dem Ergebnis der Abstimmung mit den obersten Finanzbehörden der Länder gilt zur steuerlichen Behandlung dieses Ausgleichsbetrages folgendes:

Im Vorgriff auf eine beabsichtigte Änderung der §§ 3 und 32 b EStG wird von der Besteuerung des Altersübergangsgeld-Ausgleichsbetrags aus sachlichen Billigkeitsgründen abgesehen, wenn auf das nach § 32 a Abs. 1 EStG zu versteuernde Einkommen der Steuersatz angewendet wird, der sich ergibt, wenn der Altersübergangsgeld-Ausgleichsbetrag in entsprechender Anwendung des § 32 b EStG bei der Berechnung der Einkommensteuer einbezogen wird.

Leistungen nach dem Arbeitsförderungsgesetz

→ A 4 LStR 1993

[1)] Zur Anwendung → § 52 Abs. 2 a EStG in der Fassung des JStG 1996:
„(2 a) § 3 Nr. 2 in der Fassung des Gesetzes vom 11. Oktober 1995 (BGBl. I S. 1250) ist erstmals für den Veranlagungszeitraum 1995 anzuwenden."

§ 3 Nr. 2 wurde durch das Zweite Gesetz zur Änderung des Arbeitsförderungsgesetzes im Bereich des Baugewerbes ab VZ 1996 ergänzt:
Nach dem Wort „Schlechtwettergeld" wurden die Wörter „das Winterausfallgeld," eingefügt.

§ 3 EStG

Steuerfrei sind

...

2 a. die Arbeitslosenbeihilfe und die Arbeitslosenhilfe nach dem Soldatenversorgungsgesetz;

S 2342

R 6. Steuerbefreiungen auf Grund des § 3 EStG

Zu § 3 Nr. 2 a

– unbesetzt –

§ 3 EStG

EStG § 3

Steuerfrei sind

...

S 2342 3. Kapitalabfindungen auf Grund der gesetzlichen Rentenversicherung und auf Grund der Beamten-(Pensions-)Gesetze;

| R 6 | R 6. Steuerbefreiungen auf Grund des § 3 EStG |

Zu § 3 Nr. 3

– unbesetzt –

| H 6 Nr. 3 | **Hinweise** |

Kapitalabfindungen auf Grund der Beamten-(Pensions-)Gesetze
→ A 5 LStR 1993

§ 3

EStG

Steuerfrei sind

...

4. bei Angehörigen der Bundeswehr, des Bundesgrenzschutzes, der Bereitschaftspolizei der Länder, der Vollzugspolizei und der Berufsfeuerwehr der Länder und Gemeinden und bei Vollzugsbeamten der Kriminalpolizei des Bundes, der Länder und Gemeinden

    a) der Geldwert der ihnen aus Dienstbeständen überlassenen Dienstkleidung,

    b) Einkleidungsbeihilfen und Abnutzungsentschädigungen für die Dienstkleidung der zum Tragen oder Bereithalten von Dienstkleidung Verpflichteten und für dienstlich notwendige Kleidungsstücke der Vollzugsbeamten der Kriminalpolizei,

    c) im Einsatz gewährte Verpflegung oder Verpflegungszuschüsse,

    d) der Geldwert der freien ärztlichen Behandlung, der freien Krankenhauspflege, des freien Gebrauchs von Kur- und Heilmitteln und der freien ärztlichen Behandlung erkrankter Ehegatten und unterhaltsberechtigter Kinder; [1]

R 6. Steuerbefreiungen auf Grund des § 3 EStG

Zu § 3 Nr. 4

– unbesetzt –

---

[1] § 3 Nr. 4 Buchstabe d wurde durch das JStG 1996 ab VZ 1996 neu gefaßt:
„d) der Geldwert der auf Grund gesetzlicher Vorschriften gewährten Heilfürsorge;"

§ 3 EStG
R 6   H 6 Nr. 5

EStG	§ 3
	Steuerfrei sind
	...
S 2342	5. die Geld- und Sachbezüge sowie die Heilfürsorge, die Soldaten auf Grund des § 1 Abs. 1 Satz 1 des Wehrsoldgesetzes und Zivildienstleistende auf Grund des § 35 des Zivildienstgesetzes erhalten;

R 6	R 6. Steuerbefreiungen auf Grund des § 3 EStG
	Zu § 3 Nr. 5
	– unbesetzt –

H 6 Nr. 5	**Hinweise**

Bezüge auf Grund des Wehrsoldgesetzes

→ § 1 Abs. 1 Satz 1 des Wehrsoldgesetzes:

Geldbezüge sind insbesondere der Wehrsold, die besondere Zuwendung, das Dienstgeld, das Entlassungsgeld.

Bezüge auf Grund des Zivildienstgesetzes

→ § 35 des Zivildienstgesetzes:

Zivildienstleistenden stehen die gleichen Geld- und Sachbezüge zu wie einem Soldaten des untersten Mannschaftsdienstgrades, der auf Grund der Wehrpflicht Wehrdienst leistet.

§ 3

Steuerfrei sind

...

6. Bezüge, die auf Grund gesetzlicher Vorschriften aus öffentlichen Mitteln versorgungshalber an Wehrdienstbeschädigte und Zivildienstbeschädigte oder ihre Hinterbliebenen, Kriegsbeschädigte, Kriegshinterbliebene und ihnen gleichgestellte Personen gezahlt werden, soweit es sich nicht um Bezüge handelt, die auf Grund der Dienstzeit gewährt werden;

S 2342

R6. Steuerbefreiungen auf Grund des § 3 EStG

Zu § 3 Nr. 6

– unbesetzt –

Hinweise

Gesetzliche Bezüge der Wehr- und Zivildienstbeschädigten, Kriegsbeschädigten, ihrer Hinterbliebenen und der ihnen gleichgestellten Personen
→ A 8 LStR 1993

EStG § 3

Steuerfrei sind

...

¹) 7. Ausgleichsleistungen nach dem Lastenausgleichsgesetz, Leistungen nach dem Flüchtlingshilfegesetz, dem Bundesvertriebenengesetz, dem Reparationsschädengesetz, dem Vertriebenenzuwendungsgesetz, dem NS-Verfolgtenentschädigungsgesetz sowie Leistungen nach dem Entschädigungsgesetz und nach dem Ausgleichsleistungsgesetz, soweit sie nicht Kapitalerträge im Sinne des § 20 Abs. 1 Nr. 7 und Abs. 2 sind;

R 6 R 6. Steuerbefreiungen auf Grund des § 3 EStG

Zu § 3 Nr. 7

– unbesetzt –

H 6 Nr. 7 Hinweise

Allgemeines

Steuerfrei sind folgende Leistungen, soweit sie nicht in Form zurückzahlbarer Darlehen, z. B. Eingliederungsdarlehen gewährt werden:

Flüchtlingshilfegesetz (FlüHG)

- laufende Beihilfe – Beihilfe zum Lebensunterhalt;
- besondere laufende Beihilfe (§§ 10 bis 15 FlüHG);

Lastenausgleichsgesetz (LAG)

- Hauptentschädigung – einschließlich des Zinszuschlags – im Sinne des § 250 Abs. 3 und des § 252 Abs. 2 LAG – (§§ 243 bis 252, 258 LAG);
- Kriegsschadenrente – Unterhaltshilfe und Entschädigungsrente – (§§ 261 bis 292 LAG);
- Hausratentschädigungen (§§ 293 bis 297 LAG), Leistungen aus dem Härtefonds (§§ 301, 301 a, 301 b LAG);
- Leistungen auf Grund sonstiger Förderungsmaßnahmen (§§ 302, 303 LAG);
- Entschädigungen im Währungsausgleich für Sparguthaben Vertriebener – einschließlich der Zinsen im Sinne des § 4 Abs. 3 des Währungsausgleichsgesetzes – (§ 304 LAG und Währungsausgleichsgesetz);
- Entschädigung nach dem Altsparergesetz und der dazu ergangenen Änderungsgesetze einschließlich der Zinsen im Sinne des § 18 Abs. 4 ASpG;

Reparationsschädengesetz (RepG)

- Entschädigung – einschließlich des Zuschlags im Sinne des § 39 Abs. 2 bis 4 RepG – (§§ 31 bis 42 RepG);
- Kriegsschadenrente – Unterhaltshilfe und Entschädigungsrente – (§ 44 RepG);
- sonstige Leistungen nach § 45 RepG

---

¹) Zur Anwendung → § 52 Abs. 2 a EStG.

§ 3

Steuerfrei sind

...

8. Geldrenten, Kapitalentschädigungen und Leistungen im Heilverfahren, die auf Grund gesetzlicher Vorschriften zur Wiedergutmachung nationalsozialistischen Unrechts gewährt werden. ²Die Steuerpflicht von Bezügen aus einem aus Wiedergutmachungsgründen neu begründeten oder wieder begründeten Dienstverhältnis sowie von Bezügen aus einem früheren Dienstverhältnis, die aus Wiedergutmachungsgründen neu gewährt oder wieder gewährt werden, bleibt unberührt;

S 2342

R 6. Steuerbefreiungen auf Grund des § 3 EStG

Zu § 3 Nr. 8

– unbesetzt –

Hinweise

Wiedergutmachungsleistungen
- → Bundesentschädigungsgesetz
- → Bundesgesetz zur Wiedergutmachung nationalsozialistischen Unrechts in der Kriegsopferversorgung
- → Bundesgesetz zur Wiedergutmachung nationalsozialistischen Unrechts in der Kriegsopferversorgung für Berechtigte im Ausland
- → Entschädigungsrentengesetz
- → Wiedergutmachungsrecht der Länder

EStG   § 3

Steuerfrei sind

...

S 2340   9. Abfindungen wegen einer vom Arbeitgeber veranlaßten oder gerichtlich ausgesprochenen Auflösung des Dienstverhältnisses, höchstens jedoch 24.000 Deutsche Mark. ²Hat der Arbeitnehmer das 50. Lebensjahr vollendet und hat das Dienstverhältnis mindestens 15 Jahre bestanden, so beträgt der Höchstbetrag 30.000 Deutsche Mark, hat der Arbeitnehmer das 55. Lebensjahr vollendet und hat das Dienstverhältnis mindestens 20 Jahre bestanden, so beträgt der Höchstbetrag 36.000 Deutsche Mark;

R 6   R 6. Steuerbefreiungen auf Grund des § 3 EStG

Zu § 3 Nr. 9

– unbesetzt –

H 6 Nr. 9   **Hinweise**

Abfindungen wegen Auflösung des Dienstverhältnisses

Eine Abfindung liegt nicht vor, wenn maßgeblicher Grund der Leistung die Begründung eines neuen Dienstverhältnisses ist und sie vom neuen Arbeitgeber erbracht wird (→ BFH vom 16. 12. 1992 – BStBl 1993 II S. 447).

→ A 9 LStR 1993

Wird bei Ablauf eines befristeten Dienstverhältnisses eine Gratifikation oder eine besondere Zuwendung geleistet, so liegt keine Abfindung vor (→ BFH vom 18. 9. 1991 – BStBl 1992 II S. 34 betreff. **tarifliches Übergangsgeld**).

Keine Abfindungen sind Zahlungen zur Abgeltung vertraglicher Ansprüche, die der Arbeitnehmer aus dem Dienstverhältnis bis zum Zeitpunkt der Auflösung erlangt hat, auch wenn der Arbeitnehmer für den Abgeltungszeitraum von der Arbeit freigestellt worden ist (→ BFH vom 27. 4. 1994 – BStBl II S. 653).

Bei der Prüfung, ob der steuerpflichtige Teil der Abfindung eine **tarifbegünstigte Entschädigung** im Sinne des § 34 Abs. 1 EStG darstellt, ist der Teilbetrag, der nach § 3 Nr. 9 EStG steuerfrei ist, nicht zu berücksichtigen (→ BFH vom 2. 9. 1992 – BStBl 1993 II S. 52).

Vorruhestandsgelder

- auf Grund des Vorruhestandsgesetzes (VRG) vom 13. 4. 1984 (BGBl. I S. 601, BStBl I S. 332) gehören zu den Abfindungen,

- nach dem DDR-Recht sind unbegrenzt steuerfrei (→ BMF vom 28. 2. 1991 – BStBl I S. 663).

§ 3 EStG
H 6 Nr. 10 **R 6**

§ 3 **EStG**

Steuerfrei sind

...

10. Übergangsgelder und Übergangsbeihilfen auf Grund gesetzlicher Vorschriften wegen S 2342
Entlassung aus einem Dienstverhältnis;

R 6. Steuerbefreiungen auf Grund des § 3 EStG **R 6**

Zu § 3 Nr. 10

– unbesetzt –

Hinweise H 6 Nr. 10

Übergangsgelder, Übergangsbeihilfen
→ A 10 LStR 1993

71

§ 3 EStG
R 6   H 6 Nr. 11

EStG § 3

Steuerfrei sind

...

S 2342 **11.** Bezüge aus öffentlichen Mitteln oder aus Mitteln einer öffentlichen Stiftung, die wegen Hilfsbedürftigkeit oder als Beihilfe zu dem Zweck bewilligt werden, die Erziehung oder Ausbildung, die Wissenschaft oder Kunst unmittelbar zu fördern. ²Darunter fallen nicht Kinderzuschläge und Kinderbeihilfen, die auf Grund der Besoldungsgesetze, besonderer Tarife oder ähnlicher Vorschriften gewährt werden. ³Voraussetzung für die Steuerfreiheit ist, daß der Empfänger mit den Bezügen nicht zu einer bestimmten wissenschaftlichen oder künstlerischen Gegenleistung oder zu einer Arbeitnehmertätigkeit verpflichtet wird;

R 6   R 6. Steuerbefreiungen auf Grund des § 3 EStG

Zu § 3 Nr. 11

– unbesetzt –

H 6 Nr. 11   **Hinweise**

Beihilfen und Unterstützungen an Arbeitnehmer
→ A 11 und 12 LStR 1993

Erziehungs- und Ausbildungsbeihilfen
Steuerfrei sind z. B.
+ Leistungen nach dem Bundesausbildungsförderungsgesetz
+ Ausbildungszuschüsse nach § 5 Abs. 4 des Soldatenversorgungsgesetzes
+ Ausbildungszuschüsse nach § 13 des Bundespolizeibeamtengesetzes in der Fassung des § 94 Nr. 3 der Beamtenversorgungsgesetze in Verbindung mit § 12 Abs. 7 des Bundespolizeibeamtengesetzes in der bis zum 30. 6. 1976 geltenden Fassung
+ entsprechende Leistungen der Länder

Nicht steuerfrei sind z. B.
– Unterhaltszuschüsse an Beamte im Vorbereitungsdienst – Beamtenanwärter – (→ BFH vom 12. 8.1983 – BStBl II S. 718)
– erst nach Abschluß einer Ausbildung beim Eintritt in das Dienstverhältnis nachträglich gewährte Zahlungen (→ BFH vom 17. 9. 1976 – BStBl 1977 II S. 68)
– Beihilfen für die Fertigung einer Habilitationsschrift (→ BFH vom 4. 5. 1972 – BStBl II S. 566)

Hilfsbedürftigkeit
Hilfsbedürftig sind Personen, die nach § 53 AO als bedürftig angesehen werden.
Steuerfrei sind z. B.
– die Leistungen nach dem Bundessozialhilfegesetz
– die den Pflegeeltern vom Jugendamt gewährten Zuschüsse

Öffentliche Mittel
Z. B.:
– Mittel des Bundes
– Mittel der Länder
– Mittel der Gemeinden und Gemeindeverbände
– Mittel der als juristische Personen des öffentlichen Rechts anerkannten Religionsgemeinschaften

Bezüge aus öffentlichen Mitteln setzen offene Verausgabung nach Maßgabe der haushaltsrechtlichen Vorschriften voraus (→ BFH vom 9. 4. 1975 – BStBl II S. 577 und vom 15. 11. 1983 – BStBl 1984 II S. 113).

Öffentliche Stiftung

Eine öffentliche Stiftung liegt vor, wenn
a) die Stiftung selbst juristische Person des öffentlichen Rechts ist
   oder
b) das Stiftungsvermögen im Eigentum einer juristischen Person des öffentlichen Rechts steht
   oder
c) die Stiftung von einer juristischen Person des öffentlichen Rechts verwaltet wird.

Zur Definition der öffentlichen Stiftung → BVerfGE 15; S. 46, 66

Im übrigen richtet sich der Begriff nach Landesrecht.

Pflege- und Erziehungsgeld

Einkommensteuerrechtliche Behandlung des aus öffentlichen Kassen gezahlten Pflegegeldes und Erziehungsbeitrags (Erziehungsgeldes) für Kinder in Familienpflege

BMF vom 7. 2. 1990 – BStBl I S. 109

IV B 1 – S 2121 – 5/90

Personen, die ein fremdes Kind versorgen und erziehen, erhalten in bestimmten Fällen wegen der Kosten, die dadurch typischerweise entstehen, finanzielle Leistungen aus öffentlichen Mitteln (Pflegegeld im weiteren Sinne). Diese Leistungen werden entweder in einem einheitlichen Betrag gezahlt oder sie setzen sich zusammen aus einem Betrag, der unmittelbar der Sicherung des Lebensbedarfs des Kindes dient (Pflegegeld im engeren Sinne), und aus einem Erziehungsbeitrag (Erziehungsgeld).

Nach dem Ergebnis der Erörterungen mit den obersten Finanzbehörden der Länder in der Sitzung ESt I/90 – außerhalb der Tagesordnung – stellen sowohl das Pflegegeld im engeren Sinne als auch das Erziehungsgeld steuerfreie Einnahmen nach § 3 Nr. 11 EStG dar. Dies gilt auch bei Tages- oder Kurzzeitpflege. Voraussetzung ist jedoch, daß es sich um eine auf Dauer angelegte Pflege handelt und die Pflege nicht erwerbsmäßig betrieben wird. Erwerbsmäßig wird die Pflege betrieben, wenn das Pflegegeld die wesentliche Erwerbsgrundlage darstellt. Bei einer Betreuung von bis zu fünf Kindern kann ohne nähere Prüfung unterstellt werden, daß die Pflege nicht erwerbsmäßig betrieben wird.

Die BMF-Schreiben vom 16. 11. 1982 (BStBl I 1984 S. 133) und vom 16. 12. 1986 werden hiermit aufgehoben.

EStG

§ 3

Steuerfrei sind

...

S 2337   12. aus einer Bundeskasse oder Landeskasse gezahlte Bezüge, die in einem Bundesgesetz oder Landesgesetz oder einer auf bundesgesetzlicher oder landesgesetzlicher Ermächtigung beruhenden Bestimmung oder von der Bundesregierung oder einer Landesregierung als Aufwandsentschädigung festgesetzt sind und als Aufwandsentschädigung im Haushaltsplan ausgewiesen werden. ²Das gleiche gilt für andere Bezüge, die als Aufwandsentschädigung aus öffentlichen Kassen an öffentliche Dienste leistende Personen gezahlt werden, soweit nicht festgestellt wird, daß sie für Verdienstausfall oder Zeitverlust gewährt werden oder den Aufwand, der dem Empfänger erwächst, offenbar übersteigen;

R 6

R 6. Steuerbefreiungen auf Grund des § 3 EStG

Zu § 3 Nr. 12

– unbesetzt –

H 6 Nr. 12

Hinweise

Aufwandsentschädigungen aus öffentlichen Kassen

Die obersten Finanzbehörden der Länder können im Zusammenwirken mit den obersten Aufsichtsbehörden der in Betracht kommenden öffentlichen Kassen allgemein Sätze festlegen, die bei den einzelnen Gruppen von Empfängern als echte Aufwandsentschädigungen anzuerkennen sind (→ BFH vom 9. 7. 1992 – BStBl 1993 II S. 50).

→ A 13 LStR 1993

Aufwandsentschädigungen für Tätigkeiten im Beitrittsgebiet

Das FG Brandenburg hält in dem Vorlagebeschluß an das BVerfG vom 27. 7. 1995 (EFG S. 977) die sich aus § 3 Nr. 12 Satz 1 EStG ergebende Steuerfreiheit für die an sog. Aufbauhelfer im Beitrittsgebiet geleisteten Aufwandsentschädigungen für verfassungswidrig.

§ 3

EStG

Steuerfrei sind

...

13. die aus öffentlichen Kassen gezahlten Reisekostenvergütungen, Umzugskostenvergütungen und Trennungsgelder. ²Vergütungen für Verpflegungsmehraufwendungen sind nur insoweit steuerfrei, als sie die Höchstbeträge nach § 4 Abs. 5 Satz 1 Nr. 5 nicht überschreiten;

S 2338 ¹)

R 6. Steuerbefreiungen auf Grund des § 3 EStG   **R 6**

Zu § 3 Nr. 13

– unbesetzt –

Hinweise

Reisekostenvergütungen
→ A 14 LStR 1993
→ A 16 LStR 1993

Trennungsgelder
→ A 14 LStR 1993

Umzugskostenvergütungen
→ A 14 LStR 1993
→ A 16 LStR 1993

---

¹) § 3 Nr. 13 Satz 2 wurde durch das JStG 1996 und das JStErgG 1996 ab VZ 1996 neu gefaßt:
„²Die als Reisekostenvergütungen gezahlten Vergütungen für Verpflegungsmehraufwendungen sind nur insoweit steuerfrei, als sie die Pauschbeträge nach § 4 Abs. 5 Satz 1 Nr. 5 nicht übersteigen; Trennungsgelder sind nur insoweit steuerfrei, als sie die nach § 9 Abs. 1 Satz 3 Nr. 5 und Abs. 5 sowie § 4 Abs. 5 Satz 1 Nr. 5 abziehbaren Aufwendungen nicht übersteigen;"

§ 3 EStG
R 6 H 6 Nr. 14

EStG § 3

Steuerfrei sind

...

S 2342 **14. Zuschüsse eines Trägers der gesetzlichen Rentenversicherung zu den Aufwendungen eines Rentners für seine Kranken- und Pflegeversicherung;**

R 6   R 6. Steuerbefreiungen auf Grund des § 3 EStG

Zu § 3 Nr. 14

– unbesetzt –

H 6 Nr. 14   **Hinweise**

Zuschüsse zur Krankenversicherung der Rentner

Die Steuerbefreiung gilt für Zuschüsse gem. § 106 SGB VI.

Die Steuerbefreiung gilt entsprechend für Zuschüsse gem.:
- § 83 e des Angestelltenversicherungsgesetzes,
- § 96 c des Reichsknappschaftsgesetzes,
- Artikel 2 § 28 a und § 41 b Abs. 3 Satz 4 des Arbeiterrentenversicherungs-Neuregelungsgesetzes,
- Artikel 2 § 27 a und § 40 b Abs. 3 Satz 4 des Angestelltenversicherungs-Neuregelungsgesetzes.

§ 3

Steuerfrei sind

...

15. Zuwendungen, die Arbeitnehmer anläßlich ihrer Eheschließung oder der Geburt eines Kindes von ihrem Arbeitgeber erhalten, soweit sie jeweils 700 Deutsche Mark nicht übersteigen;   S 2342

R 6. Steuerbefreiungen auf Grund des § 3 EStG R 6

Zu § 3 Nr. 15

– unbesetzt –

Hinweise

Heiratsbeihilfen und Geburtsbeihilfen
→ A 15 LStR 1993

EStG § 3

Steuerfrei sind

...

S 2338 [1)]

16. die Vergütungen, die Arbeitnehmer außerhalb des öffentlichen Dienstes von ihrem Arbeitgeber zur Erstattung von Reisekosten, Umzugskosten oder Mehraufwendungen bei doppelter Haushaltsführung erhalten, soweit sie die beruflich veranlaßten Mehraufwendungen, bei Verpflegungsmehraufwendungen die Höchstbeträge nach § 4 Abs. 5 Satz 1 Nr. 5 und bei Familienheimfahrten mit einem eigenen oder zur Nutzung überlassenen Kraftfahrzeug die Pauschbeträge nach § 9 Abs. 1 Nr. 4 nicht übersteigen;

R 6

R 6. Steuerbefreiungen auf Grund des § 3 EStG

Zu § 3 Nr. 16

– unbesetzt –

H 6 Nr. 16

Hinweise

Reisekostenvergütungen
→ A 14 LStR 1993
→ A 16 LStR 1993

Umzugskostenvergütungen
→ A 14 LStR 1993
→ A 16 LStR 1993

[1)] § 3 Nr. 16 wurde durch das JStG 1996 ab VZ 1996 neu gefaßt:
„16. die Vergütungen, die Arbeitnehmer außerhalb des öffentlichen Dienstes von ihrem Arbeitgeber zur Erstattung von Reisekosten, Umzugskosten oder Mehraufwendungen bei doppelter Haushaltsführung erhalten, soweit sie die beruflich veranlaßten Mehraufwendungen, bei Verpflegungsmehraufwendungen die Pauschbeträge nach § 4 Abs. 5 Satz 1 Nr. 5 und bei Familienheimfahrten mit dem eigenen oder außerhalb des Dienstverhältnisses zur Nutzung überlassenen Kraftfahrzeug die Pauschbeträge nach § 9 Abs. 1 Satz 3 Nr. 4 nicht übersteigen; Vergütungen zur Erstattung von Mehraufwendungen bei doppelter Haushaltsführung sind nur insoweit steuerfrei, als sie die nach § 9 Abs. 1 Satz 3 Nr. 5 und Abs. 5 sowie § 4 Abs. 5 Satz 1 Nr. 5 abziehbaren Aufwendungen nicht übersteigen;"

§ 3

Steuerfrei sind

...

17. Zuschüsse zum Beitrag nach § 32 des Gesetzes über die Alterssicherung der Landwirte;
18. das Aufgeld für ein an die Bank für Vertriebene und Geschädigte (Lastenausgleichsbank) zugunsten des Ausgleichsfonds (§ 5 Lastenausgleichsgesetz) gegebenes Darlehen, wenn das Darlehen nach § 7 f des Gesetzes in der Fassung der Bekanntmachung vom 15. September 1953 (BGBl. I S. 1355) im Jahr der Hingabe als Betriebsausgabe abzugsfähig war;
19. Entschädigungen auf Grund des Gesetzes über die Entschädigung ehemaliger deutscher Kriegsgefangener;   S 2342
20. die aus öffentlichen Mitteln des Bundespräsidenten aus sittlichen oder sozialen Gründen gewährten Zuwendungen an besonders verdiente Personen oder ihre Hinterbliebenen;   S 2342
21. Zinsen aus Schuldbuchforderungen im Sinne des § 35 Abs. 1 des Allgemeinen Kriegsfolgengesetzes in der im Bundesgesetzblatt Teil III, Gliederungsnummer 653–1, veröffentlichten bereinigten Fassung;
22. der Ehrensold, der auf Grund des Gesetzes über Titel, Orden und Ehrenzeichen in der im Bundesgesetzblatt Teil III, Gliederungsnummer 1132–1, veröffentlichten bereinigten Fassung, zuletzt geändert durch Gesetz vom 24. April 1986 (BGBl. I S. 560), gewährt wird;   S 2342
23. die Leistungen nach dem Häftlingshilfegesetz, dem Strafrechtlichen Rehabilitierungsgesetz, dem Verwaltungsrechtlichen Rehabilitierungsgesetz und dem Beruflichen Rehabilitierungsgesetz;   S 2342

R 6. Steuerbefreiungen auf Grund des § 3 EStG

Zu § 3 Nr. 17 bis 23

– unbesetzt –

EStG § 3

Steuerfrei sind

…

S 2342 [1)] 24. Leistungen, die auf Grund des Bundeskindergeldgesetzes oder nachträglich auf Grund der durch das Bundeskindergeldgesetz aufgehobenen Kindergeldgesetze gewährt werden;

R 6

R 6. **Steuerbefreiungen auf Grund des § 3 EStG**

S 2342 **Zu § 3 Nr. 24**

Aus Billigkeitsgründen sind die folgenden Leistungen, die im Inland wohnhafte, aber nicht im Inland tätige Steuerpflichtige erhalten, steuerfrei zu belassen:
1. Leistungen, die den Kinderzuschüssen aus einer gesetzlichen Rentenversicherung (Arbeiterrenten-, Angestellten-, Knappschaftsversicherung) oder Kinderzulagen aus der gesetzlichen Unfallversicherung vergleichbar sind,
2. Leistungen für Kinder, die außerhalb des Geltungsbereichs des BKGG gewährt werden und dem Kindergeld vergleichbar sind, z. B. die Kinderzulagen in Frankreich (allocations familiales), die Kinderzulagen nach den kantonalen Gesetzen in der Schweiz über Familienzulagen.

[1)] § 3 Nr. 24 wurde durch das JStG 1996 aufgehoben; zur Anwendung → § 52 Nr. 2 c in der Fassung des JStG 1996:
„(2 c) Für Leistungen nach dem Bundeskindergeldgesetz für Kalenderjahre vor 1996, die nach dem 31. Dezember 1995 zufließen, ist § 3 Nr. 24 in der bis zum 31. Dezember 1995 geltenden Fassung anzuwenden."

§ 3

Steuerfrei sind

...

25. Entschädigungen nach dem Bundes-Seuchengesetz;

R 6. Steuerbefreiungen auf Grund des § 3 EStG

Zu § 3 Nr. 25
– unbesetzt –

EStG § 3

Steuerfrei sind

...

S 2121 26. Aufwandsentschädigungen für nebenberufliche Tätigkeiten als Übungsleiter, Ausbilder, Erzieher oder für eine vergleichbare nebenberufliche Tätigkeit, für nebenberufliche künstlerische Tätigkeiten oder für die nebenberufliche Pflege alter, kranker oder behinderter Menschen im Dienst oder Auftrag einer inländischen juristischen Person des öffentlichen Rechts oder einer unter § 5 Abs. 1 Nr. 9 des Körperschaftsteuergesetzes fallenden Einrichtung zur Förderung gemeinnütziger, mildtätiger und kirchlicher Zwecke (§§ 52 bis 54 der Abgabenordnung). ²Als Aufwandsentschädigungen sind Einnahmen für die in Satz 1 bezeichneten Tätigkeiten bis zur Höhe von insgesamt 2.400 Deutsche Mark im Jahr anzusehen;

R 6 R 6. Steuerbefreiungen auf Grund des § 3 EStG

Zu § 3 Nr. 26

– unbesetzt –

H 6 Nr. 26 **Hinweise**

Aufwandsentschädigung für nebenberufliche Tätigkeiten
→ A 17 LStR 1993

Förderung gemeinnütziger Zwecke

Eine Förderung der Allgemeinheit kann abweichend von A 17 Abs. 3 LStR 1993 auch vorliegen, wenn ein fest abgeschlossener Personenkreis unterrichtet wird (→ BFH vom 26. 3. 1992 – BStBl 1993 II S. 20).

Korrekturassistent

Bezüge aus einer nebenberuflich ausgeübten Tätigkeit als Korrekturassistent fallen unter § 3 Nr. 26 EStG, wenn diese im Dienst oder Auftrag einer der dort genannten juristischen Personen oder Einrichtungen ausgeübt wird (→ FG Münster vom 8. 11. 1994 – EFG 1995, S. 415).

Nebenberufliche Tätigkeit

Eine Tätigkeit wird nebenberuflich ausgeübt, wenn sie nicht mehr als ein Drittel der Arbeitszeit eines vergleichbaren Vollzeiterwerbs in Anspruch nimmt (→ BFH vom 30. 3. 1990 – BStBl II S. 854).

Vergleichbare Tätigkeit

Ausbilder, Übungsleiter und Erzieher haben miteinander gemeinsam, daß sie auf andere Menschen durch persönlichen Kontakt Einfluß nehmen, um auf diese Weise geistige und leibliche Fähigkeiten zu entwickeln. Das Verfassen und der Vortrag eines Rundfunk-Essays sind mit den Tätigkeiten der Übungsleiter, Ausbilder und Erzieher daher nicht vergleichbar (→ BFH vom 17. 10. 1991 – BStBl 1992 II S. 176).

§ 3

EStG

Steuerfrei sind

...

27. der Grundbetrag der Produktionsaufgaberente und das Ausgleichsgeld nach dem Gesetz zur Förderung der Einstellung der landwirtschaftlichen Erwerbstätigkeit bis zum Höchstbetrag von 36.000 Deutsche Mark;

R 6. Steuerbefreiungen auf Grund des § 3 EStG

Zu § 3 Nr. 27

¹Der Höchstbetrag steht dem Leistungsempfänger nicht je VZ, sondern nur einmal zu. ²Die einzelnen Raten sind so lange steuerfrei, bis der Höchstbetrag ausgeschöpft ist. ³Der Flächenzuschlag der Produktionsaufgaberente ist nicht begünstigt. ⁴Im Fall der Betriebsaufgabe sind die Ansprüche auf die Produktionsaufgaberente nicht in den Betriebsaufgabegewinn einzubeziehen; die einzelnen Raten sind als nachträgliche Einkünfte aus Land- und Forstwirtschaft zu erfassen.

EStG

§ 3

Steuerfrei sind

...

28. die Aufstockungsbeträge im Sinne des § 3 Abs. 1 Nr. 1 Buchstabe a sowie die Beiträge und Aufwendungen im Sinne des § 3 Abs. 1 Nr. 1 Buchstabe b und des § 4 Abs. 2 des Altersteilzeitgesetzes;

R 6

R 6. Steuerbefreiungen auf Grund des § 3 EStG

Zu § 3 Nr. 28

– unbesetzt –

H 6 Nr. 28

Hinweise

Leistungen nach dem Altersteilzeitgesetz

Anhang 7 → A 18 LStR 1993

§ 3 EStG

Steuerfrei sind

...

29. das Gehalt und die Bezüge,

    a) die die diplomatischen Vertreter ausländischer Staaten, die ihnen zugewiesenen Beamten und die in ihren Diensten stehenden Personen erhalten. ²Dies gilt nicht für deutsche Staatsangehörige oder für im Inland ständig ansässige Personen;
    b) der Berufskonsuln, der Konsulatsangehörigen und ihres Personals, soweit sie Angehörige des Entsendestaats sind. ²Dies gilt nicht für Personen, die im Inland ständig ansässig sind oder außerhalb ihres Amtes oder Dienstes einen Beruf, ein Gewerbe oder eine andere gewinnbringende Tätigkeit ausüben;

R 6. Steuerbefreiungen auf Grund des § 3 EStG

R 6

Zu § 3 Nr. 29

– unbesetzt –

Hinweise

H 6 Nr. 29

Wahlkonsuln
§ 3 Nr. 29 EStG findet keine Anwendung.

Wiener Übereinkommen
– vom 18. 4. 1961 über diplomatische Beziehungen (WÜD), für die Bundesrepublik Deutschland in Kraft getreten am 11. 12. 1964
– vom 24. 4. 1963 über konsularische Beziehungen (WÜK), für die Bundesrepublik Deutschland in Kraft getreten am 7. 10. 1971

Inhalte:

1. Nach dem WÜD ist u. a. ein Diplomat einer ausländischen Mission und nach dem WÜK ein Konsularbeamter einer ausländischen konsularischen Vertretung, sofern er weder die deutsche Staatsangehörigkeit besitzt noch im Geltungsbereich des EStG ständig ansässig ist, im Geltungsbereich des EStG von allen staatlichen, regionalen und kommunalen Personal- und Realsteuern oder -abgaben befreit (Artikel 34 WÜD – Artikel 49 Abs. 1 und Artikel 71 Abs. 1 WÜK).

2. Die Befreiung gilt u. a. nicht für Steuern und sonstige Abgaben von privaten Einkünften, deren Quelle sich im Empfangsstaat befindet. Das bedeutet, daß ein ausländischer Diplomat oder ein ausländischer Konsularbeamter nur mit seinen inländischen Einkünften im Sinne des § 49 EStG steuerpflichtig ist und auch dann nur, soweit nicht § 3 Nr. 29 EStG eingreift oder in einem Doppelbesteuerungsabkommen abweichende Regelungen getroffen sind. Die bezeichneten Personen sind somit im Geltungsbereich des EStG nur beschränkt einkommensteuerpflichtig (§ 1 Abs. 4 EStG).

3. Gleiches gilt auch
    a) für die zum Haushalt eines ausländischen Diplomaten gehörenden Familienmitglieder, wenn sie nicht die deutsche Staatsangehörigkeit besitzen (Artikel 37 Abs. 1 WÜD),
    b) für die Familienmitglieder, die im gemeinsamen Haushalt eines Konsularbeamten einer ausländischen konsularischen Vertretung leben (Artikel 49 Abs. 1 WÜK), wenn sie weder die deutsche Staatsangehörigkeit besitzen noch im Geltungsbereich des EStG ständig ansässig sind (Artikel 71 Abs. 2 WÜK).

4. Familienmitglieder im Sinne der beiden Wiener Übereinkommen sind:
    a) der Ehegatte und die minderjährigen Kinder der privilegierten Person, vorausgesetzt, daß sie mit ihr in einem Haushalt leben. Eine vorübergehende Abwesenheit, z. B. zum auswärtigen Studium, ist hierbei ohne Bedeutung.

b) die volljährigen unverheirateten Kinder sowie die Eltern und Schwiegereltern der privilegierten Person – unter der Voraussetzung der Gegenseitigkeit –, soweit sie mit der privilegierten Person in einem Haushalt leben und von ihr wirtschaftlich abhängig sind. Die Frage der wirtschaftlichen Abhängigkeit ist nach den Einkommens- und Vermögensverhältnissen des betreffenden Familienmitglieds von der Steuerverwaltung des Aufenthaltsstaates zu beurteilen. Diese Beurteilung erfolgt im Einzelfall nach der Abgabe einer Erklärung über das Einkommen und das Vermögen des betreffenden Familienmitglieds.

5. Für andere als die unter Nummer 4 genannten Personen (entferntere Verwandte der privilegierten Person in gerader Linie oder in der Seitenlinie) kommt eine Anwendung des Artikels 37 WÜD oder des Artikels 49 WÜK grundsätzlich nicht in Betracht. In besonderen Fällen prüft das Auswärtige Amt im Einvernehmen mit den zuständigen Bundesressorts, ob die besonderen Umstände dieses Falles eine andere Entscheidung rechtfertigen.

6. Die Mitglieder/Bediensteten des Verwaltungs- und technischen Personals ausländischer Missionen/konsularischer Vertretungen und die zu ihrem Haushalt gehörenden sowie die mit ihnen in gemeinsamen Haushalt lebenden Familienmitglieder sind wie Diplomaten/Konsularbeamte zu behandeln, wenn sie weder deutsche Staatsangehörige noch im Geltungsbereich des EStG ständig ansässig sind (Artikel 37 Abs. 2 WÜD, Artikel 49 Abs. 1 und Artikel 71 Abs. 2 WÜK).

7. Bei Mitgliedern des dienstlichen Hauspersonals einer ausländischen Mission bzw. einer ausländischen konsularischen Vertretung sind die Dienstbezüge im Geltungsbereich des EStG steuerfrei, wenn diese Personen weder deutsche Staatsangehörige noch im Geltungsbereich des EStG ständig ansässig sind (Artikel 37 Abs. 3 WÜD – Artikel 49 Abs. 2 und Artikel 71 Abs. 2 WÜK).

8. Bei privaten Hausangestellten sind die Bezüge, die sie von Mitgliedern einer ausländischen Mission auf Grund ihres Arbeitsverhältnisses erhalten, steuerfrei, wenn sie weder deutsche Staatsangehörige noch im Geltungsbereich des EStG ständig ansässig sind (Artikel 37 Abs. 4 WÜD).

9. Anderen Mitgliedern des Personals einer ausländischen Mission und privaten Hausangestellten, die deutsche Staatsangehörige sind oder die im Geltungsbereich des EStG ständig ansässig sind, steht Steuerfreiheit nur insoweit zu, als besondere Regelungen, z. B. in Doppelbesteuerungsabkommen, für den Geltungsbereich des EStG getroffen sind (Artikel 38 Abs. 2 WÜD).

10. Vom Tage des Inkrafttretens des WÜD bzw. des WÜK ist die Verwaltungsanordnung der Bundesregierung vom 13. 10. 1950 (MinBlFin 1950 S. 631) nur noch auf Mitglieder solcher ausländischer Missionen oder ausländischer konsularischer Vertretungen und die dort bezeichneten Bediensteten anzuwenden, deren Entsendestaat dem WÜD oder dem WÜK noch nicht rechtswirksam beigetreten ist.

§ 3

Steuerfrei sind

...

30. Entschädigungen für die betriebliche Benutzung von Werkzeugen eines Arbeitnehmers (Werkzeuggeld), soweit sie die entsprechenden Aufwendungen des Arbeitnehmers nicht offensichtlich übersteigen;

R 6. Steuerbefreiungen auf Grund des § 3 EStG

Zu § 3 Nr. 30

– unbesetzt –

Hinweise

Werkzeuggeld
→ A 19 LStR 1993

EStG § 3

Steuerfrei sind

...

S 2342   31. die typische Berufskleidung, die der Arbeitgeber seinem Arbeitnehmer unentgeltlich oder verbilligt überläßt; dasselbe gilt für eine Barablösung eines nicht nur einzelvertraglichen Anspruchs auf Gestellung von typischer Berufskleidung, wenn die Barablösung betrieblich veranlaßt ist und die entsprechenden Aufwendungen des Arbeitnehmers nicht offensichtlich übersteigt;

R 6.   **Steuerbefreiungen auf Grund des § 3 EStG**

Zu § 3 Nr. 31

– unbesetzt –

H 6 Nr. 31   **Hinweise**

Überlassung typischer Berufskleidung
→ A 20 LStR 1993

§ 3

EStG

Steuerfrei sind

...

32. die unentgeltliche oder verbilligte Sammelbeförderung eines Arbeitnehmers zwischen Wohnung und Arbeitsstätte mit einem vom Arbeitgeber gestellten Kraftfahrzeug, soweit die Sammelbeförderung für den betrieblichen Einsatz des Arbeitnehmers notwendig ist;

S 2342

R 6. Steuerbefreiungen auf Grund des § 3 EStG

R 6

Zu § 3 Nr. 32

– unbesetzt –

Hinweise

Sammelbeförderung von Arbeitnehmern zwischen Wohnung und Arbeitsstätte
→ A 21 LStR 1993

EStG   **§ 3**

Steuerfrei sind

...

S 2342   33. zusätzlich zum ohnehin geschuldeten Arbeitslohn erbrachte Leistungen des Arbeitgebers zur Unterbringung und Betreuung von nicht schulpflichtigen Kindern der Arbeitnehmer in Kindergärten oder vergleichbaren Einrichtungen;

R 6   **R 6. Steuerbefreiungen auf Grund des § 3 EStG**

Zu § 3 Nr. 33

– unbesetzt –

H 6 Nr. 33   **Hinweise**

Unterbringung und Betreuung von nicht schulpflichtigen Kindern
→ A 21 a LStR 1993

§ 3

Steuerfrei sind

...

34. Zuschüsse des Arbeitgebers, die zusätzlich zum ohnehin geschuldeten Arbeitslohn zu den Aufwendungen des Arbeitnehmers für Fahrten zwischen Wohnung und Arbeitsstätte mit öffentlichen Verkehrsmitteln im Linienverkehr gezahlt werden. ²Das gleiche gilt für die unentgeltliche oder verbilligte Nutzung öffentlicher Verkehrsmittel im Linienverkehr zu Fahrten zwischen Wohnung und Arbeitsstätte, die der Arbeitnehmer auf Grund seines Dienstverhältnisses zusätzlich zum ohnehin geschuldeten Arbeitslohn in Anspruch nehmen kann;

R 6. Steuerbefreiungen auf Grund des § 3 EStG

Zu § 3 Nr. 34

– unbesetzt –

EStG § 3

Steuerfrei sind

...

35. die Einnahmen der bei der Deutsche Post AG, Deutsche Postbank AG oder Deutsche Telekom AG beschäftigten Beamten, soweit die Einnahmen ohne Neuordnung des Postwesens und der Telekommunikation nach den Nummern 11 bis 13 steuerfrei wären;

[1)] 36. Einnahmen für Leistungen zur Grundpflege oder hauswirtschaftlichen Versorgung bis zur Höhe des Pflegegeldes nach § 37 des Elften Buches Sozialgesetzbuch, wenn diese Leistungen von Angehörigen des Pflegebedürftigen oder von anderen Personen, die damit eine sittliche Pflicht im Sinne des § 33 Abs. 2 gegenüber dem Pflegebedürftigen erfüllen, erbracht werden. ²Entsprechendes gilt, wenn der Pflegebedürftige Pflegegeld aus privaten Versicherungsverträgen nach den Vorgaben des Elften Buches Sozialgesetzbuch oder eine Pauschalbeihilfe nach Beihilfevorschriften für häusliche Pflege erhält;

37. bis 41. (weggefallen);

R 6. Steuerbefreiungen auf Grund des § 3 EStG

Zu § 3 Nr. 35 bis 36

– unbesetzt –

Hinweise

Einnahmen für häusliche Pflegeleistungen

Einkommensteuerliche Behandlung von Einnahmen für häusliche Pflegeleistungen

BMF vom 28. 4. 1995 (BStBl I S. 251)

IV B 1 – S 2000 – 84/95

Ab 1. April 1995 werden Leistungen aus der Pflegeversicherung gewährt. Nach § 37 des Elften Buches des Sozialgesetzbuchs (SGB XI) können pflegebedürftige Personen anstelle der häuslichen Pflegehilfe ein Pflegegeld erhalten, wenn sie die erforderliche Grundpflege sowie die hauswirtschaftliche Versorgung (häusliche Pflege) durch eine Pflegeperson selbst sicherstellen. Unter Bezugnahme auf das Ergebnis der Erörterungen mit den obersten Finanzbehörden der Länder nehme ich zur einkommensteuerlichen Behandlung von Einnahmen der Pflegeperson für häusliche Pflegeleistungen wie folgt Stellung:

Im Vorgriff auf eine gesetzliche Regelung im Jahressteuergesetz 1996 sind Einnahmen der Pflegeperson für Leistungen zur Grundpflege oder hauswirtschaftlichen Versorgung bis zur Höhe des dem Pflegebedürftigen nach § 37 SGB XI gewährten Pflegegeldes steuerfrei zu belassen, wenn diese Leistungen von Angehörigen des Pflegebedürftigen oder von anderen Personen erbracht werden, die damit eine sittliche Verpflichtung im Sinne des § 33 Abs. 2 EStG gegenüber dem Pflegebedürftigen erfüllen. Entsprechendes gilt für diese Einnahmen, wenn der Pflegebedürftige Pflegegeld aus privaten Versicherungsverträgen, zu deren Abschluß er nach § 110 Abs. 1 Nr. 1 in Verbindung mit § 23 Abs. 1 SGB XI (private Pflegepflichtversicherung) verpflichtet ist, oder eine Pauschalbeihilfe nach Beihilfevorschriften für häusliche Pflege erhält.

[1)] Zur Anwendung → § 52 Abs. 2 d EStG in der Fassung des JStG 1996:
„(2 d) § 3 Nr. 36 in der Fassung des Gesetzes vom 11. Oktober 1995 (BGBl. I S. 1250) ist auf Einnahmen für Pflegeleistungen, die ab dem 1. April 1995 erbracht werden, anzuwenden."

Diese Regelung ist auf Einnahmen für Pflegeleistungen, die ab dem 1. April 1995 erbracht werden, anzuwenden.

§ 3 **EStG**

Steuerfrei sind

...

42. die Zuwendungen, die auf Grund des Fulbright-Abkommens gezahlt werden;

R 6. Steuerbefreiungen auf Grund des § 3 EStG **R 6**

Zu § 3 Nr. 42

– unbesetzt –

Hinweise

Fulbright-Abkommen
Neues Fulbright-Abkommen vom 20. 11. 1962, in Kraft getreten am 24. 1. 1964, → BGBl. 1964 II S. 27, 215.

§ 3 EStG
R 6

EStG § 3

Steuerfrei sind

...

S 2342   43. der Ehrensold für Künstler sowie Zuwendungen aus Mitteln der Deutschen Künstlerhilfe, wenn es sich um Bezüge aus öffentlichen Mitteln handelt, die wegen der Bedürftigkeit des Künstlers gezahlt werden;

R 6   R 6. Steuerbefreiungen auf Grund des § 3 EStG

Zu § 3 Nr. 43

– unbesetzt –

§ 3

EStG

Steuerfrei sind

...

44. Stipendien, die unmittelbar aus öffentlichen Mitteln oder von zwischenstaatlichen oder überstaatlichen Einrichtungen, denen die Bundesrepublik Deutschland als Mitglied angehört, zur Förderung der Forschung oder zur Förderung der wissenschaftlichen oder künstlerischen Ausbildung oder Fortbildung gewährt werden. ²Das gleiche gilt für Stipendien, die zu den in Satz 1 bezeichneten Zwecken von einer Einrichtung, die von einer Körperschaft des öffentlichen Rechts errichtet ist oder verwaltet wird, oder von einer Körperschaft, Personenvereinigung oder Vermögensmasse im Sinne des § 5 Abs. 1 Nr. 9 des Körperschaftsteuergesetzes gegeben werden. ³Voraussetzung für die Steuerfreiheit ist, daß   S 2342

   a) die Stipendien einen für die Erfüllung der Forschungsaufgabe oder für die Bestreitung des Lebensunterhalts und die Deckung des Ausbildungsbedarfs erforderlichen Betrag nicht übersteigen und nach den von dem Geber erlassenen Richtlinien vergeben werden,
   b) der Empfänger im Zusammenhang mit dem Stipendium nicht zu einer bestimmten wissenschaftlichen oder künstlerischen Gegenleistung oder zu einer Arbeitnehmertätigkeit verpflichtet ist,
   c) bei Stipendien zur Förderung der wissenschaftlichen oder künstlerischen Fortbildung im Zeitpunkt der erstmaligen Gewährung eines solchen Stipendiums der Abschluß der Berufsausbildung des Empfängers nicht länger als zehn Jahre zurückliegt;

R 6. Steuerbefreiungen auf Grund des § 3 EStG

R 6

Zu § 3 Nr. 44   S 2342

(1) ¹Stipendien **zur unmittelbaren Förderung der Forschung** sind nur insoweit steuerfrei, als die Mittel zur Schaffung der sachlichen Voraussetzungen zur Erfüllung einer Forschungsaufgabe verwendet werden (Sachbeihilfe). ²Beihilfen für die persönliche Lebensführung des Empfängers sind nach § 18 oder § 19 EStG steuerpflichtig. ³Stipendien **zur Förderung der wissenschaftlichen oder künstlerischen Ausbildung oder Fortbildung** sind steuerfrei, gleichgültig, ob sie zur Bestreitung des Lebensunterhalts des Empfängers oder für den durch die Ausbildung oder Fortbildung verursachten Aufwand bestimmt sind. ⁴Die Steuerfreiheit eines Ausbildungs- oder Fortbildungsstipendiums wird nicht berührt, wenn daneben eine Sachbeihilfe zur Durchführung einer Forschungsaufgabe gewährt wird. ⁵Die Prüfung, ob die gesetzlichen Voraussetzungen – mit Ausnahme der Voraussetzungen des § 3 Nr. 44 Buchstabe c EStG – für die volle oder teilweise Steuerfreiheit der Stipendien vorliegen, hat das Finanzamt vorzunehmen, das für die Veranlagung des Stipendiengebers zur Körperschaftsteuer zuständig ist oder zuständig wäre, wenn der Geber steuerpflichtig wäre. ⁶Dieses Finanzamt hat auf Anforderung des Stipendienempfängers oder des für ihn zuständigen Finanzamts eine Bescheinigung über die Voraussetzungen des § 3 Nr. 44 Buchstaben a und b EStG zu erteilen.

(2) Die 10-Jahresfrist des § 3 Nr. 44 Buchstabe c EStG wird aus Billigkeitsgründen für die Nachqualifikation von Wissenschaftlern aus den neuen Ländern bis 31. 12. 1994 ausgesetzt.

Hinweise

Stipendien

Zwischen einem nach § 3 Nr. 44 EStG steuerfrei gewährten Stipendium für Studienzwecke und den im Zusammenhang mit dem Stipendium entstehenden Mehraufwendungen besteht regelmäßig ein unmittelbarer wirtschaftlicher Zusammenhang im Sinne des § 3 c EStG (→ BFH vom 9. 11. 1976 – BStBl 1977 II S. 207).

EStG § 3

Steuerfrei sind

...

45. (weggefallen);
46. Bergmannsprämien nach dem Gesetz über Bergmannsprämien;
47. Leistungen nach § 14 a Abs. 4 und § 14 b des Arbeitsplatzschutzgesetzes;
48. Leistungen nach dem Unterhaltssicherungsgesetz, soweit sie nicht nach dessen § 15 Abs. 1 Satz 2 steuerpflichtig sind;
49. laufende Zuwendungen eines früheren alliierten Besatzungssoldaten an seine im Geltungsbereich des Grundgesetzes ansässige Ehefrau, soweit sie auf diese Zuwendungen angewiesen ist;

S 2342 (46.)
S 2342 (47.)
S 2342 (48.)

R 6. Steuerbefreiungen auf Grund des § 3 EStG

Zu § 3 Nr. 45 bis 49

– unbesetzt –

§ 3

EStG

Steuerfrei sind

...

50. die Beträge, die der Arbeitnehmer vom Arbeitgeber erhält, um sie für ihn auszugeben (durchlaufende Gelder), und die Beträge, durch die Auslagen des Arbeitnehmers für den Arbeitgeber ersetzt werden (Auslagenersatz); S 2336

R 6. Steuerbefreiungen auf Grund des § 3 EStG   **R 6**

Zu § 3 Nr. 50

– unbesetzt –

Hinweise

Auslagenersatz
→ A 22 LStR 1993

Autotelefon

Lohnsteuerliche Behandlung der Aufwendungen für ein Autotelefon

BMF vom 14. 10. 1993 (BStBl I S. 908)

IV B 6 – S 2336 – 9/93

Unter Bezugnahme auf die Erörterung mit den obersten Finanzbehörden der Länder gilt folgendes:

1. Telefon in einem Fahrzeug des Arbeitgebers

Bei der Ermittlung des privaten Nutzungswerts eines dem Arbeitnehmer überlassenen Kraftfahrzeugs bleiben die Aufwendungen für die Einrichtung und die Benutzung eines Autotelefons außer Ansatz. Die private Nutzung des Autotelefons ist deshalb gesondert als Sachbezug zu erfassen. Bei der Bewertung dieses Sachbezugs ist das Autotelefon grundsätzlich wie ein Telefon am Arbeitsplatz zu behandeln. Zu erfassen sind demnach sämtliche Gesprächsgebühren für die privaten Gespräche.

2. Telefon in einem Fahrzeug des Arbeitnehmers

a) Stellt der Arbeitnehmer dem Arbeitgeber die Aufwendungen für die Anschaffung, den Einbau und den Anschluß eines Autotelefons sowie die laufenden Gebühren für die Telefongespräche in Rechnung, so sind die Ersatzleistungen nach § 3 Nr. 50 EStG steuerfrei, wenn das Autotelefon zusätzlich zu einem Telefonanschluß in der Wohnung des Arbeitnehmers betrieben und so gut wie ausschließlich für betrieblich veranlaßte Gespräche genutzt wird; andernfalls können nur die Gesprächsgebühren für die betrieblich veranlaßten Gespräche nach § 3 Nr. 50 EStG steuerfrei ersetzt werden. Nr. 1 Satz 2 und Nr. 2 des BMF-Schreibens vom 11. Juni 1990 (BStBl I S. 290) sind sinngemäß anwendbar.

b) Soweit die Ausgaben für betrieblich veranlaßte Telefongespräche nicht nach Buchstabe a) vom Arbeitgeber steuerfrei ersetzt werden, können sie als Werbungskosten berücksichtigt werden. Zu den Werbungskosten gehört auch der berufliche Anteil der Absetzungen für Abnutzung (AfA) des Autotelefons. Dabei sind den Absetzungen für Abnutzung die Aufwendungen für die Anschaffung, den Einbau und den Anschluß des Autotelefons sowie eine Nutzungsdauer von vier Jahren zugrunde zu legen. Für die Ermittlung des beruflichen Anteils gilt Nr. 3 Sätze 3 bis 5 des BMF-Schreibens vom 11. Juni 1990 a. a. O. sinngemäß. Wenn der berufliche Anteil der laufenden Telefongebühren nach Nr. 3 Satz 6 des bezeichneten BMF-Schreibens geschätzt wird, kann das

§ 3 EStG
R 6 H 6 Nr. 50

sich daraus ergebende Aufteilungsverhältnis auch für die Aufteilung der AfA angewendet werden.

Dieses Schreiben gilt sinngemäß für andere Mobiltelefone.

Durchlaufende Gelder
→ A 22 LStR 1993

§ 3 EStG

Steuerfrei sind

...

51. Trinkgelder, die dem Arbeitnehmer von Dritten gezahlt werden, ohne daß ein Rechtsanspruch darauf besteht, soweit sie 2.400 Deutsche Mark im Kalenderjahr nicht übersteigen;

S 2342

R 6. Steuerbefreiungen auf Grund des § 3 EStG

Zu § 3 Nr. 51

– unbesetzt –

Hinweise

Lohnzahlung durch Dritte, Trinkgelder

→ A 106 LStR 1993

Trinkgelder, auf die der Arbeitnehmer keinen Rechtsanspruch hat, sind zusätzlicher Arbeitslohn (→ BFH vom 23. 10. 1992 – BStBl 1993 II S. 117).

EStG § 3

Steuerfrei sind

...

S 2339 52. besondere Zuwendungen des Arbeitgebers an den Arbeitnehmer nach näherer Maßgabe einer Rechtsverordnung, soweit es aus sozialen Gründen oder zur Vereinfachung des Besteuerungsverfahrens geboten erscheint, die Zuwendungen ganz oder teilweise steuerfrei zu belassen;

R 6 **R 6. Steuerbefreiungen auf Grund des § 3 EStG**

Zu § 3 Nr. 52

– unbesetzt –

H 6 Nr. 52 **Hinweise**

Jubiläumszuwendungen

Es wird daran festgehalten, daß eine Jubiläumszuwendung nur dann steuerfrei ist, wenn sie zu den lohnsteuerpflichtigen Bezügen hinzukommt, die der Arbeitgeber ohne das Jubiläum geschuldet hätte (→ BFH vom 12. 3. 1993 – BStBl II S. 521).

Ist in einem Tarifvertrag eine sog. Öffnungsklausel vereinbart, die besagt, daß für bestimmte Leistungen des Arbeitgebers vorhandene betriebliche Systeme unberührt bleiben, so kann die Jubiläumszuwendung nur dann steuerfrei sein, wenn sie zusätzlich zu den Leistungen erbracht wird, die der Arbeitgeber aufgrund des Tarifvertrags oder im Falle eines „vorhandenen Systems" aufgrund dieses Systems ohne das Jubiläum geschuldet hätte (→ BFH vom 12. 3. 1993 – BStBl II S. 521).

→ § 3 LStDV

→ A 23 LStR 1993

§ 3

EStG

Steuerfrei sind

...

53. (weggefallen);
54. Zinsen aus Entschädigungsansprüchen für deutsche Auslandsbonds im Sinne der §§ 52 bis 54 des Bereinigungsgesetzes für deutsche Auslandsbonds in der im Bundesgesetzblatt Teil III, Gliederungsnummer 4139–2, veröffentlichten bereinigten Fassung, soweit sich die Entschädigungsansprüche gegen den Bund oder die Länder richten. ²Das gleiche gilt für die Zinsen aus Schuldverschreibungen und Schuldbuchforderungen, die nach den §§ 9, 10 und 14 des Gesetzes zur näheren Regelung der Entschädigungsansprüche für Auslandsbonds in der im Bundesgesetzblatt Teil III, Gliederungsnummer 4139–3, veröffentlichten bereinigten Fassung vom Bund oder von den Ländern für Entschädigungsansprüche erteilt oder eingetragen werden;
55. und 56. (weggefallen);
57. die Beträge, die die Künstlersozialkasse zugunsten des nach dem Künstlersozialversicherungsgesetz Versicherten aus dem Aufkommen von Künstlersozialabgabe und Bundeszuschuß an einen Träger der Sozialversicherung oder an den Versicherten zahlt;
58. das Wohngeld nach dem Wohngeldgesetz und dem Wohngeldsondergesetz, die sonstigen Leistungen zur Senkung der Miete oder Belastung im Sinne des § 38 des Wohngeldgesetzes und öffentliche Zuschüsse zur Deckung laufender Aufwendungen für eine zu eigenen Wohnzwecken genutzte Wohnung im eigenen Haus oder eine zu eigenen Wohnzwecken genutzte Eigentumswohnung, deren Nutzungswert nicht zu besteuern ist, soweit sie nicht durch ein Dienstverhältnis veranlaßt sind; S 2342 [1])
59. die Zusatzförderung nach § 88 e des Zweiten Wohnungsbaugesetzes und nach § 51 f des Wohnungsbaugesetzes für das Saarland, soweit die Einkünfte dem Mieter zuzurechnen sind, und die Vorteile aus einer mietweisen Wohnungsüberlassung im Zusammenhang mit einem Arbeitsverhältnis, soweit sie die Vorteile aus einer entsprechenden Förderung nach dem Zweiten Wohnungsbaugesetz nicht überschreiten;
60. Leistungen aus öffentlichen Mitteln an Arbeitnehmer des Steinkohlen-, Pechkohlen- und Erzbergbaues, des Braunkohlentiefbaues und der Eisen- und Stahlindustrie aus Anlaß von Stillegungs-, Einschränkungs-, Umstellungs- oder Rationalisierungsmaßnahmen; S 2342
61. Leistungen nach § 4 Abs. 1 Nr. 2, § 7 Abs. 3, §§ 9, 10 Abs. 1, §§ 13, 15 des Entwicklungshelfer-Gesetzes; S 2342

R 6. Steuerbefreiungen auf Grund des § 3 EStG

Zu § 3 Nr. 53 bis 61

– unbesetzt –

---

[1]) § 3 Nr. 58 wurde durch das Gesetz zur Neuregelung der steuerrechtlichen Wohneigentumsförderung ab VZ 1996 neu gefaßt:

„58. das Wohngeld nach dem Wohngeldgesetz und dem Wohngeldsondergesetz, die sonstigen Leistungen zur Senkung der Miete oder Belastung im Sinne des § 38 des Wohngeldgesetzes sowie öffentliche Zuschüsse zur Deckung laufender Aufwendungen und Zinsvorteile bei Darlehen, die aus öffentlichen Haushalten gewährt werden, für eine zu eigenen Wohnzwecken genutzte Wohnung im eigenen Haus oder eine zu eigenen Wohnzwecken genutzte Eigentumswohnung, deren Nutzungswert nicht zu besteuern ist, soweit die Zuschüsse und Zinsvorteile die Vorteile aus einer entsprechenden Förderung mit öffentlichen Mitteln nach dem Zweiten Wohnungsbaugesetz nicht überschreiten;".

EStG § 3

Steuerfrei sind

...

S 2333 62. Ausgaben des Arbeitgebers für die Zukunftssicherung des Arbeitnehmers, soweit der Arbeitgeber dazu nach sozialversicherungsrechtlichen oder anderen gesetzlichen Vorschriften oder nach einer auf gesetzlicher Ermächtigung beruhenden Bestimmung verpflichtet ist. ²Den Ausgaben des Arbeitgebers für die Zukunftssicherung, die auf Grund gesetzlicher Verpflichtung geleistet werden, werden gleichgestellt Zuschüsse des Arbeitgebers zu den Aufwendungen des Arbeitnehmers

   a) für eine Lebensversicherung,
   b) für die freiwillige Versicherung in der gesetzlichen Rentenversicherung,
   c) für eine öffentlich-rechtliche Versicherungs- oder Versorgungseinrichtung seiner Berufsgruppe,

wenn der Arbeitnehmer von der Versicherungspflicht in der gesetzlichen Rentenversicherung befreit worden ist. ³Die Zuschüsse sind nur insoweit steuerfrei, als sie insgesamt bei Befreiung von der Versicherungspflicht in der gesetzlichen Rentenversicherung der Angestellten die Hälfte und bei Befreiung von der Versicherungspflicht in der knappschaftlichen Rentenversicherung zwei Drittel der Gesamtaufwendungen des Arbeitnehmers nicht übersteigen und nicht höher sind als der Betrag, der als Arbeitgeberanteil bei Versicherungspflicht in der gesetzlichen Rentenversicherung der Angestellten oder in der knappschaftlichen Rentenversicherung zu zahlen wäre. ⁴Die Sätze 2 und 3 gelten sinngemäß für Beiträge des Arbeitgebers zu einer Pensionskasse, wenn der Arbeitnehmer bei diesem Arbeitgeber nicht im Inland beschäftigt ist und der Arbeitgeber keine Beiträge zur gesetzlichen Rentenversicherung im Inland leistet; Beiträge des Arbeitgebers zu einer Rentenversicherung auf Grund gesetzlicher Verpflichtung sind anzurechnen;

R 6   **R 6. Steuerbefreiungen auf Grund des § 3 EStG**

Zu § 3 Nr. 62

– unbesetzt –

H 6 Nr. 62   **Hinweise**

Zukunftssicherungsleistungen
→ A 24 LStR 1993

§ 3

Steuerfrei sind

...

63. (weggefallen);
64. bei Arbeitnehmern, die zu einer inländischen juristischen Person des öffentlichen Rechts in einem Dienstverhältnis stehen und dafür Arbeitslohn aus einer inländischen öffentlichen Kasse beziehen, die Bezüge für eine Tätigkeit im Ausland insoweit, als sie den Arbeitslohn übersteigen, der dem Arbeitnehmer bei einer gleichwertigen Tätigkeit am Ort der zahlenden öffentlichen Kasse zustehen würde; bei anderen für einen begrenzten Zeitraum in das Ausland entsandten Arbeitnehmern, die dort einen Wohnsitz oder ihren gewöhnlichen Aufenthalt haben, der ihnen von einem inländischen Arbeitgeber gewährte Kaufkraftausgleich, soweit er den für vergleichbare Auslandsdienstbezüge nach § 54 des Bundesbesoldungsgesetzes zulässigen Betrag nicht übersteigt;

S 2341

R 6. Steuerbefreiungen auf Grund des § 3 EStG

R 6

Zu § 3 Nr. 64

– unbesetzt –

Hinweise

Kaufkraftausgleich
→ A 26 LStR 1993

Gesamtübersicht nach dem Stand vom 1. 1. 1996 (→ BMF vom 3. 1. 1996 – BStBl 1996 I S. 20).

EStG § 3

Steuerfrei sind

...

S 2333   65. Beiträge des Trägers der Insolvenzsicherung (§ 14 des Gesetzes zur Verbesserung der betrieblichen Altersversorgung in der im Bundesgesetzblatt Teil III, Gliederungsnummer 800–22, veröffentlichten bereinigten Fassung, zuletzt geändert durch Gesetz vom 18. Dezember 1989, BGBl. I S. 2261) zugunsten eines Versorgungsberechtigten und seiner Hinterbliebenen an eine Pensionskasse oder ein Unternehmen der Lebensversicherung zur Ablösung von Verpflichtungen, die der Träger der Insolvenzsicherung im Sicherungsfall gegenüber dem Versorgungsberechtigten und seinen Hinterbliebenen hat. ²Die Leistungen der Pensionskasse oder des Unternehmens der Lebensversicherung auf Grund der Beiträge nach Satz 1 gehören zu den Einkünften, zu denen die Versorgungsleistungen gehören würden, die ohne Eintritt des Sicherungsfalls zu erbringen wären. ³Soweit sie zu den Einkünften aus nichtselbständiger Arbeit im Sinne des § 19 gehören, ist von ihnen Lohnsteuer einzubehalten. ⁴Für die Erhebung der Lohnsteuer gelten die Pensionskasse oder das Unternehmen der Lebensversicherung als Arbeitgeber und der Leistungsempfänger als Arbeitnehmer;

R 6   **R 6. Steuerbefreiungen auf Grund des § 3 EStG**

Zu § 3 Nr. 65

– unbesetzt –

H 6 Nr. 65   **Hinweise**

Insolvenzsicherung
→ A 27 LStR 1993

§ 3

EStG

Steuerfrei sind

...

66. Erhöhungen des Betriebsvermögens, die dadurch entstehen, daß Schulden zum Zweck der Sanierung ganz oder teilweise erlassen werden;   S 2140

R 6. Steuerbefreiungen auf Grund des § 3 EStG

Zu § 3 Nr. 66   S 2140

Die Steuerfreiheit des Sanierungsgewinns setzt voraus, daß die folgenden vier Voraussetzungen gleichzeitig erfüllt sind (→ BFH vom 14. 3. 1990 – BStBl II S. 810):

1. Schulderlaß

    [1]Begünstigt ist allein ein Erlaß im Sinne des § 397 BGB, der sich auf bereits bestehende Ansprüche des Gläubigers bezieht (→ BFH vom 31. 1. 1985 – BStBl II S. 365). [2]Dieser Schulderlaß muß rechtsverbindlich grundsätzlich von sämtlichen Gläubigern ausgesprochen werden (→ BFH vom 25. 10. 1963 – BStBl 1964 III S. 122).

2. Sanierungsabsicht der Gläubiger

    [1]Die Gläubiger müssen die Absicht haben, durch den Schulderlaß die Sanierung zu ermöglichen. [2]Diese Absicht muß mindestens mitentscheidend für den Erlaß sein. [3]Dabei ist jedoch kein strenger Maßstab anzulegen (→ BFH vom 25. 10. 1963 – BStBl 1964 III S. 122). [4]Der Forderungserlaß durch mehrere Gläubiger ist ein Anzeichen für Sanierungsabsicht und Sanierungsbedürftigkeit (→ BFH vom 14. 3. 1990 – BStBl II S. 810). [5]Werden nur von einzelnen Gläubigern Schulden ganz oder zum Teil erlassen, so kann zweifelhaft sein, ob dem Schulderlaß die Absicht der Gläubiger zugrunde gelegen hat, die Gesundung des Unternehmens herbeizuführen und dieses vor dem Zusammenbruch zu bewahren (→ BFH vom 28. 2. 1989 – BStBl II S. 711). [6]Andererseits kann auch beim Schulderlaß durch einen einzigen Gläubiger ausnahmsweise eine steuerfreie Sanierung gegeben sein, wenn die Forderungen der anderen Gläubiger unbedeutend sind (→ BFH vom 25. 10. 1963 – BStBl 1964 III S. 122).

3. Sanierungsbedürftigkeit

    Die Sanierungsbedürftigkeit hängt insbesondere von der Liquidität, dem Verhältnis der flüssigen Mittel zur Höhe der Schuldenlast, der Fälligkeit der Verbindlichkeiten, der Zusammensetzung des Betriebsvermögens, der Ertragslage und der Verzinsung des Kapitals des Unternehmens ab (→ BFH vom 22. 11. 1983 – BStBl 1984 II S. 472 und vom 14. 3. 1990 – BStBl II S. 955).

4. Sanierungseignung

    [1]Der Schulderlaß muß im Zeitpunkt der Vereinbarung geeignet erscheinen, entweder dem bisherigen Einzelunternehmer bzw. unbeschränkt haftenden Mitunternehmer die Aufgabe des Unternehmens bzw. der Beteiligung zu ermöglichen, ohne von weiterbestehenden Schulden beeinträchtigt zu sein (unternehmerbezogene Sanierung im Sinne der BFH-Urteile vom 14. 3. 1990 – BStBl II S. 810 und vom 18. 12. 1990 – BStBl 1991 II S. 232 und 784), oder das Unternehmen vor dem Zusammenbruch zu bewahren und die Ertragsfähigkeit wieder herzustellen, um das Unternehmen als Wirtschaftsfaktor zu erhalten (unternehmensbezogene Sanierung im Sinne der BFH-Urteile vom 12. 3. 1970 – BStBl II S. 518, vom 22. 1. 1985 – BStBl II S. 501 und vom 7. 2. 1985 – BStBl II S. 504). [2]Bei der unternehmensbezogenen Sanierung ist es erforderlich, daß das Unternehmen durch die Sanierungsmaßnahmen in die Lage versetzt wird, auf Dauer wieder ertragsfähig zu werden. [3]Zur Prüfung, ob diese Voraussetzung erfüllt ist, sind alle Umstände, die die Ertragsaussichten beeinflussen können, z. B. die Höhe der Verschuldung und des Erlasses, die Gründe, die die Notlage bewirkt haben, und die allgemeinen Ertragsaussichten zu berücksichtigen. [4]Das Unternehmen hat die Umstände darzulegen, die für die Sanierungseignung sprechen. [5]Dazu gehört regelmäßig auch die Vorlage eines Sanierungsplans. [6]Die Sanierung muß nicht bei dem bisherigen Unternehmensträger erfolgen, dem der Schulderlaß gewährt wird. [7]§ 3 Nr. 66 EStG betrifft auch den Fall, in dem das notleidende Unternehmen nicht in der bisherigen Rechtsform fortgeführt wird, son-

§ 3 EStG
R 6   H 6 Nr. 66

dern auf einen anderen Unternehmensträger übergeht (übertragende Sanierung im Sinne des BFH-Urteils vom 24. 4. 1986 – BStBl II S. 672).

H 6 Nr. 66 | Hinweise

Kommanditist mit negativem Kapitalkonto

Ist ein steuerfreier Sanierungsgewinn auch einem Kommanditisten mit negativem Kapitalkonto zuzurechnen? → Niedersächsisches FG vom 31. 1. 1995 (EFG 1995 S. 832 – Rev. – BFH IV R 19/95).

Sanierung

– **übertragende** (→ BFH vom 24. 4. 1986 – BStBl II S. 672);
– **unternehmerbezogene** (→ BFH vom 14. 3. 1990 – BStBl II S. 810 und vom 18. 12. 1990 – BStBl 1991 II S. 232).

Sanierungsabsicht

– fehlt bei **Freistellung** von einer Verpflichtung im Rahmen eines Leistungsaustausches (→ BFH vom 26. 11. 1980 – BStBl 1981 II S. 181 und vom 19. 3. 1991 – BStBl II S. 633)
– fehlt bei **Schulderlaß zwecks Übernahme** des Schuldners (→ BFH vom 28. 2. 1989 – BStBl II S. 711)
– fehlt bei Schulderlaß aus privaten Gründen (→ BFH vom 31. 7. 1991 – BStBl 1992 II S. 375)
– fehlt bei einem nur **beschränkt haftenden Gesellschafter** (→ BFH vom 18. 12. 1990 – BStBl 1991 II S. 784)
– gegen Sanierungsabsicht spricht, wenn der Forderungsverzicht erkennbar in erster Linie erfolgt, weil der Schuldner eine **Gegenleistung** gewährt oder weil der Gläubiger an der **Übernahme** des Schuldners interessiert ist oder wenn er aus gesellschaftsrechtlichen Gründen erfolgt (→ BFH vom 28. 2. 1989 – BStBl II S. 711, vom 19. 3. 1991 – BStBl II S. 633 und vom 31. 7. 1991 – BStBl 1992 II S. 375).

Sanierungsgewinn

– Billigt der Gläubiger einem notleidenden Schuldner im Rahmen eines gegenseitigen Vertragsverhältnisses eine **Preiserhöhung** zu, so entsteht daraus für den Schuldner kein steuerbefreiter Sanierungsgewinn (→ BFH vom 31. 1. 1985 – BStBl II S. 365).
– Ob ein bei einer Personengesellschaft angefallener Gewinn als Sanierungsgewinn anzuerkennen ist, ist im Rahmen der **gesonderten und einheitlichen Feststellung** (§§ 179, 180 AO) zu entscheiden (→ BFH vom 12. 6. 1980 – BStBl 1981 II S. 8).

Verfassungsmäßigkeit des Sanierungsgewinns

Reicht es für die Steuerfreiheit eines **Sanierungsgewinns** nach § 3 Nr. 66 EStG aus, wenn – im Fall eines Einzelunternehmens – zwar nicht das Unternehmen, aber der Unternehmer sanierungsbedürftig ist? → FG Köln vom 5. 4. 1995 (EFG 1995 S. 793 – Rev. – BFH XI R 48/95).

§ 3

Steuerfrei sind

...

67. das Erziehungsgeld nach dem Bundeserziehungsgeldgesetz und vergleichbare Leistungen der Länder sowie Leistungen nach dem Kindererziehungsleistungs-Gesetz und der Kindererziehungszuschlag nach dem Kindererziehungszuschlagsgesetz;

R 6. **Steuerbefreiungen auf Grund des § 3 EStG**

Zu § 3 Nr. 67

¹Steuerfreie Kindererziehungsleistungen nach dem SGB VI erhalten lediglich Mütter, die vor dem 1. 1. 1921 geboren sind. ²Bei Müttern der Geburtsjahrgänge ab 1921 erhöhen nach dem SGB VI anzurechnende Kindererziehungszeiten die Bemessungsgrundlage und wirken somit rentensteigernd. ³Derartige Rentenerhöhungen sind mit dem Ertragsanteil zu versteuern; eine partielle Steuerbefreiung kommt nicht in Betracht.

EStG § 3

Steuerfrei sind

...

68. (weggefallen);

R 6

R 6. Steuerbefreiungen auf Grund des § 3 EStG

Zu § 3 Nr. 68

– unbesetzt –

H 6 Nr. 68 | **Hinweise**

§ 3 Nr. 68 EStG 1987 in der Fassung der Bekanntmachung vom 27. Februar 1987 (BGBl. I S. 657)

Steuerfrei sind:

...

68. Zinsersparnisse bei einem unverzinslichen oder zinsverbilligten Arbeitgeberdarlehen sowie Zinszuschüsse des Arbeitgebers, wenn die Darlehen mit der Errichtung oder dem Erwerb einer eigengenutzten Wohnung in einem im Inland belegenen Gebäude zusammenhängen, soweit die Zinsersparnisse und Zinszuschüsse insgesamt 2.000 Deutsche Mark im Kalenderjahr nicht übersteigen. Zinsersparnisse sind anzunehmen, soweit der Zinssatz für das Darlehen 4 vom Hundert unterschreitet. Den Zinszuschüssen stehen die aus einer öffentlichen Kasse gezahlten Aufwendungszuschüsse gleich.

Die Vorschrift ist vorbehaltlich des folgenden Satzes letztmals für das Kalenderjahr 1988 anzuwenden; sie ist für die Kalenderjahre 1989 bis 2000 weiter anzuwenden auf Zinsersparnisse und Zinszuschüsse bei Darlehen, die der Arbeitnehmer vor dem 1. Januar 1989 erhalten hat, soweit die Vorteile nicht über die im Kalenderjahr 1988 gewährten Vorteile hinausgehen und soweit die Zinszuschüsse zusätzlich zum ohnehin geschuldeten Arbeitslohn gezahlt werden (→ § 52 Abs. 2 b EStG und → A 28 LStR 1993).

§ 3

EStG

Steuerfrei sind

...

69. Leistungen an durch Blut oder Blutprodukte HIV-infizierte oder an AIDS erkrankte Personen durch das Programm „Humanitäre Soforthilfe". ¹⁾

R 7. Steuerbefreiungen nach anderen Gesetzen, Verordnungen und Verträgen   **R 7**

– unbesetzt –   S 2125

Hinweise   H 7

Steuerbefreiungen auf Grund lohnsteuerlicher Regelungen
→ § 4 EStDV

Steuerbefreiungen nach anderen Gesetzen, Verordnungen und Verträgen

1. Zinsen aus Schuldbuchforderungen und Schuldverschreibungen im Sinne des § 252 Abs. 3 LAG, wenn der Zinssatz nicht mehr als 4 v. H. beträgt, und Zinsen aus Spareinlagen im Sinne des § 252 Abs. 4 LAG und im Sinne des § 41 Abs. 5 RepG vom 12. 2. 1969 (BGBl. I S. 105) insoweit, als die Spareinlagen festgelegt und nicht vorzeitig freigegeben sind, z. B. durch Auszahlung des Spargutabens an den Berechtigten, durch Einzahlung auf ein Sparguthaben mit gesetzlicher oder vertraglicher Kündigungsfrist oder auf einen prämienbegünstigten Sparvertrag;   S 2125
2. Investitionszulagen und Zulagen des BerlinFG und des InvZulG;   Anhang 18
3. Abfindungen, die Arbeitnehmer nach § 7 Abs. 1 Nr. 7 in Verbindung mit Abs. 15 des Mühlengesetzes in der Fassung vom 1. 9. 1965 (BGBl. I S. 1057) oder nach § 4 Abs. 2 Satz 1 Nr. 8 des Mühlenstrukturgesetzes vom 22. 12. 1971 (BStBl 1972 I S. 18) erhalten;
4. Arbeitnehmer-Sparzulagen im Sinne des § 13 Abs. 1 des 5. VermBG;   Anhang 31
5. die Unterschiedsbeträge, die nach § 17 Abs. 1 des Arbeitssicherstellungsgesetzes gezahlt werden;
6. Leistungen nach dem Teil II des Gesetzes über die Errichtung einer Stiftung „Hilfswerk für behinderte Kinder";
7. Leistungen der Stiftung „Humanitäre Hilfe für durch Blutprodukte HIV-infizierte Personen" nach § 1 b des HIV-Hilfegesetzes vom 24. 7. 1995 (BGBl. I S. 972).

Steuerbefreiungen auf Grund zwischenstaatlicher Vereinbarungen
→ Anlage zum BMF-Schreiben vom 13. 6. 1991 (BStBl I S. 746)

– unbesetzt –   **R 8 bis R 10**

---

¹) Zur Anwendung → § 52 Abs. 2 f EStG in der Fassung des JStG 1996:
„(2 f) § 3 Nr. 69 in der Fassung des Gesetzes vom 11. Oktober 1995 (BGBl. I S. 1250) ist erstmals für den Veranlagungszeitraum 1994 anzuwenden."

EStG

§ 3 a

(weggefallen)

R 11 – unbesetzt –

EStG

§ 3 b[1]
S 2343
Steuerfreiheit von Zuschlägen für Sonntags-, Feiertags- oder Nachtarbeit

(1) Steuerfrei sind Zuschläge, die für tatsächlich geleistete Sonntags-, Feiertags- oder Nachtarbeit neben dem Grundlohn gezahlt werden, soweit sie
1. für Nachtarbeit 25 vom Hundert,
2. vorbehaltlich der Nummern 3 und 4 für Sonntagsarbeit 50 vom Hundert,
3. vorbehaltlich der Nummer 4 für Arbeit am 31. Dezember ab 14 Uhr und an den gesetzlichen Feiertagen 125 vom Hundert,
4. für Arbeit am 24. Dezember ab 14 Uhr, am 25. und 26. Dezember sowie am 1. Mai 150 vom Hundert

des Grundlohns nicht übersteigen.

(2) ¹Grundlohn ist der laufende Arbeitslohn, der dem Arbeitnehmer bei der für ihn maßgebenden regelmäßigen Arbeitszeit für den jeweiligen Lohnzahlungszeitraum zusteht; er ist in einen Stundenlohn umzurechnen. ²Nachtarbeit ist die Arbeit in der Zeit von 20 Uhr bis 6 Uhr. ³Sonntagsarbeit und Feiertagsarbeit ist die Arbeit in der Zeit von 0 Uhr bis 24 Uhr des jeweiligen Tages. ⁴Die gesetzlichen Feiertage werden durch die am Ort der Arbeitsstätte geltenden Vorschriften bestimmt.

(3) Wenn die Nachtarbeit vor 0 Uhr aufgenommen wird, gilt abweichend von den Absätzen 1 und 2 folgendes:
1. Für Nachtarbeit in der Zeit von 0 Uhr bis 4 Uhr erhöht sich der Zuschlagssatz auf 40 vom Hundert,
2. als Sonntagsarbeit und Feiertagsarbeit gilt auch die Arbeit in der Zeit von 0 Uhr bis 4 Uhr des auf den Sonntag oder Feiertag folgenden Tages.

EStG

§ 3 c
S 2128
Anteilige Abzüge

Soweit Ausgaben mit steuerfreien Einnahmen in unmittelbarem wirtschaftlichen Zusammenhang stehen, dürfen sie nicht als Betriebsausgaben oder Werbungskosten abgezogen werden.

---

[1]) Beachte § 52 Abs. 3 EStG:
„(3) ¹Soweit die Zuschläge, die nach einem Gesetz oder einem Tarifvertrag für tatsächlich geleistete Sonntags-, Feiertags- oder Nachtarbeit neben dem Grundlohn gezahlt werden, den nach § 3 b steuerfreien Betrag um mehr als um 6 vom Hundert des Grundlohns im Lohnzahlungszeitraum überschreiten, bleibt für die im Kalenderjahr 1990 endenden Lohnzahlungszeiträume der über 6 vom Hundert des Grundlohns hinausgehende Betrag zusätzlich steuerfrei. ²Die Zahl 6 erhöht sich für jedes nachfolgende Kalenderjahr jeweils um 4. ³Die Sätze 1 und 2 sind letztmals auf Zuschläge anzuwenden, die für vor dem 1. Januar 1996 endende Lohnzahlungszeiträume gezahlt werden."

3. Gewinn

§ 4
Gewinnbegriff im allgemeinen

(1) ¹Gewinn ist der Unterschiedsbetrag zwischen dem Betriebsvermögen am Schluß des Wirtschaftsjahrs und dem Betriebsvermögen am Schluß des vorangegangenen Wirtschaftsjahrs, vermehrt um den Wert der Entnahmen und vermindert um den Wert der Einlagen. ²Entnahmen sind alle Wirtschaftsgüter (Barentnahmen, Waren, Erzeugnisse, Nutzungen und Leistungen), die der Steuerpflichtige dem Betrieb für sich, für seinen Haushalt oder für andere betriebsfremde Zwecke im Laufe des Wirtschaftsjahrs entnommen hat. ³Ein Wirtschaftsgut wird nicht dadurch entnommen, daß der Steuerpflichtige zur Gewinnermittlung nach Absatz 3 oder nach § 13 a übergeht. ⁴Eine Änderung der Nutzung eines Wirtschaftsguts, die bei Gewinnermittlung nach Satz 1 keine Entnahme ist, ist auch bei Gewinnermittlung nach Absatz 3 oder nach § 13 a keine Entnahme. ⁵Einlagen sind alle Wirtschaftsgüter (Bareinzahlungen und sonstige Wirtschaftsgüter), die der Steuerpflichtige dem Betrieb im Laufe des Wirtschaftsjahrs zugeführt hat. ⁶Bei der Ermittlung des Gewinns sind die Vorschriften über die Betriebsausgaben, über die Bewertung und über die Absetzung für Abnutzung oder Substanzverringerung zu befolgen.

(2) ¹Der Steuerpflichtige darf die Vermögensübersicht (Bilanz) auch nach ihrer Einreichung beim Finanzamt ändern, soweit sie den Grundsätzen ordnungsmäßiger Buchführung unter Befolgung der Vorschriften dieses Gesetzes nicht entspricht. ²Darüber hinaus ist eine Änderung der Vermögensübersicht (Bilanz) nur mit Zustimmung des Finanzamts zulässig.

(3) ¹Steuerpflichtige, die nicht auf Grund gesetzlicher Vorschriften verpflichtet sind, Bücher zu führen und regelmäßig Abschlüsse zu machen, und die auch keine Bücher führen und keine Abschlüsse machen, können als Gewinn den Überschuß der Betriebseinnahmen über die Betriebsausgaben ansetzen. ²Hierbei scheiden Betriebseinnahmen und Betriebsausgaben aus, die im Namen und für Rechnung eines anderen vereinnahmt und verausgabt werden (durchlaufende Posten). ³Die Vorschriften über die Absetzung für Abnutzung oder Substanzverringerung sind zu befolgen. ⁴Die Anschaffungs- oder Herstellungskosten für nicht abnutzbare Wirtschaftsgüter des Anlagevermögens sind erst im Zeitpunkt der Veräußerung oder Entnahme dieser Wirtschaftsgüter als Betriebsausgaben zu berücksichtigen. ⁵Die nicht abnutzbaren Wirtschaftsgüter des Anlagevermögens sind unter Angabe des Tages der Anschaffung oder Herstellung und der Anschaffungs- oder Herstellungskosten oder des an deren Stelle getretenen Werts in besondere, laufend zu führende Verzeichnisse aufzunehmen.

(4) Betriebsausgaben sind die Aufwendungen, die durch den Betrieb veranlaßt sind.

(5) ¹Die folgenden Betriebsausgaben dürfen den Gewinn nicht mindern:

1. Aufwendungen für Geschenke an Personen, die nicht Arbeitnehmer des Steuerpflichtigen sind. ²Satz 1 gilt nicht, wenn die Anschaffungs- oder Herstellungskosten der dem Empfänger im Wirtschaftsjahr zugewendeten Gegenstände insgesamt 75 Deutsche Mark nicht übersteigen;

2. Aufwendungen für die Bewirtung von Personen aus geschäftlichem Anlaß, soweit sie 80 vom Hundert der Aufwendungen übersteigen, die nach der allgemeinen Verkehrsauffassung als angemessen anzusehen und deren Höhe und betriebliche Veranlassung nachgewiesen sind. ²Zum Nachweis der Höhe und der betrieblichen Veranlassung der Aufwendungen hat der Steuerpflichtige schriftlich die folgenden Angaben zu machen: Ort, Tag, Teilnehmer und Anlaß der Bewirtung sowie Höhe der Aufwendungen. ³Hat die Bewirtung in einer Gaststätte stattgefunden, so genügen Angaben zum Anlaß und den Teilnehmern der Bewirtung; die Rechnung über die Bewirtung ist beizufügen;

3. Aufwendungen für Einrichtungen des Steuerpflichtigen, soweit sie der Bewirtung, Beherbergung oder Unterhaltung von Personen, die nicht Arbeitnehmer des Steuer-

---

¹) Zur Anwendung des Satzes 4 → § 52 Abs. 4 EStG:
„(4) § 4 Abs. 3 Satz 4 ist nicht anzuwenden, soweit die Anschaffungs- oder Herstellungskosten vor dem 1. Januar 1971 als Betriebsausgaben abgesetzt worden sind." (→ § 52 (3) EStG – JStG 1996 –).

§ 4 EStG

pflichtigen sind, dienen (Gästehäuser) und sich außerhalb des Orts eines Betriebs des Steuerpflichtigen befinden;

4. Aufwendungen für Jagd oder Fischerei, für Segeljachten oder Motorjachten sowie für ähnliche Zwecke und für die hiermit zusammenhängenden Bewirtungen;

[1)] [2)] 5. Mehraufwendungen für Verpflegung, soweit sie 140 vom Hundert der höchsten Tagegeldbeträge des Bundesreisekostengesetzes übersteigen; haushaltsrechtliche Einschränkungen sind unbeachtlich;

[3)] 6. Aufwendungen für Fahrten des Steuerpflichtigen zwischen Wohnung und Betriebsstätte und für Familienheimfahrten, soweit sie die sich in entsprechender Anwendung von § 9 Abs. 1 Satz 3 Nr. 4 und 5 und Abs. 2 ergebenden Beträge übersteigen;

[1)] Zur Anwendung der Nummer 5 → § 52 Abs. 5 Satz 1 EStG:
„(5) [1]§ 4 Abs. 5 Satz 1 Nr. 5 in der Fassung des Gesetzes vom 21. Dezember 1993 (BGBl. I S. 2310) ist erstmals für den Veranlagungszeitraum 1993 anzuwenden." (→ § 52 Abs. 4 – JStG 1996 –).

[2)] § 4 Abs. 5 Satz 1 Nr. 5 wurde durch das JStG 1996 und das JStErgG 1996 ab VZ 1996 neu gefaßt:
„5. Mehraufwendungen für die Verpflegung des Steuerpflichtigen, soweit in den folgenden Sätzen nichts anderes bestimmt ist. [2]Wird der Steuerpflichtige vorübergehend von seiner Wohnung und dem Mittelpunkt seiner dauerhaft angelegten betrieblichen Tätigkeit entfernt betrieblich tätig, ist für jeden Kalendertag, an dem der Steuerpflichtige wegen dieser vorübergehenden Tätigkeit von seiner Wohnung und seinem Tätigkeitsmittelpunkt
   a) 24 Stunden abwesend ist, ein Pauschbetrag von 46 Deutsche Mark,
   b) weniger als 24 Stunden, aber mindestens 14 Stunden abwesend ist, ein Pauschbetrag von 20 Deutsche Mark,
   c) weniger als 14 Stunden, aber mindestens 10 Stunden abwesend ist, ein Pauschbetrag von 10 Deutsche Mark,
abzuziehen; eine Tätigkeit, die nach 14.00 Uhr begonnen und vor 10.00 Uhr des nachfolgenden Kalendertags beendet wird, ohne daß eine Übernachtung stattfindet, ist mit der gesamten Abwesenheitsdauer dem Kalendertag der überwiegenden Abwesenheit zuzurechnen. [3]Wird der Steuerpflichtige bei seiner individuellen betrieblichen Tätigkeit typischerweise nur an ständig wechselnden Tätigkeitsstätten oder auf einem Fahrzeug tätig, gilt Satz 2 entsprechend; dabei ist allein die Dauer der Abwesenheit von der Wohnung maßgebend. [4]Bei einer Tätigkeit im Ausland treten an die Stelle der Pauschbeträge nach Satz 2 länderweise unterschiedliche Pauschbeträge, die für die Fälle der Buchstaben a, b und c mit 120, 80 und 40 vom Hundert der höchsten Auslandstagegelder nach dem Bundesreisekostengesetz vom Bundesministerium der Finanzen im Einvernehmen mit den obersten Finanzbehörden der Länder festgesetzt werden; dabei bestimmt sich der Pauschbetrag nach dem Ort, den der Steuerpflichtige vor 24 Uhr Ortszeit zuletzt erreicht, oder, wenn dieser Ort im Inland liegt, nach dem letzten Tätigkeitsort im Ausland. [5]Bei einer längerfristigen vorübergehenden Tätigkeit an derselben Tätigkeitsstätte beschränkt sich der pauschale Abzug nach Satz 2 auf die ersten drei Monate. Die Abzugsbeschränkung nach Satz 1, die Pauschbeträge nach den Sätzen 2 und 4 sowie die Dreimonatsfrist nach Satz 5 gelten auch für den Abzug von Verpflegungsmehraufwendungen bei einer aus betrieblichem Anlaß begründeten doppelten Haushaltsführung; dabei ist für jeden Kalendertag innerhalb der Dreimonatsfrist, an dem gleichzeitig eine Tätigkeit im Sinne des Satzes 2 oder 3 ausgeübt wird, nur der jeweils höchste in Betracht kommende Pauschbetrag abzuziehen und die Dauer einer Tätigkeit im Sinne des Satzes 2 an dem Beschäftigungsort, der zur Begründung der doppelten Haushaltsführung geführt hat, auf die Dreimonatsfrist anzurechnen, wenn sie ihr unmittelbar vorausgegangen ist;"

[3)] § 4 Abs. 5 Satz 1 Nr. 6 wurde durch das JStG 1996 und das JStErgG 1996 ab VZ 1996 neu gefaßt:
„6. Aufwendungen für Fahrten des Steuerpflichtigen zwischen Wohnung und Betriebsstätte in Höhe des positiven Unterschiedsbetrags zwischen 0,03 vom Hundert des inländischen Listenpreises im Sinne des § 6 Abs. 1 Nr. 4 Satz 2 des Kraftfahrzeugs im Zeitpunkt der Erstzulassung je Kalendermonat für jeden Entfernungskilometer und dem sich nach § 9 Abs. 1 Satz 3 Nr. 4 oder Absatz 2 ergebenden Betrag sowie Aufwendungen für Familienheimfahrten in Höhe des positiven Unterschiedsbetrags zwischen 0,002 vom Hundert des inländischen Listenpreises im Sinne des § 6 Abs. 1 Nr. 4 Satz 2 für jeden Entfernungskilometer und dem sich nach § 9 Abs. 1 Satz 3 Nr. 5 Satz 4 und 5 oder Absatz 2 ergebenden Betrag; ermittelt der Steuerpflichtige die private Nutzung des Kraftfahrzeugs nach § 6 Abs. 1 Nr. 4 Satz 3, treten an die Stelle des mit 0,03 oder 0,002 vom Hundert des inländischen Listenpreises ermittelten Betrags für Fahrten zwischen Wohnung und Betriebsstätte und für Familienheimfahrten die auf diese Fahrten entfallenden tatsächlichen Aufwendungen;"

§ 4 EStG

7. andere als die in den Nummern 1 bis 6 bezeichneten Aufwendungen, die die Lebensführung des Steuerpflichtigen oder anderer Personen berühren, soweit sie nach allgemeiner Verkehrsauffassung als unangemessen anzusehen sind; ¹⁾ ²⁾

8. von einem Gericht oder einer Behörde im Geltungsbereich dieses Gesetzes oder von Organen der Europäischen Gemeinschaften festgesetzte Geldbußen, Ordnungsgelder und Verwarnungsgelder. ²Dasselbe gilt für Leistungen zur Erfüllung von Auflagen oder Weisungen, die in einem berufsgerichtlichen Verfahren erteilt werden, soweit die Auflagen oder Weisungen nicht lediglich der Wiedergutmachung des durch die Tat verursachten Schadens dienen. ³Die Rückzahlung von Ausgaben im Sinne der Sätze 1 und 2 darf den Gewinn nicht erhöhen. ⁴Das Abzugsverbot für Geldbußen gilt nicht, soweit der wirtschaftliche Vorteil, der durch den Gesetzesverstoß erlangt wurde, abgeschöpft worden ist, wenn die Steuern vom Einkommen und Ertrag, die auf den wirtschaftlichen Vorteil entfallen, nicht abgezogen worden sind; Satz 3 ist insoweit nicht anzuwenden; ³⁾

8 a. Zinsen auf hinterzogene Steuern nach § 235 der Abgabenordnung;

9. Ausgleichszahlungen, die in den Fällen der §§ 14, 17 und 18 des Körperschaftsteuergesetzes an außenstehende Anteilseigner geleistet werden.

²Das Abzugsverbot gilt nicht, soweit die in den Nummern 2 bis 4 bezeichneten Zwecke Gegenstand einer mit Gewinnabsicht ausgeübten Betätigung des Steuerpflichtigen sind. ³§ 12 Nr. 1 bleibt unberührt. ⁴⁾

(6) Aufwendungen zur Förderung staatspolitischer Zwecke (§ 10 b Abs. 2) sind keine Betriebsausgaben.   S 2162

(7) ¹Aufwendungen im Sinne des Absatzes 5 Satz 1 Nr. 1 bis 5 und 7 sind einzeln und getrennt von den sonstigen Betriebsausgaben aufzuzeichnen. ²Soweit diese Aufwendungen nicht bereits nach Absatz 5 vom Abzug ausgeschlossen sind, dürfen sie bei der Gewinnermittlung nur berücksichtigt werden, wenn sie nach Satz 1 besonders aufgezeichnet sind. ⁵⁾

---

¹) Durch das JStG 1996 und das JStErgG 1996 wurden die Nummern 6 a und 6 b neu eingefügt:
„6 a. Mehraufwendungen wegen einer aus betrieblichem Anlaß begründeten doppelten Haushaltsführung, soweit die doppelte Haushaltsführung über die Dauer von zwei Jahren am selben Ort beibehalten wird; die Nummern 5 und 6 bleiben unberührt;"
§ 4 Abs. 5 Satz 1 Nr. 6 a ist ab dem VZ 1996 mit der Maßgabe anzuwenden, daß die zeitliche Begrenzung einer aus betrieblichem Anlaß begründeten doppelten Haushaltsführung auf zwei Jahre auch für Fälle einer bereits vor dem 1. 1. 1996 bestehenden doppelten Haushaltsführung gilt (→ § 52 Abs. 4 Satz 1 in der Fassung des JStErgG 1996).
„6 b. Aufwendungen für ein häusliches Arbeitszimmer sowie die Kosten der Ausstattung. ²Dies gilt nicht, wenn die betriebliche oder berufliche Nutzung des Arbeitszimmers mehr als 50 vom Hundert der gesamten betrieblichen und beruflichen Tätigkeit beträgt oder wenn für die betriebliche oder berufliche Tätigkeit kein anderer Arbeitsplatz zur Verfügung steht. ³In diesen Fällen wird die Höhe der abziehbaren Aufwendungen auf 2 400 DM begrenzt; die Beschränkung der Höhe nach gilt nicht, wenn das Arbeitszimmer den Mittelpunkt der gesamten betrieblichen und beruflichen Betätigung bildet;".
§ 4 Abs. 5 Satz 1 Nr. 6 b wurde ab VZ 1996 geändert (→ § 52 Abs. 1 in der Fassung des JStG 1996).

²) § 4 Abs. 5 Nr. 7 wurde durch das JStG 1996 ab VZ 1996 geändert:
In Nummer 7 wurden nach der Zahl „6" die Worte „und 6 b" eingefügt.

³) Zur Anwendung des Satzes 4 → § 52 Abs. 5 Satz 2 EStG:
„(5) ²§ 4 Abs. 5 Satz 1 Nr. 8 Satz 4 ist auch für Veranlagungszeiträume vor 1992 anzuwenden, soweit Steuerbescheide noch nicht bestandskräftig sind, unter dem Vorbehalt der Nachprüfung stehen oder die Steuer hinsichtlich der Abzugsfähigkeit der festgesetzten Geldbußen als Betriebsausgaben vorläufig festgesetzt worden ist." (→ § 52 Abs. 4 in der Fassung des JStG 1996).

⁴) § 4 Abs. 5 Satz 1 Nr. 10 wurde durch das JStG 1996 ab VZ 1996 neu eingefügt:
„10. die Zuwendung von Vorteilen sowie damit zusammenhängende Aufwendungen, wenn wegen der Zuwendung oder des Empfangs der Vorteile eine rechtskräftige Verurteilung nach einem Strafgesetz erfolgt ist oder das Verfahren gemäß den §§ 153 bis 154 e der Strafprozeßordnung eingestellt worden ist, oder wenn wegen der Zuwendung oder des Empfangs der Zuwendung ein Bußgeld rechtskräftig verhängt worden ist. ²Die Finanzbehörde teilt Tatsachen, die den Verdacht einer Tat im Sinne des Satzes 1 begründen, der Staatsanwaltschaft oder der Ordnungsbehörde mit; im Besteuerungsverfahren sind Zwangsmittel gegen den Steuerpflichtigen zur Ermittlung dieser Tatsachen unzulässig.

⁵) § 4 Abs. 7 Satz 1 wurde durch das JStG 1996 ab VZ 1996 neu gefaßt:
„¹Aufwendungen im Sinne des Absatzes 5 Satz 1 Nr. 1 bis 5, 6 b und 7 sind einzeln und getrennt von den sonstigen Betriebsausgaben aufzuzeichnen."

§ 4 EStG §§ 6, 7 EStDV
R 12

(8) Für Erhaltungsaufwand bei Gebäuden in Sanierungsgebieten und städtebaulichen Entwicklungsbereichen sowie bei Baudenkmalen gelten die §§ 11 a und 11 b entsprechend.

EStDV

S 2131

EStDV
§ 6
Eröffnung, Erwerb, Aufgabe und Veräußerung eines Betriebs

(1) Wird ein Betrieb eröffnet oder erworben, so tritt bei der Ermittlung des Gewinns an die Stelle des Betriebsvermögens am Schluß des vorangegangenen Wirtschaftsjahrs das Betriebsvermögen im Zeitpunkt der Eröffnung oder des Erwerbs des Betriebs.

(2) Wird ein Betrieb aufgegeben oder veräußert, so tritt bei der Ermittlung des Gewinns an die Stelle des Betriebsvermögens am Schluß des Wirtschaftsjahrs das Betriebsvermögen im Zeitpunkt der Aufgabe oder der Veräußerung des Betriebs.

EStDV
§ 7
Unentgeltliche Übertragung eines Betriebs, eines Teilbetriebs, eines Mitunternehmeranteils oder einzelner Wirtschaftsgüter, die zu einem Betriebsvermögen gehören

(zu § 6 EStG abgedruckt)

[^1]

R 12
R 12. Betriebsvermögensvergleich

S 2132 **Betriebe der Land- und Forstwirtschaft**

S 2132a (1) ¹Bei einem Betrieb der Land- und Forstwirtschaft ist der Gewinn durch Betriebsvermögensvergleich nach § 4 Abs. 1 EStG zu ermitteln, wenn der Land- und Forstwirt nach den §§ 140, 141 AO verpflichtet ist, für diesen Betrieb Bücher zu führen und auf Grund jährlicher Bestandsaufnahmen Abschlüsse zu machen. ²Werden für den Betrieb freiwillig Bücher geführt und auf Grund jährlicher Bestandsaufnahmen Abschlüsse gemacht, ist der Gewinn durch Betriebsvermögensvergleich nach § 4 Abs. 1 EStG zu ermitteln, wenn der Antrag nach § 13 a Abs. 2 Nr. 1 EStG gestellt worden ist oder der Gewinn aus anderen Gründen nicht nach § 13 a EStG zu ermitteln ist.

S 2164 **Gewerbliche Betriebe**

(2) ¹Bei einem gewerblichen Betrieb, für den die Verpflichtung besteht, Bücher zu führen und auf Grund jährlicher Bestandsaufnahmen Abschlüsse zu machen oder für den freiwillig Bücher geführt und regelmäßig Abschlüsse gemacht werden, muß der Gewerbetreibende den Gewinn durch Betriebsvermögensvergleich nach § 5 EStG ermitteln (→ auch R 28). ²Werden für einen gewerblichen Betrieb, für den Buchführungspflicht besteht, keine Bücher geführt, oder ist die Buchführung nicht ordnungsmäßig (→ R 29 Abs. 2 und 6), so ist der Gewinn nach § 5 EStG unter Berücksichtigung der Verhältnisse des Einzelfalles, unter Umständen

S 2150 unter Anwendung von Richtsätzen, zu schätzen. ³Das gleiche gilt vorbehaltlich der Regelung in R 16 Abs. 1 Satz 7, wenn für einen gewerblichen Betrieb freiwillig Bücher geführt und Abschlüsse gemacht werden, die Buchführung jedoch nicht ordnungsmäßig ist. ⁴Bei gewerblichen Betrieben, bei denen die Voraussetzungen der Sätze 1 bis 3 nicht vorliegen, kann der Gewinn durch Einnahmenüberschußrechnung nach § 4 Abs. 3 EStG ermittelt werden, wenn der Gewerbetreibende für diesen Betrieb die für diese Gewinnermittlungsart ausreichenden Aufzeichnungen hat (→ R 16). ⁵Bei einem gewerblichen Betrieb, für den keine Buchführungspflicht besteht, für den freiwillig keine Bücher geführt werden und für den

---

[^1]: Durch das JStG 1996 wurde ab VZ 1996 ein neuer § 8 EStDV eingefügt:

„§ 8
Eigenbetrieblich genutzte Grundstücke von untergeordnetem Wert
Eigenbetrieblich genutzte Grundstücksteile brauchen nicht als Betriebsvermögen behandelt zu werden, wenn ihr Wert nicht mehr als ein Fünftel des gemeinen Wertes des gesamten Grundstückes und nicht mehr als 40.000 Deutsche Mark beträgt."

nicht festgestellt werden kann, daß der Steuerpflichtige die Gewinnermittlung nach § 4 Abs. 3 EStG gewählt hat (→ BFH vom 30. 9. 1980 – BStBl 1981 II S. 301), ist der Gewinn nach § 4 Abs. 1 EStG unter Berücksichtigung der Verhältnisse des Einzelfalles, unter Umständen unter Anwendung von Richtsätzen, zu schätzen; ist der Gewinn im Vorjahr nach § 4 Abs. 3 EStG ermittelt worden, so handelt es sich bei der erstmaligen Anwendung von Richtsätzen um einen Wechsel der Gewinnermittlungsart (→ hierzu R 17 Abs. 1). [6]Hat der Steuerpflichtige dagegen für den Betrieb zulässigerweise die Gewinnermittlung nach § 4 Abs. 3 EStG gewählt, so ist gegebenenfalls auch eine Gewinnschätzung in dieser Gewinnermittlungsart durchzuführen (→ BFH vom 2. 3. 1982 – BStBl 1984 II S. 504).

Personengesellschaften

(3) [1]Absätze 1 und 2 gelten sinngemäß. [2]Die Buchführungspflicht für das steuerliche Sonderbetriebsvermögen einer Personengesellschaft (→ R 13 Abs. 2) nach § 141 Abs. 1 AO obliegt nicht den einzelnen Gesellschafter, sondern der Personengesellschaft (→ BFH vom 23. 10. 1990 – BStBl 1991 II S. 401). [3]Sie darf nicht auf die Mitunternehmer übertragen werden (→ BFH vom 11. 3. 1992 – BStBl II S. 797).

Ausländische Personengesellschaften

(4) [1]Sind unbeschränkt steuerpflichtige Personen an einer ausländischen Personengesellschaft beteiligt, die im Inland weder eine Betriebsstätte unterhält noch einen ständigen Vertreter bestellt hat, ist der Gewinn der Personengesellschaft zur Ermittlung der Höhe der Gewinnanteile der unbeschränkt steuerpflichtigen Personen nach § 4 Abs. 1 oder 3 EStG zu ermitteln (→ BFH vom 13. 9. 1989 – BStBl II S. 57). [2]Bei der Gewinnermittlung nach § 4 Abs. 1 EStG sind alle Geschäftsvorfälle unter Beachtung der Grundsätze ordnungsmäßiger Buchführung zu berücksichtigen, auch wenn sie in einer ausländischen Währung ausgewiesen sind. [3]Die Steuerbilanz ist entweder in DM aufzustellen oder das Ergebnis einer in ausländischer Währung aufgestellten Steuerbilanz in DM nach einem Umrechnungsverfahren umzurechnen, das nicht gegen die deutschen Grundsätze ordnungsmäßiger Buchführung verstößt. [4]Entsprechendes gilt bei Gewinnermittlung nur für Zwecke der Anwendung des Progressionsvorbehalts auf Gewinnanteile (→ BFH vom 22. 5. 1991 – BStBl 1992 II S. 94).

Ordnungsmäßigkeit der Buchführung

(5) [1]Für die Ordnungsmäßigkeit der Buchführung bei Gewinnermittlung nach § 4 Abs. 1 EStG gelten R 29 bis 31 sinngemäß. [2]§ 141 Abs. 1 und § 142 AO bleiben unberührt.

Hinweise

Aufzeichnungs- und Buchführungspflichten von Angehörigen der freien Berufe
→ H 142

Buchführung in land- und forstwirtschaftlichen Betrieben
→ BMF vom 15. 12. 1981 (BStBl I S. 878)

Ermittlung des Gewinns aus Land- und Forstwirtschaft
→ R 127

R 13. Betriebsvermögen

Allgemeines

(1) [1]Wirtschaftsgüter, die ausschließlich und unmittelbar für eigenbetriebliche Zwecke des Steuerpflichtigen genutzt werden oder dazu bestimmt sind, sind **notwendiges Betriebsvermögen**. [2]Eigenbetrieblich genutzte Wirtschaftsgüter sind auch dann notwendiges Betriebsvermögen, wenn sie nicht in der Buchführung und in den Bilanzen ausgewiesen worden sind. [3]Sie gehören jedoch nicht schon allein deshalb zum notwendigen Betriebsvermögen, weil sie mit betrieblichen Mitteln erworben wurden oder der Sicherung betrieblicher Kredite dienen (→ BFH vom 13. 8. 1964 – BStBl III S. 502). [4]Wirtschaftsgüter, die in einem gewissen objektiven Zusammenhang mit dem Betrieb stehen und ihn zu fördern bestimmt und geeignet sind, können bei Gewinnermittlung durch Betriebsvermögensvergleich (→ R 12) als **gewillkürtes Betriebsvermögen** behandelt werden (→ BFH vom 15. 7. 1960 – BStBl III S. 484). [5]Wirtschaftsgüter, die nicht Grundstücke oder Grundstücksteile sind und die zu mehr

§ 4 EStG
R 13 H 13 (1)

als 50 v. H. eigenbetrieblich genutzt werden, sind in vollem Umfang notwendiges Betriebsvermögen. [6]Werden sie zu mehr als 90 v. H. privat genutzt, gehören sie in vollem Umfang zum notwendigen Privatvermögen. [7]Bei einer betrieblichen Nutzung von mindestens 10 v. H. bis zu 50 v. H. ist bei Gewinnermittlung durch Betriebsvermögensvergleich ein Ausweis dieser Wirtschaftsgüter als gewillkürtes Betriebsvermögen in vollem Umfang möglich (→ BFH vom 13. 3. 1964 – BStBl III S. 455).

H 13 (1) Hinweise

Ansprüche aus Lebensversicherungsverträgen, die zur Tilgung oder Sicherung betrieblicher Darlehen dienen oder zu dienen bestimmt sind, werden durch die Abtretung oder Beleihung oder durch eine Hinterlegung der Police nicht zu Betriebsvermögen. Eine von einer Personengesellschaft auf das Leben ihrer Gesellschafter abgeschlossene Lebensversicherung (Teilhaberversicherung) gehört auch dann nicht zum Betriebsvermögen, wenn die Versicherungsleistungen zur Abfindung der Hinterbliebenen im Falle des Todes eines Gesellschafters verwendet werden sollen (→ BFH vom 6. 2. 1992 – BStBl II S. 653).

Barrengold als gewillkürtes Betriebsvermögen

Barrengold kann als Liquiditätsreserve gewillkürtes Betriebsvermögen eines bilanzierenden Gewerbetreibenden (Landschaftsgärtner) sein (→ FG Münster vom 11. 5. 1995 – EFG 1995 S. 795 – Rev. BFH XI R 52/95).

Begriff des Wirtschaftsgutes

→ R 42

Beteiligungen

– **Anteil eines Steuerberaters an einer GmbH,** deren Betrieb der Steuerberatungspraxis wesensfremd ist, gehört auch dann nicht zum Betriebsvermögen, wenn er in der Absicht erworben wurde, das steuerliche Mandat der GmbH zu erlangen (→ BFH vom 22. 1. 1981 – BStBl II S. 564), oder wenn die anderen Gesellschafter der GmbH Mandanten des Steuerberaters sind und der Beteiligung wirtschaftliches Eigengewicht beizumessen ist (→ BFH vom 23. 5. 1985 – BStBl II S. 517).

– **Anteil an Wohnungsbau-GmbH** kann zum notwendigen Betriebsvermögen eines Malermeisters gehören (→ BFH vom 8. 12. 1993 – BStBl 1994 II S. 296).

– **Beteiligung eines Landwirts an einer landwirtschaftlichen Genossenschaft,** für deren Erwerb die bestehenden Geschäftsbeziehungen ausschlaggebend waren, ist notwendiges Betriebsvermögen (→ BFH vom 20. 3. 1980 – BStBl II S. 439).

Bodenschätze

Anhang 9
– Ertragsteuerliche Behandlung von im Eigentum des Grundeigentümers stehenden Bodenschätzen → BMF vom 9. 8. 1993 (BStBl I S. 678)

– Land- und Forstwirte können im eigenen Grund und Boden entdeckte Bodenschätze, deren Ausbeute einem Pächter übertragen ist, nicht als gewillkürtes Betriebsvermögen behandeln (→ BFH vom 28. 10. 1982 – BStBl 1983 II S. 106).

– Bodenschatz, der sich bereits im Privatvermögen an einem selbständigen Wirtschaftsgut konkretisiert hat, kann nach Eröffnung eines gewerblichen Abbaubetriebs in das Betriebsvermögen eingelegt werden (→ BFH vom 26. 11. 1993 – BStBl 1994 II S. 293)[1]). Der Einlagewert (fiktive Anschaffungskosten) beträgt allerdings 0,– DM (→ BFH vom 19. 7. 1994 – BStBl II S. 846).

– Das Wirtschaftsgut Bodenschatz entsteht nicht als selbständiges materielles Wirtschaftsgut, sondern als selbständig verwertbare Abbauberechtigung (Nutzungsrecht; → BFH vom 19. 7. 1994 – BStBl II S. 846).

Darlehnsforderung eines Steuerberaters gegen seinen Mandanten ist notwendiges Betriebsvermögen, wenn das Darlehen gewährt wurde, um eine Honorarforderung zu retten (→ BFH vom 22. 4. 1980 – BStBl II S. 571).

Einlage von Wirtschaftsgütern als gewillkürtes Betriebsvermögen

→ R 14 Abs. 1

---
[1]) Abgedruckt zu H 44 a (Bodenschatz).

§ 4 EStG
H 13 (1)   R 13

Gewinnrealisierung bei Ausscheiden eines Nutzungsrechts am Miteigentumsanteil eines Angehörigen
Fällt ein an einem Miteigentumsanteil eines Angehörigen durch Baukostenübernahme entgeltlich erworbenes → Nutzungsrecht vorzeitig weg (→ BFH vom 11. 12. 1987 – BStBl 1988 II S. 493), z. B. durch Untergang des zur Nutzung überlassenen Wirtschaftsguts oder wegen Beendigung des Nutzungsverhältnisses zwischen dem Nutzenden und dem Überlassenden, kann der Nutzende zwar eine Teilwertabschreibung in Höhe des Restbuchwerts des Nutzungsrechts vornehmen; dieser Gewinnminderung steht aber in gleicher Höhe ein Ausgleichsanspruch nach § 951 in Verbindung mit § 812 BGB gegenüber, den der Nutzende gegen den Überlassenden geltend machen kann. Wird auf die Realisierung dieses Anspruchs verzichtet, liegt eine Entnahme dieser Forderung vor (→ BFH vom 17. 3. 1989 – BStBl 1990 II S. 6).

Leasing   Anhang 21
Voraussetzungen für die Zurechnung des Leasing-Gegenstandes beim Leasing-Geber
→ BMF vom 19. 4. 1971 (BStBl I S. 264)
→ BMF vom 21. 3. 1972 (BStBl I S. 188)
→ BMF vom 22. 12. 1975
→ BMF vom 23. 12. 1991 (BStBl 1992 I S. 13)

Nutzungsrechte
– Unentgeltlich erlangte Nutzungsrechte → Nutzungsvorteile.
– Wegen der steuerlichen Behandlung entgeltlich erworbener Nutzungsrechte während ihrer Zugehörigkeit zum Betriebsvermögen → R 31 a Abs. 1 und R 42 Abs. 5 Satz 3.

Bilanz- und gewerbesteuerrechtliche Behandlung der Forfaitierung von Forderungen aus Leasing-Verträgen → BMF vom 9. 1. 1996 (BStBl I S. 9).

Nutzungsvorteile
Unentgeltlich erlangte Nutzungsvorteile werden in der steuerlichen Gewinnermittlung nur erfaßt, wenn es durch sie zu einem Abgang, Zugang oder zu einer werterheblichen Veränderung von betrieblichen Wirtschaftsgütern gekommen ist. Das gilt auch für unentgeltlich erlangte Nutzungsvorteile am Vermögen eines Angehörigen oder wenn ein Gesellschafter seiner Personengesellschaft Wirtschaftsgüter ohne besonderes Entgelt zur Nutzung überläßt. Die dem Steuerpflichtigen im Zusammenhang mit der betrieblichen Nutzung entstandenen eigenen Aufwendungen sind Betriebsausgaben (→ BFH vom 26. 10. 1987 – BStBl 1988 II S. 348).

Schadensersatzforderung
Bestrittene Schadensersatzforderung auch nach Betriebsaufgabe noch Betriebsvermögen (→ BFH vom 10. 2. 1994 – BStBl II S. 564).

Eine nach Grund und Höhe ungewisse betriebliche Schadensersatzforderung kann nicht aus dem Betriebsvermögen entnommen werden; sie bleibt auch nach der Aufgabe des Betriebs Betriebsvermögen. Auch die Abwicklung einer Forderung ist dem betrieblichen Bereich zuzuordnen, wenn die Forderung im betrieblichen Bereich begründet worden ist. Etwas anderes kann nach Auffassung des BFH nur dann gelten, wenn es sich um eine dem Grunde und der Höhe nach unbestrittene Forderung handelt. Deshalb kann bei einer Betriebsaufgabe (§ 16 Abs. 3 EStG) eine ungewisse Verbindlichkeit nicht in das Privatvermögen überführt werden; sie bleibt grundsätzlich mindestens bis zu dem Zeitpunkt eine Betriebsschuld, zu dem sie zu einer dem Grunde und der Höhe nach gewissen Schuld wird.

Unternehmensrückgabe nach dem Vermögensgesetz im Beitrittsgebiet → BMF vom 10. 5. 1994 (BStBl I S. 286, 380).   Anhang 6
Vorsteuer-Ansprüche können bereits zu einem Zeitpunkt aktiviert werden, in dem noch keine berichtigten Rechnungen vorliegen (→ BFH vom 12. 5. 1993 – BStBl II S. 786).

Gemäß § 252 Abs. 1 Nr. 4, 2. Halbsatz HGB, sind Gewinne nur zu berücksichtigen, wenn sie am Abschlußstichtag realisiert sind. Nach dem in dieser Regelung kodifizierten Realisationsprinzip – einer Ausprägung des Vorsichtsprinzips – dürfen Vermögensmehrungen nur erfaßt werden, wenn sie disponibel sind. Bei Lieferungen und anderen Leistungen wird Gewinn realisiert, wenn der Leistungsverpflichtete die von ihm geschuldete Erfüllungshandlungen „wirtschaftlich erfüllt" hat und ihm die Forderung auf die Gegenleistung (die Zahlung) – von den mit jeder Forderung verbundenen Risiken abgesehen – so gut wie sicher ist. In diesem Fall reduziert sich das Zahlungsrisiko des Leistenden darauf, daß der Empfänger Gewährleistungsansprüche geltend macht oder sich als zahlungsunfähig erweist. Ohne Bedeutung ist hingegen, ob am Bilanzstichtag die Rechnung bereits erteilt ist, ob die geltend gemachten Ansprüche noch abgerechnet werden müssen oder ob die Forderung erst nach dem Bilanzstichtag fällig wird.

Wertpapiere werden durch ihre Verpfändung für Betriebskredite in der Regel nicht zum notwendigen Betriebsvermögen (→ BFH vom 17. 3. 1966 – BStBl III S. 350). Wertpapiere, die aus Betriebsmitteln erworben worden sind und im Betriebsvermögen belassen werden, können in der Regel als gewillkürtes Betriebsvermögen ausgewiesen werden (→ BFH vom 14. 11. 1972 – BStBl 1973 II S. 289). Das gleiche gilt bei der Einlage von Wertpapieren, wenn sie zur Finanzierung der Anschaffung von Betriebsgegenständen dienen oder das Betriebsvermögen aus anderen Gründen verstärken sollen.

– Zugehörigkeit von – zum Betriebsvermögen R 13, H 13(1)

Wertpapierfonds, Anspruch auf Ausschüttungen
Der Anspruch auf Ausschüttungen eines Wertpapierfonds ist zu aktivieren, sobald er nach den Vertragsbedingungen (§ 15 KAGG) entstanden ist (→ BFH vom 18. 5. 1994 – BStBl 1995 II S. 54).

Zahngold
Zum notwendigen Betriebsvermögen eines Zahnarztes gehört nicht nur das zur sofortigen betrieblicher Verwendung angeschaffte Zahngold, sondern auch das aus Goldabfällen stammende Altgold sowie in der Regel das zu Beistellungszwecken erworbene Dentalgold (→ BFH vom 12. 3. 1992 – BStBl 1993 II S. 36); der Erwerb von **Fein**gold ist nicht betrieblich veranlaßt (→ BFH vom 17. 4. 1986 – BStBl II S. 607).

Der **Zeitpunkt der Aktivierung von Forderungen** bestimmt sich bei buchführenden Gewerbetreibenden nach den handelsrechtlichen Grundsätzen ordnungsmäßiger Buchführung (→ BFH vom 12. 5. 1993 – BStBl II S. 786).

R 13 (2) **Betriebsvermögen bei Personengesellschaften**

(2) ¹Das Betriebsvermögen im Sinne des Absatzes 1 umfaßt bei einer Personengesellschaft sowohl die Wirtschaftsgüter, die zum Gesamthandsvermögen der Mitunternehmer gehören, als auch diejenigen Wirtschaftsgüter, die einem, mehreren oder allen Mitunternehmern gehören (Sonderbetriebsvermögen). ²Wirtschaftsgüter, die einem, mehreren oder allen Mitunternehmern gehören und die nicht Gesamthandsvermögen der Mitunternehmer der Personengesellschaft sind, gehören zum **notwendigen Betriebsvermögen,** wenn sie entweder unmittelbar dem Betrieb der Personengesellschaft dienen (Sonderbetriebsvermögen I) oder unmittelbar zur Begründung oder Stärkung der Beteiligung des Mitunternehmers an der Personengesellschaft eingesetzt werden sollen (Sonderbetriebsvermögen II); → BFH vom 7. 7. 1992 (BStBl 1993 II S. 328). ³Solche Wirtschaftsgüter können zum **gewillkürten Betriebsvermögen** gehören, wenn sie objektiv geeignet und subjektiv dazu bestimmt sind, den Betrieb der Gesellschaft (Sonderbetriebsvermögen I) oder die Beteiligung des Gesellschafters (Sonderbetriebsvermögen II) zu fördern (→ BFH vom 23. 10. 1990 – BStBl 1991 II S. 401). ⁴Auch ein einzelner Gesellschafter kann gewillkürtes Sonderbetriebsvermögen bilden. ⁵Notwendiges und gewillkürtes Sonderbetriebsvermögen kann es auch bei Mitunternehmern geben, die sich zur gemeinsamen Ausübung eines land- und forstwirtschaftlichen Betriebes oder eines freien Berufs zusammengeschlossen haben (→ BFH vom 2. 12. 1982 – BStBl 1983 II S. 215).

H 13 (2) **Hinweise**

Anteile an Kapitalgesellschaften
Zugehörigkeit zum Sonderbetriebsvermögen einer Personengesellschaft (→ BFH vom 16. 9. 1994 – BStBl 1995 II S. 75).

Gewillkürtes Sonderbetriebsvermögen von Mitunternehmern einer Personengesellschaft

Anhang 24 → BMF vom 20. 12. 1977 (BStBl 1978 I S. 8) Tz. 15, 18

§ 4 EStG

Nießbrauch
→ H 14 (2–5) Keine Entnahme des Grundstücks oder Grundstücksteils

Nießbrauch an Gesellschaftsanteil
→ H 138 (3) Mitunternehmerstellung

Sonderbetriebsvermögen bei Betriebsaufspaltung
→ H 137 (Betriebsaufspaltung)

Sonderbetriebsvermögen bei ehelicher Gütergemeinschaft
→ H 13 (12) Gütergemeinschaft

Wertpapiere
Zugehörigkeit zum gewillkürten Sonderbetriebsvermögen einer Personenhandelsgesellschaft
→ BFH vom 23. 10. 1990 (BStBl 1991 II S. 401):

Danach können Wertpapiere, die dem Gesellschafter einer KG gehören, in der Regel mangels hinreichender Dokumentation des Widmungswillens nicht dem gewillkürten Sonderbetriebsvermögen zugerechnet werden, wenn die Wertpapiere nicht in die Buchführung der KG aufgenommen worden sind. Wirtschaftsgüter gehören nämlich nur dann zum gewillkürten Betriebsvermögen, wenn sie objektiv geeignet und subjektiv dazu bestimmt sind, den Betrieb der Gesellschaft oder die Beteiligung des Gesellschafters zu fördern. Die Einlage von Wirtschaftsgütern des gewillkürten Sonderbetriebsvermögens muß daher mit der gleichen Eindeutigkeit geschehen wie die Einlage eines Wirtschaftsgutes des gewillkürten Betriebsvermögens in ein Einzelunternehmen. Besondere Bedeutung kommt dabei der buchmäßigen Behandlung zu, wenn diese auch nicht stets entscheidend ist. Aus der Aufnahme eines Wirtschaftsguts in die Buchführung wird sich in der Regel auf den Willen des Steuerpflichtigen schließen lassen, daß das betreffende Wirtschaftsgut seinem Betriebsvermögen zuzurechnen ist.

Gebäudeteile, die selbständige Wirtschaftsgüter sind   R 13 (3)

(3) ¹Gebäudeteile, die nicht in einem einheitlichen Nutzungs- und Funktionszusammenhang mit dem Gebäude stehen, sind selbständige Wirtschaftsgüter (→ BFH vom 26. 11. 1973 – BStBl 1974 II S. 132). ²Ein Gebäudeteil ist selbständig, wenn er besonderen Zwecken dient, mithin in einem von der eigentlichen Gebäudenutzung verschiedenen Nutzungs- und Funktionszusammenhang steht. ³Selbständige Gebäudeteile in diesem Sinne sind:

1. Betriebsvorrichtungen (→ R 42 Abs. 3);
2. Scheinbestandteile (→ R 42 Abs. 4);
3. Ladeneinbauten, Schaufensteranlagen, Gaststätteneinbauten, Schalterhallen von Kreditinstituten sowie ähnliche Einbauten, die einem schnellen Wandel des modischen Geschmacks unterliegen, sind auch dann selbständige Wirtschaftsgüter, wenn sie in Neubauten eingefügt werden (→ BFH vom 29. 3. 1965 – BStBl III S. 291); als Herstellungskosten dieser Einbauten kommen nur Aufwendungen für Gebäudeteile in Betracht, die statisch für das gesamte Gebäude unwesentlich sind, z. B. Aufwendungen für Trennwände, Fassaden, Passagen sowie für die Beseitigung und Neuerrichtung von nichttragenden Wänden und Decken;
4. sonstige Mietereinbauten;
5. sonstige selbständige Gebäudeteile (→ Absatz 4).

Hinweise   H 13 (3)

Zur **Entnahme** in den Fällen, in denen selbstgenutztes Wohneigentum im VZ 1986 zulässigerweise als Betriebsvermögen behandelt worden ist → Übergangsregelungen des § 52 Abs. 15 und 21 EStG sowie BMF vom 12. 11. 1986 (BStBl I S. 528).   Anhang 25

§ 4 EStG
R 13   H 13 (3–5)

Mietereinbauten

Zu den Voraussetzungen von Mietereinbauten als selbständige Wirtschaftsgüter beim Mieter → BFH vom 28. 7. 1993 (BStBl 1994 II S. 164):

Mietereinbauten können im Betriebsvermögen des Mieters aktiviert werden, wenn es sich um Herstellungsaufwand handelt und die Einbauten als gegenüber dem Gebäude selbständige Wirtschaftsgüter zu qualifizieren sind (Anschluß an BFH vom 21. 2. 1978 – BStBl II S. 345). Gebäudebestandteile sind selbständige Wirtschaftsgüter i. S. d. § 6 Abs. 1 EStG, wenn sie in einem vom Gebäude verschiedenen Funktionszusammenhang oder im wirtschaftlichen Eigentum des Mieters stehen. Hat ein Mieter bei Beendigung des Mietverhältnisses Anspruch auf eine Entschädigung in Höhe des Restwerts der Einbauten, so ist er grundsätzlich wirtschaftlicher Eigentümer.

R 13 (4)   Unterschiedliche Nutzungen und Funktionen eines Gebäudes

(4) [1]Wird ein Gebäude teils eigenbetrieblich, teils fremdbetrieblich, teils zu eigenen und teils zu fremden Wohnzwecken genutzt, so ist jeder der vier unterschiedlich genutzten Gebäudeteile ein besonderes Wirtschaftsgut, weil das Gebäude in verschiedenen Nutzungs- und Funktionszusammenhängen steht (→ BFH vom 26. 11. 1973 – BStBl 1974 II S. 132, vom 13. 7. 1977 – BStBl 1978 II S. 6). [2]Jeder nach diesen Grundsätzen selbständige Gebäudeteil ist wiederum in so viele Wirtschaftsgüter aufzuteilen, wie Gebäudeeigentümer vorhanden sind (→ BFH vom 9. 7. 1992 – BStBl II S. 948). [3]Wohnräume, die wegen Vermietung an Arbeitnehmer des Steuerpflichtigen notwendiges Betriebsvermögen sind, gehören zu dem eigenbetrieblich genutzten Gebäudeteil. [4]Die Vermietung zu hoheitlichen, zu gemeinnützigen oder zu Zwecken eines Berufsverbands ist der fremdbetrieblichen Nutzung zuzuordnen. [5]Wird ein Gebäude oder ein Gebäudeteil eigenbetrieblich genutzt, handelt es sich auch dann um ein einheitliches Wirtschaftsgut, wenn der Steuerpflichtige es im Rahmen mehrerer Betriebe nutzt. [6]Wird ein Gebäude oder Gebäudeteil fremdbetrieblich genutzt, handelt es sich auch dann um ein einheitliches Wirtschaftsgut, wenn es verschiedenen Personen zu unterschiedlichen betrieblichen Nutzungen überlassen wird. [7]Mehrere Baulichkeiten sind selbständige Wirtschaftsgüter, auch wenn sie auf demselben Grundstück errichtet wurden und in einem einheitlichen Nutzungs- und Funktionszusammenhang stehen, z. B. Anbauten bei Gebäuden, es sei denn, sie sind baulich derart miteinander verbunden, daß die Teile des Bauwerks nicht ohne erhebliche Bauaufwendungen voneinander getrennt werden können (→ BFH vom 5. 12. 1974 – BStBl 1975 II S. 344, vom 21. 7. 1977 – BStBl 1978 II S. 78 und vom 15. 9. 1977 – BStBl 1978 II S. 123). [8]Eine Altenteilerwohnung ist im Falle der Entnahme nach § 52 Abs. 15 EStG stets als besonderes Wirtschaftsgut anzusehen.

H 13 (4)   **Hinweise**

Teileigentum

Von selbständigen Wirtschaftsgütern ist bei gleichen Nutzungsverhältnissen abweichend von R 13 Abs. 4 Satz 5 dann auszugehen, wenn das Gebäude (der Gebäudeteil) nach dem WEG in Teileigentum aufgeteilt wurde (→ BFH vom 29. 9. 1994 – BStBl 1995 II S. 72).

R 13 (5)   Abgrenzung der selbständigen von den unselbständigen Gebäudeteilen

(5) [1]Ein Gebäudeteil ist unselbständig, wenn er der eigentlichen Nutzung als Gebäude dient. [2]→ Unselbständige Gebäudeteile sind auch räumlich vom Gebäude getrennt errichtete Baulichkeiten, die in einem so engen Nutzungs- und Funktionszusammenhang mit dem Gebäude stehen, daß es ohne diese Baulichkeiten als unvollständig erscheint.

H 13 (5)   **Hinweise**

Unselbständige Gebäudeteile sind z. B.:

– Fahrstuhl-, Heizungs-, Belüftungs- und Entlüftungsanlagen, ebenso die zur Beheizung einer Fabrikanlage verwendeten Lufterhitzer (→ BFH vom 20. 3. 1975 – BStBl II S. 689),

§ 4 EStG
H 13 (5)   R 13

- Sprinkler-(Feuerlösch-)Anlagen einer Fabrik oder eines Warenhauses (→ BMF vom 31. 5. 1985 – BStBl I S. 205),
- Bäder und Duschen eines Hotels (→ BFH vom 12. 8. 1982 – BStBl II S. 782),
- Rolltreppen eines Kaufhauses (→ BFH vom 12. 1. 1983 – BStBl II S. 223),

  Der Personenbeförderung dienende Rolltreppen in einem mehrstöckigen Textilkaufhaus sind auch dann Gebäudebestandteile und keine Betriebsvorrichtungen, wenn sie zusätzlich zu schon vorhandenen festen Treppenanlagen eingebaut worden sind. Zu der Bewertungseinheit des Gebäudes gehören nämlich alle Gebäudebestandteile, die in einem einheitlichen Nutzungs- und Funktionszusammenhang des Gebäudes als solchem stehen. Gesonderte AfA auf Gebäudeteile, die nicht selbständige Wirtschaftsgüter sind, sind aus den in den Beschluß des Großen Senats des BFH vom 26. 11. 1973 (BStBl 1974 II, S. 132) aufgezeigten Gründen nicht möglich. Als Beispiele sind in dieser Entscheidung angeführt: Fahrstuhlanlagen, Heizungsanlagen sowie Be- und Entlüftungsanlagen, welche nur der Nutzung des Gebäudes dienen. Sie unterliegen der AfA des Gebäudes. Auch eingebaute Rolltreppen sind Gebäudebestandteile, die mit dem Gebäude in einem einheitlichen Nutzungs- und Funktionszusammenhang stehen. Rolltreppen in einem Warenhaus oder in einem sonstigen Einzelhandelsgeschäft dienen der Benutzung des Gebäudes. Sie sollen dem kaufenden Publikum den Besuch der oberen Etagen erleichtern. Sie dienen damit ganz allgemein der rascheren Abwicklung des Personenverkehrs zwischen den einzelnen Stockwerken.

- Umzäunung oder Garage bei einem Wohngebäude (→ BFH vom 15. 12. 1977 – BStBl 1978 II S. 210 und vom 28. 6. 1983 – BStBl 1984 II S. 196).

Aufteilung der Anschaffungs- oder Herstellungskosten bei Gebäudeteilen   R 13 (6)

(6) ¹Die Anschaffungs- oder Herstellungskosten des gesamten Gebäudes sind auf die einzelnen Gebäudeteile aufzuteilen. ²Für die Aufteilung ist das Verhältnis der Nutzfläche des Gebäudeteils zur Nutzfläche des ganzen Gebäudes maßgebend, es sei denn, die Aufteilung nach dem Verhältnis der Nutzflächen führt zu einem unangemessenen Ergebnis. ³Von einer solchen Aufteilung kann aus Vereinfachungsgründen abgesehen werden, wenn sie aus steuerlichen Gründen nicht erforderlich ist. ⁴Die Nutzfläche ist in sinngemäßer Anwendung der §§ 43 und 44 der Zweiten Berechnungsverordnung zu ermitteln.

Anhang 4

Grundstücke und Grundstücksteile als notwendiges Betriebsvermögen   R 13 (7)

(7) ¹Grundstücke und Grundstücksteile, die ausschließlich und unmittelbar für eigenbetriebliche Zwecke des Steuerpflichtigen genutzt werden, gehören regelmäßig zum notwendigen Betriebsvermögen. ²Befinden sich auf einem Grundstück außer dem eigenbetrieblich genutzten Gebäude noch ein oder mehrere andere Gebäude, so gehört der zum eigenbetrieblich genutzten Gebäude gehörende Grund und Boden zum notwendigen Betriebsvermögen, weil der Grund und Boden und ein darauf errichtetes Gebäude nur einheitlich entweder als Betriebs- oder als Privatvermögen qualifiziert werden können (→ BFH vom 27. 1. 1977 – BStBl II S. 388 und vom 12. 7. 1979 – BStBl 1980 II S. 5). ³Wird ein Teil eines Gebäudes eigenbetrieblich genutzt, so gehört der zum Gebäude gehörende Grund und Boden anteilig zum notwendigen Betriebsvermögen. ⁴In den Fällen der Sätze 2 und 3 ist unter Berücksichtigung der Verhältnisse des Einzelfalles zu ermitteln, in welchem Umfang der Grund und Boden anteilig zum Betriebsvermögen gehört. ⁵Gehört ein Grundstück nur teilweise dem Betriebsinhaber, so kann es nur insoweit Betriebsvermögen sein, als es dem Betriebsinhaber gehört (→ BFH vom 26. 1. 1978 – BStBl II S. 299); das gilt auch dann, wenn ein Grundstück Ehegatten gemeinsam gehört (→ BFH vom 20. 9. 1990 – BStBl 1991 II S. 82). ⁶Erweitert ein Miteigentümer mit Zustimmung der anderen Miteigentümer ein Gebäude im eigenen Namen und für eigene Rechnung, um den hinzugekommenen Gebäudeteil ausschließlich für eigenbetriebliche Zwecke zu nutzen, so hat er die gesamten Herstellungskosten des Gebäudeteils zu aktivieren (→ BFH vom 31. 10. 1978 – BStBl 1979 II S. 399 und vom 11. 12. 1987 – BStBl 1988 II S. 493) und nach den für Gebäude geltenden Grundsätzen abzuschreiben (→ R 42 Abs. 5). ⁷Eigenbetrieblich genutzte Grundstücke und Grundstücksteile sind ab ihrer endgültigen Funktionszuweisung notwendiges Betriebsvermögen, auch wenn der konkrete Einsatz im Betrieb erst in der Zukunft liegt; das gilt auch dann, wenn es an einer Willenser-

121

§ 4 EStG
R 13 H 13 (7)

klärung des Steuerpflichtigen oder eines Ausweises in der Buchführung und in den Bilanzen fehlt (→ BFH vom 6. 3. 1991 – BStBl II S. 829).

H 13 (7) — Hinweise

Einfamilienhäuser, Zweifamilienhäuser, Eigentumswohnungen und Mietwohngrundstücke, die an Arbeitnehmer vermietet werden, sind notwendiges Betriebsvermögen des Arbeitgebers, wenn für die Vermietung gerade an Arbeitnehmer betriebliche Gründe maßgebend waren (→ BFH vom 1. 12. 1976 – BStBl 1977 II S. 315).

Erwerb eines langfristig verpachteten landwirtschaftlichen Betriebes:
Erwirbt ein Landwirt einen langfristig verpachteten landwirtschaftlichen Betrieb in der erkennbaren Absicht, die Bewirtschaftung dieses Betriebes alsbald zu übernehmen, entsteht vom Erwerb an notwendiges Betriebsvermögen, wenn der Bewirtschaftungswille sich auch in einem überschaubaren Zeitraum verwirklichen läßt (→ BFH vom 12. 9. 1991 – BStBl 1992 II S. 134).

Grundstück, das zur Rettung einer betrieblichen Forderung ersteigert wird, ist notwendiges Betriebsvermögen (→ BFH vom 11. 11. 1987 – BStBl 1988 II S. 424).

Wegfall der Voraussetzungen für die Behandlung von Grundstücken oder Grundstücksteilen als Betriebsvermögen → R 13 Abs. 8.

Wochenendhaus
Bei Errichtung eines Wochenendhauses auf einem Betriebsgrundstück werden Grund und Boden und das Wochenendhaus erst dann notwendiges Privatvermögen und damit entnommen, wenn die Absicht der künftigen Verwendung des Wochenendhauses zu eigenen Wohnzwecken in Erklärungen oder in einem eindeutigen Verhalten des Steuerpflichtigen zum Ausdruck kommt (→ BFH vom 29. 4. 1970 – BStBl II S. 754):

> Die Errichtung eines Wochenendhauses als solches sagt nichts zwingend darüber aus, ob der Steuerpflichtige dieses Haus allein für seine eigenen Wohnzwecke benutzt und zu benutzen beabsichtigt. Wochenendhäuser werden nicht selten auch Arbeitnehmern zur Verfügung gestellt oder zeitweise vermietet und können dann zumindest gewillkürtes Betriebsvermögen sein. Daraus folgt, daß Wochenendhäuser nur dann zu notwendigem Privatvermögen werden, wenn endgültig feststeht, daß der Steuerpflichtige das Haus ausschließlich für seine eigenen Wohnzwecke verwendet und verwenden will. Das muß in einem eindeutigen Verhalten oder in Erklärungen des Steuerpflichtigen zum Ausdruck kommen. Die Deckung der Mittel zur Errichtung des Hauses aus Privatentnahmen und die fehlende Aufnahme des Wochenendhauses ins Betriebsvermögen sah der BFH im Urteilsfall nicht als eindeutige Entnahmehandlung an.

R 13 (8) Grundstücksteile von untergeordnetem Wert

(8) ¹Eigenbetrieblich genutzte Grundstücksteile brauchen nicht als Betriebsvermögen behandelt zu werden, wenn ihr Wert im Verhältnis zum Wert des ganzen Grundstücks von untergeordneter Bedeutung ist. ²Das ist in der Regel der Fall, wenn der Wert des eigenbetrieblich genutzten Grundstücksteils weder mehr als ein Fünftel des Werts des ganzen Grundstücks noch mehr als 20.000 DM beträgt; wird ein Gebäudeteil eigenbetrieblich genutzt, so ist auf den Wert dieses Gebäudeteils zuzüglich des zugehörigen Grund und Bodens abzustellen (→ BFH vom 12. 7. 1979 – BStBl 1980 II S. 5). ³Gehört danach ein Grundstücksteil zu der Zeit seiner erstmaligen betrieblichen Inanspruchnahme nicht zum Betriebsvermögen, so bedeutet dies nicht, daß damit endgültig über seine Zugehörigkeit zum Betriebsvermögen oder Privatvermögen entschieden ist. ⁴Für jeden Bilanzstichtag ist vielmehr neu zu prüfen, ob der eigenbetrieblich genutzte Grundstücksteil noch von untergeordneter Bedeutung ist. ⁵Für den Bilanzstichtag, an dem der Grundstücksteil erstmals nicht mehr von untergeordneter Bedeutung ist, muß er nach § 6 Abs. 1 Nr. 5 EStG als Einlage behandelt werden (→ BFH vom 21. 7. 1967 – BStBl III S. 752). ⁶Bei der Prüfung, ob der Wert eines Grundstücksteils mehr

---

¹) Durch das JStG 1996 wurde ab VZ 1996 ein neuer § 8 EStDV eingefügt → Fußnote zu § 4 EStG

§ 4 EStG

als ein Fünftel des Werts des ganzen Grundstücks beträgt, ist in der Regel das Verhältnis der Nutzflächen zugrunde zu legen. [7]Ein Grundstücksteil ist mehr als 20.000 DM wert, wenn der Teil des gemeinen Werts des ganzen Grundstücks, der nach dem Verhältnis der Nutzflächen auf den Grundstücksteil entfällt, 20.000 DM übersteigt. [8]Zubehörräume im Sinne des § 42 Abs. 4 der Zweiten Berechnungsverordnung brauchen in die Berechnung des eigenbetrieblich genutzten Anteils nicht einbezogen zu werden (→ BFH vom 21. 2. 1990 – BStBl II S. 578).

[9]Führt der Ansatz der Nutzflächen zu einem unangemessenen Wertverhältnis der beiden Grundstücksteile, so ist bei ihrer Wertermittlung anstelle der Nutzflächen der Rauminhalt oder ein anderer im Einzelfall zu einem angemessenen Ergebnis führender Maßstab zugrunde zu legen.

Grundstücke und Grundstücksteile als gewillkürtes Betriebsvermögen

(9) [1]Ermitteln Steuerpflichtige den Gewinn durch Betriebsvermögensvergleich, so können sie die Grundstücke oder Grundstücksteile, die nicht eigenbetrieblich genutzt werden und weder eigenen Wohnzwecken dienen noch an Dritte zu Wohnzwecken unentgeltlich überlassen sind, z. B. zu Wohnzwecken oder zur gewerblichen Nutzung an Dritte vermietet sind, als **gewillkürtes Betriebsvermögen** behandeln, wenn die Grundstücke oder die Grundstücksteile in einem gewissen objektiven Zusammenhang mit dem Betrieb stehen und ihn zu fördern bestimmt und geeignet sind. [2]Wegen dieser Voraussetzungen bestehen für den Ansatz von Wirtschaftsgütern als gewillkürtes Betriebsvermögen Einschränkungen, die sich nicht nur aus den Besonderheiten des einzelnen Betriebs, sondern auch aus der jeweiligen Einkunftsart ergeben können (→ BFH vom 19. 1. 1982 – BStBl II S. 526). [3]In Grenzfällen hat der Steuerpflichtige darzutun, welche Beziehung das Grundstück oder der Grundstücksteil zu seinem Betrieb hat und welche vernünftigen wirtschaftlichen Überlegungen ihn veranlaßt haben, das Grundstück oder den Grundstücksteil als gewillkürtes Betriebsvermögen zu behandeln (→ BFH vom 22. 11. 1960 – BStBl 1961 III S. 97 und vom 1. 12. 1960 – BStBl 1961 III S. 154). [4]Voraussetzung für die Behandlung von Grundstücken oder Grundstücksteilen als gewillkürtes Betriebsvermögen ist, daß sie auch in der Buchführung und in der Bilanz eindeutig als Betriebsvermögen ausgewiesen werden. [5]Wird ein Gebäude oder ein Gebäudeteil als gewillkürtes Betriebsvermögen behandelt, so gehört auch der zugehörige Grund und Boden (→ Absatz 7 Satz 1 bis 4) zum Betriebsvermögen, da bei bebauten Grundstücken über die Zugehörigkeit zum Privatvermögen oder zum Betriebsvermögen für den Grund und Boden und das Gebäude nur einheitlich entschieden werden kann (→ BFH vom 27. 1. 1977 – BStBl II S. 388). [6]Ein bilanzierender Gewerbetreibender kann in der Regel Grundstücke, die nicht zum notwendigen Privatvermögen gehören, z. B. Mietwohngrundstücke, als Betriebsvermögen behandeln, es sei denn, daß dadurch das Gesamtbild der gewerblichen Tätigkeit so verändert wird, daß es den Charakter einer Vermögensnutzung im nicht gewerblichen Bereich erhält (→ BFH vom 10. 12. 1964 – BStBl 1965 III S. 377). [7]Das gleiche gilt für einen Land- und Forstwirt, der ein bisher land- und forstwirtschaftlich genutztes Grundstück bebaut und das Gebäude an Betriebsfremde vermietet. [8]Dagegen können Land- und Forstwirte Mietwohn- und Geschäftshäuser, die auf zugekauftem, bisher nicht zum Betriebsvermögen gehörendem Grund und Boden errichtet oder einschließlich Grund und Boden erworben werden, regelmäßig nicht als Betriebsvermögen behandeln. [9]Ein von einem freiberuflich Tätigen zur künftigen Betriebserweiterung erworbenes Grundstück kann gewillkürtes Betriebsvermögen sein (→ BFH vom 15. 4. 1981 – BStBl II S. 618).

Hinweise

Gewillkürtes Sonderbetriebsvermögen von **Mitunternehmern einer Personengesellschaft**
→ BMF vom 20. 12. 1977 (BStBl 1978 I S. 8) Tzn. 15, 18

Wegfall der Voraussetzungen für die Behandlung von Grundstücken oder Grundstücksteilen als Betriebsvermögen
→ R 13 Abs. 8

Einheitliche Behandlung des Grundstücks

(10) [1]Erfüllt ein Grundstück zu mehr als der Hälfte die Voraussetzungen für die Behandlung als Betriebsvermögen (→ Absätze 7 und 9), so können auch solche Grundstücksteile,

§ 4 EStG
R 13 H 13 (10)

die zu fremden Wohnzwecken oder zu fremdbetrieblichen Zwecken vermietet sind, bei denen für sich betrachtet die Voraussetzungen des Absatzes 9 nicht vorliegen, als Betriebsvermögen behandelt werden. ²Dagegen können Grundstücksteile, die nicht nur vorübergehend eigenen Wohnzwecken dienen oder unentgeltlich zu Wohnzwecken an Dritte überlassen werden, nicht als Betriebsvermögen behandelt werden; Ausnahmen gelten nur für eine Übergangszeit (→ BMF vom 12. 11. 1986 – BStBl I S. 528). ³Für die Wertermittlung der verschieden genutzten Grundstücksteile ist Absatz 8 Satz 6, 8 und 9 entsprechend anzuwenden. ⁴Ist einem Betriebsinhaber nur ein Anteil an einem Grundstück zuzurechnen, und erfüllt dieser Anteil zu mehr als der Hälfte die Voraussetzungen für die Behandlung als Betriebsvermögen, so kann der Anteil insoweit als Betriebsvermögen behandelt werden, als er nicht eigenen Wohnzwecken dient oder unentgeltlich zu Wohnzwecken an Dritte überlassen wird.

H 13 (10) Hinweise

Anhang 25

Ausnahmen von dem Grundsatz, daß Grundstücke und Grundstücksteile, die nicht nur vorübergehend eigenen Wohnzwecken dienen oder unentgeltlich zu Wohnzwecken an Dritte überlassen werden, nicht als Betriebsvermögen behandelt werden dürfen → BMF vom 12. 11. 1986 (BStBl I S. 528).

Beispiel zu Absatz 10

Ein Gewerbetreibender, der den Gewinn nach § 5 EStG ermittelt, erwirbt ein Grundstück mit aufstehendem Gebäude. In einem Teil des Gebäudes unterhält er ein Großhandelsgeschäft. Einen weiteren Teil des Gebäudes vermietet er an einen Einzelhändler seines Gewerbezweigs. Den übrigen Teil des Gebäudes nutzt er teilweise zu eigenen, teilweise zu fremden Wohnzwecken. Hinsichtlich der Nutzung zu fremden Wohnzwecken besteht keinerlei Zusammenhang mit dem Betrieb. Der gemeine Wert des ganzen Grundstücks beträgt 3.000.000 DM, der Wert der eigen- und fremdbetrieblich genutzten Grundstücksteile beträgt je 1.000.000 DM, der Wert des eigenen Wohnzwecken dienenden Grundstücksteils beträgt 600.000 DM, der des zu fremden Wohnzwecken vermieteten Grundstücksteils 400.000 DM.

Nach den Absätzen 3 und 4 liegen hinsichtlich des Gebäudes **vier Wirtschaftsgüter** vor.

Es bestehen folgende **Bilanzierungsmöglichkeiten:**

a) Der Steuerpflichtige bilanziert nur den für das eigene Großhandelsgeschäft genutzten Grundstücksteil, der notwendiges Betriebsvermögen ist.

b) Der Steuerpflichtige weist den eigenbetrieblich genutzten und den an den Einzelhändler vermieteten Grundstücksteil als gewillkürtes Betriebsvermögen aus.

c) Der Steuerpflichtige weist den eigenbetrieblich genutzten Grundstücksteil als notwendiges Betriebsvermögen, den fremdbetrieblich genutzten Grundstücksteil als gewillkürtes Betriebsvermögen und, da das Grundstück damit zu mehr als der Hälfte die Voraussetzungen für die Behandlung als Betriebsvermögen erfüllt, auch den zu fremden Wohnzwecken vermieteten Grundstücksteil als gewillkürtes Betriebsvermögen aus.

Eine Behandlung auch des zu eigenen Wohnzwecken genutzten Gebäudeteils als Betriebsvermögen ist nicht möglich.

R 13 (11) Grundstücke und Grundstücksteile im Gesamthandsvermögen einer Personengesellschaft

(11) ¹Gehört ein Grundstück zum **Gesamthandsvermögen** der Mitunternehmer einer Personengesellschaft, so gehört es grundsätzlich zum notwendigen Betriebsvermögen (→ BFH vom 8. 10. 1965 – BStBl III S. 708 und vom 16. 3. 1983 – BStBl II S. 459). ²Dies gilt auch dann, wenn bei der Einbringung des Grundstücks oder Grundstücksteils in das Betriebsvermögen der Personengesellschaft vereinbart worden ist, daß Gewinne und Verluste aus dem Grundstück oder Grundstücksteil ausschließlich dem einbringenden Gesellschafter zugerechnet werden. ³Ein zum Gesamthandsvermögen gehörendes Wirtschaftsgut kann jedoch nicht Betriebsvermögen sein, wenn es ausschließlich oder fast ausschließlich der privaten Lebensführung eines, mehrerer oder aller Mitunternehmer der Gesellschaft dient (→ BFH vom 6. 6. 1973 – BStBl II S. 705 und vom 22. 5. 1975 – BStBl II S. 804). ⁴Deshalb ist z. B. ein zum Gesamt-

handsvermögen gehörendes Einfamilienhaus, das von einem Gesellschafter nicht nur vorübergehend für eigene Wohnzwecke genutzt wird, steuerlich nicht Betriebsvermögen der Personengesellschaft. ⁵Dient ein im Gesamthandseigentum der Gesellschafter einer Personengesellschaft stehendes Grundstück, das nicht in die Bilanz der Personengesellschaft aufgenommen ist, dem Betrieb der Personengesellschaft nur teilweise, so gilt Absatz 8 sinngemäß.

Grundstücke und Grundstücksteile im Sonderbetriebsvermögen

(12) ¹Grundstücke oder Grundstücksteile, die **nicht Gesamthandsvermögen** der Mitunternehmer der Personengesellschaft sind, sondern einem, mehreren oder allen Mitunternehmern gehören, aber dem Betrieb der Personengesellschaft ausschließlich und unmittelbar dienen, sind als Sonderbetriebsvermögen notwendiges Betriebsvermögen der Personengesellschaft (→ BFH vom 2. 12. 1982 – BStBl 1983 II S. 215). ²Das gilt auch dann, wenn die Gesellschaft die Grundstücke oder Grundstücksteile nicht für eigenbetriebliche Zwecke, sondern zur Untervermietung nutzt (→ BFH vom 23. 5. 1991 – BStBl II S. 800). ³Das gleiche gilt für Grundstücke oder Grundstücksteile, die dem Betrieb einer Personengesellschaft dienen und einer Gesamthandsgemeinschaft, z. B. Erbengemeinschaft, oder Bruchteilsgemeinschaft gehören, an der auch Personen beteiligt sind, die nicht Mitunternehmer der Personengesellschaft sind, soweit die Grundstücke oder Grundstücksteile nach § 39 Abs. 2 Nr. 2 AO den Mitunternehmern der Personengesellschaft zuzurechnen sind. ⁴Stellt ein Gesellschafter einer Personengesellschaft, deren Gesellschaftszweck in der Errichtung und Vermarktung von Eigentumswohnungen im Bauherrenmodell besteht, ein ihm gehörendes Grundstück für diese Zwecke zur Verfügung, ist das Grundstück dem notwendigen Sonderbetriebsvermögen zuzurechnen (→ BFH vom 19. 2. 1991 – BStBl II S. 789). ⁵Dient ein Grundstück dem Betrieb der Personengesellschaft nur zum Teil, so sind die den Mitunternehmern zuzurechnenden Grundstücksteile lediglich mit ihrem betrieblich genutzten Teil notwendiges Betriebsvermögen (→ BFH vom 18. 3. 1958 – BStBl II S. 262). ⁶Betrieblich genutzte Grundstücksteile, deren Wert im Verhältnis zum Wert des **ganzen Grundstücks** – nicht im Verhältnis zum Wert des Grundstücksteils des Gesellschafters – von untergeordneter Bedeutung ist, brauchen nicht als Betriebsvermögen behandelt zu werden. ⁷Absatz 8 Satz 2 bis 9 gilt sinngemäß. ⁸Grundstücke oder Grundstücksteile im Allein- oder Miteigentum eines oder mehrerer Mitunternehmer können gewillkürtes Betriebsvermögen dieser Mitunternehmer sein (→ BFH vom 3. 12. 1964 – BStBl 1965 III S. 92, vom 23. 7. 1975 – BStBl 1976 II S. 180 und vom 21. 10. 1976 – BStBl 1977 II S. 150). ⁹Die Absätze 9 und 10 sind dabei zu beachten. ¹⁰Ein Grundstück, das einem Gesellschafter einer Personengesellschaft gehört und das dieser selbst ausschließlich und auf Dauer für seine privaten Wohnzwecke nutzt, ist notwendiges Privatvermögen. ¹¹Das gilt grundsätzlich auch für Grundstücke, die ein Gesellschafter einer Personengesellschaft einem anderen Gesellschafter für dessen Wohnzwecke überläßt.

Hinweise

Angehörige eines Gesellschafters

Wohnung, die an den im Einzelunternehmen tätigen Sohn eines Einzelunternehmers zu Wohnzwecken vermietet ist, bleibt bei Einbringung des Unternehmens in eine KG (Sonder-) Betriebsvermögen, wenn das Gebäude weiterhin als (Sonder-)Betriebsvermögen bilanziert wird und objektive Merkmale fehlen, die darauf schließen lassen, daß eine spätere Verwendung als Werkswohngebäude ausgeschlossen erscheint (→ BFH vom 11. 10. 1979 – BStBl 1980 II S. 40).

Gütergemeinschaft

Wird eine im gemeinsamen Eigentum von Eheleuten stehende und im gemeinsamen land- und forstwirtschaftlichen Betrieb bewirtschaftete Forstfläche in das Alleineigentum eines Ehegatten übertragen, spricht eine tatsächliche Vermutung dafür, daß die bestehenden wirtschaftlichen Beziehungen aufrechterhalten bleiben und es sich nunmehr um Sonderbetriebsvermögen des Ehegatten, nicht aber um einen selbständigen Forstbetrieb handelt (→ BFH vom 16. 2. 1995 – BStBl II S. 592).

Mietwohngrundstück als gewillkürtes Sonderbetriebsvermögen eines Gesellschafters → BFH vom 17. 5. 1990 (BStBl 1991 II S. 216).

§ 4 EStG
R 13   H 13 (12)

Untervermietung

Ein Grundstück, das über einen Dritten an eine Personengesellschaft untervermietet ist, wird notwendiges Betriebsvermögen, wenn der Vermieter in die Gesellschaft eintritt (→ BFH vom 9. 9. 1993 – BStBl 1994 II S. 250); das gilt auch bei Bestellung eines Erbbaurechts (→ BFH vom 7. 4. 1994 – BStBl II S. 796).

R 13 (13)   Keine Bindung an die Einheitsbewertung

(13) Für die einkommensteuerrechtliche Behandlung von Grundstücken und Grundstücksteilen als Betriebsvermögen kommt es nicht darauf an, wie ein Grundstück bei der Einheitsbewertung behandelt worden ist.

R 13 (14)   Erweiterte Anwendung

(14) Die Absätze 7 bis 13 gelten entsprechend für das Wohnungseigentum und das Teileigentum im Sinne des Wohnungseigentumsgesetzes, für Gebäude auf fremdem Grund und Boden sowie für auf Grund eines Erbbaurechts errichtete Gebäude.

R 13 (15)   Verbindlichkeiten

(15) ¹Sach- und Geldschulden rechnen zum Betriebsvermögen, soweit sie durch den Betrieb veranlaßt sind (→ BFH vom 4. 7. 1990 – BStBl II S. 817). ²Maßgebend für ihre Zurechnung zum Betriebsvermögen ist der tatsächliche Verwendungszweck. ³Bei einer Geldschuld kommt es deshalb auf die tatsächliche Verwendung der finanziellen Mittel und bei einer Sachschuld auf die tatsächliche Verwendung der Sachen an. ⁴Wird ein Darlehen für private Zwecke aufgenommen, weil eigene Mittel für betriebliche Aufwendungen verwendet werden, rechnet die Darlehnsschuld nicht zum Betriebsvermögen (→ BFH vom 21. 2. 1991 – BStBl II S. 514). ⁵Dagegen rechnet eine Darlehnsschuld auch dann zum Betriebsvermögen, wenn für die fremdfinanzierten betrieblichen Aufwendungen eigene Mittel zur Verfügung stehen (→ BFH vom 23. 6. 1983 – BStBl II S. 725) oder der Betrieb über aktives Betriebsvermögen oder stille Reserven zur möglichen Deckung der betrieblichen Schuld verfügt (→ BFH vom 23. 7. 1986 – BStBl 1987 II S. 328). ⁶Werden eigene Mittel dem Betrieb entnommen und müssen deshalb betriebliche Aufwendungen fremdfinanziert werden, rechnet die Schuld zum Betriebsvermögen (→ BFH vom 15. 11. 1990 – BStBl 1991 II S. 226). ⁷Wird dagegen eine Entnahme selbst mit Darlehnsmitteln finanziert, entsteht keine betriebliche Schuld (→ BFH vom 5. 3. 1991 – BStBl II S. 516). ⁸Für die Frage der Fremdfinanzierung einer Entnahme kommt es nicht allein darauf an, ob die Entnahmehandlung zeitlich vor oder nach der Darlehnsaufnahme liegt. ⁹Wird ein Darlehen zwar zeitlich erst nach der Entnahmehandlung aufgenommen, besteht aber ein enger zeitlicher Zusammenhang zwischen Entnahme und Darlehnsaufnahme, und stimmen beide Vorgänge auch betragsmäßig nahezu völlig überein, dient das Darlehen der Finanzierung einer Entnahme und ist deshalb nicht betrieblich veranlaßt (→ BFH vom 15. 11. 1990 – BStBl 1991 II S. 238 und vom 21. 2. 1991 – BStBl II S. 514). ¹⁰Mit der Entnahme eines fremdfinanzierten Wirtschaftsguts wird die zur Finanzierung des Wirtschaftsguts aufgenommene betriebliche Schuld zu einer privaten Schuld. ¹¹Umgekehrt wird mit der Einlage eines fremdfinanzierten Wirtschaftsguts die zur Finanzierung des Wirtschaftsguts aufgenommene private Schuld in dem Umfang zu einer betrieblichen Schuld, in dem das Wirtschaftsgut betrieblich genutzt wird. ¹²Wird ein betrieblich genutztes, fremdfinanziertes Wirtschaftsgut veräußert oder scheidet es aus der Vermögenssphäre des Steuerpflichtigen aus, bleibt die zur Finanzierung des Wirtschaftsguts aufgenommene Schuld weiterhin eine betrieblich veranlaßte Schuld. ¹³Dies gilt auch, wenn der Betrieb insgesamt veräußert oder aufgegeben wird und der Veräußerungserlös oder die Verwertung von Aktivvermögen zur Tilgung einer zurückbehaltenen, ehemals betrieblichen Schuld nicht ausreichen (→ BFH vom 11. 11. 1989 – BStBl 1990 II S. 213). ¹⁴Wird der Veräußerungserlös jedoch nicht zur Tilgung der zurückbehaltenen Schuld verwendet, oder wird Aktivvermögen entnommen und dadurch einer Verwertung entzogen, mindert sich die betrieblich veranlaßte Schuld um den Betrag des Veräußerungserlöses oder um den Verkehrswert des entnommenen Aktivvermögens (→ BFH vom 11. 12. 1980 – BStBl 1981 II S. 463), es sei denn, mit dem Veräußerungserlös wird ein anderes Betriebsvermögen erworben und wegen der zurückbehaltenen Schuld eine Vereinbarung über die Änderung des Verwendungszweckes mit dem Gläubiger getroffen (Umwidmungsvereinbarung). ¹⁵Die zurückbehaltene Schuld rechnet

dann zu dem neu erworbenen Betriebsvermögen (→ BFH vom 7. 8. 1990 – BStBl 1991 II S. 14). [16]Wird eine Schuld zur Ablösung einer bereits bestehenden Schuld aufgenommen, rechnet die neue Schuld nur insoweit zum Betriebsvermögen, als die abgelöste Schuld betrieblich veranlaßt war (→ BFH vom 15. 11. 1990 – BStBl 1991 II S. 226).

Hinweise

Finanzierung von Entnahmen

→ BMF vom 27.7.1987 (BStBl I S. 508) und vom 10. 11. 1993 (BStBl I S. 930), Tzn. 8 und 9   *Anhänge 9, 17*

Kontokorrentschulden

→ BMF vom 10. 11. 1993 (BStBl I S. 930)   *Anhang 16*

- Der XI. Senat legt dem Großen Senat des BFH folgende Rechtsfrage zur Entscheidung vor:
    1. Läßt sich ein Abzug von Schuldzinsen als Betriebsausgaben allein dadurch erreichen, daß der Steuerpflichtige planmäßig betriebliche Einnahmen und Ausgaben über formell getrennte Bankkonten leitet und von dem Einnahmenkonto Beträge für Investitionen im privaten Bereich entnimmt und Ausgaben zu Lasten des Kreditkontos bestreitet **(sog. Zwei-/Dreikontenmodell)?**
    2. Für den Fall, daß die Frage zu 1. zu bejahen ist:
       Ändert sich die Zuordnung, wenn der Steuerpflichtige die bereits früher vereinbarte Finanzierung für eine Investition im privaten Bereich in der Weise ersetzt, daß
       - er den privaten Kredit durch vom betrieblichen Einnahmenkonto entnommene Mittel ablöst und
       - mit dem „neuen", zu im wesentlichen inhaltsgleichen Bedingungen wie bisher vereinbarten Kredit die auf dem betrieblichen Kreditkonto ausgewiesene Verbindlichkeit umschuldet?

   → BFH vom 19. 7. 1995 (BStBl 1995 II S. 882)

- Der XI. Senat legt dem Großen Senat des BFH folgende Rechtsfrage zur Entscheidung vor:

   Sind Schuldzinsen für ein Darlehen, mit dessen Valuta ein betrieblich begründeter Sollsaldo auf einem betrieblichen Kontokorrentkonto ausgeglichen wird, das aber im zeitlichen Zusammenhang mit dem Erwerb eines zur Eigennutzung bestimmten Wohngrundstückes aufgenommen wird, als Betriebsausgaben abziehbar, wenn die Betriebseinnahmen auf einem anderen Konto angesammelt werden, um eine betragsmäßig der Darlehensvaluta entsprechende Kaufpreisrate für ein Grundstück zu zahlen?

   → BFH vom 28. 6. 1995 (BStBl 1995 II S. 877)

Zur Frage des **Abzugs von Schuldzinsen** für einen aufgenommenen Kredit, wenn die Darlehensmittel einem **gemischten Kontokorrentkonto** zugeführt werden und in engem zeitlichen Zusammenhang mit der Darlehensvalutierung und betragsmäßiger Übereinstimmung private Grundstücksschulden getilgt werden → Hessisches FG vom 17. 2. 1995 (EFG 1995 S. 557 – Rev. – BFH XI R 19/95).

Zwei Konten-Modell:

Führt die Ablösung des Soll-Saldos des Betriebsausgabenkontos durch einen langfristigen Kredit und in zeitlichem Zusammenhang damit die Belastung des Betriebseinnahmenkontos (Guthabenkontos) auf Grund der Tilgung privater Verbindlichkeiten zur Annahme einer privaten Veranlassung des Umschuldungskredits und der dafür gezahlten Zinsen?
→ FG Köln vom 5. 4. 1995 (EFG 1995 S. 828 – Rev. – BFH XI R 48/95).

Schulden auf Grund einheitlichen Kaufvertrags für gemischtgenutztes Wirtschaftsgut

Aufteilung der Schuldzinsen im Verhältnis des betrieblichen zum privaten Anteil
→ BFH vom 7. 11. 1991 (BStBl 1992 II S. 141).

§ 4 EStG
R 13 H 13 (15 – 16)

Anhang 13 **Sekundärfolgenrechtsprechung**
Zum Abzug von Schuldzinsen als Betriebsausgaben oder Werbungskosten auf Grund der sog. Sekundärfolgenrechtsprechung bis einschließlich VZ 1994 → BMF vom 11. 8. 1994 (BStBl I S. 603).

Anhang 17 **Umschuldung** Privatschuld in Betriebsschuld
→ BMF vom 27. 7. 1987 (BStBl I S. 508) und vom 10. 11. 1993 (BStBl I S. 930), Tzn. 8 und 9.

R 13 (16) **Betriebsvermögen bei der Einnahmenüberschußrechnung, bei Schätzung des Gewinns oder bei Gewinnermittlung nach § 13 a Abs. 3 bis 8 EStG**

(16) Ermitteln Steuerpflichtige den Gewinn nach § 4 Abs. 3 EStG oder wird der Gewinn geschätzt (→ R 12 Abs. 2) oder nach § 13 a Abs. 3 bis 8 EStG ermittelt, kommt gewillkürtes Betriebsvermögen nur in den Fällen des Wechsels der Gewinnermittlungsart und der Nutzungsänderung in Betracht (→ § 4 Abs. 1 Satz 3 und 4 EStG, R 14 Abs. 3 Satz 6, R 16 Abs. 6, BFH vom 23. 5. 1991 – BStBl II S. 798).

H 13 (16) **Hinweise**

Beibehaltung von gewillkürtem Betriebsvermögen nach einem Wechsel der Gewinnermittlungsart oder einer Nutzungsänderung
→ R 14 Abs. 3 und R 16 Abs. 6

Betriebsvermögen bei der Einnahmenüberschußrechnung, bei Schätzung des Gewinns oder bei Gewinnermittlung nach § 130 a Abs. 3 bis 8 EStG

Aus der Tatsache, daß es allgemein anerkannt ist, daß ein Land- und Forstwirt mit Gewinnermittlung durch Betriebsvermögensvergleich nach § 4 Abs. 1 EStG absetzbare bewegliche Anlagegüter, die im nicht unerheblichen Umfange eigenbetrieblich genutzt werden, grundsätzlich seinem gewillkürten Betriebsvermögen zuordnen kann, ergibt sich nicht, daß auch bei der Gewinnermittlung nach Durchschnittssätzen gem. § 13 a EStG gewillkürtes Betriebsvermögen gebildet werden könnte ... Im Urteil vom 17. 3. 1988 (BStBl II S. 770) ist entschieden worden, daß die Gewinnermittlung nach § 13 a EStG grundsätzlich nicht an die Technik des Betriebsvermögensvergleichs, sondern mit bestimmten Maßgaben an den Vergleichswert der landwirtschaftlichen Nutzung nach § 41 BewG und damit an den gewöhnlich nachhaltig erzielbaren Reingewinn anknüpfte. Folglich seien insoweit die Vorschriften des EStG über den Gewinn grundsätzlich suspendiert. Diese rechtliche Beurteilung hat z. B. zur Folge, daß die Möglichkeit der Sofortabschreibung geringwertiger Wirtschaftsgüter nicht gegeben und ohne rechtlichen Belang ist und daß auch erhöhte Absetzungen nach § 82 a EStDV nicht zulässig sind. Zu den einkommensteuerrechtlichen Vorschriften über die Gewinnermittlung in diesem Sinne gehören auch die Rechtsgrundsätze über die Bildung gewillkürten Betriebsvermögens, und zwar auch bei abnutzbaren beweglichen Anlagegütern, die teilweise, jedoch nicht zu mehr als 50 v. H., betrieblich genutzt werden. Die gewinnmäßigen Auswirkungen, die sich aus dem betrieblichen Einsatz dieser Wirtschaftsgüter ergeben, insbesondere die anteiligen Absetzungen für Abnutzung auf solche Wirtschaftsgüter, sind durch den Ansatz des Grundbetrags nach § 13 a Abs. 4 EStG ebenso abgegolten wie bei zu mehr als 50 v. H. betrieblich genutzten und deshalb zum notwendigen Betriebsvermögen gehörenden Wirtschaftsgütern. Aus diesem Grunde, also unabhängig davon, daß ein buchmäßiger Ausweis im Rahmen einer ordnungsmäßigen Buchführung als Voraussetzung für die Bildung gewillkürten Betriebsvermögens entfällt, können solche Wirtschaftsgüter auch nicht mit der Folge, daß anteilige AfA und sonstige Aufwendungen nach § 13 a Abs. 8 Nr. 3 EStG vom Grundbetrag abzuziehen wären, als gewillkürtes Betriebsvermögen ausgewiesen werden. (→ BFH vom 23. 5. 1991 – BStBl II S. 498).

§ 4 EStG

R 14. Einlagen und Entnahmen

Einlagen

(1) ¹**Gegenstand von Einlagen** können abnutzbare und nicht abnutzbare, materielle und immaterielle Wirtschaftsgüter (→ Einlage von immateriellen Wirtschaftsgütern) aller Art sein, unabhängig davon, ob sie dem Anlage- oder dem Umlaufvermögen zuzuordnen sind. ²Die bloße **Nutzung** eines Wirtschaftsguts zu betrieblichen Zwecken kann nicht eingelegt werden; dies gilt im Ergebnis auch für unentgeltliche dingliche oder obligatorische **Nutzungsrechte** (→ BFH vom 26. 10. 1987 – BStBl 1988 II S. 348 und vom 20. 9. 1990 – BStBl 1991 II S. 82). ³In den Fällen des Absatzes 3 Satz 8 (Vorbehaltsnießbrauch) liegt hinsichtlich des Nießbrauchsrechts im Ergebnis keine Einlage vor (→ BFH vom 16. 12. 1988 – BStBl 1989 II S. 763). ⁴Die Einlage von Wirtschaftsgütern als **gewillkürtes Betriebsvermögen** ist nicht zulässig, wenn erkennbar ist, daß die betreffenden Wirtschaftsgüter dem Betrieb keinen Nutzen, sondern nur Verluste bringen werden (→ BFH vom 22. 5. 1975 – BStBl II S. 804 und vom 25. 2. 1982 – BStBl II S. 461). ⁵Eine Einlage ist bei **Zahlung durch Banküberweisung** erst geleistet, wenn die Gutschrift auf dem Empfängerkonto erfolgt ist (→ BFH vom 11. 12. 1990 – BStBl 1992 II S. 232).

Hinweise

Bodenschätze

→ H 13 (1)

Einlage von immateriellen Wirtschaftsgütern

→ R 31 a Abs. 4 Sätze 4 und 5

Verdeckte Einlage eines Geschäfts- oder Firmenwerts, der bei Veräußerung eines Einzelunternehmens an eine GmbH unentgeltlich übergeht

→ BFH vom 24. 3. 1987 (BStBl II S. 705)

→ H 31 a (Geschäftswert/Praxiswert)

Entnahmen, Ausscheiden aus dem Betrieb

(2) ¹Ein Wirtschaftsgut wird entnommen, wenn es aus dem betrieblichen oder beruflichen in den privaten oder einen anderen betriebs- oder berufsfremden Bereich übergeht oder wenn das Wirtschaftsgut von einem Betrieb in einen anderen Betrieb oder Betriebsteil übergeht und danach eine spätere einkommensteuerliche Erfassung der im Buchwert des Wirtschaftsguts enthaltenen stillen Reserven nicht mehr gewährleistet ist. ²Demgegenüber liegt keine Entnahme vor, wenn ein Wirtschaftsgut von einem Betrieb in einen anderen Betrieb oder Betriebsteil derselben oder einer anderen Einkunftsart überführt wird, weil eine spätere einkommensteuerliche Erfassung der im Buchwert des Wirtschaftsguts enthaltenen stillen Reserven gewährleistet ist. ³In diesen Fällen ist es jedoch nicht zu beanstanden, wenn der Steuerpflichtige die Überführung des Wirtschaftsguts wie eine Entnahme behandelt. ⁴Eine Entnahme liegt auch nicht vor in Fällen einer Strukturänderung eines Betriebs mit der Folge, daß die Einkünfte aus dem Betrieb einer anderen Einkunftsart zuzurechnen sind (z. B. wenn ein land- und forstwirtschaftlicher Betrieb wegen Überschreitens der Grenzen des § 13 Abs. 1 Nr. 1 EStG zu einem Gewerbebetrieb wird oder wenn eine freiberufliche Praxis durch Übergang im Sinne des § 7 Abs. 1 EStDV auf nicht qualifizierte Rechtsnachfolger zu einem Gewerbebetrieb wird).

Entnahmehandlung

(3) ¹Eine Entnahme erfordert regelmäßig eine Entnahmehandlung, die von einem Entnahmewillen getragen wird. ²Wirtschaftsgüter, die zur Zeit der Aufnahme in das Betriebsvermögen zulässigerweise zum Betriebsvermögen gerechnet worden sind, bleiben daher grundsätzlich so lange Betriebsvermögen, bis sie durch eine eindeutige, unmißverständliche – ausdrückliche oder schlüssige – Entnahmehandlung des Steuerpflichtigen Privatvermögen werden (→ BFH vom 7. 10. 1974 – BStBl 1975 II S. 168 und vom 9. 8. 1989 – BStBl 1990 II S. 128). ³Der Tatbestand der Entnahme ist auch erfüllt, wenn dem Steuerpflichtigen die an die Entnahme geknüpften Rechtsfolgen, insbesondere die Gewinnverwirklichung, nicht be-

wußt werden (→ BFH vom 31. 1. 1985 – BStBl II S. 395). ⁴Bei buchführenden Steuerpflichtigen bietet die Buchung einen wesentlichen Anhalt, ob und wann ein Wirtschaftsgut entnommen wurde. ⁵Eine Entnahme liegt auch ohne Entnahmeerklärung oder Entnahmebuchung vor, wenn der Steuerpflichtige die bisherige betriebliche oder berufliche Nutzung eines Wirtschaftsguts auf Dauer so ändert, daß es seine Beziehung zum Betrieb verliert und dadurch zu notwendigem Privatvermögen wird. ⁶Eine **Nutzungsänderung**, durch die das Wirtschaftsgut zwar seinen Charakter als notwendiges Betriebsvermögen verliert, andererseits aber auch nicht zu notwendigem Privatvermögen wird, führt ohne eindeutige Entnahmeerklärung des Steuerpflichtigen nicht zur Entnahme des Wirtschaftsguts (→ BFH vom 6. 11. 1991 – BStBl 1993 II S. 391); das gilt auch bei Gewinnermittlung nach § 4 Abs. 3 und nach § 13 a EStG (§ 4 Abs. 1 Satz 4 EStG) sowie bei Vollschätzung. ⁷Bei der **schenkweisen Übertragung** eines Wirtschaftsguts fehlt es an einer Entnahmehandlung, wenn der Steuerpflichtige wirtschaftlicher Eigentümer bleibt (→ BFH vom 5. 5. 1983 – BStBl II S. 631). ⁸Wird ein Wirtschaftsgut aus außerbetrieblichen Gründen einem Dritten unter **Vorbehalt des Nießbrauchs** unentgeltlich übereignet und das Wirtschaftsgut auf Grund des Nießbrauchsrechts weiterhin betrieblich genutzt, so wird das Wirtschaftsgut insgesamt entnommen, nicht nur ein um den Wert des Nießbrauchs geminderter Teil des Wirtschaftsguts (→ BFH vom 28. 2. 1974 – BStBl II S. 481, vom 2. 8. 1983 – BStBl II S. 735 und vom 8. 12. 1983 – BStBl 1984 II S. 202; → Entnahmegewinn, → Nutzungsentnahme).

R 14 (4) **Gegenstand einer Entnahme**

(4) ¹Gegenstand einer Entnahme können alle Wirtschaftsgüter sein, die zum notwendigen oder gewillkürten Betriebsvermögen gehören, also auch immaterielle (Einzel-)Wirtschaftsgüter, z. B. ein Verlagswert, sowie Nutzungen und Leistungen, auch wenn sie in der Bilanz nicht angesetzt werden können, wie z. B. kostenlos gewährte Reisen (→ BFH vom 22. 7. 1988 – BStBl II S. 995; → Entnahme von Grundstücken oder Grundstücksteilen, → Keine Entnahme des Grundstücks oder Grundstücksteils, → Nutzungsentnahme). ²Ein Geschäfts- oder Firmenwert kann nicht wie andere Einzelwirtschaftsgüter für sich entnommen werden, da er nur im Rahmen eines lebenden Betriebs, Teilbetriebs oder Mitunternehmeranteils übertragen werden kann (→ BFH vom 24. 11. 1982 – BStBl 1983 II S. 113).

R 14 (5) **Gewinnrealisierung**

(5) ¹Steuerpflichtiger → Entnahmegewinn ist der gesamte Unterschiedsbetrag zwischen dem Entnahmewert (§ 6 Abs. 1 Nr. 4 EStG) und dem Buchwert des entnommenen Wirtschaftsguts im Zeitpunkt der Entnahme. ²Das gilt auch dann, wenn das Wirtschaftsgut vor der Entnahme auch privat genutzt und die private Nutzung als Entnahme behandelt worden ist (→ BFH vom 24. 9. 1959 – BStBl III S. 466; → Entnahmegewinn, → Nutzungsentnahme). ³Zur Feststellung des Entnahmewerts von Nutzungen und Leistungen können die für die Bewertung von Sachbezügen entwickelten Grundsätze herangezogen werden (→ BFH vom 22. 7. 1988 – BStBl II S. 995).

Hinweise

Einbringung von Betriebsvermögen in eine Betriebs-Kapitalgesellschaft

Entnahme → BMF vom 22. 1. 1985 (BStBl I S. 97), BFH vom 16. 4. 1991 (BStBl II S. 832)

Entnahme bei Erbauseinandersetzung und vorweggenommener Erbfolge

Anhang 13 → BMF vom 11. 1. 1993 (BStBl I S. 62) und vom 13. 1. 1993 (BStBl I S. 80)

Entnahme bei Personengesellschaften

Anhang 24 → BMF vom 20. 12. 1977 zur Besteuerung der Mitunternehmer von Personengesellschaften (BStBl 1978 I S. 8) Tzn. 21 bis 80

Entnahme bei privater Pkw-Nutzung

→ BFH vom 24. 5. 1989 (BStBl 1990 II S. 8):

> Die Nutzung des zum Betriebsvermögen gehörenden PKW auf einer Privatfahrt ist nicht als Entnahme der Sache nach zu beurteilen; die Nutzungsentnahmen sind nicht mit dem Teilwert, sondern mit den tatsächlichen Selbstkosten zu bewerten.

→ R 18 Abs. 1 Satz 4 bis 6 (Pkw-Unfall)

→ H 118 (Gesamtaufwendungen, Unfallkosten)

§ 4 EStG
H 14 (2 – 5)   R 14

Entnahme einer Altenteilerwohnung
→ R 13 Abs. 4, letzter Satz

Entnahme in den Fällen, in denen selbstgenutztes Wohneigentum im VZ 1986 zulässigerweise als Betriebsvermögen behandelt worden ist
→ Übergangsregelungen des § 52 Abs. 15 und 21 EStG sowie → BMF vom 12. 11. 1986 (BStBl I S. 528)

Anhang 25

Entnahme von Grundstücken oder Grundstücksteilen

– **Anteilige Entnahme** des Grund und Bodens liegt vor, wenn auf einem Betriebsgrundstück ein Gebäude errichtet wird, das teilweise Privatvermögen ist (→ BFH vom 24. 11. 1982 – BStBl 1983 II S. 365).

– **Betriebsgrundstück** – auf einem bisher unbebauten Betriebsgrundstück wird ein zum Privatvermögen gehörendes Gebäude errichtet; der Grund und Boden wird durch die Bebauung entnommen (Nutzungsänderung, → BFH vom 27. 1. 1977 – BStBl II S. 388, vom 11. 3. 1980 – BStBl II S. 740 und vom 18. 11. 1986 – BStBl 1987 II S. 261).

– **Nutzung für eigene Wohnzwecke** – bisher zum Betriebsvermögen gerechnete Grundstücke oder Grundstücksteile werden nicht nur vorübergehend für eigene Wohnzwecke genutzt oder Dritten unentgeltlich zu Wohnzwecken überlassen (→ BFH vom 23. 1. 1991 – BStBl II S. 519).

– **Personengesellschaft** – Entsprechendes gilt, wenn ein zum Betriebsvermögen einer Personengesellschaft gehörendes Grundstück durch einen oder mehrere Gesellschafter mit Zustimmung der Gesellschaft für private Wohnzwecke des oder der Gesellschafter bebaut wird (→ BFH vom 30. 6. 1987 – BStBl 1988 II S. 418).

Entnahmegewinn bei Nutzungsentnahme

– Grundstücke oder Grundstücksteile → BFH vom 11. 11. 1988 (BStBl 1989 II S. 872).
– Betrieblicher Pkw bei Unfall auf Privatfahrt → BFH vom 24. 5. 1989 (BStBl 1990 II S. 8); → R 18 Abs. 1 Satz 4 bis 6.

Entnahmegewinn beim Besitzgesellschafter

Zur Frage des Entstehens eines **Entnahmegewinns** beim Besitzgesellschafter, wenn die Ehefrau im Zuge einer Kapitalerhöhung einen Anteil am Stammkapital der Betriebs-GmbH übernimmt? → FG Münster vom 22. 3. 1995 (EFG 1995 S. 794 – Rev. – BFH X R 81/95).

Gewinnverwendung zur Verlustdeckung der Schwester-KG ist Entnahme (→ BFH vom 26. 1. 1995 – BStBl II S. 589).

I

Ist in den Gesellschaftsverträgen zweier Personengesellschaften, an denen dieselben Personen zu gleichen Teilen beteiligt sind, vereinbart, daß bei Entstehung eines Verlusts in der einen Gesellschaft diese Gesellschaft (Verlustgesellschaft) Anspruch auf Deckung des Verlusts aus dem Gewinn der anderen Gesellschaft (Gewinngesellschaft) hat, dann ist nicht ernsthaft zweifelhaft, daß die Verlustdeckung als Gewinnverwendung (Entnahme) durch die Gesellschafter der Gewinngesellschaft und nicht als Betriebsausgabe dieser Gesellschaft anzusehen ist.

Keine Entnahme des Grundstücks oder Grundstücksteils liegt ohne Hinzutreten weiterer Umstände in folgenden Fällen vor

– **Erbbaurecht** – Belastung eines Grundstücks mit einem entgeltlich eingeräumten Erbbaurecht (→ BFH vom 10. 12. 1992 – BStBl 1993 II S. 342).

– **Gebäudeabriß**, wenn die betriebliche Nutzung der Freifläche möglich ist (→ BFH vom 6. 11. 1991 – BStBl 1993 II S. 391).

– Im **Hinzuerwerb** eines im Privatvermögen verbleibenden Miteigentumsanteils an einem Grundstück im Wege der Erbfolge liegt keine Entnahme des zum gewillkürten Betriebsvermögen gehörenden Anteils (→ BFH vom 8. 3. 1990 – BStBl 1990 II S. 559):

Nach dem Beschluß des Großen Senats im BStBl 1974 II S. 132 sind dann, wenn ein Gebäude teils eigenbetrieblich, teils fremdbetrieblich, teils zu Wohnzwecken durch Vermietung oder Eigengebrauch genutzt wird, die einzelnen Gebäudeteile gesondert zu behandeln, sei es als notwendiges oder gewillkürtes Betriebsvermögen, sei es als Pri-

131

§ 4 EStG
R 14   H 14 (2 – 5)

> vatvermögen. Wenn in diesem Zusammenhang weiter ausgeführt wird, wegen der verschiedenen Funktions- und Nutzungszusammenhänge, in denen die verschiedenen Gebäudeteile stünden, sei es „gerechtfertigt, ebenso viele Wirtschaftsgüter anzunehmen", so wird damit auf die rechtssystematische Grundlage für die unterschiedliche Zuordnung der Gebäudeteile zum Betriebs- bzw. Privatvermögen hingewiesen. Damit wäre es grundsätzlich sicher unvereinbar, den fremdbetrieblich genutzten Gebäudeteil teilweise dem Betriebs- und teilweise dem Privatvermögen zuzuordnen. In Miteigentumsfällen ist jedoch die Besonderheit zu beachten, daß jeder Miteigentümer die Sache, soweit sie ihm gehört, als sein Betriebs- oder Privatvermögen ausweist. Deshalb kann der Erwerb des Miteigentumsanteils eines anderen Miteigentümers nicht bewirken, daß der dem erwerbenden Gesellschafter bereits zuvor gehörende und zulässigerweise dem gewillkürten Sonderbetriebsvermögen zugeführte Gebäudeteil die Betriebsvermögenseigenschaft verliert. Dieser Gebäudeteil kann nur durch Entnahme (oder Veräußerung) oder durch Wegfall der objektiven Voraussetzungen für die Willkürung die Betriebsvermögenseigenschaft verlieren.

- **Landwirtschaftlich genutzte Grundstücke** – keine ertragreiche Bewirtschaftung mehr möglich (→ BFH vom 12. 11. 1992 – BStBl 1993 II S. 430).

- **Nießbrauch** – ein Grundstück, das zum Sonderbetriebsvermögen des Gesellschafters einer GbR gehört, wird durch die Bestellung eines Nießbrauchs am Gesellschaftsanteil und am Grundstück grundsätzlich nicht entnommen (→ BFH vom 1. 3. 1994 – BStBl 1995 II S. 241).

- **Nutzung** – nur vorübergehende Nutzung zu eigenen Wohnzwecken (→ BFH vom 17. 1. 1974 – BStBl II S. 240).

- **Nutzungsrecht** – Belastung eines Grundstücks mit der Einräumung eines unentgeltlichen Nutzungsrechts und anschließende Anmietung vom Nutzungsberechtigten durch den Grundstückseigentümer (→ BFH vom 11. 11. 1988 – BStBl 1989 II S. 872).

- **Übergang** von Wirtschaftsgütern von einem Betrieb oder Betriebsteil in das Sonderbetriebsvermögen bei einer Personengesellschaft, an der der Steuerpflichtige beteiligt ist (→ BFH vom 7. 4. 1992 – BStBl 1993 II S. 21).

> Fremdvermietete Grundstücke, die dem Gesellschafter einer KG gehören, können in der Gesamtbilanz der Mitunternehmerschaft auch dann als gewillkürtes Sonderbetriebsvermögen ausgewiesen werden, wenn sie nicht mit Grundpfandrechten zur Sicherung von Darlehensverbindlichkeiten der KG belastet sind. Dies gilt jedenfalls dann, wenn die Grundstücke schon vor Gründung der KG in dem Einzelunternehmen des Gesellschafters als gewillkürtes Betriebsvermögen behandelt worden sind.
>
> Fremdvermietete Grundstücke sind nicht notwendiges Privatvermögen; sie können daher in einem Einzelunternehmen zu gewillkürtem Betriebsvermögen gemacht werden. Sie stellen ebenso wie Wertpapiere oder unbebaute Grundstücke Vermögenswerte dar, die als Vermögensanlage der finanziellen Absicherung des Betriebs dienen und seine Ertragsfähigkeit steigern können. Auch Mietwohngrundstücke im Eigentum eines Gesellschafters können geeignet und bestimmt sein, als gewillkürtes Sonderbetriebsvermögen den betrieblichen Zwecken der Personengesellschaft zu dienen. Zum einen besteht die Möglichkeit, den Grundbesitz des Gesellschafters zur Sicherung betrieblicher Kredite einzusetzen, zum anderen können die Mieterträge ggf. dazu verwendet werden, der Gesellschaft zusätzliche Mittel für betriebliche Zwecke zuzuführen. Im Urteilsfall ist der Grundbesitz des Gesellschafters zwar unstreitig nicht für betriebliche Zwecke der KG genutzt worden. Gleichwohl ist er objektiv geeignet künftig für derartige Zwecke eingesetzt zu werden. Das genügt, um die Behandlung des Grundbesitzes als gewillkürtes (Sonder-)Betriebsvermögen zu rechtfertigen.
>
> Im Urteilsfall kam hinzu, daß die Mietwohngrundstücke schon vor der Gründung der KG im Einzelunternehmen des Gesellschafters als gewillkürtes Betriebsvermögen bilanziert worden sind. Der Gesellschafter hat nach Verpachtung seines Einzelunternehmens an die KG sein unternehmerisches Engagement lediglich in anderer Form

fortgesetzt. In einem solchen Fall kann es dem Grundstückseigentümer nicht verwehrt sein, ein Grundstück, das nicht zum notwendigen Privatvermögen gehört, weiterhin im Sonderbetriebsvermögen zu führen.

Nutzungsentnahme
– Grundstücke oder Grundstücksteile → BFH vom 11. 11. 1988 (BStBl 1989 II S. 872).
– Betrieblicher Pkw bei Unfall auf Privatfahrt → BFH vom 24. 5. 1989 (BStBl 1990 II S. 8); → R 18 Abs. 1 Satz 4 bis 6.

Die Nutzung des dem Betriebsvermögen angehörenden PKW auf einer Privatfahrt einschließlich eines dadurch ausgelösten Unfalls ist als eine Nutzungsentnahme im Sinne des § 4 Abs. 1 Satz 2 EStG zu beurteilen. Nach dem Klammerzusatz zu dieser Vorschrift sind u. a. Nutzungen von Wirtschaftsgütern des Betriebsvermögens für außerbetriebliche Zwecke als Entnahmen zu behandeln. Die Entnahmehandlung ist darin zu sehen, daß der PKW des Betriebsvermögens willentlich und wissentlich zu privaten Zwecken genutzt wurde. Darauf, ob der Unfall gewollt war oder nicht, kommt es steuerrechtlich nicht an → BFH vom 24. 5. 1989 (BStBl 1990 II S. 8).

Überführung eines Wirtschaftsguts aus einem Gewerbebetrieb in einen Betrieb der Land- und Forstwirtschaft oder der selbständigen Arbeit des Steuerpflichtigen keine Entnahme, auch wenn die Versteuerung der stillen Reserven bei der Gewerbesteuer dadurch nicht sichergestellt ist (→ BFH vom 14. 6. 1988 – BStBl 1989 II S. 187).

Überführung von Wirtschaftsgütern in eine ausländische Betriebsstätte, deren Einkünfte durch ein Doppelbesteuerungsabkommen freigestellt sind → BMF vom 12. 2. 1990 (BStBl I S. 72).

Überführung von Wirtschaftsgütern in eine ausländische Betriebsstätte, deren Einkünfte durch ein DBA freigestellt sind, und ihre Rückführung ins Inland

BMF vom 12. 2. 1990 (BStBl I S. 72)

$$\frac{\text{IV B 2} - \text{S 2135} - 4/90}{\text{IV C 5} - \text{S 1300} - 21/90}$$

– Auszug –

Unterliegen die Einkünfte einer ausländischen Betriebsstätte auf Grund eines Doppelbesteuerungsabkommens (DBA) nicht der inländischen Besteuerung, so sind die Gewinne des Unternehmens nach den Artikel 7 des OECD-Musterabkommens entsprechenden Vorschriften des anzuwendenden DBA den inländischen und ausländischen Betriebsstätten nach dem Grundsatz des Fremdvergleichs zuzurechnen.

Unter Bezugnahme auf das Ergebnis der Erörterung mit den obersten Finanzbehörden der Länder gilt bei der Überführung von Wirtschaftsgütern in eine ausländische Betriebsstätte, deren Einkünfte durch ein DBA freigestellt sind, sowie bei ihrer Rückführung unabhängig von der Rechtsform des Unternehmens zum Umfang und Zeitpunkt der Gewinnverwirklichung folgendes:

Bei der Einkunftsabgrenzung ist stets der Fremdvergleichspreis zum Zeitpunkt der Überführung anzusetzen, d. h. der Preis, den unabhängige Dritte unter gleichen oder ähnlichen Bedingungen vereinbart hätten.

Die DBA regeln jedoch nicht die Frage, in welchem Zeitpunkt der Gewinn oder Verlust verwirklicht wird. Diese Frage ist nach allgemeinen Grundsätzen zu beantworten. Danach wird bei der Überführung eines Wirtschaftsguts von einer Betriebsstätte in eine andere kein Gewinn oder Verlust verwirklicht, weil der betriebliche Bereich nicht verlassen wird.

Im einzelnen gilt deshalb folgendes:

1. **Anlagevermögen...**
2. **Umlaufvermögen...**
3. **Immaterielle Wirtschaftsgüter...**
4. **Einheitliche Ausübung des Rechts auf Wahl der sofortigen Gewinnverwirklichung**

§ 4 EStG
R 14 H 14 (2–5)

5. **Rückführung von Wirtschaftsgütern in das Inland** ...
6. **Anwendungszeitpunkt**
   Diese Regelungen gelten für Wirtschaftsgüter, die vom 1. 1. 1987 an in eine ausländische Betriebsstätte überführt werden. Bis zu diesem Zeitpunkt ist Abschnitt 13 a Abs. 1 Satz 3 EStR 1984 zu beachten.

Veräußerung eines Wirtschaftsgutes aus dem Gesamthandsvermögen einer Personengesellschaft an einen Gesellschafter
→ R 41 a Abs. 7 Satz 11

Wettbewerbsverbot

Wird der Gesellschafter einer Personengesellschaft oder der Gesellschafter-Geschäftsführer ihrer Komplementär-GmbH im Handelszweig der Personengesellschaft tätig, kann dadurch ein Schadensersatzanspruch der Gesellschaft wegen Verstoßes gegen das Wettbewerbsverbot entstehen. Verzichten die anderen Gesellschafter ohne betriebliche Veranlassung auf die Geltendmachung des Anspruchs, liegt eine Entnahme der Forderung vor. Ein Schadensersatzanspruch entsteht allerdings nicht, wenn die anderen Gesellschafter mit der Tätigkeit des Gesellschafters ausdrücklich oder stillschweigend einverstanden waren; zu einer Entnahme kommt es dann nicht (→ BFH vom 23. 3. 1995 – BStBl II S. 637).

Steuerliches Wettbewerbsverbot

Der BFH bearbeitet z. Zt. zahlreiche Verfahren, die die steuerliche Behandlung des Wettbewerbsverbots betreffen. In einem Verfahren ist der zwischenzeitlich erlassene Gerichtsbescheid durch Antrag auf mündliche Verhandlung angefochten worden. Das Bundesministerium der Finanzen ist beigetreten. In dem anderen Verfahren I R 155/94 war auf mündliche Verhandlung verzichtet worden. Deshalb entschied der BFH am 30. 8. 1995 durch Urteil (→ BFHE 178, 371).

Das entschiedene Verfahren betrifft den Allein-Gesellschafter-Geschäftsführer einer GmbH, die den Abschluß von Grundstücksgeschäften betrieb. Der Geschäftsführer erbte von seiner Mutter Grundvermögen, das er bebaute und später verkaufte. Das Finanzamt und das Finanzgericht sahen hierin einen Verstoß gegen das Wettbewerbsverbot des Gesellschafter-Geschäftsführers und rechneten den erzielten Veräußerungsgewinn der GmbH zu. Der BFH hob die Vorentscheidung auf und verwies die Sache an das FG zurück.

Der BFH geht nunmehr davon aus, daß die verdeckte Gewinnausschüttung keine geeignete Rechtsgrundlage sei, um Geschäfte, die für Rechnung des Gesellschafter-Geschäftsführers getätigt worden seien, der GmbH zuzurechnen. Insoweit hat er seine bisherige Rechtsprechung geändert.

Bezüglich der Zivilrechtsfolgen eines Verstoßes gegen das Wettbewerbsverbot schließt der BFH sich der Rechtsprechung des BGH an, die ein Wettbewerbsverbot für den Alleingesellschafter einer GmbH verneint. Steuerlich gesehen führt die konkurrierende Tätigkeit eines Gesellschafter-Geschäftsführers nur dann zu einer verdeckten Gewinnausschüttung seiner GmbH, wenn der Gesellschafter-Geschäftsführer Informationen oder Geschäftschancen der GmbH nutzt, für deren Überlassung ein fremder Dritter ein Entgelt zahlen würde.

Es kann damit gerechnet werden, daß der BFH in den noch anhängigen Verfahren zu weiteren Rechtsfragen aus dem Bereich der steuerlichen Behandlung eines Wettbewerbsverbotes Stellung nehmen wird. Die Rechtsunsicherheit ist deshalb im Augenblick wieder erheblich. Es gibt nur die Empfehlung, in strittigen Fällen im Rechtsbehelfsverfahren zu bleiben und neue Fälle „ruhen" zu lassen, auch bis sich die Finanzverwaltung zur Problematik äußert.

Wochenendhaus

Wird ein Wochenendhaus auf einem Betriebsgrundstück errichtet, werden Grund und Boden und das Wochenendhaus erst dann notwendiges Privatvermögen und damit entnommen, wenn die Absicht der künftigen Verwendung des Wochenendhauses zu eigenen Wohnzwecken in Erklärungen oder in einem eindeutigen Verhalten des Steuerpflichtigen zum Ausdruck kommt (→ BFH vom 29. 4. 1970 – BStBl II S. 754).

§ 4 EStG
R 15

R 15. Bilanzberichtigung und Bilanzänderung   R 15

Erfolgswirksame Bilanzberichtigung   S 2141

(1) ¹Ist ein Ansatz in der Bilanz unrichtig, so kann der Steuerpflichtige nach § 4 Abs. 2 Satz 1 EStG die Unrichtigkeit durch eine entsprechende Mitteilung an das Finanzamt beseitigen **(Bilanzberichtigung)**. ²Ein Ansatz in der Bilanz ist unrichtig, wenn er unzulässig ist, d. h., wenn er gegen zwingende Vorschriften des Einkommensteuerrechts oder des Handelsrechts oder gegen die einkommensteuerrechtlich zu beachtenden handelsrechtlichen Grundsätze ordnungsmäßiger Buchführung verstößt. ³Nach Bestandskraft der Veranlagung ist eine Bilanzberichtigung nur insoweit möglich, als die Veranlagung nach den Vorschriften der Abgabenordnung, insbesondere nach § 173 oder § 164 Abs. 2 AO, noch geändert werden kann oder die Bilanzberichtigung sich auf die Höhe der veranlagten Steuer nicht auswirken würde (→ BFH vom 27. 3. 1962 – BStBl III S. 273). ⁴Die Berichtigung eines unrichtigen Bilanzansatzes in einer Anfangsbilanz ist demnach nicht zulässig, wenn diese Bilanz der Veranlagung eines früheren Jahres als Schlußbilanz zugrunde gelegen hat, die nach den Vorschriften der AO nicht mehr geändert werden kann, oder wenn der sich bei einer Änderung dieser Veranlagung ergebende höhere Steueranspruch wegen Ablaufs der Festsetzungsfrist erloschen wäre (→ BFH vom 29. 11. 1965 – BStBl 1966 III S. 142). ⁵Soweit eine Bilanzberichtigung nicht möglich ist, ist der falsche Bilanzansatz grundsätzlich in der Schlußbilanz des ersten Jahres, dessen Veranlagung geändert werden kann, erfolgswirksam richtigzustellen; in diesen Fällen ist daher eine Verbindlichkeit, die gewinnwirksam zu Unrecht passiviert worden ist, grundsätzlich gewinnerhöhend aufzulösen (→ BFH vom 22. 1. 1985 – BStBl II S. 308) und eine Verbindlichkeit, deren gewinnmindernde Passivierung der Steuerpflichtige nicht bewußt rechtswidrig oder willkürlich unterlassen hat, gewinnmindernd einzustellen (→ BFH vom 2. 5. 1984 – BStBl II S. 695). ⁶Dies gilt auch dann, wenn der Betrieb inzwischen unentgeltlich, also unter Fortführung der Buchwerte, auf einen anderen übertragen wurde (→ BFH vom 9. 6. 1964 – BStBl 1965 III S. 48) oder wenn der Betrieb zulässigerweise zum Buchwert in eine Personengesellschaft eingebracht wurde (→ BFH vom 8. 12. 1988 – BStBl 1989 II S. 407). ⁷Eine beim Tausch unterbliebene Ausbuchung des hingetauschten Wirtschaftsguts und Einbuchung einer Forderung auf Lieferung des eingetauschten Wirtschaftsguts ist in der ersten noch änderbaren Schlußbilanz erfolgswirksam nachzuholen (→ BFH vom 14. 12. 1982 – BStBl 1983 II S. 303). ⁸Ebenso ist bei einer Personengesellschaft eine fehlerhafte Gewinnverteilung in der ersten noch änderbaren Schlußbilanz erfolgswirksam richtigzustellen (→ Fehlerkorrektur, → BFH vom 11. 2. 1988 – BStBl II S. 825). ⁹Unter Durchbrechung des Bilanzenzusammenhangs kann eine Berichtigung der Anfangsbilanz des ersten Jahres, bei dessen Veranlagung sich die Berichtigung auswirken kann, ausnahmsweise in Betracht kommen, wenn ein Steuerpflichtiger zur Erlangung beachtlicher ungerechtfertigter Steuervorteile bewußt einen Aktivposten zu hoch oder einen Passivposten zu niedrig angesetzt hat, ohne daß die Möglichkeit besteht, die Veranlagung des Jahres zu ändern, bei der sich der unrichtige Bilanzansatz ausgewirkt hat (→ BFH vom 3. 7. 1956 – BStBl III S. 250).

Erfolgsneutrale Bilanzberichtigung

(2) ¹Entnahmen sind Geschäftsvorfälle des Wirtschaftsjahrs, in dem sie getätigt werden; ist die Entnahme nicht erfaßt worden, und kann die Veranlagung des Jahres der Entnahme nicht mehr berichtigt werden, ist das entnommene Wirtschaftsgut in der Bilanz des ersten Wirtschaftsjahrs, dem noch keine bestandskräftige Veranlagung zugrunde liegt, erfolgsneutral auszubuchen (→ BFH vom 21. 10. 1976 – BStBl 1977 II S. 148). ²Wirtschaftsgüter des notwendigen Privatvermögens, die zu Unrecht als Betriebsvermögen bilanziert worden sind, sind mit dem Buchwert auszubuchen (→ BFH vom 26. 2. 1976 – BStBl II S. 378). ³Wirtschaftsgüter des notwendigen Betriebsvermögens, die zu Unrecht nicht als solche bilanziert wurden, sind mit dem Wert einzubuchen, mit dem sie bei von Anfang an richtiger Bilanzierung zu Buche stehen würden (→ BFH vom 12. 10. 1977 – BStBl 1978 II S. 191).

Bilanzänderung

(3) ¹Wenn steuerrechtlich, in den Fällen des § 5 EStG auch handelsrechtlich, verschiedene Ansätze für die Bewertung eines Wirtschaftsguts zulässig sind und der Steuerpflichtige demgemäß zwischen mehreren Wertansätzen wählen kann, so trifft er durch die Einreichung der Steuererklärung an das Finanzamt seine Entscheidung. ²Eine Änderung dieser Entscheidung zugunsten eines anderen zulässigen Ansatzes ist eine **Bilanzänderung** (→ BFH vom 9. 4. 1981 – BStBl II S. 620). ³Sie ist nach § 4 Abs. 2 Satz 2 EStG nur mit → Zustimmung des Finanzamts zulässig. ⁴Der Antrag muß vor Bestandskraft der Veranlagung beim Finanzamt

gestellt werden (→ BFH vom 19. 5. 1987 – BStBl II S. 848). ⁵Steht die Veranlagung unter dem Vorbehalt der Nachprüfung (§ 164 Abs. 1 AO), ist der Antrag zulässig, solange der Vorbehalt wirksam ist. ⁶Das Begehren nach einer Bilanzänderung muß wirtschaftlich begründet sein. ⁷Für den Fall, daß sich die Grundlage, auf der ein gesetzlich gewährtes Bewertungswahlrecht ausgeübt worden ist, wesentlich verändert hat, so z. B., wenn der Gewinn gegenüber der Erklärung bei der Einkommensteuerveranlagung wesentlich erhöht wird, ist die Zustimmung im allgemeinen zu erteilen, sofern nicht in besonderen Fällen gewichtige Gründe die Versagung der Zustimmung rechtfertigen (→ BFH vom 29. 1. 1952 – BStBl III S. 57).

(4) ¹Als Bilanzansatz im Sinne der Absätze 1 bis 3 gilt der Wertansatz für jedes einzelne bewertungsfähige Wirtschaftsgut. ²Auf die Zusammenfassung in der Bilanz kommt es nicht an.

Hinweise

Änderung einer Bilanz, die einer bestandskräftigen Veranlagung zugrunde liegt, auch dann nicht möglich, wenn die Bilanz einen Verlust ausweist (→ BFH vom 25. 4. 1990 – BStBl II S. 905).

Besonderheiten bei Land- und Forstwirten mit einem vom Kalenderjahr abweichenden Wirtschaftsjahr bei der Ausübung gesetzlich eingeräumter Bewertungswahlrechte → BFH vom 19. 2. 1976 (BStBl II S. 417) und vom 6. 12. 1990 (BStBl 1991 II S. 356).

Bilanzberichtigung bei unzutreffend vorgenommenen **Absetzungen für Abnutzung** → BFH vom 29. 10. 1991 (BStBl 1992 II S. 512, 516).

Bilanzberichtigung nach Änderung der höchstrichterlichen Rechtsprechung; erfolgswirksame Bilanzberichtigung nach unrechtmäßiger Aktivierung sofort abzuziehender Betriebsausgaben → BFH vom 12. 11. 1992 (BStBl 1993 II S. 392).

Fehlerkorrektur, wenn zwischenzeitlich keine Gewinnfeststellung durchgeführt wurde → BFH vom 28. 1. 1992 (BStBl II S. 881).

Nachträgliche Auflösung der negativen Kapitalkonten eines Kommanditisten auf Grund des Bilanzenzusammenhangs → BFH vom 10. 12. 1991 (BStBl 1992 II S. 650).

Richtigstellung eines unrichtigen Bilanzansatzes in der ersten noch offenen Schlußbilanz; Bilanzierungsfehler über mehrere Jahre; Möglichkeiten der **Rückwärtsberichtigung** → BFH vom 16. 5. 1990 (BStBl II S. 1044).

Rücklage nach § 6 b EStG

Nachträgliche Bildung einer Rücklage nach § 6 b EStG ist nur im Wege der Bilanzänderung möglich, und zwar auch dann, wenn Reinvestitionsfrist bereits abgelaufen (→ BFH vom 22. 9. 1994 – BStBl 1995 II S. 367).

Verlust

Änderung einer Bilanz, die einer bestandskräftigen Veranlagung zugrunde liegt, auch dann nicht möglich, wenn die Bilanz einen Verlust ausweist (→ BFH vom 25. 4. 1990 – BStBl II S. 905).

Zustimmung des Finanzamts

– Keine Zustimmung des Finanzamts zu einer wegen einer anderweitigen Ausübung eines Wahlrechts beantragten Bilanzänderung wegen gewerbesteuerlicher Zwecke, wenn Bilanz bereits bestandskräftiger Einkommensteuer-Veranlagung zugrunde gelegen hat (→ BFH vom 9. 8. 1989 – BStBl 1990 II S. 195);

– zu einer Bilanzänderung wegen eines allein für Gewerbesteuerzwecke neu ausgeübten Bilanzierungswahlrechts kann abgelehnt werden, sofern die (Sonder-)Bilanz der bereits bestandskräftigen Gewinnfeststellung zugrunde gelegen hat (→ BFH vom 21. 1. 1992 – BStBl II S. 958).

R 16. Einnahmenüberschußrechnung

Anwendungsbereich

(1) ¹Der Steuerpflichtige kann nach § 4 Abs. 3 EStG als Gewinn den Überschuß der Betriebseinnahmen über die Betriebsausgaben ansetzen, wenn er nicht auf Grund gesetzlicher Vorschriften (→ R 12 Abs. 1 und 2 und R 28) verpflichtet ist, Bücher zu führen und regelmäßig Abschlüsse zu machen, und auch keine Bücher führt und keine Abschlüsse macht und sein Gewinn auch nicht nach Durchschnittssätzen (§ 13 a EStG) zu ermitteln ist. ²Die Buchführung wegen der Eigenschaft des Betriebs als Testbetrieb für den Agrarbericht oder als Betrieb des EG-Informationsnetzes landwirtschaftlicher Buchführungen und die Auflagenbuchführung entsprechend den Richtlinien des Bundesministeriums für Ernährung, Landwirtschaft und Forsten schließen die Gewinnermittlung nach § 4 Abs. 3 EStG nicht aus. ³Der Gewinn eines Steuerpflichtigen ist nach den für diese Gewinnermittlungsart maßgebenden Grundsätzen zu ermitteln, wenn der Betrieb zwar die Voraussetzungen für die Gewinnermittlung nach § 13 a EStG erfüllt, aber ein Antrag nach § 13 a Abs. 2 Nr. 2 EStG gestellt worden ist; wegen der Anwendung des § 4 Abs. 3 EStG bei Land- und Forstwirten → auch R 127. ⁴Zeichnet ein nicht buchführungspflichtiger Steuerpflichtiger nur Einnahmen und Ausgaben auf, so kann er nicht verlangen, daß seiner Besteuerung ein nach § 4 Abs. 1 EStG geschätzter Gewinn zugrunde gelegt wird. ⁵Durch den Verzicht auf die Aufstellung einer Eröffnungsbilanz und auf die Einrichtung einer den jeweiligen Stand des Vermögens darstellenden Buchführung hat er die Gewinnermittlung durch Einnahmenüberschußrechnung nach § 4 Abs. 3 EStG gewählt (→ BFH vom 2. 3. 1978 – BStBl II S. 431 und vom 13. 10. 1989 – BStBl 1990 II S. 287). ⁶Die Wahl dieser Gewinnermittlungsart durch den Steuerpflichtigen kann nicht unterstellt werden, wenn der Steuerpflichtige bestreitet, betriebliche Einkünfte erzielt zu haben (→ BFH vom 30. 9. 1980 – BStBl 1981 II S. 301). ⁷Führt ein nicht zur Buchführung verpflichteter Steuerpflichtiger zwar Bücher, und hat er auch einen Abschluß gemacht, hat er darüber hinaus aber seinen Gewinn auch noch nach § 4 Abs. 3 EStG ermittelt, so ist der nach § 4 Abs. 3 EStG ermittelte Gewinn der Besteuerung zugrunde zu legen, wenn die Buchführung schwerwiegende, ihre Ordnungsmäßigkeit ausschließende Mängel aufweist (→ BFH vom 19. 1. 1967 – BStBl III S. 288 und vom 9. 2. 1967 – BStBl III S. 310).

Zeitliche Erfassung von Betriebseinnahmen und -ausgaben

(2) ¹Bei der Gewinnermittlung nach § 4 Abs. 3 EStG sind die Betriebseinnahmen in dem Wirtschaftsjahr anzusetzen, in dem sie dem Steuerpflichtigen zugeflossen sind, und die Betriebsausgaben in dem Wirtschaftsjahr abzusetzen, in dem sie geleistet worden sind (§ 11 EStG); das gilt auch für Vorschüsse, Teil- und Abschlagszahlungen. ²Vorschußweise geleistete Honorare sind auch dann zugeflossen, wenn im Zeitpunkt der Veranlagung feststeht, daß sie teilweise zurückzuzahlen sind; das „Behaltendürfen" ist nicht Merkmal des Zuflusses (→ BFH vom 29. 4. 1982 – BStBl II S. 593 und vom 13. 10. 1989 – BStBl 1990 II S. 287). ³Sacheinnahmen sind wie Geldeingänge in dem Zeitpunkt als Betriebseinnahme zu erfassen, in dem der Sachwert zufließt (→ BFH vom 12. 3. 1992 – BStBl 1993 II S. 36). ⁴Hat ein Steuerpflichtiger Gelder in fremdem Namen für fremde Rechnung verausgabt, ohne daß er entsprechende Gelder vereinnahmt hat, so kann er in dem Wirtschaftsjahr, in dem er nicht mehr mit einer Erstattung der verausgabten Gelder rechnen kann, in Höhe des nicht erstatteten Betrags eine Betriebsausgabe absetzen. ⁵Soweit der nicht erstattete Betrag noch in einem späteren Wirtschaftsjahr erstattet wird, ist er als Betriebseinnahme zu erfassen. ⁶Geldbeträge, die dem Betrieb durch die Aufnahme von Darlehen zugeflossen sind, stellen keine Betriebseinnahmen und Geldbeträge, die zur Tilgung von Darlehen geleistet werden, keine Betriebsausgaben dar (→ BFH vom 8. 10. 1969 – BStBl 1970 II S. 44). ⁷Das gilt auch für Darlehen, die in fremder Währung aufgenommen werden (→ Fremdwährungsdarlehen).

Abnutzbare und nicht abnutzbare Anlagegüter

(3) ¹Zu den Betriebseinnahmen gehören auch die Einnahmen aus der Veräußerung von abnutzbaren und nicht abnutzbaren Anlagegütern sowie vereinnahmte Umsatzsteuerbeträge (→ R 86 Abs. 4). ²Die Anschaffungs- oder Herstellungskosten für Anlagegüter, die der Abnutzung unterliegen, z. B. Einrichtungsgegenstände, Maschinen, Praxiswert der freien Berufe, dürfen nur im Wege der AfA auf die Nutzungsdauer des Wirtschaftsguts verteilt werden, sofern nicht die Voraussetzungen des § 6 Abs. 2 EStG vorliegen. ³Neben den Vorschriften über die AfA und die Absetzung für Substanzverringerung gelten auch die Regelungen über erhöhte Absetzungen und über Sonderabschreibungen. ⁴Soweit Anschaffungs- oder

Herstellungskosten für abnutzbare Wirtschaftsgüter des Anlagevermögens bis zur Veräußerung noch nicht im Wege der AfA berücksichtigt worden sind, sind sie vorbehaltlich der Regelung in Absatz 5 im Wirtschaftsjahr der Veräußerung als Betriebsausgaben abzusetzen, soweit die AfA nicht willkürlich unterlassen worden sind (→ BFH vom 7. 10. 1971 – BStBl 1972 II S. 271). [5]Die Anschaffungs- oder Herstellungskosten oder der an deren Stelle tretende Wert sind bei nicht abnutzbaren Wirtschaftsgütern des Anlagevermögens, z. B. Grund und Boden, Genossenschaftsanteile, Wald einschließlich Erstaufforstung, erst im Zeitpunkt ihrer Veräußerung oder Entnahme als Betriebsausgaben abzuziehen, soweit die Aufwendungen vor dem 1. 1. 1971 nicht bereits im Zeitpunkt der Zahlung abgesetzt worden sind.

Leibrenten

(4) [1]Erwirbt ein Steuerpflichtiger mit Gewinnermittlung nach § 4 Abs. 3 EStG ein Wirtschaftsgut des **Anlagevermögens** gegen eine Leibrente, so ergeben sich die Anschaffungskosten für dieses Wirtschaftsgut aus dem Barwert der Leibrentenverpflichtung. [2]Die einzelnen Rentenzahlungen sind in Höhe ihres Zinsanteils Betriebsausgaben. [3]Der Zinsanteil ergibt sich aus dem Unterschiedsbetrag zwischen den Rentenzahlungen einerseits und dem jährlichen Rückgang des Barwerts der Leibrentenverpflichtung andererseits. [4]Die infolge einer Wertsicherungsklausel nachträglich eingetretene Erhöhung einer Rente ist in vollem Umfang beim Betriebsausgabenabzug im Zeitpunkt der jeweiligen Zahlung zu berücksichtigen (→ BFH vom 23. 2. 1984 – BStBl II S. 516 und vom 23. 5. 1991 – BStBl II S. 796). [5]Fällt die Rentenverpflichtung fort, z. B. bei Tod des Rentenberechtigten, so liegt eine Betriebseinnahme in Höhe des Barwerts vor, den die Rentenverpflichtung im Augenblick ihres Fortfalls hatte (→ BFH vom 31. 8. 1972 – BStBl 1973 II S. 51). [6]Aus Vereinfachungsgründen ist es nicht zu beanstanden, wenn die einzelnen Rentenzahlungen in voller Höhe mit dem Barwert der ursprünglichen Rentenverpflichtung verrechnet werden; sobald die Summe der Rentenzahlungen diesen Wert übersteigt, sind die übersteigenden Rentenzahlungen in vollem Umfang als Betriebsausgabe abzusetzen. [7]Bei vorzeitigem Fortfall der Rentenverpflichtung ist der Betrag als Betriebseinnahme anzusetzen, der nach Abzug aller bis zum Fortfall geleisteten Rentenzahlungen von dem ursprünglichen Barwert verbleibt. [8]Erwirbt ein Steuerpflichtiger mit Gewinnermittlung nach § 4 Abs. 3 EStG Wirtschaftsgüter des **Umlaufvermögens** gegen eine Leibrente, so stellen die Rentenzahlungen im Zeitpunkt ihrer Verausgabung in voller Höhe Betriebsausgaben dar. [9]Der Fortfall einer solchen Leibrentenverpflichtung führt nicht zu einer Betriebseinnahme.

Raten

(5) [1]Veräußert der Steuerpflichtige Wirtschaftsgüter des Anlagevermögens gegen einen in Raten zu zahlenden Kaufpreis oder gegen eine Veräußerungsrente, so kann er abweichend von der in Absatz 3 Satz 4 und 5 getroffenen Regelung in jedem Wirtschaftsjahr einen Teilbetrag der noch nicht als Betriebsausgaben berücksichtigten Anschaffungs- oder Herstellungskosten in Höhe der in demselben Wirtschaftsjahr zufließenden Kaufpreisraten oder Rentenzahlungen als Betriebsausgaben absetzen. [2]Wird die Kaufpreisforderung uneinbringlich, so ist der noch nicht abgesetzte Betrag in dem Wirtschaftsjahr als Betriebsausgabe zu berücksichtigen, in dem der Verlust eintritt.

Kein gewillkürtes Betriebsvermögen

(6) [1]Bei der Gewinnermittlung nach § 4 Abs. 3 EStG kommt gewillkürtes Betriebsvermögen nur in den Fällen des Wechsels der Gewinnermittlungsart und der Nutzungsänderung in Betracht (§ 4 Abs. 1 Satz 3 und 4 EStG, R 14 Abs. 3 Satz 6, → BFH vom 13. 3. 1964 – BStBl III S. 455). [2]Werden nicht zum Betriebsvermögen gehörende Wirtschaftsgüter auch betrieblich genutzt, so können Aufwendungen einschließlich der anteiligen AfA, die durch die betriebliche Nutzung entstehen, als Betriebsausgaben abgesetzt werden, wenn die betriebliche Nutzung nicht nur von untergeordneter Bedeutung ist und der betriebliche Nutzungsanteil sich leicht und einwandfrei anhand von Unterlagen nach objektiven, nachprüfbaren Merkmalen – gegebenenfalls im Wege der Schätzung – von den nicht abziehbaren Kosten der Lebenshaltung trennen läßt.

Betriebsveräußerung oder -aufgabe

(7) [1]Veräußert ein Steuerpflichtiger, der den Gewinn nach § 4 Abs. 3 EStG ermittelt, den Betrieb, so ist der Steuerpflichtige so zu behandeln, als wäre er im Augenblick der Veräußerung zunächst zur Gewinnermittlung durch Betriebsvermögensvergleich nach § 4 Abs. 1 EStG übergegangen. [2]R 17 Abs. 1 und 3 ist deshalb zu beachten. [3]Die wegen des Übergangs erforderlichen Hinzurechnungen und Abrechnungen (→ R 17 Abs. 1) sind nicht bei dem Ver-

äußerungsgewinn, sondern bei dem laufenden Gewinn des Wirtschaftsjahrs vorzunehmen, in dem die Veräußerung stattfindet (→ BFH vom 23. 11. 1961 – BStBl 1962 III S. 199). ⁴Die dem Gewinn hinzuzurechnenden Beträge können nicht auf drei Jahre verteilt werden (→ BFH vom 3. 8. 1967 – BStBl III S. 755). ⁵Ist auf den Zeitpunkt der Betriebsveräußerung eine Schlußbilanz nicht erstellt worden, und hat dies nicht zur Erlangung ungerechtfertigter Steuervorteile geführt, sind in späteren Jahren gezahlte Betriebssteuern und andere Aufwendungen, die durch den veräußerten oder aufgegebenen Betrieb veranlaßt sind, nachträgliche Betriebsausgaben (→ BFH vom 13. 5. 1980 – BStBl II S. 692). ⁶Die Sätze 1 bis 5 gelten entsprechend bei der Veräußerung eines Teilbetriebs oder eines Mitunternehmeranteils und bei der Aufgabe eines Betriebs.

Hinweise

Aufgabe- oder Veräußerungsbilanz
Keine Verpflichtung zur Aufstellung einer Aufgabe- oder Veräußerungsbilanz (→ BFH vom 3. 7. 1991 – BStBl II S. 802, 805).

Ausländische Personengesellschaften → R 12 Abs. 4

Behandlung von **Aufwendungen für Vieh** bei Land- und Forstwirten → R 125 a.

Darlehnsverluste und der **Verlust von Beteiligungen an Kapitalgesellschaften** können nur dann wie Betriebsausgaben abgesetzt werden, wenn besondere Umstände ihre ausschließliche Zugehörigkeit zur betrieblichen Sphäre ergeben (→ BFH vom 2. 9. 1971 – BStBl 1972 II S. 334, vom 11. 3. 1976 – BStBl II S. 380 und vom 23. 11. 1978 – BStBl 1979 II S. 109). Für den Zeitpunkt und den Umfang einer etwaigen Berücksichtigung derartiger Verluste ist maßgeblich, wann und in welcher Höhe die für das Darlehen oder die Beteiligung aufgewendeten Mittel endgültig verlorengegangen sind (→ BFH vom 23. 11. 1978 – BStBl 1979 II S. 109).

Diebstahl
Ein durch Diebstahl eingetretener Geldverlust führt nur dann zu einer Betriebsausgabe, wenn der betriebliche Zusammenhang anhand konkreter und objektiv greifbarer Anhaltspunkte festgestellt ist (→ BFH vom 28. 11. 1991 – BStBl 1992 II S. 343).

Fremdwährungsdarlehen
Die Mehrausgaben, die sich bei der Tilgung eines Fremdwährungsdarlehens nach einer Kurssteigerung der ausländischen Währung ergeben, sind im Zeitpunkt der Zahlung als Betriebsausgabe, umgerechnet in Deutsche Mark, abzuziehen; wird infolge eines Kursrückgangs der ausländischen Währung ein geringerer als der ursprünglich zugeflossene Betrag zurückgezahlt, ist der Unterschiedsbetrag, umgerechnet in Deutsche Mark, im Zeitpunkt der Zahlung als Betriebseinnahme zu erfassen (→ BFH vom 15. 11. 1990 – BStBl 1991 II S. 228).

Gewinnermittlung nach § 4 Abs. 1 EStG
Kann der Kommanditist einer erloschenen KG, die ihren Gewinn durch Vermögensvergleich ermittelt hatte, nachträgliche Einkünfte aus der Beteiligung ebenfalls nach § 4 Abs. 1 EStG – gegen H 139 (1) EStH 1995 ermitteln? → FG Köln vom 27. 4. 1995 (EFG 1995 S. 823 – Rev. – BFH IV R 47/95).

Gewinnschätzung nach den Grundsätzen des § 4 Abs. 3 EStG
→ BFH vom 2. 3. 1982 (BStBl 1984 II S. 504):

Die Schätzungsmethode der Geldverkehrsrechnung weist unabhängig von Buchführungsmängeln eine Gewinnverkürzung nach und muß gerade deswegen strengen Anforderungen genügen: überschaubarer Vergleichszeitraum, Ansatz von Anfangs- und Endbeständen, keine Berücksichtigung von Verhältnissen außerhalb des Vergleichszeitraums, Unterscheidung zwischen Gesamt- und Teilrechnung, Vollständigkeit.

Gewerbetreibende, die ihren Gewinn zulässigerweise durch Einnahmen-Überschußrechnung nach § 4 Abs. 3 EStG ermitteln, brauchen lediglich die Wareneinkäufe, die Betriebseinnahmen und den Eigenverbrauch aufzuzeichnen. Fehlt es hieran, ist regelmäßig eine

Schätzung gerechtfertigt. Die Gewinnschätzung kann sich in diesem Falle an den Umfang der privaten Vermögensbewegungen und -anlagen ausrichten.

Bei Gewinnermittlung nach § 4 Abs. 3 EStG ist der Gewinn in Geldrechnung zu schätzen.

→ R 12 Abs. 2 Sätze 5 und 6

Tauschvorgänge in der Einnahmenüberschußrechnung nach § 4 Abs. 3 EStG; Erfassung der Zu- und Abgänge von Sachgütern → BFH vom 17. 4. 1986 (BStBl II S. 607).

Unternehmensrückgabe

Anhang 6 Zur Unternehmensrückgabe nach dem Vermögensgesetz im Beitrittsgebiet bei Gewinnermittlung nach § 4 Abs. 3 EStG → BMF vom 10. 5. 1994 (BStBl I S. 286), Tzn. 88 und 89.

Veräußerung von Anlagevermögen

Zeitpunkt der Absetzung nach R 16 Abs. 3 Satz 4 ist das Jahr der Veräußerung. Als Zeitpunkt der Veräußerung ist nicht der Abschluß des schuldrechtlichen Kaufvertrages, sondern der Übergang des rechtlichen oder wirtschaftlichen Eigentums anzusehen. Die Absetzung ist im Zeitpunkt des tatsächlichen Ausscheidens des Wirtschaftsgutes aus dem Betriebsvermögen vorzunehmen, unabhängig vom Zeitpunkt des Zuflusses des Veräußerungserlöses (→ BFH vom 16. 2. 1995 – BStBl II S. 635).

Zahngold

Ausgaben eines Zahnarztes mit Gewinnermittlung nach § 4 Abs. 3 EStG für Zahngold (→ H 13 (1)) bilden auch dann Betriebsausgaben, wenn der angeschaffte Goldvorrat den Verbrauch für einige Jahre deckt (→ BFH vom 12. 7. 1990 – BStBl 1991 II S. 13 und vom 12. 3. 1992 – BStBl 1993 II S. 36); Indiz dafür ist der Verbrauch der Vorräte innerhalb eines Zeitraums von maximal sieben Jahren oder der Nachweis, daß bei Anschaffung mit einem Verbrauch innerhalb dieses Zeitraums zu rechnen war (→ BFH vom 26. 5. 1994 – BStBl II S. 750).

Zinsaufwendungen für einen Kontokorrentkredit

Anhang 16 → BMF vom 10. 11. 1993 (BStBl I S. 930)

→ H 13 (15) Kontokorrentschulden

Zufluß von Betriebseinnahmen

– **Zufluß von Provisionszahlungen** durch Gutschrift auf Kautionskonto zur Sicherung von Gegenforderungen des Versicherungsunternehmens → BFH vom 24. 3. 1993 (BStBl II S. 499).

– **Zufluß von Zahlungen des Auftraggebers an ein Versorgungswerk** als Betriebseinnahmen des Auftragnehmers im Zeitpunkt des Eingangs beim Versorgungswerk (→ BFH vom 1. 10. 1993 – BStBl 1994 II S. 179).

– **Veräußerungserlös** – der Erlös aus dem Verkauf eines Wirtschaftsgutes ist stets im Jahr des Zuflusses anzusetzen (→ BFH vom 16. 2. 1995 – BStBl II S. 635).

| R 17 | R 17. Wechsel der Gewinnermittlungsart |

S 2146 **Wechsel zum Betriebsvermögensvergleich**

(1) ¹Der Übergang von der Gewinnermittlung nach § 4 Abs. 3 EStG zur Gewinnermittlung nach § 4 Abs. 1 oder § 5 EStG erfordert, daß Betriebsvorgänge, die bisher nicht berücksichtigt worden sind, beim ersten Betriebsvermögensvergleich berücksichtigt werden (→ BFH vom 28. 5. 1968 – BStBl II S. 650 und vom 24. 1. 1985 – BStBl II S. 255). ²Entsprechendes gilt auch, wenn nach einer Einnahmenüberschußrechnung im folgenden Jahr der Gewinn nach den Grundsätzen des § 4 Abs. 1 EStG geschätzt oder nach § 13 a Abs. 3 bis 7 EStG ermittelt wird; wegen der Art der Gewinnschätzung bei Gewinnermittlung nach § 4 Abs. 3 EStG → R 12 Abs. 2 Satz 4 bis 6 und wegen der Besonderheiten bei Land- und Forstwirten → R 125 a Nr. 4 und R 127 Abs. 6 (→ Ansatz- oder Bewertungswahlrechte, → Wertansatz für Vieh). ³Wenn der Gewinn eines Steuerpflichtigen, der bisher durch Einnahmenüberschußrechnung ermittelt wurde, durch Schätzung nach den Grundsätzen des § 4 Abs. 1 EStG festgestellt wird, ist die Gewinnberichtigung grundsätzlich in dem Jahr der Schätzung vorzunehmen. ⁴Die Gewinnberichtigung kommt deshalb beim Übergang zum Betriebsvermögensvergleich nicht in Betracht, wenn der Gewinn bereits in den Vorjahren griffweise oder

nach dem Soll- oder Ist-Umsatz unter Anwendung von Richtsätzen geschätzt worden ist.
⁵Wird zugleich mit dem Übergang von der Einnahmenüberschußrechnung zum Betriebsvermögensvergleich ein landwirtschaftlicher Betrieb infolge Strukturwandels zum Gewerbebetrieb, ist die Gewinnberichtigung bei den Einkünften aus Gewerbebetrieb vorzunehmen; es liegen keine nachträglichen Einkünfte aus Land- und Forstwirtschaft vor (→ BFH vom 1. 7. 1981 – BStBl II S. 780). ⁶Bei dem Übergang zur Gewinnermittlung durch Betriebsvermögensvergleich kann zur Vermeidung von Härten auf Antrag des Steuerpflichtigen der Übergangsgewinn (Saldo aus Zu- und Abrechnungen) gleichmäßig auf das Jahr des Übergangs und die beiden folgenden Jahre **verteilt** werden. ⁷Wird der Betrieb vorher veräußert oder aufgegeben, so erhöhen die noch nicht berücksichtigten Beträge den laufenden Gewinn des letzten Wirtschaftsjahrs. ⁸Die einzelnen Wirtschaftsgüter sind beim Übergang zum Betriebsvermögensvergleich nach § 4 Abs. 1 oder § 5 EStG mit den Werten anzusetzen, mit denen sie zu Buch stehen würden, wenn von Anfang an der Gewinn durch Betriebsvermögensvergleich ermittelt worden wäre (→ BFH vom 23. 11. 1961 – BStBl 1962 III S. 199; → Ansatz- oder Bewertungswahlrechte). ⁹Zum Anlagevermögen gehörender Grund und Boden ist mit dem Wert anzusetzen, mit dem er im Zeitpunkt des Übergangs zur Gewinnermittlung nach § 4 Abs. 3 EStG in das nach § 4 Abs. 3 Satz 5 EStG laufend zu führende Verzeichnis aufgenommen werden müßte.

Wechsel zur Einnahmenüberschußrechnung

(2) ¹Beim Übergang von der Gewinnermittlung durch Betriebsvermögensvergleich (§ 4 Abs. 1 oder § 5 EStG) zur Gewinnermittlung nach § 4 Abs. 3 EStG gilt Absatz 1 Satz 1 entsprechend; jedoch kommt eine Verteilung der Hinzurechnungen oder Abrechnungen, die wegen des Übergangs erforderlich werden, im allgemeinen nicht in Betracht (→ BFH vom 3. 10. 1961 – BStBl III S. 565). ²In diesem Fall sind die durch den Wechsel der Gewinnermittlungsart bedingten Hinzurechnungen und Abrechnungen in der Regel im ersten Jahr nach dem Übergang zur Gewinnermittlung nach § 4 Abs. 3 EStG vorzunehmen. ³Soweit sich die Betriebsvorgänge, die den durch den Wechsel der Gewinnermittlungsart bedingten Korrekturen entsprechen, noch nicht im ersten Jahr nach dem Übergang zur Gewinnermittlung nach § 4 Abs. 3 EStG ausgewirkt haben, können die Korrekturen auf Antrag grundsätzlich in dem Jahr vorgenommen werden, in dem sich die Betriebsvorgänge auswirken (→ BFH vom 17. 1. 1963 – BStBl III S. 228).

Unterbliebene Gewinnkorrekturen

(3) ¹Eine bei einem früheren Übergang vom Betriebsvermögensvergleich zur Einnahmenüberschußrechnung oder umgekehrt zu Unrecht unterbliebene Gewinnkorrektur darf bei der aus Anlaß eines erneuten Wechsels in der Gewinnermittlungsart erforderlich gewordenen Gewinnkorrektur nicht berücksichtigt werden, soweit der Fehler nicht mehr berichtigt werden kann (→ BFH vom 23. 7. 1970 – BStBl II S. 745). ²Wird ein Betrieb unentgeltlich auf einen Dritten übertragen, so sind Hinzurechnungen und Abrechnungen, die infolge des Übergangs zu einer anderen Gewinnermittlungsart oder infolge Schätzung des Gewinns bei dem Rechtsvorgänger zu Recht nicht berücksichtigt worden sind, in der Weise bei dem Erwerber zu berücksichtigen, in der sie ohne die unentgeltliche Übertragung des Betriebs bei dem Rechtsvorgänger zu berücksichtigen gewesen wären (→ BFH vom 1. 4. 1971 – BStBl II S. 526 und vom 7. 12. 1971 – BStBl 1972 II S. 338).

Hinweise

Ansatz- oder Bewertungswahlrechte gelten beim Übergang zum Betriebsvermögensvergleich nach § 4 Abs. 1 oder § 5 EStG als nicht ausgeübt (→ BFH zu § 13 a EStG vom 14. 4. 1988 – BStBl II S. 672).

Hilfswert (für nicht entgeltlich erworbene immaterielle Wirtschaftsgüter) nach § 31 Abs. 1 Nr. 1 Satz 1 DMBilG ist nicht zu berücksichtigen.

Sonderverlustkonto aus Rückstellungsbildung nach § 17 Abs. 4 DMBilG ist zu berücksichtigen.

Übersicht über die Berichtigung des Gewinns bei Wechsel der Gewinnermittlungsart → Anlage 1.

Wertansatz für Vieh bei Land- und Forstwirten
→ R 125 Abs. 4.

§ 4 EStG
R 18   H 18

R 18. Betriebseinnahmen und -ausgaben

Betriebseinnahmen und -ausgaben bei gemischtgenutzten Wirtschaftsgütern

S 2143
S 2144

(1) ¹Gehört ein Wirtschaftsgut zum Betriebsvermögen, so sind Aufwendungen einschließlich Absetzungen für Abnutzung, soweit sie der privaten Nutzung des Wirtschaftsguts zuzurechnen sind, keine Betriebsausgaben. ²Gehört ein Wirtschaftsgut zum Privatvermögen, so sind die Aufwendungen einschließlich Absetzungen für Abnutzung, die durch die betriebliche Nutzung des Wirtschaftsguts entstehen, Betriebsausgaben; R 16 Abs. 6 Satz 2 gilt entsprechend. ³Wird ein zum Betriebsvermögen gehörendes Wirtschaftsgut, das teilweise privat genutzt worden ist, veräußert, so ist der gesamte Veräußerungserlös → Betriebseinnahme (→ BFH vom 24. 9. 1959 – BStBl III S. 466). ⁴Wird ein Wirtschaftsgut des Betriebsvermögens während seiner Nutzung durch den Steuerpflichtigen zu privaten Zwecken zerstört, so tritt bezüglich der stillen Reserven, die sich bis zu seiner Zerstörung gebildet haben, keine Gewinnrealisierung ein. ⁵In Höhe des Restbuchwerts liegt eine Nutzungsentnahme vor. ⁶Eine für das während der privaten Nutzung zerstörte Wirtschaftsgut bestehende Schadensersatzforderung ist als Betriebseinnahme zu erfassen, wenn und soweit sie über den Restbuchwert hinausgeht.

Betriebseinnahmen und -ausgaben bei Grundstücken

(2) ¹Entgelte aus eigenbetrieblich genutzten Grundstücken oder Grundstücksteilen, z. B. Einnahmen aus der Vermietung von Sälen in Gastwirtschaften, sind → Betriebseinnahmen. ²Das gleiche gilt für alle Entgelte, die für die Nutzung von Grundstücken oder Grundstücksteilen erzielt werden, die zum gewillkürten Betriebsvermögen gehören, sowie für den → Mietwert der Wohnung des Steuerpflichtigen, solange sie auf Grund der Übergangsregelung des § 52 Abs. 15 EStG noch zum Betriebsvermögen gehört. ³Aufwendungen für Grundstücke oder Grundstücksteile, die zum Betriebsvermögen gehören, sind stets Betriebsausgaben. ⁴Aufwendungen für einen Grundstücksteil, der eigenbetrieblich genutzt wird, sind auch dann Betriebsausgaben, wenn der Grundstücksteil wegen seiner untergeordneten Bedeutung (→ R 13 Abs. 8) nicht als Betriebsvermögen behandelt wird.¹)

Hinweise

H 18

Abgrenzung der Betriebsausgaben von den nicht abziehbaren Kosten der Lebensführung
→ R 117 ff.

AfA bei gemischtgenutzten Gebäuden
→ R 44 Abs. 6

Auflösung des Mietvertrags

Aufwendungen für vorzeitige Auflösung des Mietvertrags über eine Wohnung sind Betriebsausgaben bei ausschließlich betrieblich veranlaßter Verlegung des Lebensmittelpunkts (→ BFH vom 1. 12. 1993 – BStBl 1994 II S. 323):

> Umzugskosten können als Betriebsausgaben anerkannt werden, wenn von einem nahezu ausschließlich beruflich veranlaßten Umzug auszugehen ist. Der beruflichen Veranlassung des Umzugs folgt der Abzug solcher Kosten, die – jeweils einzeln betrachtet – nahezu ausschließlich beruflich sind. Als beruflich veranlaßt wurden bisher höchstrichterlich die Beförderungskosten, die Kosten der Wohnungsbeschaffung und pauschale Umzugsnebenkosten anerkannt. Entscheidend für den Betriebsausgabenabzug ist, worin das auslösende Moment für die Zahlung liegt. Es steht außer Streit, daß die Entschädigung an den Vermieter zu zahlen war, weil der Mieter aus ausschließlich beruflichen Gründen die Wohnung nicht mehr bewohnen konnte und daher den Mietvertrag vorzeitig auflöste. Die im Streitfall gezahlte Mietausfallentschädigung ist daher ausschließlich durch den Arbeitsplatzwechsel bedingt. Prozeßkosten teilen als Folgekosten das steuerliche Schicksal des Streitgegenstandes des Rechtsstreits. Die im Zusammenhang mit der Auflösung des Mietvertrags stehenden Prozeßkosten sind folglich auch steuerlich abzugsfähig.

¹) Durch das JStG 1996 wurde ab VZ 1996 einer neuer § 8 EStDV eingefügt → Fußnote zu § 4 EStG

§ 4 EStG
H 18   R 18

Beiträge und Spenden an den Bund der Steuerzahler

Beiträge und andere Zahlungen an das Präsidium des Bundes der Steuerzahler e. V. und seine Landesverbände können nicht als Betriebsausgaben (Werbungskosten) anerkannt werden. Es handelt sich um Aufwendungen für die Lebensführung im Sinne des § 12 Nr. 1 EStG (vgl. auch EFG 1994 S. 1036). In diesem Zusammenhang wird darauf hingewiesen, daß eine Berücksichtigung dieser Aufwendungen nach § 10 b EStG nicht in Betracht kommt (→ OFD Frankfurt vom 20. 3. 1995, ESt-Kartei Hessen § 4 Fach 5 Karte 1).

Betriebseinnahmen

Begriff → BFH vom 22. 7. 1988 (BStBl II S. 995)

Eigenaufwand für ein fremdes Wirtschaftsgut

Hat ein Steuerpflichtiger Aufwendungen für ein im Miteigentum stehendes Wirtschaftsgut getragen, und darf er das Wirtschaftsgut für seine betrieblichen Zwecke ohne Entgelt nutzen, so kann er diese Aufwendungen als Betriebsausgaben abziehen, ggf. durch Absetzungen für Abnutzung bzw. erhöhte Absetzungen und Sonderabschreibungen (→ BFH vom 30. 1. 1995 – BStBl II S. 281).

Entschädigungen

Neben Förderzinsen zum Abbau von Bodenschätzen gezahlte Entschädigungen für entgangene/entgehende Einnahmen sind Betriebseinnahmen, wenn die Flächen im Betriebsvermögen bleiben (→ BFH vom 15. 3. 1994 – BStBl II S. 840).

Mietwert einer selbstgenutzten Wohnung als Betriebseinnahme → BMF vom 12. 11. 1986 (BStBl I S. 528). Anhang 25

Nebenräume

Entscheidet sich ein Steuerpflichtiger, betrieblich oder beruflich genutzte Nebenräume in die Kostenberechnung einzubeziehen, so sind die Kosten nach dem Verhältnis des gesamten betrieblich oder beruflich genutzten Bereichs (= betrieblich oder beruflich genutzte Haupt- und Nebenräume) zu der Gesamtfläche (= Haupt- und Nebenräume) aufzuteilen (→ BFH vom 21. 2. 1990 – BStBl II S. 578 und vom 5. 9. 1990 – BStBl 1991 II S. 389).

Nießbrauchsbelastetes Grundstück

Aufwendungen des Steuerpflichtigen im Zusammenhang mit dem betrieblich genutzten Grundstück oder Grundstücksteil sind Betriebsausgaben; hierzu gehören auch die abschreibbaren Anschaffungs- oder Herstellungskosten, die der Steuerpflichtige selbst getragen hat (→ BFH vom 16. 12. 1988 – BStBl 1989 II S. 763 und vom 20. 9. 1989 – BStBl 1990 II S. 368).

Schuldzinsen

Schuldzinsen aus der Finanzierung von

- Pflichtteilsverbindlichkeiten
- Vermächtnisschulden
- Erbersatzverbindlichkeiten
- Zugewinnausgleichsschulden
- Abfindungsschulden nach der Höfeordnung
- Abfindungsschulden im Zusammenhang mit der Vererbung eines Anteils an einer Personengesellschaft im Wege der qualifizierten Nachfolgeklausel oder im Wege der qualifizierten Eintrittsklausel

dürfen nicht als Betriebsausgaben oder Werbungskosten abgezogen werden (→ BMF vom 11. 8. 1994 – BStBl I S. 603). Anhang 13

→ Schulden → H 13 (15)

→ Sekundärfolgenrechtsprechung → H 13 (15)

Unentgeltliche Übertragung eines Grundstücks oder Grundstücksteils an eine betriebsfremde Person unter Vorbehalt eines Nutzungsrechts für betriebliche Zwecke

Aufwendungen des Steuerpflichtigen im Zusammenhang mit dem betrieblich genutzten Grundstück oder Grundstücksteil sind Betriebsausgaben (→ BFH vom 26. 10. 1987 – BStBl 1988 II S. 348); hierzu gehören auch die abschreibbaren Anschaffungs- oder Herstellungskosten, die der Steuerpflichtige selbst getragen hat (→ BFH vom 16. 12. 1988 – BStBl 1989 II S. 763 und vom 20. 9. 1989 – BStBl 1990 II S. 368); Bemessungsgrundlage für die künftige Abschreibung ist der Entnahmewert (Teilwert/Buchwert → R 14 Abs. 5, R 43 Abs. 6, R 44 Abs. 12; → BFH vom 20. 9. 1989 – BStBl 1990 II S. 368).

Verlustdeckung bei Schwester-Personengesellschaften

Ist in den Gesellschaftsverträgen zweier Personengesellschaften, an denen dieselben Personen zu gleichen Teilen beteiligt sind, vereinbart, daß bei Entstehung eines Verlusts in der einen Gesellschaft diese Gesellschaft (Verlustgesellschaft) Anspruch auf Deckung des Verlustes aus dem Gewinn der anderen Gesellschaft (Gewinngesellschaft) hat, dann ist die Verlustdeckung als Entnahme durch die Gesellschafter der Gewinngesellschaft und nicht als Betriebsausgabe dieser Gesellschaft anzusehen (→ BFH vom 26. 1. 1995 – BStBl II S. 589).

Vorweggenommene Betriebsausgaben sind abziehbar bei ausreichend bestimmbarem Zusammenhang zwischen den Aufwendungen und der Einkunftsart, → BFH vom 15. 4. 1992 (BStBl II S. 819):

> Bei den Einkünften aus Gewerbebetrieb zählen zu den Betriebsausgaben grundsätzlich alle Aufwendungen, die objektiv mit dem Betrieb zusammenhängen und subjektiv dem Betrieb zu dienen bestimmt sind.
>
> Sind bereits vor der Betriebseröffnung Aufwendungen angefallen, so sind sie als vorab entstandene Betriebsausgaben abziehbar, wenn ein ausreichend bestimmter Zusammenhang zwischen den Aufwendungen und der Einkunftsart besteht, in deren Rahmen der Abzug begehrt wird. Ein solcher Abzug kommt von dem Zeitpunkt an in Betracht, in dem sich anhand objektiver Umstände feststellen läßt, daß der Entschluß, Einkünfte einer bestimmten Einkunftsart zu erzielen, endgültig gefaßt worden ist.
>
> Aufwendungen können selbst dann abziehbar sein, wenn es entgegen den Planungen des Steuerpflichtigen nicht zu den erstrebten Einnahmen kommt, sofern nur eine erkennbare Beziehung zu den angestrebten Einnahmen besteht. Hiernach können auch die Kosten für Reisen zur Besichtigung eines zum Verkauf angebotenen Betriebs als vorab entstandene Betriebsausgaben abziehbar sein. Insoweit gilt hier das gleiche wie für den Werbungskostenabzug von Reiseaufwendungen, die einem Steuerpflichtigen auf der Suche nach einem zum Kauf geeigneten Einfamilienhaus entstehen.
>
> Der Abzug von (vorab entstandenen) Betriebsausgaben setzt allerdings voraus, daß deren Entstehung und ihre betriebliche Veranlassung nachgewiesen werden können. Lassen sich die Tatsachen, aus denen sich die Entstehung und der betriebliche Zusammenhang der Aufwendungen ergibt, nicht feststellen, so geht das zu Lasten des Steuerpflichtigen.

Wahlkampfkosten für Ehrenamt

Sind Wahlkampfkosten eines Bewerbers für ein ehrenamtliches Stadtratsmandat Betriebsausgabe?

→ FG München vom 1. 2. 1995 (EFG 1995 S. 556 – Rev. – BFH IV R 15/95).

R 19. Rechtsverhältnisse zwischen Angehörigen

Arbeitsverhältnisse zwischen Ehegatten

(1) ¹Arbeitsverhältnisse zwischen Ehegatten können steuerrechtlich nur anerkannt werden, wenn sie ernsthaft vereinbart und entsprechend der Vereinbarung tatsächlich durchgeführt werden (→ Dienstverhältnisse zwischen Ehegatten). ²Die vertragliche Gestaltung und ihre Durchführung müssen auch unter Dritten üblich sein (→ BFH vom 25. 7. 1991 – BStBl II S. 842). ³Ist ein Arbeitsverhältnis steuerrechtlich nicht anzuerkennen, so sind Lohnzahlungen einschließlich einbehaltener und abgeführter Lohn- und Kirchensteuerbeträge, für den mitarbeitenden Ehegatten einbehaltene und abgeführte Sozialversicherungsbeiträge (Arbeitgeber- und Arbeitnehmeranteil) und vermögenswirksame Leistungen, die der Arbeitgeber-Ehegatte nach dem Vermögensbildungsgesetz erbringt, nicht als Betriebsausgaben abziehbar (→ BFH vom 8. 2. 1983 – BStBl II S. 496 und vom 10. 4. 1990 – BStBl II S. 741).

Arbeitsverhältnisse mit Personengesellschaften

(2) ¹Für die einkommensteuerrechtliche Beurteilung des Arbeitsverhältnisses eines Ehegatten mit einer Personengesellschaft, die von dem anderen Ehegatten auf Grund seiner wirtschaftlichen Machtstellung beherrscht wird, z. B. in der Regel bei einer Beteiligung zu mehr als 50 v. H., gelten die Grundsätze des Absatzes 1, soweit sich aus den folgenden Sätzen nichts Gegenteiliges ergibt. ²Das Vermögen einer Personengesellschaft kann nicht als Vermögen des Gesellschafter-Ehegatten angesehen werden. ³Deshalb liegt ein Vermögenszugang beim Arbeitnehmer-Ehegatten auch dann vor, wenn der Arbeitslohn auf ein gemeinschaftliches Konto der Ehegatten überwiesen wird, über das jeder Ehegatte ohne Mitwirkung des anderen verfügen kann (→ BFH vom 24. 3. 1983 – BStBl II S. 663). ⁴Wird der Arbeitslohn jedoch auf ein Konto überwiesen, über das nur der Gesellschafter-Ehegatte verfügen kann, ist das Erfordernis des Vermögenszuwachses beim Arbeitnehmer-Ehegatten durch die Arbeitslohn-Zahlung nicht erfüllt mit der Folge, daß das Arbeitsverhältnis steuerrechtlich nicht anerkannt werden kann (→ BFH vom 24. 3. 1983 – BStBl II S. 770). ⁵Das gleiche gilt, wenn der Arbeitslohn auf ein Bankkonto des Gesellschafter-Ehegatten überwiesen wird, über das der Arbeitnehmer-Ehegatte nur ein Mitverfügungsrecht hat (→ BFH vom 20. 10. 1983 – BStBl 1984 II S. 298). ⁶Beherrscht der Mitunternehmer-Ehegatte die Personengesellschaft nicht, so kann allgemein davon ausgegangen werden, daß der mitarbeitende Ehegatte in der Gesellschaft die gleiche Stellung wie ein fremder Arbeitnehmer hat und das Arbeitsverhältnis deshalb steuerrechtlich anzuerkennen ist.

Arbeitsverhältnisse zwischen Eltern und Kindern

(3) ¹Beruht die Mitarbeit von Kindern im elterlichen Betrieb auf einem → Ausbildungs- oder Arbeitsverhältnis, so gelten für dessen steuerrechtliche Anerkennung den Ehegatten-Arbeitsverhältnissen entsprechende Grundsätze (→ BFH vom 7. 9. 1972 – BStBl II S. 944, vom 21. 8. 1985 – BStBl II S. 250 und vom 13. 11. 1986 – BStBl 1987 II S. 121). ²Für die bürgerlich-rechtliche Wirksamkeit eines Arbeits- oder Ausbildungsvertrags mit einem minderjährigen Kind ist die Bestellung eines Ergänzungspflegers nicht erforderlich. ³→ Arbeitsverhältnisse mit Kindern unter 14 Jahren sind aber wegen Verstoßes gegen das Jugendarbeitsschutzgesetz im allgemeinen nichtig und können deshalb auch steuerrechtlich nicht anerkannt werden. ⁴Nicht anzuerkennen sind auch Arbeitsverträge über gelegentliche Hilfeleistungen durch Angehörige, weil sie zwischen fremden Personen nicht vereinbart worden wären (→ BFH vom 17. 3. 1988 – BStBl II S. 632). ⁵Bei Verträgen über Aushilfstätigkeiten mit Kindern ist der Fremdvergleich im Einzelfall vorzunehmen (→ BFH vom 25. 1. 1989 – BStBl II S. 453). ⁶Die Gewährung freier Wohnung und Verpflegung kann als Teil der Arbeitsvergütung zu behandeln sein, wenn die Leistungen auf arbeitsvertraglichen Vereinbarungen beruhen. ⁷Beschränkt sich der Steuerpflichtige darauf, dem mitarbeitenden Kind Unterhalt zu gewähren (Beköstigung, Bekleidung, Unterkunft und Taschengeld), so liegen insoweit nicht abziehbare Lebenshaltungskosten vor (→ BFH vom 19. 8. 1971 – BStBl 1972 II S. 172). ⁸Bei einem voll im Betrieb mitarbeitenden Kind muß die Summe aus Barentlohnung und Sachleistung die sozialversicherungsrechtliche Freigrenze überschreiten, wobei eine Mindestbarentlohnung von 200 DM monatlich Voraussetzung für die steuerliche Anerkennung des Arbeitsverhältnisses ist. ⁹Unangemessen hohe oder unregelmäßig ausgezahlte Ausbildungsvergütungen können nicht als Betriebsausgaben anerkannt werden (→ BFH vom 13. 11. 1986 – BStBl 1987 II S. 121). ¹⁰Sonderzuwendungen, z. B. Weihnachts- und Urlaubsgelder, Sonderzulagen, Tantiemen, können dann als Betriebsausgaben abgezogen werden, wenn sie vor Beginn des Leistungsaustauschs klar und eindeutig vereinbart worden sind und auch einem Fremdvergleich standhalten (→ BFH vom 10. 3. 1988 – BStBl II S. 877 und vom 29. 11. 1988 – BStBl 1989 II S. 281).

Sonstige Rechtsverhältnisse zwischen Angehörigen

(4) ¹Für die einkommensteuerrechtliche Beurteilung von Miet- und Pachtverträgen, → Darlehnsverträgen und ähnlichen Verträgen sind die Grundsätze des Absatzes 1 anzuwenden (→ BFH vom 10. 4. 1990 – BStBl II S. 741). ²Die Grundsätze des Absatzes 1 gelten nicht für Verträge zwischen Partnern einer nichtehelichen Lebensgemeinschaft (→ BFH vom 14. 4. 1988 – BStBl II S. 670). ³Bei Verträgen zwischen Eltern und minderjährigen Kindern, die nicht Arbeitsverträge sind (→ Absatz 3), ist ein Ergänzungspfleger zu bestellen, damit die Vereinbarungen bürgerlich-rechtlich wirksam zustande kommen und so eine klare Trennung bei der Verwaltung des Kindesvermögens und des elterlichen Vermögens gewährleistet ist (→ BFH vom 23. 4. 1992 – BStBl II S. 1024).

Hinweise

Abfindung an den Arbeitnehmerehegatten

Stellt eine Abfindung an den Arbeitnehmer-Ehegatten auf Grund einer Kündigung ein halbes Jahr vor Vollendung des 65. Lebensjahrs eine Betriebsausgabe dar? → FG Baden-Württemberg, Außensenate Freiburg vom 16. 2. 1995 (EFG 1995 S. 704 – Rev. – BFH X B 91/95).

Arbeitsverhältnis mit Kindern

Kein steuerrechtlich anzuerkennendes Arbeitsverhältnis bei Hilfeleistungen von Kindern im elterlichen Betrieb bei geringfügigen oder typischerweise privaten Verrichtungen (→ BFH vom 9. 12. 1993 – BStBl 1994 II S. 298):

„Arbeitsverträge" über Hilfeleistungen der Kinder im elterlichen Betrieb (z. B.: Arztpraxis) sind steuerrechtlich nicht anzuerkennen, wenn sie wegen ihrer Geringfügigkeit oder Eigenart üblicherweise nicht auf arbeitsvertraglicher Grundlage erbracht werden.

Im Streitfall oblag der Tochter die Verpflichtung, an Tagen, an denen die Praxis geöffnet war, innerhalb der Mittagspause (13.30 Uhr–15.00 Uhr) und in der ersten Stunde nach Praxisschluß (18.00 Uhr–19.00 Uhr) den Telefondienst zu versehen. Eine solche Verpflichtung kommt als Gegenleistung eines mit einem Dritten zu begründenden Arbeitsverhältnisses nicht in Betracht. Die Entgegennahme von eingehenden Telefonanrufen in der Zeit, in der die Praxis geschlossen war, nahm nur geringe Zeit in Anspruch und füllte die Arbeitszeit bei weitem nicht aus. Zudem war der Telefondienst in der Familienwohnung zu verrichten und verlangte kein ständiges Wachen neben dem Telefongerät, sondern gestattete es der Tochter, sich – wie auch sonst – in der Wohnung frei zu bewegen und ihren privaten Interessen nachzugehen.

Für ein steuerlich anzuerkennendes Arbeitsverhältnis sprach im Urteilsfall auch nicht die der Tochter obliegende Verpflichtung, jeweils samstags für 2 Stunden die Praxiswäsche zu waschen und zu bügeln. Ein Arzt würde für die Durchführung solcher geringfügiger Arbeiten keinen Arbeitnehmer beschäftigen.

Ausbildungs- oder Fortbildungsaufwendungen für Kinder sind in der Regel nicht abziehbare Lebenshaltungskosten. Aufwendungen für die Fortbildung von im Betrieb mitarbeitenden Kindern (z. B. für den Besuch einer Meisterfachschule) sind Betriebsausgaben, wenn die hierzu getroffenen Vereinbarungen klar und eindeutig sind und nach Inhalt und Durchführung dem zwischen Fremden Üblichen entsprechen, insbesondere auch Bindungsfristen und Rückzahlungsklauseln enthalten (→ BFH vom 14. 12. 1990 – BStBl 1991 II S. 305).

Darlehnsverhältnisse zwischen Angehörigen

Anhang 1 → BMF vom 1. 12. 1992 (BStBl I S. 729) und vom 25. 5. 1993 (BStBl I S. 410).

Zinsen aus einem ertragsteuerlich unbeachtlichen Darlehen unter nahen Angehörigen sind keine Betriebsausgaben; beim Empfänger sind sie keine Einkünfte aus Kapitalvermögen (→ BFH vom 2. 8. 1994 – BStBl 1995 II S. 264).

Dienstverhältnisse zwischen Ehegatten

Anhang 23 → A 69 LStR

Ehegatten-Arbeitsverhältnis – Direktversicherungsprämien bei Barlohnumwandlung

Aufwendungen für eine Direktversicherung, die im Rahmen eines steuerrechtlich anzuerkennenden Ehegatten-Arbeitsverhältnisses im Wege der Umwandlung von Barlohn geleistet werden, sind der Höhe nach nur insoweit betrieblich veranlaßt, als sie zu keiner Überversorgung führen (BFH vom 16. 5. 1995 – BStBl 1995 II S. 873).

Ehegatten-Unterarbeitsverhältnis

Ein Ehegatten-Unterarbeitsverhältnis ist mangels Fremdüblichkeit nicht anzuerkennen, wenn er gegen die höchstpersönliche Dienstleistungs-Verpflichtung (§ 613 Satz 1 BGB) aus dem Hauptarbeitsvertrag verstößt. Gemäß § 613 Satz 1 BGB hat der zur Dienstleistung Verpflichtete die Dienste im Zweifel in Person zu leisten. Dies gilt auch für einen Hauptarbeitsvertrag, der insoweit keine Befreiung enthält, sondern auf Können, Gewissen, Fortbildung, volle Arbeitskraft abstellt und Regelungen über Erkrankungsfälle und die berufliche Verschwiegenheitspflicht enthält. Bei Pharmareferent(inn)en sind Unterarbeitsverhältnisse in der Branche generell nicht üblich. Ein Unterarbeitsverhältnis ist auch insoweit unüblich, als Tätigkeiten eingeschlossen sind, die schon wegen ihrer Geringfügigkeit und Eigenart üblicherweise nicht auf arbeitsvertraglicher Grundlage, sondern von Angehörigen im häuslichen Bereich bei Gelegenheit der privaten Lebensführung erbracht werden. Einzelne solcher Tätigkeiten können aus einheitlichen Unterarbeitsverträgen auch nicht in der Weise ausgegliedert werden, daß die Verträge im übrigen steuerlich anerkannt werden (→ FG Hamburg vom 2. 12. 1994 – EFG 1995 S. 427).

Eheliches Güterrecht im Beitrittsgebiet
Ertragsteuerliche Folgen aus der Änderung → BMF vom 15. 9. 1992 (BStBl I S. 542) und vom 21. 12. 1992 (BStBl 1993 I S. 107). Anhang 6

Gesellschaftsverträge zwischen Angehörigen
→ R 138 a

Gewinnanteile aus geschenkter typisch stiller Beteiligung
keine Betriebsausgaben, wenn Verlustbeteiligung ausgeschlossen (→ BFH vom 21. 10. 1992 – BStBl 1993 II S. 289).

Nichtauszahlung von Lohn bei Ehegattenarbeitsverhältnissen über einen längeren Zeitraum
Kein Betriebsausgabenabzug, selbst wenn das Arbeitsverhältnis bereits seit mehreren Jahren ordnungsgemäß durchgeführt worden war und Lohnsteuer und Sozialabgaben abgeführt wurden (→ BFH vom 25. 7. 1991 – BStBl II S. 842).

Oder-Konto bei Ehegattenarbeitsverhältnissen
Einem Ehegattenarbeitsverhältnis darf die steuerrechtliche Anerkennung nicht allein deshalb versagt werden, weil das Entgelt auf ein Konto geflossen ist, über das jeder der Ehegatten allein verfügen darf (→ BVerfG, Beschluß vom 7. 11. 1995 – 2 BvR 802/90 – BStBl 1996 II S. 34. Siehe auch Beschluß des BVerfG vom 19. 12. 1995 – 2 BvR 1791/92).

Zur Anerkennung von Ehegattenarbeitsverhältnissen bei Gehaltsüberweisung auf ein sog. „Oder-Konto" → Verfassungsbeschwerden 2.BvR 1293/90 und 2 BvR 1451/90 (Parallelentscheidungen zum Beschluß des BVerfG vom 7. 11. 1995 (BStBl 1996 II S. 34).

Vermietung an unterhaltsberechtigte Kinder
→ H 162 a

Keine einkommensteuerrechtliche Berücksichtigung eines Mietverhältnisses zwischen Eltern und unterhaltsberechtigtem Kind, wenn das Kind die Miete aus einer einmaligen Geldschenkung der Eltern bestreitet, die überschlägig nach den voraussichtlichen Mietzahlungen während der üblichen Studienzeit bemessen ist (→ BFH vom 28. 3. 1995 – BStBl 1996 II S. 59 – und BMF vom 22. 1. 1996 – BStBl 1996 I S. 37)

Weihnachtsgratifikationen im Rahmen eines Ehegattenarbeitsverhältnisses
Betriebsausgabenabzug, wenn auch familienfremde Arbeitnehmer Weihnachtsgratifikationen erhalten (→ BFH vom 26. 2. 1988 – BStBl II S. 606).

Wirtschaftsüberlassungsvertrag
Der Nutzungsüberlassende erzielt keine Pachteinnahmen, sondern erhält Unterhaltsleistungen; der Nutzungsberechtigte leistet keine Pachtzahlungen, sondern Versorgungsleistungen (→ BFH vom 23. 1. 1992 – BStBl 1993 II S. 327).

→ H 42 (Wirtschaftsüberlassungsvertrag)

Keine Zuflußfiktion bei Angehörigen
Die Grundsätze über die Nichtanerkennung von Verträgen zwischen nahen Angehörigen können lediglich die Nichtabzugsfähigkeit von Aufwendungen, nicht aber die Fiktion eines tatsächlich nicht erfolgten Einnahmenzuflusses begründen (→ FG Köln vom 22. 11. 1994 – EFG 1995 S. 419).

Zukunftssicherung
Voraussetzungen für die Anerkennung von Maßnahmen zur Zukunftssicherung bei Ehegatten-Arbeitsverhältnissen → R 41 Abs. 11.

R 20. Abziehbare Steuern

(1) ¹Abziehbare Steuern (z. B. Kraftfahrzeugsteuer für Betriebsfahrzeuge), die für einen Zeitraum erhoben werden, der vom Wirtschaftsjahr abweicht, dürfen nur insoweit den Gewinn eines Wirtschaftsjahrs mindern, als der Erhebungszeitraum in das Wirtschaftsjahr fällt. ²Gewerbetreibende, die ihren Gewinn nach § 5 EStG ermitteln, dürfen jedoch die Gewerbesteuer für den Erhebungszeitraum, der am Ende eines vom Kalenderjahr abweichenden Wirtschaftsjahrs noch läuft, in voller Höhe zu Lasten des Gewinns dieses Wirtschaftsjahrs verrechnen. ³Das gilt auch für den Teil der Gewerbesteuer, der auf das Gewerbekapital entfällt (→ BFH vom 24. 1. 1961 – BStBl III S. 185). ⁴Ein willkürlicher Wechsel ist unzulässig.

(2) ¹Bei der **Gewerbesteuer** sind nicht nur die rückständigen Vorauszahlungen als Schuld in der Schlußbilanz zu berücksichtigen, sondern es ist entsprechend den Grundsätzen ordnungsmäßiger Buchführung auch für eine sich ergebende **Abschlußzahlung** eine **Rückstellung** in die Schlußbilanz einzustellen. ²Zur Errechnung der Rückstellung kann die Gewerbesteuer für Wirtschaftsjahre, die nach dem 31. 12. 1993 beginnen, schätzungsweise mit fünf Sechsteln des Betrags der Gewerbesteuer angesetzt werden, die sich ohne Berücksichtigung der Gewerbesteuer als Betriebsausgabe ergeben würde. ³Diese Grundsätze gelten entsprechend für die Behandlung etwaiger Erstattungsansprüche an Gewerbesteuer.

(3) ¹Führen die Änderungen von Veranlagungen zu **abziehbaren Mehrsteuern** (z. B. Gewerbesteuer), so gilt das Folgende:

1. ¹Die Mehrsteuern können zu Lasten des Wirtschaftsjahrs gebucht werden, in dem der Steuerpflichtige mit der Nachforderung rechnen kann. ²Erhält der Steuerpflichtige nach Einreichung der Bilanz Kenntnis davon, daß sich die Höhe der Mehrsteuern ändert, so kann der für die Mehrsteuern eingestellte Schuldposten nicht mehr durch eine Bilanzänderung berichtigt werden.
2. ¹Die Mehrsteuern können auf Antrag des Steuerpflichtigen auch zu Lasten der Wirtschaftsjahre gebucht werden, zu denen sie wirtschaftlich gehören. ²Hinterzogene Steuern sind grundsätzlich zu Lasten dieser Wirtschaftsjahre zu berücksichtigen. ³Ändern sich die Mehrsteuern bis zur Bestandskraft der Veranlagungen, so sind die Änderungen bei diesen Veranlagungen zu berücksichtigen (→ BFH vom 19. 12. 1961 – BStBl 1962 III S. 64). ⁴Voraussetzung für die Berücksichtigung der Mehrsteuern in den Wirtschaftsjahren, zu denen sie wirtschaftlich gehören, ist jedoch, daß eine Änderung der Veranlagungen, z. B. nach § 173 oder § 164 Abs. 2 AO, für die betreffenden Veranlagungszeiträume möglich ist. ⁵Mehrbeträge an abziehbaren Steuern, die sich durch eine Betriebsprüfung ergeben haben, sind für sich allein keine neuen Tatsachen im Sinne des § 173 Abs. 1 Nr. 2 AO, die eine Änderung der bestandskräftigen Veranlagungen der Jahre rechtfertigen würden, zu denen die Mehrsteuern wirtschaftlich gehören (→ BFH vom 10. 8. 1961 – BStBl III S. 534). ⁶Die Behauptung des Steuerpflichtigen, daß erfahrungsgemäß bei einer Betriebsprüfung mit Steuernachforderungen zu rechnen ist, rechtfertigt nicht die Bildung einer Rückstellung (→ BFH vom 13. 1. 1966 – BStBl III S. 189).
3. Bei der Gewinnermittlung nach § 4 Abs. 3 EStG sind die abziehbaren Mehrsteuern stets im Jahr der Verausgabung zu berücksichtigen.

²Die vorstehenden Grundsätze gelten sinngemäß bei der Erstattung von Steuern, die als Betriebsausgaben abgesetzt worden sind. ³Vermindert sich der Gewinn eines Wirtschaftsjahrs, weil das Betriebsvermögen der Schlußbilanz des Vorjahrs heraufgesetzt und deshalb die Gewerbesteuerrückstellung erhöht worden ist, so ist eine zunächst zutreffend gebildete Gewerbesteuerrückstellung des Wirtschaftsjahrs entsprechend herabzusetzen (→ BFH vom 10. 12. 1970 – BStBl 1971 II S. 199).

R 21. Geschenke, Bewirtung, andere die Lebensführung berührende Betriebsausgaben

Allgemeines

(1) ¹Durch § 4 Abs. 5 Nr. 1 bis 7 in Verbindung mit Abs. 7 EStG wird der Abzug von betrieblich veranlaßten Aufwendungen, die die Lebensführung des Steuerpflichtigen oder anderer Personen berühren, eingeschränkt. ²Vor Anwendung dieser Vorschriften ist stets zu prüfen, ob die als Betriebsausgaben geltend gemachten Aufwendungen für Repräsentation, Bewir-

tung und Unterhaltung von Geschäftsfreunden, Reisen, Kraftfahrzeughaltung und dgl. nicht bereits zu den nicht abziehbaren Kosten der Lebensführung im Sinne des § 12 Nr. 1 EStG gehören (→ Abgrenzung der Betriebsausgaben von den Lebenshaltungskosten). ³§ 4 Abs. 5 EStG ist nach seinem Sinn und Zweck nicht auf Aufwendungen für betriebliche Sozialeinrichtungen anwendbar (→ BFH vom 30. 7. 1980 – BStBl 1981 II S. 58).

Geschenke

(2) ¹Nach § 4 Abs. 5 Nr. 1 EStG dürfen Aufwendungen für betrieblich veranlaßte Geschenke (→ Begriff des Geschenks) an natürliche Personen, die nicht Arbeitnehmer des Steuerpflichtigen sind, oder an juristische Personen grundsätzlich nicht abgezogen werden. ²Personen, die zu dem Steuerpflichtigen auf Grund eines Werkvertrags oder eines Handelsvertretervertrags in ständiger Geschäftsbeziehung stehen, sind den Arbeitnehmern des Steuerpflichtigen **nicht** gleichgestellt. ³Übt ein Angestellter unter Mithilfe anderer Angestellter eines selbständigen Arbeitgebers auch eine selbständige Tätigkeit aus, so handelt es sich bei diesen Mitarbeitern nicht um Arbeitnehmer des Angestellten und zugleich selbständig Tätigen (→ BFH vom 8. 11. 1984 – BStBl 1985 II S. 286). ⁴Zu den Anschaffungs- oder Herstellungskosten eines Geschenks rechnen auch die Kosten einer Kennzeichnung des Geschenks als Werbeträger sowie die Umsatzsteuer (§ 9 b EStG), soweit der Abzug als Vorsteuer ausgeschlossen ist. ⁵Übersteigen die Anschaffungs- oder Herstellungskosten eines Geschenks an einen Empfänger oder, wenn an einen Empfänger im Wirtschaftsjahr mehrere Geschenke gegeben werden, die Anschaffungs- oder Herstellungskosten aller Geschenke an diesen Empfänger den Betrag von 75 DM, so entfällt der Abzug in vollem Umfang. ⁶Entstehen die Aufwendungen für ein Geschenk in einem anderen Wirtschaftsjahr als dem, in dem der Gegenstand zugewendet wird, und haben sich die Aufwendungen in dem Wirtschaftsjahr, in dem sie gemacht wurden, gewinnmindernd ausgewirkt, ist, wenn ein Abzug nach § 4 Abs. 5 Nr. 1 EStG ausgeschlossen ist, im Wirtschaftsjahr der Schenkung eine entsprechende Gewinnerhöhung vorzunehmen. ⁷Das Abzugsverbot greift nicht, wenn die zugewendeten Wirtschaftsgüter beim Empfänger ausschließlich betrieblich genutzt werden können. ⁸Zu den Aufwendungen im Sinne des § 4 Abs. 5 Nr. 1 EStG gehören auch Schmiergelder, soweit sie nach den Grundsätzen des Absatzes 3 als Geschenke anzusehen sind (→ BFH vom 18. 2. 1982 – BStBl II S. 394). ⁹Die Vorschrift des § 160 AO bleibt unberührt.

(3) ¹Ein Geschenk (→ Begriff des Geschenks) setzt eine **unentgeltliche Zuwendung** an einen Dritten voraus. ²Die Unentgeltlichkeit ist nicht gegeben, wenn die Zuwendung als Entgelt für eine bestimmte Gegenleistung des Empfängers anzusehen ist. ³Sie wird jedoch nicht schon dadurch ausgeschlossen, daß mit der Zuwendung der Zweck verfolgt wird, Geschäftsbeziehungen zu sichern oder zu verbessern oder für ein Erzeugnis zu werben. ⁴Ein Geschenk im Sinne des § 4 Abs. 5 Nr. 1 EStG ist danach regelmäßig anzunehmen, wenn ein Steuerpflichtiger einem Geschäftsfreund oder dessen Beauftragten ohne rechtliche Verpflichtung und ohne zeitlichen oder sonstigen unmittelbaren Zusammenhang mit einer Leistung des Empfängers eine Bar- oder Sachzuwendung gibt. ⁵Keine Geschenke sind beispielsweise

1. Kränze und Blumen bei Beerdigungen,
2. Spargeschenkgutscheine der Kreditinstitute und darauf beruhende Gutschriften auf dem Sparkonto anläßlich der Eröffnung des Sparkontos oder der Leistung weiterer Einzahlungen,
3. Preise anläßlich eines Preisausschreibens oder einer Auslobung,
4. Zugaben im Sinne der ZugabeVO, die im geschäftlichen Verkehr neben einer Ware oder Leistung gewährt werden (→ BFH vom 28. 11. 1986 – BStBl 1987 II S. 296).

⁶Zu den Geschenken im Sinne des § 4 Abs. 5 Nr. 1 EStG rechnen ebenfalls nicht die Bewirtung, die damit verbundene Unterhaltung und die Beherbergung von Personen aus geschäftlichem Anlaß; für den Abzug dieser Aufwendungen sind die Absätze 5, 10 und 11 maßgebend.

Bewirtung und Bewirtungsaufwendungen

(4) ¹**Bewirtung** im Sinne des § 4 Abs. 5 Nr. 2 EStG liegt nur vor, wenn die Darreichung von Speisen und/oder Getränken eindeutig im Vordergrund steht (→ BFH vom 16. 2. 1990 – BStBl II S. 575). ²Keine Bewirtung liegt vor bei

1. Gewährung von Aufmerksamkeiten in geringem Umfang (wie Kaffee, Tee, Gebäck) z. B. anläßlich betrieblicher Besprechungen, wenn es sich hierbei um eine übliche Geste der Höflichkeit handelt;

2. Produkt-/Warenverkostungen; hier besteht ein unmittelbarer Zusammenhang mit dem Verkauf der Produkte oder Waren. Voraussetzung für den unbeschränkten Abzug ist, daß nur das zu veräußernde Produkt und ggf. Aufmerksamkeiten (z. B. Brot anläßlich einer Weinprobe) gereicht werden. Diese Aufwendungen können wie Warenproben als Werbeaufwand unbeschränkt als Betriebsausgaben abgezogen werden (→ Absatz 3). Entsprechendes gilt, wenn ein Dritter mit der Durchführung der Produkt-/Warenverkostung beauftragt war sowie bei Messeveranstaltungen.

³**Bewirtungsaufwendungen** sind Aufwendungen des Steuerpflichtigen für den Verzehr von Speisen, Getränken und sonstigen Genußmitteln durch Dritte. ⁴Dazu können auch Aufwendungen gehören, die zwangsläufig im Zusammenhang mit der Bewirtung anfallen, wie im Rahmen des insgesamt geforderten Preises von untergeordneter Bedeutung sind, wie z. B. Trinkgelder und Garderobengebühren. ⁵Die Beurteilung der Art der Aufwendungen richtet sich grundsätzlich jeweils nach der Hauptleistung. ⁶**Nicht Bewirtungsaufwendungen** sind daher Aufwendungen für die Darbietung anderer Leistungen (wie insbesondere Varieté, Striptease und ähnliches), wenn der insgesamt geforderte Preis in einem offensichtlichen Mißverhältnis zum Wert der verzehrten Speisen und/oder Getränke steht (→ BFH vom 16. 2. 1990 – BStBl II S. 575); solche Aufwendungen sind insgesamt nach § 4 Abs. 5 Nr. 7 EStG zu beurteilen (→ Absatz 12).

Aufwendungen für die Bewirtung von Personen aus geschäftlichem Anlaß

(5) ¹Betrieblich veranlaßte Aufwendungen für die Bewirtung von Personen können geschäftlich oder nicht geschäftlich (→ Absatz 6) veranlaßt sein. ²Ein geschäftlicher Anlaß besteht insbesondere bei der Bewirtung von Personen, zu denen schon Geschäftsbeziehungen bestehen oder zu denen sie angebahnt werden sollen. ³Auch die Bewirtung von Besuchern des Betriebs z. B. im Rahmen der Öffentlichkeitsarbeit ist geschäftlich veranlaßt. ⁴Bei geschäftlichem Anlaß sind die Bewirtungsaufwendungen nach § 4 Abs. 5 Nr. 2 Satz 1 EStG nicht zum Abzug zugelassen, soweit sie 80 v. H. der angemessenen und nachgewiesenen Aufwendungen übersteigen. ⁵Hierbei sind zunächst folgende Kosten auszuscheiden:

1. Teile der Bewirtungskosten, die privat veranlaßt sind (→ Aufteilung von Bewirtungsaufwendungen);
2. Teile der Bewirtungsaufwendungen, die nach allgemeiner Verkehrsauffassung als unangemessen anzusehen sind. Die Angemessenheit ist vor allem nach den jeweiligen Branchenverhältnissen zu beurteilen (→ BFH vom 14. 4. 1988 – BStBl II S. 771), → Absatz 12;
3. Bewirtungsaufwendungen, deren Höhe und betriebliche Veranlassung nicht nachgewiesen sind (→ R 22 Abs. 1 und 3);
4. Aufwendungen, die ihrer Art keine Bewirtungsaufwendungen sind (z. B. Kosten für eine Musikkapelle anläßlich einer Informations- oder Werbeveranstaltung und andere Nebenkosten), es sei denn, sie sind von untergeordneter Bedeutung (z. B. Trinkgelder – → Absatz 4); solche Aufwendungen sind in vollem Umfang abziehbar, wenn die übrigen Voraussetzungen vorliegen.

⁶Von den verbleibenden Aufwendungen dürfen nur 80 v. H. den Gewinn mindern. ⁷Die Abzugsbegrenzung gilt bei der Bewirtung von Personen aus geschäftlichem Anlaß auch für den Teil der Aufwendungen, der auf den an der Bewirtung teilnehmenden Steuerpflichtigen oder dessen Arbeitnehmer entfällt. ⁸Aufwendungen für die Bewirtung von Personen aus geschäftlichem Anlaß **in der Wohnung des Steuerpflichtigen** gehören regelmäßig nicht zu den Betriebsausgaben, sondern zu den Kosten der Lebensführung (§ 12 Nr. 1 EStG).

(6) ¹Nicht geschäftlich, sondern allgemein betrieblich veranlaßt ist ausschließlich die Bewirtung von Arbeitnehmern des bewirtenden Unternehmens. ²Geschäftlich veranlaßt ist danach die Bewirtung von Arbeitnehmern von gesellschaftsrechtlich verbundenen Unternehmen (z. B. Mutter- oder Tochterunternehmen) und mit ihnen vergleichbaren Personen. ³Nur soweit die Aufwendungen auf die nicht geschäftlich veranlaßte Bewirtung von Arbeitnehmern des bewirtenden Unternehmens entfallen, können sie voll abgezogen werden. ⁴Bei Betriebsfesten ist die Bewirtung von Angehörigen oder von Personen, die zu ihrer Gestaltung beitragen, unschädlich. ⁵Bei Bewirtungen in einer betriebseigenen Kantine wird aus Vereinfachungsgründen zugelassen, daß die Aufwendungen nur aus den Sachkosten der verabreichten Speisen und Getränke sowie den Personalkosten ermittelt werden; es ist nicht zu beanstanden, wenn – im Wirtschaftsjahr einheitlich – je Bewirtung ein Betrag von 20 DM angesetzt wird.

(7) ¹Der Nachweis der Höhe und der betrieblichen Veranlassung der Aufwendungen ist durch schriftliche Angaben zu Ort, Tag, Teilnehmer und Anlaß der Bewirtung sowie Höhe

§ 4 EStG
R 21

der Aufwendungen zu führen. ²Bei Bewirtung in einer Gaststätte genügen neben der beizufügenden Rechnung Angaben zu dem Anlaß und den Teilnehmern der Bewirtung. ³Aus der Rechnung müssen sich Name und Anschrift der Gaststätte sowie der Tag der Bewirtung ergeben. ⁴Die Rechnung muß auch den Namen des bewirtenden Steuerpflichtigen enthalten; dies gilt nicht, wenn der Gesamtbetrag der Rechnung 200 DM nicht übersteigt. ⁵Die schriftlichen Angaben können auf der Rechnung oder getrennt gemacht werden. ⁶Erfolgen die Angaben getrennt von der Rechnung, müssen das Schriftstück über die Angaben und die Rechnung grundsätzlich zusammengefügt werden. ⁷Ausnahmsweise genügt es, den Zusammenhang dadurch darzustellen, daß auf der Rechnung und dem Schriftstück über die Angaben Gegenseitigkeitshinweise angebracht werden, so daß Rechnung und Schriftstück jederzeit zusammengefügt werden können. ⁸Sind die Angaben lückenhaft, so können die Aufwendungen auch dann nicht abgezogen werden, wenn der Steuerpflichtige ihre Höhe und betriebliche Veranlassung in anderer Weise nachweist oder glaubhaft macht (→ BFH vom 30. 1. 1986 – BStBl II S. 488). ⁹Die zum Nachweis von Bewirtungsaufwendungen erforderlichen schriftlichen Angaben müssen zeitnah gemacht werden (→ BFH vom 25. 3. 1988 – BStBl II S. 655). ¹⁰Die Namensangabe darf vom Rechnungsaussteller auf der Rechnung oder durch eine sie ergänzende Urkunde nachgeholt werden (→ BFH vom 27. 6. 1990 – BStBl II S. 903 und vom 2. 10. 1990 – BStBl 1991 II S. 174). ¹¹Die Rechnung muß außerdem den Anforderungen des § 14 UStG genügen. ¹²Nach dem 30. 6. 1994 sind die in Anspruch genommenen Leistungen nach Art, Umfang, Entgelt und Tag der Bewirtung in der Rechnung gesondert zu bezeichnen; die für den Vorsteuerabzug ausreichende Angabe „Speisen und Getränke" und die Angabe der für die Bewirtung in Rechnung gestellten Gesamtsumme genügen für Bewirtungen nach diesem Zeitpunkt für den Betriebsausgabenabzug nicht mehr. ¹³Bei Bewirtungen nach dem 31. 12. 1994 werden nur noch Rechnungen anerkannt, die maschinell erstellt und registriert wurden.   Anhang 16

(8) ¹Zur Bezeichnung der Teilnehmer der Bewirtung ist grundsätzlich die Angabe ihres Namens erforderlich. ²Werden mehrere Personen bewirtet, so müssen grundsätzlich die Namen aller Teilnehmer der Bewirtung, ggf. auch des Steuerpflichtigen und seiner Arbeitnehmer angegeben werden (→ BFH vom 25. 2. 1988 – BStBl II S. 581). ³Auf die Angabe der Namen kann jedoch verzichtet werden, wenn ihre Feststellung dem Steuerpflichtigen nicht zugemutet werden kann. ⁴Das ist z. B. bei Bewirtungen anläßlich von Betriebsbesichtigungen durch eine größere Personenzahl und bei vergleichbaren Anlässen der Fall. ⁵In diesen Fällen sind die Zahl der Teilnehmer der Bewirtung sowie eine die Personengruppe kennzeichnende Sammelbezeichnung anzugeben.

(9) ¹Die Angaben über den Anlaß der Bewirtung müssen den Zusammenhang mit einem geschäftlichen Vorgang oder einer Geschäftsbeziehung erkennen lassen. ²Die Angaben nach § 4 Abs. 5 Nr. 2 Satz 2 EStG brauchen nicht gemacht zu werden, wenn es sich nur um die Darreichung von Aufmerksamkeiten oder um Produkt-/Warenverkostungen handelt (→ Absatz 4). ³Bei Bewirtungen in einer Gaststätte kann auf die Angaben in keinem Fall verzichtet werden.

Gästehäuser

(10) ¹Nach § 4 Abs. 5 Nr. 3 EStG können Aufwendungen für Einrichtungen, die der Bewirtung oder Beherbergung von Geschäftsfreunden dienen (Gästehäuser) und sich außerhalb des Orts des Betriebs des Steuerpflichtigen befinden, nicht abgezogen werden. ²Dagegen können Aufwendungen für Gästehäuser am Ort des Betriebs oder für die Unterbringung von Geschäftsfreunden in fremden Beherbergungsbetrieben, soweit sie ihrer Höhe nach angemessen sind (→ Absatz 12), als Betriebsausgaben berücksichtigt werden. ³Als „Betrieb" in diesem Sinne gelten auch Zweigniederlassungen und Betriebsstätten mit einer gewissen Selbständigkeit, die üblicherweise von Geschäftsfreunden besucht werden.

(11) ¹Zu den nicht abziehbaren Aufwendungen für Gästehäuser im Sinne des § 4 Abs. 5 Nr. 3 EStG gehören sämtliche mit dem Gästehaus im Zusammenhang stehenden Ausgaben einschließlich der Absetzung für Abnutzung. ²Wird die Beherbergung und Bewirtung von Geschäftsfreunden in einem Gästehaus außerhalb des Orts des Betriebs gegen Entgelt vorgenommen, und erfordert das Gästehaus einen ständigen Zuschuß, so ist dieser Zuschuß nach § 4 Abs. 5 Nr. 3 EStG nicht abziehbar.

Angemessenheit von Aufwendungen

(12) ¹Bei der Prüfung der Angemessenheit von Aufwendungen nach § 4 Abs. 5 Nr. 7 EStG ist darauf abzustellen, ob ein ordentlicher und gewissenhafter Unternehmer angesichts der erwarteten Vorteile die Aufwendungen ebenfalls auf sich genommen hätte. ²Neben der Grö-

ße des Unternehmens, der Höhe des längerfristigen Umsatzes und des Gewinns sind vor allem die Bedeutung des Repräsentationsaufwands für den Geschäftserfolg und seine Üblichkeit in vergleichbaren Betrieben als Beurteilungskriterien heranzuziehen (→ BFH vom 20. 8. 1986 – BStBl II S. 904, vom 26. 1. 1988 – BStBl II S. 629 und vom 14. 4. 1988 – BStBl II S. 771).

³Als die Lebensführung berührende Aufwendungen, die auf ihre Angemessenheit zu prüfen sind, kommen insbesondere in Betracht

1. die Kosten der Übernachtung anläßlich einer Geschäftsreise,
2. die Aufwendungen für die Unterhaltung und Beherbergung von Geschäftsfreunden, soweit der Abzug dieser Aufwendungen nicht schon nach den Absätzen 1, 10 und 11 ausgeschlossen ist,
3. die Aufwendungen für die Unterhaltung von Personenkraftwagen und für die Nutzung eines Flugzeugs (→ BFH vom 27. 2. 1985 – BStBl II S. 458) sowie die auf sie entfallenden AfA (→ BFH vom 8. 10. 1987 – BStBl II S. 853),
4. die Aufwendungen für die Ausstattung der Geschäftsräume, z. B. der Chefzimmer und Sitzungsräume.

Hinweise

Abgrenzung der Betriebsausgaben von den Lebenshaltungskosten
→ R 117 ff.

Begriff des Geschenks

Zuwendungsgrund des Leistenden ist für die Beurteilung als Geschenk maßgebend (→ BFH vom 18. 2. 1982 – BStBl II S. 394).

Bewirtungsaufwendungen

– **Aufteilung** in einen betrieblichen und einen privaten Teil → BFH vom 14. 4. 1988 (BStBl II S. 771).
– Angabe des **Namens des bewirtenden Steuerpflichtigen** ist Voraussetzung für den Nachweis der betrieblichen Veranlassung (→ BFH vom 13. 7. 1994 – BStBl II S. 894).
– Steuerliche Anerkennung von Aufwendungen für die **Bewirtung von Personen aus geschäftlichem Anlaß** als Betriebsausgaben nach R 21 Abs. 7 → BMF vom 21. 11. 1994 (BStBl I S. 855).

Empfängerbenennung

Wird der Zahlungs-Empfänger nicht genau benannt, ist kein Betriebsausgabenabzug möglich; dies gilt auch für Zwecke der Gewerbesteuer. Auch wenn der – nicht benannte – Empfänger nachweislich nicht gewerbesteuerpflichtig ist, kann die an ihn geleistete Zahlung bei Ermittlung des Gewerbeertrags nicht abgezogen werden, wenn der Betriebsausgabenabzug bei der Ermittlung des einkommensteuerpflichtigen Gewinns zu versagen ist (→ BFH vom 15. 3. 1995 – BStBl 1996 II S. 51).

Ferienwohnung

Verpflegungsmehraufwand und Reisekosten sind nur dann Betriebsausgaben, wenn der Aufenthalt während der normalen Arbeitszeit vollständig mit Arbeiten für die Wohnung ausgefüllt war (→ BFH vom 25. 11. 1993 – BStBl 1994 II S. 350):

Nach ständiger Rechtsprechung des BFH führen Aufwendungen für das Wohnen grundsätzlich zu den typischen Kosten der Lebensführung im Sinne des § 12 Nr. 1 Satz 2 EStG. Das gilt erst recht für die Nutzung einer Ferienwohnung in einem typischen Feriengebiet. Dementsprechend stellen auch die Fahrtkosten zur Ferienwohnung sowie die Aufwendungen für die Verpflegung während des Ferienaufenthalts typische Kosten der Lebensführung dar.

Ausnahmsweise können Aufwendungen für eine Wohnung jedoch in besonderen Fällen betrieblich oder beruflich veranlaßt sein; sie müssen dann ausschließlich für betriebliche oder berufliche Zwecke genutzt worden sein. Das gilt insbesondere für ein Arbeitszimmer innerhalb einer Wohnung, wenn dieses Zimmer so gut wie ausschließlich für betriebliche oder berufliche Zwecke verwendet wird und seine Benutzung als Wohnraum so gut wie ausgeschlossen ist. Ob das anzunehmen ist oder nicht, hängt von den Umständen des Einzelfalles ab. Das muß entsprechend auch für die Kosten einer Reise zu dieser Wohnung gelten. Erfahrungsgemäß wird eine Ferienwohnung auch für Zwecke der privaten Lebensführung benutzt. Um diesen Erfahrungssatz zu widerlegen ist substantiiert unter Beweisantritt darzulegen, daß der Aufenthalt an den Werktagen vollständig mit Arbeiten für die Wohnung ausgefüllt war.

Mehraufwendungen für Verpflegung des Steuerpflichtigen als Betriebsausgaben
Höchstbeträge → R 119

„Ort des Betriebs" im Sinne des § 4 Abs. 5 Nr. 3 EStG ist regelmäßig die politische Gemeinde (→ BFH vom 9. 4. 1968 – BStBl II S. 603).

Segel- oder Motoryachten
Segel- oder Motoryachten als „schwimmendes Konferenzzimmer" → BFH vom 3. 2. 1993 (BStBl II S. 367).

§ 4 Abs. 5 Satz 1 Nr. 4 EStG ist nicht berührt, wenn eine Motorjacht nur als schwimmendes Konferenzzimmer oder nur zum Transport und zur Unterbringung von Geschäftsfreunden verwendet wird.

Das Abzugsverbot gemäß § 4 Abs. 5 Satz 2 EStG gilt nicht, soweit der in Nr. 4 bezeichnete Zweck Gegenstand einer mit Gewinnabsicht ausgeübten Betätigung des Steuerpflichtigen ist. So gesehen ist die Tatsache von Bedeutung, daß § 4 Abs. 5 Satz 1 Nr. 4 EStG als den „bezeichneten Zweck" einerseits Aufwendungen für Jagd oder Fischerei und andererseits solche für Segel- oder Motorjachten nennt. Segel- oder Motorjachten sind dagegen Vermögensgegenstände, für die sich ein Zweck erst aus ihrer Nutzung durch den Steuerpflichtigen ergibt. § 4 Abs. 5 Satz 2 EStG stellt mit anderen Worten klar, daß es nicht der Sinn des § 4 Abs. 5 Satz 1 Nr. 4 EStG ist, z. B. den gewerblichen Verpächter von Segel- oder Motorjachten für Aufwendungen auf seine Boote mit einem Abzugsverbot zu belegen. Vielmehr sollen nur solche Betriebsausgaben nicht vom Gewinn abgesetzt werden dürfen, die auch eine Berührung zur Lebensführung und zur wirtschaftlichen und gesellschaftlichen Stellung der durch sie begünstigten Geschäftsfreunde des Steuerpflichtigen haben. Daraus folgt, daß jedenfalls solche Aufwendungen nicht dem Abzugsverbot des § 4 Abs. 5 Satz 1 Nr. 4 EStG unterworfen sind, die in keinem Zusammenhang mit der Nutzung einer Segel- oder Motorjacht für Zwecke der sportlichen Betätigung, der Unterhaltung von Geschäftsfreunden, der Freizeitgestaltung oder der Repräsentation stehen. Die Auslegung der Begriffe „Segel- oder Motorjacht" i. S. einer Betätigung entspricht nicht nur dem Vergleich mit der Jagd und der Fischerei, sondern auch der Tatsache, daß im Schrifttum unter die ähnlichen Zwecke nur sportliche oder unterhaltende Betätigungen wie Golf, Reiten, Tennis, Fliegen, Safaris u. ä. m. gefaßt werden. Der Senat schloß sich dieser Auffassung im Grundsatz an. Dabei macht es keinen Unterschied, ob die Segel- oder Motorjacht zum Betriebsvermögen des Steuerpflichtigen gehört oder nur im Einzelfall gemietet oder gechartert wird. Es ist dagegen nicht der Sinn der Vorschrift, Betriebsausgaben für Segel- oder Motorjachten für nicht abziehbare zu erklären, wenn diese in erster Linie z. B. als schwimmendes Konferenzzimmer oder zum Transport und zur Unterbringung von Geschäftsfreunden verwendet werden. Diese Auslegung schließt allerdings vom Grundsatz her nicht aus, daß die Aufwendungen dennoch unangemessen i. S. des § 4 Abs. 5 Satz 1 Nr. 7 EStG sind und deshalb einem teilweisen Abzugsverbot nach dieser Vorschrift unterliegen, wobei der dem § 4 Abs. 5 Satz 1 Nr. 4 EStG zugrundeliegende Rechtsgedanke bei der Prüfung der Angemessenheit durchaus Berücksichtigung finden kann.

Veräußerung von Wirtschaftsgütern im Sinne des § 4 Abs. 5 EStG
Zur Berechnung des Veräußerungsgewinns ist als Buchwert der Wert anzusetzen, der sich unter Berücksichtigung der Absetzungen ergibt, die nicht abziehbare Aufwendungen im Sinne des § 4 Abs. 5 oder 7 EStG waren (→ BFH vom 12. 12. 1973 – BStBl 1974 II S. 207).

Verpflegungsmehraufwendungen können auch dann Betriebsausgaben sein, wenn sie im Zusammenhang mit einer sog. Einsatzwechseltätigkeit stehen (→ BFH vom 18. 9. 1991 – BStBl 1992 II S. 90).

R 22. Besondere Aufzeichnung

S 2162

(1) ¹Nach § 4 Abs. 7 EStG sind die Aufwendungen für Geschenke, die Bewirtung von Personen aus geschäftlichem Anlaß, Gästehäuser, Jagd usw., Mehraufwendungen für Verpflegung sowie andere Aufwendungen, die die Lebensführung des Steuerpflichtigen oder anderer Personen berühren, einzeln und getrennt von den sonstigen Betriebsausgaben aufzuzeichnen. ²Es ist nicht zu beanstanden, wenn eine besondere Aufzeichnung nach § 4 Abs. 7 EStG nur für die folgenden Aufwendungen – auch soweit sie nach § 4 Abs. 5 EStG nicht abgezogen werden können – vorgenommen wird:

1. Aufwendungen für Geschenke an Personen, die nicht Arbeitnehmer des Steuerpflichtigen sind,
2. Aufwendungen für die Bewirtung von Personen aus geschäftlichem Anlaß; hierunter ist auch der Teil der Aufwendungen zu erfassen, der anläßlich einer solchen Bewirtung anteilig auf den Steuerpflichtigen entfällt,
3. Aufwendungen für Gästehäuser,
4. Aufwendungen für Jagd, Fischerei, Segel- oder Motoryachten und ähnliches,
5. Aufwendungen anläßlich einer Geschäftsreise oder einer doppelten Haushaltsführung mit Ausnahme der Fahrtkosten und der Mehraufwendungen für Verpflegung, für die keine höheren Beträge geltend gemacht werden als die in R 119 Abs. 2 bis 4 bezeichneten Pauschbeträge; Aufwendungen für Dienstreisen von Arbeitnehmern brauchen nicht besonders nach § 4 Abs. 7 EStG aufgezeichnet zu werden,
6. Aufwendungen für die Unterhaltung und Beherbergung von Geschäftsfreunden.

³Die Pflicht zur besonderen Aufzeichnung ist erfüllt, wenn diese Aufwendungen fortlaufend, zeitnah und bei Gewinnermittlung durch Betriebsvermögensvergleich auf besonderen Konten im Rahmen der Buchführung gebucht oder bei Gewinnermittlung nach § 4 Abs. 3 EStG von Anfang an getrennt von den sonstigen Betriebsausgaben einzeln aufgezeichnet werden (→ BFH vom 22. 1. 1988 – BStBl II S. 535). ⁴Statistische Zusammenstellungen oder die geordnete Sammlung von Belegen genügen nur dann, wenn zusätzlich die Summe der Aufwendungen periodisch und zeitnah auf einem besonderen Konto eingetragen wird oder vergleichbare andere Aufzeichnungen geführt werden (→ BFH vom 26. 2. 1988 – BStBl II S. 613). ⁵Eine Aufzeichnung auf besonderen Konten liegt nicht vor, wenn die bezeichneten Aufwendungen auf Konten gebucht werden, auf denen auch nicht unter § 4 Abs. 5 Nr. 1 bis 5 und 7 EStG fallende Aufwendungen gebucht sind (→ BFH vom 10. 1. 1974 – BStBl II S. 211 und vom 19. 8. 1980 – BStBl II S. 745). ⁶Das Erfordernis der getrennten Buchung ist erfüllt, wenn für jede der in Satz 2 Nr. 1 bis 6 bezeichneten Gruppen von Aufwendungen ein besonderes Konto oder eine besondere Spalte geführt wird. ⁷Es ist aber auch ausreichend, wenn für alle diese Aufwendungen **ein** Konto oder **eine** Spalte geführt wird. ⁸In diesem Fall muß sich aus jeder Buchung oder Aufzeichnung die Art der Aufwendung ergeben. ⁹Das gilt auch dann, wenn verschiedene Aufwendungen bei einem Anlaß zusammentreffen, z. B. wenn anläßlich einer Bewirtung von Personen aus geschäftlichem Anlaß Geschenke gegeben werden. ¹⁰Nicht zu beanstanden ist aber, wenn die Verpflegungsmehraufwendungen anläßlich einer Geschäftsreise zusammen mit den anderen Reisekosten gebucht werden, vorausgesetzt, daß sich aus dem Reisekostenbeleg eine eindeutige Trennung der Aufwendungen ergibt. ¹¹Entsprechendes gilt für Kosten der doppelten Haushaltsführung. ¹²Werden im Rahmen dieser besonderen Aufzeichnungen getrennte Konten für Aufwendungen für die Bewirtung von Personen aus geschäftlichem Anlaß und für Aufwendungen für die Bewirtung von Personen aus sonstigem betrieblichem Anlaß geführt, und hat der Steuerpflichtige sich bei der rechtlichen Würdigung der Zuordnung der jeweiligen Aufwendungen geirrt und sie versehentlich auf dem falschen Bewirtungskosten-Konto gebucht, handelt es sich dabei nicht um einen Verstoß gegen die besondere Aufzeichnungspflicht nach § 4 Abs. 7 EStG. ¹³In diesem Fall kann die Buchung berichtigt werden.

(2) ¹Bei den Aufwendungen für Geschenke muß der Name des Empfängers aus der Buchung oder dem Buchungsbeleg zu ersehen sein. ²Aufwendungen für Geschenke gleicher Art können in einer Buchung zusammengefaßt werden (Sammelbuchung), wenn

1. die Namen der Empfänger der Geschenke aus einem Buchungsbeleg ersichtlich sind oder
2. im Hinblick auf die Art des zugewendeten Gegenstandes, z. B. Taschenkalender, Kugelschreiber und dgl., und wegen des geringen Werts des einzelnen Geschenks die Vermu-

tung besteht, daß die Freigrenze von 75 DM bei dem einzelnen Empfänger im Wirtschaftsjahr nicht überschritten wird; eine Angabe der Namen der Empfänger ist in diesem Fall nicht erforderlich.

(3) ¹Ein Verstoß gegen die besondere Aufzeichnungspflicht nach § 4 Abs. 7 EStG hat zur Folge, daß die nicht besonders aufgezeichneten Aufwendungen nicht abgezogen werden können (→ BFH vom 22. 1. 1988 – BStBl II S. 535). ²Die nach § 4 Abs. 5 und 7 EStG nicht abziehbaren Betriebsausgaben sind keine Entnahmen im Sinne des § 4 Abs. 1 Satz 2 EStG.

R 23. Kilometer-Pauschbetrag und Aufwendungen für doppelte Haushaltsführung | R 23

Aufwendungen für Fahrten zwischen Wohnung und Betrieb S 2145

(1) ¹Fahrten zwischen Wohnung und Betrieb sind die Fahrten bei Beginn und nach Beendigung der betrieblichen oder beruflichen Tätigkeit. ²Die Regelungen des Abschnitts 42 LStR 1993 sind entsprechend anzuwenden. ³Werden an einem Tag aus betrieblichen oder beruflichen Gründen mehrere Fahrten zwischen Wohnung und Betrieb durchgeführt, so dürfen die Aufwendungen für jede Fahrt – vorbehaltlich des Absatzes 2 – nur mit dem Kilometer-Pauschbetrag berücksichtigt werden. ⁴Werden anläßlich einer Fahrt zwischen Wohnung und Betrieb oder umgekehrt andere betriebliche oder berufliche Angelegenheiten miterledigt, so können die dadurch bedingten Mehraufwendungen in voller Höhe als Betriebsausgaben abgezogen werden (→ BFH vom 17. 2. 1977 – BStBl II S. 543). ⁵Etwaige Mehraufwendungen, die anläßlich einer Fahrt zwischen Wohnung und Betrieb durch die Erledigung privater Angelegenheiten entstehen, sind nicht abziehbare Kosten der Lebensführung. ⁶Von den Fahrten zwischen Wohnung und Betrieb sind die Fahrten zwischen → Betriebsstätten zu unterscheiden. ⁷Unter → Betriebsstätte ist im Zusammenhang mit Geschäftsreisen oder -gängen (→ R 119 Abs. 1), anders als in § 12 AO, die (von der Wohnung getrennte) → Betriebsstätte zu verstehen. ⁸Das ist der Ort, an dem oder von dem aus die betrieblichen Leistungen erbracht werden. ⁹Eine abgrenzbare Fläche oder Räumlichkeit und eine hierauf bezogene eigene Verfügungsmacht des Steuerpflichtigen ist nicht erforderlich (→ BFH vom 19. 9. 1990 – BStBl 1991 II S. 97, 208 und vom 18. 9. 1991 – BStBl 1992 II S. 90). ¹⁰Die Aufwendungen für Fahrten zwischen → Betriebsstätten können in vollem Umfang als Betriebsausgaben abgezogen werden, und zwar regelmäßig auch dann, wenn sich eine der → Betriebsstätten am Hauptwohnsitz des Unternehmers befindet (→ BFH vom 31. 5. 1978 – BStBl II S. 564, vom 29. 3. 1979 – BStBl II S. 700 und vom 13. 7.1989 – BStBl 1990 II S. 23). ¹¹Fahrten zwischen Wohnung und Betrieb liegen jedoch dann vor, wenn die auswärtige → Betriebsstätte als Mittelpunkt der beruflichen Tätigkeit täglich oder fast täglich angefahren wird und der Betriebsstätte am Hauptwohnsitz nur untergeordnete Bedeutung beizumessen ist, oder wenn sich zwar in der Wohnung eine weitere Betriebsstätte befindet, dieser Teil der Wohnung von der übrigen Wohnung aber baulich nicht getrennt ist und keine in sich geschlossene Einheit bildet (→ BFH vom 15. 7. 1986 – BStBl II S. 744 und vom 6. 2. 1992 – BStBl II S. 528) oder wenn sich in der Wohnung nur ein häusliches Arbeitszimmer befindet (→ BFH vom 7. 12. 1988 – BStBl 1989 II S. 421). ¹²Die Betriebsstätte eines See- und Hafenlotsen ist danach nicht das häusliche Arbeitszimmer, sondern das Lotsrevier oder die Lotsenstation. ¹³Abschnitt 38 Abs. 5 LStR 1993 ist entsprechend anzuwenden.

Abziehbare Aufwendungen bei Behinderten

(2) ¹Behinderte, deren Grad der Behinderung mindestens 70 beträgt, sowie Behinderte, deren Grad der Behinderung weniger als 70, aber mindestens 50 beträgt und die in ihrer Bewegungsfähigkeit im Straßenverkehr erheblich beeinträchtigt sind, können nach § 4 Abs. 5 Nr. 6 EStG in Verbindung mit § 9 Abs. 2 EStG grundsätzlich ihre tatsächlichen Kosten für die Benutzung eines eigenen Kraftfahrzeugs als Betriebsausgaben absetzen (→ Nachweis der Zugehörigkeit zu dem in § 9 Abs. 2 EStG bezeichneten Personenkreis). ²Es darf aber auch bei diesen Personen grundsätzlich nur eine Hin- und Rückfahrt für jeden Arbeitstag berücksichtigt werden (→ BFH vom 2. 4. 1976 – BStBl II S. 452).

Nicht abziehbare Fahrtkosten

(3) ¹Zur Berechnung der nicht abziehbaren Betriebsausgaben sind die Aufwendungen für Fahrten zwischen Wohnung und Betrieb gesondert zu ermitteln. ²Dabei sind als Aufwendungen je Kilometer Fahrleistung für die Fahrten zwischen Wohnung und Betrieb die Aufwendungen anzusetzen, die sich ergeben, wenn die Gesamtaufwendungen für das Kraftfahrzeug, das für Fahrten zwischen Wohnung und Betrieb benutzt worden ist, durch die Zahl der

mit diesem Kraftfahrzeug gefahrenen Kilometer geteilt werden. ³Zu den Gesamtaufwendungen gehören nicht die Sonderabschreibungen für das Kraftfahrzeug (→ BFH vom 25. 3. 1988 – BStBl II S. 655). ⁴Übersteigt der sich ergebende Durchschnittsbetrag die Hälfte der Pauschbeträge nach § 9 Abs. 1 Nr. 4 Satz 4 EStG, so liegen insoweit nicht abziehbare Betriebsausgaben im Sinne des § 4 Abs. 5 Nr. 6 EStG vor (→ Nicht abziehbare Fahrtkosten). ⁵Aus Vereinfachungsgründen ist es nicht zu beanstanden, wenn diese Aufwendungen unter Berücksichtigung der Gesamtfahrleistung des Kraftfahrzeugs nach den Tabellen der deutschen Automobilklubs – ggf. zuzüglich der anteiligen Kosten für einen angestellten Kraftfahrer – ermittelt werden. ⁶Der Unterschiedsbetrag zwischen den so ermittelten Aufwendungen und den unter Zugrundelegung der Kilometer-Pauschbeträge errechneten abziehbaren Betriebsausgaben ist als nicht abziehbare Betriebsausgabe dem Gewinn hinzuzurechnen (→ Nicht abziehbare Fahrtkosten). ⁷R 118 bleibt unberührt.

Aufwendungen wegen doppelter Haushaltsführung

(4) ¹Begründet ein Gewerbetreibender, Land- und Forstwirt oder selbständig Tätiger im Sinne des § 18 EStG aus betrieblichen Gründen einen doppelten Haushalt, sind die notwendigen Mehraufwendungen, die aus Anlaß der doppelten Haushaltsführung entstehen, Betriebsausgaben im Sinne des § 4 Abs. 4 EStG. ²Dabei sind die Abzugsbeschränkungen des § 4 Abs. 5 Nr. 6 EStG in Verbindung mit § 9 Abs. 1 Nr. 5 EStG zu beachten. ³Die Regelungen des Abschnitts 43 LStR 1993 sind entsprechend anzuwenden. ⁴Mehraufwendungen für Verpflegung dürfen bei einer → Betriebsstätte oder Stätte der Berufsausübung im Inland für die ersten zwei Wochen seit Beginn der Tätigkeit am Ort der Betriebsstätte oder Stätte der Berufsausübung bis zu höchstens 64 DM und für die Folgezeit bis zu höchstens 22 DM täglich berücksichtigt werden. ⁵R 119 bleibt im übrigen unberührt.

Anwendung auf Steuerpflichtige mit Einkünften im Sinne des § 2 Abs. 1 Nr. 5 bis 7 EStG

(5) Absätze 1 bis 4 sind bei Steuerpflichtigen, die Einkünfte im Sinne des § 2 Abs. 1 Nr. 5 bis 7 EStG beziehen, für Fahrten zwischen Wohnung und regelmäßiger Tätigkeitsstätte sowie für Familienheimfahrten entsprechend anzuwenden.

Hinweise

Abzug von Aufwendungen für Fahrten zwischen Wohnung und Arbeitsstätte und von Mehraufwendungen wegen doppelter Haushaltsführung bei Arbeitnehmern als Werbungskosten → A 42 und 43 LStR 1993.

Betriebsstätte

- **des Ausbeiners auf Schlachthöfen** ist der Schlachthof (→ BFH vom 19. 9. 1990 – BStBl 1991 II S. 97).
- **des Jahrmarkthändlers** ist der jeweilige Marktstand (→ BFH vom 18. 9. 1991 – BStBl 1992 II S. 90).
- **des selbständigen Schornsteinfegers** ist der Kehrbezirk (→ BFH vom 19. 9. 1990 – BStBl 1991 II S. 208).
- **oder Stätte der Berufsausübung im Ausland**
  Steuerliche Behandlung der Aufwendungen für doppelte Haushaltsführung → BFH vom 8. 7. 1976 (BStBl II S. 776), → BMF vom 10. 8. 1992 (BStBl I S. 448).

Fahrten zwischen Wohnung und ständig wechselnden Betriebsstätten

Begrenzter Betriebsausgabenabzug gilt für Fahrten zwischen Wohnung und zwei oder drei regelmäßigen Betriebsstätten, nicht aber für Fahrten zwischen Wohnung und ständig wechselnden Betriebsstätten (→ BFH vom 19. 9. 1990 – BStBl 1991 II S. 97).

Keine Betriebsstätte im eigenen Wohnhaus

- **Betrieblich genutzte Räume,** die mit dem Wohnteil eine nicht trennbare bauliche Einheit bilden, verändern den Gesamtcharakter des Gebäudes als Wohnhaus nicht (→ BFH vom 16. 2. 1994 – BStBl II S. 468):

  > Räumlichkeiten, die – wie üblicherweise ein häusliches Arbeitszimmer – nur einen Teil der Wohnung oder eines Wohnhauses bilden, verdanken – ungeachtet ihrer Lage und Beschaffenheit im Einzelfall – ihre Qualifikation als „häusliches Arbeitszimmer" der Zugehörigkeit zum Wohnhaus oder zur Wohnung des Steuerpflichtigen und damit zu des-

§ 4 EStG
H 23   R 24

sen privaten Bereich. Das Eingebundensein in die Privatsphäre wird durch die betriebliche Nutzung eines Raumes in aller Regel nicht gelöst. Vielmehr erscheint die Wohnung als Ausgangs- und Endpunkt der täglichen Fahrten unabhängig davon, welchen Raum der Steuerpflichtige jeweils unmittelbar vor oder nach der Fahrt aufsucht. Die Fahrten sind daher nicht als „innerbetrieblich" anzusehen.

- **Empore in einem Wohnhaus** ist mangels räumlicher Trennung vom privaten Wohnbereich keine Betriebsstätte (→ BFH vom 6. 2. 1992 – BStBl II S. 528).

Nachweis der Zugehörigkeit zu dem in § 9 Abs. 2 EStG bezeichneten Personenkreis (bestimmte Behinderte) → H 194 (Allgemeines und Nachweise)

Nicht abziehbare Fahrtkosten

Beispiel 1:

Der Gewerbetreibende B fährt mit seinem Pkw in einem Wirtschaftsjahr insgesamt rd. 30.000 km. Die Gesamtaufwendungen (einschließlich AfA) für seinen Pkw betragen 21.000 DM. Der Pkw wurde in diesem Wirtschaftsjahr 3.000 km für Fahrten zwischen Wohnung und Betrieb benutzt. Auf 1 km Fahrleistung entfallen (21.000 : 30.000 =) 0,70 DM. Auf die Fahrten zwischen Wohnung und Betrieb entfallen mithin (3.000 × 0,70 =) 2.100 DM. Da nach § 4 Abs. 5 Nr. 6 EStG in Verbindung mit § 9 Abs. 1 Nr. 4 EStG nur (3.000 × 0,35 =) 1.050 DM als Betriebsausgaben abgesetzt werden dürfen, ist der Mehrbetrag von 1.050 DM als nicht abziehbare Betriebsausgabe dem Gewinn hinzuzurechnen.

Beispiel 2:

Der Gewerbetreibende A fährt mit seinem Pkw in einem Wirtschaftsjahr insgesamt rd. 30.000 km. Die Kosten je Kilometer Fahrleistung betragen nach der Tabelle eines Automobilklubs 0,60 DM. Wurde der Pkw in diesem Wirtschaftsjahr 4.000 km für Fahrten zwischen Wohnung und Betrieb benutzt, so entfallen (4.000 × 0,60 =) 2.400 DM der Kraftfahrzeugkosten auf diese Fahrten. Da nach § 4 Abs. 5 Nr. 6 EStG in Verbindung mit § 9 Abs. 1 Nr. 4 EStG nur (4.000 × 0,35 =) 1.400 DM als Betriebsausgaben abgesetzt werden dürfen, ist der Unterschiedsbetrag von 1.000 DM als nicht abziehbare Betriebsausgabe dem Gewinn hinzuzurechnen.

R 24. Abzugsverbot für Sanktionen   R 24

Abzugsverbot   S 2145

(1) ¹Geldbußen, Ordnungsgelder und Verwarnungsgelder, die von einem Gericht oder einer Behörde in der Bundesrepublik Deutschland oder von Organen der Europäischen Gemeinschaften festgesetzt werden, dürfen nach § 4 Abs. 5 Nr. 8 Satz 1 EStG den Gewinn auch dann nicht mindern, wenn sie betrieblich veranlaßt sind. ²Dasselbe gilt für Leistungen zur Erfüllung von Auflagen oder Weisungen, die in einem berufsgerichtlichen Verfahren erteilt werden, soweit die Auflagen oder Weisungen nicht lediglich der Wiedergutmachung des durch die Tat verursachten Schadens dienen (§ 4 Abs. 5 Nr. 8 Satz 2 EStG). ³Dagegen gilt das Abzugsverbot nicht für Nebenfolgen vermögensrechtlicher Art, z. B. die Abführung des Mehrerlöses nach § 8 des Wirtschaftsstrafgesetzes, den Verfall nach § 29 a OWiG und die Einziehung nach § 22 OWiG.

Geldbußen

(2) ¹Zu den Geldbußen rechnen alle Sanktionen, die nach dem Recht der Bundesrepublik Deutschland so bezeichnet sind, so insbesondere Geldbußen nach dem Ordnungswidrigkeitenrecht einschließlich der nach § 30 OWiG vorgesehenen Geldbußen gegen juristische Personen oder Personenvereinigungen, Geldbußen nach den berufsgerichtlichen Gesetzen des Bundes oder der Länder, z. B. der Bundesrechtsanwaltsordnung, der Bundesnotarordnung, der Patentanwaltsordnung, der Wirtschaftsprüferordnung oder dem Steuerberatungsgesetz sowie Geldbußen nach den Disziplinargesetzen des Bundes oder der Länder. ²Als Geldbußen, die von Organen der Europäischen Gemeinschaften festgesetzt werden, kommen Geldbußen nach den Artikeln 85, 86, 87 Abs. 2 des EWG-Vertrags in Verbindung mit Artikel 15 Abs. 2 der Verordnung Nr. 17 des Rates vom 6. 2. 1962 und nach den Artikeln 47, 58, 59, 64 bis 66 des Vertrags über die Gründung der Europäischen Gemeinschaft für Kohle und Stahl

§ 4 EStG
R 24   H 24

in Betracht. ³Betrieblich veranlaßte Geldbußen, die von Gerichten oder Behörden anderer Staaten festgesetzt werden, fallen nicht unter das Abzugsverbot (→ Ausländisches Gericht).

Einschränkung des Abzugsverbotes für Geldbußen

(3) ¹Beim Abzugsverbot für Geldbußen, die von Gerichten oder Behörden im Geltungsbereich dieses Gesetzes oder von Organen der Europäischen Gemeinschaften verhängt werden, ist zwischen dem Teil, der auf die Ahndung der rechtswidrigen und vorwerfbaren Handlung entfällt, und dem Teil, der den rechtswidrig erlangten wirtschaftlichen Vorteil abschöpft, zu unterscheiden. ²Haben die Gerichte, Ordnungsbehörden oder die Organe der Europäischen Gemeinschaften bei der Festsetzung der Geldbuße neben der Ahndung des Rechtsverstoßes auch den rechtswidrig erlangten Vermögensvorteil abgeschöpft, so gilt das Abzugsverbot für die Geldbuße nur dann uneingeschränkt, wenn bei der Berechnung des Vermögensvorteils die darauf entfallende ertragsteuerliche Belastung – ggf. im Wege der Schätzung – abgezogen worden ist. ³Macht der Steuerpflichtige durch geeignete Unterlagen glaubhaft, daß die Bußgeldbehörden oder Gerichte diese ertragsteuerliche Belastung nicht berücksichtigt und den gesamten rechtswidrig erlangten Vermögensvorteil abgeschöpft haben, so darf der auf die Abschöpfung entfallende Teil der Geldbuße als Betriebsausgabe abgezogen werden. ⁴Der auf die Ahndung entfallende Teil der Geldbuße unterliegt in jedem Fall dem Abzugsverbot.

Ordnungsgelder

(4) ¹Ordnungsgelder sind die nach dem Recht der Bundesrepublik Deutschland so bezeichneten Unrechtsfolgen, die namentlich in den Verfahrensordnungen oder in verfahrensrechtlichen Vorschriften anderer Gesetze vorgesehen sind, z. B. das Ordnungsgeld gegen einen Zeugen wegen Verletzung seiner Verpflichtung zum Erscheinen und das Ordnungsgeld wegen Verstoßes gegen ein Unterlassungsurteil nach § 890 ZPO. ²Nicht unter das Abzugsverbot fallen Zwangsgelder.

Verwarnungsgelder

(5) Verwarnungsgelder sind die in § 56 OWiG so bezeichneten geldlichen Einbußen, die dem Betroffenen aus Anlaß einer geringfügigen Ordnungswidrigkeit, z. B. wegen falschen Parkens, mit seinem Einverständnis auferlegt werden, um der Verwarnung Nachdruck zu verleihen.

H 24

Hinweise

Abzugsverbot für Geldstrafen, die in einem anderen Staat festgesetzt werden → R 120

Ausländisches Gericht

Von ausländischem Gericht verhängte Geldstrafe kann bei Widerspruch zu wesentlichen Grundsätzen der deutschen Rechtsordnung Betriebsausgabe sein (→ BFH vom 31. 7. 1991 – BStBl 1992 II S. 85).

Leistungen zur Erfüllung von Auflagen und Weisungen

Hinsichtlich des Abzugsverbots von Leistungen zur Erfüllung von Auflagen und Weisungen, die in einem berufsgerichtlichen Verfahren erteilt werden, → H 120 (Leistungen zur Erfüllung von Auflagen und Weisungen).

Verfahrenskosten

Bei betrieblich veranlaßten Sanktionen sind die mit diesen zusammenhängenden Verfahrenskosten, insbesondere Gerichts- und Anwaltsgebühren, auch dann abziehbare Betriebsausgaben, wenn die Sanktion selbst nach § 4 Abs. 5 Nr. 8 EStG vom Abzug ausgeschlossen ist (→ BFH vom 19. 2. 1982 – BStBl II S. 467).

§ 8 b EStDV   § 4 a EStG

§ 4 a
Gewinnermittlungszeitraum, Wirtschaftsjahr

EStG

S 2115

(1) ¹Bei Land- und Forstwirten und bei Gewerbetreibenden ist der Gewinn nach dem Wirtschaftsjahr zu ermitteln. ²Wirtschaftsjahr ist

1. bei Land- und Forstwirten der Zeitraum vom 1. Juli bis zum 30. Juni. Durch Rechtsverordnung kann für einzelne Gruppen von Land- und Forstwirten ein anderer Zeitraum bestimmt werden, wenn das aus wirtschaftlichen Gründen erforderlich ist;

2. bei Gewerbetreibenden, deren Firma im Handelsregister eingetragen ist, der Zeitraum, für den sie regelmäßig Abschlüsse machen. Die Umstellung des Wirtschaftsjahrs auf einen vom Kalenderjahr abweichenden Zeitraum ist steuerlich nur wirksam, wenn sie im Einvernehmen mit dem Finanzamt vorgenommen wird;

3. bei anderen Gewerbetreibenden das Kalenderjahr. Sind sie gleichzeitig buchführende Land- und Forstwirte, so können sie mit Zustimmung des Finanzamts den nach Nummer 1 maßgebenden Zeitraum als Wirtschaftsjahr für den Gewerbebetrieb bestimmen, wenn sie für den Gewerbebetrieb Bücher führen und für diesen Zeitraum regelmäßig Abschlüsse machen.

(2) Bei Land- und Forstwirten und bei Gewerbetreibenden, deren Wirtschaftsjahr vom Kalenderjahr abweicht, ist der Gewinn aus Land- und Forstwirtschaft oder aus Gewerbebetrieb bei der Ermittlung des Einkommens in folgender Weise zu berücksichtigen:

1. ¹Bei Land- und Forstwirten ist der Gewinn des Wirtschaftsjahrs auf das Kalenderjahr, in dem das Wirtschaftsjahr beginnt, und auf das Kalenderjahr, in dem das Wirtschaftsjahr endet, entsprechend dem zeitlichen Anteil aufzuteilen. ²Bei der Aufteilung sind Veräußerungsgewinne im Sinne des § 14 auszuscheiden und dem Gewinn des Kalenderjahrs hinzuzurechnen, in dem sie entstanden sind;

2. bei Gewerbetreibenden gilt der Gewinn des Wirtschaftsjahrs als in dem Kalenderjahr bezogen, in dem das Wirtschaftsjahr endet.

EStDV
§ 8 b
Wirtschaftsjahr

EStDV

S 2115

¹*Das Wirtschaftsjahr umfaßt einen Zeitraum von zwölf Monaten.* ²*Es darf einen Zeitraum von weniger als zwölf Monaten umfassen, wenn*

1. *ein Betrieb eröffnet, erworben, aufgegeben oder veräußert wird oder*

2. *ein Steuerpflichtiger von regelmäßigen Abschlüssen auf einen bestimmten Tag zu regelmäßigen Abschlüssen auf einen anderen bestimmten Tag übergeht. Bei Umstellung eines Wirtschaftsjahrs, das mit dem Kalenderjahr übereinstimmt, auf ein vom Kalenderjahr abweichendes Wirtschaftsjahr und bei Umstellung eines vom Kalenderjahr abweichenden Wirtschaftsjahrs auf ein anderes vom Kalenderjahr abweichendes Wirtschaftsjahr gilt dies nur, wenn die Umstellung im Einvernehmen mit dem Finanzamt vorgenommen wird.*

EStDV

§ 8 c[1])

Wirtschaftsjahr bei Land- und Forstwirten

(1) ¹Als Wirtschaftsjahr im Sinne des § 4 a Abs. 1 Nr. 1 des Gesetzes können Betriebe mit
1. einem Futterbauanteil von 80 vom Hundert und mehr der Fläche der landwirtschaftlichen Nutzung den Zeitraum vom 1. Mai bis 30. April,
2. reiner Forstwirtschaft den Zeitraum vom 1. Oktober bis 30. September,
3. reinem Weinbau den Zeitraum vom 1. September bis 31. August

bestimmen. ²Ein Betrieb der in Satz 1 bezeichneten Art liegt auch dann vor, wenn daneben in geringem Umfang noch eine andere land- und forstwirtschaftliche Nutzung vorhanden ist. ³Soweit die Oberfinanzdirektionen vor dem 1. Januar 1955 ein anderes als die in § 4 a Abs. 1 Nr. 1 des Gesetzes oder in Satz 1 bezeichneten Wirtschaftsjahre festgesetzt haben, kann dieser andere Zeitraum als Wirtschaftsjahr bestimmt werden; dies gilt nicht für den Weinbau.

(2) ¹Gartenbaubetriebe, Obstbaubetriebe, Baumschulbetriebe und reine Forstbetriebe können auch das Kalenderjahr als Wirtschaftsjahr bestimmen. ²Stellt ein Land- und Forstwirt von einem vom Kalenderjahr abweichenden Wirtschaftsjahr auf ein mit dem Kalenderjahr übereinstimmendes Wirtschaftsjahr um, verlängert sich das letzte vom Kalenderjahr abweichende Wirtschaftsjahr um den Zeitraum bis zum Beginn des ersten mit dem Kalenderjahr übereinstimmenden Wirtschaftsjahr; ein Rumpfwirtschaftsjahr ist nicht zu bilden. ³Stellt ein Land- und Forstwirt das Wirtschaftsjahr für einen Betrieb mit reinem Weinbau auf ein Wirtschaftsjahr im Sinne des Absatzes 1 Satz 1 Nr. 3 um, gilt Satz 2 entsprechend.

(3) Buchführende Land- und Forstwirte im Sinne des § 4 a Abs. 1 Nr. 3 Satz 2 des Gesetzes sind Land- und Forstwirte, die auf Grund einer gesetzlichen Verpflichtung oder ohne eine solche Verpflichtung Bücher führen und regelmäßig Abschlüsse machen.

R 25. Gewinnermittlung bei einem vom Kalenderjahr abweichenden Wirtschaftsjahr

Umstellung des Wirtschaftsjahrs

(1) ¹Eine Umstellung des Wirtschaftsjahrs liegt nicht vor, wenn ein Steuerpflichtiger, der Inhaber eines Betriebs ist, einen weiteren Betrieb erwirbt und für diesen Betrieb ein anderes Wirtschaftsjahr als der Rechtsvorgänger wählt. ²Werden mehrere bisher getrennt geführte Betriebe eines Steuerpflichtigen zu einem Betrieb zusammengefaßt, und führt der Steuerpflichtige das abweichende Wirtschaftsjahr eines der Betriebe fort, liegt eine zustimmungsbedürftige Umstellung des Wirtschaftsjahrs ebenfalls nicht vor. ³Wird bei einem abweichenden Wirtschaftsjahr der Gewinn geschätzt, so ist die Schätzung nach dem abweichenden Wirtschaftsjahr vorzunehmen.

Zustimmung des Finanzamts zum abweichenden Wirtschaftsjahr

(2) ¹Das Wahlrecht zur Bestimmung des Wirtschaftsjahrs kann durch die Erstellung des Jahresabschlusses selbst ausgeübt werden. ²Die Zustimmung ist nur dann zu erteilen, wenn der Steuerpflichtige gewichtige, in der Organisation des Betriebs gelegene Gründe für die Umstellung des Wirtschaftsjahrs anführen kann; es ist jedoch nicht erforderlich, daß die Umstellung des Wirtschaftsjahrs betriebsnotwendig ist (→ BFH vom 9. 1. 1974 – BStBl II S. 238). ³Bei Umstellung des Wirtschaftsjahrs nach § 4 a Abs. 1 Nr. 3 EStG ist dem Antrag zu entsprechen, wenn der Steuerpflichtige Bücher führt, in denen die Betriebseinnahmen und die Betriebsausgaben für den land- und forstwirtschaftlichen Betrieb und für den Gewerbebetrieb getrennt aufgezeichnet werden, und der Steuerpflichtige für beide Betriebe getrennte Abschlüsse fertigt. ⁴Die Geldkonten brauchen nicht getrennt geführt zu werden. ⁵Über einen außerhalb des Veranlagungsverfahrens gestellten Antrag auf Erteilung der Zustimmung zur

---

[1]) Zur Anwendung → § 84 Abs. 2 EStDV:

„(2) ¹§ 8 c Abs. 1 und 2 Satz 3 in der Fassung dieser Verordnung ist erstmals für Wirtschaftsjahre anzuwenden, die nach dem 31. August 1993 beginnen. ²§ 8 c Abs. 2 Satz 1 und 2 ist erstmals für Wirtschaftsjahre anzuwenden, die nach dem 30. Juni 1990 beginnen. ³Für Wirtschaftsjahre, die vor dem 1. Mai 1984 begonnen haben, ist § 8 c Abs. 1 und 2 der Einkommensteuer-Durchführungsverordnung 1981 in der Fassung der Bekanntmachung vom 23. Juni 1982 (BGBl. I S. 700) weiter anzuwenden."

§ 4 a EStG
H 25   R 25

Umstellung des Wirtschaftsjahrs hat das Finanzamt durch besonderen Bescheid zu entscheiden. [6]Die Entscheidung ist im Beschwerdeverfahren (§§ 349, 350 AO) anfechtbar (→ BFH vom 24. 1. 1963 – BStBl III S. 142). [7]Für die Umstellung eines vom Kalenderjahr abweichenden Wirtschaftsjahrs auf ein anderes vom Kalenderjahr abweichendes Wirtschaftsjahr (§ 8 b Nr. 2 Satz 2 EStDV) gelten diese Grundsätze entsprechend.

Wirtschaftjahr bei Land- und Forstwirten

(3) [1]Das Wirtschaftsjahr bei Land- und Forstwirten richtet sich nach der Art der Bewirtschaftung. [2]Eine unschädliche andere land- oder forstwirtschaftliche Nutzung in geringem Umfang im Sinne des § 8 c Abs. 1 Satz 2 EStDV liegt nur vor, wenn der Vergleichswert der anderen land- oder forstwirtschaftlichen Nutzung etwa 10 v. H. des Wertes der gesamten land- und forstwirtschaftlichen Nutzungen nicht übersteigt (→ BFH vom 3. 12. 1987 – BStBl 1988 II S. 269).

Abweichendes Wirtschaftsjahr bei Betriebsverpachtung

(4) [1]Sind die Einkünfte aus der Verpachtung eines Betriebs der Land- und Forstwirtschaft als Einkünfte aus Land- und Forstwirtschaft zu behandeln, so ist für die Ermittlung des Gewinns weiterhin das nach § 4 a Abs. 1 Nr. 1 EStG oder § 8 c EStDV in Betracht kommende abweichende Wirtschaftsjahr maßgebend (→ BFH vom 11. 3. 1965 – BStBl III S. 286). [2]Sind die Einkünfte aus der Verpachtung eines gewerblichen Betriebs Einkünfte aus Gewerbebetrieb (→ R 139 Abs. 5), so kann der Verpächter ein abweichendes Wirtschaftsjahr beibehalten, wenn weiterhin die Voraussetzungen des § 4 a Abs. 1 Nr. 2 oder Nr. 3 Satz 2 EStG erfüllt sind.

Hinweise

H 25

Beitrittsgebiet

Für 1990 im Beitrittsgebiet neu gegründete Betriebe gilt das Wahlrecht zur Bestimmung des Wirtschaftsjahrs mit Erstellung des ersten Jahresabschlusses nach bundesdeutschem Recht im Jahr 1991 als ausgeübt (→ Erlaß des FinMin Brandenburg vom 6. 10. 1992 – III/4 – S 2115 – 3/91 –, Erlaß des FinMin Sachsen vom 15. 9. 1992 – 32 – S 2115 – 2/3 – 34075 –, Erlaß des FinMin Sachsen-Anhalt vom 14. 9. 1992 – 42 – S 2115 – 2 –, Erlaß des FinMin Thüringen vom 7. 9. 1992 – S 2115 A – 3/92 – 2.04.1 –).

Betriebsaufspaltung

Wählt eine im Wege der Betriebsaufspaltung entstandene Betriebsgesellschaft ein vom Kalenderjahr abweichendes Wirtschaftsjahr, so ist dies keine zustimmungsbedürftige Umstellung (→ BFH vom 27. 9. 1979 – BStBl 1980 II S. 94).

Gesellschafterwechsel oder Ausscheiden einzelner Gesellschafter berühren nicht den Bestand der Personengesellschaft mit der Folge, daß kein Wechsel des Wirtschaftsjahrs vorliegt (→ BFH vom 14. 9. 1978 – BStBl 1979 II S. 159).

Rumpfwirtschaftsjahr

Bei der Umstellung des Wirtschaftsjahrs darf nur ein Rumpfwirtschaftsjahr entstehen (→ BFH vom 7. 2. 1969 – BStBl II S. 337).

Ein Rumpfwirtschaftsjahr entsteht, wenn

- während eines Wirtschaftsjahrs ein Betrieb unentgeltlich übertragen wird (→ BFH vom 23. 8. 1979 – BStBl 1980 II S. 8),

- ein Einzelunternehmen durch die Aufnahme von Gesellschaftern in eine Personengesellschaft umgewandelt wird oder ein Gesellschafter aus einer zweigliedrigen Personengesellschaft ausscheidet und der Betrieb als Einzelunternehmen fortgeführt wird (→ BFH vom 10. 2. 1989 – BStBl II S. 519).

Kein Rumpfwirtschaftsjahr entsteht, wenn

- ein Land- und Forstwirt von einem vom Kalenderjahr abweichenden Wirtschaftsjahr auf ein mit dem Kalenderjahr übereinstimmendes Wirtschaftsjahr umstellt (→ § 8 c Abs. 2 EStDV),

- ein Gesellschafterwechsel oder ein Ausscheiden einzelner Gesellschafter das Bestehen der Personengesellschaft nicht berührt (→ BFH vom 14. 9. 1978 – BStBl 1979 II S. 159).

§ 4 a EStG
R 25   H 25

Steuerpause/mißbräuchliche Gestaltung

Wählt eine Personenobergesellschaft, die selbst keine aktive Wirtschaftstätigkeit ausübt, ihr Wirtschaftsjahr in der Weise, daß dieses kurze Zeit vor dem Wirtschaftsjahr der Personenuntergesellschaft endet, so liegt hierin eine mißbräuchliche Gestaltung, da die Gewinne der Untergesellschaft nicht im laufenden Veranlagungszeitraum, sondern einen Veranlagungszeitraum später steuerlich erfaßt werden und hierdurch eine einjährige „Steuerpause" eintritt (→ BFH vom 18. 12. 1991 – BStBl 1992 II S. 486). Die Erlangung einer „Steuerpause" oder anderer steuerlicher Vorteile ist kein betrieblicher Grund, der die Zustimmung des Finanzamts zur Umstellung des Wirtschaftsjahrs rechtfertigt (→ BFH vom 24. 4. 1980 – BStBl 1981 II S. 50 und vom 15. 6. 1983 – BStBl II S. 672).

Umwandlung

– Wird ein Einzelunternehmen durch Aufnahme eines oder mehrerer Gesellschafter in eine Personengesellschaft umgewandelt, ist der Zeitpunkt der Aufnahme der Gesellschafter das Ende des Wirtschaftsjahrs des bisherigen Einzelunternehmens und der Beginn des ersten Wirtschaftsjahrs der neugegründeten Personengesellschaft.

– Entsprechendes gilt, wenn eine Personengesellschaft nach Ausscheiden der Mitgesellschafter als Einzelunternehmen fortgeführt wird (→ BFH vom 10. 2. 1989 – BStBl II S. 519).

Zustimmungsbedürftige Umstellung des Wirtschaftsjahrs

– Wirtschaftsjahr eines im Wege der Gesamtrechtsnachfolge auf die Erben übergegangenen Unternehmens wird auf einen vom Kalenderjahr abweichenden Zeitraum umgestellt (→ BFH vom 22. 8. 1968 – BStBl 1969 II S. 34).

– Wird die Umstellung des Wirtschaftsjahrs wegen Inventurschwierigkeiten begehrt, kann die Zustimmung zur Umstellung des Wirtschaftsjahrs zu versagen sein, wenn die Buchführung nicht ordnungsmäßig ist und auch nicht sichergestellt ist, daß durch die Umstellung des Wirtschaftsjahrs die Mängel der Buchführung beseitigt werden (→ BFH vom 9. 11. 1966 – BStBl 1967 III S. 111).

– Will ein Pächter sein Wirtschaftsjahr auf das vom Kalenderjahr abweichende Pachtjahr umstellen, weil dieses in mehrfacher Beziehung für die Abrechnung mit dem Verpächter maßgebend ist, ist die Zustimmung im allgemeinen zu erteilen (→ BFH vom 8. 10. 1969 – BStBl 1970 II S. 85).

§ 4 b
Direktversicherung

¹Der Versicherungsanspruch aus einer Direktversicherung, die von einem Steuerpflichtigen aus betrieblichem Anlaß abgeschlossen wird, ist dem Betriebsvermögen des Steuerpflichtigen nicht zuzurechnen, soweit am Schluß des Wirtschaftsjahrs hinsichtlich der Leistungen des Versicherers die Person, auf deren Leben die Lebensversicherung abgeschlossen ist, oder ihre Hinterbliebenen bezugsberechtigt sind. ²Das gilt auch, wenn der Steuerpflichtige die Ansprüche aus dem Versicherungsvertrag abgetreten oder beliehen hat, sofern er sich der bezugsberechtigten Person gegenüber schriftlich verpflichtet, sie bei Eintritt des Versicherungsfalls so zu stellen, als ob die Abtretung oder Beleihung nicht erfolgt wäre.

R 26. Direktversicherung

Begriff

(1) ¹Eine Direktversicherung ist eine Lebensversicherung auf das Leben des Arbeitnehmers, die durch den Arbeitgeber abgeschlossen worden ist und bei der der Arbeitnehmer oder seine Hinterbliebenen hinsichtlich der Leistungen des Versicherers ganz oder teilweise bezugsberechtigt sind (→ § 1 Abs. 2 Satz 1 BetrAVG). ²Dasselbe gilt für eine Lebensversicherung auf das Leben des Arbeitnehmers, die nach Abschluß durch den Arbeitnehmer vom Arbeitgeber übernommen worden ist. ³Dagegen liegt begrifflich keine Direktversicherung vor, wenn der Arbeitgeber für den Ehegatten eines verstorbenen früheren Arbeitnehmers eine Lebensversicherung abschließt. ⁴Als Versorgungsleistungen können Leistungen der Alters-, Invaliditäts- oder Hinterbliebenenversorgung in Betracht kommen. ⁵Es ist gleichgültig, ob es sich um Kapitalversicherungen – einschließlich Risikoversicherungen –, Rentenversicherungen oder fondsgebundene Lebensversicherungen handelt und welche → Laufzeit vereinbart wird. ⁶Ist das für eine Versicherung typische Todesfallwagnis und – bereits bei Vertragsabschluß – das Rentenwagnis ausgeschlossen, so liegt ein atypischer Sparvertrag und keine begünstigte Direktversicherung vor (→ BFH vom 9. 11. 1990 – BStBl 1991 II S. 189). ⁷Unfallversicherungen sind keine Lebensversicherungen, auch wenn bei Unfall mit Todesfolge eine Leistung vorgesehen ist. ⁸Dagegen gehören Unfallzusatzversicherungen und Berufsunfähigkeitszusatzversicherungen, die im Zusammenhang mit Lebensversicherungen abgeschlossen werden, sowie selbständige Berufsunfähigkeitsversicherungen und Unfallversicherungen mit Prämienrückgewähr, bei denen der Arbeitnehmer Anspruch auf die Prämienrückgewähr hat, zu den Direktversicherungen.

(2) ¹Die Bezugsberechtigung des Arbeitnehmers oder seiner Hinterbliebenen muß vom Versicherungsnehmer (Arbeitgeber) der Versicherungsgesellschaft gegenüber erklärt werden (§ 166 des Gesetzes über den Versicherungsvertrag). ²Die Bezugsberechtigung kann widerruflich oder unwiderruflich sein; bei widerruflicher Bezugsberechtigung sind die Bedingungen eines Widerrufs steuerlich unbeachtlich. ³Unbeachtlich ist auch, ob die Anwartschaft des Arbeitnehmers arbeitsrechtlich bereits unverfallbar ist.

Behandlung bei der Gewinnermittlung

(3) ¹Die Beiträge zu Direktversicherungen sind im Jahr der Verausgabung Betriebsausgaben. ²Eine Aktivierung der Ansprüche aus der Direktversicherung kommt beim Arbeitgeber vorbehaltlich Satz 5 erst in Betracht, wenn eine der in § 4 b EStG genannten Voraussetzungen weggefallen ist, z. B. wenn der Arbeitgeber von einem Widerrufsrecht Gebrauch gemacht hat. ³In diesen Fällen ist der Anspruch grundsätzlich mit dem geschäftsplanmäßigen Deckungskapital der Versicherungsgesellschaft zu aktivieren abzüglich eines etwa vorhandenen Guthabens aus Beitragsrückerstattungen (→ R 41 Abs. 26). ⁴Die Sätze 1 bis 3 gelten auch für Versicherungen gegen Einmalprämie; bei diesen Versicherungen kommt eine Aktivierung auch nicht unter dem Gesichtspunkt der Rechnungsabgrenzung in Betracht, da sie kein Aufwand für eine „bestimmte Zeit" (§ 5 Abs. 5 Satz 1 Nr. 1 EStG) sind. ⁵Sind der Arbeitnehmer oder seine Hinterbliebenen nur für bestimmte Versicherungsfälle oder nur hinsichtlich eines Teils der Versicherungsleistungen bezugsberechtigt, so sind die Ansprüche aus der Direktversicherung insoweit zu aktivieren, als der Arbeitgeber bezugsberechtigt ist.

(4) ¹Beleihungen oder Abtretungen der Ansprüche aus dem Versicherungsvertrag führen unter den Voraussetzungen des § 4 b Satz 2 EStG nicht zur Aktivierung des Versicherungsanspruchs, es sei denn, daß das Bezugsrecht des Arbeitnehmers oder seiner Hinterbliebenen dabei widerrufen wird. ²Vorauszahlungen auf die Versicherungsleistung (sog. Policendarlehen) stehen einer Beleihung des Versicherungsanspruchs gleich (→ BFH vom 29. 4. 1966 – BStBl III S. 421 und vom 19. 12. 1973 – BStBl 1974 II S. 237).

(5) ¹Die Verpflichtungserklärung des Arbeitgebers nach § 4 b Satz 2 EStG muß an dem Bilanzstichtag schriftlich vorliegen, an dem die Ansprüche aus dem Versicherungsvertrag ganz oder zum Teil abgetreten oder beliehen sind. ²Liegt diese Erklärung nicht vor, so sind die Ansprüche aus dem Versicherungsvertrag dem Arbeitgeber zuzurechnen.

Sonderfälle

(6) Die Absätze 1 bis 5 gelten entsprechend für Personen, die nicht Arbeitnehmer sind, für die jedoch aus Anlaß ihrer Tätigkeit für das Unternehmen Direktversicherungen abgeschlossen worden sind (§ 17 Abs. 1 Satz 2 BetrAVG), z. B. Handelsvertreter und Zwischenmeister.

Hinweise

Aktivierung

Die Aktivierungspflicht des Bezugrechts auf Gewinnanteile für den Arbeitgeber ist von der steuerlichen Berücksichtigung dieser Beträge beim Arbeitnehmer in den Fällen der Arbeitslohnrückzahlung als negative Einnahmen unabhängig (→ BMF vom 9. 2. 1993 – BStBl I S. 248).

Arbeitnehmer-Ehegatten

Zur steuerlichen Behandlung von Aufwendungen für die betriebliche Altersversorgung des mitarbeitenden Ehegatten → BMF vom 4. 9. 1984 (BStBl I S. 495) und vom 9. 1. 1986 (BStBl I S. 7). Die Aufwendungen sind nur als Betriebsausgaben anzuerkennen, soweit sie einem Fremdvergleich standhalten.

Eine Direktversicherung ist der Höhe nach nur insoweit anzuerkennen, als sie nicht zu einer Überversorgung führt (→ BFH vom 16. 5. 1995 – BStBl 1995 II S. 873).

→ H 19 (Ehegattenarbeitsverhältnis-Direktversicherung bei Barlohnumwandlung)

Gesellschafter-Geschäftsführer

Der ertragsteuerlichen Anerkennung einer zugunsten des beherrschenden Gesellschafter-Geschäftsführers einer Kapitalgesellschaft abgeschlossenen Direktversicherung steht nicht entgegen, daß als vertraglicher Fälligkeitstermin für die Erlebensleistung das 65. Lebensjahr des Begünstigten vereinbart wird.

Laufzeit

Kapitalversicherungen mit einer Vertragsdauer von weniger als fünf Jahren sind grundsätzlich nicht nach § 40 b EStG begünstigt → A 129 Abs. 3 Satz 6 und 7 LStR 1993.

§ 4 c
Zuwendungen an Pensionskassen

EStG
S 2144 b

(1) ¹Zuwendungen an eine Pensionskasse dürfen von dem Unternehmen, das die Zuwendungen leistet (Trägerunternehmen), als Betriebsausgaben abgezogen werden, soweit sie auf einer in der Satzung oder im Geschäftsplan der Kasse festgelegten Verpflichtung oder auf einer Anordnung der Versicherungsaufsichtsbehörde beruhen oder der Abdeckung von Fehlbeträgen bei der Kasse dienen. ²Soweit die allgemeinen Versicherungsbedingungen und die fachlichen Geschäftsunterlagen im Sinne des § 5 Abs. 3 Nr. 2 Halbsatz 2 des Versicherungsaufsichtsgesetzes nicht zum Geschäftsplan gehören, gelten diese als Teil des Geschäftsplans.

(2) Zuwendungen im Sinne des Absatzes 1 dürfen als Betriebsausgaben nicht abgezogen werden, soweit die Leistungen der Kasse, wenn sie vom Trägerunternehmen unmittelbar erbracht würden, bei diesem nicht betrieblich veranlaßt wären.

R 27. Zuwendungen an Pensionskassen

R 27

Pensionskassen

S 2144 b

(1) Als Pensionskassen sind sowohl rechtsfähige Versorgungseinrichtungen im Sinne des → § 1 Abs. 3 Satz 1 BetrAVG als auch rechtlich unselbständige Zusatzversorgungseinrichtungen des öffentlichen Dienstes im Sinne des → § 18 BetrAVG anzusehen, die den Leistungsberechtigten (Arbeitnehmer und Personen im Sinne des → § 17 Abs. 1 Satz 2 BetrAVG sowie deren Hinterbliebene) auf ihre Leistungen einen Rechtsanspruch gewähren.

Anhang 7

Zuwendungen

(2) ¹Der Betriebsausgabenabzug kommt nur für Zuwendungen in Betracht, die in der Satzung oder im Geschäftsplan der Kasse festgelegt sind oder von einer Versicherungsaufsichtsbehörde gefordert werden oder der Abdeckung von Fehlbeträgen bei der Kasse dienen. ²Es können sowohl laufende als auch einmalige Zuwendungen erbracht werden. ³Zuwendungen an eine Pensionskasse sind auch abziehbar, wenn die Kasse ihren Sitz oder ihre Geschäftsleitung im Ausland hat.

(3) ¹Zuwendungen zur Abdeckung von Fehlbeträgen sind auch dann abziehbar, wenn sie nicht auf einer entsprechenden Anordnung der Versicherungsaufsichtsbehörde beruhen. ²Für die Frage, ob und in welcher Höhe ein Fehlbetrag vorliegt, ist das Vermögen der Kasse nach den handelsrechtlichen Grundsätzen ordnungsmäßiger Buchführung unter Berücksichtigung des von der Versicherungsaufsichtsbehörde genehmigten Geschäftsplans anzusetzen. ³Für Pensionskassen mit Sitz oder Geschäftsleitung im Ausland sind die für inländische Pensionskassen geltenden Grundsätze anzuwenden.

(4) ¹Zuwendungen an die Kasse dürfen als Betriebsausgaben nicht abgezogen werden, soweit die Leistungen der Kasse, wenn sie vom Trägerunternehmen unmittelbar erbracht würden, bei diesem nicht betrieblich veranlaßt wären. ²Nicht betrieblich veranlaßt sind z. B. Leistungen der Kasse an den Inhaber (Unternehmer, Mitunternehmer) des Trägerunternehmens oder seine Angehörigen. ³Das Verbot gilt nicht, soweit die Zuwendungen im Rahmen eines steuerlich anzuerkennenden Arbeitsverhältnisses gemacht werden (→ R 19). ⁴Die allgemeinen Gewinnermittlungsgrundsätze bleiben durch § 4 c Abs. 2 EStG unberührt; auch bei nicht unter das Abzugsverbot fallenden Zuwendungen ist daher zu prüfen, ob sie nach allgemeinen Bilanzierungsgrundsätzen zu aktivieren sind, z. B. bei Zuwendungen, die eine Gesellschaft für ein Tochterunternehmen erbringt.

(5) ¹Für Zuwendungen, die vom Trägerunternehmen nach dem Bilanzstichtag geleistet werden, ist bereits zum Bilanzstichtag ein Passivposten zu bilden, sofern zu diesem Zeitpunkt eine entsprechende Verpflichtung besteht (Bestimmung in der Satzung oder im Geschäftsplan der Kasse, Anordnung der Aufsichtsbehörde). ²Werden Fehlbeträge der Kasse abgedeckt, ohne daß hierzu eine Verpflichtung des Trägerunternehmens besteht, so kann in sinngemäßer Anwendung des § 4 d Abs. 2 EStG zum Bilanzstichtag eine Rückstellung gebildet werden, wenn innerhalb eines Monats nach Aufstellung oder Feststellung der Bilanz des Trägerunternehmens die Zuwendung geleistet oder die Abdeckung des Fehlbetrags verbindlich zugesagt wird.

EStG

S 2144 c

§ 4 d
Zuwendungen an Unterstützungskassen

¹) (1) ¹Zuwendungen an eine Unterstützungskasse dürfen von dem Unternehmen, das die Zuwendungen leistet (Trägerunternehmen), als Betriebsausgaben abgezogen werden, soweit sie die folgenden Beträge nicht übersteigen:

---

¹) Absatz 1 wurde durch das JStG 1996 und das JStErgG 1996 mit Wirkung für Wirtschaftsjahre geändert, die nach dem 31. Dezember 1995 beginnen;
(→ § 52 Abs. 5 Satz 1 in der Fassung des JStG 1996):

„(1) ¹Zuwendungen an eine Unterstützungskasse dürfen von dem Unternehmen, das die Zuwendungen leistet (Trägerunternehmen), als Betriebsausgaben abgezogen werden, soweit die Leistungen der Kasse, wenn sie vom Trägerunternehmen unmittelbar erbracht würden, bei diesem betrieblich veranlaßt wären und sie die folgenden Beträge nicht übersteigen:

1. bei Unterstützungskassen, die lebenslänglich laufende Leistungen gewähren:
    a) das Deckungskapital für die laufenden Leistungen nach der dem Gesetz als Anlage 1 beigefügten Tabelle. ²Leistungsempfänger ist jeder ehemalige Arbeitnehmer des Trägerunternehmens, der von der Unterstützungskasse Leistungen erhält; soweit die Kasse Hinterbliebenenversorgung gewährt, ist Leistungsempfänger der Hinterbliebene eines ehemaligen Arbeitnehmers des Trägerunternehmens, der von der Kasse Leistungen erhält. ³Dem ehemaligen Arbeitnehmer stehen andere Personen gleich, denen Leistungen der Alters-, Invaliditäts- oder Hinterbliebenenversorgung aus Anlaß ihrer ehemaligen Tätigkeit für das Trägerunternehmen zugesagt worden sind;
    b) in jedem Wirtschaftsjahr für jeden Leistungsanwärter,
        aa) wenn die Kasse nur Invaliditätsversorgung oder nur Hinterbliebenenversorgung gewährt, jeweils 6 vom Hundert,
        bb) wenn die Kasse Altersversorgung mit oder ohne Einschluß von Invaliditätsversorgung oder Hinterbliebenenversorgung gewährt, 25 vom Hundert
    der jährlichen Versorgungsleistungen, die der Leistungsanwärter oder, wenn nur Hinterbliebenenversorgung gewährt wird, dessen Hinterbliebene nach den Verhältnissen am Schluß des Wirtschaftsjahrs der Zuwendung im letzten Zeitpunkt der Anwartschaft, spätestens im Zeitpunkt der Vollendung des 65. Lebensjahrs erhalten können. ²Leistungsanwärter ist jeder Arbeitnehmer oder ehemalige Arbeitnehmer des Trägerunternehmens, der von der Unterstützungskasse schriftlich zugesagte Leistungen erhalten kann und am Schluß des Wirtschaftsjahrs, in dem die Zuwendung erfolgt, das 30. Lebensjahr vollendet hat; soweit die Kasse nur Hinterbliebenenversorgung gewährt, gilt als Leistungsanwärter jeder Arbeitnehmer oder ehemalige Arbeitnehmer des Trägerunternehmens, der am Schluß des Wirtschaftsjahrs, in dem die Zuwendung erfolgt, das 30. Lebensjahr vollendet hat und dessen Hinterbliebene die Hinterbliebenenversorgung erhalten können. ³Das Trägerunternehmen kann bei der Berechnung nach Satz 1 statt des dort maßgebenden Betrags den Durchschnittsbetrag der von der Kasse im Wirtschaftsjahr an Leistungsempfänger im Sinne des Buchstabens a Satz 2 gewährten Leistungen zugrunde legen. ⁴In diesem Fall sind Leistungsanwärter im Sinne des Satzes 2 nur die Arbeitnehmer oder ehemaligen Arbeitnehmer des Trägerunternehmens, die am Schluß des Wirtschaftsjahrs, in dem die Zuwendung erfolgt, das 50. Lebensjahr vollendet haben. ⁵Dem Arbeitnehmer oder ehemaligen Arbeitnehmer als Leistungsanwärter stehen andere Personen gleich, denen schriftlich Leistungen der Alters-, Invaliditäts- oder Hinterbliebenenversorgung aus Anlaß ihrer Tätigkeit für das Trägerunternehmen zugesagt worden sind;
    c) den Betrag des Beitrags, den die Kasse an einen Versicherer zahlt, soweit sie sich die Mittel für ihre Versorgungsleistungen, die der Leistungsanwärter oder Leistungsempfänger nach den Verhältnissen am Schluß des Wirtschaftsjahrs der Zuwendung erhalten kann, durch Abschluß einer Versicherung verschafft. ²Bei Versicherungen für einen Leistungsanwärter ist der Abzug des Beitrags nur zulässig, wenn der Leistungsanwärter die in Buchstabe b Sätze 2 und 5 genannten Voraussetzungen erfüllt, die Versicherung für die Dauer bis zu dem Zeitpunkt abgeschlossen ist, für den erstmals Leistungen der Altersversorgung vorgesehen sind, mindestens jedoch bis zu dem Zeitpunkt, an dem der Leistungsanwärter das 55. Lebensjahr vollendet hat, und während dieser Zeit jährlich Beiträge gezahlt werden, die der Höhe nach gleichbleiben oder steigen. ³Das gleiche gilt für Leistungsanwärter, die das 30. Lebensjahr noch nicht vollendet haben, für Leistungen der Invaliditäts- oder Hinterbliebenenversorgung, für Leistungen der Altersversorgung

§ 4 d EStG

1. bei Unterstützungskassen, die lebenslänglich laufende Leistungen gewähren:
   a) das Deckungskapital für die laufenden Leistungen nach der dem Gesetz als Anlage 1 beigefügten Tabelle. ²Leistungsempfänger ist jeder Arbeitnehmer oder ehemalige Arbeitnehmer des Trägerunternehmens, der von der Unterstützungskasse Leistungen erhält; soweit die Kasse Hinterbliebenenversorgung gewährt, ist Leistungsempfänger der Hinterbliebene eines ehemaligen Arbeitnehmers des Trägerunternehmens, der von der Kasse Leistungen erhält. ³Dem Arbeitnehmer oder

   unter der Voraussetzung, daß die Leistungsanwartschaft bereits unverfallbar ist. ⁴Ein Abzug ist ausgeschlossen, wenn die Ansprüche aus der Versicherung der Sicherung eines Darlehens dienen. ⁵Liegen die Voraussetzungen der Sätze 1 bis 4 vor, sind die Zuwendungen nach den Buchstaben a und b in dem Verhältnis zu vermindern, in dem die Leistungen der Kasse durch die Versicherung gedeckt sind;
   § 4 d Abs. 1 Satz 1 Nr. 1 Buchstabe c Satz 5 ist erstmals für Wirtschaftsjahre anzuwenden, die nach dem 31. Dezember 1991 beginnen (→ § 52 Abs. 5 Satz 2 in der Fassung des JStG 1996).

   d) den Betrag, den die Kasse einem Leistungsanwärter im Sinne des Buchstabens b Satz 2 und 5 vor Eintritt des Versorgungsfalls als Abfindung für künftige Versorgungsleistungen gewährt oder den sie an einen anderen Versorgungsträger zahlt, der eine ihr obliegende Versorgungsverpflichtung übernommen hat.

   ²Zuwendungen dürfen nicht als Betriebsausgaben abgezogen werden, wenn das Vermögen der Kasse ohne Berücksichtigung künftiger Versorgungsleistungen am Schluß des Wirtschaftsjahrs das zulässige Kassenvermögen übersteigt. ³Bei der Ermittlung des Vermögens der Kasse sind der Grundbesitz mit dem Wert anzusetzen, mit dem er bei einer Veranlagung der Kasse zur Vermögensteuer auf den Veranlagungszeitpunkt anzusetzen wäre, der auf den Schluß des Wirtschaftsjahrs folgt, und Ansprüche aus einer Versicherung mit dem Wert des geschäftsplanmäßigen Deckungskapitals zuzüglich des Guthabens aus Beitragsrückerstattung am Schluß des Wirtschaftsjahrs; das übrige Vermögen ist mit dem gemeinen Wert am Schluß des Wirtschaftsjahrs zu bewerten. ⁴Zulässiges Kassenvermögen ist die Summe aus dem Deckungskapital für alle am Schluß des Wirtschaftsjahrs laufenden Leistungen nach der dem Gesetz als Anlage 1 beigefügten Tabelle für Leistungsempfänger im Sinne des Satzes 1 Buchstabe a und dem Achtfachen der nach Satz 1 Buchstabe b abzugsfähigen Zuwendungen. ⁵Soweit sich die Kasse die Mittel für ihre Leistungen durch Abschluß einer Versicherung verschafft, ist, wenn die Voraussetzungen für den Abzug des Beitrags nach Satz 1 Buchstabe c erfüllt sind, zulässiges Kassenvermögen der Wert des geschäftsplanmäßigen Deckungskapitals aus der Versicherung am Schluß des Wirtschaftsjahrs; in diesem Fall ist das zulässige Kassenvermögen nach Satz 4 in dem Verhältnis zu vermindern, in dem die Leistungen der Kasse durch die Versicherung gedeckt sind. ⁶Soweit die Berechnung des Deckungskapitals nicht zum Geschäftsplan gehört, tritt an die Stelle des geschäftsplanmäßigen Deckungskapitals der nach § 176 Abs. 3 des Gesetzes über den Versicherungsvertrag berechnete Zeitwert, beim zulässigen Kassenvermögen ohne Berücksichtigung des Guthabens aus Beitragsrückerstattung. ⁷Gewährt eine Unterstützungskasse an Stelle von lebenslänglich laufenden Leistungen eine einmalige Kapitalleistung, so gelten 10 vom Hundert der Kapitalleistung als Jahresbetrag einer lebenslänglich laufenden Leistung;

2. bei Kassen, die keine lebenslänglich laufenden Leistungen gewähren, für jedes Wirtschaftsjahr 0,2 vom Hundert der Lohn- und Gehaltssumme des Trägerunternehmens, mindestens jedoch den Betrag der von der Kasse in einem Wirtschaftsjahr erbrachten Leistungen, soweit dieser Betrag höher ist als die in den vorangegangenen fünf Wirtschaftsjahren vorgenommenen Zuwendungen abzüglich der in dem gleichen Zeitraum erbrachten Leistungen. ²Diese Zuwendungen dürfen nicht als Betriebsausgaben abgezogen werden, wenn das Vermögen der Kasse am Schluß des Wirtschaftsjahrs das zulässige Kassenvermögen übersteigt. ³Als zulässiges Kassenvermögen kann 1 vom Hundert der durchschnittlichen Lohn- und Gehaltssumme der letzten drei Jahre angesetzt werden. ⁴Hat die Kasse bereits 10 Wirtschaftsjahre bestanden, darf das zulässige Kassenvermögen zusätzlich die Summe der in den letzten 10 Wirtschaftsjahren gewährten Leistungen nicht übersteigen. ⁵Für die Bewertung des Vermögens der Kasse gilt Nummer 1 Satz 3 entsprechend. ⁶Bei der Berechnung der Lohn- und Gehaltssumme des Trägerunternehmens sind Löhne und Gehälter von Personen, die von der Kasse keine nicht lebenslänglich laufenden Leistungen erhalten können, auszuscheiden.

²Gewährt eine Kasse lebenslänglich laufende und nicht lebenslänglich laufende Leistungen, so gilt Satz 1 Nr. 1 und 2 nebeneinander. ³Leistet ein Trägerunternehmen Zuwendungen an mehrere Unterstützungskassen, so sind diese Kassen bei der Anwendung der Nummern 1 und 2 als Einheit zu behandeln."

167

§ 4 d EStG

ehemaligen Arbeitnehmer stehen andere Personen gleich, denen Leistungen der Alters-, Invaliditäts- oder Hinterbliebenenversorgung aus Anlaß ihrer Tätigkeit für das Trägerunternehmen zugesagt worden sind;

b) in jedem Wirtschaftsjahr für jeden Leistungsanwärter,

aa) wenn die Kasse nur Invaliditätsversorgung oder nur Hinterbliebenenversorgung gewährt, jeweils 6 vom Hundert,

bb) wenn die Kasse Altersversorgung mit oder ohne Einschluß von Invaliditätsversorgung oder Hinterbliebenenversorgung gewährt, 25 vom Hundert

des Durchschnittsbetrags der jährlichen Versorgungsleistungen, den die Leistungsanwärter oder, wenn nur Hinterbliebenenversorgung gewährt wird, deren Hinterbliebene nach den Verhältnissen am Schluß des Wirtschaftsjahrs der Zuwendung im letzten Zeitpunkt der Anwartschaft, spätestens im Zeitpunkt der Vollendung des 65. Lebensjahrs erhalten können. ²Leistungsanwärter ist jeder Arbeitnehmer oder ehemalige Arbeitnehmer des Trägerunternehmens, der von der Unterstützungskasse Leistungen erhalten kann und am Schluß des Wirtschaftsjahrs, in dem die Zuwendung erfolgt, das 30. Lebensjahr vollendet hat; soweit die Kasse nur Hinterbliebenenversorgung gewährt, gilt als Leistungsanwärter jeder Arbeitnehmer oder ehemalige Arbeitnehmer des Trägerunternehmens, der am Schluß des Wirtschaftsjahrs, in dem die Zuwendung erfolgt, das 30. Lebensjahr vollendet hat und dessen Hinterbliebene die Hinterbliebenenversorgung erhalten können. ³Das Trägerunternehmen kann bei der Berechnung nach Satz 1 statt des dort maßgebenden Betrags den Durchschnittsbetrag der von der Kasse im Wirtschaftsjahr an Leistungsempfänger im Sinne von Buchstabe a Satz 2 gewährten Leistungen zugrunde legen. ⁴In diesem Fall sind Leistungsanwärter im Sinne des Satzes 2 nur die Arbeitnehmer oder ehemaligen Arbeitnehmer des Trägerunternehmens, die am Schluß des Wirtschaftsjahrs, in dem die Zuwendung erfolgt, das 50. Lebensjahr vollendet haben. ⁵Dem Arbeitnehmer oder ehemaligen Arbeitnehmer als Leistungsanwärter stehen andere Personen gleich, denen Leistungen der Alters-, Invaliditäts- oder Hinterbliebenenversorgung aus Anlaß ihrer Tätigkeit für das Trägerunternehmen zugesagt worden sind;

c)¹⁾ den Betrag der Prämie, den die Kasse an einen Versicherer zahlt, soweit sie sich die Mittel für ihre Versorgungsleistungen, die die Leistungsanwärter oder Leistungsempfänger nach den Verhältnissen am Schluß des Wirtschaftsjahrs der Zuwendung erhalten können, durch Abschluß einer Versicherung verschafft; die Zuwendungen nach den Buchstaben a und b sind in diesem Fall in dem Verhältnis zu vermindern, in dem die Leistungen der Kasse durch die Versicherung gedeckt sind. ²Bei Versicherungen für einen Leistungsanwärter ist der Abzug der Prämie nur zulässig, wenn der Leistungsanwärter die in Buchstabe b Satz 2 und 5 genannten Voraussetzungen erfüllt, die Versicherung für die Dauer bis zu dem Zeitpunkt abgeschlossen ist, für den erstmals Leistungen der Altersversorgung vorgesehen sind, mindestens jedoch bis zu dem Zeitpunkt, an dem der Leistungsanwärter das 55. Lebensjahr vollendet hat, und während dieser Zeit jährlich Prämien gezahlt werden, die der Höhe nach gleichbleiben oder steigen. ³Das gleiche gilt für Leistungsanwärter, die das 30. Lebensjahr noch nicht vollendet haben, für Leistungen der Invaliditäts- oder Hinterbliebenenversorgung, für Leistungen der Altersversorgung unter der Voraussetzung, daß die Leistungsanwartschaft bereits unverfallbar ist. ⁴Ein Abzug ist ausgeschlossen, wenn die Anspüche aus der Versicherung der Sicherung eines Darlehens dienen. ⁵Liegen die Voraussetzungen der Sätze 1 bis 4 vor, sind die Zuwendungen nach den Buchstaben a und b in dem Verhältnis zu vermindern, in dem die Leistungen der Kasse durch die Versicherung gedeckt sind;

d) den Betrag, den die Kasse einem Leistungsanwärter im Sinne von Buchstabe b Satz 2 und 5 vor Eintritt des Versorgungsfalls als Abfindung für künftige Versorgungsleistungen gewährt oder den sie an einen anderen Versorgungsträger zahlt, der eine ihr obliegende Versorgungsverpflichtung übernommen hat; dieser Betrag vermindert sich in den Fällen des Buchstaben c um den Anspruch gegen die Versicherung.

---

¹⁾ § 4 d Abs. 1 Satz 1 Nr. 1 Buchstabe c Satz 5 wurde durch das JStG 1996 eingefügt.
§ 4 d Abs. 1 Satz 1 Nr. 1 Buchstabe c Satz 5 ist erstmals für Wirtschaftsjahre anzuwenden, die nach dem 31. Dezember 1991 beginnen (→ § 52 Abs. 5 Satz 2 in der Fassung des JStG 1996).

²Zuwendungen nach den Buchstaben a oder b dürfen nicht als Betriebsausgaben abgezogen werden, wenn das Vermögen der Kasse ohne Berücksichtigung künftiger Kassenleistungen am Schluß des Wirtschaftsjahrs das zulässige Kassenvermögen übersteigt. ³Bei der Ermittlung des Vermögens der Kasse sind der Grundbesitz mit dem Wert anzusetzen, mit dem er bei einer Veranlagung der Kasse zur Vermögensteuer auf den Veranlagungszeitpunkt anzusetzen wäre, der auf den Schluß des Wirtschaftsjahrs folgt, und noch nicht fällige Ansprüche aus einer Versicherung mit dem Wert des geschäftsplanmäßigen Deckungskapitals zuzüglich des Guthabens aus Beitragsrückerstattung am Schluß des Wirtschaftsjahrs; das übrige Vermögen ist mit dem gemeinen Wert am Schluß des Wirtschaftsjahrs zu bewerten. ⁴Zulässiges Kassenvermögen ist die Summe aus dem Deckungskapital für alle am Schluß des Wirtschaftsjahrs laufenden Leistungen nach der dem Gesetz als Anlage 1 beigefügten Tabelle und dem Achtfachen der nach Buchstabe b abzugsfähigen Zuwendungen; soweit sich die Kasse die Mittel für ihre Leistungen durch Abschluß einer Versicherung verschafft, tritt an die Stelle des Achtfachen der nach Buchstabe b zulässigen Zuwendungen der Wert des geschäftsplanmäßigen Deckungskapitals aus der Versicherung zuzüglich des Guthabens aus Beitragsrückerstattung am Schluß des Wirtschaftsjahrs. ⁵Gewährt eine Unterstützungskasse an Stelle von lebenslänglich laufenden Leistungen eine einmalige Kapitalleistung, so gelten 10 vom Hundert der Kapitalleistung als Jahresbetrag einer lebenslänglich laufenden Leistung;

2. bei Kassen, die keine lebenslänglich laufenden Leistungen gewähren, für jedes Wirtschaftsjahr 0,2 vom Hundert der Lohn- und Gehaltssumme des Trägerunternehmens, mindestens jedoch den Betrag der von der Kasse in einem Wirtschaftsjahr erbrachten Leistungen, soweit dieser Betrag höher ist als die in den vorangegangenen fünf Wirtschaftsjahren vorgenommenen Zuwendungen abzüglich der in dem gleichen Zeitraum erbrachten Leistungen. ²Diese Zuwendungen dürfen nicht als Betriebsausgaben abgezogen werden, wenn das Vermögen der Kasse am Schluß des Wirtschaftsjahrs 1 vom Hundert der durchschnittlichen jährlichen Lohn- und Gehaltssumme der letzten drei Wirtschaftsjahre des Trägerunternehmens übersteigt (zulässiges Kassenvermögen); für die Bewertung des Vermögens der Kasse gilt Nummer 1 Satz 3 entsprechend. ³Bei der Berechnung der Lohn- und Gehaltssumme des Trägerunternehmens sind Löhne und Gehälter von Personen, die von der Kasse keine nicht lebenslänglich laufenden Leistungen erhalten können, auszuscheiden.

²Gewährt eine Kasse lebenslänglich laufende und nicht lebenslänglich laufende Leistungen, so gilt Satz 1 Nr. 1 und 2 nebeneinander. ³Leistet ein Trägerunternehmen Zuwendungen an mehrere Unterstützungskassen, so sind diese Kassen bei der Anwendung der Nummern 1 und 2 als Einheit zu behandeln.

(2) ¹Zuwendungen im Sinne des Absatzes 1 sind von dem Trägerunternehmen in dem Wirtschaftsjahr als Betriebsausgaben abzuziehen, in dem sie geleistet werden. ²Zuwendungen, die innerhalb eines Monats nach Aufstellung oder Feststellung der Bilanz des Trägerunternehmens für den Schluß eines Wirtschaftsjahrs geleistet werden, können von dem Trägerunternehmen noch für das abgelaufene Wirtschaftsjahr durch eine Rückstellung gewinnmindernd berücksichtigt werden. ³Übersteigen die in einem Wirtschaftsjahr geleisteten Zuwendungen die nach Absatz 1 abzugsfähigen Beträge, so können die übersteigenden Beträge im Wege der Rechnungsabgrenzung auf die folgenden drei Wirtschaftsjahre vorgetragen und im Rahmen der für diese Wirtschaftsjahre abzugsfähigen Beträge als Betriebsausgaben behandelt werden. ⁴§ 5 Abs. 1 Satz 2 ist nicht anzuwenden.

(3) Zuwendungen im Sinne des Absatzes 1 dürfen als Betriebsausgaben nicht abgezogen werden, soweit die Leistungen der Kasse, wenn sie vom Trägerunternehmen unmittelbar erbracht würden, bei diesem nicht betrieblich veranlaßt wären.

---

¹) Absatz 2 Satz 2 wurde durch das JStG 1996 mit Wirkung für Wirtschaftsjahre geändert, die nach dem 31. Dezember 1995 beginnen (→ § 52 Abs. 5 Satz 1 in der Fassung des JStG 1996):
„²Zuwendungen, die bis zum Ablauf eines Monats nach Aufstellung oder Feststellung der Bilanz des Trägerunternehmens für den Schluß eines Wirtschaftsjahrs geleistet werden, können von dem Trägerunternehmen noch für das abgelaufene Wirtschaftsjahr durch eine Rückstellung gewinnmindernd berücksichtigt werden."
²) Absatz 3 wurde durch das JStG 1996 mit Wirkung für Wirtschaftsjahre aufgehoben, die nach dem 31. Dezember 1995 beginnen.

§ 4 d EStG

Anlage 1 zum Einkommensteuergesetz
(zu § 4 d Abs. 1 EStG)

Tabelle für die Errechnung des Deckungskapitals für lebenslänglich laufende Leistungen von Unterstützungskassen

Erreichtes Alter des Leistungsempfängers (Jahre)	Die Jahresbeiträge der laufenden Leistungen sind zu vervielfachen bei Leistungen	
	an männliche Leistungsempfänger mit	an weibliche Leistungsempfänger mit
(1)	(2)	(3)
bis 26	11	17
27 bis 29	12	17
30	13	17
31 bis 35	13	16
36 bis 39	14	16
40 bis 46	14	15
47 und 48	14	14
49 bis 52	13	14
53 bis 56	13	13
57 und 58	13	12
59 und 60	12	12
61 bis 63	12	11
64	11	11
65 bis 67	11	10
68 bis 71	10	9
72 bis 74	9	8
75 bis 77	8	7
78	8	6
79 bis 81	7	6
82 bis 84	6	5
85 bis 87	5	4
88	4	4
89 und 90	4	3
91 bis 93	3	3
94	3	2
95 und älter	2	2

§ 4 d EStG
H 27 a (1, 2)   R 27 a

R 27 a. Zuwendungen an Unterstützungskassen

Unterstützungskasse

R 27 a (1)

(1) ¹Eine Unterstützungskasse im Sinne von → § 1 Abs. 4 BetrAVG ist eine rechtsfähige Versorgungseinrichtung, die auf ihre Leistungen keinen Rechtsanspruch gewährt (→ BFH vom 5. 11. 1992 – BStBl 1993 II S. 185). ²Für die Höhe der abziehbaren Zuwendungen an die Kasse kommt es nicht darauf an, ob die Kasse von der Körperschaftsteuer befreit ist oder nicht. ³Es wird nur darauf abgestellt, ob die Kasse lebenslänglich laufende Leistungen oder nicht lebenslänglich laufende Leistungen gewährt. ⁴Wegen der Zuwendungen an Unterstützungskassen bei Bildung von Pensionsrückstellungen für die gleichen Versorgungsleistungen an denselben Empfängerkreis → R 41 Abs. 17.

S 2144 c
Anhang 7

Hinweise

H 27a (1)

Zuwendungen

Zuwendungen im Sinne des § 4 d EStG sind Vermögensübertragungen, die die Unterstützungskasse einseitig bereichern und nicht auf einem Leistungsaustausch beruhen. Es ist unerheblich, ob die Zuwendung auf einer Verpflichtung des Trägerunternehmens beruht oder freiwillig erfolgt (→ BFH vom 5. 11. 1992 – BStBl 1993 II S. 185).

Leistungsarten

R 27 a (2)

(2) ¹Bei den von der Kasse aus Anlaß einer Tätigkeit für das Trägerunternehmen erbrachten Leistungen muß es sich um Leistungen der Alters-, Invaliditäts- oder Hinterbliebenenversorgung oder um Leistungen bei Arbeitslosigkeit oder zur Hilfe in sonstigen Notlagen handeln. ²Der Bezug von Leistungen der Altersversorgung setzt mindestens die Vollendung des 60. Lebensjahrs voraus; nur in berufsspezifischen Ausnahmefällen kann eine niedrigere Altersgrenze zwischen 55 und 60 in Betracht kommen. ³Für andere als die vorgenannten Leistungen sind Zuwendungen im Sinne von § 4 d EStG durch das Trägerunternehmen mit steuerlicher Wirkung nicht möglich. ⁴Zu den lebenslänglich laufenden Leistungen gehören alle laufenden (wiederkehrenden) Leistungen, soweit sie nicht von vornherein nur für eine bestimmte Anzahl von Jahren oder bis zu einem bestimmten Lebensalter des Leistungsberechtigten vorgesehen sind. ⁵Vorbehalte, nach denen Leistungen an den überlebenden Ehegatten bei einer Wiederverheiratung oder Invaliditätsrenten bei einer Wiederaufnahme einer Arbeitstätigkeit wegfallen, berühren die Eigenschaft der Renten als lebenslänglich laufende Leistung nicht. ⁶Dasselbe gilt, wenn eine Invaliditätsrente bei Erreichen einer bestimmten Altersgrenze von einer Altersrente der Unterstützungskasse abgelöst wird. ⁷Bei einmaligen Kapitalleistungen (§ 4 d Abs. 1 Nr. 1 letzter Satz EStG), die nicht mindestens 12.000 DM betragen, ist im allgemeinen nicht anzunehmen, daß sie anstelle einer lebenslänglich laufenden Leistung gewährt werden.¹) ⁸Keine lebenslänglich laufenden Leistungen sind z. B. Überbrückungszahlungen für eine bestimmte Zeit, Waisenrenten, abgekürzte Invaliditätsrenten und zeitlich von vornherein begrenzte Leistungen an den überlebenden Ehegatten.

Hinweise

H 27a (2)

Lebenslänglich laufende Leistungen

Abweichend von R 27 a Abs. 2 Satz 7 sind auch einmalige Kapitalleistungen einer Unterstützungskasse von weniger als 12.000 DM als lebenslänglich laufende Leistungen im Sinne von § 4 d EStG anzusehen (→ BFH vom 15. 6. 1994 – BStBl 1995 II S. 21).

---

¹) → H 27 a (2).

§ 4 d EStG
R 27 a   H 27 a (3)

R 27 a (3) Zuwendungen zum Deckungskapital

(3) ¹Das Deckungskapital für die bereits laufenden Leistungen (§ 4 d Abs. 1 Nr. 1 Buchstabe a EStG) kann der Kasse sofort bei Beginn der Leistungen oder, solange der Leistungsempfänger lebt, in einem späteren Wirtschaftsjahr in einem Betrag oder verteilt auf mehrere Wirtschaftsjahre zugewendet werden. ²Mithin kann

1. das Deckungskapital für eine Rente an einen früheren Arbeitnehmer in dem Zeitraum, in dem der frühere Arbeitnehmer Leistungsempfänger ist, und
2. das Deckungskapital für eine Rente an den überlebenden Ehegatten in dem Zeitraum, in dem dieser Leistungsempfänger ist,

zugewendet werden. ³Das Deckungskapital für die Rente an den überlebenden Ehegatten kann selbst dann ungeschmälert zugewendet werden, wenn das Deckungskapital für die Rente an den früheren Arbeitnehmer bereits voll zugewendet war. ⁴Auf die Anrechnung des im Deckungskapital für die Rente an den früheren Arbeitnehmer enthaltenen Anteils für die Anwartschaft auf Rente an den überlebenden Ehegatten wird aus Praktikabilitätsgründen verzichtet. ⁵Das für die Zuwendungen maßgebende Deckungskapital ist jeweils nach dem erreichten Alter des Leistungsempfängers zu Beginn der Leistungen oder zum Zeitpunkt der Leistungserhöhung und nach der Höhe der Jahresbeträge dieser Leistungen zu berechnen; das Alter des Leistungsberechtigten ist nach dem bürgerlichen Recht (§ 187 Abs. 2 Satz 2, § 188 Abs. 2 BGB) zu bestimmen. ⁶Bei den am 1. 1. 1975 bereits laufenden Leistungen ist für die Bemessung weiterer Zuwendungen auf das Deckungskapital von der als Anlage 1 dem Einkommensteuergesetz beigefügten Tabelle und von dem Lebensalter auszugehen, das der Berechtigte am 1. 1. 1975 erreicht hat; auf das so ermittelte Deckungskapital sind die früheren Zuwendungen zum Deckungskapital anzurechnen. ⁷Läßt sich in den Fällen, in denen ein Trägerunternehmen die nach dem Zuwendungsgesetz (ZuwG) vom 26. 3. 1952 (BGBl. I S. 206) höchstzulässigen Jahreszuwendungen ausgeschöpft und die Zuwendungen nicht nach den im ZuwG aufgeführten Kategorien gegliedert hat, nicht mehr feststellen, welcher Teil dieser Zuwendungen auf das Deckungskapital vorgenommen wurde, kann das Trägerunternehmen die Gliederung der früheren Zuwendungen nach eigener Entscheidung vornehmen.

H 27 a (3)

Hinweise

Berechnungsbeispiel für die Zuwendung zum Deckungskapital

Deckungskapital zum 31. 12. 01 für die in 01 beginnenden laufenden Leistungen von jährlich 1.000 DM an die männlichen Leistungsempfänger

A (63 Jahre): 12 × 1.000 DM =	12.000 DM
B (58 Jahre): 13 × 1.000 DM =	13.000 DM
	25.000 DM
Der Kasse werden hiervon 01 nur zugewendet.	10.000 DM

Im Wirtschaftsjahr 02 oder in späteren Wirtschaftsjahren können der Kasse für die Leistungen an diese Empfänger nach § 4 d Abs. 1 Nr. 1 Buchstabe a EStG insgesamt 25.000 DM – 10.000 DM = 15.000 DM zugewendet werden.

R 27 a (4) Zuwendungen zum Reservepolster

(4) ¹Für die Ermittlung der Höhe der zulässigen Zuwendungen zum Reservepolster nach § 4 d Abs. 1 Nr. 1 Buchstabe b EStG besteht für Wirtschaftsjahre, die nach dem 31. 12. 1991 beginnen, ein Wahlrecht. ²Das Trägerunternehmen kann entweder vom Durchschnittsbetrag der jährlichen Versorgungsleistungen ausgehen, welche die begünstigten Leistungsanwärter im letzten Zeitpunkt der Anwartschaft, spätestens im Zeitpunkt der Vollendung des 65. Lebensjahrs, nach dem Leistungsplan der Kasse erhalten können (Grundsatzregelung). ³Statt dessen kann auch vom Durchschnittsbetrag der von der Kasse im Wirtschaftsjahr tatsächlich gewährten lebenslänglich laufenden Leistungen ausgegangen werden (Sonderregelung). ⁴Das Trägerunternehmen hat in dem Wirtschaftsjahr, ab dem dieses Wahlrecht besteht bzw. in dem erstmals Leistungen über eine Unterstützungskasse zugesagt wer-

§ 4 d EStG

den, zu entscheiden, ob die Ermittlung der Höhe der Zuwendungen zum Reservepolster nach der Grundsatzregelung oder der Sonderregelung erfolgen soll. ⁵An die getroffene Wahl ist es grundsätzlich fünf Wirtschaftsjahre lang gebunden, wobei diese Bindungswirkung frühestens ab dem Wirtschaftsjahr gilt, das nach dem 31. 12. 1993 beginnt. ⁶Die für das Wirtschaftsjahr zulässigen Zuwendungen zum Reservepolster ergeben sich, wenn auf den jeweils ermittelten Durchschnittsbetrag die nach § 4 d Abs. 1 Nr. 1 Buchstabe b Satz 1 EStG maßgebenden Vomhundertsätze angewandt werden und das Ergebnis mit der Anzahl der berücksichtigungsfähigen Leistungsanwärter vervielfältigt wird. ⁷Wird die Zuwendungshöhe nach der Grundsatzregelung berechnet, so ist für die Ermittlung des Durchschnittsbetrags die Summe der den Leistungsanwärtern jeweils zugesagten erreichbaren Leistungen nach den Verhältnissen am Ende des Wirtschaftsjahrs der Kasse maßgebend. ⁸Änderungen, die erst nach dem Bilanzstichtag wirksam werden, sind nur zu berücksichtigen, wenn sie am Bilanzstichtag bereits feststehen. ⁹Die Leistungen sind jeweils bezogen auf die einzelnen zulässigen Zuwendungssätze getrennt zu erfassen, wobei im Falle des § 4 d Abs. 1 Nr. 1 Buchstabe b Satz 1 Doppelbuchstabe aa EStG jeweils gesondert die Leistungen der Invaliditätsversorgung bzw. Hinterbliebenenversorgung und im Falle des Doppelbuchstabens bb die Leistungen der Altersversorgung zu berücksichtigen sind. ¹⁰Diese Summe, geteilt durch die Anzahl der jeweils berücksichtigungsfähigen Leistungsanwärter am Ende des Wirtschaftsjahrs der Kasse, ergibt den maßgebenden Durchschnittsbetrag, auf den die Zuwendungssätze von jeweils 6 v. H. oder 25 v. H. anzuwenden sind. ¹¹Wird die Zuwendungshöhe nach der Sonderregelung berechnet, so ist vom Durchschnittsbetrag der von der Kasse in ihrem Wirtschaftsjahr tatsächlich gewährten lebenslänglich laufenden Leistungen auszugehen. ¹²Zur Vereinfachung kann statt einer genaueren Berechnung als Durchschnittsbetrag der Betrag angenommen werden, der sich ergibt, wenn die Summe der im Wirtschaftsjahr der Kasse tatsächlich gezahlten lebenslänglich laufenden Leistungen durch die Zahl der am Ende ihres Wirtschaftsjahrs vorhandenen berücksichtigungsfähigen Leistungsempfänger geteilt wird. ¹³Auf diesen Durchschnittsbetrag sind die Zuwendungssätze von jeweils 25 v. H., 12 v. H. oder 6 v. H. anzuwenden.

Hinweise

Ermittlungszeitpunkt für die Höhe der Zuwendungen an eine Unterstützungskasse → BMF vom 7. 1. 1994 (BStBl I S. 18).

Ermittlungszeitpunkt für die Höhe der Zuwendungen an eine Unterstützungskasse

BMF vom 7. 1. 1994 (BStBl I S. 18)

IV B 2 – S 2144 c – 55/93

Zuwendungen eines Trägerunternehmens an eine Unterstützungskasse sind grundsätzlich in dem Wirtschaftsjahr als Betriebsausgaben abzuziehen, in dem sie geleistet werden. In welchem Umfang die Zuwendungen nach § 4 d EStG als Betriebsausgaben abgezogen werden dürfen, richtet sich nach den Verhältnissen am Schluß des Wirtschaftsjahres der Kasse, für das die Zuwendung erfolgt. Zu diesem Stichtag ist die Anzahl der nach dem geltenden Leistungsplan der Kasse begünstigten Leistungsempfänger bzw. Leistungsanwärter und die Höhe der den Leistungsempfängern gezahlten laufenden Leistungen bzw. die Höhe der von den Leistungsanwärtern erreichbaren Anwartschaften zu ermitteln. Diese Werte sind Grundlage für die Ermittlung der Höhe des Deckungskapitals und des sog. Reservepolsters nach § 4 d Abs. 1 Nr. 1 Buchstaben a und b EStG und des zulässigen Kassenvermögens auf den Schluß des Wirtschaftsjahres der Kasse.

Nach dem Ergebnis der Erörterung mit den obersten Finanzbehörden der Länder wird es nicht beanstandet, wenn unter sinngemäßer Anwendung der Grundsätze des § 241 Abs. 3 HGB die Anzahl der nach dem geltenden Leistungsplan der Kasse begünstigten Leistungsempfänger bzw. Leistungsanwärter und die Höhe der den Leistungsempfängern gezahlten laufenden Leistungen bzw. die Höhe der von den Leistungsanwärtern erreichbaren Anwartschaften nicht zum Schluß des Wirtschaftsjahres der Kasse ermittelt wird, sondern zu einem Stichtag, der höchstens drei Monate vor dem Schluß des Wirtschaftsjahres der Kasse

§ 4 d EStG
R 27 a   H 27 a (4)

liegt (Ermittlungsstichtag). Die Ermittlung hat für den Schluß des Wirtschaftsjahres der Kasse zu erfolgen. Dabei sind alle am Ermittlungsstichtag feststehenden Umstände zu berücksichtigen, soweit sie für die Berechnung des Deckungskapitals und des Reservepolsters sowie des zulässigen Kassenvermögens von Bedeutung sind. So ist z. B. ein Leistungsanwärter, der nach dem Ermittlungsstichtag, aber vor dem Schluß des Wirtschaftsjahres der Kasse das 30. Lebensjahr vollendet, bereits zu berücksichtigen. Gleiches gilt, wenn z. B. am Ermittlungsstichtag feststeht, daß ein geänderter Leistungsplan vor dem Schluß des Wirtschaftsjahres der Kasse in Kraft tritt.

Dieses Verfahren ist nur zulässig, wenn

a) der Ermittlungsstichtag höchstens drei Monate vor dem Bilanzstichtag des Trägerunternehmens liegt;

b) die Unterstützungskasse mindestens 100 Begünstigte hat;

c) die Ermittlung der Zuwendungen zum Reservepolster nach § 4 d Abs. 1 Nr. 1 Buchstabe b Satz 1 EStG erfolgt.

Soweit nach dem Ermittlungsstichtag und vor dem Schluß des Wirtschaftsjahres der Kasse außergewöhnliche Veränderungen des Kreises der Begünstigten eintreten oder eine Änderung des Leistungsplanes beschlossen wird, sind die zum Ermittlungsstichtag ermittelten Zuwendungen den Veränderungen anzupassen.

Die Berechnung der Höhe der Zuwendungen für Vorstandsmitglieder und Geschäftsführer von Kapitalgesellschaften richtet sich dagegen ausschließlich nach den Verhältnissen am Schluß des Wirtschaftsjahres der Kasse, für das die Zuwendungen erfolgen.

Es bestehen keine Bedenken, nach den vorstehenden Grundsätzen auch bei der Prüfung des zulässigen Vermögens nach § 5 Abs. 1 Nr. 3 Buchstabe e KStG zu verfahren. Bei Gruppenunterstützungskassen ist dies jedoch nur möglich, wenn alle Trägerunternehmen diese Grundsätze auf einen einheitlichen Stichtag hin anwenden.

R 27 a (5) Leistungsanwärter

(5) [1]Der Kreis der Leistungsanwärter umfaßt grundsätzlich alle Arbeitnehmer und ehemaligen Arbeitnehmer des Trägerunternehmens, soweit sie nicht bereits Empfänger lebenslänglich laufender Leistungen sind und nicht durch die Satzung oder den Leistungsplan der Kasse oder auf Grund von sonstigen Festlegungen oder Vereinbarungen ausdrücklich von lebenslänglich laufenden Leistungen der Kasse ausgeschlossen sind. [2]Wird der Durchschnittsbetrag nach der Grundsatzregelung ermittelt, so sind nur die Arbeitnehmer bzw. ehemaligen Arbeitnehmer des Trägerunternehmens als Leistungsanwärter anzusehen, die am Schluß des Wirtschaftsjahrs der Kasse, für das die Zuwendung erfolgt, das 30. Lebensjahr vollendet haben. [3]Wird der Durchschnittsbetrag nach der Sonderregelung ermittelt, sind nur die Arbeitnehmer bzw. ehemaligen Arbeitnehmer des Trägerunternehmens als Leistungsanwärter anzusehen, die am Schluß des Wirtschaftsjahrs der Kasse, für das die Zuwendung erfolgt, das 50. Lebensjahr vollendet haben. [4]Bei Zusagen von Hinterbliebenenversorgung ohne Altersversorgung gilt die Person als Leistungsanwärter, bei deren Ableben die Hinterbliebenenversorgung einsetzt; hierbei ist nicht zu prüfen, ob Angehörige vorhanden sind, die Anspruch auf eine Versorgung haben. [5]Angehörige des Unternehmers oder von Mitunternehmern des Trägerunternehmens dürfen nur als Leistungsanwärter berücksichtigt werden, soweit ein steuerlich anzuerkennendes Arbeitsverhältnis (→ R 19) vorliegt. [6]Personen, die mit einer unverfallbaren Anwartschaft aus dem Trägerunternehmen ausgeschieden sind, gehören unter den vorstehenden Voraussetzungen zu den Leistungsanwärtern, solange die Kasse mit einer späteren Inanspruchnahme zu rechnen hat; sofern der Kasse nicht bereits vorher bekannt ist, daß Leistungen nicht zu gewähren sind, braucht bei diesen Personen die Frage, ob die Kasse mit einer Inanspruchnahme zu rechnen hat, erst nach Erreichen der Altersgrenze geprüft zu werden. [7]Personen, bei denen bis zum Ablauf des auf das Erreichen der Altersgrenze folgenden Wirtschaftsjahrs nicht feststeht, daß die Kasse mit einer Inanspruchnahme zu rechnen hat, gehören vom Ende dieses Wirtschaftsjahrs an nicht mehr zu den Leistungsanwärtern.

§ 4 d EStG

Rückgedeckte Unterstützungskasse

Allgemeines

R 27 a (6)

(6) ¹Soweit die Unterstützungskasse die einem Leistungsempfänger oder einem Leistungsanwärter zugesagten Leistungen ganz oder teilweise durch den Abschluß einer Versicherung abgesichert hat, liegt eine rückgedeckte Unterstützungskasse vor. ²Das Trägerunternehmen kann insoweit nur Zuwendungen im Sinne von § 4 d Abs. 1 Nr. 1 Buchstabe c EStG mit steuerlicher Wirkung vornehmen.

Zuwendungen für Leistungsempfänger

R 27 a (7)

(7) ¹Werden die zugesagten Leistungen erst nach Eintritt des Versorgungsfalls rückgedeckt, so können hierfür Einmalprämien mit steuerlicher Wirkung zugewendet werden. ²§ 4 d Abs. 1 Nr. 1 Buchstabe c Satz 2 bis 4 EStG ist nicht anzuwenden.

Zuwendungen für Leistungsanwärter

R 27 a (8)

(8) ¹Das Trägerunternehmen kann die für den einzelnen Leistungsanwärter an die Kasse zugewendeten Versicherungsprämien nur als Betriebsausgaben geltend machen, wenn es sich um laufende Prämien handelt. ²Dies ist bei Zusagen einer Altersversorgung der Fall, wenn es sich um eine Versicherung handelt, bei der in jedem Jahr zwischen Vertragsabschluß und Zeitpunkt, für den erstmals Leistungen der Altersversorgung vorgesehen sind, Prämien zu zahlen sind. ³Der Zeitpunkt, für den erstmals Leistungen der Altersversorgung vorgesehen sind, darf nicht vor Vollendung des 55. Lebensjahrs des begünstigten Leistungsanwärters liegen. ⁴Werden Leistungen der Invaliditäts- oder Hinterbliebenenversorgung rückversichert, so muß die abgeschlossene Versicherung eine Mindestlaufzeit bis zu dem Zeitpunkt haben, an dem der Leistungsanwärter sein 55. Lebensjahr vollendet. ⁵Eine Versicherung mit kürzerer Laufzeit ist nur begünstigt, wenn feststeht, daß im Anschluß an die Laufzeit des Versicherungsvertrags eine Zusage auf Altersversorgung besteht; ist diese rückgedeckt, müssen die Voraussetzungen der Sätze 2 und 3 erfüllt sein. ⁶Der Abzug der Zuwendungen als Betriebsausgabe ist in dem Wirtschaftsjahr ausgeschlossen, in dem die Kasse zu irgendeinem Zeitpunkt die Ansprüche aus der Versicherung zur Sicherung eines Darlehens verwendet. ⁷Soweit einem Leistungsanwärter vor Vollendung des 30. Lebensjahrs Zusagen mit vertraglicher Unverfallbarkeit gewährt werden, können hierfür laufende Prämien als Zuwendungen nur berücksichtigt werden, wenn die Bestimmungen der vertraglichen Unverfallbarkeit mindestens den Berechnungsvorschriften des § 2 Abs. 1 BetrAVG entsprechen.

Anhang 7

Kürzung der als Betriebsausgabe abzugsfähigen Prämien

R 27 a (9)

(9) ¹Laufende Prämien sind bezogen auf die notwendige und vereinbarte Versicherungssumme nur begünstigt, wenn sie der Höhe nach entweder gleich bleiben oder steigen. ²Eine gleichbleibende Prämie liegt in diesen Fällen auch vor, wenn die von dem Unterstützungskasse jährlich zu zahlende Prämie mit Gewinngutschriften aus dem Versicherungsvertrag verrechnet wird. ³In diesen Fällen kann der Kasse nur der verbleibende Restbetrag steuerbegünstigt zugewendet werden. ⁴Entsprechendes gilt, wenn die Gewinngutschriften durch die Kasse nicht mit fälligen Prämien verrechnet und auch nicht zur Erhöhung der Rückdeckkungsquote hinsichtlich der bestehenden Zusage verwendet werden.

Hinweise

H 27 a (9)

**Zuwendungen an rückgedeckte Unterstützungskassen
– Erstmalige Anwendung von R 27 a Abs. 9 EStR 1993**

BMF vom 26. 1. 1996 – IV B 2 – S 2144 c – 1/96

R 27 a Abs. 9 EStR 1993 regelt, in welchen Fällen die als Betriebsausgaben abzugsfähigen Beiträge i. S. des § 4 d Abs. 1 Satz 1 Nr. 1 Buchst. c EStG zu kürzen sind. Danach wirken sich Beiträge eines Trägerunternehmens an eine rückgedeckte Unterstützungskasse grundsätzlich nur in Höhe des Betrags steuermindernd aus, der vom Jahresbeitrag verbleibt, wenn die der Kasse zustehende Gewinngutschrift aus dem Versicherungsvertrag abgezogen wird. Wird die Gewinngutschrift zur Erhöhung der Rückdeckungsquote für die bestehende Zusage verwendet, werden die als Betriebsausgaben abzugsfähigen Beiträge i. S. des § 4 d Abs. 1 Satz 1 Nr. 1 Buchst. c EStG ausnahmsweise nicht gekürzt.

§ 4 d EStG
R 27 a   H 27 a (9, 11)

Nach dem Ergebnis einer Erörterung mit den obersten Finanzbehörden der Länder ist die Richtlinienregelung bereits ab dem Veranlagungszeitraum 1992 anzuwenden. Sie beruht auf der durch das StÄndG 1992 geänderten Fassung des § 4 d EStG, die erstmals für Wirtschaftsjahre anzuwenden ist, die nach dem 31. 12. 1991 beginnen (vgl. § 53 Abs. 5 c EStG i. d. F. des StÄndG 1992, BStBl I 1992 S. 146, 157). Für einen von der gesetzlichen Regelung abweichenden Vertrauensschutz ist kein Raum. Die Finanzverwaltung hat keinen Vertrauenstatbestand geschaffen, wonach ab 1992 andere als die in R 27 a Abs. 9 EStR 1993 dargelegten Grundsätze gelten sollten.

R 27 a (10) Nachweispflicht

(10) Das Trägerunternehmen hat die Voraussetzungen des § 4 d Abs. 1 Nr. 1 Buchstabe c EStG im Jahr der Zuwendung nachzuweisen.

R 27 a (11) Zuwendungen für nicht lebenslänglich laufende Leistungen

(11) ¹Kassen, die nicht lebenslänglich laufende Leistungen gewähren, können jährlich 0,2 v. H. der jährlichen Lohn- und Gehaltssumme bis zur Höchstgrenze von 1 v. H. der durchschnittlichen Lohn- und Gehaltssumme der jeweils letzten drei Wirtschaftsjahre zugewendet werden. ²In einem Wirtschaftsjahr dürfen der Kasse auch dann nur höchstens 0,2 v. H. der jährlichen Lohn- und Gehaltssumme zugewendet werden, wenn in einem vorangegangenen Wirtschaftsjahr weniger als 0,2 v. H. der jährichen Lohn- und Gehaltssumme zugewendet worden sind. ³Eine Ausnahme gilt lediglich für den Ersatz tatsächlicher Kassenleistungen.

H 27 a (11) Hinweise

Beispiel

Lohn- und Gehaltssumme des Trägerunternehmens im Wirtschaftsjahr 01	1.000.000 DM
Die Zuwendung beträgt 01	1.000 DM
und liegt damit unter der möglichen Zuwendung von 0,2 v. H. von 1.000.000 DM = 2.000 DM.	
Lohn- und Gehaltssumme 02 bis 05 je	1.200.000 DM
Zuwendungen 02 bis 05 je 0,2 v. H. von 1.200.000 DM, zusammen	9.600 DM
Kassenleistungen 01 bis 05 zusammen	4.000 DM
Lohn- und Gehaltssumme 06	1.500.000 DM
Tatsächliche Kassenleistungen 06	12.000 DM
In 06 können der Kasse statt der normalen Zuwendung von 0,2 v. H. von 1.500.000 DM = 3.000 DM zugewendet werden:	
– die tatsächlichen Kassenleistungen 06 von	12.000 DM
– abzüglich der aus den vorangegangenen 5 Wirtschaftsjahren noch nicht durch Leistungen aufgezehrten Zuwendungen (10.600 DM – 4.000 DM =)	6.600 DM
	5.400 DM

R 27 a (12) Lohn- und Gehaltssumme

(12) ¹Zur Lohn- und Gehaltssumme im Sinne des § 4 d Abs. 1 Nr. 2 EStG gehören alle Arbeitslöhne im Sinne des § 19 Abs. 1 Nr. 1 EStG, soweit sie nicht von der Einkommensteuer befreit sind. ²Zuschläge für Mehrarbeit und für Sonntags-, Feiertags- und Nachtarbeit gehö-

ren zur Lohn- und Gehaltssumme, auch soweit sie steuerbefreit sind. ³Wegen der Vergütungen an Personen, die nicht Arbeitnehmer sind, → Absatz 15.

Kassenvermögen der Unterstützungskasse　　　　　　　　　　　　　　　R 27 a (13)

(13) ¹Zuwendungen an eine Unterstützungskasse sind beim Trägerunternehmen nur abziehbar, soweit am Schluß des Wirtschaftsjahrs der Kasse das tatsächliche Kassenvermögen nicht höher ist als das zulässige Kassenvermögen (§ 4 d Abs. 1 Nr. 1 Satz 2 bis 4 und Nr. 2 Satz 2 EStG). ²Weicht das Wirtschaftsjahr der Kasse von dem des Trägerunternehmens ab, so ist das Wirtschaftsjahr der Kasse maßgebend, das vor dem Ende des Wirtschaftsjahrs des Trägerunternehmens endet. ³Für den Ansatz des Versicherungsanspruchs aus Rückdeckungsversicherungen bei der Bewertung des Kassenvermögens ist R 41 Abs. 26 entsprechend anzuwenden. ⁴Bei Kassen, die sowohl lebenslänglich laufende als auch nicht lebenslänglich laufende Leistungen gewähren, ist sowohl das tatsächliche als auch das zulässige Kassenvermögen für beide Gruppen von Leistungen gemeinsam festzustellen.

Hinweise　　　　　　　　　　　　　　　　　　　　　　　　　　　　　　　H 27 a (13)

Beispiel

Tatsächliches Kassenvermögen einer Unterstützungskasse mit lebenslänglich laufenden und nicht lebenslänglich laufenden Leistungen am 31.12.02 vor der Zuwendung für 02 720.000 DM.

Die Kasse zahlt an bereits laufenden jährlichen Altersrenten seit 01 an 14 Berechtigte insgesamt 33.600 DM, d. h. durchschnittlich 2.400 DM.

Das Deckungskapital hierfür betrug bei Beginn der Leistungen im Jahr 01 340.000 DM, zum 31.12.02 336.000 DM (340.000 DM voll zugewendet).

Am 1.1.02 kommen 3 laufende Leistungen mit je 2.400 DM Jahresrente hinzu (Alter der männlichen Berechtigten 65 Jahre).

Die Kasse hat daneben insgesamt 80 Leistungsanwärter. Diesen ist nach den Verhältnissen zum 31. 12. 02 eine durchschnittliche Jahresrente von 2.400 DM zugesagt. 10 Leistungsanwärter haben am 31. 12. 02 das 30. Lebensjahr noch nicht vollendet. 10 Leistungsanwärter haben zu diesem Zeitpunkt das 50. Lebensjahr vollendet. Die Lohn- und Gehaltssumme des Trägerunternehmens beträgt in allen Jahren je 1.500.000 DM.

Der Kasse können 02 folgende Beträge zugewendet werden:

a) Das Deckungskapital für die
neu hinzugekommenen laufenden
Leistungen in Höhe von
11 x 2.400 DM x 3 = ... 79.200 DM

b) Zuwendungen zum Reservepolster
für lebenslänglich laufende Leistungen:

   aa) Nach dem Grundsatz:

   Durchschnitt der Anwartschaften 2.400 DM,

   hiervon 25 v. H. (§ 4 d Abs. 1 Nr. 1 Buchstabe b
   Doppelbuchstabe bb EStG) = 600 DM, vervielfältigt
   mit der Zahl der berücksichtigungsfähigen
   Leistungsanwärter: 600 DM x 70 = ... 42.000 DM

   bb) Nach der Sonderregelung:

   Durchschnitt der laufenden Leistungen 02:

   33.600 DM + (3 x 2.400 DM) =
   40.800 DM : 17 Empfänger = 2.400 DM,

   hiervon 25 v. H. (§ 4 d Abs. 1 Nr. 1 Buchstabe b
   Doppelbuchstabe bb EStG) = 600 DM, vervielfältigt
   mit der Zahl der berücksichtigungsfähigen
   Leistungsanwärter: 600 DM x 10 = ... 6.000 DM

c) Zuwendungen für nicht lebenslänglich laufende
Leistungen: 0,2 v. H. von 1.500.000 DM = ... 3.000 DM

§ 4 d EStG
R 27 a   H 27 a (13)

Der Zuwendungsumfang beträgt
unter Berücksichtigung von
b) aa) 124.200 DM
und unter Berücksichtigung von
b) bb) 88.200 DM.
Zulässiges Kassenvermögen am 31. 12. 02:
Deckungskapital für die laufenden Leistungen
(336.000 DM + 79.200 DM =) .... 415.200 DM
Reservepolster für lebenslänglich laufende Leistungen
– nach b) aa) 42.000 DM × 8 = ... 336.000 DM
– nach b) bb) 6.000 DM × 8 = ... 48.000 DM
Reservepolster für nicht lebenslänglich
laufende Leistungen (1 v. H. von 1.500.000 DM =) .... 15.000 DM

Das tatsächliche Kassenvermögen von bisher 720.000 DM würde nach der Zuwendung von 124.200 DM – b) aa) – insgesamt 844.200 DM betragen und damit das zulässige Kassenvermögen von (415.200 DM + 336.000 DM + 15.000 DM) 766.200 DM um 78.000 DM übersteigen. Es sind deshalb nicht 124.200 DM, sondern nur (124.200 DM – 78.000 DM) 46.200 DM der Zuwendungen als Betriebsausgaben abziehbar. Unter Berücksichtigung des Zuwendungsumfangs unter b) bb) beträgt das zulässige Kassenvermögen nur (415.200 DM + 48.000 DM + 15.000 DM) 478.200 DM. In diesem Fall kann die Zuwendung in 02 nicht als Betriebsausgabe abgezogen werden.

R 27 a (14) Sonderfälle

(14) ¹Bei Konzern- und Gruppenkassen ist die Bemessungsgrundlage für die Zuwendungen zum Reservepolster für jedes Trägerunternehmen gesondert nach den bei diesen Unternehmen vorliegenden Tatbeständen zu errechnen. ²Die auf das einzelne Trägerunternehmen entfallenden Teile des tatsächlichen und zulässigen Kassenvermögens sind ebenfalls jeweils getrennt festzustellen. ³Leistet ein Trägerunternehmen Zuwendungen an mehrere Unterstützungskassen, so sind diese Kassen bei der Ermittlung der Höhe der steuerbegünstigten Zuwendungen im Sinne von § 4 d EStG als Einheit zu behandeln (→ § 4 d Abs. 1 Satz 3 EStG). ⁴Für die Ermittlung der zulässigen Gesamtzuwendungen sind danach die Verhältnisse bei den Kassen zu berücksichtigen. ⁵An welche Kasse letztlich tatsächlich Zuwendungen erfolgen, ist hierbei unbeachtlich (→ BFH vom 8.11.1989 – BStBl 1990 II S. 210).

R 27 a (15)

Anhang 7

(15) ¹Bei der Berechnung der Zuwendungen können neben den Arbeitnehmern auch Personen berücksichtigt werden, die nicht Arbeitnehmer sind, z. B. Handelsvertreter, wenn ihnen nach der Satzung der Unterstützungskasse Leistungen aus Anlaß ihrer Tätigkeit für ein Trägerunternehmen zugesagt worden sind (§ 17 Abs. 1 Satz 2 BetrAVG). ²Die Provisionszahlungen oder sonstigen Entgelte an diese Personen sind zur Lohn- und Gehaltssumme im Sinne des § 4 d Abs. 1 Nr. 2 EStG zu rechnen.

R 27 a (16) Nachträgliche Zuwendungen

(16) ¹Eine Rückstellung nach § 4 d Abs. 2 EStG kommt in den Fällen in Betracht, in denen das Unternehmen innerhalb eines Monats nach Aufstellung oder Feststellung der Handelsbilanz an die Unterstützungskasse Zuwendungen vornimmt. ²Für den Umfang der Rückstellung sind die Verhältnisse am Ende des Wirtschaftsjahrs, für das die Rückstellung erfolgt, maßgebend.

§ 5
Gewinn bei Vollkaufleuten und bei bestimmten anderen Gewerbetreibenden

(1) ¹Bei Gewerbetreibenden, die auf Grund gesetzlicher Vorschriften verpflichtet sind, Bücher zu führen und regelmäßig Abschlüsse zu machen, oder die ohne eine solche Verpflichtung Bücher führen und regelmäßig Abschlüsse machen, ist für den Schluß des Wirtschaftsjahrs das Betriebsvermögen anzusetzen (§ 4 Abs. 1 Satz 1), das nach den handelsrechtlichen Grundsätzen ordnungsmäßiger Buchführung auszuweisen ist. ²Steuerrechtliche Wahlrechte bei der Gewinnermittlung sind in Übereinstimmung mit der handelsrechtlichen Jahresbilanz auszuüben.

(2) Für immaterielle Wirtschaftsgüter des Anlagevermögens ist ein Aktivposten nur anzusetzen, wenn sie entgeltlich erworben wurden.

(3) ¹Rückstellungen wegen Verletzung fremder Patent-, Urheber- oder ähnlicher Schutzrechte dürfen erst gebildet werden, wenn

1. der Rechtsinhaber Ansprüche wegen der Rechtsverletzung geltend gemacht hat oder
2. mit einer Inanspruchnahme wegen der Rechtsverletzung ernsthaft zu rechnen ist.

²Eine nach Satz 1 Nr. 2 gebildete Rückstellung ist spätestens in der Bilanz des dritten auf ihre erstmalige Bildung folgenden Wirtschaftsjahrs gewinnerhöhend aufzulösen, wenn Ansprüche nicht geltend gemacht worden sind.

(4) Rückstellungen für die Verpflichtung zu einer Zuwendung anläßlich eines Dienstjubiläums dürfen nur gebildet werden, wenn das Dienstverhältnis mindestens zehn Jahre bestanden hat, das Dienstjubiläum das Bestehen eines Dienstverhältnisses von mindestens 15 Jahren voraussetzt und die Zusage schriftlich erteilt ist.

(5) ¹Als Rechnungsabgrenzungsposten sind nur anzusetzen

1. auf der Aktivseite Ausgaben vor dem Abschlußstichtag, soweit sie Aufwand für eine bestimmte Zeit nach diesem Tag darstellen;
2. auf der Passivseite Einnahmen vor dem Abschlußstichtag, soweit sie Ertrag für eine bestimmte Zeit nach diesem Tag darstellen.

²Auf der Aktivseite sind ferner anzusetzen

1. als Aufwand berücksichtigte Zölle und Verbrauchsteuern, soweit sie auf am Abschlußstichtag auszuweisende Wirtschaftsgüter des Vorratsvermögens entfallen,
2. als Aufwand berücksichtigte Umsatzsteuer auf am Abschlußstichtag auszuweisende Anzahlungen.

(6) Die Vorschriften über die Entnahmen und die Einlagen, über die Zulässigkeit der Bilanzänderung, über die Betriebsausgaben, über die Bewertung und über die Absetzung für Abnutzung oder Substanzverringerung sind zu befolgen.

R 28. Allgemeines

¹**Gesetzliche Vorschriften** für die Buchführung und den Jahresabschluß im Sinne des § 5 Abs. 1 Satz 1 EStG sind die handelsrechtlichen Vorschriften (§§ 238, 240, 242, 264, 336 und 340 a HGB, § 55 Abs. 1 Satz 3 Versicherungsaufsichtsgesetz) und die Vorschriften des § 141 AO. ²Nicht darunter fallen Vorschriften, die nur die Führung bestimmter Geschäftsbücher vorschreiben, aber keine Abschlüsse verlangen.

---

¹) Zur Anwendung → § 52 Abs. 6 EStG:

„(6) ¹Rückstellungen für die Verpflichtung zu einer Zuwendung anläßlich eines Dienstjubiläums dürfen nur gebildet werden, soweit der Zuwendungsberechtigte seine Anwartschaft nach dem 31. Dezember 1992 erwirbt. ²Bereits gebildete Rückstellungen sind in den Bilanzen des nach dem 30. Dezember 1988 endenden Wirtschaftsjahrs und der beiden folgenden Wirtschaftsjahre mit mindestens je einem Drittel gewinnerhöhend aufzulösen."

Hinweise

AO-Anwendungserlaß zu § 140 vom 24. 9. 1987 (BStBl I S. 664) und AO-Kartei, § 140 Karte 1.

Betriebsvermögensvergleich für gewerbliche Betriebe
→ R 12 Abs. 2

Bodengewinnbesteuerung
→ H 236 (Abschreibung auf den niedrigeren Teilwert, Bodengewinnbesteuerung, Personenhandelsgesellschaften)

Buchführungspflicht einer Personenhandelsgesellschaft für ihr gesamtes Betriebsvermögen (→ R 13 Abs. 2) einschließlich etwaigen Sonderbetriebsvermögens der Gesellschafter ergibt sich aus § 141 AO (→ BFH vom 23. 10. 1990 – BStBl 1991 II S. 401 und vom 11. 3. 1992 – BStBl II S. 797).

Nach § 238 HGB besteht für Kommanditgesellschaften, die auf Grund von § 6 Abs. 1 HGB Kaufleute sind, Buchführungspflicht. Diese Verpflichtung gilt nach § 140 AO auch für die Besteuerung. Nach handelsrechtlichen Vorschriften ist diese Verpflichtung bei Personengesellschaften allerdings nur für ihr Gesamthandsvermögen vorgesehen, nicht aber für das im Eigentum der Gesellschafter stehende etwaige Sonderbetriebsvermögen. Für das gesamte Vermögen der Mitunternehmerschaft ergibt sich eine Buchführungspflicht jedoch aus § 141 AO. Nach dieser Vorschrift sind Unternehmer verpflichtet, Bücher zu führen und regelmäßige Abschlüsse zu machen, wenn sie bestimmte Grenzen an Umsatz, Betriebsvermögen oder Gewinn überschreiten. Dabei muß das gesamte Betriebsvermögen der Mitunternehmerschaft berücksichtigt werden, weil es dem Betriebsvermögen der Personengesellschaft gleichsteht. Das folgt daraus, daß der Mitunternehmer mit seinem Sonderbetriebsvermögen regelmäßig keinen eigenen Betrieb unterhält und deshalb auch nicht als Unternehmer im Sinne von § 141 AO angesehen werden kann.

Gewinnermittlung für Sonderbetriebsvermögen der Gesellschafter einer gewerblich tätigen Personenhandelsgesellschaft (→ R 13 Abs. 2) richtet sich ebenfalls nach § 5 EStG (→ BFH vom 11. 3. 1992 – BStBl II S. 797); sie erfolgt in der Weise, daß die Steuerbilanz der Gesellschaft mit den Ergebnissen etwaiger Ergänzungsbilanzen und den Sonderbilanzen der Gesellschafter zusammengefaßt wird.

Handelsregister
– **Eintragung im Handelsregister** ist für Annahme eines Gewerbebetriebs allein nicht entscheidend (→ BFH vom 29. 1. 1952 – BStBl III S. 99 und vom 14. 2. 1956 – BStBl III S. 103).
– **Personengesellschaft** – Ist eine Personengesellschaft in das Handelsregister eingetragen, so besteht die Vermutung, daß gewerbliche Einkünfte vorliegen (→ BFH vom 6. 10. 1977 – BStBl 1978 II S. 54). Diese Vermutung kann durch den Nachweis widerlegt werden, daß die Personengesellschaft eindeutig kein Handelsgewerbe betreibt (→ BFH vom 19. 3. 1981 – BStBl II S. 527).
– **Saatzuchtbetrieb** – Inhaber eines Saatzuchtbetriebs erzielt auch dann Einkünfte aus Land- und Forstwirtschaft, wenn seine Firma im Handelsregister eingetragen ist.

Anhang 10 §§ 238 bis 263 HGB → Anhang 10
→ auch R 135 ff. zu § 15 EStG

R 29. Ordnungsmäßige Buchführung

S 2160 **Allgemeines**

(1) ¹Bei der Gewinnermittlung nach § 5 EStG sind – soweit sich aus den Steuergesetzen nichts anderes ergibt – die handelsrechtlichen Rechnungslegungsvorschriften sowie die Vorschriften der §§ 140 bis 148, 154 AO zu beachten. ²Handelsrechtliche Rechnungslegungsvorschriften im Sinne des Satzes 1 sind die Vorschriften des Ersten Abschnitts, für Kapitalgesellschaften außerdem die des Zweiten Abschnitts des Dritten Buchs des HGB. ³Entsprechen die Buchführung und die Aufzeichnungen des Steuerpflichtigen diesen Vorschriften, so sind sie

der Besteuerung zugrunde zu legen, soweit nach den Umständen des Einzelfalles kein Anlaß ist, ihre sachliche Richtigkeit zu beanstanden (§ 158 AO).

Handelsrechtliche Grundsätze ordnungsmäßiger Buchführung

(2) ¹Eine Buchführung ist ordnungsmäßig, wenn die für die kaufmännische Buchführung erforderlichen Bücher geführt werden, die Bücher förmlich in Ordnung sind und der Inhalt sachlich richtig ist (→ BFH vom 25. 3. 1954 – BStBl III S. 195). ²Der Jahresabschluß muß „innerhalb der einem ordnungsmäßigen Geschäftsgang entsprechenden Zeit" (§ 243 Abs. 3 HGB) aufgestellt werden (→ BFH vom 6. 12. 1983 – BStBl 1984 II S. 227); bei Kapitalgesellschaften gilt § 264 Abs. 1 HGB. ³Bei Aufstellung der Bilanz sind alle diejenigen wertaufhellenden Umstände zu berücksichtigen, die für die Verhältnisse am Bilanzstichtag von Bedeutung sind. ⁴Ein bestimmtes Buchführungssystem ist nicht vorgeschrieben; allerdings muß bei Kaufleuten, soweit sie nicht Minderkaufleute im Sinne des § 4 HGB sind, die Buchführung den Grundsätzen der doppelten Buchführung entsprechen (§ 242 Abs. 3 HGB). ⁵Im übrigen muß die Buchführung so beschaffen sein, daß sie einem sachverständigen Dritten innerhalb angemessener Zeit einen Überblick über die Geschäftsvorfälle und über die Vermögenslage des Unternehmens vermitteln kann. ⁶Die Geschäftsvorfälle müssen sich in ihrer Entstehung und Abwicklung verfolgen lassen (§ 238 Abs. 1 HGB; → auch BFH vom 18. 2. 1966 – BStBl III S. 496 und vom 23. 9. 1966 – BStBl 1967 III S. 23). ⁷Eine Personengesellschaft ist nicht verpflichtet, auf den Stichtag eines Gesellschafterwechsels eine Zwischenbilanz aufzustellen (→ BFH vom 9. 12. 1976 – BStBl 1977 II S. 241).

Ordnungsmäßige Eintragung in den Geschäftsbüchern

(3) ¹Die Eintragungen in den Geschäftsbüchern und die sonst erforderlichen Aufzeichnungen müssen vollständig, richtig, zeitgerecht und geordnet vorgenommen werden (§ 239 Abs. 2 HGB). ²Die zeitgerechte Erfassung der Geschäftsvorfälle erfordert – mit Ausnahme des baren Zahlungsverkehrs – keine tägliche Aufzeichnung. ³Es muß jedoch ein zeitlicher Zusammenhang zwischen den Vorgängen und ihrer buchmäßigen Erfassung bestehen (→ BFH vom 25. 3. 1992 – BStBl II S. 1010). ⁴Werden bei der Erstellung der Buchführung die Geschäftsvorfälle nicht laufend, sondern nur periodenweise gebucht, ist es nicht zu beanstanden, wenn die grundbuchmäßige Erfassung der Kreditgeschäfte eines Monats bis zum Ablauf des folgenden Monats erfolgt, sofern durch organisatorische Vorkehrungen sichergestellt ist, daß Buchführungsunterlagen bis zu ihrer grundbuchmäßigen Erfassung nicht verlorengehen, z. B. durch laufende Numerierung der eingehenden und ausgehenden Rechnungen oder durch ihre Abheftung in besonderen Mappen oder Ordnern; die allgemeinen Anforderungen an die Ordnungsmäßigkeit der Buchführung nach Absatz 2 müssen auch in diesem Fall erfüllt sein. ⁵Die Funktion der Grundbuchaufzeichnungen kann auf Dauer auch durch eine geordnete und übersichtliche Belegablage erfüllt werden (§ 239 Abs. 4 HGB; § 146 Abs. 5 AO). ⁶Einzelhändler brauchen die Kasseneinnahmen in der Regel nicht einzeln aufzuzeichnen (→ BFH vom 12. 5. 1966 – BStBl III S. 371).

Ordnungsmäßige Buchführung bei Kreditgeschäften

(4) ¹Bei Kreditgeschäften sind die Entstehung der Forderungen und Schulden und ihre Tilgung grundsätzlich als getrennte Geschäftsvorfälle zu behandeln. ²Bei einer doppelten Buchführung ist für Kreditgeschäfte in der Regel ein Kontokorrentkonto (→ BFH vom 18. 2. 1966 – BStBl III S. 496), unterteilt nach Schuldnern und Gläubigern, zu führen. ³Es ist jedoch nicht zu beanstanden, wenn Waren- und Kostenrechnungen, die innerhalb von acht Tagen nach Rechnungseingang oder innerhalb der ihrem gewöhnlichen Durchlauf durch den Betrieb entsprechenden Zeit beglichen werden, kontokorrentmäßig nicht erfaßt werden.

Kontokorrentbuch

(5) ¹Neben der Erfassung der Kreditgeschäfte in einem Grundbuch müssen die unbaren Geschäftsvorfälle, aufgegliedert nach Geschäftsfreunden, kontenmäßig dargestellt werden. ²Dies kann durch Führung besonderer Personenkonten oder durch eine geordnete Ablage der nicht ausgeglichenen Rechnungen (Offene-Posten-Buchhaltung) erfüllt werden. ³Ist die Zahl der Kreditgeschäfte verhältnismäßig gering, so gelten hinsichtlich ihrer Erfassung die folgenden Erleichterungen:

a) Besteht kein laufender unbarer Geschäftsverkehr mit Geschäftsfreunden, so müssen für jeden Bilanzstichtag über die an diesem Stichtag bestehenden Forderungen und Schulden Personenübersichten aufgestellt werden (→ BFH vom 23. 2. 1951 – BStBl III S. 75).

b) ¹Einzelhändler und Handwerker können Krediteinkäufe und Kreditverkäufe kleineren Umfangs vereinfacht buchen. ²Es genügt, wenn sie die Wareneinkäufe auf Kredit im Wareneingangsbuch in einer besonderen Spalte als Kreditgeschäfte kennzeichnen und den Tag der Begleichung der Rechnung vermerken. ³Bei Kreditverkäufen ist es insoweit ausreichend, wenn sie einschließlich der Zahlung in einer Kladde festgehalten werden, die als Teil der Buchführung aufzubewahren ist. ⁴Außerdem müssen in beiden Fällen für jeden Bilanzstichtag Personenübersichten aufgestellt werden.

Mängel und Ordnungsmäßigkeit der Buchführung

(6) ¹Enthält die Buchführung **formelle** Mängel, so ist ihre Ordnungsmäßigkeit nicht zu beanstanden, wenn die Voraussetzungen des Absatzes 2 erfüllt sind, das sachliche Ergebnis der Buchführung nicht beeinflußt wird und die Mängel keinen erheblichen Verstoß gegen die Anforderungen der Absätze 3 bis 5, 7 und 8 bedeuten. ²Enthält die Buchführung **materielle** Mängel, z. B. Geschäftsvorfälle sind nicht oder falsch gebucht, so wird ihre Ordnungsmäßigkeit dadurch nicht berührt, wenn es sich dabei um unwesentliche Mängel handelt, z. B. nur unbedeutende Vorgänge sind nicht oder falsch dargestellt. ³Die Fehler sind dann zu berichtigen, oder das Buchführungsergebnis ist durch eine Zuschätzung richtigzustellen. ⁴Bei schwerwiegenden materiellen Mängeln gilt R 12 Abs. 2 Satz 2.

Aufbewahrungsfristen

(7) ¹Nach § 147 AO sind Bücher und Aufzeichnungen, Inventare, Jahresabschlüsse, Lageberichte, die Eröffnungsbilanz sowie die zu ihrem Verständnis erforderlichen Arbeitsanweisungen und sonstigen Organisationsunterlagen grundsätzlich zehn Jahre, Handels- oder Geschäftsbriefe, Buchungsbelege oder sonstige Unterlagen, soweit sie für die Besteuerung von Bedeutung sind, grundsätzlich sechs Jahre aufzubewahren, sofern nicht in anderen Steuergesetzen kürzere → Aufbewahrungsfristen zugelassen sind. ²Die Aufbewahrungsfrist läuft jedoch nicht ab, soweit und solange die Unterlagen für Steuern von Bedeutung sind, für welche die allgemeine Festsetzungsfrist (§ 169 Abs. 2 Satz 1 AO) noch nicht abgelaufen ist (§ 147 Abs. 3 Satz 2 AO). ³Haben Rechnungen usw. Buchfunktion, z. B. bei der Offene-Posten-Buchhaltung, so sind sie so lange wie Bücher aufzubewahren. ⁴Eine Aufbewahrung der Registrierkassenstreifen, Kassenzettel, Bons und dergleichen ist im Einzelfall nicht erforderlich, wenn der Zweck der Aufbewahrung in anderer Weise gesichert und die Gewähr der Vollständigkeit der von Registrierkassenstreifen usw. übertragenen Aufzeichnungen nach den tatsächlichen Verhältnissen gegeben ist (→ BFH vom 12. 5. 1966 – BStBl III S. 371). ⁵Diese Voraussetzungen sind hinsichtlich der Registrierkassenstreifen regelmäßig erfüllt, wenn Tagesendsummenbons aufbewahrt werden, die die Gewähr der Vollständigkeit bieten und die folgenden Angaben enthalten: Name des Geschäfts, Datum und Tagesendsumme.

Anhang 10 ¹)

Buchführung auf Datenträgern

(8) ¹Die Bücher und die sonst erforderlichen Aufzeichnungen können auch auf Datenträgern, z. B. Magnetplatten, Magnetbändern, Disketten, geführt werden, soweit diese Formen der Buchführung einschließlich des dabei angewandten Verfahrens den Grundsätzen ordnungsmäßiger Buchführung entsprechen (§ 146 Abs. 5 AO). ²Bei einer Buchung auf Datenträgern müssen die Daten jederzeit innerhalb angemessener Frist lesbar gemacht werden können (Ausdruckbereitschaft). ³Auf Verlangen der Finanzbehörde, z. B. anläßlich einer Außenprüfung, ist unverzüglich ganz oder teilweise auszudrucken (§ 147 Abs. 5 AO). ⁴Die Ordnungsmäßigkeit einer Buchführung auf Datenträgern richtet sich grundsätzlich nach den gleichen Vorschriften und Grundsätzen, die auch für die anderen Buchführungsformen maßgebend sind; die Absätze 1 bis 7 gelten daher entsprechend. ⁵Die maßgebenden handelsrechtlichen Grundsätze ordnungsmäßiger Buchführung sind durch die „Grundsätze ordnungsmäßiger Speicherbuchführung – GoS –" (→ BMF vom 5. 7. 1978 – BStBl I S. 250)²) ergänzt worden, denen insbesondere hinsichtlich der allgemeinen Anforderungen an die Dokumentation und Prüfbarkeit eine grundsätzliche Bedeutung für jede Buchführung auf Datenträgern zukommt. ⁶Unter den Voraussetzungen des § 147 Abs. 2 AO können mit Ausnahme der Eröffnungsbilanz und des Jahresabschlusses die in Absatz 7 Satz 1 aufgeführten Unterlagen auch als Wiedergabe auf einem Bildträger, z. B. Fotokopie, Mikrokopie, oder auf anderen Datenträgern aufbewahrt werden. ⁷Die Vorschrift enthält auch die Rechtsgrundlage für das sog. COM-Verfahren (Computer Output Microfilm), bei dem magnetgespeicherte Daten direkt auf Mikrofilm übertragen werden. ⁸Als „andere Datenträger" kommen insbe-

---

¹) → H 29 (Verzicht auf die Aufbewahrung von Kassenstreifen bei Einsatz elektronischer Registrierkassen)

²) → BMF vom 7. 11. 1995 (BStBl I S. 738), → Anhang 10; Das Schreiben tritt an die Stelle des Schreibens vom 5. 7. 1978 (BStBl I S. 250).

§ 5 EStG
H 29 R 29

sondere die maschinell lesbaren Datenträger, z. B. Magnetband, Magnetplatte, Diskette, in Betracht. ⁹Die bei Buchführung auf Datenträgern anfallenden Datenträger sind entsprechend ihrer Funktion im Rechnungswerk (Grundbuch, Konto, Beleg) den in § 147 Abs. 1 AO aufgeführten Arten von Unterlagen zuzuordnen und demgemäß aufzubewahren.

Hinweise

H 29

Aufbewahrungsfristen
→ BMF vom 25. 10. 1977 (BStBl I S. 487)

Aufzeichnungspflichten
Besondere Aufzeichnungspflichten nach § 4 Abs. 7 EStG → R 22.

Bargeschäfte
Grundsätze ordnungsmäßiger Buchführung; Verbuchung von Bargeschäften im Einzelhandel → BMF vom 14. 12. 1994 (BStBl 1995 I S. 7). Anhang 10

Beitrittsgebiet
– Für Unternehmen im Anwendungsgebiet des DMBilG sind außerdem dessen handelsrechtliche Ansatz- und Bewertungsvorschriften von Bedeutung, soweit § 50 Abs. 2 und das DMBilG keine steuerlichen Sondervorschriften enthalten.
– Unrichtige Bilanz- und Wertansätze sind ggf. nach § 36 DMBilG richtigzustellen.

Belegablage
Anforderungen an eine geordnete und übersichtliche Belegablage → Erlasse der obersten Finanzbehörden der Länder über die Offene-Posten-Buchhaltung vom 10. 6. 1963 (BStBl II S. 89, 93), BFH vom 16. 9. 1964 (BStBl III S. 654) und vom 23. 9. 1966 (BStBl 1967 III S. 23). Anhang 10

Beweiskraft der Buchführung
→ AO-Anwendungserlaß zu § 158 vom 24. 9. 1987 (BStBl I S. 664) und AO-Kartei, § 158 Karte 1.

Buchungsberichtigung bei irrtümlich falsch gebuchten Bewirtungsaufwendungen → R 22 Abs. 1 Satz 12 und 13.

Grundsätze ordnungsmäßiger DV-gestützter Steuerbuchführungssysteme (GoBS)
→ BMF vom 7. 11. 1995 (BStBl I S. 738) Anhang 10

Grundsätze ordnungsmäßiger Buchführung (GoB)
Verbuchung von Bargeschäften im Einzelhandel → BMF vom 14. 12. 1994 (BStBl 1995 I S. 7). Anhang 10

Inventurunterlagen
Vorlage der Inventurunterlagen → BFH vom 25. 3. 1966 (BStBl III S. 487):

Eine Buchführung ist nicht ordnungsgemäß, wenn die Inventurunterlagen verlorengegangen sind. Eine Buchführung ist aber als ordnungsmäßig anzuerkennen, wenn diese Unterlagen spätestens bis zum Abschluß des finanzgerichtlichen Verfahrens vorgelegt werden.

Mikrofilmaufnahmen
Verwendung zur Erfüllung gesetzlicher Aufbewahrungspflichten → BMF vom 1. 2. 1984 (BStBl I S. 155).

Verzicht auf die Aufbewahrung von Kassenstreifen bei Einsatz elektronischer Registrierkassen
→ BMF vom 9. 1. 1996 (BStBl I S. 34):

Nach R 29 Abs. 7 Satz 4 EStR 1993 ist eine Aufbewahrung von Registrierkassenstreifen, Kassenzetteln, Bons und dergleichen (Kassenbelege) im Einzelfall nicht erforderlich, wenn der Zweck der Aufbewahrung in anderer Weise gesichert und die Gewähr der Vollständigkeit der vom Kassenbeleg übertragenen Aufzeichnungen nach den tatsächlichen Verhältnissen gegeben ist. Nach Satz 5 der Richtlinienregelung sind die vorgenannten Voraussetzungen hinsichtlich der Registrierkassenstreifen regelmäßig erfüllt, wenn Tagesendsummenbons aufbewahrt werden, die die Gewähr der Vollständigkeit bieten und den Namen des Geschäfts, das Datum und die Tagesendsumme enthalten.

Unter Bezugnahme auf das Ergebnis der Erörterungen mit den obersten Finanzbehörden der Länder gilt dazu folgendes:

Beim Einsatz elektronischer Registrierkassen kann im Regelfall davon ausgegangen werden, daß die „Gewähr der Vollständigkeit" im Sinne des R 29 Abs. 7 Satz 4 EStR 1993 dann gegeben ist, wenn die nachstehend genannten Unterlagen aufbewahrt werden. In diesem Fall kann auch bei elektronischen Registrierkassensystemen auf die Aufbewahrung von Kassenstreifen, soweit nicht nachstehend aufgeführt, verzichtet werden.

1. Nach § 147 Abs. 1 Nr. 1 AO sind die zur Kasse gehörenden Organisationsunterlagen, insbesondere die Bedienungsanleitung, die Programmieranleitung, die Programmabrufe nach jeder Änderung (u. a. der Artikelpreise), Protokolle über die Einrichtung von Verkäufer-, Kellner- und Trainingsspeichern u. ä. sowie alle weiteren Anweisungen zur Kassenprogrammierung (z. B. Anweisungen zum maschinellen Ausdrucken von Proforma-Rechnungen oder zum Unterdrücken von Daten und Speicherinhalten) aufzubewahren.

2. Nach § 147 Abs. 1 Nr. 3 AO sind die gem. R 21 Abs. 7 Sätze 12 und 13 EStR 1993 mit Hilfe von Registrierkassen erstellten Rechnungen aufzubewahren.

3. Nach § 147 Abs. 1 Nr. 4 AO sind die Tagesendsummenbons mit Ausdruck des Nullstellenzählers (fortlaufende sog. „Z-Nummer" zur Überprüfung der Vollständigkeit der Kassenberichte), der Stornobuchungen (sog. Managerstornos und Nach-Stornobuchungen), Retouren, Entnahmen sowie der Zahlungswege (bar, Scheck, Kredit) und alle weiteren im Rahmen des Tagesabschlusses abgerufenen Ausdrucke der EDV-Registrierkasse (z. B. betriebswirtschaftliche Auswertungen, Ausdrucke der Trainingsspeicher, Kellnerberichte, Spartenberichte) im Belegzusammenhang mit dem Tagesendsummenbon aufzubewahren.

Darüber hinaus ist die Vollständigkeit der Tagesendsummenbons durch organisatorische oder durch programmierte Kontrollen sicherzustellen.

R 30. Bestandsaufnahme des Vorratsvermögens

Allgemeines

(1) ¹Nach § 240 Abs. 2, § 242 Abs. 1 und 2 HGB haben Kaufleute für den Schluß eines jeden Geschäftsjahrs ein Inventar, eine Bilanz und eine Gewinn- und Verlustrechnung aufzustellen. ²Das Inventar, in dem die einzelnen Vermögensgegenstände nach Art, Menge und unter Angabe ihres Werts genau zu verzeichnen sind (→ BFH vom 23. 6. 1971 – BStBl II S. 709), ist auf Grund einer **körperlichen Bestandsaufnahme** (Inventur) zu erstellen; § 241 Abs. 1 HGB und R 36 Abs. 4 und 5 bleiben unberührt. ³Die Inventur für den Bilanzstichtag braucht nicht am Bilanzstichtag vorgenommen zu werden. ⁴Sie muß aber **zeitnah** – in der Regel innerhalb einer Frist von **zehn Tagen** vor oder nach dem Bilanzstichtag – durchgeführt werden. ⁵Dabei muß sichergestellt sein, daß die Bestandsveränderungen zwischen dem Bilanzstichtag und dem Tag der Bestandsaufnahme anhand von Belegen oder Aufzeichnungen ordnungsgemäß berücksichtigt werden. ⁶Können die Bestände aus besonderen, insbesondere klimatischen Gründen nicht zeitnah, sondern erst in einem größeren Zeitabstand vom Bilanzstichtag aufgenommen werden, so sind an die Belege und Aufzeichnungen über die zwischenzeitlichen Bestandsveränderungen strenge Anforderungen zu stellen.

Permanente Inventur

(2) ¹Auf Grund des § 241 Abs. 2 HGB kann das Inventar für den Bilanzstichtag auch ganz oder teilweise auf Grund einer **permanenten Inventur** erstellt werden. ²Der Bestand für den Bilanzstichtag kann in diesem Fall nach Art und Menge anhand von Lagerbüchern (Lagerkarteien) festgestellt werden, wenn die folgenden Voraussetzungen erfüllt sind:

1. ¹In den Lagerbüchern und Lagerkarteien müssen alle Bestände und alle Zugänge und Abgänge einzeln nach Tag, Art und Menge (Stückzahl, Gewicht oder Kubikinhalt) eingetragen werden. ²Alle Eintragungen müssen belegmäßig nachgewiesen werden.

§ 5 EStG
R 30

2. ¹In jedem Wirtschaftsjahr muß mindestens einmal durch körperliche Bestandsaufnahme geprüft werden, ob das Vorratsvermögen, das in den Lagerbüchern oder Lagerkarteien ausgewiesen wird, mit den tatsächlich vorhandenen Beständen übereinstimmt (→ BFH vom 11. 11. 1966 – BStBl 1967 III S. 113). ²Die Prüfung braucht nicht gleichzeitig für alle Bestände vorgenommen zu werden. ³Sie darf sich aber nicht nur auf Stichproben oder die Verprobung eines repräsentativen Querschnitts beschränken; die Regelung in § 241 Abs. 1 HGB bleibt unberührt. ⁴Die Lagerbücher und Lagerkarteien sind nach dem Ergebnis der Prüfung zu berichtigen. ⁵Der Tag der körperlichen Bestandsaufnahme ist in den Lagerbüchern oder Lagerkarteien zu vermerken.

3. ¹Über die Durchführung und das Ergebnis der körperlichen Bestandsaufnahme sind Aufzeichnungen (Protokolle) anzufertigen, die unter Angabe des Zeitpunkts der Aufnahme von den aufnehmenden Personen zu unterzeichnen sind. ²Die Aufzeichnungen sind wie Handelsbücher zehn Jahre aufzubewahren.

Zeitverschobene Inventur

(3) ¹Nach § 241 Abs. 3 HGB kann die jährliche körperliche Bestandsaufnahme ganz oder teilweise innerhalb der letzten drei Monate vor oder der ersten zwei Monate nach dem Bilanzstichtag durchgeführt werden. ²Der dabei festgestellte Bestand ist nach Art und Menge in einem besonderen Inventar zu verzeichnen, das auch auf Grund einer permanenten Inventur (→ Absatz 2) erstellt werden kann. ³Der in dem besonderen Inventar erfaßte Bestand ist auf den Tag der Bestandsaufnahme (Inventurstichtag) nach allgemeinen Grundsätzen zu bewerten. ⁴Der sich danach ergebende Gesamtwert des Bestands ist dann wertmäßig auf den Bilanzstichtag fortzuschreiben oder zurückzurechnen. ⁵Der Bestand braucht in diesem Fall – im Gegensatz zur Inventur nach den Absätzen 1 und 2 – auf den Bilanz-stichtag nicht nach Art und Menge festgestellt zu werden; es genügt die Feststellung des Gesamtwerts des Bestands auf den Bilanzstichtag. ⁶Die Bestandsveränderungen zwischen dem Inventurstichtag und dem Bilanzstichtag brauchen ebenfalls nicht nach Art und Menge aufgezeichnet zu werden. ⁷Sie müssen nur wertmäßig erfaßt werden. ⁸Das Verfahren zur wertmäßigen Fortschreibung oder Rückrechnung des Gesamtwerts des Bestands am Inventurstichtag auf den Bilanzstichtag muß den Grundsätzen ordnungsmäßiger Buchführung entsprechen. ⁹Die Fortschreibung des Warenbestands kann dabei nach der folgenden Formel vorgenommen werden, wenn die Zusammensetzung des Warenbestands am Bilanzstichtag von der des Warenbestands am Inventurstichtag nicht wesentlich abweicht: Wert des Warenbestands am Bilanzstichtag = Wert des Warenbestands am Inventurstichtag zuzüglich Wareneingang abzüglich Wareneinsatz (Umsatz abzüglich des durchschnittlichen Rohgewinns). ¹⁰Voraussetzung für die Inanspruchnahme von steuerlichen Vergünstigungen, für die es auf die Zusammensetzung der Bestände am Bilanzstichtag ankommt, wie z. B. bei der Bewertung nach § 6 Abs. 1 Nr. 2 a EStG oder bei dem Bewertungsabschlag für bestimmte Importwaren nach § 80 EStDV, ist jedoch, daß die tatsächlichen Bestände dieser Wirtschaftsgüter am Bilanzstichtag durch körperliche Bestandsaufnahme oder durch permanente Inventur nachgewiesen werden.

Anhang 10

Nichtanwendbarkeit der permanenten und der zeitverschobenen Inventur

(4) Die Erleichterungen der Absätze 2 und 3 gelten nicht

1. für Bestände, bei denen durch Schwund, Verdunsten, Verderb, leichte Zerbrechlichkeit oder ähnliche Vorgänge ins Gewicht fallende unkon-trollierbare Abgänge eintreten, es sei denn, daß diese Abgänge auf Grund von Erfahrungssätzen schätzungsweise annähernd zutreffend berücksichtigt werden können;
2. für Wirtschaftsgüter, die – abgestellt auf die Verhältnisse des jeweiligen Betriebs – besonders wertvoll sind.

Fehlerhafte Bestandsaufnahme

(5) ¹Fehlt eine Bestandsaufnahme im Sinne der Absätze 1 bis 3, oder enthält das Inventar in formeller oder materieller Hinsicht nicht nur unwesentliche Mängel, so ist die Buchführung nicht als ordnungsmäßig anzusehen. ²R 29 Abs. 6 gilt entsprechend.

Anwendungsbereich

(6) Die Absätze 1 bis 5 gelten entsprechend für Steuerpflichtige, die nach § 141 Abs. 1 AO verpflichtet sind, Bücher zu führen und auf Grund jährlicher Bestandsaufnahme regelmäßig Abschlüsse zu machen, oder die freiwillig Bücher führen und regelmäßig Abschlüsse machen.

§ 5 EStG
R 31   H 30

Hinweise

H 30

Zeitliche Erfassung von Waren

Gekaufte Waren gehören wirtschaftlich zum Vermögen des Kaufmanns, sobald er die Verfügungsmacht in Gestalt des unmittelbaren oder mittelbaren Besitzes an ihr erlangt hat. Dies ist bei „schwimmender" Ware erst nach Erhalt des Konossements oder des Auslieferungsscheins der Fall (→ BFH vom 3. 8. 1988 – BStBl 1989 II S. 21).

R 31

R 31. Bestandsmäßige Erfassung des beweglichen Anlagevermögens

S 2160
Anhang 10

Allgemeines

(1) ¹Nach § 240 Abs. 2 HGB, §§ 140 und 141 AO besteht die Verpflichtung, für jeden Bilanzstichtag auch ein Verzeichnis der Gegenstände des beweglichen Anlagevermögens aufzustellen (**Bestandsverzeichnis**). ²In das Bestandsverzeichnis müssen sämtliche beweglichen Gegenstände des Anlagevermögens, auch wenn sie bereits in voller Höhe abgeschrieben sind, aufgenommen werden. ³Ausnahmen gelten für geringwertige Wirtschaftsgüter (§ 6 Abs. 2 EStG) und für die mit einem → Festwert angesetzten Wirtschaftsgüter (→ Absatz 3). ⁴Das Bestandsverzeichnis muß

1. die genaue Bezeichnung des Gegenstandes und
2. seinen Bilanzwert am Bilanzstichtag

enthalten. ⁵Das Bestandsverzeichnis ist auf Grund einer jährlichen körperlichen Bestandsaufnahme aufzustellen; R 30 Abs. 1, 3, 4 und 6 gilt sinngemäß.

Zusammenfassen mehrerer Gegenstände

(2) ¹Gegenstände, die eine geschlossene Anlage bilden, können statt in ihren einzelnen Teilen als **Gesamtanlage** in das Bestandsverzeichnis eingetragen werden, z. B. die einzelnen Teile eines Hochofens einschließlich Zubehör, die einzelnen Teile einer Breitbandstraße einschließlich Zubehör, die Überlandleitungen einschließlich der Masten usw. eines Elektrizitätswerks, die entsprechenden Anlagen von Gas- und Wasserwerken sowie die Wasser-, Gas- und sonstigen Rohrleitungen innerhalb eines Fabrikationsbetriebs. ²Voraussetzung ist, daß die Absetzungen für Ab-nutzung auf die Gesamtanlage einheitlich vorgenommen werden. ³Ge-genstände der gleichen Art können unter Angabe der Stückzahl im Bestandsverzeichnis zusammengefaßt werden, wenn sie in demselben Wirtschaftsjahr angeschafft sind, die gleiche Nutzungsdauer und die gleichen Anschaffungskosten haben und nach der gleichen Methode abgeschrieben werden.

Verzicht auf Erfassung

(3) ¹Geringwertige Anlagegüter im Sinne des § 6 Abs. 2 EStG, die im Jahr der Anschaffung oder Herstellung in voller Höhe abgeschrieben worden sind, brauchen nicht in das Bestandsverzeichnis aufgenommen zu werden, wenn ihre Anschaffungs- oder Herstellungskosten, vermindert um einen darin enthaltenen Vorsteuerbetrag (§ 9 b Abs. 1 EStG), nicht mehr als 100 DM betragen haben oder auf einem besonderen Konto gebucht oder bei ihrer Anschaffung oder Herstellung in einem besonderen Verzeichnis erfaßt worden sind. ²Gegenstände des beweglichen Anlagevermögens, für die zulässigerweise ein → Festwert angesetzt wird, brauchen ebenfalls nicht in das Bestandsverzeichnis aufgenommen zu werden.

Bestandsaufnahme und Wertanpassung bei Festwerten

(4) ¹Für Gegenstände des beweglichen Anlagevermögens, die zulässigerweise mit einem → Festwert angesetzt worden sind (→ Absatz 3 letzter Satz), ist mindestens an jedem dem Hauptfeststellungszeitpunkt für die Feststellung des Einheitswerts des Betriebsvermögens vorangehenden Bilanzstichtag, spätestens aber an jedem fünften Bilanzstichtag, eine körperliche Bestandsaufnahme vorzunehmen. ²Übersteigt der für diesen Bilanzstichtag ermittelte Wert den bisherigen Festwert um mehr als 10 v. H., so ist der ermittelte Wert als neuer Festwert maßgebend. ³Der bisherige Festwert ist so lange um die Anschaffungs- und Herstellungskosten der im Festwert erfaßten und nach dem Bilanzstichtag des vorangegangenen Wirtschaftsjahrs angeschafften oder hergestellten Wirtschaftsgüter aufzustocken, bis der neue Festwert erreicht ist. ⁴Ist der ermittelte Wert niedriger als der bisherige Festwert, so

§ 5 EStG
H 31   R 31

kann der Steuerpflichtige den ermittelten Wert als neuen Festwert ansetzen. ⁵Übersteigt der ermittelte Wert den bisherigen Festwert um nicht mehr als 10 v. H., so kann der bisherige Festwert beibehalten werden.

Keine Inventur bei fortlaufendem Bestandsverzeichnis

(5) ¹Der Steuerpflichtige braucht die jährliche körperliche Bestandsaufnahme (→ Absatz 1) für steuerliche Zwecke nicht durchzuführen, wenn er jeden Zugang und jeden Abgang laufend in das Bestandsverzeichnis einträgt und die am Bilanzstichtag vorhandenen Gegenstände des beweglichen Anlagevermögens auf Grund des fortlaufend geführten Bestandsverzeichnisses ermittelt werden können; in diesem Fall müssen aus dem Bestandsverzeichnis außer den in Absatz 1 bezeichneten Angaben noch ersichtlich sein:
1. der Tag der Anschaffung oder Herstellung des Gegenstandes,
2. die Höhe der Anschaffungs- oder Herstellungskosten oder, wenn die Anschaffung oder Herstellung vor dem 21. 6. 1948¹) oder im → Beitrittsgebiet²) vor dem 1. 7. 1990 erfolgt ist, die Werte der DM-Eröffnungsbilanz,
3. der Tag des Abgangs.

²Wird das Bestandsverzeichnis in der Form einer **Anlagekartei** geführt, so ist der Bilanzansatz aus der Summe der einzelnen Bilanzwerte (→ Absatz 1 Nr. 2) der Anlagekartei nachzuweisen. ³Ist das Bestandsverzeichnis nach den einzelnen Zugangsjahren und Abschreibungssätzen gruppenweise geordnet, so kann auf die Angabe des Bilanzwerts am Bilanzstichtag für den einzelnen Gegenstand (→ Absatz 1 Nr. 2) verzichtet werden, wenn für jede Gruppe in besonderen Zusammenstellungen die Entwicklung der Bilanzwerte unter Angabe der Werte der Abgänge und des Betrags der AfA summenmäßig festgehalten wird. ⁴Die in Absatz 1 Nr. 1 und unter den Nummern 1 bis 3 bezeichneten Angaben müssen auch in diesem Fall für den einzelnen Gegenstand aus dem Bestandsverzeichnis ersichtlich sein. ⁵Die Sachkonten der Geschäftsbuchhaltung können als Bestandsverzeichnis gelten, wenn sie die in Absatz 1 und unter den Nummern 1 bis 3 bezeichneten Angaben enthalten und wenn durch diese Angaben die Übersichtlichkeit der Konten nicht beeinträchtigt wird.

Erleichterungen

(6) Das Finanzamt kann unter Abweichung von den Absätzen 1 bis 5 für einzelne Fälle Erleichterungen bewilligen.

Hinweise

H 31

Beitrittsgebiet

– R 31 Abs. 3 Satz 1 gilt entsprechend, wenn in dem steuerlichen Jahresabschluß nach § 53 DMBilG zum 31. 12. 1990 die Bewertungsfreiheit für Wirtschaftsgüter in Anspruch genommen worden ist, die in der DM-Eröffnungsbilanz zulässigerweise mit einem Wert bis zu 800 DM eingestellt wurden.
– Die Werte der DM-Eröffnungsbilanz gelten als Anschaffungs- oder Herstellungskosten bei Unternehmen, die im Anwendungsbereich des DMBilG bis 30. 6. 1991 durch Gründung, Umwandlung, Verschmelzung, Spaltung oder Entflechtung entstanden sind und nach § 1 Abs. 5 Satz 1 DMBilG zum 1. 7. 1990 als entstanden angesehen werden sowie für bewegliches Anlagevermögen, das bis 30. 6. 1991 übertragen und in der DM-Eröffnungsbilanz des Unternehmens nach § 4 Abs. 3 DMBilG berücksichtigt worden ist.

Festwert

– zur Frage der Zulässigkeit → R 36 Abs. 5
– → H 36
– Kein Zugang von Wirtschaftsgütern des Anlagevermögens, deren Nutzungsdauer zwölf Monate nicht übersteigt (kurzlebige Wirtschaftsgüter) zum Festwert (→ BFH vom 26. 8. 1993 – BStBl 1994 II S. 232).
– Ansatzvoraussetzungen und Bemessung → BMF vom 8. 3. 1993 (BStBl I S. 276)   Anhang 9

¹) Für Berlin-West: 1. 4. 1949; für das Saarland: 6. 7. 1959.
²) Das in Artikel 3 des Einigungsvertrags genannte Gebiet → Einigungsvertragsgesetz vom 23. 9. 1990, BGBl. II S. 885, 890.

Fehlende Bestandsaufnahme

Ein materieller Mangel der Buchführung kann auch vorliegen, wenn die körperliche Bestandsaufnahme nach R 31 Abs. 1 fehlt oder unvollständig ist, es sei denn, daß eine körperliche Bestandsaufnahme nach R 31 Abs. 5 nicht erforderlich ist.

Fehlendes Bestandsverzeichnis

Fehlt das Bestandsverzeichnis oder ist es unvollständig, so kann darin ein materieller Mangel der Buchführung liegen (→ BFH vom 14. 12. 1966 – BStBl 1967 III S. 247).

R 31 a. Immaterielle Wirtschaftsgüter

Allgemeines

(1) ¹Als → immaterielle (unkörperliche) Wirtschaftsgüter kommen in Betracht: Rechte, rechtsähnliche Werte und sonstige Vorteile. ²Trivialprogramme sind abnutzbare bewegliche und selbständig nutzbare Wirtschaftsgüter. ³Computerprogramme, deren Anschaffungskosten nicht mehr als 800 DM betragen, sind stets als Trivialprogramme zu behandeln. ⁴→ Keine immateriellen Wirtschaftsgüter sind die nicht selbständig bewertbaren geschäftswertbildenden Faktoren.

Entgeltlicher Erwerb

(2) ¹Für → immaterielle Wirtschaftsgüter des Anlagevermögens ist ein Aktivposten nur anzusetzen, wenn sie entgeltlich erworben (§ 5 Abs. 2 EStG) oder in das Betriebsvermögen eingelegt (→ R 14 Abs. 1) wurden. ²Ein → immaterielles Wirtschaftsgut ist entgeltlich erworben worden, wenn es durch einen Hoheitsakt oder ein Rechtsgeschäft gegen Hingabe einer bestimmten Gegenleistung übergegangen oder eingeräumt worden ist. ³Es ist nicht erforderlich, daß das Wirtschaftsgut bereits vor Abschluß des Rechtsgeschäfts bestanden hat; es kann auch erst durch den Abschluß des Rechtsgeschäfts entstehen, z. B. bei entgeltlich erworbenen Belieferungsrechten. ⁴Ein entgeltlicher Erwerb eines → immateriellen Wirtschaftsguts liegt auch bei der Hingabe eines sog. verlorenen Zuschusses vor, wenn der Zuschußgeber von dem Zuschußempfänger eine bestimmte Gegenleistung erhält oder eine solche nach den Umständen zu erwarten ist oder wenn der Zuschußgeber durch die Zuschußhingabe einen besonderen Vorteil erlangt, der nur für ihn wirksam ist.

→ Kein entgeltlicher Erwerb

(3) Ein entgeltlicher Erwerb liegt nicht vor, wenn die Aufwendungen nicht Entgelt für den Erwerb eines Wirtschaftsguts von einem Dritten, sondern nur Arbeitsaufwand oder sonstiger Aufwand, z. B. Honorar für Dienstleistungen, für einen im Betrieb selbst geschaffenen Wert oder Vorteil sind (→ BFH vom 26. 2. 1975 – BStBl II S. 443).

Kein Aktivierungsverbot

(4) ¹Das Aktivierungsverbot des § 5 Abs. 2 EStG wird nicht wirksam, wenn ein beim Rechtsvorgänger aktiviertes → immaterielles Wirtschaftsgut des Anlagevermögens im Rahmen der unentgeltlichen Übertragung eines Betriebs, Teilbetriebs oder Mitunternehmeranteils auf einen anderen übergeht (→ Geschäftswert/Praxiswert). ²In diesem Fall hat der Erwerber dieses immaterielle Wirtschaftsgut mit dem Betrag zu aktivieren, mit dem es beim Rechtsvorgänger aktiviert war (§ 7 Abs. 1 EStDV). ³Das Aktivierungsverbot findet auch dann keine Anwendung, wenn ein → immaterielles Wirtschaftsgut des Anlagevermögens eingelegt wird. ⁴Legt ein Steuerpflichtiger ein → immaterielles Wirtschaftsgut des Anlagevermögens in seinen Betrieb ein, so ist es mit dem nach § 6 Abs. 1 Nr. 5 EStG maßgebenden Wert zu aktivieren. ⁵Ein → immaterielles Wirtschaftsgut des Anlagevermögens, das aus betrieblichem Anlaß aus einem Betrieb unentgeltlich in den Betrieb eines anderen Steuerpflichtigen übertragen worden ist, ist bei dem Erwerber nach § 7 Abs. 2 EStDV mit dem gemeinen Wert anzusetzen.

(5) Die Absätze 1 bis 4 gelten bei der Gewinnermittlung nach § 4 Abs. 1 und 3 EStG (→ BFH vom 8. 11. 1979 – BStBl 1980 II S. 146) sinngemäß (→ § 141 Abs. 1 Satz 2 AO).

§ 5 EStG
H 31 a   **R 31 a**

| Hinweise | H 31 a |

Belieferungsrechte aus Abonnentenverträgen
Gelegentlich eines Erwerbs von Belieferungsrechten aus Abonnentenverträgen entstandene Aufwendungen begründen noch nicht den entgeltlichen Erwerb eines immateriellen Wirtschaftsguts (→ BFH vom 3. 8. 1993 – BStBl 1994 II S. 444).

Sie dürfen sowohl handels- als auch steuerrechtlich nur als immaterielle Wirtschaftsgüter aktiviert werden, wenn sie entgeltlich erworben worden sind. Dabei muß sich das Entgelt auf den Vorgang des Erwerbs als solchen beziehen und nach den Vorstellungen beider Vertragsteile die Gegenleistung für die erlangten Vorteile darstellen. Das immaterielle Wirtschaftsgut muß Gegenstand eines gegenseitigen Vertrages sein, bei dem Leistung und Gegenleistung nach kaufmännischen Gesichtspunkten gegeneinander abgewogen werden und bei dem die Leistung der einen Vertragspartei in der Übertragung des Wirtschaftsgutes besteht. Es genügt nicht, daß gelegentlich des Erwerbs des immateriellen Wirtschaftsguts irgendwelche Aufwendungen entstanden sind.

Bierlieferungsverträge – verlorene Zuschüsse
Steuerliche Behandlung verlorener Zuschüsse in Verbindung mit Bierlieferungsrechten

BMF vom 11. 7. 1995 – IV B 2 – S 2134 a – 2/95

Zur Frage nach der steuerlichen Behandlung verlorener Zuschüsse in Verbindung mit Bierlieferungsverträgen nehme ich im Einvernehmen mit den obersten Finanzbehörden der Länder nachfolgend Stellung.

Gewährt der Bierlieferant in Verbindung mit dem Bierlieferungsvertrag einen verlorenen Zuschuß, so erwirbt er damit entgeltlich ein immaterielles Wirtschaftsgut, nämlich ein Bierlieferungsrecht. Das Bierlieferungsrecht ist beim Lieferanten und Zuschußgeber mit den Anschaffungskosten zu aktivieren (§ 5 Abs. 2 EStG) und über die Laufzeit des Vertrags abzuschreiben (§ 7 Abs. 1 EStG). Die Anschaffungskosten des Bierlieferungsrechts bemessen sich nach der Höhe des hingegebenen Zuschusses (§ 6 Abs. 1 Nr. 1 EStG). Der Zuschuß stellt nach alledem keine vorweggenommene Rückvergütung dar. Er kann nicht sofort als Betriebsausgabe abgezogen werden.

Beim Empfänger stellt der Zuschuß eine Betriebseinnahme dar, die den einkommensteuerlichen Gewinn erhöht. Der Zuschuß bezieht sich auf die Laufzeit des Bierlieferungsvertrags. Soweit er auf die Zeit nach dem Abschlußstichtag entfällt, sind die Einnahmen passiv abzugrenzen (§ 5 Abs. 5 Satz 1 Nr. 2 EStG).

Bilanzierungshilfe nach § 31 DMBilG
Handelsrechtlich ist es zulässig, nicht entgeltlich erworbene immaterielle Vermögensgegenstände des Anlagevermögens einschließlich eines originären → Geschäfts- oder Firmenwerts in der DM-Eröffnungsbilanz auf den 1. 7. 1990 zu aktivieren, um eine Gewinnrücklage bilden zu können (Bilanzierungshilfe nach § 31 Abs. 1 Nr. 1 Satz 1 und 2 DMBilG). In der steuerlichen DM-Eröffnungsbilanz darf die Bilanzierungshilfe insoweit als Aktivposten angesetzt werden, als sie auf selbständig bewertbare → immaterielle Wirtschaftsgüter (→ R 31 a Abs. 1) entfällt. Der originäre → Geschäfts- oder Firmenwert darf in der Steuerbilanz im Rahmen der Bilanzierungshilfe nicht berücksichtigt werden (→ § 50 Abs. 2 Satz 2 DMBilG).

Drittaufwand, Nutzungsrechte, Nutzungsüberlassung von Grundstücken oder Grundstücksteilen
Der BFH (Beschluß des Großen Senats vom 30. 1. 1995 – BStBl II S. 281) hat in seiner lange erwarteten Entscheidung zum sog. Drittaufwand hierzu noch keine Aussage getroffen. Der Vorlagefall betraf vielmehr Aufwendungen, die der Steuerpflichtige für ein vom ihm betrieblich genutztes und im Miteigentum stehendes Gebäude getragen hat. Der BFH sieht in einem solchen Aufwand richtigerweise Eigenaufwand des Steuerpflichtigen, der (voll) zum Abzug im Wege der AfA berechtigt. Drittaufwand dagegen liegt nur dann vor, wenn ein Dritter Aufwand trägt, der durch die Einkünfteerzielung des Steuerpflichtigen veranlaßt

ist. Zur steuerlichen Behandlung dieses Aufwands hat sich der BFH in dem Beschluß nicht geäußert.

Die Finanzverwaltung hat bisher noch nicht reagiert. Folgende Konsequenzen deuten sich aber an:

- Soweit nach den Grundsätzen des BFH Eigenaufwand auf ein fremdes Wirtschaftsgut vorliegt, sind die Aufwendungen innerhalb der steuerlichen Gewinnermittlung „wie ein materielles Wirtschaftsgut" zu behandeln. Der BFH äußert sich zur Technik des Abzugs nicht, offensichtlich, um eine weitere Rechtsentwicklung zu ermöglichen. Er billigt die Abziehbarkeit zu. Dieses Ergebnis läßt sich bilanztechnisch sowohl in der Form der AfA als auch in Form einer jährlichen Aufwandseinlage erreichen.

- Hinsichtlich des echten Drittaufwands ist zunächst auf das Urteil des BFH vom 20. 9. 1990 (BStBl 1991 II S. 82) hinzuweisen, wonach ein Nutzungsberechtigter nicht mehr zum Abzug einer AfA berechtigt ist. Die Finanzverwaltung plant für Altfälle, in denen ein Nutzungsrecht aktiviert worden ist, eine Übergangsregelung. Es ist vorgesehen, spätestens zur Bilanz des Wirtschaftsjahres, das nach dem 31. 12. 1995 endet, eine erfolgsneutrale Ausbuchung anzuordnen. Unabhängig davon ist ein aktiviertes Nutzungsrecht aber dann erfolgsneutral auszubuchen, wenn die Betroffenen ein steuerlich anzuerkennendes Mietverhältnis abschließen. Es ist in der Praxis ohnehin davon auszugehen, daß die Beteiligten bereits bisher, um die ungelöste Problematik der Abzugsfähigkeit von Drittaufwand zu umgehen, auf den Abschluß von Mietverhältnissen ausgewichen sind.

Erbbaurecht als grundstücksgleiches Recht im Sinne des BGB, Vermögensgegenstand im Sinne des Handelsrechts und Wirtschaftsgut im Sinne des Steuerrechts; grundsätzlich beim Anlagevermögen auszuweisen → BFH vom 4. 6. 1991 (BStBl 1992 II S. 70).

Filme, hergestellte

Ein Filmproduzent hat in echter Auftragsproduktion hergestellte Filme als immaterielle Wirtschaftsgüter des Umlaufvermögens zu aktivieren (→ BFH vom 20. 9. 1995 – BFHE 178, 434).

Geschäftswert/Praxiswert

- Firmenwert bei vorweggenommener Erbfolge → BMF vom 13. 1. 1993 (BStBl I S. 80).
- Geschäftswert bei Änderung der Unternehmensform (Umwandlung) → BMF vom 16. 6. 1978 (BStBl I S. 235), Tz. 12, 13, 14, 72 und 82.
- Geschäfts- oder Firmenwert, der bei Veräußerung eines Einzelunternehmens an eine GmbH unentgeltlich übergeht, kann Gegenstand einer verdeckten Einlage sein (→ BFH vom 24. 3. 1987 – BStBl II S. 705).
- Unterscheidung zwischen Geschäftswert und Praxiswert → BFH vom 13. 3. 1991 (BStBl II S. 595).
- Unterscheidung zwischen (selbständigen) immateriellen Einzelwirtschaftsgütern und (unselbständigen) geschäftswertbildenden Faktoren → BFH vom 7. 11. 1985 (BStBl 1986 II S. 176) und vom 30. 3. 1994 (BStBl II S. 903).
- → Bilanzierungshilfe nach § 31 DMBilG
- Ansatz eines **Geschäftswerts** bei einer von der Treuhandanstalt erworbenen **Apotheke** → FG Sachsen-Anhalt vom 26. 1. 1995 (EFG 1995 S. 659 – Rev. – BFH I R 60/95).

Güterfernverkehrskonzessionen

Keine AfA von entgeltlich erworbenen Güterfernverkehrskonzessionen (→ BFH vom 4. 12. 1991 – BStBl 1992 II S. 383 und vom 22. 1. 1992 – BStBl II S. 529).

→ Immaterielle Wirtschaftsgüter des Anlagevermögens

Unentgeltliche Übertragung zwischen Schwestergesellschaften führt zur verdeckten Gewinnausschüttung an die Muttergesellschaft und anschließende verdeckte Einlage in die begünstigte Schwestergesellschaft (→ BFH vom 20. 8. 1986 – BStBl 1987 II S. 455).

Immaterielle Wirtschaftsgüter sind u. a.

- **Belieferungsrechte, Optionsrechte, Konzessionen** (→ BFH vom 10. 8. 1989 – BStBl 1990 II S. 15).
- **Bodenschätze** → H 13 (1),

- **Computerprogramme** (→ BFH vom 3. 7. 1987 – BStBl II S. 728, S. 787 und vom 28. 7. 1994 – BStBl II S. 873) und dgl. (→ Keine immateriellen Wirtschaftsgüter),
- **Lizenzen,** ungeschützte Erfindungen, Gebrauchsmuster, Fabrikationsverfahren, Knowhow, Tonträger in der Schallplattenindustrie (→ BFH vom 28. 5. 1979 – BStBl II S. 734),
- → **Nutzungsrechte** an einem Gebäude (→ R 42 Abs. 5),
- **Patente,** Markenrechte, Urheberrechte, Verlagsrechte (→ BFH vom 24. 11. 1982 – BStBl 1983 II S. 113),
- **Spielerlaubnis nach Maßgabe des Lizenzspielerstatuts des Deutschen Fußballbundes** (→ BFH vom 26. 8. 1992 – BStBl II S. 977).

Keine immateriellen Wirtschaftsgüter, sondern materielle (körperliche) und zugleich abnutzbare bewegliche Wirtschaftsgüter sind, wenn sie nicht unter anderen rechtlichen Gesichtspunkten, z. B. als Kundenkartei oder Verlagsarchiv, als immaterielle Wirtschaftsgüter anzusehen sind, **Computerprogramme** (→ Immaterielle Wirtschaftsgüter), die keine Befehlsstruktur enthalten, sondern nur Bestände von Daten, die allgemein bekannt und jedermann zugänglich sind, z. B. mit Zahlen und Buchstaben (→ BFH vom 5. 2. 1988 – BStBl II S. 737 und vom 2. 9. 1988 – BStBl 1989 II S. 160).

Kein entgeltlicher Erwerb liegt u. a. vor bei
- **Aufwendungen, die lediglich einen Beitrag zu den Kosten einer vom Steuerpflichtigen mitbenutzten Einrichtung bilden,** z. B. Beiträge zum Ausbau einer öffentlichen Straße oder zum Bau einer städtischen Kläranlage; diese Aufwendungen gehören zu den nicht aktivierbaren Aufwendungen für einen selbstgeschaffenen Nutzungsvorteil (→ BFH vom 26. 2. 1980 – BStBl II S. 687 und vom 25. 8. 1982 – BStBl 1983 II S. 38),
- **selbstgeschaffenen** → **immateriellen Wirtschaftsgütern,** z. B. Patente (→ BFH vom 8. 11. 1979 – BStBl 1980 II S. 146).

Kundenstamm ist beim Erwerb eines Unternehmens in der Regel kein selbständig bewertbares → immaterielles Wirtschaftsgut, sondern ein geschäftswertbildender Faktor (→ BFH vom 16. 9. 1970 – BStBl 1971 II S. 175 und vom 25. 11. 1981 – BStBl 1982 II S. 189).

Nutzungsrechte, die durch Baumaßnahmen des Nutzungsberechtigten entstanden sind Ertragsteuerliche Behandlung von zum Anlagevermögen gehörenden Nutzungsrechten richtet sich im betrieblichen Bereich nach den für Gebäude geltenden Vorschriften (→ BMF vom 3. 5. 1985 – BStBl I S. 188, → Immaterielle Wirtschaftsgüter).

Ertragsteuerrechtliche Behandlung von zum Anlagevermögen gehörenden Nutzungsrechten, die durch Baumaßnahmen des Nutzungsberechtigten entstanden sind

BMF vom 3. 5. 1985 (BStBl I S. 188)

IV B 2 – S 2196 – 7/85

Zur Frage der ertragsteuerrechtlichen Behandlung von zum Anlagevermögen gehörenden Nutzungsrechten an Gebäuden wird unter Bezugnahme auf das Ergebnis der Erörterungen mit den obersten Finanzbehörden der Länder wie folgt Stellung genommen:

Zu den Nutzungsrechten an Gebäuden, die durch Baumaßnahmen des Nutzungsberechtigten geschaffen worden und nach der Rechtsprechung des Bundesfinanzhofs wie materielle Wirtschaftsgüter mit den Herstellungskosten zu aktivieren sind, gehört neben einem von einem Miteigentümer mit Zustimmung der anderen Miteigentümer eines Gebäudes im eigenen Namen und für eigene Rechnung geschaffenen Nutzungsrecht (Abschnitt 14 Abs. 1 Satz 6 EStR 1984) auch ein durch Bauten auf fremdem Grund und Boden geschaffenes Nutzungsrecht (vgl. BFH-Urteile vom 13. Juli 1977 – BStBl 1978 II S. 6, vom 31. Oktober 1978 – BStBl 1979 II S. 399 und 507, vom 22. Januar 1980 – BStBl II S. 244 und vom 20. November 1980 – BStBl 1981 I S. 68). Die ertragsteuerrechtliche Behandlung dieser Nutzungsrechte richtet sich im betrieblichen Bereich nach den für Gebäude geltenden Vorschriften (vgl. z. B. § 6 b Abs. 1 Satz 1 bis 3 und Abs. 3 Satz 3 und 5, § 7 Abs. 4, 5 und 5 a, § 7 a Abs. 9 und § 7 b EStG, § 3 Abs. 2 Buchstabe b ZRFG sowie § 14 Abs. 2 Nr. 2, Abs. 3 und 4, §§ 14 a, 14 b und 15 BerlinFG).

Bei der Gewährung von Investitionszulagen sind Baumaßnahmen eines Nutzungsberechtigten, die nach der o. a. Rechtsprechung wie materielle Wirtschaftsgüter zu behandeln sind, wie nachträgliche Herstellungsarbeiten an einem Gebäude oder wie die Herstellung eines Gebäudes zu beurteilen (vgl. BFH-Urteil vom 10. August 1984 – BStBl II S. 805).

Die ertragsteuerrechtliche Behandlung von Nutzungsrechten, die im Wege der Einlage in das Betriebsvermögen gelangt sind, bleibt unberührt.

→ H 31 a (Drittaufwand, Nutzungsrechte, Nutzungsüberlassung von Grundstücken oder Grundstücksteilen)

Pensionszusagen
Ansprüche aus Pensionszusagen nach dem BetrAVG können nicht aktiviert werden (→ BFH vom 14. 12. 1988 – BStBl 1989 II S. 323).

Schwebende Arbeitsverträge mit im Unternehmen tätigen Arbeitnehmern sind keine → immateriellen Wirtschaftsgüter, sondern nicht selbständig bewertbare geschäftswertbildende Faktoren (→ BFH vom 7. 11. 1985 – BStBl 1986 II S. 176).

Umbauten oder Einbauten des Mieters sind als Herstellungskosten eines materiellen Wirtschaftsguts zu aktivieren, wenn sie unmittelbar besonderen Zwecken dienen und in diesem Sinne in einem von der eigentlichen Gebäudenutzung verschiedenen Funktionszusammenhang stehen (→ BFH vom 26. 2. 1975 – BStBl II S. 443 und BMF vom 15. 1. 1976 – BStBl I S. 66).

Wirtschaftsgut „Vertreterrecht"
→ BFH vom 18. 1. 1989 (BStBl II S. 549) und vom 25. 7. 1990 (BStBl 1991 II S. 218).

R 31 b. Rechnungsabgrenzungen

Transitorische Posten

(1) ¹Nach § 5 Abs. 5 Satz 1 EStG ist die Rechnungsabgrenzung auf die sog. transitorischen Posten beschränkt. ²Es kommen danach für die Rechnungsabgrenzung in der Regel nur Ausgaben und Einnahmen in Betracht, die vor dem Abschlußstichtag angefallen, aber erst der Zeit nach dem Abschlußstichtag zuzurechnen sind. ³Die Bildung passiver Rechnungsabgrenzungsposten ist nicht auf Fälle beschränkt, in denen Vorleistungen im Rahmen eines gegenseitigen Vertrags erbracht werden (→ BFH vom 26. 6. 1979 – BStBl II S. 625). ⁴Sie kann auch in Fällen geboten sein, in denen die gegenseitigen Verpflichtungen ihre Grundlage im öffentlichen Recht (→ BFH vom 17. 9. 1987 – BStBl 1988 II S. 327) haben.

Bestimmte Zeit nach dem Abschlußstichtag

(2) ¹Die Bildung eines Rechnungsabgrenzungspostens ist nur zulässig, soweit die vor dem Abschlußstichtag angefallenen Ausgaben oder Einnahmen Aufwand oder Ertrag für eine → bestimmte Zeit nach dem Abschlußstichtag darstellen. ²Dies bedeutet, daß der Vorleistung des einen Vertragsteils eine zeitbezogene Gegenleistung des Vertragspartners gegenüberstehen (→ BFH vom 11. 7. 1973 – BStBl II S. 840 und vom 4. 3. 1976 – BStBl 1977 II S. 380) und der Zeitraum, auf den sich die Vorleistung des einen Vertragsteils bezieht, bestimmt sein muß (→ BFH vom 7. 3. 1973 – BStBl II S. 565).

(3) ¹**Antizipative Posten** (Ausgaben oder Einnahmen nach dem Bilanzstichtag, die Aufwand oder Ertrag für einen Zeitraum vor diesem Tag darstellen), dürfen als Rechnungsabgrenzungsposten nur in den Fällen des § 5 Abs. 5 Satz 2 EStG ausgewiesen werden. ²Soweit sich aus den ihnen zugrundeliegenden Geschäftsvorfällen bereits Forderungen oder Verbindlichkeiten ergeben haben, sind sie als solche zu bilanzieren.

(4) Die Absätze 1 bis 3 gelten sinngemäß bei Gewinnermittlung nach § 4 Abs. 1 EStG (→ BFH vom 20. 11. 1980 – BStBl 1981 II S. 398; § 141 Abs. 1 Satz 2 AO).

Hinweise

Abgrenzung von Ausgaben im Zusammenhang mit der Aufnahme von Darlehen → R 37 Abs. 3.

Ausbeuteverträge

Vorausgezahlte Ausbeuteentgelte für Bodenschätze, mit deren Abbau vor dem Bilanzstichtag bereits begonnen wurde, sind in einen Rechnungsabgrenzungsposten einzustellen, der über die jährlich genau festzustellende Fördermenge aufzulösen ist; ist mit dem Abbau vor dem Bilanzstichtag noch nicht begonnen worden, ist das vorausgezahlte Entgelt als Anzahlung zu behandeln (→ BFH vom 25. 10. 1994 – BStBl 1995 II S. 312).

Bestimmte Zeit nach dem Abschlußstichtag

„**Bestimmte Zeit**" liegt vor, wenn die Zeit, der die abzugrenzenden Ausgaben und Einnahmen zuzurechnen sind, festliegt und nicht nur geschätzt wird (→ BFH vom 3. 11. 1982 – BStBl 1983 II S. 132 und vom 3. 5. 1983 – BStBl II S. 572). Die abzugrenzenden Ausgaben und Einnahmen müssen deshalb schon ihrer Art nach unmittelbar zeitbezogen sein, also für einen bestimmten nach dem Kalenderjahr bemessenen Zeitraum bezahlt oder vereinnahmt werden, z. B. monatliche, vierteljährliche, halbjährliche **Mietvorauszahlungen** oder Zahlung der Miete im voraus für einen Messestand für eine zeitlich feststehende Messe, bei **Übernahme von Erschließungskosten und Kanalanschlußgebühren durch den Erbbauberechtigten** (→ BFH vom 17. 4. 1985 – BStBl II S. 617) und bei **Abfindungen nach dem Mühlenstrukturgesetz** vom 22. 12. 1971 (BGBl. I S. 2098; → BFH vom 22. 7. 1982 – BStBl II S. 655). Die **planmäßige oder betriebsgewöhnliche Nutzungsdauer eines abnutzbaren Sachanlageguts** (§ 253 Abs. 2 HGB) ist keine „bestimmte" Zeit, da sie sich nur durch Schätzung ermitteln läßt (→ BFH vom 22. 1. 1992 – BStBl II S. 488). Bei zeitlich nicht begrenzten Dauerleistungen ist die Bildung eines aktiven oder passiven Rechnungsabgrenzungspostens nur zulässig, wenn sich rechnerisch ein Mindestzeitraum bestimmen läßt (→ BFH vom 9. 12. 1993 – BStBl 1995 II S. 202, BMF vom 15. 3. 1995 – BStBl I S. 183).

→ Ausbeuteverträge

Bildung von Rechnungsabgrenzungsposten (§ 5 Abs. 5 Satz 1 EStG); Voraussetzungen der „bestimmten Zeit"

BMF vom 15. 3. 1995 (BStBl I S. 183)

IV B 2 – S 2133 – 5/95

Nach dem Urteil des BFH vom 9. Dezember 1993 (BStBl II 1995 S. 202) sind Einnahmen vor dem Abschlußstichtag für eine zeitlich nicht befristete Dauerleistung bereits dann passiv abzugrenzen (§ 5 Abs. 5 Satz 1 Nr. 2 (EStG), wenn sie rechnerisch Ertrag für einen bestimmten Mindestzeitraum nach diesem Tag darstellen. Nach dem Ergebnis der Erörterung mit den obersten Finanzbehörden der Länder sind die Grundsätze dieser Entscheidung in allen noch offenen Fällen anzuwenden, in denen es bei zeitlich nicht befristeten Dauerleistungen für die Bildung eines aktiven oder passiven Rechnungsabgrenzungspostens auf die Voraussetzungen der bestimmten Zeit ankommt. Das entgegenstehende BMF-Schreiben vom 12. Oktober 1982 (BStBl I S. 810) ist nicht mehr zu befolgen. Es ist aber nicht zu beanstanden, wenn bei Verträgen, die vor dem 1. Mai 1995 abgeschlossen worden, an der bisherigen steuerrechtlichen Behandlung der Nutzungsentgelte festgehalten wird; dies gilt auch für Fälle, in denen die Nutzungsentgelte als Entschädigung i. S. des § 24 Nr. 1 EStG behandelt werden.

Ertragszuschüsse

Für Ertragszuschüsse ist ggf. ein passiver Rechnungsabgrenzungsposten zu bilden (→ BFH vom 5.4.1984 – BStBl II S. 552 sowie BMF vom 2. 9. 1985 – BStBl I S. 568).

Rechnungsabgrenzungsposten für öffentliche Zuschüsse; hier: BFH-Urteil vom 5. April 1984 – BStBl II S. 552 –

BMF vom 2. 9. 1985 (BStBl I S. 568)

IV B 2 – S 2133 – 27/85

Unter Bezugnahme auf das Ergebnis der Besprechung mit den obersten Finanzbehörden der Länder wird zu der Frage, welche Bedeutung das BFH-Urteil vom 5. April 1984 (BStBl II

§ 5 EStG
R 31 c   H 31 b

S. 552) und die Stellungnahme HFA 1/1984 des Hauptfachausschusses des Instituts der Wirtschaftsprüfer (Wpg 1984 S. 612) auf die ertragsteuerrechtliche Behandlung von Investitionszuschüssen (Abschn. 34 EStR) haben, wie folgt Stellung genommen.

Mit Urteil vom 5. April 1984 (BStBl II S. 552) hat der Bundesfinanzhof zur Rechnungsabgrenzung bei Ertragszuschüssen Stellung genommen. Für die ertragsteuerrechtliche Behandlung von Investitionszuschüssen hat das Urteil des Bundesfinanzhofs keine Bedeutung. Für die Beurteilung von Investitionszuschüssen gilt weiterhin die Regelung in Abschnitt 34 EStR. Danach hat der Steuerpflichtige ein Wahlrecht, wonach er entweder die Zuschüsse als Betriebseinnahmen und die Anschaffungs- oder Herstellungskosten in voller Höhe ansetzt, oder die Anlagegüter, für die die Zuschüsse gewährt worden sind, nur mit den Anschaffungs- oder Herstellungskosten bewertet, die er selbst, also ohne Berücksichtigung der Zuschüsse, aufgewendet hat. Wird im Falle der Aktivierung des bezuschußten Wirtschaftsguts mit den ungekürzten Anschaffungs- oder Herstellungskosten entsprechend der Stellungnahme HFA 1/1984 des Instituts der Wirtschaftsprüfer (Wpg 1984 S. 612) ein Sonderposten als Wertberichtigung zu den Anschaffungskosten gebildet, so hat die Auflösung dieses Postens entsprechend der tatsächlichen Abschreibung des bezuschußten Wirtschaftsguts zu erfolgen. Dabei sind auch erhöhte Absetzungen und Sonderabschreibungen zu berücksichtigen.

Flächenstillegungsprämie

Rechnungsabgrenzungsposten → H 128 (Flächenstillegungsprämie)

Garantiegebühr

Wegen vereinnahmter Garantiegebühr gebildeter passiver Rechnungsabgrenzungsposten ist während der Garantiezeit insoweit aufzulösen, als die Vergütung auf den bereits abgelaufenen Garantiezeitraum entfällt (→ BFH vom 23. 3. 1995 – BStBl II S. 772).

Immobilien-Leasingvertrag mit degressiven Leasingraten beim Leasingnehmer

Bilanzsteuerrechtliche Beurteilung → BFH vom 12. 8. 1982 (BStBl II S. 696).

Wirtschaftserschwernisse in der Landwirtschaft

→ H 131

R 31 c   R 31 c. Rückstellungen

R 31 c (1) Allgemeines

S 2137

Anhang 10

(1) ¹Nach den handelsrechtlichen Grundsätzen ordnungsmäßiger Buchführung sind Rückstellungen zu bilden für

1. ungewisse Verbindlichkeiten und für drohende Verluste aus schwebenden Geschäften (§ 249 Abs. 1 Satz 1 HGB),
2. im Geschäftsjahr unterlassene Aufwendungen für Instandhaltung, die im folgenden Geschäftsjahr innerhalb von drei Monaten, oder für Abraumbeseitigung, die im folgenden Geschäftsjahr nachgeholt werden (§ 249 Abs. 1 Satz 2 Nr. 1 HGB), und
3. Gewährleistungen, die ohne rechtliche Verpflichtung erbracht werden (§ 249 Abs. 1 Satz 2 Nr. 2 HGB),

soweit steuerliche Sondervorschriften, z. B. § 5 Abs. 3, 4 und 6, § 6 a EStG und § 50 Abs. 2 Satz 4 und 5 DMBilG, dem nicht entgegenstehen. ²Besteht handelsrechtlich ein Wahlrecht zur Bildung einer Rückstellung (§ 249 Abs. 1 Satz 3 und Abs. 2 HGB), darf die Rückstellung steuerrechtlich nicht gebildet werden (→ BFH vom 25. 8. 1989 – BStBl II S. 893).

Ungewisse Verbindlichkeiten

R 31 c (2) Grundsätze

(2) Eine Rückstellung für ungewisse Verbindlichkeiten darf nur gebildet werden, wenn

1. es sich um eine Verbindlichkeit gegenüber einem Dritten oder eine öffentlich-rechtliche Verpflichtung handelt (→ Absatz 3),
2. die Verpflichtung vor dem Bilanzstichtag verursacht ist (→ Absatz 4) und

§ 5 EStG
H 31 c (3) R 31 c

3. mit einer Inanspruchnahme aus einer nach ihrer Entstehung oder Höhe ungewissen Verbindlichkeit ernsthaft zu rechnen ist (→ Absatz 5).

Rechtliches Entstehen R 31 c (3)

(3) ¹Die Bildung einer Rückstellung für ungewisse Verbindlichkeiten setzt eine Verpflichtung gegenüber einem anderen voraus (→ BFH vom 13. 11. 1991 – BStBl 1992 II S. 177). ²Eine Verpflichtung, z. B. eine Abrechnungsverpflichtung, die nur einen geringen Aufwand erfordert, führt unter dem Gesichtspunkt der Wesentlichkeit nicht zur Rückstellungsbildung (→ BFH vom 25. 2. 1986 – BStBl II S. 788). ³Aufwandsrückstellungen können nicht in der Steuerbilanz gebildet werden (Ausnahmen → Absatz 12). ⁴Auch öffentlich-rechtliche Verpflichtungen können Grundlage für eine Rückstellung sein; zur Abgrenzung von nicht zulässigen reinen Aufwandsrückstellungen ist jedoch Voraussetzung, daß die Verpflichtung hinreichend konkretisiert ist, d. h., es muß regelmäßig ein inhaltlich bestimmtes Handeln durch Gesetz oder Verwaltungsakt innerhalb eines bestimmten Zeitraums vorgeschrieben und an die Verletzung der Verpflichtung müssen Sanktionen geknüpft sein (→ BFH vom 25. 3. 1992 – BStBl II S. 1010). ⁵Allgemeine öffentliche Leitsätze, z. B. die Verpflichtung der Wohnungsbauunternehmen, im Interesse der Volkswirtschaft die errichteten Wohnungen zu erhalten, rechtfertigen keine Rückstellungen (→ BFH vom 26. 5. 1976 – BStBl II S. 622). ⁶Rückstellung für Leistungen auf Grund eines Sozialplans nach den §§ 111, 112 des Betriebsverfassungsgesetzes sind im allgemeinen ab dem Zeitpunkt zulässig, in dem der Unternehmer den Betriebsrat über die geplante Betriebsänderung nach § 111 Satz 1 des Betriebsverfassungsgesetzes unterrichtet hat. ⁷Die Voraussetzungen für die Bildung einer Rückstellung liegen am Bilanzstichtag auch vor, wenn der Betriebsrat erst nach dem Bilanzstichtag, aber vor der Aufstellung oder Feststellung der Bilanz unterrichtet wird und der Unternehmer sich bereits vor dem Bilanzstichtag zur Betriebsänderung entschlossen oder schon vor dem Bilanzstichtag eine wirtschaftliche Notwendigkeit bestanden hat, eine zur Aufstellung eines Sozialplans verpflichtende Maßnahme durchzuführen. ⁸Soweit vorzeitig betriebliche Pensionsleistungen bei alsbaldigem Ausscheiden infolge der Betriebsänderung erbracht werden, richtet sich die Rückstellungsbildung ausschließlich nach § 6 a EStG. ⁹Die vorstehenden Grundsätze gelten sinngemäß für Leistungen, die auf Grund einer auf Tarifvertrag oder Betriebsvereinbarung beruhenden vergleichbaren Vereinbarung zu erbringen sind.

Hinweise H 31 c (3)

Abrechnungsverpflichtung

Eine Verpflichtung im Sinne von R 31 c Abs. 3 ergibt sich aus
– § 14 VOB/B, wonach der Auftragnehmer zur Abrechnung gegenüber dem Besteller verpflichtet ist,
– den Verordnungen über die allgemeinen Bedingungen für die Gasversorgung/Elektrizitätsversorgung (→ BFH vom 18. 1. 1995 – BStBl II S. 742).

Anschaffungs- und Herstellungskosten

Für künftige Anschaffungs- und Herstellungskosten kann keine Rückstellung gebildet werden (→ BFH vom 23. 3. 1995 – BStBl II S. 772).

Pfandrückstellungen

Für die Verpflichtung zur Rückgabe von Pfandgeld sind Pfandrückstellungen zu bilden; deren Höhe richtet sich nach den Umständen des Einzelfalles (→ BMF vom 11. 7. 1995 – BStBl I S. 363).

Bilanzsteuerrechtliche Fragen der Getränkeindustrie; Behandlung des Leerguts und Rückstellungen für die Verpflichtung zur Rückgabe von Pfandgeld

BMF vom 11. 7. 1995 (BStBl I S. 363)

IV B 2 – S 2133 – 16/95

Zu der bilanzsteuerrechtlichen Behandlung von Leergut und den Voraussetzungen, unter denen ein Unternehmen für die Verpflichtung, vereinnahmte Pfandbeträge künftig zu-

§ 5 EStG
R 31 c   H 31 c (3)

rückzahlen zu müssen, Pfandrückstellungen zu bilden hat, nehme ich unter Bezugnahme auf das Ergebnis der Erörterung mit den obersten Finanzbehörden der Länder wie folgt Stellung:

1. **Bilanzsteuerrechtliche Behandlung des Leerguts**

   a) **Zuordnung zum Anlagevermögen**

   In der Getränkeindustrie werden Flaschen oder Kästen entweder als Individualleergut oder sog. Einheitsleergut verwendet. Individualleergut kann eindeutig einem bestimmten Abfüller zugeordnet werden, weil z. B. der Firmennahme in die Flasche oder den Kasten eingeprägt ist. Beim sog. Einheitsleergut ist die Zuordnung zu einem bestimmten Abfüller dagegen nicht möglich; die Flaschen oder Kästen können von jedem Abfüller zum Verkauf seiner Produkte eingesetzt werden.

   Erwirbt der Abfüller neue Flaschen oder Kästen, sind sie unabhängig davon, ob sie als Individual- oder sog. Einheitsleergut anzusehen sind, seinem Anlagevermögen (Betriebs- und Geschäftsausstattung) zuzuordnen.

   b) **Mehrrücknahmen**

   Nimmt der Abfüller von einem Abnehmer sog. Einheitsleergut, das den Umfang des ursprünglich an diesen ausgelieferten Vollguts übersteigt, zurück (Mehrrücknahmen), so handelt es sich in Höhe der Mehrrücknahmen um eine Anschaffung. Als Anschaffungskosten sind die dem Abnehmer ausgezahlten (Pfand-)Beträge anzusehen. Die Flaschen und Kästen sind insoweit ebenfalls dem Anlagevermögen des Abfüllers zuzuordnen.

2. **Rückstellung für die Verpflichtung zur Rückgabe von Pfandgeld**

   Pfandgelder, die ein Abfüller oder ein anderer Unternehmer von einem Abnehmer verlangt, um einen Anreiz zu geben, daß dieser die mit Pfand belegten Flaschen und Kästen zurückgibt, stellen Betriebseinnahmen dar. Für die Verpflichtung, die Pfandgelder zurückzuzahlen, wenn die bepfandeten Gegenstände zurückgegeben werden, hat der Unternehmer eine Pfandrückstellung zu bilden. Die Höhe der Pfandrückstellung richtet sich nach den Umständen des Einzelfalles.

   Diese Grundsätze gelten unabhängig davon, ob der Unternehmer Eigentümer der bepfandeten Gegenstände ist oder ob sie ihm von einem anderen nur zum Gebrauch überlassen worden sind. Ebenfalls ist ohne Bedeutung, ob es sich um Individualleergut oder um sog. Einheitsleergut handelt.

Rückstellung für hinterzogene Steuern

Eine Rückstellung für hinterzogene Steuern ist erstmals in dem Jahr zu bilden, in dem eine hinreichende Konkretisierung der Nachzahlungsverpflichtung – z. B. durch eine Außenprüfung oder eine Steuerfahndungsprüfung – eingetreten ist (→ FG Düsseldorf vom 18. 4. 1995 – EFG 1995 S. 962 – Rev. – BFH I R 93/95).

Rückstellungen für öffentlich-rechtliche Verpflichtungen sind u. a. **zulässig** für:

– Verpflichtung zur **Aufstellung der Jahresabschlüsse** (→ BFH vom 20. 3. 1980 – BStBl II S. 297).

– Verpflichtung zur **Buchung laufender Geschäftsvorfälle** des Vorjahres (→ BFH vom 25. 3. 1992 – BStBl II S. 1010).

– Gesetzliche Verpflichtung zur **Prüfung der Jahresabschlüsse,** zur **Veröffentlichung des Jahresabschlusses** m Bundesanzeiger, **zur Erstellung des Geschäftsberichts** und zur **Erstellung** der die Betriebssteuern des abgelaufenen Jahres betreffenden **Steuererklärungen** (→ BFH vom 23. 7. 1980 – BStBl 1981 II S. 62, 63).

Rückstellungen für öffentlich-rechtliche Verpflichtungen sind u. a. **nicht zulässig** für:

– Verpflichtung zur **Durchführung der Hauptversammlung** (→ BFH vom 23. 7. 1980 – BStBl 1981 II S. 62).

– **Künftige Betriebsprüfungskosten,** solange es an einer Prüfungsanordnung fehlt (→ BFH vom 24. 8. 1972 – BStBl 1973 II S. 55).

– Künftige Beitragszahlungen an den **Pensions-Sicherungsverein** (→ BFH vom 13. 11. 1991 – BStBl 1992 II S. 336).

Rückstellungen für Prozeßkosten

Zur Frage der Rückstellungsbildung für das Risiko, eigene Rechtsverfolgungs- oder -verteidigungskosten vom Prozeßgegner nicht ersetzt zu erhalten, sowie für drohende Kosten einer am Bilanzstichtag noch nicht anhängigen späteren Instanz → FG Hamburg vom 28. 10. 1994 (EFG 1995 S. 558 – Rev. – BFH I R 14/95).

Vorruhestandsleistungen

Rückstellungen für die Verpflichtung zur Zahlung von Vorruhestandsleistungen
→ BMF vom 16. 10. 1984 (BStBl I S. 518) IV B 1 – S 2176 – 104/84

Unter Bezugnahme auf das Ergebnis der Erörterungen mit den obersten Finanzbehörden der Länder gilt für die steuerrechtliche Bildung von Rückstellungen für die Verpflichtung zur Zahlung von Vorruhestandsleistungen auf Grund des Gesetzes zur Erleichterung des Übergangs vom Arbeitsleben in den Ruhestand vom 13. 4. 1984 (BGBl. I S. 601 ff.)[1]) folgendes:

I. Das Gesetz zur Erleichterung des Übergangs vom Arbeitsleben in den Ruhestand geht davon aus, daß Arbeitnehmern der Geburtsjahrgänge vor 1931, die das 58. Lebensjahr vollendet haben, Vorruhestandsleistungen gewährt werden. Grundlage für die Leistungsverpflichtung des Arbeitgebers kann nach § 2 ein Tarifvertrag, eine Regelung der Kirchen oder einer öffentlich-rechtlichen Religionsgemeinschaft oder eine Einzelvereinbarung mit dem Arbeitnehmer sein.
Die Verpflichtung des Arbeitgebers zur Zahlung von Vorruhestandsleistungen kann steuerrechtlich durch Bildung einer Rückstellung berücksichtigt werden. Die Rückstellung ist entsprechend den Grundsätzen des § 6 a EStG vorzunehmen; das bedeutet u. a. Passivierungswahlrecht, Nachholverbot, Rechnungszinsfuß in Höhe von 6 v. H. – in Berlin (West) in Höhe von 4 v. H. –, Verteilungswahlrecht nach § 6 a Abs. 4 EStG. Eine Rückstellung für die Verpflichtung zur Erbringung der Vorruhestandsleistungen kann erstmals für das Wirtschaftsjahr gebildet werden, in dem der Tarifvertrag oder die Einzelvereinbarung mit den Arbeitnehmern abgeschlossen worden ist.
Für die Bildung der Rückstellungen der Höhe nach ist davon auszugehen, daß nicht alle nach dem Gesetz in Betracht kommenden Arbeitnehmer von der Vorruhestandsregelung Gebrauch machen werden. Für die Höhe der Rückstellungen ist deshalb die Wahrscheinlichkeit der voraussichtlichen Inanspruchnahme der Vorruhestandsleistungen im Betrieb zu berücksichtigen.
Aus Vereinfachungsgründen wird nicht beanstandet, wenn die gesetzlich zulässige Rückstellung nur beim Vorliegen der verbindlichen Erklärung des Arbeitnehmers über die Inanspruchnahme der Vorruhestandsleistungen (Bereiterklärung) zu jeweiligen Bilanzstichtag gebildet wird, dagegen beim Fehlen einer Bereiterklärung eine Rückstellung unterbleibt. In den Fällen des Übergangs von der Vereinfachungsregelung auf die Bestimmung der Höhe der Rückstellung nach der Wahrscheinlichkeit der voraussichtlichen Inanspruchnahme gilt das Nachholverbot nicht.

II. Die von der Bundesanstalt für Arbeit den Arbeitgebern zu gewährenden Zuschüsse dürfen bei der Ermittlung des Teilwerts der Rückstellungen nicht berücksichtigt werden. Eine Aktivierung der Zuschüsse zu den in späteren Wirtschaftsjahren zu erbringenden Vorruhestandsleistungen kommt ebenfalls nicht in Betracht.

Wesentlichkeit

Ob für eine Verpflichtung, z. B. eine Abrechnungsverpflichtung, unter dem Gesichtspunkt der Wesentlichkeit eine Rückstellung zu bilden ist, ist nicht nach dem Aufwand für das einzelne Vertragsverhältnis zu beurteilen, sondern nach der Bedeutung der Verpflichtung für das Unternehmen (→ BFH vom 18. 1. 1995 – BStBl II S. 742).

---

[1]) Geänd. durch Art. 37 des Rentenreformgesetzes 1992.

§ 5 EStG

R 31 c (4) Wirtschaftliche Verursachung

(4) ¹Rückstellungen für ungewisse Verbindlichkeiten sind erstmals im Jahresabschluß des Wirtschaftsjahrs zu bilden, in dem sie wirtschaftlich verursacht sind. ²Die Annahme einer wirtschaftlichen Verursachung setzt voraus, daß der Tatbestand, an den das Gesetz oder der Vertrag die Verpflichtung knüpft, im wesentlichen verwirklicht ist (→ BFH vom 12. 12. 1991 – BStBl 1992 II S. 600). ³Die Erfüllung der Verpflichtung darf nicht nur an Vergangenes anknüpfen, sondern muß auch Vergangenes abgelten (→ BFH vom 25. 8. 1989 – BStBl II S. 893). ⁴Aus diesem Grund ist bei Verpflichtungen, die eng mit der künftigen Gewinnsituation des Unternehmens verknüpft sind, eine Rückstellung erst in den Jahren zulässig, in denen die Gewinne entstehen, aus denen die Verbindlichkeit zu tilgen ist (→ BFH vom 30. 3. 1993 – BStBl II S. 502).

H 31 c (4) Hinweise

Ausgleichsanspruch Handelsvertreter

Eine Rückstellung für die Verpflichtung zur Zahlung eines Ausgleichs an einen Handelsvertreter nach § 89 b HGB ist vor Beendigung des Vertragsverhältnisses nicht zulässig, da wesentliche Voraussetzung für einen solchen Ausgleich ist, daß dem Unternehmer aus der früheren Tätigkeit des Vertreters mit hoher Wahrscheinlichkeit noch nach Beendigung des Vertragsverhältnisses erhebliche Vorteile erwachsen (→ BFH vom 20. 1. 1983 – BStBl II S. 375).

Jubiläumsrückstellung

Anhang 9

Zu den Voraussetzungen für die Bildung einer Rückstellung für Jubiläumszuwendungen → BMF vom 29. 10. 1993 (BStBl I S. 898).

Nachbetreuungsleistungen

Für künftige Nachbetreuungsleistungen an Hör- und Sehhilfen können keine Rückstellungen gebildet werden (→ BFH vom 10. 12. 1992 – BStBl 1994 II S. 158 und BMF vom 7. 2. 1994 – BStBl I S. 140).

Rückstellungen für Nachbetreuung von verkauften Hör- und Sehhilfen

BMF vom 7. 2. 1994 (BStBl I S. 140)

IV B 2 – S 2137 – 3/94

Der Bundesfinanzhof hat in seinem Urteil vom 10. 12. 1992 (BStBl 1994 II S. 158) die Auffassung vertreten, daß Hörgeräte-Akustiker und Optiker für künftige Nachbetreuungsleistungen an Hör- und Sehhilfen Rückstellungen nicht bilden dürfen. Nach Auffassung des Gerichts ist wesentliche Ursache für das wirtschaftliche Entstehen der künftigen Verpflichtung zu Nachbetreuungsleistungen nicht schon der Verkauf der Hör- und Sehhilfen an den Kunden, sondern erst das künftige Auftreten der Mängel. Die Verpflichtung, Nachbetreuungsleistungen vorzunehmen, ist damit zukunftsbezogen und deshalb nicht rückstellungsfähig.

Ich bitte, es nicht zu beanstanden, wenn die Grundsätze dieses Urteils erstmals zum Schluß des ersten nach dem 31. 3. 1994 endenden Wirtschaftsjahres angewendet werden. Sind in der Vergangenheit Rückstellungen für künftige Nachbetreuungsleistungen gebildet worden, so sind diese in den Bilanzen des nach dem 31. 3. 1994 endenden Wirtschaftsjahres und der beiden folgenden Wirtschaftsjahre mit mindestens je einem Drittel gewinnerhöhend aufzulösen.

R 31 c (5) Wahrscheinlichkeit der Inanspruchnahme

(5) ¹Rückstellungen für ungewisse Verbindlichkeiten setzen in tatsächlicher Hinsicht voraus, daß die Verbindlichkeiten, die den Rückstellungen zugrunde liegen, entstanden sind oder mit einiger Wahrscheinlichkeit entstehen werden und der Steuerpflichtige ernsthaft da-

mit rechnen muß, in Anspruch genommen zu werden, z. B. weil er am Bilanzstichtag davon ausgehen muß, daß sein die Verpflichtung auslösendes Verhalten entdeckt wird (→ BFH vom 2. 10. 1992 – BStBl 1993 II S. 153). ²Die Wahrscheinlichkeit der Inanspruchnahme ist auf Grund objektiver, am Bilanzstichtag vorliegender und spätestens bei Aufstellung der Bilanz erkennbarer Tatsachen aus der Sicht eines sorgfältigen und gewissenhaften Kaufmanns zu beurteilen; es müssen mehr Gründe für als gegen die Inanspruchnahme sprechen (→ BFH vom 1. 8. 1984 – BStBl 1985 II S. 44).

Hinweise

Einseitige Verbindlichkeiten
Bei einseitigen Verbindlichkeiten ist die Wahrscheinlichkeit der Inanspruchnahme erst gegeben, wenn der Gläubiger die sich aus ihnen ergebende (mögliche) Berechtigung kennt. Dies gilt auch für öffentlich-rechtliche Verbindlichkeiten (→ BFH vom 19. 10. 1993 – BStBl 1994 II S. 891).

Hinterzogene Steuern
→ R 20 Abs. 3 Nr. 2

Betriebliche Veranlassung
(6) ¹Die ungewisse Verbindlichkeit, die Gegenstand der Rückstellung sein soll, muß betrieblich veranlaßt sein. ²§ 12 EStG ist zu beachten. ³Nicht rückstellungsfähig sind daher die Verpflichtungen zur Erstellung der Einkommensteuererklärung und der Erklärung zur gesonderten und einheitlichen Feststellung des Gewinns einer Personengesellschaft; für die Verpflichtung zur Abgabe der Erklärung zur Feststellung des Einheitswerts des Betriebsvermögens ist eine Rückstellung nur zulässig, wenn die Feststellung ausschließlich zur Ermittlung der Gewerbekapitalsteuer und nicht für Vermögensteuerzwecke erfolgt (→ BFH vom 24. 11. 1983 – BStBl 1984 II S. 301).

Garantierückstellungen
(7) ¹Garantierückstellungen, mit denen das Risiko künftigen Aufwands durch kostenlose Nacharbeiten oder durch Ersatzlieferungen oder aus Minderungen oder Schadensersatzleistungen wegen Nichterfüllung auf Grund gesetzlicher oder vertraglicher Gewährleistungen erfaßt werden soll, können bei Vorliegen der entsprechenden Voraussetzungen als Einzelrückstellungen für die bis zum Tag der Bilanzaufstellung bekanntgewordenen einzelnen Garantiefälle oder als Pauschalrückstellung gebildet werden. ²Für die Bildung von Pauschalrückstellungen ist Voraussetzung, daß der Kaufmann auf Grund der Erfahrungen in der Vergangenheit mit einer gewissen Wahrscheinlichkeit mit Garantieinanspruchnahmen rechnen muß oder daß sich aus der branchenmäßigen Erfahrung und der individuellen Gestaltung des Betriebs die Wahrscheinlichkeit ergibt, Garantieleistungen erbringen zu müssen (→ BFH vom 30. 6. 1983 – BStBl 1984 II S. 263).

Patent-, Urheber- oder ähnliche Schutzrechte
(8) ¹Rückstellungen wegen Benutzung einer offengelegten, aber noch nicht patentgeschützten Erfindung sind nur unter den Voraussetzungen zulässig, die nach § 5 Abs. 3 EStG für Rückstellungen wegen Verletzung eines Patentrechts gelten. ²Das Auflösungsgebot in § 5 Abs. 3 EStG bezieht sich auf alle Rückstellungsbeträge, die wegen der Verletzung ein und desselben Schutzrechts passiviert worden sind. ³Hat der Steuerpflichtige nach der erstmaligen Bildung der Rückstellung das Schutzrecht weiterhin verletzt und deshalb die Rückstellung in den folgenden Wirtschaftsjahren erhöht, beginnt für die Zuführungsbeträge keine neue Frist. ⁴Nach Ablauf der Dreijahresfrist sind weitere Rückstellungen wegen Verletzung desselben Schutzrechts nicht zulässig, solange Ansprüche nicht geltend gemacht worden sind.

Schwebende Geschäfte
(9) Nach den handelsrechtlichen Grundsätzen ordnungsmäßiger Buchführung werden Verpflichtungen aus schwebenden Geschäften nicht passiviert, es sei denn

§ 5 EStG
R 31 c   H 31 c (11)

1. in der Vergangenheit ist das Verhältnis von Leistung und Gegenleistung durch Erfüllungsrückstände gestört oder
2. künftig droht ein Verlust.

R 31 c (10) (10) ¹Ein **Erfüllungsrückstand** liegt insbesondere vor, wenn der Schuldner einer Verpflichtung nicht nachgekommen ist, die er im abgelaufenen Wirtschaftsjahr hätte erfüllen müssen (→ BFH vom 3. 12. 1991 – BStBl 1993 II S. 89). ²Der für die Erfüllung gebotene Zeitpunkt bestimmt sich danach, ob die Verpflichtung wirtschaftlich verursacht ist. ³Hierfür ist Voraussetzung, daß sich die Notwendigkeit zur Leistung konkretisiert hat. ⁴Erfüllungsrückstände des Vermieters liegen daher z. B. vor, wenn sich die allgemeine Pflicht zur Erhaltung der vermieteten Sache in der Notwendigkeit einzelner Erhaltungsmaßnahmen konkretisiert hat und der Vermieter die Maßnahmen unterläßt. ⁵Wegen des auch hier zu beachtenden Tatbestandes der wirtschaftlichen Verursachung → Absatz 4.

R 31 c (11) (11) ¹Eine Rückstellung für drohende Verluste aus schwebenden Geschäften ist zu bilden, wenn die eigene Verbindlichkeit aus dem schwebenden Geschäft den Wert der Gegenleistung aus dem Geschäft übersteigt (→ BFH vom 19. 7. 1983 – BStBl 1984 II S. 56). ²Die Frage, ob die im Rahmen des schwebenden Geschäfts zu erbringenden Leistungen und Gegenleistungen als ausgeglichen anzusehen sind, hängt nicht davon ab, ob die Gegenleistung zu einem aktivierbaren Wirtschaftsgut führt (→ BFH vom 3. 2. 1993 – BStBl II S. 441). ³Der Bildung einer Rückstellung steht nicht entgegen, daß ein Verlust bei Abschluß des Vertrags voraussehbar war (→ BFH vom 19. 7. 1983 – BStBl 1984 II S. 56). ⁴Rückstellungen wegen drohender Verluste aus schwebenden Geschäften kommen in folgenden Fällen in Betracht:

1. Beschaffung von Wirtschaftsgütern

   Eine Rückstellung für drohende Verluste aus Beschaffungsgeschäften ist zu bilden, wenn die Kaufpreisschuld für das noch nicht erhaltene Wirtschaftsgut höher ist als dessen Teilwert am Bilanzstichtag (→ BFH vom 3. 7. 1956 – BStBl III S. 248).

2. Absatz von Wirtschaftsgütern

   ¹Eine Rückstellung für drohende Verluste aus Absatzgeschäften ist zu bilden, wenn die zur Erfüllung der Verpflichtung nach den Preis- und Kostenverhältnissen am Bilanzstichtag aufzuwendenden Selbstkosten (ohne kalkulatorische Kosten) den vereinbarten Kaufpreis übersteigen. ²Zur Bewertung → R 38 Abs. 6. ³Die Rückstellung ist bereits für das Wirtschaftsjahr zu bilden, in dem ein bindendes Vertragsangebot abgegeben worden ist und sicher mit der Vertragsannahme gerechnet werden kann. ⁴Davon kann nicht schon deshalb ausgegangen werden, weil der Abschluß für den Anbieter ungünstig ist (→ BFH vom 16. 11. 1982 – BStBl 1983 II S. 361).

3. Dauerschuldverhältnisse

   ¹Bei der Beurteilung von Arbeitsverträgen ist zu beachten, daß der Wert des Anspruchs auf die Leistungen des Arbeitnehmers regelmäßig nicht als Beitrag zum Erfolg oder Mißerfolg des Betriebs und auch nicht mit den Wiederbeschaffungskosten zu bewerten ist. ²Eine tarifvertragliche Verdienstsicherung für ältere Arbeitnehmer rechtfertigt daher auch im Umsetzungsfall regelmäßig keine Rückstellung wegen drohender Verluste aus schwebenden Geschäften (→ BFH vom 16. 12. 1987 – BStBl 1988 II S. 338). ³Gleiches gilt für künftige Verpflichtungen zur Lohnfortzahlung im Fall der Arbeitsunfähigkeit wegen Krankheit (→ BFH vom 7. 6. 1988 – BStBl II S. 886). ⁴Satz 1 ist auch bei Darlehns-, Miet- und Pachtverträgen zu beachten. ⁵Rückstellungen für drohende Verluste aus solchen Verträgen lassen sich grundsätzlich nicht damit begründen, daß der Kapitalmarktzins oder der Miet- und Pachtzins nachhaltig gesunken ist (→ BFH vom 25. 2. 1986 – BStBl II S. 465).

H 31 c (11)

Hinweise

Ausbildungsverhältnisse

Eine Rückstellung für Ausbildungsverhältnisse darf selbst dann nicht gebildet werden, wenn mehr Personen ausgebildet werden als für das Unternehmen notwendig (→ BFH vom 3. 2. 1993 – BStBl II S. 441).

R 31 c (12) Instandhaltung und Abraumbeseitigung

Anhang 10   (12) ¹Die nach den Grundsätzen des § 249 Abs. 1 Satz 2 Nr. 1 HGB gebildete Rückstellung ist auch in der Steuerbilanz anzusetzen. ²Das gleiche gilt für die Bildung von Rückstellungen für unterlassene Aufwendungen für Abraumbeseitigungen, die im folgenden Wirtschaftsjahr nachgeholt werden. ³Bei unterlassener Instandhaltung muß es sich um Erhaltungsarbeiten handeln, die bis zum Bilanzstichtag bereits erforderlich gewesen wären, aber erst nach dem Bilanzstichtag durchgeführt werden. ⁴Bei Erhaltungsarbeiten, die erfahrungsgemäß in ungefähr gleichem Umfang und in gleichen Zeitabständen anfallen und turnusgemäß durchgeführt werden, liegt in der Regel keine unterlassene Instandhaltung vor (→ BFH vom 15. 2. 1955 – BStBl III S. 172). ⁵Soweit nach § 249 Abs. 1 Satz 3 HGB Rückstellungen auch für unterlassene Instandhaltungsaufwendungen zugelassen werden, die nach Ablauf der 3-Monats-Frist bis zum Ende des Wirtschaftsjahrs nachgeholt werden dürfen (handelsrechtliches Passivierungswahlrecht), sind sie steuerrechtlich nicht zulässig. ⁶Rückstellungen für Abraumbeseitigungen auf Grund rechtlicher Verpflichtungen sind nach § 249 Abs. 1 Satz 1 HGB (ungewisse Verbindlichkeit) zu bilden.

Kulanzleistungen R 31 c (13)

(13) ¹Rückstellungen nach § 249 Abs. 1 Satz 2 Nr. 2 HGB für Gewährleistungen, die ohne rechtliche Verpflichtungen erbracht werden, sind nur zulässig, wenn sich der Kaufmann den Gewährleistungen aus geschäftlichen Erwägungen nicht entziehen kann. ²Dies ist insbesondere dann anzunehmen, wenn auf Grund von in der Vergangenheit erbrachten Kulanzleistungen am Bilanzstichtag unter Berücksichtigung des pflichtgemäßen Ermessens des vorsichtigen Kaufmanns damit zu rechnen ist, daß Kulanzleistungen auch in Zukunft bewilligt werden müssen (→ BFH vom 6. 4. 1965 – BStBl III S. 383). Anhang 10

Auflösung von Rückstellungen R 31 c (14)

(14) ¹Rückstellungen sind aufzulösen, soweit die Gründe hierfür entfallen (→ auch § 249 Abs. 3 Satz 2 HGB). ²Dies gilt auch dann, wenn nach dem Bilanzstichtag, aber vor der Bilanzaufstellung Umstände bekannt werden, aus denen sich ergibt, daß mit einer Inanspruchnahme nicht mehr zu rechnen ist (→ BFH vom 17. 1. 1973 – BStBl II S. 320). ³Wird am Bilanzstichtag über den Wegfall einer Verpflichtung verhandelt, so rechtfertigt dies die Auflösung einer gebildeten Rückstellung grundsätzlich nicht (→ BFH vom 17. 11. 1987 – BStBl 1988 II S. 430). ⁴Dagegen ist eine Rückstellung aufzulösen, wenn trotz weiterbestehender rechtlicher Verpflichtung die Verbindlichkeit keine wirtschaftliche Belastung mehr darstellt (→ BFH vom 22. 11. 1988 – BStBl 1989 II S. 359). ⁵Eine Rückstellung ist erfolgsneutral aufzulösen, wenn der Wegfall der Voraussetzungen für ihre Bildung und Beibehaltung auf Umständen beruht, die als Einlage im Sinne des § 4 Abs. 1 Satz 3 EStG zu beurteilen sind (→ BFH vom 12. 4. 1989 – BStBl II S. 612). Anhang 10

Gewinnermittlung nach § 4 Abs. 1 EStG R 31 c (15)

(15) Die Absätze 1 bis 14 gelten sinngemäß bei Gewinnermittlung nach § 4 Abs. 1 EStG (→ § 141 Abs. 1 Satz 2 AO und BFH vom 20. 11. 1980 – BStBl 1981 II S. 398).

§ 6

Bewertung

(1) Für die Bewertung der einzelnen Wirtschaftsgüter, die nach § 4 Abs. 1 oder nach § 5 als Betriebsvermögen anzusetzen sind, gilt das Folgende:

1. ¹Wirtschaftsgüter des Anlagevermögens, die der Abnutzung unterliegen, sind mit den Anschaffungs- oder Herstellungskosten, vermindert um die Absetzungen für Abnutzung nach § 7, anzusetzen. ²Ist der Teilwert niedriger, so kann dieser angesetzt werden. ³Teilwert ist der Betrag, den ein Erwerber des ganzen Betriebs im Rahmen des Gesamtkaufpreises für das einzelne Wirtschaftsgut ansetzen würde; dabei ist davon auszugehen, daß der Erwerber den Betrieb fortführt. ⁴Bei Wirtschaftsgütern, die bereits am Schluß des vorangegangenen Wirtschaftsjahrs zum Anlagevermögen des Steuerpflichtigen gehört haben, kann der Steuerpflichtige in den folgenden Wirtschaftsjahren den Teilwert auch dann ansetzen, wenn er höher ist als der letzte Bilanzansatz; es dürfen jedoch höchstens die Anschaffungs- oder Herstellungskosten oder der nach Nummer 5 oder 6 an deren Stelle tretende Wert, vermindert um die Absetzungen für Abnutzung nach § 7, angesetzt werden.

2. ¹Andere als die in Nummer 1 bezeichneten Wirtschaftsgüter des Betriebs (Grund und Boden, Beteiligungen, Umlaufvermögen) sind mit den Anschaffungs- oder Herstellungskosten anzusetzen. ²Statt der Anschaffungs- oder Herstellungskosten kann der niedrigere Teilwert (Nummer 1 Satz 3) angesetzt werden. ³Bei Wirtschaftsgütern, die bereits am Schluß des vorangegangenen Wirtschaftsjahrs zum Betriebsvermögen gehört haben, kann der Steuerpflichtige in den folgenden Wirtschaftsjahren den Teilwert auch dann ansetzen, wenn er höher ist als der letzte Bilanzansatz; es dürfen jedoch höchstens die Anschaffungs- oder Herstellungskosten oder der nach Nummer 5 oder 6 an deren Stelle tretende Wert angesetzt werden. ⁴Bei land- und forstwirtschaftlichen Betrieben ist auch der Ansatz des höheren Teilwerts zulässig, wenn das den Grundsätzen ordnungsmäßiger Buchführung entspricht.

2 a. ¹Steuerpflichtige, die den Gewinn nach § 5 ermitteln, können für den Wertansatz gleichartiger Wirtschaftsgüter des Vorratsvermögens unterstellen, daß die zuletzt angeschafften oder hergestellten Wirtschaftsgüter zuerst verbraucht oder veräußert worden sind, soweit dies den handelsrechtlichen Grundsätzen ordnungsmäßiger Buchführung entspricht, und kein Bewertungsabschlag nach § 51 Abs. 1 Nr. 2 Buchstabe m vorgenommen wird. ²Der Vorratsbestand am Schluß des Wirtschaftsjahrs, das der erstmaligen Anwendung der Bewertung nach Satz 1 vorangeht, gilt mit seinem Bilanzansatz als erster Zugang des neuen Wirtschaftsjahrs. ³Auf einen im Bilanzansatz berücksichtigten Bewertungsabschlag nach § 51 Abs. 1 Nr. 2 Buchstabe m ist Satz 2 dieser Vorschrift entsprechend anzuwenden. ⁴Von der Verbrauchs- oder Veräußerungsfolge nach Satz 1 kann in den folgenden Wirtschaftsjahren nur mit Zustimmung des Finanzamts abgewichen werden.

3. Verbindlichkeiten sind unter sinngemäßer Anwendung der Vorschriften der Nummer 2 anzusetzen.

4. ¹Entnahmen des Steuerpflichtigen für sich, für seinen Haushalt oder für andere betriebsfremde Zwecke sind mit dem Teilwert anzusetzen. ²Wird ein Wirtschaftsgut un-

---

¹) Hinweis auf § 52 Abs. 7 EStG.
²) Absatz 1 Nr. 4 wurde durch das JStG 1996 ab VZ 1996 geändert:

„4. ¹Entnahmen des Steuerpflichtigen für sich, für seinen Haushalt oder für andere betriebsfremde Zwecke sind mit dem Teilwert anzusetzen. ²Die private Nutzung eines Kraftfahrzeugs ist für jeden Kalendermonat mit 1 vom Hundert des inländischen Listenpreises im Zeitpunkt der Erstzulassung zuzüglich der Kosten für Sonderausstattungen einschließlich der Umsatzsteuer anzusetzen. ³Die private Nutzung kann abweichend von Satz 2 mit den auf die Privatfahrten entfallenden Aufwendungen angesetzt werden, wenn die für das Kraftfahrzeug insgesamt entstehenden Aufwendungen durch Belege und das Verhältnis der privaten zu den übrigen Fahrten durch ein ordnungsgemäßes Fahrtenbuch nachgewiesen werden. ⁴Wird ein Wirtschaftsgut unmittelbar nach seiner Entnahme einer nach § 5 Abs. 1 Nr. 9 des Körperschaftsteuergesetzes von der Körperschaftsteuer befreiten Körperschaft, Personenvereinigung oder Vermögensmasse oder einer juristischen Person des öffentlichen Rechts zur Verwendung für steuerbegünstigte Zwecke im Sinne des § 10 b Abs. 1 Satz 1 unentgeltlich überlassen, so kann die Entnahme mit dem Buchwert angesetzt werden. ⁵Satz 4 gilt nicht für die Entnahme von Nutzungen und Leistungen."

§ 6 EStG

mittelbar nach seiner Entnahme einer nach § 5 Abs. 1 Nr. 9 des Körperschaftsteuergesetzes von der Körperschaftsteuer befreiten Körperschaft, Personenvereinigung oder Vermögensmasse oder einer juristischen Person des öffentlichen Rechts zur Verwendung für steuerbegünstigte Zwecke im Sinne des § 10 b Abs. 1 Satz 1 unentgeltlich überlassen, so kann die Entnahme mit dem Buchwert angesetzt werden. ³Satz 2 gilt nicht für die Entnahme von Nutzungen und Leistungen. ⁴Werden Gebäude, soweit sie zu einem Betriebsvermögen gehören und nicht Wohnzwecken dienen, und der in angemessenem Umfang dazugehörende Grund und Boden entnommen und im Anschluß daran vom Steuerpflichtigen in den folgenden zehn Jahren unter den Voraussetzungen des § 7 k Abs. 2 Nr. 1, 2, 4 und 5 und Abs. 3 vermietet, so kann die Entnahme bis zum 31. Dezember 1992 mit dem Buchwert angesetzt werden. ⁵Dies gilt auch, wenn das Gebäude umgebaut wird oder wenn infolge von Baumaßnahmen das Gebäude im Innern neu gestaltet wird und die Außenmauern erhalten bleiben. ¹⁾

5. ¹Einlagen sind mit dem Teilwert für den Zeitpunkt der Zuführung anzusetzen; sie sind jedoch höchstens mit den Anschaffungs- oder Herstellungskosten anzusetzen, wenn das zugeführte Wirtschaftsgut   S 2178

   a) innerhalb der letzten drei Jahre vor dem Zeitpunkt der Zuführung angeschafft oder hergestellt worden ist oder

   b) ein Anteil an einer Kapitalgesellschaft ist und der Steuerpflichtige an der Gesellschaft im Sinne des § 17 Abs. 1 beteiligt ist; § 17 Abs. 2 Satz 3 gilt entsprechend.   ²⁾

   ²Ist die Einlage ein abnutzbares Wirtschaftsgut, so sind die Anschaffungs- oder Herstellungskosten um Absetzungen für Abnutzung zu kürzen, die auf den Zeitraum zwischen der Anschaffung oder Herstellung des Wirtschaftsguts und der Einlage entfallen. ³Ist die Einlage ein Wirtschaftsgut, das vor der Zuführung aus einem Betriebsvermögen des Steuerpflichtigen entnommen worden ist, so tritt an die Stelle der Anschaffungs- oder Herstellungskosten der Wert, mit dem die Entnahme angesetzt worden ist, und an die Stelle des Zeitpunkts der Anschaffung oder Herstellung der Zeitpunkt der Entnahme.

6. Bei Eröffnung eines Betriebs ist Nummer 5 entsprechend anzuwenden.   S 2179

7. Bei entgeltlichem Erwerb eines Betriebs sind die Wirtschaftsgüter mit dem Teilwert, höchstens jedoch mit den Anschaffungs- oder Herstellungskosten anzusetzen.   S 2179

(2) ¹Die Anschaffungs- oder Herstellungskosten oder der nach Absatz 1 Nr. 5 oder 6 an deren Stelle tretende Wert von abnutzbaren beweglichen Wirtschaftsgütern des Anlagevermögens, die einer selbständigen Nutzung fähig sind, können im Wirtschaftsjahr der Anschaffung, Herstellung oder Einlage des Wirtschaftsguts oder der Eröffnung des Betriebs in voller Höhe als Betriebsausgaben abgesetzt werden, wenn die Anschaffungs- oder Herstellungskosten, vermindert um einen darin enthaltenen Vorsteuerbetrag (§ 9 b Abs. 1), oder der nach Absatz 1 Nr. 5 oder 6 an deren Stelle tretende Wert für das einzelne Wirtschaftsgut 800 Deutsche Mark nicht übersteigen. ²Ein Wirtschaftsgut ist einer selbständigen Nutzung nicht fähig, wenn es nach seiner betrieblichen Zweckbestimmung nur zusammen mit anderen Wirtschaftsgütern des Anlagevermögens genutzt werden kann und die in den Nutzungszusammenhang eingefügten Wirtschaftsgüter technisch aufeinander abgestimmt sind. ³Das gilt auch, wenn das Wirtschaftsgut aus dem betrieblichen Nutzungszusammenhang gelöst und in einen anderen betrieblichen Nutzungszusammenhang eingefügt werden kann. ⁴Satz 1 ist nur bei Wirtschaftsgütern anzuwenden, die unter Angabe des Tages der Anschaffung, Herstellung oder Einlage des Wirtschaftsguts oder der Eröffnung des Betriebs und der Anschaffungs- oder Herstellungskosten oder des nach Absatz 1 Nr. 5 oder 6 an deren Stelle tretenden Werts in einem besonderen, laufend zu führenden Verzeichnis aufgeführt sind. ⁵Das Verzeichnis braucht nicht geführt zu werden, wenn diese Angaben aus der Buchführung ersichtlich sind.   S 2180

---

¹) Zur Anwendung → § 52 Abs. 7 EStG.
²) Zur Anwendung → § 52 Abs. 7 Satz 4 EStG.

EStDV
§ 7
Unentgeltliche Übertragung eines Betriebs, eines Teilbetriebs, eines Mitunternehmeranteils oder einzelner Wirtschaftsgüter, die zu einem Betriebsvermögen gehören

(1) ¹Wird ein Betrieb, ein Teilbetrieb oder der Anteil eines Mitunternehmers an einem Betrieb unentgeltlich übertragen, so sind bei der Ermittlung des Gewinns des bisherigen Betriebsinhabers (Mitunternehmers) die Wirtschaftsgüter mit den Werten anzusetzen, die sich nach den Vorschriften über die Gewinnermittlung ergeben. ²Der Rechtsnachfolger ist an diese Werte gebunden.

(2) Werden aus betrieblichem Anlaß einzelne Wirtschaftsgüter aus einem Betriebsvermögen unentgeltlich in das Betriebsvermögen eines anderen Steuerpflichtigen übertragen, so gilt für den Erwerber der Betrag als Anschaffungskosten, den er für das einzelne Wirtschaftsgut im Zeitpunkt des Erwerbs hätte aufwenden müssen.

(3) Im Fall des § 4 Abs. 3 des Gesetzes sind bei der Bemessung der Absetzungen für Abnutzung oder Substanzverringerung durch den Rechtsnachfolger (Absatz 1) oder Erwerber (Absatz 2) die sich bei Anwendung der Absätze 1 und 2 ergebenden Werte als Anschaffungskosten zugrunde zu legen.

¹)

EStDV
§ 8 b
Wirtschaftsjahr
(zu § 4 a EStG abgedruckt)

EStDV
§ 8 c
Wirtschaftsjahr bei Land- und Forstwirten
(zu § 4 a EStG abgedruckt)

EStDV
§ 9 a
Anschaffung, Herstellung
(zu § 6 b EStG abgedruckt)

EStDV
§ §§ 10 bis 11 d
(zu § 7 EStG abgedruckt)

R 32. Anlagevermögen und Umlaufvermögen

(1) ¹Zum **Anlagevermögen** gehören die Wirtschaftsgüter, die bestimmt sind, dauernd dem Betrieb zu dienen (→ § 247 Abs. 2 HGB). ²Ob ein Wirtschaftsgut zum Anlagevermögen gehört, ergibt sich aus dessen Zweckbestimmung, nicht aus seiner Bilanzierung. ³Ist die Zweckbestimmung nicht eindeutig feststellbar, kann die Bilanzierung Anhaltspunkt für die Zuordnung zum Anlagevermögen sein. ⁴Zum Anlagevermögen können immaterielle Wirtschaftsgüter, Sachanlagen und Finanzanlagen gehören (→ Gliederungsschema in § 266

---

¹) Durch das JStG 1996 wurde ab VZ 1996 ein neuer § 8 eingefügt:
„§ 8
Eigenbetrieblich genutzte Grundstücke von untergeordnetem Wert"
(abgedruckt als Fußnote zu § 4 EStG)

Abs. 2 HGB). ⁵Zum abnutzbaren Anlagevermögen gehören insbesondere die auf Dauer dem Betrieb gewidmeten Gebäude, technischen Anlagen und Maschinen sowie die Betriebs- und Geschäftsausstattung. ⁶Zum nichtabnutzbaren Anlagevermögen gehören insbesondere Grund und Boden, Beteiligungen und andere Finanzanlagen, wenn sie dazu bestimmt sind, dauernd dem Betrieb zu dienen.

(2) ¹Ein Wirtschaftsgut des Anlagevermögens, dessen Veräußerung beabsichtigt ist, bleibt so lange Anlagevermögen, wie sich seine bisherige Nutzung nicht ändert, auch wenn bereits vorbereitende Maßnahmen zu seiner Veräußerung getroffen worden sind. ²Bei Grundstücken des Anlagevermögens, die bis zu ihrer Veräußerung unverändert genutzt werden, ändert somit selbst eine zum Zwecke der Veräußerung vorgenommene Parzellierung des Grund und Bodens oder Aufteilung des Gebäudes in Eigentumswohnungen nicht die Zugehörigkeit zum Anlagevermögen.

(3) ¹Zum **Umlaufvermögen** gehören die Wirtschaftsgüter, die zur Veräußerung, Verarbeitung oder zum Verbrauch angeschafft oder hergestellt worden sind, insbesondere Roh-, Hilfs- und Betriebsstoffe, Erzeugnisse und Waren, Kassenbestände. ²Das gilt grundsätzlich auch für Grundstücke eines gewerblichen Grundstückshändlers, wenn diese nicht eindeutig zur Vermögensanlage bestimmt sind (→ BFH vom 16. 1. 1969 – BStBl II S. 375).

Hinweise

Geschäfts- und Firmenwert
Zur bilanzsteuerlichen Behandlung des Geschäfts- und Firmenwerts, des Praxiswerts und sogenannter firmenwertähnlicher Wirtschaftsgüter → BMF vom 20. 11. 1986 (BStBl I S. 532)
→ BMF vom 15. 1. 1995 (BStBl I S. 14).

→ H 31 a,

H 32

Leergut bei Getränkeindustrie ist Anlagevermögen (→ BMF vom 11. 7. 1995 – BStBl I S. 363).

abgedruckt zu H 31 c Abs. 3 (Pfandrückstellungen).

Musterhäuser rechnen zum Anlagevermögen (→ BFH vom 31. 3. 1977 – BStBl II S. 684).

Praxiswert
→ Geschäfts- und Firmenwert

„Sozietätspraxiswert" ist wie der Wert einer erworbenen Einzelpraxis ein abnutzbares immaterielles Wirtschaftsgut (Änderung der Rechtsprechung); allerdings ist die Nutzungsdauer des „Sozietätspraxiswerts" wegen der Beteiligung und der weiteren Mitwirkung des bisherigen Praxisinhabers doppelt so lang (6 bis 10 Jahre) wie die Nutzungsdauer des Wertes einer erworbenen Einzelpraxis (3 bis 5 Jahre) (→ BFH vom 24. 2. 1994 – BStBl II S. 590 und BMF vom 15. 1. 1995 – BStBl I S. 14).

Rohstoff
Zum Begriff des Rohstoffs und seiner Zuordnung zum Umlauf-(Vorrats-)vermögen → BFH vom 2. 12. 1987 (BStBl 1988 II S. 502).

Vorführ- und Dienstwagen rechnen zum Anlagevermögen (→ BFH vom 17. 11. 1981 – BStBl 1982 II S. 344).

→ BMF vom 15. 6. 1982 (BStBl I S. 589).

R 32 a. Anschaffungskosten

(1) ¹Anschaffungskosten eines Wirtschaftsguts sind alle Aufwendungen, die geleistet werden, um das Wirtschaftsgut zu erwerben und in einen dem angestrebten Zweck entsprechenden (betriebsbereiten) Zustand zu versetzen (→ § 255 Abs. 1 HGB, BFH vom 13. 4. 1988 – BStBl II S. 892). ²Zu den Anschaffungskosten gehören der Anschaffungspreis und die Nebenkosten der Anschaffung, soweit sie dem Wirtschaftsgut einzeln zugeordnet werden kön-

nen (→ BFH vom 13. 10. 1983 – BStBl 1984 II S. 101). ³Nachträgliche Erhöhungen oder Minderungen der Anschaffungskosten sind zu berücksichtigen. ⁴Gemeinkosten gehören nicht zu den Anschaffungskosten (→ BFH vom 31. 7. 1967 – BStBl 1968 II S. 22 und vom 24. 2. 1972 – BStBl II S. 422).

(2) ¹Zu den Anschaffungskosten gehört auch der Wert übernommener Verbindlichkeiten (→ Schuldübernahmen). ²Der Wert einer übernommenen Rentenverpflichtung ist der Barwert der Rente, der grundsätzlich nach den §§ 12 ff. BewG zu ermitteln ist (→ BFH vom 31. 1. 1980 – BStBl II S. 491); er kann auch nach versicherungsmathematischen Grundsätzen berechnet werden. ³Bei einem Tausch von Wirtschaftsgütern bemessen sich ihre Anschaffungskosten grundsätzlich nach dem gemeinen Wert der hingegebenen Wirtschaftsgüter (→ BFH vom 8. 7. 1964 – BStBl III S. 561, vom 14. 6. 1967 – BStBl III S. 574 und vom 25. 1. 1984 – BStBl II S. 422). ⁴Bei einem Anschaffungsgeschäft in ausländischer Währung ist der Wechselkurs im Anschaffungszeitpunkt für die Berechnung der Anschaffungskosten maßgebend (→ BFH vom 16. 12. 1977 – BStBl 1978 II S. 233).

(3) Werden die Anschaffungskosten von Waren nach dem Verkaufswertverfahren durch retrograde Berechnung in der Weise ermittelt, daß von den ausgezeichneten Preisen die kalkulierte Handelsspanne abgezogen wird, ist dieses Verfahren nicht zu beanstanden; bei am Bilanzstichtag bereits herabgesetzten Preisen darf jedoch nicht von der ursprünglich kalkulierten Handelsspanne, sondern nur von dem verbleibenden Verkaufsaufschlag ausgegangen werden (→ BFH vom 27. 10. 1983 – BStBl 1984 II S. 35).

Hinweise

Beteiligung an Kapitalgesellschaft
→ R 140 Abs. 4

Einlagenrückgewähr
→ Rückzahlung aus Kapitalherabsetzung
→ EK 04-Ausschüttung

EK 04-Ausschüttung
EK 04-Ausschüttung verringert wie eine → Rückzahlung aus Kapitalherabsetzung die Anschaffungskosten der Beteiligung an Kapitalgesellschaft
→ BMF vom 9. 1. 1987 (BStBl I S. 171)
→ BFH vom 16. 3. 1994 (BStBl II S. 527) und vom 19. 7. 1994 (BStBl 1995 II S. 362)
→ R 140 Abs. 8

Erbauseinandersetzung und vorweggenommene Erbfolge
Anschaffungskosten bei Erbauseinandersetzung und vorweggenommener Erbfolge
Anhang 13 → BMF vom 11. 1. 1993 (BStBl I S. 62) und vom 13. 1. 1993 (BStBl I S. 80).

Erbbaurecht
– Einmalige Aufwendungen für den Erwerb eines Erbbaurechts (Grunderwerbsteuer, Maklerprovision, Notar- und Gerichtsgebühren) sind Anschaffungskosten des Wirtschaftsguts „Erbbaurecht" (→ BFH vom 4. 6. 1991 – BStBl 1992 II S. 70).
– Beim Erwerb eines „bebauten" Erbbaurechts entfallen die gesamten Anschaffungskosten auf das Gebäude, wenn der Erwerber dem bisherigen Erbbauberechtigten nachweislich ein Entgelt nur für den Gebäudeanteil gezahlt hat, während er gegenüber dem Erbbauverpflichteten (Grundstückseigentümer) nur zur Zahlung des laufenden Erbbauzinses verpflichtet ist (→ BFH vom 15. 11. 1994 – BStBl 1995 II S. 374).

Flächenbeiträge nach § 58 Baugesetz als nachträgliche Anschaffungskosten (→ BFH vom 6. 7. 1989 – BStBl 1990 II S. 126).

Mitunternehmeranteil
Für den Erwerber stellen die Aufwendungen zum Erwerb des Anteils einschließlich eines negativen Kapitalkontos Anschaffungskosten dar; ggf. sind sie oder Teile davon als Ausgleichsposten in der Ergänzungsbilanz des Erwerbers zu berücksichtigen (→ BFH vom 21. 4. 1994 – BStBl II S. 745).

Der Begriff des Mitunternehmeranteils umfaßt nicht nur den Anteil des Mitunternehmers am Vermögen der Gesellschaft, sondern auch etwaiges Sonderbetriebsvermögen (→ BFH vom 31. 8. 1995 – BStBl 1995 II S. 890).

Preisnachlaß oder Rabatt
Anschaffungskostenminderung durch Gewährung von Preisnachlaß oder Rabatt (→ BFH vom 22. 4. 1988 – BStBl II S. 901).

Renovierungskosten, die der Veräußerer der Wohnung im Kaufvertrag in Rechnung stellt, sind Bestandteil des Kaufpreises und deshalb Anschaffungskosten des Erwerbers (→ BFH vom 30. 7. 1991 – BStBl II S. 918).

Rückzahlung aus Kapitalherabsetzung
Rückzahlung aus Kapitalherabsetzung verringert die Anschaffungskosten der Beteiligung an Kapitalgesellschaft, soweit Rückzahlung nicht zu den Einnahmen im Sinne des § 20 Abs. 1 Nr. 2 EStG rechnet.

→ BMF vom 9. 1. 1987 (BStBl I S. 171)
→ BFH vom 29. 6. 1995 (BStBl II S. 722):

Der BFH hält an seiner Rechtsprechung fest, nach der eine Rückzahlung bereits vor dem handelsrechtlichen Wirksamwerden der beschlossenen Kapitalherabsetzung als solche und nicht als verdeckte Gewinnausschüttung zu behandeln ist, wenn die Beteiligten im Zeitpunkt der Zahlung alles unternommen haben, was zum handelsrechtlichen Wirksamwerden erforderlich ist, und wenn Gläubigerinteressen nicht berührt sind.

→ R 140 Abs. 8

Säumniszuschläge zur Grunderwerbsteuer rechnen zu den Anschaffungskosten des Grundstücks (→ BFH vom 14. 1. 1992 – BStBl II S. 464).

Schuldübernahmen rechnen zu den Anschaffungskosten (→ BFH vom 31. 5. 1972 – BStBl II S. 696 und vom 2. 10. 1984 – BStBl 1985 II S. 320).

→ Erbauseinandersetzung und vorweggenommene Erbfolge   Anhang 13
→ BMF vom 7. 8. 1992 (BStBl I S. 522)

abgedruckt zu H 115 (Übernahme von Verbindlichkeiten)

Skonto
Anschaffungskostenminderung durch Skonto erst im Zeitpunkt der Inanspruchnahme (→ BFH vom 27. 2. 1991 – BStBl II S. 456).

Wohnrechtsablösung durch Miterben führt zu nachträglichen Anschaffungskosten (→ BFH vom 28. 11. 1991 – BStBl 1992 II S. 381 und vom 3. 6. 1992 – BStBl 1993 II S. 98).

Zwangsversteigerung
Anschaffungskosten bei Erwerb in Zwangsversteigerung → BFH vom 11. 11. 1987 (BStBl 1988 II S. 424):

Zu den Anschaffungskosten gehören auch die nicht ausgebotenen nachrangigen Grundpfandrechte des Ersteigerers, soweit ihr Wert durch den Verkehrswert des Grundstücks gedeckt ist.

R 33. Herstellungskosten

(1) ¹**Herstellungskosten** eines Wirtschaftsguts sind alle Aufwendungen, die durch den Verbrauch von Gütern und die Inanspruchnahme von Diensten für die Herstellung des Wirtschaftsguts, seine Erweiterung oder für eine über seinen ursprünglichen Zustand hinausgehende wesentliche Verbesserung entstehen (→ § 255 Abs. 2 HGB, BFH vom 4. 7. 1990 – BStBl II S. 830). ²Dazu gehören die **Materialkosten** einschließlich der notwendigen **Materialgemeinkosten,** die **Fertigungskosten,** insbesondere Fertigungslöhne, einschließlich der notwendigen **Fertigungsgemeinkosten,** die **Sonderkosten** der Fertigung und der Wertverzehr von Anlagevermögen, soweit er durch die Herstellung des Wirtschaftsguts veranlaßt ist. ³Kosten der allgemeinen Verwaltung sowie Aufwendungen für soziale Einrichtungen des Betriebs, für freiwillige soziale Leistungen und für betriebliche Altersversorgung brauchen

nicht in die Herstellungskosten einbezogen zu werden. ⁴Vertriebskosten gehören nicht zu den Herstellungskosten. ⁵Auch der sog. Unternehmerlohn (Wert der eigenen Arbeitsleistung) erhöht die Herstellungskosten nicht.

(2) Zu den Materialgemeinkosten und den Fertigungsgemeinkosten, die im Rahmen der Herstellungskosten zu erfassen sind, gehören u. a. auch die Aufwendungen für folgende Kostenstellen:

Lagerhaltung, Transport und Prüfung des Fertigungsmaterials,

Vorbereitung und Kontrolle der Fertigung,

Werkzeuglager,

Betriebsleitung, Raumkosten, Sachversicherungen,

Unfallstationen und Unfallverhütungseinrichtungen der Fertigungsstätten,

Lohnbüro, soweit in ihm die Löhne und Gehälter der in der Fertigung tätigen Arbeitnehmer abgerechnet werden.

(3) **Sonderkosten,** z. B. Entwurfskosten, Lizenzgebühren usw., gehören zu den Herstellungskosten, soweit sie zur Fertigung der Erzeugnisse aufgewendet werden und nicht zu den allgemeinen Verwaltungskosten oder den Vertriebskosten zu rechnen sind.

(4) ¹Zu den Herstellungskosten gehört auch der **Wertverzehr** des **Anlagevermögens,** soweit er der Fertigung der Erzeugnisse gedient hat. ²Dabei ist grundsätzlich der Betrag anzusetzen, der bei der Bilanzierung des Anlagevermögens als AfA berücksichtigt ist. ³Es ist nicht zu beanstanden, wenn bei der Bilanzierung des Anlagevermögens die AfA in fallenden Jahresbeträgen (§ 7 Abs. 2 EStG) vorgenommen, bei der Berechnung der Herstellungskosten der Erzeugnisse die AfA in gleichen Jahresbeträgen (§ 7 Abs. 1 Satz 1 und 2 EStG) berücksichtigt. ⁴In diesem Fall muß der Steuerpflichtige jedoch dieses Absetzungsverfahren auch dann bei der Berechnung der Herstellungskosten beibehalten, wenn gegen Ende der Nutzungsdauer die Absetzungen in fallenden Jahresbeträgen niedriger sind als die Absetzungen in gleichen Jahresbeträgen. ⁵Der Wertverzehr des der Fertigung dienenden Anlagevermögens ist bei der Berechnung der Herstellungskosten der Erzeugnisse auch dann in Höhe der sich nach den Anschaffungs- oder Herstellungskosten des Anlagevermögens ergebenden AfA in gleichen Jahresbeträgen zu berücksichtigen, wenn der Steuerpflichtige Bewertungsfreiheiten, Sonderabschreibungen oder erhöhte Absetzungen in Anspruch genommen und diese nicht in die Herstellungskosten der Erzeugnisse einbezogen hat. ⁶**Teilwertabschreibungen** auf das Anlagevermögen im Sinne des § 6 Abs. 1 Nr. 1 Satz 2 EStG sind bei der Berechnung der Herstellungskosten der Erzeugnisse nicht zu berücksichtigen.

(5) ¹Zu den Kosten für die allgemeine Verwaltung, die nicht in die Herstellungskosten einbezogen zu werden brauchen, gehören u. a. die Aufwendungen für Geschäftsleitung, Einkauf und Wareneingang, Betriebsrat, Personalbüro, Nachrichtenwesen, Ausbildungswesen, Rechnungswesen – z. B. Buchführung, Betriebsabrechnung, Statistik und Kalkulation –, Feuerwehr, Werkschutz sowie allgemeine Fürsorge einschließlich Betriebskrankenkasse. ²Zu den Aufwendungen für soziale Einrichtungen gehören z. B. Aufwendungen für Kantine einschließlich der Essenszuschüsse sowie für Freizeitgestaltung der Arbeitnehmer. ³Freiwillige soziale Leistungen, die aus Vereinfachungsgründen nicht als Herstellungskosten behandelt zu werden brauchen, sind nur Aufwendungen, die einzelvertraglich oder tarifvertraglich vereinbart worden sind; hierzu können z. B. Jubiläumsgeschenke, Wohnungs- und andere freiwillige Beihilfen, Weihnachtszuwendungen oder Aufwendungen für die Beteiligung der Arbeitnehmer am Ergebnis des Unternehmens gehören. ⁴Aufwendungen für die **betriebliche Altersversorgung** (Direktversicherungen, Zuwendungen an Pensions- und Unterstützungskassen, Pensionsrückstellungen) gehören zwar mit dem auf die Fertigung entfallenden Anteil zu den Herstellungskosten; in entsprechender Anwendung der Grundsätze des BFH vom 5. 8. 1958 (BStBl III S. 392) – → § 255 Abs. 2 Satz 4 HGB – ist es jedoch nicht zu beanstanden, wenn der Steuerpflichtige die Aufwendungen für die betriebliche Altersversorgung bei der Ermittlung der Herstellungskosten nicht berücksichtigt.

(6) ¹Die **Steuern** vom **Einkommen** und die **Vermögensteuer** gehören nicht zu den steuerlich abziehbaren Betriebsausgaben und damit auch nicht zu den Herstellungskosten. ²Hinsichtlich der **Gewerbesteuer** hat der Steuerpflichtige, soweit sie auf den Gewerbeertrag entfällt, ein **Wahlrecht,** ob er sie den Herstellungskosten zurechnen will (→ BFH vom 5. 8. 1958 – BStBl III S. 392). ³Soweit die Gewerbesteuer auf das der Fertigung dienende Gewerbekapital entfällt, ist sie bei der Ermittlung der Herstellungskosten zu berücksichtigen. ⁴Die **Umsatz-**

steuer gehört zu den Vertriebskosten, die die Herstellungskosten nicht berühren; zur Behandlung von Vorsteuerbeträgen, die nach dem Umsatzsteuergesetz nicht abgezogen werden können, als Anschaffungs- oder Herstellungskosten → § 9 b Abs. 1 EStG. [5]Für **Zölle** und **Verbrauchsteuern,** die auf aktivierte Wirtschaftsgüter des Vorratsvermögens entfallen und nicht zu den Herstellungskosten dieser Wirtschaftsgüter gerechnet worden sind, ist ein Rechnungsabgrenzungsposten nach § 5 Abs. 5 Satz 2 EStG zu bilden.

(7) [1]**Zinsen für Fremdkapital** gehören nicht zu den Herstellungskosten (→ § 255 Abs. 3 Satz 1 HGB). [2]Das gilt auch für Kosten der Geldbeschaffung (→ BFH vom 24. 5. 1968 – BStBl II S. 574) und für kalkulatorische Zinsen für Eigenkapital. [3]Wird jedoch nachweislich in unmittelbarem wirtschaftlichem Zusammenhang mit der Herstellung eines Wirtschaftsguts ein Kredit aufgenommen, so können die Zinsen, soweit sie auf den Herstellungszeitraum entfallen, in die Herstellungskosten des Wirtschaftsguts einbezogen werden. [4]Voraussetzung für die Berücksichtigung von Zinsen für Fremdkapital als Teil der Herstellungskosten eines Wirtschaftsguts ist, daß in der Handelsbilanz entsprechend verfahren wird (→ BFH vom 7. 11. 1989 – BStBl 1990 II S. 460).

Anhang 10

(8) [1]Die nicht volle Ausnutzung von Produktionsanlagen führt nicht zu einer Minderung der in die Herstellungskosten einzubeziehenden Fertigungsgemeinkosten, wenn sich die Schwankung in der Kapazitätsausnutzung aus der Art der Produktion, wie z. B. bei der Zuckerfabrik als Folge der Abhängigkeit von natürlichen Verhältnissen, ergibt (→ BFH vom 15. 2. 1966 – BStBl III S. 468). [2]Wird ein Betrieb infolge teilweiser Stillegung oder mangelnder Aufträge nicht voll ausgenutzt, so sind die dadurch verursachten Kosten bei der Berechnung der Herstellungskosten nicht zu berücksichtigen. [3]Der niedrigere Teilwert kann statt der Herstellungskosten nur dann angesetzt werden, wenn glaubhaft gemacht wird, daß ein Käufer des Betriebs weniger als den üblichen Aufwand für die Herstellung der Erzeugnisse bezahlen würde.

(9) [1]Bei Wirtschaftsgütern, die am Bilanzstichtag noch nicht fertiggestellt sind, mit deren Herstellung aber bereits begonnen worden ist, sind die bis zum Bilanzstichtag angefallenen Herstellungskosten zu aktivieren, soweit nicht nach den Absätzen 1 bis 7 von der Aktivierung abgesehen werden kann (→ BFH vom 11. 3. 1976 – BStBl II S. 614 und vom 23. 11. 1978 – BStBl 1979 II S. 143). [2]Dabei ist unerheblich, ob die bis zum Bilanzstichtag angefallenen Aufwendungen bereits zur Entstehung eines als Einzelheit greifbaren Wirtschaftsguts geführt haben.

Hinweise

H 33

Abraumvorrat

Kosten der Schaffung eines Abraumvorrats bei der Mineralgewinnung sind Herstellungskosten (→ BFH vom 23. 11. 1978 – BStBl 1979 II S. 143).

Beitrittsgebiet

Anhang 6

Wiederherstellungs-/Wiederbeschaffungskosten zum 1. 7. 1990 → BMF vom 21. 7. 1994 (BStBl I S. 599) und vom 15. 1. 1995 (BStBl I S. 14).

Bewertungswahlrecht

Handelsrechtliches Bewertungswahlrecht führt steuerrechtlich zum Ansatz des höchsten nach Handels- und Steuerrecht zulässigen Werts, soweit nicht auch steuerrechtlich ein Wahlrecht besteht (→ BFH vom 21. 10. 1993 – BStBl 1994 II S. 176).

Planungskosten für Gebäude als Teil der Herstellungskosten (→ BFH vom 11. 3. 1976 – BStBl II S. 614).

R 33 a. Aufwendungen im Zusammenhang mit einem Grundstück

Herstellungskosten eines Gebäudes

S 2171 a

(1) [1]Zu den Herstellungskosten eines Gebäudes gehören neben den eigentlichen Baukosten zur Errichtung des Gebäudes u. a. auch die Kosten für den unmittelbaren Anschluß des Gebäudes an Versorgungs- oder Entsorgungsnetze sowie Kosten, die im Zusammen-

mit der Baugenehmigung entstehen oder für die Ablösung von Rechten Dritter anfallen, die einer Bebauung entgegenstehen. ²Zu den Herstellungskosten des Gebäudes rechnen ferner die Kosten für die Errichtung unselbständiger Gebäudeteile. ³Wegen der Bestimmung des Begriffs des Gebäudes und des Gebäudeteils → R 42 Abs. 5 und 6; wegen der Abgrenzung der selbständigen von den unselbständigen Gebäudeteilen → R 13 Abs. 5. ⁴Nicht zu den Herstellungskosten des Gebäudes, sondern zu den Anschaffungskosten des Grund und Bodens, gehören kommunale Beitragsleistungen, die bezogen auf das Grundstückseigentum erhoben werden.

Abbruchkosten

(2) ¹Wird ein Gebäude oder ein Gebäudeteil abgerissen, so sind für die steuerrechtliche Behandlung folgende Fälle zu unterscheiden:

1. Der Steuerpflichtige hatte das Gebäude auf einem ihm bereits gehörenden Grundstück errichtet,
2. der Steuerpflichtige hat das Gebäude in der Absicht erworben, es als Gebäude zu nutzen (Erwerb ohne Abbruchabsicht),
3. der Steuerpflichtige hat das Gebäude zum Zweck des Abbruchs erworben (Erwerb mit Abbruchabsicht),
4. der Steuerpflichtige plant den Abbruch eines zum Privatvermögen gehörenden Gebäudes und die Errichtung eines zum Betriebsvermögen gehörenden Gebäudes (Einlage mit Abbruchabsicht).

²In den Fällen der Nummern 1 und 2 sind im Jahr des Abbruchs die Abbruchkosten und der Restbuchwert des abgebrochenen Gebäudes sofort abziehbare Betriebsausgaben. ³Im Fall der Nummer 3 gilt folgendes:

a) War das Gebäude technisch oder wirtschaftlich nicht verbraucht, so gehören sein Buchwert und die Abbruchkosten, wenn der Abbruch des Gebäudes mit der Herstellung eines neuen Wirtschaftsguts in einem engen wirtschaftlichen Zusammenhang steht, zu den Herstellungskosten dieses Wirtschaftsguts, sonst zu den Anschaffungskosten des Grund und Bodens (→ BFH vom 4. 12. 1984 – BStBl 1985 II S. 208).

b) War das Gebäude im Zeitpunkt des Erwerbs objektiv wertlos, so entfällt der volle Anschaffungspreis auf den Grund und Boden (→ BFH vom 15. 2. 1989 – BStBl II S. 604); für die Abbruchkosten gilt Buchstabe a entsprechend.

⁴Wird mit dem Abbruch eines Gebäudes innerhalb von drei Jahren nach dem Erwerb begonnen, so spricht der Beweis des ersten Anscheins dafür, daß der Erwerber das Gebäude in der Absicht erworben hat, es abzureißen. ⁵Der Steuerpflichtige kann diesen Anscheinsbeweis durch den Gegenbeweis entkräften, z. B. dadurch, daß es zu dem Abbruch erst auf Grund eines eines ungewöhnlichen Geschehensablaufs gekommen ist. ⁶Damit ist nicht ausgeschlossen, daß in besonders gelagerten Fällen, z. B. bei großen Arrondierungskäufen, auch bei einem Zeitraum von mehr als drei Jahren zwischen Erwerb und Beginn des Abbruchs der Beweis des ersten Anscheins für einen Erwerb in Abbruchabsicht spricht (→ BFH vom 12. 6. 1978 – BStBl II S. 620). ⁷Für den Beginn der Dreijahresfrist ist in der Regel der Abschluß des obligatorischen Rechtsgeschäfts maßgebend (→ BFH vom 6. 2. 1979 – BStBl II S. 509). ⁸Im Fall der Nummer 4 gehören der Wert des abgebrochenen Gebäudes und die Abbruchkosten zu den Herstellungskosten des neu zu errichtenden Gebäudes; der Einlagewert des Gebäudes ist nicht schon deshalb mit 0 DM anzusetzen, weil sein Abbruch beabsichtigt ist (→ BFH vom 9. 2. 1983 – BStBl II S. 451). ⁹Bei der Ermittlung des Teilwerts des Gebäudes ist die Abbruchabsicht nicht zu berücksichtigen.

Hinweise

Zu den Herstellungskosten eines Gebäudes rechnen u. a.:
Ablöse- und Abstandzahlungen
- **Entschädigungszahlungen an Mieter oder Pächter** für vorzeitige Räumung eines Grundstücks zur Errichtung eines Gebäudes → BFH vom 9. 2. 1983 (BStBl II S. 451)
- Aufwendungen für die Ablösung der **Verpflichtung zur Errichtung von Stellplätzen** → BFH vom 8. 3. 1984 (BStBl II S. 702)

§ 6 EStG
H 33 a   R 33 a

Anschaffungsnaher Aufwand
→ R 157 Abs. 5
→ H 157

Baumaterial aus Enttrümmerung
→ BFH vom 5. 12. 1963 (BStBl 1964 III S. 299)

Bauplanungskosten: auch vergebliche Planungskosten, wenn der Steuerpflichtige die ursprüngliche Planung zwar nicht verwirklicht, später aber ein die beabsichtigten Zwecke erfüllendes Gebäude erstellt
→ BFH vom 29. 11. 1983 (BStBl 1984 II S. 303, 306)

Kosten zur **Beseitigung von Baumängeln**
- **Prozeßkosten** → BFH vom 1. 12. 1987 (BStBl 1988 II S. 431)
- bei **mangelhaften Bauleistungen** → BFH vom 31. 3. 1992 (BStBl II S. 805)
- **Abtragung unselbständiger Gebäudeteile** während der Bauphase → BFH vom 30. 8. 1994 (BStBl 1995 II S. 306)

→ H 44 (AfaA)

Aufwendungen für **Einbauten als unselbständige Gebäudeteile**
→ BFH vom 26. 11. 1973 (BStBl 1974 II S. 132)

Aufwendungen für **Einfriedungen und Außenanlagen als unselbständige Gebäudeteile**
- **lebende Umzäunung** → BFH vom 30. 6. 1966 (BStBl III S. 541)
- **Maschendrahtzaun** → BFH vom 15. 12. 1977 (BStBl 1978 II S. 210)

Aufwendungen für übliche **Erdarbeiten**
- **Hangabtragung** → BFH vom 27. 1. 1994 (BStBl II S. 512)
- **Freimachen** des Geländes von **Buschwerk und Bäumen** → BFH vom 26. 8. 1994 (BStBl 1995 II S. 71)

Fahrtkosten zur Baustelle in tatsächlicher Höhe
→ BFH vom 10. 5. 1995 (BStBl II S. 713)

Hausanschlußkosten
- für **Anlagen zur Ableitung von Abwässern**
  → BFH vom 24. 11. 1967 (BStBl 1968 II S. 178)
- für Anschlüsse **an Versorgungsnetze (Strom, Gas, Wasser, Wärme)**
  → BFH vom 15. 1. 1965 (BStBl III S. 226)

Aufwendungen für abgehängte **Kassettendecken mit integrierter Beleuchtungsanlage in Büroräumen**
→ BFH vom 8. 10. 1987 (BStBl 1988 II S. 440)

Aufwendungen für die **Spüle** und den – nach der regionalen Verkehrsauffassung erforderlichen – **Kochherd**
→ BFH vom 13. 3. 1990 (BStBl II S. 514)

Nicht zu den Herstellungskosten eines Gebäudes rechnen u. a.:
Wert der eigenen **Arbeitsleistungen**
→ BFH vom 10. 5. 1995 (BStBl II S. 713)
Beiträge für **Bauzeitversicherung**
→ BFH vom 25. 2. 1976 (BStBl 1980 II S. 294)
Aufwendungen für **Einfriedungen und Außenanlagen als unbewegliche Wirtschaftsgüter, die keine Gebäude oder Gebäudeteile sind**
→ R 42 Abs. 6
→ BFH vom 1. 7. 1983 (BStBl II S. 686)
Aufwendungen für **Grünanlagen**
→ BFH vom 15. 10. 1965 (BStBl 1966 III S. 12)

Aufwendungen für **Waschmaschinen,** und zwar auch dann, wenn sie auf einem Zementsockel angeschraubt sind und den Mietern gegen Entgelt zur Verfügung stehen
→ BFH vom 30. 10. 1970 (BStBl 1971 II S. 95).

Weder Herstellungskosten des Gebäudes noch Erhaltungsaufwand, sondern Anschaffungskosten des Grund und Bodens sind u. a.:
Erschließungs-, Straßenanlieger- und andere auf das Grundstückseigentum bezogene, kommunale Beiträge und Beiträge für sonstige Anlagen außerhalb des Grundstücks
- **Ansiedlungsbeitrag**
  → BFH vom 9. 12. 1965 (BStBl 1966 III S. 191)
- Erschließungsbeitrag des **Erbbauberechtigten**
  → BFH vom 22. 2. 1967 (BStBl III S. 417)
- **erstmalige** Straßenausbau- und Kanalanschlußbeiträge; bei **Ersetzung** oder **Modernisierung** vorhandener Erschließungseinrichtungen nur dann, wenn das Grundstück durch die Maßnahme in seiner Substanz oder in seinem Wesen geändert wird
  → BFH vom 22. 3. 1994 (BStBl II S. 842).
- wird ein durch einen Privatweg an das öffentliche Straßennetz angebundenes Grundstück zusätzlich durch eine öffentliche Straße erschlossen, sind die Beiträge für die **Zweiterschließung** nur dann nachträgliche Anschaffungskosten des Grund und Bodens, wenn sich der Wert des Grundstücks auf Grund der Erweiterung der Nutzbarkeit oder einer günstigeren Lage erhöht (→ BFH vom 12. 1. 1995 – BStBl II S. 632 und vom 7. 11. 1995 – IX R 54/94).

R 34. Zuschüsse für Anlagegüter

Begriff des Zuschusses

(1) ¹Ein Zuschuß ist ein Vermögensvorteil, den ein Zuschußgeber zur Förderung eines – zumindest auch – in seinem Interesse liegenden Zwecks dem Zuschußempfänger zuwendet. ²Fehlt ein Eigeninteresse des Leistenden, liegt kein Zuschuß vor. ³In der Regel wird ein Zuschuß auch nicht vorliegen, wenn ein unmittelbarer wirtschaftlicher Zusammenhang mit einer Leistung des Zuschußempfängers feststellbar ist.

Wahlrecht

(2) ¹Werden Anlagegüter mit Zuschüssen aus öffentlichen oder privaten Mitteln angeschafft oder hergestellt, so hat der Steuerpflichtige grundsätzlich ein Wahlrecht (→ BFH vom 22. 1. 1992 – BStBl II S. 488).¹) ²Er kann die Zuschüsse als Betriebseinnahmen ansetzen; in diesem Fall werden die Anschaffungs- oder Herstellungskosten der betreffenden Wirtschaftsgüter durch die Zuschüsse nicht berührt. ³Er kann die Zuschüsse aber auch erfolgsneutral behandeln; in diesem Fall dürfen die Anlagegüter, für die die Zuschüsse gewährt worden sind, nur mit den Anschaffungs- oder Herstellungskosten bewertet werden, die der Steuerpflichtige **selbst,** also ohne Berücksichtigung der Zuschüsse **aufgewendet** hat. ⁴Voraussetzung für die erfolgsneutrale Behandlung der Zuschüsse ist, daß in der handelsrechtlichen Jahresbilanz entsprechend verfahren wird. ⁵Soweit in einem folgenden Wirtschaftsjahr bei einem Wirtschaftsgut in der handelsrechtlichen Jahresbilanz eine nach Satz 3 vorgenommene Bewertung durch eine Zuschreibung rückgängig gemacht wird, erhöht der Betrag der Zuschreibung den Buchwert des Wirtschaftsguts.

Nachträglich gewährte Zuschüsse

(3) ¹Werden Zuschüsse, die erfolgsneutral behandelt werden, erst nach der Anschaffung oder Herstellung von Anlagegütern gewährt, so sind sie **nachträglich** von den gebuchten Anschaffungs- oder Herstellungskosten abzusetzen. ²Ebenso ist zu verfahren, wenn die Anlagen mit Hilfe eines **Darlehens** angeschafft oder hergestellt worden sind und der nachträglich gewährte Zuschuß auf dieses Darlehen verrechnet oder zur Tilgung des Darlehens verwendet wird. ³Zur AfA → R 43 Abs. 4.

¹) BFH vom 19. 7. 1995 – I R 56/94 (→ H 35 a [Teilwertabschreibung]).

Im voraus gewährte Zuschüsse

(4) ¹Werden Zuschüsse gewährt, die erfolgsneutral behandelt werden sollen, wird aber das Anlagegut ganz oder teilweise erst in einem auf die Gewährung des Zuschusses folgenden Wirtschaftsjahr angeschafft oder hergestellt, so kann in Höhe der – noch – nicht verwendeten Zuschußbeträge eine steuerfreie **Rücklage** gebildet werden, die im Wirtschaftsjahr der Anschaffung oder Herstellung auf das Anlagegut zu übertragen ist. ²Für die Bildung der Rücklage ist Voraussetzung, daß in der handelsrechtlichen Jahresbilanz ein entsprechender Passivposten in mindestens gleicher Höhe ausgewiesen wird.

Hinweise

Betriebsunterbrechungsversicherung
Leistungen der Betriebsunterbrechungsversicherung sind keine Zuschüsse
→ BFH vom 29. 4. 1982 – BStBl II S. 591
→ R 35 Abs. 3

Geld- oder Bauleistungen
Geld- oder Bauleistungen des Mieters zur Erstellung eines Gebäudes sind keine Zuschüsse, sondern zusätzliches Nutzungsentgelt für die Gebrauchsüberlassung des Grundstücks (→ BFH vom 28. 10. 1980 – BStBl 1981 II S. 161).

Investitionszulagen sind keine Zuschüsse.
→ § 10 InvZulG 1993
→ § 19 Abs. 9 BerlinFG 1990

Mieterzuschüsse
→ R 163 Abs. 3

Öffentliche Zuschüsse unter Auflage
→ R 163 Abs. 2

Verlorene Zuschüsse
von Mineralölgesellschaften an Tankstelleninhaber → BFH vom 16. 5. 1957 (BStBl III S. 342);
im Zusammenhang mit Bierlieferungsrechten → H 31 a

R 35. Übertragung stiller Reserven bei Ersatzbeschaffung

Allgemeines

(1) ¹Die Gewinnverwirklichung durch Aufdeckung stiller Reserven kann in bestimmten Fällen der Ersatzbeschaffung vermieden werden (→ BFH vom 14. 11. 1990 – BStBl 1991 II S. 222). ²Voraussetzung ist, daß
1. ein Wirtschaftsgut des Anlage- oder Umlaufvermögens infolge höherer Gewalt oder infolge der zur Vermeidung eines behördlichen Eingriffs gegen Entschädigung aus dem Betriebsvermögen ausscheidet und
2. innerhalb einer bestimmten Frist ein Ersatzwirtschaftsgut angeschafft oder hergestellt wird.

³Eine Gewinnverwirklichung kann nicht durch Ersatzbeschaffung vermieden werden, wenn ein Wirtschaftsgut durch Entnahme aus dem Betriebsvermögen ausscheidet (→ BFH vom 24. 5. 1973 – BStBl II S. 582). ⁴Entsprechendes gilt bei Veräußerungen zur Durchführung erforderlicher Maßnahmen zur Strukturanpassung; hier kann eine Gewinnverwirklichung unter den Voraussetzungen der §§ 6, 6 c EStG vermieden werden (→ BFH vom 14. 11. 1990 – BStBl 1991 II S. 222). ⁵Die Grundsätze des § 5 Abs. 1 Satz 2 EStG sind zu beachten.

Höhere Gewalt – behördlicher Eingriff

(2) ¹Höhere Gewalt liegt vor, wenn das Wirtschaftsgut infolge von Elementarereignissen wie z. B. Brand, Sturm oder Überschwemmung sowie durch Diebstahl ausscheidet. ²Gleiches gilt, wenn ein Gebäude wegen erheblicher, kurze Zeit nach der Fertigstellung auftretender Bau-

mängel abgerissen werden muß (→ BFH vom 18. 9. 1987 – BStBl 1988 II S. 330). ³Dagegen tritt eine Gewinnrealisierung ein, wenn ein Wirtschaftsgut infolge eines Material- oder Konstruktionsfehlers oder eines Bedienungsfehlers aus dem Betriebsvermögen ausscheidet und der Steuerpflichtige eine Entschädigung aus einer Versicherung erhält (→ BFH vom 15. 5. 1975 – BStBl II S. 692). ⁴Höhere Gewalt liegt nicht vor, wenn das Wirtschaftsgut infolge eines Verkehrsunfalls aus dem Betriebsvermögen ausscheidet. ⁵Fälle eines behördlichen Eingriffs sind z. B. Maßnahmen zur Enteignung oder Inanspruchnahme für Verteidigungszwecke. ⁶Die Veräußerung eines Wirtschaftsguts infolge einer wirtschaftlichen Zwangslage steht einem behördlichen Eingriff auch dann nicht gleich, wenn die Unterlassung der Veräußerung unter Berücksichtigung aller Umstände eine wirtschaftliche Fehlmaßnahme gewesen wäre (→ BFH vom 20. 8. 1964 – BStBl III S. 504). ⁷Die Geltendmachung eines vereinbarten Wiederkaufrechts durch eine Behörde ist keine Entziehung durch einen behördlichen Eingriff (→ BFH vom 21. 2. 1978 – BStBl II S. 428). ⁸Bei Tausch von Grundstücken oder Veräußerung eines Grundstücks und Erwerb eines Ersatzgrundstücks rechtfertigt ein gewisses öffentliches Interesse an den Maßnahmen allein nicht die Vermeidung der Gewinnrealisierung (→ BFH vom 29. 3. 1979 – BStBl II S. 412). ⁹Beim Tausch von Grundstücksflächen im Umlegungs- oder Flurbereinigungsverfahren besteht zwischen den eingebrachten und den im Zuteilungswege erhaltenen Grundstücken Identität mit der Folge, daß keine Gewinnrealisierung eintritt, soweit die Grundstücke wertgleich sind (→ BFH vom 13. 3. 1986 – BStBl II S. 711).

R 35 (3) Entschädigung

(3) ¹Eine Entschädigung im Sinne des Absatzes 1 liegt nur vor, wenn sie für das aus dem Betriebsvermögen ausgeschiedene Wirtschaftsgut als solches und nicht für Schäden gezahlt worden ist, die die Folge des Ausscheidens aus dem Betriebsvermögen sind, z. B. Aufräumungskosten, entgehender Gewinn oder Umzugskosten. ²Dagegen sind Leistungen einer Betriebsunterbrechungsversicherung, soweit diese Mehrkosten für die beschleunigte Wiederbeschaffung eines durch Brand zerstörten Wirtschaftsguts übernimmt, Entschädigungen nach Satz 1 (→ BFH vom 9. 12. 1982 – BStBl 1983 II S. 371). ³Die Vermeidung der Gewinnrealisierung wird nicht dadurch ausgeschlossen, daß die Entschädigung für das ausgeschiedene Wirtschaftsgut in einem Sachwert besteht, der Privatvermögen wird (→ BFH vom 19. 12. 1972 – BStBl 1973 II S. 297).

R 35 (4) Ersatzwirtschaftsgut

(4) ¹Ein Ersatzwirtschaftsgut ist anzunehmen, wenn das angeschaffte oder hergestellte Wirtschaftsgut wirtschaftlich dieselbe oder eine entsprechende Aufgabe erfüllt wie das ausgeschiedene. ²Die Einlage eines Wirtschaftsguts in das Betriebsvermögen ist keine Ersatzbeschaffung (→ BFH vom 11. 12. 1984 – BStBl 1985 II S. 250).

R 35 (5) Übertragung aufgedeckter stiller Reserven

(5) ¹Aufgedeckte stille Reserven können bei buchführenden Land- und Forstwirten, Gewerbetreibenden und selbständig Tätigen, deren Gewinn durch Vermögensvergleich ermittelt wird, auf das Ersatzwirtschaftsgut durch Abzug von dessen Anschaffungs- oder Herstellungskosten übertragen werden. ²Das Ersatzwirtschaftsgut ist zu diesem Zweck in der Bilanz des Wirtschaftsjahrs, in dem das Ersatzwirtschaftsgut angeschafft oder hergestellt worden ist, mit den Anschaffungs- oder Herstellungskosten abzüglich des Betrags anzusetzen, um den die Entschädigung den Buchwert des ausgeschiedenen Wirtschaftsguts übersteigt. ³Das gilt auch dann, wenn die Entschädigung höher ist als der Teilwert des ausgeschiedenen Wirtschaftsguts (→ BFH vom 9. 12. 1982 – BStBl 1983 II S. 371). ⁴Voraussetzung für die Übertragung ist, daß im handelsrechtlichen Jahresabschluß entsprechend verfahren wird; soweit in einem folgenden Wirtschaftsjahr bei einem Wirtschaftsgut in dem handelsrechtlichen Jahresabschluß der Abzug nach Satz 2 durch eine Zuschreibung rückgängig gemacht wird, erhöht der Betrag der Zuschreibung den Buchwert des Wirtschaftsguts. ⁵Bei einem ausgeschiedenen Betriebsgrundstück mit aufstehendem Gebäude können die in dem Bilanzansatz für den Grund und Boden und die in dem Bilanzansatz für das Gebäude enthaltenen stillen Reserven jeweils auf neu angeschafften Grund und Boden oder auf ein neu angeschafftes oder hergestelltes Gebäude übertragen werden. ⁶Soweit eine Übertragung der bei dem Grund und Boden aufgedeckten stillen Reserven auf die Anschaffungskosten des erworbenen Grund und Bodens nicht möglich ist, können die stillen Reserven auf die Anschaffungs- oder Herstellungskosten des Gebäudes übertragen werden. ⁷Entsprechendes gilt für die bei dem Gebäude aufgedeckten stillen Reserven. ⁸Eine Teilwertabschreibung auf das Ersatzwirtschaftsgut ist nur möglich, wenn der nach Übertragung der stillen Reserven verbleibende Betrag höher ist als der Teilwert (→ BFH vom 5. 2. 1981 – BStBl II S. 432).

Hinweise

Buchwert

Wegen des Begriffs Buchwert → R 41 a Abs. 8.

Mehrentschädigung

Scheidet ein Wirtschaftsgut gegen Barzahlung und gegen Erhalt eines Ersatzwirtschaftsguts aus dem Betriebsvermögen aus oder wird die für das Ausscheiden eines Wirtschaftsguts erhaltene Entschädigung nicht in voller Höhe zur Beschaffung eines Ersatzwirtschaftsguts verwendet, so dürfen die aufgedeckten stillen Reserven nur anteilig auf das Ersatzwirtschaftsgut übertragen werden (→ BFH vom 3. 9. 1957 – BStBl III S. 386).

Beispiel:

Letzter Buchwert des ausgeschiedenen Wirtschaftsguts	30.000 DM
Entschädigung oder Gegenleistung für das ausgeschiedene Wirtschaftsgut (Wert des Ersatzwirtschaftsguts zuzüglich der erhaltenen Barzahlung)	50.000 DM
Aufgedeckte stille Reserven	20.000 DM
Anschaffungs- oder Herstellungskosten des Ersatzwirtschaftsguts	40.000 DM
Zu übertragende stille Reserven anteilig $\frac{20.000 \times 40.000}{50.000} =$	16.000 DM
Das Ersatzwirtschaftsgut wird angesetzt mit (40.000 DM – 16.000 DM =)	24.000 DM
Steuerpflichtiger Gewinn in Höhe der nicht übertragbaren stillen Reserven (20.000 DM – 16.000 DM =)	4.000 DM

Vorherige Anschaffung

Die Gewinnverwirklichung wegen eines behördlichen Eingriffs kann auch vermieden werden, wenn das Ersatzwirtschaftsgut vor dem Eingriff angeschafft oder hergestellt wurde (→ BFH vom 22. 9. 1959 – BStBl 1961 III S. 1).

Bildung einer Rücklage für Ersatzbeschaffung

(6) ¹Soweit buchführende Land- und Forstwirte, Gewerbetreibende und selbständig Tätige, die den Gewinn durch Vermögensvergleich ermitteln, am Schluß des Wirtschaftsjahrs, in dem ein Wirtschaftsgut aus den in Absatz 1 bezeichneten Gründen aus ihrem Betriebsvermögen ausgeschieden ist, noch keinen Ersatz beschafft haben, können diese Steuerpflichtigen in ihrer Steuerbilanz eine gesondert auszuweisende steuerfreie Rücklage für Ersatzbeschaffung bilden, wenn sie zu diesem Zeitpunkt eine Ersatzbeschaffung ernstlich geplant haben. ²Ist eine Ersatzbeschaffung nicht ernstlich geplant und nicht zu erwarten, so ist der Gewinn, der infolge der Aufdeckung der im ausgeschiedenen Wirtschaftsgut enthaltenen stillen Reserven entstanden ist, in dem Wirtschaftsjahr, in dem das Wirtschaftsgut ausgeschieden ist, voll zu versteuern. ³Die Rücklage kann in Höhe des Unterschieds zwischen dem Buchwert des ausgeschiedenen Wirtschaftsguts und der Entschädigung oder dem Entschädigungsanspruch gebildet werden. ⁴Die Rücklage kann für das Wirtschaftsjahr nach Satz 1 nur durch Bilanzänderung oder aus Anlaß von Berichtigungsveranlagungen nachgeholt werden. ⁵Die Nachholung der Rücklage für Ersatzbeschaffung in einem späteren Wirtschaftsjahr ist nicht zulässig.

Auflösung der Rücklage

(7) ¹Eine nach Absatz 6 gebildete Rücklage für Ersatzbeschaffung, die auf Grund des Ausscheidens eines beweglichen Wirtschaftsguts gebildet wurde, ist am Schluß des ersten auf ihre Bildung folgenden Wirtschaftsjahrs gewinnerhöhend aufzulösen, wenn bis dahin ein Ersatzwirtschaftsgut weder angeschafft oder hergestellt noch bestellt worden ist. ²Die Frist von einem Jahr verdoppelt sich bei einer Rücklage für Ersatzbeschaffung, die auf Grund des Aus-

scheidens eines Grundstücks oder Gebäudes gebildet wurde. ³Die Frist von einem oder zwei Jahren kann im Einzelfall angemessen verlängert werden, wenn der Steuerpflichtige glaubhaft macht, daß die Ersatzbeschaffung noch ernstlich geplant und zu erwarten ist, aber aus besonderen Gründen noch nicht durchgeführt werden konnte (→ BFH vom 4. 9. 1956 – BStBl III S. 332). ⁴Im Zeitpunkt der Ersatzbeschaffung ist die Rücklage durch Übertragung auf die Anschaffungs- oder Herstellungskosten des Ersatzwirtschaftsguts aufzulösen. ⁵Das Ersatzwirtschaftsgut ist zu diesem Zweck in der Bilanz mit den Anschaffungs- oder Herstellungskosten abzüglich des Betrags der aufgelösten Rücklage für Ersatzbeschaffung anzusetzen. ⁶Absatz 5 Satz 4 bis 8 gilt entsprechend.

Hinweise

Betriebsaufgabe/Betriebsveräußerung

Wegen der Besteuerung eines Gewinns aus der Auflösung einer Rücklage für Ersatzbeschaffung anläßlich der Veräußerung oder Aufgabe eines Betriebs → R 139 Abs. 9.

R 35 (8) Rücklagen bei Gewinnermittlung nach § 4 Abs. 3 EStG

(8) ¹Scheidet bei Land- und Forstwirten, Gewerbetreibenden und selbständig Tätigen, die den Gewinn nach § 4 Abs. 3 EStG ermitteln, ein Wirtschaftsgut aus den in Absatz 1 bezeichneten Gründen aus dem Betriebsvermögen aus, so sind sämtliche Entschädigungsleistungen Betriebseinnahmen und der noch nicht abgesetzte Betrag der Anschaffungs- oder Herstellungskosten des ausgeschiedenen Wirtschaftsguts eine Betriebsausgabe. ²Ist die Entschädigungsleistung höher als der im Zeitpunkt des Ausscheidens noch nicht abgesetzte Teil der Anschaffungs- oder Herstellungskosten, so kann der darüber hinausgehende Betrag im Wirtschaftsjahr der Ersatzbeschaffung von den Anschaffungs- oder Herstellungskosten des Ersatzwirtschaftsguts sofort voll abgesetzt werden. ³Fließt die Entschädigungsleistung nicht in dem Wirtschaftsjahr zu, in dem der Schaden entstanden ist, so ist es aus Billigkeitsgründen nicht zu beanstanden, wenn der Steuerpflichtige den Schaden in dem Wirtschaftsjahr berücksichtigt, in dem die Entschädigung geleistet wird. ⁴Wird der Schaden nicht in dem Wirtschaftsjahr beseitigt, in dem er eingetreten ist oder in dem die Entschädigung gezahlt wird, so ist es aus Billigkeitsgründen auch nicht zu beanstanden, wenn sowohl der Schaden als auch die Entschädigungsleistung erst in dem Wirtschaftsjahr berücksichtigt werden, in dem der Schaden beseitigt wird. ⁵Voraussetzung ist, daß die Anschaffung oder Herstellung eines Ersatzwirtschaftsguts am Schluß des Wirtschaftsjahrs, in dem der Schadensfall eingetreten ist, ernstlich geplant und zu erwarten ist und das Ersatzwirtschaftsgut bei beweglichen Gegenständen bis zum Schluß des ersten, bei Grundstücken oder Gebäuden bis zum Schluß des zweiten Wirtschaftsjahrs, das auf das Wirtschaftsjahr des Eintritts des Schadensfalls folgt, angeschafft oder hergestellt oder bestellt worden ist. ⁶Absatz 7 Satz 3 gilt entsprechend.

R 35 (9) Rücklage bei Gewinnermittlung nach Durchschnittssätzen und bei Gewinnschätzung

(9) ¹Wird der Gewinn regelmäßig nach Reingewinnrichtsätzen geschätzt oder nach Durchschnittssätzen gemäß § 13 a EStG ermittelt, so sind das zwangsweise Ausscheiden von Wirtschaftsgütern und die damit zusammenhängenden Entschädigungsleistungen nicht zu berücksichtigen. ²Absatz 8 Satz 5 und 6 gilt entsprechend. ³Wird der Gewinn unter Anwendung von Rohgewinn- oder Halbreingewinnrichtsätzen geschätzt, ist Absatz 8 entsprechend anzuwenden. ⁴Nutzungsentschädigungen sind in voller Höhe dem nach Richtsätzen ermittelten Gewinn hinzuzurechnen, weil die Richtsätze in diesem Fall auf Betriebseinnahmen angewandt werden, deren Höhe durch den Schaden verringert ist. ⁵Absatz 8 Satz 3 gilt entsprechend.

R 35 (10) Beschädigung

(10) ¹Erhält der Steuerpflichtige für ein Wirtschaftsgut, das infolge höherer Gewalt oder eines behördlichen Eingriffs beschädigt worden ist, eine Entschädigung, so kann in Höhe der Entschädigung eine Rücklage gebildet werden, wenn das Wirtschaftsgut erst in einem späteren Wirtschaftsjahr repariert wird. ²Die Rücklage ist im Zeitpunkt der Reparatur in voller Höhe aufzulösen. ³Ist die Reparatur am Ende des zweiten auf die Bildung der Rücklage folgenden Wirtschaftsjahrs noch nicht erfolgt, so ist die Rücklage zu diesem Zeitpunkt aufzulösen. ⁴Absatz 1 Satz 5 und Absatz 7 Satz 3 gelten entsprechend.

Hinweise

Beispiel für den Fall der Beschädigung

Beschädigung des Wirtschaftsguts im Jahr 01, Versicherungsleistung auf Grund der Beschädigung im Jahr 01 50.000 DM; Schadensbeseitigung im Jahr 02, Reparaturaufwand 49.000 DM.

Rücklage für Ersatzbeschaffung im Jahr 01 (Entschädigung 50.000 DM)	50.000 DM
Reparaturaufwand im Jahr 02	49.000 DM
Erfolgswirksame Rücklagenauflösung im Jahr 02 in voller Höhe	50.000 DM
Steuerpflichtiger Gewinn	1.000 DM

Wegen der **Gewinne, die bei der Veräußerung bestimmter Anlagegüter entstanden und nach § 6 b oder § 6 c EStG begünstigt sind,** → auch R 41 a bis 41 d.

R 35 a. Teilwert

Allgemeines

(1) ¹Der Teilwert ist ein ausschließlich objektiver Wert, der von der Marktlage am Bilanzstichtag bestimmt wird (→ BFH vom 31. 1. 1991 – BStBl II S. 627). ²Er kann nur im Wege der Schätzung ermittelt werden. ³Im Rahmen der Schätzung gelten die Wiederbeschaffungskosten als Ober- und der Einzelveräußerungspreis als Untergrenze (→ BFH vom 25. 8. 1983 – BStBl 1984 II S. 33).

Niedrigerer Teilwert

(2) Zur Ermittlung des niedrigen Teilwerts gelten folgende Teilwertvermutungen:
1. Im Zeitpunkt des Erwerbs oder der Fertigstellung eines Wirtschaftsguts entspricht der Teilwert den Anschaffungs- oder Herstellungskosten (→ BFH vom 17. 1. 1978 – BStBl II S. 335).
2. Bei nicht abnutzbaren Wirtschaftsgütern des Anlagevermögens entspricht der Teilwert auch zu späteren, dem Zeitpunkt der Anschaffung oder Herstellung nachfolgenden Bewertungsstichtagen den Anschaffungs- oder Herstellungskosten (→ BFH vom 21. 7. 1982 – BStBl II S. 758).
3. Bei abnutzbaren Wirtschaftsgütern des Anlagevermögens entspricht der Teilwert zu späteren, dem Zeitpunkt der Anschaffung oder Herstellung nachfolgenden Bewertungsstichtagen den um die lineare AfA verminderten Anschaffungs- oder Herstellungskosten (→ BFH vom 30. 11. 1988 – BStBl 1989 II S. 183).
4. ¹Bei Wirtschaftsgütern des Umlaufvermögens entspricht der Teilwert grundsätzlich den Wiederbeschaffungskosten. ²Der Teilwert von zum Absatz bestimmten Waren hängt jedoch auch von deren voraussichtlichem Veräußerungserlös (Börsen- oder Marktpreis) ab (→ BFH vom 27. 10. 1983 – BStBl 1984 II S. 35).

Widerlegung der Teilwertvermutung

(3) ¹Die Teilwertvermutung kann widerlegt werden. ²Sie ist widerlegt, wenn der Steuerpflichtige anhand konkreter Tatsachen und Umstände darlegt und nachweist, daß die Anschaffung oder Herstellung eines bestimmten Wirtschaftsguts von Anfang an eine Fehlmaßnahme war, oder daß zwischen dem Zeitpunkt der Anschaffung oder Herstellung und dem maßgeblichen Bilanzstichtag Umstände eingetreten sind, die die Anschaffung oder Herstellung des Wirtschaftsguts nachträglich zur Fehlmaßnahme werden lassen. ³Eine Fehlmaßnahme liegt – unabhängig von der Ertragslage des Betriebs – vor, wenn der wirtschaftliche Nutzen der Anschaffung oder Herstellung eines Wirtschaftsguts bei objektiver Betrachtung deutlich hinter dem für den Erwerb oder die Herstellung getätigten Aufwand zurückbleibt und demgemäß dieser Aufwand so unwirtschaftlich war, daß er von einem gedachten Erwerber des gesamten Betriebs im Kaufpreis nicht honoriert würde (→ BFH vom 17. 9. 1987 – BStBl 1988 II S. 488 und vom 20. 5. 1988 – BStBl 1989 II S. 269). ⁴Die Teilwertvermutung ist

§ 6 EStG
R 35 a H 35 a

auch widerlegt, wenn der Nachweis erbracht wird, daß die Wiederbeschaffungskosten am Bilanzstichtag niedriger als der vermutete Teilwert sind.

H 35 a

Hinweise

Beteiligung

Zur Bestimmung des Teilwerts einer Beteiligung → BFH vom 7. 11. 1990 (BStBl 1991 II S. 342).

Ist der Kaufpreis für den Gesellschaftsanteil an einer KG durch die ungünstigen Geschäftsaussichten beeinträchtigt, läßt sich daraus nicht auf einen verminderten Teilwert der Wirtschaftsgüter des Betriebsvermögens schließen (→ BFH vom 6. 7. 1995 – BFHE 178, 176).

Darlehensforderung gegenüber Betriebsangehörigen

Anhang 9

Bestimmung des Teilwerts bei unverzinslichen und niedrig verzinslichen Darlehensforderungen → BMF vom 17. 1. 1990 (BStBl I S. 71) und vom 5. 6. 1990 (BStBl I S. 239).

Forderungsverzicht eines Gesellschafters

Zur Frage der steuerlichen Behandlung des Forderungsverzichts liegt dem Großen Senat des BFH ein Vorlagebeschluß des 1. Senats vom 27. 7. 1994 (BStBl 1995 II S. 27) vor.

Folgende Rechtsfragen sollen entschieden werden:

1. Führt der Verzicht eines Gesellschafters auf seine nicht mehr werthaltige Forderung gegenüber seiner Kapitalgesellschaft bei letzterer zu einer Einlage in Höhe des
   - Nominalwerts der Verbindlichkeit oder
   - Teilwertes der Forderung.

2. Ist eine Einlage bei der Kapitalgesellschaft auch dann anzunehmen, wenn der Forderungsverzicht im Sinne der ersten Vorlagefrage von einer dem Gesellschafter nahestehenden Person ausgesprochen wird (Drittaufwand)?

3. Löst der Verzicht des Gesellschafters auf eine Forderung gegenüber seiner Kapitalgesellschaft
   - bei ihm stets den Zufluß des erlassenen Forderungsbetrages nach § 11 EStG aus
   - oder tritt diese Rechtsfolge nur bei bestimmten Formen eines Forderungsverzichts (z. B. Erlaßvertrag i. S. des § 397 BGB) ein.

Die **Finanzverwaltung** hat in betroffenen Fällen Ruhen des Verfahrens nach § 363 Abs. 1 AO sowie Aussetzung der Vollziehung angeboten (→ Erlaß des FinMin NW vom 10. 4. 1995 S 2741 – 66 – VB 4), vertritt in der Sache aber selbst folgende Auffassung:

Verzichtet ein Gesellschafter gegenüber seiner Kapitalgesellschaft auf seine nicht mehr werthaltige Forderung, führt dies bei der Kapitalgesellschaft zu einer Einlage, die mit dem Teilwert der Forderung zu bewerten ist. Soweit der Nennwert der Verbindlichkeit den Teilwert der Forderung übersteigt, erzielt die Gesellschaft einen a. o. Ertrag. Beim Gesellschafter begründet der Verzicht nachträgliche Anschaffungskosten auf seine Beteiligung in Höhe des Teilwerts seiner Forderung. Auf den Einspruch der Stpfl. ist die Vollziehung des angefochtenen Steuerbescheides insoweit nach § 361 Abs. 2 Satz 1 AO auszusetzen; das Rechtsbehelfsverfahren ist bis zur Entscheidung des Großen Senats ruhend zu stellen (§ 363 Abs. 1 AO).

Einlage

Teilwert bei Einlage im Zusammenhang mit einer Betriebseröffnung

→ H 39 (Teilwert)

→ BFH vom 10. 7. 1991 (BStBl II S. 840)

Ersatzteile im Kfz-Handel

→ BFH vom 24. 2. 1994 (BStBl II S. 514):

Grundsätzlich sind Wirtschaftsgüter des Umlaufvermögens, zu denen auch die Ersatzteilvorräte gehören, mit den tatsächlichen Anschaffungs- oder Herstellungskosten anzusetzen; statt der Anschaffungs- oder Herstellungskosten kann der niedrigere Teilwert angesetzt werden (§ 6 Abs. 1 Nr. 2 EStG). Bei Kaufleuten, die den Gewinn nach den handelsrechtlichen Grundsätzen ordnungsmäßiger Buchführung ermitteln, muß der niedrigere Teilwert angesetzt werden (§ 5 Abs. 1 EStG, § 253 Abs. 3 Sätze 1 und 2 HGB).

Der Teilwert von zum Absatz bestimmten Waren und sonstigen Vorräten hängt nicht nur von ihren Wiederbeschaffungskosten, sondern auch von ihrem voraussichtlichen Veräußerungserlös ab. Deckt dieser Preis nicht mehr die Selbstkosten der Waren zuzüglich eines durchschnittlichen Unternehmergewinns, so sind die Anschaffungskosten um den Fehlbetrag zu mindern. Bei Waren und sonstigen Vorräten spricht jedoch nach ständiger Rechtsprechung des BFH zunächst eine Vermutung dafür, daß ihr Teilwert im Zeitpunkt der Anschaffung den Anschaffungskosten, später den Wiederbeschaffungskosten entspricht. Sind die Wiederbeschaffungskosten der Waren nicht gesunken, ist deshalb zu vermuten, daß der Teilwert nicht niedriger als die ursprünglichen Anschaffungskosten ist. Begehrt der Steuerpflichtige den Ansatz des niedrigeren Teilwerts, muß er diese Vermutung entkräften, indem er Umstände darlegt und ggf. beweist, die die behauptete Wertminderung belegen. Er trägt die Feststellungslast für die steuermindernden Tatsachen. Das hat zur Folge, daß eine Bemessung des Teilwerts unter den Anschaffungs- oder Herstellungskosten nicht möglich ist, wenn die von ihm behaupteten Tatsachen nicht feststellbar sind.

→ H 36

Pauschalwertberichtigung bei Kreditinstituten

BMF vom 10. 1. 1994 (BStBl I S. 98) und BMF vom 9. 5. 1994 (BStBl I S. 312)   Anhang 9

Retrograde Wertermittlung

Bei der retrograden Ermittlung des Teilwerts von Wirtschaftsgütern können nach dem Bilanzstichtag entstehende Selbstkosten nur insoweit berücksichtigt werden, als auch ein gedachter Erwerber sie berechtigterweise geltend machen könnte (→ BFH vom 9. 11. 1994 – BStBl 1995 II S. 336).

Teilwertabschreibung

Investitionszuschüsse mindern grundsätzlich nicht den Teilwert der bezuschußten Wirtschaftsgüter (→ BFH vom 19. 7. 1995 – I R 56/94).

Unrentabler Betrieb

Zur Abschreibung auf den niedrigeren Teilwert bei unrentablem Betrieb
→ BFH vom 1. 3. 1994 (BStBl II S. 569) und vom 20. 9. 1989 (BStBl 1990 II S. 206)

Keine Vermutung eines niedrigeren Teilwerts von einzelnen Wirtschaftsgütern des Betriebsvermögens wegen eines durch ungünstige Geschäftsaussichten verminderten Kaufpreises für das Gesamtunternehmen (→ BFH vom 6. 7. 1995 – BFHE 178, 176) → Beteiligung

Vorzugspreise einer Gemeinde

Bei der Ermittlung des Teilwerts eines Grundstücks sind Vorzugspreise, die eine Gemeinde Erwerbern vergleichbarer Grundstücke aus ansiedlungspolitischen Gründen einräumt, nur zu berücksichtigen, wenn die Gemeinde dadurch nachhaltig, über längere Zeit und mit in etwa gleichbleibenden Beträgen in das Marktgeschehen eingreift, so daß zum Bilanzstichtag auch andere Eigentümer ihre Grundstücke nicht teurer verkaufen können (→ BFH vom 8. 9. 1994 – BStBl 1995 II S. 309).

R 36. Bewertung des Vorratsvermögens

Niedrigerer Teilwert

(1) [1]Wirtschaftsgüter des Vorratsvermögens, insbesondere Roh-, Hilfs- und Betriebsstoffe, unfertige und fertige Erzeugnisse sowie Waren, sind nach § 6 Abs. 1 Nr. 2 EStG mit ihren Anschaffungs- oder Herstellungskosten (→ R 32 a und 33) anzusetzen. [2]Ist der Teilwert (→ R 35 a) am Bilanzstichtag niedriger, so kann dieser angesetzt werden. [3]Steuerpflichtige, die den Gewinn nach § 5 EStG ermitteln, müssen nach den handelsrechtlichen Grundsätzen (Niederstwertprinzip) den niedrigeren Teilwert ansetzen. [4]Sie können jedoch Wirtschaftsgü-

ter des Vorratsvermögens, die keinen Börsen- oder Marktpreis haben, mit den Anschaffungs- oder Herstellungskosten oder mit einem zwischen diesen Kosten und dem niedrigeren Teilwert liegenden Wert ansetzen, wenn und soweit bei vorsichtiger Beurteilung aller Umstände damit gerechnet werden kann, daß bei einer späteren Veräußerung der angesetzte Wert zuzüglich der Veräußerungskosten zu erlösen ist. [5]Steuerpflichtige, die den Gewinn nach § 4 Abs. 1 EStG ermitteln, sind nach § 6 Abs. 1 Nr. 2 EStG berechtigt, ihr Umlaufvermögen mit den Anschaffungs- oder Herstellungskosten auch dann anzusetzen, wenn der Teilwert der Wirtschaftsgüter erheblich und voraussichtlich dauernd unter die Anschaffungs- oder Herstellungskosten gesunken ist. [6]Wirtschaftsgüter des Vorratsvermögens, die wertlos oder so gut wie wertlos sind, dürfen auch von diesen Steuerpflichtigen nicht mit den Anschaffungs- oder Herstellungskosten ausgewiesen werden (→ BFH vom 1. 12. 1950 – BStBl 1951 III S. 10).

(2) [1]Der Teilwert von Wirtschaftsgütern des Vorratsvermögens, deren Einkaufspreis am Bilanzstichtag unter die Anschaffungskosten gesunken ist, deckt sich in der Regel mit deren Wiederbeschaffungskosten am Bilanzstichtag, und zwar auch dann, wenn mit einem entsprechenden Rückgang der Verkaufspreise nicht gerechnet zu werden braucht. [2]Bei der Bestimmung des Teilwerts von nicht zum Absatz bestimmten Vorräten kommt es nicht darauf an, welcher Einzelveräußerungspreis für das jeweilige Wirtschaftsgut erzielt werden könnte; deshalb ist z. B. ein als unverkäuflich gekennzeichnetes Ärztemuster grundsätzlich mit den Herstellungskosten zu aktivieren (→ BFH vom 30. 1. 1980 – BStBl II S. 327). [3]Sind Wirtschaftsgüter des Vorratsvermögens, die zum Absatz bestimmt sind, durch Lagerung, Änderung des modischen Geschmacks oder aus anderen Gründen im Wert gemindert, so ist als niedrigerer Teilwert der Betrag anzusetzen, der von dem voraussichtlich erzielbaren Veräußerungserlös nach Abzug des durchschnittlichen Unternehmergewinns und des nach dem Bilanzstichtag noch anfallenden betrieblichen Aufwands verbleibt (→ BFH vom 27. 10. 1983 – BStBl 1984 II S. 35). [4]Im Regelfall kann davon ausgegangen werden, daß der Teilwert dem Betrag entspricht, der sich nach Kürzung des erzielbaren Verkaufserlöses um den durchschnittlichen Rohgewinnaufschlag ergibt. [5]Der Rohgewinnaufschlag kann in einem Vomhundertsatz (Rohgewinnaufschlagsatz) ausgedrückt und dadurch ermittelt werden, daß der betriebliche Aufwand und der durchschnittliche Unternehmergewinn dem Jahresabschluß entnommen und zum Wareneinsatz in Beziehung gesetzt werden (→ BFH vom 27. 10. 1983 – a. a. O.). [6]Der Teilwert ist in diesem Fall nach folgender Formel zu ermitteln:

$$X = \frac{Z}{1+Y} ;$$

dabei sind: X der zu suchende Teilwert
Y der Rohgewinnaufschlagsatz
Z der Verkaufserlös.

[7]Hiernach ergibt sich z. B. bei einem Verkaufserlös von 100 DM und einem Rohgewinnaufschlagsatz von 150 v. H. ein Teilwert von 40 DM. [8]Macht ein Steuerpflichtiger für Wertminderungen eine Teilwertabschreibung geltend, so muß er die Wertminderung nachweisen. [9]Dazu muß er Unterlagen vorlegen, die aus den Verhältnissen seines Betriebs gewonnen sind und die eine sachgemäße Schätzung des Teilwerts ermöglichen. [10]In der Regel sind die tatsächlich erzielten Verkaufspreise für die im Wert geminderten Wirtschaftsgüter in der Weise und in einer so großen Anzahl von Fällen nachzuweisen, daß sich daraus ein repräsentativer Querschnitt für die zu bewertenden Wirtschaftsgüter ergibt und allgemeine Schlußfolgerungen gezogen werden können (→ BFH vom 27. 10. 1983 – a. a. O.). [11]Bei Wirtschaftsgütern des Vorratsvermögens, für die ein Börsen- oder Marktpreis besteht, darf dieser nicht überschritten werden, es sei denn, daß der objektive Wert der Wirtschaftsgüter höher ist oder nur vorübergehende, völlig außergewöhnliche Umstände den Börsen- oder Marktpreis beeinflußt haben; der Wertansatz darf jedoch die Anschaffungs- oder Herstellungskosten nicht übersteigen. [12]Waren, deren Marktpreis am Bilanzstichtag gegenüber den Anschaffungskosten nachhaltig allgemein rückläufig ist, dürfen auch dann mit dem Marktpreis angesetzt werden, wenn Waren dieser Art am Bilanzstichtag bereits fest verkauft sind, der Kaufvertrag aber noch von keiner Seite erfüllt ist (→ BFH vom 29. 7. 1965 – BStBl III S. 648).

Einzelbewertung

(3) [1]Die Wirtschaftsgüter des Vorratsvermögens sind grundsätzlich **einzeln** zu bewerten. [2]Enthält das Vorratsvermögen am Bilanzstichtag Wirtschaftsgüter, die im Verkehr nach Maß, Zahl oder Gewicht bestimmt werden (vertretbare Wirtschaftsgüter) und bei denen die Anschaffungs- oder Herstellungskosten wegen Schwankungen der Einstandspreise im Laufe

des Wirtschaftsjahrs im einzelnen nicht mehr einwandfrei feststellbar sind, so ist der Wert dieser Wirtschaftsgüter zu **schätzen**. ³In diesen Fällen stellt die **Durchschnittsbewertung** (Bewertung nach dem gewogenen Mittel der im Laufe des Wirtschaftsjahrs erworbenen und gegebenenfalls zu Beginn des Wirtschaftsjahrs vorhandenen Wirtschaftsgüter) ein zweckentsprechendes Schätzungsverfahren dar.

Gruppenbewertung

(4) ¹Zur Erleichterung der Inventur und der Bewertung können gleichartige Wirtschaftsgüter des Vorratsvermögens jeweils zu einer **Gruppe** zusammengefaßt und mit dem gewogenen Durchschnittswert angesetzt werden (→ § 240 Abs. 4 und § 256 Satz 2 HGB). ²Die Gruppenbildung und Gruppenbewertung darf nicht gegen die Grundsätze ordnungsmäßiger Buchführung verstoßen. ³Gleichartige Wirtschaftsgüter brauchen für die Zusammenfassung zu einer Gruppe nicht gleichwertig zu sein. ⁴Es muß jedoch für sie ein Durchschnittswert bekannt sein. ⁵Das ist der Fall, wenn bei der Bewertung der gleichartigen Wirtschaftsgüter ein ohne weiteres feststellbarer, nach den Erfahrungen der betreffenden Branche sachgemäßer Durchschnittswert verwendet wird. ⁶Macht der Steuerpflichtige glaubhaft, daß in seinem Betrieb in der Regel die zuletzt beschafften Wirtschaftsgüter zuerst verbraucht oder veräußert werden – das kann sich z. B. aus der Art der Lagerung ergeben –, so kann diese Tatsache bei der Ermittlung der Anschaffungs- oder Herstellungskosten berücksichtigt werden. ⁷Zur Bewertung nach unterstelltem Verbrauchsfolgeverfahren → R 36 a.

Anhang 10

Festwert

(5) ¹Roh-, Hilfs- und Betriebsstoffe können, wenn sie regelmäßig ersetzt werden und ihr Gesamtwert für das Unternehmen von nachrangiger Bedeutung ist, mit einer gleichbleibenden Menge und einem gleichbleibenden Wert **(Festwert)** angesetzt werden, sofern ihr Bestand in seiner Größe, seinem Wert und seiner Zusammensetzung nur geringen Veränderungen unterliegt (→ § 240 Abs. 3 und § 256 Satz 2 HGB). ²Der Gesamtwert der für einen einzelnen Festwert in Betracht kommenden Wirtschaftsgüter ist für das Unternehmen grundsätzlich von nachrangiger Bedeutung, wenn er im Durchschnitt der dem Bilanzstichtag vorangegangenen fünf Bilanzstichtage 10 v. H. der Bilanzsumme nicht übersteigt. ³Es muß jedoch in der Regel an jedem dritten Bilanzstichtag eine **körperliche Bestandsaufnahme** durchgeführt werden, um zu überprüfen, ob der Ansatz der bisherigen Menge und des bisherigen Werts noch gerechtfertigt ist; R 31 Abs. 4 Satz 2 bis 5 gilt entsprechend. ⁴Der Festwert darf nur der Erleichterung der Inventur und der Bewertung, nicht jedoch dem Ausgleich von Preisschwankungen, insbesondere Preissteigerungen, dienen (→ BFH vom 1. 3. 1955 – BStBl III S. 144 und vom 3. 3. 1955 – BStBl III S. 222).

Anhang 10

Hinweise

H 36

Bewertung von stark im Preis schwankenden Waren

→ BFH vom 17. 7. 1956 (BStBl III S. 379):

> Der niedrigste Markt- oder Börsenpreis aus einer Zeitspanne von 4 bis 6 Wochen vor und nach dem Bilanzstichtag kann bei starken Preisschwankungen angesetzt werden.

Ersatzteile im Kfz-Handel

→ BFH vom 24. 2. 1994 (BStBl II S. 514)

> abgedruckt zu H 36

→ H 35 a

Festwert

Ansatzvoraussetzungen und Bemessung → BMF vom 8. 3. 1993 (BStBl I S. 276).

→ H 31

Anhang 9

R 36 a. Bewertung nach unterstellten Verbrauchs- und Veräußerungsfolgen

Allgemeines

S 2174

(1) ¹Nach § 6 Abs. 1 Nr. 2 a EStG kann für den Wertansatz gleichartiger Wirtschaftsgüter (→ Absatz 3) des Vorratsvermögens unterstellt werden, daß die zuletzt angeschafften oder

hergestellten Wirtschaftsgüter zuerst verbraucht oder veräußert worden sind (Lifo-Methode), wenn
1. der Steuerpflichtige den Gewinn nach § 5 EStG ermittelt,
2. die Verbrauchs- oder Veräußerungsfolge auch für den Wertansatz in der Handelsbilanz unterstellt wird (→ § 256 HGB),
3. dies den handelsrechtlichen Grundsätzen ordnungsmäßiger Buchführung entspricht (→ Absatz 2) und
4. kein Bewertungsabschlag nach § 51 Abs. 1 Nr. 2 Buchstabe m EStG (→ § 80 EStDV) vorgenommen wird.

²Andere Bewertungsverfahren mit unterstellter Verbrauchs- oder Veräußerungsfolge sind nicht zulässig. ³Zur Bewertung mit dem gewogenen Durchschnitt → R 36 Abs. 3 und 4.

Grundsätze ordnungsmäßiger Buchführung

(2) ¹Die Lifo-Methode muß den handelsrechtlichen Grundsätzen ordnungsmäßiger Buchführung entsprechen. ²Das bedeutet nicht, daß die Lifo-Methode mit der tatsächlichen Verbrauchs- oder Veräußerungsfolge übereinstimmen muß; sie darf jedoch, wie z. B. bei leicht verderblichen Waren, nicht völlig unvereinbar mit dem betrieblichen Geschehensablauf sein. ³Die Lifo-Methode muß nicht auf das gesamte Vorratsvermögen angewandt werden. ⁴Sie darf auch bei der Bewertung der Materialbestandteile unfertiger oder fertiger Erzeugnisse angewandt werden, wenn der Materialbestandteil dieser Wirtschaftsgüter in der Buchführung getrennt erfaßt wird und dies handelsrechtlichen Grundsätzen ordnungsmäßiger Buchführung entspricht.

Gruppenbildung

(3) ¹Für die Anwendung der Lifo-Methode können gleichartige Wirtschaftsgüter zu Gruppen zusammengefaßt werden. ²Zur Beurteilung der Gleichartigkeit sind die kaufmännischen Gepflogenheiten, insbesondere die marktübliche Einteilung in Produktklassen unter Beachtung der Unternehmensstruktur, und die allgemeine Verkehrsanschauung heranzuziehen. ³Wirtschaftsgüter mit erheblichen Qualitätsunterschieden sind nicht gleichartig. ⁴Erhebliche Preisunterschiede sind Anzeichen für Qualitätsunterschiede.

Methoden der Lifo-Bewertung

(4) ¹Die Bewertung nach der Lifo-Methode kann sowohl durch permanente Lifo als auch durch Perioden-Lifo erfolgen. ²Die permanente Lifo setzt eine laufende mengen- und wertmäßige Erfassung aller Zu- und Abgänge voraus. ³Bei der Perioden-Lifo wird der Bestand lediglich zum Ende des Wirtschaftsjahrs bewertet. ⁴Dabei können Mehrbestände mit dem Anfangsbestand zu einem neuen Gesamtbestand zusammengefaßt oder als besondere Posten (Layer) ausgewiesen werden. ⁵Bei der Wertermittlung für die Mehrbestände ist von den Anschaffungs- oder Herstellungskosten der ersten Lagerzugänge des Wirtschaftsjahrs oder von den durchschnittlichen Anschaffungs- oder Herstellungskosten aller Zugänge des Wirtschaftsjahrs auszugehen. ⁶Minderbestände sind beginnend beim letzten Layer zu kürzen. ⁷Layer, die nach § 74 a EStDV gebildet wurden, können zur Anwendung des § 6 Abs. 1 Nr. 2 a EStG fortgeführt werden.

Wechsel der Bewertungsmethoden

(5) ¹Von der Lifo-Methode kann in den folgenden Wirtschaftsjahren nur mit Zustimmung des Finanzamts abgewichen werden (§ 6 Abs. 1 Nr. 2 a Satz 4 EStG). ²Der Wechsel der Methodenwahl bei Anwendung der Lifo-Methode (→ Absatz 4) bedarf nicht der Zustimmung des Finanzamts. ³Der Grundsatz der Bewertungsstetigkeit ist jedoch zu beachten (→ § 252 Abs. 1 Nr. 6 HGB).

Niedrigerer Teilwert

(6) ¹Das Niederstwertprinzip ist zu beachten (§ 6 Abs. 1 Nr. 2 Satz 2 EStG). ²Dabei ist der Teilwert der zu einer Gruppe zusammengefaßten Wirtschaftsgüter mit dem Wertansatz, der sich nach Anwendung der Lifo-Methode ergibt, zu vergleichen. ³Hat der Steuerpflichtige Layer gebildet (→ Absatz 4), so ist der Wertansatz des einzelnen Layer mit dem Teilwert zu vergleichen und gegebenenfalls gesondert auf den niedrigeren Teilwert abzuschreiben.

Übergang zur Lifo-Methode

(7) ¹Der beim Übergang zur Lifo-Methode vorhandene Warenbestand ist mit dem steuerrechtlich zulässigen Wertansatz fortzuführen, den der Steuerpflichtige in der Handelsbilanz des Wirtschaftsjahrs gewählt hat, das dem Wirtschaftsjahr des Übergangs zur Lifo-Methode

vorangeht (Ausgangswert). ²Danach ist der Importwarenabschlag (→ § 80 EStDV) des Wirtschaftsjahrs, das der erstmaligen Anwendung der Lifo-Methode vorangeht, bei der Bewertung des Ausgangswerts für die Lifo-Methode abzuziehen. ³Beim Abzug des Importwarenabschlags vom Ausgangswert ist jedoch zu berücksichtigen, daß der Importwarenabschlag in zwei Stufen von 20 v. H. auf 10 v. H. gesenkt wird (→ § 80 EStDV). ⁴Diese Halbierung des Importwarenabschlags ist auch bei der Berechnung des Ausgangswerts zu berücksichtigen. ⁵Entscheidet sich ein Unternehmen in dem ersten Wirtschaftsjahr, das nach dem 31. 12. 1989 endet, für die Lifo-Methode, und hat es zulässigerweise einen Importwarenabschlag von mehr als 15 v. H. in Anspruch genommen, so darf es in der Schlußbilanz dieses Wirtschaftsjahrs bei der Berechnung des Ausgangswerts für die Lifo-Methode den Importwarenabschlag nur bis zur Höhe von 15 v. H. abziehen. ⁶In der Schlußbilanz des ersten Wirtschaftsjahrs, das nach dem 31. 12. 1990 endet, muß das Unternehmen den Ausgangswert um weitere 5 Prozentpunkte des Importwarenabschlags gewinnerhöhend aufstocken. ⁷Wendet das Unternehmen die Lifo-Bewertung erstmals zu diesem oder einem späteren Bilanzstichtag an, darf der Ausgangswert lediglich um einen Importwarenabschlag bis zu einer Höhe von 10 v. H. gemindert werden.

Hinweise

Lifo-Bewertung in der Weinwirtschaft

BMF vom 28. 3. 1990 (BStBl I S. 148)

IV B 2 – S 2174 – 18/90

Nach § 6 Abs. 1 Nr. 2 a i. V. m. § 52 Abs. 7 EStG 1987 in der Fassung des Steuerreformgesetzes 1990 (BGBl. 1988 I S. 1093, BStBl 1988 I S. 224) können Steuerpflichtige, die ihren Gewinn nach § 5 EStG ermitteln, von dem Wirtschaftsjahr an, das nach dem 31. 12. 1989 endet, für den Wertansatz gleichartiger Wirtschaftsgüter des Vorratsvermögens unterstellen, daß die zuletzt angeschafften oder hergestellten Wirtschaftsgüter zuerst verbraucht oder veräußert werden (Lifo-Bewertungsmethode).

Unter Bezugnahme auf das Ergebnis der Besprechung mit den obersten Finanzbehörden der Länder wird zur Anwendung der Lifo-Bewertungsmethode in der Weinwirtschaft wie folgt Stellung genommen:

Die Lifo-Bewertungsmethode ist ertragsteuerlich nur zulässig, wenn auch in der handelsrechtlichen Jahresbilanz entsprechend verfahren wird und dies den handelsrechtlichen Grundsätzen ordnungsmäßiger Buchführung entspricht. Weinrechtliche Vorschriften, die eine Einzelbewertung des gelagerten Weins ermöglichen, schließen die Anwendung der Lifo-Bewertungsmethode auf Wein im handelsrechtlichen Jahresabschluß nicht aus. Die handelsrechtlichen Grundsätze ordnungsmäßiger Buchführung stehen dieser unterstellten Verbrauchs- oder Veräußerungsfolge bei Wein ebenfalls nicht entgegen.

Zur Anwendung der Lifo-Bewertungsmethode sind gleichartige Weine in Gruppen zusammenzufassen. Für die Zuordnung zu einer Gruppe ist grundsätzlich von der Art des Weins (Stillwein oder Schaumwein) und der Qualitätsstufe des Weins auszugehen. Eine weitere Unterteilung nach Farbe, Rebsorte, Lage und Jahrgang ist aus Gründen der Bewertungsvereinfachung nicht erforderlich. Die in einer Gruppe zusammengefaßten Weine müssen nicht gleichwertig sein. Danach ist inländischer Wein mindestens in folgende Gruppen einzuteilen:

Lfd. Nr.	Art bzw. Qualitätsstufe
1	Tafelwein
2	Qualitätswein
3	Kabinett
4	Spätlese
5	Auslese, Beerenauslese, Trockenbeerenauslese und Eiswein
6	Einfacher Schaumwein
7	Qualitätsschaumwein (Sekt), Qualitätsschaumwein bestimmter Anbaugebiete (Sekt bestimmter Anbaugebiete)

Zu der Gruppe Tafelwein gehören auch EG-Verschnitte. Ausländischer Wein ist der Gruppe zuzuordnen, der er in Art und Qualität entspricht. Im Einzelfall kann auch der Preis Anzeichen für unterschiedliche Qualitätsmerkmale sein und deshalb Einfluß auf die Gruppenbildung nehmen. Ist Wein einer der aufgeführten Gruppen aufgrund der gelagerten Menge im Verhältnis zum gesamten Weinvorrat von untergeordneter Bedeutung, so kann er der in Art und Qualität nächststehenden Gruppe zugerechnet werden.

R 37. Bewertung von Verbindlichkeiten

S 2175

(1) ¹Als Anschaffungskosten einer Verbindlichkeit gilt der Nennwert (Rückzahlungsbetrag) der Verbindlichkeit (→ BFH vom 4. 5. 1977 – BStBl II S. 802). ²Rentenverpflichtungen sind mit dem Barwert anzusetzen (→ BFH vom 31. 1. 1980 – BStBl II S. 491); R 41 bleibt unberührt. ³Zur Bewertung von Verbindlichkeiten und Rentenverpflichtungen in der Handelsbilanz → auch § 253 Abs. 1 Satz 2 HGB. ⁴Die Vereinbarung eines sog. Rangrücktritts rechtfertigt nicht die gewinnerhöhende Auflösung der Verbindlichkeit (→ BFH vom 30. 3. 1993 – BStBl II S. 502).

Anhang 10

(2) ¹Schulden in ausländischer Währung (Valutaverbindlichkeiten) sind auch dann mit dem Kurswert im Zeitpunkt der Aufnahme der Verbindlichkeiten anzusetzen, wenn der Kurs der ausländischen Währung gesunken ist. ²Der höhere Teilwert der Schuld kann angesetzt werden, wenn der Kurs der ausländischen Währung gestiegen ist (→ BFH vom 15. 11. 1990 – BStBl 1991 II S. 228). ³Steuerpflichtige, die den Gewinn nach § 5 EStG ermitteln, müssen in diesem Fall den höheren Teilwert der Schuld ansetzen.

(3) ¹Darlehensschulden, bei denen der dem Schuldner zugeflossene Betrag (Ausgabebetrag) niedriger als der Rückzahlungsbetrag ist, sind mit dem Rückzahlungsbetrag anzusetzen; der Unterschiedsbetrag (Agio, Disagio, Damnum, Abschluß-, Bearbeitungs- oder Verwaltungsgebühren) ist als Rechnungsabgrenzungsposten auf die Laufzeit des Darlehens zu verteilen (→ BFH vom 19. 1. 1978 – BStBl II S. 262). ²Ist der Zinsfestschreibungszeitraum kürzer als die Darlehenslaufzeit, so ist der Rechnungsabgrenzungsposten auf diesen Zeitraum zu verteilen (→ BFH vom 21. 4. 1988 – BStBl 1989 II S. 722).

Hinweise

Bearbeitungsgebühren

Gebühren, die ein Schuldner an ein Kreditinstitut für die Übernahme einer Bürgschaft zu zahlen hat, sind auf die Zeit, für die sich das Kreditinstitut vertraglich verbürgt hat, aktiv abzugrenzen (→ BFH vom 19. 1. 1978 – BStBl II S. 262).

Filmkredit

Ein Filmkredit, der aus den **Verwertungserlösen** des geförderten Films zu tilgen ist, ist mit einem geringeren als dem vereinbarten Rückzahlungsbetrag zu bewerten, soweit die Rückzahlung mit an Sicherheit grenzender Wahrscheinlichkeit entfällt. Der handels- und steuerrechtliche Grundsatz, daß Kredite, die nur aus künftigen Reingewinnen zu tilgen sind, nicht zu passivieren sind, läßt sich nicht auf Kredite übertragen, die aus künftigen Verwertungserlösen zu tilgen sind (→ BFH vom 20. 9. 1995 – BFHE 178, 434).

Konditionen

Eine Verbesserung der allgemeinen Kreditbedingungen seit der Darlehensaufnahme rechtfertigt es nicht, einen bei der Kreditaufnahme aktivierten Rechnungsabgrenzungsposten niedriger anzusetzen (→ BFH vom 20. 11. 1969 – BStBl 1970 II S. 209).

Rentenverpflichtungen

Ergibt sich bei einer betrieblichen Versorgungsrente aus dem Inhalt der Versorgungszusage, daß eine rechtliche Abhängigkeit zwischen den Pensionszahlungen und der Erzielung von Gewinnen aus dem Betrieb nicht gegeben ist, so kann die Passivierung der Rentenverpflichtung nicht mit der Begründung versagt werden, die Rentenzahlungen belasteten die Gewinne späterer Jahre (→ BFH vom 7. 4. 1994 – BStBl II S. 740).

Umschuldung

Im Falle einer Umschuldung ist der bisherige Rechnungsabgrenzungsposten nur dann in voller Höhe aufzulösen, wenn die abgegrenzten Beträge in keinem wirtschaftlichen Zusammenhang mit dem neuen oder veränderten Darlehen stehen (→ BFH vom 13. 3. 1974 – BStBl II S. 359).

Verjährung

Eine Verbindlichkeit ist gewinnerhöhend auszubuchen, wenn anzunehmen ist, daß sich der Schuldner auf deren Verjährung beruft (→ BFH vom 9. 2. 1993 – BStBl II S. 543).

Vermittlungsprovision

Aufwendungen, die dem Darlehensnehmer im Zusammenhang mit der Darlehensaufnahme durch Zahlungen an Dritte entstehen, z. B. Vermittlungsprovisionen, sind Betriebsausgaben des Jahres, in dem sie anfallen (→ BFH vom 4. 5. 1977 – BStBl II S. 802).

Zahlungsunfähigkeit

Der Umstand, daß der Schuldner bei Fälligkeit der Verpflichtung zahlungsunfähig ist, rechtfertigt allein eine gewinnerhöhende Ausbuchung der Verbindlichkeit nicht (→ BFH vom 9. 2. 1993 – BStBl II S. 747).

R 38. Bewertung von Rückstellungen

Bewertungsgrundsätze für ungewisse Verbindlichkeiten

(1) ¹Rückstellungen sind nach § 6 Abs. 1 Nr. 3 EStG mit den Anschaffungskosten oder mit dem höheren Teilwert anzusetzen. ²Dies ist der Betrag, der bei vernünftiger kaufmännischer Beurteilung notwendig ist, um die Verpflichtung nach den Verhältnissen am Bilanzstichtag zu erfüllen (→ § 253 Abs. 1 Satz 2 HGB und BFH vom 17. 2. 1993 – BStBl II S. 437). ³Für die Bewertung sind die Preisverhältnisse am Bilanzstichtag maßgebend; Preissteigerungen, die bis zum Erfüllungsstichtag noch erwartet werden, dürfen nicht berücksichtigt werden (→ BFH vom 7. 10. 1982 – BStBl 1983 II S. 104). ⁴Die Verpflichtung zu einer Leistung, die nicht in Geld besteht (Sachwertschuld), ist nach dem Geldwert der Aufwendungen, die zur Bewirkung der Leistung erforderlich sind, zu bewerten. ⁵Dies sind die Gesamtkosten (Vollkosten = Einzel- und notwendige Gemeinkosten) ohne kalkulatorische Kosten (→ BFH vom 25. 2. 1986 – BStBl II S. 788). ⁶Können Wirtschaftsgüter, z. B. Roh-, Hilfs- und Betriebsstoffe oder unfertige Erzeugnisse, verwendet werden, die bereits am Bilanzstichtag vorhanden waren, so sind diese mit ihren Buchwerten zu berücksichtigen (→ BFH vom 26. 6. 1975 – BStBl II S. 700).

Rückstellungsmindernde Umstände
Ansammlung

(2) ¹In den Fällen, in denen der laufende Betrieb des Unternehmens ursächlich für die Entstehung der Verpflichtung ist (→ BFH vom 3. 12. 1991 – BStBl 1993 II S. 89), ist der Rückstellungsbetrag ohne Berücksichtigung einer Abzinsung durch jährliche Zuführungsraten in den Wirtschaftsjahren anzusammeln. ²Dies ist insbesondere der Fall bei Verpflichtungen zur Rekultivierung, zum Auffüllen abgebauter Hohlräume, zur Entfernung oder Erneuerung von Betriebsanlagen oder im Zusammenhang mit schadstoffbelasteten Wirtschaftsgütern. ³In diesen Fällen ist die Summe der in früheren Wirtschaftsjahren angesammelten Rückstellungsraten am Bilanzstichtag auf das Preisniveau dieses Stichtags anzuheben. ⁴Der Aufstockungsbetrag ist der Rückstellung in einem Einmalbetrag zuzuführen; eine gleichmäßige Verteilung auf die einzelnen Jahre bis zur Erfüllung der Verbindlichkeit kommt insoweit nicht in Betracht.

Abzinsung

(3) ¹Enthält eine unverzinsliche Geldleistungsverpflichtung wirtschaftlich gesehen einen Zinsanteil, ist dies bei der Rückstellungsbildung zu berücksichtigen. ²Dies kann in der Weise erfolgen, daß entweder die Rückstellung den geschätzten Erfüllungsbetrag der Leistung wiedergibt und der Zinsbetrag aktiv abgegrenzt wird oder der Rückstellungsbetrag zunächst mit dem Barwert angesetzt und dann im Zeitablauf auf den Erfüllungsbetrag erhöht wird. ³Es ist nicht zu beanstanden, wenn ein Zinssatz von mindestens 5,5 v. H. zugrunde gelegt wird

(→ BFH vom 3. 7. 1964 – BStBl 1965 III S. 83). ⁴Ein Zinsanteil ist wirtschaftlich gesehen in einer unverzinslichen Geldleistungsverpflichtung enthalten, wenn unterstellt werden kann, daß bei einer sofortigen Begleichung der Verpflichtung ein geringerer Geldaufwand erforderlich wäre als bei der zukünftigen Tilgung der Verpflichtung.

Sonstiges

(4) ¹Ist der Umfang der Leistungsverpflichtung vom künftigen Eintritt bestimmter Umstände wie Kündigung, Tod oder Invalidität abhängig, so ist dies bei der Bewertung der Rückstellung zu berücksichtigen (→ BFH vom 12. 12. 1990 – BStBl 1991 II S. 485). ²Rückgriffsansprüche gegenüber Dritten sind, wenn sie nicht als eigenständige Forderung zu aktivieren sind, bei der Bewertung der Rückstellung mindernd zu berücksichtigen, wenn sie derart in einem unmittelbaren Zusammenhang mit der drohenden Inanspruchnahme stehen, daß sie dieser wenigstens teilweise spiegelbildlich entsprechen, sie in rechtlich verbindlicher Weise der Entstehung oder Erfüllung der Verbindlichkeit zwangsläufig nachfolgen und sie vollwertig sind (→ BFH vom 17. 2. 1993 – BStBl II S. 437).

Jahresabschlußkosten

(5) ¹Bei der Bemessung der Rückstellungen für Jahresabschlußkosten und für Kosten der Erstellung von Betriebssteuererklärungen ist zu unterscheiden, ob der Steuerpflichtige einen Dritten mit den Abschlußarbeiten oder der Anfertigung der Erklärungen beauftragt oder ob er diese Arbeiten durch seine Arbeitnehmer ausführen läßt. ²Wird ein Dritter beauftragt, so ist für die Höhe der Rückstellung das anfallende Honorar maßgebend (sog. externe Kosten). ³Werden die Arbeiten von eigenen Arbeitnehmern ausgeführt, so ist die Rückstellung mit den dadurch veranlaßten betrieblichen Aufwendungen (sog. interne Kosten) zu bewerten; dazu gehören nur die internen Einzelkosten, nicht jedoch die internen Gemeinkosten. ⁴Obergrenze für die anzusetzenden internen Kosten ist der Betrag, der für die gleiche Leistung an Dritte zu bezahlen wäre (→ BFH vom 24. 11. 1983 – BStBl 1984 II S. 301).

Verluste aus schwebenden Geschäften

(6) ¹Bei drohenden Verlusten aus schwebenden Geschäften ist eine Rückstellung in Höhe des Teils der eigenen Verpflichtungen zu bilden, der den Wert der Gegenleistung übersteigt (Verpflichtungsüberschuß); bei Dauerschuldverhältnissen sind ausschließlich die zukünftigen Ansprüche und Verpflichtungen gegenüberzustellen. ²Zur Bewertung von Ansprüchen und Verpflichtungen → die vorstehenden Grundsätze zur Bewertung von Rückstellungen für ungewisse Verbindlichkeiten (→ BFH vom 11. 2. 1988 – BStBl II S. 661). ³Nach dem Grundsatz der Einzelbewertung dürfen nur die Aufwendungen und Erträge angesetzt werden, die durch die Verpflichtungen und Ansprüche aus dem einzelnen schwebenden Geschäft verursacht worden sind. ⁴Dabei sind alle Vorteile (positive wirtschaftliche Folgen) dieses Geschäfts zu berücksichtigen (→ BFH vom 3. 2. 1993 – BStBl II S. 441). ⁵Vorteile aus anderen Geschäften dürfen nicht in den Saldierungsbereich der Rückstellung für drohende Verluste aus schwebenden Geschäften einbezogen werden (→ BFH vom 19. 7. 1983 – BStBl 1984 II S. 56). ⁶In Ausnahmefällen kann jedoch die Zusammenfassung mehrerer Geschäfte als wirtschaftliche Einheit in Betracht kommen.

Hinweise

Gewährleistungsverpflichtung

Wird die Gewährleistungsverpflichtung eines Autoherstellers durch Erteilung einer Gutschrift für die verwendeten Ersatzteile erfüllt, ist für die Rückstellung der Händler-Nettopreis dieser Teile maßgebend (→ BFH vom 13. 11. 1991 – BStBl 1992 II S. 519).

Gratifikationen

Bei der Rückstellung für die Verpflichtung zur Gewährung einer Gratifikation ist die Fluktuation mindernd zu berücksichtigen. Die Verpflichtung ist auch abzuzinsen (→ BFH vom 7. 7. 1983 – BStBl II S. 753).

Jubiläumsrückstellung

Wegen der Grundsätze bei der Bewertung der Jubiläumsrückstellung
→ BMF vom 29. 10. 1993 (BStBl I S. 898).

Rückgriffsansprüche

Unbestrittene Rückgriffsansprüche sind bei der Bewertung von Rückstellungen unter bestimmten Umständen zu berücksichtigen (→ BFH vom 3. 8. 1993 – BStBl 1994 II S. 444).

Urlaubsverpflichtung

Bei der Ermittlung der Höhe der rückständigen Urlaubsverpflichtung sind das Bruttoarbeitsentgelt, die Arbeitgeberanteile zur Sozialversicherung, das Urlaubsgeld und andere lohnabhängige Nebenkosten sowie → Rückgriffsansprüche gegen Urlaubskassen zu berücksichtigen. Nicht zu berücksichtigen sind jährlich vereinbarte Sondervergütungen, z. B. Weihnachtsgeld, Tantiemen oder Zuführungen zu Pensions- und Jubiläumsrückstellungen (→ BFH vom 10. 3. 1993 – BStBl II S. 446 und vom 8. 2. 1995 – BStBl II S. 412).

Weihnachtsgeld

In einer Rückstellung für zu zahlendes Weihnachtsgeld bei abweichendem Wirtschaftsjahr kann nur der Teil der Vergütung berücksichtigt werden, der bei zeitproportionaler Aufteilung des Weihnachtsgeldes auf die Zeit vom Beginn des Kalenderjahrs bis zum Bilanzstichtag entfällt (→ BFH vom 26. 6. 1980 – BStBl II S. 506).

R 39. Bewertung von Entnahmen und Einlagen

¹Die **Entnahme** von Nutzungen ist nicht mit dem Teilwert nach § 6 Abs. 1 Nr. 4 Satz 1 EStG, sondern mit den tatsächlichen Selbstkosten des Steuerpflichtigen zu bewerten (→ BFH vom 24. 5. 1989 – BStBl 1990 II S. 8). ²Bei **Einlagen** sind nach § 6 Abs. 1 Nr. 5 Satz 2 EStG die Anschaffungs- oder Herstellungskosten um AfA nach § 7 EStG, erhöhte Absetzungen sowie etwaige Sonderabschreibungen zu kürzen, die auf den Zeitraum zwischen der Anschaffung oder der Herstellung des Wirtschaftsguts und der Einlage entfallen. ³Dabei ist unerheblich, ob sich die Absetzungen während der Zugehörigkeit des Wirtschaftsguts zum Privatvermögen einkommensmindernd ausgewirkt haben. ⁴Ist während der Zugehörigkeit des Wirtschaftsguts zum Privatvermögen nach § 9 Abs. 1 Nr. 7 Satz 2 EStG die Bewertungsfreiheit für geringwertige Wirtschaftsgüter in Anspruch genommen worden, beträgt der Einlagewert 0 DM.

Hinweise

Bausparvertrag

Einlage eines nicht zugeteilten Bausparvertrags ins Betriebsvermögen höchstens mit den gezahlten Bauspareinlagen einschließlich der aufgelaufenen Guthabenzinsen und der Abschlußgebühren (→ BFH vom 13. 1. 1994 – BStBl II S. 454):

> Wird ein Bausparvertrag vor Auszahlung von Bausparguthaben und Bauspardarlehen aus einem Privatvermögen in ein Betriebsvermögen eingelegt, so darf in den Einlagewert nicht der kapitalisierte Differenzbetrag zwischen marktüblichem Zins und verbilligtem Zins für Bauspardarlehen eingerechnet werden.
>
> Werden Bausparverträge vor Zuteilungsreife in einem Betriebsvermögen gehalten, so sind sie – wie der BFH für die von Kreditinstituten abgeschlossenen Vorratsbausparverträge entschieden hat – einheitlich mit den gezahlten Bauspareinlagen einschließlich der aufgelaufenen Guthabenzinsen und den Abschlußgebühren zu bewerten. Ein höherer Wertansatz, etwa derart, daß auch die Differenz zwischen marktüblichem Guthabenzins und den niedrigeren Zinsen für Bauspareinlagen als Anschaffungskosten berücksichtigt wird, kommt nach § 6 Abs. 1 Nr. 1 Satz 1 EStG nicht in Betracht. Der Verzicht auf Zinseinnahmen kann weder als Betriebsausgaben noch als Werbungskosten angesehen werden. Er kann mithin auch nicht zu Anschaffungs- oder Herstellungskosten führen.
>
> Wird ein Bausparvertrag vor Auszahlung von Bausparguthaben und Bauspardarlehen aus einem Privatvermögen in ein Betriebsvermögen eingelegt, so ist auch der Einlagewert nicht höher als der Wert, mit dem der Bausparvertrag bei originärer Zugehörigkeit zu einem Betriebsvermögen zu bilanzieren wäre. Insbesondere kann nicht mit der Begründung, daß Einlagen gemäß § 6 Abs. 1 Nr. 5 EStG mit dem Teilwert zu bewerten seien, zusätzlich zu

dem Guthabensbetrag einschließlich abgelaufener Zinsen und den Gebühren der kapitalisierte Differenzbetrag zwischen marktüblichem Sollzins und verbilligtem Zins für Bauspardarlehen angesetzt werden.

Selbstkosten

Nutzungsentnahmen sind nicht mit dem Teilwert, sondern mit den tatsächlichen Selbstkosten des Steuerpflichtigen zu bewerten. Nach § 6 Abs. 1 Nr. 4 EStG gilt das Gebot, die Entnahme mit dem Teilwert zu bewerten, nur für Wirtschaftsgüter, die nach § 4 Abs. 1 oder nach § 5 EStG als Betriebsvermögen anzusetzen sind. Nach ständiger Rechtsprechung des BFH muß es sich dabei um bilanzierungsfähige Wirtschaftsgüter handeln. Dies ergibt sich sowohl aus dem Wortlaut des § 6 Abs. 1 Satz 1 EStG als auch aus der Verwendung des Teilwertbegriffes. Die Definition des Teilwerts in § 6 Abs. 1 Nr. 1 Satz 3 EStG bezieht sich nur auf bilanzierungsfähige Wirtschaftsgüter.

Die Rechtsprechung hat die bezüglich der Bewertung von Nutzungsentnahmen bestehende Gesetzeslücke durch den Ansatz der tatsächlichen Selbstkosten geschlossen (vgl. BStBl 1988 II S. 348, unter C. I. 1. b. bb, m. w. N.). Sie entspricht dem Sinn der Regelung. Die Bewertung der Entnahme mit dem Teilwert findet ihre Rechtfertigung darin, daß die in dem Buchwert des Wirtschaftsguts ruhenden stillen Reserven nicht in das Privatvermögen überführt werden. Stille Reserven können sich nur in bilanzierungsfähigen Wirtschaftsgütern ansammeln. Durch die private Nutzung solcher Wirtschaftsgüter mögen zwar stille Reserven vernichtet werden können. Sie werden jedoch auch dann nicht in das Privatvermögen überführt. Damit fehlt es bezüglich der vernichteten stillen Reserven an der Verwirklichung eines unter § 4 Abs. 1 Satz 2 EStG fallenden Tatbestandes. Dies ist der Grund, weshalb stille Reserven bei der Bewertung einer Nutzungsentnahme außer Betracht bleiben müssen. Die durch § 4 Abs. 1 Satz 1 EStG vorgesehene Korrektur findet nur in Höhe der durch die Nutzungsentnahme bewirkten Minderung des buchmäßigen Betriebsvermögens statt. Dies sind die Selbstkosten (→ BFH vom 24. 5. 1989 – BStBl 1990 II S. 8).

Teilwert

Bei Einlagen im Zusammenhang mit einer Betriebseröffnung entspricht der Teilwert grundsätzlich dem gemeinen Wert der eingelegten Wirtschaftsgüter (→ BFH vom 10. 7. 1991 – BStBl II S. 840). Ein geschenktes Wirtschaftsgut ist auch dann mit dem Teilwert ins Betriebsvermögen des Beschenkten einzulegen, wenn der Schenker das eingelegte Wirtschaftsgut innerhalb der letzten drei Jahre vor der Einlage angeschafft, hergestellt oder entnommen hat (→ BFH vom 14. 7. 1993 – BStBl 1994 II S. 15).

Übertragung eines Kommanditanteils unter dem Buchwert des Anteils

Annahme einer Einlage in Höhe der Differenz zwischen fortzuführendem Buchwert und fehlendem oder niedrigerem Erwerbspreis bei privat veranlaßter unentgeltlicher oder teilentgeltlicher Übertragung eines Kommanditanteils unter dem Buchwert des Anteils (→ BFH vom 7. 2. 1995 – BStBl II S. 770).

Wesentliche Beteiligung

§ 6 Abs. 1 Nr. 5 b EStG enthält eine planwidrige Gesetzeslücke in Fällen, in denen im Privatvermögen gehaltene, wertgeminderte wesentliche Beteiligungen in ein Betriebsvermögen eingelegt werden. Der nach § 17 EStG realisierbare Wertverlust darf nicht durch den Ansatz des niedrigeren Teilwerts endgültig verloren gehen.

Die Lücke ist nach der Entstehungsgeschichte der Regelungen in §§ 6 Abs. 1 Nr. 5 b, 17 EStG ihrem Sinn und Zweck und der Systematik sowie zusätzlich aus Erwägungen der Praktikabilität in der Weise zu schließen, daß anstelle des niedrigeren Teilwertes die höheren ursprünglichen Anschaffungskosten anzusetzen sind.

Die Berufung auf den Wortlaut des § 6 Abs. 1 Nr. 5 b EStG allein kann bei Berücksichtigung der seit 1965 eingetretenen Änderung der Rechtslage die Bewertung der eingelegten wesentlichen Beteiligungen mit dem Teilwert als Obergrenze nicht mehr tragen. Die Lücke ist unter Berücksichtigung der erweiterten Zielsetzung des § 17 EStG zu füllen. Die Bewertung der Einlage mit – ggf. über dem Teilwert liegenden – Anschaffungskosten ergibt sich allerdings nicht schon aus einer Ergänzung des § 17 EStG um einen weiteren Realisierungstatbestand „Einlage in ein Betriebsvermögen" zu einem fiktiven Veräußerungspreis.

Dafür bieten weder § 17 EStG selbst noch die in § 22 Abs. 1 Satz 2 UmwStG 1977 und in § 13 Abs. 6 KStG getroffenen Sonderregelungen eine hinreichende Rechtsgrundlage.

Es stellt sich demnach nur noch die Frage, ob § 17 EStG auch nach der Einlage der wesentlichen Beteiligung in ein Betriebsvermögen noch neben § 6 Abs. 1 Nr. 5 b EStG anwendbar bleibt oder ob § 17 EStG ab dem Zeitpunkt der Einlage der wesentlichen Beteiligung von dieser Vorschrift verdrängt wird. Im erstgenannten Fall wird der im Zeitpunkt der Einlage „eingefrorene Wertverlust" bei einer Veräußerung oder bei Erfüllung eines veräußerungsgleichen Tatbestandes im Privatvermögen, im zweiten Fall innerhalb des Betriebsvermögens realisiert.

Der in § 6 Abs. 1 Nr. 5 b EStG vorgeschriebene Ansatz mit den Anschaffungskosten bewirkt bei einem über den Anschaffungskosten liegenden Teilwert, daß bisher im Privatvermögen angesammelte stille Reserven nunmehr im Betriebsvermögen erfaßt werden. § 17 EStG ist nicht mehr anzuwenden; es gilt z. B. weder die eine Steuerbarkeit des Veräußerungsgewinns ausschließende Bagatellgrenze von 1 v. H. (§ 17 Abs. 1 Satz 1 Halbsatz 2 EStG), noch kann der Stpfl. den Freibetrag nach § 17 Abs. 3 EStG und den ermäßigten Steuersatz nach § 34 EStG geltend machen. Diese Regelung enthält auch einen hinreichenden Anhaltspunkt für die Bewertung einer Einlage, wenn der Teilwert unter den ursprünglichen Anschaffungskosten liegt. Es spricht – außer dem für die Auslegung des § 6 Abs. 1 Nr. 5 b EStG nicht mehr uneingeschränkt maßgeblichen Wortlauts – nichts dagegen, die im Privatvermögen eingetretenen Wertverluste entsprechend den im Privatvermögen eingetretenen Wertsteigerungen zu behandeln und die Verluste damit ausschließlich im Betriebsvermögen zu erfassen. Damit wird in beiden Fällen § 17 EStG von der Gewinnermittlung nach §§ 4, 5, 15 Abs. 1 Nr. 2 EStG verdrängt (→ BFH vom 25. 7. 1995 – BFHE 178, 418).

R 40. Bewertungsfreiheit für geringwertige Anlagegüter

(1) ¹Die Frage, ob ein Wirtschaftsgut des Anlagevermögens selbständig nutzungsfähig ist, stellt sich regelmäßig für solche Wirtschaftsgüter, die in einem Betrieb zusammen mit anderen Wirtschaftsgütern genutzt werden. ²Für die Entscheidung in dieser Frage ist maßgeblich auf die betriebliche Zweckbestimmung des Wirtschaftsguts abzustellen (→ BFH vom 15. 3. 1991 – BStBl II S. 682). ³Hiernach ist ein Wirtschaftsgut des Anlagevermögens einer selbständigen Nutzung nicht fähig, wenn folgende Voraussetzungen kumulativ vorliegen:

1. Das Wirtschaftsgut kann nach seiner betrieblichen Zweckbestimmung nur zusammen mit anderen Wirtschaftsgütern des Anlagevermögens genutzt werden,
2. das Wirtschaftsgut ist mit den anderen Wirtschaftsgütern des Anlagevermögens in einen ausschließlichen betrieblichen Nutzungszusammenhang eingefügt, d. h., es tritt mit den in den Nutzungszusammenhang eingefügten anderen Wirtschaftsgütern des Anlagevermögens nach außen als einheitliches Ganzes in Erscheinung, wobei für die Bestimmung dieses Merkmals im Einzelfall die Festigkeit der Verbindung, ihre technische Gestaltung und ihre Dauer von Bedeutung sein können (→ BFH vom 17. 4. 1985 – BStBl 1988 II S. 126),
3. das Wirtschaftsgut ist mit den anderen Wirtschaftsgütern des Anlagevermögens technisch abgestimmt.

⁴Dagegen bleiben Wirtschaftsgüter, die zwar in einen betrieblichen Nutzungszusammenhang mit anderen Wirtschaftsgütern eingefügt und technisch aufeinander abgestimmt sind, dennoch selbständig nutzungsfähig, wenn sie nach ihrer betrieblichen Zweckbestimmung auch ohne die anderen Wirtschaftsgüter im Betrieb genutzt werden können (Müllbehälter eines Müllabfuhrunternehmens). ⁵Auch Wirtschaftsgüter, die nach ihrer betrieblichen Zweckbestimmung nur mit anderen Wirtschaftsgütern genutzt werden können, sind selbständig nutzungsfähig, wenn sie nicht in einen Nutzungszusammenhang eingefügt sind, so daß die zusammen nutzbaren Wirtschaftsgüter des Betriebs nach außen nicht als ein einheitliches Ganzes in Erscheinung treten (Bestecke, Schallplatten, Tonbandkassetten, Trivialprogramme, Videokassetten). ⁶Selbständig nutzungsfähig sind ferner Wirtschaftsgüter, die nach ihrer betrieblichen Zweckbestimmung nur zusammen mit anderen Wirtschaftsgütern genutzt werden können, technisch mit diesen Wirtschaftsgütern aber nicht abgestimmt sind (Paletten, Einrichtungsgegenstände).

(2) ¹Die Bewertungsfreiheit nach § 6 Abs. 2 EStG wird nicht dadurch berührt, daß ein zum Anlagevermögen gehörendes Wirtschaftsgut auch für private Zwecke genutzt wird. ²Hat ein Steuerpflichtiger die Anschaffungs- und Herstellungskosten eines solchen Wirtschaftsguts im Jahr der Anschaffung oder Herstellung in voller Höhe als Betriebsausgaben abgesetzt, so muß er den Teil der Aufwendungen, der dem privaten Nutzungsanteil entspricht, während der Nutzungszeit des Wirtschaftsguts dem Gewinn jeweils in dem Umfang hinzurechnen, der der tatsächlichen Nutzung in jedem Wirtschaftsjahr entspricht (→ BFH vom 13. 3. 1964 – BStBl III S. 455).

(3) ¹Für die Inanspruchnahme der Bewertungsfreiheit ist nach § 6 Abs. 2 Satz 4 EStG Voraussetzung, daß die geringwertigen Wirtschaftsgüter unter Angabe des Tages der Anschaffung oder Herstellung und der Anschaffungs- oder Herstellungskosten in einem besonderen, laufend zu führenden Verzeichnis aufgeführt sind. ²Das Verzeichnis braucht nicht geführt zu werden,

1. wenn sich die erforderlichen Angaben bereits aus der Buchführung ergeben, wobei es erforderlich ist, daß die geringwertigen Wirtschaftsgüter auf einem besonderen Konto gebucht werden,
2. wenn sich die erforderlichen Angaben bereits aus dem Bestandsverzeichnis nach R 31 ergeben,
3. wenn es sich um im Jahr der Anschaffung oder Herstellung in voller Höhe abgeschriebene geringwertige Anlagegüter handelt und die Anschaffungs- oder Herstellungskosten, vermindert um einen darin enthaltenen Vorsteuerbetrag (§ 9 b Abs. 1 EStG), für das einzelne Wirtschaftsgut nicht mehr als 100 DM betragen haben.

(4) ¹Die Bewertungsfreiheit für geringwertige Anlagegüter können auch Steuerpflichtige in Anspruch nehmen, die den Gewinn nach § 4 Abs. 3 EStG ermitteln, wenn sie ein Verzeichnis nach § 6 Abs. 2 Satz 4 EStG führen. ²Absatz 3 Satz 2 Nummer 3 gilt entsprechend.

(5) ¹Die gesamten Aufwendungen für ein Wirtschaftsgut, für das ein Steuerpflichtiger die Bewertungsfreiheit nach § 6 Abs. 2 EStG in Anspruch nimmt, müssen im Jahr der Anschaffung oder Herstellung in voller Höhe abgesetzt werden. ²Dies gilt auch für Tiere des Anlagevermögens, bei denen AfA nach § 7 EStG nur bis zur Höhe des Schlachtwerts zulässig wären. ³Es ist nicht zulässig, im Jahr der Anschaffung oder Herstellung nur einen Teil der Aufwendungen abzusetzen und den Restbetrag auf die betriebsgewöhnliche Nutzungsdauer zu verteilen. ⁴Hat der Steuerpflichtige von der Bewertungsfreiheit im Jahr der Anschaffung oder Herstellung keinen Gebrauch gemacht, so kann er sie in einem späteren Jahr nicht nachholen (→ BFH vom 17. 3. 1982 – BStBl II S. 545). ⁵Stellt ein Steuerpflichtiger ein selbständig bewertungsfähiges und selbständig nutzungsfähiges Wirtschaftsgut aus erworbenen Wirtschaftsgütern her, so kann er die Bewertungsfreiheit für dieses Wirtschaftsgut erst in dem Wirtschaftsjahr in Anspruch nehmen, in dem das Wirtschaftsgut fertiggestellt worden ist. ⁶Werden geringwertige Wirtschaftsgüter aus dem Privatvermögen in das Betriebsvermögen eingelegt, kann im Wirtschaftsjahr der Einlage die Bewertungsfreiheit nach § 6 Abs. 2 EStG in Anspruch genommen werden.

(6) Bei der Beurteilung der Frage, ob die Anschaffungs- oder Herstellungskosten für das einzelne Wirtschaftsgut 800 DM nicht übersteigen, ist,

1. wenn von den Anschaffungs- oder Herstellungskosten des Wirtschaftsguts ein Betrag nach § 6 b oder § 6 c EStG abgesetzt worden ist, von den nach § 6 b Abs. 6 EStG maßgebenden,
2. wenn das Wirtschaftsgut mit einem erfolgsneutral behandelten Zuschuß aus öffentlichen oder privaten Mitteln nach R 34 angeschafft oder hergestellt worden ist, von den um den Zuschuß gekürzten,
3. und wenn von den Anschaffungs- oder Herstellungskosten des Wirtschaftsguts ein Betrag nach R 35 abgesetzt worden ist, von den um diesen Betrag gekürzten

Anschaffungs- oder Herstellungskosten auszugehen.

§ 6 EStG
H 40   R 40

| Hinweise | H 40 |

Zur **Einlage** von geringwertigen Wirtschaftsgütern, für die die Bewertungsfreiheit bereits während der Zugehörigkeit zum Privatvermögen in Anspruch genommen wurde → R 39 Satz 4.

Zum Unterschied der **selbständigen Bewertbarkeit** eines Wirtschaftsguts von dessen **selbständiger Nutzungsfähigkeit** als Voraussetzung für ein geringwertiges Wirtschaftsgut → BFH vom 28. 9. 1990 (BStBl 1991 II S. 361).

ABC: Beispiele für **selbständig nutzungsfähige Wirtschaftsgüter**
- Bestecke in Gaststätten, Hotels, Kantinen (→ BFH vom 19. 11. 1953 – BStBl 1954 III S. 18)
- Bibliothek eines Rechtsanwalts (→ BFH vom 17. 5. 1968 – BStBl II S. 566)
- Bücher einer Leih- oder Fachbücherei (→ BFH vom 8. 12. 1967 – BStBl 1968 II S. 149)
- Computer-Software, wenn es sich um Standard-Anwender-Software mit Anschaffungskosten von nicht mehr als 800 DM oder um Trivialprogramme handelt (→ BMF vom 20. 1. 1992 – DB S. 450). → Trivialprogramme
- Einrichtungsgegenstände in Läden, Werkstätten, Büros, Hotels, Gaststätten u. ä. – auch als Erstausstattung und in einheitlichem Stil (→ BFH vom 29. 7. 1966 – BStBl 1967 III S. 61)
- Fässer/Flaschen (→ BFH vom 1. 7. 1981 – BStBl 1982 II S. 246)
- Fernsehgeräte, die an Hotelbetriebe als Zimmerausstattung vermietet werden (→ FG München vom 25. 10. 1985 – V 212/82 F; BB 1986 S. 435)
- Gemälde, abnutzbar (→ BFH vom 23. 4. 1965 – BStBl III S. 382)
- Grundausstattung einer Kfz-Werkstatt mit Spezialwerkzeugen (→ BFH vom 17. 5. 1968 – BStBl II S. 571)
- Instrumentarium eines Arztes, auch als Grundausstattung (→ BFH vom 17. 5. 1968 – BStBl II S. 566)
- Kisten (→ BFH vom 1. 7. 1981 – BStBl 1982 II S. 246)
- Lampen als selbständige Wirtschaftsgüter (Steh-, Tisch- und Hängelampen; → BFH vom 17. 5. 1968 – BStBl II S. 567)
- Leergut (→ BFH vom 1. 7. 1981 – BStBl 1982 II S. 246)
- Legehennen in eiererzeugenden Betrieben
- Möbel in Hotels und Gaststätten, auch als Erstausstattung (→ BFH vom 17. 5. 1968 – BStBl II S. 566)
- Müllbehälter eines Müllabfuhrunternehmens, auch Systemmüllbehälter
- Musterbücher und -kollektionen im Tapeten- und Buchhandel (→ BFH vom 25. 11. 1965 – BStBl 1966 III S. 86)
- Paletten zum Transport und zur Lagerung von Waren (→ BFH vom 9. 12. 1977 – BStBl 1978 II S. 322 und vom 25. 8. 1989 – BStBl 1990 II S. 82)
- Regale, die aus genormten Stahlregalteilen zusammengesetzt und nach ihrer betrieblichen Zweckbestimmung in der Regel auf Dauer in dieser Zusammensetzung genutzt werden (→ BFH vom 26. 7. 1979 – BStBl 1980 II S. 176)
- Ruhebänke als Werbeträger
- Schallplatten
- Schriftenminima in einem Druckereibetrieb
- Spezialbeleuchtungsanlagen in einem Schaufenster (→ BFH vom 5. 3. 1974 – BStBl II S. 353)
- Spinnkannen einer Weberei (→ BFH vom 9. 12. 1977 – BStBl 1978 II S. 322)
- Straßenleuchten (→ BFH vom 28. 3. 1973 – BStBl 1974 II S. 2)
- Tonbandkassetten
- Transportkästen in einer Weberei zum Transport von Garnen (→ BFH vom 17. 5. 1968 – BStBl II S. 568)
- Trivialprogramme (→ R 31 a Abs. 1)

- Videokassetten
- Wäsche in Hotels

ABC: Beispiele für **nicht selbständig nutzungsfähige Wirtschaftsgüter**
- Beleuchtungsanlage als Lichtband zur Beleuchtung in Fabrikräumen und Werkhallen (→ BFH vom 5. 10. 1956 – BStBl III S. 376) oder zur Beleuchtung einzelner Stockwerke eines Wohnhauses (→ BFH vom 5. 3. 1974 – BStBl II S. 353)
- Bestuhlung in Kinos und Theatern
- Bohrer in Verbindung mit Werkzeugmaschinen (→ Maschinenwerkzeuge)
- Drehbank mit als Antrieb eingebautem Elektromotor (→ BFH vom 14. 12. 1966 – BStBl 1967 III S. 247)
- Drehstähle in Verbindung mit Werkzeugmaschinen (→ Maschinenwerkzeuge)
- Elektromotor zum Einzelantrieb einer Maschine, einer Drehbank oder eines Webstuhls (→ BFH vom 16. 12. 1958 – BStBl 1959 III S. 77)
- Ersatzteile für Maschinen usw. (→ BFH vom 17. 5. 1968 – BStBl II S. 568)
- Formen (→ BFH vom 9. 3. 1967 – BStBl III S. 283)
- Formplatten (→ BFH vom 30. 3. 1967 – BStBl III S. 302)
- Fräser in Verbindung mit Werkzeugmaschinen (→ Maschinenwerkzeuge)
- Gerüst- und Schalungsteile sowie Schalungstafeln, die genormt und technisch aufeinander abgestimmt sind (→ BFH vom 29. 7. 1966 – BStBl 1967 III S. 151)
- Kühlkanäle (→ BFH vom 17. 4. 1985 – BStBl 1988 II S. 126)
- Leuchtstoffröhren (→ Beleuchtungsanlage)
- Lichtbänder (→ Beleuchtungsanlage)
- Lithographien (→ BFH vom 15. 3. 1991 – BStBl II S. 682)
- Maschinenwerkzeuge und -verschleißteile (→ BFH vom 28. 2. 1961 – BStBl III S. 383 und S. 384)

→ BFH vom 6. 10. 1995 (III R 101/93)

- Pflanzen von Dauerkulturen (→ BFH vom 30. 11. 1978 – BStBl 1979 II S. 281)

Zu Fragen der AfA bei Dauerkulturen, Zuordnung zu den beweglichen Wirtschaftsgütern und Zeitpunkt der Fertigstellung → H 44 (Fertigstellung).

- Regalteile (→ BFH vom 20. 11. 1970 – BStBl 1971 II S. 155; zu Regalen aus genormten Stahlregalteilen → Beispiele für selbständig nutzungsfähige Wirtschaftsgüter)
- Sägeblätter in Diamantsägen und -gattern (→ BFH vom 19. 10. 1972 – BStBl 1973 II S. 53)
- Stanzwerkzeuge in Verbindung mit Werkzeugmaschinen (→ Maschinenwerkzeuge)
- Webstuhlmotor (→ Elektromotor)
- Werkzeuge (→ Maschinenwerkzeuge)
- Zähler (Wasser-, Gas- und Elektrizitätszähler) eines Versorgungsunternehmens (→ BFH vom 30. 10. 1956 – BStBl 1957 III S. 7)

§ 6 a
Pensionsrückstellung

(1) Für eine Pensionsverpflichtung darf eine Rückstellung (Pensionsrückstellung) nur gebildet werden, wenn
1. der Pensionsberechtigte einen Rechtsanspruch auf einmalige oder laufende Pensionsleistungen hat,
2. die Pensionszusage keinen Vorbehalt enthält, daß die Pensionsanwartschaft oder die Pensionsleistung gemindert oder entzogen werden kann, oder ein solcher Vorbehalt sich nur auf Tatbestände erstreckt, bei deren Vorliegen nach allgemeinen Rechtsgrundsätzen unter Beachtung billigen Ermessens eine Minderung oder ein Entzug der Pensionsanwartschaft oder der Pensionsleistung zulässig ist, und
3. die Pensionszusage schriftlich erteilt ist.

(2) Eine Pensionsrückstellung darf erstmals gebildet werden
1. vor Eintritt des Versorgungsfalls für das Wirtschaftsjahr, in dem die Pensionszusage erteilt wird, frühestens jedoch für das Wirtschaftsjahr, bis zu dessen Mitte der Pensionsberechtigte das 30. Lebensjahr vollendet,
2. nach Eintritt des Versorgungsfalls für das Wirtschaftsjahr, in dem der Versorgungsfall eintritt.

(3) ¹Eine Pensionsrückstellung darf höchstens mit dem Teilwert der Pensionsverpflichtung angesetzt werden. ²Als Teilwert einer Pensionsverpflichtung gilt
1. ¹vor Beendigung des Dienstverhältnisses des Pensionsberechtigten der Barwert der künftigen Pensionsleistungen am Schluß des Wirtschaftsjahrs abzüglich des sich auf denselben Zeitpunkt ergebenden Barwerts betragsmäßig gleichbleibender Jahresbeträge. ²Die Jahresbeträge sind so zu bemessen, daß am Beginn des Wirtschaftsjahrs, in dem das Dienstverhältnis begonnen hat, ihr Barwert gleich dem Barwert der künftigen Pensionsleistungen ist; die künftigen Pensionsleistungen sind dabei mit dem Betrag anzusetzen, der sich nach den Verhältnissen am Bilanzstichtag ergibt. ³Es sind die Jahresbeträge zugrunde zu legen, die vom Beginn des Wirtschaftsjahrs, in dem das Dienstverhältnis begonnen hat, bis zu dem in der Pensionszusage vorgesehenen Zeitpunkt des Eintritts des Versorgungsfalls rechnungsmäßig aufzubringen sind. ⁴Erhöhungen oder Verminderungen der Pensionsleistungen nach dem Schluß des Wirtschaftsjahrs, die hinsichtlich des Zeitpunkts ihres Wirksamwerdens oder ihres Umfangs ungewiß sind, sind bei der Berechnung des Barwerts der künftigen Pensionsleistungen und der Jahresbeträge erst zu berücksichtigen, wenn sie eingetreten sind. ⁵Wird die Pensionszusage erst nach dem Beginn des Dienstverhältnisses erteilt, so ist die Zwischenzeit für die Berechnung der Jahresbeträge nur insoweit als Wartezeit zu behandeln, als sie in der Pensionszusage als solche bestimmt ist. ⁶Hat das Dienstverhältnis schon vor der Vollendung des 30. Lebensjahrs des Pensionsberechtigten bestanden, so gilt es als zu Beginn des Wirtschaftsjahrs begonnen, bis zu dessen Mitte der Pensionsberechtigte das 30. Lebensjahr vollendet;
2. nach Beendigung des Dienstverhältnisses des Pensionsberechtigten unter Aufrechterhaltung seiner Pensionsanwartschaft oder nach Eintritt des Versorgungsfalls der Barwert der künftigen Pensionsleistungen am Schluß des Wirtschaftsjahrs; Nummer 1 Satz 4 gilt sinngemäß.

³Bei der Berechnung des Teilwerts der Pensionsverpflichtung sind ein Rechnungszinsfuß von 6 vom Hundert und die anerkannten Regeln der Versicherungsmathematik anzuwenden.

(4) ¹Eine Pensionsrückstellung darf in einem Wirtschaftsjahr höchstens um den Unterschied zwischen dem Teilwert der Pensionsverpflichtung am Schluß des Wirtschaftsjahrs und am Schluß des vorangegangenen Wirtschaftsjahrs erhöht werden. ²In dem Wirtschaftsjahr, in dem mit der Bildung einer Pensionsrückstellung frühestens begonnen werden darf (Erstjahr), darf die Rückstellung bis zur Höhe des Teilwerts der Pensionsverpflichtung am Schluß des Wirtschaftsjahrs gebildet werden; diese Rückstellung kann auf das Erstjahr und die beiden folgenden Wirtschaftsjahre gleichmäßig verteilt werden. ³Erhöht sich in einem Wirtschaftsjahr gegenüber dem vorangegangenen Wirtschaftsjahr der Barwert der künftigen Pensionsleistungen um mehr als 25 vom Hundert, so kann die für dieses Wirtschaftsjahr zulässige Erhöhung der Pensionsrückstellung auf dieses Wirtschaftsjahr und die bei-

§ 6 a EStG

den folgenden Wirtschaftsjahre gleichmäßig verteilt werden. ⁴Am Schluß des Wirtschaftsjahrs, in dem das Dienstverhältnis des Pensionsberechtigten unter Aufrechterhaltung seiner Pensionsanwartschaft endet oder der Versorgungsfall eintritt, darf die Pensionsrückstellung stets bis zur Höhe des Teilwerts der Pensionsverpflichtung gebildet werden; die für dieses Wirtschaftsjahr zulässige Erhöhung der Pensionsrückstellung kann auf dieses Wirtschaftsjahr und die beiden folgenden Wirtschaftsjahre gleichmäßig verteilt werden.

(5) Die Absätze 3 und 4 gelten entsprechend, wenn der Pensionsberechtigte zu dem Pensionsverpflichteten in einem anderen Rechtsverhältnis als einem Dienstverhältnis steht.

R 41. Rückstellungen für Pensionsverpflichtungen

R 41 (1)

S 2176
Anhang 10

Zulässigkeit von Pensionsrückstellungen

(1) ¹Nach § 249 HGB müssen für unmittelbare Pensionszusagen Rückstellungen in der Handelsbilanz gebildet werden. ²Entsprechend dem Grundsatz der Maßgeblichkeit der Handelsbilanz hat die handelsrechtliche Passivierungspflicht die Passivierungspflicht für Pensionszusagen in der Steuerbilanz zur Folge, wenn die Voraussetzungen des § 6 a Abs. 1 Nr. 1 bis 3 EStG vorliegen. ³Für laufende Pensionen und Anwartschaften auf Pensionen, die vor dem 1. 1. 1987 rechtsverbindlich zugesagt worden sind (Altzusagen), gilt nach Artikel 28 des Einführungsgesetzes zum HGB in der durch Gesetz vom 19. 12. 1985 (BGBl. I S. 2355, BStBl 1986 I S. 94) geänderten Fassung weiterhin das handels- und steuerrechtliche Passivierungswahlrecht; insoweit sind die Anweisungen in Abschnitt 41 EStR 1984 mit Ausnahme des Absatzes 24 Satz 5 und 6 weiter anzuwenden. ⁴Für die Frage, wann eine Pension oder eine Anwartschaft auf eine Pension rechtsverbindlich zugesagt worden ist, ist die erstmalige, zu einem Rechtsanspruch führende arbeitsrechtliche Verpflichtungserklärung maßgebend. ⁵Für Pensionsverpflichtungen, für die der Berechtigte einen Rechtsanspruch auf Grund einer unmittelbaren Zusage nach dem 31. 12. 1986 erworben hat (→ Neuzusagen), gelten die folgenden Absätze.

H 41 (1)

Hinweise

Neuzusagen

Anhang 7

Wegen weiterer Einzelfragen zur betrieblichen Altersversorgung auf Grund durch das Bilanzrichtlinien-Gesetz geänderten handelsrechtlichen Vorschriften → BMF vom 13. 3. 1987 (BStBl I S. 365).

R 41 (2) Rechtsverbindliche Verpflichtung

(2) ¹Die Bildung einer Pensionsrückstellung setzt voraus, daß eine rechtsverbindliche Pensionsverpflichtung vorliegt (§ 6 a Abs. 1 Nr. 1 EStG). ²Eine rechtsverbindliche Pensionsverpflichtung ist z. B. gegeben, wenn sie auf Einzelvertrag, Gesamtzusage (Pensionsordnung), Betriebsvereinbarung, Tarifvertrag oder Besoldungsrecht beruht. ³Bei Pensionsverpflichtungen, die nicht auf Einzelvertrag beruhen, ist eine besondere Verpflichtungserklärung gegenüber dem einzelnen Berechtigten nicht erforderlich. ⁴Ob eine rechtsverbindliche Pensionsverpflichtung vorliegt, ist nach arbeitsrechtlichen Grundsätzen zu beurteilen. ⁵Für ausländische Arbeitnehmer sind Pensionsrückstellungen unter den gleichen Voraussetzungen zu bilden wie für inländische Arbeitnehmer. ⁶Für die Zulässigkeit einer Pensionsrückstellung ist es unerheblich, ob die Pensionsanwartschaft des Berechtigten arbeitsrechtlich bereits unverfallbar ist.

R 41 (3) Schädlicher Vorbehalt

(3) ¹Ein schädlicher Vorbehalt im Sinne des § 6 a Abs. 1 Nr. 2 EStG liegt vor, wenn der Arbeitgeber die Pensionszusage nach freiem Belieben, d. h. nach seinen eigenen Interessen ohne Berücksichtigung der Interessen des Pensionsberechtigten widerrufen kann. ²Ein Wi-

derruf nach freiem Belieben ist nach dem Urteil des Bundesarbeitsgerichts (BAG) vom 14. 12. 1956 (BStBl 1959 I S. 258) gegenüber einem noch aktiven Arbeitnehmer im allgemeinen zulässig, wenn die Pensionszusage eine der folgenden Formeln
„freiwillig und ohne Rechtsanspruch",
„jederzeitiger Widerruf vorbehalten",
„ein Rechtsanspruch auf die Leistungen besteht nicht",
„die Leistungen sind unverbindlich"
oder ähnliche Formulierungen enthält, sofern nicht besondere Umstände eine andere Auslegung rechtfertigen. [3]Solche besonderen Umstände liegen nicht schon dann vor, wenn das Unternehmen in der Vergangenheit tatsächlich Pensionszahlungen geleistet oder eine Rückdeckungsversicherung abgeschlossen hat oder Dritten gegenüber eine Verpflichtung zur Zahlung von Pensionen eingegangen ist oder wenn die unter den oben bezeichneten Vorbehalten gegebene Pensionszusage die weitere Bestimmung enthält, daß der Widerruf nur nach „billigem Ermessen" ausgeübt werden darf oder daß im Fall eines Widerrufs die gebildeten Rückstellungen dem Versorgungszweck zu erhalten sind. [4]Vorbehalte der oben bezeichneten Art in einer Pensionszusage schließen danach die Bildung von Rückstellungen für Pensionsanwartschaften aus. [5]Befindet sich der Arbeitnehmer bereits im Ruhestand oder steht er unmittelbar davor, so ist der Widerruf von Pensionszusagen, die unter den oben bezeichneten Vorbehalten erteilt worden sind, nach dem BAG-Urteil vom 14. 12. 1956 nicht mehr nach freiem Belieben, sondern nur noch nach billigem Ermessen (→ Absatz 4) zulässig. [6]Enthält eine Pensionszusage die oben bezeichneten allgemeinen Widerrufsvorbehalte, so ist die Rückstellungsbildung vorzunehmen, sobald der Arbeitnehmer in den Ruhestand tritt; dies gilt auch hinsichtlich einer etwa zugesagten Hinterbliebenenversorgung. [7]Eine Rückstellung ist nicht zulässig, wenn das Unternehmen nach der Pensionszusage berechtigt ist, die Pensionsverpflichtung vor Eintritt des Versorgungsfalls auf eine außerbetriebliche Versorgungseinrichtung ohne Rechtsanspruch zu übertragen; Satz 6 gilt sinngemäß.

Unschädlicher Vorbehalt R 41 (4)

(4) [1]Ein unschädlicher Vorbehalt im Sinne des § 6 a Abs. 1 Nr. 2 EStG liegt vor, wenn der Arbeitgeber den Widerruf der Pensionszusage bei geänderten Verhältnissen nur nach billigem Ermessen (§ 315 BGB), d. h. unter verständiger Abwägung der berechtigten Interessen des Pensionsberechtigten einerseits und des Unternehmens andererseits aussprechen kann. [2]Das gilt in der Regel für die Vorbehalte, die eine Anpassung der zugesagten Pensionen an nicht voraussehbare künftige Entwicklungen oder Ereignisse, insbesondere bei einer wesentlichen Verschlechterung der wirtschaftlichen Lage des Unternehmens, einer wesentlichen Änderung der Sozialversicherungsverhältnisse oder der Vorschriften über die steuerliche Behandlung der Pensionsverpflichtungen oder bei einer Treupflichtverletzung des Arbeitnehmers vorsehen. [3]Danach sind z. B. die folgenden Vorbehalte als unschädlich anzusehen:

1. als allgemeiner Vorbehalt:

   „Die Firma behält sich vor, die Leistungen zu kürzen oder einzustellen, wenn die bei Erteilung der Pensionszusage maßgebenden Verhältnisse sich nachhaltig so wesentlich geändert haben, daß der Firma die Aufrechterhaltung der zugesagten Leistungen auch unter objektiver Beachtung der Belange des Pensionsberechtigten nicht mehr zugemutet werden kann";

2. als spezielle Vorbehalte:

   „Die Firma behält sich vor, die zugesagten Leistungen zu kürzen oder einzustellen, wenn

   a) die wirtschaftliche Lage des Unternehmens sich nachhaltig so wesentlich verschlechtert hat, daß ihm eine Aufrechterhaltung der zugesagten Leistungen nicht mehr zugemutet werden kann, oder

   b) der Personenkreis, die Beiträge, die Leistungen oder das Pensionierungsalter bei der gesetzlichen Sozialversicherung oder anderen Versorgungseinrichtungen mit Rechtsanspruch sich wesentlich ändern, oder

   c) die rechtliche, insbesondere die steuerrechtliche Behandlung der Aufwendungen, die zur planmäßigen Finanzierung der Versorgungsleistungen von der Firma gemacht werden oder gemacht worden sind, sich so wesentlich ändert, daß der Firma

§ 6 a EStG

die Aufrechterhaltung der zugesagten Leistungen nicht mehr zugemutet werden kann, oder

d) der Pensionsberechtigte Handlungen begeht, die in grober Weise gegen Treu und Glauben verstoßen oder zu einer fristlosen Entlassung berechtigen würden",

oder inhaltlich ähnliche Formulierungen.

R 41 (5) Vorbehalt (Sonderfälle)

(5) ¹In besonderen Vorbehalten werden oft bestimmte wirtschaftliche Tatbestände bezeichnet, bei deren Eintritt die zugesagten Pensionsleistungen gekürzt oder eingestellt werden können. ²Es wird z. B. vereinbart, daß die Pensionen gekürzt oder eingestellt werden können, wenn der Umsatz, der Gewinn oder das Kapital eine bestimmte Grenze unterschreiten oder wenn mehrere Verlustjahre vorliegen oder wenn die Pensionsleistungen einen bestimmten Vomhundertsatz der Lohn- und Gehaltssumme überschreiten. ³Diese Vorbehalte sind nur dann als unschädlich anzusehen, wenn sie in dem Sinne ergänzt werden, es müsse bei den bezeichneten Tatbeständen eine so erhebliche und nachhaltige Beeinträchtigung der Wirtschaftslage des Unternehmens vorliegen, daß es dem Unternehmen nicht mehr zumutbar ist, die Pensionszusage aufrechtzuerhalten, oder daß es aus unternehmerischer Verantwortung geboten erscheint, die Versorgungsleistungen einzuschränken oder einzustellen.

R 41 (6)

(6) ¹Der Vorbehalt, daß der Pensionsanspruch erlischt, wenn das Unternehmen veräußert wird oder aus anderen Gründen ein Wechsel des Unternehmers eintritt (sog. Inhaberklausel), ist steuerlich schädlich. ²Entsprechendes gilt für Vorbehalte oder Vereinbarungen, nach denen die Haftung aus einer Pensionszusage auf das Betriebsvermögen beschränkt wird, es sei denn, es gilt eine gesetzliche Haftungsbeschränkung für alle Verpflichtungen gleichermaßen, wie z. B. bei Kapitalgesellschaften.

H 41 (6) Hinweise

Gewichtung des Widerrufsvorbehalts

Bei der Beurteilung, ob ein schädlicher oder unschädlicher Vorbehalt vorliegt, ist ein strenger Maßstab anzulegen (→ BFH vom Anhang 76. 10. 1967 – BStBl 1968 II S. 90).

R 41 (7) Schriftform

(7) ¹Für die Pensionszusage ist Schriftform vorgeschrieben (§ 6 a Abs. 1 Nr. 3 EStG). ²Hierfür kommt jede schriftliche Festlegung in Betracht, aus der sich der Pensionsanspruch nach Art und Höhe ergibt, z. B. Einzelvertrag, Gesamtzusage (Pensionsordnung), Betriebsvereinbarung, Tarifvertrag, Gerichtsurteil. ³Bei Gesamtzusagen ist eine schriftliche Bekanntmachung in geeigneter Form nachzuweisen, z. B. durch ein Protokoll über den Aushang im Betrieb. ⁴Die Schriftform muß am Bilanzstichtag vorliegen. ⁵Für Pensionsverpflichtungen, die auf betrieblicher Übung oder auf dem → Grundsatz der Gleichbehandlung beruhen, kann wegen der fehlenden Schriftform keine Rückstellung gebildet werden; dies gilt auch dann, wenn arbeitsrechtlich (→ § 1 Abs. 1 Satz 4 BetrAVG) eine unverfallbare Anwartschaft besteht, es sei denn, dem Arbeitnehmer ist beim Ausscheiden eine schriftliche Auskunft nach § 2 Abs. 6 BetrAVG erteilt worden. ⁶Pensionsrückstellungen müssen insoweit vorgenommen werden, als sich die Versorgungsleistungen aus der schriftlichen Festlegung dem Grunde und der Höhe nach ergeben. ⁷Zahlungsbelege allein stellen keine solche Festlegung dar.

H 41 (7) Hinweise

Grundsatz der Gleichbehandlung

Die wegen arbeitsrechtlicher Entscheidungen notwendige Ergänzung einer bestehenden Witwenversorgung um eine Witwerversorgung ist erst wirksam, wenn die Ergänzung schriftlich vorgenommen wurde.

§ 6 a EStG
R 41

Mitunternehmerschaft R 41 (8)

(8) ¹Eine Pensionszusage, die eine Personengesellschaft ihrem Gesellschafter-Geschäftsführer erteilt, ist als Gewinnverteilungsabrede zwischen den Gesellschaftern anzusehen, die den Gewinn der Gesellschaft nicht beeinflussen darf und dementsprechend auch nicht zur Rückstellungsbildung für die künftigen Pensionsleistungen berechtigt (→ BFH vom 8. 1. 1975 – BStBl II S. 437). ²Gibt bei einer GmbH & Co. KG die lediglich die Geschäfte der KG führende GmbH ihrem Geschäftsführer, der zugleich Kommanditist der KG ist, eine Pensionszusage, ist in der Steuerbilanz der GmbH nach den Grundsätzen des § 6 a EStG eine Rückstellung zu bilden. ³Der sich in diesem Fall im Rahmen der Gewinnermittlung der Personengesellschaft ergebende Aufwand der GmbH ist durch einen gleich hohen Ansatz des Anspruchs auf die Pension in der Sonderbilanz des begünstigten Gesellschafters nach dem Grundsatz der korrespondierenden Bilanzierung auszugleichen (→ BFH vom 16. 12. 1992 – BStBl 1993 II S. 792).

(9) ¹Eine wegen einer Pensionszusage gegenüber einem Arbeitnehmer zulässigerweise R 41 (9)
gebildete Pensionsrückstellung wird nicht unzulässig, wenn dieser Arbeitnehmer Gesellschafter der Personengesellschaft wird (→ BFH vom 22. 6. 1977 – BStBl II S. 798). ²Die Pensionsrückstellung bleibt deshalb auch in der Steuerbilanz der GmbH dem Grunde nach bestehen und teilt das Schicksal jeder anderen Pensionsrückstellung. ³Da das Dienstverhältnis im steuerlichen Sinne endet, wenn der Arbeitnehmer Gesellschafter wird, muß bei aufrechterhaltener Pensionsanwartschaft die Pensionsrückstellung mit dem Barwert der künftigen Pensionsleistungen (Anwartschaftsbarwert) gebildet werden (§ 6 a Abs. 3 Nr. 2 EStG). ⁴Bei der Berechnung des Anwartschaftsbarwerts am Schluß des Wirtschaftsjahrs, in dem der Arbeitnehmer Gesellschafter geworden ist, sowie jeweils am Schluß der folgenden Wirtschaftsjahre ist wie bei ausgeschiedenen Arbeitnehmern der in der Zeit der Arbeitnehmereigenschaft ratierlich erdiente Pensionsanspruch zugrunde zu legen (→ § 2 Abs. 1 Satz 1 Anhang 7
BetrAVG). ⁵Dabei ist es unerheblich, ob die in § 1 Abs. 1 Satz 1 BetrAVG festgesetzten Fristen für die Unverfallbarkeit der Anwartschaft erfüllt sind. ⁶Die Zuführungen zur Rückstellung auf Grund der Fortentwicklung des Anwartschaftsbarwerts sind als Nachwirkung der früheren Arbeitnehmereigenschaft nicht nach § 15 Abs. 1 Nr. 2 EStG dem Gewinn der Gesellschaft zuzurechnen.

Beherrschende Gesellschafter-Geschäftsführer von Kapitalgesellschaften R 41 (10)

(10) ¹Für die Bildung von Pensionrückstellungen für beherrschende Gesellschafter-Geschäftsführer von Kapitalgesellschaften ist zu unterstellen, daß die Jahresbeträge nach § 6 a Abs. 3 Nr. 1 Satz 3 EStG vom Beginn des Dienstverhältnisses, frühestens vom Alter 30, bis zur vertraglich vorgesehenen Altersgrenze, mindestens jedoch bis zum Alter 65, aufzubringen sind. ²Als Beginn des Dienstverhältnisses gilt der Eintritt in das Unternehmen als Arbeitnehmer. ³Das gilt auch dann, wenn der Geschäftsführer die Pensionszusage erst nach Erlangung der beherrschenden Stellung erhalten hat. ⁴Absatz 13 Sätze 1, 3 bis 6, 8, 10 und 12 bis 14 ist nicht anzuwenden. ⁵Eine vertraglich vorgesehene Altersgrenze von weniger als 65 Jahren kann für die Berechnung der Pensionsrückstellung nur dann zugrunde gelegt werden, wenn besondere Umstände nachgewiesen werden, die ein niedrigeres Pensionsalter rechtfertigen (→ BFH vom 23. 1. 1991 – BStBl II S. 379). ⁶Für anerkannte Schwerbehinderte kann eine vertragliche Altersgrenze von mindestens 60 Jahren zugrunde gelegt werden.

Ehegatten-Arbeitsverhältnisse R 41 (11)

(11) ¹Pensionszusagen zwischen Ehegatten, die im Rahmen von steuerlich anzuerkennenden Arbeitsverhältnissen (→ R 19) erteilt werden, sind auch steuerlich zu beachten und berechtigen zur Bildung von Pensionsrückstellungen (→ BVerfG vom 22. 7. 1970 – BStBl II S. 652). ²An den Nachweis der Ernsthaftigkeit solcher Pensionszusagen sind jedoch mit Rücksicht auf die besonderen persönlichen Beziehungen der Vertragspartner strenge Anforderungen zu stellen. ³Es ist insbesondere zu prüfen, ob die Pensionszusage nach den Umständen des Einzelfalls dem Grunde und der Höhe nach angemessen ist (→ BFH vom 14. 7. 1989 – BStBl II S. 969). ⁴Für Pensionszusagen, die im Rahmen eines steuerlich anzuerkennenden Arbeitsverhältnisses dem → Arbeitnehmer-Ehegatten gegeben werden, sind Pensionsrückstellungen zu bilden, wenn

1. eine ernstlich gewollte, klar und eindeutig vereinbarte Verpflichtung vorliegt,
2. die Zusage dem Grunde nach angemessen ist und
3. der Arbeitgeber-Ehegatte auch tatsächlich mit der Inanspruchnahme aus der gegebenen Pensionszusage rechnen muß.

§ 6 a EStG
R 41 H 41 (11, 12)

⁵Für die Bildung der Pensionsrückstellung bei Pensionszusagen zwischen Ehegatten in Einzelunternehmen kommt nur eine Zusage auf Alters-, Invaliden- und Waisenrente in Betracht. ⁶Eine Zusage auf Witwen- oder Witwerversorgung ist im Rahmen von Ehegatten-Pensionszusagen in Einzelunternehmen nicht rückstellungsfähig, da hier bei Eintritt des Versorgungsfalls Anspruch und Verpflichtung in einer Person zusammenfallen. ⁷Prämienzahlungen für eine Rückdeckungsversicherung einer Pensionszusage an den Arbeitnehmer-Ehegatten können als Betriebsausgaben behandelt werden, wenn auch die Pensionszusage als rückstellungsfähig anerkannt werden kann.

H 41 (11) Hinweise

Arbeitnehmer-Ehegatten

Anhang 7

Zur steuerlichen Behandlung von Aufwendungen für die betriebliche Altersversorgung des mitarbeitenden Ehegatten → BMF vom 4. 9. 1984 (BStBl I S. 495) und vom 9. 1. 1986 (BStBl I S. 7).

Bei einer Pensionszulage an den mitarbeitenden Ehegatten eines Gesellschafters einer Familienpersonengesellschaft kann keine Rückstellung gebildet werden, wenn nach dem Arbeitsvertrag außer der Pension kein Arbeitslohn zu zahlen ist (→ BFH vom 25. 7. 1995, BFHE 178, 331).

R 41 (12) Höhe der Pensionsrückstellung

(12) ¹Nach § 6 a Abs. 3 EStG ist die Pensionsrückstellung so zu bemessen, als ob die Pensionszusage bereits zu Beginn des Wirtschaftsjahrs gegeben worden wäre, in dem das Dienstverhältnis begonnen hat, frühestens mit dem versicherungstechnischen Alter 30 des Berechtigten. ²Als Beginn des Dienstverhältnisses ist grundsätzlich der tatsächliche Dienstantritt im Rahmen des bestehenden Dienstverhältnisses anzusehen (→ BFH vom 25. 5. 1988 – BStBl II S. 720); das Dienstverhältnis wird nicht unterbrochen, wenn der Steuerpflichtige auf Grund gesetzlicher Vorschriften in die Pflichten des Dienstverhältnisses eintritt (z. B. § 613 a BGB). ³Als Beginn des Dienstverhältnisses ist ein früherer Zeitpunkt als der tatsächliche Dienstantritt zugrunde zu legen (sog. Vordienstzeiten), wenn Zeiten in einem früheren Dienstverhältnis bei demselben Arbeitgeber zurückgelegt worden sind oder wenn auf Grund gesetzlicher Vorschriften Zeiten außerhalb des Dienstverhältnisses als Zeiten der Betriebszugehörigkeit gelten, z. B. § 8 Abs. 3 des Soldatenversorgungsgesetzes, § 6 Abs. 2 des Arbeitsplatzschutzgesetzes. ⁴Ergibt sich durch die Anrechnung von Vordienstzeiten ein fiktiver Dienstbeginn, der vor der Vollendung des 30. Lebensjahrs des Berechtigten liegt, so gilt das Dienstverhältnis als zu Beginn des Wirtschaftsjahrs begonnen, bis zu dessen Mitte der Berechtigte das 30. Lebensjahr vollendet (→ § 6 a Abs. 3 Nr. 1 letzter Satz EStG).

H 41 (12) Hinweise

Betriebsübergang

Für die Anwendung des § 613 a BGB ist entscheidend, ob das im Zeitpunkt des Betriebsübergangs bestehende Dienstverhältnis als Arbeitsverhältnis anzusehen ist (→ BFH vom 10. 8. 1994 – BStBl 1995 II S. 250).

Bemessung einer Pensionsrückstellung bei freiwillig gewährten Bezügen

Bemißt sich eine rechtsverbindlich und ohne schädlichen Vorbehalt zugesagte betriebliche Versorgungsleistung nach den vor Eintritt des Versorgungsfalls gewährten Bezügen einschließlich freiwillig gezahlter Beträge, z. B. Gewinnbeteiligungen, so sind bei der Ermittlung des Barwerts der künftigen Pensionsleistungen auch die freiwillig gezahlten Beträge einzubeziehen. Das Nachholverbot gilt nicht, soweit die Bildung einer zulässigen Rückstellung auf Veranlassung der Finanzbehörde unterblieben ist (→ BFH vom 9. 11. 1995 – IV R 2/93).

R 41 (13)

(13) ¹Bei der Ermittlung des Teilwerts der Pensionsanwartschaft ist das vertraglich vereinbarte Pensionsalter zugrunde zu legen (Grundsatz). ²Der Steuerpflichtige kann für alle oder für einzelne Pensionsverpflichtungen von einem höheren Pensionsalter ausgehen, sofern mit einer Beschäftigung des Arbeitnehmers bis zu diesem Alter gerechnet werden kann (erstes Wahlrecht). ³Bei der Ermittlung des Teilwerts der Pensionsanwartschaft nach § 6 a Abs. 3 EStG kann mit Rücksicht auf § 6 BetrAVG anstelle des vertraglichen Pensionsalters nach Satz 1 für alle oder für einzelne Pensionsverpflichtungen als Zeitpunkt des Eintritts des Versorgungsfalls der Zeitpunkt der frühestmöglichen Inanspruchnahme der vorzeitigen Altersrente aus der gesetzlichen Rentenversicherung angenommen werden, d. h. auf Grund des Rentenreformgesetzes 1992 vom 18. 12. 1989 (BGBl. I S. 2261) bei Männern die Vollendung des 63. Lebensjahrs (bis Geburtsjahrgang 1943) oder 62. Lebensjahrs (ab Geburtsjahrgang 1944), bei Frauen die Vollendung des 60. Lebensjahrs (bis Geburtsjahrgang 1949) oder 61. Lebensjahrs (Geburtsjahrgänge 1950 und 1951) oder 62. Lebensjahrs (ab Geburtsjahrgang 1952) und bei Schwerbehinderten die Vollendung des 60. Lebensjahrs (zweites Wahlrecht). ⁴Voraussetzung für die Ausübung des zweiten Wahlrechts ist, daß in der Pensionszusage festgelegt ist, in welcher Höhe Versorgungsleistungen von diesem Zeitpunkt an gewährt werden. ⁵Bei der Ausübung des zweiten Wahlrechts braucht nicht geprüft zu werden, ob ein Arbeitnehmer die sozialversicherungsrechtlichen Voraussetzungen für die vorzeitige Inanspruchnahme der Altersrente erfüllen wird. ⁶Der Ausübung des zweiten Wahlrechts steht die Beibehaltung des Pensionsalters von 65 Jahren für die Errechnung der unverfallbaren Versorgungsanwartschaften nach § 2 Abs. 1 BetrAVG nicht entgegen. ⁷Das erste Wahlrecht ist in der Bilanz des Wirtschaftsjahrs auszuüben, in dem mit der Bildung der Pensionsrückstellung begonnen wird. ⁸Das zweite Wahlrecht ist in der Bilanz des Wirtschaftsjahrs auszuüben, in dem die Festlegung nach Satz 4 getroffen worden ist. ⁹Die jeweils getroffene Wahl gilt auch für später zugesagte Erhöhungen der Pensionsleistungen. ¹⁰Der Rückstellungsbildung kann nur die Pensionsleistung zugrunde gelegt werden, die zusagegemäß bis zu dem Pensionsalter erreichbar ist, für das sich der Steuerpflichtige bei Ausübung der Wahlrechte entscheidet. ¹¹Setzt der Arbeitnehmer nach Erreichen dieses Alters seine Tätigkeit fort und erhöht sich dadurch sein Ruhegehaltanspruch, so ist der Rückstellung in dem betreffenden Wirtschaftjahr der Unterschiedsbetrag zwischen der nach den vorstehenden Sätzen höchstzulässigen Rückstellung (Soll-Rückstellung) und dem versicherungsmathematischen Barwert der um den Erhöhungsbetrag vermehrten Pensionsleistungen zuzuführen. ¹²Die Auswirkungen des Rentenreformgesetzes 1992 vom 18. 12. 1989 (BGBl. I S. 2261) auf den Zeitpunkt der frühestmöglichen Inanspruchnahme der vorzeitigen Altersrente aus der gesetzlichen Rentenversicherung sind bei der Ermittlung der Teilwerte der Pensionsanwartschaften einheitlich für alle Pensionsverpflichtungen des Unternehmens spätestens in der Bilanz des ersten Wirtschaftsjahrs zu berücksichtigen, das nach dem 31. 12. 1991 endet (Übergangszeit). ¹³Insoweit gilt das Nachholverbot, das sich aus § 6 a Abs. 4 EStG herleitet, nicht. ¹⁴Liegen die in Satz 4 genannten Voraussetzungen für die Ausübung des zweiten Wahlrechts nach Ablauf der Übergangszeit des Satzes 12 nicht vor, so ist das vertragliche Pensionsalter nach Satz 1 bei der Ermittlung des Teilwerts der Pensionsanwartschaft zugrunde zu legen.

Anhang 7

Hinweise

Betriebliche Teilrenten
→ BMF vom 25. 4. 1995 (BStBl I S. 250):

Pensionsrückstellungen für betriebliche Teilrenten

BMF vom 25. 4. 1995 (BStBl I S. 250)

(IV B 2 – S 2176 – 8/95)

Verpflichtet sich ein Arbeitgeber gegenüber einem Arbeitnehmer, ihm nach Eintritt des Versorgungsfalls Leistungen der Altersversorgung zu erbringen, so kann der Arbeitgeber unter den Voraussetzungen des § 6 a EStG für diese Verpflichtung (Pensionsverpflichtung) eine Pensionsrückstellung bilden. Der Versorgungsfall ist eingetreten, wenn der Arbeitnehmer mit Beendigung des Dienstverhältnisses in den Ruhestand tritt.

§ 6 a EStG

R 41   H 41 (13, 15)

Aufgrund des zum 1. Januar 1992 in Kraft getretenen § 42 Abs. 1 Sozialgesetzbuch (Sechstes Buch) kann ein Arbeitnehmer eine Altersrente aus der gesetzlichen Rentenversicherung in voller Höhe (Vollrente) oder als Teilrente in Anspruch nehmen.

Nimmt der Arbeitnehmer die gesetzliche Teilrente in Anspruch, so scheidet er nicht aus dem bestehenden Dienstverhältnis aus, sondern er schränkt seine Erwerbstätigkeit bei herabgesetztem Arbeitsentgelt lediglich ein. Mit Bezug der gesetzlichen Teilrente hat der Arbeitnehmer, dem betriebliche Leistungen der Altersversorgung zugesagt sind, keinen gesetzlichen Anspruch gegenüber dem Arbeitgeber, ihm gleichzeitig auch eine betriebliche Teilrente zu zahlen, es sei denn, der Arbeitgeber hat ihm eine entsprechende Zusage gegeben.

Für den Ausweis einer Pensionsverpflichtung nach § 6 a EStG, die auch Ansprüche auf betriebliche Teilrenten einschließt, ist nach dem Ergebnis der Erörterung mit den obersten Finanzbehörden der Länder folgendes zu beachten:

1. Ein Anspruch auf betriebliche Teilrente liegt nur vor, soweit

    a) auf einer betrieblichen Zusage beruhende Teilrentenleistungen gleichzeitig mit auf der gesetzlichen Rentenversicherung beruhenden Teilrentenleistungen beansprucht werden können und

    b) dem Begünstigten von dem Zeitpunkt an, von dem an er Teilrentenleistungen aus der gesetzlichen Rentenversicherung erhalten kann, ein Teilzeitarbeitsplatz zugesichert ist.

2. Die Zusage einer betrieblichen Teilrente hat auf die Bewertung der Pensionsverpflichtung grundsätzlich keine Auswirkung. Wird eine Pensionsverpflichtung nicht auf den Zeitpunkt der frühestmöglichen Inanspruchnahme im Sinne von R 41 Abs. 13 Satz 3 EStR 1993 bewertet, gilt der Versorgungsfall als eingetreten, wenn der Berechtigte Leistungen der betrieblichen Teilrente im Sinne der Nummer 1 in Anspruch nimmt. Die Pensionsverpflichtung ist ab diesem Zeitpunkt nach § 6 a Abs. 3 Nr. 2 EStG zu bewerten.

R 41 (14)   (14) ¹Bei der Berechnung des Teilwerts der Pensionsverpflichtung ist nach § 6 a Abs. 3 letzter Satz EStG ein Rechnungszinsfuß von 6 v. H. zugrunde zu legen. ²Ein höherer oder niedrigerer Rechnungszinsfuß ist nicht zulässig.

R 41 (15) Arbeitgeberwechsel

(15) Übernimmt ein Steuerpflichtiger in einem Wirtschaftsjahr eine Pensionsverpflichtung gegenüber einem Arbeitnehmer, der bisher in einem anderen Unternehmen tätig gewesen ist, unter gleichzeitiger Übernahme von Vermögenswerten, so ist bei der Ermittlung des Teilwerts der Verpflichtung der Jahresbetrag im Sinne des § 6 a Abs. 3 Nr. 1 EStG so zu bemessen, daß zu Beginn des Wirtschaftsjahrs der Übernahme der Barwert der Jahresbeträge zusammen mit den übernommenen Vermögenswerten gleich dem Barwert der künftigen Pensionsleistungen ist; dabei darf sich kein negativer Jahresbetrag ergeben.

H 41 (15)	**Hinweise**

Beispiel:

1. Im Wirtschaftsjahr 01 übernimmt ein Steuerpflichtiger von einem anderen Unternehmen die Pensionsverpflichtung gegenüber einem Arbeitnehmer unter gleichzeitiger Übernahme von Vermögenswerten in Höhe von 25.000 DM. Die Pensionszusage umfaßt Anwartschaft auf Invaliden- und Altersrente (Pensionsalter 65 Jahre) von 10.000 DM jährlich und Anwartschaft auf Witwenrente in Höhe von 60 v. H. der Invaliden- und Altersrente. Der Arbeitnehmer ist am Beginn des Wirtschaftsjahrs der Übernahme, d. h. am 1. 1. 01, 45 Jahre alt.

§ 6 a EStG
H 41 (15)   R 41

2. Zum 1. 1. 01 beträgt der Barwert der Anwartschaft des 45 Jahre alten Arbeitnehmers für die Jahresrente „1" nach den „Richttafeln" – Männer – von Dr. Klaus Heubeck 4,5296 (Zinsfuß 6 v. H.). Für die zugesagte Rente von 10.000 DM jährlich beträgt somit der Anwartschaftsbarwert

4,5296 × 10.000 DM = 45.296 DM.

Durch die übernommenen Vermögenswerte in Höhe von 25.000 DM ist also der Teil der Anwartschaft gedeckt, der einer Rente von 25.000 DM : 4,5296 = 5.519 DM jährlich entspricht. Dieser Teil der Anwartschaft wird für Bilanzstichtage nach dem Zeitpunkt der Übernahme entsprechend dem jeweils erreichten Alter in Höhe des Barwerts angesetzt.

Für den restlichen Teil der Anwartschaft, der einer Rente von

10.000 DM – 5.519 DM = 4.481 DM jährlich

entspricht, ist für die Bilanzstichtage nach dem Zeitpunkt der Übernahme der Teilwert zu ermitteln; hierbei ist der Beginn des Wirtschaftsjahrs der Übernahme (1.1.01) der Zeitpunkt des Diensteintritts zur Bestimmung des Jahresbetrags nach § 6 a Abs. 3 Nr. 1 EStG.

3. Aus diesen beiden Komponenten ergibt sich die steuerlich höchstzulässige Rückstellung nach den o. a. „Richttafeln" von Dr. Klaus Heubeck zum 31. 12. 01 wie folgt:

   a) Barwert für den durch die übernommenen Vermögenswerte gedeckten Teil der Anwartschaft (erreichtes Alter = 46 Jahre)
      4,7546 × 5.519 DM =   26.241 DM
   b) Teilwert für den restlichen Teil der Anwartschaft
      (Diensteintrittsalter = 45 Jahre,
      erreichtes Alter = 46 Jahre)
      0,374 × 4.481 DM =   1.676 DM
                                                                               27.917 DM

4. Zum 31. 12. 02 betragen die entsprechenden Werte:
   a) Barwert für 5.519 DM jährliche Rente
      (erreichtes Alter = 47 Jahre)
      4,9902 × 5.519 DM =   27.541 DM
   b) Teilwert für 4.481 DM jährliche Rente
      (Diensteintrittsalter = 45 Jahre,
      erreichtes Alter = 47 Jahre)
      0,766 × 4.481 DM =   3.432 DM
                                                                               30.973 DM

5. Im Jahre 03 wird die zugesagte Alters- und Invalidenrente auf 12.000 DM jährlich erhöht. Zum 31. 12. 03 ist der Teilwert wie folgt zu berechnen:
   a) Barwert für 5.519 DM jährliche Rente
      (erreichtes Alter = 48 Jahre)
      5,2364 × 5.519 DM =   28.900 DM
   b) Teilwert für
      12.000 DM – 5.519 DM = 6.481 DM jährliche
      Rente (Diensteintrittsalter = 45 Jahre,
      erreichtes Alter = 48 Jahre)
      1,175 × 6.481 DM =   7.615 DM
                                                                               36.515 DM

Berücksichtigung von Sozialversicherungsrenten   R 41 (16)

(16) Sieht die Pensionszusage vor, daß die Höhe der betrieblichen Rente in bestimmter Weise von der Höhe der Sozialversicherungsrente abhängt, so darf die Pensionsrückstellung in diesen Fällen nur auf der Grundlage der von dem Unternehmen nach Berücksichtigung der Sozialversicherungsrenten tatsächlich noch selbst zu zahlenden Beträge berechnet werden.

§ 6 a EStG
R 41 H 41 (16, 19)

H 41 (16) | **Hinweise**

Näherungsverfahren

Anhang 7 — Zur Berücksichtigung von Sozialversicherungsrenten bei der Berechnung der Pensionsrückstellung → BMF vom 10. 12. 1990 (BStBl I S. 868).

R 41 (17) (17) ¹Die Bildung von Pensionsrückstellungen und Zuwendungen an Pensions- und Unterstützungskassen schließen sich gegenseitig aus (→ BFH vom 12. 1. 1958 – BStBl III S. 186). ²Dieser gegenseitige Ausschluß gilt jedoch nur für den Fall, daß die gleichen Versorgungsleistungen an denselben Empfängerkreis sowohl über eine Pensions- oder Unterstützungskasse als auch über Pensionsrückstellungen finanziert werden sollen. ³Eine schädliche Überschneidung liegt dagegen nicht vor, wenn es sich um verschiedene Versorgungsleistungen handelt, z. B. bei der Finanzierung der Invaliditätsrenten über Pensions- oder Unterstützungskassen und der Altersrenten über Pensionsrückstellungen oder der Finanzierung rechtsverbindlich zugesagter Leistungen über Rückstellungen und darüber hinausgehender freiwilliger Leistungen über eine Unterstützungskasse.

R 41 (18) (18) ¹Sagt der Unternehmer dem selbständigen Handelsvertreter eine Pension zu, so muß sich der Handelsvertreter die versprochene Versorgung nach § 89 b Abs. 1 Nr. 3 HGB auf seinen Ausgleichsanspruch anrechnen lassen. ²Die Pensionsverpflichtung des Unternehmers wird also durch die Ausgleichsverpflichtung nicht gemindert, es sei denn, es ist etwas anderes vereinbart.

R 41 (19) Stichtagsprinzip

(19) ¹Für die Bildung der Pensionsrückstellung sind die Verhältnisse am Bilanzstichtag maßgebend. ²Änderungen der Bemessungsgrundlagen, die erst nach dem Bilanzstichtag wirksam werden, sind zu berücksichtigen, wenn sie am Bilanzstichtag bereits feststehen. ³Danach sind Erhöhungen von Anwartschaften und laufenden Renten, die nach dem Bilanzstichtag eintreten, in die Rückstellungsberechnung zum Bilanzstichtag einzubeziehen, wenn sowohl ihr Ausmaß als auch der Zeitpunkt ihres Eintritts am Bilanzstichtag feststehen. ⁴Wird die Höhe der Pension z. B. von Bezugsgrößen der gesetzlichen Rentenversicherungen beeinflußt, so sind künftige Änderungen dieser Bezugsgrößen, die am Bilanzstichtag bereits feststehen, z. B. die ab 1. 1. des Folgejahrs geltende Beitragsbemessungsgrenze, bei der Berechnung der Pensionsrückstellung zum Bilanzstichtag zu berücksichtigen. ⁵Die für das Folgejahr geltenden Bezugsgrößen stehen in dem Zeitpunkt fest, in dem die jeweilige Sozialversicherungs-Bezugsgrößenverordnung im Bundesgesetzblatt verkündet wird.

H 41 (19) | **Hinweise**

Beispiel:

Ein Arbeitnehmer hat eine Pensionszusage in Höhe von 10 v. H. des letzten vor Eintritt des Versorgungsfalls bezogenen Gehalts. Am 10. 12. 01 wird rechtsverbindlich vereinbart, daß sich das derzeitige Gehalt von 3.000 DM mit Wirkung vom 1. 4. 02 auf 3.150 DM und mit Wirkung vom 1. 2. 03 auf 3.250 DM erhöht. Die dadurch vereinbarten Erhöhungen des Pensionsanspruchs von 15 DM monatlich zum 1. 4. 02 und von 10 DM monatlich zum 1. 2. 03 sind bereits bei der Rückstellungsberechnung zum 31.12. 01 zu berücksichtigen.

R 41 (20) (20) ¹Die Pensionsverpflichtungen sind grundsätzlich auf Grund einer körperlichen Bestandsaufnahme (Feststellung der pensionsberechtigten Personen und der Höhe ihrer Pensi-

Anhang 10 — onsansprüche) für den Bilanzstichtag zu ermitteln. ²In Anwendung von § 241 Abs. 3 HGB kann der für die Berechnung der Pensionsrückstellungen maßgebende Personenstand auch auf einen Tag (Inventurstichtag) innerhalb von drei Monaten vor oder zwei Monaten nach dem Bilanzstichtag aufgenommen werden, wenn sichergestellt ist, daß die Pensionsverpflichtungen für den Bilanzstichtag ordnungsgemäß bewertet werden können. ³Es ist nicht

§ 6 a EStG
H 41 (21)   R 41

zu beanstanden, wenn im Fall der Vorverlegung der Bestandsaufnahme bei der Berechnung der Pensionsrückstellungen wie folgt verfahren wird:
1. Die für den Inventurstichtag festgestellten Pensionsverpflichtungen sind bei der Berechnung der Pensionsrückstellungen für den Bilanzstichtag mit ihrem Wert vom Bilanzstichtag anzusetzen.
2. ¹Aus Vereinfachungsgründen können bei der Berechnung der Pensionsrückstellungen für den Bilanzstichtag die folgenden Veränderungen der Pensionsverpflichtungen, die in der Zeit vom Inventurstichtag bis zum Bilanzstichtag eintreten, unberücksichtigt bleiben:
   a) Veränderungen, die auf biologischen Ursachen, z. B. Tod, Invalidisierung, beruhen;
   b) Veränderungen durch normale Zu- oder Abgänge von pensionsberechtigten Personen oder durch Übergang in eine andere Gehalts- oder Pensionsgruppe, z. B. Beförderung. Außergewöhnliche Veränderungen, z. B. Stillegung oder Eröffnung eines Teilbetriebs, bei Massenentlassungen oder bei einer wesentlichen Erweiterung des Kreises der pensionsberechtigten Personen, sind bei der Rückstellungsberechnung für den Bilanzstichtag zu berücksichtigen.
   ²Allgemeine Leistungsänderungen für eine Gruppe von Verpflichtungen, die nicht unter Buchstabe a oder b fallen, sind bei der Rückstellungsberechnung für den Bilanzstichtag mindestens näherungsweise zu berücksichtigen; für den folgenden Bilanzstichtag ist der sich dann ergebende tatsächliche Wert anzusetzen.
3. Soweit Veränderungen der Pensionsverpflichtungen nach Nummer 2 bei der Berechnung der Rückstellungen für den Bilanzstichtag unberücksichtigt bleiben, sind sie zum nächsten Bilanzstichtag bis zur steuerlich zulässigen Höhe zu berücksichtigen.
4. Werden werterhöhende Umstände, die nach Nummer 2 bei der Berechnung der Rückstellungen für den Bilanzstichtag unberücksichtigt bleiben können, dennoch in die Rückstellungsberechnung einbezogen, so sind bei der Rückstellungsberechnung auch wertmindernde Umstände, die nach Nummer 2 außer Betracht bleiben können, zu berücksichtigen.
5. ¹Die Nummern 2 bis 4 gelten nicht, wenn bei einem Steuerpflichtigen am Inventurstichtag nicht mehr als 20 Pensionsberechtigte vorhanden sind. ²Sie gelten ferner nicht für Vorstandsmitglieder und Geschäftsführer von Kapitalgesellschaften.

(21) ¹Die Rückstellung für Pensionsverpflichtungen gegenüber einer Person, die mit einer unverfallbaren Versorgungsanwartschaft ausgeschieden ist, ist beizubehalten, solange das Unternehmen mit einer späteren Inanspruchnahme zu rechnen hat. ²Sofern dem Unternehmen nicht bereits vorher bekannt ist, daß Leistungen nicht zu gewähren sind, braucht die Frage, ob mit einer Inanspruchnahme zu rechnen ist, erst nach Erreichen der vertraglich vereinbarten Altersgrenze geprüft zu werden. ³Steht bis zum Ende des Wirtschaftsjahrs, das auf das Wirtschaftsjahr des Erreichens der Altersgrenze folgt, die spätere Inanspruchnahme nicht fest, so ist die Rückstellung zu diesem Zeitpunkt aufzulösen.

R 41 (21)

Hinweise
H 41 (21)

Ablösung der Rente
Bei der Bewertung einer Pensionsverpflichtung kann eine Ablösungsvereinbarung erst berücksichtigt werden, wenn sie feststeht (→ BFH vom 7. 4. 1994 – BStBl II S. 740).

Zuführung zur Pensionsrückstellung

R 41 (22)

(22) ¹Nach § 249 HGB in Verbindung mit § 6 a Abs. 4 EStG muß in einem Wirtschaftsjahr der Rückstellung der Unterschiedsbetrag zwischen dem Teilwert am Schluß des Wirtschaftsjahrs und dem Teilwert am Schluß des vorangegangenen Wirtschaftsjahrs zugeführt werden. ²Die Höhe der Pensionsrückstellung in der Steuerbilanz darf nach dem Grundsatz der Maßgeblichkeit den zulässigen Ansatz in der Handelsbilanz nicht überschreiten. ³Überschreitet die steuerliche Zuführung in einem Wirtschaftsjahr die in der Handelsbilanz vorgenommene Zuführung, so ist sie nur zu berücksichtigen, soweit in der Steuerbilanz keine höhere Rückstellung ausgewiesen wird als die in der Handelsbilanz berücksichtigte Rückstellung. ⁴Ist in

Anhang 10

§ 6 a EStG
R 41   H 41 (22)

der Handelsbilanz für eine Pensionsverpflichtung zulässigerweise eine Rückstellung gebildet worden, die niedriger ist als der Teilwert nach § 6 a EStG, so ist in der Steuerbilanz wegen des Nachholverbots der Unterschiedsbetrag in dem Wirtschaftsjahr nachzuholen, in dem das Dienstverhältnis unter Aufrechterhaltung der Pensionsanwartschaft endet oder in dem der Versorgungsfall eintritt.

H 41 (22) — Hinweise

Nachholverbot

Ist eine Rückstellung nicht gebildet worden, weil ihr die BFH-Rechtsprechung entgegenstand, so führt die Aufgabe dieser Rechtsprechung nicht dazu, daß für die Zeit bis zur Aufgabe dieser Rechtsprechung das Nachholverbot des § 6 a Abs. 4 EStG gilt. Die Rückstellung kann spätestens in dem Jahr, in dem die Rechtsprechung aufgegeben wird, in vollem Umfang nachgeholt werden (→ BFH vom 7. 4. 1994 – BStBl II S. 740).

R 41 (23) (23) [1]Geht der Steuerpflichtige bei der Berechnung der Pensionsrückstellung wegen der Verlängerung der Lebenserwartung zu neuen Sterbetafeln mit geringerer Sterbenswahrscheinlichkeit über, so ist der Fehlbetrag, der sich auf Grund der höheren Lebenserwartung ergibt, der Pensionsrückstellung im Jahr des Übergangs zuzuführen; § 6 a Abs. 4 Satz 3 EStG bleibt unberührt. [2]Das gilt sinngemäß für alle Komponenten der biologischen Rechnungsgrundlagen, z. B. Invalidisierungswahrscheinlichkeiten.

R 41 (24) Auflösung der Pensionsrückstellung

Anhang 10   (24) [1]Auflösungen oder Teilauflösungen in der Steuerbilanz sind nur insoweit zulässig, als sich die Höhe der Pensionsverpflichtung gemindert hat (→ auch § 249 Abs. 3 Satz 2 HGB). [2]Ist die Rückstellung ganz oder teilweise aufgelöst worden, ohne daß sich die Pensionsverpflichtung entsprechend geändert hat, so ist die Steuerbilanz insoweit unrichtig. [3]Dieser Fehler ist im Wege der Bilanzberichtigung (→ R 15) zu korrigieren. [4]Dabei ist die Rückstellung in Höhe des Betrags anzusetzen, der nicht hätte aufgelöst werden dürfen, höchstens jedoch mit dem Teilwert der Pensionsverpflichtung.

R 41 (25) (25) [1]Nach dem Zeitpunkt des vertraglich vorgesehenen Eintritts des Versorgungsfalls ist die Pensionsrückstellung in jedem Wirtschaftsjahr in Höhe des Unterschiedsbetrags zwischen dem versicherungsmathematischen Barwert der künftigen Pensionsleistungen am Schluß des Wirtschaftsjahrs und am Schluß des vorangegangenen Wirtschaftsjahrs gewinnerhöhend aufzulösen; die laufenden Pensionsleistungen sind dabei als Betriebsausgaben abzusetzen. [2]Eine Pensionsrückstellung ist auch dann aufzulösen, wenn der Pensionsberechtigte nach dem Zeitpunkt des vertraglich vorgesehenen Eintritts des Versorgungsfalls noch weiter gegen Entgelt tätig bleibt („technischer Rentner"), es sei denn, daß bereits die Bildung der Rückstellung auf die Zeit bis zu dem voraussichtlichen Ende der Beschäftigung des Arbeitnehmers verteilt worden ist (→ Absatz 13). [3]Ist für ein Wirtschaftsjahr, das nach dem Zeitpunkt des vertraglich vorgesehenen Eintritts des Versorgungsfalls endet, die am Schluß des vorangegangenen Wirtschaftsjahrs ausgewiesene Rückstellung niedriger als der versicherungsmathematische Barwert der künftigen Pensionsleistungen am Schluß des Wirtschaftsjahrs, so darf die Rückstellung erst von dem Wirtschaftsjahr ab aufgelöst werden, in dem der Barwert der künftigen Pensionsleistungen am Schluß des Wirtschaftsjahrs niedriger ist als der am Schluß des vorangegangenen Wirtschaftsjahrs ausgewiesene Betrag der Rückstellung. [4]In dem Wirtschaftsjahr, in dem eine bereits laufende Pensionsleistung herabgesetzt wird oder eine Hinterbliebenenrente beginnt, darf eine bisher ausgewiesene Rückstellung, die höher ist als der Barwert, nur bis zur Höhe dieses Barwerts aufgelöst werden.

R 41 (26) Rückdeckungsversicherung

(26) [1]Hat ein Unternehmen eine betriebliche Pensionsverpflichtung durch Abschluß eines Versicherungsvertrags rückgedeckt, so sind der Versicherungsanspruch (Rückdeckungsanspruch) und die Pensionsverpflichtung (Pensionsrückstellung) in der Steuerbilanz getrennt

Anhang 10   zu bilanzieren (→ § 246 Abs. 2 HGB). [2]Der Rückdeckungsanspruch ist grundsätzlich mit dem geschäftsplanmäßigen Deckungskapital der Versicherungsgesellschaft zuzüglich eines etwa vorhandenen Guthabens aus Beitragsrückerstattungen (sog. Überschußbeteiligung) zu aktivieren. [3]Er kann nur dann mit dem niedrigeren Rückkaufswert angesetzt werden, wenn am Bilanzstichtag ernsthaft mit der Auflösung des Versicherungsvertrags zu rechnen ist (→ BFH vom 5. 6. 1962 – BStBl III S. 416). ⁴Eine aufschiebend bedingte Abtretung des Rückdeckungsanspruchs an den pensionsberechtigten Arbeitnehmer für den Fall, daß der Pensionsanspruch durch bestimmte Ereignisse gefährdet wird, z. B. bei einem Konkurs des Unternehmens, wird – soweit er nicht im Insolvenzfall nach § 9 Abs. 2 BetrAVG auf den Träger der Insolvenzsicherung übergeht – erst wirksam, wenn die Bedingung eintritt (§ 158 Abs. 1 BGB). ⁵Die Rückdeckungsversicherung behält deshalb bis zum Eintritt der Bedingung ihren bisherigen Charakter bei. ⁶Wird durch Eintritt der Bedingung die Abtretung an den Arbeitnehmer wirksam, so wird die bisherige Rückdeckungsversicherung zu einer Direktversicherung.

Hinweise

Wegen einer Vereinfachungsregelung bei der Aktivierung des Rückdeckungsanspruchs → die gleichlautenden Erlasse der obersten Finanzbehörden der Länder im BStBl 1963 II S. 47.¹)

Rückdeckung von Pensionsverpflichtungen

Steuerrechtliche Behandlung der Rückdeckung von Pensionsverpflichtungen
Rückdeckung von Pensionsrückstellungen

BMF vom 15. 9. 1995

IV B 2 – S 2176 – 54/95

Zu Fragen nach der steuerrechtlichen Behandlung einer Rückdeckung von Pensionsverpflichtungen nehme ich im Einvernehmen mit den obersten Finanzbehörden der Länder wie folgt Stellung:

Unternehmen haben für die eingegangene Pensionsverpflichtung unter den Voraussetzungen des § 6 a EStG Rückstellung zu bilden. Eine mögliche Rückdeckung der Pensionsverpflichtung hat auf diese Passivierung keinen Einfluß (vgl. R 41 Abs. 26 Satz 1 EStR 1993). Die bilanzsteuerrechtliche Behandlung der Rückdeckung richtet sich nach den für die jeweiligen Rückdeckungsart geltenden allgemeinen steuerlichen Vorschriften. Danach sind in den Fällen, in denen das Unternehmen die Verpflichtung durch den Erwerb von Fonds-Anteilen absichert, die erworbenen Anteile nach den Grundsätzen des § 6 Abs. 1 Nr. 2 EStG zu bewerten.

Bestellt das Unternehmen zugunsten der Arbeitnehmer, die eine Direktzusage erhalten haben, an den Anteilsscheinen vertragliche Pfandrechte, so führt dies nach den in Abschnitt 129 Abs. 4 Satz 2 Nr. 4 LStR enthaltenen Grundsätzen nicht zu einem Zufluß von Arbeitslohn.

---

¹) Gleichlautende Erlasse vom 22. 2. 1963.

EStG

§ 6 b
Gewinn aus der Veräußerung bestimmter Anlagegüter

S 2139

(1) ¹Steuerpflichtige, die

Grund und Boden,

Aufwuchs auf oder Anlagen im Grund und Boden mit dem dazugehörigen Grund und Boden, wenn der Aufwuchs oder die Anlagen zu einem land- und forstwirtschaftlichen Betriebsvermögen gehören,

Gebäude,

abnutzbare bewegliche Wirtschaftsgüter mit einer betriebsgewöhnlichen Nutzungsdauer von mindestens 25 Jahren,

Schiffe,

Anteile an Kapitalgesellschaften oder

im Zusammenhang mit einer Betriebsumstellung lebendes Inventar land- und forstwirtschaftlicher Betriebe

veräußern, können im Wirtschaftsjahr der Veräußerung von den Anschaffungs- oder Herstellungskosten der in Satz 2 bezeichneten Wirtschaftsgüter, die im Wirtschaftsjahr der Veräußerung oder im vorangegangenen Wirtschaftsjahr angeschafft oder hergestellt worden sind, einen Betrag bis zur Höhe von 50 vom Hundert des bei der Veräußerung entstandenen Gewinns abziehen; bei Veräußerung von Grund und Boden, Gebäuden, Aufwuchs auf oder Anlagen im Grund und Boden kann ein Betrag bis zur vollen Höhe des bei der Veräußerung entstandenen Gewinns abgezogen werden; letzteres gilt auch bei der Veräußerung von Anteilen an Kapitalgesellschaften durch Unternehmensbeteiligungsgesellschaften im Sinne des Satzes 2 Nr. 5. ²Der Abzug ist zulässig bei den Anschaffungs- oder Herstellungskosten von

1. abnutzbaren beweglichen Wirtschaftsgütern,
2. Grund und Boden,

    soweit der Gewinn bei der Veräußerung von Grund und Boden entstanden ist,
3. Aufwuchs auf oder Anlagen im Grund und Boden mit dem dazugehörigen Grund und Boden, wenn der Aufwuchs oder die Anlagen zu einem land- und forstwirtschaftlichen Betriebsvermögen gehören,

    soweit der Gewinn bei der Veräußerung von Grund und Boden oder der Veräußerung von Aufwuchs auf oder Anlagen im Grund und Boden mit dem dazugehörigen Grund und Boden entstanden ist,
4. Gebäuden,

    soweit der Gewinn bei der Veräußerung von Grund und Boden, von Aufwuchs auf oder Anlagen im Grund und Boden mit dem dazugehörigen Grund und Boden, von Gebäuden oder von Anteilen an Kapitalgesellschaften entstanden ist, oder

¹) 5. ¹Anteilen an Kapitalgesellschaften, die eine Unternehmensbeteiligungsgesellschaft angeschafft hat, die nach dem Gesetz über Unternehmensbeteiligungsgesellschaften vom

---

¹) Absatz 1 Satz 2 Nr. 5 ist auf Gewinne, die bei der Veräußerung von Anteilen an Kapitalgesellschaften in Wirtschaftsjahren entstehen, die nach dem 31. Dezember 1995 beginnen und vor dem 1. Januar 1999 enden, in der Fassung des JStG 1996 anzuwenden.

Die Anwendung erfolgt mit der Maßgabe, daß abweichend von § 6 b Abs. 1 Satz 1 ein Betrag bis zur vollen Höhe des bei der Veräußerung entstandenen Gewinns abgezogen werden kann (→ § 52 Abs. 8 EStG in der Fassung des JStG 1996):

„5. ¹Anteilen an Kapitalgesellschaften,
 a) die eine Unternehmensbeteiligungsgesellschaft angeschafft hat, die nach dem Gesetz über Unternehmensbeteiligungsgesellschaften vom 17. Dezember 1986 (BGBl. I S. 2488) anerkannt ist. ²Der Widerruf der Anerkennung und der Verzicht auf die Anerkennung haben Wirkung für die Vergangenheit, wenn nicht Aktien der Unternehmensbeteiligungsgesellschaft öffentlich angeboten worden sind. ³Bescheide über die Anerkennung, die Rücknahme oder den Widerruf der Anerkennung und über die Feststellung, ob Aktien der Unternehmensbeteiligungsgesellschaft öffentlich angeboten worden sind, sind Grundlagenbescheide im Sinne der Abgabenordnung;

17. Dezember 1986 (BGBl. I S. 2488) anerkannt ist, soweit der Gewinn bei der Veräußerung von Anteilen an Kapitalgesellschaften entstanden ist. ²Der Widerruf der Anerkennung und der Verzicht auf die Anerkennung haben Wirkung für die Vergangenheit, wenn nicht Aktien der Unternehmensbeteiligungsgesellschaft öffentlich angeboten worden sind. ³Bescheide über die Anerkennung, die Rücknahme oder den Widerruf der Anerkennung und über die Feststellung, ob Aktien der Unternehmensbeteiligungsgesellschaft öffentlich angeboten worden sind, sind Grundlagenbescheide im Sinne der Abgabenordnung.

³Der Anschaffung oder Herstellung von Gebäuden oder Schiffen steht ihre Erweiterung, ihr Ausbau oder ihr Umbau gleich. ⁴Der Abzug ist in diesem Fall nur von dem Aufwand für die Erweiterung, den Ausbau oder den Umbau der Gebäude oder Schiffe zulässig.

(2) ¹Gewinn im Sinne des Absatzes 1 Satz 1 ist der Betrag, um den der Veräußerungspreis nach Abzug der Veräußerungskosten den Buchwert übersteigt, mit dem das veräußerte Wirtschaftsgut im Zeitpunkt der Veräußerung anzusetzen gewesen wäre. ²Buchwert ist der Wert, mit dem ein Wirtschaftsgut nach § 6 anzusetzen ist.

(3) ¹Soweit Steuerpflichtige den Abzug nach Absatz 1 nicht vorgenommen haben, können sie im Wirtschaftsjahr der Veräußerung eine den steuerlichen Gewinn mindernde Rücklage bilden. ²Bis zur Höhe dieser Rücklage können sie von den Anschaffungs- oder Herstellungskosten der in Absatz 1 Satz 2 bezeichneten Wirtschaftsgüter, die in den folgenden vier Wirtschaftsjahren angeschafft oder hergestellt worden sind, im Wirtschaftsjahr ihrer Anschaffung oder Herstellung einen Betrag abziehen; bei dem Abzug gelten die Einschrän-

    b) soweit sie durch Erhöhung des Kapitals dieser Gesellschaften angeschafft werden, wenn die Gesellschaften ihren Sitz und ihre Geschäftsleitung im Fördergebiet nach § 1 Abs. 2 des Fördergebietsgesetzes haben und im Zeitpunkt des Erwerbs der Beteiligungen jeweils nicht mehr als 250 Arbeitnehmer in einem gegenwärtigen Dienstverhältnis beschäftigen, die Arbeitslohn, Kurzarbeitergeld oder Schlechtwettergeld beziehen; Entsprechendes gilt, wenn die Anteile durch Neugründung von Kapitalgesellschaften angeschafft werden;

    c) soweit sie durch Erhöhung des Kapitals dieser Gesellschaften angeschafft werden, wenn die Satzung oder der Gesellschaftsvertrag dieser Gesellschaften (Beteiligungsgesellschaften) als Unternehmensgegenstand ausschließlich

        aa) den Erwerb von Anteilen an Kapitalgesellschaften, die durch Erhöhung ihres Kapitals entstehen,

        bb) den Erwerb von Mitunternehmeranteilen (§ 15 Abs. 1 Satz 1 Nr. 2), die durch Einlagen der Kapitalgesellschaften entstehen,

        cc) die Verwaltung und die Veräußerung der in den Doppelbuchstaben aa und bb genannten Anteile oder

        dd) die Beteiligung als stiller Gesellschafter an Unternehmen

bestimmt, die genannten Kapitalgesellschaften, Personengesellschaften oder Unternehmen ihren Sitz und ihre Geschäftsleitung im Fördergebiet nach § 1 Abs. 2 des Fördergebietsgesetzes haben und im Zeitpunkt des Erwerbs der Anteile, Mitunternehmeranteile oder stillen Beteiligungen nicht mehr als 250 Arbeitnehmer in einem gegenwärtigen Dienstverhältnis beschäftigen, die Arbeitslohn, Kurzarbeitergeld oder Schlechtwettergeld beziehen. ²Spätestens drei Monate nach dem Erwerb der Anteile an der Beteiligungsgesellschaft muß jeweils die Summe der Anschaffungskosten aller von der Gesellschaft gehaltenen Anteile an Kapitalgesellschaften und Personengesellschaften zuzüglich der von ihr als stiller Beteiligter geleisteten Einlagen mindestens 90 vom Hundert ihres Eigenkapitals umfassen. ³Entsprechendes gilt, wenn die Anteile durch Neugründung einer Beteiligungsgesellschaft angeschafft werden."

Ist in den Fällen des Satzes 1 eine Rücklage nach § 6 b Abs. 3 Satz 1 von mehr als 50 vom Hundert des bei der Veräußerung entstandenen Gewinns gebildet worden, so ist ein Abzug nach § 6 b Abs. 1 Satz 2 Nr. 1 und 4 ausgeschlossen; ist der Steuerpflichtige keine Unternehmensbeteiligungsgesellschaft im Sinne des Satzes 1 Buchstabe a, kann der Abzug abweichend von § 6 b Abs. 3 Satz 2 von den Anschaffungskosten der in Satz 1 Buchstabe b und c genannten Anteile an Kapitalgesellschaften erfolgen, die in den folgenden zwei Wirtschaftsjahren angeschafft worden sind; sie ist spätestens am Schluß des zweiten auf ihre Bildung folgenden Wirtschaftsjahrs gewinnerhöhend aufzulösen (→ § 58 Abs. 8 in der Fassung des JStG 1996).

Diese befristete Erweiterung des § 6 b EStG steht unter dem Genehmigungsvorbehalt der Europäischen Kommission (BMF vom 2. 1. 1996 – BStBl I S. 2).

§ 6 b EStG

kungen des Absatzes 1 Satz 2 Nr. 2 bis 5 sowie Absatz 1 Sätze 3 und 4 entsprechend. ³Die Frist von vier Jahren verlängert sich bei neu hergestellten Gebäuden auf sechs Jahre, wenn mit ihrer Herstellung vor dem Schluß des vierten auf die Bildung der Rücklage folgenden Wirtschaftsjahrs begonnen worden ist. ⁴Die Rücklage ist in Höhe des abgezogenen Betrags gewinnerhöhend aufzulösen. ⁵Ist eine Rücklage am Schluß des vierten auf ihre Bildung folgenden Wirtschaftsjahrs noch vorhanden, so ist sie in diesem Zeitpunkt gewinnerhöhend aufzulösen, soweit nicht ein Abzug von den Herstellungskosten von Gebäuden in Betracht kommt, mit deren Herstellung bis zu diesem Zeitpunkt begonnen worden ist; ist die Rücklage am Schluß des sechsten auf ihre Bildung folgenden Wirtschaftsjahrs noch vorhanden, so ist sie in diesem Zeitpunkt gewinnerhöhend aufzulösen.

(4) ¹Voraussetzung für die Anwendung der Absätze 1 und 3 ist, daß
1. der Steuerpflichtige den Gewinn nach § 4 Abs. 1 oder § 5 ermittelt,
2. die veräußerten Wirtschaftsgüter im Zeitpunkt der Veräußerung mindestens sechs Jahre ununterbrochen zum Anlagevermögen einer inländischen Betriebsstätte gehört haben; die Frist von sechs Jahren entfällt für lebendes Inventar land- und forstwirtschaftlicher Betriebe,
3. die angeschafften oder hergestellten Wirtschaftsgüter zum Anlagevermögen einer inländischen Betriebsstätte gehören,
4. der bei der Veräußerung entstandene Gewinn bei der Ermittlung des im Inland steuerpflichtigen Gewinns nicht außer Ansatz bleibt und
5. der Abzug nach Absatz 1 und die Bildung und Auflösung der Rücklage nach Absatz 3 in der Buchführung verfolgt werden können.

²Der Abzug nach den Absätzen 1 und 3 ist bei Wirtschaftsgütern, die zu einem land- und forstwirtschaftlichen Betrieb gehören oder der selbständigen Arbeit dienen, nicht zulässig, wenn der Gewinn bei der Veräußerung von Wirtschaftsgütern eines Gewerbebetriebs entstanden ist.

(5) An die Stelle der Anschaffungs- oder Herstellungskosten im Sinne des Absatzes 1 tritt in den Fällen, in denen das Wirtschaftsgut im Wirtschaftsjahr vor der Veräußerung angeschafft oder hergestellt worden ist, der Buchwert am Schluß des Wirtschaftsjahrs der Anschaffung oder Herstellung.

(6) ¹Ist ein Betrag nach Absatz 1 oder 3 abgezogen worden, so tritt für die Absetzungen für Abnutzung oder Substanzverringerung oder in den Fällen des § 6 Abs. 2 im Wirtschaftsjahr des Abzugs der verbleibende Betrag an die Stelle der Anschaffungs- oder Herstellungskosten. ²In den Fällen des § 7 Abs. 4 Satz 1 und Abs. 5 sind die um den Abzugsbetrag nach Absatz 1 oder 3 geminderten Anschaffungs- oder Herstellungskosten maßgebend.

(7) Soweit eine nach Absatz 3 Satz 1 gebildete Rücklage gewinnerhöhend aufgelöst wird, ohne daß ein entsprechender Betrag nach Absatz 3 abgezogen wird, ist der Gewinn des Wirtschaftsjahrs, in dem die Rücklage aufgelöst wird, für jedes volle Wirtschaftsjahr, in dem die Rücklage bestanden hat, um 6 vom Hundert des aufgelösten Rücklagenbetrags zu erhöhen.

(8) ¹Werden Wirtschaftsgüter im Sinne des Absatzes 1 zum Zweck der Vorbereitung oder Durchführung von städtebaulichen Sanierungs- oder Entwicklungsmaßnahmen an einen der in Satz 3 bezeichneten Erwerber übertragen, sind die Absätze 1 bis 7 mit der Maßgabe anzuwenden, daß
1. die Fristen des Absatzes 3 Sätze 2, 3 und 5 sich jeweils um drei Jahre verlängern und
2. an die Stelle der in Absatz 4 Nr. 2 bezeichneten Frist von sechs Jahren eine Frist von zwei Jahren tritt.

²Satz 1 Nr. 1 gilt nicht für den Abzug von den Anschaffungs- oder Herstellungskosten von Anteilen an Kapitalgesellschaften oder Schiffen. ³Erwerber im Sinne des Satzes 1 sind Gebietskörperschaften, Gemeindeverbände, Verbände im Sinne des § 166 Abs. 4 des Baugesetzbuchs, Planungsverbände nach § 205 des Baugesetzbuchs, Sanierungsträger nach § 157 des Baugesetzbuchs, Entwicklungsträger nach § 167 des Baugesetzbuchs sowie Erwerber, die städtebauliche Sanierungsmaßnahmen als Eigentümer selbst durchführen (§ 147 Abs. 2 und § 148 Abs. 1 Baugesetzbuch).

(9) Absatz 8 ist nur anzuwenden, wenn die nach Landesrecht zuständige Behörde bescheinigt, daß die Übertragung der Wirtschaftsgüter zum Zweck der Vorbereitung oder

§ 9 a EStDV   § 6 b EStG
R 41 a

Durchführung von städtebaulichen Sanierungs- oder Entwicklungsmaßnahmen an einen der in Absatz 8 Satz 3 bezeichneten Erwerber erfolgt ist.

EStDV

§ 9 a

Anschaffung, Herstellung

Jahr der Anschaffung ist das Jahr der Lieferung, Jahr der Herstellung ist das Jahr der Fertigstellung.

R 41 a. **Ermittlung des Gewinns aus der Veräußerung bestimmter Anlagegüter im Sinne des § 6 b EStG**

Begünstigte Wirtschaftsgüter

(1) [1]Der Begriff „Grund und Boden" umfaßt nur den „nackten" Grund und Boden. [2]Dazu rechnen nicht Gebäude, Bodenschätze, soweit sie als Wirtschaftsgut bereits entstanden sind, grundstücksgleiche Rechte, Be- und Entwässerungsanlagen, das stehende Holz, Obst- und Baumschulanlagen, Korbweidenkulturen, Rebanlagen, Spargelanlagen sowie das Feldinventar. [3]Ebenfalls nicht zum Grund und Boden gehören Rechte, den Grund und Boden zu nutzen (→ BFH vom 24. 8. 1989 – BStBl II S. 1016).

(2) [1]Aufwuchs auf dem Grund und Boden sind die Pflanzen (Bäume, Rebstöcke usw.), die auf dem Grund und Boden gewachsen und noch darin verwurzelt sind. [2]Zu den Anlagen im Grund und Boden gehören insbesondere Be- und Entwässerungsanlagen, Hofbefestigungen, Wirtschaftswege und Brücken. [3]Der Gewinn aus der Veräußerung von Aufwuchs auf oder von Anlagen im Grund und Boden ist nur begünstigt, wenn er zu den Einkünften aus Land- und Forstwirtschaft oder zum Betrieb einer Körperschaft, Personenvereinigung oder Vermögensmasse gehört, der ausschließlich die Land- und Forstwirtschaft zum Gegenstand hat, und der Grund und Boden mitveräußert worden ist. [4]Werden Aufwuchs auf oder Anlagen im Grund und Boden und der dazugehörige Grund und Boden an zwei verschiedene Erwerber veräußert, so steht dies der Anwendung des § 6 b EStG nicht entgegen, wenn die Veräußerungen in engem sachlichen (wirtschaftlichen) und zeitlichen Zusammenhang stehen sowie auf einem einheitlichen Veräußerungsentschluß beruhen (→ BFH vom 7. 5. 1987 – BStBl II S. 670). [5]Ist der Gewinn aus dem mitveräußerten Grund und Boden getrennt von dem Gewinn aus dem Aufwuchs auf oder den Anlagen im Grund und Boden zu ermitteln, weil die stillen Reserven, die bei dem mitveräußerten Grund und Boden aufgedeckt worden sind, auf „nackten" Grund und Boden (Grund und Boden ohne Aufwuchs auf oder Anlagen im Grund und Boden) übertragen werden sollen, so ist der Veräußerungserlös nach dem Verhältnis der Teilwerte der einzelnen Wirtschaftsgüter aufzuteilen. [6]Ein Abzug des auf Aufwuchs auf oder Anlagen im Grund und Boden entfallenden Gewinns von den Anschaffungskosten von „nacktem" Grund und Boden ist nicht zulässig.

(3) [1]Maßgebend für die Feststellung, ob die betriebsgewöhnliche Nutzungsdauer eines Wirtschaftsguts 25 Jahre oder mehr beträgt, ist die Nutzungsdauer, die bei der Bemessung der AfA für das Wirtschaftsgut im Betrieb des Steuerpflichtigen zulässigerweise zugrunde gelegt worden ist (→ BFH vom 19. 5. 1976 – BStBl 1977 II S. 60). [2]Bei einem in gebrauchtem Zustand erworbenen Wirtschaftsgut kommt es auf die betriebsgewöhnliche Nutzungsdauer an, die der Betrieb bei der Berechnung der AfA für das in gebrauchtem Zustand gekaufte Wirtschaftsgut noch zugrunde gelegt hat (→ BFH vom 19. 5. 1976 – BStBl 1977 II S. 60). [3]Ist ein Wirtschaftsgut generalüberholt worden und ist dadurch ein neues Wirtschaftsgut entstanden, für das die betriebsgewöhnliche Nutzungsdauer neu zu ermitteln war, so ist die Nutzungsdauer maßgebend, die für das neue (generalüberholte) Wirtschaftsgut bei der Bemessung der AfA zugrunde gelegt worden ist. [4]Dabei ist ein neues Wirtschaftsgut in der Regel anzunehmen, wenn die Generalüberholung gegen Ende der bisher angenommenen betriebsgewöhnlichen Nutzungsdauer vorgenommen wurde. [5]Wird die Lebensdauer eines Wirtschaftsguts durch nachträglichen aktivierungspflichtigen Aufwand verlängert, ohne

daß dadurch bei wirtschaftlicher Betrachtung ein neues Wirtschaftsgut entstanden ist, so ist für die Feststellung der betriebsgewöhnlichen Nutzungsdauer des Wirtschaftsguts der Zeitraum maßgebend, der bei der Bemessung der AfA für das Wirtschaftsgut insgesamt zugrunde gelegt worden ist.

(4) [1]Schiffe im Sinne von § 6 b EStG sind:
1. die in der Schiffsregisterordnung angesprochenen Wasserfahrzeuge, wie
   a) Kauffahrteischiffe und andere zur Seefahrt bestimmte Schiffe (Seeschiffe), sofern sie zu einer inländischen Betriebsstätte gehören, unabhängig davon, welche Flagge sie führen,
   b) folgende zur Schiffahrt auf Flüssen und sonstigen Binnengewässern bestimmte Schiffe (Binnenschiffe):
      – Schiffe, die zur Beförderung von Gütern bestimmt sind, wenn ihre größte Tragfähigkeit mindestens 10 Tonnen beträgt,
      – Schiffe, die nicht zur Beförderung von Gütern bestimmt sind, wenn ihre Wasserverdrängung bei größter Eintauchung mindestens 5 m^3 beträgt,
      – Schlepper, Tankschiffe und Schubboote,
2. Eisbrecher, Hebeschiffe, Kabelschiffe, schwimmende Getreideheber, Schwimmkräne, Baggerprähme und dgl.

[2]Zubehör und Ausrüstungsgegenstände sind begünstigt, wenn sie in dem Bilanzansatz „Schiff" enthalten sind. [3]Nicht begünstigt sind die bei Abwrackung eines Schiffes gewonnenen Einzelteile (→ BFH vom 13. 2. 1979 – BStBl II S. 409).

(5) Die Begriffsbestimmung „Anteile an Kapitalgesellschaften" richtet sich nach der Regelung in § 17 Abs. 1 Satz 3 EStG.

Betriebsumstellung

(6) [1]Eine Betriebsumstellung liegt nur bei einer wesentlichen Änderung der landwirtschaftlichen Betriebsorganisation (z. B. Umstellung auf viehlose Wirtschaft oder Umstellung von Milchwirtschaft auf Schweinemast, → BFH vom 15. 2. 1990 – BStBl 1991 II S. 11) vor. [2]Die Umstellung innerhalb derselben Viehart (z. B. von süddeutschem Hochleistungsmilchvieh auf norddeutsches Hochleistungsmilchvieh) ist keine Betriebsumstellung.

Begriff der Veräußerung

(7) [1]Veräußerung ist die entgeltliche Übertragung des wirtschaftlichen Eigentums an einem Wirtschaftsgut (→ BFH vom 27. 8. 1992 – BStBl 1993 II S. 225). [2]Das wirtschaftliche Eigentum ist in dem Zeitpunkt übertragen, in dem die Verfügungsmacht (Herrschaftsgewalt) auf den Erwerber übergeht. [3]In diesem Zeitpunkt scheidet das Wirtschaftsgut bestandsmäßig aus dem Betriebsvermögen des veräußernden Steuerpflichtigen aus und darf dementsprechend (auch handelsrechtlich) nicht mehr bilanziert werden (→ BFH vom 27. 2. 1986 – BStBl II S. 552). [4]Dabei ist es ohne Bedeutung, ob der Unternehmer das Wirtschaftsgut freiwillig veräußert oder ob die Veräußerung unter Zwang erfolgt, z. B. infolge oder zur Vermeidung eines behördlichen Eingriffs oder im Wege einer Zwangsversteigerung. [5]Die Veräußerung setzt den Übergang eines Wirtschaftsguts von einer Person auf eine andere voraus. [6]Auch der Tausch von Wirtschaftsgütern ist eine Veräußerung. [7]Dagegen besteht zwischen Grundstücken, die in ein Umlegungs- oder Flurbereinigungsverfahren eingebracht werden und den daraus im Zuteilungswege erlangten Grundstücken Identität, soweit die eingebrachten und erlangten Grundstücke wertgleich sind; eine Gewinnrealisierung nach Tauschgrundsätzen tritt insoweit nicht ein (→ BFH vom 13. 3. 1986 – BStBl II S. 711). [8]Erwirbt der Steuerpflichtige jedoch für die Hingabe des Wirtschaftsguts ein Wirtschaftsgut des Privatvermögens oder wird er dafür von einer privaten Schuld befreit, so liegt eine nach § 6 b EStG nicht begünstigte Entnahme vor (→ BFH vom 23. 6. 1981 – BStBl 1982 II S. 18). [9]Die Überführung von Wirtschaftsgütern aus einem Betrieb in einen anderen Betrieb des Steuerpflichtigen und die Überführung von Wirtschaftsgütern aus dem Betriebsvermögen in das Privatvermögen sowie das Ausscheiden von Wirtschaftsgütern infolge höherer Gewalt sind keine Veräußerungen. [10]Auch der Untergang der Anteile im Fall der Auflösung und Abwicklung einer Kapitalgesellschaft ist keine Veräußerung im Sinne des § 6 b EStG (→ BFH vom 6. 12. 1972 – BStBl 1973 II S. 291). [11]Veräußert eine Personengesellschaft ein Wirtschaftsgut aus dem Gesellschaftsvermögen an einen Gesellschafter zu Bedingungen, die bei entgeltlichen Veräußerungen zwischen Fremden üblich sind, und wird das Wirtschaftsgut bei dem Erwerber Privatvermögen, so ist der dabei realisierte Gewinn insgesamt, d. h. auch soweit

der Erwerber als Gesellschafter am Vermögen der veräußernden Personengesellschaft beteiligt ist, ein begünstigungsfähiger Veräußerungsgewinn im Sinne des § 6 b EStG (→ BFH vom 10. 7. 1980 – BStBl 1981 II S. 84).

Hinweise	H 41 a (7)

Tausch

Besteht die Gegenleistung für eine tauschweise Hingabe eines betrieblichen Wirtschaftsguts in dem Anspruch auf Übertragung eines Wirtschaftsguts, so kann in Höhe der aufgedeckten stillen Reserven selbst dann eine Rücklage nach § 6 b Abs. 3 EStG gebildet werden, wenn das eingetauschte Wirtschaftsgut in das Privatvermögen übertragen wird (→ BFH vom 29. 6. 1995 – VIII R 2/94 BStBl 1996 II S. 60).

Buchwert R 41 a (8)

(8) ¹Buchwert ist der Wert, der sich für das Wirtschaftsgut im Zeitpunkt seiner Veräußerung ergeben würde, wenn für diesen Zeitpunkt eine Bilanz aufzustellen wäre. ²Das bedeutet, daß bei abnutzbaren Anlagegütern auch noch AfA nach § 7 EStG, erhöhte Absetzungen sowie etwaige Sonderabschreibungen für den Zeitraum vom letzten Bilanzstichtag bis zum Veräußerungszeitpunkt vorgenommen werden können.

R 41 b. Übertragung aufgedeckter stiller Reserven und Rücklagenbildung nach § 6 b EStG | R 41 b |

Höhe des begünstigten Gewinns R 41 b (1)

(1) ¹Der Abzug aufgedeckter stiller Reserven von den Anschaffungs- oder Herstellungskosten eines Wirtschaftsguts nach § 6 b Abs. 1 EStG und die Rücklagenbildung nach § 6 b Abs. 3 EStG sind nur in Höhe des begünstigten Gewinns zulässig; begünstigter Gewinn ist ein Betrag bis zur Hälfte, im Fall der Veräußerung von Grund und Boden, Gebäuden sowie Aufwuchs auf oder Anlagen im Grund und Boden bis zur vollen Höhe des Veräußerungsgewinns (§ 6 b Abs. 1 Satz 1 EStG). ²Bei Veräußerung von Anteilen an Kapitalgesellschaften durch Unternehmensbeteiligungsgesellschaften im Sinne des § 6 b Abs. 1 Satz 2 Nr. 5 EStG ist der entstehende Gewinn ebenfalls in voller Höhe begünstigt.

Abzug des begünstigten Gewinns R 41 b (2)

(2) ¹Voraussetzung für den Abzug des begünstigten Gewinns von den Anschaffungs- oder Herstellungskosten eines Wirtschaftsguts nach § 6 b Abs. 1 oder Abs. 3 EStG ist, daß in der handelsrechtlichen Jahresbilanz entsprechend verfahren wird. ²Soweit der Abzug in einem der folgenden Wirtschaftsjahre in der handelsrechtlichen Jahresbilanz durch eine Zuschreibung rückgängig gemacht wird, erhöht sich der Betrag der Zuschreibung den Buchwert des Wirtschaftsguts (→ § 5 Abs. 1 Satz 2 EStG). ³Nach § 6 b Abs. 1 EStG kann der Abzug nur in dem Wirtschaftsjahr vorgenommen werden, in dem der begünstigte Gewinn entstanden ist (Veräußerungsjahr). ⁴Ist das Wirtschaftsgut in diesem Wirtschaftsjahr angeschafft oder hergestellt worden, so ist der Abzug von den gesamten in diesem Wirtschaftsjahr angefallenen Anschaffungs- oder Herstellungskosten vorzunehmen. ⁵Dies gilt unabhängig davon, ob das Wirtschaftsgut vor oder nach der Veräußerung angeschafft oder hergestellt worden ist. ⁶Gehen Besitz, Nutzen und Lasten eines Wirtschaftsguts erst zum ersten Tag des folgenden Wirtschaftsjahrs über, so ist das Wirtschaftsgut erst in diesem Wirtschaftsjahr angeschafft (→ BFH vom 7. 11. 1991 – BStBl 1992 II S. 398). ⁷Ist das Wirtschaftsgut in dem Wirtschaftsjahr angeschafft oder hergestellt worden, das dem Wirtschaftsjahr vorangegangen ist, so ist der Abzug nach § 6 b Abs. 1 EStG von dem Buchwert nach § 6 b Abs. 5 EStG vorzunehmen. ⁸Sind im Veräußerungsjahr noch nachträgliche Anschaffungs- oder Herstellungskosten angefallen, so ist der Abzug von dem um diese Kosten erhöhten Buchwert vorzunehmen. ⁹Nach § 6 b Abs. 3 EStG kann der Abzug nur in dem Wirtschaftsjahr vorgenommen werden, in dem das Wirtschaftsgut angeschafft oder hergestellt worden ist. ¹⁰Der Abzug ist von den gesamten in

diesem Wirtschaftsjahr angefallenen Anschaffungs- oder Herstellungskosten des Wirtschaftsguts vorzunehmen. [11]Bei nachträglichen Herstellungskosten, die durch die Erweiterung, den Ausbau oder den Umbau eines Gebäudes oder Schiffes entstehen, ist der Abzug nach § 6 b Abs. 1 oder 3 EStG unabhängig vom Zeitpunkt der ursprünglichen Anschaffung oder Herstellung dieser Wirtschaftsgüter zulässig (§ 6 b Abs. 1 Satz 5 EStG). [12]Ist der Steuerpflichtige am Bilanzstichtag nur noch zu einem Bruchteil Miteigentümer des während des Wirtschaftsjahrs angeschafften Wirtschaftsguts, so ist der Abzug nur von den Anschaffungs- oder Herstellungskosten des dem Steuerpflichtigen verbleibenden Bruchteils vorzunehmen (→ BFH vom 28. 1. 1981 – BStBl II S. 430). [13]Die Einlage eines Wirtschaftsguts in das Betriebsvermögen ist keine Anschaffung im Sinne des § 6 b EStG (→ BFH vom 11. 12. 1984 – BStBl 1985 II S. 250).

R 41 b (3) Rücklagenbildung

(3) [1]Die Rücklage ist in der Bilanz des Wirtschaftsjahrs zu bilden, in dem der Veräußerungsgewinn entstanden ist; es handelt sich um die Ausübung eines Bilanzierungswahlrechts (→ BFH vom 30. 3. 1989 – BStBl II S. 560). [2]Voraussetzung für die Bildung der Rücklage in der Steuerbilanz ist, daß ein entsprechender Passivposten in der Handelsbilanz ausgewiesen wird. [3]Soweit Steuerpflichtige keine Handelsbilanz aufstellen und dazu auch nicht verpflichtet sind, brauchen sie die Rücklage nur in der Steuerbilanz auszuweisen, z. B. Land- und Forstwirte sowie Gesellschafter einer Personengesellschaft, wenn Wirtschaftsgüter veräußert worden sind, die zum Sonderbetriebsvermögen gehören. [4]Wird der Gewinn vom Finanzamt geschätzt, weil der Steuerpflichtige keine Bilanz erstellt hat, ist die Bildung der Rücklage nicht zulässig (→ BFH vom 24. 1. 1990 – BStBl II S. 426).

Hinweise

Bilanzänderung

→ H 15 (Rücklage nach § 6 b EStG)

Die nachträgliche Bildung einer Rücklage nach § 6 b EStG ist nur im Wege der Bilanzänderung möglich; dies gilt auch dann, wenn die Reinvestitionsfrist bereits abgelaufen ist (→ BFH vom 22. 9. 1994 – BStBl 1995 II S. 367).

R 41 b (4)

(4) [1]Rücklagen nach § 6 b Abs. 3 EStG können in der Bilanz in einem Posten zusammengefaßt werden. [2]In der Buchführung muß aber im einzelnen nachgewiesen werden, bei welchen Wirtschaftsgütern der in die Rücklage eingestellte Gewinn entstanden und auf welche Wirtschaftsgüter er übertragen oder wann die Rücklage gewinnerhöhend aufgelöst worden ist.

R 41 b (5) Rücklagenauflösung

(5) [1]Rücklagen sind spätestens bis zum Ablauf der in § 6 b Abs. 3 EStG bezeichneten Fristen aufzulösen. [2]Wird der Gewinn des Steuerpflichtigen in einem Wirtschaftsjahr, das in den nach § 6 b Abs. 3 EStG maßgebenden Zeitraum fällt, geschätzt, weil keine Bilanz aufgestellt wurde, so ist die Rücklage in diesem Wirtschaftsjahr gewinnerhöhend aufzulösen und ein Betrag in Höhe der Rücklage im Rahmen der Gewinnschätzung zu berücksichtigen. [3]Der für die Verlängerung der Auflösungsfrist nach § 6 b Abs. 3 Satz 3 EStG maßgebende Herstellungsbeginn ist die Einreichung des Bauantrags sein (→ BFH vom 15. 10. 1981 – BStBl 1982 II S. 63). [4]Ein vor Einreichung des Bauantrags durchgeführter Gebäudeabbruch zum Zweck der Errichtung eines Neubaus kommt ebenfalls als Beginn der Herstellung in Betracht. [5]Voraussetzung für die Übertragung der Rücklage ist in beiden Fällen, daß das Gebäude bis zum Schluß des sechsten Wirtschaftsjahrs nach Bildung der Rücklage fertiggestellt wird. [6]Die Rücklage kann in diesem Fall zum Ende des vierten der Bildung folgenden Wirtschaftsjahrs nur noch in Höhe der noch zu erwartenden Herstellungskosten für das Gebäude beibehalten werden (→ BFH vom 26. 10. 1989 – BStBl 1990 II S. 290).

R 41 b (6) Gewinnzuschlag

(6) [1]Der → Gewinnzuschlag nach § 6 b Abs. 7 EStG ist in den Fällen vorzunehmen, in denen ein Abzug von den Anschaffungs- oder Herstellungskosten begünstigter Wirtschaftsgüter nicht oder nur teilweise vorgenommen worden ist und die Rücklage oder der nach Abzug verbleibende Rücklagenbetrag aufgelöst wird. [2]Ein Gewinnzuschlag ist demnach auch vor-

§ 6 b EStG
H 41 b (6, 7)   R 41 b

zunehmen, soweit die Auflösung einer Rücklage vor Ablauf der in § 6 b Abs. 3 EStG genannten Fristen erfolgt (vorzeitige Auflösung der Rücklage). ³Die Rücklage hat auch dann während des ganzen Wirtschaftsjahrs bestanden, wenn sie buchungstechnisch bereits während des laufenden Wirtschaftsjahrs aufgelöst worden ist (→ BFH vom 26. 10. 1989 – BStBl 1990 II S. 290). ⁴Für Rücklagen, die auf Grund von Veräußerungen, die vor dem 1. 1. 1990 erfolgt sind, gebildet wurden, ist die Anweisung in Abschnitt 41 b Abs. 6 EStR 1987 weiter anzuwenden.

Hinweise
H 41 b (6)

Beispiel zur Berechnung des Gewinnzuschlags

Ein Steuerpflichtiger, dessen Wirtschaftsjahr mit dem Kalenderjahr übereinstimmt, veräußert am 1. 2. 01 ein Wirtschaftsgut. Der nach § 6 b EStG begünstigte Gewinn beträgt 400.000 DM. Der Steuerpflichtige bildet in der Bilanz des Jahres 01 eine Rücklage in Höhe von 400.000 DM, die er auch in den Bilanzen der Jahre 02 und 03 ausweist. Am 1. 10. 04 erwirbt er ein begünstigtes Wirtschaftsgut, dessen Anschaffungskosten 300.000 DM betragen. Der Steuerpflichtige nimmt einen gewinnmindernden Abzug von 300.000 DM vor und löst die gesamte Rücklage gewinnerhöhend auf.

Der Gewinn aus der Auflösung der Rücklage beträgt 400.000 DM – davon werden 300.000 DM nach § 6 b Abs. 3 Satz 4 EStG und 100.000 DM nach § 6 b Abs. 3 Satz 5 EStG aufgelöst. Bemessungsgrundlage für den Gewinnzuschlag sind 100.000 DM. Die Rücklage hat in den Wirtschaftsjahren 01 bis 04 bestanden. Der Gewinnzuschlag ist für jedes volle Wirtschaftsjahr des Bestehens der Rücklage vorzunehmen; das sind die Wirtschaftsjahre 02 bis 04, denn im Wirtschaftsjahr 04 kann die Auflösung der Rücklage erst zum Bilanzabschluß und nicht bereits zum Zeitpunkt der Wiederanlage erfolgen.

Der Gewinnzuschlag beträgt 3×6 v. H. von 100.000 DM = 18.000 DM.

Übertragungsmöglichkeiten
R 41 b (7)

(7) ¹Ein Steuerpflichtiger kann den begünstigten Gewinn, der in einem als Einzelunternehmen geführten Betrieb entstanden ist, vorbehaltlich der Regelung in § 6 b Abs. 4 Satz 2 EStG auf Wirtschaftsgüter übertragen, die

1. zu demselben oder einem anderen als Einzelunternehmen geführten Betrieb des Steuerpflichtigen gehören oder
2. zum Betriebsvermögen einer Personengesellschaft gehören, an der der Steuerpflichtige als Mitunternehmer beteiligt ist, soweit die Wirtschaftsgüter dem Steuerpflichtigen als Mitunternehmer zuzurechnen sind.

²Ein Steuerpflichtiger kann den auf ihn entfallenden begünstigten Gewinn aus der Veräußerung eines Wirtschaftsguts, das ganz oder zu Bruchteilen in seinem Eigentum steht, aber dem Betriebsvermögen einer Personengesellschaft dient, an der er beteiligt ist, vorbehaltlich der Regelung in § 6 b Abs. 4 Satz 2 EStG übertragen

1. auf Wirtschaftsgüter, die zu einem von ihm betriebenen Einzelunternehmen gehören (→ BFH vom 28. 1. 1981 – BStBl II S. 430), oder
2. auf Wirtschaftsgüter einer Personengesellschaft, an der er als Mitunternehmer beteiligt ist, soweit diese Wirtschaftsgüter ihm anteilig zuzurechnen sind.

³Wegen der Rücklage bei Betriebsveräußerung oder -aufgabe → Absatz 11.

Hinweise
H 41 b (7)

Realgemeinde

Mitglieder einer Realgemeinde können Gewinne aus der Veräußerung bestimmter Anlagegüter, die ihnen unmittelbar zuzurechnen sind, auch auf solche nach § 6 b EStG begünstigte Wirtschaftsgüter übertragen, die sie im Rahmen ihrer Einzelbetriebe angeschafft oder hergestellt haben (→ BFH vom 28. 4. 1988 – BStBl II S. 885).

§ 6 b EStG
R 41 b

R 41 b (8) (8) ¹Der begünstigte Gewinn aus der Veräußerung eines Wirtschaftsguts, das zum Gesellschaftsvermögen (Gesamthandsvermögen) einer Personengesellschaft gehört, kann übertragen werden

1. auf Wirtschaftsgüter, die zum Gesellschaftsvermögen der Personengesellschaft gehören; dabei darf der begünstigte Gewinn von allen Mitunternehmern nur einheitlich übertragen werden,
2. auf Wirtschaftsgüter, die zum Sonderbetriebsvermögen eines Mitunternehmers der Personengesellschaft gehören, aus deren Betriebsvermögen das veräußerte Wirtschaftsgut ausgeschieden ist, soweit der begünstigte Gewinn anteilig auf diesen Mitunternehmer entfällt,
3. vorbehaltlich der Regelung in § 6 b Abs. 4 Satz 2 EStG auf Wirtschaftsgüter, die zum Betriebsvermögen eines anderen als Einzelunternehmen geführten Betriebs eines Mitunternehmers gehören, soweit der begünstigte Gewinn anteilig auf diesen Mitunternehmer entfällt,
4. vorbehaltlich der Regelung in § 6 b Abs. 4 Satz 2 EStG auf Wirtschaftsgüter, die zum Gesellschaftsvermögen einer anderen Personengesellschaft oder zum Sonderbetriebsvermögen des Mitunternehmers bei einer anderen Personengesellschaft gehören, soweit diese Wirtschaftsgüter dem Mitunternehmer der Gesellschaft, aus deren Betriebsvermögen das veräußerte Wirtschaftsgut ausgeschieden ist, zuzurechnen sind und soweit der begünstigte Gewinn anteilig auf diesen Mitunternehmer entfällt.

²Wegen der Rücklage bei Veräußerung eines Mitunternehmeranteils oder Auflösung einer Personengesellschaft → Absatz 11.

R 41 b (9) (9) ¹Wird der begünstigte Gewinn, der bei der Veräußerung eines Wirtschaftsguts entstanden ist, bei den Anschaffungs- oder Herstellungskosten eines Wirtschaftsguts eines anderen Betriebs des Steuerpflichtigen berücksichtigt, so ist er erfolgsneutral dem Kapitalkonto der für den veräußernden Betrieb aufzustellenden Bilanz hinzuzurechnen. ²Gleichzeitig ist ein Betrag in Höhe des begünstigten Gewinns von den Anschaffungs- oder Herstellungskosten der in dem anderen Betrieb angeschafften oder hergestellten Wirtschaftsgüter erfolgsneutral (zu Lasten des Kapitalkontos) abzusetzen. ³Eine nach § 6 b Abs. 3 EStG gebildete Rücklage kann auf einen anderen Betrieb erst in dem Wirtschaftsjahr übertragen werden, in dem der Abzug von den Anschaffungs- oder Herstellungskosten bei Wirtschaftsgütern des anderen Betriebs vorgenommen wird.

R 41 b (10) Rücklage bei Änderung der Unternehmensform

(10) ¹Bei der Umwandlung eines Einzelunternehmens in eine Personengesellschaft kann der bisherige Einzelunternehmer eine von ihm gebildete Rücklage in einer Ergänzungsbilanz weiterführen. ²Wird eine Personengesellschaft in ein Einzelunternehmen umgewandelt, so kann der den Betrieb fortführende Gesellschafter eine Rücklage der Gesellschaft insoweit weiterführen, als sie (anteilig) auf ihn entfällt. ³Bei der Realteilung einer Personengesellschaft unter Fortführung entsprechender Einzelunternehmen kann die Rücklage anteilig in den Einzelunternehmen fortgeführt werden.

R 41 b (11) Rücklage bei Betriebsveräußerung

(11) ¹Veräußert ein Steuerpflichtiger seinen Betrieb, zu dessen Betriebsvermögen eine Rücklage im Sinne des § 6 b Abs. 3 EStG gehört, oder bildet er eine solche Rücklage anläßlich der Betriebsveräußerung, so kann er die Rücklage noch für die Zeit weiterführen, für die sie ohne Veräußerung des Betriebs zulässig gewesen wäre. ²Voraussetzung hierfür ist, daß der Steuerpflichtige die Absicht erkennen läßt, mit den Vermögenswerten, die er bei der Veräußerung erlöst hat, einen Betrieb weiterzuführen, und daß er die bezeichneten Vermögenswerte sowie die Rücklage buch- und bestandsmäßig weiter nachweist. ³Wegen der Übertragungsmöglichkeit → Absatz 7. ⁴Wird eine Rücklage, die nicht anläßlich der Betriebsveräußerung gebildet worden ist, weitergeführt, so kann für den Veräußerungsgewinn der Freibetrag nach § 16 Abs. 4 EStG und der ermäßigte Steuersatz des § 34 Abs. 1 EStG nur in Anspruch genommen werden, wenn die Rücklage keine stillen Reserven enthält, die bei der Veräußerung einer wesentlichen Grundlage des Betriebs aufgedeckt worden sind. ⁵Liegen die Voraussetzungen für die Weiterführung der Rücklage nicht mehr vor, so ist sie gewinnerhöhend aufzulösen. ⁶Gewinne aus der Auflösung von Rücklagen nach § 6 b Abs. 3 EStG, die nicht im Rahmen eines Gewinns aus einer Betriebsveräußerung oder -aufgabe an-

§ 6 b EStG
R 41 b, 41 c

gefallen sind, sind nicht tarifbegünstigt (→ BFH vom 4. 2. 1982 – BStBl II S. 348). [7]Wird eine Rücklage allerdings im Rahmen einer Betriebsveräußerung aufgelöst, so gehört der dabei entstehende Gewinn zum Veräußerungsgewinn. [8]Diese Grundsätze gelten bei der Veräußerung eines Mitunternehmeranteils, bei der Auflösung einer Personengesellschaft und bei der Aufgabe eines Betriebs entsprechend. [9]Bei Mitunternehmern ist die Entscheidung, ob die vorgenannten Grundsätze vorliegen, im Gewinnfeststellungsverfahren zu treffen (→ BFH vom 25. 7. 1979 – BStBl 1980 II S. 43).

Wechsel der Gewinnermittlungsart

R 41 b (12)

(12) [1]Geht ein Steuerpflichtiger während des Zeitraums, für den eine nach § 6 b Abs. 3 EStG gebildete Rücklage fortgeführt werden kann, von der Gewinnermittlung nach § 4 Abs. 1 oder § 5 EStG zur Gewinnermittlung nach § 4 Abs. 3 EStG oder nach Durchschnittssätzen (§ 13 a EStG) über, so gelten für die Fortführung und die Übertragungsmöglichkeiten dieser Rücklage die Vorschriften des § 6 c EStG. [2]Ist die Rücklage nach § 6 b Abs. 3 EStG aus Anlaß der Veräußerung solcher Wirtschaftsgüter gebildet worden, die nicht nach § 6 c EStG begünstigt sind, so ist die hierauf entfallende Rücklage im Wirtschaftsjahr der Änderung der Gewinnermittlungsart gewinnerhöhend aufzulösen. [3]Geht der Steuerpflichtige von der Gewinnermittlung nach § 4 Abs. 3 EStG oder nach Durchschnittssätzen (§ 13 a EStG) zur Gewinnermittlung nach § 4 Abs. 1 oder § 5 EStG über und sind im Zeitpunkt des Wechsels der Gewinnermittlungsart nach § 6 c EStG begünstigte Gewinne noch nicht aufzulösen, so ist in Höhe der noch nicht übertragenen Gewinne eine Rücklage in der Übergangsbilanz auszuweisen. [4]Für die weitere Behandlung dieser Rücklage gelten die Vorschriften des § 6 b EStG.

R 41 c. Sechsjahresfrist im Sinne des § 6 b Abs. 4 Nr. 2 EStG

R 41 c

(1) [1]Zur Frage der Zugehörigkeit eines Wirtschaftsguts zum Anlagevermögen → R 32. [2]Wirtschaftsgüter, die sechs Jahre zum Betriebsvermögen des Steuerpflichtigen gehört haben, können in der Regel als Anlagevermögen angesehen werden, es sei denn, daß besondere Gründe vorhanden sind, die einer Zurechnung zum Anlagevermögen entgegenstehen. [3]Die sechsjährige Zugehörigkeit im Sinne des § 6 b Abs. 4 Nr. 2 EStG ist nur gegeben, wenn das Wirtschaftsgut mindestens sechs Jahre ununterbrochen zum Betriebsvermögen einer inländischen Betriebsstätte des veräußernden Steuerpflichtigen gehört hat. [4]Bei einer Veräußerung nach dem 31. 12. 1990 sind Zeiten, in denen das Wirtschaftsgut zu einer Betriebsstätte des Steuerpflichtigen im Beitrittsgebiet gehört hat, bei der Sechsjahresfrist zu berücksichtigen. [5]Hat der Steuerpflichtige mehrere inländische Betriebsstätten oder Betriebe, deren Einkünfte zu verschiedenen Einkunftsarten gehören, so ist die Sechsjahresfrist auch dann gewahrt, wenn das veräußerte Wirtschaftsgut innerhalb der letzten sechs Jahre zum Betriebsvermögen verschiedener Betriebe oder Betriebsstätten des Steuerpflichtigen gehörte. [6]Bei der Veräußerung von Wirtschaftsgütern, die zum Gesellschaftsvermögen einer Personengesellschaft gehören, ist die Sechsjahresfrist des § 6 b Abs. 4 Nr. 2 EStG nicht gewahrt, soweit die Wirtschaftsgüter infolge einer entgeltlichen Änderung der personellen Zusammensetzung oder der Beteiligungsverhältnisse der Personengesellschaft anteilig Gegenstand entgeltlicher Veräußerungs- und Anschaffungsgeschäfte der Gesellschafter waren, es sei denn, daß auf Grund einer Sonderregelung, z. B. § 24 UmwStG, eine Besitzzeitanrechnung Platz greift (→ BFH vom 10. 7. 1980 – BStBl 1981 II S. 84 und 90).

(2) Ist durch eine Generalüberholung ein neues Wirtschaftsgut entstanden (→ Absatz 3), so ist die Voraussetzung des § 6 b Abs. 4 Nr. 2 EStG nur erfüllt, wenn seit der Generalüberholung sechs Jahre vergangen sind und das Wirtschaftsgut seit dieser Zeit ununterbrochen zum Anlagevermögen einer inländischen Betriebsstätte des veräußernden Steuerpflichtigen gehört hat (→ Absatz 1).

(3) [1]Die Dauer der Zugehörigkeit eines Wirtschaftsguts zum Betriebsvermögen wird durch nachträgliche Herstellungskosten nicht berührt. [2]Das gilt auch dann, wenn es sich bei den nachträglichen Herstellungskosten um Aufwendungen für einen Ausbau, einen Umbau oder eine Erweiterung eines Gebäudes oder Schiffes handelt. [3]Wird das Wirtschaftsgut jedoch durch nachträgliche Herstellungskosten so entschieden über seinen bisherigen Zustand hinaus verändert, daß wirtschaftlich betrachtet ein neues Wirtschaftsgut entstanden ist, so kommt es für die sechsjährige Zugehörigkeit auf die Zeitspanne an, in der dieses neue Wirtschaftsgut zum Anlagevermögen des Steuerpflichtigen gehört hat. [4]Dasselbe gilt, wenn

durch eine Baumaßnahme nicht unselbständige Gebäudeteile, sondern selbständige Gebäude geschaffen werden, z. B. Anbau eines Hinterhauses an ein bestehendes Gebäude.

(4) ¹Sind Anteile an einer Kapitalgesellschaft durch Kapitalerhöhung aus Gesellschaftsmitteln entstanden, so ist der Besitzzeit dieser (neuen) Anteilsrechte die Besitzzeit der (alten) Anteilsrechte hinzuzurechnen, auf die die (neuen) Anteilsrechte entfallen sind. ²Der Besitzzeit von Bezugsrechten ist die Besitzzeit der (alten) Anteilsrechte hinzuzurechnen, von denen sie abgespalten sind. ³Anteilsrechte, die bei einer Kapitalerhöhung gegen Leistung einer Einlage erworben worden sind, können jedoch nicht – auch nicht teilweise – als mit den aus den alten Anteilsrechten abgespaltenen Bezugsrechten wirtschaftlich identisch angesehen werden. ⁴Sie erfüllen deshalb nur dann die Voraussetzung des § 6 b Abs. 4 Nr. 2 EStG, wenn sie selbst mindestens sechs Jahre ununterbrochen zum Anlagevermögen einer inländischen Betriebsstätte des Steuerpflichtigen gehört haben.

(5) ¹Bei einem Wirtschaftsgut, das an Stelle eines infolge höherer Gewalt oder infolge oder zur Vermeidung eines behördlichen Eingriffs aus dem Betriebsvermögen ausgeschiedenen Wirtschaftsguts angeschafft oder hergestellt worden ist (Ersatzwirtschaftsgut im Sinne von R 35 Abs. 4), ist die Sechsjahresfrist erfüllt, wenn das zwangsweise ausgeschiedene Wirtschaftsgut und das Ersatzwirtschaftsgut zusammen sechs Jahre zum Anlagevermögen des Steuerpflichtigen gehört haben. ²Entsprechendes gilt bei der Veräußerung von Wirtschaftsgütern, die auf Grund eines funktionsgleichen Tausches (→ BFH vom 16. 12. 1958 – BStBl 1959 III S. 30) erworben worden sind.

(6) ¹Werden beim Übergang eines Betriebs oder Teilbetriebs die Buchwerte fortgeführt (z. B. bei der unentgeltlichen Übertragung eines Betriebs – § 7 Abs. 1 EStDV –, bei der Einbringung eines Einzelunternehmens oder des Unternehmens einer Personengesellschaft in eine Kapitalgesellschaft – → BFH vom 26. 2. 1992 – BStBl II S. 988 –, bei der Verschmelzung von Kapitalgesellschaften, Genossenschaften oder Versicherungsvereinen auf Gegenseitigkeit), so ist für die Berechnung der Sechsjahresfrist des § 6 b Abs. 4 Nr. 2 EStG die Besitzzeit des Rechtsvorgängers der Besitzzeit des Rechtsnachfolgers hinzuzurechnen. ²Gleiches gilt bei der unentgeltlichen Übertragung eines Wirtschaftsguts des Sonderbetriebsvermögens in das Sonderbetriebsvermögen eines anderen Gesellschafters zu Buchwerten (→ BFH vom 24. 3. 1992 – BStBl 1993 II S. 93).

Hinweise

H 41 c

Beitrittsgebiet

Anhang 6 — Zur Ermittlung der Vorbesitzzeit bei Veräußerung land- und forstwirtschaftlich genutzten Grund und Bodens im Beitrittsgebiet → BMF vom 11. 11. 1994 (BStBl I S. 854).

Erbauseinandersetzung/vorweggenommene Erbfolge

Anhang 13 — Wegen der Besitzzeitanrechnung im Falle der Erbauseinandersetzung und der vorweggenommenen Erbfolge → BMF vom 11. 1. 1993 (BStBl I S. 62) und vom 13. 1. 1993 (BStBl I S. 80).

Vorbesitzzeit

– bei Veräußerung land- und forstwirtschaftlichen Grund und Bodens im Beitrittsgebiet → BMF vom 11. 11. 1994 (BStBl I S. 854):

Veräußerung land- und forstwirtschaftlich genutzten Grund und Bodens im Beitrittsgebiet; Ermittlung der Vorbesitzzeit nach § 6 b Abs. 4 Nr. 2 EStG

BMF vom 11. 11. 1994 (BStBl I S. 854)

IV B 2 – S 2139 – 39/94

Land- und Forstwirte, die in der ehemaligen DDR ihren Grund und Boden in eine LPG einbrachten, blieben nach § 7 Abs. 1 des Gesetzes über landwirtschaftliche Produktionsgenossenschaften vom 3. Juni 1959 (GBl.-DDR I Nr. 36) bzw. nach § 19 des Gesetzes über die landwirtschaftlichen Produktionsgenossenschaften vom 2. Juli 1982 – LPG-Gesetz – (GBl.-DDR I Nr. 25) zwar weiterhin Eigentümer des Grund und Bodens. Die LPG besaß daran aber das umfassende und dauernde Nutzungsrecht. Deshalb galt der land- und forstwirtschaftliche Betrieb, der bisher auf dem eingebrachten Grund und Boden betrieben wurde, als aufgegeben. Erst nach Wiedererlangung der wirtschaftlichen Verfügungsmacht über den Grund und Boden war es den Land- und Forstwirten möglich, einen eigenen land- und forstwirtschaftlichen Betrieb zu führen. Machte ein Land- und Forstwirt von dieser Möglichkeit Gebrauch, galt der Grund und Boden des ehemaligen LPG-Mitglieds als im Zeitpunkt der Wiedereröffnung des land- und forstwirtschaftlichen Betriebs in dessen Betriebsvermögen eingelegt.

Veräußert in einem solchen Fall der Land- und Forstwirt Grund und Boden des wiedereröffneten Betriebs, so ist im Einvernehmen mit den obersten Finanzbehörden der Länder für Zwecke der Ermittlung der Vorbesitzzeit nach § 6 b Abs. 4 Nr. 2 EStG aus Billigkeitsgründen die gesamte Zeit, in der der Land- und Forstwirt Eigentümer war, anzurechnen, d. h. der Zeitraum zwischen der ursprünglichen Anschaffung des Grund und Bodens und der Wiedererlangung der wirtschaftlichen Verfügungsmacht mitzurechnen. Voraussetzung hierfür ist allerdings, daß der land- und forstwirtschaftliche Betrieb unmittelbar nach Wiedererlangung der wirtschaftlichen Verfügungsmacht über den Grund und Boden wiedereröffnet und der Grund und Boden dabei in den Betrieb eingelegt worden ist.

- bei Veräußerungsgewinn nach § 13 Abs. 3 Satz 10 KStG → BMF vom 7. 1. 1994 (BStBl I S. 17):

**Vorbesitzzeit im Sinne des § 6 b Abs. 4 Nr. 2 EStG;
hier: Veräußerungsgewinn nach § 13 Abs. 3 Satz 10 KStG**

BMF vom 7. 1. 1994 (BStBl I S. 17)

IV B 2 – S 2139 – 54/93

Es ist die Frage gestellt worden, ob der Wegfall einer persönlichen Steuerbefreiung und die sich daran anschließenden Rechtsfolgen des § 13 Abs. 3 KStG als Ereignis zu werten ist, welches die Sechsjahresfrist im Sinne von § 6 b Abs. 4 Nr. 2 EStG bei ehemals gemeinnützigen Wohnungsunternehmen unterbricht. Hierzu nehme ich unter Bezugnahme auf das Ergebnis einer Erörterung mit den obersten Finanzbehörden der Länder wie folgt Stellung:

Veräußern ehemals gemeinnützige Wohnungsunternehmen nach Wegfall ihrer persönlichen Steuerbefreiung Gebäude, die sie vor dem Eintritt in die Steuerpflicht angeschafft oder hergestellt haben, und ist der Veräußerungsgewinn nach § 13 Abs. 3 Satz 10 KStG zu ermitteln, so wird die Vorbesitzzeit im Sinne von § 6 b Abs. 4 Nr. 2 EStG durch den Wegfall der persönlichen Steuerbefreiung nicht unterbrochen. Zur Vorbesitzzeit rechnet in diesen Fällen also auch die Zeit vor Eintritt in die Steuerpflicht, weil der bei der Veräußerung des Gebäudes entstehende Gewinn der ehemals gemeinnützigen Wohnungsunternehmen nach § 13 Abs. 3 Satz 10 KStG aufgrund gedachter Buchwertfortführung ermittelt wird. Für die Ermittlung dieses steuerlichen Veräußerungsgewinns wird unterstellt, daß während der gesamten Zeit zwischen Anschaffung oder Herstellung des Gebäudes und seiner Veräußerung ein nicht steuerbefreiter Betrieb vorlag.

EStG

§ 6 c

**Gewinn aus der Veräußerung von Grund und Boden, Gebäuden
sowie von Aufwuchs auf oder Anlagen im Grund und Boden
bei der Ermittlung des Gewinns nach § 4 Abs. 3
oder nach Durchschnittssätzen**

S 2139 a

(1) § 6 b mit Ausnahme des § 6 b Abs. 4 Nr. 1 ist mit der folgenden Maßgabe entsprechend anzuwenden, wenn der Gewinn nach § 4 Abs. 3 oder die Einkünfte aus Land- und Forstwirtschaft nach Durchschnittssätzen ermittelt werden:

1. Der Abzug nach § 6 b Abs. 1 und 3 ist nur zulässig, soweit der Gewinn entstanden ist bei der Veräußerung von

   Grund und Boden,

   Gebäuden oder

   Aufwuchs auf oder Anlagen im Grund und Boden mit dem dazugehörigen Grund und Boden, wenn der Aufwuchs oder die Anlagen zu einem land- und forstwirtschaftlichen Betriebsvermögen gehören.

2. Soweit nach § 6 b Abs. 3 eine Rücklage gebildet werden kann, ist ihre Bildung als Betriebsausgabe (Abzug) und ihre Auflösung als Betriebseinnahme (Zuschlag) zu behandeln; der Zeitraum zwischen Abzug und Zuschlag gilt als Zeitraum, in dem die Rücklage bestanden hat.

(2) ¹Voraussetzung für die Anwendung des Absatzes 1 ist, daß die Wirtschaftsgüter, bei denen ein Abzug von den Anschaffungs- oder Herstellungskosten oder von dem Wert nach § 6 b Abs. 5 vorgenommen worden ist, in besondere, laufend zu führende Verzeichnisse aufgenommen werden. ²In den Verzeichnissen sind der Tag der Anschaffung oder Herstellung, die Anschaffungs- oder Herstellungskosten, der Abzug nach § 6 b Abs. 1 und 3 in Verbindung mit Absatz 1, die Absetzungen für Abnutzung, die Abschreibungen sowie die Beträge nachzuweisen, die nach § 6 b Abs. 3 in Verbindung mit Absatz 1 Nr. 2 als Betriebsausgaben (Abzug) oder Betriebseinnahmen (Zuschlag) behandelt worden sind.

R 41 d

R 41 d. Gewinn aus der Veräußerung von Gebäuden sowie von Aufwuchs auf oder Anlagen im Grund und Boden bei der Ermittlung des Gewinns nach § 4 Abs. 3 EStG oder nach Durchschnittssätzen

S 2139 a

(1) ¹Für die Ermittlung des nach § 6 c EStG begünstigten Gewinns gilt § 6 b Abs. 2 EStG entsprechend. ²Danach ist bei der Veräußerung eines nach § 6 c EStG begünstigten Wirtschaftsguts ohne Rücksicht auf den Zeitpunkt des Zufließens des Veräußerungspreises als Gewinn der Betrag begünstigt, um den der Veräußerungspreis nach Abzug der Veräußerungskosten die Aufwendungen für das veräußerte Wirtschaftsgut übersteigt, die bis zu seiner Veräußerung noch nicht als Betriebsausgaben abgesetzt worden sind. ³Der Veräußerungspreis ist also in voller Höhe im Veräußerungszeitpunkt als Betriebseinnahme zu behandeln, auch wenn er nicht gleichzeitig zufließt. ⁴Der (früher oder später) tatsächlich zufließende Veräußerungserlös bleibt außer Betracht, wird also nicht als Betriebseinnahme angesetzt. ⁵Ein nach § 6 c EStG in Verbindung mit § 6 b Abs. 1 Satz 1 EStG vorgenommener Abzug von den Anschaffungs- oder Herstellungskosten begünstigter Investitionen ist als Betriebsausgabe zu behandeln. ⁶Soweit der Steuerpflichtige im Jahr der Veräußerung keinen Abzug in Höhe des begünstigten Gewinns von den Anschaffungs- und Herstellungskosten der im Veräußerungsjahr durchgeführten begünstigten Neuinvestitionen und auch keinen Abzug von dem Betrag nach § 6 b Abs. 5 EStG im Vorjahr angeschafften oder hergestellten begünstigten Wirtschaftsgüter vornimmt, kann er im Jahr der Veräußerung eine fiktive Betriebsausgabe absetzen. ⁷Diese Betriebsausgabe ist innerhalb des Zeitraums, in dem bei einem buchführenden Steuerpflichtigen eine nach § 6 b Abs. 3 EStG gebildete Rücklage auf Neuinvestitionen übertragen werden kann (Übertragungsfrist), durch fiktive Betriebseinnahmen in Höhe der Beträge auszugleichen, die nach § 6 c EStG in Verbindung mit § 6 b Abs. 3 EStG von den Anschaffungs- oder Herstellungskosten begünstigter Investitionen abgezogen und als Betriebsausgabe behandelt werden. ⁸In Höhe des am Ende der Übertragungsfrist verbleibenden Betrags ist eine (sich in vollem Umfang gewinnerhöhend auswirkende) Betriebseinnahme anzusetzen.

§ 6 c EStG
H 41 d   R 41 d

(2) Wird der Gewinn geschätzt, sind die Regelungen in R 41 b Abs. 3 Satz 4 und Abs. 5 Satz 2 entsprechend anzuwenden.

Hinweise

H 41 d

Begriffsauslegung

Wegen Auslegung der Begriffe „Grund und Boden", „Gebäude" sowie „Aufwuchs auf oder Anlagen im Grund und Boden" → R 41 a Abs. 1 und 2.

Berechnungsbeispiel zu § 6 c EStG

Ein Steuerpflichtiger, der den Gewinn nach § 4 Abs. 3 EStG ermittelt, hat ein Werkstattgebäude für 15.000 DM veräußert, auf das im Veräußerungszeitpunkt noch insgesamt 3.000 DM AfA hätten vorgenommen werden können. Die Veräußerungskosten betragen 1.000 DM. Der Steuerpflichtige will für den bei der Veräußerung erzielten Gewinn § 6 c EStG in Anspruch nehmen. Er schafft im Veräußerungsjahr für 4.000 DM und in den beiden folgenden Wirtschaftsjahren für 1.000 DM und 2.000 DM Maschinen an.

Der Veräußerungserlös gilt ohne Rücksicht darauf, wann er tatsächlich zufließt, als im Veräußerungsjahr vereinnahmt. Entsprechend gelten die Veräußerungskosten als im Veräußerungsjahr verausgabt. Die Veräußerung des Werkstattgebäudes führt deshalb zu einem nach § 6 c EStG begünstigten Gewinn von 15.000 DM (Veräußerungserlös) – 3.000 DM („Restbuchwert") – 1.000 DM (Veräußerungskosten) = 11.000 DM. Da der Steuerpflichtige in Veräußerungsjahr von den Anschaffungs- oder Herstellungskosten der in diesem Jahr vorgenommenen Neuinvestitionen einen Abzug von 4.000 DM vornimmt, liegt in Höhe dieser 4.000 DM eine Betriebsausgabe vor, so daß sich von dem Gewinn aus der Veräußerung des Gebäudes nur noch ein Betrag von (11.000 – 4.000) = 7.000 DM auswirkt. In Höhe dieser 7.000 DM kann der Steuerpflichtige im Veräußerungsjahr noch eine fiktive Betriebsausgabe absetzen und damit den bei der Veräußerung entstandenen Gewinn neutralisieren.

In dem auf die Veräußerung folgenden Wirtschaftsjahr nimmt er von den Anschaffungs- oder Herstellungskosten der Neuinvestitionen einen Abzug von 1.000 DM vor, der als Betriebsausgabe zu behandeln ist. Er hat infolgedessen eine fiktive Betriebseinnahme von 1.000 DM anzusetzen, um den Vorgang zu neutralisieren.

Im zweiten auf die Veräußerung folgenden Wirtschaftsjahr nimmt er von den Anschaffungs- oder Herstellungskosten der Neuinvestitionen einen Abzug von 2.000 DM vor, der als Betriebsausgabe zu behandeln ist. Er hat deshalb in diesem Wirtschaftsjahr eine fiktive Betriebseinnahme von 2.000 DM anzusetzen, um den Vorgang zu neutralisieren.

Durch die beiden fiktiven Betriebseinnahmen von 1.000 DM und 2.000 DM ist die fiktive Betriebsausgabe im Jahr der Veräußerung von 7.000 DM bis auf einen Betrag von 4.000 DM ausgeglichen. In Höhe dieses Betrags hat der Steuerpflichtige spätestens im vierten auf die Veräußerung folgenden Wirtschaftsjahr eine weitere (sich in vollem Umfang gewinnerhöhend auswirkende) fiktive Betriebseinnahme anzusetzen, wenn er nicht bis zum Schluß des vierten auf die Veräußerung folgenden Wirtschaftsjahrs mit der Herstellung eines neuen Gebäudes begonnen hat.

Soweit der Steuerpflichtige einen Abzug von den Anschaffungs- oder Herstellungskosten angeschaffter oder hergestellter Wirtschaftsgüter vorgenommen hat, kann er von dem Wirtschaftsgut keine AfA, erhöhte Absetzungen oder Sonderabschreibungen mehr vornehmen.

Wechsel der Gewinnermittlungsart

Zur Behandlung eines nach §§ 6 b, 6 c EStG begünstigten Gewinns bei Wechsel der Gewinnermittlung → R 41 b Abs. 12.

§ 6 d EStG

EStG

§ 6 d
Befristete Rücklage bei Erwerb von Betrieben, deren Fortbestand gefährdet ist

S 2138 a

(1) ¹Steuerpflichtige, die auf Grund eines nach dem 30. September 1982 rechtswirksam abgeschlossenen obligatorischen Vertrags oder gleichstehenden Rechtsakts vor dem 1. Januar 1987 Kapitalanlagen im Sinne des Absatzes 2 vornehmen, können im Wirtschaftsjahr der Kapitalanlage eine den Gewinn mindernde Rücklage bilden. ²Die Rücklage darf 30 vom Hundert der Anschaffungskosten der Kapitalanlage nicht übersteigen. ³Wird nach Absatz 3 Nr. 1 Buchstabe e bescheinigt, daß die Umsatzerlöse oder die an deren Stelle tretende Bezugsgröße des Unternehmens weniger als 50 Millionen Deutsche Mark betragen haben, darf die Rücklage bis zur Höhe von 40 vom Hundert der Anschaffungskosten der Kapitalanlage gebildet werden.

(2) Kapitalanlagen im Sinne des Absatzes 1 sind

1. der Erwerb eines im Inland belegenen Betriebs oder Teilbetriebs oder einer im Inland belegenen Betriebsstätte,
2. der Erwerb eines Mitunternehmeranteils (§ 15 Abs. 1 Satz 1 Nr. 2) an einem Betrieb im Sinne der Nummer 1 mit Ausnahme von Mitunternehmeranteilen, die gegen Einlagen erworben werden,
3. der Erwerb von zum Anlagevermögen gehörenden Anteilen an einer Kapitalgesellschaft mit Sitz und Geschäftsleitung im Inland mit Ausnahme von Anteilen, die durch Erhöhung des Kapitals der Gesellschaft gegen Einlagen erworben werden.

(3) Die Rücklage darf nur gebildet werden, wenn die folgenden Voraussetzungen erfüllt sind:

1. ¹Der Steuerpflichtige weist durch eine Bescheinigung nach, daß
   a) im Wirtschaftsjahr des Erwerbs der Kapitalanlage der Betrieb, Teilbetrieb oder die Betriebsstätte stillgelegt oder von der Stillegung bedroht war,
   b) die Kapitalanlage geeignet war, den Fortbestand des Betriebs, Teilbetriebs oder der Betriebsstätte zu sichern,
   c) die Kapitalanlage geeignet war, bestehende Dauerarbeitsplätze, die für die Wirtschaftsregion und für den jeweiligen Arbeitsmarkt von besonderem Gewicht sind, nachhaltig zu sichern,
   d) die Kapitalanlage für die Wettbewerbsverhältnisse unbedenklich ist und
   e) die Umsatzerlöse in seinem Unternehmen in dem Wirtschaftsjahr, das vor dem Erwerb der Kapitalanlage endete, weniger als 200 Millionen Deutsche Mark betragen haben. ²Ist das Unternehmen ein abhängiges oder herrschendes Unternehmen im Sinne des § 17 des Aktiengesetzes oder ein Konzernunternehmen im Sinne des § 18 des Aktiengesetzes, so sind die Umsatzerlöse aller herrschenden und abhängigen Unternehmen oder die Umsatzerlöse aller Konzernunternehmen zusammenzurechnen; Umsatzerlöse aus Lieferungen und Leistungen zwischen diesen Unternehmen (Innenumsatzerlöse) dürfen abgezogen werden. An die Stelle der Umsatzerlöse treten bei Kreditinstituten und Bausparkassen die Bilanzsumme, bei Versicherungsunternehmen die Prämieneinnahmen; die Bilanzsumme darf um diejenigen Ansätze gemindert werden, die für Beteiligungen an im Sinne des Satzes 2 verbundenen Unternehmen ausgewiesen sind.

   ²Die Bescheinigung wird von der obersten Wirtschaftsbehörde im Einvernehmen mit der obersten Finanzbehörde des Landes erteilt, das für die Besteuerung des Erwerbers nach dem Einkommen und Ertrag zuständig ist.
2. Der Steuerpflichtige ermittelt den Gewinn nach § 4 Abs. 1 oder § 5.
3. In der handelsrechtlichen Jahresbilanz ist ein Passivposten in mindestens gleicher Höhe ausgewiesen.
4. Die Bildung der Rücklage und ihre Auflösung nach Absatz 4 müssen in der Buchführung verfolgt werden können.

(4) ¹Die Rücklage ist spätestens vom sechsten auf ihre Bildung folgenden Wirtschaftsjahr an mit jährlich mindestens einem Fünftel gewinnerhöhend aufzulösen. ²Die Rücklage ist vorzeitig aufzulösen, wenn

1. der Betrieb, Teilbetrieb oder die Betriebsstätte stillgelegt oder die Kapitalanlage veräußert oder entnommen wird; wird die Kapitalanlage zum Teil veräußert oder entnommen, ist die Rücklage im Verhältnis des Anteils der veräußerten oder entnommenen Kapitalanlage zur gesamten Kapitalanlage vorzeitig gewinnerhöhend aufzulösen,
2. bei Kapitalanlagen im Sinne des Absatzes 2 Nr. 3 die Beteiligung mit dem niedrigeren Teilwert angesetzt wird; in diesen Fällen ist die Rücklage in Höhe des Anteils vorzeitig gewinnerhöhend aufzulösen, der dem Unterschied zwischen dem Wert, mit dem die Kapitalanlage bisher angesetzt war, und dem niedrigeren Teilwert entspricht.

Hinweise

Bescheinigungsverfahren

Zu Fragen der Anwendungskriterien → BMF vom 2. 8. 1983 (BStBl I S. 390). Anhang 9

Betriebsgrundlagen, wesentliche

Der Rücklage können auch wesentliche Betriebsgrundlagen zugrunde gelegt werden, die im Eigentum Dritter standen und nur zur Nutzung überlassen waren (→ BFH vom 29. 7. 1992 – BStBl 1993 II S. 180).

EStG

§ 7
Absetzung für Abnutzung oder Substanzverringerung

S 2190
S 2191

(1) ¹Bei Wirtschaftsgütern, deren Verwendung oder Nutzung durch den Steuerpflichtigen zur Erzielung von Einkünften sich erfahrungsgemäß auf einen Zeitraum von mehr als einem Jahr erstreckt, ist jeweils für ein Jahr der Teil der Anschaffungs- oder Herstellungskosten abzusetzen, der bei gleichmäßiger Verteilung dieser Kosten auf die Gesamtdauer der Verwendung oder Nutzung auf ein Jahr entfällt (Absetzung für Abnutzung in gleichen Jahresbeträgen). ²Die Absetzung bemißt sich hierbei nach der betriebsgewöhnlichen Nutzungsdauer des Wirtschaftsguts. ³Als betriebsgewöhnliche Nutzungsdauer des Geschäfts- oder Firmenwerts eines Gewerbebetriebs oder eines Betriebs der Land- und Forstwirtschaft gilt ein Zeitraum von 15 Jahren. ⁴Bei beweglichen Wirtschaftsgütern des Anlagevermögens, bei denen es wirtschaftlich begründet ist, die Absetzung für Abnutzung nach Maßgabe der Leistung des Wirtschaftsguts vorzunehmen, kann der Steuerpflichtige dieses Verfahren statt der Absetzung für Abnutzung in gleichen Jahresbeträgen anwenden, wenn er den auf das einzelne Jahr entfallenden Umfang der Leistung nachweist. ⁵Absetzungen für außergewöhnliche technische oder wirtschaftliche Abnutzung sind zulässig.

S 2193

(2) ¹Bei beweglichen Wirtschaftsgütern des Anlagevermögens kann der Steuerpflichtige statt der Absetzung für Abnutzung in gleichen Jahresbeträgen die Absetzung für Abnutzung in fallenden Jahresbeträgen bemessen. ²Die Absetzung für Abnutzung in fallenden Jahresbeträgen kann nach einem unveränderlichen Hundertsatz vom jeweiligen Buchwert (Restwert) vorgenommen werden; der dabei anzuwendende Hundertsatz darf höchstens das Dreifache des bei der Absetzung für Abnutzung in gleichen Jahresbeträgen in Betracht kommenden Hundertsatzes betragen und 30 vom Hundert nicht übersteigen. ³§ 7 a Abs. 8 gilt entsprechend. ⁴Bei Wirtschaftsgütern, bei denen die Absetzung für Abnutzung in fallenden Jahresbeträgen bemessen wird, sind Absetzungen für außergewöhnliche technische oder wirtschaftliche Abnutzung nicht zulässig.

S 2194

(3) ¹Der Übergang von der Absetzung für Abnutzung in fallenden Jahresbeträgen zur Absetzung für Abnutzung in gleichen Jahresbeträgen ist zulässig. ²In diesem Fall bemißt sich die Absetzung für Abnutzung vom Zeitpunkt des Übergangs an nach dem dann noch vorhandenen Restwert und der Restnutzungsdauer des einzelnen Wirtschaftsguts. ³Der Übergang von der Absetzung für Abnutzung in gleichen Jahresbeträgen zur Absetzung für Abnutzung in fallenden Jahresbeträgen ist nicht zulässig.

S 2196

(4) ¹Bei Gebäuden sind abweichend von Absatz 1 als Absetzung für Abnutzung die folgenden Beträge bis zur vollen Absetzung abzuziehen:

1. bei Gebäuden, soweit sie zu einem Betriebsvermögen gehören und nicht Wohnzwecken dienen und für die der Bauantrag nach dem 31. März 1985 gestellt worden ist, jährlich 4 vom Hundert,

2. bei Gebäuden, soweit sie die Voraussetzungen der Nummer 1 nicht erfüllen und die

    a) nach dem 31. Dezember 1924 fertiggestellt worden sind, jährlich 2 vom Hundert,

    b) vor dem 1. Januar 1925 fertiggestellt worden sind, jährlich 2,5 vom Hundert

der Anschaffungs- oder Herstellungskosten. ²Beträgt die tatsächliche Nutzungsdauer eines Gebäudes in den Fällen der Nummer 1 weniger als 25 Jahre, in den Fällen der Nummer 2 Buchstabe a weniger als 50 Jahre, in den Fällen der Nummer 2 Buchstabe b weniger als 40 Jahre, so können an Stelle der Absetzungen nach Satz 1 die der tatsächlichen Nutzungsdauer entsprechenden Absetzungen für Abnutzung vorgenommen werden. ³Absatz 1 letzter Satz bleibt unberührt. ⁴Bei Gebäuden im Sinne der Nummer 2 rechtfertigt die für Gebäude im Sinne der Nummer 1 geltende Regelung weder die Anwendung des Absatzes 1 letzter Satz noch den Ansatz des niedrigeren Teilwerts (§ 6 Abs. 1 Nr. 1 Satz 2).

S 2196
Anlage 2

(5) ¹Bei im Inland belegenen Gebäuden, die vom Steuerpflichtigen hergestellt oder bis zum Ende des Jahres der Fertigstellung angeschafft worden sind, können abweichend von Absatz 4 als Absetzung für Abnutzung die folgenden Beträge abgezogen werden:

1. bei Gebäuden im Sinne des Absatzes 4 Satz 1 Nr. 1, die vom Steuerpflichtigen auf Grund eines vor dem 1. Januar 1994 gestellten Bauantrags hergestellt oder auf Grund eines vor diesem Zeitpunkt rechtswirksam abgeschlossenen obligatorischen Vertrags angeschafft worden sind,

§ 7 EStG

    im Jahr der Fertigstellung
    und in den folgenden 3 Jahren   jeweils 10   vom Hundert,
    in den darauffolgenden 3 Jahren   jeweils   5   vom Hundert,
    in den darauffolgenden 18 Jahren   jeweils   2,5 vom Hundert,

2. bei Gebäuden im Sinne des Absatzes 4 Satz 1 Nr. 2, die vom Steuerpflichtigen auf Grund eines vor dem 1. Januar 1995 gestellten Bauantrags hergestellt oder auf Grund eines vor diesem Zeitpunkt rechtswirksam abgeschlossenen obligatorischen Vertrags angeschafft worden sind,

    im Jahr der Fertigstellung
    und in den folgenden 7 Jahren   jeweils   5   vom Hundert,
    in den darauffolgenden 6 Jahren   jeweils   2,5 vom Hundert,
    in den darauffolgenden 36 Jahren   jeweils   1,25 vom Hundert,

3. bei Gebäuden im Sinne des Absatzes 4 Satz 1 Nr. 2, die vom Steuerpflichtigen auf Grund eines nach dem 28. Februar 1989 gestellten Bauantrags hergestellt oder nach dem 28. Februar 1989 auf Grund eines nach diesem Zeitpunkt rechtswirksam abgeschlossenen obligatorischen Vertrags angeschafft worden sind, soweit sie Wohnzwecken dienen, ¹)

    im Jahr der Fertigstellung
    und in den folgenden 3 Jahren   jeweils   7   vom Hundert,
    in den darauffolgenden 6 Jahren   jeweils   5   vom Hundert,
    in den darauffolgenden 6 Jahren   jeweils   2   vom Hundert,
    in den darauffolgenden 24 Jahren   jeweils   1,25 vom Hundert

der Anschaffungs- oder Herstellungskosten. ²Im Fall der Anschaffung kann Satz 1 nur angewendet werden, wenn der Hersteller für das veräußerte Gebäude weder Absetzungen für Abnutzung nach Satz 1 vorgenommen noch erhöhte Absetzungen oder Sonderabschreibungen in Anspruch genommen hat.

(5 a) Die Absätze 4 und 5 sind auf Gebäudeteile, die selbständige unbewegliche Wirtschaftsgüter sind, sowie auf Eigentumswohnungen und auf im Teileigentum stehende Räume entsprechend anzuwenden.

(6) Bei Bergbauunternehmen, Steinbrüchen und anderen Betrieben, die einen Verbrauch der Substanz mit sich bringen, ist Absatz 1 entsprechend anzuwenden; dabei sind Absetzungen nach Maßgabe des Substanzverzehrs zulässig (Absetzung für Substanzverringerung).

---

¹) Absatz 5 Satz 1 Nr. 3 wurde durch das JStG 1996 ab VZ 1996 neu gefaßt:
  „3. bei Gebäuden im Sinne des Absatzes 4 Satz 1 Nr. 2, soweit sie Wohnzwecken dienen, die vom Steuerpflichtigen
    a) auf Grund eines nach dem 28. Februar 1989 und vor dem 1. Januar 1996 gestellten Bauantrags hergestellt oder nach dem 28. Februar 1989 auf Grund eines nach dem 28. Februar 1989 und vor dem 1. Januar 1996 rechtswirksam abgeschlossenen obligatorischen Vertrags angeschafft worden sind,
       – im Jahr der Fertigstellung
         und in den folgenden drei Jahren   jeweils   7   vom Hundert,
       – in den darauffolgenden sechs Jahren   jeweils   5   vom Hundert,
       – in den darauffolgenden sechs Jahren   jeweils   2   vom Hundert,
       – in den darauffolgenden 24 Jahren   jeweils   1,25 vom Hundert,
    b) auf Grund eines nach dem 31. Dezember 1995 gestellten Bauantrags hergestellt oder auf Grund eines nach diesem Zeitpunkt rechtswirksam abgeschlossenen obligatorischen Vertrags angeschafft worden sind,
       – im Jahr der Fertigstellung
         und in den folgenden sieben Jahren   jeweils   5   vom Hundert,
       – in den darauffolgenden sechs Jahren   jeweils   2,5 vom Hundert,
       – in den darauffolgenden 36 Jahren   jeweils   1,25 vom Hundert,
der Anschaffungs- oder Herstellungskosten. ²Im Fall der Anschaffung kann Satz 1 nur angewendet werden, wenn der Hersteller für das veräußerte Gebäude weder Absetzungen für Abnutzung nach Satz 1 vorgenommen noch erhöhte Absetzungen oder Sonderabschreibungen in Anspruch genommen hat.

EStDV

§ 10
Absetzung für Abnutzung im Fall des § 4 Abs. 3 des Gesetzes

S 2190

(1) ¹Bei nicht in dem in Artikel 3 des Einigungsvertrages genannten Gebiet belegenen Gebäuden, die bereits am 21. Juni 1948 zum Betriebsvermögen gehört haben, sind im Fall des § 4 Abs. 3 des Gesetzes für die Bemessung der Absetzung für Abnutzung als Anschaffungs- oder Herstellungskosten höchstens die Werte zugrunde zu legen, die sich bei sinngemäßer Anwendung des § 16 Abs. 1 des D-Markbilanzgesetzes in der im Bundesgesetzblatt Teil III, Gliederungsnummer 4140–1, veröffentlichten bereinigten Fassung ergeben würden. ²In dem Teil des Landes Berlin, in dem das Grundgesetz bereits vor dem 3. Oktober 1990 galt, tritt an die Stelle des 21. Juni 1948 der 1. April 1949.

(2) Für Gebäude, die zum Betriebsvermögen eines Betriebs oder einer Betriebsstätte im Saarland gehören, gilt Absatz 1 mit der Maßgabe, daß an die Stelle des 21. Juni 1948 der 6. Juli 1959 sowie an die Stelle des § 16 Abs. 1 des D-Markbilanzgesetzes der § 8 Abs. 1 und der § 11 des D-Markbilanzgesetzes für das Saarland in der im Bundesgesetzblatt Teil III, Gliederungsnummer 4140–2, veröffentlichten bereinigten Fassung treten.

EStDV

§ 10 a
Bemessung der Absetzungen für Abnutzung oder Substanzverringerung bei nicht zu einem Betriebsvermögen gehörenden Wirtschaftsgütern, die der Steuerpflichtige vor dem 21. Juni 1948 angeschafft oder hergestellt hat

S 2190

(1) ¹Bei nicht zu einem Betriebsvermögen gehörenden, nicht in dem in Artikel 3 des Einigungsvertrages genannten Gebiet belegenen Gebäuden, die der Steuerpflichtige vor dem 21. Juni 1948 angeschafft oder hergestellt hat, sind für die Bemessung der Absetzungen für Abnutzung oder Substanzverringerung als Anschaffungs- oder Herstellungskosten der am 21. Juni 1948 maßgebende Einheitswert des Grundstücks, soweit er auf das Gebäude entfällt, zuzüglich der nach dem 20. Juni 1948 aufgewendeten Herstellungskosten zugrunde zu legen. ²In Reichsmark festgesetzte Einheitswerte sind im Verhältnis von einer Reichsmark zu einer Deutschen Mark umzurechnen.

(2) Im dem Teil des Landes Berlin, in dem das Grundgesetz bereits vor dem 3. Oktober 1990 galt, ist Absatz 1 mit der Maßgabe anzuwenden, daß an die Stelle des 21. Juni 1948 der 1. April 1949 und an die Stelle des 20. Juni 1948 der 31. März 1949 treten.

(3) ¹Im Saarland ist Absatz 1 mit der Maßgabe anzuwenden, daß an die Stelle des am 21. Juni 1948 maßgebenden Einheitswerts der letzte in Reichsmark festgesetzte Einheitswert und an die Stelle des 20. Juni 1948 der 19. November 1947 treten. ²Soweit nach Satz 1 für die Bemessung der Absetzungen für Abnutzung oder Substanzverringerung von Frankenwerten auszugehen ist, sind diese nach dem amtlichen Umrechnungskurs am 6. Juli 1959 in Deutsche Mark umzurechnen.

EStDV

§§ 11 bis 11 b
– weggefallen –

EStDV

§ 11 c
Absetzung für Abnutzung bei Gebäuden

S 2196

(1) ¹Nutzungsdauer eines Gebäudes im Sinne des § 7 Abs. 4 Satz 2 des Gesetzes ist der Zeitraum, in dem ein Gebäude voraussichtlich seiner Zweckbestimmung entsprechend genutzt werden kann. ²Der Zeitraum der Nutzungsdauer beginnt

1. *bei Gebäuden, die der Steuerpflichtige vor dem 21. Juni 1948 angeschafft oder hergestellt hat,*

    mit dem 21. Juni 1948,

2. bei Gebäuden, die der Steuerpflichtige nach dem 20. Juni 1948 hergestellt hat, mit dem Zeitpunkt der Fertigstellung,
3. bei Gebäuden, die der Steuerpflichtige nach dem 20. Juni 1948 angeschafft hat, mit dem Zeitpunkt der Anschaffung.

³Für im Land Berlin belegene Gebäude treten an die Stelle des 20. Juni 1948 jeweils der 31. März 1949 und an die Stelle des 21. Juni 1948 jeweils der 1. April 1949. ⁴Für im Saarland belegene Gebäude treten an die Stelle des 20. Juni 1948 jeweils der 19. November 1947 und an die Stelle des 21. Juni 1948 jeweils der 20. November 1947; soweit im Saarland belegene Gebäude zu einem Betriebsvermögen gehören, treten an die Stelle des 20. Juni 1948 jeweils der 5. Juli 1959 und an die Stelle des 21. Juni 1948 jeweils der 6. Juli 1959.

(2) ¹Hat der Steuerpflichtige nach § 7 Abs. 4 Satz 3 des Gesetzes bei einem Gebäude eine Absetzung für außergewöhnliche technische oder wirtschaftliche Abnutzung vorgenommen, so bemessen sich die Absetzungen für Abnutzung von dem folgenden Wirtschaftsjahr oder Kalenderjahr an nach den Anschaffungs- oder Herstellungskosten des Gebäudes abzüglich des Betrags der Absetzung für außergewöhnliche technische oder wirtschaftliche Abnutzung. ²Entsprechendes gilt, wenn der Steuerpflichtige ein zu einem Betriebsvermögen gehörendes Gebäude nach § 6 Abs. 1 Nr. 1 Satz 2 des Gesetzes mit dem niedrigeren Teilwert angesetzt hat.

§ 11 d

Absetzung für Abnutzung oder Substanzverringerung bei nicht zu einem Betriebsvermögen gehörenden Wirtschaftsgütern, die der Steuerpflichtige unentgeltlich erworben hat

(1) ¹Bei den nicht zu einem Betriebsvermögen gehörenden Wirtschaftsgütern, die der Steuerpflichtige unentgeltlich erworben hat, bemessen sich die Absetzungen für Abnutzung nach den Anschaffungs- oder Herstellungskosten des Rechtsvorgängers oder dem Wert, der beim Rechtsvorgänger an deren Stelle getreten ist oder treten würde, wenn dieser noch Eigentümer wäre, zuzüglich der vom Rechtsnachfolger aufgewendeten Herstellungskosten und nach dem Hundertsatz, der für den Rechtsvorgänger maßgebend sein würde, wenn er noch Eigentümer des Wirtschaftsguts wäre. ²Absetzungen für Abnutzung durch den Rechtsnachfolger sind nur zulässig, soweit die vom Rechtsvorgänger und vom Rechtsnachfolger zusammen vorgenommenen Absetzungen und Abschreibungen bei dem Wirtschaftsgut noch nicht zur vollen Absetzung geführt haben. ³Die Sätze 1 und 2 gelten für die Absetzung für Substanzverringerung und für erhöhte Absetzungen entsprechend.

(2) Bei Bodenschätzen, die der Steuerpflichtige auf einem ihm gehörenden Grundstück entdeckt hat, sind Absetzungen für Substanzverringerung nicht zulässig.

R 42. Abnutzbare Wirtschaftsgüter

Allgemeines

(1) AfA ist vorzunehmen für
1. bewegliche Wirtschaftsgüter (§ 7 Abs. 1 Sätze 1, 2, 4 und 5 sowie Abs. 2 EStG),
2. immaterielle Wirtschaftsgüter (§ 7 Abs. 1 Sätze 1 bis 3 und 5 EStG),
3. → unbewegliche Wirtschaftsgüter, die keine Gebäude oder Gebäudeteile sind (§ 7 Abs. 1 Sätze 1, 2 und 5 EStG), und
4. Gebäude und Gebäudeteile (§ 7 Abs. 4, 5 und 5 a EStG),

die zur Erzielung von Einkünften verwendet werden und einer → wirtschaftlichen oder technischen Abnutzung unterliegen.

→ Bewegliche Wirtschaftsgüter

(2) ¹Bewegliche Wirtschaftsgüter können nur Sachen (§ 90 BGB), Tiere (§ 90 a BGB) und Scheinbestandteile (§ 95 BGB) sein. ²Schiffe sind auch dann bewegliche Wirtschaftsgüter, wenn sie im Schiffsregister eingetragen sind.

(3) ¹→ Betriebsvorrichtungen sind selbständige Wirtschaftsgüter, weil sie nicht in einem einheitlichen Nutzungs- und Funktionszusammenhang mit dem Gebäude stehen. ²Sie gehören auch dann zu den beweglichen Wirtschaftsgütern, wenn sie wesentliche Bestandteile eines Grundstücks sind.

(4) ¹→ Scheinbestandteile entstehen, wenn bewegliche Wirtschaftsgüter zu einem vorübergehenden Zweck in ein Gebäude eingefügt werden. ²Einbauten zu vorübergehenden Zwecken sind auch

1. die vom Steuerpflichtigen für seine eigenen Zwecke vorübergehend eingefügten Anlagen,
2. die vom Vermieter oder Verpächter zur Erfüllung besonderer Bedürfnisse des Mieters oder Pächters eingefügten Anlagen, deren Nutzungsdauer nicht länger als die Laufzeit des Vertragsverhältnisses ist.

S 2196   → **Gebäude und** → **Gebäudeteile**

(5) ¹Für den Begriff des Gebäudes sind die Abgrenzungsmerkmale des Bewertungsrechts maßgebend. ²Ein Gebäude ist ein Bauwerk auf eigenem oder fremdem Grund und Boden, das Menschen oder Sachen durch räumliche Umschließung Schutz gegen äußere Einflüsse gewährt, den Aufenthalt von Menschen gestattet, fest mit dem Grund und Boden verbunden, von einiger Beständigkeit und standfest ist. ³Wie ein Gebäude ist auch ein → Nutzungsrecht zu behandeln, das durch Baumaßnahmen des Nutzungsberechtigten an einem Gebäude entstanden und wie ein materielles Wirtschaftsgut mit den Herstellungskosten zu aktivieren ist; hierzu gehören auch Nutzungsrechte, die vom Miteigentümer mit Zustimmung der anderen Miteigentümer durch Errichtung eines Gebäudes im eigenen Namen und für eigene Rechnung geschaffen werden oder die durch Bauten auf fremdem Grund und Boden entstehen. ⁴Satz 3 gilt für Nutzungsrechte im Privatvermögen sinngemäß.

(6) Zu den selbständigen unbeweglichen Wirtschaftsgütern im Sinne des § 7 Abs. 5 a EStG gehören insbesondere Ladeneinbauten und ähnliche Einbauten (→ R 13 Abs. 3 Nr. 3) sowie sonstige selbständige Gebäudeteile im Sinne des → R 13 Abs. 3 Nr. 5.

H 42   **Hinweise**

Betriebsvorrichtungen

- Zur Abgrenzung von den Betriebsgrundstücken sind die allgemeinen Grundsätze des Bewertungsrechts anzuwenden.
  → § 68 Abs. 2 Nr. 2, § 99 Abs. 1 Nr. 1 BewG
- Abgrenzung vom Grundvermögen → Gleichlautende Erlasse der obersten Finanzbehörden der Länder vom 31. 3. 1992 (BStBl I S. 342).
- Vorrichtungen, mit denen das Gewerbe unmittelbar betrieben wird (→ BFH vom 14. 8. 1958 – BStBl III S. 400).
- Nicht ausreichend ist, wenn eine Anlage für einen Gewerbebetrieb lediglich nützlich oder notwendig oder sogar gewerbepolizeilich vorgeschrieben ist (→ BFH vom 15. 2. 1980 – BStBl II S. 409 und vom 11. 12. 1987 – BStBl 1988 II S. 300).
- Beispiele für Betriebsvorrichtungen:
  - Abladevorrichtungen,
  - Autoaufzüge in Parkhäusern,
  - Bäder, die in Kur- oder Krankenhäusern Heilzwecken dienen (→ BFH vom 12. 8. 1982 – BStBl II S. 782),
  - Baustellencontainer zur Verwendung auf wechselnden Einsatzstellen (→ BFH vom 18. 6. 1986 – BStBl II S. 787),
  - Bedienungsvorrichtungen,
  - Befeuchtungs- und Lüftungsanlagen, soweit sie unmittelbar und ausschließlich einem Betriebsvorgang dienen, z. B. zur Möbellagerung (→ BFH vom 7. 3. 1974 – BStBl II S. 429),
  - Förderbänder,
  - Hofbefestigungen, die speziell auf einen Betrieb ausgerichtet sind (→ BFH vom 19. 2. 1974 – BStBl 1975 II S. 20 und vom 30. 4. 1976 – BStBl II S. 527),

§ 7 EStG
H 42   R 42

- Klimaanlagen in Chemiefaser- und Tabakfabriken,
- Kühleinrichtungen, die einen nur kurzfristigen Aufenthalt von Menschen ermöglichen (→ BFH vom 30. 1. 1991 – BStBl II S. 618),
- Lastenaufzüge (→ BFH vom 7. 10. 1977 – BStBl 1978 II S. 186),
- Schallschutzeinrichtungen nur ausnahmsweise, wenn infolge starken Lärms ohne sie der reibungslose Betriebsablauf in Frage gestellt wäre (→ BFH vom 23. 3. 1990 – BStBl II S. 751),
- Schaukästen (→ BFH vom 17. 3. 1955 – BStBl III S. 141),
- Schutz- und Sicherungsvorrichtungen,
- Schwimmbecken sowie Zusatzeinrichtungen in Hallen- und Freibädern (→ BFH vom 16. 10. 1980 – BStBl 1981 II S. 228), nicht hingegen in Hotelbetrieben (→ BFH vom 11. 12. 1991 – BStBl 1992 II S. 278),
- Verkaufsautomaten.

Bewegliche Wirtschaftsgüter
Immaterielle Wirtschaftsgüter (→ R 31 a Abs. 1) gehören nicht zu den beweglichen Wirtschaftsgütern (→ BFH vom 22. 5. 1979 – BStBl II S. 634).

Gebäude
- Ein Container ist ein Gebäude, wenn er nach seiner individuellen Zweckbestimmung für eine dauernde Nutzung an einem Ort aufgestellt ist und seine Beständigkeit durch die ihm zugedachte Ortsfestigkeit auch im äußeren Erscheinungsbild deutlich wird (→ BFH vom 23. 9. 1988 – BStBl 1989 II S. 113).
- Ein sog. Baustellencontainer ist kein Gebäude, da es an der Ortsfestigkeit fehlt (→ BFH vom 18. 6. 1986 – BStBl II S. 787).

Gebäudeteile
Gebäudeteile sind selbständige Wirtschaftsgüter und deshalb gesondert abzuschreiben, wenn sie mit dem Gebäude nicht in einem einheitlichen Nutzungs- und Funktionszusammenhang stehen (→ BFH vom 26. 11. 1973 – BStBl 1974 II S. 132).

Wird ein teilweise selbstgenutztes, teilweise vermietetes Wohngebäude durch einen Anbau erweitert, so entsteht selbst dann kein neues Wirtschaftsgut, wenn sich durch Schaffung von zwei zusätzlichen Wohnungen die vermietete Fläche verdoppelt hat (→ FG Baden-Württemberg, Außensenate Freiburg vom 9. 8. 1995 – EFG S. 1008).

Nutzungsrechte
→ H 31 a (Drittaufwand, Nutzungsrechte, Nutzungsüberlassung von Grundstücken oder Grundstücksteilen)

Scheinbestandteile
Eine Einfügung zu einem vorübergehenden Zweck ist anzunehmen, wenn die Nutzungsdauer der eingefügten beweglichen Wirtschaftsgüter länger als die Nutzungsdauer ist, für die sie eingebaut werden, die eingefügten beweglichen Wirtschaftsgüter auch nach ihrem Ausbau noch einen beachtlichen Wiederverwendungswert repräsentieren und nach den Umständen, insbesondere nach Art und Zweck der Verbindung, damit gerechnet werden kann, daß sie später wieder entfernt werden (→ BFH vom 24. 11. 1970 – BStBl 1971 II S. 157 und vom 4. 12. 1970 – BStBl 1971 II S. 165).

Unbewegliche Wirtschaftsgüter, die keine Gebäude oder Gebäudeteile sind
- Außenanlagen wie Einfriedungen bei Betriebsgrundstücken (→ BFH vom 2. 6. 1971 – BStBl II S. 673);
- Hof- und Platzbefestigungen, Straßenzufahrten und Umzäunungen bei Betriebsgrundstücken (→ BFH vom 1. 7. 1983 – BStBl II S. 686 und vom 10. 10. 1990 – BStBl 1991 II S. 59), wenn sie nicht ausnahmsweise Betriebsvorrichtungen sind (→ BFH vom 30. 4. 1976 – BStBl II S. 527), nicht aber Umzäunungen bei Wohngebäuden, wenn sie in einem einheitlichen Nutzungs- und Funktionszusammenhang mit dem Gebäude stehen (→ BFH vom 30. 6. 1966 – BStBl III S. 541 und vom 15. 12. 1977 – BStBl 1978 II S. 210 sowie → R 157 Abs. 6 Satz 1);

§ 7 EStG
R 42 a   H 42

Anhang 9 — sonstige Mietereinbauten und Mieterumbauten → BMF vom 15. 1. 1976 (BStBl I S. 66) Tz. 6 und 7.

Wirtschaftliche oder technische Abnutzung
- Ständig in Gebrauch befindliche Möbelstücke unterliegen einer technischen Abnutzung, auch wenn die Gegenstände schon 100 Jahre alt sind und im Wert steigen (→ BFH vom 31. 1. 1986 – BStBl II S. 355).
- Gemälde eines anerkannten Meisters sind keine abnutzbaren Wirtschaftsgüter (→ BFH vom 2. 12. 1977 – BStBl 1978 II S. 164).
- Sammlungs- und Anschauungsobjekte sind keine abnutzbaren Wirtschaftsgüter (→ BFH vom 9. 8. 1989 – BStBl 1990 II S. 50).

Wirtschaftsüberlassungsvertrag
Bei Überlassung der Nutzung eines landwirtschaftlichen Betriebs im Rahmen eines sog. Wirtschaftsüberlassungsvertrags steht dem Eigentümer und Nutzungsverpflichteten die AfA für die in seinem Eigentum verbliebenen Wirtschaftsgüter auch weiterhin zu (→ BFH vom 23. 1. 1992 – BStBl 1993 II S. 327 und BMF vom 29. 4. 1993 – BStBl I S. 337).

AfA-Berechtigung bei Überlassung der Nutzung eines landwirtschaftlichen Betriebs im Rahmen eines sog. Wirtschaftsüberlassungsvertrags; hier: Anwendung des BFH-Urteils vom 23. 1. 1992 (BStBl 1993 II S. 327)

BMF vom 29. 4. 1993 (BStBl I S. 337)

IV B 3 – S 2190 – 15/93

Der BFH hat in seinem o. a. Urteil entschieden, daß bei der unentgeltlichen Überlassung der Nutzung eines landwirtschaftlichen Betriebs im Rahmen eines sog. Wirtschaftsüberlassungsvertrags dem Eigentümer und Nutzungsverpflichteten die AfA für die in seinem Eigentum verbliebenen Wirtschaftsgüter auch weiterhin zusteht.

Nach dem Ergebnis der Erörterung mit den obersten Finanzbehörden der Länder gilt bei der Anwendung des o. a. BFH-Urteils folgendes:

Die in dem o. a. BFH-Urteil enthaltenen Rechtsgrundsätze sind grundsätzlich in allen offenen Fällen anzuwenden. Soweit bisher in den genannten Fällen der Nutzungsüberlassung die AfA, erhöhten Absetzungen und Sonderabschreibungen vom Nutzungsberechtigten beansprucht werden konnten, sind die Rechtsgrundsätze dieses Urteils erstmals für nach dem 31. Dezember 1993 beginnende Wirtschaftsjahre anzuwenden, wenn der Nutzungsverpflichtete und der Nutzungsberechtigte die Beibehaltung der bisherigen Behandlung einvernehmlich beantragen.

R 42 a   **R 42 a. Wirtschaftsgebäude, Mietwohnneubauten und andere Gebäude**

Allgemeines

S 2196   (1) Für die Bemessung der AfA bei Gebäuden ist nach § 7 Abs. 4 und 5 EStG zu unterscheiden zwischen

1. Gebäuden, soweit sie zu einem Betriebsvermögen gehören und nicht zu Wohnzwecken dienen und für die der Bauantrag nach dem 31. 3. 1985 gestellt worden ist (Wirtschaftsgebäude) und
2. Gebäuden, soweit sie Wohnzwecken dienen und
   a) für die der Bauantrag nach dem 28. 2. 1989 gestellt worden ist und die vom Steuerpflichtigen hergestellt worden sind, oder
   b) die vom Steuerpflichtigen nach dem 28. 2. 1989 auf Grund eines nach diesem Zeitpunkt rechtswirksam abgeschlossenen obligatorischen Vertrags bis zum Ende des Jahrs der Fertigstellung angeschafft worden sind

   (Mietwohnneubauten) und

3. Gebäuden, die weder die Voraussetzungen der Nummer 1 noch der Nummer 2 erfüllen (andere Gebäude).

→ **Wohnzwecke**

(2) ¹Ein Gebäude dient Wohnzwecken, wenn es dazu bestimmt und geeignet ist, Menschen auf Dauer Aufenthalt und Unterkunft zu ermöglichen. ²Wohnzwecken dienen Wohnungen, die aus besonderen betrieblichen Gründen an Betriebsangehörige überlassen werden, z. B. Wohnungen für den Hausmeister, für das Fachpersonal, für Angehörige der Betriebsfeuerwehr und für andere Personen, auch wenn diese aus betrieblichen Gründen unmittelbar im Werksgelände ständig zum Einsatz bereit sein müssen. ³Gebäude dienen nicht Wohnzwecken, soweit sie zur vorübergehenden Beherbergung von Personen bestimmt sind, wie z. B. Ferienwohnungen, oder wenn die Überlassung von Wohnräumen von den damit verbundenen Dienstleistungen überlagert wird, wie z. B. bei Altenheimen, Kurheimen und Sanatorien.

(3) Zu den Wohnzwecken dienenden Räumen gehören z. B.
1. die Wohn- und Schlafräume, Küchen und Nebenräume einer Wohnung,
2. die zur räumlichen Ausstattung einer Wohnung gehörenden Räume, wie Bodenräume, Waschküchen, Kellerräume, Trockenräume, Speicherräume, Vorplätze, Bade- und Brauseräume, Fahrrad- und Kinderwagenräume usw., gleichgültig, ob sie zur Benutzung durch den einzelnen oder zur gemeinsamen Benutzung durch alle Hausbewohner bestimmt sind, und
3. die zu einem Wohngebäude gehörenden Garagen.

(4) ¹Räume, die sowohl Wohnzwecken als auch gewerblichen oder beruflichen Zwecken dienen, sind, je nachdem, welchem Zweck sie überwiegend dienen, entweder ganz den Wohnzwecken oder ganz den gewerblichen oder beruflichen Zwecken dienenden Räumen zuzurechnen. ²Das häusliche Arbeitszimmer des Mieters ist aus Vereinfachungsgründen den Wohnzwecken dienenden Räumen zuzurechnen.

→ **Bauantrag**

(5) ¹Unter Bauantrag ist das Schreiben zu verstehen, mit dem die landesrechtlich vorgesehene Genehmigung für den beabsichtigten Bau angestrebt wird. ²Zeitpunkt der Beantragung einer Baugenehmigung ist der Zeitpunkt, in dem der Bauantrag bei der nach Landesrecht zuständigen Behörde gestellt wird; maßgebend ist regelmäßig der Eingangsstempel dieser Behörde. ³Das gilt auch dann, wenn die Bauplanung nach Beantragung der Baugenehmigung geändert wird, ohne daß ein neuer Bauantrag erforderlich ist. ⁴Ist ein Bauantrag abgelehnt worden und die Baugenehmigung erst auf Grund eines neuen Antrags erteilt worden, so ist Zeitpunkt der Antragstellung der Eingang des neuen Bauantrags bei der zuständigen Behörde.

→ **Obligatorischer Vertrag**

(6) Ein obligatorischer Vertrag (Kaufvertrag oder Kaufanwartschaftsvertrag) ist in dem Zeitpunkt rechtswirksam abgeschlossen, in dem er notariell beurkundet ist.

Hinweise

Bauantrag

Anträge, die die Finanzierung des geplanten Baus betreffen, sowie sog. Bauvoranfragen bei der Baugenehmigungsbehörde sind nicht als Bauanträge anzusehen, weil sie nicht die Erlangung der Baugenehmigung, sondern nur die Klärung von Vorfragen zum Ziel haben (→ BFH vom 28. 3. 1966 – BStBl III S. 454 und vom 7. 3. 1980 – BStBl II S. 411).

Wird die Bauplanung nach Beantragung der Baugenehmigung so grundlegend geändert, daß ein neuer Bauantrag gestellt werden muß, so ist Zeitpunkt der Antragstellung der Eingang des neuen Bauantrags bei der zuständigen Behörde (→ BFH vom 28. 9. 1982 – BStBl 1983 II S. 146).

Zur Maßgeblichkeit des Bauantrags in den Fällen des § 7 Abs. 5 Satz 1 Nr. 1 und 2 EStG → BMF vom 8. 12. 1994 (BStBl I S. 882).

Anhang 35

Obligatorischer Vertrag

Ein obligatorischer Vertrag gilt auch dann in dem Zeitpunkt der notariellen Beurkundung als rechtswirksam abgeschlossen, wenn der Vertrag erst nach Eintritt einer aufschiebenden Bedingung oder nach Ablauf einer Frist wirksam werden soll oder noch einer Genehmigung bedarf; bei einem Vertragsabschluß durch einen Vertreter ohne Vertretungsmacht gilt der obligatorische Vertrag im Zeitpunkt der Abgabe der Genehmigungserklärung durch den Vertretenen als rechtswirksam abgeschlossen (→ BFH vom 2. 2. 1982 – BStBl II S. 390).

Wohnrecht

Anhang 34

Kürzung der Anschaffungskosten eines Gebäudes mit mehreren Wohnungen, von denen eine wohnrechtsbelastet ist → BFH vom 7. 6. 1994 (BStBl II S. 927), zur Berechnung → BMF vom 31. 12. 1994 (BStBl I S. 887) – Tz. 55.

Wohnzwecke

– Altenheime, Kurheime und Sanatorien dienen nicht Wohnzwecken, wenn die Überlassung von Wohnräumen von den damit verbundenen Dienstleistungen überlagert wird (→ BFH vom 6. 3. 1992 – BStBl II S. 1044 und vom 14. 10. 1993 – BStBl 1994 II S. 427).

– Das häusliche Arbeitszimmer eines Arbeitnehmers im eigenen Haus dient nicht Wohnzwecken (→ BFH vom 30. 6. 1995 – BStBl II S. 598).

R 43

S 2190

R 43. Bemessungsgrundlage für die AfA

Entgeltlicher Erwerb und Herstellung

(1) Bemessungsgrundlage für die AfA sind grundsätzlich die → Anschaffungs- oder Herstellungskosten des Wirtschaftsguts oder der an deren Stelle tretende Wert, z. B. § 7 a Abs. 9 und § 7 b Abs. 1 Satz 2 EStG; §§ 7, 10 und 10 a EStDV.

→ Fertigstellung von Teilen eines Gebäudes zu verschiedenen Zeitpunkten

(2) Wird bei der Errichtung eines zur unterschiedlichen Nutzung bestimmten Gebäudes zunächst ein zum Betriebsvermögen gehörender Gebäudeteil und danach ein zum Privatvermögen gehörender Gebäudeteil fertiggestellt, so hat der Steuerpflichtige ein Wahlrecht, ob er vorerst in die AfA-Bemessungsgrundlage des fertiggestellten Gebäudeteils die Herstellungskosten des noch nicht fertiggestellten Gebäudeteils einbezieht oder ob er hierauf verzichtet.

Unentgeltlicher Erwerb

(3) Bei unentgeltlich erworbenen Wirtschaftsgütern sind die §§ 7 und 11 d EStDV sowohl im Fall der Gesamtrechtsnachfolge als auch im Fall der Einzelrechtsnachfolge anzuwenden.

Zuschüsse, Übertragung stiller Reserven bei Ersatzbeschaffung

(4) ¹Ist dem Steuerpflichtigen im Jahr der Anschaffung oder Herstellung eines Wirtschaftsguts für dieses Wirtschaftsgut ein Zuschuß bewilligt worden, den er nach R 34 erfolgsneutral behandelt, oder hat er einen Abzug nach § 6 b Abs. 1 oder 3 EStG oder nach R 35 vorgenommen, so ist die AfA von den um den Zuschuß oder Abzugsbetrag geminderten Anschaffungs- oder Herstellungskosten zu bemessen. ²Ist dem Steuerpflichtigen der Zuschuß in einem auf das Jahr der Anschaffung oder Herstellung folgenden Wirtschaftsjahr bewilligt worden oder hat er den Abzug zulässigerweise in einem auf das Jahr der Anschaffung oder Herstellung des Wirtschaftsguts folgenden Wirtschaftsjahr vorgenommen, so bemißt sich die weitere AfA in den Fällen des § 7 Abs. 4 Satz 1 und Abs. 5 EStG ebenfalls nach den um den Zuschuß- oder Abzugsbetrag geminderten Anschaffungs- oder Herstellungskosten, in allen anderen Fällen nach dem um den Zuschuß- oder Abzugsbetrag geminderten Buchwert oder Restwert des Wirtschaftsguts.

→ Nachträgliche Herstellungskosten

(5) Sind nachträgliche Herstellungsarbeiten an einem Wirtschaftsgut so umfassend, daß hierdurch ein anderes Wirtschaftsgut entsteht, so ist die weitere AfA nach der Summe aus dem Buchwert oder Restwert des bisherigen Wirtschaftsguts und den nachträglichen Herstellungskosten zu bemessen.

Einlage, → Entnahme, Nutzungsänderung und Übergang zur Buchführung

(6) ¹Bei Wirtschaftsgütern, die der Steuerpflichtige aus dem Privatvermögen in ein Betriebsvermögen überführt hat, ist die weitere AfA nach dem nach § 6 Abs. 1 Nr. 5 EStG maßgebenden Wert zu bemessen. ²Bei Wirtschaftsgütern, die der Steuerpflichtige aus einem Betriebsvermögen in das Privatvermögen übergeführt hat, ist die weitere AfA nach dem Teilwert (§ 6 Abs. 1 Nr. 4 EStG) oder gemeinen Wert (§ 16 Abs. 3 Satz 3 EStG) zu bemessen, mit dem das Wirtschaftsgut bei der Überführung steuerlich erfaßt worden ist. ³Dagegen bleiben die Anschaffungs- oder Herstellungskosten oder der an deren Stelle tretende Wert des Wirtschaftsguts für die weitere AfA als Bemessungsgrundlage maßgebend, wenn

1. ein Gebäude bei der Überführung aus dem Betriebsvermögen in das Privatvermögen mit dem Buchwert angesetzt wird oder der bei der Entnahme entstehende Gewinn außer Ansatz bleibt (§ 6 Abs. 1 Nr. 4 Satz 4 und § 52 Abs. 15 Satz 8 EStG) oder
2. a) ein Gebäude nach vorhergehender Nutzung zu eigenen Wohnzwecken oder zu fremden Wohnzwecken auf Grund unentgeltlicher Überlassung zur Erzielung von Einkünften im Sinne des § 21 EStG oder
   b) ein bewegliches Wirtschaftsgut nach einer Nutzung außerhalb der Einkunftsarten zur Erzielung von Einkünften im Sinne des § 2 Abs. 1 Nr. 4 bis 7 EStG
   verwendet wird oder
3. ein Wirtschaftsgut nach vorhergehender Gewinnermittlung durch Schätzung oder nach Durchschnittssätzen (§ 13 a EStG) bilanziert wird.

Hinweise

Anschaffungskosten

Bei Anschaffung eines bebauten Grundstücks ist der Kaufpreis nach dem Verhältnis der Verkehrswerte oder Teilwerte auf den Grund und Boden und auf das Gebäude aufzuteilen (→ BFH vom 21. 1. 1971 – BStBl II S. 682 und vom 19. 12. 1972 – BStBl 1973 II S. 295).

Kürzung der Anschaffungskosten eines Gebäudes mit mehreren Wohnungen, von denen eine wohnrechtsbelastet ist → BFH vom 7. 6. 1994 (BStBl II S. 927). Zur Berechnung → BMF vom 31. 12. 1994 (BStBl I S. 887) – Tz. 55. *Anhang 34*

Das gilt auch bei der Anschaffung von Eigentumswohnungen; dabei rechtfertigt die eingeschränkte Nutzungs- und Verfügungsmöglichkeit des Wohnungseigentümers hinsichtlich seines Bodenanteils keinen niedrigeren Wertansatz des Bodenanteils (→ BFH vom 15. 1. 1985 – BStBl II S. 252).

Bei Erwerb einer Eigentumswohnung gehört der im Kaufpreis enthaltene Anteil für das in der Instandhaltungsrückstellung angesammelte Guthaben nicht zu den Anschaffungskosten der Eigentumswohnung (→ BFH vom 9. 10. 1991 – BStBl 1992 II S. 152).

Die Anschaffungs- oder Herstellungskosten sind zur Berechnung der AfA um den Restwert zu mindern, wenn dieser beträchtlich ist, und zwar

– bei Schiffen um den Schrottwert (→ BFH vom 22. 7. 1971 – BStBl II S. 800) und
– bei Milchkühen um den Schlachtwert (→ BFH vom 1. 10. 1992 – BStBl 1993 II S. 284).

Beitrittsgebiet *Anhang 6*

Bemessungsgrundlage nach den Wiederherstellungs-/Wiederbeschaffungskosten zum 1. 7. 1990 → BMF vom 21. 7. 1994 (BStBl I S. 599) und vom 15. 1. 1995 (BStBl I S. 14).

Entnahme eines Wirtschaftsguts

Bei der Überführung eines Wirtschaftsguts in das Privatvermögen ist die AfA auch dann nach dem Wert zu bemessen, mit dem das Wirtschaftsgut steuerlich erfaßt worden ist, wenn er falsch ermittelt worden ist (→ BMF vom 30. 10. 1992 – BStBl I S. 651). Die AfA ist nach den ursprünglichen Anschaffungs- oder Herstellungskosten zu bemessen, wenn bei einer vorangegangenen Überführung eines Wirtschaftsguts in das Privatvermögen der Entnahmegewinn kraft gesetzlicher Regelung außer Ansatz geblieben ist (→ BFH vom 3. 5. 1994 – BStBl II S. 749).

Fertigstellung von Teilen eines Gebäudes zu verschiedenen Zeitpunkten

Bei der Errichtung eines zur unterschiedlichen Nutzung bestimmten Gebäudes sind die Herstellungskosten des noch nicht fertiggestellten selbständigen Gebäudeteils in die AfA-Bemessungsgrundlage des bereits fertiggestellten Gebäudeteils einzubeziehen (→ BFH vom 9. 8. 1989 – BStBl 1991 II S. 132). Vgl. aber das Wahlrecht nach → R 43 Abs. 2.

Nachträgliche Anschaffungs- oder Herstellungskosten
Begriff → R 157

Sind für ein Wirtschaftsgut nachträgliche Anschaffungs- oder Herstellungskosten aufgewendet worden, ohne daß hierdurch ein anderes Wirtschaftsgut entstanden ist, so bemißt sich die weitere AfA

- in den Fällen des § 7 Abs. 4 Satz 1 und Abs. 5 EStG nach der bisherigen Bemessungsgrundlage zuzüglich der nachträglichen Anschaffungs- oder Herstellungskosten (→ BFH vom 20. 2. 1975 – BStBl II S. 412 und vom 20. 1. 1987 – BStBl II S. 491),
- in den Fällen des § 7 Abs. 1, Abs. 2 und Abs. 4 Satz 2 EStG nach dem Buchwert oder Restwert zuzüglich der nachträglichen Anschaffungs- oder Herstellungskosten (→ BFH vom 25. 11. 1970 – BStBl 1971 II S. 142).

Keine nachträglichen Herstellungskosten, sondern Herstellungskosten für ein anderes Wirtschaftsgut entstehen, wenn das bisherige Wirtschaftsgut im Wesen geändert und so tiefgreifend umgestaltet oder in einem solchen Ausmaß erweitert wird, daß die eingefügten neuen Teile der Gesamtsache das Gepräge geben und die verwendeten Altteile bedeutungs- und wertmäßig untergeordnet erscheinen, z. B. bei

- einem mit dem Gebäude verschachtelten Anbau (→ BFH vom 9. 8. 1974 – BStBl 1975 II S. 342 und vom 18. 8. 1977 – BStBl 1978 II S. 46),
- Umbau einer einfachen Scheune in eine Pferdeklinik (→ BFH vom 26. 1. 1978 – BStBl II S. 280),
- Umbau eines alten Gasthofs in eine moderne Gastwirtschaft (→ BFH vom 26. 1. 1978 – BStBl II S. 363),
- Umbau einer Hochdruck-Rotationsmaschine zu einer Flachdruck(Offset-)maschine (→ BFH vom 6. 12. 1991 – BStBl 1992 II S. 452),
- Umgestaltung von Pflanztischen in ein automatisches Tischbewässerungssystem (→ BFH vom 28. 9. 1990 – BStBl 1991 II S. 361).

Vorweggenommene Erbfolge, Erbauseinandersetzung

- Ertragsteuerliche Behandlung der Erbauseinandersetzung über Wirtschaftsgüter des Privatvermögens → BMF vom 31. 12. 1988 (BStBl I S. 546);
- Ertragsteuerliche Behandlung der Erbengemeinschaft und ihrer Auseinandersetzung → BMF vom 11. 1. 1993 (BStBl I S. 62);
- Ertragsteuerliche Behandlung der vorweggenommenen Erbfolge → BMF vom 13. 1. 1993 (BStBl I S. 80).

Wohnrecht

Kürzung der Anschaffungskosten eines Gebäudes mit mehreren Wohnungen, von denen eine wohnrechtsbelastet ist → BFH vom 7. 6. 1994 (BStBl II S. 927). Zur Berechnung → BMF vom 31. 12. 1994 (BStBl I S. 887) – Tz. 55.

R 44. Höhe der AfA

Beginn der AfA

(1) ¹AfA ist vorzunehmen, sobald ein Wirtschaftsgut angeschafft oder hergestellt ist. ²Ein Wirtschaftsgut ist im Zeitpunkt seiner → Lieferung angeschafft. ³Ist Gegenstand eines Kaufvertrags über ein Wirtschaftsgut auch dessen Montage durch den Verkäufer, so ist das Wirtschaftsgut erst mit der Beendigung der Montage geliefert. ⁴Wird die Montage durch den Steuerpflichtigen oder in dessen Auftrag durch einen Dritten durchgeführt, so ist das Wirtschaftsgut bereits bei Übergang der wirtschaftlichen Verfügungsmacht an den Steuerpflichtigen geliefert; das zur Investitionszulage ergangene BFH-Urteil vom 2. 9. 1988 (BStBl II S. 1009) ist ertragsteuerrechtlich nicht anzuwenden. ⁵Ein Wirtschaftsgut ist im Zeitpunkt seiner → Fertigstellung hergestellt.

AfA im Jahr der Anschaffung oder Herstellung

(2) ¹Bei Wirtschaftsgütern, die im Laufe eines Jahres angeschafft oder hergestellt werden, kann für das Jahr der Anschaffung oder Herstellung grundsätzlich nur der → Teil des auf ein Jahr entfallenden AfA-Betrags abgesetzt werden, der dem Zeitraum zwischen der Anschaffung oder Herstellung des Wirtschaftsguts und dem Ende des Jahres entspricht¹). ²Dieser Zeitraum vermindert sich um den Teil des Jahres, in dem das Wirtschaftsgut nicht zur Erzielung von Einkünften verwendet wird. ³Bei beweglichen Wirtschaftsgütern des Anlagevermögens ist es jedoch aus Vereinfachungsgründen nicht zu beanstanden, wenn für die in der ersten Hälfte eines Wirtschaftsjahrs angeschafften oder hergestellten Wirtschaftsgüter der für das gesamte Wirtschaftsjahr in Betracht kommende AfA-Betrag und für die in der zweiten Hälfte des Wirtschaftsjahrs angeschafften oder hergestellten Wirtschaftsgüter die Hälfte des für das gesamte Wirtschaftsjahr in Betracht kommenden AfA-Betrags abgesetzt wird. ⁴Diese Vereinfachungsregelung ist bei beweglichen Wirtschaftsgütern, die im Laufe eines Rumpfwirtschaftsjahrs angeschafft oder hergestellt werden, entsprechend anzuwenden. ⁵Dabei kommt als AfA-Betrag für das gesamte Rumpfwirtschaftsjahr nur der Teil des auf ein volles Wirtschaftsjahr entfallenden AfA-Betrags in Betracht, der dem Anteil des Rumpfwirtschaftsjahrs an einem vollen Wirtschaftsjahr entspricht. ⁶Bei Wirtschaftsgütern, die im Laufe eines Wirtschaftsjahrs oder Rumpfwirtschaftsjahrs in das Betriebsvermögen eingelegt werden, gilt Satz 1 entsprechend; die Sätze 3 bis 5 sind entsprechend anzuwenden, wenn bei den Wirtschaftsgütern vor der Einlage eine AfA nicht zulässig war.

Bemessung der AfA nach der → Nutzungsdauer

(3) ¹Die AfA ist grundsätzlich so zu bemessen, daß die Anschaffungs- oder Herstellungskosten nach Ablauf der betriebsgewöhnlichen Nutzungsdauer des Wirtschaftsguts voll abgesetzt sind. ²Bei Gebäuden gilt Satz 1 nur, wenn die technischen oder wirtschaftlichen Umstände dafür sprechen, daß die tatsächliche Nutzungsdauer des Wirtschaftsgebäudes (→ R 42 a Abs. 1 Nr. 1) weniger als 25 Jahre sowie des Mietwohnneubaus (→ R 42 a Abs. 1 Nr. 2) und des anderen Gebäudes (→ R 42 a Abs. 1 Nr. 3) weniger als 50 Jahre (bei vor dem 1. 1. 1925 fertiggestellten Gebäuden weniger als 40 Jahre) beträgt. ³Satz 2 gilt entsprechend bei Nutzungsrechten, die durch Baumaßnahmen des Nutzungsberechtigten entstanden sind (→ R 42 Abs. 5 Sätze 3 und 4).

Bemessung der linearen AfA bei Gebäuden nach typisierten Vomhundertsätzen   S 2190

(4) ¹In anderen als den in Absatz 3 Sätze 2 und 3 bezeichneten Fällen sind die in § 7 Abs. 4 Satz 1 EStG genannten AfA-Sätze maßgebend. ²Die Anwendung niedrigerer AfA-Sätze ist ausgeschlossen. ³Die AfA ist bis zur vollen Absetzung der Anschaffungs- oder Herstellungskosten vorzunehmen.

Wahl der AfA-Methode   S 2191 / S 2192 / S 2193

(5) ¹Bei beweglichen Wirtschaftsgütern des Anlagevermögens kann der Steuerpflichtige die AfA entweder in gleichen Jahresbeträgen (§ 7 Abs. 1 Sätze 1 und 2 EStG) oder in fallenden Jahresbeträgen (§ 7 Abs. 2 EStG) bemessen. ²AfA nach Maßgabe der Leistung (§ 7 Abs. 1 Satz 4 EStG) kann bei beweglichen Wirtschaftsgütern des Anlagevermögens vorgenommen werden, deren Leistung in der Regel erheblich schwankt und deren Verschleiß dementsprechend wesentliche Unterschiede aufweist. ³Voraussetzung für AfA nach Maßgabe der Leistung ist, daß der auf das einzelne Wirtschaftsjahr entfallende Umfang der Leistung nachgewiesen wird. ⁴Der Nachweis kann z. B. bei einer Spezialmaschine durch ein die Anzahl der Arbeitsvorgänge registrierendes Zählwerk oder bei einem Kraftfahrzeug durch den Kilometerzähler geführt werden.

(6) ¹Die degressive AfA nach § 7 Abs. 5 EStG ist nur mit den in dieser Vorschrift vorgeschriebenen Staffelsätzen zulässig. ²Besteht ein Gebäude aus sonstigen selbständigen Gebäudeteilen (→ R 13 Abs. 3 Nr. 5), sind für die einzelnen Gebäudeteile unterschiedliche AfA-Methoden und AfA-Sätze zulässig.

(7) Ist ein Wirtschaftsgut mehreren Beteiligten (Gesamthands- oder Bruchteilseigentum) zuzurechnen, so können sie ein Wahlrecht zur Bemessung der AfA nur einheitlich ausüben.

→ Wechsel der AfA-Methode bei Gebäuden   S 2196

(8) ¹Ein Wechsel der AfA-Methode ist bei Gebäuden vorzunehmen, wenn
1. ein Gebäude in einem auf das Jahr der Anschaffung oder Herstellung folgenden Jahr die Voraussetzungen des § 7 Abs. 4 Satz 1 Nr. 1 EStG erstmals erfüllt oder

---

¹) → H 44 (Teil des auf ein Jahr entfallenden AfA-Betrags); Abweichung zu R 44 Abs. 2 Satz 1 EStR.

2. ein Gebäude in einem auf das Jahr der Anschaffung oder Herstellung folgenden Jahr die Voraussetzungen des § 7 Abs. 4 Satz 1 Nr. 1 EStG nicht mehr erfüllt oder
3. ein nach § 7 Abs. 5 Satz 2[1]) EStG abgeschriebener Mietwohnneubau nicht mehr Wohnzwecken dient.

²In den Fällen der Nummer 1 ist die weitere AfA nach § 7 Abs. 4 Satz 1 Nr. 1 EStG, in den Fällen der Nummern 2 und 3 ist die weitere AfA nach § 7 Abs. 4 Satz 1 Nr. 2 Buchstabe a EStG zu bemessen.

S 2190 **Ende der AfA**

(9) ¹Bei Wirtschaftsgütern, die im Laufe eines Wirtschaftsjahrs oder Rumpfwirtschaftsjahrs veräußert oder aus dem Betriebsvermögen entnommen werden oder nicht mehr zur Erzielung von Einkünften im Sinne des § 2 Abs. 1 Nr. 4 bis 7 EStG dienen, kann für dieses Jahr nur der Teil des auf ein Jahr entfallenden AfA-Betrags abgesetzt werden, der dem Zeitraum zwischen dem Beginn des Jahrs und der Veräußerung, Entnahme oder Nutzungsänderung entspricht. ²Das gilt entsprechend, wenn im Laufe eines Jahrs ein Wirtschaftsgebäude künftig Wohnzwecken dient oder ein nach § 7 Abs. 5 Satz 2[1]) EStG abgeschriebener Mietwohnneubau künftig nicht mehr Wohnzwecken dient.

→ **Unterlassene oder überhöhte AfA**

(10) Unterlassene oder überhöhte AfA ist grundsätzlich in der Weise zu korrigieren, daß die noch nicht abgesetzten Anschaffungs- oder Herstellungskosten (Buchwert) des Wirtschaftsguts, in den Fällen des § 7 Abs. 4 Satz 1 EStG die Anschaffungs- oder Herstellungskosten des Gebäudes, nach der bisher angewandten Absetzungsmethode verteilt werden.

AfA nach nachträglichen Anschaffungs- oder Herstellungskosten

(11) ¹Bei nachträglichen Herstellungskosten für Wirtschaftsgüter, die nach § 7 Abs. 1 oder Abs. 2 oder Abs. 4 Satz 2 EStG abgeschrieben werden, ist die Restnutzungsdauer unter Berücksichtigung des Zustands des Wirtschaftsguts im Zeitpunkt der Beendigung der nachträglichen Herstellungsarbeiten neu zu schätzen (→ Beispiele 1 bis 3). ²In den Fällen des § 7 Abs. 4 Satz 2 EStG ist es aus Vereinfachungsgründen nicht zu beanstanden, wenn die weitere AfA nach dem bisher angewandten Vomhundertsatz bemessen wird. ³Bei der Bemessung der AfA für das Jahr der Entstehung von nachträglichen Anschaffungs- und Herstellungskosten sind diese so zu berücksichtigen, als wären sie zu Beginn des Jahres aufgewendet worden. ⁴Ist durch die nachträglichen Herstellungsarbeiten ein anderes Wirtschaftsgut entstanden (→ R 43 Abs. 5), so ist die weitere AfA nach § 7 Abs. 1 oder Abs. 2 oder Abs. 4 Satz 2 EStG und der voraussichtlichen Nutzungsdauer des anderen Wirtschaftsguts oder nach § 7 Abs. 4 Satz 1 EStG zu bemessen. ⁵Die degressive AfA nach § 7 Abs. 5 EStG ist nur zulässig, wenn das andere Wirtschaftsgut ein Neubau ist.

AfA nach Einlage, Entnahme oder Nutzungsänderung oder nach Übergang zur Buchführung

(12) ¹Nach einer Einlage, Entnahme oder Nutzungsänderung eines Wirtschaftsguts oder nach Übergang zur Buchführung (→ R 43 Abs. 6) ist die weitere AfA wie folgt vorzunehmen:
1. Hat sich die AfA-Bemessungsgrundlage für das Wirtschaftsgut geändert (→ R 43 Abs. 6 Sätze 1 und 2), ist die weitere AfA nach § 7 Abs. 1 oder Abs. 2 oder Abs. 4 Satz 2 EStG und der tatsächlichen künftigen Nutzungsdauer oder nach § 7 Abs. 4 Satz 1 EStG zu bemessen.
2. ¹Bleiben die Anschaffungs- und Herstellungskosten des Wirtschaftsguts als Bemessungsgrundlage für die AfA maßgebend (→ R 43 Abs. 6 Satz 3), so ist die weitere AfA grundsätzlich nach dem ursprünglich angewandten Absetzungsverfahren zu bemessen. ²Die AfA kann nur noch bis zu dem Betrag abgezogen werden, der von der Bemessungsgrundlage nach Abzug von AfA, erhöhten Absetzungen und Sonderabschreibungen verbleibt (→ AfA-Volumen). ³Ist für das Wirtschaftsgut noch nie AfA vorgenommen worden, so ist die AfA nach § 7 Abs. 1 oder Abs. 2 oder Abs. 4 Satz 2 EStG und der tatsächlichen gesamten Nutzungsdauer oder nach § 7 Abs. 4 Satz 1 oder Abs. 5 EStG zu bemessen. ⁴Nach dem Übergang zur Buchführung oder zur Einkünfteerzielung kann die AfA nur noch bis zu dem Betrag abgezogen werden, der von der Bemessungsgrundlage nach Abzug der Beträge verbleibt, die entsprechend der gewählten AfA-Methode auf den Zeitraum vor dem Übergang entfallen (→ Beispiel 4).

---

[1]) Jetzt: § 7 Abs. 5 Satz 1 Nr. 3 EStG.

²Besteht ein Gebäude aus mehreren selbständigen Gebäudeteilen und wird der Nutzungsumfang eines Gebäudeteils infolge einer Nutzungsänderung des Gebäudes ausgedehnt, so bemißt sich die weitere AfA von der neuen Bemessungsgrundlage insoweit nach § 7 Abs. 4 EStG. ³Das Wahlrecht nach Satz 1 Nr. 2 Sätze 3 und 4 bleibt unberührt (→ Beispiel 5).

Absetzungen für außergewöhnliche technische oder wirtschaftliche Abnutzung bei Gebäuden

(13) ¹Absetzungen für außergewöhnliche technische oder wirtschaftliche Abnutzung (→ AfaA) sind nach dem Wortlaut des Gesetzes nur bei Gebäuden zulässig, bei denen die AfA nach § 7 Abs. 4 EStG bemessen wird. ²AfaA sind jedoch auch bei Gebäuden nicht zu beanstanden, bei denen AfA nach § 7 Abs. 5 EStG vorgenommen wird.

Hinweise

AfaA

Wird ein im Privatvermögen gehaltenes Fahrzeug eines selbständig Tätigen bei einer beruflich veranlaßten Fahrt infolge eines Unfalls beschädigt und nicht repariert, so richtet sich die Höhe der AfaA nach § 7 Abs. 1 Satz 5 EStG nach den Anschaffungskosten abzüglich der (normalen) AfA, die der Steuerpflichtige hätte in Anspruch nehmen können, wenn er das Fahrzeug im Betriebsvermögen gehalten hätte (→ BFH vom 24. 11. 1994 – BStBl 1995 II S. 318).

AfaA sind grundsätzlich im Jahr des Schadenseintritts, spätestens jedoch im Jahr der Entdeckung des Schadens vorzunehmen (→ BFH vom 1. 12. 1992 – BStBl 1994 II S. 11 und 12).

Eine AfaA setzt voraus, daß die wirtschaftliche Nutzbarkeit eines Wirtschaftsguts durch außergewöhnliche Umstände gesunken ist (→ BFH vom 8. 7. 1980 – BStBl II S. 743).

Baumängel vor Fertigstellung eines Gebäudes rechtfertigen keine AfaA (→ BFH vom 31. 3. 1992 – BStBl II S. 805); auch wenn infolge dieser Baumängel noch in der Bauphase unselbständige Gebäudeteile wieder abgetragen werden (→ BFH vom 30. 8. 1994 – BStBl 1995 II S. 306); dies gilt auch, wenn die Baumängel erst nach der Fertigstellung entdeckt werden (→ BFH vom 27. 1. 1993 – BStBl II S. 702).

Eine AfaA ist vorzunehmen, wenn

– ein Gebäude durch Abbruch, Brand oder ähnliche Ereignisse aus dem Betriebsvermögen ausgeschieden ist (→ BFH vom 7. 5. 1969 – BStBl II S. 464),

– bei einem Umbau bestimmte Teile eines Gebäudes entfernt werden (→ BFH vom 1. 2. 1962 – BStBl III S. 272) oder

– ein Gebäude abgebrochen wird (→ R 33 a Abs. 2).

Eine AfaA ist nicht vorzunehmen, wenn ein zum Privatvermögen gehörendes objektiv technisch oder wirtschaftlich noch nicht verbrauchtes Gebäude abgerissen wird, um ein unbebautes Grundstück veräußern zu können (→ BFH vom 6. 3. 1979 – BStBl II S. 551), oder wenn es in der Absicht eines grundlegenden Umbaus erworben wird (→ BFH vom 4. 12. 1984 – BStBl 1985 II S. 208 und 20. 4. 1993 – BStBl II S. 504).

AfA-Volumen

Übergang

– von der Schätzung zur Buchführung → BFH vom 5. 12. 1985 (BStBl 1986 II S. 390)

– von der Gewinnermittlung nach Durchschnittssätzen zur Buchführung → BFH vom 12. 12. 1985 (BStBl 1986 II S. 392), vom 17. 3. 1988 (BStBl II S. 770) und vom 10. 12. 1992 (BStBl 1993 II S. 344)

Umwidmung eines Wirtschaftsguts in den Bereich der Einkünfteerzielung → BFH vom 14. 2. 1989 (BStBl II S. 922)

Beispiele

1. Degressive AfA nach § 7 Abs. 2 EStG bei nachträglichen Herstellungskosten

   Für ein im Jahre 01 angeschafftes bewegliches Wirtschaftsgut mit einer betriebsgewöhnlichen Nutzungsdauer von 12 Jahren, für das degressive AfA von ($8^{1}/_{3}$ v. H. × 3 =) 25 v. H. vorgenommen worden ist, werden im Jahre 06 nachträgliche Herstellungskosten aufgewendet. Danach beträgt die neu geschätzte Restnutzungsdauer 8 Jahre.

§ 7 EStG
R 44   H 44

Restwert Ende 05	4.100 DM
nachträgliche Herstellungskosten 06	+ 3.900 DM
Bemessungsgrundlage ab 06	8.000 DM

Die degressive AfA im Jahre 06 beträgt (12,5 v. H. × 3, höchstens jedoch) 30 v. H. von 8.000 DM.

2. **Lineare AfA nach § 7 Abs. 4 Satz 1 Nr. 2 EStG bei nachträglichen Herstellungskosten**

Ein zu Beginn des Jahres 01 angeschafftes Gebäude, für das lineare AfA nach § 7 Abs. 4 Satz 1 Nr. 2 EStG vorgenommen worden ist, wird im Jahre 24 erweitert. Die Restnutzungsdauer beträgt danach noch mindestens 50 Jahre.

Anschaffungskosten im Jahr 01	200.000 DM
AfA in den Jahren 01 bis 23:	
23 × 2 v. H. = 92.000 DM	
nachträgliche Herstellungskosten im Jahr 24	+ 100.000 DM
Bemessungsgrundlage ab Jahr 24	300.000 DM

Vom Jahr 24 bis zur vollen Absetzung des Betrags von 208.000 DM (Restwert 108.000 DM zuzüglich nachträglicher Herstellungskosten 100.000 DM) beträgt die AfA jährlich 2 v. H. von 300.000 DM = 6.000 DM.

3. **Degressive AfA nach § 7 Abs. 5 EStG bei nachträglichen Herstellungskosten**

Ein im Jahr 01 fertiggestelltes Gebäude, für das degressive AfA nach § 7 Abs. 5 Satz 1 Nr. 1 EStG vorgenommen worden ist, wird im Jahr 06 erweitert.

Herstellungskosten im Jahr 01	200.000 DM
AfA in den Jahren 01 bis 04:	
4 × 10 v. H. = 80.000 DM	
AfA im Jahr 05:	
1 × 5 v. H. = 10.000 DM	
nachträgliche Herstellungskosten im Jahr 06	+ 80.000 DM
Bemessungsgrundlage ab Jahr 06	280.000 DM

In den Jahren 06 und 07 beträgt die AfA je 5 v. H. = 14.000 DM; in den Jahren 08 bis 25 beträgt die AfA je 2,5 v. H. = 7.000 DM.

4. **AfA-Verbrauch bei Umwidmung eines Gebäudes zur Einkünfteerzielung**

Eine im Jahr 01 fertiggestellte und am 1. 12. 01 erworbene Eigentumswohnung wird vom Dezember 01 bis Februar 03 vom Steuerpflichtigen selbst bewohnt und ab März 03 vermietet.

Der Steuerpflichtige hat ab dem Jahr 03 die Wahl zwischen der linearen AfA nach § 7 Abs. 4 Satz 1 EStG (Fall 1) und der degressiven AfA nach § 7 Abs. 5 Satz 2 EStG (Fall 2).

		Fall 1		Fall 2
Anschaffungskosten im Jahr 01				
AfA-Verbrauch		300.000 DM		300.000 DM
im Jahr 01	¹/₁₂ von 2 v. H.	500 DM	7 v. H.	21.000 DM
im Jahr 02	2 v. H.	6.000 DM	7 v. H.	21.000 DM
im Jahr 03	²/₁₂ von 2 v. H.	1.000 DM	²/₁₂ von 7 v. H.	3.500 DM
insgesamt		7.500 DM		45.500 DM
verbleibendes AfA-Volumen		292.500 DM		254.500 DM
		Fall 1		Fall 2
AfA ab Übergang zur Einkünfteerzielung				
im Jahr 03	¹⁰/₁₂ von 2 v. H.	5.000 DM	¹⁰/₁₂ von 7 v. H.	17.500 DM
ab Jahr 04	je 2 v. H.	6.000 DM		
im Jahr 04			7 v. H.	21.000 DM
im Jahr 05 bis 10			je 5 v. H.	15.000 DM
im Jahr 11 bis 16			je 2 v. H.	6.000 DM
ab Jahr 17			je 1,25 v. H.	3.900 DM

5. AfA bei Änderung des Nutzungsumfangs eines Gebäudeteils
Von den gesamten Herstellungskosten in Höhe von 600.000 DM eines zum Betriebsvermögen gehörenden Gebäudes, das je zur Hälfte eigenbetrieblichen Zwecken und fremden Wohnzwecken dient, entfallen je 300.000 DM auf die beiden selbständigen Gebäudeteile. Der eigenbetrieblich genutzte Gebäudeteil wird nach § 7 Abs. 5 Satz 1 Nr. 1 EStG degressiv, der zu fremden Wohnzwecken genutzte Gebäudeteil nach § 7 Abs. 4 Satz 1 Nr. 2 EStG linear abgeschrieben. Die jährliche AfA beträgt

a) für den eigenbetrieblich genutzten Gebäudeteil
              10 v. H. von 300.000 DM = 30.000 DM,

b) für den zu fremden Wohnzwecken genutzten Gebäudeteil
              2 v. H. von 300.000 DM = 6.000 DM.

Vom Beginn des 3. Jahres an wird die eigenbetriebliche Nutzung auf ein Drittel des bisher zu Wohnzwecken genutzten Gebäudeteils ausgedehnt. Von diesem Zeitpunkt an beträgt die AfA-Bemessungsgrundlage für den eigenbetrieblich genutzten Gebäudeteil 400.000 DM, für den zu fremden Wohnzwecken genutzten Gebäudeteil 200.000 DM. Für den nunmehr eigenbetrieblich genutzten Teil des bisher zu fremden Wohnzwecken genutzten Gebäudeteils ist die lineare AfA künftig mit dem höheren AfA-Satz des § 7 Abs. 4 Satz 1 Nr. 1 EStG vorzunehmen. Die AfA beträgt somit im 3. Jahr

a) für den eigenbetrieblich genutzten Gebäudeteil
              10 v. H. von 300.000 DM = 30.000 DM,
              + 4 v. H. von 100.000 DM = 4.000 DM,

b) für den zu fremden Wohnzwecken genutzten Gebäudeteil
2 v. H. von 200.000 DM = 4.000 DM.

Entnahme eines Gebäudes
Für ein Gebäude, das **im** Jahr der Fertigstellung aus dem Betriebsvermögen entnommen worden ist, kann die degressive AfA nach § 7 Abs. 5 EStG nicht mehr vorgenommen werden, wenn für das Gebäude bereits während der Zugehörigkeit zum Betriebsvermögen degressive AfA in Anspruch genommen worden ist (→ BFH vom 2. 7. 1992 – BStBl II S. 909).

Für ein Gebäude, das **nach** dem Jahr der Fertigstellung unter Aufdeckung der stillen Reserven entnommen worden ist, kann die degressive AfA nach § 7 Abs. 5 EStG nicht mehr vorgenommen werden (→ BFH vom 8. 11. 1994 – BStBl 1995 II S. 170).

Fertigstellung
Ein Wirtschaftsgut ist fertiggestellt, sobald es seiner Zweckbestimmung entsprechend genutzt werden kann (→ BFH vom 20. 2. 1975 – BStBl II S. 412, vom 11. 3. 1975 – BStBl II S. 659 und vom 21.7.1989 – BStBl II S. 906).
Die bestimmungsgemäße Nutzbarkeit einer Dauerkultur beginnt mit ihrer Ertragsreife (→ BMF vom 17. 9. 1990 – BStBl I S. 420):

AfA bei Dauerkulturen

BMF vom 17. 9. 1990 (BStBl I S. 420)

IV B 3 – S 2190 – 25/90

Unter Bezugnahme auf das Ergebnis der Erörterungen mit den obersten Finanzbehörden der Länder gilt **zur AfA bei Dauerkulturen folgendes:**

Eine Dauerkultur ist eine in sich geschlossene Pflanzenanlage, die während einer Reihe von Jahren regelmäßig Erträge durch ihre zum Verkauf bestimmten Früchte oder Pflanzenteile liefert. Die gesamte Dauerkultur ist ein einheitliches bewegliches Wirtschaftsgut des Anlagevermögens.

Eine Dauerkultur ist **fertiggestellt,** sobald sie ihrer Zweckbestimmung entsprechend genutzt werden kann. Die bestimmungsgemäße Nutzbarkeit einer Dauerkultur beginnt mit ihrer Ertragsreife. Die Ertragsreife tritt in der Regel ein [1])

---

[1]) → BMF vom 28. 8. 1991 (BStBl I S. 768, Tz. 19) → Anhang 18 II.

- bei Rosen
  im Wirtschaftsjahr der Anpflanzung,
- bei Stauden, bei Beerenobst, bei Äpfeln und Birnen in Dichtpflanzungen (über 1 600 St/ha Bodenfläche)
  im ersten Wirtschaftsjahr,
- bei Hopfen und bei Spargel
  im zweiten Wirtschaftsjahr,
- bei Weinbau, bei den übrigen Obstgehölzen, bei Ziergehölzen (einschließlich Schnitt- und Bindegrün) und bei Mutterpflanzen aller Arten
  im dritten Wirtschaftsjahr

nach dem Wirtschaftsjahr der Anpflanzung.

Soweit im Einzelfall keine davon abweichenden tatsächlichen Feststellungen getroffen werden, bestehen keine Bedenken, wenn eine Dauerkultur in dem jeweils genannten Wirtschaftsjahr als fertiggestellt angesehen und die AfA im Wirtschaftsjahr der Fertigstellung in Höhe des für ein volles Wirtschaftsjahr zulässigen Betrags vorgenommen wird.

An der in Tz. 62 des Schreibens vom 5. 5. 1977 (BStBl I S. 246) vertretenen Auffassung wird nicht mehr festgehalten.

Ein Gebäude ist fertiggestellt, wenn die wesentlichen Bauarbeiten abgeschlossen sind und der Bau so weit errichtet ist, daß der Bezug der Wohnungen zumutbar ist oder daß das Gebäude für den Betrieb in all seinen wesentlichen Bereichen nutzbar ist (→ BFH vom 11. 3. 1975 – BStBl II S. 659 und vom 21. 7. 1989 – BStBl II S. 906).

Ein Gebäude ist nicht fertiggestellt, wenn Türen, Böden und der Innenputz noch fehlen (→ BFH vom 21. 7. 1989 – BStBl II S. 906).

Auf die Höhe der noch ausstehenden Herstellungskosten im Verhältnis zu den gesamten Herstellungskosten des Gebäudes kommt es nicht an (→ BFH vom 16. 12. 1988 – BStBl 1989 II S. 203).

Gebäudeteile, die auf Grund ihrer unterschiedlichen Funktion selbständige Wirtschaftsgüter sind, sind fertiggestellt, sobald diese Teile bestimmungsgemäß nutzbar sind (→ BFH vom 9. 8. 1989 – BStBl 1991 II S. 132).

Anhang 18   Gebrauchstiere sind bei der ersten Ingebrauchnahme fertiggestellt (→ BMF vom 28.8.1991 – BStBl I S. 768 – Tz. 18).

Lieferung

Ein Wirtschaftsgut ist geliefert, wenn der Erwerber nach dem Willen der Vertragsparteien darüber wirtschaftlich verfügen kann; das ist in der Regel der Fall, wenn Eigenbesitz, Gefahr, Nutzen und Lasten auf den Erwerber übergehen (→ BFH vom 28. 4. 1977 – BStBl II S. 553).

Liegt der Zeitpunkt des Übergangs eines Wirtschaftsguts auf den Erwerber im Schnittpunkt von zwei Zeiträumen, so ist das Wirtschaftsgut mit Beginn des zweiten Zeitraums geliefert (→ BFH vom 7. 11. 1991 – BStBl 1992 II S. 398).

Anhang 18   Wirtschaftlicher Übergang bei Leasing- und Mietkauf-Verträgen → BMF vom 28. 8. 1991 (BStBl I S. 768) – Tz. 13.

Miteigentum von Ehegatten

Benutzt in einem den zusammenveranlagten Ehegatten als Miteigentümer gehörenden Gebäude einer der Ehegatten aus beruflichen Gründen ein Arbeitszimmer, so ist die auf diesen Raum entfallende AfA nach § 7 Abs. 4 EStG grundsätzlich ohne Rücksicht auf den Miteigentumsanteil des anderen Ehegatten bei den Einkünften des den Raum nutzenden Ehegatten als Werbungskosten abzuziehen (→ BFH vom 12. 2. 1988 – BStBl II S. 764).

Nachträgliche Anschaffungs- oder Herstellungskosten

Werden nachträgliche Anschaffungs- oder Herstellungskosten für Wirtschaftsgüter aufgewendet, die nach § 7 Abs. 1 oder Abs. 2 oder Abs. 4 Satz 2 EStG abgeschrieben werden, so bemißt sich die AfA vom Jahr der Entstehung der nachträglichen Anschaffungs- oder Herstellungskosten an nach der Restnutzungsdauer (→ BFH vom 25. 11. 1970 – BStBl 1971 II S. 142).

Werden nachträgliche Anschaffungs- und Herstellungskosten für Gebäude aufgewendet, die nach § 7 Abs. 4 Satz 1 oder Abs. 5 EStG abgeschrieben werden, so ist der für das Gebäude geltende Vomhundertsatz anzuwenden (→ BFH vom 20. 2. 1975 – BStBl II S. 412 und vom 20. 1. 1987 – BStBl II S. 491).

Wird in den Fällen des § 7 Abs. 4 Satz 1 EStG auf diese Weise die volle Absetzung innerhalb der tatsächlichen Nutzungsdauer nicht erreicht, so kann die AfA vom Zeitpunkt der Beendigung der nachträglichen Herstellungsarbeiten an nach der Restnutzungsdauer des Gebäudes bemessen werden (→ BFH vom 7. 6. 1977 – BStBl II S. 606).

Neubau

Die AfA nach § 7 Abs. 5 EStG kann nur bei Neubauten in Anspruch genommen werden. Bei Umbauten, Ausbauten und Modernisierungsmaßnahmen liegt ein Neubau nicht bereits dann vor, wenn sich dadurch die Zweckbestimmung des Gebäudes ändert. Er entsteht nur, wenn die eingefügten Neubauteile dem Gesamtgebäude das Gepräge geben, so daß es in bautechnischer Hinsicht neu ist. Das ist insbesondere der Fall, wenn verbrauchte Teile ersetzt werden, die für die Nutzungsdauer des Gebäudes bestimmend sind, wie z. B. Fundamente, tragende Außen- und Innenwände, Geschoßdecken und die Dachkonstruktion (→ BFH vom 28. 6. 1977 – BStBl II S. 725 und vom 31. 3. 1992 – BStBl II S. 808).

Bei Anbauten liegt ein Neubau vor, wenn
– dadurch selbständige Wirtschaftsgüter im Sinne von R 13 geschaffen werden oder
– sie mit dem bestehenden Gebäude verschachtelt sind und die Neubauteile dem Gesamtgebäude das Gepräge geben; hierfür sind regelmäßig die Größen- und Wertverhältnisse der Alt- und Neubauteile maßgebend (→ BFH vom 9. 8. 1974 – BStBl 1975 II S. 342 und vom 18. 8. 1977 – BStBl 1978 II S. 46).

Für Eigentumswohnungen, die durch die rechtliche Umwandlung eines bestehenden Gebäudes geschaffen werden, kann keine AfA nach § 7 Abs. 5 EStG in Anspruch genommen werden (→ BFH vom 24. 11. 1992 – BStBl 1993 II S. 188).

Nutzungsdauer

Begriff der Nutzungsdauer eines Gebäudes → § 11 c Abs. 1 EStDV

Zur Nutzungsdauer des Geschäfts- und Firmenwerts, des Praxiswerts und sogenannter firmenwertähnlicher Wirtschaftsgüter → BMF vom 20. 11. 1986 (BStBl I S. 532) und BMF vom 15. 1. 1995 (BStBl I S. 14). → H 31 a, H 32.

Anschaffungs- oder Herstellungskosten eines Wirtschaftsguts sind nur dann nach § 7 EStG zu verteilen, wenn die Nutzungsdauer des Wirtschaftsguts zwölf Monate (Jahreszeitraum im Sinne eines Zeitraums von 365 Tagen) übersteigt (→ BFH vom 26. 8. 1993 – BStBl 1994 II S. 232).

Die Absicht, ein zunächst noch genutztes Gebäude abzubrechen oder zu veräußern, rechtfertigt es nicht, eine kürzere Nutzungsdauer des Gebäudes zugrunde zu legen (→ BFH vom 15. 12. 1981 – BStBl 1982 II S. 385).

Eine Verkürzung der Nutzungsdauer kann erst angenommen werden, wenn die Gebäudeabbruchvorbereitungen soweit gediehen sind, daß die weitere Nutzung in der bisherigen oder einer anderen Weise so gut wie ausgeschlossen ist (→ BFH vom 8. 7. 1980 – BStBl II S. 743).

Die der tatsächlichen Nutzungsdauer entsprechende AfA kann erst vorgenommen werden, wenn der Zeitpunkt der Nutzungsbeendigung des Gebäudes feststeht, z. B. weil sich der Steuerpflichtige verpflichtet hat, das Gebäude zu einem bestimmten Zeitpunkt abzubrechen (→ BFH vom 22. 8. 1984 – BStBl 1985 II S. 126).

Nutzungsdauer von Ladeneinbauten → BMF vom 5. 10. 1994 (BStBl I S. 771):

Nutzungsdauer von Ladeneinbauten

BMF vom 5. 10. 1994 (BStBl I S. 771)
IV A 8 – S 1551 – 98/94

Nach dem Ergebnis der Erörterungen mit den obersten Finanzbehörden der Länder sind die Absetzungen für Abnutzung für Ladeneinbauten, die nach dem 31. Dezember 1994 angeschafft oder hergestellt werden, nach einer betriebsgewöhnlichen Nutzungsdauer von sieben Jahren (AfA-Satz 14 v. H.) zu bemessen.

§ 7 EStG
R 44 a   H 44

Es ist im Rahmen von steuerlichen Außenprüfungen im allgemeinen nicht zu beanstanden, wenn für Ladeneinbauten, die vor dem 1. Januar 1995 angeschafft oder hergestellt worden sind, die Absetzungen für Abnutzung wie bisher nach einem voraussichtlichen Zeitraum von fünf bis zehn Jahren bemessen werden.

Anhang 9 **Nutzungsdauer bei PKW und Kombifahrzeugen**

→ BMF vom 3. 12. 1992 (BStBl I S. 734

→ BMF vom 28. 5. 1993 (BStBl I S. 483)

Teil des auf ein Jahr entfallenden AfA-Betrags

Abweichend von R 44 Abs. 2 Satz 1 ist die AfA nach § 7 Abs. 5 EStG im Jahr der Anschaffung oder Herstellung eines Gebäudes in Höhe des vollen Jahresbetrags abzuziehen (→ BFH vom 19. 2. 1974 – BStBl II S. 704; → aber R 44 Abs. 2 Satz 2).

Bei Veräußerung eines Gebäudes kann die degressive AfA nach § 7 Abs. 5 EStG nur zeitanteilig abgezogen werden (→ BFH vom 18. 8. 1977 – BStBl II S. 835).

Unterlassene oder überhöhte AfA

Ist AfA nach § 7 Abs. 1 oder Abs. 2 oder Abs. 4 Satz 2 EStG unterblieben, so kann sie in der Weise nachgeholt werden, daß die noch nicht abgesetzten Anschaffungs- oder Herstellungskosten (Buchwert) entsprechend der bei dem Wirtschaftsgut angewandten Absetzungsmethode auf die noch verbleibende Restnutzungsdauer verteilt werden (→ BFH vom 21. 2. 1967 – BStBl III S. 386 und vom 3. 7. 1980 – BStBl 1981 II S. 255).

Ist AfA nach § 7 Abs. 4 Satz 2 EStG überhöht vorgenommen worden oder unterblieben und hat sich die tatsächliche Nutzungsdauer des Gebäudes nicht geändert, so sind weiterhin die gesetzlich vorgeschriebenen Vomhundertsätze anzusetzen, so daß sich ein anderer Abschreibungszeitraum als von 25, 40 oder 50 Jahren ergibt (→ BFH vom 3. 7. 1984 – BStBl II S. 709, vom 20. 1. 1987 – BStBl II S. 491 und vom 11. 12. 1987 – BStBl 1988 II S. 335).

Ist AfA nach § 7 Abs. 5 EStG überhöht vorgenommen worden, so ist die weitere AfA während des verbleibenden Abschreibungszeitraums weiterhin von den ungekürzten Anschaffungs- oder Herstellungskosten vorzunehmen (→ BFH vom 4. 5. 1993 – BStBl II S. 661).

AfA, die unterblieben ist, um dadurch unberechtigte Steuervorteile zu erlangen, darf nicht nachgeholt werden (→ BFH vom 3. 7. 1980 – BStBl 1981 II S. 255 und vom 20. 1. 1987 – BStBl II S. 491).

Wechsel der AfA-Methode bei Gebäuden

Der Wechsel zwischen den Absetzungsverfahren nach § 7 Abs. 5 EStG sowie zwischen den Absetzungsverfahren nach § 7 Abs. 4 EStG und § 7 Abs. 5 EStG ist unzulässig (→ BFH vom 10. 3. 1987 – BStBl II S. 618).

Ein Übergang von den erhöhten Absetzungen nach § 7 b EStG zu der degressiven AfA nach § 7 Abs. 5 EStG ist unzulässig (→ BFH vom 17. 2. 1976 – BStBl II S. 414).

| R 44 a | R 44 a. **Absetzung für Substanzverringerung** |

S 2195   [1]Absetzungen für Substanzverringerung (AfS) sind beim unentgeltlichen Erwerb eines → Bodenschatzes nur zulässig, soweit der Rechtsvorgänger Anschaffungskosten für ein Wirtschaftsgut aufgewendet hat. [2]AfS sind vorzunehmen, sobald mit dem Abbau des Bodenschatzes begonnen wird. [3]Sie berechnen sich nach dem Verhältnis der im Wirtschaftsjahr geförderten Menge des Bodenschatzes zur gesamten geschätzten Abbaumenge. [4]AfS, die unterblieben sind, um dadurch unberechtigte Steuervorteile zu erlangen, dürfen nicht nachgeholt werden.

Hinweise

Bodenschatz

- Ein Bodenschatz wird erst dann zu einem Wirtschaftsgut, wenn er zur nachhaltigen Nutzung in den Verkehr gebracht wird, indem mit seiner Aufschließung begonnen wird (→ BFH vom 7. 12. 1989 – BStBl 1990 II S. 317 und BMF vom 9. 8. 1993 – BStBl I S. 678) oder mit ihr zu rechnen ist (→ BFH vom 26. 11. 1993 – BStBl 1994 II S. 293).

  Bodenschätze, zu denen Sand- und Kiesvorkommen (sog. Grundeigentümer-Mineralien) gehören, bilden, solange sie im Boden lagern und nicht abgebaut werden, bürgerlich-rechtlich und steuerrechtlich mit dem Grund und Boden eine Einheit. Solange der Eigentümer den zum Grund und Boden gehörenden Bodenschatz nicht selbst nutzt oder durch einen anderen nutzen läßt, ist dieser einer selbständigen Bewertung nicht zugänglich und damit ertragsteuerrechtlich ohne Bedeutung. Als Wirtschaftsgut greifbar und damit zum Wirtschaftsgut im einkommensteuerlichen Sinne wird der Bodenschatz erst dann, wenn der Eigentümer über ihn verfügt, indem er ihn zu verwerten beginnt. Dies ist im gewerblichen wie im privaten Bereich der Fall, wenn der Bodenschatz zur nachhaltigen gewerblichen Nutzung in den Verkehr gebracht wird, wenn z. B. mit seiner Aufschließung begonnen wird oder mit ihr zu rechnen ist. Erst dann konkretisiert sich der Bodenschatz als selbständig verwertbares Wirtschaftsgut. Die Entdeckung oder allein die Tatsache des Bekanntseins eines Bodenschatzes reicht für die Annahme eines Wirtschaftsguts noch nicht aus.

- Bei Bodenschätzen, die ein Steuerpflichtiger auf einem ihm gehörenden Grundstück im Privatvermögen entdeckt und in sein (Sonder-) Betriebsvermögen einlegt, sind AfS nicht zulässig (Abweichung von BFH vom 1. 7. 1987 – BStBl II S. 865; Abgrenzung zu BFH vom 26. 11. 1993 – BStBl 1994 II S. 293) (→ BFH vom 19. 7. 1994 – BStBl II S. 846).

Unterbliebene AfS

Unterbliebene AfS kann in der Weise nachgeholt werden, daß sie in gleichen Beträgen auf die restliche Nutzungsdauer verteilt wird (→ BFH vom 21. 2. 1967 – BStBl III S. 460).

§ 7 a
Gemeinsame Vorschriften für erhöhte Absetzungen und Sonderabschreibungen

(1) ¹Werden in dem Zeitraum, in dem bei einem Wirtschaftsgut erhöhte Absetzungen oder Sonderabschreibungen in Anspruch genommen werden können (Begünstigungszeitraum), nachträgliche Herstellungskosten aufgewendet, so bemessen sich vom Jahr der Entstehung der nachträglichen Herstellungskosten an bis zum Ende des Begünstigungszeitraums die Absetzungen für Abnutzung, erhöhten Absetzungen und Sonderabschreibungen nach den um die nachträglichen Herstellungskosten erhöhten Anschaffungs- oder Herstellungskosten. ²Entsprechendes gilt für nachträgliche Anschaffungskosten. ³Werden im Begünstigungszeitraum die Anschaffungs- oder Herstellungskosten eines Wirtschaftsguts nachträglich gemindert, so bemessen sich vom Jahr der Minderung an bis zum Ende des Begünstigungszeitraums die Absetzungen für Abnutzung, erhöhten Absetzungen und Sonderabschreibungen nach den geminderten Anschaffungs- oder Herstellungskosten.

(2) ¹Können bei einem Wirtschaftsgut erhöhte Absetzungen oder Sonderabschreibungen bereits für Anzahlungen auf Anschaffungskosten oder für Teilherstellungskosten in Anspruch genommen werden, so sind die Vorschriften über erhöhte Absetzungen und Sonderabschreibungen mit der Maßgabe anzuwenden, daß an die Stelle der Anschaffungs- oder Herstellungskosten die Anzahlungen auf Anschaffungskosten oder die Teilherstellungskosten und an die Stelle des Jahres der Anschaffung oder Herstellung das Jahr der Anzahlung oder Teilherstellung treten. ²Nach Anschaffung oder Herstellung des Wirtschaftsguts sind erhöhte Absetzungen oder Sonderabschreibungen nur zulässig, soweit sie nicht bereits für Anzahlungen auf Anschaffungskosten oder für Teilherstellungskosten in Anspruch genommen worden sind. ³Anzahlungen auf Anschaffungskosten sind im Zeitpunkt der tatsächlichen Zahlung aufgewendet. ⁴Werden Anzahlungen auf Anschaffungskosten durch Hingabe eines Wechsels geleistet, so sind sie in dem Zeitpunkt aufgewendet, in dem dem Lieferanten durch Diskontierung oder Einlösung des Wechsels das Geld tatsächlich zufließt. ⁵Entsprechendes gilt, wenn an Stelle von Geld ein Scheck hingegeben wird.

(3) Bei Wirtschaftsgütern, bei denen erhöhte Absetzungen in Anspruch genommen werden, müssen in jedem Jahr des Begünstigungszeitraums mindestens Absetzungen in Höhe der Absetzungen für Abnutzung nach § 7 Abs. 1 oder 4 berücksichtigt werden.

(4) Bei Wirtschaftsgütern, bei denen Sonderabschreibungen in Anspruch genommen werden, sind die Absetzungen für Abnutzung nach § 7 Abs. 1 oder 4 vorzunehmen.

(5) Liegen bei einem Wirtschaftsgut die Voraussetzungen für die Inanspruchnahme von erhöhten Absetzungen oder Sonderabschreibungen auf Grund mehrerer Vorschriften vor, so dürfen erhöhte Absetzungen oder Sonderabschreibungen nur auf Grund einer dieser Vorschriften in Anspruch genommen werden.

(6) Erhöhte Absetzungen oder Sonderabschreibungen sind bei der Prüfung, ob die in § 141 Abs. 1 Nr. 4 und 5 der Abgabenordnung bezeichneten Buchführungsgrenzen überschritten sind, nicht zu berücksichtigen.

(7) ¹Ist ein Wirtschaftsgut mehreren Beteiligten zuzurechnen und sind die Voraussetzungen für erhöhte Absetzungen oder Sonderabschreibungen nur bei einzelnen Beteiligten erfüllt, so dürfen die erhöhten Absetzungen und Sonderabschreibungen nur anteilig für diese Beteiligten vorgenommen werden. ²Die erhöhten Absetzungen oder Sonderabschreibungen dürfen von den Beteiligten, bei denen die Voraussetzungen dafür erfüllt sind, nur einheitlich vorgenommen werden.

(8) ¹Erhöhte Absetzungen oder Sonderabschreibungen sind bei Wirtschaftsgütern, die zu einem Betriebsvermögen gehören, nur zulässig, wenn sie in ein besonderes, laufend zu führendes Verzeichnis aufgenommen werden, das den Tag der Anschaffung oder Herstellung, die Anschaffungs- oder Herstellungskosten, die betriebsgewöhnliche Nutzungsdauer und die Höhe der jährlichen Absetzungen für Abnutzung, erhöhten Absetzungen und Sonderabschreibungen enthält. ²Das Verzeichnis braucht nicht geführt zu werden, wenn diese Angaben aus der Buchführung ersichtlich sind.

(9) Sind für ein Wirtschaftsgut Sonderabschreibungen vorgenommen worden, so bemessen sich nach Ablauf des maßgebenden Begünstigungszeitraums die Absetzungen für Abnutzung bei Gebäuden und bei Wirtschaftsgütern im Sinne des § 7 Abs. 5 a nach dem Restwert und dem nach § 7 Abs. 4 unter Berücksichtigung der Restnutzungsdauer maßge-

benden Vomhundertsatz, bei anderen Wirtschaftsgütern nach dem Restwert und der Restnutzungsdauer.

R 45. Gemeinsame Vorschriften für erhöhte Absetzungen und Sonderabschreibungen

R 45

Allgemeines

S 2181

(1) ¹Die Vorschriften des § 7 a EStG sind auch auf alle erhöhten Absetzungen und Sonderabschreibungen anzuwenden, die ihre Rechtsgrundlage nicht im Einkommensteuergesetz haben. ²§ 7 a EStG ist nur dann nicht anzuwenden, wenn oder soweit dies in der jeweiligen Vorschrift über die erhöhten Absetzungen oder Sonderabschreibungen ausdrücklich bestimmt ist. ³Keine Anwendung findet § 7 a EStG bei den Steuervergünstigungen, die nicht in Form von erhöhten Absetzungen oder Sonderabschreibungen gewährt werden, z. B. bei der Bewertungsfreiheit nach § 6 Abs. 2 EStG und bei Rücklagen nach § 3 ZRFG, es sei denn, die entsprechende Anwendung einzelner Regelungen des § 7 a EStG ist bei diesen Regelungen ausdrücklich bestimmt.

Anhang 37

Begünstigungszeitraum

(2) ¹Der Begünstigungszeitraum im Sinne des § 7 a Abs. 1 Satz 1 EStG umfaßt die in der jeweiligen Vorschrift bestimmte Anzahl von Jahren. ²Er verkürzt sich bei den Sonderabschreibungen nach § 4 Abs. 3 FördG und bei den erhöhten Absetzungen auf die Jahre, in denen die insgesamt zulässigen Sonderabschreibungen oder erhöhten Absetzungen tatsächlich vorgenommen sind. ³Der Begünstigungszeitraum für Anzahlungen auf Anschaffungskosten und für Teilherstellungskosten endet mit Ablauf des Jahres, das dem Jahr der Anschaffung oder Herstellung oder der Beendigung nachträglicher Herstellungsarbeiten vorangeht. ⁴Im Jahr der Anschaffung oder Herstellung beginnt ein neuer Begünstigungszeitraum für die Anschaffungs- oder Herstellungskosten.

Anhang 15

Nachträgliche Anschaffungs- oder Herstellungskosten im Begünstigungszeitraum

(3) ¹Nachträgliche Anschaffungs- oder Herstellungskosten im Sinne des § 7 a Abs. 1 Sätze 1 und 2 EStG sind im Jahr ihrer Entstehung so zu berücksichtigen, als wären sie zu Beginn des Jahres aufgewendet worden (→ Beispiel 1). ²§ 7 a Abs. 1 EStG ist nicht anzuwenden, wenn nachträgliche Herstellungskosten selbständig abgeschrieben werden, z. B. nach den §§ 7 h oder 7 i EStG oder nach § 4 Abs. 3 FördG, oder wenn nachträgliche Herstellungsarbeiten so umfassend sind, daß hierdurch ein anderes Wirtschaftsgut entsteht (→ R 43 Abs. 5).

Anhang 15

Minderung der Anschaffungs- oder Herstellungskosten im Begünstigungszeitraum

(4) ¹Nachträgliche Minderungen der Anschaffungs- oder Herstellungskosten im Sinne des § 7 a Abs. 1 Satz 3 EStG sind im Jahr der Minderung so zu berücksichtigen, als wäre die Minderung zu Beginn des Jahres eingetreten. ²Zuschüsse mindern die Bemessungsgrundlage im Jahr der Bewilligung des Zuschusses (→ Beispiel 2). ³Wird ein Zuschuß zurückgezahlt, so ist der Rückforderungsbetrag im Jahr des Entstehens der Rückforderungsverpflichtung der bisherigen Bemessungsgrundlage für die AfA, für die erhöhten Absetzungen und für die Sonderabschreibungen hinzuzurechnen und so zu berücksichtigen, als wäre der Betrag zu Beginn des Jahres zurückgefordert worden (→ Beispiel 3). ⁴Die Sätze 2 und 3 gelten sowohl bei Gewinnermittlung durch Betriebsvermögensvergleich als auch bei Ermittlung der Einkünfte durch Überschuß der Betriebseinnahmen über die Betriebsausgaben und der Einnahmen über die Werbungskosten.

Anzahlungen auf Anschaffungskosten

(5) ¹→ Anzahlungen auf Anschaffungskosten sind Zahlungen, die vor der Lieferung eines Wirtschaftsguts auf die endgültigen Anschaffungskosten geleistet werden, soweit sie diese nicht übersteigen. ²Ohne Bedeutung ist, ob die Zahlungen verzinst werden oder zu einer Kaufpreisminderung führen. ³Anzahlungen auf die Anschaffungskosten eines bebauten Grundstücks sind jeweils nach dem voraussichtlichen Verhältnis der Verkehrswerte oder Teilwerte auf den Grund und Boden und das Gebäude aufzuteilen. ⁴Keine Anzahlungen sind → willkürlich geleistete Zahlungen. ⁵Zahlungen können auch dann willkürlich sein, wenn sie vertraglich vereinbart sind. ⁶Eine Vorauszahlung gilt nicht als willkürlich, wenn das Wirtschaftsgut spätestens im folgenden Jahr geliefert wird. ⁷Bei einem Gebäude, das von einem Bauträger im Sinne von § 3 MaBV erworben wird, ist die Willkürlichkeit von Vorauszahlun-

gen auch nicht anzunehmen, soweit sie nicht höher als die Zahlungen sind, die nach § 3 Abs. 2 MaBV im laufenden und im folgenden Jahr voraussichtlich zu leisten wären. [8]Über die Teilbeträge nach § 3 Abs. 2 MaBV hinausgehende Zahlungen können auch dann willkürlich sein, wenn der Bauträger Sicherheit nach § 7 MaBV geleistet hat. [9]Soweit die Zahlungen höher sind als die im laufenden und im folgenden Jahr voraussichtlich nach § 3 Abs. 2 MaBV zu leistenden Zahlungen, sind sie in dem Jahr als Anzahlung zu berücksichtigen, das dem Jahr vorausgeht, in dem ein entsprechender Teilbetrag nach § 3 Abs. 2 MaBV voraussichtlich zu leisten wäre. [10]Keine Anzahlungen sind auch Zahlungen auf ein Treuhand- oder Notaranderkonto sowie Zahlungen, die im Interesse des Steuerpflichtigen einem Konto gutgeschrieben werden, über die der Zahlungsempfänger nicht frei verfügen kann.[1])

Teilherstellungskosten

(6) [1]Zu den → Teilherstellungskosten eines Gebäudes gehören auch die Aufwendungen für das bis zum Ende des Wirtschaftsjahrs auf der Baustelle angelieferte, aber noch nicht verbaute Baumaterial. [2]Unerheblich ist, ob in dem Wirtschaftsjahr bereits Zahlungen für Teilherstellungskosten geleistet sind. [3]Auch bei Teilzahlungen an einen Unternehmer, der beauftragt ist, ein Bauobjekt als Generalunternehmer zu einem Festpreis herzustellen, bemessen sich die AfA, erhöhten Absetzungen und Sonderabschreibungen nur nach den tatsächlich entstandenen Teilherstellungskosten. [4]Soweit sich die Zahlungen am Baufortschritt ausrichten, können sie aus Vereinfachungsgründen als Anhaltspunkt für die Höhe der entstandenen Teilherstellungskosten dienen.

Kumulationsverbot

(7) Das Kumulationsverbot nach § 7 a Abs. 5 EStG bezieht sich nicht auf die Fälle, in denen nachträgliche Anschaffungs- oder Herstellungskosten Gegenstand einer eigenen Abschreibungsvergünstigung sind und sowohl für das Wirtschaftsgut in seinem ursprünglichen Zustand als auch für die nachträglichen Anschaffungs- oder Herstellungskosten Abschreibungsvergünstigungen auf Grund verschiedener Vorschriften in Betracht kommen.

Verlustklausel

(8) [1]Die Verlustklausel des § 7 a Abs. 6 EStG 1979 ist im Rahmen der Übergangsregelung zu § 15 a EStG (§ 52 Abs. 12 und 19 EStG) weiter anzuwenden, und zwar wegen der Betriebsbezogenheit der Verlustklausel auf das gesamte Betriebsergebnis. [2]Im Rahmen dieser Übergangsregelung ist die Verlustklausel bei allen erhöhten Absetzungen und Sonderabschreibungen anzuwenden, die für zu einem Betriebsvermögen gehörende Wirtschaftsgüter in Anspruch genommen werden, soweit die Anwendung der Verlustklausel nicht ausdrücklich eingeschränkt oder ausgeschlossen worden ist.

AfA bei Gebäuden nach Ablauf des Begünstigungszeitraums

(9) [1]Bei Gebäuden, für die Sonderabschreibungen nach § 58 Abs. 1 EStG, nach § 3 ZRFG, nach den §§ 3 und 4 FördG oder nach § 76 EStDV oder erhöhte Absetzungen nach § 14 Abs. 1 oder § 14 a Abs. 4 oder § 14 d Abs. 1 Nr. 4 oder § 15 Abs. 2 Satz 2 BerlinFG oder nach § 14 a BerlinFG 1976 in der Fassung der Bekanntmachung vom 18. 2. 1976 (BGBl. I S. 353, BStBl I S. 102) und den vorherigen Fassungen dieser Vorschrift vorgenommen worden sind, ist die lineare AfA in Anlehnung an § 7 Abs. 4 Satz 1 EStG nach einem um den Begünstigungszeitraum verminderten Abschreibungszeitraum von 25 Jahren oder von 50 Jahren zu bemessen (→ Beispiel 4). [2]In den Fällen des § 76 EStDV ist die Restwertabschreibung höchstens nach dem um den Begünstigungszeitraum verminderten Abschreibungszeitraum von 30 Jahren (§ 76 Abs. 4 Satz 3 EStDV) zu bemessen. [3]Die Regelung nach Satz 1 gilt nicht, wenn der Restwert nach Ablauf eines Begünstigungszeitraums den Anschaffungs- oder Herstellungskosten des Gebäudes oder dem an deren Stelle tretenden Wert hinzuzurechnen ist (z. B. § 7 b Abs. 2 Satz 3, § 7 c Abs. 5 Satz 1 EStG, § 82 a Abs. 1 Satz 2 EStDV) oder nach einem festen Vomhundertsatz abzuschreiben ist (z. B. § 7 b Abs. 1 Satz 2 EStG).

AfA bei anderen Wirtschaftsgütern nach Ablauf des Begünstigungszeitraums

(10) [1]Die Restnutzungsdauer des Wirtschaftsguts ist bei Beginn der Restwertabschreibung neu zu schätzen. [2]Es ist jedoch nicht zu beanstanden, wenn für die weitere Bemessung der AfA die um den Begünstigungszeitraum verminderte ursprüngliche Nutzungsdauer des Wirtschaftsguts als Restnutzungsdauer zugrunde gelegt wird.

---

[1]) → H 45 (Anzahlungen auf Anschaffungskosten).

Hinweise

Anzahlungen auf Anschaffungskosten

a) Begriff

Vorleistungen, die in Erfüllung eines zu einem späteren Zeitpunkt noch zu vollziehenden Anschaffungsgeschäfts erbracht werden (→ BFH vom 2. 6. 1978 – BStBl II S. 475 und vom 21. 11. 1980 – BStBl 1981 II S. 179).

Keine Anzahlungen auf Anschaffungskosten sind Zahlungen gelegentlich eines Anschaffungsgeschäfts, durch die eine Tilgung der Kaufpreisschuld nicht eintritt (→ BFH vom 4. 3. 1983 – BStBl II S. 509).

Eine Wechselhingabe kann nicht als in Erfüllung eines Anschaffungsgeschäfts erbracht angesehen werden, wenn sie für den Empfänger keinen wirtschaftlichen Wert hat (→ BFH vom 28. 11. 1980 – BStBl 1981 II S. 286).

Nach § 3 Abs. 2 MaBV (BGBl. 1990 I S. 2479) sind zu leisten:

– 30 v. H. der Vertragssumme in den Fällen, in denen Eigentum an einem Grundstück übertragen werden soll, oder 20 v. H. der Vertragssumme in den Fällen, in denen ein Erbbaurecht bestellt oder übertragen werden soll, nach Beginn der Erdarbeiten,

– vom restlichen Teil der Vertragssumme

40 v. H. nach Rohbaufertigstellung,

25 v. H. nach Fertigstellung der Rohinstallation einschließlich Innenputz, ausgenommen Beiputzarbeiten,

15 v. H. nach Fertigstellung der Schreiner- und Glaserarbeiten, ausgenommen Türblätter,

15 v. H. nach Bezugsfertigkeit und Zug um Zug gegen Besitzübergabe,

5 v. H. nach vollständiger Fertigstellung.

b) Zeitpunkt

Anzahlungen sind nicht schon im Zeitpunkt der Diskontierung des Wechsels aufgewendet, wenn der Diskonterlös für die Laufzeit des Wechsels auf einem Festgeldkonto angelegt wird und der Diskontnehmer während der Laufzeit des Wechsels nicht über den Wechselgegenwert verfügen kann (→ BFH vom 30. 10. 1986 – BStBl 1987 II S. 137).

Zeitpunkt der Anzahlung ist grundsätzlich der Zeitpunkt, in dem der Schuldner seiner Bank den Überweisungsauftrag erteilt hat (→ BFH vom 22. 5. 1987 – BStBl II S. 673).

c) Begriff und Zeitpunkt der Anzahlungen auf Anschaffungskosten bei Abtretung der Kaufpreisforderung oder Verpfändung eines Kontos durch den Zahlungsempfänger:
BMF vom 27. 12. 1995 (BStBl I S. 809)
IV B 3 – S 2181 – 5/95

Nach R 45 Abs. 5 Satz 10 EStR 1993 handelt es sich nicht um Anzahlungen auf Anschaffungskosten, wenn Zahlungen im Interesse des Steuerpflichtigen einem Konto gutgeschrieben werden, über das der Zahlungsempfänger nicht frei verfügen kann. Unter Bezugnahme auf das Ergebnis der Erörterungen mit den obersten Finanzbehörden der Länder nehme ich hierzu für Fälle der Abtretung der Kaufpreisforderung oder Verpfändung eines Kontos durch den Zahlungsempfänger wie folgt Stellung:

Keine Anzahlungen auf Anschaffungskosten liegen vor, wenn der Steuerpflichtige unter der Bedingung gezahlt hat, daß das Konto des Zahlungsempfängers gesperrt oder verpfändet ist. In diesen Fällen liegt die Sperrung oder Verpfändung ausschließlich im Interesse des Steuerpflichtigen (Anzahlenden).

Die Anerkennung einer Zahlung als Anzahlung auf Anschaffungskosten wird jedoch nicht ausgeschlossen, wenn der Steuerpflichtige bedingungslos gezahlt und der Zahlungsempfänger über den Zahlungsbetrag verfügt hat, indem er seine Kaufpreisforderung abgetreten oder das Konto verpfändet hat, z. B. um eine Bankbürgschaft zugunsten des Steuerpflichtigen zu erhalten. In diesen Fällen liegt die Abtretung oder Verpfändung überwiegend im Interesse des Zahlungsempfängers. Dabei ist es ohne Bedeutung, ob die Abtretung oder Verpfändung vor oder nach dem Zeitpunkt der Zahlung wirksam geworden ist.

§ 7 a EStG
R 45   H 45

Beispiele
1. Nachträgliche Anschaffungs- oder Herstellungskosten
   An einem im April 01 angeschafften beweglichen Wirtschaftsgut mit einer betriebsgewöhnlichen Nutzungsdauer von 10 Jahren, für das im Jahr 01 die nach § 7 g EStG zulässigen Sonderabschreibungen von 20 v. H. und die lineare AfA in Anspruch genommen worden sind, werden nachträgliche Herstellungsarbeiten vorgenommen und im Jahr 05 beendet. Die nachträglichen Herstellungskosten entstehen im Dezember 04 und im Januar 05.

Anschaffungskosten	10.000 DM
Abschreibungen 01 bis 03:	
a) 3 × 10 v. H. von 10.000 DM	− 3.000 DM
b) 20 v. H. von 10.000 DM	− 2.000 DM
Buchwert 31. 12. 03	5.000 DM
nachträgliche Herstellungskosten 04	+ 1.800 DM
	6.800 DM
Abschreibungen 04:	
a) 10 v. H. von 11.800 DM	− 1.180 DM
b) 20 v. H. von 11.800 DM 2.360 DM	
abzüglich bisherige Sonderabschreibungen 2.000 DM	− 360 DM
Buchwert 31. 12. 04	5.260 DM
nachträgliche Herstellungskosten 05	+ 200 DM
	5.460 DM
Abschreibungen 05:	
a) 10 v. H. von 12.000 DM	− 1.200 DM
b) 20 v. H. von 12.000 DM 2.400 DM	
abzüglich bisherige Sonderabschreibungen 2.360 DM	− 40 DM
Restwert 31. 12. 05	4.220 DM

2. Minderung der Anschaffungs- oder Herstellungskosten
   An einem Gebäude werden im Jahr 01 Baumaßnahmen im Sinne des § 7 i EStG durchgeführt. Im Februar 03 wird ein Zuschuß bewilligt.

Herstellungskosten	100.000 DM
Erhöhte Absetzungen 01 bis 02:	
2 × 10 v. H. von 100.000 DM	− 20.000 DM
Buchwert 31. 12. 02	80.000 DM
Zuschuß 03	− 40.000 DM
	40.000 DM
Erhöhte Absetzungen 03 bis 08:	
6 × 10 v. H. von 60.000 DM =	− 36.000 DM
Erhöhte Absetzungen 09 (Rest)	− 4.000 DM
Buchwert 31. 12. 09	0 DM

3. Rückforderung eines Zuschusses
   Sachverhalt wie in Beispiel 2 mit der Ergänzung, daß der Zuschuß im Jahr 04 zurückgefordert wird.

Herstellungskosten	100.000 DM
Erhöhte Absetzungen 01 bis 02:	
2 × 10 v. H. von 100.000 DM	− 20.000 DM
Buchwert 31. 12. 02	80.000 DM
Zuschuß 03	− 40.000 DM
	40.000 DM
Erhöhte Absetzungen 03:	
10 v. H. von 60.000 DM	− 6.000 DM
Buchwert 31.12.03	34.000 DM

Rückforderung Zuschuß 04	+ 40.000 DM
	74.000 DM
Erhöhte Absetzungen 04 bis 10:	
7 × 10 v. H. von 100.000 DM	− 70.000 DM
Restwert 31.12.10	4.000 DM

4. **AfA bei Gebäuden nach Ablauf des Begünstigungszeitraums**

Für ein im Januar 01 hergestelltes Wirtschaftsgebäude sind in den Jahren 01 bis 03 die nach § 4 FördG zulässigen Sonderabschreibungen vorgenommen worden. Nach Ablauf des Begünstigungszeitraums am 31. 12. 05 beträgt die restliche Abschreibungsdauer des Gebäudes noch 20 Jahre.

Herstellungskosten	500.000 DM
Abschreibungen 01 bis 03:	
AfA 3 × 4 v. H. = 12 v. H. =	− 60.000 DM
Sonderabschreibungen	
50 v. H. =	− 250.000 DM
Abschreibungen 04 und 05	
AfA 2 × 4 v. H. = 8 v. H. =	− 40.000 DM
Restwert 31.12.05 =	
Bemessungsgrundlage ab 06	150.000 DM

Vom Jahr 06 an beträgt die AfA jeweils 5 v. H. = 7.500 DM jährlich.

Mehrere Beteiligte

Sind Wirtschaftsgüter mehreren Beteiligten zuzurechnen, so können erhöhte Absetzungen und Sonderabschreibungen grundsätzlich nur einheitlich von allen Beteiligten in Anspruch genommen werden (→ BFH vom 7. 8. 1986 – BStBl II S. 910).

→ R 164 Abs. 1 Satz 3

Teilherstellungskosten

Teilherstellungskosten sind die Aufwendungen, die bis zum Ende des Wirtschaftsjahrs durch den Verbrauch von Gütern und die Inanspruchnahme von Diensten für die Herstellung eines Wirtschaftsguts entstanden sind (→ BFH vom 15. 11. 1985 – BStBl 1986 II S. 367). Anzahlungen auf Teilherstellungskosten sind nicht begünstigt (→ BFH vom 10. 3. 1982 – BStBl II S. 426).

Verzeichnis

Das nach § 7 a Abs. 8 EStG erforderliche Verzeichnis braucht erst im Zeitpunkt der Inanspruchnahme der erhöhten Absetzungen oder Sonderabschreibungen erstellt zu werden (→ BFH vom 9. 8. 1984 – BStBl 1985 II S. 47).

Willkürlich geleistete Zahlungen

Willkürlich geleistete Zahlungen sind keine Anzahlungen (→ BFH vom 3. 2. 1987 – BStBl II S. 492).

– unbesetzt –

R 46 bis R 51

§ 7 b¹)
Erhöhte Absetzungen für Einfamilienhäuser, Zweifamilienhäuser und Eigentumswohnungen

(1) ¹Bei im Inland belegenen Einfamilienhäusern, Zweifamilienhäusern und Eigentumswohnungen, die zu mehr als 66²/₃ vom Hundert Wohnzwecken dienen und die vor dem 1. Januar 1987 hergestellt oder angeschafft worden sind, kann abweichend von § 7 Abs. 4 und 5 der Bauherr im Jahr der Fertigstellung und in den sieben folgenden Jahren jeweils bis zu 5 vom Hundert der Herstellungskosten oder ein Erwerber im Jahr der Anschaffung und in den sieben folgenden Jahren jeweils bis zu 5 vom Hundert der Anschaffungskosten absetzen. ²Nach Ablauf dieser acht Jahre sind als Absetzung für Abnutzung bis zur vollen Absetzung jährlich 2,5 vom Hundert des Restwerts abzuziehen; § 7 Abs. 4 Satz 2 gilt entsprechend. ³Übersteigen die Herstellungskosten oder die Anschaffungskosten bei einem Einfamilienhaus oder einer Eigentumswohnung 200.000 Deutsche Mark, bei einem Zweifamilienhaus 250.000 Deutsche Mark, bei einem Anteil an einem dieser Gebäude oder einer Eigentumswohnung den entsprechenden Teil von 200.000 Deutsche Mark oder von 250.000 Deutsche Mark, so ist auf den übersteigenden Teil der Herstellungskosten oder der Anschaffungskosten § 7 Abs. 4 anzuwenden. ⁴Satz 1 ist nicht anzuwenden, wenn der Steuerpflichtige das Einfamilienhaus, Zweifamilienhaus, die Eigentumswohnung oder einen Anteil an einem dieser Gebäude oder an einer Eigentumswohnung

1. von seinem Ehegatten anschafft und bei den Ehegatten die Voraussetzungen des § 26 Abs. 1 vorliegen;

2. anschafft und im zeitlichen Zusammenhang mit der Anschaffung an den Veräußerer ein Einfamilienhaus, Zweifamilienhaus oder eine Eigentumswohnung oder einen Anteil an einem dieser Gebäude oder an einer Eigentumswohnung veräußert; das gilt auch, wenn das veräußerte Gebäude, die veräußerte Eigentumswohnung oder der veräußerte Anteil dem Ehegatten des Steuerpflichtigen zuzurechnen war und bei den Ehegatten im Zeitpunkt der Anschaffung und im Zeitpunkt der Veräußerung die Voraussetzungen des § 26 Abs. 1 vorliegen;

3. nach einer früheren Veräußerung durch ihn wieder anschafft; das gilt auch, wenn das Gebäude, die Eigentumswohnung oder der Anteil im Zeitpunkt der früheren Veräußerung dem Ehegatten des Steuerpflichtigen zuzurechnen war und bei den Ehegatten die Voraussetzungen des § 26 Abs. 1 vorliegen.

(2) ¹Absatz 1 gilt entsprechend für Herstellungskosten, die für Ausbauten und Erweiterungen an einem Einfamilienhaus, Zweifamilienhaus oder an einer Eigentumswohnung aufgewendet worden sind und der Ausbau oder die Erweiterung vor dem 1. Januar 1987 fertiggestellt worden ist, wenn das Einfamilienhaus, Zweifamilienhaus oder die Eigentumswohnung vor dem 1. Januar 1964 fertiggestellt und nicht nach dem 31. Dezember 1976 angeschafft worden ist. ²Weitere Voraussetzung ist, daß das Gebäude oder die Eigentumswohnung im Inland belegen ist und die ausgebauten oder neu hergestellten Gebäudeteile zu mehr als 80 vom Hundert Wohnzwecken dienen. ³Nach Ablauf des Zeitraums, in dem nach Satz 1 erhöhte Absetzungen vorgenommen werden können, ist der Restwert den Anschaffungs- oder Herstellungskosten des Gebäudes oder dem an deren Stelle tretenden Wert hinzuzurechnen; die weiteren Absetzungen für Abnutzung sind einheitlich für das gesamte Gebäude nach dem sich hiernach ergebenden Betrag und dem für das Gebäude maßgebenden Hundertsatz zu bemessen.

(3) ¹Der Bauherr kann erhöhte Absetzungen, die er im Jahr der Fertigstellung und in den zwei folgenden Jahren nicht ausgenutzt hat, bis zum Ende des dritten auf das Jahr der Fertigstellung folgenden Jahres nachholen. ²Nachträgliche Herstellungskosten, die bis zum Ende des dritten auf das Jahr der Fertigstellung folgenden Jahres entstehen, können abweichend von § 7 a Abs. 1 vom Jahr ihrer Entstehung an so behandelt werden, als wären sie bereits im ersten Jahr des Begünstigungszeitraums entstanden. ³Die Sätze 1 und 2 gelten für den Erwerber eines Einfamilienhauses, eines Zweifamilienhauses oder einer Eigentumswohnung und bei Ausbauten und Erweiterungen im Sinne des Absatzes 2 entsprechend.

---

¹) Beachte besondere Anwendungsregeln aus Anlaß der Herstellung der Einheit Deutschlands (→ § 57 EStG).

§ 7 b EStG

(4) ¹Zum Gebäude gehörende Garagen sind ohne Rücksicht auf ihre tatsächliche Nutzung als Wohnzwecken dienend zu behandeln, soweit in ihnen nicht mehr als ein Personenkraftwagen für jede in dem Gebäude befindliche Wohnung untergestellt werden kann. ²Räume für die Unterstellung weiterer Kraftwagen sind stets als nicht Wohnzwecken dienend zu behandeln.

(5) ¹Erhöhte Absetzungen nach den Absätzen 1 und 2 kann der Steuerpflichtige nur für ein Einfamilienhaus oder für ein Zweifamilienhaus oder für eine Eigentumswohnung oder für den Ausbau oder die Erweiterung eines Einfamilienhauses, eines Zweifamilienhauses oder einer Eigentumswohnung in Anspruch nehmen. ²Ehegatten, bei denen die Voraussetzungen des § 26 Abs. 1 vorliegen, können erhöhte Absetzungen nach den Absätzen 1 und 2 für insgesamt zwei der in Satz 1 bezeichneten Gebäude, Eigentumswohnungen, Ausbauten oder Erweiterungen in Anspruch nehmen. ³Den erhöhten Absetzungen nach den Absätzen 1 und 2 stehen die erhöhten Absetzungen nach § 7 b in der jeweiligen Fassung ab Inkrafttreten des Gesetzes vom 16. Juni 1964 (BGBl. I S. 353) und nach § 15 Abs. 1 bis 4 des Berlinförderungsgesetzes in der Fassung des Gesetzes vom 11. Juli 1977 (BGBl. I S. 1213) gleich. ⁴Ist das Einfamilienhaus, das Zweifamilienhaus oder die Eigentumswohnung (Erstobjekt) dem Steuerpflichtigen nicht bis zum Ablauf des Begünstigungszeitraums zuzurechnen, so kann der Steuerpflichtige abweichend von den Sätzen 1 bis 3 erhöhte Absetzungen bei einem weiteren Einfamilienhaus, Zweifamilienhaus oder einer weiteren Eigentumswohnung im Sinne des Absatzes 1 Satz 1 (Folgeobjekt) in Anspruch nehmen, wenn er das Folgeobjekt innerhalb eines Zeitraums von zwei und drei Jahren nach Ablauf des Veranlagungszeitraums, in dem ihm das Erstobjekt letztmals zugerechnet worden ist, anschafft oder herstellt; entsprechendes gilt bei einem Ausbau oder einer Erweiterung eines Einfamilienhauses, Zweifamilienhauses oder einer Eigentumswohnung. ⁵Im Fall des Satzes 4 ist der Begünstigungszeitraum für das Folgeobjekt um die Anzahl der Veranlagungszeiträume zu kürzen, in denen das Erstobjekt dem Steuerpflichtigen zugerechnet worden ist; hat der Steuerpflichtige das Folgeobjekt in einem Veranlagungszeitraum, in dem ihm das Erstobjekt noch zuzurechnen ist, hergestellt oder angeschafft oder einen Ausbau oder eine Erweiterung vorgenommen, so beginnt der Begünstigungszeitraum für das Folgeobjekt abweichend von Absatz 1 mit Ablauf des Veranlagungszeitraums, in dem das Erstobjekt dem Steuerpflichtigen letztmals zugerechnet worden ist.

(6) ¹Ist ein Einfamilienhaus, ein Zweifamilienhaus oder eine Eigentumswohnung mehreren Steuerpflichtigen zuzurechnen, so ist Absatz 5 mit der Maßgabe anzuwenden, daß der Anteil des Steuerpflichtigen an einem dieser Gebäude oder an einer Eigentumswohnung, einem Einfamilienhaus, einem Zweifamilienhaus oder einer Eigentumswohnung gleichsteht; entsprechendes gilt bei dem Ausbau oder der Erweiterung von Einfamilienhäusern, Zweifamilienhäusern oder Eigentumswohnungen, die mehreren Steuerpflichtigen zuzurechnen sind. ²Satz 1 ist nicht anzuwenden, wenn ein Einfamilienhaus, ein Zweifamilienhaus oder eine Eigentumswohnung ausschließlich dem Steuerpflichtigen und seinem Ehegatten zuzurechnen ist und bei den Ehegatten die Voraussetzungen des § 26 Abs. 1 vorliegen.

(7) Der Bauherr von Kaufeigenheimen, Trägerkleinsiedlungen und Kaufeigentumswohnungen kann abweichend von Absatz 5 für alle von ihm vor dem 1. Januar 1987 erstellten Kaufeigenheime, Trägerkleinsiedlungen und Kaufeigentumswohnungen im Jahr der Fertigstellung und im folgenden Jahr erhöhte Absetzungen bis zu jeweils 5 vom Hundert vornehmen.

(8) Führt eine nach § 7 c begünstigte Baumaßnahme dazu, daß das bisher begünstigte Objekt kein Einfamilienhaus, Zweifamilienhaus und keine Eigentumswohnung mehr ist, kann der Steuerpflichtige die erhöhten Absetzungen nach den Absätzen 1 und 2 bei Vorliegen der übrigen Voraussetzungen für den restlichen Begünstigungszeitraum unter Einbeziehung der Herstellungskosten für die Baumaßnahme nach § 7 c in Anspruch nehmen, soweit er diese Herstellungskosten nicht in die Bemessungsgrundlage nach § 7 c einbezogen hat.

§ 7 b EStG   § 15 EStDV

EStDV

S 2197

EStDV
§ 15
Erhöhte Absetzungen für Einfamilienhäuser, Zweifamilienhäuser und Eigentumswohnungen

(1) Bauherr ist, wer auf eigene Rechnung und Gefahr ein Gebäude baut oder bauen läßt.

(2) In den Fällen des § 7 b des Gesetzes in den vor Inkrafttreten des Gesetzes vom 22. Dezember 1981 (BGBl. I S. 1523) geltenden Fassungen und des § 54 des Gesetzes in der Fassung der Bekanntmachung vom 24. Januar 1984 (BGBl. I S. 113) ist § 15 der Einkommensteuer-Durchführungsverordnung 1979 (BGBl. 1980 I S. 1801), geändert durch die Verordnung vom 11. Juni 1981 (BGBl. I S. 526), weiter anzuwenden.

R 52

S 2197

R 52. Anwendungsbereich

Soweit § 7 b EStG weiter anzuwenden ist, gelten die Anweisungen in den Abschnitten 52 bis 63 EStR 1987 sowie 64 und 65 EStR 1990 weiter.

H 52

Hinweise

Zeitlicher Anwendungsbereich

Anlage 3   → Anlage 3

Zur Anwendung des § 7 b Abs. 8 EStG

Anhang 35   → BMF vom 17. 2. 1992 (BStBl I S. 115) – Tz. 10 und 22

R 53 bis R 75

– unbesetzt –

§ 7 c[1])
Erhöhte Absetzungen für Baumaßnahmen an Gebäuden zur Schaffung neuer Mietwohnungen

(1) Bei Wohnungen im Sinne des Absatzes 2, die durch Baumaßnahmen an Gebäuden im Inland hergestellt worden sind, können abweichend von § 7 Abs. 4 und 5 im Jahr der Fertigstellung und in den folgenden vier Jahren Absetzungen jeweils bis zu 20 vom Hundert der Bemessungsgrundlage vorgenommen werden.

(2) Begünstigt sind Wohnungen,
1. für die der Bauantrag nach dem 2. Oktober 1989 gestellt worden ist oder, falls ein Bauantrag nicht erforderlich ist, mit deren Herstellung nach diesem Zeitpunkt begonnen worden ist,
2. die vor dem 1. Januar 1996 fertiggestellt worden sind und
3. für die keine Mittel aus öffentlichen Haushalten unmittelbar oder mittelbar gewährt werden.

(3) ¹Bemessungsgrundlage sind die Aufwendungen, die dem Steuerpflichtigen durch die Baumaßnahme entstanden sind, höchstens jedoch 60.000 Deutsche Mark je Wohnung. ²Sind durch die Baumaßnahmen Gebäudeteile hergestellt worden, die selbständige unbewegliche Wirtschaftsgüter sind, gilt für die Herstellungskosten, für die keine Absetzungen nach Absatz 1 vorgenommen werden, § 7 Abs. 4; § 7 b Abs. 8 bleibt unberührt.

(4) Die erhöhten Absetzungen können nur in Anspruch genommen werden, wenn die Wohnung vom Zeitpunkt der Fertigstellung bis zum Ende des Begünstigungszeitraums fremden Wohnzwecken dient.

(5) ¹Nach Ablauf des Begünstigungszeitraums ist ein Restwert den Anschaffungs- oder Herstellungskosten des Gebäudes oder dem an deren Stelle tretenden Wert hinzuzurechnen; die weiteren Absetzungen für Abnutzung sind einheitlich für das gesamte Gebäude nach dem sich hiernach ergebenden Betrag und dem für das Gebäude maßgebenden Hundertsatz zu bemessen. ²Satz 1 ist auf Gebäudeteile, die selbständige unbewegliche Wirtschaftsgüter sind, und auf Eigentumswohnungen entsprechend anzuwenden.

R 76. Erhöhte Absetzungen für Baumaßnahmen an Gebäuden zur Schaffung neuer Mietwohnungen

– unbesetzt –

Hinweise

Zur Anwendung → BMF vom 17. 2. 1992 (BStBl I S. 115).

---

[1]) Beachte besondere Anwendungsregeln aus Anlaß der Herstellung der Einheit Deutschlands (→ § 57 EStG).

EStG

§ 7 d[1])
Erhöhte Absetzungen für Wirtschaftsgüter, die dem Umweltschutz dienen

S 2182

(1) ¹Bei abnutzbaren beweglichen und unbeweglichen Wirtschaftsgütern des Anlagevermögens, bei denen die Voraussetzungen des Absatzes 2 vorliegen und die nach dem 31. Dezember 1974 und vor dem 1. Januar 1991 angeschafft oder hergestellt worden sind, können abweichend von § 7 im Wirtschaftsjahr der Anschaffung oder Herstellung bis zu 60 vom Hundert und in den folgenden Wirtschaftsjahren bis zur vollen Absetzung jeweils bis zu 10 vom Hundert der Anschaffungs- oder Herstellungskosten abgesetzt werden. ²Nicht in Anspruch genommene erhöhte Absetzungen können nachgeholt werden. ³Nachträgliche Anschaffungs- oder Herstellungskosten, die vor dem 1. Januar 1991 entstanden sind, können abweichend von § 7 a Abs. 1 so behandelt werden, als wären sie im Wirtschaftsjahr der Anschaffung oder Herstellung entstanden.

(2) Die erhöhten Absetzungen nach Absatz 1 können nur in Anspruch genommen werden, wenn

1. die Wirtschaftsgüter in einem im Inland belegenen Betrieb des Steuerpflichtigen unmittelbar und zu mehr als 70 vom Hundert dem Umweltschutz dienen und
2. die von der Landesregierung bestimmte Stelle bescheinigt, daß
   a) die Wirtschaftsgüter zu dem in Nummer 1 bezeichneten Zweck bestimmt und geeignet sind und
   b) die Anschaffung oder Herstellung der Wirtschaftsgüter im öffentlichen Interesse erforderlich ist.

(3) ¹Die Wirtschaftsgüter dienen dem Umweltschutz, wenn sie dazu verwendet werden,
1. a) den Anfall von Abwasser oder
   b) Schädigungen durch Abwasser oder
   c) Verunreinigungen der Gewässer durch andere Stoffe als Abwasser oder
   d) Verunreinigungen der Luft oder
   e) Lärm oder Erschütterungen
   zu verhindern, zu beseitigen oder zu verringern oder
2. Abfälle nach den Grundsätzen des Abfallbeseitigungsgesetzes zu beseitigen.

²Die Anwendung des Satzes 1 ist nicht dadurch ausgeschlossen, daß die Wirtschaftsgüter zugleich für Zwecke des innerbetrieblichen Umweltschutzes verwendet werden.

(4) ¹Die Absätze 1 bis 3 sind auf nach dem 31. Dezember 1974 und vor dem 1. Januar 1991 entstehende nachträgliche Herstellungskosten bei Wirtschaftsgütern, die dem Umweltschutz dienen und die vor dem 1. Januar 1975 angeschafft oder hergestellt worden sind, mit der Maßgabe entsprechend anzuwenden, daß im Wirtschaftsjahr der Fertigstellung der nachträglichen Herstellungsarbeiten erhöhte Absetzungen bis zur vollen Höhe der nachträglichen Herstellungskosten vorgenommen werden können. ²Das gleiche gilt, wenn bei Wirtschaftsgütern, die nicht dem Umweltschutz dienen, nachträgliche Herstellungskosten nach dem 31. Dezember 1974 und vor dem 1. Januar 1991 dadurch entstehen, daß ausschließlich aus Gründen des Umweltschutzes Veränderungen vorgenommen werden.

(5) ¹Die erhöhten Absetzungen nach Absatz 1 können bereits für Anzahlungen auf Anschaffungskosten und für Teilherstellungskosten in Anspruch genommen werden. ²§ 7 a Abs. 2 ist mit der Maßgabe anzuwenden, daß die Summe der erhöhten Absetzungen 60 vom Hundert der bis zum Ende des jeweiligen Wirtschaftsjahrs insgesamt aufgewendeten Anzahlungen oder Teilherstellungskosten nicht übersteigen darf. ³Satz 1 gilt in den Fällen des Absatzes 4 sinngemäß.

(6) Die erhöhten Absetzungen nach den Absätzen 1 bis 5 werden unter der Bedingung gewährt, daß die Voraussetzung des Absatzes 2 Nr. 1

1. in den Fällen des Absatzes 1 mindestens fünf Jahre nach der Anschaffung oder Herstellung der Wirtschaftsgüter,

---

[1]) Beachte besondere Anwendungsregeln aus Anlaß der Herstellung der Einheit Deutschlands (→ § 57 EStG).

2. in den Fällen des Absatzes 4 Satz 1 mindestens fünf Jahre nach Beendigung der nachträglichen Herstellungsarbeiten

erfüllt wird.

(7) ¹Steuerpflichtige, die nach dem 31. Dezember 1974 und vor dem 1. Januar 1991 durch Hingabe eines Zuschusses zur Finanzierung der Anschaffungs- oder Herstellungskosten von abnutzbaren Wirtschaftsgütern im Sinne des Absatzes 2 ein Recht auf Mitbenutzung dieser Wirtschaftsgüter erwerben, können bei diesem Recht abweichend von § 7 erhöhte Absetzungen nach Maßgabe des Absatzes 1 oder 4 Satz 1 vornehmen. ²Die erhöhten Absetzungen können nur in Anspruch genommen werden, wenn der Empfänger

1. den Zuschuß unverzüglich und unmittelbar zur Finanzierung der Anschaffung oder Herstellung der Wirtschaftsgüter oder der nachträglichen Herstellungsarbeiten bei den Wirtschaftsgütern verwendet und

2. dem Steuerpflichtigen bestätigt, daß die Voraussetzung der Nummer 1 vorliegt und daß für die Wirtschaftsgüter oder die nachträglichen Herstellungsarbeiten eine Bescheinigung nach Absatz 2 Nr. 2 erteilt ist.

³Absatz 6 gilt sinngemäß.

(8) ¹Die erhöhten Absetzungen nach den Absätzen 1 bis 7 können nicht für Wirtschaftsgüter in Anspruch genommen werden, die in Betrieben oder Betriebsstätten verwendet werden, die in den letzten zwei Jahren vor dem Beginn des Kalenderjahrs, in dem das Wirtschaftsgut angeschafft oder hergestellt worden ist, errichtet worden sind. ²Die Verlagerung von Betrieben oder Betriebsstätten gilt nicht als Errichtung im Sinne des Satzes 1, wenn die in Absatz 2 Nr. 2 bezeichnete Behörde bestätigt, daß die Verlagerung im öffentlichen Interesse aus Gründen des Umweltschutzes erforderlich ist.

R 77. Erhöhte Absetzungen für Wirtschaftsgüter, die dem Umweltschutz dienen | **R 77**

(1) ¹Der in § 7 d Abs. 1 EStG genannte Vomhundertsatz für die erhöhten Absetzungen darf auch dann nicht überschritten werden, wenn die AfA nach § 7 Abs. 1 oder 4 EStG höher wäre; § 7 a Abs. 3 EStG ist insoweit nicht anwendbar. ²In den zurückliegenden Wirtschaftsjahren nicht voll in Anspruch genommene erhöhte Absetzungen können aber nachgeholt werden.

S 2182

(2) ¹Die → Zweckbindungsvoraussetzung des § 7 d Abs. 6 EStG ist grundsätzlich nicht erfüllt, wenn der Steuerpflichtige ein Wirtschaftsgut vor Ablauf des Fünfjahreszeitraums veräußert, vermietet oder verpachtet oder in eine ausländische Betriebsstätte, in das Umlaufvermögen oder in das Privatvermögen überführt. ²Im übrigen gelten bei der Auslegung des § 7 d Abs. 6 EStG die Tz. 13 und 15 bis 18 der Verwaltungsanweisungen zu § 3 ZRFG mit der Maßgabe, daß an die Stelle der Betriebsstätte des Steuerpflichtigen im Zonenrandgebiet der im Inland belegene Betrieb des Steuerpflichtigen tritt. ³Wird bei einem Wirtschaftsgut, für das erhöhte Absetzungen in Anspruch genommen worden sind, die → Zweckbindungsvoraussetzung nicht erfüllt, so sind die erhöhten Absetzungen durch Änderung des Steuerbescheids nach § 175 Abs. 1 Satz 1 Nr. 2 AO rückwirkend zu versagen.

Anhang 37

Hinweise | **H 77**

Verwaltungsanweisungen zu § 3 ZRFG

→ BMF vom 27. 12. 1989 (BStBl I S. 518)

Anhang 37

Zweckbindungsvoraussetzung

Sind die betroffenen Wirtschaftsgüter mehreren Beteiligten zuzurechnen, stehen die erhöhten Absetzungen nach § 7 a Abs. 7 Satz 1 EStG nur den Beteiligten zu, die während des gesamten Vergünstigungszeitraums beteiligt sind (→ BFH vom 13. 7. 1993 – BStBl 1994 II S. 243).

– unbesetzt – | **R 78**

EStG

§ 7 e[1])
Bewertungsfreiheit für Fabrikgebäude, Lagerhäuser und landwirtschaftliche Betriebsgebäude

S 2183

(1) Steuerpflichtige, die

1. auf Grund des Bundesvertriebenengesetzes zur Inanspruchnahme von Rechten und Vergünstigungen berechtigt sind oder
2. aus Gründen der Rasse, Religion, Nationalität, Weltanschauung oder politischer Gegnerschaft gegen den Nationalsozialismus verfolgt worden sind,

ihre frühere Erwerbsgrundlage verloren haben und den Gewinn nach § 5 ermitteln, können bei Gebäuden, die im eigenen gewerblichen Betrieb unmittelbar

a) der Fertigung oder
b) der Bearbeitung von zum Absatz bestimmten Wirtschaftsgütern oder
c) der Wiederherstellung von Wirtschaftsgütern oder
d) ausschließlich der Lagerung von Waren, die zum Absatz an Wiederverkäufer bestimmt sind oder für fremde Rechnung gelagert werden,

dienen und vor dem 1. Januar 1993 hergestellt worden sind, im Wirtschaftsjahr der Herstellung und in dem darauffolgenden Wirtschaftsjahr Sonderabschreibungen bis zu je 10 vom Hundert der Herstellungskosten vornehmen.

(2) Absatz 1 ist entsprechend anwendbar auf die Herstellungskosten von land- und forstwirtschaftlichen Betriebsgebäuden und auf die Aufwendungen zum Wiederaufbau von durch Kriegseinwirkung ganz oder teilweise zerstörten land- und forstwirtschaftlichen Betriebsgebäuden, wenn der Gewinn aus Land- und Forstwirtschaft nach § 4 Abs. 1 ermittelt wird.

(3) ¹Bei nach dem 31. Dezember 1966 hergestellten Gebäuden können die Abschreibungen nach Absatz 1 oder Absatz 2 nur in Anspruch genommen werden, wenn die Gebäude vom Steuerpflichtigen vor Ablauf des zehnten Kalenderjahrs seit der erstmaligen Aufnahme einer gewerblichen oder der land- und forstwirtschaftlichen Tätigkeit im Geltungsbereich dieses Gesetzes hergestellt worden sind. ²Abschreibungen nach Absatz 1 oder Absatz 2 sind nur zulässig, wenn der Steuerpflichtige seinen Wohnsitz oder gewöhnlichen Aufenthalt im Geltungsbereich dieses Gesetzes vor dem 1. Januar 1990 begründet und das Gebäude vor Ablauf des zwanzigsten Kalenderjahrs seit der erstmaligen Begründung hergestellt hat.

EStDV

§ 13[2])[3])
Begünstigter Personenkreis
im Sinne der §§ 7 e und 10 a des Gesetzes

S 2183
S 2222

(1) ¹Auf Grund des Bundesvertriebenengesetzes können Rechte und Vergünstigungen in Anspruch nehmen

1. Vertriebene (§ 1 Bundesvertriebenengesetz),
2. Heimatvertriebene (§ 2 Bundesvertriebenengesetz),
3. Sowjetzonenflüchtlinge (§ 3 Bundesvertriebenengesetz),
4. den Sowjetzonenflüchtlingen gleichgestellte Personen (§ 4 Bundesvertriebenengesetz),

wenn sie die in den §§ 9 bis 13 des Bundesvertriebenengesetzes bezeichneten Voraussetzungen erfüllen. ²Den in den Nummern 1 bis 4 bezeichneten Personen stehen diejenigen Personengruppen gleich, die durch eine auf Grund des § 14 des Bundesvertriebenengesetzes erlassene Rechtsverordnung zur Inanspruchnahme von Rechten und Vergünstigungen nach dem Bundesvertriebenengesetz berechtigt werden. ³Der Nachweis für die Zugehörigkeit zu

---

[1]) § 7 e wurde durch das JStG 1996 mit Wirkung ab VZ 1996 aufgehoben.
[2]) Hinweis auf § 84 Abs. 2 a EStDV.
[3]) § 13 wurde durch das JStG 1996 ab VZ 1996 aufgehoben.

§§ 13, 22 EStDV **§ 7 e EStG**
R 78 a–81

einer der bezeichneten Personengruppen ist durch Vorlage eines Ausweises im Sinne des § 15 des Bundesvertriebenengesetzes zu erbringen.

(2) ¹Erlischt die Befugnis zur Inanspruchnahme von Rechten und Vergünstigungen (§§ 13 und 19 Bundesvertriebenengesetz), so können
1. § 7 e des Gesetzes für solche Fabrikgebäude, Lagerhäuser und landwirtschaftliche Betriebsgebäude, die bis zum Tag des Erlöschens der Befugnis hergestellt worden sind, und
2. § 10 a des Gesetzes für den gesamten nicht entnommenen Gewinn des Veranlagungszeitraums, in dem die Befugnis erloschen ist,

in Anspruch genommen werden. ²Werden im Fall der Nummer 1 die Fabrikgebäude, Lagerhäuser und landwirtschaftlichen Betriebsgebäude erst nach dem Tag des Erlöschens der Befugnis hergestellt, so kann § 7 e des Gesetzes auf die bis zu diesem Zeitpunkt aufgewendeten Teilherstellungskosten angewandt werden. ³Der Tag der Herstellung ist der Tag der Fertigstellung.

§ 22¹) ²) **EStDV**
Bewertungsfreiheit für Fabrikgebäude, Lagerhäuser S 2183
und landwirtschaftliche Betriebsgebäude

(1) Die durch § 7 e Abs. 1 des Gesetzes gewährte Bewertungsfreiheit wird nicht dadurch ausgeschlossen, daß sich
1. in dem hergestellten Fabrikgebäude (§ 7 e Abs. 1 Buchstaben a bis c des Gesetzes) die mit der Fabrikation zusammenhängenden üblichen Kontor- und Lagerräume oder
2. in dem hergestellten Lagerhaus (§ 7 e Abs. 1 Buchstabe d des Gesetzes) die mit der Lagerung zusammenhängenden üblichen Kontorräume befinden,

wenn auf diese Räume nicht mehr als 20 vom Hundert der Herstellungskosten entfallen.

(2) Die Bewertungsfreiheit nach § 7 e des Gesetzes ist auch dann zu gewähren, wenn ein nach dem 31. Dezember 1951 hergestelltes Gebäude gleichzeitig mehreren der in § 7 e Abs. 1 des Gesetzes bezeichneten Zwecken dient.

(3) Dient ein in Berlin (West) errichtetes Gebäude zum Teil Fabrikationszwecken oder Lagerzwecken der in § 7 e Abs. 1 des Gesetzes bezeichneten Art und zum Teil Wohnzwecken, so ist, wenn der Fabrikationszwecken oder Lagerzwecken dienende Gebäudeteil überwiegt, bei Vorliegen der übrigen Voraussetzungen die Bewertungsfreiheit des § 7 e des Gesetzes zu gewähren; überwiegt der Wohnzwecken dienende Teil, so sind die erhöhten Absetzungen des § 7 b des Gesetzes auch dann zuzubilligen, wenn der Fabrikationszwecken oder Lagerzwecken dienende Teil 33¹/₃ vom Hundert übersteigt.

(4) Zum Absatz an Wiederverkäufer im Sinne des § 7 e Abs. 1 Buchstabe d des Gesetzes bestimmt sind solche Waren, die zum Absatz an einen anderen Unternehmer zur Weiterveräußerung – sei es in derselben Beschaffenheit, sei es nach vorheriger Bearbeitung oder Verarbeitung – bestimmt sind.

(5) Zu den landwirtschaftlichen Betriebsgebäuden gehört auch die Wohnung des Steuerpflichtigen, wenn sie die bei Betrieben gleicher Art übliche Größe nicht überschreitet.

(6) § 9 a gilt entsprechend.

R 78 a. Weitergeltung der Anordnungen zu § 7 e EStG **R 78 a**

Die Abschnitte 78 a, 79, 80 und 81 EStR 1984 sind weiter anzuwenden. S 2183

– unbesetzt – **R 79 bis R 81**

---

¹) Hinweis auf § 84 Abs. 2 a EStDV.
²) § 22 wurde durch das JStG 1996 ab VZ 1996 aufgehoben.

§ 7 f EStG
R 82

EStG

§ 7 f[1])
Bewertungsfreiheit für abnutzbare Wirtschaftsgüter des Anlagevermögens privater Krankenhäuser

S 2183 a

(1) Steuerpflichtige, die im Inland ein privates Krankenhaus betreiben, können unter den Voraussetzungen des Absatzes 2 bei abnutzbaren Wirtschaftsgütern des Anlagevermögens, die dem Betrieb dieses Krankenhauses dienen, im Jahr der Anschaffung oder Herstellung und in den vier folgenden Jahren Sonderabschreibungen vornehmen, und zwar

1. bei beweglichen Wirtschaftsgütern des Anlagevermögens bis zur Höhe von insgesamt 50 vom Hundert,
2. bei unbeweglichen Wirtschaftsgütern des Anlagevermögens bis zur Höhe von insgesamt 30 vom Hundert

der Anschaffungs- oder Herstellungskosten.

(2) Die Abschreibungen nach Absatz 1 können nur in Anspruch genommen werden, wenn bei dem privaten Krankenhaus im Jahr der Anschaffung oder Herstellung der Wirtschaftsgüter und im Jahr der Inanspruchnahme der Abschreibungen die in § 67 Abs. 1 oder 2 der Abgabenordnung bezeichneten Voraussetzungen erfüllt sind.

(3) Die Abschreibungen nach Absatz 1 können bereits für Anzahlungen auf Anschaffungskosten und für Teilherstellungskosten in Anspruch genommen werden.

[2])

R 82

R 82. Bewertungsfreiheit für abnutzbare Wirtschaftsgüter des Anlagevermögens privater Krankenhäuser

S 2183 a

(1) [1]Der Begriff des Krankenhauses bestimmt sich nach § 2 Nr. 1 KHG. [2]Eine Einrichtung ist als → Krankenhaus anzusehen, soweit sie als Krankenhaus in den Krankenhausbedarfsplan aufgenommen ist oder soweit in ihr auf Grund eines Vertrags mit einem Sozialleistungsträger oder einem sonstigen öffentlich-rechtlichen Kostenträger ausschließlich zum Zweck stationärer oder teilstationärer medizinischer Behandlung ärztliche Leistungen, Pflege, Verpflegung, Unterkunft, Nebenleistungen, z. B. die Versorgung mit Arzneimitteln, Heilmitteln oder Hilfsmitteln, und gegebenenfalls sonstige Leistungen, z. B. nichtärztliche psychotherapeutische oder sozialtherapeutische Leistungen, soziale Betreuung und Beratung der Patienten, erbracht werden. [3]Ein Hochschulkrankenhaus ist stets als Krankenhaus anzusehen.

(2) [1]Soweit ein Fall nach Absatz 1 nicht vorliegt, sind die Voraussetzungen für das Vorliegen eines Krankenhauses im Einzelfall zu prüfen. [2]Danach ist die Einrichtung ein Krankenhaus, wenn sie folgende Merkmale erfüllt:

1. Die ärztliche und die pflegerische Hilfeleistung nach Absatz 1 müssen in der Einrichtung gegenüber den zu versorgenden Personen planmäßig und regelmäßig erbracht werden, dem einzelnen Patienten gewidmet sein und die Versorgung in der Einrichtung wesentlich mitbestimmen.
2. [1]Die Einrichtung darf nur Patienten und deren Begleitpersonen offenstehen. [2]Begleitperson ist eine nicht in der Einrichtung beschäftigte Person, die im Einzelfall an der Versorgung des Patienten – in der Regel durch pflegerische Hilfeleistung – beteiligt ist und deren Unterbringung in der Einrichtung für die Erbringung von Leistungen im Sinne der Begriffsbestimmung des § 2 Nr. 1 KHG (Behandlung) oder für den Behandlungserfolg medizinisch notwendig oder medizinisch zweckmäßig ist; davon ist stets auszugehen bei Kindern bis zu 14 Jahren und bei Schwerbehinderten.
3. Mit der Aufnahme in die Einrichtung muß die Lebensweise der aufgenommenen Patienten und Begleitpersonen den medizinisch begründeten Verhaltensregeln unterworfen sein.

---

[1]) Beachte besondere Anwendungsregeln aus Anlaß der Herstellung der Einheit Deutschlands (→ § 57 EStG).
[2]) § 7 f wurde durch das JStG 1996 ab VZ 1996 ein neuer Absatz 4 angefügt:
„(4) [1]Die Abschreibungen nach den Absätzen 1 und 3 können nicht für Wirtschaftsgüter in Anspruch genommen werden, die der Steuerpflichtige vor dem 1. Januar 1996 bestellt oder herzustellen begonnen hat. [2]Als Beginn der Herstellung gilt bei Baumaßnahmen, für die eine Baugenehmigung erforderlich ist, der Zeitpunkt, in dem der Bauantrag gestellt worden ist."

§ 7 f EStG
H 82   R 82

4. ¹In der Einrichtung müssen überwiegend stationäre oder teilstationäre Leistungen im Sinne der Begriffsbestimmung des § 2 Nr. 1 KHG erbracht werden. ²Dabei ist auf das Verhältnis der Entgelte abzustellen. ³Teilstationäre Leistungen liegen vor, soweit die in die Einrichtung aufgenommenen Patienten dort zur Behandlung nicht ständig, sondern z. B. nur während des Tages für mehrere Stunden, während der Nacht oder an Wochenenden untergebracht und gegebenenfalls verpflegt werden.

5. ¹Die Einrichtung muß zur stationären oder teilstationären Behandlung der Personen, die nach der Zweckbestimmung der Einrichtung in ihr versorgt werden sollen, geeignet sein. ²Sie muß auf die dazu notwendige Betreuung durch jederzeit rufbereite Ärzte und qualifiziertes Pflegepersonal eingerichtet sein und über die dazu notwendige medizinisch-technische Ausstattung verfügen.

³Treffen die genannten Voraussetzungen nur auf einen Teil der Einrichtung zu, ist die Einrichtung insoweit als Krankenhaus anzusehen, wenn dieser Teil räumlich oder nach seiner Versorgungsaufgabe als Einheit, z. B. als Abteilung oder besondere Einrichtung, abgrenzbar ist.

(3) Zu den Krankenhäusern gehören unter den genannten Voraussetzungen z. B. auch:
1. Krankenhäuser, die nur Kranke bestimmter Krankheitsarten oder bestimmter Altersstufen aufnehmen (Fach- oder Sonderkrankenhäuser),
2. Anstalten, in denen unheilbar Erkrankte untergebracht sind, die der ständigen ärztlichen Beaufsichtigung bedürfen,
3. Krankenhäuser, in denen ärztliche Hilfeleistung durch niedergelassene Ärzte erbracht wird (Belegkrankenhäuser),
4. Säuglingsheime, in denen nur kranke Kinder aufgenommen werden und die unter verantwortlicher ärztlicher Leitung stehen,
5. Entbindungsheime, die unter verantwortlicher ärztlicher Leitung stehen,
6. Diagnosekliniken,
7. Einrichtungen zur Erbringung teilstationärer Leistungen, z. B. Tages-, Nacht- und Wochenendkliniken,
8. Kurkrankenhäuser,
9. Vorsorge- und Rehabilitationseinrichtungen.

(4) Nicht zu den Krankenhäusern gehören z. B. Alten- und Pflegeheime sowie Einrichtungen, in denen nur ambulante Leistungen erbracht werden, z. B. Röntgeninstitute.

Hinweise

H 82

Krankenhaus

Krankenhäuser im Sinne des § 2 Nr. 1 KHG in der Fassung der Bekanntmachung vom 10. 4. 1991 (BGBl. I S. 886) sind Einrichtungen, in denen durch ärztliche und pflegerische Hilfeleistung Krankheiten, Leiden oder Körperschäden festgestellt, geheilt oder gelindert werden sollen oder Geburtshilfe geleistet wird und in denen die zu versorgenden Personen untergebracht und verpflegt werden können (→ BFH vom 2. 3. 1989 – BStBl II S. 506).

**Steuerliche Behandlung privater Krankenhäuser nach § 7 f EStG;
Anwendung der Grundsätze des BFH-Urteils vom 29. Juni 1994 – I R 102/93 –
(BStBl 1995 II S. 249)**

BMF vom 24. 3. 1995 (BStBl I S. 248)
IV B 3 – S 2183 a – 7/94

Der Bundesfinanzhof hat mit Urteil vom 29. Juni 1994 (BStBl 1995 II S. 249) die Auffassung vertreten, daß die Sonderabschreibungen nach § 7 f EStG (früher: § 75 EStDV) für ein Krankenhaus in Anspruch genommen werden können, wenn ein wesentlicher Teil der Gesamtleistung des Unternehmens auf stationäre oder teilstationäre Leistungen entfällt. Der BFH hält es entgegen R 82 Abs. 2 Satz 2 Nr. 4 EStR 1993 nicht für erforderlich, daß die stationären oder teilstationären Leistungen überwiegen müssen.

Unter Bezugnahme auf das Ergebnis der Erörterungen mit den obersten Finanzbehörden der Länder sind die Grundsätze des o. a. BFH-Urteils in allen offenen Fällen anzuwenden, in denen es auf das Verhältnis von (teil-)stationären Leistungen zu ambulanten Leistungen ankommt. R 82 Abs. 2 Satz 2 Nr. 4 EStR 1993 ist im Vorgriff auf eine Neufassung mit der Maßgabe anzuwenden, daß eine Einrichtung schon dann als Krankenhaus anzusehen ist, wenn ein wesentlicher Teil ihrer Gesamtleistung, d. h. mindestens ein Drittel, auf stationäre oder teilstationäre und der Rest auf ambulante Leistungen entfällt.

Wesentlicher Teil der stationären oder teilstationären Leistungen
Die Sonderabschreibungen können bei zum Anlagevermögen eines Krankenhauses gehörenden Wirtschaftsgütern in vollem Umfang in Anspruch genommen werden, wenn ein wesentlicher Teil (mindestens ⅓) der Gesamtleistung des Unternehmens auf stationäre oder teilstationäre Leistungen entfällt (→ BFH vom 29. 6. 1994 – BStBl II S. 249 und BMF vom 24. 3. 1995 – BStBl I S. 248).

§ 7 g[1])
Sonderabschreibungen und Ansparabschreibungen zur Förderung kleiner und mittlerer Betriebe

(1) Bei neuen beweglichen Wirtschaftsgütern des Anlagevermögens können unter den Voraussetzungen des Absatzes 2 im Jahr der Anschaffung oder Herstellung und in den vier folgenden Jahren neben den Absetzungen für Abnutzung nach § 7 Abs. 1 oder 2 Sonderabschreibungen bis zu insgesamt 20 vom Hundert der Anschaffungs- oder Herstellungskosten in Anspruch genommen werden.

(2) [1]Die Sonderabschreibungen nach Absatz 1 können nur in Anspruch genommen werden, wenn
1. im Zeitpunkt der Anschaffung oder Herstellung des Wirtschaftsguts
    a) der Einheitswert des Betriebs, zu dessen Anlagevermögen das Wirtschaftsgut gehört, nicht mehr als 240.000 Deutsche Mark beträgt und
    b) bei Gewerbebetrieben im Sinne des Gewerbesteuergesetzes das Gewerbekapital nicht mehr als 500.000 Deutsche Mark beträgt und
2. das Wirtschaftsgut
    a) mindestens ein Jahr nach seiner Anschaffung oder Herstellung in einer inländischen Betriebsstätte dieses Betriebs verbleibt und
    b) im Jahr der Inanspruchnahme von Sonderabschreibungen im Betrieb des Steuerpflichtigen ausschließlich oder fast ausschließlich betrieblich genutzt wird.

[2]Ist ein Einheitswert des Betriebs für steuerliche Zwecke außerhalb dieser Vorschrift nicht festzustellen, tritt an seine Stelle der Wert des Betriebs, der sich in entsprechender Anwendung der §§ 95 bis 109 a des Bewertungsgesetzes zum Ende des dem Zeitpunkt der Anschaffung oder Herstellung des Wirtschaftsguts vorangehenden Wirtschaftsjahrs ergeben würde.

(3) [1]Steuerpflichtige können für die künftige Anschaffung oder Herstellung eines Wirtschaftsguts im Sinne des Absatzes 1 eine den Gewinn mindernde Rücklage bilden (Ansparabschreibung). [2]Die Rücklage darf 50 vom Hundert der Anschaffungs- oder Herstellungskosten des begünstigten Wirtschaftsguts nicht überschreiten, das der Steuerpflichtige voraussichtlich bis zum Ende des zweiten auf die Bildung der Rücklage folgenden Wirtschaftsjahrs anschaffen oder herstellen wird. [3]Eine Rücklage darf nur gebildet werden, wenn
1. der Steuerpflichtige den Gewinn nach § 4 Abs. 1 oder § 5 ermittelt;
2. der Betrieb am Schluß des Wirtschaftsjahrs, das dem Wirtschaftsjahr der Bildung der Rücklage vorangeht, die in Absatz 2 genannten Größenmerkmale erfüllt;
3. die Bildung und Auflösung der Rücklage in der Buchführung verfolgt werden können und
4. der Steuerpflichtige keine Rücklagen nach § 3 Abs. 1 und 2 a des Zonenrandförderungsgesetzes vom 5. August 1971 (BGBl. I S. 1237), zuletzt geändert durch Artikel 5 des Gesetzes vom 24. Juni 1991 (BGBl. I S. 1322) oder nach § 6 des Fördergebietsgesetzes vom 24. Juni 1991 (BGBl. I S. 1322, 1331), zuletzt geändert durch Artikel 4 des Gesetzes vom 13. September 1993 (BGBl. I S. 1569), ausweist.[2]

[4]Eine Rücklage kann auch gebildet werden, wenn dadurch ein Verlust entsteht oder sich erhöht. [5]Die am Bilanzstichtag insgesamt nach Satz 1 gebildeten Rücklagen dürfen je Betrieb des Steuerpflichtigen den Betrag von 300.000 Deutsche Mark nicht übersteigen.[3]

---

[1]) Beachte besondere Anwendungsregeln aus Anlaß der Herstellung der Einheit Deutschlands (→ § 57 EStG).
[2]) Absatz 3 Satz 3 Nr. 4 wurde durch das JStG 1996 mit Wirkung für Wirtschaftsjahre, die nach dem 31. Dezember 1995 beginnen, neu gefaßt:
(→ § 52 Abs. 11 Satz 1 in der Fassung des JStG 1996)
„4. der Steuerpflichtige keine Rücklagen nach § 3 Abs. 1 und 2 a des Zonenrandförderungsgesetzes vom 5. August 1971 (BGBl. I S. 1237), zuletzt geändert durch Artikel 5 des Gesetzes vom 24. Juni 1991 (BGBl. I S. 1322), ausweist."
[3]) Absatz 3 Satz 5 wurde durch das JStG 1996 mit Wirkung für Wirtschaftsjahre, die nach dem 31. Dezember 1994 beginnen, eingefügt.
(→ § 52 Abs. 11 Satz 2 in der Fassung des JStG 1996)

(4) ¹Sobald für das begünstigte Wirtschaftsgut Abschreibungen vorgenommen werden dürfen, ist die Rücklage in Höhe von 50 vom Hundert der Anschaffungs- oder Herstellungskosten gewinnerhöhend aufzulösen. ²Ist eine Rücklage am Ende des zweiten auf ihre Bildung folgenden Wirtschaftsjahrs noch vorhanden, so ist sie zu diesem Zeitpunkt gewinnerhöhend aufzulösen.

(5) Soweit die Auflösung einer Rücklage nicht auf Absatz 4 Satz 1 beruht, ist der Gewinn des Wirtschaftsjahrs, in dem die Rücklage aufgelöst wird, für jedes volle Wirtschaftsjahr, in dem die Rücklage bestanden hat, um 6 vom Hundert des aufgelösten Rücklagenbetrags zu erhöhen.

(6) Ermittelt der Steuerpflichtige den Gewinn nach § 4 Abs. 3, so sind die Absätze 3 bis 5 mit Ausnahme von Absatz 3 Nr. 1 mit der Maßgabe entsprechend anzuwenden, daß die Bildung der Rücklage als Betriebsausgabe (Abzug) und ihre Auflösung als Betriebseinnahme (Zuschlag) zu behandeln ist; der Zeitraum zwischen Abzug und Zuschlag gilt als Zeitraum, in dem die Rücklage bestanden hat.

R 83   **R 83. Sonderabschreibungen zur Förderung kleiner und mittlerer Betriebe**

S 2183 b   **Einheitswert, Gewerbekapital**

(1) ¹Die Sonderabschreibungen nach § 7 g EStG sind nur zulässig, wenn das Wirtschaftsgut zum Anlagevermögen eines Betriebs gehört, bei dem im Zeitpunkt der Anschaffung oder Herstellung der Einheitswert nicht mehr als 240.000 DM und bei Gewerbebetrieben im Sinne des GewStG das Gewerbekapital nicht mehr als 500.000 DM beträgt (§ 7 g Abs. 2 Nr. 1 EStG). ²Beide Voraussetzungen müssen bei Gewerbetreibenden gleichzeitig erfüllt sein. ³Wird für einen Betrieb ein zweiter Einheitswert festgestellt, der auch den auf das Ausland entfallenden Teil des Betriebs umfaßt (§ 19 Abs. 2 Satz 1 BewG), so ist dieser Einheitswert maßgebend. ⁴Einheitswert im Zeitpunkt der Anschaffung oder Herstellung des Wirtschaftsguts ist der Einheitswert, der auf den letzten Feststellungszeitpunkt (Hauptfeststellungs-, Fortschreibungs- oder Nachfeststellungszeitpunkt) vor der Anschaffung oder Herstellung festzustellen war. ⁵Gewerbekapital im Zeitpunkt der Anschaffung oder Herstellung des Wirtschaftsguts ist das Gewerbekapital auf den Stichtag, auf den der letzte Einheitswert des Betriebs festzustellen war (§ 12 Abs. 1 und 5 GewStG). ⁶Wird ein Wirtschaftsgut vor dem Zeitpunkt angeschafft oder hergestellt, zu dem erstmals ein Einheitswert festzustellen (§ 23 Abs. 1 Nr. 1 in Verbindung mit Abs. 2 Satz 2 BewG) oder ein Gewerbekapital zu ermitteln ist (§ 12 Abs. 1 GewStG), so sind der Einheitswert und das Gewerbekapital maßgebend, die auf den der Anschaffung oder Herstellung folgenden Feststellungszeitpunkt festgestellt bzw. ermittelt werden. ⁷Ist ein Gewerbebetrieb im Laufe des Kalenderjahrs in die Gewerbesteuerpflicht eingetreten, so bestehen keine Bedenken, wenn anstelle des der Anschaffung oder Herstellung folgenden Feststellungszeitpunkts der Zeitpunkt des Beginns der Steuerpflicht und anstelle des Einheitswerts und des Gewerbekapitals → Hilfswerte zugrunde gelegt werden, die in sinngemäßer Anwendung des § 23 GewStDV a. F. ermittelt werden. ⁸Ist ein Einheitswert nicht festgestellt worden, weil er außer zur Anwendung des § 7 g EStG keine Bedeutung hat (§ 7 g Abs. 2 Satz 2 EStG), so ist ebenfalls ein Hilfswert zu ermitteln.

(2) ¹Ist ein Steuerpflichtiger Inhaber mehrerer Betriebe, so ist für jeden Betrieb gesondert zu prüfen, ob die Grenzen des § 7 g Abs. 2 Nr. 1 EStG überschritten werden. ²Bei Personengesellschaften, bei denen die Gesellschafter als Mitunternehmer anzusehen sind, sind der Einheitswert des Betriebsvermögens und das Gewerbekapital der Personengesellschaft maßgebend. ³Das gilt auch, wenn die Sonderabschreibungen bei Wirtschaftsgütern in Anspruch genommen werden, die zum Sonderbetriebsvermögen eines Mitunternehmers der Personengesellschaft gehören. ⁴Im Fall der Organschaft ist für Organträger und Organgesellschaft, im Fall der → Betriebsaufspaltung ist für das Besitzunternehmen und das Betriebsunternehmen jeweils gesondert zu entscheiden, ob die nach § 7 g Abs. 2 Nr. 1 EStG maßgebenden Höchstgrenzen überschritten sind.

(3) ¹Stellt sich nachträglich heraus, daß eine der Grenzen des § 7 g Abs. 2 Nr. 1 EStG überschritten worden ist, z. B. durch eine geänderte Feststellung des Einheitswerts, so sind die Sonderabschreibungen durch Änderung des Steuerbescheids nach § 175 Abs. 1 Satz 1 Nr. 1 AO rückwirkend zu versagen. ²Wird ein festgestellter Einheitswert von mehr als 240.000 DM oder ein Gewerbekapital von mehr als 500.000 DM nachträglich auf einen Betrag herabge-

setzt, der die genannten Höchstgrenzen nicht überschreitet, und wird dadurch dem Steuerpflichtigen rückwirkend das Wahlrecht für die Inanspruchnahme der Sonderabschreibungen eröffnet, so ist insoweit einem Antrag auf → Bilanzänderung im Sinne des § 4 Abs. 2 Satz 2 EStG zuzustimmen.

Neue Wirtschaftsgüter

(4) [1]Ein Wirtschaftsgut ist für den Steuerpflichtigen ein → neues Wirtschaftsgut, wenn er es im ungebrauchten Zustand erworben hat und beim Hersteller die Voraussetzungen vorliegen, die für Annahme eines neuen Wirtschaftsguts bei der Selbstherstellung erforderlich sind (fabrikneu). [2]Ein Wirtschaftsgut, das der Steuerpflichtige selbst hergestellt hat, ist stets als neu anzusehen, wenn der Teilwert der bei der Herstellung verwendeten gebrauchten Wirtschaftsgüter 10 v. H. des Teilwerts des hergestellten Wirtschaftsguts nicht übersteigt oder bei der Herstellung eine neue Idee verwirklicht wird. [3]Neuwertige Bauteile gelten nicht als gebrauchte Wirtschaftsgüter im Sinne der in Satz 2 genannten 10-v.H.-Regelung, wenn sie vom Hersteller neben gleichartigen neuen Bauteilen in einem Produktionsprozeß wiederverwendet werden und der Verkaufspreis des hergestellten Wirtschaftsguts unabhängig vom Anteil der zur Herstellung verwendeten neuen und neuwertigen Bauteile ist. [4]Neuwertig sind gebrauchte Bauteile, die dem Standard neuer Bauteile entsprechen oder verschleißfrei sind, und die nach Fertigstellung des Wirtschaftsguts nicht von neuen Bauteilen unterschieden werden können. [5]Ein Wirtschaftsgut ist für den Erwerber neu, wenn es der Veräußerer im neuen Zustand zum Zweck der Veräußerung angeschafft oder hergestellt und bis zur Veräußerung nicht genutzt hat. [6]Dasselbe gilt, wenn das Wirtschaftsgut beim Veräußerer zum Anlagevermögen gehört hat, aber noch nicht betriebsbereit war. [7]Die Erprobung durch den Hersteller zur Prüfung der Funktionsfähigkeit des Wirtschaftsguts ist unschädlich, wenn sie über das notwendige Maß nicht hinausgeht. [8]Bei Erwerb eines Kraftfahrzeugs ist die Zulassung auf den Namen des Veräußerers oder die Überführung des Kraftfahrzeugs zu einem neuen Standort alleine unschädlich.

Verbleibensvoraussetzung

(5) [1]Ein Wirtschaftsgut verbleibt mindestens ein Jahr in einer inländischen Betriebsstätte des begünstigten Betriebs, wenn während dieses Zeitraums eine dauerhafte räumliche Beziehung zu einer solchen Betriebsstätte bestehen bleibt. [2]Die → Verbleibensvoraussetzung ist grundsätzlich nicht erfüllt, wenn der Steuerpflichtige ein Wirtschaftsgut vor Ablauf des einjährigen Verbleibenszeitraums veräußert, vermietet oder verpachtet oder in einen anderen Betrieb, in eine ausländische Betriebsstätte, in das Umlaufvermögen oder in das Privatvermögen überführt. [3]Wirtschaftsgüter, die der Steuerpflichtige einem Dritten zur Nutzung überläßt, verbleiben jedoch in seiner Betriebsstätte, wenn die Nutzungsüberlassung nicht länger als drei Monate dauert (z. B. Mietwagen) oder im Rahmen einer Betriebsaufspaltung oder eines Dienstverhältnisses erfolgt. [4]Die Veräußerung, die unentgeltliche Übertragung (§ 7 Abs. 1 EStDV), der Erbübergang, der Vermögensübergang im Sinne des Umwandlungssteuergesetzes, die Vermietung oder die Verpachtung des begünstigten Betriebs ist unschädlich, wenn der begünstigte Betrieb bis zum Ende des Verbleibenszeitraums in der Hand des neuen Eigentümers oder des Mieters oder Pächters als selbständiger Betrieb bestehen bleibt. [5]Bei Wirtschaftsgütern, die ihrer Art nach nicht dazu bestimmt und geeignet sind, durch den Steuerpflichtigen im räumlich abgegrenzten Bereich seiner Betriebsstätte eingesetzt zu werden, z. B. bei Transportmitteln und Baugeräten, gelten bei der Auslegung der Verbleibensvoraussetzung → Verwaltungsanweisungen zu § 2 Nr. 2 InvZulG mit der Maßgabe, daß an die Stelle des Fördergebiets das Inland tritt. [6]Wird bei einem Wirtschaftsgut, für das Sonderabschreibungen in Anspruch genommen worden sind, die Verbleibensvoraussetzung nicht erfüllt, so sind die Sonderabschreibungen durch Änderung des Steuerbescheids nach § 175 Abs. 1 Satz 1 Nr. 2 AO rückwirkend zu versagen.

Anhang 18

Umfang der betrieblichen Nutzung

(6) Ein Wirtschaftsgut wird ausschließlich oder fast ausschließlich betrieblich genutzt, wenn es der Steuerpflichtige zu nicht mehr als 10 v. H. privat nutzt.

Bemessungsgrundlage für die degressive AfA

(7) Ist neben den Sonderabschreibungen die degressive AfA nach § 7 Abs. 2 EStG in Anspruch genommen worden, so mindern die Sonderabschreibungen und die degressive AfA den jeweiligen Buchwert des Wirtschaftsguts und damit die Bemessungsgrundlage für die degressive AfA in den darauffolgenden Jahren des Begünstigungszeitraums.

Hinweise

Betriebsaufspaltung
Die Einheitswerte des Besitz- und des Betriebsunternehmens sind zur Prüfung der Höchstgrenze nicht zusammenzurechnen (→ BFH vom 17. 7. 1991 – BStBl 1992 II S. 246).

Bilanzänderung
→ R 15 Abs. 3

Hilfswerte
Bei Eintritt in die Gewerbesteuerpflicht

→ § 23 GewStDV a. F. in der Fassung vor Aufhebung der Vorschrift durch die Verordnung vom 24. 11. 1986 (→ BGBl. I S. 2073, BStBl I S. 541).

Bei fehlender Einheitswert-Feststellung

→ § 19 Abs. 4, §§ 95 bis 109 a BewG

Neues Wirtschaftsgut

a) 10-v.H.-Regelung

Ein Wirtschaftsgut ist neu, wenn der Teilwert der bei der Herstellung verwendeten gebrauchten Wirtschaftsgüter 10 v. H. des Teilwerts des hergestellten Wirtschaftsguts nicht übersteigt (→ BFH vom 4. 8. 1983 – BStBl 1984 II S. 631, vom 28. 9. 1990 – BStBl 1991 II S. 361 und vom 6. 12. 1991 – BStBl 1992 II S. 452).

Ein Wirtschaftsgut ist auch dann noch neu, wenn der Teilwert der im unmittelbaren zeitlichen und sachlichen Zusammenhang mit seiner Anschaffung eingebauten gebrauchten Wirtschaftsgüter 10 v. H. des Teilwerts des einheitlichen Wirtschaftsguts nicht übersteigt (→ BFH vom 4. 12. 1981 – BStBl 1984 II S. 630).

b) Neue Idee

Ein bewegliches Wirtschaftsgut ist auch neu, wenn bei der Herstellung eine neue Idee verwirklicht wird und dadurch ein andersartiges Wirtschaftsgut entsteht, das dem Betrieb im Wettbewerb hilft, z. B. aus gebrauchten Containern hergestellte Bau-, Werkzeug- und Maschinenbuden (→ BFH vom 12. 6. 1975 – BStBl 1976 II S. 96).

Nicht um die Verwirklichung einer neuen Idee handelt es sich z. B.

- bei einem aus dem Vorderteil und dem Hinterteil zweier gebrauchter Schiffe zusammengesetzten Schiff (→ BFH vom 8. 2. 1980 – BStBl II S. 341),
- bei einem aus einem gebrauchten Lkw hergestellten anderen Fahrzeug (→ BFH vom 4. 8. 1983 – BStBl 1984 II S. 631) und
- bei einer durch Umrüstung einer unbrauchbar gewordenen Hochdruck-Rotationsmaschine hergestellten, zum Offset-Druck geeigneten Druckmaschine (→ BFH vom 6. 12. 1991 – BStBl 1992 II S. 452).

c) Nutzung vor Erwerb

Wird ein fabrikneues Wirtschaftsgut zunächst mietweise genutzt und später vom Mieter unter Anrechnung der gezahlten Miete gekauft, so ist das Wirtschaftsgut im Zeitpunkt des Kaufs nicht neu (→ BFH vom 24. 5. 1968 – BStBl II S. 571).

Etwas anderes gilt, wenn Kaufabsicht und vorherige Erprobung Vertragsbestandteil sind und die Mietdauer die für eine Erprobung angemessene Zeit nicht übersteigt (→ BFH vom 16. 1. 1986 – BStBl II S. 467).

Ein Wirtschaftsgut ist nicht neu, wenn es vor dem Erwerb zu Vorführzwecken verwendet worden ist (→ BFH vom 13. 3. 1979 – BStBl II S. 287).

d) Tiere

Tiere sind im unmittelbaren Anschluß an ihre Fertigstellung neue Wirtschaftsgüter (→ BMF vom 28. 8. 1991 – BStBl I S. 768 – Tz. 18 und 35).

Anhang 18

e) Veralten

Auch technisch veraltete und beim Veräußerer lange gelagerte Wirtschaftsgüter können neue Wirtschaftsgüter sein (→ BFH vom 11. 12. 1970 – BStBl 1971 II S. 198).

§ 7 g EStG
H 83   R 83

Verbleibensvoraussetzung

Das vorzeitige Ausscheiden von Wirtschaftsgütern aus dem begünstigten Betrieb ist unschädlich, wenn es auf einem nicht vom Willen des Stpfl. abhängigen Ereignis beruht, z. B. infolge

- Ablaufs der Nutzungsdauer (→ BFH vom 9. 3. 1967 – BStBl III S. 238),
- eines Umtauschs wegen Mangelhaftigkeit gegen ein anderes Wirtschaftsgut gleicher oder besserer Qualität (→ BFH vom 8. 3. 1968 – BStBl II S. 430),
- wirtschaftlichen Verbrauchs (→ BFH vom 15. 10. 1976 – BStBl 1977 II S. 59) oder
- höherer Gewalt wie Brand, Diebstahl oder Unfall oder infolge eines Totalschadens (→ BFH vom 9. 3. 1967 – BStBl II S. 238).

Das vorzeitige Ausscheiden ist schädlich bei

- Veräußerung infolge einer durch Brand veranlaßten Betriebsumstellung (→ BFH vom 2. 5. 1980 – BStBl II S. 758),
- Verkauf durch den Konkursverwalter (→ BFH vom 14. 10. 1977 – BStBl 1978 II S. 204) oder
- Überführung in das Privatvermögen als Folge der Beendigung einer Betriebsaufspaltung (→ BFH vom 10. 8. 1967 – BStBl III S. 750).

Bei einer Nutzungsüberlassung im Rahmen einer Betriebsaufspaltung ist die Verbleibensvoraussetzung nicht erfüllt, wenn die Betriebsaufspaltung lediglich auf Grund tatsächlicher Beherrschung besteht, sondern nur, wenn das Besitz- und das Betriebsunternehmen auch betriebsvermögensmäßig miteinander verbunden sind (→ BFH vom 26. 3. 1993 – BStBl II S. 723). Das gilt bei Wirtschaftsgütern, die nach dem 31.10.1993 zwischen einem Besitzunternehmen und einem Betriebsunternehmen übertragen oder erstmals zur Nutzung überlassen werden (→ BMF vom 20. 9. 1993 – BStBl I S. 803).

Verwaltungsanweisungen zu § 2 Nr. 2 InvZulG Anhang 18

→ BMF vom 28. 8. 1991 (BStBl I S. 768) Tz. 48 bis 50
→ BMF vom 31. 3. 1992 (BStBl I S. 236) Nr. 6 und 7

Zweifelsfragen zu den Änderungen des Investitionszulagengesetzes 1993 durch das JStG 1996 → BMF vom 12. 2. 1996 – IV B 3 – InvZ 1010 – 3/96

EStG

§ 7 h
Erhöhte Absetzungen bei Gebäuden in Sanierungsgebieten und städtebaulichen Entwicklungsbereichen

S 2198 a

(1) ¹Bei einem im Inland belegenen Gebäude in einem förmlich festgelegten Sanierungsgebiet oder städtebaulichen Entwicklungsbereich kann der Steuerpflichtige abweichend von § 7 Abs. 4 und 5 jeweils bis zu 10 vom Hundert der Herstellungskosten für Modernisierungs- und Instandsetzungsmaßnahmen im Sinne des § 177 des Baugesetzbuchs im Jahr der Herstellung und in den folgenden neun Jahren absetzen. ²Satz 1 ist entsprechend anzuwenden auf Herstellungskosten für Maßnahmen, die der Erhaltung, Erneuerung und funktionsgerechten Verwendung eines Gebäudes im Sinne des Satzes 1 dienen, das wegen seiner geschichtlichen, künstlerischen oder städtebaulichen Bedeutung erhalten bleiben soll, und zu deren Durchführung sich der Eigentümer neben bestimmten Modernisierungsmaßnahmen gegenüber der Gemeinde verpflichtet hat. ³Der Steuerpflichtige kann die erhöhten Absetzungen im Jahr des Abschlusses der Maßnahme und in den folgenden neun Jahren auch für Anschaffungskosten in Anspruch nehmen, die auf Maßnahmen im Sinne der Sätze 1 und 2 entfallen, soweit diese nach dem rechtswirksamen Abschluß eines obligatorischen Erwerbsvertrags oder eines gleichstehenden Rechtsakts durchgeführt worden sind. ⁴Die erhöhten Absetzungen können nur in Anspruch genommen werden, soweit die Herstellungs- oder Anschaffungskosten durch Zuschüsse aus Sanierungs- oder Entwicklungsförderungsmitteln nicht gedeckt sind. ⁵Nach Ablauf des Begünstigungszeitraums ist ein Restwert den Herstellungs- oder Anschaffungskosten des Gebäudes oder dem an deren Stelle tretenden Wert hinzuzurechnen; die weiteren Absetzungen für Abnutzung sind einheitlich für das gesamte Gebäude nach dem sich hiernach ergebenden Betrag und dem für das Gebäude maßgebenden Hundertsatz zu bemessen.

(2) ¹Der Steuerpflichtige kann die erhöhten Absetzungen nur in Anspruch nehmen, wenn er durch eine Bescheinigung der zuständigen Gemeindebehörde die Voraussetzungen des Absatzes 1 für das Gebäude und die Maßnahmen nachweist. ²Sind ihm Zuschüsse aus Sanierungs- oder Entwicklungsförderungsmitteln gewährt worden, so hat die Bescheinigung auch deren Höhe zu enthalten; werden ihm solche Zuschüsse nach Ausstellung der Bescheinigung gewährt, so ist diese entsprechend zu ändern.

(3) Die Absätze 1 und 2 sind auf Gebäudeteile, die selbständige unbewegliche Wirtschaftsgüter sind, sowie auf Eigentumswohnungen und auf im Teileigentum stehende Räume entsprechend anzuwenden.

R 83 a

R 83 a. Erhöhte Absetzungen nach § 7 h EStG von Aufwendungen für bestimmte Maßnahmen an Gebäuden in Sanierungsgebieten und städtebaulichen Entwicklungsbereichen

(1) Den Miteigentümern eines Gebäudes stehen erhöhte Absetzungen nach § 7 h EStG grundsätzlich im Verhältnis ihrer Eigentumsanteile zu; auf R 164 wird hingewiesen.

(2) Wird ein Gebäude, bei dem erhöhte Absetzungen nach § 7 h EStG vorgenommen werden, aus dem Betriebsvermögen in das Privatvermögen oder umgekehrt übergeführt, so ist eine sich dabei ergebende Erhöhung oder Minderung der Bemessungsgrundlage dem Teil des Gebäudes zuzuordnen, für den keine erhöhten Absetzungen nach § 7 h EStG gewährt werden.

(3) ¹Werden erhöhte Absetzungen nach § 7 h EStG in Anspruch genommen, so braucht aus Vereinfachungsgründen das Vorliegen der Voraussetzungen nur für den VZ geprüft zu werden, in dem die begünstigten Baumaßnahmen fertiggestellt worden sind. ²Die Nachholung versehentlich unterlassener erhöhter Absetzungen nach § 7 h EStG ist nicht möglich.

(4) ¹Das Bescheinigungsverfahren nach § 7 h Abs. 2 EStG umfaßt die Prüfung,

1. ob das Gebäude in einem förmlich festgelegten Sanierungsgebiet oder städtebaulichen Entwicklungsbereich belegen ist,

2. ob Modernisierungs- und Instandsetzungsmaßnahmen im Sinne des § 7 h Abs. 1 Satz 1 und 2 EStG durchgeführt worden sind,

3. in welcher Höhe Aufwendungen, die die vorstehenden Voraussetzungen erfüllen, angefallen sind,
4. ob und ggf. in welcher Höhe Zuschüsse aus den Sanierungs- oder Entwicklungsförderungsmitteln gezahlt werden oder worden sind,
5. ob nach dem Ausstellen einer Bescheinigung Zuschüsse aus öffentlichen Mitteln durch eine der für Sanierungsgebiete oder städtebaulichen Entwicklungsbereiche zuständigen Behörden gezahlt werden (ggf. Änderung der Bescheinigung).

²Die Bescheinigung unterliegt weder in rechtlicher noch in tatsächlicher Hinsicht der Nachprüfung durch die Finanzbehörden und Finanzgerichte. ³Bei Streitigkeiten im Bescheinigungsverfahren ist für den Steuerpflichtigen der Verwaltungsrechtsweg gegeben. ⁴Ist offensichtlich, daß die Bescheinigung für Baumaßnahmen erteilt worden ist, bei denen die Voraussetzungen der Nummern 1 und 2 nicht vorliegen, so ist die ausstellende Behörde zu einer Rücknahme zu veranlassen.

(5) Die Finanzbehörden haben zu prüfen,
1. ob die vorgelegte Bescheinigung von der zuständigen Gemeindebehörde ausgestellt worden ist,
2. ob die bescheinigten Aufwendungen zu den Herstellungskosten oder den nach § 7 h Abs. 1 Satz 3 EStG begünstigten Anschaffungskosten, zu den sofort abziehbaren Betriebsausgaben oder Werbungskosten, insbesondere zum Erhaltungsaufwand, oder zu den nicht abziehbaren Ausgaben gehören,
3. ob weitere Zuschüsse für die bescheinigten Aufwendungen gezahlt werden oder worden sind,
4. ob die Aufwendungen bei einer Einkunftsart berücksichtigt werden können,
5. in welchem VZ die erhöhten Absetzungen erstmals in Anspruch genommen werden können.

(6) ¹Eine begünstigte Maßnahme im Sinne des § 7 h Abs. 1 Satz 1 EStG liegt auch vor, wenn die Modernisierungs- und Instandhaltungsmaßnahmen auf Grund einer konkreten vertraglichen Vereinbarung zwischen Eigentümer und Gemeinde durchgeführt werden. ²Baumaßnahmen, die ohne konkrete vertragliche Vereinbarung auf freiwilliger Grundlage durchgeführt werden, sind von dem Begünstigungstatbestand des § 7 h Abs. 1 Satz 1 EStG nicht erfaßt.

EStG

§ 7 i
Erhöhte Absetzungen bei Baudenkmalen

S 2198 b

(1) ¹Bei einem im Inland belegenen Gebäude, das nach den jeweiligen landesrechtlichen Vorschriften ein Baudenkmal ist, kann der Steuerpflichtige abweichend von § 7 Abs. 4 und 5 jeweils bis zu 10 vom Hundert der Herstellungskosten für Baumaßnahmen, die nach Art und Umfang zur Erhaltung des Gebäudes als Baudenkmal oder zu seiner sinnvollen Nutzung erforderlich sind, im Jahr der Herstellung und in den folgenden neun Jahren absetzen. ²Eine sinnvolle Nutzung ist nur anzunehmen, wenn das Gebäude in der Weise genutzt wird, daß die Erhaltung der schützenswerten Substanz des Gebäudes auf die Dauer gewährleistet ist. ³Bei einem im Inland belegenen Gebäudeteil, das nach den jeweiligen landesrechtlichen Vorschriften ein Baudenkmal ist, sind die Sätze 1 und 2 entsprechend anzuwenden. ⁴Bei einem im Inland belegenen Gebäude oder Gebäudeteil, das für sich allein nicht die Voraussetzungen für ein Baudenkmal erfüllt, aber Teil einer Gebäudegruppe oder Gesamtanlage ist, die nach den jeweiligen landesrechtlichen Vorschriften als Einheit geschützt ist, kann der Steuerpflichtige die erhöhten Absetzungen von den Herstellungskosten für Baumaßnahmen vornehmen, die nach Art und Umfang zur Erhaltung des schützenswerten äußeren Erscheinungsbildes der Gebäudegruppe oder Gesamtanlage erforderlich sind. ⁵Der Steuerpflichtige kann die erhöhten Absetzungen im Jahr des Abschlusses der Baumaßnahme und in den folgenden neun Jahren auch für Anschaffungskosten in Anspruch nehmen, die auf Baumaßnahmen im Sinne der Sätze 1 bis 4 entfallen, soweit diese nach dem rechtswirksamen Abschluß eines obligatorischen Erwerbsvertrags oder eines gleichstehenden Rechtsakts durchgeführt worden sind. ⁶Die Baumaßnahmen müssen in Abstimmung mit der in Absatz 2 bezeichneten Stelle durchgeführt worden sein. ⁷Die erhöhten Absetzungen können nur in Anspruch genommen werden, soweit die Herstellungs- oder Anschaffungskosten nicht durch Zuschüsse aus öffentlichen Kassen gedeckt sind. ⁸§ 7 h Abs. 1 Satz 5 ist entsprechend anzuwenden.

(2) ¹Der Steuerpflichtige kann die erhöhten Absetzungen nur in Anspruch nehmen, wenn er durch eine Bescheinigung der nach Landesrecht zuständigen oder von der Landesregierung bestimmten Stelle die Voraussetzungen des Absatzes 1 für das Gebäude oder Gebäudeteil und für die Erforderlichkeit der Aufwendungen nachweist. ²Hat eine der für Denkmalschutz oder Denkmalpflege zuständigen Behörden ihm Zuschüsse gewährt, so hat die Bescheinigung auch deren Höhe zu enthalten; werden ihm solche Zuschüsse nach Ausstellung der Bescheinigung gewährt, so ist diese entsprechend zu ändern.

(3) § 7 h Abs. 3 ist entsprechend anzuwenden.

R 83 b

R 83 b. Erhöhte Absetzungen nach § 7 i EStG von Aufwendungen für bestimmte Baumaßnahmen an Baudenkmalen

(1) R 83 a Abs. 1 bis 3 gilt entsprechend.

(2) ¹Das Bescheinigungsverfahren nach § 7 i Abs. 2 EStG umfaßt die Prüfung,

1. ob das Gebäude oder der Gebäudeteil nach den landesrechtlichen Vorschriften ein Baudenkmal ist,

2. ob die Baumaßnahmen nach Art und Umfang
   a) zur Erhaltung des Gebäudes oder Gebäudeteils als Baudenkmal oder zu seiner sinnvollen Nutzung,
   b) bei einem Gebäude, das Teil einer geschützten Gesamtanlage oder Gebäudegruppe ist, zur Erhaltung des schützenswerten äußeren Erscheinungsbildes der Gesamtanlage oder Gebäudegruppe

   erforderlich waren,

3. ob die Arbeiten vor Beginn und bei Planungsänderungen vor Beginn der geänderten Vorhaben mit der Bescheinigungsbehörde abgestimmt waren,

4. in welcher Höhe Aufwendungen, die die vorstehenden Voraussetzungen erfüllen, angefallen sind,

§ 7 i EStG
R 83 b

5. ob und ggf. in welcher Höhe Zuschüsse aus öffentlichen Mitteln durch eine der für Denkmalschutz oder Denkmalpflege zuständigen Behörden gezahlt werden oder worden sind,
6. ob nach dem Ausstellen einer Bescheinigung Zuschüsse aus öffentlichen Mitteln durch eine der für Denkmalschutz oder Denkmalpflege zuständigen Behörden gezahlt worden sind (ggf. Änderung der Bescheinigung).

²R 83 a Abs. 4 Satz 2 bis 4 gilt für die Nummern 1 bis 3 entsprechend.

(3) ¹Die Finanzbehörden haben zu prüfen,
1. ob die vorgelegte Bescheinigung von der nach Landesrecht zuständigen oder der von den Landesregierungen bestimmten Behörde ausgestellt worden ist,
2. ob die bescheinigten Aufwendungen zu den Herstellungskosten oder den nach § 7 i Abs. 1 Satz 5 EStG begünstigten Anschaffungskosten, zu den sofort abziehbaren Betriebsausgaben oder Werbungskosten, insbesondere zum Erhaltungsaufwand, oder zu den nicht abziehbaren Ausgaben gehören,
3. ob weitere Zuschüsse für die bescheinigten Aufwendungen gezahlt werden oder worden sind,
4. ob die Aufwendungen bei einer Einkunftsart berücksichtigt werden können,
5. in welchem VZ die erhöhten Absetzungen erstmals in Anspruch genommen werden können.

²Fällt die Eigenschaft als Baudenkmal innerhalb des Begünstigungszeitraums weg, so können die erhöhten Absetzungen nicht weiter in Anspruch genommen werden.

307

§ 7 k[1])
Erhöhte Absetzungen für Wohnungen mit Sozialbindung

(1) ¹Bei Wohnungen im Sinne des Absatzes 2 können abweichend von § 7 Abs. 4 und 5 im Jahr der Fertigstellung und in den folgenden vier Jahren jeweils bis zu 10 vom Hundert und in den folgenden fünf Jahren jeweils bis zu 7 vom Hundert der Herstellungskosten oder Anschaffungskosten abgesetzt werden. ²Im Fall der Anschaffung ist Satz 1 nur anzuwenden, wenn der Hersteller für die veräußerte Wohnung weder Absetzungen für Abnutzung nach § 7 Abs. 5 vorgenommen noch erhöhte Absetzungen oder Sonderabschreibungen in Anspruch genommen hat. ³Nach Ablauf dieser zehn Jahre sind als Absetzungen für Abnutzung bis zur vollen Absetzung jährlich 3 1/3 vom Hundert des Restwerts abzuziehen; § 7 Abs. 4 Satz 2 gilt entsprechend.

(2) Begünstigt sind Wohnungen im Inland,

1. a) für die der Bauantrag nach dem 28. Februar 1989 gestellt worden ist und die vom Steuerpflichtigen hergestellt worden sind oder
   b) die vom Steuerpflichtigen nach dem 28. Februar 1989 auf Grund eines nach diesem Zeitpunkt rechtswirksam abgeschlossenen obligatorischen Vertrags bis zum Ende des Jahres der Fertigstellung angeschafft worden sind,
2. die vor dem 1. Januar 1996 fertiggestellt worden sind,
3. für die keine Mittel aus öffentlichen Haushalten unmittelbar oder mittelbar gewährt werden,
4. die im Jahr der Anschaffung oder Herstellung und in den folgenden neun Jahren (Verwendungszeitraum) dem Steuerpflichtigen zu fremden Wohnzwecken dienen und
5. für die der Steuerpflichtige für jedes Jahr des Verwendungszeitraums, in dem er die Wohnungen vermietet hat, durch eine Bescheinigung nachweist, daß die Voraussetzungen des Absatzes 3 vorliegen.

(3) ¹Die Bescheinigung nach Absatz 2 Nr. 5 ist von der nach § 3 des Wohnungsbindungsgesetzes zuständigen Stelle, im Saarland von der durch die Landesregierung bestimmten Stelle (zuständige Stelle), nach Ablauf des jeweiligen Jahres des Begünstigungszeitraums für Wohnungen zu erteilen,

1. a) die der Steuerpflichtige nur an Personen vermietet hat, für die
   aa) eine Bescheinigung über die Wohnberechtigung nach § 5 des Wohnungsbindungsgesetzes, im Saarland eine Mieteranerkennung, daß die Voraussetzungen des § 14 des Wohnungsbaugesetzes für das Saarland erfüllt sind, ausgestellt worden ist, oder
   bb) eine Bescheinigung ausgestellt worden ist, daß sie die Voraussetzungen des § 88 a Abs. 1 Buchstabe b des Zweiten Wohnungsbaugesetzes, im Saarland des § 51 b Abs. 1 Buchstabe b des Wohnungsbaugesetzes für das Saarland, erfüllen,
   und wenn die Größe der Wohnung die in dieser Bescheinigung angegebene Größe nicht übersteigt, oder
   b) für die der Steuerpflichtige keinen Mieter im Sinne des Buchstabens a gefunden hat und für die ihm die zuständige Stelle nicht innerhalb von sechs Wochen nach seiner Anforderung einen solchen Mieter nachgewiesen hat,
   und
2. bei denen die Höchstmiete nicht überschritten worden ist. Die Landesregierungen werden ermächtigt, die Höchstmiete in Anlehnung an die Beträge nach § 72 Abs. 3 des Zweiten Wohnungsbaugesetzes, im Saarland unter Berücksichtigung der Besonderheiten des Wohnungsbaugesetzes für das Saarland, durch Rechtsverordnung festzusetzen. In der Rechtsverordnung ist eine Erhöhung der Mieten in Anlehnung an die Erhöhung der Mieten im öffentlich geförderten sozialen Wohnungsbau zuzulassen. § 4 des Gesetzes zur Regelung der Miethöhe bleibt unberührt.

²Bei Wohnungen, für die der Bauantrag nach dem 31. Dezember 1992 gestellt worden ist und die vom Steuerpflichtigen hergestellt worden sind oder die vom Steuerpflichtigen auf Grund eines nach dem 31. Dezember 1992 rechtswirksam abgeschlossenen obligatori-

---

[1]) Beachte besondere Anwendungsregeln aus Anlaß der Herstellung der Einheit Deutschlands (→ § 57 EStG).

§ 7 k EStG

schen Vertrags angeschafft worden sind, gilt Satz 1 Nr. 1 Buchstabe a mit der Maßgabe, daß der Steuerpflichtige die Wohnungen nur an Personen vermietet hat, die im Jahr der Fertigstellung zu ihm in einem Dienstverhältnis gestanden haben, und ist Satz 1 Nr. 1 Buchstabe b nicht anzuwenden.

R 83 c. Erhöhte Absetzungen für Wohnungen mit Sozialbindung

– unbesetzt –

Hinweise

Zur Anwendung → BMF vom 17. 2. 1992 (BStBl I S. 115). Anhang 35

§ 8 EStG
Hinweise

4. Überschuß der Einnahmen über die Werbungskosten

EStG

§ 8
Einnahmen

S 2202
S 2332
S 2334 [1)]

(1) Einnahmen sind alle Güter, die in Geld oder Geldeswert bestehen und dem Steuerpflichtigen im Rahmen einer der Einkunftsarten des § 2 Abs. 1 Satz 1 Nr. 4 bis 7 zufließen.

(2) [1]Einnahmen, die nicht in Geld bestehen (Wohnung, Kost, Waren und sonstige Sachbezüge), sind mit den üblichen Endpreisen am Abgabeort anzusetzen. [2]Bei Arbeitnehmern, für deren Sachbezüge durch Rechtsverordnung nach § 17 Abs. 1 Nr. 3 Viertes Buch Sozialgesetzbuch Werte bestimmt worden sind, sind diese Werte maßgebend. [3]Die Werte nach Satz 2 sind auch bei Arbeitnehmern anzusetzen, die nicht der gesetzlichen Rentenversicherungspflicht unterliegen, wenn sie für deren Sachbezüge nicht offensichtlich unzutreffend sind. [4]Die oberste Finanzbehörde eines Landes kann mit Zustimmung des Bundesministers der Finanzen für weitere Sachbezüge der Arbeitnehmer Durchschnittswerte festsetzen.[1)]

(3) [1]Erhält ein Arbeitnehmer auf Grund seines Dienstverhältnisses Waren oder Dienstleistungen, die vom Arbeitgeber nicht überwiegend für den Bedarf seiner Arbeitnehmer hergestellt, vertrieben oder erbracht werden und deren Bezug nicht nach § 40 pauschal versteuert wird, so gelten als deren Werte abweichend von Absatz 2 die um vier vom Hundert geminderten Endpreise, zu denen der Arbeitgeber oder der dem Abgabeort nächstansässige Abnehmer die Waren oder Dienstleistungen fremden Letztverbrauchern im allgemeinen Geschäftsverkehr anbietet. [2]Die sich nach Abzug der vom Arbeitnehmer gezahlten Entgelte ergebenden Vorteile sind steuerfrei, soweit sie aus dem Dienstverhältnis insgesamt 2.400 Deutsche Mark im Kalenderjahr nicht übersteigen.

Hinweise

Ermittlung des geldwerten Vorteils beim Erwerb von Kraftfahrzeugen vom Arbeitgeber in der Automobilbranche (§ 8 Abs. 3 EStG)

→ BMF vom 30. 1. 1996 – IV B 6 – S 2334 – 24/96.

[1)] Absatz 2 wurde durch das JStG 1996 und das JStErgG 1996 ab VZ 1996 neu gefaßt:
„(2) [1]Einnahmen, die nicht in Geld bestehen (Wohnung, Kost, Waren, Dienstleistungen und sonstige Sachbezüge), sind mit den um übliche Preisnachlässe geminderten üblichen Endpreisen am Abgabeort anzusetzen. [2]Für die private Nutzung eines betrieblichen Kraftfahrzeugs zu privaten Fahrten gilt § 6 Abs. 1 Nr. 4 Satz 2 entsprechend. [3]Kann das Kraftfahrzeug auch für Fahrten zwischen Wohnung und Arbeitsstätte genutzt werden, erhöht sich der Wert in Satz 2 für jeden Kalendermonat um 0,03 vom Hundert des Listenpreises im Sinne des § 6 Abs. 1 Nr. 4 Satz 2 für jeden Kilometer der Entfernung zwischen Wohnung und Arbeitsstätte. [4]Der Wert nach den Sätzen 2 und 3 kann mit dem auf die private Nutzung und die Nutzung zu Fahrten zwischen Wohnung und Arbeitsstätte entfallenden Teil der gesamten Kraftfahrzeugaufwendungen angesetzt werden, wenn die durch das Kraftfahrzeug insgesamt entstehenden Aufwendungen durch Belege und das Verhältnis der privaten Fahrten und der Fahrten zwischen Wohnung und Arbeitsstätte zu den übrigen Fahrten durch ein ordnungsgemäßes Fahrtenbuch nachgewiesen werden. [5]Die Nutzung des Kraftfahrzeugs zu einer Familienheimfahrt im Rahmen einer doppelten Haushaltsführung ist mit 0,002 vom Hundert des Listenpreises im Sinne des § 6 Abs. 1 Nr. 4 Satz 2 für jeden Kilometer der Entfernung zwischen dem Ort des eigenen Hausstandes und dem Beschäftigungsort anzusetzen; dies gilt nicht, wenn für diese Fahrt ein Abzug von Werbungskosten nach § 9 Abs. 1 Satz 3 Nr. 5 Satz 3 und 4 in Betracht käme; Satz 4 ist sinngemäß anzuwenden. [6]Bei Arbeitnehmern, für deren Sachbezüge durch Rechtsverordnung nach § 17 Abs. 1 Nr. 3 des Vierten Buches Sozialgesetzbuch Werte bestimmt worden sind, sind diese Werte maßgebend. [7]Die Werte nach Satz 6 sind auch bei Steuerpflichtigen anzusetzen, die nicht der gesetzlichen Rentenversicherungspflicht unterliegen, wenn sie für deren Sachbezüge nicht offensichtlich unzutreffend sind. [8]Die oberste Finanzbehörde eines Landes kann mit Zustimmung des Bundesministeriums der Finanzen für weitere Sachbezüge der Arbeitnehmer Durchschnittswerte festsetzen. [9]Sachbezüge, die nach Satz 1 zu bewerten sind, bleiben außer Ansatz, wenn die sich nach Anrechnung der vom Steuerpflichtigen gezahlten Entgelte ergebenden Vorteile insgesamt 50 Deutsche Mark im Kalendermonat nicht übersteigen."

§ 9
Werbungskosten

(1) ¹Werbungskosten sind Aufwendungen zur Erwerbung, Sicherung und Erhaltung der Einnahmen. ²Sie sind bei der Einkunftsart abzuziehen, bei der sie erwachsen sind. ³Werbungskosten sind auch

1. Schuldzinsen und auf besonderen Verpflichtungsgründen beruhende Renten und dauernde Lasten, soweit sie mit einer Einkunftsart in wirtschaftlichem Zusammenhang stehen. ²Bei Leibrenten kann nur der Anteil abgezogen werden, der sich aus der in § 22 Nr. 1 Satz 3 Buchstabe a aufgeführten Tabelle ergibt; in den Fällen des § 22 Nr. 1 Satz 3 Buchstabe a letzter Satz kann nur der Anteil, der nach der in dieser Vorschrift vorgesehenen Rechtsverordnung zu ermitteln ist, abgezogen werden;
2. Steuern vom Grundbesitz, sonstige öffentliche Abgaben und Versicherungsbeiträge, soweit solche Ausgaben sich auf Gebäude oder auf Gegenstände beziehen, die dem Steuerpflichtigen zur Einnahmeerzielung dienen;
3. Beiträge zu Berufsständen und sonstigen Berufsverbänden, deren Zweck nicht auf einen wirtschaftlichen Geschäftsbetrieb gerichtet ist;
4. Aufwendungen des Arbeitnehmers für Fahrten zwischen Wohnung und Arbeitsstätte. ²Fährt der Arbeitnehmer an einem Arbeitstag mehrmals zwischen Wohnung und Arbeitsstätte hin und her, so sind die zusätzlichen Fahrten nur zu berücksichtigen, soweit sie durch einen zusätzlichen Arbeitseinsatz außerhalb der regelmäßigen Arbeitszeit oder durch eine Arbeitszeitunterbrechung von mindestens vier Stunden veranlaßt sind. ³Hat ein Arbeitnehmer mehrere Wohnungen, so sind die Fahrten von oder zu einer Wohnung, die nicht der Arbeitsstätte am nächsten liegt, nur zu berücksichtigen, wenn sie den Mittelpunkt der Lebensinteressen des Arbeitnehmers bildet und nicht nur gelegentlich aufgesucht wird. ⁴Bei Fahrten mit einem eigenen oder zur Nutzung überlassenen Kraftfahrzeug sind die Aufwendungen mit den folgenden Pauschbeträgen anzusetzen:
   a) bei Benutzung eines Kraftwagens 0,70 Deutsche Mark,
   b) bei Benutzung eines Motorrads oder Motorrollers 0,33 Deutsche Mark

   für jeden Kilometer der Entfernung zwischen Wohnung und Arbeitsstätte; für die Bestimmung der Entfernung ist die kürzeste benutzbare Straßenverbindung maßgebend;
5. notwendige Mehraufwendungen, die einem Arbeitnehmer wegen einer aus beruflichem Anlaß begründeten doppelten Haushaltsführung entstehen, und zwar unabhängig davon, aus welchen Gründen die doppelte Haushaltsführung beibehalten wird. ²Eine doppelte Haushaltsführung liegt vor, wenn der Arbeitnehmer außerhalb des Ortes, in dem er einen eigenen Hausstand unterhält, beschäftigt ist und auch am Beschäftigungsort wohnt. ³Aufwendungen für Fahrten vom Beschäftigungsort zum Ort des eigenen Hausstands und zurück (Familienheimfahrten) können jeweils nur für eine

---

¹) Absatz 1 Satz 3 Nummer 5 wurde durch das JStG 1996 ab VZ 1996 neu gefaßt:

„5. notwendige Mehraufwendungen, die einem Arbeitnehmer wegen einer aus beruflichem Anlaß begründeten doppelten Haushaltsführung entstehen. ²Eine doppelte Haushaltsführung liegt vor, wenn der Arbeitnehmer außerhalb des Ortes, in dem er einen eigenen Hausstand unterhält, beschäftigt ist und auch am Beschäftigungsort wohnt. ³Der Abzug der Aufwendungen ist bei einer Beschäftigung am selben Ort auf insgesamt zwei Jahre begrenzt. ⁴Aufwendungen für Fahrten vom Beschäftigungsort zum Ort des eigenen Hausstands und zurück (Familienheimfahrten) können jeweils nur für eine Familienheimfahrt wöchentlich als Werbungskosten abgezogen werden. ⁵Bei Familienheimfahrten mit einem eigenen oder zur Nutzung überlassenen Kraftfahrzeug ist je Kilometer der Entfernung zwischen dem Ort des eigenen Hausstands und dem Beschäftigungsort Nummer 4 Satz 4 entsprechend anzuwenden; Aufwendungen für Familienheimfahrten mit einem dem Steuerpflichtigen im Rahmen einer Einkunftsart überlassenen Kraftfahrzeug werden nicht berücksichtigt;".

§ 9 Abs. 1 Nr. 5 Satz 3 ist ab 1996 mit der Maßgabe anzuwenden, daß die zeitliche Begrenzung einer aus beruflichem Anlaß begründeten doppelten Haushaltsführung auf zwei Jahre auch für Fälle einer bereits vor dem 1. Januar 1996 bestehenden doppelten Haushaltsführung gilt (→ § 52 Abs. 11 a EStG in der Fassung des JStG 1996).

§ 9 EStG

Familienheimfahrt wöchentlich als Werbungskosten abgezogen werden. ⁴Bei Familienheimfahrten mit einem eigenen oder zur Nutzung überlassenen Kraftfahrzeug ist je Kilometer der Entfernung zwischen dem Ort des eigenen Hausstands und dem Beschäftigungsort Nummer 4 Satz 4 entsprechend anzuwenden;

S 2354
6. Aufwendungen für Arbeitsmittel, zum Beispiel für Werkzeuge und typische Berufskleidung. ²Nummer 7 bleibt unberührt;
7. Absetzungen für Abnutzung und für Substanzverringerung und erhöhte Absetzungen. ²§ 6 Abs. 2 Satz 1 bis 3 ist in Fällen der Anschaffung oder Herstellung von Wirtschaftsgütern entsprechend anzuwenden.

(2) ¹Anstelle der Pauschbeträge nach Absatz 1 Satz 3 Nr. 4 Satz 4 können
1. Behinderte, deren Grad der Behinderung mindestens 70 beträgt,
2. Behinderte, deren Grad der Behinderung weniger als 70, aber mindestens 50 beträgt und die in ihrer Bewegungsfähigkeit im Straßenverkehr erheblich beeinträchtigt sind,

für Fahrten zwischen Wohnung und Arbeitsstätte und für Familienheimfahrten die tatsächlichen Aufwendungen ansetzen. ²Die Voraussetzungen der Nummern 1 und 2 sind durch amtliche Unterlagen nachzuweisen.

(3) Absatz 1 Satz 3 Nr. 4 und 5 und Absatz 2 gelten bei den Einkunftsarten im Sinne des § 2 Abs. 1 Satz 1 Nr. 5 bis 7 entsprechend.

(4) (weggefallen)

¹) (5) § 4 Abs. 5 Nr. 1 bis 5, 7 bis 8 a und Abs. 6 gilt sinngemäß.

R 84 R 84. Aufwendungen für Fahrten bei Einkünften aus Vermietung und Verpachtung

¹Die Tätigkeit eines Steuerpflichtigen zur Erzielung von Einkünften aus Vermietung und Verpachtung besteht im wesentlichen in der Verwaltung seines Grundbesitzes. ²Bei nicht umfangreichem Grundbesitz erfordert diese Verwaltung in der Regel keine besonderen Einrichtungen, z. B. Büro, sondern erfolgt von der Wohnung des Steuerpflichtigen aus. ³Regelmäßige Tätigkeitsstätte ist dann die Wohnung des Steuerpflichtigen. ⁴Gelegentliche Fahrten zu dem vermieteten Grundstück sind in solchen Fällen keine Fahrten zwischen Wohnung und regelmäßiger Tätigkeitsstätte, auf die § 9 Abs. 3 EStG anzuwenden wäre. ⁵Aufwendungen für derartige gelegentliche Fahrten sind Werbungskosten im Sinne des § 9 Abs. 1 Satz 1 EStG.

H 84 **Hinweise**

Abziehbare Aufwendungen bei Steuerpflichtigen mit Einkünften nach § 2 Abs. 1 Nr. 5 bis 7 EStG
→ R 23 Abs. 5

Arbeitsmittel
→ A 44 LStR 1993

Arbeitszimmer
→ A 45 LStR 1993

Berufsverbände, Ausgaben bei Veranstaltungen von –
→ A 36 LStR 1993

Doppelte Haushaltsführung
→ A 43 LStR 1993

Folgerungen aus der geänderten Rechtsprechung des BFH zur doppelten Haushaltsführung → BMF vom 8. 3. 1995 (BStBl I S. 168); abgedruckt zu H 103 (Aufwendungen im Sinne des § 10 Abs. 1 Nr. 7 EStG)

¹) Absatz 5 wurde durch das JStG 1996 ab VZ 1996 geändert:
„(5) § 4 Abs. 5 Satz 1 Nr. 1 bis 5, 6 b bis 8 a und 10 und Abs. 6 gilt sinngemäß."

§ 9 EStG
H 84   R 84

Fahrten zwischen Wohnung und Arbeitsstätte
→ A 42 LStR 1993

Heimarbeiter, Werbungskosten bei
→ A 46 LStR 1993

Promotion
→ H 103 (Promotion)

Reisekosten
→ R 119 Abs. 2 Nr. 1

Umwidmung eines Darlehens, das zum Umbau eines Hauses aufgenommen wurde, zu einem Darlehen, das der Anschaffung von Wertpapieren dient. Kann das Darlehen durch die Umwidmung zu einem Darlehen werden, das der Anschaffung von Wertpapieren dient? → FG Rheinland-Pfalz vom 23. 11. 1994 (EFG 1995 S. 614 – Rev. – BFH VIII R 12/95).

Werbungskosten bei bestimmten Berufsgruppen
→ A 47 LStR 1993

§ 9 a EStG
R 85

EStG

§ 9 a[1])
Pauschbeträge für Werbungskosten

S 2214

S 2346

[1]Für Werbungskosten sind bei der Ermittlung der Einkünfte die folgenden Pauschbeträge abzuziehen, wenn nicht höhere Werbungskosten nachgewiesen werden:

1. von den Einnahmen aus nichtselbständiger Arbeit:
   ein Arbeitnehmer-Pauschbetrag von 2.000 Deutsche Mark;
2. von den Einnahmen aus Kapitalvermögen:
   ein Pauschbetrag von 100 Deutsche Mark;
   bei Ehegatten, die nach den §§ 26, 26 b zusammen veranlagt werden, erhöht sich dieser Pauschbetrag auf insgesamt 200 Deutsche Mark;
3. von den Einnahmen im Sinne des § 22 Nr. 1 und 1 a:
   ein Pauschbetrag von insgesamt 200 Deutsche Mark.

[2]Der Arbeitnehmer-Pauschbetrag darf nur bis zur Höhe der um den Versorgungs-Freibetrag (§ 19 Abs. 2) geminderten Einnahmen, die Pauschbeträge nach den Nummern 2 und 3 dürfen nur bis zur Höhe der Einnahmen abgezogen werden.

R 85

R 85. Pauschbeträge für Werbungskosten

S 2214

(1) [1]Der in § 9 a Satz 1 Nr. 2 EStG bezeichnete Pauschbetrag von 200 DM steht den Ehegatten im Fall ihrer Zusammenveranlagung gemeinsam zu. [2]Die Ehegatten können daher in die-

---

[1]) § 9 a EStG wurde durch das JStG 1996 ab VZ 1996 neu gefaßt:

„§ 9 a
Pauschbeträge für Werbungskosten

[1]Für Werbungskosten sind bei der Ermittlung der Einkünfte folgende Pauschbeträge abzuziehen,

1. wenn nicht höhere Werbungskosten nachgewiesen werden:
   a) von den Einnahmen aus nichtselbständiger Arbeit:
      ein Arbeitnehmer-Pauschbetrag von 2.000 Deutsche Mark;
   b) von den Einnahmen aus Kapitalvermögen:
      ein Pauschbetrag von 100 Deutsche Mark; bei Ehegatten, die nach den §§ 26, 26 b zusammen veranlagt werden, erhöht sich dieser Pauschbetrag auf insgesamt 200 Deutsche Mark;
   c) von den Einnahmen im Sinne des § 22 Nr. 1 und 1 a:
      ein Pauschbetrag von insgesamt 200 Deutsche Mark;
2. wenn der Steuerpflichtige bei Gebäuden, soweit sie Wohnzwecken dienen, die Werbungskosten pauschal ermittelt:
   von den Einnahmen aus Vermietung und Verpachtung:
   ein Pauschbetrag von 42 Deutsche Mark pro Quadratmeter Wohnfläche. [2]Neben dem Pauschbetrag können die nach § 9 Abs. 1 Satz 3 Nr. 1 abziehbaren Schuldzinsen, die Absetzungen für Abnutzung und für Substanzverringerung, erhöhte Absetzungen und Sonderabschreibungen abgezogen werden. [3]Der Steuerpflichtige kann für den folgenden Veranlagungszeitraum die tatsächlichen Werbungskosten abziehen. [4]In diesem Fall ist eine erneute Anwendung des Werbungskosten-Pauschbetrags erst nach Ablauf der vier folgenden Veranlagungszeiträume zulässig. [5]Für Zeiträume, in denen das Gebäude nicht Wohnzwecken oder der Erzielung von Einkünften aus Vermietung und Verpachtung dient, ist der Pauschbetrag nicht abzuziehen. [6]Sind mehrere Steuerpflichtige Eigentümer des Gebäudes und sind sie an den Einkünften aus Vermietung und Verpachtung beteiligt, können sie das Wahlrecht nur einheitlich ausüben. [7]Die vorstehenden Sätze sind auf Gebäudeteile, die selbständige unbewegliche Wirtschaftsgüter sind, sowie auf Eigentumswohnungen entsprechend anzuwenden.

[2]Der Arbeitnehmer-Pauschbetrag darf nur bis zur Höhe der um den Versorgungs-Freibetrag (§ 19 Abs. 2) geminderten Einnahmen, die Pauschbeträge nach Satz 1 Nr. 1 Buchstabe b und c dürfen nur bis zur Höhe der Einnahmen abgezogen werden."

sem Fall nur entweder den Pauschbetrag von 200 DM oder nachgewiesene höhere Werbungskosten geltend machen. ³Es ist nicht zulässig, daß einer der Ehegatten den halben Pauschbetrag und der andere Ehegatte Werbungskosten in nachgewiesener Höhe abzieht. ⁴Der Pauschbetrag kann auch dann voll in Anspruch genommen werden, wenn nur einer der Ehegatten Einnahmen aus Kapitalvermögen bezogen hat. ⁵Haben beide Ehegatten Einnahmen aus Kapitalvermögen und sind die Einkünfte jedes Ehegatten gesondert zu ermitteln, z. B. für Zwecke des § 24 a EStG, so können die Ehegatten den ihnen zustehenden Pauschbetrag beliebig unter sich aufteilen. ⁶Für jeden Ehegatten darf jedoch höchstens ein Teilbetrag in Höhe seiner Einnahmen berücksichtigt werden.

(2) Die Pauschbeträge für Werbungskosten sind nicht zu ermäßigen, wenn die unbeschränkte Steuerpflicht lediglich während eines Teils des Kalenderjahrs bestanden hat.

Hinweise

Arbeitnehmer-Pauschbetrag
Führt die Erhöhung des Arbeitnehmer-Pauschbetrags auf 2.000 DM zu einer verfassungswidrigen Begünstigungskumulation bei Arbeitnehmern, die vom Arbeitgeber steuerfreien oder pauschal versteuerten Werbungskostenersatz erhalten? → BFH vom 12. 2. 1993 (BStBl II S. 551 – Normenkontrollverfahren 2 BvL 20/93).

Beschränkt Steuerpflichtige
Anwendungsverbot → § 50 Abs. 1 Satz 5 EStG

Einnahmen aus derselben Einkunftsart
Die Pauschbeträge können nur einmal abgezogen werden (→ BFH vom 3. 4. 1959 – BStBl III S. 220).

Pauschbeträge für bestimmte Berufsgruppen
Neben dem Arbeitnehmer-Pauschbetrag abzugsfähige Beträge → A 47 LStR 1993.

4a. Umsatzsteuerrechtlicher Vorsteuerabzug

EStG

§ 9 b

S 2170

(1) ¹Der Vorsteuerbetrag nach § 15 des Umsatzsteuergesetzes gehört, soweit er bei der Umsatzsteuer abgezogen werden kann, nicht zu den Anschaffungs- oder Herstellungskosten des Wirtschaftsguts, auf dessen Anschaffung oder Herstellung er entfällt. ²Der Teil des Vorsteuerbetrags, der nicht abgezogen werden kann, braucht den Anschaffungs- oder Herstellungskosten des Wirtschaftsguts, auf dessen Anschaffung oder Herstellung der Vorsteuerbetrag entfällt, nicht zugerechnet zu werden,

1. wenn er 25 vom Hundert des Vorsteuerbetrags und 500 Deutsche Mark nicht übersteigt, oder
2. wenn die zum Ausschluß vom Vorsteuerabzug führenden Umsätze nicht mehr als 3 vom Hundert des Gesamtumsatzes betragen.

(2) Wird der Vorsteuerabzug nach § 15 a des Umsatzsteuergesetzes berichtigt, so sind die Mehrbeträge als Betriebseinnahmen oder Einnahmen, die Minderbeträge als Betriebsausgaben oder Werbungskosten zu behandeln; die Anschaffungs- oder Herstellungskosten bleiben unberührt.

R 86

R 86. Auswirkungen der Umsatzsteuer auf die Einkommensteuer

S 2170

(1) ¹Soweit ein Vorsteuerbetrag nach § 15 UStG umsatzsteuerrechtlich nicht abgezogen werden darf, ist er den Anschaffungs- oder Herstellungskosten des zugehörigen Wirtschaftsguts zuzurechnen. ²Diese Zurechnung gilt sowohl für Wirtschaftsgüter des Anlagevermögens als auch für Wirtschaftsgüter des Umlaufvermögens. ³In die Herstellungskosten sind die auf den Materialeinsatz und die Gemeinkosten entfallenden nicht abziehbaren Vorsteuerbeträge einzubeziehen.

(2) ¹Die Vereinfachungsregelung des § 9 b Abs. 1 Satz 2 EStG bezieht sich jeweils auf den umsatzsteuerrechtlich nicht abziehbaren Teil des Vorsteuerbetrags **eines** Wirtschaftsguts. ²Bei mehreren gleichartigen Wirtschaftsgütern, die stückzahlmäßig gehandelt werden, kommt die 500-DM-Grenze jeweils für den auf **ein** Stück entfallenden nicht abziehbaren Teil des Vorsteuerbetrags in Betracht. ³Bei Wirtschaftsgütern, die nicht stückmäßig, sondern mengenmäßig gehandelt werden, z. B. bei Flüssigkeiten oder Schüttgütern, ist als ein Wirtschaftsgut die jeweilige handelsübliche Rechnungseinheit, wie Liter, Hektoliter, Tonne usw. anzunehmen. ⁴§ 9 b Abs. 1 Satz 2 EStG setzt voraus, daß ein Vorsteuerbetrag umsatzsteuerrechtlich zum Teil abziehbar und zum Teil nicht abziehbar ist; die Vereinfachungsregelung gilt deshalb nicht für ein Wirtschaftsgut, bei dem der Vorsteuerbetrag umsatzsteuerrechtlich in voller Höhe nicht abziehbar ist.

(3) ¹Für die Anwendung des § 9 b Abs. 1 Satz 2 EStG ist die umsatzsteuerrechtlich vorgenommene Aufteilung eines Vorsteuerbetrags in einen abziehbaren und einen nicht abziehbaren Teil maßgebend. ²Wird die umsatzsteuerrechtliche Aufteilung mit Wirkung für die Vergangenheit **geändert**, so muß auch die Zurechnung des nicht abziehbaren Teils eines Vorsteuerbetrags zu den Anschaffungs- oder Herstellungskosten des zugehörigen Wirtschaftsguts entsprechend berichtigt werden. ³Es ist jedoch aus Vereinfachungsgründen nicht zu beanstanden, wenn in diesem Fall die sich durch die Änderung der Aufteilung der Vorsteuerbeträge ergebenden Mehr- oder Minderbeträge an nicht abziehbarer Vorsteuer sofort als Ertrag oder Aufwand verrechnet und die Anschaffungs- oder Herstellungskosten der zugehörigen Wirtschaftsgüter nicht mehr berichtigt werden, sofern die Änderung der Aufteilung der Vorsteuerbeträge nur zu einer Erhöhung oder Verminderung der einzelnen nicht abziehbaren Vorsteuerbeträge um nicht mehr als 25 v. H. führt und der auf ein Wirtschaftsgut entfallende Mehr- oder Minderbetrag an nicht abziehbarer Vorsteuer nicht mehr als 500 DM beträgt.

(4) ¹Bei der Gewinnermittlung nach § 4 Abs. 3 EStG und bei der Ermittlung des Überschusses der Einnahmen über die Werbungskosten gehören vereinnahmte Umsatzsteuerbeträge (für den Umsatz geschuldete Umsatzsteuer und vom Finanzamt erstattete Vorsteuer) im Zeit-

punkt ihrer Vereinnahmung zu den Betriebseinnahmen oder Einnahmen und verausgabte Umsatzsteuerbeträge (gezahlte Vorsteuer und an das Finanzamt abgeführte Umsatzsteuerbeträge) im Zeitpunkt ihrer Verausgabung zu den Betriebsausgaben oder Werbungskosten, es sei denn, daß die Vorsteuerbeträge nach den Absätzen 1 bis 3 den Anschaffungs- oder Herstellungskosten des zugehörigen Wirtschaftsguts zuzurechnen sind und diese nicht sofort abziehbar sind (→ BFH vom 29. 6. 1982 – BStBl II S. 755). [2]§ 4 Abs. 3 Satz 2 EStG findet insoweit keine Anwendung. [3]Hierbei spielt es keine Rolle, ob der Steuerpflichtige zum Vorsteuerabzug berechtigt ist und ob er seine Umsätze nach den allgemeinen umsatzsteuerrechtlichen Vorschriften versteuert oder ob die Umsatzsteuer nach § 19 Abs. 1 UStG nicht erhoben wird.

(5) [1]Für die Frage, ob bei den **geringwertigen Anlagegütern** im Sinne des § 6 Abs. 2 EStG die Grenze von 800 DM überschritten ist, ist stets von den Anschaffungs- oder Herstellungskosten abzüglich eines darin enthaltenen Vorsteuerbetrags, also von dem reinen Warenpreis ohne Vorsteuer (Nettowert) auszugehen. [2]Ob der Vorsteuerbetrag umsatzsteuerrechtlich abziehbar ist, spielt in diesem Fall keine Rolle. [3]Dagegen sind für die Bemessung der Freigrenze für Geschenke von 75 DM nach § 4 Abs. 5 Nr. 1 EStG die Anschaffungs- oder Herstellungskosten einschließlich eines umsatzsteuerrechtlich nicht abziehbaren Vorsteuerbetrags maßgebend.

Hinweise

Nicht abziehbare Vorsteuerbeträge sind auch bei **irrtümlicher Erstattung** Herstellungskosten des Wirtschaftsguts (→ BFH vom 4. 6. 1991 – BStBl II S. 759).

Bei umsatzsteuerlich fehlgeschlagener **Option** führt Rückzahlung der Vorsteuererstattung nicht zu Werbungskosten bei den Einkünften aus Vermietung und Verpachtung (→ BFH vom 13. 11. 1986 – BStBl 1987 II S. 374).

Zur einkommensteuerlichen Behandlung der auf Grund der **Veräußerung eines Wirtschaftsguts** nach § 15 a UStG (Berichtigung des Vorsteuerabzugs) zurückgezahlten Vorsteuerbeträge → BMF vom 23. 8. 1993 (BStBl I S. 698):

Einkommensteuerliche Behandlung der auf Grund der Veräußerung eines Wirtschaftsguts nach § 15 a UStG zurückgezahlten Vorsteuerbeträge

BMF vom 23. 8. 1993 (BStBl I S. 698)
IV B 2 – S 2170 – 46/93

Mit Urteil vom 8. 12. 1992 (BStBl 1993 II S. 656) hat der BFH im Anschluß an das Urteil vom 17. 3. 1992 (BStBl 1993 II S. 17) entschieden, daß an das Finanzamt zurückgezahlte Vorsteuerbeträge auch dann als Werbungskosten nach § 9 b Abs. 2 EStG abgezogen werden dürfen, wenn der Vorsteuerabzug aufgrund der Veräußerung eines Wirtschaftsguts des Privatvermögens berichtigt worden ist. Die zurückgezahlten Vorsteuerbeträge seien zwar – ebenso wie bei der Veräußerung eines Wirtschaftsguts des Betriebsvermögens (BFH-Urteil vom 26. 3. 1992 – BStBl II S. 1038) – Veräußerungskosten. Sie dürften aber gleichwohl aufgrund des eindeutigen Wortlauts des § 9 b Abs. 2 EStG als Werbungskosten abgezogen werden.

Die Grundsätze dieser Entscheidungen sind in allen noch offenen Veranlagungsfällen anzuwenden. Die entgegenstehenden Verwaltungsregelungen in Abschnitt 86 Abs. 6 der Einkommensteuer-Richtlinien (EStR) und das BMF-Schreiben vom 1. 12. 1993 (BStBl 1993 I S. 10) gelten nicht weiter.

Zum umsatzsteuerlichen **Vorsteuerabzug** → § 15 UStG und A 191–213 UStR.

5. Sonderausgaben

§ 10

(1) Sonderausgaben sind die folgenden Aufwendungen, wenn sie weder Betriebsausgaben noch Werbungskosten sind:

1. ¹Unterhaltsleistungen an den geschiedenen oder dauernd getrennt lebenden unbeschränkt einkommensteuerpflichtigen Ehegatten, wenn der Geber dies mit Zustimmung des Empfängers beantragt, bis zu 27.000 Deutsche Mark im Kalenderjahr. ²Der Antrag kann jeweils nur für ein Kalenderjahr gestellt und nicht zurückgenommen werden. ³Die Zustimmung ist mit Ausnahme der nach § 894 Abs. 1 der Zivilprozeßordnung als erteilt geltenden bis auf Widerruf wirksam. ⁴Der Widerruf ist vor Beginn des Kalenderjahrs, für das die Zustimmung erstmals nicht gelten soll, gegenüber dem Finanzamt zu erklären. ⁵Die Sätze 1 bis 4 gelten für Fälle der Nichtigkeit oder der Aufhebung der Ehe entsprechend;

1 a. ¹auf besonderen Verpflichtungsgründen beruhende Renten und dauernde Lasten, die nicht mit Einkünften in wirtschaftlichem Zusammenhang stehen, die bei der Veranlagung außer Betracht bleiben. ²Bei Leibrenten kann nur der Anteil abgezogen werden, der sich aus der in § 22 Nr. 1 Satz 3 Buchstabe a aufgeführten Tabelle ergibt; in den Fällen des § 22 Nr. 1 Satz 3 Buchstabe a letzter Satz kann nur der Anteil, der nach der in dieser Vorschrift vorgesehenen Rechtsverordnung zu ermitteln ist, abgezogen werden;

2. a) Beiträge zu Kranken-, Pflege-, Unfall- und Haftpflichtversicherungen, zu den gesetzlichen Rentenversicherungen und an die Bundesanstalt für Arbeit;
    b) Beiträge zu den folgenden Versicherungen auf den Erlebens- oder Todesfall:

    aa) Risikoversicherungen, die nur für den Todesfall eine Leistung vorsehen,

    bb) Rentenversicherungen ohne Kapitalwahlrecht,

    cc) Rentenversicherungen mit Kapitalwahlrecht gegen laufende Beitragsleistung, wenn das Kapitalwahlrecht nicht vor Ablauf von 12 Jahren seit Vertragsabschluß ausgeübt werden kann,

    dd) Kapitalversicherungen gegen laufende Beitragsleistung mit Sparanteil, wenn der Vertrag für die Dauer von mindestens 12 Jahren abgeschlossen worden ist.

    ²Bei Steuerpflichtigen, die am 31. Dezember 1990 einen Wohnsitz oder ihren gewöhnlichen Aufenthalt in dem in Artikel 3 des Einigungsvertrages genannten Gebiet und vor dem 1. Januar 1991 keinen Wohnsitz oder gewöhnlichen Aufenthalt im bisherigen Geltungsbereich dieses Gesetzes hatten, gilt bis 31. Dezember 1996 folgendes:

    ³Hat der Steuerpflichtige zur Zeit des Vertragsabschlusses das 47. Lebensjahr vollendet, verkürzt sich bei laufender Beitragsleistung die Mindestvertragsdauer von 12 Jahren um die Zahl der angefangenen Lebensjahre, um die er älter als 47 Jahre ist, höchstens jedoch auf 6 Jahre.

    ⁴Fondsgebundene Lebensversicherungen sind ausgeschlossen;

    c) Beiträge zu einer zusätzlichen freiwilligen Pflegeversicherung;

3. ¹⁾ 50 vom Hundert der an Bausparkassen zur Erlangung von Baudarlehen geleisteten Beiträge;

4. gezahlte Kirchensteuer;

5. Zinsen nach den § 233 a, 234 und 237 der Abgabenordnung;

6. Steuerberatungskosten;

7. ²⁾ Aufwendungen des Steuerpflichtigen für seine Berufsausbildung oder seine Weiterbildung in einem nicht ausgeübten Beruf bis zu 900 Deutsche Mark im Kalenderjahr. ²Dieser Betrag erhöht sich auf 1.200 Deutsche Mark, wenn der Steuerpflichtige wegen der Ausbildung oder Weiterbildung außerhalb des Orts untergebracht ist, in dem er einen eigenen Hausstand unterhält. ³Die Sätze 1 und 2 gelten entsprechend, wenn dem

---

¹) Absatz 1 Nummer 3 wurde durch das Gesetz zur Neuregelung der steuerrechtlichen Wohneigentumsförderung ab VZ 1996 aufgehoben.

²) Absatz 1 Nummer 7 wurde durch das JStG 1996 ab VZ 1996 neu gefaßt.
Der Betrag von 900 DM wurde auf 1.800 DM und der Betrag von 1.200 DM auf 2.400 DM erhöht.

§ 10 EStG

Steuerpflichtigen Aufwendungen für eine Berufsausbildung oder Weiterbildung seines Ehegatten erwachsen und die Ehegatten die Voraussetzungen des § 26 Abs. 1 Satz 1 erfüllen; in diesem Fall können die Beträge von 900 Deutsche Mark und 1.200 Deutsche Mark für den in der Berufsausbildung oder Weiterbildung befindlichen Ehegatten insgesamt nur einmal abgezogen werden. ⁴Zu den Aufwendungen für eine Berufsausbildung oder Weiterbildung gehören nicht Aufwendungen für den Lebensunterhalt, es sei denn, daß es sich um Mehraufwendungen handelt, die durch eine auswärtige Unterbringung im Sinne des Satzes 2 entstehen;

8. Aufwendungen des Steuerpflichtigen bis zu 12.000 Deutsche Mark im Kalenderjahr für hauswirtschaftliche Beschäftigungsverhältnisse, wenn auf Grund der Beschäftigungsverhältnisse Pflichtbeiträge zur inländischen gesetzlichen Rentenversicherung entrichtet werden. ²Weitere Voraussetzung ist, daß zum Haushalt des Steuerpflichtigen

   a) zwei Kinder, bei Alleinstehenden (§ 33 c Abs. 2) ein Kind im Sinne des § 32 Abs. 1 Satz 1, die zu Beginn des Kalenderjahrs das zehnte Lebensjahr noch nicht vollendet haben, oder ¹)

   b) ein Hilfloser im Sinne des § 33 b Abs. 6

   gehören und

   c) die Aufwendungen nicht in unmittelbarem wirtschaftlichen Zusammenhang mit steuerfreien Einnahmen stehen. ²)

   ³Leben zwei Alleinstehende, die jeweils die Voraussetzungen des Buchstabens a oder b erfüllen, in einem Haushalt zusammen, können sie den Höchstbetrag insgesamt nur einmal in Anspruch nehmen. ⁴Für jeden vollen Kalendermonat, in dem die Voraussetzungen der Sätze 1 und 2 nicht vorgelegen haben, ermäßigt sich der Höchstbetrag nach Satz 1 um ein Zwölftel;

9. 30 vom Hundert des Entgelts, das der Steuerpflichtige für ein Kind, für das er einen Kinderfreibetrag erhält, für den Besuch einer gemäß Artikel 7 Abs. 4 des Grundgesetzes staatlich genehmigten oder nach Landesrecht erlaubten Ersatzschule sowie einer nach Landesrecht anerkannten allgemeinbildenden Ergänzungsschule entrichtet mit Ausnahme des Entgelts für Beherbergung, Betreuung und Verpflegung. ³)

(2) ¹Voraussetzung für den Abzug der in Absatz 1 Nr. 2 und 3 bezeichneten Beträge (Vorsorgeaufwendungen) ist, daß sie ⁴)

1. nicht in unmittelbarem wirtschaftlichen Zusammenhang mit steuerfreien Einnahmen stehen,

2. a) an Versicherungsunternehmen, die ihren Sitz oder ihre Geschäftsleitung in einem Mitgliedstaat der Europäischen Gemeinschaften haben und das Versicherungsgeschäft im Inland betreiben dürfen, und Versicherungsunternehmen, denen die Erlaubnis zum Geschäftsbetrieb im Inland erteilt ist, oder

   b) an Kreditinstitute, deren Geschäftsbetrieb darauf gerichtet ist, Bauspareinlagen entgegenzunehmen und aus den angesammelten Beträgen den Bausparern nach einem auf eine gleichmäßige Zuteilungsfolge gerichteten Verfahren für wohnungswirtschaftliche Maßnahmen Baudarlehen zu gewähren (Bausparkassen), die ihren Sitz oder ihre Geschäftsleitung in einem Mitgliedstaat der Europäischen Gemeinschaften (Gemeinschaftsgebiet) haben und denen die Erlaubnis zum Geschäftsbetrieb im Gemeinschaftsgebiet erteilt ist, oder ⁵)

---

¹) In Absatz 1 Nummer 8 Satz 2 Buchstabe a wurden ab VZ 1996 die Worte „oder Abs. 6 Satz 6" eingefügt.
²) Zur Anwendung des Absatzes 1 Nummer 8 Satz 2 Buchstabe c → § 52 Abs. 12 Satz 2 EStG in der Fassung des JStG 1996:
„² § 10 Abs. 1 Nr. 8 Satz 2 Buchstabe c ist erstmals für den Veranlagungszeitraum 1995 anzuwenden."
³) Absatz 1 Nummer 9 wurde durch das JStG 1996 ab VZ 1996 geändert:
Hinter dem Wort „Kinderfreibetrag" wurden die Worte „oder Kindergeld" eingefügt.
⁴) In Absatz 2 Satz 1 wurden die Worte „und 3" durch das Gesetz zur Neuregelung der steuerrechtlichen Wohneigentumsförderung ab VZ 1996 gestrichen.
⁵) In Absatz 2 Satz 1 Nr. 2 wurde Buchstabe b durch das Gesetz zur Neuregelung der steuerrechtlichen Wohneigentumsförderung ab VZ 1996 aufgehoben.

§ 10 EStG

      c) an einen Sozialversicherungsträger geleistet werden und

3. nicht vermögenswirksame Leistungen darstellen, für die Anspruch auf eine Arbeitnehmer-Sparzulage nach § 13 des Fünften Vermögensbildungsgesetzes besteht.

²Als Sonderausgaben können Beiträge zu Versicherungen im Sinne des Absatzes 1 Nr. 2 Buchstabe b Doppelbuchstaben bb, cc und dd nicht abgezogen werden, wenn die Ansprüche aus Versicherungsverträgen während deren Dauer im Erlebensfall der Tilgung oder Sicherung eines Darlehens dienen, dessen Finanzierungskosten Betriebsausgaben oder Werbungskosten sind, es sei denn,

    a) das Darlehen dient unmittelbar und ausschließlich der Finanzierung von Anschaffungs- oder Herstellungskosten eines Wirtschaftsguts, das dauernd zur Erzielung von Einkünften bestimmt und keine Forderung ist, und die ganz oder zum Teil zur Tilgung oder Sicherung verwendeten Ansprüche aus Versicherungsverträgen übersteigen nicht die mit dem Darlehen finanzierten Anschaffungs- oder Herstellungskosten; dabei ist es unbeachtlich, wenn diese Voraussetzungen bei Darlehen oder bei zur Tilgung oder Sicherung verwendeten Ansprüchen aus Versicherungsverträgen jeweils insgesamt für einen Teilbetrag bis zu 5.000 DM nicht erfüllt sind,

    b) es handelt sich um eine Direktversicherung oder

    c) die Ansprüche aus Versicherungsverträgen dienen insgesamt nicht länger als drei Jahre der Sicherung betrieblich veranlaßter Darlehen; in diesen Fällen können die Versicherungsbeiträge in den Veranlagungszeiträumen nicht als Sonderausgaben abgezogen werden, in denen die Ansprüche aus Versicherungsverträgen der Sicherung des Darlehens dienen.

(3) Für Vorsorgeaufwendungen gelten je Kalenderjahr folgende Höchstbeträge:

1. ein Grundhöchstbetrag von .... 2.610 Deutsche Mark, im Fall der Zusammenveranlagung von Ehegatten von .... 5.220 Deutsche Mark;

¹) 2. für Beiträge nach Absatz 1 Nr. 2 zusätzlich ein Vorwegabzug von .... 6.000 Deutsche Mark, im Fall der Zusammenveranlagung von Ehegatten von .... 12.000 Deutsche Mark.

²Diese Beträge sind zu kürzen um 16 vom Hundert der Summe der Einnahmen

    a) aus nichtselbständiger Arbeit im Sinne des § 19 ohne Versorgungsbezüge im Sinne des § 19 Abs. 2, wenn für die Zukunftssicherung des Steuerpflichtigen Leistungen im Sinne des § 3 Nr. 62 erbracht werden oder der Steuerpflichtige zum Personenkreis des § 10 c Abs. 3 Nr. 1 oder 2 gehört, und

    b) aus der Ausübung eines Mandats im Sinne des § 22 Nr. 4;

¹) 3. soweit die Vorsorgeaufwendungen den Grundhöchstbetrag und den Vorwegabzug übersteigen, können sie zur Hälfte, höchstens bis zu 50 vom Hundert des Grundhöchstbetrags abgezogen werden (hälftiger Höchstbetrag);

²) 4. für Beiträge nach Absatz 1 Nr. 2 Buchstabe c ein zusätzlicher Höchstbetrag von 360 Deutsche Mark für Steuerpflichtige, die nach dem 31. Dezember 1957 geboren sind.

³) (4) ¹Steuerpflichtige, die Anspruch auf eine Prämie nach dem Wohnungsbau-Prämiengesetz haben, können für jedes Kalenderjahr wählen, ob sie für Bausparbeiträge (Absatz 1

---

¹) Absatz 3 Nr. 2 wurde durch das Gesetz zur Neuregelung der steuerrechtlichen Wohneigentumsförderung ab VZ 1996 geändert:
Die Worte „für Beiträge nach Absatz 1 Nr. 2 zusätzlich" wurden gestrichen.
In Absatz 3 ist durch das JStG 1996 die Reihenfolge der Nummern 3 und 4 ohne sachliche Auswirkung geändert worden:
Die bisherige Nummer 4 wurde Nummer 3.

²) In Absatz 3 ist durch das JStG 1996 die Reihenfolge der Nummern 3 und 4 ohne sachliche Auswirkung geändert worden.
Die bisherige Nummer 3 wurde Nummer 4; die Worte „soweit die Vorsorgeaufwendungen den Grundhöchstbetrag und den Vorwegabzug" wurden durch die Worte „Vorsorgeaufwendungen, die die nach den Nummern 1 bis 3 abziehbaren Beträge" ersetzt.

³) Absatz 4 wurde durch das Gesetz zur Neuregelung der steuerrechtlichen Wohneigentumsförderung ab VZ 1996 aufgehoben.

§ 10 EStG

Nr. 3) den Sonderausgabenabzug oder eine Prämie nach dem Wohnungsbau-Prämiengesetz erhalten wollen (Wahlrecht). ²Das Wahlrecht kann für die Bausparbeiträge eines Kalenderjahrs nur einheitlich ausgeübt werden. ³Steuerpflichtige, die im Sparjahr (§ 4 Abs. 1 Wohnungsbau-Prämiengesetz) eine Höchstbetragsgemeinschaft (§ 3 Abs. 2 Wohnungsbau-Prämiengesetz) bilden, können ihr Wahlrecht nur einheitlich ausüben. ⁴Das Wahlrecht wird zugunsten des Sonderausgabenabzugs dadurch ausgeübt, daß der Steuerpflichtige einen ausdrücklichen Antrag auf Berücksichtigung der betreffenden Sonderausgaben stellt.

(5) ¹Nach Maßgabe einer Rechtsverordnung ist eine Nachversteuerung durchzuführen
1. bei Versicherungen im Sinne des Absatzes 1 Nr. 2 Buchstabe b Doppelbuchstaben bb, cc und dd, wenn die Voraussetzungen für den Sonderausgabenabzug nach Absatz 2 Satz 2 nicht erfüllt sind;
2. bei Rentenversicherungen gegen Einmalbeitrag (Absatz 1 Nr. 2 Buchstabe b Doppelbuchstabe bb), wenn vor Ablauf der Vertragsdauer, außer im Schadensfall oder bei Erbringung der vertragsmäßigen Rentenleistung, Einmalbeiträge ganz oder zum Teil zurückgezahlt werden;
3. bei Bausparverträgen (Absatz 1 Nr. 3), wenn vor Ablauf von zehn Jahren seit Vertragsabschluß die Bausparsumme ganz oder zum Teil ausgezahlt, geleistete Beiträge ganz oder zum Teil zurückgezahlt oder Ansprüche aus dem Bausparvertrag abgetreten oder beliehen werden. ²Unschädlich ist jedoch die vorzeitige Verfügung, wenn ¹)
   a) die Bausparsumme ausgezahlt oder die Ansprüche aus dem Vertrag beliehen werden und der Steuerpflichtige die empfangenen Beträge unverzüglich und unmittelbar zum Wohnungsbau verwendet oder
   b) im Fall der Abtretung der Erwerber die Bausparsumme oder die auf Grund einer Beleihung empfangenen Beträge unverzüglich und unmittelbar zum Wohnungsbau für den Abtretenden oder dessen Angehörige im Sinne des § 15 der Abgabenordnung verwendet oder
   c) der Steuerpflichtige oder sein von ihm nicht dauernd getrennt lebender Ehegatte nach Vertragsabschluß gestorben oder völlig erwerbsunfähig geworden ist oder
   d) der Steuerpflichtige nach Vertragsabschluß arbeitslos geworden ist und die Arbeitslosigkeit mindestens ein Jahr lang ununterbrochen bestanden hat und im Zeitpunkt der vorzeitigen Verfügung noch besteht oder
   e) der Steuerpflichtige, der Staatsangehöriger eines Staates ist, mit dem die Bundesregierung Vereinbarungen über Anwerbung und Beschäftigung von Arbeitnehmern abgeschlossen hat und der nicht Mitglied der Europäischen Gemeinschaften ist, die Bausparsumme oder die Zwischenfinanzierung nach den §§ 1 bis 6 des Gesetzes über eine Wiedereingliederungshilfe im Wohnungsbau für rückkehrende Ausländer vom 18. Februar 1986 (BGBl. I S. 280) unverzüglich und unmittelbar zum Wohnungsbau im Heimatland verwendet und innerhalb von vier Jahren und drei Monaten nach Beginn der Auszahlung der Bausparsumme, spätestens am 31. März 1998, den Geltungsbereich dieses Gesetzes auf Dauer verlassen hat.
   ³Als Wohnungsbau gelten auch bauliche Maßnahmen des Mieters zur Modernisierung seiner Wohnung sowie der Erwerb von Rechten zur dauernden Selbstnutzung von Wohnraum in Alten-, Altenpflege- und Behinderteneinrichtungen oder -anlagen. ⁴Die Unschädlichkeit setzt weiter voraus, daß die empfangenen Beträge nicht zum Wohnungsbau im Ausland eingesetzt werden, sofern nichts anderes bestimmt ist.

---

¹) Absatz 5 Satz 1 Nr. 3 wurde durch das Gesetz zur Neuregelung der steuerrechtlichen Wohneigentumsförderung ab VZ 1996 aufgehoben.
Zur Anwendung → § 52 Abs. 12 EStG in der Fassung des Gesetzes zur Neuregelung der steuerrechtlichen Wohneigentumsförderung.
§ 10 Abs. 5 Nr. 3 in der Fassung des Gesetzes vom 25. Februar 1992 (BGBl. I S. 297) ist letztmals für den Veranlagungszeitraum 2005 anzuwenden (→ § 52 Abs. 12 Satz 6 in der Fassung des Gesetzes zur Neuregelung der steuerlichen Wohneigentumsförderung).

EStDV

S 2220

EStDV

§ 29

Anzeigepflichten bei Versicherungsverträgen und Bausparverträgen

(1) ¹Der Sicherungsnehmer hat nach amtlich vorgeschriebenem Muster dem für die Veranlagung des Versicherungsnehmers nach dem Einkommen zuständigen Finanzamt, bei einem Versicherungsnehmer, der im Inland weder einen Wohnsitz noch seinen gewöhnlichen Aufenthalt hat, dem für die Veranlagung des Sicherungsnehmers zuständigen Finanzamt (§§ 19, 20 der Abgabenordnung) unverzüglich die Fälle anzuzeigen, in denen Ansprüche aus Versicherungsverträgen nach dem 13. Februar 1992 zur Tilgung oder Sicherung von Darlehen eingesetzt werden. ²Satz 1 gilt entsprechend für das Versicherungsunternehmen, wenn der Sicherungsnehmer Wohnsitz, Sitz oder Geschäftsleitung im Ausland hat. Werden Ansprüche aus Versicherungsverträgen von Personen, die im Inland einen Wohnsitz oder ihren gewöhnlichen Aufenthalt haben (§ 1 Abs. 1 des Gesetzes), zur Tilgung oder Sicherung von Darlehen eingesetzt, sind die Sätze 1 und 2 nur anzuwenden, wenn die Darlehen den Betrag von 50.000 Deutsche Mark übersteigen.

(2) Das Versicherungsunternehmen hat dem für seine Veranlagung zuständigen Finanzamt (§ 20 Abgabenordnung) unverzüglich die Fälle anzuzeigen, in denen bei vor dem 1. Januar 1975 abgeschlossenen Versicherungsverträgen gegen Einmalbeitrag, soweit dieser nach dem 31. Dezember 1966 geleistet worden ist (§ 52 Abs. 13 a Satz 2 des Gesetzes), sowie bei nach dem 31. Dezember 1974 abgeschlossenen Rentenversicherungsverträgen ohne Kapitalwahlrecht gegen Einmalbeitrag (§ 10 Abs. 5 Nr. 2 des Gesetzes) vor Ablauf der Vertragsdauer

1. die Versicherungssumme ganz oder zum Teil ausgezahlt wird, ohne daß der Schadensfall eingetreten ist oder in der Rentenversicherung die vertragsmäßige Rentenleistung erbracht wird oder
2. der Einmalbeitrag ganz oder zum Teil zurückgezahlt wird.

(3) ¹Die Bausparkasse hat dem für ihre Veranlagung zuständigen Finanzamt (§ 20 Abgabenordnung) unverzüglich die Fälle anzuzeigen, in denen bei Bausparverträgen (§ 10 Abs. 5 Nr. 3 des Gesetzes) vor Ablauf von zehn Jahren seit dem Vertragsabschluß

1. die Bausparsumme ganz oder zum Teil ausgezahlt wird,
2. geleistete Beiträge ganz oder zum Teil zurückgezahlt werden oder
3. Ansprüche aus dem Vertrag ganz oder zum Teil abgetreten oder beliehen werden. Ist im Fall der Abtretung von Ansprüchen aus dem Bausparvertrag die Nachversteuerung auf Grund einer Erklärung des Erwerbers (§ 31 Abs. 2 Nr. 2 letzter Satz) ausgesetzt worden, so hat die Bausparkasse dem Finanzamt eine weitere Anzeige zu erstatten, falls der Erwerber über den Bausparvertrag entgegen der abgegebenen Erklärung verfügt.

²Das gilt nicht in den Fällen des § 10 Abs. 5 Nr. 3 Buchstaben a und c bis e des Gesetzes.

(4) Der Steuerpflichtige hat dem für seine Veranlagung zuständigen Finanzamt (§ 19 Abgabenordnung) die Abtretung und die Beleihung (Absätze 1 bis 3) unverzüglich anzuzeigen.

---

¹) Die Überschrift wurde durch das Gesetz zur Neuregelung der steuerrechtlichen Wohneigentumsförderung ab VZ 1996 geändert:
„Anzeigepflichten bei Versicherungsverträgen"

²) Absatz 1 Satz 1 wurde durch das JStErgG 1996 auch mit Wirkung für Veranlagungszeiträume vor 1996 geändert, soweit die Fälle, in denen Ansprüche aus Versicherungsverträgen nach dem 13. Februar 1992 zur Tilgung oder Sicherung von Darlehen eingesetzt wurden, noch nicht angezeigt worden sind.
Zur Anwendung → § 84 Abs. 3 EStDV in der Fassung des JStG 1996.

³) Absatz 3 wurde durch das Gesetz zur Neuregelung der steuerrechtlichen Wohneigentumsförderung ab VZ 1996 aufgehoben.
Zur Anwendung → § 84 Abs. 2 a in der Fassung des Gesetzes zur Neuregelung der steuerrechtlichen Wohneigentumsförderung:
„(2 a) § 29 Abs. 3 bis 6, §§ 31 und 32 sind in der vor dem 1. Januar 1996 geltenden Fassung für vor diesem Zeitpunkt an Bausparkassen geleistete Beiträge letztmals für den Veranlagungszeitraum 2005 anzuwenden."

⁴) Absatz 4 wurde durch das Gesetz zur Neuregelung der steuerrechtlichen Wohneigentumsförderung ab VZ 1996 geändert:
Im zweiten Klammerzitat wurden die Worte „bis 3" durch die Worte „und 2" ersetzt.

(5) Ansprüche aus einem Bausparvertrag sind beliehen, wenn sie sicherungshalber abgetreten oder verpfändet werden und die zu sichernde Schuld entstanden ist. ¹)

(6) ¹Als völlig erwerbsunfähig (§ 10 Abs. 5 Nr. 3 Buchstabe c des Gesetzes) gilt ein Steuerpflichtiger oder sein von ihm nicht dauernd getrennt lebender Ehegatte mit einem Grad der Behinderung von mindestens 95. ²Die völlige Erwerbsunfähigkeit ist durch einen Ausweis nach dem Schwerbehindertengesetz oder durch einen Bescheid der für die Durchführung des Bundesversorgungsgesetzes zuständigen Behörde nachzuweisen. ¹)

§ 30
Nachversteuerung bei Versicherungsverträgen

EStDV
S 2220

(1) ¹Wird bei vor dem 1. Januar 1975 abgeschlossenen Versicherungsverträgen gegen Einmalbeitrag, soweit dieser nach dem 31. Dezember 1966 geleistet worden ist (§ 52 Abs. 13 a Satz 2 des Gesetzes), oder bei nach dem 31. Dezember 1974 abgeschlossenen Rentenversicherungsverträgen ohne Kapitalwahlrecht gegen Einmalbeitrag (§ 10 Abs. 5 Nr. 2 des Gesetzes) vor Ablauf der Vertragsdauer

1. *die Versicherungssumme ausgezahlt, ohne daß der Schadensfall eingetreten ist oder in der Rentenversicherung die vertragsmäßige Rentenleistung erbracht wird oder*
2. *der Einmalbeitrag zurückgezahlt,*

so ist eine Nachversteuerung für den Veranlagungszeitraum durchzuführen, in dem einer dieser Tatbestände verwirklicht ist. ²Zu diesem Zweck ist die Steuer zu berechnen, die festzusetzen gewesen wäre, wenn der Steuerpflichtige den Einmalbeitrag nicht geleistet hätte. ³Der Unterschiedsbetrag zwischen dieser und der festgesetzten Steuer ist als Nachsteuer zu erheben. ⁴Bei einer teilweisen Auszahlung, Rückzahlung, Abtretung oder Beleihung (Nummern 1 und 2) ist der Einmalbeitrag insoweit als nicht geleistet anzusehen, als einer dieser Tatbestände verwirklicht ist.

(2) Eine Nachversteuerung ist entsprechend Absatz 1 auch durchzuführen, wenn der Sonderausgabenabzug von Beiträgen zu Lebensversicherungen nach § 10 Abs. 2 des Gesetzes zu versagen ist.

§ 31²)
Nachversteuerung bei Bausparverträgen

EStDV
S 2220

(1) ¹Wird bei Bausparverträgen (§ 10 Abs. 5 Nr. 3 des Gesetzes) vor Ablauf von zehn Jahren seit dem Vertragsabschluß

1. *die Bausparsumme ganz oder zum Teil ausgezahlt oder werden*
2. *geleistete Beiträge ganz oder zum Teil zurückgezahlt oder*
3. *Ansprüche aus dem Vertrag ganz oder zum Teil abgetreten oder beliehen,*

so ist eine Nachversteuerung durchzuführen. ²§ 30 ist entsprechend anzuwenden. ³Bei einer Teilrückzahlung von Beiträgen kann der Bausparer bestimmen, welche Beiträge als zurückgezahlt gelten sollen. ⁴Das Entsprechende gilt, wenn die Bausparsumme zum Teil ausgezahlt wird oder Ansprüche aus dem Vertrag zum Teil abgetreten oder beliehen werden.

(2) ¹Eine Nachversteuerung ist nicht durchzuführen,

1. *wenn es sich um Fälle des § 10 Abs. 5 Nr. 3 Buchstaben a und c bis e des Gesetzes handelt,*
2. *soweit im Fall der Abtretung der Ansprüche aus dem Bausparvertrag der Erwerber die Bausparsumme oder die auf Grund einer Beleihung empfangenen Beträge unverzüglich und unmittelbar zum Wohnungsbau für den Abtretenden oder dessen Angehörige (§ 15*

---

¹) Absätze 5 und 6 wurden durch das Gesetz zur Neuregelung der steuerrechtlichen Wohneigentumsförderung ab VZ 1996 aufgehoben.
²) Die §§ 31 und 32 wurden durch das Gesetz zur Neuregelung der steuerrechtlichen Wohneigentumsförderung ab VZ 1996 aufgehoben. Zur Anwendung → § 84 Abs. 2 a EStDV in der Fassung des Gesetzes zur Neuregelung der steuerrechtlichen Wohneigentumsförderung.

§ 10 EStG   §§ 31 – 44 EStDV
R 86 a   H 86 a

Abgabenordnung) verwendet. ²Ist im Zeitpunkt der Abtretung eine solche Verwendung beabsichtigt, so ist die Nachversteuerung auszusetzen, wenn der Abtretende eine Erklärung des Erwerbers über die Verwendungsabsicht beibringt.

EStDV

§ 32¹)
Übertragung von Bausparverträgen auf eine andere Bausparkasse

¹Werden Bausparverträge auf eine andere Bausparkasse übertragen und verpflichtet sich diese gegenüber dem Bausparer und der Bausparkasse, mit der der Vertrag abgeschlossen worden ist, in die Rechte und Pflichten aus dem Vertrag einzutreten, so gilt die Übertragung nicht als Rückzahlung. ²Das Bausparguthaben muß von der übertragenden Bausparkasse unmittelbar an die übernehmende Bausparkasse überwiesen werden.

EStDV

§§ 33 bis 44

– weggefallen –

R 86 a

S 2220

R 86 a. Sonderausgaben (Allgemeines)

Bei Ehegatten, die nach § 26 b EStG zusammen zur Einkommensteuer veranlagt werden, kommt es für den Abzug von Sonderausgaben nicht darauf an, ob sie der Ehemann oder die Ehefrau geleistet hat.

H 86 a

Hinweise

Abzugsberechtigter

Es können nur Aufwendungen abgezogen werden, die auf einer eigenen Verpflichtung des Steuerpflichtigen beruhen und von ihm tatsächlich geleistet werden (→ BFH vom 19. 4. 1989 – BStBl II S. 862).

Abzugshöhe

Aufwendungen können nur in der Höhe als Sonderausgaben abgezogen werden, in der sie erstattete oder gutgeschriebene Beträge der gleichen Art, z. B. erstattete Kirchensteuer, rückvergütete Versicherungsbeiträge, übersteigen (→ BFH vom 22. 11. 1974 – BStBl 1975 II S. 350).

Abzugszeitpunkt

Aufwendungen sind für das Kalenderjahr als Sonderausgaben abzuziehen, in dem sie geleistet worden sind (§ 11 Abs. 2 EStG). Dies gilt auch dann, wenn sie der Steuerpflichtige mit Darlehnsmitteln bestritten hat (→ BFH vom 10. 12. 1971 – BStBl 1972 II S. 250 und vom 15. 3. 1974 – BStBl II S. 513).

Dividenden, Überschuß- oder Gewinnanteile bei Versicherungen/Versicherungsvereinen auf Gegenseitigkeit

→ H 88 (Beitragsminderungen)

Erstattete Aufwendungen

→ Abzugshöhe

Willkürlich gezahlte Kirchensteuer

→ R 101

---

¹) Die §§ 31 und 32 wurden durch das Gesetz zur Neuregelung der steuerrechtlichen Wohneigentumsförderung ab VZ 1996 aufgehoben. Zur Anwendung → § 84 Abs. 2 a EStDV in der Fassung des Gesetzes zur Neuregelung der steuerrechtlichen Wohneigentumsförderung.

§ 10 EStG

H 86 a, 86 b   **R 86 b**

Zukunftssicherungsleistungen
Beiträge des Arbeitgebers für die Zukunftssicherung des Arbeitnehmers können als Sonderausgaben des Arbeitnehmers abgezogen werden, es sei denn, daß der Arbeitgeber die Lohnsteuer für diese Beiträge pauschal berechnet und übernommen hat (→ BFH vom 28. 3. 1958 – BStBl III S. 266 und 267).

R 86 b. Unterhaltsleistungen an den geschiedenen oder dauernd getrennt lebenden Ehegatten

R 86 b

(1) Der Antrag nach § 10 Abs. 1 Nr. 1 EStG kann auf einen Teilbetrag der Unterhaltsleistungen beschränkt werden.

S 2220

(2) Die Zustimmung wirkt auch dann bis auf Widerruf, wenn sie im Rahmen eines Vergleichs erteilt wird.

(3) Übersteigen die Unterhaltsleistungen den Betrag von 27.000 DM pro Empfänger oder wird der Antrag auf Sonderausgabenabzug auf einen niedrigeren Betrag beschränkt, so kann der nicht als Sonderausgaben abziehbare Teil der Unterhaltsleistungen auch nicht als außergewöhnliche Belastung berücksichtigt werden.

(4) Leistet jemand Unterhalt an mehrere Empfänger, so sind die Unterhaltsleistungen an jeden bis zu einem Betrag von 27.000 DM abziehbar.

Hinweise

H 86 b

Allgemeines
Ein Einkommensteuerbescheid ist nach § 175 Abs. 1 Satz 1 Nr. 2 AO zu ändern, wenn nach Eintritt der Bestandskraft sowohl die Zustimmung erteilt als auch der Antrag nach § 10 Abs. 1 Nr. 1 Satz 1 EStG gestellt werden (→ BFH vom 12. 7. 1989 – BStBl II S. 957).

Antragmuster für Unterhaltsleistungen an den geschiedenen oder dauernd getrennt lebenden Ehegatten
Anlage U → abgedruckt auf den folgenden Seiten.

Nicht unbeschränkt einkommensteuerpflichtiger Empfänger
Ist der Empfänger nicht unbeschränkt einkommensteuerpflichtig, kann ein Abzug der Unterhaltsleistungen auf Grund eines DBA in Betracht kommen. Nach dem Stand vom 1. 1. 1994 gibt es entsprechende Regelungen in den Doppelbesteuerungsabkommen mit Kanada (BStBl 1982 I S. 752, 762) und den USA (BStBl 1991 I S. 94, 108).

Unterhaltsleistungen
Es ist unerheblich, ob die Unterhaltsleistungen freiwillig oder auf Grund gesetzlicher Unterhaltspflicht erbracht werden. Auch als Unterhalt erbrachte Sachleistungen sind zu berücksichtigen. Bei unentgeltlicher Überlassung einer eigenen Wohnung sind Unterhaltsleistungen nur in Höhe der durch die Nutzung verursachten, vom Geber getragenen Aufwendungen anzuerkennen wie z. B. Grundsteuer, Kosten von Heizung, elektrischem Strom, Wasser, Abwasser- und Müllbeseitigung, nicht jedoch Schuldzinsen und andere Finanzierungskosten, Erhaltungsaufwand, AfA, Feuerversicherungsbeiträge.
Ferner ist ohne Bedeutung, ob es sich um laufende oder einmalige Leistungen handelt.

Zustimmung
Die Finanzbehörden sind nicht verpflichtet zu prüfen, ob die Verweigerung der Zustimmung rechtsmißbräuchlich ist (→ BFH vom 25. 7. 1990 – BStBl II S. 1022).
Der **Widerruf** der Zustimmung muß vor Beginn des Kalenderjahrs, für den er wirksam werden soll, erklärt werden. Im Fall der rechtskräftigen Verurteilung zur Erteilung der Zustimmung (§ 894 Abs. 1 ZPO; → BFH vom 25. 10. 1988 – BStBl 1989 II S. 192) wirkt sie nur für das Kalenderjahr, das Gegenstand des Rechtsstreits war.

§ 10 EStG
R 86 b   H 86 b

Finanzamt

Steuernummer

Erläuterungen siehe letzte Seite

Anlage U
für Unterhaltsleistungen an den geschiedenen oder dauernd getrennt lebenden Ehegatten

☐ zum Lohnsteuer-Ermäßigungsantrag

☐ zur Einkommensteuererklärung

☐ zum Antrag auf Anpassung der Einkommensteuer-Vorauszahlungen

199__

A. Antrag auf Abzug von Unterhaltsleistungen als Sonderausgaben

Antragsteller

Name	Geburtsdatum
Anschrift	

Ich beantrage, folgende Unterhaltsleistungen an meinen in Abschnitt B genannten geschiedenen oder dauernd getrennt lebenden Ehegatten als Sonderausgaben nach § 10 Abs. 1 Nr. 1 EStG abzuziehen.

	Barleistungen	Sachleistungen lt. beigefügter Belege
Von den im Kalenderjahr tatsächlich erbrachten Unterhaltsleistungen oder – bei Anträgen vor Ablauf des Kalenderjahres – von den voraussichtlichen Unterhaltsleistungen werden zum Abzug als Sonderausgaben geltend gemacht:	DM	DM

In den oben angegebenen Beträgen sind keine Unterhaltsleistungen für Kinder enthalten.

Mir ist bekannt, daß eine **Rücknahme** dieses Antrags **nicht** zulässig ist und daß ein im Lohnsteuer-Ermäßigungs- oder Einkommensteuer-Vorauszahlungsverfahren gestellter Antrag auch bei der Einkommensteuerveranlagung für dasselbe Kalenderjahr bindend ist.

Datum und Unterschrift

_____

B. Zustimmung zum Antrag A

Unterhaltsempfänger

Name	Geburtsdatum
Anschrift	
Zuständiges Finanzamt und Steuernummer	

Ich stimme hiermit dem Antrag auf Abzug der in Abschnitt A bezeichneten Unterhaltsleistungen zu.

Die Zustimmung ist erstmals für das oben eingetragene Kalenderjahr gültig. Sie gilt – solange sie nicht widerrufen wird – auch für alle darauffolgenden Kalenderjahre.

Mir ist bekannt, daß ich die Zustimmung nur vor Beginn des Kalenderjahrs, für das sie erstmals nicht gelten soll, gegenüber dem für mich zuständigen Finanzamt widerrufen kann.

Außerdem ist mir bekannt, daß ich die in Abschnitt A angegebenen **Unterhaltsleistungen** bis zum Höchstbetrag von 27 000 DM abzüglich der Werbungskosten (mindestens Pauschbetrag von 200 DM) als sonstige Einkünfte **versteuern** muß.

Nur bei in einem anderen Mitgliedstaat der EU/des EWR ansässigen Unterhaltsempfängern

☐ Ich bestätige, daß die empfangenen Unterhaltsleistungen in dem Staat, in dem ich ansässig bin, besteuert werden. Die entsprechende Bescheinigung der zuständigen ausländischen Steuerbehörde ist beigefügt.

Datum und Unterschrift

_____

☐ Die Zustimmung des Unterhaltsempfängers vom _____ liegt dem Finanzamt bereits vor.

§ 10 EStG
H 86 b   R 86 b

Erläuterungen

Unterhaltsleistungen an den geschiedenen oder dauernd getrennt lebenden Ehegatten können entweder als Sonderausgaben oder als außergewöhnliche Belastung berücksichtigt werden.

Abzug als Sonderausgaben (Realsplitting)

Der unterhaltsverpflichtete Ehegatte (Geber) kann seine Unterhaltsleistungen an den geschiedenen oder dauernd getrennt lebenden Ehegatten (Empfänger) bis zu einem Höchstbetrag von 27000 DM jährlich als Sonderausgaben abziehen, wenn

- der Geber dies ausdrücklich beantragt,
- der Empfänger diesem Antrag zustimmt und
- Geber und Empfänger unbeschränkt steuerpflichtig sind, (Ausnahme: Doppelbesteuerungsabkommen mit Kanada).

Ein unbeschränkt steuerpflichtiger Staatsangehöriger eines Mitgliedstaates der Europäischen Union (EU) oder des Europäischen Wirtschaftsraumes (EWR) kann Unterhaltsaufwendungen im Rahmen des Realsplittings auch dann absetzen, wenn der geschiedene oder dauernd getrennt lebende Ehegatte zwar nicht unbeschränkt steuerpflichtig ist, aber in einem anderen Mitgliedstaat der EU/des EWR wohnt. Dies gilt nur, wenn der Geber durch eine Bescheinigung der zuständigen ausländischen Steuerbehörde jährlich nachweist, daß der Empfänger den erhaltenen Betrag in dem Staat versteuert, in dem er ansässig ist.

Unterhaltsleistungen sind in der tatsächlich geleisteten Höhe, höchstens aber bis zu 27000 DM abziehbar. Der Antrag auf Sonderausgabenabzug darf jedoch auf einen niedrigeren Betrag beschränkt werden, auch wenn die tatsächlichen Unterhaltsleistungen den geltend gemachten Betrag übersteigen. Die den geltend gemachten Betrag oder den Höchstbetrag übersteigenden Unterhaltsleistungen können nicht als außergewöhnliche Belastungen berücksichtigt werden. Leistet eine steuerpflichtige Person Unterhalt an mehrere Ehegatten, so gilt der Höchstbetrag für jeden geschiedenen oder dauernd getrennt lebenden Ehegatten.

Das Realsplitting gilt nicht für Unterhaltsleistungen an Kinder.

Antrag des Gebers

Für den Antrag ist dieser Vordruck zu verwenden. Ist der Antrag beim Finanzamt gestellt, so kann er nicht mehr zurückgenommen werden. Er ist nur für das Kalenderjahr bindend, für das der Sonderausgabenabzug beantragt wird, und muß für jedes Kalenderjahr neu gestellt werden. Der Antrag darf nicht an eine Bedingung geknüpft werden.

Zustimmung des Empfängers

Da der Empfänger die Unterhaltsleistungen zu versteuern hat, ist das Realsplitting von seiner Zustimmung abhängig. Die Zustimmung des Empfängers muß der Geber – und nicht das Finanzamt – einholen. Die Zustimmung kann zivilrechtlich davon abhängig gemacht werden, daß der Geber die eintretenden Nachteile dem Empfänger ersetzt. Sie ist bis auf Widerruf wirksam und kann nur vor Beginn des Kalenderjahrs, für das sie erstmals nicht mehr gelten soll, gegenüber dem Finanzamt widerrufen werden.

Ohne die Zustimmung des Empfängers kommt der Sonderausgabenabzug beim Geber nicht in Betracht. Der Geber kann den Anspruch auf Zustimmung zivilrechtlich geltend machen. Die Zustimmung kann in diesem Fall durch eine rechtskräftige Verurteilung zu ihrer Abgabe oder durch einen entsprechenden Prozeßvergleich ersetzt werden. Ist die Zustimmung davon abhängig, daß der Geber Sicherheit leistet, so wird die Zustimmung mit Erteilung der vollstreckbaren Ausfertigung des rechtskräftigen Urteils wirksam.

Unterhaltsleistungen

Unterhaltsleistungen im steuerlichen Sinne sind alle Zuwendungen, die ohne Gegenleistung gewährt werden, gleichgültig, ob es sich um laufende oder einmalige Leistungen handelt und ob sie in Geld oder Geldeswert (Sachleistungen) bestehen. Die Zuwendungen stellen auch dann Unterhaltsleistungen dar, wenn sie auf vertraglicher Vereinbarung beruhen. Ohne Bedeutung ist, ob sie über den Rahmen dessen hinausgehen, was der Empfänger nach bürgerlichem Recht beanspruchen kann und für welchen Zweck der Empfänger die Geldleistungen verwendet. Es kommt nicht darauf an, ob der Empfänger wegen seiner Einkommens- und Vermögensverhältnisse und seiner Erwerbsmöglichkeiten nach bürgerlichem Recht Unterhaltsleistungen fordern könnte und ob der Geber aufgrund seiner Leistungsfähigkeit zu entsprechenden Unterhaltsleistungen verpflichtet ist.

Zurechnung des Unterhalts als sonstige Einkünfte beim unbeschränkt steuerpflichtigen Empfänger

Stimmt der Empfänger dem Antrag zu, so werden ihm die Unterhaltsleistungen als sonstige Einkünfte zugerechnet und zusammen mit seinen anderen Einkünften der Einkommensbesteuerung unterworfen. Bei der Ermittlung der sonstigen Einkünfte werden die mit ihnen zusammenhängenden Werbungskosten abgezogen, mindestens mit einem Pauschbetrag, der für diese Unterhaltsleistungen, für Leibrenten und andere wiederkehrende Bezüge zusammen 200 DM beträgt.

Durch die steuerliche Zurechnung der Unterhaltseinkünfte kann nicht nur eine Einkommensteuerbelastung entstehen; sie kann auch zum Verlust von staatlichen Förderungsleistungen führen, z. B. der Wohnungsbauprämie, der Arbeitnehmer-Sparzulage für vermögenswirksame Leistungen, der Gewährung von Wohngeld, Waisen-, Eltern- und Ausgleichsrenten nach dem Bundesversorgungsgesetz sowie von Leistungen nach dem Bundesausbildungsförderungsgesetz (BAföG). Nachteile können ferner bei Stipendien und bei Darlehensrückzahlungen nach dem Graduiertenförderungsgesetz eintreten, selbst wenn die Unterhaltseinkünfte nicht dem Stipendienempfänger, sondern seinem Ehegatten zugerechnet werden.

Gleicht der Geber die Nachteile durch zusätzliche Zahlungen an den Empfänger aus, so sind diese Mehrleistungen ebenfalls Unterhaltsleistungen. Durch die Zurechnung dieser Mehrbeträge können sich weitere Nachteile ergeben.

Unterhaltsleistungen als außergewöhnliche Belastung

Wird ein Antrag auf Sonderausgabenabzug der Unterhaltsleistungen nicht gestellt, die Zustimmung vom Empfänger wirksam widerrufen oder nicht erteilt, so können die für den Lebensunterhalt **notwendigen** Unterhaltsleistungen (z. B. Wohnungsmiete, Ernährung und Kleidung) beim Geber durch eine Steuerermäßigung wegen außergewöhnlicher Belastung berücksichtigt werden. Die Einkommensteuer wird dann dadurch ermäßigt, daß die Unterhaltsleistungen bis zu einem bestimmten Höchstbetrag im Kalenderjahr vom Gesamtbetrag der Einkünfte abgezogen werden. Dieser Höchstbetrag beträgt z.B. für 1995 für den volljährigen Empfänger 7200 DM, für 1996 12 000 DM. Er muß jedoch um alle Einkünfte und Bezüge des Empfängers, die zur Bestreitung seines Unterhalts bestimmt oder geeignet sind, gekürzt werden, soweit sie z.B. 1995 6000 DM, 1996 1200 DM jährlich übersteigen.

Lebt der Empfänger nicht im Inland, so können die Unterhaltsleistungen nur insoweit abgezogen werden, als sie nach den Verhältnissen des Wohnsitzstaates des Empfängers notwendig und angemessen sind.

Nur wenn die Ehegatten bereits zu Beginn des Kalenderjahrs geschieden waren oder während des ganzen Kalenderjahrs dauernd getrennt gelebt haben, können Unterhaltsleistungen als außergewöhnliche Belastung berücksichtigt werden.

§ 10 EStG

R 87. Renten und dauernde Lasten

R 87

S 2221

(1) → Renten und → dauernde Lasten, die mit steuerbefreiten Einkünften, z. B. auf Grund eines Doppelbesteuerungsabkommens, in wirtschaftlichem Zusammenhang stehen, können nicht als Sonderausgaben abgezogen werden.

(2) Bei Renten, Nießbrauchsrechten und sonstigen → wiederkehrenden Leistungen, für die der Erwerber bei der Erbschaftsteuer die jährliche Versteuerung nach § 23 des ErbStG beantragt hat, ist die Jahreserbschaftsteuer als dauernde Last nach § 10 Abs. 1 Nr. 1 a EStG abziehbar.

(3) ¹Renten und dauernde Lasten, die freiwillig oder auf Grund einer freiwillig begründeten Rechtspflicht geleistet werden, sind grundsätzlich nicht als Sonderausgaben abziehbar. ²Das gilt auch für Zuwendungen an eine gegenüber dem Steuerpflichtigen oder seinem Ehegatten gesetzlich unterhaltsberechtigte Person oder an deren Ehegatten (§ 12 Nr. 2 EStG). ³Steht Zuwendungen im Sinne der Sätze 1 und 2 eine Gegenleistung gegenüber, so kommt es darauf an, ob der Unterhaltscharakter der Zuwendungen oder der Gesichtspunkt der Gegenleistung überwiegt. ⁴Überwiegt der Unterhaltscharakter, so fallen die Zuwendungen in voller Höhe unter das Abzugsverbot, überwiegt dagegen der Gesichtspunkt der Gegenleistung, so greift das Abzugsverbot nicht ein (→ R 123).

H 87

Hinweise

Ablösung

1. **– einer Versorgungsrente**
   Einmalige oder kurzfristige Zahlungen zur Ablösung sind in der Regel keine Renten (→ BFH vom 23. 4. 1958 – BStBl III S. 277).

2. **– einer dauernden Last**
   Bei einmaligen oder kurzfristigen Zahlungen zur Ablösung einer dauernden Last entfällt die für die Abziehbarkeit gesetzlich geforderte Form, so daß der Ablösungsbetrag nicht als Sonderausgabe abgezogen werden kann (→ BFH vom 23. 4. 1958 – BStBl III S. 277 und vom 26. 5. 1971 – BStBl II S. 655).

3. **– eines Nießbrauchs**
   Dauernde Lasten sind lebenslängliche Versorgungsleistungen, die anläßlich der Übertragung von Vermögen im Wege der vorweggenommenen Erbfolge vereinbart werden. Der für die Abziehbarkeit als dauernde Last erforderliche sachliche Zusammenhang mit der Vermögensübergabe wird nicht dadurch unterbrochen, daß sich der Übergeber zunächst den Nießbrauch an dem übertragenen Vermögen vorbehalten hat und der Nießbrauch aufgrund eines später gefaßten Entschlusses durch wiederkehrende Leistungen ersetzt wird (→ BFH vom 3. 6. 1992 – BStBl 1993 II S. 98).

Altenteilsleistung
Der Wert unbarer Altenteilsleistungen ist nach § 1 Abs. 1 der SachBezVO in der für den jeweiligen VZ geltenden Fassung zu schätzen (→ BFH vom 18. 12. 1990 – BStBl 1991 II S. 354).

Beihilfen zu Studienkosten
Beihilfen oder Zuschüsse zu Studienkosten sind in der Regel keine Renten (→ BFH vom 24. 1. 1952 – BStBl III S. 48); der Verpflichtete kann sie nicht als Sonderausgaben abziehen.
→ Rente

Dauernde Last

1. Dauernde Lasten sind wiederkehrende, nach Zahl oder Wert abänderbare Aufwendungen, die ein Steuerpflichtiger in Geld oder Sachwerten für längere Zeit einem anderen gegenüber auf Grund einer rechtlichen Verpflichtung zu erbringen hat (→ BFH vom 4. 4. 1989 – BStBl II S. 779).

2. Die Abänderbarkeit der wiederkehrenden Leistungen/Bezüge kann sich aus einer ausdrücklichen Bezugnahme auf § 323 ZPO oder aus der Rechtsnatur des Versorgungsvertrags ergeben (→ BFH vom 15. 7. 1991 – BStBl 1992 II S. 78).

3. Entgeltlich im Austausch mit einer Gegenleistung übernommene dauernde Lasten können grundsätzlich nur insoweit als Sonderausgaben abgezogen werden, als der Wert der

wiederkehrenden Leistungen den Wert der Gegenleistung übersteigt (→ BFH vom 13. 8. 1985 – BStBl II S. 709 und vom 3. 6. 1986 – BStBl II S. 674).

→ Ablösung

Erbbauzinsen
Erbbauzinsen, die im Zusammenhang mit der Selbstnutzung einer Wohnung im eigenen Haus anfallen, können nicht als dauernde Last abgezogen werden (→ BFH vom 24. 10. 1990 – BStBl 1991 II S. 175).

Erhaltungs-/Instandhaltungsaufwendungen
Instandhaltungsaufwendungen des Übernehmers einer Wohnung, an der sich ein Altenteilsberechtigter ein Wohnrecht vorbehalten hat, sind als dauernde Last abziehbar (→ BFH vom 25. 3. 1992 – BStBl II S. 1012).

Leibrente
→ R 167
→ Dauernde Last

Mietwert → Wohnungsrecht

Rente
Der Begriff der Rente erfordert, daß sie auf längere Sicht gezahlt wird. Bei zeitlich begrenzten Renten ist regelmäßig ein Zeitraum von zehn Jahren erforderlich und ausreichend (→ BFH vom 7. 8. 1959 – BStBl III S. 463 und vom 10. 10. 1963 – BStBl III S. 563).

Vermögensübergabe gegen Versorgungsleistungen
Zur steuerlichen Anerkennung einer Vermögensübergabe gegen Versorgungsleistungen zwischen nahen Angehörigen müssen die gegenseitigen Rechte und Pflichten klar und eindeutig vereinbart sein und durchgeführt werden (→ BFH vom 15. 7. 1992 – BStBl II S. 1020).

Versorgungsausgleich
Zur Behandlung von Aufwendungen im Rahmen des ehelichen Versorgungsausgleichs als dauernde Last → BMF vom 20. 7. 1981 (BStBl I S. 567). — Anhang 33

Versorgungsrente
→ Ablösung

Vorweggenommene Erbfolge
Wiederkehrende Leistungen, die im Zusammenhang mit der Übertragung von Vermögen im Wege der vorweggenommenen Erbfolge übernommen werden, sind, wenn § 12 Nr. 2 EStG nicht eingreift, auch insoweit voll abziehbar, als sie den Wert des übernommenen Vermögens noch nicht erreicht haben (→ BFH vom 15. 7. 1991 – BStBl 1992 II S. 78).
Zur ertragsteuerlichen Behandlung der vorweggenommenen Erbfolge → BMF vom 13. 1. 1993 (BStBl I S. 80). — Anhang 13

Wiederkehrende Leistungen
Wiederkehrende Leistungen, die nach ihrem wirtschaftlichen Gehalt Entgelt für eine Nutzungsüberlassung sind, können nicht als dauernde Last abgezogen werden (→ BFH vom 12. 7. 1989 – BStBl 1990 II S. 13).
→ Vorweggenommene Erbfolge

Wohnungsrecht
Ein Abzug des Mietwerts als dauernde Last kommt mangels Aufwendungen nicht in Betracht, wenn sich der Übergeber eines land- und forstwirtschaftlichen Betriebs anläßlich der Vermögensübergabe gegen Versorgungsleistungen ein Wohnungsrecht an einer Wohnung des übergebenen Vermögens vorbehalten und der Übernehmer den **Wegfall der Nutzungswertbesteuerung** beantragt hat (→ BFH vom 26. 7. 1995 – BStBl II S. 836).

Zuschüsse zu Studienkosten
→ Beihilfen

R 87 a. Vorsorgeaufwendungen (Allgemeines)

– unbesetzt –

§ 10 EStG
R 88   H 87 a, 88

H 87 a — Hinweise

Ausländische Versicherungsunternehmen
Anhang 32   Verzeichnis der ausländischen Versicherungsunternehmen, denen die Erlaubnis zum Betrieb eines nach § 10 Abs. 1 Nr. 2 EStG begünstigten Versicherungszweigs im Inland erteilt ist → Anhang 32.

Nichtabziehbare Vorsorgeaufwendungen
Vorsorgeaufwendungen, die mit steuerfreien Einnahmen in unmittelbarem wirtschaftlichen Zusammenhang stehen, sind nicht abziehbar.

Beispiele:

1. Gesetzliche Arbeitnehmeranteile zur Sozialversicherung, die auf steuerfreien Arbeitslohn entfallen (→ BFH vom 27. 3. 1981 – BStBl II S. 530), z. B. auf Grund einer Freistellung nach einem DBA oder dem Auslandstätigkeitserlaß vom 31. 10. 1983 (BStBl I S. 470);

Anhang 26

2. Aufwendungen aus Mitteln, die nach ihrer Zweckbestimmung zur Leistung der Vorsorgeaufwendungen dienen, wie

   a) steuerfreie Zuschüsse zur Krankenversicherung der Rentner, z. B. nach § 106 SGB VI (→ R 6 Nr. 14);

   b) Sonderleistungen, die Wehrpflichtige oder Zivildienstleistende unter bestimmten Voraussetzungen zum Ersatz für Beiträge zu einer Krankenversicherung, Unfallversicherung oder Haftpflichtversicherung erhalten (§ 7 USG in der Fassung der Bekanntmachung vom 14. 12. 1987 – BGBl. I S. 2614, zuletzt geändert durch Artikel 1 des Gesetzes vom 21. 12. 1992 – BGBl. I S. 2144; § 78 Abs. 1 Nr. 2 ZDG in der Fassung der Bekanntmachung vom 31. 7. 1986 – BGBl. I S. 1205, zuletzt geändert durch Artikel 6 des Gesetzes vom 11. 6. 1992 – BGBl. I S. 1030). Beiträge zu Versicherungen, die mit dem Führen und Halten von Kraftfahrzeugen zusammenhängen, z. B. Kraftfahrzeug-Haftpflichtversicherung, Kraftfahrzeug-Insassenunfallversicherung, werden nach § 7 Abs. 2 Nr. 4 USG nicht ersetzt;

   c) Beiträge zur Alters- und Hinterbliebenenversorgung, die Wehrpflichtigen und Zivildienstleistenden erstattet werden (§ 14 a und 14 b Arbeitsplatzschutzgesetz in der Fassung der Bekanntmachung vom 14. 4. 1980 – BGBl. I S. 425, geändert durch Artikel 8 des Gesetzes vom 6. 12. 1990 – BGBl. I S. 2588; § 78 Abs. 1 Nr. 1 ZDG in der unter Buchstabe b angeführten Fassung);

   d) steuerfreie Beträge, die Land- und Forstwirte nach dem Gesetz über die Alterssicherung der Landwirte vom 29. 7. 1994 (BGBl. I S. 1890) zur Entlastung von Vorsorgeaufwendungen im Sinne des § 10 Abs. 1 Nr. 2 Buchstabe a EStG erhalten.

R 88. Versicherungsbeiträge

S 2221

¹Wird ein Kraftfahrzeug teils für berufliche und teils für private Zwecke benutzt, so kann der Steuerpflichtige den Teil seiner **Aufwendungen für die Kfz-Haftpflichtversicherung,** der dem Anteil der privaten Nutzung entspricht, im Rahmen des § 10 EStG als Sonderausgaben abziehen. ²Werden für Fahrten zwischen Wohnung und Arbeitsstätte oder Familienheimfahrten mit eigenem Kraftfahrzeug Pauschbeträge nach § 9 Abs. 1 Satz 3 Nr. 4 EStG als Werbungskosten abgezogen, so können die Aufwendungen für die Kfz-Haftpflichtversicherung aus Vereinfachungsgründen in voller Höhe als Sonderausgaben anerkannt werden.

H 88 — Hinweise

Abzugsberechtigte Person
Sonderausgaben kann derjenige geltend machen, der sie als Versicherungsnehmer aufgewendet hat (→ BFH vom 8. 3. 1995 – BStBl II S. 637).

Es ist ohne Bedeutung, wer der Versicherte ist oder wem die Versicherungssumme oder eine andere Leistung später zufließt (→ BFH vom 20. 11. 1952 – BStBl 1953 III S. 36).

→ Versicherungsbeiträge

→ Zukunftssicherungsleistungen

Ausfertigungsgebühr

→ Versicherungsbeiträge

Aussteuerversicherung

→ Lebensversicherung

Beitragsminderungen

Dividenden, Überschußanteile oder Gewinnanteile, die bei Versicherungen auf den Erlebens- oder Todesfall von dem Versicherer ausgezahlt oder gutgeschrieben werden, mindern im Jahr der Auszahlung oder Gutschrift die als Sonderausgaben abziehbaren Beiträge (→ BFH vom 20. und 27. 2. 1970 – BStBl II S. 314 und 422). Das gilt nicht, soweit die Dividenden zur Abkürzung der Versicherungsdauer oder der Dauer der Beitragszahlung oder zur Erhöhung der Versicherungssumme (Summenzuwachs) verwendet werden oder nach § 20 Abs. 1 Nr. 6 EStG zu den Einkünften aus Kapitalvermögen gehören. Der Erhöhung der Versicherungssumme steht die verzinsliche Ansammlung der Dividenden gleich, wenn sie nach den Vertragsbestimmungen erst bei Fälligkeit der Hauptversicherungssumme ausgezahlt werden.

Beitragszahlungsdauer

Eine laufende Beitragsleistung liegt vor, wenn die Beitragszahlungsdauer der Laufzeit des Versicherungsvertrages entspricht. Es ist nicht zu beanstanden, wenn die Dauer der Beitragsleistung kürzer ist als die Vertragsdauer. Die laufende Beitragsleistung darf jedoch wirtschaftlich nicht einem Einmalbeitrag gleichkommen. Dies ist dann nicht der Fall, wenn nach dem Vertrag eine laufende Beitragsleistung für mindestens fünf Jahre ab dem Zeitpunkt des Vertragsabschlusses vereinbart ist. Der Zeitpunkt des Vertragsabschlusses entspricht regelmäßig dem Datum der Ausstellung des Versicherungsscheins. Es bestehen keine Bedenken, daß als Zeitpunkt des Vertragsabschlusses der im Versicherungsschein bezeichnete Tag des Versicherungsbeginns gilt, wenn innerhalb von drei Monaten nach diesem Tag der Versicherungsschein ausgestellt ist und die erste Prämie gezahlt wird; ist die Frist von drei Monaten überschritten, so berechnen sich die Beitragszahlungsdauer und die Mindestvertragsdauer vom Zeitpunkt der Zahlung der ersten Prämie an (→ BMF vom 20. 7. 1990 – BStBl I S. 324 und vom 7. 2. 1991 – BStBl I S. 214).

Zeitpunkt des Vertragsabschlusses bei Versicherungen im Sinne des § 10 Abs. 1 Nr. 2 Buchstabe b Doppelbuchstaben cc und dd EStG

BMF vom 7. 2. 1991 (BStBl I S. 214)

IV B 1 – S 2221 – 10/91

– Auszug –

Unter Bezugnahme auf das Ergebnis der Erörterung mit den obersten Finanzbehörden der Länder gilt für die Festlegung des Zeitpunkts des Versicherungsabschlusses folgendes:

Maßgebend für den Beginn der Beitragszahlungsdauer und der Mindestvertragsdauer ist nach dem Bezugschreiben der Zeitpunkt des Vertragsabschlusses. Darunter ist regelmäßig das Datum der Ausstellung des Versicherungsscheins zu verstehen. Es bestehen keine Bedenken, daß als Zeitpunkt des Vertragsabschlusses der im Versicherungsschein bezeichnete Tag des Versicherungsbeginns gilt, wenn innerhalb von drei Monaten nach diesem Tag der Versicherungsschein ausgestellt ist und die erste Prämie gezahlt wird; ist die Frist von drei Monaten überschritten, so berechnen sich die Beitragszahlungsdauer und die Mindestvertragsdauer vom Zeitpunkt der Zahlung der ersten Prämie ab.

Diese Regelung gilt erstmals für Verträge, für die der Versicherungsschein nach dem 31. Dezember 1990 ausgestellt worden ist.

Berufsunfähigkeitsversicherung

→ Lebensversicherung

Direktversicherungen – neue Mindestvertragsdauer im Sinne des § 10 Abs. 1 Nr. 2 EStG im Zusammenhang mit der Änderung des § 40 b EStG ab VZ 1996.

Anhebung der Beiträge zu Direktversicherungen im Zusammenhang mit der Änderung des § 40 b EStG ab 1996

BMF vom 12. 12. 1995 (BStBl I S. 805)

IV B 4 – S 2252 – 331/95

Nach der Anhebung der Pauschalierungsgrenzen des § 40 b EStG durch das Jahressteuergesetz 1996 stellt sich die Frage, ob eine Erhöhung des Beitrags für Direktversicherungen innerhalb der Pauschalierungsgrenzen des § 40 b EStG eine **neue Mindestvertragsdauer im Sinne des § 10 Abs. 1 Nr. 2 EStG**, die auch für § 20 Abs. 1 Nr. 6 EStG von Bedeutung ist, in Gang setzt, wenn die Verträge mit Wirkung ab dem Jahr 1996 geändert werden. Nach den Grundsätzen des BFH-Urteils vom 9. Mai 1974 (BStBl II S. 633) gilt die Änderung des Beitrags als Abschluß eines neuen Vertrages.

Im Einvernehmen mit den obersten Finanzbehörden der Länder wird aus Billigkeitsgründen bei Direktversicherungen, die die Voraussetzungen des § 10 Abs. 1 Nr. 2 Buchstabe b EStG erfüllen und bei denen nach der Anpassung an die neuen Pauschalierungsgrenzen des § 40 b EStG bis zum voraussichtlichen Erreichen der Altersgrenze (bei Frauen Vollendung des 60. Lebensjahres, bei Männern Vollendung des 63. Lebensjahres) eine Mindestvertragsdauer von zwölf Jahren nicht mehr zu erreichen wäre, eine Steuerpflicht nach § 20 Abs. 1 Nr. 6 EStG nicht angenommen, wenn der Beitrag um höchstens 408 DM jährlich erhöht wird. Dagegen ist ein zusätzlicher Vertrag abzuschließen, wenn der Zeitraum zwischen dem Lebensalter des Arbeitnehmers im Jahre 1996 und dem voraussichtlichen Erreichen der Altersgrenze mindestens zwölf Jahre beträgt und der bestehende Versicherungsvertrag vor der Anpassung die Mindestvertragsdauer von zwölf Jahren noch nicht erreicht hat.

Dividenden
→ Beitragsminderungen

Einmalbeitrag
→ BMF vom 20. 7. 1990 (BStBl I S. 324)

Erbschaftsteuerversicherung
→ Lebensversicherung

→ H 88 (Direktversicherungen)

Gewinnanteile
→ Beitragsminderungen

Hausratversicherung
Beiträge sind keine Sonderausgaben.

Kaskoversicherung
Beiträge sind keine Sonderausgaben.

Krankentagegeldversicherung
Zu den Krankenversicherungen gehört auch die Krankentagegeldversicherung (→ BFH vom 22. 5. 1969 – BStBl II S. 489).

Laufende Beitragsleistung im Sinne des § 10 Abs. 1 Nr. 2 Buchstabe b Doppelbuchstaben cc und dd EStG

→ Beitragszahlungsdauer

Lebensversicherung
1. Als Sonderausgaben können nur Beiträge zu den im Gesetz genannten Versicherungen abgezogen werden.
2. Versicherungen auf den Erlebens- oder Todesfall sind auch:
   - Pensions-, Sterbe- und Versorgungskassen;
   - Aussteuer-, Berufsunfähigkeits- und Erbschaftsteuerversicherungen

3. Beiträge zu Lebensversicherungen mit Teilleistungen auf den Erlebensfall vor Ablauf der Mindestvertragsdauer von zwölf Jahren sind auch nicht teilweise als Sonderausgaben abziehbar (→ BFH vom 27. 10. 1987 – BStBl 1988 II S. 132).

4. Einsatz von Lebensversicherungen zur Tilgung oder Sicherung von Darlehen → BMF vom 19. 5. 1993 (BStBl I S. 406), vom 14. 6. 1993 (BStBl I S. 484), vom 2. 11. 1993 (BStBl I S. 901), vom 6. 5. 1994 (BStBl I S. 311), vom 22. 7. 1994 (BStBl I S. 509), vom 26. 9. 1994 (BStBl I S. 749) und vom 27. 7. 1995 (BStBl I S. 371). Anhang 22

5. Einkommensteuerrechtliche Behandlung von Lebensversicherungen nach Inkrafttreten des Dritten Durchführungsgesetzes/EWG zum VAG vom 21. Juli 1994 (BGBl. I S. 1630); Abgrenzung zwischen kapitalbildenden Lebensversicherungen und Sparverträgen → BMF vom 22. 1. 1996 (BStBl I S. 36). Anhang 22

Loss-of-Licence-Versicherung

Beiträge zur Berufsunfähigkeitsversicherung eines Flugzeugführers sind regelmäßig Sonderausgaben, keine Werbungskosten (→ BFH vom 13. 4. 1976 – BStBl II S. 599).

Mindestvertragsdauer

→ BMF vom 7. 2. 1991 (BStBl I S. 214)

→ BMF vom 22. 2. 1991 (BStBl I S. 330) – zur Verlängerung der Laufzeit von Versicherungsverträgen bei Bürgern der ehemaligen DDR und von Berlin (Ost) Anhang 22

→ Lebensversicherungen

→ H 88 (Direktversicherungen)

Pensionskasse

→ Lebensversicherung

Pflegekrankenversicherung

Beiträge sind Sonderausgaben.

Pflegerentenversicherung

Beiträge sind Sonderausgaben.

Policendarlehen

→ Lebensversicherung Tz. 4.

Rechtsschutzversicherung

Beiträge sind keine Sonderausgaben.

Rückdatierung des Versicherungsbeginns

→ Beitragszahlungsdauer

Sachversicherung

Beiträge sind keine Sonderausgaben.

Sterbekasse

→ Lebensversicherung

Überschußanteile

→ Beitragsminderungen

Verlängerung der Laufzeit von Versicherungsverträgen bei Bürgern der ehemaligen DDR und von Berlin (Ost)

→ BMF vom 22.2.1991 (BStBl I S. 330) Anhang 22

Versicherungsbeiträge

Berücksichtigungsfähig sind auch die Ausfertigungsgebühr und die Versicherungsteuer (→ BFH vom 1. 2. 1957 – BStBl III S. 103).

Versicherungsbeiträge beim ehelichen Versorgungsausgleich

→ BMF vom 20. 7. 1981 (BStBl I S. 567) Anhang 33

Versicherungsteuer

→ Versicherungsbeiträge

Versorgungsbeiträge Selbständiger

Beiträge, für die eine gesetzliche Leistungspflicht besteht, stellen, auch soweit sie auf die sog. „alte Last" entfallen, regelmäßig keine Betriebsausgaben dar, wenn sie gleichzeitig der eigenen Versorgung oder der Versorgung der Angehörigen dienen (→ BFH vom 13. 4. 1972 – BStBl II S. 728 und 730).

Sie können in diesem Fall als Sonderausgaben im Rahmen des § 10 EStG abgezogen werden.

Versorgungskasse

→ Lebensversicherung

→ Versorgungsbeiträge Selbständiger

Vertragsdauer

→ Mindestvertragsdauer

Vertragseintritt

Wer in den Lebensversicherungsvertrag eines anderen eintritt, kann nur die nach seinem Eintritt fällig werdenden Beiträge als Sonderausgaben abziehen; der Eintritt gilt nicht als neuer Vertragsabschluß (→ BFH vom 9. 5. 1974 – BStBl II S. 633).

Zukunftssicherungsleistungen

→ H 86 a (Zukunftssicherungsleistungen)

Zuzahlungen zur Abkürzung der Vertragslaufzeit bei gleichbleibender Versicherungssumme

→ BMF vom 20. 7. 1990 (BStBl I S. 324)

R 89

R 89. Nachversteuerung von Versicherungsbeiträgen

[1]Bei einer Nachversteuerung nach § 30 EStDV wird der Steuerbescheid des Kalenderjahrs, in dem der Einmalbetrag als Sonderausgabe berücksichtigt worden ist, nicht berichtigt. [2]Es ist vielmehr lediglich festzustellen, welcher Erstattungsbetrag oder welche Steuer für dieses Kalenderjahr festzusetzen gewesen wäre, wenn der Steuerpflichtige den Einmalbetrag nicht geleistet hätte. [3]Der Unterschiedsbetrag zwischen diesem Erstattungsbetrag oder dieser Steuer und dem seinerzeit festgesetzten Erstattungsbetrag oder der seinerzeit festgesetzten Steuer ist als Nachsteuer für das Kalenderjahr zu erheben, in dem der schädliche Tatbestand eingetreten ist. [4]Wird die Versicherungssumme nur zum Teil ausgezahlt, der Einmalbetrag nur zum Teil zurückgezahlt oder werden die Ansprüche aus dem Versicherungsvertrag nur teilweise abgetreten oder beliehen, so ist bei der Ermittlung der nachzuerhebenden Steuer der Einmalbetrag in der Höhe als nicht geleistet anzusehen, in der Teilbeträge vorzeitig gezahlt oder Ansprüche vorzeitig abgetreten oder beliehen werden.

R 90 bis R 91

– unbesetzt –

R 92

R 92. Beiträge an Bausparkassen zur Erlangung eines Bauspardarlehens (Allgemeines)

S 2221

(1) [1]**Voraussetzung für den Abzug** von → Bausparbeiträgen ist, daß der Bausparer sie auf Grund eines zwischen ihm und einer Bausparkasse abgeschlossenen → Bausparvertrags zur Erlangung von Baudarlehen leistet. [2]Für den Abzug von Bausparbeiträgen als Sonderausgaben ist nicht Voraussetzung, daß Bausparmittel später tatsächlich zu einem → begünstigten Zweck verwendet werden. [3]Kann jedoch festgestellt werden, daß der Bausparer bei der Einzahlung der Bausparbeiträge nicht oder nicht mehr die Absicht hatte, die Bausparsumme zu den begünstigten Zwecken zu verwenden, so sind die Beiträge keine Sonderausgaben. [4]Dies gilt auch, wenn bereits bei der Veranlagung zur Einkommensteuer feststeht, daß eine Nachversteuerung nach § 31 EStDV durchzuführen wäre (→ BFH vom 26. 8. 1986 – BStBl 1987 II S. 164). [5]Dem Sonderausgabenabzug steht es nicht entgegen, wenn der Bausparer beabsichtigt, die Ansprüche aus dem Bausparvertrag steuerlich unschädlich abzutreten.

(2) Es bestehen keine Bedenken dagegen, daß die Bausparkassen die Anzeigen nach § 29 Abs. 3 EStDV an das für eine etwaige Einkommensteuerveranlagung des Bausparers zuständige Finanzamt erstatten.

Hinweise

H 92

Abschlußgebühren

→ Bausparbeiträge

Ausland

Ausnahmen von dem Gebot der Verwendung der Bausparmittel im Inland gelten
- für Bauvorhaben von Bediensteten der Europäischen Gemeinschaft an ihrem ausländischen Wohnsitz, von dem aus sie ihrer Amtstätigkeit nachgehen (→ BFH vom 1. 3. 1974 – BStBl II S. 374);
- in den Fällen des Gesetzes über eine Wiedereingliederungshilfe im Wohnungsbau für rückkehrende Ausländer vom 18. 2. 1986 (BStBl I S. 123).

Anhang 36

Bausparbeiträge

Es sind alle Beiträge bis zum Erreichen der vereinbarten Bausparsumme zu berücksichtigen, die bis zur vollen oder teilweisen Auszahlung der Bausparsumme entrichtet wurden; auf den Zeitpunkt der Zuteilung kommt es nicht an (→ BFH vom 25. 7. 1958 – BStBl III S. 368);

Neben den vertraglich vereinbarten Beiträgen gehören dazu u. a.
- Abschlußgebühren, auch soweit sie zunächst auf einem Sonderkonto gutgeschrieben worden sind,
- freiwillige Beiträge,
- gutgeschriebene Zinsen, die zur Beitragszahlung verwendet werden, ohne einbehaltenen Zinsabschlag,
- Umschreibegebühren,
- Zinsen für ein Bausparguthaben, das aus einem Auffüllungskredit entstanden ist (→ BFH vom 5. 5. 1972 – BStBl II S. 732).

Keine Bausparbeiträge sind
- Bereitstellungszinsen,
- Darlehnszinsen,
- Verwaltungskostenbeiträge,
- Zuteilungsgebühren;

sie können jedoch Betriebsausgaben, Werbungskosten oder Sonderausgaben im Sinne des § 10 e Abs. 6 EStG sein.

Bausparkassen

Kreditinstitute im Sinne des § 1 Abs. 1 des Gesetzes über Bausparkassen in der Fassung der Bekanntmachung vom 15. 2. 1991 (BGBl. I S. 454).

→ Verzeichnis der Bausparkassen (Anhang 5)

Anhang 5

Bausparsammelvertrag

→ Vertragseintritt

Bausparvertrag

Voraussetzung für den Abzug von Bausparbeiträgen ist, daß grundsätzlich unmittelbare Rechtsbeziehungen zwischen dem Bausparer und der Bausparkasse bestehen (→ BFH vom 14. 7. 1961 – BStBl III S. 435).

Auch ein Vertrag zugunsten Dritter ist möglich.

→ Gemeinschaftlicher Bausparvertrag

Begünstigte Zwecke

Das Baudarlehen muß zur Verwendung im Inland (Ausnahme → Ausland) bestimmt sein
1. zum Bau, zum Erwerb oder zur → Verbesserung
    a) eines Wohngebäudes oder

b) eines anderen Gebäudes, soweit es Wohnzwecken dient, oder
c) einer Eigentumswohnung;
2. zur Ausstattung eines Wohngebäudes mit Einbaumöbeln sowie zur Errichtung oder zum Einbau von Schwimmanlagen, Saunen, Zweitgaragen, Heizungsanlagen. Voraussetzung ist, daß die Einrichtungen wesentliche Bestandteile eines Gebäudes sind oder ein Nebengebäude oder eine Außenanlage (§ 89 BewG; Abschnitt 45 BewRGr) darstellen (→ BFH vom 29. 10. 1976 – BStBl 1977 II S. 152);
3. zum Erwerb eines eigentumsähnlichen Dauerwohnrechts;
4. zum Erwerb von Rechten zur dauernden Selbstnutzung von Wohnraum in Altenheimen, Altenwohnheimen, Pflegeheimen und gleichartigen Einrichtungen (§ 1 Heimgesetz in der Fassung der Bekanntmachung vom 23. 4. 1990 – BGBl. I S. 763);
5. zur Beteiligung an der Finanzierung des Baues oder Erwerbs eines Gebäudes gegen Überlassung einer Wohnung;
6. zum Erwerb von Bauland, das der Bausparer in der Absicht erwirbt, ein Wohngebäude zu errichten. Soll das zu errichtende Gebäude nur zum Teil Wohnzwecken dienen, so ist der Erwerb nur insoweit begünstigt, als das Bauland auf den Wohnzwecken dienenden Teil des Gebäudes entfällt. Auf die Baureife des Grundstücks kommt es nicht an;
7. zum Erwerb eines Grundstücks, auf dem der Bausparer als Erbbauberechtigter bereits ein Wohngebäude errichtet hat. Nummer 6 Satz 2 gilt entsprechend;
8. zur Durchführung baulicher Maßnahmen des Mieters zur Modernisierung seiner Wohnung → BMF vom 24. 11. 1982 (BStBl I S. 868);
9. zur völligen oder teilweisen Ablösung von Verpflichtungen, z. B. Hypotheken, die im Zusammenhang mit den in Nummern 1 bis 8 bezeichneten Vorhaben eingegangen worden sind. Das gilt auch dann, wenn der Bausparer bereits mit Hilfe fremden Kapitals gebaut hat. Nicht als Ablösung von Verpflichtungen gilt die Zahlung von laufenden Tilgungs- und Zinsbeträgen, von aufgelaufenen Tilgungs- und Zinsbeträgen (sog. Nachtilgung) und von vorausgezahlten Tilgungs- und Zinsraten (sog. Voraustilgung). Eine steuerlich unschädliche Verwendung des Bausparguthabens zur Ablösung von Verbindlichkeiten, die im Zusammenhang mit dem Erwerb eines Wohngebäudes eingegangen worden sind, liegt nur vor, soweit es sich um Verpflichtungen gegenüber Dritten handelt, nicht aber bei Verpflichtung mehrerer Erwerber untereinander (→ BFH vom 29. 11. 1973 – BStBl 1974 II S. 126).

Bereitstellungszinsen
→ Bausparbeiträge

Darlehnszinsen
→ Bausparbeiträge

Depositenkonto
Einzahlungen auf ein Depositenkonto der Bausparkasse sind Sonderausgaben des Jahres, in dem sie auf den Bausparvertrag umgebucht werden (→ BFH vom 6. 5. 1977 – BStBl II S. 758).

Einbaumöbel
→ Begünstigte Zwecke

Einkommensteuer-Vorauszahlungen
Bei der Festsetzung von Vorauszahlungen kann der Sonderausgabenabzug für Bausparbeiträge nicht berücksichtigt werden, § 37 Abs. 3 Satz 5 EStG.

Gemeinschaftlicher Bausparvertrag
Haben mehrere Steuerpflichtige, bei denen die Voraussetzungen des § 26 Abs. 1 EStG nicht vorliegen, gemeinschaftlich einen Bausparvertrag abgeschlossen, so kann jeder nur die von ihm selbst geleisteten Bausparbeiträge als Sonderausgaben geltend machen (→ BFH vom 10. 2. 1961 – BStBl III S. 224).

Heizungsanlage
→ Begünstigte Zwecke

Land- und Forstwirte
Bausparbeiträge von Land- und Forstwirten können auch dann als Sonderausgaben behandelt werden, wenn der Bausparvertrag zur Finanzierung des Baus, der Verbesserung usw.

des zum Betriebsvermögen gehörenden Wohnhauses abgeschlossen worden ist (→ BFH vom 27. 11. 1964 – BStBl 1965 III S. 214 und vom 18. 3. 1965 – BStBl III S. 320).

Lebensversicherungsbeitrag
Der Lebensversicherungsbeitrag nach Erlangung des Baudarlehens gehört zu den Sonderausgaben im Sinne des § 10 Abs. 1 Nr. 2 EStG (→ BFH vom 29. 10. 1985 – BStBl 1986 II S. 260).

Lohnsteuer-Ermäßigungsverfahren
Ein Sonderausgabenabzug für Bausparbeiträge kann nicht berücksichtigt werden, § 39 a Abs. 1 Nr. 2 EStG.

Modernisierung durch Mieter
→ Begünstigte Zwecke

Nachtilgung
→ Begünstigte Zwecke

Sauna
→ Begünstigte Zwecke

Schwimmanlage
→ Begünstigte Zwecke

Tilgungsbetrag
→ Begünstigte Zwecke

Umschreibegebühr
Als Bausparbeitrag abziehbar.

Verbesserung eines Wohngebäudes
Die Verbesserung eines Wohngebäudes ist nur begünstigt, wenn die Ausgaben dafür – gemessen am Verkehrswert des Hauses – nicht unerheblich sind (→ BFH vom 22. 3. 1968 – BStBl II S. 512).

Vertragseintritt
Der Bausparer, der in den Vertrag eines Dritten eintritt, kann nur die Beiträge abziehen, die er nach seinem Eintritt an die Bausparkasse entrichtet (→ BFH vom 21. 8. 1959 – BStBl III S. 448). Das gilt im allgemeinen auch bei sog. „Bausparsammelverträgen", die z. B. von einem Siedlungsunternehmen zur Finanzierung größerer Bauvorhaben zunächst mit der Bausparkasse global abgeschlossen und erst später auf die einzelnen Kaufbewerber aufgeteilt werden (→ BFH vom 23. 8. 1956 – BStBl III S. 302). Der Bausparer kann das Entgelt, das er bei Eintritt in den Bausparvertrag einer anderen Person für die vorgesparten Bauparteile zahlt, nicht als Sonderausgaben abziehen.

Verwaltungskostenbeiträge
→ Bausparbeiträge

Verzeichnis der Bausparkassen
→ Anhang 5

Anhang 5

Voraustilgung
→ Begünstigte Zwecke

Wohnungsbauprämien
Gutgeschriebene Wohnungsbauprämien zählen nicht zu den Bausparbeiträgen.

Zuteilungsgebühr
→ Bausparbeiträge

Zweitgarage
→ Begünstigte Zwecke

Zwischenkredit
Hat der Bausparer vor der Zuteilung des Baudarlehens einen Zwischenkredit erhalten, so kann er die Beiträge, die er bis zur Zuteilung der Bausparsumme entrichtet, im Rahmen der vorstehenden Ausführungen abziehen. Hat der Bausparer jedoch den Zwischenkredit unter

Beleihung von Ansprüchen aus einem Bausparvertrag vor Ablauf der Sperrfrist erhalten, so kann er die Beiträge nur dann als Sonderausgaben abziehen, wenn er den Zwischenkredit unverzüglich und unmittelbar zu → begünstigten Zwecken verwendet.

R 93

– unbesetzt –

R 94

R 94. Nachversteuerung von Bausparbeiträgen

Beiträge des laufenden Jahres

S 2221

(1) Die vorzeitige Rückzahlung von Bausparbeiträgen ist unter den Voraussetzungen des § 10 Abs. 5 Nr. 3 Buchstaben c bis e EStG auch dann steuerlich unschädlich, wenn Bausparbeiträge des laufenden Kalenderjahrs zurückgezahlt werden.

Unschädlichkeit vorzeitiger Verfügungen im Falle der unmittelbaren und unverzüglichen Verwendung zum Wohnungsbau

(2) ¹Werden die Beträge für den Bau, den Erwerb usw. eines **ausschließlich** Wohnzwecken dienenden Gebäudes verwendet, so ist die vorzeitige Verfügung steuerlich unschädlich, soweit die empfangenen Beträge nicht höher als die Herstellungs-/Anschaffungskosten sind. ²Das gleiche gilt bei Verwendung für den Bau eines Gebäudes, das **nur zum Teil** Wohnzwecken dient, soweit die empfangenen Beträge nicht höher als die anteiligen Herstellungskosten des Wohnzwecken dienenden Gebäudeteils sind. ³Sind in den bezeichneten Fällen die empfangenen Beträge höher, so ist zunächst das Verhältnis des übersteigenden Betrags zur Summe der empfangenen Beträge festzustellen. ⁴Für den Teilbetrag der insgesamt geleisteten Bausparbeiträge, der diesem Verhältnis entspricht, kommt eine Nachversteuerung in Betracht. ⁵Dabei kann der Bausparer dem Grundsatz des § 31 Abs. 1 vorletzter und letzter Satz EStDV entsprechend bestimmen, welche Bausparbeiträge in Höhe des Teilbetrags als nicht geleistet angesehen werden sollen.

Unschädlichkeit vorzeitiger Verfügungen im Todesfall

(3) ¹Die unschädliche Mittelverwendung bezieht sich auf die Bausparbeiträge, die der Bausparer oder sein von ihm nicht dauernd getrennt lebender Ehegatte vor Eintritt des Todesfalls geleistet hat. ²Das gilt auch dann, wenn der Bausparvertrag nach dem Tod eines Ehegatten fortgesetzt worden ist. ³Nach einer Verfügung ist der Vertrag jedoch unterbrochen und kann nicht weiter fortgesetzt werden.

Unschädlichkeit vorzeitiger Verfügungen im Falle völliger Erwerbsunfähigkeit

(4) ¹Liegen die Voraussetzungen für die steuerlich unschädliche Verfügung vor, so kann der Bausparer hiervon zu einem beliebigen Zeitpunkt Gebrauch machen. ²Das gilt für alle vor der Verfügung geleisteten Bausparbeiträge.

Unschädlichkeit vorzeitiger Verfügungen bei Arbeitslosigkeit

(5) ¹Als arbeitslos anzusehen sind auch

a) Personen, die als Arbeitslose erkranken oder eine Kur antreten, für die Dauer der Erkrankung oder der Kur. Erhalten diese Personen als Ersatz für Arbeitslosengeld oder Arbeitslosenhilfe Kranken-, Verletzten- oder Übergangsgeld (§ 158 AFG, § 24 Abs. 2 SGB VI, § 16 und 16 a Abs. 1, § 16 b Abs. 2 Buchstabe c BVG), so genügt der Nachweis dieser Zahlungen. Werden solche Zahlungen nicht geleistet, müssen die Zeiten der Erkrankung oder der Kur gegebenenfalls durch eine Bescheinigung des Kostenträgers oder der Anstalt, in der die Unterbringung erfolgt, oder durch eine ärztliche Bescheinigung nachgewiesen werden;

b) Frauen, die zu Beginn der Schutzfristen nach § 3 Abs. 2, § 6 Abs. 1 des Mutterschutzgesetzes arbeitslos waren, für die Dauer dieser Schutzfristen und der folgenden Monate, für die bei Bestehen eines Arbeitsverhältnisses Erziehungsurlaub nach dem Bundeserziehungsgeldgesetz hätte beansprucht werden können. Diese Zeiten sind, soweit Erziehungsgeld gezahlt wird, durch Unterlagen über die Zahlung nachzuweisen. Sonst ist die Zeit der Schutzfristen durch das Zeugnis eines Arztes oder einer Hebamme nachzuweisen und die Zeit, für die bei Bestehen eines Arbeitsverhältnisses Erziehungsurlaub hätte beansprucht werden können, glaubhaft zu machen;

c) Personen, die an einer nach den §§ 41 bis 47 oder 56 bis 62 AFG geförderten Maßnahme der beruflichen Fortbildung oder Umschulung teilnehmen, wenn sie ohne die Teilnahme an der Maßnahme arbeitslos wären.

[2]Arbeitssuchende, die eine Rente wegen verminderter Erwerbsfähigkeit (einschl. der Rente für Bergleute), eine Rente wegen Alters, Ruhegeld oder ähnliche Bezüge erhalten oder das 65. Lebensjahr vollendet haben, gelten nicht als Arbeitslose. [3]Die Arbeitslosigkeit des Ehegatten begründet keine steuerlich unschädliche Verfügungsmöglichkeit. [4]Die Dauer der Arbeitslosigkeit hat der Bausparer regelmäßig durch Unterlagen über Zahlungen von Arbeitslosengeld (§ 100 AFG) oder Arbeitslosenhilfe (§ 134 AFG) oder Überbrückungshilfe für ehemalige Soldaten vor Zeit (§ 86 a Soldatenversorgungsgesetz) nachzuweisen. [5]Sofern der Bausparer derartige Zahlungen nicht nachweisen kann, muß er eine Bescheinigung der zuständigen Dienststelle der Bundesanstalt für Arbeit (regelmäßig: Arbeitsamt) vorlegen, aus der hervorgeht, ab wann er arbeitslos gemeldet war. [6]Ein vom Arbeitsamt genehmigter Urlaub unterbricht nicht die Dauer der Arbeitslosigkeit.

Unschädlichkeit vorzeitiger Verfügungen im Fall des Verlassens des Inlands auf Dauer

(6) Das Verlassen auf Dauer ist z. B. durch eine Bescheinigung einer Botschaft oder eines Konsulats nachzuweisen.

Nachversteuerung nach § 31 EStDV

(7) [1]R 89 gilt entsprechend. [2]Hat der Steuerpflichtige Bausparbeiträge geleistet, die sich als Sonderausgaben oder als prämienbegünstigte Aufwendungen im Sinne des Wohnungsbau-Prämiengesetzes nicht ausgewirkt haben, so sind die zurückgezahlten Beträge zunächst mit den ohne Auswirkung gebliebenen Beiträgen zu verrechnen; insoweit kommt also eine Nachversteuerung nicht in Betracht. [3]Ist im Fall der Abtretung von Ansprüchen aus einem Bausparvertrag die Nachversteuerung nach § 31 Abs. 2 Nr. 2 EStDV ausgesetzt worden, so muß die betreffende Steuerfestsetzung nach Beseitigung der Ungewißheit nach § 165 Abs. 2 AO geändert oder nachgeholt werden, wenn und soweit die Abtretung steuerlich schädlich ist, oder für endgültig erklärt werden, falls die Abtretung steuerlich unschädlich und die Steuerfestsetzung wegen dieses Punktes seinerzeit ausdrücklich für vorläufig erklärt worden ist. [4]Ist die Nachversteuerung nicht ausgesetzt worden, so ist der betreffende Steuerbescheid nach § 175 Abs. 1 Satz 1 Nr. 2 AO zu ändern oder aufzuheben, wenn und soweit der die steuerliche Unschädlichkeit begründende Tatbestand eingetreten ist.

Absehen von der Nachversteuerung

(8) Bei Bausparverträgen zugunsten Dritter ist von einer Nachversteuerung aus Billigkeitsgründen abzusehen, wenn der Begünstigte stirbt und die Beiträge vorzeitig an seine Erben oder Vermächtnisnehmer gezahlt werden oder wenn der Begünstigte völlig erwerbsunfähig wird und die Beträge vorzeitig an ihn gezahlt werden.

Hinweise

Abtretung der Ansprüche aus einem Bausparvertrag

Die Abtretung der Ansprüche aus dem Bausparvertrag ist steuerlich unschädlich, soweit der Erwerber des Vertrags selbst Angehöriger des Abtretenden ist und er die Bausparmittel zum Wohnungsbau für sich selbst verwendet. Die Abtretung und der damit verbundene Eintritt des Erwerbers in den Vertrag ist entsprechend dem bürgerlichen Recht auch steuerlich nicht als Abschluß eines neuen Bausparvertrags anzusehen. Die Sperrfrist beginnt deshalb für den Erwerber nicht neu zu laufen (→ BFH vom 21. 8. 1959 – BStBl III S. 448).

Angehörige

→ Abtretung der Ansprüche aus einem Bausparvertrag

Arbeitslosigkeit

→ § 10 Abs. 5 Nr. 3 Buchstabe d EStG

→ R 94 Abs. 5

→ Unschädliche Mittelverwendung

Auszahlung des Bausparguthabens

Wird das Bausparguthaben vor Zuteilung der Bausparsumme ausgezahlt, z. B. nach Kündigung des Bausparvertrags, so handelt es sich um eine Rückzahlung von Beiträgen, die vor

§ 10 EStG
R 94   H 94

Ablauf der Sperrfrist auch dann steuerlich schädlich ist, wenn die Beiträge zum Wohnungsbau verwendet werden (→ BFH vom 4. 6. 1975 – BStBl II S. 757).

Wird das Bausparguthaben vor Zuteilung der Bausparsumme ausgezahlt, können bei Berechnung der Nachsteuer in den Jahren, in denen sich steuerlich schädlich verwendete Bausparbeiträge als Sonderausgaben steuermindernd ausgewirkt haben, bisher nicht geltend gemachte Vorsorgeaufwendungen entsprechend § 177 Abs. 1 AO nachgeschoben werden (→ BFH vom 1. 6. 1994 – BStBl II S. 849).

Auszahlung der Bausparsumme
→ Überlassung
→ Vorzeitige Auszahlung

Bausparsumme
Bausparsumme im Sinne des § 10 Abs. 5 Nr. 3 EStG ist nach § 2 Abs. 1 der Allgemeinen Bedingungen für Bausparverträge der Bausparkassen der Betrag, den die Bausparkasse auf Grund des Bausparvertrags aus den Mitteln des Zuteilungsstocks auszuzahlen hat (Bausparguthaben und Bauspardarlehen).

→ Erhöhung der Bausparsumme

Beleihung
→ § 29 Abs. 5 EStDV
Die Wirkungen einer steuerlich schädlichen Beleihung beschränken sich auf die bis zur Beleihung eingezahlten Bausparbeiträge (→ BFH vom 29. 11. 1973 – BStBl 1974 II S. 265).

→ Schädliche Mittelverwendung
→ Überlassung
→ Vorzeitige Auszahlung

Erhöhung der Bausparsumme führt grundsätzlich hinsichtlich des Erhöhungsbetrags zu einem neuen Bausparvertrag, für den die Sperrfrist gesondert zu ermitteln ist (→ BFH vom 7. 3. 1975 – BStBl II S. 532).

Erwerbsunfähigkeit
→ Völlige Erwerbsunfähigkeit

Schädliche Mittelverwendung
→ § 10 Abs. 5 Nr. 3 EStG
→ Beleihung
→ Überlassung
→ Unschädliche Mittelverwendung (Beispiel)
→ Vorzeitige Auszahlung

Sperrfrist
→ § 10 Abs. 5 Nr. 3 EStG
→ Abtretung der Ansprüche aus einem Bausparvertrag

Tod des Steuerpflichtigen oder seines nicht dauernd getrennt lebenden Ehegatten
→ § 10 Abs. 5 Nr. 3 Buchstabe c EStG
→ R 94 Abs. 3

Überlassung der durch Beleihung/Auszahlung der Bausparsumme empfangenen Beträge
Steuerlich **unschädlich** bei Überlassung an einen Angehörigen im Sinne des § 15 AO, wenn dieser seinerseits die Beträge → unverzüglich und → unmittelbar zum Wohnungsbau verwendet (→ BFH vom 15. 6. 1973 – BStBl II S. 719).

Steuerlich **schädlich** bei Überlassung an andere Personen, es sei denn, der Bausparer beteiligt sich damit an der Finanzierung des Baues oder des Erwerbs eines Gebäudes gegen Überlassung einer Wohnung.

Unmittelbare Verwendung zum Wohnungsbau
→ § 10 Abs. 5 Nr. 3 Buchstaben a und b EStG
→ R 94 Abs. 2

§ 10 EStG
H 94   R 94

1. Liegt auch dann nicht vor, wenn Bausparmittel zur Beteiligung an einer juristischen Person oder Personengesellschaft eingesetzt werden, die diese Mittel ihrerseits zum Wohnungsbau verwendet (→ BFH vom 6. 5. 1977 – BStBl II S. 633).
2. Bei Ehegatten im Sinne des § 26 Abs. 1 EStG ist es unerheblich, ob der Bausparer oder sein Ehegatte die vorzeitig empfangenen Beträge zum Wohnungsbau verwendet.

Unschädliche Mittelverwendung
→ § 10 Abs. 5 EStG
→ R 94 Abs. 2 bis 6

Haben Ehegatten einen Bausparvertrag gemeinsam abgeschlossen, so kann der überlebende Ehegatte auch über die von ihm selbst vor dem Tod geleisteten Bausparbeiträge steuerlich unschädlich verfügen (→ BFH vom 15. 6. 1973 – BStBl II S. 737).

Die Vorfinanzierung einer begünstigten Baumaßnahme mit Eigenmitteln ist vom Zuteilungstermin an steuerlich unschädlich, es sei denn, daß die Bausparsumme anschließend in einen Betrieb des Bausparers eingelegt wird (→ BFH vom 23. 11. 1973 – BStBl 1974 II S. 126).

Voraussetzung für eine unschädliche Mittelverwendung bei Arbeitslosigkeit ist, daß die Arbeitslosigkeit auch noch im Zeitpunkt der Rückzahlung besteht (→ BFH vom 13. 12. 1989 – BStBl 1990 II S. 220).

→ Überlassung

Beispiel für unschädliche/schädliche Mittelverwendung bei einem Gebäude, das nur zum Teil Wohnzwecken dient (R 94 Abs. 2; → BFH vom 27. 11. 1964 – BStBl 1965 II S. 214)

Der Bausparer hat einen Bausparvertrag über 50.000 DM abgeschlossen. Die eingezahlten Beiträge von insgesamt 20.000 DM sind als Sonderausgaben berücksichtigt worden. Die Bausparsumme wird vor Ablauf der Sperrfrist ausgezahlt. Der Bausparer verwendet sie unverzüglich und unmittelbar zum Bau eines Gebäudes, das nur zum Teil Wohnzwecken dient.

Die Baukosten betragen insgesamt 200.000 DM. Davon entfallen auf den Wohnzwecken dienenden Teil des Gebäudes 40.000 DM. Die ausgezahlte Bausparsumme übersteigt diesen Betrag um 10.000 DM, das entspricht 20 v. H. der Bausparsumme. Für den Betrag von 20 v. H. von 20.000 DM = 4.000 DM ist eine Nachversteuerung durchzuführen. Dabei kann der Steuerpflichtige bestimmen, welche Bausparbeiträge bis zur Höhe dieses Betrags als nicht geleistete angesehen werden sollen.

Unverzügliche Verwendung zum Wohnungsbau
→ § 10 Abs. 5 Nr. 3 Buchstaben a und b EStG

Sie liegt grundsätzlich nur dann vor, wenn innerhalb von zwölf Monaten nach Erlangung der Verfügungsmacht über die Mittel mit dem Wohnungsbau begonnen wird (→ BFH vom 29. 11. 1973 – BStBl 1974 II S. 227).

Vertragsabschluß
→ Erhöhung der Bausparsumme
→ Vertragseintritt
→ Zusammenlegung von Verträgen

Vertragseintritt
→ Abtretung der Ansprüche aus einem Bausparvertrag

Vorzeitige Auszahlung der Bausparsumme
→ § 10 Abs. 5 Nr. 3 EStG

Steuerlich auch dann schädlich, wenn ein beabsichtigtes Vorhaben aus vom Bausparer nicht zu vertretenden Gründen scheitert und der Bausparer die empfangenen Mittel wieder zurückzahlt (→ BFH vom 29. 11. 1973 – BStBl 1974 II S. 202).

Völlige Erwerbsunfähigkeit
Zum Begriff und zum Nachweis → § 29 Abs. 6 EStDV.
Außerdem ist glaubhaft zu machen, daß die völlige Erwerbsunfähigkeit nach Abschluß des Bausparvertrages eingetreten ist.

Zusammenlegung von Bausparverträgen stellt keinen neuen Vertragsabschluß dar, so daß für die Berechnung der Sperrfrist der Abschlußzeitpunkt des jeweiligen Vertrags maßgebend ist.

R 95. Wahlrecht zwischen Sonderausgabenabzug und Wohnungsbauprämie für Bausparbeiträge

S 2221

(1) ¹Der Antrag einer Person aus einer Höchstbetragsgemeinschaft schränkt die Wahlmöglichkeit der anderen Mitglieder ein. ²Es ist deshalb zugunsten des Sparers davon auszugehen, daß die Prämie oder der Sonderausgabenabzug mit bindender Wirkung für alle Mitglieder der Höchstbetragsgemeinschaft, soweit sie Aufwendungen hatten, nur gemeinsam oder mit Zustimmung der anderen beantragt werden kann.

(2) ¹Hat der Bausparer oder haben die Mitglieder einer Höchstbetragsgemeinschaft mehrere Anträge gestellt, denen nicht nebeneinander stattgegeben werden kann, so hat der zuerst gestellte Antrag Vorrang; die Rücknahme dieses Antrags ist zulässig. ²Ein Antrag kann auch zum Teil zurückgenommen werden. ³Ein neuer Prämienantrag kann nur bis zum Ablauf der Antragsfrist gestellt werden. ⁴Die Rücknahme eines zuerst gestellten Antrags ist auch dann möglich, wenn ein zweiter Antrag bereits unanfechtbar abgelehnt worden ist. ⁵Diesem Antrag kann im Wege der Änderung nach § 175 Abs. 1 Satz 1 Nr. 2 AO entsprochen werden. ⁶Die Rücknahme eines Antrags ist nach den allgemeinen Verfahrensvorschriften grundsätzlich bis zur Unanfechtbarkeit der Prämien- oder Steuerfestsetzung zulässig.

Hinweise

H 95

Ehegatten im Sinne des WoPG sind Personen, die mindestens während eines Teils des Sparjahrs (§ 4 Abs. 1 WoPG) miteinander verheiratet waren, nicht dauernd getrennt gelebt haben, unbeschränkt einkommensteuerpflichtig waren und die für das Sparjahr nicht die getrennte oder besondere Veranlagung zur Einkommensteuer gewählt haben (→ § 3 Abs. 3 WoPG).

Erfolglose Anträge

Bleibt ein Antrag erfolglos, z. B.
- weil er verspätet gestellt worden ist,
- weil bereits vor der Entscheidung über den Antrag über die begünstigten Aufwendungen schädlich verfügt worden ist,
- weil der Sonderausgaben-Höchstbetrag bereits durch Versicherungsbeiträge voll ausgeschöpft ist,
- weil die nachgewiesenen Vorsorgeaufwendungen nicht zu einem höheren Abzugsbetrag führen als die Vorsorgepauschale,

so gilt der Antrag als nicht gestellt (→ BFH vom 18. 8. 1972 – BStBl 1973 II S. 90, vom 4. 5. 1965 – BStBl III S. 511 und vom 25. 5. 1973 – BStBl II S. 585).

Höchstbetragsgemeinschaft im Sinne des § 10 Abs. 4 EStG

Der Bausparer, sein → Ehegatte und seine unter 18 Jahre alten Kinder, soweit diese eigene Bausparbeiträge geleistet haben (→ § 3 Abs. 2 und 4 WoPG).

Prämienantrag

Der Antrag wird mit dem Eingang beim Finanzamt, und zwar rückwirkend auf den Zeitpunkt des Eingangs beim Unternehmen oder Institut, wirksam (→ BFH vom 18. 8. 1972 – BStBl 1973 II S. 99).

R 96 bis 100

– unbesetzt –

R 101. Kirchensteuern

(1) ¹Beiträge der Mitglieder von Religionsgemeinschaften, die mindestens in einem Bundesland als Körperschaften des öffentlichen Rechts anerkannt sind, aber während des ganzen Kalenderjahrs keine Kirchensteuer erheben, können wie Kirchensteuern abgezogen werden. ²Voraussetzung ist, daß der Steuerpflichtige über die geleisteten Beiträge eine Empfangsbestätigung der Religionsgemeinschaft vorlegt. ³Der Abzug ist bis zur Höhe der Kirchensteuer zulässig, die in dem betreffenden Land unter Berücksichtigung der Kinderermäßigung von den als Körperschaften des öffentlichen Rechts anerkannten Religionsgemeinschaften erhoben wird. ⁴Bei unterschiedlichen Kirchensteuersätzen ist der höchste Steuersatz maßgebend. ⁵Die Sätze 1 bis 4 sind nicht anzuwenden, wenn der Steuerpflichtige gleichzeitig als Mitglied einer öffentlich-rechtlichen Religionsgemeinschaft zur Zahlung von Kirchensteuer verpflichtet ist.

(2) Der Abzug freiwilliger Beiträge richtet sich vorbehaltlich des Absatzes 1 nach § 10 b EStG.

Hinweise

Kirchengemeinden im Ausland

Beiträge an Kirchengemeinden im Ausland sind nicht nach § 10 Abs. 1 Nr. 4 EStG abzugsfähig (→ Erlaß des FinMin NW vom 23. 11. 1983 – S 2223 – 1043 V B 2 – ESt-Kartei NW § 10 b EStG Nr. 7).

→ H 111 (Beiträge an Kirchengemeinden im Ausland)

Kirchensteuern im Sinne des § 10 Abs. 1 Nr. 4 EStG

Sie sind Geldleistungen, die von den als Körperschaften des öffentlichen Rechts anerkannten Religionsgemeinschaften von ihren Mitgliedern auf Grund gesetzlicher Vorschriften erhoben werden. Die Kirchensteuer wird in der Regel als Zuschlagsteuer zur Einkommen- bzw. Lohnsteuer erhoben. Kirchensteuern können aber nach Maßgabe der Gesetze auch erhoben werden als Kirchensteuern vom Einkommen, vom Vermögen, vom Grundbesitz und als Kirchgeld. **Keine** Kirchensteuern sind freiwillige Beiträge, die an öffentlich-rechtliche Religionsgemeinschaften oder andere religiöse Gemeinschaften entrichtet werden.

Öffentlich-rechtliche Religionsgemeinschaften

Religiöse Gemeinschaften, die die Eigenschaft einer Körperschaft des öffentlichen Rechts besitzen → Anhang 25 a

Versehentlich festgesetzte Kirchensteuern

Kirchensteuer-Vorauszahlungen, die versehentlich für einen aus der Kirche ausgetretenen Steuerpflichtigen (nach bereits erfolgter Herabsetzung auf 0 DM) wieder festgesetzt werden, sind nicht als Sonderausgaben abziehbar (→ BFH vom 22. 11. 1974 – BStBl 1975 II S. 350).

Willkürliche Zahlungen

Kirchensteuern sind grundsätzlich in dem Veranlagungszeitraum als Sonderausgabe abzugsfähig, in dem sie tatsächlich entrichtet wurden, soweit es sich nicht um willkürliche, die voraussichtliche Steuerschuld weit übersteigende Zahlungen handelt (→ BFH vom 25. 1. 1963 – BStBl III S. 141).

R 102. Steuerberatungskosten

¹Ist eine einwandfreie Zuordnung der Steuerberatungskosten zu Betriebsausgaben, Werbungskosten und Sonderausgaben nicht möglich, müssen die Kosten im Schätzungswege aufgeteilt werden. ²Betragen die Steuerberatungskosten im Kalenderjahr insgesamt nicht mehr als 1.000 DM, ist der Aufteilung des Steuerpflichtigen zu folgen. ³Der Betrag von 1.000 DM gilt auch bei Ehegatten, die nach § 26 b EStG zusammen zur Einkommensteuer veranlagt werden.

§ 10 EStG

| H 102 | Hinweise |

Beiträge zu Lohnsteuerhilfevereinen gehören zu den Steuerberatungskosten (→ BFH vom 12. 7. 1989 – BStBl II S. 967).

Fahrtkosten zum Steuerberater gehören zu den Steuerberatungskosten (→ BFH vom 12. 7. 1989 – BStBl II S. 967).

Steuerberatungskosten im Sinne des § 10 Abs. 1 Nr. 6 EStG sind nur Aufwendungen, die in sachlichem Zusammenhang mit dem Besteuerungsverfahren stehen, also auch solche, die durch abgabenrechtliche Rechtsbehelfe und Rechtsmittel erwachsen (→ BFH vom 20. 9. 1989 – BStBl 1990 II S. 20).

Steuerfachliteratur

Aufwendungen gehören zu den Steuerberatungskosten (→ BFH vom 23. 5. 1989 – BStBl II S. 865).

Steuerstrafverfahren

Aufwendungen für die Verteidigung in einem Steuerstrafverfahren sind keine Steuerberatungskosten (→ BFH vom 20. 9. 1989 – BStBl 1990 II S. 20).

Unfallkosten auf der Fahrt zum Steuerberater gehören zu den Steuerberatungskosten (→ BFH vom 12. 7. 1989 – BStBl II S. 967).

Zuordnung der Steuerberatungskosten zu den Betriebsausgaben/Werbungskosten und Sonderausgaben

Steuerberatungskosten sind, soweit sie sich auf die Ermittlung der Einkünfte beziehen, Betriebsausgaben/Werbungskosten und, soweit sie das Ausfüllen der Steuererklärung oder Beratung in Tarif- und Veranlagungsfragen betreffen, Kosten der Lebensführung, die als Sonderausgaben abziehbar sind (→ BFH vom 12. 7. 1989 – BStBl II S. 967).

Sind Rechtsanwaltskosten wegen Zustimmung zum Realsplitting Steuerberatungskosten nach § 10 Abs. 1 Nr. 7 EStG? → Hessisches FG vom 10. 7. 1995 – 13 K 1008/94 – Rev. – BFH – R 112/95).

| R 103 | **R 103. Aufwendungen für die Berufsausbildung oder die Weiterbildung in einem nicht ausgeübten Beruf** |

S 2221

¹Erhält der Steuerpflichtige zur unmittelbaren Förderung seiner Aus- oder Weiterbildung steuerfreie Bezüge, mit denen Aufwendungen im Sinne des § 10 Abs. 1 Nr. 7 EStG abgegolten werden, entfällt insoweit der Sonderausgabenabzug. ²Das gilt auch dann, wenn die zweckgebundenen steuerfreien Bezüge erst nach Ablauf des betreffenden Kalenderjahrs gezahlt werden. ³Aus Vereinfachungsgründen ist eine Kürzung der für den Sonderausgabenabzug in Betracht kommenden Aufwendungen nur dann vorzunehmen, wenn die steuerfreien Bezüge ausschließlich zur Bestreitung der in § 10 Abs. 1 Nr. 7 EStG bezeichneten Aufwendungen bestimmt sind, z. B. Leistungen für Fortbildungsmaßnahmen nach § 45 AFG oder Leistungen für Lern- und Arbeitsmittel nach § 4 der Verordnung über Zusatzleistungen in Härtefällen nach dem BAföG. ⁴Gelten die steuerfreien Bezüge dagegen ausschließlich oder teilweise Aufwendungen für den Lebensunterhalt – ausgenommen solche für auswärtige Unterbringung – ab, z. B. Berufsausbildungsbeihilfen nach § 40 AFG, Unterhaltsgeld nach § 44 AFG, Leistungen nach den §§ 12 und 13 BAföG, sind die als Sonderausgaben geltend gemachten Berufsausbildungs- und Weiterbildungsaufwendungen nicht zu kürzen.

| H 103 | Hinweise |

Abendkurse

→ Berufsausbildung

Abzugsverbot

Das Aufteilungs- und Abzugsverbot des § 12 Nr. 1 Satz 2 EStG gilt nicht bei der Aufteilung von Aufwendungen, die einerseits den Einkünften als Betriebsausgaben/Werbungskosten und andererseits den Sonderausgaben zuzuordnen sind (→ BFH vom 22. 6. 1990 – BStBl II S. 901).

Aufbaustudium

→ Studium

Aufwendungen im Sinne des § 10 Abs. 1 Nr. 7 EStG sind Aufwendungen für

- **Arbeitsmittel**

    Schafft ein Steuerpflichtiger für Zwecke seiner Berufsausbildung oder Weiterbildung in einem nicht ausgeübten Beruf abnutzbare Wirtschaftsgüter von mehrjähriger Nutzungsdauer an, so sind im Rahmen des § 10 Abs. 1 Nr. 7 EStG nur die auf die Nutzungsdauer verteilten Anschaffungskosten als Sonderausgaben abziehbar (→ BFH vom 7. 5. 1993 – BStBl II S. 676).

    → BFH vom 28. 9. 1984 (BStBl 1985 II S. 87)

    → BFH vom 14. 2. 1992 (BStBl II S. 961)

    Die Anschaffungs- oder Herstellungskosten von Arbeitsmitteln einschließlich der Umsatzsteuer können im Jahr ihrer Verausgabung in voller Höhe als Sonderausgaben abgesetzt werden, wenn sie ausschließlich der Umsatzsteuer für das einzelne Arbeitsmittel 800 DM nicht übersteigen.

- **häusliches Arbeitszimmer**

    → BFH vom 22. 6. 1990 (BStBl II S. 901)

- **Fachliteratur**

    → BFH vom 28. 11. 1980 (BStBl 1981 II S. 309)

    → BFH vom 28. 9. 1984 (BStBl 1985 II S. 87)

- **Fahrten zwischen Wohnung und Aus-/Weiterbildungsort**

    → BFH vom 28. 11. 1980 (BStBl 1981 II S. 309)

    → BFH vom 28. 9. 1984 (BStBl 1985 II S. 87)

    → BFH vom 14. 2. 1992 (BStBl II S. 961)

    wegen der Höhe der Aufwendungen bei Benutzung eines Kraftfahrzeugs oder Fahrrads
    → R 119 Abs. 2 Nr. 1

- **Lehrgangs-, Schul- und Studiengebühren**

    → BFH vom 9. 3. 1979 (BStBl II S. 337)

    → BFH vom 28. 11. 1980 (BStBl 1981 II S. 309)

    → BFH vom 28. 9. 1984 (BStBl 1985 II S. 94)

    → BFH vom 6. 3. 1992 (BStBl II S. 661)

- **Mehraufwand für Verpflegung**

    → BFH vom 3. 12. 1974 (BStBl 1975 II S. 356)

    wegen der Höhe → R 119 Abs. 2 Nr. 3

- **Mehraufwand wegen doppelter Haushaltsführung**

    → BMF vom 8. 3. 1995 (BStBl I S. 168)

Folgerungen aus der geänderten Rechtsprechung des Bundesfinanzhofs zur doppelten Haushaltsführung

BMF vom 8. 3. 1995 (BStBl I S. 168)

IV B 6 – S 2352 – 8/95

Der Bundesfinanzhof hat mit Urteil vom 5. Oktober 1994 VI R 62/90 (BStBl 1995 II S. 180) unter Aufgabe seiner bisherigen Rechtsprechung die Anerkennung der doppelten Haushaltsführung eines nicht verheirateten Arbeitnehmers nach § 9 Abs. 1 Satz 3 Nr. 5 EStG nicht mehr davon abhängig gemacht, daß im eigenen Hausstand des Arbeitnehmers von ihm finanziell abhängige Angehörige leben. Im BFH-Urteil vom 6. Oktober 1994 VI R 136/89 (BStBl 1995 II S. 184) ist bei verheirateten Arbeitnehmern für jeden Ehegatten eine doppelte Haushaltsführung anerkannt worden, wenn die Ehegatten außerhalb des Ortes ihres gemeinsamen Hausstands beschäftigt sind und am jeweiligen Beschäftigungsort wohnen. Im letztgenannten Urteil hat der BFH zudem die geltende Regelung zur pauschalen Anerkennung von Verpflegungsmehraufwendungen bei doppelter Haushaltsführung in Frage gestellt.

Zur Anwendung dieser Rechtsprechungsgrundsätze gilt im Einvernehmen mit den obersten Finanzbehörden der Länder folgendes:

1. Die Umsetzung der vom Bundesfinanzhof zur Berücksichtigung von Verpflegungsmehraufwendungen bei doppelter Haushaltsführung angestellten Überlegungen erfordert grundlegende Änderungen der Lohnsteuer-Richtlinien, die nicht kurzfristig getroffen werden können. Abschnitt 43 Abs. 8 LStR ist deshalb weiterhin anzuwenden.

2. Bei einem nicht verheirateten Arbeitnehmer ist ein eigener Hausstand im Sinne von § 9 Abs. 1 Satz 3 Nr. 5 EStG anzuerkennen, wenn er eine eingerichtete, seinen Lebensbedürfnissen entsprechende Wohnung hat,
   - die er aus eigenem Recht, z. B. als Eigentümer oder Mieter nutzt, wobei auch ein gemeinsames oder abgeleitetes Nutzungsrecht ausreichen kann,
   und
   - in der er einen Haushalt unterhält, d. h. die Haushaltsführung bestimmt oder wesentlich mitbestimmt; wer z. B. in den Haushalt der Eltern eingegliedert ist oder ein Zimmer in der Wohnung der Eltern bewohnt – wenn auch gegen Kostenbeteiligung –, hat keinen eigenen Hausstand,
   und
   - die den Mittelpunkt der Lebensinteressen des Arbeitnehmers darstellt und nicht nur gelegentlich zu Besuchszwecken oder für Urlaubsaufenthalte vorgehalten wird; Abschnitt 42 Abs. 3 Satz 6 bis 8 LStR ist anzuwenden.

   Bei einem eigenen Hausstand können die notwendigen Mehraufwendungen wegen einer doppelten Haushaltsführung nach Maßgabe des Abschnitts 43 Abs. 6 bis 9 LStR berücksichtigt werden. Die Erstattung der Mehraufwendungen durch den Arbeitgeber ist bei einem nicht verheirateten Arbeitnehmer weiterhin nur nach Maßgabe des Abschnitts 43 Abs. 5 LStR steuerfrei, weil dem Arbeitgeber die Feststellung der vorstehenden Voraussetzungen nicht auferlegt werden kann.

3. Bei Arbeitnehmern ohne eigenen Hausstand ist weiterhin eine zeitlich beschränkte doppelte Haushaltsführung nach Abschnitt 43 Abs. 5 LStR anzuerkennen, wenn sie den Mittelpunkt ihrer Lebensinteressen (Abschnitt 42 Abs. 3 Satz 6 bis 8 LStR) mit ihrer Wohnung am bisherigen Wohnort beibehalten (vgl. auch BFH-Urteil vom 6. Oktober 1994 VI R 39/93 – BStBl II 1995 S. 186).

4. Im BFH-Urteil vom 6. Oktober 1994 VI R 136/89 (a. a. O.) ist bei einer doppelten Haushaltsführung von beiderseits berufstätigen Ehegatten jedem Ehegatten die Geltendmachung von Verpflegungsmehraufwendungen zugebilligt worden. Danach sind für jeden Ehegatten Verpflegungsmehraufwendungen nach Abschnitt 43 Abs. 8 LStR anzuerkennen. Wenn die Ehegatten am Beschäftigungsort zusammenwohnen, können für die Folgezeit i. S. des Abschnitts 43 Abs. 8 Nr. 2 LStR für jeden Ehegatten Verpflegungsmehraufwendungen ohne Einzelnachweis pauschal mit 8 DM täglich anerkannt werden, weil bei den Ehegatten keine getrennte Haushaltsführung vorliegt.

5. Da es nach dem BFH-Urteil vom 5. Oktober 1994 (a. a. O.) nicht mehr darauf ankommt, daß am Ort des eigenen Hausstands hauswirtschaftliches Leben herrscht, kann eine doppelte Haushaltsführung auch dann anerkannt werden, wenn der berufstätige Ehegatte seinen nicht berufstätigen Ehegatten in die Zweitwohnung mitgenommen hat. In diesem Fall können die Aufwendungen für die Zweitwohnung nur insoweit als notwendig anerkannt werden, wie sie für den berufstätigen Ehegatten allein angemessen sind. Für den berufstätigen Ehegatten sind Verpflegungsmehraufwendungen nach Abschnitt 43 Abs. 8 LStR anzuerkennen.

wegen der Höhe → A 43 LStR 1993

Ausbildungsdarlehen

→ H 86 a (Abzugszeitpunkt)

→ Tilgung

→ Zinsen
→ Zuschlag bei Darlehensrückzahlung

Ausbildungsdienstverhältnis
Aufwendungen für die Berufsausbildung sind Werbungskosten, wenn die Berufsausbildung Gegenstand des Dienstverhältnisses ist (→ BFH vom 28. 9. 1984 – BStBl 1985 II S. 87 und 89).
→ A 34 Abs. 2 und 3 LStR 1993

Auswärtige Unterbringung
Der Begriff der auswärtigen Unterbringung setzt lediglich voraus, daß der Steuerpflichtige eine außerhalb des Ausbildungsorts belegene Wohnung besitzt, die er – abgesehen von seiner Ausbildungszeit – regelmäßig nutzt; auf die Dauer der auswärtigen Unterbringung kommt es nicht an (→ BFH vom 20. 3. 1992 – BStBl II S. 1033).

Beruf
Der angestrebte Beruf muß nicht innerhalb bestimmter bildungspolitischer Zielvorstellungen des Gesetzgebers liegen (→ BFH vom 18. 12. 1987 – BStBl 1988 II S. 494).

Berufsausbildung
Berufsausbildung – auch durch den Besuch kurzer Tages- oder Abendkurse – ist eine Tätigkeit, die mit dem Ziel ausgeübt wird, die Kenntnisse zu erwerben, die als Grundlage für einen künftigen Beruf notwendig sind und die ggf. die Grundlage bilden sollen, um von einer Berufs- oder Erwerbsart zu einer anderen überzuwechseln (Umschulung/Berufswechsel). Aufwendungen für eine derartige Tätigkeit sind Kosten der Lebensführung, die als Sonderausgaben abziehbar sind (→ BFH vom 9. 11. 1971 – BStBl 1972 II S. 147, vom 28. 9. 1984 – BStBl 1985 II S. 87, 89, 94 und vom 6. 3. 1992 – BStBl II S. 661).
→ Ausbildungsdienstverhältnis
→ R 180

Keine Berufsausbildung liegt vor bei Gelegenheitsarbeit, auch nicht bei Ferien- und Freizeitjobs (→ BFH vom 5. 8. 1977 – BStBl II S. 834) sowie bei Ausbildung zu einer verbotenen, strafbaren oder verfassungswidrigen Tätigkeit (→ BFH vom 18. 12. 1987 – BStBl 1988 II S. 494).

Berufsausbildung im Sinne von § 10 Abs. 1 Nr. 7 EStG muß auf nachhaltige Berufstätigkeit abzielen – kein Sonderausgabenabzug für Ausbildung zum Skiübungsleiter in einem Sportverein (→ BFH vom 22. 9. 1995 – VI R 13/93).

→ Umschulung
→ Studium

Berufsausbildungskosten
Regelmäßig nur solche Aufwendungen, die in der erkennbaren Absicht gemacht worden sind, auf Grund der erlangten Ausbildung eine Erwerbstätigkeit auszuüben (→ BFH vom 17. 11. 1978 – BStBl 1979 II S. 180).[1])

Einzelfälle für Aufwendungen der Berufsausbildung:
- Aufwendungen eines Chemielaboranten für den Besuch der Ingenieur-Fachschule mit dem Ziel, graduierter Chemieingenieur zu werden
(→ BFH vom 10. 12. 1971 – BStBl 1972 II S. 254);
- Aufwendungen eines Hochbauingenieurs, der an einer Hochschule Architektur studiert, selbst wenn er bereits vorher mit den Tätigkeiten eines Architekten befaßt war
(→ BFH vom 24. 7. 1973 – BStBl II S. 817);
- Aufwendungen eines Kaufmannsgehilfen für den Besuch einer Höheren Wirtschaftsfachschule, um graduierter Betriebswirt zu werden
(→ BFH vom 29. 5. 1974 – BStBl II S. 636);
- Aufwendungen für ein Studium an einer Pädagogischen Hochschule
(→ BFH vom 3. 12. 1974 – BStBl 1975 II S. 446 und vom 18. 2. 1977 – BStBl II S. 390);
- Aufwendungen für ein berufsintegrierendes Erststudium an einer Fachhochschule mit dem Ziel, den Hochschulgrad eines Diplom-Betriebswirtes (FH) zu erwerben
(→ BFH vom 28. 9. 1984 – BStBl 1985 II S. 94);

---
[1]) → Auch BFH vom 22. 9. 1995 – VI R 13/93.

- Aufwendungen für ein berufsbegleitendes Studium an einer Fachhochschule im Studiengang Betriebswirtschaft können Werbungskosten sein (→ Niedersächsisches FG vom 19. 7. 1994 – EFG 1995 S. 10 – Rev. – BFH – VI R 94/94);
- Aufwendungen für ein Hochschulstudium nach Besuch einer Verwaltungs- und Wirtschaftsakademie; die Aufnahme des Hochschulstudiums führt auch nach der arbeitnehmerfreundlichen Rechtsprechung des BFH nicht zu Fortbildungskosten in ein Zweit- oder Aufbaustudium (→ FG des Saarlandes vom 13. 10. 1994 – EFG 1995 S. 430);
- Die Aufwendungen eines selbständigen Diplom-Ingenieurs (FH) für ein (Zweit-)Studium der Betriebswirtschaftslehre können im Einzelfall Fortbildungskosten/Betriebsausgaben und nicht lediglich Sonderausgaben nach § 10 Abs. 1 Nr. 7 EStG darstellen (→ FG Rheinland-Pfalz vom 24. 4. 1995 – EFG S. 829 – Nichtzulassungsbeschwerde – BFH – VI B 95/95).
- Aufwendungen einer Praxishilfe für die Teilnahme an einem Lehrgang, der für die Erlangung der Erlaubnis zur Ausübung einer Tätigkeit als „Masseur(in)" gesetzlich vorgeschrieben ist (→ BFH vom 6. 3. 1992 – BStBl II S. 661);
- Aufwendungen für einen Fremdsprachenkurs können Berufsausbildungskosten sein (→ BFH vom 24. 4. 1992 – BStBl II S. 666).

Berufswechsel
→ Berufsausbildung

Darlehen
→ Tilgung

Ergänzungsstudium
→ Studium

Erststudium
→ Studium

Ferien- und Freizeitjob
Keine Berufsausbildung (→ BFH vom 5. 8. 1977 – BStBl II S. 834).

Fort- und Weiterbildung
→ A 34 Abs. 2 und 3 LStR 1993

Führerschein
Aufwendungen für den Erwerb des Führerscheins der Klasse III sind grundsätzlich als Kosten für die Allgemeinbildung nicht als Sonderausgaben abziehbar (→ BFH vom 5. 8. 1977 – BStBl II S. 834).
Ausnahmen:
- Abzug als Sonderausgaben, wenn der Steuerpflichtige bereits einen entsprechenden Beruf hat, ihn aber zur Zeit nicht ausübt. Die Kosten des Erwerbs eines Führerscheins sind demnach unter dem Gesichtspunkt der Weiterbildung nur abzugsfähig, wenn sie mit dem nicht ausgeübten Beruf in unmittelbarem Zusammenhang stehen. Der Erwerb eines Führerscheins wird deshalb nur in besonders gelagerten Ausnahmefällen als Weiterbildung im Sinne des Gesetzes anzusehen sein, z. B. wenn ein Steuerpflichtiger, der früher den Beruf eines angestellten PKW-Fahrers ausgeübt hat, die Fahrerlaubnis für einen Kraftomnibus zur Verwendung in seinem späteren Berufsleben anstrebt.
- Abzug als Betriebsausgaben/Werbungskosten, wenn der Führerschein ausschließlich oder überwiegend aus betrieblichen/beruflichen Gründen, z. B. Taxi- oder LKW-Fahrer, erworben wird (→ BFH vom 8. 4. 1964 – BStBl III S. 431 und vom 20. 2. 1969 – BStBl II S. 433).

Gelegenheitsarbeit
Keine Berufsausbildung.

Habilitation
Aufwendungen eines wissenschaftlichen Assistenten an einer Hochschule für seine Habilitation sind Werbungskosten im Sinne von § 9 EStG (→ BFH vom 7. 8. 1967 – BStBl III S. 778).

§ 10 EStG
H 103   R 103

Klassenfahrt

Aufwendungen eines Berufsschülers für eine im Rahmen eines Ausbildungsdienstverhältnisses als verbindliche Schulveranstaltung durchgeführte Klassenfahrt sind in der Regel Werbungskosten (→ BFH vom 7. 2. 1992 – BStBl II S. 531).

Promotion

Kosten zur Erlangung der Doktorwürde sind Ausbildungskosten, und zwar auch dann, wenn die Prüfung erst nach Eintritt in das Berufsleben abgelegt wird (→ BFH vom 7. 8. 1967 – BStBl III S. 777, 779 und 789 und vom 10. 12. 1971 – BStBl 1972 II S. 251) oder es sich um eine Zweitpromotion handelt (→ BFH vom 2. 3. 1978 – BStBl II S. 431), es sei denn, das Promotionsstudium ist Gegenstand eines Dienstverhältnisses (→ BFH vom 7. 8. 1987 – BStBl II S. 780, vom 27. 3. 1991 – BStBl II S. 637 und vom 9. 10. 1992 – BStBl 1993 II S. 115).

Ein Promotionsdienstverhältnis mit der Folge des Abzugs der Kosten als Werbungskosten liegt vor, wenn Gegenstand der Dienstleistung ausschließlich eine Forschungstätigkeit ist, die in vollem Umfang auch Gegenstand der Promotionsarbeit ist (→ FG Baden-Württemberg, Außensenate Freiburg vom 9. 11. 1994 – EFG 1995 S. 433).

Sowohl durch eine Berufstätigkeit als auch durch eine **Promotion** veranlaßte Aufwendungen insgesamt als Werbungskosten abziehbar und keine Aufteilung in Werbungskosten und beschränkt abziehbare Ausbildungskosten? → FG Köln vom 22. 11. 1994 (EFG 1995 S. 510 – Rev. – BFH VI R 54/95)

Sprachkurse

Aufwendungen für Sprachkurse sind Sonderausgaben, wenn der Sprachkurs der Ausbildung für einen bestimmten Beruf (z. B. Dolmetscher) oder der Weiterbildung in einem nicht ausgeübten Beruf und nicht dem Erlernen einer fremden Sprache im allgemeinen privaten Interesse dient.

Staatsprüfung

Kosten im Hinblick auf die erste Staatsprüfung sind Ausbildungs-, im Hinblick auf die zweite Staatsprüfung Fortbildungskosten, → Studium.

Studiendarlehen

→ Tilgung
→ Zinsen

Studienreisen

→ R 117 a

Studium

Aufwendungen für ein Aufbaustudium können Werbungskosten sein (→ BFH vom 14. 2. 1992 – BStBl II S. 556).

Aufwendungen für ein Erststudium an einer Universität, Hochschule oder Fachhochschule sind grundsätzlich → Berufsausbildungskosten im Sinne des § 10 Abs. 1 Nr. 7 EStG (→ BFH vom 28. 9. 1984 – BStBl 1985 II S. 94 und vom 14. 2. 1992 – BStBl II S. 556);

Ausnahme → Ausbildungsdienstverhältnis.

Aufwendungen für ein zweites Hochschulstudium können Werbungskosten sein, wenn das Erststudium zu einem Berufsabschluß geführt hat und es sich bei dem Zweitstudium um ein Aufbaustudium handelt, durch das die durch das Erststudium erworbenen Kenntnisse ergänzt und vertieft werden, und das nicht den Wechsel in eine andere Berufsart eröffnet:

- → BFH vom 14. 2. 1992 (BStBl II S. 556) – Hochschulstudium in den bisherigen Unterrichtsfächern zur Erlangung der Befähigung zum Lehramt der Sekundarstufe II bei vorhandener Befähigung zum Lehramt der Sekundarstufe I;

> Die Aufwendungen eines hauptamtlichen B-Schein-Kirchenmusikers für ein zweites Hochschulstudium mit dem Ziel, das A-Examen zu machen, sind als Werbungskosten abziehbare Fortbildungskosten. Aufwendungen für ein zweites Hochschulstudium sind dann Werbungskosten und nicht der allgemeinen Lebensführung zuzurechnende, als Sonderausgaben nur mit einem Höchstbetrag abzugsfähige Ausbildungskosten (§ 10 Abs. 1 Nr. 7 EStG), wenn das Erststudium zu einem Berufsabschluß geführt hat und es sich bei dem Zweitstudium um ein Aufbaustudium han-

delt, durch das die durch das Erststudium erworbenen Kenntnisse ergänzt und vertieft werden, und das nicht den Wechsel in eine andere Berufsart eröffnet.
- → BFH vom 14. 2. 1992 (BStBl II S. 961) – Hochschulstudium eines hauptamtlichen B-Schein-Kirchenmusikers zur Erlangung des A-Scheins;
- → BFH vom 14. 2. 1992 (BStBl II S. 962) – Hochschulstudium eines Grund- und Hauptschullehrers zur Vorbereitung auf die zweite Dienstprüfung für das Lehramt an Realschulen in den bisherigen Unterrichtsfächern;
- → BFH vom 8. 5. 1992 (BStBl II S. 965) – Hochschulstudium der Zahnmedizin eines approbierten Humanmediziners mit dem Ziel, Mund-Kiefer-Gesichts-Chirurg zu werden;
- → BFH vom 24. 4. 1992 (BStBl II S. 963) – Erwerb der Erlaubnis für Berufsflugzeugführer 2. Klasse eines Flugingenieurs mit dem Ziel Copilot;
- → BFH vom 10. 7. 1992 (BStBl II S. 966) – Hochschulstudium eines Diplom-Ingenieurs zur Erlangung der Berufsbezeichnung „Diplom-Wirtschaftsingenieur".

Tageskurse
→ Berufsausbildung

Tilgung
Aufwendungen zur Tilgung von Ausbildungs-/Studiendarlehen gehören nicht zu den abziehbaren Aufwendungen für die Berufsausbildung (→ BFH vom 15. 3. 1974 – BStBl II S. 513).

Umschulung
Die berufliche Umschulung, die zu einer anderen beruflichen Tätigkeit befähigen soll, ist → Berufsausbildung (→ BFH vom 6. 3. 1992 – BStBl II S. 661).

Weiterbildung
→ A 34 Abs. 2 und 3 LStR 1993

Weiterbildung in einem nicht ausgeübten Beruf
Aufwendungen können Sonderausgaben sein, wenn sie nicht vorweggenommene Betriebsausgaben oder Werbungskosten darstellen (→ BFH vom 24. 8. 1962 – BStBl III S. 467).

Zinsen
Zinsen für ein Ausbildungsdarlehen, gehören zu den abziehbaren Aufwendungen, auch wenn sie nach Abschluß der Berufsausbildung gezahlt werden.

Zuschlag bei Darlehensrückzahlung
Ist ein Ausbildungsdarlehen nebst Zuschlag zurückzuzahlen, sind die Aufwendungen für den Zuschlag Ausbildungs- und keine Werbungskosten, wenn damit nachträglich die im Zusammenhang mit der Ausbildung gewährten Vorteile abgegolten werden sollen und wenn der Zuschlag nicht weitaus überwiegend als Druckmittel zur Einhaltung der vorvertraglichen Verpflichtung zur Eingehung eines langfristigen Arbeitsverhältnisses dienen soll (→ BFH vom 28. 2. 1992 – BStBl II S. 834).

R 104	R 104. Schulgeld

Schulgeldzahlungen für den Besuch deutscher Schulen im Ausland fallen nicht unter § 10 Abs. 1 Nr. 9 EStG, weil deutsche Schulen im Ausland weder nach Artikel 7 Abs. 4 GG staatlich genehmigte noch nach Landesrecht erlaubte Ersatzschulen noch nach Landesrecht anerkannte allgemeinbildende Ergänzungsschulen sind.

H 104	Hinweise

Auslandsschulen
Die Anerkennung der Kultusministerkonferenz (KMK) bezieht sich ausschließlich auf die Abschlüsse einzelner Schulen als deutsche Abschlüsse, nicht jedoch darauf, daß die Schulen

§ 10 EStG
H 104   R 104

als solche den nach (inländischem) Landesrecht erlaubten Ersatzschulen oder nach (inländischem) Landesrecht anerkannten allgemeinbildenden Ergänzungsschulen gleichgestellt sind.

Keine Berücksichtigung von Schulgeldzahlungen an Auslandsschulen als Sonderausgaben auf Grund der abschließenden Aufzählung in § 10 Abs. 1 Nr. 9 EStG (→ FG Rheinland-Pfalz vom 17. 3. 1995 – EFG 1995 S. 747 – BFH – X R 74/95).

Nachweis

Die Voraussetzungen für den Schulgeldabzug (u. a. die Höhe des Entgelts, etwaige darin enthaltene Beträge für Beherbergung, Betreuung und Verpflegung sowie für den Bescheid über die Genehmigung, Erlaubnis, bzw. Anerkennung der Schule) sind vom Steuerpflichtigen nachzuweisen oder glaubhaft zu machen (§ 90 AO).

Spendenabzug

Zum Spendenabzug von Leistungen der Eltern an gemeinnützige Schulvereine – Schulen in freier Trägerschaft → BMF vom 4. 1. 1991 (BStBl 1992 I S. 266).

**Spendenabzug für Elternleistungen
an gemeinnützige Schulvereine und Schulen in ihrer Trägerschaft**

BMF vom 4. 1. 1991 (BStBl 1992 I S. 266)

IV B 4 – S 2223 – 378/90

Bei der einkommensteuerrechtlichen Behandlung der Beiträge und sonstigen Zuwendungen an gemeinnützige Schulvereine (Schulen in freier Trägerschaft) im Rahmen des Spendenabzugs ist ab Veranlagungszeitraum 1989 von folgenden Grundsätzen auszugehen:

1. Die Zuwendungen (Beiträge, Spenden, Patengelder) von Personen, die selbst keine Kinder in der Schule haben (fördernde Personen), sind nach § 10 b EStG als Spenden zu berücksichtigen, weil in diesen Fällen regelmäßig die Verknüpfung der Zuwendung mit einer konkreten Gegenleistung des Vereins nicht besteht. Werden jedoch „Elternbeiträge" von nahen Angehörigen der Kinder (z. B. Großeltern) erbracht, so gelten die Regelungen in Tz. 2 entsprechend.

2. Bei Personen, deren Kinder die Schule besuchen, ist eine Aufteilung der Elternbeiträge in einen steuerlich abziehbaren Spendenanteil und in ein nicht als Spende abziehbares Leistungsentgelt nicht möglich (Urteil des BFH vom 25. 8. 1987 – BStBl II S. 850). Hiernach können Eltern, deren Kinder die Schule eines gemeinnützigen Schulvereins (Schulträgers), z. B. eine Waldorfschule, besuchen, nicht zur Deckung von Schulkosten ihrer Kinder steuerwirksam spenden. Dies gilt auch dann, wenn ein sozial gestaffeltes Schulgeld oder ein Schulgeld aufgrund einer Selbsteinschätzung der Eltern erhoben wird. Diese Beträge können erstmals für den Veranlagungszeitraum 1991 nach Maßgabe des § 10 Abs. 1 Nr. 9 EStG als Sonderausgaben berücksichtigt werden.

Als Spenden kommen somit nur freiwillige Leistungen der Eltern in Betracht, die über den Elternbeitrag hinausgehen (z. B. Übernahme von Patenschaften, Einzelspenden für besondere Veranstaltungen oder Anschaffungen außerhalb des normalen Betriebs der Schule). Hierzu gehören auch Zuwendungen für die Lehrerausbildung, z. B. auf einer Hochschule oder für Schulbaukosten (oder andere Investitionen), wenn hierfür allgemein zu Spenden aufgerufen wird; Zuwendungen der Eltern im Rahmen einer allgemeinen Kostenumlage sind deshalb nicht begünstigt.

Außerdem muß sichergestellt sein, daß die festgesetzten Elternbeiträge zusammen mit etwaigen staatlichen Zuschüssen und Zuwendungen der fördernden Mitglieder die voraussichtlichen Kosten des normalen Betriebs der Schule decken. Zu den Kosten des normalen Schulbetriebs zählen insbesondere folgende Aufwendungen:

- laufende Sachkosten, z. B. Kosten für Lehrmittel, Versicherungen, Instandhaltung, Zinsen,

- laufende personelle Kosten, z. B. Lehrergehälter, Gehälter für sonstige Mitarbeiter, Versorgungsbezüge, Aufwendungen zur Lehrerfortbildung,

- nutzungsbezogene Aufwendungen, z. B. Mieten, Erbbauzins, Absetzungen für Abnutzung,
- Kosten für Klassenfahrten, Exkursionen und ähnliche übliche Veranstaltungen (falls sie von der Schule getragen werden).

Setzt der Schulträger die Elternbeiträge so niedrig fest, daß der normale Betrieb der Schule z. B. nur durch Zuwendungen der Eltern an einen Förderverein aufrechterhalten werden kann, die dieser satzungsgemäß an den Schulverein abzuführen hat, so handelt es sich wirtschaftlich betrachtet auch bei diesen Zuwendungen um ein Leistungsentgelt, für das die Spendenbegünstigung nicht in Betracht kommt. Deshalb können Gestaltungen steuerlich nicht anerkannt werden, nach denen der von den Eltern zu leistende Beitrag formal in einen an den Schulverein zu entrichtenden Elternbeitrag (Leistungsentgelt) und in einen als Spende bezeichneten und an den Förderverein zu zahlenden Betrag aufgespalten wird.

Die steuerliche Abziehbarkeit etwaiger über den Elternbeitrag hinausgehender freiwilliger und unentgeltlicher Zuwendungen hängt nicht von der Zwischenschaltung eines Fördervereins ab. Entscheidend für die steuerliche Anerkennung spendenbegünstigter Zuwendungen ist, daß es sich hierbei wirtschaftlich nicht um Schulgeldzahlungen – gleich in welcher Form –, sondern um freiwillige Leistungen der Eltern ohne Entgeltcharakter handelt.

Die vorstehenden Grundsätze gelten bei anderen Bildungseinrichtungen, z. B. Kindergärten, entsprechend.

R 105 – unbesetzt –

R 106 – unbesetzt –

S 2221

H 106

Hinweise

Kürzung des Vorwegabzugs

Bei ohne Dienstbezüge beurlaubten Beamten, deren Arbeitgeber einen **Versorgungszuschlag** zahlt, ist der Vorwegabzug um 16 vom Hundert des gesamten steuerpflichtigen Arbeitslohns einschließlich des vom Arbeitgeber an den Dienstherrn gezahlten Versorgungszuschlags zu kürzen (→ BMF vom 15. 7. 1994 – BStBl I S. 528).

Kürzung des Vorwegabzugs nach § 10 Abs. 3 Nr. 2 Satz 2 EStG bei ohne Dienstbezüge beurlaubten Beamten, deren Arbeitgeber einen Versorgungszuschlag zahlt

BMF vom 15. 7. 1994 (BStBl I S. 528)
IV B 1 – S 2221 – 96/94

Bei ohne Dienstbezüge beurlaubten Beamten, deren Arbeitgeber einen Versorgungszuschlag zahlt, werden die Zeiten der Beurlaubung ohne Dienstbezüge als ruhegehaltsfähig anerkannt, weil die Beurlaubung öffentlichen Belangen oder dienstlichen Zwecken dient (§ 6 Abs. 1 Nr. 5 des Beamtenversorgungsgesetzes). Das Beschäftigungsverhältnis mit dem jetzigen Arbeitgeber ist rentenversicherungsfrei (§ 5 Abs. 1 SGB VI); der Dienstherr übernimmt für den Fall des Ausscheidens des Beamten aus dem Beamtenverhältnis eine Nachversicherungsgarantie auch für das während der Beurlaubungszeit erzielte Arbeitsentgelt. Voraussetzung dafür ist die Zahlung eines Versorgungszuschlags von 30 v. H. der ruhegehaltsfähigen Bezüge an den Dienstherrn. Der beurlaubte Beamte unterliegt in der Regel nicht der Krankenversicherungspflicht (§ 6 SGB V). Regelmäßig wird zwischen dem Dienstherrn und dem jetzigen Arbeitgeber eine Vereinbarung getroffen, wonach der jetzige Arbeitgeber die Beihilfevorschriften des Dienstherrn sinngemäß anwendet.

Zu der Frage, in welcher Höhe und von welcher Bemessungsgrundlage in diesen Fällen der Sonderausgaben-Vorwegabzug nach § 10 Abs. 3 Nr. 2 EStG zu kürzen ist, nehme ich nach Abstimmung mit den obersten Finanzbehörden der Länder wie folgt Stellung:

Der Vorwegabzug ist in den Veranlagungszeiträumen 1990 bis 1992 um 12 v. H. zu kürzen. Der beurlaubte Beamte erwirbt auch für das jetzige Beschäftigungsverhältnis Versorgungsansprüche, bzw. er ist im Fall des Ausscheidens nachzuversichern (Kürzung um 9 v. H. gem. § 10 Abs. 3 Nr. 2 Buchst. a Doppelbuchst. bb EStG). Hinzu kommt der Beihilfeanspruch in sinngemäßer Anwendung der beamtenrechtlichen Regelungen (Kürzung um 3 v. H. gem. § 10 Abs. 3 Nr. 2 Buchst. b Doppelbuchst. bb EStG); die sinngemäße Anwendung der beamtenrechtlichen Regelungen ist für die Kürzung ausreichend, weil dadurch die ansonsten bestehende Versicherungspflicht bzw. der gesetzliche Anspruch auf Zuschuß zu den Krankenversicherungsbeiträgen abgelöst wird.

Ab dem Veranlagungszeitraum 1993 ist der Vorwegabzug von 16 v. H. zu kürzen, weil die beurlaubten Beamten zu dem Personenkreis des § 10 c Abs. 3 Nr. 1 EStG gehören (in der gesetzlichen Rentenversicherung versicherungsfrei und Versorgungsanspruch bzw. Nachversicherungspflicht).

Bemessungsgrundlage für die Kürzung des Vorwegabzugs ist der gesamte steuerpflichtige Arbeitslohn einschließlich des vom Arbeitgeber an den Dienstherrn gezahlten Versorgungszuschlags. Es bleibt außer Betracht, daß die Alters-, Kranken- und Arbeitslosigkeitsvorsorge der beurlaubten Beamten nur die ruhegehaltsfähigen Bezüge umfaßt. Das Ziel der Kürzungsvorschrift, die steuerfreie Zukunftsicherung auszugleichen, wird durch den vom Sozialversicherungsrecht abgekoppelten steuerrechtlichen Arbeitslohnbegriff überlagert, so daß der Versorgungszuschlag nicht aus der Bemessungsgrundlage für die Kürzung des Vorwegabzugs ausscheidet.

Höchstbetragsberechnung – Kürzung des Vorwegabzugs gemäß § 10 Abs. 3 Nr. 2 a EStG bei Nachzahlung von nicht mit Sozialversicherungsbeiträgen belasteten Arbeitslohn unzulässig? (→ FG Nürnberg vom 27. 6. 1995 – EFG S. 1014 – Rev. – BFH – X R 109/95).

Kürzung des Vorwegabzugs bei Ehegatten

Bei zusammenveranlagten Ehegatten, die beide nichtselbständig tätig sind, ist der Kürzungsbetrag des zusätzlichen Vorwegabzugs für Beiträge nach § 10 Abs. 1 Nr. 2 EStG getrennt in der Weise zu ermitteln, daß die für jeden Ehegatten maßgebliche Beitragsbemessungsgrenze anzusetzen ist (→ BFH vom 12. 10. 1994 – BStBl 1995 II S. 119).

– unbesetzt –

Nachversteuerung für Versicherungsbeiträge und Bausparbeiträge bei Ehegatten im Fall ihrer getrennten Veranlagung

– unbesetzt –

Hinweise

Sind die Ehegatten in einem dem VZ 1990 vorangegangenen Kalenderjahr nach § 26 a EStG in der für das betreffende Kalenderjahr geltenden Fassung getrennt veranlagt worden und waren in ihren zusammengerechneten Sonderausgaben mit Ausnahme des Abzugs für den steuerbegünstigten nicht entnommenen Gewinn und des Verlustabzugs Versicherungsbeiträge und Bausparbeiträge enthalten, für die eine Nachversteuerung durchzuführen ist, so ist nach Abschnitt 109 a EStR 1990 zu verfahren.

EStG

§ 10 a[1])
Steuerbegünstigung des nicht entnommenen Gewinns

S 2222

(1) ¹Steuerpflichtige, die

1. auf Grund des Bundesvertriebenengesetzes zur Inanspruchnahme von Rechten und Vergünstigungen berechtigt sind oder
2. aus Gründen der Rasse, Religion, Nationalität, Weltanschauung oder politischer Gegnerschaft gegen den Nationalsozialismus verfolgt worden sind,

ihre frühere Erwerbsgrundlage verloren haben und ihre Gewinne aus Land- und Forstwirtschaft und aus Gewerbebetrieb nach § 4 Abs. 1 oder nach § 5 ermitteln, können auf Antrag bis zu 50 vom Hundert der Summe der nicht entnommenen Gewinne, höchstens aber 20.000 Deutsche Mark als Sonderausgaben vom Gesamtbetrag der Einkünfte abziehen. ²Als nicht entnommen gilt auch der Teil der Summe der Gewinne, der zur Zahlung der auf die Betriebsvermögen entfallenden Abgaben nach dem Lastenausgleichsgesetz verwendet wird. ³Der als steuerbegünstigt in Anspruch genommene Teil der Summe der Gewinne ist bei der Veranlagung besonders festzustellen.

(2) ¹Übersteigen in einem der auf die Inanspruchnahme der Steuerbegünstigung (Absatz 1) folgenden drei Jahre bei dem Steuerpflichtigen oder seinem Gesamtrechtsnachfolger die Entnahmen aus dem Betrieb die Summe der bei der Veranlagung zu berücksichtigenden Gewinne aus Land- und Forstwirtschaft und aus Gewerbebetrieb, so ist der übersteigende Betrag (Mehrentnahme) bis zur Höhe des besonders festgestellten Betrags (Absatz 1 letzter Satz) dem Einkommen im Jahr der Mehrentnahme zum Zweck der Nachversteuerung hinzuzurechnen. ²Beträge, die zur Zahlung der auf die Betriebsvermögen entfallenden Abgaben nach dem Lastenausgleichsgesetz verwendet werden, rechnen auch in diesem Fall nicht zu den Entnahmen. ³Soweit Entnahmen zur Zahlung der Erbschaftsteuer auf den Erwerb des Betriebsvermögens von Todes wegen oder auf den Übergang des Betriebsvermögens an Personen der Steuerklasse I des § 15 des Erbschaftsteuergesetzes verwendet werden oder soweit sich Entnahmen durch Veräußerung des Betriebs (§§ 14 und 16) ergeben, gelten sie zum Zweck der Nachversteuerung als außerordentliche Einkünfte im Sinne des § 34 Abs. 1; das gilt nicht für die Veräußerung eines Teilbetriebs und im Fall der Umwandlung in eine Kapitalgesellschaft. ⁴Auf Antrag des Steuerpflichtigen ist eine Nachversteuerung auch dann vorzunehmen, wenn in dem in Betracht kommenden Jahr eine Mehrentnahme nicht vorliegt.

(3) Die Vorschriften der Absätze 1 und 2 gelten entsprechend für den Gewinn aus selbständiger Arbeit mit der Maßgabe, daß dieser Gewinn hinsichtlich der Steuerbegünstigung (Absatz 1) und der Nachversteuerung (Absatz 2) für sich zu behandeln ist.

(4) ¹Die Steuerbegünstigung nach den Absätzen 1 bis 3 kann nur für den Veranlagungszeitraum, in dem der Steuerpflichtige im Geltungsbereich dieses Gesetzes erstmals Einkünfte aus Land- und Forstwirtschaft, Gewerbebetrieb oder selbständiger Arbeit erzielt hat, und für die folgenden sieben Veranlagungszeiträume in Anspruch genommen werden. ²Die Inanspruchnahme der Steuerbegünstigung ist nur zulässig, wenn der Steuerpflichtige seinen Wohnsitz oder gewöhnlichen Aufenthalt im Geltungsbereich dieses Gesetzes vor dem 1. Januar 1990 begründet hat und seit der erstmaligen Begründung nicht mehr als zwanzig Veranlagungszeiträume abgelaufen sind; sie ist letztmalig zulässig für den Veranlagungszeitraum 1992.

EStDV

§ 13[2])

Begünstigter Personenkreis
im Sinne der §§ 7 e und 10 a des Gesetzes

S 2183
S 2222

(zu § 7 e EStG abgedruckt)

---

[1]) § 10 a wurde durch das JStG 1996 mit Wirkung ab VZ 1996 aufgehoben.
[2]) § 13 wurde durch das JStG 1996 ab VZ 1996 aufgehoben.

§ 45[1])
Steuerbegünstigung des nicht entnommenen Gewinns im Fall des § 10 a Abs. 1 des Gesetzes

EStDV
S 2222

(1) Für die Inanspruchnahme der Steuerbegünstigung des § 10 a Abs. 1 des Gesetzes ist
1. in den Fällen des § 4 a Abs. 2 Nr. 1 des Gesetzes der im Veranlagungszeitraum nicht entnommene Gewinn,
2. in den Fällen des § 4 a Abs. 2 Nr. 2 des Gesetzes der nicht entnommene Gewinn des im Veranlagungszeitraum endenden Wirtschaftsjahrs

maßgebend.

(2) ¹Ist ein Steuerpflichtiger Inhaber oder Mitinhaber mehrerer land- und forstwirtschaftlicher Betriebe oder mehrerer Gewerbebetriebe oder Inhaber (Mitinhaber) von land- und forstwirtschaftlichen Betrieben und Gewerbebetrieben, so kann die Steuerbegünstigung des § 10 a Abs. 1 des Gesetzes nur auf die Summe der nicht entnommenen Gewinne aus allen land- und forstwirtschaftlichen Betrieben und Gewerbebetrieben angewendet werden. ²Voraussetzung für die Anwendung des § 10 a Abs. 1 des Gesetzes ist in diesem Fall, daß alle Gewinne nach § 4 Abs. 1 oder § 5 des Gesetzes ermittelt werden. ³Gewinne aus Land- und Forstwirtschaft, die neben Gewinnen aus Gewerbebetrieb erzielt werden, bleiben auf Antrag bei der Anwendung des § 10 a Abs. 1 des Gesetzes außer Betracht, wenn sie nicht nach § 4 Abs. 1 des Gesetzes zu ermitteln sind und 3.000 Deutsche Mark nicht übersteigen.

(3) ¹Der nach § 10 a Abs. 1 des Gesetzes als Sonderausgabe abgezogene Betrag ist bei der Veranlagung für den Veranlagungszeitraum, für den die Steuerbegünstigung in Anspruch genommen wird, zum Zweck der späteren Nachversteuerung im Steuerbescheid besonders festzustellen. ²Wird die Steuerbegünstigung des § 10 a Abs. 1 des Gesetzes für einen späteren Veranlagungszeitraum erneut in Anspruch genommen, so ist bei der Veranlagung die Summe der bis dahin nach § 10 a Abs. 1 des Gesetzes als Sonderausgaben abgezogenen und noch nicht nachversteuerten Beträge im Steuerbescheid besonders festzustellen.

§ 46[2])
Nachversteuerung der Mehrentnahmen

EStDV
S 2222

(1) ¹Bei der Nachversteuerung ist der nach § 45 Abs. 3 besonders festgestellte Betrag um den nachversteuerten Betrag zu kürzen. ²Ein verbleibender Betrag ist für eine spätere Nachversteuerung im Steuerbescheid besonders festzustellen.

(2) Eine Nachversteuerung von Mehrentnahmen kommt innerhalb des in § 10 a Abs. 2 Satz 1 des Gesetzes bezeichneten Zeitraums so lange und insoweit in Betracht, als ein nach § 45 Abs. 3 und nach Absatz 1 besonders festgestellter Betrag vorhanden ist.

(3) Für die Feststellung der Mehrentnahmen sind in den Fällen des § 4 a Abs. 2 Nr. 1 des Gesetzes die Entnahmen im Veranlagungszeitraum und in den Fällen des § 4 a Abs. 2 Nr. 2 des Gesetzes die Entnahmen im Wirtschaftsjahr, das im Veranlagungszeitraum endet, maßgebend.

(4) ¹Im Fall des § 45 Abs. 2 sind für die Feststellung der Mehrentnahmen die Summe der Gewinne und die Summe der Entnahmen aus allen land- und forstwirtschaftlichen Betrieben und Gewerbebetrieben zu berücksichtigen. ²Gewinne und Entnahmen aus den land- und forstwirtschaftlichen Betrieben, deren Gewinne bei der Anwendung des § 10 a Abs. 1 des Gesetzes nach § 45 Abs. 2 letzter Satz außer Betracht geblieben sind, bleiben auch für die Feststellung der Mehrentnahmen außer Ansatz.

(5) Als Entnahmen gelten auch die Veräußerung des Betriebs im ganzen, die Veräußerung von Anteilen an einem Betrieb sowie die Aufgabe des Betriebs.

---

[1]) § 45 wurde durch das JStG 1996 ab VZ 1996 aufgehoben.
[2]) § 46 wurde durch das JStG 1996 ab VZ 1996 aufgehoben.

§ 10 a EStG   § 47 EStDV

EStDV

S 2222

§ 47[1])

*Steuerbegünstigung des nicht entnommenen Gewinns
im Fall des § 10 a Abs. 3 des Gesetzes*

(1) ¹Nehmen Steuerpflichtige die Steuerbegünstigung des nicht entnommenen Gewinns für den Gewinn aus selbständiger Arbeit in Anspruch, so ist der auf Grund dieser Begünstigung als Sonderausgabe abgezogene Betrag im Steuerbescheid getrennt von dem nach § 45 Abs. 3 festzustellenden Betrag besonders festzustellen. ²Im übrigen gelten die Vorschriften des § 45 Abs. 2 und 3 entsprechend.

(2) ¹Auch hinsichtlich der Nachversteuerung sind die Fälle des Absatzes 1 besonders zu behandeln. ²Die Feststellung ob die Entnahmen aus dem Betrieb den bei der Veranlagung zu berücksichtigenden Gewinn aus selbständiger Arbeit übersteigen, ist unabhängig von den Entnahmen aus land- und forstwirtschaftlichen Betrieben oder Gewerbebetrieben zu treffen. ³Die Vorschriften des § 46 Abs. 1, 2, 4 und 5 sind entsprechend anzuwenden.

R 110

S 2222

R 110. Weitergeltung der Anordnungen zu § 10 a EStG

Abschnitt 110 EStR 1987 ist weiter anzuwenden.

---

[1]) § 47 wurde durch das JStG 1996 ab VZ 1996 aufgehoben.

§ 10 b
Steuerbegünstigte Zwecke

EStG

S 2223

(1) ¹Ausgaben zur Förderung mildtätiger, kirchlicher, religiöser, wissenschaftlicher und der als besonders förderungswürdig anerkannten gemeinnützigen Zwecke sind bis zur Höhe von insgesamt 5 vom Hundert des Gesamtbetrags der Einkünfte oder 2 vom Tausend der Summe der gesamten Umsätze und der im Kalenderjahr aufgewendeten Löhne und Gehälter als Sonderausgaben abzugsfähig. ²Für wissenschaftliche, mildtätige und als besonders förderungswürdig anerkannte kulturelle Zwecke erhöht sich der Vomhundertsatz von 5 um weitere 5 vom Hundert. ³Überschreitet eine Einzelzuwendung von mindestens 50.000 Deutsche Mark zur Förderung wissenschaftlicher oder als besonders förderungswürdig anerkannter kultureller Zwecke diese Höchstsätze, ist sie im Rahmen der Höchstsätze im Veranlagungszeitraum der Zuwendung, in den zwei vorangegangenen und in den fünf folgenden Veranlagungszeiträumen abzuziehen. ⁴§ 10 d Abs. 1 und 2 gilt sinngemäß. ¹)

(2) ¹Mitgliedsbeiträge und Spenden an politische Parteien im Sinne des § 2 des Parteiengesetzes sind bis zur Höhe von insgesamt 3.000 Deutsche Mark und im Fall der Zusammenveranlagung von Ehegatten bis zur Höhe von insgesamt 6.000 Deutsche Mark im Kalenderjahr abzugsfähig. ²Sie können nur insoweit als Sonderausgaben abgezogen werden, als für sie nicht eine Steuerermäßigung nach § 34 g gewährt worden ist.

(3) ¹Als Ausgabe im Sinne dieser Vorschrift gilt auch die Zuwendung von Wirtschaftsgütern mit Ausnahme von Nutzungen und Leistungen. ²Ist das Wirtschaftsgut unmittelbar vor seiner Zuwendung einem Betriebsvermögen entnommen worden, so darf bei der Ermittlung der Ausgabenhöhe der bei der Entnahme angesetzte Wert nicht überschritten werden. ³In allen übrigen Fällen bestimmt sich die Höhe der Ausgabe nach dem gemeinen Wert des zugewendeten Wirtschaftsguts. ⁴Aufwendungen zugunsten einer zum Empfang steuerlich abzugsfähiger Zuwendungen berechtigten Körperschaft sind nur abzugsfähig, wenn ein Anspruch auf die Erstattung der Aufwendungen durch Vertrag oder Satzung eingeräumt und auf die Erstattung verzichtet worden ist. ⁵Der Anspruch darf nicht unter der Bedingung des Verzichts eingeräumt worden sein.

(4) ¹Der Steuerpflichtige darf auf die Richtigkeit der Bestätigung über Spenden und Mitgliedsbeiträge vertrauen, es sei denn, daß er die Bestätigung durch unlautere Mittel oder falsche Angaben erwirkt hat oder daß ihm die Unrichtigkeit der Bestätigung bekannt oder infolge grober Fahrlässigkeit nicht bekannt war. ²Wer vorsätzlich oder grob fahrlässig eine unrichtige Bestätigung ausstellt oder wer veranlaßt, daß Zuwendungen nicht zu den in der Bestätigung angegebenen steuerbegünstigten Zwecken verwendet werden, haftet für die entgangene Steuer. ³Diese ist mit 40 vom Hundert des zugewendeten Betrags anzusetzen.

EStDV
§ 48
Förderung mildtätiger, kirchlicher, religiöser, wissenschaftlicher und der als besonders förderungswürdig anerkannten gemeinnützigen Zwecke

EStDV

S 2223

(1) Für die Begriffe gemeinnützige, mildtätige, kirchliche, religiöse und wissenschaftliche Zwecke im Sinne des § 10 b des Gesetzes gelten die §§ 51 bis 68 der Abgabenordnung.

(2) Gemeinnützige Zwecke der in Absatz 1 bezeichneten Art müssen außerdem durch allgemeine Verwaltungsvorschrift der Bundesregierung, die der Zustimmung des Bundesrates bedarf, allgemein als besonders förderungswürdig anerkannt worden sein.

(3) ¹Zuwendungen für die in den Absätzen 1 und 2 bezeichneten Zwecke sind nur dann abzugsfähig, wenn

---

¹) Absatz 1 Sätze 3 und 4 wurden durch das JStG 1996 ab VZ 1996 neu gefaßt:
„³Überschreitet eine Einzelzuwendung von mindestens 50.000 Deutsche Mark zur Förderung wissenschaftlicher, mildtätiger oder als besonders förderungswürdig anerkannter kultureller Zwecke diese Höchstsätze, ist sie im Rahmen der Höchstsätze im Veranlagungszeitraum der Zuwendung, in den zwei vorangegangenen und in den fünf folgenden Veranlagungszeiträumen abzuziehen. ⁴§ 10 d gilt entsprechend."

1. der Empfänger der Zuwendungen eine juristische Person des öffentlichen Rechts oder eine öffentliche Dienststelle (z. B. Universität, Forschungsinstitut) ist und bestätigt, daß der zugewendete Betrag zu einem der in Absatz 1 oder Absatz 2 bezeichneten Zwecke verwendet wird, oder
2. der Empfänger der Zuwendungen eine in § 5 Abs. 1 Nr. 9 des Körperschaftsteuergesetzes bezeichnete Körperschaft, Personenvereinigung oder Vermögensmasse ist und bestätigt, daß sie den zugewendeten Betrag nur für ihre satzungsmäßigen Zwecke verwendet. ²In Fällen der Durchlaufspende für Zwecke, die im Ausland verwirklicht werden, ist das Bundesministerium, in dessen Aufgabenbereich der jeweilige Zweck fällt, zur Spendenannahme verpflichtet.

(4) Die Bundesregierung kann mit Zustimmung des Bundesrates durch allgemeine Verwaltungsvorschrift Ausgaben im Sinne des § 10 b des Gesetzes als steuerbegünstigt auch anerkennen, wenn die Voraussetzungen des Absatzes 2 oder des Absatzes 3 nicht gegeben sind.

EStDV

§ 49

– weggefallen –

EStDV

S 2223

§ 50

Überleitungsvorschrift zum Spendenabzug

(1) Soweit gemeinnützige Zwecke vor dem 1. Juli 1951¹) als besonders förderungswürdig anerkannt worden sind, bleiben die Anerkennungen aufrechterhalten.

(2) Soweit Zweck und Form von Zuwendungen vor dem 1. Juli 1951¹) als steuerbegünstigt anerkannt worden sind, bleiben die Anerkennungen aufrechterhalten.

R 111

R 111. Ausgaben zur Förderung mildtätiger, kirchlicher, religiöser und wissenschaftlicher Zwecke und der als besonders förderungswürdig anerkannten gemeinnützigen Zwecke im Sinne des § 10 b Abs. 1 EStG

S 2223

Begünstigte Ausgaben

Anlage 7

(1) ¹Die allgemein als besonders förderungswürdig anerkannten gemeinnützigen Zwecke sind in der → Anlage 7 abschließend aufgeführt. ²Mitgliedsbeiträge, sonstige Mitgliedsumlagen und Aufnahmegebühren sind nur abziehbar, wenn die diese Beträge erhebende Einrichtung ausschließlich Zwecke verfolgt, die sie selbst zum unmittelbaren Empfang steuerbegünstigter Zuwendungen berechtigt. ³Spenden, die mit der Auflage geleistet werden, sie an eine bestimmte natürliche Person weiterzugeben, sind nicht abziehbar. ⁴Spenden können nur dann abgezogen werden, wenn der Spender endgültig wirtschaftlich belastet ist. ⁵Bei Sachspenden aus einem Betriebsvermögen darf zuzüglich zu dem Entnahmewert im Sinne des § 6 Abs. 1 Nr. 4 EStG auch die bei der Entnahme der Sache angefallene Umsatzsteuer abgezogen werden.

Anerkennungen nach § 48 Abs. 4 EStDV

(2) ¹Auf Grund der Ermächtigungsvorschrift des § 48 Abs. 4 EStDV sind Zuwendungen an folgende Organisationen als steuerbegünstigt anerkannt worden:

1. Deutscher Alpenverein e. V., München,
2. Arbeitsgemeinschaft Deutsches Schleswig e. V., Flensburg,
3. Deutsche Olympische Gesellschaft e. V., Frankfurt a. M.,
4. Gesellschaft für den Zivilschutz in Berlin e. V., Berlin,
5. Deutscher Aero-Club e. V., Frankfurt a. M.,
6. Bund für Umwelt und Naturschutz Deutschland e. V. (BUND), Bonn,

¹) Im Land Berlin: 22. August 1951.

§ 10 b EStG
R 111

7. Deutscher Bund für Vogelschutz e. V., Bundesgeschäftsstelle Bonn/Kornwestheim[1]),
8. Gesellschaft der Freunde der Berliner Philharmonie e. V., Berlin-Halensee,
9. Weißer Ring – Gemeinnütziger Verein zur Unterstützung von Kriminalitätsopfern und zur Verhütung von Straftaten e. V., Mainz,
10. Arbeitsgemeinschaft Staat und Gesellschaft e. V., Tübingen,
11. Deutscher Verein für öffentliche und private Fürsorge e. V., Frankfurt a. M.,
12. Vereinigung Deutscher Gewässerschutz e. V., Geschäftsleitung Bad Godesberg,
13. Kulturkreis der Deutschen Wirtschaft im Bundesverband der Deutschen Industrie e. V., Köln,
14. Deutscher Heimatbund e. V., Bonn,
15. Deutscher Naturkundeverein e. V., Stuttgart,
16. Deutscher Naturschutzring e. V., Bonn,
17. Deutsche Gesellschaft für Photographie e. V., Köln,
18. Bundesvereinigung Deutscher Blas- und Volksmusikverbände e. V., Stuttgart,
19. Verband deutscher Gebirgs- und Wandervereine e. V., Stuttgart,
20. Deutsche Gesellschaft für Volkskunde e. V., Marburg,
21. Greenpeace e. V., Hamburg,
22. Naturschutzpark e. V., Stuttgart,
23. Internationales Design – Zentrum Berlin e. V., Berlin,
24. Deutsche Gartenbau-Gesellschaft (DGG) e. V., Bonn,
25. Südschleswigscher Verein e. V., Flensburg,
26. Familienbund der Deutschen Katholiken e. V. – Bundesgeschäftsführung –, Bonn,
27. Deutscher Familienverband e. V., Bonn,
28. Deutscher Schutzverband gegen Wirtschaftskriminalität e. V., Frankfurt a. M.,
29. Deutscher Sängerbund e. V., Sitz Stuttgart, Bundesgeschäftsstelle Köln,
30. Pro Honore, Verein für Treu und Glauben im Geschäftsleben e. V., Hamburg,
31. Verband der Reservisten der Deutschen Bundeswehr e. V., Bonn,
32. Weserbund e. V., Bremen,
33. Deutscher Rat für Landespflege, Bonn,
34. Kulturstiftung der Länder, Berlin,
35. Deutscher Sportbund e. V., Frankfurt a. M., und die Landessportbünde,
36. Stiftung Deutsche Sporthilfe, Frankfurt a. M.,
37. Deutscher Kanal- und Schiffahrtsverein Rhein-Main-Donau e. V., Nürnberg,
38. Deutscher Allgemeiner Sängerbund e. V., Frankfurt a. M.,
39. Touristenverein „Die Naturfreunde", Bundesgruppe Deutschland e. V., Stuttgart,
40. Senior Experten Service (SES), Bonn,
41. Bayerische Einigung e. V., München,
42. Schutzgemeinschaft Deutscher Wald – Bundesverband e. V., Bonn,
43. Verband Deutscher Konzertchöre e. V., Neuss,
44. Arbeitsgemeinschaft für Umweltfragen e. V., Bonn,
45. Stiftung Naturschutz Hamburg und Stiftung zum Schutze gefährdeter Pflanzen, Hamburg,
46. Deutscher Literaturfonds e. V., Darmstadt,
47. Verein der Freunde der Nationalgalerie, Berlin,
48. Kunstfonds e. V., Bonn,
49. Gesellschaft der Freunde von Bayreuth e. V., Bayreuth,
50. Stiftung Ostdeutsche Galerie, Regensburg,
51. Rat für Formgebung/Deutscher Design-Rat, Frankfurt a. M.,

---
[1]) Umbenannt in Naturschutzbund Deutschland (NABU) e. V., Bonn.

52. Stiftung „Wald in Not", Mainz,
53. Verein zum Schutz der Bergwelt e. V., München,
54. Verein zur Förderung des Israel-Museums in Jerusalem e. V., Berlin,
55. Bischöfliches Hilfswerk MISEREOR e. V., Aachen,
56. ROBIN WOOD – Gewaltfreie Aktionsgemeinschaft für Natur und Umwelt e. V. –, Bremen,
57. Deutsche Stiftung Denkmalschutz, Bonn,
58. Deutsche Welthungerhilfe e. V., Bonn,
59. Deutsche Bundesstiftung Umwelt (DBU), Osnabrück.

²Die Berechtigung zum Empfang steuerbegünstigter Zuwendungen erstreckt sich nicht auf etwaige Untergliederungen der in Satz 1 aufgeführten Körperschaften und Einrichtungen, auch wenn sie selbst als gemeinnützig anerkannt sind. ³Spenden, die einer nach § 48 Abs. 4 EStDV anerkannten Körperschaft zur Weiterleitung an eine gemeinnützige Untergliederung oder einen gemeinnützigen nachgeordneten Verein zugewendet werden, sind abziehbar. ⁴Mitgliedsbeiträge, sonstige Mitgliedsumlagen und Aufnahmegebühren, die nicht der anerkannten Körperschaft selbst zustehen, sondern zur Weiterleitung an eine Untergliederung oder einen nachgeordneten Verein entgegengenommen werden, sind nicht begünstigt.

Durchlaufspenden

(3) ¹Juristische Personen des öffentlichen Rechts, die Gebietskörperschaften sind, und ihre Dienststellen können ihnen zugewendete Spenden – nicht aber Mitgliedsbeiträge, sonstige Mitgliedsumlagen und Aufnahmegebühren – an eine steuerbegünstigte Körperschaft weiterleiten (→ Durchlaufspendenverfahren)¹). ²Dies gilt entgegen den Ausführungen im BFH-Urteil vom 12. 9. 1990 (BStBl 1991 II S. 258) auch dann, wenn die Spenden der Durchlaufstelle zur Weitergabe an eine Körperschaft zugewendet werden, die selbst zum unmittelbaren Empfang steuerlich abziehbarer Spenden berechtigt ist. ³Die Durchlaufstelle muß die tatsächliche Verfügungsmacht über die Spendenmittel erhalten. ⁴Dies geschieht in der Regel (anders insbesondere bei → Sachspenden) durch Verbuchung auf deren Konto. ⁵Die Durchlaufstelle muß die Vereinnahmung der Spenden und ihre Verwendung (Weiterleitung) getrennt und unter Beachtung der haushaltsrechtlichen Vorschriften nachweisen. ⁶Vor der Weiterleitung der Spenden muß sie prüfen, ob die begünstigte Körperschaft als gemeinnützig anerkannt und ob die Verwendung der Spenden für die steuerbegünstigten Zwecke sichergestellt ist. ⁷Die Spendenbestätigung darf nur von der Durchlaufstelle ausgestellt werden.

Nachweis der Spenden

Anlage 4²) (4) ¹Anlage 4 enthält ein Muster für die Gestaltung der nach § 48 Abs. 3 EStDV erforderlichen Bestätigung des Empfängers der Zuwendungen (→ Spendenbestätigung). ²Die Spendenbestätigung muß grundsätzlich von mindestens einer durch Satzung oder Auftrag zur Entgegennahme von Zahlungen berechtigten Person unterschrieben sein.

Maschinell erstellte Spendenbestätigung

(5) ¹Als Nachweis reicht eine maschinell erstellte Spendenbestätigung ohne eigenhändige Unterschrift einer zeichnungsberechtigten Person aus, wenn das zuständige Finanzamt dies der Empfängerkörperschaft nach Prüfung des angewandten Verfahrens genehmigt hat. ²Das Finanzamt darf die Genehmigung nur erteilen, wenn

1. die Spendenbestätigungen dem Muster in Anlage 4 entsprechen,
2. auf der Spendenbestätigung zusätzlich die Angaben über die Verfügung aufgedruckt sind, mit der der Nachweis durch maschinell erstellte Spendenbestätigungen ohne eigenhändige Unterschrift genehmigt worden ist (Finanzamt, Datum und Aktenzeichen der Verfügung),
3. eine rechtsverbindliche Unterschrift beim Druckvorgang als Faksimile eingeblendet wird,
4. die Formulare für die Spendenbestätigungen von der Körperschaft unter Verschluß gehalten werden.

---

¹) → H 111 (Durchlaufspenden)
²) Muster 1 der Anlage 4 zu R 111 Abs. 4 EStR 1993 wurde durch das in der Anlage 4 abgedruckte Muster ersetzt (→ BMF vom 15. 12. 1994 – BStBl I S. 884); abgedruckt zu H 111 (Spendenbestätigung).

5. das Verfahren gegen unbefugten Eingriff gesichert ist,
6. das Buchen der Zahlungen und das Erstellen der Spendenbestätigungen verbunden sind und die Summen abgestimmt werden können und
7. Aufbau und Ablauf des bei der Spendenbestätigung angewandten maschinellen Verfahrens und deren Ergebnisse für die Finanzbehörden innerhalb angemessener Zeit prüfbar sind (§ 145 AO); dies setzt eine Dokumentation voraus, die den Anforderungen der Grundsätze ordnungsmäßiger Speicherbuchführung genügt.

³Soweit diese Voraussetzungen noch nicht geprüft werden können, ist ihre Erfüllung bei der Genehmigung des Verfahrens zur Auflage zu machen.

Vereinfachter Spendennachweis

(6) ¹Für den Nachweis gilt der Zahlungsbeleg der Post oder eines Kreditinstituts, wenn
1. die Zuwendung zur Linderung der Not in Katastrophenfällen innerhalb eines von den obersten Finanzbehörden der Länder im Benehmen mit dem Bundesministerium der Finanzen zu bestimmenden Zeitraums auf ein für den Katastrophenfall eingerichtetes Sonderkonto einer juristischen Person des öffentlichen Rechts, einer öffentlichen Dienststelle oder eines Spitzenverbandes der freien Wohlfahrtspflege einschließlich seiner Mitgliedsorganisationen eingezahlt worden ist **oder**
2. die Zuwendung den Betrag von 100 DM nicht übersteigt **und**,
   a) der Empfänger eine juristische Person des öffentlichen Rechts, eine öffentliche Dienststelle, eine Religionsgemeinschaft, ein Spitzenverband der freien Wohlfahrtspflege einschließlich seiner Mitgliedsorganisationen, der Deutsche Sportbund einschließlich der Landessportbünde oder die Stiftung Deutsche Sporthilfe ist

   oder

   b) der Empfänger eine andere steuerbegünstigte Körperschaft ist, die steuerlich wirksame Spendenbescheinigungen ausstellen darf, und der steuerbegünstigte Zweck, für den die Zuwendung verwendet wird, und die Angaben über die Freistellung der Körperschaft von der Körperschaftsteuer nach § 5 Abs. 1 Nr. 9 KStG auf dem vom Empfänger hergestellten Einzahlungsbeleg aufgedruckt sind.

²Hat die Post oder das Kreditinstitut auf dem nach Nummer 1, Nummer 2 Buchstabe a oder Nummer 2 Buchstabe b erforderlichen Zahlungsbeleg die Annahme der Einzahlung bzw. die Ausführung des Überweisungsauftrags nicht bestätigt, ist für den Nachweis zusätzlich eine Buchungsbestätigung (z. B. Kontoauszug) der Post oder des Kreditinstituts erforderlich, aus der Name und Kontonummer des Auftraggebers und Empfängers, der Betrag sowie der Buchungstag ersichtlich sind. ³Der Spender hat in diesen Fällen dem Finanzamt den Auftraggeberbeleg der Post oder des Kreditinstituts zusammen mit der Buchungsbestätigung als Nachweis vorzulegen. ⁴Im Fall des Lastschriftverfahrens genügt als Nachweis die Buchungsbestätigung (z. B. Kontoauszug oder Lastschrifteinzugsbeleg), wenn aus ihr auch der steuerbegünstigte Zweck, für den die Zuwendung verwendet wird, und die Angaben über die Steuerbegünstigung der Körperschaft hervorgehen.

Prüfungen

(7) ¹Ist der Empfänger einer Spende eine inländische juristische Person des öffentlichen Rechts, eine inländische öffentliche Dienststelle oder ein Spitzenverband der freien Wohlfahrtspflege einschließlich seiner Mitgliedsorganisationen, und geht aus der Spendenbestätigung der Verwendungszweck der Spenden hervor, so kann im allgemeinen davon ausgegangen werden, daß die Spenden für steuerbegünstigte Zwecke verwendet werden. ²Das gilt auch dann, wenn der Verwendungszweck im Ausland verwirklicht wird.

§ 10 b EStG

Hinweise

Allgemeines
Der BFH hat mit Urteil vom 24. 11. 1993 (→ BStBl 1994 II S. 683) verfassungsrechtliche Zweifel hinsichtlich § 48 Abs. 2 EStDV geäußert. Bis zur Neuregelung des Spendenrechts gelten die bisherigen Regelungen weiter (→ BMF vom 17. 8. 1994 – BStBl I S. 710).

Auflagen
Zahlungen an eine steuerbegünstigte Körperschaft zur Erfüllung einer Auflage nach § 153 a StPO oder § 56 b StGB sind nicht als Spende abziehbar (→ BFH vom 19. 12. 1990 – BStBl 1991 II S. 234).

Ausland
Empfänger steuerbegünstigter Zuwendungen können nur **inländische** Körperschaften sein (→ BFH vom 11. 11. 1966 – BStBl 1967 III S. 116).

Beiträge an Kirchengemeinden im Ausland
Erlaß FinMin NW vom 23. 11. 1983 – S 2223 – 1043 – VB 2
(ESt-Kartei NW § 10 b EStG Nr. 7)

In den deutschsprachigen kirchlichen Auslandsgemeinden werden vielfach Kirchensteuern im eigentlichen Sinne nicht erhoben, da die Gemeinden in ihrem Gastland nicht als öffentlich-rechtliche Körperschaft anerkannt sind oder ihnen das Recht, öffentliche Abgaben zu erheben, nicht verliehen worden ist. Diese Auslandsgemeinden sind daher zur Bestreitung ihrer Unkosten auf freiwillige Beiträge angewiesen. Den Gemeinden gehören neben den im Gastland ansässigen Mitgliedern auch deutsche Staatsangehörige an, deren Einkommen steuerlich in Deutschland erfaßt wird. Der Kreis dieser Personen setzt sich vornehmlich aus den im Auslandsdienst tätigen Angehörigen des Auswärtigen Amtes und den von deutschen Unternehmen in das Ausland entsandten Angestellten zusammen.

Zur Frage der steuerlichen Behandlung der freiwilligen Zuwendungen an die ausländischen Kirchengemeinden ist folgendes zu bemerken:

Kirchensteuern im Sinn des § 10 Abs. 1 Nr. 4 EStG sind Geldleistungen, die von den als Körperschaften des öffentlichen Rechts anerkannten Religionsgesellschaften von ihren Mitgliedern aufgrund gesetzlicher Bestimmungen erhoben werden. Als Körperschaften des öffentlichen Rechts in diesem Sinne sind jedoch nur solche Körperschaften anzusehen, die ihre öffentlich-rechtliche Eigenschaft aus deutschem Recht herleiten. Auch für den Abzug freiwilliger Leistungen an Religionsgesellschaften als Spenden im Sinn des § 10 b EStG ist Voraussetzung, daß es sich bei dem Empfänger um eine inländische Körperschaft des öffentlichen Rechts handelt (§ 48 Abs. 3 Nr. 1 EStDV). Zuwendungen, die im Ausland tätige Beamte oder Angestellte deutscher Unternehmen an kirchliche Gemeinden des Gastlandes entrichten, können deshalb nach geltendem Recht bei der inländischen Besteuerung weder als Kirchensteuern noch als Spenden abgezogen werden, und zwar auch dann nicht, wenn die betreffende Kirchengemeinde nach ausländischem Recht eine Körperschaft des öffentlichen Rechts ist.

In den in Betracht kommenden Fällen können jedoch die Stpfl. den für die ausländischen Kirchengemeinden bestimmten freiwilligen Beitrag im Rahmen des § 10 b EStG einer inländischen Stelle der betreffenden Religionsgesellschaft mit der Auflage zuwenden, ihn für die Auslandsgemeinde zu verwenden. Da die Transferierung der Beiträge aus dem Ausland an die inländische Stelle und die Rücküberweisung an die ausländische Kirchengemeinde zu Zeitverlusten führen und erhebliche Unkosten verursachen würde, bestehen auch keine Bedenken dagegen, daß die von der Evangelischen Kirche in Deutschland zu ihren Auslandsgemeinden entsandten Pfarrer ermächtigt werden, die für die Auslandstätigkeit der Evangelischen Kirche in Deutschland bestimmten Beträge (Spenden) in Empfang zu nehmen. Die Pfarrer stellen in diesen Fällen den Gebern im Namen des Kirchlichen Außenamtes der Evangelischen Kirche in Deutschland Spendenbescheinigungen nach dem Muster in Anlage 8 der EStR (Anlage 4 LStR) aus.

Dieser Erlaß ergeht im Einvernehmen mit dem Bundesminister der Finanzen und den obersten Finanzbehörden der anderen Länder.

§ 10 b EStG
H 111   R 111

Berechnung der abziehbaren Spenden

Höchstbeträge für den Spendenabzug im VZ 1995:
→ Berechnungsschema
→ abgedruckt auf der folgenden Seite.

Bund der Steuerzahler

Beiträge und andere Zahlungen können nicht nach § 10 b EStG berücksichtigt werden.

→ H 18 (Beiträge und Spenden an den Bund der Steuerzahler)

Durchlaufspendenverfahren

Gemeinnützige Körperschaften, die satzungsgemäß Zwecke fördern, die in Anlage 7 mit dem Hinweis „wenn der Empfänger der Zuwendung eine juristische Person des öffentlichen Rechts oder eine öffentliche Dienststelle ist" aufgeführt sind, sind nicht zum unmittelbaren Empfang steuerbegünstigter Spenden berechtigt (z. B. Sport-, Kultur-, Heimat-, Naturschutzvereine). Sie können aber mittelbar steuerbegünstigte Spenden erhalten, indem die Spenden an eine inländische Gebietskörperschaft oder eine ihrer Dienststellen mit der Auflage geleistet werden, sie weiterzuleiten. Anlage 7

R 111 Abs. 3 Satz 1 EStR 1993, wonach juristische Personen des öffentlichen Rechts, die Gebietskörperschaften sind, und ihre Dienststellen ihnen zugewendete Spenden – nicht aber Mitgliedsbeiträge und sonstige Mitgliedsumlagen – an eine steuerbegünstigte Körperschaft weiterleiten – können (Durchlaufspendenverfahren), gilt entsprechend auch für kirchliche Körperschaften des öffentlichen Rechts bei der Weiterleitung von Spenden an mit ihnen verbundene steuerbegünstigte Körperschaften (→ BMF vom 14. 11. 1994 – IV B 4 – S 2223 – 217/94).

Für den Abzug von Sachspenden ist erforderlich, daß der Durchlaufstelle das Eigentum an der Sache verschafft wird. Bei Eigentumserwerb durch Einigung und Übergabeersatz (§§ 930, 931 BGB) ist die körperliche Übergabe der Sache an die Durchlaufstelle nicht erforderlich; es sind aber eindeutige Gestaltungsformen zu wählen, die die tatsächliche Verfügungsfreiheit der Durchlaufstelle über die Sache sicherstellen und eine Überprüfung des Ersterwerbs der Durchlaufstelle und des Zweiterwerbs der begünstigten gemeinnützigen Körperschaft ermöglichen.

Zur Vereinfachung der formellen Abwicklung der Durchlaufspenden ist das → Listenverfahren zugelassen worden.

Elternleistungen an gemeinnützige Schulvereine (Schulen in freier Trägerschaft)

Als Spenden kommen nur freiwillige Leistungen der Eltern in Betracht, die über den festgesetzten Elternbeitrag hinausgehen (→ BMF vom 4. 1. 1991 – BStBl 1992 I S. 266).

abgedruckt zu H 104 (Spendenabzug)
→ § 10 Abs. 1 Nr. 9 EStG

Gebrauchte Kleidung als Sachspende (Abziehbarkeit und Wertermittlung)

Bei gebrauchter Kleidung stellt sich die Frage, ob sie überhaupt noch einen gemeinen Wert (Marktwert) hat. Wird ein solcher geltend gemacht, sind die für eine Schätzung maßgeblichen Faktoren wie Neupreis, Zeitraum zwischen Anschaffung und Weggabe und der tatsächliche Erhaltungszustand durch den Steuerpflichtigen nachzuweisen (→ BFH vom 23. 5. 1989 – BStBl II S. 879).

Kloster des heiligen Bergs Athos

Die Spenden sind nicht nach § 10 b Abs. 1 EStG in Verbindung mit § 48 EStDV abziehbar (→ FG Berlin vom 4. 8. 1995 – EFG 1995 S. 1066).

Leistungsaustausch

Als Spenden oder Mitgliedsbeiträge bezeichnete Ausgaben, die bei wirtschaftlicher Betrachtung das Entgelt für eine Leistung der empfangenden Körperschaft darstellen, sind nicht nach § 10 b EStG abziehbar (→ BFH vom 1. 4. 1960 – BStBl III S. 231).

§ 10 b EStG
R 111 H 111

Berechnungsschema der abziehbaren Spenden für das Jahr 1995

	kirchliche, religiöse, gemein- nützige Zwecke	wissenschaftliche, mildtätige und kulturelle Zwecke (ohne Beträge lt. Spalte 4)	Einzelspenden für wissenschaftliche und kulturelle Zwecke jeweils über 50.000 DM und jeweils über Höchstbetrag B oder C	Summe der Spalten 2 bis 4	abziehbarer Be- trag (bei Zei- len 322, 324 und 328: Betrag aus Spalte 5 überneh- men)
	1	2	3	4	5	6
Höchstbeträge für den Spendenabzug: 5 v. H. d. Gesamtbetrags der Einkünfte = A DM 10 v. H. d. Gesamtbetrags der Einkünfte = B DM 2 v. T. der Umsätze, Löhne und Gehälter = C DM						315 316 317
Ausgaben in 1995 geleistet						318
Spendenvortrag aus 1994						319
Spendenrücktrag aus 1996/1997						320
Summe						
Höchstbetrag A (aufzuteilen in der Reihenfolge der Spalten 2 bis 4, jeweils höchstens Betrag aus Zeile 321)					▲	322
verbleiben						323
Erhöhungsbetrag A (aufzuteilen in der Reihenfolge der Spalten 3 und 4, jeweils höchstens Betrag aus Zeile 323)					▲	324
verbleiben für Spendenrücktrag nach 1993/94						325
verbleiben für Spendenvortrag nach 1996						326
Summe der abziehbaren Spenden (Zeilen 322 und 324)					+	327
Höchstbetrag C (aufzuteilen in der Reihenfolge der Spalten 2 bis 4, höchstens Betrag aus 321)					▲	328
Spendenrücktrag nach 1993/94 (Zeile 321 ./. 328)						329
Spendenvortrag nach 1996 (Zeile 321 ./. 328 ./. 321)						330
Höchstbetrag für den Spendenabzug (höherer Betrag aus Spalte 6 (Zeile 327 oder 328))						331

Listenverfahren

Spenden werden auf ein Sonderkonto der nicht zum unmittelbaren Empfang steuerbegünstigter Spenden berechtigten Körperschaft eingezahlt und von dort von Zeit zu Zeit an eine Durchlaufstelle überwiesen. Diese stellt anhand einer mitgesandten Liste die Spendenbestätigungen aus und überweist das Geld an die Körperschaft zurück (→ BMF vom 3. 1. 1986 – BStBl I S. 52).

Zulassung des sog. Listenverfahrens bei Durchlaufspenden an gemeinnützige Körperschaften

BMF vom 3. 1. 1986 (BStBl 1986 I S. 52)

IV B 4 – S 2223 – 283/86

Unter Bezugnahme auf das Ergebnis der Erörterungen mit den obersten Finanzbehörden der Länder gilt für die formelle Behandlung von Spenden an gemeinnützige Körperschaften im sog. Listenverfahren folgendes:

Spenden an gemeinnützige Körperschaften, die nicht zum unmittelbaren Empfang steuerbegünstigter Spenden berechtigt sind (z. B. Sportvereine, Kulturvereine, Heimatvereine, Naturschutzvereine), sind grundsätzlich nur dann steuerlich abziehbar, wenn sie vom Spender an eine juristische Person des öffentlichen Rechts oder eine öffentliche Dienststelle (sog. Durchlaufstelle) gezahlt und von dieser an die begünstigte Körperschaft weitergeleitet werden. Sie können aber auch dann steuerlich abziehbar sein, wenn bei ihrer Zuwendung das folgende Verfahren angewendet wird:

1. Die Spenden werden auf ein Sammelkonto gezahlt, das von der Körperschaft oder von einem beauftragten Mitglied der Körperschaft eingerichtet ist.

   Das Konto muß von dem übrigen Vermögen der Körperschaft getrennt sein und so geführt werden, daß ein sachverständiger Dritter die darüber abgewickelten Vorgänge hinsichtlich der Identität der Spender, der vom jeweiligen Spender geleisteten Spenden und des Zeitpunkts der Spendenzahlung ohne Schwierigkeiten und in angemessener Zeit prüfen kann.

2. Die angesammelten Beträge werden vom Kontoinhaber (Treuhänder) in Vertretung der Spender von Zeit zu Zeit in einer Summe an die Durchlaufstelle überwiesen. Gleichzeitig wird der Durchlaufstelle eine Liste übersandt, in der die einzelnen Spenden mit dem Namen und der Anschrift des Spenders aufgeführt sind.

3. Bei der Durchlaufstelle wird beantragt,
   - den Betrag an die genannte gemeinnützige Körperschaft[1]) weiterzuleiten und
   - den aus der beigefügten Liste ersichtlichen einzelnen Spendern entsprechende Spendenbestätigungen auszustellen.

4. Die Durchlaufstelle prüft, ob die begünstigte Körperschaft nach § 5 Abs. 1 Nr. 9 KStG von der Körperschaftsteuer befreit und ob die Verwendung der Spenden für steuerbegünstigte Zwecke sichergestellt ist. Danach leitet sie die Spendenbeträge weiter und stellt den Spendern entsprechende Spendenbestätigungen aus. Zeitpunkt der Spendenzahlung ist der Zeitpunkt des Eingangs bei der Durchlaufstelle.

Die Durchlaufstelle muß auch bei der Anwendung des Listenverfahrens die tatsächliche Verfügungsmacht über die Spendenmittel erhalten. Sie muß die Vereinnahmung der Spenden und ihre Verwendung (Weiterleitung) getrennt und unter Beachtung der haushaltsrechtlichen Vorschriften nachweisen.

Das Listenverfahren ist nur bei Geldspenden, nicht hingegen bei Sachspenden zulässig. Der Verzicht auf Vergütungs- oder Aufwandsentschädigungsansprüche gegen gemeinnützige Körperschaften, die nicht zum unmittelbaren Empfang steuerbegünstigter Spenden berechtigt sind, ist keine Spende.

Mitgliederbeiträge, Mitgliederumlagen, Aufnahmegebühren und andere Leistungen, auf die die Körperschaft einen Anspruch hat, können nicht über eine Durchlaufstelle gezahlt

---

[1]) → BFH vom 12. 9. 1990 (BStBl 1991 II S. 258).

werden. Sie sind deshalb auch bei der Anwendung des Listenverfahrens steuerlich nicht abziehbar. Dies bedeutet, daß sie nicht auf das für Spenden eingerichtete Sammelkonto der Körperschaft gezahlt werden dürfen. Die Körperschaft hat in der Spendenliste zu versichern, daß in den überwiesenen Beträgen und in der übersandten Liste keine Mitgliederbeiträge, Mitgliederumlagen, Aufnahmegebühren und andere Leistungen enthalten sind, auf die der Verein einen Anspruch hat. Die Durchlaufstelle hat darauf zu achten, daß die Körperschaft diese Versicherung abgegeben hat und daß in den überwiesenen Beträgen und in der übersandten Liste keine dem Verein geschuldeten Zahlungen enthalten sind.

Sachspenden

Aus der Spendenbestätigung müssen der Wert und die genaue Bezeichnung der gespendeten Sache im Sinne des § 10 b Abs. 3 EStG ersichtlich sein (→ BFH vom 22. 10. 1971 – BStBl 1972 II S. 55).

Anlage 4 **Spendenbestätigung (§ 48 Abs. 3 EStDV)**

Die Spendenbestätigung ist eine unverzichtbare sachliche Voraussetzung für den Spendenabzug. Die Bestätigung hat jedoch nur den Zweck einer Beweiserleichterung hinsichtlich der Verwendung der Spende und ist nicht bindend; entscheidend ist die tatsächliche Verwendung der Spende (→ BFH vom 23. 5. 1989 – BStBl II S. 879). Eine Spendenbestätigung wird vom Finanzamt nicht als Nachweis für den Spendenabzug anerkannt, wenn das Datum des Steuerbescheides/Freistellungsbescheides länger als 5 Jahre bzw. das Datum der vorläufigen Bescheinigung länger als 3 Jahre seit Ausstellung der Bestätigung zurückliegt; dies gilt auch bei Durchlaufspenden (→ BMF vom 15. 12. 1994 – BStBl I S. 884). Eine Aufteilung von Spenden in abziehbare und nichtabziehbare Teile je nach satzungsgemäßer und nichtsatzungsgemäßer anteiliger Verwendung der Spende ist unzulässig (→ BFH vom 7. 11. 1990 – BStBl 1991 II S. 547).

Spendenbestätigungen bei Zuwendungen an unmittelbar spendenempfangsberechtigte steuerbegünstigte Körperschaften und bei Durchlaufspenden; Datum des Bescheids bzw. der Bescheinigung über die Steuerbegünstigung der Empfängerkörperschaft nach § 5 Abs. 1 Nr. 9 KStG

BMF vom 15. 12. 1994 (BStBl I S. 884)

IV B 4 – S 2223 – 235/94

1 Anlage[1])

Der Abzug von Spenden an steuerbegünstigte Körperschaften i. S. von § 5 Abs. 1 Nr. 9 KStG ist nur zuzulassen, wenn die Steuerbegünstigung der Körperschaft zeitnah überprüft worden ist. Dies gilt unabhängig davon, ob Spenden unmittelbar oder im Durchlaufspendenverfahren an eine steuerbegünstigte Körperschaft geleistet werden. Um dies sicherzustellen, ist unter Bezugnahme auf das Ergebnis der Erörterungen mit den obersten Finanzbehörden der Länder wie folgt zu verfahren:

1. **Zuwendungen an unmittelbar spendenempfangsberechtigte steuerbegünstigte Körperschaften i. S. des Abs. 1 Nr. 9 KStG**

   Spendenbestätigungen, in denen das angegebene Datum des Steuerbescheids (in der Regel Körperschaftsteuerfreistellungsbescheid) länger als fünf Jahre bzw. das Datum der vorläufigen Bescheinigung länger als drei Jahre seit dem Tag der Ausstellung der Spendenbestätigung zurückliegt, können grundsätzlich nicht mehr als ausreichender Nachweis für den Spendenabzug anerkannt werden.

   Sie können jedoch im Hinblick auf die Vertrauensschutzregelung des § 10 b Abs. 4 Satz 1 EStG (§ 9 Abs. 3 Satz 1 KStG, § 9 Nr. 5 Satz 5 GewStG) **letztmalig** noch bei der Veranlagung für das Kalenderjahr, für das sie vorgelegt worden sind, berücksichtigt werden. In diesem Fall ist der Steuerpflichtige gleichzeitig darauf hinzuweisen, daß künftig Spendenbestätigungen steuerbegünstigter Körperschaften nur noch dann als ausreichender Spendennachweis anerkannt werden, wenn das in der Spendenbestätigung angegebene Datum des Steuerbescheids nicht länger als fünf Jahre bzw. das Datum der vorläufigen Bescheinigung nicht länger als drei Jahre seit dem Tag der Aus-

---

[1]) Abgedruckt als Anlage 4 (zu R 111 Abs. 4 EStR 1993).

stellung der Spendenbestätigung zurückliegt. Eine letztmalige Anerkennung der Spendenbestätigungen im vorstehenden Sinne aus Vertrauensschutzgründen kommt nicht in Betracht, wenn das Finanzamt Spendenbestätigungen mit längere Zeit zurückliegendem Datum eines Steuerbescheids oder einer vorläufigen Bescheinigung bereits in der Vergangenheit beanstandet und den Steuerpflichtigen entsprechend unterrichtet hatte.

Diese Regelungen gelten für vereinfachten Spendennachweis nach R 111 Abs. 6 Satz 1 Nr. 2 b sowie Satz 4 1993 entsprechend.

Das Finanzamt des Spenders hat das Finanzamt des Spendenempfängers darüber zu unterrichten, daß von der Empfängerkörperschaft Spendenbestätigungen erteilt worden sind, die nicht den Anforderungen für einen ausreichenden Spendennachweis genügen.

Die vorstehenden Regelungen sind auf Spendenbestätigungen anzuwenden, die nach dem 31. Dezember 1992 ausgestellt werden.

2. **Durchlaufspenden an juristische Personen des öffentlichen Rechts oder öffentliche Dienststellen**

Wird die Zuwendung an eine juristische Person des öffentlichen Rechts oder an eine öffentliche Dienststelle entsprechend den Angaben des Spenders an eine Körperschaft, Personenvereinigung oder Vermögensmasse (Empfängerkörperschaft) weitergeleitet, darf die Durchlaufstelle keine Spendenbestätigung ausstellen, wenn das Datum des Steuerbescheids, mit dem die Empfängerkörperschaft nach § 5 Abs. 1 Nr. 9 KStG von der Körperschaftsteuer befreit ist, länger als fünf Jahre bzw. das Datum der vorläufigen Bescheinigung länger als drei Jahre seit dem Tag der Ausstellung der Spendenbestätigung zurückliegt. Eine gleichwohl ausgestellte Spendenbestätigung kann vom Finanzamt nicht als ausreichender Nachweis für den Spendenabzug anerkannt werden.

Die vorstehende Regelung ist auf Spenden anzuwenden, die nach dem 31. März 1995 bei der Durchlaufstelle eingehen. Sie gilt auch bei Anwendung des Listenverfahrens als Ergänzung zu Nr. 4 des BMF-Schreibens vom 3. Januar 1986 (BStBl I S. 52).

Muster der Anlage 4 zu R 111 Abs. 4 EStR 1993 (BStBl I 1994 Sondernummer 1 S. 183) und die Muster 1 der Anlage 4 zu Abschnitt 61 Abs. 4 LStR 1993 (BStBl I 1992 Sondernummer 3 S. 198) werden durch anliegendes Muster für die Gestaltung der nach § 48 Abs. 3 EStDV erforderlichen Spendenbestätigung ersetzt.

Dieses Schreiben tritt an die Stelle des BMF-Schreibens vom 22. 3. 1993 (BStBl I S. 298).

Unentgeltlichkeit
→ Leistungsaustausch

R 112. Mitgliedsbeiträge und Spenden an politische Parteien

Beiträge und Spenden an politische Parteien sind nur dann abziehbar, wenn die Partei bei Zufluß der Zuwendung als politische Partei im Sinne des § 2 PartG anzusehen ist.

Hinweise

Maschinell erstellte Spendenbestätigungen
→ R 111 Abs. 5 gilt entsprechend.

Mitgliedsbeiträge
Als Nachweis für die Zahlung von Mitgliedsbeiträgen genügt die Vorlage von Einzahlungsbelegen oder Beitragsquittungen.

Muster für Spendenbestätigung
→ Anlage 5

§ 10 b EStG

Nachweise
→ Maschinell erstellte Spendenbestätigungen
→ Mitgliedsbeiträge
→ Muster für Spendenbestätigung
→ Sachspenden
→ Spendenbestätigung
→ Vereinfachter Nachweis von Spenden

Parteieigenschaft
Beiträge und Spenden an politische Parteien sind nur dann abziehbar, wenn die Partei im Kalenderjahr der Zuwendung sowohl die in § 2 PartG genannten inhaltlichen Kriterien als auch die in den nachfolgenden Vorschriften des PartG enthaltenen formellen Erfordernisse erfüllt (→ BFH vom 7. 12. 1990 – BStBl 1991 II S. 508).

Parteiengesetz[1])
→ BGBl. 1994 I S. 150

Sachspenden
Aus der Spendenbestätigung müssen der Wert und die genaue Bezeichnung der gespendeten Sache im Sinne des § 10 b Abs. 3 EStG ersichtlich sein (→ BFH vom 22. 10. 1971 – BStBl 1972 II S. 55).

Spendenbestätigung
→ Maschinell erstellte Spendenbestätigungen
→ Muster für Spendenbestätigung
→ Sachspenden
→ Vereinfachter Nachweis von Spenden

Der Steuerpflichtige hat dem Finanzamt durch eine besondere Spendenbestätigung der politischen Partei nachzuweisen, daß die Voraussetzungen für den Abzug der Spende erfüllt sind. Die Spendenbestätigung muß grundsätzlich von mindestens einer durch Satzung oder Auftrag zur Entgegennahme von Zahlungen berechtigten Person unterschrieben sein und eine Erklärung darüber enthalten, daß die Partei den ihr zugewendeten Betrag nur für ihre satzungsmäßigen Zwecke verwendet.

Steuerermäßigung nach § 34 g EStG
Ein Sonderausgabenabzug von Mitgliedsbeiträgen und Spenden an politische Parteien ist nur insoweit möglich, als die Zuwendungen die nach § 34 g EStG berücksichtigten Ausgaben (höchstens 3.000 DM bzw. 6.000 DM) übersteigen. Ein Wahlrecht zwischen dem Abzug der Zuwendungen von der Steuer nach § 34 g EStG und dem Sonderausgabenabzug nach § 10 b Abs. 2 EStG besteht nicht.

Vereinfachter Nachweis von Spenden
→ Mitgliedsbeiträge

Als Nachweis für die Zahlung von Spenden genügt der Zahlungsbeleg der Post oder eines Kreditinstituts, wenn die Spende den Betrag von 100 DM nicht übersteigt und der Verwendungszweck der Spende auf dem vom Empfänger hergestellten Einzahlungsbeleg aufgedruckt ist.

R 113. Begrenzung des Abzugs der Ausgaben für steuerbegünstigte Zwecke

Alternativgrenze

(1) ¹Zu den gesamten Umsätzen im Sinne des § 10 b Abs. 1 Satz 1 EStG gehören außer den steuerbaren Umsätzen im Sinne des § 1 UStG auch → nicht steuerbare Umsätze. ²Bei den Ausgaben für wissenschaftliche, mildtätige und als besonders förderungswürdig anerkannte

---

[1]) Das Parteiengesetz wurde durch Artikel 28 des JStErgG 1996 geändert.

kulturelle Zwecke wird der Satz von 2 v. T. nicht erhöht. ³Dieser Satz wird, wenn der Steuerpflichtige Mitunternehmer einer Personengesellschaft ist, von dem Teil der Summe der gesamten Umsätze und der im Kalenderjahr aufgewendeten Löhne und Gehälter der Personengesellschaft berechnet, der dem Anteil des Steuerpflichtigen am Gewinn der Gesellschaft entspricht.

Großspendenregelung

(2) ¹Als Einzelzuwendung im Sinne des § 10 b Abs. 1 Satz 3 EStG ist grundsätzlich jeder einzelne Abfluß einer Zahlung oder die Zuwendung eines Wirtschaftsguts anzusehen. ²Eine Einzelzuwendung liegt aber auch dann vor, wenn mehrere Zahlungen oder die Abgabe mehrerer Wirtschaftsgüter in einem Veranlagungszeitraum an denselben Empfänger auf einer einheitlichen Spendenentscheidung des Steuerpflichtigen beruhen. ³§ 10 b Abs. 1 Satz 3 EStG ist auch anzuwenden, wenn eine Spende von mindestens 50.000 DM an eine juristische Person des öffentlichen Rechts oder eine öffentliche Dienststelle geleistet und von dieser auflagegemäß in Teilbeträgen von jeweils weniger als 50.000 DM an verschiedene steuerbegünstigte Körperschaften weitergeleitet wird. ⁴Bei einer von einer Personengesellschaft geleisteten Einzelzuwendung ist erforderlich, daß auf den einzelnen Gesellschafter ein Spendenanteil von mindestens 50.000 DM entfällt.

Hinweise

Abzugssatz, erhöhter

Erhöhter Abzugssatz für Zuwendungen an kirchliche öffentlich-rechtliche Körperschaften und Einrichtungen zugunsten mildtätiger Zwecke oder zur Förderung der Denkmalpflege
→ BMF vom 24. 1. 1994 (BStBl I S. 139).

Begrenzung des Spendenabzugs bei Spenden an kirchliche Organisationen zur Förderung wissenschaftlicher, mildtätiger und als besonders förderungswürdig anerkannter kultureller Zwecke

BMF vom 24. 1. 1994 (BStBl I S. 139)
IV B 4 – S 2223 – 7/94

Unter Bezugnahme auf das Ergebnis der Erörterungen mit den obersten Finanzbehörden der Länder gilt für die Anwendung des erhöhten Abzugssatzes von 10 v. H. nach § 10 b Abs. 1 Satz 2 EStG für Zuwendungen an kirchliche öffentlich-rechtliche Körperschaften und Einrichtungen folgendes:

Der erhöhte Abzugssatz findet nur Anwendung, wenn der Empfänger diese Zuwendung zur Förderung mildtätiger Zwecke oder zur Förderung der Denkmalpflege (Nr. 4 Buchst. c der Anlage 7 der EStR) verwendet. Er gilt nicht, wenn die kirchliche öffentlich-rechtliche Körperschaft oder Einrichtung die Zuwendung zur Förderung wissenschaftlicher oder sonstiger als besonders förderungswürdig anerkannter kultureller Zwecke verwendet (BFH vom 18. November 1966 – BStBl 1967 III S. 365). Der Bereich der mildtätigen Zwecke und der Denkmalpflege muß in den Aufzeichnungen und in der tatsächlichen Geschäftsführung von den anderen Zwecken der kirchlichen öffentlich-rechtlichen Körperschaft oder Einrichtung abgegrenzt sein. Bei Zuwendungen zur Förderung der Denkmalpflege findet auch die Großspendenregelung nach § 10 b Abs. 1 Satz 3 EStG Anwendung.

Höchstbetrag in Organschaftsfällen
→ A 42 Abs. 5 KStR

Nicht steuerbare Umsätze

z. B. Umsätze
- im Ausland
- in Freihäfen
- in Zollausschlüssen
- auf Schiffen außerhalb der Hoheitsgrenze

§ 10 c
Sonderausgaben-Pauschbetrag, Vorsorgepauschale

EStG

S 2224

(1) Für Sonderausgaben nach § 10 Abs. 1 Nr. 1, 1 a, 4 bis 9 und nach § 10 b wird ein Pauschbetrag von 108 Deutsche Mark abgezogen (Sonderausgaben-Pauschbetrag), wenn der Steuerpflichtige nicht höhere Aufwendungen nachweist.

¹) S 2362

²)

(2) ¹Hat der Steuerpflichtige Arbeitslohn bezogen, so wird für Vorsorgeaufwendungen (§ 10 Abs. 1 Nr. 2 und 3) eine Vorsorgepauschale abgezogen, wenn der Steuerpflichtige nicht Aufwendungen nachweist, die zu einem höheren Abzug führen. ²Die Vorsorgepauschale beträgt 18 vom Hundert des Arbeitslohns, jedoch

1. höchstens 6.000 Deutsche Mark abzüglich 16 vom Hundert des Arbeitslohns zuzüglich
2. höchstens 2.610 Deutsche Mark, soweit der Teilbetrag nach Nummer 1 überschritten wird, zuzüglich
3. höchstens die Hälfte bis zu 1.305 Deutsche Mark, soweit die Teilbeträge nach den Nummern 1 und 2 überschritten werden.

³Die Vorsorgepauschale ist auf den nächsten durch 54 ohne Rest teilbaren vollen Deutsche-Mark-Betrag abzurunden, wenn sie nicht bereits durch 54 ohne Rest teilbar ist. ⁴Arbeitslohn im Sinne der Sätze 1 und 2 ist der um den Versorgungs-Freibetrag (§ 19 Abs. 2) und den Altersentlastungsbetrag (§ 24 a) verminderte Arbeitslohn.

(3) Für Arbeitnehmer, die während des ganzen oder eines Teils des Kalenderjahrs

1. in der gesetzlichen Rentenversicherung versicherungsfrei oder auf Antrag des Arbeitgebers von der Versicherungspflicht befreit waren und denen für den Fall ihres Ausscheidens aus der Beschäftigung auf Grund des Beschäftigungsverhältnisses eine lebenslängliche Versorgung oder an deren Stelle eine Abfindung zusteht oder die in der gesetzlichen Rentenversicherung nachzuversichern sind oder
2. nicht der gesetzlichen Rentenversicherungspflicht unterliegen, eine Berufstätigkeit ausgeübt und im Zusammenhang damit auf Grund vertraglicher Vereinbarungen Anwartschaftsrechte auf eine Altersversorgung ganz oder teilweise ohne eigene Beitragsleistung erworben haben oder
3. Versorgungsbezüge im Sinne des § 19 Abs. 2 Nr. 1 erhalten haben oder
4. Altersrente aus der gesetzlichen Rentenversicherung erhalten haben,

³)

beträgt die Vorsorgepauschale 18 vom Hundert des Arbeitslohns, jedoch höchstens 2.000 Deutsche Mark.

(4) ¹Im Fall der Zusammenveranlagung von Ehegatten zur Einkommensteuer sind

1. die Deutsche-Mark-Beträge nach Absatz 1, 2 Satz 2 Nr. 1 bis 3 und Absatz 3 zu verdoppeln und
2. Absatz 2 Satz 4 auf den Arbeitslohn jedes Ehegatten gesondert anzuwenden.

⁴)

²Wenn beide Ehegatten Arbeitslohn bezogen haben und ein Ehegatte zu dem Personenkreis des Absatzes 3 gehört, ist die höhere Vorsorgepauschale abzuziehen, die sich ergibt, wenn entweder die Deutsche-Mark-Beträge nach Absatz 2 Satz 2 Nr. 1 bis 3 verdoppelt und der sich für den Ehegatten im Sinne des Absatzes 3 nach Absatz 2 Satz 2 erster Halbsatz ergebende Betrag auf 2.000 Deutsche Mark begrenzt werden oder der Arbeitslohn des nicht unter Absatz 3 fallenden Ehegatten außer Betracht bleibt. ³Satz 1 Nr. 1 gilt auch, wenn die tarifliche Einkommensteuer nach § 32 a Abs. 6 zu ermitteln ist.

---

¹) Absatz 2 Satz 1 wurde durch das Gesetz zur Neuregelung der steuerrechtlichen Wohneigentumsförderung ab VZ 1996 geändert:
In Absatz 2 Satz 1 wurden in dem Klammerzitat die Worte „und 3" gestrichen.

²) Absatz 2 Satz 2 erster Satzteil wurde durch das JStG 1996 ab VZ 1996 geändert:
In Absatz 2 Satz 2 erster Satzteil wurde der Prozentsatz auf „20 vom Hundert" angehoben.

³) Absatz 3 letzter Satzteil wurde durch das JStG 1996 ab VZ 1996 geändert:
„ ... beträgt die Vorsorgepauschale 20 vom Hundert des Arbeitslohns, jedoch höchstens 2.214 Deutsche Mark."

⁴) Absatz 4 Satz 2 wurde durch das JStG 1996 ab VZ 1996 neu gefaßt:
In Absatz 4 Satz 2 wurde der Betrag von 2.000 Deutsche Mark auf „2.214 Deutsche Mark" angehoben.

§ 10 c EStG

R 114. Berechnung der Vorsorgepauschale bei Ehegatten

Bemessungsgrundlage

(1) ¹Bei Ehegatten, die beide Arbeitslohn bezogen haben, ist die Bemessungsgrundlage der Vorsorgepauschale jeweils gesondert zu ermitteln. ²Bei der Zusammenveranlagung von Ehegatten ist die gemeinsame Bemessungsgrundlage maßgebend, die sich aus der Addition der Einzelbemessungsgrundlagen ergibt.

S 2224
S 2362

Berechnung der ungekürzten oder gekürzten Vorsorgepauschale

(2) ¹Bei der Zusammenveranlagung von Ehegatten, die beide Arbeitslohn bezogen haben, ist die Vorsorgepauschale nach der gemeinsamen Bemessungsgrundlage zu ermitteln. ²Gehören beide Ehegatten nicht zu dem Personenkreis des § 10 c Abs. 3 EStG, sind für die Ermittlung der ungekürzten Vorsorgepauschale die Vorschriften des § 10 c Abs. 2 Satz 2 und 3 EStG unter Verdoppelung der Höchstbeträge nach § 10 c Abs. 2 Satz 1 EStG maßgebend. ³Gehören beide Ehegatten zu dem Personenkreis des § 10 c Abs. 3 EStG, sind für die Ermittlung der gekürzten Vorsorgepauschale die Vorschriften des § 10 c Abs. 3 EStG unter Verdoppelung des Höchstbetrags nach § 10 c Abs. 4 Satz 1 EStG und der Abrundung nach § 10 c Abs. 2 Satz 3 EStG maßgebend.

Berechnung der Vorsorgepauschale in Mischfällen

(3) ¹Bei der Zusammenveranlagung von Ehegatten, die beide Arbeitslohn bezogen haben und von denen nur einer zu dem Personenkreis des § 10 c Abs. 3 EStG gehört (Mischfall), ist die Vorsorgepauschale nach § 10 c Abs. 4 Satz 2 EStG zu ermitteln. ²Auf Grund der Einzelbemessungsgrundlagen sind für jeden Ehegatten die Ausgangsbeträge für die Vorsorgepauschale (18 v. H. der jeweiligen Bemessungsgrundlage) zu berechnen. ³Diese Ausgangsbeträge sind alternativ den Höchstbetragsbegrenzungen des § 10 c Abs. 2 oder Abs. 3 EStG zu unterwerfen, wobei für die Anwendung des § 10 c Abs. 2 EStG der Ausgangsbetrag für den Ehegatten, der zum Personenkreis des § 10 c Abs. 3 EStG gehört, höchstens mit 2.000 DM anzusetzen ist und für die Anwendung des § 10 c Abs. 3 EStG der Ausgangsbetrag für den anderen Ehegatten außer Ansatz bleibt. ⁴Der sich nach diesen Alternativen ergebende höhere Betrag, abgerundet auf den nächsten durch 54 ohne Rest teilbaren vollen DM-Betrag, ist die Vorsorgepauschale.

Hinweise

Steuerfreie Einnahmen, auch die nach einem DBA steuerfrei gestellten Bezüge, gehören nicht zur Bemessungsgrundlage der Vorsorgepauschale (→ BFH vom 18. 3. 1983 – BStBl II S. 475).

Beispiel zur Berechnung der ungekürzten Vorsorgepauschale

Zusammenzuveranlagende Ehegatten

Ehemann: rentenversicherungspflichtig, 63 Jahre alt, Arbeitslohn 60.000 DM, darin enthalten Versorgungsbezüge im Sinne des § 19 Abs. 2 Nr. 2 EStG (Werkspension) 10.000 DM

Ehefrau: rentenversicherungspflichtig, 60 Jahre alt, Arbeitslohn 18.000 DM

1. Ermittlung der Bemessungsgrundlage für die Vorsorgepauschale:

	Ehemann DM	Ehefrau DM
Arbeitslohn	60.000	18.000
abzüglich Versorgungsfreibetrag 40 v. H. von 10.000 DM (Höchstbetrag von 6.000 DM nicht überschritten) =	– 4.000	
verminderter Arbeitslohn	56.000	18.000
gemeinsame Bemessungsgrundlage	**74.000 DM**	

§ 10 c EStG
R 114   H 114

2. Berechnung der Vorsorgepauschale:
   18 v. H. der gemeinsamen
   Bemessungsgrundlage von
   74.000 DM =   13.320 DM
   höchstens
   a)   12.000 DM
   abzüglich 16 v. H. der gemeinsamen
   Bemessungsgrundlage von
   74.000 DM (aber kein
   Negativergebnis)   – 11.840 DM   160 DM
   b)   13.320 DM
   abzüglich   –   160 DM
                                                                                                     13.160 DM
   Höchstbetrag
   (2 × 2.610 DM =)   5.220 DM
   der niedrigere Betrag
   ist anzusetzen: 5.220 DM
   c)   13.320 DM
   abzüglich
   (160 DM + 5.220 DM =)   – 5.380 DM
                                                                                                       7.940 DM
   zur Hälfte   3.970 DM
   Höchstbetrag
   (2 × 1.305 DM =)   2.610 DM
   der niedrigere Betrag
   ist anzusetzen: 2.610 DM
   insgesamt: 7.990 DM
   Abrundung auf den nächsten durch
   54 ohne Rest teilbaren Betrag
   ergibt die Vorsorgepauschale: **7.938 DM**

Beispiel zur Berechnung der gekürzten Vorsorgepauschale
Zusammenzuveranlagende Ehegatten
Ehemann: 68 Jahre alt, Arbeitslohn aus einer aktiven Tätigkeit 4.000 DM, Bezug von Altersrente aus der gesetzlichen Rentenversicherung
Ehefrau: 57 Jahre alt, Beamtenbezüge 50.000 DM
1. Ermittlung der Bemessungsgrundlage für die Vorsorgepauschale:

	Ehemann DM	Ehefrau DM
Arbeitslohn	4.000	50.000
abzüglich Altersentlastungsbetrag 40 v. H. von 4.000 DM (Höchstbetrag nicht überschritten) =	– 1.600	
verminderter Arbeitslohn	2.400	50.000
gemeinsame Bemessungsgrundlage		**52.400 DM**

2. Berechnung der Vorsorgepauschale:
   18 v. H. der gemeinsamen
   Bemessungsgrundlage von 52.400 DM =   9.432 DM
   Höchstbetrag (2 × 2.000 DM =)   4.000 DM
   der niedrigere Betrag ist anzusetzen: 4.000 DM
   Abrundung auf den nächsten durch
   54 ohne Rest teilbaren Betrag
   ergibt die Vorsorgepauschale: **3.996 DM**

§ 10 c EStG
H 114   **R 114**

Beispiel zur Berechnung der Vorsorgepauschale in Mischfällen
Zusammenzuveranlagende Ehegatten
Ehemann: Beamter, Arbeitslohn 40.000 DM
Ehefrau: rentenversicherungspflichtige Angestellte, Arbeitslohn 30.000 DM

1. Bemessungsgrundlagen
   für den Ehemann **40.000 DM**
   für die Ehefrau <u>**30.000 DM**</u>
   gemeinsame Bemessungsgrundlage **70.000 DM**
2. Berechnung der Vorsorgepauschale
   – **erste Alternative**
   a) Ermittlung der Ausgangsbeträge
      Ausgangsbetrag für den Ehemann:
      18 v. H. der Bemessungsgrundlage
      von 40.000 DM =
          7.200 DM
      Höchstbetrag, weil Person im
      Sinne des § 10 Abs. 3 EStG: 2.000 DM
      der niedrigere Betrag ist
      anzusetzen: 2.000 DM
      Ausgangsbetrag für die Ehefrau:
      18 v. H. der Bemessungsgrund-
      lage von 30.000 DM (ohne Höchst-
      betrag) =   <u>5.400 DM</u>

      Summe der Ausgangsbeträge   **7.400 DM**
   b) Höchstbetragsbegrenzung
      aa)   12.000 DM
         abzüglich 16 v. H. der
         gemeinsamen Bemessungs-
         grundlage von 70.000 DM
         (aber kein Negativergebnis)   11.200 DM   800 DM
      bb)   7.400 DM
         abzüglich   <u>– 800 DM</u>
            6.600 DM
         Höchstbetrag 2 × 2.610 DM =   5.220 DM
         der niedrigere Betrag
         ist anzusetzen: 5.220 DM
      cc)   7.400 DM
         abzüglich
         (800 DM + 5.220 DM =)   <u>– 6.020 DM</u>
            1.380 DM
         zur Hälfte =   690 DM
         Höchstbetrag 2 × 1.305 DM =   2.610 DM
         der niedrigere Betrag ist
         anzusetzen: <u>690 DM</u>
         Summe   **6.710 DM**

§ 10 c EStG
R 114   H 114

- **zweite Alternative**
  a) Ausgangsbetrag für den Ehegatten,
     der zum Personenkreis des § 10 c
     Abs. 3 EStG gehört:
     18 v. H. der Bemessungsgrundlage
     von 40.000 DM =   7.200 DM
  b) Höchstbetrag
     (2 × 2.000 DM =)   4.000 DM
     der niedrigere Betrag ist
     anzusetzen: **4.000 DM**

- **Vergleich der Alternativen**
  Anzusetzen ist das Ergebnis
  der Alternative, die zu einem
  höheren Betrag geführt hat: 6.710 DM
  Abrundung auf den nächsten
  durch 54 ohne Rest teilbaren
  Betrag ergibt die Vorsorgepauschale: **6.696 DM**

§ 10 d
Verlustabzug[1]) [2])

EStG

S 2225

(1) ¹Verluste, die bei der Ermittlung des Gesamtbetrags der Einkünfte nicht ausgeglichen werden, sind bis zu einem Betrag von insgesamt 10 Millionen Deutsche Mark wie Sonderausgaben vom Gesamtbetrag der Einkünfte des zweiten dem Veranlagungszeitraum vorangegangenen Veranlagungszeitraums abzuziehen; soweit ein Abzug danach nicht möglich ist, sind sie wie Sonderausgaben vom Gesamtbetrag der Einkünfte des ersten dem Veranlagungszeitraum vorangegangenen Veranlagungszeitraums abzuziehen. ²Sind für die vorangegangenen Veranlagungszeiträume bereits Steuerbescheide erlassen worden, so sind sie insoweit zu ändern, als der Verlustabzug zu gewähren oder zu berichtigen ist. ³Das gilt auch dann, wenn die Steuerbescheide unanfechtbar geworden sind; die Verjährungsfristen enden insoweit nicht, bevor die Verjährungsfrist für den Veranlagungszeitraum abgelaufen ist, in dem Verluste nicht ausgeglichen werden. ⁴Auf Antrag des Steuerpflichtigen ist ganz oder teilweise von der Anwendung des Satzes 1 abzusehen. ⁵Im Antrag ist die Höhe des abzuziehenden Verlusts und der Veranlagungszeitraum anzugeben, in dem der Verlust abgezogen werden soll.

(2) ¹Nicht ausgeglichene Verluste, die nicht nach Absatz 1 abgezogen worden sind, sind in den folgenden Veranlagungszeiträumen wie Sonderausgaben vom Gesamtbetrag der Einkünfte abzuziehen. ²Der Abzug ist nur insoweit zulässig, als die Verluste nicht nach Absatz 1 abgezogen worden sind und in den vorangegangenen Veranlagungszeiträumen nicht nach Satz 1 abgezogen werden konnten (verbleibender Verlustabzug).

(3) ¹Der am Schluß eines Veranlagungszeitraums verbleibende Verlustabzug ist gesondert festzustellen. ²Verbleibender Verlustabzug ist der bei der Ermittlung des Gesamtbetrags der Einkünfte nicht ausgeglichene Verlust, vermindert um die nach Absatz 1 abgezogenen und die nach Absatz 2 abziehbaren Beträge und vermehrt um den auf den Schluß des vorangegangenen Veranlagungszeitraums festgestellten verbleibenden Verlustabzug. ³Zuständig für die Feststellung ist das für die Besteuerung des Einkommens zuständige Finanzamt. ⁴Feststellungsbescheide sind zu erlassen, aufzuheben oder zu ändern, soweit sich die nach Satz 2 zu berücksichtigenden Beträge ändern und deshalb der entsprechende Steuerbescheid zu erlassen, aufzuheben oder zu ändern ist. ⁵Satz 4 ist entsprechend anzuwenden, wenn der Erlaß, die Aufhebung oder die Änderung des Steuerbescheids mangels steuerlicher Auswirkung unterbleibt.

R 115. Verlustabzug

R 115

Ermittlung des Verlustabzugs

(1) ¹Der nach § 10 d EStG abziehbare Betrag entspricht dem negativen Gesamtbetrag der Einkünfte. ²Steuerfreie Einnahmen sind bei der Ermittlung des Gesamtbetrags der Einkünfte nicht zu berücksichtigen.

S 2225

Vornahme des Verlustabzugs

(2) ¹Übersteigt die Summe der abzugsfähigen Sonderausgaben und der sonstigen vom Gesamtbetrag der Einkünfte abzuziehenden Beträge den Gesamtbetrag der Einkünfte, so ist der Abzug in der Reihenfolge vorzunehmen, die für den Steuerpflichtigen am günstigsten ist. ²Danach ist der Verlustabzug in der Regel zuletzt zu berücksichtigen.

Begrenzung des Verlustrücktrags

(3) ¹Die Begrenzung auf 10 Millionen DM bezieht sich auf den einzelnen **Steuerpflichtigen,** der den Verlust erlitten hat; dies gilt auch für zusammenveranlagte **Ehegatten** (§ 62 d Abs. 2 Satz 2 EStDV). ²Bei **Personengesellschaften** und **Personengemeinschaften** ist diese

---

[1]) Beachte besondere Anwendungsregeln aus Anlaß der Herstellung der Einheit Deutschlands (→ § 57 EStG).
[2]) Zur Anwendung → § 52 Abs. 13 EStG:
„(13) § 10 d Abs. 1 in der Fassung dieses Gesetzes ist erstmals auf nicht ausgeglichene Verluste des Veranlagungszeitraums 1994, § 10 d Abs. 2 ist erstmals auf nicht ausgeglichene Verluste des Veranlagungszeitraums 1985 anzuwenden."

Grenze auf jeden Beteiligten anzuwenden. ³Über die Frage, welcher Anteil am Verlust der Personengesellschaft oder Personengemeinschaft auf den einzelnen Beteiligten entfällt, ist im Bescheid über die gesonderte und einheitliche Feststellung zu entscheiden. ⁴Inwieweit dieser anteilige Verlust beim einzelnen Beteiligten nach § 10 d EStG abziehbar ist, ist im Rahmen der Einkommensteuerveranlagung zu beurteilen. ⁵In **Organschaftsfällen** mit Ergebnisabführung (§ 14 KStG) bezieht sich die Grenze auf den Organträger. ⁶Sie ist bei diesem auf die Summe der Ergebnisse aller Mitglieder des Organkreises anzuwenden. ⁷Ist der Organträger eine Personengesellschaft, ist Satz 2 zu beachten.

Übertragung der Verlustabzugsberechtigung

(4) ¹Der → Verlustabzug kann grundsätzlich nur von dem Steuerpflichtigen geltend gemacht werden, der den Verlust erlitten hat. ²Deshalb kann die Verlustabzugsberechtigung nicht durch Rechtsgeschäft übertragen werden.

Verfahren

(5) ¹Soll bei einem Arbeitnehmer ein Verlustabzug berücksichtigt werden, muß er dies beantragen, es sei denn, daß er bereits aus anderen Gründen zur Einkommensteuer veranlagt wird. ²Erfolgt für einen VZ keine Veranlagung, so kann der in diesem VZ berücksichtigungsfähige Verlustabzug nicht in einem anderen VZ geltend gemacht werden.

Änderung des Verlustabzugs

(6) ¹Die Steuerbescheide für die dem Verlustjahr vorangegangenen VZ **sind** nach § 10 d Abs. 1 Satz 2 EStG zu ändern, wenn sich bei der Ermittlung des Gesamtbetrags der Einkünfte für das Verlustjahr Änderungen ergeben, die zu einem höheren oder niedrigeren Verlustrücktrag führen. ²Auch in diesen Fällen gilt die Verjährungsregelung des § 10 d Abs. 1 Satz 3 Halbsatz 2 EStG. ³Wirkt sich die Änderung eines Verlustrücktrags oder anderer Besteuerungsgrundlagen auf den im Wege des Verlustvortrags abzuziehenden Verlust aus, so sind die betroffenen Feststellungsbescheide im Sinne des § 10 d Abs. 3 EStG nach § 10 d Abs. 3 Satz 4 EStG und die Steuerbescheide für die betreffenden VZ nach § 175 Abs. 1 Satz 1 Nr. 1 AO zu ändern, auch wenn sie bereits bestandskräftig sind. ⁴Das gleiche gilt, wenn ein gewährter Verlustvortrag geändert wird und sich diese Änderung auf die Höhe des verbleibenden Verlustabzugs auswirkt.

Zusammenveranlagung von Ehegatten

(7) ¹Bei der Berechnung des verbleibenden Verlustabzugs ist zunächst ein Ausgleich mit den anderen Einkünften des Ehegatten vorzunehmen, der den Verlust erlitten hat. ²Verbleibt bei ihm ein negativer Betrag, ist dieser bei der Berechnung der Summe der Einkünfte gegebenenfalls mit dem positiven Betrag des anderen Ehegatten auszugleichen. ³Ist der Gesamtbetrag der Einkünfte negativ und kann er nach § 10 d Abs. 1 Satz 1 EStG nicht oder nicht in vollem Umfang zurückgetragen werden, so ist der nicht rücktragbare Betrag bei dem Ehegatten als verbleibender Verlustabzug gesondert festzustellen, bei dem sich auf Grund seiner steuerlichen Merkmale der negative Betrag ergibt. ⁴Ist für einen VZ für beide Ehegatten jeweils ein verbleibender Verlustabzug gesondert festgestellt worden und kann dieser im darauffolgenden VZ nur teilweise nach § 10 d Abs. 2 Satz 1 EStG abgezogen werden, ist der für diesen VZ gesondert festzustellende verbleibende Verlustabzug im Verhältnis zu dem zuletzt für jeden Ehegatten gesondert festgestellten verbleibenden Verlustabzug aufzuteilen und gesondert festzustellen.

Hinweise

Änderung von Steuerbescheiden infolge Verlustabzug

1. Erneute Ausübung des Wahlrechts der Veranlagungsart

    Ehegatten können das Wahlrecht der Veranlagungsart (z. B. getrennte Veranlagung) grundsätzlich bis zur Unanfechtbarkeit eines Berichtigungs- oder Änderungsbescheids ausüben und die einmal getroffene Wahl innerhalb dieser Frist frei widerrufen (→ BFH vom 27. 9. 1988 – BStBl 1989 II S. 229).

2. Rechtsfehlerkompensation

    Mit der Gewährung des Verlustrücktrags ist insoweit eine **Durchbrechung der Bestandskraft** des für das Rücktragsjahr ergangenen Steuerbescheids verbunden, als – ausgehend von der bisherigen Steuerfestsetzung und den dafür ermittelten Besteuerungs-

§ 10 d EStG
H 115   R 115

grundlagen – die Steuerschuld durch die Berücksichtigung des Verlustabzugs gemindert würde. Innerhalb dieses punktuellen Korrekturspielraums sind zugunsten und zuungunsten des Steuerpflichtigen **Rechtsfehler** im Sinne des § 177 AO zu berichtigen (→ BFH vom 27. 9. 1988 – BStBl 1989 II S. 225).

Umwandlung

Die Verlustberücksichtigung setzt in Fällen der Umwandlung u. a. eine rechtliche Identität der an der Umwandlung beteiligten Gesellschaften voraus; diese ist bei der formwechselnden, nicht aber bei der übertragenden Umwandlung gegeben (→ BFH vom 27. 10. 1994 – BStBl 1995 II S. 326).

Verlustabzug
– **bei festgestellten negativen Einkünften des Jahres 1990** aus dem Beitrittsgebiet oder aus den alten Bundesländern bei unbeschränkter Steuerpflicht im jeweils anderen Gebiet zur Vermeidung doppelter Verlustberücksichtigung → BMF vom 13. 5. 1992 (BStBl I S. 336):

Steuerliche Behandlung festgestellter negativer Einkünfte des Jahres 1990 aus dem Beitrittsgebiet oder aus den alten Bundesländern

BMF vom 13. 5. 1992 (BStBl I S. 336)

IV B 1 – S 2259 b – 2/92

Nach dem Ergebnis der Erörterungen mit den obersten Finanzbehörden der Länder sind negative Einkünfte, die im Jahr 1990 im Beitrittsgebiet entstanden sind, wie folgt zu behandeln:

Nach den §§ 2 a Abs. 5 oder 6, 10 d Abs. 2 und 3 und 57 Abs. 4 EStG kann ein Steuerpflichtiger mit Wohnsitz im bisherigen Bundesgebiet negative Einkünfte, die im VZ 1990 im Beitrittsgebiet entstanden sind, entweder im VZ 1990 bei seiner Veranlagung im bisherigen Bundesgebiet ausgleichen oder insoweit vortragen, als sie in den vorangegangenen VZ nicht abgezogen werden konnten.

Hat der Steuerpflichtige negative Einkünfte nach § 2 a Abs. 5 oder 6 EStG im VZ 1990 bei seiner Veranlagung mit positiven Einkünften ausgeglichen, dürfen diese negativen Einkünfte nicht zusätzlich von dem Finanzamt im Beitrittsgebiet nach § 57 Abs. 4 Satz 2 i. V. m. § 10 d Abs. 3 EStG zum 31. Dezember 1990 gesondert festgestellt werden. Ist ein Feststellungsbescheid bereits erteilt worden, ist dieser deshalb unter sinngemäßer Anwendung des § 174 Abs. 2 AO aufzuheben oder zu ändern.

Gleiches gilt, wenn für den Steuerpflichtigen zum 31. Dezember 1990 vom Finanzamt im bisherigen Bundesgebiet ein verbleibender Verlustabzug einschließlich negativer Einkünfte aus dem Beitrittsgebiet festgestellt wurde und zugleich eine Feststellung von dem Finanzamt im Beitrittsgebiet erfolgte.

In derartigen Fällen hat das Finanzamt bei der Veranlagung 1991 eine Änderung des Feststellungsbescheides des Finanzamts im Beitrittsgebiet zu veranlassen.

Für Verluste des VZ 1990, die ein im Beitrittsgebiet unbeschränkt Steuerpflichtiger in dem Gebiet der alten Bundesländer erzielt hat, gelten vorgenannte Regelungen entsprechend.

– **im Erbfall**

Der Erbe tritt bürgerlich-rechtlich (§ 1922 BGB) und dem folgend einkommensteuerrechtlich in die Rechtsstellung des Erblassers ein. In der Person des Erblassers entstandene Verluste sind deshalb, soweit sie bei diesem nicht ausgeglichen und auch nicht im Wege des Verlustrücktrags abgezogen werden können, im VZ des Erbfalls bei der Ermittlung des Gesamtbetrags der Einkünfte des Erben mit dessen Einkünften auszugleichen (→ BFH vom 17. 5. 1972 – BStBl II S. 621).

Soweit der Verlustausgleich nicht möglich ist, sind die Verluste beim Erben im Wege des Verlustabzugs zu berücksichtigen (→ BFH vom 22. 6. 1962 – BStBl III S. 386).

Sind mehrere Erben vorhanden, sind die Verluste des Erblassers nach dem Verhältnis der Erbteile bei den einzelnen Erben auszugleichen oder abzuziehen (→ BFH vom 10. 4. 1973 – BStBl II S. 679).

Schlägt ein Erbe die Erbschaft aus, steht das Recht des Erblassers zum Verlustabzug dem Erben zu, der an die Stelle des ausschlagenden Erben tritt (§ 1953 Abs. 2 BGB).

B e i s p i e l e zur Berücksichtigung des Verlustabzugs beim Erben:

1. Fall

Nicht ausgeglichener Verlust des im Jahr 03 verstorbenen Steuerpflichtigen A (Erblasser) im VZ 03	200.000 DM
Im Wege des Verlustrücktrags werden beim Erblasser vom Gesamtbetrag der Einkünfte der VZ 01 und 02 abgezogen	– 50.000 DM
Beim Erben zu berücksichtigende Verluste des Erblassers mithin insgesamt	150.000 DM
Hiervon werden	
a) bei der Ermittlung des Gesamtbetrags der Einkünfte des VZ 03 ausgeglichen	– 60.000 DM
b) im Wege des Verlustrücktrags in den VZ 01 und 02 abgezogen	– 20.000 DM
Beim Erben in den folgenden VZ im Wege des Verlustvortrags zu berücksichtigen insgesamt (verbleibender Verlustabzug)	70.000 DM

2. Fall

Nicht ausgeglichener Verlust des im Jahre 03 verstorbenen Steuerpflichtigen A (Erblasser) im VZ 03	25 Mio. DM
Im Wege des Verlustrücktrags werden beim Erblasser vom Gesamtbetrag der Einkünfte der VZ 01 und 02 abgezogen (Höchstbetrag)	– 10 Mio. DM
Beim Erben zu berücksichtigende Verluste des Erblassers mithin insgesamt	15 Mio. DM
Hiervon werden	
a) bei Ermittlung des Gesamtbetrags der Einkünfte des VZ 03 ausgeglichen	– 4 Mio. DM
b) im Wege des Verlustrücktrags in den VZ 01 und 02 abgezogen (Höchstbetrag)	– 10 Mio. DM
Beim Erben in den folgenden VZ im Wege des Verlustvortrags zu berücksichtigen insgesamt (verbleibender Verlustabzug)	1 Mio. DM

3. Fall

Nicht ausgeglichener Verlust des Steuerpflichtigen B im VZ 03	150.000 DM
Hiervon wurden im Wege des Verlustrücktrags in den VZ 01 und 02 abgezogen	– 30.000 DM
Im Wege des Verlustvortrags in den folgenden VZ zu berücksichtigen mithin insgesamt	120.000 DM
Der Steuerpflichtige B verstirbt im Jahr 04. Bei seiner Veranlagung für den VZ 04 werden im Wege des Verlustvortrags abgezogen	– 40.000 DM
Beim Erben im VZ des Erbfalls und in den folgenden VZ im Wege des Verlustvortrags zu berücksichtigen insgesamt (verbleibender Verlustabzug)	80.000 DM

§ 10 d EStG
H 115   R 115

- **Konkursverfahren**

    Verluste, die der Steuerpflichtige vor und während des Konkursverfahrens erlitten hat, sind in vollem Umfang ausgleichsfähig und nach § 10 d EStG abzugsfähig (→ BFH vom 4. 9. 1969 – BStBl II S. 726).

    Ausnahme: Keine Abzugsberechtigung des Erben, wenn er wegen Durchführung des **Nachlaßkonkurses** nur beschränkt haftet und der Verlust nicht von ihm, sondern von den Gläubigern getragen wird (→ BFH vom 17. 2. 1961 – BStBl III S. 230).

- Verlustabzug nach § 10 d EStG in Verbindung mit § 57 Abs. 4 EStG

    Beim Verlustabzug nach § 10 d EStG wird allgemein die für den Stpfl. günstigere Methode, d. h. der Abzug des Verlusts nach den übrigen Sonderausgaben und außergewöhnlichen Belastungen, zugrunde gelegt. Nach dem Urteil des FG des Landes Brandenburg vom 27. 7. 1995 2 K 715/94 E gilt dies auch beim Verlustrücktrag nach § 57 Abs. 4 in Verbindung mit § 10 d EStG.

    Gegen dieses Urteil wurde im Einvernehmen mit den obersten Finanzbehörden des Bundes und der anderen Länder keine Revision eingelegt.

§ 10 e EStG

EStG

S 2225 a

Anlage 3
Anhang 34

§ 10 e[1]) [2])

Steuerbegünstigung der zu eigenen Wohnzwecken genutzten Wohnung im eigenen Haus

(1) ¹Der Steuerpflichtige kann von den Herstellungskosten einer Wohnung in einem im Inland belegenen eigenen Haus oder einer im Inland belegenen eigenen Eigentumswohnung zuzüglich der Hälfte der Anschaffungskosten für den dazugehörenden Grund und Boden (Bemessungsgrundlage) im Jahr der Fertigstellung und in den drei folgenden Jahren jeweils bis zu 6 vom Hundert, höchstens jeweils 19.800 Deutsche Mark, und in den vier darauffolgenden Jahren jeweils bis zu 5 vom Hundert, höchstens jeweils 16.500 Deutsche Mark, wie Sonderausgaben abziehen. ²Voraussetzung ist, daß der Steuerpflichtige die Wohnung hergestellt und in dem jeweiligen Jahr des Zeitraums nach Satz 1 (Abzugszeitraum) zu eigenen Wohnzwecken genutzt hat und die Wohnung keine Ferienwohnung oder Wochenendwohnung ist. ³Eine Nutzung zu eigenen Wohnzwecken liegt auch vor, wenn Teile einer zu eigenen Wohnzwecken genutzten Wohnung unentgeltlich zu Wohnzwecken überlassen werden. ⁴Hat der Steuerpflichtige die Wohnung angeschafft, so sind die Sätze 1 bis 3 mit der Maßgabe anzuwenden, daß an die Stelle des Jahres der Fertigstellung das Jahr der Anschaffung und an die Stelle der Herstellungskosten die Anschaffungskosten treten; hat der Steuerpflichtige die Wohnung nicht bis zum Ende des zweiten auf das Jahr der Fertigstellung folgenden Jahres angeschafft, kann er von der Bemessungsgrundlage im Jahr der Anschaffung und in den drei folgenden Jahren höchstens jeweils 9.000 Deutsche Mark und in den vier darauffolgenden Jahren höchstens jeweils 7.500 Deutsche Mark abziehen. ⁵§ 6 b Abs. 6 gilt sinngemäß. ⁶Bei einem Anteil an der zu eigenen Wohnzwecken genutzten

---

[1]) Zur Anwendung → § 52 Abs. 14 EStG in der Fassung des Gesetzes zur Neuregelung der steuerrechtlichen Wohneigentumsförderung und des JStErgG 1996:

„(14) ¹Für nach dem 31. Dezember 1986 und vor dem 1. Januar 1991 hergestellte oder angeschaffte Wohnungen im eigenen Haus oder Eigentumswohnungen sowie in diesem Zeitraum fertiggestellte Ausbauten oder Erweiterungen ist § 10 e des Einkommensteuergesetzes 1990 in der Fassung der Bekanntmachung vom 7. September 1990 (BGBl. I S. 1898) weiter anzuwenden. ²Für nach dem 31. Dezember 1990 hergestellte oder angeschaffte Wohnungen im eigenen Haus oder Eigentumswohnungen sowie in diesem Zeitraum fertiggestellte Ausbauten oder Erweiterungen ist § 10 e des Einkommensteuergesetzes in der durch Gesetz vom 24. Juni 1991 (BGBl. I S. 1322) geänderten Fassung weiter anzuwenden. ³Abweichend von Satz 2 ist § 10 e Abs. 1 bis 5 und 6 bis 7 in der durch Gesetz vom 25. Februar 1992 (BGBl. I S. 297) geänderten Fassung erstmals für den Veranlagungszeitraum 1991 bei Objekten im Sinne des § 10 e Abs. 1 und 2 anzuwenden, wenn im Fall der Herstellung der Steuerpflichtige den Bauantrag nach dem 30. September 1991 gestellt oder mit der Herstellung begonnen hat oder im Fall der Anschaffung der Steuerpflichtige das Objekt nach dem 30. September 1991 auf Grund eines nach diesem Zeitpunkt rechtswirksam abgeschlossenen obligatorischen Vertrags oder gleichstehenden Rechtsakts angeschafft hat oder mit der Herstellung des Objekts nach dem 30. September 1991 begonnen worden ist. ⁴§ 10 e Abs. 5 a ist erstmals bei in § 10 e Abs. 1 und 2 bezeichneten Objekten anzuwenden, wenn im Fall der Herstellung der Steuerpflichtige den Bauantrag nach dem 31. Dezember 1991 gestellt oder, falls ein solcher nicht erforderlich ist, mit der Herstellung nach diesem Zeitpunkt begonnen hat, oder im Fall der Anschaffung der Steuerpflichtige das Objekt auf Grund eines nach dem 31. Dezember 1991 rechtswirksam abgeschlossenen obligatorischen Vertrags oder gleichstehenden Rechtsakts angeschafft hat. ⁵§ 10 e Abs. 1 Satz 4 und Abs. 6 Satz 3 in der Fassung dieses Gesetzes ist erstmals anzuwenden, wenn der Steuerpflichtige das Objekt auf Grund eines nach dem 31. Dezember 1993 rechtswirksam abgeschlossenen obligatorischen Vertrags oder gleichstehenden Rechtsakts angeschafft hat." ⁵§ 10 e Abs. 1 Satz 4 in der Fassung des Gesetzes vom 23. Juni 1993 (BGBl. I S. 944) und Abs. 6 Satz 3 in der Fassung des Gesetzes vom 21. Dezember 1993 (BGBl. I S. 2310) ist erstmals anzuwenden, wenn der Steuerpflichtige das Objekt auf Grund eines nach dem 31. Dezember 1993 rechtswirksam abgeschlossenen obligatorischen Vertrags oder gleichstehenden Rechtsakts angeschafft hat. ⁶§ 10 e ist für Veranlagungszeiträume nach 1995 anzuwenden, wenn der Steuerpflichtige im Fall der Herstellung vor dem 1. Januar 1996 mit der Herstellung des Objekts begonnen hat oder im Fall der Anschaffung das Objekt auf Grund eines vor dem 1. Januar 1996 rechtswirksam abgeschlossenen obligatorischen Vertrags oder gleichstehenden Rechtsakts angeschafft hat. ⁷Als Beginn der Herstellung gilt bei Objekten, für die eine Baugenehmigung erforderlich ist, der Zeitpunkt, in dem der Bauantrag gestellt wird; bei baugenehmigungsfreien Objekten, für die Bauunterlagen einzureichen sind, der Zeitpunkt, in dem die Bauunterlagen eingereicht werden."

[2]) Beachte besondere Anwendungsregeln aus Anlaß der Herstellung der Einheit Deutschlands (→ § 57 EStG).

Wohnung kann der Steuerpflichtige den entsprechenden Teil der Abzugsbeträge nach Satz 1 wie Sonderausgaben abziehen. [7]Werden Teile der Wohnung nicht zu eigenen Wohnzwecken genutzt, ist die Bemessungsgrundlage um den auf den nicht zu eigenen Wohnzwecken entfallenden Teil zu kürzen. [8]Satz 4 ist nicht anzuwenden, wenn der Steuerpflichtige die Wohnung oder einen Anteil daran von seinem Ehegatten anschafft und bei den Ehegatten die Voraussetzungen des § 26 Abs. 1 vorliegen.

(2) Absatz 1 gilt entsprechend für Herstellungskosten zu eigenen Wohnzwecken genutzter Ausbauten und Erweiterungen an einer im Inland belegenen, zu eigenen Wohnzwecken genutzten Wohnung.

(3) [1]Der Steuerpflichtige kann die Abzugsbeträge nach den Absätzen 1 und 2, die er in einem Jahr des Abzugszeitraums nicht ausgenutzt hat, bis zum Ende des Abzugszeitraums abziehen. [2]Nachträgliche Herstellungskosten oder Anschaffungskosten, die bis zum Ende des Abzugszeitraums entstehen, können vom Jahr ihrer Entstehung an für die Veranlagungszeiträume, in denen der Steuerpflichtige Abzugsbeträge nach den Absätzen 1 und 2 hätte abziehen können, so behandelt werden, als wären sie zu Beginn des Abzugszeitraums entstanden.

(4) [1]Die Abzugsbeträge nach den Absätzen 1 und 2 kann der Steuerpflichtige nur für eine Wohnung oder für einen Ausbau oder eine Erweiterung abziehen. [2]Ehegatten, bei denen die Voraussetzungen des § 26 Abs. 1 vorliegen, können die Abzugsbeträge nach den Absätzen 1 und 2 für insgesamt zwei der in Satz 1 bezeichneten Objekte abziehen, jedoch nicht gleichzeitig für zwei in räumlichem Zusammenhang belegene Objekte, wenn bei den Ehegatten im Zeitpunkt der Herstellung oder Anschaffung der Objekte die Voraussetzungen des § 26 Abs. 1 vorliegen. [3]Den Abzugsbeträgen stehen die erhöhten Absetzungen nach § 7 b in der jeweiligen Fassung ab Inkrafttreten des Gesetzes vom 16. Juni 1964 (BGBl. I S. 353) und nach § 15 Abs. 1 bis 4 des Berlinförderungsgesetzes in der jeweiligen Fassung ab Inkrafttreten des Gesetzes vom 11. Juli 1977 (BGBl. I S. 1213) gleich. [4]Nutzt der Steuerpflichtige die Wohnung im eigenen Haus oder die Eigentumswohnung (Erstobjekt) nicht bis zum Ablauf des Abzugszeitraums zu eigenen Wohnzwecken und kann er deshalb die Abzugsbeträge nach den Absätzen 1 und 2 nicht mehr in Anspruch nehmen, so kann er die Abzugsbeträge nach Absatz 1 bei einer weiteren Wohnung im Sinne des Absatzes 1 Satz 1 (Folgeobjekt) in Anspruch nehmen, wenn er das Folgeobjekt innerhalb von zwei Jahren vor und drei Jahren nach Ablauf des Veranlagungszeitraums, in dem er das Erstobjekt letztmals zu eigenen Wohnzwecken genutzt hat, anschafft oder herstellt; entsprechendes gilt bei einem Ausbau oder einer Erweiterung einer Wohnung. [5]Im Fall des Satzes 4 ist der Abzugszeitraum für das Folgeobjekt um die Anzahl der Veranlagungszeiträume zu kürzen, in denen der Steuerpflichtige für das Erstobjekt die Abzugsbeträge nach den Absätzen 1 und 2 hätte abziehen können; hat der Steuerpflichtige das Folgeobjekt in einem Veranlagungszeitraum, in dem er das Erstobjekt noch zu eigenen Wohnzwecken genutzt hat, hergestellt oder angeschafft oder ausgebaut oder erweitert, so beginnt der Abzugszeitraum für das Folgeobjekt mit Ablauf des Veranlagungszeitraums, in dem der Steuerpflichtige das Erstobjekt letztmals zu eigenen Wohnzwecken genutzt hat. [6]Für das Folgeobjekt sind die Vomhundertsätze der vom Erstobjekt verbliebenen Jahre maßgebend. [7]Dem Erstobjekt im Sinne des Satzes 4 steht ein Erstobjekt im Sinne des § 7 b Abs. 5 Satz 4 sowie des § 15 Abs. 1 und des § 15 b Abs. 1 des Berlinförderungsgesetzes gleich. [8]Ist für den Steuerpflichtigen Objektverbrauch nach den Sätzen 1 bis 3 eingetreten, kann er die Abzugsbeträge nach den Absätzen 1 und 2 für ein weiteres, in dem in Artikel 3 des Einigungsvertrages genannten Gebiet belegenes Objekt abziehen, wenn der Steuerpflichtige oder dessen Ehegatte, bei denen die Voraussetzungen des § 26 Abs. 1 vorliegen, in dem in Artikel 3 des Einigungsvertrages genannten Gebiet zugezogen ist und

1. seinen ausschließlichen Wohnsitz in diesem Gebiet zu Beginn des Veranlagungszeitraums hat oder ihn im Laufe des Veranlagungszeitraums begründet oder
2. bei mehrfachem Wohnsitz einen Wohnsitz in diesem Gebiet hat und sich dort überwiegend aufhält.

[9]Voraussetzung für die Anwendung des Satzes 8 ist, daß die Wohnung im eigenen Haus oder die Eigentumswohnung vor dem 1. Januar 1995 hergestellt oder angeschafft oder der Ausbau oder die Erweiterung vor diesem Zeitpunkt fertiggestellt worden ist. [10]Die Sätze 2 und 4 bis 6 sind für in Satz 8 bezeichnete Objekte sinngemäß anzuwenden.

(5) [1]Sind mehrere Steuerpflichtige Eigentümer einer zu eigenen Wohnzwecken genutzten Wohnung, so ist Absatz 4 mit der Maßgabe anzuwenden, daß der Anteil des Steuer-

§ 10 e EStG

pflichtigen an der Wohnung einer Wohnung gleichsteht; entsprechendes gilt bei dem Ausbau oder bei der Erweiterung einer zu eigenen Wohnzwecken genutzten Wohnung. ²Satz 1 ist nicht anzuwenden, wenn Eigentümer der Wohnung der Steuerpflichtige und sein Ehegatte sind und bei den Ehegatten die Voraussetzungen des § 26 Abs. 1 vorliegen. ³Erwirbt im Fall des Satzes 2 ein Ehegatte infolge Erbfalls einen Miteigentumsanteil an der Wohnung hinzu, so kann er die auf diesen Anteil entfallenden Abzugsbeträge nach den Absätzen 1 und 2 weiter in der bisherigen Höhe abziehen; entsprechendes gilt, wenn im Fall des Satzes 2 während des Abzugszeitraums die Voraussetzungen des § 26 Abs. 1 wegfallen und ein Ehegatten den Anteil des anderen Ehegatten an der Wohnung erwirbt.

(5 a) ¹Die Abzugsbeträge nach den Absätzen 1 und 2 können nur für die Veranlagungszeiträume in Anspruch genommen werden, in denen der Gesamtbetrag der Einkünfte 120.000 Deutsche Mark, bei nach § 26 b zusammenveranlagten Ehegatten 240.000 Deutsche Mark nicht übersteigt. ²Eine Nachholung von Abzugsbeträgen nach Absatz 3 Satz 1 ist nur für Veranlagungszeiträume möglich, in denen die in Satz 1 genannten Voraussetzungen vorgelegen haben; entsprechendes gilt für nachträgliche Herstellungskosten oder Anschaffungskosten im Sinne des Absatzes 3 Satz 2.

(6) ¹Aufwendungen des Steuerpflichtigen, die bis zum Beginn der erstmaligen Nutzung einer Wohnung im Sinne des Absatzes 1 zu eigenen Wohnzwecken entstehen, unmittelbar mit der Herstellung oder Anschaffung des Gebäudes oder der Eigentumswohnung oder der Anschaffung des dazugehörenden Grund und Bodens zusammenhängen, nicht zu den Herstellungskosten oder Anschaffungskosten der Wohnung oder zu den Anschaffungskosten des Grund und Bodens gehören und die im Fall der Vermietung oder Verpachtung der Wohnung als Werbungskosten abgezogen werden könnten, können wie Sonderausgaben abgezogen werden. ²Wird eine Wohnung bis zum Beginn der erstmaligen Nutzung zu eigenen Wohnzwecken vermietet oder zu eigenen beruflichen oder eigenen betrieblichen Zwecken genutzt und sind die Aufwendungen Werbungskosten oder Betriebsausgaben, können sie wie Sonderausgaben abgezogen werden. ³Aufwendungen nach Satz 1, die Erhaltungsaufwand sind und im Zusammenhang mit der Anschaffung des Gebäudes oder der Eigentumswohnung stehen, können insgesamt nur bis zu 15 vom Hundert der Anschaffungskosten des Gebäudes oder der Eigentumswohnung, höchstens bis zu 15 vom Hundert von 150.000 Deutsche Mark, abgezogen werden. ⁴Die Sätze 1 und 2 gelten entsprechend bei Ausbauten und Erweiterungen an einer zu Wohnzwecken genutzten Wohnung.

(6 a) ¹Nimmt der Steuerpflichtige Abzugsbeträge für ein Objekt nach den Absätzen 1 oder 2 in Anspruch oder ist er auf Grund des Absatzes 5 a zur Inanspruchnahme von Abzugsbeträgen für ein solches Objekt nicht berechtigt, so kann er die mit diesem Objekt in wirtschaftlichem Zusammenhang stehenden Schuldzinsen, die für die Zeit der Nutzung zu eigenen Wohnzwecken entstehen, im Jahr der Herstellung oder Anschaffung und in den beiden folgenden Kalenderjahren bis zur Höhe von jeweils 12.000 Deutsche Mark wie Sonderausgaben abziehen, wenn er das Objekt vor dem 1. Januar 1995 fertiggestellt oder vor diesem Zeitpunkt bis zum Ende des Jahres der Fertigstellung angeschafft hat. ²Soweit der Schuldzinsenabzug nach Satz 1 nicht in vollem Umfang im Jahr der Herstellung oder Anschaffung in Anspruch genommen werden kann, kann er in dem dritten auf das Jahr der Herstellung oder Anschaffung folgenden Kalenderjahr nachgeholt werden. ³Absatz 1 Satz 6 gilt sinngemäß.

(7) ¹Sind mehrere Steuerpflichtige Eigentümer einer zu eigenen Wohnzwecken genutzten Wohnung, so können die Abzugsbeträge nach den Absätzen 1 und 2 und die Aufwendungen nach den Absätzen 6 und 6 a gesondert und einheitlich festgestellt werden. ²Die für die gesonderte Feststellung von Einkünften nach § 180 Abs. 1 Nr. 2 Buchstabe a der Abgabenordnung geltenden Vorschriften sind entsprechend anzuwenden.

§ 10 e EStG
H 115 a   R 115 a

R 115 a. Steuerbegünstigung der zu eigenen Wohnzwecken genutzten Wohnung im eigenen Haus   R 115 a

– unbesetzt –

| Hinweise | H 115 a |

Anschaffungskosten des Grund und Bodens

Erwerb des Grundstücks unter Ablösung eines Nutzungsrechts nach § 287 ZGB DDR

Eine Begünstigung der Anschaffungskosten des im Beitrittsgebiet nach dem 31. 12. 1990 erworbenen Grund und Bodens ist ausgeschlossen, wenn die Wohnung bereits vor dem 1. 1. 1991 angeschafft oder hergestellt worden ist (→ BMF vom 31. 12. 1994 – BStBl I S. 887 – Tz. 4 und 4 b und BFH vom 29. 3. 1995 – BStBl 1995 S. 828).   Anhang 34

Ausbau im Sinne des § 10 e Abs. 2 EStG

Die Zusammenlegung von zwei unzureichend nicht zeitgemäß ausgestatteten Wohnungen kann als steuerbegünstigter Ausbau angesehen werden (→ FG Baden-Württemberg, Außensenate Stuttgart vom 15. 2. 1995 – EFG S. 967 – Rev. – BFH – X R 102/95).

Bauten ohne Baugenehmigung

Wohnungen, Ausbauten oder Erweiterungen, die entgegen den baurechtlichen Vorschriften ohne Genehmigung errichtet wurden, sind nicht nach § 10 e EStG begünstigt (→ BFH vom 31. 5. 1995 – BStBl 1995 II S. 875).

Beginn der Herstellung von Wohnungen im Sinne der Anwendungsvorschrift des § 52 Abs. 14 zu § 10 e EStG

Die Rechtsprechung des BFH zu § 4 b InvZulG zum Herstellungsbeginn von Gebäuden ist, weil § 10 e EStG eine Förderungsnorm ist, in vollem Umfang auf die Anwendungsvorschrift des § 52 Abs. 14 EStG zu § 10 e EStG übertragbar. Beginn der Herstellung ist daher jede Handlung, durch die der Bauherr für sich bindend und unwiderruflich den Bau oder wesentliche Gewerke in Auftrag gibt; hierzu zählen jedenfalls die Erteilung eines spezifizierten Bauauftrags oder der Abschluß eines Bauvertrags mit einem Generalunternehmer (→ Niedersächsisches Finanzgericht vom 14. 9. 1995 – EFG, S. 141 – Rev. – BFH X R 153/95).

Doppelte Haushaltsführung

Zur Anwendung des § 10 e EStG in Fällen der doppelten Haushaltsführung (→ BMF vom 10. 5. 1989 – BStBl I S. 165).

> **Aufwendungen für eine eigene Wohnung im Rahmen einer steuerlich anzuerkennenden doppelten Haushaltsführung;**
> **hier: Anwendung des § 10 e EStG und des § 15 b Berlin FG sowie des § 52 Abs. 21 Sätze 4 bis 6 EStG**
>
> BMF vom 10. 5. 1989 (BStBl I S. 165)
> IV B 3 – S 2225 a – 50/89

Nach dem Urteil des BFH vom 3. 12. 1982 (BStBl II 1983 S. 467) konnten im Rahmen einer doppelten Haushaltsführung die Aufwendungen eines Arbeitnehmers für eine eigene Wohnung am Beschäftigungsort nur als Werbungskosten vom Arbeitslohn abgezogen werden, soweit sie nicht bereits bei den Einkünften aus Vermietung und Verpachtung zu berücksichtigen oder mit dem Grundbetrag nach § 21 a EStG abgegolten waren. Der BFH vertrat die Auffassung, daß die Aufwendungen für die Wohnung zu den Einkünften aus Vermietung und Verpachtung in engerer Beziehung stehen als zu den Einkünften aus nichtselbständiger Arbeit.

Mit dem Wegfall der Nutzungswertbesteuerung entfällt die Zurechnung der Aufwendungen zu den Einkünften aus Vermietung und Verpachtung. Die Aufwendungen sind da-

§ 10 e EStG
R 115a   H 115a

her in vollem Umfang – soweit sie notwendig sind – bei einer steuerlich anzuerkennenden doppelten Haushaltsführung als Werbungskosten bei den Einkünften aus nichtselbständiger Arbeit zu berücksichtigen. Zu den abziehbaren Aufwendungen gehören auch AfA, Schuldzins und Reparaturkosten. Die Aufwendungen sind in der Höhe als notwendig anzusehen, in der sie der Steuerpflichtige als Mieter für eine nach Größe, Ausstattung und Lage angemessene Wohnung tragen müßte.

Unter Bezugnahme auf das Ergebnis der Erörterung mit den obersten Finanzbehörden der Länder gilt für die Anwendung des § 10 e EStG und des § 15 b BerlinFG sowie des § 52 Abs. 21 Sätze 4 bis 6 EStG folgendes:

Liegen bei einer eigenen Wohnung im jeweiligen Jahr des Abzugszeitraums während der gesamten Dauer der Nutzung zu eigenen Wohnzwecken die Voraussetzungen für den Abzug notwendiger Mehraufwendungen wegen einer doppelten Haushaltsführung als Werbungskosten nach § 9 Abs. 1 Nr. 5 EStG oder als Betriebsausgaben nach § 4 Abs. 4 i. V. m. Abs. 5 Nr. 7 EStG vor, ist die Inanspruchnahme von Abzugsbeträgen nach § 10 e EStG und § 15 b BerlinFG für diese Wohnung ausgeschlossen (entsprechende Anwendung des Abschnitts I Abs. 2 des BMF-Schreibens vom 15. 5. 1987, BStBl I S. 434, und der gleichlautenden Erlasse der obersten Finanzbehörden der Länder). Aufwendungen, die vor dem Beginn der erstmaligen Nutzung der eigenen Wohnung im Rahmen einer steuerlich anzuerkennenden doppelten Haushaltsführung entstehen, können nicht nach § 10 e Abs. 6 EStG abgezogen werden. Macht der Steuerpflichtige die Fahrtkosten für Fahrten zwischen Familienwohnung und Arbeits- oder Betriebsstätte als Werbungskosten nach § 9 Abs. 1 Nr. 4 EStG oder als Betriebsausgaben nach § 4 Abs. 4 i. V. m. Abs. 5 Nr. 6 EStG geltend und scheidet deshalb der Abzug der notwendigen Mehraufwendungen wegen einer doppelten Haushaltsführung aus (vgl. BFH-Urteil vom 9. 6. 1988, BStBl II S. 990), kann er die Abzugsbeträge nach § 10 e EStG und § 15 b BerlinFG für die eigene Wohnung am Beschäftigungsort in Anspruch nehmen.

Wenn der Steuerpflichtige die Übergangsregelungen nach § 52 Abs. 21 Sätze 4 bis 6 EStG in Anspruch nimmt, können die von diesen Regelungen nicht erfaßten Aufwendungen für die eigene Wohnung am Beschäftigungsort – soweit sie notwendig sind – im Rahmen einer steuerlich anzuerkennenden doppelten Haushaltsführung als Werbungskosten oder als Betriebsausgaben abgezogen werden.

Ferien- und Wochenendwohnung
Keine Steuerbegünstigung nach § 10 e EStG für Wohnungen in einem Sondernutzungsgebiet im Sinne von § 10 BauNVO ohne baurechtliche Genehmigung der Dauernutzung, auch wenn die Wohnung die einzige Wohnung des Steuerpflichtigen ist (→ BFH vom 31. 5. 1995 – BStBl II S. 720).

Eine Steuervergünstigung nach § 10 e Abs. 1 EStG wird für eine Eigentumswohnung gewährt, die in einem Kurgebiet liegt und zum dauernden Wohnen geeignet ist (→ FG Rheinland-Pfalz vom 29. 6. 1995 – EFG S. 1017 – Rev. – BFH – X R 110/95).

Gesetz zur Neuregelung der steuerrechtlichen Wohneigentumsförderung vom 15. 12. 1995 (BGBl. I S. 1783)

1. **Eigenheimzulagengesetz (EigZulG)**
Anhang 34   Muster des Antrags auf Eigenheimzulage → Anhang 34

2. **Vorkostenabzug** bei einer nach dem Eigenheimzulagengesetz begünstigten Wohnung → § 10 i EStG.

Nachholung von Abzugsbeträgen nach § 10 e Abs. 3 EStG
Abzugsbeträge nach § 10 e Abs. 1 und 2 EStG sind auch insoweit nicht ausgenutzt, als sie zwar geltend gemacht, jedoch unter Berücksichtigung einer Steuerermäßigung nach § 34 f Abs. 2 EStG nicht erforderlich waren, um eine Steuerfreistellung zu erreichen (→ BFH vom 25. 1. 1995 – BStBl II S. 586).

Anhang 25   **Neuregelung der steuerrechtlichen Förderung des selbstgenutzten Wohneigentums (Wohneigentumsförderungsgesetz)**

1. Übergangsregelung nach § 52 Abs. 15 und 21 EStG bei Wohnungen im Betriebsvermögen
→ BMF vom 12. 11. 1986 (BStBl I S. 528)

§ 10 e EStG
H 115 a   R 115 a

2. Übergangsregelung nach § 52 Abs. 21 EStG bei Wohnungen im Privatvermögen
→ BMF vom 19. 9. 1986 (BStBl I S. 480)

Nutzung zu eigenen Wohnzwecken
Eine Wohnung wird vom Eigentümer **nicht** selbst genutzt, wenn ein Kind unter Einsatz der Mittel aus einer Schenkung des Stpfl. eine Wohnung mietet (→ BFH vom 23. 2. 1994 – BStBl II S. 694).

Eine Steuervergünstigung gemäß § 10 e Abs. 1 EStG wird dem Eigentümer nicht gewährt, der eine Eigentumswohnung unter Vorbehaltsnießbrauch erwirbt und der zusammen mit dem Nießbraucher die Wohnung bewohnt (→ FG Rheinland-Pfalz vom 29. 6. 1995 – EFG S. 1016).

Dem Eigentümer einer Wohnung steht die Steuerbegünstigung nach § 10 e EStG zu, wenn er diese nicht selbst bewohnt, sondern einem einkommensteuerrechtlich **zu berücksichtigenden Kind** zur alleinigen Nutzung überläßt (→ BFH vom 26. 1. 1994 – BStBl II S. 544).

→ H 191 (Rechtsprechung zur auswärtigen Unterbringung)

Objektverbrauch
Erwirbt ein Miteigentümer bis zum Ende des VZ, in dem der Abzugszeitraum für den ursprünglichen Anteil beginnt, einen oder mehrere Miteigentumsanteile hinzu, stellen ursprünglicher und hinzuerworbener Miteigentumsanteil ein einheitliches Objekt dar (→ BMF vom 31. 12. 1994 – BStBl I S. 887, Tz. 32 und BFH vom 9. 11. 1994 – BStBl 1995 II S. 258). Anhang 34

Steuerbegünstigung der zu eigenen Wohnzwecken genutzten Wohnung im eigenen Haus nach § 10 e EStG Anhang 34
→ BMF vom 31. 12. 1994 (BStBl I S. 887)

Übernahme von Verbindlichkeiten (→ BMF vom 7. 8. 1992 – BStBl I S. 522)

Teilentgeltlicher Erwerb eines § 10 e-Objekts im Wege vorweggenommener Erbfolge; hier: Anwendung des BFH-Urteils vom 7. August 1991 – X R 116/89 – (BStBl 1992 II S. 736)

BMF vom 7. 8. 1992 (BStBl I S. 522)
IV B 3 – S 2225 a – 171/92

Nach dem Ergebnis der Erörterung mit den obersten Finanzbehörden der Länder wird zu der Frage der Anwendung des BFH-Urteils vom 7. 8. 1991[1]) wie folgt Stellung genommen:

Soweit der BFH mit o. g. Urteil entschieden hat, daß auf dem Grundstück lastende Verbindlichkeiten bei Erwerb im Wege vorweggenommener Erbfolge nur insoweit Anschaffungskosten darstellen und damit zur Bemessungsgrundlage für den Abzugsbetrag nach § 10 e EStG gehören, als sie auf die dem Rechtsvorgänger entstandenen Anschaffungs- oder Herstellungskosten des Gebäudes und die Hälfte der Anschaffungskosten des Grund und Bodens entfallen, ist die Entscheidung nicht über den Einzelfall hinaus anzuwenden. Im Rahmen einer vorweggenommenen Erbfolge übernommene Verbindlichkeiten führen unabhängig von ihrem Entstehungsgrund zu Anschaffungskosten und sind somit in die Bemessungsgrundlage nach § 10 e EStG einzubeziehen, soweit der Erwerber die Begleichung der Verbindlichkeiten auf sich nimmt, um die Verfügungsmöglichkeit über die Wohnung im Sinne des § 10 e EStG zu erlangen (vgl. Beschluß des Großen Senats vom 5. 7. 1990, BStBl II S. 847, und BFH-Urteil vom 10. 4. 1991, BStBl II S. 791). Die Aufteilung der hiernach aufgewandten Anschaffungskosten auf Grund und Boden und auf Gebäude oder Gebäudeteile ist nach dem Verhältnis der Verkehrswerte vorzunehmen (vgl. Tz. 17 des BMF-Schreibens vom 25. 10. 1990, BStBl I S. 626).

---
[1]) → BStBl 1992 II S. 736.

§ 10 e EStG
R 115 a   H 115 a

Vorkostenabzug nach § 10 e Abs. 6 EStG

- Vier Jahre nach dem Erwerb aufgewendete Zinsen für ein Darlehen, das zum Kauf der Wohnung aufgenommen worden war, hängen noch unmittelbar mit der Anschaffung im Sinne des § 10 e Abs. 6 Satz 1 EStG zusammen (→ BFH vom 27. 6. 1995 – BFHE 178, 155);

- Schlägt ein Grundstückserwerb fehl, sind die für ein dafür aufgenommenes Darlehen gezahlten Zinsen nicht als Vorkosten gem. § 10 e Abs. 6 EStG abzugsfähig. Dies gilt auch dann, wenn in späteren Jahren ein anderes Grundstück mit dem Darlehen erworben wird (→ FG Münster vom 9. 11. 1994 – EFG 1996 S. 20 – Rev. – BFH – X R 140/95);

- Nutzt ein Erbe das im Weg der Gesamtrechtsnachfolge erworbene Einfamilienhaus von vornherein nicht zur Einkünfteerzielung, sondern läßt er es abbrechen und ein neues Einfamilienhaus für eigene Wohnzwecke errichten, kann er weder den Restwert des alten Hauses noch die Abbruchkosten als Vorkosten nach § 10 e Abs. 6 EStG abziehen (→ BFH vom 6. 12. 1995 – X R 116/91).

Wohnungen von zivilrechtlichen oder wirtschaftlichen Eigentümern

§ 10 e EStG begünstigt nur Wohnungen, die zivilrechtlich im Eigentum des Steuerpflichtigen stehen oder ihm auf Grund § 39 AO steuerrechtlich zuzurechnen sind. Auch für die Inanspruchnahme des Vorkostenabzugs nach § 10 e Abs. 6 EStG reicht es nicht aus, daß der die Wohnung Nutzende die Herstellungskosten getragen hat (→ BFH vom 20. 9. 1995 – BFHE 178, 429).

§ 10 f
Steuerbegünstigung für zu eigenen Wohnzwecken genutzte Baudenkmale und Gebäude in Sanierungsgebieten und städtebaulichen Entwicklungsbereichen

(1) ¹Der Steuerpflichtige kann Aufwendungen an einem eigenen Gebäude im Kalenderjahr des Abschlusses der Baumaßnahme und in den neun folgenden Kalenderjahren jeweils bis zu 10 vom Hundert wie Sonderausgaben abziehen, wenn die Voraussetzungen des § 7 h oder des § 7 i vorliegen. ²Dies gilt nur, soweit er das Gebäude in dem jeweiligen Kalenderjahr zu eigenen Wohnzwecken nutzt und die Aufwendungen nicht in die Bemessungsgrundlage nach § 10 e oder dem Eigenheimzulagengesetz einbezogen hat. ³Für Zeiträume, für die der Steuerpflichtige erhöhte Absetzungen von Aufwendungen nach § 7 h oder § 7 i abgezogen hat, kann er für diese Aufwendungen keine Abzugsbeträge nach Satz 1 in Anspruch nehmen. ⁴Eine Nutzung zu eigenen Wohnzwecken liegt auch vor, wenn Teile einer zu eigenen Wohnzwecken genutzten Wohnung unentgeltlich zu Wohnzwecken überlassen werden.

(2) ¹Der Steuerpflichtige kann Erhaltungsaufwand, der an einem eigenen Gebäude entsteht und nicht zu den Betriebsausgaben oder Werbungskosten gehört, im Kalenderjahr des Abschlusses der Maßnahme und in den neun folgenden Kalenderjahren jeweils bis zu 10 vom Hundert wie Sonderausgaben abziehen, wenn die Voraussetzungen des § 11 a Abs. 1 in Verbindung mit § 7 h Abs. 2 oder des § 11 b Satz 1 oder 2 in Verbindung mit § 7 i Abs. 1 Satz 2 und Abs. 2 vorliegen. ²Dies gilt nur, soweit der Steuerpflichtige das Gebäude in dem jeweiligen Kalenderjahr zu eigenen Wohnzwecken nutzt und diese Aufwendungen nicht nach § 10 e Abs. 6 oder § 10; abgezogen hat. ³Soweit der Steuerpflichtige das Gebäude während des Verteilungszeitraums zur Einkunftserzielung nutzt, ist der noch nicht berücksichtigte Teil des Erhaltungsaufwands im Jahr des Übergangs zur Einkunftserzielung wie Sonderausgaben abzuziehen. ⁴Absatz 1 Satz 4 ist entsprechend anzuwenden.

(3) ¹Die Abzugsbeträge nach den Absätzen 1 und 2 kann der Steuerpflichtige nur bei einem Gebäude in Anspruch nehmen. ²Ehegatten, bei denen die Voraussetzungen des § 26 Abs. 1 vorliegen, können die Abzugsbeträge nach den Absätzen 1 und 2 bei insgesamt zwei Gebäuden abziehen. ³Gebäuden im Sinne der Absätze 1 und 2 stehen Gebäude gleich, für die Abzugsbeträge nach § 52 Abs. 21 Satz 6 in Verbindung mit § 51 Abs. 1 Nr. 2 Buchstabe x oder Buchstabe y des Einkommensteuergesetzes 1987 in der Fassung der Bekanntmachung vom 27. Februar 1987 (BGBl. I S. 657) in Anspruch genommen worden sind; entsprechendes gilt für Abzugsbeträge nach § 52 Abs. 21 Satz 7.

(4) ¹Sind mehrere Steuerpflichtige Eigentümer eines Gebäudes, so ist Absatz 3 mit der Maßgabe anzuwenden, daß der Anteil des Steuerpflichtigen an einem solchen Gebäude dem Gebäude gleichsteht. ²Erwirbt ein Miteigentümer, der für seinen Anteil bereits Abzugsbeträge nach Absatz 1 oder Absatz 2 abgezogen hat, einen Anteil an demselben Gebäude hinzu, kann er für danach von ihm durchgeführte Maßnahmen im Sinne der Absätze 1 oder 2 auch die Abzugsbeträge nach den Absätzen 1 und 2 in Anspruch nehmen, die auf den hinzuerworbenen Anteil entfallen. ³§ 10 e Abs. 5 Satz 2 und 3 sowie Abs. 7 ist sinngemäß anzuwenden.

(5) Die Absätze 1 bis 4 sind auf Gebäudeteile, die selbständige unbewegliche Wirtschaftsgüter sind, und auf Eigentumswohnungen entsprechend anzuwenden.

S 2225 c
Anlage 3

Anhang 34

R 115 b. Steuerbegünstigung für zu eigenen Wohnzwecken genutzte Baudenkmale und Gebäude in Sanierungsgebieten und städtebaulichen Entwicklungsbereichen

R 83 a und 83 b gelten entsprechend.

EStG

§ 10 g[1])
**Steuerbegünstigung für schutzwürdige Kulturgüter,
die weder zur Einkunftserzielung noch zu eigenen
Wohnzwecken genutzt werden**

Anlage 3

(1) ¹Der Steuerpflichtige kann Aufwendungen für Herstellungs- und Erhaltungsmaßnahmen an eigenen schutzwürdigen Kulturgütern im Inland, soweit sie öffentliche oder private Zuwendungen oder etwaige aus diesen Kulturgütern erzielte Einnahmen übersteigen, im Kalenderjahr des Abschlusses der Maßnahme und in den neun folgenden Kalenderjahren jeweils bis zu 10 vom Hundert wie Sonderausgaben abziehen. ²Kulturgüter im Sinne des Satzes 1 sind

1. Gebäude oder Gebäudeteile, die nach den jeweiligen landesrechtlichen Vorschriften ein Baudenkmal sind,
2. Gebäude oder Gebäudeteile, die für sich allein nicht die Voraussetzungen für ein Baudenkmal erfüllen, aber Teil einer nach den jeweiligen landesrechtlichen Vorschriften als Einheit geschützten Gebäudegruppe oder Gesamtanlage sind,
3. gärtnerische, bauliche und sonstige Anlagen, die keine Gebäude oder Gebäudeteile und nach den jeweiligen landesrechtlichen Vorschriften unter Schutz gestellt sind,
4. Mobiliar, Kunstgegenstände, Kunstsammlungen, wissenschaftliche Sammlungen, Bibliotheken oder Archive, die sich seit mindestens 20 Jahren im Besitz der Familie des Steuerpflichtigen befinden oder in das Verzeichnis national wertvollen Kulturgutes oder das Verzeichnis national wertvoller Archive eingetragen sind und deren Erhaltung wegen ihrer Bedeutung für Kunst, Geschichte oder Wissenschaft im öffentlichen Interesse liegt,

wenn sie in einem den Verhältnissen entsprechenden Umfang der wissenschaftlichen Forschung oder der Öffentlichkeit zugänglich gemacht werden, es sei denn, dem Zugang stehen zwingende Gründe des Denkmal- oder Archivschutzes entgegen. ³Die Maßnahmen müssen nach Maßgabe der geltenden Bestimmungen der Denkmal- und Archivpflege erforderlich und in Abstimmung mit der in Absatz 3 genannten Stelle durchgeführt worden sein; bei Aufwendungen für Herstellungs- und Erhaltungsmaßnahmen an Kulturgütern im Sinne des Satzes 2 Nr. 1 und 2 ist § 7 i Abs. 1 Sätze 1 bis 4 sinngemäß anzuwenden.

(2) ¹Die Abzugsbeträge nach Absatz 1 Satz 1 kann der Steuerpflichtige nur in Anspruch nehmen, soweit er die schutzwürdigen Kulturgüter im jeweiligen Kalenderjahr weder zur Erzielung von Einkünften im Sinne des § 2 noch Gebäude oder Gebäudeteile zu eigenen Wohnzwecken nutzt und die Aufwendungen nicht nach § 10 e Abs. 6, § 10 h Satz 3 oder § 10 i abgezogen hat. ²Für Zeiträume, für die der Steuerpflichtige von Aufwendungen Absetzungen für Abnutzung, erhöhte Absetzungen, Sonderabschreibungen oder Beträge nach § 10 e Abs. 1 bis 5, den §§ 10 f, 10 h, 15 b des Berlinförderungsgesetzes oder § 7 Abs. 1 des Fördergebietsgesetzes abgezogen hat, kann er für diese Aufwendungen keine Abzugsbeträge nach Absatz 1 Satz 1 in Anspruch nehmen; Entsprechendes gilt, wenn der Steuerpflichtige für Aufwendungen die Eigenheimzulage nach dem Eigenheimzulagengesetz in Anspruch genommen hat. ³Soweit die Kulturgüter während des Zeitraums nach Absatz 1 Satz 1 zur Einkunftserzielung genutzt werden, ist der noch nicht berücksichtigte Teil der Aufwendungen, die auf Erhaltungsarbeiten entfallen, im Jahr des Übergangs zur Einkunftserzielung wie Sonderausgaben abzuziehen.

Anhang 34

(3) ¹Der Steuerpflichtige kann den Abzug vornehmen, wenn er durch eine Bescheinigung der nach Landesrecht zuständigen oder von der Landesregierung bestimmten Stelle die Voraussetzungen des Absatzes 1 für das Kulturgut und für die Erforderlichkeit der Aufwendungen nachweist. ²Hat eine für Denkmal- oder Archivpflege zuständige Behörden ihm Zuschüsse gewährt, so hat die Bescheinigung auch deren Höhe zu enthalten; werden ihm solche Zuschüsse nach Ausstellung der Bescheinigung gewährt, so ist diese entsprechend zu ändern.

(4) ¹Die Absätze 1 bis 3 sind auf Gebäudeteile, die selbständige unbewegliche Wirtschaftsgüter sind, sowie auf Eigentumswohnungen und im Teileigentum stehende Räume entsprechend anzuwenden. ²§ 10 e Abs. 7 gilt sinngemäß.

---

[1]) Zur Anwendung → § 52 Abs. 14 a EStG.

§ 10 g EStG
Hinweise

Hinweise

Bescheinigungsrichtlinien zur Anwendung des § 10 g EStG

→ Erlaß des FinMin Niedersachsen vom 3. 11. 1995 – S 2030 – 124 – 351 (→ ESt-Kartei ND – § 10 g EStG Nr. 1) im Einvernehmen mit dem BMF und den obersten Finanzbehörden der Länder:

Anlagen: 1

Als Anlage übersende ich Ihnen die Bescheinigungsrichtlinien zur Anwendung des § 10 g EStG sowie eine Übersicht der von den Ländern mitgeteilten zuständigen Bescheinigungsbehörden.

Dieser Erlaß ergeht im Einvernehmen mit dem Bundesministerium der Finanzen und den obersten Finanzbehörden der anderen Länder.

Ich bitte, die Finanzämter hiervon zu unterrichten.

Anlage 1

Bescheinigungsrichtlinien zur Anwendung des § 10 g EStG

Die Inanspruchnahme der Steuervergünstigung für Aufwendungen für Herstellungs- und Erhaltungsmaßnahmen an eigenen schutzwürdigen Kulturgütern, die weder zur Einkunftserzielung noch zu eigenen Wohnzwecken genutzt werden (§ 10 g EStG), setzt eine Bescheinigung der nach Landesrecht zuständigen oder von der Landesregierung bestimmten Stelle voraus.

1. **Bescheinigungsverfahren**

    Die Bescheinigung, die objektbezogen ist, muß der Eigentümer des Kulturguts schriftlich beantragen (vgl. Mustervordruck 1). Die Bescheinigung hat inhaltlich dem Mustervordruck 2 zu entsprechen. An einen Vertreter kann eine Bescheinigung nur erteilt werden, wenn eine wirksame Vertretungsbefugnis vorliegt.

    Die Bescheinigungsbehörde hat zu prüfen,

    1. ob die Maßnahmen

        a) an einem Kulturgut i. S. des § 10 g Abs. 1 Satz 2 EStG durchgeführt worden sind (vgl. Tz. 2),

        b) erforderlich waren (vgl. Tz. 3),

        c) in Abstimmung mit der zuständigen Stelle durchgeführt worden sind (vgl. Tz. 4),

    2. in welcher Höhe Aufwendungen, die die vorstehenden Voraussetzungen erfüllen, angefallen sind (vgl. Tz. 5),

    3. inwieweit Zuschüsse aus öffentlichen Mitteln durch eine der für Denkmal- oder Archivpflege zuständigen Behörden bewilligt worden sind oder nach Ausstellung der Bescheinigung bewilligt werden (vgl. Tz. 6).

    Die Bescheinigung unterliegt weder in rechtlicher noch in tatsächlicher Hinsicht der Nachprüfung durch die Finanzbehörden und Finanzgerichte. Es handelt sich hierbei um einen Verwaltungsakt in Form eines Grundlagenbescheides, an den die Finanzbehörden im Rahmen des gesetzlich vorgegebenen Umfangs gebunden sind (§ 175 Abs. 1 Satz 1 Nr. 1 Abgabenordnung). Ist jedoch offensichtlich, daß die Bescheinigung für Maßnahmen erteilt worden ist, bei denen die Voraussetzungen nicht vorliegen, hat die Finanzbehörde ein Remonstrationsrecht, d. h. sie kann die Bescheinigungbehörde zur Überprüfung veranlassen sowie um Rücknahme oder Änderung der Bescheinigung nach Maßgabe des § 48 Verwaltungsverfahrensgesetz (VwVfG) bitten. Die Bescheini-

§ 10 g EStG
Hinweise

gungsbehörde ist verpflichtet, dem Finanzamt von der Rücknahme oder Änderung der Bescheinigung Mitteilung zu machen (§ 4 Mitteilungsverordnung).

Die bescheinigten Aufwendungen können steuerrechtlich jedoch nur berücksichtigt werden, wenn auch die weiteren steuerrechtlichen Voraussetzungen, die durch das zuständige Finanzamt geprüft werden, vorliegen (vgl. Tz. 7).

Um dem Eigentümer frühzeitig Klarheit über den Inhalt der zu erwartenden Bescheinigung zu geben, kann die Bescheinigungsbehörde bereits eine schriftliche Zusicherung nach § 38 VwVfG über die zu erwartende Bescheinigung geben. Eine verbindliche Auskunft über die voraussichtliche Höhe der Steuervergünstigung kann nur das Finanzamt erteilen. Voraussetzung hierfür ist eine solche Zusicherung.

2. Kulturgüter i. S. des § 10 g Abs. 1 Satz 2 EStG
2.1 Die zuständige Behörde hat zu bescheinigen, daß

- das Gebäude oder der Gebäudeteil nach den Vorschriften des Denkmalschutzgesetzes ein Baudenkmal oder Teil einer geschützten Gesamtanlage oder Gebäudegruppe ist,

- die gärtnerische, bauliche oder sonstige Anlage, die kein Gebäude oder Gebäudeteil ist, nach den jeweiligen landesrechtlichen Vorschriften unter Schutz gestellt ist,

- Mobiliar, Kunstgegenstände, Kunstsammlungen, wissenschaftliche Sammlungen, Bibliotheken oder Archive

- sich seit mindestens 20 Jahren im Besitz der Familie des Steuerpflichtigen befinden oder

- in das Verzeichnis national wertvollen Kulturgutes oder

- in das Verzeichnis national wertvoller Archive eingetragen sind und

- ihre Erhaltung wegen ihrer Bedeutung für Kunst, Geschichte oder Wissenschaft im öffentlichen Interesse liegt.

2.1.1 Begriffsbestimmungen

Unter den Begriffen Gebäudegruppe oder Gesamtanlage im Sinne dieser Richtlinien sind alle Begriffe zu verstehen, die nach den Denkmalschutzgesetzen der Länder für den Schutz einer Einheit aus mehreren Objekten gelten. Hierzu gehören nicht Gebäude in der engeren Umgebung eines Baudenkmals die außerhalb des denkmalgeschützten Bereichs liegen.

Gärtnerische Anlagen sind historische Park- und Gartenanlagen, die Gegenstand des Denkmalschutzes sind. Dazu gehören auch die in die gärtnerische Anlage einbezogenen baulichen Anlagen, soweit diese nicht eigenständig unter Schutz gestellt sind (z. B. Freitreppen, Balustraden, Pavillions, Mausoleen, Anlagen zur Wasserregulierung, künstliche Grotten, Wasserspiele, Brunnenanlagen). Die Abgrenzung gegenüber einem Naturdenkmal oder einem geschützten Landschaftsteil richtet sich nach dem Denkmalrecht des betreffenden Landes.

Bauliche Anlagen im Sinne dieser Richtlinien sind bauliche Anlagen im Sinne des jeweiligen Landesbaurechts, die keine Gebäude oder Gebäudeteile sind (z. B. Brücken, Befestigungen). Die bauliche Anlage selbst muß Gegenstand des Denkmalschutzes sein. Zu den baulichen Anlagen gehören auch Teile von baulichen Anlagen z. B. Ruinen oder sonstige übriggebliebene Teile ehemals größerer Anlagen.

Zu den sonstigen Anlagen gehören z. B. Bodendenkmäler oder Maschinen, die Gegenstand des Denkmalschutzes sind.

Mobiliar muß die Voraussetzungen des § 10 g Abs. 1 Satz 2 Nr. 4 erfüllen. Das gilt auch dann, wenn es nach den jeweiligen Vorschriften der Denkmalgesetze Teil des Denkmals (Historische Ausstattung) ist. Zum Mobiliar rechnen die beweglichen Ausstattungsstücke eines Gebäudes, darunter auch Einzelstücke wie der Bilderschmuck oder die Einrichtung von Räumen, Gegenstände des Kunsthandwerks, Ritterrüstungen, alte Kanonen oder die Einrichtung eines Gelehrten, Staatsmanns, Dichters, Schriftstellers, Musikers oder Künstlers.

§ 10 g EStG
Hinweise

Kunstgegenstände sind solche im Sinne des Bewertungsgesetzes. Danach sind Kunstgegenstände nur Werke der reinen Kunst, wie z. B. Gemälde, Skulpturen, graphische Werke.

Kunstsammlungen umfassen Kunstgegenstände im vorgenannten Sinne.

Wissenschaftliche Sammlungen umfassen Gegenstände, die nach wissenschaftlichen Interessen unter bestimmten Gesichtspunkten zusammengestellt sind.

2.1.2 Unterschutzstellung von Kulturgütern i. S. des § 10 g Abs. 1 Satz 2 Nrn. 1 bis 3 EStG

Gebäude, Gebäudeteile, gärtnerische, bauliche oder sonstige Anlagen müssen bereits vor Beginn der Maßnahmen den öffentlich-rechtlichen Bindungen des Denkmalschutzes in der näheren Ausgestaltung durch die Denkmalschutzgesetze der Länder unterliegen. Es kommt nicht darauf an, ob diese Bindungen unmittelbar durch Gesetz, Rechtsverordnung, besonderen Verwaltungsakt, öffentlich-rechtlichen Vertrag, schriftliche unwiderrufliche Unterwerfungserklärung unter die gesetzlich vorgeschriebenen Schutzmaßnahmen oder vorläufig durch eine solche Erklärung im Zusammenhang mit einem Antrag auf Unterschutzstellung begründet werden. Bei einer unwiderruflichen Unterwerfungserklärung muß die Bescheinigung einen Widerrufsvorbehalt für den Fall enthalten, daß die gesetzlich vorgesehenen Schutzmaßnahmen nicht eingehalten werden oder das Objekt im Fall der vorläufigen Unterschutzstellung nach Abschluß des Verwaltungsverfahrens nicht nach den Regeln des jeweiligen Landesdenkmalschutzgesetzes unter Denkmalschutz gestellt wird. Entfällt die öffentlich-rechtliche Bindung durch die Denkmalschutzvorschriften innerhalb des 10-jährigen Begünstigungszeitraumes des § 10 g EStG, ist dies dem zuständigen Finanzamt mitzuteilen (§ 4 Mitteilungsverordnung).

2.1.3 Unterschutzstellung von Kulturgütern i. S. des § 10 g Abs. 1 Satz 2 Nr. 4 EStG

Ist das Kulturgut in das Verzeichnis national wertvollen Kulturguts oder das Verzeichnis national wertvoller Archive eingetragen, braucht nicht bescheinigt zu werden, daß sich das Kulturgut seit mindestens 20 Jahren im Familienbesitz befindet. Mit der Eintragung steht fest, daß die Erhaltung im öffentlichen Interesse liegt.

Zur Familie sind alle Angehörigen i. S. des § 15 AO zu rechnen; es kann sich aber auch um eine Familienstiftung handeln.

2.2 Zugänglichmachen

Für alle Kulturgüter ist ferner zu bescheinigen, daß sie in einem den Verhältnissen entsprechenden Umfang der wissenschaftlichen Forschung oder der Öffentlichkeit zugänglich gemacht werden. Ein den Verhältnissen entsprechendes Zugänglichmachen ist gegeben, wenn der Eigentümer der Denkmalbehörde oder dem Heimatpfleger mitteilt, er sei bereit, interessierten Wissenschaftlern oder Besuchergruppen den Zutritt zu gestatten und sie zu führen, wenn sie von dort empfohlen werden. Bewegliche Kulturgüter werden der Öffentlichkeit auch durch Leihgaben anläßlich von Ausstellungen oder wissenschaftlichen Arbeiten zugänglich gemacht. Stehen dem Zugang zwingende Gründe des Denkmal- oder Archivschutzes entgegen, sind auch diese zu berücksichtigen.

3. Erforderlichkeit der Maßnahmen

3.1 Es ist zu bescheinigen, daß die durchgeführte Maßnahme nach Art und Umfang

   a) bei Gebäuden oder Gebäudeteilen zur Erhaltung als Baudenkmal

   b) bei einem Gebäude oder Gebäudeteil, das Teil einer geschützten Gebäudegruppe oder Gesamtanlage ist, zur Erhaltung des schützenswerten äußeren Erscheinungsbildes der Gebäudegruppe oder Gesamtanlage

   c) bei anderen Kulturgütern zu ihrer Erhaltung

nach Maßgabe der geltenden Bestimmungen der Denkmal- und Archivpflege oder sonstiger öffentlich-rechtlicher Schutz- und Erhaltungsvorschriften erforderlich waren.

Zur Erhaltung des Kulturguts erforderliche Maßnahmen sind solche, die der Eigentümer im Rahmen der Erhaltungspflicht z. B. nach den Denkmalschutzgesetzen der Länder durchführen muß. Die Versicherung des Kulturguts gehört nicht hierzu. Es reicht nicht aus, daß die Maßnahmen aus fachlicher Sicht angemessen oder vertretbar sind, sie müssen zur Erhaltung des schutzwürdigen Zustands, z. B. auch zur Abwen-

§ 10 g EStG
Hinweise

dung von Schäden, oder zur Wiederherstellung eines solchen Zustands notwendig sein. Maßnahmen, die ausschließlich durch das Zugänglichmachen des Kulturguts für die Öffentlichkeit veranlaßt werden (z. B. Errichtung eines Kassenhäuschens oder Besucherparkplatzes), gehören nicht dazu. Aufwendungen hierfür (z. B. auch Lohnkosten für Aufsichtspersonal) können nur mit den Einnahmen aus dem Kulturgut verrechnet werden.

3.2 An einem Gebäude oder Gebäudeteil sind auch Maßnahmen bescheinigungsfähig, die zu seiner sinnvollen Nutzung erforderlich sind. Das Merkmal ist erfüllt, wenn die Maßnahmen

- die Denkmaleigenschaft nicht oder nicht wesentlich beeinträchtigen,
- erforderlich sind, um eine unter denkmalschutzrechtlichen Gesichtspunkten sinnvolle Nutzung des Baudenkmals zu erhalten, wiederherzustellen oder zu ermöglichen, und
- geeignet erscheinen, die Erhaltung des Baudenkmals sicherzustellen (vgl. dazu auch Tz. 2. 8 und 2. 9 der Bescheinigungsrichtlinien zur Anwendung des § 7 i EStG).

4. Abstimmung der Maßnahmen

Es muß bescheinigt werden, daß die Maßnahmen vor Beginn ihrer Ausführung mit der Bescheinigungsbehörde abgestimmt worden sind. Die Abstimmung kann innerhalb eines denkmalrechtlichen Erlaubnisverfahrens oder bei Gebäuden oder Gebäudeteilen innerhalb eines Baugenehmigungsverfahrens erfolgen. Die nachträglich ausgesprochene Erlaubnis für Veränderungen an einem Denkmal kann das Erfordernis der vorherigen Abstimmung nicht ersetzen. Ist eine vorherige Abstimmung unterblieben, liegen die Voraussetzungen für die Erteilung der Bescheinigung nicht vor, selbst dann, wenn sich das Ergebnis als denkmalverträglich darstellt.

Wird erst im Verlauf der Maßnahme erkennbar, daß ein Kulturgut i. S. der Tz. 1 vorliegt, können die Aufwendungen bescheinigt werden, die ab dem Zeitpunkt entstehen, ab dem das Baudenkmal den öffentlich-rechtlichen Bindungen des Denkmalschutzgesetzes unterliegt, und die Baumaßnahmen betreffen, die vor ihrem Beginn mit der Bescheinigungsbehörde abgestimmt worden sind.

Bei laufenden oder regelmäßig wiederkehrenden Maßnahmen reicht es aus, wenn sie einmal vorweg abgestimmt werden (z. B. laufende Pflege bei geschützten Garten- und Parkanlagen).

Soll von den abgestimmten Maßnahmen abgewichen werden, bedarf dies einer erneuten vorherigen Abstimmung. Werden die Maßnahmen nicht in der abgestimmten Art und Weise durchgeführt, darf insoweit eine Bescheinigung nicht erteilt werden.

Aus Nachweisgründen sind Zeitpunkt und Inhalt der Abstimmung zwischen den Beteiligten in geeigneter Weise schriftlich festzuhalten. Dabei sollen die Eigentümer auf

- die Bedeutung der Abstimmung für die Erteilung einer Bescheinigung,
- die Möglichkeit der schriftlichen Zusicherung nach § 38 VwVfG sowie
- das eigenständige Prüfungsrecht der Finanzbehörden (vgl. Tz. 7)

hingewiesen werden. Wird bereits im Rahmen der Abstimmung festgestellt, daß nicht alle Maßnahmen die Voraussetzungen für eine Bescheinigung erfüllen, ist hierfür ausdrücklich hinzuweisen.

5. Höhe der Aufwendungen

Es können nur tatsächlich angefallene Aufwendungen bescheinigt werden. Dazu gehört nicht der Wertansatz für die eigene Arbeitsleistung des Denkmaleigentümers oder für unentgeltlich Beschäftigte. Zu den bescheinigungsfähigen Aufwendungen gehören aber die auf begünstigte Maßnahmen entfallenden Lohn- und Gehaltskosten für eigene Arbeitnehmer, Material- und Betriebskosten, Aufwendungen für Arbeitsgeräte sowie Gemeinkosten. Genehmigungs- und Prüfungsgebühren gehören zu den Kosten der genehmigten oder geprüften Baumaßnahmen. Skonti oder sonstige Abzüge mindern die zu berücksichtigenden Kosten.

Die Prüfung schließt keine Preis- oder Angebotskontrolle ein.

Aufwendungen können nur bescheinigt werden, soweit sie im einzelnen durch Vorlage von Originalrechnungen nachgewiesen werden. Abschlagsrechnungen und Kostenvoranschläge ersetzen keine Schlußrechnung. Pauschalrechnungen von Handwerkern können nur berücksichtigt werden, wenn das Original-Angebot, das dem Pauschalvertrag zugrunde liegt, beigefügt ist. Wenn es zur Prüfung der Einzelleistungen erforderlich ist, kann die Vorlage der Original-Kalkulation verlangt werden.

6. **Zuschüsse aus öffentlichen Mitteln**

In die Bescheinigung sind die Zuschüsse aufzunehmen, die eine der für Denkmalschutz oder Denkmal- und Archivpflege zuständigen Behörden dem Empfänger der Bescheinigung aus öffentlichen Mitteln bewilligt hat. Werden solche Zuschüsse nach Ausstellung der Bescheinigung bewilligt, ist diese entsprechend zu ändern (§ 10 g Abs. 3 Satz 2 EStG) und dem Finanzamt Mitteilung hiervon zu machen (§ 4 Mitteilungsverordnung).

7. **Prüfungsrecht der Finanzbehörden**

Die Finanzbehörden haben zu prüfen,

1. ob die vorgelegte Bescheinigung von der nach Landesrecht zuständigen oder der von der Landesregierung bestimmten Behörde ausgestellt worden ist,

2. ob die bescheinigte Maßnahme an einem Kulturgut durchgeführt worden ist, das im Eigentum des Steuerpflichtigen steht,

3. ob das Kulturgut im jeweiligen Kalenderjahr weder zur Erzielung von Einkünften i. S. des § 2 EStG genutzt worden ist noch Gebäude oder Gebäudeteile zu eigenen Wohnzwecken genutzt und die Aufwendungen nicht nach § 10 e Abs. 6 oder § 10 h Satz 3 EStG abgezogen worden sind,

4. inwieweit die Aufwendungen etwaige aus dem Kulturgut erzielte Einnahmen (vgl. hierzu auch Tz. 3. 1) übersteigen,

5. ob die bescheinigten Aufwendungen steuerrechtlich dem Kulturgut i. S. des § 10 g EStG zuzuordnen und keine Anschaffungskosten sind,

6. ob weitere Zuschüsse für die bescheinigten Aufwendungen gezahlt werden oder worden sind,

7. in welchem Veranlagungszeitraum die Steuerbegünstigung erstmals in Anspruch genommen werden kann.

– Muster 1 –   Anlage 1

Antrag und Rechnungen bitte einsenden an:

Antrag auf Ausstellung einer Bescheinigung gem. § 10 g des Einkommensteuergesetzes

Eigentümer

Name, Vorname

Anschrift

Telefon

Vertreter des Eigentümers

1. **Die Maßnahmen sind durchgeführt worden an**

    einem Gebäude oder Gebäudeteil, das ein Baudenkmal ist,

    das Teil einer geschützten Gebäudegruppe oder Gesamtanlage ist,

§ 10 g EStG
Hinweise

Genaue Adresse des Objekts (bei Gebäudeteilen zusätzlich Beschreibung),

einer gärtnerischen, baulichen oder sonstigen Anlage, die kein Gebäude oder Gebäudeteil ist und die nach den jeweiligen landesrechtlichen Vorschriften unter Schutz gestellt ist,

Genaue Bezeichnung und Belegenheit der Anlage,

Mobiliar, Kunstgegenständen, Kunstsammlungen, wissenschaftlichen Sammlungen, Bibliotheken und Archiven, die in das Verzeichnis national wertvollen Kulturguts oder das Verzeichnis national wertvoller Archive eingetragen sind oder

die sich seit mindestens 20 Jahren im Familienbesitz befinden und deren Erhaltung im öffentlichen Interesse liegt,

Genaue Bezeichnung des Gegenstandes (z. B. des Möbelstücks, Bildes, Buches usw.), an dem die Maßnahmen durchgeführt worden sind.

2. Das unter 1. bezeichnete Kulturgut

wird der wissenschaftlichen Forschung oder der Öffentlichkeit wie folgt zugänglich gemacht:

wird nicht zugänglich gemacht, weil folgende Gründe des Denkmal- oder Archivschutzes dem entgegenstehen:

3. Bezeichnung der Maßnahmen

4. Die oben bezeichneten Maßnahmen sind mit der Bescheinigungsbehörde am . . . abgestimmt worden.

5. Aufstellung der Rechnungen
   – Die Originalrechnungen sind beigefügt. Bei Bedarf bitte weitere Blätter beifügen. –

Lfd. Firma und Kurzbezeichnung   Rechnungsdatum
Nr.   der Leistung und Gegenstand
Rechnungsbetrag   Vermerk des Prüfers
DM
Gesamt
Ggf. Übertragung aus zusätzlich beigefügten Blättern
Gesamt

6. Zuwendungen aus öffentlichen Mitteln
   Falls Zuschüsse von einer für Denkmalschutz oder Denkmal- oder Archivpflege zuständigen Behörde gewährt worden sind, bitte hier auflisten:

Zuwendungsgeber   Bewilligungsdatum   Betrag
DM

Gesamt

Summe der Rechnungen (Nr. 5)
Summe der Zuwendungen (Nr. 6)
Differenz

Ort, Datum   Unterschrift

§ 10 g EStG
Hinweise

– Muster 2 – Anlage 2

– Kopf –

als Vertreter für

Bescheinigung gemäß § 10 g des Einkommensteuergesetzes

Anlagen: – Verzeichnis der Rechnungen
– Rechtsbehelfsbelehrung (siehe Beiblatt)
– Ordner/Heftung/Bündel mit Rechnungen zur Rückgabe

1. (Die Bescheinigungsbehörde) bestätigt, daß

    das Gebäude oder Gebäudeteil
    Genaue Adresse des Objekts (bei Gebäudeteilen zusätzlich genaue Bezeichnung)
    ein Baudenkmal nach ... des Landesdenkmalschutzgesetzes (DSchG) ist. Das Objekt erfüllt die Bedingungen gem. Tz. 1. 1. 2 der Bescheinigungsrichtlinien seit dem
    ... (Es wurde in die Denkmalliste (... DSchG) aufgenommen.)
    Teil der denkmalgeschützten Gebäudegruppe/Gesamtanlage nach ... DSchG ist. (Die Gebäudegruppe/Gesamtanlage wurde am ... in die Denkmalliste (... DSchG) aufgenommen.)

    die gärtnerische bauliche oder sonstige Anlage
    Genaue Bezeichnung und Belegenheit der Anlage
    seit dem ... nach § ... des Denkmalschutzgesetzes unter Schutz gestellt ist.

    das Mobiliar, die Kunstgegenstände, Kunstsammlungen, wissenschaftliche Sammlungen, Bibliotheken oder Archive
    Genaue Bezeichnung des Gegenstandes (z. B. des Möbelstücks, des Bildes usw.)
    in das Verzeichnis national wertvollen Kulturguts oder das Verzeichnis national wertvoller Archive eingetragen sind (oder)
    sich seit mindestens 20 Jahren im Familienbesitz befinden und deren Erhaltung im öffentlichen Interesse liegt.

2. Das unter 1. bezeichnete Kulturgut

    wird der wissenschaftlichen Forschung oder der Öffentlichkeit zugänglich gemacht
    wird nicht zugänglich gemacht, weil folgende Gründe des Denkmal- oder Archivschutzes dem entgegenstehen:
    Die Bescheinigung wird widerrufen, wenn das Objekt beim Abschluß des Unterschutzstellungsverfahrens nicht in die Denkmalliste eingetragen wird oder die durch die schriftliche unwiderrufliche Unterwerfungserklärung anerkannten gesetzlich vorgesehenen Schutzmaßnahmen des Denkmalschutzgesetzes nicht eingehalten werden.

3. Die hieran durchgeführten Arbeiten, die zu Aufwendungen von ... DM einschließlich/ohne Mehrwertsteuer geführt haben, waren i. S. des § 10 g EStG nach Art und Umfang zur Erhaltung
    – des Gebäudes/Gebäudeteils als Baudenkmal oder zu seiner sinnvollen Nutzung erforderlich,
    – des schützenswerten äußeren Erscheinungsbildes der Gebäudegruppe/Gesamtanlage erforderlich,
    – zur Erhaltung des Kulturguts
    nach Maßgabe der geltenden Bestimmungen der Denkmal- und Archivpflege erforderlich.
    Die anerkannten Aufwendungen sind in dem anliegenden Verzeichnis der einzelnen Rechnungen, das Bestandteil dieser Bescheinigung ist, gekennzeichnet.

4. Die Arbeiten sind vor Beginn und bei Planungsänderung vor Beginn der geänderten Vorhaben am ... mit (der Bescheinigungsbehörde) abgestimmt.

5. Für die Maßnahmen wurde von einer der für Denkmal- oder Archivpflege zuständigen Behörden
    ein Zuschuß von insgesamt ... DM bewilligt,
    davon wurde

§ 10 g EStG
Hinweise

bewilligt ... DM
am ...;
bewilligt ... DM
am ...;
kein Zuschuß gewährt.
Werden solche Zuschüsse nach Ausstellung der Bescheinigung bewilligt, wird diese entsprechend geändert und dem Finanzamt hiervon Mitteilung gemacht.

Diese Bescheinigung dient zur Vorlage beim Finanzamt und ist gebührenpflichtig.

Rechnung und Überweisungsformular liegen bei.

Die Bescheinigung ist nicht alleinige Voraussetzung für die Inanspruchnahme der Steuervergünstigung. Die Finanzbehörde prüft weitere, steuerrechtliche Voraussetzungen.

Zuständige Bescheinigungsbehörden   Anlage 2

Baden-Württemberg	Landesdenkmalamt Baden-Württemberg Mörikestraße 12 70178 Stuttgart
	Archive i. S. des § 10 g Abs. 1 Nr. 4 EStG Landesarchivdirektion Baden-Württemberg Eugenstraße 7 70182 Stuttgart
Bayern	Bayerisches Landesamt für Denkmalpflege Postfach 10 02 03 80076 München (Hausanschrift: Hofgraben 4, 80530 München)
Berlin	Senatsverwaltung für Stadtentwicklung und Umweltschutz – Denkmalschutzbehörde – Lindenstraße 20–25 10958 Berlin
Brandenburg	§ 10 g Abs. 1 Nrn. 1 und 2: Landkreis Barnim Dez. III Untere Denkmalschutzbehörde Heegemühler Straße 75 16204 Eberswalde
	Stadtverwaltung Brandenburg Schul- und Kulturverwaltung Untere Denkmalschutzbehörde Bergstraße 19 14770 Brandenburg
	Stadtverwaltung Cottbus Baudezernat Untere Denkmalschutzbehörde Am Neumarkt 5 03046 Cottbus Landkreis Dahme-Spreewald Kultur- und Denkmalschutz, Dez. IV Untere Denkmalschutzbehörde Weinbergstraße 15907 Lübben

§ 10 g EStG
Hinweise

Landkreis Elbe-Elster
Kulturamt
Untere Denkmalschutzbehörde
Grochwitzer Straße 20
04916 Herzberg

Stadt Frankfurt (Oder)
Dezernat IV, Kulturamt
Untere Denkmalschutzbehörde
Carl-Phillip-Emanuel-Bach-Straße 11
15230 Frankfurt (Oder)

Landkreis Havelland
Dez. IV
Untere Denkmalschutzbehörde
Platz der Freiheit 1
14712 Rathenow

Landkreis Märkisch-Oderland
Dez. V
Untere Denkmalschutzbehörde
Klosterstraße 14
15331 Strausberg

Landkreis Oberhavel
Dez. III
Untere Denkmalschutzbehörde
Poststraße 1
16515 Oranienburg

Landkreis Oberspreewald-Lausitz
Schulverwaltungs- u. Kulturamt
Untere Denkmalschutzbehörde
Dubinaweg 1
01968 Senftenberg

Landkreis Oder-Spree
Kultur- und Sportamt
Untere Denkmalschutzbehörde
Breitscheidstraße 7
15848 Beeskow

Landkreis Uckermark
Dez. II, Bauordnungsamt
Untere Denkmalschutzbehörde
Karl-Marx-Straße 1
17291 Prenzlau

§ 10 g Abs. 1 Nrn. 3 und 4:

Ministerium für Wissenschaft, Forschung und Kultur des Landes Brandenburg
Postfach 60 11 62
14411 Potsdam

Bremen
Senator für Kultur und Ausländerintegration
– Denkmalpflege –
Herdentorsteinweg 7
28195 Bremen

Hamburg
Kulturbehörde/Denkmalschutzamt
Imstedt 20
22083 Hamburg

§ 10 g EStG
Hinweise

Hessen	§ 10 g Abs. 1 Nrn. 1 bis 3:
	Landesamt für Denkmalpflege
	§ 10 g Abs. 1 Nr. 4:
	Mobiliar, Kunstgegenstände, Kunstsammlungen und wissenschaftliche Sammlungen:
	Hessisches Landesmuseum Darmstadt Friedensplatz 1 64283 Darmstadt Regierungsbezirk Darmstadt
	Staatliche Museen Kassel, Schloß Wilhelmshöhe 34131 Kassel
	Regierungsbezirk Gießen und Kassel für Bibliotheken:
	Hessische Landes- und Hochschulbibliothek Darmstadt Marktplatz 15 (Residenzschloß) 64283 Darmstadt
	Regierungsbezirk Darmstadt Universitätsbibliothek Marburg Wilhelm-Röpke-Straße 4 35039 Marburg
	Regierungsbezirk Gießen Bibliothek der Gesamthochschule Kassel Diagonale 10 34127 Kassel
	Regierungsbezirk Kassel für Archive:
	Hessisches Staatsarchiv Darmstadt Marktplatz 15 (Residenzschloß) 64283 Darmstadt
	Regierungsbezirk Darmstadt Hessisches Staatsarchiv Marburg Friedrichsplatz 15 35037 Marburg
	Regierungsbezirke Gießen und Kassel
Mecklenburg-Vorpommern	§ 10 Abs. 1 Nrn. 1 bis 3:
	Landesamt für Denkmalpflege Puschkinstraße 34 19055 Schwerin
	§ 10 g Abs. 1 Nr. 4:
	Kultusministerium Werderstraße 124 19055 Schwerin
Niedersachsen	Untere Denkmalschutzbehörde
Nordrhein-Westfalen	§ 10 g Abs. 1 Nrn. 1 bis 3:
	Untere Denkmalschutzbehörde
	§ 10 g Abs. 1 Nr. 4:

§ 10 g EStG
Hinweise

	für Kunstgegenstände, Kunstsammlungen und wissenschaftliche Sammlungen: Regierungspräsident Detmold,
	für Archive: je nach Belegenheit das Nordrhein-Westfälische Hauptstaatsarchiv in Düsseldorf und die Nordrhein-Westfälischen Staatsarchive Münster und Detmold im Einvernehmen mit der Archivberatungsstelle Rheinland bzw. dem Westfälischen Archivamt.
	für Bibliotheken:
	Universitäts- und Landesbibliothek Bonn für den Regierungsbezirk Köln
	Universitäts- und Landesbibliothek Düsseldorf für den Regierungsbezirk Düsseldorf
	Universitäts- und Landesbibliothek Münster für die Regierungsbezirke Arnsberg, Detmold und Münster
Rheinland-Pfalz	Untere Denkmalschutzbehörde
Saarland	Ministerium für Bildung, Kultur und Wissenschaft Hohenzollernstraße 60 66117 Saarbrücken
Sachsen	Untere Denkmalschutzbehörde
Sachsen-Anhalt	Untere Denkmalschutzbehörde
Schleswig-Holstein	Landesamt für Denkmalpflege Schleswig-Holstein Wall 74 24103 Kiel
	Bürgermeister der Hansestadt Lübeck Amt für Denkmalpflege Parade 1 23552 Lübeck Bodendenkmale
Thüringen	Thüringisches Landesamt für Archäologische Denkmalpflege Humboldtstraße 11 99423 Weimar
	übrige:
	Thüringisches Landesamt für Denkmalpflege Petersberg Haus 12 99084 Erfurt

§ 10 h EStG

EStG

Anlage 3

§ 10 h[1])
Steuerbegünstigung der unentgeltlich zu Wohnzwecken überlassenen Wohnung im eigenen Haus

¹Der Steuerpflichtige kann von den Aufwendungen, die ihm durch Baumaßnahmen zur Herstellung einer Wohnung entstanden sind, im Jahr der Fertigstellung und in den drei folgenden Jahren jeweils bis zu 6 vom Hundert, höchstens jeweils 19.800 Deutsche Mark, und in den vier darauffolgenden Jahren jeweils bis zu 5 vom Hundert, höchstens jeweils 16.500 Deutsche Mark, wie Sonderausgaben abziehen. ²Voraussetzung ist, daß

1. der Steuerpflichtige nach dem 30. September 1991 den Bauantrag gestellt oder mit der Herstellung begonnen hat,
2. die Baumaßnahmen an einem Gebäude im Inland durchgeführt worden sind, in dem der Steuerpflichtige im jeweiligen Jahr des Zeitraums nach Satz 1 eine eigene Wohnung zu eigenen Wohnzwecken nutzt,
3. die Wohnung keine Ferienwohnung oder Wochenendwohnung ist,
4. der Steuerpflichtige die Wohnung insgesamt im jeweiligen Jahr des Zeitraums nach Satz 1 voll unentgeltlich an einen Angehörigen im Sinne des § 15 Abs. 1 Nr. 3 und 4 der Abgabenordnung auf Dauer zu Wohnzwecken überlassen hat und
5. der Steuerpflichtige die Aufwendungen nicht in die Bemessungsgrundlage nach §§ 10 e, 10 f Abs. 1, §§ 10 g, 52 Abs. 21 Satz 6 oder nach § 7 des Fördergebietsgesetzes einbezogen hat.

³§ 10 e Abs. 1 Sätze 5 und 6, Absätze 3, 5 a, 6 und 7 gelten sinngemäß.

Hinweise

Die Herstellung zusätzlichen Wohnraums ist nicht gemäß § 10 h EStG begünstigt, wenn eine bereits vorhandene Wohnung lediglich erweitert wird (→ FG Rheinland-Pfalz vom 14. 9. 1995 – EFG 1996 S. 21).

---

[1]) § 10 h ist nach dem Gesetz zur Neuregelung der steuerrechtlichen Wohneigentumsförderung letztmals anzuwenden, wenn der Steuerpflichtige vor dem 1. Januar 1996 mit der Herstellung begonnen hat. Zur Anwendung → § 52 Abs. 14 b EStG in der Fassung des Gesetzes zur Neuregelung der steuerrechtlichen Wohneigentumsförderung:

„(14 b) § 10 h ist letztmals anzuwenden, wenn der Steuerpflichtige vor dem 1. Januar 1996 mit der Herstellung begonnen hat. Als Beginn der Herstellung gilt bei Baumaßnahmen, für die eine Baugenehmigung erforderlich ist, der Zeitpunkt, in dem der Bauantrag gestellt wird; bei baugenehmigungsfreien Baumaßnahmen, für die Bauunterlagen einzureichen sind, der Zeitpunkt, in dem die Bauunterlagen eingereicht werden."

§ 10 i EStG
Hinweise

§ 10 i[1])

Vorkostenabzug bei einer nach dem Eigenheimzulagengesetz begünstigten Wohnung

(1) [1]Der Steuerpflichtige kann nachstehende Vorkosten wie Sonderausgaben abziehen:
1. eine Pauschale von 3.500 Deutsche Mark im Jahr der Fertigstellung oder Anschaffung, wenn er für die Wohnung im Jahr der Herstellung oder Anschaffung oder in einem der zwei folgenden Jahre eine Eigenheimzulage nach dem Eigenheimzulagengesetz in Anspruch nimmt, und
2. Erhaltungsaufwendungen bis zu 22.500 Deutsche Mark, die
   a) bis zum Beginn der erstmaligen Nutzung einer Wohnung zu eigenen Wohnzwecken entstanden sind oder
   b) bis zum Ablauf des auf das Jahr der Anschaffung folgenden Kalenderjahres entstanden sind, wenn der Steuerpflichtige eine von ihm bisher als Mieter genutzte Wohnung anschafft.

[2]Die Erhaltungsaufwendungen nach Nummer 2 müssen unmittelbar mit der Herstellung oder Anschaffung des Gebäudes oder der Eigentumswohnung zusammenhängen, dürfen nicht zu den Herstellungskosten oder Anschaffungskosten der Wohnung oder zu den Anschaffungskosten des Grund und Bodens gehören und müßten im Fall der Vermietung und Verpachtung der Wohnung als Werbungskosten abgezogen werden können. [3]Wird eine Wohnung bis zum Beginn der erstmaligen Nutzung zu eigenen Wohnzwecken vermietet oder zu eigenen beruflichen oder eigenen betrieblichen Zwecken genutzt und sind die Erhaltungsaufwendungen Werbungskosten oder Betriebsausgaben, können sie nicht wie Sonderausgaben abgezogen werden. [4]Bei einem Anteil an der zu eigenen Wohnzwecken genutzten Wohnung kann der Steuerpflichtige den entsprechenden Teil der Abzugsbeträge nach Satz 1 wie Sonderausgaben abziehen. [5]Die vorstehenden Sätze gelten entsprechend bei Ausbauten und Erweiterungen an einer zu eigenen Wohnzwecken genutzten Wohnung.

(2) [1]Sind mehrere Steuerpflichtige Eigentümer einer zu eigenen Wohnzwecken genutzten Wohnung, können die Aufwendungen nach Absatz 1 gesondert und einheitlich festgestellt werden. [2]Die für die gesonderte Feststellung von Einkünften nach § 180 Abs. 1 Nr. 2 Buchstabe a der Abgabenordnung geltenden Vorschriften sind entsprechend anzuwenden.

EStG

Anhang 34

Hinweise

Eigenheimzulagengesetz: Erwerb als Mieter nach § 5 Altschuldenhilfe-Gesetz

Nach § 19 Abs. 2 Nr. 1 EigZulG kann auf Antrag des Anspruchsberechtigten das Gesetz auch angewendet werden, wenn er die Wohnung als Mieter aufgrund einer Veräußerungspflicht des Wohnungsunternehmens nach § 5 Altschuldenhilfe-Gesetz nach dem 28. 6. 1995 angeschafft hat. Im Einvernehmen mit den obersten Finanzbehörden des Bundes und der Länder gilt dies dem → Erlaß des FinMin. Brandenburg vom 10. 1. 1996 34 – S 2225 a – 3/96 zufolge auch, wenn der Mieter von seinem Vermieter eine Wohnung zur Selbstnutzung erworben hat, die mit der bis dahin als Mieter genutzten Wohnung *nicht* identisch ist. Für den

---

[1]) § 10 i wurde durch das Gesetz zur Neuregelung der steuerrechtlichen Wohneigentumsförderung eingefügt und durch das JStErgG 1996 geändert. Zur Anwendung → § 52 Abs. 14 c in der Fassung des JStErgG 1996 und § 19 Abs. 2 EigZulG → Anhang 34:

„(14 c) [1]§ 10 i ist für Veranlagungszeiträume vor dem Veranlagungszeitraum 1996 anzuwenden, wenn der Steuerpflichtige im Fall der Herstellung nach dem 31. Dezember 1995 mit der Herstellung des Objekts begonnen hat oder im Fall der Anschaffung das Objekt nach dem 31. Dezember 1995 auf Grund eines nach diesem Zeitpunkt rechtswirksam abgeschlossenen Vertrags oder gleichstehenden Rechtsakts angeschafft hat. [2]§ 10 i ist auch anzuwenden, wenn der Steuerpflichtige den Antrag nach § 19 Abs. 2 des Eigenheimzulagengesetzes (→ Anhang 34) stellt; dies gilt auch für Veranlagungszeiträume vor dem Veranlagungszeitraum 1996. [3]Als Beginn der Herstellung gilt bei Objekten, für die eine Baugenehmigung erforderlich ist, der Zeitpunkt, in dem der Bauantrag gestellt wird; bei baugenehmigungsfreien Objekten, für die Bauunterlagen einzureichen sind, der Zeitpunkt, in dem die Bauunterlagen eingereicht werden."

§ 10 i EStG
Hinweise

Erwerb von einem Wohnungsunternehmen, bei dem der Erwerber zum Zeitpunkt des Erwerbs nicht Mieter war, besteht kein Wahlrecht auf Anwendung des EigZulG.

Beispiel: Der Mieter Y des Wohnungsunternehmens X, der eine Wohnung in Haus A bewohnt, beabsichtigt eine Eigentumswohnung zu kaufen. Um verkaufsfähige Eigentumswohnungen bereitzustellen, entmietet das Wohnungsunternehmen X Haus B und führt Sanierungsarbeiten im Haus B durch. Zwischen dem Wohnungsunternehmen X und dem Mieter Y wird der Kaufvertrag zum Erwerb einer Eigentumswohnung im Haus B abgeschlossen. Nach dem Ende der Sanierungsmaßnahmen zieht der Mieter Y in seine Eigentumswohnung im Haus B.

In diesen Fällen findet § 10 i Abs. 1 Nr. 2 b EStG keine Anwendung. Der Stpfl. kann somit eventuelle Erhaltungsaufwendungen nur nach Maßgabe des § 10 i Abs. 1 Nr. 2 a EStG abziehen.

6. Vereinnahmung und Verausgabung

§ 11 EStG

(1) ¹Einnahmen sind innerhalb des Kalenderjahrs bezogen, in dem sie dem Steuerpflichtigen zugeflossen sind. ²Regelmäßig wiederkehrende Einnahmen, die dem Steuerpflichtigen kurze Zeit vor Beginn oder kurze Zeit nach Beendigung des Kalenderjahrs, zu dem sie wirtschaftlich gehören, zugeflossen sind, gelten als in diesem Kalenderjahr bezogen. ³Für Einnahmen aus nichtselbständiger Arbeit gilt § 38 a Abs. 1 Sätze 2 und 3. ⁴Die Vorschriften über die Gewinnermittlung (§ 4 Abs. 1, § 5) bleiben unberührt.

(2) ¹Ausgaben sind für das Kalenderjahr abzusetzen, in dem sie geleistet worden sind. ²Für regelmäßig wiederkehrende Ausgaben gilt Absatz 1 Satz 2 entsprechend. ³Die Vorschriften über die Gewinnermittlung (§ 4 Abs. 1, § 5) bleiben unberührt.

R 116. Zufluß von Einnahmen und Abfluß von Ausgaben

– unbesetzt –

Hinweise

Allgemeines

Zufluß von Einnahmen erst mit der Erlangung der wirtschaftlichen Verfügungsmacht über ein in Geld oder Geldeswert bestehendes Wirtschaftsgut (→ BFH vom 21. 11. 1989 – BStBl 1990 II S. 310 und vom 8. 10. 1991 – BStBl 1992 II S. 174). **Verfügungsmacht** wird in der Regel erlangt im Zeitpunkt des Eintritts des Leistungserfolges oder der Möglichkeit, den Leistungserfolg herbeizuführen (→ BFH vom 21. 11. 1989 – BStBl 1990 II S. 310). Sie muß nicht endgültig erlangt sein (→ BFH vom 13. 10. 1989 – BStBl 1990 II S. 287).

Kurze Zeit bei regelmäßig wiederkehrenden Einnahmen ist in der Regel ein Zeitraum bis zu zehn Tagen (→ BFH vom 24. 7. 1986 – BStBl 1987 II S. 16).

Für den **Abfluß von Ausgaben** gelten diese Grundsätze entsprechend.

Arbeitslohn

→ § 38 a Abs. 1 Sätze 2 und 3 EStG, A 65 Abs. 1 LStR 1993

Arzthonorar

Die Honorare fließen dem Arzt grundsätzlich erst mit Überweisung seines Anteils durch die kassenärztliche Vereinigung zu (→ BFH vom 20. 2. 1964 – BStBl III S. 329).

Die Einnahmen von der **kassenärztlichen Vereinigung** stellen regelmäßig wiederkehrende Einnahmen dar (→ BFH vom 24. 7. 1986 – BStBl 1987 II S. 16).

Rechnet eine Kassenzahnärztliche Vereinigung die Resthonorare der Zahnärzte für ein Quartal jeweils zum Ende des nächsten Quartals ab und zahlt sie diese anschließend entsprechend aus, ist die Anfang Januar des folgenden Jahres für das dritte Quartal eines Kalenderjahrs erbrachte Abschlußzahlung als regelmäßig wiederkehrende Einnahme dem abgelaufenen Kalenderjahr zuzurechnen (Anschluß an BFH vom 24. 7. 1986, BStBl 1987 II S. 16). → BFH vom 6. 7. 1995 (– IV R 72/94 – NV).

Honorare von Privatpatienten, die ein Arzt durch eine privatärztliche **Verrechnungsstelle** einziehen läßt, sind dem Arzt bereits mit dem Eingang bei dieser Stelle zugeflossen, da die Leistung an einen Bevollmächtigten ausreicht.

Aufrechnung

Die Aufrechnung mit einer fälligen Gegenforderung stellt eine Leistung im Sinne des § 11 Abs. 2 EStG dar (→ BFH vom 19. 4. 1977 – BStBl II S. 601).

Belegschaftsaktien

Zufluß des Vorteils beim Arbeitnehmer im Zeitpunkt des Erwerbs, auch wenn er sich verpflichtet hat, die Aktien für eine bestimmte Zeit nicht weiterzuveräußern (→ BFH vom 16. 11. 1984 – BStBl 1985 II S. 136 und vom 7. 4. 1989 – BStBl II S. 608).

Anhang 36 **Bundesschatzbriefe Typ B**

Zuflußzeitpunkt → BMF vom 26. 10. 1992 (BStBl 1992 I S. 693) – Tz. 3.

Bei Erträgen aus Bundesschatzbriefen Typ B, die vor dem 1. 1. 1989 erworben wurden, kann die jährliche Besteuerung gewählt werden (→ BMF vom 30. 10. 1989 – BStBl I S. 428).

Damnum

1. Bei **vereinbarungsgemäßer** Einbehaltung eines Damnums bei Auszahlung eines Tilgungsdarlehens ist im Zeitpunkt der Kapitalauszahlung ein Abfluß anzunehmen (→ BFH vom 10. 3. 1970 – BStBl II S. 453). Bei ratenweiser Auszahlung des Darlehens kommt eine entsprechende Aufteilung des Damnums nur in Betracht, wenn keine Vereinbarung der Vertragsparteien über den Abflußzeitpunkt des Damnums vorliegt (→ BFH vom 26. 6. 1975 – BStBl II S. 880).
2. Soweit für ein Damnum ein **Tilgungsstreckungsdarlehen** aufgenommen wird, fließt das Damnum mit den Tilgungsraten des Tilgungsstreckungsdarlehens ab (→ BFH vom 26. 11. 1974 – BStBl 1975 II S. 330).
3. Ein Damnum, das ein Darlehnsschuldner vor Auszahlung eines aufgenommenen Darlehens zahlt, ist im VZ seiner Leistung als Werbungskosten abziehbar, es sei denn, daß die Vorauszahlung des Damnums von keinen sinnvollen wirtschaftlichen Erwägungen getragen wird (→ BFH vom 3. 2. 1987 – BStBl II S. 492). Ist ein Damnum nicht mehr als drei Monate vor Auszahlung der Darlehnsvaluta oder einer ins Gewicht fallenden Teilauszahlung des Darlehns geleistet worden, kann davon ausgegangen werden, daß ein wirtschaftlich vernünftiger Grund besteht (→ BMF vom 31. 8. 1990 – BStBl I S. 366 – Anhang 34 Tz. 3.3.4). Dies gilt auch für die Anwendung des § 10 e Abs. 6 EStG (→ BMF vom 31. 12. 1994 – BStBl I S. 887).

Bei einem festverzinslichen Schuldscheindarlehen fließt das Damnum dem Darlehensgläubiger in der Regel mit der Hingabe des gekürzten Darlehensbetrags zu (→ BFH vom 21. 5. 1993 – BStBl 1994 II S. 93).

Forderungsübergang

Zufluß beim Steuerpflichtigen, wenn der Betrag beim neuen Gläubiger eingeht (→ BFH vom 16. 3. 1993 – BStBl II S. 507).

Gesamtgläubiger

Stehen mehreren Steuerpflichtigen als Gesamtgläubigern Einnahmen zu und vereinbaren sie mit dem Schuldner, daß dieser nur an einen bestimmten Gesamtgläubiger leisten soll, so tritt bei jedem der Gesamtgläubiger anteilsmäßig ein Zufluß in dem Zeitpunkt ein, in dem die Einnahmen bei dem bestimmten Gesamtgläubiger eingehen (→ BFH vom 10. 12. 1985 – BStBl 1986 II S. 342).

Kapitalerträge

Anhang 36 Zufluß → BMF vom 26. 10. 1992 (BStBl I S. 693)

Leasing-Sonderzahlung

Verwendet ein Arbeitnehmer einen geleasten Pkw für berufliche Zwecke und macht er dafür die tatsächlichen Kosten geltend, so gehört eine bei Leasingbeginn zu erbringende Sonderzahlung in Höhe der anteiligen beruflichen Nutzung des Pkw zu den sofort abziehbaren Werbungskosten; es handelt sich bei ihr nicht um Anschaffungskosten des obligatorischen Nutzungsrechts an dem Pkw, die nur in Form von Absetzungen für Abnutzung als Werbungskosten berücksichtigt werden könnten (→ BFH vom 5. 5. 1994 – BStBl II S. 643).

Nutzungsrechte

Räumt der Arbeitgeber dem Arbeitnehmer im Hinblick auf das Dienstverhältnis unentgeltlich ein Nutzungsrecht an einer Wohnung ein, so fließt dem Arbeitnehmer der geldwerte Vorteil nicht im Zeitpunkt der Bestellung des Nutzungsrechts in Höhe des kapitalisierten Wertes, sondern fortlaufend in Höhe des jeweiligen Nutzungswertes der Wohnung zu (→ BFH vom 26. 5. 1993 – BStBl II S. 686).

§ 11 EStG
H 116 **R 116**

Provisionen

Bei Gewinnermittlung nach § 4 Abs. 3 EStG sind Provisionen auch dann zugeflossen, wenn sie auf einem Kautionskonto zur Sicherung von Gegenforderungen des Versicherungsunternehmens gutgeschrieben werden (→ BFH vom 24. 3. 1993 – BStBl II S. 499).

Auch wenn feststeht, daß erhaltene Provisionsvorschüsse in späteren Jahren zurückzuzahlen sind, ändert dies bei der Gewinnermittlung nach § 4 Abs. 3 EStG nichts daran, daß zunächst Zufluß anzunehmen ist (→ BFH vom 13. 10. 1989 – BStBl 1990 II S. 287).

Scheck, Scheckkarte, Kreditkarte

1. Zufluß grundsätzlich mit Entgegennahme; sofortige Bankeinlösung darf jedoch nicht durch zivilrechtliche Vereinbarung eingeschränkt sein (→ BFH vom 30. 10. 1980 – BStBl 1981 II S. 305).
2. Abfluß grundsätzlich mit Hingabe, mit Ausnahme von Anzahlungen für den Bereich der erhöhten Absetzungen und Sonderabschreibungen (→ § 7 a Abs. 2 Satz 5 EStG).
3. Abfluß bei Scheckübermittlung: Übergabe an Post bzw. Einwurf in den Briefkasten des Zahlungsempfängers ausreichend (→ BFH vom 24. 9. 1985 – BStBl 1986 II S. 284).

Stille Gesellschaft

Für den Zufluß der Gewinnanteile eines typisch stillen Gesellschafters ist § 11, nicht § 44 Abs. 3 EStG maßgeblich.

Überweisung

Abfluß im Zeitpunkt des Eingangs des Überweisungsauftrags bei der Überweisungsbank (→ BFH vom 22. 5. 1987 – BStBl II S. 673).

Verrechnung

→ Aufrechnung

Vorauszahlung von Werbungskosten

Abfluß nur, wenn für die Vorauszahlung ein vernünftiger wirtschaftlicher Grund vorliegt (→ BFH vom 11. 8. 1987 – BStBl 1989 II S. 702).

Wechsel

Zufluß mit Einlösung oder Diskontierung des zahlungshalber hingegebenen Wechsels (→ BFH vom 5. 5. 1971 – BStBl II S. 624). Entsprechendes gilt für den Abfluß.

Werbungskosten bei sonstigen Einkünften

→ H 168 a
→ H 169

Zinsen

Zufluß bestimmt sich nach der Fälligkeit der Zinsen.

Beim **beherrschenden Gesellschafter** einer Kapitalgesellschaft gelten die Zinsen aus kapitalersetzenden Darlehen so lange nicht als zugeflossen, als der Gesellschaft ein Leistungsverweigerungsrecht zusteht (→ BFH vom 16. 11. 1993 – BStBl 1994 II S. 632).

Keine **Zuflußfiktion bei Angehörigenverträgen**

Für eine solche Fiktion bietet der Gedanke der Abgrenzung zwischen familiären und betrieblich oder beruflich bedingten Leistungen keine Grundlage. Nach der ständigen Rechtsprechung des BFH, nach der ein Arbeitsvertrag zwischen nahen Angehörigen steuerlich nicht anerkannt werden kann, wenn das vereinbarte Entgelt nicht fristgerecht ausgezahlt wird, ist es im Ergebnis nur konsequent, hier ebenfalls auf diese Fiktion zu verzichten und einen Zufluß nicht anzunehmen (→ FG Köln vom 22. 11. 1994 – EFG 1995 S. 419).

→ H 19

EStG

S 2226 a

§ 11 a
Sonderbehandlung von Erhaltungsaufwand bei Gebäuden in Sanierungsgebieten und städtebaulichen Entwicklungsbereichen

(1) ¹Der Steuerpflichtige kann durch Zuschüsse aus Sanierungs- oder Entwicklungsförderungsmitteln nicht gedeckten Erhaltungsaufwand für Maßnahmen im Sinne des § 177 des Baugesetzbuchs an einem im Inland belegenen Gebäude in einem förmlich festgelegten Sanierungsgebiet oder städtebaulichen Entwicklungsbereich auf zwei bis fünf Jahre gleichmäßig verteilen. ²Satz 1 ist entsprechend anzuwenden auf durch Zuschüsse aus Sanierungs- oder Entwicklungsförderungsmitteln nicht gedeckten Erhaltungsaufwand für Maßnahmen, die der Erhaltung, Erneuerung und funktionsgerechten Verwendung eines Gebäudes im Sinne des Satzes 1 dienen, das wegen seiner geschichtlichen, künstlerischen oder städtebaulichen Bedeutung erhalten bleiben soll, und zu deren Durchführung sich der Eigentümer neben bestimmten Modernisierungsmaßnahmen gegenüber der Gemeinde verpflichtet hat.

(2) ¹Wird das Gebäude während des Verteilungszeitraums veräußert, ist der noch nicht berücksichtigte Teil des Erhaltungsaufwands im Jahr der Veräußerung als Betriebsausgaben oder Werbungskosten abzusetzen. ²Das gleiche gilt, wenn ein nicht zu einem Betriebsvermögen gehörendes Gebäude in ein Betriebsvermögen eingebracht oder wenn ein Gebäude aus dem Betriebsvermögen entnommen oder wenn ein Gebäude nicht mehr zur Einkunftserzielung genutzt wird.

(3) Steht das Gebäude im Eigentum mehrerer Personen, ist der in Absatz 1 bezeichnete Erhaltungsaufwand von allen Eigentümern auf den gleichen Zeitraum zu verteilen.

(4) § 7 h Abs. 2 und 3 ist entsprechend anzuwenden.

R 116 a

R 116 a. Sonderbehandlung von Erhaltungsaufwand bei Gebäuden in Sanierungsgebieten und städtebaulichen Entwicklungsbereichen

R 83 a gilt entsprechend.

§ 11 b
Sonderbehandlung von Erhaltungsaufwand bei Baudenkmalen

EStG
S 2226 a

¹Der Steuerpflichtige kann durch Zuschüsse aus öffentlichen Kassen nicht gedeckten Erhaltungsaufwand für ein im Inland belegenes Gebäude oder Gebäudeteil, das nach den jeweiligen landesrechtlichen Vorschriften ein Baudenkmal ist, auf zwei bis fünf Jahre gleichmäßig verteilen, soweit die Aufwendungen nach Art und Umfang zur Erhaltung des Gebäudes oder Gebäudeteils als Baudenkmal oder zu seiner sinnvollen Nutzung erforderlich und die Maßnahmen in Abstimmung mit der in § 7 i Abs. 2 bezeichneten Stelle vorgenommen worden sind. ²Durch Zuschüsse aus öffentlichen Kassen nicht gedeckten Erhaltungsaufwand für ein im Inland belegenes Gebäude oder Gebäudeteil, das für sich allein nicht die Voraussetzungen für ein Baudenkmal erfüllt, aber Teil einer Gebäudegruppe oder Gesamtanlage ist, die nach den jeweiligen landesrechtlichen Vorschriften als Einheit geschützt ist, kann der Steuerpflichtige auf zwei bis fünf Jahre gleichmäßig verteilen, soweit die Aufwendungen nach Art und Umfang zur Erhaltung des schützenswerten äußeren Erscheinungsbildes der Gebäudegruppe oder Gesamtanlage erforderlich und die Maßnahmen in Abstimmung mit der in § 7 i Abs. 2 bezeichneten Stelle vorgenommen worden sind. ³§ 7 h Abs. 3 und § 7 i Abs. 1 Satz 2 und Abs. 2 sowie § 11 a Abs. 2 und 3 sind entsprechend anzuwenden.

R 116 b. Sonderbehandlung von Erhaltungsaufwand bei Baudenkmalen

R 83 b gilt entsprechend.

7. Nicht abzugsfähige Ausgaben

EStG
S 2227

§ 12

¹) Soweit in § 10 Abs. 1 Nr. 1, 2 bis 9, § 10 b und §§ 33 bis 33 c nichts anderes bestimmt ist, dürfen weder bei den einzelnen Einkunftsarten noch vom Gesamtbetrag der Einkünfte abgezogen werden

1. die für den Haushalt des Steuerpflichtigen und für den Unterhalt seiner Familienangehörigen aufgewendeten Beträge. Dazu gehören auch die Aufwendungen für die Lebensführung, die die wirtschaftliche oder gesellschaftliche Stellung des Steuerpflichtigen mit sich bringt, auch wenn sie zur Förderung des Berufs oder der Tätigkeit des Steuerpflichtigen erfolgen;
2. freiwillige Zuwendungen, Zuwendungen auf Grund einer freiwillig begründeten Rechtspflicht und Zuwendungen an eine gegenüber dem Steuerpflichtigen oder seinem Ehegatten gesetzlich unterhaltsberechtigte Person oder deren Ehegatten, auch wenn diese Zuwendungen auf einer besonderen Vereinbarung beruhen;
3. die Steuern vom Einkommen und sonstige Personensteuern sowie die Umsatzsteuer für den Eigenverbrauch und für Lieferungen oder sonstige Leistungen, die Entnahmen sind; das gilt auch für die auf diese Steuern entfallenden Nebenleistungen;
4. in einem Strafverfahren festgesetzte Geldstrafen, sonstige Rechtsfolgen vermögensrechtlicher Art, bei denen der Strafcharakter überwiegt, und Leistungen zur Erfüllung von Auflagen oder Weisungen, soweit die Auflagen oder Weisungen nicht lediglich der Wiedergutmachung des durch die Tat verursachten Schadens dienen.

R 117

R 117. Abgrenzung der Kosten der Lebensführung von den Betriebsausgaben und Werbungskosten

S 2227

¹Besteht bei Aufwendungen nach § 12 Nr. 1 EStG ein Zusammenhang mit der gewerblichen oder beruflichen Tätigkeit des Steuerpflichtigen (gemischte Aufwendungen), sind sie insoweit als Betriebsausgaben oder Werbungskosten abziehbar, als sie betrieblich oder beruflich veranlaßt sind und sich dieser Teil nach objektiven Merkmalen und Unterlagen von den Ausgaben, die der privaten Lebensführung gedient haben, leicht und einwandfrei trennen läßt, es sei denn, daß dieser Teil von untergeordneter Bedeutung ist. ²Der Teil der Aufwendungen, der als Betriebsausgaben oder Werbungskosten zu berücksichtigen ist, kann ggf. geschätzt werden. ³Läßt sich eine Trennung der Aufwendungen nicht leicht und einwandfrei durchführen oder ist nur schwer erkennbar, ob sie mehr dem Beruf oder mehr der privaten Lebensführung gedient haben, so gehört der gesamte Betrag nach § 12 Nr. 1 EStG zu den nichtabzugsfähigen Ausgaben.

H 117 — **Hinweise**

Arbeitsessen mit Fachkollegen

Die Aufwendungen sind keine Werbungskosten (→ BFH vom 8. 11. 1984 – BStBl 1985 II S. 286).

Aufteilungs- und Abzugsverbot

→ BFH vom 19. 10. 1970 – BStBl 1971 II S. 17 und 21

Das Aufteilungs- und Abzugsverbot des § 12 Nr. 1 Satz 2 EStG gilt nicht bei der Aufteilung von Aufwendungen, die einerseits den steuerbaren Einkünften als Betriebsausgaben/Werbungskosten und andererseits den Sonderausgaben zuzuordnen sind (→ BFH vom 22. 6. 1990 – BStBl II S. 901).

---

¹) Das Paragraphenzitat wurde durch das Gesetz zur Neuregelung der steuerrechtlichen Wohneigentumsförderung ab VZ 1996 geändert:
   Das Zitat „§ 10 Abs. 1 Nr. 1, 2 bis 9" wurde durch das Zitat „§ 10 Abs. 1 Nr. 1, 2, 4 bis 9" ersetzt.

Bewirtungskosten
→ § 4 Abs. 5 Nr. 2 EStG
→ R 21 Abs. 4 bis 9

Aufwendungen für die Bewirtung von Geschäftsfreunden in der Wohnung des Steuerpflichtigen sind in vollem Umfang Kosten der Lebensführung (→ R 21 Abs. 5 Satz 8). Das gleiche gilt für Aufwendungen des Steuerpflichtigen für die Bewirtung von Geschäftsfreunden anläßlich seines Geburtstages in einer Gaststätte (→ BFH vom 12. 12. 1991 – BStBl 1992 II S. 524).

Aufwendungen eines Arbeitnehmers für ein Arbeitsessen mit Fachkollegen sind keine Werbungskosten (→ BFH vom 24. 5. 1973 – BStBl II S. 634).

→ Karnevalsveranstaltungen

Brille
→ Medizinisch-technische Hilfsmittel und Geräte

Bücher
Aufwendungen eines Publizisten für Bücher allgemeinbildenden Inhalts sind Kosten der Lebensführung (→ BFH vom 21. 5. 1992 – BStBl II S. 1015).

Computer
Die Anschaffung eines Computers ist regelmäßig dem privaten Lebensbereich zuzurechnen. Eine Anerkennung als Werbungskosten kommt nur in Betracht, wenn feststeht, daß der Computer weitaus überwiegend beruflich verwendet wird und eine private Mitbenutzung von untergeordneter Bedeutung ist (→ BFH vom 15. 1. 1993 – BStBl II S. 348).

Einbürgerungskosten
Aufwendungen für die Einbürgerung sind Kosten der Lebensführung (→ BFH vom 18. 5. 1984 – BStBl II S. 588).

Geschenke an Geschäftsfreunde
→ § 4 Abs. 5 Nr. 1 EStG
→ R 21 Abs. 2 und 3

Gesellschaftliche Veranstaltungen, z. B. des Berufs-, Fach- oder Wirtschaftsverbandes oder der Gewerkschaft:
Aufwendungen sind stets Kosten der Lebensführung, und zwar auch dann, wenn die gesellschaftlichen Veranstaltungen im Zusammenhang mit einer rein fachlichen oder beruflichen Tagung oder Sitzung standen (→ BFH vom 1. 8. 1968 – BStBl II S. 713).

→ Karnevalsveranstaltungen

→ Kulturelle Veranstaltungen

Hörapparat
→ Medizinisch-technische Hilfsmittel und Geräte

Jahreserbschaftsteuer als dauernde Last
→ R 87 Abs. 2

Jahresessen
Aufwendungen für sog. Jahresessen gehören zu den typischen Repräsentationsaufwendungen im Sinne des § 12 Nr. 1 Satz 2 EStG (→ FG München vom 24. 4. 1995 – EFG 1996 S. 93).

Karnevalsveranstaltungen
Aufwendungen für die Einladung von Geschäftspartnern zu Karnevalsveranstaltungen sind Lebenshaltungskosten (→ BFH vom 29. 3. 1994 – BStBl II S. 843).

Kinderbetreuungskosten
Weder Betriebsausgaben noch Werbungskosten, selbst wenn sie wegen der Erwerbstätigkeit der Eltern aufgewendet werden (→ BVerfG vom 11. 10. 1977 – BStBl 1978 II S. 174 und BFH vom 9. 11. 1982 – BStBl 1983 II S. 297).

Kleidung und Schuhe

Als Kosten der Lebensführung nicht abziehbar, selbst wenn der Steuerpflichtige sie ausschließlich bei der Berufsausübung trägt (→ BFH vom 18. 4. 1991 – BStBl II S. 751).

Ausnahme: typische Berufskleidung (→ A 20 LStR 1993)

Körperpflegemittel, Kosmetika

Als Kosten der Lebensführung nicht abziehbar (→ BFH vom 6. 7. 1989 – BStBl 1990 II S. 49).

Kontoführungsgebühren

Pauschale Kontoführungsgebühren sind nach dem Verhältnis beruflich und privat veranlaßter Kontenbewegungen aufzuteilen (→ BFH vom 9. 5. 1984 – BStBl II S. 560).

Konzertflügel einer Musiklehrerin

Kann ein Arbeitsmittel im Sinne des § 9 Abs. 1 Nr. 6 EStG sein (→ BFH vom 21. 10. 1988 – BStBl 1989 II S. 356).

Kulturelle Veranstaltungen

Aufwendungen für den Besuch sind regelmäßig keine Werbungskosten, auch wenn dabei berufliche Interessen berührt werden (→ BFH vom 8. 2. 1971 – BStBl II S. 368 betr. Musiklehrerin).

Kunstwerke

Aufwendungen für Kunstwerke zur Ausschmückung eines Arbeits- oder Dienstzimmers sind Kosten der Lebensführung (→ BFH vom 12. 3. 1993 – BStBl II S. 506).

Medizinisch-technische Hilfsmittel und Geräte

Aufwendungen für technische Hilfsmittel zur Behebung körperlicher Mängel können als reine Kosten der Lebensführung nicht abgezogen werden, auch wenn die Behebung des Mangels im beruflichen Interesse liegt.

- → BFH vom 8. 4. 1954 (BStBl III S. 174) – Hörapparat
- → BFH vom 28. 9. 1990 (BStBl 1991 II S. 27) – Bifokalbrille
- → BFH vom 23. 10. 1992 (BStBl 1993 II S. 193) – Sehbrille

Nachschlagewerk

1. Allgemeines Nachschlagewerk eines Lehrers ist regelmäßig dem privaten Lebensbereich zuzuordnen (→ BFH vom 29. 4. 1977 – BStBl II S. 716).
2. Allgemeines englisches Nachschlagewerk eines Englischlehrers kann Arbeitsmittel im Sinne des § 9 Abs. 1 Nr. 6 EStG sein (→ BFH vom 16. 10. 1981 – BStBl 1982 II S. 67).

Promotionskosten

→ H 103 (Promotion)

Strafverfahren

→ H 120 (Kosten des Strafverfahrens)

Tageszeitung

Aufwendungen für den Bezug regionaler wie überregionaler Tageszeitungen gehören zu den unter § 12 Nr. 1 Satz 2 EStG fallenden Lebenshaltungskosten (→ BFH vom 7. 9. 1989 – BStBl 1990 II S. 19).

Telefonanschluß in einer Wohnung

Grund- und Gesprächsgebühren sind Betriebsausgaben oder Werbungskosten, soweit sie auf die beruflich geführten Gespräche entfallen. Der berufliche Anteil ist aus dem – ggf. geschätzten – Verhältnis der beruflich und der privat geführten Gespräche zu ermitteln (→ BFH vom 21. 11. 1980 – BStBl 1981 II S. 131). Zur Aufteilung der Gebühren → BMF vom 11. 6. 1990 (BStBl I S. 290).

Tonbandgerät eines Richters

Aufwendungen für ein Tonbandgerät sind regelmäßig Kosten der Lebensführung (→ BFH vom 29. 1. 1971 – BStBl II S. 327).

Videorecorder eines Lehrers
Aufwendungen für einen Videorecorder sind regelmäßig Kosten der Lebensführung (→ BFH vom 27. 9. 1991 – BStBl 1992 II S. 195).

Aufwendungen zur Verkürzung eines ausländischen Wehrdienstes → Aufwendungen der Lebensführung (→ BFH vom 20. 12. 1985 – BStBl 1986 II S. 459).

R 117 a. Studienreisen, Fachkongresse

¹Aufwendungen für eine Studienreise oder den Besuch eines Fachkongresses sind Betriebsausgaben/Werbungskosten, wenn die Reise oder Teilnahme an dem Kongreß so gut wie ausschließlich betrieblich/beruflich veranlaßt ist. ²Eine betriebliche/berufliche Veranlassung ist anzunehmen, wenn objektiv ein Zusammenhang mit dem Betrieb/Beruf besteht und subjektiv die Aufwendungen zur Förderung des Betriebs/Berufs gemacht werden. ³Die Befriedigung privater Interessen muß nach dem Anlaß der Reise, dem vorgesehenen Programm und der tatsächlichen Durchführung nahezu ausgeschlossen sein. ⁴Die Entscheidung, ob betriebs-/berufsbedingte Aufwendungen vorliegen, ist nach Würdigung aller Umstände und Merkmale des Einzelfalls zu treffen.

S 2227

Hinweise

Ärztefortbildung
Teilnahme ist nicht ganz überwiegend beruflich veranlaßt, wenn der Lehrgang nach Programm und Durchführung in nicht unerheblichem Maße die Verfolgung privater Erlebnis- und Erholungsinteressen zuläßt.
– Sportmedizin
  → BFH vom 19. 10. 1989 (BStBl 1990 II S. 134)
  → BFH vom 15. 3. 1990 (BStBl II S. 736)

> Aufwendungen eines Arztes für einen Lehrgang zum Erwerb der Bezeichnung „Sportmedizin" sind nicht abzugsfähig, wenn der Lehrgang in der Skihauptsaison in einem bekannten Wintersportort stattfindet und dabei der Wintersport in nicht unbedeutendem Umfang so, wie es üblicherweise auch bei anderen Besuchern des Ortes als Freizeitsport geschah, betrieben wurde. Im Streitfall schloß der Lehrgang im praktischen Teil sowohl den alpinen Skilauf wie den Skilanglauf ein. Unerheblich war, daß die Skipraxis nach der Weiterbildungsverordnung der Landesärztekammer erforderlich war (→ BFH vom 12. 9. 1995 – BFHE 178, 542).

– Wintersportort
  → BFH vom 4. 8. 1977 (BStBl II S. 829)

Allgemeinbildende Reise
In der Regel liegt keine so gut wie ausschließlich betriebliche/berufliche Veranlassung vor (→ BFH vom 23. 10. 1981 – BStBl 1982 II S. 69).

Auslandsgruppenreisen zu Informationszwecken
Aufwendungen sind regelmäßig Kosten der privaten Lebensführung.
→ BFH vom 27. 11. 1978 (BStBl 1979 II S. 213) – Grundsatzbeschluß zu Auslandsgruppenreisen
→ BFH vom 23. 10. 1981 (BStBl 1982 II S. 69) – Reise eines Geographielehrers
→ BFH vom 15. 12. 1982 (BStBl 1983 II S. 409) – Gruppenreise von Gewerbetreibenden ins Ausland
→ BFH vom 27. 3. 1991 (BStBl II S. 575) – Gruppenreise eines Hochschul-Geographen ins Ausland
→ BFH vom 30. 4. 1993 (BStBl II S. 674) – Wahrnehmung der Aufgaben eines Gruppenleiters

> → BFH vom 21. 8. 1995 (VI R 47/95) – Auslandsreise einer Lehrerin:
> Eine ohne besonderen Anlaß (wie z. B. Halten eines Vortrags) durchgeführte Reise einer Lehrerin nach England ist dann nicht nahezu ausschließlich beruflich veranlaßt, wenn

neben einem Ausflug am Wochenende von insgesamt zehn Arbeitstagen ein Tag sowie drei Nachmittage mit der Verfolgung allgemeintouristischer Zwecke verbracht werden.

Auslandsreise
→ BFH vom 16. 10. 1986 (BStBl 1987 II S. 208) – Reise einer Kunstmalerin

Betriebliche/berufliche Veranlassung von Studienreisen und Fachkongressen

Für betriebs-/berufsbedingte Aufwendungen können z. b. folgende Merkmale sprechen:
- ein homogener Teilnehmerkreis
- eine straffe und lehrgangsmäßige Organisation
- ein Programm, das auf die betrieblichen/beruflichen Bedürfnisse und Gegebenheiten der Teilnehmer zugeschnitten ist
- (bei Arbeitnehmern) die Gewährung von Dienstbefreiung oder Sonderurlaub
- (bei Arbeitnehmern) Zuschüsse des Arbeitgebers

Gegen betriebs-/berufsbedingte Aufwendungen können z. B. folgende Merkmale sprechen:
- der Besuch bevorzugter Ziele des Tourismus
- häufiger Ortswechsel
- bei kürzeren Veranstaltungen die Einbeziehung vieler Sonn- und Feiertage, die zur freien Verfügung stehen
- die Mitnahme des Ehegatten oder anderer naher Angehöriger
- die Verbindung mit einem Privataufenthalt
- entspannende oder kostspielige Beförderung, z. B. Schiffsreise

Die Merkmale können von Fall zu Fall unterschiedliches Gewicht haben.

→ BFH vom 27. 11. 1978 (BStBl 1979 II S. 213) – Grundsatzbeschluß zu Auslandsgruppenreisen

→ BFH vom 23. 10. 1981 (BStBl 1982 II S. 69) – Reise eines Geographielehrers

→ BFH vom 15. 12. 1982 (BStBl 1983 II S. 409) – Gruppenreise von Gewerbetreibenden ins Ausland

→ BFH vom 13. 12 .1984 (BStBl 1985 II S. 325) – Teilnahme eines Gewerbetreibenden an einem Fachkongreß

→ BFH vom 16. 10. 1986 (BStBl 1987 II S. 208) – Reise einer Kunstmalerin

→ BFH vom 23. 11. 1988 (BStBl 1989 II S. 405) – Teilnahme eines Buchhändlers an Tagung der Gesellschaft für Tiefenpsychologie

→ BFH vom 19. 10. 1989 (BStBl 1990 II S. 134) – Teilnahme eines Arztes an Lehrgang für Sportmedizin

→ BFH vom 27. 3. 1991 (BStBl II S. 575) – Gruppenreise eines Hochschul-Geographen ins Ausland

→ Aufwendungen für eine zweiwöchige Florida-Gruppenreise von Englischlehrern, denen dafür Dienstbefreiung gewährt worden ist, sind insgesamt keine Werbungskosten, wenn zwar einige Tage mit beruflich veranlaßten Veranstaltungen ausgelastet, aber vier volle Werktage und ein Wochenende allein touristischen Zwecken gewidmet waren. Für Englischlehrer aus den neuen Bundesländern, die in der DDR ihre Ausbildung erhalten hatten, gelten insoweit keine Besonderheiten (→ FG Mecklenburg-Vorpommern vom 27. 6. 1995 – EFG 1995 S. 1049).

→ BFH vom 21. 8. 1995 (VI R 47/95) – Auslandsreise einer Lehrerin → H 117 a (Auslandsgruppenreisen zu Informationszwecken).

Einzelaufwendungen

Ist eine Reise insgesamt nicht betrieblich/beruflich veranlaßt, können einzelne Aufwendungen gleichwohl Betriebsausgaben oder Werbungskosten sein. Voraussetzung dafür ist, daß sie von den übrigen Reisekosten sicher und leicht abgrenzbar und ausschließlich betrieblich/beruflich veranlaßt sind (→ BFH vom 27. 11. 1978 – BStBl 1979 II S. 213, vom 18. 10. 1990 – BStBl 1991 II S. 92 und vom 23. 4. 1992 – BStBl II S. 898).

Die Kosten sind nicht abziehbar, wenn sie auch entstanden wären, wenn der Steuerpflichtige den betrieblich/beruflich veranlaßten Reiseteil nicht durchgeführt hätte. Bei den zusätzlichen Aufwendungen kann es sich z. B. um Kursgebühren, Eintrittsgelder, Fahrtkosten, zusätzliche Übernachtungskosten und Mehraufwendungen für Verpflegung handeln. Die zusätzlichen Übernachtungskosten sowie die Mehraufwendungen für Verpflegung können mit den für Geschäfts-/Dienstreisen geltenden Pauschbeträgen (→ R 119 Abs. 2 Nr. 2 und 3 sowie A 39 und A 40 LStR 1993) angesetzt werden.

Klassenfahrt eines Berufsschülers
Aufwendungen sind regelmäßig Werbungskosten bei den aus dem Ausbildungsverhältnis erzielten Einnahmen aus nichtselbständiger Arbeit (→ BFH vom 7. 2. 1992 – BStBl II S. 531).

Kongreß
1. im Ausland
   → Sprachkurse im und Studienreisen ins Ausland
2. Nachweis der Teilnahme
   Aufwendungen für die Teilnahme an einem Kongreß sind nur abziehbar, wenn feststeht, daß der Steuerpflichtige an den Veranstaltungen teilgenommen hat (→ BFH vom 4. 8. 1977 – BStBl II S. 829). An den Nachweis der Teilnahme sind strenge Anforderungen zu stellen; der Nachweis muß sich auf jede Einzelveranstaltung beziehen, braucht jedoch nicht in jedem Fall durch Anwesenheitstestat geführt zu werden (→ BFH vom 13. 2. 1980 – BStBl II S. 386).
3. auf dem Schiff
   Wird ein Kongreß mit einer Reise verbunden, z. B. sog. schwimmende Kongresse, ist dies in der Regel ein Beweisanzeichen für eine private Mitveranlassung von nicht nur untergeordneter Bedeutung (→ BFH vom 14. 7. 1988 – BStBl 1989 II S. 19).

Private Interessen
Wird ein → Kongreß mit einer Reise verbunden, ist dies in der Regel ein Beweisanzeichen für eine private Mitveranlassung von nicht nur untergeordneter Bedeutung (→ BFH vom 14. 7. 1988 – BStBl 1989 II S. 19).

Psychologisches Seminar
Aufwendungen eines Industriekaufmanns für die Teilnahme an psychologischen Seminaren können nur dann Werbungskosten und keine Aufwendungen für die Lebensführung sein, wenn in den Seminaren primär auf den konkreten Beruf zugeschnittene psychologische Kenntnisse vermittelt werden und der Teilnehmerkreis des Seminars entsprechend homogen zusammengesetzt ist. Dies gilt auch dann, wenn der Arbeitgeber für die Teilnahme an den Seminaren bezahlten Bildungsurlaub gewährt hat (→ BFH vom 6. 3. 1995 – BStBl II S. 393).

Schulskileiter-Lizenz
Aufwendungen für die Lehrgangsteilnahme können nur bei in der Schule im Fach Sport eingesetzten Lehrerinnen und Lehrern unter eng begrenzten Voraussetzungen als Werbungskosten anerkannt werden (→ BFH vom 26. 8. 1988 – BStBl 1989 II S. 91).

Scientology-Fortbildungskurse
Bei dem „Effizienztraining" bzw. „Individualtraining zur Verbesserung innerer Organisationsabläufe" läßt sich nicht ausschließen, daß Lehrinhalte der sog. „Scientology-Kirche" vermittelt werden, die wegen ihrer religiös-philosophischen Bezüge die Lebensführung berühren, auch wenn es sich bei der „Scientology-Kirche" nicht um eine Religions- oder Weltanschauungsgemeinschaft handelt (→ FG Hamburg vom 4. 10. 1995 – V 186/93).

Sprachkurse im und Studienreisen ins Ausland
Bei Studienreisen ins Ausland kann gegen die betriebliche/berufliche Veranlassung sprechen, wenn Anlagen und Einrichtungen gleicher Art im Inland oder im näherliegenden Ausland hätten besucht werden können. Das gleiche gilt für Sprachkurse im Ausland, wenn die Durchführung der Veranstaltung im Inland den gleichen Erfolg hätte haben können (→ BFH vom 31. 7. 1980 – BStBl II S. 746 und vom 22. 7. 1993 – BStBl II S. 787). Bei Fachkongressen im Ausland können Zweifel an der betrieblichen/beruflichen Veranlassung insbesondere dann bestehen, wenn die Veranstaltungen an beliebten Erholungsorten stattfinden. Der Ort einer Fachtagung ist jedoch von geringer Bedeutung, wenn es sich um eine Tagung internationalen Gepräges mit Beteiligung ausländischer Teilnehmer und Dozenten handelt (→ BFH vom 16. 1. 1974 – BStBl II S. 291), es sei denn, den Teilnehmern wird durch die Gestaltung der Tagung gezielt die Möglichkeit eröffnet, die Freizeitangebote dieses Ortes zu nutzen, z. B. durch eine außergewöhnlich lange Mittagspause (→ BFH vom 5. 9. 1990 – BStBl II S. 1059).

§ 12 EStG
R 118   H 118

R 118

R 118. Benutzung von Personenkraftwagen für betriebliche/berufliche und private Zwecke

S 2227

¹Wird ein Personenkraftwagen für betriebliche/berufliche und private Zwecke benutzt, sind die Gesamtaufwendungen einschließlich der festen Kosten im Verhältnis der betrieblichen/beruflichen zur privaten Nutzung aufzuteilen. ²Es obliegt dem Steuerpflichtigen, zur Abgrenzung der betrieblichen/beruflichen Kosten von denen der privaten Lebensführung den Umfang der betrieblichen/beruflichen Nutzung nachzuweisen. ³Aus Vereinfachungsgründen kann ohne diesen Nachweis in vielen Fällen davon ausgegangen werden, daß der betriebliche/berufliche Nutzungsanteil 65 bis 70 v. H. der Gesamtnutzung beträgt. ⁴Bei Steuerpflichtigen, die den Personenkraftwagen für eine durch ihren Beruf bedingte typische Reisetätigkeit benutzen, z. B. Handelsvertreter, oder die zur Ausübung ihrer räumlich ausgedehnten Berufstätigkeit auf die ständige Benutzung eines Personenkraftwagens angewiesen sind, z. B. Landärzte, kann ein höherer Hundertsatz in Betracht kommen. ⁵Ein niedrigerer betrieblicher/beruflicher Nutzungsanteil ist im allgemeinen bei Steuerpflichtigen anzunehmen, deren betriebliche/berufliche Tätigkeit sich auf einen Ort beschränkt und bei denen nach den tatsächlichen Verhältnissen das Aufsuchen von Geschäftsfreunden (Kunden oder Lieferanten) nicht oder nur selten in Betracht kommt.

H 118   **Hinweise**

Fahrtenbuch

Wird zum Nachweis für den Abzug von betrieblich/beruflich veranlaßten Fahrtkosten ein Fahrtenbuch geführt, sind die folgenden Angaben im Zusammenhang mit Rechnungen über Treibstoffe, Öl, Reparatur, Kundendienst usw. ausreichend:

- Datum, Kilometerstand zu Beginn und am Ende der einzelnen Geschäfts-/Dienstreise,
- Reiseziel mit Reiseroute,
- Reisezweck mit Angabe des aufgesuchten Geschäftspartners,
- jeweilige Abfahrts- und Ankunftszeit, soweit Verpflegungsmehraufwendungen geltend gemacht werden,
- Privatfahrten müssen im einzelnen, jedoch ohne Angabe des Reisewegs, aufgezeichnet werden,
- für die arbeitstäglichen Fahrzeiten zwischen Wohnung und Betriebs-/Arbeitsstätte genügt ein kurzer Vermerk im Fahrtenbuch.

Bei Ausdrucken von elektronischen Aufzeichnungsgeräten müssen nachträgliche Veränderungen der aufgezeichneten Angaben technisch ausgeschlossen, zumindest aber dokumentiert sein.

Fahrten zwischen Wohnung und Betriebsstätte als Betriebsausgaben

→ R 23

Gesamtaufwendungen

- Bei der Bewertung von Nutzungsentnahmen ist von den tatsächlichen Selbstkosten (Gesamtaufwendungen) auszugehen. Dazu gehören neben den sog. festen Kosten, wie Garagenmiete, Versicherungsgebühren, Kraftfahrzeugsteuer usw., auch die in den jeweiligen Jahren gezahlten Finanzierungskosten (→ BFH vom 26. 10. 1987 – BStBl 1988 II S. 348 und vom 24. 5. 1989 – BStBl 1990 II S. 8).
- Ein Gewinn aus der Veräußerung des Kraftfahrzeugs mindert nicht die Bemessungsgrundlage für die Ermittlung des Privatanteils im Veräußerungsjahr (→ BFH vom 26. 1. 1994 – BStBl II S. 353).

Unfallkosten

1. Kommt ein Personenkraftwagen, der sowohl betrieblich oder beruflich als auch privat genutzt wird, auf einer **Privatfahrt** zu Schaden, so dürfen die dadurch entstehenden Ausgaben oder Vermögensverluste nicht als Betriebsausgaben abgezogen werden. Eine Aufteilung im Verhältnis der betrieblichen zur privaten Nutzung kommt nicht in Betracht (→ BFH vom 28. 2. 1964 – BStBl III S. 453 und vom 24. 5. 1989 – BStBl 1990 II S. 8).

§ 12 EStG
H 118   R 119

2. Erleidet ein Steuerpflichtiger auf einer **ausschließlich betrieblichen oder beruflichen Fahrt** einen Unfall mit seinem Personenkraftwagen, so sind die Unfallkosten ohne Rücksicht auf das Verschulden des Steuerpflichtigen und unabhängig vom Anteil der privaten Nutzung des Personenkraftwagens in voller Höhe Betriebsausgaben oder Werbungskosten, es sei denn, daß für den Unfall private Gründe maßgebend sind (→ BFH vom 28. 11. 1977 – BStBl 1978 II S. 105). Solche privaten Gründe liegen z. B. vor, wenn auf einer an sich beruflich veranlaßten Fahrt ein Unfall durch Alkoholeinfluß, durch grobe Mißachtung der Verkehrsregeln oder bei einer Wettfahrt des Steuerpflichtigen herbeigeführt wird (→ BFH vom 6. 4. 1984 – BStBl II S. 434).

R 119.   **Reisekosten**

R 119

Allgemeines

(1) ¹Eine **Geschäftsreise** liegt vor, wenn der Steuerpflichtige mehr als 20 km von seiner Wohnung und seiner regelmäßigen Betriebsstätte oder Stätte der Berufsausübung entfernt vorübergehend, längstens drei Monate tätig ist. ²Für die Entfernungsberechnung ist bei Benutzung öffentlicher Verkehrsmittel die Fahrtstrecke, in anderen Fällen – insbesondere bei der Benutzung des eigenen Kraftfahrzeugs – die kürzeste benutzbare Straßenverbindung maßgebend. ³Bei Benutzung eines eigenen Kraftfahrzeugs kann an Stelle der kürzesten benutzbaren Straßenverbindung auch eine andere, offensichtlich verkehrsgünstigere Straßenverbindung zugrunde gelegt werden. ⁴**Regelmäßige Betriebsstätte oder Stätte der Berufsausübung** im Sinne des Satzes 1 ist der Mittelpunkt der auf Dauer abgestellten Tätigkeit des Steuerpflichtigen. ⁵Die Tatsache, daß der Steuerpflichtige eine Geschäftsreise unternommen hat, muß sich aus den Unterlagen, z. B. Fahrtenbuch, Hotelrechnungen, Tankstellenquittungen, Korrespondenz u. ä. ergeben. ⁶Erledigt der Steuerpflichtige während der Geschäftsreise auch in einem mehr als geringfügigen Umfang private Angelegenheiten, so sind die betrieblich/beruflich veranlaßten Aufwendungen von den privat veranlaßten Aufwendungen zu trennen. ⁷Ist das nicht – auch nicht im Wege der Schätzung – leicht und einwandfrei möglich, so gehören die gesamten Aufwendungen zu den nach § 12 Nr. 1 EStG nicht abzugsfähigen Kosten der Lebensführung. ⁸Ein **Geschäftsgang** liegt vor, wenn der Steuerpflichtige außerhalb seiner regelmäßigen Betriebsstätte oder Stätte der Berufsausübung und seiner Wohnung beruflich tätig wird und die Voraussetzungen einer Geschäftsreise nicht erfüllt sind. ⁹Wird ein Geschäftsgang mit einer Geschäftsreise oder umgekehrt verbunden, so gilt die auswärtige Tätigkeit insgesamt als Geschäftsreise.

S 2228

Reisekosten

(2) Als Reisekosten können nur die **unmittelbar** durch eine Geschäftsreise verursachten Aufwendungen wie folgt abgezogen werden:

1. **Fahrtkosten** in der tatsächlichen Höhe.

¹Sie können durch Vorlage der Fahrkarten, Quittungen von Reisebüros oder Tankstellen, Fahrtenbücher oder in ähnlicher Weise nachgewiesen werden. ²Benutzt der Steuerpflichtige für die Geschäftsreise ein privates Beförderungsmittel, so können die Fahrtkosten ohne Einzelnachweis mit pauschalen Kilometersätzen angesetzt werden, die folgende Beträge nicht überschreiten dürfen:

¹)

a) bei einem Kraftwagen	0,52 DM je Fahrkilometer
b) bei einem Motorrad oder einem Motorroller	
	0,23 DM je Fahrkilometer
c) bei einem Moped oder Mofa	0,14 DM je Fahrkilometer
d) bei einem Fahrrad	0,07 DM je Fahrkilometer.

³Für jede Person, die bei einer Geschäftsreise oder bei einem Geschäftsgang mitgenommen wird, erhöhen sich der Kilometersatz nach Buchstabe a um 0,03 DM und der Kilometersatz nach Buchstabe b um 0,02 DM. ⁴Neben den Kilometersätzen können etwaige außergewöhnliche Kosten angesetzt werden, wenn diese durch Fahrten entstanden sind, für die die Kilometersätze anzusetzen sind. ⁵Die Kilometersätze nach Satz 2 sind nicht anzu-

---

¹) Anwendung von R 119 Abs. 2 Nr. 2 EStR 1993 → H 119 (Übernachtungskosten bei Geschäftsreisen).

setzen, soweit sie im Einzelfall zu einer offensichtlich unzutreffenden Besteuerung führen würden.

2. **Übernachtungskosten** in der tatsächlichen Höhe.

   ¹Die Kosten des Frühstücks gehören zu den Aufwendungen für Verpflegung. ²Wird durch Zahlungsbelege nur ein Gesamtpreis für Unterkunft und Frühstück nachgewiesen und läßt sich der Preis für das Frühstück nicht feststellen, so ist der Gesamtpreis zur Ermittlung der Übernachtungskosten wie folgt zu kürzen:

   a) bei einer Übernachtung im Inland um 7 DM

   b) bei einer Übernachtung im Ausland um 15 v. H. des für den Unterkunftsort maßgebenden Pauschbetrags für Verpflegungsmehraufwendungen bei einer mehrtägigen Geschäftsreise.

   ³Für die Kosten der Übernachtung können außer bei Auslandsreisen keine Pauschbeträge gewährt werden. ⁴Dies schließt nicht aus, daß die Höhe der Übernachtungskosten geschätzt werden kann, wenn ihre Entstehung dem Grunde nach unbestritten ist.

3. **Mehraufwendungen für Verpflegung** in der tatsächlichen Höhe, vermindert um die Haushaltsersparnis.

   ¹Die Haushaltsersparnis ist mit ⅕ der tatsächlichen Aufwendungen je Reisetag anzusetzen. ²Aufwendungen für die Bewirtung und Unterhaltung von Geschäftsfreunden gehören nicht zu den Reisekosten. ³Die Mehraufwendungen sind nachzuweisen oder glaubhaft zu machen. ⁴Bei Inlandsgeschäftsreisen dürfen die Verpflegungsmehraufwendungen höchstens mit 64 DM je Kalendertag als Reisekosten angesetzt werden. ⁵Ohne Einzelnachweis der tatsächlichen Aufwendungen dürfen sie grundsätzlich mit folgenden Pauschbeträgen angesetzt werden:

   a) bei Geschäftsreisen, die am selben Kalendertag begonnen und beendet werden (eintägige Reisen), 35 DM je Kalendertag,

   b) bei mehrtägigen Geschäftsreisen 46 DM je Kalendertag.

   ⁶Der Höchstbetrag und die Pauschbeträge ermäßigen sich für jeden Kalendertag, an dem die Geschäftsreise nicht mehr als 12 Stunden gedauert hat, wie folgt:

Dauer der Geschäftsreise mehr als:	Höchstbetrag	Pauschbetrag bei	
		eintägiger Geschäftsreise	mehrtägiger Geschäftsreise
10 Stunden	51 DM	28 DM	36 DM
8 Stunden	32 DM	17 DM	23 DM
6 Stunden	19 DM	10 DM	13 DM

   ⁷Wenn die Geschäftsreise nicht mehr als 6 Stunden gedauert hat, können nur nachgewiesene Verpflegungsmehraufwendungen bis zum Höchstbetrag von 19 DM anerkannt werden. ⁸Bei mehreren Geschäftsreisen an einem Kalendertag ist jede Geschäftsreise für sich zu beurteilen, es darf jedoch insgesamt nicht mehr als der volle Höchst- oder Pauschbetrag angesetzt werden. ⁹Wird eine Geschäftsreise nach 18 Uhr angetreten und vor 6 Uhr am nachfolgenden Tag beendet, ohne daß eine Übernachtung stattfindet, so ist diese Geschäftsreise als eintägige Geschäftsreise zu behandeln. ¹⁰Hat der Steuerpflichtige bei einer Geschäftsreise Mahlzeiten unentgeltlich erhalten, so sind der Höchstbetrag oder ermäßigte Höchstbetrag und der maßgebende Pauschbetrag oder ermäßigte Pauschbetrag für ein Frühstück um 15 v. H. und für ein Mittag- oder Abendessen um jeweils 30 v. H. des vollen Höchst- oder Pauschbetrags zu kürzen. ¹¹Der ermäßigte Höchstbetrag und der maßgebende ermäßigte Pauschbetrag sind jeweils jedoch höchstens um 75 v. H. zu kürzen. ¹²Die Kürzung entfällt, soweit der Steuerpflichtige die Mahlzeiten aus Anlaß gesellschaftlicher Veranstaltungen erhalten hat. ¹³Bei einer mehrtägigen Geschäftsreise können die Mehraufwendungen für Verpflegung für sämtliche Reisetage nur einheitlich entweder im einzelnen nachgewiesen oder glaubhaft gemacht oder ohne Einzelnachweis bis zur Höhe der Pauschbeträge angesetzt werden. ¹⁴Der Steuerpflichtige ist jedoch nicht für alle Geschäftsreisen, die in einen VZ fallen, an dasselbe Verfahren gebunden. ¹⁵Die Pauschbeträge sind nicht anzuerkennen, wenn ihre Anwendung im Einzelfall zu einer offensichtlich unzutreffenden Besteuerung führen würde.

4. **Nebenkosten** in der nachgewiesenen oder glaubhaft gemachten Höhe.

Auslandsgeschäftsreisen

(3) ¹Bei Auslandsgeschäftsreisen können abweichend von Absatz 2 Nr. 2 und 3 die Aufwendungen für Übernachtung und die Mehraufwendungen für Verpflegung in der Regel ohne Einzelnachweis mit besonderen Höchst- und Pauschbeträgen – **Auslandstagegelder** und **Auslandsübernachtungsgelder** – anerkannt werden. ²Dabei gilt folgendes:

1. **Auslandstagegelder**

   ¹Für den Abzug von Verpflegungsmehraufwendungen gelten die vom Bundesministerium der Finanzen im Einvernehmen mit den obersten Finanzbehörden der Länder auf der Grundlage der höchsten Auslandstagegelder nach dem Bundesreisekostengesetz bekanntgemachten Höchst- und Pauschbeträge. ²Für die nicht in der Bekanntmachung erfaßten Länder ist der für Luxemburg geltende Höchst- und Pauschbetrag maßgebend; für die in der Bekanntmachung nicht erfaßten Übersee- und Außengebiete eines Landes ist der für das Mutterland geltende Höchst- und Pauschbetrag maßgebend. ³Für die Anwendung der Höchst- und Pauschbeträge für Verpflegungsmehraufwendungen bei Auslandsgeschäftsreisen sind die Regelungen des Absatzes 2 Nr. 3 entsprechend anzuwenden; dabei ermäßigen sich der Höchstbetrag und die Pauschbeträge für jeden Kalendertag, an dem die Geschäftsreise

   nicht mehr als 12, aber mehr als 10 Stunden gedauert hat, auf ⁸/₁₀,

   nicht mehr als 10, aber mehr als 8 Stunden gedauert hat, auf ⁵/₁₀,

   nicht mehr als 8, aber mehr als 6 Stunden gedauert hat, auf ³/₁₀,

   wobei die ermäßigten Beträge jeweils auf volle Deutsche Mark abzurunden sind. ⁴Der auf ³/₁₀ ermäßigte Höchstbetrag gilt auch für einen Kalendertag, an dem die Geschäftsreise nicht mehr als 6 Stunden gedauert hat. ⁵Außerdem gilt folgendes:

   a) Bei eintägigen Auslandsgeschäftsreisen gilt der für das Land der Tätigkeitsstätte, bei mehreren Tätigkeitsstätten der für das Land der letzten Tätigkeitsstätte maßgebende Höchst- und Pauschbetrag.

   b) Bei mehrtägigen Auslandsgeschäftsreisen ist folgendes zu beachten:

   aa) ¹Höchst- und Pauschbetrag richten sich nach dem Land, das der Reisende vor 24 Uhr Ortszeit zuletzt erreicht. ²Ist das vor 24 Uhr zuletzt erreichte Land das Inland, so ist vorbehaltlich der Regelung in Buchstabe c der bei Geschäftsreisen im Inland geltende Höchst- und Pauschbetrag maßgebend.

   bb) ¹Bei Flugreisen gilt ein Land in dem Zeitpunkt als erreicht, in dem das Flugzeug dort landet; Zwischenlandungen bleiben unberücksichtigt. ²Erstreckt sich eine Flugreise über mehr als zwei Kalendertage, so ist für die Tage, die zwischen dem Tag des Abflugs und dem Tag der Landung liegen, der für Österreich geltende Höchst- und Pauschbetrag maßgebend.

   cc) ¹Bei Reisen vom Ausland in das Inland, die spätestens um 7 Uhr Ortszeit angetreten werden, und bei Rückreisen vom Ausland in das Inland richtet sich der Höchst- und Pauschbetrag für den Tag des Grenzübergangs nach dem ausländischen Grenzort an der deutschen Grenze, wenn der Grenzübergang in das Inland nach 14 Uhr stattfindet. ²Bei Flugreisen tritt an die Stelle des ausländischen Grenzorts an der deutschen Grenze der Abflughafen und an die Stelle des Grenzübergangs in das Inland die erste Landung im Inland.

   c) ¹Bei Schiffsreisen ist der für Luxemburg geltende Höchst- und Pauschbetrag und für die Tage der Einschiffung und Ausschiffung der für den Hafenort geltende Höchst- und Pauschbetrag maßgebend. ²Wenn der Fahrpreis auch ein Entgelt für Verpflegung enthält, sind die Höchst- und Pauschbeträge nach Absatz 2 Nr. 3 Sätze 10 bis 12 zu kürzen.

2. **Auslandsübernachtungsgelder**

   ¹Für den Abzug von Übernachtungskosten gelten die vom Bundesministerium der Finanzen im Einvernehmen mit den obersten Finanzbehörden der Länder auf der Grundlage der höchsten Auslandsübernachtungsgelder nach dem Bundesreisekostengesetz bekanntgemachten Pauschbeträge. ²Sie richten sich nach dem Land, das nach Absatz 3 Nr. 1 Buchstabe b Doppelbuchstaben aa und bb maßgebend ist. ³Für die nicht erfaßten Länder und Gebiete ist Absatz 3 Nr. 1 Satz 2 anzuwenden. ⁴Bei einer Übernachtung auf einem Schiff ist Absatz 3 Nr. 1 Buchstabe c sinngemäß anzuwenden. ⁵Die

§ 12 EStG
R 119   H 119

Pauschbeträge dürfen nur angesetzt werden, wenn der Steuerpflichtige die Unterkunft nicht unentgeltlich oder verbilligt erhalten hat. ⁶Für die Dauer der Benutzung von Beförderungsmitteln darf ein Übernachtungsgeld nicht angesetzt werden.

Geschäftsgang

(4) ¹Bei einem Geschäftsgang dürfen die Verpflegungsmehraufwendungen höchstens mit 19 DM als Reisekosten angesetzt werden. ²Ohne Einzelnachweis der tatsächlichen Aufwendungen dürfen Steuerpflichtige mit Einkünften aus Land- und Forstwirtschaft, aus Gewerbebetrieb oder aus selbständiger Arbeit die Verpflegungsmehraufwendungen mit einem Pauschbetrag von 8 DM ansetzen, wenn der Geschäftsgang mehr als 6 Stunden gedauert hat.

Hinweise

Außergewöhnliche Kosten

→ R 119 Abs. 2 Nr. 1 Satz 4

Außergewöhnliche Kosten, die neben den Kilometersätzen angesetzt werden können, sind nur die nicht vorhersehbaren Aufwendungen für Reparaturen, die

a) nicht auf Verschleiß (→ BFH vom 17. 10. 1973 – BStBl 1974 II S. 186) oder

b) auf Unfallschäden beruhen,

sowie Absetzungen für außergewöhnliche technische Abnutzung; dabei sind die entsprechenden Schadensersatzleistungen auf die Kosten anzurechnen. Der sog. merkantile Minderwert eines reparierten und weiterhin benutzten Kraftwagens führt nicht zu einem Abzug wegen außergewöhnlicher technischer oder wirtschaftlicher Abnutzung (→ BFH vom 31. 1. 1992 – BStBl II S. 401).

Beitrittsgebiet

Die Sonderregelungen zur Dreimonatsfrist bei Dienst- und Geschäftsreisen und bei Dienst- und Geschäftsgängen in das Beitrittsgebiet sowie bei Einsatzwechseltätigkeit im Beitrittsgebiet gelten bis zum 31. 12. 1995 (→ BMF vom 21. 5. 1991 – BStBl I S. 536, vom 4. 11. 1991 – BStBl I S. 1022 und vom 9. 11. 1994 – BStBl I S. 868).

Dienst- und Geschäftsreisen, Dienst- und Geschäftsgänge in das Beitrittsgebiet sowie Einsatzwechseltätigkeit im Beitrittsgebiet; Sonderregelungen zur Dreimonatsfrist

BMF vom 21. 5. 1991 (BStBl I S. 536)
IV B 6 – S 2338 – 8/91

BMF vom 4. 11. 1991 (BStBl I S. 1022)
IV B 6 – S 2338 – 35/91

BMF vom 9. 11. 1994 (BStBl I S. 868)
IV B 6 – S 2338 – 14/95

Bei einer längerfristigen vorübergehenden Auswärtstätigkeit an derselben Tätigkeitsstätte ist nach Abschnitt 37 Abs. 3 Nr. 2 Lohnsteuer-Richtlinien 1990 nur für die ersten drei Monate eine Dienstreise anzuerkennen; nach Ablauf der Dreimonatsfrist ist die auswärtige Tätigkeitsstätte als regelmäßige Arbeitsstätte anzusehen. Im Hinblick auf die besondere Situation im Beitrittsgebiet gilt nach dem Ergebnis der Erörterungen mit den obersten Finanzbehörden der Länder folgendes:

Bei Dienstreisen aus den alten Bundesländern in das Beitrittsgebiet ist aus Billigkeitsgründen auch nach Ablauf der Dreimonatsfrist die auswärtige Tätigkeitsstätte nicht als neue regelmäßige Arbeitsstätte anzusehen. Dies gilt entsprechend bei Dienstgängen und Geschäftsgängen in das Beitrittsgebiet. Die Regelung gilt außerdem entsprechend für eine nach 31. Dezember 1989 im Beitrittsgebiet begonnene Einsatzwechseltätigkeit, wenn der Arbeitnehmer seinen Hauptwohnsitz in den alten Bundesländern oder Berlin (West) hat.

Diese Regelung gilt für nach dem 31. Dezember 1989 begonnene Dienstreisen bis zum 31. Dezember 1995[1]). Entsprechendes gilt für Geschäftsreisen.

Demzufolge ist es nicht zu beanstanden, wenn die allgemeinen Regelungen zur Dienstreise, z. B. über den Werbungskostenabzug der Reisekosten beim Arbeitnehmer und die steuerfreie Erstattung der Reisekosten durch den Arbeitgeber, auch dann angewandt werden, soweit bei diesen Dienstreisen in den Jahren 1990 bis 1992 die Dreimonatsfrist überschritten ist. Ich weise ergänzend darauf hin, daß Reisekosten als Werbungskosten nur abgezogen werden können, soweit sie nicht vom Arbeitgeber steuerfrei erstattet worden sind. Bei Arbeitnehmern des öffentlichen Dienstes sind auch die wegen der mit dem Aufenthalt im Beitrittsgebiet verbundenen besonderen Aufwendungen gezahlten Aufwandsentschädigungen im Sinne des § 3 Nr. 12 EStG anzurechnen, da sie auch Mehraufwendungen abgelten sollen, die durch diese Dienstreisen in das Beitrittsgebiet veranlaßt sind.

Betriebsstätte
1. Unterhält ein Steuerpflichtiger **mehrere** Betriebsstätten an verschiedenen Orten, so sind die regelmäßigen Fahrten dorthin und von einer zur anderen Betriebsstätte im allgemeinen keine Geschäftsreisen (→ BFH vom 29. 3. 1979 – BStBl II S. 700).
2. Betriebsstätte eines Gewerbetreibenden, der typischerweise auf wechselnden Märkten tätig ist, ist der jeweilige Marktstand (→ BFH vom 18. 9. 1991 – BStBl 1992 II S. 90). Anhang 27

Einsatzwechseltätigkeit
→ Betriebsstätte

→ Verpflegungsmehraufwendungen

Fortbildungskongresse
→ R 117 a

Höchst- und Pauschbeträge für Verpflegungsmehraufwendungen und Übernachtungskosten bei Auslandsgeschäftsreisen Anhang 27

→ BMF vom 9. 3. 1994 (BStBl I S. 212) und vom 12. 7. 1995 (BStBl I S. 380)

→ BMF vom 29. 11. 1995 (BStBl 1995 I S. 822)

Nebenkosten
→ R 119 Abs. 2 Nr. 4

Z. B. Kosten für
- die Beförderung, Versicherung und Aufbewahrung von Gepäck
- Telefon
- Telegramme
- Porto
- Garage
- Parkplatz
- die Benutzung von Straßenbahn oder Kraftwagen am Reiseort

Pauschbeträge
Für **Verpflegungsmehraufwendungen** und **Übernachtungskosten** bei Auslandsgeschäftsreisen → Höchst- und Pauschbeträge

Reisekosten
1. – der veranlagten Arbeitnehmer
   → A 37 bis 40 LStR 1993
2. mittelbare –, z. B.
   Kosten für die Anschaffung von Kleidung und allgemeinen Reiseausrüstungsgegenständen gehören nicht zu den Reisekosten.
3. unmittelbare –
   → R 119 Abs. 2

---
[1]) Durch BMF vom 4. 11. 1991 (BStBl I S. 1022) und BMF vom 9. 11. 1994 (BStBl I S. 868) wurden die Sonderregelungen zur Dreimonatsfrist bei einer Tätigkeit im Beitrittsgebiet bis zum 31. 12. 1995 verlängert.

Studienreisen

→ R 117 a

Übernachtungskosten müssen grundsätzlich im einzelnen nachgewiesen werden; sie können geschätzt werden, wenn sie dem Grunde nach zweifelsfrei entstanden sind (→ BFH vom 17. 7. 1980 – BStBl 1981 II S. 14).

Übernachtungskosten bei Geschäftsreisen
Kürzung der Übernachtungskosten bei Geschäftsreisen (R 119 Abs. 2 Nr. 2 EStR 1993)

BMF vom 19. 12. 1995 (BStBl I S. 809)
IV B 1 – S 2228 – 5/95

Unter Bezugnahme auf das Ergebnis der Erörterung mit den obersten Finanzbehörden der Länder gilt für die steuerliche Berücksichtigung von Übernachtungskosten bei Geschäftsreisen folgendes:

R 119 Abs. 2 Nr. 2 Satz 2 EStR 1993 ist im Vorgriff auf die Anpassung im Rahmen der Einkommensteuer-Änderungsrichtlinien 1996 an die Regelung in Abschnitt 40 Abs. 1 der Lohnsteuer-Richtlinien 1996 ab Veranlagungszeitraum 1996 mit folgender Maßgabe anzuwenden:

Der Gesamtpreis für Unterkunft und Frühstück ist

a) bei einer Übernachtung im Inland um 9 DM

b) bei einer Übernachtung im Ausland um 20 v. H. des für den Unterkunftsort maßgebenden Pauschbetrags für Verpflegungsmehraufwendungen bei einer mehrtägigen Geschäftsreise

zu kürzen, wenn die Zahlungsbelege für Übernachtungskosten nur einen Gesamtpreis für Unterkunft und Frühstück ausweisen.

Unzutreffende Besteuerung

→ R 119 Abs. 2 Nr. 1 Satz 5 und Abs. 2 Nr. 3 Satz 15

→ BFH vom 25. 10. 1985 (BStBl 1986 II S. 200)

→ BFH vom 11. 5. 1990 (BStBl II S. 777)

→ BFH vom 26. 7. 1991 (BStBl 1992 II S. 105)

kann in Betracht kommen, wenn

– bei einer Jahresfahrleistung von mehr als 40.000 km die Kilometersätze die tatsächlichen Kilometerkosten offensichtlich übersteigen;

– bei umfangreicher Reisetätigkeit infolge der Anwendung der Pauschbeträge unverhältnismäßig geringe Einkünfte verbleiben würden;

– offensichtlich ist, daß keine oder nahezu keine Aufwendungen für die Verpflegung entstehen.

Verpflegungsmehraufwendungen

Sie sind ggf. nach den Verhältnissen des Einzelfalles zu schätzen (→ BFH vom 29. 11. 1974 – BStBl 1975 II S. 339).

Verpflegungsmehraufwendungen können auch dann Betriebsausgaben sein, wenn sie im Zusammenhang mit einer sog. Einsatzwechseltätigkeit stehen (→ BFH vom 18. 9. 1991 – BStBl 1992 II S. 90).

→ Höchst- und Pauschbeträge

→ Unzutreffende Besteuerung

R 120. Geldstrafen und ähnliche Rechtsnachteile

Aufwendungen im Sinne des § 12 Nr. 4 EStG können auch dann nicht abgezogen werden, wenn die Geldstrafen und ähnlichen Rechtsnachteile außerhalb des Geltungsbereichs des

§ 12 EStG
H 120   R 120

Gesetzes verhängt, angeordnet oder festgesetzt werden, es sei denn, sie widersprechen wesentlichen Grundsätzen der deutschen Rechtsordnung (ordre public).

Hinweise	H 120

Abführung von Mehrerlösen
→ R 24

Agentenlohn
→ Rechtsfolgen vermögensrechtlicher Art

Bestechungsgelder
→ Rechtsfolgen vermögensrechtlicher Art

Einziehung von Gegenständen
In den Fällen der Anordnung gem. § 74 Abs. 2 Nr. 1 oder § 76 a StGB überwiegt der Strafcharakter. Es ist unerheblich, ob die Anordnung neben der Hauptstrafe oder nachträglich nach § 76 StGB oder unter den Voraussetzungen des § 76 a StGB selbständig erfolgt ist.

Geldbußen
→ R 24

Kosten des Strafverfahrens/der Strafverteidigung
a) Die dem Strafverfahren zugrundeliegende Tat wurde in Ausübung der betrieblichen oder beruflichen Tätigkeit begangen: Kosten sind Betriebsausgaben oder Werbungskosten, da sie weder Strafe noch strafähnliche Rechtsfolge sind (→ BFH vom 19. 2. 1982 – BStBl II S. 467).
b) Die dem Strafverfahren zugrundeliegende Tat beruht auf privaten Gründen oder ist sowohl privat als auch betrieblich (beruflich) veranlaßt:
   Aufwendungen sind nicht abziehbare Kosten der Lebensführung. Das gilt auch für Kosten eines Wiederaufnahmeverfahrens nach strafrechtlicher Verurteilung mit disziplinarrechtlichen Folgen (→ BFH vom 13. 12. 1994 – BStBl 1995 II S. 457).
   Bei Strafverteidigungskosten im Fall eines Freispruches oder Verteidigungskosten in einem Bußgeld- oder Ordnungsgeldverfahren im Fall einer förmlichen Einstellung ist § 33 EStG zu prüfen (→ BFH vom 15. 11. 1957 – BStBl 1958 III S. 105).

Leistungen zur Erfüllung von Auflagen oder Weisungen sind nicht abziehbar
– bei Strafaussetzung zur Bewährung
– bei Verwarnung mit dem Strafvorbehalt, einen Geldbetrag zugunsten einer gemeinnützigen Einrichtung oder der Staatskasse zu zahlen oder sonst gemeinnützige Leistungen zu erbringen (§ 56 b Abs. 2 Nr. 2 und 3, § 59 a Abs. 2 StGB)
– bei Einstellung des Verfahrens (§ 153 a Abs. 1 Satz 1 Nr. 2 und 3 StPO) nach dem Jugendgerichtsgesetz und im Gnadenverfahren

Ordnungsgelder
→ R 24

Rechtsfolgen vermögensrechtlicher Art
1. mit überwiegendem Strafcharakter
   – Einziehung von Gegenständen, die – neben der Hauptstrafe oder nachträglich nach § 76 StGB oder unter den Voraussetzungen des § 76 a StGB selbständig – in den Fällen des § 74 Abs. 2 Nr. 1 oder § 76 a StGB angeordnet oder festgesetzt worden ist.
   – Verfall von Tatentgelten; der Strafcharakter ist ausnahmsweise zu vermuten bei Verfall von Tatentgelten (Bestechungsgelder, Agentenlohn).
2. ohne Strafcharakter
   – Verfall von Gegenständen (§ 73 StGB) dient in erster Linie dem Ausgleich von rechtswidrig erlangten Vermögensvorteilen.

Strafverfahren
→ Kosten des Strafverfahrens

§ 12 EStG
R 121, 122   H 120, 121

Strafverteidigungskosten
→ Kosten des Strafverfahrens

Tatentgelte
→ Rechtsfolgen vermögensrechtlicher Art

Verfall von Gegenständen
→ Rechtsfolgen vermögensrechtlicher Art

Verfall von Tatentgelten
→ Rechtsfolgen vermögensrechtlicher Art

Verwarnungsgelder
→ R 24

R 121

S 2227

R 121. Nichtabziehbare Steuern und Nebenleistungen

– unbesetzt –

H 121

Hinweise

Nebenleistungen
1. Nicht abziehbar:
   - Hinterziehungszinsen (§ 235 AO)
   - Säumniszuschläge (§ 240 AO)
   - Verspätungszuschläge (§ 152 AO)
   - Zwangsgelder (§ 329 AO)
2. Als Sonderausgaben (§ 10 Abs. 1 Nr. 5 EStG) abziehbar:
   - Aussetzungszinsen (§ 237 AO)
   - Nachforderungszinsen (§ 233 a AO)
   - Stundungszinsen (§ 234 AO)

Personensteuern
- Einkommensteuer, einschl. ausländische Steuern vom Einkommen
- Erbschaftsteuer
- Ergänzungsabgaben zur Einkommensteuer
- Kapitalertragsteuer
- Kirchensteuer
- Lohnsteuer
- Solidaritätszuschlag
- Vermögensabgabe
- Vermögensteuer

R 122

S 2223
S 2227

R 122. Spenden

¹Spenden gehören auch dann zu den Kosten der Lebensführung, wenn sie durch betriebliche Erwägungen mit veranlaßt werden. ²Der Steuerpflichtige kann sie nur im Rahmen der
→ §§ 10 b, 34 g EStG abziehen.

R 123. Freiwillige Zuwendungen, Zuwendungen auf Grund einer freiwillig begründeten Rechtspflicht und Zuwendungen an gesetzlich unterhaltsberechtigte Personen

¹Das Abzugsverbot für Zuwendungen an gesetzlich unterhaltsberechtigte Personen greift nicht ein, wenn den Zuwendungen eine Gegenleistung gegenübersteht und die Werte der Leistung und Gegenleistung wie unter Fremden nach wirtschaftlichen Grundsätzen gegeneinander abgewogen sind. ²Entsprechendes gilt für Zuwendungen auf Grund einer freiwillig begründeten Rechtspflicht an nicht unterhaltsberechtigte Personen. ³Stehen solche Zuwendungen zwar in wirtschaftlichem Zusammenhang mit einer Gegenleistung, sollen sie aber auch die Versorgung des Empfängers der Zuwendungen sicherstellen, so kommt es darauf an, ob der Unterhaltscharakter der Zuwendungen oder der Gesichtspunkt der Gegenleistung überwiegt. ⁴Überwiegt der Unterhaltscharakter, so fallen die Zuwendungen in voller Höhe unter das Abzugsverbot, überwiegt dagegen der Gesichtspunkt der Gegenleistung, so sind sie von dem Abzugsverbot nicht betroffen. ⁵Von einer Aufteilung der Zuwendungen in einen abzugsfähigen und einen nicht abzugsfähigen Teil ist abzusehen. ⁶Ein wesentlicher Anhaltspunkt für das Überwiegen des Unterhaltscharakters kann im allgemeinen darin gesehen werden, daß der → Wert der Gegenleistung, z. B. des übernommenen Betriebsvermögens, bei überschlägiger und großzügiger Berechnung weniger als die Hälfte des Wertes der Zuwendungen beträgt.

Hinweise

Gesetzlich unterhaltsberechtigt

sind alle Personen, die nach bürgerlichem Recht gegen den Steuerpflichtigen oder seinen Ehegatten einen gesetzlichen Unterhaltsanspruch haben können. Es kommt nicht darauf an, ob nach den persönlichen Verhältnissen der Beteiligten ein solcher Anspruch tatsächlich besteht (→ BFH vom 8. 9. 1961 – BStBl III S. 535 und vom 31. 10. 1973 – BStBl 1974 II S. 86).

Leibrente

Begriff → R 167

Renten und dauernde Lasten, die freiwillig oder auf Grund einer freiwillig begründeten Rechtspflicht geleistet werden

→ R 87 Abs. 3

Unterhaltsleistungen

– an den geschiedenen oder dauernd getrennt lebenden Ehegatten fallen unter das Abzugsverbot des § 12 Nr. 2 EStG.

– die den Rahmen der gesetzlichen Unterhaltspflicht übersteigen fallen unter das Abzugsverbot des § 12 Nr. 2 EStG (→ BFH vom 10. 4. 1953 – BStBl III S. 157).

Ausnahmen:

→ § 10 Abs. 1 Nr. 1 EStG

→ § 33 a Abs. 1 EStG

Wert der Gegenleistung

Bestimmt sich in der Regel nach dem Betrag, den ein fremder Erwerber als Kaufpreis zugestehen würde (→ BFH vom 23. 1. 1964 – BStBl III S. 422 und vom 30. 11. 1967 – BStBl 1968 II S. 263).

8. Die einzelnen Einkunftsarten

a) Land- und Forstwirtschaft (§ 2 Abs. 1 Satz 1 Nr. 1)

§ 13
Einkünfte aus Land- und Forstwirtschaft

(1) Einkünfte aus Land- und Forstwirtschaft sind
1. Einkünfte aus dem Betrieb von Landwirtschaft, Forstwirtschaft, Weinbau, Gartenbau, Obstbau, Gemüsebau, Baumschulen und aus allen Betrieben, die Pflanzen und Pflanzenteile mit Hilfe der Naturkräfte gewinnen. ²Zu diesen Einkünften gehören auch die Einkünfte aus der Tierzucht und Tierhaltung, wenn im Wirtschaftsjahr

für die ersten 20 Hektar	nicht mehr als 10 Vieheinheiten,
für die nächsten 10 Hektar	nicht mehr als 7 Vieheinheiten,
für die nächsten 10 Hektar	nicht mehr als 3 Vieheinheiten,
und für die weitere Fläche	nicht mehr als 1,5 Vieheinheiten

je Hektar der vom Inhaber des Betriebs regelmäßig landwirtschaftlich genutzten Fläche erzeugt oder gehalten werden. ³Die Tierbestände sind nach dem Futterbedarf in Vieheinheiten umzurechnen. ⁴§ 51 Abs. 2 bis 5 des Bewertungsgesetzes ist anzuwenden. ⁵Die Einkünfte aus Tierzucht und Tierhaltung einer Gesellschaft, bei der die Gesellschafter als Unternehmer (Mitunternehmer) anzusehen sind, gehören zu den Einkünften im Sinne des Satzes 1, wenn die Voraussetzungen des § 51 a des Bewertungsgesetzes erfüllt sind und andere Einkünfte der Gesellschafter aus dieser Gesellschaft zu den Einkünften aus Land- und Forstwirtschaft gehören;
2. Einkünfte aus sonstiger land- und forstwirtschaftlicher Nutzung (§ 62 Bewertungsgesetz);
3. Einkünfte aus Jagd, wenn diese mit dem Betrieb einer Landwirtschaft oder einer Forstwirtschaft im Zusammenhang steht;
4. Einkünfte von Hauberg-, Wald-, Forst- und Laubgenossenschaften und ähnlichen Realgemeinden im Sinne des § 3 Abs. 2 des Körperschaftsteuergesetzes.

(2) Zu den Einkünften im Sinne des Absatzes 1 gehören auch
1. Einkünfte aus einem land- und forstwirtschaftlichen Nebenbetrieb. ²Als Nebenbetrieb gilt ein Betrieb, der dem land- und forstwirtschaftlichen Hauptbetrieb zu dienen bestimmt ist;
2. der Nutzungswert der Wohnung des Steuerpflichtigen, wenn die Wohnung die bei Betrieben gleicher Art übliche Größe nicht überschreitet;¹)
3. die Produktionsaufgaberente nach dem Gesetz zur Förderung der Einstellung der landwirtschaftlichen Erwerbstätigkeit.

(3) ¹Die Einkünfte aus Land- und Forstwirtschaft werden bei der Ermittlung des Gesamtbetrags der Einkünfte nur berücksichtigt, soweit sie den Betrag von 2.000 Deutsche Mark übersteigen. ²Satz 1 ist nur anzuwenden, wenn das Einkommen ohne Berücksichtigung des Freibetrags nach Satz 1 50.000 Deutsche Mark nicht übersteigt. ³Im Fall der Zusammenveranlagung von Ehegatten verdoppeln sich die Beträge der Sätze 1 und 2.

(4) ¹Werden einzelne Wirtschaftsgüter eines land- und forstwirtschaftlichen Betriebs auf einen der gemeinschaftlichen Tierhaltung dienenden Betrieb im Sinne des § 34 Abs. 6 a des Bewertungsgesetzes einer Erwerbs- und Wirtschaftsgenossenschaft oder eines Vereins gegen Gewährung von Mitgliedsrechten übertragen, so ist die auf den dabei entstehenden Gewinn entfallende Einkommensteuer auf Antrag in jährlichen Teilbeträgen zu entrichten. ²Der einzelne Teilbetrag muß mindestens ein Fünftel dieser Steuer betragen.

(5) § 15 Abs. 1 Satz 1 Nr. 2 und Abs. 2 Sätze 2 und 3 und § 15 a sind entsprechend anzuwenden.

---

¹) Zur Anwendung → § 52 Abs. 15 EStG.

§§ 51, 76 EStDV § 13 EStG
H 124 R 124, 124 a

EStDV
§ 51
Ermittlung der Einkünfte bei forstwirtschaftlichen Betrieben

S 2232

(1) Bei forstwirtschaftlichen Betrieben, die nicht zur Buchführung verpflichtet sind und den Gewinn nicht nach § 4 Abs. 1 des Gesetzes ermitteln, kann zur Abgeltung der Betriebsausgaben auf Antrag ein Pauschsatz von 65 vom Hundert der Einnahmen aus der Holznutzung abgezogen werden.

(2) Der Pauschsatz zur Abgeltung der Betriebsausgaben beträgt 40 vom Hundert, soweit das Holz auf dem Stamm verkauft wird.

(3) Durch die Anwendung der Pauschsätze der Absätze 1 und 2 sind die Betriebsausgaben im Wirtschaftsjahr der Holznutzung einschließlich der Wiederaufforstungskosten unabhängig von dem Wirtschaftsjahr ihrer Entstehung abgegolten.

(4) Diese Regelung gilt nicht für die Ermittlung des Gewinns aus Waldverkäufen.

§ 76
Begünstigung der Anschaffung oder Herstellung bestimmter Wirtschaftsgüter und der Vornahme bestimmter Baumaßnahmen durch Land- und Forstwirte, deren Gewinn nicht nach Durchschnittssätzen zu ermitteln ist

EStDV

(zu § 51 EStG abgedruckt)

R 124. Freibetrag für Land- und Forstwirte

R 124

¹Sind mehrere Personen an dem Betrieb beteiligt (Gesellschaft, Gemeinschaft), so steht der Freibetrag jedem der Beteiligten zu. ²§ 13 Abs. 3 EStG gilt auch für nachträgliche Einkünfte aus Land- und Forstwirtschaft. ³Der Freibetrag wird auch einem Steuerpflichtigen ungeschmälert gewährt, der einen Betrieb der Land- und Forstwirtschaft im Laufe eines VZ übernommen hat oder veräußert bzw. aufgibt.

S 2238

Hinweise

H 124

Zusammenveranlagung

Alle Einkünfte aus Land- und Forstwirtschaft sind vor Berücksichtigung des Freibetrags nach § 13 Abs. 3 EStG zusammenzurechnen (→ BFH vom 25. 2. 1988 – BStBl II S. 827).

R 124 a. Abgrenzung der gewerblichen und landwirtschaftlichen Tierzucht und Tierhaltung

R 124 a

Feststellung der Tierbestände

(1) ¹Bei der Feststellung der Tierbestände ist von den regelmäßig und nachhaltig im Wirtschaftsjahr **erzeugten** und den **im Durchschnitt** des Wirtschaftsjahres gehaltenen Tieren auszugehen. ²Als erzeugt gelten Tiere, deren Zugehörigkeit zum Betrieb sich auf eine Mastperiode oder auf einen Zeitraum von weniger als einem Jahr beschränkt und die danach verkauft oder verbraucht werden. ³Die übrigen Tiere sind mit dem **Durchschnittsbestand** des Wirtschaftsjahres zu erfassen. ⁴Abweichend von den Sätzen 2 und 3 ist bei Mastrindern mit einer Mastdauer von weniger als einem Jahr, bei Kälbern und Jungvieh, bei Schafen unter einem Jahr und bei Damtieren unter einem Jahr stets vom Jahresdurchschnittsbestand auszugehen. ⁵Der ermittelte Tierbestand ist zum Zwecke der Abgrenzung der landwirtschaftlichen Tierzucht und Tierhaltung von der gewerblichen in Vieheinheiten (VE) umzurechnen, wobei folgender Umrechnungsschlüssel maßgebend ist:

S 2234

§ 13 EStG
R 124 a

1. Für Tiere, die nach dem **Durchschnittsbestand** zu erfassen sind:

   Pferde:
Pferde unter drei Jahren und Kleinpferde	0,70	VE
Pferde drei Jahre und älter	1,10	VE

   Rindvieh:
Kälber und Jungvieh unter 1 Jahr (einschließlich Mastkälber, Starterkälber und Fresser)	0,30	VE
Jungvieh 1 bis 2 Jahre alt	0,70	VE
Färsen (älter als 2 Jahre)	1,00	VE
Masttiere (Mastdauer weniger als 1 Jahr)	1,00	VE
Kühe (einschließlich Mutter- und Ammenkühe mit den dazugehörigen Saugkälbern)	1,00	VE
Zuchtbullen, Zugochsen	1,20	VE

   Schafe:
Schafe unter 1 Jahr (einschließlich Mastlämmer)	0,05	VE
Schafe 1 Jahr und älter	0,10	VE

   Ziegen: 0,08 VE

   Schweine:
Zuchtschweine (einschließlich Jungzuchtschweine über etwa 90 kg)	0,33	VE

   Kaninchen:
Zucht- und Angorakaninchen	0,025	VE

   Geflügel:
Legehennen (einschließlich einer normalen Aufzucht zur Ergänzung des Bestandes)	0,02	VE
Legehennen aus zugekauften Junghennen	0,0183	VE
Zuchtputen, -enten, -gänse	0,04	VE

   Damtiere:
Damtiere unter 1 Jahr	0,04	VE
Damtiere 1 Jahr und älter	0,08	VE

2. Für Tiere, die nach ihrer **Erzeugung** zu erfassen sind:

   Rindvieh:
Masttiere (Mastdauer 1 Jahr und mehr)	1,00	VE

   Schweine:
Leichte Ferkel (bis etwa 12 kg)	0,01	VE
Ferkel (über etwa 12 bis etwa 20 kg)	0,02	VE
Schwere Ferkel (über etwa 20 bis etwa 30 kg)	0,04	VE
Läufer (über etwa 30 bis etwa 45 kg)	0,06	VE
Schwere Läufer (über etwa 45 bis etwa 60 kg)	0,08	VE
Mastschweine	0,16	VE
Jungzuchtschweine bis etwa 90 kg	0,12	VE

¹) VE – Umrechnungsschlüssel für Strauße:
Jungtiere/Masttiere unter 14 Monaten	0,25	VE
Zuchttiere 14 Monate und älter	0,32	VE

(→ Erlaß FinMin Niedersachsen vom 7. 7. 1995 – S 3132 – 19 – 34 1 [→ DB 1995 S. 2142]).

Wenn Schweine aus zugekauften Tieren erzeugt werden,
ist dies bei der Umrechnung in VE entsprechend zu
berücksichtigen:

Beispiel:

Mastschweine aus zugekauften Läufern

0,16 VE – 0,06 VE = 0,10 VE

Kaninchen:

Mastkaninchen	0,0025 VE

Geflügel:

Jungmasthühner	
(bis zu 6 Durchgänge je Jahr – schwere Tiere)	0,0017 VE
(mehr als 6 Durchgänge je Jahr – leichte Tiere)	0,0013 VE
Junghennen	0,0017 VE
Mastenten	0,0033 VE
Mastputen	
aus selbsterzeugten Jungputen	0,0067 VE
aus zugekauften Jungputen	0,0050 VE
Jungputen (bis etwa 8 Wochen)	0,0017 VE
Mastgänse	0,0067 VE

Zuordnung

(2) [1]Übersteigt die Zahl der Vieheinheiten nachhaltig den für die maßgebende Fläche angegebenen Höchstsatz, so gehört der darüber hinausgehende Tierbestand zur gewerblichen Tierzucht und Tierhaltung. [2]Es kann jedoch ein Zweig des Tierbestandes immer nur im ganzen zur landwirtschaftlichen oder gewerblichen Tierzucht und Tierhaltung gehören. [3]Hat ein Betrieb einen Tierbestand mit mehreren Zweigen, so richtet sich deren Zuordnung nach ihrer Flächenabhängigkeit. [4]Der gewerblichen Tierzucht und Tierhaltung sind zunächst die weniger flächenabhängigen Zweige des Tierbestandes zuzurechnen. [5]Weniger flächenabhängig ist die Erzeugung und Haltung von Schweinen und Geflügel, mehr flächenabhängig die Erzeugung und Haltung von Pferden, Rindvieh und Schafen. [6]Innerhalb der beiden Gruppen der weniger oder mehr flächenabhängigen Tierarten ist jeweils zuerst der → Zweig der gewerblichen Tierzucht und Tierhaltung zuzurechnen, der die größere Zahl von VE hat. [7]Für die Frage, ab wann eine land- und forstwirtschaftliche oder eine gewerbliche Tierzucht und Tierhaltung vorliegt, ist R 135 Abs. 2 Satz 3 bis 8 entsprechend anzuwenden.

Regelmäßig landwirtschaftlich genutzte Fläche (→ § 51 Abs. 1 BewG)

(3) Dazu gehören:

– die selbstbewirtschafteten eigenen Flächen
– die selbstbewirtschafteten zugepachteten Flächen
– Flächen, die auf Grund öffentlicher Förderungsprogramme, z. B. Flächenstillegungsprogramme, Grünbracheprogramme, FELEG, stillgelegt werden.

Anhang 20

Nicht dazu gehören:

– Abbauland
– forstwirtschaftlich genutzte Flächen
– Geringstland
– Unland
– weinbaulich genutzte Flächen.

Mit der Hälfte sind zu berücksichtigen:

– Obstbaulich genutzte Flächen, die so angelegt sind, daß eine regelmäßige landwirtschaftliche Unternutzung stattfindet.

Mit einem Viertel sind zu berücksichtigen:

– Almen
– Hutungen.

§ 13 EStG
R 124 a, 125   H 124 a, 125

Gemeinschaftliche Tierhaltung
(4) Die vorstehenden Grundsätze der Absätze 1 und 2 sind bei gemeinschaftlicher Tierhaltung entsprechend anzuwenden.

H 124 a | **Hinweise**

Zweige des Tierbestandes bei jeder Tierart
→ § 51 Abs. 3 BewG (als Zweig gilt bei jeder Tierart für sich):
- Zugvieh
- Zuchtvieh
- Mastvieh
- übriges Nutzvieh

Zuchtvieh gilt nur dann als eigener Zweig, wenn die erzeugten Jungtiere überwiegend zum Verkauf bestimmt sind, andernfalls ist es dem Zweig zuzurechnen, dessen Zucht und Haltung es überwiegend dient.

R 125   **R 125. Bewertung von Vieh bei buchführenden Land- und Forstwirten**

S 2132 a   **Anlagevermögen**

(1) ¹Buchführende Land- und Forstwirte können das zum Anlagevermögen gehörende Vieh mit den Anschaffungs- oder Herstellungskosten, vermindert um die Absetzungen nach § 7 EStG, oder mit dem niedrigeren Teilwert ansetzen. ²Bei der Bemessung der Absetzungen nach § 7 EStG ist ein nach Beendigung der Nutzung verbleibender Schlachtwert zu berücksichtigen (→ BFH vom 1. 10. 1992 – BStBl 1993 II S. 284). ³Zur Erleichterung der Bewertung können die Tiere nach Tierarten und Altersklassen jeweils zu einer Gruppe zusammengefaßt Anhang 10   und mit dem gewogenen Durchschnittswert angesetzt werden (§ 240 Abs. 4 HGB). ⁴Hierbei kann der Steuerpflichtige die nach einheitlichen Grundsätzen ermittelten Durchschnittswerte ansetzen. ⁵Die Gruppenbewertung ist nicht zulässig für besonders wertvolle Tiere, insbesondere nicht für Zuchttiere – wie Zuchthengste, Zuchtbullen usw. – und Rennpferde.

Umlaufvermögen

(2) ¹Tiere, die zum Umlaufvermögen gehören, sind mit den Anschaffungs- oder Herstellungskosten oder mit dem Teilwert zu bewerten. ²Sie können auch nach den Grundsätzen Anhang 10   der Gruppenbewertung (§ 240 Abs. 4 HGB) bewertet werden.

Bekanntgabe der Durchschnittswerte

Anhang 9   (3) Die nach einheitlichen Grundsätzen ermittelten Durchschnittswerte für Herstellungskosten, Zeitpunkt der Fertigstellung, betriebsgewöhnliche Nutzungsdauer und Schlachtwerte der Tiere werden von der Finanzverwaltung bekanntgegeben.

Übergang zur Buchführung

(4) Bei Übergang zur Buchführung haben Land- und Forstwirte ein Wahlrecht, ob sie das Vieh in der Übergangsbilanz nach § 6 Abs. 1 EStG mit einzeln ermittelten Anschaffungs-/Herstellungskosten oder mit Durchschnittswerten bewerten, wenn bis zum Zeitpunkt des Übergangs zur Buchführung der Gewinn nach Durchschnittssätzen auf Grund des § 13 a EStG ermittelt (→ BFH vom 1. 10. 1992 – BStBl 1993 II S. 284) oder geschätzt worden ist (→ BFH vom 4. 6. 1992 – BStBl 1993 II S. 276).

H 125 | **Hinweise**

Bewertung von Tieren
Anhang 9   → BMF vom 22. 2. 1995 – BStBl I S. 179

Bewertungswahlrecht
Das einmal in Anspruch genommene Wahlrecht bindet den Landwirt grundsätzlich auch für die Zukunft (→ BFH vom 14. 4. 1988 – BStBl II S. 672 und vom 17. 3. 1988 – BStBl II S. 770).

Entnahmen

Entnimmt der Steuerpflichtige Vieh aus dem landwirtschaftlichen Betrieb, so ist als Entnahmewert nicht der Durchschnittswert, sondern der Teilwert im Sinne des § 6 Abs. 1 Nr. 4 EStG maßgebend (→ BFH vom 21. 11. 1952 – BStBl 1953 III S. 12).

R 125 a. Bewertung von Vieh bei Gewinnermittlung nach § 4 Abs. 3 EStG

Die für buchführende Land- und Forstwirte zugelassene Gruppenbewertung (→ R 125) kann sinngemäß unter folgenden Voraussetzungen auch bei der Gewinnermittlung nach § 4 Abs. 3 EStG in Anspruch genommen werden:

1. ¹Handelt es sich bei den Tieren um Anlagevermögen, dann sind laufende Verzeichnisse über diese Tiere im Rahmen der Aufzeichnungen nach § 4 Abs. 3 EStG in jedem Fall zu führen. ²Die Anschaffungs- oder Herstellungskosten müssen sich aus dem Verzeichnis ergeben.
2. Für diese Fälle kann der Landwirt statt der einzeln ermittelten Anschaffungs- oder Herstellungskosten die Durchschnittswerte ansetzen, und zwar in gleichem Umfang und unter den gleichen Voraussetzungen wie ein Landwirt, der den Gewinn nach § 4 Abs. 1 EStG ermittelt.
3. Soweit die Tiere Umlaufvermögen sind, besteht keine Aufzeichnungspflicht.
4. ¹Beim Übergang von der Gewinnermittlung nach § 13 a EStG zur Gewinnermittlung nach § 4 Abs. 3 EStG sind nach Wahl des Steuerpflichtigen die Tiere des Umlaufvermögens mit einzeln ermittelten Anschaffungs- oder Herstellungskosten oder mit Durchschnittswerten gewinnmindernd abzusetzen. ²Bei anschließendem Übergang zur Gewinnermittlung nach § 4 Abs. 1 EStG sind die Tiere dem Gewinn mit den Werten hinzuzurechnen, mit denen sie in der Übergangsbilanz angesetzt worden sind.

Hinweise

Gewinnermittlungsart, mehrfacher Wechsel

Wechselt der Steuerpflichtige zur Gewinnermittlung nach § 4 Abs. 1 EStG, nachdem er von der Gewinnermittlung nach § 13 a EStG zur Gewinnermittlung nach § 4 Abs. 3 EStG übergegangen war, ist bei der Bewertung der Tiere die Bewertungsmethode zugrunde zu legen, die beim Wechsel der Gewinnermittlung zu § 4 Abs. 3 EStG angewandt wurde (→ BFH vom 16. 6. 1994 – BStBl II S. 932).

R 126. Rechtsverhältnisse zwischen Angehörigen in einem landwirtschaftlichen Betrieb

– unbesetzt –

Hinweise

Alleinunternehmerschaft

Hat ein Ehegatte sein Nutzungsrecht an seinen eigenen Grundstücken dem anderen Ehegatten auf Grund eines nachgewiesenen Nutzungsüberlassungsvertrags überlassen, kann dies die Alleinunternehmerschaft des anderen Ehegatten begründen (→ BFH vom 14. 8. 1986 – BStBl 1987 II S. 20).

Arbeitsverhältnisse zwischen Angehörigen
→ R 19

Familiengesellschaften/Gesellschaften bürgerlichen Rechts zwischen Eltern und Kindern

Auch auf dem Gebiet der Land- und Forstwirtschaft grundsätzlich anzuerkennen (→ BFH vom 29. 5. 1956 – BStBl 1956 III S. 246). → R 138 a ist entsprechend anzuwenden.

Gütergemeinschaft
→ H 13 (12)

Mitunternehmerschaft ohne vorliegende Vereinbarungen über ein Gesellschaftsverhältnis
Zu bejahen, wenn entweder der land- und forstwirtschaftliche Grundbesitz den Ehegatten gemeinsam gehört oder jedem Ehegatten ein erheblicher Teil des Grundbesitzes (= mehr als 20 v. H. des Einheitswerts des Betriebs) zu Alleineigentum oder zu Miteigentum gehört und wenn die Ehegatten in der Landwirtschaft gemeinsam arbeiten (→ BFH vom 30. 6. 1983 – BStBl II S. 636 und vom 14. 8. 1986 – BStBl 1987 II S. 17). Dies gilt nicht bei Überlassung eines für Zwecke einer Baumschule genutzten Grundstücks (→ BFH vom 14. 8. 1986 – BStBl 1987 II S. 23).

Zu verneinen, wenn einem Ehegatten Grund und Boden und dem anderen das Inventar gehört (→ BFH vom 26. 11. 1992 – BStBl 1993 II S. 395), wenn der eine Ehegatte lediglich auf der familiären Grundlage der ehelichen Lebensgemeinschaft Flächen des anderen Ehegatten mitbewirtschaftet (→ BFH vom 2. 2. 1989 – BStBl II S. 504), oder wenn einem Ehegatten nur die Hofstelle oder ein Anteil daran übertragen wird (→ BFH vom 27. 1. 1994 – BStBl II S. 462).

Nutzungsüberlassungsvertrag zwischen Ehegatten
→ Alleinunternehmerschaft

Rechtsverhältnisse zwischen Angehörigen
→ R 19

Sonderbetriebsvermögen
bei ehelicher Gütergemeinschaft
→ H 13 (12)

Wirtschaftsüberlassungsvertrag
Ein Wirtschaftsüberlassungsvertrag kann auch vorliegen, wenn Nutzung einer anderen Person als dem künftigen Hoferben überlassen wird (→ BFH vom 26. 11. 1992 – BStBl 1993 II S. 395).

R 127. Ermittlung des Gewinns aus Land- und Forstwirtschaft

Gewinnschätzung
(1) ¹Bei Land- und Forstwirten, die zur Buchführung verpflichtet sind, aber keine ordnungsmäßigen Bücher führen, ist der Gewinn im Einzelfall zu schätzen. ²Land- und Forstwirte, die weder zur Buchführung verpflichtet sind, noch die Voraussetzungen des § 13 a Abs. 1 Nr. 2 und 3 EStG erfüllen, können den Gewinn entweder nach § 4 Abs. 1 EStG oder nach § 4 Abs. 3 EStG ermitteln. ³Haben sie keine Bücher im Sinne des § 4 Abs. 1 EStG geführt und auch die Betriebseinnahmen und Betriebsausgaben im Sinne des § 4 Abs. 3 EStG nicht aufgezeichnet, so ist der Gewinn nach den Grundsätzen des § 4 Abs. 1 EStG zu schätzen. ⁴Richtsätze, die von den Finanzbehörden aufgestellt werden, können dabei als Anhalt dienen.

Gewinnermittlung nach Durchschnittssätzen
(2) ¹Ist eine Mitteilung nach § 13 a Abs. 1 Satz 2 EStG über den Wegfall der Voraussetzungen des § 13 a Abs. 1 Satz 1 EStG ergangen und liegen die Voraussetzungen für die Gewinnermittlung nach Durchschnittssätzen bis zum Beginn des auf die Bekanntgabe der Mitteilung folgenden Wirtschaftsjahrs wieder vor, hat die Finanzbehörde die Rechtswirkungen dieser Mitteilung zu beseitigen; § 13 a EStG ist weiterhin anzuwenden.

Gewinnermittlung auf Grund eines Antrags im Sinne des § 13 a Abs. 2 EStG
(3) ¹Ein Land- und Forstwirt, der seinen Gewinn auf Antrag nach § 13 a Abs. 2 EStG für vier aufeinanderfolgende Wirtschaftsjahre nach § 4 Abs. 1 oder 3 EStG ermittelt, ist damit vorübergehend aus der Gewinnermittlung nach Durchschnittssätzen ausgeschieden. ²Dabei ist folgendes zu beachten:

1. Wird innerhalb des Vierjahreszeitraums eine der Buchführungsgrenzen des § 141 Abs. 1 AO überschritten, so ist der Land- und Forstwirt, der den Gewinn
   a) durch Betriebsvermögensvergleich ermittelt, darauf hinzuweisen, daß die Verpflichtung zur Buchführung nach Ablauf des Vierjahreszeitraums fortbesteht,
   b) durch Vergleich der Betriebseinnahmen mit den Betriebsausgaben ermittelt, rechtzeitig vor Beginn des nächstfolgenden Wirtschaftsjahrs auf den Beginn der Buchführungspflicht hinzuweisen.
2. [1]Werden innerhalb des Vierjahreszeitraums die Voraussetzungen des § 13 a Abs. 1 Satz 1 Nr. 2 und/oder 3 EStG nicht mehr erfüllt, so verbleibt es für den Vierjahreszeitraum bei der gewählten Gewinnermittlungsart. [2]Der Land- und Forstwirt ist rechtzeitig vor Ablauf des Vierjahreszeitraums darauf hinzuweisen, daß der Gewinn nicht mehr nach Durchschnittssätzen zu ermitteln ist.
3. Nach Ablauf des Vierjahreszeitraums ist der Gewinn wieder nach Durchschnittssätzen zu ermitteln, wenn die Voraussetzungen des § 13 a Abs. 1 Satz 1 EStG
   a) erfüllt sind und der Land- und Forstwirt von der Möglichkeit der erneuten Ausübung des Wahlrechts (§ 13 a Abs. 2 EStG) keinen Gebrauch macht,
   b) nicht mehr erfüllt sind, der Land- und Forstwirt aber noch nicht zur Buchführung aufgefordert oder darauf hingewiesen worden ist, daß der Gewinn nicht mehr nach Durchschnittssätzen zu ermitteln ist.

[3]Werden nicht mindestens für das erste der vier Jahre Bücher geführt oder Betriebseinnahmen und Betriebsausgaben aufgezeichnet, so ist der Gewinn nach § 13 a EStG zu ermitteln. [4]Werden diese Unterlagen für das zweite, dritte oder vierte Jahr nicht erstellt, so ist der Gewinn insoweit nach § 162 AO zu schätzen. [5]Diese Schätzung hat jeweils nach den für die beantragte Gewinnermittlungsart geltenden Grundsätzen zu erfolgen.

Gewinnermittlung bei Wahlrecht

(4) [1]Bei einem Land- und Forstwirt, der weder buchführungspflichtig ist noch die Voraussetzungen des § 13 a Abs. 1 Satz 1 EStG erfüllt und dessen Gewinn nach § 4 Abs. 1 oder 3 EStG ermittelt wird, ist der Gewinn bereits ab dem folgenden Wirtschaftsjahr nach Durchschnittssätzen zu ermitteln, wenn zu diesem Zeitpunkt die Voraussetzungen des § 13 a Abs. 1 Satz 1 EStG wieder erfüllt sind; § 141 Abs. 2 Satz 2 AO ist nur bei wegfallender Buchführungspflicht anzuwenden. [2]Einer Mitteilung der Finanzbehörde bedarf es nicht. [3]Satz 1 ist nicht anzuwenden, wenn der Land- und Forstwirt auf Grund eines Antrags nach § 13 a Abs. 2 EStG seinen Gewinn gem. § 4 Abs. 1 oder 3 EStG ermittelt.

Betriebsübernahme/Betriebsverpachtung

(5) [1]Bei Übernahme eines Betriebs im ganzen zur Bewirtschaftung als Eigentümer oder Nutzungsberechtigter geht die auf Grund eines Antrags nach § 13 a Abs. 2 EStG begründete Verpflichtung zur Führung von Büchern und sonstigen Aufzeichnungen nicht auf den übernehmenden Land- und Forstwirt über. [2]Wird ein land- und forstwirtschaftlicher Betrieb, für den der Gewinn nach Durchschnittssätzen zu ermitteln ist, im ganzen verpachtet und führt die Verpachtung nicht zu einer Betriebsaufgabe, so liegen die Voraussetzungen zur weiteren Ermittlung des Gewinns nach Durchschnittssätzen beim Verpächter nicht mehr vor. [3]Die Änderung der bisherigen Gewinnermittlungsart beim Verpächter setzt aber eine Mitteilung der Finanzbehörde über den Wegfall der Voraussetzungen des § 13 a Abs. 1 Satz 1 EStG voraus. [4]Solange der Gewinn beim Verpächter nach Durchschnittssätzen zu ermitteln ist, sind vereinnahmte Pachtzinsen (nach Abzug der darauf entfallenden Betriebsausgaben) dem nach § 13 a Abs. 3 bis 7 (nicht Absatz 8) EStG ermittelten Gewinn hinzuzurechnen.

Wechsel der Gewinnermittlungsart

(6) [1]Geht ein Land- und Forstwirt zur Gewinnermittlung durch Betriebsvermögensvergleich über, so ist für die Aufstellung der Übergangsbilanz nach den Grundsätzen in R 17 Abs. 1 Satz 8 und 9 zu verfahren. [2]Bei einem Wechsel der Gewinnermittlung ist zu beachten, daß die Gewinnermittlung nach § 13 a Abs. 3 bis 7 EStG in diesem Zusammenhang der nach § 4 Abs. 1 EStG gleichzustellen ist. [3]Beim Übergang von der Gewinnermittlung nach § 13 a Abs. 3 bis 7 EStG zur Gewinnermittlung durch Betriebsvermögensvergleich sind die in die Übergangsbilanz einzustellenden Buchwerte der abnutzbaren Anlagegüter zu schätzen. [4]Dazu sind die Anschaffungs- oder Herstellungskosten beweglicher Anlagegüter um die üblichen Absetzungen zu mindern, die den amtlichen AfA-Tabellen zu entnehmen sind. [5]Die besonderen betrieblichen Verhältnisse sind auch dann unbeachtlich, wenn für diesen Zeitraum amt-

§ 13 EStG
R 127   H 127

liche AfA-Tabellen nicht zur Verfügung gestanden haben (→ BFH vom 10. 12. 1992 – BStBl 1993 II S. 344). [6]Maßgebend für die Ermittlung des Übergangsgewinns ist die Verfahrensweise im Wirtschaftsjahr vor dem Wechsel der Gewinnermittlungsart.

H 127

Hinweise

Anbauverzeichnis

→ § 142 AO

Antrag nach § 13 a Abs. 2 EStG

Ob ein derartiger Antrag gestellt wurde, ist notfalls durch Auslegung zu ermitteln. Ein wirksamer Antrag liegt vor, wenn eine auf das Wirtschaftsjahr abgestellte vollständige Gewinnermittlung vorgelegt wird (→ BFH vom 4. 6. 1992 – BStBl 1993 II S. 125 und vom 18. 3. 1993 – BStBl II S. 549).

Kein wirksamer Antrag liegt vor, wenn eine vom Wirtschaftsjahr abweichende Gewinnermittlung für das Kalenderjahr vorgelegt wird (→ BFH vom 28. 1. 1988 – BStBl II S. 532).

Anhang 9   **Bodenschätze**

→ H 13 (1)

Buchführungspflicht

→ § 141 Abs. 1 Nr. 1, 3, 5 und Abs. 2 AO

Die Finanzverwaltung hat den Steuerpflichtigen auf den Beginn der Buchführungspflicht hinzuweisen. Die Bekanntgabe soll mindestens einen Monat vor Beginn der Buchführungspflicht erfolgen, → Nr. 5 des AO-Anwendungserlasses zu § 141 vom 24. 9. 1987 (BStBl I S. 664).

Buchführungspflicht im Fall der Betriebsübernahme

→ § 141 Abs. 3 AO
→ R 127 Abs. 5

Dauerkulturen

→ H 44 (Fertigstellung)

Flächenstillegungsprämien

Der Anspruch auf die volle Flächenstillegungsprämie ist mit Bekanntgabe des Bewilligungsbescheides entstanden, der über die Teilnahme an dem 5jährigen Programm entscheidet. Bei der Gewinnermittlung nach § 4 Abs. 1 EStG ist dieser Anspruch daher zu aktivieren und nach § 5 Abs. 5 Satz 1 Nr. 2 EStG passivisch abzugrenzen. Dabei ist der Rechnungsabgrenzungsposten in den Wirtschaftsjahren zeitanteilig aufzulösen, in denen die Erträge wegen der fehlenden Ernte ausfallen.

Bei Gewinnermittlung nach § 4 Abs. 3 EStG ist die Stillegungsprämie jeweils im Wirtschaftsjahr des Zuflusses erfolgswirksam zu erfassen.

Bei Gewinnermittlung nach § 13 a EStG ist die Stillegungsprämie mit dem Ansatz des Grundbetrags nach § 13 a Abs. 4 EStG abgegolten. (→ Bayerisches Staatsministerium der Finanzen vom 14. 9. 1989 – 31 a – S 2230 – 96/17 – 55022 – ESt-Kartei By § 13 EStG Karte 10. 7 und ESt-Kartei NW §§ 13, 13 a EStG Fach 6 Nr. 8).

Neugründung

Bei der Neugründung eines land- und forstwirtschaftlichen Betriebs bestimmt sich die Zulässigkeit der Gewinnermittlung nach Durchschnittssätzen ausschließlich nach § 13 a Abs. 1 Satz 1 EStG. Als Neugründung sind anzusehen:

– die Übernahme eines land- und forstwirtschaftlichen Betriebs im ganzen zur Bewirtschaftung als Eigentümer oder Nutzungsberechtigter (→ BFH vom 26. 6. 1986 – BStBl II S. 741) und

– die Einbringung eines land- und forstwirtschaftlichen Betriebs in eine neu gegründete Personengesellschaft (→ BFH vom 26. 5. 1994 – BStBl II S. 891).

In diesen Fällen bedarf es keiner Mitteilung nach § 13 Abs. 1 Satz 2 EStG.

Vorschußzahlungen für Winterraps

Ertragsteuerliche Behandlung von Vorschußzahlungen für Winterraps

BMF vom 23. 12. 1993 (BStBl 1994 I S. 17)

IV B 2 – S 2132 – 24/93

Zur Frage nach der ertragsteuerlichen Behandlung von Vorschußzahlungen für Winterraps aufgrund der Verordnung (EWG) Nr. 1765/92 des Rates vom 30. Juni 1992 Abl.- Nr. L 181/12 in Verbindung mit der Verordnung (EWG) Nr. 3368/92 der Kommission vom 24. November 1992 vertrete ich im Einvernehmen mit den obersten Finanzbehörden der Länder folgende Auffassung:

Nach Artikel 11 Abs. 2 der Verordnung (EWG) Nr. 1765/92 des Rates vom 30. Juni 1992, durch die die Verordnung (EWG) Nr. 3766/91 vom 12. Dezember 1991 aufgehoben wurde, sind Erzeuger, die eine Ölsaatenausgleichszahlung beantragen, berechtigt, eine Vorschußzahlung zu beanspruchen. Nach Artikel 11 Abs. 3 der genannten Verordnung (EWG) des Rates müssen die Erzeuger die Saat zu dem für die jeweilige Region festgelegten Termin ausgesät und einen detaillierten Anbauplan vorgelegt haben, um den Anspruch auf Vorschuß zu erhalten. Sobald festgestellt ist, daß ein solcher Anspruch besteht, wird der Vorschuß ausgezahlt. Der Vorschuß dient dazu, Erlösausfälle der Ernte des dem Jahr der Antragstellung folgenden Wirtschaftsjahrs auszugleichen. Für die steuerliche Gewinnermittlung der Land- und Forstwirte ist demnach wie folgt zu verfahren:

a) Gewinnermittlung durch Betriebsvermögensvergleich gemäß § 4 Abs. 1 EStG

Ist durch Bescheid der zuständigen Behörde festgestellt, daß der Anspruch auf den Vorschuß besteht, ist eine entsprechende Forderung zu aktivieren. Im Wirtschaftsjahr der Entstehung des Anspruchs ist gemäß § 5 Abs. 5 Satz 1 Nr. 2 EStG ein passiver Rechnungsabgrenzungsposten zu bilden, der in dem auf das Jahr der Antragstellung folgenden Wirtschaftsjahr gewinnerhöhend aufzulösen ist.

b) Gewinnermittlung durch Einnahmenüberschußrechnung nach § 4 Abs. 3 EStG

Der Vorschuß ist im Zeitpunkt des Zuflusses als Betriebseinnahme zu erfassen.

c) Gewinnermittlung nach Durchschnittssätzen gemäß § 13 a EStG

Die steuerliche Erfassung des Vorschusses ist mit dem Grundbetrag abgegolten.

Wechsel der Gewinnermittlungsart

→ R 17

→ Anlage 1   Anlage 1

Wirtschaftswert

→ R 130 a Abs. 1 und 2

Wohnungen im land- und forstwirtschaftlichen Betriebsvermögen, die unter § 52 Abs. 15 EStG fallen

→ BMF vom 12.11.1986 (BStBl I S. 528)   Anhang 25

R 128. Buchführung bei Gartenbaubetrieben, Saatzuchtbetrieben, Baumschulen und ähnlichen Betrieben

[1]Auch bei Gartenbaubetrieben, Saatzuchtbetrieben, Baumschulen und ähnlichen Betrieben ist ein Anbauverzeichnis zu führen (§ 142 AO). [2]Ist einer dieser Betriebe ein Gewerbebetrieb im Sinne des § 15 EStG, so ist § 142 AO nicht unmittelbar anwendbar. [3]Dennoch hat der Steuerpflichtige Bücher zu führen, die inhaltlich diesem Erfordernis entsprechen. [4]Andernfalls ist die Buchführung nicht so gestaltet, daß sie die zuverlässige Aufzeichnung aller Geschäftsvorfälle und des Vermögens ermöglicht und gewährleistet (R 29 Abs. 3).

§ 13 EStG
R 128 a – 130

R 128 a

Anhang 20

R 128 a. Minderung der Anschaffungs- oder Herstellungskosten eines Waldes

Werden bei der Ermittlung der Einkünfte aus Land- und Forstwirtschaft die Betriebsausgaben nach § 51 EStDV oder § 4 Forstschäden-Ausgleichsgesetz mit einem Pauschbetrag abgezogen, so ist damit auch die nach → R 212 Abs. 1 zulässige Minderung der Anschaffungs- oder Herstellungskosten eines Waldes abgegolten.

R 129 und R 130

– unbesetzt –

§ 13 a
Ermittlung des Gewinns aus Land- und Forstwirtschaft nach Durchschnittssätzen

(1) ¹Der Gewinn ist für einen Betrieb der Land- und Forstwirtschaft nach den Absätzen 3 bis 8 zu ermitteln, wenn
1. der Steuerpflichtige nicht auf Grund gesetzlicher Vorschriften verpflichtet ist, Bücher zu führen und regelmäßig Abschlüsse zu machen, und
2. der Ausgangswert nach Absatz 4 mehr als 0 Deutsche Mark, jedoch nicht mehr als 32.000 Deutsche Mark beträgt, und
3. die Tierbestände drei Vieheinheiten je Hektar regelmäßig landwirtschaftlich genutzter Fläche oder insgesamt 30 Vieheinheiten nicht übersteigen; bei einem Anteil an den Tierbeständen von mehr als 75 vom Hundert Schweine und Geflügel erhöht sich die Grenze für die ersten 15 Hektar auf vier Vieheinheiten je Hektar.

²Der Gewinn ist letztmalig für das Wirtschaftsjahr nach Durchschnittssätzen zu ermitteln, das nach Bekanntgabe der Mitteilung endet, durch die die Finanzbehörde auf den Beginn der Buchführungspflicht (§ 141 Abs. 2 Abgabenordnung) oder den Wegfall einer anderen Voraussetzung des Satzes 1 hingewiesen hat.

(2) ¹Auf Antrag des Steuerpflichtigen ist für einen Betrieb im Sinne des Absatzes 1 der Gewinn für vier aufeinanderfolgende Wirtschaftsjahre
1. durch Betriebsvermögensvergleich zu ermitteln, wenn für das erste dieser Wirtschaftsjahre Bücher geführt werden und ein Abschluß gemacht wird,
2. durch Vergleich der Betriebseinnahmen mit den Betriebsausgaben zu ermitteln, wenn für das erste dieser Wirtschaftsjahre keine Bücher geführt werden und kein Abschluß gemacht wird, aber die Betriebseinnahmen und Betriebsausgaben aufgezeichnet werden; für das zweite bis vierte Wirtschaftsjahr bleibt § 141 der Abgabenordnung unberührt.

²Der Antrag ist bis zur Abgabe der Steuererklärung, jedoch spätestens 12 Monate nach Ablauf des ersten Wirtschaftsjahrs, auf das er sich bezieht, schriftlich zu stellen. ³Er kann innerhalb dieser Frist zurückgenommen werden.

(3) ¹Durchschnittssatzgewinn ist die Summe aus
1. dem Grundbetrag (Absatz 4),
2. dem Wert der Arbeitsleistung des Betriebsinhabers und seiner im Betrieb beschäftigten Angehörigen (Absatz 5),
3. den vereinnahmten Pachtzinsen (Absatz 6 Satz 2),
4. dem Nutzungswert der Wohnung des Betriebsinhabers (Absatz 7),
5. den nach Absatz 8 gesondert zu ermittelnden Gewinnen.

²Abzusetzen sind verausgabte Pachtzinsen (Absatz 6 Satz 1, Absatz 7 Satz 2) und diejenigen Schuldzinsen, die Betriebsausgaben sind, sowie dauernde Lasten, die Betriebsausgaben sind und die bei der Einheitsbewertung nicht berücksichtigt sind.

(4) ¹Als Grundbetrag ist
a) bei einem Ausgangswert bis 25.000 Deutsche Mark der sechste Teil,
b) bei einem Ausgangswert über 25.000 Deutsche Mark der fünfte Teil

des Ausgangswerts anzusetzen. ²Dieser ist nach den folgenden Nummern 1 bis 5 zu ermitteln:
1. ¹Ausgangswert ist der im maßgebenden Einheitswert des Betriebs der Land- und Forstwirtschaft ausgewiesene Vergleichswert der landwirtschaftlichen Nutzung einschließlich der dazugehörenden Abschläge und Zuschläge nach § 41 des Bewertungsgesetzes, jedoch ohne Sonderkulturen. ²Zum Ausgangswert gehören ferner die im maßgebenden Einheitswert des Betriebs der Land- und Forstwirtschaft ausgewiesenen Hektarwerte des Geringstlandes und die Vergleichswerte der Sonderkulturen, der weinbaulichen Nutzung, der gärtnerischen Nutzung und der sonstigen land- und forstwirtschaftlichen

---
¹) Zur Anwendung → § 52 Abs. 15 EStG.
²) Beachte besondere Anwendungsregelungen aus Anlaß der Herstellung der Einheit Deutschlands (→ § 57 Abs. 3 EStG).

§ 13 a EStG

Nutzung einschließlich der zu diesen Nutzungen oder Nutzungsteilen gehörenden Abschläge und Zuschläge nach § 41 des Bewertungsgesetzes sowie die Einzelertragswerte der Nebenbetriebe und des Abbaulandes, wenn die für diese Nutzungen, Nutzungsteile und sonstigen Wirtschaftsgüter nach den Vorschriften des Bewertungsgesetzes ermittelten Werte zuzüglich oder abzüglich des sich nach Nummer 4 ergebenden Werts insgesamt 2.000 Deutsche Mark nicht übersteigen. ³Maßgebend ist grundsätzlich der Einheitswert, der auf den letzten Feststellungszeitpunkt festgestellt worden ist, der vor dem Beginn des Wirtschaftsjahrs liegt oder mit dem Beginn des Wirtschaftsjahrs zusammenfällt, für das der Gewinn zu ermitteln ist. ⁴Sind bei einer Fortschreibung oder Nachfeststellung die Umstände, die zu der Fortschreibung oder Nachfeststellung geführt haben, bereits vor oder mit Beginn des Wirtschaftsjahrs eingetreten, in das der Fortschreibungs- oder Nachfeststellungszeitpunkt fällt, so ist der fortgeschriebene oder nachfestgestellte Einheitswert bereits für die Gewinnermittlung dieses Wirtschaftsjahrs maßgebend. ⁵§ 175 Nr. 1, § 182 Abs. 1 und § 351 Abs. 2 der Abgabenordnung sind anzuwenden. ⁶Hat ein Zugang oder Abgang von Flächen der landwirtschaftlichen Nutzung sowie von Flächen mit Wirtschaftsgütern der in Satz 2 bezeichneten Art eines Betriebs wegen der Fortschreibungsgrenzen des § 22 des Bewertungsgesetzes nicht zu einer Fortschreibung des Einheitswerts geführt, so ist der Ausgangswert um auf diese Flächen und Wirtschaftsgüter entfallenden Wertanteile zu vermehren oder zu vermindern.

2. ¹Beim Pächter ist der Vergleichswert der landwirtschaftlichen Nutzung des eigenen Betriebs um den Vergleichswert der landwirtschaftlichen Nutzung für die zugepachteten landwirtschaftlichen Flächen zu erhöhen. ²Besteht für die zugepachteten landwirtschaftlichen Flächen kein besonderer Vergleichswert, so ist die Erhöhung nach dem Hektarwert zu errechnen, der bei der Einheitsbewertung für den eigenen Betrieb beim Vergleichswert der landwirtschaftlichen Nutzung zugrunde gelegt worden ist.

3. Beim Verpächter ist der Vergleichswert der landwirtschaftlichen Nutzung um den Wertanteil zu vermindern, der auf die verpachteten landwirtschaftlichen Flächen entfällt.

4. Werden Flächen mit Sonderkulturen, weinbaulicher Nutzung, gärtnerischer Nutzung, sonstiger land- und forstwirtschaftlicher Nutzung sowie Nebenbetriebe, Abbauland oder Geringstland zugepachtet oder verpachtet, so sind deren Werte oder deren nach entsprechender Anwendung der Nummern 2 und 3 ermittelte Werte den Werten der in Nummer 1 Satz 2 genannten Nutzungen, Nutzungsteile oder sonstigen Wirtschaftsgüter im Fall der Zupachtung hinzuzurechnen oder im Fall der Verpachtung von ihnen abzuziehen.

5. ¹Landwirtschaftlich genutzte Flächen sowie Flächen und Wirtschaftsgüter der in Nummer 4 bezeichneten Art eines Betriebs, die bei der Einheitsbewertung nach § 69 des Bewertungsgesetzes dem Grundvermögen zugerechnet und mit dem gemeinen Wert bewertet worden sind, sind mit dem Wert anzusetzen, der sich nach den Vorschriften über die Bewertung des land- und forstwirtschaftlichen Vermögens ergeben würde. ²Dieser Wert ist nach dem Hektarwert zu errechnen, der bei der Einheitsbewertung für den eigenen Betrieb beim Vergleichswert der jeweiligen Nutzung zugrunde gelegt worden ist oder zugrunde zu legen wäre.

(5) Der Wert der Arbeitsleistung ist nach den folgenden Nummern 1 bis 5 zu ermitteln:

1. Der Wert der Arbeitsleistung beträgt für

   a) die körperliche Mitarbeit des Betriebsinhabers und der im Betrieb beschäftigten Angehörigen (§ 15 Abgabenordnung) bei einem Ausgangswert nach Absatz 4

   aa) bis 8.000 Deutsche Mark   je 8.000 Deutsche Mark,

   bb) über 8.000 Deutsche Mark
   bis 12.000 Deutsche Mark   je 10.000 Deutsche Mark,

   cc) über 12.000 Deutsche Mark
   bis 25.000 Deutsche Mark   je 12.000 Deutsche Mark,

   dd) über 25.000 Deutsche Mark   je 14.000 Deutsche Mark,

   b) die Leitung des Betriebs 5 vom Hundert des Ausgangswerts nach Absatz 4.

2. ¹Die Arbeitsleistung von Angehörigen unter 15 und über 65 Jahren bleibt außer Betracht. ²Bei Angehörigen, die zu Beginn des Wirtschaftsjahrs das 15., nicht aber das 18. Lebensjahr vollendet haben, ist der Wert der Arbeitsleistung mit der Hälfte des in Nummer 1 Buchstabe a genannten Betrags anzusetzen.

3. ¹Sind die in den Nummern 1 und 2 bezeichneten Personen nicht voll im Betrieb beschäftigt, so ist ein der körperlichen Mitarbeit entsprechender Teil des nach Nummer 1 Buchstabe a und Nummer 2 maßgebenden Werts der Arbeitsleistung anzusetzen. ²Satz 1 gilt entsprechend bei Minderung der Erwerbsfähigkeit. ³Für Angehörige, mit denen Arbeitsverträge abgeschlossen sind, unterbleibt der Ansatz des Werts der Arbeitsleistung.

4. Der Wert der körperlichen Mitarbeit der Person, die den Haushalt führt, vermindert sich für jede im Haushalt voll beköstigte und untergebrachte Person um 20 vom Hundert.

5. ¹Der Wert der Arbeitsleistung des Betriebsinhabers und der Angehörigen kann höchstens für die nach Art und Größe des Betriebs angemessene Zahl von Vollarbeitskräften angesetzt werden. ²Entgeltlich beschäftigte Vollarbeitskräfte sind entsprechend der Dauer ihrer Beschäftigung auf die angemessene Zahl der Arbeitskräfte anzurechnen. ³Je Hektar dürfen höchstens 0,07 Vollarbeitskräfte berücksichtigt werden.

(6) ¹Pachtzinsen sind abziehbar, soweit sie den auf die zugepachteten Flächen nach Absatz 4 Satz 2 Nr. 2 und 4 entfallenden Grundbetrag nicht übersteigen. ²Eingenommene Pachtzinsen sind anzusetzen, wenn sie zu den Einkünften aus Land- und Forstwirtschaft gehören.

(7) ¹Der Nutzungswert der Wohnung des Betriebsinhabers ist mit einem Achtzehntel des im Einheitswert besonders ausgewiesenen Wohnungswerts anzusetzen. ²Im Fall der Zupachtung eines Wohngebäudes können die hierauf entfallenden Pachtzinsen bis zur Höhe von einem Achtzehntel des Wohnungswerts abgezogen werden. ¹)²)

(8) In den Durchschnittssatzgewinn nach den Absätzen 4 bis 7 sind auch Gewinne, soweit sie insgesamt 3.000 Deutsche Mark übersteigen, einzubeziehen aus

1. Sonderkulturen, weinbaulicher Nutzung, gärtnerischer Nutzung, sonstiger land- und forstwirtschaftlicher Nutzung, Nebenbetrieben, Abbauland sowie Geringstland, wenn die hierfür nach den Vorschriften des Bewertungsgesetzes ermittelten Werte zuzüglich oder abzüglich der sich nach Absatz 4 Nr. 4 ergebenden Werte 2.000 Deutsche Mark übersteigen,

2. forstwirtschaftlicher Nutzung,

3. Betriebsvorgängen, die bei der Feststellung des Ausgangswerts nach Absatz 4 nicht berücksichtigt worden sind,

4. der Veräußerung oder Entnahme von Grund und Boden; hierbei sind § 4 Abs. 3 sowie § 55 entsprechend anzuwenden.

EStDV
§ 52

Erhöhte Absetzungen nach § 7 b des Gesetzes bei Land- und Forstwirten, deren Gewinn nach Durchschnittssätzen ermittelt wird

Die erhöhten Absetzungen nach § 7 b des Gesetzes sind auch bei der Berechnung des Gewinns nach § 13 a des Gesetzes zulässig.

---

¹) Zur Anwendung → § 52 Abs. 15 EStG.
²) Beachte besondere Anwendungsregelungen aus Anlaß der Herstellung der Einheit Deutschlands (→ § 57 Abs. 3 EStG).

§ 13 a EStG § 78 EStDV
R 130 a

EStDV

§ 78
Begünstigung der Anschaffung oder Herstellung bestimmter Wirtschaftsgüter und der Vornahme bestimmter Baumaßnahmen durch Land- und Forstwirte, deren Gewinn nach Durchschnittssätzen zu ermitteln ist

(zu § 51 EStG abgedruckt)

R 130 a

R 130 a. Ermittlung des Gewinns aus Land- und Forstwirtschaft nach Durchschnittssätzen

S 2149 **Ermittlung des Grundbetrags auf der Basis von Einheitswerten (§ 13 a Abs. 4 EStG)**

(1) ¹Ist die Fortschreibung oder Nachfeststellung eines Einheitswerts auf einen Zeitpunkt erfolgt, der nach dem Beginn des Wirtschaftsjahrs liegt, so ist dieser Einheitswert für die Gewinnermittlung des Wirtschaftsjahrs grundsätzlich nur dann maßgebend, wenn alle Umstände, die zur Fortschreibung oder Nachfeststellung des Einheitswerts geführt haben, bereits vor oder mit Beginn des Wirtschaftsjahrs eingetreten sind. ²Ist für einen anderen Nutzungsberechtigten als den Eigentümer, z. B. Pächter, für bestimmte intensiv genutzte Flächen nach § 48 a BewG (Sonderkultur Spargel, gärtnerische Nutzungsteile Gemüse-, Blumen- und Zierpflanzenbau sowie Baumschulen und Saatzucht) ein selbständiger Einheitswert festgestellt, so ist dem Nutzungsberechtigten auch der auf diese Flächen entfallende Vergleichswert der landwirtschaftlichen Nutzung des Verpächters zuzurechnen. ³Die in § 13 a Abs. 4 Nr. 2 bis 4 EStG für den Pächter getroffene Regelung ist in den Fällen einer unentgeltlichen Überlassung von land- und forstwirtschaftlich genutzten Flächen entsprechend anzuwenden. ⁴Bei Pachtung eines Betriebs sind die im maßgebenden Einheitswert ausgewiesenen Vergleichswerte der einzelnen Nutzungen und Nutzungsteile einschließlich der dazugehörenden Abschläge und Zuschläge nach § 41 BewG, die Hektarwerte des Geringstlandes sowie die Einzelertragswerte der Nebenbetriebe und des Abbaulandes beim Pächter anzusetzen. ⁵Werden **ausschließlich zugepachtete Flächen bewirtschaftet,** gilt folgendes:

1. Besteht für eine der wesentlichen Flächen ein eigener Vergleichswert, so kann aus Vereinfachungsgründen der Hektarwert dieser Fläche auch für die übrigen Flächen der gleichen Nutzung zugrunde gelegt werden.
2. Liegen für mehrere zugepachtete Flächen eigene Vergleichswerte vor, so ist bei der Ermittlung des Ausgangswerts für die Flächen ohne eigener Vergleichswert der Hektarwert der größten, den Betrieb prägenden Fläche maßgebend.
3. Besteht für keine der zugepachteten Flächen ein eigener Vergleichswert, so ist der für die Berechnung des Ausgangswerts anzusetzende Hektarwert in Anlehnung an den für den Verpächter maßgebenden Hektarwert der zugepachteten wesentlichen Fläche zu ermitteln.

⁶In den Fällen des Satzes 5 ist gegebenenfalls auch ein Abschlag oder Zuschlag nach § 41 BewG zu berücksichtigen. ⁷Werden **außer den Eigentumsflächen auch zugepachtete Flächen bewirtschaftet,** so sind sie beim Pächter mit dem Vergleichswert zu berücksichtigen, mit dem sie im Einheitswert des Verpächters enthalten sind; besteht für die zugepachteten Flächen kein eigener Vergleichswert oder sind sie bei der Einheitsbewertung nach § 69 BewG dem Grundvermögen zugerechnet und mit dem gemeinen Wert bewertet, so ist deren Wert nach dem Hektarwert zu errechnen, der bei der Einheitsbewertung für den eigenen Betrieb beim Vergleichswert der entsprechenden Nutzung zugrunde gelegt worden ist oder zugrunde zu legen wäre.

Ermittlung des Grundbetrags auf der Basis von Ersatzwirtschaftswerten (§ 13 a Abs. 4 EStG)

(2) ¹Bei der Ermittlung des Grundbetrags ist in dem in Artikel 3 des Einigungsvertrags genannten Gebiet (Beitrittsgebiet) gemäß § 57 Abs. 3 EStG vom Ersatzwirtschaftswert nach § 125 BewG auszugehen. ²Für die Gewinnermittlung nach § 13 a EStG gilt folgendes:

1. ¹**Ausgangswert** ist der im maßgebenden Grundsteuermeßbescheid ausgewiesene Ersatzvergleichswert der landwirtschaftlichen Nutzung ohne Sonderkulturen. ²Zum Ausgangswert gehören ferner die im maßgebenden Grundsteuermeßbescheid ausgewiese-

nen Hektarwerte des Geringstlandes und die Ersatzvergleichswerte der Sonderkulturen, der weinbaulichen Nutzung, der gärtnerischen Nutzung und der sonstigen land- und forstwirtschaftlichen Nutzung sowie die Einzelertragswerte der Nebenbetriebe und des Abbaulandes, wenn die für diese Nutzungen, Nutzungsteile und sonstigen Wirtschaftsgüter nach den Vorschriften des § 125 BewG ermittelten Werte insgesamt 2.000 DM nicht übersteigen.

2. Maßgebend ist grundsätzlich der im Rahmen der Grundsteuermeßbetragsveranlagung ermittelte **Ersatzwirtschaftswert**, der auf den letzten Veranlagungszeitpunkt ermittelt worden ist, der vor dem Beginn des Wirtschaftsjahrs liegt oder mit dem Beginn des Wirtschaftsjahrs zusammenfällt, für das der Gewinn zu ermitteln ist.

3. Sind bei einer **Neuveranlagung** (§ 17 GrStG) oder bei einer **Nachveranlagung** (§ 18 GrStG) die Umstände, die zu der Neuveranlagung oder Nachveranlagung geführt haben, bereits vor oder mit Beginn des Wirtschaftsjahrs eingetreten, in das der jeweilige Veranlagungszeitpunkt fällt, so ist der im Rahmen der Neuveranlagung oder Nachveranlagung ermittelte Ersatzwirtschaftswert bereits für die Gewinnermittlung dieses Wirtschaftsjahrs maßgebend.

4. Hat ein **Zugang oder Abgang von Flächen** der landwirtschaftlichen Nutzung und der in § 13 a Abs. 4 Nr. 1 Satz 2 EStG aufgeführten Nutzungen, Nutzungsteile und Wirtschaftsgüter wegen der Fortschreibungsgrenzen des § 22 BewG nicht zu einer Neuveranlagung des Grundsteuermeßbetrags geführt, so ist der jeweilige Ersatzvergleichswert um die auf die entsprechenden Flächen entfallenden Wertanteile zu vermehren oder zu vermindern.

5. Ist die Neuveranlagung oder Nachveranlagung eines Grundsteuermeßbetrags auf einen **Zeitpunkt** erfolgt, der nach dem Beginn des Wirtschaftsjahrs liegt, so ist der dabei ermittelte Ersatzwirtschaftswert für die Gewinnermittlung des Wirtschaftsjahrs grundsätzlich nur dann maßgebend, wenn alle Umstände, die zur Neuveranlagung oder Nachveranlagung geführt haben, bereits vor oder mit Beginn des Wirtschaftsjahrs eingetreten sind.

6. **Flächen** der landwirtschaftlichen Nutzung, der weinbaulichen Nutzung, der gärtnerischen Nutzung, der sonstigen land- und forstwirtschaftlichen Nutzung und Flächen, die zu einem Nebenbetrieb gehören, sowie Flächen des Abbaulandes oder Geringstlandes, die bei der Einheitsbewertung nach § 69 BewG dem Grundvermögen zugerechnet worden sind, sind mit dem Wert anzusetzen, der sich nach den Vorschriften des § 125 BewG ergeben würde.

Mehrere Betriebsleiter (§ 13 a Abs. 5 Nr. 1 Buchstabe b EStG)

(3) Für die Leitung des Betriebs sind auch dann nur 5 v. H. des Ausgangswerts anzusetzen, wenn sie von mehreren Personen wahrgenommen wird.

Nebenerwerb (§ 13 a Abs. 5 Nr. 3 EStG)

(4) ¹Aus Vereinfachungsgründen kann für die körperliche Mitarbeit des Betriebsinhabers mit steuerlich anzuerkennender außerlandwirtschaftlicher Ganztagstätigkeit (Nebenerwerb) bei Betrieben mit einem Ausgangswert nach § 13 a Abs. 4 EStG

bis 15.000 DM 0,2 Vollarbeitskraft (VAK)
über 15.000 DM bis 32.000 DM 0,3 Vollarbeitskraft (VAK)

angesetzt werden. ²Voraussetzung ist, daß bei diesem Betrieb weder eine Sondernutzung im Sinne des § 13 a Abs. 8 Nr. 1 EStG noch eine verstärkte Tierhaltung, die durch einen Zuschlag nach § 41 BewG zu erfassen wäre, vorliegt.

Wert der Arbeitsleistung bei Geringstland und Sondernutzungen (§ 13 a Abs. 5 Nr. 5 EStG)

(5) ¹Für die Bemessung der Größe des Betriebs bleiben Flächen des Geringstlandes außer Betracht, da diese nur gelegentlich und extensiv genutzt werden. ²Die Höchstgrenze von 0,07 VAK je Hektar bezieht sich auch auf die in § 13 a Abs. 4 Nr. 1 Satz 2 EStG genannten Nutzungen und Nutzungsteile.

Pachtzinsen, Schuldzinsen und dauernde Lasten (§ 13 a Abs. 6 EStG)

(6) ¹Im vollen Umfang können Schuldzinsen, soweit sie Betriebsausgaben sind, sowie dauernde Lasten, die Betriebsausgaben sind und nicht bereits in der Einheitsbewertung berücksichtigt wurden, abgezogen werden. ²Pachtzinsen, Schuldzinsen und dauernde Lasten, die auf Betriebszweige und -vorgänge im Sinne des § 13 Abs. 8 EStG entfallen, sind als Be-

§ 13 a EStG
R 130 a H 130 a

triebsausgaben bei dem nach § 13 a Abs. 8 EStG zu ermittelnden Gewinn zu berücksichtigen.

Nutzungswert der Wohnung (§ 13 a Abs. 7 EStG)

(7) ¹Bis zur letztmaligen Anwendung ist der Nutzungswert der Wohnung des Betriebsinhabers mit einem Achtzehntel des im Einheitswert besonders ausgewiesenen Wohnungswerts anzusetzen. ²In dem vom Kalenderjahr abweichenden Wirtschaftsjahr, in dem die Nutzungswertbesteuerung wegfällt, ist der Nutzungswert der Wohnung anteilig zu berechnen.

Gewinnzuschläge (§ 13 a Abs. 8 EStG)

(8) ¹Soweit bei der Einheitsbewertung bestimmte Betriebszweige und -vorgänge, z. B. verstärkte Tierhaltung oder Tabakbau, mit dem Vergleichswert der in Betracht kommenden Nutzung abgegolten sind, können sie nicht mehr gesondert nach § 13 a Abs. 8 Nr. 3 EStG erfaßt werden. ²Das gilt auch dann, wenn ein Zuschlag zum Vergleichswert nach § 41 BewG wegen Nichterreichens der in dieser Vorschrift genannten Wertgrenzen oder der Fortschreibungsgrenzen nach § 22 BewG nicht gemacht werden kann. ³Der Freibetrag von 3.000 DM ist nur zu berücksichtigen, soweit die Summe der Gewinne nach § 13 a Abs. 8 EStG positiv ist. ⁴Er kann nicht zu einem Verlust führen oder einen Verlust ändern. ⁵Ist die Summe der Gewinne nach § 13 a Abs. 8 EStG negativ, so ist ein Ausgleich mit dem Durchschnittssatzgewinn nach § 13 a Abs. 3 bis 7 EStG vorzunehmen. ⁶R 127 Abs. 1 gilt entsprechend.

Rumpfwirtschaftsjahr/Verlängertes Wirtschaftsjahr

(9) ¹Ist der Gewinn nach § 13 a EStG für ein Rumpfwirtschaftsjahr zu ermitteln, so sind der Grundbetrag, der Wert der Arbeitsleistung und der Nutzungswert der Wohnung nur anteilig anzusetzen. ²Dies gilt entsprechend, wenn sich das bisherige Wirtschaftsjahr bei Umstellung des Wirtschaftsjahrs nach § 8 c Abs. 2 Satz 2 EStDV verlängert.

H 130 a Hinweise

Altenteilerwohnung

R 130 a Abs. 7 gilt entsprechend.

→ § 52 Abs. 15 EStG

→ BFH vom 28. 7. 1983 (BStBl 1984 II S. 97):

> In der Land- und Forstwirtschaft ist der Nutzungswert der Altenteilerwohnung auch bei dinglich gesichertem Wohnungsrecht bei den Einkünften aus Land- und Forstwirtschaft des Altenteilsverpflichteten anzusetzen, dem der Hof unentgeltlich übergeben worden ist (→ BFH vom 26. 7. 1995 – X R 113/93).

Anwendungsbereich

→ R 127 Abs. 2 bis 4

Arbeitslosigkeit

Ist ein Nebenerwerbslandwirt hinsichtlich seiner außerlandwirtschaftlichen Tätigkeit arbeitslos, so ist dies für sich allein kein Grund für die Erhöhung oder Ermäßigung des Werts der Arbeitsleistung (→ BFH vom 18. 1. 1990 – BStBl II S. 372).

Arbeitsvertrag

Zur Anerkennung von Arbeitsverträgen → R 19.

Ausbildungsvertrag

Der Wert der Arbeitsleistung von auszubildenden Kindern für ihre körperliche Mitarbeit ist anteilig entsprechend der Differenz zur tariflichen Vergütung anzusetzen, wenn die vereinbarte Ausbildungsvergütung nicht die tariflich festgelegte Höhe erreicht (→ BFH vom 22. 3. 1990 – BStBl II S. 776).

→ R 19 Abs. 3

Eigenerzeugnisse

Sind im Grundbetragsbereich (§ 13 a Abs. 4 bis 7 EStG) bereits erfaßte Eigenerzeugnisse im Bereich der nach § 13 a Abs. 8 EStG gesondert zu ermittelnden Gewinne verbraucht worden, so sind sie dort mit dem Marktpreis als Betriebsausgabe abzusetzen (→ BFH vom 14. 4. 1988 – BStBl II S. 774).

§ 13 a EStG
H 130 a   R 130 a

Entnahme
→ Veräußerung

Flächenstillegungsprämie
→ H 128

Forderungsausfall
Der Ausfall einer Forderung aus der Veräußerung von Umlaufvermögen kann bei Gewinnermittlung nach § 13 a EStG nicht gewinnmindernd berücksichtigt werden (→ BFH vom 27. 8. 1992 – BStBl 1993 II S. 336).

Gewinnermittlung
Bei Gewinnen nach § 13 a Abs. 8 Nr. 1 bis 3 EStG kann der Steuerpflichtige wählen, ob diese nach den Grundsätzen des § 4 Abs. 1 oder des § 4 Abs. 3 EStG ermittelt werden (→ BFH vom 14. 4. 1988 – BStBl II S. 774).

Haushaltsführende Person
Die Kürzung des Werts der Arbeitsleistung der haushaltsführenden Person für im Haushalt voll beköstigte und untergebrachte Personen nach § 13 a Abs. 5 Nr. 4 EStG erfolgt einschließlich der im Betrieb beschäftigten Arbeitnehmer (→ BFH vom 6. 2. 1986 – BStBl II S. 457).

Körperliche Mitarbeit
Entfällt die körperliche Mitarbeit ganz oder teilweise auf Nutzungen, Nutzungsteile, sonstige Wirtschaftsgüter und Betriebsvorgänge, die bei der Ermittlung des Ausgangswerts nach § 13 a Abs. 4 EStG nicht anzusetzen sind, ist der Wert der Arbeitsleistung um den darauf entfallenden Anteil zu kürzen (→ BFH vom 14. 4. 1988 – BStBl II S. 774).

→ R 130 a Abs. 4

Liebhaberei
Ein Landwirt mit Gewinnermittlung nach Durchschnittssätzen kann nicht geltend machen, sein Betrieb sei ein einkommensteuerrechtlich nicht erheblicher landwirtschaftlicher Liebhabereibetrieb.

→ BFH vom 24. 7. 1986 (BStBl II S. 808)
→ BFH vom 1. 12. 1988 (BStBl 1989 II S. 234)

Milchaufgabevergütung, Milchquotenleasing, Anlieferungsreferenzmenge
In der Regel durch den Ansatz des Grundbetrags im Sinne des § 13 a Abs. 4 EStG abgegolten.

→ BMF vom 15. 4. 1991 (BStBl I S. 497)   Anhang 9
→ BMF vom 2. 2. 1995 (BStBl I S. 148)   Anhang 9

Gemeinsame Tierhaltung im Rahmen einer GbR gemäß § 51 BewG

BMF vom 19. 4. 1995

IV B 2 – S 2241 – 10/95

Unter Bezugnahme auf das Ergebnis der Erörterungen mit den obersten Finanzbehörden der Länder gilt folgendes:

Wenn eine Gesellschaft (GbR), in der sich nicht zur Buchführung verpflichtete Landwirte zur gemeinsamen Milchviehhaltung zusammengeschlossen haben, von anderen Landwirten, die nicht Gesellschafter der GbR sind, Milchquoten least, sind die Einnahmen dieser Landwirte aus dem Quotenleasing im Rahmen ihres Betriebs zu erfassen und zu versteuern, soweit sie ihren Gewinn nicht nach § 13 a EStG ermitteln (vgl. BMF-Schreiben vom 2. Februar 1995, BStBl I S. 148).

Soweit sich die Gesellschafter verpflichten, ihrer Gesellschaft jeweils Milchquoten zur Verfügung zu stellen, handelt es sich um Leistungen der Gesellschafter gegenüber ihrer Gesellschaft, die durch das Gesellschaftsverhältnis veranlaßt sind. Die Besteuerung der Erträge der GbR richtet sich nach den allgemein für die Besteuerung von Personengesellschaften geltenden Regeln.

§ 13 a EStG
R 130 a   H 130 a

Soweit die Gesellschaft darüber hinaus zusätzliche Milchquoten von einzelnen Gesellschaftern least, erbringen diese Gesellschafter gegenüber der Gesellschaft Leistungen, die zwar nicht durch das Gesellschaftsverhältnis veranlaßt sind, die jedoch – auf schuldrechtlicher Basis – zur Verwirklichung des Gesellschaftszwecks beitragen. Auf diese Einnahmen aus dem Quotenleasing ist § 15 Abs. 1 Satz 1 Nr. 2 Satz 1 Halbsatz 2 EStG i. V. m. § 13 Abs. 5 EStG anzuwenden. Es handelt sich um Vergütungen für die Überlassung von Wirtschaftsgütern an die Gesellschaft.

Nach dem BFH-Urteil vom 18. Juli 1979 (BStBl II S. 750) sind in Fällen, in denen der Mitunternehmer einen gewerblichen Betrieb unterhält und im Rahmen dieses Betriebs Wirtschaftsgüter entgeltlich der Mitunternehmerschaft zur Nutzung überläßt, die überlassenen Wirtschaftsgüter und die für ihre Überlassung gezahlten Entgelte in die Gewinnermittlung der Mitunternehmerschaft und damit auch in die einheitliche und gesonderte Feststellung einzubeziehen. § 15 Abs. 1 Satz 1 Nr. 2 EStG ist nach diesem Urteil eine zwingend zu beachtende Zuordnungsnorm; die bestehende Konkurrenz zur Bilanzierung beim Mitunternehmer ist zugunsten der Erfassung im Rahmen der Gewinnermittlung der Mitunternehmerschaft zu lösen. Die Finanzverwaltung, die früher eine andere Auffassung vertreten hatte, wendet das BFH-Urteil vom 18. Juli 1979 (a. a. O.) uneingeschränkt an (vgl. auch BMF-Schreiben vom 10. Dezember 1979, BStBl I S. 683).

Das BFH-Urteil vom 18. Juli 1979 (a. a. O.) ist auch auf die Entgelte, die der Gesellschafter-Landwirt für das Quotenleasing von der Gesellschaft erhält, anzuwenden. Die entsprechenden Entgelte sind Sonderbetriebseinnahmen des betreffenden Gesellschafter-Landwirts, die im Rahmen der einheitlichen und gesonderten Gewinnfeststellung der GbR zu erfassen sind. Eine steuerliche Doppelbelastung ist damit nicht verbunden, weil die über § 15 Abs. 1 Satz 1 Nr. 2 EStG zu erfassenden Einnahmen aus dem Quotenleasing nicht zusätzlich als Einkünfte im Rahmen des Einzelbetriebs des jeweiligen Gesellschafter-Landwirts zu erfassen sind.

Für die Zeit, in der die Milchquote durch die GbR tatsächlich genutzt wird, scheidet das immaterielle Wirtschaftsgut „Anlieferungsreferenzmenge" aus dem Betriebsvermögen des Einzelbetriebs aus und gehört zum notwendigen Sonderbetriebsvermögen des Gesellschafters in der Gesellschaft. Die damit im Zusammenhang stehenden Einkünfte sind daher ausschließlich im Rahmen der Gewinnermittlung der Gesellschaft zu erfassen. Damit ist – unabhängig von der Gewinnermittlungsart – beim Einzelunternehmen kein Geschäftsvorfall zu berücksichtigen. Bei der Gewinnermittlung nach § 13 a EStG hat dies zur Folge, daß Erträge aus dem Milchquotenleasing, die mit dem Ansatz des Grundbetrages abgegolten sein können, nicht erzielt werden.

Ermittelt die GbR ihren Gewinn allerdings selbst nach § 13 a EStG, so sind die von den Gesellschaftern überlassenen Milchquoten wie eigene Milchquoten der GbR zu behandeln und damit im Grundbetrag erfaßt. Für eine Berücksichtigung der an den Gesellschafter gezahlten Entgelte aus dem Quotenleasing als Sonderbetriebseinnahmen (des betreffenden Gesellschafter-Landwirts) bei der Feststellung des Gewinns der GbR ist in diesem Fall kein Raum. Zu einer steuerlichen Doppelbelastung kommt es insoweit ebenfalls nicht.

Nebenbetriebe der Land- und Forstwirtschaft

Anhang 10   → H 135 (Nebenbetriebe)

Nutzungswert der Wohnung des Betriebsinhabers

Anhang 25   → BMF vom 12. 11. 1986 (BStBl I S. 528) zu § 52 Abs. 15 EStG (Übergangsregelung)
→ R 130 a Abs. 7

Schuldzinsen

→ R 130 a Abs. 6

Anhang 16   → zu Kontokorrentzinsen BMF vom 10. 11. 1993 (BStBl I S. 930)

Veräußerung

Die Veräußerung bzw. Entnahme des gesamten Mastviehbestandes ist nicht gesondert als außerordentlicher Betriebsvorgang im Sinne von § 13 a Abs. 8 Nr. 3 EStG zu erfassen; sie ist durch den Ansatz des Grundbetrags abgegolten (→ BFH vom 18. 4. 1991 – BStBl II S. 833).

§ 13 a EStG
H 130 a   R 130 a

Wechsel der Gewinnermittlungsart

Bei einem durch eine Schätzung der nach § 13 a Abs. 8 EStG anzusetzenden Gewinne bedingten Wechsel der Gewinnermittlungsart → R 17.

Wirtschaftserschwernisse

a) **alte Bundesländer**

Erfassung im Zuschlagsbereich des § 13 a Abs. 8 Nr. 3 EStG, falls die vertragliche Vereinbarung nach dem 31. 12. 1990 geschlossen worden ist.

→ BMF vom 5. 3. 1992 (BStBl I S. 187)

Falls die vertragliche Vereinbarung bis zum 31. 12. 1992 geschlossen worden ist, ist aus Billigkeitsgründen eine Verteilung der Entschädigung im Rahmen der Berücksichtigung gem. § 13 a Abs. 8 Nr. 3 EStG in gleich hohen Jahresbeträgen bis zu einem Zeitraum von 20 Jahren möglich.

b) **Beitrittsgebiet**

Entschädigungen für Wirtschaftserschwernisse sind durch den Ansatz des Grundbetrags im Sinne des § 13 a Abs. 4 EStG abgegolten.

→ BMF vom 9. 2. 1993 (BStBl I S. 241)

→ H 131 (Wirtschaftserschwernisse)

§ 14

Veräußerung des Betriebs

¹Zu den Einkünften aus Land- und Forstwirtschaft gehören auch Gewinne, die bei der Veräußerung eines land- oder forstwirtschaftlichen Betriebs oder Teilbetriebs oder eines Anteils an einem land- und forstwirtschaftlichen Betriebsvermögen erzielt werden. ²§ 16 Abs. 1 Nr. 1 letzter Halbsatz und Abs. 2 bis 4 gilt mit der Maßgabe entsprechend, daß der Freibetrag nach § 16 Abs. 4 nicht zu gewähren ist, wenn der Freibetrag nach § 14 a Abs. 1 gewährt wird.

R 131. Wechsel im Besitz von Betrieben, Teilbetrieben und Betriebsteilen

Veräußerungsgewinn

(1) ¹Entschädigungen, die bei der Veräußerung eines Betriebs oder Teilbetriebs im Veräußerungspreis enthalten sind, sind – vorbehaltlich des Absatzes 2 – bei der Ermittlung des steuerpflichtigen Veräußerungsgewinns zugrunde zu legen. ²Die vertragliche Bezeichnung der einzelnen Teile des Veräußerungspreises ist nicht immer für ihre steuerliche Behandlung entscheidend. ³Eine Vergütung, die neben dem Kaufpreis für den Grund und Boden für einen optimalen Bodenzustand („Geil und Gare") gezahlt wird, ist z. B. Teil der Vergütung für den Grund und Boden. ⁴Auch Land- und Forstwirte, deren Gewinne nach Durchschnittssätzen (§ 13 a EStG) zu ermitteln sind, haben den bei der Veräußerung oder Aufgabe des land- und forstwirtschaftlichen Betriebs (Teilbetriebs) sich ergebenden Veräußerungsgewinn im Sinne des § 14 EStG zu versteuern. ⁵Bei dem fiktiven Bestandsvergleich (§ 4 Abs. 1 EStG), der für die Berechnung des Veräußerungsgewinns (§ 14 Satz 1 EStG) eines nichtbuchführenden Landwirts vorzunehmen ist, ist davon auszugehen, daß von Bewertungswahlrechten, z. B. für Vieh, geringwertige Anlagegüter und Feldinventar, kein Gebrauch gemacht wurde.

Feldinventar, stehende Ernte

(2) ¹Besondere Anlagen auf oder im Grund und Boden, die zum beweglichen Anlagevermögen oder zum Umlaufvermögen gehören, sind grundsätzlich als eigene Wirtschaftsgüter zu behandeln. ²Das gilt auch für das Feldinventar und die stehende Ernte. ³Bei landwirtschaftlichen Betrieben mit jährlicher Fruchtfolge kann jedoch von einer Aktivierung des Feldinventars und der stehenden Ernte abgesehen werden, da der Wert dieser Wirtschaftsgüter zu Beginn und am Ende eines jeden Wirtschaftsjahrs in der Regel annähernd gleich ist. ⁴Eine Entschädigung, die bei der Veräußerung oder Aufgabe eines Betriebs oder eines Teilbetriebs für diese Wirtschaftsgüter gezahlt wird, ist in voller Höhe in den Veräußerungserlös einzubeziehen. ⁵Beim Übernehmer gehört sie zu den abzugsfähigen Betriebsausgaben des laufenden Wirtschaftsjahrs. ⁶Der Pächter eines Betriebs mit jährlicher Fruchtfolge kann von der Vereinfachungsregelung, die Kosten der jährlichen eigenen Feldbestellung nicht zu aktivieren, nur dann Gebrauch machen, wenn er auch die vom Verpächter übernommenen Feldbestände nicht aktivieren muß und sich für diese Möglichkeit entscheidet. ⁷Aktiviert er die Kosten des übernommenen Feldinventars, dann muß er diese Aktivierung durch die Aktivierung der jährlich anfallenden Kosten für den Anbau der Feldbestände bis zum Pachtende fortführen und grundsätzlich in gleicher Höhe eine Rückgabeverpflichtung passivieren, wenn er die Verpflichtung übernommen hat, bei Pachtende Feldbestände von gleichem Realwert zurückzuerstatten. ⁸Die Fortführung des Aktivpostens „Feldinventar" gilt entsprechend auch für den Fall, daß ein Käufer oder Pächter eines Betriebs das Feldinventar gegen Zahlung einer Entschädigung übernimmt und von der Vereinfachungsregelung keinen Gebrauch macht. ⁹Der Verpächter eines land- und forstwirtschaftlichen Betriebs, der auf die Aktivierung des Feldinventars und der stehenden Ernte nach Satz 3 sowie der selbst geschaffenen Vorräte verzichtet hat, kann im Fall der → eisernen Verpachtung seines Betriebs von einer Aktivierung der auf Rückgabe dieser Wirtschaftsgüter gerichteten Sachwertforderung absehen. ¹⁰Die Verpachtung führt insoweit zu keiner Gewinnrealisierung.

Teilbetrieb

(3) ¹Die Veräußerung eines land- und forstwirtschaftlichen → Teilbetriebs liegt vor, wenn ein organisatorisch mit einer gewissen Selbständigkeit ausgestatteter Teil eines Betriebs der Land- und Forstwirtschaft veräußert wird. ²Der veräußerte Teilbetrieb muß im **wesentlichen**

die Möglichkeit bieten, künftig als selbständiger Betrieb geführt werden zu können, auch wenn dies noch einzelne Ergänzungen oder Änderungen bedingen sollte.

Veräußerung forstwirtschaftlicher Betriebe, Teilbetriebe oder einzelner forstwirtschaftlicher Grundstücksflächen

(4) Hinsichtlich des Verkaufserlöses, der auf das stehende Holz entfällt, gilt das Folgende:

1. ¹Gewinne, die bei der **Veräußerung** oder Aufgabe **eines** forstwirtschaftlichen **Betriebs oder Teilbetriebs** für das stehende Holz erzielt werden, sind nach § 14 EStG zu versteuern. ²Veräußerungsgewinn ist hierbei der Betrag, um den der Veräußerungspreis nach Abzug der Veräußerungskosten den Wert des Betriebsvermögens übersteigt, der nach § 4 Abs. 1 EStG für den Zeitpunkt der Veräußerung ermittelt wird. ³Ist kein Bestandsvergleich für das stehende Holz vorgenommen worden und hat der Veräußerer den forstwirtschaftlichen Betrieb oder Teilbetrieb schon am 21. 6. 1948¹) besessen, so ist der Gewinn aus der Veräußerung des stehenden Holzes so zu ermitteln, daß dem auf das stehende Holz entfallenden Veräußerungspreis der Betrag gegenübergestellt wird, mit dem das stehende Holz in dem für den 21.6. 1948¹) maßgebenden Einheitswert des forstwirtschaftlichen Betriebs oder Teilbetriebs enthalten war. ⁴Hat der Veräußerer den forstwirtschaftlichen Betrieb oder Teilbetrieb nach dem 20. 6. 1948²) erworben, so sind bei der Ermittlung des Veräußerungsgewinns die steuerlich noch nicht berücksichtigten Anschaffungs- oder Erstaufforstungskosten für das stehende Holz dem auf das stehende Holz entfallenden Veräußerungserlös gegenüberzustellen. ⁵Bei Veräußerungen im Beitrittsgebiet ist der Buchwert zum 1. 7. 1990 in den Fällen, in denen kein Bestandsvergleich für das stehende Holz vorgenommen wurde, gemäß § 52 Abs. 1 DMBilG unter Anwendung der Richtlinien für die Ermittlung und Prüfung des Verkehrswertes von Waldflächen und für Nebenentschädigungen (Waldwertermittlungs-Richtlinien 1991 – WaldR91 – BAnZ 100 a vom 5. 6. 1991) zu ermitteln. ⁶Der Veräußerungsgewinn ist mit den Steuersätzen des § 34 Abs. 1 EStG zu versteuern.

2. ¹Die auf das stehende Holz entfallenden Einnahmen aus der **Veräußerung einzelner forstwirtschaftlicher Grundstücksflächen** gehören zu den laufenden Einnahmen des Wirtschaftsjahrs. ²Für die Ermittlung des Gewinns gelten die Grundsätze des § 4 Abs. 1 EStG. ³Ist kein Bestandsvergleich für das stehende Holz vorgenommen worden, so ist Nummer 1 Satz 3 bis 5 entsprechend anzuwenden. ⁴Eine Tarifermäßigung nach § 34 EStG kommt nicht in Betracht. ⁵Der Gewinn aus der Veräußerung kann nach § 34 b EStG versteuert werden.

Hinweise

Aufgabe eines landwirtschaftlichen Betriebs

Die Erklärung der Aufgabe eines landwirtschaftlichen Betriebs muß **ausdrücklich** gegenüber dem FA erfolgen. Die Aufgabeerklärung eines landwirtschaftlichen Betriebs kann daher nicht daraus hergeleitet werden, daß auf einem **Bodengewinnbesteuerungsvordruck** erklärt wurde, das verkaufte Grundstück habe sich im Privatbesitz befunden (→ FG Baden-Württemberg, Außensenate Stuttgart vom 17. 7. 1995, EFG 1996 S. 21).

Eiserne Verpachtung

Verpachtung mit der Verpflichtung für den Pächter, das übernommene Inventar nach §§ 582 ff. BGB in gleicher Art und Güte bzw. mit gleichem Wert bei Beendigung der Pacht zurückzugeben.

Teilbetrieb

→ R 131 Abs. 3 und 4

Beispiele:

– Forstbetrieb bei einem Betrieb der Land- und Forstwirtschaft; bei Veräußerung einer größeren Teilfläche ist eigener Betriebsplan und eigene Betriebsabrechnung für die Teilfläche nicht erforderlich (→ BFH vom 17. 1. 1991 – BStBl II S. 566).

– Vorwerk eines Gutes

– Sägewerk eines Forstbetriebs

---

¹) Im Saarland: 20. 11. 1947.
²) Im Saarland: 19. 11. 1947.

§ 14 EStG

Verpachtung

Verpächter hat Wahlrecht zwischen Betriebsaufgabe und Fortführung des Betriebs (→ BFH vom 15. 10. 1987 – BStBl 1988 II S. 260 und vom 28. 11. 1991 – BStBl 1992 II S. 521).

Anhang 8 **Verpachtung land- und forstwirtschaftlicher Betriebe**

→ Gleichlautende Erlasse der obersten Finanzbehörden der Länder vom 17. 12. 1965 (BStBl 1966 II S. 29, 34).

Wirtschaftserschwernisse

→ BMF vom 5. 3. 1992 (BStBl 1992 I S. 187):
1. Gewinnermittlung nach § 4 Abs. 1 EStG
   – Vertragsabschluß vor dem 1.1.1993
   Schuldposten Wirtschaftserschwernisse in der Bilanz ist aus Billigkeitsgründen in gleichen Jahresbeträgen, längstens innerhalb von 20 Jahren, aufzulösen.
   – Vertragsabschluß nach dem 31.12.1992
   Passiver Rechnungsabgrenzungsposten, Rückstellung oder anderer Schuldposten in der Bilanz ist nicht zulässig.
2. Gewinnermittlung nach § 4 Abs. 3 EStG
   – Vertragsabschluß vor dem 1.1.1993
   Eine Verteilung vom Zeitpunkt des Zuflusses auf längstens 20 Jahre wird aus Billigkeitsgründen zugelassen.
   – Vertragsabschluß nach dem 31. 12. 1992
   Entschädigung ist bei Zufluß in voller Höhe als Betriebseinnahme zu erfassen.
3. Gewinnermittlung nach § 13 a EStG

→ H 130 a (Wirtschaftserschwernisse)

→ H 31 b (Wirtschaftserschwernisse)

Wohnungen

Anhang 25 Einbeziehung von Wohnungen in den Veräußerungsgewinn → BMF vom 12. 11. 1986 (BStBl 1986 I S. 528).

R 132

S 2239

R 132. Durch behördlichen Zwang veranlaßte Veräußerungen

¹Gesetze und Verordnungen, die die Deckung des Landbedarfs der öffentlichen Hand regeln, bestimmen zum Teil, daß Geschäfte und Verhandlungen, die der Durchführung der Landbeschaffung und der Landentschädigung dienen, von allen Gebühren und Steuern des Bundes, der Länder und der sonstigen öffentlichen Körperschaften befreit sind. ²Die Befreiung erstreckt sich nicht auf die Einkommensteuer für Gewinne aus diesen Rechtsgeschäften.

H 132

Hinweise

Übertragung von stillen Reserven

→ R 35

R 133

– unbesetzt –

§ 14 a[1])
Vergünstigungen bei der Veräußerung bestimmter land- und forstwirtschaftlicher Betriebe

EStG

(1) ¹Veräußert ein Steuerpflichtiger nach dem 30. Juni 1970 und vor dem 1. Januar 1996 [2]) seinen land- und forstwirtschaftlichen Betrieb im ganzen, so wird auf Antrag der Veräußerungsgewinn (§ 16 Abs. 2) nur insoweit zur Einkommensteuer herangezogen, als er den Betrag von 90.000 Deutsche Mark übersteigt, wenn

S 2239 a

1. der für den Zeitpunkt der Veräußerung maßgebende Wirtschaftswert (§ 46 Bewertungsgesetz) des Betriebs 40.000 Deutsche Mark nicht übersteigt,
2. die Einkünfte des Steuerpflichtigen im Sinne des § 2 Abs. 1 Satz 1 Nr. 2 bis 7 in den dem Veranlagungszeitraum der Veräußerung vorangegangenen beiden Veranlagungszeiträumen jeweils den Betrag von 27.000 Deutsche Mark nicht überstiegen haben. ²Bei Ehegatten, die nicht dauernd getrennt leben, gilt Satz 1 mit der Maßgabe, daß die Einkünfte beider Ehegatten zusammen jeweils 54.000 Deutsche Mark nicht überstiegen haben.

³Ist im Zeitpunkt der Veräußerung ein nach Nummer 1 maßgebender Wirtschaftswert nicht festgestellt oder sind bis zu diesem Zeitpunkt die Voraussetzungen für eine Wertfortschreibung erfüllt, so ist der Wert maßgebend, der sich für den Zeitpunkt der Veräußerung als Wirtschaftswert ergeben würde.

(2) ¹Der Anwendung des Absatzes 1 und des § 34 Abs. 1 steht nicht entgegen, wenn die zum land- und forstwirtschaftlichen Vermögen gehörenden Gebäude mit dem dazugehörigen Grund und Boden nicht mitveräußert werden. ²In diesem Fall gelten die Gebäude mit dem dazugehörigen Grund und Boden als entnommen. ³Der Freibetrag kommt auch dann in Betracht, wenn zum Betrieb ein forstwirtschaftlicher Teilbetrieb gehört und dieser nicht mitveräußert, sondern als eigenständiger Betrieb vom Steuerpflichtigen fortgeführt wird. ⁴In diesem Falle ermäßigt sich der Freibetrag auf den Teil, der dem Verhältnis des tatsächlich entstandenen Veräußerungsgewinns zu dem bei einer Veräußerung des ganzen land- und forstwirtschaftlichen Betriebs erzielbaren Veräußerungsgewinns entspricht.

(3) ¹Als Veräußerung gilt auch die Aufgabe des Betriebs, wenn
1. die Voraussetzungen des Absatzes 1 erfüllt sind und
2. der Steuerpflichtige seinen land- und forstwirtschaftlichen Betrieb zum Zweck der Strukturverbesserung abgegeben hat und dies durch eine Bescheinigung der nach Landesrecht zuständigen Stelle nachweist.

²§ 16 Abs. 3 Sätze 3 und 4 gilt entsprechend.

(4) ¹Veräußert oder entnimmt ein Steuerpflichtiger nach dem 31. Dezember 1979 und vor dem 1. Januar 1996 Teile des zu einem land- und forstwirtschaftlichen Betrieb gehörenden Grund und Bodens, so wird der bei der Veräußerung oder der Entnahme entstehende Ge-

[3])

---

[1]) Zur Anwendung → § 52 Abs. 17 EStG.
[2]) Absatz 1 Satz 1 und Absatz 1 Satz 1 Nr. 2 wurden durch das JStG 1996 mit Wirkung für Veräußerungen und Entnahmen geändert, die nach dem 31. Dezember 1995 vorgenommen werden:

In Absatz 1 Satz 1 wurden die Worte „vor dem 1. Januar 1996" durch die Worte „vor dem 1. Januar 2001" und die Worte „den Betrag von 90.000 Deutsche Mark" durch die Worte „den Betrag von 150.000 Deutsche Mark" ersetzt.
In Absatz 1 Satz 1 Nr. 2 wurden die Worte „jeweils ein Betrag von 27.000 Deutsche Mark" durch die Worte „jeweils ein Betrag von 35.000 Deutsche Mark" und in Absatz 1 Satz 2 Nr. 2 die Worte „jeweils 54.000 Deutsche Mark" durch die Worte „jeweils 70.000 Deutsche Mark" ersetzt.
Zur Anwendung → § 52 Abs. 17 EStG in der Fassung des JStG 1996.

[3]) Absatz 4 Sätze 1 bis 3 wurden durch das JStG 1996 mit Wirkung für Veräußerungen und Entnahmen geändert, die nach dem 31. Dezember 1995 vorgenommen werden:

In Absatz 4 Satz 1 wurden die Worte „vor dem 1. Januar 1996" durch die Worte „vor dem 1. Januar 2001", in Absatz 4 Satz 2 Nr. 2 die Worte „den Betrag von 27.000 Deutsche Mark" durch die Worte „den Betrag von 35.000 Deutsche Mark" und die Worte „54.000 Deutsche Mark" durch die Worte „70.000 Deutsche Mark" ersetzt.
In Absatz 4 Satz 3 wurden die Worte „den Betrag von 27.000 Deutsche Mark" durch die Worte „den Betrag von 35.000 Deutsche Mark" und die Worte „den Betrag von 54.000 Deutsche Mark" durch die Worte „den Betrag von 70.000 Deutsche Mark" ersetzt.
Zur Anwendung → § 52 Abs. 17 EStG in der Fassung des JStG 1996.

§ 14 a EStG

winn auf Antrag nur insoweit zur Einkommensteuer herangezogen, als er den Betrag von 120.000 Deutsche Mark übersteigt. ²Satz 1 ist nur anzuwenden, wenn

1. der Veräußerungspreis nach Abzug der Veräußerungskosten oder der Grund und Boden innerhalb von 12 Monaten nach der Veräußerung oder Entnahme in sachlichem Zusammenhang mit der Hoferbfolge oder Hofübernahme zur Abfindung weichender Erben verwendet wird und

2. das Einkommen des Steuerpflichtigen ohne Berücksichtigung des Gewinns aus der Veräußerung oder Entnahme und des Freibetrags in dem dem Veranlagungszeitraum der Veräußerung oder Entnahme vorangegangenen Veranlagungszeitraum den Betrag von 27.000 Deutsche Mark nicht überstiegen hat; bei Ehegatten, die nach den §§ 26, 26 b zusammen veranlagt werden, erhöht sich der Betrag von 27.000 Deutsche Mark auf 54.000 Deutsche Mark.

³Übersteigt das Einkommen den Betrag von 27.000 Deutsche Mark, so vermindert sich der Betrag von 120.000 Deutsche Mark nach Satz 1 für jede angefangenen 500 Deutsche Mark des übersteigenden Einkommens um 20.000 Deutsche Mark; bei Ehegatten, die nach den §§ 26, 26 b zusammen veranlagt werden und deren Einkommen den Betrag von 54.000 Deutsche Mark übersteigt, vermindert sich der Betrag von 120.000 Deutsche Mark nach Satz 1 für jede angefangenen 1.000 Deutsche Mark des übersteigenden Einkommens um 20.000 Deutsche Mark. ⁴Werden mehrere weichende Erben abgefunden, so kann der Freibetrag mehrmals, jedoch insgesamt nur einmal je weichender Erbe geltend gemacht werden, auch wenn die Abfindung in mehreren Schritten oder durch mehrere Inhaber des Betriebs vorgenommen wird. ⁵Weichender Erbe ist, wer gesetzlicher Erbe eines Inhabers eines land- und forstwirtschaftlichen Betriebs ist oder bei gesetzlicher Erbfolge wäre, aber nicht zur Übernahme des Betriebs berufen ist; eine Stellung als Mitunternehmer des Betriebs bis zur Auseinandersetzung steht einer Behandlung als weichender Erbe nicht entgegen, wenn sich die Erben innerhalb von zwei Jahren nach dem Erbfall auseinandersetzen. ⁶Ist ein zur Übernahme des Betriebs berufener Miterbe noch minderjährig, beginnt die Frist von zwei Jahren mit Eintritt der Volljährigkeit.

¹⁾ (5) ¹Veräußert ein Steuerpflichtiger nach dem 31. Dezember 1985 und vor dem 1. Januar 1996 Teile des zu einem land- und forstwirtschaftlichen Betrieb gehörenden Grund und Bodens, so wird der bei der Veräußerung entstehende Gewinn auf Antrag nur insoweit zur Einkommensteuer herangezogen, als er den Betrag von 90.000 Deutsche Mark übersteigt, wenn

1. der Steuerpflichtige den Veräußerungspreis nach Abzug der Veräußerungskosten zur Tilgung von Schulden verwendet, die zu dem land- und forstwirtschaftlichen Betrieb gehören und vor dem 1. Juli 1985 bestanden haben, und

2. die Voraussetzungen des Absatzes 4 Satz 2 Nr. 2 erfüllt sind.

²Übersteigt das Einkommen den Betrag von 27.000 Deutsche Mark, so vermindert sich der Betrag von 90.000 Deutsche Mark nach Satz 1 für jede angefangenen 500 Deutsche Mark des übersteigenden Einkommens um 15.000 Deutsche Mark; bei Ehegatten, die nach den §§ 26, 26 b zusammen veranlagt werden und bei denen das Einkommen den Betrag von 54.000 Deutsche Mark übersteigt, vermindert sich der Betrag von 90.000 Deutsche Mark nach Satz 1 für jede angefangenen 1.000 Deutsche Mark des übersteigenden Einkommens um 15.000 Deutsche Mark. ³Der Freibetrag von höchstens 90.000 Deutsche Mark wird für alle Veräußerungen im Sinne des Satzes 1 insgesamt nur einmal gewährt.

(6) Verwendet der Steuerpflichtige den Veräußerungspreis oder entnimmt er den Grund und Boden nur zum Teil zu den in den Absätzen 4 und 5 angegebenen Zwecken, so ist nur der entsprechende Teil des Gewinns aus der Veräußerung oder Entnahme steuerfrei.

---

¹⁾ Absatz 5 Sätze 1 und 2 wurden durch das JStG 1996 mit Wirkung für Veräußerungen und Entnahmen geändert, die nach dem 31. Dezember 1995 vorgenommen werden:
In Absatz 5 Satz 1 wurden die Worte „vor dem 1. Januar 1996" durch die Worte „vor dem 1. Januar 2001", in Absatz 5 Satz 2 die Worte „den Betrag von 27.000 Deutsche Mark" durch die Worte „den Betrag von 35.000 Deutsche Mark" und die Worte „den Betrag von 54.000 Deutsche Mark" durch die Worte „den Betrag von 70.000 Deutsche Mark" ersetzt.
Zur Anwendung → § 52 Abs. 17 EStG in der Fassung des JStG 1996.

(7) Auf die Freibeträge nach Absatz 4 in dieser Fassung sind die Freibeträge, die nach Absatz 4 in den vor dem 1. Januar 1986 geltenden Fassungen gewährt worden sind, anzurechnen.

R 133 a. Freibetrag bei Betriebsveräußerung im ganzen (§ 14 a Abs. 1 bis 3 EStG)

Freibetrag

(1) ¹Der Freibetrag nach § 14 a Abs. 1 bis 3 EStG ist objektbezogen. ²Veräußert ein Land- und Forstwirt mehrere Betriebe, so kann demzufolge der Freibetrag mehrmals in Betracht kommen. ³Das gilt auch dann, wenn die Veräußerung der Betriebe in einem Veranlagungszeitraum erfolgt. ⁴Wurde der veräußerte land- und forstwirtschaftliche Betrieb in der Rechtsform einer Personengesellschaft oder von einer Gemeinschaft geführt, so steht der Freibetrag allen Gesellschaftern oder Gemeinschaftern gemeinsam nur einmal zu. ⁵Dasselbe gilt, wenn alle Gesellschafter oder Gemeinschafter gleichzeitig ihre Anteile veräußern.

S 2239 a

Gesonderte und einheitliche Feststellung

(2) ¹Ist der Gewinn aus einem land- und forstwirtschaftlichen Betrieb gesondert und einheitlich festzustellen, so sind die Voraussetzungen für die Gewährung des Freibetrags nach § 14 a Abs. 1 EStG mit Ausnahme der Voraussetzung nach § 14 a Abs. 1 Nr. 2 EStG (Begrenzung der nicht land- und forstwirtschaftlichen Einkünfte des Steuerpflichtigen) im Rahmen des gesonderten und einheitlichen Gewinnfeststellungsverfahrens zu prüfen. ²Ob die Voraussetzung des § 14 a Abs. 1 Nr. 2 EStG vorliegt, ist bei der Veranlagung des Steuerpflichtigen zur Einkommensteuer zu entscheiden. ³Die Voraussetzung des § 14 a Abs. 3 Nr. 2 EStG ist im Rahmen des gesonderten und einheitlichen Gewinnfeststellungsverfahrens zu prüfen.

Hinweise

Einkünfte bei Ehegatten

Bei Ehegatten, die nicht dauernd getrennt leben, sind die Einkünfte für Zwecke des § 14 a Abs. 1 Nr. 2 EStG auch dann zusammenzurechen, wenn ein Ehegatte die getrennte Veranlagung nach § 26 a EStG oder die besondere Veranlagung nach § 26 c EStG wählt.

Teilbetrieb im Sinne des § 14 a Abs. 2 EStG

→ R 131 Abs. 3

Veräußerungsgewinn

Der Veräußerungsgewinn im Sinne des § 14 a Abs. 1 bis 3 EStG ist dem Gewinn des Kalenderjahres hinzuzurechnen, in dem er entstanden ist. In Höhe des Freibetrages nach § 14 a Abs. 1 bis 3 EStG ist ein erzielter Veräußerungsgewinn sachlich steuerfrei (→ BFH vom 16. 12. 1975 – BStBl 1976 II S. 360).

Wohngebäude mit Grund und Boden

Bei Entnahme der Wohnung nach dem 31. 12. 1986 ist § 52 Abs. 15 EStG zu beachten.

R 133 b. Freibetrag für die Abfindung weichender Erben (§ 14 a Abs. 4, 6 und 7 EStG)

Vorweggenommene Erbfolge

(1) ¹Eine Abfindung weichender Erben liegt auch dann vor, wenn in sachlichem Zusammenhang mit der Übertragung des land- und forstwirtschaftlichen Betriebs im Wege der vorweggenommenen Erbfolge begünstigte Leistungen an die weichenden Erben erbracht werden. ²Die Beteiligten müssen davon ausgehen, daß der Zuwendungsempfänger den Betrieb nicht übernehmen wird und sich die Zuwendung auf seine Abfindungsansprüche anrechnen lassen muß (→ BFH vom 4. 3. 1993 – BStBl II S. 788); eine bloße Absichtsbekundung der Beteiligten reicht allerdings nicht aus, wenn die sonstigen Umstände (z. B. Berufsausbildung oder ausgeübter Beruf der künftigen Erben) gegen die Angaben der Beteiligten

sprechen. ³Wird der Abgefundene später Erbe oder Hofübernehmer oder bleibt der Betrieb nicht bestehen, ist der begünstigende Einkommensteuerbescheid gemäß § 175 Abs. 1 Nr. 2 AO zu ändern. ⁴Ein bereits gewährter Freibetrag ist aus Billigkeitsgründen nicht rückgängig zu machen, wenn nachträglich eingetretene zwingende Umstände die vorgesehene Handhabung unmöglich gemacht haben, z. B. Tod oder schwere und bleibende Erkrankung des vorgesehenen Hofnachfolgers.

Abfindung durch mehrere Personen bzw. bei mehreren Betrieben

(2) ¹Finden mehrere Personen wegen desselben land- und forstwirtschaftlichen Betriebs weichende Erben ab, ist der Freibetrag bis zur Höhe von 120.000 DM je weichender Erbe anteilig zu gewähren. ²Es ergibt sich kein mehrfacher Anspruch auf die Gewährung eines Freibetrags nach § 14 a Abs. 4 EStG, wenn ein Steuerpflichtiger Inhaber mehrerer land- und forstwirtschaftlicher Betriebe ist. ³Im übrigen kann der Freibetrag in Höhe von 120.000 DM auch bei Ehegattenmitunternehmerschaften oder wenn der künftige Erblasser Inhaber mehrerer Betriebe ist, nur insgesamt einmal für jeden weichenden Erben gewährt werden. ⁴Wird ein weichender Erbe in mehreren Schritten und/oder von mehreren Personen abgefunden, so sind auf Grund von Abfindungen für ihn bereits gewährte Freibeträge anzurechnen. ⁵Finden mehrere Steuerpflichtige nacheinander, z. B. Hofübergeber und später auch der Hofübernehmer, einen weichenden Erben ab, so kann zunächst der Steuerpflichtige, der als erster einen begünstigten Gewinn erzielt, den Freibetrag bis zur vollen Höhe in Anspruch nehmen. ⁶Finden Mitunternehmer gleichzeitig denselben weichenden Erben ab und ist ihnen der Veräußerungs- oder Entnahmegewinn zuzurechnen, so ist ihnen der Freibetrag im gleichen Verhältnis zuzurechnen wie der Veräußerungs- oder Entnahmegewinn.

Hinweise

Betriebsaufgabe/-veräußerung

§ 14 a Abs. 4 EStG ist nicht anwendbar, wenn der land- und forstwirtschaftliche Betrieb in unmittelbarem zeitlichem und sachlichem Zusammenhang mit dem Erbfall aufgegeben oder veräußert wird (→ BFH vom 21. 3. 1985 – BStBl 1985 II S. 614). Das gleiche gilt bei Veräußerungen oder Entnahme vor dem Erbfall, wenn der land- und forstwirtschaftliche Betrieb nicht übergeben oder vererbt, sondern aufgegeben oder veräußert werden soll.

Einheitlicher Vertrag von Hofübergabe und Abfindung weichender Erben

Nach der Entscheidung des FG Rheinland-Pfalz vom 8. 9. 1995 (EFG 1996 S. 53) kann eine Betriebsübergabe im ganzen (§ 7 Abs. 1 EStDV) vorliegen, wenn in einem Vertrag die Hofübergabe und die Abfindung weichender Erben mit wesentlichen Betriebsgrundlagen erfolgt. In diesem Fall ist auch der Freibetrag nach § 14 a Abs. 4 EStG für die Grundstücksentnahme zu gewähren. Die Revision ist beim BFH unter dem Az. IV R 77/95 anhängig.

Erbauseinandersetzung

Anhang 13 → BMF vom 11. 1. 1993 (BStBl I S. 62, inbesondere Tz. 86 ff.)

Erbe, gesetzlicher

Zu den gesetzlich erbberechtigten Personen gehören auch Erbersatzanspruchsberechtigte nach § 1934 a BGB:

z. B.:
– nichteheliches Kind des Erblassers,
– Pflichtteilsberechtigter,
– Abfindungsberechtigter im Sinne des § 12 der Höfeordnung (HöfeO).

Erbfolge, vorweggenommene

Anhang 13 → BMF vom 13. 1. 1993 (BStBl I S. 80, insbesondere Tz. 42 ff.)

Freibetrag

Der Freibetrag wird auch gewährt, wenn Grund und Boden nicht dem weichenden Erben, sondern einem Dritten übereignet und der Wert auf die Erbansprüche des weichenden Erben angerechnet wird (→ BFH vom 26. 11. 1987 – BStBl 1988 II S. 490). Leistungen zur Abfindung weichender Erben sind auch insoweit begünstigt, als sie den Betrag übersteigen, der den weichenden Erben nach der HöfeO zusteht (→ BFH vom 22. 9. 1994 – BStBl 1995 II S. 371).

§ 14 a EStG
H 133 b   R 133 c

Freibeträge vor dem 1. 1. 1986

Für die nach § 14 a Abs. 7 EStG erforderliche Anrechnung von Freibeträgen, die auf Grund der vor dem 1. 1. 1986 geltenden Gesetzesfassungen gewährt wurden, sind diese auf die einzelnen weichenden Erben aufzuteilen, wenn die Gewährung des (Alt-) Freibetrags auf einer Abfindung mehrerer weichender Erben beruhte. Dabei ist das Verhältnis der dem weichenden Erben zugewendeten Abfindung zur Gesamtabfindung aus dem einheitlichen Abfindungsvorgang maßgebend.

Fristbeginn (§ 14 a Abs. 4 Nr. 1 EStG)

Unter Veräußerung ist die Veräußerung im bürgerlich-rechtlichen Sinne – also Eintragung des Eigentumsübergangs im Grundbuch – zu verstehen (→ BFH vom 24. 7. 1980 – BStBl 1981 II S. 124).

Veräußerung von mehreren Wirtschaftsgütern

Werden in einem Rechtsgeschäft mehrere Wirtschaftsgüter veräußert, z. B. bebautes Grundstück oder eine Forstfläche, so ist nur der auf den Grund und Boden entfallende Gewinn begünstigt, bzw. bei der Ermittlung der Einkommensgrenze nicht zu berücksichtigen.

R 133 c. **Freibetrag für Schuldentilgung (§ 14 a Abs. 5 EStG)**   R 133 c

Freibetrag

(1) ¹Der Freibetrag ist personenbezogen. ²Er kann daher jedem Steuerpflichtigen unabhängig von der Zahl der ihm gehörenden land- und forstwirtschaftlichen Betriebe nur einmal gewährt werden. ³Sind an einem Betrieb (Mitunternehmerschaft) mehrere Steuerpflichtige beteiligt, so hat jeder Beteiligte einen eigenen Anspruch auf einen Freibetrag. ⁴In diesen Fällen ist darauf zu achten, welcher der Mitunternehmer den begünstigten Veräußerungsgewinn in welchem Umfang verwirklicht. ⁵Der Hoferbe oder Rechtsnachfolger im Sinne des § 7 Abs. 1 EStDV hat unabhängig von der Höhe des dem Rechtsvorgänger bereits gewährten Freibetrags einen eigenen Anspruch auf die Gewährung eines vollen Freibetrags nach § 14 a Abs. 5 EStG.

Begünstigte Schulden

(2) ¹Die getilgte Schuld muß am 30. 6. 1985 bereits eine betriebliche Schuld gewesen sein und im Zeitpunkt der begünstigten Verwendung des Veräußerungserlöses noch als betriebliche Schuld bestehen. ²Ist eine zuvor private Schuld nach dem 30. 6. 1985 in eine betriebliche Schuld umgewandelt worden, so ist eine Tilgung dieser Schuld nicht begünstigt. ³Bei einer Kontokorrentschuld ist der niedrigste Schuldenstand seit dem 30. 6. 1985 bis zum Tag der begünstigten Verwendung des Veräußerungserlöses maßgebend. ⁴War die Kontokorrentschuld zu irgendeinem Zeitpunkt nach dem 30. 6. 1985 in vollem Umfang getilgt, so kommt sie nicht mehr für die Gewährung eines Freibetrags nach § 14 a Abs. 5 EStG in Betracht.

Tilgung der Schuld

(3) ¹Ein zeitlicher Zusammenhang zwischen der Veräußerung des Grund und Bodens und der Schuldentilgung braucht nicht zu bestehen. ²Allerdings muß der Veräußerungserlös unmittelbar zur betrieblichen Schuldentilgung verwendet werden, so daß es schädlich ist, wenn der Steuerpflichtige mit dem Veräußerungserlös z. B. zunächst eine private Schuld tilgt. ³Schädlich ist es ebenfalls, wenn der Steuerpflichtige mit dem Veräußerungserlös zunächst andere Wirtschaftsgüter, z. B. Maschinen, Wertpapiere, erwirbt und die betriebliche Schuld erst mit dem Erlös aus der Veräußerung dieser Wirtschaftsgüter tilgt. ⁴Unschädlich ist es dagegen, wenn der Steuerpflichtige den Veräußerungserlös zunächst bei einer Bank, z. B. als Festgeld, anlegt, sofern die begünstigte betriebliche Schuld im Veräußerungszeitpunkt noch nicht getilgt werden kann. ⁵Ist bei der Veranlagung für den VZ der Veräußerung von Grund und Boden noch nicht bekannt, ob und in welchem Umfang der Veräußerungserlös zur begünstigten Schuldentilgung verwendet wird, so ist der Steuer- oder Feststellungsbescheid insoweit vorläufig nach § 165 AO zu erteilen. ⁶§ 14 a Abs. 5 EStG ist nicht anwendbar, wenn der Gewinn aus der Veräußerung des Grund und Bodens in einen Veräußerungs- oder Aufgabegewinn nach § 14 oder § 14 a Abs. 1 bis 3 EStG einzubeziehen ist.

§ 14 a EStG
R 133 c   H 133 c

H 133 c | **Hinweise**

Berechnung des Freibetrags nach § 14 a Abs. 5 EStG
→ Berechnungsschema ist auf der folgenden Seite abgedruckt.

Veräußerung mehrerer Wirtschaftsgüter
Bei Veräußerung von mehreren Wirtschaftsgütern, z. B. Grund und Boden mit Gebäude, stehendem Holz oder Feldinventar, in einem einheitlichen Veräußerungsvorgang ist nur der auf den Grund und Boden entfallende Gewinn begünstigt bzw. bei der Ermittlung der Einkommensgrenze nicht zu berücksichtigen.

§ 14 a EStG
H 133 c   R 133 c

Berechnung des Freibetrags nach § 14 a Abs. 5 EStG

Zeile				
1	**Getilgte Schuld**			
2	Bank		Kontonummer	
3				
4				
5				
6		Wj ../.. DM	Wj ../.. DM	Wj ../.. DM
7	Schuldenstand am 30. 6. 1985			
8	Schuldenstand im Zeitpunkt der Tilgung			
9	Niedrigster Stand zwischen dem 30. 6. 1985 und dem Zeitpunkt der Tilgung			
10	Tilgungsbetrag			
11	**Begünstigter Veräußerungsgewinn**			
12	Veräußerungserlös			
13	abzüglich Veräußerungskosten	–	–	–
14	Verwendungsbetrag			
15	abzüglich Buchwert	–	–	–
16	Veräußerungsgewinn			
17/18	**Berechnung des Freibetrags**	%	%	%
19	$\dfrac{100}{\text{Verwendungszweck (Zeile 14)}} \times$ niedrigster Betrag aus Zeilen 7 bis 10	=	=	=
20	$\dfrac{\text{Veräußerungsgewinn (Zeile 16)} \times \text{Prozent-Satz (Zeile 18, 19)}}{100}$	DM	DM	DM
21				
22	= begünstigungsfähiger Veräußerungsgewinn			
23	Höchstmöglicher Freibetrag	90.000	90.000	90.000
24	abzüglich Minderungsbetrag nach § 14 a Abs. 5 Satz 2 EStG	–	–	–
25	verbleiben			
26	abzüglich bereits gewährte Freibeträge nach § 14 a Abs. 5 EStG	–	–	–
27	verbleiben			
28	Zu berücksichtigender Freibetrag: Niedrigster Betrag aus den Zeilen 22, 25 oder 27			

b) Gewerbebetrieb (§ 2 Abs. 1 Satz 1 Nr. 2)

§ 15
Einkünfte aus Gewerbebetrieb

(1) ¹Einkünfte aus Gewerbebetrieb sind

1. Einkünfte aus gewerblichen Unternehmen. Dazu gehören auch Einkünfte aus gewerblicher Bodenbewirtschaftung, z. B. aus Bergbauunternehmen und aus Betrieben zur Gewinnung von Torf, Steinen und Erden, soweit sie nicht land- oder forstwirtschaftliche Nebenbetriebe sind;

2. die Gewinnanteile der Gesellschafter einer Offenen Handelsgesellschaft, einer Kommanditgesellschaft und einer anderen Gesellschaft, bei der der Gesellschafter als Unternehmer (Mitunternehmer) des Betriebs anzusehen ist, und die Vergütungen, die der Gesellschafter von der Gesellschaft für seine Tätigkeit im Dienst der Gesellschaft oder für die Hingabe von Darlehen oder für die Überlassung von Wirtschaftsgütern bezogen hat. Der mittelbar über eine oder mehrere Personengesellschaften beteiligte Gesellschafter steht dem unmittelbar beteiligten Gesellschafter gleich; er ist als Mitunternehmer des Betriebs der Gesellschaft anzusehen, an der er mittelbar beteiligt ist, wenn er und die Personengesellschaften, die seine Beteiligung vermitteln, jeweils als Mitunternehmer der Betriebe der Personengesellschaften anzusehen sind, an denen sie unmittelbar beteiligt sind;

3. die Gewinnanteile der persönlich haftenden Gesellschafter einer Kommanditgesellschaft auf Aktien, soweit sie nicht auf Anteile am Grundkapital entfallen, und die Vergütungen, die der persönlich haftende Gesellschafter von der Gesellschaft für seine Tätigkeit im Dienst der Gesellschaft oder für die Hingabe von Darlehen oder für die Überlassung von Wirtschaftsgütern bezogen hat.

²Satz 1 Nr. 2 und 3 gilt auch für Vergütungen, die als nachträgliche Einkünfte (§ 24 Nr. 2) bezogen werden.

(2) ¹Eine selbständige nachhaltige Betätigung, die mit der Absicht, Gewinn zu erzielen, unternommen wird und sich als Beteiligung am allgemeinen wirtschaftlichen Verkehr darstellt, ist Gewerbebetrieb, wenn die Betätigung weder als Ausübung von Land- und Forstwirtschaft noch als Ausübung eines freien Berufs noch als eine andere selbständige Arbeit anzusehen ist. ²Eine durch die Betätigung verursachte Minderung der Steuern vom Einkommen ist kein Gewinn im Sinne des Satzes 1. ³Ein Gewerbebetrieb liegt, wenn seine Voraussetzungen im übrigen gegeben sind, auch dann vor, wenn die Gewinnerzielungsabsicht nur ein Nebenzweck ist.

(3) Als Gewerbebetrieb gilt in vollem Umfang die mit Einkünfteerzielungsabsicht unternommene Tätigkeit

1. einer Offenen Handelsgesellschaft, einer Kommanditgesellschaft oder einer anderen Personengesellschaft, wenn die Gesellschaft auch eine Tätigkeit im Sinne des Absatzes 1 Satz 1 Nr. 1 ausübt,

2. einer Personengesellschaft, die keine Tätigkeit im Sinne des Absatzes 1 Nr. 1 ausübt und bei der ausschließlich eine oder mehrere Kapitalgesellschaften persönlich haftende Gesellschafter sind und nur diese oder Personen, die nicht Gesellschafter sind, zur Geschäftsführung befugt sind (gewerblich geprägte Personengesellschaft). Ist eine gewerblich geprägte Personengesellschaft als persönlich haftender Gesellschafter an einer anderen Personengesellschaft beteiligt, so steht für die Beurteilung, ob die Tätigkeit dieser Personengesellschaft als Gewerbebetrieb gilt, die gewerblich geprägte Personengesellschaft einer Kapitalgesellschaft gleich.

(4) ¹Verluste aus gewerblicher Tierzucht oder gewerblicher Tierhaltung dürfen weder mit anderen Einkünften aus Gewerbebetrieb noch mit Einkünften aus anderen Einkunftsarten ausgeglichen werden; sie dürfen auch nicht nach § 10 d abgezogen werden. ²Die Verluste mindern jedoch nach Maßgabe des § 10 d die Gewinne, die der Steuerpflichtige in

---

¹) Zur Anwendung → § 52 Abs. 18 EStG.
²) Zur Anwendung → § 52 Abs. 18 a EStG.

§ 15 EStG
R 134

vorangegangenen und in späteren Wirtschaftsjahren aus gewerblicher Tierzucht oder gewerblicher Tierhaltung erzielt hat oder erzielt.

R 134. Selbständigkeit

R 134

Allgemeines

(1) ¹Voraussetzung für die Annahme eines Gewerbebetriebs ist die → Selbständigkeit der Tätigkeit, d. h., die Tätigkeit muß auf eigene Rechnung (Unternehmerrisiko) und auf eigene Verantwortung (Unternehmerinitiative) ausgeübt werden (→ BFH vom 27. 9. 1988 – BStBl 1989 II S. 414). ²Für die Frage, ob ein Steuerpflichtiger selbständig oder nichtselbständig tätig ist, kommt es nicht allein auf die vertragliche Bezeichnung, die Art der Tätigkeit oder die Form der Entlohnung an. ³Entscheidend ist das Gesamtbild der Verhältnisse. ⁴Es müssen die für und gegen die Selbständigkeit sprechenden Umstände gegeneinander abgewogen werden; die gewichtigeren Merkmale sind dann für die Gesamtbeurteilung maßgebend (→ BFH vom 12. 10. 1989 – BStBl 1990 II S. 64 und vom 18. 1. 1991 – BStBl II S. 409). ⁵Natürliche Personen können zum Teil selbständig, zum Teil unselbständig tätig sein.

S 2240

Reisevertreter

(2) ¹Bei einem Reisevertreter ist im allgemeinen Selbständigkeit anzunehmen, wenn er die typische Tätigkeit eines → Handelsvertreters im Sinne des § 84 HGB ausübt, d. h., Geschäfte für ein anderes Unternehmen vermittelt oder abschließt und ein geschäftliches Risiko trägt (→ BFH vom 16. 1. 1952 – BStBl III S. 79). ²Unselbständigkeit ist jedoch gegeben, wenn der Reisevertreter in das Unternehmen seines Auftraggebers derart eingegliedert ist, daß er dessen Weisungen zu folgen verpflichtet ist. ³Ob eine derartige Unterordnung unter den geschäftlichen Willen des Auftraggebers vorliegt, richtet sich nach der von dem Reisevertreter tatsächlich ausgeübten Tätigkeit und der Stellung gegenüber seinem Auftraggeber. ⁴Der Annahme der Unselbständigkeit steht nicht ohne weiteres entgegen, daß die Entlohnung nach dem Erfolg der Tätigkeit vorgenommen wird. ⁵Hinsichtlich der Bewegungsfreiheit eines Vertreters kommt es bei der Abwägung, ob sie für eine Selbständigkeit oder Unselbständigkeit spricht, darauf an, ob das Maß der Bewegungsfreiheit auf der eigenen Machtvollkommenheit des Vertreters beruht oder Ausfluß des Willens der Geschäftsherrn ist (→ BFH vom 7. 12. 1961 – BStBl 1962 III S. 149).

Versicherungsvertreter

(3) ¹Versicherungsvertreter, die Versicherungsverträge selbst vermitteln (sog. Spezialagenten), sind in vollem Umfang als selbständig anzusehen. ²Das gilt auch dann, wenn sie neben Provisionsbezügen ein mäßiges festes Gehalt bekommen oder wenn sie nur für ein einziges Versicherungsunternehmen tätig sein dürfen (→ BFH vom 26. 10. 1977 – BStBl 1978 II S. 137). ³Soweit ein Spezialagent nebenbei auch Verwaltungsaufgaben und die Einziehung von Prämien oder Beiträgen übernommen hat, sind die Einnahmen daraus als Entgelte für selbständige Nebentätigkeit zu behandeln. ⁴Es ist dabei einerlei, ob sich z. B. Inkassoprovisionen auf Versicherungen beziehen, die der Spezialagent selbst geworben hat, oder auf andere Versicherungen. ⁵Bei den sog. Generalagenten kommt eine Aufteilung der Tätigkeit in eine selbständige und in eine unselbständige Tätigkeit im allgemeinen nicht in Betracht. ⁶Im allgemeinen ist der Generalagent ein Gewerbetreibender, wenn er das Risiko seiner Tätigkeit trägt, ein Büro mit eigenen Angestellten unterhält, trotz der bestehenden Weisungsgebundenheit in der Gestaltung seines Büros und seiner Zeiteinteilung weitgehend frei ist, der Erfolg seiner Tätigkeit nicht unerheblich von seiner Tüchtigkeit und Initiative abhängt und ihn die Beteiligten selbst als Handelsvertreter und nicht als Arbeitnehmer bezeichnen (→ BFH vom 3. 10. 1961 – BStBl III S. 567). ⁷Diese Voraussetzungen sind bei Versicherungsvertretern, die mit einem eigenen Büro in einem bestimmten Bezirk sowohl den Bestand zu verwalten als auch neue Geschäfte abzuschließen haben und im wesentlichen auf Provisionsbasis arbeiten, in der Regel erfüllt. ⁸Die vorstehenden Grundsätze gelten auch für die Krankenversicherung (→ BFH vom 13. 4. 1967 – BStBl III S. 398).

Hausgewerbetreibende und Heimarbeiter

(4) ¹Hausgewerbetreibende sind im Gegensatz zu Heimarbeitern, deren Tätigkeit als unselbständige Arbeit anzusehen ist, selbständige Gewerbetreibende. ²Die Begriffe des → Hausgewerbetreibenden und des → Heimarbeiters sind im HAG bestimmt. ³Wie bei

455

Heimarbeitern ist die Tätigkeit der nach § 1 Abs. 2 Buchstabe a HAG gleichgestellten Personen, „die in der Regel allein oder mit ihren Familienangehörigen in eigener Wohnung oder selbstgewählter Betriebsstätte eine sich in regelmäßigen Arbeitsvorgängen wiederholende Arbeit im Auftrag eines anderen gegen Entgelt ausüben, ohne daß ihre Tätigkeit als gewerblich anzusehen oder daß der Auftraggeber ein Gewerbetreibender oder Zwischenmeister ist", als unselbständige Arbeit anzusehen. [4]Dagegen sind die nach § 1 Abs. 2 Buchstaben b bis d HAG gleichgestellten Personen wie Hausgewerbetreibende selbständige Gewerbetreibende. [5]Über die Gleichstellung mit Hausgewerbetreibenden entscheiden nach dem HAG die von den zuständigen Arbeitsbehörden errichteten Heimarbeitsausschüsse. [6]Für die Unterscheidung von Hausgewerbetreibenden und Heimarbeitern ist von dem Gesamtbild des einzelnen Falles auszugehen. [7]Heimarbeiter ist nicht, wer fremde Hilfskräfte beschäftigt oder die Gefahr des Unternehmens, insbesondere auch wegen wertvoller Betriebsmittel trägt. [8]Auch eine größere Anzahl von Auftraggebern und ein größeres Betriebsvermögen können die Eigenschaft als Hausgewerbetreibender begründen. [9]Die Tatsache der Zahlung von Sozialversicherungsbeiträgen durch den Auftraggeber ist für die Frage, ob ein Gewerbebetrieb vorliegt, ohne Bedeutung.[1])

Hinweise

Freie Mitarbeit

Vertraglich vereinbarte freie Mitarbeit kann Arbeitsverhältnis begründen (→ BFH vom 24. 7. 1992 – BStBl 1993 II S. 155).

Handelsvertreter ist auch dann selbständig tätig, wenn Betriebsvermögen nur in geringem Umfang vorhanden ist (→ BFH vom 31. 10. 1974 – BStBl 1975 II S. 115 und Beschluß des BVerfG vom 25. 10. 1977 – BStBl 1978 II S. 125).

Hausgewerbetreibender ist, „wer in eigener Arbeitsstätte (eigener Wohnung oder Betriebsstätte) mit nicht mehr als zwei fremden Hilfskräften oder Heimarbeitern im Auftrag von Gewerbetreibenden oder Zwischenmeistern Waren herstellt, bearbeitet oder verpackt, wobei er selbst wesentlich am Stück mitarbeitet, jedoch die Verwertung der Arbeitsergebnisse dem unmittelbar oder mittelbar auftraggebenden Gewerbetreibenden überläßt. Beschafft der Hausgewerbetreibende der Roh- und Hilfsstoffe selbst oder arbeitet er vorübergehend unmittelbar für den Absatzmarkt, so wird hierdurch seine Eigenschaft als Hausgewerbetreibender nicht beeinträchtigt" (→ § 2 Abs. 2 HAG).

Heimarbeiter ist, „wer in selbstgewählter Arbeitsstätte (eigener Wohnung oder selbstgewählter Betriebsstätte) allein oder mit seinen Familienangehörigen im Auftrag von Gewerbetreibenden oder Zwischenmeistern erwerbsmäßig arbeitet, jedoch die Verwertung der Arbeitsergebnisse dem unmittelbar oder mittelbar auftraggebenden Gewerbetreibenden überläßt. Beschafft der Heimarbeiter die Roh- und Hilfsstoffe selbst, so wird hierdurch seine Eigenschaft als Heimarbeiter nicht beeinträchtigt" (→ § 2 Abs. 1 HAG).

Nebentätigkeit

Behandlung von Einnahmen eines selbständigen Gewerbetreibenden aus einer Nebentätigkeit → H 146 sowie A 68 LStR 1993.

Selbständigkeit

– von **Bauhandwerkern** bei nebenberuflicher **„Schwarzarbeit"** → BFH vom 21. 3. 1975 (BStBl II S. 513),

– eines früheren **Berufssportlers,** der wiederholt entgeltlich bei industriellen Werbeveranstaltungen mitwirkt → BFH vom 3. 11. 1982 (BStBl 1983 II S. 182),

– der Bezirksstellenleiter der Lotto- und Totounternehmen → BFH vom 4. 7. 1968 (BStBl II S. 718),

– eines **Gesellschafter-Geschäftsführers** einer Baubetreuungs-GmbH, der neben dieser Tätigkeit als Makler und Finanzierungsvermittler tätig ist → BFH vom 8. 3. 1989 (BStBl II S. 572),

– von **Künstlern** und verwandten Berufen → BMF vom 5. 10. 1990 (BStBl I S. 638),

[1]) → RFH vom 14. 9. 1938 (RStBl S. 1141).

Steuerabzug vom Arbeitslohn bei unbeschränkt einkommensteuer-(lohnsteuer-) pflichtigen Künstlern und verwandten Berufen

BMF vom 5. 10. 1990 (BStBl I S. 638)

IV B 6 – S 2332 – 73/90

Anlg.: – 1 –

Unter Bezugnahme auf das Ergebnis der Erörterung mit den obersten Finanzbehörden der Länder gilt bei Künstlern und verwandten Berufen, soweit sie eine unmittelbare Vertragsbeziehung zum Arbeitgeber/Auftraggeber begründen, zur Abgrenzung zwischen selbständiger Tätigkeit und nichtselbständiger Arbeit sowie für den Steuerabzug bei Annahme einer nichtselbständigen Arbeit folgendes:

1 Abgrenzung zwischen selbständiger Tätigkeit und nichtselbständiger Arbeit

Für die Annahme einer nichtselbständigen Arbeit sind die in § 1 LStDV aufgestellten Merkmale maßgebend. Danach liegt eine nichtselbständige Arbeit vor, wenn die tätige Person in der Betätigung ihres geschäftlichen Willens unter der Leitung eines Arbeitgebers steht oder in den geschäftlichen Organismus des Arbeitgebers eingegliedert und dessen Weisungen zu folgen verpflichtet ist. Dagegen ist nicht Arbeitnehmer, wer Lieferungen und sonstige Leistungen innerhalb der von ihm selbständig ausgeübten gewerblichen und beruflichen Tätigkeit im Inland gegen Entgelt ausführt, soweit es sich um die Entgelte für diese Lieferungen und sonstigen Leistungen handelt. Im übrigen kommt es bei der Abgrenzung zwischen selbständiger Tätigkeit und nichtselbständiger Arbeit nicht so sehr auf die formelle vertragliche Gestaltung, z. B. auf die Bezeichnung als freies Mitarbeiterverhältnis, als vielmehr auf die Durchführung der getroffenen Vereinbarung an (BFH-Urteil vom 29. September 1967 – BStBl 1968 II S. 84). Dies führt bei künstlerischen und verwandten Berufen im allgemeinen zu folgenden Ergebnissen:

1.1 Tätigkeit bei Theaterunternehmen

1.1.1 Spielzeitverpflichtete Künstler

Künstler und Angehörige von verwandten Berufen, die auf Spielzeit- oder Teilspielzeitvertrag angestellt sind, sind in den Theaterbetrieb eingegliedert und damit nichtselbständig. Dabei spielt es keine Rolle, ob der Künstler gleichzeitig eine Gastspielverpflichtung bei einem anderen Unternehmen eingegangen ist.

1.1.2 Gastspielverpflichtete Künstler

Bei gastspielverpflichteten Künstlern und Angehörigen von verwandten Berufen erstreckt sich der Vertrag in der Regel auf eine bestimmte Anzahl von Aufführungen.

Für die Annahme einer nichtselbständigen Tätigkeit kommt es darauf an, ob das Gastspieltheater während der Dauer des Vertrages im wesentlichen über die Arbeitskraft des Gastkünstlers verfügt (BFH-Urteil vom 24. Mai 1973 – BStBl II S. 636). Dies hängt von dem Maß der Einbindung in das Ensemble (nicht in das Ensemble) ab. Ob ein Künstler allein (Solokünstler) oder in einer Gruppe (z. B. Chor) auftritt und welchen künstlerischen Rang er hat, spielt für die Abgrenzung keine entscheidende Rolle. Auch kommt es nicht darauf an, wie das für die Veranlagung des Künstlers zuständige Finanzamt eine vergleichbare Tätigkeit des Künstlers bei Hörfunk und Fernsehen bewertet und ob es hierfür eine entsprechende Bescheinigung erteilt hat. Im einzelnen gilt deshalb:

Gastspielverpflichtete Regisseure, Choreographen, Bühnenbildner und Kostümbildner sind selbständig. Gastspielverpflichtete Dirigenten üben dagegen eine nichtselbständige Tätigkeit aus; sie sind ausnahmsweise selbständig, wenn sie nur für kurze Zeit einspringen.

Gastspielverpflichtete Schauspieler, Sänger, Tänzer und andere Künstler sind in den Theaterbetrieb eingegliedert und deshalb nichtselbständig, wenn sie eine Rolle in einer Aufführung übernehmen und gleichzeitig eine Probenverpflichtung zur Einarbeitung in die Rolle oder eine künstlerische Konzeption eingehen. Stell- oder Verständigungsproben reichen nicht aus. Voraussetzung ist außerdem, daß die Probenverpflichtung tatsächlich erfüllt wird. Die Zahl der Aufführungen ist nicht entscheidend.

Aushilfen für Chor und Orchester sind selbständig, wenn sie nur für kurze Zeit einspringen.

Gastspielverpflichtete Künstler einschließlich der Instrumentalsolisten sind selbständig, wenn sie an einer konzertanten Opernaufführung, einem Oratorium, Liederabend oder dergleichen mitwirken.

1.2 **Tätigkeit bei Kulturorchestern**
Sämtliche gastspielverpflichteten (vgl. Tz. 1. 1. 2 Abs. 1) Künstler, z. B. Dirigenten, Vokal- und Instrumentalsolisten, sind stets und ohne Rücksicht auf die Art und Anzahl der Aufführungen selbständig. Orchesteraushilfen sind ebenfalls selbständig, wenn sie nur für kurze Zeit einspringen.

1.3 **Tätigkeit bei Hörfunk und Fernsehen**
Für die neben dem ständigen Personal beschäftigten Künstler und Angehörigen von verwandten Berufen, die in der Regel auf Grund von Honorarverträgen tätig werden und im allgemeinen als freie Mitarbeiter bezeichnet werden, gilt vorbehaltlich der Tz. 1. 4 folgendes:

1.3.1 Die freien Mitarbeiter sind grundsätzlich nichtselbständig.

1.3.2 Im allgemeinen sind nur die folgenden Gruppen von freien Mitarbeitern selbständig, soweit sie nur für einzelne Produktionen (z. B. ein Fernsehspiel, eine Unterhaltungssendung oder einen aktuellen Beitrag) tätig werden („Negativkatalog"):
Architekten
Arrangeure
Artisten*
Autoren
Berichterstatter
Bildhauer
Bühnenbildner
Choreographen
Chorleiter**
Darsteller***
Dirigenten**
Diskussionsleiter
Dolmetscher
Fachberater
Fotografen
Gesprächsteilnehmer
Grafiker
Interviewpartner
Journalisten
Kommentatoren
Komponisten
Korrespondenten
Kostümbildner
Kunstmaler
Lektoren
Moderatoren****
musikalische Leiter**
Quizmaster
Realisatoren****
Regisseure
Solisten (Gesang, Musik, Tanz)*
Schriftsteller
Übersetzer

* Die als Gast außerhalb eines Ensembles oder einer Gruppe eine Sololeistung erbringen.
** Soweit sie als Gast mitwirken oder Träger des Chores/Klangkörpers oder Arbeitgeber der Mitglieder des Chores/Klangkörpers sind.
*** Die als Gast in einer Sendung mit Live-Charakter mitwirken.
**** Wenn der eigenschöpferische Teil der Leistung überwiegt.

1.3.3 Eine von vornherein auf Dauer angelegte Tätigkeit eines freien Mitarbeiters ist nichtselbständig, auch wenn für sie mehrere Honorarverträge abgeschlossen werden.

Beispiele:

a) Ein Journalist reist in das Land X, um in mehreren Beiträgen über kulturelle Ereignisse zu berichten. Eine Rundfunkanstalt verpflichtet sich vor Reiseantritt, diese Beiträge abzunehmen.
Die Tätigkeit ist nichtselbständig, weil sie von vornherein auf Dauer angelegt ist und die Berichte auf Grund einer vorher eingegangenen Gesamtverpflichtung geliefert werden. Dies gilt auch, wenn diese Beiträge einzeln abgerechnet werden.

b) Ein Journalist wird von einer Rundfunkanstalt für kulturpolitische Sendungen um Beiträge gebeten. Die Beiträge liefert er auf Grund von jeweils einzeln abgeschlossenen Vereinbarungen.
Die Tätigkeit ist selbständig, weil sie nicht von vornherein auf Dauer angelegt ist.

1.3.4 Wird der freie Mitarbeiter für denselben Auftraggeber in mehreren zusammenhängenden Leistungsbereichen tätig, von denen der eine als selbständig und der andere als nichtselbständig zu beurteilen ist, ist die gesamte Tätigkeit einheitlich als selbständige oder als nichtselbständige Tätigkeit zu behandeln. Die Einordnung dieser Mischtätigkeit richtet sich nach der überwiegenden Tätigkeit, die sich aus dem Gesamterscheinungsbild ergibt. Für die Frage des Überwiegens kann auch auf die Höhe des aufgeteilten Honorars abgestellt werden.

1.3.5 Übernimmt ein nichtselbständiger Mitarbeiter für seinen Arbeitgeber zusätzliche Aufgaben, die nicht zu den Nebenpflichten aus seiner Haupttätigkeit gehören, so ist nach den allgemeinen Abgrenzungskriterien zu prüfen, ob die Nebentätigkeit selbständig oder nichtselbständig ausgeübt wird (siehe Abschn. 68 LStR und BFH-Urteil vom 25. November 1971 – BStBl 1972 II S. 212).

1.3.6 Gehört ein freier Mitarbeiter nicht zu einer der im Negativkatalog (Tz. 1. 3. 2) genannten Berufsgruppen, so kann auf Grund besonderer Verhältnisse des Einzelfalls die Tätigkeit gleichwohl nichtselbständig sein. Das Wohnsitzfinanzamt erteilt dem Steuerpflichtigen nach eingehender Prüfung ggf. eine Bescheinigung nach beiliegendem Muster. Die Bescheinigung bezieht sich auf die Tätigkeit des freien Mitarbeiters für einen bestimmten Auftraggeber. Das Finanzamt hat seine Entscheidung grundsätzlich mit dem Betriebsstättenfinanzamt des Auftraggebers abzustimmen.

1.3.7 Gehört ein freier Mitarbeiter zu einer der in Tz. 1. 3. 2 genannten Berufsgruppen, so kann er auf Grund besonderer Verhältnisse des Einzelfalls gleichwohl nichtselbständig sein.

1.3.8 Aushilfen für Chor und Orchester sind selbständig, wenn sie nur für kurze Zeit einspringen.

1.4 **Tätigkeit bei Film- und Fernsehfilmproduzenten (Eigen- und Auftragsproduktion) einschl. Synchronisierung**

Filmautoren, Filmkomponisten und Fachberater sind im allgemeinen nicht in den Organismus des Unternehmens eingegliedert, so daß ihre Tätigkeit in der Regel selbständig ist. Schauspieler, Regisseure, Kameraleute, Regieassistenten und sonstige Mitarbeiter in der Film- und Fernsehproduktion sind dagegen im allgemeinen nichtselbständig (BFH-Urteil vom 6. Oktober 1971 – BStBl 1972 II S. 88). Das gilt auch für Mitarbeiter bei der Herstellung von Werbefilmen.

Synchronsprecher sind in der Regel selbständig (BFH-Urteil vom 12. Oktober 1978 – BStBl 1981 II S. 706). Das gilt nicht nur für Lippensynchronsprecher, sondern auch für Synchronsprecher für besondere Filme (z. B. Kultur-, Lehr- und Werbefilme), bei denen der in eine andere Sprache zu übertragende Begleittext zu sprechen ist. Diese Grundsätze gelten für Synchronregisseure entsprechend.

1.5 **Wiederholungshonorare**

Wiederholungshonorare sind der Einkunftsart zuzuordnen, zu welcher das Ersthonorar gehört hat. Dies gilt auch dann, wenn das Wiederholungshonorar nicht vom Schuldner des Ersthonorars gezahlt wird. Ist das Ersthonorar im Rahmen der Einkünfte aus nichtselbständiger Arbeit zugeflossen und wird das Wiederholungshonorar durch einen Dritten gezahlt, so ist ein Lohnsteuerabzug nicht vorzunehmen.

2 Steuerabzug vom Arbeitslohn

2.1 Bei Annahme einer nichtselbständigen Tätigkeit ist der Arbeitgeber zur Einbehaltung und Abführung der Lohnsteuer verpflichtet. Die Höhe der einzubehaltenden Lohnsteuer richtet sich dabei nach der für den jeweiligen Lohnzahlungszeitraum maßgebenden Lohnsteuertabelle.

2.2 Bei täglicher Zahlung des Honorars ist grundsätzlich die Lohnsteuertabelle für tägliche Lohnzahlungen anzuwenden. Stellt sich die tägliche Lohnzahlung lediglich als Abschlagszahlung auf ein für einen längeren Lohnabrechnungszeitraum vereinbartes Honorar dar, so ist der Lohnabrechnungszeitraum als Lohnzahlungszeitraum zu betrachten (§ 39 b Abs. 5 EStG). Können die Honorare nicht als Abschlagszahlungen angesehen werden, bestehen keine Bedenken, wenn eines der folgenden Verfahren angewendet wird:

2.2.1 Erweiterter Lohnzahlungszeitraum

Der Lohnzahlungszeitraum wird auf die vor der tatsächlichen Beschäftigung liegende Zeit ausgedehnt, soweit dieser Zeitraum nach der auf der Lohnsteuerkarte vermerkten Lohnsteuerbescheinigung nicht schon belegt ist. Dabei gilt jedoch die Einschränkung, daß für je zwei Tage der tatsächlichen Beschäftigung nur eine Woche, insgesamt jedoch höchstens ein Monat bescheinigt werden kann.

Beispiel:

a) Beschäftigung vom 26. bis 31. März (6 Tage). Letzte Eintragung auf der Lohnsteuerkarte 2. bis 5. März. Für 6 Tage Beschäftigung Eintragung von 3 Wochen = 21 Tage. Es kommt demnach ein erweiterter Lohnzahlungszeitraum für die Zeit vom 11. bis 31. März (21 Tage) in Betracht.

Würde sich im vorstehenden Beispiel die letzte Eintragung auf der Lohnsteuerkarte statt auf die Zeit vom 2. bis 5. März auf die Zeit vom 15. bis 18. März erstrecken, dann käme als erweiterter Lohnzahlungszeitraum nur die Zeit vom 19. bis 31. März in Betracht.

b) Beschäftigung vom 10. bis 19. März (10 Tage). Letzte Eintragung auf der Lohnsteuerkarte vom 2. bis 7. Februar. Für 10 Tage Beschäftigung Eintragung von 5 Wochen, höchstens jedoch ein Monat. Es kommt demnach ein erweiterter Lohnzahlungszeitraum für die Zeit vom 20. Februar bis 19. März in Betracht.

Würde im vorstehenden Beispiel die Beschäftigung statt vom 10. bis 19. März vom 10. März bis 15. April, also mindestens einen Monat dauern, so kommt die Anwendung des erweiterten Lohnzahlungszeitraums nicht in Betracht.

Ist die Zahl der tatsächlichen Beschäftigungstage nicht durch zwei teilbar und verbleibt demnach ein Rest von einem Tag oder beträgt die tatsächliche Beschäftigungsdauer nur einen Tag, so kann hierfür – im Rahmen des Höchstzeitraums von einem Monat – ebenfalls eine Woche bescheinigt werden.

Beispiel:

Beschäftigung vom 10. bis 12. März (3 Tage). Letzte Eintragung auf der Lohnsteuerkarte 2. bis 7. Februar. Für 3 Tage Beschäftigung Eintragung von 2 Wochen = 14 Tage. Es kommt demnach ein erweiterter Lohnzahlungszeitraum für die Zeit vom 27. Februar bis 12. März (14 Tage) in Betracht.

Würde im vorstehenden Beispiel die Beschäftigung statt vom 10. bis 12. März vom 10. bis 18. März dauern, so würden nach dieser Berechnung zwar 5 Wochen in Betracht kommen. Es kann aber nur höchstens ein Monat als Lohnzahlungszeitraum angesetzt werden, also die Zeit vom 19. Februar bis 18. März.

Bei Eintragung voller Wochen ist die Wochentabelle auf jeweils das auf die Anzahl der Wochen aufgeteilte Honorar, bei Eintragung eines Monats die Monatstabelle anzuwenden.

Beispiel:

Das Honorar für eine Beschäftigung von 5 Tagen beträgt 900 DM. Bei einem erweiterten Lohnzahlungszeitraum von 3 Wochen ist die Wochentabelle jeweils auf ein Drittel des Honorars = 300 DM anzuwenden.

§ 15 EStG
H 134   R 134

Der Arbeitgeber hat in der Lohnsteuerbescheinigung in die zu bescheinigende Dauer des Dienstverhältnisses auch die Tage einzubeziehen, um die nach vorstehenden Verfahren Lohnzahlungszeiträume erweitert worden sind. Im Lohnkonto hat der Arbeitgeber neben den sonstigen Angaben, zu denen er verpflichtet ist, den Zeitraum der tatsächlichen Beschäftigung, den nach vorstehendem Verfahren erweiterten Lohnzahlungszeitraum sowie den auf der Lohnsteuerkarte vermerkten vorangegangenen Beschäftigungszeitraum sowie Name und Anschrift des früheren Arbeitgebers einzutragen.

Händigt der Arbeitgeber dem Arbeitnehmer die Lohnsteuerkarte vorübergehend aus (§ 39 b Abs. 1 Satz 3 EStG), so hat er zuvor auf der Rückseite der Lohnsteuerkarte bereits die für eine spätere Lohnsteuerbescheinigung vorgesehene letzte Spalte (Anschrift und Steuer-Nr. des Arbeitgebers, ggf. Firmenstempel, mit Unterschrift) auszufüllen. Ein anderer Arbeitgeber, dem eine derart gekennzeichnete Lohnsteuerkarte vorgelegt wird, darf diese nicht seiner Lohnsteuerberechnung zugrunde legen; er hat vielmehr der Berechnung der Lohnsteuerbeträge die tatsächliche Zahl der Arbeitstage nach § 39 b Abs. 4 EStG zugrunde zu legen und die Lohnsteuer nach § 39 c Abs. 1 EStG zu errechnen.

2.2.2 **Verlängerung des Lohnzahlungszeitraums auf einen Monat**

Der Arbeitgeber vereinbart mit dem Arbeitnehmer, daß für das in einem Monat anfallende Honorar der Monat als Lohnzahlungszeitraum angesehen wird und die Zahlungen zunächst als Abschlag behandelt werden. Die in dem Monat gezahlten Abschläge werden innerhalb von drei Wochen nach Ablauf des Monats als Monatshonorare abgerechnet. Die Lohnsteuer wird dem Lohnzahlungszeitraum entsprechend nach der Monatstabelle einbehalten. Auf den Zeitpunkt der Leistung des Arbeitnehmers und die Dauer seiner Beschäftigung wird dabei nicht besonders abgestellt.

Dem Lohnsteuerabzug wird die dem Arbeitgeber vorgelegte Lohnsteuerkarte zugrunde gelegt. Voraussetzung für die Anwendung dieses Verfahrens ist, daß die für den Lohnsteuerabzug maßgebende Lohnsteuerkarte für den betreffenden Monat noch keine Eintragung enthält und mindestens für den Monat, in dem das Honorar anfällt, beim Arbeitgeber verbleibt.

Vor der Aushändigung der Lohnsteuerkarte wird die Lohnsteuerbescheinigung (§ 41 b Abs. 1 EStG) eingetragen. Diese ist dem Lohnabrechnungszeitraum entsprechend jeweils für abgeschlossene Kalendermonate zu erteilen. Als Dauer des Dienstverhältnisses wird der Zeitraum eingetragen, in dem die Lohnsteuerkarte dem Arbeitgeber vorgelegen hat.

Verlangt ein Arbeitnehmer schon im Laufe des Kalenderjahrs die Aushändigung der Lohnsteuerkarte, weil er nicht mehr für den Arbeitgeber tätig ist oder einen Steuerkartenwechsel (z. B. wegen Verlagerung seiner Haupteinnahmequelle zu einem anderen Arbeitgeber; vgl. Abschn. 114 Abs. 3 Satz 1 LStR) vornehmen will, wird diese Lohnsteuerkarte noch bis zum Ende des laufenden Lohnabrechnungszeitraums dem Steuerabzug zugrunde gelegt. Kann die Lohnsteuerkarte nach Ablauf des Lohnabrechnungszeitraums infolge einer maschinellen Lohnabrechnung nicht sofort ausgehändigt werden, erhält der neue Arbeitgeber unmittelbar oder über den Arbeitnehmer eine vorläufige Bescheinigung – Zwischenbescheinigung – (§ 41 b Abs. 1 Satz 6 EStG), so daß er ab Beginn des neuen Lohnabrechnungszeitraums (z. B. Monat) die sich daraus ergebende Steuerklasse anwenden kann.

Auf die bei Abschluß des Lohnsteuerabzugs nach § 41 b Abs. 1 EStG auszuschreibende Bescheinigung wird besonders hingewiesen.

Enthält die Lohnsteuerkarte für einen Teil des Monats bereits eine Eintragung oder händigt der Arbeitgeber dem Arbeitnehmer die Lohnsteuerkarte vor Ablauf des Monats aus, in dem das Honorar anfällt, so ist der Steuerabzug vom Arbeitslohn für diesen Monat nach den allgemeinen Vorschriften oder nach dem in der nachfolgenden Tz. 2. 2. 3 zugelassenen Verfahren vorzunehmen. Bei Aushändigung der Lohnsteuerkarte im Laufe des Monats, in dem das Honorar anfällt, ist § 41 c EStG zu beachten.

Sofern dem Arbeitgeber eine Lohnsteuerkarte nicht vorliegt, wird nach § 39 c Abs. 1 und 2 EStG verfahren.

2.2.3 Permanente Monatsabrechnung

Liegen die Voraussetzungen der Tz. 2. 2. 2 vor, so kann der Steuerabzug vom Arbeitslohn für die während eines Monats anfallenden Lohnzahlungen nach der Monatstabelle auch in der Weise vorgenommen werden, daß die früheren Lohnzahlungen desselben Monats mit in die Steuerberechnung für den betreffenden Monat einbezogen werden. Dieses Verfahren kann grundsätzlich unabhängig von der auf der Lohnsteuerkarte eingetragenen Steuerklasse angewendet werden. Es gilt also auch bei Vorlage einer Lohnsteuerkarte mit der Steuerklasse VI, nicht hingegen, wenn wegen fehlender Lohnsteuerkarte der Steuerabzug nach der Steuerklasse VI vorzunehmen ist. Die mehrmalige Anwendung der Monatstabelle innerhalb eines Monats ohne Einbeziehung früherer Zahlungen desselben Monats ist auf keinen Fall zulässig.

Beispiel:

Ein Arbeitnehmer, der dem Arbeitgeber eine Lohnsteuerkarte mit der Steuerklasse I vorgelegt hat, erhält am 8. August 1990 für eine eintägige Beschäftigung 400 DM. Die Lohnsteuer hierauf beträgt nach der Monatstabelle 0,– DM.

(Wenn der Arbeitnehmer eine Lohnsteuerkarte mit der Steuerklasse VI vorgelegt hat, beträgt die Lohnsteuer nach der Monatstabelle 75,16 DM.) Erhält der Arbeitnehmer im August 1990 von diesem Arbeitgeber keine weiteren Lohnzahlungen, so beträgt die Lohnsteuer für die am 8. August 1990 gezahlte Vergütung in Höhe von 400 DM nach Steuerklasse I 0,– DM. Erhält der Arbeitnehmer am 13. August 1990 und am 27. August 1990 vom selben Arbeitgeber nochmals jeweils 500 DM, so berechnet der Arbeitgeber die Lohnsteuer für diese Lohnzahlungen wie folgt (in der 2. Spalte ist vergleichsweise die Steuerberechnung bei Vorlage einer Lohnsteuerkarte mit der Steuerklasse VI aufgeführt):

a) **Lohnzahlung am 13. August 1990:**		**Steuerklasse I**	**Steuerklasse VI**
Bis 13. August 1990 bereits gezahlter Arbeitslohn	400 DM		
zuzüglich für den 13. August 1990 zu zahlender Arbeitslohn	500 DM		
insgesamt	900 DM		
Lohnsteuer hierauf nach der Monatstabelle		17,08 DM	177,33 DM
abzüglich: Lohnsteuer, die vom bereits gezahlten Arbeitslohn einbehalten wurde		0,00 DM	75,16 DM
Für die Lohnzahlung am 13. August 1990 einzubehaltende Lohnsteuer		17,08 DM	102,17 DM

b) **Lohnzahlung am 27. August 1990:**		**Steuerklasse I**	**Steuerklasse VI**
Bis 27. August 1990 bereits gezahlter Arbeitslohn	900 DM		
zuzüglich für den 27. August 1990 zu zahlender Arbeitslohn	500 DM		
insgesamt	1.400 DM		
Lohnsteuer hierauf nach der Monatstabelle		97,33 DM	303,00 DM
abzüglich: Lohnsteuer, die vom bereits gezahlten Arbeitslohn einbehalten wurde		17,08 DM	177,33 DM
Für die Lohnzahlung am 27. August 1990 einzubehaltende Lohnsteuer		80,25 DM	125,67 DM

Hat der Arbeitnehmer dem Arbeitgeber keine Lohnsteuerkarte vorgelegt, so ist für die am 8., 13. und 27. August gezahlten Beträge die Lohnsteuer jeweils nach der Tagestabelle zu ermitteln.

2.2.4 Permanenter Lohnsteuer-Jahresausgleich

Der Steuerabzug vom Arbeitslohn kann unter den in § 39 b Abs. 2 Satz 7 EStG bzw. in Abschn. 121 Abs. 2 LStR genannten Voraussetzungen auch nach dem voraussichtlichen Jahresarbeitslohn unter Anwendung der Jahreslohnsteuertabelle unabhängig davon vorgenommen werden, welche Steuerklasse auf der Lohnsteuerkarte des Arbeitnehmers eingetragen ist.

Dieses Schreiben tritt an die Stelle der BMF-Schreiben vom 27. Juni 1975 – IV B 6 – S 2365 – 8/75 – (BStBl I S. 923), vom 20. Juli 1976 – IV B 6 – S 2367 – 22/76 –, vom 22. Juni 1977 – IV B 6 – S 2367 – 10/77 – und vom 23. September 1981 – IV B 6 – S 2367 – 13/81 –.

Anlage

Finanzamt ....

Steuernummer ....

Bescheinigung

Herrn/Frau .... geb. am ....

wohnhaft ....

wird bescheinigt, daß er/sie hier unter der Steuernummer ....

zur Einkommensteuer veranlagt wird.

Aufgrund des/der vorgelegten Vertrages/Verträge,

Prod.-Nr. .... vom ....

der zwischen ihm/ihr und

....

über die Tätigkeit als ....

geschlossen wurde, werden die Honorareinnahmen unter dem Vorbehalt des jederzeitigen Widerrufs als

Einkünfte aus selbständiger Arbeit i. S. des § 18 EStG*)

Einkünfte aus Gewerbebetrieb i. S. des § 15 EStG*)

behandelt.

Die Unternehmereigenschaft im Sinne des Umsatzsteuergesetzes ist gegeben. Die Regelung des § 19 Abs. 1 UStG wird – nicht*) – in Anspruch genommen.

Im Auftrag

___

*) Nichtzutreffendes bitte streichen.

- eines **Rundfunkermittlers** bei im wesentlichen selbst bestimmtem Umfang der Tätigkeit und bei weitgehend von der Eigeninitiative abhängiger Höhe der Einnahmen → BFH vom 14. 12. 1978 (BStBl 1979 II S. 188),
- eines **Spitzensportlers** bei öffentlich deutlich sichtbarer Benutzung bestimmter marktgängiger Erzeugnisse ohne Eingliederung in eine Werbeorganisation → BFH vom 19. 11. 1985 (BStBl 1986 II S. 424).

R 134 a. Nachhaltigkeit

[1]Nachhaltig ist eine Tätigkeit, die von der Absicht getragen ist, sie zu wiederholen und daraus eine ständige Erwerbsquelle zu machen (→ BFH vom 12. 7. 1991 – BStBl 1992 II S. 143). [2]Ist die Absicht der Wiederholung erkennbar, so kann bereits eine einmalige Handlung den Beginn einer fortgesetzten Tätigkeit begründen (→ BFH vom 31. 7. 1990 – BStBl 1991 II S. 66). [3]Im allgemeinen wird es jedoch an einer Wiederholungsabsicht fehlen, wenn derjenige, tätig wird, noch unentschlossen ist, ob er seine Tätigkeit wiederholen wird, eine solche Wiederholung aber ebenso gut möglich wie nicht möglich ist. [4]In einem solchen Fall kann

§ 15 EStG
R 134 a, 134 b   H 134 a

in der Regel eine tatsächliche Wiederholung als gelegentliche Tätigkeit, nicht aber als nachhaltig zu beurteilen sein (→ BFH vom 21. 8. 1985 – BStBl 1986 II S. 88). [5]Nachhaltigkeit ist dagegen bei einer Mehrheit verschiedener einmaliger Handlungen gegeben, die in einem gewissen inneren Zusammenhang stehen (→ BFH vom 2. 11. 1971 – BStBl 1972 II S. 360 und vom 21. 8. 1985 – BStBl 1986 II S. 88). [6]Allerdings ist nicht jede sich auf längere Zeit erstreckende Tätigkeit als nachhaltige Betätigung anzusehen. [7]Sie ist es dann nicht, wenn sie in Wirklichkeit nur eine einzige einheitliche Handlung darstellt, die ohne die Absicht der Wiederholung vorgenommen wird.[1]) [8]Das gleiche gilt, wenn der Steuerpflichtige durch eine einmalige Tätigkeit lediglich einen Dauerzustand schafft, in dem für einen längeren Zeitraum Vergütungen anfallen (→ BFH vom 14. 11. 1963 – BStBl 1964 III S. 139).

H 134 a   **Hinweise**

Nachhaltigkeit
– bei Bankgeschäften eines **Bankangestellten** in fortgesetzter Untreue zu Lasten der Bank → BFH vom 3. 7. 1991 (BStBl II S. 802),
– bei **gewerblichem Grundstückshandel** → BFH vom 11. 4. 1989 (BStBl II S. 621),
– liegt auch vor, wenn sich der Verkäufer mehrerer Grundstücke zunächst um Einzelverkäufe bemüht, die Grundstücke dann aber in nur **einem** einzigen **Veräußerungsgeschäft** an nur einen Käufer verkauft → BFH vom 12. 7. 1991 (BStBl 1992 II S. 143),
– bei Erwerb eines Wirtschaftsguts **zum Zwecke** der späteren **Veräußerung** → BFH vom 28. 4. 1977 (BStBl II S. 728) und vom 8. 7. 1982 (BStBl II S. 700).

Wertpapiere
Wiederholungsabsicht beim An- und Verkauf festverzinslicher Wertpapiere → BFH vom 31. 7. 1990 (BStBl 1991 II S. 66) und vom 6. 3. 1991 (BStBl II S. 631).

R 134 b   **R 134 b. Gewinnerzielungsabsicht**

S 2240   (1) [1]Gewinnerzielungsabsicht ist die Absicht, eine Mehrung des Betriebsvermögens im Sinne des § 4 Abs. 1 EStG zu erzielen.[2]) [2]Es kommt auf die Absicht der Gewinnerzielung an, nicht darauf, ob ein Gewinn tatsächlich erzielt worden ist. [3]Maßgebend ist das Streben nach Betriebsvermögensmehrung in Gestalt eines Totalgewinns als Gesamtergebnis des Betriebs von der Gründung bis zur Veräußerung oder Aufgabe oder Liquidation (→ BFH vom 25. 6. 1984 – BStBl II S. 751). [4]Selbständige Betriebszweige sind dabei getrennt zu betrachten. [5]Ohne Gewinnabsicht handelt, wer Einnahmen nur erzielt, um seine Selbstkosten zu decken (→ BFH vom 22. 8. 1984 – BStBl 1985 II S. 61). [6]Folgt das Finanzamt dem Steuerpflichtigen nach der von ihm gegebenen Darstellung darin, daß Gewinnerzielungsabsicht vorliegt, kann dieser seine Darstellung nicht ohne triftigen Grund als von Anfang an falsch bezeichnen (→ BFH vom 10. 10. 1985 – BStBl 1986 II S. 68).

(2) [1]Beweisanzeichen für das Vorliegen einer Gewinnerzielungsabsicht ist eine Betriebsführung, bei der der Betrieb nach seiner Wesensart und der Art seiner Bewirtschaftung auf die Dauer gesehen dazu geeignet und bestimmt ist, mit Gewinn zu arbeiten. [2]Dies erfordert eine in die Zukunft gerichtete langfristige Beurteilung, wofür die Verhältnisse eines bereits abgelaufenen Zeitraums wichtige Anhaltspunkte bieten können. [3]Bei längeren Verlustperioden muß für das Fehlen einer Gewinnerzielungsabsicht aus weiteren Beweisanzeichen die Feststellung möglich sein, daß der Steuerpflichtige die Tätigkeit nur aus den im Bereich seiner Lebensführung liegenden persönlichen Gründen und Neigungen ausübt (→ BFH vom 5. 5. 1988 – BStBl II S. 778). [4]Persönliche Gründe in diesem Sinne brauchen nicht in der persönlichen Lebenshaltung in Form von Erholung und Freizeitgestaltung zu liegen, sondern sind alle einkommensteuerrechtlich unbeachtlichen Motive. [5]Ist die Tätigkeit von Anfang an erkennbar ungeeignet, auf Dauer einen Gewinn zu erbringen, so sind auch schon Verluste der Anlaufphase steuerlich nicht zu berücksichtigen (→ BFH vom 23. 5. 1985 – BStBl II S. 515 und vom 28. 8. 1987 – BStBl 1988 II S. 10). [6]In Zweifelsfällen ist die Veranlagung gemäß § 165 AO vorläufig durchzuführen (→ BFH vom 25. 10. 1989 – BStBl 1990 II S. 278).

---

[1]) → OFH vom 31. 1. 1949 (FMBl S. 129).
[2]) → BFH vom 25. 6. 1984 (BStBl II S. 751).

(3) ¹Bei einer Personengesellschaft, die nach Art ihrer Betriebsführung keinen Totalgewinn erreichen kann und deren Tätigkeit nach der Gestaltung des Gesellschaftsvertrags und seiner tatsächlichen Durchführung allein darauf angelegt ist, ihren Gesellschaftern Steuervorteile dergestalt zu vermitteln, daß durch Verlustzuweisungen andere Einkünfte nicht und die Verlustanteile letztlich nur in Form buchmäßiger Veräußerungsgewinne versteuert werden müssen, liegt der Grund für die Fortführung der verlustbringenden Tätigkeit allein im Lebensführungsbereich der Gesellschafter (→ BFH vom 25. 6. 1984 – BStBl II S. 751).¹) ²Bei derartigen sog. Verlustzuweisungsgesellschaften ist zu vermuten, daß sie zunächst keine Gewinnerzielungsabsicht haben. ³Bei ihnen liegt in der Regel eine Gewinnerzielungsabsicht erst von dem Zeitpunkt an vor, in dem nach dem Urteil eines ordentlichen Kaufmanns ein Totalgewinn wahrscheinlich erzielt werden kann. ⁴Das gilt auch für eine KG, die ihren Kommanditisten auf Grund der Bewertungsfreiheit des § 6 Abs. 2 EStG Verluste zuweist (→ BFH vom 21. 8. 1990 – BStBl 1991 II S. 564 und vom 10. 9. 1991 – BStBl 1992 II S. 328). ⁵Für die Frage, ob ein Totalgewinn erwirtschaftet werden kann, sind auch Veräußerungsgewinne im Sinne des § 16 EStG zu berücksichtigen. ⁶Außer Ansatz bleibt jedoch der Betrag des beim Ausscheiden aus der Gesellschaft oder bei der Auflösung der Gesellschaft zu versteuernden negativen Kapitalkontos, weil es sich hierbei nicht um einen tatsächlichen Gewinn des Gesellschafters, sondern nur um den Ausgleich in Anspruch genommener Verluste handelt. ⁷Der Totalgewinn der Gesellschaft erhöht sich insoweit ebenfalls nicht, weil der Betrag des negativen Kapitalkontos auf die übrigen Gesellschafter verteilt wird (→ BFH vom 10. 11. 1980 – BStBl 1981 II S. 164).

Hinweise

Abgrenzung der Gewinnerzielungsabsicht zur Liebhaberei

- Bei einem nebenberuflich betriebenen **Computer-Software-Handel** mangelt es auch bei einem Totalverlust nicht stets an der Gewinnerzielungsabsicht (→ FG Düsseldorf vom 19. 1. 1995 – EFG S. 618),
- bei einem **Erfinder** → BFH vom 14. 3. 1985 (BStBl II S. 424),
- bei Vermietung einer **Ferienwohnung** → BFH vom 5. 5. 1988 (BStBl II S. 778),
- beim Betrieb eines **Gästehauses** → BFH vom 13. 12. 1984 (BStBl 1985 II S. 455),
- bei einem unverändert fortgeführten regelmäßig Verluste bringenden **Großhandelsunternehmen** → BFH vom 19. 11. 1985 (BStBl 1986 II S. 289),
- bei Vercharterung eines **Motorbootes** → BFH vom 28. 8. 1987 (BStBl 1988 II S. 10),
- bei Betrieb einer **Reitschule** → BFH vom 15. 11. 1984 (BStBl 1985 II S. 205),
- bei einem **Schriftsteller** → BFH vom 23. 5. 1985 (BStBl II S. 515),

Einem Schriftsteller, der über einen längeren Zeitraum aus seiner Tätigkeit Verluste erzielt, fehlt die Gewinnerzielungsabsicht, wenn nach den gegebenen tatsächlichen Verhältnissen keine Aussicht besteht, daß er jemals ein produktives Gesamtergebnis erzielen wird.

Grundsätzlich sind zwar alle Gewinne und Verluste aus einer selbständig ausgeübten schriftstellerischen Tätigkeit als Einkünfte aus selbständiger Arbeit im Sinne des § 18 Abs. 1 Nr. 1 EStG anzusehen, sofern die äußeren Merkmale einer schriftstellerischen Tätigkeit „eigene Gedanken mit Hilfe der Sprache schriftlich auszudrücken" gegeben sind. Hieraus erzielte (positive oder negative) Einkünfte können jedoch nur dann bei der Ermittlung des Einkommens berücksichtigt werden, wenn die schriftstellerische Tätigkeit auf eine größere Zahl von Jahren gesehen der Erzielung positiver Einkünfte dient. Als Gewinnerzielungsabsicht ist grundsätzlich die Absicht einer Betriebsvermögensmehrung anzusehen. In Gewinnabsicht ist hiernach nur tätig, wer einen betrieblichen Totalgewinn erstrebt. Totalgewinn in diesem Sinne ist das Gesamtergebnis des Betriebs von der Gründung bis zur Veräußerung oder Aufgabe oder Liquidation. Bei Schriftstellern ist – ebenso wie bei Gewerbetreibenden, Land- und Forstwirten sowie bei den auf anderen Gebieten tätig werdenden Angehörigen freier Berufe – zur Bejahung einer Gewinnerzielungsabsicht erforderlich, daß ihre Tätigkeit auf Dauer dazu geeignet und bestimmt ist, Gewinne zu erzielen. Dabei ist zu berücksichtigen, daß bei

---

¹) Zur Abgrenzung → BMF vom 23. 7. 1992 (BStBl I S. 434); Anhang 30.

Schriftstellern positive Einkünfte vielfach erst nach einer längeren Anlaufzeit erzielt werden. Der materielle Erfolg eines Schriftstellers stellt sich in der Regel erst ein, wenn seine Werke auf eine entsprechende Resonanz in der Öffentlichkeit gestoßen sind. Deshalb läßt sich alleine aus der Tatsache einer über mehrere Jahre anhaltenden Verlustzielung nicht der Schluß ziehen, es fehle an einer Gewinnerzielungsabsicht.

Wird allerdings nach einer gewissen – nicht zu kurz bemessenen – Anlaufzeit festgestellt, daß die Erzeugnisse eines Schriftstellers trotz entsprechender Bemühungen zu keinem Gewinn führen und daß unter den gegebenen Umständen kene Aussicht besteht, ein positives Gesamtergebnis aus der schriftstellerischen Arbeit zu erzielen, so muß aus der weiteren Fortsetzung der verlustbringenden Tätigkeit der Schluß gezogen werden, daß der Schriftsteller fortan nicht mehr zur Gewinnerzielung, sondern nur noch aus persönlichen Gründen tätig ist. Die im Zusammenhang hiermit erzielten Verluste dürfen das Einkommen nicht mindern.

An einer Gewinnerzielungsabsicht fehlt es auch in den Fällen, in denen eine schriftstellerische Tätigkeit von vornherein nicht um des Erwerbes willen betrieben wird. Oft geht es den Verfassern allein darum, Erkenntnisse, Ideen oder Auffassungen möglichst weitreichend zu übermitteln. Treffen die Verfasser in solchen Fällen mit Verlagen vertragliche Vereinbarungen über das Erscheinen ihrer Werke, so besteht der für sie maßgebende vertragliche Vorteil allein darin, daß ihre Darlegungen überhaupt veröffentlicht werden. Nicht selten entschließt sich ein Verfasser sogar, noch einen Zuschuß zu leisten, um das Erscheinen seines Werkes zu ermöglichen. In diesen Fällen ist eine Gewinnerzielungsabsicht im steuerrechtlichen Sinn von Anfang an nicht vorhanden.

– bei Betrieb eines **Trabrennstalls** → BFH vom 19. 7. 1990 (BStBl 1991 II S. 333).

Betriebszweige
Wird sowohl eine Landwirtschaft als auch eine Forstwirtschaft betrieben, ist die Frage der Gewinnerzielungsabsicht getrennt nach **Betriebszweigen** zu beurteilen → BFH vom 13. 12. 1990 (BStBl 1991 II S. 452).

Zeitliche Begrenzung der Beteiligung
Die zeitliche Begrenzung der Beteiligung kann eine fehlende Gewinnerwartung bedingen → BFH vom 10. 11. 1977 (BStBl 1978 II S. 15).

R 134 c. Beteiligung am allgemeinen wirtschaftlichen Verkehr

(1) ¹Eine Beteiligung am wirtschaftlichen Verkehr liegt vor, wenn ein Steuerpflichtiger mit Gewinnerzielungsabsicht nachhaltig am Leistungs- oder Güteraustausch teilnimmt. ²Damit werden solche Tätigkeiten aus dem gewerblichen Bereich ausgeklammert, die zwar von einer Gewinnerzielungsabsicht getragen werden, aber nicht auf einen Leistungs- oder Güteraustausch gerichtet sind (→ BFH vom 9. 7. 1986 – BStBl II S. 851).

(2) ¹Die Teilnahme am allgemeinen Wirtschaftsverkehr erfordert, daß die Tätigkeit des Steuerpflichtigen nach außen hin in Erscheinung tritt, er sich mit ihr an eine – wenn auch begrenzte – Allgemeinheit wendet und damit seinen Willen zu erkennen gibt, ein Gewerbe zu betreiben. ²Dagegen ist nicht erforderlich, daß die Leistungen einer Mehrzahl von Interessenten angeboten werden. ³Ob der Kundenkreis tatsächlich groß oder eng begrenzt ist, ist ohne Bedeutung. ⁴Bereits die Tätigkeit für nur einen bestimmten Vertragspartner reicht insoweit aus (→ BFH vom 9. 7. 1986 – BStBl II S. 851 und vom 12. 7. 1991 – BStBl 1992 II S. 143). ⁵Der Steuerpflichtige muß auch nicht in eigener Person am allgemeinen Wirtschaftsverkehr teilnehmen. ⁶Es reicht aus, daß ihm eine für seine Rechnung ausgeübte Teilnahme am allgemeinen Wirtschaftsverkehr zuzurechnen ist (→ BFH vom 31. 7. 1990 – BStBl 1991 II S. 66). ⁷Eine Teilnahme am allgemeinen Wirtschaftsverkehr kann auch dann vorliegen, wenn der Wettbewerb der Gewerbetreibenden untereinander ausgeschlossen ist (→ BFH vom 13. 12. 1963 – BStBl 1964 III S. 99).

R 135. Abgrenzung des Gewerbebetriebs gegenüber der Land- und Forstwirtschaft[1])

Zukauf fremder Erzeugnisse

(1) ¹Land- und Forstwirtschaft ist die planmäßige Nutzung der natürlichen Kräfte des Bodens und die Verwertung der dadurch gewonnenen Erzeugnisse. ²Beschränkt sich ein Betrieb nicht auf den Absatz selbstgewonnener Erzeugnisse, sondern kauft er dauernd und nachhaltig fremde Erzeugnisse hinzu, so ist zu prüfen, ob er steuerlich als Betrieb der Land- und Forstwirtschaft oder als Gewerbebetrieb zu behandeln ist. ³Ein Betrieb, der dauernd und nachhaltig fremde Erzeugnisse über den betriebsnotwendigen Umfang hinaus zukauft, ist als Gewerbebetrieb zu behandeln (→ BFH vom 2. 2. 1951 – BStBl III S. 65). ⁴Fremde Erzeugnisse sind nicht solche Erzeugnisse, die für die Weiterzucht im Rahmen des Erzeugungsprozesses im eigenen Betrieb verwendet werden (Saatgut, Zwiebeln und Knollen, Stecklinge, Jungpflanzen, Wildlinge oder sonstige Halbfertigwaren). ⁵Als fremde Erzeugnisse gelten nur solche für die Weiterveräußerung zugekauften Erzeugnisse, die nicht im eigenen Betrieb im Wege des Erzeugungsprozesses bearbeitet werden (**steuerlich schädlicher Zukauf**).

Steuerlich schädlicher Zukauf

(2) ¹Beträgt der dauernde und nachhaltige Zukauf fremder Erzeugnisse (steuerlich schädlicher Zukauf), aus Vereinfachungsgründen gemessen an dem Einkaufswert der fremden Erzeugnisse, bis zu 30 v. H. des Umsatzes, so ist grundsätzlich ein Betrieb der Land- und Forstwirtschaft anzuerkennen (Ausnahme → BFH vom 11. 10. 1988 – BStBl 1989 II S. 284). ²Der Einkaufswert der fremden Erzeugnisse umfaßt auch die Nebenkosten, z. B. Frachtkosten (→ BFH vom 5. 11. 1974 – BStBl 1975 II S. 118). ³Beträgt der dauernde und nachhaltige Zukauf mehr als 30 v. H. des Umsatzes, so ist in der Regel steuerlich ein Gewerbebetrieb anzunehmen. ⁴Der Gewerbebetrieb beginnt mit dem Anfang des Zukaufs, wenn der Steuerpflichtige durch eine Ausweitung des Zukaufs erheblich über die 30-v.H.-Grenze hinaus zu erkennen gibt, daß er den Betrieb dauerhaft umstrukturieren will. ⁵Das gleiche gilt, wenn die Absicht des Steuerpflichtigen, den Betrieb dauerhaft umzustrukturieren, auf andere Weise als durch Über- oder Unterschreiten der Zukaufsgrenze zum Ausdruck kommt. ⁶Nimmt der Steuerpflichtige z. B. eine außergewöhnliche, dem bisherigen Charakter des Betriebs nicht mehr entsprechende Investition vor, so tritt der Strukturwandel sofort mit der Umstrukturierungsmaßnahme ein (→ BFH vom 4. 2. 1976 – BStBl II S. 423). ⁷In allen übrigen Fällen liegt nach Ablauf eines Zeitraums von drei Jahren ein Gewerbebetrieb vor. ⁸Wird ein Betrieb übernommen und im wesentlichen unverändert fortgeführt, so bleibt der Charakter des Betriebs als land- und forstwirtschaftlicher Betrieb oder Gewerbebetrieb erhalten. ⁹Die Bestimmung der Einkunftsart richtet sich auch in diesem Fall nach den Grundsätzen der Sätze 3 bis 8. ¹⁰Der Dreijahreszeitraum (Satz 7) ist objektbezogen und beginnt daher beim Wechsel des Betriebsinhabers nicht neu zu laufen. ¹¹Im Fall der Neugründung eines Betriebs liegt von Anfang an ein Gewerbebetrieb vor, wenn der Zukauf die 30-v.H.-Grenze erheblich überschreitet (Satz 4). ¹²In allen übrigen Fällen gilt Satz 7 entsprechend. ¹³Die vorstehenden Grundsätze gelten für den Strukturwandel vom Gewerbebetrieb zum land- und forstwirtschaftlichen Betrieb entsprechend.

Eigenes Handelsgeschäft

(3) ¹Werden selbstgewonnene land- und forstwirtschaftliche Erzeugnisse ohne Be- oder Verarbeitung in einem Nebenbetrieb über ein eigenes Handelsgeschäft, z. B. Einzelhandelsbetrieb, Ladengeschäft, Großhandelsbetrieb, abgesetzt, so ist zu prüfen, ob Erzeugerbetrieb und Handelsgeschäft einen einheitlichen Betrieb oder zwei selbständige Betriebe darstellen. ²Nach den BFH-Urteilen vom 30. 8. 1960 (BStBl III S. 460) und vom 26. 11. 1964 (BStBl 1965 III S. 90) ist im allgemeinen von einem einheitlichen Betrieb auszugehen, wenn die eigenen Erzeugnisse des Betriebs regelmäßig und nachhaltig zu mehr als 40 v. H. im eigenen Handelsgeschäft abgesetzt werden; dabei sind die eigenen Erzeugnisse mit dem Abgabepreis des Erzeugerbetriebs an Wiederverkäufer anzusetzen. ³Liegt diese Voraussetzung nicht vor, so sind zwei selbständige Betriebe anzunehmen. ⁴Entsprechendes gilt, wenn die Eigenerzeugung zwar zu mehr als 40 v. H. im eigenen Handelsgeschäft abgesetzt wird, diese jedoch 30 v. H. der gesamten Absatzmenge des Handelsgeschäfts – bemessen nach dessen Umsatz – nicht übersteigt. ⁵In diesem Fall ist für die Annahme von zwei selbständigen Betrieben ferner Voraussetzung, daß die Betriebsführung des Erzeugerbetriebs von dem Handelsgeschäft

---

[1]) Neuregelung → BMF vom 31. 10. 1995 (BStBl I S. 703); Anhang 20.

unabhängig ist und beide Betriebe auch nach der Verkehrsauffassung als zwei selbständige Betriebe nach außen auftreten (→ BFH vom 19. 5. 1971 – BStBl 1972 II S. 8). [6]Bei der Abgrenzung nach Absatz 2 ist auf den jeweiligen Betrieb abzustellen. [7]Wird ein landwirtschaftlicher Betrieb in der Weise planmäßig im Interesse des gewerblichen Hauptbetriebs, z. B. einer Gastwirtschaft oder einer Metzgerei, geführt, daß diese Verbindung nicht ohne Nachteil für das Gesamtunternehmen gelöst werden kann, so liegt ein einheitliches gewerbliches Unternehmen vor (→ BFH vom 16. 12. 1965 – BStBl 1966 III S. 193).

Verwendung von Wirtschaftsgütern außerhalb des Betriebs

(4) [1]Verwendet ein Land- und Forstwirt Wirtschaftsgüter außerhalb seines Betriebs, indem er sie Dritten entgeltlich überläßt oder für Dritte Dienstleistungen, z. B. Fuhrleistungen, gegen Entgelt verrichtet, so stellt diese Betätigung entweder eine land- und forstwirtschaftliche oder eine gewerbliche Tätigkeit dar. [2]Die Frage, ob eine gewerbliche Tätigkeit vorliegt, braucht aus Vereinfachungsgründen nicht geprüft zu werden, wenn die Wirtschaftsgüter neben der eigenbetrieblichen Nutzung ausschließlich für andere Betriebe der Land- und Forstwirtschaft verwendet werden und die Einnahmen daraus nicht mehr als ein Drittel des Gesamtumsatzes des land- und forstwirtschaftlichen Betriebs betragen. [3]Unter diese Regelung fallen auch landschaftspflegerische Tätigkeiten eines Land- und Forstwirts für Nichtlandwirte unter der zusätzlichen Voraussetzung, daß die Betriebseinnahmen aus diesen landschaftspflegerischen Tätigkeiten nicht mehr als 20.000 DM im Wirtschaftsjahr betragen. [4]Als landschaftspflegerische Tätigkeit wird die Pflege der freien Landschaft angesehen, z. B. die Pflege von Biotopen, Landschafts- und Naturschutzgebieten sowie die Pflege von Böschungen und Feldrainen im ländlichen Bereich. [5]Die Pflege abgegrenzter oder zu besonderen Zwecken genutzter Flächen, z. B. die Pflege öffentlicher Grünanlagen, Golfplätze und Freizeitparks, fällt nicht hierunter. [6]Ist eine dieser Voraussetzungen nicht erfüllt, so ist nach dem Gesamtbild des Falles zu prüfen, ob die bezeichnete Tätigkeit einen Gewerbebetrieb darstellt.

Hinweise

Abgrenzung

Neuregelung zur Abgrenzung der Land- und Forstwirtschaft vom Gewerbe → BMF vom 13. 10. 1995 (BStBl I S. 703).

Baumschulen

R 135 Abs. 1 gilt auch für Baumschulbetriebe. In solchen Betrieben ist die Aufzucht von sog. Kostpflanzen üblich. Kostpflanzen sind Pflanzen, die der Baumschulbetrieb aus selbst gestelltem Samen oder selbst gestellten Pflanzen in fremden Betrieben aufziehen läßt. Kostpflanzen sind eigene (nicht fremde) Erzeugnisse, wenn die in Kost gegebenen Sämereien oder Pflanzen in der Verfügungsgewalt des Kostgebers (des Baumschulbetriebs) bleiben und der Kostnehmer (der Betrieb, der die Aufzucht durchführt) die Rücklieferungsverpflichtung gegenüber dem Kostgeber hat. Dabei kommt es nicht darauf an, daß der Kostgeber die hingegebenen Pflanzen im eigenen land- oder forstwirtschaftlichen Betrieb erzeugt hat (→ BFH vom 16. 12. 1976 – BStBl 1977 II S. 272).

Brüterei

Die Unterhaltung einer Brüterei, in der Küken aus Bruteiern gewonnen und als Eintagsküken weiterveräußert werden, stellt einen Gewerbebetrieb dar, auch wenn eine gewerbliche Tierzucht oder Tierhaltung im Sinne des § 15 Abs. 4 EStG 1990 (→ BFH vom 14. 9. 1989 – BStBl 1990 II S. 152).

Gewerbliche Tätigkeit

Liegt eine teils gewerbliche und teils landwirtschaftliche Betätigung vor, so sind beide Betriebe selbst dann getrennt zu beurteilen, wenn eine zufällige, vorübergehende wirtschaftliche Verbindung zwischen ihnen besteht, die ohne Nachteil für diese Betriebe gelöst werden kann. Nur eine über dieses Maß hinausgehende wirtschaftliche Beziehung zwischen beiden Betrieben, eine planmäßig im Interesse des Hauptbetriebs gewollte Verbindung, kann eine einheitliche Beurteilung verschiedenartiger Betätigungen rechtfertigen. Sie führt zur Annahme eines einheitlichen land- und forstwirtschaftlichen Betriebs, wenn die Land- und Forstwirtschaft dem Unternehmen das Gepräge verleiht und zur Annahme eines einheitlichen Gewerbebetriebs, wenn das Gewerbe im Vordergrund steht und die land- und forstwirtschaftliche Betätigung nur die untergeordnete Bedeutung einer Hilfstätigkeit hat (→ BFH vom 23. 1. 1992 – BStBl II S. 651).

Grabpflege, Gartenanlagen

Übernimmt eine Gärtnerei auch die **Grabpflege** und werden hierzu weit überwiegend eigenerzeugte Pflanzen verwendet, so liegt grundsätzlich kein Gewerbebetrieb vor (→ BFH vom 27. 4. 1955 – BStBl III S. 223). Eine Friedhofsgärtnerei, deren Umsatz aus der Grabpflege 50 v. H. der Gesamtumsätze übersteigt und bei der im Gesamtumsatz die Vergütungen für Leistungen sowie die Lieferungen nicht selbst gezogener Pflanzen überwiegen, ist dagegen in der Regel als Gewerbebetrieb anzusehen (→ BFH vom 6. 11. 1964 – BStBl 1965 III S. 147). Das gleiche gilt für eine Friedhofsgärtnerei, bei der im Gesamtumsatz die Vergütungen für Leistungen sowie für Lieferungen nicht selbstgezogener Pflanzen zwar nicht überwiegen, bei der aber die benötigten Pflanzen im eigenen Betrieb gezogen und nahezu ausschließlich für die Friedhofstätigkeit eingesetzt werden (→ BFH vom 26. 2. 1976 – BStBl II S. 492). Ein Gewerbebetrieb liegt regelmäßig auch vor, wenn ein Unternehmen sich ausschließlich oder überwiegend mit der Errichtung von Gartenanlagen befaßt, z. B. **Gartenbauunternehmen** (→ BFH vom 27. 9. 1963 – BStBl III S. 537 und vom 6. 10. 1966 – BStBl III S. 678).

Grundstücksverkäufe

Zur Frage, unter welchen Voraussetzungen Grundstücksverkäufe eines Landwirts Hilfsgeschäfte eines land- und forstwirtschaftlichen Betriebs und nicht Gegenstand eines selbständigen gewerblichen Unternehmens sind → BFH vom 28. 6. 1984 (BStBl II S. 798).

Hundezucht

Die Aufzucht und Veräußerung von Hunden ist gewerbliche Tierzucht und Tierhaltung (→ BFH vom 30. 9. 1980 – BStBl 1981 II S. 210).

Nebenbetriebe

Land- und forstwirtschaftliche Nebenbetriebe sind Betriebe, die dem land- und forstwirtschaftlichen Hauptbetrieb zu dienen bestimmt sind und nicht einen selbständigen Gewerbebetrieb darstellen. Es ist im wesentlichen zwischen zwei Arten von Nebenbetrieben zu unterscheiden, nämlich den Be- oder Verarbeitungsbetrieben, z. B. Brennereien, Sägewerke, Anlagen zur Erzeugung von Roh-Biogas und den Substanzbetrieben, z. B. Sandgruben, Kiesgruben, Torfstiche. Ein Be- oder Verarbeitungsbetrieb ist als land- und forstwirtschaftlicher Nebenbetrieb anzusehen, wenn die eingesetzte Rohstoffmenge überwiegend im eigenen land- und forstwirtschaftlichen Hauptbetrieb erzeugt wird und die be- und verarbeiteten Produkte überwiegend für den Verkauf bestimmt sind. Wegen der Einzelheiten → gleichlautende Erlasse der obersten Finanzbehörden der Länder vom 15. 6. 1971 (BStBl I S. 324) und vom 25. 4. 1972 (BStBl I S. 352). Ein Substanzbetrieb, der dauernd und nachhaltig Substanz an Fremde veräußert, ist als land- und forstwirtschaftlicher Nebenbetrieb anzusehen, wenn die gewonnene Substanz überwiegend im eigenen land- und forstwirtschaftlichen Betrieb verwendet wird. Gewinne aus Schloßbesichtigung gehören immer zu den Einkünften aus Gewerbebetrieb (→ BFH vom 7. 8. 1979 – BStBl 1980 II S. 633). Anhang 20

Reitpferde

Die Entscheidung, ob die mit der Unterhaltung eines Pensionsstalles und der Erteilung von Reitunterricht verbundene Haltung oder Zucht von Pferden einen Gewerbebetrieb oder einen Betrieb der Land- und Forstwirtschaft darstellt, ist nach den Umständen des Einzelfalles zu treffen. Die Pensionsreitpferdehaltung rechnet auch dann zur landwirtschaftlichen Tierhaltung im Sinne des § 13 Abs. 1 Nr. 1 Satz 2 EStG, wenn den Pferdeeinstellern Reitanlagen einschließlich Reithalle zur Verfügung gestellt werden (→ BFH vom 23. 9. 1988 – BStBl 1989 II S. 111). Die Vermietung von Pferden zu Reitzwecken ist bei vorhandener flächenmäßiger Futtergrundlage als landwirtschaftlich anzusehen, wenn keine weiteren ins Gewicht fallenden Leistungen erbracht werden, die nicht der Landwirtschaft zuzurechnen sind (→ BFH vom 24. 1. 1989 – BStBl II S. 416).

Tierzucht, gewerbliche

Zur Frage der Abgrenzung der landwirtschaftlichen Tierzucht und Tierhaltung (§ 13 Abs. 1 Nr. 1 EStG) von der **gewerblichen** Tierzucht und Tierhaltung → R 124 a.

§ 15 EStG
R 136   H 136

R 136

R 136. Abgrenzung des Gewerbebetriebs gegenüber der selbständigen Arbeit

S 2240
S 2245

– unbesetzt –

H 136

Hinweise

Allgemeines

Die für einen Gewerbebetrieb geltenden positiven Voraussetzungen

– Selbständigkeit (→ R 134),
– Nachhaltigkeit (→ R 134 a),
– Gewinnerzielungsabsicht (→ R 134 b),
– Beteiligung am allgemeinen wirtschaftlichen Verkehr (→ R 134 c)

gelten auch für die selbständige Arbeit. Erfordert die Ausübung eines in § 18 Abs. 1 Nr. 1 EStG genannten Berufes eine gesetzlich vorgeschriebene Berufsausbildung, so übt nur derjenige, der auf Grund dieser Berufsausbildung berechtigt ist, die betreffende Berufsbezeichnung zu führen, diesen Beruf aus (→ BFH vom 1. 10. 1986 – BStBl 1987 II S. 116).

Abgrenzung selbständige Arbeit/Gewerbebetrieb

a) Beispiele für selbständige Arbeit

EDV-Berater übt nur im Bereich der Systemtechnik – nicht bei Entwicklung – ingenieurähnliche Tätigkeit aus (→ BFH vom 7. 12. 1989 – BStBl 1990 II S. 337 und vom 7. 11. 1991 – BStBl 1993 II S. 324),

Hebamme (→ RFH vom 5. 1. 1938 – RStBl S. 429),

Heilmasseur (→ BFH vom 24. 1. 1985 – BStBl II S. 676),

Industrie-Designer; auch im Bereich zwischen Kunst und Gewerbe kann gewerblicher Verwendungszweck eine künstlerische Tätigkeit nicht ausschließen (→ BFH vom 14. 12. 1976 – BStBl 1977 II S. 474),

Insolvenzverwalter; Wirtschaftsprüfer/Steuerberater ist als Insolvenzverwalter freiberuflich tätig, wenn diese Tätigkeit isoliert als eine sonstige selbständige Tätigkeit anzusehen ist (→ BFH vom 11. 8. 1994 – BStBl II S. 936),

Kfz-Sachverständiger, dessen Gutachtertätigkeit mathematisch-technische Kenntnisse voraussetzt, wie sie üblicherweise nur durch eine Berufsausbildung als Ingenieur erlangt werden (→ BFH vom 10. 11. 1988 – BStBl 1989 II S. 198),

Kindererholungsheim; der Betrieb eines Kindererholungsheims kann ausnahmsweise eine freiberufliche Tätigkeit darstellen, wenn die Kinder in erster Linie zum Zweck einer planmäßigen körperlichen, geistigen und sittlichen Erziehung auswärts untergebracht sind und die freiberufliche Tätigkeit der Gesamtleistung des Heimes das Gepräge gibt (→ BFH vom 9. 4. 1975 – BStBl II S. 610),

Kompaßkompensierer auf Seeschiffen (→ BFH vom 14. 11. 1957 – BStBl 1958 III S. 3),

Kunsthandwerker, der von ihm selbst entworfene Gegenstände herstellt (→ BFH vom 26. 9. 1968 – BStBl 1969 II S. 70); handwerkliche und künstlerische Tätigkeiten können nebeneinander vorliegen (→ BFH vom 11. 7. 1991 – BStBl II S. 889),

Modeschöpfer; beratende Tätigkeit eines im übrigen als Künstler anerkannten Modeschöpfers kann künstlerisch sein (→ BFH vom 2. 10. 1968 – BStBl 1969 II S. 138),

Patentberichterstatter mit wertender Tätigkeit (→ BFH vom 2. 12. 1970 – BStBl 1971 II S. 233),

Prozeßagent (→ RFH vom 7. 12. 1938 – RStBl 1939 S. 215),

Schiffseichaufnehmer (→ BFH vom 5. 11. 1970 – BStBl 1971 II S. 319),

Synchronsprecher, der bei der Synchronisierung ausländischer Spielfilme mitwirkt (→ BFH vom 3. 8. 1978 – BStBl 1979 II S. 131 und vom 12. 10. 1978 – BStBl 1981 II S. 706),

Tanz- und Unterhaltungsorchester, wenn es einen bestimmten Qualitätsstandard erreicht (→ BFH vom 19. 8. 1982 – BStBl 1983 II S. 7),

Werbung; Tätigkeit eines Künstlers im Bereich der Werbung kann künstlerisch sein, wenn sie als eigenschöpferische Leistung zu werten ist (→ BFH vom 11. 7. 1991 – BStBl 1992 II S. 353),

Zahnpraktiker (→ BFH vom 19. 10. 1965 – BStBl III S. 692),

Zwangsverwalter; die Tätigkeit fällt in der Regel unter § 18 Abs. 1 Nr. 3 EStG. Die Tätigkeit ist gewerblich, wenn er gewerblich tätige Verwaltungsgesellschaften als Erfüllungsgehilfen einschaltet (→ BFH vom 23. 5. 1984 – BStBl II S. 823).

b) **Beispiele für Gewerbebetrieb**

Anlageberater/Finanzanalyst (→ BFH vom 2. 9. 1988 – BStBl 1989 II S. 24),

Ärztepropagandist (→ BFH vom 27. 4. 1961 – BStBl III S. 315),

Apotheken-Inventurbüro (→ BFH vom 15. 6. 1965 – BStBl III S. 556),

Apothekenrezeptabrechner (→ BFH vom 28. 3. 1974 – BStBl II S. 515),

Architekt, der bei Ausübung einer beratenden Tätigkeit an der Vermittlung von Geschäftsabschlüssen mittelbar beteiligt ist (→ BFH vom 14. 6. 1984 – BStBl 1985 II S. 15),

Artist (→ BFH vom 16. 3. 1951 – BStBl III S. 97),

Baubetreuer (Bauberater), die sich lediglich mit der wirtschaftlichen (finanziellen) Betreuung von Bauvorhaben befassen (→ BFH vom 29. 5. 1973 – BStBl 1974 II S. 447 und vom 30. 5. 1973 – BStBl II S. 668),

Bauleiter (→ BFH vom 22. 1. 1988 – BStBl II S. 497),

Beratungsstellenleiter eines Lohnsteuerhilfevereins (→ BFH vom 10. 12. 1987 – BStBl 1988 II S. 273),

Berufssportler (→ BFH vom 22. 1. 1964 – BStBl III S. 207),

Bezirksschornsteinfegermeister (→ RFH vom 5. 1. 1938 – RStBl S. 429),

Buchmacher (→ RFH vom 22. 2. 1939 – RStBl S. 576),

Bühnenvermittler (→ BFH vom 15. 4. 1970 – BStBl II S. 517),

Detektiv (→ RFH vom 15. 7. 1942 – RStBl S. 989),

Dispacheur (→ BFH vom 26. 11. 1992 – BStBl 1993 II S. 235),

EDV-Berater im Bereich der Anwendersoftwareentwicklung übt keine ingenieurähnliche Tätigkeit aus (→ BFH vom 7. 12. 1989 – BStBl 1990 II S. 337 und vom 7. 11. 1991 – BStBl 1993 II S. 324),

Erbensucher (→ BFH vom 24. 2. 1965 – BStBl III S. 263),

Fahrschule, wenn der Inhaber nicht die Fahrlehrererlaubnis besitzt (→ BFH vom 4. 10. 1966 – BStBl III S. 685),

Finanz- und Kreditberater (→ BFH vom 13. 4. 1988 – BStBl II S. 666),

Fitness-Studio; keine unterrichtende Tätigkeit, wenn Kunden im wesentlichen in Gerätebedienung eingewiesen und Training in Einzelfällen überwacht wird (→ BFH vom 13. 1. 1994 – BStBl II S. 362),

Fotomodell (→ BFH vom 8. 6. 1967 – BStBl III S. 618),

Gutachter auf dem Gebiet der Schätzung von Einrichtungsgegenständen und Kunstwerken (→ BFH vom 22. 6. 1971 – BStBl II S. 749),

Havariesachverständige (→ BFH vom 22. 6. 1965 – BStBl III S. 593),

Heileurhythmist (→ BFH vom 21. 6. 1990 – BStBl II S. 804),

Hellseher (→ BFH vom 30. 3. 1976 – BStBl II S. 464),

Hersteller künstlicher Menschenaugen (→ BFH vom 25. 7. 1968 – BStBl II S. 662),

Industriepropagandisten (→ RFH vom 25. 3. 1938 – RStBl S. 733),

Ingenieure als Werber für Lieferfirmen (→ RFH vom 30. 8. 1939 – RStBl 1940 S. 14),

Inventurbüro (→ BFH vom 28. 11. 1968 – BStBl 1969 II S. 164),

Kfz-Sachverständige ohne Ingenieurexamen, dessen Tätigkeit keine mathematisch-technischen Kenntnisse wie die eines Ingenieurs voraussetzt (→ BFH vom 9. 7. 1992 – BStBl 1993 II S. 100),

Klavierstimmer (→ BFH vom 22. 3. 1990 – BStBl II S. 643),

Konstrukteur, der überwiegend Bewehrungspläne fertigt (→ BFH vom 5. 10. 1989 – BStBl 1990 II S. 73),

Krankenpflegehelfer (→ BFH vom 26. 8. 1993 – BStBl II S. 887),

Kükensortierer (→ BFH vom 16. 8. 1955 – BStBl III S. 295),

Künstleragenten (→ BFH vom 18. 4. 1972 – BStBl II S. 624),

Makler (→ RFH vom 1. 6. 1938 – RStBl S. 842),

Marktforschungsberater (→ BFH vom 27. 2. 1992 – BStBl II S. 826),

Masseur, der lediglich oder überwiegend kosmetische oder Schönheitsmassagen durchführt (→ BFH vom 26. 11. 1970 – BStBl 1971 II S. 249),

Medizinische Bademeister, wenn er nicht auch zur Feststellung des Krankheitsbefunds tätig wird oder persönliche Heilbehandlungen am Körper des Patienten, z. B. Unterwassermassage, vornimmt (→ BFH vom 26. 11. 1970 – BStBl 1971 II S. 249),

Medizinischer Fußpfleger (→ BFH vom 7. 7. 1976 – BStBl II S. 621),

Probenehmer für Erze, Metalle und Hüttenerzeugnisse (→ BFH vom 14. 11. 1972 – BStBl 1973 II S. 183),

Rechtsbeistand, der mit Genehmigung des Landgerichtspräsidenten Auszüge aus Gerichtsakten für Versicherungsgesellschaften fertigt (→ BFH vom 18. 3. 1970 – BStBl II S. 455),

Rezeptabrechner für Apotheken (→ BFH vom 28. 3. 1974 – BStBl II S. 515),

Rundfunkermittler, der im Auftrag einer Rundfunkanstalt Schwarzhörer aufspürt (→ BFH vom 27. 6. 1978 – BStBl 1979 II S. 53 und vom 14. 12. 1978 – BStBl 1979 II S. 188),

Rundfunksprecher entfaltet in der Regel keine künstlerische Tätigkeit (→ BFH vom 20. 6. 1962 – BStBl III S. 385 und vom 24. 10. 1963 – BStBl III S. 589),

Schadensregulierer im Auftrag einer Versicherungsgesellschaft (→ BFH vom 29. 8. 1961 – BStBl III S. 505),

Schönheitskönigin Eine Schönheitskönigin, die ihren Titel durch entgeltliche, öffentliche Auftritte verwertet, erzielt hierdurch Einkünfte aus Gewerbebetrieb. Zu ihren Betriebseinnahmen gehören auch Preise, die ihr als Siegerin bei weiteren Schönheitskonkurrenzen verliehen werden (→ FG Rheinland-Pfalz vom 19. 7. 1995 – EFG 1996 S. 52).

Treuhänderische Tätigkeit eines Rechtsanwaltes für Bauherrengemeinschaften (→ BFH vom 1. 2. 1990 – BStBl II S. 534),

Vereidigter Kursmakler (→ BFH vom 13. 9. 1955 – BStBl III S. 325),

Versicherungsvertreter, selbständiger; übt auch dann eine gewerbliche Tätigkeit aus, wenn er nur für ein einziges Versicherungsunternehmen tätig sein darf (→ BFH vom 26. 10. 1977 – BStBl 1978 II S. 137),

Versteigerer (→ BFH vom 24. 1. 1957 – BStBl III S. 106),

Vortragswerber (→ BFH vom 25. 7. 1956 – BStBl III S. 255),

Werbeberater (→ BFH vom 16. 1. 1974 – BStBl II S. 293),

Wirtschaftswissenschaftler, der sich auf ein eng begrenztes Tätigkeitsgebiet, z. B. die Aufnahme und Bewertung von Warenbeständen in einem bestimmten Wirtschaftszweig, spezialisiert und diese Tätigkeit im wesentlichen von zahlreichen Hilfskräften in einem unternehmensartig organisierten Großbüro ausführen läßt (→ BFH vom 28. 11. 1968 – BStBl 1969 II S. 164),

Zolldeklarant (→ BFH vom 21. 9. 1989 – BStBl 1990 II S. 153).

Abgrenzung selbständige/nichtselbständige Arbeit

→ R 134

→ A 67 LStR 1993

Ähnliche Berufe

Es ist Voraussetzung, daß diese Tätigkeiten tatsächlich einem der in § 18 Abs. 1 Nr. 1 EStG genannten Katalogberufe, z. B. Ärzte usw., ähnlich sind. Ein Beruf ist einem der Katalogberufe ähnlich, wenn er in wesentlichen Punkten mit diesem verglichen werden kann. Dazu gehören die Vergleichbarkeit der Ausbildung und der beruflichen Tätigkeit. Verfügt der Steuerpflichtige nicht über einen entsprechenden Studiumabschluß (Autodidakt), muß er eine vergleichbare Tiefe und Breite seiner Vorbildung nachweisen. Da der Nachweis durch Teilnahme an

Kursen oder Selbststudium auch den Erfolg der Ausbildung mitumfaßt, ist dieser Beweis regelmäßig schwer zu erbringen (→ BFH vom 14. 3. 1991 – BStBl II S. 769). Der Autodidakt kann aber ausnahmsweise den Nachweis der erforderlichen theoretischen Kenntnisse anhand eigener praktischer Arbeiten erbringen. Hierbei ist erforderlich, daß seine Tätigkeit besonders anspruchsvoll ist und nicht nur der Tiefe, sondern auch der Breite nach zumindest das Wissen des Kernbereichs eines Fachstudiums voraussetzt und den Schwerpunkt seiner Arbeit bildet (→ BFH vom 9. 7. 1992 – BStBl 1993 II S. 100). Der Nachweis ingenieurähnlicher Kenntnisse kann nicht durch eine Tätigkeit erbracht werden, die auch anhand von Formelsammlungen und praktischen Erfahrungen ausgeübt werden kann (→ BFH vom 11. 7. 1991 – BStBl II S. 878). Demgegenüber werden an die Breite der **Tätigkeit** geringere Anforderungen gestellt (→ BFH vom 14. 3. 1991 – BStBl II S. 769); einschränkend bei dem beratenden Betriebswirt ähnlichen Berufen (→ BFH vom 12. 10. 1989 – BStBl 1990 II S. 64). Ein Hochbautechniker mit den einem Architekten vergleichbaren theoretischen Kenntnissen übt daher auch in den Veranlagungszeiträumen eine architektenähnliche Tätigkeit aus, in denen er lediglich als Bauleiter tätig wird (→ BFH vom 12. 10. 1989 – BStBl 1990 II S. 64).

Ist für die Ausübung des Katalogberufs eine staatliche Zulassung erforderlich, kann die ohne Zulassung entfaltete Tätigkeit nicht ähnlich sein (→ BFH vom 9. 10. 1986 – BStBl 1987 II S. 124).

Erbauseinandersetzung

→ BMF vom 11. 1. 1993 (BStBl I S. 62) Anhang 13

Erbfolge, vorweggenommene

→ BMF vom 13. 1. 1993 (BStBl I S. 80) Anhang 13

Freiberufliche Tätigkeit

→ Ähnliche Berufe

→ Heilberufe

→ Künstlerische Tätigkeit

→ Rechts- und wirtschaftsberatende Berufe

→ Schriftstellerische Tätigkeit

→ Unterrichtende und erzieherische Tätigkeit

→ Wissenschaftliche Tätigkeit

Gemischte Tätigkeit

Wird neben einer freiberuflichen eine gewerbliche Tätigkeit ausgeübt, sind die beiden Tätigkeiten steuerlich getrennt zu behandeln, wenn eine Trennung nach der Verkehrsauffassung ohne besondere Schwierigkeit möglich ist. Eine getrennte Behandlung wird insbesondere in Betracht kommen können, wenn eine getrennte Buchführung für die beiden Tätigkeiten vorhanden ist; soweit erforderlich, können die Besteuerungsgrundlagen auch im Schätzungswege festgestellt werden (→ BFH vom 16. 2. 1961 – BStBl III S. 210, vom 25. 10. 1963 – BStBl III S. 595, vom 12. 11. 1964 – BStBl 1965 III S. 90 und vom 11. 5. 1976 – BStBl II S. 641). Die getrennte Behandlung ist auch dann zulässig, wenn in einem Beruf freiberufliche und gewerbliche Merkmale zusammentreffen und ein enger sachlicher und wirtschaftlicher Zusammenhang zwischen den Tätigkeitsarten besteht, also eine sog. gemischte Tätigkeit vorliegt (→ BFH vom 3. 10. 1985 – BStBl 1986 II S. 213). Sind bei einer gemischten Tätigkeit die beiden Tätigkeitsmerkmale miteinander verflochten und bedingen sie sich gegenseitig unlösbar, so muß der gesamte Betrieb als einheitliche angesehen werden (→ BFH vom 15. 5. 1966 – BStBl III S. 489, vom 15. 12. 1971 – BStBl 1972 II S. 291 und vom 9. 8. 1983 – BStBl 1984 II S. 129). Dies ist insbesondere dann der Fall, wenn sich die freiberufliche Tätigkeit lediglich als Ausfluß einer gewerblichen Betätigung darstellt oder wenn ein einheitlicher Erfolg geschuldet wird und in der dafür erforderlichen gewerblichen Tätigkeit auch freiberufliche Leistungen enthalten sind (→ BFH vom 12. 11. 1964 – BStBl 1965 III S. 90, vom 15. 5. 1966 – BStBl III S. 489 und vom 15. 12. 1971 – BStBl 1972 II S. 291). In diesem Fall ist unter Würdigung aller Umstände zu entscheiden, ob nach dem Gesamtbild die gemischte Tätigkeit insgesamt als freiberuflich oder als gewerblich zu behandeln ist (→ BFH vom 7. 3. 1974 – BStBl II S. 383). Werden von Architekten in Verbindung mit gewerblichen Grundstücksverkäufen Architektenaufträge jeweils in getrennten Verträgen vereinbart und durchgeführt, so liegen zwei getrennte Tätigkeiten vor (→ BFH vom 23. 10. 1975 – BStBl 1976 II S. 152). Ist ein Steuerberater für eine Bauherrengemeinschaft als Treuhänder tätig, so können einzelne für die Treugeber erbrachte Leistungen, die zu den typischerweise von Steuerberatern ausgeübten Tätigkeiten gehören, als freiberuflich gewertet werden, wenn sie von den gewerblichen Treuhänderleistungen abgrenzbar sind (→ BFH vom 21. 4. 1994 – BStBl II S. 650). Eine getrennte steuerliche Behandlung ist jedoch nicht möglich, wenn ein Steuerberater, der einem Vertriebsunternehmen Interessenten an den Eigentumswohnungen nachweist oder Verträge über den Erwerb vermittelt, Abnehmer in bezug auf die Eigentumswohnungen steuerlich berät; die von dem Vertriebsunternehmen durch Pauschalhonorar mitvergütete Beratung ist Teil der einheitlichen gewerblichen Betätigung (→ BFH vom 9. 8. 1983 – BStBl 1984 II S. 129).

Der Verkauf von Software und die damit verbundene Einsatzberatung durch einen selbständig tätigen Diplom-Wirtschaftsingenieur ist keine freiberufliche Tätigkeit (→ FG Baden-Württemberg, Stuttgart, vom 1. 12. 1994 – EFG 1995 S. 619).

Gesellschaft

Schließen sich Angehörige eines freien Berufs zu einer Personengesellschaft zusammen, haben die Gesellschafter nur dann freiberufliche Einkünfte, wenn alle Gesellschafter, ggf. auch die Kommanditisten, die Merkmale eines freien Berufs erfüllen. Kein Gesellschafter darf nur kapitalmäßig beteiligt sein oder Tätigkeiten ausüben, die keine freiberuflichen sind (→ BFH vom 11. 6. 1985 – BStBl II S. 584 und vom 9. 10. 1986 – BStBl 1987 II S. 124). Beratende Bauingenieure können im Rahmen einer GbR, auch wenn sie nur in geringem Umfang tätig werden, eigenverantwortlich tätig sein (→ BFH vom 20. 4. 1989 – BStBl II S. 727). Eine an einer KG als Mitunternehmerin beteiligte GmbH ist selbst dann eine berufsfremde Person, wenn ihre sämtlichen Gesellschafter und ihr Geschäftsführer Angehörige eines freien Berufs sind (→ BFH vom 17. 1. 1980 – BStBl II S. 336).

Gewinnerzielungsabsicht

Bei der in die Zukunft gerichteten und langfristigen Beurteilung, ob ein betrieblicher Totalgewinn erstrebt wird, ist zu berücksichtigen, daß sich z. B. bei Künstlern und Schriftstellern positive Einkünfte vielfach erst nach einer längeren Anlaufzeit erzielen lassen (→ BFH vom 23. 5. 1985 – BStBl II S. 515); im übrigen → R 134 b und zu Erfindern H 149.

Heilberufe

Betreibt ein Arzt ein Krankenhaus, so liegt eine freiberufliche Tätigkeit vor, wenn es ein notwendiges Hilfsmittel für die ärztliche Tätigkeit darstellt und aus dem Krankenhaus ein besonderer Gewinn nicht angestrebt wird (→ RFH vom 15. 3. 1939 – RStBl S. 853). Entsprechendes gilt hinsichtlich einer von einem Arzt oder von einem Heilpraktiker, Krankengymnasten, Heilmasseur betriebenen medizinischen Badeanstalt (→ BFH vom 26. 11. 1970 – BStBl 1971 II S. 249). Ist dagegen eine von einem Arzt betriebene Klinik, ein Kurheim oder Sanatorium ein gewerblicher Betrieb, so gehören auch seine im Rahmen dieses Betriebs erzielten Einnahmen aus ärztlichen Leistungen zu den Einnahmen aus Gewerbebetrieb (→ BFH vom 12. 11. 1964 – BStBl 1965 III S. 90). Das gilt entsprechend, wenn der Betrieb einer medizinischen Badeanstalt als Gewerbebetrieb anzusehen ist. Schließen sich Ärzte zu einer in der Rechtsform einer GbR betriebenen Laborgemeinschaft zusammen, die lediglich kostendeckend Leistungen für die beteiligten Ärzte erbringt, so gehört die Tätigkeit des Gemeinschaftslabors zu den Hilfstätigkeiten der ärztlichen Tätigkeit; die von den Ärzten für Laborleistungen vereinnahmten Honorare sind Einnahmen aus selbständiger Arbeit, es sei denn, daß nach den Umständen des Einzelfalls unter Einbeziehung der auf den Arzt entfallenden Tätigkeit der Laborgemeinschaft insgesamt gewerbliche Tätigkeit anzunehmen ist (→ Mithilfe anderer Personen). Ein Arzt, der aus seiner mit behördlicher Erlaubnis geführten ärztlichen Abgabestelle für Arzneien (sog. ärztliche Hausapotheke) gegen Entgelt Medikamente an Patienten abgibt, wird außer bei der Abgabe im Zusammenhang mit der sog. Praxisbedarf, einer Notfallbehandlung oder der stationären Aufnahme gewerblich tätig (→ BFH vom 26. 5. 1977 – BStBl II S. 879). Das gleiche gilt für Tierärzte bei der Abgabe von Medikamenten oder Impfstoffen gegen Entgelt (→ BFH vom 1. 2. 1979 – BStBl II S. 574 und vom 27. 7. 1978 – BStBl II S. 686) sowie für Augenärzte beim Verkauf von Kontaktlinsen und Pflegemitteln. Ein Heilmasseur ist dagegen auch insoweit freiberuflich tätig, als er Fangopackungen ohne Massage verabreicht (→ BFH vom 24. 1. 1985 – BStBl II S. 676).

Künstlerische Tätigkeit

Eine künstlerische Tätigkeit liegt vor, wenn die Arbeiten nach ihrem Gesamtbild eigenschöpferisch sind und über eine hinreichende Beherrschung der Technik hinaus eine bestimmte künstlerische Gestaltungshöhe erreichen (→ BFH vom 11. 7. 1991 – BStBl 1992 II S. 353). Dabei ist nicht jedes einzelne von dem Künstler geschaffene Werk für sich, sondern die gesamte von ihm im VZ ausgeübte Tätigkeit zu würdigen (→ BFH vom 11. 7. 1960 –

BStBl III S. 453). Im übrigen ist aber bei der Entscheidung der Frage, ob ein bisher freiberuflich Tätiger Gewerbetreibender wird, nicht auf die möglicherweise besonders gelagerten Umstände eines einzelnen VZ abzustellen, sondern zu prüfen, ob die allgemeine Tendenz zur Entwicklung eines Gewerbebetriebs hingeht (→ BFH vom 24. 7. 1969 – BStBl 1970 II S. 86). Da die künstlerische Tätigkeit in besonderem Maße persönlichkeitsbezogen ist, kann sie als solche nur anerkannt werden, wenn der Künstler auf sämtliche zur Herstellung eines Kunstwerks erforderlichen Tätigkeiten den entscheidenden gestaltenden Einfluß ausübt (→ BFH vom 2. 12. 1980 – BStBl 1981 II S. 170). Zum Verfahren bei Vorliegen einander widersprechender Gutachten → BFH vom 11. 7. 1991 (BStBl II S. 889).

Die Tätigkeit des Entwerfens von Motiven, die auf spezielle farbige Klebefolien übertragen und mittels dieser Folien auf Kraftfahrzeuge geklebt werden, damit diese sich individuell von anderen Kraftfahrzeugen abheben, ist eine gewerbliche und keine selbständig ausgeübte künstlerische Tätigkeit (→ FG Hamburg vom 8. 6. 1995 – EFG S. 1020).

Mithilfe anderer Personen

Die Beschäftigung von fachlich vorgebildeten Mitarbeitern steht der Annahme einer freiberuflichen Tätigkeit nicht entgegen, wenn der Berufsträger auf Grund eigener Fachkenntnisse leitend tätig wird und auch hinsichtlich der für den Beruf typischen Tätigkeit eigenverantwortlich mitwirkt (→ BFH vom 1. 2. 1990 – BStBl II S. 507); im Fall eines Schulleiters genügt es, daß er eigenständig in den Unterricht anderer Lehrkräfte eingreift, indem er die Unterrichtsveranstaltungen mitgestaltet und ihnen damit den Stempel seiner Persönlichkeit gibt (→ BFH vom 23. 1. 1986 – BStBl II S. 398). Die leitende und eigenverantwortliche Tätigkeit des Berufsträgers muß sich auf die Gesamttätigkeit seiner Berufspraxis erstrecken; es genügt somit nicht, wenn sich die auf persönlichen Fachkenntnissen beruhende Leitung und eigene Verantwortung auf einen Teil der Berufstätigkeit beschränkt (→ BFH vom 5. 12. 1968 – BStBl 1969 II S. 165). Freiberufliche Arbeit leistet der Berufsträger nur, wenn die Ausführung jedes einzelnen ihm erteilten Auftrags ihm und nicht dem fachlichen Mitarbeiter, den Hilfskräften, den technischen Hilfsmitteln oder dem Unternehmen als ganzem zuzurechnen ist, wobei in einfachen Fällen eine fachliche Überprüfung der Arbeitsleistung des Mitarbeiters genügt (→ BFH vom 1. 2. 1990 – BStBl II S. 507). Danach ist z. B. in den folgenden Fällen eine gewerbliche Tätigkeit anzunehmen:

1. Ein Steuerpflichtiger unterhält ein Übersetzungsbüro, ohne daß er selbst über Kenntnisse in den Sprachen verfügt, auf die sich die Übersetzungstätigkeit erstreckt.
2. Ein Architekt befaßt sich vorwiegend mit der Beschaffung von Aufträgen und läßt die fachliche Arbeit durch Mitarbeiter ausführen.
3. Ein Ingenieur beschäftigt fachlich vorgebildete Arbeitskräfte und übt mit deren Hilfe eine Beratungstätigkeit auf mehreren Fachgebieten aus, die er nicht beherrscht oder nicht leitend bearbeitet (→ BFH vom 11. 9. 1968 – BStBl II S. 820).
4. Ein Steuerpflichtiger betreibt eine Fahrschule, besitzt jedoch nicht die Fahrlehrererlaubnis (→ BFH vom 4. 10. 1966 – BStBl III S. 685).
5. Ein Steuerpflichtiger ist Inhaber einer Privatschule und beschäftigt eine Anzahl von Lehrkräften, ohne durch eigenen Unterricht sowie durch das Mitgestalten des von anderen Lehrkräften erteilten Unterrichts eine überwiegend eigenverantwortliche Unterrichtstätigkeit auszuüben (→ BFH vom 6. 11. 1969 – BStBl 1970 II S. 214 und vom 13. 12. 1973 – BStBl 1974 II S. 213); zum Reitunterricht auf einem Reiterhof → BFH vom 16. 11. 1978 (BStBl 1979 II S. 246).
6. Ein Facharzt für Laboratoriumsmedizin hat nicht ausreichend Zeit für die persönliche Mitwirkung am einzelnen Untersuchungsauftrag (→ BFH vom 21. 3. 1995 [BStBl II S. 732]).

Der Berufsträger darf weder die Leitung noch die Verantwortlichkeit einem Geschäftsführer oder Vertreter übertragen. Eine leitende und eigenverantwortliche Tätigkeit ist jedoch dann noch gegeben, wenn ein Berufsträger nur vorübergehend, z. B. während einer Erkrankung, eines Urlaubs oder der Zugehörigkeit zu einer gesetzgebenden Körperschaft oder der Mitarbeit in einer Standesorganisation, seine Berufstätigkeit nicht selbst ausüben kann.

Rechts- und wirtschaftsberatende Berufe

Zu der freien Berufstätigkeit eines Wirtschaftsprüfers, vereidigten Buchprüfers, Steuerberaters, Steuerbevollmächtigten usw. können auch die Prüfungen der laufenden Eintragungen in den Geschäftsbüchern, die Prüfung der Inventur, die Durchführung des Hauptabschlusses und die Aufstellung der Steuererklärungen gehören. Die Bücherführung für andere Personen, z. B. durch einen Steuerberater oder einen Steuerbevollmächtigten, ist ebenfalls grundsätzlich eine freiberufliche Tätigkeit (→ RFH vom 8. 3. 1939 – RStBl S. 577 und BFH vom 12. 9. 1951 – BStBl III S. 197). Ein Steuerberater, der den Vertriebsunternehmen oder Initiatoren von Bauherren-Modellen Interessenten am Erwerb von Eigentumswohnungen nachweist oder der entsprechende Verträge vermittelt, ist insoweit nicht freiberuflich tätig (→ BFH vom 9. 8. 1983 – BStBl 1984 II S. 129). Das Gleiche gilt für die treuhänderische Tätigkeit eines Rechtsanwaltes für Bauherrengemeinschaften (→ BFH vom 1. 2. 1990 – BStBl II S. 534).

Schriftstellerische Tätigkeit

Ein Schriftsteller muß für die Öffentlichkeit schreiben und es muß sich um den Ausdruck eigener Gedanken handeln, mögen sich diese auch auf rein tatsächliche Vorgänge beziehen. Es ist nicht erforderlich, daß das Geschriebene einen wissenschaftlichen oder künstlerischen Inhalt hat. Der Schriftsteller braucht weder Dichter noch Künstler noch Gelehrter zu sein (→ BFH vom 14. 5. 1958 – BStBl III S. 316).

Sonstige selbständige Arbeit

Nimmt die sonstige selbständige Tätigkeit einen Umfang an, der die ständige Beschäftigung mehrerer Angestellter oder die Einschaltung von Subunternehmern erforderlich macht, und werden den genannten Personen nicht nur untergeordnete, insbesondere vorbereitende oder mechanische Aufgaben übertragen, liegt eine gewerbliche Tätigkeit vor. Auch wenn nur Hilfskräfte beschäftigt werden, die ausschließlich untergeordnete Arbeiten erledigen, kann deren Umfang den gewerblichen Charakter begründen (→ BFH vom 23. 5. 1984 – BStBl II S. 823). Danach üben z. B. Hausverwalter, die eine größere Zahl von Gebäuden verwalten und sich zur Erledigung ihrer Arbeiten ständig mehrerer Hilfskräfte bedienen, und Zwangsverwalter, die zur Erfüllung ihrer Aufgaben gewerblich tätige Verwaltungsgesellschaften als Erfüllungsgehilfen einschalten, in der Regel eine gewerbliche Tätigkeit aus (→ BFH vom 13. 5. 1966 – BStBl III S. 489).

Unterrichtende und erzieherische Tätigkeit

Der Betrieb einer Unterrichtsanstalt ist dann als Ausübung eines freien Berufs anzusehen, wenn der Inhaber über entsprechende Fachkenntnisse verfügt und den Betrieb der Schule eigenverantwortlich leitet (→ Mithilfe anderer Personen). Für eine spezifisch individuelle Leistung, wie es die Lehrtätigkeit ist, gelten dabei besonders enge Maßstäbe (→ BFH vom 1. 4. 1982 – BStBl II S. 589).

Ein der Schule angeschlossenes Internat rechnet zur freiberuflichen Tätigkeit, wenn das Internat ein notwendiges Hilfsmittel für die Schule ist und das Internat keine besondere Gewinnquelle neben der Schule bildet (→ BFH vom 30. 6. 1964 – BStBl III S. 630). Für die Behandlung der beiden Betriebe als gemischte Tätigkeit und ihre getrennte steuerliche Behandlung → Gemischte Tätigkeit. Eine freiberufliche erzieherische Tätigkeit kann ohne Ablegung einer fachlichen Prüfung ausgeübt werden (→ BFH vom 25. 4. 1974 – BStBl II S. 642).

Der Betrieb eines Fitness-Studios stellt keine unterrichtende Tätigkeit dar, wenn sich die persönliche Betreuung der Kunden im wesentlichen auf die Einweisung in die Handhabung der Geräte und die Überwachung des Trainings in Einzelfällen beschränkt (→ BFH vom 13. 1. 1994 – BStBl II S. 362).

Der Betrieb einer Tanzschule durch eine GbR ist gewerblich, wenn diese auch einen Getränkeverkauf mit Gewinnerzielungsabsicht betreibt (→ BFH vom 18. 5. 1995 – BStBl II S. 718).

Verpachtung nach Erbfall

Das Ableben eines Freiberuflers führt weder zu einer Betriebsaufgabe noch geht das der freiberuflichen Tätigkeit dienende Betriebsvermögen durch den Erbfall in das Privatvermögen der Erben über (→ BFH vom 14. 12. 1993 – BStBl 1994 II S. 922). Die vorübergehende Verpachtung einer freiberuflichen Praxis durch den Erben oder Vermächtnisnehmer führt dann nicht zur Betriebsaufgabe, wenn er im Begriff ist, die für die beabsichtigte Praxisfortführung erforderliche freiberufliche Qualifikation zu erlangen (→ BFH vom 12. 3. 1992 – BStBl 1993 II S. 36).

Wissenschaftliche Tätigkeit

Wissenschaftlich tätig wird nicht nur, wer schöpferische oder forschende Arbeit leistet – reine Wissenschaft –, sondern auch, wer das aus der Forschung hervorgegangene Wissen und Erkennen auf konkrete Vorgänge anwendet – angewandte Wissenschaft. Keine wissenschaftliche Tätigkeit liegt vor, wenn sie im wesentlichen in einer praxisorientierten Beratung besteht (→ BFH vom 27. 2. 1992 – BStBl II S. 826).

R 137. Abgrenzung des Gewerbebetriebs gegenüber der Vermögensverwaltung

Allgemeines

(1) ¹Die bloße Verwaltung eigenen Vermögens ist regelmäßig keine gewerbliche Tätigkeit. ²Vermögensverwaltung liegt vor, wenn sich die Betätigung noch als Nutzung von Vermögen im Sinne einer Fruchtziehung aus zu erhaltenden Substanzwerten darstellt und die Ausnutzung substantieller Vermögenswerte durch Umschichtung nicht entscheidend in den Vordergrund tritt. ³Ein Gewerbebetrieb liegt dagegen vor, wenn eine selbständige nachhaltige Betätigung mit Gewinnabsicht unternommen wird, sich als Beteiligung am allgemeinen wirtschaftlichen Verkehr darstellt und über den Rahmen einer Vermögensverwaltung hinausgeht. ⁴Die Verpachtung eines Gewerbebetriebs ist grundsätzlich nicht als Gewerbebetrieb anzusehen.

Vermietung und Verpachtung von Grundvermögen

(2) ¹Die Vermietung und Verpachtung von Grundvermögen stellt auch dann eine bloße Vermögensverwaltung dar, wenn das vermietete Grundvermögen sehr umfangreich ist, der Verkehr mit vielen Mietparteien eine erhebliche Verwaltungsarbeit erforderlich macht oder die vermieteten Räume gewerblichen Zwecken dienen (→ BFH vom 21. 8. 1990 – BStBl 1991 II S. 126). ²Entsprechend stellt die Errichtung von Häusern – auch durch Architekten und Bauunternehmer – zum Zwecke späterer Vermietung keine gewerbliche Tätigkeit dar, auch wenn sie in großem Umfang erfolgt und erhebliche Fremdmittel eingesetzt werden (→ BFH vom 12. 3. 1964 – BStBl III S. 364). ³Um der Tätigkeit des Grundstücksbesitzers gewerblichen Charakter zu geben, müssen besondere Umstände vorliegen. ⁴Diese können z. B. darin bestehen, daß die Verwaltung des Grundbesitzes infolge des ständigen und schnellen Wechsels der Mieter eine Tätigkeit erfordert, die über das bei langfristigen Vermietungen übliche Maß hinausgeht, oder daß der Grundstücksbesitzer den Mietern gegenüber besondere Verpflichtungen übernimmt, die über die bloße Vermietungstätigkeit hinausgehen. ⁵Das entscheidende Merkmal liegt also darin, daß zu der bloßen Nutzungsüberlassung eine fortgesetzte Tätigkeit tritt, wie sie der Begriff des Gewerbes erfordert. ⁶Diese Grundsätze gelten auch im Fall der Untervermietung von kleinen Flächen, z. B. Läden, Ständen (→ BFH vom 18. 3. 1964 – BStBl III S. 367). ⁷Ein Gewerbebetrieb ist in der Regel gegeben bei der Vermietung von Ausstellungsräumen, Messeständen, Tennisplätzen und bei der ständig wechselnden kurzfristigen Vermietung von Sälen, z. B. für Konzerte (→ BFH vom 25. 10. 1988 – BStBl 1989 II S. 291).

(3) ¹Die Vermietung, auch Untervermietung, möblierter Zimmer ist keine gewerbliche Tätigkeit. ²An dieser Beurteilung ändert sich auch dann nichts, wenn Vergütungen für die Benutzung der Einrichtung, für Frühstück, Reinigung der Räume und dergleichen besonders in Rechnung gestellt werden oder in der Miete enthalten sind. ³Jedoch kann die Dauervermietung von Zimmern durch die Übernahme weiterer Nebenleistungen gewerblichen Charakter erhalten, wenn die beiden Tätigkeitsbereiche wesensmäßig untrennbar miteinander verbunden sind und die Nutzung des Vermögens im Einzelfall hinter die Bereitstellung einer mit einem gewerblichen Beherbungsbetrieb vergleichbaren einheitlichen unternehmerischen Organisation zurücktritt (→ BFH vom 11. 7. 1984 – BStBl II S. 722). ⁴Die Beherbergung in Gaststätten ist stets ein Gewerbebetrieb. ⁵Eine Gaststätte ist gegeben, wenn Wohn- oder Schlafräume zur vorübergehenden Beherbergung von Fremden bereitgehalten werden. ⁶Das gleiche gilt für die Beherbergung in Fremdenpensionen. ⁷Auch der Betrieb eines Arbeiterwohnheims ist im allgemeinen als Gewerbebetrieb zu beurteilen (→ BFH vom 18. 1. 1973 – BStBl II S. 561). ⁸Bei Vermietung einer Ferienwohnung ist ein Gewerbebetrieb gegeben, wenn sämtliche der folgenden Voraussetzungen vorliegen (→ BFH vom 25. 6. 1976 – BStBl II S. 728):

1. ¹Die Wohnung muß für die Führung eines Haushalts voll eingerichtet sein, z. B. Möblierung, Wäsche und Geschirr enthalten. ²Sie muß in einem reinen Feriengebiet im Verband mit einer Vielzahl gleichartig genutzter Wohnungen liegen, die eine einheitliche Wohnanlage bilden;

2. die Werbung für die kurzfristige Vermietung der Wohnung an laufend wechselnde Mieter und die Verwaltung der Wohnung müssen von einer für die einheitliche Wohnanlage bestehenden Feriendienstorganisation durchgeführt werden;
3. die Wohnung muß jederzeit zur Vermietung bereitgehalten werden, und es muß nach Art der Rezeption eines Hotels laufend Personal anwesend sein, das mit den Feriengästen Mietverträge abschließt und abwickelt und dafür sorgt, daß die Wohnung in einem Ausstattungs-, Erhaltungs- und Reinigungszustand ist und bleibt, der die sofortige Vermietung zuläßt.

[9]Sind nicht sämtliche dieser Voraussetzungen erfüllt, so ist ein Gewerbebetrieb anzunehmen, wenn eine hotelmäßige Nutzung der Ferienwohnung vorliegt oder die Vermietung nach Art einer Fremdenpension erfolgt. [10]Ausschlaggebend ist, ob wegen der Häufigkeit des Gästewechsels oder im Hinblick auf zusätzlich zur Nutzungsüberlassung erbrachte Leistungen, z. B. Bereitstellung von Wäsche und Mobiliar, Reinigung der Räume, Übernahme sozialer Betreuung, eine Unternehmensorganisation erforderlich ist, wie sie auch in Fremdenpensionen vorkommt (→ BFH vom 28. 6. 1984 – BStBl 1985 II S. 211). [11]Der Inhaber eines Campingplatzes ist gewerblich tätig, wenn er über die Vermietung der einzelnen Plätze für das Aufstellen von Zelten und Wohnwagen hinaus wesentliche Nebenleistungen erbringt, wie die Zurverfügungstellung sanitärer Anlagen und ihre Reinigung, die Trinkwasserversorgung, die Stromversorgung für die Gesamtanlage und die einzelnen Standplätze, Abwässer- und Müllbeseitigung, Instandhaltung, Pflege und Überwachung des Platzes. [12]Das gilt auch, wenn die Benutzer überwiegend sog. Dauercamper sind (→ BFH vom 6. 10. 1982 – BStBl 1983 II S. 80 und vom 27. 1. 1983 – BStBl II S. 426).

Betriebsaufspaltung – Allgemeines

(4) [1]Eine Betriebsaufspaltung liegt vor, wenn ein Unternehmen (Besitzunternehmen) Wirtschaftsgüter, die zu den wesentlichen Grundlagen des Betriebs gehören, z. B. Grundstücke und Maschinen, miet- oder pachtweise einem von ihm beherrschten Unternehmen (Betriebsunternehmen) überläßt. [2]In diesem Fall ist das Besitzunternehmen am allgemeinen wirtschaftlichen Verkehr beteiligt und erzielt deshalb Einkünfte aus Gewerbebetrieb (→ BFH vom 12. 11. 1985 – BStBl 1986 II S. 296). [3]Dies gilt auch für die Personen, die nur am Besitzunternehmen beteiligt sind (→ BFH vom 2. 8. 1972 – BStBl II S. 796 und vom 12. 11. 1985 – BStBl 1986 II S. 296). [4]Die Vorschriften des § 15 Abs. 1 Satz 1 Nr. 2 Satz 1 Halbsatz 2 EStG haben Vorrang vor dem Rechtsinstitut der Betriebsaufspaltung (→ BFH vom 25. 4. 1985 – BStBl II S. 622). [5]Die Betriebsaufspaltung wird durch eine sachliche (→ Absatz 5) und personelle (→ Absätze 6 bis 8) Verflechtung zwischen Besitz- und Betriebsunternehmen gekennzeichnet.

Sachliche Verflechtung

(5) [1]Zwischen dem Besitzunternehmen und dem Betriebsunternehmen muß infolge der miet- oder pachtweisen Überlassung wesentlicher Betriebsgrundlagen eine enge sachliche Verflechtung bestehen. [2]Es reicht aus, wenn das überlassene Wirtschaftsgut bei dem Betriebsunternehmen nur eine der wesentlichen Betriebsgrundlagen darstellt (→ BFH vom 21. 5. 1974 – BStBl II S. 613). [3]Werden Wirtschaftsgüter an die Betriebsgesellschaft überlassen, so stellen sie grundsätzlich eine wesentliche Betriebsgrundlage dar, wenn sie zur Erreichung des Betriebszwecks erforderlich sind und ein besonderes wirtschaftliches Gewicht für die Betriebsführung bei der Betriebsgesellschaft besitzen (→ BFH vom 26. 1. 1989 – BStBl II S. 455 und vom 8. 1989 – BStBl II S. 1014). [4]Das ist vor allem für Wirtschaftsgüter des Anlagevermögens anzunehmen, die für den Betriebsablauf unerläßlich sind, so daß ein Erwerber des Betriebs diesen nur mit ihrer Hilfe in der bisherigen Form fortführen könnte; sie werden benötigt, um den Betrieb als intakte Wirtschafts- und Organisationseinheit zu erhalten (→ BFH vom 24. 8. 1989 – BStBl II S. 1014, vom 7. 8. 1990 – BStBl 1991 II S. 336 und vom 23. 1. 1991 – BStBl II S. 405). [5]Grundstücke, die der Fabrikation dienen, gehören regelmäßig zu den wesentlichen Betriebsgrundlagen im Rahmen einer Betriebsaufspaltung (→ BFH vom 12. 9. 1991 – BStBl 1992 II S. 347 und vom 26. 3. 1992 – BStBl II S. 830). [6]Ein Grundstück ist auch dann eine wesentliche Betriebsgrundlage, wenn das Betriebsunternehmen jederzeit am Markt ein für seine Belange gleichwertiges Grundstück mieten oder kaufen kann (→ BFH vom 26. 5. 1993 – BStBl II S. 718). [7]Es ist nur dann keine wesentliche Betriebsgrundlage, wenn es für das Betriebsunternehmen lediglich von geringer wirtschaftlicher Bedeutung ist (→ BFH vom 4. 11. 1992 – BStBl 1993 II S. 245). [8]Bei beweglichen Wirtschaftsgütern zählen auch Serienfabrikate zu den wesentlichen Betriebsgrundlagen (→ BFH vom 24. 8. 1989 – BStBl II S. 1014). [9]Auch eine leihweise Überlassung wesentlicher Betriebsgrundlagen kann

§ 15 EStG
R 137

eine Betriebsaufspaltung begründen (→ BFH vom 24. 4. 1991 – BStBl II S. 713). [10]Es ist auch ausreichend, wenn dem Betriebsunternehmen immaterielle Wirtschaftsgüter, z. B. der Firmenname oder Erfindungen, überlassen werden, die den Gesellschaftern des Besitzunternehmens gehören (→ BFH vom 11. 8. 1966 – BStBl III S. 601 und vom 6. 11. 1991 – BStBl 1992 II S. 415). [11]Außerdem genügt es, wenn das Besitzunternehmen ihm nicht gehörenden, z. B. gepachteten, Grundbesitz an das Betriebsunternehmen weiterverpachtet (→ BFH vom 12. 10. 1988 – BStBl 1989 II S. 152). [12]Ein Wirtschaftsgut ist nicht allein deshalb als wesentliche Betriebsgrundlage im Rahmen einer Betriebsaufspaltung anzusehen, weil in ihm erhebliche stille Reserven ruhen.

Personelle Verflechtung

(6) [1]Eine enge personelle Verflechtung liegt vor, wenn die hinter beiden Unternehmen stehenden Personen einen einheitlichen geschäftlichen Betätigungswillen haben. [2]Hierfür ist nicht Voraussetzung, daß an beiden Unternehmen die gleichen Beteiligungen derselben Personen bestehen. [3]Es genügt, daß die Personen, die das Besitzunternehmen tatsächlich beherrschen, in der Lage sind, auch in dem Betriebsunternehmen ihren Willen durchzusetzen (→ BFH vom 8. 11. 1971 – BStBl 1972 II S. 63, vom 3. 11. 1972 – BStBl 1973 II S. 447 und vom 23. 11. 1972 – BStBl 1973 II S. 247) oder daß die Person oder die Personen, die das Betriebsunternehmen beherrschen, in der Lage sind, auch im Besitzunternehmen ihren Willen durchzusetzen (→ BFH vom 5. 2. 1981 – BStBl II S. 376 und vom 11. 11. 1982 – BStBl 1983 II S. 299). [4]Das ist grundsätzlich der Fall, wenn der Person oder Personengruppe in beiden Unternehmen die Mehrheit der Stimmrechte zuzurechnen ist (→ BFH vom 28. 5. 1991 – BStBl II S. 801). [5]Den maßgeblichen Einfluß auf das Betriebsunternehmen kann einem Gesellschafter auch eine mittelbare Beteiligung gewähren (→ BFH vom 14. 8. 1974 – BStBl 1975 II S. 112, vom 23. 7. 1981 – BStBl 1982 II S. 60 und vom 22. 1. 1988 – BStBl II S. 537). [6]Die Fähigkeit der das Besitzunternehmen beherrschenden Personen zur Durchsetzung ihres geschäftlichen Betätigungswillens in der Betriebsgesellschaft erfordert nicht notwendig einen bestimmten Umfang von Stimmrechten an der Betriebsgesellschaft; sie kann ausnahmsweise auch auf Grund einer durch die Besonderheiten des Einzelfalls bedingten Machtstellung in der Betriebsgesellschaft gegeben sein (→ BFH vom 24. 2. 1981 – BStBl II S. 379, vom 16. 6. 1982 – BStBl II S. 662, vom 10. 11. 1982 – BStBl 1983 II S. 136 und vom 12. 10. 1988 – BStBl 1989 II S. 152). [7]Eine dem Besitzunternehmer in der Betriebsgesellschaft auf Lebenszeit eingeräumte Geschäftsführerstellung reicht insoweit nicht aus (→ BFH vom 26. 7. 1984 – BStBl II S. 714 und vom 26. 10. 1988 – BStBl 1989 II S. 155). [8]Eine faktische Beherrschung durch den Besitzunternehmer scheidet grundsätzlich aus, wenn die Gesellschafter der Betriebsgesellschaft nicht völlig fachunkundig sind (→ BFH vom 9. 9. 1986 – BStBl 1987 II S. 28 und vom 12. 10. 1988 – BStBl 1989 II S. 152). [9]Sind an der Besitzgesellschaft neben den die Betriebsgesellschaft beherrschenden Personen weitere Gesellschafter oder Bruchteilseigentümer beteiligt, so können die auch an der Betriebsgesellschaft beteiligten Personen an der Ausübung ihres Stimmrechts in der Besitzgesellschaft bei einem Rechtsgeschäft mit der Betriebsgesellschaft ausgeschlossen sein. [10]Für die Frage der personellen Verflechtung ist allerdings nicht ausschlaggebend, ob der beherrschende Gesellschafter der Betriebskapitalgesellschaft bei Beschlüssen über Geschäfte mit dem ihm zustehenden Besitzunternehmen vom Stimmrecht ausgeschlossen ist (→ BFH vom 26. 1. 1989 – BStBl II S. 455). [11]Zur Beherrschung genügt die Herrschaft über die Geschäfte des täglichen Lebens (→ BFH vom 12. 11. 1985 – BStBl 1986 II S. 296). [12]Ein einheitlicher geschäftlicher Betätigungswille ist nicht anzunehmen, wenn nachgewiesen wird, daß zwischen den an dem Besitzunternehmen und dem Betriebsunternehmen beteiligten Personen tatsächlich Interessengegensätze aufgetreten sind (→ BFH vom 15. 5. 1975 – BStBl II S. 781).

(7) [1]Eine Zusammenrechnung von **Ehegattenanteilen** kommt grundsätzlich nicht in Betracht, es sei denn, daß zusätzlich zur ehelichen Lebensgemeinschaft ausnahmsweise Beweisanzeichen vorliegen, die für gleichgerichtete wirtschaftliche Interessen der Ehegatten sprechen (→ Beschluß des BVerfG vom 12. 3. 1985 – BStBl II S. 475, BMF vom 18. 11. 1986 – BStBl I S. 537[1])). [2]Ist an dem Besitzunternehmen der eine Ehegatte und an dem Betriebsunternehmen der andere Ehegatte beteiligt, liegt eine Betriebsaufspaltung nicht vor (→ BFH vom 30. 7. 1985 – BStBl 1986 II S. 359 und vom 9. 9. 1986 – BStBl 1987 II S. 28).

(8) [1]Hinsichtlich der Zusammenrechnung der Anteile von **Eltern und minderjährigen Kindern** gilt folgendes: [2]Eine personelle Verflechtung liegt vor, wenn einem Elternteil oder beiden Elternteilen und einem minderjährigen Kind an beiden Unternehmen jeweils zusammen

---
[1]) → H 137.

die Mehrheit der Stimmrechte zuzurechnen sind. ³Ist beiden Elternteilen an einem Unternehmen zusammen die Mehrheit der Stimmrechte zuzurechnen und halten sie nur zusammen mit dem minderjährigen Kind am anderen Unternehmen die Mehrheit der Stimmrechte, liegt, wenn das Vermögenssorgerecht beiden Elternteilen zusteht, grundsätzlich ebenfalls eine personelle Verflechtung vor. ⁴Hält nur ein Elternteil an dem einen Unternehmen die Mehrheit der Stimmrechte und hält er zusammen mit dem minderjährigen Kind die Mehrheit der Stimmrechte an dem anderen Unternehmen, so liegt grundsätzlich keine personelle Verflechtung vor; auch in diesem Fall kann aber eine personelle Verflechtung anzunehmen sein, wenn das Vermögenssorgerecht allein beim beteiligten Elternteil liegt oder wenn das Vermögenssorgerecht bei beiden Elternteilen liegt und zusätzlich zur ehelichen Lebensgemeinschaft gleichgerichtete wirtschaftliche Interessen der Ehegatten vorliegen. ⁵Ist nur einem Elternteil an dem einen Unternehmen die Mehrheit der Stimmrechte zuzurechnen und halten an dem anderen Unternehmen beide Elternteile zusammen mit dem minderjährigen Kind die Mehrheit der Stimmrechte, liegt grundsätzlich keine personelle Verflechtung vor, es sei denn, die Elternanteile können zusammengerechnet werden und das Vermögenssorgerecht steht beiden Elternteilen zu.

Wertpapiergeschäfte

(9) ¹Ob der An- und Verkauf von Wertpapieren als Vermögensverwaltung oder als eine gewerbliche Tätigkeit anzusehen ist, hängt, wenn eine selbständige und nachhaltige, mit Gewinnerzielungsabsicht betriebene Tätigkeit vorliegt, entscheidend davon ab, ob die Tätigkeit sich auch als Beteiligung am allgemeinen wirtschaftlichen Verkehr darstellt. ²Der fortgesetzte An- und Verkauf von Wertpapieren reicht für sich allein, auch wenn er einen erheblichen Umfang annimmt und sich über einen längeren Zeitraum erstreckt, zur Annahme eines Gewerbebetriebs nicht aus, solange er sich in den gewöhnlichen Formen, wie sie bei Privatleuten die Regel bilden, abspielt, d. h. in der Erteilung von Aufträgen an eine Bank oder einen Bankier (→ BFH vom 11. 7. 1968 – BStBl II S. 775). ³Bei der Verwaltung von Wertpapieren gehört die Umschichtung der Wertpapiere regelmäßig noch zur privaten Vermögensverwaltung, so daß ein Gewerbebetrieb erst bei Vorliegen besonderer Umstände anzunehmen ist. ⁴Hierfür reicht es nicht aus, wenn mit dem Ankauf von Wertpapieren eine Dauerkapitalanlage mit bestimmendem Einfluß auf die Geschäftsführung einer Kapitalgesellschaft gesucht und erreicht wird. ⁵Der Rahmen einer privaten Vermögensverwaltung wird unabhängig vom Umfang der Beteiligung überschritten, wenn die Wertpapiere nicht nur auf eigene Rechnung, sondern untrennbar damit verbunden in erheblichem Umfang auch für fremde Rechnung erworben und wieder veräußert werden (→ BFH vom 4. 3. 1980 – BStBl II S. 389). ⁶Eine gewerbliche Tätigkeit ist auch gegeben, wenn jemand entweder ein Ladenlokal unterhält oder regelmäßig die Börse besucht oder wenn er in sonstiger Weise, d. h. nicht bloß seinem Bankier gegenüber, unmittelbar oder über einen Dritten als An- und Verkäufer von Wertpapieren hervortritt. ⁷Diese Grundsätze gelten auch bei Devisen- und Edelmetall-Termingeschäften in der Art von offenen oder verdeckten Differenzgeschäften (→ BFH vom 6. 12. 1983 – BStBl 1984 II S. 132 und vom 13. 10. 1988 – BStBl 1989 II S. 39). ⁸Betreibt ein Bankier Wertpapiergeschäfte, die üblicherweise in den Bereich seiner Bank fallen, die aber auch im Rahmen einer privaten Vermögensverwaltung getätigt werden können, so sind diese dem betrieblichen Bereich zuzuordnen, wenn sie der Bankier in der Weise abwickelt, daß er häufig wiederkehrend dem Betrieb Mittel entnimmt, Kauf und Verkauf über die Bank abschließt und die Erlöse alsbald wieder dem Betrieb zuführt (→ BFH vom 19. 1. 1977 – BStBl II S. 287). ⁹Auch der An- und Verkauf von Pfandbriefen unter gezielter Ausnutzung eines sog. „grauen" Marktes kann eine gewerbliche Tätigkeit begründen (→ BFH vom 2. 4. 1971 – BStBl II S. 620).

Hinweise

Beginn der Verpachtung

Verfahren → BFH vom 13. 11. 1963 (BStBl 1964 III S. 124);

Anhang 8 → Oberste Finanzbehörden der Länder (BStBl 1965 II S. 4 ff.);

→ R 139 Abs. 5.

Betriebsaufspaltung

- Gewähren bei einer Betriebsaufspaltung die Gesellschafter der Betriebs-GmbH bei deren Gründung ein **Darlehen,** dessen Laufzeit an die Dauer ihrer Beteiligung an der

§ 15 EStG
H 137   R 137

GmbH gebunden ist, so gehört dieses Darlehen zu ihrem notwendigen Sonderbetriebsvermögen II bei der Besitzgesellschaft (→ BFH vom 10. 11. 1994 – BStBl 1995 II S. 452).
- Behandlung des **Sonderbetriebsvermögens** der Gesellschafter einer Besitzpersonengesellschaft → BFH vom 15. 5. 1975 (BStBl II S. 781).
- Zu den **Voraussetzungen einer Entnahme** im Zusammenhang mit einer Betriebsaufspaltung → BFH vom 16. 4. 1991 (BStBl II S. 832).

- Errichtet ein Einzelunternehmer mit seiner Ehefrau durch Bargründung eine GmbH und wird anschließend zwischen der GmbH und dem Einzelunternehmen eine echte Betriebsaufspaltung begründet, so sind stille Reserven aus dem Einzelunternehmen jedenfalls nicht deshalb aufzudecken, weil die Ehefrau an dem Einzelunternehmen nicht beteiligt ist und sie ihre Geschäftsanteile an der GmbH in ihrem Privatvermögen hält (→ BFH vom 12. 5. 1993 – BFHE 171, 182).

Darlehen

Es liegt ein Gewerbebetrieb und nicht private Vermögensverwaltung vor, wenn ein Privatmann unter Einschaltung einer spezialisierten Maklerfirma in einer Vielzahl von Fällen an einen bestimmten Markt Darlehen vergibt und sich hierzu auch refinanziert (→ FG Köln vom 4. 7. 1995 – EFG S. 1019).

Einkunftsermittlung

Bei im Betriebsvermögen gehaltenen Beteiligungen an vermögensverwaltenden Personengesellschaften → BMF vom 29. 4. 1994 (BStBl I S. 282).

Ferienwohnung

Zur Vermietung einer Ferienwohnung als gewerbliche Tätigkeit → BFH vom 19. 1. 1990 (BStBl II S. 383).

Gewerblicher Grundstückshandel

- Zur **Abgrenzung** zwischen privater Vermögensverwaltung und gewerblichem Grundstückshandel → BMF vom 20. 12. 1990 (BStBl I S. 884),   Anhang 17
- Die Grundsätze, die für die Abgrenzung zwischen gewerblichem Grundstückshandel und privater Vermögensanlage maßgebend sind (zusammenfassender Beschluß vom 3. 7. 1995, BStBl II S. 617), gelten auch dann, wenn ein Stpfl. Wohneinheiten im Rahmen von **Bauherrenmodellen** erwirbt und veräußert (→ BFH vom 12. 9. 1995 – BStBl II S. 839).
- Einbeziehung von Objekten, die von vornherein zum Verkauf an eine **bestimmte Person** vorgesehen sind → BFH vom 28. 10. 1993 (BStBl 1994 II S. 463):

  Bei der Beantwortung der Frage, ob die „Drei-Objekt-Grenze" überschritten ist, sind auch solche Objekte zu berücksichtigen, die von vornherein zum Verkauf an eine bestimmte Person bestimmt waren, sofern sie sonst anderweitig veräußert worden wären. Für den Bereich des gewerblichen Grundstückshandels hat es der BFH genügen lassen, daß die Verkaufsabsicht nur einem kleinen Kreis von Personen – unter Umständen auch nur einer einzigen Person – bekannt wird und der Verkäufer damit rechnet, die Verkaufsabsicht werde sich herumsprechen. Demgemäß ist auch der Verkauf von Wohnungen an Bekannte als Teilnahme am allgemeinen wirtschaftlichen Verkehr angesehen worden. Ist Gegenstand eines Gewerbebetriebs der Ankauf und Verkauf von Vermögensgegenständen, so ist es nicht erforderlich, daß jeder einzelne Vermögensgegenstand einer Mehrzahl von Personen angeboten wird. Demgemäß hat der BFH auch eine Wohnung, die von vornherein für den ursprünglichen Eigentümer vorgesehen war, in die gewerbliche Tätigkeit einbezogen.

- bei **Beteiligung** an einer Personengesellschaft, die die Drei-Objekt-Grenze nicht überschreitet → BFH vom 20. 11. 1990 (BStBl 1991 II S. 345),
- bei Veräußerung von **Miteigentumsanteilen** an einem Grundstück → BFH vom 16. 4. 1991 (BStBl II S. 844),
- **Nachhaltigkeit und Mißbrauch** von rechtlichen Gestaltungsmöglichkeiten bei Grundstücksgeschäften → BFH vom 12. 7. 1991 (BStBl 1992 II S. 143),
- zum **Objektbegriff** im Sinne der Drei-Objekt-Grenze → BFH vom 11. 3. 1992 (BStBl II S. 1007),

§ 15 EStG
R 137   H 137

- Grundstücksverkäufe einer **Personengesellschaft** können einem Gesellschafter, der auch eigene Grundstücke veräußert, in der Weise zugerechnet werden, daß unter Einbeziehung dieser Veräußerungen ein gewerblicher Grundstückshandel des Gesellschafters besteht (→ BFH vom 3. 7. 1995 – BStBl II S. 617),
- Zuordnung eines Einfamilienhauses zum Betriebsvermögen eines gewerblichen Grundstückshandels bei **vorübergehender Selbstnutzung** → BFH vom 23. 1. 1991 (BStBl II S. 519),
- Zeitliche Grenzen → BFH vom 18. 9. 1991 (BStBl 1992 II S. 135).

Personelle Verflechtung als Voraussetzung für eine Betriebsaufspaltung
- Im Verhältnis zu einer **Betriebsgesellschaft in der Rechtsform der AG** kommt es darauf an, ob sich auf Grund der Befugnis, die Mitglieder der geschäftsführenden Organe der Betriebsgesellschaft zu bestellen und abzuberufen, in der Betriebsgesellschaft auf Dauer nur ein geschäftlicher Betätigungswille entfalten kann, der vom Vertrauen der das Besitzunternehmen beherrschenden Person getragen ist und demgemäß mit deren geschäftlichen Betätigungswillen grundsätzlich übereinstimmt (→ BFH vom 28. 1. 1982 – BStBl II S. 479).
- Zur Bedeutung des Erfordernisses der **Einstimmigkeit von Gesellschafterbeschlüssen**
- → BFH vom 9. 11. 1983 (BStBl 1984 II S. 212);
- → BFH vom 29. 10. 1987 (BStBl 1989 II S. 96);
- → BMF vom 29. 3. 1985 (BStBl I S. 121):

Betriebsaufspaltung;
hier: Bedeutung des BFH-Urteils vom 9. 11. 1983 – I R 174/79 – BStBl 1984 II S. 212 – Erfordernis der Einstimmigkeit

BMF vom 29. 3. 1985 (BStBl I S. 121)

IV B 2 – S 2241 – 22/85

Unter Bezugnahme auf das Ergebnis der Erörterung in der Sitzung ESt II/85 – zu TOP 18 – nehme ich zur Bedeutung des BFH-Urteils vom 9. 11. 1983 (BStBl 1984 II S. 212) wie folgt Stellung:

1. Nach dem Beschluß des Großen Senats des Bundesfinanzhofs vom 8. 11. 1971 (BStBl 1972 II S. 63) sind die personellen Voraussetzungen der Betriebsaufspaltung erfüllt, wenn die Person oder die Personen, die das Besitzunternehmen tatsächlich beherrschen, in der Lage sind, auch in der Betriebsgesellschaft ihren Willen durchzusetzen. Dazu hat der IV. Senat des Bundesfinanzhofs im Urteil vom 2. 8. 1972 (BStBl II S. 796) entschieden, daß nicht auf eine „klassische" Beherrschung im Rechtssinne des Handelsrechts, sondern auf die nach den tatsächlichen Verhältnissen bei beiden Unternehmen vorhandene Möglichkeit, einen einheitlichen Willen faktisch durchzusetzen, abzustellen ist. Danach steht ein möglicher Stimmrechtsausschluß wegen Interessenkollision der Annahme einer Betriebsaufspaltung nicht entgegen, wenn tatsächlich Interessenkonflikte nicht aufgetreten sind. Eine davon abweichende rechtliche Beurteilung wäre mit dem Beschluß des Großen Senats vom 8. 11. 1971 (a. a. O.) unvereinbar, da sie entgegen diesem Beschluß dazu führen würde, daß Betriebsaufspaltung nur noch angenommen werden könnte, wenn am Besitzunternehmen und am Betriebsunternehmen dieselben Personen und nur diese beteiligt sind (vgl. auch L. Schmidt, Finanzrundschau 1984 S. 122).

2. Aus dem Urteil vom 9. 11. 1983 (a. a. O.) kann auch nicht gefolgert werden, daß eine im Gesellschaftsvertrag vereinbarte oder sich aus dem Gesetz (vgl. § 709 Abs. 1 BGB) ergebende Einstimmigkeit als Voraussetzung für Gesellschafterbeschlüsse in allen Fällen der Annahme einer Betriebsaufspaltung entgegensteht. Im Urteil wird ausgeführt, es hätten keine Anhaltspunkte dafür vorgelegen, daß die nicht am Betriebsunternehmen beteiligte Mitinhaberin des Besitzunternehmens die Ausübung ihres Stimmrechts mit den das Betriebsunternehmen beherrschenden Gesellschaftern abgestimmt oder daß sie in anderer Weise ihre Gesellschafterstellung im Interesse dieser Gesellschafter ausgeübt habe. Daraus ist zu

folgern, daß auch bei Stimmrechtsgleichheit der am Betriebsunternehmen beteiligten und der am Betriebsunternehmen nicht beteiligten Gesellschafter des Besitzunternehmens die personellen Voraussetzungen der Betriebsaufspaltung im allgemeinen erfüllt sind, wenn es den das Betriebsunternehmen beherrschenden Gesellschaftern möglich ist, ihren unternehmerischen Willen im Besitzunternehmen tatsächlich zu verwirklichen.

→ BMF vom 23. 1. 1989 (BStBl I S. 39):

Zur Bedeutung der Einstimmigkeitsabrede beim Besitzunternehmen für die personelle Verflechtung im Rahmen einer Betriebsaufspaltung (Anwendung des BFH-Urteils vom 29. 10. 1987 – BStBl 1989 II S. 96)

BMF vom 23. 1. 1989 (BStBl I S. 39)

Der Bundesfinanzhof hat mit Urteil vom 29. 10. 1987 (BStBl 1989 II S. 96) unter Hinweis auf das BFH-Urteil vom 9. 11. 1983 (BStBl 1984 II S. 212) entschieden, daß die personellen Voraussetzungen einer Betriebsaufspaltung nicht gegeben sind, wenn der Alleingesellschafter einer Betriebsgesellschaft (GmbH) an der Besitzgesellschaft (Grundstücksgemeinschaft) zu zwei Dritteln beteiligt ist, aber die Gemeinschafter in bezug auf die Rechtsgeschäfte mit der GmbH Einstimmigkeit vereinbart haben. Auf die Frage, ob es dem Alleingesellschafter der Betriebsgesellschaft möglich war, seinen unternehmerischen Willen im Besitzunternehmen t a t s ä c h l i c h zu verwirklichen, ist der BFH nicht eingegangen.

Es stellt sich die Frage, inwieweit die in dem BFH-Urteil vom 29. 10. 1987 (a. a. O.) aufgestellten Rechtsgrundsätze zur Bedeutung der Einstimmigkeitsabrede beim Besitzunternehmen für die personelle Verflechtung im Rahmen einer Betriebsaufspaltung allgemein anzuwenden sind. Hierzu wird unter Bezugnahme auf das Ergebnis der Erörterung mit den obersten Finanzbehörden der Länder wie folgt Stellung genommen:

Auch nach Ergehen der nunmehrigen Entscheidung des BFH ist an der Auffassung unter Nr. 2 des BMF-Schreibens vom 29. 3. 1985 (BStBl 1985 I S. 121) festzuhalten. Danach steht die Einstimmigkeit als Voraussetzung für Gesellschafter- oder Gemeinschafterbeschlüsse des Besitzunternehmens der Annahme einer Betriebsaufspaltung dann nicht entgegen, wenn es den das Betriebsunternehmen beherrschenden Gesellschaftern möglich ist, ihren unternehmerischen Willen im Besitzunternehmen trotz der Einstimmigkeitsabrede t a t s ä c h l i c h zu verwirklichen.

- auf Grund **faktischer Beherrschung** → BFH vom 1. 12. 1989 (BStBl 1990 II S. 500).
- Gehören sowohl das Betriebsgrundstück als auch die Mehrheit der Anteile an der Betriebsgesellschaft zum **Gesamtgut einer ehelichen Gütergemeinschaft**, so sind die Voraussetzungen der personellen Verflechtung erfüllt (→ BFH vom 26. 11. 1992 – BStBl 1993 II S. 876).
- Der einheitliche geschäftliche Betätigungswille der hinter Besitz- und Betriebsunternehmen stehenden Personen kann nicht durch einen Testamentsvollstrecker ersetzt werden (→ BFH vom 13. 12. 1984 – BStBl 1985 II S. 657).

- **Zusammenrechnung von Ehegattenanteilen**
  → R 137 Abs. 7
  → BMF vom 18. 11. 1986 (BStBl I S. 537):

Personelle Verflechtung bei Betriebsaufspaltung; hier: Zusammenrechnung von Ehegattenanteilen

BMF vom 18. 11. 1986 (BStBl I S. 537)

IV B 2 – 2240 – 25/86 II

Mit Urteil vom 27. 11. 1985 (BStBl 1986 II S. 362) hat der Bundesfinanzhof zur Beurteilung der personellen Verflechtung zwischen Besitz- und Betriebsunternehmen bei

Eheleuten als Voraussetzung für die Annahme einer Betriebsaufspaltung Stellung genommen. Unter Bezugnahme auf das Ergebnis der Erörterung mit den obersten Finanzbehörden der Länder bitte ich daher, die auf Grund meines Schreibens vom 15. 8. 1985 – IV B 2 – S 2240 – 11/85 II – (BStBl I S. 537) und den entsprechenden Erlassen der obersten Finanzbehörden der Länder vorerst zurückgestellten Fälle nunmehr abzuwickeln.

Eine personelle Verflechtung i. S. der Betriebsaufspaltung ist allgemein und ebenso in Ehegattenfällen gegeben, wenn die hinter dem Besitz- und Betriebsunternehmen stehenden Personen einen einheitlichen geschäftlichen Betätigungswillen haben. Sind an beiden Unternehmen nicht dieselben Personen im gleichen Verhältnis beteiligt (sog. Beteiligungsidentität), wird ein einheitlicher geschäftlicher Betätigungswille dadurch dokumentiert, daß die Personen, die das Besitzunternehmen beherrschen, in der Lage sind, auch im Betriebsunternehmen ihren Willen durchzusetzen (sog. Beherrschungsidentität). Für die Beurteilung der Frage, ob eine sog. Beherrschungsidentität vorliegt, darf bei Ehegatten entsprechend dem Beschluß des BVerfG vom 12. 3. 1985 – 1 BvR 571/81 –, – 1 BvR 494/82 –, – 1 BvR 47/83 – (BStBl II S. 475) nicht mehr von der – wenn auch widerlegbaren – Vermutung ausgegangen werden, sie verfolgten gleichgerichtete wirtschaftliche Interessen. Nach dem Beschluß des BVerfG vom 12. 3. 1985 ist eine Zusammenrechnung von Anteilen der Eheleute nur gerechtfertigt, wenn hierfür konkrete Umstände vorliegen. Es müssen zusätzlich zur ehelichen Lebensgemeinschaft Beweisanzeichen gegeben sein, die für die Annahme einer personellen Verflechtung durch gleichgerichtete wirtschaftliche Interessen sprechen.

Sind beide Eheleute jeweils an beiden Unternehmen in dem Maße beteiligt, daß ihnen zusammen die Mehrheit der Anteile gehört, stellen sie – wie bei vergleichbaren Verhältnissen zwischen fremden Dritten – eine durch gleichgerichtete Interessen geschlossene Personengruppe dar, die in der Lage ist, beide Unternehmen zu beherrschen. Damit ist die personelle Verflechtung gegeben (BFH-Urteil vom 7. 11. 1985 – BStBl 1986 II S. 364). Das gilt dann nicht, wenn die Geschlossenheit der Personengruppe durch nachweisbar schwerwiegende Interessenkollisionen gestört oder aufgehoben ist (BFH-Urteil vom 16. 6. 1982 - BStBl 1982 II S. 662 m. w. N.).

Ist dagegen an einem der beiden Unternehmen nur ein Ehegatte mehrheitlich beteiligt und gehört diesem Ehegatten an dem Unternehmen lediglich zusammen mit dem anderen Ehegatten die Mehrheit der Anteile, so müssen besondere Umstände vorliegen, damit die Anteile der Ehegatten an dem anderen Unternehmen für die Beurteilung der Beherrschungsidentität zusammengerechnet werden dürfen. Die Voraussetzung für eine Zusammenrechnung sind nach dem BFH-Urteil vom 24. 7. 1986 (BStBl II S. 913) beispielsweise erfüllt, wenn die Ehegatten durch eine mehrere Unternehmen umfassende, planmäßige, gemeinsame Gestaltung der wirtschaftlichen Verhältnisse den Beweis dafür liefern, daß sie auf Grund ihrer gleichgerichteten wirtschaftlichen Interessen zusätzlich zur ehelichen Lebensgemeinschaft eine Zweck- und Wirtschaftsgemeinschaft eingegangen sind. Konkrete Umstände i. S. der Entscheidung des BVerfG vom 12. 3. 1985 können auch in dem Abschluß von sog. Stimmrechtsbindungsverträgen gesehen werden. Der Entscheidung des BFH vom 27. 11. 1985 (a. a. O.) zufolge genügen dagegen folgende Umstände nicht, um die Anteile eines Ehegatten an einem Unternehmen denen des anderen Ehegatten zuzurechnen:

a) Jahrelanges konfliktfreies Zusammenwirken der Eheleute innerhalb der Gesellschaft,

b) Herkunft der Mittel für die Beteiligung eines Ehegatten an der Betriebsgesellschaft vom anderen Ehegatten,

c) „Gepräge" der Betriebsgesellschaft durch den Ehegatten,

d) Erbeinsetzung des Ehegatten durch den anderen Ehegatten als Alleinerbe, gesetzlicher Güterstand der Zugewinngemeinschaft, beabsichtigte Alterssicherung des anderen Ehegatten.

Bei der Abwicklung der o. a. Fälle bitte ich auch zu prüfen, ob die an die Betriebsgesellschaft vermieteten Wirtschaftsgüter bei Fehlen der Voraussetzungen für die

Annahme einer Betriebsaufspaltung wegen der vom BVerfG beanstandeten Zusammenrechnung von Ehegattenanteilen aus anderen Gründen Betriebsvermögen sind. Dies kann insbesondere der Fall sein

- bei der Verpachtung eines Gewerbebetriebs im Ganzen (Abschnitt 137 Abs. 4 und Abschnitt 139 Abs. 5 EStR),
- bei Personengesellschaften, die neben der vermögensverwaltenden Tätigkeit als Besitzgesellschaft noch in geringem Umfang gewerblich tätig sind und deren Tätigkeit somit insgesamt als Gewerbebetrieb gilt (§ 15 Abs. 3 Nr. 1 EStG),
- bei Personengesellschaften, die wegen ihrer Rechtsform als Gewerbebetriebe anzusehen sind (§ 15 Abs. 3 Nr. 2 EStG),
- in Betriebsaufspaltungsfällen, die nicht nur auf der vom BVerfG beanstandeten Zusammenrechnung von Ehegattenanteilen beruhen, und zwar
    - wenn die Ehegatten – als Personengruppe an beiden Unternehmen beteiligt – in der Lage sind, beide Unternehmen zu beherrschen (BFH-Urteil vom 7. 11. 1985 – a. a. O.), und
    - bei der sog. mitunternehmerischen Betriebsaufspaltung (vgl. BFH-Urteil vom 25. 4. 1985 – BStBl II S. 622).

Können die an die Betriebsgesellschaft vermieteten Wirtschaftsgüter unter keinem rechtlichen Gesichtspunkt als Betriebsvermögen behandelt werden, sind sie in Fällen, in denen bis zum Ergehen der BVerfG-Entscheidung vom 12. 3. 1985 eine sog. echte Betriebsaufspaltung angenommen wurde (Abschnitt 137 Abs. 5 EStR), zu dem Zeitpunkt als entnommen anzusehen, in dem die Betriebsaufspaltung begründet worden ist. Abschnitt 15 Abs. 1 Satz 9 und 10 EStR ist anzuwenden. In Fällen, in denen eine sog. unechte Betriebsaufspaltung angenommen worden ist, sind die an die Betriebsgesellschaft vermieteten Wirtschaftsgüter ggf. zu keinem Zeitpunkt Betriebsvermögen geworden.

Teilbetrieb
Die Verpachtung eines Teilbetriebs führt nicht zu Einkünften aus Vermietung und Verpachtung, wenn sie im Rahmen des gesamten Betriebs vorgenommen wird (→ BFH vom 5. 10. 1976 – BStBl 1977 II S. 42).

Vermögensverwaltende Personengesellschaften
Einkunftsermittlung bei im Betriebsvermögen gehaltenen Beteiligungen an vermögensverwaltenden Personengesellschaften → BMF vom 29. 4. 1994 (BStBl I S. 282).

Anhang 30

Wertpapiere
Zum An- und Verkauf von Wertpapieren als gewerbliche Tätigkeit → BFH vom 31. 7. 1990 (BStBl 1991 II S. 66) und vom 6. 3. 1991 (BStBl II S. 631).

Ein Steuerpflichtiger, der über Jahre hinweg fremdfinanzierte Aktienpakete im Wert von mehreren Millionen DM kurzfristig umschlägt, unterhält stets einen gewerblichen Wertpapierhandel (→ FG Münster vom 8. 6. 1995 – EFG S. 1018).

Zur einkommensteuerrechtlichen Behandlung im Bereich der Vermögensverwaltung → BMF vom 10. 11. 1994 (BStBl I S. 816).

Anhang 19 a

Wesentliche Betriebsgrundlage
Überlassung wesentlicher Betriebsgrundlage als Voraussetzung für die sachliche Verflechtung im Rahmen einer Betriebsaufspaltung:
- zum **Begriff** der wesentlichen Betriebsgrundlage → R 139 Abs. 8,
- **Systemhalle** als wesentliche Betriebsgrundlage → BFH vom 5. 9. 1991 (BStBl 1992 II S. 349).

R 138. Mitunternehmerschaft

Allgemeines

(1) ¹Mitunternehmer im Sinne des § 15 Abs. 1 Satz 1 Nr. 2 EStG ist, wer zivilrechtlich Gesellschafter einer Personengesellschaft ist (→ Absatz 2) und eine gewisse unternehmerische

§ 15 EStG
R 138 H 138 (1, 2)

Initiative entfalten kann sowie unternehmerisches Risiko trägt (→ BFH vom 25. 6. 1984 – BStBl II S. 751 und vom 15. 7. 1986 – BStBl II S. 896). ²In Ausnahmefällen reicht auch eine einem Gesellschafter einer Personengesellschaft wirtschaftlich vergleichbare Stellung aus, z. B. als Beteiligter an einer Erben-, Güter- oder Bruchteilsgemeinschaft, als Beteiligter einer „fehlerhaften Gesellschaft" im Sinne des Zivilrechts oder als Unterbeteiligter. ³Auch Gesellschafter einer OHG oder KG erzielen nur dann Einkünfte aus Gewerbebetrieb, wenn sie Mitunternehmer des gewerblichen Unternehmens sind (→ BFH vom 8. 2. 1979 – BStBl II S. 405). ⁴Ob ein Gesellschafter Mitunternehmer ist, beurteilt sich für alle Personengesellschaften nach gleichen Maßstäben (→ BFH vom 29. 4. 1981 – BStBl II S. 663 und vom 25. 6. 1981 – BStBl II S. 779). ⁵Personenidentische Personengesellschaften können nicht zu einem Steuersubjekt zusammengefaßt werden (→ BFH vom 31. 7. 1991 – BStBl 1992 II S. 375). ⁶§ 15 Abs. 1 Satz 1 Nr. 2 EStG ist auch bei mehrstöckigen Personengesellschaften anzuwenden, wenn eine ununterbrochene Mitunternehmerkette besteht. ⁷Vergütungen der Untergesellschaft an einen Gesellschafter der Obergesellschaft für Tätigkeiten im Dienste der Untergesellschaft mindern daher den steuerlichen Gewinn der Untergesellschaft nicht; überläßt ein Gesellschafter der Obergesellschaft der Untergesellschaft z. B. ein Grundstück für deren betriebliche Zwecke, ist das Grundstück notwendiges Sonderbetriebsvermögen der Untergesellschaft.

H 138 (1)   Hinweise

Europäische wirtschaftliche Interessenvereinigung (EWIV)

Die EWIV unterliegt nach § 1 des Gesetzes zur Ausführung der EWG-Verordnung über die Europäische wirtschaftliche Interessenvereinigung (EWIV-Ausführungsgesetz vom 14. 4. 1988 – BGBl. I S. 514) den für eine OHG geltenden Rechtsvorschriften. Dies gilt auch für das Einkommensteuerrecht.

Partnerschaftsgesellschaft

Zur neuen zivilrechtlichen Rechtsform der Partnerschaftsgesellschaft → Partnerschaftsgesellschaftsgesetz (PartGG) vom 25. 7. 1994 (BGBl. I S. 1744).

R 138 (2) Sonstige Rechtsverhältnisse als Mitunternehmerschaft

(2) ¹Mitunternehmer kann auch sein, wer nicht als Gesellschafter, sondern z. B. als Arbeitnehmer oder Darlehnsgeber bezeichnet ist, wenn die Vertragsbeziehung als Gesellschaftsverhältnis anzusehen ist. ²Welchen Namen die Beteiligten ihren Rechtsbeziehungen gegeben haben, ist dabei unerheblich, denn vertragliche Beziehungen werden den schuldrechtlichen Vertragstypen entsprechend den vereinbarten Leistungen zugeordnet (→ BFH vom 27. 2. 1980 – BStBl 1981 II S. 210, vom 11. 12. 1980 – BStBl 1981 II S. 310, vom 11. 9. 1986 – BStBl 1987 II S. 111 und vom 6. 12. 1988 – BStBl 1989 II S. 705). ³Bei der wirtschaftlichen Zielsetzung des § 15 Abs. 1 Satz 1 Nr. 2 EStG ist davon auszugehen, daß eine Mitunternehmerschaft vorliegt, wenn mehrere Personen durch gemeinsame Ausübung der Unternehmerinitiative und gemeinsame Übernahme des Unternehmerrisikos auf einen bestimmten Zweck hin tatsächlich zusammenarbeiten (→ BFH vom 27. 2. 1980 – BStBl 1981 II S. 210 und BMF vom 8. 5. 1978 – BStBl I S. 203 – Nr. 2)¹). ⁴Tatsächliche Einflußmöglichkeiten allein genügen insoweit allerdings nicht (→ BFH vom 2. 9. 1985 – BStBl 1986 II S. 10 und vom 28. 1. 1986 – BStBl II S. 599).

H 138 (2)   Hinweise

Beteiligung an Personengesellschaften

→ BMF vom 8. 5. 1978 (BStBl I S. 203):

¹) Siehe unten.

Ertragsteuerrechtliche Fragen im Zusammenhang mit der Beteiligung an Personengesellschaften

BMF vom 8. 5. 1978 (BStBl I S. 203)

IV B 2 – S 2241 – 97/78

Unter Bezugnahme auf das Ergebnis der Erörterung mit den obersten Finanzbehörden der Länder nehme ich zu ertragsteuerlichen Fragen im Zusammenhang mit der Beteiligung an Personengesellschaften wie folgt Stellung:

1. ...

2. Als Unternehmer oder Mitunternehmer eines Betriebes ist ertragsteuerrechtlich anzusehen, wer unternehmerische Initiative entfaltet und an den Chancen und Risiken des Betriebs beteiligt ist. Unternehmer oder Mitunternehmer kann auch sein, wer zivilrechtlich nicht Inhaber oder Mitinhaber des Unternehmens oder der Unternehmen ist, die nach außen als Träger des Projekts auftreten. Maßgebend sind stets die Verhältnisse des Einzelfalles. In dem BMF-Schreiben vom 20. Januar 1978 – IV B 2 – S 2241 – 6/78 – sind Merkmale aufgeführt, die bei der Produktion von Spielfilmen für die Unternehmerschaft oder Mitunternehmerschaft Dritter von Bedeutung sind, die zivilrechtlich nicht Inhaber oder Mitinhaber des Unternehmens sind, das nach außen als Hersteller des Films in Erscheinung tritt. Die Grundsätze des o. a. Schreibens gelten auch in vergleichbaren anderen Fällen, insbesondere z. B. beim Erwerb von Leistungsschutzrechten an einem von einem Dritten hergestellten Spielfilm sowie bei Explorationsprojekten. Bei Explorationsprojekten, insbesondere bei Gesellschaften, die die Aufsuchung und Förderung von Erdöl, Erdgas, Uranerz und/oder anderen Bodenschätzen betreiben, kann als Mitunternehmer insbesondere anzusehen sein, wer an die Gesellschaft, die als Träger des Projekts in Erscheinung tritt, Bohrrechte und/oder andere Wirtschaftsgüter veräußert und den Kaufpreis oder wesentliche Teile des Kaufpreises mit der Maßgabe stundet, daß er aus den Erlösen wirtschaftlich fündiger Vorhaben zu zahlen ist. In diesen und in vergleichbaren Fällen kann Mitunternehmerschaft im allgemeinen auch anzunehmen sein, wenn dem Veräußerer des Rechts oder des sonstigen Wirtschaftsguts der Kaufpreis sofort gezahlt wird, der Veräußerer den Erlös oder einen wesentlichen Teil des Erlöses jedoch als Sicherheit für einen der Erwerberin von einem Dritten zu gewährenden Kredit verwendet.

3. ...
4. ...

Verdeckte Mitunternehmerschaft

Die Annahme einer verdeckten Mitunternehmerstellung setzt ein gemeinsames Handeln zu einem gemeinsamen Zweck einander gleichgeordneter Personen voraus. Mitunternehmerinitiative und -risiko dürfen nicht lediglich auf einzelne Schuldverhältnisse als gegenseitige Austauschverhältnisse zurückzuführen sein. Die Bündelung von Risiken aus derartigen Austauschverhältnissen unter Vereinbarung angemessener und leistungsbezogener Entgelte begründet noch kein gesellschaftsrechtliches Risiko (→ BFH vom 13. 7. 1993 – BStBl 1994 II S. 282).

Der alleinige Gesellschafter-Geschäftsführer der Komplementär-GmbH ist aufgrund eines verdeckten Gesellschaftsverhältnisses Mitunternehmer der Familien-GmbH & Co. KG, wenn er für die Geschäftsführung unangemessene gewinnabhängige Bezüge erhält und sich – wie bisher als Einzelunternehmer – als Herr des Unternehmens verhält.

Die Gesamtbezüge sind unangemessen, wenn der Geschäftsführer neben einem üblichen Festgehalt eine ungewöhnlich hohe Gewinnbeteiligung erhält, die stets den überwiegenden Teil des Gewinns abschöpft (→ BFH vom 21. 9. 1995 – BStBl 1996 II S. 66).

Die Voraussetzungen, nach denen Gesellschaftsverträge zwischen Eheleuten nur dann der Besteuerung zugrunde gelegt werden können, wenn sie rechtswirksam zustande gekommen sind, einem Fremdvergleich standhalten und tatsächlich vollzogen werden, beziehen sich nur auf die Verträge, die die Eheleute nach außen hin wie Fremde abgeschlossen und zum Gegenstand ihrer Rechtsbeziehungen gemacht haben. Im Rahmen einer verdeckten Mitunternehmerschaft haben diese Voraussetzungen keine Bedeutung (→ BFH vom 8. 11. 1995 – XI R 14/95).

§ 15 EStG

R 138 (3) Mitunternehmerinitiative und Mitunternehmerrisiko

(3) ¹Mitunternehmer ist grundsätzlich nur, wer sowohl Mitunternehmerinitiative entfalten kann als auch Mitunternehmerrisiko trägt. ²Beide Merkmale können jedoch im Einzelfall mehr oder weniger ausgeprägt sein. ³Mitunternehmerinitiative bedeutet vor allem Teilhabe an unternehmerischen Entscheidungen, wie sie Gesellschaftern oder diesen vergleichbaren Personen als Geschäftsführern, Prokuristen oder anderen leitenden Angestellten obliegen. ⁴Ausreichend ist schon die Möglichkeit zur Ausübung von Gesellschafterrechten, die wenigstens den Stimm-, Kontroll- und Widerspruchsrechten angenähert sind, die einem Kommanditisten nach dem HGB zustehen oder die den gesellschaftsrechtlichen Kontrollrechten nach § 716 Abs. 1 BGB entsprechen (→ BFH vom 25. 6. 1984 – BStBl II S. 751, S. 769). ⁵Ein Kommanditist ist beispielsweise dann mangels Mitunternehmerinitiative kein Mitunternehmer, wenn sowohl sein Stimmrecht als auch sein Widerspruchsrecht durch Gesellschaftsvertrag faktisch ausgeschlossen sind (→ BFH vom 11. 10. 1988 – BStBl 1989 II S. 762). ⁶Mitunternehmerrisiko trägt im Regelfall, wer am Gewinn und Verlust des Unternehmens und an den stillen Reserven einschließlich eines etwaigen Geschäftswerts beteiligt ist. ⁷Je nach den Umständen des Einzelfalls können jedoch auch andere Gesichtspunkte, z. B. eine besonders ausgeprägte unternehmerische Initiative, verbunden mit einem bedeutsamen Beitrag zur Kapitalausstattung des Unternehmens, in den Vordergrund treten (→ BFH vom 27. 2. 1980 – BStBl 1981 II S. 210). ⁸Eine Vereinbarung über die Beteiligung an den stillen Reserven ist nicht ausschlaggebend, wenn die stillen Reserven für den Gesellschafter keine wesentliche wirtschaftliche Bedeutung haben. ⁹Eine Beteiligung am unternehmerischen Risiko liegt bei beschränkt haftenden Gesellschaftern von Personenhandelsgesellschaften, insbesondere bei Kommanditisten, und bei atypischen stillen Gesellschaftern nicht vor, wenn wegen der rechtlichen oder tatsächlichen Befristung ihrer gesellschaftlichen Beteiligung eine Teilhabe an der von der Gesellschaft beabsichtigten Betriebsvermögensmehrung in Form eines entnahmefähigen laufenden Gewinns oder eines die Einlage übersteigenden Abfindungsguthabens oder eines Gewinns aus der Veräußerung des Gesellschaftsanteils nicht zu erwarten ist. ¹⁰Die zeitliche Befristung und die fehlende Gewinnerwartung können sich aus den Umständen des Einzelfalls ergeben (→ BFH vom 10. 11. 1977 – BStBl 1978 II S. 15 und vom 25. 6. 1984 – BStBl II S. 751). ¹¹Eine Verlustbeteiligung ist allein kein Kennzeichen mitunternehmerischen Verhaltens.

Hinweise

Innengesellschaft

Im Fall einer GbR, die als reine Innengesellschaft ausgestattet ist, rechtfertigt die Übernahme eines erheblichen unternehmerischen Risikos bereits das Bestehen einer Mitunternehmerschaft (→ BFH vom 19. 2. 1981 – BStBl II S. 602, vom 28. 10. 1981 – BStBl 1982 II S. 186 und vom 9. 10. 1986 – BStBl 1987 II S. 124).

Mitunternehmererlaß

Anhang 24 → BMF vom 20. 12. 1977 (BStBl 1978 I S. 8).

Mitunternehmerstellung

- eines Kommanditisten, dessen Kommanditanteil durch Testamentsvollstreckung treuhänderisch verwaltet wird und dessen Gewinnanteile an einen Untervermächtnisnehmer herauszugeben sind (→ BFH vom 16. 5. 1995 – BStBl II S. 714),
- eines **angestellten Komplementärs** → BFH vom 11. 6. 1985 (BStBl 1987 II S. 33) und vom 14.8.1986 (BStBl 1987 II S. 60),
- im Rahmen von **Familiengesellschaften** → R 138 a,
- einer am Gesellschaftskapital nicht beteiligten **Komplementär-GmbH** → BFH vom 11. 12. 1986 (BStBl 1987 II S. 553),
- bei Bestellung eines **Nießbrauchs am Gesellschaftsanteil** bleibt der Nießbrauchsverpflichtete Mitunternehmer (→ BFH vom 1. 3. 1994 – BStBl 1995 II S. 241),

Anhang 13
- von **Miterben** → BFH vom 5. 7. 1990 (BStBl II S. 837) sowie → BMF vom 11. 1. 1993 (BStBl I S. 62),
- → H 138 a (Erbengemeinschaft)
- einer **Organgesellschaft** → BFH vom 10. 11. 1983 (BStBl 1984 II S. 150),

- einer **Personengesellschaft** → BFH vom 25. 2. 1991 (BStBl II S. 691),
- eines **stillen Gesellschafters** → BFH vom 27. 5. 1993 (BStBl 1994 II S. 700),
- von **Treugebern einer Publikumsgesellschaft** → BFH vom 21. 4. 1988 (BStBl 1989 II S. 722).

Nachversteuerung des negativen Kapitalkontos
Der Betrag des beim Ausscheiden aus der Gesellschaft oder bei Auflösung der Gesellschaft zu versteuernden negativen Kapitalkontos (→ BFH vom 10. 11. 1980 – BStBl 1981 II S. 164) ist kein Gewinn aus einer Betriebsvermögensmehrung. Der beim Wegfall eines negativen Kapitalkontos des Kommanditisten zu erfassenden Gewinn erlaubt es deshalb nicht, die Teilnahme an einer Betriebsvermögensmehrung im Sinne einer Beteiligung am unternehmerischen Risiko als gegeben anzusehen (→ BFH vom 25. 6. 1984 – BStBl II S. 751). Die mit der Beteiligung angestrebte Einkommensteuerersparnis kann bei Beurteilung der Frage, ob ein Gewinn möglich ist und erwartet wird, ebenfalls nicht berücksichtigt werden (§ 15 Abs. 2 Satz 2 EStG). Zur späteren Verneinung der Gewinnerzielungsabsicht trotz früher erlangter Verlustfeststellungen → BFH vom 10. 10. 1985 (BStBl 1986 II S. 68).

Stille Gesellschaft
Bei einem stillen Gesellschafter ohne Unternehmerinitiative kommt der vermögensrechtlichen Stellung besondere Bedeutung zu. Um als Mitunternehmer angesehen werden zu können, muß ein solcher stiller Gesellschafter einen Anspruch auf Beteiligung am tatsächlichen Zuwachs des Gesellschaftsvermögens unter Einschluß der stillen Reserven und eines Geschäftswerts haben (→ BFH vom 25. 6. 1981 – BStBl 1982 II S. 59 und vom 12. 11. 1985 – BStBl 1986 II S. 311). Ohne eine Beteiligung an den stillen Reserven kann ein stiller Gesellschafter dann Mitunternehmer sein, wenn der Unternehmer ihm abweichend von der handelsrechtlichen Regelung ermöglicht, wie ein Unternehmer auf das Schicksal des Unternehmens Einfluß zu nehmen (→ BFH vom 28. 1. 1982 – BStBl II S. 389); zur zusätzlichen Beteiligung eines beherrschenden Gesellschafters und alleinigen Geschäftsführers einer GmbH an dieser als stiller Gesellschafter → BFH vom 15. 12. 1992 (BStBl 1994 II S. 702). Gesamthandsvermögen braucht nicht vorhanden zu sein (→ BFH vom 8. 7. 1982 – BStBl II S. 700).

Wirtschaftliches Eigentum
Ist in einem Gesellschaftsvertrag vereinbart, daß die Ehefrau im Scheidungsfall aus der Gesellschaft ausgeschlossen werden kann und ihr Ehemann an ihre Stelle tritt, ist der Kommanditanteil der Ehefrau dem Ehemann gemäß § 39 Abs. 2 Nr. 1 Satz 1 AO zuzurechnen (→ BFH vom 26. 6. 1990 – BStBl 1994 II S. 645).

Witwenpensionen

Es ist nicht ernstlich zweifelhaft, daß Witwenpensionen nach § 15 Abs. 1 Satz 2 EStG auch dann zu den Sondervergütungen im Sinne von § 15 Abs. 1 Satz 1 Nr. 2 EStG gehören, wenn

- die Witwe des Gesellschafters nicht Gesellschafterin der die Bezüge gewährenden Gesellschaft war oder ist und
- die Witwe nicht Erbin ihres verstorbenen Ehemanns geworden ist.

(→ BFH vom 25. 1. 1994 – BStBl II S. 455)

Gewinnverteilung

(4) ¹Eine rückwirkende Änderung der Gewinnverteilung während eines Wirtschaftsjahrs hat keinen Einfluß auf die Zurechnung des bis dahin entstandenen Gewinns oder Verlusts (→ BFH vom 7. 7. 1983 – BStBl 1984 II S. 53). ²Wird bei einer KG im Zusammenhang mit einer Erhöhung des Kommanditkapitals der gesellschaftsvertragliche Gewinn- und Verlustverteilungsschlüssel dahin geändert, daß künftige Gewinne oder Verluste in begrenztem Umfang nur auf die Kommanditisten verteilt werden, die weitere Kommanditeinlagen erbringen, oder daß diese Kommanditisten „Vorabanteile" von künftigen Gewinnen oder Verlusten erhalten, so ist der neue Gewinn- und Verlustverteilungsschlüssel im allgemeinen auch der einkommensteuerrechtlichen Gewinn- und Verlustverteilung zugrunde zu legen (→ BFH vom 7. 7. 1983 – BStBl 1984 II S. 53, vom 17. 3. 1987 – BStBl II S. 558 und vom 10. 12. 1992 –

§ 15 EStG
R138 H 138 (4, 5)

BStBl 1993 II S. 538). ³Das gilt nicht, wenn eine derartige Änderung des Gewinn- und Verlustverteilungsschlüssels außerbetrieblich veranlaßt oder rechtsmißbräuchlich ist.

H 138 (4)

Hinweise

Abweichung des Steuerbilanzgewinns vom Handelsbilanzgewinn

Der zwischen Gesellschaftern einer Personengesellschaft vereinbarte Gewinnverteilungsschlüssel bezieht sich grundsätzlich auf den Handelsbilanzgewinn. Weicht dieser vom Steuerbilanzgewinn deshalb ab, weil er durch die Auflösung von Bilanzierungshilfen geringer ist als der Steuerbilanzgewinn, müssen bei Anwendung des Gewinnverteilungsschlüssels auf den Steuerbilanzgewinn Korrekturen hinsichtlich der Gesellschafter angebracht werden, die bei der Bildung der Bilanzierungshilfe an dem Unternehmen noch nicht beteiligt waren (→ BFH vom 22. 5. 1990 – BStBl II S. 965).

Außerbetrieblich veranlaßter Gewinn- und Verlustverteilungsschlüssel

Eine außerbetrieblich veranlaßte Änderung des Gewinn- und Verlustverteilungsschlüssels bei einer Personengesellschaft, d. h. eine Änderung, die ihre Erklärung nicht in den Verhältnissen der Gesellschaft findet, ist ertragsteuerlich unbeachtlich (→ BFH vom 23. 8. 1990 – BStBl 1991 II S. 172).

R 138 (5) **Umfassend gewerbliche Personengesellschaft**

(5) ¹Personengesellschaften im Sinne des § 15 Abs. 3 Nr. 1 EStG sind außer der OHG und der KG diejenigen sonstigen Gesellschaften, bei denen die Gesellschafter als Unternehmer (Mitunternehmer) des Gewerbebetriebs anzusehen sind, z. B. die atypisch stille Gesellschaft, die Reederei im Sinne des § 489 HGB (Partenreederei) und die GbR, bei der die Erreichung der gemeinsamen Zwecke (§ 705 BGB) in der Ausübung einer gewerblichen Tätigkeit besteht, z. B. gemeinschaftlicher Betrieb eines Handwerks durch mehrere Handwerker. ²Die Erbengemeinschaft (→ BFH vom 23. 10. 1986 – BStBl 1987 II S. 120) und die eheliche Gütergemeinschaft sind nicht umfassend gewerblich tätig im Sinne des § 15 Abs. 3 Nr. 1 EStG. ³In den Fällen einer atypisch stillen Unterbeteiligung besteht eine Mitunternehmerschaft regelmäßig nicht zwischen dem atypisch still Unterbeteiligten und dem Unternehmen (Einzelunternehmen, Personengesellschaft, Kapitalgesellschaft), an dem die Hauptbeteiligung besteht, sondern der atypisch stille Gesellschafter ist nur Mitunternehmer der davon zu unterscheidenden Unterbeteiligungsgesellschaft (→ BFH vom 29. 10. 1991 – BStBl 1992 II S. 512); die Unterbeteiligungsgesellschaft ist damit eine Personengesellschaft im Sinne des § 15 Abs. 3 Nr. 1 EStG. ⁴Eine vermögensverwaltende Personengesellschaft, die sich an einer gewerblich tätigen Personengesellschaft beteiligt, bezieht in vollem Umfang gewerbliche Einkünfte.

H 138 (5)

Hinweise

Atypisch stille Gesellschaft

Übt der Inhaber einer Steuerberatungspraxis neben seiner freiberuflichen auch eine gewerbliche Tätigkeit aus, und ist er an seinem Unternehmen ein Steuerberater atypisch still beteiligt, so sind gemäß § 15 Abs. 3 Nr. 1 EStG sämtliche Einkünfte der Mitunternehmerschaft gewerblich (→ BFH vom 10. 8. 1994 – BStBl 1995 II S. 171).

R 138 (6) **Gewerblich geprägte Personengesellschaft**

(6) ¹Als gewerblich geprägte Personengesellschaft im Sinne des § 15 Abs. 3 Nr. 2 EStG kommt auch die sog. Schein-KG in Betracht (→ BFH vom 11. 12. 1986 – BStBl 1987 II S. 553). ²Bei dieser handelt es sich um eine Personengesellschaft, die ins Handelsregister eingetragen ist, obwohl sie von ihrer Tätigkeit (Vermögensverwaltung) her weder nach § 1 HGB noch nach § 2 HGB Kaufmann ist. ³Eine vermögensverwaltende GbR, die nicht als Schein-KG in

das Handelsregister eingetragen ist, kann allein durch das Hinzutreten einer GmbH die gewerbliche Prägung nach § 15 Abs. 3 Nr. 2 Satz 1 EStG nicht erlangen, es sei denn, die rechtsgeschäftliche Haftung der außer der Kapitalgesellschaft an der GbR beteiligten Gesellschafter ist allgemein und im Außenverhältnis erkennbar auf ihre Einlage beschränkt. [4]Eine gewerblich geprägte Personengesellschaft liegt nicht vor, wenn ein nicht persönlich haftender Gesellschafter zur Geschäftsführung befugt ist. [5]Dies gilt unabhängig davon, ob der zur Geschäftsführung befugte Gesellschafter eine natürliche Person oder eine Kapitalgesellschaft ist. [6]Eine gewerbliche Prägung ist selbst dann nicht gegeben, wenn der beschränkt haftende Gesellschafter neben dem persönlich haftenden Gesellschafter zur Geschäftsführung befugt ist oder zum Konzernkreis des persönlich haftenden Gesellschafters gehört.

Vorrang der Rechtsfolgen aus § 15 Abs. 3 Nr. 2 EStG vor denen aus § 15 Abs. 1 Satz 1 Nr. 2 Halbsatz 2 EStG bei Grundstücksverpachtung durch eine GbR an teilweise gesellschafteridentische KG

Ob eine gewerblich geprägte Personengesellschaft vorliegt und welche Rechtsfolgen sich hieraus ergeben, ist für das Bewertungsrecht und das Einkommensteuerrecht nach einheitlichen Gesichtspunkten zu bestimmen.

Eine ausschließlich aus Kapitalgesellschaften bestehende Gesellschaft bürgerlichen Rechts ist eine gewerblich geprägte Personengesellschaft.

Die Qualifikation des Vermögens als Gesellschaftsvermögen und die Einkünfte aus der Verpachtung dieses Vermögens als Einkünfte der gewerblich geprägten Personengesellschaft nach § 15 Abs. 3 Nr. 2 EStG hat bei ganz oder teilweise gesellschafteridentischen Personengesellschaften Vorrang vor der Qualifikation des Vermögens als Sonderbetriebsvermögen und der Einkünfte aus der Verpachtung als Sonderbetriebseinkünfte der Gesellschafter bei der leistungsempfangenden Gesellschaft nach § 15 Abs. 1 Satz 1 Nr. 2 Halbsatz 2 EStG (→ BFH vom 22. 11. 1994 – BFHE 177, 28).

Einkommensteuerliche Behandlung des persönlich haftenden Gesellschafters einer Kommanditgesellschaft auf Aktien R 138 (7)

(7) [1]Der persönlich haftende Gesellschafter einer Kommanditgesellschaft auf Aktien (KGaA) ist nach § 15 Abs. 1 Nr. 3 EStG wie ein Gewerbetreibender zu behandeln. [2]Der von ihm im Rahmen der KGaA erzielte anteilige Gewinn ist ihm einkommensteuerrechtlich unmittelbar zuzurechnen. [3]Er kann wie ein Mitunternehmer (§ 15 Abs. 1 Satz 1 Nr. 2 EStG) Sonderbetriebsvermögen haben. [4]Die dem persönlich haftenden Gesellschafter gehörigen Kommanditaktien sind weder Betriebsvermögen noch Sonderbetriebsvermögen. [5]Ausschüttungen auf die Kommanditaktien sind im Zeitpunkt des Zuflusses als Einnahmen aus Kapitalvermögen zu erfassen (→ BFH vom 21. 6. 1989 – BStBl II S. 881). [6]Der Gewinnanteil des persönlich haftenden Gesellschafters einer KGaA einschließlich seiner Sondervergütungen, Sonderbetriebseinnahmen und Sonderbetriebsausgaben ist durch Betriebsvermögensvergleich zu ermitteln. [7]Das Wirtschaftsjahr stimmt mit dem Wirtschaftsjahr der KGaA überein.

R 138 a. Steuerliche Anerkennung von Familiengesellschaften — R 138 a

Grundsätze

(1) [1]Einer OHG oder einer KG kann die steuerliche Anerkennung nicht lediglich mit der Begründung versagt werden, daß außerbetriebliche, z. B. steuerliche und familienrechtliche Gesichtspunkte den Abschluß des Gesellschaftsvertrags veranlaßt haben (→ BFH vom 22. 8. 1951 – BStBl III S. 181). [2]Die Anerkennung einer OHG, KG, Gesellschaft bürgerlichen Rechts oder atypisch stillen Gesellschaft setzt aber voraus, daß eine Mitunternehmerschaft vorliegt (→ R 138), der Gesellschaftsvertrag zivilrechtlich wirksam ist und auch verwirklicht wird und daß die tatsächliche Gestaltung der Dinge mit ihrer formellen Gestaltung übereinstimmt, insbesondere die aufgenommenen Familienangehörigen auch volle Gesellschafterrechte genießen (→ BFH vom 8. 8. 1979 – BStBl II S. 768 und vom 3. 5. 1979 – BStBl II S. 515). [3]Für diese Tatsachenwürdigung können die Motive, die zur Gründung einer Gesellschaft geführt haben, von Bedeutung sein. [4]Vielfach wird dort, wo lediglich steuerliche Gesichtspunkte oder sonstige außerbetriebliche Zwecke die Veranlassung bildeten, eine echte Mitunternehmerschaft nicht vorliegen. [5]Die Frage, ob eine solche Mitunternehmerschaft gegeben ist, muß aus dem Gesamtbild heraus entschieden werden (→ BFH vom 9. 9. 1954 – BStBl III S. 317, vom 13. 2. 1962 – BStBl 1963 III S. 84 und vom 17. 11. 1964 – BStBl 1965 III S. 260). [6]Ein Kom-

S 2241

manditist, der vom persönlich haftenden Gesellschafter ohne weiteres zum Buchwert aus der Gesellschaft ausgeschlossen werden kann, ist nicht Mitunternehmer (→ BFH vom 29. 4. 1981 – BStBl II S. 663). ⁷Entsprechendes gilt, wenn die für den Fall des jederzeit möglichen Ausschlusses vereinbarte Abfindung nicht auch die Beteiligung am Firmenwert umfaßt (→ BFH vom 15. 10. 1981 – BStBl 1982 II S. 342).

Schenkweise als Kommanditisten in eine KG aufgenommene Kinder als Mitunternehmer

(2) ¹Schenkweise von ihren Eltern in eine KG aufgenommene Kinder können nur Mitunternehmer sein, wenn ihnen wenigstens annäherungsweise diejenigen Rechte eingeräumt sind, die einem Kommanditisten nach dem HGB zukommen. ²Maßstab ist das nach dem HGB für den Kommanditisten vorgesehene Regelstatut. ³Dazu gehören auch die gesetzlichen Regelungen, die im Gesellschaftsvertrag abbedungen werden können. ⁴Entsprechendes gilt für am Gesellschaftsanteil der Eltern unterbeteiligte Kinder (→ BFH vom 24. 7. 1986 – BStBl 1987 II S. 54). ⁵Sie sind nicht Mitunternehmer, wenn ihre Rechtsstellung nach dem Gesamtbild zugunsten der Eltern in einer Weise beschränkt ist, wie dies in Gesellschaftsverträgen zwischen Fremden nicht üblich ist. ⁶Die schenkweise begründete Rechtsstellung der Kinder entspricht in diesen Fällen ihrem wirtschaftlichen Gehalt nach häufig dem Versprechen einer erst künftigen Kapitalübertragung (→ BFH vom 8. 2. 1979 – BStBl II S. 405 und vom 3. 5. 1979 – BStBl II S. 515). ⁷Allerdings kann bei der Würdigung des Gesamtbildes in Grenzfällen für die Anerkennung als Mitunternehmer sprechen, daß die Vertragsgestaltung den objektiven Umständen nach darauf abgestellt ist, die Kinder oder Enkel an das Unternehmen heranzuführen, um dessen Fortbestand zu sichern (→ BFH vom 6. 4. 1979 – BStBl II S. 620). ⁸Dies ist nicht der Fall, wenn die Kinder wegen ihres Alters nicht die für eine Heranführung an das Unternehmen erforderliche Reife besitzen (→ BFH vom 5. 7. 1979 – BStBl II S. 670).

(3) ¹Überlassen Eltern ihren minderjährigen Kindern Anteile am Betriebsvermögen einer von ihnen gebildeten Personengesellschaft unter der Auflage, daß die Kinder über die auf ihre Anteile entfallenden Gewinnanteile nur in dem von den Eltern gebildeten Umfang verfügen dürfen, so liegt eine zur Gewinnverteilung auch auf die Kinder führende Mitunternehmerschaft nicht vor (→ BFH vom 4. 8. 1971 – BStBl 1972 II S. 10). ²Wird ein nicht mitarbeitendes Kind ohne Einlage als Gesellschafter aufgenommen, so ist es in der Regel im Jahr der Aufnahme kein Mitunternehmer, wenn es sich nur verpflichtet, einen Teil seines künftigen Gewinnanteils zur Bildung eines Kapitalanteils stehenzulassen (→ BFH vom 1. 2. 1973 – BStBl II S. 221). ³Das gilt auch, wenn das Kind zwar zu einer Bareinlage verpflichtet sein soll, diese aber nur aus einem von den Eltern gewährten und aus dem ersten Gewinnanteil des Kindes wieder getilgten Darlehen leistet (→ BFH vom 1. 2. 1973 – BStBl II S. 526). ⁴Behält ein Elternteil sich bei der unentgeltlichen Einräumung einer Unterbeteiligung an einem Kommanditanteil das Recht vor, jederzeit eine unentgeltliche Rückübertragung der Kapitalteile von dem Kind zu verlangen, so wird keine Einkunftsquelle auf das Kind übertragen. ⁵Gleiches gilt bei schenkweiser Übertragung eines Kommanditanteils mit Rückübertragungsverpflichtung (→ BFH vom 16. 5. 1989 – BStBl II S. 877). ⁶Die Gewinngutschriften auf die Unterbeteiligung sind deshalb bei dem Elternteil keine Sonderbetriebsausgaben, sondern nichtabzugsfähige Zuwendungen im Sinne des § 12 EStG (→ BFH vom 18. 7. 1974 – BStBl II S. 740). ⁷Ist die Gesellschafterstellung eines Kindes von vornherein nur befristet – etwa auf die Zeit, in der das Kind vermutlich unterhaltsbedürftig ist und eine persönliche Aktivität als Gesellschafter noch nicht entfalten wird –, kann eine Mitunternehmerschaft nicht anerkannt werden (→ BFH vom 29. 1. 1976 – BStBl II S. 324). ⁸Dagegen kann eine Mitunternehmerschaft minderjähriger Kinder, die als Kommanditisten einer Familien-KG im Schenkungswege beteiligt wurden, nicht schon deshalb verneint werden, weil der Vater nach dem Gesellschaftsvertrag berechtigt ist, die Gesellschafterstellung eines Kindes zum Ende des Jahres der Erreichung der Volljährigkeit zu kündigen (→ BFH vom 23. 6. 1976 – BStBl II S. 678). ⁹Ist dem Vater oder einer von ihm beherrschten GmbH ein Mehrstimmrecht eingeräumt, das eine einfache Mehrheit in der Gesellschafterversammlung sichert, und kann der Gesellschaftsvertrag mit einfacher Mehrheit geändert werden, spricht dies gegen die Mitunternehmerstellung der Kinder. ¹⁰Der schenkweisen Aufnahme steht gleich, wenn den Kindern die Mittel für die Kommanditeinlage darlehensweise unter Bedingungen zur Verfügung gestellt werden, die unter Fremden nicht üblich sind (→ BFH vom 5. 7. 1979 – BStBl II S. 670). ¹¹Behalten sich die Eltern die Verwaltung der Kommanditbeteiligungen der Kinder vor, sind die Kinder nicht Mitunternehmer (→ BFH vom 25. 6. 1981 – BStBl II S. 779). ¹²Beteiligt ein Steuerpflichtiger sein durch einen Pfleger vertretenes minderjähriges Kind an seinem Unternehmen, so hängt die steuerliche Anerkennung des Vertrags auch dann, wenn die Beteiligten nach dem Vertrag gehandelt haben, von der vormundschaftsgerichtlichen Ge-

nehmigung ab, die nicht als stillschweigend erteilt angesehen werden kann (→ BFH vom 4. 7. 1968 – BStBl II S. 671). [13]Die zivilrechtliche Rückwirkung der vormundschaftsgerichtlichen Genehmigung eines Vertrags über den Erwerb eines Anteils an einer Personengesellschaft durch einen Minderjährigen kann steuerlich nicht berücksichtigt werden, wenn die vormundschaftsgerichtliche Genehmigung nicht unverzüglich nach Abschluß des Gesellschaftsvertrags beantragt und in angemessener Frist erteilt wird (→ BFH vom 1. 2. 1973 – BStBl II S. 307 und vom 5. 3. 1981 – BStBl II S. 435).

(4) [1]Sind die in eine Gesellschaft im Wege der Schenkung aufgenommenen Kinder nach den vorstehenden Grundsätzen nicht als Mitunternehmer anzusehen, können ihnen die vertraglichen Gewinnanteile nicht als eigene Einkünfte aus Gewerbebetrieb zugerechnet werden. [2]Eine Umdeutung einer nicht anerkannten Mitunternehmerschaft z. B. in eine Darlehensgewährung ist nicht zulässig, wenn sich die gesamte Rechtsgestaltung nur aus familiären Gründen erklären läßt (→ BFH vom 22. 1. 1970 – BStBl II S. 416). [3]In Höhe dieser Gewinnanteile liegt regelmäßig eine nach § 12 EStG unbeachtliche Einkommensverwendung der Eltern vor.

Gewinnverteilung bei Familiengesellschaften

(5) [1]Unabhängig von der Anerkennung der Familiengesellschaft als solcher ist zu prüfen, ob auch die von der Gesellschaft vorgenommene Gewinnverteilung steuerlich zu übernehmen ist. [2]Steht die Gewinnverteilung in offensichtlichem Mißverhältnis zu den Leistungen der Gesellschafter, so kann ein Mißbrauch im Sinne des § 42 AO vorliegen. [3]Das Finanzamt kann in diesem Fall von der Gewinnverteilung der Personengesellschaft abweichen, wenn die Bedenken gegen diese Gewinnverteilung zu einer wesentlich anderen Verteilung des Gewinns führen (→ BFH vom 31. 1. 1961 – BStBl III S. 158). [4]Bei einem Kommanditisten, der an einer Familienkommanditgesellschaft im wesentlichen nur kapitalmäßig beteiligt ist, kann steuerlich neben der Verzinsung der Einlage eine Gewinnbeteiligung nur nach Maßgabe der Bedeutung der Einlage für das Unternehmen und unter gebührender Abgeltung der Leistungen der für die Gesellschaft tätigen und vollhaftenden Gesellschafter anerkannt werden (→ BFH vom 25. 7. 1963 – BStBl 1964 III S. 3). [5]Beteiligt ein Steuerpflichtiger nicht im Betrieb mitarbeitende nahe Familienangehörige in der Weise als Kommanditisten oder atypisch stille Gesellschafter an einem Betrieb, daß er ihnen Gesellschaftsanteile schenkweise überträgt, so kann mit steuerlicher Wirkung eine Gewinnverteilung nur anerkannt werden, die auf längere Sicht zu einer auch unter Berücksichtigung der gesellschaftsrechtlichen Beteiligung der Mitunternehmer angemessenen Verzinsung des tatsächlichen (gemeinen) Wertes der Gesellschaftsanteile führt (→ BFH vom 29. 5. 1972 – BStBl 1973 II S. 5). [6]Die Gewinnverteilung wird im allgemeinen dann nicht zu beanstanden sein, wenn der vereinbarte Gewinnverteilungsschlüssel eine durchschnittliche Rendite von nicht mehr als 15 v. H. des tatsächlichen Wertes der Beteiligung ergibt (→ BFH vom 24. 7. 1986 – BStBl 1987 II S. 54). [7]Dies gilt auch bei schenkweiser Übertragung einer bestehenden durch Kommanditeinlage erworbenen Kommanditbeteiligung von der Mutter auf ein Kind, wenn die Übertragung gesellschaftsrechtlich nur mit Zustimmung des Komplementärs, hier des Vaters, möglich ist und dieser das Recht hat, das Gesellschaftsverhältnis jederzeit unter Abfindung des Kommanditisten mit dem Buchwert zu kündigen (→ BFH vom 13. 3. 1980 – BStBl II S. 437). [8]Ist vertraglich bestimmt, daß der Gesellschafter nicht oder unter bestimmten Voraussetzungen nicht an den stillen Reserven beteiligt sein soll, so ist ein Abschlag zu machen; das gilt auch, wenn der Gesellschafter in der Verfügung über seinen Anteil oder in der Befugnis, Gewinn zu entnehmen, beschränkt ist (→ BFH vom 29. 3. 1973 – BStBl II S. 489). [9]Sind die Geschäftsanteile ganz oder teilweise mit eigenen Mitteln von den aufgenommenen Familienangehörigen erworben worden, bildet die unter Fremden übliche Gestaltung den Maßstab für die Prüfung, ob die Gewinnverteilung angemessen ist (→ BFH vom 4. 6. 1973 – BStBl II S. 866). [10]Behält sich ein Elternteil anläßlich der unentgeltlichen Übertragung eines Gesellschaftsanteils auf die Kinder das Recht vor, das Gesellschaftsverhältnis zu kündigen, das Unternehmen allein fortzuführen und die Kinder mit dem Buchwert ihres festen Kapitalanteils abzufinden, so ist bei Prüfung der Angemessenheit des vereinbarten Gewinnverteilungsschlüssels von dem Buchwert des übertragenen Gesellschaftsanteils auszugehen (→ BFH vom 27. 9. 1973 – BStBl 1974 II S. 51 und vom 13. 3. 1980 – BStBl II S. 437). [11]Ist eine Gewinnverteilung nach den vorstehenden Grundsätzen unangemessen, so ist die Besteuerung so vorzunehmen, als ob eine angemessene Gewinnverteilung getroffen worden wäre (→ BFH vom 29. 3. 1973 – BStBl II S. 650). [12]Gewinnanteile, die die angemessene Begrenzung übersteigen, sind den anderen Gesellschaftern zuzurechnen, sofern nicht auch bei ihnen Begrenzungen zu beachten sind. [13]Bei der Beantwortung der Frage, ob eine Gewinnverteilung angemessen ist, ist in der

Regel von der durchschnittlichen Rendite eines Zeitraums von fünf Jahren auszugehen. ¹⁴Außerdem sind alle im Zeitpunkt des Vertragsabschlusses bekannten Tatsachen und die sich aus ihnen für die Zukunft ergebenden wahrscheinlichen Entwicklungen zu berücksichtigen. ¹⁵Eine als angemessen anzusehende Gewinnverteilung bleibt grundsätzlich so lange bestehen, bis eine wesentliche Veränderung der Verhältnisse dergestalt eintritt, daß auch bei einer Mitunternehmerschaft zwischen fremden Personen die Gewinnverteilung geändert würde (→ BFH vom 29. 5. 1972 – BStBl 1973 II S. 5).

Typische stille Gesellschaft

(6) ¹Kommanditisten, die nicht als Mitunternehmer anzuerkennen sind, können im Innenverhältnis unter Umständen die Stellung von typischen stillen Gesellschaftern erlangt haben (→ BFH vom 29. 4. 1981 – BStBl II S. 663). ²Beteiligt ein Steuerpflichtiger nahe Angehörige an seinem Unternehmen als stille Gesellschafter, so kann diese Beteiligung steuerlich nur anerkannt werden, wenn die Gesellschaftsverträge klar vereinbart, bürgerlich-rechtlich wirksam und ernstlich gewollt sind, tatsächlich durchgeführt werden, wirtschaftlich zu einer Änderung der bisherigen Verhältnisse führen und die Verträge keine Bedingungen enthalten, unter denen fremde Dritte Kapital als stille Einlage nicht zur Verfügung stellen würden (→ BFH vom 8. 3. 1984 – BStBl II S. 623 und vom 31. 5. 1989 – BStBl 1990 II S. 10). ³Absatz 3 Satz 12 gilt entsprechend, wenn das Kind auch am Verlust beteiligt ist (→ BFH vom 4. 7. 1968 – BStBl II S. 671). ⁴Ist ein schenkweise still beteiligtes minderjähriges Kind nicht am Verlust der Gesellschaft beteiligt, kann eine stille Beteiligung steuerlich nicht anerkannt werden (→ BFH vom 21.10.1992 – BStBl 1993 II S. 289). ⁵Ein Vertrag über eine stille Gesellschaft zwischen Familienangehörigen ist nur dann durchgeführt, wenn die Gewinnanteile entweder ausbezahlt werden oder im Falle einer Gutschrift eindeutig bis zur Auszahlung jederzeit abrufbar gutgeschrieben bleiben (→ BFH vom 18. 10. 1989 – BStBl 1990 II S. 68).

Gewinnbeteiligung bei typischer stiller Beteiligung

(7) ¹Die Höhe der Gewinnbeteiligung wird bei typischer stiller Beteiligung steuerlich nur zugrunde gelegt, soweit sie wirtschaftlich angemessen ist (→ BFH vom 13. 12. 1963 – BStBl 1964 III S. 156). ²Stammt die Kapitalbeteiligung des stillen Gesellschafters in vollem Umfang aus einer Schenkung des Unternehmers, so ist in der Regel eine Gewinnverteilungsabrede angemessen, die im Zeitpunkt der Vereinbarung bei vernünftiger kaufmännischer Beurteilung eine durchschnittliche Rendite von 15 v. H. der Einlage erwarten läßt, wenn der Beschenkte am Gewinn und Verlust beteiligt ist; ist eine Beteiligung am Verlust ausgeschlossen, ist bei einem steuerlich anerkannten stillen Gesellschaftsverhältnis in der Regel ein Satz von 12 v. H. angemessen (→ BFH vom 29. 3. 1973 – BStBl II S. 650). ³Stammt die Kapitaleinlage des stillen Gesellschafters nicht aus der Schenkung des Unternehmers, sondern wird sie aus eigenen Mitteln des stillen Gesellschafters geleistet, so ist in der Regel eine Gewinnverteilungsabrede angemessen, die im Zeitpunkt der Vereinbarung bei vernünftiger kaufmännischer Beurteilung eine durchschnittliche Rendite von 25 v. H. der Einlage erwarten läßt, wenn der stille Gesellschafter nicht am Verlust beteiligt ist (→ BFH vom 14. 2. 1973 – BStBl II S. 395). ⁴Ist der stille Gesellschafter am Verlust beteiligt, ist in der Regel ein Satz von bis zu 35 v. H. noch angemessen (→ BFH vom 16. 12. 1981 – BStBl 1982 II S. 387). ⁵Der tatsächliche Wert einer typischen stillen Beteiligung ist regelmäßig gleich ihrem Nennwert (→ BFH vom 29. 3. 1973 – BStBl II S. 650).

Hinweise

Erbengemeinschaft

Eine Erbengemeinschaft kann nicht Gesellschafterin einer werbenden Personengesellschaft sein. Jedem Miterben steht deshalb ein seinem Erbanteil entsprechender Gesellschaftsanteil zu (→ BFH vom 1. 3. 1994 – BStBl 1995 II S. 241).

→ H 138 (3) Mitunternehmerstellung von Miterben

Familienpersonengesellschaft

Der Gewinn aus einer Familienpersonengesellschaft ist einem bisher als Alleininhaber tätig gewesenen Gesellschafter zuzurechnen, wenn der Gewinn tatsächlich nicht aufgeteilt, sondern diesem Gesellschafter allein belassen worden ist (→ BFH vom 6. 11. 1964 – BStBl 1965 III S. 52).

§ 15 EStG
H 138 a   R 138 b, 138 c

Gütergemeinschaft
Die eheliche Gütergemeinschaft ist ein den in § 15 Abs. 1 Nr. 2 EStG genannten Gesellschaftsverhältnissen vergleichbares Gemeinschaftsverhältnis und kann damit eine Mitunternehmerschaft begründen (→ BFH vom 16. 2. 1995 – BStBl II S. 592).

→ H 13 (12)

Rückfallklausel
Eine Rückfallklausel, nach der die Unterbeteiligung ersatzlos an den Vater zurückfällt, wenn das Kind vor dem Vater stirbt und keine leiblichen ehelichen Abkömmlinge hinterläßt, steht der steuerrechtlichen Anerkennung der Unterbeteiligung nicht entgegen (→ BFH vom 27. 1. 1994 – BStBl II S. 635).

Schenkweise aufgenommene Kinder
Schenkweise als Kommanditisten in eine KG aufgenommene Kinder als Mitunternehmer → BMF vom 5. 10. 1989 (BStBl I S. 378).

Anhang 24

Unterbeteiligung
Keine steuerrechtliche Anerkennung einer Unterbeteiligung am OHG-Anteil des Vaters bei Ausschluß der Unterbeteiligten von stillen Reserven und Firmenwert im Fall der Kündigung der Unterbeteiligung durch den Vater sowie Einschränkung der Gewinnentnahme- und Kontrollrechte der Unterbeteiligten (→ BFH vom 6. 7. 1995 – BFHE 178, 180).

– unbesetzt –

R 138 b

R 138 c. Verluste aus gewerblicher Tierzucht oder gewerblicher Tierhaltung

R 138 c

(1) ¹Gewerbliche Tierzucht oder gewerbliche Tierhaltung ist jede Tierzucht oder Tierhaltung, der nach den Vorschriften des § 13 Abs. 1 EStG in Verbindung mit den §§ 51 und 51 a BewG keine ausreichenden landwirtschaftlichen Nutzflächen als Futtergrundlage zur Verfügung stehen (→ BFH vom 12. 8. 1982 – BStBl 1983 II S. 36; → R 124 a). ²Von § 15 Abs. 4 EStG werden alle Verluste aus gewerblicher Tierzucht oder gewerblicher Tierhaltung erfaßt, nicht nur Abschreibungs- oder Buchverluste (→ BFH vom 5. 2. 1981 – BStBl II S. 359). ³Wird neben einer Tierzucht oder Tierhaltung, die für sich gesehen als landwirtschaftliche Tätigkeit einzuordnen wäre, eine gewerbliche Tätigkeit ausgeübt, so ist § 15 Abs. 4 EStG nicht anzuwenden, auch wenn die Tierzucht oder Tierhaltung sich als Nebenbetrieb der gewerblichen Tätigkeit darstellt (→ BFH vom 1. 2. 1990 – BStBl 1991 II S. 625). ⁴Das gilt auch, wenn die Tierzucht oder Tierhaltung im Rahmen einer Personengesellschaft erfolgt, deren Einkünfte zu den Einkünften aus Gewerbebetrieb gehören.

S 2119

(2) ¹Wird in einem einheitlichen Betrieb neben gewerblicher Tierzucht oder gewerblicher Tierhaltung noch eine andere gewerbliche Tätigkeit ausgeübt, so darf ein Verlust aus der gewerblichen Tierzucht oder Tierhaltung nicht mit einem Gewinn aus der anderen gewerblichen Tätigkeit verrechnet werden. ²Der auf die gewerbliche Tierzucht oder Tierhaltung entfallende Verlust, der nicht verrechnet werden darf, ist gegebenenfalls durch Schätzung zu ermitteln.

(3) ¹Betreibt ein Steuerpflichtiger gewerbliche Tierzucht oder Tierhaltung in mehreren selbständigen Betrieben, so kann der in einem Betrieb erzielte Gewinn aus gewerblicher Tierzucht oder Tierhaltung mit dem in einem anderen Betrieb des Steuerpflichtigen erzielten Verlust aus gewerblicher Tierzucht oder Tierhaltung bis zum Betrag von 0 DM verrechnet werden. ²Bei der Zusammenveranlagung von Ehegatten können Verluste aus gewerblicher Tierzucht oder Tierhaltung des einen Ehegatten mit Gewinnen des anderen Ehegatten aus gewerblicher Tierzucht oder Tierhaltung ausgeglichen und von diesen abgezogen werden (→ BFH vom 6. 7. 1989 – BStBl II S. 787).

§ 15 EStG
R 138 c   H 138 c

H 138 c

Hinweise

Brüterei

Die Unterhaltung einer Brüterei durch einen Gewerbetreibenden stellt keine gewerbliche Tierzucht oder Tierhaltung dar (→ BFH vom 14. 9. 1989 – BStBl 1990 II S. 152).

Nichtausgeglichene Verluste

Nichtausgeglichene Verluste aus gewerblicher Tierzucht oder Tierhaltung im Sinne des § 15 Abs. 4 EStG sind gesondert festzustellen (→ FG Münster vom 2. 5. 1995 – EFG S. 973).

Pelztierzucht

§ 15 Abs. 4 EStG gilt auch für Verluste aus gewerblicher Pelztierzucht (→ BFH vom 29. 10. 1987 – BStBl 1988 II S. 264).

Viehmastbetrieb

Betreibt ein Viehhändler neben einer Großschlächterei in erheblichem Umfang auch eine Viehmast, ohne die für eine landwirtschaftliche Betätigung erforderliche Futtergrundlage zu haben, sind die aus der Tierhaltung resultierenden Verluste gem. § 15 Abs. 4 EStG nicht ausgleichs- und nicht abzugsfähig (→ BFH vom 21. 9. 1995 – IV R 96/94).

§ 15 a[1])
Verluste bei beschränkter Haftung

(1) ¹Der einem Kommanditisten zuzurechnende Anteil am Verlust der Kommanditgesellschaft darf weder mit anderen Einkünften aus Gewerbebetrieb noch mit Einkünften aus anderen Einkunftsarten ausgeglichen werden, soweit ein negatives Kapitalkonto des Kommanditisten entsteht oder sich erhöht; er darf insoweit auch nicht nach § 10 d abgezogen werden. ²Haftet der Kommanditist am Bilanzstichtag den Gläubigern der Gesellschaft auf Grund des § 171 Abs. 1 des Handelsgesetzbuchs, so können abweichend von Satz 1 Verluste des Kommanditisten bis zur Höhe des Betrags, um den die im Handelsregister eingetragene Einlage des Kommanditisten seine geleistete Einlage übersteigt, auch ausgeglichen oder abgezogen werden, soweit durch den Verlust ein negatives Kapitalkonto entsteht oder sich erhöht. ³Satz 2 ist nur anzuwenden, wenn derjenige, dem der Anteil zuzurechnen ist, im Handelsregister eingetragen ist, das Bestehen der Haftung nachgewiesen wird und eine Vermögensminderung auf Grund der Haftung nicht durch Vertrag ausgeschlossen oder nach Art und Weise des Geschäftsbetriebs unwahrscheinlich ist.

(2) Soweit der Verlust nach Absatz 1 nicht ausgeglichen oder abgezogen werden darf, mindert er die Gewinne, die dem Kommanditisten in späteren Wirtschaftsjahren aus seiner Beteiligung an der Kommanditgesellschaft zuzurechnen sind.

(3) ¹Soweit ein negatives Kapitalkonto des Kommanditisten durch Entnahmen entsteht oder sich erhöht (Einlageminderung) und soweit nicht auf Grund der Entnahmen eine nach Absatz 1 Satz 2 zu berücksichtigende Haftung besteht oder entsteht, ist dem Kommanditisten der Betrag der Einlageminderung als Gewinn zuzurechnen. ²Der nach Satz 1 zuzurechnende Betrag darf den Betrag der Anteile am Verlust der Kommanditgesellschaft nicht übersteigen, der im Wirtschaftsjahr der Einlageminderung und in den zehn vorangegangenen Wirtschaftsjahren ausgleichs- oder abzugsfähig gewesen ist. ³Wird der Haftungsbetrag im Sinne des Absatzes 1 Satz 2 gemindert (Haftungsminderung) und sind im Wirtschaftsjahr der Haftungsminderung und den zehn vorangegangenen Wirtschaftsjahren Verluste nach Absatz 1 Satz 2 ausgleichs- oder abzugsfähig gewesen, so ist dem Kommanditisten der Betrag der Haftungsminderung, vermindert um auf Grund der Haftung tatsächlich geleistete Beträge, als Gewinn zuzurechnen; Satz 2 gilt sinngemäß. ⁴Die nach den Sätzen 1 bis 3 zuzurechnenden Beträge mindern die Gewinne, die dem Kommanditisten im Wirtschaftsjahr der Zurechnung oder in späteren Wirtschaftsjahren aus seiner Beteiligung an der Kommanditgesellschaft zuzurechnen sind.

(4) ¹Der nach Absatz 1 nicht ausgleichs- oder abzugsfähige Verlust eines Kommanditisten, vermindert um die nach Absatz 2 abzuziehenden und vermehrt um die nach Absatz 3 hinzuzurechnenden Beträge (verrechenbarer Verlust), ist jährlich gesondert festzustellen. ²Dabei ist von dem verrechenbaren Verlust des vorangegangenen Wirtschaftsjahrs auszugehen. ³Zuständig für den Erlaß des Feststellungsbescheids ist das für die gesonderte Feststellung des Gewinns und Verlustes der Gesellschaft zuständige Finanzamt. ⁴Der Feststellungsbescheid kann nur insoweit angegriffen werden, als der verrechenbare Verlust gegenüber dem verrechenbaren Verlust des vorangegangenen Wirtschaftsjahrs sich verändert hat. ⁵Die gesonderten Feststellungen nach Satz 1 können mit der gesonderten und einheitlichen Feststellung der einkommensteuerpflichtigen und körperschaftsteuerpflichtigen Einkünfte verbunden werden. ⁶In diesen Fällen sind die gesonderten Feststellungen des verrechenbaren Verlustes einheitlich durchzuführen.

(5) Absatz 1 Satz 1, Absatz 2, Absatz 3 Sätze 1, 2 und 4 sowie Absatz 4 gelten sinngemäß für andere Unternehmer, soweit deren Haftung der eines Kommanditisten vergleichbar ist, insbesondere für

1. stille Gesellschafter einer stillen Gesellschaft im Sinne des § 230 des Handelsgesetzbuchs, bei der der stille Gesellschafter als Unternehmer (Mitunternehmer) anzusehen ist,
2. Gesellschafter einer Gesellschaft im Sinne des Bürgerlichen Gesetzbuchs, bei der der Gesellschafter als Unternehmer (Mitunternehmer) anzusehen ist, soweit die Inanspruchnahme des Gesellschafters für Schulden in Zusammenhang mit dem Betrieb durch Vertrag ausgeschlossen oder nach Art und Weise des Geschäftsbetriebs unwahrscheinlich ist,

---
[1]) Zur Anwendung → § 52 Abs. 19 EStG.

3. Gesellschafter einer ausländischen Personengesellschaft, bei der der Gesellschafter als Unternehmer (Mitunternehmer) anzusehen ist, soweit die Haftung des Gesellschafters für Schulden in Zusammenhang mit dem Betrieb der eines Kommanditisten oder eines stillen Gesellschafters entspricht oder soweit die Inanspruchnahme des Gesellschafters für Schulden in Zusammenhang mit dem Betrieb durch Vertrag ausgeschlossen oder nach Art und Weise des Geschäftsbetriebs unwahrscheinlich ist,
4. Unternehmer, soweit Verbindlichkeiten nur in Abhängigkeit von Erlösen oder Gewinnen aus der Nutzung, Veräußerung oder sonstigen Verwertung von Wirtschaftsgütern zu tilgen sind,
5. Mitreeder einer Reederei im Sinne des § 489 des Handelsgesetzbuchs, bei der der Mitreeder als Unternehmer (Mitunternehmer) anzusehen ist, wenn die persönliche Haftung des Mitreeders für die Verbindlichkeiten der Reederei ganz oder teilweise ausgeschlossen oder soweit die Inanspruchnahme des Mitreeders für Verbindlichkeiten der Reederei nach Art und Weise des Geschäftsbetriebs unwahrscheinlich ist.

R 138 d. Verluste bei beschränkter Haftung

Begriff und Umfang des Kapitalkontos im Sinne des § 15 a Abs. 1 Satz 1 EStG

(1) [1]§ 15 a Abs. 1 Satz 1 EStG stellt auf das Kapitalkonto des Kommanditisten ab. [2]Dieses Kapitalkonto umfaßt den Anteil des Kommanditisten am Gesamthandsvermögen der Gesellschaft einschließlich seiner Aufwendungen hierfür, die in einer steuerlichen Ergänzungsbilanz auszuweisen sind. [3]Bei der Ermittlung des Kapitalkontos im Sinne des § 15 a Abs. 1 Satz 1 EStG ist das – positive und negative – Sonderbetriebsvermögen des Kommanditisten außer Betracht zu lassen (→ BFH vom 14. 5. 1991 – BStBl 1992 II S. 167). [4]Das bedeutet, daß die Zurverfügungstellung positiven Sonderbetriebsvermögens das Verlustausgleichsvolumen nicht erhöht und andererseits die Fremdfinanzierung der Kommanditeinlage das Verlustausgleichsvolumen nicht vermindert.

Sonderbetriebsvermögen

(2) [1]Verluste, die der Gesellschafter im Bereich seines Sonderbetriebsvermögens erleidet, sind unbeschränkt ausgleichs- und abzugsfähig (→ BFH vom 14. 5. 1991 – BStBl 1992 II S. 167), es sei denn, daß sich das Sonderbetriebsvermögen im Gesamthandseigentum einer Gesellschaft, z. B. einer Gesellschaft bürgerlichen Rechts, befindet, bei der für die Verluste der Gesellschaft ihrerseits § 15 a EStG gilt. [2]Bei der Anwendung des § 15 a EStG ist im übrigen ein positives oder negatives Sonderbetriebsvermögen insgesamt nicht einzubeziehen.

Außenhaftung des Kommanditisten nach § 15 a Abs. 1 Sätze 2 und 3 EStG

(3) [1]Der erweiterte Verlustausgleich oder -abzug im Jahr der Entstehung des Verlustes bei der KG setzt u. a. voraus, daß derjenige, dem der Anteil zuzurechnen ist und der deshalb den Verlustanteil bei seiner persönlichen Steuerveranlagung ausgleichen oder abziehen will, am Bilanzstichtag namentlich im Handelsregister eingetragen ist. [2]Die Anmeldung zur Eintragung im Handelsregister reicht nicht aus. [3]Dies gilt auch, wenn die Eintragung z. B. wegen Überlastung des Handelsregistergerichts oder wegen firmenrechtlicher Bedenken des Gerichts noch nicht vollzogen ist. [4]Bei Treuhandverhältnissen im Sinne des § 39 AO und bei Unterbeteiligungen, die ein beschränkt haftender Unternehmer einem Dritten an seinem Gesellschaftsanteil einräumt, reicht für den erweiterten Verlustausgleich oder -abzug die Eintragung des Treuhänders oder des Hauptbeteiligten im Handelsregister nicht aus. [5]Darüber hinaus setzt die Anwendung des § 15 a Abs. 1 Satz 2 EStG nach Satz 3 der Vorschrift voraus, daß eine Vermögensminderung auf Grund der am Bilanzstichtag bestehenden Außenhaftung nicht nach Art und Weise des Geschäftsbetriebs unwahrscheinlich ist. [6]Dies ist der Fall, wenn die finanzielle Ausstattung der Gesellschaft und deren gegenwärtige sowie voraussichtlich zukünftige Liquidität im Verhältnis zum nach dem Gesellschaftsvertrag festgelegten Gesellschaftszweck und dessen Umfang so außergewöhnlich günstig sind, daß die finanzielle Inanspruchnahme des einzelnen zu beurteilenden Kommanditisten nicht zu erwarten ist. [7]Dabei ist der Art und Weise des Geschäftsbetriebs in besonderem Maße Rechnung zu tragen. [8]Das bedeutet, daß der finanziellen Ausstattung der Gesellschaft um so weniger Gewicht zukommt, je weniger der nach dem Gesellschaftsvertrag festgelegte Gegenstand des Unternehmens verlustträchtig erscheint und je weniger die für einen über-

schaubaren Zeitraum zu erwartende Geschäftsentwicklung auch nur kurzzeitige Liquiditätsengpässe der Gesellschaft als möglich erscheinen läßt. [9]Bei der Gewichtung der genannten Komponenten ist ein vorsichtiger Maßstab in dem Sinne anzulegen, daß die für eine mögliche Vermögensminderung sprechenden Umstände im Zweifel eher über- als unterzubewerten sind (→ BFH vom 14. 5. 1991 – BStBl 1992 II S. 164). [10]Der erweiterte Verlustausgleich nach § 15 a Abs. 1 Satz 2 und 3 EStG kommt nicht in Betracht, wenn sich die Haftung des Kommanditisten gegenüber den Gläubigern der Gesellschaft nicht aus § 171 Abs. 1 HGB, sondern aus § 172 Abs. 2 HGB ergibt (→ BFH vom 28. 5. 1993 – BStBl II S. 665). [11]Gleiches gilt, wenn sich die Haftung des Kommanditisten aus § 176 HGB ergibt. [12]Nach der Konzeption des § 15 a EStG kann der Kommanditist Verluste insgesamt maximal bis zur Höhe seiner Einlage zuzüglich einer etwaigen überschießenden Außenhaftung nach § 171 Abs. 1 HGB steuerlich geltend machen. [13]Daher darf auch bei einer über mehrere Bilanzstichtage bestehenden Haftung das Verlustausgleichsvolumen nach § 15 a Abs. 1 Satz 2 und 3 EStG insgesamt nur einmal in Anspruch genommen werden. [14]Die spätere haftungsbeendende Einlageleistung schafft kein zusätzliches Verlustausgleichspotential. [15]Das Verlustausgleichsvolumen nach § 15 a Abs. 1 Satz 2 und 3 EStG darf auch dann nur einmal in Anspruch genommen werden, wenn die Außenhaftung des Kommanditisten auf Grund von Entnahmen nach § 172 Abs. 4 Satz 2 HGB wieder auflebt.

Ausländische Verluste

(4) [1]In Fällen, in denen bei Beteiligung an einer ausländischen Personengesellschaft mit Sitz in einem Staat, mit dem ein Abkommen zur Vermeidung der Doppelbesteuerung besteht (DBA-Staat), ein Antrag nach § 2 a Abs. 3 EStG gestellt wird, können Verluste nur in dem sich aus § 15 a EStG ergebenden Umfang bei der Ermittlung des Gesamtbetrags der Einkünfte abgezogen werden. [2]Darüber hinaus gilt die Verlustausgleichsbeschränkung des § 15 a Abs. 1 Satz 1 EStG nach § 15 a Abs. 5 Nr. 3 EStG unter den dort genannten Voraussetzungen sinngemäß auch für Gesellschafter einer ausländischen Personengesellschaft, bei der der Gesellschafter als Unternehmer oder Mitunternehmer anzusehen ist. [3]Diese Vorschrift hat Bedeutung für die Fälle der Beteiligung an einer Personengesellschaft in einem Staat, mit dem kein Doppelbesteuerungsabkommen besteht; sie ist ferner von Bedeutung, wenn bei einer Beteiligung an einer Personengesellschaft in einem DBA-Staat ein Antrag nach § 2 a Abs. 3 EStG nicht gestellt wird. [4]Ist die Haftung auf Grund der Beteiligung an der ausländischen Gesellschaft mit derjenigen eines Kommanditisten einer Kommanditgesellschaft deutschen Rechts vergleichbar, sind somit die in § 15 a Abs. 5 EStG bezeichneten Vorschriften zu beachten. [5]Das gleiche gilt bei Anwendung des – negativen – Progressionsvorbehalts nach § 32 b EStG wegen Beteiligung an einer Personengesellschaft in einem DBA-Staat, wenn ein Antrag nach § 2 a Abs. 3 Satz 1 EStG nicht gestellt wird.

Verlustzurechnung nach § 52 Abs. 19 Satz 5 EStG beim Ausscheiden von Kommanditisten

(5) [1]Scheidet ein Kommanditist oder ein anderer Mitunternehmer, dessen Haftung der eines Kommanditisten vergleichbar ist und dessen Kapitalkonto in der Steuerbilanz der Gesellschaft auf Grund von ausgleichs- oder abzugsfähigen Verlusten negativ geworden ist, aus der Gesellschaft aus oder wird in einem solchen Fall die Gesellschaft aufgelöst, so gilt nach § 52 Abs. 19 Satz 4 EStG der Betrag, den der Mitunternehmer nicht ausgleichen muß, als Veräußerungsgewinn im Sinne des § 16 EStG. [2]In Höhe der nach dieser Vorschrift als Gewinn zuzurechnenden Beträge sind bei den anderen Mitunternehmern unter Berücksichtigung der für die Zurechnung von Verlusten geltenden Grundsätze nach Maßgabe des Einzelfalls Verlustanteile anzusetzen (§ 52 Abs. 19 Satz 5 EStG). [3]Das bedeutet, daß im Fall der Auflösung der Gesellschaft diese Verlustanteile ausschließlich bei den unbeschränkt haftenden Mitunternehmern anzusetzen sind. [4]In den Fällen des Ausscheidens von Mitgesellschaftern ohne Auflösung der Gesellschaft sind bei den Mitunternehmern, auf die der Anteil des Ausscheidenden übergeht, in Höhe der in dem Anteil enthaltenen und auf sie übergehenden stillen Reserven Anschaffungskosten zu aktivieren. [5]In Höhe des Teilbetrags des negativen Kapitalkontos, der die stillen Reserven einschließlich des Firmenwerts übersteigt, sind bei den Mitunternehmern, auf die der Anteil übergeht, Verlustanteile anzusetzen. [6]Soweit die übernehmenden Mitunternehmer beschränkt haften, ist bei ihnen die Beschränkung des Verlustausgleichs nach § 15 a EStG zu beachten. [7]Diese Grundsätze sind nicht anwendbar, wenn der Kommanditist seinen Anteil ganz oder teilweise veräußert (§ 16 Abs. 1 Nr. 2 EStG). [8]In Veräußerungsfällen ist der Veräußerungsgewinn nach allgemeinen Grundsätzen unter Berücksichtigung des vom Kommanditisten nicht auszugleichenden Kapitalkontos zu ermitteln und gegebenenfalls nach § 15 a Abs. 2 EStG um noch nicht ausgeglichene Verluste zu

mindern. [9]Für den Erwerber stellen die gesamten Aufwendungen zum Erwerb des Anteils einschließlich des negativen Kapitalkontos Anschaffungskosten dar.

Verrechenbare Verluste bei Rechtsformwechsel

(6) [1]Im Fall der Umwandlung der KG in eine OHG, GbR oder ein Einzelunternehmen können verrechenbare Verluste über den Wortlaut des § 15 a Abs. 2 EStG hinaus mit späteren Gewinnen aus dem in neuer Rechtsform fortgeführten Unternehmen verrechnet werden. [2]Findet der Wechsel aus der KG in eine der genannten Rechtsformen innerhalb des Wirtschaftsjahres statt, so ist § 15 a EStG für das gesamte Wirtschaftsjahr nicht anzuwenden. [3]Bei dem umgekehrten Fall des Rechtsformwechsels in eine KG gilt § 15 a EStG für das gesamte Wirtschaftsjahr.

Verrechenbare Verluste im Veräußerungs- bzw. Liquidationsfall

(7) [1]Im Veräußerungs- bzw. Liquidationsfall noch verbliebene verrechenbare Verluste mindern einen etwaigen Veräußerungs- bzw. Aufgabegewinn. [2]Bezugsgröße der sachlichen Steuerbefreiung des § 16 Abs. 4 EStG ist der Veräußerungsgewinn nach der Minderung um die noch zu verrechnenden Verluste. [3]Soweit ein Kommanditist sein negatives Kapitalkonto durch nachträgliche Einlagen wieder ausgleicht, trägt er die für ihn gemäß § 15 a Abs. 4 EStG festgestellten verrechenbaren Verluste spätestens bei der Liquidation der Gesellschaft bzw. der gänzlichen Veräußerung des Mitunternehmeranteils auch wirtschaftlich. [4]Deshalb können verrechenbare Verluste, die nach Abzug von einem etwaigen Veräußerungsgewinn verbleiben, im Zeitpunkt der gänzlichen Veräußerung des Mitunternehmeranteils bzw. der Betriebsaufgabe bis zur Höhe der nachträglichen Einlagen als ausgleichs- bzw. abzugsfähig behandelt werden.

Hinweise

Allgemeines

Die Frage der Zurechnung von Einkünften wird durch die Regelung des § 15 a Abs. 1 bis 4 EStG nicht berührt. Verlustanteile, die der Kommanditist nach § 15 a Abs. 1 Satz 1 EStG nicht ausgleichen oder abziehen darf, werden diesem nach Maßgabe der vom BFH für die Zurechnung von Einkünften entwickelten Grundsätze zugerechnet (→ BFH vom 10. 11. 1980 – BStBl 1981 II S. 164, vom 19. 3. 1981 – BStBl II S. 570, vom 26. 3. 1981 – BStBl II S. 572, vom 5. 5. 1981 – BStBl II S. 574, vom 26. 5. 1981 – BStBl II S. 668 und 795 und vom 22. 1. 1985 – BStBl 1986 II S. 136). Daher mindern diese Verlustanteile auch die Gewinne, die dem Kommanditisten in späteren Wirtschaftsjahren aus seiner Beteiligung an der Kommanditgesellschaft zuzurechnen sind. Es bestehen keine ernsthaften Zweifel an der Verfassungsmäßigkeit des § 15 a EStG (→ BFH vom 19. 5. 1987 – BStBl 1988 II S. 5).

Abgrenzung Beteiligungskonto/Forderungskonto

Zur Abgrenzung zwischen Beteiligungskonto und Forderungskonto → BMF vom 24. 11. 1993 (BStBl I S. 934).

Auflösung des negativen Kapitalkontos

Ist das negative Kapitalkonto des Kommanditisten zu Unrecht nicht aufgelöst worden und die Veranlagung bestandskräftig, so kann die Auflösung im Folgejahr nachgeholt werden (→ BFH vom 10. 12. 1991 – BStBl 1992 II S. 650).

Bürgschaft

Eine Gewinnzurechnung auf Grund des Wegfalls des negativen Kapitalkontos ist nicht vorzunehmen, wenn der ausscheidende Kommanditist damit rechnen muß, daß er aus einer Bürgschaft für die KG in Anspruch genommen wird (→ BFH vom 12. 7. 1990 – BStBl 1991 II S. 64).

Kapitalersetzende Darlehen

Zur Behandlung kapitalersetzender Darlehen → BMF vom 24. 11. 1993 (BStBl I S. 934).

Nachträgliche Einlagen

Streitig ist, ob nach § 15 a Abs. 4 EStG festgestellte verrechenbare Verluste durch nachträgliche Einlagen in ausgleichsfähige Verluste umgewandelt werden können (→ Hessisches FG vom 27. 10. 1994 – EFG 1995 S. 438 und Niedersächsisches FG vom 23. 8. 1994 – EFG

1995 S. 289). Die Revisionen sind beim BFH anhängig unter den Az. IV R 2/95 und IV R 106/94.

Rechtsformwechsel

Wird eine OHG formwechselnd in eine KG umgewandelt und geht noch im Umwandlungsjahr der Anteil des einzigen Kommanditisten unentgeltlich auf die bisherige Komplementärin über, die das Unternehmen als Einzelunternehmen fortführt, so ist der anteilig auf die Zeit bis zu seinem Ausscheiden entfallende Verlustanteil des Kommanditisten diesem zuzurechnen, auch wenn der Verlustanteil der Ausgleichsbeschränkung nach § 15 a EStG unterliegt.

Mit dem unentgeltlichen Übergang des Kommanditanteils geht auf den Erwerber auch das Recht über, den Verlustanteil mit späteren Gewinnen aus dem Einzelunternehmen zu verrechnen.

(→ BFH vom 11. 5. 1995 – BFHE 177, 466)

Saldierung von Ergebnissen aus dem Gesellschaftsvermögen mit Ergebnissen aus dem Sonderbetriebsvermögen

Zur Saldierung von Gewinnen und Verlusten aus dem Gesellschaftsvermögen mit Gewinnen und Verlusten aus dem Sonderbetriebsvermögen → BMF vom 15. 12. 1993 (BStBl I S. 976).   Anhang 29

Übernahme interner Freistellungsverpflichtungen durch Gesellschafter

Die Inanspruchnahme der Gesellschafter für Schulden der Gesellschaft ist auch dann nicht i. S. von § 15 a Abs. 5 Nr. 2 EStG durch Vertrag ausgeschlossen, wenn zwar der Gesellschaftsvertrag eine Beschränkung der Haftung auf das Gesellschaftsvermögen vorsieht, ein Teil der Gesellschafter jedoch entsprechend der im Gesellschaftsvertrag übernommenen Verpflichtung für Verbindlichkeiten der Gesellschaft bürgt und die übrigen Gesellschafter sich durch „Freistellungserklärungen" verpflichten, die bürgenden Gesellschafter anteilig von der Inanspruchnahme aus den übernommenen Bürgschaften freizustellen (Anschluß an das Senatsurteil vom 17. 12. 1992, BStBl 1994 II S. 490). Eine Haftung für Schulden „in Zusammenhang mit dem Betrieb" liegt auch dann vor, wenn die Gesellschafter Bürgschafts- und (interne) Freistellungserklärungen im Hinblick auf solche Verbindlichkeiten abgeben, die eine GmbH als Treuhänderin und nicht die Gesellschaft selbst eingegangen ist, sofern sich die Gesellschaft der GmbH zur Erfüllung ihres Gesellschaftszwecks bedient und diese insoweit auf Rechnung der Gesellschaft tätig wird (→ BFH vom 25. 7. 1995 – IX R 61/93).

Übernahme des negativen Kapitalkontos

Die Übernahme eines negativen Kapitalkontos führt beim eintretenden Kommanditisten auch dann nicht zu einem sofort ausgleichs- oder abzugsfähigen Verlust, wenn es nicht durch stille Reserven im Betriebsvermögen gedeckt ist (→ BFH vom 14. 6. 1994 – BStBl 1995 II S. 246).

Unwahrscheinlichkeit der Inanspruchnahme bei Gesellschaften mit Einkünften aus Vermietung und Verpachtung

→ BMF vom 30. 6. 1994 (BStBl I S. 355)   Anhang 30

Verlustausgleich

Der erweiterte Verlustausgleich kommt bei Kommanditisten von Altbetrieben auch in Betracht, wenn ihnen vor 1985 ausgleichsfähige Verluste zugerechnet worden sind, die zu einem negativen Kapitalkonto in Höhe ihres Haftungsbetrags geführt haben (→ BFH vom 26. 8. 1993 – BStBl 1994 II S. 627).

Zweifelsfragen zur Anwendung des § 15 a EStG

→ BMF vom 8. 5. 1981 (BStBl I S. 308)   Anhang 29

EStG

§ 16
Veräußerung des Betriebs

(1) Zu den Einkünften aus Gewerbebetrieb gehören auch Gewinne, die erzielt werden bei der Veräußerung

S 2242
1. des ganzen Gewerbebetriebs oder eines Teilbetriebs; als Teilbetrieb gilt auch die Beteiligung an einer Kapitalgesellschaft, wenn die Beteiligung das gesamte Nennkapital der Gesellschaft oder alle Kuxe der bergrechtlichen Gewerkschaft umfaßt;

S 2243
2. des Anteils eines Gesellschafters, der als Unternehmer (Mitunternehmer) des Betriebs anzusehen ist (§ 15 Abs. 1 Satz 1 Nr. 2);

S 2243
3. des Anteils eines persönlich haftenden Gesellschafters einer Kommanditgesellschaft auf Aktien (§ 15 Abs. 1 Satz 1 Nr. 3).

S 2242
(2) [1]Veräußerungsgewinn im Sinne des Absatzes 1 ist der Betrag, um den der Veräußerungspreis nach Abzug der Veräußerungskosten den Wert des Betriebsvermögens (Absatz 1 Nr. 1) oder den Wert des Anteils am Betriebsvermögen (Absatz 1 Nr. 2 und 3) übersteigt. [2]Der Wert des Betriebsvermögens oder des Anteils ist für den Zeitpunkt der Veräußerung nach § 4 Abs. 1 oder nach § 5 zu ermitteln. [3]Soweit auf der Seite des Veräußerers und auf der Seite des Erwerbers dieselben Personen Unternehmer oder Mitunternehmer sind, gilt der Gewinn insoweit jedoch als laufender Gewinn.

(3) [1]Als Veräußerung gilt auch die Aufgabe des Gewerbebetriebs. [2]Soweit einzelne dem Betrieb gewidmete Wirtschaftsgüter im Rahmen der Aufgabe des Betriebs veräußert werden und soweit auf der Seite des Veräußerers und auf der Seite des Erwerbers dieselben Personen Unternehmer oder Mitunternehmer sind, gilt der Gewinn aus der Aufgabe des Gewerbebetriebs als laufender Gewinn. [3]Werden die einzelnen dem Betrieb gewidmeten Wirtschaftsgüter im Rahmen der Aufgabe des Betriebs veräußert, so sind die Veräußerungspreise anzusetzen. [4]Werden die Wirtschaftsgüter nicht veräußert, so ist der gemeine Wert im Zeitpunkt der Aufgabe anzusetzen. [5]Bei Aufgabe eines Gewerbebetriebs, an dem mehrere Personen beteiligt waren, ist für jeden einzelnen Beteiligten der gemeine Wert der Wirtschaftsgüter anzusetzen, die er bei der Auseinandersetzung erhalten hat.

[1])
(4) [1]Der Veräußerungsgewinn wird zur Einkommensteuer nur herangezogen, soweit er bei der Veräußerung des ganzen Gewerbebetriebs 30.000 Deutsche Mark und bei der Veräußerung eines Teilbetriebs oder eines Anteils am Betriebsvermögen den entsprechenden Teil von 30.000 Deutsche Mark übersteigt. [2]Der Freibetrag ermäßigt sich um den Betrag, um den der Veräußerungsgewinn bei der Veräußerung des ganzen Gewerbebetriebs 100.000 Deutsche Mark und bei der Veräußerung eines Teilbetriebs oder eines Anteils am Betriebsvermögen den entsprechenden Teil von 100.000 Deutsche Mark übersteigt. [3]An die Stelle der Beträge von 30.000 Deutsche Mark tritt jeweils der Betrag von 120.000 Deutsche Mark und an die Stelle der Beträge von 100.000 Deutsche Mark jeweils der Betrag von 300.000 Deutsche Mark, wenn der Steuerpflichtige nach Vollendung seines 55. Lebensjahrs oder wegen dauernder Berufsunfähigkeit seinen Gewerbebetrieb veräußert oder aufgibt.

R 139
R 139. Veräußerung des gewerblichen Betriebs

R 139 (1) Betriebsveräußerung im ganzen

S 2242
(1) [1]Eine Veräußerung des ganzen Gewerbebetriebs liegt vor, wenn der Betrieb mit seinen wesentlichen Grundlagen gegen Entgelt in der Weise auf einen Erwerber übertragen wird, daß der Betrieb als geschäftlicher Organismus fortgeführt werden kann. [2]Nicht erforderlich ist, daß der Erwerber den Betrieb tatsächlich fortführt. [3]Für die Entscheidung, ob eine Be-

---

[1]) Absatz 4 wurde durch das JStG 1996 mit Wirkung für Veräußerungen geändert, die nach dem 31. Dezember 1995 erfolgen:

„(4)[1]Hat der Steuerpflichtige das 55. Lebensjahr vollendet oder ist er im sozialversicherungsrechtlichen Sinne dauernd berufsunfähig, so wird der Veräußerungsgewinn auf Antrag zur Einkommensteuer nur herangezogen, soweit er 60.000 Deutsche Mark übersteigt. [2]Der Freibetrag ist dem Steuerpflichtigen nur einmal zu gewähren. [3]Er ermäßigt sich um den Betrag, um den der Veräußerungsgewinn 300.000 Deutsche Mark übersteigt."

Zur Anwendung → § 52 Abs. 19 a in der Fassung des JStG 1996.

§ 16 EStG
H 139 (1)   R 139

triebsveräußerung vorliegt, ist auf den Zeitpunkt abzustellen, in dem das wirtschaftliche Eigentum an den veräußerten Wirtschaftsgütern übertragen wird (→ BFH vom 3. 10. 1984 – BStBl 1985 II S. 245). ⁴Die Annahme einer Betriebsveräußerung wird nicht dadurch ausgeschlossen, daß der Veräußerer Wirtschaftsgüter, die nicht zu den wesentlichen Betriebsgrundlagen gehören, zurückbehält, um sie später bei sich bietender Gelegenheit zu veräußern (→ BFH vom 26. 9. 1968 – BStBl 1969 II S. 69 und vom 30. 10. 1974 – BStBl 1975 II S. 232). ⁵Das gilt auch, wenn einzelne, nicht zu den wesentlichen Betriebsgrundlagen gehörende Wirtschaftsgüter in zeitlichem Zusammenhang mit der Veräußerung in das Privatvermögen übergeführt oder anderen betriebsfremden Zwecken zugeführt werden (→ BFH vom 24. 3. 1987 – BStBl II S. 705 und vom 29. 10. 1987 – BStBl 1988 II S. 374). ⁶Werden nicht der Betriebsorganismus, sondern nur wichtige Betriebsmittel übertragen, während der Steuerpflichtige das Unternehmen in derselben oder in einer veränderten Form fortführt, so liegt keine Betriebsveräußerung vor (→ BFH vom 3. 10. 1984 – BStBl 1985 II S. 131).

Hinweise
H 139 (1)

Fehlende gewerbliche Tätigkeit
Eine Betriebsveräußerung kann auch dann vorliegen, wenn der Veräußerer mit den veräußerten wesentlichen Betriebsgrundlagen die eigentliche Geschäftstätigkeit noch nicht ausgeübt hat (→ BFH vom 7. 11. 1991 – BStBl 1992 II S. 380).

Gewinnermittlung
Hält der Veräußerer Wirtschaftsgüter, die nicht zu den wesentlichen Betriebsgrundlagen gehören, zurück, um sie später bei sich bietender Gelegenheit zu veräußern, so ist eine Gewinnermittlung auf Grund Betriebsvermögensvergleichs hinsichtlich dieser Wirtschaftsgüter nach der Betriebsveräußerung nicht möglich (→ BFH vom 22. 2. 1978 – BStBl II S. 430).

Personengesellschaft
– **Formerfordernis**

   Bei einer Personengesellschaft ist es nicht erforderlich, daß die Gesellschafter gleichzeitig mit der Betriebsveräußerung die Auflösung beschließen (→ BFH vom 4. 2. 1982 – BStBl II S. 348).

– **Veräußerung**

   Die Veräußerung des Betriebs durch eine Personengesellschaft an eine Personengesellschaft ist auch dann begünstigt, wenn an der erwerbenden Personengesellschaft Gesellschafter der Verkäuferin beteiligt sind (→ BFH vom 5. 11. 1985 – BStBl 1986 II S. 53). Soweit auf der Seite des Veräußerers und auf der Seite des Erwerbers dieselben Personen Unternehmer oder Mitunternehmer sind, gilt der Gewinn bei Veräußerungen nach dem 31. 12. 1993 jedoch als laufender Gewinn (§ 16 Abs. 2 Satz 3 EStG, § 24 Abs. 3 Satz 3 UmwStG).

Rückverpachtung
Eine Betriebsveräußerung liegt auch vor, wenn alle wesentlichen Grundlagen eines Betriebs veräußert und sogleich an den Veräußerer zurückverpachtet werden (→ BFH vom 28. 3. 1985 – BStBl II S. 508).

Verdeckte Einlage
Zur verdeckten Einlage bei Verkauf eines Betriebes an eine Kapitalgesellschaft → BFH vom 24. 3. 1987 (BStBl II S. 705) und vom 1. 7. 1992 (BStBl 1993 II S. 131).

Betriebsaufgabe im ganzen
R 139 (2)

(2) ¹Die Aufgabe eines Gewerbebetriebs im ganzen ist anzunehmen, wenn alle wesentlichen Betriebsgrundlagen innerhalb kurzer Zeit und damit in einem einheitlichen Vorgang – nicht nach und nach – entweder in das Privatvermögen übergeführt oder an verschiedene Erwerber veräußert oder teilweise veräußert und teilweise in das Privatvermögen übergeführt werden und damit der Betrieb als selbständiger Organismus des Wirtschaftslebens zu

bestehen aufhört (→ BFH vom 24. 6. 1976 – BStBl II S. 670, vom 29. 10. 1981 – BStBl 1982 II S. 381 und vom 18. 12. 1990 – BStBl 1991 II S. 512). ²Dabei darf jedoch der Begriff „kurzer Zeitraum" nicht zu eng aufgefaßt werden; maßgebender Gesichtspunkt ist, ob man die Aufgabehandlungen wirtschaftlich noch als einen einheitlichen Vorgang werten kann (→ BFH vom 16. 9. 1966 – BStBl 1967 III S. 70 und vom 8. 9. 1976 – BStBl 1977 II S. 66). ³Die Betriebsaufgabe beginnt mit vom Aufgabeentschluß getragenen Handlungen, die objektiv auf die Auflösung des Betriebs als selbständiger Organismus des Wirtschaftslebens gerichtet sind (→ BFH vom 5. 7. 1984 – BStBl II S. 711). ⁴Eine Betriebsaufgabe liegt nicht vor, wenn die Wirtschaftsgüter nach und nach im Laufe mehrerer Wirtschaftsjahre an Dritte veräußert oder in das Privatvermögen übergeführt werden (→ BFH vom 10. 9. 1957 – BStBl III S. 414). ⁵Der Abwicklungszeitraum kann nicht dadurch abgekürzt werden, daß Wirtschaftsgüter, die bei Aufgabe des Betriebs nicht veräußert worden sind, formell in das Privatvermögen übergeführt werden, um sie anschließend privat zu veräußern. ⁶In solchen Fällen setzt der Steuerpflichtige in der Regel seine unternehmerische Tätigkeit fort (→ BFH vom 16. 9. 1966 – BStBl 1967 III S. 70). ⁷Eine Betriebsaufgabe erfordert eine Willensentscheidung oder Handlung des Steuerpflichtigen, die darauf gerichtet ist, den Betrieb als selbständigen Organismus nicht mehr in seiner bisherigen Form bestehen zu lassen. ⁸Der Begriff der Betriebsaufgabe erfordert nicht, daß der bisherige Unternehmer künftig keine unternehmerische Tätigkeit mehr ausübt. ⁹Entfallen die tatbestandlichen Voraussetzungen einer Betriebsaufspaltung z. B. durch Wegfall der personellen Verflechtung zwischen Besitzunternehmen und Betriebs-GmbH, so ist dieser Vorgang in der Regel als Betriebsaufgabe des Besitzunternehmens zu beurteilen mit der Folge, daß die im Betriebsvermögen des früheren Besitzunternehmens enthaltenen stillen Reserven aufzulösen sind (→ BFH vom 13. 12. 1983 – BStBl 1984 II S. 474 und vom 15. 12. 1988 – BStBl 1989 II S. 363). ¹⁰Fällt im Rahmen einer Betriebsaufspaltung die personelle Verflechtung durch Eintritt der Volljährigkeit bisher minderjähriger Kinder weg, so wird dem Steuerpflichtigen jedoch aus Billigkeitsgründen das Wahlrecht zur Fortsetzung der gewerblichen Tätigkeit nach dem sog. Verpachtungserlaß (BStBl 1965 II S. 4) auch dann eingeräumt, wenn nicht alle wesentlichen Betriebsgrundlagen an das Betriebsunternehmen verpachtet sind. ¹¹Wird danach die Betriebsverpachtung nicht als Betriebsaufgabe behandelt, können in diesen Fällen weiterhin die auf einen Betrieb bezogenen Steuervergünstigungen (z. B. Übertragung stiller Reserven nach den §§ 6 b und 6 c EStG, erhöhte Absetzungen und Sonderabschreibungen) gewährt werden. ¹²Eine Betriebsaufgabe liegt auch vor, wenn die Voraussetzungen für eine gewerblich geprägte Personengesellschaft wegfallen. ¹³Ist Gegenstand der Verpachtung ein Betrieb im ganzen, gilt Absatz 5 entsprechend. ¹⁴Keine Betriebsaufgabe, sondern eine Betriebsverlegung liegt vor, wenn der alte und der neue Betrieb bei wirtschaftlicher Betrachtung und unter Berücksichtigung der Verkehrsauffassung wirtschaftlich identisch sind (→ BFH vom 24. 6. 1976 – BStBl II S. 670 und vom 3. 10. 1984 – BStBl 1985 II S. 131), wovon regelmäßig auszugehen ist, wenn die wesentlichen Betriebsgrundlagen in den neuen Betrieb übergeführt werden (→ BFH vom 24. 6. 1976 – BStBl II S. 672). ¹⁵Der Übergang von einem Gewerbebetrieb zu einem einkommensteuerlich unbeachtlichen Liebhabereibetrieb stellt grundsätzlich keine Betriebsaufgabe dar, es sei denn, der Steuerpflichtige erklärt selbst die Betriebsaufgabe (→ BFH vom 29. 10. 1981 – BStBl 1982 II S. 381). ¹⁶Auf den Zeitpunkt des Übergangs zur Liebhaberei ist für jedes Wirtschaftsgut des Anlagevermögens der Unterschiedsbetrag zwischen dem gemeinen Wert und dem Wert, der nach § 4 Abs. 1 oder nach § 5 EStG anzusetzen wäre, gesondert und bei mehreren Beteiligten einheitlich festzustellen (→ § 8 der Verordnung zu § 180 Abs. 2 AO vom 19. 12. 1986 – BStBl 1987 I S. 2).

Anhang 8

Hinweise

H 139 (2)

Betriebsunterbrechung

Eine Betriebsunterbrechung, die nicht als Betriebsaufgabe anzusehen ist und deshalb auch nicht zur Aufdeckung der stillen Reserven führt, liegt vor, wenn bei Einstellung der werbenden Tätigkeit die Absicht vorhanden und die Verwirklichung der Absicht nach den äußerlich erkennbaren Umständen wahrscheinlich ist, den Betrieb innerhalb eines überschaubaren Zeitraums in gleichartiger oder ähnlicher Weise wieder aufzunehmen, so daß der stillgelegte und der eröffnete Betrieb als identisch anzusehen sind (→ BFH vom 17. 10. 1991 – BStBl 1992 II S. 392).

§ 16 EStG

Eröffnung eines neuen Betriebs
Eine Betriebsaufgabe kann auch dann gegeben sein, wenn der Steuerpflichtige einen neuen Betrieb – auch gleicher Art – beginnt, sofern der bisher geführte betriebliche Organismus aufhört zu bestehen (→ RFH vom 14. 9. 1938 – RStBl 1939 S. 87).

Handelsvertreter
Eine Betriebsaufgabe liegt nicht vor, wenn ein Handelsvertreter seine bisherigen Vertretungen beendet, um anschließend eine andere Vertretung zu übernehmen; dies gilt auch für den Fall der erstmaligen Übernahme einer Generalvertretung (→ BFH vom 19. 4. 1966 – BStBl III S. 459).

Konkursverfahren
Der Gewerbebetrieb einer Personengesellschaft wird regelmäßig nicht schon mit der Eröffnung des Konkursverfahrens über das Gesellschaftsvermögen aufgegeben (BFH vom 19. 1. 1993 – BStBl II S. 594).

Landwirtschaft
Eine Betriebsaufgabe liegt regelmäßig nicht vor, wenn ein Landwirt seinen auf eigenen Flächen betriebenen Hof an seinen Sohn verpachtet und er diesem zugleich das lebende und tote Inventar schenkt (→ BFH vom 18. 4. 1991 – BStBl II S. 833).

Realteilung einer Personengesellschaft
– Zur Berechnung des Spitzenausgleichs bei Leistung von Abfindungszahlungen, zur Tarifbegünstigung des Spitzenausgleichs sowie zur einheitlichen Wahlrechtsausübung → BFH vom 1. 12. 1992 (BStBl 1994 II S. 607) und → BMF vom 11. 8. 1994 (BStBl I S. 601).

**Realteilung von Personengesellschaften;
Anwendung des BFH-Urteils
vom 1. Dezember 1992 – VIII R 57/90 – (BStBl 1994 II S. 607)**

BMF vom 11. 8. 1994 (BStBl I S. 601)
IV B 2 – S 2242 – 32/94

Die Realteilung einer Personengesellschaft ist ertragsteuerrechtlich ebenso zu behandeln wie die in Tzn. 10 bis 22 des BMF-Schreibens vom 11. Januar 1993 (BStBl I S. 62) geregelte Erbauseinandersetzung über Betriebsvermögen.

Mit Urteil vom 1. Dezember 1992 – VIII R 57/90 – (BStBl 1994 II S. 607) hat der BFH zur Realteilung einer Personengesellschaft mit Buchwertfortführung und sog. Spitzenausgleich Rechtsgrundsätze aufgestellt, die teilweise von den Regelungen des BMF-Schreibens abweichen. Zur Frage der Anwendung der Grundsätze des Urteils nehme ich unter Bezugnahme auf das Ergebnis der Erörterungen mit den obersten Finanzbehörden der Länder wie folgt Stellung:

1. **Ermittlung des Veräußerungsgewinns bei Realteilung einer Personengesellschaft mit Abfindungszahlung (Spitzenausgleich)**

    Das BMF-Schreiben zur Erbauseinandersetzung vom 11. Januar 1993 (BStBl I S. 62) geht in Tz. 16 bei der Realteilung eines Nachlasses mit Betriebsvermögen gegen Spitzenausgleich davon aus, daß der Übernehmer von Betriebsvermögen nicht entgeltlich erwirbt, soweit die Erbquote reicht. Soweit für den Mehrerwerb jedoch eine Abfindung gezahlt wird, liegt nach dem BMF-Schreiben eine entgeltliche Übertragung von Betriebsvermögen vor. Zur Ermittlung des Veräußerungsgewinns aus der Abfindungszahlung wird diese dem Teil des Kapitalkontos gegenübergestellt, der dem Verhältnis der Abfindung zum Wert des übernommenen Betriebsvermögens entspricht (anteilige Gegenrechnung der Buchwerte). Diese Berechnungsweise, duch die die Ausführungen in Abschnitt 139 Abs. 8 Satz 7 EStR 1990 überholt sind, ergibt sich aus dem Beschluß des BFH zur Erbauseinandersetzung vom 5. Juli 1990 (BStBl 1990 II S. 837).

    Für die Erbauseinandersetzung über Betriebsvermögen und die Realteilung von Personengesellschaften gelten insoweit einheitliche Grundsätze. Daher ist auch im Rahmen der Realteilung einer Personengesellschaft zur Ermittlung des Gewinns aus der Abfindungszahlung eine anteilige Gegenrechnung der Buchwerte vorzunehmen. Soweit dem BFH-Urteil vom 1. Dezember 1992 – VIII R 57/90 – (a. a. O.) hierzu etwas anderes zu entnehmen ist, sind die Urteilsgrundsätze nicht über den entschiedenen Einzelfall hinaus anzuwenden.

2. **Tarifbegünstigung des Spitzenausgleichs bei der Realteilung einer Personengesellschaft**

Nach Tzn. 21 und 22 des BMF-Schreibens zur Erbauseinandersetzung (a. a. O.) sind die Vergünstigungen der §§ 16, 34 EStG auf den Spitzenausgleich anzuwenden, wenn es sich bei dem im Rahmen der Erbauseinandersetzung zugeteilten Vermögen nicht um einzelne Wirtschaftsgüter, sondern um Betriebe oder Teilbetriebe handelt.

Für die Erbauseinandersetzung über Betriebsvermögen und die Realteilung von Personengesellschaften gelten insoweit einheitliche Grundsätze. Deshalb ist auch im Rahmen der Realteilung einer Personengesellschaft die Anwendung der Vergünstigungen der §§ 16, 34 EStG auf den Spitzenausgleich nur dann zu versagen, wenn im Rahmen der Realteilung lediglich einzelne Wirtschaftsgüter zugeteilt werden. Die Grundsätze des BFH-Urteils vom 1. Dezember 1992 – VIII R 57/90 – (a. a. O.), wonach der Spitzenausgleich bei einer Realteilung mit Buchwertfortführung in keinem Fall nach §§ 16, 34 EStG tarifbegünstigt ist, sind nicht über den entschiedenen Einzelfall hinaus anzuwenden.

3. **Einheitliche Wahlrechtsausübung bei der Realteilung einer Personengesellschaft**

Nach Tz. 12 des BMF-Schreibens zur Erbauseinandersetzung (a. a. O.) muß das Wahlrecht, die Realteilung als Betriebsaufgabe (§ 16 Abs. 3 EStG) zu behandeln oder die Buchwerte fortzuführen, wenn die bei der Realteilung erworbenen Wirtschaftsgüter in ein anderes Betriebsvermögen überführt werden, von den Miterben einheitlich in der Schlußbilanz der Miterbengemeinschaft ausgeübt werden.

Dieser Grundsatz gilt auch für die Realteilung einer Personengesellschaft außerhalb einer Erbauseinandersetzung. Den Grundsatz der einheitlichen Ausübung eines Bewertungswahlrechts durch mehrere Beteiligte hat der BFH z. B. auch bei der Inanspruchnahme von erhöhten Absetzungen und Sonderabschreibungen anerkannt (vgl. BFH-Urteil vom 7. August 1986 – BStBl II S. 910 –). Die Grundsätze des BFH-Urteils vom 1. Dezember 1992 – VIII R 57/90 – (a. a. O.), wonach das Wahlrecht nicht von allen Gesellschaftern einheitlich ausgeübt werden muß, sind nicht über den entschiedenen Einzelfall hinaus anzuwenden.

– Eine Realteilung zu Buchwerten kann auch bei Übertragung der wesentlichen Betriebsgrundlagen aus dem Sonderbetriebsvermögen der Gesellschafter in deren Betriebsvermögen und anschließender Verpachtung an den ehemaligen Mitgesellschafter angenommen werden → BFH vom 23. 3. 1995 (BStBl II S. 700).

Strukturwandel

Eine Betriebsaufgabe liegt nicht vor, wenn der Betrieb als selbständiger Organismus in dem der inländischen Besteuerung unterliegenden Gebiet weitergeführt wird und die Einkünfte des Steuerpflichtigen aus dem Betrieb lediglich infolge Strukturwandels rechtlich anders eingeordnet werden, weil z. B. ein bisher als gewerblich behandelter Betrieb infolge Einschränkung des Zukaufs oder Erweiterung des Eigenanbaues zu einem land- und forstwirtschaftlichen Betrieb wird (→ BFH vom 9. 2. 1972 – BStBl II S. 455 und vom 26. 4. 1979 – BStBl II S. 732).

Zeitraum für die Betriebsaufgabe

Der Zeitraum für die Betriebsaufgabe endet mit der Veräußerung der letzten wesentlichen Betriebsgrundlage bzw. mit deren Überführung in das Privatvermögen. Es ist nicht auf den Zeitpunkt abzustellen, in dem die stillen Reserven des Betriebs im wesentlichen oder nahezu vollständig aufgedeckt worden sind (→ BFH vom 26. 5. 1993 – BStBl II S. 710).

Zwangsweise Betriebsaufgabe

Der Annahme einer Betriebsaufgabe steht nicht entgegen, daß der Steuerpflichtige zur Einstellung des Gewerbebetriebs gezwungen wird; auch Ereignisse, die von außen auf den Betrieb einwirken, können zu einer Betriebsaufgabe führen (→ BFH vom 3. 7. 1991 – BStBl II S. 802).

§ 16 EStG

Teilbetriebsveräußerung und Teilbetriebsaufgabe R 139 (3)

(3) ¹Ein Teilbetrieb ist ein mit einer gewissen Selbständigkeit ausgestatteter, organisch geschlossener Teil des Gesamtbetriebs, der für sich betrachtet alle Merkmale eines Betriebs im Sinne des Einkommensteuergesetzes aufweist und für sich lebensfähig ist (→ BFH vom 1. 2. 1989 – BStBl II S. 458). ²Eine völlig selbständige Organisation mit eigener Buchführung ist nicht erforderlich. ³Für die Annahme einer Teilbetriebsveräußerung genügt nicht die Möglichkeit einer technischen Aufteilung des Betriebs. ⁴Notwendig ist die Eigenständigkeit des Teils. ⁵Ein Steuerpflichtiger kann deshalb bestimmte abgegrenzte Tätigkeitsgebiete nicht durch eine organisatorische Verselbständigung und durch gesonderten Vermögens- und Ergebnisausweis zu einem Teilbetrieb machen. ⁶Eine Teilbetriebsveräußerung erfordert nicht, daß der Veräußerer seine gewerblichen Tätigkeiten in vollem Umfang beendet. ⁷Es ist ausreichend, wenn er die gewerbliche Tätigkeit aufgibt, die sich auf die veräußerten wesentlichen Betriebsgrundlagen bezieht (→ BFH vom 9. 8. 1989 – BStBl II S. 973). ⁸Werden Zweigniederlassungen oder Filialen eines Unternehmens veräußert, so ist die Annahme einer Teilbetriebsveräußerung nicht deshalb ausgeschlossen, weil das Unternehmen im übrigen andernorts weiterhin eine gleichartige gewerbliche Tätigkeit ausübt; erforderlich für die Annahme einer Teilbetriebsveräußerung ist aber, daß das Unternehmen mit der Veräußerung des entsprechenden Betriebsteils einen eigenständigen Kundenkreis aufgibt (→ BFH vom 24. 8. 1989 – BStBl 1990 II S. 55). ⁹Das Auswechseln der Produktionsmittel unter Fortführung des Tätigkeitsgebiets reicht nicht aus (→ BFH vom 3. 10. 1984 – BStBl 1985 II S. 245). ¹⁰Ob eine Summe von Wirtschaftsgütern einen Teilbetrieb darstellt, ist auch dann nach den tatsächlichen Verhältnissen im Zeitpunkt der Veräußerung zu entscheiden, wenn die Wirtschaftsgüter die Eigenschaft als Teile eines Teilbetriebs erst durch die Zerstörung einer wesentlichen Betriebsgrundlage verloren haben (→ BFH vom 16. 7. 1970 – BStBl II S. 738). ¹¹Ein Grundstück, das dem Betrieb einer Personengesellschaft dient, ist nicht schon deshalb ein Teilbetrieb, weil es im Sondereigentum eines Gesellschafters steht (→ BFH vom 12. 4. 1967 – BStBl III S. 419 und vom 5. 4. 1979 – BStBl II S. 554). ¹²Die Grundsätze über die Veräußerung eines Teilbetriebs gelten für die Aufgabe eines Teilbetriebs entsprechend (→ BFH vom 15. 7. 1986 – BStBl II S. 896). ¹³Die Aufgabe eines Teilbetriebs setzt voraus, daß die Abwicklung ein wirtschaftlich einheitlicher Vorgang ist (→ BFH vom 16. 9. 1966 – BStBl 1967 III S. 70 und vom 8. 9. 1976 – BStBl 1977 II S. 66). ¹⁴Die Veräußerung der Beteiligung an einer Kapitalgesellschaft, die das gesamte Nennkapital der Gesellschaft umfaßt, gilt als Veräußerung eines Teilbetriebes (§ 16 Abs. 1 Nr. 1 zweiter Halbsatz EStG), wenn die gesamte Beteiligung an der Kapitalgesellschaft zum Betriebsvermögen eines einzelnen Steuerpflichtigen oder einer Personengesellschaft gehört und die gesamte Beteiligung im Laufe eines Wirtschaftsjahrs veräußert wird. ¹⁵Die Entnahme einer solchen Beteiligung in das Privatvermögen ist als Aufgabe eines Teilbetriebs anzusehen (→ BFH vom 24. 6. 1982 – BStBl II S. 751). ¹⁶§ 16 Abs. 1 Nr. 1 zweiter Halbsatz EStG ist auf den Gewinn aus der Veräußerung einer Beteiligung, die das gesamte Nennkapital einer Kapitalgesellschaft umfaßt, auch dann anwendbar, wenn die Beteiligung im Eigentum eines oder mehrerer Mitunternehmer derselben Personengesellschaft stand und steuerlich zum Betriebsvermögen der Personengesellschaft gehörte. ¹⁷§ 16 Abs. 1 Nr. 1 zweiter Halbsatz EStG ist nicht anwendbar, wenn die Beteiligung an der Kapitalgesellschaft teilweise auch zum Privatvermögen des Steuerpflichtigen gehört. ¹⁸Die vorstehenden Ausführungen gelten entsprechend für die Veräußerung der gesamten Kuxe einer bergrechtlichen Gewerkschaft. ¹⁹Werden bei der Einstellung eines Teilbetriebs Wirtschaftsgüter von nicht untergeordneter Bedeutung, in denen erhebliche stille Reserven enthalten sind, als Betriebsvermögen in einen anderen Teilbetrieb desselben Steuerpflichtigen übernommen und dürfen deshalb die stillen Reserven nicht aufgelöst werden, so liegt keine Betriebsaufgabe im Sinne des § 16 Abs. 3 EStG vor (→ BFH vom 28. 10. 1964 – BStBl 1965 III S. 88 und vom 30. 10. 1974 – BStBl 1975 II S. 232). ²⁰Eine Teilbetriebsveräußerung oder -aufgabe liegt ebenfalls nicht vor, wenn bei der Einstellung der Produktion eines Zweigwerks nicht wesentlichen stillen Reserven – vor allem die in den Grundstücken enthaltenen – aufgelöst werden (→ BFH vom 26. 9. 1968 – BStBl 1969 II S. 69). ²¹Die Zurückbehaltung eines Wirtschaftsguts steht einer steuerbegünstigten Teilbetriebsveräußerung in der Regel schon dann entgegen, wenn in dem zurückbehaltenen Wirtschaftsgut erhebliche stille Reserven vorhanden sind (→ BFH vom 26. 4. 1979 – BStBl II S. 557). ²²Eine Teilbetriebsveräußerung oder -aufgabe liegt ferner nicht vor, wenn wesentliche Betriebsgrundlagen, auch wenn sie keine erheblichen stillen Reserven enthalten, in den Hauptbetrieb verbracht werden (→ BFH vom 19. 1. 1983 – BStBl II S. 312).

Hinweise

Brauerei
Bei einer Brauerei ist eine von ihr betriebene Gastwirtschaft ein selbständiger Teilbetrieb (→ BFH vom 3. 8. 1966 – BStBl 1967 III S. 47).

Fertigungsbetrieb
Bei einem Fertigungsbetrieb mit mehreren Produktionszweigen liegen in der Regel keine selbständigen Teilbetriebe vor, wenn für die einzelnen Produktionen wesentliche Maschinen nur für alle Produktionsabteilungen zur Verfügung stehen (→ BFH vom 8. 9. 1971 – BStBl 1972 II S. 118).

Filialen und Zweigniederlassungen
Teilbetriebe können insbesondere Filialen und Zweigniederlassungen sein. Eine Einzelhandelsfiliale ist nur dann Teilbetrieb, wenn dem dort beschäftigten leitenden Personal eine Mitwirkung beim Wareneinkauf und bei der Preisgestaltung dieser Filiale eingeräumt ist (→ BFH vom 12. 9. 1979 – BStBl 1980 II S. 51).

Güternah- und Güterfernverkehr
Betreibt ein Steuerpflichtiger im Rahmen seines Unternehmens den Güternah- und den Güterfernverkehr oder z. B. ein Reisebüro und die Personenbeförderung mit Omnibussen, so liegen zwei Teilbetriebe nur dann vor, wenn beide Tätigkeitsarten nicht nur als Geschäftszweige des einheitlichen Unternehmens betrieben werden, sondern auch innerhalb dieses einheitlichen Unternehmens mit einer gewissen Selbständigkeit ausgestattet sind (→ BFH vom 20. 2. 1974 – BStBl II S. 357 und vom 27. 6. 1978 – BStBl II S. 672).

Grundstücksverwaltung
Eine Grundstücksverwaltung bildet im Rahmen eines Gewerbebetriebs nur dann einen Teilbetrieb, wenn sie als solche ausnahmsweise auch außerhalb des Gewerbebetriebes gewerblichen Charakter hätte.

Handelsvertreter
Ein Teilbetrieb kann auch dann vorliegen, wenn der Unternehmensbereich statt von einem Angestellten von einem selbständigen Handelsvertreter geleitet wird (→ BFH vom 2. 8. 1978 – BStBl 1979 II S. 15).

Liquidation einer Kapitalgesellschaft
Wird eine Kapitalgesellschaft, an der eine hundertprozentige Beteiligung besteht, in der Weise aufgelöst und beendet, daß ihr Vermögen auf den Alleingesellschafter übertragen wird, so ist der hieraus entstandene Gewinn in vollem Umfang tarifbegünstigt (→ BFH vom 19. 4. 1994 – BStBl 1995 II S. 705 sowie BMF vom 4. 10. 1995 – BStBl I S. 629):

Liquidation einer Kapitalgesellschaft als begünstigter Veräußerungsvorgang i. S. des § 16 Abs. 1 Nr. 1 EStG;
Anwendung des BFH-Urteils vom 19. April 1994
– VIII R 2/93 – (BStBl 1995 II S. 705)

BMF vom 4. 10. 1995 (BStBl I S. 629)
IV B 2 – S 2242 – 23/95

Mit Urteil vom 19. April 1994 – VIII R 2/93 – (BStBl 1995 II S. 705) hat der BFH entschieden, daß bei Liquidation einer Kapitalgesellschaft der durch die Auskehrung des Vermögens der Gesellschaft bei ihrem Alleingesellschafter entstandene Gewinn in vollem Umfang nach §§ 16, 34 EStG steuerbegünstigt ist. Er weicht damit von der bisherigen Verwaltungsauffassung (BMF-Schreiben vom 17. Juli 1991 – BStBl I S. 767) ab, wonach der Veräußerungsgewinn entsprechend der Regelung in § 17 Abs. 4 Satz 2 EStG aufzuteilen ist.

Zur Frage der Anwendung des o. g. BFH-Urteils nehme ich unter Bezugnahme auf das Ergebnis der Erörterungen mit den obersten Finanzbehörden der Länder wie folgt Stellung:

Das BFH-Urteil vom 19. April 1994 (BStBl 1995 II S. 705) ist in allen noch offenen Fällen anzuwenden. Das BMF-Schreiben vom 17. Juli 1991 (BStBl I S. 767) wird ersatzlos aufgehoben.

Schiffe

Die Veräußerung eines Schiffes stellt lediglich dann eine Teilbetriebsveräußerung dar, wenn das Schiff die wesentliche Grundlage eines selbständigen Zweigunternehmens bildet und das Zweigunternehmen dabei im ganzen veräußert wird (→ BFH vom 13. 1. 1966 – BStBl III S. 168).

Spediteur

Verkauft ein Spediteur, der auch mit eigenen Fernlastzügen das Frachtgeschäft betreibt, seine Fernlastzüge an verschiedene Erwerber und betreut er in der Folgezeit seine bisherigen Kunden über die Spedition unter Einschaltung fremder Frachtführer weiter, so liegt weder eine Teilbetriebsveräußerung noch eine Teilbetriebsaufgabe vor (→ BFH vom 22. 11. 1988 – BStBl 1989 II S. 357).

Tankstellen

Die einzelnen Tankstellen eines Kraftstoff-Großhandelsunternehmens bilden nicht schon deshalb Teilbetriebe, weil sie von Pächtern betrieben werden (→ BFH vom 13. 2. 1980 – BStBl II S. 498).

Teilbetriebe im Aufbau

Die §§ 16 und 34 EStG sind auch auf im Aufbau befindliche Teilbetriebe anzuwenden, die ihre werbende Tätigkeit noch nicht aufgenommen haben. Ein im Aufbau befindlicher Teilbetrieb liegt erst dann vor, wenn die wesentlichen Betriebsgrundlagen bereits vorhanden sind und bei zielgerechter Weiterverfolgung des Aufbauplans ein selbständig lebensfähiger Organismus zu erwarten ist (→ BFH vom 1. 2. 1989 – BStBl II S. 458).

Teilbetriebsaufgabe

Eine Teilbetriebsaufgabe ist nicht anzunehmen, wenn ein bisher als gewerblicher Teilbetrieb geführter land- und forstwirtschaftlicher Besitz aus dem gewerblichen Betriebsvermögen ausgegliedert und als selbständiger Betrieb der Land- und Forstwirtschaft geführt wird, sofern die einkommensteuerliche Erfassung der stillen Reserven gewährleistet ist (→ BFH vom 9. 12. 1986 – BStBl 1987 II S. 342).

Vermietung von Ferienwohnungen

Ein Steuerpflichtiger, der ein Hotel betreibt und außerdem in einem Appartementhaus Ferienwohnungen vermietet, kann mit der Vermietungstätigkeit die Voraussetzungen eines Teilbetriebs erfüllen (→ BFH vom 23. 11. 1988 – BStBl 1989 II S. 376).

Wohnungsbauunternehmen

Bei einem Wohnungsbauunternehmen, dem Wohnungen in mehreren Städten gehören, und das hiervon seinen in einer Stadt belegenen Grundbesitz veräußert, liegt auch dann nicht die Veräußerung eines Teilbetriebs vor, wenn für den veräußerten Grundbesitz ein hauptamtlicher Verwalter bestellt ist (→ BFH vom 27. 3. 1969 – BStBl II S. 464).

Veräußerung und Aufgabe eines Mitunternehmeranteils

(4) ¹Die Grundsätze über die Veräußerung eines Mitunternehmeranteils gelten für die Aufgabe eines Mitunternehmeranteils entsprechend (→ BFH vom 15. 7. 1986 – BStBl II S. 896). ²Veräußert ein Mitunternehmer nur Teile seiner Beteiligung, ist der Tatbestand des § 16 Abs. 1 Nr. 2 EStG erfüllt. ³Die Tarifvergünstigung der §§ 16, 34 EStG findet bei der Veräußerung eines Mitunternehmeranteils keine Anwendung, wenn gleichzeitig Wirtschaftsgüter des Sonderbetriebsvermögens zum Buchwert in einen anderen Betrieb des Mitunternehmers übergeführt werden (→ BFH vom 19. 3. 1991 – BStBl II S. 635).

§ 16 EStG
R 139   H 139 (4)

H 139 (4)

Hinweise

Ermittlung des Veräußerungsgewinns
Scheidet ein Gesellschafter durch Veräußerung seiner (gesamten) Beteiligung aus einer Personenhandelsgesellschaft aus, ist der Veräußerungsgewinn oder -verlust der Unterschied zwischen dem Veräußerungspreis und dem Buchwert seiner Beteiligung (→ BFH vom 27. 5. 1981 – BStBl 1982 II S. 211).

Erbauseinandersetzung
Anhang 13   Zur Veräußerung bzw. Aufgabe eines Mitunternehmeranteils im Zusammenhang mit einer Erbauseinandersetzung → BMF vom 11. 1. 1993 (BStBl I S. 62).

Gesellschaftsrechtliche Befugnisse
Der Verzicht auf die Ausübung gesellschaftsrechtlicher Befugnisse ist keine Veräußerung eines Mitunternehmeranteils (→ BFH vom 6. 11. 1991 – BStBl 1992 II S. 335).

Tausch von Mitunternehmeranteilen
Der Tausch von Mitunternehmeranteilen führt grundsätzlich zur Gewinnrealisierung (→ BFH vom 8. 7. 1992 – BStBl II S. 946).

R 139 (5) **Betriebsverpachtung im ganzen**

(5) [1]Das dem Verpächter gewährte Wahlrecht, ob er ohne Realisierung der stillen Reserven weiter Unternehmer bleiben oder ob er die stillen Reserven realisieren und in Zukunft privater Verpächter sein will, besteht nur dann, wenn eine Betriebsverpachtung und nicht eine Vermietung einzelner Wirtschaftsgüter des Betriebsvermögens vorliegt. [2]Eine Betriebsverpachtung erfordert die Überlassung der wesentlichen Betriebsgrundlagen, so daß bei wirtschaftlicher Betrachtung das bisherige Unternehmen in seinen wesentlichen Grundlagen zur Fortsetzung des Betriebs übergeben wird und deshalb der Verpächter oder sein Rechtsnachfolger bei Beendigung des Vertrags den Betrieb wieder aufnehmen und fortsetzen könnte (→ BFH vom 4. 11. 1965 – BStBl 1966 III S. 49 und vom 23. 6. 1977 – BStBl II S. 719). [3]Eine Betriebsverpachtung setzt außerdem voraus, daß der Betrieb zuvor von dem Verpächter oder im Fall des unentgeltlichen Erwerbs von seinem Rechtsvorgänger selbst bewirtschaftet worden ist (→ BFH vom 20. 4. 1989 – BStBl II S. 863). [4]Der Verpachtung eines Betriebs im ganzen steht die Verpachtung eines Teilbetriebs gleich. [5]Auch der Rechtsnachfolger des Verpächters hat das Wahlrecht, das erworbene Betriebsvermögen während der Verpachtung fortzuführen (→ BFH vom 15. 10. 1987 – BStBl 1988 II S. 260 und vom 17. 10. 1991 – BStBl 1992 II S. 392). [6]Die Fortführung eines Betriebs im Wege der Verpachtung ist auch dann möglich, wenn ein Gesellschafter bei der Beendigung einer gewerblich tätigen Personengesellschaft wesentliche Betriebsgegenstände behält und an einen früheren Mitgesellschafter verpachtet (→ BFH vom 14. 12. 1978 – BStBl 1979 II S. 300). [7]Ein unentgeltlicher Betriebsüberlassungsvertrag steht einem Pachtvertrag gleich (→ BFH vom 7. 8. 1979 – BStBl 1980 II S. 181). [8]Für die gegenüber dem Finanzamt abzugebende Erklärung zur Aufgabe des Betriebs anläßlich der Verpachtung ist keine bestimmte Form vorgeschrieben. [9]Gibt ein Steuerpflichtiger, der seinen Gewerbebetrieb im ganzen verpachtet hat, keine eindeutige Aufgabeerklärung ab, führt er jedoch die Einkünfte aus der Verpachtung in seiner Einkommensteuererklärung jedoch unter den Einkünften aus Vermietung und Verpachtung auf, so gilt dies grundsätzlich nicht als Aufgabeerklärung. [10]Das Finanzamt soll jedoch in einem solchen Fall durch Rückfrage bei dem Steuerpflichtigen klären, ob er den Betrieb als aufgegeben oder auch während der Verpachtung als fortbestehend ansehen will. [11]Gibt der Steuerpflichtige innerhalb der ihm gesetzten Frist keine eindeutige Aufgabeerklärung ab, so ist von einer Fortführung des bisherigen Betriebs auszugehen mit der Folge, daß die Pachteinnahmen als Gewinn aus Gewerbebetrieb zu erfassen sind. [12]Teilt der Steuerpflichtige mit, daß er den Betrieb als aufgegeben ansieht, so ist die Abgabe der Einkommensteuererklärung, in der die Einkünfte aus der Verpachtung als Einkünfte aus Vermietung und Verpachtung aufgeführt sind, als Aufgabeerklärung anzusehen. [13]Die Aufgabe des Betriebs ist für den vom Steuerpflichtigen gewählten Zeitpunkt anzuerkennen, wenn die Aufgabeerklärung spätestens drei Monate nach diesem Zeitpunkt abgegeben wird; wird die Aufgabeerklärung erst nach Ablauf dieser Frist abgegeben, so gilt der Betrieb erst im Zeitpunkt des Eingangs dieser Erklärung beim Finanzamt als aufgegeben. [14]Da die Steuererklärung durch-

weg nicht innerhalb von drei Monaten nach dem Zeitpunkt beim Finanzamt eingeht, von dem an die Einkünfte aus der Verpachtung als Einkünfte aus Vermietung und Verpachtung erklärt werden, gilt der Betrieb in der Regel im Zeitpunkt des Eingangs der Steuererklärung beim Finanzamt als aufgegeben.

Hinweise

Abgrenzung Betriebsverpachtung/Betriebsaufgabe
Zur Abgrenzung der Betriebsverpachtung von der Betriebsaufgabe → ergänzend BFH vom 12. 12. 1973 (BStBl 1974 II S. 208), vom 26. 6. 1975 (BStBl II S. 885) und vom 14. 12. 1993 (BStBl 1994 II S. 922).

Betriebsverpachtung
Eine Betriebsverpachtung setzt nicht nur die Verpachtung aller wesentlichen Betriebsgrundlagen, sondern auch die Fortführung des bisherigen Betriebs durch den Pächter voraus. Hat der „Verpächter" sich hiernach unzutreffenderweise mit der Finanzverwaltung auf die Annahme einer Betriebsverpachtung „geeinigt", so sind er und seine Erben an diese „Einigung" nicht gebunden (→ FG Niedersachsen vom 10. 11. 1994 – EFG 1995 S. 810). Die gegen dieses Urteil eingelegte Revision ist beim BFH unter Az. IX R 2/95 anhängig.

Eigenbewirtschaftung
Zur Eigenbewirtschaftung als Voraussetzung für das Verpächterwahlrecht → BMF vom 23. 11. 1990 (BStBl I S. 770).

Anhang 8

Form und Inhalt der Betriebsaufgabeerklärung
Zu Form und Inhalt der Betriebsaufgabeerklärung → ergänzend BFH vom 15. 10. 1987 (BStBl 1988 II S. 257, 260).

Gemeinsames Eigentum von Pächter und Verpächter an wesentlichen Betriebsgrundlagen
Die Fortführung eines Betriebes im Wege der Betriebsverpachtung ist grundsätzlich nicht möglich, wenn wesentliche Betriebsgegenstände dem Verpächter und Pächter gemeinsam (z. B. als Miterben) gehören und der Betrieb vor der Verpachtung gemeinsam (z. B. in der Rechtsform einer GbR) geführt worden ist (→ BFH vom 22. 5. 1990 – BStBl II S. 780).

Geschäftswert
– originärer Geschäftswert
Wegen der Behandlung des originären Geschäftswerts bei Betriebsaufgabe durch Verpachtung und spätere Veräußerung des verpachteten Unternehmens → BFH vom 14. 2. 1978 (BStBl 1979 II S. 99) sowie BMF vom 15. 8. 1984 (BStBl I S. 461):

Originärer Geschäftswert bei der Betriebsaufgabe durch Verpachtung und späterer Veräußerung des verpachteten Unternehmens
BMF vom 15. 8. 1984 (BStBl I S. 461)

Mit Urteil vom 19. 1. 1982 (BStBl II 1982 S. 456) hat der Bundesfinanzhof seine Entscheidung vom 14. 2. 1978 (BStBl II 1979 S. 99) bestätigt, daß bei der Ermittlung des Aufgabegewinns nach erklärter Betriebsaufgabe anläßlich der Verpachtung des Gewerbebetriebs ein originärer Geschäftswert nicht anzusetzen sei. Nach dem Ergebnis der Erörterung mit den obersten Finanzbehörden der Länder wird an der gegenteiligen Auffassung (vgl. BMF-Schreiben vom 21. 12. 1978, BStBl 1979 I S. 116, und die entsprechenden Erlasse der obersten Finanzbehörden der Länder) nicht mehr festgehalten. Auf Leitsatz 2 des BFH-Urteils vom 14. 2. 1978 (a. a. O.), wonach bei Veräußerung des verpachteten Unternehmens und Erzielung eines Erlöses für den Geschäftswert dieser Erlös eine gewerbliche Einnahme ist, wird hingewiesen.

– derivativer Geschäftswert
Wegen der Behandlung des derivativen Geschäftswerts nach erklärter Betriebsaufgabe im Rahmen der Verpachtung eines Gewerbebetriebs → BFH vom 4. 4. 1989 (BStBl II S. 606).

Parzellenweise Verpachtung
Die parzellenweise Verpachtung der Grundstücke eines land- und forstwirtschaftlichen Betriebs steht der Annahme einer Betriebsverpachtung nicht grundsätzlich entgegen (→ BFH vom 28. 11. 1991 – BStBl 1992 II S. 521).

Realteilung
Die Betriebsverpachtungsgrundsätze sind auch nach einer Realteilung anwendbar (→ BFH vom 23. 3. 1995 – BStBl II S. 700).

Umgestaltung wesentlicher Betriebsgrundlagen
Werden anläßlich der Verpachtung eines Gewerbebetriebs die wesentlichen Betriebsgrundlagen so umgestaltet, daß sie nicht mehr in der bisherigen Form genutzt werden können, entfällt grundsätzlich die Möglichkeit, das Betriebsvermögen fortzuführen; damit entfällt auch die Möglichkeit der Betriebsverpachtung (→ BFH vom 15. 10. 1987 – BStBl 1988 II S. 257, 260).

Verpächterwahlrecht
Anhang 8 Zweifelsfragen im Zusammenhang mit der Ausübung des Verpächterwahlrechts → BMF vom 17. 10. 1994 (BStBl I S. 771).

R 139 (6) Unentgeltliche Betriebsübertragung

(6) ¹Die Voraussetzungen für eine unentgeltliche Betriebsübertragung unterscheiden sich von denen einer Betriebsveräußerung nur durch das Merkmal der Unentgeltlichkeit. ²Bei der unentgeltlichen Übertragung des Betriebs werden die stillen Reserven im Betriebsvermögen gemäß § 7 Abs. 1 EStDV nicht aufgedeckt. ³Für die unentgeltliche Übertragung eines Betriebs oder Teilbetriebs ist Voraussetzung, daß mindestens die wesentlichen Grundlagen des Betriebs oder Teilbetriebs unentgeltlich übertragen worden sind (→ BFH vom 7. 8. 1979 – BStBl 1980 II S. 181). ⁴Die wesentlichen Betriebsgrundlagen müssen durch einen einheitlichen Übertragungsakt auf den Erwerber übergeführt werden; eine in mehrere, zeitlich aufeinanderfolgende Einzelakte aufgespaltene Gesamtübertragung kann nur dann als einheitlicher Übertragungsakt angesehen werden, wenn sie auf einem einheitlichen Willensentschluß beruht und zwischen den einzelnen Übertragungsvorgängen ein zeitlicher und sachlicher Zusammenhang besteht (→ BFH vom 12. 4. 1989 – BStBl II S. 653). ⁵Werden die wesentlichen Grundlagen eines Betriebs, eines Teilbetriebs oder eines Anteils am Betrieb einer Personengesellschaft unentgeltlich übertragen und behält der Steuerpflichtige Wirtschaftsgüter zurück, die innerhalb eines kurzen Zeitraums veräußert oder in das Privatvermögen übergeführt werden, so ist die teilweise Aufdeckung der stillen Reserven nicht steuerbegünstigt (→ BFH vom 19. 2. 1981 – BStBl II S. 566). ⁶Werden nicht die wesentlichen Grundlagen eines Betriebs oder Teilbetriebs, sondern nur Teile des Betriebsvermögens unentgeltlich übertragen, während der andere Teil der Wirtschaftsgüter in das Privatvermögen übernommen wird, so liegt eine Betriebsaufgabe vor. ⁷Der tariflich begünstigte Veräußerungsgewinn ist in diesem Fall der Unterschiedsbetrag zwischen den Buchwerten und den gemeinen Werten sowohl der unentgeltlich übertragenen als auch der in das Privatvermögen übernommenen Wirtschaftsgüter, vermindert um etwaige Veräußerungskosten (→ BFH vom 27. 7. 1961 – BStBl III S. 514).

H 139 (6) Hinweise

Erbauseinandersetzung
Anhang 13 Zur Annahme einer unentgeltlichen Betriebsübertragung mit der Folge der Anwendung des § 7 Abs. 1 EStDV im Zusammenhang mit einer Erbauseinandersetzung → BMF vom 11. 1. 1993 (BStBl I S. 62).

Mitunternehmeranteil

Der Begriff des Mitunternehmeranteils im Sinne des § 7 Abs. 1 EStDV umfaßt nicht nur den Anteil des Mitunternehmers am Vermögen der Gesellschaft, sondern auch etwaiges Sonderbetriebsvermögen (→ BFH vom 31. 8. 1995 – BStBl II S. 890).
Wird anläßlich der unentgeltlichen Übertragung eines Mitunternehmeranteils ein Wirtschaftsgut des Sonderbetriebsvermögens, das für die Mitunternehmerschaft funktional wesentlich ist, zurückbehalten und in das Privatvermögen des Übertragenden überführt, ist insgesamt eine (tarifbegünstigte) Aufgabe eines Mitunternehmeranteils anzunehmen.

Nießbrauch

Unentgeltlichkeit liegt auch vor, wenn sich der Übertragende den Nießbrauch an dem Betrieb vorbehält (→ BMF vom 13. 1. 1993 – BStBl I S. 80 – Tz. 24 i. V. m. Tz. 10).

Anhang 13

Verdeckte Einlage

Keine unentgeltliche Betriebsübertragung liegt bei verdeckter Einlage eines Einzelunternehmens in eine GmbH vor (→ BFH vom 18. 12. 1990 – BStBl 1991 II S. 512).

Unentgeltliche Übertragung eines Kommanditanteils

Überträgt ein Vater einen Kommanditanteil unentgeltlich auf seine Kinder und wird der Anteil alsbald von den Kindern an Dritte veräußert, kann in der Person des Vaters ein Aufgabegewinn entstehen (→ BFH vom 15. 7. 1986 – BStBl II S. 896).

Teilentgeltliche Betriebsübertragung

R 139 (7)

(7) ¹Bei der teilentgeltlichen Veräußerung eines Betriebs, Teilbetriebs, Mitunternehmeranteils oder des Anteils eines persönlich haftenden Gesellschafters einer Kommanditgesellschaft auf Aktien ist der Vorgang nicht in ein voll entgeltliches und ein voll unentgeltliches Geschäft aufzuteilen. ²Der Veräußerungsgewinn im Sinne des § 16 Abs. 2 EStG ist vielmehr durch Gegenüberstellung des Entgelts und des Wertes des Betriebsvermögens oder des Wertes des Anteils am Betriebsvermögen zu ermitteln (→ BFH vom 10. 7. 1986 – BStBl II S. 811 sowie BMF vom 13. 1. 1993 – BStBl I S. 80). ³Bei einer teilentgeltlichen Betriebsübertragung im Wege der vorweggenommenen Erbfolge ist der Veräußerungsgewinn auch dann gemäß § 16 Abs. 2 EStG zu ermitteln, wenn das Kapitalkonto negativ ist (→ BMF vom 13. 1. 1993 – BStBl I S. 80 sowie BFH vom 16. 12. 1992 – BStBl 1993 II S. 436).

Anhang 13

Begriff der wesentlichen Betriebsgrundlage

R 139 (8)

(8) ¹Was als „wesentliche Grundlage" eines Betriebs oder Teilbetriebs anzusehen ist, kann nur im Einzelfall bestimmt werden. ²Ein dem Betrieb oder Teilbetrieb dienendes Wirtschaftsgut ist in der Regel schon dann als wesentliche Betriebsgrundlage anzusehen, wenn in ihm erhebliche stille Reserven ruhen (→ BFH vom 26. 4. 1979 – BStBl II S. 557). ³Wirtschaftsgüter, die erhebliche stille Reserven enthalten, sind gleichwohl keine wesentlichen Betriebsgrundlagen, wenn sich die Unwesentlichkeit aus der tatsächlichen Nutzung im Betrieb ergibt (→ BFH vom 1. 10. 1986 – BStBl 1987 II S. 113). ⁴Zu den wesentlichen Betriebsgrundlagen können Wirtschaftsgüter auch dann gehören, wenn sie keine erheblichen stillen Reserven enthalten (→ BFH vom 19. 1. 1983 – BStBl II S. 312). ⁵Wirtschaftsgüter des Umlaufvermögens, die ihrem Zweck nach zur Veräußerung oder zum Verbrauch bestimmt sind, bilden allein in der Regel nicht die wesentliche Grundlage eines Betriebs. ⁶Nach den Umständen des Einzelfalles können Waren bei bestimmten Betrieben jedoch zu den wesentlichen Grundlagen des Betriebs gehören (→ BFH vom 24. 6. 1976 – BStBl II S. 672).

Hinweise

H 139 (8)

Betriebsaufspaltung

Zum Begriff der wesentlichen Betriebsgrundlage → auch R 137 Abs. 5 zum – nicht völlig identischen – Begriff der wesentlichen Betriebsgrundlage im Rahmen einer Betriebsaufspaltung.

Grundstücke

Bei einem Möbelhändler ist z. B. das Grundstück, in dem sich die Ausstellungs- und Lagerräume befinden, die wesentliche Betriebsgrundlage (→ BFH vom 4. 11. 1965 – BStBl 1966 III S. 49 und vom 7. 8. 1990 – BStBl 1991 II S. 336). Das gleiche gilt für ein Grundstück, das zum Zweck des Betriebs einer Bäckerei und Konditorei sowie eines Cafe-Restaurants und Hotels besonders gestaltet ist (→ BFH vom 7. 8. 1979 – BStBl 1980 II S. 181).

Land- und Forstwirtschaft

Zum Umfang der wesentlichen Grundlagen eines land- und forstwirtschaftlichen Betriebs → BFH vom 28. 3. 1985 (BStBl II S. 508).

Maschinen und Einrichtungsgegenstände

Maschinen und Einrichtungsgegenstände rechnen zu den wesentlichen Betriebsgrundlagen, soweit sie für die Fortführung des Betriebs unentbehrlich oder nicht jederzeit ersetzbar sind.

Produktionsunternehmen

Bei einem Produktionsunternehmen gehören zu den wesentlichen Betriebsgrundlagen die für die Produktion bestimmten und auf die Produktion abgestellten Betriebsgrundstücke und Betriebsvorrichtungen (→ BFH vom 12. 9. 1991 – BStBl 1992 II S. 347).

R 139 (9) Abgrenzung des Veräußerungs- bzw. Aufgabegewinns vom laufenden Gewinn

(9) ¹Bei Veräußerung von Wirtschaftsgütern im Rahmen einer Betriebsaufgabe entsteht der Aufgabegewinn mit Übertragung des wirtschaftlichen Eigentums an den Wirtschaftsgütern (→ BFH vom 17. 10. 1991 – BStBl 1992 II S. 392). ²Zum Veräußerungsgewinn gehören auch Gewinne, die sich bei der Veräußerung eines Betriebs aus der Auflösung von steuerfreien Rücklagen, z. B. Rücklage für Ersatzbeschaffung, Rücklage nach § 6 b EStG, Rücklage für Preissteigerung, ergeben (→ BFH vom 25. 6. 1975 – BStBl II S. 848 und vom 17. 10. 1991 – BStBl 1992 II S. 392). ³Wird im zeitlichen Zusammenhang mit einer Teilbetriebsveräußerung ein wirtschaftlich dem Teilbetrieb dienender Grundstücksteil in das Privatvermögen übergeführt, so gehört der bei diesem Entnahmevorgang verwirklichte Gewinn nicht zu dem Veräußerungsgewinn nach § 16 EStG (→ BFH vom 18. 4. 1973 – BStBl II S. 700). ⁴Gewinne, die während und nach der Aufgabe eines Betriebs aus normalen Geschäften und ihrer Abwicklung anfallen, gehören nicht zu dem begünstigten Aufgabegewinn (→ BFH vom 25. 6. 1970 – BStBl II S. 719).

Hinweise

H 139 (9)

Betriebseinbringung

Anhang 28
- Der Gewinn aus einer zeitlich und wirtschaftlich mit der **Einbringung** eines Betriebs, Teilbetriebs oder Mitunternehmeranteils in eine Kapitalgesellschaft zusammenhängenden Entnahme ist auch dann nach § 20 Abs. 5 UmwStG in Verbindung mit § 34 EStG tarifbegünstigt, wenn die Kapitalgesellschaft das eingebrachte Betriebsvermögen mit dem **Buchwert** ansetzt (→ BFH vom 25. 9. 1991 – BStBl 1992 II S. 406).

Anhang 28
- Geht anläßlich der Einbringung eines Mitunternehmeranteils in eine Kapitalgesellschaft nach § 20 UmwStG bisheriges Sonderbetriebsvermögen eines Gesellschafters in dessen Privatvermögen über, so ist das **Sonderbetriebsvermögen** mit dem gemeinen Wert nach § 16 Abs. 3 Satz 3 EStG anzusetzen und durch Vergleich mit dessen Buchwert der sich ergebende Veräußerungsgewinn zu ermitteln (→ BFH vom 28. 4. 1988 – BStBl II S. 829).

- Bei Einbringung eines Betriebs zu Buchwerten in eine Personengesellschaft ist der Gewinn aus der **Überführung eines** nicht zu den wesentlichen Betriebsgrundlagen gehörenden **Wirtschaftsguts in das Privatvermögen** kein begünstigter Veräußerungsgewinn (→ BFH vom 29. 10. 1987 – BStBl 1988 II S. 374).

- Wird ein Betrieb, Teilbetrieb oder Mitunternehmeranteil teilweise auf Rechnung des Einbringenden, teilweise auf Rechnung eines Dritten, der dafür dem Einbringenden ein Entgelt zahlt (Zuzahlung), in eine Personengesellschaft eingebracht, so handelt es sich bei dem durch die Zuzahlung realisierten Gewinn um einen Gewinn aus der Veräußerung eines Mitunternehmeranteils. Dieser Gewinn kann nicht durch Erstellung einer negativen Ergänzungsbilanz des Einbringenden neutralisiert werden (→ BFH vom 8. 12. 1994 – BStBl 1995 II S. 599).

Fachwissen

Überträgt ein selbständig tätiger Ingenieur sein technisches Spezialwissen und seine Berufserfahrungen entgeltlich auf seinen einzigen Kunden, so stellt dies regelmäßig auch dann keine Betriebsveräußerung oder -aufgabe dar, wenn er unheilbar erkrankt ist und sein Wissen aus diesem Grund weitergibt. Das Entgelt ist laufende Betriebseinnahme (→ BFH vom 26. 4. 1995 – BFHE 178/387).

Gewerblicher Grundstückshandel

Der Gewinn aus gewerblichem Grundstückshandel gehört zu dem laufenden Gewinn aus normalen Geschäften, auch wenn der gesamte Grundstücksbestand (Umlaufvermögen) in einem einheitlichen Vorgang veräußert wird (→ BFH vom 25. 1. 1995 – BStBl II S. 388).

Handelsvertreter

Zum laufenden Gewinn gehören der Ausgleichsanspruch des selbständigen Handelsvertreters nach § 89 b HGB (→ BFH vom 5. 12. 1968 – BStBl 1969 II S. 196) sowie die Ausgleichszahlungen an Kommissionsagenten in entsprechender Anwendung des § 89 b HGB (→ BFH vom 19. 2. 1987 – BStBl II S. 570). Dies gilt auch, wenn der Anspruch auf Ausgleichsleistung durch den Tod des Handelsvertreters entstanden ist und der Erbe den Betrieb aufgibt (→ BFH vom 9. 2. 1983 – BStBl II S. 271). Zahlungen des nachfolgenden Handelsvertreters an seinen Vorgänger sind als laufender Gewinn zu behandeln (→ BFH vom 25. 7. 1990 – BStBl 1991 II S. 218).

Importwarenabschlag

Hat der Steuerpflichtige im Zeitpunkt der Betriebsaufgabe bereits sämtliche Warenvorräte veräußert, auf die er in der letzten, vor der Betriebsaufgabe erstellten Bilanz einen Importwarenabschlag nach § 80 EStDV vorgenommen hatte, so rechnet der auf der Auflösung des Importwarenabschlags beruhende Gewinn nicht zum tarifbegünstigten Aufgabegewinn (→ BFH vom 7. 4. 1989 – BStBl II S. 874).

Mitunternehmeranteil

Veräußert der Gesellschafter einer Personengesellschaft seinen Mitunternehmeranteil an einen Mitgesellschafter und entnimmt er im Einverständnis mit dem Erwerber und den Mitgesellschaftern vor der Übertragung des Gesellschaftsanteils bestimmte Wirtschaftsgüter des Gesellschaftsvermögens, so gehört der daraus entstehende Entnahmegewinn zum begünstigten Veräußerungsgewinn (→ BFH vom 24. 8. 1989 – BStBl 1990 II S. 132).

Personengesellschaft

– Hat eine Personengesellschaft ihren Betrieb veräußert, so ist der Anteil eines Gesellschafters am Veräußerungsgewinn auch dann tarifbegünstigt, wenn ein anderer Gesellschafter § 6 b EStG in Anspruch genommen hat (→ BFH vom 30. 3. 1989 – BStBl II S. 558).

– Hinsichtlich der **Übertragung** von Teilen der **Festkapitalkonten** verschiedener Gesellschafter einer Personenhandelsgesellschaft auf einen neu eintretenden Gesellschafter bei gleichzeitiger Übertragung von Anteilen an den Sonderkonten → BFH vom 27. 5. 1981 (BStBl 1982 II S. 211).

Räumungsverkauf

Der Gewinn aus einem Räumungsverkauf gehört nicht zu dem begünstigten Aufgabegewinn (→ BFH vom 29. 11. 1988 – BStBl 1989 II S. 602).

Rückstellung und Rücklage

Der Gewinn aus der Auflösung einer Rückstellung ist nicht zum Veräußerungsgewinn zu rechnen, wenn die Auflösung der Rückstellung und die Betriebsveräußerung in keinem rechtlichen oder ursächlichen, sondern lediglich in einem gewissen zeitlichen Zusammenhang miteinander stehen (→ BFH vom 15. 11. 1979 – BStBl 1980 II S. 150). Die spätere Auflösung einer anläßlich der Betriebsveräußerung gebildeten Rücklage nach § 6 b EStG ist kein Veräußerungsgewinn (→ BFH vom 4. 2. 1982 – BStBl II S. 348).

Sachwertabfindung

Werden zur Tilgung einer Abfindungsschuld gegenüber einem ausgeschiedenen Mitunternehmer Wirtschaftsgüter veräußert, ist der dabei entstehende Gewinn als laufender Gewinn zu behandeln (→ BFH vom 28. 11. 1989 – BStBl 1990 II S. 561).

Selbsterzeugte Waren

Gewinne aus der Veräußerung von selbsterzeugten Waren an Handelsvertreter, die bisher den Verkauf der Erzeugnisse an Einzelhändler nur vermittelt haben, können zum begünstigten Aufgabegewinn gehören (→ BFH vom 1. 12. 1988 – BStBl 1989 II S. 368).

Umlaufvermögen

Gewinne aus der Veräußerung von Umlaufvermögen gehören zum Aufgabegewinn, wenn die Veräußerung nicht den Charakter einer normalen gewerblichen Tätigkeit hat, sondern die Waren z. B. an frühere Lieferanten veräußert werden (→ BFH vom 2. 7. 1981 – BStBl II S. 798).

Verbindlichkeiten

Der Erlaß einer Verbindlichkeit im sachlichen und zeitlichen Zusammenhang mit der Aufgabe des Betriebs erhöht den Betriebsaufgabegewinn (→ BFH vom 26. 1. 1989 – BStBl II S. 456).

Versicherungsleistungen

Entschließt sich der Unternehmer nach einem Brandschaden wegen der Betriebszerstörung zur Betriebsaufgabe, gehört der Gewinn aus der Realisierung der stillen Reserven, der dadurch entsteht, daß auf die Anlagegüter entfallenden Versicherungsleistungen die Buchwerte übersteigen, zum Aufgabegewinn (→ BFH vom 11. 3. 1982 – BStBl II S. 707).

R 139 (10) Veräußerungspreis

(10) ¹Veräußerungspreis ist die Gegenleistung, die der Veräußerer vom Erwerber erlangt. ²Die spätere vergleichsweise Festlegung eines strittigen Veräußerungspreises ist auf den Zeitpunkt der Realisierung des Veräußerungsgewinns zurückzubeziehen (→ BFH vom 26. 7. 1984 – BStBl II S. 786). ³Wird die gestundete Kaufpreisforderung für die Veräußerung eines Gewerbebetriebs in einem späteren Veranlagungszeitraum ganz oder teilweise uneinbringlich, so stellt dies ein Ereignis mit steuerlicher Rückwirkung auf den Zeitpunkt der Veräußerung dar (→ BFH vom 19. 7. 1993 – BStBl II S. 897). ⁴Hält der Erwerber eines Gewerbebetriebs seine Zusage, den Veräußerer von der Haftung für alle vom Erwerber übernommenen Betriebsschulden freizustellen, nicht ein und wird der Veräußerer deshalb in einem späteren Veranlagungszeitraum aus einem als Sicherheit für diese Betriebsschulden bestellten Grundpfandrecht in Anspruch genommen, so liegt ein Ereignis mit steuerlicher Rückwirkung auf den Zeitpunkt der Veräußerung vor (→ BFH vom 19. 7. 1993 – BStBl II S. 894). ⁵Teil des Veräußerungspreises ist auch eine Verpflichtung des Erwerbers, den Veräußerer von einer privaten Schuld gegenüber einem Dritten oder von einer betrieblichen, zu Recht nicht bilanzierten Schuld, z. B. einer betrieblichen Versorgungsverpflichtung, durch befreiende Schuldübernahme oder durch Schuldbeitritt mit befreiender Wirkung, im Innenverhältnis freizustellen. ⁶Gleiches gilt für die Verpflichtung zur Freistellung von einer dinglichen Last, die ihrem Rechtsinhalt nach einer rein schuldrechtlichen Verpflichtung gleichwertig ist, z. B. Übernahme einer Nießbrauchslast (→ BFH vom 12. 1. 1983 – BStBl II S. 595).

Hinweise

Auflösung einer Rekultivierungsrückstellung

Wird eine vom Betriebserwerber nicht übernommene Rekultivierungsrückstellung nach der Betriebsveräußerung aufgelöst, handelt es sich um ein auf den Veranlagungszeitraum der Betriebsveräußerung rückwirkendes Ereignis (→ FG Münster vom 4. 10. 1994 – EFG 1995 S. 439).

Forderungsausfall

Scheidet ein Kommanditist aus einer KG aus und bleibt sein bisheriges Gesellschafterdarlehen bestehen, so ist, wenn diese Forderung später wertlos wird, sein Veräußerungs- bzw.

Aufgabegewinn mit steuerlicher Wirkung für die Vergangenheit gemindert (→ BFH vom 14. 12. 1994 – BStBl 1995 II S. 465).

Kaufpreisherabsetzung
Die Herabsetzung des Kaufpreises für einen Betrieb aufgrund von Einwendungen des Käufers gegen die Rechtswirksamkeit des Kaufvertrages ist ein rückwirkendes Ereignis, das zur Änderung des Steuerbescheides führt, dem der nach dem ursprünglich vereinbarten Kaufpreis ermittelte Veräußerungsgewinn zugrunde liegt (→ BFH vom 23. 6. 1988 – BStBl 1989 II S. 41).

Schadensersatzleistung
Die Zahlung von Schadensersatzleistungen für betriebliche Schäden nach Betriebsaufgabe beeinflußt die Höhe des Aufgabegewinns, weil sie ein rückwirkendes Ereignis auf den Zeitpunkt der Betriebsaufgabe darstellt (→ BFH vom 10. 2. 1994 – BStBl II S. 564).

Betriebsveräußerung gegen wiederkehrende Bezüge

(11) [1]Veräußert ein Steuerpflichtiger seinen Betrieb gegen eine Leibrente, so hat er ein Wahlrecht. [2]Er kann den bei der Veräußerung entstandenen Gewinn sofort versteuern. [3]In diesem Fall ist § 16 EStG anzuwenden. [4]Veräußerungsgewinn ist der Unterschiedsbetrag zwischen dem nach den Vorschriften des BewG ermittelten Barwert der Rente, vermindert um etwaige Veräußerungskosten des Steuerpflichtigen, und dem Buchwert des steuerlichen Kapitalkontos im Zeitpunkt der Veräußerung des Betriebs. [5]Die in den Rentenzahlungen enthaltenen Ertragsanteile sind sonstige Einkünfte im Sinne des § 22 Nr. 1 Satz 3 Buchstabe a EStG. [6]Der Steuerpflichtige kann statt dessen die Rentenzahlungen als nachträgliche Betriebseinnahmen im Sinne des § 15 in Verbindung mit § 24 Nr. 2 EStG behandeln. [7]In diesem Fall entsteht ein Gewinn, wenn die Rentenzahlungen das steuerliche Kapitalkonto des Veräußerers zuzüglich etwaiger Veräußerungskosten des Veräußerers übersteigen. [8]Die Freibeträge des § 16 Abs. 4 EStG und der ermäßigte Steuersatz nach § 34 Abs. 1 EStG können in diesem Fall nicht gewährt werden (→ BFH vom 21. 12. 1988 – BStBl 1989 II S. 409). [9]Die Sätze 1 bis 8 gelten sinngemäß, wenn ein Betrieb gegen einen festen Barpreis und eine Leibrente veräußert wird; das Wahlrecht bezieht sich jedoch nicht auf den durch den festen Barpreis realisierten Teil des Veräußerungsgewinns. [10]Für die Ermittlung des Freibetrags nach § 16 Abs. 4 EStG ist nicht allein auf den durch den festen Barpreis realisierten Veräußerungsgewinn abzustellen, sondern auch der Kapitalwert der Rente als Teil des Veräußerungspreises zu berücksichtigen (→ BFH vom 17. 8. 1967 – BStBl 1968 II S. 75). [11]Der Freibetrag kann jedoch höchstens in Höhe des durch den festen Kaufpreis realisierten Veräußerungsgewinns gewährt werden. [12]Veräußert ein Steuerpflichtiger seinen Betrieb gegen einen in Raten zu zahlenden Kaufpreis, so sind die Sätze 1 bis 10 mit der Maßgabe anzuwenden, daß an die Stelle des nach den Vorschriften des Bewertungsgesetzes ermittelten Barwerts der Rente der Barwert der Raten tritt, wenn die Raten während eines nicht mehr als zehn Jahre dauernden Zeitraums zu zahlen sind und die Ratenvereinbarung sowie die sonstige Ausgestaltung des Vertrags eindeutig die Absicht des Veräußerers zum Ausdruck bringen, sich eine Versorgung zu verschaffen (→ BFH vom 23. 1. 1964 – BStBl III S. 239 und vom 12. 6. 1968 – BStBl II S. 653). [13]Das Wahlrecht besteht auch bei der Veräußerung gegen eine Zeitrente mit einer langen, nicht mehr überschaubaren Laufzeit, wenn sie auch den Nebenzweck verfolgt, dem Veräußerer langfristig eine etwaige zusätzliche Versorgung zu schaffen (→ BFH vom 26. 7. 1984 – BStBl II S. 829). [14]Bei der Ermittlung des Barwerts ist von einem Zinssatz von 5,5 v. H. auszugehen, wenn nicht vertraglich ein anderer Satz vereinbart ist. [15]Eine gestundete Kaufpreisforderung ist bei der Ermittlung des Veräußerungsgewinns mit dem gemeinen Wert anzusetzen (→ BFH vom 19. 1. 1978 – BStBl II S. 295).

Hinweise

Betriebsveräußerung gegen wiederkehrende Bezüge und festes Entgelt
Wird ein Betrieb gegen wiederkehrende Bezüge und ein festes Entgelt veräußert, besteht das Wahlrecht hinsichtlich der wiederkehrenden Bezüge auch dann, wenn sie von dritter Seite erbracht werden (→ BFH vom 7. 11. 1991 – BStBl 1992 II S. 457).

§ 16 EStG

R 139 (12) Veräußerungskosten

(12) ¹Als Veräußerungskosten im Sinne des § 16 Abs. 2 EStG können nur solche Aufwendungen geltend gemacht werden, die in unmittelbarer sachlicher Beziehung zu dem Veräußerungsgeschäft stehen, z. B. Notariatskosten, Maklerprovisionen, Verkehrsteuern. ²Der zeitliche Zusammenhang mit der Betriebsveräußerung bewirkt nicht, daß Aufwendungen zur Beendigung von Schuldverhältnissen, die bisher dem laufenden Betrieb dienten, z. B. Abfindungen an einen Pächter für die vorzeitige Aufgabe des Pachtrechts oder Ausbuchung eines aktivierten Disagios für ein anläßlich der Betriebsaufgabe vorfristig zurückgezahltes Darlehen (→ BFH vom 6. 5. 1982 – BStBl II S. 691 und vom 12. 7. 1984 – BStBl II S. 713), den Veräußerungsgewinn mindern (→ BFH vom 6. 5. 1982 – BStBl II S. 691). ³Die aus der Veräußerung einer Beteiligung an einer Kapitalgesellschaft im Sinne des § 16 Abs. 1 Nr. 1 EStG entstehende gewerbesteuerliche Mehrbelastung gehört nicht zu den Veräußerungskosten (→ BFH vom 27. 10. 1977 – BStBl 1978 II S. 100).

Hinweise

Umsatzsteuer

Zur Behandlung der Umsatzsteuer als Teil der Veräußerungskosten → BFH vom 17. 1. 1989 (BStBl II S. 563).

Veräußerungskosten

Veräußerungskosten mindern auch dann den Veräußerungsgewinn, wenn sie in einem VZ vor der Veräußerung entstanden sind (→ BFH vom 6. 10. 1993 – BStBl 1994 II S. 287).

R 139 (13) Gewährung des Freibetrags

(13) ¹Über die Höhe des Freibetrags wird bei der Veranlagung zur Einkommensteuer entschieden; im Fall der Veräußerung eines Mitunternehmeranteils ist im Verfahren zur gesonderten und einheitlichen Gewinnfeststellung nur der Umfang der Beteiligung des Gesellschafters am Freibetrag festzustellen (→ BFH vom 10. 7. 1986 – BStBl II S. 811). ²Der Feststellungsbescheid muß entweder den Anteil des Steuerpflichtigen am Freibetrag enthalten oder es muß festgestellt werden, daß kein Freibetrag zu gewähren ist (→ BFH vom 14. 4. 1988 – BStBl II S. 711). ³Veräußert eine Personengesellschaft, bei der die Gesellschafter als Mitunternehmer anzusehen sind, ihren ganzen Gewerbebetrieb, so steht den einzelnen Mitunternehmern für ihren Anteil am Veräußerungsgewinn nach Maßgabe ihrer persönlichen Verhältnisse ein Teil des Freibetrags zu. ⁴Dieser Teil bestimmt sich grundsätzlich nach dem Anteil am gesamten Veräußerungsgewinn (→ BFH vom 17. 4. 1980 – BStBl II S. 721). ⁵Der Veräußerungsgewinn bei der Veräußerung eines Teilbetriebs oder eines Anteils am Betriebsvermögen wird zur Einkommensteuer nur herangezogen, soweit er den entsprechenden Teil des jeweils in Betracht kommenden Freibetrags übersteigt. ⁶Dabei bemißt sich der entsprechende Teil grundsätzlich nach dem Verhältnis des bei der Veräußerung des Teilbetriebs oder Anteils am Betriebsvermögen tatsächlich entstandenen Gewinns zum bei einer Veräußerung des ganzen Gewerbebetriebs oder gleichzeitiger Veräußerung aller Anteile am Betriebsvermögen erzielbaren Gewinn (→ BFH vom 17. 4. 1980 – BStBl II S. 566 und 642). ⁷Wird der zum Betriebsvermögen eines Einzelunternehmers gehörende Mitunternehmeranteil im Zusammenhang mit der Veräußerung des Einzelunternehmens veräußert, so sind die Freibeträge für das Einzelunternehmen und die Anteile an der Personengesellschaft getrennt zu ermitteln (→ BFH vom 29. 9. 1976 – BStBl 1977 II S. 259).

R 139 (14)

(14) ¹Dauernde Berufsunfähigkeit liegt unabhängig von den sozialversicherungsrechtlichen Grundsätzen vor, wenn der Unternehmer infolge Krankheit, anderer Gebrechen oder Schwäche der geistigen oder körperlichen Fähigkeiten (Invaliditätsfall) unfähig ist, die bisher in seinem Betrieb ausgeübte Funktion wahrzunehmen. ²Der Unternehmer kann im Invaliditätsfall nicht auf andere Tätigkeiten verwiesen werden (→ BFH vom 18. 8. 1981 – BStBl 1982 II S. 293). ³Eine Betriebsveräußerung wegen dauernder Berufsunfähigkeit kann auch dann vorliegen, wenn ein Betriebsinhaber seinen Betrieb wegen seines die berufliche Tätigkeit ausschließenden Gesundheitszustands zunächst befristet verpachtet und nach Erlangung der Gewißheit, daß er dauernd unfähig bleiben werde, den Betrieb wieder selbst zu

§§ 53, 54 EStDV **§ 17 EStG**
R 140

in Deutscher Mark auf den 21. Juni 1948 hätten eingestellt werden können; bei Anteilen, die am 21. Juni 1948 als Auslandsvermögen beschlagnahmt waren, ist bei Veräußerung vor der Rückgabe der Veräußerungserlös und bei Veräußerung nach der Rückgabe der Wert im Zeitpunkt der Rückgabe als Anschaffungskosten maßgebend. ²Im Land Berlin tritt an die Stelle des 21. Juni 1948 jeweils der 1. April 1949; im Saarland tritt an die Stelle des 21. Juni 1948 für die in § 43 Abs. 1 Ziff. 1 des Gesetzes über die Einführung des deutschen Rechts auf dem Gebiete der Steuern, Zölle und Finanzmonopole im Saarland vom 30. Juni 1959 (BGBl. I S. 339) bezeichneten Personen jeweils der 6. Juli 1959.

¹)

| R 140. Veräußerung von Anteilen an einer Kapitalgesellschaft | R 140 |

Abgrenzung des Anwendungsbereichs gegenüber anderen Vorschriften

(1) ¹§ 17 EStG gilt nicht für die Veräußerung von Anteilen an einer Kapitalgesellschaft, die zu einem Betriebsvermögen gehören. ²In diesem Fall ist die Veräußerung ein Betriebsvorgang. ³Der Gewinn ist nach § 4 oder § 5 EStG zu ermitteln.

S 2244

Wesentliche Beteiligung

(2) ¹Eine wesentliche Beteiligung im Sinne des § 17 Abs. 1 Satz 4 EStG liegt bereits dann vor, wenn der Veräußerer oder bei unentgeltlichem Erwerb sein Rechtsvorgänger innerhalb des maßgebenden Fünfjahreszeitraums nur → kurzfristig zu mehr als einem Viertel unmittelbar oder mittelbar an der Gesellschaft beteiligt war (→ BFH vom 5. 10. 1976 – BStBl 1977 II S. 198). ²Im Betriebsvermögen gehaltene Anteile zählen bei der Ermittlung der Beteiligungshöhe mit. ³Besteht neben einer unmittelbaren eine mittelbare Beteiligung an der Gesellschaft, liegt eine wesentliche Beteiligung im Sinne des § 17 Abs. 1 Satz 4 EStG vor, wenn die Zusammenrechnung eine Beteiligung von mehr als einem Viertel ergibt, unabhängig davon, ob der Steuerpflichtige die die mittelbare Beteiligung vermittelnde Kapitalgesellschaft beherrscht oder nicht (→ BFH vom 28. 6. 1978 – BStBl II S. 590 und vom 12. 6. 1980 – BStBl II S. 646). ⁴Entsteht durch den Erwerb weiterer Anteile eine wesentliche Beteiligung, so kann diese nicht dadurch beseitigt werden, daß die erworbenen Anteile rückwirkend verschenkt werden (→ BFH vom 18. 9. 1984 – BStBl 1985 II S. 55). ⁵Eine wesentliche Beteiligung im Sinne des § 17 Abs. 1 Satz 4 EStG kann auch dann vorliegen, wenn der Veräußerer zwar formal nicht zu mehr als einem Viertel an der Kapitalgesellschaft beteiligt war, die Gestaltung der Beteiligungsverhältnisse jedoch einen Mißbrauch der Gestaltungsmöglichkeiten im Sinne des § 42 AO darstellt (→ BFH vom 27. 1. 1977 – BStBl II S. 754). ⁶Der Gesellschafter einer Kapitalgesellschaft ist auch dann wesentlich Beteiligter im Sinne des § 17 Abs. 1 Satz 4 EStG, wenn sich die Anteilsquote von mehr als einem Viertel erst durch – anteilige – Hinzurechnung von Beteiligungen an der Kapitalgesellschaft ergibt, welche unmittelbar oder mittelbar von einer Personenhandelsgesellschaft gehalten werden, an welcher der Gesellschafter der Kapitalgesellschaft als Mitunternehmer beteiligt ist (→ BFH vom 10. 2. 1982 – BStBl II S. 392). ⁷Werden von der Kapitalgesellschaft eigene Anteile gehalten, ist bei der Entscheidung, ob ein Steuerpflichtiger im Sinne des § 17 Abs. 1 Satz 4 EStG wesentlich beteiligt ist, von dem um die eigenen Anteile der Kapitalgesellschaft verminderten Nennkapital auszugehen (→ BFH vom 24. 9. 1970 – BStBl 1971 II S. 89). ⁸Entsprechendes gilt bei der Prüfung der Frage,

---

¹) § 54 EStDV wurde durch das JStG 1996 ab VZ 1996 neu eingefügt:

„§ 54
Übersendung von Urkunden durch die Notare
(1) Die Notare übersenden dem in § 20 der Abgabenordnung bezeichneten Finanzamt eine beglaubigte Abschrift aller aufgrund gesetzlicher Vorschrift aufgenommenen oder beglaubigten Urkunden, die die Gründung, Kapitalerhöhung oder -herabsetzung, Umwandlung oder Auflösung von Kapitalgesellschaften oder die Verfügung über Anteile an Kapitalgesellschaften zum Gegenstand haben.
(2) ¹Die Abschrift ist binnen zwei Wochen, von der Aufnahme oder Beglaubigung der Urkunde ab gerechnet, einzureichen. ²Sie soll mit der Steuernummer gekennzeichnet sein, mit dem die Kapitalgesellschaft bei dem Finanzamt geführt wird. ³Die Absendung der Urkunde ist auf der zurückbehaltenen Urschrift der Urkunde bzw. auf einer zurückbehaltenen Abschrift zu vermerken.
(3) Den Beteiligten dürfen die Urschrift, eine Ausfertigung oder beglaubigte Abschrift der Urkunde erst ausgehändigt werden, wenn die Abschrift der Urkunde an das Finanzamt abgesandt ist."

§ 17 EStG
R 140

ob die innerhalb eines VZ veräußerten Anteile 1 v. H. des Kapitals der Gesellschaft übersteigen. ⁹Veräußert ein im Sinne des § 17 Abs. 1 Satz 4 EStG wesentlich Beteiligter ihm auf Grund seiner Anteile zustehende Bezugsrechte auf weitere Beteiligungsrechte, liegt auch insoweit eine Veräußerung im Sinne des § 17 Abs. 1 Satz 1 EStG vor (→ BFH vom 20. 2. 1975 – BStBl II S. 505). ¹⁰Bei Veräußerung einer wesentlichen Beteiligung, die sich im Vermögen einer Gemeinschaft zur gesamten Hand, z. B. Gesellschaft bürgerlichen Rechts, Erbengemeinschaft, befindet, ist für die Fragen, ob eine wesentliche Beteiligung vorliegt und ob die im VZ veräußerten Anteile 1 v. H. des Kapitals der Gesellschaft übersteigen, nicht auf die Gemeinschaft als solche, sondern auf die einzelnen Mitglieder der Gemeinschaft abzustellen, da die Beteiligung nach § 39 Abs. 2 Nr. 2 AO den einzelnen Mitgliedern der Gesamthandsgemeinschaft zuzurechnen ist (→ BFH vom 7. 4. 1976 – BStBl II S. 557 sowie BMF vom 11. 1. 1993 – BStBl I S. 62 – Tz. 28).

Anhang 13

Veräußerung

(3) ¹Veräußerung im Sinne des § 17 Abs. 1 EStG ist die entgeltliche Übertragung des rechtlichen oder zumindest des wirtschaftlichen Eigentums an einer wesentlichen Beteiligung auf einen anderen Rechtsträger (→ BFH vom 10. 3. 1988 – BStBl II S. 832). ²Wird eine im Privatvermögen gehaltene wesentliche Beteiligung im Sinne des § 17 EStG gegen eine nicht wesentliche Beteiligung an einer anderen Kapitalgesellschaft, die ebenfalls Privatvermögen wird, getauscht, so erfüllt dieser Vorgang grundsätzlich den Tatbestand einer Veräußerung im Sinne des § 17 EStG (→ BFH vom 7. 7. 1992 – BStBl 1993 II S. 331). ³Dagegen kann auch das sog. Tauschgutachten des BFH vom 16. 12. 1958 (BStBl 1959 III S. 30) angewandt werden, wenn eine im Privatvermögen gehaltene wesentliche Beteiligung gegen eine wesentliche Beteiligung an einer anderen Kapitalgesellschaft getauscht wird, die ebenfalls Privatvermögen wird.

Anschaffungskosten der Anteile

(4) ¹Zu den Anschaffungskosten im Sinne des § 17 Abs. 2 Satz 1 EStG gehören neben dem Anschaffungspreis der Anteile auch weitere in bezug auf die Anteile getätigte Aufwendungen, wenn sie durch das Gesellschaftsverhältnis veranlaßt sind und weder Werbungskosten noch Veräußerungskosten sind, wie z. B. Aufwendungen, die als verdeckte Einlagen zur Werterhöhung der Anteile beigetragen haben (→ BFH vom 12. 2. 1980 – BStBl II S. 494). ²Hat der Gesellschafter eine Bürgschaft für eine Verbindlichkeit der Gesellschaft übernommen und wird er daraus in Anspruch genommen, ohne eine gleichwertige Rückgriffsforderung gegen die Gesellschaft zu erwerben, entstehen dem Gesellschafter nachträgliche Anschaffungskosten in Gestalt verdeckter Einlagen, wenn die Übernahme der Bürgschaft ihre Ursache im Gesellschaftsverhältnis hat. ³Dies ist z. B. der Fall, wenn im Zeitpunkt der Übernahme der Bürgschaft die Inanspruchnahme und die Uneinbringlichkeit der Rückgriffsforderung so wahrscheinlich waren, daß ein Nichtgesellschafter die Bürgschaft nicht übernommen hätte. ⁴Auch eine Zahlung für die Freistellung von einer Bürgschaftsverpflichtung kann unter Umständen zu den Anschaffungskosten der Beteiligung gehören (→ BFH vom 2. 10. 1984 – BStBl 1985 II S. 320). ⁵Wird die Beteiligung nicht insgesamt veräußert und wurden die Anteile zu verschiedenen Zeitpunkten und zu verschiedenen Preisen erworben, kann der Steuerpflichtige bestimmen, welche Anteile oder Teile davon er veräußert. ⁶Für die Ermittlung des Veräußerungsgewinns(-verlustes) sind die tatsächlichen Anschaffungskosten dieser Anteile maßgebend (→ BFH vom 10. 10. 1978 – BStBl 1979 II S. 77).

Veräußerungskosten

(5) Als Veräußerungskosten im Sinne des § 17 Abs. 2 EStG können nur solche Aufwendungen geltend gemacht werden, die in unmittelbarer Beziehung zu dem einzelnen Veräußerungsgeschäft stehen.

Veräußerungsgewinn

(6) ¹Der Veräußerungsgewinn im Sinne des § 17 Abs. 2 EStG entsteht im Zeitpunkt der Veräußerung. ²Wird eine wesentliche Beteiligung im Sinne des § 17 EStG veräußert und erhält der Veräußerer als Entgelt börsengängige Aktien, so bestimmt sich der Veräußerungspreis im Sinne des § 17 EStG nach dem Kurswert der erlangten Aktien im Zeitpunkt der Veräußerung. ³Das gilt auch dann, wenn der Veräußerer der wesentlichen Beteiligung sich persönlich verpflichtet hat, die erlangten Aktien fünf Jahre nicht zu veräußern (→ BFH vom 17. 10. 1974 – BStBl 1975 II S. 58). ⁴Für eine in Fremdwährung angeschaffte oder veräußerte wesentliche Beteiligung sind die Anschaffungskosten, der Veräußerungspreis und die Veräußerungskosten jeweils im Zeitpunkt ihrer Entstehung aus der Fremdwährung in Deutsche

522

§ 17 EStG
H 140   **R 140**

Mark umzurechnen. ⁵Bei der Ermittlung des Veräußerungsgewinns ist für alle beeinflussenden Faktoren eine Stichtagsbewertung auf den Zeitpunkt der Veräußerung vorzunehmen. ⁶Fallen nach der Veräußerung der Beteiligung noch Aufwendungen an, die nachträgliche Anschaffungskosten der Beteiligung sind (→ Absatz 4 Satz 2 bis 4), so sind sie nach § 175 Abs. 1 Satz 1 Nr. 2 AO zu diesem Zeitpunkt zu berücksichtigen (→ BFH vom 2. 10. 1984 – BStBl 1985 II S. 428). ⁷Das Zuflußprinzip des § 11 EStG gilt insoweit nicht (→ BFH vom 12. 2. 1980 – BStBl II S. 494). ⁸Wird eine wesentliche Beteiligung im Sinne des § 17 EStG gegen eine Leibrente oder gegen einen in Raten zu zahlenden Kaufpreis veräußert, gilt R 139 Abs. 11 entsprechend. ⁹Wird im Zusammenhang mit der Veräußerung einer wesentlichen Beteiligung an einer Kapitalgesellschaft ein Wettbewerbsverbot mit eigener wirtschaftlicher Bedeutung vereinbart, gehört die Entschädigung für das Wettbewerbsverbot nicht zu dem Veräußerungspreis im Sinne des § 17 Abs. 2 EStG (→ BFH vom 21. 9. 1982 – BStBl 1983 II S. 289). ¹⁰Die Übertragung von Anteilen an einer Kapitalgesellschaft bei wesentlicher Beteiligung im Wege einer gemischten Schenkung ist nach dem Verhältnis der tatsächlichen Gegenleistung zum Verkehrswert der übertragenen Anteile in eine voll entgeltliche Anteilsübertragung (Veräußerung im Sinne des § 17 Abs. 1 Satz 1 und Abs. 2 Satz 1 EStG) und eine voll unentgeltliche Anteilsübertragung (im Sinne des § 17 Abs. 1 Satz 5 und Abs. 2 Satz 3 EStG) aufzuteilen (→ BFH vom 17. 7. 1980 – BStBl 1981 II S. 11). ¹¹Aus Gründen sachlicher Billigkeit ist in Fällen, in denen eine wesentliche Beteiligung aus einem Privatvermögen in ein Betriebsvermögen eingelegt wird und der Teilwert der Beteiligung im Zeitpunkt der Einlage unter die Anschaffungskosten gesunken ist, der Unterschiedsbetrag zwischen den Anschaffungskosten und dem niedrigeren Teilwert im Zeitpunkt der Einlage festzuhalten und im Zeitpunkt des Ausscheidens der Beteiligung aus dem Betriebsvermögen für Zwecke der Einkommensteuer gewinnmindernd zu berücksichtigen. ¹²Ist die wesentliche Beteiligung vor der Begründung der unbeschränkten Steuerpflicht (Zuzug aus dem Ausland) erworben worden, ist bei der Ermittlung der Anschaffungskosten nicht von dem Wert der Anteile zum Zuzugszeitpunkt, sondern von den historischen Anschaffungskosten auszugehen.

Anwendung auf Auslandssachverhalte

(7) ¹§ 17 EStG gilt auch für die Veräußerung von Anteilen an einer ausländischen Kapitalgesellschaft, wenn die ausländische Gesellschaft mit einer deutschen AG, GmbH oder bergrechtlichen Gewerkschaft vergleichbar ist. ²Als Auflösung im Sinne des § 17 Abs. 4 EStG ist auch die Umwandlung einer ausländischen Kapitalgesellschaft in eine Personengesellschaft anzusehen, wenn das maßgebende ausländische Recht in der Umwandlung eine Auflösung sieht (→ BFH vom 22. 2. 1989 – BStBl II S. 794).

Kapitalherabsetzung

(8) ¹Setzt die Körperschaft ihr Nennkapital zum Zweck der Kapitalrückzahlung herab (§ 222 AktG, § 58 GmbHG), so mindern die Rückzahlungsbeträge, soweit sie nicht Einnahmen im Sinne des § 20 Abs. 1 Nr. 2 EStG sind, nachträglich die Anschaffungskosten der Anteile. ²Nimmt die Körperschaft Ausschüttungen vor, sind diese als Kapitalrückzahlung zu behandeln, soweit für sie Eigenkapital im Sinne des § 30 Abs. 2 Nr. 4 KStG als verwendet gilt.

Hinweise	H 140

Anschaffungskosten

→ R 32 a

→ H 32 a (EK 04 – Ausschüttung)

→ H 32 a (Rückzahlung aus Kapitalherabsetzung)

Auflösung und Kapitalherabsetzung

- Abgrenzung zwischen Gewinnanteilen und nach § 17 Abs. 4 in Verbindung mit Abs. 1 bis 3 EStG **zu besteuernden Gewinnen** → § 41 KStG und A 95 KStR.
- Rückzahlung aus Kapitalherabsetzung → H 32 a
- Wegen des **Zeitpunkts der Gewinnverwirklichung** in den Fällen der Auflösung von Kapitalgesellschaften → BFH vom 3. 6. 1993 (BStBl 1994 II S. 162).

§ 17 EStG
R 140   H 140

Beendigung der unbeschränkten Steuerpflicht

Anhang 2 Nach § 6 AStG ist auf Anteile an einer inländischen Kapitalgesellschaft § 17 EStG auch ohne Veräußerung der Anteile anzuwenden, wenn bei einer natürlichen Person, die insgesamt mindestens 10 Jahre unbeschränkt steuerpflichtig war, die unbeschränkte Steuerpflicht durch Aufgabe des Wohnsitzes oder gewöhnlichen Aufenthalts endet, sofern in diesem Zeitpunkt auch die anderen Voraussetzungen des § 17 EStG erfüllt sind (→ BMF vom 2. 12. 1994 – BStBl I Sondernummer 1/1995 Tz. 6).

Bürgschaften für Verbindlichkeiten der Gesellschaft

→ R 140 Abs. 4 Sätze 2 bis 4

Bei Auflösung einer GmbH nach Ablehnung der Eröffnung des Konkursverfahrens mangels Masse und Löschung im Handelsregister gehört zum gewerblichen Verlust im Sinne des § 17 Abs. 4 EStG neben dem Verlust in Höhe der Beteiligung auch der Verlust eines vom Gesellschafter der GmbH gewährten Darlehens mit Eigenkapitalcharakter, das seine Ursache im Gesellschaftsverhältnis hat (Beteiligungserwerb und Darlehensgewährung Teile eines einheitlichen Vorgangs). Der Verlust des Gesellschafterdarlehens führt zu nachträglichen Anschaffungskosten der Beteiligung (→ BFH vom 16. 4. 1991 – BFH/NV 1992 S. 94 m. w. N.).

Einbringungsgeborene Anteile

Anhang 28 Zur steuerlichen Behandlung von Gewinnen aus der Veräußerung von einbringungsgeborenen Anteilen → § 21 UmwStG; → BMF vom 16. 6. 1978 (BStBl I S. 235, Tz. 59).

Einbringung von Anteilen an Kapitalgesellschaften

Zum Verhältnis der §§ 20 und 23 UmwStG zu dem sog. Tauschgutachten des BFH vom 16. 12. 1958 (BStBl 1959 III S. 30) → BMF vom 15. 2. 1995 (BStBl I S. 149):

Steuerliche Behandlung der Einbringung von Anteilen an Kapitalgesellschaften; Verhältnis der §§ 20 und 23 UmwStG zu dem sog. Tauschgutachten des BFH vom 16. Dezember 1958 (BStBl 1959 III S. 30)

BMF vom 15. 2. 1995 (BStBl I S. 149)
IV B 2 – S 1909 – 6/95

Die Einbringung von Anteilen an einer Kapitalgesellschaft in eine andere Kapitalgesellschaft gegen Gewährung von Gesellschaftsrechten ist in bestimmten Fällen nicht nur nach den Regelungen der §§ 20 Abs. 1 Satz 2 und 23 Abs. 4 UmwStG, sondern auch bei Anwendung des sog. Tauschgutachtens des BFH vom 16. Dezember 1958 (a. a. O.) steuerneutral möglich. Zu der Frage, ob diese Regelungen wahlweise angewendet werden können, nehme ich unter Bezugnahme auf das Ergebnis der Erörterung mit den obersten Finanzbehörden der Länder wie folgt Stellung:

Der Tausch von Anteilen an Kapitalgesellschaften führt grundsätzlich zur Verwirklichung der im Buchwert der hingegebenen Anteile enthaltenen stillen Reserven. Eine Ausnahme von diesem Grundsatz gilt nach dem sog. Tauschgutachten des BFH vom 16. Dezember 1958 (a. a. O.) für die Fälle, in denen bei wirtschaftlicher Betrachtung wegen der Wert-, Art- und Funktionsgleichheit der getauschten Anteile die Nämlichkeit der hingegebenen und der erhaltenen Anteile anzunehmen ist. Davon ausgehend hat der Gesetzgeber die Vermeidung der Gewinnrealisierung in bestimmten Fällen des Anteilstausches gesetzlich geregelt. Die Regelungen der §§ 20 Abs. 1 Satz 2 und 23 Abs. 4 UmwStG gehen danach dem sog. Tauschgutachten vor, was insbesondere zur Folge hat, daß sich bei eingebrachten Anteilen im Sinne von § 17 EStG die Steuerverhaftung der erhaltenen Anteile nach § 21 UmwStG und nicht nach § 17 EStG richtet.

Das sog. Tauschgutachten hat nur noch Bedeutung, soweit die Voraussetzungen der §§ 20 Abs. 1 Satz 2 und 23 Abs. 4 UmwStG nicht erfüllt sind (vgl. BT-Drs. 12/1506 S. 182). Der Steuerpflichtige hat daher kein Wahlrecht, die Vorschriften des UmwStG oder die Grundsätze des sog. Tauschgutachtens anzuwenden.

Kapitalerhöhung

Erwirbt ein Anteilseigner, nachdem der Umfang seiner Beteiligung auf 25 v. H. gesunken ist, bei einer Kapitalerhöhung weitere Geschäftsanteile hinzu, ohne daß sich der v. H.-Satz seiner Beteiligung ändert, dann ist auch der auf diese Anteile entfallende Veräußerungsgewinn gemäß § 17 EStG zu erfassen (→ BFH vom 10. 11. 1992 – BStBl 1994 II S. 222).

Kapitalersetzende Darlehen

Zur Berücksichtigung kapitalersetzender Darlehen als nachträgliche Anschaffungskosten → BMF vom 14. 4. 1994 (BStBl I S. 257):

> **Steuerliche Behandlung von Darlehen, die ein wesentlich beteiligter Gesellschafter einer GmbH gewährt (§ 17 EStG);**
> **hier: Anwendung des BFH-Urteils vom 7. Juli 1992 (BStBl 1993 II S. 333)**
>
> BMF vom 14. 4. 1994 (BStBl I S. 257)
> IV B 2 – S 2244 – 29/94
>
> Mit Urteil vom 7. Juli 1992 (BStBl 1993 II S. 333) hat der BFH entschieden, daß ein Gesellschafter, der ein Darlehen einer GmbH gewährt, an der er zu mehr als einem Viertel beteiligt ist, den Verlust der Darlehensforderung im Rahmen der Liquidation der Gesellschaft unter bestimmten Voraussetzungen als nachträgliche Anschaffungskosten der Beteiligung gemäß § 17 Abs. 2 EStG berücksichtigen darf, wenn das Darlehen kapitalersetzenden Charakter hatte. Ein Darlehen kann nach Auffassung des BFH kapitalersetzenden Charakter dadurch erlangen, daß der Gesellschafter das Darlehen nicht abzieht, obwohl absehbar ist, daß seine Rückzahlung aufgrund der finanziellen Situation der Gesellschaft gefährdet ist. In welcher Höhe ein späterer Wertverlust der Darlehensforderung zu nachträglichen Anschaffungskosten der Beteiligung führe, hänge davon ab, welchen Wert das Darlehen gehabt habe, als es kapitalersetzend geworden sei. Dabei sei im allgemeinen vom Nennwert auszugehen, wenn der Gesellschafter über die Entwicklung des Unternehmens unterrichtet sei und von vornherein keine Anzeichen dafür sprächen, daß er beabsichtigte, das Darlehen abzuziehen.
>
> Unter Bezugnahme auf das Ergebnis der Erörterungen mit den obersten Finanzbehörden der Länder nehme ich zur Anwendung der Rechtsgrundsätze des o. g. BFH-Urteils wie folgt Stellung:
>
> Dem Hinweis des BFH, bei Annahme eines kapitalersetzenden Darlehens seien die nachträglichen Anschaffungskosten auf eine Beteiligung i. S. des § 17 EStG im allgemeinen mit dem Nennwert des Darlehens anzusetzen, kann nicht gefolgt werden.
>
> Die durch die Krise der Gesellschaft bewirkte Gefährdung des Darlehens mindert dessen Wert denknotwendigerweise bereits in dem Zeitpunkt, in dem der Gesellschafter von der Krise Kenntnis erlangt. Ein fremder Dritter mit dem Informationsstand des Gesellschafters würde die Forderung – wenn überhaupt – nur mit einem erheblichen Abschlag vom Nennwert kaufen. Zu einer Wertminderung führt auch die Ungewißheit, ob und mit welcher Verzögerung der Gesellschafter das Darlehen tatsächlich abziehen kann. Voraussetzung für die Annahme eines kapitalersetzenden Darlehens ist, daß der Gesellschafter das Kapital in der Gesellschaft beläßt, obwohl er auf die Gesellschaftskrise reagieren, d. h. seinen noch nicht fälligen Kredit kündigen kann. Soweit das Darlehen gemäß der vom BFH angesprochenen Vorschrift des § 609 Abs. 2 BGB mit einer Frist von (regelmäßig) drei Monaten gekündigt werden kann, droht bis zur Fälligkeit ein weiterer Wertverfall durch das Fortwirken der Krise. Die vom BFH angeführte Möglichkeit der Kündigung aus wichtigem Grund nach § 242 BGB ist erst bei einer wesentlichen Verschlechterung der Vermögenslage – und damit der Bonität der Forderung – möglich. Im übrigen kann auch mit einer außerordentlichen Kündigung eine sofortige Rückzahlung des Darlehens noch nicht erreicht werden. Bis zur tatsächlichen Rückzahlung ist eine fortschreitende Verschlechterung der Bonität der Forderung aufgrund der – häufig in einer Kettenreaktion erfolgenden – Kündigung anderer Gläubiger nicht zu vermeiden.
>
> In den durch das Urteil des BFH vom 7. Juli 1992 erfaßten Fällen erweist sich der Ansatz nachträglicher Anschaffungskosten auf eine Beteiligung i. S. des § 17 EStG mit dem Nennwert des kapitalersetzenden Darlehens im Regelfall als nicht gerechtfertigt. Vielmehr ist eine Prüfung im Einzelfall notwendig, welcher Wert dem Darlehen in dem Zeitpunkt, in

dem es kapitalersetzend wurde, konkret zukommt. Dabei kann dieser Wert im Einzelfall auch 0 DM betragen. Bei der Wertfeststellung trägt nach den allgemeinen Grundsätzen der Steuerpflichtige, der nachträgliche Anschaffungskosten auf eine Beteiligung i. S. des § 17 EStG zu seinen Gunsten geltend macht, die Feststellungslast.

Nachträgliche Anschaffungskosten

Wehrt ein Gesellschafter-Geschäftsführer einer GmbH, der keinen Anstellungsvertrag und keinen Lohnanspruch hat, Zahlungs- oder Haftungsansprüche der GmbH durch Zahlungen an die GmbH ab, so sind diese Zahlungen nachträgliche Anschaffungskosten seines Anteils an der GmbH (→ FG Baden-Württemberg, Stuttgart, vom 11. 5. 1995 – EFG S. 1024).

Rückkaufsrecht

Die Vereinbarung eines Rückkaufsrechts steht der Annahme eines Veräußerungsgeschäfts nicht entgegen. Zum Veräußerungspreis gehört auch der wirtschaftliche Vorteil eines Rückkaufsrechts mit wertmäßig beschränktem Abfindungsanspruch (→ BFH vom 7. 3. 1995 – BStBl II S. 693).

Rücktrittsvereinbarung

Eine vor Kaufpreiszahlung geschlossene Rücktrittsvereinbarung ist als Ereignis mit steuerlicher Rückwirkung auf den Zeitpunkt der Veräußerung der wesentlichen Beteiligung zurückzubeziehen (→ BFH vom 21. 12. 1993 – BStBl 1994 II S. 648).

Veräußerung

– Wird das **Stammkapital** einer GmbH **erhöht** und das Bezugsrecht einem Nichtgesellschafter gegen Zahlung eines Ausgleichs für die auf den neuen Geschäftsanteil übergehenden stillen Reserven eingeräumt, kann dies die Veräußerung eines Anteils an einer GmbH (Anwartschaft auf eine solche Beteiligung) sein. Wird dieser Ausgleich in Form eines Agios in die GmbH eingezahlt und in engem zeitlichen Zusammenhang damit wieder an die Altgesellschafter ausgezahlt, kann ein Rechtsmißbrauch (§ 42 AO) vorliegen. Die Zahlung an die Altgesellschafter ist dann als Entgelt für die Einräumung des Bezugsrechts zu behandeln (→ BFH vom 13. 10. 1992 – BStBl 1993 II S. 477).

– Als Veräußerung kann auch die Übertragung eines **wertlosen GmbH-Anteils** angesehen werden (→ BFH vom 5. 3. 1991 – BStBl II S. 630 und vom 18. 8. 1992 – BStBl 1993 II S. 34).

Veräußerungsverlust

Hat ein zur Anrechnung von Körperschaftsteuer berechtigter Steuerpflichtiger einen Anteil an einer unbeschränkt steuerpflichtigen Kapitalgesellschaft von einem nichtanrechnungsberechtigten Anteilseigner erworben, ist zu prüfen, ob der Berücksichtigung eines etwaigen späteren Veräußerungsverlustes § 50 c EStG entgegensteht → R 227 d.

Vorrang der Anwendung des § 23 EStG gegenüber § 17 EStG

→ § 23 Abs. 3 Satz 2 EStG

Wesentliche Beteiligung

– Eine wesentliche Beteiligung im Sinne des § 17 Abs. 1 EStG ist gegeben, wenn ein nur zu einem Viertel an einer GmbH beteiligter Steuerpflichtiger einen weiteren **Geschäftsanteil** erwirbt, den er bereits **im voraus** an einen Dritten **abgetreten** hat.

Die Vorausverfügung über ein Vollrecht durch einen Nichtberechtigten im Sinne von § 185 Abs. 2 Satz 1 BGB führt sowohl zivil- als auch steuerrechtlich zu einem zur Begründung einer wesentlichen Beteiligung ausreichenden Durchgangserwerb für eine sog. juristische Sekunde.

§ 17 EStG soll den aufgrund der Veräußerung eines Geschäftsanteils eintretenden Zuwachs der finanziellen Leistungsfähigkeit erfassen. Es kommt entscheidend auf die Ansprüche auf Beteiligung an der Substanz an. Darüber hinaus wird die Besteuerungswürdigkeit von Wertzuwächsen im Privatvermögen gehaltener wesentlicher Beteiligungen aus der wirtschaftlichen Ähnlichkeit einer solchen Beteiligung mit einem Einzelunternehmen oder einem Mitunternehmeranteil gerechtfertigt. § 17 EStG bezweckt aber nicht, Mitunternehmer und wesentlich Beteiligte vollständig gleich zu behandeln. Vielmehr soll nur entsprechend der wirtschaftlichen Ähnlichkeit eine grobe Ungleich-

§ 17 EStG

behandlung vermieden werden. § 17 EStG erfaßt die mit § 16 EStG vergleichbaren Fälle lediglich typisierend.
(→ BFH vom 16. 5. 1995 – BStBl II S. 870)

- **Kapitalersetzende Maßnahmen** erhöhen den Anteil nicht (→ BFH vom 19. 5. 1992 – BStBl II S. 902).
- Auch Anteile, die der Steuerpflichtige noch am Tage des **unentgeltlichen Erwerbs** veräußert, zählen mit (→ BFH vom 7. 7. 1992 – BStBl 1993 II S. 331).
- Nimmt ein Steuerpflichtiger an einer Kapitalerhöhung teil und veräußert er anschließend die gesamte, im Privatvermögen gehaltene wesentliche Beteiligung, ist ein dadurch erhöhter Veräußerungsverlust anzuerkennen, wenn der Steuerpflichtige eine derartige Abwicklungsmaßnahme getroffen hat, um die gesamte wesentliche Beteiligung überhaupt veräußern zu können und um seinen Ruf als Kaufmann zu wahren (Abgrenzung zu BMF vom 24. 8. 1994 – BStBl I S. 711);
  → BFH vom 29. 6. 1995 (BStBl II S. 722).

– unbesetzt –

R 141

c) Selbständige Arbeit (§ 2 Abs. 1 Satz 1 Nr. 3)

EStG

§ 18

(1) Einkünfte aus selbständiger Arbeit sind
1. Einkünfte aus freiberuflicher Tätigkeit. ²Zu der freiberuflichen Tätigkeit gehören die selbständig ausgeübte wissenschaftliche, künstlerische, schriftstellerische, unterrichtende oder erzieherische Tätigkeit, die selbständige Berufstätigkeit der Ärzte, Zahnärzte, Tierärzte, Rechtsanwälte, Notare, Patentanwälte, Vermessungsingenieure, Ingenieure, Architekten, Handelschemiker, Wirtschaftsprüfer, Steuerberater, beratenden Volks- und Betriebswirte, vereidigten Buchprüfer (vereidigten Bücherrevisoren), Steuerbevollmächtigten, Heilpraktiker, Dentisten, Krankengymnasten, Journalisten, Bildberichterstatter, Dolmetscher, Übersetzer, Lotsen und ähnlicher Berufe. ³Ein Angehöriger eines freien Berufs im Sinne der Sätze 1 und 2 ist auch dann freiberuflich tätig, wenn er sich der Mithilfe fachlich vorgebildeter Arbeitskräfte bedient; Voraussetzung ist, daß er auf Grund eigener Fachkenntnisse leitend und eigenverantwortlich tätig wird. ⁴Eine Vertretung im Fall vorübergehender Verhinderung steht der Annahme einer leitenden und eigenverantwortlichen Tätigkeit nicht entgegen;
2. Einkünfte der Einnehmer einer staatlichen Lotterie, wenn sie nicht Einkünfte aus Gewerbebetrieb sind;
3. Einkünfte aus sonstiger selbständiger Arbeit, z. B. Vergütungen für die Vollstreckung von Testamenten, für Vermögensverwaltung und für die Tätigkeit als Aufsichtsratsmitglied.

(2) Einkünfte nach Absatz 1 sind auch dann steuerpflichtig, wenn es sich nur um eine vorübergehende Tätigkeit handelt.

(3) ¹Zu den Einkünften aus selbständiger Arbeit gehört auch der Gewinn, der bei der Veräußerung des Vermögens oder eines selbständigen Teils des Vermögens oder eines Anteils am Vermögen erzielt wird, das der selbständigen Arbeit dient. ²§ 16 Abs. 1 Nr. 1 letzter Halbsatz und Abs. 2 bis 4 gilt entsprechend.

(4) § 15 Abs. 1 Satz 1 Nr. 2 und Abs. 2 Sätze 2 und 3 und § 15 a sind entsprechend anzuwenden.

R 142

R 142. Aufzeichnungspflicht und Buchführungspflicht von Angehörigen der freien Berufe

– unbesetzt –

H 142

Hinweise

Aufzeichnungspflicht

Eine Aufzeichnungspflicht von Angehörigen der freien Berufe kann sich z. B. ergeben aus:
- § 6 Abs. 2 EStG bei GWG,
- § 6 c EStG bei Gewinnen aus der Veräußerung bestimmter Anlagegüter,
- § 7 a Abs. 8 EStG bei erhöhten Absetzungen und Sonderabschreibungen,
- § 41 EStG, Aufzeichnungspflichten beim Lohnsteuerabzug,
- § 22 UStG.

Buchführung

Werden freiwillig Bücher geführt und regelmäßig Abschlüsse gemacht, ist der Gewinn nach § 4 Abs. 1 EStG zu ermitteln. Ein nicht buchführungspflichtiger Steuerpflichtiger, der nur Aufzeichnungen über Einnahmen und Ausgaben fertigt, kann nicht verlangen, daß sein Gewinn nach § 4 Abs. 1 EStG ermittelt wird (→ BFH vom 2. 3. 1978 – BStBl II S. 431). Zur Gewinnermittlung → R 12 bis R 18.

R 143. Betriebsvermögen

– unbesetzt –

Hinweise

Betriebsausgabenpauschale

Betriebsausgabenpauschale bei hauptberuflicher selbständiger, schriftstellerischer oder journalistischer Tätigkeit, aus wissenschaftlicher, künstlerischer und schriftstellerischer Nebentätigkeit sowie aus nebenamtlicher Lehr- und Prüfungstätigkeit:

Es ist nicht zu beanstanden, wenn bei der Ermittlung der vorbezeichneten Einkünfte die Betriebsausgaben wie folgt pauschaliert werden:

a) bei hauptberuflicher selbständiger schriftstellerischer oder journalistischer Tätigkeit auf 30 v. H. der Betriebseinnahmen aus dieser Tätigkeit, höchstens jedoch 4.800 DM jährlich,

b) bei wissenschaftlicher, künstlerischer oder schriftstellerischer Nebentätigkeit (auch Vortrags- oder nebenberufliche Lehr- und Prüfungstätigkeit), soweit es sich nicht um eine Tätigkeit im Sinne des § 3 Nr. 26 EStG handelt, auf 25 v. H. der Betriebseinnahmen aus dieser Tätigkeit, höchstens jedoch 1.200 DM jährlich. Der Höchstbetrag von 1.200 DM kann für alle Nebentätigkeiten, die unter die Vereinfachungsregelung fallen, nur einmal gewährt werden.

Es bleibt den Steuerpflichtigen unbenommen, etwaige höhere Betriebsausgaben nachzuweisen.

(→ BMF vom 21. 1. 1994 – BStBl I S. 112).

Betriebsvermögen

Ein Wirtschaftsgut kann nur dann zum freiberuflichen Betriebsvermögen gehören, wenn zwischen dem Betrieb oder Beruf und dem Wirtschaftsgut eine objektive Beziehung besteht; das Wirtschaftsgut muß bestimmt und geeignet sein, dem Betrieb zu dienen bzw. ihn zu fördern. Wirtschaftsgüter, die der freiberuflichen Tätigkeit wesensfremd sind und bei denen eine sachliche Beziehung zum Betrieb fehlt, sind kein Betriebsvermögen (→ BFH vom 14. 11. 1985 – BStBl 1986 II S. 182). Der Umfang des Betriebsvermögens wird durch die Erfordernisse des Berufs begrenzt; selbst ein bilanzierender Angehöriger der freien Berufe kann nicht in demselben Umfang gewillkürtes Betriebsvermögen bilden wie ein Gewerbetreibender → Geldgeschäfte (BFH vom 24. 8. 1989 – BStBl 1990 II S. 17).

Bürgschaft

Bürgschaftsaufwendungen eines Freiberuflers können ausnahmsweise Betriebsausgaben darstellen, wenn ein Zusammenhang mit anderen Einkünften ausscheidet und nachgewiesen wird, daß die Bürgschaftszusage ausschließlich aus betrieblichen Gründen erteilt wurde (→ BFH vom 24. 8. 1989 – BStBl 1990 II S. 17).

Geldgeschäfte

Geldgeschäfte sind bei Angehörigen der freien Berufe in der Regel nicht betrieblich veranlaßt, weil sie nicht dem Berufsbild eines freien Berufes entsprechen. Nur in Ausnahmefällen kann die Eingehung von Geldgeschäften als Hilfstätigkeit zur freiberuflichen Tätigkeit anzusehen sein.

1. Betriebliche Veranlassung kann z. B. vorliegen bei:
   + Darlehensgewährung eines Steuerberaters zur Rettung von Honorarforderungen (→ BFH vom 22. 4. 1980 – BStBl II S. 571),
   + Beteiligung eines Baustatikers an einer Wohnungsbau-AG (→ BFH vom 23. 11. 1978 – BStBl 1979 II S. 109),
   + Beteiligung eines Architekten an einer Bauträgergesellschaft, sofern dies unerläßliche Voraussetzung für die freiberufliche Tätigkeit ist (→ BFH vom 14. 1. 1982 – BStBl II S. 345),
   + → Bürgschaft.

2. Betriebliche Veranlassung liegt z. B. nicht vor, wenn:
   - ein Rechtsanwalt, Notar oder Steuerberater ein Geldgeschäft tätigt, um einen Mandanten neu zu gewinnen oder zu erhalten (→ BFH vom 22. 1. 1981 – BStBl II S. 564),
   - sich ein Steuerberater zusammen mit einem Mandanten auf dessen Veranlassung an einer Kapitalgesellschaft beteiligt, deren Unternehmensgegenstand der freiberuflichen Betätigung wesensfremd ist, und der Beteiligung wirtschaftliches Eigengewicht beizumessen ist (→ BFH vom 23. 5. 1985 – BStBl II S. 517),
   - ein Rechtsanwalt als Versicherungsnehmer und Versicherungsempfänger im Erlebensfall eine Lebensversicherung auf sein Leben oder das seines Sozius abschließt (→ BFH vom 21. 5. 1987 – BStBl II S. 710).

Golderwerb

Der Erwerb von Feingold durch einen Zahnarzt, der kein eigenes Dentallabor unterhält, ist **nicht** betrieblich veranlaßt (→ BFH vom 17. 4. 1986 – BStBl II S. 607).

Der Erwerb von Zahngold durch einen Zahnarzt mit eigenem Dentallabor ist betrieblich veranlaßt (→ BFH vom 12. 7. 1990 – BStBl 1991 II S. 13 und vom 12. 3. 1992 – BStBl 1993 II S. 36).

Leibrente

Eine Leibrente als Gegenleistung für anwaltliche Betreuung ist den Einkünften aus freiberuflicher Tätigkeit zuzurechnen (→ BFH vom 26. 3. 1987 – BStBl II S. 597).

R 144

R 144. Beiträge der Ärzte zu Versorgungseinrichtungen und zum Fürsorgefonds der Ärztekammern

S 2245

– unbesetzt –

H 144

Hinweise

Versorgungskasse

Besondere Zuschläge für einen Fürsorgefonds sind Betriebsausgaben, wenn die berufstätigen Ärzte keinerlei Rechte auf Leistungen aus dem Fürsorgefonds haben. Beiträge an die berufsständische Versorgungskasse zur Erlangung einer späteren Altersversorgung oder anderer Versorgungsansprüche sind Sonderausgaben (→ BFH vom 13. 4. 1972 – BStBl II S. 728). Wegen der Behandlung als Sonderausgaben → H 88.

R 145

– unbesetzt –

R 146

R 146. Abgrenzung der selbständigen Arbeit gegenüber der nichtselbständigen Arbeit, Nebentätigkeit

– unbesetzt –

H 146

Hinweise

Allgemein

→ R 134 (Selbständigkeit)

→ A 67 LStR 1993 (Arbeitnehmer)

→ A 68 LStR 1993 (Nebentätigkeit und Aushilfstätigkeit)

§ 18 EStG
H 146 R 146

Beispiele für selbständige Nebentätigkeit

- Beamter als Vortragender an einer Hochschule, Volkshochschule, Verwaltungsakademie oder bei Vortragsreihen ohne festen Lehrplan,
- Landwirt als amtlich bestellter Viehwieger,
- Rechtsanwalt als Honorarprofessor ohne Lehrauftrag.

Die Einkünfte aus einer solchen Tätigkeit gehören in der Regel zu den Einkünften aus selbständiger Arbeit im Sinne des § 18 Abs. 1 Nr. 1 EStG (→ BFH vom 4. 10. 1984 – BStBl 1985 II S. 51).

Kinderbetreuung

Zu Fragen der einkommensteuerrechtlichen Behandlung des von privater Seite gezahlten Pflegegeldes → BMF vom 20. 1. 1984 (BStBl I S. 134), geändert durch BMF vom 1. 8. 1988 (BStBl I S. 329):

Zu Fragen der einkommensteuerrechtlichen Behandlung des von privater Seite gezahlten Pflegegeldes

BMF vom 20. 1. 1984 (BStBl I S. 134),
geändert durch BMF vom 1. 8. 1988 (BStBl I S. 329)

Zahlungen für die Betreuung, Versorgung und Erziehung eines Kindes in einer fremden Familie werden entweder aus öffentlichen Kassen oder von privater Seite, dabei in der Regel von den leiblichen Eltern des Kindes, geleistet. Zu der einkommensteuerrechtlichen Behandlung des aus öffentlichen Kassen gezahlten Pflegegeldes und Erziehungsbeitrags (Erziehungsgeldes) für Kinder in Familienpflege ist im BMF-Schreiben vom 16. 11. 1982 Stellung genommen.

Für die einkommensteuerrechtliche Behandlung des von privater Seite gezahlten Pflegegeldes gilt unter Bezugnahme auf das Ergebnis der Erörterungen mit den obersten Finanzbehörden der Länder folgendes:

1. Bei den Vergütungen, die eine Pflegeperson für die Betreuung eines fremden Kindes erhält, handelt es sich um steuerpflichtige Einnahmen aus einer sonstigen selbständigen Tätigkeit im Sinne des § 18 Abs. 1 Nr. 3 EStG. Dies gilt auch für den Teil der Vergütung, der für den unmittelbaren Lebensunterhalt des betreuten Kindes verwendet wird. Eine § 3 Nr. 11 EStG entsprechende Steuerbefreiung gibt es für Zahlungen aus privaten Mitteln nicht.

2. Die Pflegepersonen leisten Aufwendungen für den Lebensbedarf und die Betreuung des Kindes. Es ist anzunehmen, daß in privaten Pflegestellen Aufwendungen in etwa gleicher Höhe anfallen wie in Pflegestellen, für die Pflegegeld aus öffentlichen Kassen gezahlt wird. In Anlehnung an die für Pflegegeldzahlungen aus öffentlichen Kassen getroffene Regelung wird daher aus Vereinfachungsgründen zugelassen, daß bei Pflegegeldzahlungen von privater Seite ab dem VZ 1988 die folgenden Betriebsausgaben je Kind und Monat pauschal abgezogen werden:

bei Tagespflege	480 DM (bei Teilzeitpflege der entsprechende Anteil)
bei Wochenpflege (5 Tage)	580 DM
bei Wochenpflege (6 Tage)	580 DM
bei Vollzeit-/Dauerpflege	750 DM

Bei einem Teilzeitpflegeverhältnis und erhöhtem Aufwand durch mehrere Mahlzeiten (z. B. Frühstück und Mittagessen bei Betreuung bis Mittag) ist anstelle der zeitanteiligen Aufteilung eine Aufteilung unter Berücksichtigung der Mahlzeiten zulässig.

Bei der Bemessung der Betriebsausgabenpauschalen wurde berücksichtigt, daß die Kosten für den unmittelbaren Lebensbedarf des Kindes anders als bei Zahlungen aus öffentlichen Kassen nicht steuerfrei erstattet werden können.

Lehrtätigkeit

Die nebenberufliche Lehrtätigkeit von Handwerksmeistern an Berufs- und Meisterschulen ist in der Regel als Ausübung eines freien Berufs anzusehen, wenn sich die Lehrtätigkeit ohne besondere Schwierigkeit von der Haupttätigkeit trennen läßt.

Prüfungstätigkeit

Als Nebentätigkeit in der Regel als Ausübung eines freien Berufs anzusehen (→ BFH vom 14. 3. und 2. 4. 1958 – BStBl III S. 255, 293).

R 147. Veräußerungsgewinn nach § 18 Abs. 3 EStG

Veräußerung

(1) ¹Eine → Veräußerung im Sinne des § 18 Abs. 3 EStG liegt vor, wenn die wesentlichen Grundlagen des der selbständigen Arbeit dienenden Vermögens im ganzen einem anderen übertragen werden und mit der Veräußerung der Grundlage der betreffenden selbständigen Tätigkeit auch die Tätigkeit selbst ihr Ende findet (→ BFH vom 24. 5. 1956 – BStBl III S. 205). ²Es ist jedoch nicht Voraussetzung, daß der Steuerpflichtige jede Art selbständiger Tätigkeit endgültig aufgibt. ³Die freiberufliche Tätigkeit in dem bisherigen örtlich begrenzten Wirkungskreis muß grundsätzlich für eine gewisse Zeit eingestellt werden.¹) ⁴Eine tarifbegünstigte Veräußerung kann auch bei Fortführung einer freiberuflichen Tätigkeit in geringem Umfang vorliegen, wenn die darauf entfallenden Umsätze in den letzten drei Jahren jeweils weniger als 10 v. H. der gesamten Einnahmen ausmachten (→ BFH vom 7. 11. 1991 – BStBl 1992 II S. 457 und vom 29. 10. 1992 – BStBl 1993 II S. 182). ⁵Die vorstehenden Grundsätze sind in gleicher Weise bei der Veräußerung eines Praxisanteils an die Sozietät oder einen Dritten anzuwenden.²) ⁶Die Ausübung einer nichtselbständigen Tätigkeit des Veräußerers in der Praxis des Erwerbers steht der steuerlichen Begünstigung des Veräußerungsgewinns nicht entgegen.

Einbringung

(2) ¹Bei Einbringung einer freiberuflichen Praxis in eine Personengesellschaft ist § 24 UmwStG anzuwenden. ²Die Möglichkeit des Teilwertansatzes und der steuerbegünstigten Auflösung sämtlicher stiller Reserven besteht auch dann, wenn der Einbringende und die aufnehmende Gesellschaft ihren Gewinn nach § 4 Abs. 3 EStG ermitteln. ³Die steuerliche Begünstigung des Einbringungsgewinns nach § 24 UmwStG setzt voraus, daß der → Einbringungsgewinn auf der Grundlage einer → Einbringungs- und einer Eröffnungsbilanz ermittelt worden ist (→ BFH vom 5. 4. 1984 – BStBl II S. 518).

Aufgabe

(3) Eine Aufgabe einer selbständigen Tätigkeit ist dann anzunehmen, wenn sie der betreffende Steuerpflichtige mit dem Entschluß einstellt, die Tätigkeit weder fortzusetzen noch das dazugehörende Vermögen an Dritte zu übertragen.

Sonderfälle

(4) ¹Sind die Voraussetzungen nach den Absätzen 1 bis 3 erfüllt, gelten im Fall des § 18 Abs. 3 EStG die Ausführungen in R 139 entsprechend. ²Im Fall der → Veräußerung einer freiberuflichen Praxis gegen eine Leibrente kann der Steuerpflichtige zwischen der sofortigen Versteuerung des Veräußerungsgewinns und einer Versteuerung der laufenden Rentenbezüge wählen → R 139 Abs. 11.

Hinweise

Einbringungsgewinn

Ausgleichszahlung für die Einbringung einer Anwaltspraxis in eine Sozietät ist dann nicht steuerbegünstigt, wenn nicht alle stille Reserven der Praxis aufgedeckt werden (→ BFH vom

---

¹) → BFH vom 14. 3. 1975 (BStBl II S. 661).
²) → H 147 (Veräußerung) – Nr. 2
→ BFH vom 7. 11. 1985 (BStBl 1986 II S. 335).

5. 4. 1984 – BStBl II S. 518). Bei Einbringung des Betriebsvermögens mit seinem Teilwert nach dem 31. 12. 1993 sind § 16 Abs. 4 und § 34 Abs. 1 EStG nicht anzuwenden, soweit der Einbringende selbst an der Personengesellschaft beteiligt ist; insoweit gilt der durch die Einbringung entstehende Gewinn als laufender Gewinn (§ 24 Abs. 3 UmwStG).

Gesellschaftereintritt in bestehende freiberufliche Sozietät
§ 24 UmwStG umfaßt auch die Aufnahme weiterer Gesellschafter (→ BFH vom 23. 5. 1985 – BStBl II S. 695).

Veräußerung
1. **Einzelunternehmen**
   a) Veräußerung im Sinne des § 18 Abs. 3 EStG

   Eine Veräußerung im Sinne des § 18 Abs. 3 EStG liegt vor, wenn die für die Ausübung wesentlichen wirtschaftlichen Grundlagen, insbesondere die immateriellen Wirtschaftsgüter wie Mandantenstamm und Praxiswert, entgeltlich auf einen anderen übertragen werden. Die freiberufliche Tätigkeit in dem bisherigen örtlichen Wirkungskreis muß wenigstens für eine gewisse Zeit eingestellt werden. Unschädlich ist es, wenn der Veräußerer nach der Veräußerung frühere Mandanten auf Rechnung und im Namen des Erwerbers berät oder eine nichtselbständige Tätigkeit in der Praxis des Erwerbers ausübt (→ BFH vom 18. 5. 1994 – BStBl II S. 925). Ebenfalls unschädlich ist auch die Fortführung einer freiberuflichen Tätigkeit in geringem Umfang, wenn die darauf entfallenden Umsätze in den letzten drei Jahren weniger als 10 v. H. der gesamten Einnahmen ausmachten (→ BFH vom 7. 11. 1991 – BStBl 1992 II S. 457 und vom 29. 10. 1992 – BStBl 1993 II S. 182).

   b) Keine Veräußerung im Sinne des § 18 Abs. 3 EStG

   Eine Veräußerung im Sinne des § 18 Abs. 3 EStG liegt nicht vor, wenn
   - ein Steuerberater von seiner einheitlichen Praxis den Teil veräußert, der lediglich in der Erledigung von Buchführungsarbeiten bestanden hat (→ BFH vom 14. 5. 1970 – BStBl II S. 566),
   - ein Steuerbevollmächtigter, der am selben Ort in einem einheitlichen örtlichen Wirkungskreis, jedoch in organisatorisch getrennten Büros, eine landwirtschaftliche Buchstelle und eine Steuerpraxis für Gewerbetreibende betreibt, die Steuerpraxis für Gewerbetreibende veräußert (→ BFH vom 27. 4. 1978 – BStBl II S. 562).

2. **Personengesellschaften**
   Veräußert ein Freiberufler einen „Teil" seines Mitunternehmeranteils an einer freiberuflich tätigen Personengesellschaft, findet § 18 Abs. 3 EStG Anwendung. In diesem Fall ist die Einstellung der freiberuflichen Tätigkeit im bisherigen Wirkungskreis wenigstens für eine gewisse Zeit keine Voraussetzung für die Anwendung des § 18 Abs. 3 EStG (→ BFH vom 14. 9. 1994 – BStBl 1995 II S. 407).

3. **Teilbetrieb**
   Keine Teilbetriebsveräußerung bei Veräußerung der „Großtierpraxis" und Rückbehalt der „Kleintierpraxis" (→ BFH vom 29. 10. 1992 – BStBl 1993 II S. 182).

4. **Tod des Praxisinhabers**
   Veräußerung wegen des Todes des Praxisinhabers stellt keine Veräußerung wegen dauernder Berufsunfähigkeit im Sinne des § 18 Abs. 3 in Verbindung mit § 16 Abs. 4 Satz 3 EStG dar (→ BFH vom 29. 4. 1982 – BStBl 1985 II S. 204). Hat jedoch noch der Praxisinhaber seine freiberufliche Praxis wegen dauernder Berufsunfähigkeit verkauft, wird die Praxis aber erst nach seinem Tod übertragen, so können die Erben den erhöhten Freibetrag nach § 18 Abs. 3 Satz 2 i. V. m. § 16 Abs. 4 Satz 3 EStG beanspruchen (→ BFH vom 21. 9. 1995 – BStBl 1995 II S. 893).

Verpachtung
Beim Tod des Freiberuflers führt die vorübergehende Verpachtung einer freiberuflichen Praxis durch den Erben oder Vermächtnisnehmer bei fehlender Betriebsaufgabeerklärung nicht zur Betriebsaufgabe, wenn der Rechtsnachfolger in Begriff ist, die für die beabsichtigte Praxisfortführung erforderliche freiberufliche Qualifikation zu erlangen (→ BFH vom 12. 3. 1992 – BStBl 1993 II S. 36).

R 148 — unbesetzt —

R 149 R 149. **Einkommensteuerrechtliche Behandlung der Erfinder**

¹Planmäßige Erfindertätigkeit ist in der Regel freie Berufstätigkeit im Sinne des § 18 Abs. 1 Nr. 1 EStG[1]), soweit die Erfindertätigkeit nicht im Rahmen eines Betriebs der Land- und Forstwirtschaft oder eines Gewerbebetriebs ausgeübt wird. ²Wird die Erfindertätigkeit im Rahmen eines Arbeitsverhältnisses ausgeübt, dann ist der Arbeitnehmer als freier Erfinder zu behandeln, soweit er die Erfindung außerhalb seines Arbeitsverhältnisses verwertet. ³Eine Verwertung außerhalb des Arbeitsverhältnisses ist auch anzunehmen, wenn ein Arbeitnehmer eine frei gewordene Diensterfindung seinem Arbeitgeber zur Auswertung überläßt, soweit der Verzicht des Arbeitgebers nicht als Verstoß gegen § 42 AO anzusehen ist.

H 149

Hinweise

Gewinnerzielungsabsicht

Verluste über einen längeren Zeitraum sind für sich allein noch kein ausreichendes Beweisanzeichen für fehlende Gewinnerzielungsabsicht (→ BFH vom 14. 3. 1985 – BStBl II S. 424).

Patentveräußerung gegen Leibrente

a) durch **Erben** des Erfinders:

   Veräußert der Erbe die vom Erblasser als freiberuflichem Erfinder entwickelten Patente gegen Leibrente, so ist die Rente, sobald sie den Buchwert der Patente übersteigt, als laufende Betriebseinnahme und nicht als private Veräußerungsrente nur mit dem Ertragsanteil zu versteuern, es sei denn, daß die Patente durch eindeutige Entnahme vor der Veräußerung in das Privatvermögen überführt worden waren (→ BFH vom 7. 10. 1965 – BStBl III S. 666).

b) bei anschließender Wohnsitzverlegung ins **Ausland**:

   Laufende Rentenzahlungen können als nachträglich erzielte Einkünfte aus selbständiger Arbeit im Inland steuerpflichtig sein (→ BFH vom 28. 3. 1984 – BStBl II S. 664).

---

[1]) → BFH vom 19. 2. 1967 (BStBl III S. 310) und vom 14. 3. 1985 (BStBl II S. 424).

d) Nichtselbständige Arbeit (§ 2 Abs. 1 Satz 1 Nr. 4)

§ 19 EStG

(1) ¹Zu den Einkünften aus nichtselbständiger Arbeit gehören — S 2203

1. Gehälter, Löhne, Gratifikationen, Tantiemen und andere Bezüge und Vorteile, die für eine Beschäftigung im öffentlichen oder privaten Dienst gewährt werden; — S 2330–S 2345
2. Wartegelder, Ruhegelder, Witwen- und Waisengelder und andere Bezüge und Vorteile aus früheren Dienstleistungen.

²Es ist gleichgültig, ob es sich um laufende oder um einmalige Bezüge handelt und ob ein Rechtsanspruch auf sie besteht.

(2) ¹Von Versorgungsbezügen bleibt ein Betrag in Höhe von 40 vom Hundert dieser Bezüge, höchstens jedoch insgesamt ein Betrag von 6.000 Deutsche Mark im Veranlagungszeitraum, steuerfrei (Versorgungs-Freibetrag). ²Versorgungsbezüge sind Bezüge und Vorteile aus früheren Dienstleistungen, die — S 2345

1. als Ruhegehalt, Witwen- oder Waisengeld, Unterhaltsbeitrag oder als gleichartiger Bezug
   a) auf Grund beamtenrechtlicher oder entsprechender gesetzlicher Vorschriften,
   b) nach beamtenrechtlichen Grundsätzen von Körperschaften, Anstalten oder Stiftungen des öffentlichen Rechts oder öffentlich-rechtlichen Verbänden von Körperschaften

   oder
2. in anderen Fällen wegen Erreichens einer Altersgrenze, Berufsunfähigkeit, Erwerbsunfähigkeit oder als Hinterbliebenenbezüge gewährt werden; Bezüge, die wegen Erreichens einer Altersgrenze gewährt werden, gelten erst dann als Versorgungsbezüge, wenn der Steuerpflichtige das 62. Lebensjahr oder, wenn er Schwerbehinderter ist, das 60. Lebensjahr vollendet hat.

R 150. Allgemeines zu den Einkünften aus nichtselbständiger Arbeit | R 150

Die Anordnungen, die in den Vorschriften über den Steuerabzug vom Arbeitslohn (Lohnsteuer) und in den dazu ergangenen Lohnsteuer-Richtlinien über die Ermittlung der Einkünfte aus nichtselbständiger Arbeit enthalten sind, gelten entsprechend auch für die Veranlagung von Einkünften aus nichtselbständiger Arbeit zur Einkommensteuer.[1] — S 2203

– unbesetzt – | R 151 und R 152

---

[1] → Lohnsteuer-Handausgabe.

§ 19 a
Überlassung von Vermögensbeteiligungen an Arbeitnehmer

(1) ¹Erhält ein Arbeitnehmer im Rahmen eines gegenwärtigen Dienstverhältnisses unentgeltlich oder verbilligt Sachbezüge in Form von Kapitalbeteiligungen oder Darlehnsforderungen (Vermögensbeteiligungen) nach Absatz 3, so ist der Vorteil steuerfrei, soweit er nicht höher als der halbe Wert der Vermögensbeteiligung (Absatz 8) ist und insgesamt 300 Deutsche Mark im Kalenderjahr nicht übersteigt. ²Voraussetzung ist die Vereinbarung, daß Vermögensbeteiligungen im Sinne des Absatzes 3 Nr. 1 bis 6 unverzüglich nach ihrer Überlassung bis zum Ablauf einer Frist von sechs Jahren (Sperrfrist) festgelegt werden und über Vermögensbeteiligungen im Sinne des Absatzes 3 bis zum Ablauf der Sperrfrist nicht durch Rückzahlung, Abtretung, Beleihung oder in anderer Weise verfügt wird.

(2) ¹Die Sperrfrist beginnt am 1. Januar des Kalenderjahrs, in dem der Arbeitnehmer die Vermögensbeteiligung erhalten hat. ²Wird vor Ablauf der Sperrfrist über eine Vermögensbeteiligung verfügt oder die Festlegung einer Vermögensbeteiligung aufgehoben, so ist eine Nachversteuerung durchzuführen. ³Für die nachzufordernde Lohnsteuer haftet der Arbeitgeber oder das Kreditinstitut bis zu der sich aus der Rechtsverordnung nach Absatz 9 Nr. 4 ergebenden Höhe, wenn die in der Rechtsverordnung nach Absatz 9 Nr. 2 bestimmten Anzeigepflichten verletzt werden. ⁴Die Nachversteuerung unterbleibt, wenn die Sperrfrist nicht eingehalten wird, weil der Arbeitnehmer das Umtausch- oder Abfindungsangebot eines Wertpapier-Emittenten angenommen hat, weil Wertpapiere dem Aussteller nach Auslosung oder Kündigung durch den Aussteller zur Einlösung vorgelegt worden sind oder weil die Vermögensbeteiligung im Sinne des Absatzes 3 ohne Mitwirkung des Arbeitnehmers wertlos geworden ist. ⁵Eine vorzeitige Verfügung oder Aufhebung der Festlegung ist unschädlich, wenn

1. der Arbeitnehmer oder sein von ihm nicht dauernd getrennt lebender Ehegatte nach Erhalt der Vermögensbeteiligung gestorben oder völlig erwerbsunfähig geworden ist oder

2. der Arbeitnehmer nach Erhalt der Vermögensbeteiligung, aber vor der vorzeitigen Verfügung oder der vorzeitigen Aufhebung der Festlegung geheiratet hat und im Zeitpunkt der vorzeitigen Verfügung oder der vorzeitigen Aufhebung der Festlegung mindestens zwei Jahre seit Beginn der Sperrfrist vergangen sind oder

3. der Arbeitnehmer nach Erhalt der Vermögensbeteiligung arbeitslos geworden ist und die Arbeitslosigkeit mindestens ein Jahr lang ununterbrochen bestanden hat und im Zeitpunkt der vorzeitigen Verfügung oder der vorzeitigen Aufhebung der Festlegung noch besteht oder

4. (weggefallen)

5. der Arbeitnehmer nach Erhalt der Vermögensbeteiligung unter Aufgabe der nichtselbständigen Arbeit eine Erwerbstätigkeit, die nach § 138 Abs. 1 der Abgabenordnung der Gemeinde mitzuteilen ist, aufgenommen hat oder

6. Vermögensbeteiligungen im Sinne des Absatzes 3 Nr. 1 bis 6, die auf Grund eines Sparvertrags über Wertpapiere oder andere Vermögensbeteiligungen im Sinne des § 4 Abs. 1 des Fünften Vermögensbildungsgesetzes erworben worden sind, vor Ablauf der Sperrfrist unter Wiederverwendung des Erlöses zum Erwerb von Vermögensbeteiligungen im Sinne des Absatzes 3 Nr. 1 bis 6 veräußert werden; § 4 Abs. 4 Nr. 6 des Fünften Vermögensbildungsgesetzes ist entsprechend anzuwenden.

(3) Vermögensbeteiligungen sind

1. Aktien, die vom Arbeitgeber ausgegeben werden oder an einer deutschen Börse zum amtlichen Handel oder zum geregelten Markt zugelassen oder in den Freiverkehr einbezogen sind,

2. Wandelschuldverschreibungen, die vom Arbeitgeber ausgegeben werden oder an einer deutschen Börse zum amtlichen Handel oder zum geregelten Markt zugelassen oder in den Freiverkehr einbezogen sind, sowie Gewinnschuldverschreibungen, die vom Arbeitgeber ausgegeben werden, wenn im Fall von Namensschuldverschreibungen des Arbeitgebers auf dessen Kosten die Ansprüche des Arbeitnehmers aus der Schuldverschreibung durch ein Kreditinstitut verbürgt oder durch ein Versicherungsunternehmen privatrechtlich gesichert sind und das Kreditinstitut oder Versicherungsunternehmen im Geltungsbereich dieses Gesetzes zum Geschäftsbetrieb befugt ist,

§ 19 a EStG

3. Genußscheine, die vom Arbeitgeber als Wertpapiere ausgegeben werden oder an einer deutschen Börse zum amtlichen Handel oder zum geregelten Markt zugelassen oder in den Freiverkehr einbezogen sind und von Unternehmen mit Sitz und Geschäftsleitung im Geltungsbereich dieses Gesetzes, die keine Kreditinstitute sind, ausgegeben werden, wenn mit den Genußscheinen das Recht am Gewinn eines Unternehmens verbunden ist und der Arbeitnehmer nicht als Mitunternehmer im Sinne des § 15 Abs. 1 Satz 1 Nr. 2 anzusehen ist,

4. Anteilscheine an einem Wertpapier-Sondervermögen, die von Kapitalanlagegesellschaften im Sinne des Gesetzes über Kapitalanlagegesellschaften ausgegeben werden, wenn nach dem Rechenschaftsbericht für das vorletzte Geschäftsjahr vor dem Jahr des Erhalts des Anteilscheins der Wert der Aktien im Wertpapier-Sondervermögen 70 vom Hundert des Werts der in diesem Sondervermögen befindlichen Wertpapiere nicht unterschreitet; für neu aufgelegte Wertpapier-Sondervermögen ist für das erste und zweite Geschäftsjahr der erste Rechenschaftsbericht oder der erste Halbjahresbericht nach Auflegung des Sondervermögens maßgebend,

5. Anteilscheine an einem Beteiligungs-Sondervermögen, die von Kapitalanlagegesellschaften im Sinne des Gesetzes über Kapitalanlagegesellschaften ausgegeben werden, wenn nach dem Rechenschaftsbericht für das vorletzte Geschäftsjahr vor dem Jahr des Erhalts des Anteilscheins der Wert der Aktien und der stillen Beteiligungen in diesem Beteiligungs-Sondervermögen 70 vom Hundert des Werts der in diesem Sondervermögen befindlichen Wertpapiere und stillen Beteiligungen nicht unterschreitet; für neu aufgelegte Beteiligungs-Sondervermögen ist für das erste und zweite Geschäftsjahr der erste Rechenschaftsbericht oder der erste Halbjahresbericht nach Auflegung des Sondervermögens maßgebend,

6. Anteilscheine an einem ausländischen Recht unterstehenden Vermögen aus Wertpapieren, wenn die Anteilscheine nach dem Auslandinvestment-Gesetz im Wege des öffentlichen Anbietens, der öffentlichen Werbung oder in ähnlicher Weise vertrieben werden dürfen und nach dem gemäß § 4 Abs. 1 Nr. 1 oder § 15 b Satz 1 des Auslandinvestment-Gesetzes veröffentlichten Rechenschaftsbericht für das vorletzte Geschäftsjahr vor dem Jahr des Erhalts des Anteilscheins der Wert der Aktien in diesem Vermögen 70 vom Hundert des Werts der in diesem Vermögen befindlichen Wertpapiere nicht unterschreitet; beim Erwerb verbriefter EG-Investmentanteile gemäß § 15 des Auslandinvestment-Gesetzes ist für neu aufgelegte Vermögen aus Wertpapieren für das erste und zweite Geschäftsjahr der erste Rechenschaftsbericht oder der erste Halbjahresbericht nach Auflegung des Vermögens maßgebend,

7. Geschäftsguthaben bei einer Genossenschaft mit Sitz und Geschäftsleitung im Geltungsbereich dieses Gesetzes, wenn die Genossenschaft das Unternehmen des Arbeitgebers oder ein Kreditinstitut oder eine Bau- oder Wohnungsgenossenschaft im Sinne des § 2 Abs. 1 Nr. 2 des Wohnungsbau-Prämiengesetzes ist, die zum Zeitpunkt der Begründung oder des Erwerbs des Geschäftsguthabens seit mindestens drei Jahren im Genossenschaftsregister ohne wesentliche Änderung ihres Unternehmensgegenstandes eingetragen und nicht aufgelöst ist oder Sitz und Geschäftsleitung in dem in Artikel 3 des Einigungsvertrages genannten Gebiet hat und dort entweder am 1. Juli 1990 als Arbeiterwohnungsbaugenossenschaft, Gemeinnützige Wohnungsbaugenossenschaft oder sonstige Wohnungsbaugenossenschaft bestanden oder einen nicht unwesentlichen Teil von Wohnungen aus dem Bestand einer solchen Bau- oder Wohnungsgenossenschaft erworben hat,

8. Stammeinlagen oder Geschäftsanteile an einer Gesellschaft mit beschränkter Haftung mit Sitz und Geschäftsleitung im Geltungsbereich dieses Gesetzes, wenn die Gesellschaft das Unternehmen des Arbeitgebers ist,

9. Beteiligungen als stiller Gesellschafter im Sinne des § 230 des Handelsgesetzbuchs am Unternehmen des Arbeitgebers mit Sitz und Geschäftsleitung im Geltungsbereich dieses Gesetzes, wenn der Arbeitnehmer nicht als Mitunternehmer im Sinne des § 15 Abs. 1 Satz 1 Nr. 2 anzusehen ist,

10. Darlehnsforderungen gegen den Arbeitgeber, wenn auf dessen Kosten die Ansprüche des Arbeitnehmers aus dem Darlehnsvertrag durch ein Kreditinstitut verbürgt oder durch ein Versicherungsunternehmen privatrechtlich gesichert sind und das Kreditinstitut oder Versicherungsunternehmen im Geltungsbereich dieses Gesetzes zum Geschäftsbetrieb befugt ist,

§ 19 a EStG

11. Genußrechte am Unternehmen des Arbeitgebers mit Sitz und Geschäftsleitung im Geltungsbereich dieses Gesetzes, wenn damit das Recht am Gewinn dieses Unternehmens verbunden ist, der Arbeitnehmer nicht als Mitunternehmer im Sinne des § 15 Abs. 1 Satz 1 Nr. 2 anzusehen ist und über die Genußrechte keine Genußscheine nach Nummer 3 ausgegeben werden.

(3a) ¹Aktien, Wandelschuldverschreibungen, Gewinnschuldverschreibungen oder Genußscheine eines Unternehmens, das im Sinne des § 18 Abs. 1 des Aktiengesetzes als herrschendes Unternehmen mit dem Unternehmen des Arbeitgebers verbunden ist, stehen Aktien, Gewinnschuldverschreibungen oder Genußscheinen gleich, die vom Arbeitgeber ausgegeben werden. ²Ein Geschäftsguthaben bei einer Genossenschaft mit Sitz und Geschäftsleitung im Geltungsbereich dieses Gesetzes, die im Sinne des § 18 Abs. 1 des Aktiengesetzes als herrschendes Unternehmen mit dem Unternehmen des Arbeitgebers verbunden ist, steht einem Geschäftsguthaben bei einer Genossenschaft, die das Unternehmen des Arbeitgebers ist, gleich. ³Eine Stammeinlage oder ein Geschäftsanteil an einer Gesellschaft mit beschränkter Haftung mit Sitz und Geschäftsleitung im Geltungsbereich dieses Gesetzes, die im Sinne des § 18 Abs. 1 des Aktiengesetzes als herrschendes Unternehmen mit dem Unternehmen des Arbeitgebers verbunden ist, stehen einer Stammeinlage oder einem Geschäftsanteil an einer Gesellschaft, die das Unternehmen des Arbeitgebers ist, gleich. ⁴Eine Beteiligung als stiller Gesellschafter an einem Unternehmen mit Sitz und Geschäftsleitung im Geltungsbereich dieses Gesetzes, das im Sinne des § 18 Abs. 1 des Aktiengesetzes als herrschendes Unternehmen mit dem Unternehmen des Arbeitgebers verbunden ist oder das auf Grund eines Vertrags mit dem Arbeitgeber an dessen Unternehmen gesellschaftsrechtlich beteiligt ist, steht einer Beteiligung als stiller Gesellschafter am Unternehmen des Arbeitgebers gleich. ⁵Eine Darlehensforderung gegen ein Unternehmen mit Sitz und Geschäftsleitung im Geltungsbereich dieses Gesetzes, das im Sinne des § 18 Abs. 1 des Aktiengesetzes als herrschendes Unternehmen mit dem Unternehmen des Arbeitgebers verbunden ist, oder ein Genußrecht an einem solchen Unternehmen stehen einer Darlehensforderung gegen den Arbeitgeber oder einem Genußrecht am Unternehmen des Arbeitgebers gleich.

(4) Die Überlassung von Gewinnschuldverschreibungen im Sinne des Absatzes 3 Nr. 2, in denen neben der gewinnabhängigen Verzinsung eine gewinnunabhängige Mindestverzinsung zugesagt ist, ist nach Absatz 1 begünstigt, wenn

1. der Aussteller in der Gewinnschuldverschreibung erklärt, die gewinnunabhängige Mindestverzinsung werde im Regelfall die Hälfte der Gesamtverzinsung nicht überschreiten, oder

2. die gewinnunabhängige Mindestverzinsung zum Zeitpunkt der Ausgabe der Gewinnschuldverschreibung die Hälfte der Emissionsrendite festverzinslicher Wertpapiere nicht überschreitet, die in den Monatsberichten der Deutschen Bundesbank für den viertletzten Kalendermonat ausgewiesen wird, der dem Kalendermonat der Ausgabe vorausgeht.

(5) Die Überlassung von Genußscheinen im Sinne des Absatzes 3 Nr. 3 und von Genußrechten im Sinne des Absatzes 3 Nr. 11 ist nach Absatz 1 begünstigt, wenn eine Rückzahlung zum Nennwert nicht zugesagt ist; ist neben dem Recht am Gewinn eine gewinnunabhängige Mindestverzinsung zugesagt, gilt Absatz 4 entsprechend.

(6) Der Überlassung von Vermögensbeteiligungen nach Absatz 3 Nr. 3, 9 bis 11 bei einer Genossenschaft mit Sitz und Geschäftsleitung im Geltungsbereich dieses Gesetzes stehen § 19 und eine Festsetzung durch Statut nach § 20 des Gesetzes betreffend die Erwerbs- und Wirtschaftsgenossenschaften nicht entgegen.

(7) Werden Darlehnsforderungen nach Absatz 3 Nr. 10 in Tarifverträgen vereinbart, so kann der Arbeitgeber sich hiervon befreien, wenn er dem Arbeitnehmer anstelle der Darlehnsforderung eine andere gleichwertige Vermögensbeteiligung nach Absatz 3 zuwendet; sofern der Arbeitnehmer dies verlangt, sind dabei mindestens zwei verschiedene Formen der Vermögensbeteiligung nach Absatz 3 Nr. 1 bis 9 und 11, von denen mindestens eine keine Vermögensbeteiligung am Unternehmen des Arbeitgebers ist, zur Auswahl anzubieten.

(8) ¹Als Wert der Vermögensbeteiligung ist der gemeine Wert anzusetzen. ²Werden einem Arbeitnehmer Vermögensbeteiligungen im Sinne des Absatzes 3 Nr. 1 bis 3 überlassen, die am Tag der Beschlußfassung über die Überlassung an einer deutschen Börse zum amtlichen Handel zugelassen sind, so werden diese mit dem niedrigsten an diesem Tag für sie im amt-

lichen Handel notierten Kurs angesetzt, wenn am Tag der Überlassung nicht mehr als neun Monate seit dem Tag der Beschlußfassung über die Überlassung vergangen sind. ³Liegt am Tag der Beschlußfassung über die Überlassung eine Notierung nicht vor, so werden diese Vermögensbeteiligungen mit dem letzten innerhalb von 30 Tagen vor diesem Tag im amtlichen Handel notierten Kurs angesetzt. ⁴Die Sätze 2 und 3 gelten entsprechend für Vermögensbeteiligungen im Sinne des Absatzes 3 Nr. 1 bis 3, die zum geregelten Markt zugelassen oder in den geregelten Freiverkehr einbezogen sind. ⁵Sind am Tag der Überlassung von Vermögensbeteiligungen im Sinne des Absatzes 3 Nr. 1 bis 3 mehr als neun Monate seit dem Tag der Beschlußfassung über die Überlassung vergangen, so tritt an die Stelle des Tages der Beschlußfassung über die Überlassung im Sinne der Sätze 2 bis 4 der Tag der Überlassung. ⁶Der Wert von Vermögensbeteiligungen im Sinne des Absatzes 3 Nr. 4 bis 6 wird mit dem Ausgabepreis am Tag der Überlassung angesetzt. ⁷Der Wert von Vermögensbeteiligungen im Sinne des Absatzes 3 Nr. 7, 9, 10 und 11 wird mit dem Nennbetrag angesetzt, wenn nicht besondere Umstände einen höheren oder niedrigeren Wert begründen. ⁸Vermögensbeteiligungen im Sinne des Absatzes 3 Nr. 8 sind mit dem Wert anzusetzen, der vor dem Tag der Überlassung zuletzt nach § 11 Abs. 2 Satz 2 des Bewertungsgesetzes festzustellen ist oder war.

(9) Durch Rechtsverordnung können Vorschriften erlassen werden über
1. die Festlegung der Vermögensbeteiligungen nach Absatz 3 Nr. 1 bis 6 und die Art der Festlegung,
2. die Begründung von Aufzeichnungs- und Anzeigepflichten zum Zweck der Sicherung der Nachversteuerung,
3. die vorläufige Nachversteuerung im Laufe des Kalenderjahrs einer schädlichen Verfügung oder Aufhebung der Festlegung mit einem Pauschsteuersatz,
4. das Verfahren bei der abschließenden Nachversteuerung nach Ablauf des Kalenderjahrs einer schädlichen Verfügung oder Aufhebung der Festlegung.

e) **Kapitalvermögen (§ 2 Abs. 1 Satz 1 Nr. 5)**

EStG §20

(1) Zu den Einkünften aus Kapitalvermögen gehören

1. Gewinnanteile (Dividenden), Ausbeuten und sonstige Bezüge aus Aktien, Kuxen, Genußrechten, mit denen das Recht am Gewinn und Liquidationserlös einer Kapitalgesellschaft verbunden ist, aus Anteilen an Gesellschaften mit beschränkter Haftung, an Erwerbs- und Wirtschaftsgenossenschaften sowie an bergbautreibenden Vereinigungen, die die Rechte einer juristischen Person haben. ²Zu den sonstigen Bezügen gehören auch verdeckte Gewinnausschüttungen. ³Die Bezüge gehören nicht zu den Einnahmen, soweit sie aus Ausschüttungen einer unbeschränkt steuerpflichtigen Körperschaft stammen, für die Eigenkapital im Sinne des § 30 Abs. 2 Nr. 4 des Körperschaftsteuergesetzes als verwendet gilt;

2. Bezüge, die auf Grund einer Kapitalherabsetzung oder nach der Auflösung unbeschränkt steuerpflichtiger Körperschaften oder Personenvereinigungen im Sinne der Nummer 1 anfallen, soweit bei diesen für Ausschüttungen verwendbares Eigenkapital im Sinne des § 29 des Körperschaftsteuergesetzes als verwendet gilt und die Bezüge nicht zu den Einnahmen im Sinne der Nummer 1 gehören. ²Nummer 1 Satz 3 gilt entsprechend;

3. die nach § 36 Abs. 2 Nr. 3 anzurechnende oder nach den §§ 36 b bis 36 e dieses Gesetzes oder nach § 52 des Körperschaftsteuergesetzes zu vergütende Körperschaftsteuer. ²Die anzurechnende oder zu vergütende Körperschaftsteuer gilt außer in den Fällen des § 36 e dieses Gesetzes und des § 52 des Körperschaftsteuergesetzes als zusammen mit den Einnahmen im Sinne der Nummern 1 oder 2 oder des Absatzes 2 Nr. 2 Buchstabe a bezogen;

4. Einnahmen aus der Beteiligung an einem Handelsgewerbe als stiller Gesellschafter und aus partiarischen Darlehen, es sei denn, daß der Gesellschafter oder Darlehnsgeber als Mitunternehmer anzusehen ist. ²Auf Anteile des stillen Gesellschafters am Verlust des Betriebs ist § 15 a sinngemäß anzuwenden;

5. Zinsen aus Hypotheken und Grundschulden und Renten aus Rentenschulden. ²Bei Tilgungshypotheken und Tilgungsgrundschulden ist nur der Teil der Zahlungen anzusetzen, der als Zins auf den jeweiligen Kapitalrest entfällt;

6. außerrechnungsmäßige und rechnungsmäßige Zinsen aus den Sparanteilen, die in den Beiträgen zu Versicherungen auf den Erlebens- oder Todesfall enthalten sind. ²Dies gilt nicht für Zinsen aus Versicherungen im Sinne des § 10 Abs. 1 Nr. 2 Buchstabe b, die mit Beiträgen verrechnet oder im Versicherungsfall oder im Fall des Rückkaufs des Vertrags nach Ablauf von 12 Jahren seit dem Vertragsabschluß ausgezahlt werden. ³Satz 2 gilt in den Fällen des § 10 Abs. 2 Satz 2 nur, wenn die Voraussetzungen für den Sonderausgabenabzug nach § 10 Abs. 2 Satz 2 Buchstabe a oder b erfüllt sind oder soweit bei Versicherungsverträgen Zinsen in Veranlagungszeiträumen gutgeschrieben werden, in denen Beiträge nach § 10 Abs. 2 Satz 2 Buchstabe c abgezogen werden können. ⁴Die Sätze 1 bis 3 sind auf Kapitalerträge aus fondsgebundenen Lebensversicherungen entsprechend anzuwenden;

7. Erträge aus sonstigen Kapitalforderungen jeder Art, wenn die Rückzahlung des Kapitalvermögens oder ein Entgelt für die Überlassung des Kapitalvermögens zur Nutzung zugesagt oder gewährt worden ist, auch wenn die Höhe des Entgelts von einem ungewissen Ereignis abhängt. ²Dies gilt unabhängig von der Bezeichnung und der zivilrechtlichen Ausgestaltung der Kapitalanlage;

8. Diskontbeträge von Wechseln und Anweisungen einschließlich der Schatzwechsel.

(2) ¹Zu den Einkünften aus Kapitalvermögen gehören auch

1. besondere Entgelte oder Vorteile, die neben den in den Absätzen 1 und 2 bezeichneten Einnahmen oder an deren Stelle gewährt werden;

2. Einnahmen aus der Veräußerung
   a) von Dividendenscheinen und sonstigen Ansprüchen durch den Inhaber des Stammrechts, wenn die dazugehörigen Aktien oder sonstigen Anteile nicht mitveräußert werden. ²Diese Besteuerung tritt an die Stelle der Besteuerung nach Absatz 1;

§ 20 EStG

b) von Zinsscheinen und Zinsforderungen durch den Inhaber oder ehemaligen Inhaber der Schuldverschreibung, wenn die dazugehörigen Schuldverschreibungen nicht mitveräußert werden. ²Entsprechendes gilt für die Einlösung von Zinsscheinen und Zinsforderungen durch den ehemaligen Inhaber der Schuldverschreibung;

3. Einnahmen aus der Veräußerung von Zinsscheinen und Zinsforderungen, wenn die dazugehörigen Schuldverschreibungen mitveräußert werden und das Entgelt für die auf den Zeitraum bis zur Veräußerung der Schuldverschreibung entfallenden Zinsen des laufenden Zinszahlungszeitraums (Stückzinsen) besonders in Rechnung gestellt ist;

4. Einnahmen aus der Veräußerung oder Abtretung von

a) abgezinsten oder aufgezinsten Schuldverschreibungen, Schuldbuchforderungen und sonstigen Kapitalforderungen durch den ersten und jeden weiteren Erwerber,

b) Schuldverschreibungen, Schuldbuchforderungen und sonstigen Kapitalforderungen ohne Zinsscheine und Zinsforderungen oder von Zinsscheinen und Zinsforderungen ohne Schuldverschreibungen, Schuldbuchforderungen und sonstige Kapitalforderungen durch den zweiten und jeden weiteren Erwerber zu einem abgezinsten oder aufgezinsten Preis,

c) Schuldverschreibungen, Schuldbuchforderungen und sonstigen Kapitalforderungen mit Zinsscheinen oder Zinsforderungen, wenn Stückzinsen nicht besonders in Rechnung gestellt werden oder bei denen die Höhe der Erträge von einem ungewissen Ereignis abhängt,

d) Schuldverschreibungen, Schuldbuchforderungen und sonstigen Kapitalforderungen mit Zinsscheinen oder Zinsforderungen, bei denen Kapitalerträge in unterschiedlicher Höhe oder für unterschiedlich lange Zeiträume gezahlt werden,

soweit sie der rechnerisch auf die Besitzzeit entfallenden Emissionsrendite entsprechen. ²Weist der Steuerpflichtige die Emissionsrendite nicht nach, gilt der Unterschied zwischen dem Entgelt für den Erwerb und den Einnahmen aus der Veräußerung, Abtretung oder Einlösung der Wertpapiere und Kapitalforderungen als Kapitalertrag. ³Die Besteuerung der Zinsen und Stückzinsen nach Absatz 1 Nr. 7 und Satz 1 Nr. 3 bleibt unberührt; die danach der Einkommensteuer unterliegenden, dem Veräußerer bereits zugeflossenen Kapitalerträge aus den Wertpapieren und Kapitalforderungen sind bei der Besteuerung nach der Emissionsrendite abzuziehen. ⁴Die Sätze 1 bis 3 gelten für die Einlösung der Wertpapiere und Kapitalforderungen bei deren Endfälligkeit durch den zweiten und jeden weiteren Erwerber entsprechend. ⁵Die Sätze 1 bis 4 sind nicht auf Zinsen aus Gewinnobligationen und Genußrechten im Sinne des § 43 Abs. 1 Nr. 2 anzuwenden.

(2a)¹Einkünfte aus Kapitalvermögen im Sinne des Absatzes 1 Nr. 1 bis 3 erzielt der Anteilseigner. ²Anteilseigner ist derjenige, dem nach § 39 der Abgabenordnung die Anteile an dem Kapitalvermögen im Sinne des Absatzes 1 Nr. 1 im Zeitpunkt des Gewinnverteilungsbeschlusses zuzurechnen sind. ³Sind einem Nießbraucher oder Pfandgläubiger die Einnahmen im Sinne des Absatzes 1 Nr. 1 oder 2 zuzurechnen, gilt er als Anteilseigner.

(3) Soweit Einkünfte der in den Absätzen 1 und 2 bezeichneten Art zu den Einkünften aus Land- und Forstwirtschaft, aus Gewerbebetrieb, aus selbständiger Arbeit oder aus Vermietung und Verpachtung gehören, sind sie diesen Einkünften zuzurechnen.

(4) ¹Bei der Ermittlung der Einkünfte aus Kapitalvermögen ist nach Abzug der Werbungskosten ein Betrag von 6.000 Deutsche Mark abzuziehen (Sparer-Freibetrag). ²Ehegatten, die zusammen veranlagt werden, wird ein gemeinsamer Sparer-Freibetrag von 12.000 Deutsche Mark gewährt. ³Der gemeinsame Sparer-Freibetrag ist bei der Einkunftsermittlung bei jedem Ehegatten je zur Hälfte abzuziehen; sind die um die Werbungskosten geminderten Kapitalerträge eines Ehegatten niedriger als 6.000 Deutsche Mark, so ist der anteilige Sparer-Freibetrag insoweit, als er die um die Werbungskosten geminderten Kapitalerträge dieses Ehegatten übersteigt, beim anderen Ehegatten abzuziehen. ⁴Der Sparer-Freibetrag und der gemeinsame Sparer-Freibetrag dürfen nicht höher sein als die um die Werbungskosten einschließlich einer abzuziehenden ausländischen Steuer geminderten Kapitalerträge.

S 2216
S 2210

§ 20 EStG
R 153   H 153

R 153. Werbungskosten bei Einkünften aus Kapitalvermögen

S 2210

(1) ¹Aufwendungen sind, auch wenn sie gleichzeitig der Sicherung und Erhaltung des Kapitalstamms dienen, insoweit als Werbungskosten anzuerkennen, als sie zur Erwerbung, Sicherung und Erhaltung von Kapitaleinnahmen dienen. ²Aufwendungen, die auf Vermögen entfallen, das nicht zur Erzielung von Kapitaleinkünften angelegt ist oder bei dem Kapitalerträge nicht mehr zu erwarten sind, können nicht als Werbungskosten anerkannt werden.

(2) ¹Nach den allgemeinen Grundsätzen können u. a. Bankspesen, Gebühren, Fachliteratur, Reisekosten zur Hauptversammlung, Verfahrensauslagen, Rechtsanwaltskosten und sonstige außergerichtliche Kosten nach § 59 des Wertpapierbereinigungsgesetzes als Werbungskosten anerkannt werden. ²Wie Werbungskosten sind auch die nach § 34 c Abs. 2 oder 3 EStG abzuziehenden ausländischen Steuern zu berücksichtigen.

Hinweise

H 153

Abschlußgebühr

Abschlußgebühren für einen Bausparvertrag können Werbungskosten bei den Einkünften aus Kapitalvermögen sein, wenn der Abschluß des Bausparvertrags in keinem engen zeitlichen und wirtschaftlichen Zusammenhang mit der Verwirklichung eines Bauvorhabens steht und wenn auf Dauer gesehen ein Überschuß aus Zinsgutschriften erwartet werden kann (→ BFH vom 24. 7. 1990 – BStBl II S. 975).

Anschaffungs- und Veräußerungskosten

Anschaffungskosten und Anschaffungsnebenkosten sowie die durch die Veräußerung von Wirtschaftsgütern veranlaßten Veräußerungskosten gehören nicht zu den Werbungskosten (→ BFH vom 25. 1. 1957 – BStBl III S. 75, vom 15. 9. 1961 – BStBl III S. 547 und vom 27. 6. 1989 – BStBl II S. 934).

Schuldzinsen

Schuldzinsen, die für einen zum Erwerb von Wertpapieren aufgenommenen Kredit gezahlt werden, sind dann keine Werbungskosten, wenn bei der Anschaffung oder dem Halten der Kapitalanlage nicht die Absicht zur Erzielung von Überschüssen, sondern die Absicht zur Realisierung von Wertsteigerungen der Kapitalanlage im Vordergrund steht oder auf Dauer gesehen ein Überschuß der Einnahmen über die Ausgaben nicht erwartet werden kann (→ BFH vom 21. 7. 1981 – BStBl 1982 II S. 36, 37, 40 und vom 23. 3. 1982 – BStBl II S. 463). Bei der Beurteilung ist grundsätzlich auf jede einzelne Kapitalanlage abzustellen; die nach den einzelnen Kapitalanlagen getrennte Erfassung von Einnahmen und Werbungskosten macht regelmäßig eine Aufteilung der Schuldzinsen erforderlich (→ BFH vom 24. 3. 1992 – BStBl 1993 II S. 18). Schuldzinsen für mit Kredit erworbene Devisen können nach der Umwidmung des Darlehens anteilig Werbungskosten bei den Einkünften aus Kapitalvermögen sein (→ BFH vom 7. 3. 1995 – BStBl II S. 697). Weicht der Einsatz des Kapitals von der ursprünglich beabsichtigten Verwendung ab, bedarf es für die einkommensteuerrechtliche Anerkennung der Umwidmung des Darlehens nicht zwingend des Einvernehmens mit dem Gläubiger; seine hiervon abweichende Rechtsprechung seit dem Urteil vom 7. 8. 1990 (BStBl 1991 II S. 14) gibt der Senat mit der Maßgabe auf, daß die Zustimmung des Gläubigers lediglich ein gewichtiges Indiz für den Nachweis der Umwidmung bildet. Schuldzinsen können nur in dem Verhältnis als Werbungskosten abgezogen werden, in dem das ihnen zugrundeliegende Darlehen tatsächlich zur Erzielung von Kapitalerträgen eingesetzt wurde (ständige Rechtsprechung seit dem Beschluß des Großen Senats vom 4. 7. 1990, BStBl II S. 817). Hatte der Steuerpflichtige den Erwerb des Kapitals zunächst mit einem Überziehungskredit zu Lasten seines Girokontos finanziert und diesen später, aber noch vor Begründung der Einkunftsart Kapitalvermögen durch ein anderes Darlehen abgelöst, so können die auf letzteres Darlehen entfallenden Zinsen Werbungskosten sein, als der Anschaffungskredit bei der Ablösung noch bestand. Dessen Höhe hängt von der mit der Bank getroffenen Kontokorrentvereinbarung ab. Wegen des Abzugs von Schuldzinsen für einen Kredit zum Erwerb einer wesentlichen Beteiligung im Sinne des § 17 EStG → BFH vom 8. 10. 1985 (BStBl 1986 II S. 596).

Verwalterentgelt

Das von Wertsteigerungen des Vermögens abhängige Verwalterentgelt ist nicht als Werbungskosten abziehbar (→ BFH vom 15. 12. 1987 – BStBl 1989 II S. 16).

Zahlungen eines GmbH-Gesellschafters an Mitgesellschafter

Zahlungen eines GmbH-Gesellschafters an einen Mitgesellschafter, um seine (mangels Bestellung eines gemeinsamen Bevollmächtigten) ruhenden Gesellschaftsrechte (ausgenommen das Gewinnbezugsrecht) reaktivieren und damit auf die Geschäftsführung und das Ausschüttungsverhalten der GmbH Einfluß nehmen sowie zur Sicherung und Erhaltung der Beteiligung beitragen zu können, sind (wie laufende Verwaltungskosten) Werbungskosten bei den Einkünften aus Kapitalvermögen. Dies gilt auch dann, wenn der Mitgesellschafter gleichzeitig seine Gesellschaftsrechte (ausgenommen das Gewinnbezugsrecht) für die Dauer von fünf Jahren zur treuhänderischen Wahrnehmung dem Gesellschafter übertragen hat (→ BFH vom 28. 9. 1993 – VIII R 84/91 – nicht amtlich veröffentlicht).

Zusammenhang mit Kapitaleinnahmen

Bei der Ermittlung von Einkünften aus Kapitalvermögen sind grundsätzlich nur solche Aufwendungen als Werbungskosten anzusehen, die mit den einzelnen Einnahmen unmittelbar zusammenhängen (→ BFH vom 28. 8. 1952 – BStBl III S. 265). Ein unmittelbarer Zusammenhang mit den Kapitaleinnahmen ist bei Aufwendungen für die einzelne Kapitalanlage und bei Aufwendungen für die Gesamtheit der Kapitalanlagen (allgemeine Verwaltungskosten) insoweit gegeben, als sie zur Erwerbung, Sicherung und Erhaltung der Kapitaleinnahmen dienen.[1])

R 154. Einnahmen aus Kapitalvermögen

(1) [1]Zu den Einnahmen aus Kapitalvermögen gehören auch Bezüge, die auf Grund einer Kapitalherabsetzung oder nach der Auflösung unbeschränkt steuerpflichtiger Körperschaften oder Personenvereinigungen anfallen, soweit bei diesen Ausschüttungen verwendbares Eigenkapital im Sinne des § 29 KStG als verwendet gilt (§ 20 Abs. 1 Nr. 2 Satz 1 EStG). [2]Dagegen gehören Ausschüttungen einer unbeschränkt steuerpflichtigen Kapitalgesellschaft nicht zu den Einnahmen, soweit sie aus Einlagen der Anteilseigner stammen, die das Eigenkapital in nach dem 31. 12. 1976 abgelaufenen Wirtschaftsjahren erhöht haben (§ 20 Abs. 1 Nr. 1 Satz 3 EStG). [3]Ob und inwieweit solche Ausschüttungen vorliegen, ergibt sich aus der Dividendenbescheinigung der ausschüttenden Körperschaft oder des beauftragten Kreditinstituts (→ §§ 44 und 45 KStG).

(2) [1]Bei der Veranlagung sind die anzurechnende Kapitalertragsteuer und die anzurechnende Körperschaftsteuer bei derselben Einkunftsart und in demselben VZ anzusetzen, in dem der Anrechnung zugrunde liegenden Einnahmen zu erfassen sind (→ BFH vom 26. 6. 1991 – BStBl II S. 877). [2]Das gleiche gilt hinsichtlich der Kapitalertragsteuer, die nach § 44 b EStG zu erstatten ist oder erstattet worden ist, und der Körperschaftsteuer, die nach den §§ 36 b bis 36 d EStG zu vergüten ist oder vergütet worden ist. [3]Zu den Voraussetzungen für die Anrechnung von Kapitalertragsteuer gilt R 213 g Abs. 2 mit der Maßgabe, daß die einbehaltene Kapitalertragsteuer auch ohne Vorlage der Steuerbescheinigung bei den Einnahmen zu erfassen ist, die einbehaltene und abgeführte Kapitalertragsteuer aber erst auf die Einkommensteuer anzurechnen ist, wenn die Steuerbescheinigung vorgelegt worden ist.

(3) [1]Zu den Einnahmen aus Kapitalvermögen rechnen nach § 20 Abs. 1 Nr. 6 EStG die außerrechnungsmäßigen und rechnungsmäßigen Zinsen aus den Sparanteilen, die in den Beiträgen zu Versicherungen auf den Erlebens- oder Todesfall enthalten sind. [2]Zu den Einnahmen aus Kapitalvermögen gehören stets Zinsen aus

1. Kapitalversicherungen gegen Einmalbeitrag,
2. Rentenversicherungen mit Kapitalwahlrecht gegen Einmalbeitrag,
3. Rentenversicherungen mit Kapitalwahlrecht gegen laufende Beitragsleistung, bei denen die Auszahlung des Kapitals zu einem Zeitpunkt vor Ablauf von 12 Jahren seit Vertragsabschluß verlangt werden kann,

---

[1]) → OFH vom 26. 3. 1947 (MinBlFin 1949/50 S. 323).

§ 20 EStG
R 154   H 154

4. Kapitalversicherungen gegen laufende Beitragsleistung, wenn der Vertrag nicht für die Dauer von mindestens 12 Jahren abgeschlossen ist,

5. Versicherungen im Sinne des § 10 Abs. 1 Nr. 2 Buchstabe b EStG in den Fällen des § 10 Abs. 2 Satz 2 EStG (→ BMF vom 19. 5. 1993 – BStBl I S. 406 und vom 2. 11. 1993 – BStBl I S. 901), wenn die Voraussetzungen für den Sonderausgabenabzug nicht erfüllt sind.

Anhang 22

³Zinsen aus Versicherungen im Sinne des § 10 Abs. 1 Nr. 2 Buchstabe b EStG rechnen grundsätzlich nicht zu den steuerpflichtigen Einnahmen. ⁴Die Zinsen gehören bei diesen Verträgen jedoch zu den Einnahmen aus Kapitalvermögen, soweit sie

a) zu dem laufenden Vertrag oder

b) im Fall des Rückkaufs des Vertrags vor Ablauf von 12 Jahren seit dem Vertragsabschluß mit dem Rückkaufswert

ausgezahlt werden. ⁵Die Höhe der steuerpflichtigen Kapitalerträge ist von dem Versicherer zu ermitteln.

H 154 | **Hinweise**

Anderkonten

Anhang 19 a

Zur Frage der Zurechnung von Kapitalerträgen aus noch nicht abgeschlossenen Anderkonten → BMF vom 6. 6.1995.

Berechnung des steuerpflichtigen Ertrags nach der Marktrendite bei Anlageinstrumenten in Fremdwährung

Anhang 19 a

→ BMF vom 24. 10. 1995

Darlehensvereinbarungen zwischen Angehörigen

Wegen der steuerrechtlichen Anerkennung von Darlehensvereinbarungen zwischen Angehörigen wird auf R 19 hingewiesen.

Einlagenrückgewähr

Rückgewähr von Einlagen durch eine unbeschränkt steuerpflichtige Körperschaft; bilanzsteuerrechtliche Behandlung beim Empfänger → BMF vom 9. 1. 1987 (BStBl I S. 171).

**Zu Fragen der Rückgewähr von Einlagen durch eine unbeschränkt steuerpflichtige Körperschaft;
hier: Bilanzsteuerrechtliche Behandlung beim Empfänger**

BMF vom 9. 1. 1987 (BStBl I S. 171)

Bezüge aus Anteilen an einer unbeschränkt steuerpflichtigen Körperschaft gehören nach § 20 Abs. 1 Nr. 1 und 2 EStG nicht zu den Einnahmen aus Kapitalvermögen, soweit sie

– aus Ausschüttungen oder aus einer Kapitalherabsetzung stammen, für die Eigenkapital im Sinne des § 30 Abs. 2 Nr. 4 KStG als verwendet gilt, oder

– auf Grund einer Kapitalherabsetzung anfallen und die Kapitalrückzahlung aus dem übrigen Eigenkapital im Sinne des § 29 Abs. 2 KStG geleistet wird.

Gehören die Anteile an der unbeschränkt steuerpflichtigen Körperschaft zu einem Betriebsvermögen, sind die gesamten Bezüge in den Betriebsvermögensvergleich einzubeziehen. Zu der Frage, welche Auswirkungen sich in diesen Fällen bei der Einkommensbesteuerung des Empfängers ergeben, wird unter Bezugnahme auf das Ergebnis der Erörterung mit den obersten Finanzbehörden der Länder wie folgt Stellung genommen:

Setzt die Körperschaft ihr Nennkapital zum Zweck der Kapitalrückzahlung herab (§ 222 AktG, § 58 GmbHG), so mindern die Rückzahlungsbeträge, soweit sie nicht Einnahmen im Sinne des § 20 Abs. 1 Nr. 2 EStG sind, nachträglich die Anschaffungskosten der Anteile. Nimmt die Körperschaft Ausschüttungen vor, sind diese als Kapitalrückzahlung zu behandeln, soweit für sie Eigenkapital im Sinne des § 30 Abs. 2 Nr. 4 KStG als verwendet gilt.

544

Die Bezüge sind insoweit vom Buchwert der Anteile abzusetzen; der Teilwert der Anteile ist dabei ohne Bedeutung. Bezüge der genannten Art, die den Buchwert der Anteile übersteigen, sind gewinnerhöhende Betriebseinnahmen.

Das BMF-Schreiben vom 29. 2. 1980 – IV B 2 – S 2143 – 3/80 – (BStBl I S. 134) wird durch dieses Schreiben ersetzt.

Der aus dem EK 04 stammende Gewinnanteil ist beim Gesellschafter gemäß § 20 Abs. 1 Nr. 1 Satz 3 EStG als nicht steuerbare Einnahme zu behandeln. Im Bereich der Gewinneinkünfte ist der Buchwert der Beteiligung um die aus dem EK 04 finanzierte Ausschüttung zu verringern (→ BFH vom 7. 11. 1990 – BStBl 1991 II S. 177).

Zu den Einkünften aus Kapitalvermögen gehören Ausschüttungen, für die Eigenkapital im Sinne des § 30 Abs. 2 Nr. 4 KStG (EK 04) als verwendet gilt, auch dann nicht, wenn der Steuerpflichtige an der ausschüttenden Körperschaft gemäß § 17 EStG wesentlich beteiligt ist. Ob Ausschüttungen in diesem Sinne vorliegen, bestimmt sich nach dem gemäß § 47 KStG im vEK-Bescheid gesondert festgestellten Teilbetrag des verwendbaren Eigenkapitals der Körperschaft. Der Teil der Ausschüttung einer Körperschaft, für den EK 04 als verwendet gilt, führt zu einer Minderung der Anschaffungskosten der wesentlichen Beteiligung (→ BFH vom 19. 7. 1994 – BStBl 1995 II S. 362).

Ferienwohnung

Überläßt eine AG satzungsgemäß ihren Aktionären Ferienwohnungen zur zeitlich vorübergehenden Nutzung nach Maßgabe eines Wohnberechtigungspunktesystems, so erzielt der Aktionär einen sonstigen Bezug im Sinne des § 20 Abs. 1 Nr. 1 EStG (→ BFH vom 16. 12. 1992 – BStBl 1993 II S. 399).

Festverzinsliche Anleihen und Schuldverschreibungen mit Vorschaltkupons

→ BMF vom 20. 5. 1995 (BStBl I S. 283) Anhang 36

Freianteile

Zu den Einkünften aus Kapitalvermögen nach § 20 Abs. 2 Nr. 1 EStG gehören auch Freiaktien und sonstige Freianteile. Es ist für die Steuerpflicht der Freianteile ohne Bedeutung, ob durch ihre Ausgabe eine früher vorgenommene Kapitalzusammenlegung ganz oder teilweise rückgängig gemacht werden sollte (→ BFH vom 24. 6. 1957 – BStBl III S. 400 und vom 17. 9. 1957 – BStBl III S. 401).

Erhöht eine Kapitalgesellschaft (Aktiengesellschaft, Kommanditgesellschaft auf Aktien, Gesellschaft mit beschränkter Haftung) das Nennkapital nach den Vorschriften des Gesetzes über die Kapitalerhöhung aus Gesellschaftsmitteln und über die Verschmelzung von Gesellschaften mit beschränkter Haftung vom 23. 12. 1959 (BGBl. I S. 789), zuletzt geändert durch Artikel 10 Abs. 9 des Bilanzrichtlinien-Gesetzes vom 19. 12. 1985 (BGBl. I S. 2355), so unterliegt der Erwerb von Anteilsrechten an einer ausländischen Gesellschaft, wenn die in § 7 des Gesetzes über steuerrechtliche Maßnahmen bei Erhöhung des Nennkapitals aus Gesellschaftsmitteln in der Fassung vom 10. 10. 1967 (BGBl. I S. 977, BStBl I S. 367), zuletzt geändert durch Gesetz vom 22. 12. 1983 (BGBl. I S. 1592, BStBl 1984 I S. 23), geforderten Voraussetzungen vorliegen.

Investmentfonds

- Zur steuerlichen Erfassung der im Kalenderjahr ... zugeflossenen Erträge aus Anteilen an inländischen Investmentfonds:
  ... 1993 ...: → BStBl 1994 I S. 509, 1995 I S. 679;
  ... 1994 ...: → BStBl 1995 I S. 679;
  ... 1995 ...: bei Redaktionsschluß noch nicht veröffentlicht.

- Zur steuerlichen Erfassung der im Kalenderjahr ... zugeflossenen Erträge aus ausländischen Investmentanteilen:
  ... 1992 ...: → BStBl 1994 I S. 141, 1995 I S. 89;
  ... 1993 f ...: bei Redaktionsschluß noch nicht veröffentlicht.

Kapitalanlagemodelle

Zur Frage, ob und in welchem Umfang aus verschiedenen Kapitalanlagemodellen Einkünfte aus Kapitalvermögen im Sinne des § 20 Abs. 1 Nr. 7 und Abs. 2 EStG erzielt werden → BMF vom 30. 4. 1993 (BStBl I S. 343) Anhang 19 a

Nießbrauch

Wegen der steuerlichen Erfassung der Einnahmen aus einem Nießbrauch am Kapitalvermögen → BFH vom 14. 12. 1976 (BStBl 1977 II S. 115) und vom 28. 1. 1992 (BStBl II S. 605) sowie BMF vom 23. 11. 1983 (BStBl I S. 508).

Anhang 19 a ### Nullkupon-Anleihen und andere Kapitalanlageformen

Wegen der Ermittlung des einkommensteuerpflichtigen Kapitalertrags nach der Emissionsrendite bei zu einem Privatvermögen gehörenden Nullkupon-Anleihen → BMF vom 24. 1. 1985 (BStBl I S. 77) und vom 1. 3. 1991 (BStBl I S. 422), wegen der einkommensteuerlichen Behandlung von Emissionsdisagio, Emissionsdiskont und umlaufbedingtem Unterschiedsbetrag zwischen Marktpreis und höherem Nennwert bei festverzinslichen Wertpapieren sowie bei unverzinslichen Schatzanweisungen, die zu einem Privatvermögen gehören, → BMF vom 24. 11. 1986 (BStBl I S. 539).

Options- und Finanztermingeschäfte

Anhang 19 a Einkommensteuerrechtliche Behandlung von Options- und Finanztermingeschäften an der Deutschen Terminbörse (DTB) und von anderen als Optionsscheine bezeichneten Finanzinstrumenten im Bereich der privaten Vermögensverwaltung (→ BMF vom 10. 11. 1994 – BStBl I S. 816).

Partiarisches Darlehen

Anhang 19 a Zur steuerlichen Behandlung von Einnahmen aus partiarischen Darlehen nach den deutschen Doppelbesteuerungsabkommen → BMF vom 16. 11. 1987 (BStBl I S. 740).

Rückgängigmachung einer Gewinnausschüttung

Die Gewinnausschüttung einer Kapitalgesellschaft bleibt bei dem Gesellschafter auch dann eine Einnahme aus Kapitalvermögen, wenn der Gewinnverteilungsbeschluß auf Grund eines Rückforderungsanspruchs der Gesellschaft rückgängig gemacht werden kann oder aufgehoben wird (→ BFH vom 1. 3. 1977 – BStBl II S. 545).

Scheinrenditen

Wird Kapital aufgrund eines „Verwaltungsvertrags" an ein ausländisches Unternehmen überlassen, das damit Warentermingeschäfte im Ausland durchführen will, wobei die vereinbarten „Renditen" dem Kapitalgeber gutgeschrieben werden sollen, so ist ernstlich zweifelhaft, ob die erteilten Gutschriften zu einem Zufluß von Kapitalerträgen beim Anleger führen, wenn das hoch überschuldete Unternehmen die gutgeschriebenen Beträge im Grunde nur aus den Einlagen der Kapitalgeber leisten könnte (sog. Schneeballsystem).

(→ BFH vom 20. 12. 1994 – BStBl 1995 II S. 262)

Zur Frage der Steuerpflicht von im sog. Schneeballsystem ausgeschütteten Kapitalerträgen ist beim BFH ein weiteres Verfahren unter dem Az. VIII R 57/95 anhängig.

Stiller Gesellschafter

Zu den Einnahmen aus Kapitalvermögen gehören auch alle Vorteile, die ein typischer stiller Gesellschafter als Gegenleistung für die Überlassung der Einlage erhält, z. B. Bezüge auf Grund von Wertsicherungsklauseln oder von Kursgarantien, ein Damnum und ein Aufgeld. Dazu gehört auch ein im Fall der Veräußerung der stillen Beteiligung über den Betrag der Einlage hinaus erzielter Mehrerlös, soweit dieser auf seinen Anteil am Gewinn eines bereits abgelaufenen Wirtschaftsjahrs entfällt (→ BFH vom 11. 2. 1981 – BStBl II S. 465) oder soweit er ein anders bemessenes Entgelt für die Überlassung der Einlage darstellt (→ BFH vom 14. 2. 1984 – BStBl II S. 580). § 20 Abs. 1 Nr. 4 EStG ist auf Gewinnanteile aus typischen Unterbeteiligungen entsprechend anzuwenden (→ BFH vom 28. 11. 1990 – BStBl 1991 II S. 313).

Stückzinsen

Werden festverzinsliche Wertpapiere im Laufe eines Zinszahlungszeitraums mit dem laufenden Zinsschein veräußert, so hat der Erwerber dem Veräußerer in der Regel den Zinsbetrag zu vergüten, der auf die Zeit seit dem Beginn des laufenden Zinszahlungszeitraums bis zur Veräußerung entfällt. Diese Zinsen heißen „Stückzinsen". Sie werden nach dem Zinsfuß, mit dem das Wertpapier zu verzinsen ist, besonders berechnet und vergütet. Für die Behandlung der Stückzinsen bei Privatpersonen gilt nach § 20 Abs. 2 EStG folgendes:

1. Der Veräußerer hat die besonders in Rechnung gestellten und vereinnahmten Stückzinsen als Einkünfte aus Kapitalvermögen zu versteuern; Zinsen aus im Erbgang unentgelt-

lich erworbenen festverzinslichen Wertpapieren sind auch insoweit, als sie auf den Zeitraum bis zum Tode des Erblassers entfallen, dem Erben zuzurechnen (→ BFH vom 11. 8. 1971 – BStBl 1972 II S. 55).

2. Der Erwerber der Wertpapiere kann die von ihm entrichteten Stückzinsen als negative Einnahmen im VZ des Abflusses von den Gesamtzinsen absetzen. [1]

Diese Regelung gilt nur, wenn Wertpapiere veräußert werden, bei denen Stückzinsen besonders zu berechnen sind und tatsächlich berechnet werden. Ein Steuerpflichtiger, der Wertpapiere erwirbt, bei denen sich der erwartete Ertrag im Kurswert der Wertpapiere ausdrückt (z. B. Aktien), darf nicht den Mehrpreis als Werbungskosten absetzen, den er wegen der erwarteten Dividende entrichtet hat.

Wegen der Berücksichtigung von gezahlten Stückzinsen bei Personenverschiedenheit von Käufer und Depotinhaber → BMF vom 15. 3. 1994 (BStBl I S. 230). *Anhang 36*

Zinsen auf Einlagen der Arbeitnehmer von Kreditinstituten

→ BMF vom 2. 3. 1990 (BStBl I S. 141):

Einkommensteuerliche Behandlung der Zinsen auf Einlagen der Arbeitnehmer von Kreditinstituten

BMF vom 2. 3. 1990 (BStBl I S. 141)
IV B 6 – S 2332 – 23/90

Unter Bezugnahme auf das Ergebnis der Erörterungen mit den obersten Finanzbehörden der Länder gilt hinsichtlich der einkommensteuerlichen Behandlung der Zinsen auf Einlagen der Arbeitnehmer von Kreditinstituten folgendes:

Soweit die Arbeitnehmer von Kreditinstituten und ihre Angehörigen auf ihre Einlagen beim Arbeitgeber höhere Zinsen erhalten als betriebsfremde Anleger, sind die zusätzlichen Zinsen durch das Dienstverhältnis veranlaßt und dem Lohnsteuerabzug zu unterwerfen. Aus Vereinfachungsgründen ist es jedoch nicht zu beanstanden, wenn der Zusatzzins als Einnahmen aus Kapitalvermögen behandelt wird, sofern der dem Arbeitnehmer und seinen Angehörigen eingeräumte Zinssatz nicht mehr als 1 Prozentpunkt über dem Zinssatz liegt, den die kontoführende Stelle des Arbeitgebers betriebsfremden Anlegern im allgemeinen Geschäftsverkehr anbietet.

Zinsen aus Lebensversicherungen

Wegen der steuerlichen Behandlung der rechnungsmäßigen und außerrechnungsmäßigen Zinsen aus Lebensversicherungen → BMF vom 31. 8. 1979 (BStBl I S. 592), vom 13. 11. 1985 (BStBl I S. 661), vom 19. 5. 1993 (BStBl I S. 406) und vom 2. 11. 1993 (BStBl I S. 901). *Anhang 19 a* *Anhang 22*

Zuflußzeitpunkt bei Gewinnausschüttungen

1. Grundsatz

    Einnahmen aus Kapitalvermögen sind zugeflossen, sobald der Steuerpflichtige über sie wirtschaftlich verfügen kann (→ BFH vom 8. 10. 1991 – BStBl 1992 II S. 174).

    Dem beherrschenden oder sonst verfügungsberechtigten Gesellschafter sind Gewinnanteile aus der Beteiligung an einer Kapitalgesellschaft regelmäßig schon zugeflossen, wenn sie ihm z. B. auf einem Verrechnungskonto der Kapitalgesellschaft gutgeschrieben worden sind (→ BFH vom 11. 7. 1973 – BStBl II S. 806) oder fällig geworden sind und der Schuldner leistungsfähig ist (→ BFH vom 14. 2. 1984 – BStBl II S. 480). Von einem Zufluß ist auch dann auszugehen, wenn der Gesellschafter aus eigenem Interesse seine Gewinnanteile in der Gesellschaft beläßt (→ BFH vom 14. 2. 1984 – BStBl II S. 480).

2. Alleingesellschafter

    Ausschüttungen an den Alleingesellschafter einer Kapitalgesellschaft sind diesem in der Regel auch dann im Zeitpunkt der Beschlußfassung über die Gewinnverwendung zugeflossen, wenn sie später ausgezahlt oder gutgeschrieben werden (→ BFH vom 30. 4. 1974 – BStBl II S. 541).

---

[1]) Vgl. aber § 52 Abs. 20 Satz 4 EStG.

3. **Verschiebung des Auszahlungstags**
Zur Frage des Zeitpunkts des Zuflusses bei Verschiebung des Auszahlungstags, wenn eine Kapitalgesellschaft von mehreren Personen gemeinsam beherrscht wird oder die Satzung Bestimmungen über Gewinnabhebungen oder Auszahlungen zu einem späteren Zeitpunkt als dem Gewinnverteilungsbeschluß enthält, → BFH vom 21. 10. 1981 (BStBl 1982 II S. 139).

Zurechnung von Zinszahlungen für minderjährige Kinder
Zinszahlungen aufgrund von Ansprüchen minderjähriger Kinder sind den Eltern zuzurechnen, wenn der Darlehensnehmer die Zinsen durch einen Barscheck bezahlt, der auf den Namen der Mutter ausgestellt ist, dieser übergeben wird und wenn der Barscheck auch Zinszahlungen an die Mutter umfaßt (→ FG Baden-Württemberg, Stuttgart, vom 9. 2. 1995 – EFG S. 803).

Zwischengewinne

Anhang 19   → § 39 Abs. 1 a Satz 2 KAGG

R 155

– unbesetzt –

R 156

R 156. Sparer-Freibetrag

S 2116   (1) ¹Der einem Ehegatten zustehende, aber durch von ihm bezogene Kapitaleinkünfte nicht ausgefüllte anteilige Sparer-Freibetrag ist im Fall der Zusammenveranlagung bei dem anderen Ehegatten zu berücksichtigen. ²Der Sparer-Freibetrag darf bei den Einkünften aus Kapitalvermögen nicht zu negativen Einkünften führen oder diese erhöhen. ³Der gemeinsame Sparer-Freibetrag von 12.000 DM ist zusammenveranlagten Ehegatten auch dann zu gewähren, wenn nur ein Ehegatte positive Einkünfte aus Kapitalvermögen in dieser Höhe erzielt hat, die Ehegatten insgesamt aber einen Verlust aus Kapitalvermögen erlitten haben.[1])

(2) Vor Abzug des Sparer-Freibetrags sind die Werbungskosten, gegebenenfalls ein Werbungskosten-Pauschbetrag (§ 9 a Nr. 2 EStG) zu berücksichtigen.

---

[1]) → BFH vom 26. 2. 1985 (BStBl II S. 547).

f) Vermietung und Verpachtung (§ 2 Abs. 1 Satz 1 Nr. 6)

§ 21

(1) ¹Einkünfte aus Vermietung und Verpachtung sind
1. Einkünfte aus Vermietung und Verpachtung von unbeweglichem Vermögen, insbesondere von Grundstücken, Gebäuden, Gebäudeteilen, Schiffen, die in ein Schiffsregister eingetragen sind, und Rechten, die den Vorschriften des bürgerlichen Rechts über Grundstücke unterliegen (z. B. Erbbaurecht, Mineralgewinnungsrecht);
2. Einkünfte aus Vermietung und Verpachtung von Sachinbegriffen, insbesondere von beweglichem Betriebsvermögen;
3. Einkünfte aus zeitlich begrenzter Überlassung von Rechten, insbesondere von schriftstellerischen, künstlerischen und gewerblichen Urheberrechten, von gewerblichen Erfahrungen und von Gerechtigkeiten und Gefällen;
4. Einkünfte aus der Veräußerung von Miet- und Pachtzinsforderungen, auch dann, wenn die Einkünfte im Veräußerungspreis von Grundstücken enthalten sind und die Miet- oder Pachtzinsen sich auf einen Zeitraum beziehen, in dem der Veräußerer noch Besitzer war.

²§ 15 a ist sinngemäß anzuwenden.

(2) ¹Zu den Einkünften aus Vermietung und Verpachtung gehört auch der Nutzungswert der Wohnung im eigenen Haus oder der Nutzungswert einer dem Steuerpflichtigen ganz oder teilweise unentgeltlich überlassenen Wohnung einschließlich der zugehörigen sonstigen Räume und Gärten. ²Beträgt das Entgelt für die Überlassung einer Wohnung zu Wohnzwecken weniger als 50 vom Hundert der ortsüblichen Marktmiete, so ist die Nutzungsüberlassung in einen entgeltlichen und einen unentgeltlichen Teil aufzuteilen.

(3) Einkünfte der in den Absätzen 1 und 2 bezeichneten Art sind Einkünfte aus anderen Einkunftsarten zuzurechnen, soweit sie zu diesen gehören.

EStDV
§ 82 a²)

Erhöhte Absetzungen von Herstellungskosten und Sonderbehandlung von Erhaltungsaufwand für bestimmte Anlagen und Einrichtungen bei Gebäuden

(1) ¹Der Steuerpflichtige kann von den Herstellungskosten
1. *für Maßnahmen, die für den Anschluß eines im Inland belegenen Gebäudes an eine Fernwärmeversorgung einschließlich der Anbindung an das Heizsystem erforderlich sind, wenn die Fernwärmeversorgung überwiegend aus Anlagen der Kraft-Wärme-Kopplung, zur Verbrennung von Müll oder zur Verwertung von Abwärme gespeist wird,*
2. *für den Einbau von Wärmepumpenanlagen, Solaranlagen und Anlagen zur Wärmerückgewinnung in einem im Inland belegenen Gebäude einschließlich der Anbindung an das Heizsystem,*
3. *für die Errichtung von Windkraftanlagen, wenn die mit diesen Anlagen erzeugte Energie überwiegend entweder unmittelbar oder durch Verrechnung mit Elektrizitätsbezügen des Steuerpflichtigen von einem Elektrizitätsversorgungsunternehmen zur Versorgung eines im Inland belegenen Gebäudes des Steuerpflichtigen verwendet wird, einschließlich der Anbindung an das Versorgungssystem des Gebäudes,*
4. *für die Errichtung von Anlagen zur Gewinnung von Gas, das aus pflanzlichen oder tierischen Abfallstoffen durch Gärung unter Sauerstoffabschluß entsteht, wenn dieses Gas zur Beheizung eines im Inland belegenen Gebäudes des Steuerpflichtigen oder zur Warmwasserbereitung in einem solchen Gebäude des Steuerpflichtigen verwendet wird, einschließlich der Anbindung an das Versorgungssystem des Gebäudes,*

¹) Zur Anwendung → § 52 Abs. 21 EStG.
²) Zur Anwendung → § 84 Abs. 4 EStDV.

5. für den Einbau einer Warmwasseranlage zur Versorgung von mehr als einer Zapfstelle und einer zentralen Heizungsanlage oder bei einer zentralen Heizungs- und Warmwasseranlage für den Einbau eines Heizkessels, eines Brenners, einer zentralen Steuerungseinrichtung, einer Wärmeabgabeeinrichtung und eine Änderung der Abgasanlage in einem im Inland belegenen Gebäude oder in einer im Inland belegenen Eigentumswohnung, wenn mit der Maßnahme nicht vor Ablauf von zehn Jahren seit Fertigstellung dieses Gebäudes begonnen worden ist,

an Stelle der nach § 7 Abs. 4 oder 5 oder § 7 b des Gesetzes zu bemessenden Absetzungen für Abnutzung im Jahr der Herstellung und in den folgenden neun Jahren jeweils bis zu 10 vom Hundert absetzen. ²Nach Ablauf dieser zehn Jahre ist ein etwa noch vorhandener Restwert den Anschaffungs- oder Herstellungskosten des Gebäudes oder dem an deren Stelle tretenden Wert hinzuzurechnen; die weiteren Absetzungen für Abnutzung sind einheitlich für das gesamte Gebäude nach dem sich hiernach ergebenden Betrag und dem für das Gebäude maßgebenden Hundertsatz zu bemessen. ³Voraussetzung für die Inanspruchnahme der erhöhten Absetzungen ist, daß das Gebäude in den Fällen der Nummer 1 vor dem 1. Juli 1983 fertiggestellt worden ist; die Voraussetzung entfällt, wenn der Anschluß nicht schon im Zusammenhang mit der Errichtung des Gebäudes möglich war.

(2) Die erhöhten Absetzungen können nicht vorgenommen werden, wenn für dieselbe Maßnahme eine Investitionszulage gewährt wird.

(3) ¹Sind die Aufwendungen für eine Maßnahme im Sinne des Absatzes 1 Erhaltungsaufwand und entstehen sie bei einer zu eigenen Wohnzwecken genutzten Wohnung im eigenen Haus, deren Nutzungswert nicht mehr besteuert wird, und liegen in den Fällen des Absatzes 1 Nr. 1 die Voraussetzungen des Absatzes 1 Satz 3 vor, können die Aufwendungen wie Sonderausgaben abgezogen werden; sie sind auf das Jahr, in dem die Arbeiten abgeschlossen worden sind, und die neun folgenden Jahre gleichmäßig zu verteilen. ²Entsprechendes gilt bei Aufwendungen zur Anschaffung neuer Einzelöfen für eine Wohnung, wenn keine zentrale Heizungsanlage vorhanden ist und die Wohnung seit mindestens zehn Jahren fertiggestellt ist. ³§ 82 b Abs. 2 und 3 gilt entsprechend.

EStDV

S 2211

§ 82 b
Behandlung größeren Erhaltungsaufwands bei Wohngebäuden

(1) ¹Der Steuerpflichtige kann größere Aufwendungen für die Erhaltung von Gebäuden, die im Zeitpunkt der Leistung des Erhaltungsaufwands nicht zu einem Betriebsvermögen gehören und überwiegend Wohnzwecken dienen, abweichend von § 11 Abs. 2 des Gesetzes auf zwei bis fünf Jahre gleichmäßig verteilen. ²Ein Gebäude dient überwiegend Wohnzwecken, wenn die Grundfläche der Wohnzwecken dienenden Räume des Gebäudes mehr als die Hälfte der gesamten Nutzfläche beträgt. ³Für die Zurechnung der Garagen zu den Wohnzwecken dienenden Räumen gilt § 7 b Abs. 4 des Gesetzes entsprechende.

(2) ¹Wird das Gebäude während des Verteilungszeitraums veräußert, ist der noch nicht berücksichtigte Teil des Erhaltungsaufwands im Jahr der Veräußerung als Werbungskosten abzusetzen. ²Das gleiche gilt, wenn ein Gebäude in ein Betriebsvermögen eingebracht oder nicht mehr zur Einkunftserzielung genutzt wird.

(3) Steht das Gebäude im Eigentum mehrerer Personen, so ist der in Absatz 1 bezeichnete Erhaltungsaufwand von allen Eigentümern auf den gleichen Zeitraum zu verteilen.

EStDV

S 2198 a

§ 82 g¹)
Erhöhte Absetzungen von Herstellungskosten für bestimmte Baumaßnahmen

¹Der Steuerpflichtige kann von den durch Zuschüsse aus Sanierungs- oder Entwicklungsförderungsmitteln nicht gedeckten Herstellungskosten für Modernisierungs- und Instandsetzungsmaßnahmen im Sinne des § 177 des Baugesetzbuchs sowie für Maßnahmen, die der Erhaltung, Erneuerung und funktionsgerechten Verwendung eines Gebäudes dienen, das wegen seiner geschichtlichen, künstlerischen oder städtebaulichen Bedeutung erhalten blei-

---

¹) Zur Anwendung → § 84 Abs. 6 EStDV.

ben soll, und zu deren Durchführung sich der Eigentümer neben bestimmten Modernisierungsmaßnahmen gegenüber der Gemeinde verpflichtet hat, die für Gebäude in einem förmlich festgelegten Sanierungsgebiet oder städtebaulichen Entwicklungsbereich aufgewendet worden sind, an Stelle der nach § 7 Abs. 4 oder 5 oder § 7 b des Gesetzes zu bemessenden Absetzungen für Abnutzung im Jahr der Herstellung und in den neun folgenden Jahren jeweils bis zu 10 vom Hundert absetzen. ²§ 82 a Abs. 1 Satz 2 gilt entsprechend. ³Satz 1 ist anzuwenden, wenn der Steuerpflichtige eine Bescheinigung der zuständigen Gemeindebehörde vorlegt, daß er Baumaßnahmen im Sinne des Satzes 1 durchgeführt hat; sind ihm Zuschüsse aus Sanierungs- oder Entwicklungsförderungsmitteln gewährt worden, so hat die Bescheinigung auch deren Höhe zu enthalten.

§ 82 h¹)

EStDV

– weggefallen –

§ 82 i²)
Erhöhte Absetzungen von Herstellungskosten bei Baudenkmälern

EStDV

S 2198 b

(1) ¹Bei einem Gebäude, das nach den jeweiligen landesrechtlichen Vorschriften ein Baudenkmal ist, kann der Steuerpflichtige von den Herstellungskosten für Baumaßnahmen, die nach Art und Umfang zur Erhaltung des Gebäudes als Baudenkmal und zu seiner sinnvollen Nutzung erforderlich sind und nach Abstimmung mit der in Absatz 2 bezeichneten Stelle durchgeführt worden sind, an Stelle der nach § 7 Abs. 4 des Gesetzes zu bemessenden Absetzungen für Abnutzung im Jahr der Herstellung und in den neun folgenden Jahren jeweils bis zu 10 vom Hundert absetzen. ²Eine sinnvolle Nutzung ist nur anzunehmen, wenn das Gebäude in der Weise genutzt wird, daß die Erhaltung der schützenswerten Substanz des Gebäudes auf die Dauer gewährleistet ist. ³Bei einem Gebäudeteil, der nach den jeweiligen landesrechtlichen Vorschriften ein Baudenkmal ist, sind die Sätze 1 und 2 entsprechend anzuwenden. ⁴Bei einem Gebäude, das für sich allein nicht die Voraussetzungen für ein Baudenkmal erfüllt, aber Teil einer Gebäudegruppe oder Gesamtanlage ist, die nach den jeweiligen landesrechtlichen Vorschriften als Einheit geschützt ist, können die erhöhten Absetzungen von den Herstellungskosten der Gebäudeteile und Maßnahmen vorgenommen werden, die nach Art und Umfang zur Erhaltung des schützenswerten Erscheinungsbildes der Gruppe oder Anlage erforderlich sind. ⁵§ 82 a Abs. 1 Satz 2 gilt entsprechend.

(2) Die erhöhten Absetzungen können nur in Anspruch genommen werden, wenn der Steuerpflichtige die Voraussetzungen des Absatzes 1 für das Gebäude oder den Gebäudeteil und für die Erforderlichkeit der Herstellungskosten durch eine Bescheinigung der nach Landesrecht zuständigen oder von der Landesregierung bestimmten Stelle nachweist.

R 157. Erhaltungsaufwand und Herstellungsaufwand

R 157

(1) ¹Zum Erhaltungsaufwand gehören die Aufwendungen für die laufende Instandhaltung und für die Instandsetzung. ²Diese Aufwendungen werden im allgemeinen durch die gewöhnliche Nutzung des Grundstücks veranlaßt. ³Aufwendungen für die Erneuerung von bereits vorhandenen Teilen, Einrichtungen oder Anlagen sind regelmäßig Erhaltungsaufwand des Grundstücks (→ Absatz 3), z. B.

S 2211

1. Austausch von Fenstern, z. B. Holz- gegen Aluminiumrahmen, Einfach- gegen Doppelglas,
2. Einbau einer Zentralheizung anstelle einer Einzelofenheizung, Anschluß einer Zentralheizung an eine Fernwärmeversorgung,
3. Einbau meßtechnischer Anlagen zur verbrauchsabhängigen Abrechnung von Heiz- und Wasserkosten,

---

¹) Zur Anwendung → § 84 Abs. 7 EStDV.
²) Zur Anwendung → § 84 Abs. 8 EStDV.

4. Aufwendungen für den Einbau einer privaten Breitbandanlage und einmalige Gebühren für den Anschluß privater Breitbandanlagen an das öffentliche Breitbandnetz bei bestehenden Gebäuden.

⁴Auf den Zustand oder die Brauchbarkeit der erneuerten Teile, Einrichtungen oder Anlagen kommt es dabei grundsätzlich nicht an. ⁵Auch wenn diese noch nicht verbraucht waren, liegt in der Regel Erhaltungsaufwand vor. ⁶Abbruchkosten eines Gebäudes stellen sofort abzugsfähige Werbungskosten dar, wenn der Restwert des abgebrochenen Gebäudes durch eine Absetzung für außergewöhnliche Abnutzung abgeschrieben werden kann (→ R 44 Abs. 13; wegen der Behandlung von Abbruchkosten als Herstellungskosten eines Gebäudes → R 33 a Abs. 2).

(2) ¹Bei Verteilung größerer Aufwendungen nach § 82 b EStDV kann für die in dem jeweiligen VZ geleisteten Aufwendungen ein besonderer Verteilungszeitraum gebildet werden. ²Wird das Eigentum an einem Wohngebäude unentgeltlich auf einen anderen übertragen, so kann der Rechtsnachfolger größeren Erhaltungsaufwand noch in dem von seinem Rechtsvorgänger gewählten restlichen Verteilungszeitraum geltend machen. ³Dabei ist der Teil des Erhaltungsaufwands, der auf den VZ des Eigentumswechsels entfällt, entsprechend der Besitzdauer auf den Rechtsvorgänger und den Rechtsnachfolger aufzuteilen. ⁴Außerdem können nach den §§ 11 a und 11 b EStG bestimmte nach dem 31. 12. 1989 entstandene Aufwendungen zur Erhaltung eines Gebäudes auf zwei bis fünf Jahre gleichmäßig verteilt werden. ⁵In diesen Fällen sind die Sätze 1 bis 3 entsprechend anzuwenden.

(3) ¹Nach der Fertigstellung des Gebäudes ist Herstellungsaufwand anzunehmen, wenn etwas Neues, bisher nicht Vorhandenes geschaffen wird. ²Aufwendungen für die Erneuerung von bereits in den Herstellungskosten eines Gebäudes enthaltenen Teilen, Einrichtungen oder Anlagen sind dann Herstellungskosten des Gebäudes, wenn die Baumaßnahme nicht in erster Linie dazu dient, das Gebäude in seiner bestimmungsgemäßen Nutzungsmöglichkeit zu erhalten, sondern an dem Gebäude etwas Neues, bisher nicht Vorhandenes zu schaffen und dadurch eine wesentliche Substanzmehrung, eine erhebliche Wesensänderung oder eine über den bisherigen Zustand hinausgehende deutliche Verbesserung des Gebäudes eintritt.

(4) ¹Ob Herstellungsaufwand vorliegt, ist im allgemeinen nur zu prüfen, wenn es sich um eine verhältnismäßig große Aufwendung handelt. ²Betragen die Aufwendungen für die einzelne Baumaßnahme nicht mehr als 4.000 DM (Rechnungsbetrag ohne Umsatzsteuer) je Gebäude, so ist auf Antrag dieser Aufwand stets als Erhaltungsaufwand zu behandeln. ³Das gilt auch für Aufwendungen bei Gebäuden, bei denen der Begünstigungszeitraum nach § 7 b EStG noch läuft. ⁴Auf Aufwendungen, die der endgültigen Fertigstellung eines neu errichteten Gebäudes dienen, ist die Vereinfachungsregelung jedoch nicht anzuwenden.

(5) ¹Abweichend von den Absätzen 1, 3 und 4 sind Aufwendungen, die im Zusammenhang mit der Anschaffung eines Gebäudes gemacht werden, als Herstellungskosten zu behandeln (→ **anschaffungsnaher Aufwand**), wenn sie im Verhältnis zum Kaufpreis hoch sind und durch die Aufwendungen im Vergleich zu dem Zustand des Gebäudes im Anschaffungszeitpunkt das Wesen des Gebäudes verändert, der Nutzungswert erheblich erhöht oder die Nutzungsdauer erheblich verlängert wird. ²Bei der Ermittlung des Betrags der anschaffungsnahen Aufwendungen bleiben die Kosten für typische Herstellungsarbeiten, wie z. B. Ausbauten, außer Betracht. ³Laufender Erhaltungsaufwand, der jährlich üblicherweise anfällt, kann auch bei neu erworbenen Gebäuden sofort als Werbungskosten abgezogen werden. ⁴Das gleiche gilt für Aufwendungen zur Beseitigung versteckter Mängel. ⁵Ob anschaffungsnaher Herstellungsaufwand vorliegt, ist für die ersten drei Jahre nach Anschaffung des Gebäudes in der Regel nicht zu prüfen, wenn die Aufwendungen für Instandsetzung (Rechnungsbetrag ohne Umsatzsteuer) in diesem Zeitraum insgesamt 20 v. H. der Anschaffungskosten des Gebäudes nicht übersteigen. ⁶Bei Gebäuden, die aufgrund eines nach dem 31. 12. 1993 rechtswirksam abgeschlossenen obligatorischen Vertrags oder gleichstehenden Rechtsakts angeschafft worden sind, gilt ein Vomhundertsatz von 15. ⁷Veranlagungen sind vorläufig durchzuführen (§ 165 Abs. 1 AO), solange in diesem Zeitraum die Instandsetzungsaufwendungen 20 v. H. bzw. 15 v. H. der Anschaffungskosten des Gebäudes nicht übersteigen. ⁸Bei Instandsetzungsarbeiten, die erst nach Ablauf von drei Jahren seit der Anschaffung durchgeführt werden, ist ein Zusammenhang im allgemeinen nicht mehr mit der Anschaffung des Gebäudes anzunehmen. ⁹Vorstehende Grundsätze gelten auch für anschaffungsnahe Aufwendungen auf Gartenanlagen und ähnliches; dabei ist Absatz 6 Nr. 1 zu beachten.

(6) ¹Kosten für die gärtnerische Gestaltung der Grundstücksfläche bei einem Wohngebäude gehören nur zu den Herstellungskosten des Gebäudes, soweit diese Kosten für das Anpflanzen von Hecken, Büschen und Bäumen an den Grundstücksgrenzen („lebende Umzäunung") entstanden sind (→ Kosten für gärtnerische Gestaltung). ²Ob Aufwendungen für die gärtnerische Gestaltung der Grundstücksfläche nach § 12 Nr. 1 EStG nicht abzuziehen, als Herstellungskosten auf die Nutzungsdauer zu verteilen oder als Werbungskosten sofort abzuziehen sind, ist wie folgt zu beurteilen:

1. ¹Aufwendungen, für den Nutzgarten des Eigentümers und für Gartenanlagen, die die Mieter nicht nutzen dürfen, gehören zu den nach § 12 Nr. 1 EStG nicht abziehbaren Kosten. ²§ 21 Abs. 2 EStG, wonach im Rahmen der Übergangsregelung nach § 52 Abs. 21 Satz 2 EStG der Nutzungswert der Wohnung einschließlich der zugehörigen sonstigen Räume und Gärten zu den Einkünften aus Vermietung und Verpachtung gehört, bleibt unberührt. ³Auf die in Nutzgärten befindlichen Anlagen sind die allgemeinen Grundsätze anzuwenden.

2. ¹In den anderen Fällen, z. B. bei Grünanlagen, die die Mieter mitbenutzen dürfen, und bei Vorgärten sind die Aufwendungen für die Herstellung der gärtnerischen Gestaltung gleichmäßig auf deren Nutzungsdauer zu verteilen. ²Die Nutzungsdauer kann im allgemeinen mit zehn Jahren angenommen werden. ³Absatz 4 Satz 2 ist sinngemäß anzuwenden, es sei denn, die Aufwendungen dienen der endgültigen Fertigstellung der Gartenanlage.

3. Aufwendungen für die Instandhaltung der in Nummer 2 genannten Gartenanlagen können sofort abgezogen werden.

³In den Fällen der Nummern 2 und 3 sind die als Werbungskosten abziehbaren Aufwendungen um den Anteil zu kürzen, der auf den Eigentümer entfällt (grundsätzlich Aufteilung nach der Zahl der zur Nutzung befugten Mietparteien). ⁴Wegen der Rechtslage vor dem 1. 1. 1987 und im Rahmen der Übergangsregelung nach § 52 Abs. 21 Satz 2 EStG → Abschnitt 157 Abs. 6 EStR 1984.

(7) ¹Die Merkmale zur Abgrenzung von Erhaltungs- und Herstellungsaufwand bei Gebäuden gelten bei selbständigen Gebäudeteilen (→ hierzu R 13 Abs. 4 und Abs. 5) entsprechend. ²Zur Abgrenzung der Herstellungskosten des Gebäudes von den Anschaffungskosten des Grund und Bodens → R 33 a Abs. 1 Satz 4.

(8) ¹Werden Teile der Wohnung oder des Gebäudes zu eigenen Wohnzwecken genutzt, ohne daß ein Nutzungswert anzusetzen ist, sind die Herstellungs- und Anschaffungskosten sowie die Erhaltungsaufwendungen um den Teil der Aufwendungen zu kürzen, der nach objektiven Merkmalen und Unterlagen leicht und einwandfrei dem selbstgenutzten Teil zugeordnet werden kann. ²Soweit sich die Aufwendungen nicht eindeutig zuordnen lassen, sind sie um den Teil, der auf eigene Wohnzwecke entfällt, nach dem Verhältnis der Nutzflächen zu kürzen.

Hinweise

Anschaffungsnaher Aufwand

– Zum anschaffungsnahen Aufwand → BFH vom 29. 10. 1991 (BStBl 1992 II S. 285),

> Erhebliche Instandsetzungs- und Modernisierungskosten bilden unter bestimmten weiteren Voraussetzungen als sog. anschaffungsnaher Aufwand nicht sofort abziehbare Werbungskosten, sondern Herstellungskosten des Gebäudes.
>
> Nach ständiger Rechtsprechung des BFH bilden erhebliche Instandsetzungs- und Modernisierungskosten Herstellungsaufwand, wenn sie im engen zeitlichen Zusammenhang mit dem entgeltlichen Erwerb eines bebauten Grundstücks erbracht werden und dadurch das Leben des Gebäudes verändert, der Nutzungswert erheblich erhöht oder dessen Nutzungsdauer wesentlich verlängert wird. Nach § 255 Abs. 2 Satz 1 HGB sind Herstellungskosten gegeben, wenn ein Vermögensgegenstand hergestellt, erweitert oder über seinen ursprünglichen Zustand hinaus wesentlich verbessert wird. Letzteres kann auch durch grundlegende Instandsetzungsmaßnahmen geschehen.
>
> Wann eine wesentliche Verbesserung des Gebäudes vorliegt, ist anhand sämtlicher Umstände des Einzelfalles zu entscheiden. Dazu zählt auch die Anschaffungsnähe erheblicher Reparatur- und Modernisierungsaufwendungen, wie der BFH ebenfalls schon im

Urteil vom 11. 8. 1989 (BStBl 1990 II S. 53) dargelegt hat. Erhebliche Instandsetzungs- und Modernisierungsarbeiten, die zu sog. anschaffungsnahem Aufwand führen, können ebenso eine wesentliche Verbesserung des Gebäudes bewirken wie etwa seine Generalüberholung,
- Kein Erhaltungsaufwand bei anschaffungsnahen Schönheitsreparaturen im Rahmen einer umfassenden Renovierung (→ BFH vom 30. 7. 1991 – BStBl 1992 II S. 28),
- Renovierungskosten von Gemeinschaftseigentum als Anschaffungskosten, wenn bei Erwerb eines Altbaus Renovierungskosten des Sondereigentums im Kaufpreis enthalten sind und Hausverwaltung mit Renovierung des Gemeinschaftseigentums beauftragt wird (→ BFH vom 30. 7. 1991 – BStBl II S. 918),
- Anschaffungsnaher Aufwand regelmäßig nur bei Nachholung zurückgestellter Instandhaltungsarbeiten (→ BFH vom 8. 7. 1980 – BStBl II S. 744),
- Anschaffungsnaher Aufwand auch bei Instandsetzungsarbeiten nach Ablauf von drei Jahren mit Gebäudeerwerb, wenn schon im Zeitpunkt der Anschaffung vorhandener Instandhaltungsrückstand aufgeholt wird (→ BFH vom 30. 7. 1991 – BStBl 1992 II S. 30),
- Keine Begrenzung des anschaffungsnahen Aufwandes auf Kaufpreisminderung wegen baulicher Mängel (→ BFH vom 22. 2. 1973 – BStBl II S. 483),
- Bei Erwerb von unterschiedlich genutztem Gebäude ist zur Abgrenzung von Erhaltungsaufwand zu anschaffungsnahem Aufwand nicht vom Erwerb mehrerer Gebäudeteile auszugehen (→ BFH vom 30. 7. 1991 – BStBl 1992 II S. 940),
- Zum Instandsetzungsaufwand eines teilweise unentgeltlich und teilweise entgeltlich erworbenen Grundstücks → BFH vom 2. 3. 1961 (BStBl III S. 458),
- Anschaffungsnaher Herstellungsaufwand kann auch nach dem teilentgeltlichen Erwerb eines Gebäudes anfallen (→ BFH vom 9. 5. 1995 – BFHE 178, 40).

Erhaltungsaufwand
- Anschluß an Kanalisation als Ersatz für Sickergrube oder eigene Kläranlage und sog. Ergänzungsbeiträge zur Modernisierung des Abwassernetzes (→ BFH vom 13. 9. 1984 – BStBl 1985 II S. 49 und vom 4. 11. 1986 – BStBl 1987 II S. 333).
- Beiträge für die Zweiterschließung eines Grundstücks durch eine weitere Straße, es sei denn, der Wert des Grundstücks wird auf Grund einer Erweiterung der Nutzbarkeit oder einer günstigeren Lage erhöht (→ BFH vom 12. 1. 1995 – BStBl II S. 632).
- Sogenannte Ergänzungsbeiträge für die Ersetzung und die Modernisierung vorhandener Erschließungseinrichtungen, es sei denn, das Grundstück wird ausnahmsweise in seiner Substanz oder seinem Wesen verändert (→ BFH vom 2. 5. 1990 – BStBl 1991 II S. 448).
- Aufwendungen für den Ersatz eines vorhandenen Anschlusses an das Wasser-, Strom-, Gas- oder Fernwärmenetz.
- nachträgliche Straßenbaukostenbeiträge eines bereits durch eine Straße erschlossenen Grundstücks, die eine Gemeinde für die bauliche Veränderung des Straßenbelags und der Gehwege zur Schaffung einer verkehrsberuhigten Zone erhebt, es sei denn, das Grundstück wird durch diese Maßnahme ausnahmsweise in seiner Substanz oder seinem Wesen verändert (→ BFH vom 22. 3. 1994 – BStBl II S. 842).
- Aufwendungen für den erstmaligen Anschluß an das Erdgasnetz im Zusammenhang mit der Umstellung einer bereits vorhandenen Heizungsanlage.
- Wird eine Dachterrasse mit einem Glasdach überdacht, liegt Erhaltungsaufwand vor, wenn die Glasdachkonstruktion nahezu ausschließlich der Verhinderung des Eindringens von Regenwasser in eine Penthouse-Wohnung und die unter der Terrasse liegenden Wohnungen eines Mehrfamilienhauses dient (FG Baden-Württemberg, Stuttgart, vom 23. 11. 1994 – EFG 1995, S. 612).

Herstellungsaufwand nach Fertigstellung
Zur Abgrenzung von nachträglichen Herstellungskosten und Erhaltungsaufwand allgemein, sowie zur Abgrenzung von wesentlichen Gebäudebestandteilen und selbständig nutzbaren Gegenständen → BFH vom 29. 8. 1989 (BStBl 1990 II S. 430).

Grundsatzentscheidung zur Abgrenzung zwischen Erhaltungs- und Herstellungsaufwand bei Instandsetzung oder Modernisierung eines Gebäudes

→ BFH vom 9. 5. 1995 (BFHE 177, 454):

Aufwendungen für die Instandsetzung und Modernisierung eines Gebäudes, die nicht bereits als sog. anschaffungsnaher Herstellungsaufwand zu beurteilen sind, führen nur dann zu (nachträglichen) Herstellungskosten infolge einer wesentlichen Verbesserung (§ 255 Abs. 2 HGB), wenn die Maßnahmen in ihrer Gesamtheit über die zeitgemäße substanzerhaltende Bestandteilserneuerung hinaus den Gebrauchswert des Hauses insgesamt deutlich erhöhen. Herstellungskosten liegen nicht allein schon deshalb vor, weil Aufwendungen, die für sich genommen als Erhaltungsaufwand zu beurteilen sind, in ungewöhnlicher Höhe zusammengeballt in einem Veranlagungszeitraum anfallen.

Instandsetzungs- und Modernisierungsmaßnahmen, die nicht über die zeitgemäße substanzerhaltende Erneuerung hinausgehen, sind in die Beurteilung, ob der Gebrauchswert erhöht wird, nur dann einzubeziehen, wenn sie mit anderen, zu Herstellungskosten führenden Maßnahmen bautechnisch ineinandergreifen.

Eine deutliche Erhöhung des Gebrauchswerts kann in einer deutlichen Verlängerung der tatsächlichen Gesamtnutzungsdauer des Gebäudes begründet sein. Ein deutlicher Anstieg der erzielbaren Miete kann nur insoweit Hinweiszeichen für einen deutlich gesteigerten Gebrauchswert sein, als er auf den zu Herstellungskosten führenden Maßnahmen beruht.

Herstellungsaufwand ist anzunehmen bei Aufwendungen für:
- Anbau,
- Einbau einer Fahrstuhlanlage,
- Ausbau des Dachgeschosses,
- Ersatz eines schadhaften Flachdaches durch für Wohnzwecke ausbaufähiges Satteldach (→ BFH vom 19. 6. 1991 – BStBl 1992 II S. 73),
- fest an der Außenmauer angebrachte Markise (→ BFH vom 29. 8. 1989 – BStBl 1990 II S. 430),
- Aufteilung von Großwohnungen in Kleinwohnungen,
- Einbau einer Alarmanlage (→ BFH vom 16. 2. 1993 – BStBl II S. 544).

Keine deutliche Verbesserung, wenn notwendige Erhaltungsmaßnahme mit dem technischen Fortschritt entsprechender Modernisierung verbunden ist (→ BFH vom 8. 3. 1966 – BStBl III S. 324).

Kosten für die gärtnerische Gestaltung

Aufwendungen für (lebende) Umzäunungen gehören zu den Herstellungskosten des Gebäudes (→ BFH vom 30. 6. 1966 – BStBl III S. 541 und vom 15. 12. 1977 – BStBl 1978 II S. 210).

Räumlicher und zeitlicher Zusammenhang mit Herstellungsaufwand

- Auch Kosten für Malerarbeiten als Herstellungsaufwand bei Zusammenhang mit anderem Herstellungsaufwand.
- Kein Herstellungsaufwand bei Arbeiten in zeitlichem Zusammenhang an räumlich getrennten Stellen, z. B. Dachreparaturaufwand wird nicht zu Herstellungsaufwand, nur weil bei Erdgeschoßumbau Herstellungsaufwand angefallen ist (→ BFH vom 14. 10. 1960 – BStBl III S. 493).

Verteilung des Erhaltungsaufwands nach § 82 b EStDV

- Keine Übertragung des Anteils eines Jahres auf anderes Jahr (→ BFH vom 26. 10. 1977 – BStBl 1978 II S. 367).
- Verteilung von verbliebenem Erhaltungsaufwand, den das Finanzamt im Entstehungsjahr als Herstellungsaufwand behandelt hat, auf Folgejahre; keine Berücksichtigung des Anteils der Aufwendungen, die auf das Entstehungsjahr entfallen; Korrektur der AfA-Bemessungsgrundlage für Folgejahre (→ BFH vom 27. 10. 1992 – BStBl 1993 II S. 591).
- Ausübung des Wahlrechts nach § 82 b EStDV auch nach Eintritt der Festsetzungsverjährung für das Aufwandsentstehungsjahr; kein Abzug von Aufwendungen, die auf Veranlagungszeiträume entfallen, für die Festsetzungsverjährung eingetreten ist (→ BFH vom 24. 11. 1992 – BStBl 1993 II S. 593).

- Ausübung des Wahlrechts nach § 82 b EStDV auch nach bestandskräftiger Steuerfestsetzung für das Aufwandsentstehungsjahr; kein Abzug von Aufwendungen, die auf bestandskräftig veranlagten Zeitraum entfallen (→ BFH vom 27. 10. 1992 – BStBl 1993 II S. 589).

R 158 und R 158 a

– unbesetzt[1]) –

R 159 und R 160

– unbesetzt[2]) –

R 160 a

– unbesetzt[3]) –

R 161

R 161. Sonderfälle von Einnahmen und Werbungskosten

(1) ¹Werden Teile einer selbstgenutzten Eigentumswohnung, eines selbstgenutzten Einfamilienhauses oder insgesamt selbstgenutzten anderen Hauses, für das ein Nutzungswert nicht zu versteuern ist, vorübergehend vermietet und übersteigen die Einnahmen hieraus nicht 1.000 DM im VZ, kann im Einverständnis mit dem Steuerpflichtigen aus Vereinfachungsgründen von der Besteuerung der Einkünfte abgesehen werden. ²Satz 1 ist bei vorübergehender Untervermietung von Teilen einer angemieteten Wohnung, die im übrigen selbstgenutzt wird, entsprechend anzuwenden.

(2) Zinsen, die Beteiligte einer Wohnungseigentümergemeinschaft aus der Anlage der Instandhaltungsrücklage erzielen, gehören zu den Einkünften aus Kapitalvermögen.

(3) Die Berücksichtigung von Werbungskosten aus Vermietung und Verpachtung kommt auch dann in Betracht, wenn aus dem Objekt im VZ noch keine Einnahmen erzielt werden, z. B. bei einem vorübergehend leerstehenden Gebäude.[4])

H 161

Hinweise

Bauherrenmodell

Anhang 30

Zur Abgrenzung zwischen Werbungskosten, Anschaffungskosten und Herstellungskosten → BMF vom 31. 8. 1990 (BStBl I S. 366).

Einkünfteerzielungsabsicht

Anhang 30

– Keine Berücksichtigung von Werbungskostenüberschüssen bei fehlender Einkunftserzielungsabsicht (→ BMF vom 23. 7. 1992 – BStBl I S. 434).
– Die Grundsätze der sog. Liebhaberei sind nicht anzuwenden bei Selbstnutzung einer und Vermietung der anderen Wohnung bei einem Zweifamilienhaus (→ BFH vom 8. 11. 1993 – BStBl 1995 II S. 102).

Bei Erwerb einer Immobilie ist regelmäßig von fehlender Einkünfteerzielungsabsicht auszugehen, wenn dem Erwerber gegen Entgelt die Vermittlung des Verkaufs der Immobilie noch innerhalb der Phase planmäßiger Werbungskostenüberschüsse zugesagt wird (→ BFH vom 14. 2. 1995 – BStBl II S. 462). Auch ein bei Erwerb einer Immobilie vom Veräußerer oder einem Dritten abgegebenes Rückkaufangebot oder eine Verkaufsgarantie sind Beweisanzeichen für fehlende Einkünfteerzielungsabsicht (→ BFH vom 14. 9. 1994 – BStBl 1995 II S. 116). Voraussetzung ist, daß der Erwerber das Angebot oder die Garantie bei Abschluß der Verträge kennt. Diese Kenntnis ist im Zweifel vom Finanzamt darzulegen und zu beweisen (→ BFH vom 24. 1. 1995 – BStBl II S. 460).

---

[1]) Auf die EStR 1990 wird hingewiesen.
[2]) Hinweis auf R 83 a und R 83 b.
[3]) Auf § 52 Abs. 21 Satz 4 EStG und Abschnitt 160a EStR 1990 wird hingewiesen.
[4]) → BFH vom 1. 12. 1950 (BStBl 1951 III S. 137).

§ 21 EStG

Einnahmen
- Zahlungen, die wegen übermäßiger Beanspruchung, vertragswidriger Vernachlässigung oder Vorenthaltung einer Miet- oder Pachtsache geleistet werden (→ BFH vom 22. 4. 1966 – BStBl III S. 395, vom 29. 11. 1968 – BStBl 1969 II S. 184 und vom 5. 5. 1971 – BStBl II S. 624).
- Guthabenzinsen aus Bausparvertrag, die in einem engen zeitlichen Zusammenhang mit einem der Einkunftserzielung dienenden Grundstück stehen, sind ebenso wie entsprechende Schuldzinsen bei dieser Einkunftsart zu berücksichtigen (→ BFH vom 9. 11. 1982 – BStBl 1983 II S. 172 sowie BMF vom 28. 2. 1990 – BStBl I S. 124). Anhang 30
- Abstandszahlungen eines Mietinteressenten an Vermieter für Entlassung aus Vormietvertrag (→ BFH vom 21. 8. 1990 – BStBl 1991 II S. 76).
- Überlassung eines bisher gemeinsam bewohnten Einfamilienhauses – auf Grund einer Unterhaltsvereinbarung – an geschiedenen Ehegatten führt nicht zu Einnahmen aus Vermietung und Verpachtung (→ BFH vom 17. 3. 1992 – BStBl II S. 1009).
- Von Erbbauberechtigten neben Erbbauzins gezahlte Erschließungsbeiträge fließen dem Erbbauverpflichteten erst bei Realisierung des Wertzuwachses zu (→ BFH vom 21. 11. 1989 – BStBl 1990 II S. 310).
- Erstattung von als Werbungskosten abgezogenen Finanzierungskosten durch den Darlehensgläubiger oder einen Dritten, z. B. den Grundstückserwerber im Rahmen des Kaufpreises (→ BFH vom 22. 9. 1994 – BStBl 1995 II S. 118).
- Nach Wegfall der Nutzungswertbesteuerung von Dritten erstattete Finanzierungskosten, die als Werbungskosten abgezogen worden waren (→ BFH vom 28. 3. 1995 – BStBl II S. 704).
- Werden Aufwendungen, die als Werbungskosten bei den Einkünften aus Vermietung und Verpachtung abgezogen worden waren, nach Wegfall der Nutzungswertbesteuerung zurückgezahlt, kann dies zu Einnahmen im Rahmen dieser Einkunftsart führen (→ BFH vom 28. 3. 1995 – BStBl II S. 704).
- Eine staatliche Prämie, die der Vermieter für die familiengerechte Belegung einer Wohnung erhält, rechnet zu den Einnahmen aus Vermietung und Verpachtung (→ BFH vom 25. 1. 1994 – BFH/NV S. 845).

Ferienwohnungen
Zur Abgrenzung der Eigen- und Fremdnutzung bei Ferienwohnungen → BMF vom 4. 5. 1994 (BStBl I S. 285). Anhang 30

Haftung, Unwahrscheinlichkeit der Inanspruchnahme
→ BMF vom 30. 6. 1994 (BStBl I S. 355). Anhang 30

Immobilienfonds, geschlossene
Zur Abgrenzung zwischen Werbungskosten, Anschaffungskosten und Herstellungskosten → BMF vom 31. 8. 1990 (BStBl I S. 366) und vom 1. 3. 1995 (BStBl I S. 167). Anhang 30

Treuhandverhältnisse
Zur Zurechnung von Einkünften aus Vermietung und Verpachtung bei Treuhandverhältnissen → BMF vom 1. 9. 1994 (BStBl I S. 604). Anhang 30

Werbungskosten
- Nach Wohnungseigentumsgesetz an Verwalter gezahlte Beiträge zur Instandhaltungsrücklage sind erst bei Verausgabung dieser für Erhaltungsmaßnahmen als Werbungskosten abziehbar (→ BFH vom 26. 1. 1988 – BStBl II S. 577).
- Schuldzinsen für ein durch eine Hypothek auf einem weiteren Grundstück gesichertes Darlehen sind bei dem Grundstück zu berücksichtigen, für das das Darlehen verwendet wurde (→ BFH vom 15. 1. 1980 – BStBl II S. 348).
- Finanzierungsaufwand bei unbebautem Grundstück, wenn ein wirtschaftlicher Zusammenhang mit späterer Bebauung und Vermietung und Verpachtung besteht (→ BFH vom 8. 2. 1983 – BStBl II S. 554).
- Bei Finanzierungskosten für Bauerwartungsland, wenn bei Anschaffung des Grundstücks konkrete Bauabsicht besteht und diese nachhaltig zu verwirklichen versucht wird

557

und damit zu rechnen ist, daß das Grundstück in absehbarer Zeit bebaut werden darf (→ BFH vom 4. 6. 1991 – BStBl II S. 761).

- Als dauernde Last zu beurteilende wiederkehrende Leistungen zum Erwerb eines zum Vermieten bestimmten Grundstücks führen nur in Höhe des in ihnen enthaltenen Zinsanteils zu sofort abziehbaren Werbungskosten; in Höhe des Barwerts der dauernden Last liegen Anschaffungskosten vor, die, soweit der Barwert auf das Gebäude entfällt, in Form von AfA als Werbungskosten abziehbar sind (→ BFH vom 9. 2. 1994 – BStBl 1995 II S. 47).

- Die langjährige Renovierung einer leerstehenden Wohnung in Eigenarbeit steht der Anerkennung von vorweggenommenen Werbungskosten nicht entgegen, wenn sich aus den objektiven Umständen des Falles der endgültige Entschluß zur Erzielung von Einkünften aus Vermietung und Verpachtung ableiten läßt (→ FG Münster vom 3. 4. 1995 – EFG S. 804).

- Aussetzungszinsen sind als Werbungskosten abziehbar, wenn der von der Vollziehung ausgesetzte Steuerbescheid Grunderwerbsteuer betrifft, die zu den Anschaffungs- oder Herstellungskosten eines zur Erzielung von Mieteinkünften dienenden Gebäudes gehört (→ BFH vom 25. 7. 1995 – BStBl II S. 835).

Keine Werbungskosten

- Aufwendungen für Gebäude, dessen Erträge einem anderen als dem Eigentümer zuzurechnen sind, auch wenn in absehbarer Zeit mit anderweitiger Zurechnung zu rechnen ist (→ BFH vom 30. 7. 1985 – BStBl 1986 II S. 327).
- Entschädigungszahlungen an Darlehnsgläubiger für vorzeitige Darlehnsrückzahlung im Zusammenhang mit der Veräußerung eines Mietwohngrundstücks (→ BFH vom 23. 1. 1990 – BStBl II S. 464).
- Aufwendungen zur Schadensbeseitigung, zu denen sich der Verkäufer im Kaufvertrag über sein Mietwohngrundstück verpflichtet hat (→ BFH vom 23. 1. 1990 – BStBl II S. 465).
- Vom Erwerber dem Veräußerer erstattetes Disagio gehört zu den Anschaffungskosten (→ BFH vom 17. 2. 1981 – BStBl II S. 466).
- Die Beteiligung des geschiedenen Ehegatten an Grundstückserträgen aufgrund eines Scheidungsfolgevergleichs zur Regelung des Zugewinnausgleichs führt nicht zu Werbungskosten aus Vermietung und Verpachtung (→ BFH vom 8. 12. 1992 – BStBl 1993 II S. 434).
- Aufwendungen bei Ferienwohnungen, die sowohl durch die Vermietung als auch durch die Eigennutzung verursacht sind, sind insoweit nicht als Werbungskosten abzugsfähig, als sie auf die Zeit der Eigennutzung entfallen (→ hierzu auch BMF vom 4. 5. 1994 – BStBl I S. 285).
- Das Veruntreuen von Geldbeträgen durch einen Miteigentümer führt nicht zu Werbungskosten des anderen Miteigentümers (→ BFH vom 20. 12. 1994 – BStBl 1995 II S. 534).
- Aufwendungen für die im Treppenhaus eines vermieteten Mehrfamilienhauses vom Vermieter aufgehängten Bilder stellen keine Werbungskosten bei den Einkünften aus Vermietung und Verpachtung dar (→ FG Schleswig-Holstein vom 22. 3. 1995 – EFG S. 880).
- Besteht an einer Wohnung eines Mietwohngrundstücks ein Wohnrecht, kann der Eigentümer die Aufwendungen (einschl. AfA) für dieses Grundstück insoweit nicht als Werbungskosten bei seinen Einkünften aus Vermietung und Verpachtung abziehen, als sie nach dem Verhältnis der jeweiligen Nutzflächen auf die mit dem Wohnrecht belastete Wohnung entfallen (→ BFH vom 22. 2. 1994 – BFH/NV S. 709).
- Es ist nicht ernstlich zweifelhaft, daß die Aufwendungen für ein unbebautes Grundstück vom Abzug als vorweggenommene Werbungskosten ausgeschlossen sind, wenn zwar wiederholt Anträge auf Verlängerung der Baugenehmigung gestellt wurden, aber nicht substantiiert konkrete Verhandlungen über die Bebauung des 15 Jahre zuvor angeschafften Grundstücks dargetan werden (→ FG Baden-Württemberg, Stuttgart, vom 15. 4. 1995 – EFG S. 880).

Keine nachträglichen Werbungskosten
Schuldzinsen, die nach Zwangsversteigerung eines zuvor vermieteten Grundstücks entstehen, weil der Versteigerungserlös nicht zur Tilgung des ursprünglichen Kredits ausreicht (→ BFH vom 12. 11. 1991 – BStBl 1992 II S. 289).

R 162. Ermittlung des Nutzungswerts der Wohnung im eigenen Haus und einer unentgeltlich oder verbilligt überlassenen Wohnung¹)

| R 162 |

(1) ¹Ein Nutzungswert nach § 21 Abs. 2 Satz 1 EStG ist nur zu ermitteln, wenn   S 2253
1. im VZ 1986 bei dem Steuerpflichtigen die Voraussetzungen für die Ermittlung des Nutzungswerts als Überschuß des Mietwerts über die Werbungskosten vorgelegen haben,
2. die Voraussetzungen auch in dem jeweiligen VZ, wenn auch nur für kurze Zeit, vorliegen und
3. kein Antrag auf Wegfall der Nutzungswertbesteuerung gestellt worden ist (§ 52 Abs. 21 Sätze 2 und 3 EStG);

auf das BMF-Schreiben vom 19. 9. 1986 (BStBl I S. 480) sowie auf R 164 b wird hingewiesen.   Anhang 25
²In den Fällen, in denen bei Fortbestehen der Nutzungswertbesteuerung § 21 a Abs. 1 Satz 2 EStG anzuwenden wäre, ist auch im Rahmen der Übergangsregelung nach § 52 Abs. 21 Satz 2 EStG eine Nutzungswertbesteuerung als Überschuß des Mietwerts über die Werbungskosten nicht zulässig.

(2) ¹Wird der Nutzungswert der Wohnung im eigenen Haus als Überschuß des Mietwerts über die Werbungskosten ermittelt, so ist der Mietwert in sinngemäßer Anwendung des § 8 Abs. 2 EStG zu schätzen. ²Er ist mit der ortsüblichen mittleren Miete für Wohnungen vergleichbarer Art, Lage und Ausstattung anzusetzen. ³Der Nutzungswert der Wohnung in einem besonders aufwendig gestalteten oder ausgestatteten eigenen Haus ist nach den Grundsätzen der Kostenmiete zu ermitteln, wenn sich eine für vergleichbare Objekte am Wohnungsmarkt erzielbare Miete nicht oder nur unter unverhältnismäßigen Schwierigkeiten feststellen läßt oder die Marktmiete den besonderen Wohnwert der Wohnung nicht angemessen widerspiegeln würde (→ BMF vom 2. 10. 1986 – BStBl I S. 486).²)

(3) Für die Ermittlung des Nutzungswerts einer Wohnung in einem im Ausland belegenen eigenen Wohngrundstück gelten die Absätze 1 und 2 entsprechend.

(4) ¹Die Absätze 1 bis 3 gelten entsprechend für die Ermittlung des Nutzungswerts einer ohne gesicherte Rechtsposition überlassenen Wohnung. ²Eine Wohnung ist ohne gesicherte Rechtsposition überlassen, wenn der Eigentümer dem Nutzenden den Gebrauch der Wohnung jederzeit entziehen kann.

(5) ¹In den Fällen des § 21 Abs. 2 Satz 2 EStG kann die ortsübliche Marktmiete entsprechend den Grundsätzen der Ermittlung des Nutzungswerts der Wohnung im eigenen Haus festgestellt werden; auf Absatz 2 wird hingewiesen. ²Beträgt das Entgelt für die Überlassung einer Wohnung zu Wohnzwecken, d. h. die Kaltmiete zuzüglich der gezahlten Umlagen, mindestens 50 v. H. der ortsüblichen Miete einschließlich 50 v. H. der umlagefähigen Kosten, so können die auf diese Wohnung entfallenden Werbungskosten in vollem Umfang abgezogen werden. ³Beträgt das Entgelt weniger als 50 v. H. der ortsüblichen Miete einschließlich 50 v. H. der umlagefähigen Kosten, können die Aufwendungen nur in dem Verhältnis als Werbungskosten abgezogen werden, wie die Überlassung entgeltlich erfolgt ist (→ BFH vom 4. 6. 1986 – BStBl II S. 839).

Hinweise

| H 162 |

Kostenmiete
Ermittlung des Nutzungswerts anhand der Kostenmiete, wenn
- bei Selbstnutzung beider Wohnungen eines Zweifamilienhauses die Wohnfläche mindestens einer Wohnung 250 qm übersteigt (→ BFH vom 21. 2. 1995 – BStBl II S. 381) oder

---

¹) R 162 ist nur auf solche Wohnungen anzuwenden, die in dem Teil der Bundesrepublik Deutschland belegen sind, in dem das Grundgesetz vor dem 3. Oktober 1990 gegolten hat.
²) → BMF vom 20. 2. 1995 (BStBl I S. 150); H 162 (Kostenmiete).

§ 21 EStG
R 162 H 162, 162 a

- eine Schwimmhalle vorhanden ist oder
- besonders gewichtige Ausstattungs- und Gestaltungsmerkmale für persönliches Wohnbedürfnis des Wohnungsinhabers vorliegen (→ BFH vom 22. 10. 1993 – BStBl 1995 II S. 98; BMF vom 20. 2. 1995 – BStBl I S.150).

Nutzungswert

- Vergleichs- und Schätzungsmaßstab sind bei Grundstücken mit mehr als einer Wohnung regelmäßig die aus Fremdvermietung erzielten Mieteinnahmen; entsprechen diese Mieten nicht der Marktmiete, so ist für die Nutzungswertermittlung von der Marktmiete auszugehen (→ BFH vom 13. 12. 1983 – BStBl 1984 II S. 368).
- Bei öffentlich geförderten Wohnungen ist von der tatsächlich gezahlten Miete auch dann auszugehen, wenn diese über der preisrechtlich zulässigen Miete liegt (→ BFH vom 15. 5. 1973 – BStBl II S. 814).
- Ansatz des Nutzungswerts, unabhängig von der tatsächlichen Nutzung, für den gesamten Zeitraum, in dem das Grundstück zur Eigennutzung zur Verfügung steht (→ BFH vom 22. 1. 1980 – BStBl II S. 447 und vom 24. 9. 1985 – BStBl 1986 II S. 287).
- Ansatz des Nutzungswerts auch bei Nutzung der Wohnung im Rahmen einer doppelten Haushaltsführung (→ BFH vom 6. 12. 1994 – BStBl 1995 II S. 322).
- Kein Ansatz eines Nutzungswerts für wesentliche Erweiterungen einer selbstgenutzten Wohnung (→ BFH vom 5. 8. 1992 – BStBl 1993 II S. 30 und vom 14. 2. 1995 – BStBl II S. 412).
- Der Antrag, den Nutzungswert der selbstgenutzten Wohnung nicht mehr zu besteuern, ist mit Zugang beim Finanzamt unwiderruflich (→ BFH vom 17. 1. 1995 – BStBl II S. 410).
- Bezieht der Steuerpflichtige statt der im VZ 1986 selbstgenutzten Wohnung im eigenen Zweifamilienhaus in einem späteren VZ die andere Wohnung, entfällt die Fortführung der Nutzungswertbesteuerung (→ BFH vom 14. 2. 1995 – BStBl II S. 535).

Selbstnutzung

eines zeitweise eigengenutzten und zeitweise vermieteten Ferienhauses auch in dem Zeitraum, in dem das Haus nicht genutzt wird, wenn der Steuerpflichtige jeweils über Selbstnutzung oder Vermietung entscheiden kann (→ BFH vom 25. 6. 1991 – BStBl 1992 II S. 24); ist kein Nutzungswert zu erfassen, so können Aufwendungen nur insoweit als Werbungskosten abgezogen werden, als sie mit der Vermietung zusammenhängen; durch Eigennutzung und Vermietung veranlaßte Aufwendungen sind regelmäßig zeitanteilig aufzuteilen (→ BFH vom 30. 7. 1991 – BStBl 1992 II S. 27).

R 162 a | **R 162 a. Miet- und Pachtverträge zwischen Angehörigen und Partnern einer nichtehelichen Lebensgemeinschaft**

[1]Voraussetzung für die steuerliche Anerkennung von Miet- und Pachtverträgen zwischen Angehörigen, insbesondere Ehegatten sowie Eltern und Kindern, ist, daß das Mietverhältnis nach Inhalt und Durchführung der zwischen Fremden üblichen Gestaltung entspricht; auf R 19 wird hingewiesen. [2]Erforderlich ist außerdem, daß der Angehörige als Mieter einen eigenen Haushalt führt und den Mietzins aus eigenen Mitteln entrichten kann. [3]Die für die steuerliche Beurteilung von Verträgen zwischen Ehegatten geltenden Grundsätze können nicht auf Verträge zwischen Partnern einer nichtehelichen Lebensgemeinschaft übertragen werden (→ BFH vom 14. 4. 1988 – BStBl II S. 670), es sei denn, daß der Vertrag die gemeinsam genutzte Wohnung betrifft.

H 162 a | **Hinweise**

Steuerliche Anerkennung

- Keine einkommensteuerrechtliche Berücksichtigung eines Mietverhältnisses, wenn Mieter vereinbarten Mietzins aus vom Vermieter erhaltenen Mitteln erbringt (→ BFH vom 23. 2. 1988 – BStBl II S. 604).

§ 21 EStG
H 162 a   R 163

- Vermietung der Einliegerwohnung zur Betreuung eines Kleinkindes an die Eltern, die am selben Ort weiterhin über eine größere Wohnung verfügen, kann Gestaltungsmißbrauch im Sinne des § 42 AO sein (→ BFH vom 14. 1. 1992 – BStBl II S. 549).
- Zur Anerkennung von Mietverträgen zwischen nahen Angehörigen, insbesondere zum Fremdvergleich und zu nach § 21 a Abs. 1 Satz 3 EStG zum Ausschluß der Pauschalierung des Nutzungswerts führenden Vermietungen → BFH vom 19. 6. 1991 (BStBl 1992 II S. 75).
- Bewohnen einige Miteigentümer eine im Gesamthandseigentum stehende Eigentumswohnung und zahlen der Gemeinschaft dafür eine Miete, so sind die Einkünfte der die Wohnung überlassenden Miteigentümer nach dem Überschuß der Einnahmen über die Werbungskosten zu ermitteln. Für die bewohnenden Miteigentümer ist – bis 1986 – § 21 a EStG anzuwenden (→ BFH vom 1. 2. 1983 – BStBl 1984 II S. 128).
- Schenken Eltern ihrem volljährigen Sohn Geld mit der Auflage, dieses im Rahmen eines Sparplans anzulegen und mit den monatlich daraus zufließenden Mitteln den Lebensunterhalt zu bestreiten, und zahlt der Sohn damit Miete für eine den Eltern gehörende Wohnung, liegt in dem Abschluß des Mietvertrags zwischen Eltern und Sohn kein Gestaltungsmißbrauch im Sinne des § 42 AO (→ BFH vom 23. 2. 1994 – BStBl II S. 694).
- Keine einkommensteuerrechtliche Berücksichtigung eines Mietverhältnisses zwischen Eltern und unterhaltsberechtigtem Kind, wenn das Kind die Miete aus einer einmaligen Geldschenkung der Eltern bestreitet, die überschlägig nach den voraussichtlichen Mietzahlungen während der üblichen Studienzeit bemessen ist (→ BFH vom 28. 3. 1995 – BStBl 1996 II S. 59 und BMF vom 22. 1. 1996 – BStBl 1996 I S. 37).
- Ein unter nahen Angehörigen abgeschlossener Mietvertrag ist steuerrechtlich nicht anzuerkennen, wenn keine klare Vereinbarung über die Tragung der Nebenkosten getroffen worden ist.
  Die Leistung einer erheblichen, vertraglich nicht geschuldeten Mietvorauszahlung führt ebenfalls zur Nichtanerkennung eines Mietvertrages unter nahen Angehörigen.
  Die Grundsätze zur Anerkennung von Darlehensverträgen unter nahen Angehörigen (BFH vom 4. 6. 1991, BStBl II S. 838) sind auf Mietverträge nicht übertragbar (→ BFH vom 20. 12. 1994 – BFH/NV 1995 S. 674).

R 163. Behandlung von Zuschüssen

R 163

(1) ¹Empfängt ein Steuerpflichtiger einen Zuschuß aus öffentlichen Mitteln oder einen privaten Zuschuß, der kein Mieterzuschuß ist (z. B. Zuschuß einer Flughafengesellschaft für den Einbau von Lärmschutzfenstern), zur Finanzierung von Baumaßnahmen an einem Gebäude und sind die Aufwendungen Herstellungskosten des Gebäudes, so sind als Herstellungskosten der geförderten Baumaßnahme die um den Zuschuß verminderten Kosten als Bemessungsgrundlage der AfA oder der erhöhten Absetzungen oder Sonderabschreibungen anzusetzen. ²Ist der Zuschuß erst nach Ablauf des Kalenderjahrs der Fertigstellung der geförderten Baumaßnahme bewilligt worden, sind ab dem Jahr der Bewilligung die AfA, die erhöhten Absetzungen oder die Sonderabschreibungen nach den um den Zuschuß verminderten Herstellungskosten des Steuerpflichtigen zu bemessen; → R 43 Abs. 4 Satz 2 und R 45 Abs. 4. ³Das gilt auch bei Zufluß des Zuschusses in mehreren Jahren. ⁴Wird der Zuschuß zurückgezahlt, sind vom Jahr des Entstehens der Rückzahlungsverpflichtung an die AfA oder die erhöhten Absetzungen oder die Sonderabschreibungen von der um den Rückzahlungsbetrag erhöhten Bemessungsgrundlage vorzunehmen.

S 2205

(2) ¹Werden Zuschüsse aus öffentlichen Kassen, die nicht unter Absatz 1 fallen und nicht zu den Einkünften aus nichtselbständiger Arbeit gehören, zur Minderung der Miete unter der Auflage gewährt, daß das Gebäude oder der Gebäudeteil einem bestimmten Personenkreis vermietet wird, handelt es sich stets um Einnahmen aus Vermietung und Verpachtung. ²Handelt es sich bei den bezuschußten Aufwendungen um Erhaltungsaufwand oder Schuldzinsen, so sind die Zuschüsse im Kalenderjahr des Zuflusses den Einnahmen zuzurechnen. ³Hat der Steuerpflichtige diese Zuschüsse zurückgezahlt, sind sie im Jahr der Rückzahlung als Werbungskosten abzuziehen.

(3) ¹Vereinbaren die Parteien eines Mietverhältnisses eine Beteiligung des Mieters an den Kosten der Herstellung des Gebäudes oder der Mieträume oder läßt der Mieter die Miet-

räume auf seine Kosten wieder herrichten und einigt er sich mit dem Vermieter, daß die Kosten ganz oder teilweise verrechnet werden, so entsteht dem Mieter ein Rückzahlungsanspruch, der in der Regel durch Anrechnung des vom Mieter aufgewandten Betrags (Mieterzuschuß) auf den Mietzins wie eine Mietvorauszahlung befriedigt wird. ²Haben die Parteien ausnahmsweise nicht vereinbart, daß die Kosten des Mieters auf den Mietzins angerechnet werden, sind diese gleichwohl als Mieterzuschuß zu behandeln. ³Für die steuerliche Behandlung der Mieterzuschüsse beim Vermieter gilt folgendes:

1. ¹Mieterzuschüsse sind in dem VZ als Mieteinnahmen anzusetzen, in dem sie zufließen. ²Sie können aber zur Vermeidung von Härten auf Antrag zunächst als zinslose Darlehen angesehen und so behandelt werden, als ob sie dem Vermieter erst im Laufe der Jahre zufließen würden, in denen er sie durch Vereinnahmung der herabgesetzten Miete tilgt. ³Als vereinnahmte Miete ist dabei jeweils die tatsächlich gezahlte Miete zuzüglich des anteiligen Vorauszahlungsbetrags anzusetzen. ⁴Satz 2 und Satz 3 gelten nur für die vereinnahmte Nettomiete, nicht für vereinnahmte Umsatzsteuerbeträge.

2. ¹Mieterzuschüsse, die mit Rücksicht auf die Vermietung einer Wohnung geleistet werden und bei denen eine Rückerstattung oder eine Verrechnung nicht vereinbart ist, sind wie Mietvorauszahlungen zu behandeln. ²Auf Antrag können sie auf die – voraussichtliche – Dauer des Mietverhältnisses, längstens auf einen Zeitraum von zehn Jahren, gleichmäßig verteilt werden.

3. Sind Mieterzuschüsse geleistet worden, um den Gebrauch von Geschäftsräumen, z. B. Büroräumen und Läden, zu erlangen, und ist eine Rückerstattung oder eine Verrechnung nicht vereinbart worden, so hat der Vermieter die Mieterzuschüsse wie Mietvorauszahlungen zu behandeln (→ BFH vom 28. 10. 1980 – BStBl 1981 II S. 161).

4. Die AfA nach § 7 EStG und die erhöhten Absetzungen oder Sonderabschreibungen sind in den Fällen der Nummern 1 bis 3 von den gesamten Herstellungskosten (eigene Aufwendungen des Vermieters zuzüglich Mieterzuschüsse) zu berechnen.

5. ¹Hat ein Mieter Kosten getragen, die als Erhaltungsaufwand zu behandeln sind, so sind nur die eigenen Kosten des Vermieters als Werbungskosten zu berücksichtigen. ²Aus Vereinfachungsgründen brauchen die vom Mieter getragenen Aufwendungen vom Vermieter nicht als Mieteinnahmen und in gleicher Höhe als Werbungskosten erfaßt zu werden.

⁴Wird ein Gebäude während des Zeitraums, auf den eine Mietvorauszahlung nach den Nummern 1 bis 3 zu verteilen ist, veräußert oder in ein Betriebsvermögen eingebracht, so ist der noch nicht als Mieteinnahme berücksichtigte Teil der Mietvorauszahlung im VZ der Veräußerung oder der Überführung in ein Betriebsvermögen als Einnahme bei den Einkünften aus Vermietung und Verpachtung anzusetzen. ⁵In Veräußerungsfällen erhöhen sich seine Mieteinnahmen insoweit nicht, als unberücksichtigte Zuschußteile durch entsprechende Minderung des Kaufpreises und Übernahme der Verpflichtung gegenüber den Mietern auf den Käufer übergegangen sind (→ BFH vom 28. 6. 1977 – BStBl 1978 II S. 91).

(4) Entfallen Zuschüsse auf eine Wohnung, für die nach § 52 Abs. 21 Satz 1 oder 3 EStG ein Nutzungswert nicht mehr anzusetzen ist, gilt folgendes:

1. Handelt es sich bei den bezuschußten Aufwendungen um Herstellungs- oder Anschaffungskosten, für die der Steuerpflichtige die Steuerbegünstigung nach § 10 e oder § 52 Abs. 21 Satz 6 oder § 10 f Abs. 1, § 10 h EStG oder § 7 FördG in Anspruch nimmt, sind als Herstellungs- oder Anschaffungskosten der geförderten Baumaßnahmen die um den Zuschuß verminderten Kosten anzusetzen.

2. Entsprechendes gilt, wenn es sich bei den bezuschußten Aufwendungen um Erhaltungsaufwand handelt, für den der Steuerpflichtige die Steuerbegünstigung nach § 52 Abs. 21 Satz 6, § 10 f Abs. 2 EStG oder § 7 FördG in Anspruch nimmt.

3. Erhält der Steuerpflichtige einen Zuschuß für Aufwendungen im Sinne des § 10 e Abs. 6 oder 6 a EStG, sind ebenfalls die um den Zuschuß verminderten Aufwendungen anzusetzen.

4. Hat der Steuerpflichtige den Zuschuß zurückgezahlt, ist im Fall der Nummern 1 und 2 der Zuschuß im Jahr der Rückzahlung als Werbungskosten abzuziehen; im Fall der Nummer 3 ist der Rückzahlungsbetrag im Jahr der Zahlung wie Sonderausgaben abzuziehen.

(5) Wegen der steuerlichen Behandlung von wiederkehrenden öffentlichen, nicht zu den Einkünften aus nichtselbständiger Arbeit gehörenden Zuschüssen zur Deckung laufender

Aufwendungen für eine Wohnung, für die nach § 52 Abs. 21 Satz 1 oder 3 EStG kein Nutzungswert mehr anzusetzen ist, → § 3 Nr. 58 EStG.

Hinweise

Zuschüsse

– Zuschüsse, die eine Gemeinde für die Durchführung bestimmter Maßnahmen, die der Erhaltung, Erneuerung und funktionsgerechten Verwendung des Gebäudes dienen, unabhängig von der Nutzung des Gebäudes gewährt, mindern die Herstellungskosten und sind nicht als Einnahmen aus Vermietung und Verpachtung zu behandeln. Die Herstellungskosten sind auch dann um einen Zuschuß zu kürzen, wenn der Steuerpflichtige im Vorjahr einen Zuschuß als Einnahme behandelt hatte (→ BFH vom 26. 3. 1991 – BStBl 1992 II S. 999).

– Gemeindezuschuß zum Bau einer Tiefgarage ohne Vereinbarung einer Mietpreisbindung oder Nutzung durch bestimmte Personen mindert die Herstellungskosten. Die mit dem Zuschuß verbundene Verpflichtung, die Tiefgarage der Öffentlichkeit gegen Entgelt zur Verfügung zu stellen, ist keine Gegenleistung des Empfängers (→ BFH vom 23. 3. 1995 – BStBl II S. 702).

R 164. Miteigentum

(1) ¹Die Einnahmen und Werbungskosten sind den Miteigentümern grundsätzlich nach dem Verhältnis der nach bürgerlichem Recht anzusetzenden Anteile zuzurechnen. ²Haben die Miteigentümer abweichende Vereinbarungen getroffen, sind diese maßgebend, wenn sie bürgerlich-rechtlich wirksam sind und hierfür wirtschaftlich vernünftige Gründe vorliegen, die grundstücksbezogen sind. ³AfA und erhöhte Absetzungen können nur demjenigen Miteigentümer zugerechnet werden, der die Anschaffungs- oder Herstellungskosten getragen hat (→ BFH vom 7. 10. 1986 – BStBl 1987 II S. 322).

(2) ¹Wird einem Miteigentümer eine Wohnung oder werden ihm andere als Wohnzwecken dienende Räume entgeltlich von der Gemeinschaft oder einem oder mehreren Miteigentümern überlassen, so ist eine Vermietung einkommensteuerrechtlich anzuerkennen, soweit die entgeltliche Überlassung den ideellen Miteigentumsanteil des Miteigentümers übersteigt. ²Satz 1 gilt sinngemäß, wenn nicht der Miteigentümer, sondern dessen Ehegatte eine Wohnung zu Wohnzwecken mietet.

Hinweise

Abweichende Zurechnung

Treffen Angehörige als Miteigentümer eine vom zivilrechtlichen Beteiligungsverhältnis abweichende Vereinbarung über die Verteilung der Einnahmen und Ausgaben, ist diese steuerrechtlich nur beachtlich, wenn sie in Gestaltung und Durchführung dem zwischen fremden Dritten Üblichen entspricht; Korrekturmöglichkeit einer unzutreffenden Verteilung im gerichtlichen Verfahren auch dann noch, wenn Gesamtüberschuß bestandskräftig festgestellt ist, weil lediglich die Verteilung des festgestellten Überschusses angefochten wurde (→ BFH vom 31. 3. 1992 – BStBl II S. 890).

Die familienrechtliche Unterhaltspflicht eines Miteigentümers gegenüber anderen Miteigentümern ist für die einkommensteuerrechtliche Zuordnung der Einkünfte unbeachtlich (→ BFH vom 22. 3. 1994 – BFH/NV 1995 S. 16).

Beispiele zur Überlassung an Miteigentümer

Beispiel 1:

A, B und C sind zu je ¹/₃ Miteigentümer eines Dreifamilienhauses mit einer Gesamtwohnfläche von 240 m². Von den Wohnungen, die gleich groß und gleich viel wert sind, hat die Gemeinschaft zwei Wohnungen an Fremde vermietet und eine an A.

§ 21 EStG
R 164 a   H 164, 164 a

A nutzt die Wohnung, die seinem Miteigentumsanteil entspricht, auf Grund eigenen Rechts. Als Einkünfte aus Vermietung und Verpachtung sind daher nur die Einnahmen aus den beiden an Fremde vermieteten Wohnungen abzüglich der auf diese Wohnungen anteilig entfallenden Werbungskosten zu erfassen. Die auf der Ebene der Gemeinschaft ermittelten Einkünfte sind B und C je zur Hälfte zuzurechnen. A erzielt keine Einkünfte aus Vermietung und Verpachtung (§ 52 Abs. 21 Satz 1 EStG). Wenn er die Voraussetzungen erfüllt, kann er für die von ihm zu eigenen Wohnzwecken genutzte eigene Wohnung Beträge im Sinne der §§ 10 e, 10 f und 52 Abs. 21 Satz 6 EStG und § 7 FördG abziehen.

Beispiel 2:

Wie Beispiel 1. Die an A vermietete Wohnung ist jedoch 120 m², die beiden an die Fremden vermieteten Wohnungen sind je 60 m² groß. Das Wertverhältnis der Wohnungen entspricht der jeweiligen m²-Zahl.

A nutzt 80 m² der Wohnung aufgrund eigenen Rechts ($^1/_3$ von 240 m²). Der Mietvertrag der Gemeinschaft mit A ist zu $^1/_3$ (120 m² − 80 m²) anzuerkennen. Einkünfteermittlung und Verteilung wie vorstehend. Wenn A die Voraussetzungen erfüllt, kann er für die von ihm zu eigenen Wohnzwecken genutzte Wohnung Beträge im Sinne der §§ 10 e, 10 f und 52 Abs. 21 Satz 6 EStG und § 7 FördG abziehen, soweit sie auf seinen Miteigentumsanteil ($^2/_3$ der Wohnung) entfallen.

Verfahren bei der Geltendmachung von negativen Einkünften aus der Beteiligung an Verlustzuweisungsgesellschaften und vergleichbaren Modellen

Anhang 30   → BMF vom 13. 7. 1992 (BStBl I S. 404) und vom 28. 6. 1994 (BStBl I S. 420).

R 164 a

S 2253

R 164 a. Substanzausbeuterecht

– unbesetzt –

H 164 a

Hinweise

Abgrenzung Pacht-/Kaufvertrag

– Grundsätze → RFH vom 2. 11. 1940 (RStBl 1941 S. 45)
– Als Pachtverträge sind Verträge über die zeitlich begrenzte Überlassung von Grundstücken zur Ausbeutung von Bodenschätzen gegen Entgelt anzusehen, wenn das Vertragsverhältnis in seinem wirtschaftlichen Gehalt einem Pachtverhältnis gleichkommt (→ BFH vom 2. 3. 1966 – BStBl III S. 364, vom 30. 10. 1967 – BStBl 1968 II S. 30 und vom 12. 12. 1969 – BStBl 1970 II S. 210).
– Ein Kaufvertrag über die im Boden befindlichen Mineralien oder sonstigen Bestandteile kann grundsätzlich nur angenommen werden, wenn auch der Grund und Boden mitveräußert wird (→ BFH vom 7. 10. 1958 – BStBl 1959 III S. 5, vom 13. 5. 1959 – BStBl III S. 294, vom 2. 3. 1966 – BStBl III S. 364 und vom 25. 11. 1966 – BStBl 1967 III S. 226).

Einnahmen aus Vermietung und Verpachtung sind:

– Entgelte für die Entnahme von Bodenschätzen (→ BFH vom 21. 10. 1960 – BStBl 1961 III S. 45).
– Entgelt für die Überlassung eines Grundstücks, wenn dieses zwar bürgerlich-rechtlich übereignet wird, die Vertragsparteien aber die Rückübertragung nach Beendigung der Ausbeute vereinbaren (→ BFH vom 5. 10. 1973 – BStBl 1974 II S. 130); dies gilt auch bei zusätzlicher Vereinbarung einer Steuerklausel, wenn keine rechtzeitige Offenbarung der Zusatzvereinbarung erfolgt (→ BFH vom 24. 11. 1992 – BStBl 1993 II S. 296).

Entschädigungen

Neben Förderzinsen zum Abbau von Bodenschätzen gezahlte Entschädigungen für entgangene/entgehende Einnahmen sind keine Einnahmen aus Vermietung und Verpachtung, sondern Betriebseinnahmen, wenn die Flächen im Betriebsvermögen bleiben (→ BFH vom 15. 3. 1994 – BStBl II S. 840).

§ 21 a[1])
Pauschalierung des Nutzungswerts der selbstgenutzten Wohnung im eigenen Haus

EStG

S 2254

(1) [1]Bei einer Wohnung im eigenen Einfamilienhaus im Sinne des § 75 Abs. 5 des Bewertungsgesetzes wird der Nutzungswert (§ 21 Abs. 2) auf Grund des Einheitswerts des Grundstücks ermittelt. [2]Satz 1 gilt auch bei einer Wohnung in einem eigenen Haus, das kein Einfamilienhaus ist. [3]Satz 2 ist nicht anzuwenden, wenn der Steuerpflichtige in dem eigenen Haus mindestens eine Wohnung oder eine anderen als Wohnzwecken dienende Einheit von Räumen

1. zur dauernden Nutzung vermietet hat oder
2. innerhalb von sechs Monaten nach Fertigstellung oder Anschaffung des Hauses, nach Beendigung einer Vermietung oder nach Beendigung der Selbstnutzung zur dauernden Nutzung vermietet oder
3. zu gewerblichen oder beruflichen Zwecken selbst nutzt oder zu diesen Zwecken unentgeltlich überläßt und der zu gewerblichen oder beruflichen Zwecken genutzte Teil des Hauses mindestens 33$^1/_3$ vom Hundert der gesamten Nutzfläche des Hauses beträgt.

[4]Als Grundbetrag für den Nutzungswert ist 1 vom Hundert des maßgebenden Einheitswerts des Grundstücks anzusetzen. [5]Liegen die Voraussetzungen der Sätze 1 und 2 nicht während des ganzen Kalenderjahrs vor, so ist nur der Teil des Grundbetrags anzusetzen, der auf die vollen Kalendermonate entfällt, in denen diese Voraussetzungen vorliegen.

(2) [1]Maßgebend ist der Einheitswert für den letzten Feststellungszeitpunkt (Hauptfeststellungs-, Fortschreibungs- oder Nachfeststellungszeitpunkt), der vor dem Beginn des Kalenderjahrs liegt oder mit dem Beginn des Kalenderjahrs zusammenfällt, für das der Nutzungswert zu ermitteln ist. [2]Ist das Einfamilienhaus oder das andere Haus erst innerhalb des Kalenderjahrs fertiggestellt worden, für das der Nutzungswert zu ermitteln ist, so ist der Einheitswert maßgebend, der zuerst für das Einfamilienhaus oder das andere Haus festgestellt wird.

(3) Von dem Grundbetrag dürfen nur abgesetzt werden:

1. die mit der Nutzung des Grundstücks zu Wohnzwecken in wirtschaftlichem Zusammenhang stehenden Schuldzinsen bis zur Höhe des Grundbetrags;
2. erhöhte Absetzungen, die bei dem Einfamilienhaus oder dem anderen Haus in Anspruch genommen werden, nach Abzug der Schuldzinsen im Sinne der Nummer 1; Absetzungen für Abnut-

   zung nach § 7 Abs. 5 dürfen von dem Grundbetrag nicht abgesetzt werden.

(4) [1]Bei einem Haus im Sinne des Absatzes 1, für das der Antrag auf Baugenehmigung nach dem 30. September 1982 gestellt worden ist und das vom Steuerpflichtigen vor dem 1. Januar 1987 hergestellt oder angeschafft worden ist, können die mit der Nutzung des Grundstücks zu Wohnzwecken in wirtschaftlichem Zusammenhang stehenden Schuldzinsen im Jahr der Herstellung oder Anschaffung und in den beiden folgenden Kalenderjahren über die Höhe des Grundbetrags hinaus bis zur Höhe von jeweils 10.000 Deutsche Mark von dem nach Absatz 3 Nr. 1 gekürzten Grundbetrag abgesetzt werden. [2]Soweit der Schuldzinsenabzug nach Satz 1 nicht in vollem Umfang im Erstjahr in Anspruch genommen werden kann, kann er in dem dritten auf das Jahr der Herstellung oder Anschaffung folgenden Kalenderjahr nachgeholt werden. [3]Voraussetzung für die Anwendung des Satzes 1 im Falle der Anschaffung ist, daß der Steuerpflichtige das Haus bis zum Ende des Jahres der Fertigstellung angeschafft hat. [4]Die Sätze 1 bis 3 gelten entsprechend bei einem Haus, für das der Bauantrag vor dem 1. Oktober 1982 gestellt und bei dem mit den Bauarbeiten nach dem 30. September 1982 begonnen worden ist. [5]Satz 1 gilt entsprechend für Schuldzinsen, die mit den Herstellungskosten für Ausbauten und Erweiterungen an einem Haus im Sinne des Absatzes 1 in wirtschaftlichem Zusammenhang stehen, wenn mit den Arbeiten für den Ausbau oder die Erweiterung nach dem 30. September 1982 begonnen worden ist und der Ausbau oder die Erweiterung vor dem 1. Januar 1987 fertiggestellt worden ist. [6]An die Stelle des Antrags auf Baugenehmigung tritt die Bauanzeige, wenn diese baurechtlich ausreicht. [7]Satz 5 ist nicht anzuwenden, wenn bei einem Haus im Sinne des Absatzes 1 Schuldzinsen nach Satz 1 oder 5 abgezogen worden sind.

---
[1]) Zur Anwendung → § 52 Abs. 21 EStG.

(5) ¹Dient das Grundstück teilweise eigenen gewerblichen oder beruflichen Zwecken oder wird das Grundstück teilweise zu diesen Zwecken unentgeltlich überlassen und liegen die Voraussetzungen des Absatzes 1 Satz 3 Nr. 3 nicht vor, so vermindert sich der maßgebende Einheitswert um den Teil, der bei einer Aufteilung nach dem Verhältnis der Nutzflächen auf den gewerblich oder beruflich genutzten Teil des Grundstücks entfällt. ²Dasselbe gilt, wenn Teile des Einfamilienhauses oder Teile einer Wohnung in einem anderen Haus vermietet sind und die Einnahmen hieraus das Dreifache des anteilig auf die vermieteten Teile entfallenden Grundbetrags, mindestens aber 1.000 Deutsche Mark im Kalenderjahr, übersteigen.

(6) Die Absätze 1 bis 5 sind nicht anzuwenden, wenn die gesamte Fläche des Grundstücks größer als das Zwanzigfache der bebauten Grundfläche ist; in diesem Fall ist jedoch mindestens der Nutzungswert anzusetzen, der sich nach den Absätzen 1 bis 5 ergeben würde, wenn die gesamte Fläche des Grundstücks nicht größer als das Zwanzigfache der bebauten Grundfläche wäre.

(7) ¹Absatz 1 Satz 2 ist nicht bei einem Gebäude anzuwenden,
1. bei dem der Antrag auf Baugenehmigung vor dem 30. Juli 1981 gestellt worden ist oder das in Erwerbsfällen auf Grund eines vor dem 30. Juli 1981 rechtswirksam abgeschlossenen obligatorischen Vertrags oder sonstigen Rechtsakts erworben worden ist oder
2. das nach dem 29. Juli 1981 im Wege der Erbfolge erworben worden ist, wenn bei dem Rechtsvorgänger für dieses Gebäude die Voraussetzungen der Nummer 1 vorlagen.

²An die Stelle des Antrags auf Baugenehmigung tritt die Bestellung, wenn diese nachweislich vor der Stellung des Antrags auf Baugenehmigung erfolgte. ³Im Fall der Anschaffung von Kaufeigenheimen oder Trägerkleinsiedlungen, für die der Antrag auf Baugenehmigung nach dem 31. Dezember 1979 und vor dem 30. Juli 1981 gestellt worden ist, ist Absatz 1 Satz 2 nicht anzuwenden, wenn die Gebäude vor dem 1. Juli 1983 angeschafft worden sind. ⁴Im Fall des Umbaus eines Einfamilienhauses zu einer anderen Gebäudeart ist Absatz 1 Satz 2 nicht anzuwenden, wenn vor dem 30. Juli 1981 mit den Umbauarbeiten begonnen oder der für den Umbau erforderliche Antrag auf Baugenehmigung gestellt worden ist. ⁵An die Stelle des Antrags auf Baugenehmigung tritt die Bauanzeige, wenn diese baurechtlich ausreicht.

| R 164 b | R 164 b. Anwendungsbereich |

S 2254 Soweit § 21 a EStG weiter anzuwenden ist, gelten die Anweisungen in Abschnitt 164 b EStR 1990 weiter.

g) Sonstige Einkünfte (§ 2 Abs. 1 Satz 1 Nr. 7)

§ 22
Arten der sonstigen Einkünfte

Sonstige Einkünfte sind
1. ¹Einkünfte aus wiederkehrenden Bezügen, soweit sie nicht zu den in § 2 Abs. 1 Nr. 1 bis 6 bezeichneten Einkunftsarten gehören. ²Werden die Bezüge freiwillig oder auf Grund einer freiwillig begründeten Rechtspflicht oder einer gesetzlich unterhaltsberechtigten Person gewährt, so sind sie nicht dem Empfänger zuzurechnen, wenn der Geber unbeschränkt einkommensteuerpflichtig oder unbeschränkt körperschaftsteuerpflichtig ist; dem Empfänger sind dagegen zuzurechnen

   a) Bezüge, die von einer unbeschränkt steuerpflichtigen, von der Körperschaftsteuer befreiten Körperschaft, Personenvereinigung oder Vermögensmasse außerhalb der Erfüllung steuerbegünstigter Zwecke im Sinne der §§ 52 bis 54 der Abgabenordnung gewährt werden, und

   b) Bezüge im Sinne des § 1 der Verordnung über die Steuerbegünstigung von Stiftungen, die an die Stelle von Familienfideikommissen getreten sind, in der im Bundesgesetzblatt Teil III, Gliederungsnummer 611-4-3, veröffentlichten bereinigten Fassung.

   ³Zu den in Satz 1 bezeichneten Einkünften gehören auch

   a) Leibrenten insoweit, als in den einzelnen Bezügen Einkünfte aus Erträgen des Rentenrechts enthalten sind. Als Ertrag des Rentenrechts gilt für die gesamte Dauer des Rentenbezugs der Unterschied zwischen dem Jahresbetrag der Rente und dem Betrag, der sich bei gleichmäßiger Verteilung des Kapitalwerts der Rente auf ihre voraussichtliche Laufzeit ergibt; dabei ist der Kapitalwert nach dieser Laufzeit zu berechnen. Der Ertrag des Rentenrechts (Ertragsanteil) ist aus der nachstehenden Tabelle zu entnehmen:

Bei Beginn der Rente vollendetes Lebensjahr des Rentenberechtigten	Ertragsanteil in v. H.	Bei Beginn der Rente vollendetes Lebensjahr des Rentenberechtigten	Ertragsanteil in v. H.
0 bis 3	73	55	38
4 bis 5	72	56	37
6 bis 8	71	57	36
9 bis 11	70	58	35
12 bis 13	69	59	34
14 bis 15	68	60	32
16 bis 17	67	61	31
18 bis 19	66	62	30
20 bis 21	65	63	29
22 bis 23	64	64	28
24 bis 25	63	65	27
26 bis 27	62	66	26
28	61	67	25
29 bis 30	60	68	23
31	59	69	22
32 bis 33	58	70	21
34	57	71	20
35	56	72	19
36 bis 37	55	73	18
38	54	74	17
39	53	75	16
40	52	76	15
41 bis 42	51	77	14

Bei Beginn der Rente vollendetes Lebensjahr des Rentenberechtigten	Ertragsanteil in v. H.	Bei Beginn der Rente vollendetes Lebensjahr des Rentenberechtigten	Ertragsanteil in v. H.
43	50	78	13
44	49	79	12
45	48	80 bis 81	11
46	47	82	10
47	46	83	9
48	45	84 bis 85	8
49	44	86 bis 87	7
50	43	88	6
51	42	89 bis 91	5
52	41	92 bis 93	4
53	40	94 bis 96	3
54	39	ab 97	2

Die Ermittlung des Ertrags aus Leibrenten, die vor dem 1. Januar 1955 zu laufen begonnen haben, und aus Renten, deren Dauer von der Lebenszeit mehrerer Personen oder einer anderen Person als des Rentenberechtigten abhängt, sowie aus Leibrenten, die auf eine bestimmte Zeit beschränkt sind, wird durch eine Rechtsverordnung bestimmt;

b) Einkünfte aus Zuschüssen und sonstigen Vorteilen, die als wiederkehrende Bezüge gewährt werden;

1 a. Einkünfte aus Unterhaltsleistungen, soweit sie nach § 10 Abs. 1 Nr. 1 vom Geber abgezogen werden können;

2. Einkünfte aus Spekulationsgeschäften im Sinne des § 23;

3. ¹Einkünfte aus Leistungen, soweit sie weder zu anderen Einkunftsarten (§ 2 Abs. 1 Nr. 1 bis 6) noch zu den Einkünften im Sinne der Nummern 1, 1 a, 2 oder 4 gehören, z. B. Einkünfte aus gelegentlichen Vermittlungen und aus der Vermietung beweglicher Gegenstände. ²Solche Einkünfte sind nicht einkommensteuerpflichtig, wenn sie weniger als 500 Deutsche Mark im Kalenderjahr betragen haben. ³Übersteigen die Werbungskosten die Einnahmen, so darf der übersteigende Betrag bei Ermittlung des Einkommens nicht ausgeglichen werden; er darf auch nicht nach § 10 d abgezogen werden;

4. ¹Entschädigungen, Amtszulagen, Zuschüsse zu Kranken- und Pflegeversicherungsbeiträgen, Übergangsgelder, Überbrückungsgelder, Sterbegelder, Versorgungsabfindungen, Versorgungsbezüge, die auf Grund des Abgeordnetengesetzes oder des Europaabgeordnetengesetzes sowie vergleichbare Bezüge, die auf Grund der entsprechenden Gesetze der Länder gezahlt werden. ²Werden zur Abgeltung des durch das Mandat veranlaßten Aufwandes Aufwandsentschädigungen gezahlt, so dürfen die durch das Mandat veranlaßten Aufwendungen nicht als Werbungskosten abgezogen werden. ³Wahlkampfkosten zur Erlangung eines Mandats im Bundestag, im Europäischen Parlament oder im Parlament eines Landes dürfen nicht als Werbungskosten abgezogen werden. ⁴Es gelten entsprechend

a) für Nachversicherungsbeiträge auf Grund gesetzlicher Verpflichtung nach den Abgeordnetengesetzen im Sinne des Satzes 1 und für Zuschüsse zu Kranken- und Pflegeversicherungsbeiträgen § 3 Nr. 62,

b) für Versorgungsbezüge § 19 Abs. 2; beim Zusammentreffen mit Versorgungsbezügen im Sinne von § 19 Abs. 2 Satz 2 bleibt jedoch insgesamt höchstens ein Betrag von 6.000 Deutsche Mark im Veranlagungszeitraum steuerfrei,

c) für das Übergangsgeld, das in einer Summe gezahlt wird, und für die Versorgungsabfindung § 34 Abs. 3.

---

¹) Zur Anwendung → § 52 Abs. 21 a EStG in der Fassung des JStG 1996.

EStDV
§ 55
Ermittlung des Ertrags aus Leibrenten in besonderen Fällen

S 2255

(1) ¹Der Ertrag des Rentenrechts ist in den folgenden Fällen auf Grund der in § 22 Nr. 1 Satz 3 Buchstabe a des Gesetzes aufgeführten Tabelle zu ermitteln:
1. bei Leibrenten, die vor dem 1. Januar 1955 zu laufen begonnen haben. ²Dabei ist das vor dem 1. Januar 1955 vollendete Lebensjahr des Rentenberechtigten maßgebend;
2. bei Leibrenten, deren Dauer von der Lebenszeit einer anderen Person als des Rentenberechtigten abhängt. ²Dabei ist das bei Beginn der Rente, im Fall der Nummer 1 das vor dem 1. Januar 1955 vollendete Lebensjahr dieser Person maßgebend;
3. bei Leibrenten, deren Dauer von der Lebenszeit mehrerer Personen abhängt. ²Dabei ist das bei Beginn der Rente, im Fall der Nummer 1 das vor dem 1. Januar 1955 vollendete Lebensjahr der ältesten Person maßgebend, wenn das Rentenrecht mit dem Tod des zuerst Sterbenden erlischt, und das Lebensjahr der jüngsten Person, wenn das Rentenrecht mit dem Tod des zuletzt Sterbenden erlischt.

(2) ¹Der Ertrag aus Leibrenten, die auf eine bestimmte Zeit beschränkt sind (abgekürzte Leibrenten), ist nach der Lebenserwartung unter Berücksichtigung der zeitlichen Begrenzung zu ermitteln. ²Der Ertragsanteil ist aus der nachstehenden Tabelle zu entnehmen. ³Absatz 1 ist entsprechend anzuwenden. ¹⁾

ab VZ 1996

Beschränkung der Laufzeit der Rente auf ... Jahre ab Beginn des Rentenbezugs (ab 1. Januar 1955, falls die Rente vor diesem Zeitpunkt zu laufen begonnen hat)	Der Ertragsanteil beträgt vorbehaltlich der Spalte 3 ... v. H.	Der Ertragsanteil ist der Tabelle in § 22 Nr. 1 Satz 3 Buchstabe a des Gesetzes zu entnehmen, wenn der Rentenberechtigte zu Beginn des Rentenbezugs (vor dem 1. Januar 1955, falls die Rente vor diesem Zeitpunkt zu laufen begonnen hat) das ... te Lebensjahr vollendet hatte	Beschränkung der Laufzeit der Rente auf ... Jahre ab Beginn des Rentenbezugs (ab 1. Januar 1955, falls die Rente vor diesem Zeitpunkt zu laufen begonnen hat)	Der Ertragsanteil beträgt vorbehaltlich der Spalte 3 ... v. H.	Der Ertragsanteil ist der Tabelle in § 22 Nr. 1 Satz 3 Buchstabe a des Gesetzes zu entnehmen, wenn der Rentenberechtigte zu Beginn des Rentenbezugs (vor dem 1. Januar 1955, falls die Rente vor diesem Zeitpunkt zu laufen begonnen hat) das ... te Lebensjahr vollendet hatte
1	2	3	1	2	3
1	0	entfällt	1	0	entfällt
2	2	97	2	2	entfällt
3	5	90	3	4	94
4	7	86	4	7	88
5	9	83	5	9	84
6	10	81	6	11	82
7	12	79	7	13	79
8	14	76	8	15	77
9	16	74	9	17	75
10	17	73	10	19	73
11	19	71	11	21	71
12	21	69	12	23	69
13	22	68	13	25	68
14	24	66	14	26	67
15	25	65	15	28	65
16	26	64	16	29	64
17	28	62	17	31	62
18	29	61	18	32	61
19	30	60	19	34	60
20	31	60	20	35	59
21	33	58	21	36	58
22	34	57	22	38	56
23	35	56	23	39	55
24	36	55	24	40	54

¹) Absatz 2 wurde durch das JStG 1996 ab VZ 1996 geändert.

§ 22 EStG   § 55 EStDV
R 165

Beschränkung der Laufzeit der Rente auf ... Jahre ab Beginn des Rentenbezugs (ab 1. Januar 1955, falls die Rente vor diesem Zeitpunkt zu laufen begonnen hat)	Der Ertragsanteil beträgt vorbehaltlich der Spalte 3 ... v. H.	Der Ertragsanteil ist der Tabelle in § 22 Nr. 1 Satz 3 Buchstabe a des Gesetzes zu entnehmen, wenn der Rentenberechtigte zu Beginn des Rentenbezugs (vor dem 1. Januar 1955, falls die Rente vor diesem Zeitpunkt zu laufen begonnen hat) das ... te Lebensjahr vollendet hatte	Beschränkung der Laufzeit der Rente auf ... Jahre ab Beginn des Rentenbezugs (ab 1. Januar 1955, falls die Rente vor diesem Zeitpunkt zu laufen begonnen hat)	Der Ertragsanteil beträgt vorbehaltlich der Spalte 3 ... v. H.	Der Ertragsanteil ist der Tabelle in § 22 Nr. 1 Satz 3 Buchstabe a des Gesetzes zu entnehmen, wenn der Rentenberechtigte zu Beginn des Rentenbezugs (vor dem 1. Januar 1955, falls die Rente vor diesem Zeitpunkt zu laufen begonnen hat) das ... te Lebensjahr vollendet hatte
1	2	3	1	2	3
25	37	54	25	41	53
26	38	53	26	43	51
27	39	52	27	44	50
28	40	51	28	45	49
29	41	51	29	46	48
30	42	50	30	47	47
31	43	49	31	48	46
32	44	48	32	49	45
33	45	47	33	50	44
34	46	46	34–35	51	43
35	47	45	36	52	41
36	48	43	37	53	40
37–38	49	42	38	54	39
39	50	41	39–40	55	38
40	51	40	41	56	36
41–42	52	39	42	57	35
43	53	38	43–44	58	34
44	54	36	45	59	32
45–46	55	35	46–47	60	31
47–48	56	34	48–49	61	29
49	57	33	50–51	62	28
50–51	58	31	52–53	63	26
52–53	59	30	54	64	24
54–55	60	28	55–57	65	22
56–57	61	27	58–59	66	20
58–59	62	25	60–62	67	18
60–62	63	23	63–64	68	16
63–64	64	21	65–67	69	14
65–67	65	19	68–71	70	12
68–70	66	17	72–76	71	9
71–74	67	15	77–83	72	6
75–77	68	13	84–108	73	4
78–82	69	11	mehr als 108	Der Ertragsanteil ist immer der Tabelle in § 22 Nr. 1 Satz 3 Buchstabe a des Gesetzes zu entnehmen.	
83–87	70	9			
88–93	71	6			
mehr als 93	Der Ertragsanteil ist immer der Tabelle in § 22 Nr. 1 Satz 3 Buchstabe a des Gesetzes zu entnehmen.				

R 165	**R 165. Besteuerung von wiederkehrenden Bezügen mit Ausnahme der Leibrenten**

S 2255

(1) ¹→ Wiederkehrende Bezüge sind als sonstige Einkünfte nach § 22 Nr. 1 Satz 1 EStG zu erfassen, wenn sie nicht zu anderen Einkunftsarten gehören und soweit sie sich bei wirtschaftlicher Betrachtung nicht als Kapitalrückzahlungen, z. B. Kaufpreisraten, darstellen. ²→ Wiederkehrende Bezüge setzen voraus, daß sie auf einem einheitlichen Entschluß oder einem einheitlichen Rechtsgrund beruhen und mit einer gewissen Regelmäßigkeit wiederkehren. ³Sie brauchen jedoch nicht stets in derselben Höhe geleistet zu werden. ⁴Deshalb können Studienzuschüsse, die für einige Jahre gewährt werden, wiederkehrende Bezüge sein; → R 166.

§ 22 EStG

(2) ¹Wiederkehrende Zuschüsse und sonstige Vorteile (→ H 166 – Unterhaltszahlungen) sind entsprechend der Regelung in § 12 Nr. 2 EStG und § 22 Abs. 1 Satz 2 EStG entweder vom Geber oder vom Empfänger zu versteuern. ²Soweit die Bezüge nicht auf Grund des § 3 EStG steuerfrei bleiben, sind sie vom Empfänger als wiederkehrende Bezüge zu versteuern, wenn sie der unbeschränkt steuerpflichtige Geber als Betriebsausgaben oder Werbungskosten abziehen kann.¹)

Hinweise

Wiederkehrende Bezüge
sind:
- Altenteilsleistungen, die vom Verpflichteten durch Einstellung und Entlohnung einer Pflegekraft erfüllt werden; sie führen beim Altenteiler in der Regel in Höhe des Lohnaufwandes zu Einkünften aus wiederkehrenden Bezügen (→ BFH vom 22. 1. 1992 – BStBl II S. 552),
- Rentenzahlungen, die als Abfindung für einen Erb- und Pflichtteilsverzicht geleistet werden (→ BFH vom 7. 4. 1992 – BStBl II S. 809),
- Schadensersatzrenten, die aufgrund des § 844 Abs. 2 BGB für den Verlust von Unterhaltsansprüchen gewährt werden (→ BFH vom 19. 10. 1978 – BStBl 1979 II S. 133 und BMF vom 8. 11. 1995 – BStBl I S. 705),

Steuerbarkeit von Schadensersatzrenten; BFH-Urteil vom 25. 10. 1994 (BStBl 1995 II S. 121)

BMF vom 8. 11. 1995 (BStBl I S. 705)
IV B 3 – S 2255 – 22/95

Nach dem o. a. BFH-Urteil unterliegen Schadensersatzrenten nur in den Fällen der Einkommensteuer, in denen Ersatz für andere, bereits steuerbare Einkünfte geleistet wird. Danach sind Schadensersatzrenten zum Ausgleich vermehrter Bedürfnisse nach § 843 Abs. 1 2. Alt. BGB, die bei Verletzung höchstpersönlicher Güter im Bereich der privaten Vermögenssphäre geleistet werden (sog. Mehrbedarfsrenten), weder als Leibrenten, noch als sonstige wiederkehrende Bezüge nach § 22 Nr. 1 EStG steuerbar, obwohl sie ihrer äußeren Form nach wiederkehrende Leistungen sind.

Unter Bezugnahme auf das Ergebnis der Erörterungen mit den obersten Finanzbehörden der Länder sind die Grundsätze des o. a. BFH-Urteils auch auf die Zahlung von Schmerzensgeldrenten nach § 847 BGB anzuwenden. Ebenso wie die Mehrbedarfsrente ist die Schmerzensgeldrente Ersatz für den durch die Verletzung höchstpersönlicher Güter eingetretenen Schaden. Der Geschädigte soll durch das Schmerzensgeld in die Lage versetzt werden, sich Erleichterungen und Annehmlichkeiten an Stelle derer zu verschaffen, deren Genuß ihm durch die Verletzung unmöglich gemacht wurde. Die Schmerzensgeldrente erhöht die wirtschaftliche Leistungsfähigkeit des Empfängers demnach ebensowenig wie die lediglich zum Ausgleich für verletzungsbedingt entstandene zusätzliche Bedürfnisse gezahlten Ersatzleistungen nach § 843 Abs. 1 2. Alt. BGB.

In den einzelnen Rentenleistungen einer Schmerzensgeldrente ist auch kein steuerpflichtiger Zinsanteil enthalten. Der Schmerzensgeldanspruch wird anders als der Anspruch auf Mehrbedarfsrente regelmäßig kapitalisiert. Wird die Schmerzensgeldleistung ausnahmsweise in Form einer Rente erbracht, sollen hierdurch insbesondere dauernde Nachteile ausgeglichen werden, deren zukünftige Entwicklung noch nicht absehbar ist. Treten künftig weitere, bisher noch nicht erkenn- und voraussehbare Leiden auf, ist eine Anpassung der Rente nach den konkreten Umständen des Einzelfalls möglich. Insoweit kann ebenso wie bei den Mehrbedarfsrenten i. S. des § 843 BGB jede einzelne Zahlung als Schadensersatzleistung angesehen werden.

¹) → BFH vom 27. 11. 1959 (BStBl 1960 III S. 65).

§ 22 EStG
R 166   H 165

Dagegen ist an der Auffassung festzuhalten, daß Schadensersatzrenten, die auf der Rechtsgrundlage der §§ 844 Abs. 2, 845 BGB für den Verlust von Unterhaltsansprüchen oder von gesetzlich geschuldeten Diensten gezahlt werden, mit ihrem vollen Betrag nach § 22 Nr. 1 Satz 1 EStG zu besteuern sind (BFH-Urteil vom 10. 10. 1978, BStBl 1979 II S. 133). Schadensersatzleistungen nach §§ 844 Abs. 2, 845 BGB erhöhen die wirtschaftliche Leistungsfähigkeit des Empfängers, da sie ausschließlich dazu dienen, die durch das Schadensereignis entfallene wirtschaftliche Absicherung des Empfängers wiederherzustellen. Es bleibt in diesen Fällen bei dem für Unterhaltsrenten in § 22 Nr. 1 Satz 2 EStG bestimmten Korrespondenzprinzip, wonach wiederkehrende Bezüge beim Verpflichteten und beim Empfänger einheitlich zu beurteilen sind.

Diese Regelung ist in allen noch offenen Fällen anzuwenden.

- Zeitrenten, die unentgeltlich erworben sind (→ BFH vom 10. 10. 1963 – BStBl III S. 584 und vom 25. 11. 1980 – BStBl 1981 II S. 358); wegen der Abgrenzung einer Zeitrente von einer abgekürzten Leibrente → BFH vom 12. 11. 1985 (BStBl 1986 II S. 261),

sind nicht:

- Bezüge, die sich zwar wiederholen, bei denen aber die einzelne Leistung jeweils von einer neuen Entschlußfassung oder Vereinbarung abhängig ist (→ BFH vom 20. 7. 1971 – BStBl 1972 II S. 170),
- Schadensersatzrenten zum Ausgleich vermehrter Bedürfnisse; sog. Mehrbedarfsrenten nach § 843 Abs. 1, 2. Alternative BGB (→ BFH vom 25. 10. 1994 – BStBl 1995 II S. 121 und BMF vom 8. 11. 1995 – BStBl I S. 705[1])).
- Schmerzensgeldrenten nach § 847 BGB (→ BMF vom 8. 11. 1995 – BStBl I S. 705[1]).
- wiederkehrende Leistungen in schwankender Höhe, die ein pflichtteilsberechtigter Erbe aufgrund letztwilliger Verfügung des Erblassers vom Erben unter Anrechnung auf seinen Pflichtteil für die Dauer von 15 Jahren erhält; sie sind mit ihrem Zinsanteil steuerbar (→ BFH vom 26. 11. 1992 – BStBl 1993 II S. 298).

Vorweggenommene Erbfolge

Versorgungsleistungen, die anläßlich der Übertragung von Vermögen im Wege der vorweggenommenen Erbfolge vom Übernehmer zugesagt werden, stellen weder Veräußerungsentgelt noch Anschaffungskosten, sondern wiederkehrende Bezüge (§ 22 Nr. 1 EStG) dar (→ BFH vom 5. 7. 1990 – BStBl II S. 847, vom 15. 7. 1991 – BStBl 1992 II S. 78 und BMF vom 13. 1. 1993 – BStBl I S. 80).[2])

Anhang 13

Ein gesamtberechtigter Ehegatte versteuert ihm zufließende Altenteilsleistungen anläßlich einer vorweggenommenen Erbfolge im Regelfall auch dann nach § 22 Nr. 1 Satz 1 EStG, wenn er nicht Eigentümer des übergebenen Vermögens war. Der Abzugsbetrag nach § 24 a EStG und der Pauschbetrag nach § 9 a Satz 1 Nr. 3 EStG kann jedem Ehegatten gewährt werden, wenn er Einkünfte aus wiederkehrenden Bezügen hat (→ BFH vom 22. 9. 1993 – BStBl 1994 II S. 107).

R 166   R 166. Wiederkehrende Bezüge bei ausländischen Studenten und Schülern

[1]Unterhalts-, Schul- und Studiengelder, die freiwillig oder auf Grund einer freiwillig begründeten Rechtspflicht oder an gesetzlich unterhaltsberechtigte Personen gewährt werden, unterliegen der Einkommensteuer, wenn der Geber nicht unbeschränkt steuerpflichtig ist (→ § 22 Nr. 1 Satz 2 EStG). [2]Erhalten jedoch ausländische Studenten oder Schüler, die im Inland wohnen oder sich dort aufhalten und eine deutsche Hochschule oder andere Lehranstalt besuchen, oder ausländische Praktikanten von ihren im Ausland ansässigen Angehörigen Unterhalts-, Schul- oder Studiengelder, so sind diese Bezüge – soweit sie nicht bereits auf Grund eines Doppelbesteuerungsabkommens von der inländischen Besteuerung ausge-

---

[1]) Abdruck siehe oben.
[2]) Einschränkungen
  → BFH vom 31. 8. 1994 (BFHE 176, 19 und 176, 333)
  → H 167 (Mindestzeitrente, Versorgungs-„Zeitrente")

nommen sind – aus Billigkeitsgründen nicht zur Einkommensteuer heranzuziehen, wenn die Empfänger nur zu Zwecken ihrer Ausbildung oder Fortbildung im Inland wohnen oder sich dort aufhalten und auf die Bezüge überwiegend angewiesen sind.

Hinweise

Unterhaltszahlungen

Unterhaltszahlungen, die von einem beschränkt steuerpflichtigen Geber geleistet werden, sind auch dann Einkünfte aus wiederkehrenden Bezügen, wenn sie aus inländischen Einkünften geleistet werden (→ BFH vom 27. 9. 1973 – BStBl 1974 II S. 101).

R 167. Besteuerung von Leibrenten

Altersrente zunächst als Teilrente

(1) Wird eine Rente wegen Alters zunächst als Teilrente in Anspruch genommen, so ist der Rentenbetrag, um den sich die Teilrente bei Inanspruchnahme der Vollrente erhöht, als selbständige Leibrente zu behandeln.

Leibrente aus Billigkeitsgründen

(2) Beruhen laufende Leistungen aus berufsständischen Fürsorge- und Versorgungseinrichtungen zwar nicht von vornherein auf einem Anspruch, kann aber der Empfänger schon nach kurzer Laufzeit mit dem fortlaufenden Bezug rechnen, so sind sie, sofern sie nicht zu einer anderen Einkunftsart gehören, aus Billigkeitsgründen von Anfang an als Rente im Sinne des § 22 Nr. 1 Satz 3 Buchstabe a EStG anzusehen.

Erhöhung der Rente

(3) ¹Bei einer Erhöhung der Rente ist, falls auch das Rentenstammrecht eine zusätzliche Werterhöhung erfährt, ohne Rücksicht darauf, ob die Erhöhung von vornherein vereinbart war oder erst im Laufe des Rentenbezugs vereinbart wird, der Erhöhungsbetrag als selbständige Rente anzusehen, für die der Ertragsanteil vom Zeitpunkt der Erhöhung an gesondert zu ermitteln ist. ²Eine neue Rente ist jedoch nicht anzunehmen, soweit die Erhöhung in zeitlichem Zusammenhang mit einer vorangegangenen Herabsetzung steht oder wenn die Rente lediglich den gestiegenen Lebenshaltungskosten angepaßt wird (Wertsicherungsklausel). ³Das gleiche gilt für die Anpassung von Renten aus den gesetzlichen Rentenversicherungen bei Veränderungen des aktuellen Rentenwerts (→ BFH vom 10. 10. 1969 – BStBl 1970 II S. 9).

Herabsetzung der Rente

(4) ¹Wird die Höhe der Rente herabgesetzt, so sind die folgenden Fälle zu unterscheiden:

1. ¹Wird von vornherein eine spätere Herabsetzung vereinbart, so ist zunächst der Ertragsanteil des Grundbetrags der Rente zu ermitteln, d. h. des Betrags, auf den die Rente später ermäßigt wird. ²Diesen Ertragsanteil muß der Berechtigte während der gesamten Laufzeit versteuern, da er den Grundbetrag bis zu seinem Tod erhält. ³Außerdem hat er bis zum Zeitpunkt der Herabsetzung den Ertragsanteil des über den Grundbetrag hinausgehenden Rententeils zu versteuern. ⁴Dieser Teil der Rente ist eine abgekürzte Leibrente (§ 55 Abs. 2 EStDV), die längstens bis zum Zeitpunkt der Herabsetzung läuft.
2. Wird die Herabsetzung während des Rentenbezugs vereinbart und sofort wirksam, so bleibt der Hundertsatz des Ertragsanteils unverändert.
3. ¹Wird die Herabsetzung während des Rentenbezugs mit der Maßgabe vereinbart, daß sie erst zu einem späteren Zeitpunkt wirksam wird, so bleibt der Hundertsatz des Ertragsanteils bis zum Zeitpunkt der Vereinbarung unverändert. ²Von diesem Zeitpunkt an ist Nummer 1 entsprechend anzuwenden. ³Dabei sind jedoch das zu Beginn des Rentenbezugs vollendete Lebensjahr des Rentenberechtigten und insoweit, als die Rente eine abgekürzte Leibrente (§ 55 Abs. 2 EStDV) ist, die beschränkte Laufzeit ab Beginn des Rentenbezugs zugrunde zu legen.

Besonderheit bei der Ermittlung des Ertragsanteils

(5) Setzt der Beginn des Rentenbezugs die Vollendung eines bestimmten Lebensjahrs der Person voraus, von deren Lebenszeit die Dauer der Rente abhängt, und wird die Rente schon

vom Beginn des Monats an gewährt, in dem die Person das bestimmte Lebensjahr vollendet hat, so ist dieses Lebensjahr bei der Ermittlung des Ertragsanteils nach § 22 Nr. 1 Satz 3 Buchstabe a EStG zugrunde zu legen.

Auf- und Abrundung der Laufzeit abgekürzter Leibrenten

(6) Bemißt sich bei einer abgekürzten Leibrente die beschränkte Laufzeit nicht auf volle Jahre, so ist bei Anwendung der in § 55 Abs. 2 EStDV aufgeführten Tabelle die Laufzeit aus Vereinfachungsgründen auf volle Jahre aufzurunden, wenn der Jahresbruchteil mehr als $6/12$ und abzurunden, wenn er nicht mehr als $6/12$ beträgt.

Besonderheiten bei Renten wegen Berufsunfähigkeit und Renten wegen Erwerbsunfähigkeit

(7) [1]Für die Bemessung der Laufzeit der als abgekürzte Leibrenten zu behandelnden Renten wegen Berufsunfähigkeit und Renten wegen Erwerbsunfähigkeit ist grundsätzlich davon auszugehen, daß die Umwandlung in die Altersrente mit Vollendung des 65. Lebensjahrs erfolgt. [2]Legt der Bezieher einer Rente wegen Berufs- oder Erwerbsunfähigkeit jedoch schlüssig dar, daß eine Umwandlung vor der Vollendung des 65. Lebensjahrs erfolgen wird, ist auf Antrag, bei Vorliegen der versicherungsrechtlichen Voraussetzungen, hinsichtlich der Bemessung des Ertragsanteils auf den früheren Umwandlungszeitpunkt abzustellen; eine nach § 165 AO vorläufigen Steuerfestsetzung bedarf es insoweit nicht. [3]Wird eine Rente wegen Berufs- oder Erwerbsunfähigkeit vor Vollendung des 65. Lebensjahrs in eine vorzeitige Altersrente umgewandelt, ist in allen noch offenen Fällen die Laufzeit bis zum Umwandlungszeitpunkt maßgebend.

Besonderheiten bei Witwen- und Witwerrenten

(8) [1]Für die Ermittlung des Ertragsanteils der stets als abgekürzte Leibrenten zu behandelnden Kleinen Witwen- oder Witwerrente ist davon auszugehen, daß die Rente mit der Vollendung des 45. Lebensjahrs in eine lebenslängliche Große Witwen- oder Witwerrente umgewandelt wird. [2]Eine Große Witwen- oder Witwerrente, die der unter 45 Jahre alte Berechtigte bezieht, weil er ein waisenrentenberechtigtes Kind erzieht, ist als abgekürzte Leibrente nach § 55 Abs. 2 EStDV zu versteuern, wenn die Erziehung des waisenrentenberechtigten Kindes durch Eintritt der Volljährigkeit endet, bevor der Steuerpflichtige das 45. Lebensjahr vollendet hat. [3]Anschließend wird bis zur Vollendung des 45. Lebensjahrs die Kleine Witwen- oder Witwerrente gezahlt, die wiederum gesondert als abgekürzte Leibrente zu besteuern ist.

Besonderheiten bei Witwen- oder Witwerrenten nach dem vorletzten Ehegatten

(9) [1]Der Ertragsanteil einer Witwen- oder Witwerrente nach dem vorletzten Ehegatten bestimmt sich nach dem vollendeten Lebensalter bei Beginn der Witwen- oder Witwerrente und – bei abgekürzten Leibrenten – unter zusätzlicher Berücksichtigung der Beschränkung auf die bestimmte Laufzeit. [2]Dabei sind die rentenfreien Zeiten in der Weise zu berücksichtigen, daß für die Bemessung des Ertragsanteils der Witwen- oder Witwerrente nach dem vorletzten Ehegatten dem vollendeten Lebensalter bei Beginn der Witwen- oder Witwerrente die rentenfreien Zeiten zugerechnet werden und gegebenenfalls die bestimmte Laufzeit entsprechend gemindert wird; aus Gründen der Praktikabilität sind jedoch nur volle Kalenderjahre zu berücksichtigen. [3]Lebt eine wegen Wiederheirat des Berechtigten weggefallene Witwen- oder Witwerrente wegen Auflösung oder Nichtigkeitserklärung der neuen Ehe wieder auf (§ 46 Abs. 3 SGB VI), so handelt es sich nicht um eine neue Leibrente im Sinne des § 22 Nr. 1 Satz 3 Buchstabe a EStG (→ BFH vom 12. 7. 1989 – BStBl II S. 1012).

Hinweise

Allgemeines

Für den **Begriff der Leibrente** im Sinne des § 22 Nr. 1 Satz 3 Buchstabe a EStG ist, soweit es sich nicht um Renten aus der gesetzlichen Rentenversicherung handelt, vom bürgerlichen Recht (§§ 759 ff. BGB) auszugehen. Er hat ein einheitliches nutzbares Recht (Rentenstammrecht) zum Inhalt, das dem Berechtigten für eine vom Leben einer Person abhängige Zeit eingeräumt ist und dessen Früchte als fortlaufend wiederkehrende, gleichmäßige, zahlen- oder wertmäßig festgelegte Leistungen in Geld oder vertretbaren Sachen bestehen (→ BFH vom 18. 3. 1980 – BStBl II S. 501 und vom 11. 3. 1992 – BStBl II S. 499).

Der **Erwerb des Stammrechts** spielt sich auf der Vermögensebene ab. Es ist ohne Bedeutung, ob der Berechtigte das Stammrecht entgeltlich oder unentgeltlich erworben hat (→ BFH vom 7. 8. 1959 – BStBl III S. 463).

Eine Leibrente kann vorliegen, wenn die **Bemessungsgrundlage für die Bezüge** keinen oder nur unbedeutenden Schwankungen unterliegt. Veränderungen in der absoluten Höhe, die sich deswegen ergeben, weil die Bezüge aus gleichmäßigen Sachleistungen bestehen, stehen der Annahme einer Leibrente nicht entgegen.

Ist die Höhe einer **Rente von mehreren selbständigen Voraussetzungen abhängig,** so kann einkommensteuerrechtlich eine lebenslängliche Leibrente erst ab dem Zeitpunkt angenommen werden, in dem die Voraussetzung für eine fortlaufende Gewährung der Rente in gleichmäßiger Höhe bis zum Lebensende des Berechtigten erstmals vorliegt. Wird die Rente schon vor diesem Zeitpunkt zeitlich begrenzt nach einer anderen Voraussetzung oder in geringerer Höhe voraussetzungslos gewährt, so ist sie als abgekürzte Leibrente zu behandeln.

Beginn der Rente

Unter Beginn der Rente (Kopfleiste der in § 22 Nr. 1 Satz 3 Buchstabe a EStG aufgeführten Tabelle) ist bei Renten auf Grund privater Versicherungsverträge oder aus den gesetzlichen Rentenversicherungen der Zeitpunkt zu verstehen, von dem an versicherungsrechtlich die Rente zu laufen beginnt; auch bei Rentennachzahlungen ist unter „Beginn der Rente" der Zeitpunkt zu verstehen, in dem der Rentenanspruch entstanden ist. Auf den Zeitpunkt des Rentenantrags oder der Zahlung kommt es nicht an (→ BFH vom 6. 4. 1976 – BStBl II S. 452). Die Verjährung einzelner Rentenansprüche hat auf den „Beginn der Rente" keinen Einfluß (→ BFH vom 30. 9. 1980 – BStBl 1981 II S. 155).

Bezüge aus einer ehemaligen Tätigkeit

Bezüge, die nach § 24 Nr. 2 EStG zu den Einkünften aus Land- und Forstwirtschaft, Gewerbebetrieb oder selbständiger Arbeit rechnen oder die Arbeitslohn sind, sind nicht Leibrenten im Sinne des § 22 Nr. 1 Satz 3 Buchstabe a EStG; hierzu gehören z. B. betriebliche Versorgungsrenten aus einer ehemaligen Tätigkeit im Sinne des § 24 Nr. 2 EStG (→ BFH vom 10. 10. 1963 – BStBl III S. 592).

Ertragsanteil einer Leibrente

Bei der Ermittlung des Ertragsanteils einer lebenslänglichen Leibrente ist – vorbehaltlich des § 55 Abs. 1 Nr. 1 EStDV – von dem bei Beginn der Rente vollendeten Lebensjahr auszugehen (Kopfleiste der in § 22 Nr. 1 Satz 3 Buchstabe a EStG aufgeführten Tabelle).

Ist die Dauer einer Leibrente **von der Lebenszeit mehrerer Personen abhängig,** so ist der Ertragsanteil nach § 55 Abs. 1 Nr. 3 EStDV zu ermitteln. Das gilt auch, wenn die Rente mehreren Personen, z. B. Ehegatten, gemeinsam mit der Maßgabe zusteht, daß sie beim Ableben des zuerst Sterbenden herabgesetzt wird. In diesem Fall ist bei der Ermittlung des Grundbetrags der Rente, d. h. des Betrags, auf den sie später ermäßigt wird, das Lebensjahr der jüngsten Person zugrunde zu legen. Für den Ertragsanteil des über den Grundbetrag hinausgehenden Rententeils ist das Lebensjahr der ältesten Person maßgebend.

Beispiel:

Einem Ehepaar wird ab 1. 1. 1995 gemeinsam eine lebenslängliche Rente von 24.000 DM jährlich mit der Maßgabe gewährt, daß sie beim Ableben des zuerst Sterbenden auf 15.000 DM jährlich ermäßigt wird. Der Ehemann ist zu Beginn des Rentenbezugs 55, die Ehefrau 50 Jahre alt.

Es sind zu versteuern

a) bis zum Tod des zuletzt Sterbenden der Ertragsanteil des Sockelbetrags von 15.000 DM. Dabei ist nach § 55 Abs. 1 Nr. 3 EStDV das Lebensalter der jüngsten Person, mithin der Ehefrau, zugrunde zu legen. Der Ertragsanteil beträgt

für 1995: 43 v. H. von 15.000 DM = 6.450 DM

(§ 22 Nr. 1 Satz 3 Buchstabe a EStG);

b) außerdem bis zum Tod des zuerst Sterbenden der Ertragsanteil des über den Sockelbetrag hinausgehenden Rententeils von 9.000 DM. Dabei ist nach § 55 Abs. 1 Nr. 3 EStDV das Lebensalter der ältesten Person, mithin des Ehemanns, zugrunde zu legen. Der Ertragsanteil beträgt

für 1995: 38 v. H. von 9.000 DM = 3.420 DM

(§ 22 Nr. 1 Satz 3 Buchstabe a EStG).

Der jährliche Ertragsanteil beläuft sich somit für die Jahre ab 1995 auf (6.450 DM + 3.420 DM =) 9.870 DM.

Steht die Rente nur einer Person zu, z. B. dem Ehemann, und erhält eine andere Person, z. B. die Ehefrau, nur für den Fall eine Rente, daß sie die erste Person überlebt, so liegen zwei Renten vor, von denen die letzte aufschiebend bedingt ist, z. B. die Hinterbliebenenrente aus den gesetzlichen Rentenversicherungen der Arbeiter und der Angestellten. Der Ertragsanteil für diese Rente ist erst von dem Zeitpunkt an zu versteuern, in dem die Bedingung eintritt.

Herabsetzung der Rente

Beispiele:

1. **Die spätere Herabsetzung wird von vornherein vereinbart.**

   A gewährt dem B ab 1. 1. 1995 eine lebenslängliche Rente von 8.000 DM jährlich mit der Maßgabe, daß sie nach Ablauf von acht Jahren auf 5.000 DM jährlich ermäßigt wird. B ist zu Beginn des Rentenbezugs 50 Jahre alt.

   B hat zu versteuern

   a) während der gesamten Dauer des Rentenbezugs – nach Abzug von Werbungskosten – den Ertragsanteil des Grundbetrags. Der Ertragsanteil beträgt nach der in § 22 Nr. 1 Satz 3 Buchstabe a EStG aufgeführten Tabelle
   ab 1995: 43 v. H. von 5.000 DM = 2.150 DM;

   b) außerdem in den ersten acht Jahren den Ertragsanteil des über den Grundbetrag hinausgehenden Rententeils von 3.000 DM. Dieser Teil der Rente ist eine abgekürzte Leibrente mit einer beschränkten Laufzeit von acht Jahren; der Ertragsanteil beträgt nach der in § 55 Abs. 2 EStDV aufgeführten Tabelle 14 v. H. von 3.000 DM = 420 DM.

   Der jährliche Ertragsanteil beläuft sich somit für die Jahre 1995 bis 2002 auf (2.150 DM + 420 DM =) 2.570 DM.

2. **Die spätere Herabsetzung wird erst während des Rentenbezugs vereinbart.**

   A gewährt dem B ab 1. 1. 1992 eine lebenslängliche Rente von jährlich 9.000 DM. Am 1. 1. 1994 wird vereinbart, daß die Rente vom 1. 1. 1998 an auf jährlich 6.000 DM herabgesetzt wird. B ist zu Beginn des Rentenbezugs 50 Jahre alt. In den Jahren 1992 und 1993 beträgt der Ertragsanteil 41 v. H. von 9.000 DM = 3.690 DM (§ 22 Nr. 1 Satz 3 Buchstabe a EStG).

   Ab 1. 1. 1994 hat B zu versteuern

   a) während der gesamten weiteren Laufzeit des Rentenbezugs den Ertragsanteil des Sockelbetrags der Rente von 6.000 DM. Der Ertragsanteil beträgt unter Zugrundelegung des Lebensalters zu Beginn des Rentenbezugs nach der in § 22 Nr. 1 Satz 3 Buchstabe a EStG aufgeführten Tabelle
   ab 1994: 43 v. H. von 6.000 DM = 2.580 DM;

   b) außerdem bis zum 31. 12. 1997 den Ertragsanteil des über den Sockelbetrag hinausgehenden Rententeils von 3.000 DM. Dieser Teil der Rente ist eine abgekürzte Leibrente mit einer beschränkten Laufzeit von sechs Jahren; der Ertragsanteil beträgt nach der in § 55 Abs. 2 EStDV aufgeführten Tabelle 10 v. H. von 3.000 DM = 300 DM.

   Der jährliche Ertragsanteil beläuft sich somit für die Jahre 1994 bis 1997 auf (2.580 DM + 300 DM =) 2.880 DM.

Kapitalabfindung

Wird eine unter § 22 Nr. 1 Satz 3 Buchstabe a EStG fallende Leibrente durch eine Kapitalabfindung abgelöst, so unterliegt diese nicht der Einkommensteuer (→ BFH vom 23. 4. 1958 – BStBl III S. 277).

Leibrente

Begriff → Allgemeines

Eine grundsätzlich auf Lebensdauer einer Person zu entrichtende Rente bleibt eine Leibrente auch dann, wenn sie unter bestimmten Voraussetzungen, z. B. Wiederverheiratung, früher endet (→ BFH vom 5. 12. 1980 – BStBl 1981 II S. 265).

Leibrenten im Sinne des § 22 Nr. 1 Satz 3 Buchstabe a EStG sind insbesondere die **lebenslänglichen Renten** wie z. B. Altersrenten aus den gesetzlichen Rentenversicherungen der Arbeiter und der Angestellten, aus der knappschaftlichen Rentenversicherung und nach dem Gesetz über eine Altershilfe für Landwirte sowie lebenslängliche Renten aus betrieblichen Pensionskassen, sofern diese nicht ausnahmsweise Arbeitslohn sind.

Auch **unentgeltlich erworbene Leibrenten** fallen unter § 22 Nr. 1 Satz 3 Buchstabe a EStG. Das gilt dann, wenn der Empfänger sie aus Anlaß des unentgeltlichen Übergangs eines gewerblichen Betriebs erworben hat, da diese Bezüge ebenfalls Renten im Sinne des § 22 Nr. 1 Satz 3 Buchstabe a EStG sind (→ BFH vom 30. 11. 1967 – BStBl 1968 II S. 263).

Durch die Einräumung eines **lebenslänglichen Wohnrechts** und die Versorgung mit elektrischem Strom und Heizung wird eine Leibrente nicht begründet (→ BFH vom 2. 12. 1966 – BStBl 1967 III S. 243 und vom 12. 9. 1969 – BStBl II S. 706).

Aus dem Erfordernis der Gleichmäßigkeit ergibt sich, daß eine Leibrente ferner nicht gegeben ist, wenn die Bezüge **von einer wesentlich schwankenden Größe abhängen,** z. B. vom Umsatz oder Gewinn eines Unternehmens; das gilt auch dann, wenn die Bezüge sich nach einem festen Vomhundertsatz oder einem bestimmten Verteilungsschlüssel bemessen (→ BFH vom 10. 10. 1963 – BStBl III S. 592, vom 27. 5. 1964 – BStBl III S. 475 und vom 25. 11. 1966 – BStBl 1967 III S. 178).

Leibrente, abgekürzt

Abgekürzte Leibrenten sind Leibrenten, die auf eine bestimmte Zeit beschränkt sind und deren Ertragsanteil nach § 55 Abs. 2 EStDV bestimmt wird. Ist das Rentenstammrecht ohne Gegenleistung begründet worden (z. B. bei Vermächtnisrenten, nicht aber bei Waisenrenten aus Versicherungen), so muß – vorbehaltlich R 167 Abs. 3 – die zeitliche Befristung, vom Beginn der Rente an gerechnet, regelmäßig einen Zeitraum von mindestens zehn Jahren umfassen; siehe aber auch → Renten wegen Berufs- oder Erwerbsunfähigkeit. Hierzu und hinsichtlich des Unterschieds von Zeitrenten und abgekürzten Leibrenten → BFH vom 7. 8. 1959 (BStBl III S. 463).

Abgekürzte Leibrenten erlöschen, wenn die Person, von deren Lebenszeit sie abhängen, vor Ablauf der zeitlichen Begrenzung stirbt. Überlebt die Person die zeitliche Begrenzung, so endet die abgekürzte Leibrente mit ihrem Zeitablauf.

Renten wegen Berufs- oder Erwerbsunfähigkeit

Renten wegen verminderter Erwerbsfähigkeit, insbesondere Renten wegen Berufs- oder Erwerbsunfähigkeit, der gesetzlichen Rentenversicherung sind stets als abgekürzte Leibrenten anzusehen. Auf eine Mindestdauer des Rentenbezugs kommt es nicht an (→ BFH vom 22. 1. 1991 – BStBl II S. 686).

Mindestzeitrente

Übertragen Eltern einem Kind einen Vermögensgegenstand gegen eine Leibrente, die jedenfalls für eine bestimmte Mindestdauer zu zahlen ist (sog. Mindestzeitrente oder verlängerte Leibrente), handelt es sich im Regelfall nicht um eine Vermögensübergabe gegen Versorgungsleistungen, sondern um ein entgeltliches Veräußerungs-/Anschaffungsgeschäft gegen Ratenzahlungen. Dies gilt auch dann, wenn Leistung und Gegenleistung nicht nach kaufmännischen Grundsätzen gegeneinander abgewogen sind (→ BFH vom 31. 8. 1994 – BFHE 176, 333).

Schuldzinsen

Schuldzinsen für einen Kredit zur Nachentrichtung freiwilliger Beiträge zur Angestelltenversicherung sind bei den sonstigen Einkünften in Gestalt wiederkehrender Bezüge in voller Höhe als Werbungskosten abziehbar (→ BFH vom 21. 7. 1981 – BStBl 1982 II S. 41).

Sozialzuschlag

Der im Beitrittsgebiet gezahlte Sozialzuschlag (→ Gesetz zur Zahlung eines Sozialzuschlags zu Renten im Beitrittsgebiet, Artikel 40 Rentenüberleitungsgesetz) bleibt nach § 3 Nr. 11 EStG steuerfrei.

Veräußerungsrente

Bei Veräußerung eines land- und forstwirtschaftlichen Betriebs, eines Gewerbebetriebs oder eines der selbständigen Arbeit dienenden Vermögens gegen eine Leibrente ist diese mit dem Ertragsanteil nach § 22 Nr. 1 Satz 3 Buchstabe a EStG zu besteuern, wenn der Steuerpflichtige die sofortige Besteuerung des Veräußerungsgewinns (Unterschied zwischen dem Barwert der Veräußerungsrente und dem steuerlichen Kapitalkonto abzüglich der Veräußerungskosten) statt der laufenden Besteuerung der Rentenbezüge nach § 24 Nr. 2 EStG wählt (→ R 139 Abs. 11).

Versorgungs- und Versicherungsrenten aus einer Zusatzversorgung

Von der Versorgungsanstalt des Bundes und der Länder (VBL) und vergleichbaren Zusatzversorgungseinrichtungen geleistete Versorgungsrenten und Versicherungsrenten für Versicherte und Hinterbliebene stellen grundsätzlich lebenslängliche Leibrenten dar. Werden sie neben einer Berufs- oder Erwerbsunfähigkeitsrente gezahlt, sind sie ebenfalls als abgekürzte Leibrenten zu behandeln (→ BFH vom 4. 10. 1990 – BStBl 1991 II S. 89).

Versorgungs-„Zeitrente"

Werden wiederkehrende Leistungen, die im Zusammenhang mit der Übergabe von Vermögen vereinbart werden, auf eine fest bestimmte Zeit gezahlt, können sie nicht dem Typus einer „Vermögensübergabe gegen Versorgungsleistungen" zugeordnet werden. Sie sind nach den steuerrechtlichen Grundsätzen über wiederkehrende Leistungen im Austausch mit einer Gegenleistung zu behandeln.

Gegen Hingabe eines Vermögensgegenstandes erworbene „sog. Zeitrenten" sind als Kaufpreisraten zu behandeln. § 22 Nr. 1 Satz 1 EStG findet auf „Kaufpreiszeitrenten" keine Anwendung (→ BFH vom 31. 8. 1994 – BFHE 176, 19).

Vertraglich vereinbarte Leistungen

Durch einen Vertrag, bei dem die einzelnen Rentenbezüge von den jeweiligen wirtschaftlichen Verhältnissen des Gebers oder Empfängers abhängig sind, wird kein einheitliches Stammrecht begründet (→ BFH vom 11. 10. 1963 – BStBl III S. 594). Im einzelnen gilt folgendes:

1. **Testament/Erbvertrag**

    Zu den Leibrenten gehören grundsätzlich auch gleichbleibende, auf Lebenszeit regelmäßig wiederkehrend zu erbringende Geldzuwendungen, die auf die Regelung erbrechtlicher Verhältnisse in einem Testament oder Erbvertrag zurückgehen (→ BFH vom 17. 11. 1955 – BStBl 1956 III S. 281, vom 10. 10. 1963 – BStBl III S. 592 und vom 20. 8. 1965 – BStBl III S. 706); die Abänderungsmöglichkeit nach § 323 ZPO gilt für diese Fälle nicht.

2. **Übergabeverträge**

    Versorgungsleistungen, die in **Betriebs- oder Vermögensübergabeverträgen** zugesagt werden, können nur dann Leibrenten sein, wenn sich weder aus einer der den Rechtsgedanken des § 323 ZPO beinhaltenden Vertragsklausel noch aus der Rechtsnatur des Versorgungsvertrages eine Änderungsmöglichkeit ergibt (→ BFH vom 15. 7. 1991 – BStBl 1992 II S. 78).

3. **Unterhaltsverträge**

    Unterhaltsverträge zwischen geschiedenen oder dauernd getrennt lebenden Ehegatten sind für die Frage, ob eine Leibrente vorliegt oder nicht, nur von Bedeutung, wenn der Unterhaltsverpflichtete nicht unbeschränkt einkommensteuerpflichtig ist (§ 22 Nr. 1 Satz 2 EStG). In der Regel wird kein einheitliches Stammrecht begründet, weil diese Verträge im allgemeinen mindestens stillschweigend den Vorbehalt der Leistungsfähigkeit des Gebers und des Unterhaltsbedürfnisses des Empfängers enthalten. Eine Leibrente liegt nur dann vor, wenn auf Änderungsmöglichkeiten nach § 323 ZPO ausdrücklich verzichtet wird (→ BFH vom 27. 9. 1973 – BStBl 1974 II S. 103 und die dort angeführte weitere Rechtsprechung sowie BFH vom 1. 8. 1975 – BStBl II S. 881).

4. **Vermächtnis**

    Werden in einer letztwilligen Verfügung für einen weichenden Erben durch Vermächtnis für die Lebenszeit des Vermächtnisnehmers fortlaufend wiederkehrende gleichmäßige Leistungen ausgesetzt, so sind diese als Leibrente zu behandeln, wenn die Vermächtnisanordnung nicht eindeutig erkennen läßt, daß die Leistungen nach Maßgabe der Leistungsfähigkeit des Verpflichteten und des Unterhaltsbedürfnisses des Berechtigten abänderbar sind (→ BFH vom 1. 8. 1975 – BStBl II S. 882).

Waisenrente

Eine Waisenrente wegen körperlicher, geistiger oder seelischer Behinderung des Kindes wird längstens bis zur Vollendung seines 27. Lebensjahres geleistet (§ 48 Abs. 4 Nr. 2 b SGB VI); es ist davon auszugehen, daß der Berechtigte bis zu diesem Zeitpunkt für das Kind sorgt.

Wertsicherungsklausel

Die Vereinbarung von Wertsicherungsklauseln oder sogenannten Währungsklauseln, die nur der Anpassung der Kaufkraft an geänderte Verhältnisse dienen sollen, schließen die Annahme einer Leibrente nicht aus (→ BFH vom 2. 12. 1966 – BStBl 1967 III S. 179 und vom 11. 8. 1967 – BStBl III S. 699). Unter diesem Gesichtspunkt liegt eine Leibrente auch dann vor, wenn ihre Höhe jeweils von der für Sozialversicherungsrenten maßgebenden Bemessungsgrundlage abhängt (→ BFH vom 30. 11. 1967 – BStBl 1968 II S. 262). Ist auf die wertgesicherte Leibrente eine andere – wenn auch in unterschiedlicher Weise – wertgesicherte Leibrente anzurechnen, so hat die Differenz zwischen beiden Renten ebenfalls Leibrentencharakter (→ BFH vom 5. 12. 1980 – BStBl 1981 II S. 265).

Witwen- und Witwerrente

– **Große Witwen- und Witwerrente**

Die sog. Große Witwen- und Witwerrente (§ 46 Abs. 2 SGB VI) wird geleistet,

1. solange der Berechtigte mindestens ein Kind erzieht, das das 18. Lebensjahr noch nicht vollendet hat, oder für ein Kind sorgt, das wegen körperlicher, geistiger oder seelischer Behinderung außerstande ist, sich selbst zu unterhalten (§ 46 Abs. 2 Nr. 1 SGB VI) oder
2. wenn der Berechtigte das 45. Lebensjahr bereits vollendet hat (§ 46 Abs. 2 Nr. 2 SGB VI) oder
3. solange der Berechtigte berufs- oder erwerbsunfähig ist (§ 46 Abs. 2 Nr. 3 SGB VI).

Hat der Berechtigte das 45. Lebensjahr vollendet und erhält er infolgedessen die Große Witwen- und Witwerrente, so ist deren Ertragsanteil nach § 22 Nr. 1 Satz 3 Buchstabe a EStG zu ermitteln. Eine Große Witwen- und Witwerrente, die der unter 45 Jahre alte Berechtigte nach unterschiedlichen Vorschriften voraussichtlich auf Lebenszeit bezieht, stellt ebenfalls stets eine lebenslängliche Leibrente dar (→ BFH vom 8. 3. 1989 – BStBl II S. 551).

– **Kleine Witwen- und Witwerrente**

Die Kleine Witwen- und Witwerrente wird nach dem Tod des versicherten Ehemanns seiner Witwe oder nach dem Tod der versicherten Ehefrau ihrem Witwer gewährt, wenn der versicherte Ehegatte die allgemeine Wartezeit erfüllt hat (§ 46 Abs. 1 SGB VI). Ihr Ertragsanteil ist nach § 55 Abs. 2 EStDV zu ermitteln.

Witwen- und Witwerrente nach dem vorletzten Ehegatten

Der Anspruch auf Witwen- und Witwerrente entfällt mit Ablauf des Monats der Wiederheirat. Durch Auflösung der den Wegfall verursachenden Ehe lebt der Rentenanspruch wieder auf (§ 46 Abs. 3 SGB VI).

Zeitrente

Zeitrenten sind wiederkehrende Bezüge, die unabhängig von der Lebensdauer einer Person stets für eine feste Zeitdauer gezahlt werden.

R 168. Renten nach § 2 Abs. 2 der 32. DV zum Umstellungsgesetz (UGDV)

Beträge, die nach § 2 Abs. 2 der 32. UGDV[1]) in Verbindung mit § 1 der Anordnung der Versicherungsaufsichtsbehörden über die Zahlung von Todesfall- und Invaliditätsversicherungssummen vom 15. 11. 1949[2]) unter der Bezeichnung „Renten" gezahlt werden, gehören nicht zu den wiederkehrenden Bezügen im Sinne des § 22 Nr. 1 EStG und sind deshalb nicht einkommensteuerpflichtig.

---

[1]) StuZBL 1949 S. 327.
[2]) Veröffentlichungen des Zonenamtes des Reichsaufsichtsamtes für das Versicherungswesen in Abw. 1949 S. 118.

§ 22 EStG

| R 168 a | R 168 a. Besteuerung von Leistungen im Sinne des § 22 Nr. 3 EStG |

Haben beide zusammenveranlagten Ehegatten Einkünfte im Sinne des § 22 Nr. 3 EStG bezogen, so ist bei jedem Ehegatten die in dieser Vorschrift bezeichnete Freigrenze – höchstens jedoch bis zur Höhe seiner Einkünfte im Sinne des § 22 Nr. 3 EStG – zu berücksichtigen.

H 168 a **Hinweise**

Leistungen

Leistung im Sinne des § 22 Nr. 3 EStG ist jedes Tun, Dulden oder Unterlassen, das Gegenstand eines entgeltlichen Vertrags sein kann und um des Entgelts willen erbracht wird, sofern es sich nicht um Veräußerungsvorgänge oder veräußerungsähnliche Vorgänge im privaten Bereich handelt, bei denen ein Entgelt dafür erbracht wird, daß ein Vermögenswert in seiner Substanz endgültig aufgegeben wird (→ BFH vom 28. 11. 1984 – BStBl 1985 II S. 264).

Eine Leistung im Sinne des § 22 Nr. 3 EStG liegt auch dann vor, wenn für eine Tätigkeit, die Gegenstand eines entgeltlichen Vertrags sein kann, nachträglich ein Entgelt gezahlt und vom Leistenden als angemessene Gegenleistung für die von ihm erbrachte Tätigkeit angenommen wird (→ BFH vom 21. 9. 1982 – BStBl 1983 II S. 201).

Leistungen im Sinne des § 22 Nr. 3 EStG sind:

- Abfindung für die Aufgabe einer Wohnung unter besonderen Voraussetzungen (→ BFH vom 5. 8. 1976 – BStBl 1977 II S. 27),
- Bindungsentgelt, das beim Wertpapieroptionsgeschäft dem Optionsgeber gezahlt wird (→ BFH vom 28. 11. 1984 – BStBl 1985 II S. 264 und vom 28. 11. 1990 – BStBl 1991 II S. 300),
- Einmalige Bürgschaftsprovision (→ BFH vom 22. 1. 1965 – BStBl III S. 313),
- Entgelt für ein freiwilliges Einsammeln und Verwerten leerer Flaschen (→ BFH vom 6. 6. 1973 – BStBl II S. 727),
- Entgelt für eine Beschränkung der Grundstücksnutzung (→ BFH vom 9. 4. 1965 – BStBl III S. 361 und vom 26. 8. 1975 – BStBl 1976 II S. 62),
- Entgelt für die Einräumung eines Vorkaufsrechts (→ BFH vom 30. 8. 1966 – BStBl 1967 III S. 69 und vom 10. 12. 1985 – BStBl 1986 II S. 340); bei späterer Anrechnung des Entgelts auf den Kaufpreis entfällt der Tatbestand des § 22 Nr. 3 EStG rückwirkend nach § 175 Abs. 1 Satz 1 Nr. 2 AO (→ BFH vom 10. 8. 1994 – BStBl 1995 II S. 57),
- Entgelt für den Verzicht auf Einhaltung des gesetzlich vorgeschriebenen Grenzabstands eines auf dem Nachbargrundstück errichteten Gebäudes (→ BFH vom 5. 8. 1976 – BStBl 1977 II S. 26),
- Entgelt für die Abgabe eines zeitlich befristeten Kaufangebots über ein Grundstück (→ BFH vom 26. 4. 1977 – BStBl II S. 631),
- Entgelt für den Verzicht des Inhabers eines eingetragenen Warenzeichens auf seine Abwehrrechte (→ BFH vom 25. 9. 1979 – BStBl 1980 II S. 114),
- Entgelt für ein vertraglich vereinbartes umfassendes Wettbewerbsverbot (→ BFH vom 21. 9. 1982 – BStBl 1983 II S. 289),
- Entgelt für eine Vereinbarung, das Bauvorhaben des Zahlenden zu dulden (→ BFH vom 26. 10. 1982 – BStBl 1983 II S. 404),
- Entgelt für die regelmäßige Mitnahme eines Arbeitskollegen auf der Fahrt zwischen Wohnung und Arbeitsstätte (→ BFH vom 15. 3. 1994 – BStBl II S. 516),
- Vergütungen für die Rücknahme des Widerspruchs gegen den Bau und Betrieb eines Kraftwerks (→ BFH vom 12. 11. 1985 – BStBl 1986 II S. 890).

Keine Leistungen im Sinne des § 22 Nr. 3 EStG sind:

- Einkünfte aus privaten Devisentermingeschäften (→ BFH vom 8. 12. 1981 – BStBl 1982 II S. 618, vom 6. 12. 1983 – BStBl 1984 II S. 132 und vom 25. 8. 1987 – BStBl 1988 II S. 248),
- Entgeltliche Abtretungen von Rückkaufsrechten an Grundstücken (→ BFH vom 14. 11. 1978 – BStBl 1979 II S. 298),
- Entschädigung für eine faktische Bausperre (→ BFH vom 12. 9. 1985 – BStBl 1986 II S. 252),

- Gewinne aus Errichtung und Veräußerung von Kaufeigenheimen, auch wenn die Eigenheime bereits vor Errichtung verkauft worden sind (→ BFH vom 1. 12. 1989 – BStBl 1990 II S. 1054),
- Streikunterstützungen (→ BFH vom 24. 10. 1990 – BStBl 1991 II S. 337),
- Verzicht auf ein testamentarisch vermachtes obligatorisches Wohnrecht gegen Entgelt im privaten Bereich (→ BFH vom 9. 8. 1990 – BStBl II S. 1026).
- Vereinbarung wertmindernder Beschränkung des Grundstückseigentums gegen Entgelt zur Vermeidung eines ansonsten zulässigen Enteignungsverfahrens (→ BFH vom 17. 5. 1995 – BStBl II S. 640).

Optionskombinationen

Bei einer Optionskombination ist jedes Optionsgeschäft für sich zu beurteilen. Aufwendungen für ein fehlgeschlagenes Optionsgeschäft können nicht als Werbungskosten von den Einnahmen aus einem anderen Optionsgeschäft abgezogen werden (→ BFH vom 28. 11. 1990 – BStBl 1991 II S. 300 und BMF vom 10. 11. 1994 – BStBl I S. 816).

Werbungskosten

Werbungskosten sind bei den Einkünften aus einmaligen (sonstigen) Leistungen auch dann im Jahre des Zuflusses der Einnahme abziehbar, wenn sie vor diesem Jahr angefallen sind oder nach diesem Jahr mit Sicherheit anfallen werden. Entstehen künftig Werbungskosten, die im Zuflußjahr noch nicht sicher vorhersehbar waren, ist die Veranlagung des Zuflußjahres gemäß § 175 Abs. 1 Satz 1 Nr. 2 AO zu ändern (→ BFH vom 3. 6. 1992 – BStBl II S. 1017).

R 168 b. Besteuerung von Bezügen im Sinne des § 22 Nr. 4 EStG

¹§ 22 Nr. 4 EStG umfaßt nur solche Leistungen, die auf Grund des Abgeordnetengesetzes, des Europaabgeordnetengesetzes oder der entsprechenden Gesetze der Länder gewährt werden. ²Leistungen, die außerhalb dieser Gesetze erbracht werden, z. B. Zahlungen der Fraktionen, unterliegen hingegen den allgemeinen Grundsätzen steuerlicher Beurteilung. ³Gesondert gezahlte Tage- oder Sitzungsgelder gehören zu den steuerfreien Aufwandsentschädigungen.

Hinweise

Werbungskosten

Der Erhalt einer Aufwandsentschädigung zur Abgeltung von durch das Mandat veranlaßten Aufwendungen schließt nach § 22 Nr. 4 Satz 2 EStG den Abzug jeglicher mandatsbedingter Aufwendungen, auch von Sonderbeiträgen an eine Partei, als Werbungskosten aus (→ BFH vom 29. 3. 1983 – BStBl II S. 601, vom 3. 12. 1987 – BStBl 1988 II S. 266, vom 8. 12. 1987 – BStBl 1988 II S. 433 und vom 23. 1. 1991 – BStBl II S. 396).

Kosten eines erfolglosen Wahlkampfes dürfen nach § 22 Nr. 4 Satz 3 EStG nicht als Werbungskosten abgezogen werden (→ BFH vom 8. 12. 1987 – BStBl 1988 II S. 435).

EStG

S 2256

§ 23
Spekulationsgeschäfte

(1) ¹Spekulationsgeschäfte (§ 22 Nr. 2) sind

1. Veräußerungsgeschäfte, bei denen der Zeitraum zwischen Anschaffung und Veräußerung beträgt:

    a) bei Grundstücken und Rechten, die den Vorschriften des bürgerlichen Rechts über Grundstücke unterliegen (z. B. Erbbaurecht, Mineralgewinnungsrecht), nicht mehr als zwei Jahre,

    b) bei anderen Wirtschaftsgütern, insbesondere bei Wertpapieren, nicht mehr als sechs Monate;

2. Veräußerungsgeschäfte, bei denen die Veräußerung der Wirtschaftsgüter früher erfolgt als der Erwerb.

²Die Anschaffung oder Veräußerung einer unmittelbaren oder mittelbaren Beteiligung an einer Personengesellschaft gilt auch für Zwecke dieser Vorschrift als Anschaffung oder Veräußerung der anteiligen Wirtschaftsgüter.

(2) ¹Spekulationsgeschäfte liegen nicht vor, wenn Wirtschaftsgüter veräußert werden, deren Wert bei Einkünften im Sinne des § 2 Abs. 1 Satz 1 Nr. 1 bis 6 anzusetzen ist. ²§ 17 ist nicht anzuwenden, wenn die Voraussetzungen des Absatzes 1 Satz 1 Nr. 1 Buchstabe b vorliegen. ³Bei der Veräußerung von Anteilscheinen an Geldmarkt-, Wertpapier-, Beteiligungs- und Grundstücks-Sondervermögen sowie von ausländischen Investmentanteilen gilt Satz 1 nur, soweit im Veräußerungspreis ein Zwischengewinn enthalten ist.

(3) ¹Gewinn oder Verlust aus Spekulationsgeschäften ist der Unterschied zwischen dem Veräußerungspreis einerseits und den Anschaffungs- oder Herstellungskosten und den Werbungskosten andererseits.¹⁾ ²Die Anschaffungs- oder Herstellungskosten mindern sich um Absetzungen für Abnutzung, erhöhte Absetzungen und Sonderabschreibungen, soweit sie bei der Ermittlung der Einkünfte im Sinne des § 2 Abs. 1 Satz 1 Nr. 4 bis 6 abgezogen worden sind. ³Gewinne aus Spekulationsgeschäften bleiben steuerfrei, wenn der aus Spekulationsgeschäften erzielte Gesamtgewinn im Kalenderjahr weniger als 1.000 Deutsche Mark betragen hat. ⁴Verluste aus Spekulationsgeschäften dürfen nur bis zur Höhe des Spekulationsgewinns, den der Steuerpflichtige im gleichen Kalenderjahr erzielt hat, ausgeglichen werden; sie dürfen nicht nach § 10 d abgezogen werden.

R 169

S 2256

R 169. Spekulationsgeschäfte

(1) Für die Berechnung der Spekulationsfrist im Sinne des § 23 EStG ist grundsätzlich das der → Anschaffung oder → Veräußerung zugrundeliegende obligatorische Geschäft maßgebend.

(2) ¹Die Anschaffungs- oder Herstellungskosten des Veräußerers sind nicht um die AfA nach § 7 EStG und erhöhte Absetzungen zu kürzen; entsprechendes gilt für die Abzugsbeträge nach den §§ 10 e, 10 f, 10 g, 10 h und 52 Abs. 21 Satz 4 und 6 EStG und § 7 FördG. ²Bei der Ermittlung des Spekulationsgewinns im Fall der Veräußerung eines vermieteten Gebäudes können die Schuldzinsen, die auf den Zeitraum zwischen der Beendigung der Nutzung zur Erzielung von Einkünften aus Vermietung oder Verpachtung und der Veräußerung entfallen, als → Werbungskosten abgezogen werden.

(3) Haben beide zusammenveranlagten Ehegatten Spekulationsgewinne erzielt, so steht jedem Ehegatten die Freigrenze im Sinne des § 23 Abs. 4 EStG – höchstens jedoch bis zur Höhe seines Gesamtgewinns aus Spekulationsgeschäften – zu.

(4) ¹Fließt das Entgelt aus einem Spekulationsgeschäft im Laufe mehrerer Kalenderjahre in Raten zu, so sind als Spekulationsgewinn der Überschuß der Einnahmen über die Anschaffungs- oder Herstellungskosten sowie die zugehörigen → Werbungskosten jeweils in den VZ zu berücksichtigen, in denen er tatsächlich erzielt worden ist.²⁾ ²Das gilt auch für die Prü-

---

¹⁾ Zur Anwendung → § 52 Abs. 22 EStG in der Fassung des JStG 1996.
²⁾ → BFH vom 13. 4. 1962 (BStBl III S. 306).

fung, ob der aus Spekulationsgeschäften erzielte Gesamtgewinn im Kalenderjahr weniger als 1.000 DM betragen hat.

(5) ¹Fließt das Entgelt aus einem Spekulationsgeschäft im Laufe mehrerer VZ in Form einer Leibrente oder einer abgekürzten Leibrente zu, so gehört der Ertragsanteil im Sinne des § 22 Nr. 1 Satz 3 Buchstabe a EStG zu den sonstigen Einkünften. ²Auf den Unterschiedsbetrag zwischen den Rentenzahlungen und dem Ertragsanteil der Rente ist Absatz 4 entsprechend anzuwenden.

Hinweise

Anschaffung

Zu Anschaffungen im Rahmen der vorweggenommenen Erbfolge und bei Erbauseinandersetzung → BMF vom 13. 1. 1993 (BStBl I S. 80) und vom 11. 1. 1993 (BStBl I S. 62).   *Anhang 13*

Anschaffung ist
+ der Erwerb eines Ersatzgrundstücks im Zusammenhang mit einer drohenden Enteignung, soweit hierdurch auch nicht unmittelbar betroffene Grundstücksteile ersetzt werden (→ BFH vom 7. 12. 1976 – BStBl 1977 II S. 209).
+ bei Zuteilung eines Grundstücks gegen Zuzahlung eines Geldbetrages im Rahmen eines Umlegungsverfahrens nur insoweit gegeben, als die Zuzahlung für eine den Sollanspruch (§ 56 Abs. 1 Satz 1 BauGB) nicht unwesentlich übersteigende Mehrzuteilung zu leisten ist (→ BFH vom 29. 3. 1995 – BFHE 177, 418).

Keine Anschaffung ist
- der unentgeltliche Erwerb eines Wirtschaftsguts, z. B. durch Erbschaft, Vermächtnis oder Schenkung (→ BFH vom 4. 7. 1950 – BStBl 1951 III S. 237, vom 22. 9. 1987 – BStBl 1988 II S. 250 und vom 12. 7. 1988 – BStBl II S. 942, → Spekulationsfrist). Wird ein Grundstück nach der Anschaffung unentgeltlich im Wege der Schenkung auf einen Dritten übertragen und veräußert dieser das Grundstück innerhalb der Spekulationsfrist, so kann hierin jedoch ein Mißbrauch von Gestaltungsmöglichkeiten des Rechts (§ 42 AO) liegen. Bei der Bemessung des vom Veräußerer zu versteuernden Spekulationsgewinns sind in diesem Fall die Anschaffungskosten des Schenkers zugrunde zu legen (→ BFH vom 12. 7. 1988 – BStBl II S. 942).
- der Erwerb kraft Gesetzes oder eines aufgrund gesetzlicher Vorschriften ergangenen Hoheitsaktes (→ BFH vom 19. 4. 1977 – BStBl II S. 712).
- der Erwerb eines Ersatzgrundstücks, das der Steuerpflichtige für ein enteignetes Grundstück aufgrund eines gesetzlich begründeten Anspruchs erhalten hat (→ BFH vom 5. 5. 1961 – BStBl III S. 385). Wegen der Berechnung der Spekulationsfrist in diesen Fällen → Spekulationsfrist.
- die Überführung eines Wirtschaftsgutes vom Betriebsvermögen in das Privatvermögen (→ BFH vom 23. 4. 1965 – BStBl III S. 477).
- die Rückübertragung von enteignetem Grundbesitz oder dessen Rückgabe nach Aufhebung der staatlichen Verwaltung aufgrund des Gesetzes zur Regelung offener Vermögensfragen vom 23. 9. 1990 in der Fassung der Bekanntmachung vom 3. 8. 1992 (→ VermG – BGBl. I S. 1446, § 52 Abs. 2 Satz 2 D-Markbilanzgesetz in der Fassung vom 18. 4. 1991 – DMBilG – BGBl. I S. 713); → hierzu auch BMF vom 11. 1. 1993 – BStBl I S. 18.   *Anhang 6*

Devisentermingeschäfte

Einkünfte aus privaten Devisentermingeschäften sind keine Einkünfte aus Spekulationsgeschäften (→ BFH vom 25. 8. 1987 – BStBl 1988 II S. 248).

Gesamthandsvermögen

Der Erwerb und die Veräußerung von (Unter-)Beteiligungen an einer Personengesellschaft, zu deren Gesamthandsvermögen Grundstücke gehören, fallen unter § 23 Abs. 1 Nr. 1 Buchstabe a EStG (→ BMF vom 27. 2. 1992 – BStBl I S. 125 zur Nichtanwendung von BFH vom 4. 10. 1990 – BStBl 1992 II S. 211).

§ 23 EStG
R 169 H 169

> **Spekulationsgeschäfte im Sinne des § 23 Abs. 1 Nr. 1 Buchstabe a EStG bei Veräußerung von Anteilen an einer Personengesellschaft, zu deren Gesamthandsvermögen Grundstücke gehören;**
> **hier: Anwendung des BFH-Urteils vom 4. Oktober 1990 – X R 148/88 – (BStBl 1992 Teil II S. 211)**
>
> BMF vom 27. 2. 1992 (BStBl I S. 125)
> IV B 3 – S 2256 – 3/92
>
> Mit Urteil vom 4. Oktober 1990 – X R 148/88 – BStBl 1992 Teil II S. 211 – hat der BFH entschieden, daß § 23 Abs. 1 Nr. 1 Buchstabe a EStG auf den Erwerb und die Veräußerung von (Unter-)Beteiligungen an einer Personengesellschaft auch dann nicht anzuwenden ist, wenn deren Gesamthandsvermögen nur aus Grundstücken besteht.
>
> Nach Auffassung des BFH sind (Unter-)Beteiligungen an Personengesellschaften, deren Gesamthandsvermögen aus Grundstücken besteht, weder Grundstücke noch grundstücksgleiche Rechte im Sinne des zivilrechtlich bestimmten Tatbestandes des § 23 Abs. 1 Nr. 1 Buchstabe a EStG. Eine anteilige Zurechnung der im Gesamthandsvermögen befindlichen Grundstücke bei den Gesellschaftern nach § 39 Abs. 2 Nr. 2 AO lehnt er ab.
>
> Die Auffassung des BFH führt im Rahmen des § 23 EStG zu einer dem Prinzip der Besteuerung nach der Leistungsfähigkeit nicht entsprechenden unterschiedlichen Besteuerung der Veräußerung von Anteilen an Gesamthandsgemeinschaften und von Miteigentumsanteilen. Sie weicht zudem von der Rechtsprechung anderer Senate des BFH und des Großen Senats des BFH (BFH-Urteil vom 26. 6. 1990 – VIII R 81/85 – DStR 1990 S. 635 und Beschluß des Großen Senats vom 25. 2. 1991 – BStBl 1991 II S. 691) zur steuerlichen Behandlung von Anteilen an Personengesellschaften ab und führt insoweit zu einer unterschiedlichen Auslegung des Begriffs Wirtschaftsgut in § 23 EStG und bei der Gewinnermittlung nach den §§ 4, 5 EStG. Nach dem Ergebnis der Erörterung mit den obersten Finanzbehörden der Länder sind daher aus dem Urteil keine über den entschiedenen Einzelfall hinausgehenden Folgerungen zu ziehen. Die einzelnen Wirtschaftsgüter des Gesamthandsvermögens einer Personengesellschaft sind für Zwecke des § 23 EStG den einzelnen Gesellschaftern nach § 39 Abs. 2 Nr. 2 AO zuzurechnen.

Identisches Wirtschaftsgut

→ Sammeldepot

Veräußert ein Steuerpflichtiger ein von ihm errichtetes Hausgrundstück, dessen Grund und Boden er vor mehr als zwei Jahren angeschafft hat, so liegt kein Spekulationsgeschäft vor, auch wenn die Frist zwischen der Fertigstellung des Hauses und der Veräußerung des Hausgrundstücks nicht mehr als zwei Jahre beträgt (→ BFH vom 12. 12. 1956 – BStBl 1957 III S. 51).

Stellt ein Steuerpflichtiger ein Gebäude her und veräußert er es zusammen mit dem zuvor erworbenen Grund und Boden oder einem grundstückgleichen Recht innerhalb von zwei Jahren nach dessen Anschaffung, so liegt ein Spekulationsgeschäft nur hinsichtlich des Grund und Bodens oder des Rechts vor. In bezug auf das Gebäude fehlt es an der erforderlichen Anschaffung (→ BFH vom 30. 11. 1976 – BStBl 1977 II S. 384).

Nach der Anschaffung vorgenommene Herstellungsmaßnahmen schließen die Annahme eines Spekulationsgeschäfts nur aus, wenn dadurch das angeschaffte Wirtschaftsgut bei wirtschaftlicher Betrachtung in ein anderes umgewandelt wird. Keine Umgestaltung ist in diesem Sinne die Fertigstellung eines im Zeitpunkt der Anschaffung im Rohbau befindlichen Einfamilienhauses (→ BFH vom 29. 3. 1989 – BStBl II S. 652).

Ein Spekulationsgeschäft ist auch anzunehmen, wenn ein unbebautes Grundstück parzelliert und eine Parzelle innerhalb der Spekulationsfrist veräußert wird (→ BFH vom 19. 7. 1983 – BStBl 1984 II S. 26).

Options- und Finanztermingeschäfte

Anhang 19 a

Einkommensteuerrechtliche Behandlung von Options- und Finanztermingeschäften an der Deutschen Terminbörse (DTB) und von anderen als Optionsscheine bezeichneten Finanzinstrumente im Bereich der privaten Vermögensverwaltung (→ BMF vom 10. 11.1994 – BStBl I S. 816).

§ 23 EStG
H 169   R 169

Der Verkauf von Inhaber-Optionsscheinen (DAX Bull Warrants der Dresdner Bank) kann unter den Voraussetzungen des § 23 EStG zu Einkünften aus Spekulationsgeschäften führen. Es handelt sich nicht um Einkünfte aus privaten Devisentermingeschäften (→ FG Münster vom 14. 3. 1995 – EFG S. 885).

Sammeldepot
Bei sammelverwahrten Wertpapieren ist dem Identitätserfordernis genügt, wenn die angeschafften und veräußerten Wertpapiere der Art und Stückzahl nach identisch sind. Bei der Veräußerung ist die Spekulationsfrist des § 23 Abs. 1 Satz 1 Nr. 1 Buchstabe b EStG nur gewahrt, wenn der Art und der Stückzahl nach ausgeschlossen werden kann, daß die veräußerten Wertpapiere außerhalb dieser Frist erworben wurden. Soweit Spekulationsgeschäfte vorliegen, sind die Anschaffungskosten nach Durchschnittswerten zu ermitteln (→ BFH vom 24. 11. 1993 – BStBl 1994 II S. 591).

Spekulationsabsicht
Für das Entstehen der Steuerpflicht ist es unerheblich, ob der Steuerpflichtige in spekulativer Absicht gehandelt hat (→ Beschluß des BVerfG vom 9. 7. 1969 – BStBl 1970 II S. 156 und BFH vom 29. 8. 1969 – BStBl II S. 705).
Es ist in der Regel für das Vorliegen eines Spekulationsgeschäfts auch ohne Bedeutung, ob die Veräußerung unter Zwang geschehen ist. Ausnahmsweise kann eine Veräußerung, die wegen unmittelbar bevorstehender, also nicht nur wegen künftig drohender Enteignung vorgenommen wird, nicht unter § 23 EStG fallen, wenn sie wegen alsbaldiger Anschaffung eines Ersatzwirtschaftsguts nicht zu einer Gewinnverwirklichung führt (→ BFH vom 29. 6. 1962 – BStBl III S. 387 und vom 16. 1. 1973 – BStBl II S. 445).

Spekulationsfrist
→ Sammeldepot
Bei Veräußerung eines im Wege der Gesamtrechtsnachfolge erworbenen Wirtschaftsguts ist bei der Berechnung der Spekulationsfrist von dem Zeitpunkt des entgeltlichen Erwerbs durch den Rechtsvorgänger auszugehen (→ BFH vom 12. 7. 1988 – BStBl II S. 942).
Erhält ein Steuerpflichtiger für ein enteignetes Grundstück aufgrund eines gesetzlich begründeten Anpruchs ein Ersatzgrundstück, ist für die Berechnung der Spekulationsfrist nicht der Tag der Anschaffung des Ersatzlandes, sondern der Zeitpunkt maßgebend, zu dem das enteignete Grundstück erworben wurde (→ BFH vom 5. 5. 1961 – BStBl III S. 385).

Veräußerung
Als Veräußerung im Sinne des § 23 Abs. 1 EStG ist anzusehen
- unter besonderen Umständen auch der Zeitpunkt der Abgabe eines bindenden Angebots (→ BFH vom 23. 9. 1966 – BStBl 1967 III S. 73, vom 7. 8. 1970 – BStBl II S. 806 und vom 19. 10. 1971 – BStBl 1972 II S. 452);
- ein bürgerlich-rechtlich wirksamer, beide Vertragsparteien bindender Vorvertrag (→ BFH vom 13. 12. 1983 – BStBl 1984 II S. 311);
- unter den Voraussetzungen des § 41 Abs. 1 AO ein unvollständig beurkundeter und deswegen nach den §§ 313 Satz 1 BGB, 125 HGB formunwirksamer Kaufvertrag (→ BFH vom 15. 12. 1993 – BStBl 1994 II S. 687).

Keine Veräußerung ist
- die Überführung eines Wirtschaftsguts vom Privatvermögen in das Betriebsvermögen (→ BFH vom 23. 4. 1965 – BStBl III S. 477).

Veräußerungspreis
Wird infolge von Meinungsverschiedenheiten über die Formgültigkeit des innerhalb der Spekulationsfrist abgeschlossenen Grundstückskaufvertrages der Kaufpreis erhöht, kann der erhöhte Kaufpreis auch dann Veräußerungspreis im Sinne von § 23 Abs. 4 Satz 1 EStG sein, wenn die Erhöhung nach Ablauf der Spekulationsfrist vereinbart und beurkundet wird (→ BFH vom 15. 12. 1993 – BStBl 1994 II S. 687).

§ 23 EStG
R 169   H 169

Werbungkosten
Durch ein Spekulationsgeschäft veranlaßte Werbungkosten sind nach § 23 Abs. 4 EStG – abweichend vom Abflußprinzip des § 11 Abs. 2 EStG – in dem Kalenderjahr zu berücksichtigen, in dem der Verkaufserlös zufließt (→ BFH vom 17. 7. 1991 – BStBl II S. 916). Fließt der Verkaufserlös in mehreren Veranlagungszeiträumen zu, sind sämtliche Werbungkosten zunächst mit dem im ersten Zuflußjahr erhaltenen Teilerlös und ein etwa verbleibender Werbungskostenüberschuß mit den in den Folgejahren erhaltenen Teilerlösen zu verrechnen (→ BFH vom 3. 6. 1992 – BStBl II S. 1017).

586

h) Gemeinsame Vorschriften

§ 24 EStG

Zu den Einkünften im Sinne des § 2 Abs. 1 gehören auch

1. Entschädigungen, die gewährt worden sind
   a) als Ersatz für entgangene oder entgehende Einnahmen oder
   b) für die Aufgabe oder Nichtausübung einer Tätigkeit, für die Aufgabe einer Gewinnbeteiligung oder einer Anwartschaft auf eine solche;
   c) als Ausgleichszahlungen an Handelsvertreter nach § 89 b des Handelsgesetzbuchs;
2. Einkünfte aus einer ehemaligen Tätigkeit im Sinne des § 2 Abs. 1 Nr. 1 bis 4 oder aus einem früheren Rechtsverhältnis im Sinne des § 2 Abs. 1 Nr. 5 bis 7, und zwar auch dann, wenn sie dem Steuerpflichtigen als Rechtsnachfolger zufließen;
3. Nutzungsvergütungen für die Inanspruchnahme von Grundstücken für öffentliche Zwecke sowie Zinsen auf solche Nutzungsvergütungen und auf Entschädigungen, die mit der Inanspruchnahme von Grundstücken für öffentliche Zwecke zusammenhängen.

R 170. Begriff der Entschädigung im Sinne des § 24 Nr. 1 EStG

Der Entschädigungsbegriff des § 24 Nr. 1 EStG setzt in seiner zu Buchstabe a und b gleichmäßig geltenden Bedeutung voraus, daß der Steuerpflichtige infolge einer Beeinträchtigung der durch die einzelne Vorschrift geschützten Güter einen finanziellen Schaden erlitten hat und die Zahlung unmittelbar dazu bestimmt ist, diesen Schaden auszugleichen.

Hinweise

Abfindungen wegen Auflösung des Dienstverhältnisses
→ A 9 LStR 1993

Abzugsfähige Aufwendungen
Bei der Ermittlung der Entschädigung im Sinne des § 24 Nr. 1 EStG sind von den Bruttoentschädigungen nur die damit in unmittelbarem Zusammenhang stehenden Betriebsausgaben oder Werbungskosten abzuziehen (→ BFH vom 26. 1. 1984 – BStBl II S. 347).

Allgemeines
§ 24 EStG schafft keinen neuen Besteuerungstatbestand, sondern weist die in ihm genannten Einnahmen nur der Einkunftsart zu, zu der die entgangenen oder künftig entgehenden Einnahmen gehört hätten, wenn sie erzielt worden wären. Kann die Entschädigung keiner bestimmten Einkunftsart zugeordnet werden, entfällt die Anwendbarkeit der Vorschrift (→ BFH vom 22. 4. 1982 – BStBl II S. 496, vom 21. 9. 1982 – BStBl 1983 II S. 289 und vom 18. 9. 1986 – BStBl 1987 II S. 25).

Wegen einer anstelle der Rückübertragung von enteignetem Grundbesitz gezahlten Entschädigung nach dem Gesetz zur Regelung offener Vermögensfragen vom 23. 9. 1990 in der Fassung vom 3. 8. 1992 → BMF vom 11. 1. 1993 (BStBl I S. 18).

Ausgleichszahlungen an Handelsvertreter
Ausgleichszahlungen an Handelsvertreter nach § 89 b HGB gehören auch dann zu den Entschädigungen im Sinne des § 24 Nr. 1 Buchstabe c EStG, wenn sie zeitlich mit der Aufgabe der gewerblichen Tätigkeit zusammenfallen (→ BFH vom 5. 12. 1968 – BStBl 1969 II S. 196).

Ausgleichszahlungen an einen Kommissionsagenten sind in sinngemäßer Anwendung des § 89 b HGB wie Ausgleichszahlungen an Handelsvertreter zu behandeln (→ BFH vom 24. 1. 1974 – BStBl II S. 295 und vom 19. 2. 1987 – BStBl II S. 570).

Ausgleichszahlungen im Sinne des § 89 HGB gehören nicht zu den Entschädigungen nach § 24 Nr. 1 Buchstabe c EStG, wenn ein Nachfolgevertreter aufgrund eines selbständigen Vertrags mit seinem Vorgänger dessen Handelsvertretung oder Teile davon entgeltlich erwirbt. Ein selbständiger Vertrag liegt aber nicht vor, wenn der Nachfolger es übernimmt, die vertretenen Firmen von Ausgleichsansprüchen freizustellen (→ BFH vom 31. 5. 1972 – BStBl II S. 899 und vom 25. 7. 1990 – BStBl 1991 II S. 218).

Entschädigung im Sinne des § 24 Nr. 1 Buchstabe a EStG

Die Entschädigung im Sinne des § 24 Nr. 1 Buchstabe a EStG muß als Ersatz für unmittelbar entgangene oder entgehende konkrete Einnahmen gezahlt werden (→ BFH vom 9. 7. 1992 – BStBl 1993 II S. 27).

Für den Begriff der Entschädigung nach § 24 Nr. 1 Buchstabe a EStG ist nicht entscheidend, ob das zur Entschädigung führende Ereignis ohne oder gegen den Willen des Steuerpflichtigen eingetreten ist. Eine Entschädigung im Sinne des § 24 Nr. 1 Buchstabe a EStG kann vielmehr auch vorliegen, wenn der Steuerpflichtige bei dem zum Einnahmeausfall führenden Ereignis selbst mitgewirkt hat. Ist dies der Fall, muß der Steuerpflichtige bei Aufgabe seiner Rechte aber unter erheblichem wirtschaftlichen, rechtlichen oder tatsächlichen Druck gehandelt haben; keinesfalls darf er das schadenstiftende Ereignis aus eigenem Antrieb herbeigeführt haben. Der Begriff des Entgehens schließt freiwilliges Mitwirken oder gar die Verwirklichung eines eigenen Strebens aus (→ BFH vom 20. 7. 1978 – BStBl 1979 II S. 9, vom 16. 4. 1980 – BStBl II S. 393 und vom 9. 7. 1992 – BStBl 1993 II S. 27).

Die an die Stelle der Einnahmen tretende Ersatzleistung nach § 24 Nr. 1 Buchstabe a EStG muß auf einer neuen Rechts- oder Billigkeitsgrundlage beruhen. Zahlungen, die zur Erfüllung eines Anspruchs geleistet werden, sind keine Entschädigungen im Sinne des § 24 Nr. 1 Buchstabe a EStG, wenn die vertragliche Grundlage bestehen geblieben ist und sich nur die Zahlungsmodalität geändert hat (→ BFH vom 17. 3. 1978 – BStBl II S. 375 und vom 20. 10. 1978 – BStBl 1979 II S. 176).

Entschädigungen nach § 24 Nr. 1 Buchstabe a EStG sind:

+ Abfindung wegen Auflösung eines Dienstverhältnisses, wenn Arbeitgeber die Beendigung veranlaßt hat (→ BFH vom 20. 10. 1978 – BStBl 1979 II S. 176 und vom 22. 1. 1988 – BStBl II S. 525);
+ Abstandszahlungen eines Mietinteressenten für die Entlassung aus einem Vormietvertrag (→ BFH vom 21. 8. 1990 – BStBl 1991 II S. 76);
+ Aufwandsersatz, soweit er über den Ersatz von Aufwendungen hinaus auch den Ersatz von ausgefallenen steuerbaren Einnahmen bezweckt (→ BFH vom 26. 2. 1988 – BStBl II S. 615).

Entschädigungen nach § 24 Nr. 1 Buchstabe a EStG sind nicht:

– Abfindung, die bei Abschluß oder während des Arbeitsverhältnisses für den Verlust späterer Pensionsansprüche infolge Kündigung vereinbart wird (→ BFH vom 27. 2. 1991 – BStBl II S. 703);

– Abfindungen zur Ablösung eines Versorgungsanspruchs des Gesellschafter-Geschäftsführers bei fortbestehendem Arbeitsverhältnis (→ BFH vom 7. 3. 1995 – BFH/NV S. 961);

– Entgelt für den Verzicht auf ein testamentarisch vermachtes obligatorisches Wohnrecht (→ BFH vom 9. 8. 1990 – BStBl II S. 1026);

– Pensionsabfindung, wenn der Arbeitnehmer nach Eheschließung zur Herstellung der ehelichen Lebensgemeinschaft gekündigt hat (→ BFH vom 21. 6. 1990 – BStBl II S. 1020);

– Prozeß- und Verzugszinsen (→ BFH vom 25. 10. 1994 – BStBl 1995 II S. 121);

– Streikunterstützungen (→ BFH vom 24. 10. 1990 – BStBl 1991 II S. 337);

– Übergangsgeld bei zeitlich befristetem Dienstverhältnis (→ BFH vom 18. 9. 1991 – BStBl 1992 II S. 34);

– Zahlungen einer Vertragspartei, die diese wegen einer Vertragsstörung im Rahmen des Erfüllungsinteresses leistet, und zwar einschließlich der Zahlungen für den entgangenen Gewinn im Sinne des § 252 BGB. Dies gilt unabhängig davon, ob der Steuerpflichtige das Erfüllungsinteresse im Rahmen des bestehenden und verletzten Vertrags durchsetzt oder zur Abgeltung seiner vertraglichen Ansprüche einer ergänzenden vertraglichen Regelung in Form eines Vergleichs zustimmt (→ BFH vom 27. 7. 1978 – BStBl 1979 II

S. 66, 69, 71, vom 3. 7. 1986 – BStBl II S. 806, vom 18. 9. 1986 – BStBl 1987 II S. 25 und vom 5. 10. 1989 – BStBl 1990 II S. 155);

– Zahlungen für das Überspannen von Grundstücken mit Hochspannungsfreileitungen (→ BFH vom 19. 4. 1994 – BStBl II S. 640).

Entschädigungen im Sinne des § 24 Nr. 1 Buchstabe b EStG
§ 24 Nr. 1 Buchstabe b EStG erfaßt Entschädigungen, die als Gegenleistung für den Verzicht auf eine mögliche Einkunftserzielung gezahlt werden. Eine Entschädigung im Sinne des § 24 Nr. 1 Buchstabe b EStG liegt auch vor, wenn die Tätigkeit mit Willen oder mit Zustimmung des Arbeitnehmers aufgegeben wird und der Ersatzanspruch nicht auf einer neuen Rechts- oder Billigkeitsgrundlage beruht; die Entschädigung darf jedoch nicht für vertragliche Leistungen gezahlt werden, insbesondere dürfen das Unterlassen oder die Aufgabe der Tätigkeit nicht selbst Gegenstand des Vertrags sein (→ BFH vom 8. 8. 1986 – BStBl 1987 II S. 106, vom 13. 2. 1987 – BStBl II S. 386, vom 9. 7. 1992 – BStBl 1993 II S. 27 und vom 16. 3. 1993 – BStBl II S. 497).

Eine Abfindungszahlung ist auch dann Entschädigung im Sinne des § 24 Nr. 1 Buchstabe b EStG, wenn der Steuerpflichtige von einem ihm tarifvertraglich eingeräumten Optionsrecht, gegen Abfindung aus dem Arbeitsverhältnis auszuscheiden, Gebrauch macht (→ BFH vom 8. 8. 1986 – BStBl 1987 II S. 106).

Einmalige Prämienzahlungen des Arbeitgebers an Arbeitnehmer für die Aufgabe

– einer Vollbeschäftigung und weitere Teilzeitbeschäftigung;

– eines höher bewerteten Arbeitsgebiets und Übernahme eines niedriger bewerteten Arbeitsgebiets

können als Entschädigung im Sinne des § 24 Nr. 1 Buchstabe b EStG angesehen werden.

Ermäßigter Steuersatz nach § 34 Abs. 1 Satz 1 EStG
Wegen der Frage, unter welchen Voraussetzungen Entschädigungen im Sinne des § 24 Nr. 1 EStG dem ermäßigten Steuersatz nach § 34 Abs. 1 Satz 1 EStG unterliegen → R 199.

R 171. Nachträgliche Einkünfte

(1) ¹Einkünfte aus einer ehemaligen Tätigkeit liegen vor, wenn sie in wirtschaftlichem Zusammenhang mit der ehemaligen Tätigkeit stehen, insbesondere ein Entgelt für die im Rahmen der ehemaligen Tätigkeit erbrachten Leistungen darstellen. ²Bezahlt ein Mitunternehmer nach Auflösung der Gesellschaft aus seinem Vermögen betrieblich begründete Schulden eines anderen Gesellschafters, so hat er einen nachträglichen gewerblichen Verlust, soweit er seine Ausgleichsforderung nicht verwirklichen kann.

(2) § 24 Nr. 2 EStG ist auch anzuwenden, wenn die nachträglichen Einkünfte einem Rechtsnachfolger zufließen.

Hinweise

Ermittlung der nachträglichen Einkünfte
Nach der Betriebsveräußerung oder Betriebsaufgabe anfallende nachträgliche Einkünfte sind in sinngemäßer Anwendung der Vorschriften des § 4 Abs. 3 EStG zu ermitteln (→ BFH vom 22. 2. 1978 – BStBl II S. 430).

Nachträgliche Einnahmen sind:

+ Ratenweise gezahltes Auseinandersetzungsguthaben in Höhe des Unterschiedsbetrags zwischen Nennbetrag und Auszahlungsbetrag der Rate, wenn ein aus einer Personengesellschaft ausgeschiedener Gesellschafter verlangen darf, daß alljährlich die Rate nach dem jeweiligen Preis eines Sachwertes bemessen wird (→ BFH vom 16. 7. 1964 – BStBl III S. 622);

§ 24 EStG
R 171   H 171

- + Versorgungsrenten, die auf früherer gewerblicher oder freiberuflicher Tätigkeit des Steuerpflichtigen oder seines Rechtsvorgängers beruhen (→ BFH vom 10. 10. 1963 – BStBl III S. 592);
- + Gewinn, der sich bei Wegfall des Grundes für eine im Rahmen der Aufgabe einer gewerblichen Tätigkeit gebildete Rücklage ergibt (→ BFH vom 24. 10. 1979 – BStBl 1980 II S. 186).

Nachträgliche Ausgaben

sind:

- + Betriebssteuern, wenn bei Gewinnermittlung nach § 4 Abs. 3 EStG auf den Zeitpunkt der Betriebsaufgabe keine Schlußbilanz erstellt wurde, und dies nicht zur Erlangung ungerechtfertigter Steuervorteile geschah (→ BFH vom 13. 5. 1980 – BStBl II S. 692);
- + Schuldzinsen für Verbindlichkeiten, die bis zur Vollbeendigung eines Gewerbebetriebs trotz Verwertung des Aktivvermögens nicht abgedeckt werden, auch wenn die Verbindlichkeiten durch Grundpfandrechte an einem privaten Grundstück gesichert sind oder eine Umschuldung durchgeführt worden ist (→ BFH vom 11. 12. 1980 – BStBl 1981 II S. 460, 461 und 462);
- + Schuldzinsen für betrieblich begründete und bei Betriebsveräußerung oder Veräußerung eines Mitunternehmeranteils zurückbehaltene Verbindlichkeiten, soweit der Veräußerungserlös und der Verwertungserlös aus zurückbehaltenen Aktivwerten nicht zur Schuldentilgung ausreicht; darüber hinaus Schuldzinsen auch dann noch und so lange, als der Schuldentilgung Auszahlungshindernisse hinsichtlich des Veräußerungserlöses, Verwertungshindernisse hinsichtlich der zurückbehaltenen Aktivwerte oder Rückzahlungshindernisse hinsichtlich der früheren Betriebsschulden entgegenstehen (→ BFH vom 19. 1. 1982 – BStBl II S. 321 und vom 27. 11. 1984 – BStBl 1985 II S. 323).

sind nicht:

- – Schuldzinsen, soweit es der Steuerpflichtige bei Aufgabe eines Gewerbebetriebes unterläßt, vorhandene Aktiva zur Berichtigung der Schulden einzusetzen (→ BFH vom 11. 12. 1980 – BStBl 1981 II S. 463 und vom 21. 11. 1989 – BStBl 1990 II S. 213);
- – Schuldzinsen für vom übertragenden Gesellschafter bei Veräußerung eines Gesellschaftsanteils mit befreiender Wirkung gegenüber der Gesellschaft und dem eintretenden Gesellschafter übernommene Gesellschaftsschulden (→ BFH vom 28. 1. 1981 – BStBl II S. 464);
- – Schuldzinsen, die auf die Zeit nach Beendigung der Nutzung zur Erzielung von Einkünften aus Vermietung und Verpachtung entfallen (→ BFH vom 21. 12. 1982 – BStBl 1983 II S. 373);
- – Schuldzinsen, die noch nach der Zwangsversteigerung eines zuvor vermieteten Gebäudes entstehen, weil der Veräußerungserlös nicht zur Tilgung der ursprünglichen Kredite ausreicht (→ BFH vom 12. 11. 1991 – BStBl 1992 II S. 289);
- – Schuldzinsen, die auf Zeit nach Veräußerung einer im Privatvermögen gehaltenen wesentlichen Beteiligung im Sinne des § 17 EStG entfallen (→ BFH vom 9. 8. 1983 – BStBl 1984 II S. 29).

Rechtsnachfolger

Der Begriff des Rechtsnachfolgers umfaßt sowohl den bürgerlich-rechtlichen Einzel- oder Gesamtrechtsnachfolger als auch denjenigen, dem z. B. aufgrund eines von einem Gewerbetreibenden abgeschlossenen Vertrags zugunsten Dritter (§ 328 BGB) Einnahmen zufließen, die auf der gewerblichen Betätigung beruhen (→ BFH vom 25. 3. 1976 – BStBl II S. 487).

Fließen nachträgliche Einkünfte dem Rechtsnachfolger zu, so sind sie nach den in seiner Person liegenden Besteuerungsmerkmalen zu versteuern (→ BFH vom 29. 7. 1960 – BStBl III S. 404).

§ 24 a
Altersentlastungsbetrag

§ 24 a EStG

¹Altersentlastungsbetrag ist ein Betrag von 40 vom Hundert des Arbeitslohns und der positiven Summe der Einkünfte, die nicht solche aus nichtselbständiger Arbeit sind, höchstens jedoch insgesamt ein Betrag von 3.720 Deutsche Mark im Kalenderjahr. ²Versorgungsbezüge im Sinne des § 19 Abs. 2, Einkünfte aus Leibrenten im Sinne des § 22 Nr. 1 Satz 3 Buchstabe a und Einkünfte im Sinne des § 22 Nr. 4 Satz 4 Buchstabe b bleiben bei der Bemessung des Betrags außer Betracht. ³Der Altersentlastungsbetrag wird einem Steuerpflichtigen gewährt, der vor dem Beginn des Kalenderjahrs, in dem er sein Einkommen bezogen hat, das 64. Lebensjahr vollendet hatte. ⁴Im Fall der Zusammenveranlagung von Ehegatten zur Einkommensteuer sind die Sätze 1 bis 3 für jeden Ehegatten gesondert anzuwenden.

S 2265

R 171 a. Altersentlastungsbetrag

R 171 a

Allgemeines

(1) ¹Bei der Berechnung des Altersentlastungsbetrags sind Einkünfte aus Land- und Forstwirtschaft nicht um den Freibetrag nach § 13 Abs. 3 EStG zu kürzen. ²Sind in den Einkünften neben Leibrenten auch andere wiederkehrende Bezüge im Sinne des § 22 Nr. 1 EStG enthalten, so ist der Werbungskosten-Pauschbetrag nach § 9 a Nr. 3 EStG stets vom Ertragsanteil der Leibrenten abzuziehen, soweit er diesen nicht übersteigt. ³Der Altersentlastungsbetrag ist auf den nächsten vollen DM-Betrag aufzurunden.

S 2265

Berechnung bei Anwendung anderer Vorschriften

(2) Ist der Altersentlastungsbetrag außer vom Arbeitslohn noch von weiteren Einkünften zu berechnen und muß er für die Anwendung weiterer Vorschriften, z. B. § 10 c Abs. 2 Satz 4 EStG, von bestimmten Beträgen abgezogen werden, so ist davon auszugehen, daß er zunächst vom Arbeitslohn berechnet worden ist.

Hinweise

H 171 a

Altersentlastungsbetrag bei Ehegatten

Im Fall der Zusammenveranlagung von Ehegatten ist der Altersentlastungsbetrag jedem Ehegatten, der die altersmäßigen Voraussetzungen erfüllt, nach Maßgabe der von ihm bezogenen Einkünfte zu gewähren.

Berechnung des Altersentlastungsbetrags

Der Altersentlastungsbetrag ist von der Summe der Einkünfte zur Ermittlung des Gesamtbetrags der Einkünfte abzuziehen.

Beispiel:

Ein 65 jähriger Steuerpflichtiger hat im Kalenderjahr 1995 bezogen:

Arbeitslohn	28.000 DM
darin enthalten:	
Versorgungsbezüge in Höhe von	12.000 DM
Einkünfte aus Kapitalvermögen	1.000 DM
Einkünfte aus Vermietung und Verpachtung	– 3.000 DM

Der Altersentlastungsbetrag beträgt 40 v. H. des Arbeitslohns (28.000 DM – 12.000 DM = 16.000 DM), das sind 6.400 DM, höchstens jedoch 3.720 DM. Die Einkünfte aus Kapitalvermögen und aus Vermietung und Verpachtung werden für die Berechnung des Altersentlastungsbetrags nicht berücksichtigt, weil ihre Summe negativ ist (– 3.000 DM + 1.000 DM = – 2.000 DM).

§§ 24 a, 24 b EStG
R 171 a   H 171 a

Vollendung des 64. Lebensjahres
Ein Lebensjahr wird mit Ablauf des Tages vollendet, der dem Tag der Wiederkehr des Geburtstages vorangeht (§ 108 Abs. 1 AO, § 187 Abs. 2 Satz 2, § 188 Abs. 2 BGB). Demnach erhalten Steuerpflichtige für das Kalenderjahr 1995 den Altersentlastungsbetrag, wenn sie vor dem 2. 1. 1931 geboren sind.

EStG

§ 24 b
(weggefallen)

III. Veranlagung

§ 25

Veranlagungszeitraum, Steuererklärungspflicht

EStG

(1) Die Einkommensteuer wird nach Ablauf des Kalenderjahrs (Veranlagungszeitraum) nach dem Einkommen veranlagt, das der Steuerpflichtige in diesem Veranlagungszeitraum bezogen hat, soweit nicht nach § 46 eine Veranlagung unterbleibt.

(2) ¹Hat die Steuerpflicht nicht während des vollen Veranlagungszeitraums bestanden, so wird das während der Dauer der Steuerpflicht bezogene Einkommen zugrunde gelegt. ²In diesem Fall kann die Veranlagung bei Wegfall der Steuerpflicht sofort vorgenommen werden. [1]

(3) ¹Der Steuerpflichtige hat für den abgelaufenen Veranlagungszeitraum eine Einkommensteuererklärung abzugeben. ²Ehegatten haben für den Fall der Zusammenveranlagung (§ 26 b) eine gemeinsame Einkommensteuererklärung abzugeben. ³Wählt einer der Ehegatten die getrennte Veranlagung (§ 26 a) oder wählen beide Ehegatten die besondere Veranlagung für den Veranlagungszeitraum der Eheschließung (§ 26 c), hat jeder der Ehegatten eine Einkommensteuererklärung abzugeben. ⁴Der Steuerpflichtige hat die Einkommensteuererklärung eigenhändig zu unterschreiben. ⁵Eine gemeinsame Einkommensteuererklärung ist von beiden Ehegatten eigenhändig zu unterschreiben.

EStDV
§ 56[2])[3])
Steuererklärungspflicht

EStDV

(1) ¹Unbeschränkt Steuerpflichtige haben eine jährliche Einkommensteuererklärung für das abgelaufene Kalenderjahr (Veranlagungszeitraum) in den folgenden Fällen abzugeben:

1. *Ehegatten, bei denen im Veranlagungszeitraum die Voraussetzungen des § 26 Abs. 1 des Gesetzes vorgelegen haben und von denen keiner die getrennte Veranlagung nach § 26 a des Gesetzes oder die besondere Veranlagung nach § 26 c des Gesetzes wählt,*

---

[1]) Absatz 2 wurde durch das JStG 1996 ab VZ 1996 aufgehoben.
[2]) § 56 wurde durch das JStG 1996 ab VZ 1996 geändert.

„§ 56
Steuererklärungspflicht
¹Unbeschränkt Steuerpflichtige haben eine jährliche Einkommensteuererklärung für das abgelaufene Kalenderjahr (Veranlagungszeitraum) in den folgenden Fällen abzugeben:
1. *Ehegatten, bei denen im Veranlagungszeitraum die Voraussetzungen des § 26 Abs. 1 des Gesetzes vorgelegen haben und von denen keiner die getrennte Veranlagung nach § 26 a des Gesetzes oder die besondere Veranlagung nach § 26 c des Gesetzes wählt,*
   a) *wenn keiner der Ehegatten Einkünfte aus nichtselbständiger Arbeit, von denen ein Steuerabzug vorgenommen worden ist, bezogen und der Gesamtbetrag der Einkünfte mehr als 24.407 Deutsche Mark betragen hat,*
   b) *wenn mindestens einer der Ehegatten Einkünfte aus nichtselbständiger Arbeit, von denen ein Steuerabzug vorgenommen worden ist, bezogen hat und eine Veranlagung nach § 46 Abs. 2 Nr. 1 bis 7 des Gesetzes in Betracht kommt;*
2. *Personen, bei denen im Veranlagungszeitraum die Voraussetzungen des § 26 Abs. 1 des Gesetzes nicht vorgelegen haben,*
   a) *wenn der Gesamtbetrag der Einkünfte mehr als 12.203 Deutsche Mark betragen hat und darin keine Einkünfte aus nichtselbständiger Arbeit, von denen ein Steuerabzug vorgenommen worden ist, enthalten sind,*
   b) *wenn in dem Gesamtbetrag der Einkünfte Einkünfte aus nichtselbständiger Arbeit, von denen ein Steuerabzug vorgenommen worden ist, enthalten sind und eine Veranlagung nach § 46 Abs. 2 Nr. 1 bis 6 und 7 Buchstabe b des Gesetzes in Betracht kommt.*
²Eine Steuererklärung ist außerdem abzugeben, wenn zum Schluß des vorangegangenen Veranlagungszeitraums ein verbleibender Verlustabzug festgestellt worden ist."
Zur Anwendung für VZ ab 1997 → § 84 Abs. 3 a EStDV in der Fassung des JStG 1996.

[3]) → Gleichlautende Erlasse der obersten Finanzbehörden der Länder über Steuererklärungsfristen vom 2. 1. 1996 (BStBl I S. 30).

a) wenn keiner der Ehegatten Einkünfte aus nichtselbständiger Arbeit, von denen ein Steuerabzug vorgenommen worden ist, bezogen und der Gesamtbetrag der Einkünfte mehr als 11.555 Deutsche Mark betragen hat,
b) wenn mindestens einer der Ehegatten Einkünfte aus nichtselbständiger Arbeit, von denen ein Steuerabzug vorgenommen worden ist, bezogen hat und
aa) der Gesamtbetrag der Einkünfte mehr als 54.216 Deutsche Mark betragen hat oder
bb) eine Veranlagung nach § 46 Abs. 2 Nr. 1 bis 7 des Gesetzes in Betracht kommt;
2. Personen, bei denen im Veranlagungszeitraum die Voraussetzungen des § 26 Abs. 1 des Gesetzes nicht vorgelegen haben,
a) wenn der Gesamtbetrag der Einkünfte mehr als 5.777 Deutsche Mark betragen hat und darin keine Einkünfte aus nichtselbständiger Arbeit, von denen ein Steuerabzug vorgenommen worden ist, enthalten sind,
b) wenn in dem Gesamtbetrag der Einkünfte Einkünfte aus nichtselbständiger Arbeit, von denen ein Steuerabzug vorgenommen worden ist, enthalten sind und
aa) der Gesamtbetrag der Einkünfte mehr als 27.108 Deutsche Mark betragen hat oder
bb) eine Veranlagung nach § 46 Abs. 2 Nr. 1 bis 7 des Gesetzes in Betracht kommt.

²Eine Steuererklärung ist außerdem abzugeben, wenn zum Schluß des vorangegangenen Veranlagungszeitraums ein verbleibender Verlustabzug festgestellt worden ist.

(2) ¹Beschränkt Steuerpflichtige haben eine jährliche Steuererklärung über ihre im abgelaufenen Kalenderjahr (Veranlagungszeitraum) bezogenen inländischen Einkünfte im Sinne des § 49 des Gesetzes abzugeben, soweit für diese die Einkommensteuer nicht durch den Steuerabzug als abgegolten gilt (§ 50 Abs. 5 des Gesetzes). ²Steuerpflichtige, die die Voraussetzungen des § 2 Abs. 1 des Außensteuergesetzes erfüllen, haben eine jährliche Steuererklärung über ihre sämtlichen im abgelaufenen Kalenderjahr (Veranlagungszeitraum) bezogenen Einkünfte abzugeben.

§§ 57 bis 59

– weggefallen –

§ 60
Unterlagen zur Steuererklärung

(1) ¹Wird der Gewinn nach § 4 Abs. 1 oder § 5 des Gesetzes ermittelt, so ist der Steuererklärung eine Abschrift der Bilanz, die auf dem Zahlenwerk der Buchführung beruht, im Fall der Eröffnung des Betriebs auch eine Abschrift der Eröffnungsbilanz, beizufügen. ²Werden Bücher geführt, die den Grundsätzen der doppelten Buchführung entsprechen, ist eine Gewinn- und Verlustrechnung und außerdem auf Verlangen des Finanzamts eine Hauptabschlußübersicht beizufügen.

(2) ¹Enthält die Bilanz Ansätze oder Beträge, die den steuerlichen Vorschriften nicht entsprechen, so sind diese Ansätze oder Beträge durch Zusätze oder Anmerkungen den steuerlichen Vorschriften anzupassen. ²Der Steuerpflichtige kann auch eine den steuerlichen Vorschriften entsprechende Bilanz (Steuerbilanz) beifügen.

(3) Liegt ein Anhang, ein Lagebericht oder ein Prüfungsbericht vor, so ist eine Abschrift der Steuererklärung beizufügen.

---

¹) Absatz 1 wurde durch das JStG 1996 ab VZ 1996 geändert.
In Absatz 1 Satz 2 entfallen die Worte: „und außerdem auf Verlangen des Finanzamts eine Hauptabschlußübersicht".

§ 25 EStG
H 172   R 172, 173

R 172. **Verfahren bei der getrennten Veranlagung** |R 172|
von Ehegatten nach § 26 a EStG

¹Hat ein Ehegatte nach § 26 Abs. 2 Satz 1 EStG die getrennte Veranlagung gewählt, so ist S 2260
für jeden Ehegatten eine Veranlagung durchzuführen, auch wenn sich jeweils eine Steuer- S 2263
schuld von 0 DM (Freiveranlagung) ergibt. ²Der bei einer Zusammenveranlagung der Ehegatten in Betracht kommende Betrag der außergewöhnlichen Belastungen ist grundsätzlich von dem Finanzamt zu ermitteln, das für die Veranlagung des Ehemannes zuständig ist.

Hinweise   H 172

Härteregelung
Die Härteregelung des § 46 Abs. 3 und 5 EStG gilt auch bei Arbeitnehmern, die nach § 25 EStG zu veranlagen sind (→ BFH vom 10. 1. 1992 – BStBl II S. 720).

– unbesetzt – |R 173|

595

§ 26
Veranlagung von Ehegatten

(1) ¹Ehegatten, die beide unbeschränkt einkommensteuerpflichtig sind und nicht dauernd getrennt leben und bei denen diese Voraussetzungen zu Beginn des Veranlagungszeitraums vorgelegen haben oder im Laufe des Veranlagungszeitraums eingetreten sind, können zwischen getrennter Veranlagung (§ 26 a) und Zusammenveranlagung (§ 26 b) wählen; für den Veranlagungszeitraum der Eheschließung können sie statt dessen die besondere Veranlagung nach § 26 c wählen. ²Eine Ehe, die im Laufe des Veranlagungszeitraums aufgelöst worden ist, bleibt für die Anwendung des Satzes 1 unberücksichtigt, wenn einer der Ehegatten in demselben Veranlagungszeitraum wieder geheiratet hat und bei ihm und dem neuen Ehegatten die Voraussetzungen des Satzes 1 ebenfalls vorliegen. ³Satz 2 gilt nicht, wenn eine Ehe durch Tod aufgelöst worden ist und die Ehegatten der neuen Ehe die besondere Veranlagung nach § 26 c wählen.

(2) ¹Ehegatten werden getrennt veranlagt, wenn einer der Ehegatten getrennte Veranlagung wählt. ²Ehegatten werden zusammen veranlagt oder – für den Veranlagungszeitraum der Eheschließung – nach § 26 c veranlagt, wenn beide Ehegatten die betreffende Veranlagungsart wählen. ³Die zur Ausübung der Wahl erforderlichen Erklärungen sind beim Finanzamt schriftlich oder zu Protokoll abzugeben.

(3) Werden die nach Absatz 2 erforderlichen Erklärungen nicht abgegeben, so wird unterstellt, daß die Ehegatten die Zusammenveranlagung wählen.

R 174. Voraussetzungen für die Anwendung des § 26 EStG

Nicht dauernd getrennt lebend

(1) ¹Ein dauerndes Getrenntleben ist anzunehmen, wenn die zum Wesen der Ehe gehörende Lebens- und Wirtschaftsgemeinschaft nach dem Gesamtbild der Verhältnisse auf die Dauer nicht mehr besteht. ²Dabei ist unter Lebensgemeinschaft die räumliche, persönliche und geistige Gemeinschaft der Ehegatten, unter Wirtschaftsgemeinschaft die gemeinsame Erledigung der die Ehegatten gemeinsam berührenden wirtschaftlichen Fragen ihres Zusammenlebens zu verstehen (→ BFH vom 15. 6. 1973 – BStBl II S. 640). ³Einer auf die Dauer herbeigeführten räumlichen Trennung wird bei Abwägung der für und gegen die Annahme eines dauernden Getrenntlebens sprechenden Merkmale regelmäßig eine besondere Bedeutung zukommen. ⁴Die eheliche Lebens- und Wirtschaftsgemeinschaft ist jedoch im allgemeinen nicht aufgehoben, wenn sich die Ehegatten nur vorübergehend räumlich trennen, z. B. bei einem beruflich bedingten Auslandsaufenthalt eines der Ehegatten. ⁵Sogar in den Fällen, in denen die Ehegatten infolge zwingender äußerer Umstände für eine nicht absehbare Zeit räumlich voneinander getrennt leben müssen, z. B. infolge Krankheit oder Verbüßung einer Freiheitsstrafe, kann die eheliche Lebens- und Wirtschaftsgemeinschaft noch weiterbestehen, wenn die Ehegatten die erkennbare Absicht haben, die eheliche Verbindung in dem noch möglichen Rahmen aufrechtzuerhalten und nach dem Wegfall der Hindernisse die volle eheliche Gemeinschaft wiederherzustellen. ⁶In der Regel sind die Angaben der Ehegatten, sie lebten nicht dauernd getrennt, anzuerkennen, es sei denn, daß die äußeren Umstände das Bestehen einer ehelichen Lebens- und Wirtschaftsgemeinschaft fraglich erscheinen lassen (→ BFH vom 5. 10. 1966 – BStBl 1967 III S. 84 und 110). ⁷In einem Scheidungsverfahren zum Getrenntleben getroffene Feststellungen (§ 1565 BGB) sind für die steuerliche Beurteilung nicht unbedingt bindend (→ BFH vom 13. 12. 1985 – BStBl 1986 II S. 486). ⁸Ehegatten, von denen einer vermißt ist, sind im allgemeinen nicht als dauernd getrennt lebend anzusehen.

Veranlagungswahlrecht in Sonderfällen

(2) ¹War der Steuerpflichtige im Laufe des VZ zweimal verheiratet und haben jeweils die Voraussetzungen des § 26 Abs. 1 Satz 1 EStG vorgelegen, so besteht ein Veranlagungswahlrecht für die aufgelöste Ehe nur, wenn die Auflösung durch Tod erfolgt ist und die Ehegatten

---

¹) Absatz 1 Satz 1 wurde durch das JStG 1996 ab VZ 1996 neu gefaßt.
Hinter dem Wort „einkommensteuerpflichtig" wurden die Worte „im Sinne des § 1 Abs. 1 oder 2 oder des § 1 a" eingefügt.

der nachfolgenden Ehe die besondere Veranlagung nach § 26 c EStG wählen (§ 26 Abs. 1 Satz 2 und 3 EStG). ²Sind die Voraussetzungen des § 26 Abs. 1 Satz 1 EStG für die letzte Ehe nicht erfüllt, so besteht für die aufgelöste Ehe ein Veranlagungswahlrecht nur dann nicht, wenn der andere Ehegatte dieser Ehe im VZ ebenfalls wieder geheiratet hat und bei ihm und seinem neuen Ehegatten die Voraussetzungen des § 26 Abs. 1 Satz 1 EStG vorliegen (§ 26 Abs. 1 Satz 2 EStG).

Wahl der getrennten Veranlagung oder Zusammenveranlagung

(3) ¹Die Ehegatten sind nach § 26 a EStG getrennt zu veranlagen, wenn einer der Ehegatten die getrennte Veranlagung wählt (§ 26 Abs. 2 Satz 1 EStG). ²Die zur Ausübung der Wahl erforderliche Erklärung kann grundsätzlich noch im Rechtsbehelfsverfahren mit Ausnahme des Revisionsverfahrens und, soweit es nach den Vorschriften der Abgabenordnung zulässig ist, im Rahmen der Änderung von Steuerbescheiden abgegeben oder widerrufen werden (→ BFH vom 28. 8. 1981 – BStBl 1982 II S. 156 und vom 27. 9. 1988 – BStBl 1989 II S. 225 und 229). ³Ein Widerruf der einmal getroffenen Wahl kann jedoch nach den Grundsätzen von Treu und Glauben unzulässig sein (→ BFH vom 8. 3. 1973 – BStBl II S. 625). ⁴Auf die Ausübung des Wahlrechts nach § 26 Abs. 1 Satz 1 EStG findet die Anfechtungsbeschränkung des § 351 Abs. 1 AO keine Anwendung (→ BFH vom 25. 6. 1993 – BStBl II S. 824). ⁵Die erneute Ausübung des Wahlrechts bei Erlaß eines Einkommensteueränderungsbescheides wird gegenstandslos, wenn der Änderungsbescheid wieder aufgehoben wird (→ BFH vom 24. 5. 1991 – BStBl 1992 II S. 123). ⁶Das Wahlrecht wird nicht eingeschränkt, wenn der die getrennte Veranlagung wählende Ehegatte die Antragsfrist nach § 46 Abs. 2 Nr. 8 Satz 2 EStG versäumt hat und der andere Ehegatte von Amts wegen zu veranlagen war (→ BFH vom 30. 11. 1990 – BStBl 1991 II S. 451). ⁷Ist im Fall der getrennten Veranlagung die Veranlagung eines der Ehegatten bereits bestandskräftig und wird im Zuge der anderen Veranlagung die von einem der Ehegatten oder beiden Ehegatten abgegebene Erklärung über die Wahl der getrennten Veranlagung widerrufen, so ist eine Zusammenveranlagung durchzuführen (→ BFH vom 17. 5. 1977 – BStBl II S. 605 und vom 18. 11. 1977 – BStBl 1978 II S. 215) oder, wenn die Voraussetzungen vorliegen, die besondere Veranlagung nach § 26 c EStG. ⁸Die bestandskräftige Veranlagung ist nach § 175 Abs. 1 Satz 1 Nr. 2 AO aufzuheben, da die Vorschriften des § 26 Abs. 1 EStG hinsichtlich der Besteuerung beider Ehegatten nur einheitlich angewendet werden können. ⁹Haben beide Ehegatten eine Erklärung über die Wahl der getrennten Veranlagung abgegeben, so müssen beide Ehegatten ihre Erklärung widerrufen. ¹⁰Hat nur einer der Ehegatten eine Erklärung abgegeben, so ist der Widerruf dieses Ehegatten nur wirksam, wenn der andere Ehegatte nicht widerspricht. ¹¹Der einseitige Antrag eines Ehegatten auf getrennte Veranlagung ist rechtsunwirksam, wenn dieser Ehegatte im VZ keine positiven oder negativen Einkünfte erzielt hat oder wenn seine positiven Einkünfte so gering sind, daß weder eine Einkommensteuer festzusetzen ist noch die Einkünfte einem Steuerabzug zu unterwerfen waren, und zwar selbst dann, wenn dem anderen Ehegatten eine Steuerstraftat zur Last gelegt wird. ¹²Im Fall eines solchen Antrags sind die Ehegatten nach § 26 Abs. 3 EStG zusammen zu veranlagen, wenn der andere Ehegatte dies beantragt hat (→ BFH vom 10. 1. 1992 – BStBl II S. 297). ¹³Die Wahl der Veranlagungsart ist auch nach dem Tod eines Ehegatten für das Jahr des Todes möglich, wobei an die Stelle des Verstorbenen dessen Erben treten. ¹⁴Falls die zur Wahl erforderlichen Erklärungen nicht abgegeben werden, wird nach § 26 Abs. 3 EStG unterstellt, daß eine Zusammenveranlagung gewählt wird (→ BFH vom 13. 11. 1979 – BStBl 1980 II S. 188 und vom 24. 4. 1986 – BStBl II S. 545).

Wahl der besonderen Veranlagung für den VZ der Eheschließung

(4) ¹Die besondere Veranlagung für den VZ der Eheschließung (§ 26 c EStG) setzt voraus, daß beide Ehegatten eine ausdrückliche Erklärung über die Wahl dieser Veranlagungsart abgeben. ²Geschieht das nicht, so werden die Ehegatten zusammen veranlagt, wenn nicht einer der Ehegatten die getrennte Veranlagung wählt (§ 26 Abs. 3 EStG). ³Absatz 3 Satz 2 gilt entsprechend. ⁴Ist im Fall der besonderen Veranlagung nach § 26 c EStG die Veranlagung eines der Ehegatten bereits bestandskräftig und wird im Zuge der Veranlagung des anderen Ehegatten von diesem die Wahl widerrufen, so sind, falls dieser Ehegatte die getrennte Veranlagung wählt, die Ehegatten getrennt zu veranlagen oder, falls keine Erklärung über die Wahl der getrennten Veranlagung abgegeben wird, zusammen zu veranlagen (§ 26 Abs. 3 EStG); die bestandskräftige Veranlagung des einen Ehegatten ist nach § 175 Abs. 1 Satz 1 Nr. 2 AO aufzuheben.

§ 26 EStG
R 174   H 174

Zurechnung gemeinsamer Einkünfte

(5) Gemeinsame Einkünfte der Ehegatten, z. B. aus einer Gesamthandsgesellschaft oder Gesamthandsgemeinschaft sind jedem Ehegatten, falls keine andere Aufteilung in Betracht kommt, zur Hälfte zuzurechnen.

H 174 | **Hinweise**

Allgemeines

Welche Personen **Ehegatten** im Sinne des § 26 Abs. 1 Satz 1 EStG sind, bestimmt sich **nach bürgerlichem Recht** (→ BFH vom 21. 6. 1957 – BStBl III S. 300). **Bei Ausländern** sind die materiell-rechtlichen Voraussetzungen für jeden Beteiligten nach den Gesetzen des Staates zu beurteilen, dem er angehört. Die Anwendung eines ausländischen Gesetzes ist jedoch ausgeschlossen, wenn sie gegen die guten Sitten oder den Zweck eines deutschen Gesetzes verstoßen würde (→ BFH vom 6. 12. 1985 – BStBl 1986 II S. 390). Eine Ehe ist bei **Scheidung oder Aufhebung** nach § 1564 BGB, § 29 Ehegesetz erst mit Rechtskraft des Urteils aufgelöst; diese Regelung ist auch für das Einkommensteuerrecht maßgebend (→ BFH vom 9. 3. 1973 – BStBl II S. 487). Wird eine Ehe **für nichtig erklärt** (§ 23 Ehegesetz), so ist sie einkommensteuerrechtlich bis zur Rechtskraft der Nichtigerklärung wie eine gültige Ehe zu behandeln. Ein Steuerpflichtiger, dessen Ehegatte **verschollen oder vermißt** ist, gilt als verheiratet. Bei Kriegsgefangenen oder Verschollenen kann in der Regel ferner davon ausgegangen werden, daß sie vor Eintritt der Kriegsgefangenschaft oder Verschollenheit einen Wohnsitz im Inland gehabt haben (→ BFH vom 3. 3. 1978 – BStBl II S. 372). Wird ein verschollener Ehegatte **für tot erklärt**, so gilt der Steuerpflichtige vom Tag der Rechtskraft des Todeserklärungsbeschlusses an als verwitwet (→ § 49 AO, BFH vom 24. 8. 1956 – BStBl III S. 310).

Rechtsverhältnisse zwischen Ehegatten

Wegen der **Anerkennung** von Arbeitsverhältnissen, Gesellschaften und sonstigen Rechtsverhältnissen zwischen Ehegatten sowie von Arbeitsverhältnissen zwischen einem Ehegatten und einer von dem anderen Ehegatten beherrschten Personengesellschaft → R 19 Abs. 1, 2 und 4, H 126 sowie R 138 a. Zur Behandlung von Maßnahmen der **Zukunftssicherung** bei Arbeitsverhältnissen zwischen Ehegatten → R 41 Abs. 11.

§ 26 a
Getrennte Veranlagung von Ehegatten

EStG
S 2263

(1) ¹Bei getrennter Veranlagung von Ehegatten in den in § 26 bezeichneten Fällen sind jedem Ehegatten die von ihm bezogenen Einkünfte zuzurechnen. ²Einkünfte eines Ehegatten sind nicht allein deshalb zum Teil dem anderen Ehegatten zuzurechnen, weil dieser bei der Erzielung der Einkünfte mitgewirkt hat.

(2) ¹Sonderausgaben nach § 10 Abs. 1 Nr. 8 und außergewöhnliche Belastungen (§§ 33 bis 33 c) werden in Höhe des bei einer Zusammenveranlagung der Ehegatten in Betracht kommenden Betrags bei beiden Veranlagungen jeweils zur Hälfte abgezogen, wenn die Ehegatten nicht gemeinsam eine andere Aufteilung beantragen. ²Die nach § 33 b Abs. 5 übertragbaren Pauschbeträge stehen den Ehegatten insgesamt nur einmal zu; sie werden jedem Ehegatten zur Hälfte gewährt. ³Die nach § 34 f zu gewährende Steuerermäßigung steht den Ehegatten in dem Verhältnis zu, in dem sie erhöhte Absetzungen nach § 7 b oder Abzugsbeträge nach § 10 e Abs. 1 bis 5 oder nach § 15 b des Berlinförderungsgesetzes in Anspruch nehmen.

(3) Die Anwendung der §§ 10 a und 10 d für den Fall des Übergangs von der getrennten Veranlagung zur Zusammenveranlagung und von der Zusammenveranlagung zur getrennten Veranlagung, wenn bei beiden Ehegatten nicht entnommene Gewinne oder nicht ausgeglichene Verluste vorliegen, wird durch Rechtsverordnung geregelt.

EStDV
§ 61
Antrag auf anderweitige Verteilung der außergewöhnlichen Belastungen im Fall des § 26 a des Gesetzes

EStDV
S 2263

¹Der Antrag auf anderweitige Verteilung der als außergewöhnliche Belastungen vom Gesamtbetrag der Einkünfte abzuziehenden Beträge (§ 26 a Abs. 2 des Gesetzes) kann nur von beiden Ehegatten gemeinsam gestellt werden. ²Kann der Antrag nicht gemeinsam gestellt werden, weil einer der Ehegatten dazu aus zwingenden Gründen nicht in der Lage ist, so kann das Finanzamt den Antrag des anderen Ehegatten als genügend ansehen.

§§ 62 bis 62 b
– weggefallen –

EStDV

§ 62 c¹)²)
Anwendung der §§ 7 e und 10 a des Gesetzes bei der Veranlagung von Ehegatten

EStDV
S 2263

(1) ¹Im Fall der getrennten Veranlagung oder der besonderen Veranlagung von Ehegatten (§§ 26 a, 26 c des Gesetzes) ist Voraussetzung für die Anwendung der §§ 7 e und 10 a des Gesetzes, daß derjenige Ehegatte, der diese Steuerbegünstigungen in Anspruch nimmt, zu dem durch diese Vorschriften begünstigten Personenkreis gehört. ²Die Steuerbegünstigung des nicht entnommenen Gewinns kann in diesem Fall jeder der Ehegatten, der die in § 10 a des Gesetzes bezeichneten Voraussetzungen erfüllt, bis zum Höchstbetrag von 20.000 Deutsche Mark geltend machen. ³Übersteigen bei dem nach § 26 a des Gesetzes getrennt oder nach § 26 c des Gesetzes besonders veranlagten Ehegatten oder seinem Gesamtrechtsnachfolger die Entnahmen über die bei der Veranlagung zu berücksichtigenden Gewinne, so ist bei ihm nach § 10 a Abs. 2 des Gesetzes eine Nachversteuerung durchzuführen. ⁴Die Nachversteuerung kommt innerhalb des in § 10 a Abs. 2 Satz 1 des Gesetzes bezeichneten Zeitraums so lange und insoweit in Betracht, als ein nach § 45 Abs. 3 und § 46 Abs. 1 besonders festgestellter Betrag vorhanden ist. ⁵Im Fall der getrennten Veranlagung ist hierbei auch der

---

¹) Zur Anwendung → § 84 Abs. 2 b EStDV.
²) § 62 c wurde durch das JStG 1996 ab VZ 1996 aufgehoben.

§ 26 a EStG §§ 62 c, 62 d EStDV
R 174 a

besonders festgestellte Betrag für Veranlagungszeiträume, in denen die Ehegatten zusammen veranlagt worden sind, zu berücksichtigen, soweit er auf nicht entnommene Gewinne aus einem dem getrennt veranlagten Ehegatten gehörenden Betrieb entfällt.

(2) ¹Im Fall der Zusammenveranlagung von Ehegatten (§ 26 b des Gesetzes) genügt es für die Anwendung der §§ 7 e und 10 a des Gesetzes, wenn einer der beiden Ehegatten zu dem durch die bezeichneten Vorschriften begünstigten Personenkreis gehört. ²Die Steuerbegünstigung des nicht entnommenen Gewinns kann in diesem Fall jeder Ehegatte, der die Voraussetzungen des § 45 Abs. 2 erfüllt, bis zum Höchstbetrag von 20.000 Deutsche Mark in Anspruch nehmen. ³Die Nachversteuerung von Mehrentnahmen nach § 10 a Abs. 2 des Gesetzes ist in diesem Fall auch insoweit durchzuführen, als bei einem Ehegatten ein nach § 45 Abs. 3 und § 46 Abs. 1 besonders festgestellter Betrag für Veranlagungszeiträume, in denen die Ehegatten nach § 26 a des Gesetzes getrennt oder nach § 26 c des Gesetzes besonders veranlagt worden sind, vorhanden ist.

EStDV

S 2263

§ 62 d

Anwendung des § 10 d des Gesetzes bei der Veranlagung von Ehegatten

(1) ¹Im Fall der getrennten Veranlagung von Ehegatten (§ 26 a des Gesetzes) kann der Steuerpflichtige den Verlustabzug nach § 10 d des Gesetzes auch für Verluste derjenigen Veranlagungszeiträume geltend machen, in denen die Ehegatten nach § 26 b des Gesetzes zusammen oder nach § 26 c des Gesetzes besonders veranlagt worden sind. ²Der Verlustabzug kann in diesem Fall nur für Verluste geltend gemacht werden, die der getrennt veranlagte Ehegatte erlitten hat.

S 2264

(2) ¹Im Fall der Zusammenveranlagung von Ehegatten (§ 26 b des Gesetzes) kann der Steuerpflichtige den Verlustabzug nach § 10 d des Gesetzes auch für Verluste derjenigen Veranlagungszeiträume geltend machen, in denen die Ehegatten nach § 26 a des Gesetzes getrennt oder nach § 26 c des Gesetzes besonders veranlagt worden sind. ²Liegen bei beiden Ehegatten nicht ausgeglichene Verluste vor, so ist der Verlustabzug bei jedem Ehegatten bis zur Höchstgrenze im Sinne des § 10 d Abs. 1 Satz 1 des Gesetzes vorzunehmen.

R 174 a

R 174 a. Getrennte Veranlagung von Ehegatten nach § 26 a EStG

Sonderausgaben

S 2263

(1) Im Fall der getrennten Veranlagung werden die als Sonderausgaben (§§ 10 und 10 b EStG) abzuziehenden Beträge bei dem Ehegatten berücksichtigt, der sie geleistet hat (→ R 86 a).

Außergewöhnliche Belastungen

(2) ¹Die als außergewöhnliche Belastungen (§§ 33 bis 33 c EStG) abzuziehenden Beträge werden zunächst für die Ehegatten einheitlich nach den für die Zusammenveranlagung geltenden Grundsätzen ermittelt. ²Die einheitlich ermittelten Beträge werden grundsätzlich je zur Hälfte oder in einem gemeinsam beantragten anderen Aufteilungsverhältnis bei der Veranlagung jedes Ehegatten abgezogen. ³Abweichend hiervon ist jedoch der nach § 33 b Abs. 5 EStG auf die Ehegatten zu übertragende Behinderten- oder Hinterbliebenen-Pauschbetrag stets bei jedem Ehegatten zur Hälfte anzusetzen (§ 26 a Abs. 2 EStG). ⁴Der Antrag auf anderweitige Aufteilung (§ 26 a Abs. 2 Satz 1 EStG, § 61 EStDV) kann noch im Rechtsbehelfsverfahren mit Ausnahme des Revisionsverfahrens und, soweit es nach den Vorschriften der Abgabenordnung zulässig ist, im Rahmen der Änderung von Steuerbescheiden gestellt, geändert oder widerrufen werden; für den Widerruf genügt die Erklärung eines der Ehegatten. ⁵Im übrigen gilt R 174 Abs. 3 Satz 7 und 8 entsprechend.

§ 26 a EStG
H 174 a   R 174 a

| Hinweise | H 174 a |

Abzüge nach den §§ 10 e, 10 f, 10 g, 10 h und 52 Abs. 21 Sätze 4 bis 7 EStG sowie § 7 FördG und § 15 b BerlinFG

Die wie Sonderausgaben abzuziehenden Beträge nach den §§ 10 e, 10 f, 10 g, 10 h und 52 Abs. 21 Sätze 4 bis 7 EStG sowie § 7 FördG und § 15 b BerlinFG stehen dem Ehegatten zu, der Eigentümer des Gebäudes ist. Sind Ehegatten Miteigentümer, so stehen ihnen diese Beträge im Verhältnis ihrer Eigentumsanteile zu. Nutzt im Fall des Satzes 2 ein Ehegatte ein Arbeitszimmer in der Wohnung, so ist § 10 e Abs. 1 Satz 6 EStG bei der Ermittlung seines Abzugsbetrags anzuwenden, wenn die Ehegatten getrennt veranlagt werden. *Anhang 15*

B e i s p i e l :

Die Ehegatten A und B sind zu je ½ Eigentümer eines Einfamilienhauses, dessen Herstellungskosten einschließlich hälftiger Anschaffungskosten für den Grund und Boden 1994 400.000 DM betragen haben. A nutzt in diesem Haus ein Arbeitszimmer, im übrigen wird das Haus von A und B gemeinsam bewohnt. Die vollen Herstellungskosten einschließlich der hälftigen Anschaffungskosten des Grund und Bodens, die auf das Arbeitszimmer entfallen, betragen 80.000 DM.

Die Ehegatten können bei einer getrennten Veranlagung für VZ 1995 als Miteigentümer folgende Abzugsbeträge nach § 10 e Abs. 1 EStG in Anspruch nehmen:

Ehegatte A:

Bemessungsgrundlage des Eigentumsanteils	200.000 DM
abzüglich volle Bemessungsgrundlage des Arbeitszimmers (§ 10 e Abs. 1 Satz 7 EStG)	− 80.000 DM
Bemessungsgrundlage nach § 10 e Abs. 1 Sätze 1 und 6 EStG	120.000 DM
Abzugsbetrag nach § 10 e EStG	7.200 DM

Ehegatte B:

Bemessungsgrundlage des Eigentumsanteils	200.000 DM
Bemessungsgrundlage nach § 10 e Abs. 1 Sätze 1 und 6 EStG	165.000 DM
Abzugsbetrag nach § 10 e EStG	9.900 DM

Ehelicher Güterstand

Beitrittsgebiet

Folgen aus der Änderung des ehelichen Güterrechts im Beitrittsgebiet → BMF vom 15. 9. 1992 (BStBl I S. 542) und vom 21. 12. 1992 (BStBl 1993 I S. 107). *Anhang 6*

Gütergemeinschaft

– Zur Frage der einkommensteuerrechtlichen Wirkung des Güterstands der allgemeinen Gütergemeinschaft zwischen Ehegatten → BFH-Gutachten vom 18. 2. 1959 (BStBl III S. 263),

– Gewerbebetrieb als Gesamtgut der in Gütergemeinschaft lebenden Ehegatten → H 138 a Gütergemeinschaft,

– Kein Gesellschaftsverhältnis, wenn die persönliche Arbeitsleistung eines Ehegatten in den Vordergrund tritt und im Betrieb kein nennenswertes ins Gesamtgut fallendes Kapital eingesetzt wird (→ BFH vom 20. 3. 1980 – BStBl II S. 634),

– Übertragung einer im gemeinsamen Ehegatteneigentum stehenden forstwirtschaftlich genutzten Fläche in das Alleineigentum eines Ehegatten → H 13 (12) Forstwirtschaftliche Flächen,

– Ist die einkommensteuerrechtliche Auswirkung der Gütergemeinschaft zwischen Ehegatten streitig, ist hierüber im Verfahren der gesonderten und einheitlichen Feststellung (§§ 179, 180 AO) zu befinden (→ BFH vom 23. 6. 1971 – BStBl II S. 730).

Zugewinngemeinschaft

Jeder Ehegatte bezieht – wie bei der Gütertrennung – die Nutzungen seines Vermögens selbst (→ §§ 1363 ff. BGB).

601

Nicht entnommener Gewinn (§ 10 a EStG)

→ § 62 c Abs. 1 EStDV

Steuerermäßigung nach § 34 f EStG

Die Steuerermäßigung erhalten die Ehegatten insgesamt nur einmal. Sie ist nach dem Verhältnis aufzuteilen, in dem die Ehegatten für das betreffende Objekt die erhöhten Absetzungen nach § 7 b EStG oder nach § 15 BerlinFG, die Abzugsbeträge nach § 10 e Abs. 1 bis 5 EStG oder nach § 15 b BerlinFG oder die den erhöhten Absetzungen nach § 7 b EStG oder nach § 15 BerlinFG entsprechenden Beträge nach § 52 Abs. 21 Satz 4 EStG in Anspruch nehmen.

Verlustabzug (§ 10 d EStG)

→ § 62 d Abs. 1 EStDV

§ 26 b
Zusammenveranlagung von Ehegatten

EStG

S 2264

Bei der Zusammenveranlagung von Ehegatten werden die Einkünfte, die die Ehegatten erzielt haben, zusammengerechnet, den Ehegatten gemeinsam zugerechnet und, soweit nichts anderes vorgeschrieben ist, die Ehegatten sodann gemeinsam als Steuerpflichtiger behandelt.

EStDV
§ 62 c
Anwendung der §§ 7 e und 10 a des Gesetzes bei der Veranlagung von Ehegatten

EStDV

S 2263

(zu § 26 a EStG abgedruckt)

---

§ 62 d
Anwendung des § 10 d des Gesetzes bei der Veranlagung von Ehegatten

EStDV

S 2263

(zu § 26 a EStG abgedruckt)

R 174 b. Zusammenveranlagung von Ehegatten nach § 26 b EStG

R 174 b

Gesonderte Ermittlung der Einkünfte

(1) ¹Die Zusammenveranlagung nach § 26 b EStG führt zwar zu einer Zusammenrechnung, nicht aber zu einer einheitlichen Ermittlung der Einkünfte der Ehegatten. ²Deshalb sind ebenso wie bei der getrennten Veranlagung nach § 26 a EStG für jeden Ehegatten die von ihm bezogenen Einkünfte gesondert zu ermitteln (→ BFH vom 25. 2. 1988 – BStBl II S. 827). ³Wegen des Verlustabzugs nach § 10 d EStG wird auf § 62 d Abs. 2 EStDV und R 115 Abs. 7 hingewiesen.

S 2264

Feststellung gemeinsamer Einkünfte

(2) ¹Gemeinsame Einkünfte zusammenzuveranlagender Ehegatten sind grundsätzlich gesondert und einheitlich festzustellen (§ 180 Abs. 1 Nr. 2 Buchstabe a und § 179 Abs. 2 AO), sofern es sich nicht um Fälle geringer Bedeutung handelt (§ 180 Abs. 3 AO). ²Solche Fälle sind beispielsweise bei Mieteinkünften von zusammenzuveranlagenden Ehegatten (→ BFH vom 20. 1. 1976 – BStBl II S. 305) und bei dem gemeinschaftlich erzielten Gewinn von zusammenzuveranlagenden Landwirts-Ehegatten (→ BFH vom 4. 7. 1985 – BStBl II S. 576) gegeben, wenn die Einkünfte verhältnismäßig einfach zu ermitteln sind und die Aufteilung feststeht.

Hinweise

H 174b

Feststellung gemeinsamer Einkünfte

Bei Ehegatten ist eine gesonderte und einheitliche Feststellung von Einkünften jedenfalls dann durchzuführen, wenn ein für die Besteuerung erhebliches Merkmal streitig ist, so auch, wenn zweifelhaft ist, ob Einkünfte vorliegen, an denen ggf. die Eheleute beteiligt sind (→ BFH vom 17. 5. 1995 – BStBl II S. 640).

§ 26 c
Besondere Veranlagung für den Veranlagungszeitraum der Eheschließung

EStG
S 2264 a

(1) ¹Bei besonderer Veranlagung für den Veranlagungszeitraum der Eheschließung werden Ehegatten so behandelt, als ob sie diese Ehe nicht geschlossen hätten. ²§ 12 Nr. 2 und § 33 c Abs. 2 bleiben unberührt. ³§ 26 a Abs. 1 gilt sinngemäß.

(2) Bei der besonderen Veranlagung ist das Verfahren nach § 32 a Abs. 5 anzuwenden, wenn der zu veranlagende Ehegatte zu Beginn des Veranlagungszeitraums verwitwet war und bei ihm die Voraussetzungen des § 32 a Abs. 6 Nr. 1 vorgelegen hatten.

(3) Für die Anwendung des § 32 Abs. 7 bleiben Kinder unberücksichtigt, wenn das Kindschaftsverhältnis (§ 32 Abs. 1) in Beziehung zu beiden Ehegatten erst nach der Eheschließung begründet wird.

R 174 c
S 2264 a

R 174 c. Besondere Veranlagung für den Veranlagungszeitraum der Eheschließung nach § 26 c EStG

– unbesetzt –

H 174 c

Hinweise

Folgen der besonderen Veranlagung

Das Abzugsverbot für **Zuwendungen** an eine gegenüber dem Steuerpflichtigen oder seinem Ehegatten gesetzlich unterhaltsberechtigte Person oder deren Ehegatten, z. B. Zuwendungen des Ehemannes an die Mutter seiner Ehefrau (→ R 123), gilt auch bei der besonderen Veranlagung (§ 26 c Abs. 1 Satz 2, § 12 Nr. 2 EStG). **Kinderbetreuungskosten** können für das Heiratsjahr nach den Grundsätzen für Alleinstehende (§ 33 c Abs. 1 und 2 EStG) nur bis zum Tag der Eheschließung, danach lediglich nach den für Ehegatten geltenden Grundsätzen (§ 33 c Abs. 5 EStG) abgezogen werden (§ 26 c Abs. 1 Satz 2 EStG). Für den **Haushaltsfreibetrag** bleiben nach § 26 c Abs. 3 EStG Kinder unberücksichtigt, die nach der Eheschließung ehelich geboren, von beiden Ehegatten angenommen oder ein Pflegekind beider Ehegatten werden. Der Inanspruchnahme des Haushaltsfreibetrags steht es jedoch nicht entgegen, wenn ein nichteheliches Kind durch nachfolgende Ehe legitimiert wird (§ 1719 BGB) oder wenn ein Kindschaftsverhältnis nur zu einem Ehegatten erst nach der Eheschließung begründet wird, z. B. durch Annahme als Kind.

Veranlagungswahlrecht bei Wiederheirat im Veranlagungszeitraum

→ R 174 Abs. 2 Satz 1

R 175

– unbesetzt –

EStG

§ 27
(weggefallen)

EStG
S 2266

§ 28
Besteuerung bei fortgesetzter Gütergemeinschaft

Bei fortgesetzter Gütergemeinschaft gelten Einkünfte, die in das Gesamtgut fallen, als Einkünfte des überlebenden Ehegatten, wenn dieser unbeschränkt steuerpflichtig ist.

EStG

§§ 29 bis 31[1]
(weggefallen)

---

[1] § 31 EStG wurde durch das JStG 1996 mit Wirkung ab VZ 1996 in Abschnitt IV neu eingefügt.

IV. Tarif

§ 31[1])
Familienleistungsausgleich

EStG

"¹Die steuerliche Freistellung eines Einkommensbetrags in Höhe des Existenzminimums eines Kindes wird durch den Kinderfreibetrag nach § 32 oder durch Kindergeld nach dem X. Abschnitt bewirkt. ²Soweit das Kindergeld dafür nicht erforderlich ist, dient es der Förderung der Familie. ³Im laufenden Kalenderjahr wird Kindergeld als Steuervergütung monatlich gezahlt. ⁴Wird die gebotene steuerliche Freistellung durch das Kindergeld nicht in vollem Umfang bewirkt, ist bei der Veranlagung zur Einkommensteuer der Kinderfreibetrag abzuziehen. ⁵In diesen Fällen sind das Kindergeld oder vergleichbare Leistungen nach § 36 Abs. 2 zu verrechnen, auch soweit sie dem Steuerpflichtigen im Wege eines zivilrechtlichen Ausgleichs zustehen. ⁶Wird nach ausländischem Recht ein höheres Kindergeld als nach § 66 gezahlt, so beschränkt sich die Verrechnung auf die Höhe des inländischen Kindergeldes."

§ 32[2])
Kinder, Kinderfreibetrag, Sonderfreibeträge

EStG

S 2282

(1) ¹Kinder im Sinne der Absätze 2 bis 5 und des Absatzes 7 sind:
1. Kinder, die im ersten Grad mit dem Steuerpflichtigen verwandt sind;

---

[1]) § 31 wurde durch das JStG 1996 mit Wirkung ab VZ 1996 eingefügt.
Einführungsschreiben zum Familienleistungsausgleich ab VZ 1996 → BMF vom 18. 12. 1995 (BStBl I S. 805; Anhang 14 a).

[2]) § 32 EStG wurde durch das JStG 1996 und das JStErgG 1996 ab VZ 1996 neu gefaßt.
Zur Anwendung → § 52 Abs. 22a EStG in der Fassung des JStG 1996.
Danach lautet § 32 für VZ ab 1996 wie folgt:

„§ 32
Kinder, Kinderfreibetrag, Haushaltsfreibetrag
(1) Kinder sind
1. im ersten Grad mit dem Steuerpflichtigen verwandte Kinder,
2. Pflegekinder (Personen, mit denen der Steuerpflichtige durch ein familienähnliches, auf längere Dauer berechnetes Band verbunden ist, sofern er sie in seinen Haushalt aufgenommen hat und das Obhuts- und Pflegeverhältnis zu den Eltern nicht mehr besteht und der Steuerpflichtige sie mindestens zu einem nicht unwesentlichen Teil auf seine Kosten unterhält).
(2) ¹Besteht bei einem angenommenen Kind das Kindschaftsverhältnis zu den leiblichen Eltern weiter, ist es vorrangig als angenommenes Kind zu berücksichtigen. ²Ist ein im ersten Grad mit dem Steuerpflichtigen verwandtes Kind zugleich ein Pflegekind, ist es vorrangig als Pflegekind zu berücksichtigen.
(3) Ein Kind wird in dem Kalendermonat, in dem es lebend geboren wurde, und in jedem folgenden Kalendermonat, zu dessen Beginn es das 18. Lebensjahr noch nicht vollendet hat, berücksichtigt.
(4) ¹Ein Kind, das das 18. Lebensjahr vollendet hat, wird berücksichtigt, wenn es
1. noch nicht das 21. Lebensjahr vollendet hat, arbeitslos ist und der Arbeitsvermittlung im Inland zur Verfügung steht oder
2. noch nicht das 27. Lebensjahr vollendet hat und
   a) für einen Beruf ausgebildet wird oder
   b) sich in einer Übergangszeit zwischen zwei Ausbildungsabschnitten von höchstens vier Monaten befindet oder
   c) eine Berufsausbildung mangels Ausbildungsplatzes nicht beginnen oder fortsetzen kann oder
   d) ein freiwilliges soziales Jahr im Sinne des Gesetzes zur Förderung eines freiwilligen sozialen Jahres oder ein freiwilliges ökologisches Jahr im Sinne des Gesetzes zur Förderung eines freiwilligen ökologischen Jahres leistet oder
3. wegen körperlicher, geistiger oder seelischer Behinderung außerstande ist, sich selbst zu unterhalten.

§ 32 EStG

2. **Pflegekinder.** ¹Das sind Personen, mit denen der Steuerpflichtige durch ein familienähnliches, auf längere Dauer berechnetes Band verbunden ist und die er in seinen Haushalt aufgenommen hat. ²Voraussetzung ist, daß das Obhuts- und Pflegeverhältnis zu den Eltern nicht mehr besteht und der Steuerpflichtige das Kind mindestens zu einem nicht unwesentlichen Teil auf seine Kosten unterhält.

²Steht ein angenommenes Kind zu Beginn des Kalenderjahrs noch in einem Kindschaftsverhältnis zu seinen leiblichen Eltern, so kann es bei diesen nur berücksichtigt werden, wenn sie ihrer Unterhaltsverpflichtung gegenüber dem Kind für das Kalenderjahr im wesentlichen nachkommen. ³Entsprechendes gilt, wenn ein Pflegekind auch in einem Kindschaftsverhältnis zu seinen Eltern steht.

(2) (weggefallen)

(3) Ein Kind wird in dem Kalenderjahr, in dem es lebend geboren wurde, und in jedem folgenden Kalenderjahr, zu dessen Beginn es das 18. Lebensjahr noch nicht vollendet hat, berücksichtigt.

(4) ¹Ein Kind, das zu Beginn des Kalenderjahrs das 18. Lebensjahr, aber noch nicht das 27. Lebensjahr vollendet hat, wird berücksichtigt, wenn es

1. für einen Beruf ausgebildet wird oder
2. eine Berufsausbildung mangels Ausbildungsplatzes nicht beginnen oder fortsetzen kann oder
3. den gesetzlichen Grundwehrdienst oder Zivildienst leistet oder
4. freiwillig für eine Dauer von nicht mehr als drei Jahren Wehrdienst leistet, der an Stelle des gesetzlichen Grundwehrdienstes abgeleistet wird, oder
5. eine vom gesetzlichen Grundwehrdienst oder Zivildienst befreiende Tätigkeit als Entwicklungshelfer im Sinne des § 1 Abs. 1 des Entwicklungshelfer-Gesetzes ausübt oder
6. ein freiwilliges soziales Jahr im Sinne des Gesetzes zur Förderung eines freiwilligen sozialen Jahres oder ein freiwilliges ökologisches Jahr nach dem Gesetz zur Förderung eines freiwilligen ökologischen Jahres leistet oder

---

²Nach Satz 1 Nr. 1 und 2 wird ein Kind nur berücksichtigt, wenn es Einkünfte und Bezüge, die zur Bestreitung des Unterhalts oder der Berufsausbildung bestimmt oder geeignet sind, von nicht mehr als 12.000 Deutsche Mark im Kalenderjahr hat.*) ³Bezüge, die für besondere Ausbildungszwecke bestimmt sind, bleiben hierbei außer Ansatz; Entsprechendes gilt für Einkünfte, soweit sie für solche Zwecke verwendet werden. ⁴Für jeden Kalendermonat, in dem die Voraussetzungen für eine Berücksichtigung nach Satz 1 Nr. 1 oder 2 nicht vorliegen, ermäßigt sich der Betrag nach Satz 2 um ein Zwölftel. ⁵Einkünfte und Bezüge des Kindes, die auf diese Kalendermonate entfallen, bleiben außer Ansatz. ⁶Ein Verzicht auf Teile der zustehenden Einkünfte und Bezüge steht der Anwendung der Sätze 2 und 4 nicht entgegen.

(5) ¹In den Fällen des Absatzes 4 Satz 1 Nr. 1 oder Nr. 2 Buchstabe a wird ein Kind,

1. das den gesetzlichen Grundwehrdienst oder Zivildienst geleistet hat, für einen der Dauer dieses Dienstes entsprechenden Zeitraum, höchstens für die Dauer des inländischen gesetzlichen Grundwehrdienstes oder Zivildienstes, oder
2. das sich freiwillig für eine Dauer von nicht mehr als drei Jahren zum Wehrdienst oder zum Polizeivollzugsdienst, der an Stelle des gesetzlichen Grundwehr- oder Zivildienstes geleistet wird, verpflichtet hat, für einen der Dauer dieses Dienstes entsprechenden Zeitraum, höchstens für die Dauer des inländischen gesetzlichen Grundwehrdienstes, bei anerkannten Kriegsdienstverweigerern für die Dauer des inländischen gesetzlichen Zivildienstes, oder
3. das eine vom gesetzlichen Grundwehrdienst oder Zivildienst befreiende Tätigkeit als Entwicklungshelfer im Sinne des § 1 Abs. 1 des Entwicklungshelfer-Gesetzes ausgeübt hat, für einen der Dauer dieser Tätigkeit entsprechenden Zeitraum, höchstens für die Dauer des inländischen gesetzlichen Grundwehrdienstes, bei anerkannten Kriegsdienstverweigerern für die Dauer des inländischen gesetzlichen Zivildienstes,

über das 21. oder 27. Lebensjahr hinaus berücksichtigt. ²Wird der gesetzliche Grundwehrdienst oder Zivildienst in einem Mitgliedstaat der Europäischen Union oder einem Staat, auf den das Abkommen über den Europäischen Wirtschaftsraum Anwendung findet, geleistet, ist die Dauer dieses Dienstes maßgebend. ³Absatz 4 Satz 2 bis 6 gilt entsprechend. ⁴Dem gesetzlichen Grundwehrdienst oder Zivildienst steht der entsprechende Dienst, der in dem in Artikel 3 des Einigungsvertrages genannten Gebiet geleistet worden ist, gleich.

*) Zur Anwendung von Absatz 4 Satz 2 → § 52 Abs. 22 a EStG in der Fassung des JStG 1996.

§ 32 EStG

7. wegen körperlicher, geistiger oder seelischer Behinderung außerstande ist, sich selbst zu unterhalten.

²In den Fällen des Satzes 1 Nummern 3 bis 5 ist Voraussetzung, daß durch die Aufnahme des Dienstes oder der Tätigkeit eine Berufsausbildung unterbrochen worden ist. ³Im Fall der Nummer 7 gilt Absatz 5 Satz 2 entsprechend.

(5) ¹Ein Kind, das zu Beginn des Kalenderjahrs das 27. Lebensjahr vollendet hat, wird berücksichtigt, wenn es wegen körperlicher, geistiger oder seelischer Behinderung außerstande ist, sich selbst zu unterhalten. ²Ist das Kind verheiratet oder geschieden, so ist weitere Voraussetzung, daß sein Ehegatte oder sein früherer Ehegatte ihm keinen ausreichenden Unterhalt leisten kann oder ihm gegenüber nicht unterhaltspflichtig ist.

(6) ¹Ein Kinderfreibetrag von 2.052 Deutsche Mark wird für jedes zu berücksichtigende Kind des Steuerpflichtigen vom Einkommen abgezogen. ²Bei Ehegatten, die nach den §§ 26, 26 b zusammen zur Einkommensteuer veranlagt werden, wird ein Kinderfreibetrag von 4.104 Deutsche Mark abgezogen, wenn das Kind zu beiden Ehegatten in einem Kindschaftsverhältnis steht. ³Ein Kinderfreibetrag von 4.104 Deutsche Mark wird auch abgezogen, wenn

S 2282 a

1. der andere Elternteil vor dem Beginn des Kalenderjahrs verstorben ist oder während des ganzen Kalenderjahrs nicht unbeschränkt einkommensteuerpflichtig gewesen ist oder

2. der Steuerpflichtige allein das Kind angenommen hat oder das Kind nur zu ihm in einem Pflegekindschaftsverhältnis steht.

⁴Für ein Kind, das weder zu Beginn des Kalenderjahrs unbeschränkt einkommensteuerpflichtig war, noch im Laufe des Kalenderjahrs unbeschränkt einkommensteuerpflichtig geworden ist, kann ein Kinderfreibetrag nur abgezogen werden, soweit er nach den Verhältnissen des Wohnsitzstaats des Kindes notwendig und angemessen ist. ⁵Abweichend von Satz 1 wird bei einem unbeschränkt einkommensteuerpflichtigen Elternpaar, bei dem die Voraussetzungen des § 26 Abs. 1 Satz 1 nicht vorliegen, auf Antrag eines Elternteils der

---

(6) ¹Für jedes zu berücksichtigende Kind des Steuerpflichtigen wird ein Kinderfreibetrag von 261 Deutsche Mark für jeden Kalendermonat, in dem die Voraussetzungen vorgelegen haben, bei der Veranlagung zur Einkommensteuer vom Einkommen abgezogen. ²Bei Ehegatten, die nach den §§ 26, 26b zusammen zur Einkommensteuer veranlagt werden, wird ein Kinderfreibetrag von 522 Deutsche Mark monatlich abgezogen, wenn das Kind zu beiden Ehegatten in einem Kindschaftsverhältnis steht. ³Ein Kinderfreibetrag von 522 Deutsche Mark monatlich wird auch abgezogen, wenn
1. der andere Elternteil verstorben oder nicht unbeschränkt einkommensteuerpflichtig ist oder
2. der Steuerpflichtige allein das Kind angenommen hat oder das Kind nur zu ihm in einem Pflegekindschaftsverhältnis steht.

⁴Für ein nicht nach § 1 Abs. 1 oder 2 unbeschränkt einkommensteuerpflichtiges Kind kann ein Kinderfreibetrag nur abgezogen werden, soweit er nach den Verhältnissen seines Wohnsitzstaates notwendig und angemessen ist. ⁵Abweichend von Satz 1 wird bei einem unbeschränkt einkommensteuerpflichtigen Elternpaar, bei dem die Voraussetzungen des § 26 Abs. 1 Satz 1 nicht vorliegen, auf Antrag eines Elternteils der Kinderfreibetrag des anderen Elternteils auf ihn übertragen, wenn er, nicht jedoch der andere Elternteil seiner Unterhaltspflicht gegenüber dem Kind für das Kalenderjahr im wesentlichen nachkommt. ⁶Der Kinderfreibetrag kann auch auf einen Stiefelternteil oder Großeltern übertragen werden, wenn sie das Kind in ihren Haushalt aufgenommen haben.

(7) ¹Ein Haushaltsfreibetrag von 5.616 Deutsche Mark wird bei einem Steuerpflichtigen, für den das Splitting-Verfahren (§ 32 a Abs. 5 und 6) nicht anzuwenden und der auch nicht als Ehegatte (§ 26 Abs. 1) getrennt zur Einkommensteuer zu veranlagen ist, vom Einkommen abgezogen, wenn er einen Kinderfreibetrag oder Kindergeld für mindestens ein Kind erhält, das in seiner Wohnung im Inland gemeldet ist. ²Kinder, die bei beiden Elternteilen mit Wohnung im Inland gemeldet sind, werden dem Elternteil zugeordnet, in dessen Wohnung sie im Kalenderjahr zuerst gemeldet waren, im übrigen der Mutter oder mit deren Zustimmung dem Vater; dieses Wahlrecht kann für mehrere Kinder nur einheitlich ausgeübt werden. ³Als Wohnung im Inland im Sinne der Sätze 1 und 2 gilt auch die Wohnung eines Elternteils, der nach § 1 Abs. 2 unbeschränkt einkommensteuerpflichtig ist. ⁴Absatz 6 Satz 6 gilt entsprechend."
Einführungsschreiben zum Familienleistungsausgleich ab VZ 1996 → BMF vom 18. 12. 1995 (BStBl I S. 805, Anhang 14 a).

607

§ 32 EStG
R 176, 177   H 176

Kinderfreibetrag des anderen Elternteils auf ihn übertragen, wenn er, nicht jedoch der andere Elternteil, seiner Unterhaltspflicht gegenüber dem Kind für das Kalenderjahr im wesentlichen nachkommt, oder wenn der andere Elternteil dem Antrag zustimmt. ⁶Eine für ein zurückliegendes oder das laufende Kalenderjahr erteilte Zustimmung kann nicht widerrufen werden. ⁷Eine für künftige Kalenderjahre erteilte Zustimmung kann nur vor Beginn des Kalenderjahrs widerrufen werden, für das sie erstmals nicht gelten soll.

S 2281
(7) ¹Ein Haushaltsfreibetrag von 5.616 Deutsche Mark wird bei einem Steuerpflichtigen, für den das Splitting-Verfahren (§ 32 a Abs. 5 und 6) nicht anzuwenden ist und der auch nicht als Ehegatte (§ 26 Abs. 1) getrennt zur Einkommensteuer zu veranlagen ist, vom Einkommen abgezogen, wenn er einen Kinderfreibetrag für mindestens ein Kind erhält, das in seiner Wohnung im Inland gemeldet ist. ²Kinder, die bei beiden Elternteilen mit Wohnung im Inland gemeldet sind, werden dem Elternteil zugeordnet, in dessen Wohnung sie im Kalenderjahr zuerst gemeldet waren, im übrigen der Mutter oder mit deren Zustimmung dem Vater; dieses Wahlrecht kann für mehrere Kinder nur einheitlich ausgeübt werden. ³Als Wohnung im Inland im Sinne der Sätze 1 und 2 gilt auch die Wohnung eines Elternteils, der nach § 1 Abs. 2 unbeschränkt einkommensteuerpflichtig ist. ⁴Absatz 6 Sätze 6 und 7 gilt entsprechend.

(8) (weggefallen)

| R 176 | R 176. Im ersten Grad mit dem Steuerpflichtigen verwandte Kinder |

S 2282
– unbesetzt –

| H 176 | **Hinweise** |

Annahme als Kind

Die Annahme als Kind wird vom Vormundschaftsgericht ausgesprochen (§ 1752 Abs. 1, § 1768 Abs. 1 BGB) und erst durch die Zustellung des betreffenden Beschlusses rechtswirksam. Ist das Verwandtschaftsverhältnis des angenommenen Kindes zu seinen Eltern, wie bei Annahme eines Volljährigen (§ 1767 BGB), nicht erloschen, so kann das Kind auch bei diesen berücksichtigt werden, wenn sie ihrer Unterhaltsverpflichtung gegenüber dem Kind im wesentlichen nachkommen; R 177 Abs. 5 und 6 gilt entsprechend.

Verwandtschaft im ersten Grad

Kinder, die im ersten Grad mit dem Steuerpflichtigen verwandt sind (§ 32 Abs. 1 Nr. 1 EStG), sind eheliche Kinder einschließlich angenommener Kinder, für ehelich erklärte und nichteheliche Kinder. Mit der Annahme eines minderjährigen Kindes erlischt das Verwandtschaftsverhältnis zu seinen Eltern, bei Annahme des nichtehelichen Kindes des Ehegatten nur das Verwandtschaftsverhältnis zum anderen Elternteil (§ 1755 BGB).

| R 177 | R 177. Pflegekinder |

Pflegekindschaftsverhältnis

S 2282
(1) ¹Ein Pflegekindschaftsverhältnis (§ 32 Abs. 1 Nr. 2 EStG) setzt voraus, daß das Kind im Haushalt der Pflegeperson sein Zuhause hat und diese zu dem Kind in einer familienähnlichen, auf längere Dauer angelegten Beziehung wie zu einem eigenen Kind steht. ²Hieran fehlt es, wenn ein Kind von vornherein nur für eine begrenzte Zeit im Haushalt des Steuerpflichtigen Aufnahme findet. ³Kinder, die mit dem Ziel der Annahme vom Steuerpflichtigen in Pflege genommen werden (§ 1744 BGB), sind regelmäßig Pflegekinder. ⁴Keine Pflegekinder sind Kostkinder (→ Absatz 4 Satz 1). ⁵Hat der Steuerpflichtige mehr als sechs Kinder in seinem Haushalt aufgenommen, so spricht eine Vermutung dafür, daß es sich um Kostkinder handelt.

Kein Obhuts- und Pflegeverhältnis zu den Eltern

(2) ¹Voraussetzung ist, daß das Obhuts- und Pflegeverhältnis zu den Eltern nicht mehr besteht. ²Ein Pflegekindschaftsverhältnis kann deshalb nicht anerkannt werden, wenn der Steuerpflichtige nicht nur mit dem Kind, sondern auch mit einem Elternteil des Kindes in häuslicher Gemeinschaft lebt, und zwar selbst dann nicht, wenn der Elternteil durch eine Schul- oder Berufsausbildung in der Obhut und Pflege des Kindes beeinträchtigt ist (→ BFH vom 9. 3. 1989 – BStBl II S. 680). ³Ein zwischen einem alleinerziehenden Elternteil und seinem Kind im Kleinkindalter begründetes Obhuts- und Pflegeverhältnis wird durch die vorübergehende Abwesenheit des Elternteils nicht unterbrochen (→ BFH vom 12. 6. 1991 – BStBl 1992 II S. 20).

Altersunterschied

(3) ¹Ein Altersunterschied wie zwischen Eltern und Kindern braucht nicht unbedingt zu bestehen. ²Ein Pflegekindschaftsverhältnis kann daher auch zu jüngeren Geschwistern, z. B. Waisen, gegeben sein (→ BFH vom 5. 8. 1977 – BStBl II S. 832). ³Das gleiche gilt ohne Rücksicht auf einen Altersunterschied, wenn das zu betreuende Geschwister von Kind an wegen Behinderung pflegebedürftig war und der betreuende Teil die Stelle der Eltern, z. B. nach deren Tod, einnimmt. ⁴Ist das zu betreuende Geschwister dagegen erst im Erwachsenenalter pflegebedürftig geworden, so wird im allgemeinen ein dem Eltern-Kind-Verhältnis ähnliches Pflegeverhältnis nicht mehr begründet werden können.

Unterhalt auf Kosten des Steuerpflichtigen

(4) ¹Erhält der Steuerpflichtige von den Eltern des Kindes ein höheres Entgelt als den in Betracht kommenden Pflegegeldsatz des zuständigen Jugendamts, so ist die Voraussetzung, daß der Steuerpflichtige das Kind mindestens zu einem nicht unwesentlichen Teil auf seine Kosten unterhält, nicht erfüllt, wenn durch das Entgelt die Unterhaltskosten des Kindes abgedeckt werden **und** der Steuerpflichtige für die Unterbringung und seine Betreuungsdienste nach marktwirtschaftlichen Gesichtspunkten entlohnt wird (Kostenpflege, → BFH vom 12. 6. 1991 – BStBl 1992 II S. 20). ²Eigene Einkünfte und zur Bestreitung des Unterhalts bestimmte oder geeignete Bezüge des Kindes mindern die Unterhaltsbelastung des Steuerpflichtigen und werden gegebenenfalls bei der Bemessung des Pflegegeldes berücksichtigt. ³Sie können deshalb außer acht gelassen werden, sofern sie die Zahlung von Pflegegeld nicht ausschließen. ⁴Im Zweifel erteilt das Jugendamt Auskunft, ob wegen der Höhe solcher Einkünfte und Bezüge ein Anspruch auf Pflegegeld nicht in Betracht kommen kann.

Berücksichtigung bei den Eltern

(5) ¹Für die Berücksichtigung eines Pflegekindes bei seinen Eltern kommt es für das Kalenderjahr, in dem das Pflegekindschaftsverhältnis begründet wird, nicht darauf an, inwieweit diese ihre Unterhaltsverpflichtung erfüllen. ²Hat das Pflegekindschaftsverhältnis jedoch bereits zu Beginn des Kalenderjahrs bestanden, setzt die Berücksichtigung des Kindes bei seinen Eltern voraus, daß diese ihrer Unterhaltsverpflichtung gegenüber dem Kind für das Kalenderjahr im wesentlichen – das heißt zu mindestens 75 v. H. – nachkommen (§ 32 Abs. 1 vorletzter und letzter Satz EStG).

Unterhaltsverpflichtung der Eltern

(6) ¹Die Höhe der Unterhaltsverpflichtung der Eltern bestimmt sich nach bürgerlichem Recht. ²Soweit sie nicht durch gerichtliche Entscheidung, Verpflichtungserklärung, Vergleich oder anderweitig durch Vertrag festgelegt ist, können dafür im Zweifel die von den Oberlandesgerichten als Leitlinien aufgestellten Unterhaltstabellen, z. B. „Düsseldorfer Tabelle", einen Anhalt geben. ³Eltern, die mangels finanzieller Leistungsfähigkeit nicht unterhaltspflichtig sind (§ 1603 BGB), sind steuerlich (§ 32 Abs. 1 Satz 3 in Verbindung mit Satz 2 EStG) so zu behandeln, als ob sie ihrer Unterhaltsverpflichtung nicht nachkämen. ⁴Das gleiche gilt für Eltern, die unterhaltspflichtig sind, wenn die Unterhaltsleistung jedes Elternteils im Jahresdurchschnitt weniger als 150 DM monatlich beträgt, es sei denn, daß mit einem geringeren Betrag eine festgelegte Unterhaltsverpflichtung im wesentlichen erfüllt wird. ⁵Werden für ein Pflegekind Mittel der Jugend- oder Sozialhilfe in Anspruch genommen, so kommt es darauf an, inwieweit die Eltern vom Jugend- bzw. Sozialamt zu den Kosten herangezogen werden, z. B. nach Überleitung der Unterhaltsforderung.

Anhang 12 a

§ 32 EStG
R 178, 179   H 177, 178

H 177 — Hinweise

Obhuts- und Pflegeverhältnis

In der Regel kann angenommen werden, daß ein Obhuts- und Pflegeverhältnis zwischen einem alleinerziehenden Elternteil und seinem bei Pflegeeltern lebenden, noch nicht schulpflichtigen Kind nicht mehr besteht, wenn der Elternteil mindestens ein Jahr lang keine für die Wahrung des Obhuts- und Pflegeverhältnisses ausreichenden Kontakte zu dem Kind hat (→ BFH vom 20. 1. 1995 – BStBl II S. 582).

Haben nach Aufnahme durch die Pflegeeltern noch schulpflichtige Kinder über zwei Jahre und länger keine ausreichenden Kontakte zu ihren leiblichen Eltern mehr, so reicht dies in der Regel aus, einen Abbruch des Obhutsverhältnisses und Pflegeverhältnisses zwischen den Kindern und ihren leiblichen Eltern anzunehmen (→ BFH vom 7. 9. 1995 – BStBl 1996 II S. 63).

R 178. Allgemeines zur Berücksichtigung von Kindern

S 2282   ¹Kinder, die sich zum Zweck der Berufsausbildung vorübergehend im Ausland aufhalten, bleiben, wenn ihnen im Haushalt der Eltern eine angemessene Wohn- und Schlafgelegenheit weiterhin zur Verfügung steht, unbeschränkt einkommensteuerpflichtig. ²Ausländische Kinder, die ihren Wohnsitz mit ihren Eltern im Inland geteilt haben und zum Zweck der Berufsausbildung in ihr Heimatland zurückgekehrt sind, bleiben dagegen nicht länger unbeschränkt einkommensteuerpflichtig.

H 178 — Hinweise

Berechnung des Lebensalters des Kindes

Für die Berechnung gilt § 187 Abs. 2 Satz 2 in Verbindung mit § 188 Abs. 2 BGB.

B e i s p i e l :

Ein am 1. 1. 1977 geborenes Kind hat das 18. Lebensjahr mit Ablauf des 31. 12. 1994, also zu Beginn des Kalenderjahrs 1995 vollendet. Es kann deshalb für dieses Jahr nicht mehr nach § 32 Abs. 3 EStG berücksichtigt werden.

Berücksichtigung in Sonderfällen

Die Berücksichtigung eines Kindes wird nicht dadurch ausgeschlossen, daß

1. das Kind verheiratet ist,
2. das Kind nicht zum Haushalt des Steuerpflichtigen gehört, ausgenommen Pflegekinder (→ R 177 Abs. 1) oder
3. das Kind eigene Einkünfte oder Bezüge hat, ausgenommen behinderte Kinder nach Vollendung des 18. Lebensjahrs (→ R 180 d).

Lebend geborenes Kind

Für die Frage, ob ein Kind lebend geboren wurde (§ 32 Abs. 3 EStG), ist im Zweifel das Geburtenregister maßgebend.

R 179

– unbesetzt –

610

R 180. Kinder, die für einen Beruf ausgebildet werden

Berufsausbildung allgemein

(1) ¹Als Berufsausbildung ist die Ausbildung für einen künftigen Beruf anzusehen, z. B. die Ausbildung für einen handwerklichen, kaufmännischen, technischen oder wissenschaftlichen Beruf sowie die Ausbildung in der Hauswirtschaft auf Grund eines Berufsausbildungsvertrags oder an einer Lehranstalt, z. B. Haushaltsschule, Berufsfachschule. ²Die Berufsausbildung soll die für die Ausübung eines Berufs notwendigen fachlichen Fertigkeiten und Kenntnisse in einem geordneten Ausbildungsgang vermitteln (→ § 1 Abs. 2 Berufsbildungsgesetz). ³Zur Berufsausbildung gehört z. B. auch der Besuch von Allgemeinwissen vermittelnden Schulen (→ BFH vom 10. 2. 1961 – BStBl III S. 160), von Fachschulen und Hochschulen sowie ein nach der maßgebenden Ausbildungs- oder Prüfungsordnung vorgeschriebenes Praktikum. ⁴Eine **Berufsausbildung** ist nur anzunehmen, wenn sie die Zeit oder Arbeitskraft des Kindes überwiegend in Anspruch nimmt. ⁵Außer der tatsächlichen Ausbildungszeit ist dabei auch der Zeitaufwand für den Weg von und zur Ausbildungsstätte sowie für die notwendigen häuslichen Vor- und Nacharbeiten zu berücksichtigen. ⁶Der Besuch von Abend- oder Tageskursen von nur kurzer Dauer täglich kann nicht als Berufsausbildung angesehen werden. ⁷Die Ferienzeit zwischen zwei Ausbildungsabschnitten gehört zur Berufsausbildung, nicht aber die Übergangszeit zwischen dem Abschluß der Berufsausbildung und dem Berufsantritt sowie die Probezeit bei erstmaligem Berufsantritt (→ BFH vom 31. 1. 1964 – BStBl III S. 300). ⁸In Berufsausbildung befindet sich nicht, wer – wenn auch zur Vorbereitung auf ein weiteres Berufsziel – einen Beruf ausübt, der von anderen unter denselben Bedingungen als Dauerberuf ausgeübt wird (→ BFH vom 11. 10. 1984 – BStBl 1985 II S. 91).

Abschluß der Berufsausbildung

(2) ¹Die Berufsausbildung ist abgeschlossen, wenn das Kind einen Ausbildungsstand erreicht hat, der es zur Berufsausübung befähigt, oder wenn einem schwerbehinderten Kind eine seinen Fähigkeiten angemessene Beschäftigung möglich ist. ²In Handwerksberufen wird die Berufsausbildung mit der Ablegung der Gesellenprüfung abgeschlossen. ³In akademischen Berufen wird die Berufsausbildung regelmäßig mit der Ablegung des – ersten – Staatsexamens oder einer entsprechenden Abschlußprüfung abgeschlossen, es sei denn, daß sich ein ergänzendes Studium, ein Zweitstudium oder ein nach der maßgebenden Ausbildungs- oder Prüfungsordnung vorgeschriebenes Dienstverhältnis oder Praktikum anschließt.

Erneute Berufsausbildung

(3) ¹Der Abschluß einer Berufsausbildung schließt nicht aus, daß das Kind später erneut in eine Berufsausbildung eintritt. ²Dies kann eine weiterführende Ausbildung, z. B. der Besuch einer Fach- oder Meisterschule, oder eine Ausbildung für einen gehobeneren oder einen andersartigen Beruf sein.

Berufsausbildung schwerbehinderter Kinder

(4) ¹Ein **schwerbehindertes** Kind befindet sich auch dann in der Berufsausbildung, wenn es durch gezielte Maßnahmen auf eine – wenn auch einfache – Erwerbstätigkeit vorbereitet wird, die nicht spezifische Fähigkeiten oder Fertigkeiten erfordert. ²Unter diesem Gesichtspunkt kann z. B. auch der Besuch einer Behindertenschule, einer Heimsonderschule oder das Arbeitstraining in einer Anlernwerkstatt oder Werkstatt für Behinderte eine Berufsausbildung darstellen. ³Eine Bescheinigung der besuchten Einrichtung kann einen Anhaltspunkt für die Beurteilung geben.

Hinweise

Berufsbildungsgesetz

Gesetz vom 14. 8. 1969 (BGBl. I S. 1112), zuletzt geändert durch Artikel 55 des Gesetzes vom 26. 5. 1994 (BGBl. I S. 1014).

Rechtsprechung zur Berufsausbildung

- **Abbruch der Berufsausbildung**

    Keine Berufsausbildung, wenn das Kind nach Abbruch einer kaufmännischen Lehre im elterlichen Betrieb im Außendienst beschäftigt wird (→ BFH vom 8. 11. 1972 – BStBl 1973 II S. 141).

§ 32 EStG
R 180 a   H 180, 180 a

- **Aufstiegsbeamte**
  Vorbereitung eines Aufstiegsbeamten auf die Laufbahnprüfung ist keine Berufsausbildung (→ BFH vom 2. 7. 1993 – BStBl II S. 870).

- **Ausbildung im Rahmen eines Dienstverhältnisses**
  Keine Berufsausbildung, wenn sich die Ausbildung im Rahmen eines den vollen Lebensunterhalt sicherstellenden Dienstverhältnisses vollzieht, z. B. Ausbildung eines Zeitsoldaten zum Offizier (→ BFH vom 2. 7. 1993 – BStBl II S. 871); Abkommandierung eines Zeitsoldaten zum Studium an eine Bundeswehr-Hochschule (→ BFH vom 2. 7. 1993 – BStBl 1994 II S. 102).

- **Einweisung in die Aufgaben des künftigen Betriebsinhabers**
  Keine Berufsausbildung, wenn das Kind nach Abschluß seiner kaufmännischen Ausbildung in die Aufgaben eines künftigen Betriebsinhabers im elterlichen Betrieb eingewiesen wird (→ BFH vom 2. 8. 1968 – BStBl II S. 777).

- **Fachschulbesuch im Rahmen einer Erwerbstätigkeit**
  Keine Berufsausbildung, wenn das Kind im Rahmen einer den vollen Lebensunterhalt sicherstellenden Erwerbstätigkeit eine Fachschule unter Fortzahlung der tariflichen Bezüge als Bergmann besucht (→ BFH vom 2. 7. 1993 – BStBl 1994 II S. 101).

R 180 a   **R 180 a. Kinder, die mangels Ausbildungsplatzes ihre Berufsausbildung nicht beginnen oder fortsetzen können**

S 2282   ¹Grundsätzlich ist jeder Ausbildungswunsch des Kindes anzuerkennen, es sei denn, daß seine Verwirklichung wegen der persönlichen Verhältnisse des Kindes ausgeschlossen erscheint. ²Dies gilt auch dann, wenn das Kind bereits eine abgeschlossene Ausbildung in einem anderen Beruf besitzt. ³Das Finanzamt kann verlangen, daß der Steuerpflichtige die ernsthaften Bemühungen des Kindes um einen Ausbildungsplatz durch geeignete Unterlagen nachweist oder zumindest glaubhaft macht. ⁴Hat das Kind während des ganzen Kalenderjahrs eine Erwerbstätigkeit gegen Entgelt ausgeübt oder Lohnersatzleistungen erhalten, so gilt die Vermutung, daß das Kind keine weitere Berufsausbildung anstrebt.

H 180 a   **Hinweise**

Anwendung des § 33 a Abs. 1 EStG aus Billigkeitsgründen
→ R 190 Abs. 6

Ausbildungsplätze
Ausbildungsplätze sind neben betrieblichen und überbetrieblichen insbesondere solche an Fach- und Hochschulen sowie Stellen, an denen eine in der Ausbildungs- oder Prüfungsordnung vorgeschriebene praktische Tätigkeit abzuleisten ist.

Ernsthafte Bemühungen um einen Ausbildungsplatz
Die Berücksichtigung eines Kindes ohne Ausbildungsplatz hängt davon ab, daß es dem Kind trotz ernsthafter Bemühungen nicht gelungen ist, seine Berufsausbildung (→ R 180 Abs. 1) zu beginnen oder fortzusetzen. Als Nachweis der ernsthaften Bemühungen kommen z. B. Bescheinigungen des Arbeitsamtes über die Meldung des Kindes als Bewerber um eine berufliche Ausbildungsstelle, Unterlagen über eine Bewerbung bei der Zentralen Vergabestelle von Studienplätzen, Bewerbungsschreiben unmittelbar an Ausbildungsstellen sowie deren Zwischennachricht oder Ablehnung in Betracht. Die Vermutung, daß das Kind keine weitere Berufsausbildung anstrebt, kann durch Nachweis eines sicheren Ausbildungsplatzes für das folgende Kalenderjahr widerlegt werden (→ BFH vom 7. 8. 1992 – BStBl 1993 II S. 103).

§ 32 EStG
H 180 b   R 180 b

R 180 b. Kinder, deren Berufsausbildung durch Grundwehrdienst, Zivildienst oder ähnliche Dienste unterbrochen worden ist | R 180 b

Gleichgestellte Dienste

(1) ¹Dem gesetzlichen Grundwehrdienst (§ 5 → Wehrpflichtgesetz) ist der **Grenzschutzdienst** auf Grund der Grenzschutzdienstpflicht (§ 49 → Bundesgrenzschutzgesetz) gleichgestellt. ²Der vom gesetzlichen Grundwehrdienst oder Zivildienst befreienden Tätigkeit als Entwicklungshelfer (§ 1 Abs. 1 → Entwicklungshelfer-Gesetz) steht **die Dienstleistung nach § 14 b ZDG** (andere Dienste im Ausland) gleich, die gegenüber einem nach § 14 b Abs. 3 ZDG vom Bundesministerium für Frauen und Jugend anerkannten Träger erbracht wird und zwei Monate länger dauert als der Zivildienst, der sonst erbracht werden müßte.

S 2281

Zwischenzeitliche Tätigkeit gegen Entgelt

(2) Die Berufsausbildung wird auch unterbrochen, wenn das Kind zur Überbrückung der Zeiten zwischen der Beendigung eines Ausbildungsabschnitts und Aufnahme des Dienstes oder zwischen Beendigung des Dienstes und Fortsetzung der Berufsausbildung eine Tätigkeit gegen Entgelt ausübt.

Hinweise | H 180 b

Bundesgrenzschutzgesetz
Neuregelungsgesetz vom 19. 10. 1994 (BGBl. I S. 2978).

Dienste im Ausland
Gesetzlicher Grundwehrdienst oder → gesetzlicher Zivildienst ist auch ein entsprechender Dienst im Ausland, wenn er auf Grund einer gesetzlichen Dienstpflicht geleistet wird (→ BFH vom 29. 4. 1960 – BStBl III S. 268).

Entwicklungshelfer-Gesetz
Gesetz vom 18. 6. 1969 (BGBl. I S. 549), zuletzt geändert durch Gesetz vom 18. 12. 1989 (BGBl. I S. 2261).

Freiwilliger Wehrdienst
Freiwilliger Wehrdienst, der an Stelle des gesetzlichen Grundwehrdienstes abgeleistet wird, ist der aufgrund freiwilliger Verpflichtung in der Bundeswehr als Soldat auf Zeit für höchstens drei Jahre geleistete Wehrdienst (§ 7 → Wehrpflichtgesetz).

Gesetzlicher Zivildienst
Der gesetzliche Zivildienst ist der Zivildienst von anerkannten Kriegsdienstverweigerern (→ Zivildienstgesetz).

Tätigkeit als Entwicklungshelfer
Eine Tätigkeit als Entwicklungshelfer ist die Tätigkeit in Entwicklungsländern ohne Erwerbsabsicht, die nach Vollendung des 18. Lebensjahrs und auf Grund einer Verpflichtung für zweieinhalb Jahre gegenüber einem anerkannten Träger des Entwicklungsdienstes von einem Deutschen ausgeübt wird; der Vorbereitungsdienst gehört nicht dazu (→ Entwicklungshelfer-Gesetz). Als Träger des Entwicklungsdienstes sind anerkannt:
a) Deutscher Entwicklungsdienst, Gemeinnützige Gesellschaft mbH (DED), Bonn-Bad Godesberg,
b) Arbeitsgemeinschaft für Entwicklungshilfe e. V. (AGEH), Köln,
c) Dienste in Übersee e. V. (DÜ), Stuttgart,
d) Eirene, Internationaler Christlicher Friedensdienst e. V., Königswinter,
e) Weltfriedensdienst e. V., Berlin.

Unterbrechung der Berufsausbildung
Die Berufsausbildung wird durch die Aufnahme des Dienstes unterbrochen, wenn das Kind zuvor in einer nicht abgeschlossenen Berufsausbildung (→ R 180 Abs. 1) gestanden hat. Eine Unterbrechung der Berufsausbildung liegt auch vor, wenn das Kind vor Antritt des Dienstes zwar einen Ausbildungsabschnitt, mit dem eine Berufsausbildung bereits abgeschlossen

§ 32 EStG
R 180 c, 180 d   H 180 b, 180 c

sein kann, beendet hat, aber beabsichtigt, seine Ausbildung in diesem Beruf zum frühestmöglichen Zeitpunkt fortzusetzen.

Beispiel:

Das Kind hat kurz vor der Einberufung zum Grundwehrdienst die Reifeprüfung abgelegt und beabsichtigt, unmittelbar nach der Entlassung aus dem Wehrdienst zu studieren.

Wehrpflichtgesetz

Wehrpflichtgesetz in der Fassung der Bekanntmachung vom 14. 7. 1994 (BGBl. I S. 1505), zuletzt geändert durch Artikel 1 des Gesetzes zur Änderung wehrpflichtrechtlicher, soldatenrechtlicher, beamtenrechtlicher und anderer Vorschriften vom 24. 7. 1995 (BGBl. I S. 962)

Neufassung des Wehrpflichtgesetzes vom 15. 12. 1995 → BGBl. I S. 1756.

Zivildienstgesetz (ZDG)

Gesetz in der Fassung der Bekanntmachung vom 28. 9. 1994 (BGBl. I S. 2811).

Zuletzt geändert durch das Gesetz zur Änderung wehrrechtlicher Vorschriften (Wehrrechtsänderungsgesetz) vom 15. 12. 1995 (BGBl. I S. 1726).

R 180 c

R 180 c. Kinder, die ein freiwilliges soziales Jahr leisten

S 2282   Der Nachweis über die Leistung des freiwilligen sozialen Jahres ist durch eine Bescheinigung des Trägers des freiwilligen sozialen Jahres zu erbringen.

H 180 c

Hinweise

Freiwilliges ökologisches Jahr

Das freiwillige ökologische Jahr nach dem → Gesetz zur Förderung eines freiwilligen ökologischen Jahres wird zwischen der Vollendung des 16. und des 27. Lebensjahres bis zur Dauer von zwölf zusammenhängenden Monaten geleistet. Die Mindestdauer der Verpflichtung beträgt sechs Monate. Die mehrmalige Ableistung eines freiwilligen ökologischen Jahres und die Ableistung sowohl eines freiwilligen ökologischen Jahres als auch eines freiwilligen sozialen Jahres ist nicht zulässig.

Freiwilliges soziales Jahr

Das freiwillige soziale Jahr im Sinne des → Gesetzes zur Förderung eines freiwilligen sozialen Jahres wird in der Regel bis zur Vollendung des 25. Lebensjahrs für die Dauer von zwölf zusammenhängenden Monaten abgeleistet. Das Kind muß sich für mindestens sechs Monate verpflichtet haben.

Gesetz zur Förderung eines freiwilligen ökologischen Jahres

Gesetz vom 17. 12. 1993 (BGBl. I S. 2118 – BStBl 1994 I S. 19).

Gesetz zur Förderung eines freiwilligen sozialen Jahres

Gesetz vom 17. 8. 1964 (BGBl. I S. 640 – BStBl I S. 534), zuletzt geändert durch das Gesetz vom 17. 12. 1993 (BGBl. I S. 2118).

R 180 d

R 180 d. Kinder, die wegen körperlicher, geistiger oder seelischer Behinderung außerstande sind, sich selbst zu unterhalten

Behinderte Kinder

S 2282   (1) Als Kinder, die wegen körperlicher, geistiger oder seelischer Behinderung außerstande sind, sich selbst zu unterhalten, kommen nur Kinder in Betracht, die schwerbehindert oder Schwerbehinderten gleichgestellt sind (§§ 1, 2 SchwbG).

§ 32 EStG
H 180 d   R 180 d

Nachweis der Behinderung

(2) Der Nachweis der Schwerbehinderung ist grundsätzlich durch einen Ausweis nach § 4 Abs. 5 SchwbG oder durch eine Bescheinigung der für die Durchführung des Bundesversorgungsgesetzes zuständigen Behörde zu führen, der Nachweis der Gleichstellung durch einen Gleichstellungsbescheid des Arbeitsamts.

Außerstande sein, sich selbst zu unterhalten

(3) ¹Ob das Kind wegen seiner Behinderung außerstande ist, sich selbst zu unterhalten, ist nach den Gesamtumständen des Einzelfalls zu beurteilen. ²Dabei kommt es nicht nur auf die Unfähigkeit des Kindes, durch eigene Erwerbstätigkeit seinen Lebensunterhalt zu bestreiten, sondern auch darauf an, ob dem Kind hierfür andere Einkünfte oder Bezüge zur Verfügung stehen. ³R 190 Abs. 5 gilt entsprechend. ⁴Zu den eigenen Einkünften und Bezügen des Kindes gehören auch Unterhaltsleistungen seines Ehegatten oder früheren Ehegatten (§ 32 Abs. 5 Satz 2 EStG). ⁵Auch eigenes Vermögen des Kindes, das für seinen Lebensunterhalt eingesetzt werden kann, muß berücksichtigt werden, sofern es nicht geringfügig ist; R 190 Abs. 2 gilt entsprechend. ⁶Bezieht das Kind weder Einkünfte aus einer eigenen Erwerbstätigkeit noch Lohnersatzleistungen, kann grundsätzlich von der Unfähigkeit zur Ausübung einer Erwerbstätigkeit ausgegangen werden. ⁷Dies gilt jedoch nicht, wenn nicht die Behinderung, sondern offensichtlich andere Gründe, z. B. die Arbeitsmarktlage, ursächlich dafür sind, daß das Kind keine eigene Erwerbstätigkeit nicht ausüben kann. ⁸Ein über 27 Jahre altes Kind, das wegen seiner Behinderung noch in Schul- oder Berufsausbildung steht, ist in jedem Fall als unfähig zur Ausübung einer Erwerbstätigkeit anzusehen.

Unschädliche Einkünfte und Bezüge des Kindes

(4) ¹Hat das Kind Einkünfte aus eigener Erwerbstätigkeit und/oder andere Einkünfte oder Bezüge, die zur Bestreitung seines Lebensunterhalts bestimmt oder geeignet sind, von zusammen nicht mehr als 9.540 DM im Kalenderjahr, kann regelmäßig davon ausgegangen werden, daß das Kind außerstande ist, sich selbst zu unterhalten. ²Dem Steuerpflichtigen bleibt es unbenommen, glaubhaft zu machen, daß der Unterhaltsbedarf des Kindes auch durch höhere Einkünfte und Bezüge nicht gedeckt ist. ³Behinderungsbedingter Mehrbedarf ist dabei zu berücksichtigen, soweit das Kind hierfür nicht besondere Leistungen erhält, z. B. Pflegegeld, Blindengeld. ⁴Hat das Kind höhere Einkünfte und Bezüge als 9.540 DM und sind darin keine Leistungen nach dem BSHG enthalten, so kann behinderungsbedingter Mehrbedarf in Höhe des übersteigenden Betrags anerkannt werden, wenn für das Kind wegen der Behinderung Kindergeld oder eine andere Leistung für Kinder (§ 8 Abs. 1 BKGG) gezahlt wird. ⁵Der Nachweis kann durch Vorlage des Bescheids hierüber oder durch eine entsprechende Bescheinigung der zuständigen Stelle geführt werden.

Anhang 11

Hinweise

H 180 d

Außerstande sein, sich selbst zu unterhalten

Für die Ermittlung der eigenen Einkünfte und Bezüge gilt H 190 (Anrechnung eigener Einkünfte und Bezüge) entsprechend.

Das FG Schleswig-Holstein hat die Gewährung eines Kinderfreibetrags entgegen R 180 d bejaht, obwohl dem behinderten Kind „Bezüge" des Sozialamts zum Lebensunterhalt zur Verfügung standen (→ Urteil vom 8. 12. 1993 – EFG 1994 S. 428).

Nach der Entscheidung des FG München vom 23. 2. 1995 (EFG S. 716) steht dem Steuerpflichtigen ein Kinderfreibetrag nicht zu, wenn das behinderte Kind aufgrund eigener Einkünfte imstande ist, seinen Lebensunterhalt selbst zu bestreiten. Es hat jedoch die Auslegung des § 32 Abs. 4 Nr. 7 EStG als klärungsbedürftig angesehen. Die Revision ist beim BFH unter dem Az. III R 53/95 anhängig.

Nachweis der Behinderung

→ H 194 (Allgemeines und Nachweise)

§ 32 EStG
R 181, 181 a

R 181
R 181. Höhe des Kinderfreibetrags in Sonderfällen

Voller Kinderfreibetrag für einen Elternteil

S 2282
(1) Einem Steuerpflichtigen, der den Kinderfreibetrag von 4.104 DM erhält, weil der andere Elternteil verstorben ist (§ 32 Abs. 6 Satz 3 EStG), werden Steuerpflichtige in Fällen gleichgestellt, in denen
1. der Wohnsitz oder gewöhnliche Aufenthalt des anderen Elternteils nicht zu ermitteln ist oder
2. der Vater des Kindes amtlich nicht feststellbar ist.

Pflichtveranlagung

(2) Ist der Kinderfreibetrag von 4.104 DM auf der Lohnsteuerkarte des einen Elternteils in der Annahme bescheinigt worden, der andere Elternteil sei während des ganzen Kalenderjahrs nicht unbeschränkt einkommensteuerpflichtig (§ 32 Abs. 6 Nr. 1 Alternative 2 EStG), so ist, wenn diese Annahme sich als unzutreffend erweist, für jeden Elternteil eine Veranlagung zur Einkommensteuer unter Berücksichtigung des Kinderfreibetrags von jeweils 2.052 DM durchzuführen (§ 46 Abs. 2 Nr. 4 a Buchstabe a EStG).

R 181 a
R 181 a. Übertragung des Kinderfreibetrags

Barunterhaltsverpflichtung

S 2282
(1) ¹Bei dauernd getrennt lebenden oder geschiedenen Ehegatten sowie bei Eltern eines nichtehelichen Kindes ist der Elternteil, in dessen Obhut das Kind sich nicht befindet, grundsätzlich zur Leistung von Barunterhalt verpflichtet. ²Soweit die Höhe nicht durch gerichtliche Entscheidung, Verpflichtungserklärung, Vergleich oder anderweitig durch Vertrag festgelegt ist, können dafür im Zweifel die von den Oberlandesgerichten als Leitlinien aufgestellten Unterhaltstabellen, z. B. „Düsseldorfer Tabelle", einen Anhalt geben. ³Bei der Beurteilung der Frage, ob ein Elternteil seiner Unterhaltsverpflichtung gegenüber einem Kind nachgekommen ist, ist nicht auf den Zeitpunkt abzustellen, in dem der Unterhalt gezahlt worden ist, sondern auf den Zeitraum, für den der Unterhalt bestimmt ist (→ BFH vom 11. 12. 1992 – BStBl 1993 II S. 397).

Anhang 12 a

Der Unterhaltsverpflichtung im wesentlichen nachkommen

(2) ¹Ein Elternteil kommt seiner Barunterhaltsverpflichtung gegenüber dem Kind im wesentlichen nach, wenn er sie mindestens zu 75 v. H. erfüllt. ²Elternteile, die mangels finanzieller Leistungsfähigkeit nicht unterhaltspflichtig sind (§ 1603 BGB), sind vorbehaltlich des Satzes 5 steuerlich so zu behandeln, als ob sie ihrer Unterhaltsverpflichtung nicht nachkämen. ³Das gleiche gilt für Elternteile, die wegen nicht ausreichender finanzieller Leistungsfähigkeit z. B. erwachsenen Kindern gegenüber nicht unterhaltspflichtig sind, weil andere Bedürftige vorgehen (§ 1609 BGB). ⁴Entsprechendes gilt für Elternteile, die unterhaltspflichtig sind, wenn die Unterhaltsleistung im Jahresdurchschnitt weniger als 150 DM monatlich beträgt, es sei denn, daß mit einem geringeren Betrag eine festgelegte Unterhaltsverpflichtung mindestens zu 75 v. H. erfüllt wird. ⁵Der Elternteil, in dessen Obhut das Kind sich befindet, erfüllt seine Unterhaltsverpflichtung in der Regel durch die Pflege und Erziehung des Kindes (§ 1606 Abs. 3 BGB). ⁶Sind Eltern einem Kind gegenüber nicht unterhaltspflichtig, weil es ausreichende eigene Einkünfte oder Bezüge hat, so kommt eine Übertragung des Kinderfreibetrags – abgesehen vom Fall der Zustimmung – auch dann nicht in Betracht, wenn ein Elternteil freiwillig Unterhalt leistet, der andere jedoch nicht.

Maßgebender Verpflichtungszeitraum

(3) ¹Hat aus Gründen, die in der Person des Kindes liegen, oder wegen des Todes des Elternteils die Unterhaltsverpflichtung nicht während des ganzen Kalenderjahrs bestanden, so ist für die Frage, inwieweit sie erfüllt worden ist, nur auf den Verpflichtungszeitraum abzustellen. ²Im übrigen kommt es nicht darauf an, ob die unbeschränkte Steuerpflicht des Kindes oder der Eltern während des ganzen Kalenderjahrs bestanden hat (→ Beispiele).

Verfahren

(4) ¹Wird die Übertragung des dem anderen Elternteil zustehenden Kinderfreibetrags beantragt, weil dieser seiner Unterhaltsverpflichtung gegenüber dem Kind für das Kalenderjahr nicht im wesentlichen nachgekommen ist, so muß der Antragsteller die Voraussetzun-

gen dafür darlegen. ²In Zweifelsfällen ist dem anderen Elternteil Gelegenheit zu geben, sich zum Sachverhalt zu äußern (§ 91 AO). ³Wird der Kinderfreibetrag bei einer Veranlagung auf den Steuerpflichtigen übertragen, so teilt das Finanzamt dies dem für den anderen Elternteil zuständigen Finanzamt mit. ⁴Dieses führt eine Veranlagung des anderen Elternteils nach § 46 Abs. 2 Nr. 4 a Buchstabe b EStG durch, sofern dieser nicht ohnehin zur Einkommensteuer zu veranlagen ist. ⁵Wird der andere Elternteil nicht veranlagt oder ist sein zu versteuerndes Einkommen ohne Berücksichtigung des Kinderfreibetrags geringer als der Grundfreibetrag nach § 32 a Abs. 1 Nr. 1 EStG, so ist die Mitteilung des für den Steuerpflichtigen zuständigen Finanzamts über die Übertragung des Kinderfreibetrags an die für den anderen Elternteil zuständige Kindergeldstelle weiterzuleiten. ⁶Ist der andere Elternteil bereits veranlagt, so ist die Änderung der Steuerfestsetzung, sofern sie nicht nach § 164 Abs. 2 Satz 1 oder § 165 Abs. 2 AO vorgenommen werden kann, nach § 175 Abs. 1 Satz 1 Nr. 2 AO durchzuführen. ⁷Beantragt der andere Elternteil eine Herabsetzung der gegen ihn festgesetzten Steuer mit der Begründung, die Voraussetzungen für die Übertragung des Kinderfreibetrags auf den Steuerpflichtigen lägen nicht vor, so ist der Steuerpflichtige unter den Voraussetzungen des § 174 Abs. 4 und 5 AO zu dem Verfahren hinzuzuziehen. ⁸Obsiegt der andere Elternteil, so kommt die Änderung der Steuerfestsetzung beim Steuerpflichtigen nach § 174 Abs. 4 AO in Betracht. ⁹Dem Finanzamt des Steuerpflichtigen ist zu diesem Zweck die getroffene Entscheidung mitzuteilen.

Übertragung im Lohnsteuerabzugsverfahren

(5) ¹Die Übertragung des Kinderfreibetrags und die davon abhängigen Änderungen bei den übrigen kindbedingten Steuerentlastungen können nach § 39 Abs. 3 a EStG unter bestimmten Voraussetzungen bereits für die Durchführung des Lohnsteuerabzugs berücksichtigt werden (→ A 109 Abs. 8 LStR 1993). ²In diesen Fällen werden beide Elternteile stets zur Einkommensteuer veranlagt (§ 46 Abs. 2 Nr. 4 a Buchstabe b EStG). ³Die Absätze 4 und 6 sind entsprechend anzuwenden.

Verfahren bei Anspruch auf Kindergeldzuschlag

(6) ¹Nach § 11 a BKGG wird bei der Gewährung des Zuschlags zum Kindergeld durch die Kindergeldstellen das zu versteuernde Einkommen berücksichtigt, soweit und wie es der Besteuerung zugrunde gelegt wurde. ²Die Zahlung des Zuschlags hängt damit unter Umständen von der Übertragung des Kinderfreibetrags nach § 32 Abs. 6 Satz 4 EStG ab. ³Die Entscheidung des Finanzamts über die Übertragung des Kinderfreibetrags ist unselbständiger Teil der Steuerfestsetzung. ⁴Wird für den Antragsteller keine Veranlagung zur Einkommensteuer durchgeführt oder wirkt sich der Kinderfreibetrag, dessen Übertragung beantragt wird, bei der Steuerfestsetzung des Antragstellers nicht aus, weil das zu versteuernde Einkommen – ohne Berücksichtigung des zu übertragenden Kinderfreibetrags – geringer ist als der Grundfreibetrag nach § 32 a Abs. 1 Nr. 1 EStG, so hat die Kindergeldstelle über den Übertragungsantrag in eigener Zuständigkeit zu entscheiden. ⁵Die Kindergeldstellen sind angewiesen, die Übertragung des Kinderfreibetrags dem für den anderen Elternteil zuständigen Finanzamt mitzuteilen. ⁶Dieses führt eine Veranlagung nach § 46 Abs. 2 Nr. 4 a Buchstabe b EStG durch, sofern der andere Elternteil nicht ohnehin zur Einkommensteuer zu veranlagen ist. ⁷Bei der Veranlagung ist die Mitteilung der Kindergeldstelle zu berücksichtigen. ⁸Ist für den anderen Elternteil bereits eine Veranlagung durchgeführt, so kommt die Änderung der Steuerfestsetzung, sofern sie nicht nach § 164 Abs. 2 Satz 1 oder § 165 Abs. 2 AO vorgenommen werden kann, nach § 175 Abs. 1 Satz 1 Nr. 2 AO in Betracht. ⁹Das Finanzamt hat der Kindergeldstelle die endgültige Entscheidung zur Gewährung des Kinderfreibetrags mitzuteilen, wenn es von der Entscheidung der Kindergeldstelle abweicht.

Hinweise

Beispiele zu R 181 a Abs. 3

A. Das Kind beendet im Juni seine Berufsausbildung und steht ab September in einem Arbeitsverhältnis. Seitdem kann es sich selbst unterhalten. Der zum Barunterhalt verpflichtete Elternteil ist seiner Verpflichtung nur für die Zeit bis einschließlich Juni nachgekommen. Er hat seine für 8 Monate bestehende Unterhaltsverpflichtung für 6 Monate, also zu 75 v. H. erfüllt.

B. Der Elternteil, der bisher seiner Unterhaltsverpflichtung durch Pflege und Erziehung des Kindes voll nachgekommen ist, verzieht im August ins Ausland und leistet von da an kei-

§ 32 EStG
R 182   H 181 a, 182

nen Unterhalt mehr. Er hat seine Unterhaltsverpflichtung, bezogen auf das Kalenderjahr, nicht mindestens zu 75 v. H. erfüllt.

Düsseldorfer Tabelle

→ Anhang 12 a

Steuerrechtliche Folgewirkungen der Übertragung

Infolge der Übertragung des Kinderfreibetrags können sich bei den kindbedingten Steuerentlastungen, die vom Erhalt des Kinderfreibetrags abhängen, Änderungen ergeben, und zwar zuungunsten des ausgeschlossenen Elternteils und zugunsten des anderen Elternteils. Solche Folgeänderungen können eintreten beim Haushaltsfreibetrag (§ 32 Abs. 7 EStG), beim Hundertsatz der zumutbaren Belastung (§ 33 Abs. 3 EStG), bei den Ausbildungsfreibeträgen (§ 33 a Abs. 2 EStG), bei der Übertragung des dem Kind zustehenden Behinderten- oder Hinterbliebenen-Pauschbetrags (§ 33 b Abs. 5 EStG) und bei der Ermäßigung der Kirchensteuer (kirchensteuerrechtliche Regelungen entsprechend § 51 a EStG).

Wirksamkeit der Zustimmungs- und Widerrufserklärung zur Übertragung von Kinderfreibeträgen

Die im LSt-Ermäßigungsverfahren erklärte Zustimmung eines Elternteils zur Übertragung von Kinderfreibeträgen entfaltet auch Wirkung für das nachfolgende Veranlagungsverfahren. Für den Widerruf einer Zustimmungsübertragung ist allein die objektive Tatsache seiner Erklärung entscheidend. Unerheblich ist deshalb, ob der Widerruf gegenüber dem anderen Elternteil, dem FA oder einem Dritten ausgesprochen wird oder ob das FA sonstwie von ihm erfährt. Das hat zur Folge, daß die Widerrufserklärung – im Rahmen der Festsetzungsfrist – vom FA für den dem Erklärungsjahr nachfolgenden VZ auch dann zu berücksichtigen ist, wenn der Widerruf dem FA erst nach Ablauf des Erklärungsjahres bekannt wird (→ FG Saarland vom 6. 7. 1995 – EFG 1996 S. 58).

R 182   R 182. Haushaltsfreibetrag, Zuordnung von Kindern

Haushaltsfreibetrag im Lohnsteuerabzugsverfahren bei Zuordnung zum Vater, Pflichtveranlagung

¹Der Haushaltsfreibetrag, der dem Vater auf Grund der anderweitigen Zuordnung eines Kindes (→ H 182) zusteht, kann bereits für die Durchführung des Lohnsteuerabzugs berücksichtigt werden (→ A 109 Abs. 4 LStR 1993). ²Geschieht dies, so sind ebenso wie in Fällen, in denen der Vater den Haushaltsfreibetrag bei einer Veranlagung beantragt, stets beide Elternteile zur Einkommensteuer zu veranlagen (§ 46 Abs. 2 Nr. 4 Buchstabe c EStG).

H 182   **Hinweise**

Abzug mit Zuordnung

Ist ein Kind unbeschränkt einkommensteuerpflichtiger Eltern bei beiden Elternteilen gemeldet, so wird es, wenn beide Elternteile die Voraussetzungen für einen Haushaltsfreibetrag erfüllen, einem Elternteil zugeordnet (§ 32 Abs. 7 Satz 2 EStG). Zwei Fallgruppen sind zu unterscheiden:

a) Das Kind war zu Beginn des Kalenderjahrs oder zu dem anderen maßgebenden Stichtag, z. B. Geburt, Zuzug aus dem Ausland, nur bei einem Elternteil und erst später auch oder ausschließlich bei dem anderen Elternteil gemeldet:

Das Kind wird stets dem Elternteil zugeordnet, bei dem es zuerst gemeldet war (→ BFH vom 17. 9. 1982 – BStBl 1983 II S. 9).

b) Das Kind war zu Beginn des Kalenderjahrs oder zu dem anderen maßgebenden Stichtag bei beiden Elternteilen gemeldet:

Das Kind wird der Mutter zugeordnet, mit ihrer Zustimmung dem Vater.

Zuzuordnen ist auch in Fällen, in denen mehrere gemeinsame Kinder im Kalenderjahr – nacheinander oder gleichzeitig – in den Wohnungen beider Elternteile gemeldet sind, die Kinderfreibeträge aber nicht für alle Kinder übertragen werden.

§ 32 EStG
H 182   R 183

Beispiele:
A. Beide Kinder geschiedener Eltern wohnen zunächst in der Wohnung der Mutter und sind dort gemeldet. Am 1. April zieht ein Kind (erstes Kind) in die Wohnung des Vaters um und wird entsprechend angemeldet. Der Vater zahlt Barunterhalt für das zweite Kind während des ganzen Kalenderjahrs und für das erste Kind bis einschließlich März. Ab 1. April trägt er für das erste Kind allein den vollen Unterhalt. Da nur der Vater seiner Unterhaltsverpflichtung gegenüber dem ersten Kind im wesentlichen nachkommt, wird der Kinderfreibetrag der Mutter antragsgemäß auf ihn übertragen. Die Mutter behält ihren Kinderfreibetrag für das zweite Kind.

Aufgrund der Zuordnungsregelung verbleibt der Haushaltsfreibetrag bei der Mutter. Für den Vater ist der Haushaltsfreibetrag ausgeschlossen.

B. In nichtehelicher Gemeinschaft lebende Eltern haben zwei Kinder, die in ihrer gemeinsamen Wohnung gemeldet sind. Die Eltern erfüllen ihre Unterhaltsverpflichtung und haben damit Anspruch auf die Kinderfreibeträge. Mit Zustimmung der Mutter wird ihr Kinderfreibetrag für ein Kind auf den Vater übertragen. Den Kinderfreibetrag für das andere Kind behält sie.

Aufgrund der Zuordnungsregelung verbleibt der Haushaltsfreibetrag grundsätzlich bei der Mutter. Der Vater kann den Haushaltsfreibetrag anstelle der Mutter nur mit deren Zustimmung erhalten.

Abzug ohne Zuordnung

Einer Zuordnung bedarf es, obwohl das Kind bei beiden Elternteilen gemeldet ist, aber nicht, wenn

a) für einen Elternteil das Splitting-Verfahren (§ 32 a Abs. 5 oder 6 EStG) oder die getrennte Veranlagung zur Einkommensteuer in Betracht kommt oder

b) die Kinderfreibeträge für alle gemeinsamen Kinder von einem Elternteil auf den anderen Elternteil übertragen werden.

Beispiele:
A. Das Kind geschiedener Eltern wohnt zunächst in der Wohnung der Mutter und ist dort gemeldet. Am 1. April zieht es in die Wohnung des Vaters um und wird entsprechend angemeldet. Der Vater hat bis einschließlich März für das Kind Barunterhalt geleistet und trägt seit April allein den vollen Unterhalt. Da nur der Vater seiner Unterhaltsverpflichtung gegenüber dem Kind im wesentlichen nachkommt, wird der Kinderfreibetrag der Mutter antragsgemäß auf ihn übertragen.

Der Haushaltsfreibetrag wird beim Vater ohne Zuordnung abgezogen.

B. Beide Kinder geschiedener Eltern sind sowohl in der Wohnung des Vaters als auch in der Wohnung der Mutter gemeldet. Die Eltern erfüllen ihre Unterhaltsverpflichtung. Die Kinderfreibeträge der Mutter werden mit ihrer Zustimmung auf den Vater übertragen.

Der Haushaltsfreibetrag wird beim Vater ohne Zuordnung abgezogen.

Meldung des Kindes

Für die Fragen, in wessen Wohnung das Kind gemeldet war oder ob eine gemeinsame Wohnung der Eltern vorliegt, sind allein die Verhältnisse maßgebend, wie sie sich aus dem Melderegister ergeben. Dabei ist es gleichgültig, ob es sich um eine Meldung mit Haupt- oder Nebenwohnung handelt. Darauf, wo sich das Kind oder die Elternteile tatsächlich aufgehalten haben, kommt es nicht an (→ BFH vom 27. 7. 1984 – BStBl 1985 II S. 8). Eine Meldung des Kindes bei beiden Elternteilen kann sowohl in der gemeinsamen Wohnung als auch in getrennten Wohnungen der Elternteile gegeben sein.

Ob ein Kind im Veranlagungszeitraum – als Voraussetzung für die Gewährung eines Haushaltsfreibetrags nach § 32 Abs. 7 Satz 1 EStG 1990 und folgende Jahre – in der Wohnung des Steuerpflichtigen gemeldet ist, richtet sich grundsätzlich nach dem Tag des Eingangs der melderechtlichen An- oder Ummeldung. Eine nach Ablauf des Veranlagungszeitraums vorgenommene, nachträgliche An- oder Ummeldung kann nicht berücksichtigt werden (Anwendung der Grundsätze des BFH-Urteils vom 27. 7. 1984 VI R 124/80, BStBl 1985 II S. 8, auch auf die ab 1990 geltende Gesetzesfassung) (→ BFH vom 1. 12. 1995 – III R 125/93).

– unbesetzt –

R 183

§ 32 a EStG

EStG
S 2283

§ 32 a
Einkommensteuertarif

[1]) (1) ¹Die tarifliche Einkommensteuer bemißt sich nach dem zu versteuernden Einkommen. ²Sie beträgt vorbehaltlich der §§ 32 b, 34, 34 b und 34 c jeweils in Deutsche Mark für zu versteuernde Einkommen

1. bis 5.616 Deutsche Mark (Grundfreibetrag):
   0;
2. von 5.617 Deutsche Mark bis 8.153 Deutsche Mark:
   0,19 x − 1.067;
3. von 8.154 Deutsche Mark bis 120.041 Deutsche Mark:
   (151,94 y + 1.900)y + 472;
4. von 120.042 Deutsche Mark an:
   0,53 x − 22.842;

³„x" ist das abgerundete zu versteuernde Einkommen. ⁴„y" ist ein Zehntausendstel des 8.100 Deutsche Mark übersteigenden Teils des abgerundeten zu versteuernden Einkommens.

(2) Das zu versteuernde Einkommen ist auf den nächsten durch 54 ohne Rest teilbaren vollen Deutsche-Mark-Betrag abzurunden, wenn es nicht bereits durch 54 ohne Rest teilbar ist.

(3) ¹Die zur Berechnung der tariflichen Einkommensteuer erforderlichen Rechenschritte sind in der Reihenfolge auszuführen, die sich nach dem Horner-Schema ergibt. ²Dabei sind die sich aus den Multiplikationen ergebenden Zwischenergebnisse für jeden weiteren Rechenschritt mit drei Dezimalstellen anzusetzen; die nachfolgenden Dezimalstellen sind fortzulassen. ³Der sich ergebende Steuerbetrag ist auf den nächsten vollen Deutsche-Mark-Betrag abzurunden.

[2]) (4) Für zu versteuernde Einkommen bis 120.041 Deutsche Mark ergibt sich die nach den Absätzen 1 bis 3 berechnete tarifliche Einkommensteuer aus der diesem Gesetz beigefügten Anlage 2 (Einkommensteuer-Grundtabelle).
Tabellen

[3]) (5) ¹Bei Ehegatten, die nach den §§ 26, 26 b zusammen zur Einkommensteuer veranlagt werden, beträgt die tarifliche Einkommensteuer vorbehaltlich der §§ 32 b, 34 und 34 b das Zweifache des Steuerbetrags, der sich für die Hälfte ihres gemeinsam zu versteuernden Einkommens nach den Absätzen 1 bis 3 ergibt (Splitting-Verfahren). ²Für zu versteuernde Einkommen bis 240.083 Deutsche Mark ergibt sich die nach Satz 1 berechnete tarifliche
Tabellen Einkommensteuer aus der diesem Gesetz beigefügten Anlage 3 (Einkommensteuer-Splittingtabelle).

(6) ¹Das Verfahren nach Absatz 5 ist auch anzuwenden zur Berechnung der tariflichen Einkommensteuer für das zu versteuernde Einkommen

---

[1]) Absatz 1 wurde durch das JStG 1996 ab VZ 1996 geändert.

„(1) ¹Die tarifliche Einkommensteuer bemißt sich nach dem zu versteuernden Einkommen. ²Sie beträgt vorbehaltlich der §§ 32 b, 34, 34 b und 34 c jeweils in Deutsche Mark für zu versteuernde Einkommen
1. bis 12.095 Deutsche Mark (Grundfreibetrag):
   0;
2. von 12.096 Deutsche Mark bis 55.727 Deutsche Mark:
   (86,63 y + 2.590) y;
3. von 55.728 Deutsche Mark bis 120.041 Deutsche Mark:
   (151,91 z + 3.346) z + 12.949;
4. von 120.042 Deutsche Mark an:
   0,53 x − 22.842.

³„y" ist ein Zehntausendstel des 12.042 Deutsche Mark übersteigenden Teils des abgerundeten zu versteuernden Einkommens. ⁴„z" ist ein Zehntausendstel des 55.674 Deutsche Mark übersteigenden Teils des abgerundeten zu versteuernden Einkommens. ⁵„x" ist das abgerundete zu versteuernde Einkommen."

Zur Anwendung ab VZ 1997 → § 52 Abs. 22 b EStG in der Fassung des JStG 1996.

[2]) Zur Anwendung ab VZ 1997 → § 52 Abs. 22 c EStG in der Fassung des JStG 1996.
[3]) Zur Anwendung ab VZ 1997 → § 52 Abs. 22 d EStG in der Fassung des JStG 1996.

§ 32 a EStG
H 184 a   R 184, 184 a

1. bei einem verwitweten Steuerpflichtigen für den Veranlagungszeitraum, der dem Kalenderjahr folgt, in dem der Ehegatte verstorben ist, wenn der Steuerpflichtige und sein verstorbener Ehegatte im Zeitpunkt seines Todes die Voraussetzungen des § 26 Abs. 1 Satz 1 erfüllt haben,
2. bei einem Steuerpflichtigen, dessen Ehe in dem Kalenderjahr, in dem er sein Einkommen bezogen hat, aufgelöst worden ist, wenn in diesem Kalenderjahr
    a) der Steuerpflichtige und sein bisheriger Ehegatte die Voraussetzungen des § 26 Abs. 1 Satz 1 erfüllt haben,
    b) der bisherige Ehegatte wieder geheiratet hat und
    c) der bisherige Ehegatte und dessen neuer Ehegatte ebenfalls die Voraussetzungen des § 26 Abs. 1 Satz 1 erfüllen.

²Dies gilt nicht, wenn eine Ehe durch Tod aufgelöst worden ist und die Ehegatten der neuen Ehe die besondere Veranlagung nach § 26 c wählen.

²Voraussetzung für die Anwendung des Satzes 1 ist, daß der Steuerpflichtige nicht nach den §§ 26, 26 a getrennt zur Einkommensteuer veranlagt wird.

Anlage 2 zum Einkommensteuergesetz
(zu § 32 a Abs. 4 EStG) ¹)

Einkommensteuer-Grundtabelle

(abgedruckt im Tabellenteil)

Anlage 3 zum Einkommensteuergesetz
(zu § 32 a Abs. 5 EStG) ²)

Einkommensteuer-Splittingtabelle

(abgedruckt im Tabellenteil)

– unbesetzt –   R 184

R 184 a. Splitting-Verfahren bei verwitweten Personen (§ 32 a Abs. 6 Nr. 1 EStG)   R 184 a

– unbesetzt –

Hinweise
H 184 a

Splitting-Verfahren im Fall der Auflösung einer Ehe

Ist eine Ehe, die der Steuerpflichtige im VZ des Todes des früheren Ehegatten geschlossen hat, im selben VZ wieder aufgelöst worden, so ist er für den folgenden VZ auch dann wieder nach § 32 a Abs. 6 Nr. 1 EStG als Verwitweter zu behandeln, wenn die Ehe in anderer Weise als durch Tod aufgelöst worden ist (→ BFH vom 9. 6. 1965 – BStBl III S. 590).

Splitting-Verfahren im Fall der Wiederheirat

Geht der verwitwete Steuerpflichtige im VZ, der dem VZ des Todes des früheren Ehegatten folgt, eine neue Ehe ein, so findet § 32 a Abs. 6 Nr. 1 EStG nur dann Anwendung, wenn für die neue Ehe die besondere Veranlagung nach § 26 c EStG gewählt worden ist oder die Voraussetzungen des § 26 Abs. 1 EStG nicht vorgelegen haben.

¹) Anlage 2 wurde durch das JStG 1996 für VZ 1996 geändert.
²) Anlage 3 wurde durch das JStG 1996 für VZ 1996 geändert.

§ 32 a EStG
R 184 b H 184 a, 184 b

Todeserklärung eines verschollenen Ehegatten
→ H 174 (Allgemeines)

R 184 b   **R 184 b. Splitting-Verfahren bei Personen, deren Ehe im Veranlagungszeitraum aufgelöst worden ist (§ 32 a Abs. 6 Nr. 2 EStG)**

– unbesetzt –

H 184 b   **Hinweise**

Splitting-Verfahren bei Auflösung der Ehe außer durch Tod und Wiederheirat eines Ehegatten

Ist eine Ehe, für die die Voraussetzungen des § 26 Abs. 1 EStG vorgelegen haben, im VZ durch Aufhebung oder Scheidung aufgelöst worden und ist der Steuerpflichtige im selben VZ eine neue Ehe eingegangen, für die die Voraussetzungen des § 26 Abs. 1 Satz 1 EStG ebenfalls vorliegen, so kann nach § 26 Abs. 1 Satz 2 EStG für die aufgelöste Ehe das Wahlrecht zwischen getrennter Veranlagung (§ 26 a EStG) und Zusammenveranlagung (§ 26 b EStG) nicht ausgeübt werden. Der andere Ehegatte, der nicht wieder geheiratet hat, ist mit dem von ihm bezogenen Einkommen nach dem Splitting-Verfahren zu besteuern (§ 32 a Abs. 6 Nr. 2 EStG). Der Auflösung einer Ehe durch Aufhebung oder Scheidung steht die Nichtigerklärung einer Ehe gleich (→ H 174 – Allgemeines).

Splitting-Verfahren bei einem verstorbenen Ehegatten im Fall der Wiederheirat des anderen Ehegatten

Ist eine Ehe, für die die Voraussetzungen des § 26 Abs. 1 EStG vorgelegen haben, im VZ durch Tod eines Ehegatten aufgelöst worden und hat der überlebende Ehegatte noch im selben VZ eine neue Ehe geschlossen, für die die Voraussetzungen des § 26 Abs. 1 Satz 1 EStG ebenfalls vorliegen, so kann für die aufgelöste Ehe das Wahlrecht zwischen getrennter Veranlagung (§ 26 a EStG) und Zusammenveranlagung (§ 26 b EStG) nur dann ausgeübt werden, wenn für die neue Ehe die besondere Veranlagung nach § 26 c EStG gewählt worden ist (§ 26 Abs. 1 Satz 2 und 3 EStG). Ist dies nicht geschehen, so ist für das zu versteuernde Einkommen des verstorbenen Ehegatten das Splitting-Verfahren anzuwenden (§ 32 a Abs. 6 Nr. 2 EStG).

§ 32 b
Progressionsvorbehalt

EStG

(1) Hat ein unbeschränkt Steuerpflichtiger oder ein beschränkt Steuerpflichtiger, auf den § 50 Abs. 4 Anwendung findet, [1] S 2295

1. a) Arbeitslosengeld, Arbeitslosenhilfe, Kurzarbeitergeld, Schlechtwettergeld, Konkursausfallgeld, Übergangsgeld, Altersübergangsgeld, Altersübergangsgeld-Ausgleichsbetrag, Unterhaltsgeld als Zuschuß, Überbrückungsgeld, Eingliederungsgeld, Eingliederungshilfe oder Krankengeld nach dem Arbeitsförderungsgesetz, [2] [3]

    b) Krankengeld, Mutterschaftsgeld, Verletztengeld, Übergangsgeld oder vergleichbare Lohnersatzleistungen nach der Reichsversicherungsordnung, nach dem Fünften oder Sechsten Buch Sozialgesetzbuch, dem Gesetz über die Krankenversicherung der Landwirte, dem Zweiten Gesetz über die Krankenversicherung der Landwirte, dem Angestelltenversicherungsgesetz oder dem Reichsknappschaftsgesetz, [4]

    c) Mutterschaftsgeld, Zuschuß zum Mutterschaftsgeld, die Sonderunterstützung nach dem Mutterschutzgesetz sowie den Zuschuß nach § 4 a Mutterschutzverordnung oder einer entsprechenden Landesregelung,

    d) Arbeitslosenbeihilfe oder Arbeitslosenhilfe nach dem Soldatenversorgungsgesetz,

    e) Entschädigungen für Verdienstausfall nach dem Bundes-Seuchengesetz,

    f) Versorgungskrankengeld oder Übergangsgeld nach dem Bundesversorgungsgesetz,

    g) Aufstockungsbeträge nach dem Altersteilzeitgesetz,

    h) Verdienstausfallentschädigung nach dem Unterhaltssicherungsgesetz,

    i) Vorruhestandsgeld nach der Verordnung über die Gewährung von Vorruhestandsgeld vom 8. Februar 1990 (GBl. I Nr. 7 S. 42), die nach Anlage II Kapitel VIII Sachgebiet E Abschnitt III Nr. 5 des Einigungsvertrags vom 31. August 1990 in Verbindung mit Artikel 1 des Gesetzes vom 23. September 1990 (BGBl. 1990 II S. 885, 1209) mit Änderungen und Maßgaben fortgilt,

    oder

2. ausländische Einkünfte, die nach einem Abkommen zur Vermeidung der Doppelbesteuerung steuerfrei sind, oder Einkünfte, die nach einem sonstigen zwischenstaatlichen Übereinkommen unter dem Vorbehalt der Einbeziehung bei der Berechnung [5]

---

[1] Der Satzteil vor Nummer 1 wurde durch JStG 1996 ab VZ 1996 geändert.
„Hat ein zeitweise oder während des gesamten Veranlagungszeitraumes unbeschränkt Steuerpflichtiger oder ein beschränkt Steuerpflichtiger, auf den § 50 Abs. 5 Satz 4 Nr. 2 Anwendung findet,".
Die geänderte Fassung ist erstmals für den VZ 1996 anzuwenden (→ § 52 Abs. 1 in der Fassung des JStG 1996).

[2] Zur Anwendung → § 52 Abs. 23 EStG in der Fassung des JStG 1996.

[3] Absatz 1 Nr. 1 Buchstabe a wurde durch das Zweite Gesetz zur Änderung des Arbeitsförderungsgesetzes im Bereich des Baugewerbes ab VZ 1996 ergänzt.
Nach dem Wort „Schlechtwettergeld," wird das Wort „Winterausfallgeld," eingefügt.

[4] Absatz 1 Nr. 1 Buchstabe b wurde durch das JStG 1996 ab dem VZ 1996 neu gefaßt.
„b) Krankengeld, Mutterschaftsgeld, Verletztengeld, Übergangsgeld oder vergleichbare Lohnersatzleistungen nach der Reichsversicherungsordnung, nach dem Fünften oder Sechsten Buch Sozialgesetzbuch, dem Gesetz über die Krankenversicherung der Landwirte oder dem Zweiten Gesetz über die Krankenversicherung der Landwirte,".

[5] Absatz 1 Nr. 2 wurde durch das JStG 1996 durch die Nummern 2 und 3 ersetzt:
„2. ausländische Einkünfte, die im Veranlagungszeitraum nicht der deutschen Einkommensteuer unterlegen haben; dies gilt nur für Fälle der zeitweisen unbeschränkten Steuerpflicht einschließlich der in § 2 Abs. 7 Satz 3 geregelten Fälle,

3. Einkünfte, die nach einem Abkommen zur Vermeidung der Doppelbesteuerung oder einem sonstigen zwischenstaatlichen Übereinkommen unter dem Vorbehalt der Einbeziehung bei der Berechnung der Einkommensteuer steuerfrei sind, oder bei Anwendung von § 1 Abs. 3 oder § 1 a oder § 50 Abs. 5 Satz 4 Nr. 2 im Veranlagungszeitraum nicht der deutschen Einkommensteuer unterliegende Einkünfte, wenn deren Summe positiv ist,".
Zur Anwendung → § 52 Abs. 23 EStG in der Fassung des JStG 1996.

§ 32 b EStG
R 185   H 185

der Einkommensteuer steuerfrei sind, oder nicht der deutschen Einkommensteuer unterliegende Einkünfte im Sinne des § 50 Abs. 4, wenn deren Summe positiv ist,

bezogen, so ist auf das nach § 32 a Abs. 1 zu versteuernde Einkommen ein besonderer Steuersatz anzuwenden.

[¹)] (2) Der besondere Steuersatz nach Absatz 1 ist der Steuersatz, der sich ergibt, wenn bei der Berechnung der Einkommensteuer einbezogen werden:
1. im Fall des Absatzes 1 Nr. 1 die Summe der bezogenen Leistungen nach Abzug des Arbeitnehmer-Pauschbetrags (§ 9 a Satz 1 Nr. 1), soweit er nicht bei der Ermittlung der Einkünfte aus nichtselbständiger Arbeit abziehbar ist;
2. im Fall des Absatzes 1 Nr. 2 die dort bezeichneten Einkünfte, ausgenommen die darin enthaltenen außerordentlichen Einkünfte.

(3) ¹Die Träger der Sozialleistungen im Sinne des Absatzes 1 Nr. 1 haben bei Einstellung der Leistung oder spätestens am Ende des jeweiligen Kalenderjahrs dem Empfänger die Dauer des Leistungszeitraums sowie Art und Höhe der während des Kalenderjahrs gezahlten Leistungen zu bescheinigen. ²In der Bescheinigung ist der Empfänger auf die steuerliche Behandlung dieser Leistungen und seine Steuererklärungspflicht hinzuweisen.

R 185

S 2295

R 185. Progressionsvorbehalt

– unbesetzt –

H 185

Hinweise

Allgemeines

Ist für Einkünfte nach § 32 b Abs. 1 EStG der Progressionsvorbehalt zu beachten, muß die Einkommensteuerveranlagung stets in zwei Stufen durchgeführt werden.

1. Stufe:
   Ermittlung des zu versteuernden Einkommens (zvE)
2. Stufe:
   Berechnung des besonderen Steuersatzes:
   a) Die Lohnersatzleistungen (§ 32 b Abs. 1 Nr. 1 EStG) sind hinzuzurechnen. Es kann lediglich ein nicht verbrauchter Arbeitnehmer-Pauschbetrag gemäß § 32 b Abs. 2 Nr. 1 EStG abgezogen werden.
   b) Bei auf Grund von Doppelbesteuerungsabkommen steuerfreien Einkünften (§ 32 b Abs. 1 Nr. 2 EStG) wird das zvE für die Berechnung des besonderen Steuersatzes (Steuersatzeinkommen) so ermittelt, als ob das Doppelbesteuerungsabkommen nicht bestünde (→ BFH vom 13. 11. 1991 – BStBl 1992 II S. 345). Diese Zwei-Stufen-Prüfung ist nicht nur für das Jahr vorzunehmen, in dem die dem Progressionsvorbehalt unterliegenden Einkünfte vorhanden sind, sondern sie muß auch bei Veranlagungen mit Verlustrücktrag/Verlustvortrag eingehalten werden.

---

¹) Absatz 2 wurde durch das JStG 1996 mit Wirkung auf vor dem VZ 1996 erzielte Einkünfte im Sinne des § 32 b Abs. 1 Nr. 2 und 3 geändert, soweit diese ansonsten bei der Berechnung des Steuersatzes für Veranlagungszeiträume ab 1996 einzubeziehen wären:
„(2) Der besondere Steuersatz nach Absatz 1 ist der Steuersatz, der sich ergibt, wenn bei der Berechnung der Einkommensteuer das nach § 32 a Abs. 1 zu versteuernde Einkommen vermehrt oder vermindert wird um
1. im Fall des Absatzes 1 Nr. 1 die Summe der Leistungen nach Abzug des Arbeitnehmer-Pauschbetrags (§ 9 a Satz 1 Nr. 1 Buchstabe a); soweit er nicht bei der Ermittlung der Einkünfte aus nichtselbständiger Arbeit abziehbar ist;
2. im Fall des Absatzes 1 Nr. 2 und 3 die dort bezeichneten Einkünfte, ausgenommen die darin enthaltenen außerordentlichen Einkünfte."

§ 32 b EStG
H 185   R 185

Anwendung auf Lohnersatzleistungen
Der Progressionsvorbehalt für Lohnersatzleistungen ist verfassungsgemäß (→ Kammerbeschluß des BVerfG vom 3. 5. 1995 – BStBl II S. 758).

→ A 91 LStR 1993

Anwendung bei Steuerpflichtigen mit Einkünften aus nichtselbständiger Tätigkeit
→ R 217

Ausländische Einkünfte
Die Höhe ist nach dem deutschen Steuerrecht zu ermitteln (→ BFH vom 22. 5. 1991 – BStBl 1992 II S. 94).

Ausländische Verluste
1. Durch ausländische Verluste kann der Steuersatz auf Null sinken (→ BFH vom 25. 5. 1970 – BStBl II S. 660).
2. Ausländische Verluste sind, soweit ein Verlustausgleich im laufenden VZ nicht möglich ist, bei Berechnung des Steuersatzeinkommens nach Maßgabe des § 10 d EStG zu berücksichtigen (→ BFH vom 25. 5. 1970 – BStBl II S. 755). § 10 d Abs. 1 Satz 2 und 3 EStG ist sinngemäß anzuwenden.
3. Im Falle des Verlustrücktrags sind von der Besteuerung ausgenommene Einkünfte, die im Verlustentstehungsjahr anfallen, bei der Festsetzung des Steuersatzes für das Kalenderjahr zu berücksichtigen, in dem der Verlust abgezogen wird (→ BFH vom 13. 11. 1991 – BStBl 1992 II S. 345).
4. Ausländische Verluste im Sinne des § 2 a EStG werden nur nach Maßgabe des § 2 a EStG berücksichtigt (→ BFH vom 17. 10. 1990 – BStBl 1991 II S. 136).

Beispiel I

	Jahr 1	Jahr 2	Jahr 3
1. Berechnung des zu versteuernden Einkommmens			
steuerfreie ausländische Einkünfte	–	–	+ 20.000
inländische Einkünfte	50.200	50.000	./. 100.000
inländischer Gesamtbetrag der Einkünfte	50.200	50.000	./. 100.000
Sonderausgaben etc.	./. 200	./. 200	–
Verlustabzug	./. 50.000	./. 49.800	–
Einkommen = zu versteuerndes Einkommen	0	0	0
2. Berechnung des für den Steuersatz maßgebenden zu versteuernden Einkommens			
steuerfreie ausländische Einkünfte	–	–	20.000
inländische Einkünfte	50.200	50.000	./. 100.000
Gesamtbetrag der Einkünfte	50.200	50.000	./. 80.000
Sonderausgaben etc.	./. 200	./. 200	–
Verlustabzug	./. 50.000	./. 30.000	–
Einkommen = zu versteuerndes Einkommen	0	19.800	0
3. Steuer	0	0	0

Beispiel II

	Jahr 1	Jahr 2	Jahr 3
1. Berechnung des zu versteuernden Einkommmens			
steuerfreie ausländische Einkünfte	–	./. 25.000	./. 80.000
inländische Einkünfte	30.000	50.000	30.000
inländischer Gesamtbetrag der Einkünfte	30.000	50.000	30.000
Sonderausgaben etc.	./. 10.000	./. 10.000	./. 200
Verlustabzug	–	–	–
Einkommen = zu versteuerndes Einkommen	20.000	40.000	29.800

§ 32 b EStG
R 185   H 185

2. Berechnung des für den Steuersatz maß-
   gebenden zu versteuernden Einkommens

	Jahr 1	Jahr 2	Jahr 3
steuerfreie ausländische Einkünfte	–	./. 25.000	./. 80.000
inländische Einkünfte	30.000	50.000	30.000
Gesamtbetrag der Einkünfte	30.000	25.000	./. 50.000
Sonderausgaben etc.	./. 10.000	./. 10.000	–
Verlustabzug	20.000	15.000	–
Einkommen = zu versteuerndes Einkommen	0	0	0
3. Steuer	0	0	0

Für die Berechnung des Steuersatzes ab VZ 4 verbleibt ein nicht ausgeglichener Verlust von 15.000 DM (50.000 DM ./. 20.000 DM ./. 15.000 DM).

Auslandsrenten

Zur Frage, ob die von der französischen Fremdenlegion gem. Art. 14 DBA-Frankreich steuerfrei gezahlte Invaliditätsrente dem Progressionsvorbehalt unterliegt oder die Einbeziehung in den Progressionsvorbehalt wegen Steuerfreiheit der Rente gem. § 3 Nr. 6 EStG ausscheidet, ist derzeit ein Revisionsverfahren beim BFH unter dem Az. I R 152/94 anhängig.

Besteuerungsgrundlage

Für die Anwendung des Progressionsvorbehalts bei ausländischen Einkünften sind auch die weiteren von der Höhe der Einkünfte abhängigen Besteuerungsgrundlagen, z. B. der Altersentlastungsbetrag, zu verändern (→ BFH vom 30. 5. 1990 – BStBl II S. 906).

§ 32 c
Tarifbegrenzung bei gewerblichen Einkünften

(1) Sind in dem zu versteuernden Einkommen gewerbliche Einkünfte im Sinne des Absatzes 2 enthalten, deren Anteil am zu versteuernden Einkommen mindestens 100.278 Deutsche Mark beträgt, ist von der tariflichen Einkommensteuer ein Entlastungsbetrag nach Absatz 4 abzuziehen.

(2) ¹Gewerbliche Einkünfte im Sinne dieser Vorschrift sind vorbehaltlich des Satzes 2 Gewinne oder Gewinnanteile, die nach § 7 oder § 8 Nr. 4 des Gewerbesteuergesetzes der Gewerbesteuer unterliegen. ²Ausgenommen sind Gewinne und Gewinnanteile, die nach § 9 Nr. 1 Satz 2 und 3, Nr. 2 a, 3, 5, 7 und 8 des Gewerbesteuergesetzes zu kürzen sind; ausgenommen sind auch Kürzungsbeträge nach § 9 Nr. 2 des Gewerbesteuergesetzes, soweit sie auf Anteile am Gewinn einer ausländischen Betriebsstätte entfallen, sowie Gewinne, die einer Steuerermäßigung nach § 34 unterliegen.

(3) ¹Der auf gewerbliche Einkünfte entfallende Anteil am zu versteuernden Einkommen (gewerblicher Anteil) bemißt sich nach dem Verhältnis der gewerblichen Einkünfte nach Absatz 2 zur Summe der Einkünfte. ²Übersteigen die gewerblichen Einkünfte nach Absatz 2 die Summe der Einkünfte, ist der Entlastungsbetrag nach Absatz 4 auf der Grundlage des gesamten zu versteuernden Einkommens zu ermitteln. ³Der gewerbliche Anteil ist auf den nächsten durch 54 ohne Rest teilbaren vollen Deutsche-Mark-Betrag abzurunden, wenn er nicht bereits durch 54 ohne Rest teilbar ist.

(4) ¹Zur Ermittlung des Entlastungsbetrags wird zunächst für den abgerundeten gewerblichen Anteil die Einkommensteuer nach § 32 a berechnet. ²Von diesem Steuerbetrag sind die Einkommensteuer, die nach § 32 a auf ein zu versteuerndes Einkommen in Höhe von 100.224 Deutsche Mark entfällt, sowie 47 vom Hundert des abgerundeten gewerblichen Anteils, soweit er 100.224 Deutsche Mark übersteigt, abzuziehen. ³Der sich hieraus ergebende Entlastungsbetrag ist auf volle Deutsche Mark aufzurunden.

(5) ¹Bei Ehegatten, die zusammen zur Einkommensteuer veranlagt werden, beträgt der Entlastungsbetrag das zweifache des Entlastungsbetrags, der sich für die Hälfte ihres gemeinsam zu versteuernden Einkommens nach den Absätzen 1 bis 4 ergibt. ²Die Ehegatten sind bei der Verhältnisrechnung nach Absatz 3 gemeinsam als Steuerpflichtiger zu behandeln. ³Satz 1 gilt entsprechend bei Steuerpflichtigen, deren Einkommensteuer nach § 32 a Abs. 6 zu ermitteln ist.

R 185 a. Tarifbegrenzung bei gewerblichen Einkünften
(§ 32 c EStG)

– unbesetzt –

§ 32 c EStG
R 185 a   H 185 a

| H 185 a | Hinweise |

Ermittlung des Entlastungsbetrags
(Tarifbegrenzung nach § 32 c EStG)

	DM 1	DM 2	DM 3	Zeile
Summe der gewerblichen Einkünfte i. S. d. § 32 c Abs. 2 EStG[1]_____DM				1
Begünstigter Teil des zu versteuernden Einkommens $\frac{zvE \times Zeile\ 1}{Summe\ der\ Einkünfte} = \ldots\ldots\ldots$				2
– Falls Betrag lt. Zeile 1 größer als die Summe der Einkünfte, ist in Zeile 2 das zu versteuernde Einkommen einzutragen –				
Bei Anwendung der Splittingtabelle Ergebnis lt. Zeile 2 × ½ ....=				3
Auf den nächsten durch 54 teilbaren Betrag abgerundetes Ergebnis lt. Zeile 2 (Grundtabelle) bzw. Zeile 3 (Splittingtabelle) ....=				4
– Falls Betrag unter 100.278 DM, entfallen die Zeilen 5 bis 11. –				
Steuer lt. Grundtabelle zum Ergebnis lt. Zeile 4				5
Steuer lt. Grundtabelle für 100.224 DM = 30.870 DM	– 100.224	30.870		6
Betrag aus Zeile 4 abzüglich Betrag aus Zeile 6				7
47 % Steuer aus dem Betrag lt. Zeile 7				8
		+	–	
		ergibt	=	9
Entlastungsbetrag ☐ bei Anwendung der Grundtabelle (Betrag lt. Zeile 9)				10
☐ bei Anwendung der Splittingtabelle (Betrag lt. Zeile 9 × 2)				11

---

[1]) Es sind nur solche Einkünfte aus Gewerbebetrieb begünstigt, die auch der Gewerbesteuer unterliegen. Anzusetzen ist deshalb der Saldo aus den positiven und negativen laufenden Einkünften aus allen gewerblichen Einkunftsquellen. Hinzuzurechnen ist die Summe aus allen Verlusten i. S. d. § 16 Abs. 2 EStG. Abzuziehen sind insbesondere die nach § 34 Abs. 1, 2 Nr. 2 EStG begünstigten laufenden Einkünfte, die einkommensteuerpflichtigen Gewinne aus ausländischen Betrieben, die Gewinne aus Betriebsverpachtung sowie bestimmte Kürzungen nach § 9 GewStG.

§ 32 d EStG

§ 32 d[1])
Entlastung bei niedrigen Erwerbseinkommen

EStG

S 2000 [2])

(1) ¹Die festzusetzende Einkommensteuer (§ 2 Abs. 6) auf das zu versteuernde Einkommen beträgt 0 Deutsche Mark bei Erwerbsbezügen (Absatz 2) bis 11.555 Deutsche Mark und bei Anwendung des § 32 a Abs. 5 oder 6 bei Erwerbsbezügen bis 23.111 Deutsche Mark. ²Betragen die Erwerbsbezüge 11.556 Deutsche Mark bis 15.173 Deutsche Mark und bei Anwendung des § 32 a Abs. 5 oder 6 23.112 Deutsche Mark bis 30.347 Deutsche Mark, so ist die festzusetzende Einkommensteuer auf den Betrag zu mildern, der sich aus den Anlagen 4 b und 5 b zu diesem Gesetz ergibt.

Tabellen

(2) ¹Erwerbsbezüge sind das zu versteuernde Einkommen zuzüglich der folgenden Beträge:
1. Verlustabzugsbeträge nach § 10 d,
2. Abzugsbeträge nach § 10 e Abs. 1 bis 6 a, §§ 10 f bis 10 h, 52 Abs. 21 Satz 4 bis 7 sowie nach § 15 b des Berlinförderungsgesetzes und § 7 des Fördergebietsgesetzes,
3. der Abzug nach § 13 Abs. 3,
4. steuerfreie Gewinne nach den §§ 14, 14 a Abs. 1 bis 3, § 16 Abs. 4, § 17 Abs. 3 und § 18 Abs. 3,
5. die nach § 19 Abs. 2, § 20 Abs. 4, § 22 Nr. 4 und § 24 a steuerfrei bleibenden Einkünfte,
6. die den Ertragsanteil nach § 22 Nr. 1 Satz 3 Buchstabe a übersteigenden Teile von Leibrenten außer von Veräußerungsrenten und Renten aus einer Versicherung auf den Erlebens- oder Todesfall gegen Einmalbeitrag,
7. die Einkünfte und Leistungen, die dem Progressionsvorbehalt unterliegen,
8. die Renten nach § 3 Nr. 1 Buchstabe a, Bezüge nach § 3 Nr. 3, 6, 9, 10, 27 und nach § 3 b, Bezüge nach § 3 Nr. 44, soweit sie zur Bestreitung des Lebensunterhalts dienen, sowie Bezüge nach § 3 Nr. 5 und 11 mit Ausnahme der Heilfürsorge, Leistungen nach dem Bundessozialhilfegesetz und der steuerfreien Beihilfen in Krankheits-, Geburts- und Todesfällen im Sinne der Beihilfevorschriften des Bundes und der Länder,
9. Sonderabschreibungen sowie erhöhte Absetzungen, soweit sie die höchstmöglichen Absetzungen für Abnutzung nach § 7 übersteigen,
10. pauschal besteuerte Bezüge nach § 40 a.

²Zurückgeforderte Beträge mindern die Summe der Erwerbsbezüge mit Ausnahme des zu versteuernden Einkommens im Kalenderjahr der Rückzahlung.

Anlage 4 b zum Einkommensteuergesetz
(zu § 52 Abs. 24 EStG)

– hier nicht abgedruckt –

Zusatztabelle für 1995
zur Einkommensteuer-Grundtabelle 1990

(abgedruckt im Tabellenteil)

---

[1]) § 32 d EStG wurde durch das JStG 1996 ab VZ 1996 aufgehoben.
[2]) Absatz 1 ist abgedruckt in der für den **VZ 1995** gemäß § 52 Abs. 24 Satz 1 Nr. 1 EStG anzuwendenden Fassung.

§ 32 d EStG
R 185 b   H 185 b

Anlage 5 b zum Einkommensteuergesetz
(zu § 52 Abs. 24 EStG)

– hier nicht abgedruckt –

Zusatztabelle für 1995
zur Einkommensteuer-Splittingtabelle 1990

(abgedruckt im Tabellenteil)

| R 185 b | **R 185 b. Entlastung bei niedrigen Erwerbseinkommen (§ 32 d EStG)** |

– unbesetzt –

H 185 b   **Hinweise**

Existenzminimum

Anhang 14   Zur Anwendung des § 32 d EStG (Entlastung bei niedrigen Erwerbseinkommen) → BMF vom 26. 10. 1993 (BStBl I S. 895).

630

§ 33
Außergewöhnliche Belastungen

(1) Erwachsen einem Steuerpflichtigen zwangsläufig größere Aufwendungen als der überwiegenden Mehrzahl der Steuerpflichtigen gleicher Einkommensverhältnisse, gleicher Vermögensverhältnisse und gleichen Familienstands (außergewöhnliche Belastung), so wird auf Antrag die Einkommensteuer dadurch ermäßigt, daß der Teil der Aufwendungen, der die dem Steuerpflichtigen zumutbare Belastung (Absatz 3) übersteigt, vom Gesamtbetrag der Einkünfte abgezogen wird.

(2) ¹Aufwendungen erwachsen dem Steuerpflichtigen zwangsläufig, wenn er sich ihnen aus rechtlichen, tatsächlichen oder sittlichen Gründen nicht entziehen kann und soweit die Aufwendungen den Umständen nach notwendig sind und einen angemessenen Betrag nicht übersteigen. ²Aufwendungen, die zu den Betriebsausgaben, Werbungskosten oder Sonderausgaben gehören, bleiben dabei außer Betracht; das gilt für Aufwendungen im Sinne des § 10 Abs. 1 Nr. 7 bis 9 nur insoweit, als sie als Sonderausgaben abgezogen werden können. ³Aufwendungen, die durch Diätverpflegung entstehen, können nicht als außergewöhnliche Belastung berücksichtigt werden.

(3) ¹Die zumutbare Belastung beträgt

bei einem Gesamtbetrag der Einkünfte	bis 30.000 DM	über 30.000 DM bis 100.000 DM	über 100.000 DM
1. bei Steuerpflichtigen, die keine Kinder haben und bei denen die Einkommensteuer			
a) nach § 32 a Abs. 1,	5	6	7
b) nach § 32 a Abs. 5 oder 6 (Splitting-Verfahren)	4	5	6
zu berechnen ist;			
2. bei Steuerpflichtigen mit			
a) einem Kind oder zwei Kindern,	2	3	4
b) drei oder mehr Kindern	1	1	2
	vom Hundert des Gesamtbetrags der Einkünfte.		

²Als Kinder des Steuerpflichtigen zählen die, für die er einen Kinderfreibetrag erhält. ¹⁾

R 186. Außergewöhnliche Belastungen allgemeiner Art

(1) ¹§ 33 EStG setzt eine Belastung des Steuerpflichtigen auf Grund außergewöhnlicher und dem Grunde und der Höhe nach zwangsläufiger Aufwendungen voraus. ²Der Steuerpflichtige ist belastet, wenn ein Ereignis in seiner persönlichen Lebenssphäre ihn zu Ausgaben zwingt, die er selbst endgültig zu tragen hat. ³Die Belastung tritt mit der Verausgabung ein. ⁴Zwangsläufigkeit dem Grunde nach wird in der Regel auf Aufwendungen des Steuerpflichtigen für sich selbst oder für Angehörige im Sinne des § 15 AO beschränkt sein. ⁵Aufwendungen für andere Personen können diese Voraussetzung nur ausnahmsweise erfüllen (sittliche Pflicht). ⁶Die Höhe der zwangsläufig erwachsenen Beträge hängt nicht davon ab, ob der Steuerpflichtige die Aufwendungen aus seinem Einkommen oder seinem Vermögen bestritten hat. ⁷Der zwangsläufig erwachsene Teil der Aufwendungen ist notfalls zu schätzen.

---

¹⁾ Absatz 3 Satz 2 wurde durch das JStG 1996 ab VZ 1996 neu gefaßt:
„Als Kinder des Steuerpflichtigen zählen die, für die er einen Kinderfreibetrag oder Kindergeld erhält."

§ 33 EStG
R 186   H 186

(2) Sind neben anderen außergewöhnlichen Belastungen nach § 33 EStG Aufwendungen für Dienstleistungen zur Betreuung eines zum Haushalt gehörenden Kindes im Sinne des § 33 c EStG (Kinderbetreuungskosten) zu berücksichtigen, so ist die zumutbare Belastung wie folgt anzurechnen:
1. falls die Kinderbetreuungskosten den Pauschbetrag nach § 33 c Abs. 4 EStG übersteigen, zunächst auf den übersteigenden Betrag und sodann auf die anderen außergewöhnlichen Belastungen;
2. falls die Kinderbetreuungskosten den Pauschbetrag nicht übersteigen, nur auf die anderen außergewöhnlichen Belastungen.

H 186

Hinweise

Adoption
Aufwendungen im Zusammenhang mit einer Adoption sind nicht zwangsläufig (→ BFH vom 13. 3. 1987 – BStBl II S. 495 und vom 20. 3. 1987 – BStBl II S. 596).

Außergewöhnlich
Außergewöhnlich sind Aufwendungen, die in den besonderen Verhältnissen des einzelnen Steuerpflichtigen oder einer kleinen „Minderheit" von Steuerpflichtigen begründet sind (→ BFH vom 5. 12. 1968 – BStBl 1969 II S. 260, vom 22. 8. 1980 – BStBl 1981 II S. 25 und vom 19. 5. 1995 – BStBl II S. 774).

Aussteuer
Aufwendungen für die Aussteuer einer heiratenden Tochter sind regelmäßig nicht als zwangsläufig anzusehen, weil sie grundsätzlich in den Vermögensbereich gehören; dies gilt auch, wenn die Eltern ihrer Verpflichtung, dem Kind eine Berufsausbildung zuteil werden zu lassen, nicht nachgekommen sind (→ BFH vom 3. 6. 1987 – BStBl II S. 779).

Betriebsausgaben, Werbungskosten, Sonderausgaben
Bei der Beurteilung bleiben grundsätzlich Aufwendungen außer Betracht, die zu den Betriebsausgaben, Werbungskosten oder Sonderausgaben gehören, auch wenn sie sich steuerlich tatsächlich nicht ausgewirkt haben (→ BFH vom 29. 11. 1991 – BStBl 1992 II S. 290 und 293). Ausnahmen: § 10 Abs. 1 Nr. 7 bis 9 EStG → § 33 Abs. 2 EStG.

Darlehen
Auch wenn die Ausgaben über Darlehen finanziert werden, tritt die Belastung bereits im Zeitpunkt der Verausgabung ein (→ BFH vom 10. 6. 1988 – BStBl II S. 814).

Ersatz von dritter Seite
Ersatz und Unterstützungen von dritter Seite zum Ausgleich der Belastung sind von den berücksichtigungsfähigen Aufwendungen abzusetzen, es sei denn, die vertragsgemäße Erstattung führt zu steuerpflichtigen Einnahmen beim Steuerpflichtigen (→ BFH vom 14. 3. 1975 – BStBl II S. 632 und vom 6. 5. 1994 – BStBl 1995 II S. 104). Die Ersatzleistungen sind auch dann abzusetzen, wenn sie erst in einem späteren Kalenderjahr gezahlt werden, der Steuerpflichtige aber bereits in dem Kalenderjahr, in dem die Belastung eingetreten ist, mit der Zahlung rechnen konnte (→ BFH vom 21. 8. 1974 – BStBl 1975 II S. 14). Werden Ersatzansprüche gegen Dritte nicht geltend gemacht, entfällt die Zwangsläufigkeit, wobei die Zumutbarkeit Umfang und Intensität der erforderlichen Rechtsverfolgung bestimmt (→ BFH vom 20. 9. 1991 – BStBl 1992 II S. 137). Die Geltendmachung der Aufwendungen nach § 33 EStG ist ferner ausgeschlossen, wenn der Steuerpflichtige eine allgemein zugängliche und übliche Versicherungsmöglichkeit nicht wahrgenommen hat (→ BFH vom 6. 5. 1994 – BStBl 1995 II S. 104).

- **Sterbegeldversicherungen**
  Soweit die Leistungen auf die eigentlichen Bestattungskosten entfallen, sind sie abzusetzen (→ BFH vom 19. 10. 1990 – BStBl 1991 II S. 140).

- **Krankenhaustagegeldversicherungen**
  Bis zur Höhe der durch einen Krankenhausaufenthalt verursachten Kosten sind die Leistungen abzusetzen, nicht aber Leistungen aus einer Krankentagegeldversicherung (→ BFH vom 22. 10. 1971 – BStBl 1972 II S. 177).

§ 33 EStG
H 186   R 186

Familienheimfahrten
Aufwendungen verheirateter Wehrpflichtiger für Familienheimfahrten können nicht als außergewöhnliche Belastung berücksichtigt werden (→ BFH vom 5. 12. 1969 – BStBl 1970 II S. 210).

Freiwillige Ablösungen
von laufenden Kosten für die Anstaltsunterbringung eines pflegebedürftigen Kindes sind nicht zwangsläufig (→ BFH vom 14. 11. 1980 – BStBl 1981 II S. 130).

Gegenwert
Die Erlangung eines Gegenwerts schließt insoweit die Belastung des Steuerpflichtigen aus. Einen Gegenwert erhält der Steuerpflichtige, wenn der betreffende Gegenstand oder die bestellte Leistung eine gewisse Marktfähigkeit besitzen, die in einem bestimmten Verkehrswert zum Ausdruck kommt (→ BFH vom 4. 3. 1983 – BStBl II S. 378 und vom 29. 11. 1991 – BStBl 1992 II S. 290). Bei der Beseitigung eingetretener Schäden an einem Vermögensgegenstand, der für den Steuerpflichtigen von existenziell wichtiger Bedeutung ist, ergibt sich ein Gegenwert nur hinsichtlich von Wertverbesserungen, nicht jedoch hinsichtlich des verlorenen Aufwandes (→ BFH vom 6. 5. 1994 – BStBl 1995 II S. 104).

Haushaltsgeräte
Aufwendungen für die Anschaffung von Haushaltsgeräten, z. B. einer Waschmaschine, sind selbst dann nicht zwangsläufig, wenn das Gerät einem nahen Angehörigen wegen Krankheit zugewendet wird (→ BFH vom 28. 4. 1978 – BStBl II S. 456).

Krankenversicherungsbeiträge
Da Krankenversicherungsbeiträge ihrer Art nach Sonderausgaben sind, können sie auch bei an sich beihilfeberechtigten Angehörigen des öffentlichen Dienstes nicht als außergewöhnliche Belastung berücksichtigt werden, wenn der Steuerpflichtige wegen seines von Kindheit an bestehenden Leidens keine Aufnahme in eine private Krankenversicherung gefunden hat (→ BFH vom 29. 11. 1991 – BStBl 1992 II S. 293).

Krankheit, Tod, Unfall, Unwetter, Erdbeben
sind Ereignisse, die für den Steuerpflichtigen selbst und seine Angehörigen im Sinne des § 15 AO in der Regel zu zwangsläufigen Aufwendungen führen (→ BFH vom 8. und 18. 11. 1977 – BStBl 1978 II S. 147, vom 17. 4. 1980 – BStBl II S. 639 und vom 24. 7. 1987 – BStBl II S. 715).

Privatschule für behinderte Kinder
Aufwendungen für den Privatschulbesuch eines Kindes sind grundsätzlich auch dann nicht außergewöhnlich, wenn das Kind infolge Krankheit lernbehindert ist; die Aufwendungen werden durch den Kinderfreibetrag und das Kindergeld oder andere Leistungen für Kinder im Sinne des § 8 Abs. 1 BKGG abgegolten (→ BFH vom 1. 12. 1978 – BStBl 1979 II S. 78).   Anhang 11
Bei Behinderung → R 188 Abs. 2.
Bei Legasthenie → H 188 (Auswärtige Unterbringung).

Rechtliche Pflicht
Zahlungen in Erfüllung rechtsgeschäftlicher Verpflichtungen erwachsen regelmäßig nicht zwangsläufig. Unter rechtliche Gründe im Sinne von § 33 Abs. 2 EStG fallen danach nur solche rechtlichen Verpflichtungen, die der Steuerpflichtige nicht selbst gesetzt hat.
Kosten eines Zivilprozesses erwachsen in aller Regel nicht zwangsläufig; dies gilt unabhängig davon, ob die Prozeßkosten dem Steuerpflichtigen in der Parteistellung als Kläger oder als Beklagter entstehen (→ BFH vom 18. 7. 1986 – BStBl II S. 745).
Zwangsläufigkeit aus rechtlichen Gründen ist bei Aufwendungen des Erben zur Erfüllung von Nachlaßverbindlichkeiten regelmäßig nicht anzuerkennen, weil der Erbe die Möglichkeit hat, den Verbindlichkeiten durch Ausschlagen der Erbschaft auszuweichen (→ BFH vom 24. 7. 1987 – BStBl II S. 715).

Regreßzahlungen
Regreßzahlungen des Vaters eines nichtehelichen Kindes gem. § 1615b BGB für vom Ehemann der Mutter des Kindes (Scheinvater) gewährten Unterhalt sind nicht als außergewöhnliche Belastung abzugsfähig, wenn in den VZ der Unterhaltsgewährung durch den

Scheinvater für das Kind ein Anspruch auf Kindergeld oder ein Anspruch auf einen Kinderfreibetrag bestand (→ FG Baden-Württemberg, Freiburg, vom 16. 2. 1995 – EFG S. 892).

Schadensersatzleistungen

können zwangsläufig sein, wenn der Steuerpflichtige bei der Schädigung nicht vorsätzlich oder leichtfertig gehandelt hat (→ BFH vom 3. 6. 1982 – BStBl II S. 749).

Scheidung

Die unmittelbaren und unvermeidbaren Kosten des Scheidungsprozesses einschließlich der Scheidungsfolgeregelungen sind als zwangsläufig erwachsen anzusehen. Hierzu gehören insbesondere Kosten, die entstehen

- durch die Regelung der elterlichen Sorge über ein gemeinschaftliches Kind und des persönlichen Verkehrs des nicht sorgeberechtigten Elternteils (→ BFH vom 2. 10. 1981 – BStBl 1982 II S. 116),
- durch die Entscheidung über die Unterhaltspflicht gegenüber Kindern und dem Ehegatten und durch die Regelung des Versorgungsausgleichs, der güterrechtlichen Verhältnisse sowie der Rechtsverhältnisse an der Ehewohnung und am Hausrat.

Zu berücksichtigen sind auch Scheidungskosten, die der Steuerpflichtige aufgrund einer vom Gericht übernommenen Vereinbarung der Ehegatten zahlt, nicht jedoch die Kosten, die der Steuerpflichtige abweichend von der gerichtlichen Entscheidung übernimmt.

Kosten der Vermögensauseinandersetzung als Folge der Ehescheidung erwachsen nicht zwangsläufig (→ BFH vom 10. 2. 1977 – BStBl II S. 462).

Sittliche Pflicht

Aus sittlichen Gründen erwachsen Aufwendungen zwangsläufig, wenn das Unterlassen der Aufwendungen Sanktionen im sittlich-moralischen Bereich oder auf gesellschaftlicher Ebene zur Folge hätte. Bei der Entscheidung ist auf alle Umstände des Einzelfalls, insbesondere die persönlichen Beziehungen zwischen den Beteiligten, ihre Einkommens- und Vermögensverhältnisse sowie die konkrete Lebenssituation, bei der Übernahme einer Schuld auch auf den Inhalt des Schuldverhältnisses abzustellen (→ BFH vom 24. 7. 1987 – BStBl II S. 715).

Eine die Zwangsläufigkeit von Aufwendungen begründende sittliche Pflicht ist nur dann zu bejahen, wenn diese so unabdingbar auftritt, daß sie ähnlich einer Rechtspflicht von außen her als eine Forderung oder zumindest Erwartung der Gesellschaft derart auf den Steuerpflichtigen einwirkt, daß ihre Erfüllung als eine selbstverständliche Handlung erwartet und die Mißachtung dieser Erwartung als moralisch anstößig empfunden wird (→ BFH vom 27. 10. 1989 – BStBl 1990 II S. 294).

Die allgemeine sittliche Pflicht, in Not geratenen Menschen zu helfen, kann allein die Zwangsläufigkeit nicht begründen (→ BFH vom 8. 4. 1954 – BStBl III S. 188).

Zuwendungen eines Steuerpflichtigen an seine arbeitsunfähig gewordene langjährige Hausgehilfin können zwangsläufig sein, auch wenn die Hausgehilfin nicht zu den Angehörigen im Sinne des § 15 AO gehört (→ BFH vom 8. 4. 1954 – BStBl III S. 188).

Eine sittliche Verpflichtung zur Leistung von Unterhalt zwischen Partnern einer nichtehelichen Lebensgemeinschaft volljähriger Personen kommt nur in Betracht, wenn die Bedürftigkeit eines Partners gemeinschaftsbedingt ist und besondere Umstände vorliegen, die die Unterhaltsgewährung bei Würdigung der gesamten Umstände als unausweichlich erscheinen lassen (→ BFH vom 12. 4. 1991 – BStBl II S. 518).

Zwangsläufigkeit kann vorliegen, wenn der Sohn der Erblasserin als Alleinerbe Nachlaßverbindlichkeiten erfüllt, die auf existentiellen Bedürfnissen seiner in Armut verstorbenen Mutter unmittelbar vor oder im Zusammenhang mit deren Tod beruhen (→ BFH vom 24. 7. 1987 – BStBl II S. 715).

Studienplatz

Prozeßkosten der Eltern zur Erlangung eines Studienplatzes für ihr Kind in einem Numerusclausus-Fach sind nicht nach § 33 EStG abziehbar; sie stellen vielmehr Berufsausbildungskosten im Sinne des § 33 a Abs. 2 EStG dar (→ BFH vom 9. 11. 1984 – BStBl 1985 II S. 135).

Umzug

Umzugskosten sind unabhängig von der Art der Wohnungskündigung durch den Mieter oder Vermieter in der Regel nicht außergewöhnlich (→ BFH vom 28. 2. 1975 – BStBl II S. 482 und vom 23. 6. 1978 – BStBl II S. 526).

Unterstützung

→ Sittliche Pflicht

Verausgabung

Beträge, die zur Bestreitung künftiger Ausgaben angesammelt werden, sind keine Aufwendungen im Sinne des § 33 EStG. Eine außergewöhnliche Belastung kann erst im Zeitpunkt der späteren Verausgabung der angesammelten Beträge eintreten (→ BFH vom 2. 12. 1954 – BStBl 1955 III S. 43). § 11 Abs. 2 EStG ist insoweit anwendbar, als der Steuerpflichtige durch die Ausgaben endgültig belastet ist (→ BFH vom 30. 7. 1982 – BStBl II S. 744).

→ Darlehen

Vergebliche Aufwendungen

Vergebliche Zahlungen für den Erwerb eines Grundstücks und für die Erstellung eines selbst zu nutzenden Einfamilienhauses (Maklerkosten, Werklohnvorauszahlungen), zu denen der Steuerpflichtige durch einen Betrug seiner Vertragspartner veranlaßt worden ist und für die er nach dem Scheitern der Verträge keine realisierbaren Ersatzansprüche erworben hat, sind nicht als außergewöhnliche Belastung zu berücksichtigen (→ BFH vom 19. 5. 1995 – BStBl II S. 774).

Vermögensebene

Auch Kosten zur Beseitigung von Schäden an einem Vermögensgegenstand können Aufwendungen im Sinne von § 33 EStG sein, wenn der Vermögensgegenstand für den Steuerpflichtigen von existenziell wichtiger Bedeutung ist. Eine Berücksichtigung nach § 33 EStG scheidet aus, wenn Anhaltspunkte für ein Verschulden des Steuerpflichtigen erkennbar oder Ersatzansprüche gegen Dritte gegeben sind oder wenn der Steuerpflichtige eine allgemein zugängliche und übliche Versicherungsmöglichkeit nicht wahrgenommen hat (→ BFH vom 6. 5. 1994 – BStBl 1995 II S. 104).

Verschulden

Ein eigenes (ursächliches) Verschulden des Steuerpflichtigen schließt die Berücksichtigung von Aufwendungen zur Wiederherstellung von Vermögensgegenständen nach § 33 EStG aus (→ BFH vom 6. 5. 1994 – BStBl 1995 II S. 104).

→ Vermögensebene

Versicherung

Eine Berücksichtigung von Aufwendungen zur Wiederherstellung von Vermögensgegenständen nach § 33 EStG scheidet aus, wenn der Steuerpflichtige eine allgemein zugängliche und übliche Versicherungsmöglichkeit nicht wahrgenommen hat (→ BFH vom 6. 5. 1994 – BStBl 1995 II S. 104).

→ Ersatz von dritter Seite

→ Vermögensebene

Zinsen

Zinsen für ein Darlehen können ebenfalls zu den außergewöhnlichen Belastungen zählen, soweit die Darlehensaufnahme selbst zwangsläufig erfolgt ist (→ BFH vom 6. 4. 1990 – BStBl II S. 958); sie sind im Jahr der Verausgabung abzuziehen.

Zivilprozeß

Kosten anderer Zivilprozesse als Scheidungsprozesse erwachsen regelmäßig nicht zwangsläufig, unabhängig davon, ob der Steuerpflichtige Kläger oder Beklagter ist (→ BFH vom 18. 7. 1986 – BStBl II S. 745).

R 187. Aufwendungen wegen Pflegebedürftigkeit

Eigene Pflegeaufwendungen

(1) ¹Aufwendungen des Steuerpflichtigen infolge seiner Pflegebedürftigkeit sind regelmäßig eine außergewöhnliche Belastung. ²Pflegebedürftig ist, wer die Voraussetzungen der Hilflosigkeit nach § 33 b Abs. 6 EStG erfüllt. ³Der Nachweis der Pflegebedürftigkeit ist ent-

¹) sprechend § 65 Abs. 4 EStDV zu führen. ⁴Zu den Aufwendungen infolge Pflegebedürftigkeit zählen sowohl Kosten für die Beschäftigung einer ambulanten Pflegekraft als auch Aufwendungen zur Unterbringung in einem Heim. ⁵Wird bei einer Heimunterbringung wegen Pflegebedürftigkeit der private Haushalt aufgelöst, ist die → Haushaltsersparnis mit einem Betrag von 20 DM/Tag (600 DM/Monat, 7.200 DM/Jahr) anzusetzen. ⁶Nimmt der Steuerpflichtige wegen seiner pflegebedingten Aufwendungen den Abzug nach § 33 EStG in Anspruch, so sind die Gesamtkosten um den auf hauswirtschaftliche Dienstleistungen entfallenden Anteil zu kürzen, der aus Vereinfachungsgründen in Höhe des Abzugsbetrags nach § 33 a Abs. 3 EStG anzusetzen ist.

(2) ¹Die Inanspruchnahme des erhöhten Behinderten-Pauschbetrags von 7.200 DM nach § 33 b Abs. 3 EStG schließt die Berücksichtigung pflegebedingter Aufwendungen im Rahmen des § 33 EStG aus. ²Dies gilt auch dann, wenn es sich um das pflegebedürftige Kind eines Steuerpflichtigen handelt und der Steuerpflichtige den Pauschbetrag auf sich hat übertragen lassen.

(3) Nimmt der Steuerpflichtige wegen seiner behinderungsbedingten Aufwendungen den erhöhten Pauschbetrag nach § 33 b Abs. 3 EStG in Anspruch, kann er daneben bei Heimunterbringung den Abzugsbetrag für Heimbewohner nach § 33 a Abs. 3 Satz 2 Nr. 2 EStG und – in Fällen ambulanter Pflege, wenn in den Aufwendungen solche für hauswirtschaftliche Dienstleistungen enthalten sind – den Abzug wegen der Beschäftigung einer Hilfe im Haushalt nach § 33 a Abs. 3 Satz 1 Nr. 2 EStG geltend machen.

Pflegeaufwendungen für Dritte

(4) Hat der pflegebedürftige Dritte im Hinblick auf sein Alter oder eine etwaige Bedürftigkeit dem Steuerpflichtigen Vermögenswerte zugewendet, z. B. ein Hausgrundstück, so kommt ein Abzug der Pflegeaufwendungen nur in Betracht, soweit die Aufwendungen den Wert des hingegebenen Vermögens übersteigen.

Hinweise

Haushaltsersparnis

Wird bei einer Heimunterbringung wegen Pflegebedürftigkeit der private Haushalt aufgelöst, können nur die über die üblichen Kosten der Unterhaltung eines Haushalts hinausgehenden Aufwendungen als außergewöhnliche Belastung berücksichtigt werden (→ BFH vom 22. 8. 1980 – BStBl 1981 II S. 23 und vom 29. 9. 1989 – BStBl 1990 II S. 418).

Pflege Dritter

Ein Abzug kommt auch in Betracht, wenn dem Steuerpflichtigen wegen der Pflegebedürftigkeit einer Person Aufwendungen zur Pflege erwachsen, der gegenüber die Steuerpflichtige aus rechtlichen, tatsächlichen oder sittlichen Gründen zum Unterhalt verpflichtet ist (z. B. gegenüber seinen Eltern oder Kindern) und er nicht den Pflege-Pauschbetrag nach § 33 b Abs. 6 EStG in Anspruch nimmt. In diesen Fällen sind die wegen der Pflege erwachsenen Aufwendungen nicht nach § 33 a Abs. 1 EStG, sondern nach § 33 EStG zu berücksichtigen (→ BFH vom 28. 2. 1964 – BStBl III S. 270, vom 24. 4. 1964 – BStBl III S. 363, vom 11. 2. 1965 – BStBl III S. 407 und vom 19. 2. 1965 – BStBl III S. 284).

Unterhaltsverpflichtung

→ Pflege Dritter

R 188. Aufwendungen wegen Krankheit, Behinderung und Tod

Nachweis

(1) Der Nachweis der Zwangsläufigkeit, Notwendigkeit und Angemessenheit von Aufwendungen im Krankheitsfall ist zu führen

– durch Verordnung eines **Arztes** oder **Heilpraktikers** für Arznei-, Heil- und Hilfsmittel (→ §§ 2, 23, 31 bis 33 SGB V); bei einer andauernden Erkrankung mit anhaltendem Ver-

---

¹) Durch das JStG 1996 wurde § 65 EStDV neu gefaßt. Der bisherige Absatz 4 ist nunmehr Absatz 2. Die Änderung ist erstmals für den VZ 1995 anzuwenden.

brauch bestimmter Arznei-, Heil- und Hilfsmittel reicht die einmalige Vorlage einer Verordnung;
- durch **amtsärztliches** Attest **vor** Kauf oder Behandlung
  - für Bade- und Heilkuren; bei Vorsorgekuren muß auch die Gefahr einer durch die Kur abzuwendenden Krankheit, bei Klimakuren der medizinisch angezeigte Kurort und die voraussichtliche Kurdauer bescheinigt werden;
  - für den Krankheitswert einer Legasthenie oder einer anderen Behinderung eines Kindes, der die auswärtige Unterbringung für eine medizinische Behandlung erfordert;
  - für die Notwendigkeit der Betreuung alter oder hilfloser Steuerpflichtiger durch eine Begleitperson;
  - für medizinische Hilfsmittel, die als allgemeine Gebrauchsgegenstände des täglichen Lebens anzusehen sind → § 33 Abs. 1 SGB V;
  - für wissenschaftlich nicht anerkannte Behandlungsmethoden, wie Frisch- und Trokkenzellenbehandlungen, Sauerstoff-, Chelat- und Eigenbluttherapie;
  dem amtsärztlichen Attest stehen ärztliche Bescheinigungen eines Medizinischen Dienstes der Krankenversicherung (MDK, → § 275 SGB V) gleich; bei Pflichtversicherten die Bescheinigung der Versicherungsanstalt, bei öffentlich Bediensteten die von Beihilfestellen in Behörden, wenn offensichtlich die Notwendigkeit der Kur im Rahmen der Bewilligung von Zuschüssen oder Beihilfen anerkannt worden ist;
- durch Attest des behandelnden Krankenhausarztes für Aufwendungen für Besuchsfahrten zu in einem Krankenhaus für längere Zeit liegenden Ehegatten oder Kind des Steuerpflichtigen, wenn das Attest bestätigt, daß gerade der Besuch des Steuerpflichtigen zur Linderung oder Heilung einer bestimmten Krankheit entscheidend beitragen kann (→ BFH vom 2. 3. 1984 – BStBl II S. 484).

Privatschulbesuch

(2) [1]Ist ein Kind ausschließlich wegen einer Behinderung im Interesse einer angemessenen Berufsausbildung auf den Besuch einer Privatschule (Sonderschule oder allgemeine Schule in privater Trägerschaft) mit individueller Förderung angewiesen, weil eine geeignete öffentliche Schule oder eine den schulgeldfreien Besuch ermöglichende geeignete Privatschule nicht zur Verfügung steht oder nicht in zumutbarer Weise erreichbar ist, so ist das Schulgeld dem Grunde nach als außergewöhnliche Belastung nach § 33 EStG – neben einem auf den Steuerpflichtigen übertragbaren Behinderten-Pauschbetrag – zu berücksichtigen. [2]Der Nachweis, daß der Besuch der Privatschule erforderlich ist, muß durch eine Bestätigung der zuständigen obersten Landeskultusbehörde oder der von ihr bestimmten Stelle geführt werden.

Kur

(3) [1]Kosten für Kuren im Ausland sind in der Regel nur bis zur Höhe der Aufwendungen anzuerkennen, die in einem dem Heilzweck entsprechenden inländischen Kurort entstehen würden. [2]Verpflegungsmehraufwendungen anläßlich einer Kur können nur in tatsächlicher Höhe nach Abzug der Haushaltsersparnis von $1/5$ der Aufwendungen berücksichtigt werden.

Aufwendungen Behinderter für Verkehrsmittel

(4) Macht ein gehbehinderter Steuerpflichtiger neben den Aufwendungen für Privatfahrten mit dem eigenen Pkw auch solche für andere Verkehrsmittel (z. B. für Taxis) geltend, so ist die als angemessen anzusehende jährliche Fahrleistung von 3.000 km – bzw. von 15.000 km bei außergewöhnlich Gehbehinderten – entsprechend zu kürzen.

Übertragung des Behinderten-Pauschbetrags

(5) Wird auf Antrag beider Elternteile der Kinderfreibetrag für das Kind des Steuerpflichtigen auf den anderen Elternteil übertragen (§ 32 Abs. 6 Satz 4 EStG) und kommt deshalb eine Übertragung des anteiligen dem Kind zustehenden Behinderten-Pauschbetrags auf den Steuerpflichtigen nach § 33 b Abs. 5 Satz 1 EStG nicht in Betracht, so können Aufwendungen, die ihm für sein Kind infolge dessen Behinderung erwachsen, nicht nach § 33 EStG berücksichtigt werden, wenn der andere Elternteil den Pauschbetrag des Kindes in Anspruch nimmt.

§ 33 EStG
R 188   H 188

H 188 | **Hinweise**

Auswärtige Unterbringung
Aufwendungen von Eltern für die auswärtige Unterbringung eines Kindes mit Lese- und Rechtschreibschwäche sind außergewöhnliche Belastungen, wenn die Lese- und Rechtschreibschwäche Krankheitswert hat und die auswärtige Unterbringung für eine medizinische Behandlung erforderlich ist (→ BFH vom 18. 4. 1990 – BStBl II S. 962 – ablehnend – und vom 26. 6. 1992 – BStBl 1993 II S. 278); ebenso bei einem an Asthma erkrankten Kind in einem Schulinternat, wenn der Aufenthalt aus klimatischen Gründen zur Heilung oder Minderung der Krankheit nachweislich unabdingbar notwendig ist und der Schulbesuch nur anläßlich dieser Heilbehandlung gleichsam nebenbei und nachrangig erfolgt (→ BFH vom 26. 6. 1992 – BStBl 1993 II S. 212).

Bestattungskosten
sind Nachlaßverbindlichkeiten und beim Erben daher nur insoweit eine außergewöhnliche Belastung, als sie den Wert des Nachlasses übersteigen. Das gleiche gilt, wenn der Steuerpflichtige als Erbe die Bestattungskosten für seinen verstorbenen Ehegatten trägt und die Ehegatten im Todesjahr oder im vorangegangenen Kalenderjahr beide unbeschränkt einkommensteuerpflichtig waren und nicht dauernd getrennt gelebt haben (→ BFH vom 8. 9. 1961 – BStBl 1962 III S. 31 und vom 23. 11. 1967 – BStBl 1968 II S. 259).

Bewirtung von Trauergästen
Die Aufwendungen sind in der Regel keine außergewöhnlichen Belastungen (→ BFH vom 17. 9. 1987 – BStBl 1988 II S. 130).

Diätverpflegung
Aufwendungen, die durch Diätverpflegung entstehen, sind von der Berücksichtigung als außergewöhnliche Belastung auch dann ausgeschlossen, wenn die Diätverpflegung an die Stelle einer sonst erforderlichen medikamentösen Behandlung tritt (→ BFH vom 27. 9. 1991 – BStBl 1992 II S. 110).

Fachliteratur
Aufwendungen eines Steuerpflichtigen für medizinische Fachliteratur sind auch dann nicht als außergewöhnliche Belastung zu berücksichtigen, wenn die Literatur dazu dient, die Entscheidung für eine bestimmte Therapie oder für die Behandlung durch einen bestimmten Arzt zu treffen (Fortführung der Grundsätze des Urteils vom 6. 4. 1990, BStBl II S. 958) (→ BFH vom 24. 10. 1995 – III R 106/93).

Fahrtkosten Behinderter
Kraftfahrzeugkosten bei Behinderten können im Rahmen der Angemessenheit neben den Pauschbeträgen nur berücksichtigt werden:
– bei einem GdB von mindestens 80 oder einem GdB von mindestens 70 und einer erheblichen Beeinträchtigung der Bewegungsfähigkeit im Straßenverkehr (Geh- und Stehbehinderung; Merkzeichen „G" im Ausweis oder Bescheinigung der für die Durchführung des BVG zuständigen Behörden) (→ BFH vom 1. 8. 1975 – BStBl II S. 825). Als angemessen gilt ein glaubhaft gemachter Aufwand für Privatfahrten von 3.000 km jährlich. Eine höhere Fahrleistung als 3.000 km jährlich kann nur anerkannt werden, wenn die Fahrten durch die Behinderung verursacht sind und dies z. B. anhand eines Fahrtenbuchs oder durch eine Aufstellung der von dem Behinderten durchgeführten Privatfahrten nachgewiesen wird;
– bei außergewöhnlich Gehbehinderten (Merkzeichen „aG") im Rahmen der Angemessenheit grundsätzlich alle Kraftfahrzeugkosten, also nicht nur die unvermeidbaren Kosten zur Erledigung privater Angelegenheiten, sondern auch die Kosten für Erholungs-, Freizeit- und Besuchsfahrten, in der Regel insgesamt bis zu 15.000 km jährlich (→ BFH vom 2. 10. 1992 – BStBl 1993 II S. 286); die tatsächliche Fahrleistung ist nachzuweisen oder glaubhaft zu machen;

Anhang 3 – ein höherer Aufwand als 0,52 DM/km gilt als unangemessen (→ BMF vom 11. 4. 1994 – BStBl I S. 256).

Die Kosten können auch berücksichtigt werden, wenn sie nicht beim Behinderten selbst, sondern bei einem Steuerpflichtigen entstanden sind, auf den der Behinderten-Pauschbetrag nach § 33 b Abs. 5 EStG übertragen worden ist; das gilt jedoch nur für solche Fahrten, an denen der Behinderte selbst teilgenommen hat (→ BFH vom 1. 8. 1975 – BStBl II S. 825).

Auch Aufwendungen für andere Verkehrsmittel, z. B. für Taxis, kommen in Betracht (→ R 188 Abs. 4).

Krankenhaus
Kosten der Unterbringung in einem Krankenhaus können regelmäßig ohne Kürzung um eine Haushaltsersparnis als außergewöhnliche Belastung anerkannt werden.

Krankenhaustagegeldversicherung
Die Leistungen sind von den berücksichtigungsfähigen Aufwendungen abzusetzen (→ BFH vom 22. 10. 1991 – BStBl 1992 II S. 177).

→ H 186 (Ersatz von dritter Seite)

Krankentagegeldversicherung
Die Leistungen sind – im Gegensatz zu Leistungen aus einer Krankenhaustagegeldversicherung – kein Ersatz für Krankenhauskosten (→ BFH vom 22. 10. 1971 – BStBl 1972 II S. 177).

Krankheitskosten für Unterhaltsberechtigte
Für einen Unterhaltsberechtigten aufgewendete Krankheitskosten können beim Unterhaltspflichtigen insoweit als außergewöhnliche Belastung anerkannt werden, als der Unterhaltsberechtigte nicht in der Lage ist, die Krankheitskosten selbst zu tragen (→ BFH vom 11. 7. 1990 – BStBl 1991 II S. 62).

Kur
Kosten für eine Kurreise können als außergewöhnliche Belastung nur berücksichtigt werden, wenn sie zur Heilung oder Linderung einer Krankheit nachweislich notwendig ist und eine andere Behandlung nicht oder kaum erfolgversprechend erscheint (→ BFH vom 12. 6. 1991 – BStBl II S. 763).

– **Nachweis**

Von dem Erfordernis eines vor Kurantritt ausgestellten amtsärztlichen oder vergleichbaren Zeugnisses kann ausnahmsweise abgesehen werden, wenn feststeht, daß eine gesetzliche Krankenkasse die Notwendigkeitsprüfung vorgenommen und positiv beschieden hat. Davon kann in der Regel ausgegangen werden, wenn die Krankenkasse einen Zuschuß zu den Kurkosten für Unterkunft und Verpflegung gewährt hat (BFH vom 30. 6. 1995 – BStBl II S. 614). Der Zuschuß einer Krankenversicherung zu Arzt-, Arznei- und Kurmittelkosten ersetzt den Nachweis der Kurbedürftigkeit nicht.

– **Kinderkuren**

Bei Heilkuren von Kindern ist es zusätzlich erforderlich, daß das Kind während der Kur in einem Kinderheim untergebracht ist, es sei denn, aus der vor dem Kurantritt erteilten amtsärztlichen Bescheinigung ergibt sich, daß und warum der Kurerfolg bei einer Unterbringung außerhalb eines Kinderheimes gewährleistet ist (→ BFH vom 12. 6. 1991 – BStBl II S. 763).

– **Erholungsurlaub/Abgrenzung zur Kur**

Im Regelfall ist zur Abgrenzung einer Kur vom Erholungsurlaub ärztliche Überwachung zu fordern. Gegen die Annahme einer Heilkur kann auch die Unterbringung in einem Hotel oder Privatquartier anstatt in einem Sanatorium und die Vermittlung durch ein Reisebüro sprechen (→ BFH vom 12. 6. 1991 – BStBl II S. 763).

– **ärztliche Überwachung**

Der Steuerpflichtige muß sich am Kurort grundsätzlich in ärztliche Behandlung begeben. Eine Klimakur kann unter besonderen Umständen zwangsläufig sein, selbst wenn ihre Durchführung nicht unter ärztlicher Kontrolle steht (→ BFH vom 12. 6. 1991 – BStBl II S. 763), z. B. bei Neurodermitis oder Psoriasis (Schuppenflechte), wenn sie medizinisch notwendig ist.

– **Fahrtkosten**

Als Fahrtkosten zum Kurort sind grundsätzlich die Kosten der öffentlichen Verkehrsmittel anzusetzen (→ BFH vom 12. 6. 1991 – BStBl II S. 763). Die eigenen Kfz-Kosten können nur ausnahmsweise berücksichtigt werden, wenn besondere persönliche Verhältnisse dies erfordern (→ BFH vom 30. 6. 1967 – BStBl III S. 655).

Aufwendungen für Besuchsfahrten zu in Kur befindlichen Angehörigen sind keine außergewöhnliche Belastung (→ BFH vom 16. 5. 1975 – BStBl II S. 536).

– **Nachkur**

Nachkuren in einem typischen Erholungsort sind allgemein nicht außergewöhnlich, auch wenn sie ärztlich verordnet sind; erst recht nicht, wenn die Nachkur nicht unter einer ständigen ärztlichen Aufsicht in einer besonderen Kranken- oder Genesungsanstalt durchgeführt wird (→ BFH vom 4. 10. 1968 – BStBl 1969 II S. 179).

Mittagsheimfahrt

Aufwendungen für Mittagsheimfahrten stellen keine außergewöhnliche Belastung dar, auch wenn die Fahrten wegen des Gesundheitszustands oder einer Behinderung des Steuerpflichtigen angebracht oder erforderlich sind (→ BFH vom 4. 7. 1975 – BStBl II S. 738).

Reisekosten für Teilnahme an Bestattung

Die Kosten für die Teilnahme an der Bestattung eines nahen Angehörigen – auch wenn diese hoch sind – sind nicht als außergewöhnliche Belastung im Sinne von § 33 EStG zu berücksichtigen (→ BFH vom 17. 6. 1994 – BStBl II S. 754).

Sterilisation

Aufwendungen für die Wiederherstellung der Zeugungsfähigkeit nach einer selbst veranlaßten Sterilisation sind keine außergewöhnliche Belastung, da es an der Zwangsläufigkeit für diese Aufwendungen fehlt (→ FG Köln vom 1. 12. 1994 – EFG 1995 S. 718).

Trauerkleidung

Ausgaben für Trauerkleidung sind in der Regel keine außergewöhnliche Belastung (→ BFH vom 12. 8. 1966 – BStBl 1967 III S. 364).

R 189. Aufwendungen für die Wiederbeschaffung von Hausrat und Kleidung

[1]Aufwendungen für die Anschaffung von Hausrat und Kleidung sind dem Grunde nach eine außergewöhnliche Belastung, wenn Hausrat oder Kleidung durch ein unabwendbares Ereignis wie Brand, Hochwasser, Unwetter, Kriegseinwirkung, Vertreibung, politische Verfolgung verloren wurden und wiederbeschafft werden müssen. [2]Nicht zu berücksichtigende Ergänzungsbeschaffungen sind zu vermuten bei Anschaffung von Kleidung und Hausrat, wenn das schädigende Ereignis fünf oder mehr Jahre zurückliegt, und bei Anschaffungen für Kinder, die erst nach dem schädigenden Ereignis geboren wurden. [3]Entschädigungen und Beihilfen nach dem LAG und Beihilfen nach dem Kriegsgefangenenentschädigungsgesetz, die der Steuerpflichtige in Kalenderjahren erhalten hat, in denen er die Freibeträge nach § 52 Abs. 22 EStG in Anspruch genommen hat, werden nicht angerechnet. [4]Aufwendungen für die Wiederinstandsetzung von Hausratsgegenständen, die durch ein unabwendbares Ereignis beschädigt worden sind, sind ebenso zu behandeln wie Aufwendungen für die Wiederbeschaffung von verlorenem Hausrat.

Hinweise

Asyl

Die Anerkennung als Asylberechtigter läßt nicht ohne weiteres auf ein unabwendbares Ereignis für den Verlust von Hausrat und Kleidung schließen (→ BFH vom 26. 4. 1991 – BStBl II S. 755).

Aussiedlung und Übersiedlung

Bei Übersiedlung aus der ehemaligen DDR und Berlin (Ost) bzw. Spätaussiedlung aus den übrigen Ostblockstaaten wurde bis zum 31. 12. 1989 ein unabwendbares Ereignis unterstellt. Bei Übersiedlung bzw. Aussiedlung nach diesem Zeitpunkt können die Aufwendungen für die Wiederbeschaffung von Hausrat und Kleidung nicht mehr als außergewöhnliche Belastung anerkannt werden, es sei denn, es wird im Einzelfall ein unabwendbares Ereignis glaubhaft gemacht (→ BMF vom 25. 4. 1990 – BStBl I S. 222):

Zur steuerlichen Anerkennung von Aufwendungen zur Wiederbeschaffung von Hausrat oder Kleidung bei Übersiedlung bzw. Spätaussiedlung

BMF vom 25. 4. 1990 (BStBl I S. 222)

– Auszug –

Nach dem Ergebnis der Erörterungen mit den obersten Finanzbehörden der Länder in der Sitzung ESt III/90 gilt für die Anerkennung von Wiederbeschaffungskosten für Hausrat oder Kleidung als außergewöhnliche Belastung nach § 33 EStG folgendes:

Grundsätzlich können Aufwendungen für die Wiederbeschaffung von Hausrat oder Kleidung berücksichtigt werden, wenn Hausrat oder Kleidung durch ein unabwendbares Ereignis verloren wurden und wiederbeschafft werden müssen. Bei Übersiedlung bzw. Spätaussiedlung aus den übrigen Ostblockstaaten wurde bisher das unabwendbare Ereignis unterstellt. Nachdem sich die tatsächlichen Verhältnisse grundlegend geändert haben und eine ungehinderte Übersiedlung mit Hausrat nunmehr ohne weiteres möglich ist, können Aufwendungen wegen Wiederbeschaffung von Hausrat oder Kleidung bei Übersiedlung nach dem 31. 12. 1989 nicht mehr als außergewöhnliche Belastung anerkannt werden. Dies gilt regelmäßig auch für die Aussiedlungsgebiete, soweit nicht im Einzelfall ein unabwendbares Ereignis glaubhaft gemacht wird.

Lebensverhältnisse des Steuerpflichtigen

Zu den Aufwendungen für die Wiederbeschaffung von Hausrat, die den Umständen nach notwendig sind, gehören Aufwendungen für Gegenstände, die nach allgemeiner Anschauung unter Berücksichtigung der Lebensverhältnisse des Steuerpflichtigen zur Einrichtung einer Wohnung und zur Führung des Haushalts üblicherweise erforderlich sind (→ BFH vom 8. 8. 1958 – BStBl III S. 378).

Urlaubsreise

Aufwendungen für die Wiederbeschaffung von Kleidungsstücken, die dem Steuerpflichtigen auf einer Urlaubsreise entwendet wurden, können regelmäßig nicht als außergewöhnliche Belastung angesehen werden, weil möglicherweise ein notwendiger Mindestbestand an Kleidung noch vorhanden ist (→ BFH vom 3. 9. 1976 – BStBl II S. 712).

§ 33 a

Außergewöhnliche Belastung in besonderen Fällen

[1]) (1) ¹Erwachsen einem Steuerpflichtigen zwangsläufig (§ 33 Abs. 2) Aufwendungen für den Unterhalt und eine etwaige Berufsausbildung einer Person, für die weder der Steuerpflichtige noch eine andere Person Anspruch auf einen Kinderfreibetrag hat, so wird auf Antrag die Einkommensteuer dadurch ermäßigt, daß die Aufwendungen vom Gesamtbetrag der Einkünfte abgezogen werden, und zwar im Kalenderjahr

1. für eine Person, die das 18. Lebensjahr noch nicht vollendet hat oder für die der Steuerpflichtige die Voraussetzungen für einen Ausbildungsfreibetrag nach Absatz 2 erfüllt, bis zu 4.104 Deutsche Mark,
2. für andere Personen bis zu 7.200 Deutsche Mark.

²Voraussetzung ist, daß die unterhaltene Person kein oder nur ein geringes Vermögen besitzt. ³Hat die unterhaltene Person andere Einkünfte oder Bezüge, die zur Bestreitung des Unterhalts bestimmt oder geeignet sind, so vermindern sich die Beträge von 4.104 und 7.200 Deutsche Mark um den Betrag, um den diese Einkünfte und Bezüge den Betrag von 6.000 Deutsche Mark im Kalenderjahr übersteigen, sowie um die von der unterhaltenen Person als Ausbildungshilfe aus öffentlichen Mitteln oder von Förderungseinrichtungen, die hierfür öffentliche Mittel erhalten, bezogenen Zuschüsse. ⁴Ist die unterhaltene Person nicht unbeschränkt einkommensteuerpflichtig, so können die Aufwendungen nur abgezogen werden, soweit sie nach den Verhältnissen des Wohnsitzstaats der unterhaltenen Person notwendig und angemessen sind, höchstens jedoch der Betrag, der sich nach den Sätzen 1 bis 3 ergibt; ob der Steuerpflichtige sich den Aufwendungen aus rechtlichen, tatsächlichen oder sittlichen Gründen nicht entziehen kann, ist nach inländischen Maßstäben zu beurteilen. ⁵Werden die Aufwendungen für eine unterhaltene Person von mehreren Steuerpflichtigen getragen, so wird bei jedem der Teil des sich hiernach ergebenden Betrags abgezogen, der seinem Anteil am Gesamtbetrag der Leistungen entspricht.

²) (2) ¹Erwachsen einem Steuerpflichtigen Aufwendungen für die Berufsausbildung eines Kindes, für das er einen Kinderfreibetrag erhält, so wird auf Antrag vom Gesamtbetrag der Einkünfte je Kalenderjahr ein Ausbildungsfreibetrag wie folgt abgezogen:

---

¹) Absatz 1 wurde durch das JStG 1996 ab VZ 1996 neu gefaßt:
„(1) ¹Erwachsen einem Steuerpflichtigen Aufwendungen für den Unterhalt und eine etwaige Berufsausbildung einer dem Steuerpflichtigen oder seinem Ehegatten gegenüber gesetzlich unterhaltsberechtigten Person, so wird auf Antrag die Einkommensteuer dadurch ermäßigt, daß die Aufwendungen bis zu 12.000 Deutsche Mark im Kalenderjahr vom Gesamtbetrag der Einkünfte abgezogen werden. ²Der gesetzlich unterhaltsberechtigten Person gleichgestellt ist eine Person, soweit bei ihr zum Unterhalt bestimmte inländische öffentliche Mittel mit Rücksicht auf die Unterhaltsleistungen des Steuerpflichtigen gekürzt werden. ³Voraussetzung ist, daß weder der Steuerpflichtige noch eine andere Person Anspruch auf einen Kinderfreibetrag oder auf Kindergeld für die unterhaltene Person hat und die unterhaltene Person kein oder nur ein geringes Vermögen besitzt. ⁴Hat die unterhaltene Person andere Einkünfte oder Bezüge, die zur Bestreitung des Unterhalts bestimmt oder geeignet sind, so vermindert sich der Betrag von 12.000 Deutsche Mark um den Betrag, um den diese Einkünfte und Bezüge den Betrag von 1.200 Deutsche Mark im Kalenderjahr übersteigen, sowie um die von der unterhaltenen Person als Ausbildungshilfe aus öffentlichen Mitteln oder von Förderungseinrichtungen, die hierfür öffentliche Mittel erhalten, bezogenen Zuschüsse. ⁵Ist die unterhaltene Person nicht unbeschränkt einkommensteuerpflichtig, so können die Aufwendungen nur abgezogen werden, soweit sie nach den Verhältnissen des Wohnsitzstaats der unterhaltenen Person notwendig und angemessen sind, höchstens jedoch der Betrag, der sich nach den Sätzen 1 bis 4 ergibt; ob der Steuerpflichtige zum Unterhalt gesetzlich verpflichtet ist, ist nach inländischen Maßstäben zu beurteilen. ⁶Werden die Aufwendungen für eine unterhaltene Person von mehreren Steuerpflichtigen getragen, so wird bei jedem der Teil des sich hiernach ergebenden Betrags abgezogen, der seinem Anteil am Gesamtbetrag der Leistungen entspricht.

²) Absatz 2 wurde durch das JStG 1996 ab VZ 1996 neu gefaßt:
(2) ¹Erwachsen einem Steuerpflichtigen Aufwendungen für die Berufsausbildung eines Kindes, für das er einen Kinderfreibetrag oder Kindergeld erhält, so wird auf Antrag vom Gesamtbetrag der Einkünfte je Kalenderjahr ein Ausbildungsfreibetrag wie folgt abgezogen:
1. für ein Kind, das das 18. Lebensjahr noch nicht vollendet hat, in Höhe von 1.800 Deutsche Mark, wenn das Kind auswärtig untergebracht ist;

§ 33 a EStG

1. für ein Kind, das das 18. Lebensjahr noch nicht vollendet hat, in Höhe von 1.800 Deutsche Mark, wenn das Kind auswärtig untergebracht ist;
2. für ein Kind, das das 18. Lebensjahr vollendet hat, in Höhe von 2.400 Deutsche Mark. ²Dieser Betrag erhöht sich auf 4.200 Deutsche Mark, wenn das Kind auswärtig untergebracht ist.

²Das gleiche gilt, wenn ein Kind im Sinne des § 32 Abs. 1, für das der Steuerpflichtige keinen Kinderfreibetrag erhält, den gesetzlichen Grundwehrdienst oder Zivildienst geleistet hat und im übrigen die Voraussetzungen des Satzes 1 vorliegen, für die Zeit bis zur Vollendung des 29. Lebensjahrs des Kindes. ³Die Ausbildungsfreibeträge vermindern sich jeweils um die eigenen Einkünfte und Bezüge des Kindes, die zur Bestreitung seines Unterhalts oder seiner Berufsausbildung bestimmt oder geeignet sind, soweit diese 3.600 Deutsche Mark im Kalenderjahr übersteigen, sowie um die von dem Kind als Ausbildungshilfe aus öffentlichen Mitteln oder von Förderungseinrichtungen, die hierfür öffentliche Mittel erhalten, bezogenen Zuschüsse. ⁴Der anrechnungsfreie Betrag kann in den Fällen des Satzes 2 nicht in Anspruch genommen werden. ⁵Für ein nicht unbeschränkt einkommensteuerpflichtiges Kind mindern sich die vorstehenden Beträge nach Maßgabe des Absatzes 1 Satz 4. ⁶Erfüllen mehrere Steuerpflichtige für dasselbe Kind die Voraussetzungen für einen Ausbildungsfreibetrag, so kann dieser insgesamt nur einmal abgezogen werden. ⁷Steht das Kind zu zwei Steuerpflichtigen, die zusammen die Voraussetzungen des § 26 Abs. 1 Satz 1 nicht erfüllen, in einem Kindschaftsverhältnis, so erhält jeder die Hälfte des Abzugsbetrags nach den Sätzen 1 bis 5. ⁸Steht das Kind zu mehr als zwei Steuerpflichtigen in einem Kindschaftsverhältnis, so erhält ein Elternpaar zusammen die Hälfte des Abzugsbetrags. ⁹Liegen im Fall des Satzes 8 bei einem Elternpaar die Voraussetzungen des § 26 Abs. 1 Satz 1 nicht vor, so erhält jeder Elternteil ein Viertel des Abzugsbetrags. ¹⁰Auf gemeinsamen Antrag eines Elternpaares, bei dem die Voraussetzungen des § 26 Abs. 1 Satz 1 nicht vorliegen, kann in den Fällen der Sätze 7 bis 9 bei einer Veranlagung zur Einkommensteuer der einem Elternteil zustehende Anteil am Abzugsbetrag auf den anderen Elternteil übertragen werden.

(3) ¹Erwachsen einem Steuerpflichtigen Aufwendungen durch die Beschäftigung einer Hilfe im Haushalt, so können sie bis zu den folgenden Höchstbeträgen vom Gesamtbetrag der Einkünfte abgezogen werden:

1. 1.200 Deutsche Mark im Kalenderjahr, wenn
   a) der Steuerpflichtige oder sein nicht dauernd getrennt lebender Ehegatte das 60. Lebensjahr vollendet hat oder
   b) wegen Krankheit des Steuerpflichtigen oder seines nicht dauernd getrennt lebenden Ehegatten oder eines zu seinem Haushalt gehörigen Kindes im Sinne des § 32 Abs. 1 Satz 1 oder einer anderen zu seinem Haushalt gehörigen unterhaltenen Person, für die eine Ermäßigung nach Absatz 1 gewährt wird, die Beschäftigung einer Hilfe im Haushalt erforderlich ist, ¹)

---

2. für ein Kind, das das 18. Lebensjahr vollendet hat, in Höhe von 2.400 Deutsche Mark. ²Dieser Betrag erhöht sich auf 4.200 Deutsche Mark, wenn das Kind auswärtig untergebracht ist.
²Die Ausbildungsfreibeträge vermindern sich jeweils um die eigenen Einkünfte und Bezüge des Kindes, die zur Bestreitung seines Unterhalts oder seiner Berufsausbildung bestimmt oder geeignet sind, soweit diese 3.600 Deutsche Mark im Kalenderjahr übersteigen, sowie um die von dem Kind als Ausbildungshilfe aus öffentlichen Mitteln oder von Förderungseinrichtungen, die hierfür öffentliche Mittel erhalten, bezogenen Zuschüsse. ³Für ein nicht unbeschränkt einkommensteuerpflichtiges Kind mindern sich die vorstehenden Beträge nach Maßgabe des Absatzes 1 Satz 5. ⁴Erfüllen mehrere Steuerpflichtige für dasselbe Kind die Voraussetzungen für einen Ausbildungsfreibetrag, so kann dieser insgesamt nur einmal abgezogen werden. ⁵Steht das Kind zu zwei Steuerpflichtigen, die zusammen die Voraussetzungen des § 26 Abs. 1 Satz 1 nicht erfüllen, in einem Kindschaftsverhältnis, so erhält jeder die Hälfte des Abzugsbetrags nach den Sätzen 1 bis 3. ⁶Steht das Kind zu mehr als zwei Steuerpflichtigen in einem Kindschaftsverhältnis, so erhält ein Elternpaar zusammen die Hälfte des Abzugsbetrags. ⁷Liegen im Fall des Satzes 6 bei einem Elternpaar die Voraussetzungen des § 26 Abs. 1 Satz 1 nicht vor, so erhält jeder Elternteil ein Viertel des Abzugsbetrags. ⁸Auf gemeinsamen Antrag eines Elternpaares, bei dem die Voraussetzungen des § 26 Abs. 1 Satz 1 nicht vorliegen, kann in den Fällen der Sätze 5 bis 7 bei einer Veranlagung zur Einkommensteuer der einem Elternteil zustehende Anteil am Abzugsbetrag auf den anderen Elternteil übertragen werden."

¹) Absatz 3 Nr. 1 Buchstabe b wurde durch das JStG 1996 ab VZ 1996 geändert:
Die Worte „Satz 1" wurden durch die Worte „oder Abs. 6 Satz 7" ersetzt.

§ 33 a EStG
R 190

   2. 1.800 Deutsche Mark im Kalenderjahr, wenn eine der in Nummer 1 Buchstabe b genannten Personen hilflos im Sinne des § 33 b oder schwer behindert ist.

²Erwachsen einem Steuerpflichtigen wegen der Unterbringung in einem Heim oder zur dauernden Pflege Aufwendungen, die Kosten für Dienstleistungen enthalten, die mit denen einer Hilfe im Haushalt vergleichbar sind, so können sie bis zu den folgenden Höchstbeträgen vom Gesamtbetrag der Einkünfte abgezogen werden:
   1. 1.200 Deutsche Mark, wenn der Steuerpflichtige oder sein nicht dauernd getrennt lebender Ehegatte in einem Heim untergebracht ist, ohne pflegebedürftig zu sein,
   2. 1.800 Deutsche Mark, wenn die Unterbringung zur dauernden Pflege erfolgt.

³Die jeweiligen Höchstbeträge der Sätze 1 und 2 können auch bei Ehegatten, bei denen die Voraussetzungen des § 26 Abs. 1 vorliegen, insgesamt nur einmal abgezogen werden, es sei denn, die Ehegatten sind wegen Pflegebedürftigkeit eines der Ehegatten an einer gemeinsamen Haushaltsführung gehindert.

(4) ¹Für jeden vollen Kalendermonat, in dem die in den Absätzen 1 bis 3 bezeichneten Voraussetzungen nicht vorgelegen haben, ermäßigen sich die dort bezeichneten Beträge um je ein Zwölftel. ²Eigene Einkünfte und Bezüge der unterhaltenen Person oder des Kindes, die auf diese Kalendermonate entfallen, vermindern die nach Satz 1 ermäßigten Höchstbeträge und Freibeträge nicht. ³Als Ausbildungshilfe bezogene Zuschüsse mindern nur die zeitanteiligen Höchstbeträge und Freibeträge der Kalendermonate, für die die Zuschüsse bestimmt sind.

(5) In den Fällen des Absatzes 1 Satz 1 und der Absätze 2 und 3 kann wegen der in diesen Vorschriften bezeichneten Aufwendungen der Steuerpflichtige eine Steuerermäßigung nach § 33 nicht in Anspruch nehmen.

R 190   R 190. Aufwendungen für den Unterhalt und eine etwaige Berufsausbildung

S 2285   **Höhe der Aufwendungen**

Anhang 11   (1) ¹Bei der Feststellung der Höhe der Aufwendungen für ein Kind ist Kindergeld oder eine vergleichbare Leistung im Sinne des § 8 BKGG außer acht zu lassen. ²Außer acht bleibt auch der Wert von Hilfeleistungen, die die unterhaltene Person im Haushalt des Steuerpflichtigen unentgeltlich erbringt. ³Gehört die unterhaltene Person zum Haushalt des Steuerpflichtigen, so kann regelmäßig davon ausgegangen werden, daß ihm dafür Unterhaltsaufwendungen in Höhe des maßgeblichen Höchstbetrags erwachsen.

Zwangsläufigkeit dem Grunde nach

(2) ¹Unterhaltsaufwendungen erwachsen nicht zwangsläufig, wenn die unterhaltene Person die ihr zur Verfügung stehenden Quellen nicht ausschöpft (→ BFH vom 20. 1. 1978 – BStBl II S. 340). ²So muß sie zunächst ihre Arbeitskraft und ihr eigenes Vermögen, wenn es nicht geringfügig ist, einsetzen und verwerten. ³Als geringfügig kann in der Regel ein Vermögen bis zu einem gemeinen Wert (Verkehrswert) von 30.000 DM angesehen werden. ⁴Dabei bleiben außer Betracht:
1. Vermögensgegenstände, deren Veräußerung offensichtlich eine Verschleuderung bedeuten würde,
2. Vermögensgegenstände, die einen besonderen persönlichen Wert, z. B. Erinnerungswert, für den Unterhaltsempfänger haben oder zu seinem Hausrat gehören, und
3. ein angemessenes Hausgrundstück, wenn der Unterhaltsempfänger das Hausgrundstück allein oder zusammen mit Angehörigen, denen es nach seinem Tode weiter als Wohnung dienen soll, ganz oder teilweise bewohnt. Zur Frage der Angemessenheit eines Hausgrundstücks im übrigen → § 88 Abs. 2 Nr. 7 BSHG.

Opfergrenze

(3) ¹Zwangsläufig sind Unterhaltsleistungen nur, soweit der Steuerpflichtige imstande ist, diese Aufwendungen ohne Gefährdung eines angemessenen Unterhalts für sich und gegebenenfalls für seinen Ehegatten und seine Kinder zu erbringen – Opfergrenze (→ BFH vom 17. 1. 1984 – BStBl II S. 522, vom 4. 4. 1986 – BStBl II S. 852 und vom 27. 9. 1991 – BStBl 1992 II S. 35). ²Die → Opfergrenze ist unabhängig davon zu beachten, ob die unterhaltene Person im Inland oder im Ausland lebt.

Ländergruppeneinteilung

(4) Die nach § 33 a Abs. 1 Satz 4 EStG maßgeblichen Beträge sind anhand der → Ländergruppeneinteilung zu ermitteln.

Höhe der anzurechnenden Bezüge

(5) ¹Bei der Feststellung der anzurechnenden Bezüge einschließlich der Ausbildungshilfen aus öffentlichen Mitteln sind aus Vereinfachungsgründen insgesamt 360 DM im Kalenderjahr abzuziehen, wenn nicht höhere Aufwendungen, die in Zusammenhang mit dem Zufluß der entsprechenden Einnahmen stehen, nachgewiesen oder glaubhaft gemacht werden. ²Ein solcher Zusammenhang ist z. B. bei Kosten eines Rechtsstreits zur Erlangung der Bezüge und bei Kontoführungskosten gegeben, nicht jedoch bei Fahrtkosten, die Wehrdienstleistenden durch Fahrten mit dem eigenen Kraftfahrzeug zwischen Stationierungs- und Wohnort entstehen. ³Bezüge im Ausland, die – wenn sie im Inland anfielen – Einkünfte wären, sind wie inländische Einkünfte zu ermitteln.

Abzug aus Billigkeitsgründen

(6) ¹Unterhaltsaufwendungen für ein Kind, das eine Berufsausbildung mangels Ausbildungsplatzes nicht beginnen oder fortsetzen kann (§ 32 Abs. 4 Nr. 2 EStG), werden auf Antrag der Eltern aus Billigkeitsgründen nach § 33 a Abs. 1 EStG abgezogen. ²Der Abzugsbetrag tritt an die Stelle des Kinderfreibetrags und der davon abhängigen Steuerentlastungen, z. B. Haushaltsfreibetrag, sowie kindbezogener Vergünstigungen nach anderen Gesetzen, z. B. Kinderzuschlag zur Berlinzulage nach § 28 Abs. 4 BerlinFG.¹⁾

Hinweise

Allgemeines zum Abzug von Unterhaltsaufwendungen

Abziehbare Aufwendungen im Sinne des § 33 a Abs. 1 Satz 1 EStG sind solche für den typischen Unterhalt, d. h. die üblichen für den laufenden Lebensunterhalt bestimmten Leistungen, sowie Aufwendungen für eine Berufsausbildung. Dazu können auch gelegentliche oder einmalige Leistungen gehören. Diese dürfen aber regelmäßig nicht als Unterhaltsleistungen für Vormonate und auch nicht zur Deckung des Unterhaltsbedarfs für das Folgejahr berücksichtigt werden (→ BFH vom 13. 2. 1987 – BStBl II S. 341). Den Aufwendungen für den typischen Unterhalt sind auch Krankenversicherungsbeiträge, deren Zahlung der Steuerpflichtige übernommen hat, zuzurechnen (→ BFH vom 31. 10. 1973 – BStBl 1974 II S. 86). Eine Kapitalabfindung, mit der eine Unterhaltsverpflichtung abgelöst wird, kann nur im Rahmen des § 33 a Abs. 1 EStG berücksichtigt werden (→ BFH vom 2. 12. 1960 – BStBl 1961 III S. 76 und vom 22. 1. 1971 – BStBl II S. 325).

Abgrenzung zu § 33 EStG

Erwachsen dem Steuerpflichtigen außer Aufwendungen für den typischen Unterhalt und eine Berufsausbildung Aufwendungen für einen besonderen Unterhaltsbedarf der unterhaltenen Person, z. B. Krankheitskosten, so kommt dafür eine Steuerermäßigung nach § 33 EStG in Betracht (→ BFH vom 22. 7. 1988 – BStBl II S. 830; → BMF vom 6. 3. 1995 – BStBl I S. 182). Zur Berücksichtigung von Aufwendungen wegen Pflegebedürftigkeit → R 187, von Aufwendungen im Krankheits- oder Sterbefall → R 188 und von Aufwendungen für die Wiederbeschaffung von Hausrat oder Kleidung → R 189.

Anrechnung eigener Einkünfte und Bezüge

– **Eigene Einkünfte**

Als Einkünfte sind solche im Sinne des § 2 Abs. 1 EStG zu verstehen (→ BFH vom 22. 7. 1988 – BStBl II S. 830 und S. 939). Sie sind stets in vollem Umfang zu berücksichtigen, also auch soweit sie zur Bestreitung des Unterhalts nicht zur Verfügung stehen oder die Verfügungsbefugnis beschränkt ist, z. B. einbehaltene Sozialversicherungsbeiträge bzw. Leistungen im Sinne des VermBG.

– **Eigene Bezüge**

Bezüge sind alle Einnahmen in Geld oder Geldeswert, die nicht im Rahmen der einkommensteuerrechtlichen Einkunftsermittlung erfaßt werden, also nichtbesteuerbare sowie durch besondere Vorschriften, z. B. § 3 EStG, für steuerfrei erklärte Einnahmen, sowie

---

¹) Der Kinderzuschlag wurde letztmalig für VZ 1994 gewährt.

§ 33 a EStG
R 190   H 190

nach §§ 40, 40 a EStG pauschal versteuerter Arbeitslohn (→ BFH vom 6. 4. 1990 – BStBl II S. 885). Anrechenbar sind nur solche Bezüge, die zur Bestreitung des Unterhalts bestimmt oder geeignet sind. Zu den anrechenbaren Bezügen gehören insbesondere

a) bei Leibrenten im Sinne des § 22 Nr. 1 Satz 3 Buchstabe a EStG der Rentenanteil, der über den nicht um die Werbungskosten gekürzten Ertragsanteil hinausgeht (→ BFH vom 17. 10. 1980 – BStBl 1981 II S. 158),

Anhang 31

b) die nach § 13 VermBG gezahlte Arbeitnehmer-Sparzulage,
c) die nach § 28 Abs. 1 BerlinFG gezahlte Zulage für Arbeitnehmer in Berlin (West),[1]
d) Unterhaltsbeträge des Sozialamts, soweit dieses von einer Rückforderung bei gesetzlich unterhaltsverpflichteten Steuerpflichtigen abgesehen hat (→ BFH vom 2. 8. 1974 – BStBl 1975 II S. 139),
e) der Wehrsold, die Sachbezüge, das Weihnachtsgeld und das Entlassungsgeld von Wehrpflichtigen (→ BFH vom 31. 7. 1981 – BStBl II S. 805 und vom 26. 4. 1991 – BStBl II S. 716). Zu der Frage, welchem Zeitraum das Entlassungsgeld zuzurechnen ist, → H 192 a (Allgemeines).

– **Nicht anrechenbare eigene Bezüge**

Nicht anzurechnen sind Bezüge, die der unterhaltenen Person zweckgebunden wegen eines nach Art und Höhe über das Übliche hinausgehenden besonderen und außergewöhnlichen Bedarfs zufließen (→ BFH vom 22. 7. 1988 – BStBl II S. 830 und S. 939).

Zu den nicht anrechenbaren eigenen Bezügen gehören insbesondere

a) die nach § 3 Nr. 12, 13 und 26 EStG steuerfreien Einnahmen,
b) die durch Abzug des Versorgungs-Freibetrags (§ 19 Abs. 2 EStG) und des Sparer-Freibetrags (§ 20 Abs. 4 EStG) steuerfrei bleibenden Einnahmen (→ BFH vom 5. 8. 1977 – BStBl II S. 832),
c) Leistungen aus einer Pflegeversicherung (§ 3 Nr. 1 a EStG), die im Rahmen der Sozialhilfe geleisteten Beträge für Krankenhilfe (§ 37 BSHG), häusliche Pflege (§ 69 Abs. 2 BSHG) und Mehrbedarf einschließlich Mehrbedarfszuschlag (§ 23 Abs. 1 Nr. 1 BSHG) sowie die Sozialhilfeleistungen im Rahmen der Altenhilfe nach § 75 Abs. 2 Nr. 3 BSHG, z. B. sogenannte Telefonhilfe (→ BFH vom 22. 7. 1988 – BStBl II S. 830 und S. 939),
d) die Eingliederungshilfe im Sinne des § 40 Abs. 1 BSHG; bei Heimunterbringung gilt dies nur für die Leistungen, die über den üblichen Lebensunterhalt hinaus gewährt werden,
e) Erziehungsgeld nach dem BErzGG (→ BFH vom 24. 11. 1994 – BStBl 1995 II S. 527).

– **Beispiel für die Anrechnung:**

Ein Steuerpflichtiger unterhält im Kalenderjahr seinen Vater. Dieser erhält Versorgungsbezüge im Sinne des § 19 Abs. 2 EStG von jährlich 4.800 DM und eine Leibrente von jährlich 6.000 DM, deren steuerlich zu erfassender Ertragsanteil 27 v. H. beträgt. Außerdem bezieht er im Kalenderjahr ein steuerfreies Wohngeld von 1.400 DM.

Ungekürzter Höchstbetrag		7.200 DM
Einkünfte des Vaters		
Versorgungsbezüge	4.800 DM	
Versorgungs-Freibetrag (40 v. H. von 4.800 DM =) .... 1.920 DM		
Arbeitnehmer-Pauschbetrag ...... 2.000 DM	– 3.920 DM	
Einkünfte im Sinne des § 19 EStG	880 DM	880 DM
Leibrente	6.000 DM	
hiervon Ertragsanteil 27 v. H.	1.620 DM	
Werbungskosten-Pauschbetrag	– 200 DM	
Einkünfte im Sinne des § 22 EStG	1.420 DM	1.420 DM
Summe der Einkünfte		2.300 DM

---

[1]) Die Zulage wurde letztmalig für VZ 1994 gewährt.

646

§ 33 a EStG
H 190   R 190

Bezüge des Vaters
Steuerlich nicht erfaßter Teil der Rente	4.380 DM	
Steuerfreies Wohngeld	1.400 DM	
	5.780 DM	
Kostenpauschale	− 360 DM	
Bezüge	5.420 DM	5.420 DM
Summe der Einkünfte und Bezüge des Vaters		7.720 DM
anrechnungsfreier Betrag		− 6.000 DM
anzurechnende Einkünfte und Bezüge	1.720 DM	− 1.720 DM
gekürzter Höchstbetrag		5.480 DM

Bedeutung des Anspruchs auf Kinderfreibetrag
Hat der Steuerpflichtige oder ein anderer für die unterhaltene Person Anspruch auf einen Kinderfreibetrag, so ist die Anwendung des § 33 a Abs. 1 EStG auch dann ausgeschlossen, wenn sich der Kinderfreibetrag nicht auswirkt oder der Anspruch darauf nicht geltend gemacht wird.

Geschiedene oder dauernd getrennt lebende Ehegatten
Ein Abzug solcher Aufwendungen kommt nach § 33 a Abs. 1 EStG nicht in Betracht, wenn hierfür der Sonderausgabenabzug nach § 10 Abs. 1 Nr. 1 EStG in Anspruch genommen wird (→ R 86 b). Dies gilt auch, soweit die Unterhaltsaufwendungen den als Sonderausgaben abgezogenen Teil übersteigen. Sind für das Kalenderjahr der Trennung oder Scheidung die Vorschriften über die Ehegattenbesteuerung (§§ 26 bis 26 b, § 32 a Abs. 5 EStG) anzuwenden, dann können Aufwendungen für den Unterhalt des dauernd getrennt lebenden oder geschiedenen Ehegatten nicht nach § 33 a Abs. 1 EStG abgezogen werden (→ BFH vom 31. 5. 1989 – BStBl II S. 658).

Ländergruppeneinteilung
→ BMF vom 11. 12. 1989 (BStBl I S. 463)   Anhang 1

Leistungen des Steuerpflichtigen, die neben Unterhaltsleistungen aus einem anderen Rechtsgrund erbracht werden, als anrechenbare Einkünfte und Bezüge der unterhaltenen Person
→ BFH vom 17. 10. 1980 (BStBl 1981 II S. 158)

Nichteheliche Lebensgemeinschaft
→ Zwangsläufigkeit dem Grunde nach

Opfergrenze
Wegen der Berechnung der Opfergrenze → BMF vom 22. 12. 1994 (BStBl I S. 928), Tz. 2.5.2.   Anhang 1

Personen in einem Altenheim oder Altenwohnheim
Zu den Aufwendungen für den typischen Unterhalt gehören grundsätzlich auch Kosten der Unterbringung in einem Altenheim oder Altenwohnheim (→ BFH vom 29. 9. 1989 – BStBl 1990 II S. 418).

Personen im Ausland
Unterhaltsaufwendungen für den nicht dauernd getrennt lebenden Ehegatten sind nur dann nach § 33 a Abs. 1 EStG abziehbar, wenn der unterhaltene Ehegatte nicht unbeschränkt einkommensteuerpflichtig ist. Zur steuerlichen Behandlung von Unterhaltsaufwendungen für Personen im Ausland, insbesondere zur Höhe der nach § 33 a Abs. 1 Satz 4 EStG notwendigen und angemessenen Aufwendungen, zur Aufteilung von Unterhaltsbeträgen, die einheitlich an mehrere Unterhaltsberechtigte geleistet werden, zur Anwendung des § 33 a Abs. 4 EStG und zu den Anforderungen an den Nachweis und die Glaubhaftmachung → BMF vom 22. 12. 1994 (BStBl I S. 928), Tz. 2 und 3 sowie zur Ländergruppeneinteilung → BMF vom 11. 12. 1989 (BStBl I S. 463).   Anhang 1

Unterhalt durch mehrere Personen
→ § 33 a Abs. 1 Satz 5 EStG

Unterhalt für mehrere Personen

Unterhält der Steuerpflichtige mehrere Personen, die einen gemeinsamen Haushalt führen, so ist der nach § 33 a Abs. 1 EStG abziehbare Betrag grundsätzlich für jede unterhaltene Person getrennt zu ermitteln. Bei einheitlichem Unterhalt zusammenlebender unterhaltsberechtigter Personen, zu denen auch der Ehegatte und eigene Kinder gehören, ist der insgesamt nachgewiesene Zahlungsbetrag grundsätzlich unterschiedslos nach Köpfen aufzuteilen; gehören zu dem Personenkreis außer den eigenen Kindern andere minderjährige Personen, so sind die Zahlungen grundsätzlich im Verhältnis der für die unterhaltenen Personen maßgeblichen Höchstbeträge aufzuteilen (→ BFH vom 12. 11. 1993 – BStBl 1994 II S. 731 in Verbindung mit BFH vom 22. 1. 1993 – BStBl II S. 493 und vom 19. 2. 1993 – BStBl II S. 495). Handelt es sich bei den unterhaltenen Personen um in Haushaltsgemeinschaft lebende Ehegatten, z. B. Eltern, so sind die Einkünfte und Bezüge zunächst für jeden Ehegatten gesondert festzustellen und sodann zusammenzurechnen. Die zusammengerechneten Einkünfte und Bezüge sind um 12.000 DM (zweimal 6.000 DM) zu kürzen. Der verbleibende Betrag ist von der Summe der beiden Höchstbeträge abzuziehen (→ BFH vom 15. 11. 1991 – BStBl 1992 II S. 245).

Zwangsläufigkeit dem Grunde nach

Zum Begriff der Zwangsläufigkeit → R 186.

Zwangsläufig können dem Steuerpflichtigen unter besonderen Umständen auch Unterhaltsaufwendungen für eine Schwiegertochter erwachsen; es kommt nicht darauf an, daß sie zuvor einen ihr zur Unterhaltsgewährung verpflichteten Angehörigen erfolglos auf Unterhalt verklagt hat (→ BFH vom 7. 3. 1975 – BStBl II S. 629). Auch Unterhaltsleistungen zwischen den Partnern einer eheähnlichen oder einer gleichgeschlechtlichen Lebensgemeinschaft können zwangsläufig erwachsen. Eine sittliche Verpflichtung kommt jedoch nur in Betracht, wenn die Bedürftigkeit eines Partners gemeinschaftsbedingt ist und besondere Umstände vorliegen, die die Unterhaltsgewährung bei Würdigung der gesamten Umstände als unausweichlich erscheinen lassen (→ BFH vom 27. 10. 1989 und 18. 4. 1990 – BStBl 1990 II S. 294 bzw. S. 886 sowie vom 12. 4. 1991 – BStBl II S. 518). Das ist auch der Fall, wenn der Partner einer eheähnlichen Gemeinschaft wegen des Zusammenlebens mit dem Steuerpflichtigen keine Sozialhilfe oder Arbeitslosenhilfe erhält (→ BFH vom 21. 9. 1993 – BStBl 1994 II S. 236 bzw. BFH vom 30. 7. 1993 – BStBl 1994 II S. 442) oder die Arbeitslosenhilfe deshalb gekürzt wird (→ BFH vom 4. 8. 1994 – BStBl II S. 897).

Unterhaltszahlungen zugunsten einer ehemaligen Lebensgefährtin entstehen nicht deshalb zwangsläufig, weil sich der Steuerpflichtige anläßlich der Trennung im Rahmen einer Vergleichsvereinbarung zu solchen Leistungen verpflichtet hat. Eine Zwangsläufigkeit wird in einem solchen Fall auch nicht dadurch ausreichend begründet, daß der Steuerpflichtige zuvor die Einreise der Lebensgefährtin von Afrika nach Deutschland in wesentlicher Beziehung mitveranlaßt hatte, sofern nicht die Aufnahme der Lebensgemeinschaft im Inland nachweisbar mit dem Ziel der alsbaldigen Eheschließung erfolgt ist; eine bei der Einreise lediglich vorbehaltene Eheschließung genügt nicht (→ FG Baden-Württemberg, Freiburg, vom 30. 11. 1994 – EFG 1995 S. 624).

R 191. Ausbildungsfreibeträge

Allgemeines

(1) [1]Ausbildungsfreibeträge (§ 33 a Abs. 2 EStG) kommen für folgende Kinder im Sinne des § 32 Abs. 1 EStG in Betracht:

1. Kinder, für die der Steuerpflichtige einen Kinderfreibetrag erhält (§ 32 Abs. 2 bis 6 EStG);
2. Kinder, die während des ganzen Kalenderjahrs nicht unbeschränkt einkommensteuerpflichtig waren, wenn sie zu Beginn des Kalenderjahrs
   a) das 27. Lebensjahr noch nicht vollendet haben oder
   b) das 27. Lebensjahr vollendet haben und die Voraussetzungen des § 32 Abs. 5 EStG erfüllen;

---

[1]) R 191 Abs. 1 für VZ ab 1994 überholt auf Grund der Änderung der §§ 32, 33 a Abs. 2 EStG durch das StMBG.

§ 33 a EStG
R 191

3. Kinder, die zu Beginn des Kalenderjahrs das 27. Lebensjahr vollendet und die den gesetzlichen Grundwehr- oder Zivildienst – auch im Ausland – geleistet haben, für die Zeit bis einschließlich des Monats, in dem sie das 29. Lebensjahr vollenden. Nicht dazu gehören Kinder, die anstelle des gesetzlichen Grundwehrdienstes freiwillig Wehrdienst geleistet oder eine von den gesetzlichen Diensten befreiende Tätigkeit als Entwicklungshelfer ausgeübt haben (→ R 180 b).

²Für die in Nummern 2 und 3 Satz 1 genannten Kinder kann ein Ausbildungsfreibetrag neben einer Steuerermäßigung nach § 33 a Abs. 1 EStG in Anspruch genommen werden.

(2) ¹Für die Inanspruchnahme eines Ausbildungsfreibetrags ist Voraussetzung, daß dem Steuerpflichtigen Aufwendungen für die Berufsausbildung des Kindes entstehen. ²Auf ihre Höhe kommt es nicht an. ³Unterhaltsaufwendungen für ein in Berufsausbildung befindliches Kind sind auch als Aufwendungen für seine Berufsausbildung anzusehen. ⁴Wegen des Begriffs der Berufsausbildung → R 180. ⁵Ein Ausbildungsfreibetrag kommt für Zeiten in Betracht, in denen das Kind sich tatsächlich in Berufsausbildung befindet, sowie auf besonderen Antrag für Übergangszeiten zwischen zwei Ausbildungsabschnitten von nicht mehr als vier Monaten und für Zeiten, in denen die Berufsausbildung vorübergehend nicht möglich ist, z. B. wegen Erkrankung des Kindes, solange das Ausbildungsverhältnis dadurch nicht unterbrochen wird.

Auswärtige Unterbringung

(3) ¹Eine auswärtige Unterbringung im Sinne des § 33 a Abs. 2 Nr. 1 und Nr. 2 Satz 2 EStG liegt vor, wenn ein Kind außerhalb des Haushalts der Eltern wohnt. ²Dies ist nur anzunehmen, wenn für das Kind außerhalb des Haushalts der Eltern eine Wohnung ständig bereitgehalten und das Kind auch außerhalb des elterlichen Haushalts verpflegt wird. ³Seine Unterbringung muß darauf angelegt sein, die räumliche Selbständigkeit des Kindes während seiner ganzen Ausbildung, z. B. eines Studiums, oder eines bestimmten Ausbildungsabschnitts, z. B. eines Studiensemesters oder -trimesters, zu gewährleisten. ⁴Voraussetzung ist, daß die auswärtige Unterbringung auf eine gewisse Dauer angelegt ist. ⁵Auf die Gründe für die auswärtige Unterbringung kommt es nicht an.

Anrechnung eigener Einkünfte und Bezüge

(4) ¹Für die Ermittlung der in § 33 a Abs. 2 Satz 4 EStG bezeichneten eigenen Bezüge des Kindes gilt R 190 Abs. 5 entsprechend. ²Bei der Anrechnung sind auch solche Bezüge zu berücksichtigen, die zwar schon für das betreffende Kalenderjahr bewilligt worden sind, aber erst später gezahlt werden (→ BFH vom 21. 8. 1974 – BStBl 1975 II S. 14). ³Unterhaltsleistungen der Eltern sind keine anrechenbaren Bezüge des Kindes. ⁴Dagegen gehören Unterhaltsleistungen des Ehegatten des Kindes zu seinen anrechenbaren Bezügen (→ BFH vom 7. 3. 1986 – BStBl II S. 554); die Höhe der Unterhaltsleistungen ist gegebenenfalls im Schätzungswege zu ermitteln. ⁵Unerfüllte Unterhaltsansprüche des Kindes gegen seinen Ehegatten sind nicht zu berücksichtigen.

(5) ¹Eigene Einkünfte und Bezüge eines in Absatz 1 Nr. 3 genannten Kindes sind zunächst bei Anwendung des § 33 a Abs. 1 EStG zu berücksichtigen; ein etwa verbleibender Betrag mindert den Ausbildungsfreibetrag. ²Als Ausbildungshilfe aus öffentlichen Mitteln oder von Förderungseinrichtungen, die hierfür öffentliche Mittel erhalten, bezogene Zuschüsse mindern jedoch zunächst den Ausbildungsfreibetrag; ein etwa verbleibender Betrag ist nach § 33 a Abs. 1 EStG anzurechnen.

Auslandskinder

(6) ¹Ist das Kind nicht unbeschränkt einkommensteuerpflichtig (Auslandskind), so sind der maßgebende Ausbildungsfreibetrag und der anrechnungsfreie Betrag gegebenenfalls entsprechend der für die Kürzung der Beträge nach § 33 a Abs. 1 EStG maßgebenden → Ländergruppeneinteilung zu ermäßigen. ²Kommt für ein während des ganzen Kalenderjahrs nicht unbeschränkt einkommensteuerpflichtiges Kind, das das 27. Lebensjahr vollendet hat und die Voraussetzungen des § 32 Abs. 5 EStG erfüllt, ein Ausbildungsfreibetrag in Betracht, so ist die Behinderung grundsätzlich durch Unterlagen → nachzuweisen, die dem Ausweis nach § 4 Abs. 5 SchwbG entsprechen; ob ein Kind wegen seiner Behinderung außerstande ist, sich selbst zu unterhalten, ist nach den Gesamtumständen des Einzelfalls zu beurteilen. ³Es genügt, wenn nachgewiesen wird, daß für das Kind wegen der Behinderung Kindergeld (Familienleistungen) gezahlt wird.

Hinweise

Aufteilung bei einem Elternpaar

Eine Aufteilung eines Ausbildungsfreibetrags kommt in Betracht, wenn mehrere Steuerpflichtige sämtliche Voraussetzungen für seine Inanspruchnahme erfüllen. So können dauernd getrennt lebende oder geschiedene Ehegatten oder Eltern eines nichtehelichen Kindes jeweils nur die Hälfte des Ausbildungsfreibetrags erhalten. Eine andere Aufteilung ist nicht zulässig. Wird jedoch ein Kinderfreibetrag auf den anderen Elternteil übertragen (§ 32 Abs. 6 Satz 5 EStG), so kann dieser auch den Ausbildungsfreibetrag in vollem Umfang in Anspruch nehmen. Auch wenn der Kinderfreibetrag nicht übertragen wird, kann auf gemeinsamen Antrag der Eltern bei einer Veranlagung zur Einkommensteuer der einem Elternteil zustehende Ausbildungsfreibetrag auf den anderen Elternteil übertragen werden (§ 33 a Abs. 2 Satz 10 EStG).

Aufteilung bei mehreren Elternpaaren

Ist ein angenommenes Kind oder ein Pflegekind zugleich bei seinen Eltern zu berücksichtigen (→ H 176 – Annahme als Kind – und R 177), so erhält ein Elternpaar zusammen nur die Hälfte des Abzugsbetrags (§ 33 a Abs. 2 Satz 8 EStG). Wenn in diesen Fällen das Kind lediglich bei einem Elternteil zu berücksichtigen ist, z. B. bei einem verwitweten Elternteil, so erhält dieser allein die Hälfte des Abzugsbetrags. Dauernd getrennt lebende oder geschiedene Ehegatten sowie die Elternteile eines nichtehelichen Kindes erhalten den Abzugsbetrag nach § 33 a Abs. 2 Satz 9 EStG, wenn das Kind bei beiden Elternteilen zu berücksichtigen ist, je zu einem Viertel. Eine andere Aufteilung ist nicht zulässig. Auf gemeinsamen Antrag eines Elternpaares kann bei einer Veranlagung zur Einkommensteuer das einem Elternteil zustehende Viertel des Abzugsbetrags auf den anderen Elternteil übertragen werden (§ 33 a Abs. 2 Satz 10 EStG). Für ein angenommenes Kind oder ein Pflegekind kommt ein voller Abzugsbetrag nur in Betracht, wenn geklärt ist, daß die Eltern des Kindes einen anteiligen Abzugsbetrag nicht erhalten, z. B. weil das Kind bei ihnen nicht zu berücksichtigen ist.

Aufwendungen für die Berufsausbildung

Kein Ausbildungsfreibetrag, wenn das Kind die Aufwendungen aus eigenem Vermögen bestreitet; das ist auch der Fall, wenn ein Kapitalvermögen von den Eltern mit der Auflage geschenkt worden ist, den Lebensunterhalt und die Ausbildungskosten aus den anfallenden Zinsen zu tragen (→ BFH vom 23. 2. 1994 – BStBl II S. 694).

Ländergruppeneinteilung

→ BMF vom 11. 12. 1989 (BStBl I S. 463)

Nachweise

→ H 194

Rechtsprechung zur auswärtigen Unterbringung

- **Asthma**

  Keine auswärtige Unterbringung des Kindes wegen Asthma (→ BFH vom 26. 6. 1992 – BStBl 1993 II S. 212).

- **Getrennte Haushalte eines Ehepaars**

  Auswärtige Unterbringung liegt nur vor, wenn das Kind aus den Haushalten beider Elternteile ausgegliedert ist (→ BFH vom 5. 2. 1988 – BStBl II S. 579).

- **Großmutter**

  Keine auswärtige Unterbringung, wenn ein minderjähriges Kind wochentags bei der in der Nähe wohnenden Großmutter untergebracht ist (→ BFH vom 6. 11. 1987 – BStBl 1988 II S. 138).

- **Haushalt des Kindes in Eigentumswohnung des Steuerpflichtigen**

  Auswärtige Unterbringung liegt vor, wenn das Kind in einer Eigentumswohnung des Steuerpflichtigen einen selbständigen Haushalt führt (→ BFH vom 26. 1. 1994 – BStBl II S. 544 vom 25. 1. 1995 – BStBl II S. 378). Ein Ausbildungsfreibetrag wegen auswärtiger Unterbringung ist ausgeschlossen, wenn eine Steuerermäßigung nach § 34 f EStG wegen desselben Kindes gewährt wird (→ BMF vom 21. 11. 1994 – BStBl I S. 855).[1]

---

[1] → H 213 a.

- **Haushalte mehrerer Elternpaare**
  Auswärtige Unterbringung liegt nur vor, wenn das Kind aus den Haushalten aller Elternteile ausgegliedert ist (→ BFH vom 24. 4. 1986 – BStBl II S. 836).
- **Klassenfahrt**
  Keine auswärtige Unterbringung, da es an der erforderlichen Dauer fehlt (→ BFH vom 5. 11. 1982 – BStBl 1983 II S. 109).
- **Legasthenie**
  Keine auswärtige Unterbringung des Kindes wegen Legasthenie im medizinischen Sinne (→ BFH vom 26. 6. 1992 – BStBl 1993 II S. 278).
- **Praktikum**
  Keine auswärtige Unterbringung bei Ableistung eines Praktikums außerhalb der Hochschule, wenn das Kind nur dazu vorübergehend auswärtig untergebracht ist (→ BFH vom 20. 5. 1994 – BStBl II S. 699).
- **Sprachkurs**
  Keine auswärtige Unterbringung bei dreiwöchigem Sprachkurs (→ BFH vom 29. 9. 1989 – BStBl 1990 II S. 62).
- **Verheiratetes Kind**
  Auswärtige Unterbringung liegt vor, wenn ein verheiratetes Kind mit seinem Ehegatten eine eigene Wohnung bezogen hat (→ BFH vom 8. 2. 1974 – BStBl II S. 299).

Reihenfolge der Anrechnung eigener Einkünfte und Bezüge

Für die Ermittlung der eigenen Einkünfte und Bezüge gilt H 190 (Anrechnung eigener Einkünfte und Bezüge) entsprechend.

Beispiel:

Ein Steuerpflichtiger unterhält seinen zu Beginn des Kalenderjahrs 27 Jahre alten nicht auswärtig untergebrachten Sohn, der den gesetzlichen Grundwehrdienst geleistet hat. Der Sohn befindet sich während des ganzen Kalenderjahrs in Berufsausbildung. Die Unterhaltsleistungen für den Sohn betragen 12.000 DM. Der Sohn bezieht Arbeitslohn von 12.400 DM.

a) Steuerermäßigung wegen Unterhaltsaufwendungen (§ 33 a Abs. 1 EStG)

Höchstbetrag		4.104 DM
Arbeitslohn des Sohnes	12.400 DM	
abzüglich Arbeitnehmer-Pauschbetrag	– 2.000 DM	
eigene Einkünfte	10.400 DM	
anrechnungsfreier Betrag	– 6.000 DM	
anzurechnende Einkünfte	4.400 DM	
davon hier anzurechnen	– 4.104 DM	4.104 DM
bei b) anzurechnen	296 DM	
abzuziehender Betrag		0 DM

b) Ausbildungsfreibetrag (§ 33 a Abs. 2 EStG)

Ausbildungsfreibetrag	2.400 DM
eigene Einkünfte, die bei a) nicht angerechnet worden sind	– 296 DM
abzuziehender Betrag	2.104 DM

Zuschüsse

Zu den ohne anrechnungsfreien Betrag anzurechnenden Zuschüssen gehören z. B. die als Zuschuß gewährten Leistungen nach dem Bundesausbildungsförderungsgesetz, nach dem Arbeitsförderungsgesetz gewährte Berufsausbildungsbeihilfen und Ausbildungsgelder sowie Stipendien aus öffentlichen Mitteln.

§ 33 a EStG

R 192. Aufwendungen für eine Hilfe im Haushalt oder für vergleichbare Dienstleistungen (§ 33 a Abs. 3 EStG)

S 2285

(1) Kinder oder andere unterhaltene Personen im Sinne des § 33 a Abs. 3 Satz 1 Nr. 2 EStG gehören zum Haushalt des Steuerpflichtigen, wenn sie bei einheitlicher Wirtschaftsführung unter Leitung des Steuerpflichtigen dessen Wohnung teilen oder sich mit seiner Einwilligung außerhalb seiner Wohnung zu anderen als Erwerbszwecken, insbesondere zur Erziehung, Ausbildung oder Erholung im Inland oder Ausland aufhalten.

(2) Wird wegen Krankheit, Hilflosigkeit oder schwerer Behinderung einer zum Haushalt des Steuerpflichtigen gehörenden Person, die weder sein Ehegatte noch sein Kind ist, eine Hilfe im Haushalt beschäftigt, so sind die Aufwendungen im Rahmen der Höchstbeträge neben dem nach § 33 a Abs. 1 EStG abziehbaren Betrag für den Unterhalt dieser Person zu berücksichtigen.

Hinweise

Angehörige
Bei Vorliegen eines ernsthaften Arbeits- oder Dienstverhältnisses wie unter Fremden kann auch die Beschäftigung einer nahestehenden Person als Hilfe im Haushalt anerkannt werden, sofern sie nicht zum Haushalt des Steuerpflichtigen gehört (→ BFH vom 6. 10. 1961 – BStBl III S. 549).

Haushaltszugehörigkeit
der beschäftigten Person schließt die Anerkennung der Aufwendungen als außergewöhnliche Belastung aus (→ BFH vom 6. 10. 1961 – BStBl III S. 549).

Zur Frage der Beschäftigung einer nichtehelichen Lebensgefährtin als Hausgehilfin → BFH vom 27. 10. 1989 (BStBl 1990 II S. 194) und BMF vom 14. 3. 1990 (BStBl I S. 147).

Heim
Heime im Sinne des § 33 a Abs. 3 Satz 2 EStG sind Altenheime, Altenwohnheime, Pflegeheime und gleichartige Einrichtungen (→ § 1 Heimgesetz – BGBl. 1990 I S. 763).

Hilfe im Haushalt
Eine Hilfe im Haushalt kann auch nur stundenweise im Haushalt beschäftigt und muß nicht im Rahmen eines Arbeitsverhältnisses tätig sein (→ BFH vom 19. 1. 1979 – BStBl II S. 326).
→ Unternehmen

Mehrfachgewährung
Der Höchstbetrag darf auch dann nur einmal abgezogen werden, wenn zwei Haushaltsangehörige schwer körperbehindert sind und deshalb zwei Hilfen im Haushalt beschäftigt werden (→ BFH vom 25. 9. 1992 – BStBl 1993 II S. 106).

Schwere Behinderung
Eine schwere Behinderung im Sinne des § 33 a Abs. 3 Satz 1 Nr. 2 EStG liegt – entsprechend der Gradeinteilung in § 33 b Abs. 3 EStG – vor, wenn der Grad der Behinderung mindestens 45 beträgt; zum Nachweis → § 65 EStDV.

Unternehmen
Auch Aufwendungen, die dem Steuerpflichtigen durch die Beauftragung eines Unternehmens mit häuslichen Arbeiten erwachsen, wie sie eine Hilfe im Haushalt verrichtet, können anerkannt werden (→ BFH vom 19. 1. 1979 – BStBl II S. 326).

Wäscherei
Eine Wäscherei, bei der der Steuerpflichtige seine Wäsche reinigen läßt, ist nicht im häuslichen Bereich wie eine Hilfe im Haushalt tätig (→ BFH vom 30. 3. 1982 – BStBl II S. 399).

§ 33 a EStG

R 192 a. Zeitanteilige Ermäßigung nach § 33 a Abs. 4 EStG | R 192 a

Ansatz bei unterschiedlicher Höhe der Höchstbeträge oder Ausbildungsfreibeträge S 2285

(1) Kommen für ein Kalenderjahr Höchstbeträge oder Ausbildungsfreibeträge von unterschiedlicher Höhe in Betracht, so ist für den Monat, in dem die geänderten Voraussetzungen eintreten, der höhere zeitanteilige Höchstbetrag oder Ausbildungsfreibetrag anzusetzen.

Aufteilung der eigenen Einkünfte und Bezüge

(2) ¹Der Jahresbetrag der eigenen Einkünfte und Bezüge ist für die Anwendung des § 33 a Abs. 4 Satz 2 EStG wie folgt auf die Zeiten innerhalb und außerhalb des Unterhalts- oder Ausbildungszeitraums aufzuteilen:

1. Einkünfte aus nichtselbständiger Arbeit, sonstige Einkünfte sowie Bezüge nach dem Verhältnis der in den jeweiligen Zeiträumen zugeflossenen Einnahmen; die Grundsätze des § 11 Abs. 1 EStG gelten entsprechend;
2. andere Einkünfte auf jeden Monat des Kalenderjahrs mit einem Zwölftel.

²Der Steuerpflichtige kann jedoch nachweisen, daß eine andere Aufteilung wirtschaftlich gerechtfertigt ist, wie es z. B. der Fall ist, wenn bei Einkünften aus selbständiger Arbeit die Tätigkeit erst im Laufe des Jahres aufgenommen wird oder wenn bei Einkünften aus nichtselbständiger Arbeit im Unterhalts- oder Ausbildungszeitraum höhere Werbungskosten angefallen sind als bei verhältnismäßiger Aufteilung darauf entfallen würden.

Hinweise | H 192 a

Allgemeines

Die Höchstbeträge für den Abzug von Unterhaltsaufwendungen (§ 33 a Abs. 1 EStG), die Ausbildungsfreibeträge (§ 33 a Abs. 2 EStG), der Abzugsbetrag wegen zwangsläufiger Aufwendungen für die Beschäftigung einer Hilfe im Haushalt und für die Unterbringung in einem Heim oder zur dauernden Pflege (§ 33 a Abs. 3 EStG) sowie die anrechnungsfreien Beträge nach § 33 a Abs. 1 Satz 3 und Abs. 2 Satz 3 EStG ermäßigen sich für jeden vollen Kalendermonat, in dem die Voraussetzungen für die Anwendung der betreffenden Vorschrift nicht vorgelegen haben, um je ein Zwölftel (§ 33 a Abs. 4 Satz 1 EStG). Eigene Einkünfte und Bezüge der unterhaltenen Person oder des in Berufsausbildung befindlichen Kindes sind nur anzurechnen, soweit sie auf den Unterhalts- oder Ausbildungszeitraum entfallen (§ 33 a Abs. 4 Satz 2 EStG). Leisten Eltern Unterhalt an ihren Sohn nur während der Dauer seines Wehrdienstes, so unterbleibt die Anrechnung des Entlassungsgeldes nach § 9 des Wehrsoldgesetzes, da es auf die Zeit nach Beendigung des Grundwehrdienstes entfällt (→ BFH vom 26. 4. 1991 – BStBl II S. 716).

Beispiele für die Aufteilung eigener Einkünfte und Bezüge auf die Zeiten innerhalb und außerhalb des Unterhalts- oder Ausbildungszeitraums:

A. Der Steuerpflichtige unterhält seine alleinstehende im Inland lebende Mutter vom 15. April bis 15. September (Unterhaltszeitraum) mit insgesamt 3.600 DM. Die Mutter bezieht ganzjährig eine monatliche Rente von 400 DM (Ertragsanteil 25 v. H.). Außerdem hat sie im Kalenderjahr Einkünfte aus Vermietung und Verpachtung in Höhe von 2.100 DM.

Höchstbetrag für das Kalenderjahr 7.200 DM (§ 33 a Abs. 1 EStG)
anteiliger Höchstbetrag für April bis September   3.600 DM
(⁶/₁₂ von 7.200 DM =) ....

Eigene Einkünfte der Mutter im Unterhaltszeitraum:
  Einkünfte aus Leibrenten
    steuerpflichtiger Ertragsanteil
    25 v. H. von 4.800 DM = ... 1.200 DM
  abzüglich
  Werbungskosten-Pauschbetrag
  (§ 9 a Nr. 3 EStG) .... − 200 DM
  Einkünfte .... 1.000 DM

§ 33 a EStG
R 192 a   H 192 a

Übertrag		1.000 DM
auf den Unterhaltszeitraum entfallen (600 × 1.000) : 1.200		500 DM
Einkünfte aus Vermietung und Verpachtung	2.100 DM	
auf den Unterhaltszeitraum entfallen $^{6}/_{12}$		1.050 DM
Summe der Einkünfte im Unterhaltszeitraum		1.550 DM
Eigene Bezüge der Mutter im Unterhaltszeitraum: steuerlich nicht erfaßter Teil der Rente	3.600 DM	
abzüglich Kostenpauschale	− 360 DM	
verbleibende Bezüge	3.240 DM	
auf den Unterhaltszeitraum entfallen (1.800 × 3.240) : 3.600		1.620 DM
Summe der eigenen Einkünfte und Bezüge im Unterhaltszeitraum		3.170 DM
abzüglich anteiliger anrechnungsfreier Betrag ($^{6}/_{12}$ von 6.000 DM =)		− 3.000 DM
anzurechnende Einkünfte und Bezüge	170 DM	− 170 DM
abzuziehender Betrag		3.430 DM

B. Ein Steuerpflichtiger unterhält sein Kind, das im Februar das 29. Lebensjahr vollendet, bis zum Abschluß der Berufsausbildung im November mit 11.000 DM. Das Kind ist auswärtig untergebracht und bezieht für die Zeit von Januar bis November als Ausbildungshilfe einen Zuschuß aus privaten Mitteln von 1.100 DM. Es hat den gesetzlichen Grundwehrdienst geleistet.

  a) Steuerermäßigung nach § 33 a Abs. 1 EStG

Höchstbeträge für das Kalenderjahr 4.104 DM und 7.200 DM		
anteiliger Höchstbetrag für Januar und Februar ($^{2}/_{12}$ von 4.104 DM =)		684 DM
für März bis November ($^{9}/_{12}$ von 7.200 DM =)		5.400 DM
maßgeblicher Höchstbetrag		6.084 DM
anzurechnende Bezüge des Kindes		
als Bezug anzurechnender Ausbildungszuschuß für Januar bis November		1.100 DM
abzüglich Kostenpauschale		− 360 DM
verbleibende Bezüge		740 DM
anteiliger anrechnungsfreier Betrag ($^{11}/_{12}$ von 6.000 DM =)	− 5.500 DM	0 DM
abzuziehender Betrag		6.084 DM

  b) Ausbildungsfreibetrag

für das Kalenderjahr 4.200 DM	
anteiliger Ausbildungsfreibetrag für Januar und Februar ($^{2}/_{12}$ von 4.200 DM =)	700 DM
abzuziehender Ausbildungsfreibetrag	700 DM

C. Ein über 18 Jahre altes Kind des Steuerpflichtigen, für das er einen Kinderfreibetrag erhält, befindet sich bis zum 15. 9. in Berufsausbildung und ist auswärtig untergebracht. Dem Kind fließt im Kalenderjahr Arbeitslohn von 9.000 DM zu, davon 3.500 DM in den Ausbildungsmonaten. Die anfallenden Werbungskosten übersteigen nicht den Arbeitnehmer-Pauschbetrag. Außerdem bezieht das Kind für den Ausbildungszeitraum als Ausbildungshilfe einen Zuschuß aus öffentlichen Mitteln von 900 DM.

§ 33 a EStG
H 192 a   R 192 a, 193

Ausbildungsfreibetrag für das Kalenderjahr 4.200 DM		
anteiliger Ausbildungsfreibetrag für Januar bis September ($^9/_{12}$ von 4.200 DM =)		3.150 DM
Arbeitslohn des Kindes im Kalenderjahr	9.000 DM	
abzüglich Arbeitnehmer-Pauschbetrag	– 2.000 DM	
Einkünfte aus nichtselbständiger Arbeit im Kalenderjahr	7.000 DM	
davon entfallen auf den Ausbildungszeitraum (3.500 : 9.000) × 7.000 DM = (abgerundet)	2.722 DM	
abzüglich anrechnungsfreier Betrag ($^9/_{12}$ von 3.600 DM =)	– 2.700 DM	
anzurechnende Einkünfte	22 DM	
Ausbildungszuschuß des Kindes für Januar bis September	900 DM	
abzüglich Kostenpauschale	– 360 DM	
anzurechnende Bezüge	540 DM	+ 540 DM
anzurechnende Einkünfte und Bezüge	562 DM	– 562 DM
abzuziehender Betrag		2.588 DM

Besonderheiten bei Zuschüssen

Als Ausbildungshilfe bezogene Zuschüsse jeglicher Art, z. B. Stipendien für ein Auslandsstudium aus öffentlichen oder aus privaten Mitteln, mindern die zeitanteiligen Höchstbeträge und Freibeträge nur der Kalendermonate, für die die Zuschüsse bestimmt sind (§ 33 a Abs. 4 Satz 3 EStG). Liegen bei der unterhaltenen Person oder dem in Berufsausbildung befindlichen Kind sowohl eigene Einkünfte und Bezüge als auch Zuschüsse vor, die als Ausbildungshilfe nur für einen Teil des Unterhalts- oder Ausbildungszeitraums bestimmt sind, dann sind zunächst die eigenen Einkünfte und Bezüge anzurechnen und sodann die Zuschüsse zeitanteilig entsprechend ihrer Zweckbestimmung.

Beispiel:

Ein über 18 Jahre altes Kind des Steuerpflichtigen befindet sich während des ganzen Kalenderjahrs in Berufsausbildung und ist auswärtig untergebracht. Ihm fließt in den Monaten Januar bis Juni Arbeitslohn von 6.800 DM zu, die Werbungskosten übersteigen nicht den Arbeitnehmer-Pauschbetrag. Für die Monate Juli bis Dezember bezieht es ein Auslandsstipendium aus öffentlichen Mitteln von 6.000 DM.

Ausbildungsfreibetrag für das Kalenderjahr		4.200 DM	
Arbeitslohn	6.800 DM		
abzüglich Arbeitnehmer-Pauschbetrag	– 2.000 DM		
Einkünfte aus nichtselbständiger Arbeit	4.800 DM		
anrechnungsfreier Betrag	– 3.600 DM		
anzurechnende Einkünfte	1.200 DM	– 1.200 DM	
verminderter Ausbildungsfreibetrag		3.000 DM	
anteiliger verminderter Ausbildungsfreibetrag für			
Januar bis Juni		1.500 DM	
Juli bis Dezember	1.500 DM		
Ausbildungszuschuß (Auslandsstipendium)	6.000 DM		
abzüglich Kostenpauschale	– 360 DM		
anzurechnende Bezüge	5.640 DM	– 5.640 DM	0 DM
abzuziehender Ausbildungsfreibetrag		1.500 DM	

– unbesetzt –

R 193

EStG
S 2286

§ 33 b
Pauschbeträge für Behinderte, Hinterbliebene und Pflegepersonen

(1) Wegen der außergewöhnlichen Belastungen, die einem Behinderten unmittelbar infolge seiner Behinderung erwachsen, kann er anstelle einer Steuerermäßigung nach § 33 einen Pauschbetrag nach Absatz 3 geltend machen (Behinderten-Pauschbetrag).

(2) Die Pauschbeträge erhalten
1. Behinderte, deren Grad der Behinderung auf mindestens 50 festgestellt ist;
2. Behinderte, deren Grad der Behinderung auf weniger als 50, aber mindestens auf 25 festgestellt ist, wenn
   a) dem Behinderten wegen seiner Behinderung nach gesetzlichen Vorschriften Renten oder andere laufende Bezüge zustehen, und zwar auch dann, wenn das Recht auf die Bezüge ruht oder der Anspruch auf die Bezüge durch Zahlung eines Kapitals abgefunden worden ist, oder
   b) die Behinderung zu einer dauernden Einbuße der körperlichen Beweglichkeit geführt hat oder auf einer typischen Berufskrankheit beruht.

(3) ¹Die Höhe des Pauschbetrags richtet sich nach dem dauernden Grad der Behinderung. ²Als Pauschbeträge werden gewährt bei einem Grad der Behinderung

von 25 und 30 ...	600 Deutsche Mark
von 35 und 40 ...	840 Deutsche Mark
von 45 und 50 ...	1.110 Deutsche Mark
von 55 und 60 ...	1.410 Deutsche Mark
von 65 und 70 ...	1.740 Deutsche Mark
von 75 und 80 ...	2.070 Deutsche Mark
von 85 und 90 ...	2.400 Deutsche Mark
von 95 und 100 ...	2.760 Deutsche Mark.

³Für Behinderte, die hilflos im Sinne des Absatzes 6 sind, und für Blinde erhöht sich der Pauschbetrag auf 7.200 Deutsche Mark.

(4) ¹Personen, denen laufende Hinterbliebenenbezüge bewilligt worden sind, erhalten auf Antrag einen Pauschbetrag von 720 Deutsche Mark (Hinterbliebenen-Pauschbetrag), wenn die Hinterbliebenenbezüge geleistet werden
1. nach dem Bundesversorgungsgesetz oder einem anderen Gesetz, das die Vorschriften des Bundesversorgungsgesetzes über Hinterbliebenenbezüge für entsprechend anwendbar erklärt, oder
2. nach den Vorschriften über die gesetzliche Unfallversicherung oder
3. nach den beamtenrechtlichen Vorschriften an Hinterbliebene eines an den Folgen eines Dienstunfalls verstorbenen Beamten oder
4. nach den Vorschriften des Bundesentschädigungsgesetzes über die Entschädigung für Schäden an Leben, Körper oder Gesundheit.

²Der Pauschbetrag wird auch dann gewährt, wenn das Recht auf die Bezüge ruht oder der Anspruch auf die Bezüge durch Zahlung eines Kapitals abgefunden worden ist.

¹⁾ (5) ¹Steht der Behinderten-Pauschbetrag oder der Hinterbliebenen-Pauschbetrag einem Kind des Steuerpflichtigen zu, für das er einen Kinderfreibetrag erhält, so wird der Pauschbetrag auf Antrag auf den Steuerpflichtigen übertragen, wenn ihn das Kind nicht in Anspruch nimmt. ²Erhalten für das Kind mehrere Steuerpflichtige einen Kinderfreibetrag, so gilt für die Übertragung des Pauschbetrags § 33 a Abs. 2 Sätze 7 bis 9 sinngemäß. ³Abweichend hiervon kann auf gemeinsamen Antrag eines Elternpaares, bei dem die Voraussetzungen des § 26 Abs. 1 Satz 1 nicht vorliegen, bei einer Veranlagung zur Einkommensteuer der zu übertragende Pauschbetrag anders aufgeteilt werden; in diesem Fall kann eine

---

¹⁾ Absatz 5 wurde durch das JStG 1996 ab VZ 1996 geändert:
 – In Satz 1 und 2 wurden jeweils nach dem Wort „Kinderfreibetrag" die Worte „oder Kindergeld" eingefügt.
 – In Satz 2 wurde das Zitat „Sätze 7 bis 9" ersetzt durch das Zitat „Satz 5 bis 7".

Steuerermäßigung nach § 33 wegen der Aufwendungen, für die der Behinderten-Pauschbetrag gilt, nicht gewährt werden.

(6) ¹Wegen der außergewöhnlichen Belastungen, die einem Steuerpflichtigen durch die Pflege einer Person erwachsen, die nicht nur vorübergehend hilflos ist, kann er an Stelle einer Steuerermäßigung nach § 33 einen Pauschbetrag von 1.800 Deutsche Mark im Kalenderjahr geltend machen (Pflege-Pauschbetrag), wenn er dafür keine Einnahmen erhält. ²Hilflos im Sinne des Satzes 1 ist eine Person, wenn sie für eine Reihe von häufig und regelmäßig wiederkehrenden Verrichtungen zur Sicherung ihrer persönlichen Existenz im Ablauf eines jeden Tages fremder Hilfe dauernd bedarf. ³Diese Voraussetzungen sind auch erfüllt, wenn die Hilfe in Form einer Überwachung oder einer Anleitung zu den in Satz 2 genannten Verrichtungen erforderlich ist oder wenn die Hilfe zwar nicht dauernd geleistet werden muß, jedoch eine ständige Bereitschaft zur Hilfeleistung erforderlich ist. ⁴Voraussetzung ist, daß der Steuerpflichtige die Pflege im Inland entweder in seiner Wohnung oder in der Wohnung des Pflegebedürftigen persönlich durchführt. ⁵Wird ein Pflegebedürftiger von mehreren Steuerpflichtigen im Veranlagungszeitraum gepflegt, wird der Pauschbetrag nach der Zahl der Pflegepersonen, bei denen die Voraussetzungen der Sätze 1 bis 4 vorliegen, geteilt.

(7) Die Bundesregierung wird ermächtigt, durch Rechtsverordnung mit Zustimmung des Bundesrates zu bestimmen, wie nachzuweisen ist, daß die Voraussetzungen für die Inanspruchnahme der Pauschbeträge vorliegen.

¹)

EStDV

§ 65²)

Nachweis der Behinderung

EStDV

S 2286

(1) Den Nachweis einer Behinderung hat der Steuerpflichtige zu erbringen:

1. *Bei einer Behinderung, deren Grad auf mindestens 50 festgestellt ist, durch Vorlage eines Ausweises nach dem Schwerbehindertengesetz oder eines Bescheides der für die Durchführung des Bundesversorgungsgesetzes zuständigen Behörde,*
2. *bei einer Behinderung, deren Grad auf weniger als 50, aber mindestens 25 festgestellt ist,*
   a) *durch eine Bescheinigung der für die Durchführung des Bundesversorgungsgesetzes zuständigen Behörde auf Grund eines Feststellungsbescheides nach § 4 Abs. 1 des Schwerbehindertengesetzes, die eine Äußerung darüber enthält, ob die Behinderung zu einer dauernden Einbuße der körperlichen Beweglichkeit geführt hat oder auf einer typischen Berufskrankheit beruht oder*
   b) *wenn ihm wegen seiner Behinderung nach den gesetzlichen Vorschriften Renten oder andere laufende Bezüge zustehen, durch den Rentenbescheid oder den die anderen laufenden Bezüge nachweisenden Bescheid.*

(2) Die gesundheitlichen Merkmale „hilflos" und „blind" hat der Steuerpflichtige durch einen Ausweis nach dem Schwerbehindertengesetz, der mit den Merkzeichen „H" oder „Bl" gekennzeichnet ist, oder durch einen Bescheid der für die Durchführung des Bundesversorgungsgesetzes zuständigen Behörde, der die entsprechenden Feststellungen enthält, nachzuweisen.

(3) Als Nachweis über eine Behinderung und den Grad der Behinderung genügen auch die vor dem 20. Juni 1976 ausgestellten amtlichen Ausweise für Schwerkriegsbeschädigte, Schwerbeschädigte oder Schwerbehinderte sowie die nach § 3 Abs. 1 und 4 des Schwerbehindertengesetzes in der vor dem 20. Juni 1976 geltenden Fassung erteilte Bescheinigung, und zwar bis zum Ablauf ihres derzeitigen Geltungszeitraums.

(4) Der Steuerpflichtige hat die Unterlagen nach den Absätzen 1 bis 3 zusammen mit seiner Steuererklärung oder seinem Antrag auf Lohnsteuerermäßigung der Finanzbehörde vorzulegen.

---

¹) Zur Anwendung → § 52 Abs. 24 EStG in der Fassung des JStG 1996.
²) Zur Anwendung → § 84 Abs. 3 b EStDV in der Fassung des JStG 1996.

§ 33 b EStG § 65 EStDV
R 194 H 194

(5) ¹Ist der Behinderte verstorben und kann sein Rechtsnachfolger die Unterlagen nach den Absätzen 1 bis 3 nicht vorlegen, so genügt zum Nachweis eine gutachtliche Stellungnahme von seiten der für die Durchführung des Bundesversorgungsgesetzes zuständigen Behörde. ²Diese Stellungnahme hat die Finanzbehörde einzuholen.

R 194

R 194. Pauschbeträge für Behinderte, Hinterbliebene und Pflegepersonen

S 2286

(1) Behinderten-Pauschbetrag, Hinterbliebenen-Pauschbetrag und Pflege-Pauschbetrag können mehrfach gewährt werden, wenn mehrere Personen die Voraussetzungen erfüllen (z. B. Steuerpflichtiger, Ehegatte, Kind), oder wenn eine Person die Voraussetzungen für verschiedene Pauschbeträge erfüllt.

(2) ¹Der Pflege-Pauschbetrag ist nach § 33 b Abs. 6 Satz 3 EStG zu gleichen Teilen auf die Pflegepersonen aufzuteilen, die die Tatbestandsvoraussetzungen des § 33 b Abs. 6 Satz 1 und 2 EStG erfüllen. ²Dies gilt auch dann, wenn nur eine Pflegeperson den Pauschbetrag tatsächlich in Anspruch nimmt.

(3) ¹Bei Beginn, Änderung oder Wegfall der Behinderung im Laufe eines Kalenderjahrs ist stets der Pauschbetrag nach dem höchsten Grad zu gewähren, der im Kalenderjahr festgestellt war. ²Eine Zwölftelung ist nicht vorzunehmen. ³Dies gilt auch für Hinterbliebenen- und Pflege-Pauschbetrag.

H 194

Hinweise

Allgemeines und Nachweise

Ob eine Behinderung im Sinne des § 33 b EStG vorliegt, richtet sich nach § 3 des Schwerbehindertengesetzes (SchwbG).

An die für die Gewährung der Behinderten-Pauschbeträge und des Pflege-Pauschbetrags vorzulegenden Bescheinigungen, Ausweise oder Bescheide sind die Finanzbehörden gebunden (→ BFH vom 5. 2. 1988 – BStBl II S. 436). Bei den Nachweisen nach § 65 Abs. 1 Nr. 2 Buchstabe b EStDV kann es sich z. B. um Rentenbescheide des Versorgungsamtes oder eines Trägers der gesetzlichen Unfallversicherung oder bei Beamten, die Unfallruhegeld beziehen, um einen entsprechenden Bescheid ihrer Behörde handeln. Der Rentenbescheid eines Trägers der gesetzlichen Rentenversicherung der Arbeiter und Angestellten genügt nicht (→ BFH vom 25. 4. 1968 – BStBl II S. 606).

Verwaltungsakte, die die Voraussetzungen für die Inanspruchnahme der Pauschbeträge feststellen, sind Grundlagenbescheide im Sinne des § 171 Abs. 10 AO (→ BFH vom 18. 4. 1980 – BStBl II S. 682). Eine Änderung früherer Steuerfestsetzungen hinsichtlich der Anwendung des § 33 b EStG ist nach § 175 Abs. 1 Satz 1 Nr. 1 AO für alle Kalenderjahre vorzunehmen, auf die sich der Grundlagenbescheid erstreckt.

Einen Pauschbetrag von 7.200 DM können Behinderte unabhängig vom Grad der Behinderung erhalten, in deren Ausweis das Merkzeichen „Bl" oder „H" eingetragen ist (→ § 4 Abs. 5 SchwbG) oder denen die für die Durchführung des BVG zuständigen Behörden Hilflosigkeit bescheinigen.

Berufskrankheit

Eine typische Berufskrankheit ist unter den gleichen Voraussetzungen anzunehmen, unter denen bei Versicherten auf eine Berufskrankheit nach § 551 Abs. 1 der Reichsversicherungsordnung in Verbindung mit der geltenden Berufskrankheitenverordnung zu schließen ist (→ BFH vom 14. 1. 1954 – BStBl III S. 86 und vom 26. 3. 1965 – BStBl III S. 358).

Fahrtkosten

Kraftfahrzeugkosten bei Behinderten können im Rahmen der Angemessenheit neben den Pauschbeträgen nach § 33 EStG berücksichtigt werden.

→ R 188 Abs. 4 und H 188 (Fahrtkosten Behinderter)

Führerscheinkosten

Führerscheinkosten für ein schwer geh- und stehbehindertes Kind können neben den Pauschbeträgen nach § 33 EStG berücksichtigt werden (→ BFH vom 26. 3. 1993 – BStBl II S. 749).

Heilkur
Aufwendungen für eine Heilkur können neben den Pauschbeträgen geltend gemacht werden (→ BFH vom 11. 12. 1987 – BStBl 1988 II S. 275).

Hilfe im Haushalt
Die Höchstbeträge nach § 33 a Abs. 3 EStG können neben dem Behinderten-Pauschbetrag gewährt werden.

Hinterbliebenen-Pauschbetrag
Zu den Gesetzen, die das BVG für entsprechend anwendbar erklären (§ 33 b Abs. 4 Nr. 1 EStG), gehören:
- das Soldatenversorgungsgesetz (→ § 80),
- das Zivildienstgesetz (→ § 47),
- das Häftlingshilfegesetz (→ §§ 4 und 5),
- das Gesetz über die Unterhaltsbeihilfe für Angehörige von Kriegsgefangenen (→ § 3),
- das Gesetz über den Bundesgrenzschutz (→ § 59 Abs. 1 in Verbindung mit dem Soldatenversorgungsgesetz),
- das Gesetz über das Zivilschutzkorps (→ § 46 in Verbindung mit dem Soldatenversorgungsgesetz),
- das Gesetz zur Regelung der Rechtsverhältnisse der unter Artikel 131 GG fallenden Personen (→ §§ 66, 66 a),
- das Gesetz zur Einführung des Bundesversorgungsgesetzes im Saarland (→ § 5 Abs. 1),
- das Bundes-Seuchengesetz (→ § 51),
- das Gesetz über die Entschädigung für Opfer von Gewalttaten (→ § 1 Abs. 1).

Kinder
Eine Übertragung des Behinderten-Pauschbetrags (§ 33 b Abs. 5 EStG) ist nur möglich, wenn das Kind unbeschränkt einkommensteuerpflichtig ist und deshalb selbst Anspruch auf den Pauschbetrag hat (→ BFH vom 9. 12. 1994 – BStBl 1995 II S. 408). Aufwendungen für ein nicht unbeschränkt steuerpflichtiges Kind, die dem Steuerpflichtigen infolge der Behinderung dieses Kindes erwachsen, können nur nach § 33 EStG berücksichtigt werden.

Aufwendungen, die dem Steuerpflichtigen infolge der Behinderung seines Kindes erwachsen, für das er keinen Kinderfreibetrag erhält, weil er einer Übertragung auf den anderen Elternteil zugestimmt hat, kann er nach § 33 EStG nur geltend machen, wenn der andere Elternteil den Pauschbetrag nicht in Anspruch nimmt.

Krankheitskosten
Außerordentliche, durch einen akuten Anlaß verursachte Krankheitskosten können neben den Pauschbeträgen berücksichtigt werden, z. B. Kosten einer Operation, auch wenn diese mit dem Leiden zusammenhängt, das die Behinderung bewirkt oder erst verursacht hat (→ BFH vom 30. 11. 1966 – BStBl 1967 III S. 457).

Pflegebedürftigkeit
→ Pflege-Pauschbetrag und R 187.

Pflege-Pauschbetrag
Ein Steuerpflichtiger führt die Pflege auch dann noch persönlich durch, wenn er sich zur Unterstützung zeitweise einer ambulanten Pflegekraft bedient. Unter den Voraussetzungen der Zwangsläufigkeit (→ R 186) kann auch Nachbarschaftshilfe begünstigt sein. Zur Berücksichtigung von höheren Pflegeaufwendungen als außergewöhnliche Belastung nach § 33 EStG → R 187.

Im Hinblick darauf, daß im Regelfall des § 33 b Abs. 6 EStG die Pflege innerhalb der Familie stattfindet, wobei Pflegegeld üblicherweise zur Bestreitung der durch die Pflegebedürftigkeit anfallenden Aufwendungen verwendet wird, führt die Gewährung von Pflegegeld oder Pflegezulage in aller Regel nicht zur Entgeltlichkeit der Pflege. Der Pflege-Pauschbetrag ist wegen Entgeltlichkeit nur ausgeschlossen, wenn nachweislich eine Vergütung für die Pflege gezahlt wird (→ BMF vom 2. 4. 1992 – BStBl I S. 267).

Ein Steuerpflichtiger kann den Pflege-Pauschbetrag auch dann in Anspruch nehmen, wenn die Pflegeperson ganzjährig in einem Heim untergebracht ist und nur an den Wochenenden in der Wohnung des Steuerpflichtigen betreut wird (→ FG München vom 14. 2. 1995 – EFG S. 722).

Schulgeld
Schulgeld für den Privatschulbesuch des behinderten Kindes → H 186 (Privatschule für behinderte Kinder) und R 188 Abs. 2.

§ 33 c
Kinderbetreuungskosten

EStG
S 2288 a

(1) ¹Aufwendungen für Dienstleistungen zur Betreuung eines zum Haushalt eines Alleinstehenden gehörenden unbeschränkt einkommensteuerpflichtigen Kindes im Sinne des § 32 Abs. 1, das zu Beginn des Kalenderjahrs das 16. Lebensjahr noch nicht vollendet hat, gelten als außergewöhnliche Belastung im Sinne des § 33, soweit die Aufwendungen wegen [1]

1. Erwerbstätigkeit oder
2. körperlicher, geistiger oder seelischer Behinderung oder
3. Krankheit

des Steuerpflichtigen erwachsen. ²Im Fall des Satzes 1 Nr. 3 muß die Krankheit innerhalb eines zusammenhängenden Zeitraums von mindestens drei Monaten bestanden haben. ³Satz 2 gilt nicht, wenn der Krankheitsfall unmittelbar im Anschluß an eine Erwerbstätigkeit eintritt. ⁴Die Aufwendungen können nur berücksichtigt werden, soweit sie den Umständen nach notwendig sind und einen angemessenen Betrag nicht übersteigen. ⁵Aufwendungen für Unterricht, die Vermittlung besonderer Fähigkeiten, sportliche und andere Freizeitbetätigungen werden nicht berücksichtigt.

(2) ¹Alleinstehend sind Unverheiratete sowie Verheiratete, die von ihrem Ehegatten dauernd getrennt leben. ²Als alleinstehend gelten auch Verheiratete, deren Ehegatte nicht unbeschränkt einkommensteuerpflichtig ist.

(3) ¹Der nach Absatz 1 abzuziehende Betrag darf bei Alleinstehenden mit einem Kind (Absatz 1 Satz 1) 4.000 Deutsche Mark im Kalenderjahr nicht übersteigen. ²Dieser Betrag erhöht sich für jedes weitere Kind um 2.000 Deutsche Mark. ³Für jeden vollen Kalendermonat, in dem die Voraussetzungen des Absatzes 1 nicht vorgelegen haben, ermäßigt sich der für das Kind in Betracht kommende Höchstbetrag oder Erhöhungsbetrag um ein Zwölftel. ⁴Gehörte das Kind gleichzeitig zum Haushalt von zwei Alleinstehenden, so ist bei jedem von ihnen der maßgebende Höchstbetrag oder Erhöhungsbetrag zur Hälfte anzusetzen.

(4) ¹Für Aufwendungen im Sinne des Absatzes 1 wird bei Alleinstehenden mit einem Kind (Absatz 1 Satz 1) mindestens ein Pauschbetrag von 480 Deutsche Mark im Kalenderjahr abgezogen. ²Der Pauschbetrag erhöht sich für jedes weitere Kind um 480 Deutsche Mark. ³Absatz 3 Sätze 3 und 4 gilt entsprechend.

(5) Bei Ehegatten, die beide unbeschränkt einkommensteuerpflichtig sind und nicht dauernd getrennt leben, gelten Absatz 1, Absatz 3 Sätze 1 bis 3 und Absatz 4 entsprechend, soweit die Aufwendungen wegen

1. körperlicher, geistiger oder seelischer Behinderung oder
2. Krankheit

eines Ehegatten erwachsen, wenn der andere Ehegatte erwerbstätig oder ebenfalls krank oder behindert ist.

R 195. Kinderbetreuungskosten

R 195

Allgemeines

(1) ¹Ein Abzug von Kinderbetreuungskosten ist nur auf Antrag möglich. ²Für die Beurteilung, ob der Steuerpflichtige alleinstehend ist, ist es unerheblich, ob er den Haushaltsfreibetrag erhält oder unter besonderen Umständen nach dem Splitting-Verfahren zu besteuern ist. ³War der Steuerpflichtige nicht während des ganzen Kalenderjahrs alleinstehend, z. B. weil er im Kalenderjahr geheiratet hat oder nach dem Tod seines Ehegatten, mit dem er zusammengelebt hat, zu den verwitweten Personen gehört, so gelten die Voraussetzungen für den Abzug von Kinderbetreuungskosten nach § 33 c Abs. 1 EStG nur für die Zeit des Alleinstehens. ⁴Für die übrige Zeit können Kinderbetreuungskosten nur unter den eingeschränkten Voraussetzungen des § 33 c Abs. 5 EStG für Ehegatten abgezogen werden.

S 2288 a

---

[1]) Absatz 1 Satz 1 wurde durch das JStG 1996 ab VZ 1996 neu gefaßt:
Hinter dem Zitat „§ 32 Abs. 1" wurden die Worte „oder Abs. 6 Satz 6" eingefügt.

Erwerbstätigkeit, Behinderung, Krankheit

(2) ¹Ein Steuerpflichtiger ist erwerbstätig, wenn er einer auf die Erzielung von Einkünften gerichteten Beschäftigung nachgeht (→ BFH vom 16. 5. 1975 – BStBl II S. 537). ²Wird die Erwerbstätigkeit unterbrochen, z. B. durch Urlaub, Arbeitslosigkeit, so können auch die während der Zeit der Unterbrechung entstandenen Kinderbetreuungskosten berücksichtigt werden, längstens jedoch für einen zusammenhängenden Zeitraum von zwei Monaten. ³Ein Steuerpflichtiger, der für einen Beruf ausgebildet wird, ist aus Billigkeitsgründen einem Erwerbstätigen gleichzustellen. ⁴Der Abzug von Kinderbetreuungskosten wegen Behinderung setzt keinen bestimmten Grad der Behinderung voraus. ⁵Daß die Kinderbetreuungskosten wegen Behinderung oder Krankheit erwachsen sind, hat der Steuerpflichtige glaubhaft zu machen. ⁶In Zweifelsfällen kann das Finanzamt eine ärztliche Bescheinigung verlangen. ⁷Eine Berücksichtigung von Kinderbetreuungskosten beiderseits erwerbstätiger Ehegatten (§ 33 c Abs. 5 EStG) ist auch ausgeschlossen, wenn einer von ihnen oder beide krank oder behindert sind. ⁸Ist jedoch z. B. einer der erwerbstätigen Ehegatten teilzeitbeschäftigt und behindert, so können Kinderbetreuungskosten berücksichtigt werden, soweit sie sich auf die Zeit der Nichtbeschäftigung beziehen und die Betreuung nach ärztlicher Bescheinigung wegen der Behinderung erforderlich ist.

Haushaltszugehörigkeit des Kindes

(3) ¹Das Kind gehört zum Haushalt des Steuerpflichtigen, wenn es dort lebt oder mit seiner Einwilligung vorübergehend auswärtig untergebracht ist. ²Auch in Fällen, in denen der Steuerpflichtige mit seinem Kind in der Wohnung seiner Eltern oder Schwiegereltern oder in Wohngemeinschaft mit anderen Personen lebt, ist die Haushaltszugehörigkeit des Kindes als gegeben anzusehen.

Kinderbetreuungskosten

(4) ¹Aufwendungen für Kinderbetreuung durch einen Angehörigen des Steuerpflichtigen können nur berücksichtigt werden, wenn den Leistungen klare und eindeutige Vereinbarungen zugrunde liegen. ²Eine Berücksichtigung ist auch möglich, wenn die Betreuungsperson mit dem Steuerpflichtigen und dem Kind in Haushaltsgemeinschaft lebt. ³Leistungen an eine Person, zu der das Kind in einem Kindschaftsverhältnis (§ 32 Abs. 1 Satz 1 EStG) steht, können nicht als Betreuungskosten anerkannt werden. ⁴Wird ein einheitliches Entgelt sowohl für Betreuungsleistungen als auch für andere Leistungen gezahlt, so ist gegebenenfalls eine Aufteilung im Schätzungswege (§ 162 AO) vorzunehmen. ⁵Von einer Aufteilung ist abzusehen, wenn die Sachleistungen von untergeordneter Bedeutung sind. ⁶Von einer Prüfung der Notwendigkeit und Angemessenheit der Kinderbetreuungskosten (§ 33 c Abs. 1 Satz 4 EStG) kann im allgemeinen abgesehen werden. ⁷Die Notwendigkeit ist jedoch in der Regel nicht gegeben, wenn der Steuerpflichtige mit dem anderen Elternteil des Kindes zusammenlebt und dieser nicht erwerbstätig ist. ⁸Die Angemessenheit kann z. B. bei Zahlungen an Angehörige zu prüfen sein. ⁹Bei auswärtiger Unterbringung eines Kindes, z. B. in einem Internat, können die dabei entstehenden Betreuungskosten neben dem Ausbildungsfreibetrag berücksichtigt werden. ¹⁰Kinderbetreuungskosten bleiben außer Betracht, soweit sie als Sonderausgaben (§ 10 Abs. 1 Nr. 8 EStG) abgezogen werden können (§ 33 Abs. 2 Satz 2 EStG).

Höchstbetrag

(5) ¹Der Höchstbetrag nach § 33 c Abs. 3 EStG begrenzt den Abzug der Kinderbetreuungskosten nach Kürzung um die zumutbare Belastung. ²Der erhöhte Höchstbetrag für mehr als ein Kind gilt für die vom Steuerpflichtigen insgesamt aufgewendeten Kinderbetreuungskosten, d. h. ohne Rücksicht darauf, welches Kind sie betreffen. ³Der Umstand, daß im Kalenderjahr Kinderbetreuungskosten nicht regelmäßig geleistet worden sind oder das Kind im Laufe des Kalenderjahrs das 16. Lebensjahr vollendet hat, führt nicht zu einer zeitanteiligen Ermäßigung des Höchstbetrags. ⁴Hat der Steuerpflichtige mehr als ein Kind und liegen bei mindestens einem die in Absatz 3 genannten Voraussetzungen nur während eines Teils des Kalenderjahrs vor, sind für die zeitanteilige Ermäßigung ungeachtet der Geburtenfolge der Kinder der Höchstbetrag für das erste Kind und die Erhöhungsbeträge für weitere Kinder so anzusetzen, daß sich insgesamt der höchstmögliche Betrag ergibt. ⁵Kann im Fall der Zusammenveranlagung von Ehegatten jeder Ehegatte für die Zeit, in der er alleinstehend war, den Kinderbetreuungskostenabzug in Anspruch nehmen, so ist der Höchstbetrag für jeden Ehegatten gesondert zu ermitteln. ⁶Bei Betreuungsaufwendungen für Auslandskinder richtet sich die Höhe des Abzugsbetrags nach der sog. → Ländergruppeneinteilung (→ BFH vom 15. 4. 1992 – BStBl II S. 896).

Hinweise

Allgemeines
Ob ein verheirateter Steuerpflichtiger von seinem Ehegatten dauernd getrennt lebt, ist nach R 174 Abs. 1 zu beurteilen.

Anrechnung der zumutbaren Belastung
Kinderbetreuungskosten sind um die zumutbare Belastung zu kürzen (§ 33 c Abs. 1 Satz 1 in Verbindung mit § 33 Abs. 1 und 3 EStG). Die Grundsätze des BFH-Urteils vom 10. 4. 1992 (BStBl II S. 814), wonach Kinderbetreuungskosten alleinerziehender Elternteile nicht um die zumutbare Belastung zu kürzen sind, sind nicht über den entschiedenen Fall hinaus anzuwenden (→ BMF vom 25. 9. 1992 – BStBl I S. 545). Wegen der Anrechnung der zumutbaren Belastung in Fällen, in denen neben Kinderbetreuungskosten andere außergewöhnliche Belastungen im Sinne des § 33 EStG zu berücksichtigen sind, wird auf R 186 Abs. 2 hingewiesen.

Einkommensteuer;
hier: Kinderbetreuungskosten (§ 33 c EStG)
BMF vom 25. 9. 1992 (BStBl I S. 545)

IV B 5 – S 2288a – 16/92

Der Bundesfinanzhof hat mit Urteil vom 10. 4. 1992 (BStBl II S. 814) entschieden, daß Kinderbetreuungskosten alleinerziehender Elternteile (§ 33 c Abs. 1 EStG) nicht um die zumutbare Belastung i. S. des § 33 Abs. 1 und Abs. 3 EStG zu kürzen sind. Nach dem Ergebnis der Erörterung mit den obersten Finanzbehörden der Länder ist dieses Urteil nicht über den entschiedenen Einzelfall hinaus anzuwenden.

Kinderbetreuungskosten nach § 33 c EStG; Minderung um die zumutbare Belastung
BMF vom 16. 1. 1995 (BStBl I S. 88)

IV B 5 – S 2288a – 17/94

Der Bundesfinanzhof hat mit Urteil vom 10. April 1992 – III R 184/90 – (BStBl II S. 814) entschieden, daß Kinderbetreuungskosten alleinerziehender Elternteile (§ 33 c Abs. 1 EStG) nicht um die zumutbare Belastung i. S. des § 33 Abs. 1 und Abs. 3 EStG zu mindern sind. Nach dem o. g. BMF-Schreiben und den entsprechenden Erlassen der obersten Finanzbehörden der Länder sind die Rechtsgrundsätze des Urteils nicht über den entschiedenen Einzelfall hinaus anzuwenden. Wegen der Bedeutung der Rechtsfrage wird auf folgendes hingewiesen:

1. Der Gesetzgeber hat sich bei der Einführung des Abzugs von Kinderbetreuungskosten nach § 33 c EStG davon leiten lassen, daß hierbei die Minderung um die zumutbare Belastung nicht unterbleiben kann, weil sie auch bei anderen außergewöhnlichen Belastungen im Sinne des § 33 EStG vorzunehmen ist. Überdies hat das Bundesverfassungsgericht die Minderung um die zumutbare Belastung nicht für unzulässig erachtet; in seinem Urteil vom 3. November 1982 (BStBl II S. 717 [729]) heißt es insoweit: „Entscheidet sich der Gesetzgeber dafür, der bei Alleinerziehenden gebotenen Berücksichtigung von Kinderbetreuungskosten durch eine steuerliche Regelung Rechnung zu tragen, so erfordert das Gebot der Besteuerung nach der Leistungsfähigkeit es grundsätzlich, Aufwendungen, die Alleinerziehende für die Betreuung ihrer Kinder erbringen müssen, soweit sie zwangsläufig (vgl. § 33 Abs. 2 EStG) sind, in der tatsächlich entstandenen Höhe steuerlich als Minderung des Einkommens zu berücksichtigen." Unter diesen Umständen muß die Entscheidung des Bundesverfassungsgerichts in dem zur selben Rechtsfrage anhängigen Normenkontrollverfahren – 1 BvL 17/85 (betr. Vorlagebeschluß des Niedersächsischen Finanzgerichts vom 9. Juli 1985 – VII 624/84 – EFG 1985 S. 565) – abgewartet werden.[1]

---

[1] Das BVerfG hat den Vorlagebeschluß des FG Niedersachsen am 17. 8. 1995 als unzulässig verworfen. Gleichwohl bleibt der Nichtanwendungserlaß bestehen, da zu der Rechtsfrage unter dem AZ. III R 93/93 ein Revisionsverfahren beim BFH anhängig ist.

§ 33 c EStG
R 195   H 195

2. Einspruchsverfahren sind in entsprechender Anwendung des § 363 Abs. 1 AO auszusetzen (vgl. BFH-Beschluß vom 8. Juli 1994 – BStBl II S. 758) bzw. nach § 363 Abs. 2 AO mit Zustimmung des Einspruchsführers ruhen zu lassen. Dies gilt auch, wenn der angefochtene Steuerbescheid hinsichtlich der Kinderbetreuungskosten für vorläufig erklärt worden ist. Aussetzung der Vollziehung kann gewährt werden.

Berechnungsschema für den Abzug von Kinderbetreuungskosten und anderen außergewöhnlichen Belastungen

		DM	DM	DM
1.	Zu berücksichtigende Kinderbetreuungskosten (§ 33 c EStG)	____		
2.	Pauschbetrag (§ 33 c Abs. 4 EStG)	– ____		
3.	verbleiben	____		
4.	falls Nummer 3 nicht positiv: abzuziehender Betrag = Pauschbetrag			____
5.	falls Nummer 3 positiv: zumutbare Belastung ____ DM; davon bei den Kinderbetreuungskosten abziehbar (höchstens Betrag von Nummer 3)	– ____		
6.	verbleiben	____		
7.	Höchstbetrag für Kinderbetreuungskosten	____		
8.	abzuziehender Betrag = der niedrigere Betrag der Nummern 6 und 7			____
9.	andere außergewöhnliche Belastungen (§ 33 EStG)		____	
10.	zumutbare Belastung, soweit noch nicht auf die Kinderbetreuungskosten angerechnet		– ____	
11.	abzuziehender Betrag		____	
12.	abzuziehender Gesamtbetrag Nummern 4 und 11 oder Nummern 8 und 11			____

Berücksichtigung von Betreuungsaufwendungen für Auslandskinder

§ 33 c EStG ist verfassungskonform dahin auszulegen, daß Betreuungsaufwendungen für ein nicht unbeschränkt einkommensteuerpflichtiges Kind unter den gleichen Voraussetzungen, einschließlich der Zugehörigkeit zum inländischen Haushalt des Steuerpflichtigen, zu berücksichtigen sind wie für ein unbeschränkt einkommensteuerpflichtiges Kind (→ BFH vom 15. 4. 1992 – BStBl II S. 896).

Halbteilung des Höchstbetrags bei Alleinstehenden

Gehört ein Kind, das zu zwei Alleinstehenden in einem Kindschaftsverhältnis (§ 32 Abs. 1 EStG) steht, gleichzeitig zum Haushalt beider, so kommt nach § 33 c Abs. 3 Satz 4 EStG auch dann bei jedem von ihnen die Hälfte oder die zeitanteilig ermäßigte Hälfte des Höchstbetrags oder der Erhöhungsbeträge in Betracht, wenn nur einer den Kinderbetreuungskostenabzug in Anspruch nehmen kann. Bestand die gleichzeitige Haushaltszugehörigkeit nicht während des ganzen Kalenderjahrs, ist der Teil des Höchstbetrags oder Erhöhungsbetrags zu halbieren, der auf die Monate entfällt, in denen das Kind gleichzeitig zum Haushalt beider Alleinstehenden gehörte. Die auf einen Elternteil entfallende Hälfte des Höchstbetrags oder Erhöhungsbetrags kann nicht auf den anderen Elternteil übertragen werden. Hat einer der Alleinstehenden noch ein weiteres Kind, für das der Abzug von Kinderbetreuungskosten in Betracht kommt, das aber zu dem anderen Alleinstehenden nicht in einem Kindschaftsverhältnis steht, so sind der Höchstbetrag und die Erhöhungsbeträge so anzusetzen, daß sich für jeden der höchstmögliche Betrag ergibt.

Beispiel:

Die in häuslicher Gemeinschaft lebenden X und Y haben ein gemeinsames nichteheliches Kind. Y hat außerdem ein Kind aus früherer Ehe, das ebenfalls in dem gemeinsamen Haushalt lebt. X und Y sind während des ganzen Kalenderjahrs erwerbstätig.

§ 33 c EStG
H 195   R 196

Die Höchstbeträge sind wie folgt zu ermitteln:

bei X: für das gemeinsame Kind .... $\dfrac{4.000\ DM}{2}$ .... = 2.000 DM

bei Y: für das Kind aus früherer Ehe .... 4.000 DM

für das gemeinsame Kind .... $\dfrac{2.000\ DM}{2}$ .... = 1.000 DM

5.000 DM

Höchstbetragsbegrenzung

Beispiel:
Im April wird das zweite Kind der während des ganzen Kalenderjahrs erwerbstätigen Steuerpflichtigen geboren. Ihr erstes Kind scheidet im September aus ihrem Haushalt aus.
Der Höchstbetrag ist wie folgt zu ermitteln:

für das erste Kind	$^9/_{12}$ von 4.000 DM = 3.000 DM
für das zweite Kind	$^6/_{12}$ von 2.000 DM = 1.000 DM
	$^3/_{12}$ von 4.000 DM = 1.000 DM
insgesamt	= 5.000 DM

Kinderbetreuungskosten

Für eine Berücksichtigung als Kinderbetreuungskosten kommen Ausgaben in Geld oder Geldeswert (Wohnung, Kost, Waren und sonstige Sachleistungen) in Betracht, die der Steuerpflichtige als Entgelt für Dienstleistungen zur Betreuung seines Kindes erbringt. Zum Entgelt gehören auch Kosten, die der Betreuungsperson erstattet werden, z. B. Fahrtkosten. Betreuung in diesem Sinne ist nur die behütende oder beaufsichtigende Betreuung, d. h., die persönliche Fürsorge für das Kind muß der Dienstleistung erkennbar zugrunde liegen. Anerkannt werden können danach z. B. Aufwendungen für die Unterbringung von Kindern in Kindergärten, Kindertagesstätten, Kinderhorten, Kinderheimen und Kinderkrippen sowie bei Tagesmüttern, Wochenmüttern und in Ganztagspflegestellen, für die Beschäftigung von Kinderpflegerinnen, Erzieherinnen und Kinderschwestern sowie für die Beschäftigung von Hausgehilfinnen oder Haushaltshilfen, soweit diese Kinder betreuen. Aufwendungen für jede Art von Unterricht einschließlich Nachhilfeunterricht, für die Vermittlung besonderer Fertigkeiten, wie z. B. für Schreibmaschinen- und Stenographiekurse, Fahrschule, Tanzkurse, sowie für sportliche und andere Freizeitbeschäftigungen sind vom Abzug ausgeschlossen (§ 33 c Abs. 1 letzter Satz EStG). Jedoch sind Aufwendungen für die Beaufsichtigung des Kindes bei Erledigung seiner häuslichen Schulaufgaben zu berücksichtigen (→ BFH vom 17. 11. 1978 – BStBl 1979 II S. 142). Aufwendungen für Sachleistungen, die neben der Betreuung erbracht werden, z. B. Verpflegung des Kindes, können grundsätzlich nicht berücksichtigt werden. Das gleiche gilt für Nebenkosten, die nicht unmittelbar der Betreuung des Kindes dienen, z. B. Fahrtkosten des Kindes zur Betreuungsperson (→ BFH vom 29. 8. 1986 – BStBl 1987 II S. 167).

Ländergruppeneinteilung

→ BMF vom 11. 12. 1989 (BStBl I S. 463)   Anhang 1

Pauschbetrag

Für die Inanspruchnahme des Pauschbetrags kommt es darauf an, daß die in R 195 Abs. 1 bis 4 genannten Voraussetzungen vorliegen. Nicht erforderlich ist, daß Kinderbetreuungskosten nachgewiesen oder glaubhaft gemacht werden. Gehört das Kind gleichzeitig zum Haushalt beider Elternteile, so ist der Pauschbetrag zu halbieren. H 195 (Höchstbetragsbegrenzung) gilt sinngemäß.

– unbesetzt –

R 196

EStG

S 2290

§ 34
Außerordentliche Einkünfte

(1) ¹Sind in dem Einkommen außerordentliche Einkünfte enthalten, so ist die darauf entfallende Einkommensteuer nach einem ermäßigten Steuersatz zu bemessen. ²Dieser beträgt für den Teil der außerordentlichen Einkünfte, der den Betrag von 30 Millionen Deutsche Mark nicht übersteigt, die Hälfte des durchschnittlichen Steuersatzes, der sich ergäbe, wenn die tarifliche Einkommensteuer nach dem gesamten zu versteuernden Einkommen zuzüglich der dem Progressionsvorbehalt unterliegenden Einkünfte zu bemessen wäre. ³Auf das verbleibende zu versteuernde Einkommen ist vorbehaltlich des Absatzes 3 die Einkommensteuertabelle anzuwenden. ⁴Die Sätze 1 bis 3 gelten nicht, wenn der Steuerpflichtige auf die außerordentlichen Einkünfte ganz oder teilweise § 6 b oder § 6 c anwendet.

(2) Als außerordentliche Einkünfte im Sinne des Absatzes 1 kommen nur in Betracht
1. Veräußerungsgewinne im Sinne der §§ 14, 14 a Abs. 1, §§ 16, 17 und 18 Abs. 3;
2. Entschädigungen im Sinne des § 24 Nr. 1;
3. Nutzungsvergütungen und Zinsen im Sinne des § 24 Nr. 3, soweit sie für einen Zeitraum von mehr als drei Jahren nachgezahlt werden.

(3) Die Einkommensteuer auf Einkünfte, die die Vergütung für eine mehrjährige Tätigkeit sind, beträgt das Dreifache des Unterschiedsbetrags zwischen der Einkommensteuer für das um diese Einkünfte verminderte zu versteuernde Einkommen (verbleibendes zu versteuerndes Einkommen) und der Einkommensteuer für das verbleibende zu versteuernde Einkommen zuzüglich eines Drittels dieser Einkünfte.

R 197

S 2290

R 197. Umfang der steuerbegünstigten Einkünfte

(1) ¹Die Sonderausgaben, die außergewöhnlichen Belastungen, der Haushaltsfreibetrag und die sonstigen vom Einkommen abzuziehenden Beträge sind zunächst bei den nicht nach § 34 EStG begünstigten Einkünften zu berücksichtigen. ²Sind in dem Einkommen Einkünfte aus Land- und Forstwirtschaft enthalten und bestehen diese zum Teil aus außerordentlichen Einkünften, die nach § 34 EStG ermäßigt zu besteuern sind, so ist hinsichtlich der Anwendung dieser Vorschrift der Freibetrag nach § 13 Abs. 3 EStG zunächst von den nicht nach § 34 EStG begünstigten Einkünften aus Land- und Forstwirtschaft abzuziehen.

(2) Tarifbegünstigte Veräußerungsgewinne im Sinne der §§ 14 und 14 a Abs. 1, der §§ 16 und 18 Abs. 3 EStG liegen grundsätzlich nur vor, wenn die stillen Reserven in einem einheitlichen wirtschaftlichen Vorgang aufgedeckt werden.

(3) Erfüllen beide Ehegatten die Voraussetzungen der Tarifmäßigung des § 34 Abs. 1 EStG, ist die Betragsgrenze von 30 Millionen Deutsche Mark im Fall der Zusammenveranlagung nach § 26 Abs. 1 EStG auf beide Ehegatten gemeinsam nur einmal anzuwenden.

H 197

Hinweise

Betragsgrenze

Die gesamten außerordentlichen Einkünfte im Sinne des § 34 EStG sind bis zur Höhe von 30 Millionen DM im Rahmen des zu versteuernden Einkommens steuerbegünstigt, auch wenn sich bei der Einkunftsart, der die außerordentlichen Einkünfte zuzurechnen sind, niedrigere Einkünfte oder ein Verlust ergeben (→ BFH vom 29. 7. 1966 – BStBl III S. 544). Die Anwendung des § 34 EStG kann nicht auf Teile der außerordentlichen Einkünfte begrenzt werden (→ BFH vom 18. 5. 1994 – BStBl II S. 706).

Betriebsveräußerung

a) Gewerbebetrieb: → R 139
b) Betrieb der Land- und Forstwirtschaft:
   Veräußert ein Land- und Forstwirt seinen Betrieb und pachtet er diesen unmittelbar nach der Veräußerung zurück, so ist auf den Veräußerungsgewinn § 34 Abs. 2 Nr. 1 EStG in Verbindung mit § 14 EStG anzuwenden (→ BFH vom 28. 3. 1985 – BStBl II S. 508).

Veräußerungsgewinne

→ R 139

Entfällt der bei einer Betriebsaufgabe erzielte Veräußerungsgewinn auf mehr als einen VZ, so ist der jeweilige Teilbetrag des betreffenden VZ begünstigt (→ BFH vom 16. 9. 1966 – BStBl 1967 III S. 70).

R 198. Berechnung des ermäßigten Steuersatzes   **R 198**

¹Für das gesamte zu versteuernde Einkommen im Sinne des § 32 a Abs. 1 EStG – also einschließlich der außerordentlichen Einkünfte, soweit sie zur Einkommensteuer heranzuziehen sind – ist der Steuerbetrag nach der zu Grunde zu legenden Einkommensteuertabelle (Grund- oder Splittingtabelle) zu ermitteln. ²Maßgebend ist dabei das auf den Eingangsbetrag der betreffenden Tabellenstufe abgerundete gesamte zu versteuernde Einkommen. ³Aus dem Verhältnis der Tabellensteuer zu dem abgerundeten gesamten zu versteuernden Einkommen ergibt sich der durchschnittliche Steuersatz, der auf vier Dezimalstellen abzurunden ist. ⁴Die Hälfte dieses durchschnittlichen Steuersatzes ist der anzuwendende ermäßigte Steuersatz.

S 2290

Hinweise   H 198

Berechnungsbeispiele

Beispiel 1

Berechnung der Einkommensteuer nach § 34 Abs. 1 EStG

Der Steuerpflichtige, der Einkünfte aus Gewerbebetrieb hat, und seine Ehefrau werden zusammen veranlagt. Im Zeitpunkt der Betriebsveräußerung hatte der Steuerpflichtige weder das 55. Lebensjahr vollendet noch war er dauernd berufsunfähig. Es sind die folgenden Einkünfte und Sonderausgaben anzusetzen:

Einkünfte aus Gewerbebetrieb		
laufender Gewinn		45.000 DM
Veräußerungsgewinn (§ 16 EStG)	55.000 DM	
davon bleiben nach		
§ 16 Abs. 4 EStG steuerfrei	– 30.000 DM	+ 25.000 DM
		70.000 DM
Einkünfte aus Vermietung und Verpachtung		+ 5.350 DM
Gesamtbetrag der Einkünfte		75.350 DM
Sonderausgaben		– 3.200 DM
Einkommen		72.150 DM
zu versteuerndes Einkommen		72.150 DM

Das zu versteuernde Einkommen fällt nach der Einkommensteuertabelle (Splittingtabelle) in die Stufe von 72.144 DM bis 72.251 DM. Für das auf den Stufeneingangsbetrag von 72.144 DM abgerundete gesamte zu versteuernde Einkommen würde sich eine Einkommensteuer von 13.950 DM ergeben. Sie entspricht einem durchschnittlichen Steuersatz von

$$\frac{13.950}{72.144} = \text{(abgerundet) } 19{,}3363 \text{ v. H.}$$

Der ermäßigte Steuersatz beträgt mithin $\dfrac{19{,}3363}{2} = 9{,}6681$ v. H.

§ 34 EStG
R 198   H 198

Die gesamte Einkommensteuer ist wie folgt zu berechnen:
a) Nach der Einkommensteuertabelle (Splittingtabelle)

zu versteuerndes Einkommen	72.150 DM
abzüglich des steuerpflichtigen Teils des Veräußerungsgewinns	– 25.000 DM
verbleiben	47.150 DM
darauf entfallender Steuerbetrag	7.536 DM 7.536 DM

b) Mit dem ermäßigten Steuersatz

zu versteuerndes Einkommen	72.150 DM
abzüglich des nach der Einkommensteuertabelle zu versteuernden Betrags	– 47.150 DM
verbleiben (= mit dem ermäßigten Steuersatz zu versteuernder Teil des Veräußerungsgewinns)	25.000 DM
darauf Steuer mit dem ermäßigten Steuersatz (9,6681 v. H. von 25.000 DM =) – abgerundet –	2.417 DM + 2.417 DM
Einkommensteuer insgesamt	9.953 DM

Beispiel 2
Berechnung der Einkommensteuer bei gleichzeitigem Vorliegen der Begünstigungen nach § 34 Abs. 1 und 3 EStG

Angaben wie im Berechnungsbeispiel 1, jedoch zusätzlich 15.000 DM Einkünfte aus Gewerbebetrieb, die die Vergütung für eine mehrjährige Tätigkeit sind:

Einkünfte aus Gewerbebetrieb laufender Gewinn		45.000 DM
Veräußerungsgewinn (§ 16 EStG)	55.000 DM	
davon bleiben nach § 16 Abs. 4 EStG steuerfrei	– 30.000 DM	+ 25.000 DM
Einkünfte, die die Vergütung für eine mehrjährige Tätigkeit sind		+ 15.000 DM
		85.000 DM
Einkünfte aus Vermietung und Verpachtung		+ 5.350 DM
Gesamtbetrag der Einkünfte		90.350 DM
Sonderausgaben		– 3.200 DM
Einkommen/zu versteuerndes Einkommen		87.150 DM

1) Steuerberechnung nach § 34 Abs. 3 EStG:
   a) Ermittlung des Steuerbetrags ohne Einkünfte nach § 34 Abs. 3 EStG

zu versteuerndes Einkommen		87.150 DM
abzüglich Einkünfte nach § 34 Abs. 3 EStG		– 15.000 DM
		72.150 DM
darauf entfallender Steuerbetrag = (Stufeneingangsbetrag nach Tabelle	13.950 DM 72.144 DM)	
abzüglich Einkünfte nach § 34 Abs. 1 EStG		– 25.000 DM
		47.150 DM
darauf entfallender Steuerbetrag	7.536 DM	

Für das auf den Stufeneingangsbetrag von 72.144 DM abgerundete zu versteuernde Einkommen ohne Einkünfte nach § 34 Abs. 3 EStG würde sich eine Einkommensteuer von 13.950 DM ergeben. Sie entspricht einem durchschnittlichen Steuersatz von

$\frac{13.950}{72.144}$ = (abgerundet) 19,3363 v. H.

§ 34 EStG
H 198   R 198

    Der ermäßigte Steuersatz beträgt mithin $\frac{19,3363}{2}$ = 9,6681 v. H.

mit dem ermäßigten Steuersatz zu versteuern: 9,6681 v. H. von 25.000 DM =	2.417 DM
Ermäßigter Steuersatz gemäß § 34 Abs. 1 EStG (9,6681 v. H. von 25.000 DM =) 2.417 DM zuzüglich Steuerbetrag von 47.150 DM (= zu versteuerndes Einkommen ohne Einkünfte nach § 34 Abs. 1 und 3 EStG)	+ 7.536 DM
Steuerbetrag ohne Einkünfte nach § 34 Abs. 3 EStG	9.953 DM

b) **Ermittlung des Steuerbetrags mit ⅓ der Einkünfte nach § 34 Abs. 3 EStG**

zu versteuerndes Einkommen	87.150 DM
abzüglich Einkünfte nach **§ 34 Abs. 3 EStG**	– 15.000 DM
zuzüglich ⅓ der Einkünfte nach **§ 34 Abs. 3 EStG**	+ 5.000 DM
	77.150 DM
darauf entfallender Steuerbetrag .... 15.334 DM (Stufeneingangsbetrag nach Tabelle .... 77.112 DM) abzüglich Einkünfte nach **§ 34 Abs. 1 EStG**	– 25.000 DM
	52.150 DM
darauf entfallender Steuerbetrag .... 8.732 DM	

Für das auf den Stufeneingangsbetrag von 77.112 DM abgerundete zu versteuernde Einkommen ohne die Einkünfte nach § 34 Abs. 3 EStG zuzüglich ⅓ der Einkünfte nach § 34 Abs. 3 EStG würde sich eine Einkommensteuer von 15.334 DM ergeben. Sie entspricht einem durchschnittlichen Steuersatz von

$\frac{15.334}{77.112}$ = 19,8853 v. H.

Der ermäßigte Steuersatz beträgt mithin $\frac{19,8853}{2}$ = 9,9426 v. H.

mit dem ermäßigten Steuersatz zu versteuern:
9,9426 v. H. von 25.000 DM = 2.485 DM

Ermäßigter Steuersatz nach § 34 Abs. 1 EStG unter Berücksichtigung ⅓ der Einkünfte nach § 34 Abs. 3 EStG	2.485 DM
zuzüglich Steuerbetrag von 52.150 DM (= zu versteuerndes Einkommen ohne Einkünfte nach § 34 Abs. 1 und Abs. 3 EStG mit ⅓ der Einkünfte nach § 34 Abs. 3 EStG)	+ 8.732 DM
Steuerbetrag mit ⅓ der Einkünfte nach § 34 Abs. 3 EStG	11.217 DM

c) **Ermittlung des Steuerbetrags nach § 34 Abs. 3 EStG**

Steuerbetrag mit ⅓ der Einkünfte nach § 34 Abs. 3 EStG	11.217 DM
abzüglich Steuerbetrag ohne Einkünfte nach § 34 Abs. 3 EStG (→ Nr. 1 a)	– 9.953 DM
Unterschiedsbetrag	1.264 DM
Multipliziert mit Faktor 3	3.792 DM
Steuerbetrag nach **§ 34 Abs. 3 EStG**	3.792 DM

2. Steuerberechnung nach § 34 Abs. 1 EStG:

zu versteuerndes Einkommen .... 87.150 DM	
abzüglich Einkünfte nach **§ 34 Abs. 3 EStG** .... – 15.000 DM	
	72.150 DM

§ 34 EStG
R 199   H 198, 199

Steuerbetrag von 72.150 DM .... 13.950 DM
zuzüglich Steuerbetrag nach § 34 Abs. 3 EStG
(→ Nr. 1 c) .... + 3.792 DM
Summe .... 17.742 DM

Ermittlung des ermäßigten Steuersatzes:

$$\frac{17.742}{87.150} = 20{,}3580 \text{ v. H.}$$

Der ermäßigte Steuersatz beträgt mithin $\frac{20,3580}{2} = 10{,}1790$ v. H.

mit dem ermäßigten Steuersatz zu versteuern:
10,1790 v. H. von 25.000 DM = 2.544 DM
Steuerbetrag nach § 34 Abs. 1 EStG .... 2.544 DM

3. Berechnung der **gesamten Einkommensteuer:**
nach der Einkommensteuertabelle
(Splittingtabelle) → Nr. 1 a .... 7.536 DM
Steuer nach § 34 Abs. 1 EStG (→ Nr. 2) .... 2.544 DM
Steuer nach § 34 Abs. 3 EStG (→ Nr. 1 c) .... 3.792 DM
Einkommensteuer insgesamt .... 13.872 DM

R 199

R 199. Anwendung des § 34 Abs. 1 Satz 1 EStG auf Entschädigungen im Sinne des § 24 Nr. 1 EStG sowie auf Nutzungsvergütungen und Zinsen im Sinne des § 24 Nr. 3 EStG

S 2290
S 2258

(1) Entschädigungen im Sinne des § 24 Nr. 1 EStG sind nach § 34 Abs. 1 Satz 1 EStG nur begünstigt, wenn es sich um → außerordentliche Einkünfte handelt; dabei kommt es nicht darauf an, im Rahmen welcher Einkunftsart sie angefallen sind.

(2) ¹Die Nachzahlung von → Nutzungsvergütungen und Zinsen im Sinne des § 34 Abs. 2 Nr. 3 EStG muß einen Zeitraum von mehr als 36 Monaten umfassen. ²Es genügt nicht, daß sie auf drei Kalenderjahre entfällt.

H 199

Hinweise

Außerordentliche Einkünfte im Sinne des § 34 Abs. 1 EStG

– **Regelfall:**

In der Regel nur solche Entschädigungen, die durch einen einmaligen größeren Betrag entgangene oder entgehende Einnahmen mehrerer Jahre abgelten (→ BFH vom 11. 12. 1970 – BStBl 1971 II S. 137, vom 12. 3. 1975 – BStBl II S. 485 und vom 21. 11. 1980 – BStBl 1981 II S. 214).

– **unter besonderen Umständen:**

Entschädigungen, die an die Stelle von Einnahmen lediglich eines Jahres treten, z. B. wenn infolge des nachträglichen Zufließens eine Zusammenballung mit anderen steuerpflichtigen Einkünften eintritt (→ BFH vom 17. 12. 1959 – BStBl 1960 III S. 72). Steuerfreie Einkünfte nach § 3 Nr. 9 EStG sind bei der Beurteilung der Zusammenballung von Einkünften nach § 34 Abs. 1 und 2 EStG nicht zu berücksichtigen (→ BFH vom 2. 9. 1992 – BStBl 1993 II S. 52).

Eine Entschädigung im Sinne des § 24 Nr. 1 Buchstabe a EStG begründet nur dann außerordentliche Einkünfte im Sinne des § 34 Abs. 1 und 2 EStG, wenn sie zu einer Zusammenballung von Einnahmen führt und wenn die Entschädigung keine Einnahmen ersetzt, die sich regulär auf mehrere Jahre verteilt hätten oder wenn sie mit weiteren Einnahmen zusammenfällt, die der Steuerpflichtige bei Fortsetzung des bestehenden Dienstverhältnisses nicht erhalten hätte (→ BFH vom 6. 9. 1995 – XI R 71/94 – nicht amtlich veröffentlicht).

→ Zufluß der Entschädigung in zwei aufeinanderfolgenden Kalenderjahren

– **stets:**
Entschädigungen im Sinne des § 24 Nr. 1 Buchstabe c EStG.

Entschädigung im Sinne des § 24 Nr. 1 EStG

→ R 170

Abfindungszahlungen nach vorausgegangener freiwilliger Umwandlung zukünftiger Pensionsansprüche sind keine Entschädigung im Sinne des § 24 Nr. 1 EStG (→ BFH vom 9. 7. 1992 – BStBl 1993 II S. 27).

Nutzungsvergütungen im Sinne des § 24 Nr. 3 EStG

→ § 34 Abs. 2 Nr. 3 EStG

Werden Nutzungsvergütungen oder Zinsen im Sinne des § 24 Nr. 3 EStG für einen Zeitraum von mehr als drei Jahren nachgezahlt, ist der gesamte Nachzahlungsbetrag nach § 34 Abs. 2 Nr. 3 in Verbindung mit Absatz 1 EStG begünstigt. Nicht begünstigt sind Nutzungsvergütungen, die in einem Einmalbetrag für einen drei Jahre übersteigenden Nutzungszeitraum gezahlt werden und von denen ein Teilbetrag auf einen Nachzahlungszeitraum von weniger als drei Jahren und die im übrigen auf den zukünftigen Nutzungszeitraum entfallen (→ BFH vom 19. 4. 1994 – BStBl II S. 640).

Vorabentschädigungen

Teilzahlungen, die ein Handelsvertreter entsprechend seinen abgeschlossenen Geschäften laufend vorweg auf seine künftige Wettbewerbsentschädigung (§ 90 a HGB) und auf seinen künftigen Ausgleichsanspruch (§ 89 HGB) erhält, führen in den jeweiligen Veranlagungszeiträumen zu keiner Zusammenballung → außerordentlicher Einkünfte und lösen deshalb auch nicht den begünstigten Steuersatz nach § 34 Abs. 1 EStG aus (→ BFH vom 20. 7. 1988 – BStBl II S. 936).

Zinsen im Sinne des § 24 Nr. 3 EStG

→ Nutzungsvergütungen

Zufluß der Entschädigung in zwei aufeinanderfolgenden Kalenderjahren

Die Tarifvergünstigung nach § 34 Abs. 1 EStG kann unter besonderen Umständen ausnahmsweise auch dann in Betracht kommen, wenn die Entschädigung nicht in einem Kalenderjahr zufließt, sondern sich auf zwei Kalenderjahre verteilt; bei Land- und Forstwirten mit einem vom Kalenderjahr abweichenden Wirtschaftsjahr ist dabei die Aufteilungsvorschrift des § 4 a Abs. 2 Nr. 1 Satz 1 EStG zu beachten (→ BFH vom 4. 4. 1968 – BStBl II S. 411). Voraussetzung ist jedoch stets, daß die Zahlung der Entschädigung von vornherein in einer Summe vorgesehen war und nur wegen ihrer ungewöhnlichen Höhe und der besonderen Verhältnisse des Zahlungspflichtigen auf zwei Jahre verteilt wurde oder wenn der Entschädigungsempfänger – bar aller Existenzmittel – dringend auf den baldigen Bezug einer Vorauszahlung angewiesen war (→ BFH vom 2. 9. 1992 – BStBl 1993 II S. 831).

Zusammenballung von Einkünften

→ Außerordentliche Einkünfte im Sinne des § 34 Abs. 1 EStG

R 200. Einkünfte aus der Vergütung für eine mehrjährige Tätigkeit (§ 34 Abs. 3 EStG)

Allgemeines

(1) [1]§ 34 Abs. 3 EStG ist grundsätzlich bei allen Einkunftsarten anwendbar. [2]Voraussetzung für die Anwendung ist, daß auf Grund der Einkunftsermittlungsvorschriften eine → Zusammenballung von Einkünften eintritt, die bei Einkünften aus nichtselbständiger Arbeit auf wirtschaftlich vernünftigen Gründen beruht und bei anderen Einkünften nicht dem vertragsgemäßen oder dem typischen Ablauf entspricht.

Einkünfte aus nichtselbständiger Arbeit

(2) [1]Bei Einkünften aus nichtselbständiger Arbeit kommt es nicht darauf an, daß die Vergütung für eine abgrenzbare Sondertätigkeit gezahlt wird, daß auf sie ein Rechtsanspruch besteht oder daß sie eine zwangsläufige Zusammenballung von Einnahmen darstellt. [2]Auf den steuerpflichtigen Teil von → Jubiläumszuwendungen, bei denen die Voraussetzungen des

§ 3 LStDV vorliegen, ist § 34 Abs. 3 EStG insoweit anzuwenden, als die Jubiläumszuwendungen eine mehr als 12 Monate dauernde Tätigkeit abgelten sollen.

Gewinneinkünfte

(3) [1]Die Tarifermäßigung ist auf Gewinneinkünfte nur anzuwenden, wenn diese die Vergütung für eine sich über mehr als 12 Monate erstreckende Sondertätigkeit sind, die von der übrigen Tätigkeit des Steuerpflichtigen abgrenzbar ist und nicht zum regelmäßigen Gewinnbetrieb gehört, oder wenn der Steuerpflichtige sich über mehr als 12 Monate ausschließlich der einen Sache gewidmet und die Vergütung dafür in einem Kalenderjahr erhalten hat. [2]Bei Einkünften aus Land- und Forstwirtschaft, aus Gewerbebetrieb und aus selbständiger Arbeit kann eine → Zusammenballung von Einkünften grundsätzlich nur bei der Gewinnermittlung nach § 4 Abs. 3 EStG eintreten.

Ermittlung der Einkünfte

(4) [1]Bei der Ermittlung der dem § 34 Abs. 3 EStG unterliegenden Einkünfte können nur die im VZ des Zuflusses bei den außerordentlichen Einkünften angefallenen Betriebsausgaben oder Werbungskosten abgezogen werden. [2]Handelt es sich sowohl bei den laufenden Einnahmen als auch bei den außerordentlichen Bezügen um Versorgungsbezüge im Sinne des § 19 Abs. 2 EStG, kann der im Kalenderjahr des Zuflusses in Betracht kommende Versorgungs-Freibetrag nach § 19 Abs. 2 EStG nur einmal abgezogen werden[1]); er ist im Verhältnis der jeweiligen Einnahmen zu den Gesamteinnahmen aufzuteilen. [3]Entsprechend ist bei anderen Einkunftsarten zu verfahren, bei denen ein im Rahmen der Einkünfteermittlung anzusetzender Freibetrag, z. B. Sparer-Freibetrag nach § 20 Abs. 4 EStG oder ein Werbungskosten-Pauschbetrag, abzuziehen ist. [4]Werden außerordentliche Einkünfte aus nichtselbständiger Arbeit neben laufenden Einkünften dieser Art bezogen, ist bei den Einnahmen der Arbeitnehmer-Pauschbetrag insgesamt nur einmal abzuziehen, wenn insgesamt keine höheren Werbungskosten nachgewiesen werden. [5]In anderen Fällen sind die auf die jeweiligen Einnahmen entfallenden tatsächlichen Werbungskosten bei diesen Einnahmen zu berücksichtigen. [6]Sind die gesamten Werbungskosten nicht höher als der Arbeitnehmer-Pauschbetrag, ist er im Verhältnis der jeweiligen steuerpflichtigen Einnahmen zu den Gesamteinnahmen aufzuteilen.[2]) [7]Das gilt nicht, wenn der Steuerpflichtige eine andere Zuordnung tatsächlicher Werbungskosten darlegt, z. B. weil er wegen einer Lohnnachzahlung für eine mehr als zwölfmonatige Tätigkeit Gerichtskosten entrichtet hat. [8]In diesem Fall ist der nicht verbrauchte Teil des Arbeitnehmer-Pauschbetrags bei den nicht unter § 34 Abs. 3 EStG fallenden Einnahmen zu berücksichtigen.

Steuerberechnung

(5) [1]Für Zwecke der Steuerberechnung ist zunächst für das Kalenderjahr, in dem die bezeichneten Einkünfte zugeflossen sind, die Einkommensteuerschuld zu ermitteln, die sich ergibt, wenn in das zu versteuernde Einkommen die Einkünfte im Sinne des § 34 Abs. 3 EStG nicht einbezogen werden. [2]Sodann ist in einer Vergleichsberechnung die Einkommensteuer zu errechnen, die sich unter Einbeziehung eines Drittels der Einkünfte im Sinne dieser Vorschrift ergibt. [3]Bei diesen Berechnungen sind dem Progressionsvorbehalt (§ 32 b EStG) unterliegende Einkünfte zu berücksichtigen. [4]Der Unterschiedsbetrag zwischen beiden Steuerbeträgen ist zu verdreifachen und der sich so ergebende Steuerbetrag der ohne die außerordentlichen Einkünfte ermittelten Einkommensteuer zuzurechnen. [5]Durch die Anwendung des § 34 Abs. 3 EStG darf sich bei einer Normalbesteuerung ergebende Einkommensteuerschuld nicht überschritten werden.

Konkurrenzregel

(6) [1]Handelt es sich bei den außerordentlichen Einkünften um solche aus Entschädigungen im Sinne des § 24 Nr. 1 EStG oder aus Nutzungsvergütungen und Zinsen im Sinne des § 24 Nr. 3 EStG, für die ebenfalls die Tarifermäßigung nach § 34 Abs. 1 in Verbindung mit § 34 Abs. 2 EStG anwendbar ist, ist die Einkommensteuer nach der für den Steuerpflichtigen günstigeren Tarifvorschrift zu berechnen. [2]Diese ist für alle sowohl unter § 34 Abs. 1 EStG als auch unter § 34 Abs. 3 EStG fallenden außerordentlichen Einkünfte anzuwenden.

---

[1]) → BFH vom 23. 3. 1974 (BStBl II S. 680)
[2]) Gilt analog für die Aufteilung des Arbeitnehmer-Pauschbetrags in den Fällen des § 34 Abs. 1 und 2 EStG.

§ 34 EStG
H 200   R 200

| Hinweise | H 200 |

Arbeitslohn für mehrere Jahre
Die Anwendung des § 34 Abs. 3 EStG setzt nicht voraus, daß der Arbeitnehmer die Arbeitsleistung erbringt; es genügt, daß der Arbeitslohn für mehrere Jahre gezahlt worden ist (→ BFH vom 17. 7. 1970 – BStBl II S. 683).

Außerordentliche Einkünfte im Sinne des § 34 Abs. 3 EStG
1. § 34 Abs. 3 EStG ist z. B. anzuwenden, wenn
   – eine Lohnzahlung für eine Zeit, die vor dem Kalenderjahr liegt, deshalb nachträglich geleistet wird, weil der Arbeitgeber Lohnbeträge zu Unrecht einbehalten oder mangels flüssiger Mittel nicht in der festgelegten Höhe ausgezahlt hat (→ BFH vom 17. 7. 1970 – BStBl II S. 683),
   – der Arbeitgeber Prämien mehrerer Kalenderjahre für eine Versorgung oder für eine Unfallversicherung des Arbeitnehmers deshalb voraus- oder nachzahlt, weil er dadurch günstigere Prämiensätze erzielt oder weil die Zusammenfassung satzungsgemäßen Bestimmungen einer Versorgungseinrichtung entspricht,
   – dem Steuerpflichtigen Tantiemen für mehrere Jahre in einem Kalenderjahr zusammengeballt zufließen (→ BFH vom 11. 6. 1970 – BStBl II S. 639).
2. § 34 Abs. 3 EStG ist z. B. nicht anzuwenden, bei zwischen Arbeitgeber und Arbeitnehmer vereinbarten und regelmäßig ausgezahlten gewinnabhängigen Tantiemen, deren Höhe erst nach Ablauf des Wirtschaftsjahrs festgestellt werden kann; es handelt sich hierbei nicht um die Abgeltung einer mehrjährigen Tätigkeit (→ BFH vom 30. 8. 1966 – BStBl III S. 545).
3. § 34 Abs. 3 EStG kann in besonders gelagerten Ausnahmefällen anzuwenden sein, wenn die Vergütung für eine mehrjährige nichtselbständige Tätigkeit dem Steuerpflichtigen aus wirtschaftlich vernünftigen Gründen nicht in einem Kalenderjahr, sondern in zwei Kalenderjahren in Teilbeträgen zusammengeballt ausgezahlt wird (→ BFH vom 16. 9. 1966 – BStBl 1967 III S. 2).

→ Vergütung für eine mehrjährige Tätigkeit

Jubiläumszuwendungen
Zuwendungen, die ohne Rücksicht auf die Dauer der Betriebszugehörigkeit lediglich aus Anlaß eines Firmenjubiläums erfolgen, erfüllen die Voraussetzungen von R 200 Abs. 2 Satz 2 nicht (→ BFH vom 3. 7. 1987 – BStBl II S. 820).

Nachzahlung von Versorgungsbezügen
Die Vorschrift des § 34 Abs. 3 EStG ist anwendbar (→ BFH vom 28. 2. 1958 – BStBl III S. 169).

Progressionsvorbehalt
Bei der Ermittlung des Steuerbetrags sind dem Progressionsvorbehalt (§ 32 b EStG) unterliegende Einkünfte zu beachten; die nach § 34 Abs. 3 EStG zu saldierenden Steuerbeträge sind in der Weise zu ermitteln, daß auf das verbleibende zu versteuernde Einkommen zuzüglich ⅓ der Entlohnung für mehrjährige Tätigkeit jeweils die allgemeinen Tarifvorschriften einschließlich § 32 b Abs. 1 EStG Anwendung finden (→ BFH vom 18. 5. 1994 – BStBl II S. 845).

Steuerberechnung
Ein alleinstehender Arbeitnehmer erhält im Kalenderjahr 1995 eine Lohnnachzahlung von 92.000 DM, die wirtschaftlich auf mehrere vergangene Kalenderjahre entfällt. Ferner hat er laufende Einnahmen aus nichtselbständiger Arbeit von 70.000 DM. Die Werbungskosten übersteigen nicht den Arbeitnehmer-Pauschbetrag. Die abziehbaren Sonderausgaben und sonstigen Abzüge betragen 10.000 DM.

Von den Einkünften aus nichtselbständiger Arbeit entfallen auf laufende Einkünfte

(70.000 DM − $\dfrac{70.000}{162.000}$ × 2.000 DM =) .... 69.136 DM

außerordentliche Einkünfte

(92.000 DM − $\dfrac{92.000}{162.000}$ × 2.000 DM =) .... + 90.864 DM

Einkünfte aus nichtselbständiger Arbeit .... 160.000 DM

§§ 34, 34 a EStG
R 201 – 203   H 200

Übertrag	160.000 DM
Sonderausgaben und sonstige Abzüge	– 10.000 DM
zu versteuerndes Einkommen	150.000 DM
davon ab:	
außerordentliche Einkünfte	– 90.864 DM
	59.136 DM
zuzüglich ⅓ der außerordentlichen Einkünfte	+ 30.288 DM
	89.424 DM
Einkommensteuer (Grundtabelle) aus 59.136 DM	= 14.124 DM
Einkommensteuer (Grundtabelle) aus 89.424 DM	= 25.972 DM
Unterschiedsbetrag	11.848 DM
Multipliziert mit Faktor 3	= 35.544 DM
zuzüglich Einkommensteuer auf zu versteuerndes Einkommen ohne Nachzahlung	+ 14.124 DM
Einkommensteuerschuld	49.668 DM

Dieser Betrag übersteigt nicht die Einkommensteuer, die sich ohne Anwendung des § 34 Abs. 3 EStG ergäbe.

Tantiemen
→ außerordentliche Einkünfte im Sinne des § 34 Abs. 3 EStG

Vergütung für eine mehrjährige Tätigkeit
– Der Begriff umfaßt jedes Entgelt, das für ein mehr als zwölfmonatiges Tun im Rahmen eines gegenseitigen Vertrags oder eines öffentlich-rechtlichen Dienst- oder Amtsverhältnisses geleistet wird, also auch Nach- oder Vorauszahlungen von Zinsen, Mieten und Pachten sowie solche Zahlungen im Rahmen von Dienst- und Werkverträgen, nicht aber das Entgelt, das für die Nichtausübung einer Tätigkeit geleistet wird (→ BFH vom 13. 2. 1987 – BStBl II S. 386).
– Die Anwendung der Vorschrift des § 34 Abs. 3 EStG ist nicht dadurch ausgeschlossen, daß die Vergütungen für eine mehr als zwölfmonatige Tätigkeit während eines Kalenderjahrs in mehreren Teilbeträgen gezahlt werden (→ BFH vom 11. 6. 1970 – BStBl II S. 639 und vom 30. 7. 1971 – BStBl II S. 802).

Versorgungsbezüge
Bei Nachzahlung von Versorgungsbezügen ist § 34 Abs. 3 EStG anwendbar (→ BFH vom 28. 2. 1958 – BStBl III S. 169)

Zusammenballung von Einkünften
Eine Zusammenballung von Einkünften ist nicht anzunehmen, wenn die Vertragsparteien die Vergütung bereits durch ins Gewicht fallende Teilzahlungen auf mehrere Kalenderjahre verteilt haben (→ BFH vom 10. 2. 1972 – BStBl II S. 529).

R 201 bis R 203   – unbesetzt –

EStG

§ 34 a

(weggefallen)

§ 34 b
Steuersätze bei außerordentlichen Einkünften aus Forstwirtschaft

(1) Wird ein Bestandsvergleich für das stehende Holz nicht vorgenommen, so sind die ermäßigten Steuersätze dieser Vorschrift auf Einkünfte aus den folgenden Holznutzungsarten anzuwenden:
1. Außerordentliche Holznutzungen. ²Das sind Nutzungen, die außerhalb des festgesetzten Nutzungssatzes (Absatz 4 Nr. 1) anfallen, wenn sie aus wirtschaftlichen Gründen erfolgt sind. ³Bei der Bemessung ist die außerordentliche Nutzung des laufenden Wirtschaftsjahrs um die in den letzten drei Wirtschaftsjahren eingesparten Nutzungen (nachgeholte Nutzungen) zu kürzen. ⁴Außerordentliche Nutzungen und nachgeholte Nutzungen liegen nur insoweit vor, als die um die Holznutzungen infolge höherer Gewalt (Nummer 2) verminderte Gesamtnutzung den Nutzungssatz übersteigt;
2. Holznutzungen infolge höherer Gewalt (Kalamitätsnutzungen). ²Das sind Nutzungen, die durch Eis-, Schnee-, Windbruch oder Windwurf, Erdbeben, Bergrutsch, Insektenfraß, Brand oder ein anderes Naturereignis, das in seinen Folgen den angeführten Ereignissen gleichkommt, verursacht werden. ³Zu diesen rechnen nicht die Schäden, die in der Forstwirtschaft regelmäßig entstehen.

(2) Bei der Ermittlung der Einkünfte aus den einzelnen Holznutzungsarten sind
1. die persönlichen und sachlichen Verwaltungskosten, Grundsteuer und Zwangsbeiträge, soweit sie zu den festen Betriebsausgaben gehören, bei den Einnahmen aus ordentlichen Holznutzungen und Holznutzungen infolge höherer Gewalt, die innerhalb des Nutzungssatzes (Absatz 4 Nr. 1) anfallen, zu berücksichtigen. ²Sie sind entsprechend der Höhe der Einnahmen aus den bezeichneten Holznutzungen auf diese zu verteilen;
2. die anderen Betriebsausgaben entsprechend der Höhe der Einnahmen aus allen Holznutzungsarten auf diese zu verteilen.

(3) Die Einkommensteuer bemißt sich
1. bei Einkünften aus außerordentlichen Holznutzungen im Sinne des Absatzes 1 Nr. 1 nach dem Steuersatz des § 34 Abs. 1 Sätze 1 und 2, der auf außerordentliche Einkünfte bis zu 30 Millionen Deutsche Mark anzuwenden ist;
2. bei Einkünften aus nachgeholten Nutzungen im Sinne des Absatzes 1 Nr. 1 nach dem durchschnittlichen Steuersatz, der sich bei Anwendung der Einkommensteuertabelle auf das Einkommen ohne Berücksichtigung der Einkünfte aus außerordentlichen Holznutzungen, nachgeholten Nutzungen und Holznutzungen infolge höherer Gewalt ergibt, mindestens jedoch auf 10 vom Hundert der Einkünfte aus nachgeholten Nutzungen;
3. bei Einkünften aus Holznutzungen infolge höherer Gewalt im Sinne des Absatzes 1 Nr. 2,
   a) soweit sie im Rahmen des Nutzungssatzes (Absatz 4 Nr. 1) anfallen, nach dem Steuersatz der Nummer 1,
   b) soweit sie den Nutzungssatz übersteigen, nach dem halben Steuersatz der Nummer 1,
   c) soweit sie den doppelten Nutzungssatz übersteigen, nach einem Viertel des Steuersatzes der Nummer 1.

(4) Die Steuersätze des Absatzes 3 sind nur unter den folgenden Voraussetzungen anzuwenden.
1. ¹Auf Grund eines amtlich anerkannten Betriebsgutachtens oder durch ein Betriebswerk muß periodisch für zehn Jahre ein Nutzungssatz festgesetzt sein. ²Dieser muß den Nutzungen entsprechen, die unter Berücksichtigung der vollen jährlichen Ertragsfähigkeit des Waldes in Festmetern nachhaltig erzielbar sind;
2. die in einem Wirtschaftsjahr erzielten verschiedenen Nutzungen müssen mengenmäßig nachgewiesen werden;
3. Schäden infolge höherer Gewalt müssen unverzüglich nach Feststellung des Schadensfalls dem zuständigen Finanzamt mitgeteilt werden.

EStDV

EStDV
§ 68
Betriebsgutachten, Betriebswerk, Nutzungssatz

(1) ¹Das amtlich anerkannte Betriebsgutachten oder das Betriebswerk, das der erstmaligen Festsetzung des Nutzungssatzes zugrunde zu legen ist, muß vorbehaltlich des Absatzes 2 spätestens auf den Anfang des drittletzten Wirtschaftsjahrs aufgestellt worden sein, das dem Wirtschaftsjahr vorangegangen ist, in dem die nach § 34 b des Gesetzes zu begünstigenden Holznutzungen angefallen sind. ²Der Zeitraum von zehn Wirtschaftsjahren, für den der Nutzungssatz maßgebend ist, beginnt mit dem Wirtschaftsjahr, auf dessen Anfang das Betriebsgutachten oder Betriebswerk aufgestellt worden ist.

(2) ¹Bei aussetzenden forstwirtschaftlichen Betrieben genügt es, wenn das Betriebsgutachten oder Betriebswerk auf den Anfang des Wirtschaftsjahrs aufgestellt wird, in dem die nach § 34 b des Gesetzes zu begünstigenden Holznutzungen angefallen sind. ²Der Zeitraum von zehn Jahren, für den der Nutzungssatz maßgebend ist, beginnt mit dem Wirtschaftsjahr, auf dessen Anfang das Betriebsgutachten oder Betriebswerk aufgestellt worden ist.

(3) ¹Ein Betriebsgutachten im Sinne des § 34 b Abs. 4 Nr. 1 des Gesetzes ist amtlich anerkannt, wenn die Anerkennung von einer Behörde oder einer Körperschaft des öffentlichen Rechts des Landes, in dem der forstwirtschaftliche Betrieb belegen ist, ausgesprochen wird. ²Die Länder bestimmen, welche Behörden oder Körperschaften des öffentlichen Rechts diese Anerkennung auszusprechen haben.

R 204. Außerordentliche Holznutzungen

Wirtschaftliche Gründe im Sinne des § 34 b Abs. 1 Nr. 1 EStG sind
1. volkswirtschaftliche oder staatswirtschaftliche Gründe
   oder
2. privatwirtschaftliche Gründe des Steuerpflichtigen.

Hinweise

Außerordentliche Holznutzungen
→ § 34 b Abs. 1 Nr. 1 EStG
Es ist unerheblich, ob sie in Nachhaltsbetrieben oder in aussetzenden Betrieben anfallen.
Sie können auch bei der Veräußerung von forstwirtschaftlichen Betrieben, Teilbetrieben oder einzelner forstwirtschaftlicher Grundstücksflächen vorliegen (→ R 131 Abs. 4).

Nutzungssatz
→ § 34 b Abs. 4 Nr. 1 EStG
→ R 207

Privatwirtschaftliche Gründe
Eine Nutzung ist aus privatwirtschaftlichen Gründen erfolgt, wenn sie der Steuerpflichtige zur Erhaltung und Vermehrung seines Vermögens und nicht allein zur Erlangung steuerlicher Vorteile vornimmt. Dabei spielt es keine Rolle, ob sich Einkünfte im Sinne des EStG ergeben oder ob andere Vermögensbestandteile vorhanden sind (→ BFH vom 11. 11. 1993 – BStBl 1994 II S. 629).

Staatswirtschaftliche Gründe
→ volkswirtschaftliche Gründe

Volkswirtschaftliche Gründe
Eine Nutzung aus volkswirtschaftlichen oder staatswirtschaftlichen Gründen erfolgt, wenn sie z. B. durch gesetzlichen oder behördlichen Zwang veranlaßt worden ist (→ RFH vom 23. 8. 1939 – RStBl S. 1056).

Beispiele:
1. Wenn Familienstiftungen, die an die Stelle von Familienfideikommissen getreten sind, Gewinne aus zwangsweise angeordneten Mehreinschlägen in dem Kalenderjahr, in dem das betreffende Wirtschaftsjahr endet, oder spätestens in dem darauffolgenden Kalenderjahr über die Gewinne aus den normalen Holzeinschlägen hinaus ausschütten, so sind die Gewinne aus diesen Mehreinschlägen bei den bezugsberechtigten Familienmitgliedern aus Billigkeitsgründen tariflich wie Einkünfte aus außerordentlichen Holznutzungen und ggf. wie Einkünfte aus nachgeholten Nutzungen zu behandeln.
2. Wenn Waldgrundstücke enteignet oder unter dem Zwang einer drohenden Enteignung veräußert werden, handelt es sich bei dem mitveräußerten Holzbestand um eine außerordentliche Holznutzung. Ein Zwang kann dabei schon angenommen werden, wenn der Steuerpflichtige nach den Umständen des Falles der Ansicht sein kann, daß er im Fall der Verweigerung des Verkaufs ein behördliches Enteignungsverfahren zu erwarten habe.[1])

R 205. Nachgeholte Nutzungen im Sinne des § 34 b Abs. 1 Nr. 1 EStG

(1) Nachgeholte Nutzungen sind mit Ausnahme der Holznutzungen infolge höherer Gewalt die in einem Wirtschaftsjahr über den Nutzungssatz hinausgehenden Nutzungen (Übernutzungen), um die die Nutzungen in den drei vorangegangenen Wirtschaftsjahren jeweils niedriger als der Nutzungssatz waren (eingesparte Nutzungen).

(2) Eingesparte Nutzungen können nur durch nachgeholte Nutzungen, niemals aber durch außerordentliche Holznutzungen und durch Holznutzungen infolge höherer Gewalt ausgeglichen werden (→ Beispiel A).

(3) Für die Berechnung der Übernutzung des laufenden Wirtschaftsjahrs gilt der Nutzungssatz des laufenden Jahres; für die Berechnung der eingesparten Nutzungen der letzten drei Jahre gilt der Nutzungssatz, der für diese drei Jahre jeweils maßgebend war (→ Beispiel B).

Eingesparte Nutzungen in Fällen des § 68 Abs. 2 EStDV

(4) ¹Bei der Ermittlung der eingesparten Nutzungen der letzten drei vorangegangenen Wirtschaftsjahre ist in den Fällen des § 68 Abs. 2 EStDV von dem erstmals aufgestellten Nutzungssatz, gekürzt um 10 v. H., auszugehen. ²Hat der Steuerpflichtige jedoch ein Betriebsgutachten oder Betriebswerk auf den Anfang des drittletzten Wirtschaftsjahrs aufgestellt, so ist bei der Ermittlung der eingesparten Nutzungen der nach diesem Betriebsgutachten oder Betriebswerk festgesetzte Nutzungssatz maßgebend.

Hinweise

Beispiele

A. Nutzungssatz   10.000 fm

Gesamtnutzung des abgelaufenen Wirtschaftsjahrs   14.000 fm

Gesamtnutzung in den drei vorangegangenen Wirtschaftsjahren:

1. Wirtschaftsjahr   8.000 fm
2. Wirtschaftsjahr   15.000 fm
   (die Übernutzung ist aus wirtschaftlichen Gründen erfolgt)
3. Wirtschaftsjahr   7.000 fm.

Von den Übernutzungen des 2. Wirtschaftsjahrs waren aufgrund des § 34 b Abs. 1 Satz 2 EStG 2.000 fm als nachgeholte Nutzungen zu versteuern. Die restlichen 3.000 fm waren als außerordentliche Holznutzungen zu begünstigen und können deshalb nicht mit den im 3. Wirtschaftsjahr eingesparten Nutzungen ausgeglichen werden. Es verbleiben demnach aus den letzten drei Wirtschaftsjahren an eingesparten Nutzungen 3.000 fm. Um diese 3.000 fm eingesparte Nutzungen ist die Übernutzung des laufenden Wirt-

---

[1]) → RFH vom 23. 2. 1938 (RStBl S. 406) und vom 23. 8. 1939 (RStBl S. 1056).

schaftsjahrs von (Gesamtnutzung 14.000 fm – Nutzungssatz 10.000 fm =) 4.000 fm zu kürzen. Im laufenden Wirtschaftsjahr sind also 3.000 fm der Übernutzung als nachgeholte Nutzung und 1.000 fm als außerordentliche Holznutzung zu versteuern. Wegen der Berechnung beim Zusammentreffen der verschiedenen Holznutzungsarten → H 208 (Beispiele).

B. In den ersten beiden Wirtschaftsjahren betrug der Nutzungssatz 8.000 fm. Er wurde zu Beginn des 3. Wirtschaftsjahrs auf 10.000 fm neu festgesetzt.

Für die Berechnung der Übernutzung im 4. Wirtschaftsjahr und für die Berechnung der eingesparten Nutzung im 3. Wirtschaftsjahr gilt der Nutzungssatz von 10.000 fm. Für die Berechnung der eingesparten Nutzungen in den beiden ersten Wirtschaftsjahren gilt der Nutzungssatz von 8.000 fm.

R 206

R 206. Holznutzungen infolge höherer Gewalt (Kalamitätsnutzungen) im Sinne des § 34 b Abs. 1 Nr. 1 EStG

S 2291

[1]Ob eine Holznutzung infolge höherer Gewalt im Wirtschaftsjahr des Eintritts des Naturereignisses oder in einem späteren Wirtschaftsjahr erfolgt, ist ohne Bedeutung. [2]Bei Waldbeständen, die infolge von Immissionsschäden der Schadensstufe 3 zuzuordnen sind, kann stets eine Kalamität angenommen werden. [3]Bei Beständen der Schadensstufe 2 kann eine Kalamität nur im Einzelfall auf Grund eines forstwirtschaftlichen Gutachtens angenommen werden. [4]Zu den begünstigten Holznutzungen infolge höherer Gewalt zählen nicht Schadensfälle von einzelnen Bäumen, z. B. Dürrhölzer, Schaden durch Blitzschlag, soweit sie sich im Rahmen der regelmäßigen natürlichen Abgänge halten.

H 206

Hinweise

Forstschäden-Ausgleichsgesetz

Anhang 20 → Anhang 20

Höhere Gewalt

Außerordentliche Holznutzungen infolge gesetzlicher oder behördlicher Anordnungen gehören nicht zu den Holznutzungen infolge höherer Gewalt (→ RFH vom 23. 8. 1939 – RStBl S. 1056).

Kalamitätsfolgehiebe

Muß ein nach einem Naturereignis stehengebliebener Bestand nach forstwirtschaftlichen Grundsätzen eingeschlagen werden (sog. Kalamitätsfolgehiebe), so werden die daraus anfallenden Nutzungen steuerlich nur als Kalamitätsnutzungen begünstigt, wenn der Forstwirt sie nicht in die planmäßige Holznutzung der nächsten Jahre einbeziehen kann, insbesondere aber, wenn nicht hiebreife Bestände eingeschlagen werden müssen (→ BFH vom 11. 4. 1961 – BStBl III S. 276).

Rotfäule

Kann nur insoweit zu einer Holznutzung infolge höherer Gewalt führen, als sie einen Schaden verursacht, der die Summe der im forstwirtschaftlichen Betrieb des Steuerpflichtigen regelmäßig und üblich anfallenden Schäden mengenmäßig in erheblichem Umfang übersteigt (→ BFH vom 10. 10. 1963 – BStBl 1964 III S. 119).

Anhang 20 → Erlasse der obersten Finanzbehörden der Länder vom 15. 6. 1967 (BStBl II S. 197)

R 207

R 207. Nutzungssatz

S 2291

[1]Der Nutzungssatz im Sinne des § 34 b Abs. 4 Nr. 1 EStG ist eine steuerliche Bemessungsgrundlage. [2]Er muß den Nutzungen entsprechen, die unter Berücksichtigung der vollen jährlichen Ertragsfähigkeit des Waldes in Festmetern objektiv nachhaltig erzielbar sind. [3]Maßgebend für die Bemessung des Nutzungssatzes sind nicht die Nutzungen, die

nach dem Willen des Betriebsinhabers in einem Zeitraum von zehn Jahren erzielt werden sollen (subjektiver Hiebsatz), sondern die Nutzungen, die unter Berücksichtigung der vollen Ertragsfähigkeit nachhaltig erzielt werden können (objektive Nutzungsmöglichkeit). ⁴Aus diesem Grunde kann sich der Hiebsatz der Forsteinrichtung von dem Nutzungssatz unterscheiden.

Hinweise

H 207

Nutzungssatz
→ R 212 Abs. 2

R 208. Zusammentreffen der verschiedenen Holznutzungsarten

R 208

¹Auf den Gesamteinschlag eines Wirtschaftsjahrs sind zunächst die Holznutzungen infolge höherer Gewalt anzurechnen. ²Sind diese Holznutzungen größer als der über den Nutzungssatz hinausgehende Teil des Gesamteinschlags (die Übernutzung), so sind sie insoweit innerhalb des Nutzungssatzes angefallen; in diesem Fall entfallen nachgeholte Nutzungen und außerordentliche Holznutzungen (→ Beispiel A). ³Sind die Holznutzungen infolge höherer Gewalt geringer als die Übernutzung, so sind auf die noch verbleibende Übernutzung die eingesparten Nutzungen der letzten drei Jahre anzurechnen (→ R 205 Abs. 2 und 3); ein danach noch verbleibender Rest der Übernutzung ist insoweit außerordentliche Holznutzung, als die Übernutzung aus wirtschaftlichen Gründen erfolgt ist (→ Beispiel B).

S 2291

Hinweise

H 208

Beispiele

A.

Nutzungssatz	10.000 fm
Gesamtnutzung	15.000 fm

(davon 7.000 fm infolge höherer Gewalt)

Die Holznutzungsarten sind wie folgt zu ermitteln:

Gesamtnutzung	15.000 fm
davon infolge höherer Gewalt	− 7.000 fm
ordentliche Holznutzung	8.000 fm

Die Holznutzungen infolge höherer Gewalt (7.000 fm) übersteigen den über den Nutzungssatz hinausgehenden Teil der Gesamtnutzung (5.000 fm) um 2.000 fm. Sie sind insoweit innerhalb des Nutzungssatzes angefallen.

B.

Nutzungssatz	10.000 fm
Gesamtnutzung	17.000 fm

(davon
− 2.000 fm infolge höherer Gewalt
− 1.000 fm aus wirtschaftlichen Gründen)

Gesamtnutzung in den drei vorangegangenen Wirtschaftsjahren:
1. Wirtschaftsjahr: 8.000 fm
2. Wirtschaftsjahr: 12.000 fm (davon 4.000 fm infolge höherer Gewalt)
3. Wirtschaftsjahr: 9.000 fm

Die Holznutzungsarten sind wie folgt zu ermitteln:

Gesamtnutzung	17.000 fm
davon infolge höherer Gewalt	− 2.000 fm
	15.000 fm

§ 34 b EStG
R 209   H 208, 209

Übertrag	15.000 fm
Nutzungssatz	– 10.000 fm
verbleibende Übernutzung	5.000 fm
eingesparte Nutzungen	
– im 1. Wirtschaftsjahr 2.000 fm	
– im 2. Wirtschaftsjahr – fm	
– im 3. Wirtschaftsjahr 1.000 fm	
nachgeholte Nutzungen 3.000 fm	– 3.000 fm
verbleiben	2.000 fm
davon außerordentliche Holznutzung	– 1.000 fm
verbleiben	1.000 fm

Die verbleibenden 1.000 fm sind nicht begünstigt, weil diese Nutzung nicht aus wirtschaftlichen Gründen erfolgt ist.

R 209

R 209. Berechnung der Einkünfte aus außerordentlichen Holznutzungen, nachgeholten Nutzungen und Holznutzungen infolge höherer Gewalt

(1) ¹Bei der Aufteilung der Erlöse aus den einzelnen Holznutzungsarten ist nicht von den Reinerlösen, sondern von den Roherlösen auszugehen. ²Die Roherlöse aus den nachgeholten Nutzungen und den außerordentlichen Holznutzungen sind in der Regel mit dem Durchschnittsfestmeterpreis des Gesamteinschlags zu berechnen. ³Weist der Steuerpflichtige nach, daß er die über den Nutzungssatz hinausgehende Holznutzung ausschließlich in der Endnutzung geführt hat und hat er in der Buchführung eine einwandfreie Trennung von End- und Vornutzung nach Masse und Wert vorgenommen, so kann der Durchschnittsfestmeterpreis der Endnutzung unterstellt werden. ⁴Sind in dem Gesamteinschlag Holznutzungen infolge höherer Gewalt enthalten, so ist der Erlös aus diesen Holznutzungen vorher abzusetzen (→ Beispiele A und B).

(2) ¹Die Roherlöse der innerhalb des Nutzungssatzes anfallenden Holznutzungen sind um die persönlichen und sachlichen Verwaltungskosten, Grundsteuer und Zwangsbeiträge, soweit sie zu den festen Betriebsausgaben gehören, zu kürzen. ²Fallen innerhalb des Nutzungssatzes neben den ordentlichen Nutzungen auch Holznutzungen infolge höherer Gewalt an, so sind die bezeichneten Betriebsausgaben in dem Verhältnis aufzuteilen, in dem innerhalb des Nutzungssatzes die Roherlöse dieser beiden Nutzungen zueinander stehen. ³Bei Anwendung der Betriebsausgabenpauschale nach § 51 EStDV ist der Pauschsatz von den Einnahmen aus der jeweiligen Holznutzung abzuziehen.

Anhang 20

(3) ¹Alle übrigen in Absatz 2 nicht bezeichneten Betriebsausgaben, auch die Zuführungen zur Rücklage nach § 3 Forstschäden-Ausgleichsgesetz, sind anteilmäßig auf die einzelnen Nutzungsarten aufzuteilen. ²Das gilt bei Holznutzungen infolge höherer Gewalt auch insoweit, als diese innerhalb und außerhalb des Nutzungssatzes anfallen (→ Beispiele C und D).

Hinweise
H 209

Beispiele

A.

	Roherlös	
	im ganzen	je fm
Nutzungssatz .... 4.000 fm		
Gesamteinschlag im Wirtschaftsjahr (ohne Holznutzung infolge höherer Gewalt) .... 6.000 fm	360.000 DM	60 DM

Demnach beträgt der Roherlös aus den über den Nutzungssatz hinausgehenden Holznutzungen:

(6.000 fm – 4.000 fm =) 2.000 fm × 60 DM = 120.000 DM.

§ 34 b EStG

B.
Die über den Nutzungssatz hinausgehende Holznutzung ist nachweisbar in der Endnutzung geführt; End- und Vornutzung sind nach Masse und Wert in den Büchern getrennt.

		Roherlös	
		im ganzen	je fm
Nutzungssatz	4.000 fm		
Gesamteinschlag im Wirtschaftsjahr (ohne Holznutzung infolge höherer Gewalt)	– 6.000 fm	360.000 DM	60 DM
Vornutzung	– 1.000 fm	– 30.000 DM	30 DM
Endnutzung	– 5.000 fm	330.000 DM	66 DM

Demnach beträgt der Roherlös aus den über den Nutzungssatz hinausgehenden Holznutzungen:
(6.000 fm – 4.000 fm =) 2.000 fm × 66 DM = 132.000 DM.

C.

	Gesamtbetrag	davon entfallen auf		
		ordentliche Holznutzungen	außerordentliche Holznutzungen	Holznutzungen infolge höherer Gewalt
	DM	DM	DM	DM
Roherlös	150.000	100.000	30.000	20.000
Betriebsausgaben 70.000	– 70.000			
davon Betriebsausgaben im Sinne des § 34 b Abs. 2 Nr. 1 EStG 25.000		– 25.000		
Die übrigen Betriebsausgaben (§ 34 b Abs. 2 Nr. 2 EStG) in Höhe von 45.000 sind im Verhältnis 100.000 : 30.000 : 20.000 aufzuteilen		– 30.000	– 9.000	– 6.000
Gewinn	80.000	45.000	21.000	14.000

D.

	Gesamtbetrag	davon entfallen auf		
		ordentliche Holznutzungen	Holznutzungen infolge höherer Gewalt, die	
			a) innerhalb des Nutzungssatzes anfallen	b) außerhalb des Nutzungssatzes anfallen
	DM	DM	DM	DM
Roherlös	150.000	80.000	20.000	50.000
Betriebsausgaben 70.000	– 70.000			
davon Betriebsausgaben im Sinne des § 34 b Abs. 2 Nr. 1 EStG 25.000				

§ 34 b EStG

	Gesamt-betrag	davon entfallen auf		
		ordent-liche Holz-nutzun-gen	Holznutzungen infolge höherer Gewalt, die	
			a) innerhalb des Nut-zungs-satzes anfallen	b) außerhalb des Nut-zungs-satzes anfallen
	DM	DM	DM	DM
Sie sind aufzuteilen im Verhältnis 80.000:20.000			– 20.000	– 5.000
Die übrigen Betriebsausgaben (§ 34 b Abs. 2 Nr. 2 EStG) in Höhe von .... 45.000 sind aufzuteilen im Verhältnis 80.000:20.000:50.000			– 24.000	– 6.000	– 15.000
Gewinn	80.000	36.000	9.000	35.000

Feste Betriebsausgaben

1. Persönliche Verwaltungskosten

   Dazu gehören z. B. das Gehalt des ständig angestellten Försters und die Gehälter der An-gestellten eines Verwaltungsbüros, soweit sie für den forstwirtschaftlichen Betrieb tätig sind.

2. Sachliche Verwaltungskosten

   Dazu gehören z. B. Ausgaben für das Verwaltungsbüro (Licht, Heizung, Papier u. ä.).

   Dazu gehören z. B. nicht Kultur- und Wegebaukosten.

R 210

S 2291

R 210. Umfang der steuerbegünstigten Einkünfte

Treffen außerordentliche Einkünfte aus Forstwirtschaft im Sinne des § 34 b EStG mit außerordentlichen Einkünften im Sinne des § 34 Abs. 2 EStG zusammen, die verschiedenen ermäßigten Steuersätzen unterliegen, und übersteigen diese Einkünfte das Einkommen, so ist R 197 Abs. 1 anzuwenden.

R 211

S 2291

R 211. Höhe der Steuersätze

(1) Für die Anwendung der ermäßigten Steuersätze des § 34 b Abs. 3 Nr. 1 und 3 EStG gilt R 198 entsprechend.

(2) ¹Bei vorzeitigen Holznutzungen infolge von Schäden durch militärische Übungen sind dieselben Steuersätze wie für Holznutzungen infolge höherer Gewalt anzuwenden. ²Ersatz-leistungen für Schäden, die sich beseitigen lassen, z. B. Schäden an Wegen und Jungpflan-zungen, sind nach R 35 zu behandeln.

R 212

S 2291

R 212. Voraussetzungen für die Anwendung der Vergünstigungen des § 34 b EStG

Bestandsvergleich/Minderung der Anschaffungskosten

(1) ¹Die Aktivierung der Anschaffungs- oder Herstellungskosten ist für sich allein noch kein Bestandsvergleich. ²Die Anschaffungs- oder Herstellungskosten eines Waldes müssen dann und in dem Maße zum Abzug zugelassen werden, als der Gewinn durch Abholzung

§ 34 b EStG
H 212   R 212

oder Weiterverkauf des stehenden Holzes realisiert wird (→ RFH vom 11. 12. 1929 – RStBl 1930 S. 214). ³Es muß sich dabei um wesentliche Teile des aktivierten Waldes handeln, nicht um das Herausschlagen einzelner Bäume, weil der Wald steuerlich nicht als die Summe einzelner Bäume, sondern als wirtschaftlich zusammenhängende Einheit anzusehen ist. ⁴Eine Minderung der aktivierten Anschaffungs- oder Herstellungskosten ist auch bei laufender Bewirtschaftung nicht ausgeschlossen; sie muß sich nach der Höhe der Holzabgänge richten. ⁵Aus Vereinfachungsgründen können die aktivierten Anschaffungs- oder Herstellungskosten jedes nach objektiven Kriterien abgrenzbaren Baumbestandes jährlich um 3 v. H. gemindert werden. ⁶Entsprechendes gilt bei der Ermittlung des Gewinns aus forstwirtschaftlichen Nutzungen nach § 4 Abs. 3 EStG, wenn die Anschaffungs- oder Herstellungskosten in das nach § 4 Abs. 3 Satz 5 EStG zu führende Verzeichnis aufzunehmen sind und noch nicht als Betriebsausgaben berücksichtigt wurden. ⁷Werden bei der Ermittlung der Einkünfte aus Land- und Forstwirtschaft die Betriebsausgaben nach § 51 EStDV in Höhe eines Pauschbetrages abgezogen, ist damit auch die genannte Minderung der Anschaffungs- oder Herstellungskosten um 3 v. H. abgegolten.

Betriebsgutachten

(2) ¹Aus Vereinfachungsgründen kann bei Betrieben mit weniger als 30 Hektar forstwirtschaftlich genutzter Fläche auf Festsetzung eines Nutzungssatzes durch ein amtlich anerkanntes Betriebsgutachten verzichtet werden. ²In diesen Fällen ist bei der Anwendung des § 34 b EStG ein Nutzungssatz (→ R 207) von 4,5 fm ohne Rinde je Hektar zugrunde zu legen.

Nutzungsnachweis

(3) Für den Nutzungsnachweis nach § 34 b Abs. 4 Nr. 2 EStG genügt es, die Holznutzungen infolge höherer Gewalt von den übrigen Nutzungen zu trennen.

Steuersätze

(4) ¹Für die Frage, mit welchen Steuersätzen des § 34 b EStG die Holznutzungen zu versteuern sind, sind stets die Verhältnisse des Wirtschaftsjahrs maßgebend, in dem das Holz vom Grund und Boden getrennt wird, in dem es also Umlaufvermögen wird. ²Bei Holznutzungen infolge höherer Gewalt wird eine Trennung vom Grund und Boden und damit eine Aktivierungspflicht erst bejaht werden können, wenn das Holz aufbereitet ist. ³Von der Aktivierung eingeschlagenen und unverkauften Kalamitätsholzes kann nach § 4 a des Forstschäden-Ausgleichsgesetzes ganz oder teilweise abgesehen werden.

Anhang 20

Schätzung

(5) ¹Sind aus der Buchführung Merkmale, die für die Anwendung des § 34 b EStG von Bedeutung sind, nicht klar ersichtlich, so sind diese im Wege der Schätzung zu ermitteln. ²Entsprechendes gilt bei nichtbuchführenden Land- und Forstwirten.

Unverzügliche Mitteilung

(6) Die Mitteilung über Schäden infolge höherer Gewalt darf nicht deshalb verzögert werden, weil der Schaden dem Umfang und der Höhe nach noch nicht feststeht.

Hinweise   H 212

Anschaffungs- und Herstellungskosten

Aktivierungspflichtig sind Waldanschaffungskosten und Erstaufforstungskosten (→ BFH vom 19. 12. 1962 – BStBl 1963 III S. 357).

Betriebsgutachten

Die amtliche Anerkennung schließt eine Prüfung durch das Finanzamt nicht aus.

Entstehen von Einkünften aus Forstwirtschaft

1. Gewinnermittlung nach § 4 Abs. 1 EStG:
   Entstehung grundsätzlich in dem Wirtschaftsjahr, in dem das Holz vom Grund und Boden getrennt wird. In diesem Zeitpunkt gehört das Holz – auch wenn es noch nicht aufbereitet ist – zum bewertungspflichtigen Umlaufvermögen und führt zu Einkünften (→ RFH vom 17. 11. 1943 – RStBl 1944 S. 50).

§ 34 b EStG
R 212   H 212

2. Gewinnermittlung nach § 4 Abs. 3 EStG:
Entstehung in dem Wirtschaftsjahr, in dem die Holzerlöse vereinnahmt werden.

Kahlschlag
Wird ein erworbener Holzbestand durch Kahlschlag verringert, so mindern die anteiligen Anschaffungskosten den Erlös aus der Veräußerung des Holzes (→ BFH vom 10. 11. 1994 – BStBl 1995 II S. 779).

§ 34 c EStG

V. Steuerermäßigungen

1. Steuerermäßigung bei ausländischen Einkünften

§ 34 c   **EStG**

S 2293

(1) ¹Bei unbeschränkt Steuerpflichtigen, die mit ausländischen Einkünften in dem Staat, aus dem die Einkünfte stammen, zu einer der deutschen Einkommensteuer entsprechenden Steuer herangezogen werden, ist die festgesetzte und gezahlte und keinem Ermäßigungsanspruch mehr unterliegende ausländische Steuer auf die deutsche Einkommensteuer anzurechnen, die auf die Einkünfte aus diesem Staat entfällt. ²Die auf diese ausländischen Einkünfte entfallende deutsche Einkommensteuer ist in der Weise zu ermitteln, daß sich bei der Veranlagung des zu versteuernden Einkommens – einschließlich der ausländischen Einkünfte – nach den §§ 32 a, 32 b, 32 c, 34 und 34 b ergebende deutsche Einkommensteuer im Verhältnis dieser ausländischen Einkünfte zur Summe der Einkünfte aufgeteilt wird. ³Die ausländischen Steuern sind nur insoweit anzurechnen, als sie auf die im Veranlagungszeitraum bezogenen Einkünfte entfallen.

Anlage 8

(2) Statt der Anrechnung (Absatz 1) ist die ausländische Steuer auf Antrag bei der Ermittlung der Einkünfte abzuziehen.

S 2293 a

(3) Bei unbeschränkt Steuerpflichtigen, bei denen eine ausländische Steuer vom Einkommen nach Absatz 1 nicht angerechnet werden kann, weil die Steuer nicht der deutschen Einkommensteuer entspricht oder nicht in dem Staat erhoben wird, aus dem die Einkünfte stammen, oder weil keine ausländischen Einkünfte vorliegen, ist die festgesetzte und gezahlte und keinem Ermäßigungsanspruch mehr unterliegende ausländische Steuer bei der Ermittlung der Einkünfte abzuziehen, soweit sie auf Einkünfte entfällt, die der deutschen Einkommensteuer unterliegen.

S 2293 a

(4) ¹Statt der Anrechnung oder des Abzugs einer ausländischen Steuer (Absätze 1 bis 3) ist bei unbeschränkt Steuerpflichtigen auf Antrag die auf ausländische Einkünfte aus dem Betrieb von Handelsschiffen im internationalen Verkehr entfallende Einkommensteuer nach dem Steuersatz des § 34 Abs. 1 Sätze 1 und 2 zu bemessen, der auf außerordentliche Einkünfte bis zu 30 Millionen Deutsche Mark anzuwenden ist; sie beträgt jedoch höchstens 23,5 vom Hundert. ²Handelsschiffe werden im internationalen Verkehr betrieben, wenn eigene oder gecharterte Handelsschiffe, die im Wirtschaftsjahr überwiegend in einem inländischen Seeschiffsregister eingetragen sind und die Flagge der Bundesrepublik Deutschland führen, in diesem Wirtschaftsjahr überwiegend zur Beförderung von Personen und Gütern im Verkehr mit oder zwischen ausländischen Häfen, innerhalb eines ausländischen Hafens oder zwischen einem ausländischen Hafen und der freien See eingesetzt werden. ³Zum Betrieb von Handelsschiffen im internationalen Verkehr gehören auch die Vercharterung von Handelsschiffen für die in Satz 2 bezeichneten Zwecke, wenn die Handelsschiffe vom Vercharterer ausgerüstet worden sind, die mit dem Betrieb und der Vercharterung von Handelsschiffen in unmittelbarem Zusammenhang stehenden Neben- und Hilfsgeschäfte sowie die Veräußerung von im internationalen Verkehr betriebenen Handelsschiffen. ⁴Als ausländische Einkünfte im Sinne des Satzes 1 gelten, wenn ein Gewerbebetrieb ausschließlich den Betrieb von Handelsschiffen im internationalen Verkehr zum Gegenstand hat, 80 vom Hundert des Gewinns dieses Gewerbebetriebs. ⁵Ist Gegenstand eines Gewerbebetriebs nicht ausschließlich der Betrieb von Handelsschiffen im internationalen Verkehr, so gelten 80 vom Hundert des Teils des Gewinns des Gewerbebetriebs, der auf den Betrieb von Handelsschiffen im internationalen Verkehr entfällt, als ausländische Einkünfte im Sinne des Satzes 1; in diesem Fall ist Voraussetzung für die Anwendung des Satzes 1, daß dieser Teil des Gewinns gesondert ermittelt wird. ⁶Die Sätze 1 und 3 bis 5 sind sinngemäß anzuwenden, wenn eigene oder gecharterte Schiffe, die im Wirtschaftsjahr überwiegend in einem inländischen Seeschiffsregister eingetragen sind und die Flagge der Bundesrepublik Deutschland führen, in diesem Wirtschaftsjahr überwiegend außerhalb der deutschen Hoheitsgewässer zur Aufsuchung von Bodenschätzen oder zur Vermessung von Energielagerstätten unter dem Meeresboden eingesetzt werden.

S 2293

(5) Die obersten Finanzbehörden der Länder oder die von ihnen beauftragten Finanzbehörden können mit Zustimmung des Bundesministeriums der Finanzen die auf ausländi-

S 2293
Anhang 26

§ 34 c EStG   §§ 68 a – 68 c EStDV

¹)

sche Einkünfte entfallende deutsche Einkommensteuer ganz oder zum Teil erlassen oder in einem Pauschbetrag festsetzen, wenn es aus volkswirtschaftlichen Gründen zweckmäßig ist oder die Anwendung des Absatzes 1 besonders schwierig ist.

S 2293
S 2293 a

(6) ¹Die Absätze 1 bis 3 sind vorbehaltlich der Sätze 2 und 3 nicht anzuwenden, wenn die Einkünfte aus einem ausländischen Staat stammen, mit dem ein Abkommen zur Vermeidung der Doppelbesteuerung besteht. ²Soweit in einem Abkommen zur Vermeidung der Doppelbesteuerung die Anrechnung einer ausländischen Steuer auf die deutsche Einkommensteuer vorgesehen ist, sind Absatz 1 Sätze 2 und 3 und Absatz 2 entsprechend auf die nach dem Abkommen anzurechnende ausländische Steuer anzuwenden; bei nach dem Abkommen als gezahlt geltenden ausländischen Steuerbeträgen ist die Anwendung von Absatz 2 ausgeschlossen. ³Wird bei Einkünften aus einem ausländischen Staat, mit dem ein Abkommen zur Vermeidung der Doppelbesteuerung besteht, nach den Vorschriften dieses Abkommens die Doppelbesteuerung nicht beseitigt oder bezieht sich das Abkommen nicht auf eine Steuer vom Einkommen dieses Staates, so sind die Absätze 1 und 2 entsprechend anzuwenden.

²)

S 2293
S 2293 a

(7) Durch Rechtsverordnung können Vorschriften erlassen werden über
1. die Anrechnung ausländischer Steuern, wenn die ausländischen Einkünfte aus mehreren fremden Staaten stammen,
2. den Nachweis über die Höhe der festgesetzten und gezahlten ausländischen Steuern,
3. die Berücksichtigung ausländischer Steuern, die nachträglich erhoben oder zurückgezahlt werden.

EStDV

S 2293

EStDV
§ 68 a
Einkünfte aus mehreren ausländischen Staaten

¹Die für die Einkünfte aus einem ausländischen Staat festgesetzte und gezahlte und keinem Ermäßigungsanspruch mehr unterliegende ausländische Steuer ist nur bis zur Höhe der deutschen Steuer anzurechnen, die auf die Einkünfte aus diesem ausländischen Staat entfällt. ²Stammen die Einkünfte aus mehreren ausländischen Staaten, so sind die Höchstbeträge der anrechenbaren ausländischen Steuern für jeden einzelnen ausländischen Staat gesondert zu berechnen.

EStDV

S 2293

§ 68 b
Nachweis über die Höhe der ausländischen Einkünfte und Steuern

¹Der Steuerpflichtige hat den Nachweis über die Höhe der ausländischen Einkünfte und über die Festsetzung und Zahlung der ausländischen Steuern durch Vorlage entsprechender Urkunden (z. B. Steuerbescheid, Quittung über die Zahlung) zu führen. ²Sind diese Urkunden in einer fremden Sprache abgefaßt, so kann eine beglaubigte Übersetzung in die deutsche Sprache verlangt werden.

EStDV

S 2293

§ 68 c³)
Nachträgliche Festsetzung oder Änderung ausländischer Steuern

(1) Der für einen Veranlagungszeitraum erteilte Steuerbescheid ist zu ändern (Berichtigungsveranlagung), wenn eine ausländische Steuer, die auf die in diesem Veranlagungszeitraum bezogenen Einkünfte entfällt, nach Erteilung dieses Steuerbescheids erstmalig festge-

---

¹) Auslandstätigkeits- sowie Pauschalierungserlaß → Anhang 26.
²) § 34 c Abs. 6 Satz 2 2. Halbsatz ist erstmals für den VZ 1996 anzuwenden, wenn das den Einkünften zugrundeliegende Rechtsgeschäft vor dem 11. 11. 1993 abgeschlossen worden ist (→ § 52 Abs. 25 a EStG).
³) § 68 c wurde durch das JStG 1996 ab VZ 1996 aufgehoben.

§§ 68 c, 69 EStDV **§ 34 c EStG**

setzt, nachträglich erhöht oder erstattet wird und sich dadurch eine höhere oder niedrigere Veranlagung rechtfertigt.

(2) Wird eine ausländische Steuer, die nach § 34 c des Gesetzes für einen Veranlagungszeitraum auf die Einkommensteuer anzurechnen oder bei Ermittlung des Gesamtbetrags der Einkünfte abzuziehen ist, nach Abgabe der Steuererklärung für diesen Veranlagungszeitraum erstattet, so hat der Steuerpflichtige dies dem zuständigen Finanzamt unverzüglich mitzuteilen.

(3) Rechtsbehelfe gegen Steuerbescheide, die nach Absatz 1 geändert worden sind, können nur darauf gestützt werden, daß die ausländische Steuer nicht oder nicht zutreffend angerechnet oder abgezogen worden sei.

§ 69
– weggefallen –

EStDV

R 212 a. Ausländische Steuern

Umrechnung ausländischer Steuern

(1) Die nach § 34 c Abs. 1 und Abs. 6 EStG auf die deutsche Einkommensteuer anzurechnende oder nach § 34 c Abs. 2, 3 und 6 EStG bei der Ermittlung der Einkünfte abzuziehende ausländische Steuer ist nach dem Kurs in Deutsche Mark umzurechnen, der für den Tag der Zahlung der ausländischen Steuer als amtlich festgesetzter Devisenkurs im Bundesanzeiger veröffentlicht worden ist.

S 2293

Zu berücksichtigende ausländische Steuer

(2) ¹Entfällt eine zu berücksichtigende ausländische Steuer auf negative ausländische Einkünfte, die unter das Ausgleichsverbot des § 2 a EStG fallen, oder auf die durch die spätere Verrechnung gekürzten positiven ausländischen Einkünfte, so ist sie im Rahmen des Höchstbetrags (→ R 212 b) nach § 34 c Abs. 1 EStG anzurechnen oder auf Antrag nach § 34 c Abs. 2 EStG bei der Ermittlung der Einkünfte abzuziehen. ²Bei Abzug erhöhen sich die – im Veranlagungszeitraum nicht ausgleichsfähigen – negativen ausländischen Einkünfte.

Hinweise

Anrechnung ausländischer Steuern bei Bestehen von Doppelbesteuerungsabkommen
→ H 212 d (Anrechnung)

Ermäßigungsanspruch für ausländische Steuern
Anrechnung oder Abzug nur insoweit, als kein Ermäßigungsanspruch im Ausland besteht.

Festsetzung ausländischer Steuern
Keine fehlende Festsetzung im Sinne des § 34 c Abs. 1 EStG bei einer Anmeldungssteuer. Anrechnung solcher Steuern hängt von einer hinreichend klaren Bescheinigung des Anmeldenden über die Höhe der für den Steuerpflichtigen abgeführten Steuer ab (→ BFH vom 5. 2. 1992 – BStBl II S. 607).

Nichtanrechenbare ausländische Steuern
→ § 34 c Abs. 3 EStG

Verzeichnis ausländischer Steuern, die der deutschen Einkommensteuer entsprechen
→ § 34 c Abs. 1 EStG

→ Anlage 8; Entsprechung nicht aufgeführter ausländischer Steuern mit der deutschen Einkommensteuer wird erforderlichenfalls vom Bundesministerium der Finanzen festgestellt.

Anlage 8

§ 34 c EStG

R 212 b. Ermittlung des Höchstbetrags für die Steueranrechnung

S 2293

¹Bei der Ermittlung des Höchstbetrags nach § 34 c Abs. 1 Satz 2 EStG bleiben ausländische Einkünfte, die nach § 34 c Abs. 5 EStG pauschal besteuert werden, und die Pauschsteuer außer Betracht; dies gilt nicht für Einkünfte, für die eine Tarifermäßigung nach § 34 c Abs. 4 in Verbindung mit § 34 EStG gewährt wird. ²Die ausländischen Einkünfte sind für die deutsche Besteuerung unabhängig von der Einkunftsermittlung des ausländischen Staates nach den Vorschriften des deutschen Einkommensteuergesetzes zu ermitteln. ³Dabei sind alle Betriebsausgaben und Werbungskosten zu berücksichtigen, die mit den im Ausland erzielten Einnahmen in wirtschaftlichem Zusammenhang stehen. ⁴Bei zusammenveranlagten Ehegatten (→ § 26 b EStG) ist für die Ermittlung des Höchstbetrags eine einheitliche Summe der Einkünfte zu bilden.

H 212 b — Hinweise

Anrechnung (bei)

- **abweichender ausländischer Bemessungsgrundlage**
  Keinen Einfluß auf die Höchstbetragsberechnung, wenn Einkünfteidentität dem Grunde nach besteht (→ BFH vom 2. 2. 1994, Leitsatz 8 – BStBl II S. 727).

- **abweichender ausländischer Steuerperiode möglich** → BFH vom 4. 6. 1991 (BStBl 1992 II S. 187).

- **schweizerischer Steuern bei sog. Pränumerando-Besteuerung** mit Vergangenheitsbemessung → BFH vom 31. 7. 1991 (BStBl 1991 II S. 922).

- **schweizerischer Abzugssteuern bei Grenzgängern**
  § 34 c EStG nicht einschlägig. Die Anrechnung erfolgt in diesen Fällen entsprechend § 36 EStG (→ Artikel 15 a Abs. 3 DBA Schweiz).

Ausgleich von Verlusten aus dem Betrieb von Handelsschiffen im internationalen Verkehr

Verluste aus dem Betrieb von Handelsschiffen im internationalen Verkehr im Sinne des § 34 c Abs. 4 EStG sind vorrangig mit den Gewinnen aus dem Betrieb von Handelsschiffen im internationalen Verkehr auszugleichen (→ BFH vom 8. 2. 1995 – BStBl II S. 692).

Ermittlung des Höchstbetrags für die Steueranrechnung

Beispiel

Ein verheirateter, über 64 Jahre alter Steuerpflichtiger hat

Einkünfte aus Gewerbebetrieb	100.000 DM
andere Einkünfte	5.300 DM
Sonderausgaben und Freibeträge	4.320 DM

In den Einkünften aus Gewerbebetrieb sind Darlehnszinsen von einem ausländischen Schuldner im Betrag von 20.000 DM enthalten, für die im Ausland eine Einkommensteuer von 2.500 DM gezahlt werden mußte. Nach Abzug der hierauf entfallenden Betriebsausgaben einschließlich Refinanzierungskosten betragen die ausländischen Einkünfte 6.500 DM. Die auf die ausländischen Einkünfte entfallende anteilige deutsche Einkommensteuer ist wie folgt zu ermitteln:

Summe der Einkünfte (100.000 DM + 5.300 DM =)	105.300 DM
Altersentlastungsbetrag	− 3.720 DM
Gesamtbetrag der Einkünfte	101.580 DM
Sonderausgaben und Freibeträge	− 4.320 DM
zu versteuerndes Einkommen	97.260 DM
Einkommensteuer nach der Splittingtabelle	21.318 DM
anteilige Steuer = (21.318 × 6.500) : 105.300 = 1.315,92 DM, aufgerundet	1.316 DM

Nur bis zu diesem Betrag kann die ausländische Steuer angerechnet werden.

Gesonderte Feststellung
Verluste nach § 34 c Abs. 4 EStG sind gesondert festzustellen (→ BFH vom 8. 2. 1995 – BStBl II S. 692).

Negative ausländische Einkünfte
Bei der Ermittlung des Höchstbetrags ist § 2 a Abs. 1 und 2 EStG sowohl im Jahr des Entstehens von Verlusten als auch in den Jahren späterer Verrechnung zu beachten.

Pro-Staat-Begrenzung
Auch bei Bestehen eines **DBA** sind alle anrechnungsfähigen Steuern des jeweils anderen Staates zusammengefaßt anzurechnen, die auf die gesamten Einkünfte aus diesem Staat entfallen, bei denen die Doppelbesteuerung durch Steueranrechnung zu beheben ist.

R 212 c. Antragsgebundener Abzug ausländischer Steuern

[1]Das Antragsrecht auf Abzug ausländischer Steuern bei der Ermittlung der Einkünfte nach § 34 c Abs. 2 EStG muß für die gesamten Einkünfte und Steuern aus demselben Staat einheitlich ausgeübt werden. [2]Werden Einkünfte gesondert festgestellt, ist über den Steuerabzug im Feststellungsverfahren zu entscheiden. [3]Der Antrag ist grundsätzlich in der Feststellungserklärung zu stellen. [4]In Fällen der gesonderten und einheitlichen Feststellung kann jeder Beteiligte einen Antrag stellen. [5]Hat ein Steuerpflichtiger in einem Veranlagungszeitraum neben den festzustellenden Einkünften andere ausländische Einkünfte aus demselben Staat als Einzelperson und/oder als Beteiligter bezogen, so ist die Ausübung oder Nichtausübung des Antragsrechts in der zuerst beim zuständigen Finanzamt eingegangenen Feststellungs- oder Steuererklärung maßgebend. [6]Bis zur Unanfechtbarkeit des in diesem Verfahren ergangenen Bescheids kann der Antrag nachgeholt oder zurückgenommen werden.

S 2293

Hinweise

H 212 c

Nachträgliche Kenntnis eines gestellten Antrags
Erlangt ein Finanzamt von dem zuerst gestellten Antrag Kenntnis, nachdem es einen anderen Feststellungs- bzw. den Steuerbescheid erlassen hat, ist dieser nach § 173 AO wegen neuer Tatsache zu ändern.

Nachholung eines Antrags
Ausgenommen ist das Revisionsverfahren, da der Antrag als tatsächliches Vorbringen zu werten ist.
→ § 118 Abs. 2 FGO
→ BFH vom 3. 5. 1957 (BStBl III S. 227)
Die Nachholung eines Antrags ist auch möglich, soweit die Bestandskraft des Bescheides nach den §§ 164, 165 oder 172 ff. AO durchbrochen werden kann. Bei Nachholung eines Antrags ist ein anderer Feststellungsbescheid bzw. der Steuerbescheid nach § 175 Abs. 1 Nr. 2 AO anzupassen (rückwirkendes Ereignis).

Rücknahme eines Antrags
Die Hinweise zu → Nachholung eines Antrags gelten entsprechend.

R 212 d. Bestehen von Doppelbesteuerungsabkommen

Sieht ein DBA die Anrechnung ausländischer Steuern vor, so kann dennoch auf Antrag der nach innerstaatlichem Recht wahlweise eingeräumte Abzug der ausländischen Steuern bei der Ermittlung der Einkünfte beansprucht werden.

S 2293
S 2293 a

§ 34 c EStG
R 212 d   H 212 d

H 212 d | **Hinweise**

Doppelbesteuerung

Anhang 12 → Stand der Doppelbesteuerungsabkommen

Anrechnung

Die nach einem DBA anzurechnende ausländische Steuer (§ 34 c Abs. 6 Satz 2 EStG) ergibt sich grundsätzlich aus den Vorschriften des jeweiligen DBA. Nach diesen Vorschriften ist regelmäßig die in Übereinstimmung mit dem Abkommen erhobene und nicht zu erstattende ausländische Steuer anzurechnen. Bei Dividenden, Zinsen und Lizenzgebühren sind das hiernach die nach den vereinbarten Quellensteuersätzen erhobenen Quellensteuern, die der ausländische Staat als Quellenstaat auf diese Einkünfte erheben darf. Nur diese Steuern sind in Übereinstimmung mit dem jeweiligen Abkommen erhoben und nicht zu erstatten. Dies gilt auch dann, wenn eine darüber hinausgehende ausländische Steuer wegen Ablaufs der Erstattungsfrist im ausländischen Staat nicht mehr erstattet werden kann (→ BFH vom 15. 3. 1995 – BStBl II S. 580).

Rückforderung von Steuergutschriften („avoir fiscal") bei der französischen Finanzverwaltung im Rahmen des deutsch-französischen Doppelbesteuerungsabkommens; hier: Übergang der Zuständigkeit auf das Bundesamt für Finanzen zum 1. Januar 1988

BMF vom 25. 3. 1988 (BStBl I S. 136)

IV C 5 – S 1301 Fra – 30/88

Bei in der Bundesrepublik Deutschland ansässigen Aktionären französischer Kapitalgesellschaften wird die französische Kapitalertragsteuer auf Antrag nicht erhoben oder voll erstattet. Bei der Veranlagung zur deutschen Einkommensteuer oder Körperschaftsteuer wird auf Antrag ein Betrag von 50 v. H. der Ausschüttung der französischen Kapitalgesellschaft als „Steuergutschrift" auf die deutsche Steuer des Aktionärs angerechnet oder erstattet. Dieser Betrag ist gleichzeitig den Einkünften des Aktionärs hinzuzurechnen.

Der französische Fiskus gewährt der deutschen Finanzverwaltung den Betrag der Steuergutschrift abzüglich der französischen Kapitalertragsteuer von 15 v. H. auf die Dividende zuzüglich Gutschrift im Wege des Fiskalausgleichs in einem besonderen Verfahren zurück. Hierzu trägt das Veranlagungsfinanzamt den in die Steuerbemessungsgrundlage einbezogenen Gesamtbetrag sowie den vom französischen Fiskus zurückzufordernden DM-Betrag (kann aus Vereinfachungsgründen nach den Umsatzsteuer-Umrechnungskursen umgerechnet werden) in die Ausfertigungen 4 und 5 des für den Fiskalausgleich vorgesehenen Vordrucks RF 1 A (vgl. Anlage[1])) ein und leitet die Ausfertigung 5 dem Bundesamt für Finanzen zu, bei dem mit Wirkung vom 1. Januar 1988 die Rückforderung der genannten Beträge zentralisiert ist. Die Weiterleitung an das Bundesamt für Finanzen ist auf der für die Akten des Finanzamts bestimmten Ausfertigung 4 in Abschnitt 5 Nr. 3 besonders zu vermerken. Das Bundesamt für Finanzen sammelt die Ausfertigungen 5 des Vordrucks und fordert mit diesen die von der französischen Finanzverwaltung zu erstattenden Beträge regelmäßig halbjährlich, in Sonderfällen auch in kürzeren Abständen, bei der zuständigen französischen Stelle an.

Die französische Verwaltung erstattet Steuergutschriften nur, wenn die Rückforderungsanträge innerhalb von fünf Kalenderjahren nach dem Jahr der Dividendenausschüttung bei ihr eingegangen sind. Veranlagungen mit Gutschriften französischer Körperschaftsteuer sind daher möglichst zeitnah – erforderlichenfalls unter dem Vorbehalt der Nachprüfung – durchzuführen. Die Ausfertigungen 5 des Vordrucks sind ohne weitere Verzögerung dem Bundesamt für Finanzen zuzuleiten.

Nach Eingang der zurückgeforderten Beträge werden diese vom Bundesamt für Finanzen unverzüglich so an die Länder weitergeleitet, wie sie dort im Veranlagungsverfahren angerechnet oder erstattet worden sind.

---

[1]) Hier nicht abgedruckt.

Vordrucke für die Geltendmachung der Steuergutschrift können vom Bundesamt für Finanzen, Friedhofstraße 1, 5300 Bonn 3, bezogen werden. Ein Muster mit Erläuterungsblatt, aus dem sich die Einzelheiten des Verfahrens ergeben, ist als Anlage beigefügt[1]).

Antragsausfertigungen, die nach dem 31. Dezember 1987 noch bei den bisher in den Ländern für die Rückforderung zuständigen Zentralfinanzämtern eingehen, sind unverzüglich an das Bundesamt für Finanzen zur Einleitung des Fiskalausgleichsverfahrens weiterzuleiten.

Ich sehe zunächst davon ab, mein Bezugsschreiben an die im wesentlichen nur organisatorischen Änderungen bei der Abwicklung des Fiskalausgleichsverfahrens anzupassen. Im Zuge der geplanten Revision des bestehenden deutsch-französischen Doppelbesteuerungsabkommens, bei der auch die Reform des deutschen Körperschaftsteuertarifs zu berücksichtigen ist, werden sich bei der Dividendenbesteuerung Änderungen ergeben. Im Zusammenhang damit ist ein umfassendes BMF-Schreiben zur Anwendung des künftigen Abkommens vorgesehen.

– unbesetzt –

R 212 e und 212 f

---

[1]) Hier nicht abgedruckt.

§ 34 d
Ausländische Einkünfte

Ausländische Einkünfte im Sinne des § 34 c Abs. 1 bis 5 sind

1. Einkünfte aus einer in einem ausländischen Staat betriebenen Land- und Forstwirtschaft (§§ 13 und 14) und Einkünfte der in den Nummern 3, 4, 6, 7 und 8 Buchstabe c genannten Art, soweit sie zu den Einkünften aus Land- und Forstwirtschaft gehören;

2. Einkünfte aus Gewerbebetrieb (§§ 15 und 16),

    a) die durch eine in einem ausländischen Staat belegene Betriebsstätte oder durch einen in einem ausländischen Staat tätigen ständigen Vertreter erzielt werden, und Einkünfte der in den Nummern 3, 4, 6, 7 und 8 Buchstabe c genannten Art, soweit sie zu den Einkünften aus Gewerbebetrieb gehören,

    b) die aus Bürgschafts- und Avalprovisionen erzielt werden, wenn der Schuldner Wohnsitz, Geschäftsleitung oder Sitz in einem ausländischen Staat hat, oder

    c) die durch den Betrieb eigener oder gecharterter Seeschiffe oder Luftfahrzeuge aus Beförderungen zwischen ausländischen oder von ausländischen zu inländischen Häfen erzielt werden, einschließlich der Einkünfte aus anderen mit solchen Beförderungen zusammenhängenden, sich auf das Ausland erstreckenden Beförderungsleistungen;

3. Einkünfte aus selbständiger Arbeit (§ 18), die in einem ausländischen Staat ausgeübt oder verwertet wird oder worden ist, und Einkünfte der in den Nummern 4, 6, 7 und 8 Buchstabe c genannten Art, soweit sie zu den Einkünften aus selbständiger Arbeit gehören;

4. Einkünfte aus der Veräußerung von

    a) Wirtschaftsgütern, die zum Anlagevermögen eines Betriebs gehören, wenn die Wirtschaftsgüter in einem ausländischen Staat belegen sind,

    b) Anteilen an Kapitalgesellschaften, wenn die Gesellschaft Geschäftsleitung oder Sitz in einem ausländischen Staat hat;

5. ¹Einkünfte aus nichtselbständiger Arbeit (§ 19), die in einem ausländischen Staat ausgeübt oder, ohne im Inland ausgeübt zu werden oder worden zu sein, in einem ausländischen Staat verwertet wird oder worden ist, und Einkünfte, die von ausländischen öffentlichen Kassen mit Rücksicht auf ein gegenwärtiges oder früheres Dienstverhältnis gewährt werden. ²Einkünfte, die von inländischen öffentlichen Kassen einschließlich der Kassen der Deutschen Bundesbahn und der Deutschen Bundesbank mit Rücksicht auf ein gegenwärtiges oder früheres Dienstverhältnis gewährt werden, gelten auch dann als inländische Einkünfte, wenn die Tätigkeit in einem ausländischen Staat ausgeübt wird oder worden ist;

6. Einkünfte aus Kapitalvermögen (§ 20), wenn der Schuldner Wohnsitz, Geschäftsleitung oder Sitz in einem ausländischen Staat hat oder das Kapitalvermögen durch ausländischen Grundbesitz gesichert ist;

7. Einkünfte aus Vermietung und Verpachtung (§ 21), soweit das unbewegliche Vermögen oder die Sachinbegriffe in einem ausländischen Staat belegen oder die Rechte zur Nutzung in einem ausländischen Staat überlassen worden sind;

8. sonstige Einkünfte im Sinne des § 22, wenn

    a) der zur Leistung der wiederkehrenden Bezüge Verpflichtete Wohnsitz, Geschäftsleitung oder Sitz in einem ausländischen Staat hat,

    b) bei Spekulationsgeschäften die veräußerten Wirtschaftsgüter in einem ausländischen Staat belegen sind,

    c) bei Einkünften aus Leistungen einschließlich der Einkünfte aus Leistungen im Sinne des § 49 Abs. 1 Nr. 9 der zur Vergütung der Leistung Verpflichtete Wohnsitz, Geschäftsleitung oder Sitz in einem ausländischen Staat hat.

R 212 g. Nachträgliche Einkünfte aus Gewerbebetrieb

– unbesetzt –

Hinweise

Ausländische Einkünfte aus Gewerbebetrieb, die durch eine in einem ausländischen Staat belegene Betriebsstätte erzielt worden sind, liegen auch dann vor, wenn der Steuerpflichtige im Zeitpunkt der steuerlichen Erfassung dieser Einkünfte die Betriebsstätte nicht mehr unterhält. Voraussetzung ist, daß die betriebliche Leistung, die den nachträglichen Einkünften zugrunde liegt, von der ausländischen Betriebsstätte während der Zeit ihres Bestehens erbracht worden ist.

→ § 34 d Nr. 2 Buchstabe a EStG
→ BFH vom 15. 7. 1964 (BStBl III S. 551)
→ BFH vom 12. 10. 1978 (BStBl 1979 II S. 64)
→ BFH vom 16. 7. 1969 (BStBl 1970 II S. 56); dieses Urteil ist nur im Sinne der vorzitierten Rechtsprechung zu verstehen.

§ 34 e EStG
R 213

2. Steuerermäßigung bei Einkünften aus Land- und Forstwirtschaft

EStG
S 2293 b

§ 34 e

(1) ¹Die tarifliche Einkommensteuer ermäßigt sich vorbehaltlich des Absatzes 2 um die Einkommensteuer, die auf den Gewinn des Veranlagungszeitraums aus einem land- und forstwirtschaftlichen Betrieb entfällt, höchstens jedoch um 2.000 Deutsche Mark, wenn der Gewinn des im Veranlagungszeitraums beginnenden Wirtschaftsjahrs weder geschätzt noch nach § 13 a ermittelt worden ist und den Betrag von 50.000 Deutsche Mark nicht übersteigt. ²Beträgt der Gewinn mehr als 50.000 Deutsche Mark, so vermindert sich der Höchstbetrag für die Steuerermäßigung um 20 vom Hundert des Betrags, um den der Gewinn den Betrag von 50.000 Deutsche Mark übersteigt. ³Sind an einem solchen land- und forstwirtschaftlichen Betrieb mehrere Steuerpflichtige beteiligt, so ist der Höchstbetrag für die Steuerermäßigung auf die Beteiligten nach ihrem Beteiligungsverhältnis aufzuteilen. ⁴Die Anteile der Beteiligten an dem Höchstbetrag für die Steuerermäßigung sind gesondert festzustellen (§ 179 Abgabenordnung).

(2) ¹Die Steuerermäßigung darf beim Steuerpflichtigen nicht mehr als insgesamt 2.000 Deutsche Mark betragen. ²Die auf den Gewinn des Veranlagungszeitraums nach Absatz 1 Satz 1 entfallende Einkommensteuer bemißt sich nach dem durchschnittlichen Steuersatz der tariflichen Einkommensteuer; dabei ist dieser Gewinn um den Teil des Freibetrags nach § 13 Abs. 3 zu kürzen, der dem Verhältnis des Gewinns zu den Einkünften des Steuerpflichtigen aus Land- und Forstwirtschaft vor Abzug des Freibetrags entspricht. ³Werden Ehegatten nach den §§ 26, 26 b zusammen veranlagt, wird die Steuerermäßigung jedem der Ehegatten gewährt, soweit sie Inhaber oder Mitinhaber verschiedener land- und forstwirtschaftlicher Betriebe im Sinne des Absatzes 1 Satz 1 sind.

R 213

S 2293 c

R 213. Steuerermäßigung bei Einkünften aus Land- und Forstwirtschaft

Abweichendes Wirtschaftsjahr

(1) Bei abweichendem Wirtschaftsjahr wird die Steuerermäßigung für den Gewinn aus Land- und Forstwirtschaft dieses Betriebs im VZ (§ 4 a Abs. 2 Nr. 1 EStG) unabhängig davon berücksichtigt, welche Gewinnermittlungsart in dem im VZ **endenden** Wirtschaftsjahr angewendet worden ist und wie hoch der Gewinn dieses Wirtschaftsjahrs ist.

Im VZ beginnendes Wirtschaftsjahr

(2) Beginnt in dem VZ kein Wirtschaftsjahr, z. B. wegen Betriebsaufgabe vor dem 1. Juli, so ist auf das in dem VZ endende Wirtschaftsjahr abzustellen.

Durchschnittlicher Steuersatz

(3) ¹Bei der Ermittlung des durchschnittlichen Steuersatzes ist das zu versteuernde Einkommen auf den Stufeneingangsbetrag der Tabellenstufe der maßgebenden Einkommensteuertabelle abzurunden. ²Der durchschnittliche Steuersatz ist auf zwei Dezimalstellen abzurunden. ³Er ist auf den um den Freibetrag nach § 13 Abs. 3 EStG geminderten Gewinn aus Land- und Forstwirtschaft des Betriebs anzuwenden, der die Voraussetzungen des § 34 e Abs. 1 EStG erfüllt.

Mitunternehmerschaft

(4) Bei der Aufteilung des Höchstbetrags im Sinne des § 34 e Abs. 1 Satz 3 EStG ist nur der Gewinnverteilungsschlüssel ohne Vorabgewinne und Betriebsvorgänge aus der Sonderbilanz maßgebend.

Aufteilung des Freibetrags nach § 13 Abs. 3 EStG

(5) ¹Ist der Steuerpflichtige oder sind die zusammenveranlagten Ehegatten Inhaber oder Mitinhaber mehrerer land- und forstwirtschaftlicher Betriebe, so ist der Freibetrag nach § 13 Abs. 3 EStG zur Berechnung der Steuerermäßigung nach Maßgabe des § 34 e Abs. 2 Satz 2 EStG auf die Gewinne der einzelnen Betriebe aufzuteilen. ²Die nach § 34 e Abs. 1 EStG begünstigten Gewinne sind jeweils um den Teil des Freibetrags nach § 13 Abs. 3 EStG zu kürzen, der dem Verhältnis jedes begünstigten Gewinns zu den gesamten Einkünften aus Land-

§ 34 e EStG
H 213   R 213

und Forstwirtschaft entspricht. ³Eine Aufteilung des Freibetrags nach § 13 Abs. 3 EStG ist auch vorzunehmen, wenn der Steuerpflichtige neben begünstigten Gewinnen einen nicht zu berücksichtigenden Veräußerungsgewinn erzielt. ⁴Land- und forstwirtschaftliche Betriebe mit Verlusten bleiben bei dieser Verhältnisrechnung aus Vereinfachungsgründen unberücksichtigt.

Schätzung; pauschalierte Betriebsausgaben

(6) ¹Im Rahmen einer Gewinnermittlung nach § 4 Abs. 3 EStG können bestimmte Betriebsausgaben durch den Ansatz von Pauschbeträgen vor allem im Weinbau, aber auch im Obst-, Gemüse-, Tabak-, Hopfen- und Spargelbau berücksichtigt werden. ²Die pauschalierte Berücksichtigung von Betriebsausgaben stellt für die betroffenen Landwirte eine Aufzeichnungserleichterung dar, die keine Schätzung im Sinne des § 34 e EStG ist.

Hinweise

H 213

Allgemeines

Nach den BFH-Urteilen vom 23. 2. 1989 (BStBl II S. 709) und vom 7. 9. 1989 (BStBl II S. 975) kommt die Anwendung des § 34 e EStG nur insoweit in Betracht, als z. B. bei lebenden Betrieben die Gewinne nach § 13 a EStG einerseits und die Gewinne nach den allgemeinen Gewinnermittlungsvorschriften andererseits zu einer unterschiedlichen Belastung führen. Kommt dagegen eine Gewinnermittlung nach § 13 a EStG unter keinen Umständen in Betracht, z. B. bei Verpachtung des ganzen Betriebes, bei Veräußerungsgewinnen nach den §§ 14, 14 a Abs. 1 bis 3 EStG oder bei nachträglichen Einkünften im Sinne des § 24 Nr. 2 EStG, kann die Steuerermäßigung nach § 34 e EStG nicht gewährt werden.

Kann unter Berücksichtigung dieser Grundsätze eine Steuerermäßigung in Betracht kommen, erfolgt die Prüfung der weiteren Voraussetzungen in zwei Stufen:

a) **Betriebsbezogene Gewinngrenze**

Zunächst ist in der betriebsbezogenen Stufe die Zulässigkeit der Steuerermäßigung für den Gewinn aus einem bestimmten land- und forstwirtschaftlichen Betrieb zu prüfen. Die Steuerermäßigung setzt voraus, daß der Gewinn des Betriebs in dem in dem betreffenden VZ beginnenden Wirtschaftsjahr weder geschätzt noch nach § 13 a EStG ermittelt wurde und 50.000 DM bzw. 60.000 DM nicht übersteigt (→ Begünstigungsgrenze). Bei mehreren Beteiligten sind außerdem die betragsmäßigen Anteile am jeweiligen betriebsbezogenen Höchstbetrag von 2.000 DM festzustellen.

b) **Personenbezogene Berechnung der Steuerermäßigung**

In der personenbezogenen zweiten Stufe sind der oder die für den Steuerpflichtigen in Betracht kommenden Gewinne oder Gewinnanteile aus Land- und Forstwirtschaft festzustellen und anschließend die Einkommensteuer, die anteilsmäßig auf diese Gewinne oder Gewinnanteile entfällt, um die zulässige Steuerermäßigung, höchstens um 2.000 DM, zu kürzen (→ Berechnung der Steuerermäßigung).

Aufteilung des Freibetrags nach § 13 Abs. 3 EStG

Beispiele:

Zusammenzuveranlagende Ehegatten haben im VZ folgende Einkünfte aus Land- und Forstwirtschaft erzielt:

Ehemann aus einem Einzelbetrieb
mit Gewinnermittlung nach § 4 Abs. 1 EStG .... 28.800 DM,
die unter die begünstigten Einkünfte im
Sinne des § 34 e Abs. 1 EStG fallen.

Ehefrau als Mitinhaberin eines Betriebes
mit Gewinnermittlung nach § 13 a EStG .... 7.200 DM,
Einkünfte aus Land- und Forstwirtschaft .... 36.000 DM.

Zur Berechnung der begünstigten Einkünfte im Sinne des § 34 e EStG ist der Freibetrag nach § 13 Abs. 3 EStG im Verhältnis von 28.800 DM zu 36.000 DM (= 80:100) aufzuteilen. Danach ist der Gewinn des landwirtschaftlichen Betriebs des Ehemanns um 80 v. H. aus 4.000 DM = 3.200 DM zu kürzen. Der Berechnung der Steuerermäßigung sind die begünstigten land- und forstwirtschaftlichen Einkünfte mit (28.800 DM − 3.200 DM =) 25.600 DM zugrunde zu legen. Hat der Ehemann zusätzlich als Mitinhaber eines weiteren landwirtschaftlichen

695

Betriebs einen Verlust von 3.000 DM im VZ erzielt, wird die Verhältnisrechnung im Beispiel und damit der Kürzungsbetrag der begünstigten Einkünfte davon nicht berührt.

Begünstigungsgrenze (50.000/60.000 DM)
Bei der Berechnung sind:
- Veräußerungsgewinne im Sinne der §§ 14, 14 a Abs. 1 bis 3 EStG unberücksichtigt zu lassen (→ BFH vom 23. 2. 1989 – BStBl II S. 709);
- Gewinne aus der Veräußerung oder Entnahme nach § 14 a Abs. 4 und 5 EStG, soweit sie steuerpflichtig sind, einzubeziehen;
- Übergangsgewinne, die beim Wechsel der Gewinnermittlungsart entstehen, anteilig dem Gewinn der Verteilungsjahre zuzurechnen (→ BFH vom 1. 2. 1990 – BStBl II S. 495).

Berechnung der Steuerermäßigung
Bei Feststellung der für den Steuerpflichtigen in Betracht kommenden Gewinne oder Gewinnanteile aus Land- und Forstwirtschaft sind Veräußerungsgewinne im Sinne der §§ 14, 14 a Abs. 1 bis 3, §§ 16, 34 EStG unberücksichtigt zu lassen (→ BFH vom 23. 2. 1989 – BStBl II S. 709). Beim Ansatz des zu versteuernden Einkommens sind außerordentliche Einkünfte im Sinne der §§ 34, 34 b EStG einzubeziehen; dem Progressionsvorbehalt nach § 32 b EStG unterliegende steuerfreie Einkünfte sind dagegen nicht zu berücksichtigen.

Beispiele:
Ein Landwirt bewirtschaftet einen landwirtschaftlichen Betrieb mit einem Ausgangswert (§ 13 a Abs. 4 EStG) von 36.000 DM. Er ist nach einem Hinweis auf den Wegfall der Voraussetzungen des § 13 a Abs. 1 Satz 1 EStG durch die Finanzbehörde deshalb ab 1. 7. 03 zur Gewinnermittlung nach § 4 Abs. 3 EStG übergegangen.

Der Gewinn aus Land- und Forstwirtschaft beträgt
im Wirtschaftsjahr 02/03 nach § 13 a EStG .... 22.000 DM
im Wirtschaftsjahr 03/04 nach § 4 Abs. 3 EStG .... 32.000 DM

Der Steuerpflichtige und seine Ehefrau werden zusammen veranlagt.
Bei der Veranlagung für den VZ 03 sind folgende Einkünfte und Abzugsbeträge anzusetzen:

Ehemann
Einkünfte aus Land- und Forstwirtschaft
anteiliger Gewinn 02/03 .... 11.000 DM
anteiliger Gewinn 03/04 .... 16.000 DM
insgesamt .... 27.000 DM
Einkünfte aus Kapitalvermögen .... + 2.000 DM
Ehefrau
Einkünfte aus nichtselbständiger Arbeit .... + 17.000 DM
Summe der Einkünfte .... 46.000 DM
Freibetrag nach § 13 Abs. 3 .... − 4.000 DM
Gesamtbetrag der Einkünfte .... 42.000 DM
Sonderausgaben und Abzugsbeträge nach § 33 a EStG .... − 5.950 DM
zu versteuerndes Einkommen .... 36.050 DM
ESt nach der Splittingtabelle .... 4.994 DM
tarifliche ESt .... 4.994 DM

Das zu versteuernde Einkommen ist auf den Stufeneingangsbetrag der maßgebenden Einkommensteuertabelle von 35.964 DM abzurunden.
Der durchschnittliche Steuersatz beträgt

$\frac{4.994}{35.964}$ = (abgerundet) 13,88 v. H.

Die Steuerermäßigung wird für die begünstigten Einkünfte (§ 34 e Abs. 1 EStG) im VZ 03 von (27.000 DM − 4.000 DM Freibetrag nach § 13 Abs. 3 EStG =) 23.000 DM gewährt.

Steuerermäßigung nach § 34 e EStG:
13,88 v. H. von 23.000 DM = ... 3.192 DM
höchstens .... 2.000 DM

Mitunternehmerschaft
Bei Mitunternehmerschaften erfolgt die Aufteilung der Höchstbeträge der Steuerermäßigung des § 34 e EStG nach dem vereinbarten Gewinnverteilungsschlüssel (§ 34 e Abs. 1 Satz 3 EStG). Vorabgewinne und Ergebnisse aus dem Sonderbetriebsvermögen bleiben danach außer Betracht (→ BFH vom 8. 12. 1994 – BStBl 1995 II S. 376).

Personenbezogener Höchstbetrag
Regelfall → § 34 e Abs. 2 Satz 1 EStG

Bei **Ehegatten** im Fall der Zusammenveranlagung gilt → § 34 e Abs. 2 Satz 3 EStG, d. h.:

1. Sind beide Ehegatten an nur einem land- und forstwirtschaftlichen Betrieb im Sinne des § 34 e Abs. 1 EStG zusammen mit 100 v. H. beteiligt, so ist die Steuerermäßigung auf den Höchstbetrag von 2.000 DM begrenzt.

2. Sind beide Ehegatten Inhaber oder Mitinhaber von mehr als einem land- und forstwirtschaftlichen Betrieb mit begünstigten Gewinnen im Sinne des § 34 e Abs. 1 EStG, so kann jeder Ehegatte die Steuerermäßigung bis zu dem für ihn maßgebenden Höchstbetrag in Anspruch nehmen. Der Höchstbetrag der Steuerermäßigung beträgt in diesem Fall 2.000 DM je Ehegatte.

3. Der von einem Ehegatten als Inhaber oder Mitinhaber eines land- und forstwirtschaftlichen Betriebs nicht ausgeschöpfte Teil der Steuerermäßigung kann nicht auf den anderen Ehegatten übertragen werden.

§ 34 f EStG

2 a. Steuerermäßigung für Steuerpflichtige mit Kindern bei Inanspruchnahme erhöhter Absetzungen für Wohngebäude oder der Steuerbegünstigungen für eigengenutztes Wohneigentum

EStG
S 2293 c

§ 34 f[1])

(1) ¹Bei Steuerpflichtigen, die erhöhte Absetzungen nach § 7 b oder nach § 15 des Berlinförderungsgesetzes in Anspruch nehmen, ermäßigt sich die tarifliche Einkommensteuer, vermindert um die sonstigen Steuerermäßigungen mit Ausnahme der §§ 34 g und 35, auf Antrag um je 600 Deutsche Mark für das zweite und jedes weitere Kind des Steuerpflichtigen oder seines Ehegatten. ²Voraussetzung ist,

1. daß der Steuerpflichtige das Objekt, bei einem Zweifamilienhaus mindestens eine Wohnung, zu eigenen Wohnzwecken nutzt oder wegen des Wechsels des Arbeitsortes nicht zu eigenen Wohnzwecken nutzen kann und

[2]) 2. daß es sich einschließlich des ersten Kindes um Kinder im Sinne des § 32 Abs. 1 bis 5 handelt, die zum Haushalt des Steuerpflichtigen gehören oder in dem für die erhöhten Absetzungen maßgebenden Begünstigungszeitraum gehört haben, wenn diese Zugehörigkeit auf Dauer angelegt ist oder war.

[3]) (2) ¹Bei Steuerpflichtigen, die die Steuerbegünstigung nach § 10 e Abs. 1 bis 5 oder nach § 15 b des Berlinförderungsgesetzes in Anspruch nehmen, ermäßigt sich die tarifliche Einkommensteuer, vermindert um die sonstigen Steuerermäßigungen mit Ausnahme der §§ 34 g und 35, auf Antrag um je 1.000 Deutsche Mark für jedes Kind des Steuerpflichtigen oder seines Ehegatten im Sinne des § 32 Abs. 1 bis 5. ²Voraussetzung ist, daß das Kind zum Haushalt des Steuerpflichtigen gehört oder in dem für die Steuerbegünstigung maßgebenden Zeitraum gehört hat, wenn diese Zugehörigkeit auf Dauer angelegt ist oder war.

[4]) (3) ¹Bei Steuerpflichtigen, die die Steuerbegünstigung nach § 10 e Abs. 1, 2, 4 und 5 in Anspruch nehmen, ermäßigt sich die tarifliche Einkommensteuer, vermindert um die sonstigen Steuerermäßigungen mit Ausnahme des § 35, auf Antrag um je 1.000 Deutsche Mark für jedes Kind des Steuerpflichtigen oder seines Ehegatten im Sinne des § 32 Abs. 1 bis 5. ²Voraussetzung ist, daß das Kind zum Haushalt des Steuerpflichtigen gehört oder in dem für die Steuerbegünstigung maßgebenden Zeitraum gehört hat, wenn diese Zugehörigkeit auf Dauer angelegt ist oder war. ³Soweit sich der Betrag der Steuerermäßigung nach Satz 1 bei der Ermittlung der festzusetzenden Einkommensteuer nicht steuerentlastend auswirkt, ist er von der tariflichen Einkommensteuer der zwei vorangegangenen Veranlagungszeiträume abzuziehen. ⁴Steuerermäßigungen, die nach den Sätzen 1 und 3 nicht berücksichtigt werden können, können bis zum Ende des Abzugszeitraums im Sinne des § 10 e und in den zwei folgenden Veranlagungszeiträumen abgezogen werden. ⁵Ist für einen Veranlagungszeitraum bereits ein Steuerbescheid erlassen worden, so ist er insoweit zu ändern, als die Steuerermäßigung nach den Sätzen 3 und 4 zu gewähren oder zu berichtigen ist; die Verjährungsfristen enden insoweit nicht, bevor die Verjährungsfrist für den Veranlagungszeitraum abgelaufen ist, für den die Steuerermäßigung nach Satz 1 beantragt worden ist.

(4) ¹Die Steuerermäßigungen nach den Absätzen 2 oder 3 kann der Steuerpflichtige insgesamt nur bis zur Höhe der Bemessungsgrundlage der Abzugsbeträge nach § 10 e Abs. 1 oder 2 in Anspruch nehmen. ²Die Steuerermäßigung nach den Absätzen 1, 2 und 3 Satz 1 kann der Steuerpflichtige im Kalenderjahr nur für ein Objekt in Anspruch nehmen.

---

[1]) Zur Anwendung → § 52 Abs. 26 EStG.
[2]) Absatz 1 Satz 2 Nr. 2 wurde durch das JStG 1996 ab VZ 1996 geändert.
[3]) Absatz 2 Satz 1 wurde durch das JStG 1996 ab VZ 1996 neu gefaßt.
[4]) Absatz 3 Satz 1 wurde durch das JStG 1996 ab VZ 1996 neu gefaßt.
Durch das JStG 1996 wurden in Absatz 1 Satz 2 Nr. 2, in Absatz 2 Satz 1 und in Absatz 3 Satz 1 jeweils nach dem Zitat „§ 32 Abs. 1 bis 5" die Worte „oder Abs. 6 Satz 6" eingefügt. Die geänderte Fassung ist erstmals für den VZ 1996 anzuwenden (→ § 52 Abs. 1 EStG in der Fassung des JStG 1996).

§ 34 f EStG
R 213 a

R 213 a. Steuerermäßigung nach § 34 f EStG

Fälle des § 7 b EStG

(1) Soweit § 34 f Abs. 1 EStG weiter anzuwenden ist, gelten die Anweisungen in Abschnitt 213 a Abs. 2 EStR 1990 weiter.

S 2293 c

Fälle des § 10 e EStG

(2) [1]§ 34 f Abs. 2 EStG setzt die Inanspruchnahme der Abzugsbeträge nach § 10 e Abs. 1 bis 5 EStG oder § 15 b BerlinFG voraus. [2]§ 34 f Abs. 3 EStG setzt die Inanspruchnahme der Abzugsbeträge nach § 10 e Abs. 1, 2, 4 und 5 EStG voraus. [3]Die Steuerermäßigung nach § 34 f Abs. 2 und 3 EStG kann auch in Anspruch genommen werden, wenn im VZ der Abzugsbetrag nach § 10 e Abs. 1 und 5 EStG oder § 15 b BerlinFG wegen der Nachholungsmöglichkeit nach § 10 e Abs. 3 Satz 1 EStG nicht geltend gemacht wird. [4]In der Geltendmachung der Steuerermäßigung nach § 34 f Abs. 2 und 3 EStG kommt in diesem Fall die Inanspruchnahme der Steuervergünstigung nach § 10 e Abs. 1 bis 5 EStG oder § 15 b BerlinFG zum Ausdruck. [5]Die Steuerermäßigung nach § 34 f Abs. 3 EStG kann in den VZ nicht gewährt werden, in denen der Steuerpflichtige wegen Überschreitens der Einkommensgrenzen nach § 10 e Abs. 1 bis 5 a EStG einen Abzugsbetrag nach § 10 e Abs. 1 bis 5 EStG nicht in Anspruch nehmen kann. [6]Dem Steuerpflichtigen steht nach § 34 f Abs. 3 Satz EStG ein Wahlrecht zu, auf welchen der beiden vorangegangenen VZ nicht ausgenutzte Ermäßigungsbeträge zurückgetragen werden sollen. [7]Auf den Rücktrag kann aber nicht zugunsten des Vortrags verzichtet werden. [8]Die unentgeltliche Überlassung einer Wohnung, auch an ein minderjähriges Kind, ist keine Nutzung zu eigenen Wohnzwecken im Sinne des § 34 f Abs. 2 und 3 EStG.

[1])

Gemeinsame Regelungen

(3) [1]Ein Kind gehört zum Haushalt des Steuerpflichtigen, wenn es bei einheitlicher Wirtschaftsführung unter Leitung des Steuerpflichtigen dessen Wohnung teilt oder sich mit seiner Einwilligung vorübergehend außerhalb seiner Wohnung aufhält. [2]Es reicht aus, wenn die Haushaltszugehörigkeit in einem früheren VZ innerhalb des für die erhöhten Absetzungen oder den Abzug wie Sonderausgaben maßgebenden Begünstigungszeitraums einmal vorgelegen hat und auf Dauer angelegt war. [3]Der Angabe des Steuerpflichtigen, die Haushaltszugehörigkeit sei auf Dauer angelegt gewesen, kann in der Regel ohne nähere Prüfung gefolgt werden.

(4) [1]Die Steuerermäßigung kann, auch wenn in einem VZ die Voraussetzungen ausnahmsweise für mehrere Objekte gegeben sein sollten, stets jeweils nur für ein Objekt in Anspruch genommen werden (§ 34 f Abs. 4 EStG). [2]Der Ermäßigungsbetrag nach § 34 f EStG wird auch dann in voller Höhe gewährt, wenn die Voraussetzungen nicht während des gesamten Kalenderjahrs vorgelegen haben. [3]Er kann jedoch höchstens bis zur Höhe der tariflichen Einkommensteuer, vermindert um die sonstigen Steuerermäßigungen mit Ausnahme der §§ 34 g, 35 EStG, bei Inanspruchnahme des § 34 f Abs. 3 EStG mit Ausnahme des § 35 EStG, gewährt werden.

(5) [1]Ehegatten, bei denen die Voraussetzungen des § 26 Abs. 1 Satz 1 EStG vorliegen, können die Steuerermäßigung nach § 34 f EStG im VZ insgesamt nur einmal in Anspruch nehmen. [2]Dies gilt auch bei getrennter Veranlagung; in diesem Fall steht die Steuerermäßigung den Ehegatten in dem Verhältnis zu, in dem sie erhöhte Absetzungen nach § 7 b EStG oder den Sonderausgabenabzug nach § 10 e Abs. 1 bis 5 oder nach § 52 Abs. 21 Satz 4 EStG oder nach § 15 b BerlinFG in Anspruch nehmen (§ 26 a Abs. 2 Satz 3 EStG). [3]Dagegen kann im Fall der → besonderen Veranlagung nach § 26 c EStG jeder Ehegatte die Steuerermäßigung in Anspruch nehmen, wenn die Voraussetzungen dafür in seiner Person erfüllt sind.

(6) [1]Die Steuerermäßigung nach § 34 f EStG wird auf Antrag berücksichtigt. [2]Erhält der Steuerpflichtige wegen eines Kindes einen Kinderfreibetrag und ist dem Finanzamt die auf Dauer angelegte Haushaltszugehörigkeit des Kindes aus anderen Unterlagen bekannt, ist die Antragstellung zu unterstellen. [3]Ergibt sich das Merkmal der auf Dauer angelegten Haushaltszugehörigkeit nicht erkennbar aus der Steuererklärung, soll der Steuerpflichtige nach dem Vorliegen des Merkmals gefragt und gegebenenfalls die Antragstellung angeregt werden (§ 89 AO).

---

[1]) → BMF vom 21. 11. 1994 (BStBl I S. 855) und H 213 a (Begünstigte Objekte).

§ 34 f EStG
R 213 a   H 213 a

H 213 a

Hinweise

Fälle des § 10 e EStG
Begünstigte Objekte
sind:
- ein außerhalb des Ortes des Familienwohnsitzes belegenes Appartement, das der Steuerpflichtige sowie ein dort studierendes Kind bewohnen (→ BFH vom 31. 10. 1991 – BStBl 1992 II S. 241 und BMF vom 21. 11. 1994 – BStBl I S. 855);

Steuerermäßigung nach § 34 f EStG bei alleiniger Nutzung der nach § 10 e EStG begünstigten Wohnung durch ein Kind

BMF vom 21. 11. 1994 (BStBl I S. 855)

IV B 3 – S 2293 c – 16/94

Der BFH hat mit Urteil vom 26. 1. 1994 (BStBl II S. 544) entschieden, daß dem Eigentümer einer Wohnung auch dann die Steuerbegünstigung nach § 10 e EStG zusteht, wenn er diese nicht selbst bewohnt, sondern diese einem – einkommensteuerrechtlich zu berücksichtigenden – Kind zur alleinigen Nutzung überläßt. In diesem Fall stehe ihm unter den weiteren Voraussetzungen des § 33 a Abs. 2 Nr. 2 EStG auch der erhöhte Ausbildungsfreibetrag wegen auswärtiger Unterbringung zu.

Nach dem Ergebnis der Erörterungen mit den obersten Finanzbehörden der Länder kommt bei alleiniger Nutzung der nach § 10 e EStG begünstigten Wohnung durch ein Kind die Steuerermäßigung nach § 34 f EStG nicht in Betracht. Diese kann nur in Anspruch genommen werden, wenn die nach § 10 e EStG begünstigte Wohnung Teil des Haushalts der Eltern ist, also von einem oder beiden Elternteilen mitbewohnt wird (vgl. dazu BFH-Urteil vom 31. 10. 1991, BStBl 1992 II S. 241).

Die Steuerermäßigung nach § 34 f EStG schließt demnach den Abzug eines Ausbildungsfreibetrags wegen auswärtiger Unterbringung nach § 33 a Abs. 2 Nr. 1 oder Nr. 2 Satz 2 EStG aus.

sind nicht:
- eine Wohnung, die der Steuerpflichtige allein im Rahmen einer doppelten Haushaltsführung am Arbeitsort nutzt (→ BFH vom 14. 3. 1989 – BStBl II S. 829);
- eine Wohnung, in der ein Kind des Steuerpflichtigen am Studienort einen selbständigen Haushalt führt (→ BFH vom 25. 1. 1995 – BStBl II S. 378).

Besondere Veranlagung
Bei der besonderen Veranlagung nach § 26 c EStG steht dem Steuerpflichtigen keine Steuerermäßigung nach § 34 f Abs. 2 EStG für die im gemeinsamen Haushalt lebenden Kinder der Ehefrau zu (→ BFH vom 22. 9. 1993 – BStBl 1994 II S. 26).

Haushaltszugehörigkeit
Im Gegensatz zum Wegfall der Kindeigenschaft ist der Wegfall der Haushaltszugehörigkeit im Laufe des Begünstigungszeitraums für die weitere Inanspruchnahme der Steuerermäßigung nach § 34 f EStG unschädlich (→ BFH vom 21. 11. 1989 – BStBl 1990 II S. 216).

Kinder
Kinder sind für die Anwendung des § 34 f EStG beim Steuerpflichtigen nur zu berücksichtigen, wenn sie im jeweiligen VZ die Voraussetzungen des § 32 Abs. 1 bis 5 EStG erfüllen (→ BFH vom 21. 11. 1989 – BStBl 1990 II S. 216). Dabei muß es sich jedoch nicht in jedem VZ des Begünstigungszeitraums um dieselben Kinder handeln. Auf die Inanspruchnahme des Kinderfreibetrags kommt es nicht an.

Beispiel:
Der Steuerpflichtige schafft 1991 ein von ihm ab Anschaffung selbstgenutztes Einfamilienhaus an, für das er ab 1991 die Abzugsbeträge nach § 10 e Abs. 1 EStG in Anspruch nimmt. Ein über 18 Jahre altes Kind beendet im Jahre 1993 seine Ausbildung. Der Steuerpflichtige hat außerdem ein 1989 geborenes Kind. Das dritte Kind wird im Jahr 1994 geboren. 1993 und 1994 sind jeweils zwei Kinder nach § 34 f Abs. 2 EStG zu berücksichtigen, so daß in beiden VZ jeweils 2.000 DM abgezogen werden können.

Zeitlicher Anwendungsbereich

Anlage 9 Wegen der zeitlichen Voraussetzungen zur Anwendung des § 34 f EStG → Anlage 9.

700

2 b. Steuerermäßigung bei Mitgliedsbeiträgen und Spenden an politische Parteien und an unabhängige Wählervereinigungen

§ 34 g   EStG

¹Die tarifliche Einkommensteuer, vermindert um die sonstigen Steuerermäßigungen, mit Ausnahme des § 34 f Abs. 3 und § 35, ermäßigt sich bei Mitgliedsbeiträgen und Spenden an
1. politische Parteien im Sinne des § 2 des Parteiengesetzes und
2. Vereine ohne Parteicharakter, wenn
   a) der Zweck des Vereins ausschließlich darauf gerichtet ist, durch Teilnahme mit eigenen Wahlvorschlägen an Wahlen auf Bundes-, Landes- oder Kommunalebene bei der politischen Willensbildung mitzuwirken, und
   b) der Verein auf Bundes-, Landes- oder Kommunalebene bei der jeweils letzten Wahl wenigstens ein Mandat errungen oder der zuständigen Wahlbehörde oder dem zuständigen Wahlorgan angezeigt hat, daß er mit eigenen Wahlvorschlägen auf Bundes-, Landes- oder Kommunalebene an der jeweils nächsten Wahl teilnehmen will.

²Nimmt der Verein an der jeweils nächsten Wahl nicht teil, wird die Ermäßigung nur für die bis zum Wahltag an ihn geleisteten Beiträge und Spenden gewährt. ³Die Ermäßigung für Beiträge und Spenden an den Verein wird erst wieder gewährt, wenn er sich mit eigenen Wahlvorschlägen an einer Wahl beteiligt hat. ⁴Die Ermäßigung wird in diesem Falle nur für Beiträge und Spenden gewährt, die nach Beginn des Jahres, in dem die Wahl stattfindet, geleistet werden.

²Die Ermäßigung beträgt 50 vom Hundert der Ausgaben, höchstens jeweils 1.500 Deutsche Mark für Ausgaben nach den Nummern 1 und 2, im Falle der Zusammenveranlagung von Ehegatten höchstens jeweils 3.000 Deutsche Mark. ³§ 10 b Abs. 3 und 4 gilt entsprechend.

R 213 b. Zuwendungen an politische Parteien¹)

Für die Inanspruchnahme der Steuerermäßigung nach § 34 g Nr. 1 EStG kommt es nicht darauf an, ob Spenden an eine Partei oder den Gebietsverband nach § 25 Abs. 2 PartG im Rechenschaftsbericht der Partei verzeichnet sind.

Hinweise

Nachweis von Zuwendungen an politische Parteien
→ H 112

Zuwendungen an unabhängige Wählervereinigungen
→ BMF vom 16. 6. 1989 (BStBl I S. 239):
Durch das Gesetz zur steuerlichen Begünstigung von Zuwendungen an unabhängige Wählervereinigungen vom 25. Juli 1988 (BStBl I S. 397) ist § 34 g EStG ausgeweitet worden. Wie für Zuwendungen an politische Parteien wird nach § 34 g Nr. 2 EStG auch für Mitgliedsbeiträge und Spenden an unabhängige Wählervereinigungen, die bestimmte Voraussetzungen erfüllen, eine Tarifermäßigung von 50 v. H. der Ausgaben, höchstens 600 DM²) bzw. 1.200 DM³) im Falle der Zusammenveranlagung von Ehegatten, gewährt. Die Vorschrift gilt nach Artikel 4 Nr. 11 c des Haushaltsbegleitgesetzes 1989 (BStBl I S. 19) rückwirkend ab 1984.
Unter Bezugnahme auf das Ergebnis der Erörterungen mit den obersten Finanzbehörden der Länder gilt für die Anwendung der Vorschrift folgendes:

---

¹) Ab 1994 gegenstandslos wegen Änderung des § 10 b EStG.
²) Ab 1994 1.500 DM.
³) Ab 1994 3.000 DM.

§ 34 g EStG
R 213 b   H 213 b

1. Die Höchstbeträge von 600 DM[1]) und 1.200 DM[2]) im Fall der Zusammenveranlagung von Ehegatten gelten für Mitgliedsbeiträge und Spenden (Zuwendungen) an politische Parteien nach § 34 g Nr. 1 EStG und für Zuwendungen an unabhängige Wählervereinigungen nach § 34 g Nr. 2 EStG gesondert und nebeneinander.

   Als Ausgabe gilt auch die Zuwendung von Wirtschaftsgütern mit Ausnahme von Nutzungen und Leistungen. Zur Bewertung von Sachzuwendungen wird auf § 10 b Abs. 3 EStG hingewiesen.

2. Die Tarifermäßigung nach § 34 g Nr. 2 EStG wird nur für Mitgliedsbeiträge und Spenden an unabhängige Wählervereinigungen in der Rechtsform des eingetragenen oder des nichtrechtsfähigen Vereins gewährt. Ein Sonderausgabenabzug nach § 10 b Abs. 2 EStG ist nicht möglich. Der Zweck einer unabhängigen Wählervereinigung ist auch dann als ausschließlich auf die in § 34 g Nr. 2 Buchstabe a EStG genannten politischen Zwecke gerichtet anzusehen, wenn sie gesellige Veranstaltungen durchführt, die im Vergleich zu ihrer politischen Tätigkeit von untergeordneter Bedeutung sind, und wenn eine etwaige wirtschaftliche Betätigung ihre politische Tätigkeit nicht überwiegt. Ihr Zweck ist dagegen zum Beispiel nicht ausschließlich auf die politische Tätigkeit gerichtet, wenn sie neben dem politischen Zweck einen anderen Satzungszweck zum Beispiel gemeinnütziger oder wirtschaftlicher Art hat.

3. Die nach § 34 g Nr. 2 Buchstabe b EStG ggf. erforderliche Anzeige gegenüber der zuständigen Wahlbehörde oder dem zuständigen Wahlorgan kann formlos in der Zeit vom ersten Tag nach der letzten Wahl bis zu dem Tag erfolgen, an dem die Anmeldefrist für die nächste Wahl abläuft. Die Anzeige kann der zuständigen Wahlbehörde oder dem zuständigen Wahlorgan bereits mehrere Jahre vor der nächsten Wahl zugehen. Sie muß ihr spätestens am Ende des Jahres vorliegen, für das eine Tarifermäßigung für Zuwendungen an die unabhängige Wählervereinigung beantragt wird. Spendenbestätigungen dürfen erst ausgestellt werden, wenn die Anzeige tatsächlich erfolgt ist.

4. Nach § 34 g Satz 3 EStG wird die Steuerermäßigung für Beiträge und Spenden an eine unabhängige Wählervereinigung, die an der jeweils nächsten Wahl nicht teilgenommen hat, erst wieder gewährt, wenn sie sich mit eigenen Wahlvorschlägen an einer Wahl beteiligt hat. Diese einschränkende Regelung gilt nur für Beiträge und Spenden an unabhängige Wählervereinigungen, die der zuständigen Wahlbehörde vor einer früheren Wahl ihre Teilnahme angekündigt und sich dann entgegen dieser Mitteilung nicht an der Wahl beteiligt haben. Sie gilt nicht für unabhängige Wählervereinigungen, die sich an einer früheren Wahl zwar nicht beteiligt, eine Beteiligung an dieser Wahl aber auch nicht angezeigt haben.

   Beispiele:
   a) Der neugegründete Verein A teilt der zuständigen Wahlbehörde im Jahr 01 mit, daß er an der nächsten Kommunalwahl am 20. 5. 03 teilnehmen will. Er nimmt an dieser Wahl jedoch nicht teil, ebenso nicht an der folgenden Wahl im Jahr 08. Im Jahr 09 teilt er der Wahlbehörde mit, daß er an der nächsten Wahl am 5. 4. 13 teilnehmen will. An dieser Wahl nimmt er dann auch tatsächlich teil.

   Die Steuerermäßigung nach § 34 g Nr. 2 EStG kann gewährt werden für Beiträge und Spenden, die in der Zeit vom 1. 1. 01 bis zum 20. 5. 03 und vom 1. 1. 13 bis zum 5. 4. 13 an den Verein geleistet worden sind. In der Zeit vom 21. 5. 03 bis zum 31. 12. 12 geleistete Beiträge und Spenden sind nicht begünstigt. Nach dem 5. 4. 13 geleistete Beiträge und Spenden sind begünstigt, wenn der Verein bei der Wahl am 5. 4. 13 ein Mandat errungen hat oder noch im Jahr 13 anzeigt, daß er an der nächsten Wahl teilnehmen will.

   b) Der Verein B ist in der Wahlperiode 1 mit einem Mandat im Stadtrat vertreten. An der Wahl für die Wahlperiode 2 am 15.10.05 nimmt er nicht teil. Er hatte eine Teilnahme auch nicht angekündigt. Am 20. 11. 05 teilt er der zuständigen Wahlbehörde mit, daß er an der Wahl für die Wahlperiode 3 am 9. 9. 10 teilnehmen will.

   Die Steuerermäßigung kann für alle bis zum 9. 9. 10 an den Verein geleisteten Beiträge und Spenden gewährt werden. Nach diesem Termin geleistete Beiträge und Spenden sind nur begünstigt, wenn der Verein an der Wahl am 9. 9. 10 teilgenommen hat.

---

[1]) Ab 1994 1.500 DM.
[2]) Ab 1994 3.000 DM.

§ 34 g EStG
H 213 b   R 213 c, 213 d

c) Der Verein C wird im Jahr 01 gegründet. An der nächsten Kommunalwahl am 10. 2. 03 nimmt er nicht teil. Er hatte eine Teilnahme an dieser Wahl auch nicht angekündigt. Am 11. 2. 03 teilt er der zuständigen Wahlbehörde mit, daß er an der nächsten Wahl am 15. 3. 08 teilnehmen will.

Die Steuerermäßigung kann für Beiträge und Spenden gewährt werden, die ab dem 1. 1. 03 an den Verein geleistet worden sind. Nach dem 15. 3. 08 geleistete Beiträge und Spenden sind nur begünstigt, wenn der Verein tatsächlich an der Wahl am 15. 3. 08 teilgenommen hat und entweder erfolgreich war (mindestens ein Mandat) oder bei erfolgloser Teilnahme der zuständigen Wahlbehörde mitteilt, daß er auch an der folgenden Wahl teilnehmen will.

5. Eine Teilnahme an einer Wahl liegt nur vor, wenn die Wähler die Möglichkeit haben, die Wählervereinigung zu wählen. Der Wahlvorschlag der Wählervereinigung muß also auf dem Stimmzettel enthalten sein.

6. Der Steuerpflichtige hat dem Finanzamt durch eine Spendenbestätigung der unabhängigen Wählervereinigung nachzuweisen, daß alle Voraussetzungen des § 34 g EStG für die Gewährung der Tarifermäßigung erfüllt sind. Ein Muster für die Gestaltung der Spendenbestätigung ist diesem Schreiben als Anlage beigefügt.   Anlage 6

– unbesetzt –

R 213 c
und
R 213 d

3. Steuerermäßigung bei Belastung mit Erbschaftsteuer

EStG

§ 35

S 2296

¹Sind bei der Ermittlung des Einkommens Einkünfte berücksichtigt worden, die im Veranlagungszeitraum oder in den vorangegangenen vier Veranlagungszeiträumen als Erwerb von Todes wegen der Erbschaftsteuer unterlegen haben, so wird auf Antrag die um sonstige Steuerermäßigungen gekürzte tarifliche Einkommensteuer, die auf diese Einkünfte anteilig entfällt, um den in Satz 2 bestimmten Hundertsatz ermäßigt. ²Der Hundertsatz bemißt sich nach dem Verhältnis, in dem die festgesetzte Erbschaftsteuer zu dem Betrag steht, der sich ergibt, wenn dem erbschaftsteuerpflichtigen Erwerb (§ 10 Abs. 1 Erbschaftsteuergesetz) die Freibeträge nach den §§ 16 und 17 und der steuerfreie Betrag nach § 5 des Erbschaftsteuergesetzes hinzugerechnet werden. ³Die Sätze 1 und 2 gelten nicht, soweit Erbschaftsteuer nach § 10 Abs. 1 Nr. 1 a abgezogen wird.

R 213 e

R 213 e. Steuerermäßigung bei Belastung mit Erbschaftsteuer

S 2296

– unbesetzt –

H 213 e

Hinweise

Begünstigte Einkünfte

Zu den Einkünften im Sinne des § 35 Satz 1 EStG gehören insbesondere Veräußerungsgewinne im Sinne der §§ 14, 16, 17 und 18 Abs. 3 EStG sowie Forderungen aus einer betrieblichen Tätigkeit des Erblassers im Fall der Gewinnermittlung nach § 4 Abs. 3 EStG, die als nachträgliche Betriebseinnahmen den Erben zufließen, aber auch z. B. Einnahmen aus rückständigen Mietforderungen.

Werden bei der Veräußerung von Anteilen an einer GmbH bei wesentlicher Beteiligung auch Anteile veräußert, die im Veranlagungszeitraum der Veräußerung oder in den vorangegangenen vier Veranlagungszeiträumen der Erbschaftsteuer unterlegen haben, so ist die Steuerermäßigung gemäß § 35 EStG wegen Belastung mit Erbschaftsteuer auf die Einkommensteuer zu gewähren, die anteilig auf die mit Erbschaftsteuer belasteten Anteile entfällt (→ BFH vom 10. 3. 1988 – BStBl II S. 832).

Die Steuerermäßigung des § 35 EStG steht einem Erben (Vermächtnisnehmer, Pflichtteilsberechtigten) nur für die Einkünfte zu, die noch nicht bei dem Erblasser als Einkünfte erfaßt worden sind (z. B. stille Reserven, noch nicht zugeflossene Einnahmen) und dennoch als Wertbestandteil der erbschaftsteuerlichen Bereicherung der Erbschaftsteuer unterlegen haben (→ BFH vom 7. 12. 1990 – BStBl 1991 II S. 350).

Beispiel A:

Ein verstorbener Arzt vererbt Honorarforderungen in Höhe von 100.000 DM, die seiner Witwe als Alleinerbin im folgenden Kalenderjahr zufließen. Die Honorarforderungen sind Teil des erbschaftsteuerpflichtigen Erwerbs (§ 10 Abs. 1 ErbStG) von 500.000 DM. Bei der Veranlagung der Witwe zur Einkommensteuer beträgt die Summe der Einkünfte 150.000 DM, in der die Honorarforderungen enthalten sind. Das zu versteuernde Einkommen beträgt 140.000 DM.

1. Belastung mit Erbschaftsteuer

Erbschaftsteuerpflichtiger Erwerb	500.000 DM
zuzüglich:	
Freibetrag nach § 16 Abs. 1 Nr. 1 ErbStG	250.000 DM
Freibetrag nach § 17 Abs. 1 ErbStG	<u>250.000 DM</u>
Gesamterwerb	1.000.000 DM
Erbschaftsteuer nach Steuerklasse I:	
7,5 v. H. von 500.000 DM =	37.500 DM

	Verhältnis der Erbschaftsteuer zum Gesamterwerb: 37.500 : 1.000.000 =	3,75 v. H.
2.	Belastung mit Einkommensteuer	
	Summe der Einkünfte	150.000 DM
	zu versteuerndes Einkommen	140.000 DM
	tarifliche Einkommensteuer nach § 32 a Abs. 6 Nr. 1 EStG (Splittingtabelle)	36.096 DM
	Von diesem Betrag entfallen auf die zugeflossenen Honorarforderungen anteilig: $\frac{100.000 \times 36.096}{150.000}$ = (abgerundet)	24.064 DM
3.	Minderung der Einkommensteuer von	36.096 DM
	um 3,75 v. H. von 24.064 DM (abgerundet)	− 902 DM
		35.194 DM

Beispiel B:

Zum Nachlaß gehört ein unbebautes Betriebsgrundstück, das beim Erwerb von Todes wegen mit einem Einheitswert von 100.000 DM + Zuschlag von 40 v. H. = 140.000 DM angesetzt worden ist. Das Grundstück wird im folgenden Jahr veräußert.

Der Buchwert des Grundstücks beträgt	150.000 DM
Veräußerungserlös	500.000 DM
Die auf den Veräußerungsgewinn von	350.000 DM

entfallende Einkommensteuer kann nicht ermäßigt werden, weil insoweit keine Belastung mit Erbschaftsteuer vorliegt.

Jährliche Versteuerung nach § 23 ErbStG

Bei Renten, Nießbrauchsrechten und sonstigen wiederkehrenden Leistungen, für die der Erwerber bei der Erbschaftsteuer die jährliche Versteuerung nach § 23 ErbStG beantragt hat, wird die Jahreserbschaftsteuer weiterhin als dauernde Last nach § 10 Abs. 1 Nr. 1 a EStG abgezogen. Eine Ermäßigung der tariflichen Einkommensteuer kommt daher in diesen Fällen nicht in Betracht (§ 35 letzter Satz EStG).

Frühere Erbfälle

Hat der Steuerpflichtige eine durch frühere Erbfälle ausgelöste Erbschaftsteuer nur als Nachlaßverbindlichkeit getragen, kann die Einkommensteuer nicht nach § 35 EStG ermäßigt werden (→ BFH vom 31. 3. 1977 – BStBl II S. 609).

Urheberrecht

Die auf Einkünfte aus der Nutzung eines ererbten Urheberrechts entfallende Einkommensteuer kann auch dann nicht nach § 35 EStG gemildert werden, wenn der Ertragswert des Urheberrechts der Erbschaftsteuer unterlegen hat (→ BFH vom 21. 12. 1994 – BStBl 1995 II S. 321).

VI. Steuererhebung

1. Erhebung der Einkommensteuer

EStG

§ 36
Entstehung und Tilgung der Einkommensteuer

(1) Die Einkommensteuer entsteht, soweit in diesem Gesetz nichts anderes bestimmt ist, mit Ablauf des Veranlagungszeitraums.

¹) (2) Auf die Einkommensteuer werden angerechnet:

1. die für den Veranlagungszeitraum entrichteten Einkommensteuer-Vorauszahlungen (§ 37);

²) ³) 2. die durch Steuerabzug erhobene Einkommensteuer, soweit sie auf die bei der Veranlagung erfaßten Einkünfte oder auf die nach § 8 b Abs. 1 des Körperschaftsteuergesetzes bei der Ermittlung des Einkommens außer Ansatz bleibenden Bezüge entfällt und nicht die Erstattung beantragt oder durchgeführt ist;

S 2299 b
²) 3. die Körperschaftsteuer einer unbeschränkt körperschaftsteuerpflichtigen Körperschaft oder Personenvereinigung in Höhe von ³/₇ der Einnahmen im Sinne des § 20 Abs. 1 Nr. 1 oder 2, soweit diese nicht aus Ausschüttungen stammen, für die Eigenkapital im Sinne des § 30 Abs. 2 Nr. 1 des Körperschaftsteuergesetzes als verwendet gilt. ²Das gleiche gilt bei Einnahmen im Sinne des § 20 Abs. 2 Satz 1 Nr. 2 Buchstabe a, die aus der erstmaligen Veräußerung von Dividendenscheinen oder sonstigen Ansprüchen durch den Anteilseigner erzielt worden sind; in diesen Fällen beträgt die anrechenbare Körperschaftsteuer höchstens ³/₇ des Betrags, der auf die veräußerten Ansprüche ausgeschüttet wird. ³Die Anrechnung erfolgt unabhängig von der Entrichtung der Körperschaftsteuer. ⁴Die Körperschaftsteuer wird nicht angerechnet:

a) in den Fällen des § 36 a;

b) wenn die in den §§ 44, 45 oder 46 des Körperschaftsteuergesetzes bezeichnete Bescheinigung nicht vorgelegt worden ist;

c) wenn die Vergütung nach den §§ 36 b, 36 c oder 36 d beantragt oder durchgeführt worden ist;

---

¹) In Absatz 2 wurde durch das JStG 1996 und das JStErgG 1996 ab VZ 1996 ein neuer Satz 1 eingefügt. Der bisherige Satz 1 wurde Satz 2.
  a) Folgender neuer Satz 1 wurde eingefügt:
    „¹Wurde das Einkommen in den Fällen des § 31 um den Kinderfreibetrag vermindert, so wird im entsprechenden Umfang das gezahlte Kindergeld der Einkommensteuer hinzugerechnet; § 11 Abs. 1 findet insoweit keine Anwendung."
    Einführungsschreiben zum Familienleistungsausgleich ab VZ 1996 → BMF vom 18. 12. 1995 (BStBl I S. 805; Anhang 14 a).
  b) Der bisherige Satz 1 wird Satz 2 und wie folgt geändert:
    – In Nummer 2 wird der Strichpunkt durch einen Punkt ersetzt und folgender neuer Satz angefügt:
      ²„Die durch Steuerabzug erhobene Einkommensteuer wird nicht angerechnet, wenn die in § 45 a Abs. 2 oder 3 bezeichnete Bescheinigung nicht vorgelegt worden ist;".
    – In Nummer 3 Satz 4 Buchstabe f werden hinter dem Wort „Einnahmen" die Worte „oder die anrechenbare Körperschaftsteuer" eingefügt.

²) Absatz 2 Nr. 2 und Nr. 3 Satz 1 bis 3 gilt erstmals
  a) für Ausschüttungen, die auf einem den gesellschaftsrechtlichen Vorschriften entsprechenden Gewinnverteilungsbeschluß für ein abgelaufenes Wirtschaftsjahr beruhen und die in dem ersten nach dem 31. Dezember 1993 endenden Wirtschaftsjahr der ausschüttenden Körperschaft erfolgen und
  b) für andere Ausschüttungen und sonstige Leistungen, die in dem letzten vor dem 1. Januar 1994 endenden Wirtschaftsjahr der ausschüttenden Körperschaft erfolgen.
  Für die VZ 1993 und 1994 ist weitere Voraussetzung für die Anwendung, daß eine Steuerbescheinigung vorliegt, die die nach § 36 Abs. 2 Nr. 3 Satz 1 und 2 EStG anrechenbare Körperschaftsteuer in Höhe von ³/₇ sowie die Höhe der Leistung, für die der Teilbetrag im Sinne des § 30 Abs. 2 Nr. 1 des Körperschaftsteuergesetzes als verwendet gilt, ausweist (→ § 52 Abs. 27 EStG).

³) Absatz 2 Satz 1 Nr. 2 wurde durch das JStG 1996 ab VZ 1996 geändert.

§ 36 EStG
H 213 f   R 213 f

d) wenn bei Einnahmen aus der Veräußerung von Dividendenscheinen oder sonstigen Ansprüchen durch den Anteilseigner die veräußerten Ansprüche erst nach Ablauf des Kalenderjahres fällig werden, das auf den Veranlagungszeitraum folgt;
e) wenn die Einnahmen nach einem Abkommen zur Vermeidung der Doppelbesteuerung in dem anderen Vertragsstaat besteuert werden können;
f) wenn die Einnahmen bei der Veranlagung nicht erfaßt werden; [1]
g) wenn sie auf Einnahmen aus Kapitalvermögen im Sinne des § 20 Abs. 1 Nr. 1 oder 2 entfällt, soweit diese nicht zur Festsetzung einer Einkommensteuer führen, weil ihnen damit zusammenhängende abziehbare Aufwendungen mit Ausnahme marktüblicher Kreditkosten gegenüberstehen, die bei dem Empfänger nicht der deutschen Besteuerung unterliegen.

(3) ¹Die Steuerbeträge nach Absatz 2 Nr. 2 und 3 sind jeweils auf volle Deutsche Mark aufzurunden. ²Bei den durch Steuerabzug erhobenen Steuern ist jeweils die Summe der Beträge einer einzelnen Abzugsteuer aufzurunden.

(4) ¹Wenn sich nach der Abrechnung ein Überschuß zuungunsten des Steuerpflichtigen ergibt, hat der Steuerpflichtige (Steuerschuldner) diesen Betrag, soweit er den fällig gewordenen, aber nicht entrichteten Einkommensteuer-Vorauszahlungen entspricht, sofort, im übrigen innerhalb eines Monats nach Bekanntgabe des Steuerbescheids zu entrichten (Abschlußzahlung). ²Wenn sich nach der Abrechnung ein Überschuß zugunsten des Steuerpflichtigen ergibt, wird dieser dem Steuerpflichtigen nach Bekanntgabe des Steuerbescheids ausgezahlt. ³Bei Ehegatten, die nach den §§ 26, 26 b zusammen zur Einkommensteuer veranlagt worden sind, wirkt die Auszahlung an einen Ehegatten auch für und gegen den anderen Ehegatten.

R 213 f. Anrechnung von Steuervorauszahlungen, von Steuerabzugsbeträgen und von Körperschaftsteuer   R 213 f

Die Vorschriften über die Aufhebung oder Änderung von Steuerfestsetzungen können – auch wenn im Einkommensteuerbescheid die Steuerfestsetzung und die Anrechnung technisch zusammengefaßt sind – nicht auf die Anrechnung angewendet werden.   S 2298 S 2299 b

---

Hinweise   H 213 f

Abtretung

Der Anspruch auf die Anrechnung von Steuerabzugsbeträgen und von Körperschaftsteuer kann nicht abgetreten werden. Abgetreten werden kann nur der Anspruch auf Erstattung von überzahlter Einkommensteuer, der sich durch den Anrechnungsbetrag ergibt. Der Erstattungsanspruch entsteht wie die zu veranlagende Einkommensteuer mit Ablauf des Veranlagungszeitraums. Die Abtretung wird erst wirksam, wenn sie der Gläubiger nach diesem Zeitpunkt der zuständigen Finanzbehörde anzeigt (§ 46 Abs. 2 AO).

Anrechnung

1. Änderungen

   Die Anrechnung von Steuervorauszahlungen, von Steuerabzugsbeträgen und von Körperschaftsteuer, die sich als unzutreffend erwiesen hat, kann bis zum Ablauf der Zahlungsverjährung jederzeit zugunsten des Steuerpflichtigen geändert werden. Stellt sich heraus, daß die Anrechnungsverfügung einen Fehler zugunsten des Steuerpflichtigen enthält, kann unabhängig vom Vorliegen der Voraussetzungen der §§ 130, 131 AO die Anrechnungsverfügung durch Erlaß eines Abrechnungsbescheids nach § 218 Abs. 2 Satz 1 AO ersetzt werden (→ BFH vom 28. 4. 1993 – BStBl II S. 836).

2. bei Veranlagung

   Die Anrechnung von Steuerabzugsbeträgen und von Körperschaftsteuer ist unzulässig, soweit die Erstattung oder Vergütung beantragt oder durchgeführt worden ist (§ 36 Abs. 2 Nr. 2, § 36 Abs. 2 Nr. 3 Buchstabe c EStG).

---

[1] Absatz 2 Nr. 3 Satz 4 Buchstabe f wurde durch das JStG 1996 ab VZ 1996 geändert.

§ 36 EStG
R 213 g, 213 h   H 213 f, 213 g

Durch einen bestandskräftig abgelehnten Antrag auf Erstattung von Kapitalertragsteuer oder auf Vergütung von Körperschaftsteuer wird die Anrechnung von Kapitalertragsteuer oder Körperschaftsteuer bei der Veranlagung zur Einkommensteuer nicht ausgeschlossen.

3. Teil der Steuererhebung

Die Anrechnung von Steuervorauszahlungen (§ 36 Abs. 2 Nr. 1 EStG), von erhobenen Steuerabzugsbeträgen (§ 36 Abs. 2 Nr. 2 EStG) und Körperschaftsteuer (§ 36 Abs. 2 Nr. 3 EStG) auf die Einkommensteuer ist Teil der Steuererhebung (→ BFH vom 14. 11. 1984 – BStBl 1985 II S. 216).

R 213 g

R 213 g. Zusammenhang zwischen der Besteuerung der Kapitalerträge und der Anrechnung von Kapitalertragsteuer oder von Körperschaftsteuer

S 2298
S 2299 b
S 2204

(1) ¹Die Anrechnung von Kapitalertragsteuer und Körperschaftsteuer setzt voraus, daß die der Anrechnung zugrunde liegenden Einnahmen bei der Veranlagung erfaßt werden. ²Ob die Einnahmen im Rahmen der Einkünfte aus Kapitalvermögen anfallen oder bei einer anderen Einkunftsart, ist für die Anrechnung unerheblich.

(2) ¹Zu den Voraussetzungen für die Anrechnung von Körperschaftsteuer gehört auch, daß der Anteilseigner eine Steuerbescheinigung im Sinne des § 44, des § 45 oder des § 46 KStG vorlegt. ²Hat er diese Bescheinigung bis zum Zeitpunkt der Veranlagung nicht vorgelegt, sind die Einnahmen im Sinne des § 20 Abs. 1 Nr. 1 oder 2 oder Abs. 2 Nr. 2 Buchstabe a EStG zu erfassen. ³Die hierauf entfallende Körperschaftsteuer ist in diesem Fall nicht als Einnahme anzusetzen und nicht auf die Einkommensteuer anzurechnen. ⁴Wird die Steuerbescheinigung später nachgereicht, ist die Steuerfestsetzung nach Maßgabe der Vorschriften über die Änderung von Steuerbescheiden in der Weise zu ändern, daß die anzurechnende Körperschaftsteuer als Einnahme erfaßt wird; die Körperschaftsteuer ist auf die Einkommensteuer anzurechnen.

H 213 g | **Hinweise**

Anrechnung in Fällen noch nicht gezahlter Dividenden

Eine Anrechnung kommt auch in Betracht, wenn der Anspruch bei der steuerlichen Gewinnermittlung als Betriebsvermögen anzusetzen ist (→ BFH vom 3. 12. 1980 – BStBl 1981 II S. 184). Für Mitunternehmer von Personengesellschaften, die an Kapitalgesellschaften beteiligt sind, gilt das auch dann, wenn die gesonderte Feststellung, aus der sich die Höhe der Einkünfte und der anzurechnenden Steuer ergibt, noch nicht durchgeführt worden ist.

R 213 h

R 213 h. Anrechnung von Körperschaftsteuer bei Auslandsbeziehungen

S 2299 b

(1) ¹In den Fällen des Artikels 4 Abs. 3 des DBA (Schweiz) vom 11. 8. 1971, in denen der Anteilseigner in der Bundesrepublik Deutschland eine ständige Wohnstätte oder seinen gewöhnlichen Aufenthalt hat, aber in der Schweiz als ansässig gilt, steht der Bundesrepublik Deutschland – vom Kapitalertragsteuerabzug nach Abkommensrecht abgesehen – lediglich ein nachrangiges Besteuerungsrecht zu. ²Die Anrechnung von Körperschaftsteuer ist deshalb ausgeschlossen (§ 36 Abs. 2 Nr. 3 Buchstabe e EStG). ³Zur Vermeidung von Härten kann die Einkommensteuer, die auf Grund des nachrangigen Besteuerungsrechts erhoben wird,

Anhang 2

in sinngemäßer Anwendung der Grundsätze des § 2 Abs. 6 AStG begrenzt werden.

(2) ¹Bei erweiterter beschränkter Steuerpflicht ist die Körperschaftsteuer anzurechnen, wenn die Einnahmen, die zur Anrechnung berechtigen, im Inland bei der Veranlagung zur Einkommensteuer erfaßt werden und die für diese Einnahmen festzusetzende Einkommensteuer der Höhe nach nicht durch ein DBA begrenzt ist. ²Die nach § 50 Abs. 3 Satz 2 EStG festzusetzende Mindesteinkommensteuer darf die Steuerabzugsbeträge nicht unterschreiten (§ 2 Abs. 5 Satz 3 AStG). ³Soweit in den Fällen des Artikels 4 Abs. 4 des DBA (Schweiz)

Anhang 2

der Bundesrepublik Deutschland ein Besteuerungsrecht zusteht, ist die Anrechnung von

§ 36 EStG
H 213 h **R 213 h**

Körperschaftsteuer ausgeschlossen (§ 36 Abs. 2 Nr. 3 Buchstabe e EStG). ⁴Die auf Grund des § 2 Abs. 1 und 5 AStG zusätzlich zu entrichtende deutsche Steuer wird nach Maßgabe des § 2 Abs. 6 AStG begrenzt.

Hinweise

H 213 h

Beschränkt steuerpflichtige Anteilseigner
→ § 50 Abs. 5 letzter Satz EStG

Zweitwohnsitz in anderem Staat

§ 36 Abs. 2 Nr. 3 Buchstabe e EStG schließt die Anrechnung von Körperschaftsteuer insbesondere für die Fälle aus, in denen ein unbeschränkt steuerpflichtiger Anteilseigner einen zweiten Wohnsitz in einem anderen Staat hat und das mit diesem Staat bestehende Abkommen zur Vermeidung der Doppelbesteuerung das Besteuerungsrecht – vom Kapitalertragsteuerabzug nach Abkommensrecht abgesehen – dem anderen Staat zuweist.

Anhang 12

§ 36 a EStG
R 213 i   H 213 i

EStG
S 2299 c

§ 36 a
Ausschluß der Anrechnung von Körperschaftsteuer in Sonderfällen

(1) ¹Die Anrechnung von Körperschaftsteuer nach § 36 Abs. 2 Nr. 3 ist einem Anteilseigner mit beherrschendem Einfluß auf die ausschüttende Körperschaft oder Personenvereinigung zu versagen oder bei ihm rückgängig zu machen, soweit die anzurechnende Körperschaftsteuer nicht durch die ihr entsprechende gezahlte Körperschaftsteuer gedeckt ist und nach Beginn der Vollstreckung wegen dieser rückständigen Körperschaftsteuer anzunehmen ist, daß die vollständige Einziehung keinen Erfolg haben wird. ²Das gleiche gilt für einen wesentlich beteiligten Anteilseigner ohne beherrschenden Einfluß.

(2) ¹Absatz 1 ist nur anzuwenden, wenn der beherrschende Einfluß oder die wesentliche Beteiligung zu einem Zeitpunkt innerhalb der letzten drei Jahre vor dem Jahr der Ausschüttung bestanden hat. ²Ein Anteilseigner gilt als wesentlich beteiligt im Sinne des Absatzes 1, wenn er zu mehr als 25 vom Hundert unmittelbar oder mittelbar beteiligt war.

(3) Wird die Anrechnung rückgängig gemacht, so ist der Steuerbescheid zu ändern.

(4) Soweit die Körperschaftsteuer nachträglich gezahlt wird, ist bei dem Anteilseigner die Anrechnung durchzuführen und der Steuerbescheid zu ändern.

R 213 i

R 213 i. Anteilseigner mit beherrschendem Einfluß

– unbesetzt –

H 213 i

Hinweise

Beherrschender Einfluß

Es ist von der Rechtsprechung zur steuerlichen Anerkennung rückwirkender Gehaltsvereinbarungen einer Kapitalgesellschaft mit ihrem Gesellschafter-Geschäftsführer auszugehen;
→ A 31 Abs. 5 KStR.

§ 36 b
Vergütung von Körperschaftsteuer

(1) ¹Einem Anteilseigner, der Einnahmen im Sinne des § 20 Abs. 1 Nr. 1 oder 2 bezieht und im Zeitpunkt ihres Zufließens unbeschränkt einkommensteuerpflichtig ist, wird die anrechenbare Körperschaftsteuer auf Antrag vergütet, wenn anzunehmen ist, daß für ihn eine Veranlagung zur Einkommensteuer nicht in Betracht kommt oder ein Freistellungsauftrag im Sinne des § 44 a Abs. 2 Satz 1 oder eine Bescheinigung im Sinne des § 44 a Abs. 5 vorliegt. ²§ 36 Abs. 2 Nr. 3 Sätze 1, 3 und 4 Buchstaben a und e ist entsprechend anzuwenden. ³Die für die Höhe der Vergütung erforderlichen Angaben sind durch die Bescheinigung eines inländischen Kreditinstituts im Sinne des § 44 Abs. 1 Satz 3 oder des § 45 des Körperschaftsteuergesetzes nachzuweisen.

(2) ¹Der Anteilseigner hat durch eine Bescheinigung des für ihn zuständigen Wohnsitzfinanzamts nachzuweisen, daß er unbeschränkt einkommensteuerpflichtig ist und daß für ihn eine Veranlagung zur Einkommensteuer voraussichtlich nicht in Betracht kommt. ²Die Bescheinigung ist unter dem Vorbehalt des Widerrufs auszustellen. ³Ihre Geltungsdauer darf höchstens drei Jahre betragen; sie muß am Schluß eines Kalenderjahrs enden. ⁴Fordert das Finanzamt die Bescheinigung zurück oder erkennt der Anteilseigner, daß die Voraussetzungen für ihre Erteilung weggefallen sind, so hat der Anteilseigner dem Finanzamt die Bescheinigung zurückzugeben.

(3) ¹Für die Vergütung ist das Bundesamt für Finanzen zuständig. ²Der Antrag ist nach amtlich vorgeschriebenem Muster zu stellen und zu unterschreiben.

(4) ¹Die Antragsfrist endet am 31. Dezember des Jahres, das dem Kalenderjahr folgt, in dem die Einnahmen zugeflossen sind. ²Die Frist kann nicht verlängert werden.

(5) Die Vergütung ist ausgeschlossen,
1. wenn die Vergütung nach § 36 d beantragt oder durchgeführt worden ist,
2. wenn die vorgeschriebenen Bescheinigungen nicht vorgelegt oder durch einen Hinweis nach § 45 Abs. 2 des Körperschaftsteuergesetzes gekennzeichnet worden sind.

R 213 j. **Vergütung von Körperschaftsteuer und Erstattung von Kapitalertragsteuer durch das Bundesamt für Finanzen nach den §§ 36 b, 36 c, 44 b Abs. 1 EStG**

(1) Liegen die Voraussetzungen für die Vergütung von Körperschaftsteuer und die Erstattung von Kapitalertragsteuer durch das Bundesamt für Finanzen nach den §§ 36 b, 44 b Abs. 1 EStG vor, so kann der Anteilseigner wählen, ob er die Vergütung und Erstattung im Rahmen
1. eines Einzelantrags (→ R 213 k) oder
2. eines Sammelantragsverfahrens (→ R 213 l)

beansprucht.

(2) Die Verfahren zur Vergütung von Körperschaftsteuer nach den §§ 36 b und 36 c EStG und zur Erstattung von Kapitalertragsteuer nach § 44 b Abs. 1 EStG sind zu verbinden.

R 213 k. **Einzelantrag beim Bundesamt für Finanzen (§§ 36 b, 44 b Abs. 1 EStG)**

(1) Voraussetzungen für die Vergütung/Erstattung:
1. Dem auf amtlichem Vordruck zu stellenden Antrag ist das Original
   - der vom zuständigen Wohnsitzfinanzamt ausgestellten Nichtveranlagungs-(NV-)Bescheinigung oder
   - des Freistellungsauftrags oder der Bescheinigung im Sinne des § 44 a Abs. 5 Satz 2 EStG

   beizufügen.
2. ¹Der Anteilseigner weist die Höhe der anrechenbaren Körperschaftsteuer und Kapitalertragsteuer durch die Urschrift der Steuerbescheinigung oder durch eine als solche gekennzeichnete Ersatzbescheinigung eines inländischen Kreditinstituts nach (§ 44

Abs. 1 Satz 3 und Abs. 4, § 45 KStG; § 45 a Abs. 3 EStG). ²Wegen der Steuerbescheinigung bei Ehegatten, bei denen die Voraussetzungen des § 26 Abs. 1 EStG vorliegen, → Abschnitt 99 Abs. 6 KStR 1990.

3. ¹Die in Nummer 2 bezeichnete Steuerbescheinigung ist nicht durch einen Hinweis nach § 45 Abs. 2 KStG gekennzeichnet. ²Zu dieser Kennzeichnung ist das Kreditinstitut verpflichtet, wenn die Aktien oder die Anteilscheine an einem Sondervermögen im Sinne des Gesetzes über Kapitalanlagegesellschaften im Zeitpunkt des Zufließens der Kapitalerträge nicht bei dem Kreditinstitut in einem Wertpapierdepot verzeichnet waren, das auf den Namen des Anteilseigners lautet (§ 36 b Abs. 5 Nr. 2 EStG, § 45 Abs. 2 KStG, §§ 39 a, 49 KAGG). ³Die Kennzeichnung kommt insbesondere bei Aktien oder Anteilscheinen in Betracht, die der Inhaber selbst aufbewahrt, z. B. in einem Bankschließfach. ⁴Die Steuerbescheinigung ist auch zu kennzeichnen, wenn Ausschüttungen auf Anteile an einer GmbH von der Vorlage eines Dividendenscheins abhängig sind.

(2) ¹Eine NV-Bescheinigung ist nicht zu erteilen, wenn der Anteilseigner voraussichtlich von Amts wegen oder auf Antrag zur Einkommensteuer veranlagt wird. ²Das gilt auch, wenn die Veranlagung voraussichtlich nicht zur Festsetzung einer Steuer führt. ³Im Fall der Eheschließung hat der Anteilseigner eine vorher auf seinen Namen ausgestellte NV-Bescheinigung an das Finanzamt auch zurückzugeben, wenn die Geltungsdauer noch nicht abgelaufen ist. ⁴Das Finanzamt hat auf Antrag eine neue NV-Bescheinigung auszustellen, wenn anzunehmen ist, daß für den unbeschränkt steuerpflichtigen Anteilseigner und seinen Ehegatten auch nach der Eheschließung eine Veranlagung zur Einkommensteuer nicht in Betracht kommt; bei Veranlagung auf Antrag gilt Satz 1 entsprechend. ⁵Für Kapitalerträge, die nach einem Erbfall zugeflossen sind, berechtigt eine auf den Namen des Erblassers ausgestellte NV-Bescheinigung nicht zur Vergütung der Körperschaftsteuer und zur Erstattung der Kapitalertragsteuer an die Erben.

§ 36 c
Vergütung von Körperschaftsteuer auf Grund von Sammelanträgen

EStG
S 2299 e

(1) ¹Wird in den Fällen des § 36 b Abs. 1 der Antrag auf Vergütung von Körperschaftsteuer in Vertretung des Anteilseigners durch ein inländisches Kreditinstitut gestellt, so kann von der Übersendung der in § 36 b Abs. 2 dieses Gesetzes und in § 44 Abs. 1 Satz 3 oder in § 45 des Körperschaftsteuergesetzes bezeichneten Bescheinigungen abgesehen werden, wenn das Kreditinstitut versichert,

1. daß eine Bescheinigung im Sinne des § 44 Abs. 1 Satz 3 oder des § 45 des Körperschaftsteuergesetzes nicht ausgestellt oder als ungültig gekennzeichnet oder nach den Angaben des Anteilseigners abhanden gekommen oder vernichtet ist,
2. daß die Aktie im Zeitpunkt des Zufließens der Einnahmen in einem auf den Namen des Anteilseigners lautenden Wertpapierdepot bei dem Kreditinstitut verzeichnet war,
3. daß ihm eine Bescheinigung im Sinne des § 36 b Abs. 2 oder ein Freistellungsauftrag im Sinne des § 44 a Abs. 2 Satz 1 oder eine Bescheinigung im Sinne des § 44 a Abs. 5 vorliegt und
4. daß die Angaben in dem Antrag wahrheitsgemäß nach bestem Wissen und Gewissen gemacht worden sind.

²Über Anträge, in denen das Kreditinstitut versichert, daß die Bescheinigung als ungültig gekennzeichnet oder nach den Angaben des Anteilseigners abhanden gekommen oder vernichtet ist, hat es Aufzeichnungen zu führen. ³Das Recht der Finanzbehörden zur Ermittlung des Sachverhalts bleibt unberührt.

(2) ¹Absatz 1 gilt entsprechend für Anträge, die

1. eine Kapitalgesellschaft in Vertretung ihrer Arbeitnehmer stellt, soweit es sich um Einnahmen aus Anteilen handelt, die den Arbeitnehmern von der Kapitalgesellschaft überlassen worden sind und von ihr oder einem inländischen Kreditinstitut verwahrt werden;
2. der von einer Kapitalgesellschaft bestellte Treuhänder in Vertretung der Arbeitnehmer dieser Kapitalgesellschaft stellt, soweit es sich um Einnahmen aus Anteilen handelt, die den Arbeitnehmern von der Kapitalgesellschaft überlassen worden sind und von dem Treuhänder oder einem inländischen Kreditinstitut verwahrt werden;
3. eine Erwerbs- oder Wirtschaftsgenossenschaft in Vertretung ihrer Mitglieder stellt, soweit es sich um Einnahmen aus Anteilen an dieser Genossenschaft handelt.

²Den Arbeitnehmern im Sinne der Nummern 1 und 2 stehen Arbeitnehmer eines mit der Kapitalgesellschaft verbundenen Unternehmens (§ 15 Aktiengesetz) sowie frühere Arbeitnehmer der Kapitalgesellschaft oder eines mit ihr verbundenen Unternehmens gleich. ³Den von der Kapitalgesellschaft überlassenen Anteilen stehen Aktien gleich, die den Arbeitnehmern bei einer Kapitalerhöhung auf Grund ihres Bezugsrechts aus den von der Kapitalgesellschaft überlassenen Aktien zugeteilt worden sind oder die den Arbeitnehmern auf Grund einer Kapitalerhöhung aus Gesellschaftsmitteln gehören.

(3) ¹Erkennt der Vertreter des Anteilseigners vor Ablauf der Festsetzungsfrist im Sinne der §§ 169 bis 171 der Abgabenordnung, daß die Vergütung ganz oder teilweise zu Unrecht festgesetzt worden ist, so hat er dies dem Bundesamt für Finanzen anzuzeigen. ²Das Bundesamt für Finanzen hat die zu Unrecht gezahlte Vergütung von dem Anteilseigner zurückzufordern, für den sie festgesetzt worden ist. ³Der Vertreter des Anteilseigners haftet für die zurückzuzahlende Vergütung.

(4) ¹§ 36 b Abs. 1 bis 4 und 5 Nr. 1 gilt entsprechend. ²Die Antragsfrist gilt als gewahrt, wenn der Anteilseigner die beantragende Stelle bis zu dem in § 36 b Abs. 4 bezeichneten Zeitpunkt schriftlich mit der Antragstellung beauftragt hat.

(5) Die Vollmacht, den Antrag auf Vergütung von Körperschaftsteuer zu stellen, ermächtigt zum Empfang der Steuervergütung.

§ 36 c EStG
R 213 l

R 213 l. Sammelantrag beim Bundesamt für Finanzen (§§ 36 c, 44 b Abs. 1 EStG)

S 2299 e
S 2410

(1) ¹Der Anteilseigner muß den Sammelantragsteller zu seiner Vertretung bevollmächtigt haben. ²Der Nachweis einer Vollmacht ist nur zu verlangen, wenn begründete Zweifel an der Vertretungsmacht bestehen. ³Abweichend von § 80 Abs. 1 Satz 2 AO ermächtigt bei einem Sammelantrag auf Vergütung von Körperschaftsteuer und Erstattung von Kapitalertragsteuer die für die Antragstellung erteilte Vollmacht auch zum Empfang der Steuervergütungen und -erstattungen.

(2) Die Anweisungen in R 213 k Abs. 1 gelten für den Sammelantrag mit folgenden Abweichungen:

1. Beauftragt der Anteilseigner einen in § 36 c EStG genannten Vertreter, einen Sammelantrag beim Bundesamt für Finanzen zu stellen, hat er dem Vertreter das Original der NV-Bescheinigung, des Freistellungsauftrags oder der Bescheinigung im Sinne des § 44 a Abs. 5 Satz 2 EStG vorzulegen.

2. ¹In den Sammelantrag auf Vergütung von Körperschaftsteuer und Erstattung von Kapitalertragsteuer dürfen auch Einnahmen einbezogen werden, für die der Anteilseigner vor dem Beginn des Kalenderjahrs, in dem die Einnahmen zugeflossen sind, die Ausstellung einer Jahressteuerbescheinigung im Sinne des Abschnitts 100 KStR 1990 beantragt hat, wenn der Vertreter des Anteilseigners versichert, daß eine Steuerbescheinigung nicht erteilt worden ist. ²Das gleiche gilt für Einnahmen, für die dem Anteilseigner eine Steuerbescheinigung ausgestellt worden ist, wenn der Vertreter des Anteilseigners versichert, daß die Bescheinigung als ungültig gekennzeichnet oder nach den Angaben des Anteilseigners abhanden gekommen oder vernichtet ist.

(3) ¹Sammelanträge sind entweder auf Listen oder auf maschinell verwertbaren Datenträgern an das Bundesamt für Finanzen zu richten. ²Für Sammelanträge auf maschinell verwertbaren Datenträgern gelten die Bestimmungen der Sammelantrags-Datenträger-Verordnung (SaDV) vom 7. 8. 1993 (BGBl. I S. 1426)[¹].

(4) ¹Für die Vergütung von Körperschaftsteuer bei Erträgen aus Investmentanteilen gilt § 36 c Abs. 1 EStG entsprechend. ²Für die Erstattung von Kapitalertragsteuer bei Kapitalerträgen im Sinne des § 43 Abs. 1 Nr. 2 EStG gilt § 36 c Abs. 1 und § 36 c Abs. 2 Nr. 1 und 2 EStG entsprechend.

[¹] Neugefaßt am 10. 5. 1995 (→ BGBl. I S. 684; BStBl I S. 289).

§ 36 d
Vergütung von Körperschaftsteuer in Sonderfällen

(1) ¹In den Fällen des § 36 c Abs. 2 wird die anrechenbare Körperschaftsteuer an den dort bezeichneten Vertreter unabhängig davon vergütet, ob für den Anteilseigner eine Veranlagung in Betracht kommt und ob eine Bescheinigung im Sinne des § 36 b Abs. 2 vorgelegt wird, wenn der Vertreter sich in einem Sammelantrag bereit erklärt hat, den Vergütungsbetrag für den Anteilseigner entgegenzunehmen. ²Die Vergütung nach Satz 1 wird nur für Anteilseigner gewährt, deren Bezüge im Sinne des § 20 Abs. 1 Nr. 1 und 2 im Wirtschaftsjahr 100 Deutsche Mark nicht überstiegen haben.

(2) ¹Werden in den Fällen des § 36 c Abs. 2 Satz 1 Nr. 1 oder 2 die Anteile von einem inländischen Kreditinstitut in einem Wertpapierdepot verwahrt, das auf den Namen des Anteilseigners lautet, setzt die Vergütung nach Absatz 1 zusätzlich voraus:
1. Das Kreditinstitut hat die Überlassung der Anteile durch die Kapitalgesellschaft an den Anteilseigner kenntlich gemacht;
2. es handelt sich nicht um Aktien, die den Arbeitnehmern bei einer Kapitalerhöhung auf Grund ihres Bezugsrechts aus den von der Kapitalgesellschaft überlassenen Aktien zugeteilt worden sind oder die den Arbeitnehmern auf Grund einer Kapitalerhöhung aus Gesellschaftsmitteln gehören;
3. der Anteilseigner hat dem Kreditinstitut für das Wertpapierdepot eine Bescheinigung im Sinne des § 36 b Abs. 2 nicht vorgelegt und
4. die Kapitalgesellschaft versichert,
   a) daß die Bezüge aus den von ihr insgesamt überlassenen Anteilen bei keinem der Anteilseigner den Betrag von 100 Deutsche Mark überstiegen haben können und
   b) daß das Kreditinstitut schriftlich erklärt hat, daß die in den Nummern 1 bis 3 bezeichneten Voraussetzungen erfüllt sind.

²Ist die in Nummer 4 Buchstabe b bezeichnete Erklärung des Kreditinstituts unrichtig, haftet es für die auf Grund der Erklärung zu Unrecht gewährten Steuervorteile.

(3) ¹Das Finanzamt kann einer unbeschränkt steuerpflichtigen Körperschaft auch in anderen als den in § 36 c Abs. 2 bezeichneten Fällen gestatten, in Vertretung ihrer unbeschränkt steuerpflichtigen Anteilseigner einen Sammelantrag auf Vergütung von Körperschaftsteuer zu stellen,
1. wenn die Zahl der Anteilseigner, für die der Sammelantrag gestellt werden soll, besonders groß ist,
2. wenn die Körperschaft den Gewinn ohne Einschaltung eines Kreditinstituts an die Anteilseigner ausschüttet und
3. wenn im übrigen die Voraussetzungen des Absatzes 1 erfüllt sind.

²In diesen Fällen ist nicht erforderlich, daß die Anteile von einer der in § 36 c bezeichneten Stellen verwahrt werden.

(4) ¹Für die Vergütung ist das Finanzamt zuständig, dem die Besteuerung des Einkommens des Vertreters obliegt. ²Das Finanzamt kann die Vergütung an Auflagen binden, die die steuerliche Erfassung der Kapitalerträge sichern sollen. ³Im übrigen ist § 36 c sinngemäß anzuwenden.

R 213 m. Vergütung von Körperschaftsteuer und Erstattung von Kapitalertragsteuer durch das Finanzamt im vereinfachten Verfahren (§§ 36 d, 44 b Abs. 2 EStG)

(1) R 213 j Abs. 2 und R 213 l Abs. 1, 2 und 4 gelten entsprechend.

(2) ¹Übersteigen die Kapitalerträge im Sinne des § 20 Abs. 1 Nr. 1 und 2 und des § 43 Abs. 1 Nr. 2 EStG des Anteilseigners/Gläubigers den Betrag von 100 DM im Wirtschaftsjahr der Zahlung, ist die Vergütung/Erstattung in dem vereinfachten Verfahren ausgeschlossen. ²In diesen Fällen kommt nur das Sammelantragsverfahren beim Bundesamt für Finanzen nach § 36 c und § 44 b Abs. 1 EStG unter den dort genannten Voraussetzungen in Betracht (→ R 213 l).

§ 36 d EStG
R 213 m   H 213 m

(3) ¹Der Betrag von 100 DM bezieht sich bei Kapitalerträgen aus Belegschafts- und Genossenschaftsanteilen auf die dem Anteilseigner/Gläubiger im Wirtschaftsjahr der ausschüttenden Körperschaft zugeflossenen Kapitalerträge. ²Für die Frage, ob die Grenze von 100 DM überschritten ist, kommt es nur auf die Kapitalerträge an, die der Anteilseigner/Gläubiger von der Körperschaft bezogen hat, die den Sammelantrag stellt oder durch einen Treuhänder stellen läßt. ³Kapitalerträge, die dem Anteilseigner/Gläubiger von anderen Körperschaften zufließen, sind für die Ermittlung der 100-DM-Grenze nicht zu berücksichtigen.

(4) ¹Der Bescheid über die zu vergütende Körperschaftsteuer und zu erstattende Kapitalertragsteuer ist dem Sammelantragsteller bekanntzugeben. ²Die Bekanntgabe erfolgt mit Wirkung für und gegen alle vertretenen Anteilseigner/Gläubiger. ³Die Rechtsbehelfsbefugnis gegen den dem Sammelantragsteller bekanntgegebenen Bescheid steht diesem sowie den vertretenen Anteilseignern/Gläubigern zu.

(5) ¹War die Vergütung und Erstattung zu niedrig, ist dem Sammelantragsteller ein geänderter Bescheid zu erteilen. ²Der Bescheid über die Rückforderung zu Unrecht gezahlter Vergütungs- und Erstattungsbeträge ist nicht an den Sammelantragsteller, sondern an den vertretenen Anteilseigner/Gläubiger zu richten (§ 36 d Abs. 4 Satz 3 in Verbindung mit § 36 c Abs. 3 EStG).

H 213 m

Hinweise

Aufrechnung

1. Gegen den Anspruch auf die zu vergütende Körperschaftsteuer und zu erstattende Kapitalertragsteuer kann das Finanzamt mit Steuerforderungen gegen die einzelnen Anteilseigner/Gläubiger, nicht dagegen mit Steuerforderungen gegen den Sammelantragsteller, aufrechnen.
2. Der Sammelantragsteller kann nicht mit der an ihn auszuzahlenden Körperschaftsteuer-Vergütung und Kapitalertragsteuer-Erstattung gegen die Ansprüche des Finanzamts auf Abführung der Kapitalertragsteuer aufrechnen, da die nach § 226 AO in Verbindung mit § 387 BGB erforderliche Aufrechnungslage nicht gegeben ist.
3. → BFH vom 3. 5. 1961 (BStBl III S. 296)

Form und Frist des Sammelantrags

→ § 36 d Abs. 4 Satz 3 EStG

→ § 36 c Abs. 4 EStG

→ § 36 b Abs. 3 und 4 EStG

Muster des bundeseinheitlichen Vordrucks, abgedruckt auf den folgenden Seiten.

Haftung des Sammelantragstellers

→ § 36 c Abs. 3 Satz 3 EStG

→ § 219 AO

Keine NV-Bescheinigung

Die Vorlage einer NV-Bescheinigung ist in dem vereinfachten Verfahren nach den §§ 36 d, 44 b Abs. 2 EStG nicht erforderlich.

Sammelantragsverfahren nach § 36 d Abs. 3 EStG

Die Regelung ist in erster Linie für Aktiengesellschaften bestimmt, die durch Umwandlung aus einer früheren Erwerbs- oder Wirtschaftsgenossenschaft hervorgegangen sind. Die Zulassung zum Sammelantragsverfahren wird nicht dadurch ausgeschlossen, daß die ausschüttende Körperschaft den Gewinnanteil durch einen Überweisungsauftrag auszahlt.

Vertretungsmacht

→ R 213 l Abs. 2 und 3

§ 36 d EStG

H 213 m   R 213 m

An das Finanzamt

Geschäftszeichen

Der Antrag auf Vergütung von Körperschaftsteuer und/oder auf Erstattung von Kapitalertragsteuer und des Solidaritätszuschlags zur Kapitalertragsteuer ist nach amtlich vorgeschriebenem Muster zu stellen und zu unterschreiben (§ 36 d Abs. 4 Satz 3 i.V. mit § 36 b Abs. 3 Satz 2 des Einkommensteuergesetzes – EStG –).

Die Antragsfrist endet am 31. Dezember des Jahres, das dem Kalenderjahr folgt, in dem dem Anteilseigner/Gläubiger der Kapitalerträge die Einnahmen zugeflossen sind. Die Frist kann nicht verlängert werden. Die Antragsfrist gilt als gewahrt, wenn der Anteilseigner/Gläubiger der Kapitalerträge Sie als seinen Vertreter bis zum genannten Zeitpunkt mit der Antragstellung beauftragt hat.

Erkennen Sie als Vertreter des Anteilseigners/Gläubigers der Kapitalerträge vor Ablauf der Festsetzungsfrist (§§ 169 – 171 AO), daß die Vergütung der Körperschaftsteuer und/oder Erstattung der Kapitalertragsteuer ganz oder teilweise zu Unrecht gewährt worden ist, sind Sie gemäß § 36 c Abs. 3 EStG verpflichtet, dies dem Finanzamt anzuzeigen. Als Vertreter des Anteilseigners/Gläubigers und des Solidaritätszuschlags zur Kapitalertragsteuer der Kapitalerträge haften Sie für die zurückzuzahlende Vergütung und/oder Erstattung.

Weiße Felder bitte ausfüllen oder ankreuzen ☒

Sammelantrag auf Vergütung von Körperschaftsteuer und/oder Erstattung von Kapitalertragsteuer und des Solidaritätszuschlags zur Kapitalertragsteuer
(§§ 36 d, 44 b Abs. 2 und 3, § 51 a Abs. 1 EStG)

A. Antragsteller (in) (Vertreter der Anteilseigner/Gläubiger der Kapitalerträge)

Firma, Name

Straße, Hausnummer | Postleitzahl | Postfach

Postleitzahl | Ort | Telefon-Nr.

B. Empfangsbevollmächtigter (wenn von A. abweichend)

Firma, Name

Straße, Hausnummer | Postleitzahl | Postfach

Postleitzahl | Ort | Telefon-Nr.

C. Antrag

☐ Ich (Wir) beantrage(n) in Vertretung der Anteilseigner/Gläubiger für die im Kalenderjahr 199___ gezahlten Kapitalerträge   DM

– die Vergütung der anrechenbaren Körperschaftsteuer im Gesamtbetrag von . . . . .

– die Erstattung der einbehaltenen und abgeführten Kapitalertragsteuer im Gesamtbetrag von . . . .

– die Erstattung des einbehaltenen und abgeführten Solidaritätszuschlags zur Kapitalertragsteuer im Gesamtbetrag von . . .

zusammen

D. ☐ Ich bin (Wir sind) von den Anteilseignern/Gläubigern der Kapitalerträge, in deren Vertretung dieser Antrag gestellt wird, zur Entgegennahme des Vergütungs- und/oder Erstattungsbetrages bevollmächtigt worden. Ich (Wir) erkläre(n) mich (uns) bereit, den Vergütungs- und/oder Erstattungsbetrag für die von mir (uns) vertretenen Anteilseigner/Gläubiger der Kapitalerträge entgegenzunehmen und bitte(n) um Überweisung an:

Bezeichnung des Überweisungsempfängers

Straße, Hausnummer | Postleitzahl | Postfach

Postleitzahl | Ort

Bankleitzahl | Kontonummer

Kontoführendes Institut, Ort

VE 6 A
Juli 95 (3)

§ 36 d EStG
R 213 m   H 213 m

E. Es wird versichert,

☐ daß für die Kapitalerträge, auf die sich dieser Antrag bezieht, die Kapitalertragsteuer und der Solidaritätszuschlag einbehalten und an das zuständige Finanzamt abgeführt worden sind;

☐ bei einem Antrag auf Vergütung der Körperschaftsteuer nach § 36 d EStG und/oder Erstattung der einbehaltenen und abgeführten Kapitalertragsteuer und des einbehaltenen und abgeführten Solidaritätszuschlags zur Kapitalertragsteuer nach § 44 b Abs. 2 EStG:
- daß für die Kapitalerträge, auf die sich dieser Antrag bezieht, eine Steuerbescheinigung (§ 44 Abs. 1 Satz 3 oder § 45 des Körperschaftsteuergesetzes) nicht ausgestellt oder als ungültig gekennzeichnet oder nach den Angaben des Anteilseigners/Gläubigers der Kapitalerträge abhanden gekommen oder vernichtet ist;
- daß mit diesem Antrag die Vergütung von Körperschaftsteuer und/oder Erstattung von Kapitalertragsteuer und Solidaritätszuschlag nur für solche Anteilseigner/Gläubiger der Kapitalerträge beantragt wird, die unbeschränkt steuerpflichtig sind und nicht von der Anrechnung der Körperschaftsteuer ausgeschlossen sind und deren Bezüge aus den von mir (uns) insgesamt überlassenen Anteilen im Wirtschaftsjahr der Zahlung den Betrag von 100 Deutsche Mark nicht überstiegen haben können;

☐ bei einem Antrag auf Erstattung der einbehaltenen und abgeführten Kapitalertragsteuer und des einbehaltenen und abgeführten Solidaritätszuschlags nach § 44 b Abs. 3 EStG:
- daß mit diesem Antrag die Erstattung von Kapitalertragsteuer und Solidaritätszuschlag nur für solche Arbeitnehmer beantragt wird, die unbeschränkt einkommensteuerpflichtig sind und deren von mir (uns) gewährte Kapitalerträge aus Teilschuldverschreibungen (§ 44 b Abs. 3, § 43 Abs. 1 Nr. 2 EStG) – ggf. zusammen mit den von uns gewährten Bezügen im Sinne des § 20 Abs. 1 Nr. 1 und 2 EStG – im Wirtschaftsjahr der Zahlung insgesamt 100 Deutsche Mark nicht überstiegen haben.

Der (die) Antragsteller(in) ist

☐ eine Kapitalgesellschaft, die diesen Antrag in Vertretung ihrer gegenwärtigen oder früheren Arbeitnehmer bzw. in Vertretung der gegenwärtigen oder früheren Arbeitnehmer von verbundenen Unternehmen (§ 15 des Aktiengesetzes) für Einnahmen aus Wertpapieren stellt, die sie den Arbeitnehmern überlassen hat (Belegschaftswertpapiere). Die Belegschaftswertpapiere werden von der Kapitalgesellschaft oder einem inländischen Kreditinstitut verwahrt *);

☐ ein von einer Kapitalgesellschaft bestellter Treuhänder, der diesen Antrag in Vertretung der gegenwärtigen oder früheren Arbeitnehmer dieser Kapitalgesellschaft bzw. in Vertretung der gegenwärtigen oder früheren Arbeitnehmer von verbundenen Unternehmen (§ 15 des Aktiengesetzes) für Einnahmen aus Wertpapieren stellt, die die Kapitalgesellschaft den Arbeitnehmern überlassen hat (Belegschaftswertpapiere). Die Belegschaftswertpapiere werden vom Treuhänder oder einem inländischen Kreditinstitut verwahrt *);

☐ eine Erwerbs- oder Wirtschaftsgenossenschaft, die diesen Antrag in Vertretung ihrer Mitglieder stellt. Bei den Kapitalerträgen, für die dieser Antrag gestellt wird, handelt es sich um Einnahmen aus Anteilen an dieser Genossenschaft;

☐ eine unbeschränkt steuerpflichtige Körperschaft, der vom Finanzamt gemäß § 36 d EStG und/oder § 44 b Abs. 2 in Verbindung mit § 36 d Abs. 3 EStG gestattet worden ist, in Vertretung ihrer Anteilseigner/Gläubiger der Kapitalerträge Sammelanträge auf Vergütung von Körperschaftsteuer und Erstattung von Kapitalertragsteuer und Solidaritätszuschlag zu stellen.

Genehmigungsbescheid des Finanzamts	vom	Aktenzeichen	Zahl der Anteilseigner, für die der Antrag gestellt wird	Schütten Sie den Gewinn ohne Einschaltung eines Kreditinstituts an Ihre Anteilseigner aus? ☐ Ja ☐ Nein

☐ ein Arbeitgeber oder ein von diesem bestellter Treuhänder, der diesen Antrag in Vertretung der gegenwärtigen oder früheren unbeschränkt einkommensteuerpflichtigen Arbeitnehmer bzw. in Vertretung der gegenwärtigen oder früheren Arbeitnehmer von verbundenen Unternehmen (§ 15 des Aktiengesetzes) für Kapitalerträge im Sinne des § 43 Abs. 1 Nr. 2 EStG aus Teilschuldverschreibungen stellt, die der Arbeitgeber den Arbeitnehmern überlassen hat.

F. Mir (uns) ist bekannt, daß die beantragte Vergütung von Körperschaftsteuer und/oder Erstattung der einbehaltenen und abgeführten Kapitalertragsteuer und des einbehaltenen und abgeführten Solidaritätszuschlags unter der Auflage (§ 36 b Abs. 4 EStG) gewährt wird, daß die Unterlagen zu diesem Sammelantrag von mir (uns) so lange aufzubewahren sind, wie dies § 147 der Abgabenordnung für die Aufbewahrung der eigenen steuerlichen Unterlagen vorschreibt, und daß diese Unterlagen der Finanzbehörde auf Verlangen unverzüglich vorzulegen sind. Aus den Unterlagen muß sich eindeutig und leicht nachprüfbar ergeben, in Vertretung welcher Anteilseigner/Gläubiger der Kapitalerträge dieser Sammelantrag gestellt wird und wie hoch die auf den jeweiligen Anteilseigner/Gläubiger der Kapitalerträge entfallenden Kapitalerträge im Sinne dieses Sammelantrags sind.

G. Bei der Ausfertigung dieses Antrags hat mitgewirkt:
Name, Anschrift, Telefon-Nr.

Ich versichere, die vorstehenden Angaben wahrheitsgemäß nach bestem Wissen und Gewissen gemacht zu haben.

(Ort, Datum)   Eigenhändige Unterschrift des (eines) Vertretungsberechtigten

Hinweis nach den Vorschriften der Datenschutzgesetze: Die mit diesem Antrag angeforderten Daten werden auf Grund des § 149 der Abgabenordnung verlangt.

---

*) Bei Einnahmen aus Anteilen, die eine Kapitalgesellschaft Arbeitnehmern überlassen hat und die von einem inländischen Kreditinstitut verwahrt werden, ist ein Sammelantrag nach den §§ 36 d, 44 b Abs. 2 EStG nur zulässig, wenn die Kapitalgesellschaft eine Erklärung des Kreditinstituts beifügt, aus der hervorgeht,
1. daß das Kreditinstitut die Überlassung der Anteile durch die Kapitalgesellschaft an den Anteilseigner kenntlich gemacht hat,
2. daß es sich nicht um Aktien handelt, die der Arbeitnehmer bei einer Kapitalerhöhung aufgrund ihres Bezugsrechts aus den von der Kapitalgesellschaft überlassenen Aktien zugeteilt worden sind oder die der Arbeitnehmern aufgrund einer Kapitalerhöhung aus Gesellschaftsmitteln gehören,
3. daß der Arbeitnehmer dem Kreditinstitut eine Nichtveranlagungs- (NV-)Bescheinigung (§ 36 b Abs. 2 EStG) nicht vorgelegt hat. Besitzt ein Anteilseigner neben Belegschaftswertpapieren noch andere Anteile und hat er dem Kreditinstitut für die anderen Anteile eine NV-Bescheinigung vorgelegt, ist auch hinsichtlich der Dividenden, die auf die Belegschaftswertpapiere entfallen, ein Sammelantrag nach den §§ 36 d, 44 b Abs. 2 EStG unzulässig. Insoweit kommt eine Vergütung/Erstattung nur durch das Bundesamt für Finanzen nach §§ 36 c, 44 b Abs. 1 EStG in Betracht.

§ 36 e EStG

§ 36 e
Vergütung des Körperschaftsteuer-Erhöhungsbetrags an beschränkt Einkommensteuerpflichtige

EStG
S 2299 g

Für die Vergütung des Körperschaftsteuer-Erhöhungsbetrags an beschränkt Einkommensteuerpflichtige gilt § 52 des Körperschaftsteuergesetzes sinngemäß.

EStG

S 2297

§ 37
Einkommensteuer-Vorauszahlung

(1) ¹Der Steuerpflichtige hat am 10. März, 10. Juni, 10. September und 10. Dezember Vorauszahlungen auf die Einkommensteuer zu entrichten, die er für den laufenden Veranlagungszeitraum voraussichtlich schulden wird. ²Die Einkommensteuer-Vorauszahlung entsteht jeweils mit Beginn des Kalendervierteljahrs, in dem die Vorauszahlungen zu entrichten sind, oder, wenn die Steuerpflicht erst im Laufe des Kalendervierteljahrs begründet wird, mit Begründung der Steuerpflicht.

(2) ¹Die Oberfinanzdirektionen können für Steuerpflichtige, die überwiegend Einkünfte aus Land- und Forstwirtschaft erzielen, von Absatz 1 Satz 1 abweichende Vorauszahlungszeitpunkte bestimmen. ²Das gleiche gilt für Steuerpflichtige, die überwiegend Einkünfte oder Einkunftsteile aus nichtselbständiger Arbeit erzielen, die der Lohnsteuer nicht unterliegen.

¹) ²) (3) ¹Das Finanzamt setzt die Vorauszahlungen durch Vorauszahlungsbescheid fest. ²Die Vorauszahlungen bemessen sich grundsätzlich nach der Einkommensteuer, die sich nach Anrechnung der Steuerabzugsbeträge und der Körperschaftsteuer (§ 36 Abs. 2 Nr. 2 und 3) bei der letzten Veranlagung ergeben hat. ³Dabei sind bei der Ermittlung der Erwerbsbezüge neben dem zu versteuernden Einkommen nur die Beträge nach § 32 d Abs. 2 zu berücksichtigen, die dem Finanzamt bekannt sind oder nach den Umständen des Einzelfalles leicht zu ermitteln sind. ⁴Das Finanzamt kann bis zum Ablauf des auf den Veranlagungszeitraum folgenden 15. Kalendermonats die Vorauszahlungen an die Einkommensteuer anpassen, die sich für den Veranlagungszeitraum voraussichtlich ergeben wird; dieser Zeitraum verlängert sich auf 21 Monate, wenn die Einkünfte aus Land- und Forstwirtschaft bei der erstmaligen Steuerfestsetzung die anderen Einkünfte voraussichtlich überwiegen werden. ⁵Bei der Anwendung der Sätze 2 bis 4 bleiben Beiträge im Sinne des § 10 Abs. 1 Nr. 3 stets und Aufwendungen im Sinne des § 10 Abs. 1 Nr. 1, 1 a, 4 bis 9, der §§ 10 b, 33 und 33 c sowie die abziehbaren Beträge nach § 33 a, wenn die Aufwendungen und abziehbaren Beträge insgesamt 1.200 Deutsche Mark nicht übersteigen, außer Ansatz. ⁶Außer Ansatz bleiben bis zur Anschaffung oder Fertigstellung der Objekte im Sinne des § 10 e Abs. 1 und 2 und § 10 h auch die Aufwendungen, die nach § 10 e Abs. 6 und § 10 h Satz 3 wie Sonderausgaben abgezogen werden. ⁷Negative Einkünfte aus der Vermietung oder Verpachtung eines Gebäudes im Sinne des § 21 Abs. 1 Satz 1 Nr. 1 werden bei der Festsetzung der Vorauszahlungen nur für Kalenderjahre berücksichtigt, die nach der Anschaffung oder Fertigstellung dieses Gebäudes beginnen. ⁸Wird ein Gebäude vor dem Kalenderjahr seiner Fertigstellung angeschafft, tritt an die Stelle der Anschaffung die Fertigstellung. ⁹Satz 7 gilt nicht für negative Einkünfte aus der Vermietung oder Verpachtung eines Gebäudes, für das erhöhte Absetzungen nach den §§ 14 a, 14 c oder 14 d des Berlinförderungsgesetzes oder Sonderabschreibungen nach § 4 des Fördergebietsgesetzes in Anspruch genommen werden. ¹⁰Satz 7 gilt für negative Einkünfte aus der Vermietung oder Verpachtung eines anderen Vermögensgegenstandes im Sinne des § 21 Abs. 1 Satz 1 Nr. 1 bis 3 entsprechend mit der Maßgabe, daß an die Stelle der Anschaffung oder Fertigstellung die Aufnahme der Nutzung durch den Steuerpflichtigen tritt.

---

¹) Zur Anwendung des Absatzes 3 → § 52 Abs. 24 und 29 EStG.
²) Absatz 3 wurde durch das JStG 1996 und das Gesetz zur Neuregelung der steuerrechtlichen Wohneigentumsförderung ab VZ 1996 geändert.
  Durch das Gesetz zur Neuregelung der steuerrechtlichen Wohneigentumsförderung wurden in Absatz 3 Satz 5 die Worte „Beiträge im Sinne des § 10 Abs. 1 Nr. 3 stets und" gestrichen und in Satz 6 der Punkt am Ende durch einen Strichpunkt ersetzt und folgender neuer Halbsatz angefügt:
  „Entsprechendes gilt auch für Aufwendungen, die nach § 10 i für nach dem Eigenheimzulagengesetz begünstigte Objekte wie Sonderausgaben abgezogen werden."
  Durch das JStErgG 1996 wurde Absatz 3 Satz 3 gestrichen. Im neuen Satz 4 wurde die Angabe „Sätze 2 bis 4" durch die Angabe „Sätze 2 und 3" ersetzt. In den neuen Sätzen 8 und 9 wurde jeweils die Angabe „Satz 7" durch die Angabe „Satz 6" ersetzt.

§ 37 EStG

(4) ¹Bei einer nachträglichen Erhöhung der Vorauszahlungen ist die letzte Vorauszahlung für den Veranlagungszeitraum anzupassen. ²Der Erhöhungsbetrag ist innerhalb eines Monats nach Bekanntgabe des Vorauszahlungsbescheids zu entrichten.

(5) ¹Vorauszahlungen sind nur festzusetzen, wenn sie mindestens 400 Deutsche Mark im Kalenderjahr und mindestens 100 Deutsche Mark für einen Vorauszahlungszeitpunkt betragen. ²Festgesetzte Vorauszahlungen sind nur zu erhöhen, wenn sich der Erhöhungsbetrag im Fall des Absatzes 3 Satz 2 bis 5 für einen Vorauszahlungszeitpunkt auf mindestens 100 Deutsche Mark, im Fall des Absatzes 4 auf mindestens 5.000 Deutsche Mark beläuft.

¹) ²)

R 213 n. Einkommensteuer-Vorauszahlung

(1) Bei der getrennten Veranlagung von Ehegatten nach § 26 a EStG ist für die Ermittlung der 1.200 DM-Grenze in § 37 Abs. 3 Satz 5 EStG die Summe der für beide Ehegatten in Betracht kommenden Aufwendungen und abziehbaren Beträge zugrunde zu legen.

S 2297

(2) Für die Anwendung und Auslegung des § 37 Abs. 3 Satz 9 EStG gilt folgendes:
¹In den Fällen der §§ 14 a und 14 d BerlinFG und des § 4 FördG können die bis zum Ablauf des Kalenderjahrs voraussichtlich entstehenden Teilherstellungskosten oder zu leistenden Anzahlungen auf Anschaffungskosten eines Gebäudes bzw. im Falle des § 14 c BerlinFG die voraussichtlich bis zum Ablauf des Kalenderjahrs entstehenden Herstellungskosten eines Gebäudes und daneben andere für diese Gebäude bis zum Ablauf des Kalenderjahrs voraussichtlich entstehende Werbungskosten in die Festsetzung der Vorauszahlungen einbezogen werden.

Anhang 15

²Bei der Festsetzung von Vorauszahlungen kann die Inanspruchnahme erhöhter Absetzungen nach den §§ 14 a, 14 c oder 14 d BerlinFG oder von Sonderabschreibungen nach § 4 FördG nur dann berücksichtigt werden, wenn der Steuerpflichtige verbindlich erklärt, daß er in dem entsprechenden VZ diese Abschreibungsvergünstigungen in Anspruch nehmen wird.

Hinweise

H 213 n

Anpassung von Vorauszahlungen
Eine Anpassung ist auch dann noch möglich, wenn eine Einkommensteuererklärung für den abgelaufenen VZ bereits abgegeben worden ist (→ BFH vom 27. 9. 1976 – BStBl 1977 II S. 33).

Erhöhung von Vorauszahlungen
Im Fall der Erhöhung einer Vorauszahlung zum nächsten Vorauszahlungstermin des laufenden Kalenderjahrs gilt die Monatsfrist des § 37 Abs. 4 Satz 2 EStG nicht (→ BFH vom 22. 8. 1974 – BStBl 1975 II S. 15 und vom 25. 6. 1981 – BStBl 1982 II S. 105).

Verfahren bei der Geltendmachung von negativen Einkünften aus der Beteiligung an Verlustzuweisungsgesellschaften und vergleichbaren Modellen
→ BMF vom 13. 7. 1992 (BStBl I S. 404) und vom 28. 6. 1994 (BStBl I S. 420).

Anhang 30

---

¹) Zur Anwendung des Absatzes 5 → § 52 Abs. 24 Satz 2 EStG.
²) Absatz 5 Satz 2 wurde durch das JStErgG 1996 ab VZ 1996 geändert.
  Das Zitat „Sätze 2 bis 5" wurde durch das Zitat „Sätze 2 bis 4" ersetzt.

2. Steuerabzug vom Arbeitslohn (Lohnsteuer)

EStG
S 2360

§ 38
Erhebung der Lohnsteuer

(1) ¹Bei Einkünften aus nichtselbständiger Arbeit wird die Einkommensteuer durch Abzug vom Arbeitslohn erhoben (Lohnsteuer), soweit der Arbeitslohn von einem Arbeitgeber gezahlt wird, der
1. im Inland einen Wohnsitz, seinen gewöhnlichen Aufenthalt, seine Geschäftsleitung, seinen Sitz, eine Betriebsstätte oder einen ständigen Vertreter im Sinne der §§ 8 bis 13 der Abgabenordnung hat (inländischer Arbeitgeber) oder
2. einem Dritten (Entleiher) Arbeitnehmer gewerbsmäßig zur Arbeitsleistung im Inland überläßt, ohne inländischer Arbeitgeber zu sein (ausländischer Verleiher).

²Der Lohnsteuer unterliegt auch der im Rahmen des Dienstverhältnisses üblicherweise von einem Dritten für eine Arbeitsleistung gezahlte Arbeitslohn.

(2) ¹Der Arbeitnehmer ist Schuldner der Lohnsteuer. ²Die Lohnsteuer entsteht in dem Zeitpunkt, in dem der Arbeitslohn dem Arbeitnehmer zufließt.

(3) ¹Der Arbeitgeber hat die Lohnsteuer für Rechnung des Arbeitnehmers bei jeder Lohnzahlung vom Arbeitslohn einzubehalten. ²Bei juristischen Personen des öffentlichen Rechts hat die öffentliche Kasse, die den Arbeitslohn zahlt, die Pflichten des Arbeitgebers.

(4) ¹Wenn der vom Arbeitgeber geschuldete Barlohn zur Deckung der Lohnsteuer nicht ausreicht, hat der Arbeitnehmer dem Arbeitgeber den Fehlbetrag zur Verfügung zu stellen oder der Arbeitgeber einen entsprechenden Teil der anderen Bezüge des Arbeitnehmers zurückzubehalten. ²Soweit der Arbeitnehmer seiner Verpflichtung nicht nachkommt und der Arbeitgeber den Fehlbetrag nicht durch Zurückbehaltung von anderen Bezügen des Arbeitnehmers aufbringen kann, hat der Arbeitgeber dies dem Betriebsstättenfinanzamt (§ 41a Abs. 1 Satz 1 Nr. 1) anzuzeigen. ³Das Finanzamt hat die zuwenig erhobene Lohnsteuer vom Arbeitnehmer nachzufordern.

§ 38 a
Höhe der Lohnsteuer

(1) ¹Die Jahreslohnsteuer bemißt sich nach dem Arbeitslohn, den der Arbeitnehmer im Kalenderjahr bezieht (Jahresarbeitslohn). ²Laufender Arbeitslohn gilt in dem Kalenderjahr als bezogen, in dem der Lohnzahlungszeitraum endet; in den Fällen des § 39 b Abs. 5 Satz 1 tritt der Lohnabrechnungszeitraum an die Stelle des Lohnzahlungszeitraums. ³Arbeitslohn, der nicht als laufender Arbeitslohn gezahlt wird (sonstige Bezüge), wird in dem Kalenderjahr bezogen, in dem er dem Arbeitnehmer zufließt.

(2) Die Jahreslohnsteuer wird nach dem Jahresarbeitslohn so bemessen, daß sie der Einkommensteuer entspricht, die der Arbeitnehmer schuldet, wenn er ausschließlich Einkünfte aus nichtselbständiger Arbeit erzielt.

(3) ¹Vom laufenden Arbeitslohn wird die Lohnsteuer jeweils mit dem auf den Lohnzahlungszeitraum fallenden Teilbetrag der Jahreslohnsteuer erhoben, die sich bei Umrechnung des laufenden Arbeitslohns auf einen Jahresarbeitslohn ergibt. ²Von sonstigen Bezügen wird die Lohnsteuer mit dem Betrag erhoben, der zusammen mit der Lohnsteuer für den laufenden Arbeitslohn des Kalenderjahrs und für etwa im Kalenderjahr bereits gezahlte sonstige Bezüge die voraussichtliche Jahreslohnsteuer ergibt.

(4) Bei der Ermittlung der Lohnsteuer werden die Besteuerungsgrundlagen des Einzelfalls durch die Einreihung der Arbeitnehmer in Steuerklassen (§ 38 b), Aufstellung von entsprechenden Lohnsteuertabellen (§ 38 c) und Ausstellung von entsprechenden Lohnsteuerkarten (§ 39) sowie Feststellung von Freibeträgen (§ 39 a) berücksichtigt.

§ 38 b
Lohnsteuerklassen

¹Für die Durchführung des Lohnsteuerabzugs werden unbeschränkt einkommensteuerpflichtige Arbeitnehmer in Steuerklassen eingereiht. ²Dabei gilt folgendes:
1. In die Steuerklasse I gehören Arbeitnehmer, die
   a) ledig sind,
   b) verheiratet, verwitwet oder geschieden sind und bei denen die Voraussetzungen für die Steuerklasse III oder IV nicht erfüllt sind;
2. in die Steuerklasse II gehören die unter Nummer 1 bezeichneten Arbeitnehmer, wenn bei ihnen der Haushaltsfreibetrag (§ 32 Abs. 7) zu berücksichtigen ist;
3. in die Steuerklasse III gehören Arbeitnehmer,
   a) die verheiratet sind, wenn beide Ehegatten unbeschränkt einkommensteuerpflichtig sind und nicht dauernd getrennt leben und
      aa) der Ehegatte des Arbeitnehmers keinen Arbeitslohn bezieht oder
      bb) der Ehegatte des Arbeitnehmers auf Antrag beider Ehegatten in die Steuerklasse V eingereiht wird,
   b) die verwitwet sind, wenn sie und ihr verstorbener Ehegatte im Zeitpunkt seines Todes unbeschränkt einkommensteuerpflichtig waren und in diesem Zeitpunkt nicht dauernd getrennt gelebt haben, für das Kalenderjahr, das dem Kalenderjahr folgt, in dem der Ehegatte verstorben ist,
   c) deren Ehe aufgelöst worden ist, wenn
      aa) im Kalenderjahr der Auflösung der Ehe beide Ehegatten unbeschränkt einkommensteuerpflichtig waren und nicht dauernd getrennt gelebt haben und
      bb) der andere Ehegatte wieder geheiratet hat, von seinem neuen Ehegatten nicht dauernd getrennt lebt und er und sein neuer Ehegatte unbeschränkt einkommensteuerpflichtig sind,
      für das Kalenderjahr, in dem die Ehe aufgelöst worden ist;
4. in die Steuerklasse IV gehören Arbeitnehmer, die verheiratet sind, wenn beide Ehegatten unbeschränkt einkommensteuerpflichtig sind und nicht dauernd getrennt leben und der Ehegatte des Arbeitnehmers ebenfalls Arbeitslohn bezieht;
5. in die Steuerklasse V gehören die unter Nummer 4 bezeichneten Arbeitnehmer, wenn der Ehegatte des Arbeitnehmers auf Antrag beider Ehegatten in die Steuerklasse III eingereiht wird;
6. die Steuerklasse VI gilt bei Arbeitnehmern, die nebeneinander von mehreren Arbeitgebern Arbeitslohn beziehen, für die Einbehaltung der Lohnsteuer vom Arbeitslohn aus dem zweiten und weiteren Dienstverhältnis.¹)

---

¹) § 38 b wurde durch das JStG 1996 ab VZ 1996 ein neuer Satz angefügt.
„³Als unbeschränkt einkommensteuerpflichtig im Sinne der Nummern 3 und 4 gelten nur Personen, die die Voraussetzungen des § 1 Abs. 1 oder 2 oder des § 1 a erfüllen."
Die geänderte Fassung ist erstmals für den VZ 1996 anzuwenden (→ § 52 Abs. 1 EStG in der Fassung des JStG 1996).

§ 38 c
Lohnsteuertabellen

EStG
S 2361

(1) ¹Das Bundesministerium der Finanzen hat auf der Grundlage der diesem Gesetz beigefügten Einkommensteuertabellen eine allgemeine Jahreslohnsteuertabelle für Jahresarbeitslöhne bis zu 120.000 Deutsche Mark und für Arbeitnehmer mit nicht mehr als sechs Kinderfreibeträgen aufzustellen und bekanntzumachen. ²In der allgemeinen Jahreslohnsteuertabelle sind die für die einzelnen Steuerklassen in Betracht kommenden Jahreslohnsteuerbeträge auszuweisen. ³Die Jahreslohnsteuerbeträge sind für die Steuerklassen I, II und IV aus der Einkommensteuer-Grundtabelle, für die Steuerklasse III aus der Einkommensteuer-Splittingtabelle abzuleiten. ⁴Die Jahreslohnsteuerbeträge für die Steuerklassen V und VI sind aus einer für diesen Zweck zusätzlich aufzustellenden Einkommensteuertabelle abzuleiten; in dieser Tabelle ist für die nach § 32 a Abs. 2 abgerundeten Beträge des zu versteuernden Einkommens jeweils die Einkommensteuer auszuweisen, die sich aus dem Zweifachen des Unterschiedsbetrags zwischen dem Steuerbetrag für das Eineinviertelfache und dem Steuerbetrag für das Dreiviertelfache des abgerundeten zu versteuernden Einkommens nach § 32 a Abs. 1 ergibt; die auszuweisende Einkommensteuer beträgt jedoch mindestens 19 vom Hundert des abgerundeten zu versteuernden Einkommens; für den 60.048 Deutsche Mark übersteigenden Teil des abgerundeten zu versteuernden Einkommens beträgt die auszuweisende Einkommensteuer 53 vom Hundert. ⁵Die in den Einkommensteuertabellen ausgewiesenen Beträge des zu versteuernden Einkommens sind in einen Jahresarbeitslohn umzurechnen durch Hinzurechnung

1. des Arbeitnehmer-Pauschbetrags (§ 9 a Satz 1 Nr. 1) für die Steuerklassen I bis V,
2. des Sonderausgaben-Pauschbetrags (§ 10 c Abs. 1) von 108 Deutsche Mark für die Steuerklassen I, II und IV und von 216 Deutsche Mark für die Steuerklasse III,
3. der Vorsorgepauschale (§ 10 c Abs. 2 bis 4)
    a) für die Steuerklassen I, II und IV nach Maßgabe des § 10 c Abs. 2,
    b) für die Steuerklasse III nach Maßgabe des § 10 c Abs. 2 und Abs. 4 Nr. 1,
4. des Haushaltsfreibetrags (§ 32 Abs. 7) für die Steuerklasse II,
5. des Kinderfreibetrags (§ 32 Abs. 6)
    a) für die Steuerklassen I, II und III mit dem Einhalb- bis Sechsfachen von 4.104 Deutsche Mark,
    b) für die Steuerklasse IV mit dem Einhalb- bis Sechsfachen von 2.052 Deutsche Mark,
6. eines Rundungsbetrags von 2 Deutsche Mark für die Steuerklasse VI.

⁶Der allgemeinen Jahreslohnsteuertabelle ist eine dieser Vorschrift entsprechende Anleitung zur Ermittlung der Lohnsteuer für die 120.000 Deutsche Mark übersteigenden Jahresarbeitslöhne und für Arbeitnehmer mit mehr als sechs Kinderfreibeträgen anzufügen.

(2) ¹Das Bundesministerium der Finanzen hat eine besondere Jahreslohnsteuertabelle für den Steuerabzug vom Arbeitslohn derjenigen Arbeitnehmer aufzustellen und bekanntzumachen, die zu dem Personenkreis des § 10 c Abs. 3 gehören. ²Für die Aufstellung dieser Jahreslohnsteuertabelle sind die Vorschriften des Absatzes 1 mit Ausnahme der Nummer 3 anzuwenden; die Vorsorgepauschale (§ 10 c Abs. 2 bis 4) ist anzusetzen

---

¹) Absatz 1 wurde durch das JStG 1996 ab VZ 1996 geändert.
– In Satz 1 wird das Wort „Jahreslohnsteuertabelle" durch das Wort „Lohnsteuertabelle" ersetzt und die Worte „und für Arbeitnehmer mit nicht mehr als sechs Kinderfreibeträgen" gestrichen;
– in Satz 4 wird die Zahl „19" durch die Zahl „25,9" und die Zahl „60.048" durch die Zahl „62.856" ersetzt;
– in Satz 5 Nr. 1 wird das Zitat „§ 9 a Satz 1 Nr. 1" ersetzt durch das Zitat „§ 9 a Satz 1 Nr. 1 Buchstabe a";
– Satz 5 Nr. 5 wird gestrichen;
– in Satz 6 werden die Worte „und für Arbeitnehmer mit mehr als sechs Kinderfreibeträgen" gestrichen.
Die geänderte Fassung ist erstmals für den VZ 1996 anzuwenden (→ § 52 Abs. 1 EStG in der Fassung des JStG 1996).
Zur Anwendung für VZ ab 1997 → § 52 Abs. 28a EStG in der Fassung des JStG 1996.

§ 38 c EStG

1. für die Steuerklassen I, II und IV nach Maßgabe des § 10 c Abs. 3,
2. für die Steuerklasse III nach Maßgabe des § 10 c Abs. 3 und Abs. 4 Nr. 1.

(3) ¹Das Bundesministerium der Finanzen hat aus den nach den Absätzen 1 und 2 aufzustellenden Jahreslohnsteuertabellen jeweils eine Monatslohnsteuertabelle für Arbeitslöhne bis zu 10.000 Deutsche Mark, eine Wochenlohnsteuertabelle für Wochenarbeitslöhne bis zu 1.400 Deutsche Mark und eine Tageslohnsteuertabelle für Tagesarbeitslöhne bis zu 200 Deutsche Mark abzuleiten und bekanntzumachen. ²Dabei sind die Anfangsbeträge der Arbeitslohnstufen und die Lohnsteuerbeträge für die Monatslohnsteuertabellen mit einem Zwölftel, für die Wochenlohnsteuertabellen mit $7/360$ und für die Tageslohnsteuertabellen mit $1/360$ der Jahresbeträge anzusetzen; Bruchteile eines Pfennigs bleiben jeweils außer Ansatz. ³Absatz 1 letzter Satz ist sinngemäß anzuwenden.

§ 39
Lohnsteuerkarte

(1) ¹Die Gemeinden haben den unbeschränkt einkommensteuerpflichtigen Arbeitnehmern für jedes Kalenderjahr unentgeltlich eine Lohnsteuerkarte nach amtlich vorgeschriebenem Muster auszustellen und zu übermitteln. ²Steht ein Arbeitnehmer nebeneinander bei mehreren Arbeitgebern in einem Dienstverhältnis, so hat die Gemeinde eine entsprechende Anzahl Lohnsteuerkarten unentgeltlich auszustellen und zu übermitteln. ³Wenn eine Lohnsteuerkarte verlorengegangen, unbrauchbar geworden oder zerstört worden ist, hat die Gemeinde eine Ersatz-Lohnsteuerkarte auszustellen. ⁴Hierfür kann die ausstellende Gemeinde von dem Arbeitnehmer eine Gebühr bis 10 Deutsche Mark erheben; das Verwaltungskostengesetz ist anzuwenden. ⁵Die Gemeinde hat die Ausstellung einer Ersatz-Lohnsteuerkarte dem für den Arbeitnehmer örtlich zuständigen Finanzamt und Arbeitsamt unverzüglich mitzuteilen. ¹⁾ S 2363

(2) ¹Für die Ausstellung der Lohnsteuerkarte ist die Gemeinde örtlich zuständig, in deren Bezirk der Arbeitnehmer am 20. September des dem Kalenderjahr, für das die Lohnsteuerkarte gilt, vorangehenden Jahres oder erstmals nach diesem Stichtag seine Hauptwohnung oder in Ermangelung einer Wohnung seinen gewöhnlichen Aufenthalt hatte. ²Bei verheirateten Arbeitnehmern gilt als Hauptwohnung die Hauptwohnung der Familie oder in Ermangelung einer solchen die Hauptwohnung des älteren Ehegatten, wenn beide Ehegatten unbeschränkt einkommensteuerpflichtig sind und nicht dauernd getrennt leben. S 2363

(3) Die Gemeinde hat auf der Lohnsteuerkarte insbesondere einzutragen: ²⁾ S 2364
1. (weggefallen)
2. die Steuerklasse (§ 38 b) in Buchstaben,
3. die Zahl der Kinderfreibeträge bei den Steuerklassen I bis IV, und zwar für jedes unbeschränkt einkommensteuerpflichtige Kind im Sinne des § 32 Abs. 1 bis 3 mit Ausnahme der Pflegekinder und der Kinder, die beim Arbeitnehmer nur unter den Voraussetzungen des § 32 Abs. 1 Sätze 2 und 3 zu berücksichtigen sind,
   a) den Zähler 0,5, wenn dem Arbeitnehmer der Kinderfreibetrag von 2.052 Deutsche Mark nach § 32 Abs. 6 Satz 1 zusteht, oder
   b) den Zähler 1, wenn dem Arbeitnehmer der Kinderfreibetrag von 4.104 Deutsche Mark zusteht, weil
      aa) die Voraussetzungen des § 32 Abs. 6 Satz 2 vorliegen oder
      bb) der andere Elternteil vor dem Beginn des Kalenderjahrs verstorben ist oder
      cc) der Arbeitnehmer allein das Kind angenommen hat.

---

¹) Absatz 1 Satz 1 wurde durch das JStG 1996 ab VZ 1996 geändert:
Vor dem Wort „unbeschränkt" wurden die Worte „nach § 1 Abs. 1" eingefügt.
²) Absatz 3 wurde durch das JStG 1996 und das JStErgG 1996 ab VZ 1996 geändert:
„(3) ¹Die Gemeinde hat auf der Lohnsteuerkarte insbesondere einzutragen:
1. die Steuerklasse (§ 38 b) in Buchstaben,
2. die Zahl der Kinderfreibeträge bei den Steuerklassen I bis IV, und zwar für jedes nach § 1 Abs. 1 unbeschränkt einkommensteuerpflichtige Kind im Sinne des § 32 Abs. 1 Satz 1 Nr. 1 und Abs. 3
   a) den Zähler 0,5, wenn dem Arbeitnehmer der Kinderfreibetrag von 261 Deutsche Mark nach § 32 Abs. 6 Satz 1 zusteht, oder
   b) den Zähler 1, wenn dem Arbeitnehmer der Kinderfreibetrag von 522 Deutsche Mark zusteht, weil
      aa) die Voraussetzungen des § 32 Abs. 6 Satz 2 vorliegen oder
      bb) der andere Elternteil vor dem Beginn des Kalenderjahrs verstorben ist oder
      cc) der Arbeitnehmer allein das Kind angenommen hat.
²Für die Eintragung der Steuerklasse III ist das Finanzamt zuständig, wenn der Ehegatte des Arbeitnehmers nach § 1 a Abs. 1 Nr. 2 als unbeschränkt einkommensteuerpflichtig zu behandeln ist."
Zur Anwendung ab VZ 1997 → § 52 Abs. 28b EStG in der Fassung des JStG 1996.

§ 39 EStG

S 2364 [1]) (3 a) ¹Soweit bei dem Arbeitnehmer Kinderfreibeträge nach § 32 Abs. 1 bis 6 von 2.052 oder 4.104 Deutsche Mark zu berücksichtigen und nicht nach Absatz 3 von der Gemeinde auf der Lohnsteuerkarte einzutragen sind, ist die auf der Lohnsteuerkarte eingetragene Zahl der Kinderfreibeträge sowie im Fall des § 38 b Nr. 2 die Steuerklasse vom Finanzamt auf Antrag zu ändern. ²Das Finanzamt kann auf nähere Angaben des Arbeitnehmers verzichten, wenn der Arbeitnehmer höchstens die auf seiner Lohnsteuerkarte für das vorangegangene Kalenderjahr eingetragene Zahl der Kinderfreibeträge beantragt und versichert, daß sich die maßgebenden Verhältnisse nicht wesentlich geändert haben. ³In den Fällen des § 32 Abs. 6 Nr. 1 Alternative 2 und letzter Satz gelten die Sätze 1 und 2 nur, wenn nach den tatsächlichen Verhältnissen zu erwarten ist, daß die Voraussetzungen auch im Laufe des Kalenderjahrs bestehen bleiben. ⁴Der Antrag kann nur nach amtlich vorgeschriebenem Vordruck gestellt werden.

S 2364 (3 b) ¹Für die Eintragungen nach den Absätzen 3 und 3 a sind die Verhältnisse zu Beginn des Kalenderjahrs maßgebend, für das die Lohnsteuerkarte gilt. ²Auf Antrag des Arbeitnehmers kann eine für ihn ungünstigere Steuerklasse oder Zahl der Kinderfreibeträge auf der Lohnsteuerkarte eingetragen werden. ³In den Fällen der Steuerklassen III und IV sind bei der Eintragung der Zahl der Kinderfreibeträge auch Kinder des Ehegatten zu berücksichtigen. ⁴Die Eintragungen sind die gesonderte Feststellung von Besteuerungsgrundlagen im Sinne des § 179 Abs. 1 der Abgabenordnung, die unter dem Vorbehalt der Nachprüfung steht. ⁵Den Eintragungen braucht eine Belehrung über den zulässigen Rechtsbehelf nicht beigefügt zu werden.

S 2364 [2]) (4) ¹Der Arbeitnehmer ist verpflichtet, die Eintragung der Steuerklasse, des Familienstands und der Zahl der Kinderfreibeträge auf der Lohnsteuerkarte umgehend ändern zu lassen, wenn die Eintragung auf der Lohnsteuerkarte von den Verhältnissen zu Beginn des Kalenderjahrs zugunsten des Arbeitnehmers abweicht; dies gilt nicht, wenn eine Änderung als Folge einer nach Absatz 3 a Satz 3 durchgeführten Übertragung des Kinderfreibetrags in Betracht kommt. ²Die Änderung von Eintragungen im Sinne des Absatzes 3 ist bei der Gemeinde, die Änderung von Eintragungen im Sinne des Absatzes 3 a beim Finanzamt zu beantragen. ³Kommt der Arbeitnehmer seiner Verpflichtung nicht nach, so hat die Gemeinde oder das Finanzamt die Eintragung von Amts wegen zu ändern; der Arbeitnehmer hat die Lohnsteuerkarte der Gemeinde oder dem Finanzamt auf Verlangen vorzulegen. ⁴Unterbleibt die Änderung der Eintragung, hat das Finanzamt zuwenig erhobene Lohnsteuer vom Arbeitnehmer nachzufordern, wenn diese 20 Deutsche Mark übersteigt; hierzu hat die Gemeinde dem Finanzamt die Fälle mitzuteilen, in denen eine von ihr vorzunehmende Änderung unterblieben ist.

S 2364 (5) ¹Treten bei einem Arbeitnehmer im Laufe des Kalenderjahrs, für das die Lohnsteuerkarte gilt, die Voraussetzungen für eine ihm günstigere Steuerklasse oder höhere Zahl der Kinderfreibeträge ein, so kann der Arbeitnehmer bis zum 30. November bei der Gemeinde, in den Fällen des Absatzes 3 a beim Finanzamt die Änderung der Eintragung beantragen. ²Die Änderung ist mit Wirkung von dem Tage an vorzunehmen, an dem erstmals die Voraussetzungen für die Änderung vorlagen. ³Ehegatten, die beide in einem Dienstverhältnis stehen, können im Laufe des Kalenderjahrs einmal, spätestens bis zum 30. November, bei der Gemeinde beantragen, die auf ihren Lohnsteuerkarten eingetragenen Steuerklassen in andere nach § 38 b Nr. 3 bis 5 in Betracht kommende Steuerklassen zu ändern. ⁴Die Ge-

---

[1]) Absatz 3 a wurde durch das JStG 1996 ab VZ 1996 geändert:

„(3 a) ¹Soweit dem Arbeitnehmer Kinderfreibeträge nach § 32 Abs. 1 bis 6 von 261 oder 522 Deutsche Mark zustehen, die nicht nach Absatz 3 von der Gemeinde auf der Lohnsteuerkarte einzutragen sind, ist die auf der Lohnsteuerkarte eingetragene Zahl der Kinderfreibeträge sowie im Fall des § 38 b Nr. 2 die Steuerklasse vom Finanzamt auf Antrag zu ändern. ²Das Finanzamt kann auf nähere Angaben des Arbeitnehmers verzichten, wenn der Arbeitnehmer höchstens die auf seiner Lohnsteuerkarte für das vorangegangene Kalenderjahr eingetragene Zahl der Kinderfreibeträge beantragt und versichert, daß sich die maßgebenden Verhältnisse nicht wesentlich geändert haben. ³In den Fällen des § 32 Abs. 6 Satz 5 gelten die Sätze 1 und 2 nur, wenn nach den tatsächlichen Verhältnissen zu erwarten ist, daß die Voraussetzungen auch im Laufe des Kalenderjahrs bestehen bleiben. ⁴Der Antrag kann nur nach amtlich vorgeschriebenem Vordruck gestellt werden."

Zur Anwendung ab VZ 1997 → § 52 Abs. 28b EStG in der Fassung des JStG 1996.

[2]) Absatz 4 Satz 1 erster Halbsatz wurde durch das JStG 1996 ab VZ 1996 neu gefaßt:
Die Worte „, des Familienstands" wurden gestrichen.

meinde hat die Änderung mit Wirkung vom Beginn des auf die Antragstellung folgenden Kalendermonats an vorzunehmen.

(5 a) ¹Ist ein Arbeitnehmer, für den eine Lohnsteuerkarte ausgestellt worden ist, zu Beginn des Kalenderjahrs beschränkt einkommensteuerpflichtig oder im Laufe des Kalenderjahrs beschränkt einkommensteuerpflichtig geworden, hat er dies dem Finanzamt unter Vorlage der Lohnsteuerkarte unverzüglich anzuzeigen. ²Das Finanzamt hat die Lohnsteuerkarte vom Zeitpunkt des Eintritts der beschränkten Einkommensteuerpflicht an ungültig zu machen. ³Absatz 3 b Sätze 4 und 5 gilt sinngemäß. ⁴Unterbleibt die Anzeige, hat das Finanzamt zu wenig erhobene Lohnsteuer vom Arbeitnehmer nachzufordern, wenn diese 20 Deutsche Mark übersteigt.

(6) ¹Die Gemeinden sind insoweit, als sie Lohnsteuerkarten auszustellen, Eintragungen auf den Lohnsteuerkarten vorzunehmen und zu ändern haben, örtliche Landesfinanzbehörden. ²Sie sind insoweit verpflichtet, den Anweisungen des örtlich zuständigen Finanzamts nachzukommen. ³Das Finanzamt kann erforderlichenfalls Verwaltungsakte, für die eine Gemeinde sachlich zuständig ist, selbst erlassen. ⁴Der Arbeitnehmer, der Arbeitgeber oder andere Personen dürfen die Eintragung auf der Lohnsteuerkarte nicht ändern oder ergänzen.

§ 39 a
Freibetrag beim Lohnsteuerabzug

EStG
S 2365

(1) Auf der Lohnsteuerkarte wird als vom Arbeitslohn abzuziehender Freibetrag die Summe der folgenden Beträge eingetragen:

[1] 1. Werbungskosten, die bei den Einkünften aus nichtselbständiger Arbeit anfallen, soweit sie den Arbeitnehmer-Pauschbetrag (§ 9 a Satz 1 Nr. 1) übersteigen,

2. Sonderausgaben im Sinne des § 10 Abs. 1 Nr. 1, 1 a, 4 bis 9 und des § 10 b, soweit sie den Sonderausgaben-Pauschbetrag von 108 Deutsche Mark übersteigen,

3. der Betrag, der nach den §§ 33, 33 a, 33 b Abs. 6 und § 33 c wegen außergewöhnlicher Belastungen zu gewähren ist,

4. die Pauschbeträge für Behinderte und Hinterbliebene (§ 33 b Abs. 1 bis 5),

5. die folgenden Beträge, wie sie nach § 37 Abs. 3 bei der Festsetzung von Einkommensteuer-Vorauszahlungen zu berücksichtigen sind:

[2]   a) die Beträge, die nach § 10 d Abs. 2, §§ 10 e, 10 f, 10 g, 10 h, 52 Abs. 21 Sätze 4 bis 7, nach § 15 b des Berlinförderungsgesetzes oder nach § 7 des Fördergebietsgesetzes abgezogen werden können,

   b) die negative Summe der Einkünfte im Sinne des § 2 Abs. 1 Satz 1 Nr. 1 bis 3, 6 und 7 und der negativen Einkünfte im Sinne des § 2 Abs. 1 Satz 1 Nr. 5,

   c) das Vierfache der Steuerermäßigung nach § 34 f,

[3] 6. die nach § 32 Abs. 6 Satz 4 ermäßigten Kinderfreibeträge.

(2) ¹Die Gemeinde hat nach Anweisung des Finanzamts die Pauschbeträge für Behinderte und Hinterbliebene bei der Ausstellung der Lohnsteuerkarten von Amts wegen einzutragen; dabei ist der Freibetrag durch Aufteilung in Monatsfreibeträge, erforderlichenfalls Wochen- und Tagesfreibeträge, jeweils auf das Kalenderjahr gleichmäßig zu verteilen. ²Der Arbeitnehmer kann beim Finanzamt die Eintragung des nach Absatz 1 insgesamt in Betracht kommenden Freibetrags beantragen. ³Der Antrag kann nur nach amtlich vorgeschriebenem Vordruck bis zum 30. November des Kalenderjahrs gestellt werden, für das die Lohnsteuerkarte gilt. ⁴Der Antrag ist hinsichtlich eines Freibetrags aus der Summe der nach Absatz 1 Nr. 1 bis 3 in Betracht kommenden Aufwendungen und Beträge unzulässig, wenn die Aufwendungen im Sinne des § 9, soweit sie den Arbeitnehmer-Pauschbetrag übersteigen, die Aufwendungen im Sinne des § 10 Abs. 1 Nr. 1, 1 a, 4 bis 9, der §§ 10 b, 33 und 33 c sowie die abziehbaren Beträge nach den §§ 33 a und 33 b Abs. 6 insgesamt 1.200 Deutsche Mark nicht übersteigen. ⁵Das Finanzamt kann auf nähere Angaben des Arbeitnehmers verzichten, wenn der Arbeitnehmer höchstens den auf seiner Lohnsteuerkarte für das vorangegangene Kalenderjahr eingetragenen Freibetrag beantragt und versichert, daß sich die maßgebenden Verhältnisse nicht wesentlich geändert haben. ⁶Das Finanzamt hat den Freibetrag durch Aufteilung in Monatsfreibeträge, erforderlichenfalls Wochen- und Tagesfreibeträge, jeweils auf die der Antragstellung folgenden Monate des Kalenderjahrs gleichmäßig zu verteilen. ⁷Abweichend hiervon darf ein Freibetrag, der im Monat Januar eines Kalenderjahrs beantragt wird, mit Wirkung vom 1. Januar dieses Kalenderjahrs an eingetragen werden.

[4] (3) ¹Für Ehegatten, die beide unbeschränkt einkommensteuerpflichtig sind und nicht dauernd getrennt leben, ist jeweils die Summe der nach Absatz 1 Nr. 2 bis 6 in Betracht kommenden Beträge gemeinsam zu ermitteln; in den Fällen des Absatzes 1 Nr. 2 tritt an die Stelle des Sonderausgaben-Pauschbetrags von 108 Deutsche Mark der Sonderausgaben-Pauschbe-

---

| ¹) Absatz 1 Nr. 1 wurde durch das JStG 1996 ab VZ 1996 neu gefaßt:
  Das Zitat „§ 9 a Satz 1 Nr. 1" wurde durch das Zitat „§ 9 a Satz 1 Nr. 1 Buchstabe a" ersetzt.
| ²) Absatz 1 Nr. 5 Buchstabe a wurde durch das Gesetz zur Neuregelung der steuerrechtlichen Wohneigentumsförderung ab VZ 1996 geändert:
  Nach dem Zitat „§ 10 h," wurde das Zitat „§ 10 i," eingefügt.
| ³) Absatz 1 Nr. 6 wurde durch das JStG 1996 ab VZ 1996 gestrichen.
  Am Ende der Nummer 5 wurde das Komma durch einen Punkt ersetzt.
| ⁴) Absatz 3 Satz 1 wurde durch das JStG 1996 ab VZ 1996 neu gefaßt.
  „Für Ehegatten, die beide unbeschränkt einkommensteuerpflichtig sind und nicht dauernd getrennt leben, ist jeweils die Summe der nach Absatz 1 Nr. 2 bis 5 in Betracht kommenden Beträge gemeinsam zu ermitteln; der in Absatz 1 Nr. 2 genannte Betrag ist zu verdoppeln."

trag von 216 Deutsche Mark. ²Für die Anwendung des Absatzes 2 Satz 4 ist die Summe der für beide Ehegatten in Betracht kommenden Aufwendungen im Sinne des § 9, soweit sie jeweils den Arbeitnehmer-Pauschbetrag übersteigen, und der Aufwendungen im Sinne des § 10 Abs. 1 Nr. 1, 1 a, 4 bis 9, der §§ 10 b, 33 und 33 c sowie der abziehbaren Beträge nach § 33 a maßgebend. ³Die nach Satz 1 ermittelte Summe ist je zur Hälfte auf die Ehegatten aufzuteilen, wenn für jeden Ehegatten eine Lohnsteuerkarte ausgeschrieben worden ist und die Ehegatten keine andere Aufteilung beantragen. ⁴Für einen Arbeitnehmer, dessen Ehe in dem Kalenderjahr, für das die Lohnsteuerkarte gilt, aufgelöst worden ist und dessen bisheriger Ehegatte in demselben Kalenderjahr wieder geheiratet hat, sind die nach Absatz 1 in Betracht kommenden Beträge ausschließlich auf Grund der in seiner Person erfüllten Voraussetzungen zu ermitteln. ⁵Satz 1 zweiter Halbsatz ist auch anzuwenden, wenn die tarifliche Einkommensteuer nach § 32 a Abs. 6 zu ermitteln ist.

(4) ¹Die Eintragung eines Freibetrags auf der Lohnsteuerkarte ist die gesonderte Feststellung einer Besteuerungsgrundlage im Sinne des § 179 Abs. 1 der Abgabenordnung, die unter dem Vorbehalt der Nachprüfung steht. ²Der Eintragung braucht eine Belehrung über den zulässigen Rechtsbehelf nicht beigefügt zu werden. ³Ein mit einer Belehrung über den zulässigen Rechtsbehelf versehener schriftlicher Bescheid ist jedoch zu erteilen, wenn dem Antrag des Arbeitnehmers nicht in vollem Umfang entsprochen wird. ⁴§ 153 Abs. 2 der Abgabenordnung ist nicht anzuwenden.

(4 a) ¹Für die Eintragung eines Freibetrags oder anderer Besteuerungsmerkmale auf der Lohnsteuerkarte sowie ihrer Änderung ist das Finanzamt örtlich zuständig, in dessen Bezirk der Arbeitnehmer im Zeitpunkt der Antragstellung seine Wohnung hat, von der aus er seiner Beschäftigung regelmäßig nachgeht. ²Bei Ehegatten, die einen mehrfachen Wohnsitz haben, ist das Finanzamt des Familienwohnsitzes zuständig; bei Ehegatten, die beide Arbeitslohn beziehen und keinen Familienwohnsitz haben, ist das für den älteren Ehegatten nach Satz 1 maßgebende Finanzamt örtlich zuständig. ³In den Fällen des § 1 Abs. 2 und 3 ist das Finanzamt örtlich zuständig, in dessen Bezirk sich die öffentliche Kasse befindet, die den Arbeitslohn zahlt.

(5) Ist zuwenig Lohnsteuer erhoben worden, weil auf der Lohnsteuerkarte ein Freibetrag unzutreffend eingetragen worden ist, hat das Finanzamt den Fehlbetrag vom Arbeitnehmer nachzufordern, wenn er 20 Deutsche Mark übersteigt.

---

¹) Absatz 4 a wurde durch das JStG 1996 ab VZ 1996 aufgehoben.

§ 39 b
Durchführung des Lohnsteuerabzugs für unbeschränkt einkommensteuerpflichtige Arbeitnehmer

(1) ¹Für die Durchführung des Lohnsteuerabzugs hat der unbeschränkt einkommensteuerpflichtige Arbeitnehmer seinem Arbeitgeber vor Beginn des Kalenderjahrs oder beim Eintritt in das Dienstverhältnis eine Lohnsteuerkarte vorzulegen. ²Der Arbeitgeber hat die Lohnsteuerkarte während des Dienstverhältnisses aufzubewahren. ³Er hat sie dem Arbeitnehmer während des Kalenderjahrs zur Vorlage beim Finanzamt oder bei der Gemeinde vorübergehend zu überlassen sowie innerhalb angemessener Frist nach Beendigung des Dienstverhältnisses herauszugeben. ⁴Der Arbeitgeber darf die auf der Lohnsteuerkarte eingetragenen Merkmale nur für die Einbehaltung der Lohnsteuer verwerten; er darf sie ohne Zustimmung des Arbeitnehmers nur offenbaren, soweit dies gesetzlich zugelassen ist.

(2) ¹Für die Einbehaltung der Lohnsteuer vom laufenden Arbeitslohn hat der Arbeitgeber die Höhe des laufenden Arbeitslohns und den Lohnzahlungszeitraum festzustellen. ²Vom Arbeitslohn sind der auf den Lohnzahlungszeitraum entfallende Anteil des Versorgungs-Freibetrags (§ 19 Abs. 2) und der auf den Lohnzahlungszeitraum entfallende Anteil des Altersentlastungsbetrags (§ 24 a) abzuziehen, wenn die Voraussetzungen für den Abzug dieser Beträge jeweils erfüllt sind. ³Außerdem hat der Arbeitgeber einen etwaigen Freibetrag nach Maßgabe der Eintragungen auf der Lohnsteuerkarte des Arbeitnehmers vom Arbeitslohn abzuziehen. ⁴Für den so gekürzten Arbeitslohn ist die Lohnsteuer aus der für den Lohnzahlungszeitraum geltenden allgemeinen Lohnsteuertabelle (§ 38 c Abs. 1) oder aus der besonderen Lohnsteuertabelle (§ 38 c Abs. 2) oder nach der diesen Lohnsteuertabellen angefügten Anleitung zu ermitteln; die besondere Lohnsteuertabelle ist anzuwenden, wenn der Arbeitnehmer in der gesetzlichen Rentenversicherung nicht versicherungspflichtig ist und zu dem in § 10 c Abs. 3 bezeichneten Personenkreis gehört. ⁵Dabei ist die auf der Lohnsteuerkarte eingetragene Steuerklasse und Zahl der Kinderfreibeträge maßgebend.¹) ⁶Die sich danach ergebende Lohnsteuer ist vom Arbeitslohn einzubehalten. ⁷Die Oberfinanzdirektion kann allgemein oder auf Antrag des Arbeitgebers ein Verfahren zulassen, durch das die Lohnsteuer unter den Voraussetzungen des § 42 b Abs. 1 nach dem voraussichtlichen Jahresarbeitslohn ermittelt wird, wenn gewährleistet ist, daß die zutreffende Jahreslohnsteuer (§ 38 a Abs. 2) nicht unterschritten wird.

(3) ¹Für die Einbehaltung der Lohnsteuer von einem sonstigen Bezug hat der Arbeitgeber den voraussichtlichen Jahresarbeitslohn ohne den sonstigen Bezug festzustellen. ²Von dem voraussichtlichen Jahresarbeitslohn sind der Versorgungs-Freibetrag (§ 19 Abs. 2) und der Altersentlastungsbetrag (§ 24 a), wenn die Voraussetzungen für den Abzug dieser Beträge jeweils erfüllt sind, sowie ein etwaiger Jahresfreibetrag nach Maßgabe der Eintragungen auf der Lohnsteuerkarte abzuziehen. ³Für den so gekürzten Jahresarbeitslohn (maßgebender Jahresarbeitslohn) ist die Lohnsteuer aus der allgemeinen Jahreslohnsteuertabelle (§ 38 c Abs. 1) oder aus der besonderen Jahreslohnsteuertabelle (§ 38 c Abs. 2) oder nach der diesen Jahreslohnsteuertabellen angefügten Anleitung zu ermitteln; die besondere Lohnsteuertabelle ist anzuwenden, wenn der Arbeitnehmer in der gesetzlichen Rentenversicherung nicht versicherungspflichtig ist und zu dem in § 10 c Abs. 3 bezeichneten Personenkreis gehört. ⁴Dabei ist die auf der Lohnsteuerkarte eingetragene Steuerklasse und Zahl der Kinderfreibeträge maßgebend.²) ⁵Außerdem ist die Jahreslohnsteuer für den maßgebenden Jahresarbeitslohn unter Einbeziehung des sonstigen Bezugs zu ermitteln. ⁶Dabei ist der sonstige Bezug, soweit es sich nicht um einen sonstigen Bezug im Sinne des Satzes 9 handelt, um den Versorgungs-Freibetrag und den Altersentlastungsbetrag zu kürzen, wenn die Voraussetzungen für den Abzug dieser Beträge jeweils erfüllt sind und soweit sie nicht bei der Feststellung des maßgebenden Jahresarbeitslohns berücksichtigt worden sind. ⁷Der Unterschiedsbetrag zwischen den ermittelten Jahreslohnsteuerbeträgen ist die Lohnsteuer, die von dem sonstigen Bezug einzubehalten ist. ⁸Werden in einem Lohnzahlungszeitraum neben laufendem Arbeitslohn sonstige Bezüge von insgesamt nicht mehr als 300 Deutsche Mark gezahlt, so sind sie dem laufenden Arbeitslohn hinzuzurechnen. ⁹Die Lohnsteuer ist bei einem sonstigen Bezug im Sinne des § 34 Abs. 3 in der Wei-

---

¹) Absatz 2 Satz 5 wurde durch das JStG 1996 ab VZ 1996 neu gefaßt:
Die Worte „und Zahl der Kinderfreibeträge" wurden gestrichen.

²) Absatz 3 Satz 4 wurde durch das JStG 1996 ab VZ 1996 neu gefaßt:
Die Worte „und Zahl der Kinderfreibeträge" wurden gestrichen.

se zu ermäßigen, daß der sonstige Bezug bei der Anwendung des Satzes 5 mit einem Drittel anzusetzen und der Unterschiedsbetrag im Sinne des Satzes 7 zu verdreifachen ist. [10]Von steuerpflichtigen Entschädigungen im Sinne des § 34 Abs. 1 und Abs. 2 Nr. 2, die 30 Millionen Deutsche Mark nicht übersteigen, ist die nach Satz 7 ermittelte Lohnsteuer zur Hälfte einzubehalten.

(4) Für Lohnzahlungszeiträume, für die Lohnsteuertabellen nicht aufgestellt sind, ergibt sich die Lohnsteuer aus den mit der Zahl der Kalendertage oder Wochen dieser Zeiträume vervielfachten Beträgen der Lohnsteuertagestabelle oder Lohnsteuerwochentabelle.

(5) [1]Wenn der Arbeitgeber für den Lohnzahlungszeitraum lediglich Abschlagszahlungen leistet und eine Lohnabrechnung für einen längeren Zeitraum (Lohnabrechnungszeitraum) vornimmt, kann er den Lohnabrechnungszeitraum als Lohnzahlungszeitraum behandeln und die Lohnsteuer abweichend von § 38 Abs. 3 bei der Lohnabrechnung einbehalten. [2]Satz 1 gilt nicht, wenn der Lohnabrechnungszeitraum fünf Wochen übersteigt oder die Lohnabrechnung nicht innerhalb von drei Wochen nach dessen Ablauf erfolgt. [3]Das Betriebsstättenfinanzamt kann anordnen, daß die Lohnsteuer von den Abschlagszahlungen einzubehalten ist, wenn die Erhebung der Lohnsteuer sonst nicht gesichert erscheint. [4]Wenn wegen einer besonderen Entlohnungsart weder ein Lohnzahlungszeitraum noch ein Lohnabrechnungszeitraum festgestellt werden kann, gilt als Lohnzahlungszeitraum die Summe der tatsächlichen Arbeitstage oder Arbeitswochen.

(6) [1]Ist nach einem Abkommen zur Vermeidung der Doppelbesteuerung der von einem inländischen Arbeitgeber gezahlte Arbeitslohn von der Lohnsteuer freizustellen, so erteilt das Betriebsstättenfinanzamt auf Antrag des Arbeitnehmers oder des Arbeitgebers eine entsprechende Bescheinigung. [2]Der Arbeitgeber hat diese Bescheinigung als Beleg zum Lohnkonto (§ 41 Abs. 1) aufzubewahren.

§ 39 c

EStG
S 2366

§ 39 c
Durchführung des Lohnsteuerabzugs ohne Lohnsteuerkarte

(1) ¹Solange der unbeschränkt einkommensteuerpflichtige Arbeitnehmer dem Arbeitgeber eine Lohnsteuerkarte schuldhaft nicht vorlegt oder die Rückgabe der ihm ausgehändigten Lohnsteuerkarte schuldhaft verzögert, hat der Arbeitgeber die Lohnsteuer nach der Steuerklasse VI zu ermitteln. ²Weist der Arbeitnehmer nach, daß er die Nichtvorlage oder verzögerte Rückgabe der Lohnsteuerkarte nicht zu vertreten hat, so hat der Arbeitgeber für die Lohnsteuerberechnung die ihm bekannten Familienverhältnisse des Arbeitnehmers zugrunde zu legen.

(2) ¹Der Arbeitgeber kann die Lohnsteuer von dem Arbeitslohn für den Monat Januar eines Kalenderjahrs abweichend von Absatz 1 auf Grund der Eintragungen auf der Lohnsteuerkarte für das vorhergehende Kalenderjahr ermitteln, wenn der Arbeitnehmer eine Lohnsteuerkarte für das neue Kalenderjahr bis zur Lohnabrechnung nicht vorgelegt hat. ²Nach Vorlage der Lohnsteuerkarte ist die Lohnsteuerermittlung für den Monat Januar zu überprüfen und erforderlichenfalls zu ändern. ³Legt der Arbeitnehmer bis zum 31. März keine Lohnsteuerkarte vor, ist nachträglich Absatz 1 anzuwenden. ⁴Die zuwenig oder zuviel einbehaltene Lohnsteuer ist jeweils bei der nächsten Lohnabrechnung auszugleichen.

¹) (3) ¹Für Arbeitnehmer, die nach § 1 Abs. 2 oder 3 unbeschränkt einkommensteuerpflichtig sind, hat der Arbeitgeber die Lohnsteuer unabhängig von einer Lohnsteuerkarte zu ermitteln. ²Dabei sind die Steuerklasse und Zahl der Kinderfreibeträge maßgebend, die nach § 39 Abs. 3 bis 5 auf einer Lohnsteuerkarte des Arbeitnehmers einzutragen wären. ³Auf Antrag des Arbeitnehmers erteilt das Betriebsstättenfinanzamt (§ 41 a Abs. 1 Satz 1 Nr. 1) über die maßgebende Steuerklasse, Zahl der Kinderfreibeträge und einen etwa in Betracht kommenden Freibetrag (§ 39 a) eine Bescheinigung, für die die Vorschriften über die Eintragungen auf der Lohnsteuerkarte sinngemäß anzuwenden sind.

---

¹) Absatz 3 wurde durch das JStG 1996 und das JStErgG 1996 ab VZ 1996 durch die neuen Absätze 3 und 4 ersetzt:
In den neuen Absätzen 3 und 4 wurde durch das JStErgG 1996 jeweils in Satz 3 nach dem Wort „Steuerklasse" die Worte „, die Zahl der Kinderfreibeträge" eingefügt. Danach haben die Absätze 3 und 4 nunmehr folgenden Wortlaut:
„(3) ¹Für Arbeitnehmer, die nach § 1 Abs. 2 unbeschränkt einkommensteuerpflichtig sind, hat der Arbeitgeber die Lohnsteuer unabhängig von einer Lohnsteuerkarte zu ermitteln. ²Dabei ist die Steuerklasse maßgebend, die nach § 39 Abs. 3 bis 5 auf einer Lohnsteuerkarte des Arbeitnehmers einzutragen wäre. ³Auf Antrag des Arbeitnehmers erteilt das Betriebsstättenfinanzamt (§ 41 a Abs. 1 Nr. 1) über die maßgebende Steuerklasse, die Zahl der Kinderfreibeträge und einen etwa in Betracht kommenden Freibetrag (§ 39 a) eine Bescheinigung, für die die Vorschriften über die Eintragung auf der Lohnsteuerkarte sinngemäß anzuwenden sind.
(4) ¹Arbeitnehmer, die nach § 1 Abs. 3 als unbeschränkt einkommensteuerpflichtig behandelt werden, haben ihrem Arbeitgeber vor Beginn des Kalenderjahrs oder beim Eintritt in das Dienstverhältnis eine Bescheinigung vorzulegen. ²Die Bescheinigung wird auf Antrag des Arbeitnehmers vom Betriebsstättenfinanzamt (§ 41 a Abs. 1 Nr. 1) des Arbeitgebers erteilt. ³In die Bescheinigung, für die die Vorschriften über die Eintragung auf der Lohnsteuerkarte sinngemäß anzuwenden sind, trägt das Finanzamt die maßgebende Steuerklasse, die Zahl der Kinderfreibeträge und einen etwa in Betracht kommenden Freibetrag (§ 39 a) ein. ⁴Ist der Arbeitnehmer gleichzeitig bei mehreren inländischen Arbeitgebern tätig, ist für die Erteilung jeder weiteren Bescheinigung das Betriebsstättenfinanzamt zuständig, das die erste Bescheinigung ausgestellt hat. ⁵Bei Ehegatten, die beide Arbeitslohn von einem inländischen Arbeitgeber beziehen, ist für die Erteilung der Bescheinigungen das Betriebsstättenfinanzamt des älteren Ehegatten zuständig."
Die geänderte Fassung des § 39 c ist erstmals für den VZ 1996 anzuwenden (→ § 52 Abs. 1 EStG in der Fassung des JStG 1996).

§ 39 d   EStG
Durchführung des Lohnsteuerabzugs für beschränkt   S 2369
einkommensteuerpflichtige Arbeitnehmer

(1) ¹Für die Durchführung des Lohnsteuerabzugs werden beschränkt einkommensteuerpflichtige Arbeitnehmer in die Steuerklasse I eingereiht. ²§ 38 b Nr. 6 ist anzuwenden. ³Das Betriebsstättenfinanzamt (§ 41 a Abs. 1 Satz 1 Nr. 1) erteilt auf Antrag des Arbeitnehmers über die maßgebende Steuerklasse eine Bescheinigung, für die die Vorschriften über die Eintragungen auf der Lohnsteuerkarte mit der Maßgabe sinngemäß anzuwenden sind, daß der Arbeitnehmer eine Änderung der Bescheinigung bis zum Ablauf des Kalenderjahrs, für das sie gilt, beim Finanzamt beantragen kann.

(2) ¹In die nach Absatz 1 zu erteilende Bescheinigung trägt das Finanzamt auf Antrag des Arbeitnehmers folgendes ein: ¹)

1. bei Anwendung des § 50 Abs. 1 Satz 6
   a) Werbungskosten, die bei den Einkünften aus nichtselbständiger Arbeit anfallen (§ 9), soweit sie den Arbeitnehmer-Pauschbetrag (§ 9 a Satz 1 Nr. 1) übersteigen,
   b) Sonderausgaben im Sinne des § 10 Abs. 1 Nr. 5 und des § 10 b, soweit sie den Sonderausgaben-Pauschbetrag (§ 10 c Abs. 1) übersteigen,
2. bei voraussichtlicher Anwendung des § 50 Abs. 4 für jeden Kinderfreibetrag von 2.052 Deutsche Mark den Zähler 0,5 und für jeden Kinderfreibetrag von 4.104 Deutsche Mark den Zähler 1 und als vom Arbeitslohn abzuziehenden Freibetrag die Summe der folgenden Beträge:
   a) Werbungskosten, die bei den Einkünften aus nichtselbständiger Arbeit anfallen (§ 9), soweit sie den Arbeitnehmer-Pauschbetrag (§ 9 a Satz 1 Nr. 1) übersteigen,
   b) Sonderausgaben im Sinne des § 10 Abs. 1 Nr. 1, 1 a, 4 bis 9 und des § 10 b, soweit sie den Sonderausgaben-Pauschbetrag (§ 10 c Abs. 1) übersteigen, und die wie Sonderausgaben abziehbaren Beträge nach § 10 e, jedoch erst nach Fertigstellung oder Anschaffung des begünstigten Objekts oder nach Fertigstellung der begünstigten Maßnahme,
   c) die nach § 32 Abs. 6 Satz 4 ermäßigten Kinderfreibeträge,
   d) die Beträge, die nach den §§ 33, 33 a, 33 b und 33 c als außergewöhnliche Belastung zu gewähren sind und
   e) abweichend von Absatz 1 Satz 1 die Steuerklasse III, wenn die Voraussetzungen des § 38 b Satz 2 Nr. 3 Buchstabe b vorliegen.

²Der Antrag kann nur nach amtlich vorgeschriebenem Vordruck bis zum Ablauf des Kalenderjahrs gestellt werden, für das die Bescheinigung gilt. ³Das Finanzamt hat die Summe der eingetragenen Beträge durch Aufteilung in Monatsfreibeträge, erforderlichenfalls Wochen- und Tagesfreibeträge, jeweils auf die voraussichtliche Dauer des Dienstverhältnisses im Kalenderjahr gleichmäßig zu verteilen. ⁴§ 39 a Abs. 4 und 5 ist sinngemäß anzuwenden.

(3) ¹Der Arbeitnehmer hat die nach Absatz 1 erteilte Bescheinigung seinem Arbeitgeber vor Beginn des Kalenderjahrs oder beim Eintritt in das Dienstverhältnis vorzulegen. ²Der Arbeitgeber hat die Bescheinigung aufzubewahren. ³§ 39 b Abs. 1 Sätze 3 und 4 gilt

---

¹) Absatz 2 Satz 1 wurde durch das JStG 1996 und das Gesetz zur Neuregelung der steuerrechtlichen Wohneigentumsförderung ab VZ 1996 geändert:
Durch das JStG 1996 wurde Absatz 2 Satz 1 wie folgt gefaßt:
„In die nach Absatz 1 zu erteilende Bescheinigung trägt das Finanzamt für einen Arbeitnehmer, bei dem § 50 Abs. 1 Satz 6 anzuwenden ist, auf Antrag folgendes ein:
1. Werbungskosten, die bei den Einkünften aus nichtselbständiger Arbeit anfallen (§ 9), soweit sie den Arbeitnehmer-Pauschbetrag (§ 9 a Satz 1 Nr. 1 Buchstabe a) übersteigen.
2. Sonderausgaben im Sinne des § 10 Abs. 1 Nr. 5 und des § 10 b, soweit sie den Sonderausgaben-Pauschbetrag (§ 10 c Abs. 1) übersteigen, und die wie Sonderausgaben abziehbaren Beträge nach § 10 e, jedoch erst nach Fertigstellung oder Anschaffung des begünstigten Objekts oder nach Fertigstellung der begünstigten Maßnahme."
Durch das Gesetz zur Neuregelung der steuerlichen Wohneigentumsförderung und das JStErgG 1996 wurde das darin enthaltene Zitat „§ 10 e" durch das Zitat „§ 10 e oder § 10 i" ersetzt. Die Änderungen sind erstmals für den VZ 1996 anzuwenden (→ § 52 Abs. 1 EStG in der Fassung des JStG 1996).

§ 39 d EStG

sinngemäß. ⁴Der Arbeitgeber hat im übrigen den Lohnsteuerabzug nach Maßgabe des § 39 b Abs. 2 bis 6, des § 39 c Abs. 1 und 2 und des § 41 c durchzuführen; dabei tritt die nach Absatz 1 erteilte Bescheinigung an die Stelle der Lohnsteuerkarte. ⁵Auf Verlangen des beschränkt einkommensteuerpflichtigen Arbeitnehmers hat der Arbeitgeber bei Beendigung des Dienstverhältnisses oder am Ende des Kalenderjahrs eine Lohnsteuerbescheinigung nach amtlich vorgeschriebenem Vordruck zu erteilen; dabei sind die Vorschriften des § 41 b Abs. 1 Sätze 2 bis 7 und Abs. 2 sinngemäß anzuwenden.

§ 40
Pauschalierung der Lohnsteuer in besonderen Fällen

EStG

(1) ¹Das Betriebsstättenfinanzamt (§ 41 a Abs. 1 Satz 1 Nr. 1) kann auf Antrag des Arbeitgebers zulassen, daß die Lohnsteuer mit einem unter Berücksichtigung der Vorschriften des § 38 a zu ermittelnden Pauschsteuersatz erhoben wird, soweit

1. von dem Arbeitgeber sonstige Bezüge in einer größeren Zahl von Fällen gewährt werden oder
2. in einer größeren Zahl von Fällen Lohnsteuer nachzuerheben ist, weil der Arbeitgeber die Lohnsteuer nicht vorschriftsmäßig einbehalten hat.

²Bei der Ermittlung des Pauschsteuersatzes ist zu berücksichtigen, daß die in Absatz 3 vorgeschriebene Übernahme der pauschalen Lohnsteuer durch den Arbeitgeber für den Arbeitnehmer eine in Geldeswert bestehende Einnahme im Sinne des § 8 Abs. 1 darstellt (Nettosteuersatz). ³Die Pauschalierung ist in den Fällen der Nummer 1 ausgeschlossen, soweit der Arbeitgeber einem Arbeitnehmer sonstige Bezüge von mehr als 2.000 Deutsche Mark im Kalenderjahr gewährt. ⁴Der Arbeitgeber hat dem Antrag eine Berechnung beizufügen, aus der sich der durchschnittliche Steuersatz unter Zugrundelegung der durchschnittlichen Jahresarbeitslöhne und der durchschnittlichen Jahreslohnsteuer in jeder Steuerklasse für diejenigen Arbeitnehmer ergibt, denen die Bezüge gewährt werden sollen oder gewährt worden sind.

(2) ¹Abweichend von Absatz 1 kann der Arbeitgeber die Lohnsteuer mit einem Pauschsteuersatz von 25 vom Hundert erheben, soweit er

1. arbeitstäglich Mahlzeiten im Betrieb an die Arbeitnehmer unentgeltlich oder verbilligt abgibt oder Barzuschüsse an ein anderes Unternehmen leistet, das arbeitstäglich Mahlzeiten an die Arbeitnehmer unentgeltlich oder verbilligt abgibt. ²Voraussetzung ist, daß die Mahlzeiten nicht als Lohnbestandteile vereinbart sind,
2. Arbeitslohn aus Anlaß von Betriebsveranstaltungen zahlt,
3. Erholungsbeihilfen gewährt, wenn diese zusammen mit Erholungsbeihilfen, die in demselben Kalenderjahr früher gewährt worden sind, 300 Deutsche Mark für den Arbeitnehmer, 200 Deutsche Mark für dessen Ehegatten und 100 Deutsche Mark für jedes Kind nicht übersteigen und der Arbeitgeber sicherstellt, daß die Beihilfen zu Erholungszwecken verwendet werden.

²Der Arbeitgeber kann die Lohnsteuer mit einem Pauschsteuersatz von 15 vom Hundert für Sachbezüge in Form der unentgeltlichen oder verbilligten Beförderung eines Arbeitnehmers zwischen Wohnung und Arbeitsstätte und für zusätzlich zum ohnehin geschuldeten Arbeitslohn geleistete Zuschüsse zu den Aufwendungen des Arbeitnehmers für Fahrten zwischen Wohnung und Arbeitsstätte erheben, soweit diese Bezüge den Betrag nicht übersteigen, den der Arbeitnehmer nach § 9 Abs. 1 Satz 3 Nr. 4 und Abs. 2 als Werbungskosten geltend machen könnte, wenn die Bezüge nicht pauschal besteuert würden. ³Die nach Satz 2 pauschal besteuerten Bezüge mindern die nach § 9 Abs. 1 Satz 3 Nr. 4 und Abs. 2 abziehbaren Werbungskosten; sie bleiben bei der Anwendung des § 40 a Abs. 1 bis 4 außer Ansatz.

(3) ¹Der Arbeitgeber hat die pauschale Lohnsteuer zu übernehmen. ²Er ist Schuldner der pauschalen Lohnsteuer. ³Der pauschal besteuerte Arbeitslohn und die pauschale Lohnsteuer bleiben bei einer Veranlagung zur Einkommensteuer und beim Lohnsteuer-Jahresausgleich außer Ansatz. ⁴Die pauschale Lohnsteuer ist weder auf die Einkommensteuer noch auf die Jahreslohnsteuer anzurechnen.

§ 40 a
Pauschalierung der Lohnsteuer für Teilzeitbeschäftigte

EStG
S 2372

(1) ¹Der Arbeitgeber kann unter Verzicht auf die Vorlage einer Lohnsteuerkarte bei Arbeitnehmern, die nur kurzfristig beschäftigt werden, die Lohnsteuer mit einem Pauschsteuersatz von 25 vom Hundert des Arbeitslohns erheben. ²Eine kurzfristige Beschäftigung liegt vor, wenn der Arbeitnehmer bei dem Arbeitgeber gelegentlich, nicht regelmäßig wiederkehrend beschäftigt wird, die Dauer der Beschäftigung 18 zusammenhängende Arbeitstage nicht übersteigt und

1. der Arbeitslohn während der Beschäftigungsdauer 120 Deutsche Mark durchschnittlich je Arbeitstag nicht übersteigt oder
2. die Beschäftigung zu einem unvorhersehbaren Zeitpunkt sofort erforderlich wird.

¹) (2) ¹Der Arbeitgeber kann unter Verzicht auf die Vorlage einer Lohnsteuerkarte bei Arbeitnehmern, die nur in geringem Umfang und gegen geringen Arbeitslohn beschäftigt werden, die Lohnsteuer mit einem Pauschsteuersatz von 15 vom Hundert des Arbeitslohns erheben. ²Eine Beschäftigung in geringem Umfang und gegen geringen Arbeitslohn liegt vor, wenn bei monatlicher Lohnzahlung die Beschäftigungsdauer 86 Stunden und der Arbeitslohn ein Siebtel der monatlichen Bezugsgröße im Sinne des § 18 Abs. 1 Viertes Buch Sozialgesetzbuch nicht übersteigt; bei kürzeren Lohnzahlungszeiträumen darf wöchentlich die Beschäftigungsdauer 20 Stunden und der Arbeitslohn ein Dreißigstel der monatlichen Bezugsgröße nicht übersteigen.

(3) ¹Abweichend von den Absätzen 1 und 2 kann der Arbeitgeber unter Verzicht auf die Vorlage einer Lohnsteuerkarte bei Aushilfskräften, die in Betrieben der Land- und Forstwirtschaft im Sinne des § 13 Abs. 1 Nr. 1 bis 4 ausschließlich mit typisch land- oder forstwirtschaftlichen Arbeiten beschäftigt werden, die Lohnsteuer mit einem Pauschsteuersatz von 3 vom Hundert des Arbeitslohns erheben. ²Aushilfskräfte im Sinne dieser Vorschrift sind Personen, die von Fall zu Fall für eine im voraus bestimmte Arbeit von vorübergehender Dauer in ein Dienstverhältnis treten. ³Aushilfskräfte sind nicht Arbeitnehmer, die zu den land- und forstwirtschaftlichen Fachkräften gehören.

²) (4) Die Pauschalierungen nach den Absätzen 1 bis 3 sind unzulässig bei Arbeitnehmern, deren Arbeitslohn während der Beschäftigungsdauer ein Zweihundertstel der monatlichen Bezugsgröße im Sinne des § 18 Abs. 1 Viertes Buch Sozialgesetzbuch durchschnittlich je Arbeitsstunde übersteigt.

(5) Auf die Pauschalierungen nach den Absätzen 1 bis 3 ist § 40 Abs. 3 anzuwenden.

---

¹) Absatz 2 Satz 1 wurde durch das JStG 1996 ab VZ 1996 geändert.
Die Zahl „15" wurde durch die Zahl „20" ersetzt.
²) Absatz 4 wurde durch das JStG 1996 ab VZ 1996 geändert.
„(4) Die Pauschalierungen nach den Absätzen 1 bis 3 sind unzulässig
1. bei Arbeitnehmern, deren Arbeitslohn während der Beschäftigungsdauer ein Zweihundertstel der monatlichen Bezugsgröße im Sinne des § 18 Abs. 1 des Vierten Buches Sozialgesetzbuch durchschnittlich je Arbeitsstunde übersteigt,
2. bei Arbeitnehmern, die für eine andere Beschäftigung von demselben Arbeitgeber Arbeitslohn beziehen, der nach den §§ 39 b bis 39 d dem Lohnsteuerabzug unterworfen wird."

§ 40 b
Pauschalierung der Lohnsteuer bei bestimmten Zukunftssicherungsleistungen

(1) ¹Der Arbeitgeber kann die Lohnsteuer von den Beiträgen für eine Direktversicherung des Arbeitnehmers und von den Zuwendungen an eine Pensionskasse mit einem Pauschsteuersatz von 15 vom Hundert der Beiträge und Zuwendungen erheben. ²Die pauschale Erhebung der Lohnsteuer von Beiträgen für eine Direktversicherung ist nur zulässig, wenn die Versicherung nicht auf den Erlebensfall eines früheren als des 60. Lebensjahrs abgeschlossen und eine vorzeitige Kündigung des Versicherungsvertrags durch den Arbeitnehmer ausgeschlossen worden ist. ¹)

(2) ¹Absatz 1 gilt nicht, soweit die zu besteuernden Beiträge und Zuwendungen des Arbeitgebers für den Arbeitnehmer 3.000 Deutsche Mark im Kalenderjahr übersteigen oder nicht aus seinem ersten Dienstverhältnis bezogen werden. ²Sind mehrere Arbeitnehmer gemeinsam in einem Direktversicherungsvertrag oder in einer Pensionskasse versichert, so gilt als Beitrag oder Zuwendung für den einzelnen Arbeitnehmer der Teilbetrag, der sich bei einer Aufteilung der gesamten Beiträge oder der gesamten Zuwendungen durch die Zahl der begünstigten Arbeitnehmer ergibt, wenn dieser Teilbetrag 3.000 Deutsche Mark nicht übersteigt; hierbei sind Arbeitnehmer, für die Beiträge und Zuwendungen von mehr als 4.200 Deutsche Mark im Kalenderjahr geleistet werden, nicht einzubeziehen. ³Für Beiträge und Zuwendungen, die der Arbeitgeber für den Arbeitnehmer aus Anlaß der Beendigung des Dienstverhältnisses erbracht hat, vervielfältigt sich der Betrag von 3.000 Deutsche Mark mit der Anzahl der Kalenderjahre, in denen das Dienstverhältnis des Arbeitnehmers zu dem Arbeitgeber bestanden hat; in diesem Fall ist Satz 2 nicht anzuwenden. ⁴Der vervielfältigte Betrag vermindert sich um die nach Absatz 1 pauschal besteuerten Beiträge und Zuwendungen, die der Arbeitgeber in dem Kalenderjahr, in dem das Dienstverhältnis beendet wird, und in den sechs vorangegangenen Kalenderjahren erbracht hat. ²)

(3) Von den Beiträgen für eine Unfallversicherung des Arbeitnehmers kann der Arbeitgeber die Lohnsteuer mit einem Pauschsteuersatz von 15 vom Hundert der Beiträge erheben, wenn mehrere Arbeitnehmer gemeinsam in einem Unfallversicherungsvertrag versichert sind und der Teilbetrag, der sich bei einer Aufteilung der gesamten Beiträge nach Abzug der Versicherungsteuer durch die Zahl der begünstigten Arbeitnehmer ergibt, 120 Deutsche Mark im Kalenderjahr nicht übersteigt. ³)

(4) ¹§ 40 Abs. 3 ist anzuwenden. ²Die Anwendung des § 40 Abs. 1 Nr. 1 Satz 1 auf Bezüge im Sinne des Absatzes 1 Satz 1 und des Absatzes 3 ist ausgeschlossen.

---

¹) Absatz 1 Satz 1 wurde durch das JStG 1996 ab VZ 1996 geändert.
²) Absatz 2 Satz 1 wurde durch das JStG 1996 ab VZ 1996 geändert.
³) Absatz 3 wurde durch das JStG 1996 ab VZ 1996 geändert.
 Durch das JStG 1996 wurden in Absatz 1 Satz 1 und in Absatz 3 jeweils die Zahl „15" durch die Zahl „20", in Absatz 2 die Zahl „3.000" jeweils durch die Zahl „3.408" ersetzt.
 Die geänderten Fassungen sind erstmals auf den VZ 1996 anzuwenden (→ § 52 Abs. 1 EStG in der Fassung des JStG 1996).

§ 41
Aufzeichnungspflichten beim Lohnsteuerabzug

(1) ¹Der Arbeitgeber hat am Ort der Betriebsstätte (Absatz 2) für jeden Arbeitnehmer und jedes Kalenderjahr ein Lohnkonto zu führen. ²In das Lohnkonto sind die für den Lohnsteuerabzug erforderlichen Merkmale aus der Lohnsteuerkarte oder aus einer entsprechenden Bescheinigung zu übernehmen. ³Bei jeder Lohnzahlung für das Kalenderjahr, für das das Lohnkonto gilt, sind im Lohnkonto die Art und Höhe des gezahlten Arbeitslohns einschließlich der steuerfreien Bezüge sowie die einbehaltene oder übernommene Lohnsteuer einzutragen; an die Stelle der Lohnzahlung tritt in den Fällen des § 39 b Abs. 5 Satz 1 die Lohnabrechnung. ⁴Ist die einbehaltene oder übernommene Lohnsteuer nach der besonderen Lohnsteuertabelle (§ 38 c Abs. 2) ermittelt worden, so ist dies durch Eintragung des Großbuchstabens B zu vermerken. ⁵Ferner sind das Kurzarbeitergeld, das Schlechtwettergeld, der Zuschuß zum Mutterschaftsgeld nach dem Mutterschutzgesetz, der Zuschuß nach § 4 a Mutterschutzverordnung oder einer entsprechenden Landesregelung, die Entschädigungen für Verdienstausfall nach dem Bundes-Seuchengesetz sowie Aufstockungsbeträge nach dem Altersteilzeitgesetz einzutragen. ⁶Ist während der Dauer des Dienstverhältnisses in anderen Fällen als in denen des Satzes 5 der Anspruch auf Arbeitslohn für mindestens fünf aufeinanderfolgende Arbeitstage im wesentlichen weggefallen, so ist dies jeweils durch Eintragung des Großbuchstabens U zu vermerken. ⁷Die Bundesregierung wird ermächtigt, durch Rechtsverordnung mit Zustimmung des Bundesrates vorzuschreiben, welche Einzelangaben im Lohnkonto aufzuzeichnen sind. ⁸Dabei können für Arbeitnehmer mit geringem Arbeitslohn und für die Fälle der §§ 40 bis 40 b Aufzeichnungserleichterungen sowie für steuerfreie Bezüge Aufzeichnungen außerhalb des Lohnkontos zugelassen werden. ⁹Die Lohnkonten sind bis zum Ablauf des sechsten Kalenderjahrs, das auf die zuletzt eingetragene Lohnzahlung folgt, aufzubewahren.

(2) ¹Betriebsstätte ist der Betrieb oder Teil des Betriebs des Arbeitgebers, in dem der für die Durchführung des Lohnsteuerabzugs maßgebende Arbeitslohn ermittelt wird. ²Wird der maßgebende Arbeitslohn nicht in dem Betrieb oder einem Teil des Betriebs des Arbeitgebers oder nicht im Inland ermittelt, so gilt als Betriebsstätte der Mittelpunkt der geschäftlichen Leitung des Arbeitgebers im Inland; im Fall des § 38 Abs. 1 Satz 1 Nr. 2 gilt als Betriebsstätte der Ort im Inland, an dem die Arbeitsleistung ganz oder vorwiegend stattfindet. ³Als Betriebsstätte gilt auch der inländische Heimathafen deutscher Handelsschiffe, wenn die Reederei im Inland keine Niederlassung hat.

---

¹) Absatz 1 Satz 5 wurde durch das Zweite Gesetz zur Änderung des Arbeitsförderungsgesetzes im Bereich des Baugewerbes ab VZ 1996 ergänzt.
Nach dem Wort „Schlechtwettergeld," wurden die Wörter „das Winterausfallgeld," eingefügt.
Die geänderte Fassung ist erstmals für den VZ 1996 anzuwenden (→ § 52 Abs. 1 EStG in der Fassung des JStG 1996).

§ 41 a
Anmeldung und Abführung der Lohnsteuer

(1) ¹Der Arbeitgeber hat spätestens am zehnten Tag nach Ablauf eines jeden Lohnsteuer-Anmeldungszeitraums
1. dem Finanzamt, in dessen Bezirk sich die Betriebsstätte (§ 41 Abs. 2) befindet (Betriebsstättenfinanzamt), eine Steuererklärung einzureichen, in der er die Summe der im Lohnsteuer-Anmeldungszeitraum einzubehaltenden und zu übernehmenden Lohnsteuer angibt (Lohnsteuer-Anmeldung),
2. die im Lohnsteuer-Anmeldungszeitraum insgesamt einbehaltene und übernommene Lohnsteuer an das Betriebsstättenfinanzamt abzuführen.

²Die Lohnsteuer-Anmeldung ist nach amtlich vorgeschriebenem Vordruck abzugeben und vom Arbeitgeber oder von einer zu seiner Vertretung berechtigten Person zu unterschreiben. ³Der Arbeitgeber wird von der Verpflichtung zur Abgabe weiterer Lohnsteuer-Anmeldungen befreit, wenn er Arbeitnehmer, für die nach § 41 ein Lohnkonto zu führen ist, nicht mehr beschäftigt und das dem Finanzamt mitteilt.

(2) ¹Lohnsteuer-Anmeldungszeitraum ist grundsätzlich der Kalendermonat. ²Lohnsteuer-Anmeldungszeitraum ist das Kalendervierteljahr, wenn die abzuführende Lohnsteuer für das vorangegangene Kalenderjahr mehr als 1.200 Deutsche Mark, aber nicht mehr als 6.000 Deutsche Mark betragen hat; Lohnsteuer-Anmeldungszeitraum ist das Kalenderjahr, wenn die abzuführende Lohnsteuer für das vorangegangene Kalenderjahr nicht mehr als 1.200 Deutsche Mark betragen hat. ³Hat die Betriebsstätte nicht während des ganzen vorangegangenen Kalenderjahrs bestanden, so ist die für das vorangegangene Kalenderjahr abzuführende Lohnsteuer für die Feststellung des Lohnsteuer-Anmeldungszeitraums auf einen Jahresbetrag umzurechnen. ⁴Wenn die Betriebsstätte im vorangegangenen Kalenderjahr noch nicht bestanden, ist die auf einen Jahresbetrag umgerechnete für den ersten vollen Kalendermonat nach der Eröffnung der Betriebsstätte abzuführende Lohnsteuer maßgebend.

(3) ¹Die oberste Finanzbehörde des Landes kann bestimmen, daß die Lohnsteuer nicht dem Betriebsstättenfinanzamt, sondern einer anderen öffentlichen Kasse anzumelden und an diese abzuführen ist; die Kasse erhält insoweit die Stellung einer Landesfinanzbehörde. ²Das Betriebsstättenfinanzamt oder die zuständige andere öffentliche Kasse können anordnen, daß die Lohnsteuer abweichend von dem nach Absatz 1 maßgebenden Zeitpunkt anzumelden und abzuführen ist, wenn die Abführung der Lohnsteuer nicht gesichert erscheint.

§ 41 b
Abschluß des Lohnsteuerabzugs

(1) ¹Bei Beendigung eines Dienstverhältnisses oder am Ende des Kalenderjahrs hat der Arbeitgeber das Lohnkonto des Arbeitnehmers abzuschließen. ²Der Arbeitgeber hat auf Grund der Eintragungen im Lohnkonto auf der Lohnsteuerkarte des Arbeitnehmers
1. die Dauer des Dienstverhältnisses während des Kalenderjahrs, für das die Lohnsteuerkarte gilt, sowie zusätzlich die Anzahl der nach § 41 Abs. 1 Satz 6 vermerkten Großbuchstaben U,
2. die Art und Höhe des gezahlten Arbeitslohns,
3. die einbehaltene Lohnsteuer sowie zusätzlich den Großbuchstaben B, wenn das Dienstverhältnis vor Ablauf des Kalenderjahrs endet und der Arbeitnehmer für einen abgelaufenen Lohnzahlungszeitraum oder Lohnabrechnungszeitraum des Kalenderjahrs nach der besonderen Lohnsteuertabelle (§ 38 c Abs. 2) zu besteuern war,
4. das Kurzarbeitergeld, das Schlechtwettergeld, den Zuschuß zum Mutterschaftsgeld nach dem Mutterschutzgesetz, die Entschädigungen für Verdienstausfall nach dem Bundes-Seuchengesetz sowie Aufstockungsbeträge nach dem Altersteilzeitgesetz,[¹]
5. die steuerfreien Arbeitgeberleistungen für Fahrten zwischen Wohnung und Arbeitsstätte,
6. die pauschalbesteuerten Arbeitgeberleistungen für Fahrten zwischen Wohnung und Arbeitsstätte

zu bescheinigen (Lohnsteuerbescheinigung). ³Liegt dem Arbeitgeber eine Lohnsteuerkarte des Arbeitnehmers nicht vor, hat er die Lohnsteuerbescheinigung nach einem entsprechenden amtlich vorgeschriebenen Vordruck zu erteilen. ⁴Der Arbeitgeber hat dem Arbeitnehmer die Lohnsteuerbescheinigung auszuhändigen, wenn das Dienstverhältnis vor Ablauf des Kalenderjahrs beendet wird oder der Arbeitnehmer zur Einkommensteuer veranlagt wird. ⁵In den übrigen Fällen hat der Arbeitgeber die Lohnsteuerbescheinigung dem Betriebsstättenfinanzamt einzureichen. ⁶Kann ein Arbeitgeber, der für die Lohnabrechnung ein maschinelles Verfahren anwendet, die Lohnsteuerbescheinigung nach Satz 2 nicht sofort bei Beendigung des Dienstverhältnisses ausschreiben, so hat er die Lohnsteuerkarte bis zur Ausschreibung der Lohnsteuerbescheinigung zurückzubehalten und dem Arbeitnehmer eine Bescheinigung über alle auf der Lohnsteuerkarte des Arbeitnehmers eingetragenen Merkmale auszuhändigen; in dieser Bescheinigung ist außerdem der Zeitpunkt einzutragen, zu dem das Dienstverhältnis beendet worden ist. ⁷In diesem Fall ist die Ausschreibung der Lohnsteuerbescheinigung innerhalb von acht Wochen nachzuholen.

(2) Absatz 1 gilt nicht für Arbeitnehmer, soweit sie Arbeitslohn bezogen haben, der nach den §§ 40 bis 40 b pauschal besteuert worden ist.

[¹] Absatz 1 Satz 2 Nr. 4 wurde durch das Zweite Gesetz zur Änderung des Arbeitsförderungsgesetzes im Bereich des Baugewerbes ab VZ 1996 ergänzt.
Nach dem Wort „Schlechtwettergeld," wurden die Wörter „das Winterausfallgeld," eingefügt.
Die geänderte Fassung ist erstmals für den VZ 1996 anzuwenden (→ § 52 Abs. 1 EStG in der Fassung des JStG 1996).

§ 41 c
Änderung des Lohnsteuerabzugs

(1) Der Arbeitgeber ist berechtigt, bei der jeweils nächstfolgenden Lohnzahlung bisher erhobene Lohnsteuer zu erstatten oder noch nicht erhobene Lohnsteuer nachträglich einzubehalten,

1. wenn ihm der Arbeitnehmer eine Lohnsteuerkarte mit Eintragungen vorlegt, die auf einen Zeitpunkt vor Vorlage der Lohnsteuerkarte zurückwirken, oder
2. wenn er erkennt, daß er die Lohnsteuer bisher nicht vorschriftsmäßig einbehalten hat.

(2) ¹Die zu erstattende Lohnsteuer ist dem Betrag zu entnehmen, den der Arbeitgeber für seine Arbeitnehmer insgesamt an Lohnsteuer einbehalten oder übernommen hat. ²Wenn die zu erstattende Lohnsteuer aus dem Betrag nicht gedeckt werden kann, der insgesamt an Lohnsteuer einzubehalten oder zu übernehmen ist, wird der Fehlbetrag dem Arbeitgeber auf Antrag vom Betriebsstättenfinanzamt ersetzt.

(3) ¹Nach Ablauf des Kalenderjahrs oder, wenn das Dienstverhältnis vor Ablauf des Kalenderjahrs endet, nach Beendigung des Dienstverhältnisses, ist die Änderung des Lohnsteuerabzugs nur bis zur Ausschreibung der Lohnsteuerbescheinigung zulässig. ²Bei Änderung des Lohnsteuerabzugs nach Ablauf des Kalenderjahrs ist die nachträglich einzubehaltende Lohnsteuer nach dem Jahresarbeitslohn auf Grund der Jahreslohnsteuertabelle zu ermitteln. ³Eine Erstattung von Lohnsteuer ist nach Ablauf des Kalenderjahrs nur im Wege des Lohnsteuer-Jahresausgleichs nach § 42 b zulässig.

(4) ¹Der Arbeitgeber hat die Fälle, in denen er von seiner Berechtigung zur nachträglichen Einbehaltung von Lohnsteuer nach Absatz 1 keinen Gebrauch macht oder die Lohnsteuer nicht nachträglich einbehalten werden kann, weil

1. Eintragungen auf der Lohnsteuerkarte eines Arbeitnehmers, die nach Beginn des Dienstverhältnisses vorgenommen worden sind, auf einen Zeitpunkt vor Beginn des Dienstverhältnisses zurückwirken,
2. der Arbeitnehmer vom Arbeitgeber Arbeitslohn nicht mehr bezieht oder
3. der Arbeitgeber nach Ablauf des Kalenderjahrs bereits die Lohnsteuerbescheinigung ausgeschrieben hat,

dem Betriebsstättenfinanzamt unverzüglich anzuzeigen. ²Das Finanzamt hat die zuwenig erhobene Lohnsteuer vom Arbeitnehmer nachzufordern, wenn der nachzufordernde Betrag 20 Deutsche Mark übersteigt. ³§ 42 d bleibt unberührt.

EStG

§§ 42 und 42 a

(weggefallen)

EStG
S 2381

§ 42 b
Lohnsteuer-Jahresausgleich durch den Arbeitgeber

(1) ¹Der Arbeitgeber ist berechtigt, seinen unbeschränkt einkommensteuerpflichtigen Arbeitnehmern, die während des abgelaufenen Kalenderjahrs (Ausgleichsjahr) ständig in einem Dienstverhältnis gestanden haben, die für das Ausgleichsjahr einbehaltene Lohnsteuer insoweit zu erstatten, als sie die auf den Jahresarbeitslohn entfallende Jahreslohnsteuer übersteigt (Lohnsteuer-Jahresausgleich). ²Er ist zur Durchführung des Lohnsteuer-Jahresausgleichs verpflichtet, wenn er am 31. Dezember des Ausgleichsjahrs mindestens zehn Arbeitnehmer beschäftigt. ³Voraussetzung für den Lohnsteuer-Jahresausgleich ist, daß dem Arbeitgeber die Lohnsteuerkarte des Arbeitnehmers mit den Lohnsteuerbescheinigungen aus etwaigen vorangegangenen Dienstverhältnissen vorliegt. ⁴Der Arbeitgeber darf den Lohnsteuer-Jahresausgleich nicht durchführen, wenn

1. der Arbeitnehmer es beantragt oder
2. der Arbeitnehmer für das Ausgleichsjahr oder für einen Teil des Ausgleichsjahrs nach den Steuerklassen V oder VI zu besteuern war oder
3. der Arbeitnehmer für einen Teil des Ausgleichsjahrs nach den Steuerklassen III oder IV zu besteuern war oder

¹) 4. der Arbeitnehmer im Ausgleichsjahr Kurzarbeitergeld, Schlechtwettergeld, Zuschuß zum Mutterschaftsgeld nach dem Mutterschutzgesetz, Zuschuß nach § 4 a der Mutterschutzverordnung oder einer entsprechenden Landesregelung, Entschädigungen für Verdienstausfall nach dem Bundes-Seuchengesetz oder Aufstockungsbeträge nach dem Altersteilzeitgesetz bezogen hat oder

4 a. die Anzahl der im Lohnkonto eingetragenen oder auf der Lohnsteuerkarte bescheinigten Großbuchstaben U mindestens eins beträgt oder

²) 4 b. im Lohnkonto oder auf der Lohnsteuerkarte der Großbuchstabe Z eingetragen worden ist oder

5. der Arbeitnehmer im Ausgleichsjahr nach der allgemeinen Lohnsteuertabelle (§ 38 c Abs. 1) und nach der besonderen Lohnsteuertabelle (§ 38 c Abs. 2) zu besteuern war oder
6. der Arbeitnehmer im Ausgleichsjahr ausländische Einkünfte aus nichtselbständiger Arbeit bezogen hat, die nach einem Abkommen zur Vermeidung der Doppelbesteuerung oder unter Progressionsvorbehalt nach § 34 c Abs. 5 von der Lohnsteuer freigestellt waren.

(2) ¹Für den Lohnsteuer-Jahresausgleich hat der Arbeitgeber den Jahresarbeitslohn aus dem zu ihm bestehenden Dienstverhältnis und nach den Lohnsteuerbescheinigungen auf der Lohnsteuerkarte aus etwaigen vorangegangenen Dienstverhältnissen festzustellen. ²Dabei bleiben ermäßigt besteuerte Entschädigungen im Sinne des § 34 Abs. 1 und Abs. 2 Nr. 2 und Bezüge im Sinne des § 34 Abs. 3 außer Ansatz, wenn der Arbeitnehmer nicht jeweils die Einbeziehung in den Lohnsteuer-Jahresausgleich beantragt. ³Vom Jahresarbeitslohn sind die etwa in Betracht kommende Versorgungs-Freibetrag, der etwa in Betracht kommende Altersentlastungsbetrag und ein etwa auf der Lohnsteuerkarte eingetragener Freibetrag abzuziehen. ⁴Für den so geminderten Jahresarbeitslohn ist nach Maßgabe der

³) auf der Lohnsteuerkarte zuletzt eingetragenen Steuerklasse und der Zahl der Kinderfrei-

---

¹) Absatz 1 Satz 4 Nr. 4 wurde durch das Zweite Gesetz zur Änderung des Arbeitsförderungsgesetzes im Bereich des Baugewerbes ab VZ 1996 ergänzt:
Nach dem Wort „Schlechtwettergeld," wurde das Wort „Winterausfallgeld," eingefügt. Die geänderte Fassung ist erstmals für den VZ 1996 anzuwenden (→ § 52 Abs. 1 EStG in der Fassung des JStG 1996).

²) Absatz 1 Satz 4 Nr. 4 b wurde durch das JStG 1996 ab VZ 1996 aufgehoben.

³) Absatz 2 Satz 4 wurde durch das JStG 1996 ab VZ 1996 neu gefaßt.
Die Worte „und der Zahl der Kinderfreibeträge" wurden gestrichen. Die geänderte Fassung ist erstmals für den VZ 1996 anzuwenden (→ § 52 Abs. 1 EStG in der Fassung des JStG 1996).

beträge die Jahreslohnsteuer aus der Jahreslohnsteuertabelle zu ermitteln, die für den Arbeitnehmer beim Lohnsteuerabzug maßgebend war. ⁵Den Betrag, um den die sich hiernach ergebende Jahreslohnsteuer die Lohnsteuer unterschreitet, die von dem zugrunde gelegten Jahresarbeitslohn insgesamt erhoben worden ist, hat der Arbeitgeber dem Arbeitnehmer zu erstatten. ⁶Bei der Ermittlung der insgesamt erhobenen Lohnsteuer ist die Lohnsteuer auszuscheiden, die von den nach Satz 2 außer Ansatz gebliebenen Bezügen einbehalten worden ist.

(3) ¹Der Arbeitgeber darf den Lohnsteuer-Jahresausgleich frühestens bei der Lohnabrechnung für den letzten im Ausgleichsjahr endenden Lohnzahlungszeitraum, spätestens bei der Lohnabrechnung für den letzten Lohnzahlungszeitraum, der im Monat März des dem Ausgleichsjahr folgenden Kalenderjahrs endet, durchführen. ²Die zu erstattende Lohnsteuer ist dem Betrag zu entnehmen, den der Arbeitgeber für seine Arbeitnehmer für den Lohnzahlungszeitraum insgesamt an Lohnsteuer erhoben hat. ³§ 41 c Abs. 2 Satz 2 ist anzuwenden.

(4) ¹Der Arbeitgeber hat im Lohnkonto für das Ausgleichsjahr den Inhalt etwaiger Lohnsteuerbescheinigungen aus vorangegangenen Dienstverhältnissen des Arbeitnehmers einzutragen. ²Im Lohnkonto für das Ausgleichsjahr ist die im Lohnsteuer-Jahresausgleich erstattete Lohnsteuer gesondert einzutragen. ³Auf der Lohnsteuerkarte für das Ausgleichsjahr ist der sich nach Verrechnung der erhobenen Lohnsteuer mit der erstatteten Lohnsteuer ergebende Betrag als erhobene Lohnsteuer einzutragen.

§ 42 c EStG

(weggefallen)

§ 42 d
Haftung des Arbeitgebers und Haftung bei Arbeitnehmerüberlassung

(1) Der Arbeitgeber haftet
1. für die Lohnsteuer, die er einzubehalten und abzuführen hat,
2. für die Lohnsteuer, die er beim Lohnsteuer-Jahresausgleich zu Unrecht erstattet hat,
3. für die Einkommensteuer (Lohnsteuer), die auf Grund fehlerhafter Angaben im Lohnkonto oder in der Lohnsteuerbescheinigung verkürzt wird.

(2) Der Arbeitgeber haftet nicht,
1. soweit Lohnsteuer nach § 39 Abs. 4, § 39 a Abs. 5 und in den vom Arbeitgeber angezeigten Fällen des § 38 Abs. 4 Satz 2 und des § 41 c Abs. 4 nachzufordern ist,
2. soweit auf Grund der nach § 10 Abs. 5 erlassenen Rechtsverordnung eine Nachversteuerung durchzuführen ist,
3. soweit auf Grund des § 19 a Abs. 2 Satz 2 eine Nachversteuerung in den vom Arbeitgeber oder Kreditinstitut angezeigten Fällen durchzuführen ist.

(3) ¹Soweit die Haftung des Arbeitgebers reicht, sind der Arbeitgeber und der Arbeitnehmer Gesamtschuldner. ²Das Betriebsstättenfinanzamt kann die Steuerschuld oder Haftungsschuld nach pflichtgemäßem Ermessen gegenüber jedem Gesamtschuldner geltend machen. ³Der Arbeitgeber kann auch dann in Anspruch genommen werden, wenn der Arbeitnehmer zur Einkommensteuer veranlagt wird. ⁴Der Arbeitnehmer kann im Rahmen der Gesamtschuldnerschaft nur in Anspruch genommen werden,
1. wenn der Arbeitgeber die Lohnsteuer nicht vorschriftsmäßig vom Arbeitslohn einbehalten hat,
2. wenn der Arbeitnehmer weiß, daß der Arbeitgeber die einbehaltene Lohnsteuer nicht vorschriftsmäßig angemeldet hat. ²Dies gilt nicht, wenn der Arbeitnehmer den Sachverhalt dem Finanzamt unverzüglich mitgeteilt hat.

(4) ¹Für die Inanspruchnahme des Arbeitgebers bedarf es keines Haftungsbescheids und keines Leistungsgebots, soweit der Arbeitgeber
1. die einzubehaltende Lohnsteuer angemeldet hat oder
2. nach Abschluß einer Lohnsteuer-Außenprüfung seine Zahlungsverpflichtung schriftlich anerkennt.

²Satz 1 gilt entsprechend für die Nachforderung zu übernehmender pauschaler Lohnsteuer.

(5) Von der Geltendmachung der Steuernachforderung oder Haftungsforderung ist abzusehen, wenn diese insgesamt 20 Deutsche Mark nicht übersteigt.

(6) ¹Soweit einem Dritten (Entleiher) Arbeitnehmer gewerbsmäßig zur Arbeitsleistung überlassen werden, haftet er mit Ausnahme der Fälle, in denen eine Arbeitnehmerüberlassung nach § 1 Abs. 3 des Arbeitnehmerüberlassungsgesetzes vorliegt, neben dem Arbeitgeber; dies gilt auch, wenn der in § 1 Abs. 2 des Arbeitnehmerüberlassungsgesetzes bestimmte Zeitraum überschritten ist. ²Der Entleiher haftet nicht, wenn der Überlassung eine Erlaubnis nach § 1 des Arbeitnehmerüberlassungsgesetzes zugrunde liegt und soweit er nachweist, daß er den in den §§ 28 a bis 28 c des Vierten Buches Sozialgesetzbuch und § 10 des Arbeitsförderungsgesetzes vorgesehenen Meldepflichten sowie den nach § 51 Abs. 1 Nr. 2 Buchstabe d vorgesehenen Mitwirkungspflichten nachgekommen ist. ³Der Entleiher haftet ferner nicht, wenn er über das Vorliegen einer Arbeitnehmerüberlassung ohne Verschulden irrte. ⁴Die Haftung beschränkt sich auf die Lohnsteuer für die Zeit, für die ihm der Arbeitnehmer überlassen worden ist. ⁵Soweit die Haftung des Entleihers reicht, sind der Arbeitgeber, der Entleiher und der Arbeitnehmer Gesamtschuldner. ⁶Der Entleiher darf auf Zahlung nur in Anspruch genommen werden, soweit die Vollstreckung in das inländische bewegliche Vermögen des Arbeitgebers fehlgeschlagen ist oder keinen Erfolg verspricht; § 219 Satz 2 der Abgabenordnung ist entsprechend anzuwenden. ⁷Ist durch die Umstände der Arbeitnehmerüberlassung die Lohnsteuer schwer zu ermitteln, so ist die Haftungsschuld mit 15 vom Hundert des zwischen Verleiher und Entleiher vereinbarten Entgelts ohne Umsatzsteuer anzunehmen, solange der Entleiher nicht glaubhaft macht, daß die Lohnsteuer, für die er haftet, niedriger ist. ⁸Die Absätze 1 bis 5 sind entsprechend

anzuwenden. ⁹Die Zuständigkeit des Finanzamts richtet sich nach dem Ort der Betriebsstätte des Verleihers.

(7) Soweit der Entleiher Arbeitgeber ist, haftet der Verleiher wie ein Entleiher nach Absatz 6.

(8) ¹Das Finanzamt kann hinsichtlich der Lohnsteuer der Leiharbeitnehmer anordnen, daß der Entleiher einen bestimmten Teil des mit dem Verleiher vereinbarten Entgelts einzubehalten und abzuführen hat, wenn dies zur Sicherung des Steueranspruchs notwendig ist; Absatz 6 Satz 4 ist anzuwenden. ²Der Verwaltungsakt kann auch mündlich erlassen werden. ³Die Höhe des einzubehaltenden und abzuführenden Teils des Entgelts bedarf keiner Begründung, wenn der in Absatz 6 Satz 7 genannte Vomhundertsatz nicht überschritten wird.

§ 42 e

EStG
S 2388

Anrufungsauskunft

Das Betriebsstättenfinanzamt hat auf Anfrage eines Beteiligten darüber Auskunft zu geben, ob und inwieweit im einzelnen Fall die Vorschriften über die Lohnsteuer anzuwenden sind.

§ 42 f

EStG
S 2386

Lohnsteuer-Außenprüfung

(1) Für die Außenprüfung der Einbehaltung oder Übernahme und Abführung der Lohnsteuer ist das Betriebsstättenfinanzamt zuständig.

(2) ¹Für die Mitwirkungspflicht des Arbeitgebers bei der Außenprüfung gilt § 200 der Abgabenordnung. ²Darüber hinaus haben die Arbeitnehmer des Arbeitgebers dem mit der Prüfung Beauftragten jede gewünschte Auskunft über Art und Höhe ihrer Einnahmen zu geben und auf Verlangen die etwa in ihrem Besitz befindlichen Lohnsteuerkarten sowie die Belege über bereits entrichtete Lohnsteuer vorzulegen. ³Dies gilt auch für Personen, bei denen es streitig ist, ob sie Arbeitnehmer des Arbeitgebers sind oder waren.

3. Steuerabzug vom Kapitalertrag (Kapitalertragsteuer)

§ 43[1])
Kapitalerträge mit Steuerabzug

EStG

S 2400

(1) ¹Bei den folgenden inländischen und in den Fällen der Nummer 7 Buchstabe a und Nummer 8 sowie Satz 2 auch ausländischen Kapitalerträgen wird die Einkommensteuer durch Abzug vom Kapitalertrag (Kapitalertragsteuer) erhoben:

1. Kapitalerträgen im Sinne des § 20 Abs. 1 Nr. 1 und 2 sowie Bezügen, die nach § 8 b Abs. 1 des Körperschaftsteuergesetzes bei der Ermittlung des Einkommens außer Ansatz bleiben;

2. Zinsen aus Teilschuldverschreibungen, bei denen neben der festen Verzinsung ein Recht auf Umtausch in Gesellschaftsanteile (Wandelanleihen) oder eine Zusatzverzinsung, die sich nach der Höhe der Gewinnausschüttungen des Schuldners richtet (Gewinnobligationen), eingeräumt ist, und Zinsen aus Genußrechten, die nicht in § 20 Abs. 1 Nr. 1 genannt sind. ²Zu den Gewinnobligationen gehören nicht solche Teilschuldverschreibungen, bei denen der Zinsfuß nur vorübergehend herabgesetzt und gleichzeitig eine von dem jeweiligen Gewinnergebnis des Unternehmens abhängige Zusatzverzinsung bis zur Höhe des ursprünglichen Zinsfußes festgelegt worden ist. ³Zu den Kapitalerträgen im Sinne des Satzes 1 gehören nicht die Bundesbankgenußrechte im Sinne des § 3 Abs. 1 des Gesetzes über die Liquidation der Deutschen Reichsbank und der Deutschen Golddiskontbank in der im Bundesgesetzblatt Teil III, Gliederungsnummer 7620–6, veröffentlichten bereinigten Fassung, zuletzt geändert durch das Gesetz vom 17. Dezember 1975 (BGBl. I S. 3123);

3. Einnahmen aus der Beteiligung an einem Handelsgewerbe als stiller Gesellschafter und Zinsen aus partiarischen Darlehen (§ 20 Abs. 1 Nr. 4);

4. Kapitalerträgen im Sinne des § 20 Abs. 1 Nr. 6. ²Der Steuerabzug vom Kapitalertrag ist in den Fällen des § 20 Abs. 1 Nr. 6 Satz 3 nur vorzunehmen, wenn das Versicherungsunternehmen auf Grund einer Mitteilung des Finanzamts weiß oder infolge der Verletzung eigener Anzeigeverpflichtung nicht weiß, daß die Kapitalerträge nach dieser Vorschrift zu den Einkünften aus Kapitalvermögen gehören;

5. Zinsen aus in der Bundesrepublik Deutschland oder in Berlin (West) nach dem 31. März 1952 und vor dem 1. Januar 1955 ausgegebenen festverzinslichen Wertpapieren unter folgenden Voraussetzungen:

    a) die Wertpapiere müssen spätestens innerhalb eines Jahres nach der Ausgabe zum Handel an einer Börse in der Bundesrepublik Deutschland oder in Berlin (West) zugelassen werden;

    b) die Wertpapiere dürfen auf die Dauer von mindestens fünf Jahren nicht kündbar und nicht rückzahlbar sein;

    c) nach den Anleihebedingungen darf die Laufzeit der Wertpapiere zu den bei der Ausgabe vorgesehenen Zinsbedingungen für die Dauer von fünf Jahren nicht geändert werden.

    ²Diese Vorschrift bezieht sich nicht auf Zinsen aus Anleihen, die im Saarland ausgegeben worden sind, und nicht auf Zinsen aus Wertpapieren im Sinne des § 3 a in der bis einschließlich 1991 gültigen Fassung. ³Eine Anleihe gilt im Sinne des Satzes 1 als ausgegeben, wenn mindestens ein Wertpapier der Anleihe veräußert worden ist;

6. Einnahmen aus der Vergütung von Körperschaftsteuer nach § 36 e dieses Gesetzes oder nach § 52 des Körperschaftsteuergesetzes. ²Der Steuerabzug wird nicht vorgenommen, wenn die Kapitalertragsteuer im Fall ihrer Einbehaltung nach § 44 c Abs. 1 in voller Höhe an den Gläubiger zu erstatten wäre;

S 2405

7. Kapitalerträgen im Sinne des § 20 Abs. 1 Nr. 7 außer bei Kapitalerträgen im Sinne der Nummer 2,

²)

---

[1]) Zur Anwendung → § 52 Abs. 28 EStG.
[2]) Hinsichtlich der Entscheidung des FG München vom 30. 3. 1995 (EFG S. 723), daß die Besteuerung der Einkünfte aus Kapitalvermögen nach dem Zinsabschlaggesetz trotz unveränderter

§ 43 EStG

¹)
    a) wenn es sich um Zinsen aus Anleihen und Forderungen handelt, die in ein öffentliches Schuldbuch oder in ein ausländisches Register eingetragen oder über die Sammelurkunden im Sinne des § 9 a des Depotgesetzes oder Teilschuldverschreibungen ausgegeben sind;

    b) wenn der Schuldner der nicht in Buchstabe a genannten Kapitalerträge ein inländisches Kreditinstitut im Sinne des Gesetzes über das Kreditwesen ist. Kreditinstitut in diesem Sinne ist auch die Kreditanstalt für Wiederaufbau, eine Bausparkasse, die Deutsche Bundespost POSTBANK, die Deutsche Bundesbank bei Geschäften mit jedermann einschließlich ihrer Betriebsangehörigen im Sinne der §§ 22 und 25 des Gesetzes über die Deutsche Bundesbank und eine inländische Zweigstelle eines ausländischen Kreditinstituts im Sinne des § 53 des Gesetzes über das Kreditwesen, nicht aber eine ausländische Zweigstelle eines inländischen Kreditinstituts. Die inländische Zweigstelle gilt an Stelle des ausländischen Kreditinstituts als Schuldner der Kapitalerträge. Der Steuerabzug muß nicht vorgenommen werden,

        aa) wenn auch der Gläubiger der Kapitalerträge ein inländisches Kreditinstitut im Sinne des Gesetzes über das Kreditwesen einschließlich der inländischen Zweigstelle eines ausländischen Kreditinstituts im Sinne des § 53 des Gesetzes über das Kreditwesen, eine Bausparkasse, die Deutsche Bundespost POSTBANK, die Deutsche Bundesbank oder die Kreditanstalt für Wiederaufbau ist,

        bb) wenn es sich um Kapitalerträge aus Sichteinlagen handelt, für die kein höherer Zins oder Bonus als 1 vom Hundert gezahlt wird,

²)
        cc) wenn es sich um Kapitalerträge aus Guthaben bei einer Bausparkasse auf Grund eines Bausparvertrags handelt und wenn im Kalenderjahr der Gutschrift dieser Kapitalerträge für Aufwendungen an die Bausparkasse der Steuerpflichtige eine Arbeitnehmer-Sparzulage erhalten hat oder für ihn im Kalenderjahr der Gutschrift oder im Kalenderjahr vor der Gutschrift dieser Kapitalerträge eine Wohnungsbauprämie festgesetzt oder gewährt worden ist oder für die Guthaben kein höherer Zins oder Bonus als 1 vom Hundert gezahlt wird,

        dd) wenn die Kapitalerträge bei den einzelnen Guthaben im Kalenderjahr nur einmal gutgeschrieben werden und zwanzig Deutsche Mark nicht übersteigen;

³) 8. Kapitalerträgen im Sinne des § 20 Abs. 2 Satz 1 Nr. 2 Buchstabe b und Nummern 3 und 4 außer bei Zinsen aus Wandelanleihen im Sinne der Nummer 2. ²Bei der Veräußerung von Kapitalforderungen im Sinne der Nummer 7 Buchstabe b gilt Nummer 7 Buchstabe b Doppelbuchstabe aa entsprechend.

Beibehaltung des § 30 a AO verfassungsgemäß sei, wurde beim BFH unter dem Az. VIII R 33/95 Revision eingelegt.
Die Nichtzulassungsbeschwerde aufgrund des Urteils des FG Nürnberg vom 7. 12. 1994 (EFG 1995 S. 981), daß die Besteuerung der Einkünfte aus Kapitalvermögen nach dem Zinsabschlaggesetz verfassungsgemäß sei, wurde durch Beschluß des BFH vom 1. 9. 1995 (n. v.) als unzulässig verworfen.
Eine Verfassungsbeschwerde ist beim Bundesverfassungsgericht unter dem Az. 2 BvR 2473/95 zum Zinsabschlag anhängig.

¹) Absatz 1 Satz 1 Nr. 7 Buchstabe b ist in der vorliegenden Fassung erstmals auf Kapitalerträge anzuwenden, die nach dem 31. 12. 1992 zufließen (→ § 52 Abs. 28 EStG).

²) Absatz 1 Satz 1 Nr. 7 Buchstabe b Doppelbuchstabe cc wurde durch das JStG 1996 ab VZ 1996 neu gefaßt:
„cc) wenn es sich um Kapitalerträge aus Guthaben bei einer Bausparkasse auf Grund eines Bausparvertrages handelt und wenn für den Steuerpflichtigen im Kalenderjahr der Gutschrift oder im Kalenderjahr vor der Gutschrift dieser Kapitalerträge für Aufwendungen an die Bausparkasse eine Wohnungsbauprämie oder eine Arbeitnehmer-Sparzulage festgesetzt oder gewährt worden ist oder für die Guthaben kein höherer Zins oder Bonus als 1 vom Hundert gezahlt wird,".
Die geänderte Fassung ist erstmals für den VZ 1996 anzuwenden (→ § 52 Abs. 1 EStG in der Fassung des JStG 1996).

³) Absatz 1 Satz 1 Nr. 8 ist in der vorliegenden Fassung erstmals auf Kapitalerträge anzuwenden, die nach dem 31. 12. 1993 zufließen (→ § 52 Abs. 28 EStG).

²Dem Steuerabzug unterliegen auch Kapitalerträge im Sinne des § 20 Abs. 2 Satz 1 Nr. 1, ¹)
die neben den in den Nummern 1 bis 8 bezeichneten Kapitalerträgen oder an deren Stelle
gewährt werden.

(2) Der Steuerabzug ist nicht vorzunehmen, wenn Gläubiger und Schuldner der Kapitalerträge (Schuldner) oder die auszahlende Stelle im Zeitpunkt des Zufließens dieselbe Person sind.

(3) Kapitalerträge sind inländische, wenn der Schuldner Wohnsitz, Geschäftsleitung oder Sitz im Inland hat.

(4) Der Steuerabzug ist auch dann vorzunehmen, wenn die Kapitalerträge beim Gläubiger zu den Einkünften aus Land- und Forstwirtschaft, aus Gewerbebetrieb, aus selbständiger Arbeit oder aus Vermietung und Verpachtung gehören.

---

¹) Absatz 1 Satz 2 ist erstmals auf Kapitalerträge anzuwenden, die nach dem 31. 12. 1993 zufließen (→ § 52 Abs. 28 EStG).

§ 43 a[1])
Bemessung der Kapitalertragsteuer

(1) Die Kapitalertragsteuer beträgt
1. in den Fällen des § 43 Abs. 1 Satz 1 Nr. 1 bis 4:

   25 vom Hundert des Kapitalertrags, wenn der Gläubiger die Kapitalertragsteuer trägt, 33$^1/_3$ vom Hundert des tatsächlich ausgezahlten Betrags, wenn der Schuldner die Kapitalertragsteuer übernimmt;

2. in den Fällen des § 43 Abs. 1 Satz 1 Nr. 5:

   30 vom Hundert des Kapitalertrags, wenn der Gläubiger die Kapitalertragsteuer trägt, 42,85 vom Hundert des tatsächlich ausgezahlten Betrags, wenn der Schuldner die Kapitalertragsteuer übernimmt;

3. in den Fällen des § 43 Abs. 1 Satz 1 Nr. 6:

   25 vom Hundert des Kapitalertrags;

4. in den Fällen des § 43 Abs. 1 Satz 1 Nr. 7 und 8 sowie Satz 2:

   30 vom Hundert des Kapitalertrags (Zinsabschlag), wenn der Gläubiger die Kapitalertragsteuer trägt,[2])

   42,85 vom Hundert des tatsächlich ausgezahlten Betrags, wenn der Schuldner die Kapitalertragsteuer übernimmt;

   in den Fällen des § 44 Abs. 1 Satz 4 Nr. 1 Buchstabe a Doppelbuchstabe bb erhöhen sich der Vomhundertsatz von 30 auf 35 und der Vomhundertsatz von 42,85 auf 53,84.

(2) [3]¹Dem Steuerabzug unterliegen die vollen Kapitalerträge ohne jeden Abzug. ²In den Fällen des § 20 Abs. 2 Satz 1 Nr. 4 bemißt sich der Steuerabzug nach dem Unterschied zwischen dem Entgelt für den Erwerb und den Einnahmen aus der Veräußerung oder Einlösung der Wertpapiere und Kapitalforderungen, wenn sie von der die Kapitalerträge auszahlenden Stelle erworben oder veräußert und seitdem verwahrt oder verwaltet worden sind. ³Ist dies nicht der Fall, bemißt sich der Steuerabzug nach 30 vom Hundert der Einnahmen aus der Veräußerung oder Einlösung der Wertpapiere und Kapitalforderungen. ⁴Hat die auszahlende Stelle die Wertpapiere und Kapitalforderungen vor dem 1. Januar 1994 erworben oder veräußert und seitdem verwahrt oder verwaltet, kann sie den Steuerabzug nach 30 vom Hundert der Einnahmen aus der Veräußerung oder Einlösung der Wertpapiere und Kapitalforderungen bemessen. ⁵Sätze 3 und 4 gelten auch in den Fällen der Einlösung durch den Ersterwerber. ⁶Abweichend von den Sätzen 2 bis 5 bemißt sich der Steuerabzug bei Kapitalerträgen aus nicht für einen marktmäßigen Handel bestimmten schuldbuchfähigen Wertpapieren des Bundes und der Länder oder bei Kapitalerträgen im Sinne des § 43 Abs. 1 Satz 1 Nr. 7 Buchstabe b aus nicht in Inhaber- oder Orderschuldverschreibungen verbrieften Kapitalforderungen nach Satz 1.

(3) [3]¹Von Kapitalerträgen im Sinne des § 43 Abs. 1 Satz 1 Nr. 7 Buchstabe a und Nr. 8 sowie Satz 2 kann die auszahlende Stelle Stückzinsen, die ihr der Gläubiger im Kalenderjahr des Zuflusses der Kapitalerträge gezahlt hat, bis zur Höhe der Kapitalerträge abziehen. ²Dies gilt nicht in den Fällen des § 44 Abs. 1 Satz 4 Nr. 1 Buchstabe a Doppelbuchstabe bb.

(4) [3]¹Absatz 2 und Absatz 3 Satz 1 gelten entsprechend für die Bundesschuldenverwaltung oder eine Landesschuldenverwaltung als auszahlende Stelle, im Falle des Absatzes 3 Satz 1 jedoch nur, wenn die Wertpapiere oder Forderungen von einem Kreditinstitut mit der Maßgabe der Verwahrung und Verwaltung durch die Schuldenverwaltung erworben worden sind. ²Das Kreditinstitut hat der Schuldenverwaltung zusammen mit

---

[1]) Zur Anwendung → § 52 Abs. 28 EStG.
[2]) → Fußnote zu § 43 Abs. 1 Nr. 7 EStG zur Verfassungsmäßigkeit der Besteuerung der Einkünfte aus Kapitalvermögen.
[3]) § 43 a Abs. 2 bis 4 ist in der vorliegenden Fassung erstmals auf Kapitalerträge anzuwenden, die nach dem 31. 7. 1994 zufließen (→ § 52 Abs. 28 Satz 5 EStG in der Fassung des Zweiten Finanzmarktförderungsgesetzes).

§ 43 a EStG

den im Schuldbuch einzutragenden Wertpapieren und Forderungen den Erwerbszeitpunkt und den Betrag der gezahlten Stückzinsen sowie in Fällen des Absatzes 2 Sätze 2 bis 5 den Erwerbspreis der für einen marktmäßigen Handel bestimmten schuldbuchfähigen Wertpapiere des Bundes oder der Länder und außerdem mitzuteilen, daß es diese Wertpapiere und Forderungen erworben oder veräußert und seitdem verwahrt oder verwaltet hat.

§ 44
Entrichtung der Kapitalertragsteuer in den Fällen des § 43 Abs. 1 Satz 1 Nr. 1 bis 5, 7 und 8 sowie Satz 2

(1) ¹Schuldner der Kapitalertragsteuer ist in den Fällen des § 43 Abs. 1 Satz 1 Nr. 1 bis 5, 7 und 8 sowie Satz 2 der Gläubiger der Kapitalerträge. ²Die Kapitalertragsteuer entsteht in dem Zeitpunkt, in dem die Kapitalerträge dem Gläubiger zufließen. ³In diesem Zeitpunkt haben in den Fällen des § 43 Abs. 1 Satz 1 Nr. 1 bis 5 der Schuldner der Kapitalerträge und in den Fällen des § 43 Abs. 1 Satz 1 Nr. 7 und 8 sowie Satz 2 die die Kapitalerträge auszahlende Stelle den Steuerabzug für Rechnung des Gläubigers der Kapitalerträge vorzunehmen. ⁴Die die Kapitalerträge auszahlende Stelle ist

1. in den Fällen des § 43 Abs. 1 Satz 1 Nr. 7 Buchstabe a und Nummer 8 sowie Satz 2
   a) das inländische Kreditinstitut im Sinne des § 43 Abs. 1 Satz 1 Nr. 7 Buchstabe b,
      aa) das die Teilschuldverschreibungen, die Anteile an einer Sammelschuldbuchforderung, die Wertrechte oder die Zinsscheine verwahrt oder verwaltet und die Kapitalerträge auszahlt oder gutschreibt,
      bb) das die Kapitalerträge gegen Aushändigung der Zinsscheine oder der Teilschuldverschreibungen einem anderen als einem ausländischen Kreditinstitut auszahlt oder gutschreibt;
   b) der Schuldner der Kapitalerträge in den Fällen des Buchstaben a, wenn kein inländisches Kreditinstitut die die Kapitalerträge auszahlende Stelle ist;
2. in den Fällen des § 43 Abs. 1 Satz 1 Nr. 7 Buchstabe b

   das inländische Kreditinstitut, das die Kapitalerträge als Schuldner auszahlt oder gutschreibt.

⁵Die innerhalb eines Kalendermonats einbehaltene Steuer ist jeweils bis zum 10. des folgenden Monats an das Finanzamt abzuführen, das für die Besteuerung des Schuldners der Kapitalerträge oder der die Kapitalerträge auszahlenden Stelle nach dem Einkommen zuständig ist. ⁶Dabei sind die Kapitalertragsteuer und der Zinsabschlag, die zu demselben Zeitpunkt abzuführen sind, jeweils auf den nächsten vollen Deutsche-Mark-Betrag abzurunden. ⁷Wenn Kapitalerträge ganz oder teilweise nicht in Geld bestehen (§ 8 Abs. 2) und der in Geld geleistete Kapitalertrag nicht zur Deckung der Kapitalertragsteuer ausreicht, hat der Gläubiger der Kapitalerträge dem zum Steuerabzug Verpflichteten den Fehlbetrag zur Verfügung zu stellen. ⁸Soweit der Gläubiger seiner Verpflichtung nicht nachkommt, hat der zum Steuerabzug Verpflichtete dies dem für ihn zuständigen Betriebsstättenfinanzamt anzuzeigen. ⁹Das Finanzamt hat die zu wenig erhobene Kapitalertragsteuer vom Gläubiger der Kapitalerträge nachzufordern.

(2) ¹Gewinnanteile (Dividenden) und andere Kapitalerträge, deren Ausschüttung von einer Körperschaft beschlossen wird, fließen dem Gläubiger der Kapitalerträge an dem Tag zu (Absatz 1), der im Beschluß als Tag der Auszahlung bestimmt worden ist. ²Ist die Ausschüttung nur festgesetzt, ohne daß über den Zeitpunkt der Auszahlung ein Beschluß gefaßt worden ist, so gilt als Zeitpunkt des Zufließens der Tag nach der Beschlußfassung.

(3) ¹Ist bei Einnahmen aus der Beteiligung an einem Handelsgewerbe als stiller Gesellschafter im Gesellschaftsvertrag über den Zeitpunkt der Ausschüttung keine Vereinbarung getroffen, so gilt der Kapitalertrag am Tag nach der Aufstellung der Bilanz oder einer sonstigen Feststellung des Gewinnanteils des stillen Gesellschafters, spätestens jedoch sechs Monate nach Ablauf des Wirtschaftsjahrs, für das der Kapitalertrag ausgeschüttet oder gutgeschrieben werden soll, als zugeflossen. ²Bei Zinsen aus partiarischen Darlehen gilt Satz 1 entsprechend.

(4) Haben Gläubiger und Schuldner der Kapitalerträge vor dem Zufließen ausdrücklich Stundung des Kapitalertrags vereinbart, weil der Schuldner vorübergehend zur Zahlung nicht in der Lage ist, so ist der Steuerabzug erst mit Ablauf der Stundungsfrist vorzunehmen.

(5) ¹Die Schuldner der Kapitalerträge oder die die Kapitalerträge auszahlenden Stellen haften für die Kapitalertragsteuer, die sie einzubehalten und abzuführen haben, es sei denn, sie weisen nach, daß sie die ihnen auferlegten Pflichten weder vorsätzlich noch grob fahrlässig verletzt haben. ²Der Gläubiger der Kapitalerträge wird nur in Anspruch genommen,

1. wenn der Schuldner oder die die Kapitalerträge auszahlende Stelle die Kapitalerträge nicht vorschriftsmäßig gekürzt hat,
2. wenn der Gläubiger weiß, daß der Schuldner oder die die Kapitalerträge auszahlende Stelle die einbehaltene Kapitalertragsteuer nicht vorschriftsmäßig abgeführt hat, und dies dem Finanzamt nicht unverzüglich mitteilt oder
3. wenn das die Kapitalerträge auszahlende inländische Kreditinstitut die Kapitalerträge zu Unrecht ohne Abzug der Kapitalertragsteuer ausgezahlt hat.

³Für die Inanspruchnahme des Schuldners der Kapitalerträge und der die Kapitalerträge auszahlenden Stelle bedarf es keines Haftungsbescheids, soweit der Schuldner oder die die Kapitalerträge auszahlende Stelle die einbehaltene Kapitalertragsteuer richtig angemeldet hat oder soweit sie ihre Zahlungsverpflichtungen gegenüber dem Finanzamt oder dem Prüfungsbeamten des Finanzamts schriftlich anerkennen.

EStG
S 2404

§ 44 a[1])
Abstandnahme vom Steuerabzug

(1) Bei Kapitalerträgen im Sinne des § 43 Abs. 1 Satz 1 Nr. 3, 4, 7 und 8 sowie Satz 2, die einem unbeschränkt einkommensteuerpflichtigen Gläubiger zufließen, ist der Steuerabzug nicht vorzunehmen,

[2]) 1. soweit die Kapitalerträge zusammen mit den Kapitalerträgen, für die die Kapitalertragsteuer nach § 44 b zu erstatten oder die Körperschaftsteuer nach §§ 36 b, 36 c zu vergüten ist, einschließlich der Kapitalerträge im Sinne des § 20 Abs. 1 Nr. 3 den Sparer-Freibetrag nach § 20 Abs. 4 und den Werbungskosten-Pauschbetrag nach § 9 a Satz 1 Nr. 2 nicht übersteigen,

2. wenn anzunehmen ist, daß für ihn eine Veranlagung zur Einkommensteuer nicht in Betracht kommt.

(2) ¹Voraussetzung für die Abstandnahme vom Steuerabzug nach Absatz 1 ist, daß dem nach § 44 Abs. 1 zum Steuerabzug Verpflichteten

1. in den Fällen des Absatzes 1 Nr. 1 ein Freistellungsauftrag des Gläubigers der Kapitalerträge nach amtlich vorgeschriebenem Vordruck oder

2. in den Fällen des Absatzes 1 Nr. 2 eine Nichtveranlagungs-Bescheinigung des für den Gläubiger zuständigen Wohnsitzfinanzamts

vorliegt. ²§ 36 b Abs. 2 Sätze 2 bis 4 ist in den Fällen des Satzes 1 Nr. 2 entsprechend anzuwenden.

(3) Der nach § 44 Abs. 1 zum Steuerabzug Verpflichtete hat in seinen Unterlagen das Finanzamt, das die Bescheinigung erteilt hat, den Tag der Ausstellung der Bescheinigung und die in der Bescheinigung angegebene Steuer- und Listennummer zu vermerken sowie die Freistellungsaufträge aufzubewahren.

S 2405
(4) ¹Ist der Gläubiger

1. eine von der Körperschaftsteuer befreite inländische Körperschaft, Personenvereinigung oder Vermögensmasse oder

2. eine inländische juristische Person des öffentlichen Rechts,

so ist der Steuerabzug bei Kapitalerträgen im Sinne des § 43 Abs. 1 Satz 1 Nr. 4, 7 und 8 sowie Satz 2 nicht vorzunehmen. ²Dies gilt auch, wenn es sich bei den Kapitalerträgen um Gewinnanteile handelt, die der Gläubiger von einer von der Körperschaftsteuer befreiten Körperschaft bezieht. ³Voraussetzung ist, daß der Gläubiger dem Schuldner oder dem die Kapitalerträge auszahlenden inländischen Kreditinstitut durch eine Bescheinigung des für seine Geschäftsleitung oder seinen Sitz zuständigen Finanzamts nachweist, daß er eine Körperschaft, Personenvereinigung oder Vermögensmasse im Sinne der Nummer 1 oder 2 ist. ⁴Absatz 3 und § 36 b Abs. 2 Sätze 2 bis 4 gelten entsprechend. ⁵Die in Satz 3 bezeichnete Bescheinigung wird nicht erteilt, wenn die Kapitalerträge in den Fällen des Satzes 1 Nr. 1 in einem wirtschaftlichen Geschäftsbetrieb anfallen, für den die Befreiung von der Körperschaftsteuer ausgeschlossen ist, oder wenn sie in den Fällen des Satzes 1 Nr. 2 in einem nicht von der Körperschaftsteuer befreiten Betrieb gewerblicher Art anfallen.

(5) ¹Bei Kapitalerträgen im Sinne des § 43 Abs. 1 Satz 1 Nr. 7 und 8 sowie Satz 2 ist der Steuerabzug nicht vorzunehmen, wenn die Kapitalerträge Betriebseinnahmen des Gläubigers sind und die Kapitalertragsteuer und die anrechenbare Körperschaftsteuer bei ihm auf Grund der Art seiner Geschäfte auf Dauer höher wären als die gesamte festzusetzende Einkommensteuer oder Körperschaftsteuer. ²Dies ist durch eine Bescheinigung des für den Gläubiger zuständigen Finanzamts nachzuweisen. ³Die Bescheinigung ist unter dem Vorbehalt des Widerrufs auszustellen.

[3]) (5 – JStG 1996 –) ¹Bei Kapitalerträgen im Sinne des § 43 Abs. 1 Satz 1 Nr. 7 und 8 sowie Satz 2, die einem unbeschränkt oder beschränkt einkommensteuerpflichtigen Gläubiger zufließen, ist der Steuerabzug nicht vorzunehmen, wenn die Kapitalerträge Betriebsein-

---

[1]) Zur Anwendung → § 52 Abs. 28 EStG.
[2]) Absatz 1 Nr. 1 wurde durch das JStG 1996 ab VZ 1996 neu gefaßt.
 Das Zitat „§ 9 a Satz 1 Nr. 2" wurde durch das Zitat „§ 9 a Satz 1 Nr. 1 Buchstabe b" ersetzt.
[3]) § 44 a Abs. 5 ist in der vorliegenden Fassung erstmals auf Kapitalerträge anzuwenden, die nach dem 21. Oktober 1995 zufließen. Zur Anwendung → § 52 Abs. 29 a EStG in der Fassung des JStG 1996.

§ 44 a EStG
H 213 o   R 213 o

nahmen des Gläubigers sind und die Kapitalertragsteuer und die anrechenbare Körperschaftsteuer bei ihm auf Grund der Art seiner Geschäfte auf Dauer höher wären als die gesamte festzusetzende Einkommensteuer oder Körperschaftsteuer. ²Dies ist durch eine Bescheinigung des für den Gläubiger zuständigen Finanzamts nachzuweisen. ³Die Bescheinigung ist unter dem Vorbehalt des Widerrufs auszustellen.

(6) ¹Voraussetzung für die Abstandnahme vom Steuerabzug nach den Absätzen 1, 4 und 5 bei Kapitalerträgen im Sinne des § 43 Abs. 1 Satz 1 Nr. 7 und 8 sowie Satz 2 ist, daß die Teilschuldverschreibungen, die Anteile an der Sammelschuldbuchforderung, die Wertrechte oder die Einlagen und Guthaben im Zeitpunkt des Zufließens der Einnahmen unter dem Namen des Gläubigers der Kapitalerträge bei der die Kapitalerträge auszahlenden Stelle verwahrt oder verwaltet werden. ²§ 45 Abs. 2 des Körperschaftsteuergesetzes gilt sinngemäß.

R 213 o. Voraussetzungen für die Abstandnahme vom Kapitalertragsteuerabzug   R 213 o

(1) ¹Die Abstandnahme vom Steuerabzug ist nur zulässig bei Kapitalerträgen im Sinne des § 43 Abs. 1 Satz 1 Nr. 3, 4 und 7 sowie Satz 2 EStG. ²Vom Steuerabzug ist Abstand zu nehmen, wenn der Gläubiger der Kapitalerträge im Zeitpunkt des Zufließens der Einnahmen unbeschränkt einkommensteuerpflichtig ist und entweder anzunehmen ist, daß für ihn eine Veranlagung zur Einkommensteuer nicht in Betracht kommt, oder ein Freistellungsauftrag oder eine Bescheinigung nach § 44 a Abs. 5 EStG vorliegt. ³Daß eine Veranlagung nur auf Antrag durchzuführen ist oder voraussichtlich nicht zur Festsetzung einer Steuer führt, rechtfertigt nicht, vom Steuerabzug Abstand zu nehmen. ⁴In diesen Fällen kann die einbehaltene und abgeführte Kapitalertragsteuer im Wege der Veranlagung zur Einkommensteuer auf die Steuerschuld angerechnet werden. ⁵Die Voraussetzungen für die Abstandnahme vom Steuerabzug sind dem Schuldner oder dem die Kapitalerträge auszahlenden inländischen Kreditinstitut durch eine Bescheinigung nachzuweisen, die das für den Gläubiger zuständige Wohnsitzfinanzamt auszustellen hat. ⁶Die Ausführungen in R 213 k Nr. 1 gelten entsprechend.

S 2404

(2) Für Kapitalerträge im Sinne des § 43 Abs. 1 Satz 1 Nr. 1 und 2 EStG kommt außer in den Fällen des § 44 a Abs. 4 EStG die Abstandnahme vom Steuerabzug nicht in Betracht, da bei diesen Kapitalerträgen unbeschränkt einkommensteuerpflichtigen natürlichen Personen die einbehaltene und abgeführte Kapitalertragsteuer entweder bei der Veranlagung zur Einkommensteuer nach § 36 Abs. 2 Nr. 2 EStG angerechnet oder in einem einheitlichen Verfahren mit der Vergütung der anrechenbaren Körperschaftsteuer durch das Bundesamt für Finanzen erstattet wird; → R 213 f bis 213 l und 213 p.

Hinweise   H 213 o

Bescheinigung gem. § 44 a Abs. 4 EStG

Antragsmuster und Merkblatt → Anhang 36   Anhang 36

Bescheinigung gem. § 44 a Abs. 5 EStG

Antragsmuster und Merkblatt → Anhang 36   Anhang 36

Einer Bank, die ihre Wertpapierbestände im Depot ihrer Zentralbank aufbewahren läßt (sog. **Botenbank**) ist eine Bescheinigung nach § 44 a Abs. 5 EStG nicht zu erteilen, denn die Kapitalertragsteuer und die anrechenbare Körperschaftsteuer sind bei ihr nicht aufgrund der Art ihrer Geschäfte auf Dauer höher als die gesamte festzusetzende Körperschaftsteuer (→ FG Sachsen-Anhalt vom 7. 11. 1994 – EFG 1995 S. 676).

Einer **Wohnungsbaugenossenschaft** ist eine Bescheinigung nach § 44 a Abs. 5 EStG trotz mehrjähriger Verlustphase nicht zu erteilen, da die zeitweilige Überbesteuerung nicht auf der Art ihrer Geschäfte beruht (→ FG Brandenburg vom 22. 2. 1995 – EFG S. 626).

Freistellungsauftrag

Muster des amtlich vorgeschriebenen Vordrucks → BMF vom 3. 9. 1992 (BStBl I S. 582).   Anhang 36

§ 44 a EStG

NV-Bescheinigung im Konkursverfahren
Im Konkursverfahren über das Vermögen einer Personengesellschaft kann dem Konkursverwalter keine NV-Bescheinigung erteilt werden (→ BFH vom 9. 11. 1994 – BStBl 1995 II S. 255).

Rechtsnatur der Bundestags-, Landtags-, Gemeinderats-, Stadtrats-, Bezirkstags- und Verbandsgemeinderatsfraktionen

Anhang 36 → BMF vom 1. 12. 1992

Anhang 36 **Zinsabschlag**
Einzelfragen zur Anwendung des Zinsabschlaggesetzes → BMF vom 26. 10. 1992 (BStBl I S. 693), vom 9. 5. 1994 (BStBl I S. 312) und vom 12. 10. 1994 (BStBl I S. 815), NV-Bescheinigungen und Freistellungsbescheide bei Körperschaften → BMF vom 27. 11. 1992 (BStBl I S. 772), Anwendung des Zinsabschlaggesetzes bei Personenzusammenschlüssen → BMF vom 18. 12. 1992 (BStBl 1993 I S. 58).

§ 44 b EStG
R 213 p

§ 44 b
Erstattung der Kapitalertragsteuer

EStG
S 2410

(1) ¹Bei Kapitalerträgen im Sinne des § 43 Abs. 1 Satz 1 Nr. 1 und 2, die einem unbeschränkt einkommensteuerpflichtigen Gläubiger zufließen, wird auf Antrag die einbehaltene und abgeführte Kapitalertragsteuer unter den Voraussetzungen des § 44 a Abs. 1, 2 und 5 in dem dort bestimmten Umfang erstattet. ²Dem Antrag auf Erstattung ist außer dem Freistellungsauftrag nach § 44 a Abs. 2 Satz 1 Nr. 1, der Nichtveranlagungs-Bescheinigung nach § 44 a Abs. 2 Satz 1 Nr. 2 oder der Bescheinigung nach § 44 a Abs. 5 eine Steuerbescheinigung nach § 45 a Abs. 3 beizufügen. ³§ 36 b Abs. 3 bis 5 und § 36 c gelten sinngemäß.

(1 – JStG 1996 –) ¹Bei Kapitalerträgen im Sinne des § 43 Abs. 1 Satz 1 Nr. 1 und 2, die einem unbeschränkt einkommensteuerpflichtigen und in den Fällen des § 44 a Abs. 5 auch einem beschränkt einkommensteuerpflichtigen Gläubiger zufließen, wird auf Antrag die einbehaltene und abgeführte Kapitalertragsteuer unter den Voraussetzungen des § 44 a Abs. 1, 2 und 5 in dem dort bestimmten Umfang erstattet. ²Dem Antrag auf Erstattung ist außer dem Freistellungsauftrag nach § 44 a Abs. 2 Satz 1 Nr. 1, der Nichtveranlagungs-Bescheinigung nach § 44 a Abs. 2 Satz 1 Nr. 2 oder der Bescheinigung nach § 44 a Abs. 5 eine Steuerbescheinigung nach § 45 a Abs. 3 beizufügen. ³§ 36 b Abs. 3 bis 5 und § 36 c gelten sinngemäß.

¹)

(2) ¹Ist der Gläubiger von Kapitalerträgen im Sinne des § 43 Abs. 1 Satz 1 Nr. 1 ein unbeschränkt einkommensteuerpflichtiger Anteilseigner und wird nach § 36 d Körperschaftsteuer an den Vertreter des Gläubigers vergütet, so ist unabhängig vom Vorliegen der Voraussetzungen des Absatzes 1 auch die Kapitalertragsteuer an den Vertreter zu erstatten. ²Im übrigen ist § 36 d sinngemäß anzuwenden.

(3) ¹Ist der Gläubiger von Kapitalerträgen im Sinne des § 43 Abs. 1 Satz 1 Nr. 2 ein unbeschränkt einkommensteuerpflichtiger Arbeitnehmer und beruhen die Kapitalerträge auf Teilschuldverschreibungen, die ihm von seinem gegenwärtigen oder früheren Arbeitgeber überlassen worden sind, so wird die Kapitalertragsteuer unabhängig vom Vorliegen der Voraussetzungen des Absatzes 1 an den Arbeitgeber oder an einen von ihm bestellten Treuhänder erstattet, wenn der Arbeitgeber oder Treuhänder in Vertretung des Gläubigers sich in einem Sammelantrag bereit erklärt hat, den Erstattungsbetrag für den Gläubiger entgegenzunehmen. ²Die Erstattung wird nur für Gläubiger gewährt, deren Kapitalerträge im Sinne des Satzes 1 allein oder, in den Fällen des Absatzes 2, zusammen mit den dort bezeichneten Kapitalerträgen im Wirtschaftsjahr 100 Deutsche Mark nicht überstiegen haben. ³§ 36 d Abs. 4 gilt sinngemäß.

(4) ¹Ist Kapitalertragsteuer einbehalten und abgeführt worden, obwohl eine Verpflichtung hierzu nicht bestand, oder hat der Gläubiger im Fall des § 44 a dem nach § 44 Abs. 1 zum Steuerabzug Verpflichteten den Freistellungsauftrag oder die Nichtveranlagungs-Bescheinigung oder die Bescheinigung nach § 44 a Abs. 4 oder 5 erst in einem Zeitpunkt vorgelegt, in dem die Kapitalertragsteuer bereits abgeführt war, so ist auf Antrag die nach § 44 Abs. 1 zum Steuerabzug Verpflichteten die Steueranmeldung (§ 45 a Abs. 1) insoweit zu ändern; stattdessen kann der zum Steuerabzug Verpflichtete bei der folgenden Steueranmeldung die abzuführende Kapitalertragsteuer entsprechend kürzen. ²Erstattungsberechtigt ist der Antragsteller.

²)

R 213 p. Erstattung von Kapitalertragsteuer

R 213 p

(1) Bei Kapitalerträgen im Sinne des § 43 Abs. 1 Satz 1 Nr. 1 und 2 EStG wird die Kapitalertragsteuer unter den in § 44 b Abs. 1 EStG genannten Voraussetzungen zusammen mit der Vergütung der anrechenbaren Körperschaftsteuer in einem einheitlichen Verfahren durch das Bundesamt für Finanzen erstattet (→ R 213 j bis 213 l).

S 2410

---

¹) § 44 b Abs. 1 Satz 1 ist erstmals auf Kapitalerträge anzuwenden, die nach dem 21. Oktober 1995 zufließen. Zur Anwendung → § 52 Abs. 29 a EStG in der Fassung des JStG 1996.
²) Zur Anwendung → § 52 Abs. 28 EStG.

§ 44 b EStG
R 213 p   H 213 p

(2) Bei geringen Kapitalerträgen wird die Kapitalertragsteuer nach § 44 b Abs. 2 EStG in einem vereinfachten Verfahren erstattet, wenn Körperschaftsteuer nach § 36 d EStG vergütet wird (→ R 213 m).

(3) Das vereinfachte Verfahren ist nach § 44 b Abs. 3 EStG auch bei Kapitalerträgen auf Teilschuldverschreibungen im Sinne des § 43 Abs. 1 Satz 1 Nr. 2 EStG zulässig, die einem unbeschränkt einkommensteuerpflichtigen Arbeitnehmer von seinem gegenwärtigen oder früheren Arbeitgeber überlassen worden sind.

(4) Wird gleichzeitig Erstattung von Kapitalertragsteuer nach § 44 b Abs. 2 und 3 EStG beantragt, ist das vereinfachte Verfahren nur zulässig, wenn die Gesamtsumme der von dem Schuldner gezahlten Kapitalerträge den Betrag von 100 DM nicht übersteigt.

(5) In den Fällen der Absätze 2 bis 4 ist für die Erstattung von Kapitalertragsteuer das Finanzamt zuständig, dem die Besteuerung des Einkommens des Vertreters des Gläubigers der Kapitalerträge (Sammelantragsteller) obliegt (→ § 36 d Abs. 4 EStG).

H 213 p

Hinweise

Erstattung des Zinsabschlags

Anhang 36   Erstattung des Zinsabschlags von Erträgen einer juristischen Person des öffentlichen Rechts aus Kapital auf Treuhandkonten → BMF vom 1. 3. 1993 (BStBl I S. 276), Erstattung des einbehaltenen Zinsabschlags in Treuhandfällen bei Steuerausländern → BMF vom 18. 1. 1994 (BStBl I S. 139).

§ 44 c
Erstattung von Kapitalertragsteuer an bestimmte Körperschaften, Personenvereinigungen und Vermögensmassen

EStG
S 2405
S 2410

(1) ¹Ist der Gläubiger
1. eine inländische Körperschaft, Personenvereinigung oder Vermögensmasse im Sinne des § 5 Abs. 1 Nr. 9 des Körperschaftsteuergesetzes oder
2. eine inländische Stiftung des öffentlichen Rechts, die ausschließlich und unmittelbar gemeinnützigen oder mildtätigen Zwecken dient, oder
3. eine inländische juristische Person des öffentlichen Rechts, die ausschließlich und unmittelbar kirchlichen Zwecken dient,

so erstattet das Bundesamt für Finanzen außer in den Fällen des § 44 a Abs. 4 auf Antrag des Gläubigers die einbehaltene und abgeführte Kapitalertragsteuer. ²Voraussetzung ist, daß der Gläubiger dem Bundesamt für Finanzen durch eine Bescheinigung des für seine Geschäftsleitung oder seinen Sitz zuständigen Finanzamts nachweist, daß er eine Körperschaft, Personenvereinigung oder Vermögensmasse im Sinne des Satzes 1 ist. ³Die Geltungsdauer der Bescheinigung darf höchstens drei Jahre betragen; sie muß am Schluß eines Kalenderjahrs enden. ⁴Die Bescheinigung wird nicht erteilt, wenn die Kapitalerträge in den Fällen der Nummer 1 in einem wirtschaftlichen Geschäftsbetrieb anfallen, für den die Befreiung von der Körperschaftsteuer ausgeschlossen ist, oder wenn sie in den Fällen der Nummern 2 und 3 in einem nicht von der Körperschaftsteuer befreiten Betrieb gewerblicher Art anfallen. ⁵Dem Antrag ist außer der Bescheinigung nach Satz 2 eine Bescheinigung im Sinne des § 45 a Abs. 2 oder 3 beizufügen.

(2) ¹Ist der Gläubiger
1. eine nach § 5 Abs. 1 mit Ausnahme der Nummer 9 des Körperschaftsteuergesetzes oder nach anderen Gesetzen von der Körperschaftsteuer befreite Körperschaft, Personenvereinigung oder Vermögensmasse oder
2. eine inländische juristische Person des öffentlichen Rechts, die nicht in Absatz 1 bezeichnet ist,

¹)

so erstattet das Bundesamt für Finanzen auf Antrag des Gläubigers die Hälfte der auf Kapitalerträge im Sinne des § 43 Abs. 1 Nr. 1 einbehaltenen und abgeführten Kapitalertragsteuer. ²Voraussetzung ist, daß der Gläubiger durch eine Bescheinigung des für seine Geschäftsleitung oder seinen Sitz zuständigen Finanzamts nachweist, daß er eine Körperschaft im Sinne des Satzes 1 ist. ³Absatz 1 Sätze 3 bis 5 gilt entsprechend.

(3) ¹§ 36 b Abs. 2 Satz 4, Abs. 3 Satz 2, Abs. 4 und § 36 c sind sinngemäß anzuwenden. ²Das Bundesamt für Finanzen kann im Einzelfall die Frist auf Antrag des Gläubigers verlängern, wenn dieser verhindert ist, die Frist einzuhalten. ³Der Antrag auf Verlängerung ist vor Ablauf der Frist schriftlich zu stellen und zu begründen.

Hinweise

Bescheinigung gem. § 44 c Abs. 1, Abs. 2 EStG
Antragsmuster und Merkblatt → Anhang 36

Anhang 36

---

¹) Zur Anwendung → § 52 Abs. 28 Satz 2 EStG.

EStG

§ 44 d
Bemessung der Kapitalertragsteuer bei bestimmten Kapitalgesellschaften

(1) ¹Auf Antrag wird die Kapitalertragsteuer für Kapitalerträge im Sinne des § 20 Abs. 1 Nr. 1 und des § 43 Abs. 1 Satz 1 Nr. 6, die einer Muttergesellschaft, die weder ihren Sitz noch ihre Geschäftsleitung im Inland hat, nach dem 31. Dezember 1991 aus Ausschüttungen einer unbeschränkt steuerpflichtigen Kapitalgesellschaft im Sinne des § 1 Abs. 1 Nr. 1 des Körperschaftsteuergesetzes oder aus der Vergütung von Körperschaftsteuer zufließen, auf

1. 5 vom Hundert des Kapitalertrages, wenn der Gläubiger die Kapitalertragsteuer trägt,
2. 5,26 vom Hundert des tatsächlich ausgezahlten Betrages, wenn der Schuldner die Kapitalertragsteuer übernimmt,

ermäßigt. ²Regelungen in einem Abkommen zur Vermeidung der Doppelbesteuerung, die einen niedrigeren Steuersatz vorsehen, bleiben unberührt. ³Für nach dem 30. Juni 1996 zufließende Kapitalerträge im Sinne des Satzes 1 wird auf Antrag die Kapitalertragsteuer nicht erhoben.

(2) Muttergesellschaft im Sinne des Absatzes 1 ist eine Gesellschaft, die die in der Anlage 7 zu diesem Gesetz bezeichneten Voraussetzungen des Artikels 2 der Richtlinie Nr. 90/435/EWG des Rates vom 23. Juli 1990 (ABl. EG Nr. L 225 S. 6) erfüllt und die im Zeitpunkt der Entstehung der Kapitalertragsteuer gemäß § 44 Abs. 1 Satz 2 nachweislich seit mindestens zwölf Monaten ununterbrochen mindestens zu einem Viertel unmittelbar am Nennkapital der unbeschränkt steuerpflichtigen Kapitalgesellschaft beteiligt ist.

(3) Absatz 1 in Verbindung mit Absatz 2 gilt auch, wenn die Beteiligung der Muttergesellschaft am Nennkapital der unbeschränkt steuerpflichtigen Kapitalgesellschaft mindestens ein Zehntel beträgt, der Staat, in dem die Muttergesellschaft nach einem mit einem anderen Mitgliedstaat der Europäischen Gemeinschaften abgeschlossenen Abkommen zur Vermeidung der Doppelbesteuerung als ansässig gilt, dieser Gesellschaft für Gewinnausschüttungen der unbeschränkt steuerpflichtigen Kapitalgesellschaft eine Steuerbefreiung oder eine Anrechnung der deutschen Körperschaftsteuer auf die Steuer der Muttergesellschaft gewährt und seinerseits Gewinnausschüttungen an eine unbeschränkt steuerpflichtige Kapitalgesellschaft ab der gleichen Beteiligungshöhe von der Kapitalertragsteuer befreit.

(4) Absatz 1 in Verbindung mit Absatz 2 und Absatz 3 gilt auch für Ausschüttungen anderer unbeschränkt steuerpflichtiger Körperschaften, Personenvereinigungen und Vermögensmassen im Sinne des § 1 Abs. 1 des Körperschaftsteuergesetzes, wenn der Staat, in dem die Muttergesellschaft nach einem mit einem anderen Mitgliedstaat der Europäischen Gemeinschaften abgeschlossenen Abkommen zur Vermeidung der Doppelbesteuerung als ansässig gilt, dieser Gesellschaft für Gewinnausschüttungen der unbeschränkt steuerpflichtigen Körperschaft, Personenvereinigung oder Vermögensmasse im Sinne des § 1 Abs. 1 des Körperschaftsteuergesetzes eine Steuerbefreiung oder eine Anrechnung der deutschen Körperschaftsteuer auf die Steuer der Muttergesellschaft gewährt und seinerseits Gewinnausschüttungen an eine andere unbeschränkt steuerpflichtige Körperschaft, Personenvereinigung oder Vermögensmasse im Sinne des § 1 Abs. 1 des Körperschaftsteuergesetzes ab der gleichen Beteiligungshöhe von der Kapitalertragsteuer befreit.

¹)

Anlage 7 zum Einkommensteuergesetz
(zu § 44 d EStG)

Gesellschaften im Sinne des Artikels 2 der Richtlinie Nr. 90/435/EWG des Rates vom 23. Juli 1990 (ABl. EG Nr. L 225 S. 6) über das gemeinsame Steuersystem der Mutter- und Tochtergesellschaften verschiedener Mitgliedstaaten, ergänzt durch die Akte über die Bedingungen des Beitritts der Republik Österreich, der Republik Finnland und des Königreichs Schweden und die Anpassung der die Europäische Union begründenden Verträge vom 24. Juni 1994 (BGBl. II S. 2031)

---

¹) Zur Anwendung → § 52 Abs. 33 EStG in der Fassung des JStG 1996.

§ 44 d EStG

Gesellschaft im Sinne des Artikels 2 der genannten Richtlinie ist jede Gesellschaft, die
1. eine der aufgeführten Formen aufweist:
   - Gesellschaften belgischen Rechts mit der Bezeichnung:
   naamloze vennootschap/société anonyme, commenditaire vennootschap op aandelen/société en commandite par actions, besloten vennootschap met beperkte aansprakelijkheid/société privée à responsabilité limitée sowie öffentlich-rechtliche Körperschaften, deren Tätigkeit unter das Privatrecht fällt;
   - Gesellschaften dänischen Rechts mit der Bezeichnung:
   aktieselskab, anpartsselskab;
   - Gesellschaften deutschen Rechts mit der Bezeichnung:
   Aktiengesellschaft, Kommanditgesellschaft auf Aktien, Gesellschaft mit beschränkter Haftung, bergrechtliche Gewerkschaft;
   - Gesellschaften finnischen Rechts mit der Bezeichnung:
   osakeyhtiö/aktiebolag, osuuskunta/andelslag, säästöpankki/sparbank and vakuutusyhtiö/försäkringsbolag;
   - Gesellschaften griechischen Rechts mit der Bezeichnung:
   Ανωνυμη Εταιρια;
   - Gesellschaften spanischen Rechts mit der Bezeichnung:
   sociedad anonima, sociedad comanditaria por acciones, sociedad de responsabilidad limitada sowie öffentlich-rechtliche Körperschaften, deren Tätigkeit unter das Privatrecht fällt;
   - Gesellschaften französischen Rechts mit der Bezeichnung:
   société anonyme, société en commandite par actions, société à responsabilité limitée sowie die staatlichen Industrie- und Handelsbetriebe und -unternehmen;
   - Gesellschaften irischen Rechts mit der Bezeichnung:
   public companies limited by shares or by guarantee, private companies limited by shares or by guarantee, gemäß den Industrial and Provident Societies Acts eingetragene Einrichtungen oder gemäß den Building Societies Acts eingetragene „building societies";
   - Gesellschaften italienischen Rechts mit der Bezeichnung:
   società per azioni, società in accomandita per azioni, società a responsabilità limitata sowie die staatlichen und privaten Industrie- und Handelsunternehmen;
   - Gesellschaften luxemburgischen Rechts mit der Bezeichnung:
   société anonyme, société en commandite par actions, société à responsabilité limitée;
   - Gesellschaften niederländischen Rechts mit der Bezeichnung:
   naamloze vennootschap, besloten vennootschap met beperkte aansprakelijkheid;
   - Gesellschaften österreichischen Rechts mit der Bezeichnung:
   Aktiengesellschaft, Gesellschaft mit beschränkter Haftung;
   - Gesellschaften portugiesischen Rechts in Form von Handelsgesellschaften, zivilrechtlichen Handelsgesellschaften oder Genossenschaften sowie die öffentlichen Unternehmen;
   - Gesellschaften schwedischen Rechts mit der Bezeichnung:
   aktiebolag, bankaktiebolag, försäkringsaktiebolag;
   - nach dem Recht des Vereinigten Königreichs gegründete Gesellschaften,
2. nach dem Steuerrecht eines Mitgliedstaats in bezug auf den steuerlichen Wohnsitz als in diesem Staat ansässig und auf Grund eines mit einem dritten Staat geschlossenen Doppelbesteuerungsabkommens in bezug auf den steuerlichen Wohnsitz nicht als außerhalb der Gemeinschaft ansässig betrachtet wird und
3. ohne Wahlmöglichkeit einer der nachstehenden Steuern
   - vennootschapsbelasting/impôt des sociétés in Belgien,
   - selskabsskat in Dänemark,
   - Körperschaftsteuer in Deutschland,

§ 44 d EStG
R 213 q   H 213 q

- Yhteisöjen tulovero/inkomstskatten för samfund in Finnland,
- φορος εισοδηματος νομικων προσωπων κερδοσκοπικου χαρακτη ρα in Griechenland,
- impuesto sobre sociedades in Spanien,
- impôt sur les sociétés in Frankreich,
- corporation tax in Irland,
- imposta sul reddito delle persone giuridiche in Italien,
- impôt sur le revenu des collectivités in Luxemburg,
- vennootschapsbelasting in den Niederlanden,
- Körperschaftsteuer in Österreich,
- imposto sobre o rendimento das pessoas colectivas in Portugal,
- Statlig inkomstskatt in Schweden,
- Corporation tax im Vereinigten Königreich

oder irgendeiner Steuer, die eine dieser Steuern ersetzt, unterliegt, ohne davon befreit zu sein.

R 213 q   **R 213 q. Bemessung der Kapitalertragsteuer bei bestimmten Kapitalgesellschaften**

– unbesetzt –

H 213 q   **Hinweise**

Anhang 27 b   **Merkblatt** zur Entlastung von deutscher Kapitalertragsteuer von Dividenden und bestimmten anderen Kapitalerträgen gemäß § 44 d EStG, den DBA oder sonstigen zwischenstaatlichen Abkommen vom 1. 3. 1994 (BStBl I S. 203).

Zuständige Behörde

Zuständige Behörde für die Durchführung des Erstattungs- oder Freistellungsverfahrens ist das Bundesamt für Finanzen, 53221 Bonn.

§ 45
Ausschluß der Erstattung von Kapitalertragsteuer

EStG
S 2410

¹In den Fällen, in denen die Dividende an einen anderen als an den Anteilseigner ausgezahlt wird, ist die Erstattung von Kapitalertragsteuer an den Zahlungsempfänger ausgeschlossen. ²Satz 1 gilt nicht für den Erwerber eines Dividendenscheins in den Fällen des § 20 Abs. 2 Satz 1 Nr. 2 Buchstabe a. ³In den Fällen des § 20 Abs. 2 Satz 1 Nr. 2 Buchstabe b ist die Erstattung von Kapitalertragsteuer an den Erwerber von Zinsscheinen nach § 37 Abs. 2 der Abgabenordnung ausgeschlossen.

§ 45 a

EStG
S 2401

§ 45 a
Anmeldung und Bescheinigung der Kapitalertragsteuer in den Fällen des § 43 Abs. 1 Satz 1 Nr. 1 bis 5, 7 und 8 sowie Satz 2

(1) ¹Die Anmeldung der einbehaltenen Kapitalertragsteuer ist dem Finanzamt innerhalb der in § 44 Abs. 1 festgesetzten Frist nach amtlich vorgeschriebenem Vordruck einzureichen. ²Satz 1 gilt entsprechend, wenn auf Grund des § 43 Abs. 2 oder des § 44 a ein Steuerabzug nicht oder nicht in voller Höhe vorzunehmen ist. ³Der Grund für die Nichtabführung ist anzugeben. ⁴Die Anmeldung ist mit der Versicherung zu versehen, daß die Angaben vollständig und richtig sind. ⁵Die Anmeldung ist von dem Schuldner, der auszahlenden Stelle oder einer vertretungsberechtigten Person zu unterschreiben.

Anhang 36

(2) ¹In den Fällen des § 43 Abs. 1 Satz 1 Nr. 1 bis 5 sind der Schuldner der Kapitalerträge und in den Fällen des § 43 Abs. 1 Satz 1 Nr. 7 und 8 sowie Satz 2 die die Kapitalerträge auszahlende Stelle vorbehaltlich der Absätze 3 und 4 verpflichtet, dem Gläubiger der Kapitalerträge auf Verlangen die folgenden Angaben nach amtlich vorgeschriebenem Muster zu bescheinigen:

1. den Namen und die Anschrift des Gläubigers;

¹)
2. die Art und Höhe der Kapitalerträge;
3. den Zahlungstag;
4. den Betrag der nach § 36 Abs. 2 Nr. 2 anrechenbaren Kapitalertragsteuer;
5. das Finanzamt, an das die Steuer abgeführt worden ist.

²Bei Kapitalerträgen im Sinne des § 43 Abs. 1 Satz 1 Nr. 2 bis 5, 7 und 8 sowie Satz 2 ist außerdem die Zeit anzugeben, für welche die Kapitalerträge gezahlt worden sind. ³Die Bescheinigung braucht nicht unterschrieben zu werden, wenn sie in einem maschinellen Verfahren ausgedruckt worden ist und den Aussteller erkennen läßt. ⁴Ist die auszahlende Stelle nicht Schuldner der Kapitalerträge, hat sie zusätzlich den Namen und die Anschrift des Schuldners der Kapitalerträge anzugeben. ⁵§ 45 Abs. 2 und 3 des Körperschaftsteuergesetzes gilt sinngemäß.

(3) ¹Werden die Kapitalerträge für Rechnung des Schuldners durch ein inländisches Kreditinstitut gezahlt, so hat an Stelle des Schuldners das Kreditinstitut die Bescheinigung zu erteilen. ²Aus der Bescheinigung des Kreditinstituts muß auch der Schuldner hervorgehen, für den die Kapitalerträge gezahlt werden; die Angabe des Finanzamts, an das die Kapitalertragsteuer abgeführt worden ist, kann unterbleiben.

(4) Eine Bescheinigung nach Absatz 2 oder Absatz 3 ist nicht zu erteilen, wenn in Vertretung des Gläubigers ein Antrag auf Erstattung der Kapitalertragsteuer nach § 44 b Abs. 1 bis 3 gestellt worden ist oder gestellt wird.

(5) ¹Eine Bescheinigung, die den Absätzen 2 bis 4 nicht entspricht, hat der Aussteller zurückzufordern und durch eine berichtigte Bescheinigung zu ersetzen. ²Die berichtigte Bescheinigung ist als solche zu kennzeichnen. ³Wird die zurückgeforderte Bescheinigung nicht innerhalb eines Monats nach Zusendung der berichtigten Bescheinigung an den Aussteller zurückgegeben, hat der Aussteller das nach seinen Unterlagen für den Empfänger zuständige Finanzamt schriftlich zu benachrichtigen.

(6) ¹Der Aussteller einer Bescheinigung, die den Absätzen 2 bis 4 nicht entspricht, haftet für die auf Grund der Bescheinigung verkürzten Steuern oder zu Unrecht gewährten Steuervorteile. ²Ist die Bescheinigung nach Absatz 3 durch ein inländisches Kreditinstitut auszustellen, so haftet der Schuldner auch, wenn er zum Zweck der Bescheinigung unrichtige Angaben macht. ³Der Aussteller haftet nicht

1. in den Fällen des Satzes 2,
2. wenn er die ihm nach Absatz 5 obliegenden Verpflichtungen erfüllt hat.

---

¹) Absatz 2 Satz 1 Nr. 2 wurde durch das JStG 1996 mit Wirkung für Kapitalerträge geändert, die nach dem 21. Oktober 1995 zufließen:
„2. die Art und Höhe der Kapitalerträge unabhängig von der Vornahme eines Steuerabzugs;"
Zur Anwendung → § 52 Abs. 29 a EStG in der Fassung des JStG 1996.

§ 45 b
Besondere Behandlung von Kapitalerträgen im Sinne des § 43 Abs. 1 Satz 1 Nr. 5

Bei Kapitalerträgen im Sinne des § 43 Abs. 1 Satz 1 Nr. 5 ist die Einkommensteuer durch den Steuerabzug vom Kapitalertrag abgegolten, soweit der Steuerpflichtige wegen der Steuerabzugsbeträge nicht in Anspruch genommen werden kann.

EStG

§ 45 c
**Entrichtung der Kapitalertragsteuer
in den Fällen des § 43 Abs. 1 Satz 1 Nr. 6**

¹In den Fällen des § 43 Abs. 1 Satz 1 Nr. 6 entsteht die Kapitalertragsteuer in dem Zeitpunkt, in dem die Körperschaftsteuer vergütet wird. ²In diesem Zeitpunkt hat das Bundesamt für Finanzen den Steuerabzug vom Kapitalertrag für Rechnung des Vergütungsberechtigten von der Körperschaftsteuer einzubehalten, die nach § 36 e dieses Gesetzes oder nach § 52 des Körperschaftsteuergesetzes vergütet wird.

§ 45 d
Mitteilungen an das Bundesamt für Finanzen

(1) ¹Wer nach § 44 Abs. 1 Satz 3 zum Steuerabzug verpflichtet ist, hat dem Bundesamt für Finanzen auf Verlangen folgende Angaben mitzuteilen: ¹)
1. Vor- und Zunamen sowie das Geburtsdatum der Person – gegebenenfalls auch des Ehegatten –, die den Freistellungsauftrag erteilt hat (Auftraggeber),
2. Anschrift des Auftraggebers,
3. Anzahl der von dem Auftraggeber erteilten Freistellungsaufträge,
4. Höhe des Betrages, bis zu dem auf Grund des Freistellungsauftrages vom Steuerabzug Abstand genommen und bei Dividenden und ähnlichen Kapitalerträgen die Erstattung von Kapitalertragsteuer und die Vergütung von Körperschaftsteuer beim Bundesamt für Finanzen beantragt werden sollte,
5. Namen und Anschrift des Empfängers des Freistellungsauftrags,
6. Datum der Erteilung des Freistellungsauftrags.

²Auf die Mitteilungen findet § 150 Abs. 6 der Abgabenordnung entsprechende Anwendung.

(2) Die Mitteilungen dürfen ausschließlich zur Prüfung der rechtmäßigen Inanspruchnahme des Sparer-Freibetrages und des Pauschbetrages für Werbungskosten verwendet werden.

Hinweise

Verfahrensrechtliche Fragen zu § 45 d EStG

BMF vom 1. 7. 1993 (BStBl I S. 526)

Unter Bezugnahme auf das Ergebnis der Erörterungen mit den obersten Finanzbehörden der Länder gilt für Freistellungsaufträge und Mitteilungen an das Bundesamt für Finanzen nach § 45 d EStG folgendes:
1. Wird im Laufe des Kalenderjahres ein dem jeweiligen Kreditinstitut bereits erteilter Freistellungsauftrag geändert, handelt es sich nur um **einen** Freistellungsauftrag im Sinne des § 45 d Abs. 1 Nr. 3 EStG; mitzuteilen ist grundsätzlich die letzte Fassung des Freistellungsauftrags im Kalenderjahr. Bei Herabsetzung des freizustellenden Betrags muß das Kreditinstitut prüfen, inwieweit das bisherige Freistellungsvolumen bereits durch Abstandnahme vom Steuerabzug ausgeschöpft ist. Eine Unterschreitung des be-

---

¹) Absatz 1 wurde durch das JStG 1996 ab VZ 1996 neu gefaßt:
„(1) ¹Wer nach § 44 Abs. 1 dieses Gesetzes und § 38 b des Gesetzes über Kapitalanlagegesellschaften zum Steuerabzug verpflichtet ist, hat dem Bundesamt für Finanzen bis zum 31. Mai des Jahres, das auf das Jahr folgt, in dem die Kapitalerträge den Gläubigern zufließen, folgende Daten zu übermitteln:
1. Vor- und Zunamen sowie das Geburtsdatum der Person – gegebenenfalls auch des Ehegatten –, die den Freistellungsauftrag erteilt hat (Auftraggeber),
2. Anschrift des Auftraggebers,
3. Höhe des Betrages, bis zu dem auf Grund des Freistellungsauftrages vom Steuerabzug Abstand genommen und bei Dividenden und ähnlichen Kapitalerträgen die Erstattung von Kapitalertragsteuer und die Vergütung von Körperschaftsteuer beim Bundesamt für Finanzen beantragt werden sollte,
4. Namen und Anschrift des Empfängers des Freistellungsauftrags.
²Die Datenübermittlung hat nach amtlich vorgeschriebenem Datensatz auf amtlich vorgeschriebenen maschinell verwertbaren Datenträgern zu erfolgen. ³Im übrigen findet § 150 Abs. 6 der Abgabenordnung entsprechende Anwendung. ⁴Das Bundesamt für Finanzen kann auf Antrag eine Übermittlung nach amtlich vorgeschriebenem Vordruck zulassen, wenn eine Übermittlung nach Satz 2 eine unbillige Härte mit sich bringen würde."
Die geänderte Fassung ist erstmals für den VZ 1996 anzuwenden (→ § 52 Abs. 1 EStG in der Fassung des JStG 1996).

§ 45 d EStG
Hinweise

reits freigestellten und ausgeschöpften Betrages ist nicht möglich; in diesem Fall ist der ausgeschöpfte Betrag mitzuteilen. Eine Erhöhung des freizustellenden Betrags darf ebenso wie die erstmalige Erteilung eines Freistellungsauftrags nur mit Wirkung für das Kalenderjahr, in dem der Auftrag geändert wird, und spätere Kalenderjahre erfolgen.

Jede Änderung muß auf amtlich vorgeschriebenem Vordruck erfolgen.

2. Bei Ehegatten gilt für das Jahr der Eheschließung:

   Haben Ehegatten vor der Eheschließung bereits einzeln Freistellungsaufträge erteilt und wird danach ein gemeinsamer Freistellungsauftrag erteilt, sind alle Freistellungsaufträge nach § 45 d EStG zu melden.

   Der gemeinsame Freistellungsauftrag der Ehegatten darf nur in Höhe des Unterschiedsbetrags zwischen dem den Ehegatten zustehenden Betrag und dem bereits vor der Eheschließung von den Ehegatten ausgeschöpften Betrag erteilt werden.

3. Das Datum der Erteilung des Freistellungsauftrags muß dem Bundesamt für Finanzen nicht mitgeteilt werden.

4. Veranlagung von Steuerpflichtigen mit steuerabzugspflichtigen Einkünften

§ 46
Veranlagung bei Bezug von Einkünften aus nichtselbständiger Arbeit

(1) Besteht das Einkommen ganz oder teilweise aus Einkünften aus nichtselbständiger Arbeit, von denen ein Steuerabzug vorgenommen worden ist, so wird eine Veranlagung stets durchgeführt, wenn das Einkommen [1)]

1. bei Personen, bei denen die Einkommensteuer nach § 32 a Abs. 5 zu ermitteln ist, mehr als 54.000 Deutsche Mark,
2. bei den nicht unter Nummer 1 fallenden Personen mehr als 27.000 Deutsche Mark

beträgt.

(2) Bei Einkommen bis zu den in Absatz 1 genannten Beträgen wird eine Veranlagung nur durchgeführt, [2)]

1. wenn die Summe der einkommensteuerpflichtigen Einkünfte, die nicht dem Steuerabzug vom Arbeitslohn zu unterwerfen waren, vermindert um die darauf entfallenden Beträge nach § 13 Abs. 3 und § 24 a, oder die Summe der Einkünfte und Leistungen, die dem Progressionsvorbehalt unterliegen, jeweils mehr als 800 Deutsche Mark beträgt;
2. wenn der Steuerpflichtige nebeneinander von mehreren Arbeitgebern Arbeitslohn bezogen hat;
3. wenn für einen Steuerpflichtigen, der zu dem Personenkreis des § 10 c Abs. 3 gehört, die Lohnsteuer im Veranlagungszeitraum oder für einen Teil des Veranlagungszeitraums nach den Steuerklassen I bis IV der allgemeinen Lohnsteuertabelle (§ 38 c Abs. 1) zu erheben war;

3 a. wenn von Ehegatten, die nach den §§ 26, 26 b zusammen zur Einkommensteuer zu veranlagen sind, beide Arbeitslohn bezogen haben und einer für den Veranlagungszeitraum oder einen Teil davon nach der Steuerklasse V oder VI besteuert worden ist;

4. wenn auf der Lohnsteuerkarte des Steuerpflichtigen ein Kinderfreibetrag im Sinne des § 39 Abs. 3 a oder ein Freibetrag im Sinne des § 39 a Abs. 1 Nr. 1 bis 3, 5 und 6 eingetragen worden ist; [3)]

4 a. wenn bei einem Elternpaar, bei dem die Voraussetzungen des § 26 Abs. 1 Satz 1 nicht vorliegen

   a) im Fall des § 32 Abs. 6 Satz 3 Nr. 1 Alternative 2 einem Elternteil auf der Lohnsteuerkarte der Kinderfreibetrag eingetragen worden und der andere Elternteil im Kalenderjahr unbeschränkt einkommensteuerpflichtig geworden ist oder

   b) im Fall des § 32 Abs. 6 Satz 5 einem Elternteil auf der Lohnsteuerkarte der übertragene Kinderfreibetrag eingetragen worden ist oder ein Elternteil die Übertragung des Kinderfreibetrags beantragt oder

   c) im Fall des § 32 Abs. 7 Satz 2 auf Grund der Zustimmung der Mutter entweder auf der Lohnsteuerkarte des Vaters die Lohnsteuerklasse II bescheinigt worden ist oder der Vater den Haushaltsfreibetrag beantragt oder

   d) im Fall des § 33 a Abs. 2 Satz 11 beide Elternteile die Übertragung des einem Elternteil zustehenden Anteils am abzuziehenden Ausbildungsfreibetrag auf den anderen Elternteil beantragen oder

---

[1)] Absatz 1 wurde durch das JStG 1996 ab VZ 1996 aufgehoben.
[2)] Absatz 2 Satz 1 – Satzteil vor Nummer 1 – wurde durch das JStG 1996 ab VZ 1996 geändert.
„Besteht das Einkommen ganz oder teilweise aus Einkünften aus nichtselbständiger Arbeit, von denen ein Steuerabzug vorgenommen worden ist, so wird eine Veranlagung nur durchgeführt,"
[3)] Absatz 2 Satz 1 Nr. 4 wurde durch das JStG 1996 ab VZ 1996 geändert.
„4. wenn auf der Lohnsteuerkarte eines Steuerpflichtigen ein Kinderfreibetrag im Sinne des § 39 Abs. 3 a oder ein Freibetrag im Sinne des § 39 a Abs. 1 Nr. 1 bis 3 und 5 eingetragen worden ist; dasselbe gilt für einen Steuerpflichtigen, der zum Personenkreis des § 1 Abs. 2 gehört, wenn diese Eintragungen auf einer Bescheinigung nach § 39 c erfolgt sind;".

e) im Fall des § 33 b Abs. 5 Satz 3 beide Elternteile eine Aufteilung des Pauschbetrags für Behinderte oder des Pauschbetrags für Hinterbliebene in einem anderen Verhältnis als je zur Hälfte beantragen.

²Die Veranlagungspflicht besteht für jeden Elternteil, der Einkünfte aus nichtselbständiger Arbeit bezogen hat;

5. (weggefallen)
6. wenn die Ehe des Arbeitnehmers im Veranlagungszeitraum durch Tod, Scheidung oder Aufhebung aufgelöst worden ist und er oder sein Ehegatte der aufgelösten Ehe im Veranlagungszeitraum wieder geheiratet hat;
7. wenn der Arbeitgeber die Lohnsteuer für den Veranlagungszeitraum oder einen Teil davon nach einer der in § 61 bezeichneten Zusatztabellen ermittelt hat;
8. wenn die Veranlagung beantragt wird, insbesondere zur Anrechnung von Lohnsteuer auf die Einkommensteuer. ²Der Antrag ist bis zum Ablauf des auf den Veranlagungszeitraum folgenden zweiten Kalenderjahrs durch Abgabe einer Einkommensteuererklärung zu stellen. ³Wird der Antrag zur Berücksichtigung von Verlustabzügen nach § 10 d oder einer Steuerermäßigung nach § 34 f Abs. 3 gestellt, ist er für den zweiten vorangegangenen Veranlagungszeitraum bis zum Ablauf des diesem folgenden vierten Kalenderjahrs und für den ersten vorangegangenen Veranlagungszeitraum bis zum Ablauf des diesem folgenden dritten Kalenderjahrs zu stellen.

(3) ¹In den Fällen des Absatzes 2 ist ein Betrag in Höhe der einkommensteuerpflichtigen Einkünfte, von denen der Steuerabzug vom Arbeitslohn nicht vorgenommen worden ist, vom Einkommen abzuziehen, wenn diese Einkünfte insgesamt nicht mehr als 800 Deutsche Mark betragen. ²Der Betrag nach Satz 1 vermindert sich um den Altersentlastungsbetrag, soweit dieser 40 vom Hundert des Arbeitslohns mit Ausnahme der Versorgungsbezüge im Sinne des § 19 Abs. 2 übersteigt, und um den nach § 13 Abs. 3 zu berücksichtigenden Betrag.

(4) ¹Kommt nach den Absätzen 1 und 2 eine Veranlagung zur Einkommensteuer nicht in Betracht, so gilt die Einkommensteuer, die auf die Einkünfte aus nichtselbständiger Arbeit entfällt, für den Steuerpflichtigen durch den Lohnsteuerabzug als abgegolten, soweit er nicht für zuwenig erhobene Lohnsteuer in Anspruch genommen werden kann. ²§ 42 b bleibt unberührt.

(5) Durch Rechtsverordnung kann in den Fällen des Absatzes 2 Nr. 1, in denen die einkommensteuerpflichtigen Einkünfte, von denen der Steuerabzug vom Arbeitslohn nicht vorgenommen worden ist, den Betrag von 800 Deutsche Mark übersteigen, die Besteuerung so gemildert werden, daß auf die volle Besteuerung dieser Einkünfte stufenweise übergeleitet wird.

EStDV

S 2270

EStDV

§ 70

Ausgleich von Härten in bestimmten Fällen

¹Betragen in den Fällen des § 46 Abs. 2 Nr. 1 bis 7 des Gesetzes die einkommensteuerpflichtigen Einkünfte, von denen der Steuerabzug vom Arbeitslohn nicht vorgenommen worden ist, insgesamt mehr als 800 Deutsche Mark, so ist vom Einkommen der Betrag abzuziehen, um den die bezeichneten Einkünfte, vermindert um den auf sie entfallenden Altersentlastungsbetrag (§ 24 a des Gesetzes) und den nach § 13 Abs. 3 des Gesetzes zu be-

---

¹) Zur Anwendung → § 52 Abs. 24 Satz 2 EStG.
²) Absatz 2 Satz 1 Nr. 7 wurde durch das JStG 1996 ab VZ 1996 neu gefaßt.
„7. wenn
  a) für einen unbeschränkt Steuerpflichtigen im Sinne des § 1 Abs. 1 auf der Lohnsteuerkarte ein Ehegatte im Sinne des § 1 a Abs. 1 Nr. 2 berücksichtigt worden ist oder
  b) für einen Steuerpflichtigen, der zum Personenkreis des § 1 Abs. 3 oder des § 1 a gehört, das Betriebsstättenfinanzamt eine Bescheinigung nach § 39 c Abs. 4 erteilt hat; dieses Finanzamt ist dann auch für die Veranlagung zuständig."
³) Absatz 4 wurde durch das JStG 1996 ab VZ 1996 neu gefaßt.
Die Worte „den Absätzen 1 und 2" wurden durch die Worte „Absatz 2" ersetzt.

rücksichtigenden Betrag, niedriger als 1.600 Deutsche Mark sind (Härteausgleichsbetrag).
²Der Härteausgleichsbetrag darf nicht höher sein als die nach Satz 1 verminderten Einkünfte.

– unbesetzt –   **R 214**

R 215. Veranlagung nach § 46 Abs. 2 Nr. 2 EStG   **R 215**

§ 46 Abs. 2 Nr. 2 EStG gilt auch für die Fälle, in denen der Steuerpflichtige rechtlich in nur einem Dienstverhältnis steht, die Bezüge aber von verschiedenen öffentlichen Kassen ausgezahlt und gesondert nach Maßgabe der jeweiligen Lohnsteuerkarte dem Steuerabzug unterworfen worden sind.   S 2270

– unbesetzt –   **R 216**

R 217. Veranlagung nach § 46 Abs. 2 Nr. 8 EStG   **R 217**

(1) Die Vorschrift des § 46 Abs. 2 Nr. 8 EStG ist nur anwendbar, wenn der Arbeitnehmer nicht bereits nach den Vorschriften des § 46 Abs. 1 und Abs. 2 Nr. 1 bis 7 EStG zu veranlagen ist.   S 2270

(2) Sollen ausländische Verluste, die nach einem DBA bei der Ermittlung des zu versteuernden Einkommens (§ 2 Abs. 5 EStG) außer Ansatz geblieben sind, zur Anwendung des negativen Progressionsvorbehalts berücksichtigt werden, so ist auf Antrag eine Veranlagung durchzuführen.

Hinweise   H 217

Abhängigkeit vom Härteausgleich
Eine Veranlagung ist unabhängig vom Härteausgleich nach § 46 Abs. 3 EStG durchzuführen, auch wenn dieser im Ergebnis zu einem Betrag unter 800 DM führt (→ BFH vom 2. 12. 1971 – BStBl 1972 II S. 278).

Anwendung der §§ 34, 34 b, 34 c, 34 f und 35 EStG
Würden Einkünfte, die nicht der Lohnsteuer zu unterwerfen waren, auf Grund eines Härteausgleichsbetrags in gleicher Höhe unversteuert bleiben, so ist für die Anwendung dieser Ermäßigungsvorschriften kein Raum (→ BFH vom 29. 5. 1963 – BStBl III S. 379 und vom 2. 12. 1971 – BStBl 1972 II S. 278).

Härteausgleich
Der Härteausgleich nach § 46 Abs. 3 EStG ist nicht auf dem Progressionsvorbehalt unterliegende Lohnersatzleistungen anzuwenden (→ BFH vom 5. 5. 1994 – BStBl II S. 654).

Lohnersatzleistung
→ Härteausgleich

Progressionsvorbehalt
→ Härteausgleich

– unbesetzt –   **R 218 bis R 221**

§§ 46 a und 47   EStG
(weggefallen)

VII.
(weggefallen)

§ 48   EStG
(weggefallen)

VIII. Besteuerung beschränkt Steuerpflichtiger

EStG
S 2300

§ 49
Beschränkt steuerpflichtige Einkünfte

(1) Inländische Einkünfte im Sinne der beschränkten Einkommensteuerpflicht (§ 1 Abs. 4) sind

1. Einkünfte aus einer im Inland betriebenen Land- und Forstwirtschaft (§§ 13, 14);
2. Einkünfte aus Gewerbebetrieb (§§ 15 bis 17),
   a) für den im Inland eine Betriebsstätte unterhalten wird oder ein ständiger Vertreter bestellt ist,
   b) die durch den Betrieb eigener oder gecharterter Seeschiffe oder Luftfahrzeuge aus Beförderungen zwischen inländischen und von inländischen zu ausländischen Häfen erzielt werden, einschließlich der Einkünfte aus anderen mit solchen Beförderungen zusammenhängenden, sich auf das Inland erstreckenden Beförderungsleistungen,
   c) die von einem Unternehmen im Rahmen einer internationalen Betriebsgemeinschaft oder eines Pool-Abkommens, bei denen ein Unternehmen mit Sitz oder Geschäftsleitung im Inland die Beförderung durchführt, aus Beförderungen und Beförderungsleistungen nach Buchstabe b erzielt werden,
   d) die, soweit sie nicht zu den Einkünften im Sinne der Nummern 3 und 4 gehören, durch künstlerische, sportliche, artistische oder ähnliche Darbietungen im Inland oder durch deren Verwertung im Inland erzielt werden, einschließlich der Einkünfte aus anderen mit diesen Leistungen zusammenhängenden Leistungen, unabhängig davon, wem die Einnahmen zufließen, oder
   e) die unter den Voraussetzungen des § 17 erzielt werden, wenn es sich um Anteile an einer Kapitalgesellschaft handelt, die ihren Sitz oder ihre Geschäftsleitung im Inland hat, oder
   f) die, soweit sie nicht zu den Einkünften im Sinne des Buchstaben a gehören, durch Veräußerung von unbeweglichem Vermögen, Sachinbegriffen oder Rechten im Sinne der Nummer 6 erzielt werden. ²Als Einkünfte aus Gewerbebetrieb gelten auch die Einkünfte aus Tätigkeiten im Sinne dieses Buchstabens, die von einer Körperschaft ohne Sitz oder Geschäftsleitung im Inland erzielt werden, die einer inländischen Kapitalgesellschaft oder sonstigen juristischen Person des privaten Rechts, die nach den Vorschriften des Handelsgesetzbuchs zur Führung von Büchern verpflichtet ist, gleichsteht;
3. Einkünfte aus selbständiger Arbeit (§ 18), die im Inland ausgeübt oder verwertet wird oder worden ist;
4. Einkünfte aus nichtselbständiger Arbeit (§ 19), die im Inland ausgeübt oder verwertet wird oder worden ist, und Einkünfte, die aus inländischen öffentlichen Kassen einschließlich der Kassen des Bundeseisenbahnvermögens der Deutschen Bundesbahn und der Deutschen Bundesbank mit Rücksicht auf ein gegenwärtiges oder früheres Dienstverhältnis gewährt werden;
5. Einkünfte aus Kapitalvermögen im Sinne des
   a) § 20 Abs. 1 Nr. 1, 2, 4 und 6, wenn der Schuldner Wohnsitz, Geschäftsleitung oder Sitz im Inland hat oder wenn es sich in den Fällen des § 44 Abs. 1 Satz 4 Nr. 1 Buchstabe a Doppelbuchstabe bb um ausländische Erträge im Sinne der §§ 17 und 18 des Auslandinvestment-Gesetzes handelt; dies gilt auch für Erträge aus Wandelanleihen und Gewinnobligationen; dies gilt außer in den Fällen des § 44 Abs. 1 Satz 4 Nr. 1 Buchstabe a Doppelbuchstabe bb dieses Gesetzes nicht in den Fällen des § 37 a, des § 38 b, des § 43 a in Verbindung mit § 38 b und des § 44 Satz 1 bis 3 des Gesetzes über Kapitalanlagegesellschaften;
   b) § 20 Abs. 1 Nr. 3;

---

¹) Zur Anwendung → § 52 Abs. 30 EStG in der Fassung des JStG 1996.

c) § 20 Abs. 1 Nr. 5 und 7, wenn

aa) das Kapitalvermögen durch inländischen Grundbesitz, durch inländische Rechte, die den Vorschriften des bürgerlichen Rechts über Grundstücke unterliegen, oder durch Schiffe, die in ein inländisches Schiffsregister eingetragen sind, unmittelbar oder mittelbar gesichert ist. Ausgenommen sind Zinsen aus Anleihen und Forderungen, die in ein öffentliches Schuldbuch eingetragen oder über die Sammelurkunden im Sinne des § 9 a des Depotgesetzes oder Teilschuldverschreibungen ausgegeben sind, oder

bb) das Kapitalvermögen aus Genußrechten besteht, die nicht in § 20 Abs. 1 Nr. 1 genannt sind, oder

cc) Kapitalerträge im Sinne des § 43 Abs. 1 Satz 1 Nr. 7 Buchstabe a und Nummer 8 sowie Satz 2 von einem Schuldner oder von einem inländischen Kreditinstitut im Sinne des § 43 Abs. 1 Satz 1 Nr. 7 Buchstabe b gegen Aushändigung der Zinsscheine einem anderen als einem ausländischen Kreditinstitut ausgezahlt oder gutgeschrieben werden und die Teilschuldverschreibungen nicht von dem Schuldner oder dem inländischen Kreditinstitut verwahrt werden.

²§ 20 Abs. 2 gilt entsprechend;

6. Einkünfte aus Vermietung und Verpachtung (§ 21), wenn das unbewegliche Vermögen, die Sachinbegriffe oder Rechte im Inland belegen oder in ein inländisches öffentliches Buch oder Register eingetragen sind oder in einer inländischen Betriebsstätte oder in einer anderen Einrichtung verwertet werden;

7. sonstige Einkünfte im Sinne des § 22 Nr. 1, soweit sie dem Steuerabzug unterworfen werden;

8. sonstige Einkünfte im Sinne des § 22 Nr. 2, soweit es sich um Spekulationsgeschäfte mit inländischen Grundstücken, mit inländischen Rechten, die den Vorschriften des bürgerlichen Rechts über Grundstücke unterliegen, oder mit Anteilen an Kapitalgesellschaften mit Geschäftsleitung oder Sitz im Inland bei wesentlicher Beteiligung im Sinne des § 17 Abs. 1 Satz 4 handelt; § 23 Abs. 1 Satz 2 und Abs. 3 ist anzuwenden;

8 a. sonstige Einkünfte im Sinne des § 22 Nr. 4;

9. sonstige Einkünfte im Sinne des § 22 Nr. 3, auch wenn sie bei Anwendung dieser Vorschrift einer anderen Einkunftsart zuzurechnen wären, soweit es sich um Einkünfte aus der Nutzung beweglicher Sachen im Inland oder aus der Überlassung der Nutzung oder des Rechts auf Nutzung von gewerblichen, technischen, wissenschaftlichen und ähnlichen Erfahrungen, Kenntnissen und Fertigkeiten, z. B. Plänen, Mustern und Verfahren, handelt, die im Inland genutzt werden oder worden sind; dies gilt nicht, soweit es sich um steuerpflichtige Einkünfte im Sinne der Nummern 1 bis 8 handelt.

(2) Im Ausland gegebene Besteuerungsmerkmale bleiben außer Betracht, soweit bei ihrer Berücksichtigung inländische Einkünfte im Sinne des Absatzes 1 nicht angenommen werden könnten.

(3) ¹Bei Schiffahrt- und Luftfahrtunternehmen sind die Einkünfte im Sinne des Absatzes 1 Nr. 2 Buchstabe b mit 5 vom Hundert der für diese Beförderungsleistungen vereinbarten Entgelte anzusetzen. ²Das gilt auch, wenn solche Einkünfte durch eine inländische Betriebsstätte oder einen inländischen ständigen Vertreter erzielt werden (Absatz 1 Nr. 2 Buchstabe a). ³Das gilt nicht in den Fällen des Absatzes 1 Nr. 2 Buchstabe c oder soweit das deutsche Besteuerungsrecht nach einem Abkommen zur Vermeidung der Doppelbesteuerung ohne Begrenzung des Steuersatzes aufrechterhalten bleibt.

(4) ¹Abweichend von Absatz 1 Nr. 2 sind Einkünfte steuerfrei, die ein beschränkt Steuerpflichtiger mit Wohnsitz oder gewöhnlichem Aufenthalt in einem ausländischen Staat durch den Betrieb eigener oder gecharterter Schiffe oder Luftfahrzeuge aus einem Unternehmen bezieht, dessen Geschäftsleitung sich in dem ausländischen Staat befindet. ²Voraussetzung für die Steuerbefreiung ist, daß dieser ausländische Staat Steuerpflichtigen mit Wohnsitz oder gewöhnlichem Aufenthalt im Geltungsbereich dieses Gesetzes eine entsprechende Steuerbefreiung für derartige Einkünfte gewährt und daß das Bundesministerium für Verkehr die Steuerbefreiung nach Satz 1 für verkehrspolitisch unbedenklich erklärt hat.

§ 49 EStG

R 222. Beschränkte Steuerpflicht bei Einkünften aus Gewerbebetrieb

(1) ¹Einkünfte aus Gewerbebetrieb unterliegen nach § 49 Abs. 1 Nr. 2 Buchstabe a EStG auch dann der beschränkten Einkommensteuerpflicht, wenn im Inland keine Betriebsstätte unterhalten wird, sondern nur ein ständiger Vertreter für den Gewerbebetrieb bestellt ist (§ 13 AO). ²Ist der ständige Vertreter ein Kommissionär oder Makler, der Geschäftsbeziehungen für das ausländische Unternehmen im Rahmen seiner ordentlichen Geschäftstätigkeit unterhält, und ist die Besteuerung des ausländischen Unternehmens nicht durch ein Doppelbesteuerungsabkommen geregelt, so sind die Einkünfte des ausländischen Unternehmens insoweit nicht der Besteuerung zu unterwerfen. ³Das gilt auch, wenn der ständige Vertreter ein Handelsvertreter (§ 84 HGB) ist, der weder eine allgemeine Vollmacht zu Vertragsverhandlungen und Vertragsabschlüssen für das ausländische Unternehmen besitzt noch über ein Warenlager dieses Unternehmens verfügt, von dem er regelmäßig Bestellungen für das Unternehmen ausführt.

(2) ¹Auf Einkünfte, die ein beschränkt Steuerpflichtiger durch den Betrieb eigener oder gecharterter Schiffe oder Luftfahrzeuge aus einem Unternehmen bezieht, dessen Geschäftsleitung sich in einem ausländischen Staat befindet, sind die Sätze 2 und 3 des Absatzes 1 nicht anzuwenden. ²Einkünfte aus Gewerbebetrieb, die ein Unternehmen im Rahmen einer internationalen Betriebsgemeinschaft oder eines Pool-Abkommens erzielt, unterliegen nach § 49 Abs. 1 Nr. 2 Buchstabe c EStG der beschränkten Steuerpflicht auch, wenn das die Beförderung durchführende Unternehmen mit Sitz oder Geschäftsleitung im Inland nicht als ständiger Vertreter des ausländischen Beteiligten anzusehen ist.

(3) ¹Bei gewerblichen Einkünften, die durch künstlerische, sportliche, artistische oder ähnliche Darbietungen oder deren Verwertung im Inland erzielt werden, kommt es für die Begründung der beschränkten Steuerpflicht nicht darauf an, ob im Inland eine Betriebsstätte unterhalten wird oder ein ständiger Vertreter bestellt worden ist und ob die Einnahmen dem Darbietenden, dem die Darbietung Verwertenden oder einem Dritten zufließen. ²Darbietungen liegen vor, wenn etwas aufgeführt, gezeigt oder vorgeführt wird, z. B. Ausstellungen, Konzerte, Theateraufführungen, Shows, Turniere, Wettkämpfe. ³Zu den Leistungen, die mit den Darbietungen zusammenhängen, zählen z. B. technische Nebenleistungen, Bühnenbild, Beleuchtung, Tontechnik, Kostüme usw. und Vermittlungsleistungen, soweit sie Teil der Gesamtleistung sind.

(4) ¹Hat der Steuerpflichtige im Fall des § 49 Abs. 1 Nr. 2 Buchstabe e EStG wegen Verlegung des Wohnsitzes in das Ausland den Vermögenszuwachs der wesentlichen Beteiligung nach § 6 AStG versteuert, so ist dieser Vermögenszuwachs vom tatsächlich erzielten Veräußerungsgewinn abzusetzen (§ 6 Abs. 1 letzter Satz AStG). ²Ein sich dabei ergebender Verlust ist bei der Ermittlung des Gesamtbetrags der zu veranlagenden inländischen Einkünfte auszugleichen.

Hinweise

Beschränkt steuerpflichtige inländische Einkünfte aus Gewerbebetrieb bei Verpachtung liegen vor, solange der Verpächter für seinen Gewerbebetrieb im Inland einen ständigen Vertreter, gegebenenfalls den Pächter seines Betriebs, bestellt hat und während dieser Zeit weder eine Betriebsaufgabe erklärt noch den Betrieb veräußert (→ BFH vom 13. 11. 1963 – BStBl 1964 III S. 124 und vom 12. 4. 1978 – BStBl II S. 494).

Besteuerung beschränkt steuerpflichtiger Einkünfte nach § 49 Abs. 1 Nr. 2 Buchstabe d EStG
→ BMF vom 30. 5. 1995 (BStBl I S. 337)

Nachträgliche Einkünfte aus Gewerbebetrieb im Zusammenhang mit einer inländischen Betriebsstätte
→ H 212 g zu R 212 g sinngemäß.

Schiff- und Luftfahrt
Pauschalierung der Einkünfte → § 49 Abs. 3 EStG
Steuerfreiheit der Einkünfte bei Gegenseitigkeit mit ausländischem Staat → § 49 Abs. 4 EStG

→ Anlage 10: Verzeichnis der Staaten, die eine dem § 49 Abs. 4 EStG entsprechende Steuerbefreiung gewähren; Gegenseitigkeit wird erforderlichenfalls vom Bundesministerium der Finanzen festgestellt.

Anlage 10

Ständiger Vertreter kann auch ein inländischer Gewerbetreibender sein, der die Tätigkeit im Rahmen eines eigenen Gewerbebetriebs ausübt (→ BFH vom 28. 6. 1972 – BStBl II S. 785).

Zweifelsfragen zur Besteuerung der Einkünfte aus der Veräußerung von Grundstücken durch beschränkt Steuerpflichtige nach § 49 Abs. 1 Nr. 2 Buchstabe f EStG → BMF vom 15. 12. 1994 (BStBl I S. 883):

Zweifelsfragen zur Besteuerung der Einkünfte aus der Veräußerung von Grundstücken durch beschränkt Steuerpflichtige nach § 49 Abs. 1 Nr. 2 Buchst. f EStG

BMF vom 15. 12. 1994 (BStBl I S. 883)

IV B 4 – S 2300 – 18/94

Unter Bezugnahme auf das Ergebnis der Erörterungen mit den obersten Finanzbehörden der Länder nehme ich zu aufgetretenen Zweifelsfragen im Zusammenhang mit der durch Art. 1 des Mißbrauchsbekämpfungs- und Steuerbereinigungsgesetzes vom 21. Dezember 1993 (BStBl 1994 I S. 50) eingeführten Vorschrift des § 49 Abs. 1 Nr. 2 Buchst. f EStG wie folgt Stellung:

1 Anwendungsbereich

Satz 1 der Neuregelung erfaßt generell Veräußerungen einer inländischen Immobilie durch einen beschränkt Steuerpflichtigen im Rahmen eines Gewerbebetriebs. Dabei ist es gleichgültig, ob das Grundvermögen zu dem Betriebsvermögen eines schon bestehenden ausländischen Gewerbebetriebs gehört oder ob der Gewerbebetrieb erst durch den Handel mit Grundstücken entsteht. Satz 1 findet nicht nur auf natürliche Personen, sondern auch auf juristische Personen Anwendung. Satz 2 fingiert bei ausländischen vermögensverwaltenden Kapitalgesellschaften (ebenso wie § 8 Abs. 2 KStG bei inländischen) die Gewerblichkeit kraft Rechtsform.

Für die Abgrenzung zwischen Vermögensverwaltung und gewerblichem Grundstückshandel bei natürlichen und juristischen Personen sind die Grundsätze des BMF-Schreibens vom 20. Dezember 1990 (BStBl I S. 884) entsprechend anzuwenden. Bei der Abgrenzung anhand der sog. „Drei-Objekt-Grenze" (Tz. 7 ff. des o. a. BMF-Schreibens) sind auch Grundstücksverkäufe im Ausland zu berücksichtigen. Da Körperschaften im Sinne des Satzes 2 stets gewerbliche Einkünfte erzielen, stellt sich hier die Abgrenzungsfrage zwischen privater Vermögensverwaltung und gewerblichem Grundstückshandel nicht.

Bei Beteiligung an einer vermögensverwaltenden Grundstücksgesellschaft oder -gemeinschaft fallen auch von der Gesellschaft/Gemeinschaft getätigte Grundstücksveräußerungen sowie Anteilsveräußerungen der Gesellschafter/Gemeinschafter unter die Neuregelung, wenn die in dem o. a. BMF-Schreiben genannten Voraussetzungen erfüllt sind (vgl. Tz. 15 und 16).

Ob die Einnahmen aus weiteren Leistungen (z. B. Erschließung, Baubetreuung), deren Erbringung der Veräußerer im Zusammenhang mit der Veräußerung der Immobilie vereinbart, unter die Neuregelung fallen, richtet sich danach, ob sie nach allgemeinen Grundsätzen (z. B. BMF-Schreiben vom 31. August 1990, BStBl I S. 366 f.) als Teil eines einheitlichen Veräußerungspreises anzusehen sind.

Besteuerungstatbestand sind lediglich Veräußerungen nach dem 31. Dezember 1993. Hierfür ist grundsätzlich das der Veräußerung zugrundeliegende obligatorische Geschäft maßgebend. Es ist unbeachtlich, wann die Immobilie erworben wurde. Auch der vor dem 1. Januar 1994 entstandene Wertzuwachs ist zu erfassen.

2 Ermittlung des Veräußerungsgewinns

Veräußerungsgewinn ist nach allgemeinen Grundsätzen der Betrag, um den der Veräußerungspreis nach Abzug der Veräußerungskosten die Anschaffungs- oder Herstellungskosten übersteigt.

2.1 In Fällen, in denen bei Steuerpflichtigen i. S. des § 49 Abs. 1 Nr. 2 Buchst. f Satz 1 EStG der Gewerbebetrieb durch den Grundstückshandel entsteht, bemißt sich der dem Veräußerungserlös gegenüberzustellende Wert des Grundbesitzes nach dem Betrag, der dem Grundbesitz nach den allgemeinen steuerlichen Vorschriften (z. B. § 6 Abs. 1 Nr. 5 EStG) bei Beginn des gewerblichen Grundstückshandels beizumessen ist (Tz. 27 des o. a. BMF-Schreibens vom 20. Dezember 1990). Der Betrag ist ggf. um eine nach der Einlage berücksichtigte AfA zu kürzen.

2.2 Bei Steuerpflichtigen i. S. des § 49 Abs. 1 Nr. 2 Buchst. f Satz 2 EStG, die Einkünfte aus Gewerbebetrieb kraft Gesetz erzielen, ist von den historischen Anschaffungs- oder Herstellungskosten für den Grundbesitz auszugehen. Hat der Gewerbebetrieb Einkünfte aus dem Grundbesitz erzielt, die nach § 49 Abs. 1 Nr. 6 EStG der Besteuerung unterlagen, und wurde dabei AfA berücksichtigt, sind die Anschaffungs- oder Herstellungskosten um diese AfA zu kürzen.

R 222 a. Beschränkte Steuerpflicht bei Einkünften aus selbständiger Arbeit

S 2300

¹Zur Ausübung einer selbständigen Tätigkeit gehört z. B. die inländische Vortragstätigkeit durch eine im Ausland ansässige Person. ²Eine Verwertung einer selbständigen Tätigkeit im Inland liegt z. B. vor, wenn ein beschränkt steuerpflichtiger Erfinder sein Patent einem inländischen Betrieb überläßt oder wenn ein beschränkt steuerpflichtiger Schriftsteller sein Urheberrecht an einem Werk auf ein inländisches Unternehmen überträgt.

H 222 a **Hinweise**

Ausüben setzt das persönliche Tätigwerden im Inland voraus (→ BFH vom 12. 11. 1986 – BStBl 1987 II S. 372).

Beschränkt steuerpflichtige inländische Einkünfte eines im Ausland ansässigen Textdichters

→ BFH vom 28. 2. 1973 (BStBl II S. 660)
→ BFH vom 20. 7. 1988 (BStBl 1989 II S. 87)

R 223. Bedeutung der Besteuerungsmerkmale im Ausland bei beschränkter Steuerpflicht

S 2300

(1) ¹Nach § 49 Abs. 2 EStG sind bei der Feststellung, ob inländische Einkünfte im Sinne der beschränkten Steuerpflicht vorliegen, die im Ausland gegebenen Besteuerungsmerkmale insoweit außer Betracht zu lassen, als bei ihrer Berücksichtigung steuerpflichtige inländische Einkünfte nicht angenommen werden könnten (isolierende Betrachtungsweise). ²Danach unterliegen z. B. Einkünfte, die unter den Voraussetzungen des § 17 EStG aus der Veräußerung des Anteils an einer Kapitalgesellschaft mit Sitz oder Geschäftsleitung im Inland erzielt werden, auch dann der beschränkten Steuerpflicht (§ 49 Abs. 1 Nr. 2 Buchstabe e EStG), wenn der Anteil in einem ausländischen Betriebsvermögen gehalten wird.

(2) Vergütungen für die Überlassung der Nutzung oder des Rechts auf Nutzung von gewerblichem Know-how, die weder Betriebseinnahmen eines inländischen Betriebs sind noch zu den Einkünften im Sinne des § 49 Abs. 1 Nr. 1 bis 8 EStG gehören, sind als sonstige Einkünfte im Sinne des § 49 Abs. 1 Nr. 9 EStG beschränkt steuerpflichtig.

(3) ¹Wird für verschiedenartige Leistungen eine einheitliche Vergütung gewährt, z. B. für Leistungen im Sinne des § 49 Abs. 1 Nr. 3 oder 9 EStG, so ist die Vergütung nach dem Verhältnis der einzelnen Leistungen aufzuteilen. ²Ist eine Trennung nicht ohne besondere Schwierigkeit möglich, so kann die Gesamtvergütung aus Vereinfachungsgründen den sonstigen Einkünften im Sinne des § 49 Abs. 1 Nr. 9 EStG zugeordnet werden.

§ 50
Sondervorschriften für beschränkt Steuerpflichtige

(1) ¹Beschränkt Steuerpflichtige dürfen Betriebsausgaben (§ 4 Abs. 4 bis 8) oder Werbungskosten (§ 9) nur insoweit abziehen, als sie mit inländischen Einkünften in wirtschaftlichem Zusammenhang stehen. ²§ 10 Abs. 1 Nr. 5 ist anzuwenden. ³§ 10 d ist nur anzuwenden, wenn Verluste in wirtschaftlichem Zusammenhang mit inländischen Einkünften stehen und sich aus Unterlagen ergeben, die im Inland aufbewahrt werden. ⁴§ 34 ist nur insoweit anzuwenden, als er sich auf Gewinne aus der Veräußerung eines land- und forstwirtschaftlichen Betriebs (§ 14), eines Gewerbebetriebs (§ 16), einer wesentlichen Beteiligung (§ 17) oder auf Veräußerungsgewinne im Sinne des § 18 Abs. 3 bezieht. ⁵Die übrigen Vorschriften der §§ 10 und 34 und die §§ 9 a, 10 c, 16 Abs. 4 Satz 3, § 20 Abs. 4, §§ 24 a, 32, 32 a Abs. 6, §§ 32 d, 33, 33 a, 33 b und 33 c sind nicht anzuwenden. ⁶Abweichend von Satz 5 sind bei beschränkt steuerpflichtigen Arbeitnehmern, die Einkünfte aus nichtselbständiger Arbeit im Sinne des § 49 Abs. 1 Nr. 4 beziehen, § 9 a Satz 1 Nr. 1, § 10 c Abs. 1 mit der Möglichkeit, die tatsächlichen Aufwendungen im Sinne des § 10 Abs. 1 Nr. 5 und des § 10 b nachzuweisen, sowie § 10 c Abs. 2 und 3 ohne Möglichkeit, die tatsächlichen Aufwendungen nachzuweisen, anzuwenden. ⁷Die Jahres- und Monatsbeträge der Pauschalen nach § 9 a Satz 1 Nr. 1 und § 10 c Abs. 1 bis 3 ermäßigen sich zeitanteilig, wenn Einkünfte im Sinne des § 49 Abs. 1 Nr. 4 nicht während eines vollen Kalenderjahrs oder Kalendermonats zugeflossen sind.

(2) ¹Bei Einkünften, die dem Steuerabzug unterliegen, und bei Einkünften im Sinne des § 20 Abs. 1 Nr. 5 und 7 ist für beschränkt Steuerpflichtige ein Ausgleich mit Verlusten aus anderen Einkunftsarten nicht zulässig. ²Einkünfte im Sinne des Satzes 1 dürfen bei einem Verlustabzug (§ 10 d) nicht berücksichtigt werden.

(3) ¹Die Einkommensteuer bemißt sich bei beschränkt Steuerpflichtigen, die veranlagt werden, nach § 32 a Abs. 1; dabei ist ein Sonderfreibetrag von 864 Deutsche Mark vom Einkommen abzuziehen. ²Die Einkommensteuer beträgt mindestens 25 vom Hundert des Einkommens. ³In den Fällen des Absatzes 1 Satz 6 und des Absatzes 4 ist der Sonderfreibetrag nach Satz 1 nicht abzuziehen und Satz 2 nicht anzuwenden.

(4) ¹Bei beschränkt Steuerpflichtigen, deren Summe der Einkünfte im Kalenderjahr mindestens zu 90 vom Hundert der deutschen Einkommensteuer unterliegt, sind auf Antrag abweichend von Absatz 1 Satz 5 die dort genannten Vorschriften anzuwenden, soweit die Voraussetzungen für deren Anwendung erfüllt sind. ²Satz 1 ist auch anzuwenden, wenn die nicht der deutschen Einkommensteuer unterliegenden Einkünfte nicht mehr als 12.000 Deutsche Mark im Kalenderjahr betragen. ³Der Betrag nach Satz 2 ist zu kürzen, soweit es nach den Verhältnissen im Wohnsitzstaat des beschränkt Steuerpflichtigen notwendig und angemessen ist. ⁴Einkünfte, die nach einem Abkommen zur Vermeidung der Doppelbesteuerung nur der Höhe nach beschränkt besteuert werden dürfen, gelten als nicht der deutschen Einkommensteuer unterliegend. ⁵Steht beiden beschränkt steuerpflichtigen Elternteilen für dasselbe Kind ein Kinderfreibetrag zu, ist § 32 Abs. 6 Satz 3 nicht anzuwenden. ⁶Dem beschränkt steuerpflichtigen Elternteil steht ein Kinderfreibetrag nicht zu, wenn der andere Elternteil unbeschränkt steuerpflichtig ist und einen Kinderfreibetrag nach § 32 Abs. 6 Satz 3 erhält. ⁷Absatz 1 Satz 7 ist nicht anzuwenden; Absatz 2 ist nur auf Einkünfte im Sinne des Satzes 4 anzuwenden. ⁸Ist der Antragsteller in einem Teil des Kalenderjahrs unbeschränkt steuerpflichtig, gilt er für das Kalenderjahr abweichend von § 2 Abs. 7 insgesamt als unbeschränkt steuerpflichtig.

---

¹) Absatz 1 wurde durch das JStG 1996 ab VZ 1996 geändert.
In Satz 5 wurde die Angabe „§ 16 Abs. 4 Satz 3" durch die Angabe „§ 16 Abs. 4" und in den Sätzen 6 und 7 jeweils das Zitat „§ 9 a Satz 1 Nr. 1" durch das Zitat „§ 9 a Satz 1 Nr. 1 Buchstabe a" ersetzt. Diese Änderungen sind erstmals für den VZ 1996 anzuwenden (→ § 52 Abs. 1 EStG in der Fassung des JStG 1996).

²) Absatz 3 wurde durch das JStG 1996 ab VZ 1996 neu gefaßt.
„(3) ¹Die Einkommensteuer bemißt sich bei beschränkt Steuerpflichtigen, die veranlagt werden, nach § 32 a Abs. 1. ²Die Einkommensteuer beträgt mindestens 25 vom Hundert des Einkommens; dies gilt nicht in den Fällen des Absatzes 1 Satz 6."
Diese Änderung ist erstmals für den VZ 1996 anzuwenden (→ § 52 Abs. 1 EStG in der Fassung des JStG 1996).

³) Absatz 4 wurde durch das JStG 1996 ab VZ 1996 aufgehoben.

§ 50 EStG

(5) ¹Die Einkommensteuer für Einkünfte, die dem Steuerabzug vom Arbeitslohn oder vom Kapitalertrag oder dem Steuerabzug auf Grund des § 50 a unterliegen, gilt bei beschränkt Steuerpflichtigen durch den Steuerabzug als abgegolten. ²§ 36 Abs. 2 Nr. 3 ist nicht anzuwenden. ³Die Sätze 1 und 2 gelten nicht, wenn

1. die Einkünfte Betriebseinnahmen eines inländischen Betriebs sind oder

2. nachträglich festgestellt wird, daß die Voraussetzungen der unbeschränkten Einkommensteuerpflicht im Sinne des § 1 Abs. 2 oder 3 nicht vorgelegen haben; § 39 Abs. 5 a ist sinngemäß anzuwenden oder

3. a) Absatz 4 Anwendung findet. ²In diesem Fall wird der beschränkt Steuerpflichtige auf Antrag zur Einkommensteuer veranlagt; § 46 Abs. 2 Nr. 8 Satz 2 gilt sinngemäß;

   b) eine Eintragung nach § 39 d Abs. 2 Satz 1 Nr. 2 vorgenommen worden ist. ²In diesem Fall wird eine Veranlagung stets durchgeführt.

(5 – JStG 1996 –) ¹Die Einkommensteuer für Einkünfte, die dem Steuerabzug vom Arbeitslohn oder vom Kapitalertrag oder dem Steuerabzug auf Grund des § 50 a unterliegen, gilt bei beschränkt Steuerpflichtigen durch den Steuerabzug als abgegolten. ²§ 36 Abs. 2 Nr. 3 ist nicht anzuwenden. ³Die Sätze 1 und 2 gelten nicht, wenn die Einkünfte Betriebseinnahmen eines inländischen Betriebes sind. ⁴Satz 1 gilt nicht, wenn

1. nachträglich festgestellt wird, daß die Voraussetzungen der unbeschränkten Einkommensteuerpflicht im Sinne des § 1 Abs. 2 oder 3 oder des § 1 a nicht vorgelegen haben; § 39 Abs. 5 a ist sinngemäß anzuwenden oder

¹) 2. ein beschränkt steuerpflichtiger Arbeitnehmer, der Einkünfte aus nichtselbständiger Arbeit im Sinne des § 49 Abs. 1 Nr. 4 bezieht und Staatsangehöriger eines Mitgliedstaats der Europäischen Union oder eines Staates ist, auf den das Abkommen über den Europäischen Wirtschaftsraum Anwendung findet, und im Hoheitsgebiet eines dieser Staaten seinen Wohnsitz oder gewöhnlichen Aufenthalt hat, eine Veranlagung zur Einkommensteuer beantragt. ²In diesem Fall wird eine Veranlagung durch das Betriebsstättenfinanzamt, das die Bescheinigung nach § 39 d Abs. 1 Satz 3 erteilt hat, nach § 46 Abs. 2 Nr. 8 durchgeführt. ³Bei mehreren Betriebsstättenfinanzämtern ist das Betriebsstättenfinanzamt zuständig, in dessen Bezirk der Arbeitnehmer zuletzt beschäftigt war. ⁴Bei Arbeitnehmern mit Steuerklasse VI ist das Betriebsstättenfinanzamt zuständig, in dessen Bezirk der Arbeitnehmer zuletzt unter Anwendung der Steuerklasse I beschäftigt war. ⁵Absatz 1 Satz 7 ist nicht anzuwenden. Einkünfte, die dem Steuerabzug vom Kapitalertrag oder dem Steuerabzug auf Grund des § 50 a unterliegen, werden nur im Rahmen des § 32 b berücksichtigt.

(6) § 34 c Abs. 1 bis 3 ist bei Einkünften aus Land- und Forstwirtschaft, Gewerbebetrieb oder selbständiger Arbeit, für die im Inland ein Betrieb unterhalten wird, entsprechend anzuwenden, soweit darin nicht Einkünfte aus einem ausländischen Staat enthalten sind, mit denen der beschränkt Steuerpflichtige dort in einem der unbeschränkten Steuerpflicht ähnlichen Umfang zu einer Steuer vom Einkommen herangezogen wird.

S 2302

(7) Die obersten Finanzbehörden der Länder oder die von ihnen beauftragten Finanzbehörden können mit Zustimmung des Bundesministeriums der Finanzen die Einkommensteuer bei beschränkt Steuerpflichtigen ganz oder zum Teil erlassen oder in einem Pauschbetrag festsetzen, wenn es aus volkswirtschaftlichen Gründen zweckmäßig ist oder eine gesonderte Berechnung der Einkünfte besonders schwierig ist.

---

¹) § 50 Abs. 5 Satz 4 Nr. 2 EStG ist für Staatsangehörige eines Mitgliedstaates der Europäischen Union auf Antrag auch für VZ vor 1996 anzuwenden, soweit Steuerbescheide noch nicht bestandskräftig sind; für Staatsangehörige und für das Hoheitsgebiet Finnlands, Islands, Norwegens, Österreichs und Schwedens gilt dies ab dem VZ 1994. Zur Anwendung → § 52 Abs. 31 EStG in der Fassung des JStG 1996.

EStDV
§ 73[1])
Sondervorschrift für beschränkt Steuerpflichtige

Beschränkt Steuerpflichtige, die zu dem in § 10 a Abs. 1 Nr. 2 in Verbindung mit Abs. 4 des Gesetzes bezeichneten Personenkreis gehören und ihre frühere Erwerbsgrundlage verloren haben, können § 10 a des Gesetzes anwenden, wenn ein wirtschaftlicher Zusammenhang zwischen den in dieser Vorschrift bezeichneten Sonderausgaben und inländischen Einkünften besteht, der Gewinn auf Grund im Inland geführter Bücher nach § 4 Abs. 1 oder nach § 5 des Gesetzes ermittelt wird und die Bücher im Inland aufbewahrt werden.

R 224. Bemessungsgrundlage für die Einkommensteuer und Steuerermäßigung für ausländische Steuern

[1]§ 50 Abs. 6 EStG ist auch im Verhältnis zu Staaten anzuwenden, mit denen DBA bestehen. [2]In dem Verzeichnis ausländischer Steuern, die der deutschen Einkommensteuer entsprechen (Anlage 8), sind die Steuern dieser Staaten jedoch nicht aufgeführt. [3]Es ist in diesem Fall davon auszugehen, daß Ertragsteuern, für welche die Abkommen gelten, der deutschen Einkommensteuer entsprechen. [4]Sollten sich im Einzelfall Zweifel ergeben, so wird das Bundesministerium der Finanzen feststellen, ob die ausländische Steuer der deutschen Einkommensteuer entspricht. [5]Bei der Ermittlung des Höchstbetrags für Zwecke der Steueranrechnung (→ R 212 d) sind in die Summe der Einkünfte nur die Einkünfte einzubeziehen, die im Wege der Veranlagung besteuert werden. [6]Der Mindeststeuersatz des § 50 Abs. 3 Satz 2 EStG kann als Folge der Steueranrechnung unterschritten werden.

Hinweise

Allgemeines
Die Vorschrift des § 50 Abs. 3 Satz 2 EStG ist eine Tarifvorschrift zur Ergänzung des § 32 a Abs. 1 EStG.

Anwendung des § 50 Abs. 5 Satz 4 Nr. 2 EStG
→ BMF vom 6. 12.1995 (BStBl I S. 803)

Beschränkte und unbeschränkte Einkommensteuerpflicht; Umsetzung des EuGH-Urteils vom 14. Februar 1995 – Schumacker – im Rahmen des Jahressteuergesetzes 1996

BMF vom 6. 12. 1995 (BStBl I S. 803)

IV B 4 – S 2303 – 129/95

Der EuGH hat zu Art. 48 EWG-Vertrag – Freizügigkeit der Arbeitnehmer – (jetzt Art. 48 EG-Vertrag) entschieden, daß bisher beschränkt einkommensteuerpflichtige Staatsangehörige anderer Mitgliedstaaten der Europäischen Union (EU) oder des Europäischen Wirtschaftsraums (EWR), die ihr Einkommen ganz oder fast ausschließlich aus nichtselbständiger Tätigkeit in Deutschland erzielen, mit unbeschränkt einkommensteuerpflichtigen Arbeitnehmern gleichzustellen sind, wenn der Familienwohnsitz in einem anderen EU-/EWR-Mitgliedstaat liegt. Das Urteil erfordert, insbesondere das Splitting-Verfahren auf diesen Personenkreis anzuwenden. Gleichzustellen sind auch unbeschränkt Steuerpflichtige (sog. Gastarbeiter) mit Familienwohnsitz in einem anderen EU/EWR-Mitgliedstaat.

Der EuGH hat außerdem entschieden, daß beschränkt einkommensteuerpflichtige Staatsangehörige anderer EU/EWR-Mitgliedstaaten, auch wenn sie ihr Einkommen aus nichtselbständiger Tätigkeit nur zum Teil in Deutschland erzielen, nicht von der Einkommensteuerveranlagung ausgeschlossen werden dürfen.

---
[1]) § 73 wurde durch das JStG 1996 ab VZ 1996 aufgehoben.

§ 50 EStG
R 224 H 224

Das Jahressteuergesetz 1996 vom 11. Oktober 1995 (BGBl. 1995, S. 1250) enthält die erforderlichen Anpassungen des EStG an den EG-Vertrag, und zwar grundsätzlich unabhängig von der Einkunftsart. Im Einvernehmen mit den obersten Finanzbehörden der Länder sind die vorgesehenen Neuregelungen, soweit sie nicht ausdrücklich erst ab 1996 gelten sollen, mit Rücksicht auf das EuGH-Urteil bereits im Rahmen des laufenden Lohnsteuerabzugs und der Einkommensteuer-Vorauszahlungen sowie auf noch offene Altfälle anzuwenden.

1. **Lohnsteuerabzug, ESt-Vorauszahlungen**

   Die Regelungen für den Lohnsteuerabzug ergeben sich aus § 1 a Abs. 1 i. V. m. § 1 Abs. 3, § 38 b, § 39 c Abs. 4 und § 52 Abs. 2 EStG in der Fassung des Jahressteuergesetzes 1996. Bei Personen, die die Voraussetzungen des § 1 a Abs. 1 EStG erfüllen, kommen insbesondere die Steuerklassen II oder III, für die Festsetzung von ESt-Vorauszahlungen das Ehegattensplitting oder der Haushaltsfreibetrag in Betracht. Dies gilt auch für unbeschränkt Steuerpflichtige mit Familienwohnsitz in einem anderen EU/EWR-Mitgliedstaat.

   Die in § 1 Abs. 3 Satz 4 EStG vorgesehene Bescheinigung der ausländischen Einkünfte durch die zuständige ausländische Steuerbehörde kann bis auf weiteres auch formlos (z. B. durch Vorlage eines Steuerbescheides des Wohnsitzstaates) nachgewiesen werden. Aus Vereinfachungsgründen können bei der Prüfung, ob die ausländischen Einkünfte nicht mehr als 10 v. H. der gesamten Einkünfte oder – falls dies nicht der Fall ist – nicht mehr als 12.000 DM (bei Ehegatten nicht mehr als 24.000 DM) betragen, die nach ausländischem Recht ermittelten Beträge übernommen werden.

2. **Altfälle**

   Die Rückwirkung der Regelung für bisher unbeschränkt oder beschränkt Steuerpflichtige, die die Anwendung der in § 1 a Abs. 1 Nr. 1 bis 4 EStG genannten Vorschriften (insbes. Ehegattensplitting, Haushaltsfreibetrag) beantragen, ergibt sich aus § 1 a Abs. 1 i. V. m. § 1 Abs. 3, § 46 Abs. 2 Nr. 7 und § 52 Abs. 2 EStG in der Fassung des Jahressteuergesetzes 1996. Hiernach ist ein Antrag für Veranlagungszeiträume vor 1996 zulässig, „soweit Steuerbescheide noch nicht bestandskräftig sind". Arbeitnehmer, die wegen der Abgeltungswirkung des Lohnsteuerabzugs keinen Steuerbescheid erhalten haben, haben innerhalb der Zweijahresfrist des § 46 Abs. 2 Nr. 8 Satz 2 EStG die Möglichkeit, rückwirkend auch für Veranlagungszeiträume vor 1996 einen solchen Antrag zu stellen. Haben bisher beschränkt steuerpflichtige Arbeitnehmer einen zulässigen Antrag auf Veranlagung nach § 50 Abs. 4 EStG 1995 gestellt, über den noch nicht entschieden worden ist, kann der Antrag bei Vorliegen der Voraussetzungen des § 1 a EStG geändert werden in einen Antrag auf Anwendung der in § 1 a Abs. 1 Nr. 1 bis 4 EStG genannten Vorschriften. Die beim Lohnsteuerabzug anzuwendende Vereinfachungsregelung für den Nachweis der ausländischen Einkünfte gilt entsprechend. Ein Progressionsvorbehalt ist nur in der jeweils im Veranlagungszeitraum geltenden Fassung anzuwenden.

   Für beschränkt einkommensteuerpflichtige Arbeitnehmer, die eine Veranlagung zur Einkommensteuer nach § 50 Abs. 5 Satz 4 Nr. 2 EStG beantragen, gilt § 52 Absatz 31 in Verbindung mit § 52 Abs. 2 EStG in der Fassung des Jahressteuergesetzes 1996. Hiernach ist ein Antrag für Veranlagungszeiträume vor 1996 zulässig, „soweit Steuerbescheide noch nicht bestandskräftig sind". Beschränkt steuerpflichtige Arbeitnehmer, die wegen der Abgeltungswirkung des Lohnsteuerabzugs keinen Steuerbescheid erhalten haben, können innerhalb der Zweijahresfrist des § 46 Abs. 2 Nr. 8 Satz 2 EStG rückwirkend auch für Veranlagungszeiträume vor 1996 einen solchen Antrag stellen. Der Progressionsvorbehalt ist nur in der jeweils im Veranlagungszeitraum geltenden Fassung anzuwenden.

Anwendung des § 50 Abs. 6 EStG

→ R 212 a bis 212 d gelten entsprechend.

Ausländische Kulturvereinigungen

→ H 227 c

Sonderfreibetrag im Sinne des § 50 Abs. 3 EStG

Wird nur gewährt, wenn die Einkommensteuer nach der Tabelle des § 32 a Abs. 1 bis 4 EStG festgesetzt wird, nicht im Fall der Mindestbesteuerung nach § 50 Abs. 3 Satz 2 EStG (→ BFH vom 23. 11. 1978 – BStBl 1979 II S. 181).

Unterschreitung des Mindeststeuersatzes

Der Mindeststeuersatz von 25 v. H. kann nach Maßgabe des § 50 Abs. 1 EStG unter den Voraussetzungen des § 34 Abs. 2 Nr. 1 EStG und des § 34 b EStG unterschritten werden (→ BFH vom 5. 7. 1967 – BStBl III S. 654).

→ R 198 und R 211

— unbesetzt —

| R 225 und R 226 |

R 227. Übergang von der beschränkten zur unbeschränkten Steuerpflicht und umgekehrt[1])

| R 227 |

[1]Fällt im Laufe des Kalenderjahrs die beschränkte Steuerpflicht weg und tritt die unbeschränkte Steuerpflicht ein, so dürfen beschränkt steuerpflichtige Einkünfte nicht mit den während der unbeschränkten Steuerpflicht bezogenen Einkünften zu einem Gesamteinkommen zusammengefaßt werden. [2]Ein Wechsel in der Steuerpflicht ist als Erlöschen der bisherigen und als Begründung der neuen Steuerpflicht zu behandeln. [3]Diese Grundsätze gelten beim Übergang von der unbeschränkten zur beschränkten Steuerpflicht entsprechend. [4]Der Wechsel in der Steuerpflicht berührt nicht die Berechtigung zum Verlustabzug nach § 10 d EStG. [5]Entsteht der Verlust im Kalenderjahr des Wechsels der Steuerpflicht, wird er nach Maßgabe des § 10 d EStG mit dem Gesamtbetrag der Einkünfte der beiden vorangegangenen Veranlagungszeiträume verrechnet; ein danach verbleibender Verlust wird für folgende Veranlagungszeiträume vorgetragen.

Hinweise

Veranlagung bei Wechsel der Steuerpflicht[1])

Für das Kalenderjahr des Wechsels der Steuerpflicht sind zwei Veranlagungen durchzuführen (→ BFH vom 18. 7. 1972 – BStBl II S. 877), denen jeweils die Einkommensteuerjahrestabelle zugrunde zu legen ist.

Ein Wechsel der Steuerpflicht liegt in den Fällen des § 50 Abs. 4 Satz 8 EStG nicht vor. Für das gesamte Kalenderjahr gilt die unbeschränkte Steuerpflicht. Es ist nur eine Veranlagung durchzuführen.

---

[1]) Letztmalig für VZ 1995 anwendbar (→ § 2 Abs. 7 Satz 3 EStG in der Fassung des JStG 1996).

§ 50 a

EStG

S 2303 **Steuerabzug bei beschränkt Steuerpflichtigen**

S 2412 (1) Bei beschränkt steuerpflichtigen Mitgliedern des Aufsichtsrats (Verwaltungsrats) von inländischen Aktiengesellschaften, Kommanditgesellschaften auf Aktien, Berggewerkschaften, Gesellschaften mit beschränkter Haftung und sonstigen Kapitalgesellschaften, Genossenschaften und Personenvereinigungen des privaten und des öffentlichen Rechts, bei denen die Gesellschafter nicht als Unternehmer (Mitunternehmer) anzusehen sind, unterliegen die Vergütungen jeder Art, die ihnen von den genannten Unternehmungen für die Überwachung der Geschäftsführung gewährt werden (Aufsichtsratsvergütungen), dem Steuerabzug (Aufsichtsratsteuer).

S 2412 (2) Die Aufsichtsratsteuer beträgt 30 vom Hundert der Aufsichtsratsvergütungen.

S 2412 (3) ¹Dem Steuerabzug unterliegt der volle Betrag der Aufsichtsratsvergütung ohne jeden Abzug. ²Werden Reisekosten (Tagegelder und Fahrtauslagen) besonders gewährt, so gehören sie zu den Aufsichtsratsvergütungen nur insoweit, als sie die tatsächlichen Auslagen übersteigen.

S 2411 (4) ¹Die Einkommensteuer wird bei beschränkt Steuerpflichtigen im Wege des Steuerabzugs erhoben

1. bei Einkünften, die durch künstlerische, sportliche, artistische oder ähnliche Darbietungen im Inland oder durch deren Verwertung im Inland erzielt werden, einschließlich der Einkünfte aus anderen mit diesen Leistungen zusammenhängenden Leistungen, unabhängig davon, wem die Einnahmen zufließen (§ 49 Abs. 1 Nr. 2 Buchstabe d),

¹) 2. bei Einkünften aus der Ausübung oder Verwertung einer Tätigkeit als Künstler, Berufssportler, Schriftsteller, Journalist oder Bildberichterstatter einschließlich solcher Tätigkeiten für den Rundfunk oder Fernsehfunk (§ 49 Abs. 1 Nr. 2 bis 4),

3. bei Einkünften, die aus Vergütungen für die Nutzung beweglicher Sachen oder für die Überlassung der Nutzung oder des Rechts auf Nutzung von Rechten, insbesondere von Urheberrechten und gewerblichen Schutzrechten, von gewerblichen, technischen, wissenschaftlichen und ähnlichen Erfahrungen, Kenntnissen und Fertigkeiten, z. B. Plänen, Mustern und Verfahren, herrühren (§ 49 Abs. 1 Nr. 2, 3, 6 und 9).

²) ²Der Steuerabzug beträgt 25 vom Hundert der Einnahmen. ³Soweit die Tätigkeit im Sinne der Nummern 1 und 2 im Inland ausgeübt wird oder worden ist, beträgt der Steuerabzug 15 vom Hundert der Einnahmen. ⁴Satz 3 ist auch auf Einnahmen im Sinne des Satzes 1 Nr. 1 und 2 anzuwenden, wenn die Tätigkeit bei der Herstellung einer Rundfunk- oder Fernsehsendung stattfindet, die in einem ausländischen Staat, der nicht der Wohnsitzstaat des Steuerpflichtigen ist, für die ausschließliche Ausstrahlung im Inland zusammengestellt wird, und die Vergütung für die Tätigkeit von einer inländischen Rundfunk- oder Fernsehanstalt gezahlt wird. ⁵Dem Steuerabzug unterliegt der volle Betrag der Einnahmen einschließlich der Beträge im Sinne des § 3 Nr. 13 und 16. ⁶Abzüge, z. B. für Betriebsausgaben, Werbungskosten, Sonderausgaben und Steuern, sind nicht zulässig.

S 2412 (5) ¹Die Steuer entsteht in dem Zeitpunkt, in dem die Aufsichtsratsvergütungen (Absatz 1) oder die Vergütungen (Absatz 4) dem Gläubiger der Aufsichtsratsvergütungen oder der Vergütungen zufließen. ²In diesem Zeitpunkt hat der Schuldner der Aufsichtsratsvergütungen oder der Vergütungen den Steuerabzug für Rechnung des beschränkt steuerpflichtigen Gläubigers (Steuerschuldner) vorzunehmen. ³Er hat die innerhalb eines Kalendervierteljahrs einbehaltene Steuer jeweils bis zum 10. des dem Kalendervierteljahr folgenden Monats an das für ihn zuständige Finanzamt abzuführen. ⁴Der beschränkt Steuerpflichtige ist beim Steuerabzug von Aufsichtsratsvergütungen oder von Vergütungen Steuerschuldner. ⁵Der Schuldner der Aufsichtsratsvergütungen oder der Vergütungen haftet aber für die Einbehaltung und Abführung der Steuer. ⁶Der Steuerschuldner wird nur in Anspruch genommen,

| ¹) Absatz 4 Satz 1 Nr. 2 wurde durch das JStG 1996 ab VZ 1996 neu gefaßt.
Absatz 4 Satz 1 Nr. 2 wurde am Ende wie folgt ergänzt:
„es sei denn, es handelt sich um Einkünfte aus nichtselbständiger Arbeit, die dem Steuerabzug vom Arbeitslohn nach § 38 Abs. 1 Satz 1 Nr. 1 unterliegen,".
Die geänderte Fassung ist erstmals für den VZ 1996 anzuwenden (→ § 52 Abs. 1 EStG in der Fassung des JStG 1996).

²) Absatz 4 Sätze 3 und 4 wurden durch das JStG 1996 ab VZ 1996 aufgehoben.

1. wenn der Schuldner der Aufsichtsratsvergütung oder der Vergütungen diese nicht vorschriftsmäßig gekürzt hat oder
2. wenn der beschränkt steuerpflichtige Gläubiger weiß, daß der Schuldner die einbehaltene Steuer nicht vorschriftsmäßig abgeführt hat, und dies dem Finanzamt nicht unverzüglich mitteilt.

(6) Durch Rechtsverordnung kann bestimmt werden, daß bei Vergütungen für die Nutzung oder das Recht auf Nutzung von Urheberrechten (Absatz 4 Nr. 3), wenn die Vergütungen nicht unmittelbar an den Gläubiger, sondern an einen Beauftragten geleistet werden, an Stelle des Schuldners der Vergütung der Beauftragte die Steuer einzubehalten und abzuführen hat und für die Einbehaltung und Abführung haftet.

(7) ¹Das Finanzamt kann die Einkommensteuer von beschränkt steuerpflichtigen Einkünften, soweit diese nicht bereits dem Steuerabzug unterliegen, im Wege des Steuerabzugs erheben, wenn dies zur Sicherstellung des Steueranspruchs zweckmäßig ist. ²Das Finanzamt bestimmt hierbei die Höhe des Steuerabzugs.

EStDV
§ 73 a
Begriffsbestimmungen

(1) Inländisch im Sinne des § 50 a Abs. 1 des Gesetzes sind solche Unternehmen, die ihre Geschäftsleitung oder ihren Sitz im Geltungsbereich des Gesetzes haben.

(2) Urheberrechte im Sinne des § 50 a Abs. 4 Nr. 3 des Gesetzes sind Rechte, die nach Maßgabe des Urheberrechtsgesetzes vom 9. September 1965 (BGBl. I S. 1273) geschützt sind.

(3) Gewerbliche Schutzrechte im Sinne des § 50 a Abs. 4 Nr. 3 des Gesetzes sind Rechte, die nach Maßgabe des Geschmacksmustergesetzes in der im Bundesgesetzblatt Teil III, Gliederungsnummer 442-1, veröffentlichten bereinigten Fassung, des Patentgesetzes in der Fassung der Bekanntmachung vom 2. Januar 1968 (BGBl. I S. 1, 2), des Gebrauchsmustergesetzes in der Fassung der Bekanntmachung vom 2. Januar 1968 (BGBl. I S. 1, 24) und des Markengesetzes vom 25. Oktober 1994 (BGBl. I S. 3082) geschützt sind.

§ 73 b
– weggefallen –

---

[1]) Absatz 7 wurde durch das JStG 1996 ab VZ 1996 neu gefaßt.
„(7) ¹Das Finanzamt kann anordnen, daß der Schuldner der Vergütung für Rechnung des beschränkt steuerpflichtigen Gläubigers (Steuerschuldner) die Einkommensteuer von beschränkt steuerpflichtigen Einkünften, soweit diese nicht bereits dem Steuerabzug unterliegen, im Wege des Steuerabzugs einzubehalten und abzuführen hat, wenn dies zur Sicherstellung des Steueranspruchs zweckmäßig ist. ²Der Steuerabzug beträgt 25 vom Hundert der gesamten Einnahmen, solange der beschränkt steuerpflichtige Gläubiger nicht glaubhaft macht, daß die voraussichtlich geschuldete Steuer niedriger ist. ³Absatz 5 Satz 1 bis 5 gilt entsprechend. ⁴§ 50 Abs. 5 Satz 1 ist nicht anzuwenden."
Die geänderte Fassung ist erstmals für den VZ 1996 anzuwenden (→ § 52 Abs. 1 EStG in der Fassung des JStG 1996).

EStDV

S 2303
S 2411
S 2412

§ 73 c
Zeitpunkt des Zufließens im Sinne des § 50 a Abs. 5 Satz 1 des Gesetzes

Die Aufsichtsratsvergütungen oder die Vergütungen im Sinne des § 50 a Abs. 4 des Gesetzes fließen dem Gläubiger zu
1. im Fall der Zahlung, Verrechnung oder Gutschrift:
   bei Zahlung, Verrechnung oder Gutschrift;
2. im Fall der Hinausschiebung der Zahlung wegen vorübergehender Zahlungsunfähigkeit des Schuldners:
   bei Zahlung, Verrechnung oder Gutschrift;
3. im Fall der Gewährung von Vorschüssen:
   bei Zahlung, Verrechnung oder Gutschrift der Vorschüsse.

EStDV

S 2303
S 2411
S 2412

§ 73 d
Aufzeichnungen, Steueraufsicht

(1) ¹Der Schuldner der Aufsichtsratsvergütungen oder der Vergütungen im Sinne des § 50 a Abs. 4 des Gesetzes (Schuldner) hat besondere Aufzeichnungen zu führen. ²Aus den Aufzeichnungen müssen ersichtlich sein
1. Name und Wohnung des beschränkt steuerpflichtigen Gläubigers (Steuerschuldners),
2. Höhe der Aufsichtsratsvergütungen oder der Vergütungen in Deutscher Mark,
3. Tag, an dem die Aufsichtsratsvergütungen oder die Vergütungen dem Steuerschuldner zugeflossen sind,
4. Höhe und Zeitpunkt der Abführung der einbehaltenen Steuer.

(2) Bei der Veranlagung des Schuldners zur Einkommensteuer (Körperschaftsteuer) und bei Außenprüfungen, die bei dem Schuldner vorgenommen werden, ist auch zu prüfen, ob die Steuern ordnungsmäßig einbehalten und abgeführt worden sind.

EStDV

S 2303
S 2411
S 2412

§ 73 e
Einbehaltung, Abführung und Anmeldung der Aufsichtsratsteuer und der Steuer von Vergütungen im Sinne des § 50 a Abs. 4 des Gesetzes (§ 50 a Abs. 5 des Gesetzes)

¹Der Schuldner hat die innerhalb eines Kalendervierteljahrs einbehaltene Aufsichtsratsteuer oder die Steuer von Vergütungen im Sinne des § 50 a Abs. 4 des Gesetzes unter der Bezeichnung „Steuerabzug von Aufsichtsratsvergütungen" oder „Steuerabzug von Vergütungen im Sinne des § 50 a Abs. 4 des Einkommensteuergesetzes" jeweils bis zum 10. des dem Kalendervierteljahr folgenden Monats an das für seine Besteuerung nach dem Einkommen zuständige Finanzamt (Finanzkasse) abzuführen; ist der Schuldner keine Körperschaft und stimmen sein Betriebs- und Wohnsitzfinanzamt nicht überein, so ist die einbehaltene Steuer an das Betriebsfinanzamt abzuführen. ²Bis zum gleichen Zeitpunkt hat der Schuldner dem nach Satz 1 zuständigen Finanzamt eine Steueranmeldung über den Gläubiger und die Höhe der Aufsichtsratsvergütungen oder der Vergütungen im Sinne des § 50 a Abs. 4 des Gesetzes und die Höhe des Steuerabzugs zu übersenden. ³Satz 2 gilt entsprechend, wenn ein Steuerabzug auf Grund eines Abkommens zur Vermeidung der Doppelbesteuerung nicht oder nicht in voller Höhe vorzunehmen ist. ⁴Die Steueranmeldung muß vom Schuldner oder von einem zu seiner Vertretung Berechtigten unterschrieben sein. ⁵Ist es zweifelhaft, ob der Gläubiger beschränkt oder unbeschränkt steuerpflichtig ist, so darf der Schuldner die Einbehaltung der Steuer nur dann unterlassen, wenn der Gläubiger durch eine Bescheinigung des nach den abgabenrechtlichen Vorschriften für die Besteuerung seines Einkommens zuständigen Finanzamts nachweist, daß er unbeschränkt steuerpflichtig ist.

§§ 73 f–73 h EStDV §50 a EStG

§ 73 f
Steuerabzug in den Fällen des § 50 a Abs. 6 des Gesetzes

¹Der Schuldner der Vergütungen für die Nutzung oder das Recht auf Nutzung von Urheberrechten im Sinne des § 50 a Abs. 4 Nr. 3 des Gesetzes braucht den Steuerabzug nicht vorzunehmen, wenn er diese Vergütungen auf Grund eines Übereinkommens nicht an den beschränkt steuerpflichtigen Gläubiger (Steuerschuldner), sondern an die Gesellschaft für musikalische Aufführungs- und mechanische Vervielfältigungsrechte (Gema) oder an einen anderen Rechtsträger abführt und die obersten Finanzbehörden der Länder mit Zustimmung des Bundesministers der Finanzen einwilligen, daß dieser andere Rechtsträger an die Stelle des Schuldners tritt. ²In diesem Fall hat die Gema oder der andere Rechtsträger den Steuerabzug vorzunehmen; § 50 a Abs. 5 des Gesetzes sowie die §§ 73 d und 73 e gelten entsprechend. ¹)

EStDV
S 2303
S 2411

§ 73 g
Haftungsbescheid

(1) Ist die Steuer nicht ordnungsmäßig einbehalten oder abgeführt, so hat das Finanzamt die Steuer von dem Schuldner, in den Fällen des § 73 f von dem dort bezeichneten Rechtsträger, durch Haftungsbescheid oder von dem Steuerschuldner durch Steuerbescheid anzufordern.

(2) Der Zustellung des Haftungsbescheids an den Schuldner bedarf es nicht, wenn der Schuldner die einbehaltene Steuer dem Finanzamt ordnungsmäßig angemeldet hat (§ 73 e) oder wenn er vor dem Finanzamt oder einem Prüfungsbeamten des Finanzamts seine Verpflichtung zur Zahlung der Steuer schriftlich anerkannt hat.

EStDV
S 2303
S 2411
S 2412

§ 73 h
– weggefallen –

EStDV

R 227 a. Steuerabzug bei Lizenzgebühren, Vergütungen für die Nutzung von Urheberrechten und bei Veräußerungen von Schutzrechten usw.

R 227 a

(1) ¹Lizenzgebühren für die Verwertung gewerblicher Schutzrechte und Vergütungen für die Nutzung von Urheberrechten, deren Empfänger im Inland weder einen Wohnsitz noch ihren gewöhnlichen Aufenthalt haben, unterliegen nach § 49 Abs. 1 Nr. 6 EStG der beschränkten Einkommensteuerpflicht, wenn die Patente in das deutsche Patentregister eingetragen sind oder wenn die gewerblichen Erfindungen oder Urheberrechte in einer inländischen Betriebsstätte oder in einer anderen Einrichtung verwertet werden. ²Als andere Einrichtungen sind öffentlich-rechtliche Rundfunkanstalten anzusehen, soweit sie sich in dem durch Gesetz oder Staatsvertrag bestimmten Rahmen mit der Weitergabe von Informationen in Wort und Bild beschäftigen und damit hoheitliche Aufgaben wahrnehmen, so daß sie nicht der Körperschaftsteuer unterliegen und damit auch keine Betriebsstätte begründen. ³In den übrigen Fällen ergibt sich die beschränkte Steuerpflicht für Lizenzgebühren aus § 49 Abs. 1 Nr. 2 Buchstabe a oder Nr. 9 EStG. ⁴Dem Steuerabzug unterliegen auch Lizenzgebühren, die den Einkünften aus selbständiger Arbeit zuzurechnen sind (§ 49 Abs. 1 Nr. 3 EStG).

S 2303

(2) Dem Steuerabzug unterliegen auch die Vergütungen aus der Veräußerung von Urheberrechten, gewerblichen Schutzrechten, z. B. Patentrechten, sowie von gewerblichen, technischen, wissenschaftlichen und ähnlichen Erfahrungen, Kenntnissen und Fähigkeiten, z. B. Plänen, Mustern und Verfahren, soweit diese Vergütungen zu den inländischen Einkünften im Sinne des § 49 Abs. 1 Nr. 2 Buchstabe a oder Nr. 3 EStG gehören.

---

¹) Satz 1 wurde durch das JStG 1996 ab VZ 1996 neu gefaßt.
   Das Wort „Bundesministers" wurde durch das Wort „Bundesministeriums" ersetzt.

§ 50 a EStG
R 227 b, 227 c   H 227 c

R 227 b

R 227 b. Steuerabzug bei Einkünften aus künstlerischen, sportlichen, artistischen und ähnlichen Darbietungen

S 2303

¹Zu den Einkünften nach § 50 a Abs. 4 Nr. 1 EStG gehören auch andere mit diesen Leistungen zusammenhängende Leistungen. ²Voraussetzung für die Einbeziehung dieser Nebenleistungen in die Bemessungsgrundlage für die Abzugssteuer gem. § 50 a Abs. 4 EStG ist, daß diese auf Grund des bestehenden Vertragsverhältnisses Teil einer von dem beschränkt Steuerpflichtigen erbrachten Gesamtleistung sind, für die eine Gesamtvergütung gezahlt wird. ³Werden die Nebenleistungen dagegen auf der Grundlage besonderer Verträge, die der inländische Veranstalter mit Dritten abgeschlossen hat, von einem anderen als dem Darbieter oder dem die Darbietungen Verwertenden erbracht, so sind die dafür gezahlten Entgelte nicht in die Bemessungsgrundlage für die Abzugssteuer einzubeziehen.

R 227 c

R 227 c. Berechnung des Steuerabzugs nach § 50 a EStG in besonderen Fällen

S 2303

(1) Übernimmt das Unternehmen die Aufsichtsratsteuer, ist auf die ausgezahlte Vergütung ein Steuersatz von 42,85 v. H. anzuwenden.

(2) Entsprechendes gilt für den Steuerabzug nach § 50 a Abs. 4 EStG und nach R 227 b mit der Maßgabe, daß in diesen Fällen bei Übernahme der Abzugsteuer durch den Schuldner der Vergütung

bei einem Steuersatz von 15 v. H.   17,64 v. H.

und

bei einem Steuersatz von 25 v. H.   33,33 v. H.

der ausgezahlten Vergütung zu erheben sind.

(3) Werden die Vergütungen nach § 50 a Abs. 4 EStG mit einem niedrigeren Steuersatz besteuert (§ 50 d EStG), ist der bei der Übernahme der Steuer durch den Schuldner maßgebende Berechnungssatz entsprechend zu ermitteln.

(4) In Fällen, in denen zwischen dem ausländischen Unternehmer und einem inländischen Leistungsempfänger die sog. Null-Regelung nach § 52 Abs. 2 UStDV angewandt wird, stellt die nicht erhobene Umsatzsteuer einen Bestandteil der Bemessungsgrundlage für die Abzugsteuer nach § 50 a Abs. 1 und 4 EStG dar.

(5) Entlassungsabfindungen nach § 3 Nr. 9 EStG sind nicht in die Bemessungsgrundlage für die Abzugsteuer einzubeziehen.

H 227 c | Hinweise

Abzugsteuer bei künstlerischen, sportlichen, artistischen oder ähnlichen Darbietungen gemäß § 50 a Abs. 4 EStG

Anhang 27 b   → BMF vom 30. 5. 1995 (BStBl I S. 337)

Auslandskorrespondenten

Anhang 26   → BMF vom 1. 12. 1992 (BStBl I S. 730) und 12. 1. 1993 (BStBl I S. 109)

Ausländische Kulturvereinigungen

Anhang 26   → BMF vom 20. 7. 1983 (BStBl I S. 382) und BMF vom 30. 5. 1995 (BStBl I S. 336)

Bemessungsgrundlage nach § 50 a EStG bei Anwendung der sog. Null-Regelung nach § 52 Abs. 2 UStDV

– Bei Anwendung der sog. Null-Regelung liegt die Einnahme des ausländischen Unternehmers (§ 8 Abs. 1 EStG) in der Befreiung von seiner Umsatzsteuerschuld. Sie ist gemäß § 8 Abs. 2 EStG in deren Höhe anzusetzen (→ BFH vom 30. 5. 1990 – BStBl 1991 II S. 235).

– Die Bemessungsgrundlage des Steuerabzugs nach § 50 a EStG ist bei Anwendung der sog. Null-Regelung dann nicht um die vom ausländischen Unternehmer geschuldete Umsatzsteuer zu erhöhen, wenn diese bei ihm gemäß § 19 Abs. 1 UStG 1980 nicht erhoben wird (→ BFH vom 25. 9. 1991 – BStBl 1992 II S. 172).

§ 50 a EStG
H 227 c   R 227 c

Doppelbesteuerungsabkommen
Nach § 50 d Abs. 1 Satz 1 EStG sind die Vorschriften über die Einbehaltung, Abführung und Anmeldung der Steuer durch den Schuldner der Vergütung nach § 50 a EStG ungeachtet eines DBA anzuwenden, wenn Einkünfte nach dem Abkommen nicht oder nur nach einem niedrigeren Steuersatz besteuert werden können (→ BFH vom 13. 7. 1994 – BStBl 1995 II S. 129).

Entlastung von deutscher Abzugssteuer gemäß § 50 a EStG aufgrund von DBA   Anhang 27 b

Merkblatt → BMF vom 1. 3. 1994 (BStBl I S. 201)

Merkblatt → BfF (Stand: Juni 1995)

Bei Honoraren, die an Künstler oder Sportler mit Wohnsitz außerhalb der Bundesrepublik Deutschland für die Ausübung einer Tätigkeit im Inland gezahlt werden → Merkblätter des BfF (Stand: 1995 und 1996)

Kontrollmeldeverfahren aufgrund von DBA

→ BMF vom 21. 12. 1993 (BStBl 1994 I S. 4)   Anhang 27 b

Quellensteuerabzug nach § 50 a Abs. 4 Nr. 1, Abs. 5 EStG

Der Quellensteuerabzug bei Einkünften durch künstlerische Darbietungen im Sinne des § 49 Abs. 1 Nr. 2 Buchstabe d EStG steht nicht im Widerspruch zum DBA-Großbritannien. Er verstößt nicht gegen höherrangiges Recht. § 50 a Abs. 5 Satz 2 EStG behindert weder den freien Dienstleistungsverkehr oder die Niederlassungsfreiheit noch wirkt diese Vorschrift diskriminierend. Der Quellensteuerabzug als solcher ist verfassungsgemäß (→ BFH vom 2. 2. 1994 – BFH/NV S. 864).

Reisekostenersatz an beschränkt Einkommensteuerpflichtige unterliegt dem Steuerabzug nach § 50 a Abs. 4 EStG (→ BMF vom 25. 2. 1992 – BStBl I S. 187):

**Steuerabzug nach § 50 a Abs. 4 EStG;
hier: Reisekostenersatz an beschränkt Einkommensteuerpflichtige**

BMF vom 25. 2. 1992 (BStBl I S. 187)

Aufgrund der Änderung des § 50 a Abs. 4 im Rahmen des Steueränderungsgesetzes 1992 unterliegt dem Steuerabzug nach § 50 a Abs. 4 der volle Betrag der Einnahmen einschließlich der Beträge im Sinne des § 3 Nr. 13 und 16 EStG (§ 50 a Abs. 4 Satz 5 EStG 1992). Künftig sind also auch die von Rundfunk- und Fernsehanstalten an beschränkt Einkommensteuerpflichtige erstatteten Fahrtkosten in nachgewiesener Höhe sowie Tage- und Übernachtungsgelder dem Steuerabzug nach § 50 a Abs. 4 EStG zu unterwerfen. Dies gilt erstmals für Beträge, die dem Gläubiger der Vergütungen ab dem 1. Januar 1992 zufließen.

Das BMF-Schreiben vom 2. Januar 1979 – IV B 4 – S 2303 – 48/78 – ist daher mit Ablauf des 31. Dezember 1991 insoweit nicht mehr anzuwenden.

Steuerabzug-Anmeldung nach § 50 a EStG

Muster der Anmeldung mit Merkblatt → Anhang 27 b   Anhang 27 b

Übersicht

Aus der folgenden Übersicht ergeben sich die maßgebenden v. H.-Sätze für den Steuerabzug nach § 50 a EStG sowie für die in die Bemessungsgrundlage einzubeziehende Umsatzsteuer, die auf die jeweiligen Netto-Vergütungen anzuwenden sind, sofern der Schuldner der Vergütungen die ESt und USt übernimmt:

§ 50 a EStG
R 227 c   H 227 c

Steuersätze in v. H.			Berechnungssätze in v. H. **ohne** Übernahme von Abzugssteuern und SolZ			Berechnungssätze in v. H. **und** Übernahme von Abzugssteuern und SolZ		
§ 50 a EStG	SolZ[1])	USt	§ 50 a EStG	SolZ[1])	USt	§ 50 a EStG	SolZ[1])	USt
15	7,5	–	15	1,12	–	17,88	1,34	–
15	7,5	7	16,05	1,20	7	19,40	1,45	8,4
15	7,5	15	17,25	1,29	15	21,18	1,59	18,41
25	7,5	–	25	1,87	–	34,19	2,56	–
25	7,5	7	26,75	2,01	7	37,55	2,82	9,83
25	7,5	15	28,75	2,16	15	41,61	3,12	21,71

Beispiel:

Die Netto-Vergütung, die im Juni 1995 ausgezahlt wird, unterliegt dem Steuerabzug nach § 50 a Abs. 4 Satz 2 EStG i. H. v. 25 v. H. Darüberhinaus wird Umsatzsteuer in Höhe von 15 v. H. geschuldet.

Ausgezahlte Netto-Vergütung	1.000,00 DM
41,61 v. H. nach § 50 a Abs. 4 EStG	416,10 DM
	1.416,10 DM
3,12 v. H. nach § 3 Abs. 1 SolZG	31,20 DM
	1.447,30 DM
21,71 v. H. nach § 12 UStG	217,10 DM
Brutto-Vergütung	1.664,40 DM
Danach ergeben sich als:	
ESt/KSt nach § 50 a Abs. 4 EStG:	
25 v. H. von 1.664,40 DM =	416,10 DM
SolZ nach § 3 Abs. 1 SolZG:	
7,5 v. H. von 416,10 DM =	31,20 DM
USt nach § 12 UStG:	
15 v. H. von 1.447,30 DM =	217,10 DM

Zuständigkeit

Örtlich zuständig für den Erlaß eines Nachforderungsbescheides gemäß § 73 g Abs. 1 EStDV gegen den Vergütungsgläubiger (Steuerschuldner) ist das für die Besteuerung des Vergütungsschuldners nach dem Einkommen zusändige Finanzamt (§ 73 e Satz 1 EStDV).

---

[1]) SolZ = Solidaritätszuschlag nach dem Solidaritätszuschlaggesetz 1995. Der Solidaritätszuschlag bemißt sich nach § 3 Abs. 1 Nr. 6 SolZG – soweit bei beschränkt Steuerpflichtigen ein Steuerabzug nach § 50 a EStG einzubehalten ist – nach dem ab 1. 1. 1995 zu erhebenden Steuerabzugsbetrag.

IX. Sonstige Vorschriften, Bußgeld-, Ermächtigungs- und Schlußvorschriften

§ 50 b
Prüfungsrecht

¹Die Finanzbehörden sind berechtigt, Verhältnisse, die für die Anrechnung oder Vergütung von Körperschaftsteuer oder für die Anrechnung oder Erstattung von Kapitalertragsteuer sowie für die Nichtvornahme des Steuerabzugs von Bedeutung sind oder der Aufklärung bedürfen, bei den am Verfahren Beteiligten zu prüfen. ²Die §§ 193 bis 203 der Abgabenordnung gelten sinngemäß.

§ 50 c

EStG

§ 50 c
Wertminderung von Anteilen durch Gewinnausschüttungen

S 2189

(1) ¹Hat ein zur Anrechnung von Körperschaftsteuer berechtigter Steuerpflichtiger einen Anteil an einer in dem Zeitpunkt des Erwerbs oder in dem Zeitpunkt der Gewinnminderung unbeschränkt steuerpflichtigen Kapitalgesellschaft von einem nichtanrechnungsberechtigten Anteilseigner oder von einem Sondervermögen im Sinne des § 38, des § 43 a oder des § 44 des Gesetzes über Kapitalanlagegesellschaften erworben, sind Gewinnminderungen, die

1. durch den Ansatz des niedrigeren Teilwerts oder
2. durch Veräußerung oder Entnahme des Anteils

im Jahr des Erwerbs oder in einem der folgenden neun Jahre entstehen, bei der Gewinnermittlung nicht zu berücksichtigen, soweit der Ansatz des niedrigeren Teilwerts oder die sonstige Gewinnminderung nur auf Gewinnausschüttungen oder auf organschaftliche Gewinnabführungen zurückgeführt werden kann und die Gewinnminderungen insgesamt den Sperrbetrag im Sinne des Absatzes 4 nicht übersteigen. ²Als Erwerb im Sinne des Satzes 1 gilt auch die Vermögensmehrung durch verdeckte Einlage des Anteils, nicht aber der Erbanfall oder das Vermächtnis.

(2) Setzt die Kapitalgesellschaft nach dem Erwerb des Anteils ihr Nennkapital herab, ist Absatz 1 sinngemäß anzuwenden, soweit für Leistungen an den Steuerpflichtigen verwendbares Eigenkapital im Sinne des § 29 Abs. 3 des Körperschaftsteuergesetzes als verwendet gilt.

(3) ¹Wird die Kapitalgesellschaft im Jahr des Erwerbs oder in einem der folgenden neun Jahre aufgelöst und abgewickelt, erhöht sich der hierdurch entstehende Gewinn des Steuerpflichtigen um den Sperrbetrag. ²Das gleiche gilt, wenn die Abwicklung der Gesellschaft unterbleibt, weil über ihr Vermögen das Konkursverfahren eröffnet worden ist.

(4) ¹Sperrbetrag ist der Unterschiedsbetrag zwischen den Anschaffungskosten und dem Nennbetrag des Anteils. ²Hat der Erwerber keine Anschaffungskosten, tritt an deren Stelle der für die steuerliche Gewinnermittlung maßgebende Wert. ³Der Sperrbetrag verringert sich, soweit eine Gewinnminderung nach Absatz 1 nicht anerkannt worden ist. ⁴In den Fällen der Kapitalherabsetzung sowie der Auflösung der Kapitalgesellschaft erhöht sich der Sperrbetrag um den Teil des Nennkapitals, der auf den erworbenen Anteil entfällt und im Zeitpunkt des Erwerbs nach § 29 Abs. 3 des Körperschaftsteuergesetzes zum verwendbaren Eigenkapital der Kapitalgesellschaft gehört.

(5) ¹Wird ein Anteil an einer unbeschränkt steuerpflichtigen Kapitalgesellschaft zu Bruchteilen oder zur gesamten Hand erworben, gelten die Absätze 1 bis 4 sinngemäß, soweit die Gewinnminderungen anteilig auf anrechnungsberechtigte Steuerpflichtige entfallen. ²Satz 1 gilt sinngemäß für anrechnungsberechtigte stille Gesellschafter, die Mitunternehmer sind.

(6) ¹Wird ein nichtanrechnungsberechtigter Anteilseigner mit einem Anteil an einer Kapitalgesellschaft anrechnungsberechtigt, sind die Absätze 1 bis 5 insoweit sinngemäß anzuwenden. ²Gehört der Anteil zu einem Betriebsvermögen, tritt an die Stelle der Anschaffungskosten der Wert, mit dem der Anteil nach den Vorschriften über die steuerliche Gewinnermittlung in einer Bilanz zu dem Zeitpunkt anzusetzen wäre, in dem die Anrechnungsberechtigung eintritt.

(7) ¹Bei einem Anteil an einer Kapitalgesellschaft, die unmittelbar oder mittelbar einen Anteil im Sinne des Absatzes 1 erworben hat, sind Gewinnminderungen, die durch den Ansatz des niedrigeren Teilwerts oder durch die Veräußerung oder Entnahme des Anteils oder bei Auflösung oder Herabsetzung des Nennkapitals der Kapitalgesellschaft entstehen, bei der Gewinnermittlung nicht zu berücksichtigen, soweit der Ansatz des niedrigeren Teilwerts oder die sonstige Gewinnminderung darauf zurückzuführen ist, daß Gewinnausschüttungen im Sinne des Absatzes 1 weitergeleitet worden sind. ²Die Absätze 1 bis 6 gelten entsprechend.

(8) ¹Bei Rechtsnachfolgern des anrechnungsberechtigten Steuerpflichtigen, die den Anteil innerhalb des in Absatz 1 bezeichneten Zeitraums erworben haben, sind während der Restdauer dieses Zeitraums die Absätze 1 bis 7 sinngemäß anzuwenden. ²Das gleiche gilt bei jeder weiteren Rechtsnachfolge.

§ 50 c EStG
R 227 d

(9) ¹Die Absätze 1 bis 7 sind nicht anzuwenden, wenn die Anschaffungskosten der im Veranlagungszeitraum erworbenen Anteile höchstens 100.000 Deutsche Mark betragen.

(10) Werden die Anteile über die Börse erworben, sind die Absätze 1 bis 9 nur anzuwenden, soweit nicht § 36 Abs. 2 Nr. 3 Satz 4 Buchstabe g anzuwenden ist und

a) zwischen dem Erwerb der Anteile und der Veräußerung dieser oder gleichartiger Anteile nicht mindestens 10 Tage liegen und der Gewinnverwendungsbeschluß der ausschüttenden Kapitalgesellschaft in diesen Zeitraum fällt oder

b) die oder gleichartige Anteile unmittelbar oder mittelbar zu Bedingungen rückveräußert werden, die allein oder im Zusammenhang mit anderen Vereinbarungen dazu führen, daß das Kursrisiko begrenzt ist oder

c) die Gegenleistung für den Erwerb der Anteile ganz oder teilweise in der Verpflichtung zur Übertragung nicht oder nicht voll dividendenberechtigter Aktien besteht,

es sei denn, der Erwerber macht glaubhaft, daß der Veräußerer, bei mittelbarem Erwerb über zwischengeschaltete Veräußerer jeder Veräußerer, anrechnungsberechtigt ist.

R 227 d. Wertminderung von Anteilen durch Gewinnausschüttungen

Sachlicher Anwendungsbereich

(1) ¹Die Vorschrift des § 50 c EStG gilt für Gewinnminderungen im Rahmen des Betriebsvermögens und bei Veräußerungsgewinnen im Sinne der §§ 17 und 23 EStG. ²Gehören die Anteile zu einem Betriebsvermögen des Erwerbers, wirkt sich die Nichtberücksichtigung der Gewinnminderungen außerhalb der Steuerbilanz aus. ³Die Besteuerung der Ausschüttungen auf die erworbenen Anteile und die Anrechnung von Körperschaftsteuer bei dem Erwerber werden durch § 50 c EStG nicht berührt.

S 2189

Ausschüttungsbedingte Gewinnminderungen

(2) ¹Nach § 50 c Abs. 1 EStG werden Gewinnminderungen steuerlich nicht berücksichtigt, die nur auf Gewinnausschüttungen der Kapitalgesellschaft zurückgeführt werden können. ²Soweit der Erwerber glaubhaft macht, daß die Gewinnminderung auf anderen Ursachen als auf einer vorangegangenen Gewinnausschüttung beruht, z. B. auf Verlusten der Kapitalgesellschaft oder auf der Verringerung ihrer stillen Reserven, ist sie steuerlich zu berücksichtigen. ³Die Gewinnminderung, die bei einem Organträger auf die Gewinnabführung einer Organgesellschaft zurückzuführen ist, steht einer ausschüttungsbedingten Gewinnminderung gleich. ⁴Beruht die Gewinnminderung auf mehreren Ursachen, ist davon auszugehen, daß sie vorrangig auf andere Gründe als auf Gewinnausschüttungen zurückzuführen ist.

Sperrbetrag

(3) ¹Der verbleibende Sperrbetrag im Sinne des § 50 c Abs. 4 Satz 3 EStG ist bis zum Ablauf der Sperrzeit formlos fortzuschreiben. ²Zur Vermeidung unbilliger Härten ist der Sperrbetrag gemäß § 163 AO auch um den Betrag zu verringern, der nachweislich von einem früheren Anteilseigner im Inland als Veräußerungsgewinn versteuert worden ist.

Kapitalherabsetzung

(4) ¹Der Betrag des verwendbaren Eigenkapitals im Sinne des § 29 Abs. 3 KStG, um den sich der Sperrbetrag erhöht, ist unter Einschaltung des für die Kapitalgesellschaft zuständigen Finanzamts zu ermitteln. ²Maßgebend für die Berechnung sind die Verhältnisse am Tag des Anteilserwerbs.

Rechtsnachfolger des Erwerbers

(5) ¹Bei Rechtsnachfolgern des Ersterwerbers sind ausschüttungsbedingte Gewinnminderungen auch bei Anschaffungskosten von nicht mehr als 100.000 DM steuerlich nicht zu berücksichtigen. ²Auf Anfrage hat das für den Ersterwerber der Anteile zuständige Finanzamt dem Rechtsnachfolger den für ihn maßgeblichen restlichen Sperrbetrag und die restliche Sperrzeit mitzuteilen.

Anschaffungskosten im Sinne des § 50 c Abs. 8 EStG[1]

(6) In den Fällen des § 50 c Abs. 5 EStG ist auf die Anschaffungskosten der Gemeinschaft abzustellen.

---

[1]) Jetzt: § 50 c Abs. 9 EStG.

§ 50 c EStG
R 227 d   H 227 d

H 227 d

Hinweise

Ausschüttungsbedingte Gewinnminderung (R 227 d Abs. 2)
Beispiel:
Nach dem Anteilserwerb und einer anschließenden Gewinnausschüttung nimmt der Erwerber eine Teilwertabschreibung vor in
Höhe von .... 180.000 DM
hiervon entfallen auf Verluste
der Kapitalgesellschaft .... 100.000 DM
steuerlich nicht zu berücksichtigen ist nach § 50 c EStG
eine Gewinnminderung in Höhe von .... 80.000 DM

Begründung einer Anrechnungsberechtigung gem. § 50 c Abs. 6 EStG
Ein nichtanrechnungsberechtigter Anteilseigner mit Anteilen an einer Kapitalgesellschaft wird z. B. anrechnungsberechtigt, wenn
– ein ausländischer Anteilseigner seinen Wohnsitz oder gewöhnlichen Aufenthalt oder seine Geschäftsleitung oder seinen Sitz in das Inland verlegt,
– Anteilseigner eine steuerbefreite inländische Körperschaft ist, die steuerpflichtig wird.
§ 50 c Abs. 6 EStG betrifft auch Einlagen nichtanrechnungsberechtigter Anteilseigner
1. in eine inländische Betriebsstätte des nichtanrechnungsberechtigten Anteilseigners,
2. in einen steuerpflichtigen wirtschaftlichen Geschäftsbetrieb des nichtanrechnungsberechtigten Anteilseigners,
3. in steuerpflichtigen Betrieb gewerblicher Art des nichtanrechnungsberechtigten Anteilseigners.

Erwerb im Sinne des § 50 c Abs. 1 EStG
Dazu gehören auch
– Schenkungen durch nichtanrechnungsberechtigte Anteilseigner
– gesellschaftsrechtliche oder verdeckte Einlagen durch nichtanrechnungsberechtigte Anteilseigner in eine unbeschränkt steuerpflichtige Kapitalgesellschaft

Kapitalherabsetzung
Beispiel:
1. Sachverhalt:
   Nennwert der erworbenen Anteile
   (Alleinbeteiligung) .... 1.000.000 DM
   bei der Kapitalgesellschaft vorhandene offene Rücklagen (ungemildert mit Körperschaftsteuer belastet) .... 500.000 DM
   Anschaffungskosten .... 1.500.000 DM
   Die Kapitalgesellschaft hat vor dem Anteilserwerb ihr Nennkapital unter Umwandlung der vorhandenen offenen Rücklagen auf 1.500.000 DM erhöht. Nach dem Anteilserwerb setzt die Kapitalgesellschaft das Nennkapital wieder auf 1.000.000 DM herab und zahlt den Herabsetzungsbetrag an den Erwerber aus. Die erworbenen Anteile rechnen zum Betriebsvermögen des Erwerbers.
2. Sperrbetragsberechnung:
   Anschaffungskosten .... 1.500.000 DM
   Nennwert der erworbenen Anteile .... −1.500.000 DM
                                                                                            0 DM
   Erhöhung nach § 50 c Abs. 4 Satz 4 EStG .... + 500.000 DM
   Sperrbetrag .... 500.000 DM

§ 50 c EStG
H 227 d   R 227 d

3. Nicht zu berücksichtigende Gewinnminderung bei späterer Kapitalherabsetzung:
   a) Bezüge auf Grund der Kapitalherabsetzung (§ 20 Abs. 1 Nr. 2 EStG):
      Leistung aus dem ungemildert (mit 45 v. H.) mit Körperschaftsteuer belasteten Teilbetrag des verwendbaren Eigenkapitals der Kapitalgesellschaft
      ($^{55}/_{70}$ von 500.000 DM; → A 95 Abs. 2 KStR) .... 392.857 DM
      zuzüglich Körperschaftsteuer-Minderung
      ($^{15}/_{55}$ von 392.857 DM) .... + 107.143 DM
      500.000 DM
   b) Anzurechnende Körperschaftsteuer
      $^{3}/_{7}$ von 500.000 DM (§ 20 Abs. 1 Nr. 3 EStG) .... + 214.286 DM
      714.286 DM
      Verringert sich der Teilwert der erworbenen Anteile in Höhe des für die Leistung verwendeten Eigenkapitals von 392.857 DM, ist diese Gewinnminderung nach § 50 c Abs. 2 EStG steuerlich nicht zu berücksichtigen.
4. Rest-Sperrbetrag
   Ursprünglicher Sperrbetrag .... 500.000 DM
   nicht zu berücksichtigende Gewinnminderung .... − 392.857 DM
   Rest-Sperrbetrag .... 107.143 DM

Maßgebender Wert im Sinne des § 50 c Abs. 4 Satz 2 EStG (fehlende Anschaffungskosten)
1. In den Fällen des § 7 Abs. 2 EStDV:
   der Betrag, den der Erwerber für den Anteil hätte aufwenden müssen.
2. In den Fällen des § 17 Abs. 2 Satz 2 EStG, § 11 d EStDV:
   ein Betrag in Höhe der Anschaffungskosten des Rechtsvorgängers.
3. Bei der Einlage des Anteils in das Betriebsvermögen des Erwerbers: der nach § 6 Abs. 1 Nr. 5 EStG anzusetzende Betrag.

Sperrbetrag (R 227 d Abs. 3)
Beispiele:
1. Erworbene Anteile gehören zum Betriebsvermögen des Erwerbers
   a) Sachverhalt:
      Der anrechnungsberechtigte Steuerpflichtige E erwirbt im Jahr 01 vom nichtanrechnungsberechtigten Veräußerer V die Hälfte der Aktien der inländischen Z-AG.
      Nennbetrag
      der erworbenen Aktien .... 1.000.000 DM
      Anschaffungskosten .... 1.600.000 DM
      In den Jahren 01 bis 04 zahlt die Z-AG Dividenden von jährlich 200.000 DM, die zu 50 v. H. auf den Erwerber entfallen.
      Im Jahr 07 macht E eine Teilwertabschreibung in Höhe von 400.000 DM auf die erworbenen Anteile geltend. Er legt glaubhaft dar, daß eine Teilwertverringerung in Höhe von 300.000 DM darauf zurückzuführen ist, daß die Z-AG ab dem Jahr 05 in eine längerwährende Verlustsituation geraten ist.
   b) Berechnung des Sperrbetrags und der steuerlich anzuerkennden Gewinnminderung infolge der Teilwertabschreibung:
      aa) Sperrbetrag zum 31. 12. des Jahres 01:
          Anschaffungskosten .... 1.600.000 DM
          Nennwert der erworbenen Anteile .... − 1.000.000 DM
          Sperrbetrag .... 600.000 DM
      bb) Rest-Sperrbetrag zum 31. 12. des Jahres 07:
          Bisheriger Sperrbetrag .... 600.000 DM
          vorgenommene Teilwertabschreibung 400.000
          steuerlich zu berücksichtigende
          Gewinnminderung .... − 300.000
          nach § 50 c EStG nicht zu berück-
          sichtigende Gewinnminderung .... 100.000   100.000 DM
          Rest-Sperrbetrag zum 31. 12. 07 .... 500.000 DM

§ 50 c EStG
R 227 d   H 227 d

2. **Erworbene Anteile gehören zum Privatvermögen des Erwerbers**
   Sachverhalt wie Beispiel bei Nummer 1 mit der Abweichung, daß der Erwerber die erworbene wesentliche Beteiligung im Jahr 07 für 1.200.000 DM veräußert.
   Der erklärte Veräußerungsverlust im Sinne des § 17 EStG von (Erlös 1.200.000 DM − Anschaffungskosten 1.600.000 DM =) 400.000 DM ist nach § 50 c EStG in Höhe von 100.000 DM nicht zu berücksichtigen. Der Rest-Sperrbetrag zum 31. 12. des Jahres 07 von (600.000 DM − 100.000 DM =) 500.000 DM ist nach § 50 c Abs. 8 EStG für die Besteuerung bei dem Rechtsnachfolger des Erwerbers von Bedeutung.

Sperrbetragskürzung aus Billigkeitsgründen (R 227 d Abs. 3 Satz 2)
Beispiel
Der inländische Erwerber A hat im Jahr 03 sämtliche Anteile an der unbeschränkt steuerpflichtigen X-GmbH im Nennwert von 1.000.000 DM erworben. A weist nach, daß B die Anteile im Jahr 01 von dem inländischen Vorveräußerer C erworben hat, der für die Anteilsveräußerung deutsche Einkommensteuer auf einen Veräußerungsgewinn von 100.000 DM zu zahlen hatte.

Der Sperrbetrag nach § 50 c Abs. 4 EStG beträgt

1.440.000 DM − 1.000.000 DM .... 440.000 DM

Er ist im Billigkeitswege zu kürzen
um den im Inland bereits versteuerten
Veräußerungsgewinn von .... − 100.000 DM

verbleibender Sperrbetrag .... 340.000 DM

Anhang 28   Übergang des Vermögens der Kapitalgesellschaft durch Gesamtrechtsnachfolge

1. Übergang auf eine Personengesellschaft: → § 4 Abs. 5 UmwStG: Erhöhung des Übernahmegewinns um den Sperrbetrag im Sinne des § 50 c EStG.
2. Übergang auf eine andere Körperschaft: → § 12 Abs. 2 Satz 3 UmwStG.
3. In den Fällen der Verschmelzung, in denen die erworbenen Anteile untergehen und an ihre Stelle Anteile an der übernehmenden Gesellschaft treten, ist § 50 c EStG auch auf die Anteile anzuwenden, die an die Stelle der untergegangenen Anteile treten (§ 13 Abs. 4 UmwStG).

Verwendbares Eigenkapital im Sinne des § 29 Abs. 3 KStG
→ § 50 c Abs. 2 EStG

Nach § 29 Abs. 3 KStG rechnen zum verwendbaren Eigenkapital auch die Beträge, um die das Nennkapital durch Umwandlung von Rücklagen aus dem Gewinn eines nach dem 31. 12. 1976 endenden Wirtschaftsjahrs erhöht worden ist.

§ 50 d
Besonderheiten im Fall von Doppelbesteuerungsabkommen

(1) ¹Können Einkünfte, die dem Steuerabzug vom Kapitalertrag oder dem Steuerabzug auf Grund des § 50 a unterliegen, nach § 44 d oder nach einem Abkommen zur Vermeidung der Doppelbesteuerung nicht oder nur nach einem niedrigeren Steuersatz besteuert werden, so sind die Vorschriften über die Einbehaltung, Abführung und Anmeldung der Steuer durch den Schuldner der Kapitalerträge oder Vergütungen im Sinne des § 50 a ungeachtet des § 44 d und des Abkommens anzuwenden. ²Unberührt bleibt der Anspruch des Gläubigers der Kapitalerträge oder Vergütungen auf völlige oder teilweise Erstattung der einbehaltenen und abgeführten Steuer; der Anspruch ist durch Antrag nach amtlich vorgeschriebenem Vordruck geltend zu machen. ³Für die Erstattung der Kapitalertragsteuer gilt § 45 entsprechend. ⁴Der Schuldner kann sich im Haftungsverfahren nicht auf die Rechte des Gläubigers aus dem Abkommen berufen.

(1 a) Eine ausländische Gesellschaft hat keinen Anspruch auf Steuerentlastung (Steuerbefreiung oder -ermäßigung nach § 44 d oder nach einem Abkommen zur Vermeidung der Doppelbesteuerung), soweit Personen an ihr beteiligt sind, denen die Steuerentlastung nicht zustände, wenn sie die Einkünfte unmittelbar erzielten, und für die Einschaltung der ausländischen Gesellschaft wirtschaftliche oder sonst beachtliche Gründe fehlen und sie keine eigene Wirtschaftstätigkeit entfaltet.

(2) ¹Der Gläubiger der Kapitalerträge oder Vergütungen im Sinne des § 50 a hat auf amtlich vorgeschriebenem Vordruck durch eine Bestätigung der für ihn zuständigen Steuerbehörde des anderen Staates nachzuweisen, daß er dort ansässig ist. ²Das Bundesministerium der Finanzen kann im Einvernehmen mit den obersten Finanzbehörden der Länder erleichterte Verfahren oder vereinfachte Nachweise zulassen.

(3) ¹In den Fällen des § 44 d und des § 50 a Abs. 4 kann der Schuldner den Steuerabzug nach Maßgabe des § 44 d oder des Abkommens unterlassen oder nach einem niedrigeren Steuersatz vornehmen, wenn das Bundesamt für Finanzen auf Antrag bescheinigt, daß die Voraussetzungen dafür vorliegen (Freistellungsverfahren); das gilt auch bei Kapitalerträgen, die einer nach einem Abkommen zur Vermeidung der Doppelbesteuerung im anderen Vertragsstaat ansässigen Kapitalgesellschaft, die am Nennkapital einer unbeschränkt steuerpflichtigen Kapitalgesellschaft im Sinne des § 1 Abs. 1 Nr. 1 des Körperschaftsteuergesetzes in dem in § 8 b Abs. 5 des Körperschaftsteuergesetzes festgelegten Umfang unmittelbar beteiligt ist und im Staat ihrer Ansässigkeit den Steuern vom Einkommen oder Gewinn unterliegt, ohne davon befreit zu sein, von der unbeschränkt steuerpflichtigen Kapitalgesellschaft zufließen. ²Das Freistellungsverfahren ist in den Fällen des § 50 a Abs. 4 auch anzuwenden, wenn das Bundesamt für Finanzen den Schuldner auf Antrag hierzu allgemein ermächtigt (Kontrollmeldeverfahren). ³Die Ermächtigung nach Satz 2 kann in Fällen geringer steuerlicher Bedeutung erteilt und die Freistellung nach den Sätzen 1 und 2 kann mit Auflagen verbunden werden. ⁴Einer Bestätigung nach Absatz 2 Satz 1 bedarf es im Kontrollmeldeverfahren nicht. ⁵Inhalt der Auflage kann die Angabe des Namens, des Wohnortes oder des Ortes des Sitzes oder der Geschäftsleitung des Schuldners und des Gläubigers, der Art der Vergütung, des Bruttobetrags und des Zeitpunkts der Zahlungen sowie des einbehaltenen Steuerbetrags sein. ⁶Mit dem Antrag auf Teilnahme am Kontrollmeldeverfahren gilt die Zustimmung des Gläubigers und des Schuldners zur Weiterleitung der Angaben des Schuldners an den Wohnsitz- oder Sitzstaat des Gläubigers als erteilt. ⁷Die Bescheinigung oder die Ermächtigung nach den Sätzen 1 und 2 ist als Beleg aufzubewahren. ⁸Bestehende Anmeldeverpflichtungen bleiben unberührt.

R 227 e. Besonderheiten im Fall von Doppelbesteuerungsabkommen

– unbesetzt –

§ 50 d EStG
R 227 e   H 227 e

H 227 e	**Hinweise**
Anhang 27 b	**Entlastung von deutscher Abzugsteuer gemäß § 50 a Abs. 4 EStG** bei künstlerischer, sportlicher Tätigkeit oder ähnlichen Darbietungen → BMF vom 30. 5. 1995 (BStBl I S. 337).
Anhang 27 b	**Kontrollmeldeverfahren** auf Grund von Doppelbesteuerungsabkommen → BMF vom 21. 12. 1993 (BStBl 1994 I S. 4).
Anhang 27 b	**Merkblatt** zur Entlastung von deutscher Abzugsteuer gemäß § 50 a Abs. 4 EStG auf Grund von DBA vom 1. 3. 1994 (BStBl I S. 201).
Anhang 27 b	**Merkblatt** zur Entlastung von deutscher Kapitalertragsteuer von Dividenden und bestimmten anderen Kapitalerträgen gemäß § 44 d EStG, den DBA oder sonstigen zwischenstaatlichen Abkommen vom 1. 3. 1994 (BStBl I S. 203).

Zuständige Behörde

Zuständige Behörde für das Erstattungs-, Freistellungs- und Kontrollmeldeverfahren ist das Bundesamt für Finanzen, 53221 Bonn.

§ 50 e
Bußgeldvorschriften

(1) Ordnungswidrig handelt, wer vorsätzlich oder leichtfertig entgegen § 45 d Abs. 1 Satz 1 eine Mitteilung nicht, nicht richtig, nicht vollständig oder nicht rechtzeitig abgibt.

(2) Die Ordnungswidrigkeit kann mit einer Geldbuße bis zu zehntausend Deutsche Mark geahndet werden.

EStG

§ 51
Ermächtigung

(1) Die Bundesregierung wird ermächtigt, mit Zustimmung des Bundesrates

1. zur Durchführung dieses Gesetzes Rechtsverordnungen zu erlassen, soweit dies zur Wahrung der Gleichmäßigkeit bei der Besteuerung, zur Beseitigung von Unbilligkeiten in Härtefällen, zur Steuerfreistellung des Existenzminimums oder zur Vereinfachung des Besteuerungsverfahrens erforderlich ist, und zwar:

   ¹) a) über die Abgrenzung der Steuerpflicht, die Beschränkung der Steuererklärungspflicht auf die Fälle, in denen eine Veranlagung in Betracht kommt, und über die den Einkommensteuererklärungen beizufügenden Unterlagen,

   b) über die Ermittlung der Einkünfte und die Feststellung des Einkommens einschließlich der abzugsfähigen Beträge,

   ²) c) über die Veranlagung, die Anwendung der Tarifvorschriften und die Regelung der Steuerentrichtung einschließlich der Steuerabzüge,

   ²) d) über die Besteuerung der beschränkt Steuerpflichtigen einschließlich eines Steuerabzugs,

   ³) e) über die Anpassung der Beträge des § 32 d Abs. 1 in Anlehnung an die Mindestbedarfsregelungen des Sozialhilferechts;

---

¹) Absatz 1 Nr. 1 Buchstabe a wurde durch das JStG 1996 ab VZ 1996 geändert.
„a) über die Abgrenzung der Steuerpflicht, die Beschränkung der Steuererklärungspflicht auf die Fälle, in denen eine Veranlagung in Betracht kommt, über die den Einkommensteuererklärungen beizufügenden Unterlagen und über die Beistandspflichten Dritter,".

²) Absatz 1 Nr. 1 Buchstabe c wurde durch das JStG 1996 ab VZ 1996 Buchstabe d und ein neuer Buchstabe c eingefügt; der bisherige Buchstabe d wurde Buchstabe e.

– Nach Buchstabe b wurde folgender neuer Buchstabe c eingefügt:
„c) über die Höhe von besonderen Betriebsausgaben-Pauschbeträgen für Gruppen von Betrieben, bei denen hinsichtlich der Besteuerungsgrundlagen annähernd gleiche Verhältnisse vorliegen, wenn der Steuerpflichtige Einkünfte aus Gewerbebetrieb (§ 15) oder selbständiger Arbeit (§ 18) erzielt, in Höhe eines Vomhundertsatzes der Umsätze im Sinne des § 1 Abs. 1 Nr. 1 des Umsatzsteuergesetzes; Umsätze aus der Veräußerung von Wirtschaftsgütern des Anlagevermögens sind nicht zu berücksichtigen. ²Einen besonderen Betriebsausgaben-Pauschbetrag dürfen nur Steuerpflichtige in Anspruch nehmen, die ihren Gewinn durch Einnahme-Überschußrechnung nach § 4 Abs. 3 ermitteln. ³Bei der Festlegung der Höhe des besonderen Betriebsausgaben-Pauschbetrags ist der Zuordnung der Betriebe entsprechend der Klassifikation der Wirtschaftszweige, Fassung für Steuerstatistiken, Rechnung zu tragen. ⁴Bei der Ermittlung der besonderen Betriebsausgaben-Pauschbeträge sind alle Betriebsausgaben mit Ausnahme der an das Finanzamt gezahlten Umsatzsteuer zu berücksichtigen. ⁵Bei der Veräußerung oder Entnahme von Wirtschaftsgütern des Anlagevermögens sind die Anschaffungs- oder Herstellungskosten, vermindert um die Absetzungen für Abnutzung nach § 7 Abs. 1 oder 4 sowie die Veräußerungskosten neben dem besonderen Betriebsausgaben-Pauschbetrag abzugsfähig. ⁶Der Steuerpflichtige kann im folgenden Veranlagungszeitraum zur Ermittlung der tatsächlichen Betriebsausgaben übergehen. ⁷Wechselt der Steuerpflichtige zur Ermittlung der tatsächlichen Betriebsausgaben, sind die abnutzbaren Wirtschaftsgüter des Anlagevermögens mit ihren Anschaffungs- oder Herstellungskosten, vermindert um die Absetzungen für Abnutzung nach § 7 Abs. 1 oder 4, in ein laufend zu führendes Verzeichnis aufzunehmen. ⁸§ 4 Abs. 3 Satz 5 bleibt unberührt. ⁹Nach dem Wechsel zur Ermittlung der tatsächlichen Betriebsausgaben ist eine erneute Inanspruchnahme des besonderen Betriebsausgaben-Pauschbetrags erst nach Ablauf der folgenden vier Veranlagungszeiträume zulässig; die §§ 140 und 141 der Abgabenordnung bleiben unberührt;";

³) Absatz 1 Nr. 1 Buchstabe e wurde durch das JStG 1996 ab VZ 1996 aufgehoben.
Bei Buchstabe e wurde der Strichpunkt durch ein Komma ersetzt und folgender Buchstabe f angefügt:
„f) über eine Kurzveranlagung mit vereinfachter Erklärung und Ermittlung der Besteuerungsgrundlagen. ²Die Kurzveranlagung soll mit Wirkung ab dem Veranlagungszeitraum 1997 eingeführt werden;".

… § 51 EStG

2. Vorschriften durch Rechtsverordnung zu erlassen
   a) über die sich aus der Aufhebung oder Änderung von Vorschriften dieses Gesetzes ergebenden Rechtsfolgen, soweit dies zur Wahrung der Gleichmäßigkeit bei der Besteuerung oder zur Beseitigung von Unbilligkeiten in Härtefällen erforderlich ist;
   b) ¹nach denen für jeweils zu bestimmende Wirtschaftsgüter des Umlaufvermögens für Wirtschaftsjahre, die vor dem 1. Januar 1990 enden, eine den steuerlichen Gewinn mindernde Rücklage für Preissteigerungen in Höhe eines Vomhundertsatzes des sich nach § 6 Abs. 1 Nr. 2 Satz 1 ergebenden Werts dieser Wirtschaftsgüter zugelassen werden kann, wenn ihre Börsen- oder Marktpreise (Wiederbeschaffungspreise) am Bilanzstichtag gegenüber den Börsen- oder Marktpreisen (Wiederbeschaffungspreisen) am vorangegangenen Bilanzstichtag wesentlich gestiegen sind. ²Der Vomhundertsatz ist nach dem Umfang dieser Preissteigerung zu bestimmen; dabei ist ein angemessener Teil der Preissteigerung unberücksichtigt zu lassen. ³Die Rücklage für Preissteigerungen ist spätestens bis zum Ende des auf die Bildung folgenden sechsten Wirtschaftsjahrs gewinnerhöhend aufzulösen. ⁴Bei wesentlichen Preissenkungen, die auf die Preissteigerungen im Sinne des Satzes 1 folgen, kann die volle oder teilweise Auflösung der Rücklage zu einem früheren Zeitpunkt bestimmt werden. ⁵Die Bildung der Rücklage setzt nicht voraus, daß in der handelsrechtlichen Jahresbilanz ein entsprechender Passivposten ausgewiesen wird;
   c) über eine Beschränkung des Abzugs von Ausgaben zur Förderung steuerbegünstigter Zwecke im Sinne des § 10 b auf Zuwendungen an bestimmte Körperschaften, Personenvereinigungen oder Vermögensmassen sowie über eine Anerkennung gemeinnütziger Zwecke als besonders förderungswürdig;
   d) ¹über Verfahren, die in den Fällen des § 38 Abs. 1 Satz 1 Nr. 2 den Steueranspruch der Bundesrepublik Deutschland sichern oder die sicherstellen, daß bei Befreiungen im Ausland ansässiger Leiharbeitnehmer von der Steuer der Bundesrepublik Deutschland auf Grund von Abkommen zur Vermeidung der Doppelbesteuerung die ordnungsgemäße Besteuerung im Ausland gewährleistet ist. ²Hierzu kann nach Maßgabe zwischenstaatlicher Regelungen bestimmt werden, daß
      aa) der Entleiher in dem hierzu notwendigen Umfang an derartigen Verfahren mitwirkt,
      bb) er sich im Haftungsverfahren nicht auf die Freistellungsbestimmungen des Abkommens berufen kann, wenn er seine Mitwirkungspflichten verletzt;
   e) bis i) (weggefallen);
   k) ¹über eine Abschreibungsfreiheit oder Steuerermäßigungen für bestimmte Wirtschaftsgebäude, für Um- und Ausbauten an Wirtschaftsgebäuden, für Hofbefestigungen und Wirtschaftswege, für bestimmte bewegliche Güter des Anlagevermögens einschließlich Betriebsvorrichtungen bei buchführenden und nichtbuchführenden Land- und Forstwirten. ²Dabei ist für diese Wirtschaftsgebäude sowie für Um- und Ausbauten von einer höchstens 30jährigen Nutzungsdauer auszugehen. ³Die Abschreibungsfreiheit oder Steuerermäßigung kann auch bei Zuschüssen zur Finanzierung der Anschaffung oder Herstellung von Wirtschaftsgütern im Sinne des Satzes 1 zugelassen werden, wenn mit den Zuschüssen ein Recht auf Mitbenutzung dieser Wirtschaftsgüter erworben wird. ⁴Die Abschreibungsfreiheit oder Steuerermäßigung auf Grund der vorstehenden Fassung dieser Ermächtigung kann erstmals für Wirtschaftsjahre zugelassen werden, die im Veranlagungszeitraum 1964 beginnen und letztmals für Wirtschaftsjahre, die im Veranlagungszeitraum 1994 enden;
   l) (weggefallen);
   m) ¹nach denen jeweils zu bestimmende Wirtschaftsgüter des Umlaufvermögens ausländischer Herkunft, deren Preis auf dem Weltmarkt wesentlichen Schwankungen

---
¹) Absatz 1 Nr. 2 Buchstabe b wurde durch das JStG 1996 ab VZ 1996 aufgehoben.
²) Absatz 1 Nr. 2 Buchstabe c wurde durch das JStG 1996 ab VZ 1996 neu gefaßt:
   „c) über eine Beschränkung des Abzugs von Ausgaben zur Förderung steuerbegünstigter Zwecke im Sinne des § 10 b auf Zuwendungen an bestimmte Körperschaften, Personenvereinigungen oder Vermögensmassen, über den Ausschluß des Abzugs von Mitgliedsbeiträgen sowie über eine Anerkennung gemeinnütziger Zwecke als besonders förderungswürdig;".
³) Absatz 1 Nr. 2 Buchstabe k wurde durch das JStG 1996 ab VZ 1996 aufgehoben.

§ 51 EStG

unterliegt und die nach dem Erwerb weder bearbeitet noch verarbeitet worden sind, für Wirtschaftsjahre, die vor dem 1. Januar 1990 enden, statt mit dem sich nach § 6 Abs. 1 Nr. 2 ergebenden Wert mit einem Wert angesetzt werden können, der bis zu 20 vom Hundert unter den Anschaffungskosten oder dem niedrigeren Börsen- oder Marktpreis (Wiederbeschaffungspreis) des Bilanzstichtags liegt. ²Für das erste Wirtschaftsjahr, das nach dem 31. Dezember 1989 endet, kann ein entsprechender Wertansatz bis zu 15 vom Hundert und für die darauf folgenden Wirtschaftsjahre bis zu 10 vom Hundert unter den Anschaffungskosten oder dem niedrigeren Börsen- oder Marktpreis (Wiederbeschaffungspreis) zugelassen werden. ³Für Wirtschaftsgüter, für die das Land Berlin vertraglich das mit der Einlagerung verbundene Preisrisiko übernommen hat, ist ein Wertansatz nach Satz 1 oder 2 nicht zulässig;

S 2185

n) ¹über Sonderabschreibungen

aa) im Tiefbaubetrieb des Steinkohlen-, Pechkohlen-, Braunkohlen- und Erzbergbaues bei Wirtschaftsgütern des Anlagevermögens unter Tage und bei bestimmten mit dem Grubenbetrieb unter Tage in unmittelbarem Zusammenhang stehenden, der Förderung, Seilfahrt, Wasserhaltung und Wetterführung sowie der Aufbereitung des Minerals dienenden Wirtschaftsgütern des Anlagevermögens über Tage, soweit die Wirtschaftsgüter

für die Errichtung von neuen Förderschachtanlagen, auch in Form von Anschlußschachtanlagen,

für die Errichtung neuer Schächte sowie die Erweiterung des Grubengebäudes und den durch Wasserzuflüsse aus stilliegenden Anlagen bedingten Ausbau der Wasserhaltung bestehender Schachtanlagen,

für Rationalisierungsmaßnahmen in der Hauptschacht-, Blindschacht-, Strecken- und Abbauförderung, im Streckenvortrieb, in der Gewinnung, Versatzwirtschaft, Seilfahrt, Wetterführung und Wasserhaltung sowie in der Aufbereitung,

für die Zusammenfassung von mehreren Förderschachtanlagen zu einer einheitlichen Förderschachtanlage

und

für den Wiederaufschluß stilliegender Grubenfelder und Feldesteile,

bb) im Tagebaubetrieb des Braunkohlen- und Erzbergbaues bei bestimmten Wirtschaftsgütern des beweglichen Anlagevermögens (Grubenaufschluß, Entwässerungsanlagen, Großgeräte sowie Einrichtungen des Grubenrettungswesens und der Ersten Hilfe und im Erzbergbau auch Aufbereitungsanlagen), die

für die Erschließung neuer Tagebaue, auch in Form von Anschlußtagebauen, für Rationalisierungsmaßnahmen bei laufenden Tagebauen,

beim Übergang zum Tieftagebau für die Freilegung und Gewinnung der Lagerstätte

und

für die Wiederinbetriebnahme stillgelegter Tagebaue

von Steuerpflichtigen, die den Gewinn nach § 5 ermitteln, vor dem 1. Januar 1990 angeschafft oder hergestellt werden. ²Die Sonderabschreibungen können bereits für Anzahlungen auf Anschaffungskosten und für Teilherstellungskosten zugelassen werden. ³Hat der Steuerpflichtige vor dem 1. Januar 1990 die Wirtschaftsgüter bestellt oder mit ihrer Herstellung begonnen, so können die Sonderabschreibungen auch für nach dem 31. Dezember 1989 und vor dem 1. Januar 1991 angeschaffte oder hergestellte Wirtschaftsgüter sowie für vor dem 1. Januar 1991 geleistete Anzahlungen auf Anschaffungskosten und entstandene Teilherstellungskosten in Anspruch genommen werden. ⁴Voraussetzung für die Inanspruchnahme der Sonderabschreibungen ist, daß die Förderungswürdigkeit der bezeichneten Vorhaben von der obersten Landesbehörde für Wirtschaft im Einvernehmen mit dem Bundesminister für Wirtschaft bescheinigt worden ist. ⁵Die Sonderabschreibungen können im Wirtschaftsjahr der Anschaffung oder Herstellung und in den vier folgenden Wirtschaftsjahren in Anspruch genommen werden, und zwar

§ 51 EStG

> bei beweglichen Wirtschaftsgütern des Anlagevermögens
> bis zu insgesamt 50 vom Hundert,
> bei unbeweglichen Wirtschaftsgütern des Anlagevermögens
> bis zu insgesamt 30 vom Hundert
> der Anschaffungs- oder Herstellungskosten. ⁶Bei den begünstigten Vorhaben im Tagebaubetrieb des Braunkohlen- und Erzbergbaues kann außerdem zugelassen werden, daß die vor dem 1. Januar 1991 aufgewendeten Kosten für den Vorabraum bis zu 50 vom Hundert als sofort abzugsfähige Betriebsausgaben behandelt werden;

o) (weggefallen);

p) ¹über die Bemessung der Absetzungen für Abnutzung oder Substanzverringerung bei nicht zu einem Betriebsvermögen gehörenden Wirtschaftsgütern, die vor dem 21. Juni 1948 angeschafft oder hergestellt oder die unentgeltlich erworben sind. ²Hierbei kann bestimmt werden, daß die Absetzungen für Abnutzung oder Substanzverringerung nicht nach den Anschaffungs- oder Herstellungskosten, sondern nach Hilfswerten (am 21. Juni 1948 maßgebender Einheitswert, Anschaffungs- oder Herstellungskosten des Rechtsvorgängers abzüglich der von ihm vorgenommenen Absetzungen, fiktive Anschaffungskosten an einem noch zu bestimmenden Stichtag) zu bemessen sind. ³Zur Vermeidung von Härten kann zugelassen werden, daß an Stelle der Absetzungen für Abnutzung, die nach dem am 21. Juni 1948 maßgebenden Einheitswert zu bemessen sind, der Betrag abgezogen wird, der für das Wirtschaftsgut in dem Veranlagungszeitraum 1947 als Absetzung für Abnutzung geltend gemacht werden konnte. ⁴Für das Land Berlin tritt in den Sätzen 1 bis 3 an die Stelle des 21. Juni 1948 jeweils der 1. April 1949; S 2190

q) ¹über erhöhte Absetzungen bei Herstellungskosten S 2198

aa) für Maßnahmen, die für den Anschluß eines im Inland belegenen Gebäudes an eine Fernwärmeversorgung einschließlich der Anbindung an das Heizsystem erforderlich sind, wenn die Fernwärmeversorgung überwiegend aus Anlagen der Kraft-Wärme-Kopplung, zur Verbrennung von Müll oder zur Verwertung von Abwärme gespeist wird,

bb) für den Einbau von Wärmepumpenanlagen, Solaranlagen und Anlagen zur Wärmerückgewinnung in einem im Inland belegenen Gebäude einschließlich der Anbindung an das Heizsystem,

cc) für die Errichtung von Windkraftanlagen, wenn die mit diesen Anlagen erzeugte Energie überwiegend entweder unmittelbar oder durch Verrechnung mit Elektrizitätsbezügen des Steuerpflichtigen von einem Elektrizitätsversorgungsunternehmen zur Versorgung eines im Inland belegenen Gebäudes des Steuerpflichtigen verwendet wird, einschließlich der Anbindung an das Versorgungssystem des Gebäudes,

dd) für die Errichtung von Anlagen zur Gewinnung von Gas, das aus pflanzlichen oder tierischen Abfallstoffen durch Gärung unter Sauerstoffabschluß entsteht, wenn dieses Gas zur Beheizung eines im Inland belegenen Gebäudes des Steuerpflichtigen oder zur Warmwasserbereitung in einem solchen Gebäude des Steuerpflichtigen verwendet wird, einschließlich der Anbindung an das Versorgungssystem des Gebäudes,

ee) für den Einbau einer Warmwasseranlage zur Versorgung von mehr als einer Zapfstelle und einer zentralen Heizungsanlage oder bei einer zentralen Heizungs- und Warmwasseranlage für den Einbau eines Heizkessels, eines Brenners, einer zentralen Steuerungseinrichtung, einer Wärmeabgabeeinrichtung und eine Änderung der Abgasanlage in einem im Inland belegenen Gebäude oder in einer im Inland belegenen Eigentumswohnung, wenn mit dem Einbau nicht vor Ablauf von zehn Jahren seit Fertigstellung dieses Gebäudes begonnen worden ist und der Einbau nach dem 30. Juni 1985 fertiggestellt worden ist; entsprechendes gilt bei Anschaffungskosten für neue Einzelöfen, wenn keine Zentralheizung vorhanden ist.

²Voraussetzung für die Gewährung der erhöhten Absetzungen ist, daß die Maßnahmen vor dem 1. Januar 1992 fertiggestellt worden sind; in den Fällen des Satzes 1 Doppelbuchstabe aa müssen die Gebäude vor dem 1. Juli 1983 fertiggestellt wor-

§ 51 EStG

den sein, es sei denn, daß der Anschluß nicht schon im Zusammenhang mit der Errichtung des Gebäudes möglich war. ³Die erhöhten Absetzungen dürfen jährlich 10 vom Hundert der Aufwendungen nicht übersteigen. ⁴Sie dürfen nicht gewährt werden, wenn für dieselbe Maßnahme eine Investitionszulage in Anspruch genommen wird. ⁵Sind die Aufwendungen Erhaltungsaufwand und entstehen sie bei einer zu eigenen Wohnzwecken genutzten Wohnung im eigenen Haus, für die der Nutzungswert nicht mehr besteuert wird, und liegen in den Fällen des Satzes 1 Doppelbuchstabe aa die Voraussetzungen des Satzes 2 zweiter Halbsatz vor, so kann der Abzug dieser Aufwendungen wie Sonderausgaben mit gleichmäßiger Verteilung auf das Kalenderjahr, in dem die Arbeiten abgeschlossen worden sind, und die neun folgenden Kalenderjahre zugelassen werden, wenn die Maßnahme vor dem 1. Januar 1992 abgeschlossen worden ist;

S 2211   r) ¹nach denen Steuerpflichtige größere Aufwendungen

        aa) für die Erhaltung von nicht zu einem Betriebsvermögen gehörenden Gebäuden, die überwiegend Wohnzwecken dienen,

        bb) zur Erhaltung eines Gebäudes in einem förmlich festgelegten Sanierungsgebiet oder städtebaulichen Entwicklungsbereich, die für Maßnahmen im Sinne des § 177 des Baugesetzbuchs sowie für bestimmte Maßnahmen, die der Erhaltung, Erneuerung und funktionsgerechten Verwendung eines Gebäudes dienen, das wegen seiner geschichtlichen, künstlerischen oder städtebaulichen Bedeutung erhalten bleiben soll, und zu deren Durchführung sich der Eigentümer neben bestimmten Modernisierungsmaßnahmen gegenüber der Gemeinde verpflichtet hat, aufgewendet worden sind,

        cc) zur Erhaltung von Gebäuden, die nach den jeweiligen landesrechtlichen Vorschriften Baudenkmale sind, soweit die Aufwendungen nach Art und Umfang zur Erhaltung des Gebäudes als Baudenkmal und zu seiner sinnvollen Nutzung erforderlich sind,

auf zwei bis fünf Jahre gleichmäßig verteilen können. ²In den Fällen der Doppelbuchstaben bb und cc ist Voraussetzung, daß der Erhaltungsaufwand vor dem 1. Januar 1990 entstanden ist. ³In den Fällen von Doppelbuchstabe cc sind die Denkmaleigenschaft des Gebäudes und die Voraussetzung, daß die Aufwendungen nach Art und Umfang zur Erhaltung des Gebäudes als Baudenkmal und zu seiner sinnvollen Nutzung erforderlich sind, durch eine Bescheinigung der nach Landesrecht zuständigen oder von der Landesregierung bestimmten Stelle nachzuweisen;

S 2185   s) ¹nach denen bei Anschaffung oder Herstellung von abnutzbaren beweglichen und bei Herstellung von abnutzbaren unbeweglichen Wirtschaftsgütern des Anlagevermögens auf Antrag ein Abzug von der Einkommensteuer für den Veranlagungszeitraum der Anschaffung oder Herstellung bis zur Höhe von 7,5 vom Hundert der Anschaffungs- oder Herstellungskosten dieser Wirtschaftsgüter vorgenommen werden kann, wenn eine Störung des gesamtwirtschaftlichen Gleichgewichts eingetreten ist oder sich abzeichnet, die eine nachhaltige Verringerung der Umsätze oder der Beschäftigung zur Folge hatte oder erwarten läßt, insbesondere bei einem erheblichen Rückgang der Nachfrage nach Investitionsgütern oder Bauleistungen. ²Bei der Bemessung des von der Einkommensteuer abzugsfähigen Betrags dürfen nur berücksichtigt werden

        aa) die Anschaffungs- oder Herstellungskosten von beweglichen Wirtschaftsgütern, die innerhalb eines jeweils festzusetzenden Zeitraums, der ein Jahr nicht übersteigen darf (Begünstigungszeitraum), angeschafft oder hergestellt werden,

        bb) ¹die Anschaffungs- oder Herstellungskosten von beweglichen Wirtschaftsgütern, die innerhalb des Begünstigungszeitraums bestellt und angezahlt werden oder mit deren Herstellung innerhalb des Begünstigungszeitraums begonnen wird, wenn sie innerhalb eines Jahres, bei Schiffen innerhalb zweier Jahre, nach Ablauf des Begünstigungszeitraums geliefert oder fertiggestellt werden. ²Soweit bewegliche Wirtschaftsgüter im Sinne des Satzes 1 mit Ausnahme von Schiffen nach Ablauf eines Jahres, aber vor Ablauf zweier Jahre nach dem Ende des Begünstigungszeitraums geliefert oder fertiggestellt werden, dürfen bei Bemessung des Abzugs von der Einkommensteuer die bis zum Ablauf eines

Jahres nach dem Ende des Begünstigungszeitraums aufgewendeten Anzahlungen und Teilherstellungskosten berücksichtigt werden,

cc) die Herstellungskosten von Gebäuden, bei denen innerhalb des Begünstigungszeitraums der Antrag auf Baugenehmigung gestellt wird, wenn sie bis zum Ablauf von zwei Jahren nach dem Ende des Begünstigungszeitraums fertiggestellt werden;

dabei scheiden geringwertige Wirtschaftsgüter im Sinne des § 6 Abs. 2 und Wirtschaftsgüter, die in gebrauchtem Zustand erworben werden, aus. ³Von der Begünstigung können außerdem Wirtschaftsgüter ausgeschlossen werden, für die Sonderabschreibungen, erhöhte Absetzungen oder die Investitionszulage nach § 19 des Berlinförderungsgesetzes in Anspruch genommen werden. ⁴In den Fällen der Doppelbuchstaben bb und cc können bei Bemessung des von der Einkommensteuer abzugsfähigen Betrags bereits die im Begünstigungszeitraum, im Fall des Doppelbuchstabens bb Satz 2 auch die bis zum Ablauf eines Jahres nach dem Ende des Begünstigungszeitraums aufgewendeten Anzahlungen und Teilherstellungskosten berücksichtigt werden; der Abzug von der Einkommensteuer kann insoweit schon für den Veranlagungszeitraum vorgenommen werden, in dem die Anzahlungen oder Teilherstellungskosten aufgewendet worden sind. ⁵Übersteigt der von der Einkommensteuer abzugsfähige Betrag die für den Veranlagungszeitraum der Anschaffung oder Herstellung geschuldete Einkommensteuer, so kann der übersteigende Betrag von der Einkommensteuer für den darauffolgenden Veranlagungszeitraum abgezogen werden. ⁶Entsprechendes gilt, wenn in den Fällen der Doppelbuchstaben bb und cc der Abzug von der Einkommensteuer bereits für Anzahlungen oder Teilherstellungskosten geltend gemacht wird. ⁷Der Abzug von der Einkommensteuer darf jedoch die für den Veranlagungszeitraum der Anschaffung oder Herstellung und den folgenden Veranlagungszeitraum insgesamt zu entrichtende Einkommensteuer nicht übersteigen. ⁸In den Fällen des Doppelbuchstabens bb Satz 2 gilt dies mit der Maßgabe, daß an die Stelle des Veranlagungszeitraums der Anschaffung oder Herstellung der Veranlagungszeitraum tritt, in dem zuletzt Anzahlungen oder Teilherstellungskosten aufgewendet worden sind. ⁹Werden begünstigte Wirtschaftsgüter von Gesellschaften im Sinne des § 15 Abs. 1 Satz 1 Nr. 2 und 3 angeschafft oder hergestellt, so ist der abzugsfähige Betrag nach dem Verhältnis der Gewinnanteile einschließlich der Vergütungen aufzuteilen. ¹⁰Die Anschaffungs- oder Herstellungskosten der Wirtschaftsgüter, die bei Bemessung des von der Einkommensteuer abzugsfähigen Betrags berücksichtigt worden sind, werden durch den Abzug von der Einkommensteuer nicht gemindert. ¹¹Rechtsverordnungen auf Grund dieser Ermächtigung bedürfen der Zustimmung des Bundestages. ¹²Die Zustimmung gilt als erteilt, wenn der Bundestag nicht binnen vier Wochen nach Eingang der Vorlage der Bundesregierung die Zustimmung verweigert hat;

t) (weggefallen);

u) ¹über Sonderabschreibungen bei abnutzbaren Wirtschaftsgütern des Anlagevermögens, die der Forschung oder Entwicklung dienen und nach dem 18. Mai 1983 und vor dem 1. Januar 1990 angeschafft oder hergestellt werden. ²Voraussetzung für die Inanspruchnahme der Sonderabschreibungen ist, daß die beweglichen Wirtschaftsgüter ausschließlich und die unbeweglichen Wirtschaftsgüter zu mehr als $33^1/_3$ vom Hundert der Forschung oder Entwicklung dienen. ³Die Sonderabschreibungen können auch für Ausbauten und Erweiterungen an bestehenden Gebäuden, Gebäudeteilen, Eigentumswohnungen oder im Teileigentum stehenden Räumen zugelassen werden, wenn die ausgebauten oder neu hergestellten Gebäudeteile zu mehr als $33^1/_3$ vom Hundert der Forschung oder Entwicklung dienen. ⁴Die Wirtschaftsgüter dienen der Forschung oder Entwicklung, wenn sie verwendet werden

aa) zur Gewinnung von neuen wissenschaftlichen oder technischen Erkenntnissen und Erfahrungen allgemeiner Art (Grundlagenforschung) oder

bb) zur Neuentwicklung von Erzeugnissen oder Herstellungsverfahren oder

cc) zur Weiterentwicklung von Erzeugnissen oder Herstellungsverfahren, soweit wesentliche Änderungen dieser Erzeugnisse oder Verfahren entwickelt werden.

⁵Die Sonderabschreibungen können im Wirtschaftsjahr der Anschaffung oder Herstellung und in den vier folgenden Wirtschaftsjahren in Anspruch genommen werden, und zwar

aa) bei beweglichen Wirtschaftsgütern des Anlagevermögens

bis zu insgesamt 40 vom Hundert,

bb) bei unbeweglichen Wirtschaftsgütern des Anlagevermögens,

die zu mehr als $66^2/_3$ vom Hundert der Forschung oder Entwicklung dienen,

bis zu insgesamt 15 vom Hundert,

die nicht zu mehr als $66^2/_3$ vom Hundert, aber zu mehr als $33^1/_3$ vom Hundert der Forschung oder Entwicklung dienen,

bis zu insgesamt 10 vom Hundert,

cc) bei Ausbauten und Erweiterungen an bestehenden Gebäuden, Gebäudeteilen, Eigentumswohnungen oder im Teileigentum stehenden Räumen, wenn die ausgebauten oder neu hergestellten Gebäudeteile

zu mehr als $66^2/_3$ vom Hundert der Forschung oder Entwicklung dienen,

bis zu insgesamt 15 vom Hundert,

zu nicht mehr als $66^2/_3$ vom Hundert, aber zu mehr als $33^1/_3$ vom Hundert der Forschung oder Entwicklung dienen,

bis zu insgesamt 10 vom Hundert

der Anschaffungs- oder Herstellungskosten. ⁶Sie können bereits für Anzahlungen auf Anschaffungskosten und für Teilherstellungskosten zugelassen werden. ⁷Die Sonderabschreibungen sind nur unter der Bedingung zuzulassen, daß die Wirtschaftsgüter und die ausgebauten oder neu hergestellten Gebäudeteile mindestens drei Jahre nach ihrer Anschaffung oder Herstellung in dem erforderlichen Umfang der Forschung oder Entwicklung in einer inländischen Betriebsstätte des Steuerpflichtigen dienen;

v) (weggefallen);

w) ¹über Sonderabschreibungen bei Handelsschiffen, die in einem inländischen Seeschiffsregister eingetragen sind und vor dem 1. Januar 2000 von Steuerpflichtigen, die den Gewinn nach § 5 ermitteln, angeschafft oder hergestellt worden sind. ²Im Fall der Anschaffung eines Handelsschiffes ist weitere Voraussetzung, daß das Schiff in ungebrauchtem Zustand vom Hersteller erworben worden ist. ³Die Sonderabschreibungen können im Wirtschaftsjahr der Anschaffung oder Herstellung und in den vier folgenden Wirtschaftsjahren bis zu insgesamt 40 vom Hundert der Anschaffungs- oder Herstellungskosten in Anspruch genommen werden. ⁴Sie können bereits für Anzahlungen auf Anschaffungskosten und für Teilherstellungskosten zugelassen werden. ⁵Die Sonderabschreibungen sind nur unter der Bedingung zuzulassen, daß die Handelsschiffe innerhalb eines Zeitraums von acht Jahren nach ihrer Anschaffung oder Herstellung nicht veräußert werden; für Anteile an einem Handelsschiff gilt dies entsprechend. ⁶Die Sätze 1 bis 5 gelten für Schiffe, die der Seefischerei dienen, entsprechend. ⁷Für Luftfahrzeuge, die zur gewerbsmäßigen Beförderung von Personen oder Sachen im internationalen Luftverkehr oder zur Verwendung zu sonstigen gewerblichen Zwecken im Ausland bestimmt sind, gelten die Sätze 1 bis 5 mit der Maßgabe entsprechend, daß an die Stelle der Eintragung in ein inländisches Seeschiffsregister die Eintragung in die deutsche Luftfahrzeugrolle, an die Stelle des Höchstsatzes von 40 vom Hundert ein Höchst-

---

¹) Die Verlängerung der Befristung um fünf Jahre steht teilweise noch unter dem Vorbehalt der Genehmigung durch die Kommission der Europäischen Gemeinschaften (Artikel 20 Abs. 2 StandOG) → BMF vom 30. 11. 1994 (BStBl I S. 881) und vom 27. 9. 1995 (BStBl I S. 630).

²) Absatz 1 Buchstabe w wurde durch das JStG 1996 ab VZ 1996 neu gefaßt.
- In Satz 2 wurden nach dem Wort „Schiff" die Worte „vor dem 1. Januar 1996" und nach dem Wort „Hersteller" die Worte „oder nach dem 31. Dezember 1995 bis zum Ablauf des vierten auf das Jahr der Fertigstellung folgenden Jahres" eingefügt;
- in Satz 7 wurden nach dem Wort „Luftfahrzeuge", die Worte „die vom Steuerpflichtigen hergestellt oder in ungebrauchtem Zustand vom Hersteller erworben worden sind und" eingefügt, sowie das Zitat „Sätze 1 bis 5" durch das Zitat „Sätze 1 und 3 bis 5" ersetzt.

satz von 30 vom Hundert und bei der Vorschrift des Satzes 5 an die Stelle des Zeitraums von acht Jahren ein Zeitraum von sechs Jahren treten;

x) ¹über erhöhte Absetzungen bei Herstellungskosten für Modernisierungs- und Instandsetzungsmaßnahmen im Sinne des § 177 des Baugesetzbuchs sowie für bestimmte Maßnahmen, die der Erhaltung, Erneuerung und funktionsgerechten Verwendung eines Gebäudes dienen, das wegen seiner geschichtlichen, künstlerischen oder städtebaulichen Bedeutung erhalten bleiben soll, und zu deren Durchführung sich der Eigentümer neben bestimmten Modernisierungsmaßnahmen gegenüber der Gemeinde verpflichtet hat, die für Gebäude in einem förmlich festgelegten Sanierungsgebiet oder städtebaulichen Entwicklungsbereich aufgewendet worden sind; Voraussetzung ist, daß die Maßnahmen vor dem 1. Januar 1991 abgeschlossen worden sind. ²Die erhöhten Absetzungen dürfen jährlich 10 vom Hundert der Aufwendungen nicht übersteigen;

S 2198 a

y) ¹über erhöhte Absetzungen für Herstellungskosten an Gebäuden, die nach den jeweiligen landesrechtlichen Vorschriften Baudenkmale sind, soweit die Aufwendungen nach Art und Umfang zur Erhaltung des Gebäudes als Baudenkmal und zu seiner sinnvollen Nutzung erforderlich sind; Voraussetzung ist, daß die Maßnahmen vor dem 1. Januar 1991 abgeschlossen worden sind. ²Die Denkmaleigenschaft des Gebäudes und die Voraussetzung, daß die Aufwendungen nach Art und Umfang zur Erhaltung des Gebäudes als Baudenkmal und zu seiner sinnvollen Nutzung erforderlich sind, sind durch eine Bescheinigung der nach Landesrecht zuständigen oder von der Landesregierung bestimmten Stelle nachzuweisen. ³Die erhöhten Absetzungen dürfen jährlich 10 vom Hundert der Aufwendungen nicht übersteigen;

S 2198 b

z) ¹nach denen bei Wirtschaftsgütern des Vorratsvermögens für den Wertansatz von Gold, Silber, Platin, Palladium und Rhodium für Wirtschaftsjahre, die vor dem 1. Januar 1990 enden, unterstellt werden kann, daß die zuletzt angeschafften oder hergestellten Wirtschaftsgüter zuerst verbraucht oder veräußert worden sind, soweit dies den handelsrechtlichen Grundsätzen ordnungsmäßiger Buchführung entspricht und die in der Bilanz für das im Kalenderjahr 1978 endende Wirtschaftsjahr ausgewiesenen Wertansätze (Mindestwerte) nicht unterschritten werden. ²Voraussetzung ist, daß die Wirtschaftsgüter zur Erzeugung, Be- oder Verarbeitung von Gold, Silber, Platin, Palladium oder Rhodium im eigenen Betrieb bestimmt oder im eigenen Betrieb erzeugt, bearbeitet oder verarbeitet worden sind. ³Wird die Verbrauchs- oder Veräußerungsfolge nach Satz 1 für den Wertansatz eines Edelmetalls oder Edelmetallgehalts unterstellt, dürfen Rücklagen wegen Preissteigerungen bei diesem Edelmetall nicht gebildet oder weitergeführt werden; die Wertansätze eines Edelmetalls oder Edelmetallgehalts dürfen bis zur Höhe der Mindestwerte um aufgelöste Beträge aus Rücklagen wegen Preissteigerungen bei diesem Edelmetall gemindert werden. ⁴Voraussetzung für die Unterstellung der Verbrauchs- oder Veräußerungsfolge nach Satz 1 ist ferner, daß der Wertansatz des Edelmetalls oder Edelmetallgehalts nicht auf Grund der nach Buchstabe m erlassenen Rechtsverordnung ermäßigt wird. ⁵Die Sätze 1 bis 4 gelten sinngemäß für Kupfer;

¹)

3. die in § 3 Nr. 52, § 4 a Abs. 1 Nr. 1, § 10 Abs. 5, § 19 a Abs. 9, § 22 Nr. 1 Satz 3 Buchstabe a, § 26 a Abs. 3, § 34 c Abs. 7, § 46 Abs. 5 und § 50 a Abs. 6 vorgesehenen Rechtsverordnungen zu erlassen.

(2) ¹Die Bundesregierung wird ermächtigt, durch Rechtsverordnung Vorschriften zu erlassen, nach denen die Inanspruchnahme von Sonderabschreibungen und erhöhten Absetzungen sowie die Bemessung der Absetzung für Abnutzung in fallenden Jahresbeträgen ganz oder teilweise ausgeschlossen werden können, wenn eine Störung des gesamtwirtschaftlichen Gleichgewichts eingetreten ist oder sich abzeichnet, die erhebliche Preissteigerungen mit sich gebracht hat oder erwarten läßt, insbesondere die Inlandsnachfrage nach Investitionsgütern oder Bauleistungen das Angebot wesentlich übersteigt. ²Die Inanspruchnahme von Sonderabschreibungen und erhöhten Absetzungen sowie die Bemessung der Absetzung für Abnutzung in fallenden Jahresbeträgen darf nur ausgeschlossen werden

S 1987

---

¹) Absatz 1 Nr. 2 Buchstabe z wurde durch das JStG 1996 ab VZ 1996 aufgehoben.

§ 51 EStG

1. für bewegliche Wirtschaftsgüter, die innerhalb eines jeweils festzusetzenden Zeitraums, der frühestens mit dem Tage beginnt, an dem die Bundesregierung ihren Beschluß über die Verordnung bekanntgibt, und der ein Jahr nicht übersteigen darf, angeschafft oder hergestellt werden. ²Für bewegliche Wirtschaftsgüter, die vor Beginn dieses Zeitraums bestellt und angezahlt worden sind oder mit deren Herstellung vor Beginn dieses Zeitraums angefangen worden ist, darf jedoch die Inanspruchnahme von Sonderabschreibungen und erhöhten Absetzungen sowie die Bemessung der Absetzung für Abnutzung in fallenden Jahresbeträgen nicht ausgeschlossen werden;
2. für bewegliche Wirtschaftsgüter und für Gebäude, die in dem in Nummer 1 bezeichneten Zeitraum bestellt werden oder mit deren Herstellung in diesem Zeitraum begonnen wird. ²Als Beginn der Herstellung gilt bei Gebäuden der Zeitpunkt, in dem der Antrag auf Baugenehmigung gestellt wird.

³Rechtsverordnungen auf Grund dieser Ermächtigung bedürfen der Zustimmung des Bundestages und des Bundesrates. ⁴Die Zustimmung gilt als erteilt, wenn der Bundesrat nicht binnen drei Wochen, der Bundestag nicht binnen vier Wochen nach Eingang der Vorlage der Bundesregierung die Zustimmung verweigert hat.

(3) ¹Die Bundesregierung wird ermächtigt, durch Rechtsverordnung mit Zustimmung des Bundesrates Vorschriften zu erlassen, nach denen die Einkommensteuer einschließlich des Steuerabzugs vom Arbeitslohn, des Steuerabzugs vom Kapitalertrag und des Steuerabzugs bei beschränkt Steuerpflichtigen

1. um höchstens 10 vom Hundert herabgesetzt werden kann. ²Der Zeitraum, für den die Herabsetzung gilt, darf ein Jahr nicht übersteigen; er soll sich mit dem Kalenderjahr decken. ³Voraussetzung ist, daß eine Störung des gesamtwirtschaftlichen Gleichgewichts eingetreten ist oder sich abzeichnet, die eine nachhaltige Verringerung der Umsätze oder der Beschäftigung zur Folge hatte oder erwarten läßt, insbesondere bei einem erheblichen Rückgang der Nachfrage nach Investitionsgütern und Bauleistungen oder Verbrauchsgütern;
2. um höchstens 10 vom Hundert erhöht werden kann. ²Der Zeitraum, für den die Erhöhung gilt, darf ein Jahr nicht übersteigen; er soll sich mit dem Kalenderjahr decken. ³Voraussetzung ist, daß eine Störung des gesamtwirtschaftlichen Gleichgewichts eingetreten ist oder sich abzeichnet, die erhebliche Preissteigerungen mit sich gebracht hat oder erwarten läßt, insbesondere, wenn die Nachfrage nach Investitionsgütern und Bauleistungen oder Verbrauchsgütern das Angebot wesentlich übersteigt.

²Rechtsverordnungen auf Grund dieser Ermächtigung bedürfen der Zustimmung des Bundestages.

(4) Das Bundesministerium der Finanzen wird ermächtigt,

1. im Einvernehmen mit den obersten Finanzbehörden der Länder die Vordrucke für
   a) (weggefallen)
   b) die in § 36 b Abs. 2 vorgesehene Bescheinigung,
   c) die Erklärungen zur Einkommensbesteuerung sowie die in § 39 Abs. 3 Satz 5 und § 39 a Abs. 2 vorgesehenen Anträge,
   d) die Lohnsteuer-Anmeldung (§ 41 a Abs. 1), die Lohnsteuerbescheinigung (§ 41 b Abs. 1 Satz 3),
   e) die Anmeldung der Kapitalertragsteuer (§ 45 a Abs. 1) und den Freistellungsauftrag nach § 44 a Abs. 2 Satz 1 Nr. 1,
   f) die Anmeldung der Abzugsteuer (§ 50 a),
   g) die Entlastung von der Kapitalertragsteuer und vom Steuerabzug nach § 50 a auf Grund von Abkommen zur Vermeidung der Doppelbesteuerung

   und die Muster des Antrags auf Vergütung von Körperschaftsteuer (§ 36 b Abs. 3), der Lohnsteuerkarte (§ 39) und der in § 45 a Abs. 2 und 3 vorgesehenen Bescheinigungen zu bestimmen;

2. den Wortlaut dieses Gesetzes und der zu diesem Gesetz erlassenen Rechtsverordnungen in der jeweils geltenden Fassung satzweise numeriert mit neuem Datum, unter neuer Überschrift und in neuer Paragraphenfolge bekanntzumachen und dabei Unstimmigkeiten im Wortlaut zu beseitigen.

EStDV
§ 74[1])
Rücklage für Preissteigerung

(1) Steuerpflichtige, die den Gewinn nach § 5 des Gesetzes ermitteln, können in Wirtschaftsjahren, die vor dem 1. Januar 1990 enden, für die Roh-, Hilfs- und Betriebsstoffe, halbfertigen Erzeugnisse, fertigen Erzeugnisse und Waren, die vertretbare Wirtschaftsgüter sind und deren Börsen- oder Marktpreis (Wiederbeschaffungspreis) am Schluß des Wirtschaftsjahrs gegenüber dem Börsen- oder Marktpreis (Wiederbeschaffungspreis) am Schluß des vorangegangenen Wirtschaftsjahrs um mehr als 10 vom Hundert gestiegen ist, im Wirtschaftsjahr der Preissteigerung eine den steuerlichen Gewinn mindernde Rücklage für Preissteigerung nach Maßgabe der Absätze 2 bis 4 bilden.

(2) Zur Errechnung der Rücklage für Preissteigerung ist der Vomhundertsatz zu ermitteln, um den der Börsen- oder Marktpreis (Wiederbeschaffungspreis) der Wirtschaftsgüter im Sinne des Absatzes 1 am Schluß des vorangegangenen Wirtschaftsjahrs zuzüglich 10 vom Hundert dieses Preises niedriger ist als der Börsen- oder Marktpreis (Wiederbeschaffungspreis) dieser Wirtschaftsgüter am Schluß des Wirtschaftsjahrs.

(3) [1]Die Rücklage darf den steuerlichen Gewinn nur bis zur Höhe des Betrags mindern, der sich bei Anwendung des nach Absatz 2 berechneten Vomhundertsatzes auf die am Schluß des Wirtschaftsjahrs in der Steuerbilanz ausgewiesenen und nach § 6 Abs. 1 Nr. 2 Satz 1 des Gesetzes mit den Anschaffungs- oder Herstellungskosten bewerteten Wirtschaftsgüter im Sinne des Absatzes 1 ergibt. [2]Ist ein Wirtschaftsgut im Sinne des Absatzes 1 am Schluß des Wirtschaftsjahrs in der Steuerbilanz niedriger als mit den Anschaffungs- oder Herstellungskosten bewertet worden, so darf die Rücklage den steuerlichen Gewinn bis zur Höhe des Betrags mindern, der sich bei Anwendung des nach Absatz 2 berechneten Vomhundertsatzes auf den in der Steuerbilanz ausgewiesenen niedrigeren Wert ergibt. [3]Liegt dieser Wert unter dem Börsen- oder Marktpreis (Wiederbeschaffungspreis) am Schluß des Wirtschaftsjahrs, so kann eine Rücklage nicht gebildet werden.

(4) Für Wirtschaftsgüter, die sich am Schluß des Wirtschaftsjahrs im Zustand der Be- oder Verarbeitung befinden und für die ein Börsen- oder Marktpreis (Wiederbeschaffungspreis) nicht vorhanden ist, sind die Absätze 1 bis 3 mit der Maßgabe anzuwenden, daß die Preissteigerung nach dem Börsen- oder Marktpreis (Wiederbeschaffungspreis) des nächsten Wirtschaftsguts zu berechnen ist, in das das im Zustand der Be- oder Verarbeitung befindliche Wirtschaftsgut eingeht und für das ein Börsen- oder Marktpreis (Wiederbeschaffungspreis) vorliegt.

(5) [1]Die Rücklage für Preissteigerung ist spätestens bis zum Ende des auf die Bildung folgenden sechsten Wirtschaftsjahrs gewinnerhöhend aufzulösen. [2]Bei Eintritt wesentlicher Preissenkungen, die auf die Preissteigerungen im Sinne des Absatzes 1 folgen, kann eine Auflösung zu einem früheren Zeitpunkt bestimmt werden.

(6) Voraussetzung für die Anwendung des Absatzes 1 ist, daß die Bildung und die Auflösung der Rücklage in der Buchführung verfolgt werden können.

§§ 74 a und 75
– weggefallen –

– unbesetzt –

---

[1]) § 74 wurde durch das JStG 1996 ab VZ 1996 aufgehoben.

EStDV

S 2184

§ 76¹)

Begünstigung der Anschaffung oder Herstellung bestimmter Wirtschaftsgüter und der Vornahme bestimmter Baumaßnahmen durch Land- und Forstwirte, deren Gewinn nicht nach Durchschnittssätzen zu ermitteln ist

(1) ¹Land- und Forstwirte, deren Gewinn nicht nach § 13 a des Gesetzes zu ermitteln ist, können von den Aufwendungen für die in den Anlagen 1 und 2 zu dieser Verordnung bezeichneten beweglichen und unbeweglichen Wirtschaftsgüter und Um- und Ausbauten an unbeweglichen Wirtschaftsgütern im Wirtschaftsjahr der Anschaffung oder Herstellung und in den beiden folgenden Wirtschaftsjahren Sonderabschreibungen vornehmen, und zwar

1. bei beweglichen Wirtschaftsgütern

   bis zur Höhe von insgesamt 50 vom Hundert,

2. bei unbeweglichen Wirtschaftsgütern und bei Um- und Ausbauten an unbeweglichen Wirtschaftsgütern

   bis zur Höhe von insgesamt 30 vom Hundert

der Anschaffungs- oder Herstellungskosten. ²§ 9 a gilt entsprechend.

(2) Die in Absatz 1 bezeichneten Land- und Forstwirte können bei Hingabe eines Zuschusses zur Finanzierung der Anschaffung oder Herstellung der in den Anlagen 1 und 2 zu dieser Verordnung bezeichneten beweglichen und unbeweglichen Wirtschaftsgüter oder bei Hingabe eines Zuschusses zur Finanzierung von Um- und Ausbauten an unbeweglichen Wirtschaftsgütern im Wirtschaftsjahr der Hingabe und in den beiden folgenden Wirtschaftsjahren neben den Absetzungen für Abnutzung nach § 7 Abs. 1 des Gesetzes Abschreibungen bis zur Höhe von insgesamt 50 vom Hundert der Zuschüsse vornehmen.

(3) Voraussetzung für die Anwendung des Absatzes 2 ist, daß

1. der Land- und Forstwirt den Zuschuß zum Zweck der Mitbenutzung der in den Anlagen 1 und 2 zu dieser Verordnung bezeichneten Wirtschaftsgüter gibt und

2. der Empfänger den Zuschuß unverzüglich und unmittelbar zur Finanzierung der Anschaffung oder Herstellung dieser Wirtschaftsgüter oder zur Finanzierung der Um- und Ausbauten verwendet und diese Verwendung dem Steuerpflichtigen bestätigt.

(4) ¹Die Abschreibungen nach Absatz 1 können für die Wirtschaftsgüter und für die Um- und Ausbauten an unbeweglichen Wirtschaftsgütern vorgenommen werden, die bis zum Ende des Wirtschaftsjahrs 1991/92 angeschafft oder hergestellt werden. ²Die Abschreibungen nach Absatz 2 können bei Zuschüssen in Anspruch genommen werden, die bis zum Ende des Wirtschaftsjahrs 1991/92 gegeben werden. ³Für unbewegliche Wirtschaftsgüter und für Um- und Ausbauten an unbeweglichen Wirtschaftsgütern, für die Abschreibungen nach Absatz 1 vorgenommen werden, ist von einer höchstens 30 jährigen Nutzungsdauer auszugehen.

**Anlage 1 zur Einkommensteuer-Durchführungsverordnung
(zu den §§ 76 und 78 EStDV)**

**Verzeichnis
der Wirtschaftsgüter des beweglichen Anlagevermögens im Sinne des § 76 Abs. 1 Nr. 1 und des § 78 Abs. 1 Nr. 1**

1. Ackerschlepper (auch Geräteträger) und Einachsschlepper, Einbau- und Anhängemaschinen und Anhängegeräte sowie Gabelstapler

2. Mit Aufbaumotoren versehene Maschinen und Geräte zur Bodenbearbeitung und Pflanzenpflege

3. Schlepper und Motorseilwinden und die zugehörigen Arbeitsmaschinen und -geräte für Obst-, Garten- und Weinbau und Forstwirtschaft, Motorseilwinden auch für Landwirtschaft, Holzrückemaschinen und -geräte

4. Mähdrescher (einschließlich Zusatzgeräte), Zusatzgeräte zu Dreschmaschinen für den Erntehofdrusch, Feldhäcksler, Sammelpressen, Vielfachgeräte zur Heuwendung und Parzellendrescher

---

¹) § 76 wurde durch das JStG 1996 ab VZ 1996 aufgehoben.

5. Maschinen, Geräte und Vorrichtungen zur Bekämpfung von Schädlingen und Frostschäden
6. Pflanz- und Legemaschinen, Parzellendrillmaschinen
7. Vorrats- und Sammelerntemaschinen
8. Maschinen zur Verteilung von Stall- und Handelsdünger
9. Gummibereifte Wagen und Triebachsanhänger
10. Maschinen zur Sortierung und Aufbereitung, Verpackungsmaschinen und Schrotmühlen
11. Maschinen und Geräte zur Erdaufbereitung einschließlich Dämpfer und Erdtopfpressen
12. Keltern, Pressen und Filtriergeräte
13. Maschinen und Vorrichtungen zur Flaschenabfüllung im Obst- und Weinbau
14. Gär- und Lagertanks, Holzfässer, Gärbottiche und Herbstbütten
15. Transportable Motorsägen mit Vergasermotor, Entrindungs- und Entastungsmaschinen
16. Kulturzäune in der Forstwirtschaft
17. Fördereinrichtungen (mechanische und pneumatische) einschließlich der erforderlichen baulichen Anlagen
18. Siloanlagen für Futter; Kühlanlagen zum Einfrieren von Fischfutter in der Forellenteichwirtschaft
19. Belüftungs- und Trocknungseinrichtungen für land- und forstwirtschaftliche Erzeugnisse
20. Melkmaschinen, Weidemelk- und Melkstandanlagen, Milchabsauganlagen und Milchsammeltanks
21. Kühl- und Gefrieranlagen zur Erhaltung von land- und forstwirtschaftlichen Erzeugnissen
22. Be- und Entwässerungsanlagen, Grabenzieh- und Räummaschinen, bewegliche Pumpen, Maschinen und Geräte für den Wegebau und die Wegeinstandhaltung
23. Maschinelle Einrichtungen zu Gülle- und Jaucheanlagen
24. Entrappungsmaschinen
25. a) Gewächshäuser, Frühbeetanlagen und Dungbereitungsanlagen
    b) Heizungs-, Belichtungs-, Schattierungs-, Beregnungs-, Belüftungs- und Hängeeinrichtungen sowie Arbeits- und Kulturtische in Gewächshäusern oder Frühbeetanlagen
26. Getreidesilos im Zusammenhang mit der Haltung von Mähdreschern
27. Gärfutterbehälter
28. Dungstätten, Jauchegruben, Gülleanlagen und Mistsilos
29. Schattenhallen, Überwinterungsräume und Vorkeimräume
29 a. Anlagen zur Lagerung von Kartoffeln, Gemüse, Obst, Baumschulerzeugnissen und gärtnerischen Erzeugnissen

wenn sie Betriebsvorrichtungen sind[1]

29 b. Transportable Waldarbeiter- und Geräteschutzhütten und Unterkunftswagen
30. Wasserversorgungsanlagen (Pumpen, Rohrleitungen und ähnliche Anlagen)
31. Elektrische Anlagen und Geräte, die ihrer Art nach ausschließlich land- und forstwirtschaftlichen Zwecken dienen können

---

[1]) Vgl. auch Anlage 2 Abschnitt C Buchstaben a bis c und Abschnitt D Nr. 1 Buchstaben a und b.

§ 51 EStG   § 76 EStDV

32. Brutmaschinen, Aufzucht- und Legebatterien für die Geflügelhaltung
33. Tränk- und Fütterungseinrichtungen in Ställen und auf Weiden
34. Futtermischanlagen

Anlage 2 zur Einkommensteuer-Durchführungsverordnung
(zu den §§ 76 und 78 EStDV)

**Verzeichnis
der unbeweglichen Wirtschaftsgüter und Um- und Ausbauten
an unbeweglichen Wirtschaftsgütern im Sinne des § 76 Abs. 1 Nr. 2
und des § 78 Abs. 1 Nr. 2**

A. Baumaßnahmen im Rahmen der Tierseuchenbekämpfung

1. Trennung der Reagenten von den Nichtreagenten bei der Tuberkulose- und Brucellosebekämpfung
   a) Einbau von Trennwänden in Rindviehställen
   b) Umbau von Einraumställen zu Mehrraumställen
   c) Einbau von Jungviehlaufställen in vorhandene Gebäude (z. B. in Scheunen)
2. Verbesserung der Stallgebäude
   a) Einbau größerer Fenster
   b) Einbau von üblichen Lüftungsvorrichtungen
   c) Verbesserung des Wärmeschutzes der Wände, Decken und Fußböden

B. Baumaßnahmen im Rahmen der Technisierung und Rationalisierung der Innenwirtschaft

1. Um- und Ausbau von Wirtschaftsgebäuden zu Lagerzwecken
2. Neubau, Anbau und Einbau von Melkständen und Milchkammeranlagen
3. Einbau von Trocknungs-, Kühl- und Gefrieranlagen
4. Neubau, Umbau und Einbau von Maschinen- und Gerätehallen, Schleppergaragen und Treibstofflagern
5. Errichtung oder Umbau von Wirtschaftsküchen
6. Neubau von Ställen und Baumaßnahmen zur Modernisierung von Ställen

C. Baumaßnahmen zur Verminderung der Lagerungsverluste landwirtschaftlicher Erzeugnisse

Errichtung von
a) Getreidesilos oder Schüttböden im Zusammenhang mit der Haltung von Mähdreschern
b) Gärfutterbehältern
c) Dungstätten, Jauchegruben, Gülleanlagen und Mistsilos
d) Düngerschuppen
e) Baulichkeiten zur Lagerung von Gemüse, Obst, Kartoffeln, Baumschulerzeugnissen und gärtnerischen Erzeugnissen einschließlich Sortier- und Verpackungsräumen

wenn sie nicht Betriebsvorrichtungen sind[1]

---

[1] Vgl. auch Anlage 1 Nr. 25 bis 29 a.

D. Sonstige Baumaßnahmen

1. Errichtung von
   a) Schattenhallen, Überwinterungs- räumen und Vorkeimräumen
   b) Gewächshäusern einschließlich Heizungs- und Belichtungseinrichtungen
   c) Waldarbeiter- und Geräteschutz- hütten

   } wennn sie nicht Betriebs- vorrichtungen sind[1])

2. Ausbau von Räumen zur Aufnahme einer sterilen Abfüllanlage im Obst- und Weinbau
3. Neubau, Umbau und Ausbau von Kelterschuppen und Kelterhäusern sowie von Räumen zur Vorklärung, Vergärung, Abfüllung, Aufbereitung, Sortierung, Verpackung und Lagerung im Obst- und Weinbau
4. Neubau, Umbau und Ausbau von Bruthäusern, Sortierhallen und Futterküchen in der Teichwirtschaft
5. Hofbefestigungen und Wirtschaftswege (Privatwege und öffentliche Wege)

R 231. Bewertungsfreiheit nach § 76 EStDV

– unbesetzt –

Hinweise

Allgemeines

§§ 76 und 78 EStDV gelten letztmalig für Aufwendungen bis zum Ende des Wirtschaftsjahrs 1991/92. Bei Betrieben mit Kalenderjahr als Wirtschaftsjahr sind §§ 76 und 78 EStDV anwendbar für Aufwendungen, die bis zum 31. 12. 1992 getätigt werden.

Betriebsteile im Ausland

Die Sonderabschreibung nach § 76 EStDV kann auch für Anlagegüter eines land- und forstwirtschaftlichen Betriebsteils im Ausland gewährt werden (→ BFH vom 27. 2. 1992 – BStBl II S. 554).

Verhältnis zu § 78 EStDV

Land- und Forstwirte können von der Bewertungsfreiheit nach § 76 Abs. 1 EStDV in den Wirtschaftsjahren Gebrauch machen, in denen der Gewinn aus Land- und Forstwirtschaft nicht nach den Durchschnittssätzen des § 13 Abs. 3 bis 8 EStG zu ermitteln ist. Wird die Voraussetzung der Gewinnermittlung nach § 4 Abs. 1 oder Abs. 3 EStG erst vom Beginn eines der beiden auf das Anschaffungs- oder Herstellungsjahr folgenden Wirtschaftsjahre an erfüllt und ist bis dahin bereits die Begünstigung nach § 78 EStDV in Anspruch genommen worden, so ist die nach § 76 EStDV zu bemessende Abschreibung um die bereits berücksichtigten Beträge zu kürzen. Entsprechend ist bei Zuschüssen nach § 76 Abs. 2 EStDV zu verfahren.

Verzeichnis nach § 7 a Abs. 8 EStG

Land- und Forstwirte, deren Gewinn durch Schätzung ermittelt wird, können die Bewertungsfreiheit nach § 76 EStDV nur in Anspruch nehmen, wenn sie die begünstigten Wirtschaftsgüter oder Baumaßnahmen in einem besonderen, laufend zu führenden Verzeichnis nach § 7 a Abs. 8 EStG aufzeichnen. Die laufende Führung des besonderen Verzeichnisses setzt voraus, daß die nach § 7 a Abs. 8 Satz 1 EStG erforderlichen Aufzeichnungen spätestens bei der Abgabe der Steuererklärung vorliegen, in der die Begünstigung nach § 76 EStDV für das jeweilige Wirtschaftsgut oder die Baumaßnahme geltend gemacht wird, und fortgeführt

---

[1]) Vgl. auch Anlage 1 Nr. 25 bis 29 a.

§ 51 EStG   §§ 77–79 EStDV
R 232, 233   H 231

werden. Für nichtbuchführungspflichtige Betriebe, deren Gewinn aus der Land- und Forstwirtschaft nach § 4 Abs. 3 EStG ermittelt wird, gilt Entsprechendes.

EStDV

EStDV
§ 77
– weggefallen –

EStDV

S 2184

§ 78[1])

Begünstigung der Anschaffung oder Herstellung bestimmter Wirtschaftsgüter und der Vornahme bestimmter Baumaßnahmen durch Land- und Forstwirte, deren Gewinn nach Durchschnittssätzen zu ermitteln ist

(1) [1]Land- und Forstwirte, deren Gewinn nach § 13 a des Gesetzes zu ermitteln ist, können bei Anschaffung oder Herstellung der in den Anlagen 1 und 2[2]) zu dieser Verordnung bezeichneten beweglichen und unbeweglichen Wirtschaftsgüter und Um- und Ausbauten an unbeweglichen Wirtschaftsgütern im Wirtschaftsjahr der Anschaffung oder Herstellung

1. bei beweglichen Wirtschaftsgütern

   25 vom Hundert,

2. bei unbeweglichen Wirtschaftsgütern und bei Um- und Ausbauten an unbeweglichen Wirtschaftsgütern

   15 vom Hundert

der Anschaffungs- oder Herstellungskosten vom Gewinn abziehen. [2]§ 9 a gilt entsprechend.

(2) [1]Die in Absatz 1 bezeichneten Land- und Forstwirte können bei Hingabe eines Zuschusses zur Finanzierung der Anschaffung oder Herstellung der in den Anlagen 1 und 2[2]) zu dieser Verordnung bezeichneten beweglichen und unbeweglichen Wirtschaftsgüter oder bei Hingabe eines Zuschusses zur Finanzierung von Um- und Ausbauten an unbeweglichen Wirtschaftsgütern insgesamt bis zu 25 vom Hundert der Zuschüsse im Wirtschaftsjahr der Hingabe vom Gewinn abziehen. [2]§ 76 Abs. 3 ist anzuwenden.

(3) Die nach den Absätzen 1 und 2 abzugsfähigen Beträge dürfen insgesamt 4.000 Deutsche Mark nicht übersteigen und nicht zu einem Verlust aus Land- und Forstwirtschaft führen.

(4) [1]Der Abzug nach Absatz 1 kann für Wirtschaftsgüter in Anspruch genommen werden, die bis zum Ende des Wirtschaftsjahrs 1991/92 angeschafft oder hergestellt werden. [2]Der Abzug nach Absatz 2 kann für Zuschüsse in Anspruch genommen werden, die bis zum Ende des Wirtschaftsjahrs 1991/92 gegeben werden.

(5) § 7 a Abs. 6 des Gesetzes gilt entsprechend.

R 232 und R 233   *– unbesetzt –*

EStDV

EStDV
§ 79
– weggefallen –

| [1]) § 78 wurde durch das JStG 1996 ab VZ 1996 aufgehoben.
[2]) Zu § 76 EStDV abgedruckt.

814

§ 80
EStDV

Bewertungsabschlag für bestimmte Wirtschaftsgüter des Umlaufvermögens ausländischer Herkunft, deren Preis auf dem Weltmarkt wesentlichen Schwankungen unterliegt

S 2174

(1) ¹Steuerpflichtige, die den Gewinn nach § 5 des Gesetzes ermitteln, können die in der Anlage 3 zu dieser Verordnung bezeichneten Wirtschaftsgüter des Umlaufvermögens für Wirtschaftsjahre, die vor dem 1. Januar 1990 enden, statt mit dem sich nach § 6 Abs. 1 Nr. 2 des Gesetzes ergebenden Wert mit einem Wert ansetzen, der bis zu 20 vom Hundert unter den Anschaffungskosten oder dem niedrigeren Börsen- oder Marktpreis (Wiederbeschaffungspreis) des Bilanzstichtags liegt. ²Für das erste Wirtschaftsjahr, das nach dem 31. Dezember 1989 endet, kann ein entsprechender Wert bis zu 15 vom Hundert und für die darauffolgenden Wirtschaftsjahre bis zu 10 vom Hundert unter den Anschaffungskosten oder dem niedrigeren Börsen- oder Marktpreis (Wiederbeschaffungspreis) angesetzt werden.

(2) ¹Voraussetzung für die Anwendung des Absatzes 1 ist, daß
1. das Wirtschaftsgut im Ausland erzeugt oder hergestellt worden ist,
2. das Wirtschaftsgut nach der Anschaffung nicht bearbeitet oder verarbeitet worden ist,
3. das Land Berlin für das Wirtschaftsgut nicht vertraglich das mit der Einlagerung verbundene Preisrisiko übernommen hat,
4. das Wirtschaftsgut sich am Bilanzstichtag im Inland befunden hat oder nachweislich zur Einfuhr in das Inland bestimmt gewesen ist. ²Dieser Nachweis gilt als erbracht, wenn sich das Wirtschaftsgut spätestens neun Monate nach dem Bilanzstichtag im Inland befindet und
5. der Tag der Anschaffung und die Anschaffungskosten aus der Buchführung ersichtlich sind.

³Ob eine Bearbeitung oder Verarbeitung im Sinne der Nummer 2 vorliegt, bestimmt sich nach § 12 der Durchführungsbestimmungen zum Umsatzsteuergesetz in der Fassung der Bekanntmachung vom 1. September 1951 (BGBl. I S. 796), zuletzt geändert durch das Steueränderungsgesetz 1966 vom 23. Dezember 1966 (BGBl. I S. 702). ⁴Die nach § 4 Ziff. 4 des Umsatzsteuergesetzes in der Fassung der Bekanntmachung vom 1. September 1951 (BGBl. I S. 791), zuletzt geändert durch das Steueränderungsgesetz 1966 und das Siebzehnte Gesetz zur Änderung des Umsatzsteuergesetzes vom 23. Dezember 1966 (BGBl. I S. 709), in Verbindung mit der Anlage 2 zu diesem Gesetz oder nach § 22 der bezeichneten Durchführungsbestimmungen zum Umsatzsteuergesetz besonders zugelassenen Bearbeitungen und Verarbeitungen schließen die Anwendung des Absatzes 1 nicht aus, es sei denn, daß durch die Bearbeitung oder Verarbeitung ein Wirtschaftsgut entsteht, das nicht in der Anlage 3 aufgeführt ist.

Anlage 3 zur Einkommensteuer-Durchführungsverordnung
(zu § 80 Abs. 1 EStDV)

Verzeichnis
der Wirtschaftsgüter im Sinne des § 80 Abs. 1

1. Haare, Borsten, Därme, Bettfedern und Daunen
2. Hülsenfrüchte, Rohreis und geschälter Reis im Sinne der Unterpositionen 1006 1091, 1006 1099 und 1006 20 des Zolltarifs, Buchweizen, Hirse, Hartweizen im Sinne der Unterposition 1001 10 des Zolltarifs
3. Früchte oder Teile von Früchten der im Zolltarif Kapitel 8 bezeichneten Art, deren Wassergehalt durch einen natürlichen oder künstlichen Trocknungsprozeß zur Gewährleistung der Haltbarkeit herabgesetzt ist, Erdnüsse, Johannisbrot, Gewürze, konservierte Südfrüchte und Säfte aus Südfrüchten, Aprikosenkerne, Pfirsichkerne
4. Rohkaffee, Rohkakao, Tee, Mate
5. Tierische und rohe pflanzliche Öle und Fette sowie Ölsaaten und Ölfrüchte, Ölkuchen, Ölkuchenmehle und Extraktionsschrote; Fettsäuren, Rohglyzerin
6. Rohdrogen, ätherische Öle
7. Wachse, Paraffine
8. Rohtabak
9. Asbest

10. Pflanzliche Gerbstoffe
11. Harze, Gummen, Terpentinöle und sonstige Lackrohstoffe; Kasein
12. Kautschuk, Balata und Guttapercha
13. Häute und Felle (auch für Pelzwerk)
14. Roh- und Schnittholz, Furniere, Naturkork, Zellstoff, Linters (nicht spinnbar)
15. Kraftliner
16. Wolle (auch gewaschene Wolle und Kammzüge), andere Tierhaare, Baumwolle und Abfälle dieser Wirtschaftsgüter
17. Flachs, Ramie, Hanf, Jute, Sisal, Kokosgarne, Manila, Hartfasern und sonstige pflanzliche Spinnstoffe (einschließlich Kokosfasern), Werg und verspinnbare Abfälle dieser Wirtschaftsgüter
18. Pflanzliche Bürstenrohstoffe und Flechtrohstoffe (auch Stuhlrohr)
19. Seidengarne, Seidenkammzüge
20. Hadern und Lumpen
21. Unedle NE-Metalle, roh und deren Vormaterial einschließlich Alkali- und Erdalkalimetalle, Metalle der seltenen Erden, Quecksilber, metallhaltige Vorstoffe und Erze zur Herstellung von Ferrolegierungen, feuerfesten Erzeugnissen und chemischen Verbindungen, Silicium, Selen und seine Vorstoffe; Silber, Platin, Iridium, Osmium, Palladium, Rhodium und deren Vorstoffe; die Vorstoffe von Gold, Fertiggold aus der eigenen Herstellung sowie Gold zur Be- oder Verarbeitung im eigenen Betrieb
22. Eisen- und Stahlschrott (einschließlich Schiffe zum Zerschlagen), Eisenerz
23. Bergkristalle sowie Edelsteine und Schmucksteine, roh oder einfach gesägt, gespalten oder angeschliffen, Pulver von Edelsteinen und Schmucksteinen, synthetisches Diamantpulver, Perlen
24. Feldfuttersaaten, Gemüse- und Blumensaaten einschließlich Saatgut von Gemüsehülsenfrüchten
25. Fleischextrakte
26. Fischmehl, Fleischmehl, Blutmehl, Pellets von Tapioka-(Cassava-, Maniok-)Chips
27. Sintermagnesit

R 233 a

R 233 a. Bewertungsabschlag für bestimmte Wirtschaftsgüter des Umlaufvermögens ausländischer Herkunft

S 2174

(1) ¹Für die Abgrenzung der in der Anlage 3 zu § 80 EStDV bezeichneten Wirtschaftsgüter (begünstigte Wirtschaftsgüter) sind wie bei der Umsatzsteuer der jeweils geltende Zolltarif und die zu seiner Anwendung erlassenen Vorschriften maßgebend, soweit sie zu einer vergleichsweisen Heranziehung geeignete Begriffsabgrenzungen enthalten. ²Ist dies nicht der Fall, enthält aber die Freiliste 3 (Anlage 1 zu § 4 Ziff. 4 UStG 1951 in der zuletzt geltenden Fassung) oder die Freiliste 2 (Anlage 1 zu § 20 Abs. 2 Ziff. 1 und § 21 Ziff. 1 UStDB 1951 in der zuletzt geltenden Fassung) vergleichbare Begriffe, so gelten die nach diesen Vorschriften maßgebenden Abgrenzungen.

(2) § 80 EStDV findet nur auf die begünstigten Wirtschaftsgüter selbst, nicht auf Ansprüche auf Lieferung dieser Wirtschaftsgüter (schwebende Einkaufsverträge) Anwendung (→ BFH vom 14. 7. 1966 – BStBl 1967 III S. 20).

(3) ¹Die Bearbeitung oder Verarbeitung eines Wirtschaftsguts durch einen Steuerpflichtigen liegt auch dann vor, wenn der Steuerpflichtige sie durch einen anderen ausführen läßt. ²Ist durch eine in § 80 Abs. 2 EStDV besonders zugelassene Bearbeitung oder Verarbeitung ein Wirtschaftsgut entstanden, das in der Anlage 3 nicht bezeichnet ist, so entfällt die Begünstigung nach § 80 EStDV.

(4) ¹Entsteht durch eine in § 80 Abs. 2 EStDV besonders zugelassene Bearbeitung oder Verarbeitung ein Wirtschaftsgut, das in der Anlage 3 bezeichnet ist, so können für die Bemessung des Bewertungsabschlags die Kosten einer besonders zugelassenen Bearbeitung oder Verarbeitung den Anschaffungskosten hinzugerechnet werden. ²Werden begünstigte Wirt-

schaftsgüter bei einer zugelassenen Bearbeitung oder Verarbeitung mit nicht begünstigten Wirtschaftsgütern verarbeitet oder vermischt und ist das entstandene Wirtschaftsgut in der Anlage 3 bezeichnet, so kann der Steuerpflichtige den Bewertungsabschlag nach § 80 EStDV nur in Höhe des wertmäßigen Anteils, der von dem entstandenen Wirtschaftsgut auf das verarbeitete oder vermischte begünstigte Wirtschaftsgut entfällt, in Anspruch nehmen.

(5) ¹Hat der Steuerpflichtige ein begünstigtes Wirtschaftsgut vor dem Bilanzstichtag in anderer als in einer der nach § 80 Abs. 2 EStDV zugelassenen Weise bearbeitet oder verarbeitet, so ist § 80 EStDV nicht anwendbar. ²Das gilt auch dann, wenn das durch die Bearbeitung oder Verarbeitung entstandene Wirtschaftsgut in der Anlage 3 bezeichnet ist.

(6) Bei Verhüttungsmaterialien kann der Abschlag nach § 80 EStDV für am Bilanzstichtag vorhandene Erze auch dann nur von den Anschaffungskosten oder dem niedrigeren Börsen- oder Marktpreis (Wiederbeschaffungspreis) des Erzes vorgenommen werden, wenn bei der Anschaffung des Erzes der Wert des ausbringbaren Metalls (Erzpreis zuzüglich Verhüttungskosten) in Rechnung gestellt worden ist und über die Verhüttungskosten eine besondere Gutschrift erteilt wird.

(7) Anschaffungskosten im Sinne des § 80 Abs. 1 EStDV sind die tatsächlichen Anschaffungskosten, nicht der Bilanzansatz am Schluß des vorangegangenen Wirtschaftsjahres.

(8) Der Wertansatz eines nach § 80 EStDV angesetzten Wirtschaftsguts darf den Wertansatz in der Handelsbilanz nicht unterschreiten.

Hinweise

Anschaffungskosten im Sinne des § 80 Abs. 1 EStDV

Beispiel:

In der Schlußbilanz des Vorjahres sind 100 Einheiten der Ware A (Wirtschaftsgut der Anlage 3), die für 4.000 DM erworben wurden, mit dem Börsenpreis des Bilanzstichtags, der je Einheit 30 DM betrug, mit 3.000 DM abzüglich 10 v. H. = 2.700 DM bewertet. Diese Ware ist an dem folgenden Bilanzstichtag noch vorhanden. Der Börsenpreis beträgt an diesem Bilanzstichtag 35 DM je Einheit. Die Ware kann mit einem Abschlag von 10 v. H. von 3.500 DM, also mit 3.150 DM bewertet werden. Da der bisherige Wertansatz nur 2.700 DM beträgt, darf der Steuerpflichtige nach § 6 Abs. 1 Nr. 2 Satz 3 EStG aber auch den bisherigen Wertansatz beibehalten. Ein Bewertungsabschlag von diesem Wertansatz ist jedoch nicht zulässig, weil es sich hierbei nicht um Anschaffungskosten handelt.

EStDV

§ 81

Bewertungsfreiheit für bestimmte Wirtschaftsgüter des Anlagevermögens im Kohlen- und Erzbergbau

(1) ¹Steuerpflichtige, die den Gewinn nach § 5 des Gesetzes ermitteln, können bei abnutzbaren Wirtschaftsgütern des Anlagevermögens, bei denen die in den Absätzen 2 und 3 bezeichneten Voraussetzungen vorliegen, im Wirtschaftsjahr der Anschaffung oder Herstellung und in den vier folgenden Wirtschaftsjahren Sonderabschreibungen vornehmen, und zwar

1. bei beweglichen Wirtschaftsgütern des Anlagevermögens

    bis zur Höhe von insgesamt 50 vom Hundert,

2. bei unbeweglichen Wirtschaftsgütern des Anlagevermögens

    bis zur Höhe von insgesamt 30 vom Hundert

der Anschaffungs- oder Herstellungskosten. ²§ 9 a gilt entsprechend.

(2) Voraussetzung für die Anwendung des Absatzes 1 ist,

1. daß die Wirtschaftsgüter

    a) im Tiefbaubetrieb des Steinkohlen-, Pechkohlen-, Braunkohlen- und Erzbergbaues

        aa) für die Errichtung von neuen Förderschachtanlagen, auch in der Form von Anschlußschachtanlagen, bb) für die Errichtung neuer Schächte sowie die Erweiterung des Grubengebäudes und den durch Wasserzuflüsse aus stillliegenden Anlagen bedingten Ausbau der Wasserhaltung bestehender Schachtanlagen,

cc) für Rationalisierungsmaßnahmen in der Hauptschacht-, Blindschacht-, Strecken- und Abbauförderung, im Streckenvortrieb, in der Gewinnung, Versatzwirtschaft, Seilfahrt, Wetterführung und Wasserhaltung sowie in der Aufbereitung,

dd) für die Zusammenfassung von mehreren Förderschachtanlagen zu einer einheitlichen Förderschachtanlage oder

ee) für den Wiederaufschluß stillliegender Grubenfelder und Feldesteile,

b) im Tagebaubetrieb des Braunkohlen- und Erzbergbaues

aa) für die Erschließung neuer Tagebaue, auch in Form von Anschlußtagebauen,

bb) für Rationalisierungsmaßnahmen bei laufenden Tagebauen,

cc) beim Übergang zum Tieftagebau für die Freilegung und Gewinnung der Lagerstätte oder

dd) für die Wiederinbetriebnahme stillgelegter Tagebaue

angeschafft oder hergestellt werden und

2. daß die Förderungswürdigkeit dieser Vorhaben von der obersten Landesbehörde oder der von ihr bestimmten Stelle im Einvernehmen mit dem Bundesminister für Wirtschaft bescheinigt worden ist.

(3) Die Abschreibungen nach Absatz 1 können nur in Anspruch genommen werden

1. in den Fällen des Absatzes 2 Nr. 1 Buchstabe a bei Wirtschaftsgütern des Anlagevermögens unter Tage und bei den in der Anlage 5 zu dieser Verordnung bezeichneten Wirtschaftsgütern des Anlagevermögens über Tage,

2. in den Fällen des Absatzes 2 Nr. 1 Buchstabe b bei den in der Anlage 6 zu dieser Verordnung bezeichneten Wirtschaftsgütern des beweglichen Anlagevermögens.

(4) Die Abschreibungen nach Absatz 1 können in Anspruch genommen werden bei im Geltungsbereich dieser Verordnung ausschließlich des in Artikel 3 des Einigungsvertrags genannten Gebiets

1. vor dem 1. Januar 1990 angeschafften oder hergestellten Wirtschaftsgütern,

2. a) nach dem 31. Dezember 1989 und vor dem 1. Januar 1991 angeschafften oder hergestellten Wirtschaftsgütern,

b) vor dem 1. Januar 1991 geleisteten Anzahlungen auf Anschaffungskosten und entstandenen Teilherstellungskosten,

wenn der Steuerpflichtige vor dem 1. Januar 1990 die Wirtschaftsgüter bestellt oder mit ihrer Herstellung begonnen hat.

(5) Bei den in Absatz 2 Nr. 1 Buchstabe b bezeichneten Vorhaben können die vor dem 1. Januar 1990 im Geltungsbereich dieser Verordnung ausschließlich des in Artikel 3 des Einigungsvertrages genannten Gebiets aufgewendeten Kosten für den Vorabraum bis zu 50 vom Hundert als sofort abzugsfähige Betriebsausgaben behandelt werden.

Anlage 5 zur Einkommensteuer-Durchführungsverordnung
(zu § 81 Abs. 3 Nr. 1 EStDV)

Verzeichnis der Wirtschaftsgüter des Anlagevermögens über Tage im Sinne des § 81 Abs. 3 Nr. 1

Die Bewertungsfreiheit des § 81 kann im Tiefbaubetrieb des Steinkohlen-, Pechkohlen-, Braunkohlen- und Erzbergbaues für die Wirtschaftsgüter des Anlagevermögens über Tage in Anspruch genommen werden, die zu den folgenden, mit dem Grubenbetrieb unter Tage in unmittelbarem Zusammenhang stehenden, der Förderung, Seilfahrt, Wasserhaltung und Wetterführung sowie der Aufbereitung des Minerals dienenden Anlagen und Einrichtungen gehören:

1. Förderanlagen und -einrichtungen einschließlich Schachthalle, Hängebank, Wagenumlauf und Verladeeinrichtungen sowie Anlagen der Berge- und Grubenholzwirtschaft

2. Anlagen und Einrichtungen der Wetterwirtschaft und Wasserhaltung
3. Waschkauen sowie Einrichtungen der Grubenlampenwirtschaft, des Grubenrettungswesens und der Ersten Hilfe
4. Sieberei, Wäsche und sonstige Aufbereitungsanlagen; im Erzbergbau alle der Aufbereitung dienenden Anlagen sowie die Anlagen zum Rösten von Eisenerzen, wenn die Anlagen nicht zu einem Hüttenbetrieb gehören.

Anlage 6 zur Einkommensteuer-Durchführungsverordnung
(zu § 81 Abs. 3 Nr. 2 EStDV)

Verzeichnis der Wirtschaftsgüter des beweglichen Anlagevermögens im Sinne des § 81 Abs. 3 Nr. 2

Die Bewertungsfreiheit des § 81 kann im Tagebaubetrieb des Braunkohlen- und Erzbergbaues für die folgenden Wirtschaftsgüter des beweglichen Anlagevermögens in Anspruch genommen werden:

1. Grubenaufschluß
2. Entwässerungsanlagen
3. Großgeräte, die der Lösung, Bewegung und Verkippung der Abraummassen sowie der Förderung und Bewegung des Minerals dienen, soweit sie wegen ihrer besonderen, die Ablagerungs- und Größenverhältnisse des Tagebaubetriebs berücksichtigenden Konstruktion nur für diesen Tagebaubetrieb oder anschließend für andere begünstigte Tagebaubetriebe verwendet werden; hierzu gehören auch Spezialabraum- und -kohlenwagen einschließlich der dafür erforderlichen Lokomotiven sowie Transportbandanlagen mit den Auf- und Übergaben und den dazugehörigen Bunkereinrichtungen mit Ausnahme der Rohkohlenbunker in Kraftwerken, Brikettfabriken oder Versandanlagen, wenn die Wirtschaftsgüter die Voraussetzungen des ersten Halbsatzes erfüllen
4. Einrichtungen des Grubenrettungswesens und der Ersten Hilfe
5. Wirtschaftsgüter, die zu den Aufbereitungsanlagen im Erzbergbau gehören, wenn die Aufbereitungsanlagen nicht zu einem Hüttenbetrieb gehören.

EStDV

§ 82

– weggefallen –

EStDV

§ 82 a

Erhöhte Absetzungen von Herstellungskosten und Sonderbehandlung von Erhaltungsaufwand für bestimmte Anlagen und Einrichtungen bei Gebäuden

(zu § 21 EStG abgedruckt)

EStDV

§ 82 b

Behandlung größeren Erhaltungsaufwands bei Wohngebäuden

(zu § 21 EStG abgedruckt)

EStDV

§§ 82 c bis 82 e

– weggefallen –

EStDV

§ 51 EStG §§ 82 f, 82 g EStDV
R 234, 235

R 234

R 234. Weitergeltung der Anordnungen zu § 82 d EStDV

Abschnitt 234 EStR 1990 ist weiter anzuwenden.

R 235

– unbesetzt –

EStDV

S 2185

EStDV

§ 82 f

Bewertungsfreiheit für Handelsschiffe, für Schiffe, die der Seefischerei dienen, und für Luftfahrzeuge

(1) ¹Steuerpflichtige, die den Gewinn nach § 5 des Gesetzes ermitteln, können bei Handelsschiffen, die in einem inländischen Seeschiffsregister eingetragen sind, im Wirtschaftsjahr der Anschaffung oder Herstellung und in den vier folgenden Wirtschaftsjahren Sonderabschreibungen bis zu insgesamt 40 vom Hundert der Anschaffungs- oder Herstellungskosten vornehmen. ²§ 9 a gilt entsprechend.

¹) (2) Im Fall der Anschaffung eines Handelsschiffs ist Absatz 1 nur anzuwenden, wenn das Handelsschiff in ungebrauchtem Zustand vom Hersteller erworben worden ist.

(3) ¹Die Inanspruchnahme der Abschreibungen nach Absatz 1 ist nur unter der Bedingung zulässig, daß die Handelsschiffe innerhalb eines Zeitraums von acht Jahren nach ihrer Anschaffung oder Herstellung nicht veräußert werden. ²Für Anteile an Handelsschiffen gilt dies entsprechend.

(4) Die Abschreibungen nach Absatz 1 können bereits für Anzahlungen auf Anschaffungskosten und für Teilherstellungskosten in Anspruch genommen werden.

²) (5) Die Abschreibungen nach Absatz 1 können für Handelsschiffe in Anspruch genommen werden, die vor dem 1. Januar 2000 angeschafft oder hergestellt werden.

³) (6) ¹Die Absätze 1 bis 5 gelten für Schiffe, die der Seefischerei dienen, entsprechend. ²Für Luftfahrzeuge, die zur gewerbsmäßigen Beförderung von Personen oder Sachen im internationalen Luftverkehr oder zur Verwendung zu sonstigen gewerblichen Zwecken im Ausland bestimmt sind, gelten die Absätze 1 bis 5 mit der Maßgabe entsprechend, daß an die Stelle der Eintragung in ein inländisches Seeschiffsregister die Eintragung in die deutsche Luftfahrzeugrolle, an die Stelle des Höchstsatzes von 40 vom Hundert ein Höchstsatz von 30 vom Hundert und bei der Vorschrift des Absatzes 3 an die Stelle des Zeitraums von acht Jahren ein Zeitraum von sechs Jahren treten.

EStDV

§ 82 g

Erhöhte Absetzungen von Herstellungskosten für bestimmte Baumaßnahmen

(zu § 21 EStG abgedruckt)

---

¹) Absatz 2 wurde durch das JStG 1996 ab VZ 1996 neu gefaßt.
„(2) Im Fall der Anschaffung eines Handelsschiffs ist Absatz 1 nur anzuwenden, wenn das Handelsschiff vor dem 1. Januar 1996 in ungebrauchtem Zustand vom Hersteller oder nach dem 31. Dezember 1995 bis zum Ablauf des vierten auf das Jahr der Fertigstellung folgenden Jahres erworben worden ist."

²) Die Verlängerung der Befristung um fünf Jahre steht teilweise noch unter dem Vorbehalt der Genehmigung durch die Kommission der Europäischen Gemeinschaften (Artikel 20 Abs. 2 StandOG) → BMF vom 30. 11. 1994 (BStBl I S. 881) und vom 27. 9. 1995 (BStBl I S. 630).

³) Absatz 6 wurde durch das JStG 1996 ab VZ 1996 neu gefaßt.
In Absatz 6 wurden nach dem Wort „Luftfahrzeuge," die Worte „die vom Steuerpflichtigen hergestellt oder in ungebrauchtem Zustand vom Hersteller erworben worden sind und" eingefügt, sowie das Zitat „Absätze 1 bis 5" durch das Zitat „Absätze 1 und 3 bis 5" ersetzt.
Die geänderte Fassung ist erstmals für den VZ 1996 anzuwenden (→ § 84 Abs. 1 EStDV in der Fassung des JStG 1996).

§ 82 h
– weggefallen –

EStDV

§ 82 i
Erhöhte Absetzungen von Herstellungskosten bei Baudenkmälern
(zu § 21 EStG abgedruckt)

EStDV

§§ 82 k und 83
– weggefallen –

EStDV

EStG

§ 51 a
Festsetzung und Erhebung von Zuschlagsteuern

(1) Auf die Festsetzung und Erhebung von Steuern, die nach der Einkommensteuer bemessen werden (Zuschlagsteuern), sind die Vorschriften dieses Gesetzes entsprechend anzuwenden.

[1]) (2) ¹Bemessungsgrundlage ist die festgesetzte Einkommensteuer oder die Jahreslohnsteuer nach Abzug

1. von 150 Deutsche Mark für jedes Kind des Steuerpflichtigen, für das ein Kinderfreibetrag von 2.052 Deutsche Mark,
2. von 300 Deutsche Mark für jedes Kind des Steuerpflichtigen, für das ein Kinderfreibetrag von 4.104 Deutsche Mark

vom Einkommen abgezogen wird (§ 32 Abs. 6). ²Für jedes Kind, für das nach § 32 Abs. 6 Satz 4 ein ermäßigter Kinderfreibetrag vom Einkommen abgezogen wird, ist ein entsprechend ermäßigter Betrag von der festgesetzten Einkommensteuer abzuziehen.

[2]) (2 a) ¹Beim Steuerabzug vom Arbeitslohn ist Absatz 2 Satz 1 mit der Maßgabe anzuwenden, daß die Jahreslohnsteuer an die Stelle der festgesetzten Einkommensteuer tritt; Absatz 2 Satz 2 ist nicht anzuwenden. ²Wird die Lohnsteuer nach der Steuerklasse IV erhoben, ist der Abzugsbetrag nach Absatz 2 Satz 1 bei jedem Ehegatten zur Hälfte zu berücksichtigen.

(3) Ist die Einkommensteuer für Einkünfte, die dem Steuerabzug unterliegen, durch den Steuerabzug abgegolten oder werden solche Einkünfte bei der Veranlagung zur Einkommensteuer oder beim Lohnsteuer-Jahresausgleich nicht erfaßt, gilt dies für die Zuschlagsteuer entsprechend.

(4) ¹Die Vorauszahlungen auf Zuschlagsteuern sind gleichzeitig mit den festgesetzten Vorauszahlungen auf die Einkommensteuer zu entrichten; § 37 Abs. 5 ist nicht anzuwenden. ²Solange ein Bescheid über die Vorauszahlungen auf Zuschlagsteuern nicht erteilt worden ist, sind die Vorauszahlungen ohne besondere Aufforderung nach Maßgabe der für die Zuschlagsteuern geltenden Vorschriften zu entrichten. ³§ 240 Abs. 1 Satz 3 der Abgabenordnung ist insoweit nicht anzuwenden; § 254 Abs. 2 der Abgabenordnung gilt insoweit sinngemäß.

(5) ¹Mit einem Rechtsbehelf gegen die Zuschlagsteuer kann weder die Bemessungsgrundlage noch die Höhe des zu versteuernden Einkommens angegriffen werden. ²Wird die Bemessungsgrundlage geändert, ändert sich die Zuschlagsteuer entsprechend.

---

[1]) Absatz 2 wurde durch das JStG 1996 ab VZ 1996 neu gefaßt.
„(2) Bemessungsgrundlage ist die Einkommensteuer, die abweichend von § 2 Abs. 6 unter Berücksichtigung von Kinderfreibeträgen in allen Fällen des § 32 festzusetzen wäre."
Die Neufassung ist erstmals für den VZ 1996 anzuwenden (→ § 52 Abs. 1 EStG in der Fassung des JStG 1996).

[2]) Absatz 2 a wurde durch das JStG 1996 und das JStErgG 1996 ab VZ 1996 geändert.
Absatz 2 a hat nunmehr folgenden Wortlaut:
„(2 a) ¹Beim Steuerabzug vom Arbeitslohn ist Bemessungsgrundlage die Lohnsteuer; beim Steuerabzug vom laufenden Arbeitslohn und beim Jahresausgleich ist die Lohnsteuer maßgebend, die sich ergibt, wenn in die Hinzurechnung nach § 38 c Abs. 1 Satz 5 für die Steuerklassen I, II und III ein Kinderfreibetrag von 6.264 Deutsche Mark und für die Steuerklasse IV ein Kinderfreibetrag von 3.132 Deutsche Mark für jedes Kind einbezogen wird, für das eine Kürzung des Kinderfreibetrags nach § 32 Abs. 6 Satz 4 nicht in Betracht kommt. ²Das Bundesministerium der Finanzen hat in den nach § 38 c aufzustellenden Lohnsteuertabellen die Bemessungsgrundlage für Arbeitnehmer mit 0,5 bis 6 Kinderfreibeträgen gesondert auszuweisen. ³§ 38 c Abs. 1 Satz 6 gilt sinngemäß. ⁴Bei der Anwendung des § 39 b für die Ermittlung der Zuschlagsteuern ist die auf der Lohnsteuerkarte eingetragene Zahl der Kinderfreibeträge maßgebend."
Die Neufassung ist erstmals für den VZ 1996 anzuwenden (→ § 52 Abs. 1 EStG in der Fassung des JStG 1996). Zur Anwendung ab dem VZ 1997 → § 52 Abs. 31 a EStG in der Fassung des JStG 1996.

§ 51 a EStG
Hinweise

Hinweise

Kirchensteuersätze und Kappungsmöglichkeiten 1995

	Zuschlag zur ESt/ LSt in %	Kappung in %	Zuschlag bei pauschalierter LSt in %	Allgemeines Kirchgeld[1]) in DM	Besonderes Kirchgeld (glaubensversch. Ehen) in DM	Mindestbetrag in DM (jährlich)
Baden-Württemberg	8	3,5[1])	7[1])	6–36	–	7,20
Bayern	8	–	7[1])	3–30	–	–
Berlin	9	3	5[1])	–	216–3.996[1])	–
Brandenburg	9	3	5	12–60	216–3.996[1])	–
Bremen	8	3	7	–	–	–
Hamburg	8[1])	3[1])	4,5[1])	–	216–4.500[1])	7,20[1])
Hessen	9	4[1])	7	6–60	216–4.500[1])	3,60
Mecklenburg-Vorpommern	9	–	5	5–60	216–4.500	–
Niedersachsen	9	3,5	6	6–120	–	7,20
Nordrhein-Westfalen	9	4[1])	7	3–60	–	–
Rheinland-Pfalz	9	4[1])	7	6–110	216–4.500[1])	–
Saarland	9	4[1])	7	6–60	–	–
Sachsen	9	3,5	5	6–60	216–4.500	7,20[1])
Sachsen-Anhalt	9	3,5	5	6–48	216–4.500	7,20[1])
Schleswig-Holstein	9	3,5	7	12–60	216–4.500	7,20
Thüringen	9	3,5	5	6–48	216–4.500	7,20[1])

Einzelne Länder sehen Kirchensteuer vom Vermögen und vom Grundbesitz vor.

[1]) Ausnahmen oder Abweichungen regional möglich.

Solidaritätszuschlag

Solidaritätszuschlagsgesetz und Berechnungsschema zur Ermittlung des Solidaritätszuschlags → Anhang 27 a.

Anhang 27 a

EStG

§ 52
Anwendungsvorschriften[1])

(1) ¹Diese Fassung des Gesetzes ist, soweit in den folgenden Absätzen nichts anderes bestimmt ist, erstmals für den Veranlagungszeitraum 1994 anzuwenden. ²Beim Steuerabzug vom Arbeitslohn gilt Satz 1 mit der Maßgabe, daß diese Fassung erstmals auf den laufenden Arbeitslohn anzuwenden ist, der für einen nach dem 31. Dezember 1993 endenden Lohnzahlungszeitraum gezahlt wird, und auf sonstige Bezüge, die nach dem 31. Dezember 1993 zufließen.

(2) § 2 a Abs. 3 und 4 ist erstmals auf Verluste des Veranlagungszeitraums 1990 anzuwenden.

(2 – JStG 1996 –) § 1 a Abs. 1 ist für Staatsangehörige eines Mitgliedstaates der Europäischen Union auf Antrag auch für Veranlagungszeiträume vor 1996 anzuwenden, soweit Steuerbescheide noch nicht bestandskräftig sind; für Staatsangehörige und für das Hoheitsgebiet Finnlands, Islands, Norwegens, Österreichs und Schwedens gilt dies ab dem Veranlagungszeitraum 1994.

(2 a) ¹§ 3 Nr. 7 in der Fassung des Gesetzes vom 21. Dezember 1993 (BGBl. I S. 2310) ist erstmals für den Veranlagungszeitraum 1993 anzuwenden. ²§ 3 Nr. 7 in der Fassung des Gesetzes vom 27. September 1994 (BGBl. I S. 2624) ist erstmals für den Veranlagungszeitraum 1994 anzuwenden.

(2 a – JStG 1996 –) § 3 Nr. 2 in der Fassung des Gesetzes vom 11. Oktober 1995 (BGBl. I S. 1250) ist erstmals für den Veranlagungszeitraum 1995 anzuwenden.

(2 b) ¹§ 3 Nr. 68 des Einkommensteuergesetzes 1987 in der Fassung der Bekanntmachung vom 27. Februar 1987 (BGBl. I S. 657) ist vorbehaltlich des Satzes 2 letztmals für das Kalenderjahr 1988 anzuwenden. ²Die Vorschrift ist für die Kalenderjahre 1989 bis 2000 weiter anzuwenden auf Zinsersparnisse und Zinszuschüsse bei Darlehen, die der Arbeitnehmer vor dem 1. Januar 1989 erhalten hat, soweit die Vorteile nicht über die im Kalenderjahr 1988 gewährten Vorteile hinausgehen und soweit die Zinszuschüsse zusätzlich zum ohnehin geschuldeten Arbeitslohn gezahlt werden.

(2 c – JStG 1996 –) Für Leistungen nach dem Bundeskindergeldgesetz für Kalenderjahre vor 1996, die nach dem 31. Dezember 1995 zufließen, ist § 3 Nr. 24 in der bis zum 31. Dezember 1995 geltenden Fassung anzuwenden.

(2 d – JStG 1996 –) § 3 Nr. 36 in der Fassung des Gesetzes vom 11. Oktober 1995 (BGBl. I S. 1250) ist auf Einnahmen für Pflegeleistungen, die ab dem 1. April 1995 erbracht werden, anzuwenden.

(2 f –JStG 1996 –) § 3 Nr. 69 in der Fassung des Gesetzes vom 11. Oktober 1995 (BGBl. I S. 1250) ist erstmals für den Veranlagungszeitraum 1994 anzuwenden.

(3) ¹Soweit die Zuschläge, die nach einem Gesetz oder einem Tarifvertrag für tatsächlich geleistete Sonntags-, Feiertags- oder Nachtarbeit neben dem Grundlohn gezahlt werden, den nach § 3 b steuerfreien Betrag um mehr als um 6 vom Hundert des Grundlohns im Lohnzahlungszeitraum überschreiten, bleibt für den im Kalenderjahr 1990 endenden Lohnzahlungszeiträume der über 6 vom Hundert des Grundlohns hinausgehende Betrag zusätzlich steuerfrei. ²Die Zahl 6 erhöht sich für jedes nachfolgende Kalenderjahr jeweils um 4. ³Die Sätze 1 und 2 sind letztmals auf Zuschläge anzuwenden, die für vor dem 1. Januar 1996 endende Lohnzahlungszeiträume gezahlt werden.

(4) § 4 Abs. 3 Satz 4 ist nicht anzuwenden, soweit die Anschaffungs- oder Herstellungskosten vor dem 1. Januar 1971 als Betriebsausgaben abgesetzt worden sind.

(5) ¹§ 4 Abs. 5 Satz 1 Nr. 5 in der Fassung dieses Gesetzes ist erstmals für den Veranlagungszeitraum 1993 anzuwenden. ²§ 4 Abs. 5 Satz 1 Nr. 8 Satz 4 ist auch für Veranlagungszeiträume vor 1992 anzuwenden, soweit Steuerbescheide noch nicht bestandskräftig sind, unter dem Vorbehalt der Nachprüfung stehen oder die Steuer hinsichtlich der Abzugsfähigkeit der festgesetzten Geldbußen als Betriebsausgaben vorläufig festgesetzt worden ist.

---

[1]) Der vollständige Text des durch das JStG 1996 neu gefaßten und durch das Gesetz zur Neuregelung der steuerrechtlichen Wohneigentumsförderung und des JStErgG 1996 geänderten § 52 ist im Anschluß, ab S. 796, abgedruckt.

§ 52 EStG

(5 – JStG 1996 –) § 4 d ist erstmals für Wirtschaftsjahre anzuwenden, die nach dem 31. Dezember 1995 beginnen. § 4 d Abs. 1 Nr. 1 Buchstabe c Satz 5 ist erstmals für Wirtschaftsjahre anzuwenden, die nach dem 31. Dezember 1991 beginnen.

(6) ¹Rückstellungen für die Verpflichtung zu einer Zuwendung anläßlich eines Dienstjubiläums dürfen nur gebildet werden, soweit der Zuwendungsberechtigte seine Anwartschaft nach dem 31. Dezember 1992 erwirbt. ²Bereits gebildete Rückstellungen sind in den Bilanzen des nach dem 30. Dezember 1988 endenden Wirtschaftsjahrs und der beiden folgenden Wirtschaftsjahre mit mindestens je einem Drittel gewinnerhöhend aufzulösen.

(7) ¹§ 6 Abs. 1 Nr. 1 Satz 4 und Nr. 2 a ist erstmals für das Wirtschaftsjahr anzuwenden, das nach dem 31. Dezember 1989 endet. ²§ 6 Abs. 1 Nr. 4 Satz 2 ist erstmals auf Entnahmen anzuwenden, die nach dem 31. Dezember 1993 vorgenommen werden. ³§ 6 Abs. 1 Nr. 4 Satz 4 und 5 ist erstmals für das Wirtschaftsjahr anzuwenden, das nach dem 31. Dezember 1988 endet. ⁴§ 6 Abs. 1 Nr. 5 Satz 1 Buchstabe b ist erstmals auf Einlagen anzuwenden, die nach dem 31. Dezember 1991 vorgenommen werden. ⁵§ 6 Abs. 3 des Einkommensteuergesetzes 1987 ist letztmals für das Wirtschaftsjahr anzuwenden, das vor dem 1. Januar 1990 endet.

(8) ¹§ 6 a Abs. 3 letzter Satz ist erstmals für das erste Wirtschaftsjahr anzuwenden, das nach dem 31. Dezember 1981 endet (Übergangsjahr). ²Bei Anwendung des § 6 a Abs. 4 Satz 1 ist für die Berechnung des Teilwerts der Pensionsverpflichtung am Schluß des dem Übergangsjahr vorangegangenen Wirtschaftsjahrs ebenfalls ein Rechnungszinsfuß von 6 vom Hundert zugrunde zu legen. ³Soweit eine am Schluß des dem Übergangsjahr vorangegangenen Wirtschaftsjahrs vorhandene Pensionsrückstellung den mit einem Rechnungszinsfuß von 6 vom Hundert zu berechnenden Teilwert der Pensionsverpflichtung an diesem Stichtag übersteigt, kann in Höhe des übersteigenden Betrags am Schluß des Übergangsjahrs eine den steuerlichen Gewinn mindernde Rücklage gebildet werden. ⁴Die sich nach Satz 3 bei einem Betrieb insgesamt ergebende Rücklage ist im Übergangsjahr und in den folgenden elf Wirtschaftsjahren jeweils mit mindestens einem Zwölftel gewinnerhöhend aufzulösen.

(9) ¹§ 7 Abs. 2 Satz 2 ist erstmals bei beweglichen Wirtschaftsgütern des Anlagevermögens anzuwenden, die nach dem 29. Juli 1981 angeschafft oder hergestellt worden sind. ²Bei beweglichen Wirtschaftsgütern des Anlagevermögens, die nach dem 31. August 1977 und vor dem 30. Juli 1981 angeschafft oder hergestellt worden sind, ist § 7 Abs. 2 Satz 2 des Einkommensteuergesetzes 1981 in der Fassung der Bekanntmachung vom 6. Dezember 1981 (BGBl. I S. 1249, 1560) weiter anzuwenden. ³Bei beweglichen Wirtschaftsgütern des Anlagevermögens, die vor dem 1. September 1977 angeschafft oder hergestellt worden sind, sind § 7 Abs. 2 Satz 2 und § 52 Abs. 8 und 9 des Einkommensteuergesetzes 1975 in der Fassung der Bekanntmachung vom 5. September 1974 (BGBl. I S. 2165) weiter anzuwenden.

(9 a) ¹§ 7 Abs. 5 in der durch Gesetz vom 30. Juni 1989 (BGBl. I S. 1267) geänderten Fassung ist erstmals für den Veranlagungszeitraum 1989 anzuwenden. ²§ 7 Abs. 4 und 5 in der durch Gesetz vom 19. Dezember 1985 (BGBl. I S. 2434) geänderten Fassung ist erstmals für den Veranlagungszeitraum 1985 anzuwenden. ³§ 7 Abs. 5 in den vor Inkrafttreten des in Satz 1 bezeichneten Gesetzes geltenden Fassungen und § 52 Abs. 8 des Einkommensteuergesetzes 1985 in der Fassung der Bekanntmachung vom 12. Juni 1985 (BGBl. I S. 977; 1986 I S. 138) sind weiter anzuwenden.

(10) § 7 a Abs. 6 des Einkommensteuergesetzes 1979 in der Fassung der Bekanntmachung vom 21. Juni 1979 (BGBl. I S. 721) ist letztmals für das Wirtschaftsjahr anzuwenden, das dem Wirtschaftsjahr vorangeht, für das § 15 a erstmals anzuwenden ist.

(11) § 7 g Abs. 3 bis 6 ist erstmals für Wirtschaftsjahre anzuwenden, die nach dem 31. Dezember 1994 beginnen.

(11 – JStG 1996 –) ¹§ 7 g Abs. 3 Satz 3 Nr. 4 ist erstmals für Wirtschaftsjahre anzuwenden, die nach dem 31. Dezember 1995 beginnen. ²§ 7 g Abs. 3 Satz 5 ist erstmals für Wirtschaftsjahre anzuwenden, die nach dem 31. Dezember 1994 beginnen.

(12) ¹§ 10 Abs. 1 Nr. 2 Buchstabe b vorletzter und letzter Satz ist erstmals für Verträge anzuwenden, die nach dem 31. Dezember 1990 abgeschlossen worden sind. ²§ 10 Abs. 2 Satz 1 Nr. 2 in der Fassung dieses Gesetzes ist erstmals für den Veranlagungszeitraum 1993 anzuwenden. ³§ 10 Abs. 2 Satz 2 ist erstmals anzuwenden, wenn die Ansprüche aus dem Versicherungsvertrag nach dem 13. Februar 1992 zur Tilgung oder Sicherung eines Darlehens dienen, es sei denn, der Steuerpflichtige weist nach, daß bis zu diesem Zeitpunkt die

Darlehnsschuld entstanden war und er sich verpflichtet hatte, die Ansprüche aus dem Versicherungsvertrag zur Tilgung oder Sicherung dieses Darlehens einzusetzen. ⁴§ 10 Abs. 3 Nr. 2 Buchstabe b in der Fassung des Gesetzes vom 25. Februar 1992 (BGBl. I S. 297) ist erstmals für den Veranlagungszeitraum 1991 anzuwenden. ⁵§ 10 Abs. 3 in der Fassung dieses Gesetzes ist erstmals für den Veranlagungszeitraum 1993, auf Steuerpflichtige mit Einnahmen aus nichtselbständiger Arbeit, mit der der Erwerb von Anwartschaftsrechten oder Ansprüchen auf Alters-, Kranken- oder Arbeitslosenversorgung ausschließlich auf Grund eigener Beitragsleistung verbunden ist, erstmals für den Veranlagungszeitraum 1994 anzuwenden. ⁶§ 10 Abs. 5 Nr. 2 gilt entsprechend bei Versicherungen auf den Erlebens- oder Todesfall gegen Einmalbeitrag, wenn dieser nach § 10 Abs. 1 Nr. 2 Buchstabe b des Einkommensteuergesetzes in den Fassungen, die vor dem in Absatz 1 Satz 1 bezeichneten Zeitraum gelten, als Sonderausgabe abgezogen worden ist und nach dem 8. November 1991 ganz oder zum Teil zurückgezahlt wird.

(12 – Gesetz zur Neuregelung der steuerlichen Wohneigentumsförderung –) ¹§ 10 Abs. 1 Nr. 2 Buchstabe b Sätze 2 und 3 ist erstmals für Verträge anzuwenden, die nach dem 31. Dezember 1990 abgeschlossen worden sind. ²§ 10 Abs. 1 Nr. 8 Satz 2 Buchstabe c ist erstmals für den Veranlagungszeitraum 1995 anzuwenden. ³§ 10 Abs. 2 Satz 2 ist erstmals anzuwenden, wenn die Ansprüche aus dem Versicherungsvertrag nach dem 13. Februar 1992 zur Tilgung oder Sicherung eines Darlehens dienen, es sei denn, der Steuerpflichtige weist nach, daß bis zu diesem Zeitpunkt die Darlehnsschuld entstanden war und er sich verpflichtet hatte, die Ansprüche aus dem Versicherungsvertrag zur Tilgung oder Sicherung dieses Darlehens einzusetzen. ⁴§ 10 Abs. 3 Nr. 4 in der Fassung des Artikels 26 des Gesetzes vom 26. Mai 1994 (BGBl. I S. 1014) ist erstmals für den Veranlagungszeitraum 1995 anzuwenden. ⁵§ 10 Abs. 5 Satz 1 Nr. 2 gilt entsprechend bei Versicherungen auf den Erlebens- oder Todesfall gegen Einmalbeitrag, wenn dieser nach § 10 Abs. 1 Nr. 2 Buchstabe b des Einkommensteuergesetzes in den Fassungen, die vor dem in Absatz 1 Satz 1 bezeichneten Zeitraum gelten, als Sonderausgabe abgezogen worden ist und nach dem 8. November 1991 ganz oder zum Teil zurückgezahlt wird. ⁶§ 10 Abs. 5 Nr. 3 in der Fassung des Gesetzes vom 25. Februar 1992 (BGBl. I S. 297) ist letztmals für den Veranlagungszeitraum 2005 anzuwenden.

(13) § 10 d Abs. 1 in der Fassung dieses Gesetzes ist erstmals auf nicht ausgeglichene Verluste des Veranlagungszeitraums 1994, § 10 d Abs. 2 ist erstmals auf nicht ausgeglichene Verluste des Veranlagungszeitraums 1985 anzuwenden.

(14) ¹Für nach dem 31. Dezember 1986 und vor dem 1. Januar 1991 hergestellte oder angeschaffte Wohnungen im eigenen Haus oder Eigentumswohnungen sowie in diesem Zeitraum fertiggestellte Ausbauten oder Erweiterungen ist § 10 e des Einkommensteuergesetzes 1990 in der Fassung der Bekanntmachung vom 7. September 1990 (BGBl. I S. 1898, 1991 I S. 808) weiter anzuwenden. ²Für nach dem 31. Dezember 1990 hergestellte oder angeschaffte Wohnungen im eigenen Haus oder Eigentumswohnungen sowie in diesem Zeitraum fertiggestellte Ausbauten oder Erweiterungen ist § 10 e des Einkommensteuergesetzes in der durch Gesetz vom 24. Juni 1991 (BGBl. I S. 1322) geänderten Fassung weiter anzuwenden. ³Abweichend von Satz 2 ist § 10 e Abs. 1 bis 5 und 6 bis 7 in der durch Gesetz vom 25. Februar 1992 (BGBl. I S. 297) geänderten Fassung erstmals für den Veranlagungszeitraum 1991 bei Objekten im Sinne des § 10 e Abs. 1 und 2 anzuwenden, wenn im Fall der Herstellung der Steuerpflichtige nach dem 30. September 1991 den Bauantrag gestellt oder mit der Herstellung begonnen hat oder im Fall der Anschaffung der Steuerpflichtige das Objekt nach dem 30. September 1991 auf Grund eines nach diesem Zeitpunkt rechtswirksam abgeschlossenen obligatorischen Vertrags oder gleichstehenden Rechtsakts angeschafft hat oder mit der Herstellung des Objekts nach dem 30. September 1991 begonnen worden ist. ⁴§ 10 e Abs. 5 a ist erstmals bei in § 10 e Abs. 1 und 2 bezeichneten Objekten anzuwenden, wenn im Fall der Herstellung der Steuerpflichtige den Bauantrag nach dem 31. Dezember 1991 gestellt oder, falls ein solcher nicht erforderlich ist, mit der Herstellung nach diesem Zeitpunkt begonnen hat oder im Fall der Anschaffung der Steuerpflichtige das Objekt auf Grund eines nach dem 31. Dezember 1991 rechtswirksam abgeschlossenen obligatorischen Vertrags oder gleichstehenden Rechtsakts angeschafft hat. ⁵§ 10 e Abs. 1 Satz 4 und Abs. 6 Satz 3 in der Fassung dieses Gesetzes ist erstmals anzuwenden, wenn der Steuerpflichtige das Objekt auf Grund eines nach dem 31. Dezember 1993 rechtswirksam abgeschlossenen obligatorischen Vertrags oder gleichstehenden Rechtsakts angeschafft hat.

(14 – JStErgG 1996 –) ¹Für nach dem 31. Dezember 1986 und vor dem 1. Januar 1991 hergestellte oder angeschaffte Wohnungen im eigenen Haus oder Eigentumswohnungen sowie

§ 52 EStG

in diesem Zeitraum fertiggestellte Ausbauten oder Erweiterungen ist § 10 e des Einkommensteuergesetzes 1990 in der Fassung der Bekanntmachung vom 7. September 1990 (BGBl. I S. 1898) weiter anzuwenden. ²Für nach dem 31. Dezember 1990 hergestellte oder angeschaffte Wohnungen im eigenen Haus oder Eigentumswohnungen sowie in diesem Zeitraum fertiggestellte Ausbauten oder Erweiterungen ist § 10 e des Einkommensteuergesetzes in der durch Gesetz vom 24. Juni 1991 (BGBl. I S. 1322) geänderten Fassung weiter anzuwenden. ³Abweichend von Satz 2 ist § 10 e Abs. 1 bis 5 und 6 bis 7 in der durch Gesetz vom 25. Februar 1992 (BGBl. I S. 297) geänderten Fassung erstmals für den Veranlagungszeitraum 1991 bei Objekten im Sinne des § 10 e Abs. 1 und 2 anzuwenden, wenn im Fall der Herstellung der Steuerpflichtige nach dem 30. September 1991 den Bauantrag gestellt oder mit der Herstellung begonnen hat oder im Fall der Anschaffung der Steuerpflichtige das Objekt nach dem 30. September 1991 auf Grund eines nach diesem Zeitpunkt rechtswirksam abgeschlossenen obligatorischen Vertrags oder gleichstehenden Rechtsakts angeschafft hat oder mit der Herstellung des Objekts nach dem 30. September 1991 begonnen worden ist. ⁴§ 10 e Abs. 5 a ist erstmals bei in § 10 e Abs. 1 und 2 bezeichneten Objekten anzuwenden, wenn im Fall der Herstellung der Steuerpflichtige den Bauantrag nach dem 31. Dezember 1991 gestellt oder, falls ein solcher nicht erforderlich ist, mit der Herstellung nach diesem Zeitpunkt begonnen hat, oder im Fall der Anschaffung der Steuerpflichtige das Objekt auf Grund eines nach dem 31. Dezember 1991 rechtswirksam abgeschlossenen obligatorischen Vertrags oder gleichstehenden Rechtsakts angeschafft hat. ⁵§ 10 e Abs. 1 Satz 4 in der Fassung des Gesetzes vom 23. Juni 1993 (BGBl. I S. 944) und Abs. 6 Satz 3 in der Fassung des Gesetzes vom 21. Dezember 1993 (BGBl. I S. 2310) ist erstmals anzuwenden, wenn der Steuerpflichtige das Objekt auf Grund eines nach dem 31. Dezember 1993 rechtswirksam abgeschlossenen obligatorischen Vertrags oder gleichstehenden Rechtsakts angeschafft hat. ⁶§ 10 e ist letztmals anzuwenden, wenn der Steuerpflichtige im Fall der Herstellung vor dem 1. Januar 1996 mit der Herstellung des Objekts begonnen hat oder im Fall der Anschaffung das Objekt auf Grund eines vor dem 1. Januar 1996 rechtswirksam abgeschlossenen obligatorischen Vertrags oder gleichstehenden Rechtsakts angeschafft hat. ⁷Als Beginn der Herstellung gilt bei Objekten, für die eine Baugenehmigung erforderlich ist, der Zeitpunkt, in dem der Bauantrag gestellt wird; bei baugenehmigungsfreien Objekten, für die Bauunterlagen einzureichen sind, der Zeitpunkt, in dem die Bauunterlagen eingereicht werden.

(14 a) ¹**§ 10 g ist erstmals auf Aufwendungen für Maßnahmen anzuwenden, die nach dem 31. Dezember 1991 abgeschlossen worden sind.** ²**Hat der Steuerpflichtige Aufwendungen für vor dem 1. Januar 1992 abgeschlossene Maßnahmen nach § 7 i, 10 f oder 82 i der Einkommensteuer-Durchführungsverordnung oder § 52 Abs. 21 Satz 4 und 7 in Verbindung mit § 82 i der Einkommensteuer-Durchführungsverordnung abgezogen, so kann er für den restlichen Verteilungszeitraum, in dem er das Gebäude oder den Gebäudeteil nicht mehr zur Einkunftserzielung oder zu eigenen Wohnzwecken nutzt, § 10 g in Anspruch nehmen.** ³**Aufwendungen für nach dem 31. Dezember 1991 abgeschlossene Maßnahmen, die bereits für einen Veranlagungszeitraum vor 1992 berücksichtigt worden sind, können nicht in die Bemessungsgrundlage nach § 10 g einbezogen werden.**

(14 b – Gesetz zur Neuregelung der steuerrechtlichen Wohneigentumsförderung –) ¹§ 10 h ist letztmals anzuwenden, wenn der Steuerpflichtige vor dem 1. Januar 1996 mit der Herstellung begonnen hat. ²Als Beginn der Herstellung gilt bei Baumaßnahmen, für die eine Baugenehmigung erforderlich ist, der Zeitpunkt, in dem der Bauantrag gestellt wird; bei baugenehmigungsfreien Baumaßnahmen, für die Bauunterlagen einzureichen sind, der Zeitpunkt, in dem die Bauunterlagen eingereicht werden.

(14 c – JStErgG 1996 –) ¹§ 10 i ist für Veranlagungszeiträume vor dem Veranlagungszeitraum 1996 anzuwenden, wenn der Steuerpflichtige im Fall der Herstellung nach dem 31. Dezember 1995 mit der Herstellung des Objekts begonnen hat oder im Fall der Anschaffung das Objekt nach dem 31. Dezember 1995 auf Grund eines nach diesem Zeitpunkt rechtswirksam abgeschlossenen Vertrags oder gleichstehenden Rechtsakts angeschafft hat. ²§ 10 i ist auch anzuwenden, wenn der Steuerpflichtige den Antrag nach § 19 Abs. 2 des Eigenheimzulagegesetzes stellt; dies gilt auch für Veranlagungszeiträume vor dem Veranlagungszeitraum 1996. ³Als Beginn der Herstellung gilt bei Objekten, für die eine Baugenehmigung erforderlich ist, der Zeitpunkt, in dem der Bauantrag gestellt wird; bei baugenehmigungsfreien Objekten, für die Bauunterlagen einzureichen sind, der Zeitpunkt, in dem die Bauunterlagen eingereicht werden.

(15) ¹**§ 13 Abs. 2 Nr. 2 und § 13 a Abs. 3 Nr. 4 und Abs. 7 sind letztmals für den Veranlagungszeitraum 1986 anzuwenden.** ²**Sind im Veranlagungszeitraum 1986 bei einem Steuer-**

pflichtigen für die von ihm zu eigenen Wohnzwecken oder zu Wohnzwecken des Altenteilers genutzte Wohnung die Voraussetzungen für die Anwendung des § 13 Abs. 2 Nr. 2 und des § 13 a Abs. 3 Nr. 4 und Abs. 7 erfüllt, so sind diese Vorschriften letztmals für den Veranlagungszeitraum 1998 anzuwenden. ³Wird auf einem zum land- und forstwirtschaftlichen Betriebsvermögen gehörenden Grund und Boden vom Steuerpflichtigen eine Wohnung zu eigenen Wohnzwecken oder eine Altenteilerwohnung errichtet und erst nach dem 31. Dezember 1986 fertiggestellt, so gilt Satz 2 entsprechend, wenn der Antrag auf Baugenehmigung vor dem 1. Januar 1987 gestellt worden ist und die Wohnung im Jahr der Fertigstellung zu eigenen Wohnzwecken des Steuerpflichtigen oder zu Wohnzwecken des Altenteilers genutzt wird. ⁴Der Steuerpflichtige kann in den Fällen der Sätze 2 und 3 für einen Veranlagungszeitraum nach dem Veranlagungszeitraum 1986 unwiderruflich beantragen, daß § 13 Abs. 2 Nr. 2 und § 13 a Abs. 3 Nr. 4 und Abs. 7 ab diesem Veranlagungszeitraum nicht mehr angewendet werden. ⁵Absatz 21 Satz 4 und 6 ist entsprechend anzuwenden. ⁶Im Fall des Satzes 4 gelten die Wohnung des Steuerpflichtigen und die Altenteilerwohnung sowie der dazugehörende Grund und Boden zu dem Zeitpunkt als entnommen, bis zu dem § 13 Abs. 2 und § 13 a Abs. 3 Nr. 4 und Abs. 7 letztmals angewendet werden, in den anderen Fällen zum Ende des Veranlagungszeitraums 1998. ⁷Der Entnahmegewinn bleibt außer Ansatz. ⁸Werden nach dem 31. Dezember 1986

1. die Wohnung und der dazugehörende Grund und Boden entnommen oder veräußert, bevor sie nach Satz 6 als entnommen gelten, oder
2. eine vor dem 1. Januar 1987 einem Dritten entgeltlich zur Nutzung überlassene Wohnung und der dazugehörende Grund und Boden vor dem 1. Januar 1999 für eigene Wohnzwecke oder für Wohnzwecke eines Altenteilers entnommen,

so bleibt der Entnahme- oder Veräußerungsgewinn ebenfalls außer Ansatz; Nummer 2 ist nur anzuwenden, soweit nicht Wohnungen vorhanden sind, die Wohnzwecken des Eigentümers des Betriebs oder Wohnzwecken eines Altenteilers dienen und die unter Satz 6 oder unter Nummer 1 fallen. ⁹Die Sätze 1 bis 8 sind auch anzuwenden, wenn die Wohnung im Veranlagungszeitraum 1986 zu einem land- und forstwirtschaftlichen Betriebsvermögen gehört hat und einem Dritten unentgeltlich überlassen worden ist; die Wohnung des Steuerpflichtigen sowie der dazugehörende Grund und Boden gelten zum 31. Dezember 1986 als entnommen, wenn der Nutzungswert beim Nutzenden anzusetzen war. ¹⁰Wird Grund und Boden nach dem 31. Dezember 1986 dadurch entnommen, daß auf diesem Grund und Boden die Wohnung des Steuerpflichtigen oder eine Altenteilerwohnung errichtet wird, bleibt der Entnahmegewinn ebenfalls außer Ansatz; der Steuerpflichtige kann die Regelung nur für eine zu eigenen Wohnzwecken genutzte Wohnung und für eine Altenteilerwohnung in Anspruch nehmen. ¹¹Hat das Grundstück im Veranlagungszeitraum 1986 zu einem gewerblichen oder einem der selbständigen Arbeit dienenden Betriebsvermögen gehört, so gelten die Sätze 6 bis 10 sinngemäß. ¹²Bei einem Gebäude oder Gebäudeteil des Betriebsvermögens, das nach den jeweiligen landesrechtlichen Vorschriften ein Baudenkmal ist, sind die Sätze 2 bis 8 auch über das in den Sätzen 2 und 6 genannte Datum 1998 hinaus anzuwenden.

(16) Für die erstmalige Anwendung des § 13 Abs. 5 und des § 18 Abs. 4 gilt Absatz 19 sinngemäß.

(17) ¹§ 14 a ist erstmals für Veräußerungen und Entnahmen anzuwenden, die nach dem 31. Dezember 1991 vorgenommen worden sind. ²Für Veräußerungen und Entnahmen, die vor dem 1. Januar 1992 vorgenommen worden sind, ist § 14 a in den vor dem 1. Januar 1992 geltenden Fassungen anzuwenden. ³§ 14 a Abs. 4 Satz 2 Nr. 1 und Satz 5 gilt auch für Veräußerungen und Entnahmen, die vor dem 1. Januar 1992 vorgenommen worden sind.

(18) ¹§ 15 Abs. 1 Satz 1 Nr. 2 ist erstmals für das Wirtschaftsjahr anzuwenden, das nach dem 31. Dezember 1991 endet. ²Bereits gebildete Pensionsrückstellungen sind spätestens in der Schlußbilanz des Wirtschaftsjahrs, das nach dem 31. Dezember 1991 endet, in voller Höhe gewinnerhöhend aufzulösen.

(18 a) ¹§ 15 Abs. 3 ist auch für Veranlagungszeiträume vor 1986 anzuwenden. ²Die Tätigkeit einer Gesellschaft gilt von dem Zeitpunkt an, in dem erstmals die Voraussetzungen des § 15 Abs. 3 erfüllt waren, als Gewerbebetrieb. ³Soweit Steuerbescheide nicht bestandskräftig sind oder unter dem Vorbehalt der Nachprüfung stehen, werden Gewinne, die durch die Veräußerung oder Entnahme von Wirtschaftsgütern entstehen, in den Fällen des § 15 Abs. 3 Nr. 2 nicht berücksichtigt, wenn das Wirtschaftsgut nach dem 30. Oktober 1984 und vor dem 11. April 1985 veräußert oder entnommen worden ist oder wenn bei einer Veräu-

ßerung nach dem 10. April 1985 die Veräußerung auf einem nach dem 30. Oktober 1984 und vor dem 11. April 1985 rechtswirksam abgeschlossenen obligatorischen Vertrag oder gleichstehenden Rechtsakt beruht. ⁴Satz 3 gilt nicht, soweit Gewinne auf Kapitalgesellschaften oder auf Personen entfallen, bei denen die Beteiligung zu einem Betriebsvermögen gehört oder soweit ohne Anwendung der Sätze 1 und 2 ein Fall des § 17 oder des § 23 vorläge. ⁵Die Sätze 3 und 4 gelten entsprechend für die nach Absatz 19 Satz 4 als Gewinn geltenden Beträge.

(19) ¹§ 15 a ist erstmals auf Verluste anzuwenden, die in dem nach dem 31. Dezember 1979 beginnenden Wirtschaftsjahr entstehen. ²Dies gilt nicht

1. für Verluste, die in einem vor dem 1. Januar 1980 eröffneten Betrieb entstehen; Sonderabschreibungen nach § 82 f der Einkommensteuer-Durchführungsverordnung können nur in dem Umfang berücksichtigt werden, in dem sie nach § 82 f Abs. 5 und Abs. 7 Satz 1 der Einkommensteuer-Durchführungsverordnung in der Fassung der Bekanntmachung vom 5. Dezember 1977 (BGBl. I S. 2443) zur Entstehung oder Erhöhung von Verlusten führen durften. ²Wird mit der Erweiterung oder Umstellung eines Betriebs nach dem 31. Dezember 1979 begonnen, so ist § 15 a auf Verluste anzuwenden, soweit sie mit der Erweiterung oder Umstellung oder mit dem erweiterten oder umgestellten Teil des Betriebs wirtschaftlich zusammenhängen und in nach dem 31. Dezember 1979 beginnenden Wirtschaftsjahren entstehen,

2. für Verluste, die im Zusammenhang mit der Errichtung und dem Betrieb einer in Berlin (West) belegenen Betriebsstätte des Hotel- oder Gaststättengewerbes, die überwiegend der Beherbergung dient, entstehen,

3. für Verluste, die im Zusammmenhang mit der Errichtung und der Verwaltung von Gebäuden entstehen, die mit öffentlichen Mitteln im Sinne des § 6 Abs. 1 oder nach § 88 des Zweiten Wohnungsbaugesetzes, im Saarland mit öffentlichen Mitteln im Sinne des § 4 Abs. 1 oder nach § 51 a des Wohnungsbaugesetzes für das Saarland, gefördert sind,

4. für Verluste, soweit sie
   a) durch Sonderabschreibungen nach § 82 f der Einkommensteuer-Durchführungsverordnung,
   b) durch Absetzungen für Abnutzung in fallenden Jahresbeträgen nach § 7 Abs. 2 von den Herstellungskosten oder von den Anschaffungskosten von in ungebrauchtem Zustand vom Hersteller erworbenen Seeschiffen, die in einem inländischen Seeschiffsregister eingetragen sind,

   entstehen; Buchstabe a gilt nur bei Schiffen, deren Anschaffungs- oder Herstellungskosten zu mindestens 30 vom Hundert durch Mittel finanziert werden, die weder unmittelbar noch mittelbar in wirtschaftlichem Zusammenhang mit der Aufnahme von Krediten durch den Gewerbebetrieb stehen, zu dessen Betriebsvermögen das Schiff gehört.

³§ 15 a ist erstmals anzuwenden

1. in den Fällen des Satzes 2 Nr. 1 und 2 auf Verluste, die in nach dem 31. Dezember 1984 beginnenden Wirtschaftsjahren entstehen; in den Fällen der Nummer 1 tritt an die Stelle des 31. Dezember 1984 der 31. Dezember 1989, soweit die Gesellschaft aus dem Betrieb von in einem inländischen Seeschiffsregister eingetragenen Handelsschiffen Verluste erzielt und diese Verluste gesondert ermittelt, und der 31. Dezember 1979, wenn der Betrieb nach dem 10. Oktober 1979 eröffnet worden ist,

2. in den Fällen des Satzes 2 Nr. 3 auf Verluste, die in nach dem 31. Dezember 1994 beginnenden Wirtschaftsjahren entstehen,

3. in den Fällen des Satzes 2 Nr. 4
   a) auf Verluste, die in nach dem 31. Dezember 1989 beginnenden Wirtschaftsjahren entstehen, wenn die Gesellschaft das Schiff vor dem 16. November 1984 bestellt oder mit seiner Herstellung begonnen hat,
   b) auf Verluste, die in nach dem 31. Dezember 1999 beginnenden Wirtschaftsjahren entstehen, wenn die Gesellschaft das Schiff nach dem 15. November 1984 bestellt oder mit seiner Herstellung begonnen hat; soweit Verluste, die in dem Betrieb der Gesellschaft entstehen und nach Satz 2 Nr. 4 oder nach § 15 a Abs. 1 Satz 1 ausgleichsfähig oder abzugsfähig sind, zusammen das Eineinhalbfache der insgesamt geleisteten Einlage übersteigen, ist § 15 a auf Verluste anzuwenden, die in nach

dem 15. November 1984 beginnenden Wirtschaftsjahren entstehen; das Eineinhalbfache ermäßigt sich für Verluste, die in nach dem 31.Dezember 1994 beginnenden Wirtschaftsjahren entstehen, auf das Eineinviertelfache der insgesamt geleisteten Einlage. ⁴Scheidet ein Kommanditist oder ein anderer Mitunternehmer, dessen Haftung der eines Kommanditisten vergleichbar ist und dessen Kapitalkonto in der Steuerbilanz der Gesellschaft auf Grund von ausgleichs- oder abzugsfähigen Verlusten negativ geworden ist, aus der Gesellschaft aus oder wird in einem solchen Fall die Gesellschaft aufgelöst, so gilt der Betrag, den der Mitunternehmer nicht ausgleichen muß, als Veräußerungsgewinn im Sinne des § 16. ⁵In Höhe der nach Satz 4 als Gewinn zuzurechnenden Beträge sind bei den anderen Mitunternehmern unter Berücksichtigung der für die Zurechnung von Verlusten geltenden Grundsätze Verlustanteile anzusetzen. ⁶Bei der Anwendung des § 15 a Abs. 3 sind nur Verluste zu berücksichtigen, auf die § 15 a Abs. 1 anzuwenden ist.

(19 a) § 16 Abs. 2 Satz 3 und Abs. 3 Satz 2 ist erstmals auf Veräußerungen anzuwenden, die nach dem 31. Dezember 1993 erfolgen.

(19 b) ¹Für die Anwendung des § 19 a Abs. 1 Satz 2 ist § 17 Abs. 4 Satz 1¹) des Fünften Vermögensbildungsgesetzes sinngemäß anzuwenden. ²Für die Kündigung von Vermögensbeteiligungen im Sinne des § 19 a Abs. 3 Nr. 7 und 8 des Einkommensteuergesetzes 1990 ist § 18 Abs. 2 und 3 des Fünften Vermögensbildungsgesetzes entsprechend anzuwenden, wenn das Anlageinstitut nicht die Voraussetzungen des § 19 a Abs. 3 Nr. 7 und 8 in der Fassung dieses Gesetzes erfüllt.

(20) ¹§ 20 Abs. 1 Nr. 6 des Einkommensteuergesetzes 1990 ist erstmals auf nach dem 31. Dezember 1974 zugeflossene Zinsen aus Versicherungsverträgen anzuwenden, die nach dem 31. Dezember 1973 abgeschlossen worden sind. ²Für die Anwendung des § 20 Abs. 1 Nr. 6 in der Fassung dieses Gesetzes gilt Absatz 12 Satz 3 entsprechend. ³Wenn die Dividende zivilrechtlich nicht dem Anteilseigner zusteht, ist § 20 Abs. 2 Satz 1 Nr. 2 Buchstabe a und Abs. 2 a erstmals in den Fällen anzuwenden, in denen die Trennung zwischen Stammrecht und Dividendenanspruch nach dem 31. Dezember 1993 erfolgt. ⁴§ 20 Abs. 2 Satz 1 Nr. 3 Satz 2 des Einkommensteuergesetzes 1990 ist letztmals auf Stückzinsen anzuwenden, die vor dem 1. Januar 1994 gezahlt werden.

(21) ¹§ 21 Abs. 2 Satz 1 und § 21 a sind letztmals für den Veranlagungszeitraum 1986 anzuwenden. ²Haben bei einer Wohnung im eigenen Haus bei dem Steuerpflichtigen im Veranlagungszeitraum 1986 die Voraussetzungen für die Ermittlung des Nutzungswerts als Überschuß des Mietwerts über die Werbungskosten oder die Betriebsausgaben vorgelegen, so ist § 21 Abs. 2 Satz 1 für die folgenden Veranlagungszeiträume, in denen diese Voraussetzungen vorliegen, weiter anzuwenden; der Nutzungswert ist insoweit bis einschließlich Veranlagungszeitraum 1998 nach § 2 Abs. 2 zu ermitteln. ³Der Steuerpflichtige kann für einen Veranlagungszeitraum nach dem Veranlagungszeitraum 1986 unwiderruflich beantragen, daß Satz 2 ab diesem Veranlagungszeitraum nicht mehr angewendet wird. ⁴Haben bei einer Wohnung im eigenen Haus bei dem Steuerpflichtigen im Veranlagungszeitraum 1986 die Voraussetzungen für die Inanspruchnahme von erhöhten Absetzungen vorgelegen und findet Satz 2 keine Anwendung, können die den erhöhten Absetzungen entsprechenden Beträge wie Sonderausgaben bis einschließlich des Veranlagungszeitraums abgezogen werden, in dem der Steuerpflichtige die erhöhten Absetzungen letztmals hätte in Anspruch nehmen können. ⁵Entsprechendes gilt für Aufwendungen nach § 51 Abs. 1 Nr. 2 Buchstabe q Satz 5 in Verbindung mit § 82 a Abs. 3 der Einkommensteuer-Durchführungsverordnung in der jeweils anzuwendenden Fassung und für den erweiterten Schuldzinsenabzug nach § 21 a Abs. 4. ⁶Werden an einer zu eigenen Wohnzwecken genutzten Wohnung im eigenen Haus nach dem 31. Dezember 1986 und vor dem 1. Januar 1992 Herstellungskosten für Maßnahmen im Sinne des § 51 Abs. 1 Nr. 2 Buchstabe q aufgewendet, die im Fall der Vermietung nach § 82 a der Einkommensteuer-Durchführungsverordnung in der jeweils anzuwendenden Fassung zur Vornahme von erhöhten Absetzungen berechtigen würden und die der Steuerpflichtige nicht in die Bemessungsgrundlage des § 10 e einbezogen hat, so können die Herstellungskosten im Jahr der Herstellung und in den folgenden neun Kalenderjahren jeweils bis zu 10 vom Hundert wie Sonderausgaben abgezogen werden; dies gilt entsprechend für Herstellungskosten im Sinne der §§ 7 und 12 Abs. 3 des Schutzbaugesetzes und für Aufwendungen im Sinne des § 51 Abs. 1 Nr. 2 Buchstabe q Satz 5 in Verbindung mit § 82 a Abs. 3 der Einkommensteuer-Durchführungsver-

---

¹) Muß richtig lauten „§ 17 Abs. 5 Satz 1".

ordnung in der jeweils anzuwendenden Fassung. ⁷Satz 6 gilt entsprechend für Herstellungskosten, die nach dem 31. Dezember 1986 und vor dem 1. Januar 1991 aufgewendet werden und im Fall der Vermietung nach § 51 Abs. 1 Nr. 2 Buchstabe x oder y in Verbindung mit § 82 g oder § 82 i der Einkommensteuer-Durchführungsverordnung in der jeweils anzuwendenden Fassung zur Vornahme von erhöhten Absetzungen berechtigen würden. ⁸Die Sätze 6 und 7 sind in den Fällen des Satzes 2 nicht anzuwenden.

(21 a) § 22 Nr. 4 Buchstabe b in der Fassung dieses Gesetzes ist erstmals für den Veranlagungszeitraum 1993 anzuwenden.

(21 a – JStG 1996 –) § 22 Nr. 4 Satz 1 und Satz 4 Buchstabe a in der Fassung des Gesetzes vom 11. Oktober 1995 (BGBl. I S. 1250) ist erstmals für den Veranlagungszeitraum 1995 anzuwenden.

(22) § 23 Abs. 2 des Einkommensteuergesetzes 1990 ist letztmals auf Veräußerungsgeschäfte anzuwenden, bei denen der Steuerpflichtige das Wirtschaftsgut vor dem 1. Januar 1994 angeschafft hat.

(22 – JStG 1996 –) § 23 Abs. 3 Satz 2 ist auf Veräußerungsgeschäfte anzuwenden, bei denen der Steuerpflichtige das Wirtschaftsgut nach dem 31. Juli 1995 anschafft und veräußert.

(23) § 32 Abs. 4 Satz 1 Nr. 4 ist erstmals für den Veranlagungszeitraum 1992 anzuwenden.

(23 – JStG 1996 –) § 32 b Abs. 1 Nr. 1 Buchstabe a in der Fassung des Gesetzes vom 11. Oktober 1995 (BGBl. I S. 1250) ist erstmals für den Veranlagungszeitraum 1995 anzuwenden. § 32 b Abs. 2 in der Fassung des Gesetzes vom 11. Oktober 1995 (BGBl. I S. 1250) ist auch auf vor dem Veranlagungszeitraum 1996 erzielte Einkünfte im Sinne des § 32 b Abs. 1 Nr. 2 und 3 anzuwenden, soweit diese ansonsten bei der Berechnung des Steuersatzes für Veranlagungszeiträume ab 1996 einzubeziehen wären.

(24) ¹§ 32 d Abs. 1 ist anzuwenden

1. für den Veranlagungszeitraum 1993 in der folgenden Fassung:

    Die festzusetzende Einkommensteuer (§ 2 Abs. 6) auf das zu versteuernde Einkommen beträgt 0 Deutsche Mark bei Erwerbsbezügen (Absatz 2) bis 10.529 Deutsche Mark und bei Anwendung des § 32 a Abs. 5 oder 6 bei Erwerbsbezügen bis 21.059 Deutsche Mark. Betragen die Erwerbsbezüge 10.530 Deutsche Mark bis 12.797 Deutsche Mark und bei Anwendung des § 32 a Abs. 5 oder 6 21.060 Deutsche Mark bis 25.595 Deutsche Mark, so ist die festzusetzende Einkommensteuer auf den Betrag zu mildern, der sich aus den Anlagen 4 a und 5 a zu diesem Gesetz ergibt;

2. für den Veranlagungszeitraum 1995 in der folgenden Fassung:

    Die festzusetzende Einkommensteuer (§ 2 Abs. 6) auf das zu versteuernde Einkommen beträgt 0 Deutsche Mark bei Erwerbsbezügen (Absatz 2) bis 11.555 Deutsche Mark und bei Anwendung des § 32 a Abs. 5 oder 6 bei Erwerbsbezügen bis 23.111 Deutsche Mark. Betragen die Erwerbsbezüge 11.556 Deutsche Mark bis 15.173 Deutsche Mark und bei Anwendung des § 32 a Abs. 5 oder 6 23.112 Deutsche Mark bis 30.347 Deutsche Mark, so ist die festzusetzende Einkommensteuer auf den Betrag zu mildern, der sich aus den Anlagen 4 b und 5 b zu diesem Gesetz ergibt.

²§ 32 d Abs. 2, § 37 Abs. 3 und 5, § 42 b Abs. 1 Nr. 4 b, § 44 d Abs. 2, § 46 Abs. 2 Nr. 7, § 50 Abs. 1 Satz 5, § 51 Abs. 1 Nr. 1 und Absatz 29 jeweils in der Fassung dieses Gesetzes sind erstmals für den Veranlagungszeitraum 1993 anzuwenden.

(24 – JStG 1996 –) § 33 b Abs. 6 in der durch Gesetz vom 11. Oktober 1995 (BGBl. I S. 1250) geänderten Fassung ist erstmals für den Veranlagungszeitraum 1995 anzuwenden.

(25) ¹§ 33 a Abs. 1 und § 41 Abs. 1 Nr. 5 sowie Abs. 2 Satz 1 des Einkommensteuergesetzes 1953 in der Fassung der Bekanntmachung vom 15. September 1953 (BGBl. I S. 1355) gelten auch weiterhin mit der Maßgabe, daß

1. die Vorschriften bei einem Steuerpflichtigen jeweils nur für das Kalenderjahr, in dem bei ihm die Voraussetzungen für die Gewährung eines Freibetrags eingetreten sind, und für die beiden folgenden Kalenderjahre anzuwenden sind und

2. der Freibetrag

    a) bei Steuerpflichtigen, bei denen § 32 a Abs. 5 oder 6 anzuwenden ist,

    720 Deutsche Mark,

§ 52 EStG

b) bei Steuerpflichtigen, die Kinder haben,

840 Deutsche Mark zuzüglich je 60 Deutsche Mark für das dritte Kind und jedes weitere Kind und

c) bei anderen Steuerpflichtigen

540 Deutsche Mark

beträgt. ²Als Kinder des Steuerpflichtigen zählen solche, für die er einen Kinderfreibetrag erhält. ³Für ein Kalenderjahr, für das der Steuerpflichtige eine Steuerermäßigung nach § 33 für Aufwendungen zur Wiederbeschaffung von Hausrat und Kleidung beantragt, wird ein Freibetrag nicht gewährt. ⁴Die Vorschriften sind letztmals bei einem Steuerpflichtigen anzuwenden, der vor dem 1. Januar 1990 seinen Wohnsitz oder gewöhnlichen Aufenthalt im Geltungsbereich dieses Gesetzes begründet hat.

(25 a) § 34 c Abs. 6 Satz 2 2. Halbsatz ist erstmals für den Veranlagungszeitraum 1996 anzuwenden, wenn das den Einkünften zugrundeliegende Rechtsgeschäft vor dem 11. November 1993 abgeschlossen worden ist.

(26) ¹§ 34 f in der jeweils geltenden Fassung ist mit der Maßgabe anzuwenden, daß der Abzug der den erhöhten Absetzungen nach § 7 b oder nach § 15 des Berlinförderungsgesetzes entsprechenden Beträge wie Sonderausgaben als die Inanspruchnahme erhöhter Absetzungen nach § 34 f gilt. ²§ 34 f Abs. 2 ist erstmals anzuwenden bei Inanspruchnahme der Steuerbegünstigung nach § 10 e Abs. 1 bis 5 oder nach § 15 b des Berlinförderungsgesetzes für nach dem 31. Dezember 1990 hergestellte oder angeschaffte Objekte. ³Für nach dem 31. Dezember 1989 und vor dem 1. Januar 1991 hergestellte oder angeschaffte Objekte ist § 34 f Abs. 2 des Einkommensteuergesetzes 1990 anzuwenden, für vor dem 1. Januar 1990 hergestellte oder angeschaffte Objekte ist § 34 f Abs. 2 des Einkommensteuergesetzes 1987 weiter anzuwenden. ⁴§ 34 f Abs. 3 und 4 Satz 2 in der Fassung dieses Gesetzes ist erstmals anzuwenden bei Inanspruchnahme der Steuerbegünstigung nach § 10 e Abs. 1 bis 5 in der Fassung dieses Gesetzes. ⁵§ 34 f Abs. 4 Satz 1 ist erstmals anzuwenden bei Inanspruchnahme der Steuerbegünstigung nach § 10 e Abs. 1 bis 5 oder nach § 15 b des Berlinförderungsgesetzes für nach dem 31. Dezember 1991 hergestellte oder angeschaffte Objekte.

(27) ¹§ 36 Abs. 2 Nr. 2 und Nr. 3 Sätze 1 bis 3 in der Fassung des Artikels 1 des Gesetzes vom 13. September 1993 (BGBl. I S. 1569) gelten erstmals

a) für Ausschüttungen, die auf einem den gesellschaftsrechtlichen Vorschriften entsprechenden Gewinnverteilungsbeschluß für ein abgelaufenes Wirtschaftsjahr beruhen und die in dem ersten nach dem 31. Dezember 1993 endenden Wirtschaftsjahr der ausschüttenden Körperschaft erfolgen, und

b) für andere Ausschüttungen und sonstige Leistungen, die in dem letzten vor dem 1. Januar 1994 endenden Wirtschaftsjahr der ausschüttenden Körperschaft erfolgen.

²Für die Veranlagungszeiträume 1993 und 1994 ist weitere Voraussetzung für die Anwendung des Satzes 1, daß eine Steuerbescheinigung vorliegt, die die nach § 36 Abs. 2 Nr. 3 Sätze 1 und 2 anrechenbare Körperschaftsteuer in Höhe von ³/₇ sowie die Höhe der Leistung, für die der Teilbetrag im Sinne des § 30 Abs. 2 Nr. 1 des Körperschaftsteuergesetzes als verwendet gilt, ausweist.

(28) ¹§ 36 b Abs. 1 Satz 1, § 36 c Abs. 1 Nr. 3, § 43 Abs. 1 Satz 1, Satz 1 Nr. 7 und 8 sowie Satz 2, § 43 a Abs. 1 und 2, §§ 44, 44 a Abs. 1, 2, 4 bis 6, § 44 b Abs. 1 Satz 1, § 45 a Überschrift und Abs. 1 sowie § 49 Abs. 1 Nr. 5 Buchstabe c Doppelbuchstabe cc in der Fassung dieses Gesetzes sind erstmals auf Kapitalerträge anzuwenden, die nach dem 31. Dezember 1993 zufließen. ²§ 43 Abs. 1 Satz 1 Nr. 7 Buchstabe b, § 44 c Abs. 2, § 45 a Abs. 2 und § 49 Abs. 1 Nr. 5 Buchstabe a in der Fassung dieses Gesetzes sind erstmals auf Kapitalerträge anzuwenden, die nach dem 31. Dezember 1992 zufließen. ³Bei der Veräußerung oder Einlösung von Wertpapieren und Kapitalforderungen, die vor dem 1. Januar 1994 von der die Kapitalerträge auszahlenden Stelle für den Gläubiger erworben oder an ihn veräußert und seitdem verwahrt oder verwaltet worden sind, bemißt sich der Steuerabzug nach dem Unterschied zwischen dem Entgelt für den Erwerb und den Einnahmen aus der Veräußerung oder Einlösung der Wertpapiere und Kapitalforderungen, wenn die Laufzeit der Wertpapiere oder Kapitalforderungen nicht länger als ein Jahr ist oder ein Fall des § 43 Abs. 1 Satz 1 Nr. 7 Buchstabe b vorliegt; dies gilt letztmals für Kapitalerträge, die vor dem 1. August 1994 zufließen. ⁴Bei der Veräußerung oder Einlösung von Wertpapieren und Kapitalforderungen, die von der Bundesschuldenverwaltung oder einer Landesschuldenverwal-

tung verwahrt oder verwaltet werden können, bemißt sich der Steuerabzug nach den bis zum 31. Dezember 1993 geltenden Vorschriften, wenn sie vor dem 1. Januar 1994 emittiert worden sind; dies gilt nicht für besonders in Rechnung gestellte Stückzinsen. ⁵§ 43 a Abs. 2 bis 4 in der Fassung dieses Gesetzes ist erstmals auf Kapitalerträge anzuwenden, die nach dem 31. Juli 1994 zufließen.

(29) ¹§ 37 Abs. 3 Satz 6 in der Fassung dieses Gesetzes ist erstmals für den Veranlagungszeitraum 1991 anzuwenden. ²Für negative Einkünfte aus Vermietung und Verpachtung, die bei Inanspruchnahme erhöhter Absetzungen nach § 14 c oder § 14 d des Berlinförderungsgesetzes entstehen, ist § 37 Abs. 3 Satz 9 nur anzuwenden, wenn die Voraussetzungen für die Inanspruchnahme der erhöhten Absetzungen erstmals nach dem 31. Dezember 1990 eingetreten sind.

(29 a – JStG 1996 –) § 44 a Abs. 5, § 44 b Abs. 1 Satz 1 sowie § 45 a Abs. 2 Satz 1 Nr. 2 sind erstmals auf Kapitalerträge anzuwenden, die nach dem 21. Oktober 1995 zufließen.

(30) § 40 a Abs. 2 und 4 in der Fassung dieses Gesetzes ist erstmals für das Kalenderjahr 1993 anzuwenden.

(30 – JStG 1996 –) § 49 Abs. 1 Nr. 5 Buchstabe a ist erstmals für den Veranlagungszeitraum 1995 anzuwenden.

(30 a) ¹Beim Steuerabzug vom Arbeitslohn sind die §§ 39 d und 50 erstmals auf den laufenden Arbeitslohn anzuwenden, der für einen nach dem 31. Dezember 1994 endenden Lohnzahlungszeitraum gezahlt wird und auf sonstige Bezüge, die nach dem 31. Dezember 1994 zufließen, sofern nicht beantragt wird, diese Vorschriften bereits auf den laufenden Arbeitslohn der in 1994 endenden Lohnzahlungszeiträume und auf in 1994 zufließende sonstige Bezüge anzuwenden. ²§ 50 Abs. 4 in Verbindung mit den dort genannten Vorschriften und mit § 32 b Abs. 1 ist auch für Veranlagungszeiträume vor 1994 anzuwenden, soweit Steuerbescheide noch nicht bestandskräftig sind oder eine bestandskräftige Entscheidung über einen vor dem 13. Oktober 1993 gestellten Antrag auf Billigkeitsmaßnahmen noch nicht vorliegt.

(31) § 50 b ist erstmals für den Veranlagungszeitraum 1989 anzuwenden.

(32) §§ 53 und 54 des Einkommensteuergesetzes 1990 sind weiter anzuwenden.

(33) § 61 ist erstmals auf den laufenden Arbeitslohn anzuwenden, der für einen nach dem 31. Dezember 1992 endenden Lohnzahlungszeitraum gezahlt wird, und auf sonstige Bezüge, die nach dem 31. Dezember 1992 zufließen.

(33 – JStG 1996 –) Die Anlage 7 (zu § 44 d) in der Fassung des Gesetzes vom 11. Oktober 1995 (BGBl. I S. 1250) gilt erstmals für den Veranlagungszeitraum 1995.

§ 52 EStG – 1996 –

§ 52 EStG erhält durch das JStG 1996, das Gesetz zur Neuregelung der steuerrechtlichen Wohneigentumsförderung und das JStErgG 1996 folgende Fassung:

§ 52
Anwendungsvorschriften

(1) ¹Diese Fassung des Gesetzes ist, soweit in den folgenden Absätzen nichts anderes bestimmt ist, erstmals für den Veranlagungszeitraum 1996 anzuwenden. ²Beim Steuerabzug vom Arbeitslohn gilt Satz 1 mit der Maßgabe, daß diese Fassung erstmals auf den laufenden Arbeitslohn anzuwenden ist, der für einen nach dem 31. Dezember 1995 endenden Lohnzahlungszeitraum gezahlt wird, und auf sonstige Bezüge, die nach dem 31. Dezember 1995 zufließen.

(2) § 1 a Abs. 1 ist für Staatsangehörige eines Mitgliedstaates der Europäischen Union auf Antrag auch für Veranlagungszeiträume vor 1996 anzuwenden, soweit Steuerbescheide noch nicht bestandskräftig sind; für Staatsangehörige und für das Hoheitsgebiet Finnlands, Islands, Norwegens, Österreichs und Schwedens gilt dies ab dem Veranlagungszeitraum 1994.

(2a) § 3 Nr. 2 in der Fassung des Gesetzes vom 11. Oktober 1995 (BGBl. I S. 1250) ist erstmals für den Veranlagungszeitraum 1995 anzuwenden.

(2b) ¹§ 3 Nr. 7 in der Fassung des Gesetzes vom 21. Dezember 1993 (BGBl. I S. 2310) ist erstmals für den Veranlagungszeitraum 1993 anzuwenden. ²§ 3 Nr. 7 in der Fassung des

Gesetzes vom 27. September 1994 (BGBl. I S. 2624) ist erstmals für den Veranlagungszeitraum 1994 anzuwenden.

(2c) Für Leistungen nach dem Bundeskindergeldgesetz für Kalenderjahre vor 1996, die nach dem 31. Dezember 1995 zufließen, ist § 3 Nr. 24 in der bis zum 31. Dezember 1995 geltenden Fassung anzuwenden.

(2d) § 3 Nr. 36 in der Fassung des Gesetzes vom 11. Oktober 1995 (BGBl. I S. 1250) ist auf Einnahmen für Pflegeleistungen, die ab dem 1. April 1995 erbracht werden, anzuwenden.

(2e) [1]§ 3 Nr. 68 des Einkommensteuergesetzes 1987 in der Fassung der Bekanntmachung vom 27. Februar 1987 (BGBl. I S. 657) ist vorbehaltlich des Satzes 2 letztmals für das Kalenderjahr 1988 anzuwenden. [2]Die Vorschrift ist für die Kalenderjahre 1989 bis 2000 weiter anzuwenden auf Zinsersparnisse und Zinszuschüsse bei Darlehen, die der Arbeitnehmer vor dem 1. Januar 1989 erhalten hat, soweit die Vorteile nicht über die im Kalenderjahr 1988 gewährten Vorteile hinausgehen und soweit die Zinszuschüsse zusätzlich zum ohnehin geschuldeten Arbeitslohn gezahlt werden.

(2f) § 3 Nr. 69 in der Fassung des Gesetzes vom 11. Oktober 1995 (BGBl. I S. 1250) ist erstmals für den Veranlagungszeitraum 1994 anzuwenden.

(3) § 4 Abs. 3 Satz 4 ist nicht anzuwenden, soweit die Anschaffungs- oder Herstellungskosten vor dem 1. Januar 1971 als Betriebsausgaben abgesetzt worden sind.

(4) [1]§ 4 Abs. 5 Satz 1 Nr. 6 a ist ab dem Veranlagungszeitraum 1996 mit der Maßgabe anzuwenden, daß die zeitliche Begrenzung einer aus betrieblichem Anlaß begründeten doppelten Haushaltsführung auf zwei Jahre auch für Fälle einer bereits vor dem 1. Januar 1996 bestehenden doppelten Haushaltsführung gilt. [2]§ 4 Abs. 5 Satz 1 Nr. 8 Satz 4 ist auch für Veranlagungszeiträume vor 1992 anzuwenden, soweit Steuerbescheide noch nicht bestandskräftig sind, unter dem Vorbehalt der Nachprüfung stehen oder die Steuer hinsichtlich der Abzugsfähigkeit der festgesetzten Geldbußen als Betriebsausgaben vorläufig festgesetzt worden ist.

(5) [1]§ 4 d ist erstmals für Wirtschaftsjahre anzuwenden, die nach dem 31. Dezember 1995 beginnen. [2]§ 4 d Abs. 1 Nr. 1 Buchstabe c Satz 5 ist erstmals für Wirtschaftsjahre anzuwenden, die nach dem 31. Dezember 1991 beginnen.

(6) [1]Rückstellungen für die Verpflichtung zu einer Zuwendung anläßlich eines Dienstjubiläums dürfen nur gebildet werden, soweit der Zuwendungsberechtigte seine Anwartschaft nach dem 31. Dezember 1992 erwirbt. [2]Bereits gebildete Rückstellungen sind in den Bilanzen des nach dem 30. Dezember 1988 endenden Wirtschaftsjahrs und der beiden folgenden Wirtschaftsjahre mit mindestens je einem Drittel gewinnerhöhend aufzulösen.

(7) [1]§ 6 Abs. 1 Nr. 1 Satz 4 und Nr. 2 a ist erstmals für das Wirtschaftsjahr anzuwenden, das nach dem 31. Dezember 1989 endet. [2]§ 6 Abs. 1 Nr. 4 Satz 4 ist erstmals auf Entnahmen anzuwenden, die nach dem 31. Dezember 1993 vorgenommen werden. [3]§ 6 Abs. 1 Nr. 5 Satz 1 Buchstabe b ist erstmals auf Einlagen anzuwenden, die nach dem 31. Dezember 1991 vorgenommen werden.

(8) [1]§ 6 b Abs. 1 Satz 2 Nr. 5 ist auf Gewinne, die bei der Veräußerung von Anteilen an Kapitalgesellschaften in Wirtschaftsjahren entstehen, die nach dem 31. Dezember 1995 beginnen und vor dem 1. Januar 1999 enden, in der folgenden Fassung mit der Maßgabe anzuwenden, daß abweichend von § 6 b Abs. 1 Satz 1 ein Betrag bis zur vollen Höhe des bei der Veräußerung entstandenen Gewinns abgezogen werden kann:

„5. Anteilen an Kapitalgesellschaften,

a) die eine Unternehmensbeteiligungsgesellschaft angeschafft hat, die nach dem Gesetz über Unternehmensbeteiligungsgesellschaften vom 17. Dezember 1986 (BGBl. I S. 2488) anerkannt ist. [2]Der Widerruf der Anerkennung und der Verzicht auf die Anerkennung haben Wirkung für die Vergangenheit, wenn nicht Aktien der Unternehmensbeteiligungsgesellschaft öffentlich angeboten worden sind. [3]Bescheide über die Anerkennung, die Rücknahme oder den Widerruf der Anerkennung und über die Feststellung, ob Aktien der Unternehmensbeteiligungsgesellschaft öffentlich angeboten worden sind, sind Grundlagenbescheide im Sinne der Abgabenordnung;

b) soweit sie durch Erhöhung des Kapitals dieser Gesellschaften angeschafft werden, wenn die Gesellschaften ihren Sitz und ihre Geschäftsleitung im Fördergebiet nach § 1 Abs. 2 des Fördergebietsgesetzes haben und im Zeitpunkt des Erwerbs der Beteiligungen jeweils nicht mehr als 250 Arbeitnehmer in einem gegenwärtigen Dienstverhältnis beschäftigen, die Arbeitslohn, Kurzarbeitergeld oder Schlechtwettergeld beziehen; entsprechendes gilt, wenn die Anteile durch Neugründung von Kapitalgesellschaften angeschafft werden;

c) soweit sie durch Erhöhung des Kapitals dieser Gesellschaften angeschafft werden, wenn die Satzung oder der Gesellschaftsvertrag dieser Gesellschaften (Beteiligungsgesellschaften) als Unternehmensgegenstand ausschließlich

aa) den Erwerb von Anteilen an Kapitalgesellschaften, die durch Erhöhung ihres Kapitals entstehen;

bb) den Erwerb von Mitunternehmeranteilen (§ 15 Abs. 1 Satz 1 Nr. 2), die durch Einlagen der Kapitalgesellschaften entstehen;

cc) die Verwaltung und die Veräußerung der in den Doppelbuchstaben aa und bb genannten Anteile oder

dd) die Beteiligung als stiller Gesellschafter an Unternehmen

bestimmt, die genannten Kapitalgesellschaften, Personengesellschaften oder Unternehmen ihren Sitz und ihre Geschäftsleitung im Fördergebiet nach § 1 Abs. 2 des Fördergebietsgesetzes haben und im Zeitpunkt des Erwerbs der Anteile, Mitunternehmeranteile oder stillen Beteiligungen nicht mehr als 250 Arbeitnehmer in einem gegenwärtigen Dienstverhältnis beschäftigen, die Arbeitslohn, Kurzarbeitergeld oder Schlechtwettergeld beziehen. ²Spätestens drei Monate nach dem Erwerb der Anteile an der Beteiligungsgesellschaft muß jeweils die Summe der Anschaffungskosten aller von der Gesellschaft gehaltenen Anteile an Kapitalgesellschaften und Personengesellschaften zuzüglich der von ihr als stiller Beteiligter geleisteten Einlagen mindestens 90 vom Hundert ihres Eigenkapitals umfassen. ³Entsprechendes gilt, wenn die Anteile durch Neugründung einer Beteiligungsgesellschaft angeschafft werden."

²Ist in den Fällen des Satzes 1 eine Rücklage nach § 6 b Abs. 3 Satz 1 von mehr als 50 vom Hundert des bei der Veräußerung entstandenen Gewinns gebildet worden, so ist ein Abzug nach § 6 b Abs. 1 Satz 2 Nr. 1 und 4 ausgeschlossen; ist der Steuerpflichtige keine Unternehmensbeteiligungsgesellschaft im Sinne des Satzes 1 Buchstabe a, kann der Abzug abweichend von § 6 b Abs. 3 Satz 2 von den Anschaffungskosten der in Satz 1 Buchstabe b und c genannten Anteile an Kapitalgesellschaften erfolgen, die in den folgenden zwei Wirtschaftsjahren angeschafft worden sind; sie ist spätestens am Schluß des zweiten auf ihre Bildung folgenden Wirtschaftsjahrs gewinnerhöhend aufzulösen.

(9) ¹§ 7 Abs. 2 Satz 2 ist erstmals bei beweglichen Wirtschaftsgütern des Anlagevermögens anzuwenden, die nach dem 29. Juli 1981 angeschafft oder hergestellt worden sind. ²Bei beweglichen Wirtschaftsgütern des Anlagevermögens, die nach dem 31. August 1977 und vor dem 30. Juli 1981 angeschafft oder hergestellt worden sind, ist § 7 Abs. 2 Satz 2 des Einkommensteuergesetzes 1981 in der Fassung der Bekanntmachung vom 6. Dezember 1981 (BGBl. I S. 1249, 1560) weiter anzuwenden. ³Bei beweglichen Wirtschaftsgütern des Anlagevermögens, die vor dem 1. September 1977 angeschafft oder hergestellt worden sind, sind § 7 Abs. 2 Satz 2 und § 52 Abs. 8 und 9 des Einkommensteuergesetzes 1975 in der Fassung der Bekanntmachung vom 5. September 1974 (BGBl. I S. 2165) weiter anzuwenden.

(9a) ¹§ 7 Abs. 5 in der durch Gesetz vom 30. Juni 1989 (BGBl. I S. 1267) geänderten Fassung ist erstmals für den Veranlagungszeitraum 1989 anzuwenden. ²§ 7 Abs. 4 und 5 in der durch Gesetz vom 19. Dezember 1985 (BGBl. I S. 2434) geänderten Fassung ist erstmals für den Veranlagungszeitraum 1985 anzuwenden. ³§ 7 Abs. 5 in der vor Inkrafttreten des in Satz 1 bezeichneten Gesetzes geltenden Fassungen und § 52 Abs. 8 des Einkommensteuergesetzes 1985 in der Fassung der Bekanntmachung vom 12. Juni 1985 (BGBl. I S. 977; 1986 I S. 138) sind weiter anzuwenden.

(10) § 7 a Abs. 6 des Einkommensteuergesetzes 1979 in der Fassung der Bekanntmachung vom 21. Juni 1979 (BGBl. I S. 721) ist letztmals für das Wirtschaftsjahr anzuwenden, das dem Wirtschaftsjahr vorangeht, für das § 15 a erstmals anzuwenden ist.

§ 52 EStG – 1996 –

(11) ¹§ 7 g Abs. 3 Satz 3 Nr. 4 ist erstmals für Wirtschaftsjahre anzuwenden, die nach dem 31. Dezember 1995 beginnen. ²§ 7 g Abs. 3 Satz 5 ist erstmals für Wirtschaftsjahre anzuwenden, die nach dem 31. Dezember 1994 beginnen.

(11a) § 9 Abs. 1 Satz 3 Nr. 5 Satz 3 ist ab 1996 mit der Maßgabe anzuwenden, daß die zeitliche Begrenzung einer aus beruflichem Anlaß begründeten doppelten Haushaltsführung auf zwei Jahre auch für Fälle einer bereits vor dem 1. Januar 1996 bestehenden doppelten Haushaltsführung gilt.

(12) ¹§ 10 Abs. 1 Nr. 2 Buchstabe b Sätze 2 und 3 ist erstmals für Verträge anzuwenden, die nach dem 31. Dezember 1990 abgeschlossen worden sind. ²§ 10 Abs. 1 Nr. 8 Satz 2 Buchstabe c ist erstmals für den Veranlagungszeitraum 1995 anzuwenden. ³§ 10 Abs. 2 Satz 2 ist erstmals anzuwenden, wenn die Ansprüche aus dem Versicherungsvertrag nach dem 13. Februar 1992 zur Tilgung oder Sicherung eines Darlehens dienen, es sei denn, der Steuerpflichtige weist nach, daß bis zu diesem Zeitpunkt die Darlehensschuld entstanden war und er sich verpflichtet hatte, die Ansprüche aus dem Versicherungsvertrag zur Tilgung oder Sicherung dieses Darlehens einzusetzen. ⁴§ 10 Abs. 3 Nr. 4 in der Fassung des Artikels 26 des Gesetzes vom 26. Mai 1994 (BGBl. I S. 1014) ist erstmals für den Veranlagungszeitraum 1995 anzuwenden. ⁵§ 10 Abs. 5 Satz 1 Nr. 2 gilt entsprechend bei Versicherungen auf den Erlebens- oder Todesfall gegen Einmalbeitrag, wenn dieser nach § 10 Abs. 1 Nr. 2 Buchstabe b des Einkommensteuergesetzes in den Fassungen, die vor dem in Absatz 1 Satz 1 bezeichneten Zeitraum gelten, als Sonderausgabe abgezogen worden ist und nach dem 8. November 1991 ganz oder zum Teil zurückgezahlt wird. ⁶§ 10 Abs. 5 Nr. 3 in der Fassung des Gesetzes vom 25. Februar 1992 (BGBl. I S. 297) ist letztmals für den Veranlagungszeitraum 2005 anzuwenden.

(13) § 10 d Abs. 2 ist erstmals auf nicht ausgeglichene Verluste des Veranlagungszeitraums 1985 anzuwenden.

(14) ¹Für nach dem 31. Dezember 1986 und vor dem 1. Januar 1991 hergestellte oder angeschaffte Wohnungen im eigenen Haus oder Eigentumswohnungen sowie in diesem Zeitraum fertiggestellte Ausbauten oder Erweiterungen ist § 10 e des Einkommensteuergesetzes 1990 in der Fassung der Bekanntmachung vom 7. September 1990 (BGBl. I S. 1898) weiter anzuwenden. ²Für nach dem 31. Dezember 1990 hergestellte oder angeschaffte Wohnungen im eigenen Haus oder Eigentumswohnungen sowie in diesem Zeitraum fertiggestellte Ausbauten oder Erweiterungen ist § 10 e des Einkommensteuergesetzes in der durch Gesetz vom 24. Juni 1991 (BGBl. I S. 1322) geänderten Fassung weiter anzuwenden. ³Abweichend von Satz 2 ist § 10 e Abs. 1 bis 5 und 6 bis 7 in der durch Gesetz vom 25. Februar 1992 (BGBl. I S. 297) geänderten Fassung erstmals für den Veranlagungszeitraum 1991 bei Objekten im Sinne des § 10 e Abs. 1 und 2 anzuwenden, wenn im Fall der Herstellung der Steuerpflichtige nach dem 30. September 1991 den Bauantrag gestellt oder mit der Herstellung begonnen hat oder im Fall der Anschaffung der Steuerpflichtige das Objekt nach dem 30. September 1991 auf Grund eines nach diesem Zeitpunkt rechtswirksam abgeschlossenen obligatorischen Vertrags oder gleichstehenden Rechtsakts angeschafft oder mit der Herstellung des Objekts nach dem 30. September 1991 begonnen worden ist. ⁴§ 10 e Abs. 5a ist erstmals bei in § 10 e Abs. 1 und 2 bezeichneten Objekten anzuwenden, wenn im Fall der Herstellung der Steuerpflichtige den Bauantrag nach dem 31. Dezember 1991 gestellt oder, falls ein solcher nicht erforderlich ist, mit der Herstellung nach diesem Zeitpunkt begonnen hat, oder im Fall der Anschaffung der Steuerpflichtige das Objekt auf Grund eines nach dem 31. Dezember 1991 rechtswirksam abgeschlossenen obligatorischen Vertrags oder gleichstehenden Rechtsakts angeschafft hat. ⁵§ 10 e Abs. 1 Satz 4 in der Fassung des Gesetzes vom 23. Juni 1993 (BGBl. I S. 944) und Abs. 6 Satz 3 in der Fassung des Gesetzes vom 21. Dezember 1993 (BGBl. I S. 2310) ist erstmals anzuwenden, wenn der Steuerpflichtige das Objekt auf Grund eines nach dem 31. Dezember 1993 rechtswirksam abgeschlossenen obligatorischen Vertrags oder gleichstehenden Rechtsakts angeschafft hat. ⁶§ 10 e ist letztmals anzuwenden, wenn der Steuerpflichtige im Fall der Herstellung vor dem 1. Januar 1996 mit der Herstellung des Objekts begonnen hat oder im Fall der Anschaffung das Objekt auf Grund eines vor dem 1. Januar 1996 rechtswirksam abgeschlossenen obligatorischen Vertrags oder gleichstehenden Rechtsakts angeschafft hat. ⁷Als Beginn der Herstellung gilt bei Objekten, für die eine Baugenehmigung erforderlich ist, der Zeitpunkt, in dem der Bauantrag gestellt wird; bei baugenehmigungsfreien Objekten, für die Bauunterlagen einzureichen sind, der Zeitpunkt, in dem die Bauunterlagen eingereicht werden.

§ 52 EStG – 1996 –

(14a) ¹§ 10 g ist erstmals auf Aufwendungen für Maßnahmen anzuwenden, die nach dem 31. Dezember 1991 abgeschlossen worden sind. ²Hat der Steuerpflichtige Aufwendungen für vor dem 1. Januar 1992 abgeschlossene Maßnahmen nach § 7 i oder 10 f oder § 82 i der Einkommensteuer-Durchführungsverordnung oder § 52 Abs. 21 Satz 4 und 7 in Verbindung mit § 82 i der Einkommensteuer-Durchführungsverordnung abgezogen, so kann er für den restlichen Verteilungszeitraum, in dem er das Gebäude oder den Gebäudeteil nicht mehr zur Einkunftserzielung oder zu eigenen Wohnzwecken nutzt, § 10 g in Anspruch nehmen. ³Aufwendungen für nach dem 31. Dezember 1991 abgeschlossene Maßnahmen, die bereits für einen Veranlagungszeitraum vor 1992 berücksichtigt worden sind, können nicht in die Bemessungsgrundlage nach § 10 g einbezogen werden.

(14b) ¹§ 10 h ist letztmals anzuwenden, wenn der Steuerpflichtige vor dem 1. Januar 1996 mit der Herstellung begonnen hat. ²Als Beginn der Herstellung gilt bei Baumaßnahmen, für die eine Baugenehmigung erforderlich ist, der Zeitpunkt, in dem der Bauantrag gestellt wird; bei baugenehmigungsfreien Baumaßnahmen, für die Bauunterlagen einzureichen sind, der Zeitpunkt, in dem die Bauunterlagen eingereicht werden.

(14c) ¹§ 10 i ist für Veranlagungszeiträume vor dem Veranlagungszeitraum 1996 anzuwenden, wenn der Steuerpflichtige im Fall der Herstellung nach dem 31. Dezember 1995 mit der Herstellung des Objekts begonnen hat oder im Fall der Anschaffung das Objekt nach dem 31. Dezember 1995 auf Grund eines nach diesem Zeitpunkt rechtswirksam abgeschlossenen Vertrags oder gleichstehenden Rechtsakts angeschafft hat. ²§ 10 i ist auch anzuwenden, wenn der Steuerpflichtige den Antrag nach § 19 Abs. 2 des Eigenheimzulagengesetzes stellt; dies gilt auch für Veranlagungszeiträume vor dem Veranlagungszeitraum 1996. ³Als Beginn der Herstellung gilt bei Objekten, für die eine Baugenehmigung erforderlich ist, der Zeitpunkt, in dem der Bauantrag gestellt wird; bei baugenehmigungsfreien Objekten, für die Bauunterlagen einzureichen sind, der Zeitpunkt, in dem die Bauunterlagen eingereicht werden.

(15) ¹§ 13 Abs. 2 Nr. 2 und § 13 a Abs. 3 Nr. 4 und Abs. 7 sind letztmals für den Veranlagungszeitraum 1986 anzuwenden. ²Sind im Veranlagungszeitraum 1986 bei einem Steuerpflichtigen für die von ihm zu eigenen Wohnzwecken oder zu Wohnzwecken des Altenteilers genutzte Wohnung die Voraussetzungen für die Anwendung des § 13 Abs. 2 Nr. 2 und des § 13 a Abs. 3 Nr. 4 und Abs. 7 erfüllt, so sind diese Vorschriften letztmals für den Veranlagungszeitraum 1998 anzuwenden. ³Wird auf einem zum land- und forstwirtschaftlichen Betriebsvermögen gehörenden Grund und Boden vom Steuerpflichtigen eine Wohnung zu eigenen Wohnzwecken oder einer Altenteilerwohnung errichtet und erst nach dem 31. Dezember 1986 fertiggestellt, so gilt Satz 2 entsprechend, wenn der Antrag auf Baugenehmigung vor dem 1. Januar 1987 gestellt worden ist und die Wohnung im Jahr der Fertigstellung zu eigenen Wohnzwecken des Steuerpflichtigen oder zu Wohnzwecken des Altenteilers genutzt wird. ⁴Der Steuerpflichtige kann in den Fällen der Sätze 2 und 3 für einen Veranlagungszeitraum nach dem Veranlagungszeitraum 1986 unwiderruflich beantragen, daß § 13 Abs. 2 Nr. 2 und § 13 a Abs. 3 Nr. 4 und Abs. 7 ab diesem Veranlagungszeitraum nicht mehr angewendet werden. ⁵Absatz 21 Satz 4 und 6 ist entsprechend anzuwenden. ⁶Im Fall des Satzes 4 gelten die Wohnung des Steuerpflichtigen und die Altenteilerwohnung sowie der dazugehörende Grund und Boden zu dem Zeitpunkt als entnommen, bis zu dem § 13 Abs. 2 und § 13 a Abs. 3 Nr. 4 und Abs. 7 letztmals angewendet werden, in den anderen Fällen zum Ende des Veranlagungszeitraums 1998. ⁷Der Entnahmegewinn bleibt außer Ansatz. ⁸Werden nach dem 31. Dezember 1986

1. die Wohnung und der dazugehörende Grund und Boden entnommen oder veräußert, bevor sie nach Satz 6 als entnommen gelten, oder

2. eine vor dem 1. Januar 1987 einem Dritten entgeltlich zur Nutzung überlassene Wohnung und der dazugehörende Grund und Boden vor dem 1. Januar 1999 für eigene Wohnzwecke oder für Wohnzwecke eines Altenteilers entnommen,

so bleibt der Entnahme- oder Veräußerungsgewinn ebenfalls außer Ansatz; Nummer 2 ist nur anzuwenden, soweit nicht Wohnungen vorhanden sind, die Wohnzwecken des Eigentümers des Betriebs oder Wohnzwecken eines Altenteilers dienen und die unter Satz 6 oder unter Nummer 1 fallen. ⁹Die Sätze 1 bis 8 sind auch anzuwenden, wenn die Wohnung im Veranlagungszeitraum 1986 zu einem land- und forstwirtschaftlichen Betriebsvermögen gehört hat und einem Dritten unentgeltlich überlassen worden ist; die Wohnung des Steuerpflichtigen sowie der dazugehörende Grund und Boden gelten zum 31. Dezember

1986 als entnommen, wenn der Nutzungswert beim Nutzenden anzusetzen war. ¹⁰Wird Grund und Boden nach dem 31. Dezember 1986 dadurch entnommen, daß auf diesem Grund und Boden die Wohnung des Steuerpflichtigen oder eine Altenteilerwohnung errichtet wird, bleibt der Entnahmegewinn ebenfalls außer Ansatz; der Steuerpflichtige kann die Regelung nur für eine zu eigenen Wohnzwecken genutzte Wohnung und für eine Altenteilerwohnung in Anspruch nehmen. ¹¹Hat das Grundstück im Veranlagungszeitraum 1986 zu einem gewerblichen oder einem der selbständigen Arbeit dienenden Betriebsvermögen gehört, so gelten die Sätze 6 bis 10 sinngemäß. ¹²Bei einem Gebäude oder Gebäudeteil des Betriebsvermögens, das nach den jeweiligen landesrechtlichen Vorschriften ein Baudenkmal ist, sind die Sätze 2 bis 8 auch über das in den Sätzen 2 und 6 genannte Datum 1998 hinaus anzuwenden.

(16) Für die erstmalige Anwendung des § 13 Abs. 5 und des § 18 Abs. 4 gilt Absatz 19 sinngemäß.

(17) ¹§ 14 a ist erstmals für Veräußerungen und Entnahmen anzuwenden, die nach dem 31. Dezember 1995 vorgenommen worden sind. ²Für Veräußerungen und Entnahmen, die vor dem 1. Januar 1996 vorgenommen worden sind, ist § 14 a in den vor dem 1. Januar 1996 geltenden Fassungen anzuwenden.

(18) ¹§ 15 Abs. 1 Satz 1 Nr. 2 ist erstmals für das Wirtschaftsjahr anzuwenden, das nach dem 31. Dezember 1991 endet. ²Bereits gebildete Pensionsrückstellungen sind spätestens in der Schlußbilanz des Wirtschaftsjahrs, das nach dem 31. Dezember 1991 endet, in voller Höhe gewinnerhöhend aufzulösen.

(19) ¹§ 15 a ist erstmals auf Verluste anzuwenden, die in dem nach dem 31. Dezember 1979 beginnenden Wirtschaftsjahr entstehen. ²Dies gilt nicht

1. für Verluste, die in einem vor dem 1. Januar 1980 eröffneten Betrieb entstehen; Sonderabschreibungen nach § 82 f der Einkommensteuer-Durchführungsverordnung können nur in dem Umfang berücksichtigt werden, in dem sie nach § 82 f Abs. 5 und Abs. 7 Satz 1 der Einkommensteuer-Durchführungsverordnung in der Fassung der Bekanntmachung vom 5. Dezember 1977 (BGBl. I S. 2443) zur Entstehung oder Erhöhung von Verlusten führen durften. ²Wird mit der Erweiterung oder Umstellung eines Betriebs nach dem 31. Dezember 1979 begonnen, so ist § 15 a auf Verluste anzuwenden, soweit sie mit der Erweiterung oder Umstellung oder mit dem erweiterten oder umgestellten Teil des Betriebs wirtschaftlich zusammenhängen und in nach dem 31. Dezember 1979 beginnenden Wirtschaftsjahren entstehen,

2. für Verluste, die im Zusammenhang mit der Errichtung und dem Betrieb einer in Berlin (West) belegenen Betriebsstätte des Hotel- oder Gaststättengewerbes, die überwiegend der Beherbergung dient, entstehen,

3. für Verluste, die im Zusammenhang mit der Errichtung und der Verwaltung von Gebäuden entstehen, die mit öffentlichen Mitteln im Sinne des § 6 Abs. 1 oder nach § 88 des Zweiten Wohnungsbaugesetzes, im Saarland mit öffentlichen Mitteln im Sinne des § 4 Abs. 1 oder nach § 51 a des Wohnungsbaugesetzes für das Saarland, gefördert sind,

4. für Verluste, soweit sie

   a) durch Sonderabschreibungen nach § 82 f der Einkommensteuer-Durchführungsverordnung,

   b) durch Absetzungen für Abnutzung in fallenden Jahresbeträgen nach § 7 Abs. 2 von den Herstellungskosten oder von den Anschaffungskosten von in ungebrauchtem Zustand vom Hersteller erworbenen Seeschiffen, die in einem inländischen Seeschiffsregister eingetragen sind,

   entstehen; Buchstabe a gilt nur bei Schiffen, deren Anschaffungs- oder Herstellungskosten zu mindestens 30 vom Hundert durch Mittel finanziert werden, die weder unmittelbar noch mittelbar in wirtschaftlichem Zusammenhang mit der Aufnahme von Krediten durch den Gewerbebetrieb stehen, zu dessen Betriebsvermögen das Schiff gehört.

[3]§ 15 a ist erstmals anzuwenden

1. in den Fällen des Satzes 2 Nr. 1 und 2 auf Verluste, die in nach dem 31. Dezember 1984 beginnenden Wirtschaftsjahren entstehen; in den Fällen der Nummer 1 tritt an die Stelle des 31. Dezember 1984 der 31. Dezember 1989, soweit die Gesellschaft aus dem Betrieb von in einem inländischen Seeschiffsregister eingetragenen Handelsschiffen Verluste erzielt und diese Verluste gesondert ermittelt, und der 31. Dezember 1979, wenn der Betrieb nach dem 10. Oktober 1979 eröffnet worden ist,

2. in den Fällen des Satzes 2 Nr. 3 auf Verluste, die in nach dem 31. Dezember 1994 beginnenden Wirtschaftsjahren entstehen,

3. in den Fällen des Satzes 2 Nr. 4

   a) auf Verluste, die in nach dem 31. Dezember 1989 beginnenden Wirtschaftsjahren entstehen, wenn die Gesellschaft das Schiff vor dem 16. November 1984 bestellt oder mit seiner Herstellung begonnen hat,

   b) auf Verluste, die in nach dem 31. Dezember 1999 beginnenden Wirtschaftsjahren entstehen, wenn die Gesellschaft das Schiff nach dem 15. November 1984 angeschafft, bestellt oder mit seiner Herstellung begonnen hat; soweit Verluste, die in dem Betrieb der Gesellschaft entstehen und nach Satz 2 Nr. 4 oder nach § 15 a Abs. 1 Satz 1 ausgleichsfähig oder abzugsfähig sind, zusammen das Eineinhalbfache der insgesamt geleisteten Einlage übersteigen, ist § 15 a auf Verluste anzuwenden, die in nach dem 15. November 1984 beginnenden Wirtschaftsjahren entstehen; das Eineinhalbfache ermäßigt sich für Verluste, die in nach dem 31. Dezember 1994 beginnenden Wirtschaftsjahren entstehen, auf das Eineinviertelfache der insgesamt geleisteten Einlage.

[4]Scheidet ein Kommanditist oder ein anderer Mitunternehmer, dessen Haftung der eines Kommanditisten vergleichbar ist und dessen Kapitalkonto in der Steuerbilanz der Gesellschaft auf Grund von ausgleichs- oder abzugsfähigen Verlusten negativ geworden ist, aus der Gesellschaft aus oder wird in einem solchen Fall die Gesellschaft aufgelöst, so gilt der Betrag, den der Mitunternehmer nicht ausgleichen muß, als Veräußerungsgewinn im Sinne des § 16. [5]In Höhe der nach Satz 4 als Gewinn zuzurechnenden Beträge sind bei den anderen Mitunternehmern unter Berücksichtigung der für die Zurechnung von Verlusten geltenden Grundsätze Verlustanteile anzusetzen. [6]Bei der Anwendung des § 15 a Abs. 3 sind nur Verluste zu berücksichtigen, auf die § 15 a Abs. 1 anzuwenden ist.

(19a) [1]§ 16 Abs. 2 Satz 3 und Abs. 3 Satz 2 ist erstmals auf Veräußerungen anzuwenden, die nach dem 31. Dezember 1993 erfolgen. [2]§ 16 Abs. 4 ist erstmals auf Veräußerungen anzuwenden, die nach dem 31. Dezember 1995 erfolgen; hat der Steuerpflichtige bereits für Veräußerungen vor dem 1. Januar 1996 Veräußerungsfreibeträge in Anspruch genommen, bleiben diese unberücksichtigt.

(19b) Für die Anwendung des § 19 a Abs. 1 Satz 2 ist § 17 Abs. 5 Satz 1 des Fünften Vermögensbildungsgesetzes in der Fassung der Bekanntmachung vom 4. März 1994 (BGBl. I S. 406) sinngemäß anzuwenden.

(20) [1]§ 20 Abs. 1 Nr. 6 des Einkommensteuergesetzes 1990 ist erstmals auf nach dem 31. Dezember 1974 zugeflossene Zinsen aus Versicherungsverträgen anzuwenden, die nach dem 31. Dezember 1973 abgeschlossen worden sind. [2]Für die Anwendung des § 20 Abs. 1 Nr. 6 in der Fassung des Gesetzes vom 25. Februar 1992 (BGBl. I S. 297) gilt Absatz 12 Satz 3 entsprechend. [3]Wenn die Dividende zivilrechtlich nicht dem Anteilseigner zusteht, ist § 20 Abs. 2 Satz 1 Nr. 2 Buchstabe a und Abs. 2a erstmals in den Fällen anzuwenden, in denen die Trennung zwischen Stammrecht und Dividendenanspruch nach dem 31. Dezember 1993 erfolgt. [4]§ 20 Abs. 2 Satz 1 Nr. 3 Satz 2 des Einkommensteuergesetzes 1990 ist letztmals auf Stückzinsen anzuwenden, die vor dem 1. Januar 1994 gezahlt werden.

(21) [1]§ 21 Abs. 2 Satz 1 und § 21 a sind letztmals für den Veranlagungszeitraum 1986 anzuwenden. [2]Haben bei einer Wohnung im eigenen Haus bei dem Steuerpflichtigen im Veranlagungszeitraum 1986 die Voraussetzungen für die Ermittlung des Nutzungswerts als Überschuß des Mietwerts über die Werbungskosten oder die Betriebsausgaben vorgelegen, so ist § 21 Abs. 2 Satz 1 für die folgenden Veranlagungszeiträume, in denen diese Voraussetzungen vorliegen, weiter anzuwenden; der Nutzungswert ist insoweit bis ein-

schließlich Veranlagungszeitraum 1998 nach § 2 Abs. 2 zu ermitteln. ³Der Steuerpflichtige kann für einen Veranlagungszeitraum nach dem Veranlagungszeitraum 1986 unwiderruflich beantragen, daß Satz 2 ab diesem Veranlagungszeitraum nicht mehr angewendet wird. ⁴Haben bei einer Wohnung im eigenen Haus bei dem Steuerpflichtigen im Veranlagungszeitraum 1986 die Voraussetzungen für die Inanspruchnahme von erhöhten Absetzungen vorgelegen und findet Satz 2 keine Anwendung, können die den erhöhten Absetzungen entsprechenden Beträge wie Sonderausgaben bis einschließlich des Veranlagungszeitraums abgezogen werden, in dem der Steuerpflichtige die erhöhten Absetzungen letztmals hätte in Anspruch nehmen können. ⁵Entsprechendes gilt für Aufwendungen nach § 51 Abs. 1 Nr. 2 Buchstabe q Satz 5 in Verbindung mit § 82 a Abs. 3 der Einkommensteuer-Durchführungsverordnung in der jeweils anzuwendenden Fassung und für den erweiterten Schuldzinsenabzug nach § 21 a Abs. 4. ⁶Werden an einer zu eigenen Wohnzwecken genutzten Wohnung im eigenen Haus nach dem 31. Dezember 1986 und vor dem 1. Januar 1992 Herstellungskosten für Maßnahmen im Sinne des § 51 Abs. 1 Nr. 2 Buchstabe q aufgewendet, die im Fall der Vermietung nach § 82 a der Einkommensteuer-Durchführungsverordnung in der jeweils anzuwendenden Fassung zur Vornahme von erhöhten Absetzungen berechtigen würden und die der Steuerpflichtige nicht in die Bemessungsgrundlage des § 10 e einbezogen hat, so können die Herstellungskosten im Jahr der Herstellung und in den folgenden neun Kalenderjahren jeweils bis zu 10 vom Hundert wie Sonderausgaben abgezogen werden; dies gilt entsprechend für Herstellungskosten im Sinne der §§ 7 und 12 Abs. 3 des Schutzbaugesetzes und für Aufwendungen im Sinne des § 51 Abs. 1 Nr. 2 Buchstabe q Satz 5 in Verbindung mit § 82 a Abs. 3 der Einkommensteuer-Durchführungsverordnung in der jeweils anzuwendenden Fassung. ⁷Satz 6 gilt entsprechend für Herstellungskosten, die nach dem 31. Dezember 1986 und vor dem 1. Januar 1991 aufgewendet werden und im Fall der Vermietung nach § 51 Abs. 1 Nr. 2 Buchstabe x oder y in Verbindung mit § 82 g oder § 82 i der Einkommensteuer-Durchführungsverordnung in der jeweils anzuwendenden Fassung zur Vornahme von erhöhten Absetzungen berechtigen würden. ⁸Die Sätze 6 und 7 sind in den Fällen des Satzes 2 nicht anzuwenden.

(21a) § 22 Nr. 4 Satz 1 und Satz 4 Buchstabe a in der Fassung des Gesetzes vom 11. Oktober 1995 (BGBl. I S. 1250) ist erstmals für den Veranlagungszeitraum 1995 anzuwenden.

(22) § 23 Abs. 3 Satz 2 ist auf Veräußerungsgeschäfte anzuwenden, bei denen der Steuerpflichtige das Wirtschaftsgut nach dem 31. Juli 1995 anschafft und veräußert.

(22a) ¹§ 32 Abs. 4 Satz 2 ist anzuwenden

a) für die Veranlagungszeiträume 1997 und 1998 mit der Maßgabe, daß an die Stelle des Betrags von 12.000 Deutsche Mark der Betrag von 12.360 Deutsche Mark tritt, und

b) ab dem Veranlagungszeitraum 1999 mit der Maßgabe, daß an die Stelle des Betrags von 12.000 Deutsche Mark der Betrag von 13.020 Deutsche Mark tritt.

²§ 32 Abs. 6 Satz 1 bis 3 ist ab dem Veranlagungszeitraum 1997 mit der Maßgabe anzuwenden, daß an die Stelle des Betrags von 261 Deutsche Mark der Betrag von 288 Deutsche Mark und an die Stelle des Betrags von 522 Deutsche Mark jeweils der Betrag von 576 Deutsche Mark tritt.

(22b) § 32 a Abs. 1 ist anzuwenden

1. für die Veranlagungszeiträume 1997 und 1998 in der folgenden Fassung:

   „(1) ¹Die tarifliche Einkommensteuer bemißt sich nach dem zu versteuernden Einkommen. ²Sie beträgt vorbehaltlich der §§ 32 b, 34, 34 b und 34 c jeweils in Deutsche Mark für zu versteuernde Einkommen

   1. bis 12.365 Deutsche Mark (Grundfreibetrag):
      0;

   2. von 12.366 Deutsche Mark bis 58.643 Deutsche Mark:
      $(91{,}19 \times y + 2.590) \times y$;

   3. von 58.644 Deutsche Mark bis 120.041 Deutsche Mark:
      $(151{,}96 \times z + 3.434) \times z + 13.938$;

4. von 120.042 Deutsche Mark an:
   $0{,}53 \times x - 22.843$.

³„y" ist ein Zehntausendstel des 12.312 Deutsche Mark übersteigenden Teils des abgerundeten zu versteuernden Einkommens. ⁴„z" ist ein Zehntausendstel des 58.590 Deutsche Mark übersteigenden Teils des abgerundeten zu versteuernden Einkommens. ⁵„x" ist das abgerundete zu versteuernde Einkommen.";

2. für den Veranlagungszeitraum 1999 und die folgenden Veranlagungszeiträume in der folgenden Fassung:

„(1) ¹Die tarifliche Einkommensteuer bemißt sich nach dem zu versteuernden Einkommen. ²Sie beträgt vorbehaltlich der §§ 32 b, 34, 34 b und 34 c jeweils in Deutsche Mark für zu versteuernde Einkommen

1. bis 13.067 Deutsche Mark (Grundfreibetrag):
   0;

2. von 13.068 Deutsche Mark bis 66.365 Deutsche Mark:
   $(101{,}22 \times y + 2.590) \times y$;

3. von 66.366 Deutsche Mark bis 120.041 Deutsche Mark:
   $(151{,}93 \times z + 3.669) \times z + 16.679$;

4. von 120.042 Deutsche Mark an:
   $0{,}53 \times x - 22.844$.

³„y" ist ein Zehntausendstel des 13.014 Deutsche Mark übersteigenden Teils des abgerundeten zu versteuernden Einkommens. ⁴„z" ist ein Zehntausendstel des 66.312 Deutsche Mark übersteigenden Teils des abgerundeten zu versteuernden Einkommens. ⁵„x" ist das abgerundete zu versteuernde Einkommen."

(22c) § 32 a Abs. 4 ist anzuwenden

1. für die Veranlagungszeiträume 1997 und 1998 in der folgenden Fassung:

„(4) Für zu versteuernde Einkommen bis 120.041 Deutsche Mark ergibt sich die nach den Absätzen 1 bis 3 berechnete tarifliche Einkommensteuer aus der diesem Gesetz beigefügten Anlage 4 (Einkommensteuer-Grundtabelle).";

2. für den Veranlagungszeitraum 1999 und die folgenden Veranlagungszeiträume in der folgenden Fassung:

„(4) Für zu versteuernde Einkommen bis 120.041 Deutsche Mark ergibt sich die nach den Absätzen 1 bis 3 berechnete tarifliche Einkommensteuer aus der diesem Gesetz beigefügten Anlage 5 (Einkommensteuer-Grundtabelle)."

(22d) § 32 a Abs. 5 Satz 2 ist anzuwenden

1. für die Veranlagungszeiträume 1997 und 1998 in der folgenden Fassung:

„Für zu versteuernde Einkommen bis 240.083 Deutsche Mark ergibt sich die nach Satz 1 berechnete tarifliche Einkommensteuer aus der diesem Gesetz beigefügten Anlage 4a (Einkommensteuer-Splittingtabelle).";

2. für den Veranlagungszeitraum 1999 und die folgenden Veranlagungszeiträume in der folgenden Fassung:

„Für zu versteuernde Einkommen bis 240.083 Deutsche Mark ergibt sich die nach Satz 1 berechnete tarifliche Einkommensteuer aus der diesem Gesetz beigefügten Anlage 5a (Einkommensteuer-Splittingtabelle)."

(23) ¹§ 32 b Abs. 1 Nr. 1 Buchstabe a in der Fassung des Gesetzes vom 11. Oktober 1995 (BGBl. I S. 1250) ist erstmals für den Veranlagungszeitraum 1995 anzuwenden. ²§ 32 b Abs. 2 in der Fassung des Gesetzes vom 11. Oktober 1995 (BGBl. I S. 1250) ist auch auf vor dem Veranlagungszeitraum 1996 erzielte Einkünfte im Sinne des § 32 b Abs. 1 Nr. 2 und 3 anzuwenden, soweit diese ansonsten bei der Berechnung des Steuersatzes für Veranlagungszeiträume ab 1996 einzubeziehen wären.

(24) § 33 b Abs. 6 in der durch Gesetz vom 11. Oktober 1995 (BGBl. I S. 1250) geänderten Fassung ist erstmals für den Veranlagungszeitraum 1995 anzuwenden.

(25) § 34 c Abs. 6 Satz 2 Halbsatz 2 ist erstmals für den Veranlagungszeitraum 1996 anzuwenden, wenn das den Einkünften zugrundeliegende Rechtsgeschäft vor dem 11. November 1993 abgeschlossen worden ist.

(26) ¹§ 34 f in der jeweils geltenden Fassung ist mit der Maßgabe anzuwenden, daß der Abzug der den erhöhten Absetzungen nach § 7 b oder nach § 15 des Berlinförderungsgesetzes entsprechenden Beträge wie Sonderausgaben als die Inanspruchnahme erhöhter Absetzungen nach § 34 f gilt. ²§ 34 f Abs. 2 ist erstmals anzuwenden bei Inanspruchnahme der Steuerbegünstigung nach § 10 e Abs. 1 bis 5 oder nach § 15 b des Berlinförderungsgesetzes für nach dem 31. Dezember 1990 hergestellte oder angeschaffte Objekte. ³Für nach dem 31. Dezember 1989 und vor dem 1. Januar 1991 hergestellte oder angeschaffte Objekte ist § 34 f Abs. 2 des Einkommensteuergesetzes 1990 anzuwenden, für vor dem 1. Januar 1990 hergestellte oder angeschaffte Objekte ist § 34 f Abs. 2 des Einkommensteuergesetzes 1987 weiter anzuwenden. ⁴§ 34 f Abs. 3 und 4 Satz 2 in der Fassung des Gesetzes vom 25. Februar 1992 (BGBl. I S. 297) ist erstmals anzuwenden bei Inanspruchnahme der Steuerbegünstigung nach § 10 e Abs. 1 bis 5 in der Fassung des Gesetzes vom 25. Februar 1992 (BGBl. I S. 297). ⁵§ 34 f Abs. 4 Satz 1 ist erstmals anzuwenden bei Inanspruchnahme der Steuerbegünstigung nach § 10 e Abs. 1 bis 5 oder nach § 15 b des Berlinförderungsgesetzes für nach dem 31. Dezember 1991 hergestellte oder angeschaffte Objekte.

(27) ¹§ 36 Abs. 2 Nr. 2 und 3 Sätze 1 bis 3 in der Fassung des Artikels 1 des Gesetzes vom 13. September 1993 (BGBl. I S. 1569) gelten erstmals

a) für Ausschüttungen, die auf einem den gesellschaftsrechtlichen Vorschriften entsprechenden Gewinnverteilungsbeschluß für ein abgelaufenes Wirtschaftsjahr beruhen und die in dem ersten nach dem 31. Dezember 1993 endenden Wirtschaftsjahr der ausschüttenden Körperschaft erfolgen, und

b) für andere Ausschüttungen und sonstige Leistungen, die in dem letzten vor dem 1. Januar 1994 endenden Wirtschaftsjahr der ausschüttenden Körperschaft erfolgen.

²Für die Veranlagungszeiträume 1993 und 1994 ist weitere Voraussetzung für die Anwendung des Satzes 1, daß eine Steuerbescheinigung vorliegt, die die nach § 36 Abs. 2 Nr. 3 Satz 1 und 2 anrechenbare Körperschaftsteuer in Höhe von ³/₇ sowie die Höhe der Leistung, für die der Teilbetrag im Sinne des § 30 Abs. 2 Nr. 1 des Körperschaftsteuergesetzes als verwendet gilt, ausweist.

(28) ¹§ 37 Abs. 3 Satz 5 in der Fassung dieses Gesetzes ist erstmals für den Veranlagungszeitraum 1991 anzuwenden. ²Für negative Einkünfte aus Vermietung und Verpachtung, die bei Inanspruchnahme erhöhter Absetzungen nach § 14 c oder § 14 d des Berlinförderungsgesetzes entstehen, ist § 37 Abs. 3 Satz 8 nur anzuwenden, wenn die Voraussetzungen für die Inanspruchnahme der erhöhten Absetzungen erstmals nach dem 31. Dezember 1990 eingetreten sind.

(28a) ¹Für die Veranlagungszeiträume 1997 und 1998 ist § 38 c Abs. 1 Satz 4 mit der Maßgabe anzuwenden, daß an die Stelle des Betrags von 62.856 Deutsche Mark der Betrag von 63.342 Deutsche Mark tritt. ²Für den Veranlagungszeitraum 1999 und die folgenden Veranlagungszeiträume ist § 38 c Abs. 1 Satz 4 mit der Maßgabe anzuwenden, daß an die Stelle des Betrags von 62.856 Deutsche Mark der Betrag von 64.476 Deutsche Mark tritt.

(28b) Für Veranlagungszeiträume ab 1997 ist § 39 mit der Maßgabe anzuwenden, daß in Absatz 3 Nr. 2 Buchstabe a an die Stelle des Betrags von 261 Deutsche Mark der Betrag von 288 Deutsche Mark, in Absatz 3 Nr. 2 Buchstabe b an die Stelle des Betrags von 522 Deutsche Mark der Betrag von 576 Deutsche Mark und in Absatz 3a Satz 1 an die Stelle des Betrags von 261 Deutsche Mark der Betrag von 288 Deutsche Mark und an die Stelle des Betrags von 522 Deutsche Mark der Betrag von 576 Deutsche Mark tritt.

(29) ¹Bei der Veräußerung oder Einlösung von Wertpapieren und Kapitalforderungen, die vor dem 1. Januar 1994 von der die Kapitalerträge auszahlenden Stelle für den Gläubiger erworben oder an ihn veräußert und seitdem verwahrt oder verwaltet worden sind, bemißt sich der Steuerabzug nach dem Unterschied zwischen dem Entgelt für den Erwerb und den Einnahmen aus der Veräußerung oder Einlösung der Wertpapiere und Kapitalforderungen, wenn die Laufzeit der Wertpapiere oder Kapitalforderungen nicht länger als ein Jahr ist oder ein Fall des § 43 Abs. 1 Satz 1 Nr. 7 Buchstabe b vorliegt; dies gilt

letztmals für Kapitalerträge, die vor dem 1. August 1994 zufließen. ²Bei der Veräußerung oder Einlösung von Wertpapieren und Kapitalforderungen, die von der Bundesschuldenverwaltung oder einer Landesschuldenverwaltung verwahrt oder verwaltet werden können, bemißt sich der Steuerabzug nach den bis zum 31. Dezember 1993 geltenden Vorschriften, wenn sie vor dem 1. Januar 1994 emittiert worden sind; dies gilt nicht für besonders in Rechnung gestellte Stückzinsen. ³§ 43 a Abs. 2 bis 4 in der Fassung des Gesetzes vom 26. Juli 1994 (BGBl. I S. 1749) ist erstmals auf Kapitalerträge anzuwenden, die nach dem 31. Juli 1994 zufließen.

(29a) § 44 a Abs. 5, § 44 b Abs. 1 Satz 1 sowie § 45 a Abs. 2 Satz 1 Nr. 2 sind erstmals auf Kapitalerträge anzuwenden, die nach dem 21. Oktober 1995 zufließen.

(30) § 49 Abs. 1 Nr. 5 Buchstabe a ist erstmals für den Veranlagungszeitraum 1995 anzuwenden.

(31) Für die Anwendung des § 50 Abs. 5 Satz 4 Nr. 2 gilt Absatz 2 entsprechend.

(31a) Für Veranlagungszeiträume ab 1997 ist § 51 a Abs. 2a Satz 1 mit der Maßgabe anzuwenden, daß an die Stelle des Betrags von 6.264 Deutsche Mark der Betrag von 6.912 Deutsche Mark und an die Stelle des Betrags von 3.132 Deutsche Mark der Betrag von 3.456 Deutsche Mark tritt.

(32) Die §§ 53 und 54 des Einkommensteuergesetzes 1990 sind weiter anzuwenden.

(32a) Ab dem Veranlagungszeitraum 1997 ist § 66 Abs. 1 in der folgenden Fassung anzuwenden:

„(1) Das Kindergeld beträgt für das erste und zweite Kind jeweils 220 Deutsche Mark, für das dritte Kind 300 Deutsche Mark und für das vierte und jedes weitere Kind jeweils 350 Deutsche Mark monatlich."

(33) Die Anlage 7 (zu § 44 d) in der Fassung des Gesetzes vom 11. Oktober 1995 (BGBl. I S. 1250) gilt erstmals für den Veranlagungszeitraum 1995.

EStDV

§ 84
Anwendungsvorschriften

(1) Die vorstehende Fassung dieser Verordnung ist, soweit in den folgenden Absätzen nichts anderes bestimmt ist, erstmals für den Veranlagungszeitraum 1990 anzuwenden. [1]

(1 a) Die §§ 8 und 8 a der Einkommensteuer-Durchführungsverordnung 1986 in der Fassung der Bekanntmachung vom 24. Juli 1986 (BGBl. I S. 1239) sind letztmals für das Wirtschaftsjahr anzuwenden, das vor dem 1. Januar 1990 endet.

(2) ¹§ 8 c Abs. 1 und 2 Satz 3 in der Fassung dieser Verordnung ist erstmals für Wirtschaftsjahre anzuwenden, die nach dem 31. August 1993 beginnen. ²§ 8 c Abs. 2 Satz 1 und 2 ist erstmals für Wirtschaftsjahre anzuwenden, die nach dem 30. Juni 1990 beginnen. ³Für Wirtschaftsjahre, die vor dem 1. Mai 1984 begonnen haben, ist § 8 c Abs. 1 und 2 der Einkommensteuer-Durchführungsverordnung 1981 in der Fassung der Bekanntmachung vom 23. Juni 1982 (BGBl. I S. 700) weiter anzuwenden.

(2 a) Die §§ 13 und 22 sind anzuwenden, wenn der Steuerpflichtige seinen Wohnsitz oder [2] gewöhnlichen Aufenthalt im Geltungsbereich dieser Verordnung vor dem 1. Januar 1990 begründet hat und

---

[1] Absatz 1 wurde durch das JStG 1996 ab VZ 1996 geändert.
Durch das JStG 1996 wurde die Jahreszahl 1990 fortgeschrieben auf 1996.
[2] Absatz 2 a wurde durch das JStG 1996 ab VZ 1996 aufgehoben; durch das Gesetz zur Neuregelung der steuerrechtlichen Wohneigentumsförderung wurde ab VZ 1996 ein neuer Absatz 2 a eingefügt.

„(2 a) § 29 Abs. 3 bis 6, § 31 und § 32 sind in der vor dem 1. Januar 1996 geltenden Fassung für vor diesem Zeitpunkt an Bausparkassen geleistete Beiträge letztmals für den Veranlagungszeitraum 2005 anzuwenden."

§ 52 EStG   § 84 EStDV

1. im Fall des § 13 Abs. 2 Nr. 1 und des § 22 das Gebäude vor Ablauf des 20. Kalenderjahrs seit der erstmaligen Begründung hergestellt hat und die Herstellungs- oder Teilherstellungskosten vor dem 1. Januar 1993 entstanden sind oder
2. im Fall des § 13 Abs. 2 Nr. 2 nicht mehr als 20 Veranlagungszeiträume seit der erstmaligen Begründung vergangen sind und es sich um einen Veranlagungszeitraum vor dem Veranlagungszeitraum 1993 handelt.

[1]) *(2 b) § 62 c ist letztmals in Verbindung mit § 10 a Abs. 1, 3 und 4 des Gesetzes für den Veranlagungszeitraum 1992, soweit eine Nachversteuerung nach § 10 a Abs. 2 des Gesetzes erfolgt, für den Veranlagungszeitraum 1995 und in Verbindung mit § 7 e des Gesetzes letztmals auf vor dem 1. Januar 1993 entstandene Herstellungs- oder Teilherstellungskosten anzuwenden.*

[2]) *(3) § 74 a der Einkommensteuer-Durchführungsverordnung 1986 ist letztmals für das Wirtschaftsjahr anzuwenden, das vor dem 1. Januar 1990 endet.*

[2]) *(3 – JStG 1996) § 29 Abs. 1 ist auch für Veranlagungszeiträume vor 1996 anzuwenden, soweit die Fälle, in denen Ansprüche aus Versicherungsverträgen nach dem 13. Februar 1992 zur Tilgung oder Sicherung von Darlehen eingesetzt wurden, noch nicht angezeigt worden sind.*

(3 b – JStG 1996) § 65 in der durch Gesetz vom 11. Oktober 1995 (BGBl. I S. 1250) geänderten Fassung ist erstmals für den Veranlagungszeitraum 1995 anzuwenden.

(4) ¹§ 82 a ist auf Tatbestände anzuwenden, die in dem in Artikel 3 des Einigungsvertrages genannten Gebiet nach dem 31. Dezember 1990 und vor dem 1. Januar 1992 verwirklicht worden sind. ²Auf Tatbestände, die im Geltungsbereich dieser Verordnung ausschließlich des in Artikel 3 des Einigungsvertrages genannten Gebiets verwirklicht worden sind, ist

1. § 82 a Abs. 1 und 2 bei Herstellungskosten für Einbauten von Anlagen und Einrichtungen im Sinne von dessen Absatz 1 Nr. 1 bis 5 anzuwenden, die nach dem 30. Juni 1985 und vor dem 1. Januar 1992 fertiggestellt worden sind,
2. § 82 a Abs. 3 Satz 1 ab dem Veranlagungszeitraum 1987 bei Erhaltungsaufwand für Arbeiten anzuwenden,[2]) die vor dem 1. Januar 1992 abgeschlossen worden sind,
3. § 82 a Abs. 3 Satz 2 ab dem Veranlagungszeitraum 1987 bei Aufwendungen für Einzelöfen anzuwenden, die vor dem 1. Januar 1992 angeschafft worden sind,
4. § 82 a Abs. 3 Satz 1 in der Fassung der Bekanntmachung vom 24. Juli 1986 für Veranlagungszeiträume vor 1987 bei Erhaltungsaufwand für Arbeiten anzuwenden, die nach dem 30. Juni 1985 abgeschlossen worden sind,
5. § 82 a Abs. 3 Satz 2 in der Fassung der Bekanntmachung vom 24. Juli 1986 für Veranlagungszeiträume vor 1987 bei Aufwendungen für Einzelöfen anzuwenden, die nach dem 30. Juni 1985 angeschafft worden sind,
6. § 82 a bei Aufwendungen für vor dem 1. Juli 1985 fertiggestellte Anlagen und Einrichtungen in den vor diesem Zeitpunkt geltenden Fassungen weiter anzuwenden.

(4 a) § 82 d der Einkommensteuer-Durchführungsverordnung 1986 ist auf Wirtschaftsgüter sowie auf ausgebaute und neu hergestellte Gebäudeteile anzuwenden, die im Geltungsbereich dieser Verordnung ausschließlich des in Artikel 3 des Einigungsvertrages genannten Gebiets nach dem 18. Mai 1983 und vor dem 1. Januar 1990 hergestellt oder angeschafft worden sind.

(5) § 82 f Abs. 5 und Abs. 7 Satz 1 der Einkommensteuer-Durchführungsverordnung 1979 in der Fassung der Bekanntmachung vom 24. September 1980 (BGBl. I S. 1801) ist letztmals

---

[1]) Absatz 2 b wurde durch das JStG 1996 ab VZ 1996 aufgehoben.
[2]) Nach Absatz 3 wurden durch das JStG 1996 die neuen Absätze 3 a und 3 b eingefügt.
   „(3 a) § 56 ist mit der Maßgabe anzuwenden, daß der Gesamtbetrag der Einkünfte
   1. für die Veranlagungszeiträume 1997 und 1998
      a) in Satz 1 Nr. 1 Buchstabe a mehr als 24.947 Deutsche Mark,
      b) in Satz 1 Nr. 2 Buchstabe a mehr als 12.473 Deutsche Mark
      beträgt;
   2. für Veranlagungszeiträume ab 1999
      a) in Satz 1 Nr. 1 Buchstabe a mehr als 26.351 Deutsche Mark,
      b) in Satz 1 Nr. 2 Buchstabe a mehr als 13.175 Deutsche Mark
      beträgt."

für das Wirtschaftsjahr anzuwenden, das dem Wirtschaftsjahr vorangeht, für das § 15 a des Gesetzes erstmals anzuwenden ist.

(6) ¹§ 82 g ist auf Maßnahmen anzuwenden, die nach dem 30. Juni 1987 und vor dem 1. Januar 1991 in dem Geltungsbereich dieser Verordnung ausschließlich des in Artikel 3 des Einigungsvertrages genannten Gebiets abgeschlossen worden sind. ²Auf Maßnahmen, die vor dem 1. Juli 1987 in dem Geltungsbereich dieser Verordnung ausschließlich des in Artikel 3 des Einigungsvertrages genannten Gebiets abgeschlossen worden sind, ist § 82 g in der vor diesem Zeitpunkt geltenden Fassung weiter anzuwenden.

(7) ¹§ 82 h in der durch die Verordnung vom 19. Dezember 1988 (BGBl. I S. 2301) geänderten Fassung ist erstmals auf Maßnahmen, die nach dem 30. Juni 1987 in dem Geltungsbereich dieser Verordnung ausschließlich des in Artikel 3 des Einigungsvertrages genannten Gebiets abgeschlossen worden sind, und letztmals auf Erhaltungsaufwand, der vor dem 1. Januar 1990 in dem Geltungsbereich dieser Verordnung ausschließlich des in Artikel 3 des Einigungsvertrages genannten Gebiets entstanden ist, mit der Maßgabe anzuwenden, daß der noch nicht berücksichtigte Teil des Erhaltungsaufwands in dem Jahr, in dem das Gebäude letztmals zur Einkunftserzielung genutzt wird, als Betriebsausgaben oder Werbungskosten abzusetzen ist. ²Auf Maßnahmen, die vor dem 1. Juli 1987 in dem Geltungsbereich dieser Verordnung ausschließlich des in Artikel 3 des Einigungsvertrages genannten Gebiets abgeschlossen worden sind, ist § 82 h in der vor diesem Zeitpunkt geltenden Fassung weiter anzuwenden.

(8) § 82 i ist auf Herstellungskosten für Baumaßnahmen anzuwenden, die nach dem 31. Dezember 1977 und vor dem 1. Januar 1991 in dem Geltungsbereich dieser Verordnung ausschließlich des in Artikel 3 des Einigungsvertrages genannten Gebiets abgeschlossen worden sind.

(9) § 82 k der Einkommensteuer-Durchführungsverordnung 1986 ist auf Erhaltungsaufwand, der vor dem 1. Januar 1990 in dem Geltungsbereich dieser Verordnung ausschließlich des in Artikel 3 des Einigungsvertrages genannten Gebiets entstanden ist, mit der Maßgabe anzuwenden, daß der noch nicht berücksichtigte Teil des Erhaltungsaufwands in dem Jahr, in dem das Gebäude letztmals zur Einkunftserzielung genutzt wird, als Betriebsausgaben oder Werbungskosten abzusetzen ist.

(10) ¹In Anlage 3 (zu § 80 Abs. 1) ist die Nummer 26 erstmals für das Wirtschaftsjahr anzuwenden, das nach dem 31. Dezember 1990 beginnt. ²Für Wirtschaftsjahre, die vor dem 1. Januar 1991 beginnen, ist die Nummer 26 in Anlage 3 in der vor diesem Zeitpunkt geltenden Fassung anzuwenden.

§§ 52 a bis 54¹)

(weggefallen)

---

¹) §§ 53 und 54 des Einkommensteuergesetzes 1990 sind weiter anzuwenden (→ § 52 Abs. 32 EStG).

EStG

S 2188

§ 55
Schlußvorschriften

(Sondervorschriften für die Gewinnermittlung nach § 4 oder nach Durchschnittssätzen bei vor dem 1. Juli 1970 angeschafftem Grund und Boden)

(1) Bei Steuerpflichtigen, deren Gewinn für das Wirtschaftsjahr, in das der 30. Juni 1970 fällt, nicht nach § 5 zu ermitteln ist, gilt bei Grund und Boden, der mit Ablauf des 30. Juni 1970 zu ihrem Anlagevermögen gehört hat, als Anschaffungs- oder Herstellungskosten (§ 4 Abs. 3 Satz 4 und § 6 Abs. 1 Nr. 2 Satz 1) das Zweifache des nach den Absätzen 2 bis 4 zu ermittelnden Ausgangsbetrags.

(2) ¹Bei der Ermittlung des Ausgangsbetrags des zum land- und forstwirtschaftlichen Vermögen (§ 33 Abs. 1 Satz 1 Bewertungsgesetz in der Fassung der Bekanntmachung vom 10. Dezember 1965 – BGBl. I S. 1861 –, zuletzt geändert durch das Bewertungsänderungsgesetz 1971 vom 27. Juli 1971 – BGBl. I S. 1157) gehörenden Grund und Bodens ist seine Zuordnung zu den Nutzungen und Wirtschaftsgütern (§ 34 Abs. 2 Bewertungsgesetz) am 1. Juli 1970 maßgebend; dabei sind die Hof- und Gebäudeflächen sowie die Hausgärten im Sinne des § 40 Abs. 3 des Bewertungsgesetzes nicht in die einzelne Nutzung einzubeziehen. ²Es sind anzusetzen:

1. Bei Flächen, die nach dem Bodenschätzungsgesetz in der im Bundesgesetzblatt Teil III, Gliederungsnummer 610-8, veröffentlichten bereinigten Fassung, zuletzt geändert durch Artikel 95 Nr. 4 des Einführungsgesetzes zur Abgabenordnung vom 14. Dezember 1976 (BGBl. I S. 3341), zu schätzen sind, für jedes katastermäßig abgegrenzte Flurstück der Betrag in Deutscher Mark, der sich ergibt, wenn die für das Flurstück am 1. Juli 1970 im amtlichen Verzeichnis nach § 2 Abs. 2 der Grundbuchordnung (Liegenschaftskataster) ausgewiesene Ertragsmeßzahl vervierfacht wird. Abweichend von Satz 1 sind für Flächen der Nutzungsteile

   a) Hopfen, Spargel, Gemüsebau und Obstbau

       4,00 Deutsche Mark je Quadratmeter,

   b) Blumen- und Zierpflanzenbau sowie Baumschulen

       5,00 Deutsche Mark je Quadratmeter

   anzusetzen, wenn der Steuerpflichtige dem Finanzamt gegenüber bis zum 30. Juni 1972 eine Erklärung über die Größe, Lage und Nutzung der betreffenden Flächen abgibt,

2. für Flächen der forstwirtschaftlichen Nutzung je Quadratmeter 1,00 Deutsche Mark,

3. für Flächen der weinbaulichen Nutzung der Betrag, der sich unter Berücksichtigung der maßgebenden Lagenvergleichszahl (Vergleichszahl der einzelnen Weinbaulage, § 39 Abs. 1 Satz 3 und § 57 Bewertungsgesetz), die für ausbauende Betriebsweise mit Faßweinerzeugung anzusetzen ist, aus der nachstehenden Tabelle ergibt:

Lagenvergleichszahl	Ausgangsbetrag je Quadratmeter in DM
bis 20	2,50
21 bis 30	3,50
31 bis 40	5,00
41 bis 50	7,00
51 bis 60	8,00
61 bis 70	9,00
71 bis 100	10,00
über 100	12,50

4. für Flächen der sonstigen land- und forstwirtschaftlichen Nutzung, auf die Nummer 1 keine Anwendung findet, je Quadratmeter 1,00 Deutsche Mark,

5. für Hofflächen, Gebäudeflächen und Hausgärten im Sinne des § 40 Abs. 3 des Bewertungsgesetzes je Quadratmeter 5,00 Deutsche Mark,

6. für Flächen des Geringstlandes je Quadratmeter 0,25 Deutsche Mark,
7. für Flächen des Abbaulandes je Quadratmeter 0,50 Deutsche Mark,
8. für Flächen des Unlandes je Quadratmeter 0,10 Deutsche Mark.

(3) ¹Lag am 1. Juli 1970 kein Liegenschaftskataster vor, in dem Ertragsmeßzahlen ausgewiesen sind, so ist der Ausgangsbetrag in sinngemäßer Anwendung des Absatzes 2 Nr. 1 Satz 1 auf der Grundlage der durchschnittlichen Ertragsmeßzahl der landwirtschaftlichen Nutzung eines Betriebs zu ermitteln, die die Grundlage für die Hauptfeststellung des Einheitswerts auf den 1. Januar 1964 bildet. ²Absatz 2 Nr. 1 Satz 2 bleibt unberührt.

(4) Bei nicht zum land- und forstwirtschaftlichen Vermögen gehörendem Grund und Boden ist als Ausgangsbetrag anzusetzen:
1. ¹Für unbebaute Grundstücke der auf den 1. Januar 1964 festgestellte Einheitswert. ²Wird auf den 1. Januar 1964 kein Einheitswert festgestellt oder hat sich der Bestand des Grundstücks nach dem 1. Januar 1964 und vor dem 1. Juli 1970 verändert, so ist der Wert maßgebend, der sich ergeben würde, wenn das Grundstück nach seinem Bestand vom 1. Juli 1970 und nach den Wertverhältnissen vom 1. Januar 1964 zu bewerten wäre;
2. für bebaute Grundstücke der Wert, der sich nach Nummer 1 ergeben würde, wenn das Grundstück unbebaut wäre.

(5) ¹Weist der Steuerpflichtige nach, daß der Teilwert für Grund und Boden im Sinne des Absatzes 1 am 1. Juli 1970 höher ist als das Zweifache des Ausgangsbetrags, so ist auf Antrag des Steuerpflichtigen der Teilwert als Anschaffungs- oder Herstellungskosten anzusetzen. ²Der Antrag ist bis zum 31. Dezember 1975 bei dem Finanzamt zu stellen, das für die Ermittlung des Gewinns aus dem Betrieb zuständig ist. ³Der Teilwert ist gesondert festzustellen. ⁴Vor dem 1. Januar 1974 braucht diese Feststellung nur zu erfolgen, wenn ein berechtigtes Interesse des Steuerpflichtigen gegeben ist. ⁵Die Vorschriften der Abgabenordnung und der Finanzgerichtsordnung über die gesonderte Feststellung von Besteuerungsgrundlagen gelten entsprechend.

(6) ¹Verluste, die bei der Veräußerung oder Entnahme von Grund und Boden im Sinne des Absatzes 1 entstehen, dürfen bei der Ermittlung des Gewinns in Höhe des Betrags nicht berücksichtigt werden, um den der Veräußerungspreis oder der an dessen Stelle tretende Wert nach Abzug der Veräußerungskosten unter dem Zweifachen des Ausgangsbetrags liegt. ²Entsprechendes gilt bei Anwendung des § 6 Abs. 1 Nr. 2 Satz 2.

(7) Grund und Boden, der nach § 4 Abs. 1 Satz 5 des Einkommensteuergesetzes 1969 nicht anzusetzen war, ist wie eine Einlage zu behandeln; er ist dabei mit dem nach Absatz 1 oder 5 maßgebenden Wert anzusetzen.

R 236. Bodengewinnbesteuerung

– unbesetzt –

Hinweise

Abschreibung auf den niedrigeren Teilwert ist bei Grund und Boden, der mit dem Zweifachen des Ausgangsbetrags als Einlage anzusetzen war, auch dann ausgeschlossen, wenn für die Minderung des Werts des Grund und Bodens eine Entschädigung gezahlt und diese als Betriebseinnahme erfaßt wird (→ BFH vom 10. 8. 1978 – BStBl 1979 II S. 103).

Ausschlußfrist

Versäumt ein Land- und Forstwirt es, rechtzeitig vor Ablauf der Ausschlußfrist die Feststellung des höheren Teilwerts nach § 55 Abs. 5 EStG zu beantragen, und ist auch die Wiedereinsetzung in den vorigen Stand wegen Ablaufs der Jahresfrist nicht mehr möglich, kann er aus Billigkeitsgründen nicht so gestellt werden, als hätte das Finanzamt den höheren Teilwert festgestellt (→ BFH vom 26. 5. 1994 – BStBl II S. 833).

Bodengewinnbesteuerung

Zu Fragen der Bodengewinnbesteuerung → BMWF vom 29. 2. 1972 (BStBl I S. 102) – Tz. 1 bis 6 und 9 bis 13.

Zweifelsfragen zur Neuregelung der Bodengewinnbesteuerung durch das Zweite Steueränderungsgesetz 1971

BMWF vom 29. 2. 1972 (BStBl I S. 102)

– Auszug –

F/IV B 2 – S 2000 – 5/72

Unter Bezugnahme auf das Ergebnis der Erörterungen mit den obersten Finanzbehörden der Länder gilt folgendes:

1. **Wertmäßige Erfassung des bisher nach § 4 Abs. 1 Satz 5 EStG 1969 außer Ansatz zu lassenden Grund und Bodens bei Steuerpflichtigen mit Gewinnermittlung nach § 4 Abs. 1 EStG**

(1) Der Wert des zum Anlagevermögen gehörenden Grund und Bodens ist bei buchführenden Land- und Forstwirten letztmals für Wirtschaftsjahre, die vor dem 1. 7. 1970 enden, und bei selbständig Tätigen letztmals für Wirtschaftsjahre, die vor dem 15. 8. 1971 enden, außer Ansatz zu lassen. Diese Steuerpflichtigen haben deshalb in Bilanzen, die für Stichtage nach dem 30. 6. 1970 bzw. nach dem 14. 8. 1971 aufgestellt werden, den zum Anlagevermögen gehörenden Grund und Boden auszuweisen. Dabei ist der Grund und Boden, der mit Ablauf des 30. 6. 1970 zu ihrem Anlagevermögen gehört hat, mit dem doppelten Ausgangsbetrag nach § 55 Abs. 1 EStG oder dem festgestellten höheren Teilwert (§ 55 Abs. 5 EStG) anzusetzen. Die Einbuchung des Grund und Bodens hat erfolgsneutral zu erfolgen. Solange für eine Grundstücksfläche kein höherer Teilwert nach § 55 Abs. 5 EStG festgestellt ist, ist der nach § 55 Abs. 1 EStG maßgebende doppelte Ausgangsbetrag anzusetzen. Dies gilt selbst dann, wenn der Steuerpflichtige die Feststellung eines höheren Teilwerts beantragt hat. Wird ein höherer Teilwert festgestellt, so ist er statt des doppelten Ausgangsbetrags erfolgsneutral in der ersten Bilanz anzusetzen, die nach seiner Feststellung aufgestellt wird. War der Grund und Boden an dem betreffenden Bilanzstichtag veräußert oder entnommen, so ist der höhere Teilwert bereits in der Bilanz anzusetzen, die für das dem Wirtschaftsjahr der Veräußerung oder Entnahme vorausgehende Wirtschaftsjahr aufgestellt ist. Beim erstmaligen Ansatz des höheren Teilwerts ist § 55 Abs. 7 EStG zu beachten.

(2) Absatz 1 gilt auch dann, wenn der Grund und Boden in der Bilanz, die auf den letzten vor dem 1. 7. 1970 bzw. vor dem 15. 8. 1971 liegenden Bilanzstichtag aufgestellt worden ist, mit einem Wert ausgewiesen war.

(3) Ist es dem Steuerpflichtigen nicht möglich, sich Unterlagen für die Ermittlung des doppelten Ausgangsbetrags für eine ihm zuzurechnende Grundstücksfläche zu beschaffen, so sind keine für ihn nachteiligen Folgerungen zu ziehen, wenn die Grundstücksfläche in Bilanzen, die auf einen vor dem 31. 12. 1973 liegenden Stichtag aufgestellt werden, wertmäßig nicht ausgewiesen ist. In Bilanzen, die auf einen Stichtag nach dem 30. 12. 1973 aufgestellt werden, ist der doppelte Ausgangsbetrag, solange er noch nicht ermittelt ist, zu schätzen.

(4) Für die Aufstellung des Inventars (Grundstücksverzeichnisses) gilt Nummer 2 Abs. 3 entsprechend.

2. **Verzeichnis für nicht abnutzbare Anlagegüter im Sinne des § 4 Abs. 3 Satz 5 EStG**

(1) Land- und Forstwirte, Gewerbetreibende und selbständig Tätige, die keine Bücher führen, haben nach § 4 Abs. 3 Satz 5 EStG vom 1. 1. 1971 an ein Verzeichnis über die ihnen zuzurechnenden nichtabnutzbaren Wirtschaftsgüter des Anlagevermögens zu führen. Den zu ihrem Anlagevermögen gehörenden Grund und Boden haben nicht buchführende Land- und Forstwirte vom 1. 1. 1971 an, nicht buchführende Gewerbetreibende und nicht buchführende selbständig Tätige vom 15. 8. 1971 an in dem Verzeichnis auszuweisen.

(2) Für den Ausweis des Grund und Bodens in dem Verzeichnis gilt Nummer 1 Abs. 1 Sätze 3 bis 8 und Abs. 3 entsprechend.

(3) Für die Führung des Verzeichnisses ist keine besondere Form vorgeschrieben. Hinsichtlich des bereits mit Ablauf des 30. 6. 1970 zum Anlagevermögen gehörenden Grund und Bodens wird es in der Regel ausreichen, daß der Steuerpflichtige sich die entsprechenden Auszüge aus dem Liegenschaftskataster (z. B. Ablichtungen der Bestandsblätter) be-

schafft und diese in der Weise ergänzt, daß bei jedem katastermäßig abgegrenzten Flurstück der dafür nach § 55 EStG maßgebende Wert vermerkt wird. Wird ein Teil eines katastermäßig abgegrenzten Flurstücks nach § 55 Abs. 2 Ziff. 1 Satz 2 EStG bewertet oder wird für einen Teil des Flurstücks ein höherer Teilwert festgestellt, so ist in dem Verzeichnis der betreffende Teil besonders auszuweisen. Das Restflurstück ist ebenfalls gesondert auszuweisen.

(4) Bei Grundstücksflächen, die mit Ablauf des 30. 6. 1970 zum Anlagevermögen eines nicht buchführenden Steuerpflichtigen gehörten, ist es nicht zu beanstanden, wenn in dem Verzeichnis statt des Tages der Anschaffung oder Herstellung vermerkt ist, daß die Grundstücksflächen bereits mit Ablauf des 30. 6. 1970 zum Anlagevermögen des Steuerpflichtigen gehörten.

3. Anschaffungskosten beim Tausch von Grundstücksflächen

(1) Werden Grundstücksflächen im Tauschweg erworben, so ist für die Ermittlung ihrer Anschaffungskosten grundsätzlich von dem gemeinen Wert der hingegebenen Wirtschaftsgüter auszugehen. Beim Tausch von Grundstücksflächen im Umlegungsverfahren sind hingegen die Grundsätze des Abschnitts 35 EStR anzuwenden (vgl. BFH-Urteil vom 14. 10. 1970, BStBl 1971 II S. 90). Das gilt auch beim Tausch von Grundstücksflächen im Rahmen eines Flurbereinigungsverfahrens. Die Grundsätze des Abschnitts 35 EStR sind – in einer entsprechenden Weise – in den vorgenannten Fällen eines zwangsweisen Tausches auch dann anzuwenden, wenn als Buchwert der hingegebenen Grundstücksfläche ein doppelter Ausgangsbetrag (§ 55 Abs. 1 EStG) ausgewiesen ist, der höher ist als ihr gemeiner Wert. In einem solchen Fall kann die erworbene Grundstücksfläche mit dem doppelten Ausgangsbetrag der hingegebenen Grundstücksfläche angesetzt werden.

Beispiel:

Buchwert (= doppelter Ausgangsbetrag) der hingegebenen Fläche	4.000 DM
gemeiner Wert der hingegebenen Fläche	1.200 DM
gemeiner Wert der erworbenen Fläche	1.200 DM
Die erworbene Fläche kann mit	4.000 DM

angesetzt werden.

(2) Erhält der Steuerpflichtige außer der Grundstücksfläche noch einen Wertausgleich, so ist es in der Regel nicht zu beanstanden, wenn der für den erworbenen Grund und Boden anzusetzende Buchwert wie folgt ermittelt wird:

$$\text{Buchwert der erworbenen Grundstücksfläche} = \frac{\text{doppelter Ausgangsbetrag der hingegebenen Grundstücksfläche} \times \text{gemeiner Wert der erworbenen Grundstücksfläche}}{\text{gemeiner Wert der hingegebenen Grundstücksfläche}}$$

Beispiel:

Buchwert (= doppelter Ausgangsbetrag) der hingegebenen Fläche	4.000 DM
gemeiner Wert der hingegebenen Fläche	2.500 DM
gemeiner Wert der erworbenen Fläche	1.500 DM
Wertausgleich	1.000 DM

Die erworbene Fläche kann mit

$$\frac{4.000 \times 1.500}{2.500} = 2.400 \text{ DM angesetzt werden.}$$

Der Differenz zwischen dem Buchwert der hingegebenen Grundstücksfläche (4.000 DM) und dem Buchwert der erworbenen Grundstücksfläche (2.400 DM) = 1.600 DM steht ein Wertausgleich von 1.000 DM gegenüber, so daß sich ein Verlust von 600 DM ergibt, der nach § 55 Abs. 6 EStG nicht berücksichtigungsfähig ist.

§ 55 EStG
R 236   H 236

4. Grundstücksflächen, die Bodenschätze enthalten

(1) Bei Grundstücken, die Bodenschätze (Kohle, Kali, Mineralien, Erdöl, Steine, Ziegellehm, Kies, Sand, Bims usw.) enthalten, handelt es sich um zwei verschiedene Wirtschaftsgüter, nämlich um die Grundstücksfläche (Ackerkrume ohne Feldinventar, Aufwuchs auf oder Anlagen im Grund und Boden) und um den Bodenschatz. Werden eine Grundstücksfläche und ein darunter liegender Bodenschatz zu einem Gesamtpreis veräußert, so ist der Veräußerungserlös auf die Grundstücksfläche und den Bodenschatz aufzuteilen. Gehört in einem solchen Fall die Grundstücksfläche zu einem land- und forstwirtschaftlichen Betriebsvermögen, der Bodenschatz hingegen – was regelmäßig der Fall sein wird – zum Privatvermögen, so gehört nur der auf die Grundstücksfläche entfallende Teil des Gesamtkaufpreises zu den Einkünften aus Land- und Forstwirtschaft (vgl. BFH-Urteil vom 12. 12. 1969 – BStBl 1970 II S. 210).

(2) Sowohl der doppelte Ausgangsbetrag nach § 55 Abs. 1 EStG als auch der nach § 55 Abs. 5 EStG festzustellende höhere Teilwert beziehen sich nur auf die Grundstücksfläche und nicht auch auf den Bodenschatz.

5. Entschädigungen für Wertminderungen des Grund und Bodens

(1) Entschädigungen für Wertminderungen bei Grund und Boden, der zu einem Betriebsvermögen gehört, sind bei der Gewinnermittlung als Betriebseinnahmen zu berücksichtigen. Aufwendungen für die Beseitigung solcher Wertminderungen sind bei der Gewinnermittlung durch Betriebsvermögensvergleich grundsätzlich als nachträgliche Herstellungskosten zu aktivieren. Bei der Gewinnermittlung nach § 4 Abs. 3 EStG dürfen sie grundsätzlich nicht sofort abgezogen werden (§ 4 Abs. 3 Satz 4 EStG). Bei der Gewinnermittlung durch Betriebsvermögensvergleich kann für die Wertminderungen (§ 6 Abs. 1 Ziff. 2 EStG) eine Teilwertabschreibung in Betracht kommen; dabei ist aber § 55 Abs. 6 EStG zu berücksichtigen. Es ist nicht zu beanstanden, wenn – abweichend von den vorstehenden Grundsätzen – die Entschädigungen dadurch erfolgsneutral behandelt werden, daß die Aufwendungen zur Beseitigung der Wertminderung, soweit sie die Entschädigung nicht übersteigen, nicht aktiviert bzw. entgegen § 4 Abs. 3 Satz 4 EStG sofort als Betriebsausgaben abgezogen werden.

(2) Wird die Wertminderung nicht oder nicht in vollem Umfang in dem Wirtschaftsjahr beseitigt, in dem der Anspruch auf die Entschädigung entstanden ist, so können buchführende Steuerpflichtige am Schluß des Wirtschaftsjahres in Höhe des Betrags, um den die Entschädigung die bisherigen Aufwendungen für die Beseitigung der Wertminderung übersteigt, eine steuerfreie Rücklage bilden. Die Rücklage darf den Betrag nicht übersteigen, der den Aufwendungen entspricht, die zur Beseitigung der Wertminderung bis zum Ablauf der auf die Entstehung des Entschädigungsanspruchs folgenden beiden Wirtschaftsjahre ernstlich geplant und zu erwarten sind. Die innerhalb der genannten Frist zur Beseitigung der Wertminderungen angefallenen Aufwendungen sind – soweit sie die Entschädigung nicht übersteigen – nicht als nachträgliche Herstellungskosten zu aktivieren, sondern gegen die Rücklage zu verbuchen. Soweit die Rücklage am Schluß des zweiten auf ihre Bildung folgenden Wirtschaftsjahrs noch vorhanden ist, ist sie in diesem Zeitpunkt gewinnerhöhend aufzulösen.

(3) Wird die Wertminderung bei einem Steuerpflichtigen, der seinen Gewinn nach § 4 Abs. 3 EStG ermittelt, nicht oder nicht in vollem Umfang in dem Wirtschaftsjahr beseitigt, in dem die Entschädigung zugeflossen ist, so ist es nicht zu beanstanden, wenn die Entschädigung in Höhe des Betrages, um den sie die bisherigen Aufwendungen für die Beseitigung der Wertminderung übersteigt, als Betriebseinnahme erst in dem Wirtschaftsjahr berücksichtigt wird, in dem Aufwendungen für die Beseitigung der Wertminderung anfallen. Voraussetzung hierfür ist, daß am Schluß des Wirtschaftsjahrs, in dem die Entschädigung zugeflossen ist, die Beseitigung der Wertminderung ernstlich geplant und innerhalb der folgenden beiden Wirtschaftsjahre zu erwarten ist. Die Aufwendungen für die Beseitigung der Wertminderung sind, soweit sie die Entschädigung nicht übersteigen, in jedem Fall als Betriebsausgaben sofort abzuziehen. § 4 Abs. 3 Satz 5 EStG ist insoweit nicht anzuwenden. Übersteigt die Entschädigung die Beträge, die bis zum Ende der auf den Zufluß der Entschädigung folgenden beiden Wirtschaftsjahre für die Beseitigung der Wertminderung aufgewendet sind, so ist der übersteigende Betrag grundsätzlich als Gewinn des auf den Zufluß der Entschädigung folgenden zweiten Wirtschaftsjahrs anzusetzen.

6. Verpachtung eines land- und forstwirtschaftlichen Betriebs oder einzelner Grundstücksflächen

(1) Inwieweit die Verpachtung eines land- und forstwirtschaftlichen Betriebs eine Betriebsaufgabe darstellt, bestimmt sich nach den gleichlautenden Erlassen der Finanzminister (-senatoren) der Länder im BStBl 1965 II S. 4 ff. und im BStBl 1966 II S. 29 ff. War bei Ablauf des 30. 6. 1970 ein land- und forstwirtschaftlicher Betrieb im ganzen verpachtet und hatte der Verpächter vor dem 1. 7. 1970 die Aufgabe des Betriebs erklärt, so sind Gewinne aus der Veräußerung von Grundstücksflächen, die zu dem verpachteten Betrieb gehören, keine Einkünfte aus Land- und Forstwirtschaft. Hat der Verpächter eines bei Ablauf des 30. 6. 1970 im ganzen verpachteten land- und forstwirtschaftlichen Betriebs vor dem 1. 7. 1970 die Aufgabe seines Betriebs nicht ausdrücklich erklärt, so kann aus Gründen des Vertrauensschutzes von einer vor dem 1. 7. 1970 erfolgten Betriebsaufgabe ausgegangen werden, wenn die Pachteinnahmen bei der rechtskräftigen Veranlagung für den Veranlagungszeitraum 1969 als Einkünfte aus Vermietung und Verpachtung behandelt worden sind. Sind dagegen die Pachteinnahmen als Einkünfte aus Land- und Forstwirtschaft angesehen worden, ist der land- und forstwirtschaftliche Betrieb des Verpächters als fortgeführt zu behandeln. In diesen Fällen ist jedoch, wenn der Verpächter die Aufgabe des land- und forstwirtschaftlichen Betriebs spätestens mit Wirkung auf den 30. 6. 1972 erklärt, im allgemeinen auch ohne besonderen Nachweis davon auszugehen, daß der Wert des Grund und Bodens im Zeitpunkt der Betriebsaufgabe nicht über dem Wert liegt, der sich für ihn nach § 55 EStG ergibt, es sei denn, besondere Umstände sprechen dagegen (z. B. bei einer Grundstücksfläche ist seit dem 30. 6. 1970 eine Wertsteigerung offenkundig eingetreten).

(2) Verpachtet ein Land- und Forstwirt einzelne zu seinem Betriebsvermögen gehörende Grundstücksflächen, so ist nach allgemeinen Grundsätzen zu beurteilen, ob die Verpachtung zu einer Entnahme führt oder ob die verpachteten Flächen weiterhin zum Betriebsvermögen gehören.

7. ...

8. ...

9. Zum Begriff „gleichstehender Rechtsakt" im Sinne des § 52 Abs. 5, 9 und 25 EStG

Nach § 52 Abs. 5 EStG sind Gewinne aus der Veräußerung von Grund und Boden, der zu einem land- und forstwirtschaftlichen Betriebsvermögen gehört, u. a. dann nicht zu berücksichtigen, wenn bei einer Veräußerung nach dem 30. 6. 1970 die Veräußerung auf einem vor dem 1. 7. 1970 rechtswirksam abgeschlossenen obligatorischen Vertrag oder gleichstehenden Rechtsakt beruht. Ein gleichstehender Rechtsakt in diesem Sinne ist u. a. ein unwiderrufliches notarielles Verkaufsangebot, bei dem Leistung und Gegenleistung – insbesondere der Kaufpreis – im wesentlichen festgelegt sind. Dies gilt für die Vorschriften des § 52 Abs. 9 und 25 EStG entsprechend.

10. Die Ausgangsbeträge nach § 55 Abs. 2 bis 4 EStG

(1) Für Grund und Boden, der am 1. 7. 1970 bewertungsrechtlich zum land- und forstwirtschaftlichen Vermögen (§ 33 Abs. 1 Satz 1 BewG) gehörte, ist der Ausgangsbetrag nach § 55 Abs. 2 oder 3 EStG zu ermitteln. Gehörte der Grund und Boden am 1. 7. 1970 bewertungsrechtlich nicht zum land- und forstwirtschaftlichen Vermögen, so ist der Ausgangsbetrag nach § 55 Abs. 4 EStG zu ermitteln.

(2) Für jedes katastermäßig abgegrenzte Flurstück, für das am 1. 7. 1970 im Liegenschaftskataster eine Ertragsmeßzahl ausgewiesen war, ist der Ausgangsbetrag grundsätzlich nach § 55 Abs. 2 Ziff. 1 Satz 1 EStG das Vierfache der Ertragsmeßzahl (EMZ). Bei einem Flurstück, das in mehrere Abschnitte unterteilt ist (Klassenflächen, Klassenabschnitte, Sonderflächen) eingeteilt ist, sind die Ertragsmeßzahlen der Abschnitte zusammenzurechnen; die mit vier multiplizierte Summe der Ertragsmeßzahlen ist der Ausgangsbetrag für das Flurstück.

(3) Soll für den Teil eines Flurstücks, der die Voraussetzungen des § 55 Abs. 2 Ziff. 1 Satz 1 EStG erfüllt, der Ausgangsbetrag nach § 55 Abs. 2 Ziff. 1 Satz 2 EStG ermittelt werden oder wird für einen Teil eines solchen Flurstücks ein höherer Teilwert nach § 55 Abs. 5 EStG festgestellt, so ist eine entsprechende katastermäßige Teilung des Flurstücks nicht erforderlich. Die nicht nach § 55 Abs. 2 Ziff. 1 Satz 1 EStG anzusetzenden Teilflächen müssen jedoch in der nach § 55 Abs. 2 Ziff. 1 Satz 2 EStG bis zum 30. 6. 1972 abzugebenden Erklärung bzw. in dem nach § 55 Abs. 5 EStG bis zum 31. 12. 1975 zu stellenden Antrag nach

Größe und Lage (ggf. verdeutlicht durch eine maßstabsgerechte Skizze) bezeichnet werden. Für das Restflurstück ist der Ausgangsbetrag des § 55 Abs. 2 Ziff. 1 Satz 1 EStG nach folgender Formel zu berechnen:

$$\text{Ausgangsbetrag des Restflurstücks} = 4 \times \frac{\text{EMZ des ganzen Flurstücks} \times \text{Quadratmeterzahl des Restflurstücks}}{\text{Quadratmeterzahl des ganzen Flurstücks}}$$

(4) Die nach § 55 Abs. 2 Ziff. 1 Satz 2 EStG erforderliche Abgabe einer Erklärung über die Größe, Lage und Nutzung der Flächen, für die der Ausgangsbetrag nach dieser Vorschrift ermittelt werden soll, kann nicht durch einen Hinweis auf die Anlage L zur Steuererklärung 1970 ersetzt werden, da diese Anlage weder die Bezeichnung der betreffenden Flurstücke noch Angaben über die Größe der Flächen enthält. Die Frist für die Abgabe der Erklärung ist eine Ausschlußfrist. Sie kann daher nicht verlängert werden. Bei ihrer Versäumung kann nur Nachsicht unter den Voraussetzungen des § 86 AO gewährt werden.

(5) Maßgebend für die Ermittlung der Ausgangsbeträge nach § 55 Abs. 2 Ziff. 1 Satz 2 und Ziff. 2 bis 8 EStG ist die tatsächliche Nutzung der betreffenden Grundstücksfläche am 1. 7. 1970. Weicht die vom Steuerpflichtigen für den 1. 7. 1970 behauptete Nutzung von der im Liegenschaftskataster für diesen Stichtag eingetragenen Nutzung ab und kann der Steuerpflichtige die von ihm behauptete Nutzung nicht nachweisen, so wird vermutet, daß die im Liegenschaftskataster eingetragene Nutzung richtig ist (BFH-Urteil vom 24. 10. 1952, BStBl III S. 294).

(6) Für Flächen des Spargelbaus, des Gemüse- und Obstbaus sowie der Baumschulen sind die Ausgangsbeträge nur dann nach § 55 Abs. 2 Ziff. 1 Satz 2 EStG zu ermitteln, wenn sie nach bewertungsrechtlichen Vorschriften zum Nutzungsteil Spargel oder zur gärtnerischen Nutzung gehören und – ungeachtet der Fortschreibungsgrenzen – auf den 1. 1. 1971 entsprechend zu bewerten gewesen wären. Landwirtschaftlicher Gemüsebau (Abschnitt 1.08 Abs. 2 und Abschnitt 6.07 Abs. 1 Nr. 1 BewRL), Extensivobstbau (Abschnitt 1.08 Abs. 4 BewRL) sowie Bagatellflächen (Abschnitt 1.13 BewRL) sind in die landwirtschaftliche Nutzung einzubeziehen. Sie fallen daher unter die Vorschrift des § 55 Abs. 2 Ziff. 1 Satz 1 EStG.

(7) Für bestimmte intensiv genutzte Flächen, die am 1. 7. 1970 durch einen anderen Nutzungsberechtigten als den Eigentümer bewirtschaftet wurden und bei denen nach § 48 a BewG der Unterschiedsbetrag zwischen dem für landwirtschaftliche Nutzung maßgebenden Vergleichswert und dem höheren, durch die Intensivnutzung bedingten Vergleichswert bei der Feststellung des Einheitswerts des Eigentümers nicht zu berücksichtigen ist, ist § 55 Abs. 2 Ziff. 1 Satz 1 EStG anzuwenden.

(8) Im Gegensatz zu Hof- und Gebäudeflächen sowie Hausgärten im Sinne des § 40 Abs. 3 BewG, für die Ausgangsbeträge nach § 55 Abs. 2 Ziff. 5 EStG ermittelt werden, sind die Ausgangsbeträge für betriebseigene Wege und Gräben nach § 55 Abs. 2 Ziff. 1 bis 8 EStG in Anlehnung an die Ausgangsbeträge der angrenzenden Flurstücke zu ermitteln. Gehören die angrenzenden Flurstücke zu verschiedenen Nutzungen, kann ein flächengewogenes Mittel gebildet werden.

(9) Der Ausgangsbetrag für die bodengeschätzten Flächen eines land- und forstwirtschaftlichen Betriebs ist nach § 55 Abs. 3 EStG zu ermitteln, wenn am 1. 7. 1970 noch kein Liegenschaftskataster vorlag, in dem Ertragsmeßzahlen ausgewiesen sind. Das gilt auch dann, wenn dem Finanzamt an diesem Stichtag die Ertragsmeßzahlen bereits bekannt waren.

(10) Bei Betrieben der Land- und Forstwirtschaft, die nach dem 1. 1. 1964 entstanden sind, ist, soweit § 55 Abs. 3 EStG anzuwenden ist, auf den Tag der Entstehung des Betriebs eine durchschnittliche Ertragsmeßzahl zu ermitteln.

(11) Bei bebautem Grund und Boden, der mit Ablauf des 30. 6. 1970 nicht zu einem land- und forstwirtschaftlichen Vermögen im Sinne des Bewertungsgesetzes gehörte, ist nach § 55 Abs. 4 Ziff. 2 EStG als Ausgangsbetrag für den Grund und Boden der Wert maßgebend, der sich für den Grund und Boden nach seinem Bestand vom 1. 7. 1970 und nach den Wertverhältnissen vom 1. 1. 1964 als Einheitswert ergeben würde, wenn er nicht bebaut wäre. Dieser Wert stimmt weder mit dem Wert überein, mit dem der Grund und Boden im

Einheitswert des bebauten Grundstücks enthalten ist, noch steht er zu dem Einheitswert des Grundstücks in einem bestimmten Verhältnis. Der Wert kann infolge dessen nicht in Höhe eines pauschalen Anteils am Einheitswert geschätzt werden. Abschnitt 20 BewRGr ist deshalb für die Ermittlung des Ausgangsbetrags für den Grund und Boden bebauter Grundstücke nicht anwendbar.

11. Bewertung mit dem höheren Teilwert

(1) Der Ansatz eines höheren Teilwerts nach § 55 Abs. 5 EStG hat in allen Fällen, also auch dann, wenn Grund und Boden in der Zeit vom 1. 7. 1970 bis 15. 8. 1971 zu einem über dem doppelten Ausgangsbetrag (§ 55 Abs. 1 EStG) liegenden Preis veräußert worden ist, zur Voraussetzung, daß der höhere Teilwert auf Grund eines Antrags vom Finanzamt gesondert festgestellt worden ist. Der Antrag muß vor dem 1. 1. 1976 bei dem Betriebsfinanzamt gestellt werden. Bei dieser Frist handelt es sich um eine Ausschlußfrist, die nicht verlängert werden kann. Wird sie versäumt, so ist lediglich unter den Voraussetzungen des § 86 AO Nachsichtgewährung möglich. Der Antrag auf Feststellung des höheren Teilwerts kann zurückgenommen werden, solange über den Antrag noch nicht rechtskräftig entschieden ist.

(2) Gehört eine Grundstücksfläche zu einem Betrieb, der in der Rechtsform einer Personengesellschaft oder von einer Gemeinschaft geführt wird, so kann der Antrag auf Feststellung des höheren Teilwerts nur von allen Beteiligten gemeinsam gestellt werden.

(3) Wird Grund und Boden vor dem 1. 7. 1972 veräußert oder entnommen, so ist bei der Feststellung des höheren Teilwerts im allgemeinen auch ohne besonderen Nachweis davon auszugehen, daß der höhere Teilwert des Grund und Bodens am 1. 7. 1970 dem erzielten Veräußerungserlös abzüglich etwaiger Veräußerungskosten oder dem Wert des Grund und Bodens im Zeitpunkt der Entnahme entspricht; es sei denn, besondere Umstände sprechen dagegen.

12. Nachträgliche Anschaffungs- oder Herstellungskosten für nach § 55 EStG bewerteten Grund und Boden

Entstehen für Grund und Boden, für den als Anschaffungs- oder Herstellungskosten der doppelte Ausgangsbetrag (§ 55 Abs. 1 EStG) oder der höhere Teilwert (§ 55 Abs. 5 EStG) anzusetzen ist, nach dem 30. 6. 1970 noch Anschaffungsnebenkosten (z. B. Vermessungskosten, Gerichts- und Notariatskosten, Grunderwerbsteuer), so dürfen diese die Anschaffungs- oder Herstellungskosten im Sinne des § 55 EStG nicht erhöhen. Sie sind bei der Ermittlung des steuerlichen Gewinns als nicht abzugfähige Betriebsausgaben zu behandeln. Wird bei Grund und Boden, der nach § 55 EStG zu bewerten ist, nach dem 30. 6. 1970 nachträglicher Herstellungsaufwand (z. B. für die Herrichtung von Unland für land- und forstwirtschaftliche Zwecke) vorgenommen, so erhöhen die nachträglichen Herstellungskosten die steuerlichen Anschaffungs- oder Herstellungskosten des Grund und Bodens.

13. Verlustklausel

(1) Die Vorschrift des § 55 Abs. 6 EStG (Nichtberücksichtigung bestimmter Verluste, die durch die Veräußerung oder Entnahme von Grund und Boden oder durch den Ansatz des niedrigeren Teilwerts für eine Grundstücksfläche entstehen) gilt sowohl für mit dem doppelten Ausgangsbetrag (§ 55 Abs. 1 EStG) als auch für mit dem höheren Teilwert (§ 55 Abs. 5 EStG) angesetzten Grund und Boden. In beiden Fällen dürfen Verluste steuerlich insoweit nicht gewinnmindernd berücksichtigt werden, als sie dadurch entstanden sind, daß der Veräußerungspreis oder der an dessen Stelle tretende Wert abzüglich der Veräußerungskosten bzw. der angesetzte niedrigere Teilwert unter dem doppelten Ausgangsbetrag liegt. Dabei ist es ohne Bedeutung, wodurch die Verluste entstanden sind.

(2) Die Verlustklausel ist hinsichtlich jeder selbständig bewerteten Grundstücksfläche anzuwenden. Werden mehrere selbständig bewertete Grundstücksflächen zu einem Gesamtpreis veräußert, so ist dieser für die Anwendung der Verlustklausel nach allgemeinen Grundsätzen aufzuteilen. Dies gilt auch, wenn Grund und Boden zusammen mit anderen Wirtschaftsgütern zu einem Gesamtkaufpreis veräußert wird. Entsprechend ist zu verfahren, wenn die vom Steuerpflichtigen vorgenommene Aufteilung des Veräußerungserlöses nicht den wirtschaftlichen Gegebenheiten entspricht.

§ 55 EStG
R 236   H 236

Personenhandelsgesellschaften

§ 55 EStG ist für gewerblich tätige Personenhandelsgesellschaften sowie auf **Sonderbetriebsvermögen** solcher Gesellschaften (R 13 Abs. 2 und R 28 Abs. 1) nicht anwendbar (→ BFH vom 11. 3. 1992 – BStBl II S. 797).

Teilwert im Sinne des § 55 Abs. 5 EStG entspricht in der Regel den Wiederbeschaffungskosten (→ BFH vom 25. 8. 1983 – BStBl 1984 II S. 33).

Verlustausschlußklausel des § 55 Abs. 6 EStG zwingt bei Hinzuerwerb eines Miteigentumsanteils dazu, für den neu erworbenen Anteil als Buchwert die Anschaffungskosten getrennt von dem schon bisher diesem Miteigentümer gehörenden Anteil anzusetzen; gilt entsprechend bei Gesamthandseigentum (→ BFH vom 8. 8. 1985 – BStBl 1986 II S. 6). Bei einer **späteren Veräußerung** dieser Grundstücksflächen ist der **Veräußerungsgewinn** für beide Buchwerte gesondert zu ermitteln.

§ 56
Sondervorschriften für Steuerpflichtige in dem in Artikel 3 des Einigungsvertrags genannten Gebiet

Bei Steuerpflichtigen, die am 31. Dezember 1990 einen Wohnsitz oder ihren gewöhnlichen Aufenthalt in dem in Artikel 3 des Einigungsvertrags genannten Gebiet und im Jahre 1990 keinen Wohnsitz oder gewöhnlichen Aufenthalt im bisherigen Geltungsbereich dieses Gesetzes hatten, gilt folgendes:
1. § 7 Abs. 5 ist auf Gebäude anzuwenden, die in dem Artikel 3 des Einigungsvertrags genannten Gebiet nach dem 31. Dezember 1990 angeschafft oder hergestellt worden sind.
2. § 52 Abs. 2 bis 33 ist nicht anzuwenden, soweit darin die Anwendung einzelner Vorschriften für Veranlagungszeiträume oder Wirtschaftsjahre vor 1991 geregelt ist.

EStG

S 2259 b

§ 57
Besondere Anwendungsregeln aus Anlaß der Herstellung der Einheit Deutschlands

(1) Die §§ 7 c, 7 f, 7 g, 7 k und 10 e dieses Gesetzes, die §§ 76, 78, 82 a und 82 f der Einkommensteuer-Durchführungsverordnung sowie die §§ 7 und 12 Abs. 3 des Schutzbaugesetzes sind auf Tatbestände anzuwenden, die in dem in Artikel 3 des Einigungsvertrags genannten Gebiet nach dem 31. Dezember 1990 verwirklicht worden sind.

(2) Die §§ 7 b und 7 d dieses Gesetzes sowie die §§ 81, 82 d , 82 g und 82 i der Einkommensteuer-Durchführungsverordnung sind nicht auf Tatbestände anzuwenden, die in dem in Artikel 3 des Einigungsvertrags genannten Gebiet verwirklicht worden sind.

(3) Bei der Anwendung des § 7 g Abs. 2 Nr. 1, des § 13 a Abs. 4 und 8 und des § 14 a Abs. 1 ist in dem in Artikel 3 des Einigungsvertrags genannten Gebiet anstatt vom maßgebenden Einheitswert des Betriebs der Land- und Forstwirtschaft und den darin ausgewiesenen Werten vom Ersatzwirtschaftswert nach § 125 des Bewertungsgesetzes auszugehen.

(4) [1]§ 10 d Abs. 1 ist mit der Maßgabe anzuwenden, daß der Sonderausgabenabzug erstmals von dem für die zweite Hälfte des Veranlagungszeitraums 1990 ermittelten Gesamtbetrag der Einkünfte vorzunehmen ist. [2]§ 10 d Abs. 2 und 3 ist auch für Verluste anzuwenden, die in dem in Artikel 3 des Einigungsvertrags genannten Gebiet im Veranlagungszeitraum 1990 entstanden sind.

(5) § 22 Nr. 4 ist auf vergleichbare Bezüge anzuwenden, die auf Grund des Gesetzes über Rechtsverhältnisse der Abgeordneten der Volkskammer der Deutschen Demokratischen Republik vom 31. Mai 1990 (GBl. I Nr. 30 S. 274) gezahlt worden sind.

(6) § 34 f Abs. 3 Satz 3 ist erstmals auf die in dem in Artikel 3 des Einigungsvertrags genannten Gebiet für die zweite Hälfte des Veranlagungszeitraums 1990 festgesetzte Einkommensteuer anzuwenden.

R 237

R 237. Verlustabzug nach § 57 Abs. 4 EStG

– unbesetzt –

H 237

Hinweise

Verlustabzug

bei festgestellten negativen Einkünften des Jahres 1990 aus dem Beitrittsgebiet oder aus den alten Bundesländern bei unbeschränkter Steuerpflicht im jeweils anderen Gebiet zur Vermeidung doppelter Verlustberücksichtigung → BMF vom 13. 5. 1992 (BStBl I S. 336).

§ 58

Weitere Anwendung von Rechtsvorschriften, die vor Herstellung der Einheit Deutschlands in dem in Artikel 3 des Einigungsvertrages genannten Gebiet gegolten haben

(1) Die Vorschriften über Sonderabschreibungen nach § 3 Abs. 1 des Steueränderungsgesetzes vom 6. März 1990 (GBl. I Nr. 17 S. 136) in Verbindung mit § 7 der Durchführungsbestimmung zum Gesetz zur Änderung der Rechtsvorschriften über die Einkommen-, Körperschaft- und Vermögensteuer – Steueränderungsgesetz – vom 16. März 1990 (GBl. I Nr. 21 S. 195) sind auf Wirtschaftsgüter weiter anzuwenden, die nach dem 31. Dezember 1989 und vor dem 1. Januar 1991 in dem in Artikel 3 des Einigungsvertrages genannten Gebiet angeschafft oder hergestellt worden sind.

(2) [1]Rücklagen nach § 3 Abs. 2 des Steueränderungsgesetzes vom 6. März 1990 (GBl. I Nr. 17 S. 136) in Verbindung mit § 8 der Durchführungsbestimmung zum Gesetz zur Änderung der Rechtsvorschriften über die Einkommen-, Körperschaft- und Vermögensteuer – Steueränderungsgesetz – vom 16. März 1990 (GBl. I Nr. 21 S. 195) dürfen, soweit sie zum 31. Dezember 1990 zulässigerweise gebildet worden sind, auch nach diesem Zeitpunkt fortgeführt werden. [2]Sie sind spätestens im Veranlagungszeitraum 1995 gewinn- oder sonst einkünfteerhöhend aufzulösen. [3]Sind vor dieser Auflösung begünstigte Wirtschaftsgüter angeschafft oder hergestellt worden, sind die in die Rücklage eingestellten Beträge von den Anschaffungs- oder Herstellungskosten abzuziehen; die Rücklage ist in Höhe des abgezogenen Betrags im Veranlagungszeitraum der Anschaffung oder Herstellung gewinn- oder sonst einkünfteerhöhend aufzulösen.

(3) Die Vorschrift über den Steuerabzugsbetrag nach § 9 Abs. 1 der Durchführungsbestimmung zum Gesetz zur Änderung der Rechtsvorschriften über die Einkommen-, Körperschaft- und Vermögensteuer – Steueränderungsgesetz – vom 16. März 1990 (GBl. I Nr. 21 S. 195) ist für Steuerpflichtige weiter anzuwenden, die vor dem 1. Januar 1991 in dem in Artikel 3 des Einigungsvertrages genannten Gebiet eine Betriebsstätte begründet haben, wenn sie von dem Tag der Begründung der Betriebsstätte an zwei Jahre lang die Tätigkeit ausüben, die Gegenstand der Betriebsstätte ist.

§§ 59 und 60

(weggefallen)

EStG

§ 61[1])
Entlastung bei niedrigen Erwerbseinkommen im Lohnsteuerverfahren

(1) ¹Das Bundesministerium der Finanzen hat Zusatztabellen aufzustellen und bekanntzumachen, in denen zu den Lohnsteuerbeträgen, die in den nach § 38 c bekanntgemachten Jahres-, Monats-, Wochen- und Tageslohnsteuertabellen für die Steuerklassen I bis IV ausgewiesen werden, gemilderte Lohnsteuerbeträge enthalten sind. ²Dabei sind den gemilderten Lohnsteuerbeträgen für den laufenden Arbeitslohn der nach dem 31. Dezember 1993 endenden Lohnzahlungszeiträume und für sonstige Bezüge, die nach dem 31. Dezember 1993 zufließen, in den Steuerklassen I, II und IV die gemilderte Einkommensteuer nach den Anlagen 4 und 4 b und in der Steuerklasse III die gemilderte Einkommensteuer nach den Anlagen 5 und 5 b zu diesem Gesetz zugrunde zu legen. ³Für den laufenden Arbeitslohn der vor dem 1. Januar 1994 endenden Lohnzahlungszeiträume und für sonstige Bezüge, die vor dem 1. Januar 1994 zufließen, sind den gemilderten Lohnsteuerbeträgen in den Steuerklassen I und II die gemilderte Einkommensteuer nach der Anlage 6, in Steuerklasse III die gemilderte Einkommensteuer nach der Anlage 6 a und in Steuerklasse IV die gemilderte Einkommensteuer nach der Anlage 6 b zu diesem Gesetz zugrunde zu legen.

Tabellen

(2) ¹Der Arbeitgeber hat die in den Zusatztabellen ausgewiesene gemilderte Lohnsteuer vom Arbeitslohn nach § 39 b Abs. 2 einzubehalten oder der Lohnsteuerberechnung für sonstige Bezüge nach § 39 b Abs. 3 zugrunde zu legen, wenn sich für einen unbeschränkt einkommensteuerpflichtigen Arbeitnehmer in den Steuerklassen I bis IV ein in den Zusatztabellen enthaltener Lohnsteuerbetrag nach den allgemeinen oder besonderen Lohnsteuertabellen ergibt. ²Die Zusatztabellen sind nicht anzuwenden bei der Ermittlung der Lohnsteuer für Arbeitslöhne oder Arbeitslohnteile, für die der Arbeitgeber vereinbarungsgemäß die Lohnsteuer zu übernehmen hat oder die nach § 40 Abs. 1 pauschal besteuert werden sollen. ³Der Arbeitgeber hat die Zusatztabellen auch nicht anzuwenden, wenn der Arbeitnehmer dies bei ihm bis zu der Lohnabrechnung beantragt hat, bei der erstmals im Kalenderjahr die Voraussetzung des Satzes 1 erfüllt ist; der Antrag kann nicht zurückgenommen werden.

(3) Bei einem Arbeitnehmer, der die Voraussetzungen für den Abzug des Versorgungs-Freibetrags oder des Altersentlastungsbetrags erfüllt, sind die Zusatztabellen nur anzuwenden, wenn ohne Abzug des Versorgungs-Freibetrags oder des Altersentlastungsbetrags die in den Zusatztabellen ausgewiesene gemilderte Lohnsteuer geringer ist als die Lohnsteuer, die sich für den um den Versorgungs-Freibetrag oder Altersentlastungsbetrag geminderten Arbeitslohn nach den allgemeinen oder besonderen Lohnsteuertabellen ergibt.

(4) Wenn der Arbeitgeber bei einem Arbeitnehmer für die Ermittlung der Lohnsteuer eine der Zusatztabellen angewendet hat, so hat er dies im Lohnkonto und in der Lohnsteuerbescheinigung durch Eintragung des Großbuchstabens Z anzugeben.

---

[1]) § 61 EStG wurde durch das JStG 1996 ab VZ 1996 aufgehoben.

X. Kindergeld

§§ 62 – 78

– Durch das JStG 1996 mit Wirkung ab VZ 1996 neu angefügt. –

§ 62
Anspruchsberechtigte

(1) Für Kinder im Sinne des § 63 hat Anspruch auf Kindergeld nach diesem Gesetz, wer
1. im Inland einen Wohnsitz oder seinen gewöhnlichen Aufenthalt hat oder
2. ohne Wohnsitz oder gewöhnlichen Aufenthalt im Inland
   a) nach § 1 Abs. 2 unbeschränkt einkommensteuerpflichtig ist oder
   b) nach § 1 Abs. 3 als unbeschränkt einkommensteuerpflichtig behandelt wird.

(2) ¹Ein Ausländer hat nur Anspruch auf Kindergeld, wenn er im Besitz einer Aufenthaltsberechtigung oder Aufenthaltserlaubnis ist. ²Ein ausländischer Arbeitnehmer, der zur vorübergehenden Dienstleistung in das Inland entsandt ist, hat keinen Anspruch auf Kindergeld; sein Ehegatte hat Anspruch auf Kindergeld, wenn er im Besitz einer Aufenthaltsberechtigung oder Aufenthaltserlaubnis ist und eine der Beitragspflicht zur Bundesanstalt für Arbeit unterliegende oder nach § 169 c Nr. 1 des Arbeitsförderungsgesetzes beitragsfreie Beschäftigung als Arbeitnehmer ausübt.

§ 63
Kinder

(1) ¹Als Kinder werden berücksichtigt
1. Kinder im Sinne des § 32 Abs. 1,
2. vom Berechtigten in seinen Haushalt aufgenommene Kinder seines Ehegatten,
3. vom Berechtigten in seinen Haushalt aufgenommene Enkel.

²§ 32 Abs. 4 und 5 gilt entsprechend. ³Kinder, die weder einen Wohnsitz noch ihren gewöhnlichen Aufenthalt im Inland, in einem Mitgliedstaat der Europäischen Union oder in einem Staat, auf den das Abkommen über den Europäischen Wirtschaftsraum Anwendung findet, haben, werden nicht berücksichtigt, es sei denn, sie leben im Haushalt eines Berechtigten im Sinne des § 62 Abs. 1 Nr. 2 Buchstabe a.

(2) Die Bundesregierung wird ermächtigt, durch Rechtsverordnung, die nicht der Zustimmung des Bundesrates bedarf, zu bestimmen, daß einem Berechtigten, der im Inland erwerbstätig ist oder sonst seine hauptsächlichen Einkünfte erzielt, für seine in Absatz 1 Satz 3 erster Halbsatz bezeichneten Kinder Kindergeld ganz oder teilweise zu leisten ist, soweit dies mit Rücksicht auf die durchschnittlichen Lebenshaltungskosten für Kinder in deren Wohnsitzstaat und auf die dort gewährten dem Kindergeld vergleichbaren Leistungen geboten ist.

§ 64
Zusammentreffen mehrerer Ansprüche

(1) Für jedes Kind wird nur einem Berechtigten Kindergeld gezahlt.

(2) ¹Bei mehreren Berechtigten wird das Kindergeld demjenigen gezahlt, der das Kind in seinen Haushalt aufgenommen hat. ²Ist ein Kind in den gemeinsamen Haushalt von Eltern, einem Elternteil und dessen Ehegatten, Pflegeeltern oder Großeltern aufgenommen worden, so bestimmen diese untereinander den Berechtigten. ³Wird eine Bestimmung nicht getroffen, so bestimmt das Vormundschaftsgericht auf Antrag den Berechtigten. ⁴Den Antrag kann stellen, wer ein berechtigtes Interesse an der Zahlung des Kindergeldes hat. ⁵Lebt ein Kind im gemeinsamen Haushalt von Eltern und Großeltern, so wird das

§§ 64 – 67 EStG

Kindergeld vorrangig einem Elternteil gezahlt; es wird an einen Großelternteil gezahlt, wenn der Elternteil gegenüber der zuständigen Stelle auf seinen Vorrang schriftlich verzichtet hat.

(3) ¹Ist das Kind nicht in den Haushalt eines Berechtigten aufgenommen, so erhält das Kindergeld derjenige, der dem Kind eine Unterhaltsrente zahlt. ²Zahlen mehrere Berechtigte dem Kind Unterhaltsrenten, so erhält das Kindergeld derjenige, der dem Kind die höchste Unterhaltsrente zahlt. ³Werden gleich hohe Unterhaltsrenten gezahlt, so bestimmen die Berechtigten untereinander, wer das Kindergeld erhalten soll. ⁴Wird eine Bestimmung nicht getroffen oder zahlt keiner der Berechtigten dem Kind Unterhalt, so gilt Absatz 2 Satz 3 und 4 entsprechend.

§ 65
Andere Leistungen für Kinder

(1) ¹Kindergeld wird nicht für ein Kind gezahlt, für das eine der folgenden Leistungen zu zahlen ist oder bei entsprechender Antragstellung zu zahlen wäre:

1. Kinderzulagen aus der gesetzlichen Unfallversicherung oder Kinderzuschüsse aus den gesetzlichen Rentenversicherungen,
2. Leistungen für Kinder, die im Ausland gewährt werden und dem Kindergeld oder einer der unter Nummer 1 genannten Leistungen vergleichbar sind,
3. Leistungen für Kinder, die von einer zwischen- oder überstaatlichen Einrichtung gewährt werden und dem Kindergeld vergleichbar sind.

²Soweit es für die Anwendung von Vorschriften dieses Gesetzes auf den Erhalt von Kindergeld ankommt, stehen die Leistungen nach Satz 1 dem Kindergeld gleich. ³Übt ein Berechtigter eine der Beitragspflicht zur Bundesanstalt für Arbeit unterliegende oder nach § 169 c Nr. 1 des Arbeitsförderungsgesetzes beitragsfreie Beschäftigung als Arbeitnehmer aus oder steht er im Inland in einem öffentlich-rechtlichen Dienst- oder Amtsverhältnis, so wird sein Anspruch auf Kindergeld für ein Kind nicht nach Satz 1 Nr. 3 mit Rücksicht darauf ausgeschlossen, daß sein Ehegatte als Beamter, Ruhestandsbeamter oder sonstiger Bediensteter der Europäischen Gemeinschaften für das Kind Anspruch auf Kinderzulage hat.

(2) Ist in den Fällen des Absatzes 1 Satz 1 Nr. 1 der Bruttobetrag der anderen Leistung niedriger als das Kindergeld nach § 66, wird Kindergeld in Höhe des Unterschiedsbetrages gezahlt, wenn er mindestens 10 Deutsche Mark beträgt.

§ 66
Höhe des Kindergeldes, Zahlungszeitraum

(1) Das Kindergeld beträgt für das erste und zweite Kind jeweils 200 Deutsche Mark, für das dritte Kind 300 Deutsche Mark und für das vierte und jedes weitere Kind jeweils 350 Deutsche Mark monatlich.

(2) Das Kindergeld wird vom Beginn des Monats an gezahlt, in dem die Anspruchsvoraussetzungen erfüllt sind, bis zum Ende des Monats, in dem die Anspruchsvoraussetzungen wegfallen.

(3) Das Kindergeld wird rückwirkend nur für die letzten sechs Monate vor Beginn des Monats gezahlt, in dem der Antrag auf Kindergeld eingegangen ist.

(4) Entsteht oder erhöht sich ein Anspruch auf Kindergeld durch eine mit Rückwirkung erlassene Rechtsverordnung, so gilt ein hierauf gerichteter Antrag als am Tage des Inkrafttretens der Rechtsverordnung gestellt, wenn er innerhalb der ersten sechs Monate nach Ablauf des Monats gestellt wird, in dem die Rechtsverordnung verkündet ist.

§ 67
Antrag

(1) ¹Das Kindergeld ist bei der örtlich zuständigen Familienkasse schriftlich zu beantragen. ²Den Antrag kann außer dem Berechtigten auch stellen, wer ein berechtigtes Interesse an der Leistung des Kindergeldes hat.

(2) Vollendet ein Kind das 18. Lebensjahr, so wird es nur dann weiterhin berücksichtigt, wenn der Berechtigte der zuständigen Familienkasse schriftlich anzeigt, daß die Voraussetzungen des § 32 Abs. 4 oder 5 vorliegen.

§ 68
Besondere Mitwirkungspflichten

(1) ¹Wer Kindergeld beantragt oder erhält, hat Änderungen in den Verhältnissen, die für die Leistung erheblich sind oder über die im Zusammenhang mit der Leistung Erklärungen abgegeben worden sind, unverzüglich der zuständigen Familienkasse mitzuteilen. ²Ein Kind, das das 18. Lebensjahr vollendet hat, ist auf Verlangen der Familienkasse verpflichtet, an der Aufklärung des für die Kindergeldzahlung maßgebenden Sachverhalts mitzuwirken; § 101 der Abgabenordnung findet insoweit keine Anwendung.

(2) Soweit es zur Durchführung des § 63 erforderlich ist, hat der jeweilige Arbeitgeber der in dieser Vorschrift bezeichneten Personen der Familienkasse auf Verlangen eine Bescheinigung über den Arbeitslohn, einbehaltene Steuern und Sozialabgaben sowie den auf der Lohnsteuerkarte eingetragenen Freibetrag auszustellen.

(3) Auf Antrag des Berechtigten erteilt die das Kindergeld auszahlende Stelle eine Bescheinigung über das im Kalenderjahr ausgezahlte Kindergeld.

(4) Die Familienkassen dürfen den die Bezüge im öffentlichen Dienst anweisenden Stellen Auskunft über den für die jeweilige Kindergeldzahlung maßgebenden Sachverhalt erteilen.

§ 69
Überprüfung des Fortbestehens von Anspruchsvoraussetzungen durch Meldedaten-Übermittlung

Die Meldebehörden übermitteln in regelmäßigen Abständen den Familienkassen nach Maßgabe einer auf Grund des § 20 Abs. 1 des Melderechtsrahmengesetzes zu erlassenden Rechtsverordnung die in § 18 Abs. 1 des Melderechtsrahmengesetzes genannten Daten aller Einwohner, zu deren Person im Melderegister Daten von minderjährigen Kindern gespeichert sind, und dieser Kinder, soweit die Daten nach ihrer Art für die Prüfung der Rechtmäßigkeit des Bezuges von Kindergeld geeignet sind.

§ 70
Festsetzung und Zahlung des Kindergeldes

(1) ¹Das Kindergeld nach § 62 wird von der Familienkasse durch Bescheid festgesetzt und ausgezahlt, soweit nichts anderes bestimmt ist. ²§ 157 der Abgabenordnung gilt nicht, soweit

1. dem Antrag entsprochen wird,
2. der Berechtigte anzeigt, daß die Voraussetzungen für die Berücksichtigung eines Kindes nicht mehr erfüllt sind, oder
3. das Kind das 18. Lebensjahr vollendet, ohne daß eine Anzeige nach § 67 Abs. 2 erstattet ist.

(2) Soweit in den Verhältnissen, die für die Zahlung des Kindergeldes erheblich sind, Änderungen eintreten, ist die Festsetzung des Kindergeldes mit Wirkung vom Zeitpunkt der Änderung der Verhältnisse aufzuheben oder zu ändern.

(3) ¹Materielle Fehler der letzten Festsetzung können durch Neufestsetzung oder durch Aufhebung der Festsetzung beseitigt werden. ²Neu festgesetzt oder aufgehoben wird mit Wirkung ab dem auf die Bekanntgabe der Neufestsetzung oder der Aufhebung der Festsetzung folgenden Monat. ³Bei der Neufestsetzung oder Aufhebung der Festsetzung nach Satz 1 ist § 176 der Abgabenordnung entsprechend anzuwenden; dies gilt nicht für Monate, die nach der Verkündung der maßgeblichen Entscheidung eines obersten Gerichtshofes des Bundes beginnen.

§ 71
Zahlungszeitraum

Das Kindergeld wird monatlich gezahlt.

§ 72
Festsetzung und Zahlung des Kindergeldes an Angehörige des öffentlichen Dienstes

(1) ¹Steht Personen, die

1. in einem öffentlich-rechtlichen Dienst-, Amts- oder Ausbildungsverhältnis stehen, mit Ausnahme der Ehrenbeamten, oder
2. Versorgungsbezüge nach beamten- oder soldatenrechtlichen Vorschriften oder Grundsätzen erhalten oder
3. Arbeitnehmer des Bundes, eines Landes, einer Gemeinde, eines Gemeindeverbandes oder einer sonstigen Körperschaft, einer Anstalt oder einer Stiftung des öffentlichen Rechts sind, einschließlich der zu ihrer Berufsausbildung Beschäftigten,

Kindergeld nach Maßgabe dieses Gesetzes zu, wird es von den Körperschaften, Anstalten oder Stiftungen des öffentlichen Rechts festgesetzt und ausgezahlt. ²Die genannten juristischen Personen sind insoweit Familienkasse.

(2) Der Deutschen Post AG, der Deutschen Postbank AG und der Deutschen Telekom AG obliegt die Durchführung dieses Gesetzes für ihre jeweiligen Beamten und Versorgungsempfänger in Anwendung des Absatzes 1.

(3) Absatz 1 gilt nicht für Personen, die ihre Bezüge oder Arbeitsentgelt

1. von einem Dienstherrn oder Arbeitgeber im Bereich der Religionsgesellschaften des öffentlichen Rechts oder
2. von einem Spitzenverband der Freien Wohlfahrtspflege, einem diesem unmittelbar oder mittelbar angeschlossenen Mitgliedsverband oder einer einem solchen Verband angeschlossenen Einrichtung oder Anstalt

erhalten.

(4) Die Absätze 1 und 2 gelten nicht für Personen, die voraussichtlich nicht länger als sechs Monate in den Kreis der in Absatz 1 Satz 1 Nr. 1 bis 3 und Absatz 2 Bezeichneten eintreten.

(5) Obliegt mehreren Rechtsträgern die Zahlung von Bezügen oder Arbeitsentgelt (Absatz 1 Satz 1) gegenüber einem Berechtigten, so ist für die Durchführung dieses Gesetzes zuständig:

1. bei Zusammentreffen von Versorgungsbezügen mit anderen Bezügen oder Arbeitsentgelt der Rechtsträger, dem die Zahlung der anderen Bezüge oder des Arbeitsentgelts obliegt;
2. bei Zusammentreffen mehrerer Versorgungsbezüge der Rechtsträger, dem die Zahlung der neuen Versorgungsbezüge im Sinne der beamtenrechtlichen Ruhensvorschriften obliegt;
3. bei Zusammentreffen von Arbeitsentgelt (Absatz 1 Satz 1 Nr. 3) mit Bezügen aus einem der in Absatz 1 Satz 1 Nr. 1 bezeichneten Rechtsverhältnisse der Rechtsträger, dem die Zahlung dieser Bezüge obliegt;
4. bei Zusammentreffen mehrerer Arbeitsentgelte (Absatz 1 Satz 1 Nr. 3) der Rechtsträger, dem die Zahlung des höheren Arbeitsentgelts obliegt oder – falls die Arbeitsentgelte gleich hoch sind – der Rechtsträger, zu dem das zuerst begründete Arbeitsverhältnis besteht.

(6) ¹Scheidet ein Berechtigter im Laufe eines Monats aus dem Kreis der in Absatz 1 Satz 1 Nr. 1 bis 3 Bezeichneten aus oder tritt er im Laufe eines Monats in diesen Kreis ein, so wird das Kindergeld für diesen Monat von der Stelle gezahlt, die bis zum Ausscheiden oder Eintritt des Berechtigten zuständig war. ²Dies gilt nicht, soweit die Zahlung von Kin-

dergeld für ein Kind in Betracht kommt, das erst nach dem Ausscheiden oder Eintritt bei dem Berechtigten nach § 63 zu berücksichtigen ist. ³Ist in einem Fall des Satzes 1 das Kindergeld bereits für einen folgenden Monat gezahlt worden, so muß der für diesen Monat Berechtigte die Zahlung gegen sich gelten lassen.

(7) Der nach § 67 Abs. 1 erforderliche Antrag auf Kindergeld sowie die Anzeige nach § 67 Abs. 2 sind an die Stelle zu richten, die für die Festsetzung der Bezüge oder des Arbeitsentgelts zuständig ist.

(8) ¹In den Abrechnungen der Bezüge und des Arbeitsentgelts ist das Kindergeld gesondert auszuweisen. ²Der Rechtsträger hat die Summe des von ihm für alle Berechtigten ausgezahlten Kindergeldes dem Betrag, den er insgesamt an Lohnsteuer einzubehalten hat, zu entnehmen und bei der nächsten Lohnsteuer-Anmeldung gesondert abzusetzen. ³Übersteigt das insgesamt ausgezahlte Kindergeld den Betrag, der insgesamt an Lohnsteuer abzuführen ist, so wird der übersteigende Betrag dem Rechtsträger auf Antrag von dem Finanzamt, an das die Lohnsteuer abzuführen ist, aus den Einnahmen der Lohnsteuer ersetzt.

(9) ¹Abweichend von Absatz 1 Satz 1 werden Kindergeldansprüche auf Grund über- oder zwischenstaatlicher Rechtsvorschriften nach § 70 festgesetzt. ²Für die Auszahlung gilt § 73 Abs. 1 Satz 2 entsprechend.

§ 73
Zahlung des Kindergeldes an andere Arbeitnehmer

(1) ¹Der Arbeitgeber hat das Kindergeld

1. bei monatlichen oder längeren Lohnabrechnungszeiträumen jeweils zusammen mit dem Arbeitslohn,
2. bei kürzeren als monatlichen Lohnabrechnungszeiträumen jeweils für alle in einem Kalendermonat endenden Lohnabrechnungszeiträume zusammen mit dem Arbeitslohn für den letzten in dem Kalendermonat endenden Lohnabrechnungszeitraum

nach der von der Familienkasse festgesetzten und bescheinigten Höhe auszuzahlen. ²Die Familienkasse setzt das monatlich auszuzahlende Kindergeld fest und erteilt dem Arbeitnehmer darüber eine Bescheinigung, die dem Arbeitgeber vorzulegen ist. ³Der Arbeitgeber hat die Bescheinigung aufzubewahren. ⁴Satz 1 gilt nicht für Arbeitnehmer, die voraussichtlich nicht länger als sechs Monate bei dem Arbeitgeber beschäftigt sind. ⁵§ 72 Abs. 8 gilt entsprechend.

(2) Dem Arbeitgeber steht kein Zurückbehaltungsrecht hinsichtlich des Kindergeldes zu.

(3) ¹Die Bundesregierung wird ermächtigt, durch Rechtsverordnung mit Zustimmung des Bundesrates Ausnahmen von Absatz 1 Satz 1 zuzulassen und das Verfahren bei der Festsetzung und Auszahlung des Kindergeldes näher zu regeln, soweit dies zur Vereinfachung des Verfahrens oder zur Vermeidung von Härten erforderlich ist. ²Dabei können insbesondere die Bescheinigung des auszuzahlenden Kindergeldes auf der Lohnsteuerkarte, Mitwirkungs-, Aufzeichnungs- und Mitteilungspflichten des Arbeitnehmers und des Arbeitgebers sowie die Haftung des Arbeitgebers geregelt werden. ³Es kann auch bestimmt werden, daß das Finanzamt das Kindergeld dem Arbeitgeber vor Auszahlung an den Arbeitnehmer überweist.

§ 74
Zahlung des Kindergeldes in Sonderfällen

(1) ¹Kindergeld kann in angemessener Höhe an den Ehegatten oder Kinder des Kindergeldberechtigten ausgezahlt werden, wenn der Kindergeldberechtigte ihnen gegenüber seinen gesetzlichen Unterhaltspflichten nicht nachkommt. ²Kindergeld kann an Kinder, die bei der Festsetzung des Kindergeldes berücksichtigt werden, bis zur Höhe des Betrages, der sich bei entsprechender Anwendung des § 76 ergibt, ausgezahlt werden. ³Dies gilt auch, wenn der Kindergeldberechtigte mangels Leistungsfähigkeit nicht unterhalts-

§§ 74 – 77 EStG

pflichtig ist oder nur Unterhalt in Höhe eines Betrages zu leisten braucht, der geringer ist als das für die Auszahlung in Betracht kommende Kindergeld. [4]Die Auszahlung kann auch an die Person oder Stelle erfolgen, die dem Ehegatten oder den Kindern Unterhalt gewährt.

(2) Ist ein Kindergeldberechtigter auf Grund richterlicher Anordnung länger als einen Kalendermonat in einer Anstalt oder Einrichtung untergebracht, ist das Kindergeld an den Unterhaltsberechtigten auszuzahlen, soweit der Kindergeldberechtigte kraft Gesetzes unterhaltspflichtig ist und er oder die Unterhaltsberechtigten es beantragen.

(3) Ist der Kindergeldberechtigte untergebracht (Absatz 2), kann die Stelle, der die Kosten der Unterbringung zur Last fallen, das Kindergeld durch schriftliche Anzeige an die Familienkasse auf sich überleiten.

(4) Die Anzeige bewirkt den Anspruchsübergang nur insoweit, als das Kindergeld nicht an Unterhaltsberechtigte zu zahlen ist, der Kindergeldberechtigte die Kosten der Unterbringung zu erstatten hat und die Leistung auf den für die Erstattung maßgebenden Zeitraum entfällt.

(5) Für Erstattungsansprüche der Träger von Sozialleistungen gegen die Familienkasse gelten die §§ 102 bis 109 und 111 bis 113 des Zehnten Buches Sozialgesetzbuch entsprechend.

§ 75
Aufrechnung

(1) Mit Ansprüchen auf Rückzahlung von Kindergeld kann die Familienkasse gegen Ansprüche auf laufendes Kindergeld bis zu deren Hälfte aufrechnen, soweit der Berechtigte nicht hilfebedürftig im Sinne der Vorschriften des Bundessozialhilfegesetzes über die Hilfe zum Lebensunterhalt wird.

(2) Absatz 1 gilt für die Aufrechnung eines Anspruchs auf Erstattung von Kindergeld gegen einen späteren Kindergeldanspruch des nicht dauernd von dem Erstattungspflichtigen getrennt lebenden Ehegatten entsprechend.

§ 76
Pfändung

[1]Der Anspruch auf Kindergeld kann nur wegen gesetzlicher Unterhaltsansprüche eines Kindes, das bei der Festsetzung des Kindergeldes berücksichtigt wird, gepfändet werden. [2]Für die Höhe des pfändbaren Betrages bei Kindergeld gilt:

1. Gehört das unterhaltsberechtigte Kind zum Kreis der Kinder, für die dem Leistungsberechtigten Kindergeld gezahlt wird, so ist eine Pfändung bis zu dem Betrag möglich, der bei gleichmäßiger Verteilung des Kindergeldes auf jedes dieser Kinder entfällt. [2]Ist das Kindergeld durch die Berücksichtigung eines weiteren Kindes erhöht, für das einer dritten Person Kindergeld oder dieser oder dem Leistungsberechtigten eine andere Geldleistung für Kinder zusteht, so bleibt der Erhöhungsbetrag bei der Bestimmung des pfändbaren Betrags des Kindergeldes nach Satz 1 außer Betracht.

2. Der Erhöhungsbetrag (Nummer 1 Satz 2) ist zugunsten jedes bei der Festsetzung des Kindergeldes berücksichtigten unterhaltsberechtigten Kindes zu dem Anteil pfändbar, der sich bei gleichmäßiger Verteilung auf alle Kinder, die bei der Festsetzung des Kindergeldes zugunsten des Leistungsberechtigten berücksichtigt werden, ergibt.

§ 77
Erstattung von Kosten im Vorverfahren

(1) [1]Soweit der Einspruch gegen die Kindergeldfestsetzung erfolgreich ist, hat die Familienkasse demjenigen, der den Einspruch erhoben hat, die zur zweckentsprechenden Rechtsverfolgung oder Rechtsverteidigung notwendigen Aufwendungen zu erstatten. [2]Dies gilt auch, wenn der Einspruch nur deshalb keinen Erfolg hat, weil die Verletzung einer Verfahrens- oder Formvorschrift nach § 126 der Abgabenordnung unbeachtlich ist.

³Aufwendungen, die durch das Verschulden eines Erstattungsberechtigten entstanden sind, hat dieser selbst zu tragen; das Verschulden eines Vertreters ist dem Vertretenen zuzurechnen.

(2) Die Gebühren und Auslagen eines Bevollmächtigten oder Beistandes, der nach den Vorschriften des Steuerberatungsgesetzes zur geschäftsmäßigen Hilfeleistung in Steuersachen befugt ist, sind erstattungsfähig, wenn dessen Zuziehung notwendig war.

(3) ¹Die Familienkasse setzt auf Antrag den Betrag der zu erstattenden Aufwendungen fest. ²Die Kostenentscheidung bestimmt auch, ob die Zuziehung eines Bevollmächtigten oder Beistandes im Sinne des Absatzes 2 notwendig war.

§ 78
Übergangsregelungen

(1) ¹Kindergeld, das bis zum 31. Dezember 1995 nach den Vorschriften des Bundeskindergeldgesetzes gewährt wurde, gilt als nach den Vorschriften dieses Gesetzes festgesetzt. ²In Fällen des § 72 Abs. 9 und des § 73 kann der Arbeitgeber bis zur Vorlage der Bescheinigung nach § 73 Abs. 1 Satz 2 das Kindergeld für die Monate Januar bis März 1996 vorläufig auf der Grundlage einer Erklärung des Arbeitnehmers über die Zahl der Kinder, für die er Anspruch auf Zahlung von Kindergeld hat, auszahlen. ³Legt der Arbeitnehmer bis zum 20. April 1996 keine Bescheinigung im Sinne des § 73 Abs. 1 Satz 2 vor, hat der Arbeitgeber im nächsten Lohnzahlungszeitraum den Arbeitslohn und bei der entsprechenden Lohnsteuer-Anmeldung den dort gesondert abzusetzenden Betrag des insgesamt ausgezahlten Kindergeldes um das bisher ausgezahlte Kindergeld zu kürzen. ⁴Hat der Arbeitnehmer keinen Lohnanspruch, der für die Kürzung ausreicht, so hat der Arbeitgeber dies der Familienkasse unverzüglich anzuzeigen. ⁵Die Familienkasse fordert sodann das zuviel ausgezahlte Kindergeld vom Arbeitnehmer zurück.

(2) ¹Abweichend von § 63 steht Berechtigten, die für Dezember 1995 für Enkel oder Geschwister Kindergeld bezogen haben, das Kindergeld für diese Kinder zu, solange die Voraussetzungen nach § 2 Abs. 1 Nr. 3 des Bundeskindergeldgesetzes in der bis zum 31. Dezember 1995 geltenden Fassung und die weiteren Anspruchsvoraussetzungen erfüllt sind, längstens bis zum 31. Dezember 1996. ²Sind diese Kinder auch bei anderen Personen zu berücksichtigen, gilt die Rangfolge nach § 3 Abs. 2 des Bundeskindergeldgesetzes in der bis zum 31. Dezember 1995 geltenden Fassung.

(3) Auf ein Kind, das am 31. Dezember 1995 das 16. Lebensjahr vollendet hatte, ist zugunsten des Berechtigten, dem für dieses Kind ein Kindergeldanspruch zuerkannt war, § 2 Abs. 2 des Bundeskindergeldgesetzes in der bis zum 31. Dezember 1995 geltenden Fassung anzuwenden, solange die entsprechenden Anspruchsvoraussetzungen ununterbrochen weiter erfüllt sind, längstens bis zum 31. Dezember 1996.

(4) Ist für die Nachzahlung und Rückforderung von Kindergeld und Zuschlag zum Kindergeld für Berechtigte mit geringem Einkommen der Anspruch eines Jahres vor 1996 maßgeblich, finden die §§ 10, 11 und 11 a des Bundeskindergeldgesetzes in der bis zum 31. Dezember 1995 geltenden Fassung Anwendung.

(5) ¹Abweichend von § 64 Abs. 2 und 3 steht Berechtigten, die für Dezember 1990 für ihre Kinder Kindergeld in dem in Artikel 3 des Einigungsvertrages genannten Gebiet bezogen haben, das Kindergeld für diese Kinder auch für die folgende Zeit zu, solange sie ihren Wohnsitz oder gewöhnlichen Aufenthalt in diesem Gebiet beibehalten und die Kinder die Voraussetzungen ihrer Berücksichtigung weiterhin erfüllen. ²§ 64 Abs. 2 und 3 ist insoweit erst für die Zeit vom Beginn des Monats an anzuwenden, in dem ein hierauf gerichteter Antrag bei der zuständigen Stelle eingegangen ist; der hiernach Berechtigte muß die nach Satz 1 geleisteten Zahlungen gegen sich gelten lassen.

B.

Anlagen zu den Einkommensteuer-Richtlinien 1993

Anlage 1
(zu R 17)

Übersicht
über die Berichtigung des Gewinns bei Wechsel der Gewinnermittlungsart

Übergang	Berichtigung des Gewinns im ersten Jahr nach dem Übergang:
1. von der Einnahmenüberschußrechnung zum Bestandsvergleich, zur Durchschnittssatzgewinnermittlung oder zur Richtsatzschätzung	Der Gewinn des ersten Jahres ist insbesondere um die folgenden Hinzurechnungen und Abrechnungen zu berichtigen: + Warenanfangsbestand + Warenforderungsanfangsbestand + Sonstige Forderungen − Warenschuldenanfangsbestand + Anfangsbilanzwert (Anschaffungskosten) der nicht abnutzbaren Wirtschaftsgüter des Anlagevermögens (mit Ausnahme des Grund und Bodens), soweit diese während der Dauer der Einnahmenüberschußrechnung angeschafft und ihre Anschaffungskosten vor dem 1.1.1971 als Betriebsausgaben abgesetzt wurden, ohne daß ein Zuschlag nach § 4 Abs. 3 Satz 2 EStG in den vor dem Steuerneuordnungsgesetz geltenden Fassungen gemacht wurde.
2. vom Bestandsvergleich, von der Durchschnittssatzgewinnermittlung oder von der Richtsatzschätzung zur Einnahmenüberschußrechnung	Der Überschuß der Betriebseinnahmen über die Betriebsausgaben ist im ersten Jahr insbesondere um die folgenden Hinzurechnungen und Abrechnungen zu berichtigen: + Warenschuldenendbestand des Vorjahrs − Warenendbestand des Vorjahrs − Warenforderungsbestand des Vorjahrs − Sonstige Forderungen. Sind in früheren Jahren Korrektivposten gebildet und noch nicht oder noch nicht in voller Höhe aufgelöst worden, so ist dies bei Hinzurechnung des Unterschiedsbetrags zu berücksichtigen; noch nicht aufgelöste Zuschläge vermindern, noch nicht aufgelöste Abschläge erhöhen den Unterschiedsbetrag.

Die vorstehende Übersicht ist nicht erschöpfend. Beim Wechsel der Gewinnermittlungsart sind auch andere als die oben bezeichneten Positionen durch Zu- und Abrechnungen zu berücksichtigen. Das gilt insbesondere für die Rechnungsabgrenzungsposten, z. B. im voraus gezahlte Miete und im voraus vereinnahmte Zinsen, sowie für Rückstellungen, z. B. für Gewerbesteuer des abgelaufenen Wirtschaftsjahrs.

Anlage 2
(zu R 44)

Übersicht
über die degressiven Absetzungen für Gebäude nach § 7 Abs. 5 EStG

	Zeitlicher Geltungsbereich	Begünstigte Objekte	Begünstigte Maßnahmen	AfA-Sätze	Gesetzliche Vorschriften
	1	2	3	4	5
1.	Fertigstellung nach dem 9.10.1962 und vor dem 1.1.1965 und Bauantrag nach dem 9.10.1962	Gebäude und Eigentumswohnungen, die zu mehr als 66 ⅔ % Wohnzwecken dienen und nicht nach § 7 b oder § 54 EStG begünstigt sind			§ 7 Abs. 5 Satz 2 EStG 1965
2.	Fertigstellung nach dem 31.12.1964 und vor dem 1.9.1977 und Bauantrag vor dem 9.5.1973	Gebäude und Eigentumswohnungen jeder Art, soweit nicht infolge der Beschränkungen unter Nr. 3 ausgeschlossen			§ 7 Abs. 5 Satz 1 EStG 1965, § 7 Abs. 5 Satz 1 EStG 1974/75, § 52 Abs. 8 Satz 2 EStG 1977
3.	Fertigstellung vor dem 1.2.1972 und Bauantrag nach dem 5.7.1970 und vor dem 1.2.1971	wie Nr. 2, soweit die Gebäude und Eigentumswohnungen nicht zum Anlagevermögen gehören oder soweit sie zu mehr als 66 ⅔ % Wohnzwecken dienen	Herstellung	12 x 3,5 % 20 x 2 % 18 x 1 %	§ 1 Abs. 3 der 2. KonjVO
4.	Fertigstellung vor dem 1.9.1977 und Bauantrag nach dem 8.5.1973	Gebäude und Eigentumswohnungen, deren Nutzfläche zu mehr als 66 2/3 % mit Mitteln des sozialen Wohnungsbaus gefördert worden sind			§ 7 Abs. 5 Satz 1 EStG 1974/75, § 52 Abs. 8 Satz 2 EStG 1977
5.	Fertigstellung nach dem 31.8.1977 und vor dem 1.1.1979	Gebäude und Eigentumswohnungen, deren Nutzfläche zu mehr als 66 ⅔ % mit Mitteln des sozialen Wohnungsbaus gefördert worden sind			§ 7 Abs. 5 EStG 1977, § 52 Abs. 8 Satz 1 EStG 1977, § 52 Abs. 8 Satz 2 EStG 1979
6.	Fertigstellung nach dem 31.12.1978 und vor dem 1.1.1983	wie zu 5., soweit im Ausland	Herstellung sowie Anschaffung, wenn Erwerb spätestens im Jahr der Fertigstellung	12 x 3,5 % 20 x 2 % 18 x 1 %	§ 7 Abs. 5 EStG 1979/81, § 52 Abs. 8 Satz 3 EStG 1981/85

Anlage 2
(zu R 44)

	Zeitlicher Geltungsbereich	Begünstigte Objekte	Begünstigte Maßnahmen	AfA-Sätze	Gesetzliche Vorschriften
	1	2	3	4	5
7.	Fertigstellung nach dem 31.12.1978 und a) Bauantrag und Herstellungsbeginn bzw. Abschluß des obligatorischen Vertrags vor dem 30.7.1981	wie zu 5., soweit im Inland	Herstellung sowie Anschaffung, wenn Erwerb spätestens im Jahr der Fertigstellung	12 x 3,5 % 20 x 2 % 18 x 1 %	§ 7 Abs. 5 EStG 1979/81, § 52 Abs. 8 Satz 3 EStG 1981/83, § 7 Abs. 5 EStG 1981/83, § 52 Abs. 8 Sätze 1 und 2 EStG 1981/85, § 7 Abs. 5 Nr. 2 EStG 1987, § 52 Abs. 8 Satz 2 EStG 1987, § 7 Abs. 5 Satz 1 Nr. 2 EStG 1990, § 52 Abs. 11 Satz 3 EStG 1990, § 7 Abs. 5 Satz 1 Nr. 2 EStG 1993
	b) Bauantrag oder Herstellungsbeginn bzw. Abschluß des obligatorischen Vertrags nach dem 29.7.1981 (soweit nicht Nummer 8) und Bauantrag bzw. Abschluß des obligatorischen Vertrags vor dem 1.1.1994¹)			8 x 5 % 6 x 2,5 % 36 x 1,25 %	
8.	Bauantrag nach dem 31.3.1985 und Bauantrag bzw. Abschluß des obligatorischen Vertrags vor dem 1.1.1994	wie zu 7., soweit sie zu einem Betriebsvermögen gehören und nicht Wohnzwecken dienen		4 x 10 % 3 x 5 % 18 x 2,5 %	§ 7 Abs. 5 Nr. 1 EStG 1987, § 52 Abs. 8 Satz 1 EStG 1987, § 7 Abs. 5 Satz 1 Nr. 1 EStG 1990, § 52 Abs. 11 Satz 2 EStG 1990 § 7 Abs. 5 Satz 1 Nr. 1 EStG 1993
9.	Bauantrag oder Anschaffung und Abschluß des obligatorischen Vertrags nach dem 28.2.1989 und vor dem 1.1.1996²)	wie zu 7., soweit sie Wohnzwecken dienen		4 x 7 % 6 x 5 % 6 x 2 % 24 x 1,25 %	§ 7 Abs. 5 Satz 2 EStG 1990, § 52 Abs. 11 Satz 1 EStG 1990 § 7 Abs. 5 Satz 1 Nr. 3 EStG 1993

¹) Durch das Grenzpendlergesetz fortgeschrieben auf den 1.1.95 (§ 7 Abs. 5 Satz 1 Nr. 2 EStG).
²) Durch das JStG 1996 befristet auf den 1.1.96 (§ 7 Abs. 5 Satz 1 Nr. 3 EStG).

Anlage 3

Übersicht
über die steuerrechtlichen Vorschriften der §§ 7 b, 10 e, 10 f, 10 g, 10 h und § 52 Abs. 14 a, 14 b, 14 c und 21 EStG

	Geltungs-bereich	Begünstigte Objekte	Zulässige erhöhte Absetzungen und Absetzungen vom Restwert bzw. Abzugsbetrag	Höchstgrenze der begünstig-ten Herstel-lungskosten/ Anschaf-fungskosten	Herstellung, Zubauten, Ausbauten, Umbauten, Erweiterungen	Begünstigung der Anschaffung	Gesetzliche Vorschriften
	1	2	3	4	5	6	7
1.	Nach dem 31.12.1948 und vor dem 1.1.1953 er-richtete Ge-bäude	Gebäude, die zu mehr als 80 % Wohnzwecken dienen	je 10 %: Jahr der Her-stellung und folgen-des Jahr, je 3 %: die darauf fol-genden 10 Jahre; anschließend AfA vom Restwert und nach der Restnut-zungsdauer, ab 1.1.1965 (bzw. bei nach dem 31.12.1964 endenden Wj.) 2,5 % vom Restwert	keine Grenze	begünstigt, wenn die neu herge-stellten Ge-bäudeteile zu mehr als 80 % Wohnzwecken dienen	nicht begünstigt	§ 7 b EStG 1951, § 7 b Abs. 8 EStG 1975
2.	Nach dem 31.12.1952 errichtete Ge-bäude mit Antrag auf Baugenehmi-gung vor dem 9.3.1960	Gebäude, die zu mehr als 66⅔ % Wohnzwecken dienen	wie zu 1.	120.000 DM bei Ein- und Zwei-familienhäusern, die nach dem 31.12.1958 er-richtet worden sind, im übrigen unbeschränkt	wie zu 1.	Ersterwerb von Kleinsiedlungen, Kaufeigenhei-men, Eigentums-wohnungen und eigentumsähn-lichen Dauer-wohnrechten, soweit Bauherr § 7 b EStG nicht in Anspruch ge-nommen hat	§ 7 b EStG 1958, § 7 b Abs. 8 EStG 1975
3.	Antrag auf Baugenehmi-gung nach dem 8.3.1960 und vor dem 10.10.1962	wie zu 2.	je 7,5 %: Jahr der Fertigstellung und folgendes Jahr, je 4 %: die darauf folgenden 8 Jahre; anschließend 2,5 % vom Restwert	120.000 DM bei Ein- und Zwei-familienhäusern, im übrigen unbeschränkt	wie zu 1.	wie zu 2., jedoch muß es sich bei Eigen-tumswohnungen um Eigen-tumswohnungen i. S. des Zweiten Wohnungsbau-gesetzes han-deln	§ 7 b EStG 1961, § 7 b Abs. 8 EStG 1975
4.	Antrag auf Baugenehmi-gung nach dem 9.10.1962 und vor dem 1.1.1965	Eigenheime, Eigensiedlungen, eigengenutzte Eigentums-wohnungen, Kaufeigenheime, Trägerklein-siedlungen und Kaufeigentums-wohnungen, die zu mehr als 66⅔ % Wohn-zwecken dienen	wie zu 3., beim Bauherrn von Kaufeigenheimen, Trägerkleinsiedlungen und Kaufeigentums-wohnungen jedoch höchstens einmal 7,5 %	allgemein 120.000 DM	nicht be-günstigt	Ersterwerb von Kaufeigen-heimen, Träger-kleinsied-lungen und Kaufeigentums-wohnungen, so-weit Bauherr § 54 EStG nicht in Anspruch genommen hat	§ 54 EStG, § 7 b Abs. 8 EStG 1975

Anlage 3

	Geltungs-bereich	Begünstigte Objekte	Zulässige erhöhte Absetzungen und Absetzungen vom Restwert bzw. Abzugsbetrag	Höchstgrenze der begünstigten Herstellungskosten/ Anschaffungskosten	Herstellung, Zubauten, Ausbauten, Umbauten, Erweiterungen	Begünstigung der Anschaffung	Gesetzliche Vorschriften
	1	2	3	4	5	6	7
5.	Antrag auf Baugenehmigung nach dem 31.12.1964 und vor dem 9.5.1973 bzw. nach dem 31.12.1973	Einfamilienhäuser, Zweifamilienhäuser und Eigentumswohnungen, die zu mehr als 66⅔ % Wohnzwecken dienen	je 5 %: Jahr der Fertigstellung und die folgenden 7 Jahre; anschließend 2,5 % vom Restwert. Beim Bauherrn von Kaufeigenheimen, Trägerkleinsiedlungen und Kaufeigentumswohnungen je 5 % im Jahr der Fertigstellung und im folgenden Jahr	150.000 DM bei Einfamilienhäusern und Eigentumswohnungen; 200.000 DM bei Zweifamilienhäusern	begünstigt, wenn es Ausbauten oder Erweiterungen an vor dem 1.1.1964 fertiggestellten Ein- oder Zweifamilienhäusern oder Eigentumswohnungen sind und die neu hergestellten Gebäudeteile zu mehr als 80 % Wohnzwecken dienen	Ersterwerb: bei Eigentumsübergang innerhalb von 8 Jahren nach Fertigstellung. Hat der Bauherr § 7 b EStG nicht in Anspruch genommen, 8 Jahre je 5 % der Anschaffungskosten, sonst 5 % der Anschaffungskosten bis zum 7. Jahr nach dem Jahr der Fertigstellung, anschließend 2 % der Anschaffungskosten bis zum 7. Jahr nach dem Jahr des Ersterwerbs. Danach 2,5 % vom Restwert. Zweiterwerb: bei Eigentumsübergang innerhalb von 8 Jahren nach Fertigstellung, wenn das Gebäude nach dem 30.11.1974 angeschafft worden ist und weder der Bauherr noch der Ersterwerber erhöhte Absetzungen in Anspruch genommen hat, 8 Jahre je 5 % der Anschaffungskosten	§ 7 b EStG 1975

Anlage 3

	Geltungs-bereich	Begünstigte Objekte	Zulässige erhöhte Absetzungen und Absetzungen vom Restwert bzw. Abzugsbetrag	Höchstgrenze der begünstig-ten Herstel-lungskosten/ Anschaf-fungskosten	Herstellung, Zubauten, Ausbauten, Umbauten, Erweiterungen	Begünstigung der Anschaffung	Gesetzliche Vorschriften
	1	2	3	4	5	6	7
6.	Antrag auf Baugenehmi-gung nach dem 8.5.1973 und vor dem 1.1.1974	keine Begün-stigung des Bauherrn	nur für Ausbauten und Erweiterungen wie zu 5.	wie zu 5.	wie zu 5.	nicht begünstigt, ausgenommen bei Anschaf-fung auf Grund eines nach dem 31.12.1976 rechtswirksam abgeschlosse-nen obligatori-schen Vertrags oder gleichste-henden Rechts-akts, vgl. 7.	§ 1 Abs. 4 der 3. KonjVO
7.	Herstellung nach dem 31.12.1976 oder Anschaf-fung, wenn diese auf einem nach dem 31.12.1976 rechtswirksam abgeschlosse-nen obligatori-schen Vertrag oder gleichste-henden Rechtsakt beruht	wie zu 5.	je 5 %: Jahr der Her-stellung oder An-schaffung und die folgenden 7 Jahre; anschließend 2,5 % vom Restwert. Beim Bauherrn von Kauf-eigenheimen, Träger-kleinsiedlungen und Kaufeigentums-wohnungen je 5 % im Jahr der Fertig-stellung und im fol-genden Jahr	wie zu 5.	wie zu 5., jedoch nicht be-günstigt, wenn das Objekt nach dem 31.12.1976 angeschafft wor-den ist	begünstigt ist jeder entgelt-liche Erwerb, ausgenommen Anschaffungen zwischen zu-sammenzuver-anlagenden Ehe-gatten, wechsel-seitige Anschaf-fungen, die nicht auf wirt-schaftlich sinn-vollen Erwägun-gen beruhen und Rückkäufe	§ 7 b EStG 1977
8.	Antrag auf Baugenehmi-gung oder Baubeginn nach dem 29.7.1981 oder Anschaf-fung auf Grund eines nach dem 29.7.1981 rechtswirksam abgeschlosse-nen obligatori-schen Ver-trags oder gleichstehen-den Rechts-akts und Her-stellung oder Anschaffung vor dem 1.1.1987	Einfamilien-häuser, Zwei-familienhäuser und Eigentums-wohnungen, die zu mehr als 66⅔ % Wohnzwecken dienen	wie zu 7.: ggf. zu-sätzlich Steuerer-mäßigung nach § 34 f EStG (vgl. Anlage 9 Nr. 1)	200.000 DM bei Einfamilien-häusern und Eigentums-wohnungen; 250.000 DM bei Zweifamilien-häusern	wie zu 7.	wie zu 7.	§ 7 b EStG 1983, § 7 b EStG 1987 (ggf. § 52 Abs. 21 Satz 4 EStG 1987)

Anlage 3

	Geltungs-bereich	Begünstigte Objekte	Zulässige erhöhte Absetzungen und Absetzungen vom Restwert bzw. Abzugsbetrag	Höchstgrenze der begünstigten Herstellungskosten/ Anschaffungskosten	Herstellung, Zubauten, Ausbauten, Umbauten, Erweiterungen	Begünstigung der Anschaffung	Gesetzliche Vorschriften
	1	2	3	4	5	6	7
9.	Herstellung oder Anschaffung nach dem 31.12.1986	Wohnung in einem eigenen Haus oder eigene Eigentumswohnung bei Nutzung zu eigenen Wohnzwecken	je 5 %: Jahr der Herstellung oder Anschaffung und die folgenden 7 Jahre; ggf. zusätzliche Steuerermäßigung nach § 34 f Abs. 2 EStG in der jeweiligen Fassung ab 1987 (vgl. Anlage 9 Nr. 2 und 3)	300.000 DM einschließlich der Hälfte der Anschaffungskosten für den dazugehörenden Grund und Boden	begünstigt sind Herstellungskosten zu eigenen Wohnzwecken genutzter Ausbauten und Erweiterungen an einer zu eigenen Wohnzwecken genutzten eigenen Wohnung	begünstigt ist jeder entgeltliche Erwerb, ausgenommen Anschaffungen zwischen zusammenveranlagenden Ehegatten	§ 10 e EStG 1987
10.	Abschluß von bestimmten Herstellungsmaßnahmen vor dem 1.1.1992	zu eigenen Wohnzwecken genutzte Wohnungen im eigenen Haus, Baudenkmal oder Gebäude in einem Sanierungsgebiet oder städtebaulichen Entwicklungsbereich	je 10 %: Jahr, in dem die Maßnahme abgeschlossen worden ist und die folgenden 9 Jahre				§ 52 Abs. 21 Sätze 2, 4 und 6 EStG i.V.m. § 82 a Abs. 1, 2 und 4, §§ 82 g, 82 i EStDV
11.	Entstehen von bestimmtem Erhaltungsaufwand vor dem 1.1.1992	zu eigenen Wohnzwecken genutzte Wohnung im eigenen Haus	wie zu 10.				§ 52 Abs. 21 Sätze 5 und 6 EStG i.V.m. § 82 a Abs. 3 und 4 EStDV

Anlage 3

	Geltungs-bereich	Begünstigte Objekte	Zulässige erhöhte Absetzungen und Absetzungen vom Restwert bzw. Abzugsbetrag	Höchstgrenze der begünstigten Herstellungskosten/ Anschaffungskosten	Herstellung, Zubauten, Ausbauten, Umbauten, Erweiterungen	Begünstigung der Anschaffung	Gesetzliche Vorschriften
	1	2	3	4	5	6	7
12.	Abschluß von bestimmten Herstellungs-maßnahmen nach dem 31.12.1991 oder Anschaffung *)	zu eigenen Wohnzwecken genutztes eigenes Gebäude in einem Sanierungsgebiet oder städtebaulicher Entwicklungsbereich bzw. Baudenkmal	wie zu 10.			begünstigt sind Anschaffungs-kosten, die auf bestimmte Baumaßnahmen entfallen	§ 10 f Abs. 1 EStG i.d.F. des WoBauFG vom 22.12.1989 (BStBl I S. 505)
13.	Enstehen von bestimmtem Erhaltungs-aufwand nach dem 31.12.1989 *)	wie zu 12.	wie zu 10.				§ 10 f Abs. 2 EStG i.d.F. des WoBauFG vom 22.12.1989 (BStBl I S. 505)
14.	Herstellung oder Anschaffung nach dem 31.12.1990 *)	Wohnung in einem eigenen Haus oder eigene Eigentums-wohnung bei Nutzung zu eigenen Wohn-zwecken	je 5 %: Jahr der Herstellung oder Anschaffung und die folgenden 7 Jahre; ggf. zusätzliche Steuerermäßigung nach § 34 f Abs. 2 EStG in der jeweiligen Fassung ab 1987 (vgl. Anlage 9 Nr. 2 und 3)	330.000 DM ein-schließlich der Hälfte der An-schaffungs-kosten des dazugehörenden Grund und Bodens	begünstigt sind Herstellungs-kosten zu eigenen Wohnzwecken genutzter Ausbauten und Erweiterungen an einer zu eigenen Wohn-zwecken genutz-ten eigenen Wohnung	begünstigt ist jeder entgeltliche Erwerb, ausgenommen An-schaffungen zwischen zu-sammenzuver-anlagenden Ehegatten	§§ 10 e, 52 Abs. 14 EStG 1990 i.d.F. des StÄndG 1991 vom 24.6.1991, BGBl. I S. 1331 (BStBl 1991 I S. 665)
15.	Bauantrag oder Herstel-lungsbeginn nach dem 30.9.1991, Abschluß des Kaufvertrags oder Herstel-lungsbeginn durch Ver-äußerer nach dem 30.9.1991	wie zu 14.	je 6 % im Jahr der Fertigstellung und den 3 Folgejahren, je 5 % in den 4 darauffolgenden Jahren, Nach-holungsmöglich-keit nicht ausge-schöpfter Beträge während des ge-samten Abzugs-zeitraums	wie zu 14.	bei Herstellung bzw. Anschaf-fung bis zum Ende des Jahres der Fertigstel-lung: Möglich-keit des begrenz-ten Schuldzin-senabzugs wäh-rend der ersten 3 Jahre von jährlich höch-stens 12.000 DM. Nachholungs-möglichkeit von im Erstjahr nicht ausge-schöpften Betrā-gen im vierten Jahr	in Fällen der An-schaffung bis zum Ende des Jahrs der Fer-tigstellung: be-grenzter Schuld-zinsenabzug wie in Herstellungs-fällen. in Fällen der Anschaffung nach Ablauf des zweiten auf die Fertigstellung folgenden Jahres und Kauf-vertrag nach dem 31.12.1993 siehe Nr. 19	§§ 10 e, 52 Abs. 14 EStG 1990 i.d.F. des StÄndG 1992 vom 25.2.1992, BGBl. I S. 297 (BStBl 1992 I S. 146)

Zu den Nummern 12 und 13:
Begünstigung insgesamt nur für ein Objekt, das die Voraussetzungen einer der Nummern 10 bis 13 erfüllt, bei Ehegatten für zwei Objekte

*) gilt auch für das Beitrittsgebiet

Anlage 3

	Geltungs-bereich	Begünstigte Objekte	Zulässige erhöhte Absetzungen und Absetzungen vom Restwert bzw. Abzugsbetrag	Höchstgrenze der begünstigten Herstellungskosten/ Anschaffungskosten	Herstellung, Zubauten, Ausbauten, Umbauten, Erweiterungen	Begünstigung der Anschaffung	Gesetzliche Vorschriften
	1	2	3	4	5	6	7
16.	Bauantrag oder Herstellungsbeginn nach dem 31.12.1991, Abschluß des Kaufvertrags nach dem 31.12.1991	wie zu 14.	keine Abzugsbeträge nach § 10 e Abs. 1 und Abs. 2 EStG für Veranlagungszeiträume, in denen die Einkunftsgrenzen (120.000/240.000) überschritten sind				§ 10 e Abs. 5 a, § 52 Abs. 14 EStG i.d.F. des StÄndG 1992 vom 25.2.1992, BGBl. I S. 297 (BStBl 1992 I S. 146)
17.	Bauantrag oder Herstellungsbeginn nach dem 30.9.1991	an Angehörige voll unentgeltlich zu Wohnzwecken überlassene Wohnung im eigenen Haus	je 6 % im Jahr der Fertigstellung und den 3 Folgejahren, je 5 % in den 4 darauffolgenden Jahren, Nachholungsmöglichkeit nicht ausgeschöpfter Beträge während des gesamten Abzugszeitraums	330.000 DM	begünstigt sind die Herstellungskosten einer an Angehörige voll unentgeltlich zu Wohnzwecken überlassenen Wohnung im eigenen Haus	nicht begünstigt	§§ 10 h, 52 Abs. 14 c EStG 1990 i.d.F. des StÄndG 1992 vom 25.2.1992 BGBl. I S. 297 (BStBl 1992 I S. 146)
18.	Abschluß bestimmter Herstellungs- und Erhaltungsmaßnahmen nach dem 31.12.1991	schutzwürdige Kulturgüter, die weder zur Einkunftserzielung noch zu eigenen Wohnzwecken genutzt werden	je 10 %: Jahr, in dem die Maßnahme abgeschlossen worden ist und die folgenden 9 Jahre				§§ 10 g, 52 Abs. 14 b EStG 1990 i.d.F. des StÄndG 1992 vom 25.2.1992, BGBl. I S. 297 (BStBl 1992 I S. 146)
19.	Abschluß des Kaufvertrages nach dem 31.12.1993	nicht bis zum Ende des zweiten auf das Jahr der Fertigstellung folgenden Jahres angeschaffte Wohnung im eigenen Haus oder Eigentumswohnung, die zu eigenen Wohnzwecken genutzt wird	je 6 % im Jahr der Anschaffung und den 3 Folgejahren, je 5 % in den 4 darauffolgenden Jahren, Nachholungsmöglichkeit nicht ausgeschöpfter Beträge während des gesamten Abzugszeitraums	150.000 DM		gilt nur für Anschaffungsfälle	§§ 10 e Abs. 1, 52 Abs. 14 EStG 1991/92 i.d.F. des FKPG vom 23.6.1993, BGBl. I S. 944 (BStBl 1993 I S. 510)
20.	Abschluß des Kaufvertrags nach dem 31.12.1993	wie zu 14.	Erhaltungsaufwand in Zusammenhang mit der Anschaffung eines Objekts insgesamt nur bis zu 15 v.H. der Anschaffungskosten des Objekts, höchstens bis zu 15 v.H. von 150.000 DM abziehbar			gilt nur für Anschaffungsfälle	§§ 10 e Abs. 6 Satz 3, 52 Abs. 14 Satz 5 EStG i.d.F. des StMBG vom 21.12.1993 BGBl. I S. 2310 (BStBl 1994 I S. 50)

Anlage 4
(zu R 111 Abs. 4)

Aussteller (Bezeichnung der jur. Person oder Dienststelle)	
	Muster 1[1])

Bestätigung
über Zuwendungen an juristische Personen des öffentlichen Rechts oder öffentliche Dienststellen

Name und Wohnort des Spenders		
Betrag/Wert der Spende in Ziffern	in Buchstaben	Tag der Spende
Bei Sachspenden: genaue Bezeichnung des Gegenstandes		

Es wird bestätigt, daß die Spende nur zu folgenden – angekreuzten – Zwecken verwendet wird, und zwar zu

☐ mildtätigen Zwecken (§ 53 Abgabenordnung).

☐ kirchlichen oder religiösen Zwecken (§§ 52, 54 Abgabenordnung).

☐ wissenschaftlichen Zwecken (§ 52 Abgabenordnung).

☐ kulturellen Zwecken im Sinne der Nummer 4

☐ als besonders förderungswürdig anerkannten gemeinnützigen Zwecken im Sinne der Nummer _____

} der Anlage 7 Einkommensteuer-Richtlinien 1993, Anlage 3 Lohnsteuer-Richtlinien 1993.

☐ Der Verwendungszweck liegt im Ausland.

Die Spende wird

☐ von uns unmittelbar für den angegebenen Zweck verwendet.

☐ entsprechend den Angaben des Spenders an die folgende Körperschaft, Personenvereinigung oder Vermögensmasse im Sinne des § 5 Abs. 1 Nr. 9 des Körperschaftsteuergesetzes weitergeleitet, die vom Finanzamt _____ Steuernummer _____ mit Bescheid vom _____/vorläufiger Bescheinigung vom _____ als begünstigte Empfängerin anerkannt ist:[2])

Ort, Datum und Unterschrift

---

[1]) Muster 1 der Anlage 4 zu R 111 Abs. 4 EStR 1993 wird durch diesen Vordruck ersetzt (>BMF vom 15. 12. 1994 – BStBl I S. 884).

[2]) Diese Bestätigung wird nicht als Nachweis für den Spendenabzug anerkannt, wenn das Datum des Steuerbescheides/Freistellungsbescheides länger als 5 Jahre bzw. das Datum der vorläufigen Bescheinigung länger als 3 Jahre seit der Ausstellung der Spendenbestätigung zurückliegt (BMF-Schreiben vom 15. 12. 1994 – BStBl I S. 884).

Anlage 4
(zu R 111 Abs. 4)

Aussteller (Bezeichnung der Körperschaft o.ä.)	
	Muster 2

Bestätigung

über Zuwendungen an eine der in § 5 Abs. 1 Nr. 9 des Körperschaftsteuergesetzes bezeichneten Körperschaften, Personenvereinigungen oder Vermögensmassen

Name und Wohnort des Zuwendenden		
Betrag/Wert der Zuwendung in Ziffern	in Buchstaben	Tag der Zuwendung
Bei Sachzuwendungen: genaue Bezeichnung des Gegenstandes		

Wir sind wegen Förderung der (genaue Angabe der Zwecke)

_____

☐ nach dem letzten uns zugegangenen Steuerbescheid/Freistellungsbescheid des Finanzamts für die Jahre .... 1)
als _____ Zwecken dienend anerkannt und nach § 5 Abs. 1 Nr. 9 des Körperschaftsteuergesetzes von der Körperschaftsteuer befreit.

☐ durch Bescheinigung des Finanzamts vorläufig ab .... 1)
als

Zwecken dienend und zu den in § 5 Abs. 1 Nr. 9 des Körperschaftsteuergesetzes bezeichneten Körperschaften, Personenvereinigungen oder Vermögensmassen gehörig anerkannt worden.

Bezeichnung des Finanzamts	Steuernummer	Datum des Bescheids/der Bescheinigung 1)

Es wird bestätigt, daß die Zuwendung nur zu folgenden – angekreuzten – Zwecken verwendet wird, und zwar zu

☐ mildtätigen Zwecken (§ 53 Abgabenordnung).
☐ kirchlichen oder religiösen Zwecken (§§ 52, 54 Abgabenordnung).
☐ wissenschaftlichen Zwecken (§ 52 Abgabenordnung).
☐ kulturellen Zwecken im Sinne der Nummer 4
(nur bei nach § 48 Abs. 4 EStDV anerkannten Körperschaften)
☐ als besonders förderungswürdig anerkannten
gemeinnützigen Zwecken im Sinne der Nummer _____

} der Anlage 7 Einkommensteuer-Richtlinien 1993, Anlage 3 Lohnsteuer-Richtlinien 1993.

☐ Der Verwendungszweck liegt im Ausland.

Der zugewendete Betrag wird entsprechend den Angaben des Zuwendenden an die folgende Körperschaft, Personenvereinigung oder Vermögensmasse im Sinne des § 5 Abs. 1 Nr. 9 des Körperschaftsteuergesetzes weitergeleitet, die vom Finanzamt als begünstigte Empfängerin anerkannt ist:

_____

Ort, Datum und Unterschrift

1) Das Finanzamt kann diese Bestätigung als Nachweis für den Spendenabzug ablehnen, wenn das Datum des Steuerbescheides/Freistellungsbescheides länger als fünf Jahre bzw. das Datum der vorläufigen Bescheinigung länger als 3 Jahre seit Ausstellung dieser Bestätigung zurückliegt (BMF-Schreiben vom 22.3.1993 – BStBl I S. 296).

Anlage 5

Muster

**Bestätigung über Zuwendungen an politische Parteien
im Sinne des Parteiengesetzes**

_____

Die _____ bestätigt,
(Bezeichnung der politischen Partei)

von _____
(Name und Wohnort des Zuwendenden)

am _____ eine Spende in Höhe von _____ DM

in Worten: _____ Deutsche Mark

(bei Sachspenden zusätzlich genaue Bezeichnung des Gegenstandes: _____

_____)

empfangen zu haben, und bescheinigt, daß sie diese ausschließlich für ihre satzungsgemäßen Zwecke verwenden wird.

_____
(Ort und Datum der Ausstellung)   Unterschrift(en) und Angabe der
                                     Funktion der(s) Unterzeichner(s)

Anlage 5

Muster

Bestätigung über Zuwendungen an politische Parteien
im Sinne des Parteiengesetzes

Die _____ bestätigt,
(Bezeichnung der politischen Partei)

von _____
(Name und Wohnort des Zuwendenden)

am _____ eine Spende in Höhe von _____ DM

in Worten: _____ Deutsche Mark

(bei Sachspenden zusätzlich genaue Bezeichnung des Gegenstandes:
_____)

erhalten zu haben, und bescheinigt, daß sie diese ausschließlich für ihre satzungsgemäßen Zwecke verwenden wird.

_____   _____
(Ort und Datum der Ausstellung)   Unterschrift(en) und Angabe der
                                             Funktion der(s) Unterzeichnenden

Anlage 6
(zu § 34 g EStG)

Aussteller (Bezeichnung des Vereins)

Muster

Bestätigung
über Zuwendungen an unabhängige Wählervereinigungen

Name und Wohnort des Zuwendenden

Betrag/Wert der Zuwendung in Ziffern	in Buchstaben	Tag d. Zuwendung

Bei Sachzuwendung: genaue Bezeichnung des Gegenstandes

Wir sind ein

☐ rechtsfähiger   ☐ nichtrechtsfähiger   Verein ohne Parteicharakter.

Der Zweck unseres Vereins ist ausschließlich darauf gerichtet, durch Teilnahme mit eigenen Wahlvorschlägen bei der politischen Willensbildung mitzuwirken, und zwar an Wahlen auf

☐ Bundesebene   ☐ Landesebene   ☐ Kommunalebene.

Wir bestätigen, daß wir die Zuwendung nur für diesen Zweck verwenden werden.

☐ Wir sind mit mindestens einem Mandat vertreten im (Parlament, Rat) _____

☐ Wir haben der Wahlbehörde/dem Wahlorgan der _____
am _____ angezeigt, daß wir uns an der folgenden Wahl mit eigenen Wahlvorschlägen beteiligen werden:
_____ am _____

☐ An der letzten Wahl haben wir uns mit eigenen Wahlvorschlägen beteiligt, und zwar an der _____
_____ am _____

☐ An der letzten oder an einer früheren Wahl haben wir uns nicht mit eigenen Wahlvorschlägen beteiligt und eine Beteiligung der zuständigen Wahlbehörde/dem zuständigen Wahlorgan auch nicht angezeigt.

Wir werden geführt beim Finanzamt _____   Steuernummer _____

Ort, Datum und Unterschrift

Anlage 7
(zu R 111 Abs. 1)

Verzeichnis
der allgemein als besonders förderungswürdig im Sinne des § 10 b Abs. 1 EStG anerkannten Zwecke

Die nachstehend aufgeführten gemeinnützigen Zwecke sind als besonders förderungswürdig anerkannt:

1. Die Förderung der öffentlichen Gesundheitspflege, insbesondere die Bekämpfung von Seuchen und seuchenähnlichen Krankheiten; dies gilt auch für Krankenhäuser im Sinne des § 67 AO;
2. die Förderung der Jugendpflege und Jugendfürsorge;
3. die Förderung des Sports, wenn der Empfänger der Zuwendung eine juristische Person des öffentlichen Rechts oder eine öffentliche Dienststelle ist;
   Förderung kultureller Zwecke ist die ausschließliche und unmittelbare Förderung der Kunst, die Förderung der Pflege und Erhaltung von Kulturwerten sowie die Förderung der Denkmalpflege.

   Förderung kultureller Zwecke ist die ausschließliche und unmittelbare Förderung der Kunst, die Förderung der Pflege und Erhaltung von Kulturwerten sowie die Förderung der Denkmalpflege

   a) Die Förderung der Kunst umfaßt die Bereiche der Musik, der Literatur, der darstellenden und bildenden Kunst und schließt die Förderung von kulturellen Einrichtungen, wie Theater und Museen, sowie von kulturellen Veranstaltungen, wie Konzerte und Kunstausstellungen, mit ein.

   b) Kulturwerte sind Gegenstände von künstlerischer und sonstiger kultureller Bedeutung, Kunstsammlungen und künstlerische Nachlässe, Bibliotheken, Museen, Archive sowie andere vergleichbare Einrichtungen.

   c) Die Förderung der Denkmalpflege bezieht sich auf die Erhaltung und Wiederherstellung von nach den jeweiligen landesrechtlichen Vorschriften anerkannten Bau- und Bodendenkmälern. Die Anerkennung ist durch eine Bescheinigung der nach Landesrecht zuständigen oder von der Landesregierung bestimmten Stelle nachzuweisen;
5. die Förderung der Erziehung, Volks- und Berufsbildung einschließlich der Studentenhilfe;
6. die Förderung des Küstenschutzes, wenn der Empfänger der Zuwendung eine juristische Person des öffentlichen Rechts oder eine öffentliche Dienststelle ist;
7. die Förderung der Heimatpflege und Heimatkunde, wenn der Empfänger der Zuwendung eine juristische Person des öffentlichen Rechts oder eine Vereinigung von außerhalb des Bundesgebiets beheimatet gewesenen Personen ist;
8. die Zwecke der Spitzenverbände der freien Wohlfahrtspflege (Arbeiterwohlfahrt, Diakonisches Werk der Evangelischen Kirche in Deutschland, Deutscher Caritasverband, Der Paritätische Wohlfahrtsverband, Deutsches Rotes Kreuz, Zentralwohlfahrtsstelle der Juden in Deutschland), ihre Unterverbände und der diesen Verbänden angeschlossenen Einrichtungen und Anstalten;
9. unbesetzt;
10. die Förderung der Fürsorge für politisch, rassisch und religiös Verfolgte, für Flüchtlinge, Vertriebene, Kriegsopfer, Kriegshinterbliebene, Kriegs- und Körperbeschädigte und Blinde, für Kriegsgefangene, ehemalige Kriegsgefangene, die sich noch im Ausland befinden, und Heimkehrer, ferner die Förderung der Kriegsgräberfürsorge, des Suchdienstes für Vermißte und der Altersfürsorge;
11. die Förderung der Rettung aus Lebensgefahr (Rettung Ertrinkender und Schiffbrüchiger, Bergwacht und ähnliches);
12. die Förderung internationaler Gesinnung, der Toleranz auf allen Gebieten der Kultur und des Völkerverständigungsgedankens;
13. Feuerschutz, Arbeitsschutz, Katastrophenschutz, Zivilschutz und Unfallverhütung;
14. die Errichtung von Ehrenmalen für Kriegsopfer, Gedenkstätten für Katastrophenopfer und Gedenkstätten für ehemalige KZ-Häftlinge;
15. unbesetzt;
16. die Förderung des Tierschutzes;
17. die Bekämpfung der Tierseuchen;
18. die Förderung des Naturschutzes und der Landschaftspflege im Sinne des Bundesnaturschutzgesetzes und der Naturschutzgesetze der Länder, wenn der Empfänger der Zuwendung eine juristische Person des öffentlichen Rechts oder eine öffentliche Dienststelle ist;
19. unbesetzt;
20. unbesetzt;
21. die Förderung der Tierzucht, der Pflanzenzucht, der Kleingärtnerei, des traditionellen Brauchtums einschließlich des Karnevals, der Fastnacht und des Faschings, der Soldaten- und Reservistenbetreuung, des Amateurfunkens, des Modellflugs und des Hundesports, wenn der Empfänger der Zuwendung eine juristische Person des öffentlichen Rechts oder eine öffentliche Dienststelle ist;
22. die Förderung der Entwicklungshilfe, wenn der Empfänger der Zuwendung eine juristische Person des öffentlichen Rechts oder eine öffentliche Dienststelle ist;
23. Verbraucherberatung;
24. der Umweltschutz, soweit die Reinhaltung von Luft und Wasser, die Bekämpfung des Lärms, die Abfallbeseitigung, die Verringerung der Strahlenbelastung durch kerntechnische Anlagen und die Verbesserung der Sicherheit kerntechnischer Anlagen gefördert werden, wenn der Empfänger der Zuwendung eine juristische Person des öffentlichen Rechts oder eine öffentliche Dienststelle ist;
25. die Förderung der Fürsorge für Strafgefangene und ehemalige Strafgefangene;
26. die Förderung der Gleichberechtigung von Männern und Frauen, wenn der Empfänger der Zuwendung eine juristische Person des öffentlichen Rechts oder eine öffentliche Dienststelle ist.

Anlage 8
(zu R 212 a)

Verzeichnis
ausländischer Steuern, die der deutschen Einkommensteuer entsprechen

Abu Dhabi (Vereinigte Arabische Emirate)
income tax (Einkommen- und Körperschaftsteuer)

Äthiopien
income tax (Einkommen- und Körperschaftsteuer) einschließlich trade profits tax (Steuer auf gewerbliche Einkünfte)

Afghanistan
income tax (Einkommen- und Körperschaftsteuer)

Algerien
contribution foncière des propriétés bâties (Steuer auf Einkünfte aus bebauten Grundstücken),
contribution foncière des propriétés non bâties (Steuer auf Einkünfte aus unbebauten Grundstücken),
impôt sur les bénéfices industriels et commerciaux (Steuer auf gewerbliche Einkünfte),
impôt sur les bénéfices d'exploitation agricole (Steuer auf landwirtschaftliche Einkünfte),
impôt sur les traitements publics et privés, les indemnités et émoluments, les pensions et les rentes viagères (Steuer auf Gehälter aus öffentlicher und privater Hand, auf Entschädigungen und Nebeneinkünfte, auf Löhne, Ruhegehälter und Leibrenten),
impôt sur les bénéfices non commerciaux (Steuer auf nichtgewerbliche Gewinne),
impôt complémentaire sur l'ensemble du revenu (Ergänzungsteuer auf das Gesamteinkommen),
impôt sur les revenus des contribuables n'ayant pas en Algérie d'installation professionnelle permanente (Steuer auf Einkünfte Nichtansässiger ohne ständige Niederlassung in Algerien),
impôt sur les revenus des entreprises étrangères de construction (Steuer auf Einkünfte ausländischer Bauunternehmen),

Angola
contribuiçao industrial (Steuer auf gewerbliche Einkünfte),
imposto predial urbano (Steuer auf Einkünfte aus bebauten Grundstücken),
imposto profissional (Steuer auf Einkünfte aus selbständiger und nichtselbständiger Arbeit),
imposto sobre el exploraçoes agricolas, florestais, pecuárias, de pesca, de minas e de sal (Steuer auf Einkünfte aus Landwirtschaft, Forstwirtschaft, Viehwirtschaft, Fischerei, Bergbau und Salzgewinnung),
imposto complementar (Ergänzungsteuer)

Barbados
income tax (Einkommen- und Körperschaftsteuer)

Bolivien
impuesto a la renta (Einkommen- und Körperschaftsteuer) einschließlich impuesto sobre la renta de empresas (Steuer auf Einkünfte aus Gewerbebetrieb und selbständiger Arbeit),
impuesto complementario a la renta global (Ergänzungsteuer auf das Gesamteinkommen)

Botsuana
income tax (Einkommen- und Körperschaftsteuer) einschließlich withholding tax (Abzugsteuer) für Steuerausländer auf Zinsen, Dividenden und Nutzungsgebühren

Chile
impuesto a la renta (Einkommen- und Körperschaftsteuer),
impuesto global complementario (Ergänzungsteuer auf das Gesamteinkommen),
impuesto adicional (Zusatzsteuer),
sobretasa adicional (Zuschlag auf Einkommen- und Zusatzsteuer)

China (Taiwan)
individual income tax (Einkommensteuer der natürlichen Personen),
profit-seeking enterprise income tax (Einkommensteuer der gewerblichen Unternehmen) einschließlich withholding tax (Abzugsteuer) für Steuerausländer,
corporation income tax (Zusatzsteuer zur Einkommensteuer auf einbehaltene Gewinne)

Cookinseln
income tax (Einkommen- und Körperschaftsteuer)

Costa Rica
impuesto sobre la renta (Einkommen- und Körperschaftsteuer)

Dominikanische Republik
impuesto sobre la renta (Einkommen- und Körperschaftsteuer)
contribucion adicional al impuesto sobre la renta (Zuschlag zur Einkommensteuer)

Dubai (Vereinigte Arabische Emirate)
income tax (Einkommen- und Körperschaftsteuer)

El Salvador
impuesto sobre la renta (Einkommen- und Körperschaftsteuer)

Fidschi
income tax (Einkommen- und Körperschaftsteuer) einschließlich surtax (Zusatzsteuer), surcharge (Zuschlag) und dividend tax (Quellensteuer auf Dividenden)

Gabun
impôt général sur le revenu des personnes physiques (allgemeine Einkommensteuer), einschließlich retenue à la source (Quellensteuer),
impôt sur les sociétés (Körperschaftsteuer), einschließlich retenue à la source (Quellensteuer),
taxe complémentaire sur les traitements publics et privés, les indemnités et émoluments, les salaires (Zusatzsteuer auf Einkünfte aus nichtselbständiger Arbeit)

Gambia
income tax (Einkommen- und Körperschaftsteuer)

Ghana
income tax (Einkommen- und Körperschaftsteuer)

Gibraltar
income tax (Einkommen- und Körperschaftsteuer)

Guatemala
impuesto sobre la renta (Einkommen- und Körperschaftsteuer) einschließlich impuesto adicional (Zuschlag)

885

Anlage 8
(zu R 212 a)

Guinea
impôt général sur le revenu des personnes physiques (Einkommensteuer),
impôt sur les traitements et salaires (Steuer auf Einkünfte aus nichtselbständiger Arbeit),
impôt sur les bénéfices industriels, commerciaux et non commerciaux (Steuer auf gewerbliche Einkünfte und auf Einkünfte aus selbständiger Arbeit),
impôt sur le revenu des obligations et autres titres d'emprunts négociables (Steuer auf Kapitalerträge)

Guyana
income tax (Einkommen- und Körperschaftsteuer),
national development surtax (Zusatzsteuer für die nationale Entwicklung)

Haiti
impôt sur le revenu (Einkommen- und Körperschaftsteuer)

Honduras
impuesto sobre la renta (Einkommen- und Körperschaftsteuer)

Hongkong
salaries and annuities tax (Steuer auf Gehälter und Renten),
business profits tax (Steuer auf gewerbliche Gewinne),
corporation profits tax (Körperschaftsteuer),
interest tax (Steuer auf Zinsen)

Irak
income tax (Einkommen- und Körperschaftsteuer),
surtax (Zusatzsteuer)

Jordanien
income tax (Einkommen- und Körperschaftsteuer),
social service tax (soweit diese zur Finanzierung bestimmter Sozialdienste erhobene Steuer in der Form eines Zuschlags zur Einkommen- und Körperschaftsteuer festgesetzt wird)

Kamerun
impôt sur le revenu des personnes physiques (Einkommensteuer) einschließlich taxe proportionnelle bzw. proportional tax (Proportionalsteuer) und surtaxe progressive bzw. graduaded surtax (progressive Zusatzsteuer),
taxe spéciale sur les revenus bzw. prélèvement spécial (Quellensteuer auf Autorenhonorare, Lizenzerträge, Nutzungsgebühren und ähnliche Einkünfte Nichtansässiger),
impôt sur les sociétés bzw. company tax (Körperschaftsteuer),
centimes additionnels bzw. additional council tax (Steuerzuschlag der Gemeinden), soweit auf Einkommen- oder Körperschaftsteuer erhoben,
taxes communales directes bzw. direct council taxes (direkte Gemeindesteuern), soweit auf Einkünfte aus nichtselbständiger Arbeit erhoben,
contribution au crédit foncier bzw. contribution to the construction fund (Beitrag zum Aufbaufonds), soweit auf Einkünfte aus nichtselbständiger Arbeit erhoben,
prélèvement spécial sur les redevances et sur les autres rémunérations pour études, assistance technique, financière ou comptable (Sondersteuer auf Lizenzgebühren und andere Zahlungen für Studien und für technische, finanzielle oder buchhaltungsmäßige Unterstützung)

Katar
income tax (Körperschaftsteuer)

Kolumbien
impuesto sobre la renta (Einkommensteuer) einschließlich complemento del impuesto basico de renta (Überweisungssteuer),
impuesto complementario sobre el exceso de utilidades (Übergewinnsteuer),
impuesto complementario sobre el patrimonio (Vermögenszuschlag auf Einkommensteuer)

Kongo
impôt sur le revenu des personnes physiques (Einkommensteuer),
impôt complémentaire (Ergänzungsteuer zur Einkommensteuer),
impôt sur les sociétés (Körperschaftsteuer),
impôt sur le revenu des valeurs mobilières (Steuern auf Kapitalerträge),
taxe spéciale sur les sociétés (Sondersteuer der Kapitalgesellschaften),
taxe civique d'investissement (Zusatzsteuer zur Einkommen- und Körperschaftsteuer)

Lesotho
income tax (Einkommen- und Körperschaftsteuer),
graded tax (Zusatzsteuer vom Einkommen)

Libanon
impôt sur le revenu (Einkommen- und Körperschaftsteuer)

Libyen
income tax (Steuer auf Einkünfte),
general tax on income (allgemeine Einkommensteuer),
company tax (allgemeine Körperschaftsteuer),
Jihad-Steuer (Steuer für den Jihad-Fonds)

Liechtenstein
Erwerbsteuer (Einkommensteuer),
Ertragsteuer (Körperschaftsteuer),
Couponabgabe (Kapitalertragsteuer)

Madagaskar
impôt général sur le revenu (Einkommensteuer),
taxe annuelle sur les bénéfices non distribués (jährliche Steuer auf nichtausgeschüttete Gewinne)

Malawi
income tax (Einkommen- und Körperschaftsteuer)

Mali
impôt général sur le revenu (Einkommen- und Körperschaftsteuer) einschließlich impôt sur les bénéfices industriels et commerciaux (Steuer auf gewerbliche und freiberufliche Einkünfte)

Mauretanien
impôt général sur le revenu (Einkommensteuer),
impôt sur les bénéfices industriels et commerciaux et sur les bénéfices de l'exploitation agricole (Steuer auf gewerbliche und landwirtschaftliche Einkünfte),
impôt sur les bénéfices non commerciaux (Steuer auf nichtgewerbliche Einkünfte),
impôt sur les traitements, salaires, pensions et rentes viagères (Steuer auf Gehälter, Löhne, Ruhegehälter und Altersrenten),
impôt sur le revenu des capitaux mobiliers (Steuer auf Einkünfte aus Kapitalvermögen)

Mexiko
impuesto sobre la renta (Einkommen- und Körperschaftsteuer)

Anlage 8
(zu R 212 a)

Monaco
impôt sur les bénéfices (Steuer auf gewerbliche Gewinne)
Mosambik
imposto de rendimento (Einkommen- und Körperschaftsteuer),
imposto supplementar (Ergänzungsteuer),
contribuiçao predial (Steuer auf Einkünfte aus Grundvermögen)
Myanmar
income tax (Einkommen- und Körperschaftsteuer),
super tax (Zusatzsteuern)
Namibia
income tax/normal tax (Einkommen-, Körperschaftsteuer),
undistributed profits tax (Steuer vom nichtausgeschütteten Gewinn),
non-resident shareholders'tax (Abzugsteuer der gebietsfremden Dividendenempfänger),
non-resident tax on interest (Abzugsteuer der gebietsfremden Zinsempfänger)
Nepal
income tax (Einkommen- und Körperschaftsteuer)
Nicaragua
impuesto sobre la renta (Einkommen- und Körperschaftsteuer)
Niederländische Antillen
inkomstenbelasting (Einkommensteuer),
winstbelasting (Körperschaftsteuer)
Niger
impôt général sur les revenus (Einkommensteuer),
impôt sur les bénéfices industriels, commerciaux et agricols (Steuer auf gewerbliche und landwirtschaftliche Einkünfte),
impôt sur les traitements publics et privés, les indemnités et émoluments, les salaires, les pensions ou indemnités annuelles et rentes viagères (Steuer auf öffentliche und private Bezüge, auf Entschädigungen, Löhne, Ruhegehälter, Leibrenten und Altersrenten),
impôt sur les revenus des capitaux mobiliers (Steuer auf Einkünfte aus Kapitalvermögen)
Nigeria
federal income tax (Bundeseinkommensteuer für Ausländer),
income tax (Einkommensteuer; ab 1.4.1974),
companies income tax (Bundeskörperschaftsteuer), die von den drei Regionen Nigerias bis 31.3.1974 von Inländern (Africans) erhobene income tax ist keine anrechenbare Steuer,
capital gains tax (Veräußerungsgewinnsteuer)
Oman
income tax (Einkommen- und Körperschaftsteuer)
Panama
impuesto sobre la renta (Einkommen- und Körperschaftsteuer) einschließlich
impuesto complementario a cargo de las personas juridicas (Zusatzsteuer für juristische Personen)
Paraguay
impuesto a la renta (Einkommen- und Körperschaftsteuer)
Peru
impuesto a la renta (Einkommen- und Körperschaftsteuer) einschließlich Abzugsteuer für Steuerausländer von Zinsen und Dividenden und einschließlich Zusatzsteuer für Steuerausländer auf Lizenzgebühren und Zweigstellengewinne,
impuesto complementario a las capitalizaciones (Ergänzungsteuer auf Gewinnumwandlungen)
Puerto Rico
income tax (Einkommen- und Körperschaftsteuer),
surtax (Zusatzsteuer)
Ras al-Khaimah (Vereinigte Arabische Emirate)
income tax (Körperschaftsteuer)
Ruanda
impôt sur les revenus locatifs (Steuer auf Mieteinkünfte),
impôt sur les revenus professionnels ou impôt professionnel (Steuer auf Gewerbe- und Berufseinkünfte),
impôt sur les revenus des capitaux mobiliers ou impôt mobilier (Steuer auf Kapitalerträge)
San Marino
Imposta Generale sui Redditi (Einkommensteuer)
Saudi-Arabien
income tax (Einkommen- und Körperschaftsteuer)
Senegal
impôt général sur les revenus (Einkommensteuer),
impôt sur les bénéfices industriels et commerciaux et sur les bénéfices de l'exploitation agricole (Steuer auf gewerbliche Einkünfte und auf Einkünfte aus Landwirtschaft),
impôt sur les bénéfices des professions non commerciales (Steuer auf Einkünfte aus nichtgewerblichen Tätigkeiten),
impôt sur les revenus des valeurs mobilières (Steuer auf Kapitalerträge)
Seschellen
income tax (Einkommen- und Körperschaftsteuer)
Sierra Leone
income tax (Einkommen- und Körperschaftsteuer)
Somalia
income tax (Einkommen- und Körperschaftsteuer),
local administration additional tax (Gemeindeeinkommensteuer)
Sudan
business profits tax (Steuer auf gewerbliche Gewinne),
personal income tax (Steuer auf Einkünfte aus nichtselbständiger Arbeit),
land rent income tax (Steuer auf Einkünfte aus Landwirtschaft und aus Grundbesitz)
Suriname
inkomstenbelasting (Einkommen- und Körperschaftsteuer)
Swasiland
income tax (Einkommen- und Körperschaftsteuer),
non-resident shareholder tax (Steuer auf Dividenden der Nichtansässigen)
Syrien
impôt sur le revenu (Einkommen- und Körperschaftsteuer),
municipality tax (Gemeindesteuer),
non resident tax (Steuer der Nichtansässigen),
war tax (Kriegssteuer)
Tansania
income tax (Einkommen- und Körperschaftsteuer)

Anlage 8
(zu R 212 a)

Togo
impôt général sur le revenu (Einkommensteuer),

impôt sur les bénéfices industriels et commerciaux (Steuer auf gewerbliche Einkünfte),

impôt sur les bénéfices des professions non commerciales (Steuer auf Einkünfte aus nichtgewerblichen Tätigkeiten),

taxe progressive sur les traitements publics et privés, les indemnités et émoluments, les salaires, les pensions et les rentes viagères (Steuer auf Gehälter aus öffentlicher und privater Hand, auf Entschädigungen und Nebeneinkünfte, auf Löhne, Ruhegehälter und Leibrenten),

impôt sur le revenu des valeurs mobilières ou capitaux mobiliers (Steuer auf Kapitalerträge)

Uganda
income tax (Einkommen- und Körperschaftsteuer),

surtax (Zusatzsteuer)

Venezuela
impuesto sobre la renta (Einkommen- und Körperschaftsteuer) einschließlich Sondersteuer von 15 v.H. auf Einkünfte aus inländischen Betriebsstätten und auf sonstige inländische gewerbliche und ähnliche Einkünfte ausländischer Kapitalgesellschaften,

impuesto retenido por pagar (Steuer auf Zinseinkünfte)

Zaire
contribution sur les revenus locatifs (Steuer auf Einkünfte aus Vermietung), contribution mobilière sur les revenus des capitaux mobiliers (Steuer auf Einkünfte aus beweglichem Vermögen),

contribution sur les revenus professionnels (Steuer auf Erwerbseinkünfte)

Anlage 9
(zu R 213 a)

Übersicht
über die Steuerermäßigung für Steuerpflichtige mit Kindern bei Inanspruchnahme erhöhter Absetzungen für Wohngebäude oder der Steuerbegünstigungen für eigengenutztes Wohneigentum (§ 34 f EStG)

	Zeitlicher Geltungsbereich	Voraussetzungen für die Steuerermäßigung	Höhe der Steuerermäßigung	Gesetzliche Vorschriften
	1	2	3	4
1.	Antrag auf Baugenehmigung oder Baubeginn nach dem 29.7.1981 oder Anschaffung auf Grund eines nach dem 29.7.1981 rechtswirksam abgeschlossenen obligatorischen Vertrags oder gleichstehenden Rechtsakts **und** Herstellung oder Anschaffung der Gebäude vor dem 1.1.1987 (dies gilt entsprechend bei Ausbauten oder Erweiterungen)	Erhöhte Absetzungen nach § 7 b EStG (ab VZ 1987: auch § 15 BerlinFG oder Abzug der entsprechenden Beträge wie Sonderausgaben nach § 52 Abs. 21 Satz 4 EStG 1987); Nutzung des Objekts oder einer Wohnung zu eigenen Wohnzwecken **oder** Verhinderung der Nutzung zu eigenen Wohnzwecken wegen Wechsels des Arbeitsortes; Kinder im Sinne des § 32 Abs. 1 bis 5 EStG (bis VZ 1985: § 32 Abs. 4 Satz 1, Abs. 5 bis 7 EStG 1981, 1983), die zum Haushalt des Stpfl. gehören oder in dem maßgebenden Begünstigungszeitraum gehört haben, wenn diese Zugehörigkeit auf Dauer angelegt ist oder war	600 DM für das 2. und jedes weitere Kind	§ 34 f EStG 1981, 1983, § 34 f Abs. 1 EStG, § 52 Abs. 24 EStG 1987, § 52 Abs. 25 e EStG 1981, § 52 Abs. 26 EStG 1983, § 7 b EStG 1987
2.	Herstellung oder Anschaffung nach dem 31.12.1986 **und** vor dem 1.1.1990 (dies gilt entsprechend bei Ausbauten oder Erweiterungen)	Inanspruchnahme der Steuerbegünstigungen nach § 10 e Abs. 1 bis 5 EStG oder nach § 15 b BerlinFG; Kind(er) im Sinne des § 32 Abs. 1 bis 5 EStG, wenn das Kind zum Haushalt des Stpfl. gehört oder in dem für die Steuerbegünstigung maßgebenden Zeitraum gehört hat, wenn diese Zugehörigkeit auf Dauer angelegt ist oder war	600 DM für jedes Kind	§ 34 f Abs. 2 EStG 1987, § 52 Abs. 14 EStG 1987, § 52 Abs. 24 EStG i.d.F. des Steuerreformgesetzes 1990 (BStBl 1988 I S. 224)
3.	Herstellung oder Anschaffung nach dem 31.12.1989 (dies gilt entsprechend bei Ausbauten oder Erweiterungen)	wie zu 2.	750 DM für jedes Kind	§ 34 f Abs. 2 und § 52 Abs. 24 EStG i.d.F. des Steuerreformgesetzes 1990 (BStBl 1988 I S. 224)
4.	Herstellung oder Anschaffung nach dem 31.12.1990 *)	wie zu 2.	1.000 DM für jedes Kind	§§ 34 f Abs. 2, 52 Abs. 24 EStG i.d.F. des Steueränderungsgesetzes 1991 (BStBl 1991 I S. 665)

*) gilt auch im Beitrittsgebiet

Anlage 9
(zu R 213 a)

Zeitlicher Geltungsbereich	Voraussetzungen für die Steuerermäßigung	Höhe der Steuerermäßigung	Gesetzliche Vorschriften
1	2	3	4
5. Bauantrag oder Herstellungsbeginn nach dem 30.9.1991; Abschluß des Kaufvertrages oder Herstellungsbeginn durch den Veräußerer nach dem 30.9.1991	wie zu 2.	wie zu 4.; zusätzlich mit Möglichkeit, nicht ausgeschöpfte Beträge zwei Jahre zurückzutragen und während des Abzugszeitraums nach § 10 e EStG sowie auf zwei Folgejahren vorzutragen; Rücktrag für das Beitrittsgebiet auf 2. Hälfte des VZ 1990 begrenzt	§§ 34 f Abs. 2, 52 Abs. 24, 57 Abs. 6 EStG i.d.F. des StÄndG 1992 vom 25.2.1992, BGBl. I S. 297 BStBl 1992 I S. 146)
6. Bauantrag oder Herstellungsbeginn, falls Bauantrag nicht erforderlich, nach dem 31.12.1991; Abschluß des Kaufvertrages nach dem 31.12.1991	wie zu 2.	wie zu 4.; jedoch keine Ermäßigung für die Veranlagungszeiträume, in denen der Gesamtbetrag der Einkünfte 120.000 DM bzw., in Fällen des § 32 a Abs. 5 EStG 240.000 DM, übersteigt	wie zu 5.
7. Herstellung oder Anschaffung nach dem 31.12.1991	wie zu 2.	wie zu 4.; jedoch Beschränkung der Summe der Ermäßigungsbeträge auf die Bemessungsgrundlage nach § 10 e EStG	wie zu 5.

Anlage 10

Verzeichnis
von Staaten, die unbeschränkt Steuerpflichtigen eine dem § 49 Abs. 4 EStG entsprechende Steuerbefreiung gewähren

Äthiopien	auf dem Gebiet der Luftfahrt (BMF vom 26.3.1962 – BStBl I S. 536)
Afghanistan *)	auf dem Gebiet der Luftfahrt (BMF vom 1.7.1964 – BStBl I S. 411)
Chile	auf dem Gebiet der Luftfahrt (BMF vom 21.6.1977 – BStBl I S. 350)
China (Volksrepublik)	auf dem Gebiet der Luftfahrt (BMF vom 18.6.1985 – BStBl I S. 284)[1]
Ghana	auf dem Gebiet der Seeschiffahrt und Luftfahrt (BMF vom 18.6.1985 – BStBl I S. 222)
Irak	auf dem Gebiet der Seeschiffahrt und Luftfahrt (BMWF vom 25.9.1972 – BStBl I S. 490)
Jordanien	auf dem Gebiet der Luftfahrt (BMF vom 26.3.1976 – BStBl I S. 278)
Libanon **)	auf dem Gebiet der Seeschiffahrt und Luftfahrt (BMF vom 4.4.1959 – BStBl I S. 198)
Mexiko	auf dem Gebiet der Schiffahrt (BMF vom 6.3.1990 – BStBl I S. 123)
Papua-Neuguinea	auf dem Gebiet der Schiffahrt und Luftfahrt (BMF vom 6.3.1989 – BStBl I S. 115)
Sudan	auf dem Gebiet der Luftfahrt (BMF vom 11.7.1983 – BStBl I S. 370)
Syrien	auf dem Gebiet der Schiffahrt und Luftfahrt (BMF vom 11.7.1974 – BStBl I S. 510)
Taiwan	auf dem Gebiet der Schiffahrt (BMF vom 3.10.1988 – BStBl I S. 423)
Zaire	auf dem Gebiet der Seeschiffahrt und Luftfahrt (BMF vom 3.4.1990 – BStBl I S. 178)

---

[1] Vgl. auch das deutsch-chinesische DBA vom 10. 6. 1985 (BStBl 1986 I S. 329), das am 14. 5. 1986 in Kraft getreten ist (BStBl 1986 I S. 339); insbesondere auf Nummer 2 des Protokolls zum Abkommen wird hingewiesen.

*) **Brunei Darussalam** auf dem Gebiet der Luftfahrt
(BMF vom 23. 10. 1995 – BStBl 1995 I S. 679)

) **Litauen auf dem Gebiet der Luftfahrt
(BMF vom 14. 8. 1995 – BStBl I S. 416)

C. Anhänge

Übersicht

I Steuerliche Behandlung von Unterhaltsleistungen an Angehörige im Ausland; hier: Ländergruppeneinteilung ab 1990

II Steuerliche Anerkennung von Darlehensverträgen zwischen Angehörigen

III Steuerliche Anerkennung von Darlehensverträgen zwischen Angehörigen

IV Steuerliche Behandlung der Aufwendungen für
   a) den Unterhalt von Auslandskindern,
   b) den Unterhalt von sonstigen Angehörigen im Ausland,
   c) die Berufsausbildung von Auslandskindern

I
Steuerliche Behandlung von Unterhaltsleistungen an Angehörige im Ausland; hier: Ländergruppeneinteilung ab 1990

BMF vom 11. 12. 1989 (BStBl I S. 463)
IV B 6 – S 2365 – 28 /29

Unter Bezugnahme auf die Abstimmung mit den obersten Finanzbehörden der Länder sind die Beträge des § 33 a Abs. 1 Sätze 1 und 3 sowie Abs. 2 Sätze 3 und 4 EStG mit Wirkung ab 1. Januar 1990 wie folgt anzusetzen:

in voller Höhe	mit 2/3	mit 1/3
\multicolumn{3}{c}{wenn die unterhaltene Person lebt in}		
1	2	3
Europa	**Europa**	**Afrika**
Andorra	Albanien	Ägypten	Swasiland
Belgien	Bulgarien	Äquatorialguinea	Tansania, Vereinigte Republik
Dänemark	Grönland	Angola	Togo
Finnland	Jugoslawien	Äthiopien	Tschad
Frankreich	Malta	Benin	Tunesien
Gibraltar	Polen	Botsuana	Uganda
Griechenland	Rumänien	Burundi	Zaire
Irland	Tschechoslowakei	Burkina Faso	Zentralafrikanische Republik
Island	Türkei	Côte d'Ivoire	
Italien	UdSSR	Dschibuti	
Liechtenstein	Ungarn	Gabun	**Amerika**
Luxemburg	Zypern	Gambia	Belize
Monaco		Ghana	Bolivien
Niederlande	**Afrika**	Guinea	Brasilien
Norwegen	Algerien	Guinea-Bissau	Costa Rica
Österreich	Libysch-Arabische	Kamerun	Dominikanische Republik
Portugal	Dschamahirija	Kenia	Ecuador
San Marino	Namibia	Komoren	El Salvador
Schweden	Südafrika	Kongo	Guatemala
Schweiz		Lesotho	Guyana
Spanien	**Amerika**	Liberia	Haiti
Vereinigtes Königreich	Argentinien	Madagaskar	Honduras
	Barbados	Malawi	Jamaika
Amerika	Chile	Mali	Kolumbien
Bahamas	Mexiko	Marokko	Kuba
Bermudas	Panama	Mauretanien	Nicaragua
Trinidad und Tobago	Uruguay	Mauritius	Paraguay
Kanada	Venezuela	Mosambik	Peru
Vereinigte Staaten		Niger	Surinam
	Asien	Nigeria	
Asien	Bahrain	Ruanda	**Asien**
Israel	China (Taiwan)	Sambia	Afghanistan
Japan	Hongkong	Senegal	Bangladesch

893

Anhang 1

I Angehörige

in voller Höhe	mit 2/3	mit 1/3	
		wenn die unterhaltene Person lebt in	
1	2	3	
Katar	Korea, Republik	Seschellen	China
Kuweit	Libanon	Sierra Leone	Indien
Saudi-Arabien	Macao	Simbabwe	Indonesien
Vereinigte Arabische	Oman	Somalia	Irak
Emirate	Singapur	Sudan	Iran, Islamische Republik
Australien	**Ozeanien**	Jemen	Philippinen
Australien	Fidschi	Jemen, Demokratischer	Sri Lanka
Neuseeland		Jordanien	Syrien, Arabische Republik
		Kamputschea, Staat	Thailand
		Korea, Demokratische Volksrepublik	Vietnam
		Laotische Demokratische Volksrepublik	**Ozeanien**
			Kiribati
		Malaysia	Tonga
		Malediven	Salomonen
		Mongolei	Samoa
		Myanmar (früher Burma)	Papua-Neuguinea
		Nepal	Tuvalu
		Pakistan	Vanuata

894

II
Steuerliche Anerkennung von Darlehensverträgen[1])
zwischen Angehörigen

BMF vom 1. 12. 1992 (BStBl I S. 729)

IV B 2 – S 2144 – 76/92

1 Abschnitt 23 Abs. 4 i. V. m. Abs. 1 der Einkommensteuer-Richtlinien – EStR – regelt die steuerliche Behandlung von Darlehensverhältnissen zwischen Angehörigen. Der Bundesfinanzhof hat in den Urteilen vom 7. November 1990 (BStBl 1991 II S. 291), 18. Dezember 1990 (BStBl 1991 II S. 391, 581, 882 und 911), 4. Juni 1991 (BStBl II S. 838) und 12. Februar 1992 (BStBl II S. 468) die Verwaltungsregelungen grundsätzlich bestätigt und dabei die Voraussetzungen für die steuerliche Anerkennung von Darlehensverhältnissen genauer festgelegt. Nach Erörterung mit den obersten Finanzbehörden der Länder gilt danach für die Beurteilung von Darlehensverträgen zwischen Angehörigen oder zwischen einer Personengesellschaft und Angehörigen der die Gesellschaft beherrschenden Gesellschafter folgendes:

1. Allgemeine Voraussetzungen der steuerlichen Anerkennung

2 Voraussetzung für die steuerliche Anerkennung ist, daß der Darlehensvertrag bürgerlich-rechtlich wirksam geschlossen worden ist und tatsächlich wie vereinbart durchgeführt wird; dabei müssen Vertragsinhalt und Durchführung dem zwischen Fremden Üblichen entsprechen (Fremdvergleich); vgl. BFH-Urteile vom 18. Dezember 1990 und vom 12. Februar 1992 (a. a. O.).

3 Der Darlehensvertrag und seine tatsächliche Durchführung müssen die Trennung der Vermögens- und Einkunftssphären der vertragschließenden Angehörigen (z. B. Eltern und Kinder) gewährleisten. Eine klare, deutliche und einwandfreie Abgrenzung von einer Unterhaltsgewährung oder einer verschleierten Schenkung der Darlehenszinsen muß in jedem Einzelfall und während der gesamten Vertragsdauer möglich sein; vgl. BFH-Urteile vom 7. November 1990 und vom 4. Juni 1991 (a. a. O.).

2. Fremdvergleich bei Darlehensverträgen zwischen Angehörigen
a) Allgemeines

4 Es steht Angehörigen grundsätzlich frei, ihre Rechtsverhältnisse untereinander so zu gestalten, daß sie für sie steuerlich möglichst günstig sind. Das Vereinbarte muß jedoch in jedem Einzelfall und während der gesamten Vertragsdauer nach Inhalt und Durchführung dem entsprechen, was fremde Dritte bei der Gestaltung eines entsprechenden Darlehensverhältnisses üblicherweise vereinbaren würden; vgl. BFH-Urteile vom 7. November 1990 (a. a. O.), 18. Dezember 1990, BStBl 1991 II S. 391, und vom 12. Februar 1992 (a. a. O.). Vergleichsmaßstab sind die Vertragsgestaltungen, die zwischen Darlehensnehmern und Kreditinstituten üblich sind.

5 Das setzt insbesondere voraus, daß
– eine Vereinbarung über die Laufzeit und über Art und Zeit der Rückzahlung des Darlehens getroffen worden ist,
– die Zinsen zu den Fälligkeitszeitpunkten entrichtet werden und
– der Rückzahlungsanspruch ausreichend besichert ist.[1])

6 Der Fremdvergleich ist auch durchzuführen, wenn Vereinbarungen nicht unmittelbar zwischen Angehörigen getroffen werden, sondern zwischen einer Personengesellschaft und Angehörigen der Gesellschafter, wenn die Gesellschafter, mit deren Angehörigen die Vereinbarungen getroffen wurden, die Gesellschaft beherrschen; vgl. BFH-Urteil vom 18. Dezember 1990, BStBl 1991 II S. 581. Gleiches gilt, wenn beherrschende Gesellschafter einer Personengesellschaft Darlehensforderungen gegen die Personengesellschaft an Angehörige schenkweise abtreten (vgl. Abschnitt 23 Abs. 4 Satz 7 ff. EStR).

b) Fremdvergleich bei wirtschaftlich voneinander unabhängigen Angehörigen

7 Ein Darlehensvertrag zwischen volljährigen, voneinander wirtschaftlich unabhängigen Angehörigen kann ausnahmsweise steuerrechtlich bereits anerkannt werden, wenn er zwar nicht in allen Punkten dem zwischen Fremden Üblichen entspricht (vgl. Rdnrn. 2 bis 6), aber die Darlehensmittel, die aus Anlaß der Herstellung oder Anschaffung von Vermögensgegenständen gewährt werden (z. B. Bau- oder Anschaffungsdarlehen), ansonsten bei einem fremden Dritten hätten aufgenommen werden müssen. Entscheidend ist, daß die getroffenen Vereinbarungen tatsächlich vollzogen werden, insbesondere die Darlehenszinsen regelmäßig gezahlt werden. Die Modalitäten der Darlehenstilgung und die Besicherung brauchen in diesen Fällen nicht geprüft zu werden (BFH-Urteil vom 4. Juni 1991 – a. a. O.).

3. Schenkweise begründete Darlehensforderung

8 Wird die unentgeltliche Zuwendung eines Geldbetrags an einen Angehörigen davon abhän-

---
[1]) → Anhang 1 III.

gig gemacht, daß der Empfänger den Betrag als Darlehen wieder zurückgeben muß, ist ertragsteuerlich weder die vereinbarte Schenkung noch die Rückgabe als Darlehen anzuerkennen. Der Empfänger erhält nicht die alleinige und unbeschränkte Verfügungsmacht über die Geldmittel, da er sie nur zum Zwecke der Rückgabe an den Zuwendenden oder an eine Personengesellschaft, die der Zuwendende oder dessen Angehörige beherrschen, verwenden darf. Entsprechendes gilt im Verhältnis zwischen Eltern und minderjährigen Kindern, wenn das Kindesvermögen nicht einwandfrei vom Elternvermögen getrennt wird. Da die Schenkung tatsächlich nicht vollzogen wurde, begründet die Rückgewähr der Geldbeträge kein mit ertragsteuerlicher Wirkung anzuerkennendes Darlehensverhältnis. Die Vereinbarungen zwischen den Angehörigen sind vielmehr ertragsteuerlich als eine modifizierte Schenkung zu beurteilen, die durch die als Darlehen bezeichneten Bedingungen gegenüber dem ursprünglichen Schenkungsversprechen in der Weise abgeändert sind, daß der Vollzug der Schenkung bis zur Rückzahlung des sog. Darlehens aufgeschoben und der Umfang der Schenkung durch die Zahlung sog. Darlehenszinsen erweitert ist. Daher dürfen die als Darlehenszinsen geltend gemachten Aufwendungen nicht als Betriebsausgaben oder Werbungskosten abgezogen werden.

9 Die Abhängigkeit zwischen Schenkung und Darlehen ist insbesondere in folgenden Fällen **unwiderleglich** zu vermuten:

– Vereinbarung von Schenkung und Darlehen in ein und derselben Urkunde, oder zwar in mehreren Urkunden, aber innerhalb einer kurzen Zeit,

– Schenkung unter der Auflage der Rückgabe als Darlehen,

– Schenkungsversprechen unter der aufschiebenden Bedingung der Rückgabe als Darlehen.

Die Abhängigkeit zwischen Schenkung und 10 Darlehen ist insbesondere bei folgenden Vertragsgestaltungen **widerleglich** zu vermuten:

– Vereinbarungsdarlehen nach § 607 Abs. 2 BGB,

– Darlehenskündigung nur mit Zustimmung des Schenkers,

– Zulässigkeit von Entnahmen durch den Beschenkten zu Lasten des Darlehenskontos nur mit Zustimmung des Schenkers.

Die Vermutung ist widerlegt, wenn Schenkung 11 und Darlehen sachlich und zeitlich unabhängig voneinander vorgenommen worden sind. Voraussetzung hierfür ist, daß die Schenkung zivilrechtlich wirksam vollzogen wurde. Der Schenkende muß endgültig, tatsächlich und rechtlich entreichert und der Empfänger entsprechend bereichert sein; eine nur vorübergehende oder formale Vermögensverschiebung reicht nicht aus; vgl. BFH-Urteile vom 22. Mai 1984, BStBl 1985 II S. 243, 18. Dezember 1990, BStBl 1991 II S. 581, 4. Juni 1991 und vom 12. Februar 1992, a. a. O.

Die Grundsätze zu schenkweise begründeten 12 Darlehensforderungen gelten auch für partiarische Darlehen und für nach dem 31. Dezember 1992 schenkweise begründete stille Beteiligungen, es sei denn, es ist eine Beteiligung am Verlust vereinbart, oder der stille Beteiligte ist als Mitunternehmer anzusehen. Im übrigen ist Abschnitt 138 a EStR anzuwenden.

Dieses Schreiben ersetzt das BMF-Schreiben vom 1. Juli 1988, BStBl I S. 210.

III
Steuerliche Anerkennung von Darlehensverträgen zwischen Angehörigen

BMF vom 25. 5. 1993 (BStBl I S. 410)
IV B 2 – S 2144 – 43/93

Im Einvernehmen mit den obersten Finanzbehörden der Länder gilt zur Frage, wann ein Rückzahlungsanspruch i. S. d. Rdnr. 5 des BMF-Schreibens vom 1. Dezember 1992 (BStBl I S. 729)[1]) ausreichend besichert ist, folgendes:

Eine ausreichende Besicherung liegt bei Hingabe banküblicher Sicherheiten vor. Dazu gehören vornehmlich die dingliche Absicherung durch Hypothek oder Grundschuld. Außerdem kommen alle anderen Sicherheiten, die für das entsprechende Darlehen banküblich sind, in Betracht, wie Bankbürgschaften, Sicherungsübereignung von Wirtschaftsgütern, Forderungsabtretungen sowie Schuldmitübernahme oder Schuldbeitritt eines fremden Dritten oder eines Angehörigen, wenn dieser über entsprechende ausreichende Vermögenswerte verfügt.

---

[1]) → Anhang 1 II.

IV
Steuerliche Behandlung der Aufwendungen für
a) den Unterhalt von Auslandskindern,
b) den Unterhalt von sonstigen Angehörigen im Ausland,
c) die Berufsausbildung von Auslandskindern

BMF vom 22. 12. 1994 (BStBl I S. 928)
IV B 6 – S 2365 – 28/94

Im Einvernehmen mit den obersten Finanzbehörden der Länder sind bei der Anerkennung von Kinderfreibeträgen für Auslandskinder und von Aufwendungen nach § 33 a Abs. 1, 2 und 4 EStG die nachfolgenden Grundsätze zu beachten:

1 Kinderfreibeträge für Auslandskinder

Für ein nicht unbeschränkt einkommensteuerpflichtiges Kind (Auslandskind), das die Voraussetzungen des § 32 Abs. 1 bis 6 EStG erfüllt, ist ein Kinderfreibetrag abzuziehen, soweit er nach den Verhältnissen des Wohnsitzstaates des Kindes notwendig und angemessen ist (vgl. Tz. 2.5.1).

1.1 Nachweis der Anspruchsberechtigung

Für den Abzug genügt es

a) bei Kindern, die zu Beginn des Kalenderjahrs das 18. Lebensjahr noch nicht vollendet haben, wenn ihre Existenz durch eine Lebensbescheinigung der ausländischen Heimatbehörde oder durch Belege über den Bezug von Kindergeld nachgewiesen wird;

b) bei über 18 Jahre alten Kindern, für die ein Ausbildungsfreibetrag in Betracht kommt, wenn ihre Berufsausbildung nachgewiesen wird (vgl. Tz. 4.3).

Bei Kindern, die zu Beginn des Kalenderjahrs das 27. Lebensjahr vollendet haben und für die ein Kinderfreibetrag in Betracht kommt, weil sie die Voraussetzungen des § 32 Abs. 5 EStG erfüllen, ist die Behinderung grundsätzlich durch Unterlagen nachzuweisen, die dem Ausweis nach § 4 Abs. 5 SchwbG entsprechen (H 194 EStH, Abschnitt 100 Abs. 5 und 6 LStR, BMF-Schreiben vom 28. Juli 1994 – BStBl I S. 601); ob ein Kind wegen seiner Behinderung außerstande ist, sich selbst zu unterhalten (R 180 d Abs. 4 EStR), ist nach den Gesamtumständen des Einzelfalls zu beurteilen. Es genügt, wenn nachgewiesen wird, daß für das Kind wegen der Behinderung Kindergeld (Familienleistungen) gezahlt wird. Tz. 2.1 Abs. 2 gilt entsprechend.

1.2 Eintragung auf der Lohnsteuerkarte

Auf Antrag des Arbeitnehmers werden die Kinderfreibeträge vom Finanzamt auf der Lohnsteuerkarte oder bei voraussichtlicher Anwendung des § 50 Abs. 4 EStG in der nach § 39 d EStG zu erstellenden Bescheinigung wie folgt eingetragen:

a) Ermäßigte Kinderfreibeträge sind als Freibetrag nach § 39 a Abs. 1 Nr. 6 EStG einzutragen.

b) Für nicht ermäßigte Kinderfreibeträge ist die in Betracht kommende Zahl der Kinderfreibeträge einzutragen.

Die örtliche Zuständigkeit des Finanzamts, das die Eintragung vorzunehmen hat, richtet sich bei unbeschränkt einkommensteuerpflichtigen Arbeitnehmern nach § 39 a Abs. 4 a EStG und bei beschränkt einkommensteuerpflichtigen Arbeitnehmern nach § 39 d Abs. 1 Satz 3 EStG.

2 Aufwendungen für den Unterhalt von Angehörigen im Ausland

2.1 Allgemeines

Aufwendungen für den Unterhalt bedürftiger Angehöriger können als außergewöhnliche Belastung abgezogen werden (§ 33 a Abs. 1 EStG, R 190 EStR, Abschnitt 96 LStR). Abziehbar sind auch Unterhaltsaufwendungen für den nicht dauernd getrennt lebenden und nicht unbeschränkt einkommensteuerpflichtigen Ehegatten (BFH-Beschluß vom 28. November 1988 – BStBl 1989 II S. 164) sowie für Kinder, für die weder der Steuerpflichtige noch eine andere Person Anspruch auf einen Kinderfreibetrag hat.

Bei Sachverhalten im Ausland müssen sich die Steuerpflichtigen in besonderem Maße um Aufklärung und Beschaffung geeigneter, in besonderen Fällen auch zusätzlicher Beweismittel bemühen (§ 90 Abs. 2 AO). Insoweit besteht eine erhöhte Mitwirkungspflicht (vgl. BFH-Urteile vom 20. Januar 1978 – BStBl II S. 338, vom 3. Juni 1987 – BStBl II S. 675 und Tz. 2.3). Da der Steuerpflichtige für Steuerermäßigungen die objektive Beweislast (Feststellungslast) trägt, geht es zu seinen Lasten, wenn das Vorliegen der gesetzlichen Voraussetzungen nicht in genügendem Umfang nachgewiesen wird. Aus § 90 Abs. 2 AO ist ferner abzuleiten, daß den Steuerpflichtigen bei der Gestaltung der tatsächlichen Verhältnisse eine Pflicht zur Beweisvorsorge trifft. Deshalb sind insbesondere Eigenerklärungen oder eidesstattliche Versicherungen allein keine ausreichenden Mittel zur Glaubhaftmachung.

2.2 Unterhaltsbedürftigkeit

2.2.1 Voraussetzung ist, daß der Steuerpflichtige die Unterhaltsbedürftigkeit für jede im Ausland lebende unterhaltene Person nachweist. Dies gilt nicht für Kinder, für die der Steuerpflichtige einen Kinderfreibetrag erhält (vgl. Tz. 1).

2.2.2 Soweit der Steuerpflichtige ein eigenes, über 27 Jahre altes Kind, das den gesetzlichen Grundwehrdienst oder Zivildienst geleistet hat und sich noch in Berufsausbildung befindet (Tz. 4.1 Buchstabe c), im Ausland unterhält, genügt für den Nachweis der Unterhaltsbedürftigkeit der Nachweis der Berufsausbildung (Tz. 4.3). Wegen der Anrechnung eigener Bezüge eines solchen Kindes siehe Tz. 2.6 und 4.2.

2.2.3 Die Unterhaltsbedürftigkeit anderer Personen ist durch detaillierte Angaben in amtlichen Bescheinigungen der Heimatbehörden dieser Personen mit deutscher Übersetzung durch einen amtlich zugelassenen Dolmetscher, durch ein Konsulat oder sonstige zuständige (ausländische) Dienststellen nachzuweisen (BFH-Urteil vom 20. Januar 1978 – BStBl II S. 338).

Die amtlichen Bescheinigungen der Heimatbehörden müssen enthalten

a) Namen, Alter, ausgeübten Beruf und Anschrift der unterhaltenen Person sowie deren Verwandtschaftsverhältnis zum Steuerpflichtigen,

b) Angaben über Art und Umfang der eigenen Einnahmen im Kalenderjahr und des eigenen Vermögens der Unterhaltsempfänger,

c) Angaben darüber, ob noch andere Personen unterhaltspflichtig waren, welche Unterhaltsbeiträge sie gegebenenfalls geleistet haben und ab wann und aus welchen Gründen die Unterhaltsempfänger nicht selbst für ihren Lebensunterhalt aufkommen konnten.

Ist von einer ausländischen Botschaft oder einer anderen Stelle nach Abstimmung mit den obersten Finanzbehörden des Bundes und der Länder zur Vereinheitlichung und Beschleunigung des Nachweisverfahrens ein Vordruck für Unterhaltsbescheinigungen erstellt worden, so kann dieser, wenn er vollständig ausgefüllt und von der zuständigen Heimatbehörde unterzeichnet ist, als Nachweis anerkannt werden. Die Benutzung des Vordrucks schließt nicht aus, daß das Finanzamt im Einzelfall weitere Nachweise verlangen und von der widerlegbaren Vermutung ausgehen kann, daß erwerbstätige Angehörige im Ausland nicht unterhaltsbedürftig sind.

Ist ein Steuerpflichtiger wegen der besonderen Situation im Wohnsitzstaat der unterhaltenen Person nicht in der Lage, amtliche Bescheinigungen zu erlangen, so ist ihm dies nur nach Würdigung der Umstände des Einzelfalls anzulasten.

2.3 Unterhaltsaufwendungen

Unterhaltszahlungen sind grundsätzlich durch Post- oder Bankbelege nachzuweisen, die die unterhaltene Person als Empfänger ausweisen. Werden mehrere Personen (Eltern, Ehefrau), die in einem gemeinsamen Haushalt oder im selben Ort leben, unterhalten, so genügt es, wenn die Überweisungsbelege auf den Namen einer dieser Personen lauten.

Überweist der Steuerpflichtige Geldbeträge auf ein Konto im Ausland, das nicht auf den Namen des Unterhaltsempfängers lautet, und behauptet er, die bedürftigen Angehörigen bzw. ein Bevollmächtigter könnten über dieses Konto verfügen, so muß er folgende Unterlagen vorlegen:

a) inländische Einzahlungs- oder Überweisungsbelege,

b) Bescheinigung der Bank über die Kontovollmacht,

c) Bescheinigung der Bank über Zeitpunkt, Höhe und Empfänger der Auszahlung. Das gilt ausnahmsweise nicht, wenn das Konto auf den Namen des Steuerpflichtigen lautet und Unterhaltsaufwendungen nur für Ehegatten und/oder Kinder geleistet worden sind.

Werden für den Unterhalt von im Ausland lebenden Personen bestimmte Beträge vom Steuerpflichtigen zunächst auf das Konto einer ausländischen Bank bei einem inländischen Institut (z. B. in bar oder mittels Überweisung) eingezahlt, so ist regelmäßig neben der Einzahlungsquittung oder dem Überweisungsbeleg und der Bescheinigung der ausländischen Bank über die Weiterleitung an eine Filiale im Ausland auch eine Bestätigung dieser Filiale über die tatsächliche Auszahlung dieser Beträge an die unterhaltene Person oder über die Gutschrift auf ein Konto zugunsten dieser Person erforderlich. Anstelle der Bescheinigung über die Weiterleitung kann auch eine Bescheinigung der ausländischen Bank vorgelegt werden, aus der sich ergibt, daß der Steuerpflichtige den Auftrag zur Auszahlung oder Überweisung an den Empfänger erteilt hat und dieser Auftrag ausgeführt wird.

Sind einem Steuerpflichtigen Einzahlungsbelege abhanden gekommen, so ist ihm aufzugeben, Ersatzbelege des Instituts zu beschaffen, über das die Überweisungen vorgenommen worden sind.

Wird von einem Steuerpflichtigen ein anderer Zahlungsweg gewählt, z. B. die Mitnahme von Bargeld durch ihn selbst anläßlich einer Familienheimfahrt oder durch beauftragte Personen, so sind wegen der oft schwer überschaubaren Verhältnisse an den Nachweis bzw. die Glaubhaftmachung einer Zahlung erhöhte Anforderungen zu stellen (§ 90 Abs. 2 AO, Tz. 2.1). In derartigen Fällen sind inländische Belege über das Vorhandensein entsprechender Mittel (z. B. Abhebungsnachweis) und detaillierte Empfängerbestätigungen vorzulegen.

Bei eigenen Heimfahrten zur Familie kann auf den Nachweis bzw. auf die Glaubhaftmachung verzichtet werden, wenn je Heimfahrt nicht mehr als die Mitnahme eines Nettomonatslohns, höchstens aber insgesamt ein Betrag geltend gemacht wird, der sich ergibt, wenn der vierfache Nettomonatslohn um die auf andere Weise erbrachten und nachgewiesenen bzw. glaubhaft gemachten Zahlungen gekürzt wird.

2.4 Verteilung einheitlicher Unterhaltszahlungen auf mehrere Personen

Werden Unterhaltszahlungen für mehrere Personen, die in einem gemeinsamen Haushalt oder am selben Ort leben, zur Berücksichtigung nach § 33 a Abs. 1 EStG geltend gemacht, so sind die Zahlungen entsprechend dem BFH-Urteil vom 12. November 1993 (BStBl 1994 II S. 731) wie folgt zu verteilen:

– Kommt eine Berücksichtigung nur nach § 33 a Abs. 1 Nr. 1 oder Nr. 2 EStG in Betracht, so sind die insgesamt nachgewiesenen Unterhaltszahlungen jeweils nach Köpfen aufzuteilen.

– Kommt eine Berücksichtigung nach § 33 a Abs. 1 Nr. 1 und Nr. 2 EStG in Betracht, so ist der Gesamtbetrag der Unterhaltszahlungen im Verhältnis der jeweils maßgebenden Höchstbeträge (4.104 DM: 7.200 DM oder $^2/_3$ oder $^1/_3$ davon) aufzuteilen. Aus Vereinfachungsgründen kann bei dieser Verhältnisrechnung jede Person im Sinne des § 33 a Abs. 1 Nr. 1 EStG mit 4 Teilen und jede Person im Sinne des § 33 a Abs. 1 Nr. 2 EStG mit 7 Teilen berücksichtigt werden (vgl. Tz. 3 II Nr. 2).

Werden neben der Berücksichtigung nach § 33 a Abs. 1 Nr. 1 und/oder Nr. 2 EStG Kinderfreibeträge für eigene Kinder geltend gemacht, so sind auch diese Kinder in die Aufteilung einzubeziehen, bei einer Verhältnisrechnung mit dem Ansatz nach § 33 a Abs. 1 Nr. 2 EStG. Etwaige Ausbildungsfreibeträge sind für die Aufteilung unbeachtlich.

2.5 Zwangsläufigkeit der Unterhaltsaufwendungen

Bei der Prüfung, ob Unterhaltsaufwendungen des Steuerpflichtigen dem Grunde nach zwangsläufig sind, d. h., ob er sich ihnen aus rechtlichen, tatsächlichen oder sittlichen Gründen nicht entziehen kann, sind inländische Maßstäbe anzulegen.

Die Frage, ob Unterhaltsaufwendungen der Höhe nach zwangsläufig sind, ist unter zwei Gesichtspunkten zu prüfen:

2.5.1 Die Notwendigkeit und Angemessenheit der Unterhaltsaufwendungen – bezogen auf den Empfänger – beurteilt sich nach den Verhältnissen seines Wohnsitzstaates (§ 33 a Abs. 1 Satz 4 EStG). Hierfür sind als Maßstab grundsätzlich die Durchschnittsstundenlöhne in der verarbeitenden Industrie heranzuziehen. Sind solche nicht verfügbar oder für den gesamten ausländischen Staat nicht repräsentativ, können andere Maßstäbe zugrunde gelegt werden, z. B. das Durchschnittseinkommen oder das Sozialprodukt je Einwohner.

Die in § 33 a Abs. 1 Sätze 1 und 3 EStG bezeichneten Beträge ermäßigen sich um

– $^1/_3$, wenn der zugrunde gelegte ausländische Wert nicht mehr als 50 v. H., aber mehr als 20 v. H. des entsprechenden inländischen Wertes beträgt,

– $^2/_3$, wenn der zugrunde gelegte ausländische Wert nicht mehr als 20 v. H. des entsprechenden inländischen Wertes beträgt.

Dabei ist der Wert des zweiten Jahres, das dem Jahr der Unterhaltsaufwendung vorangeht, zugrunde zu legen. Soweit dieser Wert vor dem Beginn des Kalenderjahrs der Unterhaltsaufwendung noch nicht feststeht, ist der zuletzt ermittelbare Wert unter Anwendung der für das Jahr des maßgeblichen Werts in Betracht kommenden Wachstumsrate des Sozialprodukts hochzurechnen.

Die hiernach für die einzelnen Staaten in Betracht kommenden Kürzungen und die sich daraus ergebende Ländergruppeneinteilung werden durch BMF-Schreiben bekanntgemacht.

2.5.2 Wenn die Notwendigkeit und Angemessenheit – bezogen auf den Empfänger – festgestellt worden ist, ist darüber hinaus zu prüfen, inwieweit der Steuerpflichtige zur Unterhaltsleistung unter Berücksichtigung seiner Verhältnisse rechtlich, tatsächlich oder sittlich verpflichtet ist. Dies ist nur der Fall, soweit die Unterhaltsaufwendungen in einem vernünftigen Verhältnis zu seinen Einkünften stehen und ihm nach Abzug der Unterhaltsaufwendungen genügend Mittel zur Bestreitung des Lebensbedarfs für sich und ggf. für seinen Ehegatten und seine Kinder verbleiben (BFH-Urteil vom 17. Januar 1984 – BStBl II S. 522). In Anlehnung an diese Grundsätze sind Unterhaltsaufwendungen nach § 33 a Abs. 1 EStG im allgemeinen höchstens insoweit als außergewöhnliche Belastung anzuerkennen, als sie einen bestimmten Vomhundertsatz des Nettoeinkommens nicht übersteigen (Opfergrenze). Der Vomhundertsatz beträgt 1 v. H. je volle 1.000 DM des Nettoeinkommens, höchstens 50 v. H. Dieser Vomhundertsatz ist um je 5 Punkte für den Ehegatten und für jedes Kind, für das dem Steuerpflichtigen der Kinderfreibetrag zusteht, zu kürzen, höchstens um 25 Prozentpunkte.

Die Opfergrenze ist bei Unterhaltsaufwendungen für den Ehegatten nicht anzuwenden. Bei der Ermittlung des Nettoeinkommens sind alle steuerpflichtigen und steuerfreien Einnahmen (z. B. Kindergeld und vergleichbare Leistungen, Leistungen nach dem AFG, Arbeitnehmer-Sparzulagen nach § 13 5. VermBG) sowie etwaige Steuererstattungen anzusetzen. Davon abzuziehen sind die gesetzlichen Lohnabzüge (Lohn- und Kirchensteuern, Sozialabgaben) und Werbungskosten (einschließlich etwaiger steuerlich anzuerkennender Mehraufwendungen für doppelte Haushaltsführung). Macht der Steuerpflichtige keine erhöhten Werbungskosten geltend, ist mindestens der Arbeitnehmer-Pauschbetrag abzuziehen.

2.6 Anrechnung eigener Bezüge der unterhaltenen Personen

Bei der Feststellung der anzurechnenden Bezüge unterhaltener Personen im Ausland ist wie bei Bezügen im Inland grundsätzlich eine Kostenpauschale von 360 DM abzuziehen. Abweichend davon sind Bezüge, die – wenn sie im Inland anfielen – Einkünfte wären, wie inländische Einkünfte zu ermitteln. Sachbezüge sind nach der jeweils geltenden Sachbezugsverordnung entsprechend der Ländergruppeneinteilung (Tz. 2.5.1) zu ermitteln.

2.7 Zeitanteilige Ermäßigung der Höchstbeträge nach § 33 a Abs. 4 EStG

2.7.1 Es ist festzustellen, für welche Monate Unterhalt geleistet wird, weil Unterhaltsaufwendungen nur insoweit nach § 33 a Abs. 1 EStG abziehbar sind, als sie dem laufenden Lebensbedarf des Empfängers im Kalenderjahr der Leistung dienen. Bei gelegentlichen oder einmaligen Leistungen ist dies besonders sorgfältig zu prüfen (H 190 [Allgemeines zum Abzug von Unterhaltsaufwendungen] EStH, Abschnitt 96 Abs. 1 LStR). Für jeden vollen Monat, in dem diese Voraussetzung nicht erfüllt ist, ermäßigt sich der nach Tz. 2.5.1 in Betracht kommende Höchstbetrag um ein Zwölftel (§ 33 a Abs. 4 Satz 1 EStG).

2.7.2 Zahlungen können grundsätzlich nicht auf Monate des Jahres der Zahlungen zurückbezogen werden, die vor dem Zahlungsmonat liegen. Etwas anderes gilt, wenn damit Schulden getilgt werden, die dem Empfänger in den vorangegangenen Monaten des Jahres durch Bestreitung von Lebenshaltungskosten entstanden sind, und der Steuerpflichtige diese nachweist (BFH-Urteil vom 22. Mai 1981 – BStBl II S. 713).

Soweit Zahlungen dazu bestimmt sind, den Unterhaltsbedarf des folgenden Jahres abzudecken, können sie weder für das Jahr der Zahlung noch für das Folgejahr berücksichtigt werden (BFH-Urteil vom 22. Mai 1981 a. a. O.).

2.7.3 Aus Vereinfachungsgründen kann davon ausgegangen werden, daß

– Unterhaltsaufwendungen zur Deckung des Lebensbedarfs des gesamten Kalenderjahrs bestimmt sind, soweit sie für den Ehegatten geltend gemacht werden, oder – in anderen Fällen – wenn in jedem Vierteljahr mindestens eine Unterhaltsrate geleistet wird,

– die jeweils letzte Unterhaltsrate der Bedarfsdeckung bis zum Schluß des Kalenderjahrs dient,

– bei jeder Familienheimfahrt Unterhalt geleistet wird,

– Unterhaltsaufwendungen an den Ehegatten auch zum Unterhalt der Angehörigen bestimmt sind, die mit dem Ehegatten in einem gemeinsamen Haushalt leben.

2.7.4 Eigene Einkünfte und Bezüge der unterhaltenen Person, die auf Kalendermonate entfallen, in denen die Voraussetzungen für die Anerkennung von Unterhaltsaufwendungen nicht vorliegen, sind auf den Höchstbetrag nicht anzurechnen (§ 33 a Abs. 4 Satz 2 EStG).

3 Beispiel

Ein Steuerpflichtiger führt im Inland einen aus beruflichem Anlaß begründeten Haushalt. Sein Familienhausstand befindet sich in seinem Heimatland im Ort A. Dort leben seine Ehefrau, seine beiden minderjährigen Kinder sowie seine verwitwete Schwester und deren 11jähriges Kind. Er unterhält ferner seine im Heimatland im Ort B lebenden Schwiegereltern. Die unterhaltenen Personen haben keine eigenen Einkünfte und Bezüge. Das Heimatland gehört zur Ländergruppe 2 ($^2/_3$ der Beträge nach § 33 a Abs. 1 EStG).

Der Steuerpflichtige hat im Kalenderjahr drei Zahlungen an den Familienhaushalt in Höhe von jeweils 2.900 DM (am 5. März, 8. Mai und 9. Oktober) und zwei Zahlungen an die Schwiegereltern in Höhe von jeweils 2.500 DM (am 3. April und 2. September) nachgewiesen. Er hat zwei Heimfahrten (im Juli und Dezember) unternommen und macht die Mitnahme von 3.000 DM geltend, ohne sie nachweisen zu können. Es wird die Anerkennung von Mehraufwendungen wegen doppelter Haushaltsführung und von Unterhaltsaufwendungen für die Ehefrau, die Kinder, die Schwester mit ihrem Kind und die Schwiegereltern beantragt. Für die beiden eigenen Kinder werden Kinderfreibeträge von ($^2/_3$ von 8.208 DM =) 5.472 DM abgezogen. Die Unterhaltsbedürftigkeit der unterhaltenen Personen ist gem. Tz. 2.2 nachgewiesen.

I. Doppelte Haushaltsführung

Werbungskosten wegen doppelter Haushaltsführung sind anzuerkennen, weil eine beruflich begründete doppelte Haushaltsführung vorliegt und sowohl die persönliche Mitwirkung als auch die finanzielle Beteiligung am hauswirtschaftlichen Leben aufgrund der zwei Heimfahrten im Kalenderjahr nach Abschn. 43 Abs. 3 LStR unterstellt werden kann.

Anhang 1
IV Angehörige

II. Unterhaltsaufwendungen
1. Es ist der Gesamtbetrag der Unterhaltsleistungen festzustellen, die nachgewiesen bzw. glaubhaft gemacht oder unter Berücksichtigung der Beweiserleichterungsregelung der Tz. 2.3 letzter Absatz anzuerkennen sind:

	DM
a) An den Familienhaushalt in A sind überwiesen worden (3 × 2.900 DM) =	8.700
Anläßlich eigener Heimfahrten werden nach Tz. 2.3 anerkannt:	
– 2 Familienheimfahrten × 2.625 DM ermittelter Nettolohn	5.250
– höchstens sind anzuerkennen 4 × 2.625 DM	10.500
abzüglich an den Haushalt überwiesene Leistungen 8.700 DM	1.800
b) An die Schwiegereltern in B sind überwiesen worden (2 × 2.500 DM)	5.000
	15.500

2. Der Gesamtbetrag der Zahlungen für die im Ort A lebenden Personen (Ehefrau, zwei eigene Kinder, Schwester und deren Kind) von 10.500 DM (8.700 DM nachgewiesen + 1.800 DM mitgenommen) ist im Verhältnis 7 : 7 : 7 : 7 : 4 aufzuteilen. Demnach sind – neben den Kinderfreibeträgen – zu berücksichtigen:

	DM
a) für die Ehefrau ($^{7}/_{32}$ =)	2.296
b) für die Schwester ($^{7}/_{32}$ =)	2.296
c) für das Kind der Schwester ($^{4}/_{32}$ =)	1.312

Diese Beträge liegen jeweils unter den hier maßgebenden Höchstbeträgen von ($^{2}/_{3}$ von 7.200 =) 4.800 DM bzw. von ($^{2}/_{3}$ von 4.104 DM =) 2.736 DM. Eine Ermäßigung der Höchstbeträge nach § 33 a Abs. 4 EStG kommt nicht in Betracht, weil für die Personen im Ort A in jedem Vierteljahr eine Unterhaltsrate geleistet worden ist.

3. Die für die Schwiegereltern maßgebenden Höchstbeträge von jeweils ($^{2}/_{3}$ von 7.200 DM =) 4.800 DM ermäßigen sich nach § 33 a Abs. 4 EStG um $^{3}/_{12}$ (Tz. 2.7), so daß ($^{9}/_{12}$ von 2 × 4.800 DM =) 7.200 DM abziehbar sind. Abzuziehen sind jedoch nur die nachgewiesenen Aufwendungen in Höhe von 5.000 DM.

4. Es ist zu prüfen, ob der Gesamtbetrag der für die Schwester, deren Kind und die Schwiegereltern abziehbaren Beträge von (2.296 DM + 1.312 DM + 5.000 DM =) 8.608 DM auch im Rahmen der Opfergrenze nach Tz. 2.5.2 liegt.

	DM	DM
Bruttoarbeitslohn		50.400
Steuererstattungen		3.938
Kindergeld		420
		54.758
./. Steuerabzüge	8.340	
./. Arbeitnehmeranteile zur Sozialversicherung	10.558	
./. Werbungskosten wegen doppelter Haushaltsführung	8.420	27.318
Nettoeinkommen für die Ermittlung der Opfergrenze		27.440

1 v. H. je volle 1.000 DM des ettoeinkommens = 27 v. H.
./. je 5 Prozentpunkte für Ehefrau und 2 Kinder = 15 v. H.
Opfergrenze (12 v. H. von 27.440 DM) 12 v. H. 3.292

Nach § 33 a Abs. 1 EStG sind – neben den Kinderfreibeträgen – insgesamt abziehbar:

	DM
für die Ehefrau (nach 2. a)	2.296
für die Schwester, ihr Kind und die Schwiegereltern (nach 4.)	3.292
insgesamt	5.588

4 Ausbildungsfreibeträge für Auslandskinder

4.1 Ausbildungsfreibeträge (§ 33 a Abs. 2 EStG) wegen Aufwendungen für die Berufsausbildung eines Kindes kommen für folgende Auslandskinder (Tz. 1) in Betracht:

a) Kinder, die zu Beginn des Kalenderjahrs das 27. Lebensjahr noch nicht vollendet haben und für die der Steuerpflichtige einen Kinderfreibetrag erhält (§ 32 Abs. 3 und 4 EStG);

b) Kinder, die zu Beginn des Kalenderjahrs das 27. Lebensjahr vollendet haben und für die ein Kinderfreibetrag in Betracht kommt, weil sie die Voraussetzungen des § 32 Abs. 5 EStG erfüllen;

c) Kinder, die zu Beginn des Kalenderjahrs das 27. Lebensjahr vollendet und den gesetzlichen Grundwehr- oder Zivildienst – gleichgültig, ob im Inland oder im Ausland – geleistet haben, für die Zeit bis einschließlich des Monats, in dem sie das 29. Lebensjahr vollenden. Für diese Kinder kann ein Ausbildungsfreibetrag neben einer Steuerermäßigung nach § 33 a Abs. 1 EStG in Anspruch genommen werden.

Die Ausbildungsfreibeträge sind ggf. entsprechend der maßgebenden Ländergruppeneinteilung zu ermäßigen (vgl. Tz. 2.5.1).

4.2 Eigene Bezüge (Tz. 2.6) eines in Tz. 4.1 Buchstabe c bezeichneten Kindes, für das ein Ausbildungsfreibetrag neben einer Steuerermäßigung nach § 33 a Abs. 1 EStG in Betracht kommt, sind zunächst bei Anwendung dieser Vorschrift anzurechnen, soweit sie den anrechnungsfreien Betrag übersteigen. Nur die danach noch verbleibenden Bezüge mindern – ohne Berücksichtigung eines anrechnungsfreien Betrags – den Ausbildungsfreibetrag.

Beispiele

A. Ein Steuerpflichtiger unterhält im Jahr 1995 seinen zu Beginn des Jahres 27 Jahre alten Sohn, der den gesetzlichen Grundwehrdienst geleistet hat. Der Sohn befindet sich während des ganzen Jahres in Berufsausbildung und lebt im Haushalt des anderen Elternteils in einem Land der Ländergruppe 1. Die Unterhaltsaufwendungen für den Sohn betragen 4.000 DM. Der Sohn hat im Heimatland Arbeitslohn in Höhe von umgerechnet 12.400 DM.

a) Steuerermäßigung wegen Unterhaltsaufwendungen (§ 33 a Abs. 1 EStG)

		DM	DM
Höchstbetrag			4.104
Arbeitslohn des Sohnes		12.400	
Abzug in Höhe des Arbeitnehmer-Pauschbetrags (Tz. 2.6)		– 2.000	
eigene Bezüge		10.400	
anrechnungsfreier Betrag		– 6.000	
anzurechnende Bezüge		4.400	
davon hier anzurechnen		4.104	4.104
bei b) anzurechnen		296	
abzuziehender Betrag			0

b) Ausbildungsfreibetrag (§ 33 a Abs. 2 EStG)

Ausbildungsfreibetrag	2.400
eigene Bezüge die bei a) nicht angerechnet worden sind	– 296
abzuziehender Ausbildungsfreibetrag	2.104

B. Sachverhalt wie bei Beispiel A. Der Sohn hat jedoch keinen Arbeitslohn, sondern erhält im Heimatland für das ganze Kalenderjahr als Ausbildungshilfe einen Zuschuß aus öffentlichen Mitteln von umgerechnet 5.600 DM. Anrechnungsfreie Beträge sind nicht zu berücksichtigen, weil es sich um Ausbildungshilfe aus öffentlichen Mitteln handelt (§ 33 a Abs. 1 Satz 3 und Abs. 2 Satz 3 EStG).

a) Steuerermäßigung wegen Unterhaltsaufwendungen (§ 33 a Abs. 1 EStG)

		DM	DM
Höchstbetrag			4.104
eigene Bezüge des Sohnes:			
Zuschuß		5.600	
Kostenpauschale		– 360	
anzurechnende Bezüge		5.240	
davon hier anzurechnen		4.104	4.104
bei b) anzurechnen		1.136	
abzuziehender Betrag			0

b) Ausbildungsfreibetrag (§ 33 a Abs. 2 EStG)

Ausbildungsfreibetrag	2.400
eigene Bezüge, die bei a) nicht angerechnet worden sind	– 1.136
abzuziehender Ausbildungsfreibetrag	1.264

4.3 Das Bestehen eines Ausbildungsverhältnisses und einer etwaigen auswärtigen Unterbringung hat der Steuerpflichtige durch geeignete Unterlagen (z. B. Bescheinigung der Schule, der Hochschule, des Ausbildungsbetriebs) nachzuweisen. Die Höhe der durch die Ausbildung des Kindes entstandenen Aufwendungen braucht dagegen nicht nachgewiesen zu werden, wenn dem Steuerpflichtigen Unterhaltsaufwendungen für das Kind entstanden sind. Angaben über eigene Bezüge des Kindes (einschließlich der von ihm als Ausbildungshilfe aus öffentlichen Mitteln oder von Förderungseinrichtungen bezogenen Zuschüsse) sind im Zweifel nachzuweisen. Die Ausführungen in Tz. 2.2.3 zu den Erfordernissen der Bescheinigungen gelten entsprechend.

5 Anwendung

5.1 Die Ausführungen in Tz. 1 bis 4 gelten sinngemäß auch für andere Steuerpflichtige als Arbeitnehmer.

5.2 Das Schreiben ist in der vorstehenden Fassung erstmals für das Kalenderjahr 1995 anzuwenden. Tz. 2.3 und 2.4 sind auch für frühere Kalenderjahre anzuwenden, soweit dies für den Steuerpflichtigen gegenüber dem BMF-Schreiben vom 10. August 1992 (BStBl I S. 448) günstiger ist.

Gesetz
über die Besteuerung bei Auslandsbeziehungen
(Außensteuergesetz)[1])

Vom 8. 9. 1972
(BGBl. I S. 1713, BStBl I S. 450)

zuletzt geändert durch das Gesetz zur Bekämpfung des Mißbrauchs und zur Bereinigung des Steuerrechts (Mißbrauchsbekämpfungs- und Steuerbereinigungsgesetz – StMBG –) vom 21. 12. 1993
(BGBl. I S. 2310, BStBl 1994 I S. 50)

Erster Teil
Internationale Verflechtungen

§ 1
Berichtigung von Einkünften

(1) Werden Einkünfte eines Steuerpflichtigen aus Geschäftsbeziehungen mit einer ihm nahestehenden Person dadurch gemindert, daß er im Rahmen solcher Geschäftsbeziehungen zum Ausland Bedingungen vereinbart, die von denen abweichen, die voneinander unabhängige Dritte unter gleichen oder ähnlichen Verhältnissen vereinbart hätten, so sind seine Einkünfte unbeschadet anderer Vorschriften so anzusetzen, wie sie unter den zwischen unabhängigen Dritten vereinbarten Bedingungen angefallen wären.

(2) Dem Steuerpflichtigen ist eine Person nahestehend, wenn

1. die Person an dem Steuerpflichtigen mindestens zu einem Viertel unmittelbar oder mittelbar beteiligt (wesentlich beteiligt) ist oder auf den Steuerpflichtigen unmittelbar oder mittelbar einen beherrschenden Einfluß ausüben kann oder umgekehrt der Steuerpflichtige an der Person wesentlich beteiligt ist oder auf diese Person unmittelbar oder mittelbar einen beherrschenden Einfluß ausüben kann oder

2. eine dritte Person sowohl an der Person als auch an dem Steuerpflichtigen wesentlich beteiligt ist oder auf beide unmittelbar oder mittelbar einen beherrschenden Einfluß ausüben kann oder

3. die Person oder der Steuerpflichtige imstande ist, bei der Vereinbarung der Bedingungen einer Geschäftsbeziehung auf den Steuerpflichtigen oder die Person einen außerhalb dieser Geschäftsbeziehung begründeten Einfluß auszuüben oder wenn einer von ihnen ein eigenes Interesse an der Erzielung der Einkünfte des anderen hat.

[1]) → BMF vom 2. 12. 1994 (BStBl I Sondernummer 1/1995).

(3) Ist bei in Absatz 1 genannten Einkünften eine Schätzung nach § 162 der Abgabenordnung vorzunehmen, so ist mangels anderer geeigneter Anhaltspunkte bei der Schätzung als Anhaltspunkt von einer Verzinsung für das im Unternehmen eingesetzte Kapital oder eine Umsatzrendite auszugehen, die nach Erfahrung und Üblichkeit unter normalen Umständen zu erwarten ist.

(4) Geschäftsbeziehungen im Sinne der Absätze 1 und 2 liegen vor, wenn die den Einkünften zugrunde liegende Beziehung entweder beim Steuerpflichtigen oder bei der nahestehenden Person Teil einer Tätigkeit ist, auf die die §§ 13, 15, 18 oder 21 des Einkommensteuergesetzes anzuwenden sind oder wären, wenn die Tätigkeit im Inland vorgenommen würde.

Zweiter Teil
Wohnsitzwechsel in niedrigbesteuernde Gebiete

§ 2
Einkommensteuer

(1) Eine natürliche Person, die in den letzten zehn Jahren vor dem Ende ihrer unbeschränkten Steuerpflicht nach § 1 Abs. 1 Satz 1 des Einkommensteuergesetzes als Deutscher insgesamt mindestens fünf Jahre unbeschränkt einkommensteuerpflichtig war und

1. in einem ausländischen Gebiet ansässig ist, in dem sie mit ihrem Einkommen nur einer niedrigen Besteuerung unterliegt, oder in keinem ausländischen Gebiet ansässig ist und

2. wesentliche wirtschaftliche Interessen im Geltungsbereich dieses Gesetzes hat,

ist bis zum Ablauf von zehn Jahren nach dem Ende des Jahres, in dem ihre unbeschränkte Steuerpflicht geendet hat, über die beschränkte Steuerpflicht im Sinne des Einkommensteuergesetzes hinaus beschränkt einkommensteuerpflichtig mit allen Einkünften im Sinne des § 2 Abs. 1 Satz 1 erster Halbsatz des Einkommensteuergesetzes, die bei unbeschränkter Einkommensteuerpflicht nicht ausländische Einkünfte im Sinne des § 34 c Abs. 1 des Einkommensteuergesetzes sind. Satz 1 findet nur Anwendung für Veranlagungszeiträume, in denen die hiernach insgesamt beschränkt steuerpflichtigen Einkünfte mehr als 32.000 Deutsche Mark betragen.

(2) Eine niedrige Besteuerung im Sinne des Absatzes 1 Nr. 1 liegt vor, wenn

1. die Belastung durch die in dem ausländischen Gebiet erhobene Einkommensteuer – nach dem Tarif unter Einbeziehung von tariflichen Freibeträgen – bei einer in diesem Gebiet ansässigen unverheirateten natürlichen Person, die ein steuerpflichtiges Einkommen von 150.000 Deutsche Mark bezieht, um mehr als ein Drittel geringer ist als die Belastung einer im Geltungsbereich dieses Gesetzes ansässigen natürlichen Person durch die deutsche Einkommensteuer unter sonst gleichen Bedingungen, es sei denn, die Person weist nach, daß die von ihrem Einkommen insgesamt zu entrichtenden Steuern mindestens zwei Drittel der Einkommensteuer betragen, die sie bei unbeschränkter Steuerpflicht nach § 1 Abs. 1 des Einkommensteuergesetzes zu entrichten hätte, oder

2. die Belastung der Person durch die in dem ausländischen Gebiet erhobene Einkommensteuer auf Grund einer gegenüber der allgemeinen Besteuerung eingeräumten Vorzugsbesteuerung erheblich gemindert sein kann, es sei denn, die Person weist nach, daß die von ihrem Einkommen insgesamt zu entrichtenden Steuern mindestens zwei Drittel der Einkommensteuer betragen, die sie bei unbeschränkter Steuerpflicht nach § 1 Abs. 1 des Einkommensteuergesetzes zu entrichten hätte.

(3) Eine Person hat im Sinne des Absatzes 1 Nr. 2 wesentliche wirtschaftliche Interessen im Geltungsbereich dieses Gesetzes, wenn

1. sie zu Beginn des Veranlagungszeitraums Unternehmer oder Mitunternehmer eines im Geltungsbereich dieses Gesetzes belegenen Gewerbebetriebs ist oder, sofern sie Kommanditist ist, mehr als 25 vom Hundert der Einkünfte im Sinne des § 15 Abs. 1 Ziff. 2 des Einkommensteuergesetzes aus der Gesellschaft auf sie entfallen oder ihr eine wesentliche Beteiligung im Sinne des § 17 Abs. 1 Satz 3 des Einkommensteuergesetzes an einer inländischen Kapitalgesellschaft gehört oder

2. ihre Einkünfte, die bei unbeschränkter Einkommensteuerpflicht nicht ausländische Einkünfte im Sinne des § 34 c Abs. 1 des Einkommensteuergesetzes sind, im Veranlagungszeitraum mehr als 30 vom Hundert ihrer sämtlichen Einkünfte betragen oder 120.000 Deutsche Mark übersteigen oder

3. zu Beginn des Veranlagungszeitraums ihr Vermögen, dessen Erträge bei unbeschränkter Einkommensteuerpflicht nicht ausländische Einkünfte im Sinne des § 34 c Abs. 1 des Einkommensteuergesetzes wären, mehr als 30 vom Hundert ihres Gesamtvermögens beträgt oder 300.000 Deutsche Mark übersteigt.

(4) Bei Anwendung der Absätze 1 und 3 sind bei einer Person Gewerbebetriebe, Beteiligungen, Einkünfte und Vermögen einer ausländischen Gesellschaft im Sinne des § 5, an der die Person unter den dort genannten Voraussetzungen beteiligt ist, entsprechend ihrer Beteiligung zu berücksichtigen.

(5) Ist Absatz 1 anzuwenden, so kommt der Steuersatz zur Anwendung, der sich für sämtliche Einkünfte der Person ergibt. Auf Einkünfte, die dem Steuerabzug vom Kapitalertrag oder dem Steuerabzug auf Grund des § 50 a des Einkommensteuergesetzes unterliegen, ist § 50 Abs. 5 des Einkommensteuergesetzes nicht anzuwenden. § 50 Abs. 3 Satz 2 des Einkommensteuergesetzes gilt mit der Maßgabe, daß die Einkommensteuer die Steuerabzugsbeträge nicht unterschreiten darf.

(6) Weist die Person nach, daß die auf Grund der Absätze 1 und 5 zusätzlich zu entrichtende Steuer insgesamt zu einer höheren inländischen Steuer führt, als sie sie bei unbeschränkter Steuerpflicht und Wohnsitz ausschließlich im Geltungsbereich dieses Gesetzes zu entrichten hätte, so wird der übersteigende Betrag insoweit nicht erhoben, als er die Steuer überschreitet, die sich ohne Anwendung der Absätze 1 und 5 ergäbe.

§ 3
Vermögensteuer

(1) Ist § 2 Abs. 1 Satz 1 anzuwenden, so ist die Person über das Inlandsvermögen im Sinne des § 121 Abs. 2 des Bewertungsgesetzes hinaus mit allem Vermögen beschränkt vermögensteuerpflichtig, dessen Erträge bei unbeschränkter Einkommensteuerpflicht nicht ausländische Einkünfte im Sinne des § 34 c Abs. 1 des Einkommensteuergesetzes wären. Die §§ 110, 111 und 121 Abs. 3 des Bewertungsgesetzes sind entsprechend anzuwenden.

(2) Von dem Vermögen, auf das sich nach Absatz 1 über das Inlandsvermögen im Sinne des § 121 Abs. 2 des Bewertungsgesetzes hinaus die beschränkte Vermögensteuerpflicht erstreckt, bleiben 60.000 Deutsche Mark steuerfrei.

(3) § 2 Abs. 4 ist entsprechend anzuwenden.

§ 4
Erbschaftsteuer

(1) War bei einem Erblasser oder Schenker zur Zeit der Entstehung der Steuerschuld § 2 Abs. 1 Satz 1 anzuwenden, so tritt bei Erbschaftsteuerpflicht nach § 2 Abs. 1 Nr. 3 des Erbschaftsteuer-

gesetzes die Steuerpflicht über den dort bezeichneten Umfang hinaus für alle Teile des Erwerbs ein, deren Erträge bei unbeschränkter Einkommensteuerpflicht nicht ausländische Einkünfte im Sinne des § 34 c Abs. 1 des Einkommensteuergesetzes wären.

(2) Absatz 1 findet keine Anwendung, wenn nachgewiesen wird, daß für die Teile des Erwerbs, die nach dieser Vorschrift über § 2 Abs. 1 Nr. 3 des Erbschaftsteuergesetzes hinaus steuerpflichtig wären, im Ausland eine der deutschen Erbschaftsteuer entsprechende Steuer zu entrichten ist, die mindestens 30 vom Hundert der deutschen Erbschaftsteuer beträgt, die bei Anwendung des Absatzes 1 auf diese Teile des Erwerbs entfallen würde.

§ 5
Zwischengeschaltete Gesellschaften

(1) Sind natürliche Personen, die in den letzten zehn Jahren vor dem Ende ihrer unbeschränkten Steuerpflicht nach § 1 Abs. 1 Satz 1 des Einkommensteuergesetzes als Deutscher insgesamt mindestens fünf Jahre unbeschränkt einkommensteuerpflichtig waren und die Voraussetzungen des § 2 Abs. 1 Satz 1 Nr. 1 erfüllen (Person im Sinne des § 2), allein oder zusammen mit unbeschränkt Steuerpflichtigen an einer ausländischen Gesellschaft im Sinne des § 7 beteiligt, so sind Einkünfte, mit denen diese Personen bei unbeschränkter Steuerpflicht nach den §§ 7, 8 und 14 steuerpflichtig wären und die nicht ausländische Einkünfte im Sinne des § 34 c Abs. 1 des Einkommensteuergesetzes sind, diesen Personen zuzurechnen. Liegen die Voraussetzungen des Satzes 1 vor, so sind die Vermögenswerte der ausländischen Gesellschaft, deren Erträge bei unbeschränkter Steuerpflicht nicht ausländische Einkünfte im Sinne des § 34 c Abs. 1 des Einkommensteuergesetzes wären, im Fall des § 3 der Person, im Fall des § 4 dem Erwerb entsprechend der Beteiligung zuzurechnen.

(2) Das Vermögen, das den nach Absatz 1 einer Person zuzurechnenden Einkünften zugrunde liegt, haftet für die von dieser Person für diese Einkünfte geschuldeten Steuern.

(3) § 18 findet entsprechende Anwendung.

Dritter Teil
Behandlung wesentlicher Beteiligungen bei Wohnsitzwechsel ins Ausland

§ 6
Besteuerung des Vermögenszuwachses

(1) Bei einer natürlichen Person, die insgesamt mindestens zehn Jahre nach § 1 Abs. 1 des Einkommensteuergesetzes unbeschränkt einkommensteuerpflichtig war und deren unbeschränkte Steuerpflicht durch Aufgabe des Wohnsitzes oder gewöhnlichen Aufenthaltes endet, ist auf Anteile an einer inländischen Kapitalgesellschaft § 17 des Einkommensteuergesetzes im Zeitpunkt der Beendigung der unbeschränkten Steuerpflicht auch ohne Veräußerung anzuwenden, wenn im übrigen für die Anteile zu diesem Zeitpunkt die Voraussetzungen dieser Vorschrift erfüllt sind. Bei Anteilen, für die die Person nachweist, daß sie ihr bereits im Zeitpunkt der erstmaligen Begründung der unbeschränkten Steuerpflicht gehört haben, ist als Anschaffungskosten der gemeine Wert der Anteile in diesem Zeitpunkt anzusetzen. An Stelle des Veräußerungspreises (§ 17 Abs. 2 des Einkommensteuergesetzes) tritt der gemeine Wert der Anteile im Zeitpunkt der Beendigung der unbeschränkten Steuerpflicht. § 34 des Einkommensteuergesetzes ist entsprechend anzuwenden. § 17 und § 49 Abs. 1 Nr. 2 Buchstabe e des Einkommensteuergesetzes bleiben mit der Maßgabe unberührt, daß der nach diesen Vorschriften anzusetzende Gewinn aus der Veräußerung von Anteilen um den nach den vorstehenden Vorschriften besteuerten Vermögenszuwachs zu kürzen ist.

(2) Hat der unbeschränkt Steuerpflichtige die Anteile durch ganz oder teilweise unentgeltliches Rechtsgeschäft erworben, so sind für die Errechnung der nach Absatz 1 maßgebenden Dauer der unbeschränkten Steuerpflicht auch Zeiträume einzubeziehen, in denen der Rechtsvorgänger bis zur Übertragung der Anteile unbeschränkt steuerpflichtig war. Sind die Anteile mehrmals nacheinander in dieser Weise übertragen worden, so gilt Satz 1 für jeden der Rechtsvorgänger entsprechend. Zeiträume, in denen die Person oder ein oder mehrere Rechtsvorgänger gleichzeitig unbeschränkt steuerpflichtig waren, werden dabei nur einmal angesetzt.

(3) Der Beendigung der unbeschränkten Steuerpflicht im Sinne des Absatzes 1 Satz 1 steht gleich

1. die Übertragung der Anteile durch ganz oder teilweise unentgeltliches Rechtsgeschäft unter Lebenden auf nicht unbeschränkt steuerpflichtige Personen; die Steuer wird auf Antrag ermäßigt oder erlassen, wenn für die Übertragung der Anteile Erbschaftsteuer zu entrichten ist; oder

2. die Begründung eines Wohnsitzes oder gewöhnlichen Aufenthaltes oder die Erfüllung eines anderen ähnlichen Merkmals in einem ausländischen Staat, wenn die Person auf Grund dessen nach einem Abkommen zur Vermeidung der Doppelbesteuerung als in diesem Staat ansässig anzusehen ist, oder

3. die Einlage der Anteile in einen Betrieb oder eine Betriebsstätte der Person in einem ausländischen Staat, wenn das Besteuerungsrecht der Bundesrepublik Deutschland hin-

sichtlich des Gewinns aus der Veräußerung der Anteile durch ein Abkommen zur Vermeidung der Doppelbesteuerung ausgeschlossen wird, oder

4. der Tausch der Anteile gegen Anteile an einer ausländischen Kapitalgesellschaft. Die Anwendung der Regelung des Umwandlungssteuergesetzes bleibt unberührt.

(4) Beruht die Beendigung der unbeschränkten Steuerpflicht auf vorübergehender Abwesenheit und wird der Steuerpflichtige innerhalb von fünf Jahren seit Beendigung der unbeschränkten Steuerpflicht wieder unbeschränkt einkommensteuerpflichtig, so entfällt der Steueranspruch nach Absatz 1, soweit die Anteile in der Zwischenzeit nicht veräußert oder die Tatbestände des Absatzes 3 Nr. 1, 3 und 4 erfüllt worden sind; das Finanzamt kann diese Frist um höchstens fünf Jahre verlängern, wenn der Steuerpflichtige glaubhaft macht, daß berufliche Gründe für seine Abwesenheit maßgebend sind und seine Absicht zur Rückkehr unverändert fortbesteht.

(5) Die nach Absatz 1 geschuldete Einkommensteuer ist auf Antrag in regelmäßigen Teilbeträgen für einen Zeitraum von höchstens fünf Jahren seit Eintritt der ersten Fälligkeit gegen Sicherheitsleistung zu stunden, wenn ihre alsbaldige Einziehung mit erheblichen Härten für den Steuerpflichtigen verbunden wäre. Bei einer Veräußerung von Anteilen während des Stundungszeitraumes ist die Stundung entsprechend zu berichtigen. In Fällen des Absatzes 4 richtet sich der Stundungszeitraum nach der auf Grund dieser Vorschrift eingeräumten Frist; die Erhebung von Teilbeträgen entfällt; von der Sicherheitsleistung kann nur abgesehen werden, wenn der Steueranspruch nicht gefährdet erscheint.

Vierter Teil
Beteiligung an ausländischen Zwischengesellschaften

§ 7
Steuerpflicht inländischer Gesellschafter

(1) Sind unbeschränkt Steuerpflichtige an einer Körperschaft, Personenvereinigung oder Vermögensmasse im Sinne des Körperschaftsteuergesetzes, die weder Geschäftsleitung noch Sitz im Geltungsbereich dieses Gesetzes hat und die nicht gemäß § 3 Abs. 1 des Körperschaftsteuergesetzes von der Körperschaftsteuerpflicht ausgenommen ist (ausländische Gesellschaft), zu mehr als der Hälfte beteiligt, so sind die Einkünfte, für die diese Gesellschaft Zwischengesellschaft ist, bei jedem von ihnen mit dem Teil steuerpflichtig, der auf die ihm zuzurechnende Beteiligung am Nennkapital der Gesellschaft entfällt.

(2) Unbeschränkt Steuerpflichtige sind im Sinne des Absatzes 1 an einer ausländischen Gesellschaft zu mehr als der Hälfte beteiligt, wenn ihnen allein oder zusammen mit Personen im Sinne des § 2 am Ende des Wirtschaftsjahres der Gesellschaft, in dem sie die Einkünfte nach Absatz 1 bezogen hat (maßgebendes Wirtschaftsjahr), mehr als 50 vom Hundert der Anteile oder der Stimmrechte an der ausländischen Gesellschaft zuzurechnen sind. Bei der Anwendung des vorstehenden Satzes sind auch Anteile oder Stimmrechte zu berücksichtigen, die durch eine andere Gesellschaft vermittelt werden, und zwar in dem Verhältnis, das den Anteilen oder Stimmrechten an der vermittelnden Gesellschaft zu den gesamten Anteilen oder Stimmrechten an dieser Gesellschaft entspricht; dies gilt entsprechend bei der Vermittlung von Anteilen oder Stimmrechten durch mehrere Gesellschaften. Ist ein Gesellschaftskapital nicht vorhanden und bestehen auch keine Stimmrechte, so kommt es auf das Verhältnis der Beteiligungen am Vermögen der Gesellschaft an.

(3) Sind unbeschränkt Steuerpflichtige unmittelbar oder über Personengesellschaften an einer Personengesellschaft beteiligt, die ihrerseits an einer ausländischen Gesellschaft im Sinne des Absatzes 1 beteiligt ist, so gelten sie als an der ausländischen Gesellschaft beteiligt.

(4) Einem unbeschränkt Steuerpflichtigen sind für die Anwendung der §§ 7 bis 14 auch Anteile oder Stimmrechte zuzurechnen, die eine Person hält, die seinen Weisungen so zu folgen hat oder so folgt, daß ihr kein eigener wesentlicher Entscheidungsspielraum bleibt. Diese Voraussetzung ist nicht schon allein dadurch erfüllt, daß der unbeschränkt Steuerpflichtige an der Person beteiligt ist.

(5) Ist für die Gewinnverteilung der ausländischen Gesellschaft nicht die Beteiligung am Nennkapital maßgebend oder hat die Gesellschaft kein Nennkapital, so ist der Aufteilung der Einkünfte nach Absatz 1 der Maßstab für die Gewinnverteilung zugrunde zu legen.

(6) Ist eine ausländische Gesellschaft Zwischengesellschaft für Zwischeneinkünfte mit Kapitalanlagecharakter im Sinne des § 10 Abs. 6 Satz 2 und ist ein unbeschränkt Steuerpflichtiger an der Gesellschaft zu mindestens 10 vom Hundert beteiligt, sind diese Zwischeneinkünfte bei diesem Steuerpflichtigen in dem in Absatz 1 bestimmten Umfang steuerpflichtig, auch wenn die Voraussetzungen des Absatzes 1 im übrigen nicht erfüllt sind. Satz 1 ist nicht anzuwenden, wenn die den Zwischeneinkünften mit Kapitalanlagecharakter zugrunde liegenden Bruttoerträge nicht mehr als 10 vom Hundert der gesamten Bruttoerträge der ausländischen Zwischengesellschaft betragen und die bei einer Zwischengesellschaft oder bei einem Steuerpflichtigen hiernach außer Ansatz zu lassenden Beträge insgesamt 120.000 Deutsche Mark nicht übersteigen; bei der Berechnung

der Bruttoerträge sind die Beträge, die sich auf unter § 13 Abs. 1 fallenden Einkünfte beziehen, außer Ansatz zu lassen.

§ 8
Einkünfte von Zwischengesellschaften

(1) Eine ausländische Gesellschaft ist Zwischengesellschaft für Einkünfte, die einer niedrigen Besteuerung unterliegen und nicht stammen aus:

1. der Land- und Forstwirtschaft,
2. der Herstellung, Bearbeitung, Verarbeitung oder Montage von Sachen, der Erzeugung von Energie sowie dem Aufsuchen und der Gewinnung von Bodenschätzen,
3. dem Betrieb von Kreditinstituten oder Versicherungsunternehmen, die für ihre Geschäfte einen in kaufmännischer Weise eingerichteten Betrieb unterhalten, es sei denn, die Geschäfte werden überwiegend mit unbeschränkt Steuerpflichtigen, die nach § 7 an der ausländischen Gesellschaft beteiligt sind, oder solchen Steuerpflichtigen im Sinne des § 1 Abs. 2 nahestehenden Personen betrieben,
4. dem Handel, soweit nicht
   a) ein unbeschränkt Steuerpflichtiger, der gemäß § 7 an der ausländischen Gesellschaft beteiligt ist, oder einem einem solchen Steuerpflichtigen im Sinne des § 1 Abs. 2 nahestehende Person die gehandelten Güter oder Waren aus dem Geltungsbereich dieses Gesetzes an die ausländische Gesellschaft liefert, oder
   b) die Güter oder Waren von der ausländischen Gesellschaft in den Geltungsbereich dieses Gesetzes an einen solchen Steuerpflichtigen oder eine solche nahestehende Person geliefert werden,

   es sei denn, der Steuerpflichtige weist nach, daß die ausländische Gesellschaft einen für derartige Handelsgeschäfte in kaufmännischer Weise eingerichteten Geschäftsbetrieb unter Teilnahme am allgemeinen wirtschaftlichen Verkehr unterhält und die zur Vorbereitung, dem Abschluß und der Ausführung der Geschäfte gehörenden Tätigkeiten ohne Mitwirkung eines solchen Steuerpflichtigen oder einer solchen nahestehenden Person ausübt,
5. Dienstleistungen, soweit nicht
   a) die ausländische Gesellschaft für die Dienstleistung sich eines unbeschränkt Steuerpflichtigen, der gemäß § 7 an ihr beteiligt ist, oder einem einem solchen Steuerpflichtigen im Sinne des § 1 Abs. 2 nahestehenden Person bedient, die mit ihren Einkünften aus der von ihr beigetragenen Leistung im Geltungsbereich dieses Gesetzes steuerpflichtig ist, oder
   b) die ausländische Gesellschaft die Dienstleistung einem solchen Steuerpflichtigen oder einer solchen nahestehenden Person erbringt, es sei denn, der Steuerpflichtige weist nach, daß die ausländische Gesellschaft einen für das Bewirken derartiger Dienstleistungen eingerichteten Geschäftsbetrieb unter Teilnahme am allgemeinen wirtschaftlichen Verkehr unterhält und die zu der Dienstleistung gehörenden Tätigkeiten ohne Mitwirkung eines solchen Steuerpflichtigen oder einer solchen nahestehenden Person ausübt,
6. der Vermietung und Verpachtung, ausgenommen
   a) die Überlassung der Nutzung von Rechten, Plänen, Mustern, Verfahren, Erfahrungen und Kenntnissen, es sei denn, der Steuerpflichtige weist nach, daß die ausländische Gesellschaft die Ergebnisse eigener Forschungs- oder Entwicklungsarbeit auswertet, die ohne Mitwirkung eines Steuerpflichtigen, der gemäß § 7 an der Gesellschaft beteiligt ist, oder einer einem solchen Steuerpflichtigen im Sinne des § 1 Abs. 2 nahestehenden Person unternommen worden ist,
   b) die Vermietung oder Verpachtung von Grundstücken, es sei denn, der Steuerpflichtige weist nach, daß die Einkünfte daraus nach einem Abkommen zur Vermeidung der Doppelbesteuerung steuerbefreit wären, wenn sie von den unbeschränkt Steuerpflichtigen, die gemäß § 7 an der ausländischen Gesellschaft beteiligt sind, unmittelbar bezogen worden wären, und
   c) die Vermietung oder Verpachtung von beweglichen Sachen, es sei denn, der Steuerpflichtige weist nach, daß die ausländische Gesellschaft einen Geschäftsbetrieb gewerbsmäßiger Vermietung oder Verpachtung unter Teilnahme am allgemeinen wirtschaftlichen Verkehr unterhält und alle zu einer solchen gewerbsmäßigen Vermietung oder Verpachtung gehörenden Tätigkeiten ohne Mitwirkung eines unbeschränkt Steuerpflichtigen, der gemäß § 7 an ihr beteiligt ist, oder einer einem solchen Steuerpflichtigen im Sinne des § 1 Abs. 2 nahestehenden Person ausübt,
7. der Aufnahme und darlehensweisen Vergabe von Kapital, für das der Steuerpflichtige nachweist, daß es ausschließlich auf ausländischen Kapitalmärkten und nicht bei einer ihm oder

der ausländischen Gesellschaft nahestehenden Person im Sinne des § 1 Abs. 2 aufgenommen und außerhalb des Geltungsbereichs dieses Gesetzes gelegenen Betrieben oder Betriebsstätten, die ihre Bruttoerträge ausschließlich oder fast ausschließlich aus unter die Nummern 1 bis 6 fallenden Tätigkeiten beziehen, oder innerhalb des Geltungsbereichs dieses Gesetzes gelegenen Betrieben oder Betriebsstätten zugeführt wird.

(2) Eine ausländische Gesellschaft ist nicht Zwischengesellschaft für Einkünfte aus einer Beteiligung an einer anderen ausländischen Gesellschaft, an deren Nennkapital sie mindestens zu einem Viertel unmittelbar beteiligt ist, wenn die Beteiligung ununterbrochen seit mindestens zwölf Monaten vor dem für die Ermittlung des Gewinns maßgebenden Abschlußstichtag besteht und wenn der Steuerpflichtige nachweist, daß

1. diese Gesellschaft Geschäftsleitung und Sitz in demselben Staat wie die ausländische Gesellschaft hat und ihre Bruttoerträge ausschließlich oder fast ausschließlich aus den unter Absatz 1 Nr. 1 bis 6 fallenden Tätigkeiten bezieht oder

2. die ausländische Gesellschaft die Beteiligung in wirtschaftlichem Zusammenhang mit eigenen unter Absatz 1 Nr. 1 bis 6 fallenden Tätigkeiten hält und die Gesellschaft, an der die Beteiligung besteht, ihre Bruttoerträge ausschließlich oder fast ausschließlich aus solchen Tätigkeiten bezieht.

(3) Eine niedrige Besteuerung im Sinne des Absatzes 1 liegt vor, wenn die Einkünfte weder im Staat der Geschäftsleitung noch im Staat des Sitzes der ausländischen Gesellschaft einer Belastung durch Ertragsteuern von 30 vom Hundert oder mehr unterliegen, ohne daß dies auf einem Ausgleich mit Einkünften aus anderen Quellen beruht, oder wenn die danach in Betracht zu ziehende Steuer nach dem Recht des betreffenden Staates um Steuern gemindert wird, die die Gesellschaft, von der die Einkünfte stammen, zu tragen hat; Einkünfte, die nach § 13 vom Hinzurechnungsbetrag auszunehmen sind, und auf sie entfallende Steuern bleiben unberücksichtigt.

§ 9
Freigrenze bei gemischten Einkünften

Für die Anwendung des § 7 Abs. 1 sind Einkünfte, für die eine ausländische Gesellschaft Zwischengesellschaft ist und die nicht unter § 13 Abs. 1 fallen, außer Ansatz zu lassen, wenn die ihnen zugrunde liegenden Bruttoerträge nicht mehr als zehn vom Hundert der gesamten Bruttoerträge der Gesellschaft, soweit sie sich nicht auf die unter § 13 Abs. 1 fallenden Einkünfte beziehen, betragen, vorausgesetzt, daß die bei einer Gesellschaft oder bei einem Steuerpflichtigen hiernach außer Ansatz zu lassenden Beträge insgesamt 120.000 Deutsche Mark nicht übersteigen.

§ 10
Hinzurechnungsbetrag

(1) Die nach § 7 Abs. 1 steuerpflichtigen Einkünfte sind bei dem unbeschränkt Steuerpflichtigen mit dem Betrag, der sich nach Abzug der Steuern ergibt, die zu Lasten der ausländischen Gesellschaft von diesen Einkünften sowie von dem diesen Einkünften zugrunde liegenden Vermögen erhoben worden sind, anzusetzen (Hinzurechnungsbetrag). Soweit die abzuziehenden Steuern zu dem Zeitpunkt, zu dem die Einkünfte nach Absatz 2 als zugeflossen gelten, noch nicht entrichtet sind, sind sie nur in den Jahren, in denen sie entrichtet werden, von den nach § 7 Abs. 1 steuerpflichtigen Einkünften abzusetzen. Ergibt sich ein negativer Betrag, so entfällt die Hinzurechnung.

(2) Der Hinzurechnungsbetrag gehört zu den Einkünften aus Kapitalvermögen im Sinne des § 20 Abs. 1 Nr. 1 des Einkommensteuergesetzes und gilt unmittelbar nach Ablauf des maßgebenden Wirtschaftsjahres der ausländischen Gesellschaft als zugeflossen. Gehören Anteile an der ausländischen Gesellschaft zu einem Betriebsvermögen, so erhöht der Hinzurechnungsbetrag den nach dem Einkommen- oder Körperschaftsteuergesetz ermittelten Gewinn des Betriebs für das Wirtschaftsjahr, das nach dem Ablauf des maßgebenden Wirtschaftsjahres der ausländischen Gesellschaft endet.

(3) Die dem Hinzurechnungsbetrag zugrunde liegenden Einkünfte sind in entsprechender Anwendung der Vorschriften des deutschen Steuerrechts zu ermitteln; für die Ermittlung der Einkünfte aus Anteilen an einem inländischen Sondervermögen im Sinne des § 6 des Gesetzes über Kapitalanlagegesellschaften oder an einem vergleichbaren, ausländischem Recht unterliegenden Vermögen, das auch aus anderen als nach dem Gesetz über Kapitalanlagegesellschaften zugelassenen Vermögensgegenständen bestehen kann, sind die steuerlichen Vorschriften des Gesetzes über Kapitalanlagegesellschaften und des Auslandinvestment-Gesetzes sinngemäß anzuwenden. Eine Gewinnermittlung entsprechend den Grundsätzen des § 4 Abs. 3 des Einkommensteuergesetzes steht einer Gewinnermittlung nach § 4 Abs. 1 oder § 5 des Einkommensteuergesetzes gleich. Bei mehreren Beteiligten kann das Wahlrecht für die Gesellschaft nur einheitlich ausgeübt werden. Steuerliche Vergünstigungen, die an die unbeschränkte Steuerpflicht oder an das Bestehen eines inländischen Betriebs oder einer inländischen Betriebsstätte anknüpfen, sowie die Vorschriften des Entwicklungsländer-Steuergesetzes in der Fassung der Bekanntma-

chung vom 21. Mai 1979 (BGBl. I S. 564), zuletzt geändert durch Artikel 34 des Gesetzes vom 22. Dezember 1981 (BGBl. I S. 1523), bleiben unberücksichtigt. Verluste, die bei Einkünften entstanden sind, für die die ausländische Gesellschaft Zwischengesellschaft ist, können in entsprechender Anwendung des § 10 d des Einkommensteuergesetzes, soweit sie die nach § 9 außer Ansatz zu lassenden Einkünfte übersteigen, abgezogen werden. Soweit sich durch den Abzug der Steuern nach Absatz 1 ein negativer Betrag ergibt, erhöht sich der Verlust im Sinne des Satzes 5.

(4) Bei der Ermittlung der Einkünfte, für die die ausländische Gesellschaft Zwischengesellschaft ist, dürfen nur solche Betriebsausgaben abgezogen werden, die mit diesen Einkünften in wirtschaftlichem Zusammenhang stehen.

(5) Auf den Hinzurechnungsbetrag sind die Bestimmungen der Abkommen zur Vermeidung der Doppelbesteuerung entsprechend anzuwenden, die anzuwenden wären, wenn der Hinzurechnungsbetrag an den Steuerpflichtigen ausgeschüttet worden wäre.

(6) Absatz 5 gilt nicht, soweit im Hinzurechnungsbetrag Zwischeneinkünfte mit Kapitalanlagecharakter enthalten sind und die ihnen zugrunde liegenden Bruttoerträge mehr als 10 vom Hundert der den gesamten Zwischeneinkünften zugrunde liegenden Bruttoerträge der ausländischen Zwischengesellschaft betragen oder die bei einer Zwischengesellschaft oder bei einem Steuerpflichtigen hiernach außer Ansatz zu lassenden Beträge insgesamt 120.000 Deutsche Mark übersteigen; bei der Berechnung der Bruttoerträge sind die auch unter § 13 Abs. 1 fallenden Einkünfte beziehen, außer Ansatz zu lassen. Zwischeneinkünfte mit Kapitalanlagecharakter sind Einkünfte der ausländischen Zwischengesellschaft, die aus dem Halten, der Verwaltung, Werterhaltung oder Werterhöhung von Zahlungsmitteln, Forderungen, Wertpapieren, Beteiligungen oder ähnlichen Vermögenswerten stammen, es sei denn, der Steuerpflichtige weist nach, daß sie

1. aus einer Tätigkeit stammen, die einer unter § 8 Abs. 1 Nr. 1 bis 6 fallenden eigenen Tätigkeit der ausländischen Gesellschaft dient, ausgenommen Tätigkeiten im Sinne des § 1 Abs. 1 Nr. 6 des Kreditwesengesetzes,
2. aus Gesellschaften stammen, an denen die ausländische Zwischengesellschaft zu mindestens einem Zehntel beteiligt ist, oder
3. einem nach dem Maßstab des § 1 angemessenen Teil der Einkünfte entsprechen, der auf die von der ausländischen Zwischengesellschaft erbrachten Dienstleistungen entfällt.

Soweit im Hinzurechnungsbetrag Zwischeneinkünfte mit Kapitalanlagecharakter enthalten sind, für die der Steuerpflichtige nachweist, daß sie aus der Finanzierung von ausländischen Betriebsstätten oder ausländischen Gesellschaften stammen, die in dem Wirtschaftsjahr, für das die ausländische Zwischengesellschaft diese Zwischeneinkünfte bezogen hat, ihre Bruttoerträge ausschließlich oder fast ausschließlich aus unter § 8 Abs. 1 Nr. 1 bis 6 fallenden Tätigkeiten oder aus unter § 8 Abs. 2 fallenden Beteiligungen beziehen und zu demselben Konzern gehören wie die ausländische Zwischengesellschaft, ist Satz 1 nur für den Teil des Hinzurechnungsbetrags anzuwenden, dem 60 vom Hundert dieser Zwischeneinkünfte zugrunde liegen.

§ 11
Ausschüttung von Gewinnanteilen

(1) Der Hinzurechnungsbetrag ist um Gewinnanteile zu kürzen, die der unbeschränkt Steuerpflichtige in dem Kalenderjahr oder Wirtschaftsjahr, in dem der Hinzurechnungsbetrag nach § 10 Abs. 2 anzusetzen ist, von der ausländischen Gesellschaft bezieht.

(2) Soweit die Gewinnanteile den Hinzurechnungsbetrag übersteigen, ist ein Betrag in Höhe der Einkommen- oder Körperschaftsteuer und der Gewerbesteuer zu erstatten, die für die vorangegangenen vier Kalenderjahre oder Wirtschaftsjahre auf Hinzurechnungsbeträge bis zur Höhe des übersteigenden Betrags entrichtet und noch nicht erstattet worden sind.

(3) Veräußert der unbeschränkt Steuerpflichtige Anteile an der ausländischen Gesellschaft, so ist Absatz 2 mit der Maßgabe anzuwenden, daß die zu erstattenden Beträge die auf den Veräußerungsgewinn jeweils zu entrichtende Einkommen- oder Körperschaftsteuer und Gewerbesteuer nicht übersteigen dürfen.

(4) Der Teil des Hinzurechnungsbetrags, für den § 10 Abs. 5 nach § 10 Abs. 6 nicht anzuwenden ist, darf nicht nach Absatz 1 um Gewinnanteile gekürzt werden. Die Gewinnanteile sind steuerfrei, soweit sie die Zwischeneinkünfte mit Kapitalanlagecharakter im Sinne des § 10 Abs. 6 Satz 2 und 3, die dem in Satz 1 genannten Teil des Hinzurechnungsbetrags zugrunde liegen, nicht übersteigen. Die Absätze 2 und 3 sind auf den in Satz 1 genannten Teil des Hinzurechnungsbetrags nicht anzuwenden. Liegen noch andere Zwischeneinkünfte vor, kann wegen der nach Satz 2 befreiten Gewinnanteile eine Kürzung oder Erstattung nach den Absätzen 1 bis 3 nicht verlangt werden.

§ 12
Steueranrechnung

(1) Auf Antrag des Steuerpflichtigen werden auf seine Einkommen- oder Körperschaftsteuer,

die auf den Hinzurechnungsbetrag entfällt, die Steuern angerechnet, die nach § 10 Abs. 1 abziehbar sind. In diesem Fall ist der Hinzurechnungsbetrag um diese Steuern zu erhöhen.

(2) Bei der Anrechnung sind die Vorschriften des § 34 c Abs. 1 des Einkommensteuergesetzes und des § 26 Abs. 1, 2 a und 6 des Körperschaftsteuergesetzes entsprechend anzuwenden.

(3) Steuern von den nach § 11 Abs. 4 Satz 2 befreiten Gewinnanteilen werden auf Antrag im Veranlagungszeitraum des Anfalls der zugrunde liegenden Zwischeneinkünfte mit Kapitalanlagecharakter angerechnet oder abgezogen. Das gilt auch, wenn der Steuerbescheid für diesen Veranlagungszeitraum bereits bestandskräftig ist.

§ 13
Schachteldividenden

(1) Gewinnanteile, die die ausländische Gesellschaft von einer nicht unbeschränkt steuerpflichtigen Kapitalgesellschaft bezieht, deren Bruttoerträge ausschließlich oder fast ausschließlich aus unter § 8 Abs. 1 Nr. 1 bis 6 fallenden Tätigkeiten stammen, sind mit dem auf den unbeschränkt Steuerpflichtigen entfallenden Teil

1. für die Körperschaftsteuer
   a) vom Hinzurechnungsbetrag auszunehmen, soweit die Gewinnanteile von der Körperschaftsteuer befreit wären, wenn der unbeschränkt Steuerpflichtige sie unmittelbar von der ausschüttenden Gesellschaft bezogen hätte,
   b) nur mit dem Steuerbetrag zur Körperschaftsteuer heranzuziehen, der sich nach Berücksichtigung des § 12 aus der Anwendung des § 26 Abs. 2, 3 und 4 des Körperschaftsteuergesetzes ergeben würde, wenn der unbeschränkt Steuerpflichtige die Gewinnanteile unmittelbar von der ausschüttenden Gesellschaft bezogen hätte;

2. für die Gewerbesteuer vom Hinzurechnungsbetrag auszunehmen, soweit die Gewinnanteile von der Gewerbesteuer befreit wären, wenn der unbeschränkt Steuerpflichtige sie unmittelbar von der ausschüttenden Gesellschaft bezogen hätte.

Satz 1 ist nicht anzuwenden

1. für die Körperschaftsteuer, soweit die Gewinnanteile der ausländischen Gesellschaft nach § 26 Abs. 5 des Körperschaftsteuergesetzes zu berücksichtigen sind,

2. für die Gewerbesteuer, soweit die Gewinnanteile der ausländischen Gesellschaft nach § 26 Abs. 5 des Körperschaftsteuergesetzes und nach § 9 Nr. 7 Satz 2 und 3 des Gewerbesteuergesetzes zu berücksichtigen sind.

(2) Gewinnanteile, die die ausländische Gesellschaft von einer unbeschränkt steuerpflichtigen Kapitalgesellschaft bezieht, sind mit dem auf den unbeschränkt Steuerpflichtigen entfallenden Teil vom Hinzurechnungsbetrag auszunehmen, wenn der Steuerpflichtige

1. eine unbeschränkt steuerpflichtige Körperschaft, Personenvereinigung oder Vermögensmasse und
2. mindestens zu einem Zehntel als an der ausschüttenden Gesellschaft beteiligt anzusehen ist.

Satz 1 ist nur anzuwenden, soweit die Beteiligung im Sinne der Nummer 2 ununterbrochen seit mindestens zwölf Monaten vor dem Ende des Veranlagungszeitraums oder des davon abweichenden Gewinnermittlungszeitraums besteht.

(3) Veräußert die ausländische Gesellschaft Anteile an einer Kapitalgesellschaft an eine andere Kapitalgesellschaft, die zu demselben Konzern wie die ausländische Gesellschaft gehört, so ist der Veräußerungsgewinn vom Hinzurechnungsbetrag auszunehmen, wenn auf Gewinnanteile, die auf diese Anteile entfallen, Absatz 1 oder 2 anzuwenden wäre.

(4) Für die Anwendung der Absätze 1 bis 3 ist der Steuerpflichtige als zu dem Teil an der ausschüttenden Gesellschaft beteiligt anzusehen, der seinem Anteil am Nennkapital der ausländischen Gesellschaft, bezogen auf deren Beteiligung an der ausschüttenden Gesellschaft, entspricht.

(5) Die Absätze 1 bis 4 sind nur anzuwenden, wenn der Steuerpflichtige nachweist, daß alle Voraussetzungen erfüllt sind.

§ 14
Nachgeschaltete Zwischengesellschaften

(1) Ist eine ausländische Gesellschaft allein oder zusammen mit unbeschränkt Steuerpflichtigen gemäß § 7 an einer anderen ausländischen Gesellschaft (Untergesellschaft) beteiligt, so sind für die Anwendung der §§ 7 bis 13 die Einkünfte der Untergesellschaft, für die diese Zwischengesellschaft ist und die nicht nach § 13 vom Hinzurechnungsbetrag auszunehmen sind, der ausländischen Gesellschaft zu dem Teil, der auf ihre Beteiligung am Nennkapital der Untergesellschaft entfällt, zuzurechnen, soweit nicht nachgewiesen wird, daß diese Einkünfte aus Tätigkeiten oder Gegenständen stammen, die einer unter § 8 Abs. 1 Nr. 1 bis 6 fallenden eigenen Tätigkeit der ausländischen Gesellschaft dienen.

(2) Der nach Absatz 1 zuzurechnende Betrag ist in entsprechender Anwendung des § 11 Abs. 1 um Gewinnanteile zu kürzen, die die Untergesellschaft ausschüttet; soweit die Gewinnanteile den zuzurechnenden Betrag übersteigen, sind sie um

Beträge zu kürzen, die für die vorangegangenen vier Wirtschaftsjahre nach Absatz 1 der ausländischen Gesellschaft zugerechnet und noch nicht für eine solche Kürzung verwendet worden sind. § 11 Abs. 4 ist sinngemäß anzuwenden.

(3) Die Absätze 1 und 2 sind entsprechend anzuwenden, wenn der Untergesellschaft weitere ausländische Gesellschaften nachgeschaltet sind.

(4) Soweit einem Hinzurechnungsbetrag Zwischeneinkünfte zugrunde liegen, die einer ausländischen Gesellschaft (Obergesellschaft) nach den Absätzen 1 bis 3 zugerechnet worden sind, können die Bestimmungen der Abkommen zur Vermeidung der Doppelbesteuerung nach § 10 Abs. 5 nur dann angewandt werden, wenn sie auch bei direkter Beteiligung des Steuerpflichtigen an der Untergesellschaft, bei der diese Einkünfte entstanden sind, anzuwenden wären; § 10 Abs. 6 und § 13 Abs. 4 gelten entsprechend. Ausschüttungen der Obergesellschaft, die auf Grund solcher Abkommen steuerbefreit sind, berechtigen nicht zur Kürzung dieses Teils des Hinzurechnungsbetrags (§ 11 Abs. 1) oder zur Erstattung von auf Hinzurechnungsbeträge entrichteten Steuern (§ 11 Abs. 2). Schüttet die Untergesellschaft die Zwischeneinkünfte an die Obergesellschaft aus, so begründet dies nicht die Steuerpflicht nach § 7 Abs. 1 und berechtigt nicht zur Kürzung nach Absatz 2. Steuern, die im Staat der Untergesellschaft und der Obergesellschaft von diesen Ausschüttungen erhoben werden, sind im Zeitpunkt der Ausschüttung nach § 10 Abs. 1 abzuziehen oder nach § 12 anzurechnen. Auf Zwischeneinkünfte einer Untergesellschaft ist § 10 Abs. 6 Satz 1 und 3 auch dann anzuwenden, wenn die Einkünfte aus der Beteiligung einer Obergesellschaft an ihr unter § 10 Abs. 6 Satz 2 Nr. 2 fallen.

Fünfter Teil
Familienstiftungen

§ 15

Steuerpflicht von Stiftern, Bezugsberechtigten und Anfallsberechtigten

(1) Vermögen und Einkommen einer Familienstiftung, die Geschäftsleitung und Sitz außerhalb des Geltungsbereichs dieses Gesetzes hat, werden dem Stifter, wenn er unbeschränkt steuerpflichtig ist, sonst den unbeschränkt steuerpflichtigen Personen, die bezugsberechtigt oder anfallsberechtigt sind, entsprechend ihrem Anteil zugerechnet. Dies gilt nicht für die Erbschaftsteuer.

(2) Familienstiftungen sind Stiftungen, bei denen der Stifter, seine Angehörigen und deren Abkömmlinge zu mehr als der Hälfte bezugsberechtigt oder anfallsberechtigt sind.

(3) Hat ein Unternehmer im Rahmen seines Unternehmens oder als Mitunternehmer oder eine Körperschaft, eine Personenvereinigung oder eine Vermögensmasse eine Stiftung errichtet, die Geschäftsleitung und Sitz außerhalb des Geltungsbereichs dieses Gesetzes hat, so wird die Stiftung wie eine Familienstiftung behandelt, wenn der Stifter, seine Gesellschafter, von ihm abhängige Gesellschaften, Mitglieder, Vorstandsmitglieder, leitende Angestellte und Angehörige dieser Personen zu mehr als der Hälfte bezugsberechtigt oder anfallsberechtigt sind.

(4) Den Stiftungen stehen sonstige Zweckvermögen, Vermögensmassen und rechtsfähige oder nichtrechtsfähige Personenvereinigungen gleich.

(5) Die §§ 5 und 12 sind entsprechend anzuwenden. Im übrigen finden, soweit Absatz 1 anzuwenden ist, die Vorschriften des Vierten Teils dieses Gesetzes keine Anwendung.

Sechster Teil
Ermittlung und Verfahren

§ 16

Mitwirkungspflicht des Steuerpflichtigen

(1) Beantragt ein Steuerpflichtiger unter Berufung auf Geschäftsbeziehungen mit einer ausländischen Gesellschaft oder einer im Ausland ansässigen Person oder Personengesellschaft, die mit ihren Einkünften, die in Zusammenhang mit den Geschäftsbeziehungen zu dem Steuerpflichtigen stehen, nicht oder nur unwesentlich besteuert wird, die Absetzung von Schulden oder anderen Lasten oder von Betriebsausgaben oder Werbungskosten, so ist im Sinne des § 160 der Abgabenordnung der Gläubiger oder Empfänger erst dann genau bezeichnet, wenn der Steuerpflichtige alle Beziehungen offenlegt, die unmittelbar oder mittelbar zwischen ihm und der Gesellschaft, Person oder Personengesellschaft bestehen und bestanden haben.

(2) Der Steuerpflichtige hat über die Richtigkeit und Vollständigkeit seiner Angaben und über die Behauptung, daß ihm Tatsachen nicht bekannt sind, auf Verlangen des Finanzamts gemäß § 95 der Abgabenordnung eine Versicherung an Eides Statt abzugeben.

§ 17

Sachverhaltsaufklärung

(1) Zur Anwendung der Vorschriften der §§ 5 und 7 bis 15 haben Steuerpflichtige für sich selbst und im Zusammenwirken mit anderen die dafür notwendigen Auskünfte zu erteilen. Auf Verlangen sind insbesondere

1. die Geschäftsbeziehungen zu offenbaren, die zwischen der Gesellschaft und einem so beteiligten unbeschränkt Steuerpflichtigen oder

Außensteuer

einer einem solchen im Sinne des § 1 Abs. 2 nahestehenden Person bestehen.

2. die für die Anwendung der §§ 7 bis 14 sachdienlichen Unterlagen einschließlich der Bilanzen und der Erfolgsrechnungen vorzulegen. Auf Verlangen sind diese Unterlagen mit dem im Staat der Geschäftsleitung oder des Sitzes vorgeschriebenen oder üblichen Prüfungsvermerk einer behördlich anerkannten Wirtschaftsprüfungsstelle oder vergleichbaren Stelle vorzulegen.

(2) Ist für die Ermittlung der Einkünfte, für die eine ausländische Gesellschaft Zwischengesellschaft ist, eine Schätzung nach § 162 der Abgabenordnung vorzunehmen, so ist mangels anderer geeigneter Anhaltspunkte bei der Schätzung als Anhaltspunkt von mindestens 20 vom Hundert des gemeinen Werts der von den unbeschränkt Steuerpflichtigen gehaltenen Anteile auszugehen; Zinsen und Nutzungsentgelte, die die Gesellschaft für überlassene Wirtschaftsgüter an die unbeschränkt Steuerpflichtigen zahlt, sind abzuziehen.

§ 18
Gesonderte Feststellung von Besteuerungsgrundlagen

(1) Die Besteuerungsgrundlagen für die Anwendung der §§ 7 bis 14 werden gesondert festgestellt. Sind an der ausländischen Gesellschaft mehrere unbeschränkt Steuerpflichtige beteiligt, so wird die gesonderte Feststellung ihnen gegenüber einheitlich vorgenommen; dabei ist auch festzustellen, wie sich die Besteuerungsgrundlagen auf die einzelnen Beteiligten verteilen. Die Vorschriften der Abgabenordnung, mit Ausnahme des § 180 Abs. 3, und der Finanzgerichtsordnung über die gesonderte Feststellung von Besteuerungsgrundlagen sind entsprechend anzuwenden.

(2) Für die gesonderte Feststellung ist das Finanzamt zuständig, das bei dem unbeschränkt Steuerpflichtigen für die Ermittlung der aus der Beteiligung bezogenen Einkünfte örtlich zuständig ist. Ist die gesonderte Feststellung gegenüber mehreren Personen einheitlich vorzunehmen, so ist das Finanzamt zuständig, das nach Satz 1 für den Beteiligten zuständig ist, dem die höchste Beteiligung an der ausländischen Gesellschaft zuzurechnen ist. Läßt sich das zuständige Finanzamt nach den Sätzen 1 und 2 nicht feststellen, so ist das Finanzamt zuständig, das zuerst mit der Sache befaßt wird.

(3) Jeder der an der ausländischen Gesellschaft beteiligten unbeschränkt Steuerpflichtigen und erweitert beschränkt Steuerpflichtigen hat eine Erklärung zur gesonderten Feststellung abzugeben. Diese Verpflichtung kann durch die Abgabe einer gemeinsamen Erklärung erfüllt werden. Die Erklärung ist von dem Steuerpflichtigen oder von den in § 34 der Abgabenordnung bezeichneten Personen eigenhändig zu unterschreiben.

Siebenter Teil
Schlußvorschriften

§ 19
Übergangsregelung für die Auflösung von Zwischengesellschaften

(1) Wird eine ausländische Gesellschaft innerhalb von fünf Jahren nach dem Jahr des Inkrafttretens dieses Gesetzes aufgelöst, so kann ein unbeschränkt Steuerpflichtiger, der gemäß § 7 an der Gesellschaft beteiligt ist und der die Beteiligung im Zeitpunkt der Auflösung in seinem Betriebsvermögen führt, ihm zugeteiltes Vermögen, für dessen Erträge die ausländische Gesellschaft Zwischengesellschaft gewesen ist, mit Ausnahme von Geld, Guthaben und Forderungen (begünstigtes Vermögen) statt mit dem gemeinen Wert mit dem sich für den Zeitpunkt der Auflösung ergebenden anteiligen Buchwert der Beteiligung ansetzen. Der anteilige Buchwert ist der Teil des Buchwertes der Beteiligung, der dem Anteil des gemeinen Wertes des begünstigten Vermögens am gemeinen Wert des insgesamt zugeteilten Vermögens entspricht. Soweit Satz 1 anzuwenden ist, sind die gemeinen Werte der einzelnen Wirtschaftsgüter jeweils um den Vomhundertsatz zu verringern, der dem Verhältnis des Unterschieds zwischen dem gemeinen Wert des begünstigten Vermögens und dem anteiligen Buchwert der Beteiligung zum gemeinen Wert des begünstigten Vermögens entspricht. Auf Liquidationsgewinne, die bei einer Auflösung nach den Sätzen 1 bis 3 entstehen, sind die §§ 7 bis 14 nicht anzuwenden.

(2) Absatz 1 ist sinngemäß anzuwenden, wenn eine ausländische Gesellschaft auf Grund einer Herabsetzung ihres Kapitals begünstigtes Vermögen unbeschränkt Steuerpflichtigen zuteilt und die übrigen Voraussetzungen des Absatzes 1 erfüllt sind.

§ 20
Bestimmungen über die Anwendung von Abkommen zur Vermeidung der Doppelbesteuerung

(1) Die Vorschriften der §§ 7 bis 18 und der Absätze 2 und 3 werden durch die Abkommen zur Vermeidung der Doppelbesteuerung nicht berührt.

(2) Fallen Einkünfte mit Kapitalanlagecharakter im Sinne des § 10 Abs. 6 Satz 2 in der ausländischen Betriebsstätte eines unbeschränkt Steuerpflichtigen an und wären sie als Zwischeneinkünfte steuerpflichtig, falls diese Betriebsstätte eine ausländische Gesellschaft wäre, ist insoweit

die Doppelbesteuerung nicht durch Freistellung, sondern durch Anrechnung der auf diese Einkünfte erhobenen ausländischen Steuern zu vermeiden.

(3) In den Fällen des Absatzes 2 ist bei Vermögen, das Einkünften mit Kapitalanlagecharakter im Sinne des § 10 Abs. 6 Satz 2 mit Ausnahme der Einkünfte mit Kapitalanlagecharakter im Sinne des § 10 Abs. 6 Satz 3 zugrunde liegt, die Doppelbesteuerung nicht durch Freistellung, sondern durch Anrechnung der auf dieses Vermögen erhobenen ausländischen Steuern zu vermeiden. In den Fällen des § 7 ist Satz 1 sinngemäß anzuwenden.

§ 21
Anwendungsvorschriften

(1) Die Vorschriften dieses Gesetzes sind, soweit in den folgenden Absätzen nichts anderes bestimmt ist, wie folgt anzuwenden:
1. für die Einkommensteuer und für die Körperschaftsteuer erstmals für den Veranlagungszeitraum 1972;
2. für die Gewerbesteuer erstmals für den Erhebungszeitraum 1972;
3. für die Vermögensteuer erstmals bei Neuveranlagungen oder Nachveranlagungen auf den 1. Januar 1973;
4. für die Erbschaftsteuer auf Erwerbe, bei denen die Steuerschuld nach dem Inkrafttreten dieses Gesetzes entstanden ist.

(2) Die Anwendung der §§ 2 bis 5 wird nicht dadurch berührt, daß die unbeschränkte Steuerpflicht der natürlichen Person bereits vor dem 1. Januar 1972 geendet hat.

(3) Soweit in Anwendung des § 10 Abs. 3 Wirtschaftsgüter erstmals zu bewerten sind, sind sie mit den Werten anzusetzen, die sich ergeben würden, wenn seit Übernahme der Wirtschaftsgüter durch die ausländische Gesellschaft die Vorschriften des deutschen Steuerrechts angewendet worden wären.

(4) § 13 Abs. 2 Nr. 2 ist erstmals anzuwenden
1. für die Körperschaftsteuer für den Veranlagungszeitraum 1984;
2. für die Gewerbesteuer für den Erhebungszeitraum 1984.

§ 1 Abs. 4, § 13 Abs. 1 Satz 1 Nr. 1 Buchstabe b und Satz 2 in der Fassung des Artikels 17 des Gesetzes vom 25. Februar 1992 (BGBl. I S. 297) sind erstmals anzuwenden:
1. für die Einkommensteuer und für die Körperschaftsteuer für den Veranlagungszeitraum 1992;
2. für die Gewerbesteuer für den Erhebungszeitraum 1992.

(5) § 18 Abs. 3 ist auch für Veranlagungszeiträume und Erhebungszeiträume vor 1985 anzuwenden, wenn die Erklärungen noch nicht abgegeben sind.

(6) Bei der Anwendung der §§ 2 bis 6 für die Zeit nach dem 31. Dezember 1990 steht der unbeschränkten Steuerpflicht nach § 1 Abs. 1 des Einkommensteuergesetzes die unbeschränkte Steuerpflicht nach § 1 Abs. 1 des Einkommensteuergesetzes der Deutschen Demokratischen Republik in der Fassung vom 18. September 1970 (Sonderdruck Nr. 670 des Gesetzblattes) gleich. Die Anwendung der §§ 2 bis 5 wird nicht dadurch berührt, daß die unbeschränkte Steuerpflicht der natürlichen Personen bereits vor dem 1. Januar 1991 geendet hat.

(7) § 7 Abs. 6, § 10 Abs. 6, § 11 Abs. 4, § 12 Abs. 3, § 14 Abs. 2 Satz 2, Abs. 4 Satz 1 letzter Halbsatz, Satz 5 und § 20 in der Fassung des Artikels 17 des Gesetzes vom 25. Februar 1992 (BGBl. I S. 297) sind erstmals anzuwenden
1. für die Einkommensteuer und Körperschaftsteuer für den Veranlagungszeitraum,
2. mit Ausnahme des § 20 Abs. 2 und 3 für die Gewerbesteuer für den Erhebungszeitraum,

für den Zwischeneinkünfte mit Kapitalanlagecharakter im Sinne des § 10 Abs. 6 Satz 2 hinzurechnen sind, die in einem Wirtschaftsjahr der Zwischengesellschaft oder der Betriebsstätte entstanden sind, das nach dem 31. Dezember 1991 beginnt. § 7 Abs. 6, § 10 Abs. 6, § 11 Abs. 4, § 14 Abs. 4 Satz 5 und § 20 Abs. 2 und 3 in Verbindung mit § 10 Abs. 6 in der Fassung dieses Gesetzes sind erstmals anzuwenden
1. für die Einkommensteuer und Körperschaftsteuer für den Veranlagungszeitraum,
2. mit Ausnahme des § 20 Abs. 2 und 3 für die Gewerbesteuer, für die der Teil des Hinzurechnungsbetrags, dem Einkünfte mit Kapitalanlagecharakter im Sinne des § 10 Abs. 6 Satz 3 zugrunde liegen, außer Ansatz bleibt, für den Erhebungszeitraum,

für den Zwischeneinkünfte mit Kapitalanlagecharakter im Sinne des § 10 Abs. 6 Satz 2 und 3 hinzurechnen sind, die in einem Wirtschaftsjahr der Zwischengesellschaft oder der Betriebsstätte entstanden sind, das nach dem 31. Dezember 1993 beginnt. § 20 Abs. 3 in der Fassung des Artikels 17 des Gesetzes vom 25. Februar 1992 (BGBl. I S. 297) ist erstmals für die Vermögensteuer des Jahres 1993 anzuwenden. § 20 Abs. 3 in der Fassung dieses Gesetzes ist erstmals für die Vermögensteuer des Jahres 1995 anzuwenden.

(8) § 6 Abs. 3 Nr. 4 in der Fassung dieses Gesetzes ist erstmals auf Einbringungen anzuwenden, die nach dem 31. Dezember 1991 vorgenommen werden.

(9) § 8 Abs. 1 Nr. 7 und § 10 Abs. 3 Satz 6 in der Fassung des Artikels 7 des Gesetzes vom 13. September 1993 (BGBl. I S. 1569) sind erstmals anzuwenden

1. für die Einkommensteuer und Körperschaftsteuer für den Veranlagungszeitraum,
2. für die Gewerbesteuer für den Erhebungszeitraum,

für den Zwischeneinkünfte hinzuzurechnen sind, die in einem Wirtschaftsjahr der Zwischengesellschaft entstanden sind, das nach dem 31. Dezember 1991 beginnt. § 10 Abs. 3 Satz 1 in der Fassung dieses Gesetzes ist erstmals anzuwenden

1. für die Einkommensteuer und Körperschaftsteuer für den Veranlagungszeitraum,
2. für die Gewerbesteuer für den Erhebungszeitraum,

für den Zwischeneinkünfte hinzuzurechnen sind, die in einem Wirtschaftsjahr der Zwischengesellschaft entstanden sind, das nach dem 31. Dezember 1993 beginnt.

§ 22
Inkrafttreten

Dieses Gesetz tritt am Tage nach seiner Verkündung in Kraft.

Anhang 3

I   Außergewöhnliche Belastungen

Übersicht

I Berücksichtigung von Kfz-Aufwendungen Geh- und Stehbehinderter und außergewöhnlich Gehbehinderter als außergewöhnliche Belastung; hier: Angemessenheit der Aufwendungen

II Berücksichtigung von Aufwendungen für typischen Unterhalt und außergewöhnlichen Bedarf einer anderen Person nach §§ 33 und 33 a Abs. 1 EStG

I
Berücksichtigung von Kfz-Aufwendungen Geh- und Stehbehinderter und außergewöhnlich Gehbehinderter als außergewöhnliche Belastung; hier: Angemessenheit der Aufwendungen

BMF vom 11. 4. 1994 (BStBl I S. 256)

IV B 1 – S 2284 – 49/94

Im Einvernehmen mit den obersten Finanzbehörden der Länder gilt ab 1. Januar 1994 in Ergänzung zu Abschnitt 100 Abs. 7 der Lohnsteuer-Richtlinien 1993 für die Berücksichtigung von Kfz-Aufwendungen Geh- und Stehbehinderter und außergewöhnlich Gehbehinderter, soweit es sich hierbei nicht um Werbungskosten, Betriebsausgaben oder Sonderausgaben handelt, folgendes:

1. **Bei geh- und stehbehinderten Steuerpflichtigen (GdB von mindestens 80 oder GdB von mindestens 70 und Merkzeichen G):**

   Aufwendungen für durch die Behinderung veranlaßte unvermeidbare Fahrten sind als außergewöhnliche Belastung anzuerkennen, soweit sie nachgewiesen oder glaubhaft gemacht worden und angemessen sind.

   Aus Vereinfachungsgründen kann im allgemeinen ein Aufwand für Fahrten bis zu 3 000 km im Jahr als angemessen angesehen werden.

2. **Bei außergewöhnlich gehbehinderten Steuerpflichtigen (Merkzeichen aG):**

   In den Grenzen der Angemessenheit dürfen nicht nur die Aufwendungen für durch die Behinderung veranlaßte unvermeidbare Fahrten, sondern auch für Freizeit-, Erholungs- und Besuchsfahrten abgezogen werden. Die tatsächliche Fahrleistung ist nachzuweisen bzw. glaubhaft zu machen. Eine Fahrleistung von mehr als 15 000 km im Jahr liegt in aller Regel nicht mehr im Rahmen des Angemessenen (BFH-Urteil vom 2. Oktober 1992, BStBl 1993 II S. 286). Abschnitt 100 Abs. 7 Satz 13 LStR 1993 gilt entsprechend.

3. Ein höherer Aufwand als 0,52 DM/km gilt als unangemessen und darf deshalb im Rahmen des § 33 EStG nicht berücksichtigt werden.

II
Berücksichtigung von Aufwendungen für typischen Unterhalt und außergewöhnlichen Bedarf einer anderen Person nach §§ 33 und 33 a Abs. 1 EStG

BMF vom 6. 3. 1995 (BStBl I S. 182)

IV B 5 – S 2285 – 8/95
IV B 1 – S 2284 – 22/95

Es ist gefragt worden, wie §§ 33 und 33 a Abs. 1 EStG anzuwenden sind, wenn einem Steuerpflichtigen Aufwendungen für typischen Unterhalt und zugleich für außergewöhnlichen Bedarf (z. B. wegen Krankheit oder Pflegebedürftigkeit) einer anderen Person erwachsen. Unter Bezugnahme auf das Ergebnis der Erörterungen mit den obersten Finanzbehörden der Länder gilt dazu folgendes:

1. Die Aufwendungen für den typischen Unterhalt und für außergewöhnlichen Bedarf sind nach folgenden Kriterien abzugrenzen:
   – Der typische Unterhalt umfaßt den notwendigen Lebensunterhalt, wie er im Bundessozialhilfegesetz (BSHG) umschrieben wird. Dazu gehören insbesondere Aufwendungen für Ernährung, Unterkunft, Kleidung, Körperpflege, Hausrat, Heizung und persönliche Bedürfnisse des täglichen Lebens (vgl. § 12 BSHG).
   – Außergewöhnlicher Bedarf ist nur bei über den typischen Unterhalt hinausgehenden Bedürfnissen in besonderen Lebenslagen anzuerkennen, wie z. B. im Fall der Pflegebedürftigkeit oder der Behinderung oder im Krankheitsfall.
   Der Steuerpflichtige hat im Rahmen seiner Mitwirkungspflicht (§ 90 AO) Unterlagen vorzulegen, die die Abgrenzung ermöglichen. Bei Unterbringung zur Pflege ist die Vorlage einer getrennten Rechnung üblicherweise zumutbar.

2. § 33 a Abs. 1 EStG ist **vor** § 33 EStG zu prüfen. Ein Abzug der Aufwendungen für außergewöhnlichen Bedarf nach § 33 EStG kommt nur in Betracht, soweit die eigenen Einkünfte und die zur Bestreitung des Unterhalts bestimmten oder geeigneten Bezüge des Unterhaltsempfängers zur Deckung dieses Bedarfs nicht ausreichen. Bei der Beurteilung, ob sie nicht ausreichen, ist ein angemessener Betrag für zusätzlichen persönlichen Bedarf zu berücksichtigen. Als angemessen kann in Anlehnung an § 21 Abs. 3 BSHG regelmäßig der für den zusätzlichen persönlichen Bedarf erklärte Betrag anerkannt werden, wenn er 3.000 DM jährlich nicht übersteigt.
   Folgende Fallgestaltungen sind zu unterscheiden:
   a) Ergibt sich eine Steuerermäßigung nach § 33 a Abs. 1 EStG, so sind die Aufwendungen für den außergewöhnlichen Bedarf uneingeschränkt, jedoch gemindert um die zumutbare Belastung, nach § 33 EStG abzuziehen.

Beispiel

Der pflegebedürftige, vermögenslose Vater A (R 187 Abs. 1 Satz 2 bzw. Abs. 4 EStR 1993) hat seinen eigenen Haushalt aufgelöst und ist während des gesamten Kalenderjahrs 1994 in einem Pflegeheim untergebracht.
Dafür werden 48.000 DM in Rechnung gestellt, und zwar (12 × 2.300 DM =) 27.600 DM für den typischen Unterhalt und 20.400 DM für Pflege. A zahlt aus seinen anrechenbaren Einkünften und Bezügen in Höhe von 900 DM auf die Heimkosten 6.600 DM und behält 2.400 DM für zusätzlichen persönlichen Bedarf zurück. Die restlichen Heimkosten von (48.000 DM – 6.600 DM =) 41.400 DM trägt der Sohn B.
Die Abzugsbeträge für B berechnen sich wie folgt:
– **nach § 33 a Abs. 1 EStG**

	DM	DM	DM
In den Gesamtkosten enthaltener Anteil für den typischen Unterhalt			27.600
abziehbarer Höchstbetrag			7.200
anrechenbare Einkünfte und Bezüge des A		9.000	
anrechnungsfreier Betrag		– 6.000	
anzurechnende Einkünfte und Bezüge des A	3.000	– 3.000	
verbleibender Betrag			4.200
abzuziehender Betrag			<u>4.200</u>

Anhang 3

Außergewöhnliche Belastungen

- **nach § 33 EStG**
  Der in den Gesamtkosten enthaltene Anteil für Pflege kommt uneingeschränkt für den Abzug in Betracht, da er niedriger ist als (die gesamten Aufwendungen des B von 41.400 DM abzüglich des nach § 33 a Abs. 1 EStG abzuziehenden Betrags von
  4.200 DM =) 37.200 DM.   <u>20.400 DM</u>
  Der Betrag von 20.400 DM ist nach Minderung um die zumutbare Belastung vom Gesamtbetrag der Einkünfte des B abzuziehen.

b) Ergibt sich wegen der anrechenbaren Einkünfte und Bezüge des Unterhaltsempfängers keine Steuerermäßigung nach § 33 a Abs. 1 EStG, so ist der Abzug der Aufwendungen für außergewöhnlichen Bedarf unter Berücksichtigung der Einkünfte und Bezüge zu berechnen, die der Unterhaltsempfänger für den außergewöhnlichen Bedarf einzusetzen hat. Dazu sind von der Summe der anrechenbaren Einkünfte und Bezüge die Kosten des typischen Unterhalts sowie ein angemessener Betrag für zusätzlichen persönlichen Bedarf abzuziehen.

Beispiel

Sachverhalt wie im ersten Beispiel, jedoch hat A anrechenbare Einkünfte und Bezüge von 36.000 DM. Er zahlt daraus auf die Gesamtkosten 30.000 DM und behält 6.000 DM für zusätzlichen persönlichen Bedarf zurück. Die restlichen Heimkosten von (48.000 DM − 30.000 DM =) 18.000 DM trägt der Sohn B.
Da die anrechenbaren Einkünfte und Bezüge des A höher sind als die Summe aus Höchstbetrag und anrechnungsfreiem Betrag von (7.200 DM + 6.000 DM =) 13.200 DM, scheidet ein Abzug nach § 33 a Abs. 1 EStG aus. Daher kommt für B nur ein Abzug nach § 33 EStG in Betracht. Dieser berechnet sich wie folgt:

Pflegekosten	20.400 DM
Einkünfte und Bezüge des A	36.000 DM
Kosten des typischen Unterhalts	− 27.600 DM
angemessener Betrag für zusätzlichen persönlichen Bedarf	− 3.000 DM
einzusetzender Betrag des A 5.400 DM	<u>− 5.400 DM</u>

Der verbleibende Betrag von 15.000 DM kommt in vollem Umfang für den Abzug in Betracht, da er niedriger ist als die insgesamt von B getragenen Aufwendungen von 18.000 DM.

Der Betrag von 15.000 DM ist nach Minderung der zumutbaren Belastung vom Gesamtbetrag der Einkünfte des B abzuziehen.

Anhang 4

Übersicht

I Baugesetzbuch (BauGB – Auszug)
II Zweites Wohnungsbaugesetz (Wohnungsbau- und Familienheimgesetz – II.WoBauG – Auszug)
III Verordnung über wohnungswirtschaftliche Berechnungen (Zweite Berechnungsverordnung – II.BV – Auszug)

I
Baugesetzbuch
(BauGB)

in der Fassung der Bekanntmachung vom 8. 12. 1986
(BGBl. I S. 2253, BStBl 1987 S. 99)

zuletzt geändert durch Art. 2 des Gesetzes vom 23. 11. 1994
(BGBl. I S. 3486)

– Auszug –

§ 147
Ordnungsmaßnahmen

(1) Die Durchführung der Ordnungsmaßnahmen ist Aufgabe der Gemeinde; hierzu gehören:
1. die Bodenordnung einschließlich des Erwerbs von Grundstücken,
2. der Umzug von Bewohnern und Betrieben,
3. die Freilegung von Grundstücken,
4. die Herstellung und Änderung von Erschließungsanlagen sowie
5. sonstige Maßnahmen, die notwendig sind, damit die Baumaßnahmen durchgeführt werden können.

Durch die Sanierung bedingte Erschließungsanlagen einschließlich Ersatzanlagen können außerhalb des förmlich festgelegten Sanierungsgebiets liegen.

(2) Die Gemeinde kann die Durchführung der Ordnungsmaßnahmen aufgrund eines Vertrages ganz oder teilweise dem Eigentümer überlassen. Ist die zügige und zweckmäßige Durchführung der vertraglich übernommenen Ordnungsmaßnahmen durch einzelne Eigentümer nicht gewährleistet, hat die Gemeinde insoweit für die Durchführung der Maßnahmen zu sorgen oder sie selbst zu übernehmen.

§ 148
Baumaßnahmen

(1) Die Durchführung von Baumaßnahmen bleibt den Eigentümern überlassen, soweit die zügige und zweckmäßige Durchführung durch sie gewährleistet ist; der Gemeinde obliegt jedoch
1. für die Errichtung und Änderung der Gemeindebedarfs- und Folgeeinrichtungen zu sorgen und
2. die Durchführung sonstiger Baumaßnahmen, soweit sie selbst Eigentümerin ist oder nicht gewährleistet ist, daß diese vom einzelnen Eigentümer zügig und zweckmäßig durchgeführt werden.

Ersatzbauten, Ersatzanlagen und durch die Sanierung bedingte Gemeinbedarfs- und Folgeeinrichtungen können außerhalb des förmlich festgelegten Sanierungsgebiets liegen.

(2) Zu den Baumaßnahmen gehören
1. die Modernisierung und Instandsetzung,
2. die Neubebauung und die Ersatzbauten,
3. die Errichtung und Änderung von Gemeinbedarfs- und Folgeeinrichtungen sowie
4. die Verlagerung oder Änderung von Betrieben.

§ 157
Erfüllung von Aufgaben für die Gemeinde

(1) Die Gemeinde kann sich zur Erfüllung von Aufgaben, die ihr bei der Vorbereitung oder Durchführung der Sanierung obliegen, eines geeigneten Beauftragten bedienen. Sie darf jedoch die Aufgabe,
1. städtebauliche Sanierungsmaßnahmen durchzuführen, die der Gemeinde nach den §§ 146 bis 148 obliegen,
2. Grundstücke oder Rechte an ihnen zur Vorbereitung oder Durchführung der Sanierung im Auftrag der Gemeinde zu erwerben,
3. der Sanierung dienende Mittel zu bewirtschaften,

nur einem Unternehmen übertragen, dem die zuständige Behörde nach § 158 bestätigt hat, daß es die Voraussetzungen für die Übernahme der Aufgaben als Sanierungsträger erfüllt.

(2) Die Gemeinde soll die Ausarbeitung der Bauleitpläne und die Aufgaben eines für eigene Rechnung tätigen Sanierungsträgers nicht demselben Unternehmen oder einem rechtlich oder

wirtschaftlich von ihm abhängigen Unternehmen übertragen.

§ 165
Städtebauliche Entwicklungsmaßnahmen

(1) Städtebauliche Entwicklungsmaßnahmen in Stadt und Land, deren einheitliche Vorbereitung und zügige Durchführung im öffentlichen Interesse liegen, werden nach den Vorschriften dieses Teils vorbereitet und durchgeführt.

(2) Mit städtebaulichen Entwicklungsmaßnahmen nach Absatz 1 sollen Ortsteile und andere Teile des Gemeindegebiets entsprechend ihrer besonderen Bedeutung für die städtebauliche Entwicklung und Ordnung der Gemeinde oder entsprechend der angestrebten Entwicklung des Landesgebietes oder der Region erstmalig entwickelt oder im Rahmen einer städtebaulichen Neuordnung einer neuen Entwicklung zugeführt werden. Die Maßnahmen sollen der Errichtung von Wohn- und Arbeitsstätten sowie von Gemeindebedarfs- und Folgeeinrichtungen dienen.

(3) Die Gemeinde kann einen Bereich, in dem eine städtebauliche Entwicklungsmaßnahme durchgeführt werden soll, durch Beschluß förmlich als städtebaulichen Entwicklungsbereich festlegen, wenn

1. die Maßnahme den Zielen und Zwecken nach Absatz 2 entspricht,
2. das Wohl der Allgemeinheit die Durchführung der städtebaulichen Entwicklungsmaßnahme erfordert, insbesondere zur Deckung eines erhöhten Bedarfs an Wohn- und Arbeitsstätten oder zur Wiedernutzung brachliegender Flächen,
3. die zügige Durchführung der Maßnahme innerhalb eines absehbaren Zeitraums gewährleistet ist.

Die öffentlichen und privaten Belange sind gegeneinander und untereinander gerecht abzuwägen.

(4) Die Gemeinde hat vor der förmlichen Festlegung des städtebaulichen Entwicklungsbereichs die Voruntersuchungen durchzuführen oder zu veranlassen, die erforderlich sind, um Beurteilungsunterlagen über die Festlegungsvoraussetzungen nach Absatz 3 zu gewinnen. Von Voruntersuchungen kann abgesehen werden, wenn hinreichende Beurteilungsunterlagen bereits vorliegen. Die Gemeinde leitet die Vorbereitung der Entwicklung durch den Beschluß über den Beginn der Voruntersuchungen ein. Der Beschluß ist ortsüblich bekanntzumachen. Dabei ist auf die Auskunftspflicht nach § 138 hinzuweisen. Ist der Beschluß über den Beginn der Voruntersuchungen gefaßt und ortsüblich bekanntgemacht, sind die §§ 137, 138 und 139 über die Beteiligung und Mitwirkung der Betroffenen, die Auskunftspflicht und die Beteiligung und Mitwirkung öffentlicher Aufgabenträger sowie § 15 auf Anträge auf Durchführung eines Vorhabens und auf Erteilung einer Teilungsgenehmigung im Sinne des § 144 Abs. 1 Nr. 1 und 2 entsprechend anzuwenden.

(5) Der städtebauliche Entwicklungsbereich ist so zu begrenzen, daß sich die Entwicklung zweckmäßig durchführen läßt. Einzelne Grundstücke, die von der Entwicklung nicht betroffen werden, können aus dem Bereich ganz oder teilweise ausgenommen werden. Grundstücke, die den in § 26 Nr. 2 und § 35 Abs. 1 Nr. 6 bezeichneten Zwecken dienen, die in § 26 Nr. 3 bezeichneten Grundstücke sowie Grundstücke, für die nach § 1 Abs. 2 des Landbeschaffungsgesetzes ein Anhörungsverfahren eingeleitet worden ist, und bundeseigene Grundstücke, bei denen der die Absicht, sie für Zwecke der Landesverteidigung zu verwenden, der Gemeinde bekannt ist, dürfen nur mit Zustimmung des Bedarfsträgers in den städtebaulichen Entwicklungsbereich einbezogen werden. Der Bedarfsträger soll seine Zustimmung erteilen, wenn auch bei Berücksichtigung seiner Aufgaben ein überwiegendes öffentliches Interesse an der Durchführung der städtebaulichen Entwicklungsmaßnahme besteht.

(6) Die Gemeinde beschließt die förmliche Festlegung des städtebaulichen Entwicklungsbereichs als Satzung (Entwicklungssatzung). In der Entwicklungssatzung ist der städtebauliche Entwicklungsbereich zu bezeichnen.

(7) Die Entwicklungssatzung bedarf der Genehmigung der höheren Verwaltungsbehörde; dem Antrag auf Genehmigung ist ein Bericht über die Gründe, die die förmliche Festlegung des entwicklungsbedürftigen Bereichs rechtfertigen, beizufügen. § 6 Abs. 2 und 4 ist entsprechend anzuwenden.

(8) Die Entwicklungssatzung ist zusammen mit der Erteilung der Genehmigung ortsüblich bekanntzumachen. Hierbei ist auf die Genehmigungspflicht nach den §§ 144, 145 und 153 Abs. 2 hinzuweisen. Mit der Bekanntmachung wird die Entwicklungssatzung rechtsverbindlich.

(9) Die Gemeinde teilt dem Grundbuchamt die rechtsverbindliche Entwicklungssatzung mit. Sie hat hierbei die von der Entwicklungssatzung betroffenen Grundstücke einzeln aufzuführen. Das Grundbuchamt hat in die Grundbücher dieser Grundstücke einzutragen, daß eine städtebauliche Entwicklungsmaßnahme durchgeführt wird (Entwicklungsvermerk). § 54 Abs. 2 und 3 ist entsprechend anzuwenden.

§ 166
Zuständigkeit und Aufgaben

(1) Die Entwicklungsmaßnahme wird von der Gemeinde vorbereitet und durchgeführt, sofern nicht nach Absatz 4 eine abweichende Regelung

getroffen wird. Die Gemeinde hat für den städtebaulichen Entwicklungsbereich ohne Verzug Bebauungspläne aufzustellen und, soweit eine Aufgabe nicht nach sonstigen gesetzlichen Vorschriften einem anderen obliegt, alle erforderlichen Maßnahmen zu ergreifen, um die vorgesehene Entwicklung im städtebaulichen Entwicklungsbereich zu verwirklichen.

(2) Die Gemeinde hat die Voraussetzungen dafür zu schaffen, daß ein funktionsfähiger Bereich entsprechend der beabsichtigten städtebaulichen Entwicklung und Ordnung entsteht, der nach seinem wirtschaftlichen Gefüge und der Zusammensetzung seiner Bevölkerung den Zielen und Zwecken der städtebaulichen Entwicklungsmaßnahme entspricht und in dem eine ordnungsgemäße und zweckentsprechende Versorgung der Bevölkerung mit Gütern und Dienstleistungen sichergestellt ist.

(3) Die Gemeinde soll die Grundstücke im städtebaulichen Entwicklungsbereich erwerben. Dabei soll sie feststellen, ob und in welcher Rechtsform die bisherigen Eigentümer einen späteren Erwerb von Grundstücken oder Rechten im Rahmen des § 169 Abs. 6 anstreben. Die Gemeinde soll von dem Erwerb eines Grundstücks absehen, wenn

1. bei einem baulich genutzten Grundstück die Art und das Maß der baulichen Nutzung bei der Durchführung der Entwicklungsmaßnahme nicht geändert werden soll oder
2. der Eigentümer eines Grundstücks, dessen Verwendung nach den Zielen und Zwecken der städtebaulichen Entwicklungsmaßnahme bestimmt oder mit ausreichender Sicherheit bestimmbar ist, in der Lage ist, das Grundstück binnen angemessener Frist dementsprechend zu nutzen, und er sich hierzu verpflichtet.

Erwirbt die Gemeinde ein Grundstück nicht, ist der Eigentümer verpflichtet, einen Ausgleichsbetrag an die Gemeinde zu entrichten, der der durch die Entwicklungsmaßnahme bedingten Erhöhung des Bodenwerts seines Grundstücks entspricht. Die §§ 154 und 155 sind entsprechend anzuwenden.

(4) Die Vorbereitung und Durchführung der Entwicklungsmaßnahme kann einem Planungsverband nach § 205 Abs. 4 übertragen werden.

§ 167
Entwicklungsträger

(1) Die Gemeinde kann einen Entwicklungsträger beauftragen,

1. die städtebauliche Entwicklungsmaßnahme vorzubereiten und durchzuführen,
2. Mittel, die die Gemeinde zur Verfügung stellt oder die ihr gewährt werden, oder sonstige der städtebaulichen Entwicklungsmaßnahme dienende Mittel zu bewirtschaften.

(2) Die Gemeinde darf die Aufgabe nur einem Unternehmen übertragen, dem die zuständige Behörde bestätigt hat, daß es die Voraussetzungen für die Übernahme der Aufgabe als Entwicklungsträger erfüllt; § 158 ist entsprechend anzuwenden.

(3) Der Entwicklungsträger erfüllt die ihm von der Gemeinde übertragenen Aufgaben in eigenem Namen für Rechnung der Gemeinde als deren Treuhänder. § 159 Abs. 1 Satz 3 und Abs. 2 sowie die §§ 160 und 161 sind entsprechend anzuwenden.

(4) Der Entwicklungsträger ist verpflichtet, die Grundstücke des Treuhandvermögens nach Maßgabe des § 169 Abs. 5 bis 8 zu veräußern; er ist dabei an Weisungen der Gemeinde gebunden.

§ 169
Besondere Vorschriften für den städtebaulichen Entwicklungsbereich

(1) Im städtebaulichen Entwicklungsbereich sind entsprechend anzuwenden ....

....

2. § 147 Abs. 2 (Durchführung von Ordnungsmaßnahmen durch den Eigentümer), ...

....

§ 177
Modernisierungs- und Instandsetzungsgebot

(1) Weist eine bauliche Anlage nach ihrer inneren oder äußeren Beschaffenheit Mißstände oder Mängel auf, deren Beseitigung oder Behebung durch Modernisierung oder Instandsetzung möglich ist, kann die Gemeinde die Beseitigung der Mißstände durch ein Modernisierungsgebot und die Behebung der Mängel durch ein Instandsetzungsgebot anordnen. Zur Beseitigung der Mißstände und zur Behebung der Mängel ist der Eigentümer der baulichen Anlage verpflichtet. In dem Bescheid, durch den die Modernisierung oder Instandsetzung angeordnet wird, sind die zu beseitigenden Mißstände oder zu behebenden Mängel zu bezeichnen und eine angemessene Frist für die Durchführung der erforderlichen Maßnahmen zu bestimmen.

(2) Mißstände liegen insbesondere vor, wenn die bauliche Anlage nicht den allgemeinen Anforderungen an gesunde Wohn- und Arbeitsverhältnisse entspricht.

(3) Mängel liegen insbesondere vor, wenn durch Abnutzung, Alterung, Witterungseinflüsse oder Einwirkungen Dritter

1. die bestimmungsgemäße Nutzung der baulichen Anlage nicht nur unerheblich beeinträchtigt wird,
2. die bauliche Anlage nach ihrer äußeren Beschaffenheit das Straßen- oder Ortsbild nicht nur unerheblich beeinträchtigt oder
3. die bauliche Anlage erneuerungsbedürftig ist und wegen ihrer städtebaulichen, insbesondere geschichtlichen oder künstlerischen Bedeutung erhalten bleiben soll.

Kann die Behebung der Mängel einer baulichen Anlage nach landesrechtlichen Vorschriften auch aus Gründen des Schutzes und der Erhaltung von Baudenkmälern verlangt werden, darf das Instandsetzungsgebot nur mit Zustimmung der zuständigen Landesbehörde erlassen werden. In dem Bescheid über den Erlaß des Instandsetzungsgebots sind die auch aus Gründen des Denkmalschutzes gebotenen Instandsetzungsmaßnahmen besonders zu bezeichnen.

(4) Der Eigentümer hat die Kosten der von der Gemeinde angeordneten Maßnahmen insoweit zu tragen, als er sie durch eigene oder fremde Mittel decken und die sich daraus ergebenden Kapitalkosten sowie die zusätzlich entstehenden Bewirtschaftungskosten aus Erträgen der baulichen Anlage aufbringen kann. Sind dem Eigentümer Kosten entstanden, die er nicht zu tragen hat, hat die Gemeinde sie ihm zu erstatten, soweit nicht eine andere Stelle einen Zuschuß zu ihrer Deckung gewährt. Dies gilt nicht, wenn der Eigentümer aufgrund anderer Rechtsvorschriften verpflichtet ist, die Kosten selbst zu tragen, oder wenn er Instandsetzungen unterlassen hat und nicht nachweisen kann, daß ihre Vornahme wirtschaftlich unvertretbar oder ihm nicht zuzumuten war. Die Gemeinde kann mit dem Eigentümer den Kostenerstattungsbetrag unter Verzicht auf eine Berechnung im Einzelfall als Pauschale in Höhe eines bestimmten Vomhundertsatzes der Modernisierungs- oder Instandsetzungskosten vereinbaren.

(5) Der vom Eigentümer zu tragende Kostenanteil wird nach der Durchführung der Modernisierungs- oder Instandsetzungsmaßnahmen unter Berücksichtigung der Erträge ermittelt, die für die modernisierte oder instandgesetzte bauliche Anlage bei ordentlicher Bewirtschaftung nachhaltig erzielt werden können; dabei sind die mit einem Bebauungsplan, einem Sozialplan, einer städtebaulichen Sanierungsmaßnahme oder einer sonstigen städtebaulichen Maßnahme verfolgten Ziele und Zwecke zu berücksichtigen.

§ 205
Planungsverbände

(1) Gemeinden und sonstige öffentliche Planungsträger können sich zu einem Planungsverband zusammenschließen, um durch gemeinsame zusammengefaßte Bauleitplanung den Ausgleich der verschiedenen Belange zu erreichen. Der Planungsverband tritt nach Maßgabe seiner Satzung für die Bauleitplanung und ihre Durchführung an die Stelle der Gemeinden.

(2) Kommt ein Zusammenschluß nach Absatz 1 nicht zustande, können die Beteiligten auf Antrag eines Planungsträgers zu einem Planungsverband zusammengeschlossen werden, wenn dies zum Wohl der Allgemeinheit dringend geboten ist. Ist der Zusammenschluß aus Gründen der Raumordnung und Landesplanung geboten, kann den Antrag auch die für die Landesplanung nach Landesrecht zuständige Stelle stellen. Über den Antrag entscheidet die Landesregierung. Sind Planungsträger verschiedener Länder beteiligt, erfolgt der Zusammenschluß nach Vereinbarung zwischen den beteiligten Landesregierungen. Sollen der Bund oder eine bundesunmittelbare Körperschaft oder Anstalt an dem Planungsverband beteiligt werden, erfolgt der Zusammenschluß nach Vereinbarung zwischen der Bundesregierung und der Landesregierung, sofern die beteiligte Behörde des Bundes oder der bundesunmittelbaren Körperschaft oder Anstalt dem Zusammenschluß durch die Landesregierung widerspricht.

(3) Kommt eine Einigung über die Satzung oder über den Plan unter den Mitgliedern nicht zustande, stellt die zuständige Landesbehörde eine Satzung oder einen Plan auf und legt sie dem Planungsverband zur Beschlußfassung vor. Einigen sich die Mitglieder über diese Satzung oder diesen Plan nicht, setzt die Landesregierung die Satzung oder den Plan fest. Absatz 2 Satz 4 ist entsprechend anzuwenden. Ist der Bund oder eine bundesunmittelbare Körperschaft oder Anstalt an dem Planungsverband beteiligt, wird die Satzung oder der Plan nach Vereinbarung zwischen der Bundesregierung und der Landesregierung festgesetzt, sofern die beteiligte Behörde des Bundes oder der bundesunmittelbaren Körperschaft oder Anstalt der Festsetzung durch die Landesregierung widerspricht.

(4) Dem Planungsverband können nach Maßgabe der Satzung die Aufgaben der Gemeinde, die ihr nach diesem Gesetzbuch obliegen, übertragen werden.

(5) Der Planungsverband ist aufzulösen, wenn die Voraussetzungen für den Zusammenschluß entfallen sind oder der Zweck der gemeinsamen Planung erreicht ist. Kommt ein übereinstimmender Beschluß über die Auflösung nicht zustande, ist unter den in Satz 1 bezeichneten Voraussetzungen die Auflösung auf Antrag eines Mitglieds anzuordnen; im übrigen ist Absatz 2 entsprechend anzuwenden. Nach Auflösung des Planungsverbands gelten die von ihm aufgestellten Pläne als Bauleitpläne der einzelnen Gemeinden.

(6) Ein Zusammenschluß nach dem Zweckverbandsrecht oder durch besondere Landesgesetze wird durch diese Vorschriften nicht ausgeschlossen.

(7) Wird die Befugnis zur Aufstellung von Bauleitplänen nach den Absätzen 1 bis 3 oder 6 übertragen, sind die Entwürfe der Bauleitpläne mit Erläuterungsbericht oder Begründung vor der Beschlußfassung hierüber oder der Festsetzung nach Absatz 3 Satz 2 oder 4 den Gemeinden, für deren Gebiet der Bauleitplan aufgestellt werden soll, zur Stellungnahme innerhalb angemessener Frist zuzuleiten. Auf die Behandlung der von den Gemeinden fristgemäß vorgebrachten Bedenken und Anregungen ist § 3 Abs. 2 Satz 4 und 6 entsprechend anzuwenden.

II
Zweites Wohnungsbaugesetz
(Wohnungsbau- und Familienheimgesetz – II. WoBauG)

in der Fassung der Bekanntmachung vom 14. 8. 1990
(BGBl. I S. 1730, BStBl I S. 424)

zuletzt geändert durch Art. 8 des Gesetzes vom 5. 10. 1994
(BGBl. I S. 2911)[1]

– Auszug –

§ 7
Familienheime

(1) Familienheime sind Eigenheime, Kaufeigenheime und Kleinsiedlungen, die nach Größe und Grundriß ganz oder teilweise dazu bestimmt sind, dem Eigentümer und seiner Familie oder einem Angehörigen und dessen Familie als Heim zu dienen. Zu einem Familienheim in der Form des Eigenheims oder des Kaufeigenheims soll nach Möglichkeit ein Garten oder sonstiges nutzbares Land gehören.

(2) Das Familienheim verliert seine Eigenschaft, wenn es für die Dauer nicht seiner Bestimmung entsprechend genutzt wird. Das Familienheim verliert seine Eigenschaft nicht, wenn weniger als die Hälfte der Wohn- und Nutzfläche des Gebäudes anderen als Wohnzwecken, insbesondere gewerblichen oder beruflichen Zwecken dient.

§ 9
Eigenheime und Kaufeigenheime

(1) Ein Eigenheim ist ein im Eigentum einer natürlichen Person stehendes Grundstück mit einem Wohngebäude, das nicht mehr als zwei Wohnungen enthält, von denen eine Wohnung zum Bewohnen durch den Eigentümer oder seine Angehörigen bestimmt ist.

(2) Ein Kaufeigenheim ist ein Grundstück mit einem Wohngebäude, das nicht mehr als zwei Wohnungen enthält und von einem Bauherrn mit der Bestimmung geschaffen worden ist, es einem Bewerber als Eigenheim zu übertragen.

(3) Die in dem Wohngebäude enthaltene zweite Wohnung kann eine gleichwertige Wohnung oder eine Einliegerwohnung sein.

§ 10
Kleinsiedlungen

(1) Eine Kleinsiedlung ist eine Siedlerstelle, die aus einem Wohngebäude mit angemessener Landzulage besteht und die nach Größe, Bodenbeschaffenheit und Einrichtung dazu bestimmt und geeignet ist, dem Kleinsiedler durch Selbstversorgung aus vorwiegend gartenbaumäßiger Nutzung des Landes eine fühlbare Ergänzung seines sonstigen Einkommens zu bieten. Die Kleinsiedlung soll einen Wirtschaftsteil enthalten, der die Haltung von Kleintieren ermöglicht. Das Wohngebäude kann neben der für den Kleinsiedler bestimmten Wohnung eine Einliegerwohnung enthalten.

(2) Eine Eigensiedlung ist eine Kleinsiedlung, die von dem Kleinsiedler auf einem in seinem Eigentum stehenden Grundstück geschaffen worden ist.

(3) Eine Trägerkleinsiedlung ist eine Kleinsiedlung, die von einem Bauherrn mit der Bestimmung geschaffen worden ist, sie einem Bewerber zu Eigentum zu übertragen. Nach der Übertragung des Eigentums steht die Kleinsiedlung einer Eigensiedlung gleich.

§ 11
Einliegerwohnungen

Eine Einliegerwohnung ist eine in einem Eigenheim, einem Kaufeigenheim oder einer Kleinsiedlung enthaltene abgeschlossene oder nicht abgeschlossene zweite Wohnung, die gegenüber der Hauptwohnung von untergeordneter Bedeutung ist.

§ 12
Eigentumswohnungen und Kaufeigentumswohnungen

(1) Eine Eigentumswohnung ist eine Wohnung, an der Wohneigentum nach den Vorschriften des Ersten Teils des Wohnungseigentumsgesetzes begründet ist. Eine Eigentumswohnung, die zum Bewohnen durch den Wohnungseigentümer oder seine Angehörigen bestimmt ist, ist eine eigengenutzte Eigentumswohnung im Sinne des vorliegenden Gesetzes.

(2) Eine Kaufeigentumswohnung ist eine Wohnung, die von einem Bauherrn mit der Bestimmung geschaffen worden ist, sie einem Bewerber als eigengenutzte Eigentumswohnung zu übertragen.

---

[1] Zuletzt geändert durch Artikel 17 des JStErgG 1996.

§ 13
Genossenschaftswohnungen

Eine Genossenschaftswohnung ist eine Wohnung, die von einem Wohnungsunternehmen in der Rechtsform der Genossenschaft geschaffen worden und dazu bestimmt ist, auf Grund eines Nutzungsvertrages einem Mitglied zum Bewohnen überlassen zu werden.

§ 17
Ausbau und Erweiterung

(1) Wohnungsbau durch Ausbau eines bestehenden Gebäudes ist das Schaffen von Wohnraum durch Ausbau des Dachgeschosses oder durch eine unter wesentlichem Bauaufwand durchgeführte Umwandlung von Räumen, die nach ihrer baulichen Anlage und Ausstattung bisher anderen als Wohnzwecken dienten. Als Wohnungsbau durch Ausbau eines bestehenden Gebäudes gilt auch der unter wesentlichem Bauaufwand durchgeführte Umbau von Wohnräumen, die infolge Änderung der Wohngewohnheiten nicht mehr für Wohnzwecke geeignet sind, zur Anpassung an die veränderten Wohngewohnheiten.

(2) Wohnungsbau durch Erweiterung eines bestehenden Gebäudes ist das Schaffen von Wohnraum durch Aufstockung des Gebäudes oder durch Anbau an das Gebäude.

§ 17a
Modernisierung

Als Wohnungsbau gilt auch die Modernisierung von bestehendem Wohnraum, für die Mittel mit der Auflage gewährt werden, daß der zuständigen Stelle für den modernisierten Wohnraum ein Belegungsrecht zusteht. Modernisierung sind bauliche Maßnahmen, die den Gebrauchswert des Wohnraums nachhaltig erhöhen, die allgemeinen Wohnverhältnisse auf Dauer verbessern oder nachhaltig Einsparungen von Heizenergie oder Wasser bewirken; Instandsetzungen, die durch Maßnahmen der Modernisierung verursacht werden, fallen unter die Modernisierung.

§ 100
Anwendung von Begriffsbestimmungen dieses Gesetzes

Soweit in Rechtsvorschriften außerhalb dieses Gesetzes die in den §§ 2, 5, 7 und 9 bis 17 bestimmten Begriffe verwendet werden, sind diese Begriffsbestimmungen zugrunde zu legen, sofern nicht in jenen Rechtsvorschriften ausdrücklich etwas anderes bestimmt ist.

III
Verordnung
über wohnungswirtschaftliche Berechnungen
(Zweite Berechnungsverordnung – II. BV)

in der Fassung der Bekanntmachung vom 12. 10. 1990
(BGBl. I S. 2178, BStBl I S. 735)

zuletzt geändert durch IV. Verordnung zur Änderung
wohnungsrechtlicher Vorschriften vom 13. 7. 1992
(BGBl. I S. 1250)

– Auszug –

Teil IV
Wohnflächenberechnung

§ 42
Wohnfläche

(1) Die Wohnfläche einer Wohnung ist die Summe der anrechenbaren Grundflächen der Räume, die ausschließlich zu der Wohnung gehören.

(2) Die Wohnfläche eines einzelnen Wohnraumes besteht aus dessen anrechenbarer Grundfläche; hinzuzurechnen ist die anrechenbare Grundfläche der Räume, die ausschließlich zu diesem einzelnen Wohnraum gehören. Die Wohnfläche eines untervermieteten Teils einer Wohnung ist entsprechend zu berechnen.

(3) Die Wohnfläche eines Wohnheimes ist die Summe der anrechenbaren Grundflächen der Räume, die zur alleinigen und gemeinschaftlichen Benutzung durch die Bewohner bestimmt sind.

(4) Zur Wohnfläche gehört nicht die Grundfläche von
1. Zubehörräumen; als solche kommen in Betracht:
   Keller, Waschküchen, Abstellräume außerhalb der Wohnung, Dachböden, Trockenräume, Schuppen (Holzlegen), Garagen und ähnliche Räume;
2. Wirtschaftsräumen; als solche kommen in Betracht:
   Futterküchen, Vorratsräume, Backstuben, Räucherkammern, Ställe, Scheunen, Abstellräume und ähnliche Räume;
3. Räumen, die den nach ihrer Nutzung zu stellenden Anforderungen des Bauordnungsrechts nicht genügen;
4. Geschäftsräume.

§ 43
Berechnung der Grundfläche

(1) Die Grundfläche eines Raumes ist nach Wahl des Bauherrn aus den Fertigmaßen oder den Rohbaumaßen zu ermitteln. Die Wahl bleibt für alle späteren Berechnungen maßgebend.

(2) Fertigmaße sind die lichten Maße zwischen den Wänden ohne Berücksichtigung von Wandgliederungen, Wandbekleidungen, Scheuerleisten, Öfen, Heizkörpern, Herden und dergleichen.

(3) Werden die Rohbaumaße zugrunde gelegt, so sind die errechneten Grundflächen um 3 vom Hundert zu kürzen.

(4) Von den errechneten Grundflächen sind abzuziehen die Grundflächen von
1. Schornsteinen und anderen Mauervorlagen, freistehenden Pfeilern und Säulen, wenn sie in der ganzen Raumhöhe durchgehen und ihre Grundflächen mehr als 0,1 Quadratmeter beträgt,
2. Treppen mit über drei Steigungen und deren Treppenabsätze.

(5) Zu den errechneten Grundflächen sind hinzuzurechnen die Grundflächen von
1. Fenster- und offenen Wandnischen, die bis zum Fußboden herunterreichen und mehr als 0,13 Meter tief sind,
2. Erkern und Wandschränken, die eine Grundfläche von mindestens 0,5 Quadratmeter haben,
3. Raumteilen unter Treppen, soweit die lichte Höhe mindestens 2 Meter ist.

Nicht hinzuzurechnen sind die Grundflächen der Türnischen.

(6) Wird die Grundfläche auf Grund der Bauzeichnung nach den Rohbaumaßen ermittelt, so bleibt die hiernach berechnete Wohnfläche maßgebend, außer wenn von der Bauzeichnung abweichend gebaut ist. Ist von der Bauzeichnung abweichend gebaut worden, so ist die Grundfläche auf Grund der berichtigten Bauzeichnung zu ermitteln.

§ 44
Anrechenbare Grundfläche

(1) Zur Ermittlung der Wohnfläche sind anzurechnen

1. voll

    die Grundflächen von Räumen und Raumteilen mit einer lichten Höhe von mindestens 2 Metern;

2. zur Hälfte

    die Grundflächen von Räumen und Raumteilen mit einer lichten Höhe von mindestens 1 Meter und weniger als 2 Metern und von Wintergärten, Schwimmbädern und ähnlichen, nach allen Seiten geschlossenen Räumen;

3. nicht

    die Grundflächen von Räumen oder Raumteilen mit einer lichten Höhe von weniger als 1 Meter.

(2) Gehören ausschließlich zu dem Wohnraum Balkone, Loggien, Dachgärten oder gedeckte Freisitze, so können deren Grundflächen zur Ermittlung der Wohnfläche bis zur Hälfte angerechnet werden.

(3) Zur Ermittlung der Wohnfläche können abgezogen werden

1. bei einem Wohngebäude mit einer Wohnung bis zu 10 vom Hundert der ermittelten Grundfläche der Wohnung,

2. bei einem Wohngebäude mit zwei nicht abgeschlossenen Wohnungen bis zu 10 vom Hundert der ermittelten Grundfläche beider Wohnungen,

3. bei einem Wohngebäude mit einer abgeschlossenen und einer nicht abgeschlossenen Wohnung bis zu 10 vom Hundert der ermittelten Grundfläche der nicht abgeschlossenen Wohnung.

(4) Die Bestimmung über die Anrechnung oder den Abzug nach Absatz 2 oder 3 kann nur für das Gebäude oder die Wirtschaftseinheit einheitlich getroffen werden. Die Bestimmung bleibt für alle späteren Berechnungen maßgebend.

Anhang 5

Bausparkassen

Verzeichnis der Bausparkassen

I. Öffentlich-rechtliche Bausparkassen

1. Landesbausparkasse Berlin
   Berliner Straße 148, 10715 Berlin
2. Landesbausparkasse Bremen
   Am Brill 1–3, 28195 Bremen
3. Landesbausparkasse Hessen-Thüringen
   Junghofstraße 13–15, 60297 Frankfurt/M.
4. LBS Öffentliche Bausparkasse Hamburg
   Pappelallee 41, 22089 Hamburg
5. LBS Norddeutsche Landesbausparkasse
   Ihmeplatz 5, 30449 Hannover
6. LBS Badische Landesbausparkasse
   Siegfried-Kühn-Straße 4, 76135 Karlsruhe
7. Landes-Bausparkasse Schleswig-Holstein
   Schloßgarten 14, 24103 Kiel
8. Landes-Bausparkasse Rheinland-Pfalz
   Vordere Synagogenstraße 2, 55116 Mainz
9. LBS Bayerische Landesbausparkasse
   Arnulfstraße 50, 80335 München
10. LBS Westdeutsche Landesbausparkasse
    Himmelreichallee 40, 48130 Münster
11. LBS Ostdeutsche Landesbausparkasse AG
    Am Luftschiffhafen 1, 14471 Potsdam
12. Landesbausparkasse Saarbrücken
    Bahnhofstraße 111, 66111 Saarbrücken
13. Landesbausparkasse Württemberg
    Jägerstraße 36, 70174 Stuttgart

II. Private Bausparkassen

1. Aachener Bausparkasse AG
   Theaterstraße 92–94, 52062 Aachen
2. Alte Leipziger Bausparkasse AG
   Alte Leipziger Platz 1, 61440 Oberursel
3. Badenia Bausparkasse AG
   Badeniaplatz 1, 76114 Karlsruhe
4. Bausparkasse GdF
   Wüstenrot gGmbH, 71630 Ludwigsburg
5. Bausparkasse Mainz AG
   Kantstraße 1, 55122 Mainz
6. Bausparkasse Schwäbisch Hall AG
   Crailsheimer Straße 52, 74523 Schwäbisch Hall
7. BHW Allgemeine Bausparkasse AG
   Lubahnstraße 2, 31789 Hameln
8. BHW Bausparkasse AG
   Lubahnstraße 2, 31789 Hameln
9. B & B Bausparkasse in Europa AG
   Ballindamm 37, 20095 Hamburg
10. Colonia Bausparkasse AG
    Viktoriastraße 34–36, 44135 Dortmund
11. DBS Deutsche Bausparkasse AG
    Heinrichstraße 2, 64283 Darmstadt
12. Debeka Bausparkasse AG
    Ferdinand-Sauerbruch-Straße 18, 56073 Koblenz
13. Deutsche Bank Bauspar AG
    Niddagaustraße 42, 60489 Frankfurt
14. Deutscher Ring Bausparkasse AG
    Jessenstraße 4, 22756 Hamburg
15. Dresdner Bauspar AG
    Mainzer Landstraße 49, 60329 Frankfurt
16. Heimstatt Bauspar AG
    Haydnstraße 4–8, 80336 München
17. HUK-Coburg Bausparkasse AG
    Bahnhofsplatz, 96444 Coburg
18. Iduna Bausparkasse AG
    Kapstadtring 5, 22297 Hamburg
19. Leonberger Bausparkasse AG
    Lindenstraße 21, 71225 Leonberg
20. mh Bausparkasse AG
    Wotanstraße 88, 80639 München
21. Quelle Bauspar AG
    Nürnberger Straße 91–95, 90762 Fürth
22. Vereinsbank Victoria Bauspar AG
    Landsberger Straße 394, 81241 München

Anhang 6

Übersicht

I Ertragsteuerliche Folgen aus der Änderung des ehelichen Güterrechts im Beitrittsgebiet
II Einkommensteuerrechtliche Fragen im Zusammenhang mit der Vermögensrückgabe im Beitrittsgebiet bei den Einkünften aus Vermietung und Verpachtung
III Unternehmensrückgabe nach dem Vermögensgesetz; hier: Grundzüge der Unternehmensrückgabe sowie deren bilanzielle und ertragsteuerliche Behandlung
IV Ermittlung der Wiederherstellungs-/Wiederbeschaffungskosten zum 1. Juli 1990 für im Beitrittsgebiet gelegene Gebäude und der AfA-Bemessungsgrundlage
V Ermittlung der Wiederherstellungs-/Wiederbeschaffungskosten zum 1. Juli 1990 für im Beitrittsgebiet gelegene Gebäude und der AfA-Bemessungsgrundlage

I
Ertragsteuerliche Folgen aus der Änderung des ehelichen Güterrechts im Beitrittsgebiet

BMF vom 15. 9. 1992 (BStBl I S. 542)

IV B 2 – S 1901 – 170/92

Im Einvernehmen mit den obersten Finanzbehörden der Länder gilt zu den ertragsteuerlichen Folgen aus dem Übergang vom gesetzlichen Güterstand der Eigentums- und Vermögensgemeinschaft (Errungenschaftsgemeinschaft) nach §§ 13 ff. FGB-DDR zum gesetzlichen Güterstand der Zugewinngemeinschaft nach §§ 1363 ff. BGB im Beitrittsgebiet folgendes:

1. Eheliches Güterrecht bis einschließlich 2. Oktober 1990

1 Das Familiengesetzbuch der ehemaligen DDR (FGB-DDR) sah in den §§ 13 ff. für Ehegatten den Güterstand der Eigentums- und Vermögensgemeinschaft (Errungenschaftsgemeinschaft) als gesetzlichen Güterstand vor. Darin wurde zwischen drei Vermögensarten unterschieden:

– gemeinschaftliches Eigentum und Vermögen der Ehegatten,
– persönliches Eigentum und Vermögen des Ehemannes und
– persönliches Eigentum und Vermögen der Ehefrau.

1.1 Gemeinschaftliches Eigentum und Vermögen der Ehegatten

2 Zum gemeinschaftlichen Eigentum und Vermögen der Ehegatten gehörten die von einem oder beiden Ehegatten während der Ehe durch Arbeit oder aus Arbeitseinkünften erworbenen (errungenen) Sachen, Vermögensrechte und Ersparnisse (§ 13 Abs. 1 Satz 1 FGB-DDR) sowie solche Sachen und Vermögensrechte, die mit Mitteln des gemeinschaftlichen Vermögens erworben worden sind. Den Arbeitseinkünften gleichgestellt waren nach § 13 Abs. 1 Satz 2 FGB-DDR die Einkünfte aus Renten, Stipendien oder ähnlichen wiederkehrenden Leistungen. Aus dieser Regelung folgte, daß die Einkünfte der Ehegatten kraft Gesetzes, ohne daß es hierzu besonderer Erklärungen oder sonstiger Übertragungsakte bedurft hätte, in das gemeinschaftliche Eigentum und Vermögen fielen. Der einzelne Ehegatte hatte keine festen ideellen Anteile (Quoten) an den Gegenständen und auch keinen bestimmten Anteil am gemeinschaftlichen Eigentum und Vermögen insgesamt, über den er verfügen konnte. Erst bei Beendigung der Gemeinschaft waren solche Anteile festzusetzen. Dabei erhielt gem. § 39 Abs. 1 FGB-DDR jeder Ehegatte grundsätzlich die Hälfte des Eigentums und Vermögens. Solange die Gemeinschaft bestand, hatten beide Ehegatten gemeinsame und gleiche Rechte bezüglich des gesamten gemeinschaftlichen Eigentums und Vermögens. Der einzelne Ehegatte konnte weder über das gemeinschaftliche Eigentum und Vermögen als solches noch über einzelne Gegenstände des gemeinschaftlichen Eigentums und Vermögens oder über seinen Anteil daran allein verfügen (§ 15 Abs. 1 FGB-DDR). Die Ehegatten verwalteten das Eigentum und Vermögen gemeinsam.

1.2 Persönliches Eigentum und Vermögen eines Ehegatten

3 Zum persönlichen Eigentum und Vermögen eines Ehegatten gehörten die vor der Eheschließung erworbenen, die während der Ehe als Geschenk oder Auszeichnung erhaltenen, die während der Ehe mit Mitteln des persönlichen Eigentums und Vermögens erworbenen sowie die durch Erbschaft zugefallenen Sachen und Vermögensrechte. Außerdem gehörten zum persönlichen Eigentum und Vermögen die nur von einem Ehegatten zur Befriedigung persönlicher Bedürfnisse oder zur Berufsausübung genutzten Sachen. Das galt auch dann, wenn diese Sachen mit Mitteln des gemeinschaftlichen Eigentums und Vermögens erworben worden waren. Wurde ein Betrieb mit gemeinschaftlichen Mitteln be-

929

gründet, war er gemeinschaftliches Eigentum und Vermögen, wenn er von beiden Ehegatten betrieben wurde. War nur ein Ehegatte als Unternehmer tätig, so war der Betrieb grundsätzlich persönliches Eigentum und Vermögen dieses Ehegatten. Der Gewinn aus einem solchen Betrieb war jedoch gem. § 13 Abs. 1 FGB-DDR dem gemeinschaftlichen Eigentum und Vermögen zuzuordnen. Das galt aber nur für den entnommenen Gewinn. Veränderungen im Wert des Betriebsvermögens fielen nicht in das gemeinschaftliche Eigentum und Vermögen, sondern blieben persönliches Eigentum und Vermögen des Unternehmer-Ehegatten.

4 Persönliches Eigentum und Vermögen an Sachen, die der Befriedigung persönlicher Bedürfnisse oder zur Berufsausübung dienten, entstand nicht, soweit ihr Wert, gemessen am gemeinschaftlichen Eigentum und Vermögen, unverhältnismäßig hoch war (§ 13 Abs. 2 FGB-DDR). Das dürfte insbesondere bei vorhandenem Grundvermögen Bedeutung gehabt haben, das demzufolge durch die Nutzung zur Befriedigung persönlicher Bedürfnisse oder zur Berufsausübung durch einen Ehegatten nicht zum persönlichen Eigentum und Vermögen dieses Ehegatten wurde, sondern gemeinschaftliches Eigentum und Vermögen blieb, wenn es bereits vor dieser Nutzung gemeinschaftliches Eigentum und Vermögen war (vgl. auch § 15 Abs. 2 FGB-DDR).

2. **Eheliches Güterrecht ab 3. Oktober 1990**

5 Nach Artikel 234 § 4 des Einführungsgesetzes zum BGB (EGBGB) für das Beitrittsgebiet in der in Kapitel III Sachgebiet B Abschnitt II Nr. 1 der Anlage I zum Einigungsvertrag vom 31. August 1990 enthaltenen Fassung (Einigungsvertragsgesetz vom 23. September 1990, BGBl. II S. 885) gelten für Ehegatten, die am Tag des Wirksamwerdens des Beitritts, also am 3. Oktober 1990, im gesetzlichen Güterstand der Errungenschaftsgemeinschaft der FGB-DDR gelebt haben, soweit sie nichts anderes vereinbart haben, von diesem Zeitpunkt an die Vorschriften über den gesetzlichen Güterstand der Zugewinngemeinschaft. Jeder Ehegatte kann, sofern nicht vorher ein Ehevertrag geschlossen oder die Ehe geschieden worden ist, bis einschließlich 2. Oktober 1992 dem Kreisgericht gegenüber erklären, daß für die Ehe die Errungenschaftsgemeinschaft fortgelten soll. In diesem Fall gilt die o. g. Überleitung als nicht erfolgt (§ 4 Abs. 2 EGBGB – Rückwirkung). Die Erklärung muß notariell beurkundet werden (§ 4 Abs. 3 Satz 2 EGBGB). Das unter Rdnr. 1 dargestellte Güterrecht bleibt für diese Eheleute bestehen.

6 Mit dem Wechsel des Güterstandes zum 3. Oktober 1990 hat sich am Rechtscharakter des bis dahin erworbenen gemeinschaftlichen Eigentums und Vermögens nichts geändert. Es bleibt gemeinschaftliches Eigentum und Vermögen über den 2. Oktober 1990 hinaus und ist nicht kraft Gesetzes in Gesamthands- oder Bruchteilseigentum i. S. des BGB überführt worden. Die Ehegatten können jedoch im Rahmen einer einvernehmlichen Auseinandersetzung Sachen, die im gemeinschaftlichen Eigentum und Vermögen stehen, in Alleineigentum eines Ehegatten oder in Mit-(Bruchteils-)Eigentum beider Ehegatten überführen (vgl. Rdnr. 16).

3. **Ertragsteuerliche Folgen**

3.1 **Veranlagungszeiträume bis einschließlich 1990**

Aufgrund der familienrechtlichen Regelungen des FGB-DDR bestimmt § 7 der Besteuerungsrichtlinie vom 24. August 1979 (DDR-GBl. SDr. Nr. 1016) zu § 4 EStG-DDR, daß Zahlungen zwischen Ehegatten aufgrund abgeschlossener Darlehens-, Miet-, Provisions- und anderer Vertragsverhältnisse sowie Gewinnbeteiligungsvereinbarungen nicht anerkannt werden. Darunter fallen auch Arbeitsverträge. Da das Steuerrecht der ehemaligen DDR noch bis 31. Dezember 1990 im Beitrittsgebiet gegolten hat, ist diese Regelung trotz der familienrechtlichen Änderungen über den 2. Oktober 1990 hinaus bis zum 31. Dezember 1990 weiter anzuwenden. Bei Mitarbeit eines Ehegatten im Betrieb des anderen Ehegatten schreibt § 2 Abs. 2 des Steueränderungsgesetzes vom 6. März 1990 – StÄG – (DDR-GBl. I Nr. 17 S. 136) für 1990 vor, daß der auf die Arbeitsleistung des mitarbeitenden Ehegatten entfallende Anteil am Gesamteinkommen in Höhe des Arbeitslohns einer vergleichbaren fremden Arbeitskraft zu besteuern ist. Andere Zahlungen oder Vereinbarungen zwischen Ehegatten haben steuerlich dagegen keine Auswirkungen.

3.2 **Veranlagungszeiträume ab 1991**

Ab 1. Januar 1991 gilt im Beitrittsgebiet das Steuerrecht der Bundesrepublik Deutschland. Vertragsverhältnisse zwischen Ehegatten sind seitdem steuerlich nach den von der Rechtsprechung des BFH entwickelten Grundsätzen (vgl. Abschnitte 23 i. V. mit 138 und 174 a Abs. 2 EStR) zu behandeln.

3.2.1 **Betriebe, die vor dem 3. Oktober 1990 zum persönlichen Eigentum und Vermögen eines Ehegatten gehörten**

Gehörte ein Betrieb bereits vor dem 3. Oktober 1990 zum persönlichen Eigentum und Vermögen eines Ehegatten, ist der andere Ehegatte nicht als Mitunternehmer anzusehen.

Ohne Hinzutreten besonderer Umstände liegt keine Mitunternehmerschaft des anderen Ehegatten vor (vgl. insbesondere Abschnitt 138 EStR). Vertragsverhältnisse zwischen den Ehegatten können daher ab 1. Januar 1991 steuerlich anerkannt werden. Das gilt auch dann, wenn die Ehegatten die Errungenschaftsgemeinschaft nach dem 2. Oktober 1990 fortsetzen (vgl. Rdnr. 5 und 6), der Betrieb aber weiterhin persönliches

Eigentum und Vermögen des einen Ehegatten bleibt.

3.2.2 Betriebe, die vor dem 3. Oktober 1990 im gemeinschaftlichen Eigentum und Vermögen standen

11 Gehörte ein Betrieb bereits vor dem 3. Oktober 1990 zum gemeinschaftlichen Eigentum und Vermögen, sind die Ehegatten, unabhängig davon, ob sie die Errungenschaftsgemeinschaft fortsetzen, nur dann als Mitunternehmer (Gesellschafter) eines Betriebes anzusehen, wenn **alle** Wirtschaftsgüter, die wesentliche Grundlage dieses Betriebes sind, zum gemeinschaftlichen Eigentum und Vermögen der Ehegatten gehören und **beide** Ehegatten an unternehmerischen Entscheidungen, wie sie Gesellschaftern oder diesen vergleichbaren Personen als Geschäftsführern, Prokuristen oder leitenden Angestellten obliegen, teilhaben. Liegt Mitunternehmerschaft vor, sind die an einen der Ehegatten gezahlten Entgelte (Arbeitslohn, Miete, Provisionen, Zinsen o. ä.) als Gewinnanteile i. S. des § 15 Abs. 1 Nr. 2 EStG zu behandeln.

12 Ist dagegen nur einer der Ehegatten als Unternehmer anzusehen, sind die Wirtschaftsgüter nur insoweit Betriebsvermögen, als sie ihm zuzurechnen sind (§ 39 Abs. 2 Nr. 2 AO). In diesem Fall können Verträge zwischen den Ehegatten unter den Voraussetzungen des Abschnitts 23 Abs. 1 EStR ab 1. Januar 1991 steuerlich anerkannt werden.

13 Entsprechendes gilt bei Neugründung oder Erwerb von Betrieben nach dem 2. Oktober 1990, wenn die Errungenschaftsgemeinschaft fortgeführt werden soll und **alle** Wirtschaftsgüter, die wesentliche Grundlage des neu gegründeten oder erworbenen Betriebes sind, Bestandteil des gemeinschaftlichen Eigentums und Vermögens der Ehegatten werden, wenn **beide** Ehegatten an unternehmerischen Entscheidungen teilhaben.

3.2.3 Betriebsneugründung oder -erwerb nach dem 2. Oktober 1990

14 Gründet oder erwirbt ein Ehegatte nach dem 2. Oktober 1990 einen Betrieb, ist der andere Ehegatte ohne Hinzutreten besonderer Umstände auch dann nicht als Mitunternehmer anzusehen, wenn in diesem Betrieb Eigentum und Vermögen eingesetzt wird, das über den 2. Oktober 1990 hinaus gemeinschaftliches Eigentum und Vermögen geblieben ist.

4. Auseinandersetzung

15 Vereinbaren die Ehegatten **bis zum 31. Dezember 1992**[1]) eine Auseinandersetzung i. S. der Rdnr. 6, bestehen keine Bedenken, die Auseinandersetzungsvereinbarung auf Antrag steuerlich rückwirkend zum **1. Juli 1990** oder ggf. auf einen späteren Tag des Erwerbs oder der Gründung des Betriebs anzuerkennen, wenn sie bürgerlich-rechtlich wirksam abgeschlossen und ab diesem Zeitpunkt tatsächlich durchgeführt worden ist.

16 Für die Auseinandersetzung gilt nach Artikel 234 § 4 Abs. 4 EGBGB die Regelung des § 39 FGB-DDR sinngemäß. Danach bedarf eine Vereinbarung über eine Auseinandersetzung keiner besonderen Form. Lediglich soweit in einer solchen Vereinbarung die Pflicht zur Übertragung von Rechten begründet wird, bei denen das Recht der Bundesrepublik Deutschland Formvorschriften enthält, müssen diese beachtet werden. Dies betrifft insbesondere Vereinbarungen, durch die die Pflicht zur Übereignung von Grundstücken und Gebäuden begründet wird. Diese bedürfen der notariellen Beurkundung (§ 313 BGB). Die steuerliche Anerkennung einer solchen Vereinbarung setzt im übrigen voraus, daß sie schriftlich getroffen wird.

17 Wird die Auseinandersetzungsvereinbarung rückwirkend anerkannt, handelt es sich um ein Ereignis mit steuerlicher Wirkung für die Vergangenheit i. S. des § 175 Abs. 1 Satz 1 Nr. 2 AO.

4.1 Überführung in Alleineigentum

18 Wurde durch die Auseinandersetzungsvereinbarung das Betriebsvermögen in Alleineigentum eines Ehegatten überführt, ist es diesem Ehegatten rückwirkend zuzurechnen. §§ 36, 50 und 52 DMBilG (BGBl. 1991 I S. 971) sind entsprechend anzuwenden.

4.2 Überführung in Bruchteilseigentum

19 Wurde durch die Auseinandersetzungsvereinbarung das Betriebsvermögen in Bruchteilseigentum überführt, liegt eine Mitunternehmerschaft nur unter den Voraussetzungen des Abschn. 138 EStR vor.

20 Ist danach nur einer der Ehegatten als Unternehmer anzusehen, können zwischen den Ehegatten in bezug auf das Unternehmen abgeschlossene Verträge unter den Voraussetzungen des Abschnitts 23 Abs. 1 EStR steuerlich ab dem Vertragsabschluß, frühestens jedoch ab dem **1. Januar 1991** anerkannt werden.

4.3 Steuerliche Folgen der Auseinandersetzungsvereinbarung im Falle fehlender steuerlicher Rückwirkung

21 Liegen die Voraussetzungen für eine Rückwirkung nicht vor, z. B. bei einer Auseinandersetzungsvereinbarung erst nach dem 31. Dezember 1992, gelten die allgemeinen Regeln über die Auseinandersetzung von Vermögensgemeinschaften, zu denen sowohl Betriebs- als auch Privatvermögen gehört.

---

[1]) Frist für die Auseinandersetzung im Sinne der Randnummer 15 bis 31. 12. 1993 verlängert (BMF vom 21. 12. 1992 – BStBl 1993 I S. 107).

Anhang 6
I Beitrittsgebiet

5. Steuerliche Folgen der Fortsetzung der Errungenschaftsgemeinschaft

22 Bei der Ausübung der Option für eine Fortsetzung der Errungenschaftsgemeinschaft (vgl. Rdnr. 5) handelt es sich um ein Ereignis mit steuerlicher Wirkung für die Vergangenheit i. S. des § 175 Abs. 1 Satz 1 Nr. 2 AO.

6. Auswirkungen auf steuerliche Sondervorschriften im Beitrittsgebiet

23 Sind die Ehegatten als Mitunternehmer – ggf. mit Rückwirkung – anzusehen, ist das Unternehmen auch für die Frage des Steuerabzugsbetrags für Betriebsneugründungen nach § 58 Abs. 3 EStG 1990, der Sonderabschreibungen und der Investitionszulage wie der Betrieb einer Personengesellschaft zu behandeln.

24 Wird eine Auseinandersetzungsvereinbarung steuerlich rückwirkend anerkannt mit der Folge, daß nur einer der Ehegatten, bezogen auf den jeweiligen Betrieb, unternehmerisch tätig ist, ist das Unternehmen auch für die Frage des Steuerabzugsbetrags für Betriebsneugründungen nach § 58 Abs. 3 EStG 1990, der Sonderabschreibungen und der Investitionszulage wie ein Einzelunternehmen zu behandeln.

II
Einkommensteuerrechtliche Fragen im Zusammenhang mit der Vermögensrückgabe im Beitrittsgebiet bei den Einkünften aus Vermietung und Verpachtung

BMF vom 11. 1. 1993 (BStBl I S. 18)

IV B 3 – S 2211 – 66/92

Unter Bezugnahme auf das Ergebnis der Erörterung mit den obersten Finanzbehörden der Länder wird zu Fragen der Rückgabe von bebauten oder unbebauten Grundstücken im Beitrittsgebiet, die der Erzielung von Einnahmen aus Vermietung und Verpachtung dienen, wie folgt Stellung genommen:

1. **Steuerliche Behandlung der Rückübertragung, Rückgabe nach Aufhebung der staatlichen Verwaltung und Entschädigung nach dem Vermögensgesetz**

   Die Rückübertragung von enteignetem Grundbesitz oder dessen Rückgabe nach Aufhebung der staatlichen Verwaltung aufgrund des Gesetzes zur Regelung offener Vermögensfragen vom 23. September 1990 in der Fassung der Bekanntmachung vom 3. August 1992 (VermG, BGBl. I S. 1446) ist keine Anschaffung im steuerlichen Sinne (§ 52 Abs. 2 Satz 2 D-Markbilanzgesetz i. d. F. vom 18. April 1991, DMBilG, BStBl I S. 713). In Fällen der Rückübertragung oder Rückgabe gilt für die Bemessung der Absetzungen für Abnutzung als Anschaffungs- oder Herstellungskosten der Wert, der sich in entsprechender Anwendung des § 52 Abs. 1 Satz 1 DMBilG ergibt. Das ist regelmäßig der der Verkehrswert des Grundstücks zum 1. Juli 1990, soweit er auf das Gebäude entfällt. § 11 d EStDV ist entsprechend anzuwenden.

   Eine anstelle der Rückübertragung gezahlte Entschädigung gehört nicht zu den steuerpflichtigen Einkünften im Sinne des Einkommensteuergesetzes.

2. **Aufwendungen im Zusammenhang mit der Rückübertragung oder Rückgabe nach Aufhebung der staatlichen Verwaltung**

   Soweit Aufwendungen im Zusammenhang mit der Rückübertragung oder Rückgabe von vermietetem Grundbesitz (z. B. Kosten für Nachforschungen, Reisekosten; vgl. aber Tz. 3) entstanden sind, können diese als vorweggenommene Werbungskosten bei den Einkünften aus Vermietung und Verpachtung abziehbar sein. Dies gilt auch dann, wenn es entgegen den Erwartungen des Antragstellers nicht zu einer Rückübertragung an ihn kommt. Der Abzug als Werbungskosten setzt voraus, daß ein ausreichender wirtschaftlicher Zusammenhang zwischen den Aufwendungen und der späteren Erzielung von Einnahmen aus Vermietung und Verpachtung besteht. Im Zeitpunkt des Anfalls der Aufwendungen müssen Umstände erkennbar sein, wonach auf ein auf Einkunftserzielung gerichtetes Handeln geschlossen werden kann. Derartige, den Sachverhalt konkretisierende Umstände können z. B. Angaben über Art und Lage des Grundstücks, die derzeitige und die beabsichtigte Nutzung durch den Steuerpflichtigen, die derzeitigen Eigentumsverhältnisse, der Rechtsgrund, auf den der Steuerpflichtige seinen Anspruch auf Rückübertragung oder Rückgabe stützt, sowie die Vorlage einer Ablichtung des Antrags auf Rückübertragung oder Rückgabe sein.

   Aufwendungen für ein bebautes Grundstück, bei dem eine Rückübertragung ausgeschlossen ist und nur ein Anspruch auf Entschädigung besteht (§§ 4, 5 VermG, § 3 a VermG i. d. F. der Bekanntmachung vom 18. April 1991 (BGBl. I S. 957), § 11 Abs. 2 Investitionsvorranggesetz – InVorG) oder für das der Steuerpflichtige die Entschädigung zu wählen beabsichtigt (§§ 8, 11 VermG, 17 InVorG), stellen keine Werbungskosten dar.

   Soweit und solange der Sachverhalt unsicher oder unklar ist, kann das Finanzamt die Steuer vorläufig festsetzen (§ 165 der Abgabenordnung).

3. **Ablösung von Aufbauhypotheken, vergleichbaren Grundpfandrechten und Aufbaukrediten, Wertausgleich nach § 7 VermG**

   Ist ein Grundstückseigentümer zur Übernahme einer auf seinem Grundstück lastenden Aufbauhypothek, eines vergleichbaren Grundpfandrechts oder Aufbaukredites verpflichtet und löst er diese Verbindlichkeiten ab, sind diese Zahlungen als Leistung auf der Vermögensebene einkommensteuerrechtlich unbeachtlich. Sie können nicht als Werbungskosten im Rahmen der Einkünfte aus Vermietung und Verpachtung abgezogen werden und erhöhen nicht die Anschaffungs- oder Herstellungskosten (vgl. dazu Tz. 1). Das gleiche gilt im Fall eines bei Rückübertragung des enteigneten Grundstücks oder Rückgabe nach Aufhebung der staatlichen Verwaltung zu leistenden Wertausgleichs nach § 7 VermG.

4. Veräußerung innerhalb von zwei Jahren nach Rückübertragung

Veräußert der Steuerpflichtige das Grundstück innerhalb von zwei Jahren nach Rückübertragung, findet § 23 EStG (Spekulationsgeschäfte) keine Anwendung (vgl. dazu Tz. 1), es sei denn, mit der Rückübertragung wurde ein entgeltlich erworbener Anspruch (§ 3 Abs. 1 Satz 2 VermG) erfüllt.

Anhang 6

III
Unternehmensrückgabe nach dem Vermögensgesetz;
hier: Grundzüge der Unternehmensrückgabe sowie deren bilanzielle und ertragsteuerliche Behandlung

BMF vom 10. 5. 1994 (BStBl I S. 286, 380)

IV B 2 – S 1901 – 56/94

Inhaltsübersicht

		Tz.
A.	Grundzüge des Vermögensgesetzes	1
B.	Grundsätze der Unternehmensrückgabe	2–6
C.	Begriffsbestimmungen	
	I. Unternehmen	7, 8
	1. Zurückzugebendes Unternehmen	9
	2. Geschädigtes Unternehmen	10
	II. Unternehmensträger	11, 12
	III. Berechtigter	
	1. Berechtigter nach § 6 Abs. 1 a Satz 1 VermG	13, 14
	2. Wiederaufleben des Berechtigten (§ 6 Abs. 1 a und Abs. 10 VermG)	15
	3. Sonderregelung § 6 Abs. 1 a Satz 4 VermG	16, 17
	IV. Verfügungsberechtigter	18
D.	Rückübertragung des Unternehmens	
	I. Übertragung der Rechte und Entflechtung	19, 20
	II. Rückgabeformen	21
	III. Rückgabeansprüche der Gesellschafter oder Mitglieder des geschädigten Unternehmensträgers	22
	IV. Staatliche Beteiligung	23
E.	Ausgleichsleistungen	
	I. Grundsätze	24, 25
	II. Ausgleichsbilanz	26
	III. Ausgleichsformen	
	1. Ausgleichsforderungen wegen wesentlicher Verschlechterung der Vermögenslage (§ 6 Abs. 2 VermG)	27
	2. Ausgleichsverbindlichkeiten wegen wesentlicher Verbesserung der Vermögenslage (§ 6 Abs. 3 VermG)	28
	3. Erstattungsansprüche oder Ausgleichsverbindlichkeiten wegen wesentlicher Veränderung der Ertragslage (§ 6 Abs. 4 VermG)	29
F.	Entschädigung	30
G.	Verfahren	31–33
H.	Bilanzielle und ertragsteuerliche Behandlung	
	I. Grundsätze der Bilanzierung	34–37
	II. Rückgabe lebender Unternehmen	
	1. Rückgabe durch Übertragung der Anteile oder Mitgliedschaftsrechte an dem derzeitigen Unternehmensträger auf den geschädigten Unternehmensträger (§ 6 Abs. 5 a Buchstabe a VermG)	
	a) Berechtigte innerhalb des Beitrittsgebiets	38
	aa) Geschädigter Unternehmensträger	39, 40

Anhang 6

III Beitrittsgebiet

			Tz.
		bb) Gesellschafter oder Mitglieder des geschädigten Unternehmensträgers oder deren Rechtsnachfolger	41
	b)	Berechtigte außerhalb des Beitrittsgebiets	42
		aa) Geschädigter Unternehmensträger	43–46
		bb) Gesellschafter oder Mitglieder des geschädigten Unternehmensträgers oder deren Rechtsnachfolger	47
	c)	Verfügungsberechtigte	
		aa) Gesellschafter des derzeitigen Unternehmensträgers	48–50
		bb) Derzeitiger Unternehmensträger	51, 52
2.	Rückgabe durch Übertragung der Wirtschaftsgüter von dem derzeitigen Unternehmensträger auf den geschädigten Unternehmensträger (§ 6 Abs. 5 a Buchstabe b VermG)		
	a)	Berechtigte innerhalb des Beitrittsgebiets	53
		aa) Geschädigter Unternehmensträger	54, 55
		bb) Gesellschafter oder Mitglieder des geschädigten Unternehmensträgers oder deren Rechtsnachfolger	56
	b)	Berechtigte außerhalb des Beitrittsgebiets	57
		aa) Geschädigter Unternehmensträger	58, 59
		bb) Gesellschafter oder Mitglieder des geschädigten Unternehmensträgers oder deren Rechtsnachfolger	60
	c)	Verfügungsberechtigte	
		aa) Derzeitiger Unternehmensträger	61–63
		bb) Gesellschafter des derzeitigen Unternehmensträgers	64, 65
3.	Rückgabe durch Übertragung der Anteile oder Mitgliedschaftsrechte an dem derzeitigen Unternehmensträger auf die Gesellschafter oder Mitglieder des geschädigten Unternehmensträgers oder deren Rechtsnachfolger (§ 6 Abs. 5 a Buchstabe c VermG)		
	a)	Berechtigte innerhalb des Beitrittsgebiets	66
		aa) Geschädigter Unternehmensträger	67
		bb) Gesellschafter oder Mitglieder des geschädigten Unternehmensträgers oder deren Rechtsnachfolger	68
	b)	Berechtigte außerhalb des Beitrittsgebiets	69
		aa) Geschädigter Unternehmensträger	70
		bb) Gesellschafter oder Mitglieder des geschädigten Unternehmensträgers oder deren Rechtsnachfolger	71
	c)	Verfügungsberechtigte	
		aa) Gesellschafter des derzeitigen Unternehmensträgers	72, 73
		bb) Derzeitiger Unternehmensträger	74
4.	Staatliche Beteiligung		75, 76
5.	Eigenkapitalgliederung		77, 78
III.	**Rückgabe einzelner Wirtschaftsgüter eines stillgelegten Unternehmens**		
	1.	Grundsatz	79
	2.	Berechtigte innerhalb des Beitrittsgebiets	80
	3.	Berechtigte außerhalb des Beitrittsgebiets	81
IV.	**Vorbesitzzeit im Sinne des § 6 b EStG**		82
V.	**Ausgleichsleistungen**		
	1.	Rückgabe lebender Unternehmen	83
	2.	Rückgabe einzelner Wirtschaftsgüter eines stillgelegten Unternehmens	84
VI.	**Entschädigung**		85
VII.	**Abtretung der Ansprüche nach dem VermG (§ 3 Abs. 1 Satz 2 VermG)**		
	1.	Veräußerer	86
	2.	Erwerber	87
VIII.	**Gewinnermittlung nach § 4 Abs. 3 EStG/EStG-DDR**		88, 89

Im Einvernehmen mit den obersten Finanzbehörden der Länder wird zur Frage der Unternehmensrückgabe nach dem Vermögensgesetz wie folgt Stellung genommen:

A. Grundzüge des Vermögensgesetzes

1 Das Vermögensgesetz vom 23. September 1990 in der Fassung der Bekanntmachung vom 3. August 1992 (VermG – BGBl. Teil I S. 1446) regelt die vermögensrechtlichen Ansprüche von Berechtigten (§ 2 Abs. 1 VermG), die in der ehemaligen DDR (Beitrittsgebiet) enteignet oder durch staatliche Verwaltung in ihrer Verfügungsbefugnis beschränkt worden sind (§§ 1, 2, 4 VermG), sowie von deren Rechtsnachfolgern. Grundsätzlich sind diese Ansprüche durch Rückgabe (Restitution) der bisher einem Verfügungsberechtigten (§ 2 Abs. 3 VermG) zuzurechnenden Vermögenswerte (§ 2 Abs. 2 VermG) an die Berechtigten zu erfüllen. Der Grundsatz der Rückgabe wird zugunsten des redlichen Erwerbs von Eigentum oder dinglichen Nutzungsrechten durchbrochen (§ 4 Abs. 2 und 3 VermG). Das gilt auch für die Fälle, in denen eine Rückgabe aus tatsächlichen oder wirtschaftlichen Gründen ausgeschlossen ist (§§ 4 Abs. 1, 5 VermG) oder der Anspruch auf Rückgabe mit der Erteilung eines Investitionsvorrangbescheids entfällt (§ 11 Abs. 2 Investitionsvorranggesetz – InVorG – BGBl. 1992 Teil I S. 1268 –). Ist eine Rückgabe hiernach nicht möglich, hat der Berechtigte Anspruch auf Entschädigung; diese kann er im übrigen stets anstelle der Rückgabe oder der Inanspruchnahme sonstiger Rechte wählen (§§ 6 Abs. 6 a und Abs. 7, 8 und 11 VermG; § 17 InVorG).

B. Grundsätze der Unternehmensrückgabe

2 Für die Rückgabe von Unternehmen gelten insbesondere die Vorschriften der §§ 6 bis 6 b VermG sowie die Verordnung zum VermG über die Rückgabe von Unternehmen (Unternehmensrückgabeverordnung – URüV – BGBl. 1991 I S. 1542).

3 Ein Unternehmen ist auf Antrag an den Berechtigten zurückzugeben, wenn das heutige Unternehmen unter Berücksichtigung des technischen Fortschritts und der allgemeinen wirtschaftlichen Entwicklung mit dem vormals enteigneten Unternehmen im Zeitpunkt der Enteignung vergleichbar ist (§ 6 Abs. 1 Satz 1 VermG, § 2 URüV). Die Unternehmensrückgabe setzt somit stets ein noch bestehendes Unternehmen mit laufendem Geschäftsbetrieb voraus.

4 Ein Berechtigter, der einen Antrag auf Rückgabe eines Unternehmens stellt oder stellen könnte, kann diesen grundsätzlich nicht auf die Rückgabe nur einzelner Vermögensgegenstände des Unternehmens beschränken, die sich im Zeitpunkt der Schädigung in seinem Eigentum befanden (§ 3 Abs. 1 Satz 3 VermG).

5 Wurde der Geschäftsbetrieb eingestellt und fehlen die tatsächlichen Voraussetzungen für die Wiederaufnahme des Geschäftsbetriebs, ist die Rückgabe des Unternehmens ausgeschlossen (§ 4 Abs. 1 Satz 2 VermG). In diesem besonderen Fall kann der Berechtigte aus Billigkeitsgründen die Rückgabe der Vermögensgegenstände beanspruchen, die sich im Zeitpunkt der Schädigung in seinem Eigentum befanden oder später an deren Stelle getreten sind (§ 6 Abs. 6 a Satz 1 VermG).

6 Statt der Rückgabe kann der Berechtigte eine Entschädigung für den Wert des Unternehmens im Zeitpunkt der Schädigung nach Maßgabe des § 6 Abs. 7 VermG verlangen.

C. Begriffsbestimmungen

I. Unternehmen

7 Für Zwecke der Unternehmensrückgabe ist zwischen dem zurückzugebenden und dem enteigneten bzw. dem entzogenen (geschädigten) Unternehmen zu unterscheiden (§ 1 Abs. 1 Satz 3 URüV). Die Unterscheidung ist notwendig, um Veränderungen zu erfassen, die sich während der Dauer der Schädigung zwischen dem damaligen und dem heutigen Unternehmen ergeben haben. Das zurückzugebende Unternehmen ist somit regelmäßig auf den Zeitpunkt der Rückgabe und das geschädigte Unternehmen auf den Zeitpunkt der Schädigung zu betrachten.

8 Unternehmen im Sinne der Tz. 7 ist auch die Zweigniederlassung oder Betriebsstätte eines Unternehmens mit Hauptniederlassung außerhalb des Beitrittsgebiets (§ 2 Abs. 2 Satz 2 VermG).

1. Zurückzugebendes Unternehmen

   9 Das zurückzugebende Unternehmen ist das Unternehmen, das in seiner Gesamtheit und mit allen Aktiva und Passiva zum gegenwärtigen Zeitpunkt vorhanden ist (§ 1 Abs. 1 Satz 2 URüV). Es ist grundsätzlich in dem Zustand an den früheren Unternehmensträger zurückzugeben, in dem es sich im Zeitpunkt der Rückgabe befindet (§ 1 Abs. 1 Satz 1 URüV).

2. Geschädigtes Unternehmen

   10 Das geschädigte Unternehmen ist das Unternehmen, das einer Enteignung oder sonstigen schädigenden Maßnahme im Sinne von § 1 VermG unterlegen hat.

II. Unternehmensträger

11 Von dem zurückzugebenden oder geschädigten Unternehmen als solchem ist der jeweilige Unternehmensträger zu unterscheiden. Das Unternehmen ist keine rechtsfähige Person und kann deshalb nicht selbst im Rechtsverkehr auftreten. Zu diesem Zweck bedarf es eines Unternehmensträgers, der Inhaber des Unternehmens ist und als solcher für das Unternehmen handelt.

Dem Unternehmensträger werden die Vermögensgegenstände und Schulden zugerechnet.

12 Als Unternehmensträger sind insbesondere Einzelunternehmer, Personenhandelsgesellschaften (OHG, KG, GmbH & Co. KG), Kapitalgesellschaften (AG, GmbH) oder Erwerbs- und Wirtschaftsgenossenschaften anzusehen (§ 2 Abs. 1 Satz 1 VermG). Zu den Unternehmensträgern rechnen auch die Gesellschaften des bürgerlichen Rechts und Erbengemeinschaften.

III. Berechtigter

1. Berechtigter nach § 6 Abs. 1 a Satz 1 VermG

13 Anspruch auf Rückgabe eines Unternehmens hat nur der frühere Unternehmensträger (vgl. Tzn. 11, 12) als **unmittelbar** geschädigter Inhaber des entzogenen Unternehmens.

14 Hiervon zu unterscheiden sind die Gesellschafter oder Mitglieder (z. B. Aktionäre, Genossen) eines Unternehmensträgers. Die Gesellschafter oder Mitglieder eines Unternehmensträgers sind durch den Entzug des Unternehmens nur **mittelbar** geschädigt worden und deshalb nicht berechtigt, die Rückgabe des geschädigten Unternehmens zu verlangen. Sie sind nur Berechtigte, soweit anstelle der Unternehmensrückgabe die Herausgabe des Veräußerungserlöses oder Entschädigung verlangt werden kann (§ 6 Abs. 6 a Satz 4, Abs. 7 VermG).

2. Wiederaufleben des Berechtigten (§ 6 Abs. 1 a und Abs. 10 VermG)

15 Aufgrund der Schädigung ist der Unternehmensträger als Gesellschaft vielfach im Handels- oder Genossenschaftsregister gelöscht worden und damit rechtlich erloschen. Damit das geschädigte Unternehmen zurückgegeben werden kann, lebt in diesen Fällen der ursprünglich erloschene Unternehmensträger grundsätzlich nach Maßgabe des § 6 Abs. 1 a Satz 2 VermG unter seiner früheren Firma in Nachliquidation wieder auf. Kommt es nicht zum Fortbestand des erloschenen Unternehmensträgers, kann das geschädigte Unternehmen nicht zurückgefordert werden (§ 6 Abs. 1 a Satz 3 VermG). Diese Regelung ist auf Einzelunternehmer entsprechend anzuwenden, und zwar unabhängig davon, ob sie in einem Register eingetragen waren oder nicht. In diesen Fällen wird ebenfalls ein Unternehmen in Nachliquidation unterstellt. Mehrere Erben müssen den Anspruch auf Rückgabe des Unternehmens gemeinsam geltend machen. Für die interne Willensbildung der Erbengemeinschaft sind die §§ 2038 bis 2040 BGB maßgebend.

3. Sonderregelung § 6 Abs. 1 a Satz 4 VermG

16 Einer Wiederbelebung des Unternehmensträgers bedarf es nicht, soweit der Unternehmensträger nur sein im Beitrittsgebiet belegenes Vermögen verloren hat, aber außerhalb des Beitrittsgebiets als Gesellschaft oder Stiftung werbend tätig blieb (§ 6 Abs. 1 a Satz 4 VermG). In diesen Fällen ist der außerhalb des Beitrittsgebiets fortbestehende Unternehmensträger unmittelbar Berechtigter (§ 6 Abs. 1 a Satz 4 zweiter Halbsatz VermG). Ist die Gesellschaft oder Stiftung nicht mehr werbend tätig, ist zur Rückgabe des Unternehmens das Wiederaufleben des Unternehmensträgers im Wege der Nachliquidation erforderlich (§ 6 Abs. 1 a Satz 2 VermG).

17 Die Vorschrift des § 6 Abs. 1 a Satz 4 VermG erfaßt sowohl die Unternehmensträger mit Sitz außerhalb des Beitrittsgebiets als auch die sog. Spaltgesellschaften. Spaltgesellschaften sind Gesellschaften mit ursprünglichem Sitz im Beitrittsgebiet und Vermögen sowohl innerhalb als auch außerhalb des Beitrittsgebiets. Diese Gesellschaften haben mit der Schädigung im Beitrittsgebiet ihre Rechtspersönlichkeit nicht verloren. Sie bestehen auch nach der Schädigung im Beitrittsgebiet außerhalb dieses Gebiets mit dem auf außerhalb des Beitrittsgebiets beschränkten Vermögen fort.

IV. Verfügungsberechtigter

18 Verpflichtet zur Rückgabe des Unternehmens ist der Verfügungsberechtigte (§§ 6 Abs. 1 Satz 1, 2 Abs. 3 VermG), also derjenige, in dessen Eigentum oder Verfügungsmacht das zurückzugebende Unternehmen zum Zeitpunkt der Rückgabe steht.

Der Anspruch auf Rückgabe richtet sich daher

a) im Falle der Rückgabe von Anteils- oder Mitgliedschaftsrechten gegen den Inhaber dieser Rechte und

b) im Falle der Rückgabe der Vermögensgegenstände und Schulden direkt gegen den derzeitigen Unternehmensträger.

Bei Treuhandunternehmen ist der Anspruch auf Rückgabe gegen die Treuhandanstalt zu richten (§ 2 Abs. 3 Satz 3 VermG).

D. Rückübertragung des Unternehmens

I. Übertragung der Rechte und Entflechtung

19 Die Rückgabe des geschädigten Unternehmens an den Berechtigten erfolgt durch Übertragung der Rechte, die dem Eigentümer nach der jeweiligen Rechtsform zustehen (§ 6 Abs. 5 Satz 1 VermG).

20 Ist lediglich ein Teil des zum Zeitpunkt der Rückgabe bestehenden Unternehmens zurückzugeben, so kann das Unternehmen entweder entflochten werden (§ 6 b VermG) oder die Rück-

übertragung auf bestimmte Anteile an diesem Unternehmen beschränkt werden (§ 6 Abs. 5 Satz 2 VermG). Die Entflechtung nach § 6 b VermG ist nicht gleichzusetzen mit der Herausgabe einzelner Wirtschaftsgüter i. S. des § 6 Abs. 6 a VermG. Die Entflechtung dient vielmehr der Aufteilung eines einheitlichen Unternehmens in mehrere rechtlich selbständige Unternehmen oder Vermögensmassen, die im Anschluß an die Entflechtung sodann in ihrer jeweiligen Gesamtheit zurückgegeben werden können.

II. Rückgabeformen

21 Zur Durchführung der Rückgabe stehen drei Möglichkeiten zur Wahl:
1. Übertragung der Anteile oder Mitgliedschaftsrechte an dem derzeitigen Unternehmensträger auf den geschädigten Unternehmensträger (§ 6 Abs. 5 a Buchstabe a VermG).
2. Übertragung der Vermögensgegenstände und Schulden von dem derzeitigen Unternehmensträger auf den geschädigten Unternehmensträger (§ 6 Abs. 5 a Buchstabe b VermG).
3. Übertragung der Anteile oder Mitgliedschaftsrechte an dem derzeitigen Unternehmensträger auf die Gesellschafter oder Mitglieder des geschädigten Unternehmensträgers oder deren Rechtsnachfolger (§ 6 Abs. 5 a Buchstabe c VermG, § 10 URüV).

III. Rückgabeansprüche der Gesellschafter oder Mitglieder des geschädigten Unternehmensträgers

22 Von der unmittelbaren Schädigung des früheren Unternehmensträgers ist die mittelbare Schädigung der Gesellschafter oder Mitglieder dieses Unternehmensträgers zu unterscheiden (vgl. Tzn. 13, 14). Den Gesellschaftern oder Mitgliedern des geschädigten Unternehmensträgers oder deren Rechtsnachfolgern wird die ihnen entzogene Rechtsposition auf Antrag wieder eingeräumt (§ 6 Abs. 5 b Satz 1 VermG). Mit der Wiedereinräumung der ehemaligen Rechtsposition und der Rückgabe des Unternehmens an den geschädigten Unternehmensträger sind sodann auch alle weitergehenden Ansprüche der betroffenen Gesellschafter oder Mitglieder des geschädigten Unternehmensträgers und ihrer Rechtsnachfolger erfüllt (§ 6 Abs. 5 b Satz 2 VermG).

IV. Staatliche Beteiligung

23 Sofern der geschädigte Unternehmensträger (hier grundsätzlich eine Personengesellschaft) staatlichen Stellen aufgrund unlauterer Machenschaften eine Beteiligung einräumen mußte, steht die Beteiligung bei Treuhandunternehmen der Treuhandanstalt zu. Die Gesellschafter des geschädigten Unternehmensträgers oder deren Rechtsnachfolger können die Beteiligung gegen Rückgewähr der beim Erwerb der Beteiligung erbrachten Einlage oder Vergütung beanspruchen (§ 6 Abs. 5 c Satz 1 und 3 VermG). Die Gesellschafter des geschädigten Unternehmensträgers oder deren Rechtsnachfolger können die staatliche Beteiligung fortbestehen lassen; sie können sie auch auf sich übertragen lassen oder deren Löschung verlangen (§ 6 Abs. 5 c Satz 2 und 5 VermG).

E. Ausgleichsleistungen

I. Grundsätze

24 Ein Unternehmen ist grundsätzlich in dem Zustand zurückzugeben, in dem es sich im Zeitpunkt der Rückgabe tatsächlich befindet (§ 1 Abs. 1 Satz 1 VRüV). Weicht der Zustand des zurückgebenden Unternehmens im Zeitpunkt der Rückgabe von dem Zustand des geschädigten Unternehmens im Zeitpunkt der Schädigung ab, sind die Abweichungen auszugleichen (§ 6 Abs. 1 Satz 2, Abs. 2 bis 4 VermG).

25 Mit dem Ausgleich wird gleichzeitig sichergestellt, daß das zurückzugebende Unternehmen zum Zeitpunkt der Rückgabe zumindest mit dem gesetzlichen Mindestkapital ausgestattet ist und nicht schon aus rechtlichen Gründen liquidiert werden muß.

II. Ausgleichsbilanz

26 Zur Ermittlung der zutreffenden Ausgleichsleistungen ist für das zurückzugebende Unternehmen grundsätzlich eine auf den Zeitpunkt der Rückgabe bezogene Bilanz aufzustellen. Dabei kann es sich um die fortgeschriebene D-Markeröffnungsbilanz (DMEB) oder um eine gesonderte Schlußbilanz handeln. Über § 3 URüV sind in jedem Fall die Wertansätze zugrunde zu legen, die sich nach Maßgabe des D-Markbilanzgesetzes (DMBilG) auf den Zeitpunkt der Rückgabe ergeben. Durch § 3 URüV wird die Anwendung des DMBilG auf alle anläßlich der Unternehmensrückgabe aufzustellenden Schlußbilanzen erstreckt und wirkt – entgegen § 36 Abs. 4 DMBilG – auch über den 31. Dezember 1994 hinaus.

III. Ausgleichsformen

1. Ausgleichsforderungen wegen wesentlicher Verschlechterung der Vermögenslage (§ 6 Abs. 2 VermG)

27 Eine wesentliche Verschlechterung der Vermögenslage liegt vor, wenn sich bei Aufstellung der DMEB oder der für die Rückgabe maßgeblichen Bilanz (vgl. Tz. 26) eine Überschuldung oder Unterdeckung des für die Rechtsform des zurückzugebenden Unter-

nehmens gesetzlich vorgeschriebenen Mindestkapitals ergibt. In diesem Fall können sich für das zurückzugebende Unternehmen Ansprüche (regelmäßig gegenüber der Treuhandanstalt) auf Einräumung einer Ausgleichsforderung zur Beseitigung einer Überschuldung nach § 24 DMBilG, auf Einzahlung des nach der Rechtsform vorgeschriebenen Mindestkapitals nach § 26 Abs. 3 DMBilG und auf Einzahlung von Kapital in Höhe eines Kapitalentwertungskontos nach § 28 DMBilG ergeben, die, anders als nach den §§ 24, 26 Abs. 3 DMBilG, nicht abgelehnt werden können. Die genannten Ansprüche entfallen jedoch, soweit nachgewiesen wird, daß die Eigenkapitalverhältnisse im Zeitpunkt der Schädigung nicht günstiger waren.

2. Ausgleichsverbindlichkeiten wegen wesentlicher Verbesserung der Vermögenslage (§ 6 Abs. 3 VermG)

28 Eine wesentliche Verbesserung der Vermögenslage liegt vor, wenn sich bei Aufstellung der DMEB oder der für die Rückgabe maßgeblichen Bilanz (vgl. Tz. 26) eine Ausgleichsverbindlichkeit nach § 25 DMBilG für das zurückzugebende Unternehmen ergibt. In diesem Fall hat das zurückzugebende Unternehmen in Höhe der Ausgleichsverbindlichkeit Zahlungen grundsätzlich an die Treuhandanstalt zu leisten.

3. Erstattungsansprüche oder Ausgleichsverbindlichkeiten wegen wesentlicher Veränderung der Ertragslage (§ 6 Abs. 4 VermG)

29 Im Falle der Unternehmensrückgabe können Erstattungsansprüche und Ausgleichsverbindlichkeiten entstehen, weil sich die Ertragslage wesentlich verändert hat. Dabei ist grundsätzlich auf die Umsätze in Einheiten der voraussichtlich absetzbaren Produkte oder Leistungen abzustellen (§ 6 URüV).

F. Entschädigung

30 Soweit den Berechtigten ein Anspruch auf Rückgabe eines Unternehmens zusteht, können sie statt dessen Entschädigung wählen (§ 6 Abs. 7 VermG). Ein entsprechendes Gesetz ist in Vorbereitung. Ist dem Verfügungsberechtigten die Rückgabe in bestimmten Fällen nicht möglich, weil er das Unternehmen oder nach § 6 Abs. 6 a Satz 1 VermG zurückzugebende Vermögensgegenstände ganz oder teilweise veräußert hat (§ 6 Abs. 6 a Satz 4 VermG, § 16 InVorG), können die Berechtigten unter bestimmten Voraussetzungen die Herausgabe des Erlöses oder die Zahlung eines Betrages in Höhe des Verkehrswerts verlangen. Alle Entschädigungsansprüche stehen grundsätzlich dem geschädigten Unternehmensträger (Berechtigten) zu (§ 18 Abs. 2 URüV). Lebt der Berechtigte nicht wieder in Nachliquidation auf (§ 6 Abs. 1 a Satz 2 und 3 VermG), können die Gesellschafter oder Mitglieder des Berechtigten Entschädigung beanspruchen; diesen stehen auch die Ansprüche nach § 6 Abs. 6 a Satz 4 VermG zu (§ 18 Abs. 1 Satz 2 und 3 VermG).

G. Verfahren

31 Der Anspruch auf Unternehmensrückgabe ist bei der zuständigen Behörde mittels Antrag geltend zu machen (§§ 6 Abs. 6 Satz 1 und 2, 30 Abs. 1 VermG). Über den Antrag ist grundsätzlich durch Verwaltungsakt zu entscheiden (§ 32 Abs. 1 VermG). Das gilt nicht, soweit die Rückgabe zwischen dem Berechtigten und dem Verfügungsberechtigten einvernehmlich zustande kommt (§ 30 Abs. 1 Satz 2 VermG). In diesen Fällen ergeht ein der gütlichen Einigung entsprechender Verwaltungsakt (Feststellungsbescheid) erst auf weiteren Antrag (§ 31 Abs. 5 Satz 3 VermG).

32 Mit der Unanfechtbarkeit der Entscheidung geht das Eigentum an dem Unternehmen im Wege der Gesamtrechtsnachfolge auf den Berechtigten über (§ 34 Abs. 4 VermG). Wird in den Fällen der gütlichen Einigung ein Verwaltungsakt nicht beantragt, erfolgt die Übertragung der Vermögensgegenstände und Schulden des Unternehmens im Wege der Einzelrechtsnachfolge (§ 9 Abs. 1 URüV). Dies gilt auch, soweit anstelle des Unternehmens nur die Herausgabe einzelner Vermögensgegenstände verlangt werden kann (§ 6 Abs. 6 a VermG).

33 Der Anspruch auf Rückgabe eines Unternehmens kann auch abgetreten, verpfändet oder gepfändet werden (§ 3 Abs. 1 Satz 2 VermG).

H. Bilanzielle und ertragsteuerliche Behandlung

I. Grundsätze der Bilanzierung

34 Maßgebend für die bilanz- und ertragsteuerlichen Folgerungen ist der Inhalt des jeweiligen unanfechtbaren Verwaltungsakts oder der Vereinbarung über die gütliche Einigung (§ 31 Abs. 5 Satz 1 VermG). Dies gilt für die Fragen, was an wen zurückzugeben ist, ob Ausgleichsleistungen zu erbringen sind oder eine Entschädigung an die Stelle der Unternehmensrückgabe tritt. Für den Zeitpunkt der Rückgabe kommt es auf die steuerliche Zurechnung der Wirtschaftsgüter beim Berechtigten an (§ 39 Abgabenordnung).

35 Die Ansprüche und Verpflichtungen nach dem VermG werden grundsätzlich neutral behandelt, es sei denn, es handelt sich um eine entgeltliche Rechtsnachfolge (vgl. Tzn. 86, 87).

36 Zur Bilanzierung der Ansprüche und Verpflichtungen nach dem VermG ist grundsätzlich zwischen Berechtigten mit Sitz zum Zeitpunkt der

Schädigung innerhalb und außerhalb des Beitrittsgebiets zu unterscheiden.

Bei den Berechtigten innerhalb des Beitrittsgebiets richtet sich die Bilanzierung nach den Grundsätzen des D-Markbilanzgesetzes vom 23. September 1990 in der Fassung der Bekanntmachung vom 18. April 1991 (DMBilG – BGBl. I S. 971).

Bei den Berechtigten außerhalb des Beitrittsgebiets richtet sich die Bilanzierung nach den Grundsätzen des D-Markbilanzgesetzes vom 21. April 1949 (DMBG 1948, WiGBl. S. 279, bereinigte Fassung veröffentlicht im BGBl. III, Gliederungs-Nr. 4140-1) sowie des 4. D-Markbilanzergänzungsgesetzes vom 7. April 1961 (4. DMBG-EG 1961 – BGBl. I S. 413). Das DMBilG gilt zwar auch für die Besteuerung der Berechtigten außerhalb des Beitrittsgebiets. Dennoch gehen dem DMBilG die Grundsätze des DMBG 1948 und des 4. DMBG-EG 1961 als spezielle Regelungen vor.

37 Auf der Seite des Verfügungsberechtigten bedarf es einer Unterscheidung innerhalb und außerhalb des Beitrittsgebiets nicht, da Verfügungsberechtigter nur ein Unternehmensträger oder dessen Gesellschafter innerhalb des Beitrittsgebiets sein kann. Als Verfügungsberechtigter kommt regelmäßig eine Treuhand-GmbH oder -AG oder die Treuhandanstalt selbst als Gesellschafter der vorgenannten Gesellschaften in Betracht.

II. Rückgabe lebender Unternehmen

Zur Durchführung der Rückgabe stehen drei Möglichkeiten zur Wahl (vgl. Tz. 21):

1. Rückgabe durch **Übertragung der Anteile oder Mitgliedschaftsrechte** an dem derzeitigen Unternehmensträger auf den geschädigten Unternehmensträger (§ 6 Abs. 5 a Buchstabe a VermG).

38 a) Berechtigte innerhalb des Beitrittsgebiets

Beispiel 1

Die X-GmbH & Co. KG (Gesellschafter: A-GmbH und B) mit Sitz und Geschäftsleitung in Leipzig wurde 1972 in Volkseigentum übergeleitet und als VEB fortgeführt. Zum 1. Juli 1990 wurde der VEB in die Y-GmbH umgewandelt. Alleiniger Gesellschafter der Y-GmbH ist die Treuhandanstalt. Die Rückgabe erfolgt durch Übertragung der Anteile an der Y-GmbH von der Treuhandanstalt auf die X-GmbH & Co. KG, die zu diesem Zweck in Nachliquidation wiederauflebt.

aa) Geschädigter Unternehmensträger

39 Der geschädigte Unternehmensträger als Berechtigter nach dem VermG besteht grundsätzlich in Nachliquidation fort (§ 6 Abs. 1 a Satz 2 VermG). Für das Unternehmen i. L. ist eine DMEB auf den 1. Juli 1990 nach den Grundsätzen des DMBilG aufzustellen (§ 1 Abs. 3 DMBilG). Darin ist der Anspruch auf Herausgabe des Unternehmens als Forderung nach dem VermG zu aktivieren und in Höhe des aktivierten Betrags innerhalb der Gewinnrücklagen eine Sonderrücklage zu bilden (§ 7 Abs. 6 DMBilG). Bis zum Zeitpunkt der Rückgabe sind die Bilanzposten nach allgemeinen bilanzsteuerlichen Grundsätzen fortzuführen.

40 Zum Zeitpunkt der Rückgabe wird die Forderung nach dem VermG durch die rückübertragenen Anteile oder Mitgliedschaftsrechte an dem derzeitigen Unternehmensträger (Beteiligung) ersetzt. Die Beteiligung ist dabei mit dem Wert anzusetzen, der sich für das zurückzugebende Unternehmen auf den Zeitpunkt der Rückgabe nach den Grundsätzen des DMBilG ergibt (§ 3 URüV, § 11 Abs. 1 DMBilG). Der Wertansatz der Beteiligung führt zur korrespondierenden Berichtigung der bisherigen Wertansätze der Forderung nach dem VermG und der Sonderrücklage in der DMEB und etwaigen Folgebilanzen (§§ 36, 50 Abs. 3 DMBilG). Der angesetzte Wert gilt für die Folgezeit als Anschaffungskosten der Beteiligung (§§ 7 Abs. 1, 50 Abs. 1 DMBilG).

bb) Gesellschafter oder Mitglieder des geschädigten Unternehmensträgers oder deren Rechtsnachfolger

41 Die Zurechnung der Anteile oder Mitgliedschaftsrechte an dem geschädigten Unternehmensträger zum Privat- oder Betriebsvermögen richtet sich nach den allgemeinen steuerlichen Grundsätzen. Als Anschaffungskosten der Anteile oder Mitgliedschaftsrechte an dem geschädigten Unternehmensträger gilt für die Folgezeit der anteilige Wert, der sich für das zurückzugebende Unternehmen auf den Zeitpunkt der Rückgabe nach den Grundsätzen des DMBilG ergibt (§ 3 URüV).

42 b) Berechtigte außerhalb des Beitrittsgebiets

Beispiel 2

Die E-GmbH (Gesellschafter F und G) mit Sitz und Geschäftsleitung in Dortmund hatte eine Betriebsstätte in Dresden. Die Betriebsstätte wurde verstaatlicht und zum 1. Juli 1990 in die H-GmbH umgewandelt. Alleiniger Gesellschafter der H-GmbH ist die Treuhandanstalt. Die Rückgabe der Betriebsstätte erfolgt durch Übertragung der Anteile an der H-GmbH von der Treuhandanstalt auf die E-GmbH.

aa) **Geschädigter Unternehmensträger**

43 Für den Regelfall ist davon auszugehen, daß der letzte Wertansatz der Wirtschaftsgüter des geschädigten Unternehmens (Betriebsstätte) vor der Schädigung (§ 2 Abs. 4 VermG) nach den Grundsätzen des DMBG 1948 (vgl. Tz. 36) zustande gekommen ist. Hiernach waren die Wirtschaftsgüter außerhalb des damaligen Währungsgebiets, aber innerhalb Deutschlands, wegen der Ungewißheit über den ihnen beizulegenden Wert in der auf den 21. Juni 1948 aufzustellenden D-Markeröffnungsbilanz (DMEB 1948) nur mit einem Erinnerungsposten oder mit einem sonstigen vorläufigen Wert anzusetzen (§ 17 DMBG 1948). Gemäß § 4 Abs. 1 und 2 des 4. DMBG-EG 1961 können Wirtschaftsgüter, die in einer DMEB 1948 nach den Vorschriften des DMBG 1948 vorläufig mit einem Erinnerungswert anzusetzen oder sonst vorläufig zu bewerten waren, endgültig mit dem Wert angesetzt werden, der ihnen in dem Zeitpunkt beizulegen ist, in dem der Grund für die vorläufige Bewertung entfallen ist. Die Wirtschaftsgüter sind deshalb zum Zeitpunkt der Rückgabe mit dem Wert anzusetzen, der sich auf diesen Zeitpunkt nach den Grundsätzen des DMBilG ergibt (§ 3 URüV).

44 Die so in der Handelsbilanz erfolgswirksam vorzunehmende Werterhöhung ist in der Steuerbilanz nachzuvollziehen. Der Unterschiedsbetrag zwischen dem bisherigen Wertansatz und dem endgültigen Wertansatz ist jedoch bei der steuerlichen Gewinnermittlung nicht zu berücksichtigen (§ 12 Abs. 1 Satz 2 und Abs. 6 4. DMBG-EG 1961). Für die Steuern vom Einkommen und Ertrag ergeben sich dadurch keine steuerlichen Auswirkungen aus zwischenzeitlich eingetretenen Werterhöhungen, und zwar unabhängig davon, ob es sich um zum 21. Juni 1948 (Stichtag: DMEB 1948) oder erst später eingetretene Werterhöhungen handelt.

45 Sind Wirtschaftsgüter, die in der DMEB 1948 des geschädigten Unternehmensträgers anzusetzen waren, später wegen der tatsächlichen Entwicklung aus der Bilanz ausgeschieden, sind sie dennoch so zu behandeln, als seien sie mit einem Erinnerungswert oder einem sonstigen Wertansatz in der Bilanz fortgeführt worden. Sodann sind die Tzn. 43, 44 anzuwenden.

46 Die an den geschädigten Unternehmensträger zurückübertragenen Anteile oder Mitgliedschaftsrechte an dem derzeitigen Unternehmensträger (Beteiligung) treten an die Stelle der bei dem geschädigten Unternehmensträger mit einem Erinnerungswert oder einem sonstigen vorläufigen Wert angesetzten Wirtschaftsgüter. Der angesetzte Wert gilt für die Folgezeit als Anschaffungskosten der Beteiligung (§§ 7 Abs. 1, 50 Abs. 1 DMBilG entsprechend).

bb) **Gesellschafter oder Mitglieder des geschädigten Unternehmensträgers oder deren Rechtsnachfolger**

47 Die Zurechnung der Anteile oder Mitgliedschaftsrechte an dem geschädigten Unternehmensträger zum Privat- oder Betriebsvermögen richtet sich nach den allgemeinen steuerlichen Grundsätzen. Als Anschaffungskosten der Anteile oder Mitgliedschaftsrechte an dem geschädigten Unternehmensträger gilt für die Folgezeit der anteilige Wert, der sich für das zurückzugebende Unternehmen auf den Zeitpunkt der Rückgabe nach den Grundsätzen des DMBilG ergibt (§ 3 URüV).

c) **Verfügungsberechtigte**

aa) **Gesellschafter des derzeitigen Unternehmensträgers**

48 Zur Rückgabe der Anteile oder Mitgliedschaftsrechte an dem derzeitigen Unternehmensträger ist dessen Gesellschafter verpflichtet.

49 Der Gesellschafter des derzeitigen Unternehmensträgers hat auf den 1. Juli 1990 grundsätzlich eine DMEB aufzustellen (§ 1 Abs. 1 bis 3 DM-BilG). Darin sind die Anteile oder Mitgliedschaftsrechte an dem derzeitigen Unternehmensträger (Beteiligung) aufzunehmen und neu zu bewerten (§§ 7 Abs. 1, 11 Abs. 1 Satz 1 DMBilG). Daneben ist wegen der Verpflichtung zur Rückgabe der Beteiligung in deren Höhe eine Verbindlichkeit nach dem VermG zu

passivieren (§ 7 Abs. 6 DMBilG). Damit wird der Ansatz der Beteiligung neutralisiert.

50 Mit der Übertragung der Beteiligung auf den geschädigten Unternehmensträger sind die Beteiligung und die Verbindlichkeit nach dem VermG aus der Bilanz auszubuchen.

bb) Derzeitiger Unternehmensträger

51 Der derzeitige Unternehmensträger hat auf den 1. Juli 1990 grundsätzlich ebenfalls eine DMEB aufzustellen (§ 1 Abs. 1 bis 3 DMBilG). Darin sind die Wirtschaftsgüter des zurückzugebenden Unternehmens aufzunehmen und neu zu bewerten (§ 7 Abs. 1 DMBilG). In der Folgezeit werden die Bilanzposten nach allgemeinen bilanzsteuerlichen Grundsätzen fortgeführt.

52 Die Übertragung der Anteile oder Mitgliedschaftsrechte an dem derzeitigen Unternehmensträger auf den geschädigten Unternehmensträger hat grundsätzlich keinen Einfluß auf die Bilanzierung. Veränderungen ergeben sich insoweit nur auf der Gesellschafterebene. Nach der Rückgabe wird der derzeitige Unternehmensträger mit neuen Anteilseignern fortgeführt.

2. Rückgabe durch **Übertragung der Wirtschaftsgüter** von dem derzeitigen Unternehmensträger auf den geschädigten Unternehmensträger (§ 6 Abs. 5 a Buchstabe b VermG)

53 a) Berechtigte innerhalb des Beitrittsgebiets

Beispiel 3

Wie Beispiel 1; die Rückgabe erfolgt jedoch durch Übertragung der Wirtschaftsgüter von der Y-GmbH auf die X-GmbH & Co. KG, die zu diesem Zweck in Nachliquidation wieder auflebt.

aa) Geschädigter Unternehmensträger

54 Bis zum Zeitpunkt der Rückgabe erfolgt die steuerliche Behandlung des geschädigten Unternehmensträgers nach den Grundsätzen der Tz. 39.

55 Zum Zeitpunkt der Rückgabe wird die Forderung nach dem VermG durch die Übernahme der Wirtschaftsgüter von dem derzeitigen Unternehmensträger ersetzt. Die Wirtschaftsgüter sind dabei mit dem Wert anzusetzen, der sich auf den Zeitpunkt der Rückgabe nach den Grundsätzen des DMBilG ergibt (§ 3 URüV, Tz. 40). Der Wertansatz der übernommenen Wirtschaftsgüter führt zur korrespondierenden Berichtigung der bisherigen Wertansätze der Forderung nach dem VermG und der Sonderrücklage in der DMEB und etwaigen Folgebilanzen (§§ 36, 50 Abs. 3 DMBilG). Der angesetzte Wert gilt für die Folgezeit als Anschaffungs- oder Herstellungskosten der Wirtschaftsgüter (§§ 7 Abs. 1, 50 Abs. 1 DMBilG). Wegen des Umfangs der übergehenden Wirtschaftsgüter vgl. § 1 Abs. 1 Satz 2 URüV.

bb) Gesellschafter oder Mitglieder des geschädigten Unternehmensträgers oder deren Rechtsnachfolger

56 Die steuerliche Behandlung der Gesellschafter oder Mitglieder des geschädigten Unternehmensträgers oder deren Rechtsnachfolger richtet sich nach den Grundsätzen der Tz. 41.

57 b) Berechtigte außerhalb des Beitrittsgebiets

Beispiel 4

Wie Beispiel 2; die Rückgabe der Betriebsstätte erfolgt jedoch durch Übertragung der Wirtschaftsgüter von der H-GmbH auf die E-GmbH.

aa) Geschädigter Unternehmensträger

58 Die steuerliche Behandlung des geschädigten Unternehmensträgers richtet sich nach den Grundsätzen der Tz. 43 bis 45.

59 Der angesetzte Wert gilt für die Folgezeit als Anschaffungs- oder Herstellungskosten der übernommenen Wirtschaftsgüter (§§ 7 Abs. 1, 50 Abs. 1 DMBilG entsprechend).

bb) Gesellschafter oder Mitglieder des geschädigten Unternehmensträgers oder deren Rechtsnachfolger

60 Die steuerliche Behandlung der Gesellschafter oder Mitglieder des geschädigten Unternehmensträgers oder deren Rechtsnachfolger richtet sich nach den Grundsätzen der Tz. 47.

c) Verfügungsberechtigte

aa) Derzeitiger Unternehmensträger

61 Zur Rückgabe der Wirtschaftsgüter ist der derzeitige Unternehmensträger verpflichtet.

62 Bis zum Zeitpunkt der Rückgabe richtet sich die steuerliche Behandlung des derzeitigen Unternehmensträgers nach den Grundsätzen der Tz. 51.

63 Auf den Zeitpunkt der Rückgabe sind die Wertansätze der Wirtschaftsgüter nach den Grundsätzen des DMBilG zu ermitteln (§ 3 URüV). Des weiteren ist wegen der Verpflichtung zur Rückgabe der Wirtschaftsgüter eine Verbindlichkeit nach dem VermG in Höhe des (ggf. anteiligen) Eigenkapitals zu passivieren (§ 7 Abs. 6 DMBilG). Der Wertansatz der Verbindlichkeit nach dem VermG führt zur Berichtigung der DMEB und etwaiger Folgebilanzen (§§ 36, 50 Abs. 3 DMBilG). Mit der Rückgabe der Wirtschaftsgüter verliert der derzeitige Unternehmensträger sein Betriebsvermögen. Bei Rückgabe sämtlicher Wirtschaftsgüter bleibt grundsätzlich nur die Gesellschaft zurück, die wegen Vermögenslosigkeit zu löschen ist.

bb) Gesellschafter des derzeitigen Unternehmensträgers

64 Bis zum Zeitpunkt der Rückgabe richtet sich die steuerliche Behandlung des Gesellschafters des derzeitigen Unternehmensträgers nach den Grundsätzen der Tz. 49.

65 Nach der Übertragung der Wirtschaftsgüter von dem derzeitigen auf den geschädigten Unternehmensträger behält der Gesellschafter zwar die Anteile an dem derzeitigen Unternehmensträger. Dieser besitzt jedoch nach der Rückgabe grundsätzlich kein Vermögen mehr (vgl. Tz. 63); die Anteile an ihm sind deshalb auf den niedrigeren Teilwert (= 0 DM) abzuschreiben. Die Rückgabeverbindlichkeit nach dem VermG des Gesellschafters erlischt aufgrund der Übertragung der Wirtschaftsgüter von dem derzeitigen auf den geschädigten Unternehmensträger. Damit ist der Vorgang im Ergebnis erfolgsneutral.

3. Rückgabe durch **Übertragung der Anteile oder Mitgliedschaftsrechte** an dem derzeitigen Unternehmensträger auf die Gesellschafter oder Mitglieder des geschädigten Unternehmensträgers oder deren Rechtsnachfolger (§ 6 Abs. 5 a Buchstabe c VermG)

66 a) Berechtigte innerhalb des Beitrittsgebiets

Beispiel **5**

Wie Beispiel 1; die Rückgabe erfolgt jedoch durch Übertragung der Anteile an der Y-GmbH von der Treuhandanstalt auf die A-GmbH und B als Gesellschafter der X-GmbH & Co. KG.

aa) Geschädigter Unternehmensträger

67 Wegen der unmittelbaren Übertragung der Anteile an dem derzeitigen Unternehmensträger auf die Gesellschafter oder Mitglieder des geschädigten Unternehmensträgers oder deren Rechtsnachfolger lebt der geschädigte Unternehmensträger letztlich nicht mehr in Nachliquidation auf (§ 6 Abs. 10 letzter Satz VermG). Aus diesem Grund sind insoweit keine bilanz- oder ertragsteuerlichen Folgerungen zu ziehen.

bb) Gesellschafter oder Mitglieder des geschädigten Unternehmensträgers oder deren Rechtsnachfolger

68 Die Zurechnung der Anteile oder Mitgliedschaftsrechte an dem derzeitigen Unternehmensträger zum Privat- oder Betriebsvermögen richtet sich nach den allgemeinen steuerlichen Grundsätzen. Als Anschaffungskosten der Anteile oder Mitgliedschaftsrechte an dem derzeitigen Unternehmensträger gilt für die Folgezeit der anteilige Wert, der sich für das zurückzugebende Unternehmen auf den Zeitpunkt der Rückgabe nach den Grundsätzen des DMBilG ergibt (§ 3 URüV).

b) Berechtigte außerhalb des Beitrittsgebiets

Beispiel **6**

Wie Beispiel 2; die Rückgabe der Betriebsstätte erfolgt jedoch durch Übertragung der Anteile an der H-GmbH von der Treuhandanstalt auf die Gesellschafter F und G der E-GmbH.

aa) Geschädigter Unternehmensträger

69

70 Die Bilanz des geschädigten Unternehmensträgers ist von der Unternehmensrückgabe nur betroffen, soweit darin die Wirtschaftsgüter der Betriebsstätte am 1. Juli 1990 noch mit einem Erinnerungs- oder sonstigen vorläufigen Wert angesetzt waren. In diesem Fall sind die Wertansätze erfolgsneutral auszubuchen.

bb) Gesellschafter oder Mitglieder des geschädigten Unternehmensträgers oder deren Rechtsnachfolger

71 Die Zurechnung der Anteile oder Mitgliedschaftsrechte an dem derzeitigen Unternehmensträger zum Privat- oder Betriebsvermögen richtet sich nach den allgemeinen steuerlichen Grundsätzen. Als Anschaffungskosten der Anteile oder Mitgliedschaftsrechte an dem derzei-

tigen Unternehmensträger gilt für die Folgezeit der anteilige Wert, der sich für das zurückzugebende Unternehmen auf den Zeitpunkt der Rückgabe nach den Grundsätzen des DMBilG ergibt (§ 3 URüV).

c) Verfügungsberechtigte

aa) Gesellschafter des derzeitigen Unternehmensträgers

72 Zur Rückgabe der Anteile oder Mitgliedschaftsrechte an dem derzeitigen Unternehmensträger ist dessen Gesellschafter verpflichtet (vgl. Tz. 48).

73 Die steuerliche Behandlung des Gesellschafters des derzeitigen Unternehmensträgers richtet sich nach den Grundsätzen der Tzn. 49, 50.

bb) Derzeitiger Unternehmensträger

74 Die steuerliche Behandlung des derzeitigen Unternehmensträgers richtet sich nach den Grundsätzen der Tzn. 51, 52.

4. Staatliche Beteiligung

75 Verlangen die Gesellschafter des geschädigten Unternehmensträgers oder deren Rechtsnachfolger die Übertragung oder Löschung einer staatlichen Beteiligung (§ 6 Abs. 5 c VermG), richtet sich die bilanzielle und ertragsteuerliche Behandlung nach den vorstehenden Grundsätzen (vgl. Tzn. 38–74).

76 Die mit der Übertragung oder Löschung verbundene Erstattungspflicht stellt für die Gesellschafter des geschädigten Unternehmensträgers oder deren Rechtsnachfolger eine Verbindlichkeit nach dem VermG dar. Soweit die angewachsenen oder übertragenen Anteile zum Betriebsvermögen rechnen, führt der Ansatz der Verbindlichkeit nach dem VermG zur Berichtigung der DMEB und etwaiger Folgebilanzen (§§ 7 Abs. 6, 30, 50 Abs. 3 DMBilG).

5. Eigenkapitalgliederung

77 In der erstmaligen Eigenkapitalgliederung einer Kapitalgesellschaft im Beitrittsgebiet (1. Januar 1991) ist der mit der Aktivierung des Rückgabeanspruchs in der DMEB verbundene Vermögenszuwachs dem EK 04 zuzuordnen.

78 In der Eigenkapitalgliederung einer Kapitalgesellschaft in den alten Bundesländern ist es nicht zu beanstanden, wenn der mit der tatsächlichen Rückgabe verbundene Vermögenszuwachs dem Teilbetrag EK 03 statt dem Teilbetrag EK 02 zugeordnet wird.

III. Rückgabe einzelner Wirtschaftsgüter eines stillgelegten Unternehmens

1. Grundsatz

79 Für die bilanz- und ertragsteuerliche Behandlung der Rückgabe einzelner Wirtschaftsgüter eines stillgelegten Unternehmens an den geschädigten Unternehmensträger gelten die Grundsätze über die Rückgabe eines lebenden Unternehmens durch Übertragung der Wirtschaftsgüter von dem derzeitigen auf den geschädigten Unternehmensträger entsprechend (vgl. Tzn. 53–65). Die Wirtschaftsgüter rechnen somit zum Betriebsvermögen des geschädigten Unternehmensträgers.

2. Berechtigte innerhalb des Beitrittsgebiets

80 Es ist zu unterstellen, daß die zurückgegebenen Wirtschaftsgüter unmittelbar nach der Rückgabe entnommen oder an die Gesellschafter und Mitglieder des nur zum Zwecke der Unternehmensrückgabe wiederaufgelebten Berechtigten verteilt werden und das Unternehmen danach endgültig aufgegeben wird oder der Berechtigte endgültig erlischt, es sei denn, die Tätigkeit des Berechtigten ist in der Folgezeit als Gewerbebetrieb anzusehen.

3. Berechtigte außerhalb des Beitrittsgebiets

81 Das außerhalb des Beitrittsgebiets bestehende Unternehmen des Berechtigten wird mit den dem Betriebsvermögen zugeführten Wirtschaftsgütern fortgeführt.

IV. Vorbesitzzeit im Sinne des § 6 b EStG

82 Für Zwecke der Ermittlung der Vorbesitzzeit (§ 6 b Abs. 4 Nr. 2 EStG) der Wirtschaftsgüter des Betriebsvermögens ist der Zeitraum zwischen ihrer Anschaffung oder Herstellung durch den Verfügungsberechtigten und der tatsächlichen Rückgabe mitzurechnen. Die Zugehörigkeit der Wirtschaftsgüter zum Betriebsvermögen des Berechtigten gilt nach den vorstehenden Grundsätzen als nicht unterbrochen. In den Fällen der Umwandlung nach der Umwandlungsverordnung vom 1. März 1990 (GBl. Teil I Nr. 14 S. 107) oder des Treuhandgesetzes vom 17. Juni 1990 (GBl. Teil I Nr. 33 S. 30) ist die Besitzzeit des Rechtsvorgängers dem Verfügungsberechtigten zuzurechnen.

V. Ausgleichsleistungen

1. Rückgabe lebender Unternehmen

83 Der Wertansatz der bei dem zurückzugebenden Unternehmen nach Maßgabe des VermG anzusetzenden und zu berechnenden Ausgleichsleistungen (Forderungen und Verbindlichkeiten nach dem VermG) führt zur Berichtigung der DMEB und etwaiger Folge-

Anhang 6
III Beitrittsgebiet

bilanzen (§ 6 Abs. 2 bis 4 VermG, § 6 Abs. 4 URüV, §§ 7 Abs. 6, 36, 50 Abs. 3 DMBilG).

2. Rückgabe einzelner Wirtschaftsgüter eines stillgelegten Unternehmens

84 Ein Anspruch auf Ausgleich wesentlicher Veränderungen der Vermögens- oder Ertragslage kann nicht geltend gemacht werden, da das Unternehmen stillgelegt ist und lediglich das noch vorhandene Vermögen zurückgegeben wird. Insoweit ergeben sich keine bilanz- und ertragsteuerlichen Folgen.

VI. Entschädigung

85 Auf Entschädigungsansprüche sind die vorstehenden Grundsätze entsprechend anzuwenden. Das gilt auch in den Fällen, in denen eine besondere Entschädigung in Höhe des Erlöses, zumindest aber in Höhe des Verkehrswerts, gewährt wird (§ 6 Abs. 6 a Satz 4 ff. VermG, § 16 InVorG).

VII. Abtretung der Ansprüche nach dem VermG (§ 3 Abs. 1 Satz 2 VermG)

Die entgeltliche Übertragung eines zum Betriebsvermögen rechnenden Anspruchs nach dem VermG stellt für den Übertragenden steuerlich ein Veräußerungsgeschäft und für den Erwerber einen Anschaffungsvorgang dar.

1. Veräußerer

86 Mit der Veräußerung erlischt der Anspruch auf Rückgabe des Unternehmens. Der Veräußerungserlös tritt in Höhe des Werts an die Stelle des Anspruchs nach dem VermG, der sich für das zurückzugebende Unternehmen auf den Zeitpunkt der Veräußerung nach den Grundsätzen des DMBilG ergibt (§ 3 URüV). Hiernach kommt die Berücksichtigung eines unentgeltlich erworbenen Geschäfts- oder Firmenwerts nicht in Betracht (§ 8 Abs. 1 DMBilG). Im übrigen gelten die vorstehenden Grundsätze.

2. Erwerber

87 Beim Erwerber ist der erworbene Anspruch nach dem VermG nach allgemeinen steuerlichen Grundsätzen zu aktivieren. Die in Höhe des gezahlten Kaufpreises entstandenen tatsächlichen Anschaffungskosten sind der weiteren steuerlichen Behandlung zugrunde zu legen. Die mit der Unternehmensrückgabe nach vorstehenden Grundsätzen verbundenen Wertansätze lassen die tatsächlichen Anschaffungskosten der Forderung unberührt.

VIII. Gewinnermittlung nach § 4 Abs. 3 EStG/EStG-DDR

88 Die vorstehenden Grundsätze gelten für die Gewinnermittlung nach § 4 Abs. 3 EStG/EStG-DDR entsprechend. Die Pflicht zur Aufstellung einer DMEB entfällt; mit der Rückgabe des Unternehmens sind die Wirtschaftsgüter des Anlagevermögens in das Anlageverzeichnis des Berechtigten aufzunehmen (§ 52 Abs. 1 Satz 2 DMBilG).

89 Geldbeträge, die zur Ablösung von Verbindlichkeiten nach dem VermG geleistet werden, stellen keine Betriebsausgaben und Geldbeträge, die zur Erfüllung von Forderungen nach dem VermG zufließen, keine Betriebseinnahmen dar.

IV
Ermittlung der Wiederherstellungs-/Wiederbeschaffungskosten zum 1. Juli 1990 für im Beitrittsgebiet gelegene Gebäude und der AfA-Bemessungsgrundlage[1])

BMF vom 21. 7. 1994 (BStBl I S. 599)

IV B 2 – S 1901 – 132/94

Nach den §§ 7, 50 und 52 D-Markbilanzgesetz sind im Beitrittsgebiet gelegene Gebäude zum 1. Juli 1990 neu zu bewerten. Die Gebäude sind dabei mit ihren Wiederbeschaffungskosten (§ 7 Abs. 2 DMBilG) oder ihren Wiederherstellungskosten (§ 7 Abs. 3 DMBilG) anzusetzen (Neuwert); sie dürfen jedoch höchstens mit dem Zeitwert angesetzt werden (§§ 7 Abs. 1 Satz 2, 10 Abs. 1 DMBilG). Bei der Ermittlung des Zeitwerts sind die bisherige Nutzung und das Zurückbleiben hinter dem technischen Fortschritt durch einen Abschlag vom Neuwert zu berücksichtigen (§ 7 Abs. 1 Satz 4, Abs. 4 DMBilG). Als Zeitwert kann auch der Verkehrswert angesetzt werden (§ 10 Abs. 2 DMBilG). Die ermittelten Werte gelten für die Folgezeit als Anschaffungs- oder Herstellungskosten, soweit Berichtigungen nach § 36 DMBilG nicht vorzunehmen sind (§ 7 Abs. 1 Satz 5 DMBilG). Sie bilden somit zugleich die Bemessungsgrundlage für Absetzungen für Abnutzung.

Unter Bezugnahme auf das Ergebnis der Erörterung mit den obersten Finanzbehörden der Länder ist es nicht zu beanstanden, wenn der Wertansatz der im Beitrittsgebiet gelegenen Gebäude zum 1. Juli 1990 wie folgt ermittelt wird (auf die schematische Darstellung in der Anlage wird hingewiesen):

1 Vor dem 1. Juli 1990 angeschaffte oder hergestellte Gebäude

1.1 Wiederbeschaffungs- oder Wiederherstellungsneuwert (Neuwert)

Der Neuwert der Gebäude ist anhand der Normalherstellungskosten nach den Baupreisverhältnissen des Jahres 1913 gemäß der folgenden Tabelle zu ermitteln:

Baujahr	Normalherstellungskosten DM/m³
bis 1925	15
ab 1926	19

Bei Plattenbauten ist stets der Satz von 15 DM/m³ anzuwenden.

Der umbaute Raum ist nach DIN 277 (November 1950) zu berechnen. Liegt die Anzahl der m³ des umbauten Raums nicht vor, so ist sie sachgerecht zu schätzen. Es ist nicht zu beanstanden, wenn ein Verhältnis von 5 m³ umbauten Raums je 1 m² Wohnfläche (berechnet nach der Zweiten Berechnungsverordnung vom 5. April 1984 – BStBl I S. 284) ggf. zuzüglich Gewerbefläche angenommen wird.

Die Normalherstellungskosten sind mit dem für 1913 geltenden Baupreisindex (Jahresdurchschnitt) auf den Stichtag 1. Juli 1990 hochzurechnen. Hierbei ist der Baupreisindex 1.744,5 (vgl. Veröffentlichung des Statistischen Bundesamts in Fachserie 17 Reihe 4) zugrunde zu legen.

1.2 Wiederbeschaffungs- oder Wiederherstellungszeitwert (Zeitwert)

Zur Ermittlung des Zeitwerts auf den 1. Juli 1990 ist der Neuwert vom Zeitpunkt der Anschaffung oder Herstellung an zunächst um eine jährliche Abschreibung von

– bei Gebäuden in herkömmlicher Bauweise (Stein auf Stein) 1 v. H.
– bei Plattenbauten u. ä. 1,66 v. H.

zu mindern (= Zwischenwert).

Ist ein einheitliches Gebäude zum Teil Stein auf Stein und zum Teil in Plattenbauweise errichtet worden, ist für den anzuwendenden Abschreibungssatz der Gebäudeteil maßgebend, der – nach den Verhältnissen der Wohnggf. zuzüglich Gewerbeflächen – überwiegt.

Darüber hinaus ist wegen des allgemein schlechten Erhaltungszustands aller Gebäude im Beitrittsgebiet ein weiterer Angleichungsabschlag vorzunehmen.

Der Angleichungsabschlag beträgt bei Gebäuden, die überwiegend in herkömmlicher Bauweise errichtet worden sind, 20 v. H. und bei Gebäuden, die überwiegend in Plattenbauweise errichtet worden sind, 40 v. H. des Zwischenwerts.

1.3 Mindestwert

Als Zeitwert darf ein Wert angesetzt werden, der 20 v. H. des Neuwerts nicht unterschreitet.

2 Zum 1. Juli 1990 im Bau befindliche Gebäude

Für Gebäude, die sich zum 1. Juli 1990 im Bau befanden, gelten die unter 1. dargestellten Grundsätze entsprechend.

Der Neuwert ist jedoch nur mit dem prozentualen Anteil anzusetzen, der sich für das Gebäude nach dem Grad der Fertigstellung zum 1. Juli 1990 ergibt. Der Grad der Fertigstel-

---

[1]) → Anhang 6 V.

Anhang 6
IV Beitrittsgebiet

lung ist vom Steuerpflichtigen anhand geeigneter Unterlagen darzulegen und nachzuweisen. Kommt der Steuerpflichtige seiner Verpflichtung nicht nach, ist der Grad der Fertigstellung z. B. in Anlehnung an die in § 3 Abs. 2 Nr. 2 der Makler- und Bauträgerverordnung (BGBl. 1990 I S. 2479) genannten Vom-Hundert-Sätze sachgerecht zu schätzen.

Es bleibt dem Steuerpflichtigen unbenommen, den Wertansatz der Gebäude (Verkehrswert) zum 1. Juli 1990 abweichend von dem o. a. Verfahren durch ein Sachverständigengutachten nachzuweisen.

Zu Fragen der Restnutzungsdauer und zum AfA-Satz für die Zeit ab dem 1. Juli 1990 wird auf das BMF-Schreiben vom 29. November 1991 (BStBl I S. 977) und die entsprechenden Erlasse der obersten Finanzbehörden der Länder hingewiesen.

Anlage

Ermittlungsschema

Lfd. Nr.	Bezeichnung	DM
1	Normalherstellungskosten	
2	× Baupreisindex (1.744,5 v. H.)	
3	= Neuwert des Gebäudes	
4	− Abschreibung (1 v. H. bzw. 1,66 v. H. jährlich von Nr. 3)	
5	= Zwischenwert	
6	− Angleichungsabschlag (20 v. H. bzw. 40 v. H. von Nr. 5)	
7	= Zeitwert des Gebäudes (mindestens 20 v. H. von Nr. 3)	

V
Ermittlung der Wiederherstellungs-/Wiederbeschaffungskosten zum 1. Juli 1990 für im Beitrittsgebiet gelegene Gebäude und der AfA-Bemessungsgrundlage[1])

BMF vom 15. 1. 1995 (BStBl I S. 14)

IV B 2 – S 1901 – 204/94

Unter Bezugnahme auf das Ergebnis der Erörterung mit den obersten Finanzbehörden der Länder wird zur Frage der Ermittlung der Wiederherstellungs-/Wiederbeschaffungskosten zum 1. Juli 1990 für im Beitrittsgebiet gelegene Gebäude und der AfA-Bemessungsgrundlage folgendes klargestellt:

1. **Anwendung nur auf in Wohnbauweise errichtete Gebäude im Beitrittsgebiet**

   Die Grundsätze des BMF-Schreibens vom 21. Juli 1994 – IV B 2 – S 1901 – 132/94 – (BStBl I S. 599)[1]) sind ausschließlich auf in üblicher Wohnbauweise errichtete Gebäude im Beitrittsgebiet anzuwenden (vgl. z. B. den Zusatz in Absatz 2 der Tz. 1. 2 „nach den Verhältnissen der Wohn- ggf. zuzüglich Gewerbeflächen"). Sie gelten dagegen nicht für die Bewertung von Industriebauten, Lagerhallen, Scheunen und ähnlichen Betriebsgebäuden. Für die Zurechnung eines Gebäudes zu den in üblicher Wohnbauweise errichteten Gebäuden ist es grundsätzlich unschädlich, wenn das Gebäude neben Wohnzwecken auch betrieblichen Zwecken dient (z. B. Mietwohnhaus mit Ladengeschäft im Erdgeschoß); auch in diesen Fällen ist auf die Wohnüblichkeit der tatsächlichen Bauweise abzustellen.

2. **Maßgeblicher Zeitpunkt für die Minderung um die jährliche AfA zur Ermittlung des Zeitwerts**

   Bei der Ermittlung der Wiederherstellungs-/Wiederbeschaffungskosten zum 1. Juli 1990 für im Beitrittsgebiet gelegene und in Wohnbauweise errichtete Gebäude ist stets von den Normalherstellungskosten auszugehen. Hieraus folgt, daß der Neuwert zur Ermittlung des Zeitwerts allein ab dem Herstellungszeitpunkt, d. h. vom Baujahr des Gebäudes an und nicht ab einem später liegenden Anschaffungszeitpunkt, um die jährliche AfA zu mindern ist. Daher ist Satz 1 der Tz. 1. 2 des BMF-Schreibens vom 21. Juli 1994 (a. a. O.) in folgender Fassung anzuwenden:

   „1.2 Wiederbeschaffungs- oder Wiederherstellungszeitwert (Zeitwert)

   Zur Ermittlung des Zeitwerts auf den 1. Juli 1990 ist der Neuwert vom Zeitpunkt der Herstellung an zunächst um eine jährliche Abschreibung von

   – bei Gebäuden in herkömmlicher Bauweise (Stein auf Stein) 1 v. H.
   – bei Plattenbauten u. ä. 1,66 v. H.

   zu mindern (= Zwischenwert)."

---

[1]) → Anhang 6 IV.

Anhang 7
I Betriebliche Altersversorgung

Übersicht

I Gesetz zur Verbesserung der betrieblichen Altersversorgung (BetrAVG – Auszug)

II Gesetz zur Förderung eines gleitenden Übergangs älterer Arbeitnehmer in den Ruhestand (Altersteilzeitgesetz – Auszug)

III Pensionsverpflichtungen; hier: Aktivierung des Anspruchs aus einer Rückdeckungsversicherung

IV Steuerrechtliche Behandlung von Aufwendungen des Arbeitgebers für die betriebliche Altersversorgung des im Betrieb mitarbeitenden Ehegatten

V Steuerrechtliche Fragen der betrieblichen Altersversorgung; hier: Auswirkungen der durch das Bilanzrichtlinien-Gesetz geänderten handelsrechtlichen Vorschriften

VI Berücksichtigung von Sozialversicherungsrenten bei der Berechnung von Pensionsrückstellungen nach § 6 a EStG

I
Gesetz
zur Verbesserung der betrieblichen Altersversorgung[1]
(BetrAVG)

Vom 19. 12. 1974 (BGBl. I S. 3610, BStBl 1975 I S. 22)

zuletzt geändert durch Artikel 91 des Gesetzes vom 5. 10. 1994
(BGBl. I S. 2911)

– Auszug –

Erster Teil
Arbeitsrechtliche Vorschriften

Erster Abschnitt
Unverfallbarkeit

§ 1

(1) Ein Arbeitnehmer, dem Leistungen der Alters-, Invaliditäts- oder Hinterbliebenenversorgung aus Anlaß seines Arbeitsverhältnisses (betriebliche Altersversorgung) zugesagt worden sind, behält seine Anwartschaft, wenn sein Arbeitsverhältnis vor Eintritt des Versorgungsfalles endet, sofern in diesem Zeitpunkt der Arbeitnehmer mindestens das 35. Lebensjahr vollendet hat und

– entweder die Versorgungszusage für ihn mindestens 10 Jahre bestanden hat

– oder der Beginn der Betriebszugehörigkeit mindestens 12 Jahre zurückliegt und die Versorgungszusage für ihn mindestens 3 Jahre bestanden hat.

Ein Arbeitnehmer behält seine Anwartschaft auch dann, wenn er auf Grund einer Vorruhestandsregelung ausscheidet und ohne das vorherige Ausscheiden die Wartezeit und die sonstigen Voraussetzungen für den Bezug von Leistungen der betrieblichen Altersversorgung hätte erfüllen können. Eine Änderung der Versorgungszusage oder ihre Übernahme durch eine andere Person unterbricht nicht den Ablauf der Frist von 10 Jahren des Satzes 1. Der Verpflichtung aus einer Versorgungszusage stehen Versorgungsverpflichtungen gleich, die auf betrieblicher Übung oder dem Grundsatz der Gleichbehandlung beruhen. Der Ablauf einer vorgesehenen Wartezeit wird durch die Beendigung des Arbeitsverhältnisses nach Erfüllung der Voraussetzungen der Sätze 1 und 2 nicht berührt.

(2) Ist für die betriebliche Altersversorgung eine Lebensversicherung auf das Leben des Arbeitnehmers durch den Arbeitgeber abgeschlossen und sind der Arbeitnehmer oder seine Hinterbliebenen hinsichtlich der Leistungen des Versicherers ganz oder teilweise bezugsberechtigt (Direktversicherung), so ist der Arbeitgeber verpflichtet, wegen Beendigung des Arbeitsverhältnisses nach

---
[1] Anlage I Kapitel VII Sachgebiet A Abschnitt III Nr. 16 des Einigungsvertrages vom 31. August 1990 in Verbindung mit Artikel 1 des Gesetzes vom 23. 9. 1990 (BGBl. II S. 885, BStBl I S. 654). Anwendung in den neuen Bundesländern mit folgenden Maßgaben:
a) Dieses Gesetz tritt am 1. Januar 1992 in Kraft.
b) §§ 1 bis 18 finden auf Zusagen über Leistungen der betrieblichen Altersversorgung Anwendung, die nach dem 31. Dezember 1991 erteilt werden; die Nachversicherung gemäß § 18 Abs. 6 von Zeiten vor dem 1. Januar 1992 ist ausgeschlossen.
c) §§ 26 bis 30 sind nicht anzuwenden.

Erfüllung der in Absatz 1 Satz 1 und 2 genannten Voraussetzungen das Bezugsrecht nicht mehr zu widerrufen. Eine Vereinbarung, nach der das Bezugsrecht durch die Beendigung des Arbeitsverhältnisses nach Erfüllung der in Absatz 1 Satz 1 und 2 genannten Voraussetzungen auflösend bedingt ist, ist unwirksam. Hat der Arbeitgeber die Ansprüche aus dem Versicherungsvertrag abgetreten oder beliehen, so ist er verpflichtet, den Arbeitnehmer, dessen Arbeitsverhältnis nach Erfüllung der in Absatz 1 Satz 1 und 2 genannten Voraussetzungen geendet hat, bei Eintritt des Versicherungsfalles so zu stellen, als ob die Abtretung oder Beleihung nicht erfolgt wäre. Als Zeitpunkt der Erteilung der Versorgungszusage im Sinne des Absatzes 1 gilt der Versicherungsbeginn, frühestens jedoch der Beginn der Betriebszugehörigkeit.

(3) Wird die betriebliche Altersversorgung von einer rechtsfähigen Versorgungseinrichtung durchgeführt, die dem Arbeitnehmer oder seinen Hinterbliebenen auf ihre Leistungen einen Rechtsanspruch gewährt (Pensionskasse), so gilt Absatz 1 entsprechend. Als Zeitpunkt der Erteilung der Versorgungszusage im Sinne des Absatzes 1 gilt der Versicherungsbeginn, frühestens jedoch der Beginn der Betriebszugehörigkeit.

(4) Wird die betriebliche Altersversorgung von einer rechtsfähigen Versorgungseinrichtung durchgeführt, die auf ihre Leistungen keinen Rechtsanspruch gewährt (Unterstützungskasse), so sind die nach Erfüllung der in Absatz 1 Satz 1 und 2 genannten Voraussetzungen und vor Eintritt des Versorgungsfalles aus dem Unternehmen ausgeschiedenen Arbeitnehmer und ihre Hinterbliebenen den bis zum Eintritt des Versorgungsfalles dem Unternehmen angehörenden Arbeitnehmern und deren Hinterbliebenen gleichgestellt. Die Versorgungszusage gilt in dem Zeitpunkt als erteilt im Sinne des Absatzes 1, von dem an der Arbeitnehmer zum Kreis der Begünstigten der Unterstützungskasse gehört.

§ 2

(1) Bei Eintritt des Versorgungsfalles wegen Erreichens der Altersgrenze, wegen Invalidität oder Tod haben ein vorher ausgeschiedener Arbeitnehmer, dessen Anwartschaft nach § 1 fortbesteht, und seine Hinterbliebenen einen Anspruch mindestens in Höhe des Teiles der ohne das vorherige Ausscheiden zustehenden Leistung, der dem Verhältnis der Dauer der Betriebszugehörigkeit zu der Zeit vom Beginn der Betriebszugehörigkeit bis zur Vollendung des 65. Lebensjahres entspricht; an die Stelle des 65. Lebensjahres tritt ein früherer Zeitpunkt, wenn dieser in der Versorgungsregelung als feste Altersgrenze vorgesehen ist. Der Mindestanspruch auf Leistungen wegen Invalidität oder Tod vor Erreichen der Altersgrenze ist jedoch nicht höher als der Betrag, den der Arbeitnehmer oder seine Hinterbliebenen erhalten hätten, wenn im Zeitpunkt des Ausscheidens der Versorgungsfall eingetreten wäre und die sonstigen Leistungsvoraussetzungen erfüllt gewesen wären.

(2) Ist bei einer Direktversicherung der Arbeitnehmer nach Erfüllung der Voraussetzungen des § 1 Abs. 1 vor Eintritt des Versorgungsfalles ausgeschieden, so gilt Absatz 1 mit der Maßgabe, daß sich der vom Arbeitgeber zu finanzierende Teilanspruch nach Absatz 1, soweit er über die von dem Versicherer nach dem Versicherungsvertrag auf Grund der Beiträge des Arbeitgebers zu erbringende Versicherungsleistung hinausgeht, gegen den Arbeitgeber richtet. An die Stelle der Ansprüche nach Satz 1 tritt auf Verlangen des Arbeitgebers die von dem Versicherer auf Grund des Versicherungsvertrages zu erbringende Versicherungsleistung, wenn

1. spätestens nach 3 Monaten seit dem Ausscheiden des Arbeitnehmers das Bezugsrecht unwiderruflich ist und eine Abtretung oder Beleihung des Rechts aus dem Versicherungsvertrag durch den Arbeitgeber und Beitragsrückstände nicht vorhanden sind,

2. vom Beginn der Versicherung, frühestens jedoch vom Beginn der Betriebszugehörigkeit an, nach dem Versicherungsvertrag die Überschußanteile nur zur Verbesserung der Versicherungsleistung zu verwenden sind und

3. der ausgeschiedene Arbeitnehmer nach dem Versicherungsvertrag das Recht zur Fortsetzung der Versicherung mit eigenen Beiträgen hat.

Der Arbeitgeber kann sein Verlangen nach Satz 2 nur innerhalb von 3 Monaten seit dem Ausscheiden des Arbeitnehmers diesem und dem Versicherer mitteilen. Der ausgeschiedene Arbeitnehmer darf die Ansprüche aus dem Versicherungsvertrag in Höhe des durch Beitragszahlungen des Arbeitgebers gebildeten geschäftsplanmäßigen Deckungskapitals oder, soweit die Berechnung des Deckungskapitals nicht zum Geschäftsplan gehört, das nach § 176 Abs. 3 des Gesetzes über den Versicherungsvertrag berechneten Zeitwerts weder abtreten noch beleihen. In dieser Höhe darf der Rückkaufswert auf Grund einer Kündigung des Versicherungsvertrages nicht in Anspruch genommen werden; im Falle einer Kündigung wird die Versicherung in eine prämienfreie Versicherung umgewandelt. § 176 Abs. 1 des Gesetzes über den Versicherungsvertrag findet insoweit keine Anwendung.

(3) Für Pensionskassen gilt Absatz 1 mit der Maßgabe, daß sich der vom Arbeitgeber zu finanzierende Teilanspruch nach Absatz 1, soweit er über die von der Pensionskasse nach dem aufsichtsbehördlich genehmigten Geschäftsplan oder, soweit eine aufsichtsbehördliche Genehmi-

gung nicht vorgeschrieben ist, nach den allgemeinen Versicherungsbedingungen und den fachlichen Geschäftsunterlagen im Sinne des § 5 Abs. 3 Nr. 2 Halbsatz 2 des Versicherungsaufsichtsgesetzes (Geschäftsunterlagen) auf Grund der Beiträge des Arbeitgebers zu erbringende Leistung hinausgeht, gegen den Arbeitgeber richtet. An die Stelle der Ansprüche nach Satz 1 tritt auf Verlangen des Arbeitgebers die von der Pensionskasse auf Grund des Geschäftsplanes oder der Geschäftsunterlagen zu erbringende Leistung, wenn nach dem aufsichtsbehördlich genehmigten Geschäftsplan oder den Geschäftsunterlagen

1. vom Beginn der Versicherung, frühestens jedoch vom Beginn der Betriebszugehörigkeit an, Überschußanteile, die auf Grund des Finanzierungsverfahrens regelmäßig entstehen, nur zur Verbesserung der Versicherungsleistung zu verwenden sind oder die Steigerung der Versorgungsanwartschaften des Arbeitnehmers der Entwicklung seines Arbeitsentgeltes, soweit es unter den jeweiligen Beitragsbemessungsgrenzen der gesetzlichen Rentenversicherungen liegt, entspricht und

2. der ausgeschiedene Arbeitnehmer das Recht zur Fortsetzung der Versicherung mit eigenen Beiträgen hat.

Absatz 2 Satz 3 bis 6 gilt entsprechend.

(4) Eine Unterstützungskasse hat bei Eintritt des Versorgungsfalles einem vorzeitig ausgeschiedenen Arbeitnehmer, der nach § 1 Abs. 4 gleichgestellt ist, und seinen Hinterbliebenen mindestens den nach Absatz 1 berechneten Teil der Versorgung zu gewähren.

(5) Bei der Berechnung des Teilanspruchs nach Absatz 1 bleiben Veränderungen der Versorgungsregelung und der Bemessungsgrundlagen für die Leistung der betrieblichen Altersversorgung, soweit sie nach dem Ausscheiden des Arbeitnehmers eintreten, außer Betracht; dies gilt auch für die Bemessungsgrundlagen anderer Versorgungsbezüge, die bei der Berechnung der Leistung der betrieblichen Altersversorgung zu berücksichtigen sind. Ist eine Rente der gesetzlichen Rentenversicherung zu berücksichtigen, so kann das bei der Berechnung von Pensionsrückstellungen allgemein zulässige Verfahren zugrunde gelegt werden, wenn nicht der ausgeschiedene Arbeitnehmer die Anzahl der im Zeitpunkt des Ausscheidens erreichten Entgeltpunkte nachweist; bei Pensionskassen sind der aufsichtsbehördlich genehmigte Geschäftsplan oder die Geschäftsunterlagen maßgebend. Versorgungsanwartschaften, die der Arbeitnehmer nach seinem Ausscheiden erwirbt, dürfen zu keiner Kürzung des Teilanspruchs nach Absatz 1 führen.

(6) Der Arbeitgeber oder der sonstige Versorgungsträger hat dem ausgeschiedenen Arbeitnehmer Auskunft darüber zu erteilen, ob für ihn die Voraussetzungen einer unverfallbaren betrieblichen Altersversorgung erfüllt sind und in welcher Höhe er Versorgungsleistungen bei Erreichen der in der Versorgungsregelung vorgesehenen Altersgrenze beanspruchen kann.

§ 3

(1)*) Für eine Anwartschaft, die der Arbeitnehmer nach § 1 Abs. 1 bis 3 bei Beendigung des Arbeitsverhältnisses behält, kann ihm mit Zustimmung des Arbeitnehmers eine einmalige Abfindung gewährt werden, wenn die Anwartschaft auf einer Versorgungszusage beruht, die weniger als 10 Jahre vor dem Ausscheiden aus dem Unternehmen erteilt wurde. Für Versorgungsleistungen, die gemäß § 2 Abs. 4 von einer Unterstützungskasse zu erbringen sind, kann dem Arbeitnehmer mit seiner Zustimmung eine einmalige Abfindung gewährt werden, wenn er vor der Beendigung des Arbeitsverhältnisses weniger als 10 Jahre zu dem Kreis der Begünstigten der Unterstützungskasse gehört hat. Darüber hinaus kann dem Arbeitnehmer mit seiner Zustimmung eine einmalige Abfindung auch dann gewährt werden, wenn dem Arbeitnehmer die Beiträge

---

*) Für Sicherungsfälle, die nach dem 31. Dez. 1998 eintreten, erhält § 3 Abs. 1 folgende Fassung:

(1) Für eine Anwartschaft, die der Arbeitnehmer nach § 1 Abs. 1 bis 3 bei Beendigung des Arbeitsverhältnisses behält, kann ihm mit seiner Zustimmung eine einmalige Abfindung gewährt werden, wenn die Anwartschaft auf einer Versorgungszusage beruht, die weniger als 10 Jahre vor dem Ausscheiden aus dem Unternehmen erteilt wurde, oder wenn die Monatsrente eins vom Hundert der monatlichen Bezugsgröße gemäß § 18 des Vierten Buches Sozialgesetzbuch, bei Kapitalleistungen zwölf Zehntel dieser Bezugsgröße, nicht überschreitet. Für Versorgungsleistungen, die gemäß § 2 Abs. 4 von einer Unterstützungskasse zu erbringen sind, kann dem Arbeitnehmer mit seiner Zustimmung eine einmalige Abfindung gewährt werden, wenn er vor der Beendigung des Arbeitsverhältnisses weniger als zehn Jahre zu dem Kreis der Begünstigten der Unterstützungskasse gehört hat; im übrigen gilt Satz 1 entsprechend. Darüber hinaus kann dem Arbeitnehmer mit seiner Zustimmung eine einmalige Abfindung auch dann gewährt werden, wenn dem Arbeitnehmer die Beiträge zur gesetzlichen Rentenversicherung erstattet worden sind. Ebenso kann dem Arbeitnehmer für den Teil einer Anwartschaft, der während eines Insolvenzverfahrens erdient worden ist, ohne seine Zustimmung eine einmalige Abfindung gewährt werden, wenn die Betriebstätigkeit vollständig eingestellt und das Unternehmen liquidiert wird.

zur gesetzlichen Rentenversicherung erstattet worden sind.

(2) Die Abfindung wird nach dem Barwert der nach § 2 bemessenen künftigen Versorgungsleistungen im Zeitpunkt der Beendigung des Arbeitsverhältnisses berechnet. Soweit sich der Anspruch auf die künftigen Versorgungsleistungen gegen ein Unternehmen der Lebensversicherung oder eine Pensionskasse richtet, berechnet sich die Abfindung nach dem geschäftsplanmäßigen Deckungskapital im Zeitpunkt der Beendigung des Arbeitsverhältnisses oder, soweit die Berechnung des Deckungskapitals nicht zum Geschäftsplan gehört, nach dem Zeitwert gemäß § 176 Abs. 3 des Gesetzes über den Versicherungsvertrag.Hierbei sind der bei der jeweiligen Form der betrieblichen Altersversorgung vorgeschriebene Rechnungszinsfuß und die Rechnungsgrundlagen sowie die anerkannten Regeln der Versicherungsmathematik, bei Direktversicherungen und Pensionskassen deren Geschäftsplan oder Geschäftsunterlagen, maßgebend.

§ 4

(1) Die Verpflichtung, bei Eintritt des Versorgungsfalles Versorgungsleistungen nach § 2 Abs. 1 bis 3 zu gewähren, kann von jedem Unternehmen, bei dem der ausgeschiedene Arbeitnehmer beschäftigt wird, von einer Pensionskasse, von einem Unternehmen der Lebensversicherung oder einem öffentlich-rechtlichen Versorgungsträger mit Zustimmung des Arbeitnehmers übernommen werden. Eine vertragliche Schuldübernahme durch andere Versorgungsträger ist dem Arbeitnehmer gegenüber unwirksam. Bei einer Schuldübernahme durch ein Unternehmen der Lebensversicherung gilt § 2 Abs. 2 Satz 4 bis 6 entsprechend.

(2) Hat eine Unterstützungskasse einem vorzeitig ausgeschiedenen Arbeitnehmer Versorgungsleistungen nach § 2 Abs. 4 zu gewähren, kann diese Verpflichtung mit Zustimmung des Arbeitnehmers von den in Absatz 1 genannten Trägern oder von einer anderen Unterstützungskasse übernommen werden.

Zweiter Abschnitt
Auszehrungsverbot

§ 5

(1) Die bei Eintritt des Versorgungsfalles festgesetzten Leistungen der betrieblichen Altersversorgung dürfen nicht mehr dadurch gemindert oder entzogen werden, daß Beträge, um die sich andere Versorgungsbezüge nach diesem Zeitpunkt durch Anpassung an die wirtschaftliche Entwicklung erhöhen, angerechnet oder bei der Begrenzung der Gesamtversorgung auf einen Höchstbetrag berücksichtigt werden.

(2) Leistungen der betrieblichen Altersversorgung dürfen durch Anrechnung oder Berücksichtigung anderer Versorgungsbezüge, soweit sie auf eigenen Beiträgen des Versorgungsempfängers beruhen, nicht gekürzt werden. Dies gilt nicht für Renten aus den gesetzlichen Rentenversicherungen, soweit sie auf Pflichtbeiträgen beruhen, sowie für sonstige Versorgungsbezüge, die mindestens zur Hälfte auf Beiträgen oder Zuschüssen des Arbeitgebers beruhen.

Dritter Abschnitt
Altersgrenze

§ 6

Einem Arbeitnehmer, der die Altersrente aus der gesetzlichen Rentenversicherung vor Vollendung des 65. Lebensjahres in voller Höhe in Anspruch nimmt, sind auf sein Verlangen nach Erfüllung der Wartezeit und sonstiger Leistungsvoraussetzungen Leistungen der betrieblichen Altersversorgung zu gewähren. Fällt die Altersrente aus der gesetzlichen Rentenversicherung wieder weg oder wird sie auf einen Teilbetrag beschränkt, so können auch die Leistungen der betrieblichen Altersversorgung eingestellt werden. Der ausgeschiedene Arbeitnehmer ist verpflichtet, die Aufnahme oder Ausübung einer Beschäftigung oder Erwerbstätigkeit, die zu einem Wegfall oder zu einer Beschränkung der Altersrente aus der gesetzlichen Rentenversicherung führt, dem Arbeitgeber oder sonstigen Versorgungsträger unverzüglich anzuzeigen.

Vierter Abschnitt
Insolvenzsicherung

§ 7*)

(1) Versorgungsempfänger, deren Ansprüche aus einer unmittelbaren Versorgungszusage des

---
*) Für Sicherungsfälle, die nach dem 31. Dez. 1998 eintreten, erhält § 7 folgende Fassung:

§ 7

(1) Versorgungsempfänger, deren Ansprüche aus einer unmittelbaren Versorgungszusage des Arbeitgebers nicht erfüllt werden, weil über das Vermögen des Arbeitgebers oder über seinen Nachlaß das Insolvenzverfahren eröffnet worden ist, und ihre Hinterbliebenen haben gegen den Träger der Insolvenzsicherung einen Anspruch in Höhe der Leistung, die der Arbeitgeber auf Grund der Versorgungszusage zu erbringen hätte, wenn das Insolvenzverfahren nicht eröffnet worden wäre. Satz 1 gilt entsprechend, wenn Leistungen aus einer Direktversicherung nicht gezahlt werden, weil der Arbeitgeber die Ansprüche aus dem Versicherungsvertrag abgetreten oder beliehen hat und seiner Verpflichtung nach § 1 Abs. 2 Satz 3

Anhang 7
I Betriebliche Altersversorgung

Arbeitgebers nicht erfüllt werden, weil über das Vermögen des Arbeitgebers oder über seinen Nachlaß das Konkursverfahren eröffnet worden ist, und ihre Hinterbliebenen haben gegen den Träger der Insolvenzsicherung einen Anspruch in Höhe der Leistung, die der Arbeitgeber auf Grund der Versorgungszusage zu erbringen hätte, wenn das Konkursverfahren nicht eröffnet worden wäre. Satz 1 gilt entsprechend, wenn Leistungen aus einer Direktversicherung nicht gezahlt werden, weil der Arbeitgeber die Ansprüche aus dem Versicherungsvertrag abgetreten oder beliehen hat und seiner Verpflichtung nach § 1 Abs. 2 Satz 3 wegen der Eröffnung des Konkursverfahrens

wegen der Eröffnung des Insolvenzverfahrens nicht nachkommt oder wenn eine Unterstützungskasse die nach ihrer Versorgungsregelung vorgesehene Versorgung nicht erbringt, weil über das Vermögen oder den Nachlaß eines Arbeitgebers, der der Unterstützungskasse Zuwendungen leistet (Trägerunternehmen), das Insolvenzverfahren eröffnet worden ist. § 11 des Versicherungsvertragsgesetzes findet entsprechend Anwendung. Der Eröffnung des Insolvenzverfahrens stehen bei der Anwendung der Sätze 1 bis 3 gleich
1. die Abweisung des Antrags auf Eröffnung des Insolvenzverfahrens mangels Masse,
2. der außergerichtliche Vergleich (Stundungs-, Quoten- oder Liquidationsvergleich) des Arbeitgebers mit seinen Gläubigern zur Abwendung eines Insolvenzverfahrens, wenn ihm der Träger der Insolvenzsicherung zustimmt,
3. die vollständige Beendigung der Betriebstätigkeit im Geltungsbereich dieses Gesetzes, wenn ein Antrag auf Eröffnung des Insolvenzverfahrens nicht gestellt worden ist und ein Insolvenzverfahren offensichtlich mangels Masse nicht in Betracht kommt.

(2) Personen, die bei Eröffnung des Insolvenzverfahrens oder bei Eintritt der nach Absatz 1 Satz 4 gleichstehenden Voraussetzungen (Sicherungsfall) eine nach § 1 unverfallbare Versorgungsanwartschaft haben, und ihre Hinterbliebenen erhalten bei Eintritt des Versorgungsfalles einen Anspruch gegen den Träger der Insolvenzsicherung, wenn die Anwartschaft beruht
1. auf einer unmittelbaren Versorgungszusage des Arbeitgebers oder
2. auf einer Direktversicherung und der Arbeitnehmer hinsichtlich der Leistungen des Versicherers widerruflich bezugsberechtigt ist oder die Ansprüche aus dem Versicherungsvertrag durch den Arbeitgeber beliehen oder an Dritte abgetreten sind.

Satz 1 gilt entsprechend für Personen, die zum Kreis der Begünstigten einer Unterstützungskasse gehören, wenn der Sicherungsfall bei einem Trägerunternehmen eingetreten ist. Die Höhe des Anspruchs richtet sich nach der Höhe der Leistungen gemäß § 2 Abs. 1 und Abs. 2 Satz 2, bei Unterstützungskassen nach dem Teil der nach der

nicht nachkommt oder wenn eine Unterstützungskasse die nach ihrer Versorgungsregelung vorgesehene Versorgung nicht erbringt, weil über das Vermögen oder den Nachlaß eines Arbeitgebers, der der Unterstützungskasse Zuwendungen leistet (Trägerunternehmen), das Konkursverfahren eröffnet worden ist. Der Eröffnung des Konkursverfahrens stehen bei der Anwendung der Sätze 1 und 2 gleich
1. die Abweisung des Antrags auf Eröffnung des Konkursverfahrens mangels Masse,

Versorgungsregelung vorgesehenen Versorgung, der dem Verhältnis der Dauer der Betriebszugehörigkeit zu der Zeit vom Beginn der Betriebszugehörigkeit bis zum Erreichen der in der Versorgungsregelung vorgesehenen festen Altersgrenze entspricht; § 2 Abs. 5 ist entsprechend anzuwenden. Für die Berechnung der Höhe des Anspruchs nach Satz 3 wird die Betriebszugehörigkeit bis zum Eintritt des Sicherungsfalles berücksichtigt.

(3) Ein Anspruch auf laufende Leistungen gegen den Träger der Insolvenzsicherung beträgt jedoch im Monat höchstens das Dreifache der im Zeitpunkt der ersten Fälligkeit maßgebenden monatlichen Bezugsgröße gemäß § 18 des Vierten Buches Sozialgesetzbuch. Satz 1 gilt entsprechend bei einem Anspruch auf Kapitalleistungen mit der Maßgabe, daß zehn vom Hundert der Leistung als Jahresbetrag einer laufenden Leistung anzusetzen sind.

(4) Ein Anspruch auf Leistungen gegen den Träger der Insolvenzsicherung vermindert sich in dem Umfange, in dem der Arbeitgeber oder sonstige Träger der Versorgung die Leistungen der betrieblichen Altersversorgung erbringt. Wird im Insolvenzverfahren ein Insolvenzplan bestätigt, so vermindert sich der Anspruch auf Leistungen gegen den Träger der Insolvenzsicherung insoweit, als im Plan vorgesehen ist, daß der Arbeitgeber oder sonstige Träger der Versorgung einen Teil der Leistungen selbst zu erbringen hat. Ist im Plan vorgesehen, daß der Arbeitgeber oder sonstige Träger der Versorgung die Leistungen der betrieblichen Altersversorgung von einem bestimmten Zeitpunkt an selbst zu erbringen hat, so entfällt der Anspruch auf Leistungen gegen den Träger der Insolvenzsicherung von diesem Zeitpunkt an. Für den Fall des Absatzes 1 Satz 4 Nr. 2 gelten die Sätze 2 und 3 entsprechend. Im Plan soll vorgesehen werden, daß bei einer nachhaltigen Besserung der wirtschaftlichen Lage des Arbeitgebers die vom Träger der Insolvenzsicherung zu erbringenden Leistungen ganz oder zum Teil wieder vom Arbeitgeber oder sonstigen Träger der Versorgung übernommen werden.

(5) Ein Anspruch gegen den Träger der Insolvenzsicherung besteht nicht, soweit nach den Umständen des Falles die Annahme gerechtfertigt ist, daß es der alleinige oder überwiegende Zweck der Versorgungszusage oder ihrer Verbesserung, der Beleihung oder Abtretung eines Anspruchs aus einer Direktversicherung gewesen ist, den Träger

Anhang 7
Betriebliche Altersversorgung

2. die Eröffnung des gerichtlichen Vergleichsverfahrens zur Abwendung des Konkurses,
3. der außergerichtliche Vergleich (Stundungs-, Quoten- oder Liquidationsvergleich) des Arbeitgebers mit seinen Gläubigern nach vorausgegangener Zahlungseinstellung im Sinne der Konkursordnung, wenn ihm der Träger der Insolvenzsicherung zustimmt,
4. die vollständige Beendigung der Betriebstätigkeit im Geltungsbereich dieses Gesetzes, wenn ein Antrag auf Eröffnung des Konkursverfahrens nicht gestellt worden ist und ein Konkursverfahren offensichtlich mangels Masse nicht in Betracht kommt,
5. die Kürzung oder die Einstellung von Versorgungsleistungen wegen wirtschaftlicher Notlage des Arbeitgebers, soweit dies durch rechtskräftiges Urteil eines Gerichts für zulässig erklärt worden ist.

Im Falle des Satzes 3 Nr. 5 kann der Träger der Insolvenzsicherung auch ohne das Vorliegen eines rechtskräftigen Urteils leisten, wenn er die Kürzung oder die Einstellung von Versorgungsleistungen wegen wirtschaftlicher Notlage des Arbeitgebers für zulässig erachtet.

(2) Personen, die bei Eröffnung des Konkursverfahrens oder bei Eintritt der nach Absatz 1 Satz 3 gleichstehenden Voraussetzungen (Sicherungsfall) eine nach § 1 unverfallbare Versorgungsanwartschaft haben, und ihre Hinterbliebenen erhalten bei Eintritt des Versorgungsfalles einen Anspruch gegen den Träger der Insolvenzsicherung, wenn die Anwartschaft beruht
1. auf einer unmittelbaren Versorgungszusage des Arbeitgebers oder
2. auf einer Direktversicherung und der Arbeitnehmer hinsichtlich der Leistungen des Versicherers widerruflich bezugsberechtigt ist oder die Ansprüche aus dem Versicherungsvertrag durch den Arbeitgeber beliehen oder an Dritte abgetreten sind.

der Insolvenzsicherung in Anspruch zu nehmen. Diese Annahme ist insbesondere dann gerechtfertigt, wenn bei Erteilung oder Verbesserung der Versorgungszusage wegen der wirtschaftlichen Lage des Arbeitgebers zu erwarten war, daß die Zusage nicht erfüllt werde. Verbesserungen der Versorgungszusagen werden bei der Bemessung der Leistungen des Trägers der Insolvenzsicherung nicht berücksichtigt, soweit sie in den beiden letzten Jahren vor dem Eintritt des Sicherungsfalles vereinbart worden sind.

(6) Ist der Sicherungsfall durch kriegerische Ereignisse, innere Unruhen, Naturkatastrophen oder Kernenergie verursacht worden, so kann der Träger der Insolvenzsicherung mit Zustimmung des Bundesaufsichtsamtes für das Versicherungswesen die Leistungen nach billigem Ermessen abweichend von den Absätzen 1 bis 5 festsetzen.

Satz 1 gilt entsprechend für Personen, die zum Kreis der Begünstigten einer Unterstützungskasse gehören, wenn der Sicherungsfall bei einem Trägerunternehmen eingetreten ist. Die Höhe des Anspruchs richtet sich nach der Höhe der Leistungen gemäß § 2 Abs. 1 und Abs. 2 Satz 2, bei Unterstützungskassen nach dem Teil der nach der Versorgungsregelung vorgesehenen Versorgung, der dem Verhältnis der Dauer der Betriebszugehörigkeit zu der Zeit vom Beginn der Betriebszugehörigkeit bis zum Erreichen der in der Versorgungsregelung vorgesehenen festen Altersgrenze entspricht; § 2 Abs. 5 ist entsprechend anzuwenden. Für die Berechnung der Höhe des Anspruchs nach Satz 3 wird die Betriebszugehörigkeit bis zum Eintritt des Sicherungsfalles berücksichtigt.

(3) Ein Anspruch auf laufende Leistungen gegen den Träger der Insolvenzsicherung beträgt jedoch im Monat höchstens das Dreifache der im Zeitpunkt der ersten Fälligkeit geltenden Beitragsbemessungsgrenze für Monatsbezüge in den gesetzlichen Rentenversicherungen der Arbeiter und Angestellten. Satz 1 gilt entsprechend bei einem Anspruch auf Kapitalleistungen mit der Maßgabe, daß zehn vom Hundert der Leistung als Jahresbetrag einer laufenden Leistung anzusetzen sind.

(4) Ein Anspruch auf Leistungen gegen den Träger der Insolvenzsicherung vermindert sich in dem Umfange, in dem der Arbeitgeber oder sonstige Träger der Versorgung die Leistungen der betrieblichen Altersversorgung erbringt oder in den Fällen des Absatzes 1 Satz 3 Nr. 2, 3 und 5 auch nach Eintritt des Sicherungsfalles zu erbringen hat.

(5) Ein Anspruch gegen den Träger der Insolvenzsicherung besteht nicht, soweit nach den Umständen des Falles die Annahme gerechtfertigt ist, daß es der alleinige oder überwiegende Zweck der Versorgungszusage oder ihrer Verbesserung, der Beleihung oder Abtretung eines Anspruchs aus einer Direktversicherung gewesen ist, den Träger der Insolvenzsicherung in Anspruch zu nehmen. Diese Annahme ist insbesondere dann gerechtfertigt, wenn bei Erteilung oder Verbesserung der Versorgungszusage wegen der wirtschaftlichen Lage des Arbeitgebers zu erwarten war, daß die Zusage nicht erfüllt werde. Verbesserungen der Versorgungszusagen werden bei der Bemessung der Leistungen des Trägers der Insolvenzsicherung nicht berücksichtigt, soweit sie im letzten Jahr vor dem Eintritt des Sicherungsfalles größer gewesen sind als in dem diesem Jahr vorangegangenen Jahr.

(6) Ist der Sicherungsfall durch kriegerische Ereignisse, innere Unruhen, Naturkatastrophen oder Kernenergie verursacht worden, so kann der Träger der Insolvenzsicherung mit Zustimmung

des Bundesaufsichtsamtes für das Versicherungswesen die Leistungen nach billigem Ermessen abweichend von den Absätzen 1 bis 5 festsetzen.

§ 8

(1) Ein Anspruch gegen den Träger der Insolvenzsicherung auf Leistungen nach § 7 besteht nicht, wenn eine Pensionskasse oder ein Unternehmen der Lebensversicherung sich dem Träger der Insolvenzsicherung gegenüber verpflichtet, diese Leistungen zu erbringen, und die nach § 7 Berechtigten ein unmittelbares Recht erwerben, die Leistungen zu fordern.

(2)*) In entsprechender Anwendung des § 3 Abs. 2 kann eine Abfindung gezahlt werden, wenn die Versorgungsanwartschaft auf einer Versorgungszusage beruht, die weniger als 10 Jahre vor Eintritt des Sicherungsfalles erteilt wurde. Darüber hinaus kann dem Arbeitnehmer mit seiner Zustimmung eine einmalige Abfindung auch dann gewährt werden, wenn dem Arbeitnehmer die Beiträge zur gesetzlichen Rentenversicherung erstattet worden sind.

§ 9**)

(1) Der Träger der Insolvenzsicherung teilt dem Berechtigten die ihm nach § 7 oder § 8 zustehen-

*) Für Sicherungsfälle, die nach dem 31. Dez. 1998 eintreten, wird in § 8 Abs. 2 Satz 1 folgender Satzteil angefügt:
„oder wenn die Monatsrente eins vom Hundert der monatlichen Bezugsgröße gemäß § 18 des Vierten Buches Sozialgesetzbuch, bei Kapitalleistungen zwölf Zehntel dieser Bezugsgröße, nicht überschreitet."

**) Für Sicherungsfälle, die nach dem 31. Dez. 1998 eintreten, wird § 9 wie folgt geändert:
- In Absatz 2 Satz 1 werden die Worte „eines Konkurs- oder gerichtlichen Vergleichsverfahrens" durch die Worte „eines Insolvenzverfahrens" ersetzt.
- An Absatz 2 wird folgender neuer Satz 3 angefügt:
„Die mit der Eröffnung des Insolvenzverfahrens übergegangenen Anwartschaften werden im Insolvenzverfahren als unbedingte Forderungen nach § 45 der Insolvenzordnung geltend gemacht."
- In Absatz 3 Satz 4 wird die Angabe „§ 7 Abs. 1 Satz 3 Nr. 2, 3 oder 5" durch die Angabe „§ 7 Abs. 1 Satz 4 Nr. 2" ersetzt.
- Es werden folgende Absätze 4 und 5 angefügt:
„(4) In einem Insolvenzplan, der die Fortführung des Unternehmens oder eines Betriebes vorsieht, kann für den Träger der Insolvenzsicherung eine besondere Gruppe gebildet werden. Sofern im Insolvenzplan nichts anderes

den Ansprüche oder Anwartschaften schriftlich mit. Unterbleibt die Mitteilung, so ist der Anspruch oder die Anwartschaft spätestens ein Jahr nach dem Sicherungsfall bei dem Träger der Insolvenzsicherung anzumelden; erfolgt die Anmeldung später, so beginnen die Leistungen frühestens mit dem Ersten des Monats der Anmeldung, es sei denn, daß der Berechtigte an der rechtzeitigen Anmeldung ohne sein Verschulden verhindert war.

(2) Ansprüche oder Anwartschaften des Berechtigten gegen den Arbeitgeber auf Leistungen der betrieblichen Altersversorgung, die den Anspruch gegen den Träger der Insolvenzsicherung begründen, gehen im Falle eines konkurs- oder gerichtlichen Vergleichsverfahrens mit dessen Eröffnung, in den übrigen Sicherungsfällen dann auf den Träger der Insolvenzsicherung über, wenn dieser nach Absatz 1 Satz 1 dem Berechtigten die ihm zustehenden Ansprüche oder Anwartschaften mitteilt. Der Übergang kann nicht zum Nachteil des Berechtigten geltend gemacht werden.

(3) Ist der Träger der Insolvenzsicherung zu Leistungen verpflichtet, die ohne den Eintritt des Sicherungsfalles eine Unterstützungskasse erbringen würde, geht deren Vermögen einschließlich der Verbindlichkeiten auf ihn über; die Haftung für die Verbindlichkeiten beschränkt sich auf das übergegangene Vermögen. Wenn die übergegangenen Vermögenswerte den Barwert der Ansprüche und Anwartschaften gegen den Träger der Insolvenzsicherung übersteigen, hat dieser den übersteigenden Teil entsprechend der Satzung der Unterstützungskasse zu verwenden. Bei einer Unterstützungskasse mit mehreren Trägerunternehmen hat der Träger der Insolvenzsicherung einen Anspruch gegen die Unterstützungskasse auf einen Betrag, der dem Teil des Vermögens der Kasse entspricht, der auf das Unternehmen entfällt, bei dem der Sicherungsfall eingetreten ist. Die Sätze 1 bis 3 gelten nicht, wenn der Sicherungsfall auf den in § 7 Abs. 1 Satz 3 Nr. 2, 3 oder 5 genannten Gründen beruht.

vorgesehen ist, kann der Träger der Insolvenzsicherung, wenn innerhalb von drei Jahren nach der Aufhebung des Insolvenzverfahrens ein Antrag auf Eröffnung eines neuen Insolvenzverfahrens über das Vermögen des Arbeitgebers gestellt wird, in diesem Verfahren als Insolvenzgläubiger Erstattung der von ihm erbrachten Leistungen verlangen.

(5) Dem Träger der Insolvenzsicherung steht gegen den Beschluß, durch den das Insolvenzverfahren eröffnet wird, die sofortige Beschwerde zu."

§ 10

(1) Die Mittel für die Durchführung der Insolvenzsicherung werden auf Grund öffentlich-rechtlicher Verpflichtung durch Beiträge aller Arbeitgeber aufgebracht, die Leistung der betrieblichen Altersversorgung unmittelbar zugesagt haben oder eine betriebliche Altersversorgung über eine Unterstützungskasse oder eine Direktversicherung der in § 7 Abs. 1 Satz 2 und Absatz 2 Satz 1 Nr. 2 bezeichneten Art durchführen.

(2) Die Beiträge müssen den Barwert der im laufenden Kalenderjahr entstehenden Ansprüche auf Leistungen der Insolvenzsicherung, die im gleichen Zeitraum entstehenden Verwaltungskosten und sonstigen Kosten, die mit der Gewährung der Leistungen zusammenhängen, und die Zuführung zu einem vom Bundesaufsichtsamt für das Versicherungswesen festgesetzten Ausgleichsfonds decken; § 37 des Gesetzes über die Beaufsichtigung der privaten Versicherungsunternehmungen bleibt unberührt. Bei der Berechnung des Barwertes ist ein Rechnungszinsfuß von drei vom Hundert anzuwenden. Auf die am Ende des Kalenderjahres fälligen Beiträge können Vorschüsse erhoben werden; reichen die Vorschüsse zur Deckung der Aufwendungen nach Satz 1 nicht aus, so kann der Ausgleichsfonds in einem vom Bundesaufsichtsamt für das Versicherungswesen zu genehmigenden Umfang zur Ermäßigung der Beiträge herangezogen werden.

(3) Die nach Absatz 2 erforderlichen Beiträge werden auf die Arbeitgeber nach Maßgabe der nachfolgenden Beträge umgelegt, soweit sie sich auf die laufenden Versorgungsleistungen und die nach § 1 unverfallbaren Versorgungsanwartschaften beziehen (Beitragsbemessungsgrundlage); diese Beträge sind festzustellen auf den Schluß des Wirtschaftsjahres des Arbeitgebers, das im abgelaufenen Kalenderjahr geendet hat:

1. Bei Arbeitgebern, die Leistungen der betrieblichen Altersversorgung unmittelbar zugesagt haben, ist Beitragsmessungsgrundlage der Teilwert der Pensionsverpflichtung (§ 6 a Abs. 3 des Einkommensteuergesetzes).

2. Bei Arbeitgebern, die eine betriebliche Altersversorgung über eine Direktversicherung mit widerruflichem Bezugsrecht durchführen, ist Beitragsmessungsgrundlage das geschäftsplanmäßige Deckungskapital oder, soweit die Berechnung des Deckungskapitals nicht zum Geschäftsplan gehört, die Deckungsrückstellung. Für Versicherungen, bei denen der Versicherungsfall bereits eingetreten ist, und für Versicherungsanwartschaften, für die ein unwiderrufliches Bezugsrecht eingeräumt ist, ist das Deckungskapital oder die Deckungsrückstellung nur insoweit zu berücksichtigen, als die Versicherungen abgetreten oder beliehen sind.

3. Bei Arbeitgebern, die eine betriebliche Altersversorgung über eine Unterstützungskasse durchführen, ist Beitragsmessungsgrundlage das Deckungskapital für die laufenden Leistungen (§ 4 d Abs. 1 Nr. 1 Buchstabe a des Einkommensteuergesetzes) zuzüglich des Zwanzigfachen der nach § 4 d Abs. 1 Nr. 1 Buchstabe b Satz 1 des Einkommensteuergesetzes errechneten jährlichen Zuwendungen für Leistungsanwärter im Sinne von § 4 d Abs. 1 Nr. 1 Buchstabe b Satz 2 des Einkommensteuergesetzes.

(4) Aus den Beitragsbescheiden des Trägers der Insolvenzsicherung findet die Zwangsvollstreckung in entsprechender Anwendung der Vorschriften der Zivilprozeßordnung statt. Die vollstreckbare Ausfertigung erteilt der Träger der Insolvenzsicherung.

§ 11*)

(1) Der Arbeitgeber hat dem Träger der Insolvenzsicherung eine betriebliche Altersversorgung nach § 1 Abs. 1, 2 und 4 für seine Arbeitnehmer innerhalb von 3 Monaten nach Inkrafttreten des Gesetzes oder innerhalb von 3 Monaten nach Erteilung der unmittelbaren Versorgungszusage, dem Abschluß einer Direktversicherung oder der Errichtung einer Unterstützungskasse mitzuteilen. Der Arbeitgeber, der sonstige Träger der Versorgung, der Konkursverwalter und die nach § 7 Berechtigten sind verpflichtet, dem Träger der Insolvenzsicherung alle Auskünfte zu erteilen, die zur Durchführung der Vorschriften dieses Abschnittes erforderlich sind, sowie Unterlagen vorzulegen, aus denen die erforderlichen Angaben ersichtlich sind.

*) Für Sicherungsfälle, die nach dem 31. Dez. 1998 eintreten, wird § 11 wie folgt geändert:
- In Absatz 1 Satz 2 wird das Wort „Konkursverwalter" durch das Wort „Insolvenzverwalter" ersetzt.
- In Absatz 3 wird das Wort „Konkursverwalter" durch das Wort „Insolvenzverwalter" ersetzt; die Worte „des Konkursverfahrens" werden jeweils durch die Worte „des Insolvenzverfahrens" ersetzt.
- In Absatz 4 wird das Wort „Konkursverwalter" durch das Wort „Insolvenzverwalter" ersetzt.
- Absatz 5 wird wie folgt gefaßt:
„(5) In den Fällen, in denen ein Insolvenzverfahren nicht eröffnet wird (§ 7 Abs. 1 Satz 4) oder nach § 207 der Insolvenzordnung eingestellt worden ist, sind die Pflichten des Insolvenzverwalters nach Absatz 3 vom Arbeitgeber oder dem sonstigen Träger der Versorgung zu erfüllen."

Anhang 7
I Betriebliche Altersversorgung

(2) Ein beitragspflichtiger Arbeitgeber hat dem Träger der Insolvenzsicherung spätestens bis zum 30. September eines jeden Kalenderjahres die Höhe des nach § 10 Abs. 3 für die Bemessung des Beitrages maßgebenden Betrages bei unmittelbaren Versorgungszusagen auf Grund eines versicherungsmathematischen Gutachtens, bei Direktversicherungen auf Grund einer Bescheinigung des Versicherers und bei Unterstützungskassen auf Grund einer nachprüfbaren Berechnung mitzuteilen. Der Arbeitgeber hat die in Satz 1 bezeichneten Unterlagen mindestens 6 Jahre aufzubewahren.

(3) Der Konkursverwalter hat dem Träger der Insolvenzsicherung die Eröffnung des Konkursverfahrens, Namen und Anschriften der Versorgungsempfänger und die Höhe ihrer Versorgung nach § 7 unverzüglich mitzuteilen. Er hat zugleich Namen und Anschriften der Personen, die bei Eröffnung des Konkursverfahrens eine nach § 1 unverfallbare Versorgungsanwartschaft haben, sowie die Höhe ihrer Anwartschaft nach § 7 mitzuteilen.

(4) Der Arbeitgeber, der sonstige Träger der Versorgung und die nach § 7 Berechtigten sind verpflichtet, dem Konkursverwalter Auskünfte über alle Tatsachen zu erteilen, auf die sich die Mitteilungspflicht nach Absatz 3 bezieht.

(5) In den Fällen, in denen ein Konkursverfahren nicht eröffnet wird (§ 7 Abs. 1 Satz 3) oder nach § 204 der Konkursordnung eingestellt worden ist, sind die Pflichten des Konkursverwalters nach Absatz 3 vom Arbeitgeber oder dem sonstigen Träger der Versorgung zu erfüllen.

(6) Kammern und andere Zusammenschlüsse von Unternehmern oder anderen selbständigen Berufstätigen, die als Körperschaften des öffentlichen Rechts errichtet sind, ferner Verbände und andere Zusammenschlüsse, denen Unternehmer oder andere selbständige Berufstätige kraft Gesetzes angehören oder anzugehören haben, haben den Träger der Insolvenzsicherung bei der Ermittlung der nach § 10 beitragspflichtigen Arbeitgeber zu unterstützen.

(7) Die nach den Absätzen 1 bis 3 und 5 zu Mitteilungen und Auskünften und die nach Absatz 6 zur Unterstützung Verpflichteten haben die vom Träger der Insolvenzsicherung vorgesehenen Vordrucke zu verwenden.

(8) Zur Sicherung der vollständigen Erfassung der nach § 10 beitragspflichtigen Arbeitgeber können die Finanzämter dem Träger der Insolvenzsicherung mitteilen, welche Arbeitgeber für die Beitragspflicht in Betracht kommen. Die Bundesregierung wird ermächtigt, durch Rechtsverordnung mit Zustimmung des Bundesrates das Nähere zu bestimmen und Einzelheiten des Verfahrens zu regeln.

§ 14

(1) Träger der Insolvenzsicherung ist der Pensions-Sicherungs-Verein, Versicherungsverein auf Gegenseitigkeit; er unterliegt der Aufsicht durch das Bundesaufsichtsamt für das Versicherungswesen. Die Vorschriften des Versicherungsaufsichtsgesetzes gelten, soweit dieses Gesetz nichts anderes bestimmt.

(2) Der Bundesminister für Arbeit und Sozialordnung weist durch Rechtsverordnung mit Zustimmung des Bundesrates die Stellung des Trägers der Insolvenzsicherung der Deutsche Ausgleichsbank zu, bei der ein Fonds zur Insolvenzsicherung der betrieblichen Altersversorgung gebildet wird, wenn

1. bis zum 31. Dezember 1974 nicht nachgewiesen worden ist, daß der in Absatz 1 genannte Träger die Erlaubnis der Aufsichtsbehörde zum Geschäftsbetrieb erhalten hat,
2. der in Absatz 1 genannte Träger aufgelöst worden ist oder
3. die Aufsichtsbehörde den Geschäftsbetrieb des in Absatz 1 genannten Trägers untersagt oder die Erlaubnis zum Geschäftsbetrieb widerruft.

In den Fällen der Nummern 2 und 3 geht das Vermögen des in Absatz 1 genannten Trägers einschließlich der Verbindlichkeiten auf die Deutsche Ausgleichsbank über, die es dem Fonds zur Insolvenzsicherung der betrieblichen Altersversorgung zuweist.

(3) Wird die Insolvenzsicherung von der Deutschen Ausgleichsbank durchgeführt, gelten die Vorschriften dieses Abschnittes mit folgenden Abweichungen:

1. In § 7 Abs. 6 entfällt die Zustimmung des Bundesaufsichtsamtes für das Versicherungswesen.
2. § 10 Abs. 2 findet keine Anwendung. Die von der Deutschen Ausgleichsbank zu erhebenden Beiträge müssen den Bedarf für die laufenden Leistungen der Insolvenzsicherung im laufenden Kalenderjahr und die im gleichen Zeitraum entstehenden Verwaltungskosten und sonstigen Kosten, die mit der Gewährung der Leistungen zusammenhängen, decken. Bei einer Zuweisung nach Absatz 2 Nr. 1 beträgt der Beitrag für die ersten 3 Jahre mindestens 0,1 vom Hundert der Beitragsbemessungsgrundlage gemäß § 10 Abs. 3; der nicht benötigte Teil dieses Beitragsaufkommens wird einer Betriebsmittelreserve zugeführt. Bei einer Zuweisung nach Absatz 2 Nr. 2 oder 3 wird in den ersten 3 Jahren zu dem Beitrag nach Nummer 2 Satz 2 ein Zuschlag von 0,08 vom Hundert der Beitragsbemessungsgrundlage gemäß § 10 Abs. 3 zur Bildung einer Betriebsmittelreserve erhoben. Auf die

Beiträge können Vorschüsse erhoben werden.

3. In § 12 Abs. 3 tritt an die Stelle des Bundesaufsichtsamtes für das Versicherungswesen die Deutsche Ausgleichsbank.

Die Deutsche Ausgleichsbank verwaltet den Fonds im eigenen Namen. Für Verbindlichkeiten des Fonds haftet sie nur mit dem Vermögen des Fonds. Dieser haftet nicht für die sonstigen Verbindlichkeiten der Bank. § 14 Abs. 1 Satz 1 des Gesetzes über die Deutsche Ausgleichsbank vom 28. Oktober 1954 (BGBl. I S. 293), geändert durch das Einundzwanzigste Gesetz zur Änderung des Lastenausgleichsgesetzes vom 18. August 1969 (BGBl. I S. 1232), gilt auch für den Fonds.

§ 15

Personen, die bei dem Träger der Insolvenzsicherung beschäftigt oder für ihn tätig sind, dürfen fremde Geheimnisse, insbesondere Betriebs- oder Geschäftsgeheimnisse, nicht unbefugt offenbaren oder verwerten. Sie sind nach dem Gesetz über die förmliche Verpflichtung nichtbeamteter Personen vom 2. März 1974 (BGBl. I S. 469, 547) vom Bundesaufsichtsamt für das Versicherungswesen auf die gewissenhafte Erfüllung ihrer Obliegenheiten zu verpflichten.

Fünfter Abschnitt
Anpassung

§ 16

Der Arbeitgeber hat alle drei Jahre eine Anpassung der laufenden Leistungen der betrieblichen Altersversorgung zu prüfen und hierüber nach billigem Ermessen zu entscheiden; dabei sind insbesondere die Belange des Versorgungsempfängers und die wirtschaftliche Lage des Arbeitgebers zu berücksichtigen.

Sechster Abschnitt
Geltungsbereich

§ 17

(1) Arbeitnehmer im Sinne der §§ 1 bis 16 sind Arbeiter und Angestellte einschließlich der zu ihrer Berufsausbildung Beschäftigten; ein Berufsausbildungsverhältnis steht einem Arbeitsverhältnis gleich. Die §§ 1 bis 16 gelten entsprechend für Personen, die nicht Arbeitnehmer sind, wenn ihnen Leistungen der Alters-, Invaliditäts- oder Hinterbliebenenversorgung aus Anlaß ihrer Tätigkeit für ein Unternehmen zugesagt worden sind.

(2) Die §§ 7 bis 15 gelten nicht für den Bund, die Länder, die Gemeinden sowie die Körperschaften, Stiftungen und Anstalten des öffentlichen Rechts, bei denen der Konkurs*) nicht zulässig ist, und solche juristische Personen des öffentlichen Rechts, bei denen der Bund, ein Land oder eine Gemeinde kraft Gesetzes die Zahlungsfähigkeit sichert.

(3) Von den §§ 2 bis 5, 16, 27 und 28 kann in Tarifverträgen abgewichen werden. Die abweichenden Bestimmungen haben zwischen nichttarifgebundenen Arbeitgebern und Arbeitnehmern Geltung, wenn zwischen diesen die Anwendung der einschlägigen tariflichen Regelung vereinbart ist. Im übrigen kann von den Bestimmungen dieses Gesetzes nicht zuungunsten des Arbeitnehmers abgewichen werden.

(4) Gesetzliche Regelungen über Leistungen der betrieblichen Altersversorgung werden unbeschadet des § 18 durch §§ 1 bis 16 und 26 bis 30 nicht berührt.

§ 18

(1) Für Personen, die

1. bei einer Zusatzversorgungseinrichtung der in § 2 des Gesetzes zur Sicherstellung der Leistungen der Zusatzversorgungsanstalten des öffentlichen Dienstes vom 21. Dezember 1971 (BGBl. I S. 2077) bezeichneten Art – auch wenn diese erst nach dem 20. Juni 1948 errichtet ist – pflichtversichert sind, oder

2. bei einer anderen Zusatzversorgungseinrichtung pflichtversichert sind, die mit einer Zusatzversorgungseinrichtung nach Nummer 1 ein Überleitungsabkommen abgeschlossen hat oder auf Grund satzungsrechtlicher Vorschriften von Zusatzversorgungseinrichtungen nach Nummer 1 ein solches Abkommen abschließen kann, oder

3. unter das Gesetz über die zusätzliche Alters- und Hinterbliebenenversorgung für Angestellte und Arbeiter der Freien und Hansestadt Hamburg (Ruhegeldgesetz) oder unter das Bremische Zusatzversorgungsneuregelungsgesetz in ihren jeweiligen Fassungen fallen oder auf die Gesetze sonst Anwendung finden, oder

4. in der gesetzlichen Rentenversicherung versicherungsfrei sind, weil ihnen nach beamtenrechtlichen Grundsätzen Anwartschaft auf Versorgung zusteht, oder

5. trotz bestehender Anwartschaft auf Versorgung nach beamtenrechtlichen Grundsätzen eines Arbeitgebers, der Beteiligter bei einer Zusatzversorgungseinrichtung nach Num-

---
*) Für Sicherungsfälle, die nach dem 31. Dez. 1998 eintreten, werden die Worte „der Konkurs" durch die Worte „das Insolvenzverfahren" ersetzt.

mer 1 sein kann, nicht in der gesetzlichen Rentenversicherung versicherungsfrei sind, oder

6. auf Grund eines Arbeitsverhältnisses zum Bund, zu einem Land, zu einer Gemeinde, zu einem Gemeindeverband, zu einer sonstigen Körperschaft, Anstalt oder Stiftung des öffentlichen Rechts, zu einem Verband von Körperschaften des öffentlichen Rechts sowie zu einem Verband solcher Verbände oder zu einem Mitglied eines kommunalen Arbeitgeberverbandes nach einer Ruhelohnordnung oder einer entsprechenden Bestimmung eine Anwartschaft auf Ruhegeld oder Ruhelohn haben und denen Hinterbliebenenversorgung gewährleistet ist,

gelten die §§ 2 bis 5, 16, 27 und 28 nicht. Als pflichtversichert im Sinne des Satzes 1 Nr. 2 gelten auch die freiwillig Versicherten der Versorgungsanstalt der deutschen Kulturorchester und der Versorgungsanstalt der deutschen Bühnen.

(2) Bei Eintritt des Versorgungsfalles erhalten die in Absatz 1 Satz 1 Nr. 1 und 2 bezeichneten Personen von der Zusatzversorgungseinrichtung eine Zusatzrente nach folgenden Maßgaben:

1. Der monatliche Betrag der Zusatzrente beträgt für jedes volle Jahr der Pflichtversicherung bei einer Zusatzversorgungseinrichtung 0,4 vom Hundert des Arbeitsentgelts, das nach der Satzung der Zusatzversorgungseinrichtung für die Leistungsbemessung maßgebend wäre, wenn im Zeitpunkt des Ausscheidens der Versicherungsfall im Sinne der Satzung eingetreten wäre. Die Leistung für eine Witwe beträgt 60 vom Hundert, für eine Halbwaise 12 vom Hundert und für eine Vollwaise 20 vom Hundert der Zusatzrente. Durch Satzungsänderung kann die Höhe der Zusatzrente und der Leistungen für Hinterbliebene nicht geändert werden.

2. Versorgungsfall ist der Versicherungsfall im Sinne der Satzung der Zusatzversorgungseinrichtung. Die Vorschriften der Satzung über den Höchstbetrag von Versicherungsrenten bei mehreren Anspruchsberechtigten sowie über die Zahlung von Versicherungsrenten sind entsprechend anzuwenden. Gegen Entscheidungen der Zusatzversorgungseinrichtung über Ansprüche nach diesem Gesetz ist der Rechtsweg gegeben, der für Versicherte der Einrichtung gilt.

3. Soweit Personen der Versorgungsanstalt der deutschen Kulturorchester oder der Versorgungsanstalt der deutschen Bühnen von Absatz 1 Satz 1 Nr. 2 und Satz 2 erfaßt werden, treten bei Eintritt des Versorgungsfalles an die Stelle der Zusatzrente die satzungsgemäß vorgesehenen Leistungen. Durch Satzungsänderung kann die Höhe der Leistungen für den Berechtigten und seine Hinterbliebenen nicht geändert werden.

4. Der Anspruch auf die Zusatzrente oder die in Nummer 3 bezeichneten Leistungen entsteht nicht oder erlischt, wenn der Berechtigte durch die Entscheidung eines deutschen Gerichts im Geltungsbereich dieses Gesetzes wegen einer vorsätzlichen Tat zu einer Freiheitsstrafe von mindestens 2 Jahren oder wegen einer vorsätzlichen Tat, die nach den Vorschriften über Friedensverrat, Hochverrat, Gefährdung des demokratischen Rechtsstaates oder Landesverrat und Gefährdung der äußeren Sicherheit strafbar ist, zu einer Freiheitsstrafe von mindestens 6 Monaten rechtskräftig verurteilt worden ist.

(3) Personen, auf die bis zur Beendigung ihres Arbeitsverhältnisses die Regelungen des Gesetzes über die zusätzliche Alters- und Hinterbliebenenversorgung für Angestellte und Arbeiter der Freien und Hansestadt Hamburg (Ruhegeldgesetz) oder des Bremischen Zusatzversorgungsneuregelungsgesetzes in ihren jeweiligen Fassungen Anwendung gefunden haben (Absatz 1 Satz 1 Nr. 3), haben Anspruch auf Leistungen in sinngemäßer Anwendung des Absatzes 2 Nr. 1, 2 und 4.

(4) Zeiten, für die Beiträge von einer Zusatzversorgungseinrichtung erstattet worden sind oder die in die Berechnung einer Versorgungsrente oder einer Leistung der Versorgungsanstalt der deutschen Kulturorchester oder der Versorgungsanstalt der deutschen Bühnen oder einer Leistung nach Absatz 3 einbezogen werden, werden nicht berücksichtigt. Auf die Zusatzrente oder die in Absatz 2 Nr. 3 oder die in Absatz 3 bezeichneten Leistungen werden für denselben Zeitraum zustehende Versicherungsrenten der in Absatz 1 Satz 1 Nrn. 1 und 2 bezeichneten Zusatzversorgungseinrichtungen oder entsprechende Versorgungsleistungen der Versorgungsanstalt der deutschen Kulturorchester oder der Versorgungsanstalt der deutschen Bühnen oder nach den Regelungen der in Absatz 1 Satz 1 Nr. 3 genannten Gesetze angerechnet; das gilt nicht, wenn Versicherungsrenten oder entsprechende Versorgungsleistungen nur auf Beiträgen des Berechtigten beruhen.

(5) Liegen der zu gewährenden Zusatzrente oder den in Absatz 2 Nr. 3 bezeichneten Leistungen mehrere Beschäftigungszeiten zugrunde und war der Berechtigte während dieser Zeiten bei verschiedenen Zusatzversorgungseinrichtungen nach Absatz 1 Satz 1 Nrn. 1 und 2 pflichtversichert, so haben die früher zuständigen Zusatzversorgungseinrichtungen der nach diesem Gesetz zuständigen Zusatzversorgungseinrichtung auf deren Anforderung sämtliche für den Berechtigten entrichteten Pflichtbeiträge und Umlagen ohne Zinsen zu überweisen, es sei denn, daß die

Zusatzversorgungseinrichtungen eine andere Regelung vereinbaren.

(6) Die in Absatz 1 Satz 1 Nr. 4 bis 6 bezeichneten Arbeitnehmer sind durch ihren Arbeitgeber bei der Zusatzversorgungseinrichtung, bei der der Arbeitgeber Beteiligter ist oder, wenn eine solche Beteiligung nicht besteht, bei der er Beteiligter sein könnte (zuständige Versorgungseinrichtung), nachzuversichern. Die Nachversicherung umfaßt den Zeitraum zwischen dem Erwerb der Versorgungsanwartschaft nach beamtenrechtlichen Grundsätzen (Absatz 1 Satz 1 Nrn. 4 und 5) oder zwischen dem Erwerb der Ruhelohn- oder Ruhegeldanwartschaft (Absatz 1 Satz 1 Nr. 6) und der Beendigung des Arbeitsverhältnisses. Der Arbeitgeber hat Beiträge und Umlagen in der Höhe zu entrichten, wie sie bei Vorliegen der Versicherungspflicht zu der zuständigen Zusatzversorgungseinrichtung für diese Zeiträume zu entrichten gewesen wären; Zinsen sind für die nachzuentrichtenden Beiträge und Umlagen nicht zu zahlen. Die Beiträge und Umlagen sind für die in Absatz 1 Satz 1 Nr. 4 bezeichneten Arbeitnehmer zum selben Zeitpunkt zu zahlen, zu dem die Beiträge zur gesetzlichen Rentenversicherung oder zu einer berufsständischen Versorgungseinrichtung nachzuentrichten sind. Im übrigen sind die nachzuentrichtenden Beiträge und Umlagen im Zeitpunkt der Beendigung des Arbeitsverhältnisses fällig. Liegen die Voraussetzungen vor, unter denen nach Absatz 2 Nr. 4 ein Anspruch auf die Zusatzrente nicht entstehen oder erlöschen würde, unterbleibt die Nachversicherung.

(7) Auf die in Absatz 1 Satz 1 Nr. 4 bis 6 bezeichneten Personen sind Absatz 2 Nr. 1, 2 und 4 sowie Absatz 4 und 5 mit der Maßgabe entsprechend anzuwenden, daß anstelle der Zeiten der Pflichtversicherung bei der Zusatzversorgungseinrichtung die Zeiten der Nachversicherung (Absatz 6) zugrunde zu legen sind.

(8) Ist in einem Versorgungsausgleich zu Lasten eines Anrechtes im Sinne des Absatzes 1 Nr. 4 bis 6 ein Anrecht in oder außerhalb der gesetzlichen Rentenversicherung begründet worden, sind die nach Absatz 6 Satz 3 zugrunde zu legenden Entgelte in dem Verhältnis zu kürzen, in dem der zur Begründung des Anrechts herangezogene Teilbetrag des Anrechts nach Absatz 6 Satz 3, Absatz 2 Nr. 1 Satz 1 zu dem Betrag steht, der sich ohne diese Kürzung als Zusatzrente ergäbe. Für die Anwendung des Absatzes 2 Nr. 1 Satz 1 sind die gekürzten Entgelte maßgebend.

II
Gesetz
zur Förderung eines gleitenden Übergangs älterer Arbeitnehmer in den Ruhestand (Altersteilzeitgesetz)

vom 20. 12. 1988 (BGBl. I S. 2343)

zuletzt geändert durch Artikel 2 des Zweiten Gesetzes zur Änderung des Arbeitsförderungsgesetzes im Bereich des Baugewerbes vom 15. 12. 1995 (BGBl. I S. 1809, BStBl I S. 785)

– Auszug –

§ 1
Grundsatz

Die Bundesanstalt für Arbeit (Bundesanstalt) fördert den gleitenden Übergang älterer Arbeitnehmer vom Erwerbsleben in den Ruhestand, die ihre Arbeitszeit verkürzen und damit die Einstellung eines Arbeitslosen ermöglichen, durch Leistungen nach diesem Gesetz.

§ 2
Begünstigter Personenkreis

(1) Leistungen werden für Arbeitnehmer gewährt, die
1. das 58. Lebensjahr vollendet haben,
2. nach dem 31. Dezember 1988 in einer Vereinbarung mit dem Arbeitgeber ihre Arbeitszeit auf die Hälfte der tariflichen regelmäßigen wöchentlichen Arbeitszeit, auf mindestens jedoch 18 Stunden wöchentlich, vermindert haben (Altersteilzeitarbeit). § 249 c Abs. 8 Satz 1 des Arbeitsförderungsgesetzes gilt in dem in Artikel 1 des Einigungsvertrages genannten Gebiet entsprechend,[1]
3. innerhalb der letzten fünf Jahre vor Beginn der Altersteilzeitarbeit mindestens 1.080 Kalendertage in einer die Beitragspflicht begründenden Beschäftigung im Sinne des § 168 des Arbeitsförderungsgesetzes gestanden haben und deren vereinbarte Arbeitszeit der tariflichen regelmäßigen wöchentlichen Arbeitszeit entsprach. § 107 Satz 1 Nr. 3, 4 und 6 und Satz 2 des Arbeitsförderungsgesetzes[2] gilt entsprechend. Zeiten mit Anspruch auf Arbeitslosengeld oder Arbeitslosenhilfe sowie Zeiten im Sinne des § 107 Satz 1 Nr. 5 des Arbeitsförderungsgesetzes stehen diesen Beschäftigungszeiten gleich,

wenn die Leistungen nach der tariflichen regelmäßigen wöchentlichen Arbeitszeit bemessen worden sind. Zeiten, in denen der Arbeitnehmer nur wegen Vollendung des 63. Lebensjahres beitragsfrei war, gelten als Zeiten einer die Beitragspflicht begründenden Beschäftigung.

(2) Sieht die Vereinbarung über die Altersteilzeitarbeit unterschiedliche wöchentliche Arbeitszeiten vor, ist die Voraussetzung nach Absatz 1 Nr. 2 auch erfüllt, wenn
1. die wöchentliche Arbeitszeit im Jahresdurchschnitt die Hälfte der tariflichen regelmäßigen wöchentlichen Arbeitszeit nicht überschreitet und 18 Stunden nicht unterschreitet und
2. das Arbeitsentgelt für die Altersteilzeitarbeit einschließlich des Aufstockungsbetrages nach § 3 Abs. 1 Nr. 1 Buchstabe a fortlaufend gezahlt wird.

§ 3
Anspruchsvoraussetzungen

(1) Der Anspruch auf die Leistungen nach § 4 setzt voraus, daß
1. der Arbeitgeber auf Grund eines Tarifvertrages, einer Regelung der Kirchen und der öffentlich-rechtlichen Religionsgesellschaften, einer Betriebsvereinbarung oder einer Vereinbarung mit dem Arbeitnehmer
   a) das Arbeitsentgelt für die Altersteilzeitarbeit um mindestens 20 vom Hundert aufgestockt hat und
   b) für den Arbeitnehmer Beiträge zur Höherversicherung[3] in der gesetzlichen Rentenversicherung mindestens in Höhe des Pflichtbeitrags entrichtet hat, der auf den Differenzbetrag zwischen 90 vom Hundert des Vollzeitarbeitsentgelts und dem Arbeitsentgelt für die Altersteilzeitarbeit entfällt, sowie
2. der Arbeitgeber aus Anlaß des Übergangs des Arbeitnehmers in die Altersteilzeitarbeit einen beim Arbeitsamt arbeitslos gemeldeten

---
[1] Die Fassung beruht auf dem Einigungsvertrag.
[2] In § 2 Abs. 1 Nr. 3 des Altersteilzeitgesetzes wurden nach den Worten „§ 107 Satz 1 Nr. 3, 4 und 6 und Satz 2 des Arbeitsförderungsgesetzes" die Worte „in der bis zum (einsetzen: Tag vor dem Tag des Inkrafttretens des Gesetzes) geltenden Fassung" eingefügt (Art. 3 des Eingliederungsanpassungsgesetzes – EinglAnpG).
[3] Wegen der Beiträge von Arbeitnehmern im Beitrittsgebiet vgl. § 13 a Abs. 1.

Arbeitnehmer auf dem freigemachten oder auf einem in diesem Zusammenhang durch Umsetzung freigewordenen Arbeitsplatz beitragspflichtig im Sinne des § 168 des Arbeitsförderungsgesetzes beschäftigt und

3. die freie Entscheidung des Arbeitgebers bei einer über 5 vom Hundert der Arbeitnehmer des Betriebes hinausgehenden Inanspruchnahme sichergestellt ist oder eine Ausgleichskasse der Arbeitgeber oder eine gemeinsame Einrichtung der Tarifvertragsparteien besteht, wobei beide Voraussetzungen in Tarifverträgen verbunden werden können.

(2) Die Voraussetzung des Absatzes 1 Nr. 1 Buchstabe b ist auch erfüllt, wenn der Beitrag für mehrere Monate zusammengefaßt gezahlt worden ist, weil in einem Monat der Mindestbeitrag nicht erreicht wurde.

§ 4
Leistungen

(1) Die Bundesanstalt erstattet dem Arbeitgeber
1. den Aufstockungsbetrag nach § 3 Abs. 1 Nr. 1 Buchstabe a in Höhe von 20 vom Hundert des für die Altersteilzeitarbeit gezahlten Arbeitsentgelts,
2. den Beitrag, der nach § 3 Abs. 1 Nr. 1 Buchstabe b in Höhe des Pflichtbeitrags geleistet worden ist, der auf den Differenzbetrag zwischen 90 vom Hundert des Vollzeitarbeitsentgelts und dem Arbeitsentgelt für die Altersteilzeitarbeit entfällt.

(2) Bei Arbeitnehmern, die nach § 7 Abs. 2 des Angestelltenversicherungsgesetzes, nach Artikel 2 § 1 Abs. 1 und 2 des Angestelltenversicherungs-Neuregelungsgesetzes oder nach Artikel 2 § 1 Abs. 1 und 1 a des Knappschaftsrentenversicherungs-Neuregelungsgesetzes jeweils in der am 31. Dezember 1991 geltenden Fassung von der Versicherungspflicht befreit sind oder in Artikel 2 § 1 Abs. 4 Satz 1 des Angestelltenversicherungs-Neuregelungsgesetzes oder in Artikel 2 § 1 Abs. 1 b Satz 1 des Knappschaftsrentenversicherungs-Neuregelungsgesetzes jeweils in der am 31. Dezember 1991 geltenden Fassung genannt sind und auf ihre Befreiung von der Versicherungspflicht nicht verzichtet haben, werden Leistungen nach Absatz 1 auch erbracht, wenn die Voraussetzung des § 3 Abs. 1 Nr. 1 Buchstabe b nicht erfüllt ist. Dem Beitrag nach Absatz 1 Nr. 2 stehen in diesem Fall vergleichbare Aufwendungen des Arbeitgebers bis zur Höhe des Beitrags gleich, den die Bundesanstalt nach § 166 b Abs. 1 und 1 a des Arbeitsförderungsgesetzes zu tragen hätte, wenn eine der in dieser Vorschrift genannten Leistungen in Höhe des Differenzbetrages nach Absatz 1 Nr. 2 zu zahlen wäre.

§ 5
Erlöschen und Ruhen des Anspruchs

(1) Der Anspruch auf die Leistungen nach § 4 erlischt
1. mit Ablauf des Monats, in dem der Arbeitnehmer die Altersteilzeitarbeit aufgibt oder das 65. Lebensjahr vollendet,
2. mit Beginn des Monats, für den der Arbeitnehmer Altersrente, Knappschaftsausgleichsleistung oder ähnliche Bezüge öffentlich-rechtlicher Art bezieht. Diesen Leistungen stehen vergleichbare Leistungen einer Versicherungs- oder Versorgungseinrichtung oder eines Versicherungsunternehmers gleich, wenn der Arbeitnehmer von der Versicherungspflicht in der gesetzlichen Rentenversicherung befreit war.

(2) Der Anspruch auf die Leistungen besteht nicht, solange der Arbeitgeber auf dem freigemachten oder durch Umsetzung freigewordenen Arbeitsplatz keinen Arbeitnehmer mehr beschäftigt, der bei Beginn der Beschäftigung die Voraussetzungen des § 3 Abs. 1 Nr. 2 erfüllt hat. Dies gilt nicht, wenn der Arbeitsplatz mit einem Arbeitnehmer, der diese Voraussetzungen erfüllt, innerhalb von drei Monaten erneut wiederbesetzt wird oder der Arbeitgeber insgesamt für zwei Jahre die Leistungen erhalten hat.

(3) Der Anspruch auf die Leistungen ruht während der Zeit, in der der altersteilzeitarbeitende Arbeitnehmer neben seiner Teilzeitbeschäftigung Beschäftigungen oder selbständige Tätigkeiten ausübt, die die Geringfügigkeitsgrenze des § 8 des Vierten Buches Sozialgesetzbuch überschreiten oder auf Grund solcher Beschäftigungen eine Lohnersatzleistung erhält; die Grenze hinsichtlich des Sechstels des Gesamteinkommens ist dabei nicht anzuwenden. Der Anspruch auf die Leistungen erlischt, wenn er mindestens 150 Kalendertage geruht hat. Mehrere Ruhenszeiträume sind zusammenzurechnen. Beschäftigungen oder selbständige Tätigkeiten bleiben unberücksichtigt, soweit der altersteilzeitarbeitende Arbeitnehmer sie auch schon innerhalb der letzten fünf Jahre vor Beginn der Altersteilzeitarbeit ausgeübt hat.

(4) § 48 Abs. 1 Nr. 3 des Zehnten Buches Sozialgesetzbuch findet keine Anwendung.

§ 11
Mitwirkungspflichten des Arbeitnehmers

(1) Der Arbeitnehmer hat Änderungen der ihn betreffenden Verhältnisse, die für die Leistungen nach § 4 erheblich sind, dem Arbeitgeber unverzüglich mitzuteilen. Erbringt eine Ausgleichskasse der Arbeitgeber oder eine gemeinsame Einrichtung der Tarifvertragsparteien die Leistungen

des § 3 Abs. 1 Nr. 1, besteht die Mitteilungspflicht dieser gegenüber.

(2) Der Arbeitnehmer hat der Bundesanstalt die dem Arbeitgeber zu Unrecht gezahlten Leistungen zu ersetzen, wenn der Arbeitnehmer die unrechtmäßige Zahlung dadurch bewirkt hat, daß er vorsätzlich oder grob fahrlässig
1. Angaben gemacht hat, die unrichtig oder unvollständig sind, oder
2. der Mitteilungspflicht nach Absatz 1 nicht nachgekommen ist.

§ 12
Verfahren

(1) Die Leistungen nach § 4 und § 10 Abs. 1 werden auf Antrag gewährt. Der Antrag ist schriftlich beim zuständigen Arbeitsamt zu stellen.

(2) Die Leistungen nach § 4 werden nachträglich für einen Zeitraum von mindestens vier Wochen, die Leistungen nach § 10 Abs. 1 zusammen mit der Lohnersatzleistung ausgezahlt.

III
Pensionsverpflichtungen;
hier: Aktivierung des Anspruchs aus einer Rückdeckungsversicherung

Gleichlautende Erlasse der obersten Finanzbehörden der Länder
vom 22. 2. 1963 (BStBl II S. 47)

(1) Hat ein Unternehmen eine betriebliche Pensionsverpflichtung durch Abschluß eines Versicherungsvertrages rückgedeckt, so sind der Versicherungsanspruch (Rückdeckungsanspruch) und die Pensionsverpflichtung (Pensionsrückstellung) getrennt zu bilanzieren (Abschnitt 41 Abs. 16 EStR). Der Rückdeckungsanspruch ist grundsätzlich mit dem versicherungsmäßigen Deckungskapital (dem Deckungskapital, das sich nach dem für die Bilanzierung bei dem Versicherungsunternehmen maßgebenden Geschäftsplan errechnet) zu aktivieren. Er kann nur dann mit dem niedrigeren Rückkaufswert angesetzt werden, wenn am Bilanzstichtag ernsthaft mit der Auflösung des Versicherungsvertrags zu rechnen ist (vgl. BFH-Urteile vom 28. 11. 1961 – BStBl 1962 III S. 101 und vom 5. 6. 1962 – BStBl III S. 416). Die Bildung der Pensionsrückstellung richtet sich nach § 6 a EStG.

(2) In der Vergangenheit ist der Rückdeckungsanspruch zum Teil auch dann nur mit dem Rückkaufswert aktiviert worden, wenn mit der Auflösung des Vertrags nicht zu rechnen war. Ich bitte, in diesen Fällen die oben bezeichneten BFH-Urteile nicht rückwirkend anzuwenden und das versicherungsmäßige Deckungskapital erst in der Schlußbilanz für Wirtschaftsjahre, die nach dem 30. 6. 1963 enden, anzusetzen. Dabei kann von dem jeweiligen versicherungsmäßigen Deckungskapital der Unterschiedsbetrag zwischen dem versicherungsmäßigen Deckungskapital am Schluß des letzten vor dem 1. 7. 1963 endenden Wirtschaftsjahrs und dem Rückkaufswert auf diesen Stichtag abgesetzt werden. Dieser Unterschiedsbetrag (Fehlbetrag) braucht also nicht nachaktiviert zu werden.

(3) Der BFH hat in dem Urteil vom 28. 11. 1961 die Frage offengelassen, ob bei der Aktivierung des Rückdeckungsanspruchs mit dem versicherungsmäßigen Deckungskapital das gezillmerte Deckungskapital, bei dem die Abschlußkosten sofort voll verrechnet worden sind, oder das ungezillmerte Deckungskapital, bei dem sich die Verrechnung der Abschlußkosten im Rahmen der Bildung des Deckungskapitals über die Laufzeit des Versicherungsvertrags erstreckt, maßgebend ist. Er hat jedoch darauf hingewiesen, daß bei einem über mehrere Jahre laufenden Vertrag die von einem Vertragsteil vorausgezahlten Kosten grundsätzlich verteilt werden müssen. Die Frage, ob die Abschlußkosten bei der Errechnung des versicherungsmäßigen Deckungskapitals sofort verrechnet oder verteilt werden, hat nur für die ersten Jahre nach dem Versicherungsabschluß Bedeutung. In den späteren Jahren führen beide Methoden zu sich immer stärker angleichenden Werten. Ich bitte deshalb, es aus Vereinfachungsgründen nicht zu beanstanden, wenn der Forderung des BFH nach einer Verteilung der Abschlußkosten bei der Aktivierung des Rückdeckungsanspruchs in der Weise Rechnung getragen wird, daß das gezillmerte Deckungskapital, das sich für das Ende des fünften Jahres bei Vertragsabschluß ergibt, auf die ersten fünf Jahre der Laufzeit des Vertrags gleichmäßig verteilt wird. In den auf das fünfte Jahr folgenden Jahren ist dann jeweils das gezillmerte Deckungskapital zu aktivieren. Diese Regelung gilt erstmals für Rückdeckungsversicherungen, die in den nach dem 30. 6. 1963 endenden Wirtschaftsjahren abgeschlossen werden (bei Gruppenversicherungen gilt die Regelung erstmals für die in diesen Wirtschaftsjahren eintretenden Zugänge oder Erhöhungen bei dem von dem Versicherungsvertrag erfaßten Personenkreis). Bei den in der Vergangenheit abgeschlossenen Versicherungsverträgen kann es auch für die ersten fünf Jahre nach Vertragsabschluß bei dem Ansatz des gezillmerten Deckungskapitals – unter Beachtung von Absatz 2 – verbleiben.

(4) Wird die Rückdeckungsversicherung im Laufe eines Wirtschaftsjahrs abgeschlossen, so bitte ich, es nicht zu beanstanden, wenn – entsprechend der Regelung in Abschnitt 41 Abs. 10 Satz 1 EStR – hinsichtlich des Abzugs der Versicherungsprämien und der Aktivierung des Rückdeckungsanspruchs so verfahren wird, als wäre die Versicherung bereits am Beginn des Wirtschaftsjahrs abgeschlossen worden. Es kann danach für den Schluß des Wirtschaftsjahrs das versicherungsmäßige Deckungskapital angesetzt werden, das sich für den Schluß des Versicherungsjahrs ergibt, das im Wirtschaftsjahr beginnt. Die für das Versicherungsjahr zu zahlende Versicherungsprämie braucht dann nicht auf den vom Versicherungsjahr abweichenden Bilanzstichtag abgegrenzt zu werden.

IV
Steuerrechtliche Behandlung von Aufwendungen des Arbeitgebers für die betriebliche Altersversorgung des im Betrieb mitarbeitenden Ehegatten[1])

BMF vom 4. 9. 1984 (BStBl I S. 495)
IV B 1 – S 2176 – 85/84

Unter Bezugnahme auf das Ergebnis der Erörterungen mit den obersten Finanzbehörden der Länder gilt für die steuerliche Behandlung von Aufwendungen des Arbeitgebers für die betriebliche Altersversorgung des im Betrieb mitarbeitenden Ehegatten auf der Grundlage des Beschlusses des Bundesverfassungsgerichts vom 22. 7. 1970 – BStBl II S. 652 – (vgl. auch BFH-Urteil vom 16. 12. 1970 – BStBl 1971 II S. 178) und der BFH-Urteile vom 15. 7. 1976 (BStBl 1977 II S. 112), 10. 11. 1982 (BStBl 1983 II S. 173), 26. 10. 1982 (BStBl 1983 II S. 209), 24. 11. 1982 (BStBl 1983 II S. 405 und 406), 30. 3. 1983 (BStBl II S. 500 und 664), 18. 5. 1983 (BStBl II S. 562) und vom 28. 7. 1983 (BStBl 1984 II S. 60) folgendes:

I. Voraussetzungen für die steuerliche Anerkennung von Pensionszusagen

(1) Für Pensionszusagen, die im Rahmen eines steuerlich anzuerkennenden Arbeitsverhältnisses dem Arbeitnehmer-Ehegatten gegeben werden, können Pensionsrückstellungen nach Maßgabe des § 6 a EStG gebildet werden, wenn

1. eine ernstlich gewollte, klar und eindeutig vereinbarte Verpflichtung vorliegt,
2. die Zusage dem Grunde nach angemessen ist und
3. der Arbeitgeber-Ehegatte tatsächlich mit der Inanspruchnahme aus der gegebenen Pensionszusage rechnen muß.

Liegen diese Voraussetzungen vor, sind Pensionsrückstellungen insoweit anzuerkennen, als die Pensionszusage der Höhe nach angemessen ist (vgl. BFH-Urteile vom 30. 3. 1983 – BStBl II S. 500 und 664).

Für die Bildung der Pensionsrückstellung bei Pensionszusagen zwischen Ehegatten in Einzelunternehmen kommt nur eine Zusage auf Alters-, Invaliden- und Waisenrente in Betracht. Eine Zusage auf Witwen-/Witwerversorgung ist im Rahmen von Ehegatten-Pensionszusagen nicht rückstellungsfähig, da hier bei Eintritt des Versorgungsfalls Anspruch und Verpflichtung in einer Person zusammentreffen. Sagt hingegen eine Personengesellschaft einem Arbeitnehmer, dessen Ehegatte Mitunternehmer der Personengesellschaft ist, eine Witwen-/Witwerrente zu, so kann sie hierfür eine Pensionsrückstellung bilden (vgl. BFH-Urteil vom 29. 1. 1976 – BStBl II S. 372 – und Abschnitt 174 a Abs. 4 Sätze 8 und 9 sowie Abs. 5 Satz 1 EStR 1981[2])). Aufwendungen für die Pensionszusage einer Personengesellschaft an den Ehegatten des Mitunternehmers, wenn mit dem Ehegatten ein steuerlich anzuerkennendes Arbeitsverhältnis besteht, sind als Betriebsausgaben abzugsfähig, wenn sie betrieblich veranlaßt sind. Für die Beurteilung der Frage, ob die Aufwendungen betrieblich veranlaßt sind, gelten die gleichen Rechtsgrundsätze, die auch bei einer Altersversorgung des Arbeitnehmer-Ehegatten eines Einzelunternehmers anzuwenden sind; es sei denn, der Mitunternehmer-Ehegatte hat in der Personengesellschaft keine beherrschende Stellung und sein Ehegatte wird in der Gesellschaft wie ein fremder Arbeitnehmer beschäftigt (vgl. Abschnitt 174 a Abs. 5 Satz 2 EStR 1981[2]).

(2) Eine ernstlich gewollte und dem Grunde nach angemessene Pensionszusage an den Arbeitnehmer-Ehegatten kann regelmäßig angenommen werden, wenn familienfremden Arbeitnehmern eine vergleichbare Pensionszusage eingeräumt oder zumindest ernsthaft angeboten worden ist und diese Arbeitnehmer

1. nach ihren Tätigkeits- und Leistungsmerkmalen mit dem Arbeitnehmer-Ehegatten vergleichbar sind oder eine geringerwertige Tätigkeit als der Arbeitnehmer-Ehegatte ausüben,
2. im Zeitpunkt der Pensionszusage oder des entsprechenden ernsthaften Angebots dem Betrieb nicht wesentlich länger angehört haben als der Arbeitnehmer-Ehegatte in dem Zeitpunkt, in dem ihm die Pensionszusage erteilt wird und
3. kein höheres Pensionsalter als der Arbeitnehmer-Ehegatte haben.

Die Pensionszusage an den Arbeitnehmer-Ehegatten ist nicht anzuerkennen, wenn sie zu einem Lebensalter erteilt wird, zu dem einem familienfremden Arbeitnehmer keine Pensionszusage mehr eingeräumt oder ernsthaft angeboten würde, weil seine aktive Dienstzeit in absehbarer Zeit endet.

Ein ernsthaftes Angebot liegt vor, wenn das Angebot an den familienfremden Arbeitnehmer eindeutige und objektive Bestimmungen enthält und der Arbeitnehmer durch Annahme des Angebots einen Rechtsanspruch auf Zahlung einer betrieb-

---

[1]) → Anhang 7 IV.
→ Anhang 7 V.

[2]) → R 41 Abs. 11 EStR 1993.

lichen Altersversorgung erlangen würde (z. B. Angebot der betrieblichen Altersversorgung als zusätzliche Entlohnung, nicht als Ausgleich für den Verzicht auf einen Teil des Gehalts, BFH-Urteil vom 24. 11. 1982 – BStBl 1983 II S. 406; Gleichbehandlung des mitarbeitenden Ehegatten und der familienfremden Arbeitnehmer bei der Festlegung der Voraussetzungen zur Erlangung der betrieblichen Altersversorgung).

Werden neben dem Arbeitnehmer-Ehegatten keine weiteren Arbeitnehmer beschäftigt oder wird eine der Tätigkeit des Arbeitnehmer-Ehegatten gleichwertige Tätigkeit von anderen Arbeitnehmern im Betrieb nicht ausgeübt und Arbeitnehmern mit geringerwertiger Tätigkeit keine Pensionszusage gewährt oder ernsthaft angeboten, so ist die Pensionszusage an den Arbeitnehmer-Ehegatten in der Regel als ernstlich gewollt und dem Grunde nach angemessen anzuerkennen, wenn nach Würdigung der Gesamtumstände eine hohe Wahrscheinlichkeit dafür spricht, daß der Steuerpflichtige auch einem fremden Arbeitnehmer mit den Funktions- und Leistungsmerkmalen des tätigen Ehegatten eine solche Versorgung eingeräumt haben würde. Hiervon kann z. B. ausgegangen werden, wenn der Arbeitnehmer-Ehegatte die Tätigkeit eines ausgeschiedenen fremden Arbeitnehmers ausübt, dem der Steuerpflichtige eine Pensionszusage gewährt oder ernsthaft angeboten hatte. Das gleiche gilt, wenn zwar der Arbeitnehmer-Ehegatte für eine Zwischenzeit aus dem Betrieb ausgeschieden ist, aber dem dafür eingestellten fremden Arbeitnehmer eine entsprechende Versorgung eingeräumt oder ernsthaft angeboten worden ist. Die Pensionszusage ist nicht anzuerkennen, wenn als Pensionsaltersgrenze, sofern der Ehemann der Arbeitnehmer-Ehegatte ist, ein Alter unter 63 Jahren und, sofern die Ehefrau der Arbeitnehmer-Ehegatte ist, ein Alter unter 60 Jahren festgelegt ist, es sei denn, daß niedrigeres Pensionsalter bei familienfremden Arbeitnehmern im Betrieb üblich ist. Bei Pensionszusagen an Schwerbehinderte ist das BMF-Schreiben vom 10. 8. 1982 (BStBl I S. 667) anzuwenden.[1])

(3) Absatz 2 gilt auch bei Teilzeitbeschäftigung, wenn Pensionszusagen an Teilzeitbeschäftigte im Betrieb eingeräumt oder ernsthaft angeboten worden sind oder wenn im Falle des Absatzes 2 Satz 4 nach Würdigung der Gesamtumstände eine hohe Wahrscheinlichkeit dafür spricht, daß der Steuerpflichtige eine solche Versorgung einem teilzeitbeschäftigten fremden Arbeitnehmer erteilt haben würde, mit dem ihn keine familiären Beziehungen verbinden. Bei Aushilfs- oder Kurzbeschäftigung des Arbeitnehmer-Ehegatten ist eine ihm gegebene Pensionszusage dem Grunde nach nicht anzuerkennen, da bei einer derartigen Beschäftigung Pensionszusagen nicht üblich sind.

(4) Die Angemessenheit der Pensionszusagen an den Arbeitnehmer-Ehegatten der Höhe nach ist ebenfalls regelmäßig durch Vergleich mit Pensionszusagen oder den entsprechenden ernsthaften Angeboten an familienfremde Arbeitnehmer zu prüfen. Werden keine familienfremden Arbeitnehmer beschäftigt oder wird familienfremden Arbeitnehmern mit einer geringerwertigen Tätigkeit als der des Arbeitnehmer-Ehegatten keine oder eine gegenüber dem Arbeitnehmer-Ehegatten niedrigere Pensionszusage gegeben, so ist die Pensionszusage der Höhe nach nur dann angemessen, wenn die zugesagten Leistungen der betrieblichen Altersversorgung zusammen mit einer zu erwartenden Sozialversicherungsrente 75 v. H. des letzten steuerlich anzuerkennenden Arbeitslohns des Arbeitnehmer-Ehegatten nicht übersteigen. Bei der Ermittlung des Arbeitslohns ist auf die Verhältnisse am jeweiligen Bilanzstichtag abzustellen. Zur Ermittlung der zu erwartenden Sozialversicherungsrente wird auf Abschnitt 41 Abs. 15 EStR 1981[2]) hingewiesen. In Fällen, in denen eine gesetzliche Rentenversicherung besteht, kann aus Vereinfachungsgründen von der Einhaltung der 75-v. H.-Grenze ausgegangen werden, wenn die zugesagten Leistungen der betrieblichen Altersversorgung 30 v. H. des letzten steuerlich anzuerkennenden Arbeitslohns nicht übersteigen.

(5) Die in Absatz 1 Nr. 3 genannte Voraussetzung für die Rückstellungsbildung, daß der Arbeitgeber-Ehegatte aller Voraussicht nach tatsächlich aus der Pensionszusage in Anspruch genommen werden wird, liegt bei Einzelunternehmen, die nach ihrer Art und Größe weitgehend von der Arbeitskraft des Arbeitgeber-Ehegatten abhängen, nur vor, wenn die späteren Pensionszahlungen nach Einstellung des Einzelunternehmens oder nach Aufgabe der Unternehmenstätigkeit des Arbeitgeber-Ehegatten sichergestellt sind. Anhaltspunkte für die Sicherstellung späterer Pensionszahlungen können der Abschluß einer Rückdeckungsversicherung, die vertragliche Vereinbarung über die Leistung von Pensionszahlungen durch den Nachfolger des Unternehmens oder für den Fall vorzeitiger Betriebsbeendigung die Vereinbarung einer Kapitalabfindung statt laufender Pensionszahlungen sein (vgl. BFH-Urteile vom 15. 7. 1976 – BStBl 1977 II S. 112 – und vom 26. 10. 1982 – BStBl 1983 II S. 209).

II. Rückdeckungsversicherung

Prämienzahlungen für eine Rückdeckungsversicherung einer Pensionszusage an den Arbeitnehmer-Ehegatten können als Betriebsausgaben behandelt werden, soweit auch die Pensionszusa-

---

[1]) → auch R 41 Abs. 10 S. 6 EStR 1993.

[2]) → R 41 Abs. 16 EStR 1993, H 41 (16) EStH.

ge nach Abschnitt I als rückstellungsfähig anerkannt wird. Wegen der Aktivierung des Rückdeckungsanspruchs gilt Abschnitt 41 Abs. 25 EStR 1981[1]).

III. Voraussetzungen für die Anerkennung von Direktversicherungsbeiträgen als Betriebsausgaben

(1) Im Rahmen eines steuerlich anzuerkennenden Arbeitsverhältnisses sind Beiträge des Arbeitgebers zu einer Direktversicherung zugunsten des im Betrieb mitarbeitenden Ehegatten als Betriebsausgaben abziehbar, wenn

1. die Verpflichtung aus der Zusage der Direktversicherung ernstlich gewollt sowie klar und eindeutig vereinbart und
2. die Zusage dem Grunde nach angemessen ist.

Liegen diese Voraussetzungen vor, sind die Versicherungsbeiträge insoweit abziehbar, als sie der Höhe nach angemessen sind (vgl. BFH-Urteil vom 30. 3. 1983 – BStBl II S. 664).

(2) Eine ernstlich gewollte und dem Grund nach angemessene Versorgungszusage kann regelmäßig angenommen werden, wenn auch familienfremden Arbeitnehmern, die

1. nach ihren Tätigkeits- und Leistungsmerkmalen mit dem Arbeitnehmer-Ehegatten vergleichbar sind oder eine geringerwertige Tätigkeit als der Arbeitnehmer-Ehegatte ausüben und
2. im Zeitpunkt des Abschlusses oder des ernsthaften Angebots der Versicherung auf ihr Leben dem Betrieb nicht wesentlich länger angehört haben als der Arbeitnehmer-Ehegatte in dem Zeitpunkt, in dem die Versicherung auf sein Leben abgeschlossen wird,

eine vergleichbare Direktversicherung eingeräumt oder ernsthaft angeboten worden ist. Wird z. B. eine Direktversicherung zugunsten des Arbeitnehmer-Ehegatten bei Beginn des Ehegatten-Arbeitsverhältnisses abgeschlossen, zugunsten familienfremder Arbeitnehmer aber erst nach längerer Betriebszugehörigkeit, so kann die Direktversicherung zugunsten des Ehegatten steuerlich nicht anerkannt werden. Die Direktversicherung muß dem familienfremden Arbeitnehmer als eine zusätzliche Entlohnung eingeräumt oder ernsthaft angeboten worden sein. Eine eingeräumte oder angebotene Direktversicherung etwa unter der Bedingung, einen Teil des Gehalts für die Beiträge zu einer Direktversicherung einzubehalten, ist beim betrieblichen Vergleich nicht zu berücksichtigen (BFH-Urteil vom 24. 11. 1982 – BStBl 1983 II S. 406). Die Ausführungen in Abschnitt I Abs. 2 Sätze 2 bis 6 sind entsprechend anzuwenden. Abschnitt I Abs. 2 Satz 7 gilt entsprechend mit der Maßgabe, daß an die Stelle der dort genannten Altersgrenze von 63 Jahren für Direktversicherungen eine Altersgrenze von 60 Jahren tritt.

(3) Die Ausführungen in Absatz 2 gelten auch bei Teilzeitbeschäftigung des Arbeitnehmer-Ehegatten, soweit Direktversicherungen an Teilzeitbeschäftigte im Betrieb eingeräumt oder ernsthaft angeboten worden sind oder wenn nach Würdigung der Gesamtumstände eine hohe Wahrscheinlichkeit dafür spricht, daß der Steuerpflichtige eine solche Versorgung einem teilzeitbeschäftigten fremden Arbeitnehmer erteilt haben würde, mit dem ihn keine familiären Beziehungen verbinden. Bei Aushilfs- oder Kurzbeschäftigung des Arbeitnehmer-Ehegatten ist eine zu seinen Gunsten abgeschlossene Direktversicherung steuerlich nicht anzuerkennen, da bei einer derartigen Beschäftigung Direktversicherungen nicht üblich sind.

(4) Die Angemessenheit der Beiträge zu einer Direktversicherung zugunsten des Arbeitnehmer-Ehegatten der Höhe nach ist regelmäßig durch Vergleich mit Beiträgen zu Direktversicherungen oder den entsprechenden ernsthaften Angeboten auf Abschluß einer Direktversicherung zugunsten familienfremder Arbeitnehmer zu prüfen. Werden keine familienfremden Arbeitnehmer beschäftigt oder werden nur Arbeitnehmer beschäftigt, deren Tätigkeits- und Leistungsmerkmale nicht mit denen des Arbeitnehmer-Ehegatten vergleichbar sind und ist für diese keine Direktversicherung abgeschlossen oder ernsthaft angeboten worden, so ist die Angemessenheit der Versicherungsbeiträge der Höhe nach zu bejahen, wenn

– die geleisteten Beiträge für die Direktversicherung – im Falle einer Einmalprämie der auf das Kalenderjahr entfallende Teil – zusammen mit dem tatsächlich gezahlten Arbeitsentgelt insgesamt nicht zu einer überhöhten Lohnzahlung führen (vgl. BFH-Urteil vom 30. 3. 1983 – BStBl II S. 664) und

– die Leistungen der betrieblichen Altersversorgung (bei einem Kapitalbetrag der Jahreswert der vergleichbaren Rente, der aus Vereinfachungsgründen unter Berücksichtigung des Fälligkeitstermins durch Anwendung der Anlage 9 zu § 14 BewG umgerechnet werden kann) zusammen mit einer zu erwartenden Sozialversicherungsrente 75 v. H. des letzten steuerlich anzuerkennenden Arbeitslohns[2]) des Arbeitnehmer-Ehegatten nicht übersteigen. Bei der Ermittlung des Arbeitslohns ist auf die Verhältnisse am jeweiligen Bilanzstichtag abzustellen. Zur Ermittlung der zu erwartenden Sozialversicherungsrente wird auf Abschnitt 41 Abs. 15 EStR 1981[3]) hingewie-

---

[1]) → R 41 Abs. 26 EStR 1993, H 41 (26) EStH 1995.
[2]) → Anhang 7 VI.
[3]) → R 41 Abs. 16 EStR 1993, H 41 (16) EStH 1995.

sen. Die Ausführungen in Abschnitt I Abs. 4 Satz 5 sind entsprechend anzuwenden.

Künftige Beitragsrückerstattungen, die die Versicherungsleistung (Kapital oder Rente) erhöhen, sind wegen des Stichtagsprinzips nicht zu berücksichtigen.

(5) Der Versicherungsanspruch einer nach Absatz 1 anzuerkennenden Direktversicherung ist auch bei Ehegatten-Arbeitsverhältnissen insoweit zu aktivieren, als in einem Betrieb die Versicherungsverträge zugunsten familienfremder verheirateter Arbeitnehmer den Arbeitgeber als Bezugsberechtigten bezeichnen (Abschnitt 26 Abs. 2 EStR 1981). Bei Beleihung oder Abtretung der Ansprüche aus dem zugunsten des Arbeitnehmer-Ehegatten abgeschlossenen Versicherungsvertrags gilt Abschnitt 26 Abs. 4 und 5 EStR 1981.

IV. Andere Formen der Zukunftssicherung

Die Ausführungen in den Abschnitten I und III gelten sinngemäß für Zuwendungen des Arbeitgeber-Ehegatten an eine Pensions- oder Unterstützungskasse zugunsten eines Arbeitnehmer-Ehegatten sowie für die Übernahme von Beiträgen zur freiwilligen Höherversicherung und Weiterversicherung in der gesetzlichen Rentenversicherung.

V. Erstmalige Anwendung

Die Regelungen in den Abschnitten I bis IV sind für alle noch nicht bestandskräftigen Veranlagungen anzuwenden. Das BMF-Schreiben vom 1. 2. 1977 – IV B 1 – S 2176 – 6/77 – wird aufgehoben.

Steuerrechtliche Behandlung von Aufwendungen des Arbeitgebers für die betriebliche Altersversorgung des im Betrieb mitarbeitenden Ehegatten

BMF vom 9. 1. 1986 (BStBl I S. 7)
IV B 1 – S 217 6 – 2/86

Unter Bezugnahme auf das Ergebnis der Erörterungen mit den obersten Finanzbehörden der Länder sind seit der Veröffentlichung des BMF-Schreibens vom 4. 9. 1984 (BStBl I S. 495)[1]) aufgetretene weitere Fragen zur betrieblichen Altersversorgung des im Betrieb mitarbeitenden Ehegatten steuerrechtlich wie folgt zu behandeln (zum besseren Verständnis wird auf die entsprechenden Abschnitte des o. a. BMF-Schreibens Bezug genommen):

Zu Abschnitt I Absatz 2 Satz 3:

Die betriebliche Altersversorgung des mitarbeitenden Ehegatten in Form einer Gehaltsumwandlung ist dem Grunde nach anzuerkennen, wenn die Altersversorgung den im Betrieb beschäftigten, mit dem Arbeitnehmer-Ehegatten vergleichbaren familienfremden Arbeitnehmern ernsthaft angeboten wird[2]). Wird die Altersversorgung den familienfremden Arbeitnehmern in Form einer Gehaltsumwandlung, dem Arbeitnehmer-Ehegatten aber als zusätzliche Entlohnung angeboten, so ist die Anerkennung der betrieblichen Altersversorgung für den mitarbeitenden Arbeitnehmer-Ehegatten zu versagen (vgl. Abschnitt I Absatz 2 Satz 3 des BMF-Schreibens vom 4. 9. 1984). Werden im Betrieb keine oder keine mit dem Arbeitnehmer-Ehegatten vergleichbaren familienfremden Arbeitnehmer beschäftigt, ist die Zusage einer Altersversorgung für den Arbeitnehmer-Ehegatten im Falle der Gehaltsumwandlung als betrieblich veranlaßt anzuerkennen, wenn die Zusage nach den Grundsätzen des BMF-Schreibens vom 4. 9. 1984 ernstlich gewollt und dem Grunde und der Höhe nach angemessen ist.

Zu Abschnitt I Absatz 2 Satz 7:

Der steuerlichen Anerkennung einer Pensionszusage an den Arbeitnehmer-Ehegatten steht es nicht entgegen, wenn die Leistung der Versorgungsbezüge, sofern der Ehemann der Arbeitnehmer-Ehegatte ist, nach Vollendung des 62. Lebensjahrs und, sofern die Ehefrau der Arbeitnehmer-Ehegatte ist, nach Vollendung des 59. Lebensjahrs vereinbart worden ist.

Zu Abschnitt III Absatz 2 letzter Satz:

Der steuerlichen Anerkennung von Direktversicherungsbeiträgen steht nicht entgegen, wenn die Versicherung auf den Erlebensfall nach Vollendung des 59. Lebensjahrs abgeschlossen worden ist.

Zu Abschnitt III Absatz 4 2. Tiret:

Der Begriff des „letzten steuerlich anzuerkennenden Arbeitslohns" bestimmt sich nach § 19

---

[1]) → Anhang 7 IV.
[2]) Eine Versorgungszusage kann im Rahmen eines Ehegatten-Arbeitsverhältnisses steuerlich nicht anerkannt werden, wenn der Arbeitgeber-Ehegatte vergleichbaren anderen Angestellten seines Betriebs keine vergleichbaren Versorgungszusagen erteilt (BFH-Urteil vom 10. 3. 1993 – BStBl II S. 604).

Anhang 7
IV Betriebliche Altersversorgung

Abs. 1 EStG und § 2 LStDV. Deshalb sind auch neben dem normalen Arbeitslohn steuerpflichtige sonstige Bezüge und Vorteile (z. B. Weihnachtszuwendungen, Urlaubsgeld, Erfolgsprämien usw.) einzubeziehen. Dies gilt auch für Zukunftssicherungsleistungen, die nach §§ 40 a und 40 b EStG pauschal besteuert werden, abzüglich des steuerfreien Betrags von 312 DM jährlich, nach § 3 Nr. 62 EStG bzw. § 2 Abs. 3 Nr. 2 LStDV (vgl. § 2 Abs. 2 LStDV[1]).

Anders ist es, wenn der Arbeitnehmer-Ehegatte von der Sozialversicherung befreit ist und die Direktversicherung an die Stelle der gesetzlichen Rentenversicherung zur Altersversorgung tritt. In diesem Fall sind für die Berechnung der Angemessenheit der Höhe nach die Beiträge zur Lebensversicherung grundsätzlich je zur Hälfte aufzuteilen in Arbeitgeber- und Arbeitnehmerbeiträge. Soweit die anteiligen Prämien die Funktion der Arbeitnehmerbeiträge erfüllen, stellen sie – unbeschadet ihrer lohnsteuerrechtlichen Behandlung – zusätzlich laufenden Arbeitslohn dar. Die Beiträge, die anstelle der Arbeitgeberbeiträge aufgewendet werden, sind demnach nicht als zusätzlicher laufender Arbeitslohn zu behandeln (vgl. BFH-Urteil vom 30. 3. 1983 – BStBl II S. 664).

---

[1]) Steuerbefreiung ab VZ 1990 weggefallen.

V
Steuerrechtliche Fragen der betrieblichen Altersversorgung; hier: Auswirkungen der durch das Bilanzrichtlinien-Gesetz geänderten handelsrechtlichen Vorschriften

BMF vom 13. 3. 1987 (BStBl I S. 365)
IV B 1 – S 2176 – 12/87

Unter Bezugnahme auf das Ergebnis der Erörterung mit den obersten Finanzbehörden der Länder gilt für die steuerrechtliche Behandlung der betrieblichen Altersversorgung – unter Berücksichtigung der durch das Bilanzrichtlinien-Gesetz (BiRiLiG) geänderten handelsrechtlichen Vorschriften – folgendes:

1. Rückstellung für eine laufende Pension oder Anwartschaft auf eine Pension auf Grund einer unmittelbaren Pensionszusage:

   Die Änderung des Handelsgesetzbuches (HGB) im Rahmen des BiRiLiG hat zur handelsrechtlichen Passivierungspflicht von Pensionsrückstellungen geführt. Nach § 249 Abs. 1 Satz 1 HGB n. F. müssen deshalb handelsrechtlich auch insoweit künftig Rückstellungen für ungewisse Verbindlichkeiten gebildet werden.

   Wegen der unterschiedlichen handels- und steuerrechtlichen Regelungen für nach bzw. vor dem Inkrafttreten des BiRiLiG erteilte unmittelbare Pensionszusagen sind diese in Neu- und Altzusagen zu unterscheiden:

   a) Die generelle Passivierungspflicht für Pensionszusagen wird durch Artikel 28 Abs. 1 Satz 1 des Einführungsgesetzes zum HGB (EGHGB) auf Neuzusagen beschränkt. Hierunter sind unmittelbare Pensionszusagen zu verstehen, die nach dem 31. 12. 1986 erteilt werden.

      Nach dem Grundsatz der Maßgeblichkeit der Handelsbilanz für die Steuerbilanz hat die handelsrechtliche Passivierungspflicht die Passivierungspflicht für Neuzusagen auch in der Steuerbilanz zur Folge. Der unveränderte Wortlaut des § 6 a EStG („darf ... gebildet werden") ist dahin zu verstehen, daß die handelsrechtliche Passivierungspflicht zwar maßgebend ist, die Bildung der Rückstellung in der Steuerbilanz aber von der Erfüllung der in § 6 a Abs. 1 und Abs. 2 EStG genannten Voraussetzungen abhängt. Die vom Handelsrecht abweichenden steuerrechtlichen Voraussetzungen betreffen grundsätzlich die Bewertung der Rückstellungen, nicht aber den Bilanzansatz. Aus diesem Grund ist auch künftig weiterhin das steuerrechtliche Nachholverbot von Bedeutung.

   b) Artikel 28 Abs. 1 Satz 1 EGHGB sieht für Altzusagen (sowohl laufende Pensionen als auch Anwartschaften auf Pensionen) weiterhin ein handelsrechtliches Passivierungswahlrecht vor, wenn der Pensionsberechtigte seinen Rechtsanspruch vor dem 1. 1. 1987 erworben hat oder sich ein vor diesem Zeitpunkt erworbener Rechtsanspruch nach dem 31. 12. 1986 erhöht. Das handelsrechtliche Wahlrecht bewirkt über § 6 a EStG, daß für Altzusagen das steuerrechtliche Passivierungswahlrecht weiter besteht.

   c) Maßgebend für die Unterscheidung in Alt- bzw. Neuzusagen ist die erstmalige, zu einem Rechtsanspruch führende, arbeitsrechtliche Verpflichtungserklärung.

      Eine Neuzusage liegt zum Beispiel auch vor, wenn nach dem 31. 12. 1986 die betriebliche Altersversorgung von einer mittelbaren Versorgungszusage (z. B. Unterstützungskasse) in eine unmittelbare Pensionszusage überführt wird.

      Eine Neuzusage liegt dagegen nicht vor, wenn der Arbeitgeber zunächst die Zahlung eines festen Rentenbetrags zugesagt hat, diese Zusage aber später an den letzten Arbeitslohn anknüpft. Die von vornherein bestehende arbeitsrechtliche Verpflichtung des Arbeitgebers bleibt dem Grunde nach unverändert, geändert hat sich nur der Leistungsumfang der zugesagten Altersversorgung.

   d) Vorruhestandsleistungen und Überbrückungsgelder:

      Bei den Verpflichtungen zu Vorruhestandsleistungen und zur Zahlung von Überbrückungsgeldern ist die Vorschrift des § 249 Abs. 1 Satz 1 HGB und bei entsprechenden Altzusagen Artikel 28 Abs. 1 Satz 1 EGHGB anzuwenden. Die steuerrechtliche Behandlung entspricht demnach der bei unmittelbaren Pensionszusagen nach § 6 a EStG: Passivierungspflicht bei Neuzusagen sowie Passivierungswahlrecht bei Altzusagen.

2. Steuerrechtliche Behandlung einer mittelbaren Verpflichtung aus einer Zusage für eine laufende Pension oder einer Anwartschaft auf eine Pension sowie einer ähnlichen unmittel-

baren oder ähnlichen mittelbaren Verpflichtung:

Das in Artikel 28 Abs. 1 Satz 2 EGHGB niedergelegte handelsrechtliche Passivierungswahlrecht für eine mittelbare Verpflichtung aus einer Zusage für eine laufende Pension oder eine Anwartschaft auf eine Pension sowie für eine ähnliche unmittelbare oder für eine ähnliche mittelbare Verpflichtung hat nach allgemeinen steuerrechtlichen Grundsätzen ein Passivierungsverbot in der Steuerbilanz zur Folge.

Als derartige Verpflichtungen – mit der Folge des steuerrechtlichen Passivierungsverbotes – kommen in Betracht:

a) Die Einstandspflicht des Trägerunternehmens für untergedeckte Unterstützungskassen (§ 4 d EStG). Die Vorschrift des § 4 d Abs. 2 Satz 2 EStG bleibt als zwingende steuerrechtliche Regelung unberührt.

b) Fälle der arbeitsrechtlich begründeten Durchgriffshaftung des Trägerunternehmens bei zahlungsunfähiger Unterstützungskasse (§ 4 d EStG).

c) Beiträge an den Pensionssicherungs-Verein auf Gegenseitigkeit (PSVaG):

 – Künftige Beiträge an den PSVaG wegen unverfallbarer Anwartschaften aus zurückliegenden Insolvenzen, die erst nach dem Bilanzstichtag zu laufenden Pensionen mit Beitragsfolge führen, sind als eine mittelbare Verpflichtung aus einer Zusage für eine Anwartschaft auf eine Pension zu beurteilen.

 – Die Bildung einer Rückstellung in der Steuerbilanz für Beiträge an den PSVaG, die möglicherweise auf Grund in der Zukunft liegender, aber noch nicht eingetretener Insolvenzen zu entrichten sind, ist danach ebenfalls ausgeschlossen.

3. Steuerrechtliche Behandlung weiterer Einzelfälle der betrieblichen Altersversorgung:

a) Verpflichtung des Unternehmens zur Zahlung bereits fälliger Beiträge an den PSVaG:

Die steuerrechtliche Behandlung der vom PSVaG im Umlageverfahren erhobenen Beiträge für am Bilanzstichtag bereits laufende Pensionen von Versorgungsempfängern insolventer Unternehmen, die von dem jeweiligen zur Beitragsleistung verpflichteten Unternehmen am Bilanzstichtag noch nicht entrichtet sind, ist nicht § 6 a EStG zuzuordnen. Vielmehr ist diese schuldrechtliche Verpflichtung eine Verbindlichkeit, die nach § 6 EStG zu passivieren ist.

Wegen der steuerrechtlichen Behandlung künftiger Beiträge an den PSVaG wird auf Ziffer 2 Buchstabe c verwiesen.

b) Verwaltungskosten der betrieblichen Altersversorgung:

Im Hinblick auf die ständige BFH-Rechtsprechung zur Rückstellungsfähigkeit von Verwaltungskosten sind Leistung und Gegenleistung bei den Verwaltungskosten bis zum tatsächlichen Anfall als ausgeglichen und somit als nicht rückstellungsfähig zu betrachten.

c) Ausgleichszahlungen bei Alters-Teilzeitarbeit:

Die Verpflichtung, an ältere, langjährige Betriebsangehörige, mit denen Teilzeit-Arbeitsverhältnisse vereinbart worden sind, Ausgleichszahlungen zu leisten, die einen Teil des Unterschiedsbetrags zwischen der tariflichen Vergütung für die regelmäßige und die herabgesetzte Wochenarbeitszeit abdecken sollen, ist weder nach § 6 a noch nach § 6 EStG rückstellungsfähig.

VI
Berücksichtigung von Sozialversicherungsrenten bei der Berechnung von Pensionsrückstellungen nach § 6 a EStG

BMF-Schreiben vom 10. 12. 1990 (BStBl I S. 868)
IV B 2 – S 2176 – 61/90

1   Unter Bezugnahme auf das Ergebnis der Erörterung mit den obersten Finanzbehörden der Länder gilt für die Berücksichtigung von Sozialversicherungsrenten bei der Berechnung von Pensionsrückstellungen nach § 6 a EStG folgendes:

2   (1) Pensionszusagen sehen häufig eine volle oder teilweise Anrechnung der Sozialversicherungsrenten auf die betrieblichen Renten oder eine Begrenzung der Gesamtversorgung aus betrieblichen Renten und Sozialversicherungsrenten vor. Die Pensionsrückstellungen dürfen in diesen Fällen nur auf der Grundlage der von den Unternehmen nach Berücksichtigung der Sozialversicherungsrenten und der Begrenzung der Gesamtversorgung tatsächlich noch zu zahlenden Beträge berechnet werden. Die genaue Berücksichtigung der Sozialversicherungsrenten bereitet in der Praxis erhebliche Schwierigkeiten, da sich bei der geltenden Rentenformel die künftig zu erwartende Sozialversicherungsrente eines noch aktiven Arbeitnehmers nur schwer errechnen läßt. Aus diesem Grunde war bereits bisher ein Näherungsverfahren zur Anrechnung der Renten der gesetzlichen Rentenversicherung bei der Berechnung der Pensionsrückstellungen nach § 6 a EStG zugelassen, vgl. gleichlautende Erlasse der obersten Finanzbehörden der Länder vom 4. 10. 1968 (BStBl I S. 1145) und Schreiben des Bundesministers der Finanzen vom 27. 11. 1970 (BStBl I S. 1072) und 18. 6. 1973 (BStBl I S. 529) sowie die entsprechenden Erlasse der obersten Finanzbehörden der Länder, ferner Schreiben des Bundesministers der Finanzen vom 28. 7. 1975 (BStBl I S. 767), 3. 5. 1979 (BStBl I S. 273), 22. 1. 1981 (BStBl I S. 41) und 23. 4. 1985 (BStBl I S. 185). Die Änderungen des Rechts der gesetzlichen Rentenversicherung – insbesondere durch das Rentenreformgesetz 1992 vom 18. 12. 1989 (BGBl. I S. 2261) – erfordern eine Anpassung des bisher zugelassenen Näherungsverfahrens.

(2) Es bestehen keine Bedenken, wenn das folgende Verfahren angewandt wird:

3   1. Steigerungssatz

Die Rente eines Arbeitnehmers aus der Arbeiterrenten- oder Angestelltenversicherung wird bei der Berechnung der Pensionsrückstellung für jedes Versicherungsjahr mit einem bestimmten Steigerungssatz der maßgebenden Bezüge (vgl. Tz 10) angesetzt. Der Steigerungssatz beträgt 1,1 v. H., sofern die maßgebenden Bezüge 70 v. H. der Beitragsbemessungsgrenze in der gesetzlichen Rentenversicherung der Arbeiter und Angestellten (vgl. Tz 11) nicht übersteigen. Der Steigerungssatz vermindert sich um je 0,006 Prozentpunkte für jeden angefangenen Prozentpunkt, um den das Verhältnis zwischen den maßgebenden Bezügen und der Beitragsbemessungsgrenze 70 v. H. übersteigt. Bei maßgebenden Bezügen in Höhe der Beitragsbemessungsgrenze beträgt der Steigerungssatz 0,92 v. H.

4   2. Zugangsfaktoren für Altersrenten

Beim Bezug von vorzeitigen oder hinausgeschobenen Altersrenten aus der gesetzlichen Rentenversicherung sind nach § 63 Abs. 5 i. V. m. § 77 Abs. 2 Sozialgesetzbuch Sechstes Buch (SGB VI), BGBl. 1989 I S. 2261, Zugangsfaktoren zu berücksichtigen (für jeden Monat der vorzeitigen Inanspruchnahme Kürzung um 0,3 v. H., für jeden Monat der hinausgeschobenen Inanspruchnahme Erhöhung um 0,5 v. H.).

Für das Näherungsverfahren sind die in § 41 SGB VI genannten Altersgrenzen auf volle Jahre aufzurunden, wenn ein Jahresrest von mehr als sechs Monaten besteht, und im übrigen abzurunden. Bei der Bestimmung der Zugangsfaktoren ist von den so gerundeten Altersgrenzen auszugehen.

Hat der Steuerpflichtige vom zweiten Wahlrecht gem. Abschnitt 41 Abs. 13 EStR 1990 Gebrauch gemacht, so ergibt sich:

a) für Personen, die nicht schwerbehindert sind, folgende Kürzungstabelle:

Geburtsjahrgang Frauen	Geburtsjahrgang Männer	Kürzung der Altersrente	Zugangsfaktor
bis 1942	bis 1939	0 v. H.	1,000
1943 bis 1945	1940 bis 1942	3,6 v. H.	0,964
1946 bis 1947	1943	7,2 v. H.	0,928
ab 1948	ab 1944	10,8 v. H.	0,892

b) für Schwerbehinderte ist bei der Altersrente ein Zugangsfaktor von 1 anzusetzen.

3. Versicherungszeiten

5 a) Als Versicherungsjahr zählt bei einem sozialversicherten Arbeitnehmer jedes Lebensjahr nach Vollendung des 20. Lebensjahrs. Für Versicherungsfälle im Altersbereich unter 60 Jahren ist die Zurechnungszeit (§ 59 SGB VI) einzubeziehen. Als Zurechnungszeit gilt die Zeit vom Eintritt des Versicherungsfalls bis zur Vollendung des 55. Lebensjahrs zuzüglich eines Drittels der darüber hinausgehenden Zeit bis zur Vollendung des 60. Lebensjahrs. Wegen des unterstellten Versicherungsbeginns im Alter 20 sind danach altersabhängig folgende gerundete Versicherungsjahre anzusetzen:

bis Alter 55	im Alter 56	57	58	59	60
37	37	38	39	39	40

Sind nach den gleichlautenden Ländererlassen vom 4. 10. 1968 (hier: Abs. 2, Abschnitt A Nr. 2 bis 4) versicherungsfreie Jahre festgestellt worden, so vermindern sich die Versicherungsjahre ab Alter 20 um die Zahl der versicherungsfreien Jahre.

6 b) Wird ein Arbeitsverhältnis gegenüber einem Arbeitnehmer neu begründet, dessen maßgebende Bezüge zu diesem Zeitpunkt die Beitragsbemessungsgrenze übersteigen, so gelten die Kalenderjahre ab 1963, höchstens jedoch die Lebensjahre nach Vollendung des 20. Lebensjahrs, als Versicherungsjahre. Im Falle der Übernahme einer Pensionsverpflichtung durch den neuen Arbeitgeber sind statt dessen die bisher zulässigerweise berücksichtigten versicherungsfreien Jahre anzusetzen. Die Zurechnungszeit ist entsprechend den Bestimmungen in Tz 5 zu berücksichtigen.

7 c) Ist ein Angestellter auch nach dem 1. 1. 1968 von der Sozialversicherungspflicht befreit, so sind die Kalenderjahre, in denen nach dem 1. 1. 1968 Versicherungsfreiheit bestand, nicht als Versicherungsjahre zu berücksichtigen. Besteht Versicherungsfreiheit am Bewertungsstichtag, so ist davon auszugehen, daß die Versicherungsfreiheit bis zum Ende des Beschäftigungsverhältnisses andauert.

8 d) Hat ein Arbeitnehmer in nicht sozialversicherungspflichtigen Zeiten Ansprüche aufgrund von freiwilligen Beitragszahlungen zur Sozialversicherung erworben, die bei Bemessung der betrieblichen Rente berücksichtigt werden, so gelten diese Zeiten nicht als versicherungsfreie Jahre.

9 e) Ist in der Pensionszusage anstelle der Anrechnung der Sozialversicherungsrente die Anrechnung einer befreienden Lebensversicherung vorgesehen, so ist es nicht zu beanstanden, wenn – unabhängig von der Art der Anrechnung für die Lebensversicherung – die Zeiten der Beitragszahlung zur Lebensversicherung als Versicherungsjahre berücksichtigt werden.

4. Maßgebende Bezüge

10 a) Als maßgebende Bezüge gelten die für die Beitragsbemessung in der Sozialversicherung maßgebenden Bruttobezüge. Dabei sind einmalige Zahlungen (wie z. B. zusätzliche Urlaubsvergütung, Weihnachtsgratifikationen, Ergebnisbeteiligungen, Tantiemen o. ä.) nur insoweit einzubeziehen, als sie nach den sozialversicherungsrechtlichen Bestimmungen zu Rentenleistungen führen.

11 b) Die maßgebenden Bezüge und die Beitragsbemessungsgrenze in der gesetzlichen Rentenversicherung der Arbeiter und Angestellten (vgl. § 159 SGB VI) sind nach den Verhältnissen des Bilanzstichtags zu ermitteln. Dabei sind die das Stichtagsprinzip betreffenden Regelungen des Abschnitts 41 EStR 1990 zu beachten.

12 c) Die maßgebenden Bezüge sind für jede einzelne Verpflichtung nach Maßgabe der Tz. 10 und 11 zu berücksichtigen. Es ist nicht zu beanstanden, wenn die maßgebenden Bezüge oder einzelne Bestandteile davon (z. B. Überstundenvergütungen, einmalige Zahlungen), die nur unter Schwierigkeiten ermittelt werden können, für Gruppen pensionsberechtigter Arbeitnehmer eines Betriebs, deren Beschäftigungs- und Vergütungsmerkmale sich annähernd entsprechen, mit einem einheitlichen Vervielfältiger aus den feststehenden pensionsfähigen Bezügen oder den feststehenden Grundbezügen näherungsweise ermittelt werden. Zur Vermeidung von Schwankungen bei der Rückstellungsbildung ist am Bilanzstichtag jeweils das arithmetische Mittel aus den zum Bilanzstichtag und zu den vier vorhergehenden Bilanzstichtagen (soweit ermittelt) gültigen Vervielfältigern anzuwenden. In gleicher Weise kann bei der Berechnung von Bezügen verfahren werden, die für die Limitierung der betrieblichen Renten und der Sozialversicherungsrenten maßgeblich sein sollen.

5. Nettoanpassung

13 Ab 1. 7. 1992 erfolgt die Rentenanpassung nach den §§ 68, 69 und 309 SGB VI. Damit wird gewährleistet, daß die Renten wie die verfügbaren Einkommen der Arbeitnehmer und Rentner steigen (Nettoeinkommen). Die Formel für die Fortschreibung des aktuellen Rentenwertes lautet (vgl. Begründung des Entwurfs des Ren-

tenreformgesetzes 1992, BT-Drucksache 1/4124, S. 169):

$AR_t = AR_{t-1} \times (BE_{t-1}/BE_{t-2}) \times (NQ_{t-1}/NQ_{t-2}) \times (RQ_{t-2}/RQ_{t-1})$

Erläuterungen:

AR_t = Aktueller Rentenwert ab 1. Juli des laufenden Kalenderjahrs

AR_{t-1} = Aktueller Rentenwert ab 1. Juli des Vorjahres bis zum 30. Juni des laufenden Kalenderjahrs

BE_{t-1} = Durchschnittliches Bruttoarbeitsentgelt des vergangenen Kalenderjahrs

BE_{t-2} = Durchschnittliches Bruttoarbeitsentgelt des vorangegangenen Kalenderjahrs

NQ_{t-1} = Nettoquote für Arbeitsentgelt nach der volkswirtschaftlichen Gesamtrechnung des vergangenen Kalenderjahrs

NQ_{t-2} = Nettoquote für Arbeitsentgelt nach der volkswirtschaftlichen Gesamtrechnung des vorvergangenen Kalenderjahrs

RQ_{t-1} = Rentennettoquote des vergangenen Kalenderjahrs

RQ_{t-2} = Rentennettoquote des vorvergangenen Kalenderjahrs

Da sich das Näherungsverfahren auf die jeweiligen beitragspflichtigen Bruttobezüge (maßgebende Bezüge, Tz 10) bezieht, ist ein Korrekturfaktor K erforderlich, der die Wirkung der Nettoanpassung widerspiegelt. Dieser beträgt 1 bis zur Veröffentlichung des ab 1. 7. 1992 gültigen aktuellen Rentenwerts nach § 69 SGB VI im Bundesgesetzblatt Teil I. Für die folgenden Jahre ergibt er sich aus der fortlaufenden Multiplikation der ab 1. 7. 1992 gültigen jährlichen Korrekturfaktoren K_t.

Dabei ist: $K_t = (NQ_{t-1}/NQ_{t-2}) \times (RQ_{t-2}/RQ_{t-1})$.

Außerdem ist vorgesehen, den jeweils maßgebenden Korrekturfaktor im Bundessteuerblatt zu veröffentlichen.

6. Grundsatz der Einzelbewertung 14

Die Sozialversicherungsrente ist bei jeder einzelnen Verpflichtung nach Maßgabe der Tz. 3 bis 13 zu berücksichtigen.

7. Knappschaftsrenten 15

Die Bestimmungen der Tz. 3 bis 14 sind sinngemäß anzuwenden, wenn Knappschaftsrenten bei der Ermittlung der Pensionsrückstellungen berücksichtigt werden müssen. In diesen Fällen sind die Steigerungssätze nach Tz. 3 um ein Drittel zu erhöhen (z. B. statt 1,1 v. H. nunmehr 1,47 v. H.). Statt der Beitragsbemessungsgrenze der Angestellten- und Arbeiterrentenversicherung ist die Beitragsbemessungsgrenze der Knappschaftsversicherung zugrunde zu legen. Bei den sog. Wanderversicherungen (Versicherungszeiten sowohl in der Knappschaftsversicherung als auch in den Rentenversicherungen der Arbeiter und Angestellten) sind die auf die verschiedenen Versicherungszweige entfallenden Versicherungsjahre getrennt zu bewerten; für künftige Versicherungsjahre sind die am Bilanzstichtag vorliegenden Verhältnisse zu unterstellen. Versicherungsfreie Jahre von Angestellten müssen im Einzelfall nachgewiesen und entsprechend berücksichtigt werden. Sonderregelungen für die Ermittlung von Rentenansprüchen nach der Leistungsordnung des Bochumer Verbands bleiben unberührt.

(3) In besonders gelagerten Fällen, in denen das Verfahren nach Absatz 2 zu unzutreffenden Ergebnissen führt, kann ein anderes, diesen besonderen Verhältnissen angepaßtes Verfahren 16

1. vom Steuerpflichtigen angewendet werden oder

2. vom Finanzamt für künftige Berechnungen verlangt werden.

(4) Das Näherungsverfahren zur Berechnung von Sozialversicherungsrenten ist nur bei Pensionsanwartschaften zulässig. Bei bereits laufenden Pensionen ist stets von den tatsächlich bezahlten Beträgen der betrieblichen Renten auszugehen. 17

Anhang 8
0 a Betriebsverpachtung

Übersicht

0a Verpachtung des Betriebs
0b Verpachtung land- und forstwirtschaftlicher Betriebe
0c Eigenbewirtschaftung als Voraussetzung für das Verpächterwahlrecht
(Übergangsregelung zum BFH-Urteil vom 20. 4. 1989 – BStBl II S. 863) – Auszug
Zweifelsfragen im Zusammenhang mit der Ausübung des Verpächterwahlrechts gemäß R 139 Abs. 5 EStR

0 a
Verpachtung des Betriebs

Gleichlautende Erlasse der obersten Finanzbehörden der Länder
(BStBl 1965 II S. 4, 5)

I.
Änderung der Rechtsprechung zur Betriebsverpachtung

(1) Nach der bisherigen Rechtsprechung führte die Verpachtung eines Gewerbebetriebs im ganzen in der Regel zum „Ruhen" des Betriebs. Das Ruhen des Gewerbebetriebs bedeutete nicht zugleich auch die Aufgabe des Betriebs im Sinn von § 16 Abs. 3 EStG und hatte damit nicht die sofortige Versteuerung der stillen Reserven des verpachteten Betriebsvermögens zur Folge. Der Verpächter konnte vielmehr wählen, ob er die stillen Reserven bei Beginn der Verpachtung oder erst später versteuern wollte. Zu versteuern waren in jedem Fall nur die bei Pachtbeginn vorhandenen stillen Reserven. Wurden diese stillen Reserven nicht sofort versteuert, so mußten sie besonders festgestellt werden. Sie wurden dann bei einer späteren tatsächlichen Überführung der verpachteten Wirtschaftsgüter in das Privatvermögen oder bei ihrer Veräußerung versteuert, und zwar unabhängig davon, ob und in welcher Höhe sie noch vorhanden waren. Die Pachteinnahmen wurden als Einnahmen aus Vermietung und Verpachtung behandelt. Teilwertabschreibungen auf das verpachtete Betriebsvermögen waren während des Ruhens des Betriebs nicht zulässig.

(2) Mit dem Urteil des Großen Senats vom 13. 11. 1963 (BStBl 1964 III S. 124) hat der BFH den bisherigen Begriff des „ruhenden Gewerbebetriebs" aufgegeben. Nach dem Urteil kann der Verpächter eines Gewerbebetriebs wählen, ob er die Verpachtung als Betriebsaufgabe im Sinn von § 16 Abs. 3 EStG behandeln und damit die Wirtschaftsgüter seines Betriebs in sein Privatvermögen überführen will mit der Folge der sofortigen Versteuerung der in den Buchwerten dieser Wirtschaftsgüter enthaltenen stillen Reserven, oder ob er den Betrieb nicht als aufgegeben ansehen und das bisherige Betriebsvermögen auch während der Verpachtung als solches fortführen will. Erklärt der Steuerpflichtige, daß er den Betrieb mit der Verpachtung nicht aufgeben will oder gibt er keine Erklärung ab, so gilt der Betrieb als fortbestehend. Die verpachteten Wirtschaftsgüter des Betriebs bleiben dann Betriebsvermögen mit allen sich daraus ergebenden steuerlichen Folgen. Der Steuerpflichtige hat in diesem Fall weiterhin Einkünfte aus Gewerbebetrieb, Wertschwankungen des verpachteten Betriebsvermögens sind im Rahmen des § 6 EStG zu berücksichtigen. Die in dem verpachteten Betriebsvermögen enthaltenen stillen Reserven sind erst zu versteuern, wenn der Steuerpflichtige die verpachteten Wirtschaftsgüter in sein Privatvermögen überführt oder sie veräußert. Dabei sind die im Zeitpunkt der Überführung oder der Veräußerung vorhandenen stillen Reserven zu erfassen. Der Steuerpflichtige kann die Aufgabe des Betriebs und die Überführung des bisherigen Betriebsvermögens in das Privatvermögen mit der Folge der Versteuerung der dann noch vorhandenen stillen Reserven jederzeit während der Verpachtung erklären.

(3) Die Grundsätze des BFH-Urteils vom 13. 11. 1963 sind bei der Verpachtung eines land- und forstwirtschaftlichen Betriebs entsprechend anzuwenden (BFH-Urteil vom 18. 3. 1964 – BStBl III S. 303).

II.

Zu dieser Änderung der Rechtsprechung über die Behandlung eines verpachteten Betriebs bemerke ich das folgende:

1. Verpachtung des Betriebs im ganzen

(1) Der Verpächter eines Betriebs kann die Fortführung des Betriebs und damit das Hinausschieben der Versteuerung der stillen Reserven nur wählen, wenn und solange eine Verpachtung des Betriebs im ganzen vorliegt, d. h. solange die wesentlichen Grundlagen des Betriebs als einheitliches Ganzes verpachtet sind. Entfällt diese Voraussetzung, so muß eine Aufgabe des Betriebs angenommen

werden mit der Folge, daß die vorhandenen stillen Reserven zu versteuern sind, auch wenn der Verpächter die Aufgabe des Betriebs nicht erklärt. Das ist insbesondere der Fall, wenn der Betrieb eingestellt wird und die Wirtschaftsgüter des bisherigen Betriebs an einen anderen Betrieb oder an eine andere Person vermietet werden, es sei denn, daß die besonderen Voraussetzungen des BFH-Urteils vom 12. 3. 1964 (BStBl III S. 406) vorliegen.[1])

(2) Solange die wesentlichen Grundlagen des Betriebs verpachtet sind, spielt es für die Annahme der Fortführung des Betriebs durch den Verpächter keine Rolle, ob dieser auch nach seinen persönlichen Verhältnissen den Betrieb tatsächlich fortführen will oder fortführen kann.[2])

2. Erklärung der Aufgabe des Betriebs

(1) Nach dem BFH-Urteil vom 13. 11. 1963 kann der Verpächter bei Beginn der Verpachtung oder auch jederzeit während der Verpachtung dem Finanzamt gegenüber die „Aufgabe" des Betriebs erklären und damit das bisherige Betriebsvermögen in das Privatvermögen überführen mit der Folge, daß die vorhandenen stillen Reserven einschließlich eines etwa vorhandenen Geschäftswerts sofort zu versteuern sind.

(2) Das nach dem BFH-Urteil vom 12. 3. 1964 (BStBl III S. 406) bei der Einstellung eines Betriebs gegebene Wahlrecht, die stillen Reserven sofort zu versteuern oder die Versteuerung durch eine allmähliche Überführung der Wirtschaftsgüter in das Privatvermögen noch hinauszuschieben und auf mehrere Jahre zu verteilen, kommt in diesem Fall nicht in Betracht. Hat der Verpächter die Aufgabe des Betriebs erklärt und damit das verpachtete Betriebsvermögen unter Versteuerung der stillen Reserven in sein Privatvermögen überführt, so kann er, solange der Betrieb verpachtet bleibt, nicht wieder die Fortführung des Betriebs wählen und die verpachteten Wirtschaftsgüter nicht erneut als Betriebsvermögen behandeln.

(3) Die Aufgabe des Betriebs ist für den vom Steuerpflichtigen gewählten Zeitpunkt anzuerkennen, wenn die Aufgabeerklärung spätestens drei Monate nach diesem Zeitpunkt abgegeben wird. Wird die Aufgabeerklärung erst nach Ablauf dieser Frist abgegeben, so gilt der Betrieb erst im Zeitpunkt des Eingangs der Erklärung beim Finanzamt als aufgegeben. Die im Zeitpunkt der Betriebsaufgabe vorhandenen stillen Reserven sind jeweils in dem Wirtschaftsjahr zu erfassen, in das die Betriebsaufgabe fällt.

3. Ermittlung des Gewinns aus der Verpachtung

(1) Der Verpächter eines Gewerbebetriebs hat nach dem BFH-Urteil vom 13. 11. 1963 weiterhin Einkünfte aus Gewerbebetrieb, solange er nicht die Aufgabe des Betriebs erklärt. Es gelten deshalb für ihn die allgemeinen Vorschriften über die Gewinnermittlung, die Bilanzierung und die Buchführung weiter.

(2) Geht der Verpächter von der Gewinnermittlung durch Vermögensvergleich nach § 5 EStG zur Gewinnermittlung nach § 4 Abs. 3 EStG (Überschuß der Betriebseinnahmen über die Betriebsausgaben) über, so sind in diesem Zeitpunkt neben den Zu- und Abrechnungen nach Abschnitt 19 EStR in Verbindung mit Anlage 2 zu den EStR die in dem bisherigen Wertansatz des Grund und Bodens enthaltenen stillen Reserven zu versteuern, da der Wert des Grund und Bodens infolge des Übergangs zur Gewinnermittlung nach § 4 Abs. 3 EStG bei der künftigen Gewinnermittlung außer Ansatz bleibt (§ 4 Abs. 1 letzter Satz EStG).

4. Gewerbesteuer

(1) Nach dem BFH-Urteil vom 13. 11. 1963 erlischt mit der Verpachtung eines Gewerbebetriebs im ganzen regelmäßig auch die Gewerbesteuerpflicht des Verpächters. Die Pachteinnahmen gehören zwar, solange der Verpächter nicht die Betriebsaufgabe erklärt, einkommensteuerlich zu den Einkünften aus Gewerbebetrieb, sie unterliegen jedoch nicht mehr der Gewerbesteuer. Deshalb muß für das Wirtschaftsjahr, in dem die Verpachtung beginnt, der auf die Zeit bis zum Pachtbeginn entfallende Gewinn für die Gewerbesteuer besonders ermittelt werden. Für diese Ge-

---

[1]) Zum Wahlrecht einer Erbengemeinschaft, wenn ein Erbe Nutzflächen an verschiedene Pächter verpachtet, vgl. BFH-Urteil vom 28. 11. 1991 (BStBl 1992 II S. 521). Zur unentgeltlichen Übertragung eines landw. Betriebs unter Zurückbehaltung von 18 v. H. der Fläche als Betriebsaufgabe vgl. BFH-Urteil vom 1. 2. 1990 (BStBl II S. 428). Verpachtet ein Landwirt seinen auf eigenen Flächen betriebenen Hof an seinen Sohn und schenkt er diesem zugleich das lebende und tote Inventar, so liegt regelmäßig keine Betriebsaufgabe vor (BFH-Urteil vom 18. 4. 1991, BStBl II S. 833). Zum Verpächterwahlrecht in der Land- und Forstwirtschaft bei einer Erbengemeinschaft s. BFH-Urteil vom 28. 11. 1991 (BStBl 1992 II S. 521).

[2]) Zur Abgrenzung von Betriebsaufgabe und Betriebsunterbrechung s. BFH-Urteil vom 17. 10. 1991 (BStBl 1992 II S. 392). Beim Erwerb eines verpachteten landw. Betriebs zur eigenen Bewirtschaftung entsteht vom Erwerb an notwendiges Betriebsvermögen (BFH-Urteil vom 12. 9. 1991 – BStBl 1992 II S. 134). Vgl. auch – fortführend – BFH-Urteil vom 17. 6. 1993 (BStBl II S. 752).

winnermittlung gelten die allgemeinen Grundsätze. Aus Vereinfachungsgründen ist es jedoch nicht zu beanstanden, wenn der Gewinn des Wirtschaftsjahrs, in dem die Verpachtung beginnt, auf die Zeiträume vor und nach Pachtbeginn entsprechend dem Verhältnis der Betriebseinnahmen für diese Zeiträume aufgeteilt wird. Entsprechendes gilt für die Hinzurechnungen und Kürzungen. § 10 Abs. 3 GewStG bleibt unberührt.

(2) Ist der Gewinn vor der Verpachtung nach § 4 Abs. 3 EStG ermittelt worden, so ist für die Ermittlung des Gewerbeertrags bis zum Pachtbeginn für diesen Zeitpunkt der Übergang zum Vermögensvergleich zu unterstellen. Die dabei erforderlichen Zu- und Abrechnungen (Abschnitt 19 Abs. 1 EStR und Anlage 2 zu den EStR) sind bei der Ermittlung des Gewerbeertrags zu berücksichtigen (vgl. BFH-Urteil vom 23. 11. 1961, BStBl 1962 III S. 199).

5. Übergangsregelung für die bereits bestehenden Pachtverhältnisse

a) Versteuerung der bei Pachtbeginn vorhandenen stillen Reserven

Die neue Rechtsprechung zur Betriebsverpachtung ist grundsätzlich auch auf die bereits bestehenden Pachtverhältnisse anzuwenden. In diesem Fall sind künftig nicht die bei Pachtbeginn festgestellten stillen Reserven, sondern diejenigen stillen Reserven zu versteuern, die bei der Aufgabe des Betriebs oder bei der Veräußerung der verpachteten Wirtschaftsgüter noch vorhanden sind. Ich bin jedoch aus Billigkeitsgründen damit einverstanden, daß in den Fällen, in denen der Betrieb vor dem 17. 3. 1964 (Tag der Veröffentlichung des BFH-Urteils vom 13. 11. 1963) verpachtet worden ist, nur die bei Pachtbeginn vorhandenen stillen Reserven versteuert werden, wenn der Verpächter bis zum Ablauf der Steuererklärungsfrist für den VZ 1964 die Aufgabe des Betriebs erklärt oder verpachtete Wirtschaftsgüter veräußert. Die stillen Reserven sind im Fall der Aufgabeerklärung für den VZ 1964, im Fall der Veräußerung verpachteter Wirtschaftsgüter für den VZ zu versteuern, in dem die Wirtschaftsgüter veräußert worden sind.

b) Anwendung der neuen Rechtsprechung

(1) Gibt der Verpächter keine Aufgabeerklärung nach Buchstabe a ab, so ist auf das bestehende Pachtverhältnis vom VZ 1965 an die neue Rechtsprechung anzuwenden. Der Verpächter muß in diesem Fall auf den 1. 1. 1965 eine Anfangsbilanz aufstellen, wenn er wegen Überschreitens der Buchführungsgrenzen des § 161 Abs. 1 Ziff. 1 AO zur Gewinnermittlung durch Vermögensvergleich verpflichtet ist oder wenn er, ohne dazu verpflichtet zu sein, den Gewinn durch Vermögensvergleich ermittelt.

(2) In dieser Anfangsbilanz sind die Wirtschaftsgüter mit den Werten anzusetzen, die sich bei Fortentwicklung der Buchwerte vom Beginn der Verpachtung unter Berücksichtigung der zwischenzeitlichen AfA und sonstigen Wertminderungen ergeben. Das gilt auch dann, wenn in der Vergangenheit die AfA von dem gemeinen Wert der verpachteten Wirtschaftsgüter bemessen worden sind, ohne daß zugleich eine Versteuerung der stillen Reserven bei Beginn der Verpachtung vorgenommen worden ist.

(3) Abschreibungen auf das verpachtete Betriebsvermögen wegen der in der Vergangenheit eingetretenen Wertminderungen, z. B. wegen Entwertung eines Apothekenrealrechts, die nach der bisherigen Rechtsprechung während der Verpachtung des Betriebs nicht zulässig waren, können bei der ersten noch nicht rechtskräftigen Veranlagung nachgeholt werden (vgl. die BFH-Urteile vom 27. 8. 1964, BStBl III S. 626 und vom 3. 9. 1964, BStBl III S. 628). Aus Billigkeitsgründen bitte ich, diese nachträglichen Abschreibungen auch dann zuzulassen, wenn die Einkünfte aus der Verpachtung nicht durch Vermögensvergleich ermittelt werden.

Dieser Erlaß ergeht mit Zustimmung des Herrn Bundesministers der Finanzen und im Einvernehmen mit den Herren Finanzministern (Finanzsenatoren) der anderen Bundesländer.

0 b
Verpachtung land- und forstwirtschaftlicher Betriebe

Gleichlautende Erlasse der obersten Finanzbehörde der Länder vom 17. 12. 1965
(BStBl 1966 II S. 29, 34)

Auf Grund des BFH-Urteils vom 13. 11. 1963 (BStBl 1964 II S. 124) ist zur Verpachtung gewerblicher Betriebe der koordinierte Ländererlaß vom 28. 12. 1964 (BStBl 1965 II S. 5) ergangen. Nachdem die Grundsätze des BFH-Urteils vom 13. 11. 1963 auch bei der Verpachtung eines land- und forstwirtschaftlichen Betriebs gelten (BFH-Urteil vom 18. 3. 1964 - BStBl 1964 III S. 303), sind die Anweisungen des koordinierten Ländererlasses vom 28. 12. 1964 entsprechend anzuwenden. Es ist jedoch auf die folgenden Besonderheiten hinzuweisen:

1. Parzellenweise Verpachtung eines land- und forstwirtschaftlichen Betriebs

   Der Verpächter kann die Fortführung des Betriebs nur dann wählen, wenn und solange eine Verpachtung des Betriebs im ganzen vorliegt, d. h. solange die wesentlichen Grundlagen des Betriebs als einheitliches Ganzes verpachtet sind. Entfällt diese Voraussetzung, so muß eine Aufgabe des Betriebs angenommen werden mit der Folge, daß die vorhandenen stillen Reserven zu versteuern sind (vgl. Abschn. II Ziff. 1 des koordinierten Ländererlasses vom 28. 12. 1964). Die Verpachtung eines land- und forstwirtschaftlichen Betriebs in der Weise, daß die einzelnen Grundstücksflächen an mehrere Pächter verpachtet sind, das lebende und tote Inventar veräußert und die Hofstelle mit den Gebäuden beim Verpächter bleibt, kommt danach in der Regel einer Betriebsaufgabe gleich. Wenn die Verpachtung in der vorbezeichneten Weise eine auf besonderen Umständen beruhende vorübergehende Maßnahme darstellt, der Verpächter die Absicht hat, den Betrieb später wieder aufzunehmen und nach den gegebenen Verhältnissen diese Möglichkeit nach Ablauf der Pachtzeit auch hinreichend gesichert erscheint, wäre es unbillig, die im Zeitpunkt der Verpachtung frei werdenden stillen Reserven der Besteuerung zu unterwerfen. Ich bin deshalb damit einverstanden, daß in solchen Fällen die Verpachtung – wenn eine entsprechende Willensäußerung des Land- und Forstwirts vorliegt – nicht wie eine Betriebsaufgabe behandelt wird. Bei einer vorübergehenden Verpachtung mit eisernem Inventar ist entsprechend zu verfahren.

2. Pachtverhältnisse aus der Zeit vor der Währungsreform

   In den Fällen, in denen vor dem 17. 3. 1964 (Tag der Veröffentlichung des BFH-Urteils vom 13. 11. 1963) ein Betrieb verpachtet und bis zum Ablauf der Steuererklärungsfrist 1964 die Aufgabe des Betriebs erklärt worden ist, brauchen nur die bei Pachtbeginn vorhandenen stillen Reserven versteuert zu werden (vgl. Abschn. II Ziff. 5 a des koordinierten Ländererlasses). Das gilt auch für einen land- und forstwirtschaftlichen Betrieb. Ist dieser jedoch schon vor der Währungsreform verpachtet worden, so kann aus Vereinfachungsgründen davon ausgegangen werden, daß er bereits bei Pachtbeginn aufgegeben worden ist, wenn die Pachteinnahmen seit dem 21. 6. 1948 als Einkünfte aus Vermietung und Verpachtung behandelt worden sind. Ob bei Pachtbeginn eine Versteuerung der stillen Reserven erfolgt ist, braucht deshalb in diesem Fall nicht mehr geprüft zu werden. Sind dagegen bei einer Verpachtung aus der Zeit vor der Währungsreform die Pachteinnahmen seit dem 21. 6. 1948 als Einkünfte aus Land- und Forstwirtschaft behandelt worden, so kann der Verpächter nunmehr die Aufgabe des Betriebs erklären. In diesem Fall sind nicht die stillen Reserven bei Pachtbeginn, sondern die stillen Reserven am 21. 6. 1948 zu versteuern. Zur Ermittlung des Veräußerungsgewinns sind deshalb die Preise, die am 21. 6. 1948 wahrscheinlich zu erzielen gewesen wären, den Höchstwerten nach den Vorschriften des DMBG gegenüberzustellen.

3. Erklärungsfrist

   Die Abgabe der Erklärung über die Aufgabe des Betriebs muß in den Fällen der Ziff. 2 Satz 1 dieses Erlasses auch bei den Land- und Forstwirten spätestens bis zur Abgabe der Steuererklärung für den Veranlagungszeitraum 1964 erfolgen (Abschn. II Ziff. 5 a des koordinierten Ländererlasses vom 28. 12. 1964). Ist die Frist für die Abgabe der Steuererklärung verlängert worden, so gilt das in gleicher Weise für die Abgabe der Erklärung über die Aufgabe des Betriebs.

4. Gewinnermittlung im Falle einer Verpachtung

   (1) Verpächter, die den verpachteten Betrieb nicht aufgeben, deren Pachteinnahmen infolgedessen als Einkünfte aus Land- und Forstwirtschaft zu behandeln sind, haben den Gewinn jeweils für das laufende Wirtschaftsjahr zu ermitteln (§ 2 Abs. 5 Ziff. 1 EStG, § 2 EStDV). Abweichend von Abschn. II Ziff. 5 b des koordinierten Ländererlasses vom 28. 12.

Anhang 8
Betriebsverpachtung

1964 hat der Verpächter, sofern er zur Buchführung verpflichtet ist, die Anfangsbilanz auf den Beginn des Wirtschaftsjahrs 1965/66 zu erstellen.

(2) Die Absetzungen für Abnutzung, Abschreibungen und Sonderabschreibungen für die verpachteten Wirtschaftsgüter des Anlagevermögens stehen grundsätzlich dem Verpächter zu. Der Pächter kann lediglich den Erhaltungsaufwand abziehen. Bei einer vorübergehenden Verpachtung mit eisernem Inventar kann der Verpächter die Sonderabschreibungen nach den §§ 76 bis 78 EStDV nur für solche Wirtschaftsgüter geltend machen, die noch von ihm angeschafft oder hergestellt worden sind. Die normalen Absetzungen für Abnutzung und Abschreibungen stehen dagegen dem Pächter zu (BFH-Urteil vom 7. 3. 1957, BStBl 1957 III S. 392).[1]) Dabei ist vom Schätzungswert des übernommenen Inventars auszugehen. Für die Ersatzbeschaffungen des Pächters während der Pachtzeit sind die Absetzungen für Abnutzung und die Abschreibungen einschließlich der Sonderabschreibungen nach den §§ 76 bis 78 EStDV von den Anschaffungs- oder Herstellungskosten zu bemessen.

Dieser Erlaß ergeht mit Zustimmung des Herrn Bundesministers der Finanzen und im Einvernehmen mit den Herren Finanzministern (-senatoren) der anderen Bundesländer.

---

[1]) Aber → BFH vom 23. 1. 1992 (BStBl 1993 II S. 327).

0 c
Eigenbewirtschaftung als Voraussetzung für das Verpächterwahlrecht (Übergangsregelung zum BFH-Urteil vom 20. 4. 1989 – BStBl II S. 863)

BMF vom 23. 11. 1990 (BStBl I S. 770)

– Auszug –

Zu der Frage, welche Folgerungen aus dem vorgenannten BFH-Urteil zu ziehen sind, wird unter Bezugnahme auf das Ergebnis der Erörterungen mit den obersten Finanzbehörden der Länder wie folgt Stellung genommen:

Das BFH-Urteil vom 20. 4. 1989 (BStBl II S. 863) ist grundsätzlich – also nicht nur im Bereich der Land- und Forstwirtschaft – anzuwenden. Deshalb ist der bisherige Abschnitt 139 Abs. 5 Satz 18 EStR im Rahmen der Einkommensteuer-Änderungsrichtlinien 1990 durch folgenden Satz (jetzt Satz 20[1])) ersetzt worden:

„Eine Betriebsverpachtung setzt außerdem voraus, daß der Betrieb zuvor von dem Verpächter oder im Fall des unentgeltlichen Erwerbs von seinem Rechtsvorgänger selbst bewirtschaftet worden ist (vgl. BFH-Urteil vom 20. 4. 1989 – BStBl II S. 863)."

Künftig können deshalb unter der Voraussetzung der Ausübung des Verpächterwahlrechts nur noch in den vorstehend genannten Fällen die an einen Betrieb anknüpfenden Steuervergünstigungen gewährt werden (z. B. Rücklagen nach §§ 6 b, 6 c EStG, Absetzungen für Abnutzung (AfA) nach § 7 Abs. 2 EStG, nach § 7 Abs. 4 Nr. 1 EStG oder § 7 Abs. 5 Satz 1 Nr. 1 EStG, erhöhte Absetzungen für Abnutzungen und Sonderabschreibungen).

Hat ein Steuerpflichtiger einen Betrieb aufgrund einer nach dem 31. 12. 1989 getroffenen Investitionsentscheidung erworben und hat weder er selbst, noch – im Fall des unentgeltlichen Erwerbs – sein Rechtsvorgänger den Betrieb zuvor selbst bewirtschaftet, so steht ihm das Verpächterwahlrecht nicht mehr zu.

Hat der Steuerpflichtige dagegen den Betrieb aufgrund einer vor dem 1. 1. 1990 getroffenen Investitionsentscheidung erworben, so darf er aus Gründen des Vertrauensschutzes auch ohne vorherige Eigenbewirtschaftung weiterhin den erworbenen Betrieb entsprechend der bisherigen Verwaltungsvorschrift des Abschnitts 139 Abs. 5 Satz 18 EStR 1987 als Betriebsvermögen behandeln. In diesem Fall ist der Steuerpflichtige auch für die nachfolgenden Besteuerungszeiträume an seine Entscheidung gebunden (vgl. BFH-Urteil vom 15. 3. 1990 – BStBl II S. 689). Dies bedeutet, daß die Wirtschaftsgüter des verpachteten Betriebs bis zu ihrer Veräußerung oder Entnahme bzw. bis zur Aufgabe des Betriebs als Betriebsvermögen zu behandeln sind. Entsprechendes gilt, wenn die Ausübung des Verpächterwahlrechts bereits in eine Steuerfestsetzung bzw. Gewinnfeststellung eingegangen ist.

Als Investitionsentscheidung für den Erwerb eines Betriebs ist auch die Veräußerung von Anlagegütern anzusehen, wenn sie nach §§ 6 b, 6 c EStG begünstigt ist und der zulässige Betrag insgesamt von den Anschaffungskosten der begünstigten Anlagegüter des erworbenen Betriebs abgezogen wird.

---

[1]) Nunmehr R 139 Abs. 5 Satz 3 EStR 1993.

Anhang 8

Betriebsverpachtung

Zweifelsfragen im Zusammenhang mit der Ausübung des Verpächterwahlrechts gemäß R 139 Abs. 5 EStR

BMF vom 17. 10. 1994 (BStBl I S. 771)
IV B 2 – S 2242 – 47/94

Unter Bezugnahme auf das Ergebnis der Erörterungen mit den obersten Finanzbehörden der Länder nehme ich zu aufgetretenen Zweifelsfragen im Zusammenhang mit der Ausübung des Verpächterwahlrechts gemäß R 139 Abs. 5 EStR wie folgt Stellung:

1. Wiederaufleben des Verpächterwahlrechts

Die Frage, ob das Verpächterwahlrecht nach R 139 Abs. 5 EStR, das im Zeitpunkt der Verpachtung nicht ausgeübt werden konnte, zu einem späteren Zeitpunkt wieder auflebt, kann in folgenden Fällen von Bedeutung sein:

a) **Gewerblich geprägte Personengesellschaft**

Eine Personengesellschaft führt zunächst selbst einen Betrieb. Anschließend verpachtet sie ihn. Im Zeitpunkt der Verpachtung liegen die Voraussetzungen einer gewerblich geprägten Personengesellschaft i. S. des § 15 Abs. 3 Nr. 2 EStG vor. Während der Verpachtung entfallen diese Voraussetzungen, z. B. durch Eintritt einer natürlichen Person als Komplementärin neben der Komplementär-Kapitalgesellschaft.

Während ihrer gewerblichen Prägung steht der Personengesellschaft das Verpächterwahlrecht nicht zu.

b) **Ausscheiden eines verpachtenden Mitunternehmers**

Der Gesellschafter einer gewerblich tätigen oder geprägten Personengesellschaft verpachtet seinen bis dahin von ihm selbst geführten Betrieb im ganzen an die Mitunternehmerschaft. Später scheidet er aus der Gesellschaft aus.

Solange der verpachtende Gesellschafter der Mitunternehmerschaft angehört, rechnen der verpachtete Betrieb zu seinem Sonderbetriebsvermögen und die von der Mitunternehmerschaft gezahlten Pachtzinsen gem. § 15 Abs. 1 Satz 1 Nr. 2 EStG zu seinen Sonderbetriebseinnahmen. Das Verpächterwahlrecht steht ihm in dieser Zeit nicht zu.

c) **Betriebsaufspaltung**

Bei einer Betriebsverpachtung sind zunächst auch die Voraussetzungen der Betriebsaufspaltung erfüllt. Später entfallen die Voraussetzungen für eine Betriebsaufspaltung, z. B. wegen Wegfalls der personellen Verflechtung.

Die Regeln der Betriebsaufspaltung, wonach der Verpächter gewerblich tätig ist, gehen denen der Betriebsverpachtung vor. Deshalb ist während des Bestehens der Betriebsaufspaltung kein Verpächterwahlrecht gegeben.

Sind in Fällen der Buchstaben a, b und c weiterhin die Voraussetzungen der Betriebsverpachtung erfüllt, lebt das Verpächterwahlrecht wieder auf, sobald der Hinderungsgrund weggefallen ist, d. h.

– in den Fällen des Buchst. a die Voraussetzungen des § 15 Abs. 3 Nr. 2 EStG nicht mehr bestehen,

– in den Fällen des Buchst. b die Voraussetzungen des § 15 Abs. 1 Nr. 2 EStG durch Ausscheiden aus der Gesellschaft entfallen (vgl. BFH-Urteil vom 13. Dezember 1983, BStBl 1984 II S. 474, 478 ff.) oder

– in den Fällen des Buchst. c die Betriebsaufspaltung beendet ist.

Der Verpächter erzielt daher weiterhin gewerbliche Einkünfte und die verpachteten Wirtschaftsgüter bleiben in seinem Betriebsvermögen, solange er die Betriebsaufgabe nicht ausdrücklich erklärt.

2. Gesellschafterwechsel und Gesellschafterbeitritt

Bei Personengesellschaften darf ein bestehendes Verpächterwahlrecht auch in den Fällen des Gesellschafterwechsels oder des Gesellschafterbeitritts weiter ausgeübt werden. Das gilt in den Fällen des Gesellschafterwechsels nur dann nicht, wenn alle bisherigen Gesellschafter ihre Beteiligungen innerhalb eines kurzen Zeitraums vollständig veräußern, wenn es also zu einem gänzlichen Austausch der Gesellschafter kommt.

In den Fällen des Gesellschafterbeitritts spielt die besondere Sicht des Umwandlungssteuerrechts, wonach die bisherigen Mitunternehmeranteile in eine „neue", durch den hinzutretenden Gesellschafter vergrößerte Personengesellschaft eingebracht werden, für die Frage des Verpächterwahlrechts keine Rolle.

Beispiele:

a) Eine nicht gewerblich geprägte Personengesellschaft verpachtet ihren Gewerbebetrieb. Die Betriebsaufgabe wird nicht erklärt. Später veräußert ein Gesellschafter seinen Anteil an einen Dritten. Die

Betriebsverpachtung

Personengesellschaft darf das Verpächterwahlrecht weiterhin ausüben.

b) In eine Personengesellschaft tritt nach Beginn der Verpachtung ein neuer Gesellschafter ein. Auch in diesem Fall darf die Personengesellschaft das Verpächterwahlrecht weiterhin ausüben.

Solange die Personengesellschaft in den Beispielen a und b die Betriebsaufgabe nicht erklärt, erzielt sie weiterhin gewerbliche Einkünfte und bleiben die verpachteten Wirtschaftsgüter in ihrem Betriebsvermögen.

Anhang 9

Bilanzierung

Übersicht

- 0 Ertragsteuerrechtliche Behandlung von Mietereinbauten und Mieterumbauten; hier: Anwendung der Grundsätze der BFH-Urteile vom 26. 2. 1975 (BStBl II S. 443)
- I Zuordnung von Vorführwagen bei Kraftfahrzeughändlern zum Umlaufvermögen oder zum Anlagevermögen
- I a § 6 d EStG; hier: Anwendungskriterien im Bescheinigungsverfahren
- II Bilanzsteuerrechtliche Behandlung des Geschäfts- oder Firmenwerts, des Praxiswerts und sogenannter firmenwertähnlicher Wirtschaftsgüter
- III Zuordnung einer Verbindlichkeit zum Betriebs- oder Privatvermögen
- III a Bestimmung des Teilwerts bei unverzinslichen und niedrig verzinslichen Darlehensforderungen gegenüber Betriebsangehörigen
- III b Bewertung von Pflanzenbeständen in Baumschulbetrieben
- III c Einkommensteuerliche Behandlung
  a) der Milchaufgabevergütung nach dem Dritten Gesetz zur Änderung des Milchaufgabevergütungsgesetzes (MAVG) vom 24. 7. 1990 (BGBl. I S. 1470);
  b) der Vereinbarungen über die zeitweilige Nutzungsüberlassung von Anlieferungsreferenzmengen nach der Neunzehnten Verordnung zur Änderung der Milchgarantiemengenverordnung vom 28. 3. 1991 (BGBl. I S. 799)
- III d Absetzungen für Abnutzung (AfA); Nutzungsdauer von PKW und Kombifahrzeugen
- IV Bewertung des beweglichen Anlagevermögens und des Vorratsvermögens (§ 6 Abs. 1 Nrn. 1 und 2 EStG); hier: Voraussetzungen für den Ansatz von Festwerten sowie deren Bemessung
- IV a Ertragsteuerliche Behandlung von im Eigentum des Grundeigentümers stehenden Bodenschätzen
- IV b Rückstellungen für Zuwendungen anläßlich eines Dienstjubiläums
- IV c Pauschalwertberichtigung bei Kreditinstituten
- V Steuerrechtliche Behandlung des Wirtschaftsguts „Praxiswert"; Änderung der Rechtsprechung
- V a Milch-Garantiemengen-Verordnung; ertragsteuerliche Behandlung der Anlieferungsreferenzmengen nach der Neunundzwanzigsten Verordnung zur Änderung der Milchgarantiemengen-Verordnung vom 24. September 1993 (BGBl. I S. 1659)
- VI Bewertung von Tieren in land- und forstwirtschaftlich tätigen Betrieben nach § 6 Abs. 1 Nr. 1 und 2 EStG

0
Ertragsteuerrechtliche Behandlung von Mietereinbauten und Mieterumbauten;
hier: Anwendung der Grundsätze der BFH-Urteile vom 26. 2. 1975 (BStBl II S. 443)

BMF vom 15. 1. 1976 (BStBl I S. 66)
IV B 2 – S 2133 – 1/76

Unter Bezugnahme auf das Ergebnis der Besprechung mit den obersten Finanzbehörden der Länder wird zur Frage der ertragsteuerrechtlichen Behandlung von Einbauten in ein Gebäude oder Umbauten eines Gebäudes durch den Mieter oder Pächter des Gebäudes oder eines Gebäudeteils wie folgt Stellung genommen:

1. Mietereinbauten und Mieterumbauten sind solche Baumaßnahmen, die der Mieter eines Gebäudes oder Gebäudeteils auf seine Rechnung an dem gemieteten Gebäude oder Gebäudeteil vornehmen läßt, wenn die Aufwendungen des Mieters nicht Erhaltungsaufwand sind.

   Mietereinbauten und Mieterumbauten können sein:

   a) Scheinbestandteile (Nr. 2),
   b) Betriebsvorrichtungen (Nr. 3),
   c) sonstige Mietereinbauten oder Mieterumbauten (Nr. 4).

2.[1]) Ein Scheinbestandteil entsteht, wenn durch die Baumaßnahmen des Mieters Sachen „zu einem vorübergehenden Zweck" in das Gebäude eingefügt werden (§ 95 BGB). Der Mieter ist rechtlicher und wirtschaftlicher Eigentümer des Scheinbestandteils.

   Nach der Rechtsprechung des Bundesfinanzhofs ist eine Einfügung zu einem vorübergehenden Zweck anzunehmen, wenn die Nutzungsdauer der eingefügten Sache länger als die voraussichtliche Mietdauer ist, die eingefügten Sachen auch nach ihrem Ausbau nicht nur einen Schrottwert, sondern noch einen beachtlichen Wiederverwendungswert repräsentieren und nach den gesamten Umständen, insbesondere nach Art und Zweck der Verbindung, damit gerechnet werden kann, daß die eingebauten Sachen später wieder entfernt werden (vgl. BFH-Urteile vom 24. 11. 1970 – BStBl 1971 II S. 157 und vom 4. 12. 1970 – BStBl 1971 II S. 165).

3. Die Frage, ob durch die Aufwendungen des Mieters eine Betriebsvorrichtung des Mieters entsteht, ist nach den allgemeinen Grundsätzen zu entscheiden (vgl. hierzu Abschn. 43 Abs. 2 EStR[1])) Entsteht durch die Aufwendungen des Mieters eine Betriebsvorrichtung, so handelt es sich bei der Betriebsvorrichtung nicht um einen Teil des Gebäudes, sondern um ein besonderes Wirtschaftsgut.

4. Aufwendungen des Mieters für Mietereinbauten oder Mieterumbauten, durch die weder ein Scheinbestandteil (vgl. Nr. 2) noch eine Betriebsvorrichtung (vgl. Nr. 3) entsteht (sonstige Mietereinbauten und Mieterumbauten), sind Aufwendungen für die Herstellung eines materiellen Wirtschaftsguts des Anlagevermögens, wenn

   a) entweder der Mieter wirtschaftlicher Eigentümer der von ihm geschaffenen sonstigen Mietereinbauten oder Mieterumbauten ist (vgl. Nr. 6) oder
   b) die Mietereinbauten oder Mieterumbauten unmittelbar den besonderen betrieblichen oder beruflichen Zwecken des Mieters dienen und mit dem Gebäude nicht in einem einheitlichen Nutzungs- und Funktionszusammenhang stehen (vgl. Nr. 7).

5. Durch Aufwendungen für Mietereinbauten oder Mieterumbauten, die weder Scheinbestandteile noch Betriebsvorrichtungen noch materielle Wirtschaftsgüter im vorstehenden Sinne sind, entsteht beim Mieter ein immaterielles Wirtschaftsgut des Anlagevermögens (vgl. Nr. 9).

6. Der Mieter ist wirtschaftlicher Eigentümer eines sonstigen Mietereinbaus oder Mieterumbaus, wenn der mit Beendigung des Mietvertrags entstehende Herausgabeanspruch des Eigentümers zwar auch die durch den Einbau oder Umbau geschaffene Substanz umfaßt, dieser Anspruch jedoch keine wirtschaftliche Bedeutung hat. Das ist in der Regel der Fall, wenn

   a) die eingebauten Sachen während der voraussichtlichen Mietdauer technisch oder wirtschaftlich verbraucht werden oder
   b) der Mieter bei Beendigung des Mietvertrags vom Eigentümer mindestens die Erstattung des noch verbliebenen gemeinen Werts des Einbaus oder Umbaus verlangen kann.

7. Entsteht durch die Aufwendungen des Mieters weder ein Scheinbestandteil (vgl. Nr. 2) noch eine Betriebsvorrichtung (vgl. Nr. 3) noch ein dem Mieter als wirtschaftlichem Eigentümer zuzurechnendes Wirtschaftsgut

---

[1]) → R 42 Abs. 4 EStR 1993.

(vgl. Nr. 6), so sind die durch solche Aufwendungen entstehenden Einbauten oder Umbauten dem Mieter nach dem BFH-Urteil vom 26. 2. 1975 (BStBl II S. 443) als materielle Wirtschaftsgüter des Anlagevermögens zuzurechnen, wenn sie unmittelbar den besonderen betrieblichen oder beruflichen Zwecken des Mieters dienen und mit dem Gebäude nicht in einem einheitlichen Nutzungs- und Funktionszusammenhang stehen.

Mietereinbauten oder Mieterumbauten dienen unmittelbar den betrieblichen oder beruflichen Zwecken des Mieters, wenn sie eine unmittelbare sachliche Beziehung zum Betrieb aufweisen. Ein daneben bestehender Zusammenhang mit dem Gebäude tritt in diesen Fällen gegenüber dem Zusammenhang mit dem Betrieb des Mieters zurück.

8. Ist der Mieter wirtschaftlicher Eigentümer von sonstigen Mietereinbauten oder Mieterumbauten (Nr. 6) oder sind sonstige Mietereinbauten oder Mieterumbauten nach den in Nr. 7 dargestellten Grundsätzen dem Mieter zuzurechnen, so ist es für die Aktivierung als materielles Wirtschaftsgut des Anlagevermögens beim Mieter ohne Bedeutung, ob die Aufwendungen, hätte sie der Eigentümer getragen, nach den Grundsätzen des Beschlusses des Großen Senats vom 26. 11. 1973 (vgl. hierzu das BMF-Schreiben vom 26. 7. 1974, BStBl I S. 498, und die entsprechenden Erlasse der obersten Finanzbehörden der Länder) nicht zur Entstehung selbständiger Gebäudeteile geführt hätten, sondern vom Eigentümer als unselbständige Gebäudeteile einheitlich mit dem Gebäude abzuschreiben wären.

Beispiele:

a) Der Mieter schafft durch Entfernen von Zwischenwänden ein Großraumbüro.

b) Der Mieter entfernt die vorhandenen Zwischenwände und teilt durch neue Zwischenwände den Raum anders ein.

c) Der Mieter gestaltet das Gebäude so um, daß es für seine besonderen gewerblichen Zwecke nutzbar wird, z. B. Entfernung von Zwischendecken, Einbau eines Tors, das an die Stelle einer Tür tritt.

d) Der Mieter ersetzt eine vorhandene Treppe durch eine Rolltreppe.

9. Eine unmittelbare sachliche Beziehung zum Betrieb des Mieters (vgl. Nr. 7) liegt nicht vor, wenn es sich um Baumaßnahmen handelt, die auch unabhängig von der vom Mieter vorgesehenen betrieblichen oder beruflichen Nutzung hätten vorgenommen werden müssen. Das ist z. B. der Fall, wenn in ein Gebäude, für das von Anfang an der Einbau einer Zentralheizung vorgesehen war, anstelle des Eigentümers der Mieter die Zentralheizung einbaut. In diesen Fällen entsteht beim Mieter – soweit nicht ein Fall der Nr. 6 vorliegt – kein körperliches, sondern ein immaterielles Wirtschaftsgut des Anlagevermögens, so daß er nach § 5 Abs. 2 EStG für die Aufwendungen, sofern nicht wegen vereinbarter Verrechnung mit der Miete ein Rechnungsabgrenzungsposten zu bilden ist, in seiner Bilanz keinen Aktivposten ausweisen darf.

10. Entsteht durch die Baumaßnahme des Mieters ein Scheinbestandteil (vgl. Nr. 2) oder eine Betriebsvorrichtung (vgl. Nr. 3), so handelt es sich um ein bewegliches Wirtschaftsgut des Anlagevermögens. Ist das durch die Baumaßnahme entstandene materielle Wirtschaftsgut dem Mieter nach den Grundsätzen unter Nr. 6 oder Nr. 7 zuzurechnen, so handelt es sich um ein unbewegliches Wirtschaftsgut. Die Absetzungen für Abnutzung richten sich nach der voraussichtlichen Mietdauer; ist die voraussichtliche betriebsgewöhnliche Nutzungsdauer kürzer, so ist diese maßgebend.

11. Die vorstehenden Grundsätze gelten für alle Gewinnermittlungsarten.

12. Für die ertragsteuerrechtliche Behandlung von Einbauten und Umbauten des Eigentümers des Gebäudes gelten die Anordnungen in Abschnitt 42 a Abs. 4 bis 6 EStR 1975.

I
Zuordnung von Vorführwagen bei Kraftfahrzeughändlern zum Umlaufvermögen oder zum Anlagevermögen

BMF vom 15. 6. 1982 (BStBl I S. 589)
IV B 2 – S 2170 – 33/82

Der Bundesfinanzhof hat mit Urteil vom 17. November 1981 (BStBl 1982 Teil II S. 344) entschieden, daß Vorführwagen eines Kraftfahrzeughändlers als Wirtschaftsgüter des Anlagevermögens auszuweisen sind.

Unter Bezugnahme auf das Ergebnis der Erörterung mit den obersten Finanzbehörden der Länder wird auf Grund dieser Entscheidung nicht mehr an der in meinem Schreiben vom 11. 3. 1975 – IV B 2 – S 2170 – 31/75 – und vom 27. 2. 1978 – IV B 2 – S 2170 – 40/77 – vertretenen Auffassung festgehalten.

I a
§ 6 d EStG;
hier: Anwendungskriterien im Bescheinigungsverfahren

BMF vom 2. 8. 1983 (BStBl I S. 390)
IV B 2 – S 2138 a – 20/83

Die Vertreter der für die Durchführung des Bescheinigungsverfahrens zuständigen obersten Wirtschaftsbehörden haben sich über Grundsätze für die Prüfung von Anträgen auf Erteilung einer Bescheinigung nach § 6 d Abs. 3 EStG wie folgt verständigt:

Nach § 6 d Abs. 1 EStG können Steuerpflichtige, die auf Grund eines nach dem 30. 9. 1982 rechtswirksam abgeschlossenen obligatorischen Vertrages oder gleichstehenden Rechtsakts vor dem 1. 1. 1987 Kapitalanlagen im Sinne des § 6 d Abs. 2 EStG vornehmen, im Wirtschaftsjahr der Kapitalanlage eine gewinnmindernde Rücklage bilden. Voraussetzung ist u. a. die Vorlage einer Bescheinigung nach § 6 d Abs. 3 Nr. 1 EStG, auf deren Erteilung bei Vorliegen der gesetzlichen Voraussetzungen ein Rechtsanspruch besteht.

Die Bescheinigung stellt lediglich das Vorliegen der in § 6 d Abs. 3 Nr. 1 EStG genannten Bedingungen fest. Die in Abs. 2 und Abs. 3 Nr. 2, 3 und 4 aufgeführten weiteren Voraussetzungen sind daher nicht Gegenstand der Bescheinigung. Die abschließende Prüfung dieser weiteren Voraussetzungen obliegt ausschließlich der für die Besteuerung des Erwerbers zuständigen Finanzbehörde. Der Finanzbehörde obliegt somit insbesondere die Prüfung, ob ein Betrieb, ein Teilbetrieb, eine Betriebsstätte, ein Mitunternehmeranteil oder Anteile an einer Kapitalgesellschaft entgeltlich erworben worden sind.

Die Vertreter der für die Durchführung des Bescheinigungsverfahrens zuständigen obersten Wirtschaftsbehörden haben sich auf ihren Sitzungen am 19. 4. und 4. 5. 1983 in Bonn auf folgende Grundsätze für die Prüfung von Anträgen auf Erteilung einer Bescheinigung nach § 6 d Abs. 3 EStG verständigt:

I. Der erworbene Betrieb muß im Wirtschaftsjahr des Erwerbs der Kapitalanlage stilliegen oder von Stillegung bedroht sein. Zwischen der Stillegung und dem Erwerb muß ein zeitlicher Zusammenhang bestehen, der nach den Gesamtumständen des Einzelfalles zu beurteilen ist. Ein Betrieb liegt still, wenn er seine werbende Tätigkeit eingestellt hat; die bloße Abwicklung noch ausstehender Forderungen und Verbindlichkeiten, etwa im Falle einer Liquidation des Betriebes, steht in der Regel nicht der Annahme einer Stillegung des Betriebs entgegen. Nicht erforderlich ist, daß über den Betrieb ein Konkurs- oder Vergleichsverfahren eröffnet wurde oder eine Liquidation erfolgt ist.

An den Nachweis einer drohenden Stillegung sind strenge Anforderungen zu stellen. Wird mit dem Kaufpreis der Kapitalanlage ein Geschäftswert vergütet, so spricht dieses gegen die Annahme einer drohenden Stillegung. Nicht erforderlich ist, daß der Betrieb unmittelbar vor der Schließung steht; die Gefahr einer Stillegung muß jedoch konkret gegeben sein. Das gesetzliche Erfordernis ist nicht bereits dann erfüllt, wenn der bisherige Inhaber die Stillegung beabsichtigt. Eine drohende Stillegung ist in der Regel ein von außen, also von dritter Seite her bevorstehendes, unabwendbares Ereignis. Ausnahmsweise kann auch ein in der Person des (früheren) Betriebsinhabers oder seiner Rechtsnachfolger, jedenfalls auf der Veräußererseite liegender, unüberwindbarer Umstand (z. B. eine schwere oder auch nur berufsspezifische Erkrankung) eine solche Stillegung erzwingen und damit im Sinne der hier einschlägigen Vorschrift drohend machen. Zu unterscheiden von der drohenden Stillegung des Betriebes ist die auf dem freien Willensentschluß des Veräußerers beruhende, somit die planmäßige, ohne solche zwingenden Umstände vorgesehene Stillegung (vgl. Urteil des Bayer. VGH vom 29. 4. 1981 Nr. 19.13 – 1089/79).

Es obliegt dem die Bescheinigung beantragenden Unternehmen, die für die Beurteilung erforderlichen Unterlagen beizubringen. Hierzu zählen insbesondere die Jahresabschlußunterlagen, Vermögens- und Liquiditätsstatus, Stellungnahmen des Steuerberaters oder Wirtschaftsprüfers und der Banken sowie Angaben über den Auftragsbestand, Absatzentwicklung u. ä. Diese sollten u. a. Aufschluß geben über die Gründe, die das Unternehmen in die Gefahr der Stillegung gebracht haben.

II. Die Kapitalanlage muß geeignet sein, den Fortbestand des Betriebes zu sichern. Im Falle der Übernahme eines bereits stillgelegten Betriebes ist die gesetzliche Bestimmung dahingehend auszulegen, daß die Kapitalanlage geeignet ist, eine Wiederaufnahme der betrieblichen Tätigkeit sicherzustellen. Der den Antrag stellende Unternehmer hat durch geeignete Unterlagen sowie ein schlüssiges Unternehmenskonzept diese Eignung darzulegen. Es kommt auf den jeweiligen Einzelfall und die jeweilige Branchensituation an, welche betrieblichen Anpassungsmaßnahmen vorzunehmen sind, um diejenigen Schwierigkeiten, die die drohende oder bereits eingetretene Stillegung verursacht haben, zu überwinden und den Fortbestand des Betriebes zu gewährleisten.

III. Die Kapitalanlage muß geeignet sein, bestehende Dauerarbeitsplätze, die für die Wirtschaftsregion und für den jeweiligen Arbeitsmarkt von besonderem Gewicht sind, nachhaltig zu sichern. Nicht erforderlich ist demnach, daß sämtliche Dauerarbeitsplätze erhalten bleiben, es muß sich jedoch um einen je nach Lage des Einzelfalls angemessenen Teil der ursprünglichen Dauerarbeitsplätze handeln.

Der vom Gesetz verwendete Begriff Arbeitsmarkt ist weder mit dem administrativen Arbeitsamtsbezirk noch mit dem Begriff Arbeitsmarktregion i. S. der regionalen Wirtschaftspolitik identisch. Mangels statistischer Unterlagen bietet es sich allerdings an, regelmäßig zunächst auf die Situation im betroffenen Arbeitsamtsbezirk abzustellen. Liegt der übernommene Betrieb am Rande eines Arbeitsmarktbezirkes, so wird auch die Situation in den benachbarten Arbeitsamtsbezirken zu berücksichtigen sein. In besonders gelagerten Fällen kann es sich allerdings als unumgänglich herausstellen zu untersuchen, welches das Einzugsgebiet ist, aus dem die Arbeitskräfte des bedrohten Betriebes im wesentlichen kommen, und für dessen Arbeitsmarktsituation die Stillegung dieses Betriebes spürbar nachteilige Wirkungen hätte; neben regionalen können hierbei auch sektorale Gesichtspunkte eine Rolle spielen. Dieses Einzugsgebiet ist grundsätzlich als der für den Betrieb maßgebliche Arbeitsmarkt i. S. des § 6 d Abs. 3 Nr. 1 EStG zu verstehen.

Zusätzlich sind die Auswirkungen auf die Wirtschaftsregion zu untersuchen. D. h., selbst wenn Auswirkungen auf den jeweiligen Arbeitsmarkt zu erwarten sind, muß zusätzlich auch die Bedeutung für die Wirtschaftsregion gegeben sein. Die Abgrenzung des Begriffes Wirtschaftsregion ist für den jeweiligen Einzelfall besonders vorzunehmen. Dieses Element stellt die zu beurteilende drohende Betriebsstillegung zusätzlich in einen räumlich größeren Rahmen und ermöglicht eine Würdigung unter den Gesichtspunkten der regionalen und sektoralen Strukturpolitik.

In jedem Falle ist die ausdrückliche Feststellung erforderlich, daß die zu sichernden Arbeitsplätze für die Wirtschaftsregion und den jeweiligen Arbeitsmarkt von besonderem Gewicht sind.

IV. Bei der Prüfung der wettbewerblichen Unbedenklichkeit können die obersten Wirtschaftsbehörden der Länder auf die Kenntnisse und Erfahrungen, die sie als Landeskartellbehörden gewonnen haben, zurückgreifen.

Bei Erwerbsvorgängen durch Unternehmen mit Umsatzerlösen über 100 Mio. Deutsche Mark und unter 200 Mio. Deutsche Mark hat sich die Kommission der Europäischen Gemeinschaften – gestützt auf die Verträge zur Gründung der Europäischen Gemeinschaften – vorbehalten, die Frage der wettbewerblichen Unbedenklichkeit gemäß den Wettbewerbsregeln des EG-Rechts zu untersuchen. In diesen Fällen wird daher stets eine Beurteilung durch die EG-Kommission für erforderlich gehalten. Die Unterrichtung der Kommission erfolgt nach entsprechender Einwilligung des Steuerpflichtigen unter Einschaltung des Bundeswirtschaftsministeriums, das die von den Ländern übersandten Unterlagen weiterleitet. Bei der Prüfung der wettbewerblichen Unbedenklichkeit sind u. a. die Auswirkungen der Begünstigung der Betriebsfortführung auf die strukturellen Anpassungsprozesse zu berücksichtigen.

V. In die Bescheinigung ist zur Feststellung des zulässigen Rücklagensatzes aufzunehmen, daß die vorjährigen Umsatzerlöse oder die an deren Stelle tretende Bezugsgröße des Unternehmens des Antragstellers weniger als 200 Mio. Deutsche Mark, ggf. weniger als 50 Mio. Deutsche Mark, betragen.

VI. Die Bescheinigung wird von der obersten Wirtschaftsbehörde im Einvernehmen mit der obersten Finanzbehörde des Landes erteilt, das für die Besteuerung des Erwerbers nach dem Einkommen und Ertrag zuständig ist. Gegebenenfalls ist auch mit der obersten Wirtschaftsbehörde eines anderen Landes das Benehmen herzustellen, wenn der erworbene Betrieb in einem anderen Bundesland belegen ist.

Die Erteilung der Bescheinigung ist in einem Steuergesetz geregelt und erfolgt ausschließlich für steuerliche Zwecke. Bei dem Bescheinigungsverfahren handelt es sich daher um ein Verwaltungsverfahren in Steuersachen im Sinne des § 30 AO. Erkenntnisse, die in diesem Verfahren gewonnen wurden, unterliegen deshalb dem Steuergeheimnis.

Bei noch durchzuführenden Erwerbsvorfällen kann im Einzelfall auch eine Zusicherung nach § 38 VwVfG, gegebenenfalls unter Aufnahme von Nebenbestimmungen, erteilt werden.

Wenn sich das Bescheinigungsverfahren auch nur auf die in § 6 d Abs. 3 Nr. 1 EStG genannten Voraussetzungen bezieht, erscheint es angebracht, die Antragsteller zu verständigen, wenn es am Vorliegen der übrigen in § 6 d EStG genannten Voraussetzungen offensichtlich mangelt.

II
Bilanzsteuerrechtliche Behandlung des Geschäfts- oder Firmenwerts, des Praxiswerts und sogenannter firmenwertähnlicher Wirtschaftsgüter

BMF vom 20. 11. 1986 (BStBl I S. 532)

IV B 2 – S 2172 – 13/86

Durch Artikel 10 Abs. 15 des Bilanzrichtlinien-Gesetzes vom 19. Dezember 1985 (BGBl. I S. 2355 – BStBl I S. 704) sind in § 6 Abs. 1 Nr. 2 EStG die Worte „Geschäfts- oder Firmenwert" gestrichen und in § 7 Abs. 1 EStG für den Geschäfts- oder Firmenwert eine betriebsgewöhnliche Nutzungsdauer von 15 Jahren festgelegt worden.

Zu der Frage, welche Folgen sich aus diesen Gesetzesänderungen für die bilanzsteuerrechtliche Behandlung des Geschäfts- oder Firmenwerts, des Praxiswerts und sogenannter firmenwertähnlicher Wirtschaftsgüter ergeben, wird unter Bezugnahme auf das Ergebnis der Erörterung mit den Vertretern der obersten Finanzbehörden der Länder wie folgt Stellung genommen:

I. Geschäfts- oder Firmenwert

Der Geschäfts- oder Firmenwert eines Gewerbebetriebs oder eines Betriebs der Land- und Forstwirtschaft gehört nach der Änderung der §§ 6 und 7 EStG zu den abnutzbaren Wirtschaftsgütern des Anlagevermögens (§ 6 Abs. 1 Nr. 1 EStG). Entgeltlich erworbene Geschäfts- oder Firmenwerte sind wie bisher zu aktivieren (§ 5 Abs. 2 EStG). Auf den Aktivposten sind Absetzungen für Abnutzung (AfA) während der gesetzlich festgelegten Nutzungsdauer von 15 Jahren vorzunehmen (§ 7 Abs. 1 Satz 3 EStG). Die AfA dürfen auch dann nicht nach einer kürzeren Nutzungsdauer bemessen werden, wenn im Einzelfall Erkenntnisse dafür vorliegen, daß die tatsächliche Nutzungsdauer kürzer als 15 Jahre sein wird, wie beispielsweise bei sogenannten personenbezogenen Betrieben, bei denen der Unternehmenswert so eng mit der Person des Betriebsinhabers verbunden ist, daß nach dessen Ausscheiden mit einer kürzeren Nutzungsdauer des erworbenen Geschäfts- oder Firmenwerts zu rechnen ist.

Die Möglichkeit des Ansatzes eines niedrigeren Teilwerts bleibt grundsätzlich unberührt. Die gesetzliche Festlegung der betriebsgewöhnlichen Nutzungsdauer auf 15 Jahre ist jedoch auch hierbei zu beachten. Der Ansatz eines niedrigeren Teilwerts ist deshalb nur in dem von der Rechtsprechung bisher als zulässig erachteten Rahmen anzuerkennen (vgl. BFH-Urteil vom 13. April 1983 – BStBl II S. 667).

II. Praxiswert[1])

Daran, daß der entgeltlich erworbene Wert eines freiberuflichen Unternehmens (Praxiswert) grundsätzlich abnutzbar ist, hat sich nichts geändert. AfA sind entsprechend der bisherigen Rechtsprechung des BFH (vgl. Urteil vom 15. April 1958 – BStBl III S. 330) nach der im Einzelfall zu schätzenden Nutzungsdauer zu bemessen. In den Fällen, in denen nach der Rechtsprechung des BFH der erworbene Praxiswert sich nicht abnutzt, weil der Praxisinhaber weiterhin entscheidenden Einfluß im Unternehmen ausübt (vgl. Urteil vom 23. Januar 1975 – BStBl II S. 381, zum Fall einer Sozietät), ist es nicht zu beanstanden, wenn die nunmehr für den Geschäfts- oder Firmenwert maßgebenden Vorschriften über Nutzungsdauer (§ 7 Abs. 1 Satz 3 EStG) und Abschreibungsbeginn (§ 52 Abs. 6 a EStG) analog angewandt werden. Das gilt z. B. auch, wenn eine Einzelpraxis in eine GmbH eingebracht wird und der frühere Praxisinhaber Alleingesellschafter der GmbH wird oder wenn eine freiberufliche Gemeinschaft unter Beibehaltung des bisherigen persönlichen Einflusses aller Beteiligten lediglich ihre Rechtsform ändert. Insoweit ist das BMF-Schreiben vom 30. Juli 1979 – BStBl I S. 481, für Wirtschaftsjahre, die nach dem 31. Dezember 1986 beginnen, nicht mehr zu beachten.

III. Sogenannte firmenwertähnliche Wirtschaftsgüter

a) Verkehrsgenehmigungen

Aufwendungen für den wirtschaftlichen Vorteil, der mit einer behördlichen Verkehrsgenehmigung verbunden ist, sind nach der Rechtsprechung des BFH aktivierungspflichtige Aufwendungen für den Erwerb eines nichtabnutzbaren immateriellen Wirtschaftsguts (vgl. z. B. die Urteile vom 13. März 1956 – BStBl III S. 149, zum Fall einer Omnibuslinie, oder vom 8. Mai 1963 – BStBl III S. 377, zum Fall einer Güterverkehrsgenehmigung). Das immaterielle Wirtschaftsgut nutzt sich nach den Ausführungen des BFH nicht durch Zeitablauf ab, weil der Erwerber der Genehmigung nach der Verfahrensübung der Genehmigungsbehörden mit einer Verlängerung oder Erneuerung der Genehmigung rechnen kann, solange der Betrieb besteht. AfA sind deshalb nicht zulässig. Aus diesem Grunde wurden die Wirtschaftsgüter als „firmenwertähnlich" bezeichnet. Die Unzulässigkeit der AfA beruhte jedoch bei Verkehrsgenehmigungen anders als beim Geschäfts- oder Fir-

---

[1]) → Anhang 9 V.

menwert nicht auf der gesetzlichen Fiktion als nicht abnutzbares Wirtschaftsgut, sondern auf der tatsächlichen Nichtabnutzbarkeit. Die bilanzielle Behandlung wird deshalb von der Gesetzesänderung nicht berührt.

b) **Verlagswerte**

Nach dem BFH-Urteil vom 5. August 1970 – BStBl II S. 804 – ist der Verlagswert ein vom Geschäfts- oder Firmenwert abzugrenzendes immaterielles Einzelwirtschaftsgut, das bei entgeltlichem Erwerb vom Geschäfts- oder Firmenwert gesondert zu aktivieren ist, aber wie dieser nicht nach § 7 EStG abgeschrieben werden darf. Beim entgeltlich erworbenen Verlagswert ergab sich die Begründung für die Unzulässigkeit von AfA daraus, daß der tatsächliche Abnutzungsverlauf dem des entgeltlich erworbenen Geschäfts- oder Firmenwerts vergleichbar ist. Mit dem Wegfall des Abschreibungsverbots für den Geschäfts- oder Firmenwert entfällt deshalb in diesem Fall auch das Abschreibungsverbot für das dem Geschäfts- oder Firmenwert vergleichbare Wirtschaftsgut. Entsprechend der bisherigen Gleichbehandlung sind die nunmehr für den Geschäfts- oder Firmenwert maßgebenden Vorschriften über Nutzungsdauer (§ 7 Abs. 1 Satz 3 EStG) und Abschreibungsbeginn (§ 52 Abs. 6 a EStG) auch bei der bilanziellen Behandlung von Verlagswerten anzuwenden.

III
Zuordnung einer Verbindlichkeit zum Betriebs- oder Privatvermögen

BMF vom 27. 7. 1987 (BStBl I S. 508)

IV B 2 – S 2134 – 1/87

Der BFH hat in jüngster Zeit in mehreren Entscheidungen zu der Frage Stellung genommen, unter welchen Voraussetzungen eine Verbindlichkeit zum Betriebsvermögen gehört. Danach hängt die Zuordnung einer Verbindlichkeit zum Betriebs- oder Privatvermögen im Grundsatz von dem Anlaß ihrer Entstehung ab; eine Betriebsschuld ist grundsätzlich nur anzuerkennen, wenn sie durch einen betrieblichen Vorgang ausgelöst wird. Nach den BFH-Urteilen vom 17. April 1985 (BStBl II S. 510) und 5. Juni 1985 (BStBl II S. 619) kann jedoch eine dem Privatvermögen zugeordnete Verbindlichkeit unter bestimmten Voraussetzungen durch Umschuldung zu einer Betriebsschuld werden. Eine Privatschuld werde zwar nicht schon dadurch zu einer Betriebsschuld, daß sie in der Handelsbilanz als Verbindlichkeit des Betriebs ausgewiesen oder durch betrieblich genutztes Grundvermögen dinglich gesichert werde oder dadurch, daß vorhandenes Betriebsvermögen Grundlage für Entstehen und Höhe einer privaten Schuld sei; eine Umschuldung sei aber grundsätzlich dadurch möglich, daß im Betrieb vorhandenes Eigenkapital entnommen und durch Fremdkapital ersetzt werden könne.

Fälle, in denen Umschuldungen mit der Begründung der Ersetzung von Eigen- durch Fremdkapital geltend gemacht werden, sind nach dem Ergebnis der Erörterung mit den obersten Finanzbehörden der Länder wie folgt zu beurteilen:

Wird einem Betrieb ein Darlehen zugeführt und werden die Barmittel daraus innerhalb kurzer Zeit wieder entnommen, findet keine Ersetzung von Eigen- durch Fremdkapital statt, sondern eine Finanzierung von Entnahmen aus Darlehensmitteln (vgl. BFH-Urteil vom 17. April 1985 – BStBl II S. 512 unter d). Die Verbindlichkeit ist von Anfang an als Privatschuld zu behandeln.

Werden im Betrieb erzielte Einnahmen zur Tilgung eines privaten Darlehens entnommen und wird deshalb ein neues Darlehen zur Finanzierung von betrieblichen Aufwendungen aufgenommen, so sind die Verwendung der betrieblichen Mittel zur Tilgung der Privatschuld und die Neuaufnahme der Betriebsschuld steuerrechtlich anzuerkennen. Voraussetzung ist die Aufnahme zweier Darlehen, von denen das eine bis zur vollständigen Tilgung Privatvermögen bleibt und das andere von Anfang an zum Betriebsvermögen gehört.

Entgegen den vorgenannten BFH-Urteilen kann ein privates Darlehen nicht allein deshalb als Betriebsschuld steuerrechtlich anerkannt werden, weil im Betrieb entnahmefähige Mittel vorhanden sind. Das Darlehen kann nicht in einen (noch nicht durch entnahmefähige Mittel abgedeckten) privaten und einen (durch Änderung des Verwendungszwecks umgewidmeten) betrieblichen Teil aufgegliedert werden. Daran ändert auch die bilanzielle Behandlung der Darlehensverbindlichkeit durch den Steuerpflichtigen als Betriebsschuld nichts; denn die Frage, ob eine Schuld zum Betriebsvermögen oder zum Privatvermögen gehört, ist nach objektiven Gesichtspunkten zu beurteilen. Eine Verbindlichkeit kann nicht allein durch eine Willensentscheidung des Steuerpflichtigen die Eigenschaft als Betriebs- oder Privatschuld erlangen, also grundsätzlich kein gewillkürtes Betriebsvermögen sein (BFH-Urteile vom 1. Juni 1978 – BStBl II S. 618 und vom 12. September 1985 – BStBl 1986 II S. 255).

Bei betrieblichen Kontokorrentkonten, über die auch private Zahlungen abgewickelt werden (vgl. Abschnitt 14 a Abs. 3 EStR)[1], kann ausnahmsweise unterstellt werden, daß durch die laufenden Geldeingänge vorrangig die privaten Schuldenteile getilgt werden.

---

[1] 1990; → R 13 (15) EStR 1993.

III a
Bestimmung des Teilwerts bei unverzinslichen und niedrig verzinslichen Darlehensforderungen gegenüber Betriebsangehörigen

BMF vom 17. 1. 1990 (BStBl I S. 71)
IV B 2 – S 2174 – 3/90

Nach dem BFH-Urteil vom 23. April 1975 – BStBl II S. 875 – sollten unverzinsliche Darlehen an Betriebsangehörige, denen keine bestimmten Gegenleistungen der Darlehensempfänger gegenüberstehen, mit dem abgezinsten Nennbetrag (Barwert) als dem niedrigeren Teilwert bilanziert werden. Bei der Ermittlung des Barwerts solcher Darlehensforderungen wurde ein Rechnungszinsfuß von 5,5 v. H. zugrunde gelegt (BMF-Schreiben vom 28. März 1980 – IV B 2 – S 2174 – 7/80 – und gleichlautende Erlasse der obersten Finanzbehörden der Länder).

Abweichend von seiner bisherigen Rechtsprechung und der Verwaltungspraxis hat der BFH mit Urteil vom 30. November 1988 – BStBl 1990 II S. 117 – entschieden, daß der Teilwert unverzinslicher oder niedrig verzinslicher Darlehensforderungen gegenüber Betriebsangehörigen dem Nennbetrag entspricht. Die Zinsverbilligung dieser Darlehen beeinflusse ebensowenig den Kaufpreis für das gesamte Unternehmen – und damit den Teilwert des Einzelwirtschaftsguts – wie die geringe Ertragskraft materieller Wirtschaftsgüter, die der Erbringung von Sozialleistungen dienen.

Nach dem Ergebnis der Erörterung mit den Vertretern der obersten Finanzbehörden der Länder werden die in dem BFH-Urteil vom 30. November 1988 dargelegten Rechtsgrundsätze über den entschiedenen Einzelfall hinaus angewendet. An der bisherigen Verwaltungsauffassung wird nicht festgehalten.

Mit Rücksicht auf die bisherige Rechtsprechung und Verwaltungspraxis ist es nicht zu beanstanden, wenn die Wertansätze der Darlehensforderungen erst in dem Wirtschaftsjahr berichtigt werden, das nach dem 31. Dezember 1988 endet, soweit bei der Bewertung der Darlehen nach dem BMF-Schreiben vom 28. März 1980 – IV B 2 – S 2174 – 7/80 – verfahren wurde. In Höhe von zwei Dritteln des hierdurch entstehenden Buchgewinns kann eine den Gewinn mindernde Rücklage gebildet werden. Diese Rücklage ist in den folgenden zwei Wirtschaftsjahren mindestens je zur Hälfte gewinnerhöhend aufzulösen. Ist bei der Veräußerung oder Aufgabe eines Betriebs, die zur Aufdeckung der im Betriebsvermögen enthaltenen stillen Reserven führt, eine Rücklage noch vorhanden, so ist sie spätestens in diesem Zeitpunkt gewinnerhöhend aufzulösen. In diesen Fällen stellt der Gewinn aus der Auflösung der Rücklage einen begünstigten Veräußerungsgewinn dar, soweit bei Fortführung des Betriebs die Rücklage nach Auflösung des entsprechenden Teils im Veräußerungsjahr bestehen bliebe.

Eine steuerfreie Rücklage für den vorbezeichneten Buchgewinn ist nur zulässig, wenn der Steuerpflichtige in der Handelsbilanz einen entsprechenden Sonderposten mit Rücklageanteil bildet (vgl. § 5 Abs. 1 Satz 2 EStG i. d. F. des WoBauFG vom 22. Dezember 1989 – BStBl I S. 5057).

Bestimmung des Teilwerts bei unverzinslichen und niedrig verzinslichen Darlehensforderungen gegenüber Betriebsangehörigen

BMF vom 5. 6. 1990 (BStBl I S. 239)
IV B 2 – S 2174 – 29/90

Nach dem BMF-Schreiben vom 17. Januar 1990 brauchen die Wertansätze unverzinslicher oder niedrig verzinslicher Darlehensforderungen gegenüber Betriebsangehörigen erst in dem Wirtschaftsjahr erhöht zu werden, das nach dem 31. Dezember 1988 endet. In Höhe von zwei Dritteln des durch die Erhöhung entstehenden Buchgewinns darf eine den Gewinn mindernde Rücklage gebildet werden. Eine derartige Rücklage ist nur zulässig, wenn der Steuerpflichtige in der Handelsbilanz einen entsprechenden Sonderposten mit Rücklageanteil bildet. Zu der Frage, ob in bestimmten Fällen auf das Erfordernis eines entsprechenden Sonderpostens mit Rücklageanteil verzichtet wird, vertrete ich im Einvernehmen mit den obersten Finanzbehörden der Länder folgende Auffassung:

War die Handelsbilanz für das Wirtschaftsjahr 1989 bzw. 1988/1989 im Zeitpunkt der Veröffentlichung des o. g. BMF-Schreibens im Bundessteuerblatt (dem 27. Februar 1990) bereits aufgestellt, darf die steuerfreie Rücklage auch gebildet

Anhang 9
III a Bilanzierung

werden, wenn die Bildung eines entsprechenden Passivpostens in dieser Handelsbilanz nicht nachgeholt wird. Es genügt, wenn ein entsprechender Sonderposten mit Rücklageanteil in die nächste Handelsbilanz eingestellt wird.

Wird ein Sonderposten mit Rücklageanteil deshalb nicht gebildet, weil der Steuerpflichtige den niedrigen Wertansatz für die Darlehensforderungen in der Handelsbilanz beibehält, wird dies steuerlich nicht beanstandet.

III b
Bewertung von Pflanzenbeständen in Baumschulbetrieben

BMF vom 9. 1. 1991 (BStBl I S. 133)
IV B 4 – S 2163 – 1/91

Baumschulkulturen sind mehrjährige Pflanzungen, die nach einer bestimmten Kulturzeit einen einmaligen Ertrag durch Verkauf erbringen. Die jährliche mengen- und wertmäßige Bestandsaufnahme bei diesen Kulturen ist mit erheblichen Schwierigkeiten verbunden. Zur Vereinfachung wird unter Bezugnahme auf das Ergebnis der Erörterung mit den obersten Finanzbehörden der Länder folgendes zugelassen:

1 Vereinfachungsregelung
1.1 ha-Richtsätze

Für die Bewertung von Baumschulkulturen gelten folgende ha-Richtsätze:

Rhododendron und Azaleen	27 800 DM
sonstige Ziergehölze aller Art	20 200 DM
Forstpflanzen, die üblicherweise als Massenartikel gezogen werden	8 400 DM
Heckenpflanzen, die üblicherweise als Massenartikel gezogen werden, nicht jedoch Solitärsträucher und Heckenpflanzen, die im extra weiten Stand kultiviert werden	9 100 DM
Obstgehölze aller Art	11 100 DM

Diese Richtsätze beruhen auf der Annahme, daß selbstaufgezogenes Pflanzenmaterial verwendet wird.

1.2 Pflanzenwerte

In den unter Tz. 1. 1 genannten Richtsätzen sind folgende reine Pflanzenwerte je ha Baumschulfläche enthalten:

Rhododendron und Azaleen	19 500 DM
sonstige Ziergehölze aller Art	15 200 DM
Forstpflanzen, die üblicherweise als Massenartikel gezogen werden	3 800 DM
Heckenpflanzen, die üblicherweise als Massenartikel gezogen werden, nicht jedoch Solitärsträucher und Heckenpflanzen, die im extra weiten Stand kultiviert werden	4 100 DM
Obstgehölze aller Art	6 400 DM

1.2.1 Ausnahmen von der Aktivierung

Rosenwildlinge und Kiefernsämlinge brauchen, soweit sie als solche zum Verkauf bestimmt sind, nicht aktiviert zu werden.

1.3 Begriff der Baumschulfläche

Zur Baumschulfläche gehört die Nutzfläche, die am Bilanzstichtag oder im Laufe des Halbjahres vor dem Bilanzstichtag unmittelbar der Erzeugung von Baumschulgewächsen gedient hat (vgl. Anbauverzeichnis).

Dazu gehören

a) am Bilanzstichtag ganz oder teilweise abgeräumte Flächen, die im Laufe des Halbjahres vor dem Bilanzstichtag bepflanzt waren,

b) Zwischenräume zwischen den einzelnen Pflanzenreihen und Beeten, soweit es sich nicht um Dauerwege handelt,

c) Vorgewende,

d) Gewächshäuser, Folientunnel, Folienhäuser.

Nicht dazu gehören

a) Dauerwege und Wendeplätze,

b) Lager- und Einschlagplätze,

c) Brach- und Gründüngungsflächen, soweit sie nicht nach vorstehenden Grundsätzen den Baumschulflächen zuzurechnen sind,

d) Schau- und Ausstellungsflächen.

1.4.1 Zukauf

Von den Anschaffungskosten des zur Aufschulung bestimmten Zukaufs eines Wirtschaftsjahres ist ein Abschlag von 20 v. H. vorzunehmen. Dieser Abschlag dient der Berücksichtigung des nicht verkaufsfähigen Teils dieses Zukaufs. Aus den Aufzeichnungen über den Zukauf muß ersichtlich sein, welche Ware der Aufschulung und welche als Handelsware dient.

1.4.2 Aktivierung des Zukaufs

Zur Abgeltung des nach den ha-Richtsätzen in Tz. 1.1 ermittelten Werts der Fläche, die mit zugekauftem Material bepflanzt wird, sind die nach Tz. 1.4.1 gekürzten, auf die einzelnen Gehölzarten entfallenden Anschaffungskosten um 50 v. H. der in Tz. 1.2 genannten Pflanzenwerte, multipliziert mit der baumschulmäßig genutzten Fläche der betreffenden Gehölzart, zu mindern. Ein danach verbleibender Wert des Zukaufs ist gesondert zu aktivieren. Die Aktivierung des Zukaufs darf nicht dazu führen, daß die Wertansätze auf Grund Tz. 1.1 unterschritten werden.

1.4.3 Abschreibung des Zukaufs

Der nach Tz. 1.4.2 ermittelte Aktivposten eines Wirtschaftsjahres ist jeweils in den beiden auf das Wirtschaftsjahr des Zukaufs folgenden Wirtschaftsjahren (unterstellte durchschnittliche Umtriebzeit) um je 50 v. H., bei Forstpflanzen um 70 v. H. im ersten und 30 v. H. im zweiten Wirtschaftsjahr zu mindern.

1.5 Geringflächen

Geringflächen einer einzelnen Gehölzart, die nicht größer als 5 v. H. der Baumschulfläche des Betriebs und nicht größer als 0,25 ha sind, werden der Hauptgehölzart zugerechnet und mit deren Richtsatz bewertet.

1.6 Containerpflanzen

Werden Pflanzen in Containern gehalten, so sind die in Tz. 1. 1 aufgeführten ha-Richtsätze um 20 v. H. zu erhöhen. Als Container gelten Behälter mit einer Größe ab 1,5 Liter. Bei Anwendung der Regelung für Bagatellgrenzen bei Geringflächen (Tz. 1. 5) auf Containerpflanzen bleibt der Aufschlag von 20 v. H. auf den Wert für die maßgebliche Gehölzart erhalten. Auf Tz. 3. 2 des BMF-Schreibens vom 15. 12. 1981 (BStBl I S. 878) wird hingewiesen.

1.7 Einschlagwaren

Am Bilanzstichtag vorhandene Einschlagwaren sind einzeln zu bewerten.

2 Übergangsregelung

2.1 Richtsätze nach Tz. 1.1

Die vorstehende Regelung gilt erstmals für das Wirtschaftsjahr 1990/91. Der Steuerpflichtige kann in Höhe von höchstens $4/5$ der sich bei der erstmaligen Anwendung der Richtsätze ergebenden Gewinne (Unterschied zwischen dem Bilanzansatz für die einzelnen Gehölzarten nach den Richtsätzen und dem bisherigen Bilanzansatz für diese Gehölzarten) in der Schlußbilanz des Wirtschaftsjahres 1990/91 eine den steuerlichen Gewinn mindernde Rücklage bilden. Die Rücklage ist in den folgenden Wirtschaftsjahren mit mindestens $1/4$ gewinnerhöhend aufzulösen. Für das Wirtschaftsjahr 1989/90 ist die in meinem Schreiben vom 18. April 1986 (BStBl I S. 262) getroffene Regelung weiter anzuwenden.

3 Anwendungsbereich

Die Pflanzenbestände eines Betriebes sind insgesamt nur nach den vorstehenden Richtsätzen oder insgesamt durch Einzelbewertung zu erfassen. Werden die Richtsätze angewandt, so ist eine Teilwertabschreibung nicht möglich. Die Richtsätze können auch für gewerbliche Betriebe angewendet werden. Die Regelung nach Nummer 1 gilt letztmals für das Wirtschaftsjahr 1994/1995.

III c
Einkommensteuerliche Behandlung

a) der Milchaufgabevergütung nach dem Dritten Gesetz zur Änderung des Milchaufgabevergütungsgesetzes (MAVG) vom 24. 7. 1990 (BGBl. I S. 1470);

b) der Vereinbarungen über die zeitweilige Nutzungsüberlassung von Anlieferungsreferenzmengen nach der Neunzehnten Verordnung zur Änderung der Milchgarantiemengenverordnung vom 28. 3. 1991 (BGBl. I S. 799)

BMF vom 15. 4. 1991 (BStBl I S. 497)
IV B 2 – S 2132 – 10/91

Nach dem Ergebnis der Besprechung mit den obersten Finanzbehörden der Länder sind die Milchaufgabevergütung nach dem Dritten Gesetz zur Änderung des Milchaufgabevergütungsgesetzes vom 24. 7. 1990 (BGBl. I S. 1470) und die Vergütungen für die zeitweilige Nutzungsüberlassung von Anlieferungsreferenzmengen nach der Milchgarantiemengenverordnung in der Fassung der Bekanntmachung vom 30. 8. 1989 (BGBl. I S. 1654), zuletzt geändert durch die Verordnung vom 28. 3. 1991 (BGBl. I S. 799), ertragsteuerrechtlich wie folgt zu behandeln:

1. Milchaufgabevergütung nach dem Dritten Gesetz zur Änderung des Milchaufgabevergütungsgesetzes vom 24. 7. 1990

a) Ertragsteuerrechtliche Behandlung der Milchaufgabevergütung

Nach dem Dritten Gesetz zur Änderung des Milchaufgabevergütungsgesetzes vom 24. 7. 1990 (BGBl. I S. 1470) sind die Länder ermächtigt, von den Milchproduzenten Milchanlieferungsreferenzmengen aufzukaufen und hierfür eine Vergütung bis zu 1 600 DM je 1 000 kg Milch zu gewähren. Diese Vergütung kann in einem einmaligen Betrag gezahlt werden. Bei einer einmaligen Zahlung gilt für die ertragsteuerrechtliche Behandlung der Milchaufgabevergütung folgendes:

aa) Bei der Gewinnermittlung nach § 4 Abs. 1 EStG ist ein passiver Rechnungsabgrenzungsposten gem. § 5 Abs. 5 Satz 1 Nr. 2 EStG zu bilden, der über einen Zeitraum von zehn Jahren aufzulösen ist, da die Milchaufgabevergütung die Nachteile aus der Aufgabe der Milchproduktion über die Dauer von zehn Jahren abgilt.

bb) Bei der Gewinnermittlung nach § 4 Abs. 3 EStG ist die Milchaufgabevergütung im Zeitpunkt des Zuflusses erfolgswirksam zu erfassen.

cc) Bei der Gewinnermittlung nach § 13 a EStG ist die Milchaufgabevergütung mit dem Ansatz des Grundbetrages nach § 13 a Abs. 4 EStG abgegolten.

Diese Regelung gilt auch für Zahlungen, die der eine Anlieferungsreferenzmenge aufgebende Landwirt im sog. Partnerverfahren von dem die Anlieferungsreferenzmenge übernehmenden Landwirt erhält.

b) Übergang von der Gewinnermittlung nach § 13 a EStG zur Gewinnermittlung nach § 4 Abs. 1 EStG oder § 4 Abs. 3 EStG

Wechselt der Landwirt, der eine Milchaufgabevergütung bezogen hat, während des Zehnjahreszeitraums von der Gewinnermittlung nach § 13 a EStG zur Gewinnermittlung nach § 4 Abs. 1 EStG oder nach § 4 Abs. 3 EStG, so gilt die Milchaufgabevergütung nur für den Zeitraum als mit dem Grundbetrag abgegolten, in dem der Gewinn nach § 13 a EStG ermittelt worden ist. Für den übrigen Zeitraum ist die Milchaufgabevergütung zeitanteilig entsprechend den Grundsätzen bei der Gewinnermittlung nach § 4 Abs. 1 EStG oder § 4 Abs. 3 EStG erfolgswirksam zu erfassen (Urteile des BFH vom 16. 2. 1989, BStBl II S. 708 und 7. 9. 1989, BStBl II S. 975). Diese Regelung ist bei der Veräußerung oder Aufgabe des Betriebs entsprechend anzuwenden.

c) Flächenveränderungen bei Gewinnermittlung nach § 13 a EStG

Die Milchaufgabevergütung ist während des Zehnjahreszeitraums nur mit dem Grundbetrag abgegolten, solange die bisher für die Milcherzeugung bestimmten Flächen des Betriebs im Ausgangswert nach § 13 a Abs. 4 Nr. 1 bis 5 EStG wertmäßig enthalten sind. Werden solche Flächen vor Ablauf von zehn Jahren veräußert oder verpachtet, so ist der Vergleichswert und damit der Ausgangswert um den auf diese Flächen entfallenden Wertanteil zu vermindern. Der den veräußerten oder verpachteten Flächen entsprechende Teil der Milchaufgabevergütung ist danach für den restlichen Zeitraum anteilig als Gewinnzuschlag nach § 13 a Abs. 8 Nr. 3 EStG gesondert zu erfassen.

2. Zeitweilige Nutzungsüberlassung bestimmter Anlieferungsreferenzmengen an andere Milcherzeuger (sog. Quotenleasing)

Nach § 7 a der Neunzehnten Verordnung zur Änderung der Milchgarantiemengenverordnung vom 28. 3. 1991 (BGBl. I S. 799) kann der Milcher-

Anhang 9
III c Bilanzierung

zeuger den ihm zustehenden Teil der Anlieferungsreferenzmenge, den er selbst nicht nutzt, für einen Zwölfmonatszeitraum (jeweils beginnend am 1. 4. eines jeden Jahres) einem anderen Milcherzeuger, der an denselben Käufer liefert, zur Nutzung überlassen. Die ertragsteuerrechtliche Behandlung beim überlassenden und beim übernehmenden Milchproduzenten richtet sich nach der jeweiligen Gewinnermittlungsart.

a) Gewinnermittlung nach § 4 Abs. 1 EStG

Der Überlassende bildet für die Zeit nach dem Bilanzstichtag einen passiven Rechnungsabgrenzungsposten, da er vor dem Bilanzstichtag Einnahmen erzielt hat, die auch Ertrag für eine bestimmte Zeit nach dem Bilanzstichtag sind. Im folgenden Wirtschaftsjahr ist dieser passive Rechnungsabgrenzungsposten gewinnerhöhend aufzulösen.

Der Übernehmer der Anlieferungsreferenzmenge hat einen aktiven Rechnungsabgrenzungsposten auszuweisen, da er vor dem Bilanzstichtag Ausgaben geleistet hat, die auch Aufwand für eine bestimmte Zeit nach diesem Tag darstellen. Der Übernehmer löst diesen aktiven Rechnungsabgrenzungsposten im folgenden Wirtschaftsjahr gewinnmindernd auf.

b) Gewinnermittlung nach § 4 Abs. 3 EStG

Der Überlassende der Anlieferungsreferenzmenge erzielt Betriebseinnahmen, die im Zeitpunkt des Zuflusses gewinnerhöhend zu erfassen sind. Der Übernehmer hat Betriebsausgaben, die sich im Zeitpunkt des Abflusses gewinnmindernd auswirken.

c) Gewinnermittlung nach § 13 a EStG

Einnahmen aus dem Quotenleasing sind als Ersatz für zeitweilig entfallende Milcheinnahmen anzusehen. Im Gegensatz zur Verpachtung von Referenzmengen, die mit einer Verpachtung von Nutzflächen verbunden ist, hat das Quotenleasing keine Auswirkung auf den Umfang der selbstbewirtschafteten Betriebsfläche. Die Flächen bleiben beim Quotenleasing im Ausgangswert nach § 13 a Abs. 4 Nr. 1 bis 5 EStG berücksichtigt. Die Leasingeinnahmen sind daher mit dem Grundbetrag nach § 13 a Abs. 4 EStG abgegolten.

Ausgaben des Übernehmers der Referenzmenge für das Quotenleasing sind Betriebsausgaben, die bei der Gewinnermittlung nach Durchschnittssätzen grundsätzlich nicht gesondert geltend gemacht werden können.

III d
Absetzungen für Abnutzung (AfA); Nutzungsdauer von PKW und Kombifahrzeugen

BMF vom 3. 12. 1992 (BStBl I S. 734)
IV A 7 – S 1551 – 122/92
IV B 6 – S 2353 – 89/92

Unter Bezugnahme auf das Ergebnis der Erörterungen mit den obersten Finanzbehörden der Länder gilt hinsichtlich der Absetzungen für Abnutzung von PKW und Kombifahrzeugen folgendes:

1. Die in der AfA-Tabelle für allgemein verwendbare Anlagegüter unter Pos. B V 2 a festgelegte betriebsgewöhnliche Nutzungsdauer für PKW und Kombifahrzeuge wird auf fünf Jahre und der maßgebende AfA-Satz auf 20 v. H. der Anschaffungs- oder Herstellungskosten geändert. Diese Regelung gilt grundsätzlich für alle Fahrzeuge, die nach dem 31. 12. 1992 angeschafft oder hergestellt worden sind; maßgebend ist der Tag der Erstzulassung.

2. Bei der Ermittlung des privaten Nutzungswerts eines Dienstwagens nach Abschnitt 31 Abs. 7 Nr. 1 LStR sind die Absetzungen für Abnutzung wie bisher für die ersten 48 Monate nach der Erstzulassung des Kraftfahrzeugs jeweils mit 1/48 seines Listenpreises (vgl. Abschnitt 31 Abs. 7 Nr. 4 Sätze 2 und 3 LStR 1993) anzusetzen, wenn die Erstzulassung vor dem 1. Januar 1993 erfolgt ist; sie sind für die ersten 60 Monate nach der Erstzulassung jeweils mit 1/60 des Listenpreises anzusetzen, wenn die Erstzulassung nach dem 31. 12. 1992 erfolgt ist.

3. Soweit Absetzungen für Abnutzung für PKW und Kombifahrzeuge außerhalb eines Betriebsvermögens im Rahmen der Einkommensbesteuerung zu berücksichtigen sind, ist für Fahrzeuge, die nach dem 31. 12. 1992 erstmals zugelassen worden sind, ebenfalls grundsätzlich von einer Nutzungsdauer von fünf Jahren auszugehen. Ebenso kann für früher erstmals zugelassene Kraftfahrzeuge, für die bisher eine längere Nutzungsdauer angenommen worden ist, eine Nutzungsdauer von fünf Jahren zugrunde gelegt werden; Abschnitt 38 Abs. 1 Satz 5 der LStR 1990 ist nicht mehr anwendbar. Für Kraftfahrzeuge, die im Zeitpunkt der Anschaffung nicht neu gewesen sind, ist die entsprechende Restnutzungsdauer zugrunde zu legen. Soweit die Steuerfestsetzungen bereits bestandskräftig sind, können die bisher nicht ausgeschöpften AfA-Beträge aus Vereinfachungsgründen bei der Veranlagung zur Einkommensteuer für 1992 berücksichtigt werden.

Unter Bezugnahme auf das Ergebnis der Erörterungen mit den obersten Finanzbehörden der Länder wird zu Einzelfragen wie folgt Stellung genommen:

1. Nach Nummer 1 Satz 2 und Nummer 3 Satz 1 des Schreibens vom 3. 12. 1992 ist für PKW und Kombifahrzeuge, die nach dem 31. 12. 1992 erstmals zugelassen worden sind, grundsätzlich eine Nutzungsdauer von fünf Jahren anzunehmen. Dies bedeutet, daß es nicht zu beanstanden ist, wenn der Steuerpflichtige den Absetzungen für Abnutzung keine längere als eine fünfjährige Nutzungsdauer zugrunde legt. Bei einer hohen Fahrleistung kann aber auch eine kürzere Nutzungsdauer anerkannt werden. Die Absetzungen für Abnutzung sind weder zu kürzen noch zu versagen, wenn sich bei einer Weiterveräußerung des Fahrzeugs herausstellt, daß die Absetzungen für Abnutzung den tatsächlichen Wertverzehr überschritten haben.

2. Nach Nummer 3 Satz 3 des Bezugsschreibens ist den Absetzungen für Abnutzung bei Kraftfahrzeugen, die im Zeitpunkt der Anschaffung nicht neu gewesen sind, die entsprechende Restnutzungsdauer zugrunde zu legen. Dies bedeutet, daß grundsätzlich eine Restnutzungsdauer von höchstens fünf Jahren anzunehmen ist. Sie ist in jedem Einzelfall unter Berücksichtigung aller Umstände, nämlich Alter, Beschaffenheit und voraussichtlicher Einsatz des Kraftfahrzeugs, zu schätzen.

3. Nach Nummer 3 Satz 4 des Bezugsschreibens können die AfA-Beträge, die bei Anwendung des Abschnitts 38 Abs. 1 Satz 5 LStR 1990 unter Annahme einer achtjährigen Nutzungsdauer im Verhältnis zur jetzt geltenden fünfjährigen Nutzungsdauer nicht ausgeschöpft worden sind, bei der Veranlagung zur Einkommensteuer **für 1992** berücksichtigt werden. Es ist jedoch nicht zu beanstanden, wenn der Steuerpflichtige die bisher nicht ausgeschöpften Absetzungen für Abnutzung bereits bei der ersten noch offenen Veranlagung nachholt. Die Nachholung von AfA-Beträgen setzt jedoch voraus, daß der Steuerpflichtige die tatsächlichen Gesamtkosten seines Fahrzeugs seinen steuerlich zu berücksichtigenden Fahrtkosten zugrunde gelegt hat. Wenn er die Fahrtkosten mit einem pauschalen Kilometersatz angesetzt hat, kommt eine Nachholung von AfA-Beträgen nicht in Betracht.

Anhang 9
III d Bilanzierung

Absetzungen für Abnutzung (AfA) bei PKW und Kombifahrzeugen

BMF vom 28. 5. 1993 (BStBl I S. 483)
IV B 6 – S 2353 – 37/93
IV A 7 – S 1551 – 80/93

Bezug: BMF vom 3. 12. 1992 (BStBl I S. 734)

Unter Bezugnahme auf das Ergebnis der Erörterungen mit den obersten Finanzbehörden der Länder wird zu Einzelfragen wie folgt Stellung genommen:

1. Nach Nummer 1 Satz 2 und Nummer 3 Satz 1 des Bezugschreibens ist für PKW und Kombifahrzeuge, die nach dem 31. Dezember 1992 erstmals zugelassen worden sind, grundsätzlich eine Nutzungsdauer von fünf Jahren anzunehmen. Dies bedeutet, daß es nicht zu beanstanden ist, wenn der Steuerpflichtige den Absetzungen für Abnutzung keine längere als eine fünfjährige Nutzungsdauer zugrunde legt. Bei einer hohen Fahrleistung kann aber auch eine kürzere Nutzungsdauer anerkannt werden. Die Absetzungen für Abnutzung sind weder zu kürzen noch zu versagen, wenn sich bei einer Weiterveräußerung des Fahrzeugs herausstellt, daß die Absetzungen für Abnutzung den tatsächlichen Wertverzehr überschritten haben.

2. Nach Nummer 3 Satz 3 des Bezugschreibens ist den Absetzungen für Abnutzung bei Kraftfahrzeugen, die im Zeitpunkt der Anschaffung nicht neu gewesen sind, die entsprechende Restnutzungsdauer zugrunde zu legen. Dies bedeutet, daß grundsätzlich eine Restnutzungsdauer von höchstens fünf Jahren anzunehmen ist. Sie ist in jedem Einzelfall unter Berücksichtigung aller Umstände, nämlich Alter, Beschaffenheit und voraussichtlicher Einsatz des Kraftfahrzeugs, zu schätzen.

3. Nach Nummer 3 Satz 4 des Bezugschreibens können die AfA-Beträge, die bei Anwendung des Abschnitts 38 Abs. 1 Satz 5 LStR 1990 unter Annahme einer achtjährigen Nutzungsdauer im Verhältnis zur jetzt geltenden fünfjährigen Nutzungsdauer nicht ausgeschöpft worden sind, bei der Veranlagung zur Einkommensteuer **für 1992** berücksichtigt werden. Es ist jedoch nicht zu beanstanden, wenn der Steuerpflichtige die bisher nicht ausgeschöpften Absetzungen für Abnutzung bereits bei der ersten noch offenen Veranlagung nachholt. Die Nachholung von AfA-Beträgen setzt jedoch voraus, daß der Steuerpflichtige die tatsächlichen Gesamtkosten seines Fahrzeugs seinen steuerlich zu berücksichtigenden Fahrtkosten zugrunde gelegt hat. Wenn er die Fahrtkosten mit einem pauschalen Kilometersatz angesetzt hat, kommt eine Nachholung von AfA-Beträgen nicht in Betracht.

IV
Bewertung des beweglichen Anlagevermögens und des Vorratsvermögens (§ 6 Abs. 1 Nrn. 1 und 2 EStG); hier: Voraussetzungen für den Ansatz von Festwerten sowie deren Bemessung

BMF vom 8. 3. 1993 (BStBl I S. 276)

IV B 2 – S 2174 a – 1/93

Nach §§ 5 Abs. 1, 6 Abs. 1 Nrn. 1 und 2 EStG in Verbindung mit §§ 240 Abs. 3, 256 Satz 2 HGB[1]) können Wirtschaftsgüter des Sachanlagevermögens sowie Roh-, Hilfs- und Betriebsstoffe mit einem Festwert angesetzt werden, wenn sie regelmäßig ersetzt werden, ihr Gesamtwert für das Unternehmen von nachrangiger Bedeutung ist und ihr Bestand in seiner Größe, seinem Wert und seiner Zusammensetzung nur geringen Veränderungen unterliegt. Zudem ist in der Regel alle drei Jahre eine körperliche Bestandsaufnahme durchzuführen.

Zu der Frage, unter welchen Voraussetzungen der Gesamtwert der für einen einzelnen Festwert in Betracht kommenden Wirtschaftsgüter von nachrangiger Bedeutung ist, sowie zu der Frage, welche Abschreibungsmethoden bei der Ermittlung der Wertigkeit beweglicher Wirtschaftsgüter des Sachanlagevermögens (sog. Anhaltewert) zugrunde zu legen sind, nehme ich im Einvernehmen mit den obersten Finanzbehörden der Länder wie folgt Stellung:

1. **Nachrangigkeit**

Zur Beurteilung der Nachrangigkeit ist auf die Bilanzsumme abzustellen. Der Gesamtwert der für einen einzelnen Festwert in Betracht kommenden Wirtschaftsgüter ist für das Unternehmen grundsätzlich von nachrangiger Bedeutung, wenn er an den dem Bilanzstichtag vorangegangenen fünf Bilanzstichtagen im Durchschnitt 10 v. H. der Bilanzsumme nicht überstiegen hat.

2. **Ermittlung des sog. Anhaltewerts**

Der Anhaltewert von beweglichen Wirtschaftsgütern des Sachanlagevermögens ist anhand der steuerlich zulässigen linearen oder degressiven Absetzungen für Abnutzung nach § 7 EStG zu ermitteln. Erhöhte Absetzungen oder Sonderabschreibungen dürfen dagegen bei der Ermittlung des Anhaltewerts nicht berücksichtigt werden.

---

[1]) → Anhang 10 I.

IV a
Ertragsteuerliche Behandlung von im Eigentum des Grundeigentümers stehenden Bodenschätzen

BMF vom 9. 8. 1993 (BStBl I S. 678)

IV B 2 – S 2134 – 208/93

Zu der Frage, wann ein im Eigentum des Grundeigentümers stehender Bodenschatz als Wirtschaftsgut entsteht und ob ein solches Wirtschaftsgut dem Betriebs- oder Privatvermögen zuzuordnen ist, wird nach Erörterung mit den obersten Finanzbehörden der Länder wie folgt Stellung genommen:

1. Bergrechtliche Einteilung der Bodenschätze

   Nach § 3 des Bundesberggesetzes sind Bodenschätze entweder bergfrei oder stehen im Eigentum des Grundeigentümers. Zur Gewinnung bergfreier Bodenschätze bedarf es nach dem Bundesberggesetz einer Bergbauberechtigung, die das Recht zur Gewinnung und Aneignung der jeweiligen Bodenschätze gewährt. Dagegen ergibt sich das Recht zur Gewinnung der im Eigentum des Grundeigentümers stehenden Bodenschätze aus dem Inhalt des Grundeigentums selbst (§§ 903, 93, 94 BGB). Die im Eigentum des Grundeigentümers stehenden Bodenschätze gehören entweder zu den grundeigenen Bodenschätzen im Sinne des Bundesberggesetzes, deren Abbau dem Bergrecht unterliegt, oder zu den sonstigen Grundeigentümerbodenschätzen, auf die das Bundesberggesetz keine Anwendung findet.

   Ob ein Bodenschatz bergfrei oder grundeigen ist, bestimmt sich nach dem Bundesberggesetz. Im Gebiet der ehemaligen DDR (Beitrittsgebiet) gilt gem. Anlage I Kap. V Abschn. III Nr. 1 Buchst. a des Einigungsvertrages vom 31. 8. 1990 i. V. m. Art. 1 des Gesetzes vom 23. 9. 1990 (BGBl. II S. 885, 1004) ein erweiterter Geltungsbereich des Bergrechts.

   Bergfreie Bodenschätze sind z. B. Stein- und Braunkohle, Erdöl und Erdgas; im Beitrittsgebiet auch weitere mineralische Rohstoffe (z. B. hochwertige Kiese und Sande). Grundeigene Bodenschätze sind z. B. bestimmte Tone, Quarz und Quarzit; im Beitrittsgebiet alle nicht zur Kategorie der bergfreien Bodenschätze gehörenden mineralischen Rohstoffe. Außerhalb des Beitrittsgebiets sind im Eigentum des Grundeigentümers stehende Bodenschätze auch die nicht zum Geltungsbereich des Bundesberggesetzes gehörenden sonstigen Grundeigentümerbodenschätze (z. B. gewöhnliche Kiese und Sande).

   Sowohl bergfreie als auch im Eigentum des Grundeigentümers stehende Bodenschätze dürfen regelmäßig erst dann abgebaut werden, wenn die erforderlichen behördlichen Genehmigungen erteilt sind.

2. Entstehung eines im Eigentum des Grundeigentümers stehenden Bodenschatzes als Wirtschaftsgut

   a) Abbau des Bodenschatzes durch den ursprünglichen Grundeigentümer

   Der Bodenschatz entsteht als ein vom Grund und Boden getrennt zu behandelndes Wirtschaftsgut, wenn er zur nachhaltigen Nutzung in den Verkehr gebracht wird, indem mit seiner Aufschließung begonnen wird. Es genügt, daß mit der alsbaldigen Aufschließung zu rechnen ist. Mit der Aufschließung darf regelmäßig nur begonnen werden, wenn alle zum Abbau notwendigen öffentlich-rechtlichen Erlaubnisse, Genehmigungen, Bewilligungen oder sonstigen behördlichen Maßnahmen erteilt worden sind. Wenn diese Verwaltungsakte vorliegen, entsteht der Bodenschatz als selbständig bewertbares Wirtschaftsgut. Bis zu seiner Entstehung bleibt er unselbständiger Teil des Grund und Bodens (vgl. BFH-Urteil vom 7. 12. 1989, BStBl 1990 II S. 317).

   b) Veräußerung des den Bodenschatz enthaltenden Grundstücks

   Wird ein bodenschatzführendes Grundstück veräußert und liegen im Zeitpunkt des Abschlusses des notariellen Kaufvertrages die für den Abbau erforderlichen behördlichen Genehmigungen vor, so entsteht der Bodenschatz als ein Wirtschaftsgut des Veräußerers, wenn neben dem Kaufpreis für den Grund und Boden ein besonderes Entgelt für den Bodenschatz zu zahlen ist. Sind die Genehmigungen noch nicht erteilt, entsteht der Bodenschatz nur dann als Wirtschaftsgut des Veräußerers, wenn der Anspruch auf die Zahlung des auf den Bodenschatz entfallenden Teils des Kaufpreises von der Bedingung abhängig gemacht wird, daß die Genehmigungen erteilt werden. Hängt die Verpflichtung zur Zahlung des auf den Bodenschatz entfallenden Entgelts dagegen nicht von der Erteilung der Genehmigungen ab, wird dieser Mehrpreis nicht für ein bereits entstandenes Wirtschaftsgut Bodenschatz, sondern für eine dem Veräußerer entgehende Nutzungsmöglichkeit des Grundstücks geleistet, die sich noch nicht zu einem eigenständigen Wirtschaftsgut entwickelt hat (vgl. BFH-Urteil vom 7. 12. 1989 a. a. O.).

3. Zuordnung des Wirtschaftsguts „Bodenschatz" zum Betriebsvermögen oder Privatvermögen

Hat der Grundstückseigentümer einen Betrieb der Land- und Forstwirtschaft oder einen Gewerbebetrieb, ist der Bodenschatz als Wirtschaftsgut entsprechend seiner Nutzung dem Privatvermögen oder dem Betriebsvermögen zuzuordnen, und zwar unabhängig von der Zugehörigkeit des Grundstücks, in dem er lagert (vgl. Urteil des BFH vom 28. 10. 1982, BStBl 1983 II S. 106).

a) Notwendiges Betriebsvermögen einer Land- und Forstwirtschaft ist der Bodenschatz, wenn er unter dem land- und forstwirtschaftlich genutzten Grund und Boden entdeckt und von Anfang an überwiegend für Zwecke der Land- und Forstwirtschaft gewonnen und verwertet wird (z. B. Bau von Forstwegen oder Betriebsgebäuden). Notwendiges Betriebsvermögen eines Gewerbebetriebs ist der Bodenschatz, wenn er in einem zum Gewerbebetrieb gehörenden Grundstück entdeckt und gewerbsmäßig abgebaut und verwertet wird (Urteil des BFH vom 28. 10. 1982 a. a. O.).

b) Privatvermögen ist der Bodenschatz, wenn er in einem land- und forstwirtschaftlich genutzten Grundstück entdeckt, aber nicht überwiegend für land- und forstwirtschaftliche Zwecke des Grundstückseigentümers verwertet wird. Privatvermögen ist der Bodenschatz auch dann, wenn ein zum land- und forstwirtschaftlichen Betriebsvermögen gehörendes Grundstück, für das im Zeitpunkt des Abschlusses des notariellen Kaufvertrages die behördlichen Genehmigungen für den Abbau bereits vorliegen, veräußert wird und ein besonderes Entgelt für den Bodenschatz zu entrichten ist. Dies gilt auch, wenn die Genehmigungen zwar bei Abschluß des notariellen Kaufvertrages noch nicht vorliegen, der auf den Bodenschatz entfallende Anteil des Kaufpreises aber nur unter der Bedingung zu zahlen ist, daß die Genehmigungen erteilt worden sind.

c) Der im Rahmen eines land- und forstwirtschaftlichen Betriebs i. S. des § 13 Abs. 1 EStG aufgeschlossene und dem Privatvermögen zuzuordnende Bodenschatz kann regelmäßig nicht als Betriebsvermögen gewillkürt werden. Gewillkürtes Betriebsvermögen in der Land- und Forstwirtschaft können nämlich nur solche Wirtschaftsgüter sein, deren Nutzung innerhalb der Land- und Forstwirtschaft möglich ist. Wirtschaftsgüter, die dem Betrieb der Land- und Forstwirtschaft wesensfremd sind und denen eine sachliche Beziehung zum Betrieb fehlt, können dagegen auch nicht im Wege der Willkürung zum Betriebsvermögen werden (vgl. Beschluß des BFH vom 19. 1. 1982, BStBl II S. 526, und Urteil des BFH vom 28. 10. 1982 a. a. O.).

4. Anwendungszeitpunkt

Soweit die vorstehenden Regelungen zu einer Änderung der bisherigen Verwaltungspraxis über die Entstehung und Zurechnung von Bodenschätzen führen, sind sie nur auf Verträge anzuwenden, die nach dem 30. 9. 1993 abgeschlossen werden. Sie können aber auch in allen noch offenen Veranlagungsfällen angewandt werden, wenn Veräußerer und Erwerber dies übereinstimmend beantragen.

IV b
Rückstellungen für Zuwendungen anläßlich eines Dienstjubiläums

BMF vom 29. 10. 1993 (BStBl I S. 898)

IV B 2 – S 2175 – 47/93

Anlg.: – 1 –

Nach dem Ergebnis der Erörterung mit den obersten Finanzbehörden der Länder gilt für den Ansatz und die Bewertung von Rückstellungen für Zuwendungen anläßlich eines Dienstjubiläums (Jubiläumsrückstellung) für Bilanzstichtage nach dem 31. Dezember 1992 folgendes:

1. Allgemeines

Unternehmen (Arbeitgeber), die gegenüber ihren Arbeitnehmern die Verpflichtung eingehen, diesen aus Anlaß eines Dienstjubiläums eine Zuwendung zu erbringen, haben für diese Verpflichtung grundsätzlich unter den allgemeinen Voraussetzungen des Abschnitts 31 c Abs. 2 EStR eine Rückstellung zu bilden. Eine Rückstellung darf nicht ausgewiesen werden, wenn die Verpflichtung von anderen Bedingungen als der Betriebszugehörigkeit des Arbeitnehmers zum Jubiläumszeitpunkt, beispielsweise von der späteren Ertrags- und Liquiditätslage des Unternehmens abhängig gemacht wird. Daneben müssen die besonderen Voraussetzungen des § 5 Abs. 4 und § 52 Abs. 6 Satz 1 EStG erfüllt sein.

2. Begriff der Jubiläumszuwendung

Eine Jubiläumszuwendung ist jede Einmalzuwendung in Geld- oder Geldeswert an den Arbeitnehmer anläßlich eines Dienstjubiläums, die dieser neben laufendem Arbeitslohn und anderen sonstigen Bezügen erhält. Dazu gehören auch zusätzliche Urlaubstage im Jubiläumsjahr. Ein Dienstjubiläum kann steuerlich nur berücksichtigt werden, wenn die Jubiläumsarbeitszeit (Dauer des Dienstverhältnisses, für die eine Jubiläumsleistung zugesagt ist) durch fünf Jahre ohne Rest teilbar ist. Eine Ausnahme gilt in den Fällen, in denen eine Jubiläumszuwendung anläßlich der Beendigung des Dienstverhältnisses wegen des Eintritts in den Ruhestand höchstens fünf Jahre vor Ableisten der vollen Jubiläumsarbeitszeit gewährt wird. Wegen der maßgebenden Dauer des Dienstverhältnisses vgl. Abschnitt 23 LStR.

3. Schriftformerfordernis

Rückstellungen für Jubiläumszuwendungen können nur gebildet werden, wenn die Zusage gegenüber dem berechtigten Arbeitnehmer schriftlich erteilt ist (§ 5 Abs. 4 EStG). Auf das Schriftformerfordernis sind die Grundsätze des Abschnitts 41 Abs. 7 EStR entsprechend anzuwenden.

4. Bewertung der Verpflichtung

a) Umfang der Verpflichtung

Für die Bewertung der zugesagten Leistungen sind die Wertverhältnisse am Bilanzstichtag maßgebend. Die Grundsätze des Abschnitts 41 Abs. 20 EStR sind entsprechend anzuwenden. Soll der Arbeitgeber die Lohnsteuerbelastung des Arbeitnehmers tragen (Nettolohnvereinbarung), ist der am Bilanzstichtag geltende Steuertarif zu berücksichtigen. Änderungen der Bemessungsgrundlage bzw. des Steuertarifs, die erst nach dem Bilanzstichtag wirksam werden, sind zu berücksichtigen, wenn sie am Bilanzstichtag bereits feststehen.

b) Berücksichtigung der Wahrscheinlichkeit des Ausscheidens

Nach den Grundsätzen des § 5 Abs. 4 EStG können Rückstellungen für die Verpflichtung zur Leistung einer Zuwendung anläßlich eines Dienstjubiläums u. a. erst gebildet werden, wenn das Dienstverhältnis mindestens zehn Jahre bestanden hat. Mit dieser Regelung wird das Ausscheiden von Arbeitnehmern aufgrund von Kündigungen (Fluktuation) in pauschaler Weise berücksichtigt. Ein gesonderter Fluktuationsabschlag zum jeweiligen Bilanzstichtag ist deshalb nicht vorzunehmen. Demgegenüber ist die Wahrscheinlichkeit des Ausscheidens wegen Tod oder Invalidität gesondert zu berücksichtigen. Für die Bestimmung des Zeitpunkts, zu dem der Begünstigte wegen Eintritts in den Ruhestand aus dem Unternehmen ausscheidet, ist das dienstvertragliche Pensionierungsalter, spätestens das vollendete 65. Lebensjahr zugrunde zu legen. Sofern für den Begünstigten auch eine Pensionszusage besteht, ist dasselbe Alter zugrunde zu legen, das nach Abschnitt 41 Abs. 13 EStR bei der Bewertung der Pensionsrückstellung zugrunde gelegt wird.

c) Bewertungsverfahren

– Teilwertverfahren

Der Teilwert der Verpflichtung zur Leistung der einzelnen Jubiläumszuwendung ist grundsätzlich unter Berücksichtigung der anerkannten Regeln der Versicherungsmathematik als Barwert der künftigen Jubiläumszuwendung am Schluß des Wirtschaftsjahrs abzüglich des sich auf denselben Zeitpunkt ergebenden Barwerts betragsmäßig gleichbleibender Jahresbeträge (Teilwertverfahren) zu ermitteln. Die Jahresbeträge sind dabei so zu bemessen, daß ihr Barwert zu Beginn des Wirtschaftsjahres, in dem die Jubiläumsarbeitszeit begonnen hat, gleich dem Barwert der künftigen Jubiläumszuwendung ist. Die künftige Jubiläumszuwendung ist dabei mit dem Betrag anzusetzen, der sich nach den Verhältnissen am Bilanzstichtag ergibt. Bei der Bewertung der Verpflichtung ist zur Ermittlung des Teilwertes abzuzinsen. Hierbei ist ein Zinssatz von mindestens 5,5 v. H. zugrunde zu legen.

– Pauschalwertverfahren

Es ist nicht zu beanstanden, wenn der Teilwert statt dessen nach einem pauschalen Verfahren ermittelt wird (Pauschalwertverfahren). Hierbei sind zwingend die Werte der in der Anlage beigefügten Tabelle zugrunde zu legen. Diese Werte berücksichtigen bereits die Wahrscheinlichkeit des Ausscheidens und die Abzinsung. Auf die Beispiele unter Buchstabe e wird verwiesen.

Das Unternehmen darf die Teilwerte für alle Verpflichtungen nur nach einem einheitlichen Verfahren ermitteln. An der getroffenen Wahl ist grundsätzlich fünf Wirtschaftsjahre lang festzuhalten.

d) Kürzung der Jubiläumsrückstellung bei Beginn des Dienstverhältnisses vor dem 1. Januar 1993

Nach § 52 Abs. 6 Satz 1 EStG dürfen Jubiläumsrückstellungen nur gebildet werden, soweit der Zuwendungsberechtigte seine Anwartschaft nach dem 31. Dezember 1992 erwirbt. Der nach Buchstabe c ermittelte Rückstellungsbetrag ist demnach in den Fällen, in denen das Dienstverhältnis vor dem 1. Januar 1993 begonnen hat, um denjenigen Teilbetrag der Rückstellung zu kürzen, der sich bezogen auf die Verhältnisse zum Bilanzstichtag als Rückstellungsbetrag nach dem gleichen Verfahren des Buchstaben c zum 31. Dezember 1992 ergeben hätte. Der Kürzungsbetrag ist bei einer Veränderung der Jubiläumsleistung jeweils neu zu ermitteln. Eine Kürzung kommt auch in Betracht, wenn die Zusage nach dem 31. Dezember 1992 erstmals erteilt wird oder sich eine bereits erteilte Zusage der Höhe nach verändert.

e) Beispiele für die Teilwertermittlung nach dem Pauschalwertverfahren

Beispiel 1:

Leistung der Jubiläumszuwendung nach	25 Dienstjahren
Höhe der Jubiläumszuwendung	2 000 DM
Zeitpunkt des Beginns der Jubiläumsarbeitszeit	1. 4. 1984
10 abgeleistete Dienstjahre	31. 3. 1994
Erstmalige Rückstellungsbildung zum	31. 12. 1994

Berechnung:

Rückstellungswert zum 31. 12. 1994
für 11 Dienstjahre (gerundet)
$81 \times 2 =$ 162 DM

Rückstellungswert zum 31. 12. 1992
für 9 Dienstjahre (gerundet)
$58 \times 2 =$ 116 DM

Differenz der beiden Werte =
Rückstellung zum 31. 12. 1994: <u>46 DM</u>

Beispiel 2:

Leistung der Jubiläumszuwendung nach	40 Dienstjahren
Höhe der Jubiläumszuwendung	1 Monatsgehalt
Monatsgehalt zum 31. 12. 1993	4 000 DM
Monatsgehalt zum 31. 12. 1994	5 000 DM
Zeitpunkt des Beginns der Jubiläumsarbeitszeit	1. 10. 1970

Berechnung:

Rückstellungswert zum 31. 12. 1993
für 23 Dienstjahre (gerundet)
$87 \times 4 =$ 348 DM

Rückstellungswert zum 31. 12. 1992
für 22 Dienstjahre (gerundet)
$78 \times 4 =$ 312 DM

Differenz der beiden Werte =
Rückstellung zum 31. 12. 1993: <u>36 DM</u>

Rückstellungswert zum 31. 12. 1994
für 24 Dienstjahre (gerundet)
$97 \times 5 =$ 485 DM

Rückstellungswert zum 31. 12. 1992
für 22 Dienstjahre (gerundet)
$78 \times 5 =$ 390 DM

Differenz der beiden Werte =
Rückstellung zum 31. 12. 1994: <u>95 DM</u>

Anhang 9
IV b Bilanzierung

Anlage

Höhe des Teilwerts nach dem Pauschalwertverfahren bei Verpflichtung zur Leistung einer Jubiläumszuwendung in Höhe von je 1.000 DM

(Als Rechnungsgrundlagen wurden im wesentlichen die „Richttafeln" von Dr. Klaus Heubeck mit einem Rechnungszinsfuß von 5,5 % verwendet.)

abgeleistete Dienstjahre (gerundet)	Leistung der Jubiläumszuwendung nach										abgeleistete Dienstjahre (gerundet)
	15 Dienstjahren	20 Dienstjahren	25 Dienstjahren	30 Dienstjahren	35 Dienstjahren	40 Dienstjahren	45 Dienstjahren	50 Dienstjahren	55 Dienstjahren	60 Dienstjahren	
1	12	7	4	2	2	1	1	0	0	0	1
2	26	14	8	5	3	2	2	1	0	0	2
3	42	23	13	8	5	4	2	2	1	0	3
4	61	32	19	12	8	5	3	2	1	0	4
5	82	43	25	16	10	7	5	3	1	0	5
6	107	55	32	20	13	8	6	4	1	0	6
7	137	69	40	25	16	10	7	5	2	0	7
8	172	85	49	30	19	13	9	6	2	1	8
9	215	103	58	36	23	15	10	7	2	1	9
10	270	123	69	42	27	18	12	8	3	1	10
11	345	147	81	49	31	21	14	9	3	1	11
12	441	176	95	57	36	24	16	11	3	1	12
13	578	209	110	66	42	27	18	12	4	1	13
14	765	250	128	75	48	31	21	14	4	1	14
15	1 000	304	148	86	54	35	24	16	5	1	15
16		377	172	98	61	40	27	18	6	2	16
17		469	199	112	69	45	30	20	6	2	17
18		600	232	127	78	50	34	23	7	2	18
19		778	272	145	88	56	37	25	8	2	19
20		1 000	324	164	99	63	42	28	9	3	20
21			396	188	111	70	46	31	10	3	21
22			486	215	124	78	52	35	11	3	22
23			613	247	139	87	57	39	12	4	23
24			786	286	157	97	63	43	13	4	24
25			1 000	338	176	108	70	47	15	4	25
26				408	199	120	77	52	16	5	26
27				497	226	133	86	57	18	5	27
28				622	258	148	94	63	20	6	28
29				792	296	165	104	69	22	6	29
30				1 000	347	185	115	76	24	7	30
31					417	208	127	83	26	8	31
32					504	234	140	91	29	8	32
33					628	266	155	100	32	9	33
34					796	304	172	110	35	10	34
35					1 000	354	192	121	38	11	35
36						424	214	133	42	12	36
37						510	241	146	46	14	37
38						633	272	161	51	15	38
39						799	310	178	56	16	39
40						1 000	360	197	63	18	40
41							429	220	70	20	41
42							515	246	78	23	42
43							637	277	88	26	43
44							801	315	100	29	44
45							1 000	365	116	34	45
46								433	137	40	46
47								519	164	48	47
48								640	203	59	48
49								803	254	74	49
50								1 000	317	92	50
51									397	116	51
52									498	145	52
53									627	183	53
54									790	231	54
55									1 000	292	55
56										370	56
57										472	57
58										603	58
59										775	59
60										1 000	60

IV c
Pauschalwertberichtigung bei Kreditinstituten

BMF vom 10. 1. 1994 (BStBl I S. 98)

IV B 2 – S 2174 – 45/93

1   Kreditinstitute können für das Ausfallrisiko ihrer Kundenforderungen (§ 15 der Verordnung über die Rechnungslegung der Kreditinstitute vom 10. Februar 1992 – RechKredV – BGBl. I S. 203), das am Bilanzstichtag besteht, aber bis zur Bilanzaufstellung noch nicht erkennbar geworden ist und daher nicht durch Einzelwertberichtigungen (EWB) oder Direktabschreibungen der Forderungen berücksichtigt werden kann (latentes Ausfallrisiko), Pauschalwertberichtigungen (PWB) nach den Grundsätzen ordnungsmäßiger Buchführung bilden. Im Einvernehmen mit den obersten Finanzbehörden der Länder sind bei Kreditinstituten PWB steuerlich nur anzuerkennen, soweit sie die nach folgenden Grundsätzen zu berechnenden Beträge nicht übersteigen:

I. Vomhundertsatz der PWB bei Kreditinstituten

2   Der Vomhundertsatz der PWB für den Bilanzstichtag ist nach den Erfahrungen der Vergangenheit zu bemessen. Zu seiner Berechnung ist grundsätzlich der Durchschnitt des tatsächlichen Forderungsausfalls für die dem Bilanzstichtag vorangehenden fünf Wirtschaftsjahre und des risikobehafteten Kreditvolumens für die dem Bilanzstichtag vorangehenden fünf Bilanzstichtage zu ermitteln und ins Verhältnis zu setzen. Der tatsächliche Forderungsausfall umfaßt neben dem latenten auch das bereits erkennbare (akute) Ausfallrisiko. Zur Begrenzung der PWB auf das latente Ausfallrisiko ist deshalb von dem ermittelten Durchschnitt des tatsächlichen Forderungsausfalls ein Betrag in Höhe von 40 v. H. abzuziehen, höchstens jedoch der Betrag der EWB am Bilanzstichtag. In begründeten Einzelfällen können die Durchschnittswerte für einen längeren Vergleichszeitraum, bei Neugründungen und im Beitrittsgebiet auch für einen kürzeren Vergleichszeitraum, ermittelt werden.

1. Tatsächlicher Forderungsausfall

3   Als tatsächlicher Forderungsausfall gilt der tatsächlich realisierte, wirtschaftliche Verlust der Forderung insgesamt oder eines Teils. Von einem tatsächlichen Forderungsausfall ist grundsätzlich auszugehen, wenn die Forderung uneinbringlich geworden ist, d. h., soweit nach vernünftiger kaufmännischer Beurteilung weder vom Schuldner noch von dritter Seite (z. B. Bürge) noch aus der Verwertung evtl. verbliebener Sicherheiten ein Zahlungseingang zu erwarten ist. Eine bestrittene Forderung muß hiernach ausgeklagt sein. Sicherheiten müssen verwertet sein, ohne daß ein Surrogat an die Stelle der ausgefallenen Forderung getreten ist. Umschuldungen oder Schuldnovationen führen dementsprechend nicht zu einem tatsächlichen Ausfall der Forderung, die der Umschuldung oder Novation zugrunde liegt. Forderungsausfälle, die auf Risiken beruhen, die nicht in der Person des Schuldners liegen (z. B. Transfer- oder Devisenrisiko), rechnen nicht zum tatsächlichen Forderungsausfall.

4   Rechnerisch ergibt sich der tatsächliche Forderungsausfall – bezogen auf das jeweilige Wirtschaftsjahr – wie folgt:

Verbrauch von EWB
+ Direktabschreibungen von Forderungen
– Eingang abgeschriebener Forderungen
= tatsächlicher Forderungsausfall

2. Risikobehaftetes Kreditvolumen

5   Zum risikobehafteten Kreditvolumen rechnen die Kundenforderungen des Kreditinstituts nach § 15 RechKredV mit Ausnahme der Forderungen, die

a) aus Gründen, die nicht in der Person des Schuldners liegen (z. B. Transfer- oder Devisenrisiko), wertzuberichtigen sind;

b) als sichere Forderungen anzusehen sind. Zu den sicheren Forderungen rechnen:

  – Forderungen gegen öffentlich-rechtliche Körperschaften oder sonstige Körperschaften, für die eine Gebietskörperschaft als Gewährträger haftet;

  – Forderungen gegen ausländische Staaten, ausländische Gebietskörperschaften oder sonstige ausländische Körperschaften und Anstalten des öffentlichen Rechts im OECD-Bereich;

  – Forderungen, die durch eine der vorstehend genannten Stellen verbürgt oder in anderer Weise gewährleistet sind;

  – Forderungen, für die eine Delkredere-Versicherung durch das Kreditinstitut abgeschlossen ist.

Forderungen aus Vor- oder Zwischenfinanzierungskrediten für noch nicht zugeteilte Bauspardarlehen rechnen zum risikobehafteten Kreditvolumen nur, soweit sie das Bausparguthaben übersteigen.

3. Berechnungsschema des Vomhundertsatzes der PWB

Der Vomhundertsatz der PWB ist in zwei Schritten zu berechnen. Zunächst ist aus dem durchschnittlichen Forderungsausfall der maßgebliche Forderungsausfall abzuleiten; sodann ist der maß-

Anhang 9
IV c   Bilanzierung

6	a)	durchschnittlicher Forderungsausfall (Tzn. 2 bis 4)
	–	40 v. H. des durchschnittlichen Forderungsausfalls, höchstens EWB des Bilanzstichtags (Tz. 2 Satz 4)
	=	maßgeblicher Forderungsausfall
7	b)	maßgeblicher Forderungsausfall (Tz. 6) 100 = v. H.-Satz

durchschnittliches risikobehaftetes Kreditvolumen (Tzn. 2, 5)

II. Bemessungsgrundlage der PWB bei Kreditinstituten

Der Vomhundertsatz der PWB für den Bilanzstichtag (Tzn. 2 bis 7) ist auf das risikobehaftete Kreditvolumen (Tz. 5) des Bilanzstichtags anzuwenden. Dabei sind einzelwertberichtigte Forderungen und Kreditengagements in vollem Umfang aus dem risikobehafteten Kreditvolumen auszuscheiden; der nicht einzelwertberichtigte Teil einer Forderung darf nicht in der Bemessungsgrundlage für die PWB verbleiben, weil eine bestimmte Forderung nur entweder einzeln oder pauschal wertberichtigt werden kann. 8

Pauschalwertberichtigung bei Kreditinstituten

BMF vom 9. 5. 1995
IV B 2 – S 2174 – 13/95

Zu der Frage, ob ein nach vernünftiger kaufmännischer Beurteilung feststehender Verlust aus einer Abwicklungsforderung bei der Bemessung des tatsächlichen Forderungsausfalls im Sinne des BMF-Schreibens vom 10. Januar 1994 (BStBl I S. 98) für Zwecke der Pauschalwertberichtigung berücksichtigt werden kann, wenn am Bilanzstichtag keine Teilausbuchung vorgenommen, sondern die gebildete Einzelwertberichtigung (EWB) beibehalten wurde, nehme ich wie folgt Stellung:

Kreditinstitute können für das Ausfallrisiko ihrer Kundenforderungen, das am Bilanzstichtag besteht, aber bis zur Bilanzaufstellung noch nicht erkennbar geworden ist und daher nicht durch EWB oder Direktabschreibungen der Forderungen berücksichtigt werden kann, Pauschalwertberichtigungen nach den Grundsätzen ordnungsmäßiger Buchführung bilden (Tz. 1 des BMF-Schreibens vom 10. Januar 1994 – a. a. O.). Der Vomhundertsatz der Pauschalwertberichtigung für den Bilanzstichtag ist nach den Erfahrungen der Vergangenheit zu bemessen. Zu seiner Berechnung ist grundsätzlich der Durchschnitt des tatsächlichen Forderungsausfalls für die dem Bilanzstichtag vorangehenden fünf Wirtschaftsjahre und des risikobehafteten Kreditvolumens für die dem Bilanzstichtag vorangehenden fünf Bilanzstichtage zu ermitteln und ins Verhältnis zu setzen (Tz. 2 des BMF-Schreibens vom 10. Januar 1994 – a. a. O.). Als tatsächlicher Forderungsausfall gilt der tatsächlich realisierte, wirtschaftliche Verlust der Forderung insgesamt oder eines Teils. Rechnerisch ergibt sich der tatsächliche Forderungsausfall – bezogen auf das jeweilige Wirtschaftsjahr – aus dem Verbrauch von EWB zuzüglich Direktabschreibungen von Forderungen und abzüglich des Eingangs abgeschriebener Forderungen (Tzn. 3 und 4 des BMF-Schreibens vom 10. Januar 1994 – a. a. O.).

Der Verbrauch von EWB mißt sich in der Besteuerungspraxis an der „Ausbuchung" einer Forderung. Wird eine Forderung am Bilanzstichtag nicht ausgebucht und stattdessen eine EWB beibehalten, sind die Voraussetzungen für den Verbrauch von EWB nach Tz. 4 der Verwaltungsregelung somit nicht erfüllt. In diesen Fällen kann ein auch bereits abschätzbarer Verlust einer Forderung nicht zum Zwecke der Ermittlung des tatsächlichen Forderungsausfalls im Sinne der Verwaltungsregelung berücksichtigt werden.

V
Steuerrechtliche Behandlung des Wirtschaftsguts „Praxiswert";
Änderung der Rechtsprechung[1])

BMF vom 15. 1. 1995 (BStBl I S. 14)

IV B 2 – S 2172 – 15/94

Der BFH hat seine Rechtsprechung zur steuerrechtlichen Behandlung des Wirtschaftsguts „Praxiswert" geändert (BFH vom 24. Februar 1994, BStBl II S. 590). Im Einvernehmen mit den obersten Finanzbehörden der Länder sind die Urteilsgrundsätze wie folgt anzuwenden:

Der anläßlich der Gründung einer Sozietät aufgedeckte Praxiswert stellt ebenso wie der Wert einer erworbenen Einzelpraxis ein abnutzbares immaterielles Wirtschaftsgut dar. § 7 Abs. 1 Satz 3 EStG ist jedoch auf die Bemessung der AfA für den (Einzel- oder Sozietäts-)Praxiswert nicht anzuwenden. Wegen der Beteiligung und der weiteren Mitwirkung des bisherigen Praxisinhabers (Sozius) ist vielmehr davon auszugehen, daß die betriebsgewöhnliche Nutzungsdauer des anläßlich der Gründung einer Sozietät aufgedeckten Praxiswerts doppelt so lang ist wie die Nutzungsdauer des Werts einer erworbenen Einzelpraxis. Die betriebsgewöhnliche Nutzungsdauer ist nach den Umständen des einzelnen Falles sachgerecht zu schätzen. Dabei ist es nicht zu beanstanden, wenn für den anläßlich der Gründung einer Sozietät aufgedeckten Praxiswert eine betriebsgewöhnliche Nutzungsdauer von sechs bis zehn Jahren und für den Wert einer erworbenen Einzelpraxis eine betriebsgewöhnliche Nutzungsdauer von drei bis fünf Jahren angenommen wird.

Die Grundsätze dieses Schreibens gelten entsprechend für den Erwerb eines Praxiswerts durch eine Wirtschaftsprüfer- oder Steuerberater-GmbH. Sie sind in noch offenen Fällen ab dem Veranlagungszeitraum 1993, auf Antrag auch ab einem früheren Veranlagungszeitraum, anzuwenden; eine ggf. aufgestellte Bilanz ist zu berichtigen. Aufgrund der Änderung der höchstrichterlichen Rechtsprechung können die Anschaffungskosten des Praxiswerts, vermindert um die bisher abgezogenen AfA, d. h. der Restbuchwert, auf die restliche Nutzungsdauer verteilt werden. Wird der Gewinn nach den §§ 4 Abs. 1, 5 EStG ermittelt, kann der Restbuchwert auch auf den niedrigeren Teilwert abgeschrieben und dieser auf die restliche Nutzungsdauer verteilt werden.

Das BMF-Schreiben vom 30. Juli 1979 (BStBl I S. 481) sowie Abschnitt II des BMF-Schreibens vom 20. November 1986 (BStBl I S. 532) sind nicht weiter anzuwenden.

---

[1]) → Anhang 9 II.

V a
Milch-Garantiemengen-Verordnung; ertragsteuerliche Behandlung der Anlieferungsreferenzmengen nach der Neunundzwanzigsten Verordnung zur Änderung der Milch-Garantiemengen-Verordnung vom 24. September 1993 (BGBl. I S. 1659)

BMF vom 2. 2. 1995 (BStBl I S. 148)
IV B 2 – S 2132 – 1/95

Nach § 7 Abs. 2 a Nr. 1 der Milch-Garantiemengen-Verordnung (MGV) in der Fassung der Neunundzwanzigsten Verordnung zur Änderung der MGV vom 24. September 1993 (BGBl. I S. 1659) können Anlieferungsreferenzmengen ohne Übergang des Betriebes oder der entsprechenden Fläche übertragen oder für mindestens zwei 12-Monats-Zeiträume pachtweise überlassen werden.

Im Einvernehmen mit den obersten Finanzbehörden der Länder nehme ich zu der Frage der ertragsteuerlichen Behandlung dieser flächenunabhängigen Übertragung oder Überlassung von Anlieferungsreferenzmengen wie folgt Stellung:

1. **Gewinnermittlung durch Bestandsvergleich (§ 4 Abs. 1 EStG) und durch Einnahmenüberschußrechnung (§ 4 Abs. 3 EStG)**

   a) **Übertragung von Anlieferungsreferenzmengen**

   Bei der Gewinnermittlung nach § 4 Abs. 1 und 3 EStG sind die Erlöse aus der vollständigen oder teilweisen Übertragung der Referenzmengen als laufender Gewinn zu erfassen.

   Bei Gewinnermittlung nach § 4 Abs. 1 EStG ist eine passivische Rechnungsabgrenzung nach den Regeln über die Behandlung der Milchaufgabevergütung nicht zulässig, da das Entgelt für die Übertragung des immateriellen Wirtschaftsguts „Referenzmenge" gezahlt wird und nicht die künftigen Ertragsausfälle wegen der Aufgabe der Milchproduktion abgilt.

   b) **Zeitweilige Überlassung von Anlieferungsreferenzmengen**

   Für die vollständige oder teilweise flächenunabhängige Überlassung von Anlieferungsreferenzmengen gelten die Regelungen des BMF-Schreibens vom 15. April 1991 (BStBl I S. 497) zum sog. „Quotenleasing" entsprechend.

   c) **Behandlung der Aufwendungen des Erwerbers oder Übernehmers der Anlieferungsreferenzmengen**

   Der Erwerber wendet Anschaffungskosten für ein regelmäßig auf 10 Jahre befristetes Recht auf. Auf seiten des Übernehmers (Pächters) handelt es sich um Pachtzahlungen für ein immaterielles Wirtschaftsgut des Anlagevermögens.

2. **Gewinnermittlung nach Durchschnittssätzen (§ 13 a EStG)**

   a) **Übertragung und zeitweilige Überlassung von Anlieferungsreferenzmengen**

   Bei Gewinnermittlung nach § 13 a EStG hat die vollständige oder teilweise Übertragung oder Überlassung von Anlieferungsreferenzmengen ohne Übergang der entsprechenden Fläche keine Auswirkungen auf den Umfang der selbst bewirtschafteten Betriebsfläche. Diese bleibt weiterhin im Ausgangswert nach § 13 a Abs. 4 EStG berücksichtigt. Die Erlöse aus der Übertragung oder Überlassung der Referenzmengen sind daher durch den Ansatz des Grundbetrags nach § 13 a Abs. 4 EStG abgegolten.

   b) **Enger zeitlicher Zusammenhang der Übertragung oder Überlassung von Referenzmengen mit der Veräußerung oder Verpachtung von Flächen**

   Die Regelungen unter Buchstabe a gelten nicht, wenn mit der Übertragung oder Überlassung von Anlieferungsreferenzmengen innerhalb eines Zeitraums von zwei Jahren, beginnend mit dem Abschluß des Übertragungs- oder Überlassungsvertrags der Anlieferungsreferenzmengen, auch die den Referenzmengen entsprechenden Flächen veräußert oder verpachtet werden.

   c) **Behandlung der Aufwendungen des Erwerbers oder Übernehmers der Anlieferungsreferenzmengen**

   Aufwendungen für den Erwerb oder die Überlassung von Referenzmengen können im Rahmen der Gewinnermittlung nach Durchschnittssätzen nicht gesondert geltend gemacht werden.

3. **Wechsel der Gewinnermittlungsart**

   Wechselt ein Landwirt, der seine Anlieferungsreferenzmengen überlassen hat, während des Überlassungszeitraums von der Gewinnermittlung nach § 13 a EStG zur Gewinnermittlung nach § 4 Abs. 1 EStG, ist das für die zeitweilige Überlassung von Referenzmengen für den gesamten Überlassungszeitraum im voraus entrichtete Entgelt, das auf die künftige Überlassungszeit entfällt, über den noch verbleibenden Überlassungszeitraum passivisch abzugrenzen. Wechselt der Landwirt zur Gewinnermittlung nach § 4 Abs. 3 EStG, ist das auf die künftige Überlassungsdauer entfallende im voraus entrichtete Entgelt im Zeitpunkt des Wechsels der Gewinnermittlungsart als Betriebseinnahme zu erfassen. Beim Übergang von der Gewinnermittlung nach Durchschnittssätzen nach § 13 a EStG zur Gewinnermittlung durch Bestandsvergleich anläßlich der Ermittlung eines Betriebsveräußerungs- oder Betriebsaufgabegewinns ist das für die zeitweilige Überlassung im voraus entrichtete Entgelt, das auf die künftige Überlassungszeit entfällt, als Bestandteil des Betriebsveräußerungs- oder Betriebsaufgabegewinns erfolgswirksam zu erfassen.

4. **Geltungsbereich**

Die vorstehenden Regelungen gelten nicht für Übertragungen von Referenzmengen nach § 16 g MGV in dem in Artikel 3 des Einigungsvertrags genannten Gebiet.

VI
Bewertung von Tieren in land- und forstwirtschaftlich tätigen Betrieben nach § 6 Abs. 1 Nr. 1 und 2 EStG

BMF vom 22. 2. 1995 (BStBl I S. 179)
IV B 4 – S 2230 – 3/95

Zu der Frage, wie Tiere in land- und forstwirtschaftlich tätigen Betrieben nach § 6 Abs. 1 Nr. 1 und 2 EStG zu bewerten sind, gilt unter Bezugnahme auf das Ergebnis der Erörterungen mit den obersten Finanzbehörden der Länder folgendes:

1. Herstellungskosten

1 Maßgebend ist die Bestimmung des Begriffs der Herstellungskosten nach § 255 Abs. 2 HGB (R 33 Abs. 1 EStR 1993).

2 Material- und Fertigungskosten sind die Anschaffungskosten für Jungtiere sowie insbesondere die Kosten des selbst hergestellten und zugekauften Futters (einschl. Feldbestellungskosten, Pachtzinsen für Futterflächen), Deck- und Besamungskosten (einschl. Embryotransfer) und die Fertigungslöhne bis zum Zeitpunkt der Fertigstellung. Zu den Einzelkosten gehören auch Transport- und Fahrtkosten, die bei der Fertigung entstehen.

3 In die Herstellungskosten sind auch die Material- und Fertigungsgemeinkosten einzubeziehen, z. B. die Kosten für Tierarzt, Medikamente, Tierversicherungen (einschl. Tierseuchenkasse), Energie, Abwasser, Gülleentsorgung und AfA, Erhaltungs- und laufender Unterhaltungsaufwand für die beweglichen und unbeweglichen Wirtschaftsgüter des Anlagevermögens, die der Tierhaltung dienen (z. B. Stallgebäude, Futterlager, Gülleeinrichtungen), sowie Miet- und Pachtzinsen für derartige Wirtschaftsgüter. Bei Gewerbebetrieben ist die Gewerbekapitalsteuer zu berücksichtigen (R 33 Abs. 6 Satz 3 EStR 1993). AfA und Unterhaltskosten der Elterntiere sind bei der Herstellung von Jungtieren anteilig zu berücksichtigen. Zu erfassen sind diese Gemeinkosten aus allen Herstellungsphasen, die bis zum Zeitpunkt der Fertigstellung entstehen.

4 Die Kosten der allgemeinen Verwaltung brauchen nicht erfaßt zu werden (z. B. Beiträge zur Berufsgenossenschaft, zur Landwirtschaftskammer, Kosten für die Leitung des Betriebes, freiwillige soziale Aufwendungen, Gewerbeertragsteuer). Sie sind in den Richtwerten lt. Anlage nicht enthalten.

5 Nicht zu den Herstellungskosten gehören Umsatzsteuer, Ertragsteuern, Vermögensteuer und Vertriebskosten.

6 Zu den Zinsen und Geldbeschaffungskosten siehe R 33 Abs. 7 EStR 1993.

2. Herstellungskosten von Jungtieren bis zur Geburt

7 Ein Jungtier wird erst mit der Geburt als Wirtschaftsgut greifbar. Deshalb ist es erst zu diesem Zeitpunkt mit den bis dahin als Betriebsausgaben behandelten Herstellungskosten zu bewerten. Die vor der Geburt entstandenen Herstellungskosten eines Jungtieres sind nur auf kalkulatorischem Weg von den Herstellungs- bzw. Erhaltungsaufwendungen des Muttertieres abgrenzbar.

3. Zeitpunkt der Fertigstellung von Tieren des Anlagevermögens

8 Ein Tier ist fertiggestellt, wenn es ausgewachsen ist. Als Zeitpunkt der Fertigstellung gilt bei männlichen Zuchttieren der Zeitpunkt, in dem sie zur Zucht eingesetzt werden können, bei weiblichen Zuchttieren die Vollendung der ersten Geburt (BFH vom 9. Dezember 1988, BStBl 1989 II S. 244) und bei Gebrauchstieren die erste Ingebrauchnahme. Turnier- und Rennpferde gelten mit ihrem ersten Einsatz (BFH vom 23. Juli 1981, BStBl II S. 672), Reitpferde mit Beginn des Zureitens als fertiggestellt.

4. Anschaffungskosten

9 Maßgebend ist die Bestimmung des Begriffs der Anschaffungskosten nach § 255 Abs. 1 HGB (R 32 a Abs. 1 und 2 EStR 1993).

5. Bewertungsgrundsätze

10 Tiere sind grundsätzlich einzeln zu bewerten. Als weitere Bewertungsmethode kommt die Gruppenbewertung nach § 240 Abs. 4 HGB in Betracht. Innerhalb dieser Bewertungsmethoden sind verschiedene Verfahren zur Wertermittlung zulässig.

a) Einzelbewertung

aa) Betriebsindividuelle Wertermittlung

11 Die dem Tier zurechenbaren Anschaffungs- und Herstellungskosten sind nach den Verhältnissen des Betriebs zu ermitteln. Ist der Teilwert eines Tieres niedriger als der Buchwert, der sich aufgrund der Anschaffungs- oder Herstellungskosten ergibt, so kann der Teilwert angesetzt werden (§ 6 Abs. 1 Nr. 1 Satz 2, Nr. 2 Satz 2 EStG).

bb) Werte aus vergleichbaren Musterbetrieben

12 Die Werte können auch aus vergleichbaren Musterbetrieben abgeleitet werden (BFH vom 4. Juni 1992, BStBl 1993 II S. 276; vom 1. Oktober 1992, BStBl 1993 II S. 284).

cc) Richtwerte

13 Die Anschaffungs- oder Herstellungskosten können auch mit den Richtwerten lt. Spalte 2 der Anlage angesetzt werden, soweit es sich nicht um besonders wertvolle Tiere (z. B. Zuchttiere wie Zuchthengste und Zuchtbullen, Turnier- und Rennpferde) handelt.

b) **Gruppenbewertung**

14 Die am Bilanzstichtag vorhandenen Tiere können in Gruppen zusammengefaßt werden, die nach Tierarten und Altersklassen (Aufzuchtstadien) gebildet sind und mit dem gewogenen Durchschnittswert bewertet werden (§ 240 Abs. 4 HGB, R 125 Abs. 1 EStR 1993). Die in der Anlage vorgenommene Gliederung kann der Bestimmung der Tiergruppen zugrunde gelegt werden.

15 Für besonders wertvolle Tiere (vgl. Rz. 13) ist die Gruppenbewertung nicht zulässig (R 125 Abs. 1 Satz 5 EStR 1993).

aa) Betriebsindividuelle Wertermittlung

16 Der gewogene Durchschnittswert kann nach den Verhältnissen des Betriebs ermittelt werden.

bb) Werte aus vergleichbaren Musterbetrieben

17 Der gewogene Durchschnittswert kann auch aus vergleichbaren Musterbetrieben abgeleitet werden (vgl. Rz. 12).

cc) Richtwerte

18 Als gewogener Durchschnittswert können die Richtwerte aus Spalte 4 der Anlage angesetzt werden.

c) **Bewertungsstetigkeit**

19 Die gewählte Bewertungsmethode sowie das Wertermittlungsverfahren sind für die jeweilige Tiergruppe (vgl. Rz. 10–18) grundsätzlich beizubehalten (§ 252 Abs. 1 Nr. 6 HGB; BFH vom 14. April 1988, BStBl II S. 672). Das gilt auch für Bestandszugänge.

20 Auf eine andere Bewertungsmethode oder auf ein anderes Wertermittlungsverfahren kann nur dann übergegangen werden, wenn sich die betrieblichen Verhältnisse wesentlich geändert haben, z. B. bei Strukturwandel.

6. Anlagevermögen

a) **Zugehörigkeit zum Anlagevermögen**

21 Zum Anlagevermögen gehören Tiere, die nach ihrer Fertigstellung nicht zur sofortigen Veräußerung, Verarbeitung oder zum Verbrauch bestimmt sind (z. B. Zuchttiere, Milchvieh, Legehennen).

22 Tiere des Anlagevermögens sind sowohl zur Nutzung im Betrieb als auch zur Verwendung als Schlachtvieh bestimmt.

b) **Absetzung für Abnutzung und Sonderabschreibungen**

23 AfA nach § 7 EStG und Sonderabschreibungen können erst ab dem Zeitpunkt der Fertigstellung entsprechend der betriebsgewöhnlichen Nutzungsdauer des Tieres vorgenommen werden. Dasselbe gilt für die Bewertungsfreiheit nach § 6 Abs. 2 EStG (R 40 Abs. 5 EStR 1993).

24 Bemessungsgrundlage und Volumen für AfA nach § 7 EStG und Sonderabschreibungen sind die Differenz zwischen den Anschaffungs- oder Herstellungskosten und dem Schlachtwert. Schlachtwert ist der Veräußerungserlös, der bei vorsichtiger Beurteilung nach Beendigung der Nutzung erzielbar sein wird (BFH vom 4. Juni 1992 a. a. O. und vom 1. Oktober 1992 a. a. O.). Der Schlachtwert kann betriebsindividuell, mit Wertansätzen aus vergleichbaren Musterbetrieben oder mit den Richtwerten lt. Spalte 3 der Anlage ermittelt werden.

25 Bei Inanspruchnahme der Bewertungsfreiheit nach § 6 Abs. 2 EStG sind die Anschaffungs- oder Herstellungskosten in voller Höhe abzusetzen (R 40 Abs. 5 Satz 2 EStR 1993).

c) **Betriebsgewöhnliche Nutzungsdauer**

26 Bei der Bemessung der AfA nach § 7 EStG kann folgende betriebsgewöhnliche Nutzungsdauer zugrunde gelegt werden:

		AfA-Satz
Zuchthengste	5 Jahre	20 v. H.
Zuchtstuten	10 Jahre	10 v. H.
Zuchtbullen	3 Jahre	33¹/₃ v. H.
Milchkühe	3 Jahre	33¹/₃ v. H.
übrige Kühe	5 Jahre	20 v. H.
Zuchteber und -sauen	2 Jahre	50 v. H.
Zuchtböcke und -schafe	3 Jahre	33¹/₃ v. H.
Legehennen	1,33 Jahre	75 v. H.
Damtiere	10 Jahre	10 v. H.

d) **Gruppenwert beim Anlagevermögen**

27 Die degressive AfA nach § 7 Abs. 2 EStG und Sonderabschreibungen können nur

bei Einzelbewertung (Rz. 11–13) in Anspruch genommen werden. Den Gruppenwerten in Spalte 4 der Anlage liegt die lineare AfA nach § 7 Abs. 1 EStG zugrunde.

28 Bei der Gruppenbewertung mit Richtwerten (Rz. 18) ist der Wert aus Spalte 4 der Anlage anzusetzen. Dieser ist das Mittel zwischen dem Richtwert für die Anschaffungs- oder Herstellungskosten (Spalte 2 der Anlage) und dem Richtwert für den Schlachtwert (Spalte 3 der Anlage). Bei den betriebsindividuell ermittelten oder aus vergleichbaren Musterbetrieben abgeleiteten Gruppenwerten ist entsprechend zu verfahren.

7. Umlaufvermögen

29 Zum Umlaufvermögen gehören die Tiere, die zur Veräußerung, zur Verarbeitung oder zum Verbrauch im Betrieb bestimmt sind (z. B. Masttiere). Sie sind nach § 6 Abs. 1 Nr. 2 EStG mit den Anschaffungs- oder (Teil-)Herstellungskosten oder mit dem Teilwert zu bewerten. Es gelten die dargestellten Bewertungsgrundsätze (vgl. Rz. 10–20).

8. Anwendung

a) Sachlicher Geltungsbereich

30 Die vorstehenden Regelungen gelten für alle land- und forstwirtschaftlich tätigen Betriebe unabhängig von ihrer Rechtsform. Sie gelten auch für Betriebe, die Einkünfte aus Gewerbebetrieb im Sinne des § 15 EStG erzielen.

Bei der Gewinnermittlung nach § 4 Abs. 3 EStG sind die Regelungen sinngemäß anzuwenden (R 125 a EStR 1993).

b) Zeitlicher Geltungsbereich

31 Die vorstehenden Regelungen gelten für Wirtschaftsjahre, die nach dem 31. Dezember 1994 enden. Sie können auch für frühere Wirtschaftsjahre angewendet werden. Dabei sind Bilanzänderungen (§ 4 Abs. 2 Satz 2 EStG) grundsätzlich zulässig; das gilt jedoch nicht, wenn der nach § 4 a Abs. 2 Nr. 1 EStG zeitanteilig zu erfassende Gewinn eines Wirtschaftsjahres bereits einer bestandskräftigen Veranlagung zugrunde liegt.

32 Soweit Betriebe bereits in Wirtschaftsjahren, die vor dem 1. Januar 1995 enden, entsprechend den BFH-Urteilen vom 4. Juni 1992 a. a. O. und vom 1. Oktober 1992 a. a. O. verfahren und für ihren gesamten Tierbestand oder für einzelne Tiergruppen von Abschnitt 125 EStR 1990 abweichende Werte ansetzen, kann es dabei bleiben.

c) Übergangsregelung

33 Bei der erstmaligen Anwendung der neuen Grundsätze für die Viehbewertung entsteht im Vergleich zur bisher zulässigen Viehdurchschnittsbewertung in der Regel ein Gewinn. Aus Billigkeitsgründen ist es nicht zu beanstanden, wenn in der Schlußbilanz, in der der Landwirt den gesamten Viehbestand erstmals einheitlich nach den vorstehenden Grundsätzen bewertet, eine den steuerlichen Gewinn mindernde Rücklage in Höhe von neun Zehntel des Differenzbetrags zur bisher zulässigen Viehdurchschnittsbewertung gebildet wird. Die Rücklage ist in den folgenden Jahren jeweils mit mindestens ein Neuntel gewinnerhöhend aufzulösen.

34 Bei der Ermittlung der Rücklage sind Erhöhungs- und Minderbeträge der einzelnen Tiergruppen zu saldieren. Die Rücklagenbildung erfordert somit eine Gegenüberstellung des gesamten Tierbestands nach der bisherigen und der neuen Regelung. Für einzelne Tiergruppen, für die bereits in den Schlußbilanzen der Wirtschaftsjahre, die vor dem 1. Januar 1995 enden, eine von Abschnitt 125 EStR 1990 abweichende Bewertung vorgenommen worden ist, ist eine Rücklage insoweit nicht zulässig.

Anhang 9

Bilanzierung VI

Richtwerte für die Viehbewertung Anlage

Tierart	Anschaffungs-/ Herstellungs- kosten DM je Tier	Schlachtwerte DM je Tier	Gruppenwert DM je Tier
Spalte 1	Spalte 2	Spalte 3	Spalte 4
Pferde[1)			
Pferde bis 1 Jahr	1 600,00		1 600,00
Pferde über 1 bis 2 Jahre	2 800,00		2 800,00
Pferde über 2 bis 3 Jahre	4 000,00		4 000,00
Pferde über 3 Jahre	5 200,00	800,00	3 000,00
Rindvieh			550,00
Mastkälber	550,00		400,00
Männl. bis ½ Jahr	400,00		670,00
Männl. über ½ bis 1 Jahr	670,00		1 000,00
Männl. über 1 bis 1½ Jahre	1 000,00		1 400,00
Männl. über 1½ Jahre	1 400,00		360,00
Weibl. bis ½ Jahr	360,00		600,00
Weibl. über ½ bis 1 Jahr	600,00		1 000,00
Weibl. über 1 bis 2 Jahre	1 000,00		1 500,00
Färsen	1 500,00		1 350,00
Kühe	1 600,00	1 100,00	
Schweine			
Ferkel bis 25 kg	60,00		60,00
Ferkel bis 50 kg	100,00		100,00
Mastschweine über 50 kg	160,00		160,00
Jungsauen	400,00		400,00
Zuchtsauen	420,00	300,00	360,00
Schafe			
Lämmer bis ½ Jahr	60,00		60,00
Schafe über ½ bis 1 Jahr	100,00		100,00
Jungschafe bis 20 Monate	140,00		140,00
Mutterschafe über 20 Monate	150,00	50,00	100,00
Geflügel			
Aufzuchtküken	2,00		2,00
Junghennen	5,90		5,90
Legehennen	9,00	0,80	4,90
Masthähnchen	1,30		1,30
schwere Mastputen	14,50		14,50
Enten	4,50		4,50
Gänse	10,60		10,60

[1)] Kleinpferde sind mit jeweils ⅔ und Ponys mit ⅓ der Werte anzusetzen.

Anhang 10
I Buchführung

Übersicht

I Handelsgesetzbuch – Auszug

Ia Erlaß: Ordnungsmäßigkeit der Buchführung; hier: Offene-Posten-Buchhaltung

II Buchführung in land- und forstwirtschaftlichen Betrieben

IIa Verwendung von Mikrofilmaufnahmen zur Erfüllung gesetzlicher Aufbewahrungspflichten

III Grundsätze ordnungsmäßiger Buchführung (GoB);
Verbuchung von Bargeschäften im Einzelhandel

IIIa Grundsätze ordnungsmäßiger DV-gestützter Buchführungssysteme (GoBS)

I
Handelsgesetzbuch

zuletzt geändert durch Artikel 2 des Gesetzes vom 28. 10. 1994
(BGBl. I S. 3210)

– Auszug –

Drittes Buch. Handelsbücher

Erster Abschnitt. Vorschriften für alle Kaufleute

Erster Unterabschnitt. Buchführung. Inventar

§ 238
Buchführungspflicht

(1) Jeder Kaufmann ist verpflichtet, Bücher zu führen und in diesen seine Handelsgeschäfte und die Lage seines Vermögens nach den Grundsätzen ordnungsmäßiger Buchführung ersichtlich zu machen. Die Buchführung muß so beschaffen sein, daß sie einem sachverständigen Dritten innerhalb angemessener Zeit einen Überblick über die Geschäftsvorfälle und über die Lage des Unternehmens vermitteln kann. Die Geschäftsvorfälle müssen sich in ihrer Entstehung und Abwicklung verfolgen lassen.

(2) Der Kaufmann ist verpflichtet, eine mit der Urschrift übereinstimmende Wiedergabe der abgesandten Handelsbriefe (Kopie, Abdruck, Abschrift oder sonstige Wiedergabe des Wortlauts auf einem Schrift-, Bild- oder anderen Datenträger) zurückzubehalten.

§ 239
Führung der Handelsbücher

(1) Bei der Führung der Handelsbücher und bei den sonst erforderlichen Aufzeichnungen hat sich der Kaufmann einer lebenden Sprache zu bedienen. Werden Abkürzungen, Ziffern, Buchstaben oder Symbole verwendet, muß im Einzelfall deren Bedeutung eindeutig festliegen.

(2) Die Eintragungen in Büchern und die sonst erforderlichen Aufzeichnungen müssen vollständig, richtig, zeitgerecht und geordnet vorgenommen werden.

(3) Eine Eintragung oder eine Aufzeichnung darf nicht in einer Weise verändert werden, daß der ursprüngliche Inhalt nicht mehr feststellbar ist. Auch solche Veränderungen dürfen nicht vorgenommen werden, deren Beschaffenheit es ungewiß läßt, ob sie ursprünglich oder erst später gemacht worden sind.

(4) Die Handelsbücher und die sonst erforderlichen Aufzeichnungen können auch in der geordneten Ablage von Belegen bestehen oder auf Datenträgern geführt werden, soweit diese Formen der Buchführung einschließlich des dabei angewandten Verfahrens den Grundsätzen ordnungsmäßiger Buchführung entsprechen. Bei der Führung der Handelsbücher und der sonst erforderlichen Aufzeichnungen auf Datenträgern muß insbesondere sichergestellt sein, daß die Daten während der Dauer der Aufbewahrungsfrist verfügbar sind und jederzeit innerhalb angemessener Frist lesbar gemacht werden können. Absätze 1 bis 3 gelten sinngemäß.

§ 240
Inventar

(1) Jeder Kaufmann hat zu Beginn seines Handelsgewerbes seine Grundstücke, seine Forderungen und Schulden, den Betrag seines baren Geldes sowie seine sonstigen Vermögensgegenstände genau zu verzeichnen und dabei den Wert der einzelnen Vermögensgegenstände und Schulden anzugeben.

(2) Er hat demnächst für den Schluß eines jeden Geschäftsjahrs ein solches Inventar aufzustellen. Die Dauer des Geschäftsjahrs darf zwölf Monate nicht überschreiten. Die Aufstellung des Inven-

tars ist innerhalb der einem ordnungsmäßigen Geschäftsgang entsprechenden Zeit zu bewirken.

(3) Vermögensgegenstände des Sachanlagevermögens sowie Roh-, Hilfs- und Betriebsstoffe können, wenn sie regelmäßig ersetzt werden und ihr Gesamtwert für das Unternehmen von nachrangiger Bedeutung ist, mit einer gleichbleibenden Menge und einem gleichbleibenden Wert angesetzt werden, sofern ihr Bestand in seiner Größe, seinem Wert und seiner Zusammensetzung nur geringen Veränderungen unterliegt. Jedoch ist in der Regel alle drei Jahre eine körperliche Bestandsaufnahme durchzuführen.

(4) Gleichartige Vermögensgegenstände des Vorratsvermögens sowie andere gleichartige oder annähernd gleichwertige bewegliche Vermögensgegenstände und Schulden können jeweils zu einer Gruppe zusammengefaßt und mit dem gewogenen Durchschnittswert angesetzt werden.

§ 241
Inventurvereinfachungsverfahren

(1) Bei der Aufstellung des Inventars darf der Bestand der Vermögensgegenstände nach Art, Menge und Wert auch mit Hilfe anerkannter mathematisch-statistischer Methoden auf Grund von Stichproben ermittelt werden. Das Verfahren muß den Grundsätzen ordnungsmäßiger Buchführung entsprechen. Der Aussagewert des auf diese Weise aufgestellten Inventars muß dem Aussagewert eines auf Grund einer körperlichen Bestandsaufnahme aufgestellten Inventars gleichkommen.

(2) Bei der Aufstellung des Inventars für den Schluß eines Geschäftsjahrs bedarf es einer körperlichen Bestandsaufnahme der Vermögensgegenstände für diesen Zeitpunkt nicht, soweit durch Anwendung eines den Grundsätzen ordnungsmäßiger Buchführung entsprechenden anderen Verfahrens gesichert ist, daß der Bestand der Vermögensgegenstände nach Art, Menge und Wert auch ohne die körperliche Bestandsaufnahme für diesen Zeitpunkt festgestellt werden kann.

(3) In dem Inventar für den Schluß eines Geschäftsjahrs brauchen Vermögensgegenstände nicht verzeichnet zu werden, wenn

1. der Kaufmann ihren Bestand auf Grund einer körperlichen Bestandsaufnahme oder auf Grund eines nach Absatz 2 zulässigen anderen Verfahrens nach Art, Menge und Wert in einem besonderen Inventar verzeichnet hat, das für einen Tag innerhalb der letzten drei Monate vor oder der ersten beiden Monate nach dem Schluß des Geschäftsjahrs aufgestellt ist, und

2. auf Grund des besonderen Inventars durch Anwendung eines den Grundsätzen ordnungsmäßiger Buchführung entsprechenden Fortschreibungs- oder Rückrechnungsverfahrens gesichert ist, daß der am Schluß des Geschäftsjahrs vorhandene Bestand der Vermögensgegenstände für diesen Zeitpunkt ordnungsgemäß bewertet werden kann.

Zweiter Unterabschnitt. Eröffnungsbilanz. Jahresabschluß

Erster Titel. Allgemeine Vorschriften

§ 242
Pflicht zur Aufstellung

(1) Der Kaufmann hat zu Beginn seines Handelsgewerbes und für den Schluß eines jeden Geschäftsjahrs einen das Verhältnis seines Vermögens und seiner Schulden darstellenden Abschluß (Eröffnungsbilanz, Bilanz) aufzustellen. Auf die Eröffnungsbilanz sind die für den Jahresabschluß geltenden Vorschriften entsprechend anzuwenden, soweit sie sich auf die Bilanz beziehen.

(2) Er hat für den Schluß eines jeden Geschäftsjahrs eine Gegenüberstellung der Aufwendungen und Erträge des Geschäftsjahrs (Gewinn- und Verlustrechnung) aufzustellen.

(3) Die Bilanz und die Gewinn- und Verlustrechnung bilden den Jahresabschluß.

§ 243
Aufstellungsgrundsatz

(1) Der Jahresabschluß ist nach den Grundsätzen ordnungsmäßiger Buchführung aufzustellen.

(2) Er muß klar und übersichtlich sein.

(3) Der Jahresabschluß ist innerhalb der einem ordnungsmäßigen Geschäftsgang entsprechenden Zeit aufzustellen.

§ 244
Sprache. Währungseinheit

Der Jahresabschluß ist in deutscher Sprache und in Deutscher Mark aufzustellen.

§ 245
Unterzeichnung

Der Jahresabschluß ist vom Kaufmann unter Angabe des Datums zu unterzeichnen. Sind mehrere persönlich haftende Gesellschafter vorhanden, so haben sie alle zu unterzeichnen.

Zweiter Titel. Ansatzvorschriften

§ 246
Vollständigkeit. Verrechnungsverbot

(1) Der Jahresabschluß hat sämtliche Vermögensgegenstände, Schulden, Rechnungsabgrenzungsposten, Aufwendungen und Erträge zu enthalten, soweit gesetzlich nichts anderes bestimmt ist. Vermögensgegenstände, die unter Eigentumsvorbehalt erworben oder an Dritte für eigene oder fremde Verbindlichkeiten verpfändet oder in anderer Weise als Sicherheit übertragen worden sind, sind in die Bilanz des Sicherungsgebers aufzunehmen. In die Bilanz des Sicherungsnehmers sind sie nur aufzunehmen, wenn es sich um Bareinlagen handelt.

(2) Posten der Aktivseite dürfen nicht mit Posten der Passivseite, Aufwendungen nicht mit Erträgen, Grundstücksrechte nicht mit Grundstückslasten verrechnet werden.

§ 247
Inhalt der Bilanz

(1) In der Bilanz sind das Anlage- und das Umlaufvermögen, das Eigenkapital, die Schulden sowie die Rechnungsabgrenzungsposten gesondert auszuweisen und hinreichend aufzugliedern.

(2) Beim Anlagevermögen sind nur die Gegenstände auszuweisen, die bestimmt sind, dauernd dem Geschäftsbetrieb zu dienen.

(3) Passivposten, die für Zwecke der Steuern vom Einkommen und vom Ertrag zulässig sind, dürfen in der Bilanz gebildet werden. Sie sind als Sonderposten mit Rücklageanteil auszuweisen und nach Maßgabe des Steuerrechts aufzulösen. Einer Rückstellung bedarf es insoweit nicht.

§ 248
Bilanzierungsverbote

(1) Aufwendungen für die Gründung des Unternehmens und für die Beschaffung des Eigenkapitals dürfen in der Bilanz nicht als Aktivposten aufgenommen werden.

(2) Für immaterielle Vermögensgegenstände des Anlagevermögens, die nicht entgeltlich erworben wurden, darf ein Aktivposten nicht angesetzt werden.

(3) Aufwendungen für den Abschluß von Versicherungsverträgen dürfen nicht aktiviert werden.

§ 249
Rückstellungen

(1) Rückstellungen sind für ungewisse Verbindlichkeiten und für drohende Verluste aus schwebenden Geschäften zu bilden. Ferner sind Rückstellungen zu bilden für

1. im Geschäftsjahr unterlassene Aufwendungen für Instandhaltung, die im folgenden Geschäftsjahr innerhalb von drei Monaten, oder für Abraumbeseitigung, die im folgenden Geschäftsjahr nachgeholt werden,
2. Gewährleistungen, die ohne rechtliche Verpflichtung erbracht werden.

Rückstellungen dürfen für unterlassene Aufwendungen für Instandhaltung auch gebildet werden, wenn die Instandhaltung nach Ablauf der Frist nach Satz 2 Nr. 1 innerhalb des Geschäftsjahrs nachgeholt wird.

(2) Rückstellungen dürfen außerdem für ihrer Eigenart nach genau umschriebene, dem Geschäftsjahr oder einem früheren Geschäftsjahr zuzuordnende Aufwendungen gebildet werden, die am Abschlußstichtag wahrscheinlich oder sicher, aber hinsichtlich ihrer Höhe oder des Zeitpunkts ihres Eintritts unbestimmt sind.

(3) Für andere als die in den Absätzen 1 und 2 bezeichneten Zwecke dürfen Rückstellungen nicht gebildet werden. Rückstellungen dürfen nur aufgelöst werden, soweit der Grund hierfür entfallen ist.

§ 250
Rechnungsabgrenzungsposten

(1) Als Rechnungsabgrenzungsposten sind auf der Aktivseite Ausgaben vor dem Abschlußstichtag auszuweisen, soweit sie Aufwand für eine bestimmte Zeit nach diesem Tag darstellen. Ferner dürfen ausgewiesen werden

1. als Aufwand berücksichtigte Zölle und Verbrauchsteuern, soweit sie auf am Abschlußstichtag auszuweisende Vermögensgegenstände des Vorratsvermögens entfallen,
2. als Aufwand berücksichtigte Umsatzsteuer auf am Abschlußstichtag auszuweisende oder von den Vorräten offen abgesetzte Anzahlungen.

(2) Auf der Passivseite sind als Rechnungsabgrenzungsposten Einnahmen vor dem Abschlußstichtag auszuweisen, soweit sie Ertrag für eine bestimmte Zeit nach diesem Tag darstellen.

(3) Ist der Rückzahlungsbetrag einer Verbindlichkeit höher als der Ausgabebetrag, so darf der Unterschiedsbetrag in den Rechnungsabgrenzungsposten auf der Aktivseite aufgenommen werden. Der Unterschiedsbetrag ist durch planmäßige jährliche Abschreibungen zu tilgen, die auf die gesamte Laufzeit der Verbindlichkeit verteilt werden können.

§ 251
Haftungsverhältnisse

Unter der Bilanz sind, sofern sie nicht auf der Passivseite auszuweisen sind, Verbindlichkeiten aus der Begebung und Übertragung von Wechseln, aus Bürgschaften, Wechsel- und Scheckbürgschaften und aus Gewährleistungsverträgen sowie Haftungsverhältnisse aus der Bestellung von Sicherheiten für fremde Verbindlichkeiten zu vermerken; sie dürfen in einem Betrag angegeben werden. Haftungsverhältnisse sind auch anzugeben, wenn ihnen gleichwertige Rückgriffsforderungen gegenüberstehen.

Dritter Titel. Bewertungsvorschriften

§ 252
Allgemeine Bewertungsgrundsätze

(1) Bei der Bewertung der im Jahresabschluß ausgewiesenen Vermögensgegenstände und Schulden gilt insbesondere folgendes:
1. Die Wertansätze in der Eröffnungsbilanz des Geschäftsjahrs müssen mit denen der Schlußbilanz des vorhergehenden Geschäftsjahrs übereinstimmen.
2. Bei der Bewertung ist von der Fortführung der Unternehmenstätigkeit auszugehen, sofern dem nicht tatsächliche oder rechtliche Gegebenheiten entgegenstehen.
3. Die Vermögensgegenstände und Schulden sind zum Abschlußstichtag einzeln zu bewerten.
4. Es ist vorsichtig zu bewerten, namentlich sind alle vorhersehbaren Risiken und Verluste, die bis zum Abschlußstichtag entstanden sind, zu berücksichtigen, selbst wenn diese erst zwischen dem Abschlußstichtag und dem Tag der Aufstellung des Jahresabschlusses bekanntgeworden sind; Gewinne sind nur zu berücksichtigen, wenn sie am Abschlußstichtag realisiert sind.
5. Aufwendungen und Erträge des Geschäftsjahrs sind unabhängig von den Zeitpunkten der entsprechenden Zahlungen im Jahresabschluß zu berücksichtigen.
6. Die auf den vorhergehenden Jahresabschluß angewandten Bewertungsmethoden sollen beibehalten werden.

(2) Von den Grundsätzen des Absatzes 1 darf nur in begründeten Ausnahmefällen abgewichen werden.

§ 253
Wertansätze der Vermögensgegenstände und Schulden

(1) Vermögensgegenstände sind höchstens mit den Anschaffungs- oder Herstellungskosten, vermindert um Abschreibungen nach den Absätzen 2 und 3 anzusetzen. Verbindlichkeiten sind zu ihrem Rückzahlungsbetrag, Rentenverpflichtungen, für die eine Gegenleistung nicht mehr zu erwarten ist, zu ihrem Barwert und Rückstellungen nur in Höhe des Betrags anzusetzen, der nach vernünftiger kaufmännischer Beurteilung notwendig ist; Rückstellungen dürfen nur abgezinst werden, soweit die ihnen zugrunde liegenden Verbindlichkeiten einen Zinsanteil enthalten.

(2) Bei Vermögensgegenständen des Anlagevermögens, deren Nutzung zeitlich begrenzt ist, sind die Anschaffungs- oder Herstellungskosten um planmäßige Abschreibungen zu vermindern. Der Plan muß die Anschaffungs- oder Herstellungskosten auf die Geschäftsjahre verteilen, in denen der Vermögensgegenstand voraussichtlich genutzt werden kann. Ohne Rücksicht darauf, ob ihre Nutzung zeitlich begrenzt ist, können bei Vermögensgegenständen des Anlagevermögens außerplanmäßige Abschreibungen vorgenommen werden, um die Vermögensgegenstände mit dem niedrigeren Wert anzusetzen, der ihnen am Abschlußstichtag beizulegen ist; sie sind vorzunehmen bei einer voraussichtlich dauernden Wertminderung.

(3) Bei Vermögensgegenständen des Umlaufvermögens sind Abschreibungen vorzunehmen, um diese mit einem niedrigeren Wert anzusetzen, der sich aus einem Börsen- oder Marktpreis am Abschlußstichtag ergibt. Ist ein Börsen- oder Marktpreis nicht festzustellen und übersteigen die Anschaffungs- oder Herstellungskosten den Wert, der den Vermögensgegenständen am Abschlußstichtag beizulegen ist, so ist auf diesen Wert abzuschreiben. Außerdem dürfen Abschreibungen vorgenommen werden, soweit diese nach vernünftiger kaufmännischer Beurteilung notwendig sind, um zu verhindern, daß in der nächsten Zukunft der Wertansatz dieser Vermögensgegenstände auf Grund von Wertschwankungen geändert werden muß.

(4) Abschreibungen sind außerdem im Rahmen vernünftiger kaufmännischer Beurteilung zulässig.

(5) Ein niedrigerer Wertansatz nach Absatz 2 Satz 3, Absatz 3 oder 4 darf beibehalten werden, auch wenn die Gründe dafür nicht mehr bestehen.

§ 254
Steuerrechtliche Abschreibungen

Abschreibungen können auch vorgenommen werden, um Vermögensgegenstände des Anlage- oder Umlaufvermögens mit dem niedrigeren Wert anzusetzen, der auf einer nur steuerrechtlich zulässigen Abschreibung beruht. § 253 Abs. 5 ist entsprechend anzuwenden.

§ 255
Anschaffungs- und Herstellungskosten

(1) Anschaffungskosten sind die Aufwendungen, die geleistet werden, um einen Vermögensgegenstand zu erwerben und ihn in einen betriebsbereiten Zustand zu versetzen, soweit sie dem Vermögensgegenstand einzeln zugeordnet werden können. Zu den Anschaffungskosten gehören auch die Nebenkosten sowie die nachträglichen Anschaffungskosten. Anschaffungspreisminderungen sind abzusetzen.

(2) Herstellungskosten sind die Aufwendungen, die durch den Verbrauch von Gütern und die Inanspruchnahme von Diensten für die Herstellung eines Vermögensgegenstands, seine Erweiterung oder für eine über seinen ursprünglichen Zustand hinausgehende wesentliche Verbesserung entstehen. Dazu gehören die Materialkosten, die Fertigungskosten und die Sonderkosten der Fertigung. Bei der Berechnung der Herstellungskosten dürfen auch angemessene Teile der notwendigen Materialgemeinkosten, der notwendigen Fertigungsgemeinkosten und des Wertverzehrs des Anlagevermögens, soweit er durch die Fertigung veranlaßt ist, eingerechnet werden. Kosten der allgemeinen Verwaltung sowie Aufwendungen für soziale Einrichtungen des Betriebs, für freiwillige soziale Leistungen und für betriebliche Altersversorgung brauchen nicht eingerechnet zu werden. Aufwendungen im Sinne der Sätze 3 und 4 dürfen nur insoweit berücksichtigt werden, als sie auf den Zeitraum der Herstellung entfallen. Vertriebskosten dürfen nicht in die Herstellungskosten einbezogen werden.

(3) Zinsen für Fremdkapital gehören nicht zu den Herstellungskosten. Zinsen für Fremdkapital, das zur Finanzierung der Herstellung eines Vermögensgegenstands verwendet wird, dürfen angesetzt werden, soweit sie auf den Zeitraum der Herstellung entfallen; in diesem Falle gelten sie als Herstellungskosten des Vermögensgegenstands.

(4) Als Geschäfts- oder Firmenwert darf der Unterschiedsbetrag angesetzt werden, um den die für die Übernahme eines Unternehmens bewirkte Gegenleistung den Wert der einzelnen Vermögensgegenstände des Unternehmens abzüglich der Schulden im Zeitpunkt der Übernahme übersteigt. Der Betrag ist in jedem folgenden Geschäftsjahr zu mindestens einem Viertel durch Abschreibungen zu tilgen. Die Abschreibung des Geschäfts- oder Firmenwerts kann aber auch planmäßig auf die Geschäftsjahre verteilt werden, in denen er voraussichtlich genutzt wird.

§ 256
Bewertungsvereinfachungsverfahren

Soweit es den Grundsätzen ordnungsmäßiger Buchführung entspricht, kann für den Wertansatz gleichartiger Vermögensgegenstände des Vorratsvermögens unterstellt werden, daß die zuerst oder daß die zuletzt angeschafften oder hergestellten Vermögensgegenstände zuerst oder in einer sonstigen bestimmten Folge verbraucht oder veräußert worden sind. § 240 Abs. 3 und 4 ist auch auf den Jahresabschluß anwendbar.

Dritter Unterabschnitt. Aufbewahrung und Vorlage

§ 257
Aufbewahrung von Unterlagen – Aufbewahrungsfristen

(1) Jeder Kaufmann ist verpflichtet, die folgenden Unterlagen geordnet aufzubewahren:
1. Handelsbücher, Inventare, Eröffnungsbilanzen, Jahresabschlüsse, Lageberichte, Konzernabschlüsse, Konzernlageberichte sowie die zu ihrem Verständnis erforderlichen Arbeitsanweisungen und sonstigen Organisationsunterlagen,
2. die empfangenen Handelsbriefe,
3. Wiedergabe der abgesandten Handelsbriefe,
4. Belege für Buchungen in den von ihm nach § 238 Abs. 1 zu führenden Büchern (Buchungsbelege).

(2) Handelsbriefe sind nur Schriftstücke, die ein Handelsgeschäft betreffen.

(3) Mit Ausnahme der Eröffnungsbilanzen, Jahresabschlüsse und der Konzernabschlüsse können die in Absatz 1 aufgeführten Unterlagen auch als Wiedergabe auf einem Bildträger oder auf anderen Datenträgern aufbewahrt werden, wenn dies den Grundsätzen ordnungsmäßiger Buchführung entspricht und sichergestellt ist, daß die Wiedergabe oder die Daten
1. mit den empfangenen Handelsbriefen und den Buchungsbelegen bildlich und mit den anderen Unterlagen inhaltlich übereinstimmen, wenn sie lesbar gemacht werden,
2. während der Dauer der Aufbewahrungsfrist verfügbar sind und jederzeit innerhalb angemessener Frist lesbar gemacht werden können.

Sind Unterlagen auf Grund des § 239 Abs. 4 Satz 1 auf Datenträgern hergestellt worden, können statt des Datenträgers die Daten auch ausgedruckt aufbewahrt werden; die ausgedruckten Unterlagen können auch nach Satz 1 aufbewahrt werden.

(4) Die in Absatz 1 Nr. 1 aufgeführten Unterlagen sind zehn Jahre und die sonstigen in Absatz 1 aufgeführten Unterlagen sechs Jahre aufzubewahren.

(5) Die Aufbewahrungsfrist beginnt mit dem Schluß des Kalenderjahrs, in dem die letzte Eintragung in das Handelsbuch gemacht, das Inventar aufgestellt, die Eröffnungsbilanz oder der Jahresabschluß festgestellt, der Konzernabschluß aufgestellt, der Handelsbrief empfangen oder abgesandt worden oder der Buchungsbeleg entstanden ist.

§ 258
Vorlegung im Rechtsstreit

(1) Im Laufe eines Rechtsstreits kann das Gericht auf Antrag oder von Amts wegen die Vorlegung der Handelsbücher einer Partei anordnen.

(2) Die Vorschriften der Zivilprozeßordnung über die Verpflichtung des Prozeßgegners zur Vorlegung von Urkunden bleiben unberührt.

§ 259
Auszug bei Vorlegung im Rechtsstreit

Werden in einem Rechtsstreit Handelsbücher vorgelegt, so ist von ihrem Inhalt, soweit er den Streitpunkt betrifft, unter Zuziehung der Parteien Einsicht zu nehmen und geeignetenfalls ein Auszug zu fertigen. Der übrige Inhalt der Bücher ist dem Gericht insoweit offenzulegen, als es zur Prüfung ihrer ordnungsmäßigen Führung notwendig ist.

§ 260
Vorlegung bei Auseinandersetzungen

Bei Vermögensauseinandersetzungen, insbesondere in Erbschafts-, Gütergemeinschafts- und Gesellschaftsteilungssachen, kann das Gericht die Vorlegung der Handelsbücher zur Kenntnisnahme von ihrem ganzen Inhalt anordnen.

§ 261
Vorlegung von Unterlagen auf Bild- oder Datenträgern

Wer aufzubewahrende Unterlagen nur in der Form einer Wiedergabe auf einem Bildträger oder auf anderen Datenträgern vorlegen kann, ist verpflichtet, auf seine Kosten diejenigen Hilfsmittel zur Verfügung zu stellen, die erforderlich sind, um die Unterlagen lesbar zu machen; soweit erforderlich, hat er die Unterlagen auf seine Kosten auszudrucken oder ohne Hilfsmittel lesbare Reproduktionen beizubringen.

Vierter Unterabschnitt. Sollkaufleute. Landesrecht

§ 262
Anwendung auf Sollkaufleute

Für Unternehmer, die nach § 2 verpflichtet sind, die Eintragung ihres Unternehmens in das Handelsregister herbeizuführen, gelten die Vorschriften dieses Abschnitts schon von dem Zeitpunkt an, in dem diese Verpflichtung entstanden ist.

§ 263
Vorbehalt landesrechtlicher Vorschriften

Unberührt bleiben bei Unternehmen ohne eigene Rechtspersönlichkeit einer Gemeinde, eines Gemeindeverbands oder eines Zweckverbands landesrechtliche Vorschriften, die von den Vorschriften dieses Abschnitts abweichen.

I a
Erlaß
Ordnungsmäßigkeit der Buchführung;
hier: Offene-Posten-Buchhaltung

Gleichlautende Erlasse der obersten Finanzbehörden der Länder vom 10. 6. 1963
(BStBl 1964 I S. 93)

(1) Im Rahmen der Rationalisierung des Rechnungswesens gehen Unternehmen dazu über, das Kontokorrentbuch mit der kontenmäßigen Darstellung des unbaren Geschäftsverkehrs mit den einzelnen Geschäftsfreunden in Form einer Offene-Posten-Buchhaltung zu führen. Bei der Offene-Posten-Buchhaltung wird der unbare Geschäftsverkehr weiterhin auf dem Kontokorrentkonto (Debitoren- und Kreditoren-Sachkonto) gebucht. Es wird jedoch auf die Führung der besonderen Personenkonten des Kontokorrentbuchs in der herkömmlichen Form verzichtet; ihre Funktion, den Kaufmann über den Stand seiner Forderungen und Schulden gegenüber seinen Geschäftsfreunden auf dem laufenden zu halten, wird von einer geordneten Ablage der nicht ausgeglichenen Rechnungen übernommen. Gleichzeitig kann die grundbuchmäßige Aufzeichnung des unbaren Geschäftsverkehrs vereinfacht werden.

(2) Die Ausgestaltung der Offene-Posten-Buchhaltung im einzelnen hängt – wie auch bei der herkömmlichen Buchführung – im wesentlichen von der Art und der Größe des Unternehmens ab und muß dem Steuerpflichtigen überlassen bleiben (vgl. auch BFH-Urteil vom 23. Februar 1951 – BStBl 1951 III S. 75). Es müssen jedoch, wenn die Offene-Posten-Buchhaltung als ordnungsmäßig anerkannt werden soll, neben den allgemeinen Anforderungen an eine ordnungsgemäße Buchführung (vgl. Abschnitt 29 Abs. 2 Ziff. 1 und 3 bis 5 EStR) die folgenden Voraussetzungen erfüllt sein:

1. Sämtliche Geschäftsvorfälle müssen der Zeitfolge nach aufgezeichnet werden. Dieser Aufzeichnungspflicht ist hinsichtlich der ein- und ausgehenden Rechnungen genügt, wenn

    a) eine Durchschrift der Rechnungen der Zeitfolge nach abgelegt wird,

    b) die Rechnungsbeträge nach Tagen addiert und – bei doppelter Buchführung – die Tagessummen in das Debitoren- bzw. Kreditoren-Sachkonto und die zugehörigen Gegenkonten übernommen werden und

    c) die Additionsstreifen oder sonstigen Zusammenstellungen der Rechnungsbeträge mit den Rechnungsdurchschriften 10 Jahre aufbewahrt werden (diese Unterlagen haben Grundbuchfunktion).

    Die Buchstaben b und c gelten sinngemäß für die Behandlung der Zahlungseingänge und Zahlungsausgänge.

2. Eine zweite Rechnungsdurchschrift ist bis zum Ausgleich des Rechnungsbetrages nach einem bestimmten Ordnungsprinzip aufzubewahren (Offene Posten). Das jeweils gewählte Ordnungsprinzip muß gewährleisten, daß die Forderungen und Schulden gegenüber den einzelnen Geschäftsfreunden jederzeit festgestellt werden können. Als Ordnungsprinzip kommt eine Aufbewahrung z. B. nach dem Kunden- oder Lieferantennamen, Ortsnamen, Vertreter- oder Inkassobezirken oder Fälligkeitstagen in Betracht. Der Ausgleich des Rechnungsbetrags ist auf den Rechnungsdurchschriften unter Angabe etwaiger Zahlungsabzüge zu vermerken. Nach Ausgleich des Rechnungsbetrags sind die Rechnungsdurchschriften nach einem Ordnungsprinzip im Sinne der Sätze 1 und 2 dieser Ziffer abzulegen und als Bestandteil der Buchführung 10 Jahre lang aufzubewahren. Ein Verzeichnis über die abgelegten Rechnungsdurchschriften ist nicht erforderlich.

3. Die Summe der vorhandenen offenen Posten ist bei doppelter Buchführung in angemessenen Zeitabständen mit dem Saldo des Debitoren- bzw. Kreditoren-Sachkontos abzustimmen. Der Zeitpunkt der Abstimmung und ihr Ergebnis sind festzuhalten.

4. Die Sammlung der Rechnungsdurchschriften nach Ziffer 1 genügt für den dadurch erfaßten Wareneingang und Warenausgang zugleich den Anforderungen der Verordnung über die Führung eines Wareneingangsbuchs und der Verordnung über die Verbuchung des Warenausgangs (§ 1 Abs. 9 der Verordnung über die Führung eines Wareneingangsbuchs, § 1 Abs. 9 der Warenausgangsverordnung).

5. Die Ziffern 1 bis 4 gelten sinngemäß, wenn die Offene-Posten-Buchhaltung im Lochkartenverfahren geführt wird.

(3) Ob eine Offene-Posten-Buchhaltung den oben bezeichneten Voraussetzungen entspricht und danach als ordnungsmäßig anzuerkennen ist, kann nur im Einzelfall geprüft werden. Eine Zustimmung des Finanzamts zur Offene-Posten-Buchhaltung ist nicht mehr erforderlich. Abschnitt 29 Abs. 2 Ziff. 2 EStR ist insoweit nicht mehr anzuwenden.

Dieser Erlaß ergeht im Einvernehmen mit dem Herrn Bundesminister der Finanzen und den Herren Finanzministern (Finanzsenatoren) der anderen Bundesländer.

II
Buchführung in land- und forstwirtschaftlichen Betrieben

BMF vom 15. 12. 1981 (BStBl I S. 878)
IV B 4 – S 2163 – 63/81
IV A 7 – S 0312 – 6/81

Die Buchführung in land- und forstwirtschaftlichen Betrieben ist durch das Gesetz zur Neuregelung der Einkommensbesteuerung der Land- und Forstwirtschaft und durch die Abgabenordnung 1977 auf eine neue Rechtsgrundlage gestellt worden. Unter Bezugnahme auf das Ergebnis der Erörterungen mit den obersten Finanzbehörden der Länder gelten für sie folgende Grundsätze:

Inhaltsübersicht

1 Voraussetzung der Buchführungspflicht
1.1 Gesetzliche Grundlagen
1.2 Außersteuerliche Buchführungs- und Aufzeichnungspflichten
1.3 Buchführungsgrenzen
2 Beginn und Ende der Buchführungspflicht
2.1 Beginn der Buchführungspflicht
2.2 Ende der Buchführungspflicht
2.3 Übergang der Buchführungspflicht
2.4 Befreiung von der Buchführungspflicht
3 Ordnungsmäßigkeit der Buchführung
3.1 Erleichterungen
3.2 Bewertung von Pflanzenbeständen und Kulturen
3.3 Anbauverzeichnis
3.4 Besonderheiten bei Forstbetrieben
3.5 Nach außersteuerlichen Vorschriften zu führende Bücher und sonstige Aufzeichnungen
4 Aufzeichnung des Warenausgangs
5 Übergangsregelung
6 Anwendungs- und Schlußbestimmung

1 Voraussetzung der Buchführungspflicht

1.1 **Der Buchführungspflicht** unterliegen Land- und Forstwirte, die einen land- und forstwirtschaftlichen Betrieb als Eigentümer, Pächter, Nießbraucher oder sonstiger Nutzungsberechtigter bewirtschaften, ferner Verpächter, die einen Betrieb im ganzen verpachtet haben, wenn die Voraussetzungen des § 140 AO erfüllt sind oder eine der in § 141 Abs. 1 AO festgelegten Buchführungsgrenzen überschritten wird.

Hat der Steuerpflichtige einen **Antrag nach § 13 a Abs. 2 Nr. 1 EStG** gestellt und für das Erstjahr Bücher geführt und einen Abschluß gemacht, so ist der Gewinn des Betriebs für vier aufeinanderfolgende Wirtschaftsjahre durch Betriebsvermögensvergleich zu ermitteln. Diese Buchführungspflicht steht selbständig neben einer sich aus den §§ 140, 141 AO ergebenden Verpflichtung. Tz. 2 gilt für diese Fälle nicht.

1.2 Durch § 140 AO werden die **außersteuerlichen Buchführungs- und Aufzeichnungsvorschriften,** die auch für die Besteuerung von Bedeutung sind, für das Steuerrecht nutzbar gemacht. In Betracht kommen einmal die allgemeinen Buchführungs- und Aufzeichnungsvorschriften des Handels-, Gesellschafts- und Genossenschaftsrechts. Zum anderen fallen hierunter die Buchführungs- und Aufzeichnungsvorschriften für bestimmte Betriebe und Berufe, die sich aus einer Vielzahl von Gesetzen und Verordnungen ergeben (vgl. dazu im einzelnen die beispielhafte Aufzählung zu § 140 AO im Einführungserlaß zur AO 1977 vom 1. 10. 1976 – BStBl I S. 576).

Soweit Land- und Forstwirte zwecks Inanspruchnahme staatlicher Förderungsmittel nach den einzelbetrieblichen Förderungsprogrammen der Bundesregierung oder der Landesregierungen verpflichtet sind, für einen bestimmten Zeitraum Bücher zu führen und Abschlüsse zu machen und der zuständigen Landwirtschaftsbehörde alljährlich den Buchführungsabschluß in der vorgeschriebenen Form vorzulegen (sog. Auflagenbuchführung), begründet diese auf Verwaltungsvorschriften beruhende Verpflichtung für sich allein keine Buchführungspflicht i. S. des § 140 AO. Entsprechendes gilt für eine Buchführung als Testbetrieb nach dem Landwirtschaftsgesetz vom 5. 9. 1955 (BGBl. I S. 565), geändert durch Artikel 75 des Einführungsgesetzes zur AO vom 14. 12. 1976 (BGBl. I S. 3341).

1.3 Bei der Prüfung, ob eine der **Buchführungsgrenzen** nach § 141 AO überschritten ist, ist folgendes zu beachten:

1.3.1 Zu den **Umsätzen** im Sinne des § 141 Abs. 1 Nr. 1 AO gehören auch die nicht steuerbaren Auslandsumsätze. Soweit Land- und Forstwirte mit Durchschnittssatzbesteuerung nach § 24 UStG ihre Umsätze nicht aufzeichnen brauchen (§ 67 UStDV) und auch tatsächlich nicht aufzeichnen, sind diese ggf. anhand von Richtsätzen zu schätzen. Maßgebend sind die im Kalenderjahr erzielten Umsätze.

1.3.2 **Wirtschaftswert** im Sinne des § 141 Abs. 1 Nr. 3 und Satz 3 AO ist der nach den Grundsätzen des § 46 BewG errechnete Wert der selbstbewirtschafteten land- und forstwirtschaftlichen Flächen.

1.3.3 Maßgebend ist der **Gewinn** des Kalenderjahrs (§ 141 Abs. 1 Nr. 5 AO). Das ist bei vom Kalenderjahr abweichenden Wirtschaftsjahren die Summe der zeitlich aufgeteilten Gewinne aus zwei Wirtschaftsjahren. Erhöhte Absetzungen oder Sonderabschreibungen dürfen nach § 7 a Abs. 6 EStG bei der Prüfung, ob die Gewinngrenze überschritten ist, nicht berücksichtigt werden. Dies gilt auch für Gewinnabzüge nach den §§ 77, 78 EStDV. Sie sind daher den Gewinnen vor der Aufteilung wieder hinzuzurechnen. Steuerfreie Rücklagen brauchen dagegen nicht hinzugerechnet zu werden, weil § 7 a Abs. 6 EStG für sie nicht gilt (vgl. z. B. § 3 Abs. 5 des Forstschäden-Ausgleichsgesetzes vom 29. 8. 1969 – BStBl I S. 513).

1.3.4 Die Buchführungsgrenzen beziehen sich stets auf den einzelnen land- und forstwirtschaftlichen **Betrieb.** Wird das Vorhandensein mehrerer Betriebe behauptet, so ist zu prüfen, ob es sich dabei nicht nur um Teilbetriebe oder Betriebsteile handelt, die insgesamt einheitlich bewirtschaftet werden. Eine einheitliche Bewirtschaftung spricht regelmäßig für einen Betrieb.

1.3.5 Hat ein Land- und Forstwirt Teile seines im übrigen selbstbewirtschafteten Betriebs verpachtet, so sind bei der Berechnung der Umsatz- und Gewinngrenze die Pachteinnahmen einzubeziehen, wenn die Einkünfte aus der Verpachtung zu den Einkünften aus Land- und Forstwirtschaft gehören. Bei der Berechnung der Wirtschaftswertgrenze bleibt der auf die verpachteten Flächen entfallende Anteil am Wirtschaftswert außer Ansatz.

1.3.6 Hat ein Land- und Forstwirt den land- und forstwirtschaftlichen Betrieb ganz oder zum Teil gepachtet oder auf Grund einer anderen vertraglichen Vereinbarung zur Nutzung übernommen, so ist bei ihm der Wirtschaftswert aller selbstbewirtschafteten Flächen maßgebend (§ 141 Abs. 1 Satz 3 AO).

Zugepachtete Flächen sind beim Pächter mit dem Vergleichswert zu berücksichtigen, mit dem sie im Wirtschaftswert des Verpächters enthalten sind; besteht für zugepachtete Flächen kein eigener Vergleichswert oder sind sie bei der Einheitsbewertung nach § 69 BewG dem Grundvermögen zugerechnet und mit dem gemeinen Wert bewertet, so ist deren Wert nach dem Hektarwert zu errechnen, der bei der Einheitsbewertung für den eigenen Betrieb beim Vergleichswert der entsprechenden Nutzung zugrunde gelegt worden ist oder zugrunde zu legen wäre. Bei der Berechnung des Wirtschaftswerts sind auch Zu- und Abgänge von Flächen zu berücksichtigen, die nicht oder noch nicht zu einer Fortschreibung des Einheitswerts geführt haben. Als Zu- und Abgänge von Flächen gelten auch Nutzungsänderungen innerhalb eines Betriebs (Abschnitt 5 Abs. 3 Nr. 1 Buchstabe b Fortschreibungs-Richtlinien vom 2. 12. 1971 – BStBl I S. 638).

Wegen der Berechnung des Wirtschaftswerts bei Pachtung eines Betriebs und bei ausschließlicher Bewirtschaftung zugepachteter Flächen wird auf Abschnitt 130 a Abs. 3 EStR hingewiesen.

1.3.7 Die Grundsätze von Tz. 1.3.6 gelten – über den dort genannten Fall hinaus – auch für land- und forstwirtschaftlich genutzte Flächen, die nach § 69 BewG als Grundvermögen bewertet sind.

1.3.8 Bei gemeinschaftlichem Betrieb der Land- und Forstwirtschaft durch mehrere Personen gilt für die Buchführungspflicht die Gemeinschaft oder Gesellschaft als Land- und Forstwirt. Es müssen daher Bücher geführt werden, wenn der im gemeinschaftlichen Betrieb erzielte Umsatz oder Gewinn oder der Wirtschaftswert des gemeinschaftlich bewirtschafteten Betriebs die maßgebende Grenze überschreitet.

2 Beginn und Ende der Buchführungspflicht

2.1 **Für den Beginn der Buchführungspflicht** ist u. a. Voraussetzung, daß nach den Feststellungen der Finanzbehörde eine der maßgebenden Buchführungsgrenzen überschritten ist. Diese Feststellung kann nicht nur die für die Besteuerung zuständige, sondern im Namen dieser auch die Finanzbehörde treffen, die nach § 195 AO mit der Durchführung von Außenprüfungen beauftragt ist. Die Feststellungen setzen nicht zwingend einen Steuerbescheid, Feststellungsbescheid oder eine Rechtsbehelfsentscheidung voraus. Sie können auch in anderer Weise getroffen werden. Es genügt z. B., wenn die Finanzbehörde aus Steuererklärungen oder auf Grund einer Außenprüfung Sachverhalte erkennt, die eine Buchführungspflicht auslösen.

2.1.1 In der **Mitteilung über die Verpflichtung zur Buchführung** (§ 141 Abs. 2 AO) ist anzugeben, auf welche Sachverhalte sich die Feststellung der Finanzbehörde stützt.

Die Mitteilung nach § 141 Abs. 2 AO ist Voraussetzung für den Beginn der Buchführungspflicht. Das gilt selbst dann, wenn der Steuerpflichtige die tatsächliche Höhe des Umsatzes, Gewinns oder Wirtschaftswerts nicht richtig erklärt oder überhaupt keine Steuererklärungen abgegeben hat (vgl. BFH-Urteile vom 31. 3. 1977 – BStBl II S. 549 – und vom 17. 3. 1977 – BStBl II 1978 S. 76).

2.1.2 Die Mitteilung über die Buchführungspflicht ist ein Verwaltungsakt i. S. der §§ 118 ff. AO. Sie kann mit einem Steuerbescheid verbunden werden. Eine solche Verbindung setzt eine entsprechende Rechtsbehelfsbelehrung voraus, weil gegen den Steuerbescheid der Einspruch, gegen die Mitteilung aber die Beschwerde als Rechtsbehelf gegeben ist. Der Steuerpflichtige soll jedoch nach Möglichkeit eine gesonderte Mitteilung erhalten. Dies ist insbesondere dann erforderlich, wenn der Umsatz oder aber bei Pächtern und anderen Nutzungsberechtigten der Wirtschaftswert für den Beginn der Buchführungspflicht maßgebend ist, weil Steuerbescheide bzw. Feststellungsbescheide insoweit nicht in Frage kommen.

Die Mitteilung soll möglichst frühzeitig, mindestens aber einen Monat vor Beginn des Wirtschaftsjahres bekanntgegeben werden, von dessen Beginn an die Buchführungspflicht zu erfüllen ist.

2.1.3 Die Buchführungspflicht beginnt auch dann, wenn gegen die Mitteilung Beschwerde eingelegt ist (vgl. im übrigen den BFH-Beschluß vom 6. 12. 1979 – BStBl 1980 II S. 427).

2.1.4 Der Land- und Forstwirt ist aufzufordern, nach Beginn der Buchführungspflicht eine Eröffnungsbilanz vorzulegen.

2.2 § 141 Abs. 2 AO sieht eine förmliche Mitteilung über den Wegfall der Buchführungspflicht nicht vor. Aus Gründen der Rechtssicherheit ist jedoch ein entsprechender Hinweis im Steuerbescheid oder eine besondere Mitteilung zweckmäßig. Die Buchführungspflicht endet nicht bereits mit dem Ablauf des Wirtschaftsjahres, in dem die Feststellung getroffen worden ist, sondern erst mit Ablauf des darauffolgenden Wirtschaftsjahrs (§ 141 Abs. 2 Satz 2 AO), sofern die Finanzbehörde bis dahin nicht erneut das Bestehen der Buchführungspflicht feststellt und dem Steuerpflichtigen dies mitgeteilt hat.

2.3 Die **Buchführungspflicht geht** kraft Gesetzes (§ 141 Abs. 3 Satz 1 AO) auf denjenigen über, der den Betrieb im ganzen als Erwerber, Pächter, Nießbraucher oder sonstiger Nutzungsberechtigter übernimmt. Eine besondere Mitteilung (siehe Tz. 2.1.1 bis 2.1.3) an den Übernehmer ist nicht erforderlich (§ 141 Abs. 3 Satz 2 AO). Der Erwerb kann z. B. von Todes wegen, auf Grund vorweggenommener Erbfolge, durch Kauf sowie durch Einbringung oder Umwandlung eines Einzelbetriebs in eine Personengesellschaft und umgekehrt erfolgen.

Eine Übernahme des Betriebs im ganzen liegt vor, wenn seine Identität gewahrt bleibt. Das ist der Fall, wenn die wesentlichen Grundlagen des Betriebs als einheitliches Ganzes erhalten bleiben (vgl. hierzu die koordinierten Ländererlasse zur Verpachtung von Betrieben vom 17. 12. 1965 – BStBl 1966 II S. 34). Eine Übernahme im ganzen ist danach grundsätzlich auch dann anzunehmen, wenn sie sich auf die Hofstelle und den Grund und Boden beschränkt. Bei Pachtbetrieben bildet auch das lebende und tote Inventar die wesentliche Grundlage. Die anderweitige Verwendung einzelner Wirtschaftsgüter ändert nichts an der Identität des Betriebs.

Strukturelle Veränderungen des Betriebs im Zusammenhang mit der Übernahme oder im Anschluß daran wirken sich auf den Übergang der Buchführungspflicht nicht aus. Erst wenn das Finanzamt feststellt, daß diese Veränderungen zu einem Fortfall der Voraussetzungen des § 141 Abs. 1 AO geführt haben, endet die Buchführungspflicht mit Ablauf des darauffolgenden Wirtschaftsjahres (§ 141 Abs. 2 Satz 2 AO).

2.4 Beim Überschreiten einer Buchführungsgrenze auf Grund außergewöhnlicher Umstände (z. B. Veräußerung von Grund und Boden) soll auf Antrag nach § 148 AO Befreiung von der Buchführungspflicht bewilligt werden, wenn zu erwarten ist, daß künftig keine der Buchführungsgrenzen überschritten wird.

3 Ordnungsmäßigkeit der Buchführung

3.1 Für die Buchführung der Land- und Forstwirte gelten grundsätzlich die gleichen Vorschriften wie für Gewerbetreibende (§§ 140 ff. AO, § 22 UStG i. V. m. §§ 63 ff. UStDV sowie Abschn. 13 und 29–31 EStR). Aus Vereinfachungsgründen werden jedoch folgende Erleichterungen zugelassen:

3.1.1 Die geordnete und übersichtliche Sammlung und Aufbewahrung der Kontoauszüge von ständigen Geschäftspartnern ersetzt die betreffenden Grundbücher, wenn die darin ausgewiesenen Geschäftsvorfälle unter Hinweis auf den dazugehörigen Beleg mit dem erforderlichen Buchungstext erläutert werden. Voraussetzung ist jedoch, daß diese

Anhang 10
Buchführung

Auszüge in regelmäßigen Zeitabständen – etwa nach einem Monat – vorliegen.

3.1.2 Zu den **Entnahmen** im Sinne des § 4 EStG gehört auch der Eigenverbrauch (Naturalentnahmen). Werden hierfür die von den Oberfinanzdirektionen aufgestellten Richtsätze angesetzt, so genügt es, wenn der Richtsatzbetrag am Ende des Wirtschaftsjahres gebucht wird.

3.1.3 Nach § 141 Abs. 1 Satz 2 AO braucht sich die **Bestandsaufnahme** nicht auf das stehende Holz zu erstrecken.

Bei Betrieben mit jährlicher Fruchtfolge kann auch für das Feldinventar und die stehende Ernte (Abschn. 131 Abs. 2 EStR) sowie für selbstgewonnene, nicht zum Verkauf bestimmte Vorräte (z. B. Heu, Stroh, Silofutter, Trockenfutter, Dünger) auf eine Bestandsaufnahme und Bewertung verzichtet werden. Diese Wirtschaftsgüter brauchen auch in der für die Gewinnermittlung nach § 4 Abs. 1 EStG maßgebenden Bilanz nicht erfaßt zu werden.

3.2 Für die **Bewertung von Pflanzenbeständen und Kulturen** gelten – soweit nicht die Vereinfachungsregelungen nach Tz. 3.1.3, Tz. 3.2.1 oder Absatz 2 in Betracht kommen – die allgemeinen Vorschriften des § 6 EStG. Mehrjährige Kulturen und Dauerkulturen sind danach zu aktivieren. Dies gilt auch für Topfpflanzen, soweit es sich um mehrjährige Kulturen handelt. Mehrjährige Kulturen sind Pflanzungen, die nach einer Kulturzeit im Betrieb von mehr als einem Jahr einen einmaligen Ertrag liefern, der zum Verkauf bestimmt ist (z. B. Baumschulkulturen). Sie gehören zum Umlaufvermögen und sind nach § 6 Abs. 1 Nr. 2 EStG zu bewerten. Dauerkulturen sind Pflanzungen, die während einer Reihe von Jahren Erträge durch ihre zum Verkauf bestimmten Blüten, Früchte oder anderen Pflanzenteile liefern (z. B. Spargel-, Rhabarber- und Hopfenanlagen, Obstanlagen sowie Rebanlagen). Sie stellen abnutzbares Anlagevermögen dar, dessen Bewertung sich nach § 6 Abs. 1 Nr. 1 EStG richtet.

Es ist nicht zu beanstanden, wenn Topfpflanzen erstmals zum Schluß des Wirtschaftsjahres aktiviert werden, daß nach ihrer Anschaffung oder Herstellung beginnt.

3.2.1 Bei mehrjährigen Kulturen und Dauerkulturen entsprechen die Anlagekosten den Anschaffungs- oder Herstellungskosten. Dazu gehören z. B. die Aufwendungen für Jungpflanzen, für die Aushebung der Pflanzgruben, für Baumpfähle und Bindematerial, für Umzäunungen oder Drahtschutz gegen Wildverbiß und für Veredelungsarbeiten.

Pflegekosten sind aus Vereinfachungsgründen nicht zu aktivieren. Gemeinkosten werden in den meisten Fällen von so geringer Bedeutung sein, daß in der Regel auf ihre Aktivierung ebenfalls verzichtet werden kann. Das Aktivierungsrecht des Steuerpflichtigen bleibt unberührt.

3.3 Land- und Forstwirte haben nach § 142 AO neben der jährlichen Bestandsaufnahme und dem jährlichen Abschluß ein **Anbauverzeichnis** zu führen. In dem Anbauverzeichnis ist nachzuweisen, mit welchen Fruchtarten die selbstbewirtschafteten Flächen im abgelaufenen Wirtschaftsjahr bestellt waren. In das Anbauverzeichnis sind alle dem Betrieb dienenden Flächen, also auch Pachtflächen und andere zur Nutzung überlassenen Flächen, aufzunehmen. Die selbstbewirtschaftete Fläche ist unter Angabe ihrer Größe in die einzelnen Nutzungs- und Kulturarten aufzuteilen; Flur- und Parzellenbezeichnungen oder ortsübliche Bezeichnungen sind anzugeben. Unproduktive Flächen, wie z. B. Hofraum, Dauerwege, Lagerplätze, Gebäudeflächen, sollen gleichfalls angegeben werden.

3.3.1 Das Anbauverzeichnis muß grundsätzlich nach den Verhältnissen zum Beginn eines Wirtschaftsjahres aufgestellt werden. Fruchtarten, die innerhalb eines Wirtschaftsjahres bestellt und abgeerntet werden, sind fortlaufend zusätzlich anzugeben. Im gärtnerischen Gemüsebau und im Blumen- und Zierpflanzenbau ist zum 1. eines jeden Kalendervierteljahres anzugeben, welche Kulturen am Stichtag in den einzelnen Quartieren, Gewächshäusern usw. stehen.

3.3.2 In den Anbauverzeichnissen der **gärtnerischen Betriebe,** Teilbetriebe oder Betriebsteile sind die Nutzungsteile Gemüsebau, Blumen- und Zierpflanzenbau, Obstbau, Baumschulen gesondert auszuweisen. Zu den einzelnen Nutzungsteilen gehören auch die Mutterpflanzenquartiere, Saatkämpen und Jungpflanzenanzuchtflächen. Sie sind besonders zu kennzeichnen. Das gilt auch für Dauerkulturen und mehrjährige Kulturen. Es ist zwischen Freiland-, Niederglas- sowie heizbaren und nicht heizbaren Hochglasflächen zu unterscheiden. Bei mehrstöckiger Bepflanzung ist die insgesamt bepflanzte Fläche anzugeben.

Beim **Gemüse-, Blumen- und Zierpflanzenanbau** sind die einzelnen Arten mit ihren handelsüblichen Bezeichnungen anzugeben. Als Grundlage für die Anbauverzeichnisse im gärtnerischen Gemüsebau und im Blumen- und Zierpflanzenbau haben sich maßstabsgerechte Lagepläne und – insbesondere Glasflächen – Grundrißzeichnungen bewährt.

Beim **Obstbau** sind die einzelnen Arten und diese wiederum unterteilt nach Sorten und Erziehungsformen (z. B. Halbstamm, Hochstamm) anzugeben. Bei den Obstbäumen ist unter Angabe der Zahl der Bäume eine weitere Aufgliederung in Jungpflanzen und im Ertrag stehende Bäume erforderlich. Bei Beeren ist die Fläche anzugeben.

Der Nutzungsteil **Baumschulen** ist mindestens wie folgt aufzugliedern:

Rhododendron und Azaleen

sonstige Ziergehölze aller Art

Forstpflanzen, die üblicherweise als Massenartikel gezogen werden

Heckenpflanzen, die üblicherweise als Massenartikel gezogen werden

Obstgehölze aller Art.

Die in Containern gezogenen Pflanzen sind gesondert auszuweisen.

Bei Samen-, Saat- und sonstigen **Pflanzenzuchtbetrieben** sind Lage, Art und Umfang des Vermehrungsanbaues anzugeben.

3.3.3 **Forstwirtschaftlich genutzte Flächen** sind in Holzboden-, Nichtholzboden- und sonstige Flächen (Nebenflächen) aufzugliedern. Die Holzbodenflächen sind nach Holzarten unter Angabe der Altersklassen aufzuteilen. Die im Wirtschaftsjahr kultivierten Flächen sind getrennt nach Wiederaufforstungen und Erstaufforstungen auszuweisen. Diese Angaben stellen in der Forstwirtschaft das Anbauverzeichnis dar.

Ein Anbauverzeichnis erübrigt sich, wenn für einen Forstbetrieb oder Forstbetriebsteil ein amtlich anerkanntes Betriebsgutachten oder ein Betriebswerk vorliegt.

3.4 Forstbetriebe haben die Holzaufnahme und den Holzeingang aufzuzeichnen. Zu diesem Zweck ist das eingeschlagene und aufgearbeitete Nutzholz und Brennholz (Derbholz) aufzumessen und mit fortlaufenden Nummern zu versehen. Aus den Aufzeichnungen muß sich auch die Holzart, die Holzsorte (Güte und Stärkeklasse) und die Holzmenge (Kubikmeter, Stückzahl u. ä.) ergeben.

3.4.1 Der Nachweis über die Holzaufnahme und den Holzeingang kann in entsprechend aufgegliederter Form durch Führung von Holzaufnahmelisten oder Nummernbüchern und Holzeingangsbüchern (Holzeinschlagsbuch, Holzeinnahmebuch, Fällungsnachweis) geführt werden. Er ist insbesondere im Hinblick auf § 34 b EStG geboten, um die Voraussetzung der Angabe der unterschiedlichen Nutzungen zu erfüllen.

3.4.2 Werden Nummernbücher geführt, sind die Nummernbücher eines Wirtschaftsjahres fortlaufend zu kennzeichnen. Die Schlußnachweisung eines jeden Nummernbuchs ist in das Holzeinschlagsbuch zu übertragen. Am Ende des Wirtschaftsjahres ist das Holzeinschlagsbuch mengenmäßig abzuschließen.

Dabei soll erläutert werden, ob es sich um Mengen mit Rinde oder ohne Rinde handelt. Außerdem ist das am Schluß des Wirtschaftsjahres vorhandene eingeschlagene Holz in das Holzeingangsbuch – getrennt nach Holzsorten – einzutragen. Auf diese Weise ist unter Berücksichtigung der Anfangsbestände eine Abstimmung mit dem Holzausgangsbuch möglich.

3.4.3 Forstbetriebe haben außerdem nach Maßgabe der Tz. 4 sämtliche entgeltlichen und unentgeltlichen Holzlieferungen – Holzausgang – aufzuzeichnen (§ 144 Abs. 5 AO).

Aus den Aufzeichnungen müssen sich ergeben:

die Anschrift des Erwerbers,

die Holzart,

die Holzsorte (Stärke und Güteklasse),

die Menge,

der Preis.

Zur Vollständigkeit der Aufzeichnungen gehört auch die Angabe der Entnahmen und der Lieferungen an Betriebsangehörige.

3.4.4 Der Nachweis über den Holzausgang kann anhand von Durchschlägen der fortlaufend numerierten Holzzettel geführt werden.

Diese können auch in Verkaufslisten zusammengefaßt werden. Holzart und Holzsorte können sich auch aus dem Nummernbuch ergeben.

3.4.5 Werden in einem forstwirtschaftlichen Betrieb das Holzeinschlagsbuch (Holzeinnahmebuch, Fällungsnachweis) und das Holzausgangsbuch (Holzausgabebuch, Verwertungsnachweis) ordnungsgemäß geführt, so kann für das eingeschlagene Holz eine permanente Inventur im Sinne des Abschn. 30 Abs. 2 EStR erstellt werden.

3.5 Bestandteil der Buchführung sind im übrigen auch die nach außensteuerlichen Vorschriften zu führenden Bücher und sonstigen Aufzeichnungen.

4 Aufzeichnung des Warenausgangs

Nach § 144 Abs. 5 AO gelten die Vorschriften über die gesonderte Aufzeichnung des Warenausgangs auch für buchführungspflichtige Land- und Forstwirte. Diese Aufzeichnungen sollen eine bessere Überprüfung der Käufer land- und forstwirtschaftlicher Produkte ermöglichen. Es sind daher die Waren aufzuzeichnen, die erkennbar zur gewerblichen Weiterverwendung bestimmt sind.

Unter die Aufzeichnungspflicht fallen auch solche Produkte, die vom Erwerber nicht unmittelbar weiterveräußert, sondern zuvor be- oder verarbeitet werden.

5 Übergangsregelung

Nach der Tz. 3.2 sind mehrjährige Kulturen und Dauerkulturen zu aktivieren. Soweit dies bisher noch nicht geschehen ist, ist der Aktivposten erstmals in der Schlußbilanz des Wirtschaftsjahrs anzusetzen, das nach dem 31. 12. 1980 beginnt. Der dadurch entstehende Gewinn kann in der Weise auf fünf Wirtschaftsjahre verteilt werden, daß in derselben Schlußbilanz eine den steuerlichen Gewinn mindernde Rücklage von höchstens $^4/_5$ des Gewinns gebildet wird. Die Rücklage ist in den folgenden Wirtschaftsjahren mit mindestens je $^1/_4$ gewinnerhöhend aufzulösen.

6 Anwendungs- und Schlußbestimmung

Die vorstehenden Regelungen sind erstmals für Wirtschaftsjahre anzuwenden, die nach dem 31. 12. 1980 beginnen. Der RdF-Erlaß vom 5. Juli 1935 – S 2140 – 50 III (RStBl S. 953), die Verwaltungsanordnung über die Buchführung gärtnerischer Betriebe vom 15. Juni 1951 (BStBl I S. 235), die gleichlautenden Ländererlasse aus dem Jahre 1958 über die Buchführung forstwirtschaftlicher Betriebe, die gleichlautenden Ländererlasse aus dem Jahre 1970 über die land- und forstwirtschaftliche Buchführung (BMF-Schreiben vom 22. 1. 1970 – IV B 4 – S 2163 – 4/70 – BStBl I S. 184) sind überholt.

II a
Verwendung von Mikrofilmaufnahmen zur Erfüllung gesetzlicher Aufbewahrungspflichten

BMF vom 1. 2. 1984 (BStBl I S. 155)
IV A 7 – S 0318 – 1/84
Anlg.: – 1 – (Mikrofilm-Grundsätze)

Unter Bezugnahme auf das Ergebnis der Erörterungen mit den obersten Finanzbehörden der Länder gilt für die Verwendung von Mikrofilmaufnahmen zur Erfüllung gesetzlicher Aufbewahrungspflichten folgendes:

I. Neufassung der Mikrofilm-Grundsätze

Die Arbeitsgemeinschaft für wirtschaftliche Verwaltung e. V. (AWV) hat ihre „Grundsätze für die Aufzeichnung aufbewahrungspflichtiger Unterlagen auf Bildträgern" (Mikrofilm-Grundsätze) aus dem Jahre 1971 neu gefaßt. Hierbei wurden die technische Entwicklung sowie die am 1. Januar 1977 in Kraft getretenen Änderungen der Buchführungsvorschriften in der Abgabenordnung (AO) und im Handelsgesetzbuch (HGB) berücksichtigt. Das Schreiben des Bundesministers für Wirtschaft und Finanzen vom 21. Dezember 1971 und die ihm als Anlage beigefügten Mikrofilm-Grundsätze (Bundessteuerblatt 1971 Teil I S. 647) sind überholt.

Die neuen Mikrofilm-Grundsätze gelten nur für die herkömmliche Schriftgutverfilmung und nicht für andere Aufzeichnungs- und Speicherverfahren (z. B. EDV). Deshalb finden sie auch keine unmittelbare Anwendung auf das COM-Verfahren (Computer-Output-Microfilm), bei dem die Daten aus dem Computer direkt auf Mikrofilm ausgegeben werden; eine Verfilmung eines Originals, von der die Mikrofilm-Grundsätze ausgehen, findet bei diesem Verfahren nicht statt.

Die neuen Mikrofilm-Grundsätze sind diesem Schreiben als A n l a g e beigefügt.

II. Rechtsgrundlage

Die Rechtsgrundlage für die Verwendung von Mikrofilmaufnahmen zur Erfüllung s t e u e r r e c h t l i c h e r Aufbewahrungspflichten ist in § 147 Abs. 2 und Abs. 5 AO enthalten. Mit diesen Regelungen stimmen die handelsrechtlichen Vorschriften (§§ 44 Abs. 3, 47 a HGB) weitgehend überein. Die in § 146 Abs. 2–4 AO enthaltenen Grundsätze gelten auch im Mikrofilmverfahren.

Nach § 147 Abs. 2 AO können alle aufbewahrungspflichtigen Unterlagen (§ 147 Abs. 1 AO) mit Ausnahme der Bilanz als Wiedergabe auf einem Bildträger oder auf anderen Datenträgern aufbewahrt werden. Als „Wiedergabe auf einem Bildträger" kommen Mikrofilmaufnahmen in Betracht. Sie stellen eine stark verkleinerte Wiedergabe einer Unterlage usw. mit allen optischen Merkmalen auf einem Bildträger (Mikrofilm) dar. Es handelt sich hierbei um eine Bildaufzeichnung, die technisch eine bildliche und inhaltliche Übereinstimmung mit dem Original gewährleistet. Da jedoch auch beim Mikrofilmverfahren Fälschungen und Verfälschungen grundsätzlich nicht ausgeschlossen werden können, muß der Aufbewahrungspflichtige durch zusätzliche Kontrollmaßnahmen sicherstellen, daß die Mikrofilmaufnahmen bei ihrer Lesbarmachung mit dem Original übereinstimmen (§ 147 Abs. 2 Nr. 1 AO). Ferner muß sichergestellt sein, daß die Mikrofilmaufnahmen während der Dauer der Aufbewahrungsfrist (§ 147 Abs. 3 AO) verfügbar und jederzeit innerhalb angemessener Frist lesbar gemacht werden können (§ 147 Abs. 2 Nr. 2 AO).

Das bei der Aufzeichnung auf Mikrofilm angewandte Verfahren muß den Grundsätzen ordnungsmäßiger Buchführung entsprechen (§ 147 Abs. 2 Satz 1 AO). Die Mikrofilm-Grundsätze stellen insoweit eine Ergänzung der allgemeinen handelsrechtlichen Grundsätze ordnungsmäßiger Buchführung dar.

Werden Unterlagen nach Maßgabe des § 147 Abs. 2 AO in Form von Mikrofilmaufnahmen aufbewahrt, so können die Originale vernichtet werden, sofern nicht andere Rechtsvorschriften oder Verwaltungsanweisungen dem entgegenstehen.

§ 147 Abs. 5 AO enthält die für die Lesbarmachung von Mikrofilmaufnahmen maßgeblichen Regelungen. Danach brauchen Mikrofilmaufnahmen erst auf Verlangen der Finanzbehörde lesbar gemacht zu werden; in der Regel wird dies anläßlich einer Außenprüfung der Fall sein. Die Finanzbehörde hat nach pflichtgemäßem Ermessen zu entscheiden, welche Aufnahmen oder in welchem Umfang Mikrofilmaufnahmen lesbar zu machen sind. Das Verlangen der Finanzbehörde nach Lesbarmachung ist unverzüglich, d. h. ohne schuldhaftes Zögern, zu erfüllen.

Für die Lesbarmachung von Mikrofilmaufnahmen kommen Lesegeräte und Rückvergrößerungsgeräte in Betracht, die – je nach Lage des Einzelfalles – auch unter arbeitsmedizinischen Gesichtspunkten für längerdauernde Benutzung zumutbar sein müssen. Der Aufbewahrungspflichtige hat die für die Lesbarmachung erforderlichen Geräte und sonstigen Hilfsmittel kostenlos am Prüfungsort zur Verfügung zu stellen. Auch die übrigen Kosten der Lesbarmachung hat er zu tragen.

III. Ergänzende Regelungen zu den Mikrofilm-Grundsätzen

Angesichts der fortschreitenden technischen Entwicklung können die Mikrofilm-Grundsätze nicht ausschließlich gelten. Abweichende Verfahren können anerkannt werden, wenn der Aufbewahrungszweck in gleicher Weise erfüllt wird. Dabei ist den besonderen Verhältnissen des Einzelfalles Rechnung zu tragen.

Die Aufzeichnung eines Schriftgutes auf Mikrofilm, die Wiedergabegüte sowie die Erfassung, Ablage und Aufbewahrung der fertigen Filme müssen Gewähr dafür bieten, daß die Prüfung des Schriftgutes anhand der Mikrofilmaufnahmen gegenüber der Prüfung der Originale weder verlängert noch erschwert wird. Dazu gehört insbesondere, daß die Schriftstücke nach dem jeweiligen betrieblichen Ordnungsprinzip verfilmt werden. Sind Vermerke oder Notizen auf den Schriftstücken angebracht worden, die den Inhalt des Schriftstücks ändern oder ergänzen, muß die Person des Urhebers durch Namenszeichen oder auf andere geeignete Weise feststellbar sein.

Bei der Verfilmung ist Vorsorge dafür zu treffen, daß Fälschungen und Verfälschungen ausgeschlossen werden. Wird das Schriftstück nach der Verfilmung ergänzt oder geändert, ist es erneut zu verfilmen. Es muß stets sichergestellt sein, daß die verfilmten Schriftstücke erst dann vernichtet werden, wenn nach Überprüfung des Films die Vollständigkeit der Aufnahmen und deren einwandfreie Wiedergabe festgestellt worden sind.

Eine unsortierte Verfilmung (codierter Mikrofilm) ist zulässig, wenn hierdurch das Auffinden eines Mikrofilmbildes nicht erschwert wird.

Die sorgfältige Verfilmung muß durch den Unternehmer oder eine von ihm beauftragte Person verantwortlich überwacht werden.

Wird die Mikroverfilmung des Schriftgutes außerhalb des Betriebes, bei dem es entstanden ist, vorgenommen (z. B. durch ein Mikrofilmunternehmen oder ein anderes Service-Unternehmen), so gelten für das Verfahren die vorgenannten Regelungen sinngemäß.

Anlage

Grundsätze für die Mikroverfilmung von gesetzlich aufbewahrungspflichtigem Schriftgut
(Mikrofilm-Grundsätze)

1. Allgemeines

Wird aufbewahrungspflichtiges Schriftgut auf Mikrofilm aufgezeichnet und werden nicht die Originale aufbewahrt, so muß sichergestellt sein, daß das hierbei angewandte Verfahren den Grundsätzen der Ordnungsmäßigkeit der Buchführung (GoB) entspricht und das Mikrofilmbild mit der Urschrift übereinstimmt.

2. Verfahrensbeschreibung

Das Verfahren für die Aufzeichnung des Schriftgutes auf Mikrofilm und die Aufbewahrung dieser Mikrofilme ist in einer Verfahrensbeschreibung des Aufbewahrungspflichtigen festzulegen.

Der Rückgriff auf ein Mikrofilmbild ist so zu beschreiben, daß einem Dritten das Auffinden möglich ist.

Die Verfahrensbeschreibung hat den nachstehenden Grundsätzen zu entsprechen.

3. Ordnungsprinzip der Aufzeichnung

3.1 Das Ordnungsprinzip der Mikrofilmaufzeichnung ist in der Verfahrensbeschreibung anzugeben. Es muß einem sachverständigen Dritten möglich sein, jedes Mikrofilmbild in angemessener Zeit aufzufinden.

3.2 Die Mikrofilme müssen dem Aufbewahrungspflichtigen eindeutig zugeordnet werden können.

3.3 Setzt sich der gemäß Verfahrensbeschreibung aufzuzeichnende Inhalt eines Schriftstückes auf der Rückseite fort, so ist dieser derart mitzuerfassen, daß er eindeutig zugeordnet werden kann.

4. Verfahrenskontrolle

Der Aufbewahrungspflichtige hat dafür Sorge zu tragen, daß ein Protokoll geführt wird. Es hat folgende Angaben zu enthalten:

– Art des aufgezeichneten Schriftgutes
– Ort und Datum der Aufzeichnung

- Erklärung über die unveränderte und vollständige Aufzeichnung des übernommenen Schriftgutes. Diese Erklärung ist vom Verfilmer zu unterschreiben. Sie ist, wenn sie nicht mit aufgezeichnet wird, im Original aufzubewahren.

5. Filmkontrolle

Nach der Aufnahme muß der Mikrofilm auf technische Mängel überprüft werden. Fehlerhafte Aufnahmen sind zu wiederholen, andernfalls ist das Schriftstück im Original aufzubewahren. Das Ergebnis der Kontrolle ist in einem Vermerk festzuhalten.

6. Aufbewahrung

Die Mikrofilme sind sicher und geordnet aufzubewahren. Es können auch Mikrofilm-Einzelbilder aufbewahrt werden, wenn hierfür in der Verfahrensbeschreibung ein Ordnungsprinzip festgelegt ist.

7. Lesen und Wiedergeben

7.1 Lesen

Für das Lesen der Mikrofilme sind geeignete Wiedergabegeräte bereitzustellen.

7.2 Wiedergeben

Es muß sichergestellt sein, daß ohne Hilfsmittel lesbare Reproduktionen (Rückvergrößerungen) in angemessener Zeit angefertigt werden können.

8. Vernichten des Schriftgutes

Die aufgezeichneten Schriftstücke können bei Beachtung dieser Grundsätze vernichtet werden, soweit sie nicht nach anderen Rechtsvorschriften im Original aufzubewahren sind.

III
Grundsätze ordnungsmäßiger Buchführung (GoB); Verbuchung von Bargeschäften im Einzelhandel

BMF vom 14. 12. 1994 (BStBl 1995 I S. 7)[1]

IV A 8 – S 0315 – 22/94

Nach dem Ergebnis der Erörterungen mit den obersten Finanzbehörden der Länder zur Verbuchung von Bargeschäften im Einzelhandel gilt folgendes:

Die Grundsätze ordnungsmäßiger Buchführung erfordern grundsätzlich die Aufzeichnung jedes einzelnen Handelsgeschäfts in einem Umfang, der eine Überprüfung seiner Grundlagen, seines Inhalts und seiner Bedeutung für den Betrieb ermöglicht. Das bedeutet nicht nur die Aufzeichnung der in Geld bestehenden Gegenleistung, sondern auch des Inhalts des Geschäfts und des Namens oder der Firma und der Anschrift des Vertragspartners (Identität).

Eine Einzelaufzeichnung der baren Betriebseinnahmen im Einzelhandel ist nach der Rechtsprechung des Bundesfinanzhofs unter dem Aspekt der Zumutbarkeit nicht erforderlich, wenn Waren von geringem Wert an eine unbestimmte Vielzahl nicht bekannter und auch nicht feststellbarer Personen verkauft werden (BFH vom 12. Mai 1966, BStBl 1966 III S. 371).

Von der Zumutbarkeit von Einzelaufzeichnungen über die Identität ist jedenfalls bei einer Annahme von Bargeld im Wert von 20.000 DM und mehr auszugehen. Außersteuerliche Buchführungs- und Aufzeichnungspflichten bleiben unberührt.

Dieses Schreiben tritt an die Stelle meines Schreibens vom 30. Juni 1994 – IV A 8 – S 0315 – 10/94 –.

---

[1] → Anhang 10 III a.

III a
Grundsätze ordnungsmäßiger DV-gestützter Buchführungssysteme (GoBS)

BMF vom 7. 11. 1995 (BStBl I S. 738)
IV A 8 – S 0316 – 52/95
1 Anlage (GoBS)

Die beigefügten „Grundsätze ordnungsmäßiger DV-gestützter Buchführungssysteme (GoBS)" sind von der Arbeitsgemeinschaft für wirtschaftliche Verwaltung e. V. (AWV), Eschborn, ausgearbeitet worden. Unter Bezugnahme auf das Ergebnis der Erörterungen mit den obersten Finanzbehörden der Länder gilt für die Anwendung dieser Grundsätze folgendes:

I. Anwendungsbereich (Tz. 1 der GoBS)

a) Die nach steuerlichen Vorschriften zu führenden Bücher und sonst erforderlichen Aufzeichnungen können nach § 146 Abs. 5 Abgabenordnung 1977 (AO) auf Datenträgern geführt werden, soweit diese Form der Buchführung einschließlich des dabei angewandten Verfahrens den Grundsätzen ordnungsmäßiger Buchführung (GoB)[1]) entspricht; § 147 Abs. 2 AO läßt unter gewissen Voraussetzungen die Aufbewahrung von Unterlagen auf Datenträgern zu. Als Datenträger kommen neben den Bildträgern insbesondere auch die maschinell lesbaren Datenträger (z. B. Diskette, Magnetband, Magnetplatte, elektro-optische Speicherplatte) in Betracht.

b) Die Ordnungsmäßigkeit einer DV-gestützten Buchführung ist grundsätzlich nach den gleichen Prinzipien zu beurteilen wie die einer manuell erstellten Buchführung. Mit den GoBS sollen die allgemeinen GoB – der Maßstab für die Ordnungsmäßigkeit der Buchführung – für den Bereich der DV-gestützten Buchführung präzisiert werden. Zu beachten sind neben den handelsrechtlichen Grundsätzen ordnungsmäßiger Buchführung (vgl. hierzu insbesondere §§ 238, 239, 257 und 261 HGB) die §§ 145 bis 147 AO. Die wichtigsten GoB sind in R 29 der Einkommensteuerrichtlinien 1993 (EStR 1993) dargestellt.

c) Die GoBS beziehen sich nicht nur auf die konventionelle Speicherbuchführung. Sie sind neben dem COM-Verfahren auch bei ähnlichen Verfahren (z. B. COLD) sowie bei Dokumenten-Management-Systemen entsprechend anzuwenden.

II. Beleg-, Journal- und Kontenfunktionen (Tz. 2 der GoBS)

a) Auch an die DV-gestützte Buchführung wird die Anforderung gestellt, daß Geschäftsvorfälle retrograd und progressiv prüfbar bleiben müssen.

Die progressive Prüfung beginnt beim Beleg, geht über die Grundaufzeichnungen zu den Konten und schließlich zur Bilanz/Gewinn- und Verlustrechnung bzw. zur Steueranmeldung/Steuererklärung. Die retrograde Prüfung verläuft umgekehrt.

Zur Erfüllung der Belegfunktionen sind deshalb Angaben zur Kontierung, zum Ordnungskriterium für die Ablage und zum Buchungsdatum **auf dem Beleg** erforderlich. Die Reihenfolge der Buchungen ist zu dokumentieren.

Die ordnungsgemäße Anwendung des jeweiligen Verfahrens ist zu belegen. Der Nachweis der Durchführung der in dem jeweiligen Verfahren vorgesehenen Kontrollen ist u. a. durch Programmprotokolle sowie durch die Verfahrensdokumentation (vgl. zu IV.) zu erbringen.

b) Das zum Einsatz kommende DV-Verfahren muß die Gewähr dafür bieten, daß alle Informationen, die in den „Verarbeitungsprozeß" eingeführt werden, erfaßt werden und zudem nicht mehr unterdrückt werden können (§ 146 Abs. 4 AO).

c) Bei der Auflösung verdichteter Zahlen sind die Einzelpositionen übersichtlich darzustellen. Die Ordnungsmäßigkeit der Buchung verdichteter Zahlen erfordert den Nachweis der in den verdichteten Zahlen enthaltenen Einzelposten.

Der Buchführungspflichtige ist nach § 147 Abs. 5 AO verpflichtet, auf Verlangen der Finanzbehörde gespeicherte Informationen unverzüglich ganz oder teilweise auszudrucken oder ohne Hilfsmittel lesbare Reproduktionen beizubringen (vgl. zu VIII.).

III. Buchung (Tz. 3 der GoBS)

Eine einmal erfolgte Buchung darf nicht verändert werden. Fehlerhafte Buchungen können wirksam und nachvollziehbar durch Stornierungen oder Neubuchungen geändert werden. Es besteht deshalb weder ein Bedarf noch die Notwendigkeit für weitere nachträgliche Veränderungen einer einmal erfolgten Buchung. Sollte eine Buchung ausnahmsweise verändert werden, ist § 146 Abs. 4 AO zu beachten.

IV. Internes Kontrollsystem (IKS/Tz. 4 der GoBS)

Das Interne Kontrollsystem ist nur eines von vielen Kriterien zur Erfüllung der Ordnungsmäßig-

---
[1]) → Anhang 10 III.

keit einer DV-gestützten Buchführung. Das IKS allein indiziert noch nicht die Ordnungsmäßigkeit der DV-gestützten Buchführung.

Die Beschreibung des IKS ist Bestandteil der Verfahrensdokumentation (vgl. zu VI.). Eine Wahlmöglichkeit für den Buchführungspflichtigen, welche Beschreibung er für erforderlich hält, besteht nicht.

Die Wirksamkeit eingerichteter Kontrollen und Sicherungen sollte als Systemprüfungshandlung in die Prüfung einbezogen werden. Dadurch können Prüfungsfelder eingegrenzt oder ganz abgehandelt werden (kombinierte System- und Einzelfallprüfung). Die Überprüfung des IKS sollte jedoch nicht als Formalprüfung im Rahmen der GoB angelegt werden.

V. Datensicherheit (Tz. 5 der GoBS)

Zu sichern und zu schützen sind neben den genannten „Informationen" auch die Änderungen der Tabellen- und Stammdaten. Ihre Sicherung ist ebenso von Bedeutung wie die Sicherung anderer Programm- und Stammdaten.

Der Schutz der sensiblen Informationen des Unternehmens auch gegen unberechtigte Kenntnisnahme bezieht sich nicht auf die Vorlage von Unterlagen im Rahmen einer Außenprüfung.

Ziel der Datensicherungsmaßnahmen ist es, die Risiken für die gesicherten Programme/Datenbestände hinsichtlich Unauffindbarkeit, Vernichtung und Diebstahl zu vermeiden. Systematische Verzeichnisse über die gesicherten Programme/Datenbestände sollen das Risiko der Unauffindbarkeit ausschließen. Das Risiko der Vernichtung der Datenträger ist durch geeignete Aufbewahrungsorte zu vermeiden.

VI. Dokumentation und Prüfbarkeit (Tz. 6 der GoBS)

a) Für jedes DV-gestützte Buchführungssystem ist eine Dokumentation zu erstellen (Verfahrensdokumentation).

Tz. 6. 2 der GoBS zeigt Bereiche auf, auf die sich die Verfahrensdokumentation „insbesondere" erstrecken muß. Es handelt sich nicht um eine abschließende Aufzählung aller aufbewahrungspflichtigen Dokumentationsunterlagen, sondern lediglich um einen Rahmen für den Umfang der Dokumentation. Der Umfang der im Einzelfall erforderlichen Dokumentation wird dadurch bestimmt, was zum Verständnis der Buchführung notwendig ist.

b) Bestandteil der Verfahrensdokumentation ist auch eine Beschreibung der vom Programm zugelassenen Änderungen von Systemeinstellungen durch den Anwender. Die Beschreibung der variablen, benutzerdefinierten Aufgabenstellungen ist Teil der sachlogischen Beschreibung.

c) Die Beschreibung der programmtechnischen Lösung beinhaltet auch die Gültigkeitsdauer einer Tabelle.

Zum Nachweis der Programmidentität ist das sog. Programmprotokoll (Umwandlungsliste, Übersetzungsliste) erforderlich. Als Teil der Verfahrensdokumentation stellt dieses Protokoll regelmäßig den einzigen genauen Nachweis über den Inhalt des tatsächlich verwendeten Programms dar (§ 147 Abs. 1 Nr. 1 AO).

VII. Aufbewahrungsfristen (Tz. 7 der GoBS)

Die in Tz. 7 der GoBS genannten Aufbewahrungsfristen können sich gemäß § 147 Abs. 3 Satz 2 AO verlängern. Zur Anwendung dieser Bestimmung ist eine Verwaltungsregelung ergangen (Bundessteuerblatt 1977 Teil I S. 487).

VIII. Wiedergabe der auf Datenträgern geführten Unterlagen (Tz. 8 der GoBS)

a) Der Buchführungspflichtige, der aufzubewahrende Unterlagen nur in Form einer Wiedergabe auf einem Datenträger vorlegen kann, ist verpflichtet, auf seine Kosten diejenigen Hilfsmittel zur Verfügung zu stellen, die erforderlich sind, um die Unterlagen lesbar zu machen; auf Verlangen der Finanzbehörde hat er auf seine Kosten die Unterlagen **unverzüglich** ganz oder teilweise auszudrucken bzw. lesbare Reproduktionen beizubringen (vgl. zu II.).

b) § 147 Abs. 2 AO schreibt zur Archivierung von Unterlagen (Dokumenten) auf digitalen Datenträgern keine besondere Technik vor. Die Regelung ist bewußt so gefaßt worden, daß sie keine bestimmte Technologie vorschreibt. Mit Ausnahme der Jahresabschlüsse und der Eröffnungsbilanz ist damit die Speicherung/Archivierung der aufbewahrungspflichtigen Unterlagen (Dokumente) auf digitalen Datenträgern als sog. „andere Datenträger" i. S. d. § 147 Abs. 2 AO zulässig.

Dabei sind grundsätzlich zwei Verfahren zu unterscheiden:

1. Speicherung von analogen Dokumenten (in Papierform verkörperte Dokumente) Analoge Dokumente werden im Anschluß an den Scannvorgang auf digitalen Datenträgern archiviert. Der Scannvorgang bedarf einer genauen Organisationsanweisung darüber,

   – wer scannen darf
   – zu welchem Zeitpunkt gescannt wird
   – welches Schriftgut gescannt wird
   – ob eine bildliche oder inhaltliche Übereinstimmung mit dem Original erforderlich ist (§ 147 Abs. 1 Nr. 2 oder 3 AO)
   – wie die Qualitätskontrolle auf Lesbarkeit und Vollständigkeit und

– wie die Protokollierung von Fehlern zu erfolgen hat.

Das mittels Scannen entstandene digitale Dokument ist mit einem unveränderbaren Index zu versehen. Hard- und softwaremäßig muß sichergestellt sein, daß das Scannergebnis unveränderbar ist.

Im Anschluß an den Scannvorgang darf die weitere Bearbeitung nur mit dem gespeicherten Beleg erfolgen (z. B. Buchungsvermerke).

2. Speicherung von originär digitalen Dokumenten

Originär digitale Dokumente werden durch Übertragung der Inhalts- und Formatierungsdaten auf einen digitalen Datenträger archiviert.

Bei originär digitalen Dokumenten muß hard- und softwaremäßig sichergestellt sein, daß während des Übertragungsvorgangs auf das Speichermedium eine Bearbeitung nicht möglich ist. Die Indexierung hat wie bei gescannten Dokumenten zu erfolgen. Das so archivierte digitale Dokument kann nur unter dem zugeteilten Index bearbeitet und verwaltet werden. Die Bearbeitungsvorgänge sind zu protokollieren und mit dem Dokument zu speichern. Das bearbeitete Dokument ist als „Kopie" zu kennzeichnen.

Die gespeicherten Dokumente müssen während der gesamten Aufbewahrungsfrist jederzeit reproduzierbar d. h. lesbar sein (vgl. zu VII.).

c) Bei der Speicherung auf Datenträgern ist bei bestimmten Unterlagen sicherzustellen, daß die Wiedergabe mit der Originalunterlage bildlich übereinstimmt (§ 147 Abs. 2 Nr. 1 AO). Eine vollständige Farbwiedergabe ist erforderlich, wenn der Farbe Beweisfunktion zukommt.

Der Verzicht auf einen herkömmlichen Beleg darf die Möglichkeiten der Prüfung des betreffenden Buchungsvorgangs in formeller und sachlicher Hinsicht nicht beeinträchtigen. Der Erhalt der Verknüpfung zwischen Index, digitalem Dokument und Datenträger muß während der gesamten Aufbewahrungsfrist gewährleistet sein.

Die Originalunterlagen können darüber hinaus nur vernichtet werden, soweit sie nicht nach anderen Rechtsvorschriften im Original aufzubewahren sind.

Dieses Schreiben tritt an die Stelle meines Schreibens vom 5. Juli 1978 – IV A 7 – S 0316 – 7/78 – (BStBl I S. 250).

IX. Im übrigen bleiben die Regelungen der „Mikrofilm-Erlasse" (Bundessteuerblatt 1971 Teil I S. 647)[1]) unberührt.

Anlage
zum BMF-Schreiben
vom 7. November 1995
IV A 8 – S 0316 – 52/95

Grundsätze ordnungsmäßiger DV-gestützter Buchführungssysteme (GoBS)

Inhaltsverzeichnis

Vorwort
1 Anwendungsbereich
2 Beleg-, Journal- und Kontenfunktion
3 Buchung
4 Internes Kontrollsystem (IKS)
5 Datensicherheit
6 Dokumentation und Prüfbarkeit
7 Aufbewahrungsfristen
8 Wiedergabe der auf Datenträgern geführten Unterlagen
9 Verantwortlichkeit

Vorwort

DV-gestützte Buchführungssysteme – oder auch kurz DV-Buchführung genannt – führen in bezug auf die Erfüllung der GoB zu Fragen, auf die die folgenden Grundsätze eine Antwort geben.

Seit erstmaliger Veröffentlichung der Grundsätze ordnungsmäßiger Speicherbuchführung (GoS) im Jahre 1978 hat sich die Technik und Anwendung der DV weiterentwickelt und zu Veränderungen im Bereich des kaufmännischen Rechnungswesens und seinen Arbeitsabläufen geführt.

Die seinerzeit verfaßten GoS beruhen auf der Basis einer reinen Speicherbuchführung, bei der die Buchungen auf maschinell lesbaren Datenträgern gespeichert und nur für bestimmte Zwecke lesbar gemacht werden sollten. Es setzte sich allerdings rasch die heute herrschende Auffassung durch, daß die GoS als Auslegung der Grundsätze ordnungsmäßiger Buchführung (GoB) für **alle** DV-gestützten rechnungslegungsrelevanten Verfahren generell gelten müssen. Zur Anpassung an die heute eingerichteten und zukünftigen Informationssysteme in den Unternehmen werden daher die bisherigen „Grundsätze ordnungsmäßiger Speicherbuchführung" als **„Grundsätze ordnungsmäßiger DV-gestützter Buchführungssysteme"** (GoBS) neu gefaßt.

Die Entwicklungen der letzten Jahre im Bereich der DV haben weiterhin zu einer veränderten Betrachtungsweise der DV-gestützten Buchführung geführt. Von wesentlicher Bedeutung ist dabei, daß die Unternehmensfunktion „Buchhaltung" nicht mehr ohne weiteres – wie früher – eindeutig abgrenzbar ist. Durch den Einsatz integrierter DV-Systeme können „Buchhaltungsdaten", die bereits in außerhalb der Abteilung „Buchhaltung" vorgesehenen Arbeitsabläufen entstehen, unmittelbar in das Buchführungssystem einfließen, z. B. bei Betriebsdatenerfassung (BDE) und Datenübermittlung (z. B. Electronic Data Interchange – EDI). Derartige Verfahren im weiteren Sinne können somit Belegfunktion erlangen, wodurch sie dann ebenfalls den GoB und damit den Regeln der GoBS unterliegen. Der Begriff der Belegfunktion, der in Kapitel 2 näher erläutert wird, verdeutlicht, daß die Buchführung mehr als bislang in den Bereich der DV-gestützten Verfahren, die nicht immer auf den ersten Blick dem DV-gestützten Buchführungssystem zugeordnet werden, integriert sein kann. Aus diesem Grund ist es sinnvoll, den Begriff EDV-Buchführung durch den Begriff **DV-gestütztes Buchführungssystem** zu ersetzen.

Da die GoBS die Anforderungen an die Kontrollen, Regelungen und Maßnahmen beinhalten, die der Buchführungspflichtige vorsehen und umsetzen muß, um den GoB bei Einsatz der DV zu genügen, ist es erforderlich, den Begriff des **Internen Kontrollsystems** (IKS) in die GoBS einzuführen. Das IKS stellt unter anderem darauf ab, daß die Ausgestaltung organisatorischer Kontrollmechanismen, wie z. B. Funktionstrennungen und Abstimmkontrollen, die Ordnungsmäßigkeit einer Buchführung bestimmt.

Moderne Verfahren und Hilfsmittel der Programmerstellung und der Programmpflege und der daraus gewonnenen Dokumentation eines Programms führen unter Umständen zu weiteren, bisher nicht bekannten Dokumentationsformen. Dieser Entwicklung wird in dieser Schrift ebenso Rechnung getragen wie beispielsweise auch den Fragen der Herstellung der Programmidentität und des Zugriffsschutzes.

1 Anwendungsbereich

1.0 Die gesetzlichen Voraussetzungen für eine Buchführung, die auf Datenträgern geführt wird (DV-Buchführung), enthalten das Handelsgesetzbuch (HGB) und die Abgabenordnung (AO). Nach § 239 Abs. 4 HGB und § 146 Abs. 5 AO können Handelsbücher oder Bücher und die sonst erforderlichen Aufzeichnungen auch in der geordneten Ablage von Belegen bestehen oder auf Datenträgern geführt werden, soweit diese Formen der Buchführung einschließlich des dabei angewandten Verfahrens den GoB entsprechen.

Die Grundsätze ordnungsmäßiger DV-gestützter Buchführungssysteme ersetzen nicht die GoB; sie stellen lediglich eine Präzisierung der GoB im Hinblick auf die DV-Buchführung dar und beschreiben die Maßnahmen, die der Buchführungspflichtige ergreifen muß, will er sicherstellen, daß die Buchungen und sonst erforderlichen Aufzeichnungen vollständig, richtig, zeitgerecht und geordnet vorgenommen werden. Für die Einhaltung der GoB ist auch bei der DV-Buchführung der Buchführungspflichtige verantwortlich.

1.1 Als **DV-gestütztes Buchführungssystem** soll nachfolgend eine Buchführung bezeichnet werden, die insgesamt oder in Teilbereichen kurzfristig oder auf Dauer unter Nutzung von Hardware und Software auf DV-Datenträgern geführt wird. Dabei ist sicherzustellen, daß während der Dauer der DV-Speicherung die Bücher, Belege und sonst erforderlichen Aufzeichnungen jederzeit innerhalb angemessener Frist verfügbar und lesbar gemacht werden können. Zu den DV-Datenträgern gehören neben den magnetischen Datenträgern insbesondere auch elektro-optische Datenträger. Da die Erstellung der Mikrofilme mit Hilfe des COM-Verfahrens (Computer-Output-Microfilm) die integrierte Fortsetzung des EDV-Verfahrens ist, unterliegt dieses Verfahren ebenfalls den GoBS.

In einem DV-gestützten Buchführungssystem sind auch solche Prozesse zu berücksichtigen, in denen außerhalb des eigentlichen Buchhaltungsbereiches buchführungsrelevante Daten erfaßt, erzeugt, verarbeitet und/oder übermittelt werden.

1.2 Bei einer DV-Buchführung sind, wie bei jeder anderen Buchführung, die Ordnungsvorschriften der §§ 238, 239 und 257 HGB und die §§ 145 und 146 AO zu beachten. Danach gilt vor allem folgendes:

– Die buchungspflichtigen Geschäftsvorfälle müssen richtig, vollständig und zeitgerecht erfaßt sein sowie sich in ihrer Entstehung und Abwicklung verfolgen lassen (Beleg- und Journalfunktion).

– Die Geschäftsvorfälle sind so zu verarbeiten, daß sie geordnet darstellbar sind und ein Überblick über die Vermögens- und Ertragslage gewährleistet ist (Kontenfunktion).

- Die Buchungen müssen einzeln und geordnet nach Konten und diese fortgeschrieben nach Kontensummen oder Salden sowie nach Abschlußposition dargestellt und jederzeit lesbar gemacht werden können.
- Ein sachverständiger Dritter muß sich in dem jeweiligen Verfahren der Buchführung in angemessener Zeit zurechtfinden und sich einen Überblick über die Geschäftsvorfälle und die Lage des Unternehmens verschaffen können.
- Das Verfahren der DV-Buchführung muß durch eine Verfahrensdokumentation, die sowohl die aktuellen als auch die historischen Verfahrensinhalte nachweist, verständlich und nachvollziehbar gemacht werden.
- Es muß gewährleistet sein, daß das in der Dokumentation beschriebene Verfahren dem in der Praxis eingesetzten Programm (Version) voll entspricht (Programmidentität).

2 Beleg-, Journal- und Kontenfunktion

2.1 Grundsatz

Dem Prinzip, daß ein **sachlicher und zeitlicher Nachweis** über sämtliche buchführungspflichtigen Geschäftsvorfälle erbracht werden muß, hat auch die DV-Buchführung zu entsprechen.

Die **Nachvollziehbarkeit** des einzelnen buchführungspflichtigen Geschäftsvorfalls wird durch die Beachtung der Beleg-, Journal- und Kontenfunktion gewährleistet.

Der Zusammenhang zwischen dem zugrundeliegenden Geschäftsvorfall und dessen Buchung bzw. dessen DV-Verarbeitung muß durch eine aussagekräftige **Verfahrensdokumentation** – ergänzt durch den **Nachweis ihrer ordnungsmäßigen Anwendung** – dargestellt werden (vgl. Kapitel 6 „Dokumentation und Prüfbarkeit"). Der Buchführungspflichtige muß im Einzelfall durch Hinzuziehung der Verfahrensdokumentation die Erfüllung der Beleg-, Journal- und Kontenfunktion sicherstellen, um damit einem sachverständigen Dritten in angemessener Zeit einen ausreichend sicheren, eindeutigen und verständlichen Nachweis der Geschäftsvorfälle und deren Verarbeitung zu ermöglichen.

2.2 Belegfunktion

2.2.1 Die Belegfunktion stellt die Basis für die Beweiskraft der Buchführung dar. Sie ist der nachvollziehbare Nachweis über den Zusammenhang zwischen den unternehmensexternen und -internen buchungspflichtigen Vorgängen in der Realität einerseits und dem gebuchten Inhalt in den Geschäftsbüchern andererseits. Selbstverständlich muß auch für die Buchungen in DV-Buchführungen die Belegfunktion erfüllt sein.

2.2.2 Aus dem Geschäftsverkehr mit Kunden, Lieferanten, Banken, Versicherungen, Behörden etc. ergeben sich **unternehmensexterne** buchungspflichtige Geschäftsvorfälle, die die Vermögens-, Ertrags- und Finanzlage des Buchführungspflichtigen beeinflussen.

2.2.3 Soweit buchungspflichtige Vorgänge auf einem internen Leistungsprozeß beruhen oder zur Abgrenzung von Abrechnungsperioden dienen, handelt es sich um **unternehmensinterne** Geschäftsvorfälle.

2.2.4 Bei einer DV-Buchführung kann die Belegfunktion auf verschiedene Arten erfüllt werden. Das ergibt sich dadurch, daß bei DV-Buchführungen Buchungen nicht nur aufgrund vorliegender konventioneller Papierbelege, sondern zunehmend auch durch automatische Datenerfassung (z. B. Betriebsdatenerfassung), durch programminterne Routinen sowie durch Austausch maschinell lesbarer Datenträger oder durch Datenfernübertragung (z. B. EDI) ausgelöst werden können.

2.2.5 Unabhängig von der Art der Erfüllung der Belegfunktion müssen zum Buchungsvorgang die folgenden **Inhalte** belegt werden:

- hinreichende Erläuterung des Vorganges,
- zu buchender Betrag oder Mengen- und Wertangaben, aus denen sich der zu buchende Betrag ergibt,
- Zeitpunkt des Vorganges (Bestimmung der Buchungsperiode),
- Bestätigung des Vorganges (Autorisation) durch den Buchführungspflichtigen.

2.2.6 Bei Vorliegen konventioneller Belege ist eine erfassungsgerechte **Aufbereitung** der Belege sicherzustellen. Aus dem Beleg müssen die einzelnen zu buchenden Angaben eindeutig erkennbar sein.

Die Aufbereitung der Belege ist insbesondere bei Fremdbelegen von Bedeutung, da der Buchführungspflichtige im allgemeinen keinen Einfluß auf die Gestaltung der ihm zugesandten Handelsbriefe, z. B. Rechnungen, hat.

2.2.7 Im Unterschied zu den konventionell abgewickelten Geschäftsvorfällen muß die Belegfunktion zu programminternen Buchungen, Buchungen auf der Basis einer automatischen Betriebsdatenerfassung (BDE) und Buchungen auf der Basis eines elektronischen Datentransfers (EDI, Datenträgeraustausch) durch das jeweilige Verfahren erfüllt werden. Das Verfahren ist in diesem Zusammenhang wie ein Dauerbeleg zu betrachten.

Die Erfüllung der Belegfunktion ist in diesen Fällen durch die ordnungsgemäße Anwendung des jeweiligen Verfahrens nachzuweisen. Dies ist durch den Nachweis der Durchführung der in dem jeweiligen Verfahren vorgesehenen Kontrollen sowie durch die Verfahrensdokumentation (vgl. Kapitel 6 „Dokumentation und Prüfbarkeit") zu erbringen.

Durch die Verfahrenskontrollen (vgl. Kapitel 4 „Internes Kontrollsystem") ist die Vollständigkeit und Richtigkeit der Geschäftsvorfälle sowie deren Bestätigung (Autorisation) durch den Buchführungspflichtigen sicherzustellen.

2.3 Journalfunktion

2.3.1 Der Nachweis der vollständigen, zeitgerechten und formal richtigen Erfassung der Geschäftsvorfälle kann durch **Protokollierung** auf verschiedenen Stufen des Verarbeitungsprozesses erbracht werden (bei der Datenerfassung/-übernahme, im Verlauf der Verarbeitung, am Ende der Verarbeitung). Erfolgt die Protokollierung nicht bereits bei der Datenerfassung/-übernahme (z. B. Primanota), sondern erst auf einer nachfolgenden Verarbeitungsstufe (z. B. maschineninterne Buchungsprotokolle), dann muß durch Maßnahmen/Kontrollen in dem Verfahren die Vollständigkeit der Geschäftsvorfälle von deren Entstehung bis zur Protokollierung sichergestellt sein.

Die Protokollierung kann sowohl auf Papier als auch auf einem Bildträger oder anderen Datenträgern erfolgen (siehe auch Kapitel 8 „Wiedergabe der auf Datenträgern geführten Unterlagen").

2.3.2 Der Nachweis (Journalfunktion) über die vollständig, zeitgerechte und formal richtige Erfassung, Verarbeitung und Wiedergabe eines Geschäftsvorfalls muß während der gesetzlichen Aufbewahrungsfrist innerhalb eines angemessenen Zeitraumes darstellbar sein.

Die Geschäftsvorfälle müssen dabei in zeitlicher Reihenfolge sowie in übersichtlicher und verständlicher Form sowohl vollständig als auch auszugsweise dargestellt werden können.

2.4 Kontenfunktion

Zur Erfüllung der **Kontenfunktion** müssen die Geschäftsvorfälle nach Sach- und Personenkonten geordnet dargestellt werden können.

Die Ordnungsmäßigkeit bei Buchung verdichteter Zahlen auf Sach- und Personenkonten erfordert die Möglichkeit des Nachweises der in den verdichteten Zahlen enthaltenen Einzelposten.

Die Darstellung der Konten kann per Bildschirmanzeige, auf Papier sowie auf einem Bild- oder anderem Datenträger erfolgen. Soweit eine Darstellung per Bildschirmanzeige oder anderem Datenträger erfolgt, ist bei berechtigter Anforderung eine ohne Hilfsmittel lesbare Wiedergabe bereitzustellen (siehe auch Kapitel 8 „Wiedergabe der auf Datenträgern geführten Unterlagen").

3 Buchung

3.1 Geschäftsvorfälle bei DV-Buchführungen (batch-/dialogorientierte Verfahren) sind dann ordnungsgemäß gebucht, wenn sie nach einem **Ordnungsprinzip vollständig, formal richtig, zeitgerecht** und **verarbeitungsfähig erfaßt und gespeichert** sind:

- Das **Ordnungsprinzip** bei DV-gestützten Buchführungssystemen setzt die Erfüllung der Belegfunktion sowie der Kontenfunktion voraus. Die Speicherung der Geschäftsvorfälle nach einem bestimmten Ordnungsmerkmal ist nicht vorgeschrieben. Die Forderung nach einem Ordnungsprinzip ist erfüllt, wenn auf die gespeicherten Geschäftsvorfälle und/oder Teile von diesen gezielt zugegriffen werden kann.

- Die **Verarbeitungsfähigkeit** der Buchungen muß, angefangen von der maschinellen Erfassung über die weiteren Bearbeitungsstufen, sichergestellt sein. Sie setzt voraus, daß – neben den Daten zum Geschäftsvorfall selbst – auch die für die Verarbeitung erforderlichen Tabellendaten und Programme gespeichert sind.

- Durch **Kontrollen** ist sicherzustellen, daß **alle** Geschäftsvorfälle **vollständig** erfaßt werden und nach erfolgter Buchung nicht unbefugt (d. h. nicht ohne Zugriffsschutzverfahren) und nicht ohne Nachweis des vorausgegangenen Zustandes verändert werden können.

- Der Nachweis der Kontrollen kann in Form von Buchungsprotokollen oder in anderer protokollierbarer, verfahrensabhängiger Darstellungsweise (maschinell erstellte Erfassungs-, Übertragungs- und Verarbeitungsprotokolle) geschehen (siehe auch Ausführungen in Kapitel 4 „Internes Kontrollsystem").

- Die **formale Richtigkeit** der Buchungen muß durch Erfassungskontrollen sichergestellt werden, um zu gewährleisten, daß alle für die – unmittelbar oder zeitlich versetzt – nachfolgende Verarbeitung erforderlichen Merkmale einer Buchung vorhanden und plausibel sind. Insbesondere müssen die Merkmale für eine zeitliche Darstellung sowie eine Darstellung nach Sach- und Personenkonten gespeichert sein.

- Die Forderung nach zeitgerechter Verbuchung bezieht sich auf die zeitnahe und periodengerechte (der richtigen Abrechnungsperiode zugeordnete) Erfassung der Geschäftsvorfälle.

3.2 Aus den vorangehend dargestellten Anforderungen für den Zeitpunkt der Buchung ergibt sich, daß der Vollzug der Buchung vom gewählten Verfahren abhängig ist. Der Zeitpunkt der Buchung muß in der Verfahrensdokumentation (z. B. im Anwenderhandbuch) definiert sein.

Werden erfaßte Daten vor dem Buchungszeitpunkt, z. B. wegen **offensichtlicher Unrichtigkeit** korrigiert, braucht der ursprünglich gespeicherte Inhalt nicht feststellbar zu sein.

Werden Merkmale (Belegbestandteile, Kontierung) einer erfolgten Buchung **verändert**, so muß der Inhalt der ursprünglichen Buchung feststellbar bleiben, z. B. durch Aufzeichnungen über durchgeführte Änderungen (Storno- und Neubuchung). Diese Änderungsnachweise sind Bestandteil der Buchführung und aufzubewahren.

4 Internes Kontrollsystem (IKS)

4.1 Als IKS wird grundsätzlich die Gesamtheit **aller aufeinander abgestimmten und miteinander verbundenen Kontrollen, Maßnahmen und Regelungen** bezeichnet, die die folgenden Aufgaben haben:

- Sicherung und Schutz des vorhandenen Vermögens und vorhandener Informationen vor Verlusten aller Art;

- Bereitstellung vollständiger, genauer und aussagefähiger sowie zeitnaher Aufzeichnungen;

- Förderung der betrieblichen Effizienz durch Auswertung und Kontrolle der Aufzeichnungen und

- Unterstützung der Befolgung der vorgeschriebenen Geschäftspolitik.

4.2 Ziel des IKS im Zusammenhang mit einer DV-Buchführung muß es sein, den Buchführungspflichtigen dahingehend zu unterstützen, die Gesetz- und Satzungsmäßigkeit von Buchführung und Jahresabschluß sicherzustellen sowie sich einen Überblick über die wirtschaftliche Lage des Unternehmens zu verschaffen.

Für die Erfüllung der GoBS ist daher die Bereitstellung vollständiger, genauer, aussagefähiger und zeitgerechter Aufzeichnungen eine wesentliche Voraussetzung. Die Sicherung und der Schutz des vorhandenen Vermögens und vorhandener Informationen vor Verlusten aller Art ist zur Erfüllung der GoBS gegebenenfalls auch zu beachten.

4.3 Zum Nachweis der Ordnungsmäßigkeit einer DV-Buchführung muß daher das IKS im Hinblick auf die beiden in 4. 2 genannten Aufgaben (Bereitstellen der Aufzeichnungen; Vermögensschutz i. w. S.) beurteilt werden. Dabei reichen wegen komplexer Abläufe und Strukturen beim Buchführungspflichtigen einzelne, voneinander isolierte Kontrollmaßnahmen keinesfalls aus. Vielmehr bedarf es einer planvollen und lückenlosen Vorgehensweise, um ein effizientes Kontrollsystem im Unternehmen zu installieren.

4.4 Bei der Gestaltung und Beurteilung eines IKS sind bei DV-Einsatz im Hinblick auf diese beiden Aufgabenstellungen folgende Punkte zu beachten:

a) Komplexe und integrierte Systeme erfordern maschinelle und manuelle Kontrollen zur Vollständigkeit und Richtigkeit. Die manuellen und maschinellen Kontrollen müssen aufeinander abgestimmt sein.

b) Die Zuständigkeit/Verantwortung für betriebliche Funktionen muß **eindeutig** geregelt sein. Bei der Zuständigkeits- bzw. Verantwortungsregelung ist das Prinzip der **Funktionstrennung** zu beachten. Ist eine Funktionstrennung nicht möglich bzw. wirtschaftlich nicht zumutbar, so sind weitere organisatorische Kontrollen in angemessener Form notwendig.

c) Buchungsrelevante Arbeitsabläufe müssen definiert und in ihrer Reihenfolge festgelegt sein.

d) Ausgeführte manuelle und maschinelle Kontrollen müssen dokumentiert werden (Abstimmungskontrollen/Plausibilitätskontrollen, Freigabeverfahren).

Bei den Kontrollmaßnahmen ist zu beachten, daß **manuelle Kontrollen** umgehbar sind oder gegebenenfalls nicht mit der gebotenen Sorgfalt ausgeführt werden. Sie bedürfen daher **grundsätzlich** einer **nachträglichen Überwachung**.

Maschinelle Kontrollen sind in Programmabläufe integrierte Prüfbedingungen, die die Verarbeitung von nicht plausiblen und unvollständigen Daten verhindern sollen. Sie können sowohl auf den Ebenen der Betriebssysteme und betriebssystemnahen Software als auch auf der Ebene der Anwendungsprogramme eingerichtet werden.

e) Im Rahmen eines funktionsfähigen IKS muß auch die Programmidentität sichergestellt werden, d. h., es muß periodenbezogen geprüft werden, ob die eingesetzte DV-Buchführung auch tatsächlich dem dokumentierten System entsprochen hat (siehe auch Kapitel 6. 2. 3).

Die Notwendigkeit der Sicherstellung der Programmidentität besteht unabhängig von der Art der eingesetzten Rechnersysteme (von der Groß-DV bis zum Standalone-PC).

Wichtige Voraussetzung für die Sicherstellung der Programmidentität ist insbesondere das Vorhandensein und das abgestimmte Ineinanderwirken aktueller, den unternehmensspezifischen Besonderheiten Rechnung tragender

- Richtlinien für
  - Programmierung
  - Programmtests
  - Programmfreigaben
  - Programmänderungen
  - Änderungen von Stamm- und Tabellendaten
  - Zugriffs- und Zugangsverfahren
  - den ordnungsgemäßen Einsatz von Datenbanken, Betriebssystemen und Netzwerken
- Einsatz von Testdatenbeständen/-systemen
- Programmeinsatzkontrollen.

Entsprechend den generellen Anforderungen an Transparenz, Kontrollierbarkeit und Verläßlichkeit der eingesetzten maschinellen Verarbeitungssysteme muß gewährleistet sein, daß jedes produktiv eingesetzte Programm autorisiert für den richtigen Zweck eingesetzt wird. Dabei muß die jeweils aktuelle Programmversion feststellbar sein und dokumentiert werden.

4.5 Das IKS ist zu beschreiben; insbesondere ist hierbei den „Mensch-Maschine-Schnittstellen" besondere Bedeutung beizumessen.

Die Beschreibung des IKS – soweit für das Verständnis des DV-Buchführungssystems relevant – ist Bestandteil der Verfahrensdokumentation (vgl. Kapitel 6).

5 Datensicherheit

5.1 Die starke Abhängigkeit der Unternehmung von ihren gespeicherten Informationen macht ein ausgeprägtes Datensicherheitskonzept für das Erfüllen der GoBS unabdingbar. Dabei muß dem Unternehmen bewußt und klar sein, daß Datensicherheit nur dann hergestellt und auf Dauer gewährleistet werden kann, wenn bekannt ist, was, wogegen, wie lange und wie zu sichern ist und geschützt werden soll.

5.2 Zu sichern und zu schützen sind neben den auf Datenträgern gespeicherten, für die Buchführung relevanten Informationen zugleich die weiteren Informationen, an deren Sicherung und Schutz das Unternehmen ein Eigeninteresse hat oder dies aufgrund anderer Rechtsgrundlagen erforderlich ist.

Unter „Informationen" sind in diesem Zusammenhang die Software (Betriebssystem, Anwendungsprogramme), die Tabellen- und Stammdaten, die Bewegungsdaten (z. B. die Daten eines Geschäftsvorfalles) sowie die sonstigen Aufzeichnungen zu verstehen.

Belege und sonstige Aufzeichnungen, die vom Buchführungspflichtigen in konventioneller Form (Papier) aufbewahrt werden, sind ebenfalls zu sichern und zu schützen.

5.3 Diese Informationen sind gegen Verlust zu sichern und gegen unberechtigte Veränderung zu schützen. Über die Anforderungen der GoBS hinaus sind die sensiblen Informationen des Unternehmens auch gegen unberechtigte Kenntnisnahme zu schützen.

5.4 Die buchhalterisch relevanten Informationen sind zumindest für die Dauer der gesetzlichen Aufbewahrungsfrist zu sichern und zu schützen (vgl. Kapitel 7 „Aufbewahrungsfristen"). Vom Unternehmen ist zu entscheiden, ob und für welche Informationen aus unternehmensinternen Gründen eine längere Aufbewahrungsdauer gelten soll.

Da zur Erfüllung der Anforderung, die buchhalterisch relevanten Informationen während der Dauer der Aufbewahrungspflicht jederzeit lesbar machen zu können, nicht nur die Verfügbarkeit der Daten und der Software, sondern auch der Hardware gewährleistet sein muß, muß das Datensicherungskonzept im weiteren Sinne auch die Sicherung der EDV-technischen Installationen (Hardware, Leitungen etc.) umfassen.

5.5 Wie im einzelnen Unternehmen die erforderliche Datensicherheit hergestellt und auf Dauer gewährleistet werden kann, ist von den im Einzelfall gegebenen technischen

5.5.1 Der Schutz der Informationen gegen unberechtigte Veränderungen ist durch wirksame Zugriffs- bzw. Zugangskontrollen zu gewährleisten. Dies sind einmal die Zugriffsberechtigungskontrollen, die so zu gestalten sind, daß nur berechtigte Personen in dem ihrem Aufgabenbereich entsprechenden Umfang auf Programme und Daten zugreifen können. Es sind zum anderen die Zugangskontrollen zu den Räumen, in denen die Datenträger aufbewahrt werden. Diese Zugangskontrollen müssen verhindern, daß unberechtigte Personen Zugang zu Datenträgern haben. Sie müssen insbesondere auch für die Räumlichkeiten gelten, in die die Datenträger der Datensicherung ausgelagert sind.

5.5.2 Die Sicherung der Informationen vor Verlust erfordert im ersten Schritt die Durchführung von Datensicherungsprozeduren zu den auf dem EDV-System geführten Programmen und Daten. Die Durchführung von Datensicherungsprozeduren ist verbindlich anzuweisen. Es ist zweckmäßig, periodische Datensicherungsprozeduren vorzusehen und ergänzend zu diesen ad hoc Sicherungen durchzuführen, wenn im Zeitraum zwischen zwei Datensicherungen außergewöhnlich intensiv Programme und/oder Daten geändert/verarbeitet wurden. Zu den aufbewahrungspflichtigen und weiteren sensiblen Daten und Programmen sollten Sicherungskopien zusätzlich erstellt und an einem anderen Standort (anderer Sicherheitsbereich) aufbewahrt werden.

Der zweite Schritt der Sicherung der Informationen vor Verlust umfaßt die Maßnahmen, durch die für die gesicherten Programme/Datenbestände die Risiken hinsichtlich Unauffindbarkeit, Vernichtung und Diebstahl im erforderlichen Maß reduziert werden.

Das Risiko der Unauffindbarkeit ist durch das Führen eines systematischen Verzeichnisses über die gesicherten Programme/Datenbestände zu reduzieren. Aus dem Verzeichnis muß sich zu dem einzelnen Datenträger dessen Standort, dessen Inhalt, Datum der Sicherung und frühestes Datum des Löschens des Datenträgerinhaltes ergeben.

Das Risiko der Vernichtung der Datenträger ist dadurch zu reduzieren, daß für die Aufbewahrungsstandorte die Bedingungen geschaffen werden, durch die eine Vernichtung/Beeinträchtigung der gesicherten Informationen durch Feuer, Temperatur/Feuchtigkeit, Magnetfelder etc. weitestgehend ausgeschlossen ist.

Das Risiko des Diebstahls der Datenträger ist dadurch zu reduzieren, daß diese in verschlossenen und ausreichend gegen Einbruch gesicherten Räumen bzw. Tresoren aufbewahrt werden.

Um bei Langzeitspeicherung der aufbewahrungspflichtigen Informationen die Lesbarkeit der Datenträger sicherzustellen, ist anzuweisen, in welchen Zeitabständen die Lesbarkeit der Datenträger zu überprüfen ist. Wie groß diese Zeitabstände sein dürfen, ist von der benutzten Speicherungstechnik abhängig.

5.6 Da das „Wie" der Datensicherheit von dem jeweils gegebenen Stand der EDV-Technik abhängt, ergibt sich aus der technischen Entwicklung für das Unternehmen die Notwendigkeit, ihr Datensicherheitskonzept den jeweils aktuellen Anforderungen und Möglichkeiten anzupassen.

5.7 Das Datensicherungskonzept des Unternehmens ist zu dokumentieren. Dies gilt insbesondere für das Verfahren/die Prozeduren der Datensicherung (vgl. Kapitel 6 „Dokumentation und Prüfbarkeit").

6 Dokumentation und Prüfbarkeit

6.0 Die DV-Buchführung muß – wie jede Buchführung – von einem sachverständigen Dritten hinsichtlich ihrer formellen und sachlichen Richtigkeit in angemessener Zeit prüfbar sein. Dies bezieht sich auf die Prüfbarkeit einzelner Geschäftsvorfälle (Einzelprüfung) als auch auf die Prüfbarkeit des Abrechnungsverfahrens (Verfahrens- oder Systemprüfung). Weiterhin muß sich aus der Dokumentation, daß das Verfahren entsprechend seiner Beschreibung durchgeführt worden ist.

6.1 Aus der zugrunde zu legenden Verfahrensdokumentation müssen Inhalt, Aufbau und Ablauf des Abrechnungsverfahrens vollständig ersichtlich sein. Insbesondere muß sich aus der Verfahrensdokumentation die Umsetzung der in den Kapiteln 1 bis 5 enthaltenen Anforderungen an ein ordnungsmäßiges Verfahren ergeben.

Wie die erforderliche Verfahrensdokumentation formal gestaltet und technisch geführt wird, kann der Buchführungspflichtige individuell entscheiden. Die jeweilige Verfahrensdokumentation muß für einen sachverständigen Dritten aber verständlich sein.

Der Umfang der erforderlichen Verfahrensdokumentation richtet sich nach der Komplexität der DV-Buchführung (z. B. Anzahl und Größe der Programme, Struktur ihrer Verbindungen untereinander, Nutzung von Tabellen). Die Anforderungen an die Verfahrensdokumentation sind unabhängig von der Größe/Kapazität der genutzten DV-Anlage (Hardware) zu stellen, das heißt, sowohl bei Großrechnersystemen als auch bei PC-Systemen ist für eine entsprechende Verfahrensdokumentation zu sorgen.

Auch bei fremderworbener Software, bei der die Dokumentation vom Software-Ersteller angefertigt wird, ist der Buchführungspflichtige für die Vollständigkeit und den Informationsgehalt der Verfahrensdokumentation verantwortlich. Er ist deshalb auch dafür verantwortlich, daß im Bedarfsfalle die Teile der Verfahrensdokumentation eingesehen werden können, die ihm nicht ausgehändigt worden sind.

6.2 Die Verfahrensdokumentation muß insbesondere beinhalten:
- eine Beschreibung der sachlogischen Lösung
- die Beschreibung der programmtechnischen Lösung
- eine Beschreibung, wie die Programm-Identität gewährt wird
- Beschreibung, wie die Integrität von Daten gewahrt wird
- Arbeitsanweisungen für den Anwender.

Die Beschreibung eines jeden der vorgenannten Bereiche muß den Umfang und die Wirkungsweise des internen Kontrollsystems erkennbar machen.

6.2.1 Die sachlogische Beschreibung enthält die Darstellung der fachlichen Aufgabe aus der Sicht des Anwenders.

Diese enthält insbesondere folgende Punkte:
- Generelle Aufgabenstellung
- Beschreibung der Anwenderoberflächen für Ein- und Ausgabe einschließlich der manuellen Arbeiten
- Beschreibung der Datenbestände
- Beschreibung von Verarbeitungsregeln
- Beschreibung des Datenaustausches (Datenträgeraustausch/Datentransfer)
- Beschreibung der maschinellen und manuellen Kontrollen
- Beschreibung der Fehlermeldungen und der sich aus den Fehlern ergebenden Maßnahmen
- Schlüsselverzeichnisse
- Schnittstellen zu anderen Systemen.

6.2.2 Die Beschreibung der programmtechnischen Lösung hat zu zeigen, wo und wie die sachlogischen Forderungen in Programmen umgesetzt sind. Tabellen, über die die Funktionen der Programme beeinflußt werden können, sind wie Programme zu behandeln.

Programmänderungen sind in der Verfahrensdokumentation auszuweisen. Soweit die Programmänderungen nicht automatisch dokumentiert werden, muß durch zusätzliche organisatorische Maßnahmen gewährleistet werden, daß Alt- und Neuzustand eines geänderten Programms nachweisbar sind. Änderungen von Tabellen mit Programmfunktion sind in der Weise zu dokumentieren, daß für die Dauer der Aufbewahrungsfrist der jeweilige Inhalt einer Tabelle festgestellt werden kann.

6.2.3 In der Beschreibung, wie die Programmidentität gewahrt wird, hat der Buchführungspflichtige nachzuweisen, daß die sachlogischen Forderungen durch die eingesetzten Programme erbracht werden bzw. erbracht worden sind. Hierzu gehören die präzise Beschreibung des Freigabeverfahrens mit Regelungen über Freigabekompetenzen, der durchzuführenden Testläufe und die dabei zu verwendenden Daten sowie Anweisungen für Programmeinsatzkontrollen.

Zum Nachweis der Programmidentität gehört im wesentlichen die Freigabeerklärung in Verbindung mit vorhandenen Testdatenbeständen. Aus der Freigabeerklärung muß sich ergeben, welche Programmversion ab welchem Zeitpunkt für den produktiven Einsatz vorgesehen ist.

6.2.4 Als Maßnahmen zur Wahrung der Datenintegrität sind alle Vorkehrungen zu beschreiben, durch die erreicht wird, daß Daten und Programme nicht von Unbefugten geändert werden können. Hierzu gehören neben der Beschreibung des Zugriffsberechtigungsverfahrens der Nachweis der sachgerechten Vergabe von Zugriffsberechtigungen.

6.2.5 Die Arbeitsanweisungen, die für den Anwender zur sachgerechten Erledigung und Durchführung seiner Aufgaben vorhanden sein müssen, gehören ebenfalls zur Verfahrensdokumentation und sind schriftlich zu fixieren. Das ist insbesondere die Beschreibung der im Verfahren vorgesehenen manuellen Kontrollen und Abstimmungen. Die Schnittstellen zu vor- und nachgelagerten Systemen sind hierbei zu berücksichtigen.

7 Aufbewahrungsfristen

Daten mit Belegfunktion sind grundsätzlich sechs Jahre, Daten und sonst erforderliche Aufzeichnungen mit Grundbuch- oder Kontenfunktion sind grundsätzlich zehn Jahre aufzubewahren.

Die Verfahrensdokumentation zur DV-Buchführung gehört zu den Arbeitsanweisungen und sonstigen Organisationsunterlagen im Sinne des § 257 Abs. 1 HGB bzw. § 147 Abs. 1 AO und ist grundsätzlich zehn Jahre aufzubewahren. Teile der Verfahrensdokumentation, denen ausschließlich Beleglegfunktion zukommt (z. B. die Dokumentation zur DV-Verkaufsabrechnung, aus der sich die Buchungen zu den Forderungen ergeben), sind grundsätzlich sechs Jahre aufzubewahren. Die Verfahrensdokumentation kann auch auf Bildträgern oder auf anderen Datenträgern aufbewahrt werden.

Die Aufbewahrungsfristen für die Verfahrensdokumentation beginnen mit dem Schluß des Kalenderjahres, in dem buchhaltungsrelevante Daten in Anwendung des jeweiligen Verfahrens erfaßt wurden, entstanden sind oder bearbeitet wurden.

8 Wiedergabe der auf Datenträgern geführten Unterlagen

8.0 Der Buchführungspflichtige hat zu gewährleisten, daß die gespeicherten Buchungen sowie die zu ihrem Verständnis erforderlichen Arbeitsanweisungen und sonstigen Organisationsunterlagen jederzeit innerhalb angemessener Frist lesbar gemacht werden können. Er muß die dafür erforderlichen Daten, Programme sowie Maschinenzeiten und sonstigen Hilfsmittel, z. B. Personal, Bildschirme, Lesegeräte, bereitstellen. Auf Verlangen eines berechtigten Dritten (z. B. Finanzbehörde, Abschlußprüfer) hat er **in angemessener Zeit** die gespeicherten Buchungen **lesbar** zu machen sowie die zu ihrem Verständnis erforderlichen Arbeitsanweisungen und sonstigen Organisationsunterlagen **vorzulegen** und auf Anforderung ohne Hilfsmittel lesbare Reproduktionen beizubringen.

8.1 Die inhaltliche Übereinstimmung der Wiedergabe mit den auf den maschinell lesbaren Datenträgern geführten Unterlagen muß durch das jeweilige Archivierungsverfahren sichergestellt sein.

Ist eine bildliche Übereinstimmung der Wiedergabe mit der Originalunterlage gefordert – dies trifft gemäß § 257 HGB und § 147 Abs. 2, Ziffer 1 AO für empfangene Handelsbriefe und Buchungsbelege zu, soweit sie ursprünglich bildlich vorgelegen haben –, muß das jeweilige Archivierungsverfahren eine originalgetreue, bildliche Wiedergabe sicherstellen. Die Anforderung nach bildlicher Wiedergabe ist erfüllt, wenn alle auf der Originalunterlage enthaltenen Angaben zur Aussage- und Beweiskraft des Geschäftsvorfalles originalgetreu bildlich wiedergegeben werden.

8.2 Das Verfahren für die Wiedergabe der auf Bildträgern und auf anderen Datenträgern geführten Unterlagen (Datenausgabe) ist in einer Arbeitsanweisung des Buchführungspflichtigen schriftlich niederzulegen (z. B. Druckanweisung, COM-Anweisungen, Anweisungen für den Dialogverkehr zur Selektion und Darstellung der gespeicherten Unterlagen auf Sichtgeräten, z. B. bei Einsatz optischer Speichersysteme).

In der Arbeitsanweisung ist das Ordnungsprinzip für die Wiedergaben zu beschreiben und das Verfahren zur Feststellung der Vollständigkeit und der Richtigkeit der Wiedergaben zu regeln. Die Wiedergaben müssen der Rechnungslegung des Buchführungspflichtigen eindeutig zugeordnet werden können.

Die inhaltliche Übereinstimmung der selektiven Wiedergabe mit den auf maschinell lesbaren Datenträgern geführten Unterlagen muß nachprüfbar sein.

9 Verantwortlichkeit

Für die Einhaltung der GoB – und damit auch der GoBS – ist auch bei einer DV-Buchführung allein der Buchführungspflichtige verantwortlich.

Die Verantwortlichkeit erstreckt sich dabei auf den Einsatz sowohl von selbst- als auch fremderstellter DV-Buchführungssysteme.

Wird die DV-Buchführung im Auftrag durch Fremdfirmen durchgeführt, obliegt die Einhaltung der GoB/GoBS ebenfalls dem auftraggebenden Buchführungspflichtigen.

Bundeskindergeldgesetz (BKGG)

in der Fassung der Bekanntmachung vom 31. 1. 1994
(BGBl. I S. 168)[1]

– Auszug –

ERSTER ABSCHNITT

Leistungen

§ 1
Anspruchsberechtigte

(1) Nach den Vorschriften dieses Gesetzes hat Anspruch auf Kindergeld für seine Kinder und die ihnen durch § 2 Abs. 1 Gleichgestellten,

1. wer im Geltungsbereich dieses Gesetzes einen Wohnsitz oder seinen gewöhnlichen Aufenthalt hat,
2. wer, ohne eine der Voraussetzungen der Nummer 1 zu erfüllen,
   a) von seinem im Geltungsbereich dieses Gesetzes ansässigen Arbeitgeber oder Dienstherrn zur vorübergehenden Dienstleistung in ein Gebiet außerhalb dieses Geltungsbereiches entsandt, abgeordnet, versetzt oder kommandiert ist,
   b) als Bediensteter des Bundeseisenbahnvermögens, der Deutschen Bundespost oder der Bundesfinanzverwaltung in einem der Bundesrepublik Deutschland benachbarten Staat beschäftigt ist,[2]
   c) Versorgungsbezüge nach beamten- oder soldatenrechtlichen Vorschriften oder Grundsätzen oder eine Versorgungsrente von einer Zusatzversorgungsanstalt für Arbeitnehmer des öffentlichen Dienstes erhält,
   d) als Entwicklungshelfer Unterhaltsleistungen im Sinne des § 4 Abs. 1 Nr. 1 des Entwicklungshelfer-Gesetzes erhält.

Dem Abgeordneten im Sinne des Satzes 1 Nr. 2 Buchstabe a steht derjenige gleich, dem nach § 123 a des Beamtenrechtsrahmengesetzes eine Tätigkeit bei einer Einrichtung außerhalb des Anwendungsbereichs jenes Gesetzes zugewiesen ist.

(2) Anspruch auf Kindergeld für sich selbst hat nach Maßgabe des § 14, wer

1. im Geltungsbereich dieses Gesetzes einen Wohnsitz oder seinen gewöhnlichen Aufenthalt hat,
2. Vollwaise ist oder den Aufenthalt seiner Eltern nicht kennt und
3. nicht bei einer in Absatz 1 bezeichneten Person als Kind zu berücksichtigen ist.

(3) Ein Ausländer hat einen Anspruch nach diesem Gesetz nur, wenn er im Besitz einer Aufenthaltsberechtigung oder Aufenthaltserlaubnis ist. Auch bei Besitz einer Aufenthaltserlaubnis hat ein Arbeitnehmer, der von seinem im Ausland ansässigen Arbeitgeber zur vorübergehenden Dienstleistung in den Geltungsbereich dieses Gesetzes entsandt ist, keinen Anspruch nach diesem Gesetz; sein Ehegatte hat einen Anspruch nach diesem Gesetz, wenn er im Besitz einer Aufenthaltsberechtigung oder Aufenthaltserlaubnis ist und eine der Beitragspflicht zur Bundesanstalt für Arbeit unterliegende oder nach § 169 c Nr. 1 des Arbeitsförderungsgesetzes beitragsfreie Beschäftigung als Arbeitnehmer ausübt.

§ 2
Kinder

(1) Als Kinder werden auch berücksichtigt

1. vom Berechtigten in seinen Haushalt aufgenommene Kinder seines Ehegatten,
2. Pflegekinder (Personen, mit denen der Berechtigte durch ein familienähnliches, auf längere Dauer berechnetes Band verbunden ist, sofern er sie in seinen Haushalt aufgenommen hat und ein Obhuts- und Pflegeverhältnis zwischen diesen Personen und ihren Eltern nicht mehr besteht),
3. Enkel und Geschwister, die der Berechtigte in seinen Haushalt aufgenommen hat oder überwiegend unterhält.

Ein angenommenes Kind wird bei einem leiblichen Elternteil nur berücksichtigt, wenn es von diesem oder von dessen Ehegatten angenommen worden ist. Ein Kind, das mit dem Ziel der Annahme als Kind in die Obhut des Annehmenden aufgenommen ist und für das die zur Annahme erforderliche Einwilligung der Eltern erteilt ist, wird bei den Eltern nicht berücksichtigt.

(2) Kinder, die das 16. Lebensjahr vollendet haben, werden nur berücksichtigt, wenn sie

1. sich in Schul- oder Berufsausbildung befinden oder

---

[1] Geändert durch das PTNeuOG mit Wirkung ab VZ 1995; für VZ ab 1996 neugefaßt durch das JStG 1996 und geändert durch das JStErgG 1996.
[2] Durch das PTNeuOG wurden in Absatz 1 Nr. 2 Buchstabe b die Wörter „der Deutschen Bundespost" durch die Wörter „des Bundesministeriums für Post und Telekommunikation einschließlich der nachgeordneten Behörden" ersetzt.

2. ein freiwilliges soziales Jahr im Sinne des Gesetzes zur Förderung eines freiwilligen sozialen Jahres oder ein freiwilliges ökologisches Jahr im Sinne des Gesetzes zur Förderung eines freiwilligen ökologischen Jahres leisten oder
3. wegen körperlicher, geistiger oder seelischer Behinderung außerstande sind, sich selbst zu unterhalten, oder
4. als einzige Hilfe des Haushaltführenden ausschließlich in dem Haushalt des Berechtigten tätig sind, dem mindestens vier weitere Kinder angehören, die bei dem Berechtigten berücksichtigt werden, oder
5. anstelle des länger als 90 Tage arbeitsunfähig erkrankten Haushaltführenden den Haushalt des Berechtigten führen, dem mindestens ein weiteres Kind angehört.

Außer in den Fällen des Satzes 1 Nr. 3 werden Kinder nicht berücksichtigt, denen aus dem Ausbildungsverhältnis oder einer Erwerbstätigkeit Bruttobezüge in Höhe von wenigstens 750 Deutsche Mark monatlich zustehen oder nur deswegen nicht zustehen, weil das Kind auf einen Teil der vereinbarten Bruttobezüge verzichtet hat; außer Ansatz bleiben während der Ferien erzielte Bruttobezüge von Schülern, die allgemeinbildende Schulen besuchen, Ehegatten- und Kinderzuschläge und einmalige Zuwendungen sowie vermögenswirksame Leistungen, die dem Kind über die geschuldete Vergütung hinaus zustehen, soweit sie den nach dem jeweils geltenden Vermögensbildungsgesetz begünstigten Höchstbetrag nicht übersteigen. Satz 2 gilt entsprechend, wenn dem Kind Lohnersatzleistungen oder als Ausbildungshilfe gewährte Zuschüsse von Unternehmen, aus öffentlichen Mitteln oder von Förderungseinrichtungen, die hierfür öffentliche Mittel erhalten, von wenigstens 610 Deutsche Mark monatlich zustehen. Sind Beträge in ausländischer Währung zu zahlen, treten an die Stelle der in den Sätzen 2 und 3 genannten Grenzwerte die entsprechenden Werte, die sich bei Anwendung der jeweils für September des vorangegangenen Jahres vom Statistischen Bundesamt bekanntgegebenen Verbrauchergeldparität ergeben. Für die Übergangszeit zwischen zwei Ausbildungsabschnitten wird ein Ausbildungswilliger nach Satz 1 Nr. 1 berücksichtigt, wenn der nächste Ausbildungsabschnitt spätestens im vierten auf die Beendigung des vorherigen Ausbildungsabschnitts folgenden Monat beginnt; bleibt die Bewerbung um einen Ausbildungsplatz in diesem Ausbildungsabschnitt erfolglos, endet diese Berücksichtigung mit Ablauf des Monats, in dem dem Ausbildungswilligen die Ablehnung bekanntgegeben wird. Zur Schul- oder Berufsausbildung (Satz 1 Nr. 1) gehört auch
1. die Zeit, in der unter den Voraussetzungen des § 1 und im zeitlichen Rahmen des § 15 des Bundeserziehungsgeldgesetzes ein Kind betreut und erzogen wird, solange mit Rücksicht hierauf die Ausbildung unterbrochen wird, sowie
2. die Zeit, in der mit Rücksicht auf eine solche Betreuung und Erziehung eine Ausbildung, die spätestens im vierten auf die Beendigung des vorherigen Ausbildungsabschnitts folgenden Monat aufgenommen werden könnte, vorläufig nicht angestrebt oder aufgenommen wird;

erfüllen beide Elternteile diese Voraussetzungen, so wird nur derjenige von ihnen berücksichtigt, den beide hierfür bestimmen.

(2 a) Absatz 2 Satz 1 gilt für verheiratete, geschiedene oder verwitwete Kinder nur, wenn sie vom Berechtigten überwiegend unterhalten werden, weil ihr Ehegatte oder früherer Ehegatte ihnen keinen ausreichenden Unterhalt leisten kann oder dem Grunde nach nicht unterhaltspflichtig ist oder weil sie als Verwitwete keine ausreichenden Hinterbliebenenbezüge erhalten.

(3) In den Fällen des Absatzes 2 Satz 1 Nr. 1, 2, 4 und 5 werden die Kinder nur berücksichtigt, wenn sie noch nicht das 27. Lebensjahr vollendet haben. Im Falle des Absatzes 2 Satz 1 Nr. 1 wird ein Kind,
1. das den gesetzlichen Grundwehrdienst oder Zivildienst geleistet hat, für einen der Dauer dieses Dienstes entsprechenden Zeitraum oder
2. das sich freiwillig für eine Dauer von nicht mehr als drei Jahren zum Wehrdienst oder zum Polizeivollzugsdienst, der anstelle des Wehr- oder Zivildienstes abgeleistet wird, verpflichtet hat, für einen der Dauer dieses Dienstes entsprechenden Zeitraum, höchstens für die Dauer des gesetzlichen Grundwehrdienstes, bei anerkannten Kriegsdienstverweigerern für die Dauer des gesetzlichen Zivildienstes oder
3. das eine vom Wehr- und Zivildienst befreiende Tätigkeit als Entwicklungshelfer im Sinne des § 1 Abs. 1 des Entwicklungshelfer-Gesetzes ausgeübt hat, für einen der Dauer dieser Tätigkeit entsprechenden Zeitraum, höchstens für die Dauer des gesetzlichen Grundwehrdienstes, bei anerkannten Kriegsdienstverweigerern für die Dauer des gesetzlichen Zivildienstes

über das 27. Lebensjahr hinaus berücksichtigt; dem Grundwehr- oder Zivildienst steht der entsprechende Dienst, der in dem in Artikel 3 des Einigungsvertrages genannten Gebiet geleistet worden ist, gleich.

(4) Kinder, die das 16., aber noch nicht das 21. Lebensjahr vollendet haben, werden auch berücksichtigt, wenn sie im Geltungsbereich dieses Gesetzes

1. eine Berufsausbildung mangels Ausbildungsplatzes nicht beginnen oder fortsetzen können oder
2. als Arbeitslose der Arbeitsvermittlung zur Verfügung stehen.

Dies gilt nicht für Kinder, die monatlich wenigstens 400 Deutsche Mark

1. an laufenden Geldleistungen wegen Erwerbs-, Berufs- oder Arbeitsunfähigkeit oder Arbeitslosigkeit oder
2. an Übergangsgebührnissen nach beamten- oder soldatenversorgungsrechtlichen Grundsätzen oder
3. aus einer Erwerbstätigkeit nach Verminderung um die Steuern und gesetzlichen Abzüge

beziehen. Der Erfüllung der Voraussetzungen des Satzes 1 Nr. 1 oder 2 steht es gleich, wenn das Kind von der Bewerbung um einen Ausbildungsplatz oder von der Arbeitslosmeldung mit Rücksicht darauf vorläufig absieht, daß es unter den Voraussetzungen des § 1 und im zeitlichen Rahmen des § 15 des Bundeserziehungsgeldgesetzes ein Kind zu betreuen und erziehen beabsichtigt oder betreut und erzieht; Absatz 2 Satz 6 Halbsatz 2 ist anzuwenden. Absatz 2 Satz 4 sowie die Absätze 2 a und 3 Satz 2 gelten entsprechend.

(5) Kinder, die weder einen Wohnsitz noch ihren gewöhnlichen Aufenthalt im Geltungsbereich dieses Gesetzes haben, werden nicht berücksichtigt. Dies gilt nicht gegenüber Berechtigten nach § 1 Abs. 1 Nr. 2, wenn sie die Kinder in ihren Haushalt aufgenommen haben.

(6) Die Bundesregierung wird ermächtigt, durch Rechtsverordnung zu bestimmen, daß einem Berechtigten, der im Geltungsbereich dieses Gesetzes erwerbstätig ist oder sonst seine hauptsächlichen Einkünfte erzielt, für seine in Absatz 5 Satz 1 bezeichneten Kinder Kindergeld ganz oder teilweise zu leisten ist, soweit dies mit Rücksicht auf die durchschnittlichen Lebenshaltungskosten für Kinder in deren Wohnland und auf die dort gewährten dem Kindergeld vergleichbaren Leistungen geboten ist.

§ 3
Zusammentreffen mehrerer Ansprüche

(1) Für jedes Kind wird nur einer Person Kindergeld gewährt.

(2) Erfüllen für ein Kind mehrere Personen die Anspruchsvoraussetzungen, so gilt für die Gewährung des Kindergeldes folgende Rangfolge:
1. Pflegeeltern, Großeltern und Geschwister (§ 2 Abs. 1 Satz 1 Nr. 2 und 3),
2. Ehegatten von Eltern (§ 2 Abs. 1 Satz 1 Nr. 1),
3. Eltern.

Lebt ein Kind im gemeinsamen Haushalt einer der in Satz 1 Nr. 1 oder 2 genannten Personen und eines Elternteils, so wird das Kindergeld abweichend von Satz 1 dem Elternteil gewährt; das gilt nicht, wenn der Elternteil gegenüber der zuständigen Stelle auf seinen Vorrang schriftlich verzichtet hat.

(3) Erfüllen für ein Kind Ehegatten, die nicht dauernd getrennt leben, die Anspruchsvoraussetzungen, so wird das Kindergeld demjenigen gewährt, den sie zum Berechtigten bestimmen. Solange eine Bestimmung nicht vorliegt, wird das Kindergeld demjenigen gewährt, der das Kind überwiegend unterhält; es wird jedoch dem Elternteil gewährt, dem die Sorge für die Person des Kindes oder das elterliche Erziehungsrecht für das Kind allein zusteht.

(4) In anderen Fällen, in denen für ein Kind mehrere Personen die Anspruchsvoraussetzungen erfüllen, bestimmt das Vormundschaftsgericht oder das entsprechende Gericht in dem in Artikel 3 des Einigungsvertrages genannten Gebiet auf Antrag, welcher Person das Kindergeld zu gewähren ist. Es kann außerdem in den Fällen der Absätze 2 und 3 auf Antrag bestimmen, daß das Kindergeld ganz oder teilweise einer anderen Person gewährt wird, die die Anspruchsvoraussetzungen erfüllt. Antragsberechtigt sind das Jugendamt und Personen, die ein berechtigtes Interesse nachweisen. Die Anordnung muß das Wohl der Kinder berücksichtigen. Bevor eine Anordnung getroffen wird, soll das Jugendamt gehört werden.

§§ 4 bis 7
(weggefallen)

§ 8
Andere Leistungen für Kinder

(1) Kindergeld wird nicht für ein Kind gewährt, für das eine der folgenden Leistungen zu zahlen ist oder bei entsprechender Antragstellung zu zahlen wäre:
1. Kinderzulagen aus der gesetzlichen Unfallversicherung oder Kinderzuschüsse aus den gesetzlichen Rentenversicherungen,
2. Leistungen für Kinder, die außerhalb des Geltungsbereiches dieses Gesetzes gewährt werden und dem Kindergeld oder einer der unter Nummer 1 genannten Leistungen vergleichbar sind,
3. Kinderzuschlag nach § 56 des Bundesbesoldungsgesetzes oder entsprechenden tariflichen Vorschriften im Bereich des öffentlichen Dienstes,

4. Leistungen für Kinder, die von einer zwischen- oder überstaatlichen Einrichtung gewährt werden und dem Kindergeld vergleichbar sind.

Übt ein Berechtigter im Geltungsbereich dieses Gesetzes eine unselbständige Tätigkeit aus, so wird sein Anspruch auf Kindergeld für ein Kind nicht nach Satz 1 Nr. 4 mit Rücksicht darauf ausgeschlossen, daß sein Ehegatte als Beamter, Ruhestandsbeamter oder sonstiger Bediensteter der Europäischen Gemeinschaften für das Kind Anspruch auf Kinderzulage hat; eine unselbständige Tätigkeit ist nur gegeben, wenn der Berechtigte eine der Beitragspflicht zur Bundesanstalt für Arbeit unterliegende oder nach § 169 c Nr. 1 des Arbeitsförderungsgesetzes beitragsfreie Beschäftigung als Arbeitnehmer ausübt oder in einem öffentlich-rechtlichen Dienst- oder Amtsverhältnis steht.

(2) Ist in den Fällen des Absatzes 1 Nr. 1 und 2 der Bruttobetrag der anderen Leistung niedriger als das Kindergeld nach § 10 Abs. 1, wird Kindergeld in Höhe des Unterschiedsbetrages gezahlt; § 10 Abs. 2 und 3 bleibt unberührt. Ein Unterschiedsbetrag unter 10 Deutsche Mark wird nicht geleistet. Wenn die in Absatz 1 Satz 1 Nr. 2 bezeichnete Leistung nicht beantragt worden ist, kann die Zahlung des Unterschiedsbetrages versagt werden, soweit die Feststellung der anderen Leistung der Kindergeldstelle erhebliche Schwierigkeiten bereiten würde. In den Fällen des Absatzes 1 Nr. 2 ist für die Umrechnung der anderen Leistung in Deutsche Mark der Mittelkurs der anderen Währung maßgeblich, der an der Frankfurter Devisenbörse für Ende September des Jahres vor dem Kalenderjahr amtlich festgestellt ist, für das Kindergeld zu leisten ist. Wird diese Währung an der Frankfurter Devisenbörse nicht amtlich notiert, so ist der Wechselkurs maßgeblich, der sich zu demselben Termin aus dem dem Internationalen Währungsfonds gemeldeten repräsentativen Kurs der anderen Währung und der Deutschen Mark ergibt.

(3) In den Fällen des Absatzes 1 Nr. 1 ist Kindergeld zu gewähren, solange die Kinderzulagen aus der gesetzlichen Unfallversicherung oder die Kinderzuschüsse aus den gesetzlichen Rentenversicherungen noch nicht zuerkannt sind. Dem Bund steht ein Erstattungsanspruch entsprechend § 103 des Zehnten Buches Sozialgesetzbuch gegen die Träger der gesetzlichen Unfall- und Rentenversicherung zu.

§ 9
Beginn und Ende des Anspruchs

(1) Das Kindergeld wird vom Beginn des Monats an gewährt, in dem die Anspruchsvoraussetzungen erfüllt sind; es wird bis zum Ende des Monats gewährt, in dem die Anspruchsvoraussetzungen wegfallen.

(2) Das Kindergeld wird rückwirkend nur für die letzten sechs Monate vor Beginn des Monats geleistet, in dem der Antrag auf Kindergeld eingegangen ist.

(3) Ist ein nichteheliches Kind bei seinem Vater zu berücksichtigen und entsteht oder erhöht sich dadurch ein Anspruch des Vaters auf Kindergeld, so gilt für die rückwirkende Leistung des Kindergeldes oder des erhöhten Kindergeldes Absatz 2 nicht, wenn der Antrag innerhalb der ersten sechs Monate nach Ablauf des Monats gestellt wird, in dem die Vaterschaft anerkannt oder rechtskräftig festgestellt ist.

(4) Hat ein Anspruchsberechtigter von der Stellung eines Antrages auf Kindergeld abgesehen, weil für das Kind ein Anspruch auf eine der in § 8 Abs. 1 bezeichneten Leistungen geltend gemacht worden war, und wird diese Leistung versagt, so gilt für die rückwirkende Leistung des Kindergeldes Absatz 2 nicht, wenn der Antrag innerhalb der ersten sechs Monate nach Ablauf des Monats gestellt wird, in dem die Ablehnung der anderen Leistung bindend geworden ist.

(5) Entsteht oder erhöht sich ein Anspruch auf Kindergeld durch eine mit Rückwirkung erlassene Rechtsverordnung, so gilt ein hierauf gerichteter Antrag als am Tage des Inkrafttretens der Rechtsverordnung gestellt, wenn er innerhalb der ersten sechs Monate nach Ablauf des Monats gestellt wird, in dem die Rechtsverordnung verkündet ist.

§ 10
Höhe des Kindergeldes

(1) Das Kindergeld beträgt für das 1. Kind 70 Deutsche Mark, für das 2. Kind 130 Deutsche Mark, für das 3. Kind 220 Deutsche Mark und für das 4. und jedes weitere Kind je 240 Deutsche Mark monatlich. Bei der Anwendung des Satzes 1 gelten Kinder, Geschwister und Pflegekinder eines Berechtigten, dem auch Kindergeld nach § 1 Abs. 2 zusteht oder ohne Anwendung des § 8 Abs. 1 zustehen würde, als 2. oder weiteres Kind, wenn sie zuvor bei den Eltern des Berechtigten berücksichtigt wurden.

(2) Das Kindergeld für das 2. und jedes weitere Kind wird nach dem in Satz 4 genannten Maßstab stufenweise bis auf den Sockelbetrag von

– 70 Deutsche Mark für das 2. Kind
– 140 Deutsche Mark für jedes weitere Kind

gemindert, wenn das Jahreseinkommen des Berechtigten und seines nicht dauernd von ihm getrennt lebenden Ehegatten den für ihn maßgeblichen Freibetrag um wenigstens 480 Deutsche Mark übersteigt. Für die Minderung des nach § 8 Abs. 2 bemessenen Kindergeldes verringert sich der Sockelbetrag des Satzes 1 um den Betrag der bei der Bemessung nach § 8 Abs. 2 berücksichtigten anderen Leistung. Der Freibetrag setzt sich zusammen aus

- 26.600 Deutsche Mark für Berechtigte, die verheiratet sind und von ihrem Ehegatten nicht dauernd getrennt leben,
- 19.000 Deutsche Mark für sonstige Berechtigte

sowie 9.200 Deutsche Mark für jedes Kind, für das dem Berechtigten Kindergeld zusteht oder ohne Anwendung des § 8 Abs. 1 zustehen würde. Für je 480 Deutsche Mark, um die das Jahreseinkommen den Freibetrag übersteigt, wird das Kindergeld um 20 Deutsche Mark monatlich gemindert; kommt die Minderung des für mehrere Kinder zu zahlenden Kindergeldes in Betracht, wird sie beim Gesamtkindergeld vorgenommen.

(3) Der Sockelbetrag für das 3. und jedes weitere Kind wird auf 70 Deutsche Mark festgesetzt, wenn das Jahreseinkommen des Berechtigten und seines nicht dauernd von ihm getrennt lebenden Ehegatten den für ihn nach diesem Absatz maßgeblichen Freibetrag übersteigt. Der Freibetrag beträgt

- 100.000 Deutsche Mark für Berechtigte, die verheiratet sind und von ihrem Ehegatten nicht dauernd getrennt leben,
- 75.000 Deutsche Mark für sonstige Berechtigte

sowie 9.200 Deutsche Mark für das 4. und jedes weitere Kind, für das dem Berechtigten Kindergeld zusteht oder ohne Anwendung des § 8 Abs. 1 zustehen würde.

§ 11
Jahreseinkommen

(1) Als Jahreseinkommen gilt die Summe der in dem nach Absatz 3 oder 4 maßgeblichen Kalenderjahr erzielten positiven Einkünfte im Sinne des § 2 Abs. 1 und 2 des Einkommensteuergesetzes. Ein Ausgleich mit Verlusten aus anderen Einkunftsarten und mit Verlusten des Ehegatten ist nicht zulässig.

(2) Vom Einkommen werden abgezogen

1. die Einkommensteuer und die Kirchensteuer, die für das nach Absatz 3 oder 4 maßgebliche Kalenderjahr zu leisten waren oder sind,
2. die steuerlich anerkannten Vorsorgeaufwendungen für das nach Absatz 3 oder 4 maßgebliche Kalenderjahr, soweit sie im Rahmen der Höchstbeträge nach § 10 des Einkommensteuergesetzes abziehbar sind, zumindest die Vorsorgepauschale (§ 10 c des Einkommensteuergesetzes),
2a. der nach § 33 b Abs. 5 des Einkommensteuergesetzes für das nach Absatz 3 oder 4 maßgebliche Kalenderjahr abgezogene Behinderten-Pauschbetrag für ein Kind, für das der Freibetrag nach § 10 Abs. 2 Satz 3 erhöht worden ist, oder die nach § 33 des Einkommensteuergesetzes wegen der Behinderung des Kindes geltend gemachten außergewöhnlichen Belastungen bis zur Höhe dieses Pauschbetrages,
3. die Unterhaltsleistungen, die der Berechtigte oder sein nicht dauernd von ihm getrennt lebender Ehegatte in dem nach Absatz 3 oder 4 maßgeblichen Kalenderjahr erbracht hat oder erbringt
    a) an Kinder, für die der Freibetrag nach § 10 Abs. 2 Satz 3 nicht erhöht worden ist, jedoch nur bis zu dem durch Unterhaltsurteil oder -vergleich festgesetzten Betrag,
    b) an sonstige Personen, soweit die Leistungen nach § 10 Abs. 1 Nr. 1 oder § 33 a Abs. 1 des Einkommensteuergesetzes berücksichtigt worden oder zu berücksichtigen sind.

(2 a) Für die Berücksichtigung von Einkünften aus nichtselbständiger Arbeit, die keiner staatlichen Besteuerung unterlagen oder die nur nach ausländischem Steuerrecht, und zwar abschließend durch Festsetzungsbescheid der Steuerbehörde, zu besteuern waren, ist von deren Bruttobetrag auszugehen; hiervon werden abgezogen

1. ein Betrag in Höhe des Arbeitnehmer-Pauschbetrages (§ 9 a Nr. 1 des Einkommensteuergesetzes),
2. die darauf entfallenden Lohn- und Kirchensteuern oder steuerähnlichen Abgaben,
3. Vorsorgeaufwendungen bis zu dem nach Absatz 2 Nr. 2 maßgeblichen Höchstbetrag,
3a. der für das nach Absatz 3 oder 4 maßgebliche Kalenderjahr bei der Besteuerung nach ausländischem Steuerrecht abgezogene dem Behinderten-Pauschbetrag nach § 33 b Abs. 5 des Einkommensteuergesetzes entsprechende Betrag für ein Kind, für das der Freibetrag nach § 10 Abs. 2 Satz 3 erhöht worden ist,
4. Unterhaltsleistungen an Kinder nach Absatz 2 Nr. 3 Buchstabe a oder entsprechender Vorschrift bis zu dem Betrag von je 9.200 DM an sonstige unterhaltsberechtigte Personen.

(2 b) Für die Berücksichtigung von Einkünften, die nur nach ausländischem Steuerrecht, und zwar abschließend durch Festsetzungsbescheid der Steuerbehörde, zu besteuern waren, gelten die Absätze 1 und 2 mit der Maßgabe, daß an die Stelle der darin genannten Vorschriften die entsprechenden Vorschriften des ausländischen Steuerrechts treten. Kann die Anwendung des Satzes 1 wegen der Unterschiede zwischen dem ausländischen Steuerrecht und dem Einkommensteuergesetz nicht erfolgen, ist abweichend von

Satz 1 als Einkommen der Betrag anzusetzen, der die Bemessungsgrundlage für die im Einzelfall festgesetzte tarifliche Einkommensteuer ist; hiervon werden die darauf entfallenden Einkommen- und Kirchensteuern sowie Unterhaltsleistungen nach Absatz 2 Nr. 3 Buchstabe a abgezogen.

(2 c) Einkünfte und Abzüge in ausländischer Währung sind nach dem Mittelkurs der anderen Währung, der an der Frankfurter Devisenbörse für Ende September des nach Absatz 3 oder 4 maßgeblichen Kalenderjahres amtlich festgestellt ist, in Deutsche Mark umzurechnen. § 8 Abs. 2 Satz 5 gilt entsprechend.

(3) Maßgeblich ist das Einkommen im vorletzten Kalenderjahr vor dem Kalenderjahr, für das die Zahlung des Kindergeldes in Betracht kommt, und zwar mit Ausnahme der in Absatz 2 a genannten Einkünfte so, wie es der Besteuerung zugrunde gelegt worden ist. Steht die Steuerfestsetzung noch aus, so werden zunächst die Sockelbeträge (§ 10 Abs. 2 Satz 1) gezahlt. Jedoch ist Berechtigten, denen für Dezember des vorigen Jahres mehr als die Sockelbeträge zustand, die Sockelbeträge übersteigendes Kindergeld nach dem für diesen Monat maßgeblichen Einkommen bis einschließlich Juni unter dem Vorbehalt der Rückforderung zu zahlen. Sobald die Steuer festgesetzt ist, ist endgültig über die Höhe des Kindergeldes zu entscheiden. Überzahltes Kindergeld ist vom Berechtigten zu erstatten. Mit dem Erstattungsanspruch kann gegen Ansprüche auf laufendes Kindergeld bis zu deren voller Höhe aufgerechnet werden; § 23 Abs. 2 gilt entsprechend.

(4) Macht der Berechtigte vor Ablauf des Kalenderjahres, für das die Zahlung des Kindergeldes in Betracht kommt (Leistungsjahr), glaubhaft, daß das Einkommen in diesem Jahr voraussichtlich so gering sein wird, daß bei seiner Berücksichtigung das Kindergeld nicht nur in Höhe des Sockelbetrages zu leisten wäre, so wird dieses Einkommen zugrunde gelegt und Kindergeld in Höhe des den Sockelbetrag übersteigenden Betrages unter dem Vorbehalt der Rückforderung gezahlt. Sobald sich das im Leistungsjahr erzielte Einkommen endgültig feststellen läßt, wird abschließend entschieden. Ergibt sich dabei, daß der Berechtigte zu Unrecht Kindergeld erhalten hat, hat er den überzahlten Betrag zurückzuzahlen. Mit dem Erstattungsanspruch kann gegen laufende Kindergeldansprüche bis zu deren voller Höhe aufgerechnet werden; § 23 Abs. 2 gilt entsprechend.

§ 11 a
Zuschlag zum Kindergeld für Berechtigte mit geringem Einkommen

(1) Das Kindergeld für die Kinder, für die dem Berechtigten der Kinderfreibetrag nach § 32 Abs. 6 des Einkommensteuergesetzes zusteht, erhöht sich um den nach Absatz 6 bemessenen Zuschlag, wenn das zu versteuernde Einkommen (§ 2 Abs. 5 des Einkommensteuergesetzes) des Berechtigten geringer ist als der Grundfreibetrag nach § 32 a Abs. 1 Nr. 1 des Einkommensteuergesetzes. Das zu versteuernde Einkommen wird berücksichtigt, soweit und wie es der Besteuerung zugrunde gelegt wurde; soweit erheblich, ist das zu versteuernde Einkommen als Negativbetrag festzustellen. Ist die tarifliche Einkommensteuer nach § 32 a Abs. 5 oder 6 des Einkommensteuergesetzes berechnet worden, tritt an die Stelle des Grundfreibetrages das Zweifache dieses Betrages. Satz 1 gilt nicht für Berechtigte, deren Einkommen zuzüglich des Einkommens ihres nicht dauernd von ihnen getrennt lebenden Ehegatten überwiegend aus ausländischen, im Ausland erzielten inländischen oder von einer über- oder zwischenstaatlichen Einrichtung gezahlten Einkünfte besteht und insoweit nicht nach dem Einkommensteuergesetz versteuert wird.

(2) Ist die tarifliche Einkommensteuer für Ehegatten, die beide Kindergeld beziehen, nach § 32 a Abs. 5 des Einkommensteuergesetzes berechnet worden, erhält derjenige von ihnen, der das höhere nach § 10 bemessene Kindergeld bezieht, den Zuschlag auch für die Kinder, für die dem anderen Kindergeld gezahlt wird. Bei gleich hohem Kindergeld gilt § 3 Abs. 3 entsprechend.

(3) Steht der Kinderfreibetrag für ein Kind dem Berechtigten und einem anderen je zur Hälfte zu, so erhält auch der andere entsprechend Absatz 1 einen nach Absatz 6 bemessenen Zuschlag als Kindergeld.

(4) Steht der Kinderfreibetrag für ein Kind nicht dem Berechtigten, sondern einer Person zu, die nach § 3 Abs. 2 Satz 1 als Berechtigter ausgeschlossen ist, so erhält diese Person entsprechend Absatz 1 einen nach Absatz 6 bemessenen Zuschlag als Kindergeld. Absatz 3 gilt entsprechend.

(5) Für ein Kind, für das nach § 8 kein Kindergeld zu zahlen ist, erhält derjenige, der ohne Anwendung des § 8 Abs. 1 Anspruch auf Kindergeld hätte, entsprechend Absatz 1 einen nach Absatz 6 bemessenen Zuschlag als Kindergeld. Die Absätze 3 und 4 gelten entsprechend.

(6) Der Zuschlag beträgt ein Zwölftel von 19 vom Hundert des Unterschiedsbetrages zwischen dem zu versteuernden Einkommen und dem nach Absatz 1 Satz 1 oder Satz 3 maßgeblichen Grundfreibetrag, höchstens von 19 vom Hundert der Summe der dem Berechtigten zustehenden Kinderfreibeträge. In Fällen der Steuerfestsetzung nach § 32 b des Einkommensteuergesetzes tritt an die Stelle des nach Satz 1 maßgeblichen Vomhundertsatzes ein Vomhundertsatz in Höhe des Unterschiedes zwischen dem nach Satz 1 maßgeblichen Vomhundertsatz und dem im Steuerbescheid ausgewiesenen besonderen Steuersatz. § 20 Abs. 3 ist anzuwenden.

(7) Der Zuschlag wird nach Ablauf des Jahres, für das er zu leisten ist, auf Antrag gezahlt. Die Zahlung setzt voraus, daß der Antrag spätestens innerhalb von sechs Monaten nach Ablauf dieses Jahres oder, wenn die Steuer erst nach Ablauf dieses Jahres festgesetzt wird, nach der Steuerfestsetzung gestellt worden ist.

(8) Macht der Berechtigte glaubhaft, daß die ihm und seinem nicht dauernd von ihm getrennt lebenden Ehegatten zustehenden Kinderfreibeträge sich voraussichtlich nicht oder nur teilweise auswirken werden, wird der Zuschlag unter dem Vorbehalt der Rückforderung bereits während des Jahres, für das er in Betracht kommt, gezahlt. Dies gilt nicht, soweit die Zahlung des Zuschlags nach oder in entsprechender Anwendung von Absatz 3 in Betracht kommt. Zuschläge unter 20 Deutsche Mark werden hiernach nicht geleistet. § 11 Abs. 3 Sätze 4 bis 6 gilt entsprechend.

§ 44
Übergangsvorschriften aus Anlaß des Gesetzes vom 24. Juni 1985 (BGBl. I S. 1144)

Auf ein Kind, das bereits vor dem 28. Juni 1985 in Adoptionspflege genommen oder als Kind angenommen worden ist, ist zugunsten des Berechtigten, dem bereits am 28. Juni 1985 mit Rücksicht auf dieses Kind ein höherer Kindergeldanspruch oder für dieses Kind ein Kindergeldanspruch zuerkannt war,
1. § 2 Abs. 1 Satz 3 nicht anzuwenden,
2. § 8 Abs. 1 in der bis zum 27. Juni 1985 geltenden Fassung weiter anzuwenden,

solange die entsprechenden Anspruchsvoraussetzungen ununterbrochen weiter erfüllt sind.

§ 44 a
Übergangsvorschrift aus Anlaß des Gesetzes vom 27. Juni 1985 (BGBl. I S. 1251)

Wenn nach § 11 Abs. 3 Satz 1 das Einkommen eines Jahres vor 1986 maßgeblich ist, ist § 10 Abs. 2 Satz 3 in der Fassung des Artikels 13 des Gesetzes vom 20. Dezember 1982 (BGBl. I S. 1857) anzuwenden.

§ 44 b
Übergangsvorschrift aus Anlaß des Steuerreformgesetzes 1990 vom 25. Juli 1988 (BGBl. I S. 1093)

Ist nach § 11 a Abs. 1 Satz 1 das zu versteuernde Einkommen eines Jahres vor 1990 maßgeblich, findet § 11 a Abs. 6 in der Fassung der Bekanntmachung vom 21. Januar 1986 (BGBl. I S. 222) Anwendung.

§ 44 c
Übergangsvorschrift aus Anlaß des Gesetzes vom 30. Juni 1989 (BGBl. I S. 1294)

Für Ansprüche, die sich durch die Anwendung des § 8 Abs. 1 Satz 2 für die Monate zwischen dem 1. Mai 1987 und der Verkündung des Zwölften Gesetzes zur Änderung des Bundeskindergeldgesetzes vom 30. Juni 1989 (BGBl. I S. 1294) ergeben, gilt § 9 Abs. 5 entsprechend.

§ 44 d
Überleitungsregelungen aus Anlaß der Herstellung der Einheit Deutschlands

(1) Bei der Anwendung des § 2 Abs. 2 Satz 6 und Abs. 4 Satz 3 erster Halbsatz stehen den dort genannten Vorschriften des Bundeserziehungsgeldgesetzes die entsprechenden Vorschriften, die in dem in Artikel 3 des Einigungsvertrages genannten Gebiet gelten, gleich.

(2) Abweichend von § 3 Abs. 2 bis 4 steht Berechtigten, die für Dezember 1990 für ihre Kinder Kindergeld in dem in Artikel 3 des Einigungsvertrages genannten Gebiet bezogen haben, das Kindergeld für diese Kinder auch für die folgende Zeit zu, solange sie ihren Wohnsitz oder gewöhnlichen Aufenthalt in diesem Gebiet beibehalten und die Kinder die Voraussetzungen ihrer Berücksichtigung weiterhin erfüllen. § 3 Abs. 2 bis 4 ist insoweit erst für die Zeit vom Beginn des Monats an anzuwenden, in dem ein hierauf gerichteter Antrag bei der zuständigen Stelle eingegangen ist; der hiernach Berechtigte muß die nach Satz 1 geleisteten Zahlungen gegen sich gelten lassen.

(3)–(8)
....

Anhang 12

Doppelbesteuerungsabkommen

Übersicht

Stand der Doppelbesteuerungsabkommen

II Besteuerung des Arbeitslohns nach den Doppelbesteuerungsabkommen;
hier: Anwendung der 183-Tage-Klausel

Stand der Doppelbesteuerungsabkommen

1. Januar 1996

I. Geltende Abkommen

Abkommen		Fundstelle				Inkrafttreten			
		BGBl II		BStBl I		BGBl II		BStBl I	
mit	vom	Jg.	S.	Jg.	S.	Jg.	S.	Jg.	S.
1. Abkommen auf dem Gebiet der Steuern vom Einkommen und vom Vermögen									
Ägypten	08. 12. 87	90	278	90	280	91	1.042	92	7
Argentinien	13. 07. 78	79	585	79	326	79	1.332	80	51
Australien	24. 11. 72	74	337	74	423	75	216	75	386
Bangladesch[1])	29. 05. 90	91	1.410	92	34	93	847	93	466
Belgien	11. 04. 67	69	17	69	38	69	1.465	69	468
Bolivien	30. 09. 92	94	1.086	94	575	95	907	–	–
Brasilien	27. 06. 75	75	2.245	76	47	76	200	76	86
Bulgarien	02. 06. 87	88	770	88	389	88	1.179	89	34
China	10. 06. 85	86	446	86	329	86	731	86	339
Côte d'Ivoire	03. 07. 79	82	153	82	357	82	637	82	628
Dänemark	30. 01. 62	63	1.311	63	756	64	216	64	236
Ecuador	07. 12. 82	84	466	84	339	86	781	86	358
Finnland	05. 07. 79	81	1.164	82	201	82	577	82	587
Frankreich	21. 07. 59/	61	397	61	342	61	1.659	61	712
	09. 06. 69/	70	717	70	900	70	1.189	70	1.072
	28. 09. 89	90	770	90	413	91	387	91	93
Griechenland	18. 04. 66	67	852	67	50	68	30	68	296
Indien	18. 03. 59/	60	1.828	60	428	60	2.299	60	630
	28. 06. 84	85	810	85	482	85	1.097	85	612
(Neufassung)	30. 05. 86	86	684	86	309	–	–	–	–
Indonesien	30. 10. 90	91	1.086	91	1.001	91	1.401	92	186
Iran, Islamische Republik	20. 12. 68	69	2.133	70	768	69	2.288	70	777
						70	282		
Irland	17. 10. 62	64	266	64	320	64	632	64	366
Island	18. 03. 71	73	357	73	504	73	1.567	73	730
Israel	09. 07. 62/	66	329	66	700	66	767	66	946
	20. 07. 77	79	181	79	124	79	1.031	79	603
Italien	18. 10. 89	90	742	90	396	93	59	93	172
Jamaika	08. 10. 74	76	1.194	76	407	76	1.703	76	632
Japan	22. 04. 66/	67	871	67	58	67	2.028	67	336
	17. 04. 79/	80	1.182	80	649	80	1.426	80	772
	17. 02. 83	84	194	84	216	84	567	84	388
Jugoslawien	26. 03. 87	88	744	88	372	88	1.179	89	35
Kanada	17. 07. 81	82	801	82	752	83	652	83	502
Kenia	17. 05. 77	79	606	79	337	80	1.357	80	792
Korea, Republik	14. 12. 76	78	191	78	148	78	861	78	230

[1]) Gilt nicht für die VSt.

Anhang 12

Doppelbesteuerungsabkommen

Abkommen		Fundstelle				Inkrafttreten			
		BGBl II		BStBl I		BGBl II		BStBl I	
mit	vom	Jg.	S.	Jg.	S.	Jg.	S.	Jg.	S.
(noch 1. Abkommen auf dem Gebiet der Steuern vom Einkommen und vom Vermögen)									
Kuwait	04. 12. 87	89	354	89	150	89	637	89	268
Liberia	25. 11. 70	73	1.285	73	615	75	916	75	943
Luxemburg	23. 08. 58/	59	1.269	59	1.022	60	1.532	60	398
	15. 06. 73	78	109	78	72	78	1.396	79	83
Malaysia	08. 04. 77	78	925	78	324	79	288	79	196
Malta	17. 09. 74	76	109	76	56	76	1.675	76	497
Marokko	07. 06. 72	74	21	74	59	74	1.325	74	1.009
Mauritius	15. 03. 78	80	1.261	80	667	81	8	81	34
Mexiko	23. 02. 93	93	1.966	93	964	94	617	94	310
Namibia	02. 12. 93	94	1.262	94	673	95	770	95	678
Neuseeland	20. 10. 78	80	1.222	80	654	80	1.485	80	787
Niederlande	16. 06. 59/	60	1.781	60	381	60	2.216	60	626
	13. 03. 80/	80	1.150	80	646	80	1.486	80	787
	21. 05. 91	91	1.428	92	94	92	170	92	382
Norwegen	04. 10. 91	93	970	93	655	93	1.895	93	926
Österreich	04. 10. 54/	55	749	55	369	55	891	55	557
	08. 07. 92	94	122	94	227	94	1.147	94	598
Pakistan[1])	14. 07. 94	95	836	95	617	–	–	–	–
Philippinen	22. 07. 83	84	878	84	544	84	1.008	84	612
Polen	18. 12. 72/	75	645	75	665	75	1.349	76	6
	24. 10. 79	81	306	81	466	81	1.075	81	778
Portugal	15. 07. 80	82	129	82	347	82	861	82	763
Rumänien	29. 06. 73	75	601	75	641	75	1.495	75	1.074
Sambia	30. 05. 73	75	661	75	688	75	2.204	76	7
Schweden	14. 07. 92	94	686	94	422	95	29	95	88
Schweiz	11. 08. 71/	72	1.021	72	518	73	74	73	61
	30. 11. 78/	80	751	80	398	80	1.281	80	678
	17. 10. 89/	90	766	90	409	90	1.698	91	93
	21. 12. 92	93	1.886	93	927	94	21	94	110
Simbabwe	22. 04. 88	89	713	89	310	90	244	90	178
Singapur	19. 02. 72	73	373	73	513	73	1.528	73	688
Spanien	05. 12. 66	68	9	68	296	68	140	68	544
Sri Lanka	13. 09. 79	81	630	81	610	82	185	82	373
Südafrika	25. 01. 73	74	1.185	74	850	75	440	75	640
Thailand	10. 07. 67	68	589	68	1.046	68	1.104	69	18
Trinidad und Tobago	04. 04. 73	75	679	75	697	77	263	77	192
Tschechoslowakei	19. 12. 80	82	1.022	82	904	83	692	83	486
Türkei	16. 04. 85	89	866	89	471	89	1.066	89	482
Tunesien	23. 12. 75	76	1.653	76	498	76	1.927	77	4
UdSSR	24. 11. 81	83	2	83	90	83	427	83	352
Ungarn	18. 07. 77	79	626	79	348	79	1.031	79	602
Uruguay	05. 05. 87	88	1.060	88	531	90	740	90	365
Vereinigtes Königreich	26. 11. 64/	66	358	66	729	67	828	67	40
	23. 03. 70	71	45	71	139	71	841	71	340
Vereinigte Staaten	29. 08. 89	91	354	91	94	92	235	92	262
Zypern	09. 05. 74	77	488	77	340	77	1.204	77	618

Änderungen sind durch seitliche Striche gekennzeichnet.

---

[1]) Gilt nicht für die VSt.

Anhang 12
Doppelbesteuerungsabkommen

Abkommen		Fundstelle				Inkrafttreten			
		BGBl II		BStBl I		BGBl II		BStBl I	
mit	vom	Jg.	S.	Jg.	S.	Jg.	S.	Jg.	S.
2. Abkommen auf dem Gebiet der Erbschaftsteuern									
Griechenland	18. 11. 10/ 01. 12. 10	12	173[1])	–	–	53	525	53	377
Österreich	04. 10. 54	55	755	55	375	55	891	55	557
Schweden[2])	14. 07. 92	94	686	94	422	95	29	95	88
Schweiz	30. 11. 78	80	594	80	243	80	1.342	80	786
Vereinigte Staaten	03. 12. 80	82	847	82	765	86	860	86	478
3. Sonderabkommen betreffend Einkünfte und Vermögen von Schiffahrt (S)- und Luftfahrt (L)-Unternehmen[3])									
Brasilien (S) (Protokoll)	17. 08. 50	51	11	–	–	52	1 604	–	–
Chile (S) (Handelsvertrag)	02. 02. 51	52	325	–	–	53	128	–	–
China (S)	31. 10. 75	76	1.521	76	496	77	428	77	452
(Seeverkehrsvertrag)	26. 06. 54	59	735	–	–	59	1.259	–	–
Jugoslawien (S)	10. 09. 65	67	762	67	24	71	855	71	340
Kolumbien (S, L)	27. 01. 83	84	644	84	456	85	623	85	222
Paraguay (L)	23. 11. 87	89	373	89	161	89	1.065	90	2
Venezuela (S, L)									

[1]) Angabe bezieht sich auf RGBl.
[2]) Die Erbschaftsteuer ist in den unter I. 1. bzw. II. 1. aufgeführten Abkommen enthalten.
[3]) Siehe auch Bekanntmachungen über die Steuerbefreiungen nach § 49 Abs. 4 EStG und § 2 Abs. 3 VStG:

Äthiopien L (BStBl 1962 I S. 536),
Afghanistan L (BStBl 1964 I S. 411),
Brunei Darussalam L (BStBl 1995 I S. 679),
China L (BStBl 1980 I S. 284),
Chile L (BStBl 1977 I S. 350),
Ghana S, L (BStBl 1985 I S. 222),
Irak S, L (BStBl 1972 I S. 490),
Jordanien L (BStBl 1976 I S. 278),
Libanon S, L (BStBl 1959 I S. 198),
Litauen L (BStBl 1995 I S. 416),
Papua-Neuguinea L (BStBl 1989 I S. 115),
Sudan L (BStBl 1983 I S. 370),
Syrien, Arabische Republik S, L (BStBl 1974 I S. 510),
Taiwan S (BStBl 1988 I S. 423) und
Zaire S, L (BStBl 1990 I S. 178).

Anhang 12

Doppelbesteuerungsabkommen

II. Künftige Abkommen und laufende Verhandlungen

Abkommen mit	Art des Abkommens[1])	Sachstand[2])	Geltung für Veranlagungssteuern[3]) ab	Geltung für Abzugssteuern[4]) ab	Bemerkungen
1. Abkommen auf dem Gebiet der Steuern vom Einkommen und vom Vermögen					
Australien	R-A	V:	–	–	
Belgien	R-A	V:	–	–	
Costa Rica	A	V:	–	–	
Dänemark	R-A	U: 22. 11. 1995	KR	KR	
Estland	A	P: 07. 04. 1995	1994	1994	
Finnland	R-A	V:			
Griechenland	E-P	V:	–	–	
Indien	R-A	U: 19. 06. 1995	KR	KR	Text: BR-Drucks. 647/95
Iran	R-P	V:	–	–	
Jamaika	R-A	P: 30. 09. 1989	KR	KR	
Kanada	R-A	V:	–	–	
Lettland	A	P: 07. 04. 1995	1996	1996	
Litauen	A	P: 07. 04. 1995	1995	1995	
Mongolei	A	U: 22. 08. 1994	KR	KR	Text: BGBl. 1995 II S. 818 BStBl. 1995 I S. 607
Niederlande	R-A	V:			
Österreich	R-A	V:			
Papua-Neuguinea	A	P: 01. 12. 1989	KR	KR	
Russische Föderation	R-A	V:	–	–	
Schweiz	R-A	V:	–	–	
Ukraine	A	U: 03. 07. 1995	KR	KR	Text: BR-Drucks. 649/95
Venezuela	A	U: 08. 02. 1995	ab dem Jahr des Inkrafttretens	ab dem Jahr des Inkrafttretens	Text: BR-Drucks. 648/95
Vereinigte Arabische Emirate	A	U: 09. 04. 1995	1992	1992	Text: BR-Drucks. 650/95
Vietnam	A	U: 16. 11. 1995	KR	KR	
Weißrußland	A	V:			
2. Abkommen auf dem Gebiet der Erbschaftsteuern					
Dänemark[5])	R-A	U: 22. 11. 1995	KR	KR	
Frankreich	A	P: 28. 04. 1995	KR	KR	
Niederlande[5])	R-A	V:	–	–	

[1]) A: Erstmaliges Abkommen
R–A: Revisionsabkommen als Ersatz eines bestehenden Abkommens
R–P: Revisionsprotokoll zu einem bestehenden Abkommen
E–P: Ergänzungsprotokoll zu einem bestehenden Abkommen

[2]) V: Verhandlung
P: Paraphierung
U: Unterzeichnung hat stattgefunden, Gesetzgebungs- oder Ratifikationsverfahren noch nicht abgeschlossen.

[3]) Einkommen-, Körperschaft-, Gewerbe- und Vermögensteuer   KR: Keine Rückwirkung vorgesehen.
[4]) Abzugsteuern von Dividenden, Zinsen und Lizenzgebühren   KR: Keine Rückwirkung vorgesehen.
[5]) Die Erbschaftsteuer ist in den unter I. 1. bzw. II. 1. aufgeführten Abkommen enthalten.

Anhang 12
Doppelbesteuerungsabkommen

Abkommen mit	Art des Abkommens[1]	Sachstand[2]	Geltung für Veranlagungssteuern[3] ab	Geltung für Abzugsteuern[4] ab	Bemerkungen
3. Sonderabkommen betreffend Einkünfte und Vermögen von Schiffahrt (S)- und Luftfahrt (L)-Unternehmen					
Algerien	A (L)	P: 10. 04. 1981	1969 (S, L)/	–	
	A (S, L)	P: 27. 01. 1988	1988 (S)	–	
Jemen	A (L)	P: 24. 06. 1988	1982	–	
Oman	A (L)	P: 18. 03. 1988	1985	–	
Saudi-Arabien	A (L)	V	–	–	

[1] A: Erstmaliges Abkommen
R–A: Revisionsabkommen als Ersatz eines bestehenden Abkommens
R–P: Revisionsprotokoll zu einem bestehenden Abkommen
E–P: Ergänzungsprotokoll zu einem bestehenden Abkommen.
[2] V: Verhandlung
P: Paraphierung
U: Unterzeichnung hat stattgefunden, Gesetzgebungs- oder Ratifikationsverfahren noch nicht abgeschlossen.
[3] Einkommen-, Körperschaft-, Gewerbe- und Vermögensteuer.

II
Besteuerung des Arbeitslohns nach den Doppelbesteuerungsabkommen; hier: Anwendung der 183-Tage-Klausel

BMF vom 5. 1. 1994 (BStBl I S. 11)
IV C 5 – S 1300 – 197/93

Unter Bezugnahme auf das Ergebnis der Erörterungen mit den obersten Finanzbehörden der Länder gilt für die Anwendung der sogenannten 183-Tage-Klausel der DBA bei Einkünften aus nichtselbständiger Arbeit folgendes:

1. Allgemeines

1.1 Nach den DBA hat in der Regel der Staat, in dem die nichtselbständige Arbeit ausgeübt wird (= Tätigkeitsstaat), das Besteuerungsrecht für Vergütungen aus nichtselbständiger Arbeit. Der Ort der Arbeitsausübung befindet sich grundsätzlich dort, wo sich der Arbeitnehmer zur Ausführung seiner Tätigkeit persönlich aufhält. Unerheblich hierfür ist, woher bzw. wohin die Zahlung des Arbeitslohns geleistet wird oder wo der Arbeitgeber ansässig ist.

Für eine im Ausland ausgeübte Tätigkeit steht jedoch dem Ansässigkeitsstaat das Besteuerungsrecht zu, wenn

– sich der Arbeitnehmer insgesamt nicht länger als 183 Tage im Steuerjahr im Tätigkeitsstaat aufgehalten hat und
– der Arbeitslohn nicht von einer Betriebsstätte, die der Arbeitgeber im Tätigkeitsstaat hat, getragen wurde und
– der Arbeitgeber, der die Vergütungen zahlt, nicht im Tätigkeitsstaat ansässig ist (in manchen DBA ist Voraussetzung, daß der Arbeitgeber in der Bundesrepublik Deutschland ansässig ist, z. B. DBA Österreich, Norwegen, Indien, vgl. dazu unter Nr. 5 Beispiel 6).

Nur wenn alle drei Voraussetzungen zusammen vorliegen, behält die Bundesrepublik Deutschland als Ansässigkeitsstaat des Arbeitnehmers das Besteuerungsrecht für Vergütungen, die für eine Tätigkeit im Ausland gezahlt werden. Ansonsten sind die Einkünfte in der Bundesrepublik Deutschland freizustellen und nur beim Progressionsvorbehalt zu berücksichtigen. Dabei sind die Einkünfte für die Anwendung des Progressionsvorbehalts nach deutschem Steuerrecht zu ermitteln.

1.2 Für Künstler, Sportler, Flug- und Schiffspersonal, Hochschullehrer, Lehrer, Studenten, Schüler, Lehrlinge und sonstige Auszubildende enthalten die DBA zum Teil besondere, unterschiedliche Regelungen.

1.3 Besonderheiten gelten nach den DBA mit Belgien, Frankreich, Österreich und der Schweiz auch für Grenzgänger. Das sind in der Regel Arbeitnehmer, die im Grenzbereich des einen Staates arbeiten und täglich zu ihrem Wohnsitz im Grenzbereich des anderen Staates zurückkehren.

1.4 Nach den neueren Abkommen (z. B. DBA Frankreich, Italien, Schweden) ist die 183-Tage-Klausel auf Leiharbeitnehmer nicht anwendbar. Beide Vertragsstaaten haben das Besteuerungsrecht. Die Doppelbesteuerung wird durch Steueranrechnung vermieden.

1.5 Für Zahlungen aus öffentlichen Kassen gelten die vorstehenden Regelungen nicht. Dafür hat in der Regel der Staat der zahlenden Kasse das Besteuerungsrecht, es sei denn, der Arbeitnehmer besitzt die Staatsangehörigkeit des Tätigkeitsstaates (sog. Ortskräfte).

2. Ermittlung der 183 Tage

Die 183 Tage sind für jedes Steuerjahr bzw. Kalenderjahr zu ermitteln. Bei einem vom Kalenderjahr abweichenden Steuerjahr ist das Steuerjahr des Tätigkeitsstaates maßgeblich.

Folgende Vertragsstaaten haben ein vom Kalenderjahr abweichendes Steuerjahr:

Australien	01. 07. bis 30. 06.
Großbritannien	06. 04. bis 05. 04.
Indien	01. 04. bis 31. 03.
Iran	21. 03. bis 20. 03.
Irland	06. 04. bis 05. 04.
Israel (ab 1993 Kalenderjahr)	01. 04. bis 31. 03.
Mauritius	01. 07. bis 30. 06.
Neuseeland	01. 04. bis 31. 03.
Pakistan	01. 07. bis 30. 06.
Simbabwe	01. 04. bis 31. 03.
Sri Lanka (Ceylon)	01. 04. bis 31. 03.
Südafrika	01. 03. bis 28. 02.

Nach den Abkommen mit Liberia, Mexiko und Norwegen (ab 1991) ist statt auf das Kalender- oder Steuerjahr auf einen „Zeitraum von zwölf Monaten" abzustellen.

Bei der Ermittlung der 183 Tage ist nicht maßgebend die Dauer der Tätigkeit, sondern die körperliche Anwesenheit im Tätigkeitsstaat. Es kommt darauf an, ob der Arbeitnehmer an mehr als 183 Tagen im Tätigkeitsstaat anwesend war.

Dies ist auch bei einer nur kurzfristigen Anwesenheit an einem Tage der Fall.

Als Tage der Anwesenheit im Tätigkeitsstaat werden u. a. mitgezählt:

der Ankunfts- und Abreisetag; bei Berufskraftfahrern werden Tage der Hin- und Rückreise nicht mitgezählt,

alle Tage der Anwesenheit im Tätigkeitsstaat unmittelbar vor, während und unmittelbar nach der Tätigkeit, z. B. Samstage, Sonntage, öffentliche Feiertage,

Tage der Anwesenheit im Tätigkeitsstaat während Arbeitsunterbrechungen, z. B. bei Streik, Aussperrung, Ausbleiben von Lieferungen, Krankheit (außer wenn diese der Abreise des Arbeitnehmers entgegensteht und er sonst die Voraussetzungen für die Befreiung im Tätigkeitsstaat erfüllt hätte),

Urlaubstage, die unmittelbar vor, während und unmittelbar nach der Tätigkeit im Tätigkeitsstaat verbracht werden.

Tage der Unterbrechung der Tätigkeit, die ausschließlich außerhalb des Tätigkeitsstaats verbracht werden, sowie Zeiten des Transits außerhalb des Tätigkeitsstaats werden nicht mitgezählt.

Kehrt der Arbeitnehmer täglich zu seinem Wohnsitz im Ansässigkeitsstaat zurück, so ist er täglich im Tätigkeitsstaat anwesend. Das auf anderen Grundsätzen beruhende BFH-Urteil vom 10. Mai 1989, BStBl II S. 755, ist wie bisher über den entschiedenen Einzelfall hinaus nicht anzuwenden.

Organe von Kapitalgesellschaften üben ihre Tätigkeit grundsätzlich am Sitz der Gesellschaft aus (BFH-Beschluß vom 15. November 1971, BStBl II 1972 S. 68). Etwas anderes gilt, wenn die Tätigkeit nur an einem bestimmten Ort ausgeübt werden kann, z. B. Wareneinkauf auf einer Geschäftsreise (BFH-Urteil vom 21. Mai 1986, BStBl II S. 739).

3. Zahlung des Arbeitslohns zu Lasten einer Betriebsstätte des Arbeitgebers im Tätigkeitsstaat

Maßgebend für den Begriff „Betriebsstätte" ist die Definition in dem jeweiligen Abkommen (z. B. Art. 5 DBA-Schweiz). Nach mehreren DBA ist z. B. eine Bau- oder Montagestelle (anders als nach § 12 AO) erst ab einem Zeitraum von 12 Monaten eine Betriebsstätte (vgl. z. B. Art. 5 Abs. 2 Buchstabe g DBA-Schweiz).

Der Arbeitslohn wird zu Lasten einer ausländischen Betriebsstätte gezahlt, wenn die Vergütungen wirtschaftlich gesehen von der Betriebsstätte getragen werden. Nicht entscheidend ist, wer die Vergütungen ausbezahlt oder wer die Vergütungen in seiner Buchführung abrechnet. Entscheidend ist allein, ob und ggf. in welchem Umfang die im Ausland ausgeübte Tätigkeit nach dem jeweiligen DBA (z. B. Art. 7 DBA-Schweiz) der ausländischen Betriebsstätte zuzuordnen ist und die Vergütung deshalb wirtschaftlich zu Lasten der ausländischen Betriebsstätte geht (BFH-Urteil vom 24. Februar 1988, BStBl II S. 819). Wenn der Arbeitslohn lediglich Teil von Verrechnungen für Lieferungen oder Leistungen mit der Betriebsstätte ist, wird der Arbeitslohn als solcher nicht von der Betriebsstätte getragen (BFH a. a. O.).

Eine selbständige Tochtergesellschaft (z. B. GmbH) ist nicht Betriebsstätte der Muttergesellschaft, kann aber ggf. selbst Arbeitgeber sein.

4. Zahlung durch einen im Tätigkeitsstaat ansässigen Arbeitgeber

Arbeitgeber im Sinne des DBA ist derjenige Unternehmer, der die Vergütungen für die ihm geleistete Arbeit wirtschaftlich trägt (vgl. BFH-Urteil vom 21. August 1985, BStBl 1986 II S. 4). Dies ist dann der Fall, wenn der Arbeitnehmer dem ausländischen Unternehmen seine Arbeitsleistung schuldet, unter dessen Leitung tätig wird und dessen Weisungen unterworfen ist und der Arbeitslohn nicht Preisbestandteil für eine Lieferung oder Werkleistung ist.

Beim internationalen Arbeitnehmerverleih ist nach Sinn und Zweck der 183-Tage-Klausel der Entleiher als Arbeitgeber anzusehen (vgl. Kommentar zu Art. 15 des OECD-Musterabkommens). Sonderregelungen der Abkommen für Leiharbeitnehmer sind jedoch zu beachten (s. 1. 4).

Eine Betriebsstätte kommt nicht als Arbeitgeberin in Betracht (BFH-Urteile vom 29. Januar 1986, BStBl II S. 442 und BStBl II S. 513). Jedoch kann eine Personengesellschaft nach Sinn und Zweck der 183-Tage-Klausel Arbeitgeberin sein. Die Ansässigkeit des Arbeitgebers bestimmt sich in diesem Fall nach dem Ort der Geschäftsleitung.

5. Beispiele

(1) A ist für seinen deutschen Arbeitgeber vom 1. Januar bis 15. Juni 01 in Österreich tätig. Vom 16. Juni 01 bis 15. Juli 01 verbringt er dort seinen Urlaub. Eine Betriebsstätte des Arbeitgebers in Österreich besteht nicht.

Das Besteuerungsrecht für den Arbeitslohn hat Österreich, weil sich A länger als 183 Tage im Kalenderjahr (= Steuerjahr) in Österreich aufgehalten hat (Art. 9 DBA-Österreich). Der Urlaub, den A unmittelbar im Anschluß an seine Tätigkeit in Österreich verbringt, wird in die Aufenthaltsdauer eingerechnet. Die Bundesrepublik Deutschland stellt die Einkünfte unter Progressionsvorbehalt frei (Art. 15 Abs. 1 und 3 DBA-Österreich).

(2) A ist vom 1. Oktober 01 bis 31. Mai 02 für seinen deutschen Arbeitgeber in Österreich tätig.

Anhang 12

II   Doppelbesteuerung

Eine Betriebsstätte des Arbeitgebers in Österreich besteht nicht.

Österreich hat kein Besteuerungsrecht für den Arbeitslohn. Die 183-Tage-Frist ist für jedes Kalenderjahr (= Steuerjahr) getrennt zu ermitteln. A ist weder im Kalenderjahr 01 noch im Kalenderjahr 02 länger als 183 Tage in Österreich. Da der Arbeitslohn von einem deutschen Arbeitgeber getragen wird und nicht zu Lasten einer österreichischen Betriebsstätte des Arbeitgebers geht, bleibt das Besteuerungsrecht bei der Bundesrepublik Deutschland (Art. 9 Abs. 2 DBA-Österreich).

(3) A ist für seinen deutschen Arbeitgeber vom 1. Januar bis 31. Juli 02 in Großbritannien (Steuerjahr 6. April bis 5. April) tätig. Eine Betriebsstätte des Arbeitgebers in Großbritannien besteht nicht.

Großbritannien hat kein Besteuerungsrecht für den Arbeitslohn. Die 183-Tage-Frist ist für jedes Steuerjahr getrennt zu ermitteln. Maßgeblich ist das Steuerjahr des Tätigkeitsstaates. Da das Steuerjahr 01/02 in Großbritannien am 5. April 02 endet, ist A weder im Steuerjahr 01/02 noch im Steuerjahr 02/03 länger als 183 Tage in Großbritannien. Da der Arbeitslohn vom deutschen Arbeitgeber getragen wird und nicht zu Lasten einer britischen Betriebsstätte des Arbeitgebers geht, bleibt das Besteuerungsrecht bei der Bundesrepublik Deutschland (Art. XI Abs. 3 DBA-GB).

(4) A ist bei einer Betriebsstätte seines deutschen Arbeitgebers vom 1. Januar 01 bis 31. März 01 in Frankreich tätig. Der Arbeitslohn wird wirtschaftlich von der Betriebsstätte getragen. Das Besteuerungsrecht für den Arbeitslohn hat Frankreich. A ist zwar weniger als 183 Tage in Frankreich tätig, da der Arbeitslohn aber zu Lasten einer französischen Betriebsstätte des Arbeitgebers geht, bleibt das Besteuerungsrecht der Bundesrepublik Deutschland nicht erhalten (Art. 13 Abs. 4 DBA-Frankreich). Frankreich kann daher als Tätigkeitsstaat den Arbeitslohn besteuern, Art. 13 Abs. 1 DBA-Frankreich. Die Bundesrepublik Deutschland stellt die Einkünfte unter Progressionsvorbehalt frei (Art. 20 Abs. 1 a DBA-Frankreich).

(5) A ist vom 1. Januar 01 bis 31. Januar 01 in der Schweiz bei einem schweizerischen Arbeitgeber tätig. A ist kein Grenzgänger im Sinne von Art. 15 Abs. 4 DBA-Schweiz.

Das Besteuerungsrecht für den Arbeitslohn hat die Schweiz, da der Arbeitgeber, der die Vergütungen bezahlt, in der Schweiz ansässig ist (Art. 15 Abs. 1, 2 DBA-Schweiz). Die Bundesrepublik Deutschland stellt die Einkünfte unter Progressionsvorbehalt frei (Art. 24 Abs. 1 Nr. 1 d DBA-Schweiz).

(6) A ist Arbeitnehmer des ausländischen (britischen) Unternehmens B. Er wohnt seit Jahren in der Bundesrepublik Deutschland und ist bei einer deutschen unselbständigen Betriebsstätte des B in Nürnberg beschäftigt. Im Jahr 01 befindet er sich an fünf Arbeitstagen bei Kundenbesuchen in der Schweiz und an fünf Arbeitstagen bei Kundenbesuchen in Österreich.

Aufenthalt in der Schweiz: Maßgeblich ist das DBA-Schweiz, da A in der Bundesrepublik Deutschland ansässig ist (Art. 1, 4 Abs. 1 DBA-Schweiz) und die „Quelle" der Einkünfte aus nichtselbständiger Arbeit in dem Staat liegt, in dem die Tätigkeit ausgeübt wird.

Das Besteuerungsrecht der Bundesrepublik Deutschland bleibt bestehen. Nach Art. 15 Abs. 2 DBA-Schweiz hat die Bundesrepublik Deutschland das Besteuerungsrecht, da sich A nicht länger als 183 Tage in der Schweiz aufgehalten hat und von einem Arbeitgeber entlohnt wird, der nicht in der Schweiz ansässig ist.

Aufenthalt in Österreich: Maßgeblich ist das DBA-Österreich. Die Bundesrepublik Deutschland hat kein Besteuerungsrecht für die Tätigkeit in Österreich. Zwar hält sich A weniger als 183 Tage in Österreich auf. Das Besteuerungsrecht der Bundesrepublik Deutschland bleibt nach Art. 9 Abs. 2 DBA-Österreich aber nur dann erhalten, wenn der Arbeitgeber seinen Sitz im gleichen Staat wie der Arbeitnehmer hat. Arbeitgeber ist hier das ausländische (britische) Unternehmen B; die inländische unselbständige Betriebsstätte kann nicht Arbeitgeber im Sinne des DBA sein (BFH-Urteil vom 29. Januar 1986, BStBl II S. 442; vgl. auch Tz. 4). Die Bundesrepublik Deutschland stellt die Einkünfte unter Progressionsvorbehalt frei (Art. 15 Abs. 1, 3 DBA-Österreich).

6. Höhe des freizustellenden Arbeitslohns

6.1 Ist der Arbeitslohn in der Bundesrepublik Deutschland nach einem DBA freizustellen, ist zunächst zu prüfen, inwieweit die Vergütungen genau der Auslandstätigkeit oder der Inlandstätigkeit zugeordnet werden können. Laufende Bezüge können im allgemeinen der jeweiligen Tätigkeit genau zugeordnet werden. Soweit eine derartige Zuordnung nicht möglich ist, ist der Arbeitslohn nach den Grundsätzen des BFH-Urteils vom 29. Januar 1986, BStBl II S. 479, aufzuteilen.

Beispiel:

A ist vom 1. Januar 01 bis 31. Juli 01 für seinen deutschen Arbeitgeber in Japan tätig. Seinen Familienwohnsitz in der Bundesrepublik Deutschland behält er bei. Er erhält im Jahr 01 einen Jahresarbeitslohn inklusive Weihnachtsgeld und Urlaubsgeld in Höhe von 80 000 DM. Für die Tätigkeit in Japan erhält er zusätzlich eine Zulage in Höhe von 30 000 DM.

Die Bundesrepublik Deutschland hat für den Arbeitslohn, der auf die Tätigkeit in Japan fällt, kein Besteuerungsrecht, da sich A länger als 183 Tage im Kalenderjahr 01 in Japan aufgehalten hat (Art. 15, 23 Abs. 1 a DBA-Japan). Der steuerfreie Arbeitslohn berechnet sich wie folgt:

Die Zulage in Höhe von 30 000 DM ist der Auslandstätigkeit unmittelbar zuzuordnen und demzufolge hier steuerfrei. Der übrige Arbeitslohn in Höhe von 80 000 DM ist aufzuteilen. Dabei sind zunächst die vereinbarten Arbeitstage zu ermitteln. Das sind die Kalendertage im Jahr, abzüglich der Tage, an denen der Arbeitnehmer laut Arbeitsvertrag nicht zu arbeiten verpflichtet ist (= Urlaubstage sowie arbeitsfreie Samstage, Sonntage und gesetzliche Feiertage). Die vereinbarten Arbeitstage im Jahr 01 sollen hier 220 Tage sein.

Den vereinbarten Arbeitstagen im Jahr 01 ist das im Jahr 01 vereinbarte Arbeitsentgelt von 80 000 DM gegenüberzustellen. Aus der Beziehung ergibt sich das vereinbarte Arbeitsentgelt pro vereinbartem Arbeitstag (hier: ca. 363 DM).

Dieses Entgelt ist in Beziehung zu setzen zu den vereinbarten Arbeitstagen, an denen sich A tatsächlich in Japan aufgehalten hat. Die tatsächlichen Arbeitstage im Jahr 01 in Japan sollen hier 140 sein. Von den 80 000 DM Jahresarbeitslohn sind daher 140 × 363 DM = 50 820 DM steuerfrei.

Der steuerfreie Arbeitslohn in Höhe von 50 820 DM und die Zulage in Höhe von 30 000 DM sind abzüglich von Werbungskosten, die im Zusammenhang mit der Tätigkeit in Japan angefallen sind, beim Progressionsvorbehalt zu berücksichtigen. Der übrige Arbeitslohn ist im Inland steuerpflichtig.

6.2 Nach denselben Grundsätzen ist auch eine einmalige Zahlung (z. B. Jubiläumszahlung) zu behandeln, die eine Nachzahlung für eine frühere aktive Tätigkeit darstellt und anteilig auf die Auslands- und Inlandstätigkeit entfällt. Für die Steuerbefreiung kommt es nicht darauf an, zu welchem Zeitpunkt und wo die Vergütung bezahlt wird, sondern allein darauf, daß sie dem Arbeitnehmer für eine Auslandstätigkeit gezahlt wird (BFH-Urteil vom 5. Februar 1992, BStBl II S. 660). Eine Nachzahlung für eine frühere aktive Tätigkeit liegt nicht vor, wenn die einmalige Zahlung ganz oder teilweise der Versorgung dient (BFH-Urteil vom 5. Februar 1992, BStBl II S. 660; BFH-Urteil vom 12. Oktober 1978, BStBl II S. 64).

7. Vorrang von besonderen Verständigungsvereinbarungen

Verständigungsvereinbarungen zwischen den zuständigen Behörden der Vertragsstaaten bleiben durch die vorstehenden Regelungen unberührt.

8. Aufhebung von Verwaltungsanweisungen

Die BMF-Schreiben vom 21. April 1981, BStBl I S. 337, und vom 30. Juli 1990, BStBl I S. 314, werden aufgehoben.

9. Erstmalige Anwendung

Die vorstehenden Regelungen sind in allen noch nicht bestandskräftigen Fällen anzuwenden.

Anhang 12 a

I Düsseldorfer Tabelle

Übersicht

I Unterhaltsrichtlinien des OLG Düsseldorf zum Kindes- und Ehegattenunterhalt (Stand: 1. 7.1992)
II Unterhaltsrichtlinien des OLG Düsseldorf zum Kindes- und Ehegattenunterhalt (Stand: 1. 1. 1996)

I
Düsseldorfer Tabelle[1])
Unterhaltsrichtlinien des OLG Düsseldorf zum Kindes- und Ehegattenunterhalt
(Stand: 1. 7. 1992)[2]) [3])

A. Kindesunterhalt

	Altersstufe	bis Volldg. 6. Lbj.	v. 7. bis Volldg. 12. Lbj.	v. 13. bis Volldg. 18. Lbj. (vgl. Anm. 8)	ab Volldg. 18. Lbj. (vgl. Anm. 7 u. 8)	
	Nichteheliche Kinder nach VO 1992[4])	291	353	418		
Gruppe	Eheliche Kinder nach Nettoeinkommen des Unterhaltspflichtigen in DM					Bedarfskontrollbetrag in DM gemäß Anm. 6
1	bis 2 300	291	353	418		1 150/1 300
2	2 300–2 600	310	375	445		1 370
3	2 600–3 000	335	405	480		1 450
4	3 000–3 500	370	450	530		1 550
5	3 500–4 100	410	495	590		1 680
6	4 100–4 800	450	545	650		1 880
7	4 800–5 700	500	605	720		2 100
8	5 700–6 700	550	665	790		2 350
9	6 700–8 000	600	730	860		2 600
	über 8 000	nach den Umständen des Falles.				

[1]) JMBl. NW 1992 S. 93.
[2]) Die Tabelle nebst Anmerkungen beruht auf Koordinierungsgesprächen, die zwischen Richtern der Familiensenate der Oberlandesgerichte Düsseldorf, Köln und Hamm sowie der Unterhaltskommission des Deutschen Familiengerichtstages e. V. unter Berücksichtigung des Ergebnisses einer Umfrage bei allen Oberlandesgerichten und Bezirksgerichten stattgefunden haben.
[3]) Die Zahlenwerte der Tabelle gelten vom 1. 7. 1992 bis zum 31. 12. 1995. Ab dem 1. 1. 1996 sind die Zahlenwerte der neuen Tabelle (Stand: 1. 1. 1996, abgedruckt in Anh. 12 a II) anzuwenden.
[4]) BGBl. 1992 I S. 535.

Anmerkungen:

1. Die Tabelle weist monatliche Unterhaltsrichtsätze aus, bezogen auf einen gegenüber einem Ehegatten und zwei Kindern Unterhaltspflichtigen.
   Bei einer größeren/geringeren Anzahl Unterhaltsberechtigter sind **Ab- oder Zuschläge** in Höhe eines Zwischenbetrages oder durch Einstufung in niedrigere/höhere Gruppen angemessen. Bei überdurchschnittlicher Unterhaltslast ist Anmerkung 6 zu beachten. Zur Deckung des notwendigen Mindestbedarfs aller Beteiligten – einschließlich des Ehegatten – ist gegebenenfalls eine Herabstufung bis in die unterste Tabellengruppe vorzunehmen. Reicht das verfügbare Einkommen auch dann nicht aus, erfolgt eine Mangelberechnung nach Abschnitt C.

2. Den Bedarfsbeträgen der Gruppen 2–8 entsprechen folgende auf- und abgerundete Zuschläge auf den Basisbetrag der 1. Gruppe in %: 7, 15, 27, 40, 55, 72, 90, 105.

3. Berufsbedingte Aufwendungen, die sich von den privaten Lebenshaltungskosten nach objektiven Merkmalen eindeutig abgrenzen lassen, sind vom Einkommen abzuziehen, wobei ohne Einzelnachweis eine Pauschale von 5 % – mindestens 90 DM, bei geringfügi-

ger Teilzeitarbeit auch weniger, und höchstens 260 DM monatlich – des Nettoeinkommens geschätzt werden kann. Übersteigen die berufsbedingten Aufwendungen die Pauschale, sind sie insgesamt nachzuweisen.

4. Berücksichtigungsfähige **Schulden** sind in der Regel vom Einkommen abzuziehen.

5. Der **notwendige Eigenbedarf (Selbstbehalt)** des nicht erwerbstätigen Unterhaltspflichtigen beträgt monatlich 1 150 DM, des erwerbstätigen Unterhaltspflichtigen monatlich 1 300 DM.

   Der **angemessene Eigenbedarf** beträgt gegenüber volljährigen Kindern in der Regel mindestens monatlich 1 600 DM.

6. Der **Bedarfskontrollbetrag** des Unterhaltspflichtigen ab Gruppe 2 ist nicht identisch mit dem Eigenbedarf. Er soll eine ausgewogene Verteilung des Einkommens zwischen dem Unterhaltspflichtigen und den unterhaltsberechtigten Kindern gewährleisten. Wird er unter Berücksichtigung des Ehegattenunterhalts (vgl. auch B V und VI) unterschritten, ist der Tabellenbetrag der nächst niedrigeren Gruppe, deren Bedarfskontrollbetrag nicht unterschritten wird, oder ein Zwischenbetrag anzusetzen.

7. Bei **volljährigen Kindern,** die noch im Haushalt der Eltern oder eines Elternteils wohnen, ist in der Regel ein Zuschlag in Höhe der Differenz der 2. und 3. Altersstufe der jeweiligen Gruppe vorzunehmen.

   Der angemessene Gesamtunterhaltsbedarf eines **Studierenden,** der nicht bei seinen Eltern oder einem Elternteil wohnt, beträgt in der Regel monatlich 950 DM. Dieser Bedarfssatz kann auch für ein Kind mit eigenem Haushalt angesetzt werden.

8. Die **Ausbildungsvergütung** eines in der Berufsausbildung stehenden Kindes, das im Haushalt der Eltern oder eines Elternteils wohnt, ist vor ihrer Anrechnung in der Regel um einen ausbildungsbedingten Mehrbedarf von monatlich 150 DM zu kürzen.

9. In den Unterhaltsbeträgen (Anmerkungen 1 und 7) sind Krankenkassenbeiträge nicht enthalten.

B. Ehegattenunterhalt

I. **Monatliche Unterhaltsrichtsätze des berechtigten Ehegatten ohne gemeinsame unterhaltsberechtigte Kinder** aus §§ 1361, 1569, 1578, 1581 BGB:

1. gegen einen **erwerbstätigen Unterhaltspflichtigen:**

   a) wenn der Berechtigte kein Einkommen hat: 3/7 des anrechenbaren Erwerbseinkommens zuzüglich 1/2 der anrechenbaren sonstigen Einkünfte des Pflichtigen, nach oben begrenzt durch den vollen Unterhalt, gemessen an den zu berücksichtigenden ehelichen Verhältnissen;

   b) wenn der Berechtigte ebenfalls Einkommen hat:

   aa) Doppelverdienerehe: 3/7 der Differenz zwischen den anrechenbaren Erwerbseinkommen der Ehegatten, insgesamt begrenzt durch den vollen ehelichen Bedarf; für sonstige anrechenbare Einkünfte gilt der Halbteilungsgrundsatz;

   bb) Alleinverdienerehe: Unterschiedsbetrag zwischen dem vollen ehelichen Bedarf und dem anrechenbaren Einkommen des Berechtigten, wobei Erwerbseinkommen um 1/7 zu kürzen ist; der Unterhaltsanspruch darf jedoch nicht höher sein als bei einer Berechnung nach aa);

   c) wenn der Berechtigte erwerbstätig ist, obwohl ihn keine Erwerbsobliegenheit trifft: gemäß § 1577 Abs. 2 BGB;

2. gegen einen **nicht erwerbstätigen Unterhaltspflichtigen** (z. B. Rentner): wie zu 1 a, b oder c, jedoch 50 %.

II. Fortgeltung früheren Rechts:

1. Monatliche Unterhaltsrichtsätze des nach dem Ehegesetz berechtigten Ehegatten **ohne gemeinsame unterhaltsberechtigte Kinder:**

Anhang 12 a

I Düsseldorfer Tabelle

    a) aus §§ 58, 59 EheG: in der Regel wie zu I,
    b) aus § 60 EheG: in der Regel 1/2 des Unterhalts wie zu I,
    c) aus § 61 EheG: nach Billigkeit (höchstens bis zu I).

2. Bei Ehegatten, die vor dem 3. 10. 1990 in der früheren DDR geschieden worden sind, ist das DDR-FGB in Verbindung mit dem Einigungsvertrag zu berücksichtigen (Art. 234 § 5 EGBGB).

III. Monatliche Unterhaltsrichtssätze des berechtigten Ehegatten **mit von ihm versorgten gemeinsamen unterhaltsberechtigten minderjährigen Kindern:**

Wie zu I bzw. II 1, jedoch wird vorab der Kinderunterhalt (Tabellenbetrag ohne Abzug von Kindergeld) vom Nettoeinkommen des Pflichtigen abgezogen.

IV. **Monatlicher notwendiger Eigenbedarf (Selbstbehalt) gegenüber dem getrennt lebenden und dem geschiedenen Berechtigten:**

1. wenn der Unterhaltspflichtige **erwerbstätig** ist: 1 300 DM,
2. wenn der Unterhaltspflichtige **nicht erwerbstätig** ist: 1 150 DM.

Dem geschiedenen Unterhaltspflichtigen ist nach Maßgabe des § 1581 BGB unter Umständen ein höherer Betrag zu belassen.

V. **Monatlicher notwendiger Eigenbedarf (Existenzminimum) des unterhaltsberechtigten Ehegatten einschließlich des trennungsbedingten Mehrbedarfs in der Regel:**

1. falls erwerbstätig: 1 300 DM,
2. falls nicht erwerbstätig: 1 150 DM.

VI. Monatlicher notwendiger Eigenbedarf (Existenzminimum) des Ehegatten, der in einem **gemeinsamen Haushalt mit dem Unterhaltspflichtigen** lebt:

1. falls erwerbstätig: 970 DM,
2. falls nicht erwerbstätig: 840 DM.

Anmerkung zu I–III:

Hinsichtlich **berufsbedingter Aufwendungen** und **berücksichtigungsfähiger Schulden** gelten Anmerkungen A. 3 und 4 – auch für den erwerbstätigen Unterhaltsberechtigten – entsprechend. Diejenigen berufsbedingten Aufwendungen, die sich **nicht** nach objektiven Merkmalen eindeutig von den privaten Lebenshaltungskosten abgrenzen lassen, sind pauschal im Erwerbstätigenbonus von 1/7 enthalten.

C. Mangelfälle

Reicht das Einkommen zur Deckung des notwendigen Bedarfs des Unterhaltspflichtigen und der gleichrangigen Unterhaltsberechtigten nicht aus (sog. Mangelfälle), ist die nach Abzug des notwendigen Eigenbedarfs (Selbstbehalt) des Unterhaltspflichtigen verbleibende Verteilungsmasse auf die Unterhaltsberechtigten im Verhältnis ihrer jeweiligen Bedarfssätze gleichmäßig zu verteilen. Das Kindergeld ist bis zur Deckung des Mindestbedarfs in die Verteilungsmasse einzubeziehen.

Beispiel (aus Vereinfachungsgründen ohne Kindergeld):

Bereinigtes monatliches Nettoeinkommen des Unterhaltspflichtigen (V): 2 600 DM.

Unterhaltsberechtigte: ein nicht erwerbstätiger Ehegatte (B) und zwei minderjährige Kinder K 1 und K 2 (1. und 2. Altersstufe).

Notwendiger Eigenbedarf des V: 1 300 DM,
Verteilungsmasse:
    2 600 DM – 1 300 DM = 1 300 DM,
notwendiger Gesamtbedarf der Berechtigten:
1 150 DM (B) + 291 DM (K 1) + 353 DM (K 2) = 1 794 DM.

Unterhaltsansprüche:

B = 1 150 DM × 1 300/1 794 = 833 DM,
K 1 =   291 DM × 1 300/1 794 = 211 DM,
K 2 =   353 DM × 1 300/1 794 = 256 DM
(Summe: 1 300 DM = Verteilungsmasse).

II
Düsseldorfer Tabelle[1])
Unterhaltsrichtlinien des OLG Düsseldorf zum Kindes- und Ehegattenunterhalt
(Stand: 1. 1. 1996)[2]) [3])

A. Kindesunterhalt

Altersstufe		bis Volldg. 6. Lbj.	v. 7. bis Volldg. 12. Lbj.	v. 13. bis Volldg. 18. Lbj. (vgl. Anm. 8)	ab Volldg. 18. Lbj. (vgl. Anm. 7 u. 8)	
	Regelunterhalt nichtehelicher Kinder nach VO 1996[4]), Mindestbedarf ehelicher Kinder nach § 1610 III 1 BGB	349	424	502		
Gruppe	Eheliche Kinder nach Nettoeinkommen des Unterhaltspflichtigen in DM					Bedarfskontrollbetrag in DM gemäß Anm. 6
1	bis 2 400	349	424	502	580	1 300/1 500
2	2 400–2 700	375	450	530	610	1 600
3	2 700–3 100	400	480	565	650	1 700
4	3 100–3 600	435	525	615	705	1 800
5	3 600–4 200	475	570	675	780	1 950
6	4 200–4 900	515	620	735	850	2 100
7	4 900–5 800	565	680	805	930	2 300
8	5 800–6 800	615	740	875	1 010	2 500
9	6 800–8 000	665	805	945	1 085	2 800
	über 8 000	nach den Umständen des Falles.				

---

[1]) JMBl. NW 1995 S. 261.
[2]) Die neue Tabelle nebst Anmerkungen beruht auf Koordinierungsgesprächen, die zwischen Richtern der Familiensenate der Oberlandesgerichte Düsseldorf, Köln und Hamm sowie der Unterhaltskommision des Deutschen Familiengerichtstages e.V. unter Berücksichtigung des Ergebnisses einer Umfrage bei allen Oberlandesgerichten stattgefunden haben.
[3]) Die Zahlenwerte der neuen Tabelle gelten ab 1. 1. 1996. Bis zum 31. 12. 1995 sind die Zahlenwerte der bisherigen Tabelle (Stand: 1. 7. 1992, JMBl. NW 1992, S. 93, abgedruckt in Anh. 12 a I) anzuwenden.
[4]) BGBl. 1995 I S. 1190.

Anmerkungen:

1. Die Tabelle weist monatliche Unterhaltsrichtsätze aus, bezogen auf einen gegenüber einem Ehegatten und zwei Kindern Unterhaltspflichtigen.

    Bei einer größeren/geringeren Anzahl Unterhaltsberechtigter sind **Ab- oder Zuschläge** in Höhe eines Zwischenbetrages oder durch Einstufung in niedrigere/höhere Gruppen angemessen. Bei überdurchschnittlicher Unterhaltslast ist Anmerkung 6 zu beachten. Zur Deckung des notwendigen Mindestbedarfs aller Beteiligten – einschließlich des Ehegatten – ist gegebenenfalls eine Herabstufung bis in die unterste Tabellengruppe vorzunehmen. Reicht das verfügbare Einkommen auch dann nicht aus, erfolgt eine Mangelberechnung nach Abschnitt C.

2. entfällt.

3. **Berufsbedingte Aufwendungen,** die sich von den privaten Lebenshaltungskosten nach objektiven Merkmalen eindeutig abgrenzen lassen, sind vom Einkommen abzuziehen, wobei bei entsprechenden Anhaltspunkten eine Pauschale von 5 % – mindestens 90 DM, bei geringfügiger Teilzeitarbeit auch weniger, und höchstens 260 DM monatlich – des Nettoeinkommens geschätzt werden kann.

Anhang 12 a

Düsseldorfer Tabelle

Übersteigen die berufsbedingten Aufwendungen die Pauschale, sind sie insgesamt nachzuweisen.

4. Berücksichtigungsfähige **Schulden** sind in der Regel vom Einkommen abzuziehen.

5. Der **notwendige Eigenbedarf (Selbstbehalt)** des nicht erwerbstätigen Unterhaltspflichtigen beträgt monatlich 1 300 DM, des erwerbstätigen Unterhaltspflichtigen monatlich 1 500 DM. Hierin sind bis 650 DM Miete einschließlich umlagefähiger Nebenkosten und Heizung (Warmmiete) enthalten. Der Selbstbehalt kann angemessen erhöht werden, wenn dieser Betrag im Einzelfall erheblich überschritten wird und dies nicht vermeidbar ist.

   Der **angemessene Eigenbedarf** beträgt gegenüber volljährigen Kindern in der Regel mindestens monatlich 1 800 DM. Darin ist eine Warmmiete bis 800 DM enthalten.

6. Der **Bedarfskontrollbetrag** des Unterhaltspflichtigen ab Gruppe 2 ist nicht identisch mit dem Eigenbedarf. Er soll eine ausgewogene Verteilung des Einkommens zwischen dem Unterhaltspflichtigen und den unterhaltsberechtigten Kindern gewährleisten. Wird er unter Berücksichtigung auch des Ehegattenunterhalts (vgl. auch B V und VI) unterschritten, ist der Tabellenbetrag der nächst niedrigeren Gruppe, deren Bedarfskontrollbetrag nicht unterschritten wird, oder ein Zwischenbetrag anzusetzen.

7. Bei **volljährigen Kindern,** die noch im Haushalt der Eltern oder eines Elternteils wohnen, ist in der Regel ein Zuschlag in Höhe der Differenz der 2. und 3. Altersstufe der jeweiligen Gruppe vorzunehmen.

   Der angemessene Gesamtunterhaltsbedarf eines **Studierenden,** der nicht bei seinen Eltern oder einem Elternteil wohnt, beträgt in der Regel monatlich 1 050 DM. Dieser Bedarfssatz kann auch für ein Kind mit eigenem Haushalt angesetzt werden.

8. Die **Ausbildungsvergütung** eines in der Berufsausbildung stehenden Kindes, das im Haushalt der Eltern oder eines Elternteils wohnt, ist vor ihrer Anrechnung in der Regel um einen ausbildungsbedingten Mehrbedarf von monatlich 150 DM zu kürzen.

9. In den Unterhaltsbeträgen (Anmerkungen 1 und 7) sind **Beiträge zur Kranken- und Pflegeversicherung** nicht enthalten.

B. Ehegattenunterhalt

I. **Monatliche Unterhaltsrichtsätze des berechtigten Ehegatten ohne gemeinsame unterhaltsberechtigte Kinder (§§ 1361, 1569, 1578, 1581 BGB):**

1. gegen einen **erwerbstätigen Unterhaltspflichtigen:**

   a) wenn der Berechtigte kein Einkommen hat: 3/7 des anrechenbaren Erwerbseinkommens zuzüglich 1/2 der anrechenbaren sonstigen Einkünfte des Pflichtigen, nach oben begrenzt durch den vollen Unterhalt, gemessen an den zu berücksichtigenden ehelichen Verhältnissen;

   b) wenn der Berechtigte ebenfalls Einkommen hat:

   aa) Doppelverdienerehe: 3/7 der Differenz zwischen den anrechenbaren Erwerbseinkommen der Ehegatten, insgesamt begrenzt durch den vollen ehelichen Bedarf; für sonstige anrechenbare Einkünfte gilt der Halbteilungsgrundsatz;

   bb) Alleinverdienerehe: Unterschiedsbetrag zwischen dem vollen ehelichen Bedarf und dem anrechenbaren Einkommen des Berechtigten, wobei Erwerbseinkommen um 1/7 zu kürzen ist; der Unterhaltsanspruch darf jedoch nicht höher sein als bei einer Berechnung nach aa);

   c) wenn der Berechtigte erwerbstätig ist, obwohl ihn keine Erwerbsobliegenheit trifft: gemäß § 1577 Abs. 2 BGB;

2. gegen einen **nicht erwerbstätigen Unterhaltspflichtigen** (z. B. Rentner): wie zu 1 a, b oder c, jedoch 50 %.

II. Fortgeltung früheren Rechts:

1. Monatliche Unterhaltsrichtsätze des nach dem Ehegesetz berechtigten Ehegatten **ohne gemeinsame unterhaltsberechtigte Kinder:**

   a) §§ 58, 59 EheG: in der Regel wie I,

   b) § 60 EheG: in der Regel 1/2 des Unterhalts zu I,

   c) § 61 EheG: nach Billigkeit bis zu den Sätzen I.

2. Bei Ehegatten, die vor dem 3. 10. 1990 in der früheren DDR geschieden worden sind, ist das DDR-FGB in Verbindung mit dem Einigungsvertrag zu berücksichtigen (Art. 234 § 5 EGBGB).

Anhang 12 a
Düsseldorfer Tabelle II

III. Monatliche Unterhaltsrichtsätze des berechtigten Ehegatten **mit von ihm versorgten gemeinsamen unterhaltsberechtigten minderjährigen Kindern:**
Wie zu I bzw. II 1, jedoch wird vorab der Kindesunterhalt (Tabellenbetrag ohne Abzug von Kindergeld) vom Nettoeinkommen des Pflichtigen abgezogen.

IV. **Monatlicher notwendiger Eigenbedarf (Selbstbehalt) gegenüber dem getrennt lebenden und dem geschiedenen Berechtigten:**
1. wenn der Unterhaltspflichtige **erwerbstätig** ist: 1 500 DM,
2. wenn der Unterhaltspflichtige **nicht erwerbstätig** ist: 1 300 DM.

Dem geschiedenen Unterhaltspflichtigen ist nach Maßgabe des § 1581 BGB u. U. ein höherer Betrag zu belassen.

V. **Monatlicher notwendiger Eigenbedarf (Existenzminimum) des unterhaltsberechtigten Ehegatten einschließlich des trennungsbedingten Mehrbedarfs in der Regel:**
1. falls erwerbstätig: 1 500 DM,
2. falls nicht erwerbstätig: 1 300 DM.

VI. Monatlicher notwendiger Eigenbedarf (Existenzminimum) des Ehegatten, der in einem **gemeinsamen Haushalt mit dem Unterhaltspflichtigen** lebt:
1. falls erwerbstätig: 1 100 DM,
2. falls nicht erwerbstätig: 950 DM.

Anmerkung zu I–III:
Hinsichtlich **berufsbedingter Aufwendungen** und **berücksichtigungsfähiger Schulden** gelten Anmerkungen A. 3 und 4 – auch für den erwerbstätigen Unterhaltsberechtigten – entsprechend.

Diejenigen berufsbedingten Aufwendungen, die sich **nicht** nach objektiven Merkmalen eindeutig von den privaten Lebenshaltungskosten abgrenzen lassen, sind pauschal im Erwerbstätigenbonus von 1/7 enthalten.

C. Mangelfälle

Reicht das Einkommen zur Deckung des notwendigen Bedarfs des Unterhaltspflichtigen und der gleichrangigen Unterhaltsberechtigten nicht aus (sog. Mangelfälle), ist die nach Abzug des notwendigen Eigenbedarfs (Selbstbehalts) des Unterhaltspflichtigen verbleibende Verteilungsmasse auf die Unterhaltsberechtigten im Verhältnis ihrer jeweiligen Bedarfssätze gleichmäßig zu verteilen. Das Kindergeld ist bis zur Deckung des Mindestbedarfs in die Verteilungsmasse einzubeziehen.

Beispiel (aus Vereinfachungsgründen ohne Kindergeld):

Bereinigtes Nettoeinkommen des Unterhaltspflichtigen (V): 2 900 DM.

Unterhaltsberechtigte: eine nicht erwerbstätige Ehefrau (B) und zwei minderjährige Kinder K 1 und K 2 (1. und 2. Altersstufe).

Notwendiger Eigenbedarf des V: 1 500 DM,
Verteilungsmasse:
2 900 DM – 1 500 DM = 1 400 DM,
notwendiger Gesamtbedarf der Berechtigten:
1 300 DM (B) + 349 DM (K 1) + 424 DM (K 2) = 2 073 DM.

Unterhaltsansprüche:
B = $1\,300 \times 1\,400/2\,073 = 877{,}95$ DM,
K 1 = $349 \times 1\,400/2\,073 = 235{,}70$ DM,
K 2 = $424 \times 1\,400/2\,073 = 286{,}35$ DM
(Summe: 1 400 DM = Verteilungsmasse).

Anhang 13
I (Erbauseinandersetzung)   Erbfolgeregelungen

Übersicht

I Ertragsteuerliche Behandlung der Erbengemeinschaft und ihrer Auseinandersetzung

II Ertragsteuerliche Behandlung der vorweggenommenen Erbfolge; hier: Anwendung des Beschlusses des Großen Senats vom 5. 7. 1990 (BStBl II S. 847)

III Abzug von Schuldzinsen als Betriebsausgaben oder Werbungskosten – Aufgabe der sog. Sekundärfolgenrechtsprechung durch den BFH; Anwendung der BFH-Urteile vom 2. 3. 1993 – VIII R 47/90 – (BStBl 1994 II S. 619), vom 25. 11. 1993 – IV R 66/93 – (BStBl 1994 II S. 623) und vom 27. 7. 1993 – VIII R 72/90 – (BStBl 1994 II S. 625)

I
Ertragsteuerliche Behandlung der Erbengemeinschaft und ihrer Auseinandersetzung

BMF vom 11. 1. 1993 (BStBl I S. 62)

IV B 2 – S 2242 – 86/92

Inhaltsübersicht

		Tz.
A.	Allgemeines	1
B.	Zurechnung der laufenden Einkünfte zwischen Erbfall und Erbauseinandersetzung	2–9
	1. Allgemeines	2
	2. Zurechnung laufender Gewinneinkünfte	3–5
	3. Zurechnung laufender Überschußeinkünfte	6
	4. Beendigung der Erbengemeinschaft und rückwirkende Zurechnung der laufenden Einkünfte	7–9
C.	Erbauseinandersetzung durch Realteilung des Nachlasses	10–39
	I. Erbauseinandersetzung über Betriebsvermögen	10–22
	1. Realteilung ohne Abfindungszahlungen	10–13
	a) Allgemeines	10
	b) Gewinnrealisierung nach den Grundsätzen über die Betriebsaufgabe	11
	c) Wahlrecht zur Buchwertfortführung	12–13
	2. Realteilung mit Abfindungszahlungen	14–22
	a) Allgemeines	14–16
	b) Übernahme von Verbindlichkeiten über die Erbquote hinaus	17
	c) Möglichkeit der Buchwertfortführung im Zusammenhang mit Abfindungszahlungen	18–20
	d) Tarifbegünstigung des Veräußerungsgewinns	21–22
	II. Erbauseinandersetzung über Privatvermögen	23–32
	1. Realteilung ohne Abfindungszahlungen	23–27
	a) Allgemeines	23–24
	b) Behandlung von Nachlaßverbindlichkeiten	25–27
	2. Realteilung mit Abfindungszahlungen	28–32
	a) Allgemeines	28
	b) Aufteilung von Abfindungsleistungen	29–30

Anhang 13

Erbfolgeregelungen (Erbauseinandersetzung) I

		Tz.
	c) Behandlung liquider Mittel des Nachlasses	31
	d) AfA-Bemessungsgrundlage und AfA-Satz nach Erbauseinandersetzung	32
III.	Erbauseinandersetzung über einen Mischnachlaß	33–39
	1. Realteilung ohne Abfindungszahlungen	33–37
	a) Allgemeines	33–34
	b) Schaffung von Privatvermögen im engen zeitlichen Zusammenhang mit der Auseinandersetzung	35
	c) Behandlung von Nachlaßverbindlichkeiten bei Mischnachlässen, insbesondere Schuldzinsenabzug	36–37
	2. Realteilung mit Abfindungszahlungen	38–39
	a) Allgemeines	38
	b) Tarifbegünstigung des Veräußerungsgewinns	39
D.	**Veräußerung eines Erbteils**	40–50
	1. Allgemeines	40
	2. Zum Nachlaß gehört nur Betriebsvermögen	41–42
	a) Schenkung eines Erbteils	41
	b) Verkauf eines Erbteils	42
	3. Zum Nachlaß gehört nur Privatvermögen	43–46
	a) Schenkung eines Erbteils	43
	b) Verkauf eines Erbteils	44–46
	4. Mischnachlaß	47–50
	a) Schenkung eines Erbteils	48
	b) Verkauf eines Erbteils	49–50
E.	**Ausscheiden eines Miterben**	51–55
	1. Allgemeines	51
	2. Ausscheiden ohne Abfindung	52
	3. Ausscheiden gegen Barabfindung	53
	4. Ausscheiden gegen Sachwertabfindung	54–55
	a) Grundsatz	54
	b) Buchwertfortführung	55
F.	**Erbauseinandersetzung durch Veräußerung des Nachlasses**	56–58
	1. Allgemeines	56
	2. Betriebsvermögen	57
	3. Privatvermögen	58
G.	**Teilerbauseinandersetzung**	59–66
	1. Behandlung wie Gesamtauseinandersetzung	59–61
	2. Behandlung von umgekehrten Abfindungen	62–66
H.	**Vermächtnisse, Vorausvermächtnisse, Teilungsanordnung**	67–77
	1. Steuerliche Auswirkungen von Vermächtnissen	67–71
	2. Besonderheiten bei Vorausvermächtnissen	72–75
	3. Steuerliche Auswirkungen von Teilungsanordnungen	76–77
I.	**Sonderfragen**	78–95
	I. Erbfolge bei der Beteiligung an einer Personengesellschaft	78–85

Anhang 13
I. (Erbauseinandersetzung) Erbfolgeregelungen

			Tz.
	1.	Fortsetzungsklausel	78
	2.	Eintrittsklausel	79
	3.	Einfache Nachfolgeklausel	80– 82
	4.	Qualifizierte Nachfolgeklausel	83– 85
II.	Sonderfragen im Bereich der Land- und Forstwirtschaft		86– 95
	1.	Erbfolge im Bereich der Land- und Forstwirtschaft	86– 94
	2.	Behandlung von Abfindungen, die das Kapitalkonto unterschreiten	95
J.	Übergangsregelung		96–100
I.	Allgemeines		96– 97
II.	Nachholung unterbliebener AfA		98–100

Unter Bezugnahme auf das Ergebnis der Erörterungen mit den obersten Finanzbehörden der Länder wird zur ertragsteuerlichen Behandlung der Erbengemeinschaft und ihrer Auseinandersetzung wie folgt Stellung genommen:

A. Allgemeines

1 Mit dem Tod des Erblassers geht der gesamte Nachlaß unentgeltlich im Wege der Gesamtrechtsnachfolge auf den Alleinerben oder die Erbengemeinschaft über. Der Nachlaß ist Gesamthandsvermögen der Erben (§ 1922 BGB). Die Erbengemeinschaft wird bis zu ihrer Auseinandersetzung (§ 2042 BGB) steuerlich bei den Überschußeinkünften wie eine Bruchteilsgemeinschaft (§ 39 Abs. 2 Nr. 2 AO) und bei den Gewinneinkünften als Mitunternehmerschaft behandelt.

B. Zurechnung der laufenden Einkünfte zwischen Erbfall und Erbauseinandersetzung
1. Allgemeines

2 Der BFH geht in seinem Beschluß vom 5. Juli 1990 (BStBl II S. 837) sowohl für den Bereich des Betriebsvermögens als auch für den Bereich des Privatvermögens davon aus, daß Erbfall und Erbauseinandersetzung für die Einkommensbesteuerung keine rechtliche Einheit bilden. Hinterläßt ein Erblasser mehrere Erben, so geht sein Vermögen mit dem Tod im ganzen auf die Erben über und wird bei ihnen zu gemeinschaftlichem Vermögen. Die Miterben verwalten den Nachlaß gemeinsam und können über Nachlaßgegenstände auch nur gemeinschaftlich verfügen. Die Erbengemeinschaft kann grundsätzlich ohne zeitliche Begrenzung fortgesetzt werden. Das Ergebnis ihrer Betätigung wird Bestandteil des gemeinschaftlichen Vermögens. Hieraus ergeben sich Folgerungen für das Entstehen und die Zurechnung von steuerlichen Einkünften bei den Miterben.

2. Zurechnung laufender Gewinneinkünfte

Gehört ein gewerbliches, freiberufliches oder land- und forstwirtschaftliches Unternehmen zum Nachlaß, dann geht es mit dem Erbfall auf die Erbengemeinschaft über (§ 1922 BGB). Sämtliche Miterben werden – abgesehen von bestimmten, in Tz. 78 – 95 genannten Sonderfällen – Mitunternehmer im Sinne von § 15 Abs. 1 Satz 1 Nr. 2 EStG. Auf Grund ihrer Stellung als Miterben tragen sie ein Mitunternehmerrisiko und können Mitunternehmerinitiative entfalten. Diese Beurteilung hängt nicht von der Länge des Zeitraums ab, in dem die Erbengemeinschaft das Unternehmen weiterführt. Auch wenn die Erben ein Unternehmen alsbald nach dem Erbfall abwickeln und einstellen oder es auf einen anderen übertragen, haben sie zunächst die Eigenschaft von Mitunternehmern erlangt und behalten diese bis zur Betriebsbeendigung oder Auseinandersetzung über den Betrieb. Als solche beziehen die Erben ihre Einkünfte nicht unter Gesichtspunkten der Rechtsnachfolge aus einer ehemaligen Tätigkeit des Erblassers, sondern kraft eigener Verwirklichung des Einkünftetatbestandes. Die laufenden Einkünfte sind den einzelnen Miterben als Mitunternehmern nach dem allgemeinen Gewinnverteilungsschlüssel zuzurechnen, der sich bei den Miterben grundsätzlich nach ihren Erbteilen bestimmt (§ 2038 Abs. 2, § 743 Abs. 1 BGB). Zur rückwirkenden Zurechnung laufender Einkünfte vgl. Tz. 8 ff., zur Zurechnung der Einkünfte an einen Vermächtnisnehmer als wirtschaftlichem Eigentümer eines Gewerbebetriebes vgl. Tz. 68. 3

Gehört zu einem Nachlaß neben einem Gewerbebetrieb eine freiberufliche Praxis, ein land- und forstwirtschaftlicher Betrieb oder Privatvermögen, so findet § 15 Abs. 3 Nr. 1 EStG (sog. Abfärberegelung) keine Anwendung. 4

Ist der Erblasser Freiberufler gewesen, so erzielt die Erbengemeinschaft Einkünfte aus selbständiger Arbeit im Sinne von § 18 EStG allerdings nur 5 dann, wenn keine berufsfremden Erben an der Erbengemeinschaft beteiligt sind. Berufsfremd ist, wer nicht die erforderliche freiberufliche Qualifikation besitzt. Ist zumindest ein Miterbe berufsfremd, so erzielt die Erbengemeinschaft grundsätzlich Einkünfte aus Gewerbebetrieb (vgl. Abschnitt 136 Abs. 9 Satz 5 und Abs. 10 Satz 2 EStR 1990). Zur rückwirkenden Zurechnung laufender Einkünfte vgl. Tz. 8 ff. Ist mit dem Übergang eines freiberuflichen Betriebsvermögens eine Umqualifizierung des bisher freiberuflichen Vermögens in gewerbliches Betriebsvermögen und eine entsprechende Umqualifizierung der aus dem Betrieb erzielten Einkünfte verbunden, weil der Erbe, ein Miterbe oder der Vermächtnisnehmer nicht über die besondere freiberufliche Qualifikation verfügt, kommt es nicht zu einer Betriebsaufgabe (BFH-Urteil vom 12. März 1992 – BStBl 1993 II S. 36).

3. Zurechnung laufender Überschußeinkünfte

6 Hat der Erblasser Einkünfte aus Kapitalvermögen oder aus vermietetem oder verpachtetem Vermögen gehabt, so wird dieses Vermögen nach dem Erbfall durch die Erbengemeinschaft zur Nutzung oder zum Gebrauch überlassen. Die Miterben bestimmen über die Verwendung des Vermögens, ihnen fließt der Vermögensertrag zu. Sie verwirklichen damit gemeinsam den Tatbestand der Einkunftserzielung nach §§ 20 bzw. 21 EStG. Die erzielten Einkünfte werden ihnen grundsätzlich nach ihren Erbanteilen zugerechnet (§ 2038 Abs. 2, § 743 Abs. 1 BGB).

4. Beendigung der Erbengemeinschaft und rückwirkende Zurechnung der laufenden Einkünfte

7 Die Einkunftserzielung durch die Erbengemeinschaft und damit die Zurechnung der laufenden Einkünfte an die Miterben nach Tz. 3 ff. findet ihr Ende, soweit sich die Miterben hinsichtlich des gemeinsamen Vermögens auseinandersetzen.

8 In den Fällen der Auseinandersetzung von Erbengemeinschaften – auch in den Fällen der Auseinandersetzung einer Mitunternehmerschaft – ist eine steuerlich unschädliche Rückwirkung auf den Zeitpunkt des Erbfalls in engen Grenzen anzuerkennen, da die Erbengemeinschaft eine gesetzliche Zufallsgemeinschaft ist, die auf Teilung angelegt ist. Bei der Auseinandersetzungsvereinbarung wird in der Regel eine rückwirkende Zurechnung laufender Einkünfte für sechs Monate anerkannt. Die Frist beginnt mit dem Erbfall. In diesen Fällen können die laufenden Einkünfte daher ohne Zwischenrechnung ab dem Erbfall ungeschmälert dem die Einkunftsquelle übernehmenden Miterben zugerechnet werden. Dies gilt auch bei Teilauseinandersetzungen. Soweit laufende Einkünfte rückwirkend zugerechnet werden, ist die Auseinandersetzung steuerlich so zu behandeln, als ob sich die Erbengemeinschaft unmittelbar nach dem Erbfall auseinandergesetzt hätte (Durchgangserwerb der Erbengemeinschaft).

Allerdings reicht es nicht aus, wenn die Miterben 9 innerhalb dieser Sechsmonatsfrist lediglich den Entschluß fassen, sich auseinanderzusetzen. Vielmehr muß innerhalb der Frist von sechs Monaten eine klare und rechtlich bindende Vereinbarung über die Auseinandersetzung und ihre Modalitäten vorliegen. Diese Auseinandersetzungsvereinbarung muß den Übergang von Nutzungen und Lasten für die von dieser Auseinandersetzung betroffenen Wirtschaftsgüter auf den Zeitpunkt des Erbfalls festlegen; sie muß auch tatsächlich entsprechend durchgeführt werden. Soweit noch eine Wertfindung erforderlich ist, kann diese jedoch auch außerhalb der Sechsmonatsfrist erfolgen.

C. Erbauseinandersetzung durch Realteilung des Nachlasses

I. Erbauseinandersetzung über Betriebsvermögen

1. Realteilung ohne Abfindungszahlungen

a) Allgemeines

Gehört zum Nachlaß nur Betriebsvermögen und wird der Nachlaß ohne Zahlung von Abfindungen real geteilt, so ist die Realteilung kein entgeltlicher Vorgang. Denn einkommensteuerrechtlich ist eine Realteilung ohne Abfindungszahlung weder Tausch von (Miteigentums-) Anteilen an den einzelnen Wirtschaftsgütern des Nachlasses noch Tausch eines Gesamthandsanteils gegen Alleineigentum an den zugeteilten Wirtschaftsgütern, sondern die Erfüllung des durch die Auseinandersetzungsvereinbarung konkretisierten gesetzlichen Auseinandersetzungsanspruchs. Durch die Realteilung können also weder Anschaffungskosten noch Veräußerungserlöse entstehen. 10

b) Gewinnrealisierung nach den Grundsätzen über die Betriebsaufgabe

Die Realteilung eines Betriebsvermögens 11 der Erbengemeinschaft ohne Betriebsfortführung ist aber zugleich eine Betriebsaufgabe; durch diese entsteht regelmäßig ein tarifbegünstigter Aufgabegewinn (§ 16 Abs. 3, § 34 EStG).

Beispiel 1

A und B sind Miterben zu 1/2. Zum Nachlaß gehört ein Betriebsvermögen, das lediglich aus zwei Grundstücken besteht, die beide einen Buchwert von 200.000 DM und einen Verkehrswert von 2 Mio. DM haben. A und B setzen sich unter Aufgabe

Anhang 13
I (Erbauseinandersetzung) Erbfolgeregelungen

des Betriebs in der Weise auseinander, daß A das Grundstück 1 und B das Grundstück 2 erhält.

Im Beispiel 1 entsteht durch die Betriebsaufgabe ein Aufgabegewinn von 3,6 Mio. DM in der Erbengemeinschaft, den A und B je zur Hälfte zu versteuern haben. A und B müssen für die künftigen Gebäude-AfA jeweils von den Entnahmewerten (Abschnitt 43 Abs. 6 EStR 1990 und 44 Abs. 12 EStR 1990) ausgehen.

c) Wahlrecht zur Buchwertfortführung

12 Die Miterben haben jedoch nach den Grundsätzen des BFH-Urteils vom 19. Januar 1982 (BStBl 1982 II S. 456) das Recht, die Buchwerte fortzuführen, wenn die bei der Realteilung erworbenen Wirtschaftsgüter in ein anderes Betriebsvermögen überführt werden. Das Wahlrecht ist von den Miterben einheitlich in der Schlußbilanz der Miterbengemeinschaft auszuüben (Abschnitt 139 Abs. 8 EStR 1990; BFH-Urteil vom 10. Dezember 1991 – BStBl 1992 II S. 385). Das Wahlrecht besteht nicht nur bei der Fortführung von Teilbetrieben durch die Miterben, sondern auch bei der Realteilung durch Übertragung einzelner Wirtschaftsgüter des Betriebsvermögens auf die Miterben (BFH-Urteil vom 10. Dezember 1991 – BStBl 1992 II S. 385). Werden durch Realteilung übertragene Wirtschaftsgüter, die zu den wesentlichen Betriebsgrundlagen gehören, von den Miterben ganz oder teilweise ins Privatvermögen überführt, liegt dagegen zwingend eine Betriebsaufgabe vor. Werden demgegenüber nur Wirtschaftsgüter ins Privatvermögen überführt, die nicht zu den wesentlichen Betriebsgrundlagen gehören, und werden im übrigen die Buchwerte fortgeführt, liegt eine Entnahme vor. Ein etwaiger Entnahmegewinn ist allen Miterben zuzurechnen.

13 Zum Nachlaß und damit zum gesamthänderisch gebundenen Vermögen der Erbengemeinschaft können auch mehrere Betriebe gehören. Dies gilt unabhängig davon, ob die zum Nachlaß gehörenden Betriebe zu unterschiedlichen Einkunftsarten (z. B. Gewerbebetrieb und Land- und Forstwirtschaft) oder zur gleichen Einkunftsart (z. B. zwei Gewerbebetriebe) gehören.

Werden im Rahmen der Realteilung des Betriebsvermögens der Erbengemeinschaft (= Realteilung des Nachlasses) von den einzelnen Miterben nicht lediglich einzelne Wirtschaftsgüter oder Teilbetriebe, sondern ganze Betriebe übernommen, so gilt das Wahlrecht zwischen Gewinnrealisierung und Buchwertfortführung nicht, sondern es sind zwingend die Buchwerte gemäß § 7 Abs. 1 EStDV fortzuführen.

Beispiel 2

S und T sind Miterben zu je ½. Zum Nachlaß gehören zwei Betriebe im Wert von je 1 Mio. DM. S erhält Betrieb 1, T erhält Betrieb 2.

Im Beispiel 2 ist eine Betriebsaufgabe zu verneinen. Denn jeder der beiden Betriebe bleibt auch nach der Realteilung der Erbengemeinschaft bestehen und wird in dieser unveränderten Form auf den jeweiligen Miterben übertragen. Deshalb kommt mangels Betriebsaufgabe ein Wahlrecht hier nicht in Betracht; für jeden Betrieb müssen gemäß § 7 Abs. 1 EStDV die Buchwerte fortgeführt werden.

2. Realteilung mit Abfindungszahlungen

a) Allgemeines

14 Wird im Rahmen einer Erbauseinandersetzung ein Nachlaß real geteilt und erhält ein Miterbe wertmäßig mehr, als ihm nach seiner Erbquote zusteht, und zahlt er für dieses „Mehr" an seine Miterben eine Abfindung, so liegt insoweit ein Anschaffungs- und Veräußerungsgeschäft vor. In Höhe der Abfindungszahlung liegen Anschaffungskosten vor. Derjenige, der die Abfindung erhält, erzielt einen Veräußerungserlös.

Die vorstehenden Grundsätze gelten auch, soweit sich die Erbengemeinschaft gemäß § 2042 Abs. 2, § 753 Abs. 1 BGB durch Zwangsversteigerung zum Zwecke der Aufhebung der Gemeinschaft auseinandersetzt und die Erben dabei Nachlaßgegenstände erwerben (BFH-Urteil vom 29. April 1992 – BStBl 1992 II S. 727).

15 Bei der Realteilung im Rahmen der Erbauseinandersetzung bezieht sich das Entgelt nicht auf das, was ein Miterbe auf Grund seiner Erbquote erhält, sondern nur auf das „Mehr", das er auf Grund eines neben der Realteilung bestehenden besonderen entgeltlichen Rechtsgeschäfts bekommt. Es handelt sich hier also nicht um die bloße Aufteilung eines einheitlichen Rechtsvorgangs, sondern um die Beurteilung von zwei rechtlich selbständigen Vorgängen, von denen der eine unentgeltlich und der andere entgeltlich

Anhang 13
Erbfolgeregelungen (Erbauseinandersetzung) I

ist. Für die Zahlung einer Abfindung bedarf es daher regelmäßig einer gesonderten Vereinbarung zwischen den Beteiligten, da sich eine derartige Abwicklung nicht aus dem erbrechtlichen Auseinandersetzungsanspruch ergibt; die Zahlung einer Abfindung kann sich allerdings auch auf Grund einer Teilungsanordnung des Erblassers oder auf Grund einer vom Erblasser angeordneten Testamentvollstreckung ergeben. Die Vereinbarung ist bei der Berechnung des Anteils des Miterben am Aufgabegewinn in den Fällen der Betriebsaufgabe zu berücksichtigen.

16 Die Abfindungszahlung ist bei der Übertragung von Betrieben oder Teilbetrieben dem Teil des Kapitalkontos gegenüberzustellen, der dem Verhältnis von Abfindungszahlung zum Wert des übernommenen Betriebsvermögens entspricht. Abschnitt 139 Abs. 8 Satz 7 EStR 1990, der die Realteilung von Personengesellschaften regelt, ist insoweit überholt.

Beispiel 3

S und T sind Miterben zu je $1/2$. Zum Nachlaß gehören zwei gewerbliche Betriebe. Betriebsvermögen 1 hat einen Wert von 2 Mio. DM und einen Buchwert von 200.000 DM. Betriebsvermögen 2 hat einen Wert von 1,6 Mio. DM und einen Buchwert von 160.000 DM. Im Wege der Erbauseinandersetzung erhält S das Betriebsvermögen 1 und T das Betriebsvermögen 2. Außerdem zahlt S an T eine Abfindung von 200.000 DM.

Im Beispiel 3 stehen dem S wertmäßig am Nachlaß 1,8 Mio. DM zu. Da er aber 2 Mio. DM erhält, also 200.000 DM mehr, zahlt er diesen Betrag für $1/10$ des Betriebsvermögens 1, das er mehr erhält. S erwirbt also $9/10$ des Betriebsvermögens 1 unentgeltlich und $1/10$ entgeltlich. Auf diese $1/10$ entfällt ein Buchwert von 20.000 DM, so daß S die Aktivwerte um 180.000 DM aufstocken muß und T einen Veräußerungsgewinn von 180.000 DM (200.000 DM ./. 20.000 DM) zu versteuern hat. Ein Wahlrecht, die Realteilung als Betriebsaufgabe zu behandeln, besteht für S und T im Beispiel 3 nicht. Denn eine Betriebsaufgabe ist zu verneinen, da jeder der beiden Betriebe nach der Realteilung der Erbengemeinschaft von dem jeweiligen Miterben fortgeführt wird (vgl. Tz. 13).

b) Übernahme von Verbindlichkeiten über die Erbquote hinaus

Eine Übernahme von Schulden über die Erbquote hinaus führt nicht zu Anschaffungskosten. Deshalb entsteht auch kein Veräußerungserlös, soweit ein Miterbe Verbindlichkeiten über die Erbquote hinaus übernimmt. Zur Übernahme von Verbindlichkeiten vgl. im übrigen Tz. 25 ff.

Beispiel 4

Wie Beispiel 3 mit der Abwandlung, daß S den T von Betriebsschulden in Höhe von 200.000 DM, die zum Betriebsvermögen 2 gehören, freistellt, also zum gesamthänderisch gebundenen Nachlaß gehörende Verbindlichkeiten in Höhe von 200.000 DM übernimmt.

Im Beispiel 4 erhält S wertmäßig nur 1,8 Mio. DM und braucht an T keine Abfindung zu zahlen. Es liegt dann keine entgeltliche Realteilung vor.

c) Möglichkeit der Buchwertfortführung im Zusammenhang mit Abfindungszahlungen

Werden Abfindungszahlungen geleistet, haben die Miterben, abgesehen von der notwendigen teilweisen Gewinnrealisierung nach Maßgabe der Abfindung, wiederum ein Wahlrecht zwischen voller Gewinnrealisierung (Betriebsaufgabe) und Buchwertfortführung, soweit die zugeteilten Wirtschaftsgüter oder Teilbetriebe Betriebsvermögen bleiben (BFH-Urteil vom 10. Dezember 1991 – BStBl 1992 II S. 385).

Beispiel 5

S und T sind Miterben zu je $1/2$. Zum Nachlaß gehört ein Betriebsvermögen, das aus dem Grundstück 1 (Teilwert 2 Mio. DM, Buchwert 200.000 DM) und dem Grundstück 2 (Teilwert 1,6 Mio. DM, Buchwert 160.000 DM) besteht. S erhält das Grundstück 1 und zahlt an T 200.000 DM Abfindung. T erhält Grundstück 2 und die Abfindung. Beide wollen die Grundstücke zum Buchwert in ein ihnen gehörendes Betriebsvermögen einbringen.

Im Beispiel 5 stehen dem S an dem Nachlaß wertmäßig 1,8 Mio. DM zu. Da er aber das Grundstück 1 im Wert von 2 Mio. DM erhält, also 200.000 DM mehr, zahlt er diesen Betrag für $1/10$ des Grundstücks 1, das er erhält. S erwirbt also $9/10$ des Grundstücks 1 unentgeltlich und $1/10$ entgeltlich. Auf diese $1/10$ entfällt ein Buchwert von

17

18

Anhang 13
I (Erbauseinandersetzung)   Erbfolgeregelungen

20.000 DM, so daß S den Grundstücksbuchwert in seiner Bilanz um 180.000 DM aufstocken muß und T einen Veräußerungsgewinn von 180.000 DM (200.000 DM ./. 20.000 DM) zu versteuern hat. Das Wahlrecht, die Realteilung als Betriebsaufgabe zu behandeln, ist im Beispiel 5 gegeben, da im Zuge der Realteilung der Erbengemeinschaft keine ganzen Betriebe, sondern lediglich einzelne Wirtschaftsgüter übertragen werden (vgl. Tz. 13).

19 Soweit Wirtschaftsgüter gegen Abfindungszahlungen übernommen werden und Betriebsvermögen bleiben, gilt für die AfA folgendes: Bei der Übernahme eines Grundstücks ergeben sich hinsichtlich des Gebäudes zwei AfA-Reihen. Hinsichtlich des unentgeltlich erworbenen Gebäudeteils muß der übernehmende Miterbe die Buchwerte der Erbengemeinschaft fortführen (§ 7 Abs. 1 EStDV). Bezüglich des entgeltlich erworbenen Gebäudeteils hat er Anschaffungskosten in Höhe der Abfindungszahlung, die Bemessungsgrundlage für die weitere AfA hinsichtlich des entgeltlich erworbenen Teils des Gebäudes sind. Entsprechendes gilt im Grundsatz, wenn kein Gebäude, sondern ein bewegliches Wirtschaftsgut übernommen wird; da jedoch die Nutzungsdauer des entgeltlich erworbenen Teils des Wirtschaftsguts hier regelmäßig mit der Restnutzungsdauer des unentgeltlich erworbenen Teils des Wirtschaftsguts übereinstimmt, kann in diesen Fällen auf eine Aufspaltung in zwei AfA-Reihen verzichtet werden.

20 Soweit Wirtschaftsgüter gegen Abfindungszahlungen übernommen werden, gilt für die Anwendung des § 6 b EStG folgendes:
Was den entgeltlich erworbenen Teil des Wirtschaftsguts angeht, kann auf die durch die Abfindungszahlungen entstandenen Anschaffungskosten eine Rücklage nach § 6 b EStG übertragen werden.
Hinsichtlich des unentgeltlich erworbenen Teils des Wirtschaftsguts ist im Falle einer späteren Veräußerung die Besitzzeit der Erbengemeinschaft und des Erblassers für die Besitzzeit i. S. des § 6 b EStG zu berücksichtigen (vgl. Abschnitt 41 c Abs. 6 EStR 1990).

d) **Tarifbegünstigung des Veräußerungsgewinns**

21 §§ 16, 34 EStG sind auf den Veräußerungsgewinn, der sich auf Grund der Abfindung ergibt, anzuwenden, wenn bei der Realteilung eines Nachlasses Betriebe oder Teilbetriebe mit Abfindungszahlungen zugeteilt werden oder wenn z. B. bei einem Mischnachlaß nur ein Betrieb vorhanden ist, der unter Ausscheiden der übrigen Miterben mit Abfindung allein auf einen bestimmten Miterben übertragen wird.

22 §§ 16, 34 EStG sind dagegen auf den Veräußerungsgewinn, der sich auf Grund der Abfindung ergibt, nicht anzuwenden, wenn durch die Realteilung lediglich einzelne betrieblich genutzte Wirtschaftsgüter zugeteilt werden, denn die Übertragung einzelner Wirtschaftsgüter ist auch sonst nicht tarifbegünstigt.

Nach den Grundsätzen der Tz. 21 und 22 ist im Beispiel 3 der von T zu versteuernde Veräußerungsgewinn tarifbegünstigt. Denn S ist dort im Wege der Realteilung mit Abfindungszahlungen ein ganzer Betrieb zugeteilt worden. Dagegen ist im Beispiel 5 der von T zu versteuernde Veräußerungsgewinn als laufender Gewinn zu behandeln, weil dort im Zuge der Realteilung mit Abfindungszahlungen keine Betriebe oder Teilbetriebe, sondern lediglich einzelne Wirtschaftsgüter zugeteilt wurden und die Realteilung nicht als Betriebsaufgabe behandelt worden ist.

II. Erbauseinandersetzung über Privatvermögen

1. Realteilung ohne Abfindungszahlungen

a) **Allgemeines**

23 Auch bei der Erbauseinandersetzung über Privatvermögen führt eine Realteilung ohne Abfindungszahlungen nicht zur Entstehung von Anschaffungskosten oder Veräußerungserlösen. Eine Erbauseinandersetzung kann auch in der Weise durchgeführt werden, daß einem Miterben ein Nutzungsrecht an einem zum Nachlaß gehörenden Wirtschaftsgut eingeräumt wird, das einem anderen Miterben zugeteilt wird (z. B. Wohnrecht an einem Gebäude). Dieses Nutzungsrecht ist nicht gegen Entgelt bestellt. Die Ablösung des Nutzungsrechts durch den Miterben führt zu nachträglichen Anschaffungskosten (BFH-Urteil vom 28. November 1991 – BStBl 1992 II S. 381).

24 Ein unentgeltlicher Vorgang liegt auch vor, wenn Gesamthandseigentum in Bruchteilseigentum umgewandelt wird und ein Miterbe Anteile an der Bruchteilsgemeinschaft von einem anderen

Anhang 13

Erbfolgeregelungen (Erbauseinandersetzung) I

Miterben im Tauschwege gegen eigene Anteile erwirbt.

b) Behandlung von Nachlaßverbindlichkeiten

25 Eine Schuldübernahme führt auch insoweit nicht zu Anschaffungskosten, als sie die Erbquote übersteigt. Tz. 7 des BMF-Schreibens vom 31. Dezember 1988, BStBl 1988 I S. 546, ist durch den Beschluß des BFH vom 5. Juli 1990 (BStBl 1990 II S. 837) überholt. Dies bedeutet gleichzeitig, daß Nachlaßverbindlichkeiten einen wertmäßigen Ausgleich unter den Miterben bei einer Realteilung und damit einen unentgeltlichen Rechtsvorgang ermöglichen. Dabei kommt es nicht darauf an, ob die übernommenen Verbindlichkeiten in einem Finanzierungszusammenhang mit zugeteilten Nachlaßgegenständen stehen.

Beispiel 6

A und B sind Erben zu je $^1/_2$. Zum Nachlaß gehört ein Grundstück (Wert 2 Mio. DM), das mit einer noch voll valutierten Hypothek von 1 Mio. DM belastet ist. Zum Nachlaß gehören außerdem Wertpapiere (Wert 3 Mio. DM). Die Erben setzen sich dahin auseinander, daß A das Grundstück und B die Wertpapiere erhält. B übernimmt außerdem die Verbindlichkeit in voller Höhe.

Im Beispiel 6 liegt eine Realteilung ohne Abfindungszahlung, also ein unentgeltlicher Rechtsvorgang vor. A erhält einen Wert von 2 Mio. DM (Grundstück). B erhält ebenfalls einen Wert von 2 Mio. DM (Wertpapiere im Wert von 3 Mio. DM abzüglich einer übernommenen Verpflichtung von 1 Mio. DM).

26 Die Übernahme von Verbindlichkeiten der Erbengemeinschaft durch einzelne Miterben über die Erbquote hinaus führt auch dann nicht zu Anschaffungskosten, wenn durch die Art der Verteilung von Verbindlichkeiten zusätzlich Abfindungsbedarf geschaffen wird. Dies gilt unabhängig davon, ob durch die Art der Verteilung von Verbindlichkeiten ein bisher bestehender Finanzierungszusammenhang zwischen Wirtschaftsgut und Schuld erhalten bleibt oder nicht. Regelmäßig wird der Übernahme von Verbindlichkeiten eine interne Freistellungsverpflichtung zugrunde liegen.

Beispiel 7

A und B sind Erben zu je $^1/_2$. Zum Nachlaß gehören zwei Grundstücke im Wert von je 1 Mio. DM, die mit Hypotheken von je 500.000 DM belastet sind. A erhält Grundstück 1 und übernimmt auch die das Grundstück 2 betreffende Hypothek. B erhält das Grundstück 2 und zahlt an A 500.000 DM.

Im Beispiel 7 liegt eine Realteilung ohne Abfindungszahlung vor. B hat mit der Zahlung von 500.000 DM an A die Freistellung von der das Grundstück 2 belastenden Schuld intern beglichen.

Beispiel 8

A und B sind Erben zu je $^1/_2$. Zum Nachlaß gehört ein Grundstück (Wert 2 Mio. DM), das mit einer noch voll valutierten Hypothek von 1 Mio. DM belastet ist. Die zugrundeliegende Verpflichtung betrifft ein Darlehen, das zur Anschaffung des Grundstücks verwendet worden ist. Zum Nachlaß gehört außerdem eine wesentliche Beteiligung (Wert 3 Mio. DM). Die Erben setzen sich dahin auseinander, daß A das Grundstück und das dazugehörige Darlehen und B die wesentliche Beteiligung übernimmt. B leistet zusätzlich an A eine Zahlung von 1 Mio. DM.

Im Beispiel 8 bezahlt B mit der Leistung von 1 Mio. DM an A eine interne Schuldfreistellung wegen der Übernahme des hypothekarisch gesicherten Darlehens durch A in Höhe von 1 Mio. DM. Im Ergebnis hat somit A infolge der Freistellungsverpflichtung des B ein unbelastetes Grundstück im Wert von 2 Mio. DM erhalten und B hat die wesentliche Beteiligung zugeteilt bekommen, ist allerdings durch die Zahlung für die Freistellung belastet, so daß er im Ergebnis ebenfalls einen Wert von 2 Mio. DM erhalten hat. Daß die Übernahme der Darlehensschuld durch A nach außen hin den Finanzierungszusammenhang zwischen Wirtschaftsgut und Schuld aufrechterhält, ist dabei ohne Bedeutung.

27 Die vom BFH in seinem Beschluß vom 5. Juli 1990 (BStBl 1990 II S. 837) zur Wertangleichung zugelassene Möglichkeit der Übernahme von Verbindlichkeiten der Erbengemeinschaft über die Erbquote hinaus bezieht sich nur auf Nachlaßverbindlichkeiten. Dabei kommt es nicht darauf an, ob die Verbindlichkeit bereits im Zeitpunkt des Erbfalls bestanden hat oder ob sie erst im Zuge der Verwaltung des

Anhang 13
I (Erbauseinandersetzung) — Erbfolgeregelungen

Nachlasses entstanden ist. Geht die Erbengemeinschaft dagegen im engen zeitlichen Zusammenhang mit der Erbauseinandersetzung Verbindlichkeiten ein, um insoweit eine gewinnneutrale Realteilung zu ermöglichen, handelt es sich nicht mehr um Nachlaßverbindlichkeiten (§ 42 AO).

2. Realteilung mit Abfindungszahlungen
a) Allgemeines

28 Wird im Rahmen einer Erbauseinandersetzung ein Nachlaß real geteilt und erhält ein Miterbe wertmäßig mehr, als ihm nach seiner Erbquote zusteht, und zahlt er für dieses „Mehr" an seine Miterben eine Abfindung, so liegt insoweit – wie bei der Erbauseinandersetzung über Betriebsvermögen – ein Anschaffungs- und Veräußerungsvorgang vor. In Höhe der Abfindungszahlung entstehen Anschaffungskosten. Das gilt auch, soweit sich die Erbengemeinschaft durch Zwangsversteigerung zum Zwecke der Aufhebung der Gemeinschaft auseinandersetzt (vgl. Tz. 14). Wird ein Wirtschaftsgut gegen Abfindungszahlung erworben, berechnen sich der entgeltlich und der unentgeltlich erworbene Teil des Wirtschaftsguts nach dem Verkehrswert (vgl. BFH-Urteil vom 29. Oktober 1991 – BStBl 1992 II S. 512). In der Regel kann davon ausgegangen werden, daß der Verkehrswert dem Wert entspricht, den die Miterben der Erbauseinandersetzung zugrunde legen (Anrechnungswert).

Beispiel 9

A und B sind Miterben zu je $1/2$. Der Nachlaß besteht aus einem Gebäude auf einem Erbbaugrundstück (Verkehrswert 1 Mio. DM) und Bargeld (500.000 DM). A erhält das Gebäude und zahlt an B eine Abfindung in Höhe von 250.000 DM. B erhält das Bargeld und die Abfindungszahlung.

A hat Anschaffungskosten in Höhe von 250.000 DM. Es ist unerheblich, aus welchem Vermögensbereich der die Abfindung Zahlende die Mittel für die Abfindungszahlung entnimmt. A zahlt die Abfindung nicht für das ganze Gebäude, auch nicht für den gesamten Anteil des B an dem Gebäude ($1/2$), sondern nur für das wertmäßige „Mehr", das er bei der Erbteilung erhalten hat. Das Gebäude ist 1 Mio. DM wert. 750.000 DM stehen dem A nach seiner Erbquote zu, so daß A mithin $1/4$ des Gebäudes für 250.000 DM entgeltlich und $3/4$ des

Gebäudes unentgeltlich erworben hat.

Der Veräußerungsgewinn ist nur steuerpflichtig, wenn die Voraussetzungen des § 17 EStG (wesentliche Beteiligung an einer Kapitalgesellschaft), des § 23 EStG (Spekulationsgeschäft) oder des § 21 UmwStG (einbringungsgeborene Anteile) vorliegen. Gehört zum Nachlaß eine wesentliche Beteiligung, ist Abschnitt 140 Abs. 3 Sätze 1 und 9 EStR 1990 zu beachten.

Beispiel 10

Erblasser E, zu dessen ertragsteuerlichem Privatvermögen eine 50%ige Beteiligung an einer GmbH gehörte, wird von A und B beerbt. Im Zuge der Erbauseinandersetzung erhält A die gesamte 50%ige Beteiligung gegen Ausgleichszahlung an B für dessen hälftigen Anteil, und zwar bezogen auf den Erbfall

a) innerhalb von 5 Jahren,

b) nach Ablauf von 5 Jahren.

A erlangt – auf der Grundlage getrennter Rechtsgeschäfte – die Beteiligung zum einen in Höhe von $1/2$ (25 v. H.) in Erfüllung seines erbrechtlichen Auseinandersetzungsanspruchs entsprechend § 11 d EStDV und zum anderen bezüglich des Mehrempfangs entgeltlich von B. B erzielt in Höhe der Ausgleichszahlung einen Veräußerungserlös. Da die Beteiligung an der Kapitalgesellschaft den Miterben A und B jeweils zur Hälfte gemäß § 39 Abs. 2 Nr. 2 AO zuzurechnen ist, überträgt B eine nicht wesentliche Beteiligung gegen Entgelt auf A. Im Beispielsfall 10 a) – Veräußerung innerhalb von 5 Jahren – kommt allerdings auf Grund der wesentlichen Beteiligung des Erblassers der erweiterte Besteuerungstatbestand des § 17 Abs. 1 Satz 5 EStG zum Zuge. A führt hier die Anschaffungskosten des Erblassers zur Hälfte, nämlich für die auf ihn entfallende 25%ige Beteiligung, fort; im übrigen ist die Zahlung des A als Anschaffungskosten für die von B erhaltene 25%ige Beteiligung anzusehen. Im Beispielsfall 10 b) – Veräußerung nach Ablauf von 5 Jahren – greift der erweiterte Besteuerungstatbestand des § 17 Abs. 1 Satz 5 EStG nicht mehr ein mit der Folge, daß die Veräußerung von § 17 EStG nicht erfaßt wird.

Anhang 13
Erbfolgeregelungen (Erbauseinandersetzung) I

b) Aufteilung von Abfindungsleistungen

29 Erhält ein Miterbe alle oder mehrere Wirtschaftsgüter des Nachlasses gegen Leistung einer Abfindung an die übrigen Miterben, so ist die Abfindung nach dem Verhältnis der Verkehrswerte der Wirtschaftsgüter aufzuteilen.

Beispiel 11
Erben sind A und B je zur Hälfte. Zum Nachlaß gehören Grundstück 1 (Verkehrswert 800.000 DM) und Grundstück 2 (Verkehrswert 400.000 DM). A übernimmt beide Grundstücke und zahlt an B 600.000 DM.

Die Abfindungszahlungen sind Anschaffungskosten, die mit 400.000 DM dem Grundstück 1 und mit 200.000 DM dem Grundstück 2 zuzuordnen sind.

30 Erhalten bei einer Erbauseinandersetzung mit Abfindungszahlungen mehrere Miterben Wirtschaftsgüter des Nachlasses, so sind die Anschaffungskosten ebenfalls im Verhältnis der Verkehrswerte auf die erlangten Nachlaßgegenstände zu verteilen. Ein Wahlrecht besteht nicht. Tz. 9 des BMF-Schreibens vom 31. Dezember 1988 (BStBl 1988 I S. 546) ist überholt.

Beispiel 12
Erben sind A und B je zur Hälfte. Zum Nachlaß gehören Grundstück 1 (Verkehrswert 800.000 DM), Grundstück 2 (Verkehrswert 600.000 DM) und Grundstück 3 (Verkehrswert 400.000 DM). A erhält Grundstück 1, B die Grundstücke 2 und 3. B zahlt an A eine Abfindung von 100.000 DM.

Die Abfindung von 100.000 DM stellt für B Anschaffungskosten dar. B muß diese Abfindung im Verhältnis der Verkehrswerte (6 : 4) auf Grundstück 2 und 3 verteilen. Dann erwirbt er jedes Grundstück zu $^1/_{10}$ entgeltlich und zu $^9/_{10}$ unentgeltlich.

c) Behandlung liquider Mittel des Nachlasses

31 Keine Anschaffungskosten liegen vor, soweit eine Abfindungszahlung dem Wert übernommener liquider Mittel des Nachlasses (z. B. Bargeld, Bankguthaben, Schecks) entspricht, weil es sich wirtschaftlich um einen Leistungsaustausch „Geld gegen Geld" handelt, der einer Rückzahlung der Abfindungszahlung gleichsteht.

Beispiel 13
Ein Nachlaß besteht aus einem Grundstück (Verkehrswert 2 Mio. DM) und aus Bankguthaben (Verkehrswert 2 Mio. DM). Miterben sind A und B zu je $^1/_2$. A erhält das Grundstück und das Bankguthaben und zahlt an B eine Abfindung von 2 Mio. DM.

Es ist steuerlich davon auszugehen, daß der Nachlaß im Wege der Naturalteilung verteilt wurde, bei der A das Grundstück und B das Bankguthaben erhalten hat. A hat deshalb keine Anschaffungskosten von 2 Mio. DM (vgl. auch das unter Tz. 26 geschilderte Beispiel 7).

d) AfA-Bemessungsgrundlage und AfA-Satz nach Erbauseinandersetzung

Nach der Erbauseinandersetzung ist hinsichtlich der weiteren Abschreibung zwischen dem unentgeltlich erworbenen Teil des Wirtschaftsguts und dem entgeltlich erworbenen Teil zu unterscheiden.

Auf den unentgeltlich erworbenen Teil ist § 11 d Abs. 1 EStDV anzuwenden. Der Miterbe führt die von der Erbengemeinschaft vorgenommene Abschreibung anteilig fort.

Soweit der Miterbe das Wirtschaftsgut entgeltlich erworben hat, sind die weiteren AfA seine Anschaffungskosten zugrunde zu legen. Für den entgeltlich erworbenen Teil des Wirtschaftsguts bemessen sich die AfA

– bei beweglichen Wirtschaftsgütern und bei unbeweglichen Wirtschaftsgütern, die keine Gebäude sind, nach der tatsächlichen künftigen Nutzungsdauer des Wirtschaftsguts im Zeitpunkt der Erbauseinandersetzung (vgl. aber auch Tz. 19);

– bei Gebäuden nach den hierfür geltenden Vorschriften (i. d. R. § 7 Abs. 4 EStG).

Danach kann sich bei Gebäuden für den unentgeltlich und den entgeltlich erworbenen Teil eine unterschiedliche Abschreibungsdauer ergeben.

Beispiel 14
Miterben sind S und T je zu $^1/_2$. Zum Nachlaß gehören ein bebautes Grundstück (Verkehrswerte: Gebäude 1,5 Mio. DM, Grund und Boden 500.000 DM) und Bargeld (1 Mio. DM). Die ursprünglichen Anschaffungskosten des Gebäudes in Höhe von 2 Mio. DM sind bei der Auseinan-

1075

Anhang 13
I (Erbauseinandersetzung)   Erbfolgeregelungen

dersetzung der Erbengemeinschaft am 01. 01. 04 bereits mit jährlich 2 v. H. bis auf 800.000 DM abgeschrieben. S erhält das Grundstück und zahlt an T eine Abfindung in Höhe von 500.000 DM. T erhält das Bargeld und die Abfindungszahlung.

S hat das Grundstück zu $^1/_4$ entgeltlich erworben. Nach dem Verhältnis der Verkehrswerte entfallen auf das Gebäude 375.000 DM und auf den Grund und Boden 125.000 DM der Abfindungszahlung. Die AfA, die S nach der Erbauseinandersetzung vornehmen kann, bemessen sich wie folgt: Hinsichtlich $^3/_4$ des Gebäudes hat S gemäß § 11 d Abs. 1 EStDV die AfA-Reihe der Erbengemeinschaft fortzuführen und mithin jährlich 2 v. H. von 1.500.000 DM ($^3/_4$ von 2 Mio. DM Anschaffungskosten des Erblassers) = 30.000 DM über den verbliebenen Abschreibungszeitraum von 20 Jahren abzuschreiben. Hinsichtlich $^1/_4$ des Gebäudes liegt ein entgeltlicher Erwerb vor. S hat insofern – soweit keine kürzere Nutzungsdauer als 50 Jahre in Betracht kommt (§ 7 Abs. 4 Satz 2 EStG) – über 50 Jahre 2 v. H. von 375.000 DM (= 7.500 DM) jährlich abzusetzen.

III. Erbauseinandersetzung über einen Mischnachlaß

1. Realteilung ohne Abfindungszahlungen

a) Allgemeines

33   Auch beim Mischnachlaß führt eine Realteilung ohne Abfindung nach dem Beschluß des BFH vom 5. Juli 1990 (BStBl 1990 II S. 837) nicht zur Entstehung von Anschaffungskosten oder Veräußerungserlösen. Demzufolge können auch hier keine Veräußerungsgewinne entstehen.

Beispiel 15

Erben sind A und B zu je $^1/_2$. Zum Nachlaß gehört ein Betriebsvermögen (Wert 3 Mio. DM) und privater Grundbesitz (Wert 3 Mio. DM). A und B setzen sich in der Weise auseinander, daß A den Betrieb und B den privaten Grundbesitz erhält.

Im Beispiel 15 liegen keine Anschaffungs- oder Veräußerungsgeschäfte vor mit der Folge, daß weder für A noch für B Anschaffungskosten entstehen. Der Mitunternehmeranteil des B geht ohne Gewinnrealisierung auf A zum Buchwert über. Dies gilt auch dann, wenn die Erbauseinandersetzung erst viele Jahre nach dem Erbfall stattfindet und der Umfang des Betriebsvermögens sich zwischenzeitlich verändert hat. A muß gemäß § 7 Abs. 1 EStDV die Buchwerte fortführen. B tritt gemäß § 11 Abs. 1 EStDV in die Abschreibungsreihe der Erbengemeinschaft ein. Im Beispiel 15 hat der den Betrieb erhaltende Miterbe kein Wahlrecht zwischen Gewinnrealisierung und Buchwertfortführung, da die Übergabe des Betriebs an A im Wege der Realteilung der Erbengemeinschaft nicht zu einer Betriebsaufgabe führt (vgl. Tz. 13).

34   In der Realteilung eines Mischnachlasses ohne Abfindungszahlungen liegt – ebenso wie in der Realteilung eines nur aus Betriebsvermögen bestehenden Nachlasses – nicht nur keine entgeltliche Anschaffung oder Veräußerung, sondern auch keine zur Gewinnrealisierung führende Aufgabe eines Mitunternehmeranteils gemäß § 16 Abs. 3 EStG.

b) Schaffung von Privatvermögen im engen zeitlichen Zusammenhang mit der Auseinandersetzung

35   Die Realteilung eines Mischnachlasses ohne Abfindungszahlung führt nicht zur Entstehung von Anschaffungskosten einerseits sowie eines Veräußerungs- bzw. Aufgabegewinns andererseits. Dabei kommt es nicht darauf an, ob bereits im Zeitpunkt des Erbfalls ein Mischnachlaß bestanden hat oder ob sich im Zuge der Verwaltung des Nachlasses privates Nachlaßvermögen gebildet hat. Wird dagegen durch Entnahmen liquider Mittel im engen zeitlichen Zusammenhang mit der Auseinandersetzung Privatvermögen geschaffen, um insoweit eine gewinneutrale Realteilung zu ermöglichen, so ist diese Gestaltung nach § 42 AO steuerlich nicht anzuerkennen.

c) Behandlung von Nachlaßverbindlichkeiten bei Mischlässen, insbesondere Schuldzinsenabzug

36   Auch bei einem Mischnachlaß kann die Abstimmung mit dem Auseinandersetzungsguthaben des Miterben dadurch erreicht werden, daß der Miterbe Verbindlichkeiten der Erbengemeinschaft übernimmt. Wie sich derartige Schulden in der Folge bei den Miterben auswirken, hängt davon ab, mit welchem Vermögen sie in Zusammenhang stehen und wie dieses Vermögen beim Erben verwendet wird. So kann Privatvermögen der Erben-

Anhang 13

Erbfolgeregelungen   (Erbauseinandersetzung) I

37[1]) gemeinschaft beim Miterben Betriebsvermögen und die damit zusammenhängende Verbindlichkeit Betriebsschuld werden. Die Übernahme von Schulden über die Erbquote hinaus kann trotz fehlender Anschaffungskosten zu Betriebsvermögen führen, das den Schuldzinsenabzug ermöglicht.

Beispiel 16
A und B sind Miterben zu je $^1/_2$. Zum Nachlaß gehören ein Betrieb (Wert 3 Mio. DM) sowie ein privates Grundstück (Wert 2 Mio. DM), das mit einer Hypothek von 1 Mio. DM belastet ist. A übernimmt den Betrieb und die Verbindlichkeit, B erhält das Grundstück.

Im Beispiel 16 ist von einer gewinneutralen Realteilung eines Mischnachlasses auszugehen, da nach dem Beschluß des BFH vom 5. Juli 1990 (BStBl 1990 II S. 837) auch beim Mischnachlaß eine Wertangleichung zur Vermeidung von Ausgleichszahlungen durch überproportionale Übernahme von Nachlaßverbindlichkeiten erreicht werden kann. Die von A zusätzlich zum Betrieb übernommene private Nachlaßschuld bleibt keine Privatschuld, sondern wandelt sich nach der Übernahme durch A in eine Betriebsschuld um mit der Folge, daß A künftig die auf diese Schuld entfallenden Schuldzinsen als Betriebsausgaben abziehen kann.

Die Begleichung von Erbfallschulden (Pflichtteils- und Erbersatzansprüche) führt zwar nicht zu Anschaffungskosten. Dennoch dürfen nach der sog. Sekundärfolgen-Rechtsprechung die Aufwendungen für die Finanzierung von Pflichtteils- und Erbersatzansprüchen in bestimmtem Umfang als Betriebsausgaben oder Werbungskosten abgezogen werden (BFH-Urteile vom 2. April 1987 – BStBl 1987 II S. 621, vom 28. April 1989 – BStBl 1989 II S. 618 und vom 17. Oktober 1991 – BStBl 1992 II S. 392). Dies gilt unter bestimmten Voraussetzungen auch für die Aufwendungen zur Finanzierung von Vermächtnissen (vgl. Tz. 70).

2. Realteilung mit Abfindungszahlungen
   a) Allgemeines
38   Auch beim Mischnachlaß liegt Entgeltlichkeit nur vor, soweit Abfindungszahlungen geleistet werden. Hat daher im Rahmen einer Realteilung ein Miterbe an andere Miterben Abfindungszahlungen zu leisten, führt dies zu Anschaffungskosten einerseits und zu einem – ggf. einkommensteuerpflichtigen – Veräußerungserlös andererseits.

Beispiel 17
Erben sind A und B je zur Hälfte. Zum Nachlaß gehören ein Betrieb (Wert 1 Mio. DM, Buchwert 200.000 DM) und ein Privatgrundstück (Wert 500.000 DM). A erhält den Betrieb, B das Grundstück und eine Abfindung von A in Höhe von 250.000 DM.

Die Abfindung stellt im Beispiel 17 bei A Anschaffungskosten, bei B Veräußerungserlös für die Übertragung eines Mitunternehmeranteils dar. Da A und B jeweils im Wert von 750.000 DM am Gesamtnachlaß beteiligt sind (= $^1/_2$ von 1,5 Mio. DM), erwirbt A $^3/_4$ des Betriebs unentgeltlich und führt insoweit die Buchwerte nach § 7 Abs. 1 EStDV fort. B erzielt durch die Übertragung des Mitunternehmeranteils von $^1/_4$ einen Veräußerungsgewinn von 200.000 DM (= 250.000 DM ./. 50.000 DM). A stockt die Buchwerte um 200.000 DM auf, da B $^1/_4$ des Betriebs entgeltlich an A übertragen hat. Das restliche $^1/_4$, das dem B als Mitunternehmer zuzurechnen war, ist unentgeltlich auf A übergegangen.

   b) Tarifbegünstigung des Veräußerungsgewinns
39 Die Tarifbegünstigung von Veräußerungsgewinnen beurteilt sich nach Tz. 21 und 22.

Danach ist der im Beispiel 17 von B erzielte Veräußerungsgewinn nach §§ 16, 34 EStG tarifbegünstigt. Denn ein Veräußerungsgewinn ist nicht nur dann tarifbegünstigt, wenn bei der Realteilung eines Nachlasses Betriebe oder Teilbetriebe mit Abfindungszahlungen zugeteilt werden, sondern auch dann, wenn – z. B. bei der Realteilung eines Mischnachlasses – nur ein Betrieb vorhanden ist, der unter Ausscheiden der übrigen Miterben mit Abfindung allein auf einen bestimmten Miterben übertragen wird.

D. Veräußerung eines Erbteils
1. Allgemeines
40 Ein Miterbe kann seinen Anteil am Nachlaß (seinen Erbteil) an einen anderen Miterben

---
[1]) → hierzu BMF vom 11. 8. 1994 (BStBl I S. 603).

Anhang 13
I (Erbauseinandersetzung)   Erbfolgeregelungen

oder an einen Dritten verschenken oder verkaufen (§ 2033 Abs. 1 BGB). Wird ein Erbteil verschenkt, entstehen weder Anschaffungskosten noch Veräußerungserlöse. Wird ein Erbteil verkauft, hat der Käufer dagegen Anschaffungskosten und der Verkäufer einen Veräußerungserlös. Die Ausschlagung der Erbschaft gegen eine Abfindung steht der entgeltlichen Veräußerung des Erbteils gleich.

2. Zum Nachlaß gehört nur Betriebsvermögen
a) Schenkung eines Erbteils

41 Wird ein Erbteil verschenkt und gehört zum Nachlaß nur Betriebsvermögen, liegt ein Fall des § 7 Abs. 1 EStDV vor. Der Beschenkte hat das Kapitalkonto des Schenkers fortzuführen.

b) Verkauf eines Erbteils

42 Die entgeltliche Übertragung des Erbanteils an einer gewerblich tätigen Erbengemeinschaft bedeutet nach dem Beschluß des BFH vom 5. Juli 1990 (BStBl II S. 837) die Veräußerung eines Mitunternehmeranteils i. S. von § 16 Abs. 1 Nr. 2 EStG, und zwar auch dann, wenn der Erwerber Miterbe ist. Anschaffungskosten und Veräußerungsgewinn errechnen sich wie bei der Übertragung eines Gesellschaftsanteils.

Beispiel 18

Der Nachlaß besteht allein aus einem Einzelunternehmen. Das Kapitalkonto betrug 600.000 DM. Erben sind A, B und C zu je einem Drittel, so daß auf jeden Miterben ein Kapitalkonto von 200.000 DM entfällt. C verkauft seinen Erbteil und damit gleichzeitig seinen Mitunternehmeranteil an D für 320.000 DM.

In diesem Fall liegt ein entgeltliches Veräußerungsgeschäft vor. Für C entsteht nach § 16 Abs. 2 EStG ein Veräußerungsgewinn in Höhe von 120.000 DM (320.000 DM Veräußerungserlös ./. 200.000 DM Buchwert), der nach §§ 16, 34 EStG tarifbegünstigt ist. D hat Anschaffungskosten von 320.000 DM, mit denen er seinen Anteil in der Bilanz der Erbengemeinschaft ausweisen muß. Das geschieht in Höhe von 200.000 DM in der Hauptbilanz (Fortführung des Kapitalkontos des C) und in Höhe von 120.000 DM in einer für D aufzustellenden positiven Ergänzungsbilanz.

3. Zum Nachlaß gehört nur Privatvermögen
a) Schenkung eines Erbteils

43 Wird ein Erbteil verschenkt und gehört zum Nachlaß nur Privatvermögen, findet § 11 d Abs. 1 EStDV Anwendung. Durch den unentgeltlichen Erwerb des Erbteils ist der Beschenkte in die Rechtsstellung des Schenkers eingetreten, die dieser innerhalb der Erbengemeinschaft gehabt hat. Die anteilige AfA, die dem Beschenkten an den zum Nachlaß gehörenden abnutzbaren Wirtschaftsgütern des Privatvermögens zusteht, bemißt sich demzufolge (weil der Schenker ebenfalls unentgeltlich erworben hat) nach der AfA-Bemessungsgrundlage der Erbengemeinschaft (§ 11 d Abs. 1 Satz 1 EStDV). Der Beschenkte kann – anteilmäßig – nur noch das nicht bereits verbrauchte AfA-Volumen abschreiben.

b) Verkauf eines Erbteils

44 Verkauft ein Miterbe seinen Erbteil und gehört zum Nachlaß nur Privatvermögen, ist § 11 d Abs. 1 EStDV nicht anwendbar. Der Erwerber muß seine AfA nach § 7 EStG, also ausgehend von seinen Anschaffungskosten, bemessen.

Beispiel 19

E wird von seinen Söhnen A, B und C zu ⅓ beerbt. Zum Nachlaß gehört nur ein privates Mietwohnhaus, das E für 2,5 Mio. DM (Anteil Gebäude 2 Mio. DM) erworben und jährlich mit 2 v. H. abgeschrieben hatte. C veräußert seinen Erbteil am 01. 01. 04 für 700.000 DM an D. Hiervon entfallen 560.000 DM auf das Gebäude und 140.000 DM auf den Grund und Boden. Im Zeitpunkt der Veräußerung hatte das Gebäude einen Restwert von 1,2 Mio. DM.

Die AfA für das immer noch zum Nachlaß gehörende Gebäude kann nicht mehr einheitlich vorgenommen werden. A und B haben als Miterben ihre Anteile am Nachlaß und damit an dem Grundstück, aus dem der Nachlaß besteht, unentgeltlich erworben. Sie müssen demzufolge nach § 11 d Abs. 1 EStDV die AfA der Erbengemeinschaft – anteilig – fortführen. A und B können also jährlich je 13.334 DM (je ⅓ von 40.000 DM) für einen verbleibenden AfA-Zeitraum von 30 Jahren absetzen. Für D hingegen ist, da er entgeltlich erworben hat, seine anteilige AfA nach seinen Anschaffungskosten zu bemessen. Er muß seinen Gebäudeanteil mit 2 v. H.

Anhang 13

Erbfolgeregelungen (Erbauseinandersetzung) I

von 560.000 DM, also über 50 Jahre, mit jährlich 11.200 DM abschreiben. Zu einem anderen Ergebnis kann D nur dann kommen, wenn er nachweist, daß die Nutzungsdauer kürzer ist.

45 Wird ein Erbteil entgeltlich erworben und gehören mehrere Wirtschaftsgüter zum Nachlaß, sind die Anschaffungskosten für den Erbteil auf alle zum Nachlaß gehörenden Wirtschaftsgüter nach dem Verhältnis der Verkehrswerte zu verteilen. Das erfordert eine Bewertung aller zum Nachlaß gehörenden Wirtschaftsgüter auf den Zeitpunkt des Erbteilkaufs.

46 Verkauft ein Miterbe seinen Erbteil, so ist ein Veräußerungsgewinn nur steuerpflichtig, wenn die Voraussetzungen des § 17 EStG (wesentliche Beteiligung an einer Kapitalgesellschaft), des § 23 EStG (Spekulationsgeschäft) oder des § 21 UmwStG (einbringungsgeborene Anteile) vorliegen (vgl. auch Tz. 28).

4. Mischnachlaß

47 Wird der Anteil an einem Mischnachlaß veräußert, gelten die unter Tz. 41 bis Tz. 46 genannten Grundsätze.

a) Schenkung eines Erbteils

48 Eine Bewertung der Nachlaßgegenstände ist hier nicht erforderlich. Im privaten Bereich des Nachlasses hat der Erwerber die AfA der Erbengemeinschaft nach § 11 d Abs. 1 EStDV und im betrieblichen Bereich die Buchwerte der Erbengemeinschaft nach § 7 Abs. 1 EStDV fortzuführen.

b) Verkauf eines Erbteils

49 Wird bei einem Mischnachlaß ein Erbteil verkauft, muß der für den Erbteil erzielte Veräußerungserlös aufgeteilt werden. Dabei ist der Veräußerungserlös im Verhältnis des Verkehrswertes des Mitunternehmeranteils und der anteiligen Verkehrswerte der Wirtschaftsgüter des Privatvermögens zu verteilen. Der Kaufpreis ist beim Erbschaftskäufer entsprechend aufzuteilen.

50 § 15 Abs. 3 Nr. 1 EStG (sog. Abfärberegelung) ist auch dann nicht auf die Erbengemeinschaft anzuwenden, wenn ein Miterbe seinen Erbteil veräußert und ein fremder Dritter in die Erbengemeinschaft eintritt (vgl. Tz. 4).

E. Ausscheiden eines Miterben

1. Allgemeines

51 Scheidet ein Miterbe freiwillig aus der Erbengemeinschaft aus, so wächst zivilrechtlich sein Anteil am Gemeinschaftsvermögen den verbliebenen Miterben zu (vgl. Urteil des Kammergerichts vom 12. August 1965 – 1 W 2095/65 –, Entscheidungen der Oberlandesgerichte in Zivilsachen – OLGZ – 1965, 244). Die Anwachsung eines Erbteils für den Fall, daß mehrere Erben in der Weise eingesetzt sind, daß sie die gesetzliche Erbfolge ausschließen, und daß einer der Erben vor oder nach dem Eintritt des Erbfalls wegfällt, ist in § 2094 BGB geregelt.

Die Anwachsung ist ein Unterfall der Veräußerung des Erbteils. Ertragsteuerlich ist das Anwachsen als – entgeltliche oder unentgeltliche – Übertragung des Anteils des ausscheidenden Miterben auf die verbleibenden Miterben anzusehen.

2. Ausscheiden ohne Abfindung

52 Scheidet ein Miterbe ohne Abfindung aus der Erbengemeinschaft aus, finden die Grundsätze über die Schenkung eines Erbteils Anwendung.

3. Ausscheiden gegen Barabfindung

53 Scheidet ein Miterbe mit Barabfindung aus der Erbengemeinschaft aus, finden die Grundsätze über den Verkauf eines Erbteils Anwendung.

4. Ausscheiden gegen Sachwertabfindung

a) Grundsatz

54 Beim Ausscheiden gegen Sachwertabfindung können sich zusätzlich zu dem vom ausscheidenden Miterben zu versteuernden Veräußerungsgewinn auch für die verbleibenden Miterben Veräußerungsgewinne ergeben.

Beispiel 20

A, B und C sind Miterben zu je ⅓. Der Nachlaß besteht nur aus einem Betriebsvermögen. Der Wert des Betriebsvermögens beträgt 3 Mio. DM, der Buchwert 300.000 DM. Die Bilanz des Unternehmens sieht wie folgt aus:

Wirtschaftsgut 1	100.000	KapKto A	100.000
	(TW 1 Mio. DM)	KapKto B	100.000
Wirtschaftsgut 2	200.000	KapKto C	100.000
	(TW 2 Mio. DM)		
	300.000		300.000

1079

Anhang 13
I (Erbauseinandersetzung)   Erbfolgeregelungen

C scheidet gegen eine Abfindung von 1 Mio. DM aus dem Unternehmen aus.

Nach dem Ausscheiden des C hat die Bilanz folgendes Bild:

Wirtschaftsg. 1	100.000		KapKto A	100.000
	+ 300.000	400.000	KapKto B	100.000
Wirtschaftsg. 2	200.000		AusglAn-	
	+ 600.000	800.000	spruch C	1.000.000
		1.200.000		1.200.000

Für C ist ein tarifbegünstigter Veräußerungsgewinn von 900.000 DM (1.000.000 DM ./. 100.000 DM) entstanden.

A und B müssen die Buchwerte der Wirtschaftsgüter 1 und 2 entsprechend aufstocken. Da die Wirtschaftsgüter zu ⅓ entgeltlich erworben wurden, erhöht sich die AfA-Bemessungsgrundlage um 900.000 DM (Anschaffungskosten 1 Mio. DM ./. Buchwert 100.000 DM). Wenn C das Wirtschaftsgut 1 (Buchwert nunmehr 400.000 DM) zur Tilgung seiner Ausgleichsforderung von 1 Mio. DM erhält, müssen A und B dieses Wirtschaftsgut aus dem Betrieb nehmen. Da das Wirtschaftsgut 1 Mio. DM wert ist, entsteht dadurch ein Veräußerungsgewinn in Höhe von 600.000 DM, den A und B je zur Hälfte als laufenden Gewinn versteuern müssen. Ein Veräußerungsgewinn – und kein Entnahmegewinn – entsteht deshalb, weil die Hingabe des Sachwerts zum Wegfall der Schuld führt. Darin ist keine Entnahme, sondern eine Veräußerung, verbunden mit einer Gewinnrealisierung hinsichtlich des den Buchwert des Wirtschaftsguts übersteigenden Schuldenteils (Ausgleichsanspruch des C), zu sehen.

b) Buchwertfortführung

55   Gelangt die Sachwertabfindung beim ausscheidenden Miterben in ein Betriebsvermögen, können die Miterben nach dem Beschluß des BFH vom 5. Juli 1990 (BStBl II S. 837) die Buchwerte der Erbengemeinschaft fortführen.

Im Beispiel 20 kann die Versteuerung des Veräußerungsgewinns vermieden werden, wenn C das ihm zur Abfindung übereignete Wirtschaftsgut 1 in ein ihm gehörendes Betriebsvermögen zum Buchwert überführt. Für diesen Fall wird das Wirtschaftsgut 1 dem C zum Buchwert gegen Minderung seiner Beteiligungsrechte am Betrieb der Erbengemeinschaft übertragen. Da der Buchwert des Wirtschaftsguts 100.000 DM beträgt, sinkt dadurch das Kapitalkonto des C unter gleichzeitigem Ausscheiden des C aus dem Betrieb auf Null. C muß das Wirtschaftsgut in seinen eigenen Betrieb mit 100.000 DM erfolgsneutral (gegen entsprechende Erhöhung seines Kapitalkontos) einlegen. Für C entsteht weder ein Entnahme- noch ein Veräußerungsgewinn. Auch für A und B ergeben sich keine Gewinnauswirkungen.

F. Erbauseinandersetzung durch Veräußerung des Nachlasses

1. Allgemeines

Die Erbauseinandersetzung kann gemäß §§ 2046 ff. BGB auch in der Weise erfolgen, daß alle Wirtschaftsgüter des Nachlasses veräußert werden. Anschließend werden alle Nachlaßverbindlichkeiten berichtigt. Der Rest der Veräußerungserlöse wird den Erbquoten entsprechend anteilmäßig unter den Miterben verteilt.   56

2. Betriebsvermögen

Gehört zum Nachlaß ein Betriebsvermögen, so kann der gesamte Betrieb von der Erbengemeinschaft veräußert werden. Dann liegt ein Fall des § 16 Abs. 1 EStG vor. Der von der Erbengemeinschaft erzielte Veräußerungsgewinn ist von den Miterben tarifbegünstigt (§§ 16, 34 EStG) zu versteuern.   57

Wird der Betrieb von den Miterben nicht fortgeführt und werden die einzelnen Wirtschaftsgüter des Betriebsvermögens veräußert, so wird der Betrieb beendet. Wegen der Abgrenzung des Aufgabegewinns vom laufenden Gewinn vgl. Abschnitt 139 Abs. 2 EStR 1990.

3. Privatvermögen

Soweit zum Nachlaß Privatvermögen gehört, ist die Veräußerung einkommensteuerrechtlich nur dann zu erfassen, wenn die §§ 17, 23 EStG oder § 21 UmwStG zur Anwendung kommen.   58

G. Teilerbauseinandersetzung

1. Behandlung wie Gesamtauseinandersetzung

59 Der BFH hat in seinem Beschluß vom 5. Juli 1990 (BStBl II S. 837) hinsichtlich der Behandlung der gegenständlichen Teilauseinandersetzung die Verwaltungsauffassung bestätigt, wonach die bei einer Teilauseinandersetzung geleisteten Abfindungen Anschaffungskosten und Veräußerungsentgelt darstellen, und zwar unabhängig davon, daß die Miterben am Restnachlaß beteiligt bleiben (vgl. BMF-Schreiben vom 31. Dezember 1988 – BStBl 1988 I S. 546, Tz. 10).

Beispiel 21

Erben sind A und B je zur Hälfte. Zum Nachlaß gehören ein Betrieb (Wert 1 Mio. DM, Buchwert 200.000 DM) und ein Privatgrundstück (Wert 500.000 DM). Bei einer Teilauseinandersetzung erhält A den Betrieb, B bekommt eine Abfindung von A in Höhe von 500.000 DM.

B erzielt im Beispiel 21 einen tarifbegünstigten Veräußerungsgewinn von 400.000 DM. A stockt die Buchwerte des Betriebs um 400.000 DM auf. Der Wert und die spätere Verteilung des Restnachlasses bleiben zunächst außer Betracht.

60 Soweit im Rahmen einer Teilauseinandersetzung ein Wirtschaftsgut des Betriebsvermögens einem Miterben zu Lasten seiner Beteiligung am Restnachlaß zugewiesen wird, das er in sein Privatvermögen übernimmt, entsteht ein Entnahmegewinn. Der Entnahmegewinn ist Teil des Gesamtgewinns der Mitunternehmerschaft. Dieser ist den Mitunternehmern (Miterben) nach dem allgemeinen Gewinnverteilungsschlüssel zuzurechnen, der sich bei den Miterben nach ihrem Anteil am Nachlaß bestimmt (§ 2038 Abs. 2, § 743 Abs. 1 BGB).

61 Wird im Rahmen einer Teilauseinandersetzung ein Wirtschaftsgut aus dem Betriebsvermögen der Erbengemeinschaft (Mitunternehmerschaft) in ein anderes Betriebsvermögen eines der Miterben überführt, so entsteht, wenn das überführte Wirtschaftsgut mit dem Teilwert angesetzt wird, ein Veräußerungsgewinn bei allen Miterben; es besteht hier aber das Wahlrecht zur – gewinnneutralen – Buchwertfortführung.

2. Behandlung von umgekehrten Abfindungen

62 Abfindungen in umgekehrter Richtung vermindern grundsätzlich die bei einer Teilauseinandersetzung angenommenen Anschaffungskosten und Veräußerungserlöse, wenn die Miterben eine weitere Auseinandersetzung im Auge hatten, bei der es zu umgekehrten Abfindungen kommt (BFH-Beschluß vom 5. Juli 1990 – BStBl II S. 837). Davon ist auszugehen, wenn seit der vorausgegangenen Teilauseinandersetzung nicht mehr als fünf Jahre vergangen sind.

63 Eine spätere (weitere) Teilauseinandersetzung oder Endauseinandersetzung ist nicht mehr mit vorangegangenen Teilauseinandersetzungen als Einheit zu betrachten, sondern wie eine selbständige Auseinandersetzung zu behandeln (vgl. Tz. 59).

64 Ist bei einer vorangegangenen Teilauseinandersetzung eine Abfindung für den Erwerb mehrerer Wirtschaftsgüter geleistet worden (Tz. 31), so ist die umgekehrte Abfindung auf diese Wirtschaftsgüter nach dem Verhältnis ihrer Verkehrswerte im Zeitpunkt der vorangegangenen Teilauseinandersetzung aufzuteilen.

Beispiel 22

Erben sind A und B je zur Hälfte. Zum Nachlaß gehören ein Betrieb (Wert 1 Mio. DM, Buchwert 200.000 DM) und ein Privatgrundstück. Bei einer Teilauseinandersetzung erhält A den Betrieb und muß an B eine Abfindung in Höhe von 500.000 DM zahlen. Im Rahmen der vier (sechs) Jahre später erfolgenden Endauseinandersetzung erhält B das Grundstück, dessen Wert auf 500.000 DM festgestellt wurde, und zahlt deshalb an A eine Abfindung in Höhe von 250.000 DM.

Die von B bei der Endauseinandersetzung an A zu zahlende umgekehrte Abfindung in Höhe von 250.000 DM bewirkt, daß der Veräußerungsgewinn des B von ursprünglich 400.000 DM nunmehr nur noch 200.000 DM beträgt. Denn im Ergebnis hat B nur eine Abfindung von 500.000 DM ./. 250.000 DM = 250.000 DM erhalten, worauf ein Buchwert von 50.000 DM entfällt. Die bisherige Aufstockung der Buchwerte bei A um 400.000 DM muß auf einen Aufstockungsbetrag von 200.000 DM gemindert werden. Dagegen würde sich die ursprüngliche Behandlung der Teilauseinandersetzung nicht mehr ändern, wenn die Endauseinandersetzung sechs Jahre später erfolgt.

65 Werden im Rahmen einer Teilauseinandersetzung entstandene Veräußerungsgewinne durch umgekehrte Abfindungen gemindert, so ist dies ein Ereignis, das Rückwirkung für die Vergangenheit hat (§ 175 Abs. 1 Nr. 2 AO), weshalb die Ermäßigung des Veräußerungsgewinns rückwirkend erfolgen muß.

66 Auch die bei dem die ursprüngliche Abfindung leistenden Miterben durch die umge-

Anhang 13

I (Erbauseinandersetzung)   Erbfolgeregelungen

kehrte Abfindung eintretende Verminderung der Anschaffungskosten hat rückwirkend zu erfolgen (§ 175 Abs. 1 Nr. 2 AO). Umgekehrte Abfindungen sind insoweit nicht erst ab dem Jahr ihrer Zahlung zu berücksichtigen. Tz. 14 des BMF-Schreibens vom 31. Dezember 1988, BStBl 1988 I S. 546 ist überholt.

H. Vermächtnisse, Vorausvermächtnisse, Teilungsanordnung

1. Steuerliche Auswirkungen von Vermächtnissen

67   Im Falle der Erbeinsetzung liegt in vollem Umfang ein unentgeltlicher Erwerb unmittelbar vom Erblasser vor. Der Erbe ist an die Buch- und Steuerwerte gem. §§ 7 Abs. 1, 11 d Abs. 1 EStDV gebunden, auch wenn ihm die Erfüllung von Vermächtnissen auferlegt wird. Die Erfüllung eines Vermächtnisses durch den beschwerten Erben stellt kein Entgelt für den Erwerb des Erbteils dar und führt daher bei ihm nicht zu Anschaffungskosten (BFH-Urteil vom 17. Oktober 1991 – BStBl 1992 II S. 392). Dies gilt auch, wenn ein Sachvermächtnis hinsichtlich eines Wirtschaftsguts des Betriebsvermögens ausgesetzt wird und dieses Sachvermächtnis vom Erben und Betriebsübernehmer erfüllt wird. Geht daher ein Betrieb durch Erbeinsetzung mit der Verpflichtung über, daß der Erbe oder die Erbengemeinschaft ein Wirtschaftsgut des Betriebsvermögens an einen Dritten herausgeben muß, so führt dies zur Entnahme dieses Wirtschaftsguts. Dies gilt auch dann, wenn das Wirtschaftsgut beim Vermächtnisnehmer Betriebsvermögen wird; § 7 Abs. 1 EStDV ist insoweit nicht anwendbar (vgl. aber Tz. 74). Der Entnahmegewinn ist dem Alleinerben bzw. allen Miterben zuzurechnen. Damit ist die bisherige Auffassung, wonach der Vermächtnisnehmer die Entnahme zu versteuern hatte, überholt.

Beispiel 23

A wurde vom Erblasser als Alleinerbe eingesetzt. Zum Nachlaß gehört ein Gewerbebetrieb. In Erfüllung eines Vermächtnisses überträgt A auf B ein Betriebsgrundstück (Teilwert 1 Mio. DM, Buchwert 400.000 DM).

A führt nach § 7 Abs. 1 EStDV die Buchwerte des Erblassers fort. Er erzielt bei der Übertragung des Grundstücks auf B einen laufenden Entnahmegewinn in Höhe von 600.000 DM (= 1 Mio. DM ./. 400.000 DM). Das gilt auch, wenn das Grundstück beim Vermächtnisnehmer ins Betriebsvermögen übernommen wird.

Der Alleinerbe bzw. die Miterben können bei der Entnahme von Grund und Boden aus einem land- und forstwirtschaftlichen Betrieb ggf. den Freibetrag nach § 14 a Abs. 4 EStG in Anspruch nehmen.

Betrifft das Sachvermächtnis dagegen einen   68 ganzen Betrieb, so erzielt die Erbengemeinschaft (oder der Alleinerbe) keinen Veräußerungs- oder Aufgabegewinn. Der Vermächtnisnehmer führt nach § 7 Abs. 1 EStDV die Buchwerte der Erbengemeinschaft fort (BFH-Urteil vom 7. Dezember 1990 – BStBl 1991 II S. 350). Ist ein Gewerbebetrieb (Einzelunternehmen) auf Grund eines Sachvermächtnisses an einen der Miterben oder einen Dritten (Vermächtnisnehmer) herauszugeben, so sind die nach dem Erbfall bis zur Erfüllung des Vermächtnisses erzielten gewerblichen Einkünfte grundsätzlich den Miterben als Mitunternehmern zuzurechnen. Abweichend von diesem Grundsatz sind die zwischen Erbfall und Erfüllung des Vermächtnisses angefallenen Einkünfte dem Vermächtnisnehmer zuzurechnen, wenn dieser schon vor der Erfüllung des Vermächtnisses als Inhaber des Gewerbebetriebs (Unternehmer) anzusehen ist (BFH-Urteil vom 24. September 1991 – BStBl 1992 II S. 330).

Besteht das Vermächtnis darin, daß dem Bedachten ein privates Wirtschaftsgut zu übertragen ist, so ist er nach § 11 d Abs. 1 EStDV an die bisher für den Alleinerben oder die Erbengemeinschaft maßgebenden Steuerwerte gebunden.   69

Wie die Erfüllung eines Vermächtnisses führt   70[1]) auch die Begleichung von Erbfallschulden (Pflichtteils- und Erbersatzansprüche) nicht zu Anschaffungskosten. Dennoch dürfen Aufwendungen für die Finanzierung von Pflichtteils- und Erbersatzansprüchen als Betriebsausgaben oder Werbungskosten abgezogen werden (vgl. Tz. 37). Hinsichtlich der Aufwendungen für die Finanzierung von Vermächtnissen ist ein Betriebsausgaben- oder Werbungskostenabzug aber nur möglich, soweit das Vermächtnis zur Abdeckung eines Pflichtteilsanspruches dient, wenn also der Vermächtnisnehmer Pflichtteilsberechtigter ist und ihm ein Geldvermächtnis bis zur Höhe des Pflichtteils vermacht ist (vgl. § 2307 BGB); nur in diesem Fall kann in hinreichendem Maße ein entsprechender Veranlassungszusammenhang angenommen werden. Ist ein Geldvermächtnis bis zur Höhe des Pflichtteils vermacht und liegt ein Mischnachlaß vor, müssen die Finanzierungsaufwendungen zwischen Betriebs- und Privatvermögen aufgeteilt werden. Entsprechendes gilt bei Erber-

---
[1]) → hierzu BMF vom 11. 8. 1994 (BStBl I S. 603).

satzansprüchen, wenn das Geldvermächtnis auf den Erbersatzanspruch anzurechnen ist.

71 Ein Vermächtnis führt ausnahmsweise dann zu einem Veräußerungserlös des beschwerten Erben oder der beschwerten Miterben und zu Anschaffungskosten des Vermächtnisnehmers, wenn der Vermächtnisnehmer für den Erwerb des vermachten Gegenstandes eine Gegenleistung zu erbringen hat.

2. Besonderheiten bei Vorausvermächtnissen

72 Wird ein Miterbe durch ein Vermächtnis bedacht (Vorausvermächtnis), so hat er – ebenso wie ein nicht zu den Miterben gehörender Vermächtnisnehmer – lediglich einen schuldrechtlichen Anspruch gegenüber der Erbengemeinschaft. Die ihm durch das Vorausvermächtnis zugewandten Vermögensgegenstände des Erblassers erwirbt er daher nicht unmittelbar vom Erblasser, sondern von der Erbengemeinschaft.

73 Betrifft das Vorausvermächtnis einen Betrieb, so erzielt die Erbengemeinschaft keinen Veräußerungs- oder Aufgabegewinn. Der Vermächtnisnehmer führt nach § 7 Abs. 1 EStDV die Buchwerte der Erbengemeinschaft fort. Demgegenüber liegt eine Entnahme durch die Erbengemeinschaft (nicht durch den Erblasser) vor, wenn ein Einzelwirtschaftsgut des Betriebsvermögens in Erfüllung eines Vorausvermächtnisses auf einen der Miterben übertragen wird (vgl. aber Tz. 74).

Beispiel 24

Erben sind A und B je zur Hälfte. Der Nachlaß umfaßt neben anderen Nachlaßgegenständen einen Betrieb. A erhält im Wege des Vorausvermächtnisses ein Grundstück dieses Betriebs (Teilwert 500.000 DM, Buchwert 200.000 DM), das er privat nutzt.

Die Erfüllung des Vorausvermächtnisses durch Übertragung des Betriebsgrundstücks auf A führt zu einem laufenden Entnahmegewinn bei der Erbengemeinschaft in Höhe von 300.000 DM, der den beiden Miterben A und B im Rahmen der einheitlichen und gesonderten Feststellung der Gewinneinkünfte je hälftig zuzurechnen ist.

74 Wird in Erfüllung eines Vorausvermächtnisses ein Einzelwirtschaftsgut aus dem Betriebsvermögen der Erbengemeinschaft in ein anderes Betriebsvermögen eines der Miterben überführt, so entsteht, wenn das überführte Wirtschaftsgut mit dem Teilwert angesetzt wird, ein Entnahmegewinn bei allen Miterben; es besteht hier aber das Wahlrecht zur gewinneutralen Buchwertfortführung.

Beispiel 25

Erben sind A und B je zur Hälfte. Zum Nachlaß gehört u. a. ein Betrieb. A erhält im Wege des Vorausvermächtnisses ein Grundstück dieses Betriebs (Teilwert 500.000 DM, Buchwert 200.000 DM), das er in einem eigenen Betrieb nutzt.

Ein Entnahmegewinn kann hier vermieden werden, da A als Mitunternehmer zur Fortführung des Buchwertes berechtigt ist.

75 Besteht das Vorausvermächtnis darin, daß dem Bedachten ein privates Wirtschaftsgut zu übertragen ist, so ist er nach § 11 d Abs. 1 EStDV an die bisher für die Erbengemeinschaft maßgebenden Steuerwerte gebunden.

3. Steuerliche Auswirkungen von Teilungsanordnungen

76 Durch eine Teilungsanordnung (§ 2048 BGB) wird lediglich die Art und Weise der Erbauseinandersetzung durch den Erblasser festgelegt. Deshalb gehen auch bei der Teilungsanordnung zunächst alle Nachlaßgegenstände auf die Erbengemeinschaft und nicht einzelne Nachlaßgegenstände unmittelbar auf denjenigen Miterben über, der sie auf Grund der Teilungsanordnung erhalten soll. Dies gilt auch bei Anordnung einer Testamentsvollstreckung. Die entsprechend der Teilungsanordnung durchgeführte Erbauseinandersetzung wird daher nach den allgemeinen steuerlichen Grundsätzen zur Erbauseinandersetzung behandelt. Setzen sich die Miterben einverständlich über die Teilungsanordnung hinweg, ist für die steuerliche Beurteilung die tatsächliche Auseinandersetzung maßgeblich.

77 Zur Abgrenzung zwischen Teilungsanordnung und Vorausvermächtnis ist von Bedeutung, daß sich die Teilungsanordnung in der Zuweisung bestimmter Nachlaßgegenstände innerhalb des Rahmens des Erbteils erschöpft, während das Vorausvermächtnis in der Zuweisung bestimmter Nachlaßgegenstände außerhalb des Erbteils, d. h. über den Erbteil hinaus, besteht. Mit dem Vorausvermächtnis will der Erblasser einem der Erben einen zusätzlichen Vermögensvorteil zuwenden. Bei der Teilungsanordnung fehlt ein derartiger Begünstigungswille, sie beschränkt sich auf die Verteilung der Nachlaßgegenstände bei der Erbauseinandersetzung. Bei der Abgrenzung zwischen Teilungsanordnung und Vorausvermächtnis kommt es nicht auf die formale Bezeichnung, sondern auf das tatsächlich Gewollte an.

Anhang 13
I (Erbauseinandersetzung)   Erbfolgeregelungen

I. Sonderfragen

I. Erbfolge bei der Beteiligung an einer Personengesellschaft

1. Fortsetzungsklausel

78 Im Fall der sog. Fortsetzungsklausel, wonach lediglich die überlebenden Gesellschafter die Gesellschaft fortsetzen und die Erben des verstorbenen Gesellschafters abgefunden werden, geht zivilrechtlich der Gesellschaftsanteil nicht auf die Erben über. Diese erlangen lediglich einen privaten Abfindungsanspruch gegenüber den verbleibenden Gesellschaftern. Steuerlich realisiert der Erblasser durch Aufgabe seines Mitunternehmeranteils unter Anwachsung bei den verbleibenden Gesellschaftern einen tarifbegünstigten Veräußerungsgewinn in Höhe des Unterschieds zwischen dem Abfindungsanspruch und dem Buchwert seines Kapitalkontos im Todeszeitpunkt (BFH-Urteil vom 26. März 1981 – BStBl 1981 II S. 614).

2. Eintrittsklausel

79 Ist im Gesellschaftsvertrag eine Eintrittsklausel des Inhalts vereinbart worden, daß ein oder mehrere Erben mit dem Tod eines Gesellschafters das Recht haben, in die Gesellschaft einzutreten, so wird die Gesellschaft zunächst mit den verbleibenden Gesellschaftern fortgesetzt. Der Gesellschaftsanteil des verstorbenen Gesellschafters wächst mithin den übrigen Gesellschaftern an und die eintrittsberechtigten Erben erben lediglich das Eintrittsrecht. Hieraus folgt grundsätzlich, daß bei Zahlung einer Abfindung im Fall des Nichteintritts – wie bei der Fortsetzungsklausel – der Erblasser einen tarifbegünstigten Veräußerungsgewinn erzielt. Wird allerdings das Eintrittsrecht innerhalb von 6 Monaten nach dem Erbfall ausgeübt, so gelten, wenn alle Erben von ihrem Eintrittsrecht Gebrauch machen, die Ausführungen über die einfache Nachfolgeklausel (Tz. 80 ff.), wenn nur einer oder einige Erben von ihrem Eintrittsrecht Gebrauch machen, die Ausführungen über die qualifizierte Nachfolgeklausel (Tz. 83 ff.) entsprechend.

3. Einfache Nachfolgeklausel

80 Im Fall der sog. einfachen Nachfolgeklausel wird die Gesellschaft beim Tod eines Gesellschafters mit allen Erben dieses Gesellschafters fortgesetzt. Mitunternehmeranteile, die vom Erblasser gesondert auf die Miterben übergegangen sind, können im Fall der sog. einfachen Nachfolgeklausel in die Erbauseinandersetzung einbezogen und abweichend aufgeteilt werden. Ausgleichszahlungen an die weichenden Miterben führen auch in diesem Fall zu Anschaffungskosten (BFH-Urteil vom 13. Dezember 1990 – BStBl 1992 II S. 510 sowie BFH-Urteil vom 29. Oktober 1991 – BStBl 1992 II S. 512).

81 Die unter Tz. 80 geschilderte Betrachtungsweise hat zur Folge, daß durch die Einbeziehung von Mitunternehmeranteilen in die Erbauseinandersetzung auf Grund der sog. einfachen Nachfolgeklausel eine gewinneutrale Realteilung eines Nachlasses erreicht werden kann.

Beispiel 26 (bei Mischnachlaß)

Gesellschafter einer OHG sind A, B und C. A stirbt. Erben sind D und E je zur Hälfte. Zum Nachlaß gehören ein OHG-Anteil (Wert 2 Mio. DM) sowie ein Privatgrundstück (Wert 2 Mio. DM). D und E treten auf Grund der im Gesellschaftsvertrag verbrieften einfachen Nachfolgeklausel in die OHG ein. Das Grundstück wird zunächst in Erbengemeinschaft verwaltet. Nach einiger Zeit setzen sich D und E dergestalt auseinander, daß E dem D seinen Gesellschaftsanteil überläßt und dafür aus der Erbengemeinschaft das Privatgrundstück erhält. Ausgleichszahlungen erfolgen nicht.

Im Beispiel 26 ist von einer gewinneutralen Realteilung eines Mischnachlasses auszugehen, bei der D den Gesellschaftsanteil und E das Grundstück erhalten hat. Anschaffungskosten und Veräußerungsgewinne entstehen mangels Ausgleichszahlungen nicht.

82 Aus der unter Tz. 80 geschilderten Betrachtungsweise ergibt sich weiter, daß auch beim Vorhandensein von Sonderbetriebsvermögen eine gewinneutrale Realteilung eines Nachlasses möglich ist.

Beispiel 27 (bei Mischnachlaß)

Gesellschafter einer OHG sind A, B und C. A stirbt. Erben sind D und E je zu Hälfte. Zum Nachlaß gehören ein OHG-Anteil (Wert 1,2 Mio. DM), ein der OHG überlassenes Grundstück (Wert 800.000 DM) und ein Privatgrundstück (Wert 2 Mio. DM). D und E treten auf Grund der im Gesellschaftsvertrag verbrieften einfachen Nachfolgeklausel in die OHG ein. Das Privatgrundstück wird zunächst von der Erbengemeinschaft verwaltet. Nach einiger Zeit setzen sich D und E dergestalt auseinander, daß E dem D seinen Gesellschaftsanteil und seinen Anteil an dem der OHG überlassenen Grundstück überträgt und dafür aus der Erbengemeinschaft das Privatgrundstück erhält. Ausgleichszahlungen erfolgen nicht.

Im Beispiel 27 liegt eine gewinneutrale Realteilung eines Mischnachlasses vor, bei der D den Gesellschaftsanteil an der OHG und das der OHG überlassene Grundstück und E das Privatgrundstück erhält. Anschaffungskosten und Veräußerungs- bzw. Entnahmegewinne entstehen mangels Ausgleichszahlungen nicht.

4. Qualifizierte Nachfolgeklausel

83 In den Fällen der sog. qualifizierten Nachfolgeklausel folgen nicht alle Miterben, sondern nur einer oder einzelne von mehreren Miterben dem Erblasser in seiner Gesellschafterstellung nach. Nach dem BFH-Urteil vom 29. Oktober 1991 (BStBl 1992 II S. 512) hat dies zur Folge, daß nur die qualifizierten Miterben, nicht dagegen die nicht qualifizierten Miterben als Mitunternehmer anzusehen sind (kein Durchgangserwerb). Werden von den qualifizierten Miterben an die nicht qualifizierten Miterben Abfindungen geleistet, entstehen deshalb weder Veräußerungsgewinne noch Anschaffungskosten.

84 Daraus ergibt sich weiter, daß es mit dem Erbfall zu einer anteiligen Entnahme etwaigen Sonderbetriebsvermögens kommt, soweit das Sonderbetriebsvermögen auf nicht qualifizierte Miterben entfällt (§ 39 Abs. 2 Nr. 2 AO). Denn das Sonderbetriebsvermögen geht – im Gegensatz zum Gesellschaftsanteil – zivilrechtlich auf die Erbengemeinschaft als Ganzes über. Dies gilt auch, wenn bei einer zeitnahen Auseinandersetzung das Sonderbetriebsvermögen auf den qualifizierten Miterben übergeht.

85 Der Entnahmegewinn ist dem Erblasser zuzurechnen, da der nicht qualifizierte Miterbe nicht Mitunternehmer geworden ist.

II. Sonderfragen im Bereich der Land- und Forstwirtschaft

1. Erbfolge im Bereich der Land- und Forstwirtschaft

86 Die Erbfolge im Bereich der Land- und Forstwirtschaft ist zivilrechtlich nach Landesrecht unterschiedlich geregelt. Im übrigen gibt es bundesrechtliche Besonderheiten.

87 Während in den nordwestdeutschen Bundesländern Hamburg, Niedersachsen, Nordrhein-Westfalen und Schleswig-Holstein für bestimmte Höfe die sog. Höfeordnung (HöfeO) Anwendung findet, sind in anderen Ländern (z. B. in Hessen und in Baden-Württemberg) für bestimmte Höfe sog. Landesanerbengesetze maßgebend. Es gibt aber auch Bundesländer, die weder eine HöfeO noch ein Landesanerbenrecht kennen (Bayern, Berlin, Brandenburg, Mecklenburg-Vorpommern, Saarland, Sachsen, Sachsen-Anhalt und Thüringen). Soweit keine Sonderregelung eingreift, können das Landgutrecht nach dem BGB (§ 2049 BGB) sowie das Zuweisungsverfahren nach §§ 13–17 Grundstücksverkehrsgesetz bedeutsam sein.

88 Abfindungen an weichende Erben sind stets Entgelte, wenn nach den jeweiligen landesrechtlichen Vorschriften der Hof nicht unmittelbar vom Altbauer im Wege der Sondererbfolge auf den Hoferben als Alleinerben übergeht („Höferecht"), sondern zunächst auf die Erbengemeinschaft („Anerbenrecht"). Im letzteren Falle erwirbt der Hoferbe den Hof von der Erbengemeinschaft (Durchgangserwerb).

89[1)] Was die als partielles Bundesrecht in den nordwestdeutschen Bundesländern geltende HöfeO angeht, so bestimmt § 4 HöfeO, daß der Hof als Teil der Erbschaft kraft Gesetzes nur einem der Erben zufällt und an seine Stelle im Verhältnis der Miterben zueinander der Hofeswert tritt. Diese Norm ist zivilrechtlich so zu verstehen, daß im Rahmen eines gespaltenen Nachlasses der Hof unmittelbar und sofort dem Hoferben als Alleinerben zufällt, während daneben zugleich für das hofesfreie Vermögen eine Erbengemeinschaft besteht. Wie der BGH in BGHZ 28, 194 (199 f) ausgeführt hat, ist in den Fällen der HöfeO eine Miterbengemeinschaft hinsichtlich des Hofes ausgeschlossen, die weichenden Miterben erhalten vielmehr insoweit schuldrechtliche Abfindungsansprüche im Sinne gesetzlich angeordneter Vermächtnisse. Aufwendungen für die Finanzierung der Abfindung sind nach den Grundsätzen über die Finanzierung von Vermächtnissen zu beurteilen (vgl. Tz. 70). Auch der BFH hat unter Berufung auf die einschlägige BGH-Rechtsprechung in seinem Urteil vom 26. März 1987 (BStBl 1987 II S. 561) festgestellt, daß § 4 HöfeO keine Erbengemeinschaft begründet. Die weichenden Erben erhalten daher die Abfindung nach § 12 HöfeO nicht für eine Erbquote am Hof als Entgelt für deren Aufgabe. Die Abfindung einschließlich einer Nachabfindung nach § 13 HöfeO ist daher kein Entgelt.

90 Diese Betrachtungsweise gilt auch für die übrigen Landes-Höfegesetze. Nach § 9 Abs. 1 des Bremischen HöfeG fällt der Hof als Teil der Erbschaft nur einem Erben zu. § 14 des Rheinland-Pfälzischen Landesgesetzes über die HöfeO regelt die Erbfolge in gleicher Weise wie § 4 der HöfeO. Nach Art. 9 des Württembergischen Anerbengesetzes erwirbt der Anerbe das Eigentum an dem Anerbengut mit dem Erwerb der Erbschaft, also durch Nachlaßspaltung wie im System des Höferechts.

[1)] → hierzu BMF vom 11. 8. 1994 (BStBl I S. 603).

Anhang 13

I (Erbauseinandersetzung) — Erbfolgeregelungen

91 Nehmen in den Fällen der Tz. 89 und 90 Wirtschaftsgüter des Betriebsvermögens nicht an der Sonderrechtsnachfolge teil (hofesfreies Vermögen), sind sie auch steuerlich der Erbengemeinschaft zuzurechnen. Soweit diese Wirtschaftsgüter nicht anteilig dem Hoferben zuzurechnen sind, liegt eine Entnahme durch den Erblasser vor. Im übrigen gelten die allgemeinen Regeln über die Behandlung der Erbauseinandersetzung.

92 Nehmen umgekehrt Wirtschaftsgüter des Privatvermögens an der Sonderrechtsnachfolge teil (z. B. Wohnung des Betriebsinhabers), findet insoweit ein unentgeltlicher Erwerb vom Erblasser statt und die Abfindung führt nicht zu Anschaffungskosten.

93 Anders als bei land- und forstwirtschaftlichen Betrieben, die unter den Anwendungsbereich der HöfeO oder unter vergleichbare Landes-Höferechte fallen („Höferecht"), ist die Erbfolge bei Betrieben zu beurteilen, in denen der Hof zunächst auf die Erbengemeinschaft übergeht. Dies ist insbesondere nach dem Badischen Hofgütergesetz und dem Hessischen Landgüterordnung der Fall („Anerbenrecht"). Die Abfindung der „weichenden Erben" nach Badischem und Hessischem Landesrecht sowie deren Ergänzungsabfindungen (wenn die Berechtigung zur erbrechtlichen Schlechterstellung des Nicht-Hoferben entfällt) sind Entgelte. Denn der Hofübernehmer hat im Sinne der neuen Rechtsprechung des BFH mehr an land- und forstwirtschaftlichem Betriebsvermögen bekommen, als ihm nach seiner Erbquote zustand. Insoweit vollzieht sich die Erbauseinandersetzung nach den allgemeinen Regeln.

94 Nach den allgemeinen Regeln vollzieht sich die Erbauseinandersetzung über einen land- und forstwirtschaftlichen Betrieb auch in den Bundesländern, die weder die HöfeO noch ein Landesanerbenrecht kennen (Bayern, Berlin, Brandenburg, Mecklenburg-Vorpommern, Saarland, Sachsen, Sachsen-Anhalt und Thüringen).

2. Behandlung von Abfindungen, die das Kapitalkonto unterschreiten

95 Gehört zum Nachlaß ein land- und forstwirtschaftlicher Betrieb, wird dieser gemäß § 2049 BGB im Rahmen der Erbauseinandersetzung in den meisten Fällen nur mit dem Ertragswert berücksichtigt. Wegen der geringen Ertragsfähigkeit solcher Betriebe liegen die Ertragswerte deutlich unter dem Verkehrswert und regelmäßig auch unter dem Buchwert. Das bedeutet, daß die weichenden Erben nach erbrechtlichen Regelungen eine geringere Abfindung erhalten, als ihrem Kapitalkonto (gemessen an der Erbquote) entspricht.

Abfindungen, die das Kapitalkonto unterschreiten, sind ertragsteuerlich in der Weise zu behandeln, daß in solchen Fällen der Betriebsübernehmer gemäß § 7 Abs. 1 EStDV die Buchwerte fortführt. Dies bedeutet, daß keine Abstockung der Buchwerte erforderlich ist und die weichenden Erben keinen Veräußerungsverlust erleiden.

J. Übergangsregelung

I. Allgemeines

96 Die Grundsätze dieses Schreibens sind in allen noch offenen Fällen anzuwenden. Soweit die Erbauseinandersetzung vor dem 1. Januar 1991 rechtlich bindend festgelegt und bis spätestens 31. Dezember 1993 vollzogen worden ist, sind auf Antrag die Rechtsgrundsätze anzuwenden, die auf Grund der Rechtsprechung vor Ergehen des Beschlusses des BFH vom 5. Juli 1990 (BStBl 1990 II S. 837) gegolten haben; für den Bereich der Erbauseinandersetzung über Wirtschaftsgüter des Privatvermögens sind in diesen Fällen weiterhin die Grundsätze des BMF-Schreibens vom 31. Dezember 1988 (BStBl 1988 I S. 564) anzuwenden.

97 Im Falle der Tz. 96 Satz 2 ist ein Veräußerungsgewinn bei den weichenden Miterben unabhängig von der steuerlichen Behandlung bei den übernehmenden Miterben gemäß § 163 AO oder § 176 AO außer Ansatz zu lassen. Zugunsten der übernehmenden Miterben sind auch in diesen Fällen die Grundsätze dieses Schreibens anzuwenden.

II. Nachholung unterbliebener AfA

98 Soweit eine Erbauseinandersetzung über abnutzbare Wirtschaftsgüter, die nach der Erbauseinandersetzung der Erzielung steuerpflichtiger Einkünfte im Sinne von § 2 Abs. 1 Nr. 1 bis 7 EStG dienen, nach den bisher maßgebenden Grundsätzen nicht als entgeltlicher Vorgang behandelt worden ist (Altfälle), sind die AfA für den entgeltlich erworbenen Teil des Wirtschaftsguts zu niedrig angesetzt worden.

Die AfA bereits veranlagter Kalenderjahre können nur berichtigt werden, soweit eine Aufhebung oder Änderung der Steuerfestsetzung verfahrensrechtlich möglich ist (§§ 164, 165, 172 ff. AO). Eine Aufhebung oder Änderung nach § 173 Abs. 1 Nr. 2 AO ist dabei ausgeschlossen, weil das Finanzamt bei ursprünglicher Kenntnis des Sachverhalts nach damaliger Rechtslage nicht anders entschieden hätte (BFH-Beschluß vom 23. November 1987 – BStBl 1988 II S. 180).

99 AfA, die bei dem entgeltlich erworbenen Teil eines Gebäudes unterblieben sind, für den

die AfA nach § 7 Abs. 4 Satz 1 EStG zu bemessen gewesen wären, sind in der Weise nachzuholen, daß die weiteren AfA von der nach den Grundsätzen dieses Schreibens ermittelten Bemessungsgrundlage mit dem für den entgeltlich erworbenen Teil des Gebäudes maßgebenden Vomhundertsatz vorgenommen werden. Die AfA können bis zu dem Betrag abgezogen werden, der von der nach den Grundsätzen dieses Schreibens ermittelten Bemessungsgrundlage nach Abzug der bisherigen AfA, erhöhten Absetzungen und Sonderabschreibungen verbleibt. Hierbei verlängert sich der Abschreibungszeitraum für den entgeltlich erworbenen Teil des Gebäudes über 25, 40 bzw. 50 Jahre hinaus (BFH-Urteil vom 3. Juli 1984 – BStBl II S. 709).

Beispiel 28

A und B waren seit dem 30. Juni 1978 zu gleichen Teilen Miterben. Der Nachlaß bestand aus einem gewerblichen Betrieb, zu dessen Betriebsvermögen ein bebautes Grundstück gehört, das der Erblasser zum 1. Januar 1974 erworben hatte. Der Erblasser hatte nach § 7 Abs. 4 Satz 1 Nr. 2 a) EStG als AfA jährlich 2 v. H. der Anschaffungskosten des Gebäudes von 300.000 DM abgezogen. A übernahm den Betrieb zum 1. Januar 1979 gegen Zahlung einer Abfindung an B. Die Abfindung entfiel mit 200.000 DM auf das Gebäude. Das Gebäude hatte am 1. Januar 1979 eine tatsächliche Nutzungsdauer von mindestens 50 Jahren. A hatte seitdem die AfA des Erblassers unverändert fortgeführt. Die Einkommensteuerbescheide für A bis einschließlich 1990 sind bestandskräftig. In 1991 unterrichtet A das Finanzamt über die am 1. Januar 1979 geleistete Abfindung.

A hat die über seine Erbquote hinausgehende Hälfte des Betriebsvermögens von B gegen Abfindungszahlung entgeltlich erworben (vgl. Tz. 14). Auf den danach entgeltlich erworbenen Teil des Gebäudes entfallen Anschaffungskosten in Höhe von 200.000 DM.

Ab 1991 berechnen sich die AfA wie folgt:

	unentgeltlich	entgeltlich
		erworbener Teil des Gebäudes
Bemessungsgrundlage ab 1991	150.000 DM	200.000 DM
./. AfA 1974 bis 1990 für den unentgeltlich erworbenen Teil: 17 × 2 v. H. = 34 v. H. von 150.000 DM	51.000 DM	
./. AfA 1979 bis 1990 für den durch Erbauseinandersetzung entgeltlich erworbenen Teil, die A nach damaliger Rechtslage nach § 7 Abs. 1 EStDV bemessen hat: 12 × 2 v. H. = 24 v. H. von 150.000 DM		36.000 DM
insgesamt verbleibende AfA ab 1991	99.000 DM	164.000 DM
jährliche AfA ab 1991 2 v. H.	3.000 DM	4.000 DM
verbliebener Absetzungszeitraum ab 1991	33 Jahre	41 Jahre
bis einschließlich	2023	2031

100 Die AfA betragen mithin in den Jahren 1991 bis 2023 insgesamt 7.000 DM und in den Jahren 2024 bis 2031 4.000 DM.

Sind die AfA bei dem entgeltlich erworbenen Teil des Gebäudes unterblieben, den der übernehmende Miterbe nunmehr nach § 7 Abs. 4 Satz 2 EStG abschreibt, bemessen sich die weiteren AfA nach seinen um die bereits abgezogenen AfA, erhöhten Absetzungen und Sonderabschreibungen verminderten Anschaffungskosten und der Restnutzungsdauer des Gebäudes. Entsprechendes gilt für den entgeltlich erworbenen Teil eines beweglichen Wirtschaftsgutes.

Anhang 13
II (vorweggenommene Erbfolge)   Erbfolgeregelungen

II
Ertragsteuerliche Behandlung der vorweggenommenen Erbfolge;
hier: Anwendung des Beschlusses des Großen Senats vom 5. 7. 1990
(BStBl II S. 847)

BMF vom 13. 1. 1993 (BStBl I S. 80)
IV B 3 – S 2190 – 37/92

Inhaltsübersicht

	Tz.
A. Allgemeines	
1. Begriff der vorweggenommenen Erbfolge	1
2. Abgrenzung zu voll entgeltlichen Geschäften	2
B. Übertragung von Privatvermögen	
I. Arten der Vermögensübertragung	3
1. Versorgungsleistungen	4–6
2. Ausgleichs- und Abstandsverpflichtungen	7–8
3. Übernahme von Verbindlichkeiten	9
4. Vorbehalt oder Einräumung von Nutzungsrechten an dem übertragenen Vermögen	10
II. Höhe der Anschaffungskosten	
1. Unverzinsliche Geldleistungspflichten	11
2. Leistungen in Sachwerten	12
3. Anschaffungsnebenkosten	13
III. Aufteilung des Veräußerungs- und Anschaffungsvorgangs in einen entgeltlichen und einen unentgeltlichen Teil	14–15
IV. Absetzungen für Abnutzung	
1. Bemessungsgrundlage	16
2. Vomhundertsatz	17–18
V. Bedingung und Befristung	19–21
VI. Schuldzinsenabzug	22
VII. Steuerpflicht der Veräußerungsgewinne	23
C. Übertragung von Betriebsvermögen	
I. Arten der Vermögensübertragung	24
1. Versorgungsleistungen	25–26
2. Übernahme von Verbindlichkeiten	27–31
3. Verpflichtung zur Übertragung von Gegenständen des Betriebsvermögens	32
II. Übertragung einzelner Wirtschaftsgüter des Betriebsvermögens	
1. Unentgeltliche Übertragung	33
2. Teilentgeltliche Übertragung	34
III. Übertragung eines Betriebs, Teilbetriebs oder Mitunternehmeranteils	
1. Über dem Kapitalkonto liegendes Veräußerungsentgelt	35–37
2. Veräußerungsentgelt bis zur Höhe des Kapitalkontos	38
IV. Abschreibungen	39
V. Schuldzinsen	40
VI. Verbleibensfristen und Vorbesitzzeiten	41

	Tz.
D. Übertragung von land- und forstwirtschaftlichen Vermögen	42
1. Freibetrag nach § 14 a Abs. 4 EStG	43
2. Abfindungen nach der Höfeordnung	44
3. Gutabstandsgelder	45
4. Nach § 55 EStG pauschal bewerteter Grund und Boden	46
E. Mischfälle	47
F. Übergangsregelung	
1. Allgemeines	48–49
2. Nachholung unterbliebener AfA	50–54
3. Anschaffungsnaher Aufwand	55

Unter Bezugnahme auf das Ergebnis der Erörterung mit den obersten Finanzbehörden der Länder nehme ich zur ertragsteuerlichen Behandlung der vorweggenommenen Erbfolge wie folgt Stellung:

A. Allgemeines
1. Begriff der vorweggenommenen Erbfolge

1 Unter vorweggenommener Erbfolge sind Vermögensübertragungen unter Lebenden mit Rücksicht auf die künftige Erbfolge zu verstehen. Der Übernehmer soll nach dem Willen der Beteiligten wenigstens teilweise eine unentgeltliche Zuwendung erhalten (Beschluß des Großen Senats des BFH vom 5. Juli 1990 – BStBl II S. 847). Der Vermögensübergang tritt nicht kraft Gesetzes, sondern aufgrund einzelvertraglicher Regelungen ein.

2. Abgrenzung zu voll entgeltlichen Geschäften

2 Im Gegensatz zum Vermögensübergang durch vorweggenommene Erbfolge ist ein Vermögensübergang durch voll entgeltliches Veräußerungsgeschäft anzunehmen, wenn die Werte der Leistung und Gegenleistung wie unter Fremden nach kaufmännischen Gesichtspunkten gegeneinander abgewogen sind (vgl. Abschnitt 23 Abs. 1 und 123 Abs. 3 EStR 1990). Trotz objektiver Ungleichwertigkeit von Leistung und Gegenleistung kann ein Veräußerungs-/Erwerbsgeschäft vorliegen, wenn die Beteiligten subjektiv von der Gleichwertigkeit ausgegangen sind (BFH-Urteil vom 29. Januar 1992 – BStBl 1992 II S. 465).

B. Übertragung von Privatvermögen
I. Arten der Vermögensübertragung

3 Je nach Art der anläßlich der Vermögensübertragung durch vorweggenommene Erbfolge vereinbarten Leistungen liegt eine voll unentgeltliche oder eine teilentgeltliche Übertragung vor.

1. Versorgungsleistungen

Eine unentgeltliche Übertragung liegt vor, soweit Versorgungsleistungen (Versorgungsrenten und dauernde Lasten) bei der Übertragung von Vermögen vom Übernehmer dem Übergeber oder Dritten (z. B. Ehegatten des Übergebers, Geschwister des Übernehmers) zugesagt werden. Sie sind von den als Anschaffungskosten zu beurteilenden Veräußerungsleistungen und von steuerlich nicht abziehbaren Unterhaltsleistungen abzugrenzen. 4

Eine als Anschaffungskosten zu beurteilende Veräußerungsleistung ist anzunehmen, wenn die beiderseitigen Leistungen nach den unter Tz. 2 dargestellten Grundsätzen nach kaufmännischen Gesichtspunkten gegeneinander abgewogen sind. Bei Vermögensübertragungen auf Abkömmlinge besteht eine nur in Ausnahmefällen zu widerlegende Vermutung dafür, daß die Übertragung aus familiären Gründen, nicht aber im Wege eines Veräußerungsgeschäfts unter kaufmännischer Abwägung von Leistung und Gegenleistung erfolgt (Beschluß des Großen Senats des BFH vom 5. Juli 1990 a. a. O.). 5 [1])

Bei der Abgrenzung zu nicht abziehbaren Unterhaltsleistungen ist Abschnitt 123 Absatz 3 EStR 1990 zu beachten (Beschluß des Großen Senats des BFH vom 15. Juli 1991 – BStBl 1992 II S. 78).

Versorgungsleistungen können mit dem Ertragsanteil zu berücksichtigende Leibrenten (§ 10 Abs. 1 Nr. 1 a Satz 2, § 22 Nr. 1 Satz 1 i. V. m. Satz 3 Buchstabe a EStG) oder in voller Höhe zu berücksichtigende dauernde Lasten (§ 10 Absatz 1 Nr. 1 a Satz 1 EStG) darstellen (vgl. Beschluß des Großen Senats des BFH vom 6

---
[1]) Einschränkungen → BFH vom 31. 8. 1994 (BFHE 176, 19 und 176, 333).

5. Juli 1990 a. a. O.). Das gilt auch, wenn die Versorgungsleistung nicht aus den Erträgen des übertragenen Vermögens geleistet werden kann (BFH-Urteil vom 23. Januar 1992 – BStBl II S. 526). Versorgungsleistungen in Geld sind als dauernde Last abziehbar, wenn sich ihre Abänderbarkeit entweder aus einer ausdrücklichen Bezugnahme auf § 323 ZPO oder in anderer Weise aus dem Vertrag ergibt (Beschluß des Großen Senats des BFH vom 15. Juli 1991, a. a. O.).

2. **Ausgleichs- und Abstandsverpflichtungen**

7 Ein Veräußerungs- und Anschaffungsgeschäft liegt vor, soweit sich der Übernehmer zur Zahlung eines bestimmten Geldbetrags an andere Angehörige des Übergebers oder an Dritte (Gleichstellungsgeld) oder zu einer Abstandszahlung an den Übergeber verpflichtet. Entsprechendes gilt, wenn der Übernehmer verpflichtet ist, bisher in seinem Vermögen stehende Wirtschaftsgüter auf Dritte zu übertragen, oder wenn er zunächst zu einer Ausgleichszahlung verpflichtet war und diese Verpflichtung später durch Hingabe eines Wirtschaftsguts erfüllt.

8 Der Übernehmer erwirbt nicht deshalb entgeltlich, weil er Teile des übernommenen Vermögens an Angehörige oder Dritte zu übertragen hat.

3. **Übernahme von Verbindlichkeiten**

9 Die Übernahme von Verbindlichkeiten des Übergebers durch den Übernehmer führt zu einem Veräußerungsentgelt und zu Anschaffungskosten. Hierbei macht es keinen Unterschied, ob die Verbindlichkeiten im wirtschaftlichen oder rechtlichen Zusammenhang mit dem übernommenen Wirtschaftsgut stehen oder ob es sich um Verbindlichkeiten handelt, die nicht mit einer Einkunftsart in Zusammenhang stehen (vgl. BMF-Schreiben vom 7. August 1992 – BStBl I S. 522).

4. **Vorbehalt oder Einräumung von Nutzungsrechten an dem übertragenen Vermögen**

10 Behält sich der Übergeber ein dingliches oder obligatorisches Nutzungsrecht (z. B. Nießbrauch, Wohnrecht) an übertragenen Wirtschaftsgütern vor oder verpflichtet er den Übernehmer, ihm oder einem Dritten ein solches Nutzungsrecht einzuräumen, wird das bereits mit dem Nutzungsrecht belastete Vermögen erworben. Ein entgeltlicher Erwerb liegt insoweit nicht vor (vgl. BFH-Urteil vom 24. April 1991 – BStBl II S. 793).

II. **Höhe der Anschaffungskosten**

1. **Unverzinsliche Geldleistungspflichten**

11 Hat sich der Übernehmer zu einer unverzinslichen Geldleistung verpflichtet, die nach mehr als einem Jahr zu einem bestimmten Zeitpunkt fällig wird, liegen Anschaffungskosten nicht in Höhe des Nennbetrags, sondern in Höhe des nach den Vorschriften des Bewertungsgesetzes abgezinsten Gegenwartswerts vor (BFH-Urteil vom 21. Oktober 1980 – BStBl 1981 II S. 160).

Den Zinsanteil kann der Übernehmer nach § 9 Abs. 1 Nr. 1 EStG als Werbungskosten im Jahr der Zahlung abziehen. Der Inhaber des aufgrund der getroffenen Vereinbarungen entstandenen Forderungsrechts hat insoweit steuerpflichtige Einkünfte nach § 20 Abs. 1 Nr. 7 EStG. Das ist bei echten Verträgen zugunsten Dritter der Begünstigte.

Beispiel:
V überträgt im Wege der vorweggenommenen Erbfolge auf seinen Sohn S zum 1. Januar 1992 ein schuldenfreies vermietetes Mehrfamilienhaus. S verpflichtet sich gegenüber V an seine Schwester T am 1. Januar 1995 200.000 DM zu zahlen.
Lösung:
S hat Anschaffungskosten für das Mehrfamilienhaus i. H. des Gegenwartswerts der unverzinslichen Geldleistungspflicht. Der Gegenwartswert beträgt nach § 12 Abs. 3 BewG 170.322 DM. Den Zinsanteil i.H.v. 29.678 DM kann S im Jahr der Zahlung als Werbungskosten nach § 9 Abs. 1 Nr. 1 EStG abziehen. T hat im Jahr der Zahlung in gleicher Höhe Einnahmen i.S.d. § 20 Abs. 1 Nr. 7 EStG.

2. **Leistungen in Sachwerten**

12 Ist der Übernehmer verpflichtet, Leistungen in Sachwerten zu erbringen (vgl. Tz. 7), hat er Anschaffungskosten in Höhe des gemeinen Werts der hingegebenen Wirtschaftsgüter. Entnimmt er ein Wirtschaftsgut aus dem Betriebsvermögen, ist der Teilwert maßgebend.

3. **Anschaffungsnebenkosten**

13 Im Rahmen eines teilentgeltlichen Erwerbs aufgewandte Anschaffungsnebenkosten (z. B. Notar-, Gerichtsgebühren) werden in voller Höhe den Anschaffungskosten zugerechnet (BFH-Urteil vom 10. Oktober 1991 – BStBl 1992 II S. 239). Nebenkosten eines in vollem Umfang un-

entgeltlichen Erwerbs führen weder zu Anschaffungskosten noch zu Werbungskosten. Nicht zu den Anschaffungskosten gehört die Schenkungsteuer (§ 12 Nr. 3 EStG).

III. **Aufteilung des Veräußerungs- und Anschaffungsvorgangs in einen entgeltlichen und einen unentgeltlichen Teil**

14 Wird ein Wirtschaftsgut teilentgeltlich übertragen, ist der Vorgang in einen entgeltlichen und einen unentgeltlichen Teil aufzuteilen. Dabei berechnen sich der entgeltlich und der unentgeltlich erworbene Teil des Wirtschaftsguts nach dem Verhältnis des Entgelts (ohne Anschaffungsnebenkosten) zu dem Verkehrswert des Wirtschaftsguts. Werden mehrere Wirtschaftsgüter teilentgeltlich übertragen, sind die Anschaffungskosten vorweg nach dem Verhältnis der Verkehrswerte den einzelnen Wirtschaftsgütern anteilig zuzurechnen.

15 Hat sich der Übergeber ein Nutzungsrecht an dem übertragenen Wirtschaftsgut vorbehalten, ist bei Aufteilung des Rechtsgeschäfts in den entgeltlichen und den unentgeltlichen Teil dem Entgelt der um den Kapitalwert des Nutzungsrechts geminderte Wert des Wirtschaftsguts gegenüberzustellen (BFH-Urteil vom 24. April 1991 – BStBl II S. 793).

IV. **Absetzungen für Abnutzung**

1. **Bemessungsgrundlage**

16 Soweit der Übernehmer das Wirtschaftsgut unentgeltlich erworben hat, führt er die AfA des Übergebers fort. Er kann die AfA nur bis zu dem Betrag abziehen, der anteilig von der Bemessungsgrundlage des Übergebers nach Abzug der AfA, der erhöhten Absetzungen und Sonderabschreibungen verbleibt (§ 11 d Abs. 1 EStDV). Soweit er das Wirtschaftsgut entgeltlich erworben hat, bemessen sich die AfA nach seinen Anschaffungskosten.

Beispiel:

V überträgt seinem Sohn S im Wege der vorweggenommenen Erbfolge ein schuldenfreies Mietwohngrundstück mit einem Verkehrswert von 2 Millionen DM (Gebäude 1,6 Millionen DM, Grund und Boden 400.000 DM). V hatte das Mietwohngrundstück zum 1. Januar 1970 erworben und die auf das Gebäude entfallenden Anschaffungskosten von 700.000 DM mit jährlich 2 v. H. abgeschrieben. S hat seiner Schwester T einen Betrag von 1 Million DM zu zahlen. Der Übergang von Nutzungen und Lasten erfolgte zum 1. Januar 1992.

Lösung:

S hat Anschaffungskosten in Höhe von 1 Million DM. Nach dem Verhältnis der Verkehrswerte entfallen auf das Gebäude 800.000 DM und auf den Grund und Boden 200.000 DM. Eine Gegenüberstellung von Anschaffungskosten und Verkehrswert ergibt, daß S das Gebäude zu $^1/_2$ unentgeltlich und zu $^1/_2$ entgeltlich für 800.000 DM erworben hat.

Die AfA-Bemessungsgrundlage und das AfA-Volumen ab 1992 berechnen sich wie folgt:

	unentgeltlich	entgeltlich
	erworbener Teil des Gebäudes	
Bemessungsgrundlage ab 1992	350.000 DM ($^1/_2$ von 700.000 DM)	800.000 DM
./. bereits von V für den unentgeltlich erworbenen Gebäudeteil in Anspruch genommene AfA 22 × 2 v. H. von 350.000 DM ($^1/_2$ von 700.000 DM)	154.000 DM	
AfA-Volumen ab 1992	196.000 DM	800.000 DM

2. **Vomhundertsatz**

17 Hinsichtlich des weiteren AfA-Satzes des Erwerbers ist zwischen dem unentgeltlich und dem entgeltlich erworbenen Teil des Wirtschaftsguts zu unterscheiden.

Für den unentgeltlich erworbenen Teil des Wirtschaftsguts hat der Übernehmer die vom Übergeber begonnene Abschreibung anteilig fortzuführen (§ 11 d Abs. 1 EStDV).

Für den entgeltlich erworbenen Teil des Wirtschaftsguts bemessen sich die AfA
– bei beweglichen Wirtschaftsgütern und bei unbeweglichen Wirtschaftsgütern, die keine Gebäude sind, nach der tatsächlichen künftigen Nutzungsdauer des Wirtschaftsguts im

Anhang 13
II (vorweggenommene Erbfolge)   Erbfolgeregelungen

Zeitpunkt des Übergangs von Nutzungen und Lasten,
– bei Gebäuden regelmäßig nach § 7 Abs. 4 EStG.

Danach ergibt sich bei Gebäuden für den unentgeltlich und den entgeltlich erworbenen Teil regelmäßig eine unterschiedliche Abschreibungsdauer.

Beispiel:
Beträgt im vorigen Beispiel die tatsächliche Nutzungsdauer des Gebäudes am 1. Januar 1992 nicht weniger als 50 Jahre, sind folgende Beträge als AfA abzuziehen:

	unentgeltlich erworbener Teil des Gebäudes	entgeltlich
AfA-Satz (§ 7 Abs. 4 Satz 1 Nr. 2 a EStG)	2 v. H.	2 v. H.
AfA jährlich	7.000 DM	16.000 DM
Abschreibungszeitraum	1992–2019	1992–2041

Die abzuziehenden AfA betragen mithin in den Jahren 1992 bis 2019 insgesamt 23.000 DM jährlich und in den Jahren 2020 bis 2041 16.000 DM jährlich.

18 Entsprechendes gilt im Grundsatz, wenn kein Gebäude, sondern ein bewegliches Wirtschaftsgut übernommen wird; da jedoch die Nutzungsdauer des entgeltlich erworbenen Teils des Wirtschaftsguts hier regelmäßig mit der Restnutzungsdauer des unentgeltlich erworbenen Teils des Wirtschaftsguts übereinstimmt, kann in diesen Fällen auf eine Aufspaltung in zwei AfA-Reihen verzichtet werden.

V. Bedingung und Befristung

19 Eine Leistungsverpflichtung des Übernehmers steht i. d. R. unter einer aufschiebenden Bedingung, wenn ihre Entstehung von einem Ereignis abhängt, dessen Eintritt ungewiß ist (z. B. Heirat); sie steht i. d. R. unter einer aufschiebenden Befristung, wenn ihre Entstehung von einem Ereignis abhängt, dessen Eintritt sicher, der Zeitpunkt aber ungewiß ist (z. B. Tod).

20 Von der Befristung ist die bloße Betagung zu unterscheiden, bei der lediglich der Eintritt der Fälligkeit der bereits bei Begründung des Schuldverhältnisses entstandenen Forderung von einem bestimmten Termin abhängt (BFH-Urteil vom 24. November 1972 – BStBl 1973 II S. 354). Hier liegen Anschaffungskosten bereits im Zeitpunkt der Vermögensübertragung vor. Die Grundsätze der Tz. 11 sind zu beachten.

21 Aufschiebend bedingte oder befristete Leistungsverpflichtungen des Übernehmers führen erst bei Eintritt des Ereignisses, von dem die Leistungspflicht abhängt, zu Veräußerungsentgelten und Anschaffungskosten (vgl. §§ 6, 8 BewG). Der Umfang des entgeltlichen Erwerbs des Wirtschaftsguts bestimmt sich nach dem Verhältnis seines Verkehrswertes zur Höhe der Leistungsverpflichtung im Zeitpunkt ihrer Entstehung und hat Auswirkungen für die Bemessung der künftigen AfA.

Beispiel:
V überträgt im Wege der vorweggenommenen Erbfolge auf seinen Sohn S zum 1. Januar 1985 ein schuldenfreies Mehrfamilienhaus. V hat die Herstellungskosten in Höhe von 400.000 DM mit jährlich 2 v. H. bis auf 320.000 DM abgeschrieben. S verpflichtet sich, an seine Schwester T im Zeitpunkt ihrer Heirat einen Betrag von 300.000 DM zu zahlen. T heiratet am 1. Januar 1990. Das Mehrfamilienhaus hat zu diesem Zeitpunkt einen Wert von 600.000 DM (Grund und Boden 120.000 DM, Gebäude 480.000 DM).

Lösung:
S hat das Mehrfamilienhaus zunächst unentgeltlich erworben und setzt gem. § 11 d EStDV die AfA des V fort. Zum 1. Januar 1990 entstehen dem S Anschaffungskosten in Höhe von 300.000 DM. Nach dem Verhältnis der Verkehrswerte zum 1. Januar 1990 entfallen auf das Gebäude 240.000 DM und auf den Grund und Boden 60.000 DM. Die Gegenüberstellung der Anschaffungskosten und des Verkehrswertes des Gebäudes ergibt, daß S das Gebäude jeweils zur Hälfte entgeltlich für 240.000 DM und zur Hälfte unentgeltlich erworben hat.

Die AfA berechnen sich ab 1985 wie folgt:
AfA 1. Januar 1985 bis 31. Dezember 1989:
5 Jahre × 2 v. H. = 10 v. H. von 400.000 DM
= 40.000 DM

ab 1. Januar 1990:
AfA unentgeltlich erworbener Gebäudeteil:
2 v. H. von 200.000 DM ($^1/_2$ von 400.000 DM)
= 4.000 DM

AfA entgeltlich erworbener Gebäudeteil:
2 v. H. von 240.000 DM =   4.800 DM

Der verbleibende Abschreibungszeitraum beträgt für den unentgeltlich erworbenen Gebäudeteil 35 Jahre und für den entgeltlich erworbenen Gebäudeteil 50 Jahre, wenn keine kürzere Nutzungsdauer nachgewiesen wird.

VI. Schuldzinsenabzug

22 Schuldzinsen für Verbindlichkeiten, die im Rahmen der vorweggenommenen Erbfolge übernommen werden oder die aufgenommen werden, um Abfindungszahlungen zu leisten, sind als Werbungskosten abziehbar, wenn und soweit der Übernehmer das betreffende Wirtschaftsgut zur Erzielung steuerpflichtiger Einkünfte einsetzt. Dies gilt auch, wenn die Verbindlichkeiten, die der Übernehmer übernehmen muß, beim Übergeber ursprünglich privat veranlaßt waren (BFH-Urteil vom 8. November 1990 – BStBl 1991 II S. 450).

VII. Steuerpflicht der Veräußerungsgewinne

23 Die teilentgeltliche Veräußerung von Wirtschaftsgütern des Privatvermögens führt beim Übergeber nur unter den Voraussetzungen der §§ 17 und 23 EStG und der §§ 20, 21 Umwandlungssteuergesetz zu steuerpflichtigen Einkünften. Die Übertragung ist zur Ermittlung der steuerpflichtigen Einkünfte nach dem Verhältnis des nach den vorstehenden Grundsätzen ermittelten Veräußerungsentgelts zum Verkehrswert des übertragenen Wirtschaftsguts aufzuteilen (BFH-Urteil vom 17. Juli 1980 – BStBl 1981 II S. 11).

Beispiel:

V hält Aktien einer Aktiengesellschaft (Grundkapital 100.000 DM) im Nennwert von 30.000 DM (Verkehrswert 120.000 DM). Er überträgt seine Aktien im Wege der vorweggenommenen Erbfolge auf seinen Sohn S. S leistet V eine Abstandszahlung von 60.000 DM. V hatte die Anteile für 94.000 DM erworben.

Lösung:

V erhält ein Veräußerungsentgelt i. H. v. 60.000 DM. Nach dem Verhältnis des Veräußerungsentgelts zum Verkehrswert ist die Beteiligung zu ½ entgeltlich übertragen worden. Der Veräußerungsgewinn wird nach § 17 Abs. 3 EStG nur insoweit zur Einkommensteuer herangezogen, als er den Teil von 20.000 DM übersteigt, der dem Nennwert des entgeltlich übertragenen Anteils (½ von 30.000 DM = 15.000 DM) entspricht.

Der steuerpflichtige Veräußerungsgewinn i. S. d. § 17 EStG beträgt:

	DM	DM
Veräußerungspreis		60.000
./. ½ Anschaffungskosten des V		47.000
		13.000
./. Freibetrag nach § 17 Abs. 3		
EStG $\frac{15}{100}$ von 20.000 DM	3.000	
Kürzung des Freibetrags		
Veräußerungsgewinn	13.000	
./. $\frac{15}{100}$ von 80.000 DM	12.000	
	1.000	
verbleibender Freibetrag		2.000
		11.000

In den Fällen des § 17 EStG ist bei einer späteren Veräußerung des unentgeltlich übertragenen Anteils durch den Übernehmer § 17 Abs. 1 Satz 5 EStG zu beachten.

C. Übertragung von Betriebsvermögen

I. Arten der Vermögensübertragung

24 Für die Übertragung von Betriebsvermögen im Wege der vorweggenommenen Erbfolge gelten die unter den Tz. 3 bis 10 dargelegten Grundsätze entsprechend. Folgende Besonderheiten sind zu beachten:

1. **Versorgungsleistungen**

25 Private Versorgungsleistungen stellen wie bei der Übertragung von Privatvermögen weder Veräußerungsentgelt noch Anschaffungskosten dar, sondern können wiederkehrende Bezüge (§ 22 Nr. 1 EStG) und Sonderausgaben (§ 10 Abs. 1 Nr. 1 a EStG) sein (vgl. Tz. 4).

26 Sie sind von betrieblichen Versorgungsleistungen und betrieblichen Veräußerungsrenten abzugrenzen. Betriebliche Versorgungsleistungen sind nur in Ausnahmefällen anzunehmen (vgl. BFH-Urteil vom 20. Dezember 1988 – BStBl 1989 II S. 585). Eine betriebliche Veräußerungsrente ist gegeben, wenn bei der Veräußerung eines Betriebs, eines Teilbetriebs, eines Mitunternehmeranteils oder einzelner Wirtschaftsgüter des Betriebsvermögens Leistung und Gegenleistung nach den unter Tz. 2 dargestellten Grundsätzen gegeneinander abgewogen werden. Bei Betriebsübertragungen zwischen nahen Angehörigen gegen wiederkehrende Leistungen spricht, unabhängig vom Wert der übertragenen Vermögenswerte, eine widerlegbare Vermutung für eine private Versorgungsrente (BFH-Urteile vom 9. Oktober 1985 – BStBl 1986 II S. 51 und vom 29. Januar 1992 – BStBl II S. 465). Dies gilt auch, wenn der Übernehmer Versorgungslei-

Anhang 13
II (vorweggenommene Erbfolge) Erbfolgeregelungen

stungen an Angehörige des Übergebers zusagt (BFH-Beschluß vom 5. Juli 1990, a. a. O.).

2. Übernahme von Verbindlichkeiten

27 Im Zusammenhang mit der Übertragung von Betriebsvermögen im Wege der vorweggenommenen Erbfolge übernommene private Verbindlichkeiten des Übergebers stellen Veräußerungsentgelte und Anschaffungskosten dar. Die Verbindlichkeiten sind, soweit sich aus ihrer Übernahme Anschaffungskosten des Betriebsvermögens ergeben, als Betriebsschulden zu passivieren (vgl. BFH-Urteil vom 8. November 1990 – BStBl 1991 II S. 450).

28 Die Übernahme betrieblicher Verbindlichkeiten führt zu einem Veräußerungsentgelt und zu Anschaffungskosten, wenn sie im Zusammenhang mit der Übertragung einzelner Wirtschaftsgüter des Betriebsvermögens steht.

29 Bei der Übertragung eines Betriebs, Teilbetriebs oder Mitunternehmeranteils stellen die übernommenen Verbindlichkeiten des übertragenen Betriebs, Teilbetriebs oder Mitunternehmeranteils kein Veräußerungsentgelt und keine Anschaffungskosten dar, so daß der Betriebsübernehmer hinsichtlich der übernommenen positiven und negativen Wirtschaftsgüter die Buchwerte des Übergebers fortzuführen hat.

30 Dies gilt grundsätzlich auch bei der Übertragung eines Betriebs, Teilbetriebs oder Mitunternehmeranteils, dessen steuerliches Kapitalkonto negativ ist, das Vorhandensein eines negativen Kapitalkontos einer unentgeltlichen Betriebsübertragung nicht entgegensteht (BFH-Urteile vom 23. April 1971 – BStBl II S. 686, und vom 24. August 1972 – BStBl 1973 II S. 111).

31 Ist allerdings neben der Übernahme des negativen Kapitalkontos noch ein Gleichstellungsgeld oder eine Abstandszahlung zu leisten oder wird eine private Verbindlichkeit übernommen, handelt es sich um eine entgeltliche Vermögensübertragung. Der Übergeber erhält ein Veräußerungsentgelt in Höhe der ihm zusätzlich gewährten Leistungen zuzüglich des übertragenen negativen Kapitalkontos, das in der Regel auch der Veräußerungsgewinn ist, und der Übernehmer hat Anschaffungskosten in entsprechender Höhe.

Beispiel:
V überträgt seinen Gewerbebetrieb mit einem Verkehrswert von 600.000 DM im Wege der vorweggenommenen Erbfolge auf seinen Sohn S. V hat ein negatives Kapitalkonto von 100.000 DM (Aktiva 300.000 DM, Passiva 400.000 DM). S hat an seine Schwester T ein Gleichstellungsgeld in Höhe von 150.000 DM zu zahlen.

Lösung:
Das an T zu zahlende Gleichstellungsgeld zuzüglich des übertragenen negativen Kapitalkontos führen zu einem Veräußerungsentgelt i.H.v. 250.000 DM, das auch gleichzeitig der Veräußerungsgewinn ist, und zu Anschaffungskosten bei S in gleicher Höhe.

3. Verpflichtung zur Übertragung von Gegenständen des Betriebsvermögens

32 Überträgt der Übernehmer auf Grund einer Verpflichtung gegenüber dem Übergeber einem Dritten ein Wirtschaftsgut des übernommenen Betriebsvermögens in unmittelbarem Anschluß an die Übertragung oder hält der Übergeber ein Wirtschaftsgut des Betriebsvermögens zurück und verliert das Wirtschaftsgut dadurch seine Eigenschaft als Betriebsvermögen, handelt es sich um eine Entnahme des Wirtschaftsguts durch den Übergeber. Ist der Übernehmer verpflichtet, das Wirtschaftsgut zu einem späteren Zeitpunkt auf einen Dritten zu übertragen, erfolgt die Entnahme regelmäßig durch den Übernehmer, der den durch die Entnahme realisierten Gewinn zu versteuern hat.

II. Übertragung einzelner Wirtschaftsgüter des Betriebsvermögens

1. Unentgeltliche Übertragung

33 Die unentgeltliche Übertragung einzelner Wirtschaftsgüter des Betriebsvermögens stellt beim Übergeber regelmäßig eine Entnahme des Wirtschaftsguts dar. Die anschließende Übertragung im Rahmen der vorweggenommenen Erbfolge erfolgt im Privatvermögen nach den hierfür geltenden Grundsätzen. Der Übernehmer des Wirtschaftsguts hat daher seine Abschreibung regelmäßig nach dem Entnahmewert des Übergebers zu bemessen (§ 11 d Abs. 1 EStDV).

2. Teilentgeltliche Übertragung

34 Werden einzelne Wirtschaftsgüter des Betriebsvermögens teilentgeltlich auf den Übernehmer übertragen, handelt es sich in Höhe des unentgeltlich übertragenen Teils um eine Entnahme in Höhe des anteiligen Teilwerts und in Höhe des entgeltlich übertragenen Teils um eine Veräußerung.

1094

Anhang 13

Erbfolgeregelungen (vorweggenommene Erbfolge) II

Beispiel:
V überträgt ein bebautes Betriebsgrundstück im Wege der vorweggenommenen Erbfolge auf seinen Sohn S. Der Teilwert des Gebäudes beträgt 1.000.000 DM (Buchwert 100.000 DM). S hat an V eine Abstandszahlung zu leisten, die mit 250.000 DM auf das Gebäude entfällt.

Lösung:
Nach dem Verhältnis Veräußerungsentgelt zum Teilwert hat V das Gebäude zu ³/₄ entnommen (anteiliger Teilwert 750.000 DM) und zu ¹/₄ veräußert (Veräußerungserlös 250.000 DM). S hat, soweit das Gebäude von V entnommen wurde, seine AfA nach dem Entnahmewert des V i.H.v. 750.000 DM (³/₄ von 1.000.000 DM) und, soweit er das Gebäude entgeltlich erworben hat, nach seinen Anschaffungskosten von 250.000 DM zu bemessen.

III. **Übertragung eines Betriebs, Teilbetriebs oder Mitunternehmeranteils**

1. **Über dem Kapitalkonto liegendes Veräußerungsentgelt**

Führen die vom Vermögensübernehmer zu erbringenden Leistungen bei Erwerb eines Betriebs, Teilbetriebs oder Mitunternehmeranteils zu einem Veräußerungspreis, der über dem steuerlichen Kapitalkonto des Übergebers liegt, ist von einem entgeltlichen Erwerb des Betriebs, Teilbetriebs oder Mitunternehmeranteils auszugehen. Der Veräußerungsgewinn im Sinne des § 16 Abs. 2 EStG ist durch Gegenüberstellung des Entgelts und des steuerlichen Kapitalkontos des Übergebers zu ermitteln (BFH-Urteil vom 10. Juli 1986 – BStBl II S. 811). Zur Ermittlung der Anschaffungskosten muß zunächst festgestellt werden, in welchen Buchwerten stille Reserven enthalten sind und wieviel sie insgesamt betragen. Diese stillen Reserven sind dann gleichmäßig um den Vomhundertsatz aufzulösen, der dem Verhältnis des aufzustockenden Betrages (Unterschied zwischen dem Buchwert des übertragenen Betriebsvermögens und dem Veräußerungspreis) zum Gesamtbetrag der vorhandenen stillen Reserven des beim Veräußerer ausgewiesenen Betriebsvermögens entspricht.

Zu einer Aufdeckung der stillen Reserven, die auf einen in dem vom Übertragenden selbst geschaffenen Geschäfts- oder Firmenwert entfallen, kommt es erst nach vollständiger Aufdeckung der stillen Reserven, die in den übrigen Wirtschaftsgütern des Betriebsvermögens enthalten sind.

Beispiel:
V überträgt im Wege der vorweggenommenen Erbfolge seinen Gewerbebetrieb mit einem Verkehrswert von 10.000.000 DM einschließlich der betrieblichen Verbindlichkeiten auf seinen Sohn S. S verpflichtet sich, an seinen Vater V eine Abstandszahlung von 500.000 DM und an seine Schwester T einen Gleichstellungsbetrag von 2 Mio. DM zu zahlen. Die Bilanz des Gewerbebetriebs zum Übertragungszeitpunkt stellt sich wie folgt dar:

	Buchwert	(Teilwert)		Buchwert
Geschäfts- oder Firmenwert	–	(3 Mio.)	Kapital	1 Mio. DM
Anlagevermögen	4 Mio. DM	(9 Mio.)	Verbindlichkeiten	7 Mio. DM
Umlaufvermögen	5 Mio. DM	(6 Mio.)	Rückstellungen	1 Mio. DM
	9 Mio. DM	18 Mio. DM		9 Mio. DM

Lösung:
Zum Erwerb des Betriebs wendet S 2.500.000 DM auf. Nicht zu den Anschaffungskosten gehören die übernommenen betrieblichen Verbindlichkeiten. V erzielt durch die entgeltliche Übertragung seines Betriebs einen nach §§ 16, 34 EStG begünstigten Veräußerungsgewinn in Höhe von 1.500.000 DM (Veräußerungsentgelt 2.500.000 DM ./. Betriebsvermögen 1 Mio. DM).

S hat V neben dem Kapitalkonto von 1 Mio. DM auch Teile der bisher nicht aufgedeckten stillen Reserven bezahlt (vgl. BFH-Urteil vom 10. Juli 1986 – BStBl II S. 811). Für S ergeben sich folgende Wertansätze:

Im Anlage- und Umlaufvermögen sind folgende stille Reserven enthalten:

Anlagevermögen	5 Mio. DM
Umlaufvermögen	1 Mio. DM
	6 Mio. DM

Diese stillen Reserven werden i.H.v. 1.500.000 DM (= 25 v. H.) aufgedeckt. Zu einer Aufdeckung der in dem von V selbst

Anhang 13
II (vorweggenommene Erbfolge)   Erbfolgeregelungen

geschaffenen Geschäfts- oder Firmenwert enthaltenen stillen Reserven kommt es nicht.

S hat die Buchwerte um die anteilig aufgedeckten stillen Reserven wie folgt aufzustocken:

Anlagevermögen:	
bisheriger Buchwert	4.000.000 DM
+ anteilig aufgedeckte stille Reserven (25 v. H. von 5 Mio. DM)	1.250.000 DM
	5.250.000 DM
Umlaufvermögen:	
bisheriger Buchwert	5.000.000 DM
+ anteilig aufgedeckte stille Reserven (25 v. H. von 1 Mio. DM)	250.000 DM
	5.250.000 DM

Die Eröffnungsbilanz des S lautet:

Geschäfts- oder Firmenwert	0 DM	Kapital	2.500.000 DM
Anlagevermögen	5.250.000 DM	Verbindlichkeiten	7.000.000 DM
Umlaufvermögen	5.250.000 DM	Rückstellungen	1.000.000 DM
	10.500.000 DM		10.500.000 DM

36 Der Freibetrag nach § 16 Abs. 4 EStG wird in den Fällen, in denen das Entgelt den Verkehrswert des Betriebs, Teilbetriebs oder Mitunternehmeranteils nicht erreicht, nur im Verhältnis des bei der Veräußerung tatsächlich entstandenen Gewinns zu dem bei einer unterstellten Veräußerung des ganzen Betriebs erzielbaren Gewinns gewährt (BFH-Urteil vom 10. Juli 1986 – BStBl II S. 811).

37 Überschreiten die Anschaffungskosten das steuerliche Kapitalkonto des Übergebers, bestimmt sich der entgeltlich und der unentgeltlich erworbene Teil der einzelnen Wirtschaftsgüter nach dem Verhältnis der gesamten Anschaffungskosten zum Verkehrswert des Betriebs, Teilbetriebs oder Mitunternehmeranteils.

Aus Vereinfachungsgründen können die Aufstockungsbeträge wie nachträgliche Anschaffungskosten behandelt werden.

2. **Veräußerungsentgelt bis zur Höhe des Kapitalkontos**

38 Wendet der Übernehmer Anschaffungskosten bis zur Höhe des steuerlichen Kapitalkontos auf, hat er die Buchwerte des Übergebers fortzuführen. Ein Veräußerungsverlust liegt beim Übergeber nicht vor.

Beispiel:
V überträgt seinen Gewerbebetrieb mit einem Verkehrswert von 1.000.000 DM (steuerliches Kapitalkonto 500.000 DM) im Wege der vorweggenommenen Erbfolge auf seinen Sohn S. S hat an seine Schwester T eine Abstandszahlung in Höhe von 200.000 DM zu leisten, die er durch Kredit finanziert.

Lösung:
V erzielt keinen Veräußerungsgewinn. S führt die Buchwerte des V unverändert fort (§ 7 Abs. 1 EStDV). Der Kredit führt zu einer Betriebsschuld, die zu passivieren ist.

IV. **Abschreibungen**

39 Der Übernehmer hat, soweit ein entgeltlicher Erwerb nicht gegeben ist, die Abschreibungen des Übergebers fortzuführen (§ 7 Abs. 1 EStDV).

V. **Schuldzinsen**

40 Schuldzinsen für einen Kredit, der zur Finanzierung von Abstandszahlungen und Gleichstellungsgeldern aufgenommen wird, sind als Betriebsausgaben abziehbar, wenn und soweit sie im Zusammenhang mit der Übertragung des Betriebsvermögens stehen. Dies gilt auch, wenn die Schuldzinsen auf einer vom Rechtsvorgänger übernommenen privat veranlaßten Verbindlichkeit beruhen (vgl. Tz. 27).

VI. **Verbleibensfristen und Vorbesitzzeiten**

41 Fordern einzelne Regelungen (z. B. § 6 b EStG, § 3 Zonenrandförderungsgesetz, § 5 Abs. 6 Investitionszulagengesetz 1986, § 2 Fördergebietsgesetz) ein Verbleiben der begünstigten Wirtschaftsgüter für einen bestimmten Zeitraum im Betriebsvermögen des Steuerpflichtigen, können die Verbleibensfristen nur hinsichtlich des nach Tz. 24 bis 37 unentgeltlich übertragenen Teils des Betriebsvermögens beim Rechtsvorgänger und beim Rechtsnachfolger zusammengefaßt werden (vgl. BFH-Urteil vom 10. Juli 1986 – BStBl II S. 811). Hinsichtlich des entgeltlich erworbenen Teils der Wirtschaftsgüter handelt es sich um eine Anschaffung, die gegebenenfalls

neue Fristen in Gang setzt. Zu den Verbleibensvoraussetzungen für die Sonderabschreibungen nach § 3 Zonenrandförderungsgesetz vgl. das BMF-Schreiben vom 27. Dezember 1989 – BStBl I S. 518).

D. Übertragung von land- und forstwirtschaftlichen Vermögen

42 Die vorstehenden Grundsätze gelten für die Übertragung land- und forstwirtschaftlichen Vermögens im Wege einer vorweggenommenen Erbfolge entsprechend. Folgende Besonderheiten sind zu beachten:

1. Freibetrag nach § 14 a Abs. 4 EStG

43 Veräußert der Hofübernehmer Grund und Boden, um mit dem Veräußerungserlös weichende Erben abzufinden, können ggf. die Freibeträge nach § 14 a Abs. 4 EStG beansprucht werden (vgl. Abschnitt 133 b Abs. 3 EStR 1990).

2. Abfindungen nach der Höfeordnung

44 Auf Abfindungen und Ergänzungsabfindungen, die der Übernehmer eines land- und forstwirtschaftlichen Betriebs nach §§ 12, 13, 17 Abs. 2 Höfeordnung an andere Abkömmlinge des Übergebers zahlen muß, sind die Grundsätze der ertragsteuerlichen Behandlung der Erbauseinandersetzung (Tz. 89 des BMF-Schreibens vom 11. 1. 1993 – BStBl I S. 62) anzuwenden.

Für die Übertragung von hofesfreiem Vermögen gelten die Grundsätze der vorweggenommenen Erbfolge.

3. Gutabstandsgelder

45 Bei der Hofübergabe neben Altenteilsleistungen vereinbarte unverzinsliche Geldansprüche des Übergebers, die nur auf sein Verlangen zu erbringen sind und die mit seinem Tod erlöschen (Gutabstandsgelder), führen erst bei ihrer Entstehung zu Veräußerungsentgelten des Übergebers und Anschaffungskosten des Übernehmers.

4. Nach § 55 EStG pauschal bewerteter Grund und Boden

46 Bei Übertragung von nach § 55 Abs. 1 EStG mit pauschalen Buchwerten angesetztem Grund und Boden ist die Verlustklausel des § 55 Abs. 6 EStG zu beachten. Der entgeltlich erworbene Teil des Grund und Bodens ist beim Übernehmer mit den tatsächlichen Anschaffungskosten zu bilanzieren. Veräußerungsverluste, die sich für den entgeltlich übertragenen Teil aufgrund der pauschalen Werte ergeben, dürfen nach § 55 Abs. 6 EStG nicht berücksichtigt werden; d. h., der Veräußerungsgewinn ist um die Differenz aus pauschalem Wert und Entgelt für den entgeltlich übertragenen Teil des Grund und Bodens zu erhöhen.

Beispiel:

V überträgt seinen land- und forstwirtschaftlichen Betrieb mit einem Verkehrswert von 800.000 DM (steuerliches Kapitalkonto 300.000 DM) im Wege der vorweggenommenen Erbfolge auf seinen Sohn S. S hat an seine Schwester T ein Gleichstellungsgeld in Höhe von 400.000 DM zu leisten. Bei Aufstellung einer Bilanz zum Übertragungszeitpunkt ergeben sich folgende Werte:

	Buchwert (Teilwert)		Buchwert (Teilwert)
pauschal bewerteter Grund und Boden	390.000 (260.000)	Kapital	300.000 (800.000)
sonstige Aktiva	60.000 (690.000)	Verbindlichkeiten	150.000 (150.000)
	450.000 (950.000)		450.000 (950.000)

Lösung:

Mit dem Gleichstellungsgeld von 400.000 DM erwirbt S 100.000 DM stille Reserven (400.000 DM Gleichstellungsgeld ./. 300.000 DM Kapital). Er hat damit ¹/₅ der gesamten stillen Reserven aufzudecken (500.000 DM gesamte stille Reserven zu 100.000 DM entgeltlich erworbene stille Reserven). Die sonstigen Aktiva sind somit um 126.000 DM (¹/₅ von 630.000 DM) aufzustocken, der Grund und Boden ist um 26.000 DM (¹/₅ von 130.000 DM) abzustocken. Der Betrag von 26.000 DM fällt unter das Verlustausgleichsverbot des § 55 Abs. 6 EStG.

E. Mischfälle

47 Besteht das übertragene Vermögen sowohl aus Privatvermögen als auch aus Betriebsvermögen, sind der steuerlichen Beurteilung die für die jeweiligen Vermögensarten geltenden Grundsätze zugrunde zu legen. Werden zusammen mit dem Betrieb auch Wirtschaftsgüter des Privatvermögens übernommen, ist das Entgelt vorweg nach dem Verhältnis der Verkehrswerte des Betriebsvermögens und der privaten Wirtschaftsgüter aufzustellen.

Beispiel:

Im Rahmen der vorweggenommenen Erbfolge erhält S von seinem Vater V einen Gewerbebetrieb

Anhang 13
II (vorweggenommene Erbfolge)   Erbfolgeregelungen

mit einem Verkehrswert von 2 Mio. DM (Buchwert 200.000 DM) und ein Mehrfamilienhaus mit einem Verkehrswert von 1.000.000 DM, das mit Verbindlichkeiten in Höhe von 300.000 DM belastet ist. Die Verbindlichkeiten stehen im Zusammenhang mit dem Erwerb des Mehrfamilienhauses. S ist verpflichtet, seiner Schwester T einen Betrag von 1,2 Mio. DM zu zahlen.

Lösung:

S hat Anschaffungskosten für den Gewerbebetrieb und das Mehrfamilienhaus von insgesamt 1,5 Mio. DM (Verbindlichkeiten 300.000 DM, Gleichstellungsgeld 1,2 Mio. DM). Nach dem Verhältnis der Verkehrswerte (Gewerbebetrieb 2 Mio. DM, Mehrfamilienhaus 1 Mio. DM) entfallen die Anschaffungskosten zu $^2/_3$ auf den Gewerbebetrieb und zu $^1/_3$ auf das Mehrfamilienhaus. S hat danach Anschaffungskosten für den Gewerbebetrieb i. H. v. 1 Mio. DM und für das Mehrfamilienhaus von 500.000 DM. Das Mehrfamilienhaus (Verkehrswert 1 Mio. DM) erwirbt er zu $^1/_2$ entgeltlich und zu $^1/_2$ unentgeltlich. Die auf den Betriebserwerb entfallenden Verbindlichkeiten i. H. v. 200.000 DM ($^2/_3$ von 300.000 DM) stellen betriebliche Verbindlichkeiten des S dar.

F. Übergangsregelung

1. Allgemeines

48 Die Grundsätze dieses Schreibens sind in allen noch offenen Fällen anzuwenden. Soweit die Vermögensübertragung vor dem 1. Januar 1991 rechtlich bindend festgelegt und bis spätestens 31. Dezember 1993 vollzogen worden sind, sind auf Antrag die Rechtsgrundsätze anzuwenden, die aufgrund der Rechtsprechung vor Ergehen des Beschlusses des BFH vom 5. Juli 1990 (BStBl 1990 II S. 847) gegolten haben; in diesen Fällen ist nach den bisher maßgebenden Grundsätzen (vgl. BFH-Urteil vom 26. November 1985 – BStBl 1986 II S. 161) zu verfahren.

49 Im Falle der Tz. 48 Satz 2 ist ein Veräußerungsgewinn beim Übergeber unabhängig von der steuerlichen Behandlung beim Übernehmer gemäß § 163 AO oder § 176 AO außer Ansatz zu lassen. Zugunsten des Übernehmers sind auch in diesen Fällen die Grundsätze dieses Schreibens anzuwenden.

2. Nachholung unterbliebener AfA

50 Soweit eine vorweggenommene Erbfolge über abnutzbare Wirtschaftsgüter, die nach der Übertragung zur Erzielung von Einkünften im Sinne von § 2 Abs. 1 Nrn. 1 bis 3 EStG dienen, nach den bisher anzuwendenden Grundsätzen als unentgeltlicher Vorgang behandelt worden ist, sind die AfA in der Regel für den entgeltlich erworbenen Teil des Wirtschaftsguts zu niedrig angesetzt worden.

51 Für bereits veranlagte Kalenderjahre können die AfA nur berichtigt werden, soweit eine Aufhebung oder Änderung der Steuerfestsetzung verfahrensrechtlich zulässig ist (§§ 164, 165, 172 ff. AO). Eine Aufhebung oder Änderung nach § 173 Abs. 1 Nr. 2 AO scheidet aus, weil das Finanzamt bei ursprünglicher Kenntnis des Sachverhalts nach damaliger Rechtslage nicht anders entschieden hätte (BFH-Beschluß vom 23. November 1987 – BStBl 1988 II S. 180).

52 AfA, die bei dem entgeltlich erworbenen Teil eines Gebäudes unterblieben sind, für den die AfA nach § 7 Abs. 4 Satz 1 EStG zu bemessen gewesen wäre, sind in der Weise nachzuholen, daß die weiteren AfA von der nach den Grundsätzen dieses Schreibens ermittelten Bemessungsgrundlage mit dem für den entgeltlich erworbenen Teil des Gebäudes maßgebenden Vomhundertsatz vorgenommen werden. Die AfA können bis zu dem Betrag abgezogen werden, der von dieser Bemessungsgrundlage nach Abzug der bisherigen AfA, der erhöhten Absetzungen und Sonderabschreibungen verbleibt. Hierbei verlängert sich der Abschreibungszeitraum für den entgeltlich erworbenen Teil des Gebäudes über 25, 40 bzw. 50 Jahre hinaus (BFH-Urteil vom 3. Juli 1984 – BStBl II S. 709).

Beispiel:

V übertrug mit Wirkung zum 1. Januar 1980 im Wege der vorweggenommenen Erbfolge ein bebautes Grundstück mit einem Verkehrswert von 1 Mio. DM (Gebäude 800.000 DM, Grund und Boden 200.000 DM) auf seinen Sohn S. V hatte das Grundstück zum 1. Januar 1970 für 600.000 DM (Gebäude 480.000 DM, Grund und Boden 120.000 DM) erworben. S übernahm auf dem Grundstück lastende Verbindlichkeiten in Höhe von 400.000 DM und hatte an seine Schwester T 300.000 DM zu zahlen. Das Gebäude hatte am 1. Januar 1980 eine tatsächliche Nutzungsdauer von 50 Jahren. S hat seitdem die AfA des V, der das Gebäude nach § 7 Abs. 4 Nr. 2 a EStG mit jährlich 2 v. H. abgeschrieben hat, unverändert fortgeführt. Die Einkommensteuerbescheide für S bis einschließlich 1989 sind bestandskräftig. In 1990 legte S dem Finanzamt den Sachverhalt dar.

Lösung:

S hat zum Erwerb des Grundstücks insgesamt 700.000 DM (Abfindungszahlung 300.000 DM und übernommene Verbindlichkeiten 400.000 DM) aufgewendet. Nach dem Verhältnis der Verkehrswerte entfallen auf das Gebäude 560.000 DM und auf den Grund und Boden 140.000 DM. Eine Gegenüberstellung der Anschaffungskosten und des Verkehrswerts des Gebäudes ergibt, daß S das Gebäude zu ³/₁₀ unentgeltlich und zu ⁷/₁₀ entgeltlich für Anschaffungskosten in Höhe von 560.000 DM erworben hat.

Ab 1990 berechnen sich die AfA wie folgt:

	unentgeltlich	entgeltlich
	erworbener Teil des Gebäudes	
Bemessungsgrundlage ab 1990	144.000 DM (³/₁₀ von 480.000 DM)	560.000 DM
./. AfA 1970 bis 1989 für den unentgeltlich erworbenen Teil: 20 Jahre × 2 v. H. = 40 v. H. von 144.000 DM	57.600 DM	
./. AfA 1980 bis 1989 für den entgeltlich erworbenen Teil, die S nach § 11 d EStDV bemessen hat: 10 Jahre × 2 v. H. = 20 v. H. von 336.000 DM (= ⁷/₁₀ von 480.000 DM)		67.200 DM
Insgesamt verbleibende AfA ab 1990	86.400 DM	492.800 DM
jährliche AfA ab 1990 2 v. H.	2.880 DM	11.200 DM
Verbleibender Absetzungszeitraum ab 1990 bis einschließlich:	30 Jahre 2019	44 Jahre 2033

Die AfA betragen mithin in den Jahren 1990 bis 2019 insgesamt 14.080 DM jährlich und in den Jahren 2020 bis 2033 11.200 DM jährlich.

53 Sind AfA bei dem entgeltlich erworbenen Teil des Gebäudes teilweise unterblieben, den der Übernehmer nunmehr nach § 7 Abs. 4 Satz 2 EStG abschreibt, bemessen sich die weiteren AfA nach seinen um die bereits abgezogenen AfA, erhöhten Absetzungen und Sonderabschreibungen verminderten Anschaffungskosten und der Restnutzungsdauer des Gebäudes. Entsprechendes gilt für den entgeltlich erworbenen Teil eines beweglichen Wirtschaftsgutes.

54 Die vorstehenden Grundsätze sind entsprechend anzuwenden, wenn die Aufstockungsbeträge wie nachträgliche Anschaffungskosten behandelt werden (Tz. 36).

3. Anschaffungsnaher Aufwand

55 Erhaltungsaufwand, den der Übernehmer bereits in bestandskräftig veranlagten Kalenderjahren – ausgehend von den bisher für die vorweggenommene Erbfolge angewandten Grundsätzen – als Werbungskosten abgezogen hat, und der sich bei Annahme eines teilentgeltlichen Erwerbs als anschaffungsnaher Aufwand (Abschnitt 157 Abs. 5 EStR 1990) darstellt, ist nicht nachträglich in die AfA-Bemessungsgrundlage einzubeziehen.

Anhang 13

Erbfolgeregelungen

III
Abzug von Schuldzinsen als Betriebsausgaben oder Werbungskosten – Aufgabe der sog. Sekundärfolgenrechtsprechung durch den BFH; Anwendung der BFH-Urteile vom 2. 3. 1993 – VIII R 47/90 – (BStBl 1994 II S. 619), vom 25. 11. 1993 – IV R 66/93 – (BStBl 1994 II S. 623) und vom 27. 7. 1993 – VIII R 72/90 – (BStBl 1994 II S. 625)

BMF vom 11. 8. 1994 (BStBl I S. 603)

IV B 2 – S 2242 – 33/94

Mit Urteil vom 2. März 1993 – VIII R 47/90 – (BStBl 1994 II S. 619) hat der VIII. Senat des BFH mit Zustimmung des I., III. und IV. Senats die sog. Sekundärfolgenrechtsprechung (vgl. BFH-Urteile vom 2. April 1987 – BStBl II S. 621 –, vom 28. April 1989 – BStBl II S. 618 – und vom 17. Oktober 1991 – BStBl 1992 II S. 392 –) unter Hinweis auf die Beschlüsse des Großen Senats zur steuerlichen Behandlung von Kontokorrentzinsen vom 4. Juli 1990 (BStBl II S. 817) und zur Erbauseinandersetzung vom 5. Juli 1990 (BStBl II S. 837) als überholt aufgegeben.

Wird ein Pflichtteilsanspruch aufgrund einer Vereinbarung mit dem Erben eines Betriebes verzinslich gestundet, dürfen die hierauf entfallenden Schuldzinsen nach dem Urteil des VIII. Senats vom 2. März 1993 (a. a. O.) mangels Vorliegens einer Betriebsschuld nicht als Betriebsausgaben abgezogen werden.

Hat ein Hoferbe ein Darlehen aufgenommen, um damit die höferechtlichen Abfindungsansprüche der weichenden Erben zu tilgen, dürfen die Darlehenszinsen nach dem Urteil des IV. Senats vom 25. November 1993 – IV R 66/93 – (BStBl 1994 II S. 623) nicht als Betriebsausgaben abgezogen werden.

Ist eine OHG-Beteiligung aufgrund einer sog. qualifizierten Nachfolgeklausel unmittelbar und ausschließlich auf einen Miterben mit der Maßgabe übergegangen, daß er die übrigen Miterben insoweit abzufinden hat, stellen die durch die Finanzierung dieser – privaten – Wertausgleichsverbindlichkeit entstandenen Schuldzinsen keine Sonderbetriebsausgaben dar, wie der VIII. Senat mit Urteil vom 27. Juli 1993 – VIII R 72/90 – (BStBl 1994 II S. 625) entschieden hat.

Zur Anwendung der genannten BFH-Urteile nehme ich unter Bezugnahme auf das Ergebnis der Erörterungen mit den obersten Finanzbehörden der Länder wie folgt Stellung:

Das Urteil des VIII. Senats vom 2. März 1993 (a. a. O.) ist auch für Aufwendungen zur Finanzierung von Vermächtnisschulden, Erbersatzverbindlichkeiten und Zugewinnausgleichsschulden (vgl. zu letzteren auch das BFH-Urteil vom 8. Dezember 1992 – IX R 68/89 – BStBl 1993 II S. 434) zu beachten. Solche Aufwendungen sind nach der neuen Rechtsprechung privat veranlaßt. Die geänderte Rechtsprechung des BFH hat deshalb zur Folge, daß Aufwendungen für die Stundung bzw. Finanzierung von

– Pflichtteilsverbindlichkeiten
– Vermächtnisschulden
– Erbersatzverbindlichkeiten
– Zugewinnausgleichsschulden
– Abfindungsschulden nach der Höfeordnung
– Abfindungsschulden im Zusammenhang mit der Vererbung eines Anteils an einer Personengesellschaft im Wege der qualifizierten Nachfolgeklausel oder im Wege der qualifizierten Eintrittsklausel

nicht als Betriebsausgaben oder Werbungskosten abgezogen werden dürfen.

Die Tzn. 37 letzter Absatz, 70 und 89 Satz 4 des BMF-Schreibens zur ertragsteuerlichen Behandlung der Erbengemeinschaft und ihrer Auseinandersetzung (BStBl 1993 I S. 62 ff.) sind damit überholt. Dies gilt nicht, soweit nach Tzn. 36, 37 des BMF-Schreibens Privatschulden, die von Miterben im Rahmen der Realteilung eines Mischnachlasses übernommen werden, Betriebsschulden werden können.

Die geänderte Rechtsprechung und Verwaltungsauffassung ist für Werbungskosten erstmals für den Veranlagungszeitraum 1995 und für Betriebsausgaben erstmals für Wirtschaftsjahre, die nach dem 31. Dezember 1994 beginnen, anzuwenden.

Existenzminimum

Anwendung des § 32d EStG[1])
(Entlastung bei niedrigen Erwerbseinkommen)

BMF vom 26. 10. 1993 (BStBl I S. 895)
IV B 1 – S 2000 – 176/93

Im Einvernehmen mit den obersten Finanzbehörden der Länder gilt für die Anwendung des § 32 d EStG folgendes:

I. Regelungsinhalt

1 Mit der durch das Gesetz zur Umsetzung des Föderalen Konsolidierungsprogramms (FKPG – BStBl 1993 I S. 510 – dort: § 32 c EStG) eingeführten und durch das StandOG (BGBl. 1993 I S. 1569) mit § 32 d EStG bezeichneten Vorschrift wird der Auftrag des Bundesverfassungsgerichtes (Beschluß vom 25. September 1992, BStBl 1993 II S. 413) erfüllt, mit Wirkung ab dem 1. Januar 1993 sicherzustellen, daß bei der Einkommensbesteuerung dem Steuerpflichtigen die Erwerbsbezüge belassen werden, die er zur Deckung seines existenznotwendigen Bedarfs benötigt. Aufgrund der Regelung in § 32 d EStG wird in allen Fällen keine Einkommensteuer erhoben, in denen die Erwerbsbezüge die Beträge nicht überschreiten, die zur Bestreitung des notwendigen Lebensunterhalts von Alleinstehenden und nicht dauernd getrennt lebenden Ehegatten erforderlich sind.

Bezieher kleiner Einkommen werden nach § 32 d EStG außerhalb des Einkommensteuertarifs (§ 32 a EStG) in einem besonderen Verfahren steuerlich entlastet. Insoweit ergeben sich keine Auswirkungen auf die tariflichen Steuersätze.

1. Existenzminimum

2 Das steuerlich zu verschonende Existenzminimum beträgt für den Übergangszeitraum 1993 bis 1995:

	Alleinstehende DM	nicht dauernd getrennt lebende Ehegatten DM
1993:	10.500	21.000
1994:	11.000	22.000
1995:	11.500	23.000

Aus steuertechnischen Gründen (Rundung auf durch 54 bzw. 108 teilbare Beträge) erhöhen sich die genannten Beträge auf die gesetzlichen Beträge:

	Alleinstehende DM	nicht dauernd getrennt lebende Ehegatten DM
1993 (§ 52 Abs. 21 f Nr. 1):	10.529 DM	21.059 DM
1994 (§ 32 d Abs. 1):	11.069 DM	22.139 DM
1995 (§ 52 Abs. 21 f Nr. 2):	11.555 DM	23.111 DM

3 Die Verwaltungsregelungen vom 3. Dezember 1992 (BStBl 1992 I S. 736) und vom 23. Dezember 1992 (BStBl 1993 I S. 14) sehen für 1993 ein Existenzminimum von 12.000 DM für Alleinstehende und 19.000 DM für nicht dauernd getrennt lebende Ehegatten bzw. verwitwete Steuerpflichtige (§ 32 a Abs. 6 EStG) vor. Um die kurzfristige Einführung neuer Lohnsteuertabellen mit den sich daraus ergebenden Erschwernissen insbesondere für den Arbeitgeber zu vermeiden, sind diese Beträge und die daraus abgeleiteten Tabellen dem Lohnsteuerabzug für das gesamte Jahr 1993 weiter zugrunde zu legen (BMF-Schreiben vom 20. Juli 1993, BStBl 1993 I S. 559). Für die Einkommensteuer-Vorauszahlungen vor Inkrafttreten dieses Gesetzes und für die Veranlagung gelten in jedem Fall die im Gesetz festgelegten Beträge.

4 Infolge des durch die BMF-Schreiben vom 3. Dezember 1992 und vom 23. Dezember 1992 bei Alleinstehenden gegenüber § 32 c EStG i. V. mit § 52 Abs. 21 f Nr. 1 EStG i. d. F. des FKPG (BStBl 1993 I S. 510) für 1993 um 1.500 DM höher festgelegten Existenzminimums und der unverändert weitergeltenden Lohnsteuerzusatztabelle 1993 kann die Veranlagung 1993 zur Festsetzung einer höheren Steuer führen. Die Einkommensteuer von Arbeitnehmern ist von Amts wegen programmgesteuert aus Billigkeitsgründen niedriger festzusetzen (§ 163 AO), soweit sie auf dem gesetzlich niedriger festgelegten Existenzminimum für 1993 und dem von 12.042 DM bis 15.011 DM auf 10.530 DM bis 12.797 DM zurückgeführten Überleitungsbereich beruht. Eine abweichende Festsetzung kommt in dem Umfang in Betracht, in dem sich aufgrund des BMF-Schreibens vom 23. Dezember 1992 (zu IV.) in Verbindung mit dem vollständigen Hinzurechnungskatalog der Erwerbsbezüge (§ 32 d Abs. 2) eine niedrigere Steuerfestsetzung ergeben hätte.

---

[1]) § 32 d EStG wurde durch das JStG 1996 ab VZ 1996 aufgehoben.

Anhang 14

Existenzminimum

Beispiel:

Ein lediger Arbeitnehmer hat 1993 ein zu versteuerndes Einkommen von 10.600 DM. Außerdem hat er eine steuerfreie Abfindung (§ 3 Nr. 9 EStG) von 1.450 DM bezogen. Lohnsteuer wurde aufgrund der Anwendung der Zusatztabelle nicht einbehalten. Nach dem geltenden Tarif ergibt sich eine Einkommensteuer von 953 DM; die gemilderte Einkommensteuer nach Anlage 4 a zum EStG liegt bei 936 DM. Die gemilderte Einkommensteuer nach Anlage 1 zum BMF-Schreiben vom 23. Dezember 1992 beträgt 33 DM. Die Steuer kann somit nur um 903 DM niedriger auf 33 DM festgesetzt werden.

Würde das Festsetzungsverfahren aufgrund des BMF-Schreibens vom 23. Dezember 1992 in Verbindung mit dem Hinzurechnungskatalog nach § 32 d Abs. 2 EStG zu einer Erstattung führen, z. B. wegen Anrechnung von Lohnsteuer, Kapitalertragsteuer oder Körperschaftsteuer, so ist insoweit für eine abweichende Festsetzung aus Billigkeitsgründen kein Raum.

Beispiel:

Ein lediger Arbeitnehmer hat 1993 ein zu versteuerndes Einkommen von 11.000 DM. Außerdem hat er Einnahmen aus Kapitalvermögen von 1.100 DM. Ein Freistellungsauftrag wurde nicht erteilt. Es wurde ein Zinsabschlag in Höhe von 330 DM abgeführt. Lohnsteuer wurde aufgrund der Anwendung der Zusatztabelle nicht einbehalten.

Nach dem geltenden Tarif ergibt sich eine Einkommensteuer von 1.028 DM. Die hier maßgebliche gemilderte Einkommensteuer nach Anlage 4 a zum EStG beträgt 903 DM. Nach Anrechnung des Zinsabschlags verbliebe eine Nachzahlung von 573 DM. Die gemilderte Einkommensteuer nach Anlage 1 zum BMF-Schreiben vom 23. Dezember 1992 beträgt 0 DM. Aufgrund des anzurechnenden Zinsabschlags ergäbe sich eine Erstattung von 330 DM.

Die Einkommensteuer ist abweichend von der gemilderten Einkommensteuer aus Billigkeitsgründen um 573 DM niedriger auf 330 DM festzusetzen. Nach Anrechnung des Zinsabschlags ist die verbleibende Einkommensteuer 0 DM.

Die im Erhebungsverfahren zu berücksichtigenden Einkommensteuer-Vorauszahlungen haben keine Auswirkungen auf eine abweichende Festsetzung der Einkommensteuer aus Billigkeitsgründen.

5 Verheirateten Arbeitnehmern wird durch die Weitergeltung der Verwaltungsregelung beim Lohnsteuerabzug bei isolierter Betrachtung ein zu geringes Existenzminimum von 19.000 DM gegenüber der gesetzlichen Festlegung von 21.059 DM zugestanden. Da ihnen beim Lohnsteuerabzug aber keine Nebeneinkünfte als Erwerbsbezüge zugerechnet werden, werden sich Vor- und Nachteile in den meisten Fällen ausgleichen. Der Veranlagung sind stets 21.059 DM (VZ 1993) als Existenzminimum zugrunde zu legen, so daß auch verheiratete Arbeitnehmer im Ergebnis zutreffend besteuert werden.

2. Überleitung zur Normalbesteuerung

6 Die Neuregelung sieht eine Überleitung zur Normalbesteuerung vor, die die Steuerbelastung über die verfassungsrechtlichen Anforderungen hinaus mindert.

Liegen die Erwerbsbezüge über dem Existenzminimum, gilt der Überleitungsbereich für folgende Beträge:

Alleinstehende

1993   10.530 DM bis 12.797 DM
1994   11.070 DM bis 13.607 DM
1995   11.556 DM bis 15.173 DM

nicht dauernd
getrennt lebende
Ehegatten

1993   21.060 DM bis 25.595 DM
1994   22.140 DM bis 27.215 DM
1995   23.112 DM bis 30.347 DM

7 Liegen die Erwerbsbezüge in diesem Rahmen, so darf die Einkommensteuer nicht höher festgesetzt werden als die Beträge, die in den neu erstellten besonderen Tabellen ausgewiesen sind. 1995 wird als soziale Komponente im Zusammenhang mit der Erhebung des Solidaritätszuschlags die effektive Grenzbelastung im Überleitungsbereich von 60 v. H. (1993 und 1994) auf 50 v. H. abgesenkt.

3. Verwaltungsregelungen

8 Die gesetzliche Regelung vom 23. Juni 1993 löst die Verwaltungsregelung zur Steuerfreistellung des Existenzminimums im Einkommensteuer-Vorauszahlungsverfahren für 1993 vom Dezember 1992 – IV B 1 – S 2297 – 31/92 – ab. Das BMF-Schreiben vom 23. Dezember 1992 wird deshalb aufgehoben.

Wegen der Weiteranwendung des BMF-Schreibens zur Steuerfreistellung des Existenzminimums im Lohnsteuer-Abzugsverfahren für 1993 vom 3. Dezember 1992 wird auf das BMF-Schreiben vom 20. Juli 1993 (BStBl I S. 559) hingewiesen.

II. Erwerbsbezüge

9 Die Konkretisierung des Begriffes „Erwerbsbezüge" folgt dem Beschluß des Bundesverfas-

sungsgerichtes vom 25. September 1992 (BStBl 1993 II S. 413). Das Gericht hat hierbei mit Blick auf die Bestimmung des steuerlich zu verschonenden Existenzminimums des Grenzsteuerzahlers auf sozialhilferechtliche Grundsätze verwiesen.

Die Ermittlung der Erwerbsbezüge erfolgt ausschließlich, um festzustellen, ob im Einzelfall ein Steuerpflichtiger mit Erwerbsbezügen neben seinen steuerpflichtigen Einkünften ebenso entlastet wird wie ein Steuerpflichtiger ohne solche Nebeneinkünfte. Diese Prüfung führt in keinem Fall zu einer steuerlichen Mehrbelastung, sondern allenfalls zum Ausschluß oder zur Minderung der zusätzlichen Entlastung.

1. Hinzurechnungen zum zu versteuernden Einkommen

10 Nach der Entscheidung des Bundesverfassungsgerichts sind dem Steuerpflichtigen die Erwerbsbezüge zu belassen, die er zur Deckung des am Sozialhilferecht orientierten Existenzminimums benötigt. Steuerfreie Einnahmen, Bezüge und Einkommensteile, die zur Deckung des existenznotwendigen Bedarfs verwendet werden können und im zu versteuernden Einkommen nicht enthalten sind, sind bei der Ermittlung der Erwerbsbezüge mit zu erfassen. Der Katalog des § 32 d Abs. 2 EStG ist abschließend.

Die Hinzurechnungen führen nicht zu einer Besteuerung der hinzugerechneten Beträge. Sie haben deshalb keine höhere als die tarifliche Steuerbelastung zur Folge.

Beispiel:

Ein lediger Steuerpflichtiger mit einem zu versteuernden Einkommen von 10.500 DM und Einnahmen aus Kapitalvermögen in Höhe von
a) 1.100 DM,
b) 2.100 DM,
die nach Abzug des Werbungskosten-Pauschbetrages (100 DM) und des Sparer-Freibetrages (1.000 DM bzw. 2.000 DM) steuerfrei bleiben.

	a)	b)
Zu versteuerndes Einkommen	10.500 DM	10.500 DM
festzusetzende ESt nach geltendem Tarif	932 DM	932 DM
Erwerbsbezüge (zu versteuerndes Einkommen + Sparer-Freibetrag)	11.500 DM	12.500 DM
gemilderte ESt nach Anlage 4 a zum EStG	579 DM	1.200 DM

Ausgehend von der festzusetzenden Einkommensteuer nach geltendem Tarif ist im Beispielsfall a) die festzusetzende Einkommensteuer auf 579 DM zu mildern. Im Beispielsfall b) bleibt es bei der festzusetzenden Einkommensteuer in Höhe von 932 DM, weil die Anwendung der Zusatztabelle zu einer höheren Steuer führen würde.

Ist die festzusetzende Einkommensteuer aufgrund der Einkommensteuer nach geltendem Tarif und unter Berücksichtigung von Steuerermäßigungen (z. B. Baukindergeld nach § 34 f EStG oder Ermäßigung nach § 34 Abs. 3 EStG für Einkünfte aus mehrjähriger Tätigkeit) bereits niedriger als die Einkommensteuer nach den Zusatztabellen, so ist keine Milderung möglich, und es bleibt bei der festzusetzenden Einkommensteuer nach geltendem Tarif.

Zuflüsse, die zum Vermögen gehören, sind von der Hinzurechnung ausgenommen. Das sind z. B. die den Ertragsanteil nach § 22 Nr. 1 Satz 3 Buchstabe a EStG übersteigenden Teile von Veräußerungsrenten und von Renten aus einer Versicherung auf den Erlebens- oder Todesfall gegen Einmalbeitrag.

Zu den steuerfreien Einkünften und Leistungen mit Progressionsvorbehalt (§ 32 d Abs. 2 Nr. 7 EStG), die hinzugerechnet werden müssen, gehören auch ausländische Einkünfte, die nach einem Doppelbesteuerungsabkommen steuerfrei sind. Dabei kann es sich um positive oder negative ausländische Einkünfte handeln; d. h. es kann zur Abrechnung negativer ausländischer Einkünfte kommen, die ggf. auch das zu versteuernde Einkommen mindern. Eine Berücksichtigung bei der Ermittlung der Erwerbsbezüge entfällt bei ausländischen Verlusten, soweit diese das zu versteuernde Einkommen bereits nach § 2 a Abs. 3 Satz 1 EStG gemindert haben. Die Verlustberücksichtigung nach § 2 a Abs. 3 Satz 1 EStG hat steuerstundenden Charakter, da bei nachfolgenden Gewinnen aus dem ausländischen Staat eine Nachversteuerung vorzunehmen ist. In Fällen der Nachversteuerung braucht bei der Ermittlung der Erwerbsbezüge nur der Teil der ausländischen Einkünfte erfaßt zu werden, der den Nachversteuerungsbetrag übersteigt.

2. Rückforderungen von Hinzurechnungsbeträgen (§ 32 d Abs. 2 letzter Satz EStG)

Rückforderungen von hinzuzurechnenden Beträgen mindern die Erwerbsbezüge im Jahr der Rückzahlung, da sie nicht mehr zur Bestreitung des notwendigen Lebensunterhalts zur Verfügung stehen. Zur Vermeidung von verfassungsrechtlich nicht gebotenen Steuerentlastungen und mißbräuchlichen Gestaltungen dürfen die Rückforderungen das zu versteuernde Einkommen nicht mindern.

Beispiel:

Ein lediger Steuerpflichtiger erhält aufgrund falscher Angaben im November und Dezember 01 Lohnersatzleistungen i. H. v. 10.000 DM; die Lohnersatzleistungen werden im Juli 02 zurückgefordert und von ihm zurückgezahlt. Das zu versteuernde Einkommen 02 beträgt

Anhang 14

Existenzminimum

20.000 DM. Es liegen keine weiteren Erwerbsbezüge vor.

Die Erwerbsbezüge 02 betragen 20.000 DM, da die Rückzahlung der Lohnersatzleistungen nach § 32 d Abs. 2 letzter Satz EStG nicht vom zu versteuernden Einkommen abgezogen werden darf. Die festzusetzende Einkommensteuer beträgt 2.943 DM und ist nicht auf 0 DM zu mildern.

III. Einkommensteuer-Vorauszahlungen (§ 37 EStG)

15 Bei der Festsetzung von Vorauszahlungen sind nur die Hinzurechnungsbeträge zu berücksichtigen, die ohne zusätzliche Angaben des Steuerpflichtigen beim Finanzamt verfügbar sind. Werden die betreffenden Angaben in der Steuererklärung für 1993 abgefragt, so stehen sie erst nach Durchführung der Veranlagung für das Vorauszahlungsverfahren zur Verfügung. Um einen erheblichen Verwaltungsaufwand bei der Festsetzung von Vorauszahlungen zu vermeiden, hat das Finanzamt nur die Beträge zu berücksichtigen, die bekannt oder leicht zu ermitteln sind.

IV. Zeitliche Anwendung (§ 52 Abs. 21 f EStG)

Das Bundesverfassungsgericht hat dem Gesetzgeber aufgegeben, spätestens mit Wirkung zum 1. Januar 1996 die als verfassungswidrig erkannte Regelung des Grundfreibetrags in § 32 a EStG durch eine verfassungsgemäße Neuregelung zu ersetzen. Die Regelungen des FKPG beschränken sich deshalb auf die Veranlagungszeiträume 1993 bis 1995. 16

V. Zuschlagsteuern

Die nach § 32 d EStG gemilderte und ggf. nach Tz. 4 abweichend festgesetzte Einkommensteuer ist auch der Berechnung der Zuschlagsteuern nach § 51 a EStG zugrunde zu legen. 17

Einführungsschreiben zum Familienleistungsausgleich

BMF vom 18. 12. 1995 (BStBl I S. 805)
IV B 5 – S 2282 a – 438/95 II

Unter Bezugnahme auf das Ergebnis der Erörterungen mit den obersten Finanzbehörden der Länder gilt für die Anwendung des Familienleistungsausgleichs ab dem Veranlagungszeitraum 1996 folgendes:

Allgemeines

Weiterentwicklung des Familienlastenausgleichs

1 Durch das Jahressteuergesetz 1996 ist der bisherige Familienlastenausgleich zu einem Familienleistungsausgleich weiterentwickelt worden. Ziele waren die Steuerfreistellung von Einkommen in Höhe des vollen Kinderexistenzminimums, eine deutliche Verbesserung der Förderung der Familien mit niedrigeren Einkommen und mehreren Kindern sowie eine Vereinheitlichung der bisherigen einkommensteuer- und kindergeldrechtlichen Regelungen. Die Weiterentwicklung zum Familienleistungsausgleich bedeutet einen grundlegenden Systemwechsel. Die bisher mögliche kumulative Inanspruchnahme von Kinderfreibetrag und Kindergeld wird ab dem Veranlagungszeitraum 1996 durch eine Regelung abgelöst, wonach beides nach entsprechenden Anhebungen nur noch alternativ in Betracht kommt. Das Finanzamt prüft von Amts wegen, ob das Kindergeld die steuerliche Wirkung des Kinderfreibetrags ausgleicht.

2 Soweit die Voraussetzungen für das steuerliche Kindergeld und den Kinderfreibetrag übereinstimmen (Abweichungen z. B. bei Stief- und Enkelkindern, §§ 32 Abs. 1, 63 Abs. 1 Nrn. 2 und 3 EStG), kann das Finanzamt die von der Familienkasse über die Berücksichtigung des Kindes getroffene Entscheidung übernehmen. Bei Zweifeln an der Richtigkeit dieser Entscheidung und bei einer abweichenden Entscheidung hat es die Familienkasse darüber zu unterrichten.

Ausgestaltung des Familienleistungsausgleichs

3 Der Kinderfreibetrag wird auf 6 264 DM (ab 1997: 6 912 DM) angehoben. Damit wird die Vorgabe des Bundesverfassungsgerichts, einen Einkommensbetrag in Höhe des Existenzminimums eines Kindes steuerfrei zu lassen (Beschlüsse vom 29. Mai und 12. Juni 1990, BStBl II S. 653 bzw. 664), erfüllt. Das Kindergeld wird auf monatlich jeweils 200 DM (ab 1997: 220 DM) für das erste und zweite, auf 300 DM für das dritte und auf 350 DM für jedes weitere Kind angehoben. Im laufenden Jahr wird nur monatliches Kindergeld gezahlt. Es dient der Förderung der Familie, soweit es den für die gebotene steuerliche Freistellung erforderlichen Betrag übersteigt. Reicht es für die gebotene Steuerfreistellung nicht aus, wird bei der Veranlagung zur Einkommensteuer ein Kinderfreibetrag abgezogen und das Kindergeld der tariflichen Einkommensteuer hinzugerechnet.

Zu § 2 Abs. 6 EStG

Kindergeld als Teil der festzusetzenden Einkommensteuer

4 Die Vorschrift erweitert den Begriff der „festzusetzenden Einkommensteuer" um das Kindergeld. Die Hinzurechnung im Rahmen der Steueranhebung erfolgt nach § 36 EStG.

Unter Kindergeld ist grundsätzlich das für den jeweiligen Kalendermonat zu zahlende Kindergeld zu verstehen. Bei einem barunterhaltspflichtigen Elternteil fällt hierunter das halbe Kindergeld, das er über den zivilrechtlichen Ausgleich entsprechend § 1615 g BGB erhält. Demzufolge umschließt der Begriff bei dem betreuenden Elternteil nur die ihm wirtschaftlich verbleibende Hälfte des Kindergeldes.

Zu § 31 EStG – Familienleistungsausgleich

Inanspruchnahme von Kinderfreibetrag oder Kindergeld (Satz 1)

5 Während die verfassungsrechtlich gebotene steuerliche Freistellung eines Einkommensbetrags in Höhe des Existenzminimums eines Kindes bisher im dualen System von Kinderfreibetrag **und** Kindergeld herbeigeführt wird, wird dies ab dem Veranlagungszeitraum (VZ) 1996 durch Kinderfreibetrag **oder** Kindergeld (einschließlich vergleichbarer Leistungen) sichergestellt.

Kindergeld als Steuervergütung (Satz 3)

6 Während Kindergeld nach dem bisherigen Bundeskindergeldgesetz, auch soweit es im dualen System des Familienlastenausgleichs steuerlichen Zwecken dient, eine Sozialleistung darstellt, wird Kindergeld im Rahmen des Familienleistungsausgleichs als Steuervergütung gezahlt. Daraus und aus der Rechtsstellung der Familienkassen als Bundesfinanzbehörden ergibt sich, daß Abgabenordnung und Finanzgerichtsordnung Anwendung finden.

Abzug des Kinderfreibetrags (Satz 4)

7 Bei der Veranlagung zur Einkommensteuer ist von Amts wegen zu prüfen, ob der Kinderfreibetrag abzuziehen ist. Er ist abzuziehen, wenn das Kindergeld einen fehlenden Abzug des Kinderfreibetrags nicht ausgleichen kann. Da die Prüfung auf das einzelne Kind zu beziehen ist, entfällt

Anhang 14 a
Familienleistungsausgleich ab VZ 1996

sie für 1996 für dritte und weitere Kinder, wenn für sie Kindergeld in Höhe von monatlich 300 DM oder 350 DM gezahlt wird. Hierdurch wird die gebotene steuerliche Freistellung in vollem Umfang bewirkt. Wird in einem VZ für dasselbe Kind Kindergeld nach unterschiedlichen Kindergeldsätzen gezahlt, dann ist die Prüfung auf die Monate zu beschränken, für die Kindergeld von 200 DM gezahlt worden ist. Ab dem VZ 1997 sind wegen der Anhebung des Kinderfreibetrags auf 6 912 DM auch dritte Kinder in die Prüfung einzubeziehen.

Beispiel:
Eheleute erhalten ab Januar 1996 für drei Kinder Kindergeld in Höhe von (200 DM + 200 DM + 300 DM =) 700 DM. Im Juni 1996 scheidet das älteste Kind aus der Berücksichtigung aus.
Kindergeld wird gezahlt für
– das erste Kind für Januar bis Juni 1996 mtl.   200 DM
– das zweite Kind für Januar bis Dezember 1996 mtl.   200 DM
– das dritte Kind für Januar bis Juni 1996 mtl.   300 DM
für Juli bis Dezember 1996 mtl.   200 DM.
Zu prüfen ist, ob ein Kinderfreibetrag abzuziehen ist für
– das erste Kind für Januar bis Juni 1996
– das zweite Kind für Januar bis Dezember 1996
– das dritte Kind für Juli bis Dezember 1996.
Der Prüfung ist stets das zu versteuernde Einkommen (Jahresbetrag) zugrunde zu legen.

8   Wird nach einem zwischenstaatlichen Abkommen Kindergeld in geringerer Höhe gezahlt, ist bei der Prüfung, ob ein Kinderfreibetrag abzuziehen ist, entsprechend zu verfahren. Derzeit bestehen solche Abkommen mit dem Königreich Marokko, mit der Schweizerischen Eidgenossenschaft, mit der Republik Türkei und der Tunesischen Republik. Darüber hinaus findet das mit der Republik Jugoslawien abgeschlossene Abkommen Anwendung auf die Nachfolgestaaten Bosnien-Herzegowina, Republik Jugoslawien (Montenegro und Serbien), Kroatien, Republik Mazedonien und Slowenien. Auszüge aus den Abkommen sind als Anlage beigefügt.*

Verrechnung von Kindergeld oder vergleichbaren Leistungen (Satz 5)

9   Wird ein Kinderfreibetrag abgezogen, sind die für den entsprechenden Zeitraum zu zahlenden Leistungen für das Kind zu verrechnen (siehe auch Rdnrn. 4 und 23 ff.). Eine Verrechnung ist daher nicht vorzunehmen, wenn ein Anspruch auf Kindergeld nicht besteht oder durch Fristversäumnis erloschen ist. Zu den vergleichbaren Leistungen gehört neben den anderen Leistungen im Sinne des § 65 EStG auch das Kindergeld nach zwischenstaatlichen Abkommen. Bei einem barunterhaltspflichtigen Elternteil ist eine Verrechnung unabhängig davon vorzunehmen, ob der zivilrechtliche Ausgleich tatsächlich in Anspruch genommen wird.

Zu § 32 EStG – Kinder, Kinderfreibetrag, Haushaltsfreibetrag

Kinder – Abs. 1 und 2

10   Eine Doppelberücksichtigung von Pflegekindern und von angenommenen Kindern bei Erwachsenenadoption ist künftig nicht mehr möglich. Den leiblichen Eltern steht – unbeschadet des zivilrechtlichen Ausgleichs entsprechend § 1615 g BGB – kein Kinderfreibetrag zu.

Berücksichtigung von Kindern – Abs. 3 bis 5

11   Die Vereinheitlichung von Einkommensteuer- und Kindergeldrecht hat zu folgenden Änderungen geführt:

12   Anspruch auf Kinderfreibetrag besteht für jeden **Kalendermonat,** in dem die Voraussetzungen für die Berücksichtigung eines Kindes an wenigstens einem Tag vorgelegen haben.

13   **Arbeitslose Kinder** können bis zur Vollendung des 21. Lebensjahres berücksichtigt werden, wenn sie der Arbeitsvermittlung im Inland zur Verfügung stehen.

14   Befindet sich ein Kind in einer **Übergangszeit** von nicht mehr als vier Monaten zwischen zwei Ausbildungsabschnitten, kann es auch während dieser Zeit berücksichtigt werden. Gleiches gilt für eine Übergangszeit zwischen Beginn oder Ende eines Ausbildungsabschnitts und dem Beginn oder Ende des Wehr- oder Ersatzdienstes beziehungsweise eines freiwilligen sozialen oder ökologischen Jahres.

15   Kinder, die **Wehrdienst bis zu drei Jahren oder einen Ersatzdienst** leisten oder eine von diesen Diensten befreiende Tätigkeit als **Entwicklungshelfer** ausüben, können nicht mehr berücksichtigt werden. Statt dessen kann in diesen Fällen der Berücksichtigungszeitraum um die Dauer des inländischen gesetzlichen Grundwehr- oder Zivildienstes über das 21. oder 27. Lebensjahr hinaus verlängert werden, wenn im übrigen die Voraussetzungen des § 32 Abs. 4 EStG vorliegen.

16   Kinder, die das 18. Lebensjahr vollendet haben und denen **eigene Einkünfte und Bezüge** von mehr als 12 000 DM im Kalenderjahr zur Verfügung stehen, können grundsätzlich nicht berücksichtigt werden. Bei der Ermittlung der Einkünfte und Bezüge ist § 11 EStG zu beachten; auf H 190 (Anrechnung eigener Einkünfte und Bezüge) EStH wird verwiesen. Der Betrag von 12 000 DM

---
* Hier nicht abgedruckt.

ermäßigt sich für jeden Kalendermonat, in dem ansonsten die Voraussetzungen für eine Berücksichtigung nach § 32 Abs. 4 Satz 1 Nr. 1 und 2 EStG nicht vorgelegen haben, um ein Zwölftel. Einkünfte und Bezüge des Kindes, die auf diese Kalendermonate entfallen, bleiben außer Ansatz; R 192 a Abs. 2 EStR gilt entsprechend. Bei Kindern mit Wohnsitz oder gewöhnlichem Aufenthalt im Ausland ermäßigt sich die Grenze der Einkünfte und Bezüge des Kindes ggf. entsprechend den Verhältnissen des Wohnsitzstaates des Kindes; § 32 Abs. 6 Satz 4 EStG gilt sinngemäß.

17 Bei der Prüfung der Grenze der eigenen Einkünfte und Bezüge des Kindes bleiben Leistungen außer Betracht, die dem Träger einer Bildungsmaßnahme **(Ausbildung, Fortbildung, Rehabilitation)** nach dem Arbeitsförderungsgesetz (AFG) und den dazu erlassenen Anordnungen der Bundesanstalt für Arbeit (A Ausbildung, A Fortbildung und Umschulung, A Reha) oder entsprechenden anderen Sozialleistungsvorschriften unmittelbar als Kostenerstattung für die Ausbildungsleistung (sog. betriebsbezogene Maßnahmekosten oder Lehrgangsgebühren) zufließen. Das gleiche gilt für zuschußweise Zuwendungen an Träger von Bildungsmaßnahmen, die diesen zur Förderung der Berufsausbildung von Jugendlichen unmittelbar rechtlich zustehen, sowie für Fernunterrichtsgebühren nach § 30 A Reha.

18 Außer Betracht bleiben auch Leistungen, die dem Kind zwar zufließen, jedoch wegen seines **individuellen Sonderbedarfs** gewährt werden und deshalb nicht zur Bestreitung seines Unterhalts und seiner Berufsausbildung bestimmt oder geeignet sind. So wird bei Behinderten durch entsprechende Leistungen (nach A Reha) zum einen der behinderungsbedingte Bedarf abgedeckt, zum anderen der Bedarf, der zwangsläufig dadurch entsteht, daß die Bildungsmaßnahme vom Behinderten ohne zusätzliche (und ansonsten von ihm nicht tragbare) Belastung überhaupt durchgeführt werden kann. Letzteres gilt entsprechend für Auszubildende sowie für Fortzubildende und Umzuschulende, die aus arbeitsmarktpolitischen Gründen (nach A Ausbildung bzw. A Fortbildung und Umschulung) gefördert werden. Folgende Leistungen erfüllen diese Bedingung:

- Fahrkosten nach §§ 13, 13 a A Ausbildung,
- Fahrkosten und Kinderbetreuungskosten nach §§ 18 und 21 A Fortbildung und Umschulung,
- Kosten für Unterkunft und Verpflegung nach §§ 29 Abs. 3 Satz 2, 33 A Reha, soweit sie den jeweiligen Wert nach der Sachbezugsverordnung übersteigen,
- Reisekosten nach §§ 29 Abs. 3 Satz 2, 34 A Reha,

- Kosten für eine Haushaltshilfe und andere Kosten nach §§ 35 und 36 A Reha,
- entsprechende Leistungen der Jugendhilfe nach § 27 Abs. 3 i. V. m. § 39 SGB VIII.

Dies gilt auch für entsprechende Leistungen nach anderen Sozialleistungsvorschriften.

19 Nicht anzusetzen sind ferner Bezüge, die für **besondere Ausbildungszwecke** bestimmt sind. Dies sind nur Leistungen für:

- Studiengebühren und Reisekosten bei einem Auslandsstudium,
- Wechselkursausgleich bei einem Auslandsstudium (Auslandszuschlag),
- Auslandskrankenversicherung bei einem Auslandsstudium,
- Reisekosten bei einem Freiwilligen Sozialen Jahr im Sinne des Gesetzes zur Förderung eines Freiwilligen Sozialen Jahres (FSJ-G) ins und vom europäischen Ausland (Hin- und Rückreise) sowie für höchstens vier Fortbildungsveranstaltungen; Entsprechendes gilt für das Freiwillige Ökologische Jahr im Sinne des Gesetzes zur Förderung eines Freiwilligen Ökologischen Jahres,

sowie

das Büchergeld der Begabtenförderungswerke.

Entsprechendes gilt für Einkünfte, soweit sie für die genannten Zwecke verwendet werden.

20 Für die Frage der Berücksichtigung von Kindern, die **wegen körperlicher, geistiger oder seelischer Behinderung** außerstande sind, sich selbst zu unterhalten, ist R 180 d Abs. 4 Satz 4 EStR mit der Maßgabe anzuwenden, daß an die Stelle des Betrags von 9 540 DM der Betrag von 12 000 DM tritt.

Kinderfreibetrag – Abs. 6

21 Bei der Übertragung des Kinderfreibetrags haben sich folgende Änderungen ergeben:

- Die bisherige einvernehmliche Übertragung des Kinderfreibetrags (§ 32 Abs. 6 Satz 5 zweite Alternative EStG 1995) ist nicht mehr möglich (Art. 1 Nr. 7 Buchstabe d des Jahressteuer-Ergänzungsgesetzes 1996).
- Da Groß- und Stiefeltern nach dem im Kindergeldrecht geltenden Vorrangprinzip, das in § 63 Abs. 1 EStG übernommen wurde, grundsätzlich kindergeldberechtigt sind, wenn sie ein Enkel- oder Stiefkind in ihren Haushalt aufgenommen haben, wurde die Möglichkeit eingeführt, den Kinderfreibetrag von den leiblichen Eltern – auch mit deren Zustimmung – auf diese Personen zu übertragen.

Haushaltsfreibetrag – Abs. 7

22 Da Kinderfreibetrag oder Kindergeld alternativ zur Anwendung kommen, ist der Haushaltsfreibetrag u. a. davon abhängig, daß der/die Steuer-

Anhang 14 a

Familienleistungsausgleich ab VZ 1996

pflichtige entweder einen Kinderfreibetrag oder Kindergeld für mindestens ein Kind erhält (siehe zu Rdnr. 4). Kinder, die sowohl in der Wohnung eines Elternteils als auch eines Großelternteils gemeldet sind, werden dem Großelternteil zugeordnet oder mit dessen Zustimmung dem Elternteil.

Zu § 36 Abs. 2 Satz 1 EStG – Hinzurechnung von Kindergeld

23 Die Hinzurechnung („im entsprechenden Umfang") richtet sich danach, ob das Einkommen um einen vollen oder halben Kinderfreibetrag für den jeweiligen Monat vermindert wurde.

Nur das für den entsprechenden Zeitraum tatsächlich gezahlte Kindergeld – einschließlich des Kindergeldes nach zwischenstaatlichen Abkommen und der anderen Leistungen für Kinder (§ 65 EStG) – wird hinzugerechnet. Soweit der Steuerpflichtige geltend macht, Kindergeld nicht oder nicht in entsprechender Höhe erhalten zu haben, hat er dies, ggf. durch eine entsprechende Bescheinigung der zuständigen Familienkasse, nachzuweisen oder glaubhaft zu machen.

Beispiel 1:

A hat laut Kindergeldbescheinigung Anspruch auf ein Kindergeld von 2 400 DM, er hat aber nur 2 000 DM erhalten und kann dies belegen, z. B. durch eine entsprechende Gutschrift oder eine Lohnabrechnung.

Nur das für den entsprechenden Zeitraum tatsächlich gezahlte Kindergeld wird hinzugerechnet, d. h. 2 000 DM.

Beispiel 2:

B hat in 1996 einen Kindergeldanspruch in Höhe von 200 DM für Dezember. Das Kindergeld für Dezember 1996 wird erst im Januar 1997 zusammen mit dem Kindergeld für Januar 1997 ausgezahlt.

Da es sich bei dem in 1997 gezahlten Betrag teilweise um Kindergeld für 1996 handelt, werden für 1996 200 DM hinzugerechnet, unabhängig davon, wann die Zahlung erfolgt ist, denn das Zuflußprinzip ist ausgeschlossen. Für 1997 erfolgt später nur die Hinzurechnung der auf diesen Veranlagungszeitraum entfallenden Kindergeldbeträge.

Beispiel 3:

Der Steuerpflichtige hat bei der zuständigen Familienkasse kein Kindergeld beantragt. Er belegt, kein Kindergeld erhalten zu haben, z. B. durch eine Bescheinigung der zuständigen Familienkasse.

In diesem Fall wird kein Kindergeld hinzugerechnet. Gleichwohl kann der Kinderfreibetrag abgezogen werden.

24 Wird nachträglich bekannt, daß Kindergeld tatsächlich nicht in der bisher angenommenen Höhe gezahlt worden ist, kommt eine Änderung des Steuerbescheides nach § 173 AO in Betracht. Wird das Kindergeld nachträglich gezahlt oder zurückgefordert, ist der Steuerbescheid aufgrund dieses rückwirkenden Ereignisses nach § 175 Abs. 1 Satz 1 Nr. 2 AO anzupassen.

Anhang 15

Fördergebiet

Übersicht

I Gesetz über Sonderabschreibungen und Abzugsbeträge im Fördergebiet (Fördergebietsgesetz – FördG)

II Zweifelsfragen bei der Anwendung des Fördergebietsgesetzes

III Inanspruchnahme von Sonderabschreibungen nach dem Fördergebietsgesetz und Zugehörigkeits-, Verbleibens- und Verwendungsvoraussetzung bei

1. Vermögensübergang im Sinne des Umwandlungssteuergesetzes
2. Realteilung einer Personengesellschaft
3. Ausscheiden von Gesellschaftern aus einer Personengesellschaft mit der Folge des Entstehens eines Einzelunternehmens

I
Gesetz über Sonderabschreibungen und Abzugsbeträge im Fördergebiet (Fördergebietsgesetz – FördG)

in der Fassung der Bekanntmachung vom 23. 9. 1993
(BGBl. I S. 1654, BStBl I S. 853),

zuletzt geändert durch Artikel 19 des Gesetzes vom 18. 12. 1995
(BGBl. I S. 1959, BStBl I S. 786)

§ 1
Anspruchsberechtigter, Fördergebiet

(1) Für begünstigte Investitionen im Sinne der §§ 2 und 3, die im Fördergebiet durchgeführt werden, können Steuerpflichtige Sonderabschreibungen nach § 4 oder Gewinnabzüge nach § 5 vornehmen oder Rücklagen nach § 6 bilden. Bei Personengesellschaften und Gemeinschaften tritt an die Stelle des Steuerpflichtigen die Gesellschaft oder Gemeinschaft.

(2) Fördergebiet sind die Länder Berlin, Brandenburg, Mecklenburg-Vorpommern, Sachsen, Sachsen-Anhalt und Thüringen nach dem Gebietsstand vom 3. Oktober 1990.

§ 2
Bewegliche Wirtschaftsgüter des Anlagevermögens

Begünstigt sind die Anschaffung und die Herstellung von abnutzbaren beweglichen Wirtschaftsgütern des Anlagevermögens sowie nachträgliche Herstellungsarbeiten an abnutzbaren beweglichen Wirtschaftsgütern des Anlagevermögens, die

1. keine Luftfahrzeuge sind,
2. mindestens 3 Jahre nach ihrer Anschaffung oder Herstellung zum Anlagevermögen einer Betriebsstätte des Steuerpflichtigen im Fördergebiet gehören und während dieser Zeit in einer solchen Betriebsstätte verbleiben und
3. in jedem Jahr des in Nummer 2 genannten Zeitraums vom Steuerpflichtigen zu nicht mehr als 10 vom Hundert privat genutzt werden.

§ 3
Baumaßnahmen

Begünstigt sind die Anschaffung und die Herstellung von abnutzbaren unbeweglichen Wirtschaftsgütern sowie Modernisierungsmaßnahmen und andere nachträgliche Herstellungsarbeiten an abnutzbaren unbeweglichen Wirtschaftsgütern. Die Anschaffung eines abnutzbaren unbeweglichen Wirtschaftsguts ist nur begünstigt, wenn

1. das Wirtschaftsgut bis zum Ende des Jahres der Fertigstellung angeschafft worden ist und für das Wirtschaftsgut weder Absetzungen für Abnutzung nach § 7 Abs. 5 des Einkommensteuergesetzes noch erhöhte Absetzungen oder Sonderabschreibungen in Anspruch genommen worden sind oder

2. das Wirtschaftsgut beim Erwerber zu einem Betriebsvermögen gehört, nach dem Jahr der Fertigstellung und

   a) vor dem 1. Januar 1994 angeschafft worden ist oder

   b) nach dem 31. Dezember 1993 angeschafft worden ist und mindestens fünf Jahre nach seiner Anschaffung zu eigenbetrieblichen Zwecken verwendet wird oder

3. das Wirtschaftsgut nach dem Jahr der Fertigstellung und auf Grund eines nach dem 31. Dezember 1991 rechtswirksam abgeschlossenen obligatorischen Vertrags oder gleichstehenden Rechtsakts angeschafft worden ist, soweit Modernisierungsmaßnahmen und andere nachträgliche Herstellungsarbeiten nach dem Abschluß dieses Vertrags oder Rechtsakts durchgeführt worden sind.

§ 4
Sonderabschreibungen

(1) Bemessungsgrundlage für die Sonderabschreibungen sind die Anschaffungs- oder Herstellungskosten der angeschafften oder hergestellten Wirtschaftsgüter oder die Herstellungskosten, die für die nachträglichen Herstellungsarbeiten aufgewendet worden sind, oder die Anschaffungskosten, die auf Modernisierungsmaßnahmen und andere nachträglichen Herstellungsarbeiten im Sinne des § 3 Satz 2 Nr. 3 entfallen. Die Sonderabschreibungen können im Jahr des Investitionsabschlusses und in den folgenden vier Jahren in Anspruch genommen werden. Investitionen sind in dem Zeitpunkt abgeschlossen, in dem die Wirtschaftsgüter angeschafft oder hergestellt oder die nachträglichen Herstellungsarbeiten beendet worden sind. In den Fällen des § 3 Satz 2 Nr. 3 tritt an die Stelle des Jahres der Anschaffung das Jahr der Beendigung der nachträglichen Herstellungsarbeiten. Die Sonderabschreibungen können bereits für Anzahlungen auf Anschaffungskosten und für Teilherstellungskosten in Anspruch genommen werden.

(2) Die Sonderabschreibungen betragen vorbehaltlich des Satzes 2 bei Investitionen, die

1. nach dem 31. Dezember 1990 und vor dem 1. Januar 1997 abgeschlossen werden, bis zu 50 vom Hundert der Bemessungsgrundlage,
2. nach dem 31. Dezember 1996 und vor dem 1. Januar 1999 abgeschlossen werden,
   a) bis zu 50 vom Hundert, soweit vor dem 1. Januar 1997 Anzahlungen auf Anschaffungskosten geleistet worden oder Teilherstellungskosten entstanden sind, und
   b) bis zu 40 vom Hundert, soweit die Bemessungsgrundlage die vor dem 1. Januar 1997 geleisteten Anzahlungen auf Anschaffungskosten oder entstandenen Teilherstellungskosten übersteigt,
3. nach dem 31. Dezember 1998 abgeschlossen werden,
   a) bis zu 50 vom Hundert, soweit vor dem 31. Dezember 1990 und vor dem 1. Januar 1997 Anzahlungen auf Anschaffungskosten geleistet worden oder Teilherstellungskosten entstanden sind, und
   b) bis zu 40 vom Hundert, soweit nach dem 31. Dezember 1996 und vor dem 1. Januar 1999 Anzahlungen auf Anschaffungskosten geleistet worden oder Teilherstellungskosten entstanden sind.

Bei Baumaßnahmen im Sinne des § 3 tritt an die Stelle des Satzes von 40 vom Hundert jeweils

1. der Satz von 25 vom Hundert, soweit die unbeweglichen Wirtschaftsgüter mindestens fünf Jahre nach ihrer Anschaffung oder Herstellung Wohnzwecken dienen,

2. der Satz von 20 vom Hundert, soweit die unbeweglichen Wirtschaftsgüter nicht mindestens fünf Jahre nach ihrer Anschaffung oder Herstellung
   a) in einem Betrieb des verarbeitenden Gewerbes zu eigenbetrieblichen Zwecken verwendet werden oder
   b) Wohnzwecken dienen.

Satz 2 gilt nicht bei Modernisierungsmaßnahmen und anderen nachträglichen Herstellungsarbeiten an unbeweglichen Wirtschaftsgütern und nicht in den Fällen des § 3 Satz 2 Nr. 3. Hat ein Betrieb Betriebsstätten im Fördergebiet und außerhalb des Fördergebiets, gilt für die Einordnung eines Betriebs in das verarbeitende Gewerbe die Gesamtheit aller Betriebsstätten im Fördergebiet als ein Betrieb.

(3) Bei Herstellungskosten, die für nachträgliche Herstellungsarbeiten im Sinne des § 3 Satz 1 aufgewendet worden sind, und bei Anschaffungskosten, die auf Modernisierungsmaßnahmen und andere nachträgliche Herstellungsarbeiten im Sinne des § 3 Satz 2 Nr. 3 entfallen, ist der Restwert von dem auf das Jahr der Inanspruchnahme der insgesamt zulässigen Sonderabschreibungen folgenden Jahr an, spätestens vom für das Jahr der Beendigung der Herstellungsarbeiten folgenden Jahr an, bis zum Ende des neunten Jahres nach dem Jahr der Beendigung der Herstellungsarbeiten in gleichen Jahresbeträgen abzusetzen.

§ 5
Gewinnabzug

Land- und Forstwirte, deren Gewinn nach § 13 a des Einkommensteuergesetzes zu ermitteln ist, können im Wirtschaftsjahr der Anschaffung oder Herstellung oder Beendigung der nachträglichen Herstellungsarbeiten 25 vom Hundert der Anschaffungs- oder Herstellungskosten der angeschafften oder hergestellten Wirtschaftsgüter oder der Herstellungskosten, die für die nachträglichen Herstellungsarbeiten aufgewendet worden sind, vom Gewinn abziehen. Die abzugfähigen Beträge dürfen insgesamt 4.000 Deutsche Mark nicht übersteigen und nicht zu einem Verlust aus Land- und Forstwirtschaft führen. § 7 a Abs. 5 und 6 des Einkommensteuergesetzes gilt entsprechend.

§ 6
Steuerfreie Rücklage

(1) Steuerpflichtige, die den Gewinn nach § 4 Abs. 1 oder § 5 des Einkommensteuergesetzes ermitteln, können eine den steuerlichen Gewinn mindernde Rücklage für Investitionen im Sinne der §§ 2 und 3 bilden, mit denen vor dem 1. Januar 1992 begonnen worden ist. Die Rücklage kann

bis zu der Höhe gebildet werden, in der voraussichtlich Sonderabschreibungen nach § 4 Abs. 1 in Anspruch genommen werden können, höchstens jedoch im Wirtschaftsjahr in Höhe von jeweils 20 Millionen Deutsche Mark.

(2) Die Rücklage ist gewinnerhöhend aufzulösen, sobald und soweit Sonderabschreibungen nach § 4 Abs. 1 für Investitionen, die vor dem 1. Januar 1995 abgeschlossen worden sind, in Anspruch genommen werden können, spätestens jedoch zum Schluß des ersten nach dem 30. Dezember 1994 endenden Wirtschaftsjahrs.

(3) Soweit eine nach Absatz 1 gebildete Rücklage gewinnerhöhend aufgelöst wird, ohne daß in gleicher Höhe Sonderabschreibungen nach § 4 vorgenommen werden, ist der Gewinn des Wirtschaftsjahrs, in dem die Rücklage aufgelöst wird, für jedes volle Wirtschaftsjahr, in dem die Rücklage bestanden hat, um 6 vom Hundert des aufgelösten Rücklagebetrags zu erhöhen.

§ 7
Abzugsbetrag bei zu eigenen Wohnzwecken genutzten Gebäuden

(1) Aufwendungen, die auf an einem eigenen Gebäude vorgenommene Herstellungs- und Erhaltungsarbeiten entfallen, können im Jahr der Zahlung und den folgenden neun Jahren jeweils bis zu 10 vom Hundert wie Sonderausgaben abgezogen werden. Die Aufwendungen sind nur begünstigt, wenn das Gebäude in dem Teil des Fördergebiets liegt, in dem das Grundgesetz vor dem 3. Oktober 1990 nicht gegolten hat, und soweit sie

1. nicht zu den Betriebsausgaben oder Werbungskosten gehören,
2. nicht in die Bemessungsgrundlage nach §§ 10 e, 10 f, 52 Abs. 21 Satz 6 des Einkommensteuergesetzes, oder § 10 i einbezogen und nicht nach § 10e Abs. 6 oder dem Eigenheimzulagengesetz des Einkommensteuergesetzes abgezogen werden,
3. auf das Gebäude oder Gebäudeteil entfallen, das im jeweiligen Jahr des Zeitraums nach Satz 1 zu eigenen Wohnzwecken genutzt wird,
4. während des Anwendungszeitraums nach § 8 Abs. 3 40.000 Deutsche Mark nicht übersteigen.

Eine Nutzung zu eigenen Wohnzwecken liegt auch vor, wenn Teile einer zu eigenen Wohnzwecken genutzten Wohnung unentgeltlich zu Wohnzwecken überlassen werden.

(2) Für Zeiträume, für die von Aufwendungen, die auf Herstellungsarbeiten entfallen, Absetzungen für Abnutzung, erhöhte Absetzungen oder Sonderabschreibungen abgezogen worden sind, können für diese Aufwendungen keine Abzugsbeträge nach Absatz 1 Satz 1 in Anspruch genommen werden. Soweit das Gebäude während des Zeitraums nach Absatz 1 Satz 1 zur Einkunftserzielung genutzt wird, ist der noch nicht berücksichtigte Teil der Aufwendungen, die auf Erhaltungsarbeiten entfallen, im Jahr des Übergangs zur Einkunftserzielung wie Sonderausgaben abzuziehen.

(3) Die Absätze 1 und 2 sind auf Gebäudeteile, die selbständige unbewegliche Wirtschaftsgüter sind, und auf Eigentumswohnungen entsprechend anzuwenden.

§ 7 a
Steuerermäßigung für Darlehen zur Verstärkung des haftenden Kapitals von kleinen und mittleren Betrieben

(1) Bei unbeschränkt Steuerpflichtigen im Sinne des Einkommensteuergesetzes, die Darlehen nach Absatz 2 gewähren, ermäßigt sich die Einkommensteuer für den Veranlagungszeitraum der Darlehensgewährung um 12 vom Hundert der gewährten Darlehen, höchstens jedoch um 50 vom Hundert der Einkommensteuer, die sich ohne die Ermäßigung ergeben würde.

(2) Voraussetzung für die Steuerermäßigung ist, daß

1. die Darlehen der Kreditanstalt für Wiederaufbau oder der Deutschen Ausgleichsbank (Kapitalsammelstellen) nach dem 31. Dezember 1995 und vor dem 1. Januar 1999 gewährt werden,
2. die Darlehen nach den vertraglichen Vereinbarungen eine Laufzeit von mindestens zehn Jahren haben, am Ende der Laufzeit in einem Betrag zu tilgen sind und nicht vorzeitig gekündigt werden dürfen und
3. der Zeitpunkt der Gewährung der Darlehen, ihre Höhe und die in den Nummern 1 und 2 genannten Voraussetzungen durch eine Bescheinigung der Kapitalsammelstelle nachgewiesen werden.

(3) Die Kapitalsammelstellen haben den Abschluß von Darlehensverträgen abzulehnen, wenn die in dem jeweiligen Kalenderjahr bereits aufgenommenen Darlehen den Betrag von insgesamt 500 Millionen Deutsche Mark erreicht haben. Die Kapitalsammelstellen haben die Mittel aus den Darlehen mittelbar als haftendes Kapital an kleine und mittlere Gewerbebetriebe weiterzuleiten zur Finanzierung von Betriebsstätten, die in dem Teil des Fördergebiets liegen, in dem das Grundgesetz vor dem 3. Oktober 1990 nicht gegolten hat. Kleine und mittlere Gewerbebetriebe sind Unternehmen mit einem Jahresumsatz bis zu 500 Millionen Deutsche Mark. Die Kapitalsammelstellen haben die Entgelte für die Zuführung der Mittel aus den Darlehen so festzulegen, daß die Rückzahlung und Verzinsung der Darlehen gewährleistet erscheint. Die Vergabe und Verwal-

Anhang 15
I Fördergebiet

tung der Mittel aus den Darlehen erfolgt nach einer Richtlinie, die das Bundesministerium für Wirtschaft im Einvernehmen mit dem Bundesministerium der Finanzen erläßt.

§ 8
Anwendung

(1) § 5 ist anzuwenden bei
1. Wirtschaftsgütern, die nach dem 31. Dezember 1990 und vor dem 1. Januar 1999 angeschafft oder hergestellt werden, und bei nachträglichen Herstellungsarbeiten, die in diesem Zeitraum beendet werden, sowie
2. nach dem 31. Dezember 1990 und vor dem 1. Januar 1999 geleisteten Anzahlungen auf Anschaffungskosten und entstandenen Teilherstellungskosten.

(1 a) Bei beweglichen Wirtschaftsgütern, die im Zeitpunkt der Anschaffung oder Herstellung zum Anlagevermögen einer Betriebsstätte in dem Teil des Landes Berlin gehören, in dem das Grundgesetz schon vor dem 3. Oktober 1990 gegolten hat (Berlin-West), bei unbeweglichen Wirtschaftsgütern in Berlin-West und bei nachträglichen Herstellungsarbeiten an diesen Wirtschaftsgütern sind die §§ 1 bis 5 anzuwenden, wenn
1. der Steuerpflichtige sie nach dem 30. Juni 1991 bestellt oder herzustellen begonnen hat, und
2. a) die Wirtschaftsgüter nach dem 31. Dezember 1990 und vor dem 1. Januar 1995 angeschafft oder hergestellt und die nachträglichen Herstellungsarbeiten in diesem Zeitraum beendet worden sind oder
   b) die Wirtschaftsgüter nach dem 31. Dezember 1995 und vor dem 1. Januar 1999 angeschafft oder hergestellt werden, soweit die Anschaffungs- oder Herstellungskosten die nach dem 31. Dezember 1994 und vor dem 1. Januar 1996 geleisteten Anzahlungen auf Anschaffungskosten oder entstandenen Teilherstellungskosten übersteigen, oder
   c) die Wirtschaftsgüter nach dem 31. Dezember 1998 angeschafft oder hergestellt werden, soweit nach dem 31. Dezember 1990 und vor dem 1. Januar 1995 sowie nach dem 31. Dezember 1995 und vor dem 1. Januar 1999 Anzahlungen auf Anschaffungskosten geleistet worden oder Teilherstellungskosten entstanden sind.

Als Beginn der Herstellung im Sinne des Satzes 1 Nr. 1 gilt bei Baumaßnahmen, für die eine Baugenehmigung erforderlich ist, der Zeitpunkt, in dem der Bauantrag gestellt wird. Soweit unbewegliche Wirtschaftsgüter oder durch nachträgliche Herstellungsarbeiten an unbeweglichen Wirtschaftsgütern geschaffene Teile mindestens fünf Jahre nach ihrer Anschaffung oder Herstellung oder nach Beendigung der nachträglichen Herstellungsarbeiten Wohnzwecken dienen und nicht zu einem Betriebsvermögen gehören,
1. tritt in Satz 1 Nr. 2 Buchstabe a an die Stelle des 1. Januar 1995 der 1. Januar 1999,
2. sind bei nach dem 31. Dezember 1998 angeschafften oder hergestellten Wirtschaftsgütern oder beendeten nachträglichen Herstellungsarbeiten die §§ 1 bis 5 anzuwenden, soweit nach dem 31. Dezember 1990 und vor dem 1. Januar 1999 Anzahlungen auf Anschaffungskosten geleistet worden oder Teilherstellungskosten entstanden sind.

Satz 1 Nr. 2 Buchstabe b und c ist nur anzuwenden bei
1. unbeweglichen Wirtschaftsgütern, soweit sie mindestens fünf Jahre nach ihrer Anschaffung oder Herstellung in einem Betrieb des verarbeitenden Gewerbes zu eigenbetrieblichen Zwecken verwendet werden, und
2. beweglichen Wirtschaftsgütern, die mindestens drei Jahre nach ihrer Anschaffung oder Herstellung
   a) zum Anlagevermögen eines Betriebs des Steuerpflichtigen gehören, der in die Handwerksrolle oder das Verzeichnis handwerksähnlicher Betriebe eingetragen ist, oder eines Betriebs des verarbeitenden Gewerbes des Steuerpflichtigen gehören und
   b) in einem solchen Betrieb des Steuerpflichtigen verbleiben,

wenn der Betrieb zu Beginn des Wirtschaftsjahrs, in dem die Wirtschaftsgüter angeschafft oder hergestellt werden, nicht mehr als 250 Arbeitnehmer in einem gegenwärtigen Dienstverhältnis beschäftigt, die Arbeitslohn, Kurzarbeitergeld, Schlechtwettergeld oder Winterausfallgeld beziehen. Befindet sich die Betriebsstätte im Zeitpunkt der Anschaffung oder Herstellung der Wirtschaftsgüter nicht in einem Gebiet, das im jeweils gültigen Rahmenplan nach dem Gesetz über die Gemeinschaftsaufgabe „Verbesserung der regionalen Wirtschaftsstruktur" vom 6. Oktober 1969 (BGBl. I S. 1861) ausgewiesen ist, tritt an die Stelle der Zahl von 250 Arbeitnehmern die Zahl von 50 Arbeitnehmern. Erfüllen Wirtschaftsgüter, die nach dem 31. Dezember 1994 angeschafft oder hergestellt werden, und Teile, die durch nach diesem Zeitpunkt beendete nachträgliche Herstellungsarbeiten geschaffen werden, die in den Sätzen 3 bis 5 genannten Voraussetzungen, sind die §§ 1 bis 5 anzuwenden, soweit nach dem 31. Dezember 1990 und vor dem 1. Januar 1995 Anzahlungen auf Anschaffungskosten geleistet worden oder Teilherstellungskosten entstanden sind.

(2) § 6 Abs. 1 ist erstmals für das Wirtschaftsjahr anzuwenden, das nach dem 31. Dezember 1990 endet, und letztmals für das Wirtschaftsjahr, das nach dem 30. Dezember 1991 endet. § 6 ist für Investitionen in Berlin-West nicht anzuwenden.

(3) § 7 ist auf Aufwendungen anzuwenden, die auf nach dem 31. Dezember 1990 und vor dem 1. Januar 1999 vorgenommene Herstellungs- oder Erhaltungsarbeiten entfallen.

II
Zweifelsfragen bei der Anwendung des Fördergebietsgesetzes

BMF vom 29. 3. 1993 (BStBl I S. 279)

IV B 3 – S 1988 – 28/93

Unter Bezugnahme auf das Ergebnis der Erörterungen mit den obersten Finanzbehörden der Länder gilt bei der Anwendung des Fördergebietsgesetzes in der Fassung vom 24. Juni 1991 (BGBl. I S. 1322, 1331, BStBl I S. 665, 674) folgendes:

I. Anspruchsberechtigter

1[1]) Werden begünstigte Investitionen im Sinne der §§ 2 und 3 Fördergebietsgesetz (FördG) von einer Personengesellschaft oder Gemeinschaft vorgenommen, so ist sie selbst berechtigt, Sonderabschreibungen nach § 4 FördG und Gewinnabzüge nach § 5 FördG vorzunehmen und Rücklagen nach § 6 FördG zu bilden. Das bedeutet, daß bei einem entgeltlichen Gesellschafterwechsel der neu eintretende Gesellschafter hinsichtlich der von ihm anteilig erworbenen Wirtschaftsgüter keinen eigenen Anspruch auf die genannten Steuervergünstigungen erlangt. Die Steuervergünstigungen wirken sich bei ihm nur aus, soweit ihm das Betriebsergebnis der Gesellschaft zuzurechnen ist. Dem ausscheidenden Gesellschafter wird das Betriebsergebnis der Gesellschaft entsprechend seiner Beteiligung bis zum Ausscheiden auch dann einschließlich der Sonderabschreibungen zugerechnet, wenn er vor Ablauf des Verbleibenszeitraums im Sinne des § 2 Nr. 2 FördG ausscheidet. Entsprechendes gilt bei Änderung der Beteiligungsverhältnisse.

Beispiel:

A, B, C sind zu je 1/3 an der Grundstücksgemeinschaft „Leipziger Straße" mit Einkünften aus Vermietung und Verpachtung beteiligt. Die Gemeinschaft errichtet ein Gebäude mit Herstellungskosten von 900.000 DM, das im Januar 1993 fertiggestellt wird. Sie nimmt im Jahr 1993 Sonderabschreibungen von 30 v. H. der Herstellungskosten in Anspruch. Zum 1. Juli 1994 veräußert C seinen Anteil an der Gemeinschaft an D für 350.000 DM. Die Grundstücksgemeinschaft nimmt im Jahr 1994 die restlichen Sonderabschreibungen in Anspruch.

	DM	DM
Herstellungskosten 1993		900.000
30 v. H. Sonderabschreibungen 1993	270.000	
2 v. H. lineare AfA 1993	18.000	
Abschreibungen 1993	288.000	288.000
Restwert 31. Dezember 1993		612.000
20 v. H. Sonderabschreibungen 1994	180.000	
2 v. H. lineare AfA 1994	18.000	
Abschreibungen 1994	198.000	
davon 1/2 für 1. Januar bis 30. Juni 1994		99.000
Restwert 30. Juni 1994		513.000
Anteil des C (1/3)	171.000	
Veräußerungspreis	350.000	
Mehrwert	179.000	
Lineare AfA 1994 auf den von D gezahlten Mehrwert: 6/12 von 2 v. H. von 179.000 DM =		1.790

Die Einkünfte der Gemeinschaft des Jahres 1994 werden A und B zu je 1/3 und C und D zu je 1/6 zugerechnet. Daneben ist bei D die AfA von 1.790 DM auf den von ihm gezahlten Mehrwert zu berücksichtigen.

Bei Eintritt eines weiteren Gesellschafters in eine bestehende Gesellschaft im Laufe eines Wirtschaftsjahrs können die Steuervergünstigungen entweder zeitanteilig oder außerhalb der Verteilung des übrigen Betriebsergebnisses entsprechend der jeweiligen Beteiligung auf die Gesellschafter verteilt werden.

II. Begünstigte Maßnahmen
1. Anschaffung oder Herstellung

Wegen der unterschiedlichen Bemessungsgrundlage für die Sonderabschreibungen ist zu unterscheiden, ob das begünstigte Wirtschaftsgut angeschafft oder hergestellt worden ist. Dies gilt insbesondere bei Beauftragung eines Generalunternehmers. Hersteller (Bauherr) eines Gebäudes ist, wer es auf eigene Rechnung und Gefahr baut oder bauen läßt und das Baugeschehen beherrscht. Der Auftraggeber ist somit als Hersteller anzusehen, wenn er das umfassend zu verstehende Bauherrenwagnis, d. h. das wirtschaftlich für die Durchführung des Bauvorhabens auf sei- 2

---

[1]) → Anhang 15 I.

nem Grundstück typische Risiko, tragen muß sowie rechtlich und tatsächlich die Planung und Ausführung in der Hand hat. Vgl. im einzelnen BMF-Schreiben vom 31. August 1990 (BStBl I S. 366)[1]).

2. Nachträgliche Herstellungsarbeiten

3   (1) Nachträgliche Herstellungsarbeiten im Sinne des § 2 Satz 1 und des § 3 Satz 1 FördG sind Arbeiten an einem bereits gelieferten oder fertiggestellten Wirtschaftsgut, die in sachlicher und zeitlicher Hinsicht gegenüber der Lieferung oder Fertigstellung dieses Wirtschaftsguts abgrenzbar sind (vgl. BFH-Urteil vom 4. Dezember 1979 – BStBl 1980 II S. 203), durch die an dem vorhandenen Wirtschaftsgut etwas Neues, bisher nicht Vorhandenes geschaffen wird (BFH-Urteil vom 29. August 1989 – BStBl 1990 II S. 430) oder durch die das vorhandene Wirtschaftsgut wesentlich in seiner Substanz vermehrt, in seinem Wesen verändert oder über seinen bisherigen Zustand hinaus erheblich verbessert wird (Abschnitt 157 Abs. 3 EStR 1990).

4   (2) Bei Gebäuden gehören zu den nachträglichen Herstellungsarbeiten insbesondere Anbauten, Ausbauten, Umbauten und Erweiterungen, Modernisierungsmaßnahmen, soweit die entstandenen Aufwendungen nicht Erhaltungsaufwand sind, sowie Baumaßnahmen im Zusammenhang mit der Anschaffung des Gebäudes (vgl. Abschnitt 157 Abs. 5 EStR 1990). Bei Umbauten und Modernisierungsmaßnahmen handelt es sich um nachträgliche Herstellungsarbeiten und nicht um die Herstellung eines neuen Gebäudes, wenn die tragenden Teile und die Fundamente des bisherigen Gebäudes Verwendung finden (vgl. BFH-Urteile vom 28. Juni 1977 – BStBl II S. 725, und vom 31. März 1992 – BStBl II S. 808). Die Höhe der Aufwendungen für die Baumaßnahmen und der Wert des bisherigen Gebäudes sind ohne Bedeutung.

III. Zugehörigkeits- und Verbleibensvoraussetzung

5   (1) Die Anschaffung und die Herstellung von abnutzbaren beweglichen Wirtschaftsgütern des Anlagevermögens ist nach § 2 Nr. 2 FördG nur begünstigt, wenn die Wirtschaftsgüter mindestens 3 Jahre nach ihrer Anschaffung oder Herstellung zum Anlagevermögen einer Betriebsstätte des Steuerpflichtigen im Fördergebiet gehören und während dieser Zeit in einer solchen Betriebsstätte verbleiben. Sind an einem abnutzbaren beweglichen Wirtschaftsgut des Anlagevermögens nachträgliche Herstellungsarbeiten vorgenommen worden, so kommen die Sonderabschreibungen für die hierdurch eingebauten neuen Teile des Wirtschaftsguts ebenfalls nur in Betracht, wenn diese Teile mindestens 3 Jahre nach Beendigung der nachträglichen Herstellungsarbeiten zum Anlagevermögen einer Betriebsstätte des Steuerpflichtigen im Fördergebiet gehören und während dieser Zeit in einer solchen Betriebsstätte verbleiben.

6   (2) Bei einer Betriebsaufspaltung sind Besitzunternehmen und Betriebsunternehmen jeweils rechtlich selbständige Unternehmen (BFH-Beschluß vom 8. November 1971 – BStBl 1972 II S. 63, BFH-Urteil vom 17. Juli 1991 – BStBl 1992 II S. 246). Für bewegliche Wirtschaftsgüter des Anlagevermögens eines Besitzunternehmens kommen deshalb Sonderabschreibungen nur in Betracht, wenn sie einem Betrieb oder einer Betriebsstätte des Besitzunternehmens im Fördergebiet zuzurechnen sind. Entsprechendes gilt für bewegliche Wirtschaftsgüter eines Betriebsunternehmens, wenn die Wirtschaftsgüter einem Betrieb oder einer Betriebsstätte des Betriebsunternehmens im Fördergebiet zuzurechnen sind. Die Verbleibensvoraussetzung im Sinne des § 2 Nr. 2 FördG ist jedoch auch dann erfüllt, wenn diese Wirtschaftsgüter vom Besitz- an das Betriebsunternehmen oder umgekehrt überlassen oder übertragen werden und in dessen Betrieb oder in dessen Betriebsstätte im Fördergebiet verbleiben.

IV. Abschreibungen
1. Bemessungsgrundlage

7   (1) In den Fällen der Anschaffung kommen als Bemessungsgrundlage im Sinne des § 4 Abs. 1 und 2 FördG die Anschaffungskosten oder Anzahlungen auf Anschaffungskosten, in den Fällen der Herstellung dagegen nur die tatsächlich entstandenen Herstellungskosten oder Teilherstellungskosten in Betracht.

8   (2) Wegen des Begriffs der Anzahlungen auf Anschaffungskosten und der Teilherstellungskosten vgl. Abschnitt 45 Abs. 5 und 6 EStR 1990. Anzahlungen auf Anschaffungskosten sind somit die vor der Lieferung eines Wirtschaftsguts auf die endgültigen Anschaffungskosten geleisteten Zahlungen, soweit sie diese nicht übersteigen. Ohne Bedeutung ist, ob die Zahlungen verzinst werden oder zu einer Kaufpreisminderung führen. Anzahlungen auf Anschaffungskosten liegen nicht vor, soweit eine Vorauszahlung als willkürliche Zahlung und damit als Mißbrauch von Gestaltungsmöglichkeiten des Rechts im Sinne von § 42 AO zu werten ist (vgl. BFH-Urteil vom 3. Februar 1987 – BStBl II S. 492). Eine Vorauszahlung gilt nicht als willkürlich, wenn das Wirtschaftsgut spätestens im folgenden Jahr geliefert wird. Bei einem Gebäude, das von einem Bauträger im Sinne von § 3 der

[1]) → Anhang 30 I.

Makler- und Bauträgerverordnung (MaBV; BGBl. 1990 I S. 2479) erworben wird, ist die Willkürlichkeit von Vorauszahlungen auch nicht anzunehmen, soweit sie nicht höher als die Zahlungen sind, die nach § 3 Abs. 2 MaBV im laufenden und im folgenden Jahr voraussichtlich zu leisten wären. Das gilt auch dann, wenn nach § 7 MaBV über die Teilbeträge nach § 3 Abs. 2 MaBV hinaus Zahlungen geleistet werden. Nach § 3 Abs. 2 MaBV sind zu leisten:

- 30 v. H. der Vertragssumme in den Fällen, in denen Eigentum an einem Grundstück übertragen werden soll, oder 20 v. H. der Vertragssumme in den Fällen, in denen ein Erbbaurecht bestellt oder übertragen werden soll, nach Beginn der Erdarbeiten,
- vom restlichen Teil der Vertragssumme
  40 v. H. nach Rohbaufertigstellung,
  25 v. H. nach Fertigstellung der Rohinstallation einschließlich Innenputz, ausgenommen Beiputzarbeiten,
  15 v. H. nach Fertigstellung der Schreiner- und Glaserarbeiten, ausgenommen Türblätter,
  15 v. H. nach Bezugsfertigkeit und Zug um Zug gegen Besitzübergabe,
  5 v. H. nach vollständiger Fertigstellung.

Zahlungen können auch dann willkürlich sein, wenn sie vertraglich vereinbart sind.

Beispiel:

Im Dezember 1993 schließt A mit dem Bauträger B einen Kaufvertrag über eine noch zu errichtende Eigentumswohnung in Leipzig ab. Der Kaufpreis wurde vereinbarungsgemäß noch in 1993 fällig und bezahlt. Mit den Erdarbeiten soll im Februar 1994 begonnen werden. Bis zum Ende des Jahres 1994 wird voraussichtlich der Rohbau fertiggestellt sein; der Übergang von Besitz, Nutzungen und Lasten soll im Mai 1995 erfolgen.

Die Vorauszahlung ist willkürlich, soweit sie die Teilbeträge übersteigt, die nach § 3 Abs. 2 MaBV bis Ende 1994 fällig geworden wären. Anzahlungen auf Anschaffungskosten des bebauten Grundstücks liegen daher in 1993 nur zu 58 v. H. (30 v. H. der Vertragssumme zuzüglich 40 v. H. der verbleibenden 70 v. H.) der in 1993 abgeflossenen Zahlung vor. Da der Restbetrag nach § 3 Abs. 2 MaBV erst im Jahr 1995 zu leisten gewesen wäre, kann er im Jahr 1994 als Anzahlung auf Anschaffungskosten berücksichtigt werden.

(3) Anzahlungen auf die Anschaffungskosten eines bebauten Grundstücks sind nach dem voraussichtlichen Verhältnis der Verkehrswerte oder Teilwerte auf den Grund und Boden und das Gebäude aufzuteilen. Für den auf den Grund und Boden entfallenden Teil kommen keine Sonderabschreibungen in Betracht.

2. **Begünstigungszeitraum**

(1) Bei nachträglichen Herstellungsarbeiten an unbeweglichen Wirtschaftsgütern endet der Begünstigungszeitraum mit Ablauf des Jahres, in dem Sonderabschreibungen von 50 v. H. der Herstellungskosten tatsächlich in Anspruch genommen worden sind, spätestens mit Ablauf des vierten auf das Jahr der Beendigung der Herstellungsarbeiten folgenden Jahres.

(2) Wird ein Wirtschaftsgut vor dem 1. Januar 1995 angeschafft oder werden nachträgliche Herstellungsarbeiten vor diesem Zeitpunkt beendet, so endet der Begünstigungszeitraum für Anzahlungen auf Anschaffungskosten oder für Teilherstellungskosten mit Ablauf des Jahres, das dem Jahr der Anschaffung oder Herstellung oder der Beendigung der nachträglichen Herstellungsarbeiten vorangegangen ist. Wird ein Wirtschaftsgut nach dem 31. Dezember 1994 angeschafft oder hergestellt oder werden nachträgliche Herstellungsarbeiten an einem beweglichen Wirtschaftsgut nach diesem Zeitpunkt beendet, so endet der Begünstigungszeitraum für vor dem 1. Januar 1995 geleistete Anzahlungen auf Anschaffungskosten oder für vor diesem Zeitpunkt entstandene Teilherstellungskosten mit Ablauf des vierten auf das Jahr der jeweiligen Anzahlung oder der Teilherstellung folgenden Jahres. Werden nachträgliche Herstellungsarbeiten an einem unbeweglichen Wirtschaftsgut nach dem 31. Dezember 1994 beendet, so endet der Begünstigungszeitraum für vor dem 1. Januar 1995 entstandene Teilherstellungskosten mit Ablauf des Jahres, in dem Sonderabschreibungen von 50 v. H. der Teilherstellungskosten tatsächlich in Anspruch genommen worden sind, spätestens mit Ablauf des vierten auf das Jahr der jeweiligen Teilherstellung folgenden Jahres. Zur AfA vom Restwert vgl. Tz. 16 und 17.

3. **Lineare AfA**

(1) Bei den durch nachträgliche Herstellungsarbeiten geschaffenen neuen Teilen eines Wirtschaftsguts ist neben den Sonderabschreibungen die lineare AfA unabhängig davon vorzunehmen, ob für das Wirtschaftsgut selbst lineare oder degressive AfA oder Sonderabschreibungen vorgenommen werden. Vom Zeitpunkt der Beendigung der nachträglichen Herstellungsarbeiten an rich-

tet sich die AfA nach den Verhältnissen, die bei den neu geschaffenen Teilen des Wirtschaftsguts vorliegen. Dabei sind die nachträglichen Herstellungskosten so zu berücksichtigen, als wären sie zu Beginn des Jahres aufgewendet worden.

(2) Haben die neu geschaffenen Teile die Merkmale eines Gebäudes (z. B. bei Anbauten, Erweiterungen und Aufstockungen), so ist die AfA nach § 7 Abs. 4 EStG vorzunehmen. In den übrigen Fällen bemißt sich die AfA nach § 7 Abs. 1 Satz 1 EStG nach der Nutzungsdauer der neu geschaffenen Teile. Diese Nutzungsdauer entspricht der Restnutzungsdauer des Wirtschaftsguts im Zeitpunkt der Beendigung der nachträglichen Herstellungsarbeiten; bei nachträglichen Herstellungsarbeiten an Gebäuden bestehen jedoch keine Bedenken, wenn der Steuerpflichtige die AfA für die neu geschaffenen Teile nach dem für das Gebäude nach § 7 Abs. 4 EStG maßgebenden AfA-Satz bemißt.

Beispiele:

Fall 1:

Ein Gebäude mit einer geschätzten tatsächlichen Nutzungsdauer von mindestens 50 Jahren wird nach § 7 Abs. 4 Satz 1 EStG mit 2 v. H. abgeschrieben. Im zweiten auf das Jahr des Abschreibungsbeginns folgenden Jahr werden Umbaumaßnahmen an dem Gebäude beendet. Die Restnutzungsdauer des Gebäudes im Zeitpunkt der Beendigung der Umbaumaßnahmen wird auf 80 Jahre geschätzt.

Die AfA für die neu geschaffenen Teile kann entweder nach der Restnutzungsdauer des Gebäudes im Zeitpunkt der Beendigung der nachträglichen Herstellungsarbeiten (80 Jahre = 1,25 v. H.) oder **höher** wie für das Gebäude (mit 2 v. H.) bemessen werden.

Fall 2:

Ein Gebäude wird nach der geschätzten tatsächlichen Nutzungsdauer von 30 Jahren nach § 7 Abs. 4 Satz 2 EStG mit 3,33 v. H. abgeschrieben. Im dritten auf das Jahr des Abschreibungsbeginns folgenden Jahr werden Umbaumaßnahmen an dem Gebäude beendet. Die Restnutzungsdauer des Gebäudes im Zeitpunkt der Beendigung der Umbaumaßnahmen wird auf 25 Jahre geschätzt.

Die AfA für die neu geschaffenen Teile kann entweder nach der Restnutzungsdauer des Gebäudes im Zeitpunkt der Beendigung der nachträglichen Herstellungsarbeiten (25 Jahre = 4 v. H.) oder **niedriger** wie für das Gebäude (mit 3,33 v. H.) bemessen werden.

4. Restwertabschreibung

(1) Bei Gebäuden und bei sonstigen Wirtschaftsgütern ist die AfA vom Restwert nach Ablauf des Begünstigungszeitraums nach § 7 a Abs. 9 EStG vorzunehmen. Wegen der Restabschreibungsdauer bei Gebäuden vgl. BMF-Schreiben vom 20. Juli 1992 (BStBl I S. 415).

(2) Bei nachträglichen Herstellungsarbeiten an beweglichen Wirtschaftsgütern ist der Restwert nach Ablauf des Begünstigungszeitraums den Anschaffungs- oder Herstellungskosten des beweglichen Wirtschaftsguts oder dem an deren Stelle tretenden Wert hinzuzurechnen. Die weiteren AfA sind einheitlich für das gesamte Wirtschaftsgut nach dem sich hiernach ergebenden Betrag und der Restnutzungsdauer des beweglichen Wirtschaftsguts zu bemessen.

(3) Sind Sonderabschreibungen für Anzahlungen auf Anschaffungskosten oder für Teilherstellungskosten vorgenommen worden, so ist die AfA nach § 7 Abs. 1 Satz 1 oder Abs. 4 EStG grundsätzlich im Jahr der Anschaffung oder Herstellung des Wirtschaftsguts und in den folgenden Jahren des Begünstigungszeitraums von den Anschaffungs- oder Herstellungskosten des Wirtschaftsguts vorzunehmen. Wird ein Wirtschaftsgut nach dem 31. Dezember 1994 angeschafft oder hergestellt (vgl. Tz. 11 Satz 2), beginnt die AfA vom Restwert im Sinne des § 7 a Abs. 9 EStG nach Ablauf des für die Anzahlungen oder Teilherstellungskosten maßgebenden Begünstigungszeitraums.

Beispiel:

Ein zur Vermietung bestimmtes Gebäude des Privatvermögens wird im Juli 1995 fertiggestellt. Die Teilherstellungskosten im Jahr 1994 betragen 400.000 DM, die restlichen Herstellungskosten im Jahr 1995 betragen 300.000 DM.

Der Begünstigungszeitraum für die Sonderabschreibungen auf Teilherstellungskosten umfaßt die Jahre 1994 bis 1998. Die lineare AfA ist ab 1. Juli 1995 von den Herstellungskosten und vom Jahr 1999 an vom Restwert zum 31. Dezember 1998 zu bemessen:

Anhang 15
II Fördergebiet

	DM	DM
Teilherstellungskosten 1994		400.000
50 v. H. Sonderabschreibungen 1994	200.000	
restliche Herstellungskosten 1995		300.000
Herstellungskosten insgesamt		700.000
lineare AfA 1995 bis 1998 = 3½ Jahre ×2 v. H. = 7 v. H.	49.000 =	249.000
Restwert 31. Dezember 1998		451.000
AfA ab 1999 jährlich 1/46		

17 (4) Bei nachträglichen Herstellungsarbeiten gilt Tz. 16 entsprechend.

Beispiel:
Die Umbaumaßnahmen an einem fremden Wohnzwecken dienenden Gebäude des Privatvermögens, das nach § 7 Abs. 4 Satz 1 EStG mit 2 v. H. abgeschrieben wird, werden im Juli 1995 beendet. Die Teilherstellungskosten im Jahr 1994 betragen 250.000 DM, die restlichen Herstellungskosten im Jahr 1995 betragen 60.000 DM.

Fall 1:
Sonderabschreibungen auf Teilherstellungskosten werden im Jahr 1994 in Höhe von 50 v. H. in Anspruch genommen.

Der Begünstigungszeitraum für die Sonderabschreibungen auf Teilherstellungskosten umfaßt das Jahr 1994. Die lineare AfA ist ab 1. Juli 1995 vom Restwert zu bemessen:

	DM
Teilherstellungskosten 1994	250.000
50 v. H. Sonderabschreibungen 1994	−125.000
restliche Herstellungskosten 1995	+ 60.000
Restwert 30. Juni 1995	185.000
AfA ab 1995 jährlich 1/10	

Fall 2:
Sonderabschreibungen auf Teilherstellungskosten werden im Jahr 1994 in Höhe von 40 v. H. und im Jahr 1995 in Höhe von 10 v. H. in Anspruch genommen.

Der Begünstigungszeitraum für die Sonderabschreibungen auf Teilherstellungskosten umfaßt die Jahre 1994 und 1995.

Die lineare AfA ist ab 1. Juli 1995 von den Herstellungskosten und vom Jahr 1996 an vom Restwert zum 31. Dezember 1995 zu bemessen:

	DM	DM
Teilherstellungskosten 1994		250.000
40 v. H. Sonderabschreibungen 1994	100.000	
restliche Herstellungskosten 1995		60.000
Herstellungskosten insgesamt		310.000
10 v. H. Sonderabschreibungen 1995	25.000	
lineare AfA 1995 = ½ Jahr × 2 v. H. = 1 v. H.	3.100 =	128.100
Restwert 31. Dezember 1995		181.900
AfA ab 1996 jährlich 1/9		

V. Rücklage

18 (1) Eine Rücklage nach § 6 FördG kann nur für begünstigte Investitionen gebildet werden, mit denen vor dem 1. Januar 1992 begonnen worden ist. Diese Voraussetzung muß bereits zum Bilanzstichtag erfüllt sein. Investitionen sind in dem Zeitpunkt begonnen, in dem der Steuerpflichtige erstmals seine Entscheidung zur Anschaffung oder Herstellung des Wirtschaftsguts für sich bindend und unwiderruflich nach außen hin erkennbar macht. Als Investitionsbeginn ist deshalb der Zeitpunkt anzusehen, in dem ein bewegliches Wirtschaftsgut bestellt oder über ein unbewegliches Wirtschaftsgut der Kaufvertrag abgeschlossen oder mit der Herstellung eines Wirtschaftsguts oder mit den nachträglichen Herstellungsarbeiten begonnen worden ist. Als Beginn der Herstellung gilt bei Baumaßnahmen, für die eine Baugenehmigung erforderlich ist, der Zeitpunkt, in dem der Bauantrag gestellt wird.

19 (2) Tritt ein Steuerpflichtiger in den Vertrag über die Anschaffung eines Wirtschaftsguts ein, so ist als Zeitpunkt der Bestellung nicht der Zeitpunkt der Bestellung durch den Dritten, sondern der Zeitpunkt des Vertragseintritts durch den Steuerpflichtigen maßgebend. Stellt ein Steuerpflichtiger ein Wirtschaftsgut fertig, mit dessen Herstellung ein Dritter begonnen hat, so ist als Herstellungsbeginn nicht der Zeitpunkt des Herstellungsbeginns durch den Dritten, sondern der Zeitpunkt maßgebend, in dem der Steuerpflichtige mit der Fertigstellung des Wirtschaftsguts beginnt. Das gilt auch dann, wenn das Wirtschaftsgut aufgrund einer Baugenehmigung hergestellt wird, die der Dritte beantragt hat.

20 (3) Eine Rücklage darf nicht gebildet werden, soweit Sonderabschreibungen für Anzahlungen auf Anschaffungskosten oder für Teilherstellungskosten in Anspruch genommen werden.

VI. Sonderausgabenabzug

21 (1) Der Steuerpflichtige kann wählen, ob er hinsichtlich der Aufwendungen für nachträgliche Herstellungsarbeiten an einem zu eigenen Wohnzwecken genutzten Gebäude den Abzugsbetrag nach § 7 FördG oder bei Vorliegen der sonstigen Voraussetzungen die Steuerbegünstigung nach § 10 e Abs. 1 oder 2 oder § 10 f EStG in Anspruch nehmen will.

22 (2) Sind zu den Aufwendungen im Sinne des § 7 Abs. 1 FördG Zuschüsse aus öffentlichen oder privaten Mitteln gezahlt worden, so sind nur die um die Zuschüsse geminderten Aufwendungen, höchstens aber 40.000 DM, begünstigt.

23 (3) Sind Zahlungen im Sinne des § 7 Abs. 1 FördG in mehreren Jahren geleistet worden, so beginnt in jedem Jahr ein selbständiger Abzugszeitraum.

24 (4) Für vor dem 1. Januar 1991 geleistete Zahlungen beginnt der 10jährige Abzugszeitraum mit dem Jahr 1991, soweit die Aufwendungen auf nach dem 31. Dezember 1990 vorgenommene Herstellungs- und Erhaltungsarbeiten entfallen (§ 8 Abs. 3 FördG). Ein Abzug der auf vor dem 1. Januar 1991 durchgeführten Arbeiten entfallenden Aufwendungen ist auch dann ausgeschlossen, wenn die Zahlungen nach dem 31. Dezember 1990 geleistet worden sind. Es ist ggf. eine Aufteilung vorzunehmen. Die vorstehenden Grundsätze gelten entsprechend für im Jahr 1994 vorgenommene Herstellungs- und Erhaltungsarbeiten, für die eine Zahlung erst nach dem 31. Dezember 1994 erfolgt, bzw. für nach dem 31. Dezember 1994 durchgeführte Arbeiten, für die eine Zahlung bereits vor dem 1. Januar 1995 geleistet worden ist.

VII. Anwendung in Berlin (West)

25 Bei Investitionen in Berlin (West) kommen Sonderabschreibungen nur in Betracht, wenn der Steuerpflichtige nach dem 30. Juni 1991 die Wirtschaftsgüter bestellt oder mit ihrer Herstellung oder mit den nachträglichen Herstellungsarbeiten begonnen hat. Tz. 18 und 19 gelten entsprechend. Die Bildung von Rücklagen ist bei Investitionen in Berlin (West) nicht zulässig (vgl. BMF-Schreiben vom 21. Februar 1992 – BStBl I S. 215, und vom 3. Juli 1992 – BStBl I S. 394).

III
Inanspruchnahme von Sonderabschreibungen nach dem Fördergebietsgesetz und Zugehörigkeits-, Verbleibens- und Verwendungsvoraussetzung bei
1. Vermögensübergang im Sinne des Umwandlungssteuergesetzes
2. Realteilung einer Personengesellschaft
3. Ausscheiden von Gesellschaftern aus einer Personengesellschaft mit der Folge des Entstehens eines Einzelunternehmens

BMF vom 14. 7. 1995 (BStBl I S. 374)

IV B 3 – S 1988 – 73/95

Bezug: Tz. 1 des BMF-Schreibens vom 29. März 1993 (BStBl I S. 279)

Persönlich berechtigt zur Inanspruchnahme von Sonderabschreibungen nach dem Fördergebietsgesetz sind Steuerpflichtige im Sinne des Einkommensteuergesetzes und des Körperschaftsteuergesetzes. Bei Personengesellschaften und Gemeinschaften tritt an die Stelle des Steuerpflichtigen die Gesellschaft oder Gemeinschaft (§ 1 Abs. 1 Satz 2 FördG).

Zu den begünstigten Investitionen gehört nach den §§ 2 und 3 FördG u. a. die Anschaffung beweglicher Wirtschaftsgüter des Anlagevermögens und unbeweglicher Wirtschaftsgüter.

Voraussetzung für die Inanspruchnahme der Sonderabschreibungen ist

– bei beweglichen Wirtschaftsgütern, daß sie mindestens drei Jahre nach ihrer Anschaffung oder Herstellung (Bindungszeitraum) zum Anlagevermögen einer Betriebsstätte des Steuerpflichtigen im Fördergebiet gehören (Zugehörigkeitsvoraussetzung) und während dieser Zeit in einer solchen Betriebsstätte verbleiben (Verbleibensvoraussetzung; § 2 Nr. 2 FördG),

– bei unbeweglichen Wirtschaftsgütern, die nach dem Jahr der Fertigstellung und nach dem 31. Dezember 1993 angeschafft werden und beim Erwerber zu einem Betriebsvermögen gehören, daß sie mindestens fünf Jahre nach ihrer Anschaffung (Bindungszeitraum) zu eigenbetrieblichen Zwecken verwendet werden (Verwendungsvoraussetzung; § 3 Satz 2 Nr. 2 Buchstabe b FördG).

Unter Bezugnahme auf das Ergebnis der Erörterungen mit den obersten Finanzbehörden der Länder gilt zur Inanspruchnahme von Sonderabschreibungen und der Zugehörigkeits-, Verbleibens- und Verwendungsvoraussetzung (Bindungsvoraussetzungen) bei einem Vermögensübergang im Sinne des Umwandlungssteuergesetzes, bei Realteilung einer Personengesellschaft und bei Ausscheiden von Gesellschaftern aus einer Personengesellschaft mit der Folge des Entstehens eines Einzelunternehmens folgendes:

1. **Vermögensübergang im Sinne des Umwandlungssteuergesetzes**

   a) **Inanspruchnahme von Sonderabschreibungen nach einem Vermögensübergang**

   Die Übernahme von Wirtschaftsgütern durch einen Vermögensübergang im Sinne des Umwandlungssteuergesetzes stellt bei Übernehmenden eine Anschaffung im Sinne des Fördergebietsgesetzes dar, wenn die übergegangenen oder eingebrachten Wirtschaftsgüter als angeschafft gelten. Bemessungsgrundlage der Sonderabschreibungen ist der Wert, mit dem die Wirtschaftsgüter als angeschafft gelten. In folgenden Fällen gelten die Wirtschaftsgüter als angeschafft:

   aa) Umwandlungssteuergesetz 1977

   – Vermögensübergang von einer Körperschaft auf eine Personengesellschaft (§ 5 Abs. 1 und 2 i. V. m. § 3 UmwStG) oder auf eine natürliche Person (§ 11 UmwStG)

   – Vermögensübergang von einer Körperschaft auf eine andere Körperschaft, wenn die Wirtschaftsgüter mit dem Wert der für die Übertragung gewährten Gegenleistung oder mit dem Teilwert angesetzt werden (§ 15 Abs. 4 i. V. m. § 14 Abs. 1 UmwStG)

   – Einbringung eines Betriebs, Teilbetriebs oder Mitunternehmeranteils in eine Kapitalgesellschaft gegen Gewährung von Gesellschaftsanteilen oder in eine Personengesellschaft, wenn das eingebrachte Betriebsvermögen mit dem Teilwert angesetzt wird (§ 23 Abs. 3 und § 24 Abs. 4 UmwStG)

   bb) Umwandlungssteuergesetz 1995

   – Einbringung eines Betriebs, Teilbetriebs oder Mitunternehmeranteils im Wege der Einzelrechtsnachfolge in eine Kapitalgesellschaft gegen Gewährung von Gesellschaftsanteilen oder in eine Personengesellschaft, wenn das eingebrachte Betriebsvermögen mit dem Teilwert angesetzt wird (§ 22 Abs. 3 erster Teilsatz und § 24 Abs. 4 UmwStG)

   In den Fällen, in denen die Wirtschaftsgüter nicht als angeschafft gelten, tritt der Übernehmende hinsichtlich der Sonderabschreibungen in die Rechtsstellung des Übertragenden ein mit der Folge, daß er Sonderabschreibungen noch in der Höhe und in dem Zeitraum vornehmen kann, wie es auch der Übertragende noch könnte. Wird in den Fällen der Einbringung im Sinne der §§ 20 oder 24 UmwStG das eingebrachte Betriebsvermögen mit einem über dem Buchwert, aber unter dem Teilwert liegenden Wert (Zwischenwert) angesetzt, bleibt somit der Unterschiedsbetrag zwischen dem Buchwert und dem Zwischenwert bei der Inanspruchnahme von Sonderabschreibungen unberücksichtigt. Für den Unterschiedsbetrag kann lediglich lineare AfA vorgenommen werden.

b) Auswirkung eines Vermögensübergangs auf die Bindungsvoraussetzungen

Gehen Wirtschaftsgüter innerhalb eines Bindungszeitraums durch einen Vermögensübergang im Sinne des Umwandlungssteuergesetzes über, sind die Bindungsvoraussetzungen beim Übertragenden nicht erfüllt, wenn die übergegangenen oder eingebrachten Wirtschaftsgüter beim Übernehmenden als angeschafft gelten. Vom Übertragenden in Anspruch genommene Sonderabschreibungen sind durch Änderung des Steuerbescheids nach § 175 Abs. 1 Satz 1 Nr. 2 AO rückwirkend zu versagen.

In den Fällen, in denen die Wirtschaftsgüter nicht als angeschafft gelten, sind die Zeiträume der Bindung eines Wirtschaftsguts an die Betriebsstätte des Übertragenden und an die Betriebsstätte des Übernehmenden zusammenzurechnen.

2. Realteilung einer Personengesellschaft

Die Realteilung einer Personengesellschaft ist ihrem Wesen nach der umgekehrte Fall einer Einbringung nach § 24 UmwStG. Deshalb gelten die Regelungen unter 1. entsprechend. Das gilt auch dann, wenn die bisherigen Gesellschafter bei der Realteilung keinen Teilbetrieb, sondern einzelne Wirtschaftsgüter erhalten, die sie in einen Betrieb einbringen (BFH-Urteil vom 10. Dezember 1991, BStBl 1992 II S. 385). Das bedeutet im einzelnen folgendes:

a) Inanspruchnahme von Sonderabschreibungen nach einer Realteilung

Wird die Realteilung als Betriebsaufgabe (§ 16 Abs. 3 EStG) behandelt, d. h. werden die Wirtschaftsgüter in der Schlußbilanz der Personengesellschaft und in den Bilanzen der bisherigen Gesellschafter mit dem Teilwert angesetzt, so stellt die Übernahme der Wirtschaftsgüter durch die bisherigen Gesellschafter eine Anschaffung im Sinne des Fördergebietsgesetzes dar. Bemessungsgrundlage der Sonderabschreibungen ist der Teilwert der Wirtschaftsgüter.

Führen die bisherigen Gesellschafter in ihren Bilanzen die Buchwerte der übernommenen Wirtschaftsgüter fort, treten sie in die Rechtsstellung der Personengesellschaft ein mit der Folge, daß sie Sonderabschreibungen noch in der Höhe und in dem Zeitraum vornehmen können, wie es auch die Personengesellschaft noch könnte.

Diese Grundsätze gelten auch bei der Realteilung einer Personengesellschaft mit Abfindungszahlung (Spitzenausgleich), d. h.:

– Werden die Wirtschaftsgüter mit dem Teilwert angesetzt, ist dieser Bemessungsgrundlage der Sonderabschreibungen und der daneben vorzunehmenden linearen AfA; die Abfindungszahlung ist ohne Bedeutung.

– Werden im Fall der Buchwertfortführung die Buchwerte aufgrund der Abfindungszahlung aufgestockt (vgl. Tz. 18 des BMF-Schreibens vom 11. Januar 1993, BStBl I S. 62, i. V. m. dem BMF-Schreiben vom 11. August 1994, BStBl I S. 601), bleibt der Aufstockungsbetrag – wie bei einer Einbringung zu Zwischenwerten nach § 24 UmwStG – bei der Inanspruchnahme von Sonderabschreibungen unberücksichtigt. Hierfür kann lediglich lineare AfA vorgenommen werden.

b) Auswirkung einer Realteilung auf die Bindungsvoraussetzungen

Werden bei einer Realteilung innerhalb eines Bindungszeitraums die Wirtschaftsgüter mit dem Teilwert angesetzt, sind die Bindungsvoraussetzungen bei der Personengesellschaft nicht erfüllt. Sonderabschreibungen, die die Personengesellschaft in Anspruch genommen hat, sind durch Änderung des Steuerbescheids nach § 175 Abs. 1 Satz 1 Nr. 2 AO rückwirkend zu versagen.

Führen die bisherigen Gesellschafter in ihren Bilanzen die Buchwerte der übernommenen Wirtschaftsgüter fort, sind die Zeiträume der Bindung eines Wirtschaftsguts an die Betriebsstätte der Personengesellschaft und an die Betriebsstätte des bisherigen Gesellschafters zusammenzurechnen. Das gilt auch dann, wenn die Buchwerte der übernommenen Wirtschaftsgüter aufgrund einer Abfindungszahlung (Spitzenausgleich) aufgestockt werden.

3. Ausscheiden von Gesellschaftern aus einer Personengesellschaft mit der Folge des Entstehens eines Einzelunternehmens

a) Inanspruchnahme von Sonderabschreibungen nach Entstehen des Einzelunternehmens

Scheiden aus einer betrieblich tätigen Personengesellschaft die Gesellschafter bis auf einen aus, der den Betrieb als Einzelunternehmen fortführt, tritt der Verbleibende (Einzelunternehmer) hinsichtlich der Sonderabschreibungen in die Rechtsstellung der Personengesellschaft ein mit der Folge, daß er Sonderabschreibungen noch in der Höhe und in dem Zeitraum vornehmen kann, wie es auch die Personengesellschaft noch könnte. Soweit die Buchwerte der Wirtschaftsgüter aufgestockt werden, bleibt somit der Aufstockungsbetrag bei der Inanspruchnahme von Sonderabschreibungen außer Betracht.

b) Auswirkung auf die Bindungsvoraussetzungen

Scheiden aus einer betrieblich tätigen Personengesellschaft die Gesellschafter bis auf einen aus, der den Betrieb als Einzelunternehmen fortführt, sind die Zeiträume der Bindung eines Wirtschaftsguts an die Betriebsstätte der Personengesellschaft und an die Betriebsstätte des Einzelunternehmers zusammenzurechnen.

Anhang 16

Übersicht

I Schuldzinsen für Kontokorrentkredite als Betriebsausgaben oder Werbungskosten
II Steuerliche Anerkennung von Aufwendungen für die Bewirtung von Personen aus geschäftlichem Anlaß als Betriebsausgaben nach R 21 Abs. 7 EStR 1993

I
Schuldzinsen für Kontokorrentkredite als Betriebsausgaben oder Werbungskosten

BMF vom 10. 11. 1993 (BStBl I S. 930)

IV B 2 – S 2144 – 94/93

1 Nach dem Beschluß des Großen Senats des Bundesfinanzhofs vom 4. Juli 1990 (BStBl II S. 817) sind Schuldzinsen steuerlich als Betriebsausgaben oder Werbungskosten nur anzuerkennen, wenn sie für eine Verbindlichkeit geleistet werden, die durch einen Betrieb oder durch Aufwendungen zur Erwerbung, Sicherung und Erhaltung von Einnahmen veranlaßt und deshalb einem Betriebsvermögen oder einer Einkunftsart im Sinne des § 2 Abs. 1 Nr. 4 bis 7 EStG zuzurechnen ist. Zu den Folgerungen, die sich aus dieser Rechtsprechung für die steuerliche Behandlung von Schuldzinsen für Kontokorrentkredite und für die steuerliche Nichtanerkennung von Gestaltungen insbesondere bei Kombination mehrerer Kontokorrentkonten ergeben, nehme ich im Einvernehmen mit den obersten Finanzbehörden der Länder wie folgt Stellung:

A. Schuldzinsen als Betriebsausgaben

Der Zahlungsverkehr des Steuerpflichtigen kann betrieblich oder privat (durch die persönliche Lebenssphäre) veranlaßt sein. Für die steuerliche Behandlung eines Kontokorrentkontos kommt es deshalb darauf an, wie die einzelnen darüber geleisteten Zahlungen veranlaßt sind.

I. Getrennte Kontokorrentkonten

1. **Kontokorrentkonten für den betrieblich und privat veranlaßten Zahlungsverkehr**

2 Unterhält der Steuerpflichtige für den betrieblich und den privat veranlaßten Zahlungsverkehr getrennte, rechtlich selbständige Kontokorrentkonten, ist zu unterscheiden:

Das Kontokorrentkonto für den betrieblich veranlaßten Zahlungsverkehr (betriebliches Konto) rechnet zum Betriebsvermögen, soweit über das Kontokorrentkonto nicht auch privat veranlaßte Aufwendungen geleistet werden, durch die ein Sollsaldo auf dem Kontokorrentkonto entsteht oder sich erhöht. Schuldzinsen für das betriebliche Konto sind grundsätzlich als Betriebsausgaben abzuziehen. 3

Das Kontokorrentkonto für den privat veranlaßten Zahlungsverkehr (privates Konto) rechnet zum Privatvermögen, soweit über das Kontokorrentkonto nicht auch betrieblich veranlaßte Aufwendungen geleistet werden, durch die ein Sollsaldo auf dem Kontokorrentkonto entsteht oder sich erhöht. Schuldzinsen für das private Konto können nicht als Betriebsausgaben abgezogen werden. 4

Entsteht oder erhöht sich durch privat veranlaßte Aufwendungen ein Sollsaldo auf dem betrieblichen Konto oder durch betrieblich veranlaßte Aufwendungen ein Sollsaldo auf dem privaten Konto, ist das betreffende Konto nach den für ein gemischtes Kontokorrentkonto geltenden Grundsätzen (vgl. Tzn. 11–18) zu behandeln (BFH-Urteile vom 21. Februar 1991, BStBl II S. 514 und vom 5. März 1991, BStBl II S. 516). 5

Anhang 16

I Gewinnermittlung

1 **Beispiel:**

		betriebliches Kontokorrentkonto DM	privates Kontokorrentkonto DM
1. 1.		+ 5.000	0
3. 1.	Entnahme	– 5.000	+ 5.000
Saldo		0	+ 5.000
10. 1.	Wareneinkauf	– 10.000	
Saldo		– 10.000	+ 5.000
15. 1.	Prämie Lebensversicherung		– 5.000
Saldo		– 10.000	0
20. 1.	Maschine	– 5.000	
	Einkommensteuer	– 2.000	
Saldo		– 17.000	0
		betriebliches Unterkonto – 15.000	privates Unterkonto – 2.000
25. 1.	Wareneinkauf	– 5.000	
Saldo		– 20.000 – 22.000	– 2.000	0

2. Mehrere Kontokorrentkonten für den betrieblich veranlaßten Zahlungsverkehr

7 Unterhält der Steuerpflichtige für den betrieblich veranlaßten Zahlungsverkehr mehrere rechtlich selbständige Kontokorrentkonten, gelten die Tzn. 3 und 5 für jedes Kontokorrentkonto. Darüber hinaus sind Umbuchungen von einem auf ein anderes Konto auf ihren Zusammenhang mit einer Entnahme hin zu prüfen.

8 Entsteht oder erhöht sich ein Sollsaldo auf einem betrieblichen Konto (Schuldkonto) durch Umbuchungen auf ein anderes betriebliches Konto (Guthabenkonto), sind die sich aus der Umbuchung (Darlehensaufnahme) ergebenden Schuldzinsen nur als Betriebsausgaben abzuziehen, soweit die Umbuchung zu Lasten des Schuldkontos nicht der Finanzierung einer Entnahme dient (BFH-Urteil vom 5. März 1991, a. a. O.). Für die Frage der Finanzierung einer Entnahme kommt es auf die wirtschaftliche Verbindung zwischen Umbuchung und Entnahme an. Die wirtschaftliche Verbindung ist nach den Umständen des einzelnen Falles zu beurteilen. Von einer wirtschaftlichen Verbindung ist stets auszugehen, wenn zwischen Umbuchung und Entnahme ein enger zeitlicher Zusammenhang besteht und beide Vorgänge auch betragsmäßig völlig oder nahezu völlig übereinstimmen. Dient die Umbuchung der Finanzierung einer Entnahme, ist der Sollsaldo insoweit nicht betrieblich veranlaßt (BFH-Urteile vom 15. November 1990, BStBl 1991 II S. 238 und vom 21. Februar 1991, a. a. O.) und das Schuldkonto nach den für ein gemischtes Kontokorrentkonto geltenden Grundsätzen (vgl. Tzn. 11–18) zu behandeln.

3. Umschuldungsdarlehen

9 Werden der Sollsaldo eines betrieblichen Kontos (Schuldkonto) durch Umschuldung und daneben der Habensaldo eines anderen betrieblichen Kontos (Guthabenkonto) durch Entnahme gemindert, liegt eine wirtschaftliche Verbindung i. S. der Tz. 8 vor, wenn zwischen Darlehensaufnahme (Umschuldungsdarlehen) und Entnahme ein enger zeitlicher Zusammenhang besteht und beide Vorgänge auch betragsmäßig völlig oder nahezu völlig übereinstimmen. In diesen Fällen dient das Umschuldungsdarlehen der Finanzierung einer Entnahme; es ist somit nicht betrieblich veranlaßt und Schuldzinsen für dieses Darlehen dürfen nicht als Betriebsausgaben abgezogen werden.

4. Zinskompensation

10 Vereinbart der Steuerpflichtige mit seinem Kreditinstitut zum Zwecke der Zinsberechnung eine bankinterne Verrechnung der Salden der getrennten Kontokorrentkonten, handelt es sich wirtschaftlich betrachtet um ein einheitliches Kontokorrentkonto, das grundsätzlich nach den für ein gemischtes Kontokorrentkonto geltenden Grundsätzen (vgl. Tzn. 11–18) zu behandeln ist.

II. Gemischtes Kontokorrentkonto

11 Unterhält der Steuerpflichtige für den betrieblich und den privat veranlaßten Zahlungsverkehr ein einheitliches – gemischtes – Kontokorrentkonto, ist für die Ermittlung der als Betriebsausgaben abziehbaren Schuldzinsen der Sollsaldo grundsätzlich aufzuteilen.

1. Ermittlung des dem Betriebsvermögen zuzurechnenden Sollsaldos

12 Der Sollsaldo rechnet zum Betriebsvermögen, soweit er betrieblich veranlaßt ist. Zur Bestimmung des – anteiligen – betrieblich veranlaßten

Anhang 16

Gewinnermittlung

Sollsaldos sind die auf dem Kontokorrentkonto erfolgten Buchungen nach ihrer privaten und betrieblichen Veranlassung zu trennen. Hierzu ist das Kontokorrentkonto rechnerisch in ein betriebliches und ein privates Unterkonto aufzuteilen. Auf dem betrieblichen Unterkonto sind die betrieblich veranlaßten und auf dem privaten Unterkonto die privat veranlaßten Sollbuchungen zu erfassen. Habenbuchungen sind vorab dem privaten Unterkonto bis zur Tilgung von dessen Schuldsaldo gutzuschreiben (BFH-Urteil vom 11. Dezember 1990, BStBl 1991 II S. 390); nur darüber hinausgehende Beträge sind dem betrieblichen Unterkonto zuzurechnen. Betriebseinnahmen werden nicht zuvor mit Betriebsausgaben des gleichen Tages saldiert (BFH-Urteil vom 15. November 1990, BStBl 1991 II S. 226).

13 In der Schlußbilanz ist nur der nach diesen Grundsätzen für den Bilanzstichtag ermittelte Sollsaldo des betrieblichen Unterkontos auszuweisen.

2. **Berechnung der als Betriebsausgaben abziehbaren Schuldzinsen**

14 Schuldzinsen sind abzuziehen, soweit sie durch Sollsalden des betrieblichen Unterkontos veranlaßt sind (vgl. Tz. 12). Ihre Berechnung erfolgt grundsätzlich nach der Zinszahlenstaffelmethode.

Bei der Zinszahlenstaffelmethode wird nicht auf die einzelne Buchung, sondern auf die jeweiligen Soll- oder Habensalden (Zwischensalden) abgestellt. Dies hat zur Folge, daß dem Steuerpflichtigen eine Schuld nur zuzurechnen ist, soweit diese Zwischensalden negativ sind. Entsprechend sind auch nur dann Schuldzinsen zu berechnen. Ausgehend von einem Zwischensaldo wird die Zinszahl für diesen Saldo für die Zeit (Tage) seiner unveränderten Dauer (Wertstellung) nach einer besonderen Formel berechnet (Zinszahlenstaffel):

$$\text{Zinszahl} = \frac{\text{Kapital} \times \text{Tage}}{100}$$

Am Ende der Rechnungsperiode werden die Zinszahlensummen der Soll- und Habenseite addiert und durch einen Zinsdivisor $\left(\frac{360}{\text{Zinsfuß}}\right)$ geteilt.

Bei einem Schuldzinssatz in Höhe von 9 v. H. und einem Guthabenzinssatz in Höhe von 1 v. H.

Beispiel:

		Buchungen gesamt DM	betrieblich DM	Zinstage	Zinszahlen	privat DM	Zinstage	Zinszahlen
Saldo	1. 1.	0	0	1		0		
Abbuchung	2. 1.	− 15.000	− 10.000			− 5.000		
Saldo bis Einlage	2. 1. 3. 1.	− 15.000 + 5.000	− 10.000	1	$\frac{10.000 \times 1}{100}$ = 100 S	− 5.000 + 5.000	1	$\frac{5.000 \times 1}{100}$ = 50 S
Saldo bis Betriebseinnahme	3. 1. 10. 1.	− 10.000 + 15.000	− 10.000 + 15.000	7	$\frac{10.000 \times 7}{100}$ = 700 S	0		
Saldo bis Abbuchung	10. 1. 20. 1.	+ 5.000 − 8.000	+ 5.000 − 8.000	10	$\frac{5.000 \times 10}{100}$ = 500 H	0		
Saldo bis Betriebseinnahme	20. 1. 31. 1.	− 3.000 + 3.000	− 3.000 + 3.000	11	$\frac{3.000 \times 11}{100}$ = 330 S	0		
Saldo	31. 1.	0	0		500 H 1.130 S	0		50 S

ergeben sich am Ende der Rechnungsperiode folgende Zinsen:
− private Schuldzinsen:

$$\frac{50 \times 9}{360} = 1,25 \text{ DM}$$

− betriebliche Schuldzinsen:

$$\frac{1.130 \times 9}{360} = 28,25 \text{ DM}$$

− betriebliche Guthabenzinsen:

$$\frac{500 \times 1}{360} = 1,38 \text{ DM}$$

Anhang 16
I Gewinnermittlung

3. Schätzung

17 Grundsätzlich muß der Steuerpflichtige die Unterteilung des gemischten Kontokorrentkontos vornehmen und die Entwicklung der Unterkonten darstellen; dies kann auch nachträglich geschehen. Kommt der Steuerpflichtige seiner Mitwirkungspflicht nicht nach, sind die als Schuldzinsen abziehbaren Betriebsausgaben im Wege der Schätzung zu ermitteln. Die Schätzung ist an den Umständen des einzelnen Falles auszurichten. Sie muß das Ergebnis anstreben, das sich bei einer Aufteilung des gemischten Kontokorrentkontos in ein betriebliches und ein privates Unterkonto unter Anwendung der Zinszahlenstaffelrechnung ergeben würde (BFH-Urteil vom 15. November 1990, BStBl 1991 II S. 226).

18 Im Einzelfall kann eine Schätzung nach dem – unter Umständen überschlägig ermittelten – Verhältnis der Summe der betrieblich und privat veranlaßten Sollbeträge in Betracht kommen, soweit diese zu einem Sollsaldo führen. Zu diesem Zweck kann der Besteuerungszeitraum auch in geeignete Zeitabschnitte – etwa die banküblichen Abrechnungszeiträume – unterteilt werden. Es bestehen keine Bedenken, nach diesem Verhältnis auch den zu Beginn der Zinszahlenstaffelrechnung bestehenden Sollsaldo aufzuteilen.

B. Schuldzinsen als Werbungskosten

19 Die vorstehenden Grundsätze gelten für den Abzug von Kontokorrentschuldzinsen als Werbungskosten entsprechend.

C. Zeitliche Anwendung

20 Die Grundsätze dieses Schreibens sind in allen noch offenen Fällen anzuwenden.

21 In Fällen der Gewinnermittlung nach § 4 Abs. 1 oder § 5 EStG ist es nicht zu beanstanden, wenn bei vor dem 1. Januar 1991 entstandenen Schuldzinsen weiterhin nach den Grundsätzen des Abschnitts 14 a Abs. 4 Sätze 5 und 6 EStR 1990 verfahren wird.

22 Das BMF-Schreiben vom 15. März 1991 (BStBl I S. 331) wird aufgehoben.

II
Steuerliche Anerkennung von Aufwendungen für die Bewirtung von Personen aus geschäftlichem Anlaß als Betriebsausgaben nach R 21 Abs. 7 EStR 1993

BMF vom 21. 11. 1994 (BStBl I S. 855)

IV B 2 – S 2145 – 165/94

Im Einvernehmen mit den obersten Finanzbehörden der Länder gilt zur steuerlichen Anerkennung des Betriebsausgabenabzugs von Aufwendungen für die Bewirtung im Sinne des § 4 Abs. 5 Nr. 2 EStG in Verbindung mit R 21 Abs. 4 ff. EStR 1993 folgendes:

Für den Betriebsausgabenabzug von Aufwendungen für die Bewirtung von Personen aus geschäftlichem Anlaß ist nach § 4 Abs. 5 Nr. 2 EStG auch die Angabe von Ort und Tag der Bewirtung Voraussetzung. Bei Bewirtung in einer Gaststätte ist zum Nachweis die Rechnung über die Bewirtung beizufügen. Die Rechnung muß nach R 21 Abs. 7 Satz 11 EStR 1993 den Anforderungen des § 14 UStG genügen.

1. Inhalt der Rechnung

1.1 Name und Anschrift der Gaststätte

Die Rechnung muß den Namen und die Anschrift des leistenden Unternehmers (hier: der Gaststätte) enthalten. Das gilt auch bei Rechnungen über Kleinbeträge, deren Gesamtbetrag 200 DM nicht übersteigt (§ 33 Satz 1 Nr. 1 UStDV). Auch die ab 1. Januar 1995 maschinell zu erstellende und zu registrierende Rechnung muß den Namen und die Anschrift der Gaststätte enthalten.

1.2 Tag der Bewirtung

Für den Betriebsausgabenabzug von Bewirtungskosten muß der Tag der Bewirtung angegeben werden. Das Datum ist auf der maschinell erstellten und registrierten Rechnung auszudrucken. Handschriftliche Ergänzungen oder Datumsstempel reichen nicht aus.

1.3 Art und Umfang der Leistungen

Die Rechnung muß die Menge und die handelsübliche Bezeichnung des Gegenstandes der Lieferung oder die Art und den Umfang der sonstigen Leistung enthalten. Buchstaben, Zahlen oder Symbole, wie sie für umsatzsteuerliche Zwecke ausreichen, genügen für den Betriebsausgabenabzug nicht. Nach dem 30. Juni 1994 sind die Bewirtungsleistungen im einzelnen zu bezeichnen; die Angabe „Speisen und Getränke" und die Angabe der für die Bewirtung in Rechnung gestellten Gesamtsumme reichen nicht. Bezeichnungen wie z. B. „Menü 1", „Tagesgericht 2" oder „Lunch-Buffet" und aus sich selbst heraus verständliche Abkürzungen sind jedoch nicht zu beanstanden.

1.4 Rechnungsbetrag

Die Rechnung muß den Preis für die Lieferung oder die sonstige Leistung enthalten. Ein ggf. vom bewirtenden Steuerpflichtigen zusätzlich gewährtes Trinkgeld wird durch die maschinell erstellte und registrierte Rechnung nicht ausgewiesen. Für den Nachweis von Trinkgeldzahlungen gelten die allgemeinen Regelungen über die Feststellungslast, die beim bewirtenden Steuerpflichtigen liegt. Der Nachweis kann z. B. dadurch geführt werden, daß das Trinkgeld vom Empfänger auf der Rechnung quittiert wird.

1.5 Name des Bewirtenden

Nach R 21 Abs. 7 Satz 4 EStR 1993 muß die Rechnung auch den Namen des bewirtenden Steuerpflichtigen enthalten; dies gilt nicht, wenn der Gesamtbetrag der Rechnung 200 DM nicht übersteigt. Es bestehen jedoch bei einem Rechnungsbetrag über 200 DM keine Bedenken, wenn der leistende Unternehmer (Gastwirt) den Namen des bewirtenden Steuerpflichtigen handschriftlich auf der Rechnung vermerkt.

2. Rechnungserstellung

Nach R 21 Abs. 7 Satz 13 EStR 1993 werden für den Betriebsausgabenabzug von Aufwendungen für eine Bewirtung von Geschäftsfreunden aus betrieblichem Anlaß nach dem 31. Dezember 1994 nur noch maschinell erstellte und maschinell registrierte Rechnungen anerkannt. Rechnungen in anderer Form, z. B. handschriftlich erstellte oder nur maschinell erstellte, erfüllen die Nachweisvoraussetzungen des R 21 Abs. 7 Satz 13 EStR nicht; die darin ausgewiesenen Bewirtungsaufwendungen sind vollständig vom Betriebsausgabenabzug ausgeschlossen.

Es genügt, wenn die Rechnungsendsumme maschinell registriert wird; eine Registrierung der Einzelleistungen (Speisen, Getränke, Sonstiges) beim Gastwirt ist nicht erforderlich. Der bewirtende Steuerpflichtige (Leistungsempfänger) kann im allgemeinen darauf vertrauen, daß die ihm erteilte Rechnung vom Gastwirt maschinell ordnungsgemäß registriert worden ist, wenn die Rechnung von der Registrierkasse mit einer laufenden Registriernummer versehen wird.

Werden Leistungen üblicherweise zu einem späteren Zeitpunkt in Rechnung gestellt und unbar bezahlt (z. B. bei Bewirtung eines größeren Personenkreises), ist die Vorlage eines Registrierkassenbelegs nicht erforderlich. In diesem Fall ist der Rechnung der Zahlungsbeleg beizufügen.

Werden für Gäste eines Unternehmens Verzehrgutscheine ausgegeben, gegen deren Vorlage die Besucher auf Rechnung des Unternehmens in einer Gaststätte bewirtet werden, reicht für den Betriebsausgabenabzug die Vorlage der Abrechnung über die Verzehrgutscheine aus.

3. Bewirtungen im Ausland

§ 4 Abs. 5 Nr. 2 EStG unterscheidet nicht, ob die Bewirtung im Inland oder im Ausland stattgefunden hat. Die dort genannten Anforderungen gelten daher auch bei Auslandsbewirtungen. Die Anforderungen des R 21 Abs. 4 ff. EStR 1993 sind grundsätzlich auch bei Bewirtungen im Ausland zu erfüllen. Wird jedoch glaubhaft gemacht, daß eine detaillierte, maschinell erstellte und registrierte Rechnung nicht zu erhalten war, genügt in Ausnahmefällen die ausländische Rechnung, auch wenn sie diesen Anforderungen nicht voll entspricht, z. B. nur handschriftlich erstellt ist.

Abgrenzung zwischen privater Vermögensverwaltung und gewerblichem Grundstückshandel

BMF vom 20. 12. 1990 (BStBl I S. 884)

IV B 2 – S 2240 – 61/90

1 Nach § 15 Abs. 2 EStG setzt das Vorliegen eines Gewerbebetriebs eine selbständige nachhaltige Betätigung voraus, die mit Gewinnabsicht unternommen wird und sich als Beteiligung am allgemeinen wirtschaftlichen Verkehr darstellt. Die Betätigung darf weder als Ausübung von Land- und Forstwirtschaft noch als Ausübung eines freien Berufs noch als eine andere selbständige Arbeit anzusehen sein. Sie muß über den Rahmen einer Vermögensverwaltung hinausgehen (BFH-Beschluß vom 25. Juni 1984 GrS 4/82 – III 3 b aa (1) – BStBl II S. 751). Eine Vermögensverwaltung liegt in der Regel vor, wenn Vermögen genutzt, zum Beispiel unbewegliches Vermögen vermietet oder verpachtet wird (vgl. § 14 AO).

Zu der Frage, welche Folgen sich aus diesen allgemeinen Grundsätzen für die Abgrenzung zwischen privater Vermögensverwaltung und gewerblichem Grundstückshandel ergeben, habe ich unter Bezugnahme auf das Ergebnis der Erörterungen mit den obersten Finanzbehörden der Länder wie folgt Stellung genommen:

I. Allgemeines

2 Werden von Privatpersonen Grundstücke veräußert, kommt es für die Frage der gewerblichen Betätigung wesentlich auf die Dauer der Nutzung vor der Veräußerung an. Sind **bebaute Grundstücke** bis zur Veräußerung während eines langen Zeitraums (mindestens zehn Jahre) durch Vermietung oder zu eigenen Wohnzwecken genutzt worden und gehören die Einkünfte aus der Vermietung zu den Einkünften aus Vermietung und Verpachtung im Sinne des § 21 EStG, so gehört grundsätzlich auch noch die Veräußerung der bebauten Grundstücke zur privaten Vermögensverwaltung (vgl. BFH-Urteil vom 6. April 1990 – BStBl II S. 1057). Das gilt auch, wenn es sich um umfangreichen Grundbesitz handelt und sämtliche Objekte in einem verhältnismäßig kurzen Zeitraum an verschiedene Erwerber veräußert werden. Bei Grundstücken, die durch Erbfolge oder vorweggenommene Erbfolge auf den Grundstücksveräußerer übergegangen sind, bestehen im Hinblick auf die Berechnung der Nutzungsdauer keine Bedenken, die Besitzdauer des Rechtsvorgängers wie eine eigene Besitzzeit des Veräußerers zu werten.

3 Werden **Mietwohnungen in Eigentumswohnungen umgewandelt** und anschließend veräußert, so ist die Aufteilung eines Gebäudes in Eigentumswohnungen für sich allein kein Umstand, der die Veräußerung der durch den Aufteilungsvorgang entstandenen Eigentumswohnungen zu einer gewerblichen Tätigkeit macht. Deshalb ist die Veräußerung von in Eigentumswohnungen umgewandeltem Hausbesitz, der langfristig zur Fruchtziehung, z. B. durch Eigennutzung, Vermietung oder Verpachtung, genutzt worden war, als Beendigung der vermögensverwaltenden Tätigkeit anzusehen (vgl. BFH-Urteil vom 8. August 1979 – BStBl 1980 II S. 106).

4 Bei **unbebauten Grundstücken,** die vor der Veräußerung durch Eigennutzung, z. B. als Gartenland, oder durch Verpachtung genutzt worden sind, führt die bloße Parzellierung vor der Veräußerung für sich allein nicht zur Annahme eines Gewerbebetriebs.

5 Beim **An- und Verkauf von Grundstücken** über mehrere Jahre sind dagegen im Regelfall die Merkmale eines Gewerbebetriebs gegeben. Die Beteiligung am allgemeinen wirtschaftlichen Verkehr zeigt sich darin, daß mit einer Mehrzahl von Verkäufern und Käufern in Verbindung getreten wird (vgl. die BFH-Urteile vom 20. Dezember 1963 – BStBl 1964 III S. 139 und vom 29. März 1973 – BStBl II S. 661). Ein gewerblicher Grundstückshandel liegt auch vor, wenn ein Grundstückseigentümer, ähnlich wie ein Grundstückshändler oder wie ein Baulandaufschließungsunternehmen, seinen Grundbesitz ganz oder teilweise durch Baureifmachung in Baugelände umzugestalten beginnt und zu diesem Zweck das Gelände nach einem bestimmten Bebauungsplan in einzelne Parzellen aufteilt und diese an Interessenten veräußert (vgl. die BFH-Urteile vom 28. September 1961 – BStBl 1962 III S. 32, vom 25. Juli 1968 – BStBl II S. 655, vom 22. Oktober 1969 – BStBl 1970 II S. 61, vom 14. Dezember 1970 – BStBl 1971 II S. 456, vom 14. November 1972 – BStBl 1973 II S. 239, vom 7. Februar 1973 – BStBl II S. 642 und vom 29. März 1973 – BStBl II S. 661). Alle Aktivitäten des Veräußerers bei der Baureifmachung, Erschließung und Bebauung sind einzeln zu untersuchen und im Zusammenhang zu würdigen (BFH-Urteil vom 29. August 1973 – BStBl 1974 II S. 6).

6 Wegen der Zugehörigkeit der Grundstücke zum Umlaufvermögen vgl. BFH-Urteile vom 16. Januar 1969 – BStBl II S. 375 und vom 17. März 1981 – BStBl II S. 522 und wegen des Umfangs des gewerblichen Grundstückshandels vgl. Tz. 28. Auch die Veräußerung land- und forstwirtschaftlicher Grundstücke oder Betriebe kann Gegenstand eines selbständigen gewerblichen Unternehmens sein (BFH-Urteil vom 28. Juni 1984 – BStBl II S. 798).

II. Abgrenzung anhand der sog. „Drei-Objekt-Grenze"

7   Mit Urteil vom 9. Dezember 1986 – VIII R 317/82 – (BStBl 1988 II S. 244) hat der VIII. Senat des Bundesfinanzhofs bei der Veräußerung von nur drei Wohneinheiten einen gewerblichen Grundstückshandel verneint. Er hat dabei der Anzahl der veräußerten Wohneinheiten die entscheidende Bedeutung beigemessen, weil eine zahlenmäßige Begrenzung der gebotenen Vereinfachung Rechnung trage. Der III. Senat des Bundesfinanzhofs hat sich mit Urteilen vom 3. Juni 1987 – III R 209/83 – (BStBl 1988 II S. 277), vom 23. Oktober 1987 – III R 275/83 – (BStBl 1988 II S. 293) und vom 1. Dezember 1989 – III R 56/85 – (BStBl 1990 II S. 1054) sowie der X. Senat des Bundesfinanzhofs mit Urteil vom 18. Januar 1989 – X R 108/88 – (BStBl 1990 II S. 1051) der Rechtsprechung des VIII. Senats angeschlossen.

Aus dieser Rechtsprechung ergibt sich für die Abgrenzung der privaten Vermögensverwaltung vom gewerblichen Grundstückshandel im einzelnen folgendes:

1. Gemeinsame Grundsätze

8   Die Veräußerung von bis zu drei Objekten ist grundsätzlich nicht gewerblich (sog. „Drei-Objekt-Grenze"). Dies gilt auch dann, wenn der veräußernde Steuerpflichtige eine dem Bau- und Grundstücksmarkt nahestehende Person (z. B. Architekt, Bauunternehmer, Immobilienmakler) ist (BFH-Urteile vom 14. März 1989 – BStBl 1990 II S. 1053 und vom 29. November 1989 – BStBl 1990 II S. 1060), es sei denn, daß die betreffenden Objekte ohnehin zu einem Betriebsvermögen des betreffenden Steuerpflichtigen gehören (z. B. Grundstückshändler). Wenn der Steuerpflichtige zu mindestens 10 v. H. an einer Personengesellschaft beteiligt ist, die als Mitunternehmerschaft i. S. des § 15 EStG selbst einen gewerblichen Grundstückshandel betreibt (vgl. Tz. 12), sind die Objekte, die die Personengesellschaft veräußert hat, bei dem Gesellschafter mitzuzählen. Die Veräußerung von mehr als drei Objekten führt bei Vorliegen der übrigen Voraussetzungen (§ 15 Abs. 2 EStG) zur Gewerblichkeit aller – d. h. auch der ersten drei – Objektveräußerungen.

Für die Frage, ob die „Drei-Objekt-Grenze" überschritten wird, gilt folgendes:

9   a) „**Objekte**" im Sinne der genannten „Drei-Objekt-Grenze" sind Zweifamilienhäuser, Einfamilienhäuser, Eigentumswohnungen sowie die für eine Bebauung mit solchen Objekten vorgesehenen Bauparzellen. Der vom Bundesfinanzhof als Begründung für die Rechtfertigung der „Drei-Objekt-Grenze" herangezogene Vereinfachungsgedanke reicht nur aus, soweit es um Objekte geht, die im Regelfall Wohnzwecken dienen und die auch regelmäßig eine bestimmte Größe nicht überschreiten.

Bei anderen Objekten (z. B. Mehrfamilienhäusern, Büro-, Hotel-, Fabrik- oder Lagergrundstücken) können deshalb – sofern die übrigen Voraussetzungen vorliegen – auch weniger als vier Veräußerungsvorgänge einen gewerblichen Grundstückshandel begründen. Dies bedeutet, daß z. B. ein gewerblicher Grundstückshandel vorliegen kann, wenn ein Steuerpflichtiger lediglich zwei Fabrikgrundstücke oder zwei Eigentumswohnungen und ein Fabrikgrundstück veräußert; in derartigen Fällen ist die Abgrenzung zwischen Gewerbebetrieb und privater Vermögensverwaltung ohne Rücksicht auf die „Drei-Objekt-Grenze" nach den allgemeinen Grundsätzen vorzunehmen.

10 b) Bei Prüfung der Frage, ob die „Drei-Objekt-Grenze" überschritten ist, sind alle Objektveräußerungen innerhalb eines Fünfjahres**zeitraums** einzubeziehen. Bei dieser Prüfung sind im Regelfall nur solche Objekte mitzuzählen, bei denen ein enger zeitlicher Zusammenhang zwischen Errichtung, Erwerb und Modernisierung einerseits und Veräußerung der Objekte andererseits (vgl. Tz. 18, Tz. 21 und Tz. 20, Tz. 23) besteht. Ist ein derartiger enger zeitlicher Zusammenhang nicht gegeben, können bis zur zeitlichen Obergrenze von zehn Jahren (vgl. Tz. 2) Objekte nur mitgerechnet werden, wenn weitere Umstände den Schluß rechtfertigen, daß im Zeitpunkt der Errichtung, des Erwerbs oder der Modernisierung eine Veräußerungsabsicht vorgelegen hat. Solche weiteren Umstände liegen beispielsweise vor, wenn ein branchenkundiger Steuerpflichtiger innerhalb eines Zeitraums von fünf Jahren nach der Errichtung eines Gebäudes weniger als vier, danach aber in relativ kurzer Zeit planmäßig weitere Objekte veräußert (BFH-Urteil vom 5. September 1990 – BStBl II S. 1060).

11 c) Bei **Ehegatten** ist eine Zusammenfassung der Grundstücksaktivitäten im Regelfall nicht zulässig, da die Vermutung gleichgerichteter Interessen von Ehegatten nicht allein auf das Bestehen der ehelichen Lebens- und Wirtschaftsgemeinschaft gestützt werden darf (vgl. Beschluß des BVerfG vom 12. März 1985 – BStBl 1985 II S. 475). Das bedeutet, daß jeder Ehegatte bis zu drei Objekte im Bereich

der Vermögensverwaltung veräußern kann. Die Grundstücksaktivitäten der Ehegatten müssen jedoch dann zusammengerechnet werden, wenn die Ehegatten eine über ihre Ehe hinausgehende, also zusätzliche enge Wirtschaftsgemeinschaft, z. B. in Gestalt einer Gesellschaft des bürgerlichen Rechts eingegangen sind, in die sie alle bzw. den größeren Teil der Grundstücke eingebracht haben (BFH-Urteil vom 24. Juli 1986 – BStBl II S. 913).

12   d) Beteiligt sich ein Steuerpflichtiger an einer oder mehreren **Grundstücksgesellschaften** oder **Grundstücksgemeinschaften** zur Verwertung von Grundstücken (z. B. durch Verkauf oder Bebauung und Verkauf), so ist zunächst zu prüfen, ob die betreffende Gesellschaft oder Gemeinschaft selbst (d. h. die Gesellschafter bzw. Gemeinschafter in ihrer gesamthänderischen Verbundenheit) ein gewerbliches Unternehmen im Sinne des § 15 Abs. 2 EStG betreibt (vgl. BFH-Beschluß vom 25. Juni 1984 – BStBl II S. 751), so daß steuerlich gesehen eine Mitunternehmerschaft im Sinne des § 15 Abs. 1 Nr. 2 EStG vorliegt. Für die Beurteilung dieser Frage ist die „Drei-Objekt-Grenze" auf der Ebene der Gesellschaft anzuwenden; auf eventuelle Grundstücksveräußerungen durch den einzelnen Gesellschafter kommt es insoweit nicht an.

Ergibt die Prüfung der Tätigkeit der Gesellschaft oder Gemeinschaft, daß diese selbst nicht gewerblich, sondern vermögensverwaltend tätig ist, muß ihre Betätigung (Erwerb, Bebauung und Verkauf der Grundstücke usw.) den einzelnen Gesellschaftern in gleicher Weise wie bei einer Bruchteilsgemeinschaft anteilig zugerechnet werden (§ 39 Abs. 2 Nr. 2 AO) und bei diesen einkommensteuerrechtlich nach den für den einzelnen Gesellschafter und seine Betätigung maßgeblichen Kriterien beurteilt und erfaßt werden. Dabei sind zwei Fallgruppen zu unterscheiden:

13   aa) Hält eine natürliche Person die **Beteiligung** an einer nicht gewerblich tätigen Grundstücksgesellschaft **in einem bereits bestehenden gewerblichen Unternehmen** (z. B. Handels- oder Fabrikationsbetrieb), dann erzielt sie aus ihrer Beteiligung gewerbliche Einkünfte.

14   bb) Für eine Prüfung des gewerblichen Grundstückshandels, ggf. anhand der „Drei-Objekt-Grenze", in Fällen der Beteiligung an einer vermögensverwaltenden Grundstücksgesellschaft – regelmäßig eine Gesellschaft bürgerlichen Rechts (BFH-Urteil vom 25. April 1985 – BStBl II S. 622) – kommen daher nur die Fälle in Betracht, in denen der Steuerpflichtige die **Beteiligung im Privatvermögen** hält. In diesen Fällen gilt folgendes:

15   aaa) Überschreiten die von der vermögensverwaltenden Gesellschaft getätigten und dem einzelnen Gesellschafter anteilig wie Bruchteilseigentum gemäß § 39 Abs. 2 Nr. 2 AO zuzurechnenden **Grundstücksveräußerungen** entweder für sich gesehen oder aber unter Zusammenrechnung mit der Veräußerung von Objekten, die dem betreffenden Gesellschafter allein oder im Rahmen einer anderen Personengesellschaft gehören, den Rahmen der bloßen Vermögensverwaltung, so wird beim betreffenden Gesellschafter ein gewerbliches Unternehmen auf Grund gewerblichen Grundstückshandels begründet. Zu der insoweit erforderlichen Prüfung, ob die jeweils an der vermögensverwaltenden Grundstücksgesellschaft beteiligte natürliche Person ein gewerbliches Unternehmen durch gewerblichen Grundstückshandel begründet, ist im Falle der Beteiligung an mehreren vermögensverwaltenden Grundstücksgesellschaften der Anteil des Steuerpflichtigen an dem Objekt der jeweiligen Gesellschaft für die Ermittlung der „Drei-Objekt-Grenze" jeweils einem Objekt gleichzustellen. Insofern ist die getrennte Zurechnung der Wirtschaftsgüter der Gesellschaft (regelmäßig nur das Grundstück) an die jeweiligen Teilhaber erforderlich, um zu einer sachlich zutreffenden Besteuerung – nämlich der jeweils nur einmaligen Gewährung der „Drei-Objekt-Grenze" für einen Steuerpflichtigen – zu gelangen (vgl. auch BFH-Beschluß vom 25. Juni 1984, BStBl II S. 751 [763]). Voraussetzung für die Anrechnung von Objektveräußerungen bei der Gesellschaft, insbesondere auf die

bbb) In den Fällen, in denen nicht die vermögensverwaltende Grundstücksgesellschaft selbst aus ihrem Gesamthandsvermögen Grundstücke veräußert, sondern der oder die Gesellschafter ihre **Anteile an der Grundstücksgesellschaft veräußern**, ist die Veräußerung der Beteiligung gem. § 39 Abs. 2 Nr. 2 AO einer anteiligen Grundstücksveräußerung gleichzustellen. Für die „Drei-Objekt-Grenze" kommt es dabei auf die Zahl der im Gesellschaftsvermögen (Gesamthandsvermögen) befindlichen Grundstücke an. Dies bedeutet, daß beispielsweise drei Beteiligungen an verschiedenen Gesellschaften, zu deren Gesellschaftsvermögen jeweils ein Grundstück gehört oder eine Beteiligung an einer einzigen Gesellschaft zu deren Gesellschaftsvermögen weniger als vier Grundstücke gehören, ohne Überschreitung der „Drei-Objekt-Grenze" veräußert werden können. Dagegen wäre die „Drei-Objekt-Grenze" beispielsweise überschritten, wenn zwei Beteiligungen an verschiedenen Gesellschaften veräußert werden, zu deren Gesellschaftsvermögen jeweils zwei Grundstücke gehören. Voraussetzung für die Anrechnung von Anteilsveräußerungen auf die „Drei-Objekt-Grenze" ist auch hier, daß der Gesellschafter an der jeweiligen Gesellschaft zu mindestens 10 v. H. beteiligt ist.

„Drei-Objekt-Grenze" beim Gesellschafter, ist allerdings, daß der Gesellschafter an der jeweiligen Gesellschaft zu mindestens 10 v. H. beteiligt ist. Ansonsten findet keine Anrechnung auf die „Drei-Objekt-Grenze" beim Gesellschafter statt.

Die vorstehenden Ausführungen gelten entsprechend für **Grundstücksgemeinschaften** (Bruchteilsgemeinschaften).

2. Errichtung von Objekten

a) Bebaut ein Steuerpflichtiger ein Grundstück oder erwirbt er ein unbebautes Grundstück zur Bebauung, liegt stets ein gewerblicher Grundstückshandel vor, wenn mehr als drei Objekte in engem zeitlichen Zusammenhang (vgl. Tz. 18) mit ihrer **Errichtung** veräußert werden und der Steuerpflichtige mit Veräußerungsabsicht (vgl. Tz. 19) handelt. Ein gewerblicher Grundstückshandel liegt in diesem Fall auch dann vor, wenn die Objekte zwischenzeitlich vermietet oder eigengenutzt werden (BFH-Urteil vom 11. April 1989 – BStBl II S. 621). Ferner ist unerheblich, ob die veräußerten Wohneinheiten in der rechtlichen Gestalt von Eigentumswohnungen entstanden sind oder ob sie zunächst rechtlich unselbständige, zur Vermietung an verschiedene Interessenten bestimmte Teile eines Gesamtobjekts (z. B. Mehrfamilienhaus) waren.

b) Ein **enger zeitlicher Zusammenhang** zwischen Errichtung und Veräußerung der Objekte ist dann gegeben, wenn die Zeitspanne zwischen Fertigstellung und Veräußerung der Objekte nicht mehr als fünf Jahre beträgt (BFH-Urteil vom 23. Oktober 1987 – BStBl 1988 II S. 293 und vom 22. März 1990 – BStBl II S. 637) oder wenn die Objekte bereits vor Fertigstellung veräußert werden.

c) Die **Veräußerungsabsicht** ist anhand äußerlicher Merkmale zu beurteilen; die bloße Erklärung des Steuerpflichtigen, er habe eine solche Absicht nicht gehabt, reicht nicht aus. Werden die Objekte in engem zeitlichen Zusammenhang mit der Errichtung veräußert (vgl. Tz. 18), zwingt dies nach den Regeln der Lebenserfahrung zu der Schlußfolgerung, daß bei der Errichtung der Objekte zumindest eine bedingte Veräußerungsabsicht bestanden hat, auch wenn die eigentliche Absicht auf eine anderweitige Nutzung als die Veräußerung gerichtet war, wenn keine eindeutigen gegenteiligen Anhaltspunkte vorliegen. Der Steuerpflichtige kann sich dabei nicht darauf berufen, die Verkaufsabsicht sei erst später wegen Finanzierungsschwierigkeiten und zu hoher finanzieller Belastungen gefaßt worden (vgl. BFH-Urteil vom 6. April 1990 – BStBl II S. 1057).

d) Besteht kein enger zeitlicher Zusammenhang (vgl. Tz. 18) zwischen der Errichtung und der Veräußerung der Objekte, kann ein gewerblicher Grundstückshandel vorliegen, wenn der Steuerpflichtige die Objekte vor der Veräußerung in nicht unerheblichem Maße **modernisiert** (vgl. Tz. 22). Für die Veräußerungsabsicht (vgl. Tz. 19) kommt es dann auf den engen zeitlichen Zusammenhang mit der Modernisierung an.

3. Erwerb von Objekten

Beim **Erwerb** von Objekten liegt grundsätzlich ein gewerblicher Grundstückshandel vor, wenn mehr als drei Objekte in engem zeitlichen Zusammenhang mit ihrem Erwerb veräußert werden und der Steuerpflichtige mit Veräußerungsabsicht handelt. Hinsichtlich des **engen zeitlichen Zusammenhangs** gilt Tz. 18, hinsichtlich der **Veräußerungsabsicht** gilt Tz. 19 entsprechend.

Im Falle des Erwerbs bebauter Grundstücke gelten folgende Besonderheiten:

22 a) Wandelt der Steuerpflichtige bisher vermietete Wohnungen eines erworbenen Miethauses in Eigentumswohnungen um und versetzt er die Wohnungen vor der sich anschließenden Veräußerung lediglich in einen zum vertragsmäßigen Gebrauch geeigneten Zustand, wozu unter Berücksichtigung des bei Mietwohnungen Ortsüblichen auch die Ausführungen von Schönheitsreparaturen gehören kann (vgl. BFH-Urteil vom 10. August 1983 – BStBl 1984 II S. 137), so ist ein gewerblicher Grundstückshandel nur anzunehmen, wenn innerhalb eines überschaubaren Zeitraums (in der Regel fünf Jahre) ein oder mehrere bereits in **Veräußerungsabsicht** erworbene Gebäude aufgeteilt und nach dieser Aufteilung mehr als drei Eigentumswohnungen veräußert werden.

23 b) Ein gewerblicher Grundstückshandel ist auch dann anzunehmen, wenn sich der Grundstückseigentümer bei der Aufteilung des – **ohne Veräußerungsabsicht** erworbenen – Grundbesitzes in Eigentumswohnungen nicht auf die bloße Herstellung der Verkaufsfähigkeit beschränkt, sondern zuvor in erheblichem Umfang für Modernisierungsmaßnahmen investiert, die zu einem Verkehrsgut anderer Marktgängigkeit führen (BFH-Urteile vom 10. August 1983 – BStBl 1984 II S. 137 und vom 28. September 1987 – BStBl 1988 II S. 65). Dies gilt auch dann, wenn auf Grund langjähriger Vermietung oder Eigennutzung der Objekte kein enger zeitlicher Zusammenhang zwischen dem Erwerb des Miethauses und der Veräußerung der Eigentumswohnungen besteht; in diesem Falle kommt es nur auf den engen zeitlichen Zusammenhang (vgl. Tz. 18) zwischen der Modernisierung und der Veräußerung an.

24 c) Hinsichtlich des Vorliegens der Veräußerungsabsicht gelten die Ausführungen unter Tz. 19 entsprechend mit der Maßgabe, daß auf den engen zeitlichen Zusammenhang zwischen dem Erwerb bzw. der Modernisierung der Objekte und ihrer Veräußerung abzustellen ist.

4. **Mischfälle**

Treffen bei einem Steuerpflichtigen, der eine bestimmte Anzahl von Objekten veräußert hat, diejenigen Fälle, in denen das veräußerte Objekt vom Steuerpflichtigen selbst errichtet worden ist (vgl. Tz. 17 bis 20), mit solchen Fällen zusammen, in denen das Objekt von einem Dritten erworben worden ist (vgl. Tz. 21 bis 24), so ist die Frage, ob die Veräußerung eines Objekts der einen oder anderen Gruppe bei Prüfung der „Drei-Objekt-Grenze" mitzuzählen ist, jeweils nach den Kriterien (vgl. Tz. 17 bis 24) zu entscheiden, die für die betreffende Gruppe bei Veräußerung von mehr als drei Objekten gelten. 25

5. **Unbebaute Grundstücke**

Für den Handel mit unbebauten Grundstücken gelten die für den Erwerb und die Veräußerung bebauter Grundstücke dargestellten Grundsätze (vgl. Tz. 21 bis 24) entsprechend. Dies bedeutet, daß der Erwerb, die Parzellierung und die Veräußerung von mehr als drei unbebauten Grundstücken (Bauparzellen) nur dann gewerblich ist, wenn 26

– die Grundstücke (Bauparzellen) in Veräußerungsabsicht erworben wurden (vgl. Tz. 19) oder

– der Steuerpflichtige über die Parzellierung hinaus Tätigkeiten entwickelt hat (z. B. Erschließung, Bebauungsplanung, Baureifmachung – vgl. Tz. 5).

Bei Mischfällen gilt Tz. 25 entsprechend.

III. **Beginn, Umfang und Ende des gewerblichen Grundstückshandels**

1. **Beginn**

Als Beginn des gewerblichen Grundstückshandels ist regelmäßig der Zeitpunkt anzusehen, in dem der Steuerpflichtige mit Tätigkeiten beginnt, die objektiv erkennbar auf die Vorbereitung der Grundstücksgeschäfte gerichtet sind (BFH-Urteile vom 9. Februar 1983 – BStBl 451 und vom 23. Oktober 1987 – BStBl 1988 II S. 293). Dabei sind folgende Fallgruppen zu unterscheiden: 27

a) Bei Errichtung und Veräußerung in engem zeitlichen Zusammenhang (vgl. Tz. 18) beginnt der gewerbliche Grundstückshandel grundsätzlich im Zeitpunkt der Fertigstellung des Objekts.

b) Bei Erwerb und Veräußerung in engem zeitlichen Zusammenhang (vgl. Tz. 21 und 22) beginnt der gewerbliche Grundstückshandel grundsätzlich im Zeitpunkt des Grundstückserwerbs.

c) Bei Modernisierung und Veräußerung in engem zeitlichen Zusammenhang (Tz. 20 und 23) beginnt der gewerbliche Grundstückshandel in dem Zeitpunkt, in dem mit den Modernisierungsmaßnahmen begonnen wird.

2. Umfang

28 Der Umfang eines bestehenden gewerblichen Grundstückshandels wird grundsätzlich durch den veräußerten Grundbesitz bestimmt. Dabei ist auch die Vermutung des § 344 Abs. 1 HGB zu beachten, wonach die von einem Kaufmann vorgenommenen Rechtsgeschäfte im Zweifel als zum Betrieb seines Handelsgewerbes gehörig gelten. Diese Zugehörigkeitsvermutung wird insbesondere bei branchengleichen Wirtschaftsgütern angenommen und rechtfertigt sich aus der Nähe der Tätigkeit zum gewerblichen Betrieb und der Schwierigkeit, einzelne Wirtschaftsgüter oder Geschäfte als Privatangelegenheit auszusondern (vgl. BFH-Urteile vom 16. Januar 1969 – BStBl II S. 375 und vom 25. Juni 1975 – BStBl II S. 850).

Im übrigen hat die Prüfung des Umfangs der gewerblichen Tätigkeit eines bereits bestehenden gewerblichen Grundstückshandels – abgesehen davon, daß es auf die Anzahl der veräußerten Objekte im Sinne der „Drei-Objekt-Grenze" nicht mehr ankommt – nach den gleichen Kriterien wie denjenigen für die Abgrenzung zwischen gewerblichem Grundstückshandel und privater Vermögensverwaltung zu erfolgen. Dabei sind Objektveräußerungen, die unter Tz. 2 fallen – das sind die Fälle, in denen bebaute Grundstücke bis zum Verkauf während eines langen Zeitraums (mindestens zehn Jahre) durch Vermietung oder zu eigenen Wohnzwecken genutzt worden sind –, nicht mit einzubeziehen.

3. Ende

Veräußerungsgewinne sind regelmäßig nicht begünstigte laufende Gewinne, auch wenn zugleich der Gewerbebetrieb aufgegeben wird (vgl. BFH-Urteile vom 29. September 1976 – BStBl 1977 II S. 71 und vom 23. Juni 1977 – BStBl II S. 721). 29

IV. Anwendungszeitpunkt

Dieses Schreiben tritt an die Stelle des BMF-Schreibens vom 31. März 1988 (BStBl I S. 125), welches hiermit aufgehoben wird. Es ist auf alle Fälle anzuwenden, die noch nicht bestandskräftig sind oder unter dem Vorbehalt der Nachprüfung stehen.

Anhang 18

Investitionszulage

Übersicht

I Investitionszulagengesetz 1996 (InvZulG 1996)
II Gewährung von Investitionszulagen nach der Investitionszulagenverordnung und nach dem Investitionszulagengesetz 1991
III Gewährung von Investitionszulagen nach der Investitionszulagenverordnung und nach dem Investitionszulagengesetz 1991
IV Gewährung von Investitionszulagen bei Schiffen, deren Hauptzweck die Freizeitbeschäftigung ist; hier: Verbleibensvoraussetzung
V Zweifelsfragen bei der Anwendung des Investitionszulagengesetzes 1993 (BGBl. I S. 1650, BStBl 1993 I S. 856)
VI Investitionszulage für Personenkraftwagen; hier: Anwendung des BFH-Urteils vom 16. 7. 1993 (BStBl 1994 II S. 304)
VII Zweifelsfragen bei der Anwendung des Investitionszulagengesetzes;
  1. Verbleibensvoraussetzung bei Transportmitteln,
  2. Abgrenzung der Gewerbezweige nach der Klassifikation der Wirtschaftszweige, Ausgabe 1993,
  3. Anzahl der Arbeitnehmer bei der auf 10 v. H. erhöhten Investitionszulage nach § 5 Abs. 3 InvZulG 1993,
  4. Erhöhte Investitionszulage nach § 5 Abs. 2 oder 3 InvZulG 1993 bei Betriebsaufspaltung
VIII Zweifelsfragen zu den Änderungen des Investitionszulagengesetzes 1993 durch Artikel 18 des Jahressteuergesetzes 1996

I
Investitionszulagengesetz 1996
(InvZulG 1996)

in der Fassung der Bekanntmachung vom 22. 1. 1996

(BGBl. I S. 60, BStBl I S. 107),

§ 1
Anspruchsberechtigter, Fördergebiet

(1) Steuerpflichtige im Sinne des Einkommensteuergesetzes und des Körperschaftsteuergesetzes, die im Fördergebiet begünstigte Investitionen im Sinne der §§ 2 und 3 vornehmen, haben Anspruch auf eine Investitionszulage, soweit sie nicht nach § 5 des Körperschaftsteuergesetzes von der Körperschaftsteuer befreit sind. Bei Gesellschaften im Sinne des § 15 Abs. 1 Satz 1 Nr. 2 und Abs. 3 des Einkommensteuergesetzes tritt an die Stelle des Steuerpflichtigen die Gesellschaft als Anspruchsberechtigte.

(2) Fördergebiet sind die Länder Berlin, Brandenburg, Mecklenburg-Vorpommern, Sachsen, Sachsen-Anhalt und Thüringen nach dem Gebietsstand vom 3. Oktober 1990.

§ 2
Art der Investitionen

Begünstigte Investitionen sind die Anschaffung und die Herstellung von neuen abnutzbaren beweglichen Wirtschaftsgütern des Anlagevermögens, die mindestens 3 Jahre nach ihrer Anschaffung oder Herstellung
1. zum Anlagevermögen eines Betriebs oder einer Betriebsstätte im Fördergebiet gehören,

2. in einer Betriebsstätte im Fördergebiet verbleiben und
3. in jedem Jahr zu nicht mehr als 10 vom Hundert privat genutzt werden.

Nicht begünstigt sind
1. geringwertige Wirtschaftsgüter im Sinne des § 6 Abs. 2 des Einkommensteuergesetzes,
2. Luftfahrzeuge, die der Anspruchsberechtigte vor dem 5. Juli 1990 oder nach dem 31. Oktober 1990 bestellt oder herzustellen begonnen hat, und
3. Personenkraftwagen.

§ 3
Investitionszeiträume

Die Investitionen sind begünstigt, wenn sie der Anspruchsberechtigte
1. nach dem 31. Dezember 1990 und vor dem 1. Juli 1992 abgeschlossen hat oder
2. vor dem 1. Januar 1993 begonnen sowie nach dem 30. Juni 1992 und vor dem 1. Januar 1995 abgeschlossen hat oder
3. nach dem 31. Dezember 1992 und vor dem 1. Juli 1994 begonnen sowie vor dem 1. Januar 1999 abgeschlossen hat oder

Anhang 18
I Investitionszulage

4. nach dem 30. Juni 1994 begonnen sowie vor dem 1. Januar 1999 abgeschlossen hat und es sich um Investitionen in Betrieben des verarbeitenden Gewerbes oder um Investitionen im Sinne des § 5 Abs. 2, 3 oder 4 handelt oder
5. nach dem 30. Juni 1994 begonnen sowie vor dem 1. Januar 1997 abgeschlossen hat und es sich nicht um Investitionen im Sinne der Nummer 4 handelt.

Hat ein Betrieb Betriebsstätten im Fördergebiet und außerhalb des Fördergebiets, gilt bei Investitionen im Sinne der Nummer 4 für die Einordnung eines Betriebs in das verarbeitende Gewerbe die Gesamtheit aller Betriebsstätten im Fördergebiet als ein Betrieb. Die Nummern 3 bis 5 gelten nicht bei Investitionen in Betriebsstätten der Kreditinstitute, des Versicherungsgewerbes – ausgenommen der Versicherungsvertreter und Versicherungsmakler –, der Elektrizitätsversorgung, der Gasversorgung und vorbehaltlich des § 5 Abs. 4 nicht bei Investitionen in Betriebsstätten des Handels. Investitionen sind in dem Zeitpunkt abgeschlossen, in dem die Wirtschaftsgüter angeschafft oder hergestellt werden. Investitionen sind in dem Zeitpunkt begonnen, in dem die Wirtschaftsgüter bestellt oder herzustellen begonnen worden sind.

§ 4
Bemessungsgrundlage

Bemessungsgrundlage für die Investitionszulage ist die Summe der Anschaffungs- und Herstellungskosten der im Wirtschaftsjahr abgeschlossenen begünstigten Investitionen. In die Bemessungsgrundlagen können die im Wirtschaftsjahr geleisteten Anzahlungen auf Anschaffungskosten und entstandenen Teilherstellungskosten einbezogen werden. In den Fällen des Satzes 2 dürfen im Wirtschaftsjahr der Anschaffung oder Herstellung der Wirtschaftsgüter die Anschaffungs- oder Herstellungskosten bei der Bemessung der Investitionszulage nur berücksichtigt werden, soweit sie die Anzahlungen oder Teilherstellungskosten übersteigen. § 7 a Abs. 2 Satz 3 bis 5 des Einkommensteuergesetzes gilt entsprechend.

§ 5
Höhe der Investitionszulage

(1) Die Investitionszulage beträgt
1. bei Investitionen im Sinne des § 3 Nr. 1   12 vom Hundert,
2. bei Investitionen im Sinne des § 3 Nr. 2 und 3   8 vom Hundert,
3. bei Investitionen im Sinne des § 3 Nr. 4 und 5   5 vom Hundert

der Bemessungsgrundlage.

(2) Die Investitionszulage erhöht sich bei Investitionen im Sinne des § 3 Nr. 3 und 4, die der Anspruchsberechtigte vor dem 1. Januar 1995 begonnen und vor dem 1. Januar 1997 abgeschlossen hat, auf 20 vom Hundert der Bemessungsgrundlage, soweit die Bemessungsgrundlage im Wirtschaftsjahr 1 Million Deutsche Mark nicht übersteigt, wenn

1. die Investitionen vorgenommen werden von
   a) Steuerpflichtigen im Sinne des Einkommensteuergesetzes, die am 9. November 1989 einen Wohnsitz oder ihren gewöhnlichen Aufenthalt in dem in Artikel 3 des Einigungsvertrages genannten Gebiet hatten, oder
   b) Gesellschaften im Sinne des § 15 Abs. 1 Satz 1 Nr. 2 und Abs. 3 des Einkommensteuergesetzes, bei denen mehr als die Hälfte der Anteile unmittelbar Steuerpflichtigen im Sinne des Buchstabens a zuzurechnen sind, oder
   c) Steuerpflichtigen im Sinne des Körperschaftsteuergesetzes, an deren Kapital zu mehr als der Hälfte unmittelbar Steuerpflichtige im Sinne des Buchstabens a beteiligt sind, und

2. die Wirtschaftsgüter mindestens 3 Jahre nach ihrer Anschaffung oder Herstellung
   a) zum Anlagevermögen des Betriebs eines Gewerbetreibenden, der in die Handwerksrolle oder das Verzeichnis handwerksähnlicher Betriebe eingetragen ist, oder eines Betriebs des verarbeitenden Gewerbes gehören und
   b) in einem solchen Betrieb verbleiben.

§ 19 Abs. 1 Satz 2 der Abgabenordnung gilt sinngemäß.

(3) Die Investitionszulage erhöht sich bei Investitionen im Sinne des § 3 Nr. 4 auf 10 vom Hundert der Bemessungsgrundlage, soweit die Bemessungsgrundlage im Wirtschaftsjahr 5 Millionen Deutsche Mark nicht übersteigt, wenn

1. der Betrieb zu Beginn des Wirtschaftsjahrs, in dem die Investitionen vorgenommen werden, nicht mehr als 250 Arbeitnehmer in einem gegenwärtigen Dienstverhältnis beschäftigt, die Arbeitslohn, Kurzarbeitergeld, Schlechtwettergeld oder Winterausfallgeld beziehen, und

2. die Wirtschaftsgüter mindestens 3 Jahre nach ihrer Anschaffung oder Herstellung
   a) zum Anlagevermögen eines Betriebs des Anspruchsberechtigten, der in die Handwerksrolle oder das Verzeichnis handwerksähnlicher Betriebe eingetragen ist, oder eines Betriebs des verarbeitenden Gewerbes des Anspruchsberechtigten gehören und

b) in einem solchen Betrieb des Anspruchsberechtigten verbleiben.

Satz 1 gilt nicht bei Investitionen, die der Anspruchsberechtigte vor dem 1. Januar 1995 begonnen hat und bei denen die Voraussetzungen von Absatz 2 Nr. 1 vorliegen.

(4) Die Investitionszulage erhöht sich bei Investitionen im Sinne des § 3 Nr. 4, die der Anspruchsberechtigte nach dem 31. Dezember 1995 begonnen hat, auf 10 vom Hundert der Bemessungsgrundlage, soweit die Bemessungsgrundlage im Wirtschaftsjahr 250.000 Deutsche Mark nicht übersteigt, wenn

1. der Betrieb zu Beginn des Wirtschaftsjahrs, in dem die Investitionen vorgenommen werden, nicht mehr als 50 Arbeitnehmer in einem gegenwärtigen Dienstverhältnis beschäftigt, die Arbeitslohn, Kurzarbeitergeld, Schlechtwettergeld oder Winterausfallgeld beziehen,[1]
2. die Wirtschaftsgüter mindestens 3 Jahre nach ihrer Anschaffung oder Herstellung
   a) zum Anlagevermögen eines Betriebs des Groß- oder Einzelhandels des Anspruchsberechtigten gehören und
   b) in einer Betriebsstätte des Groß- oder Einzelhandels des Anspruchsberechtigten verbleiben und
3. der Anspruchsberechtigte durch eine Bescheinigung der zuständigen Gemeindebehörde nachweist, daß die Betriebsstätte im Zeitpunkt des Abschlusses der Investitionen nicht in einem Gebiet liegt, das durch Bebauungsplan oder sonstige städtebauliche Satzung als Industriegebiet, Gewerbegebiet oder als Sondergebiet im Sinne des § 11 Abs. 3 der Baunutzungsverordnung festgesetzt ist oder in dem aufgrund eines Aufstellungsbeschlusses entsprechende Festsetzungen getroffen werden sollen oder das aufgrund der Bebauung der näheren Umgebung einem dieser Gebiete entspricht.

Satz 1 gilt nicht bei Investitionen, bei denen die Voraussetzungen des Absatzes 3 vorliegen.

§ 6
Antrag auf Investitionszulage

(1) Der Antrag auf Investitionszulage ist bis zum 30. September des Kalenderjahrs zu stellen, das auf das Wirtschaftsjahr folgt, in dem die Investitionen abgeschlossen worden, Anzahlungen geleistet worden oder Teilherstellungskosten entstanden sind.

(2) Der Antrag ist bei dem für die Besteuerung des Anspruchsberechtigten nach dem Einkommen zuständigen Finanzamt zu stellen. Ist eine Gesellschaft im Sinne des § 15 Abs. 1 Satz 1 Nr. 2 oder Abs. 3 des Einkommensteuergesetzes Anspruchsberechtigter, so ist der Antrag bei dem Finanzamt zu stellen, das für die einheitliche und gesonderte Feststellung der Einkünfte zuständig ist.

(3) Der Antrag ist nach amtlichem Vordruck zu stellen und vom Anspruchsberechtigten eigenhändig zu unterschreiben. In dem Antrag sind die Investitionen, für die eine Investitionszulage beansprucht wird, innerhalb der Antragsfrist so genau zu bezeichnen, daß ihre Feststellung bei einer Nachprüfung möglich ist.

§ 7
Anwendung der Abgabenordnung, Festsetzung und Auszahlung

(1) Die für Steuervergütungen geltenden Vorschriften der Abgabenordnung sind entsprechend anzuwenden. Dies gilt nicht für § 163 der Abgabenordnung. In öffentlich-rechtlichen Streitigkeiten über die aufgrund dieses Gesetzes ergehenden Verwaltungsakte der Finanzbehörden ist der Finanzrechtsweg gegeben.

(2) Die Investitionszulage ist nach Ablauf des Wirtschaftsjahrs festzusetzen und innerhalb von 3 Monaten nach Bekanntgabe des Bescheids aus den Einnahmen an Einkommensteuer oder Körperschaftsteuer auszuzahlen.

§ 8
Verzinsung des Rückforderungsanspruchs

Ist der Bescheid über die Investitionszulage aufgehoben oder zuungunsten des Anspruchsberechtigten geändert worden, so ist der Rückzahlungsanspruch nach § 238 der Abgabenordnung vom Tag der Auszahlung der Investitionszulage, in den Fällen des § 175 Abs. 1 Satz 1 Nr. 2 der Abgabenordnung vom Tag des Eintritts des rückwirkenden Ereignisses an, zu verzinsen. Die Festsetzungsfrist beginnt mit Ablauf des Kalenderjahres, in dem der Bescheid aufgehoben oder geändert worden ist.

§ 9
Verfolgung von Straftaten

Für die Verfolgung einer Straftat nach § 264 des Strafgesetzbuches, die sich auf die Investitionszulage bezieht, sowie der Begünstigung einer Person, die eine solche Straftat begangen hat, gelten die Vorschriften der Abgabenordnung über die Verfolgung von Steuerstraftaten entsprechend.

---

[1] Durch das Zweite Gesetz zur Änderung des Arbeitsförderungsgesetzes im Bereich des Baugewerbes wurden in Absatz 4 Satz 1 Nr. 1 die Wörter „Kurzarbeitergeld oder Schlechtwettergeld" durch die Wörter „Kurzarbeitergeld, Schlechtwettergeld oder Winterausfallgeld" ersetzt.

Anhang 18

Investitionszulage

§ 10
Ertragsteuerliche Behandlung der Investitionszulage

Die Investitionszulage gehört nicht zu den Einkünften im Sinne des Einkommensteuergesetzes. Sie mindert nicht die steuerlichen Anschaffungs- und Herstellungskosten.

§ 10a
Ermächtigung

Das Bundesministerium der Finanzen wird ermächtigt, den Wortlaut dieses Gesetzes in der jeweils geltenden Fassung mit neuem Datum, unter neuer Überschrift und in neuer Paragraphenfolge bekanntzumachen und dabei Unstimmigkeiten des Wortlauts zu beseitigen.

§ 11
Anwendungsbereich

(1) Dieses Gesetz ist vorbehaltlich des Absatzes 2 bei Investitionen anzuwenden, die nach dem 31. Dezember 1990 abgeschlossen werden. Bei Investitionen, die vor dem 1. Januar 1991 abgeschlossen worden sind, ist die Investitionszulagenverordnung vom 4. Juli 1990 (GBl. I Nr. 41 S. 621), zuletzt geändert durch Artikel 9 des Gesetzes vom 13. Dezember 1990 (BGBl. I S. 2775), weiter anzuwenden.

(2) In dem Teil des Landes Berlin, in dem das Grundgesetz schon vor dem 3. Oktober 1990 gegolten hat (Berlin-West), ist dieses Gesetz bei Investitionen anzuwenden, mit denen der Anspruchsberechtigte nach dem 30. Juni 1991 begonnen hat. Dabei gilt abweichend von § 3 Satz 1 und § 5 folgendes:

1. Die Investitionszulage beträgt 12 vom Hundert der Bemessungsgrundlage bei Investitionen, die der Anspruchsberechtigte
    a) vor dem 1. Januar 1992 abgeschlossen hat oder
    b) nach dem 31. Dezember 1991 und vor dem 1. Juli 1992 abgeschlossen hat, soweit vor dem 1. Januar 1992 Anzahlungen auf Anschaffungskosten geleistet worden oder Teilherstellungskosten entstanden sind.

2. Die Investitionszulage beträgt 8 vom Hundert der Bemessungsgrundlage bei Investitionen, die der Anspruchsberechtigte
    a) nach dem 31. Dezember 1991 und vor dem 1. Juli 1992 abgeschlossen hat, soweit die Anschaffungs- oder Herstellungskosten die vor dem 1. Januar 1992 geleisteten Anzahlungen auf Anschaffungskosten oder entstandenen Teilherstellungskosten übersteigen, oder
    b) nach dem 30. Juni 1992 und vor dem 1. Januar 1993 abgeschlossen hat oder
    c) vor dem 1. Januar 1993 begonnen sowie nach dem 31. Dezember 1992 und vor dem 1. Januar 1995 abgeschlossen hat, soweit vor dem 1. Januar 1993 Anzahlungen auf Anschaffungskosten geleistet worden oder Teilherstellungskosten entstanden sind.

3. § 5 Abs. 3 ist bei Investitionen anzuwenden, mit denen der Anspruchsberechtigte nach dem 31. Dezember 1995 begonnen hat. Befindet sich die Betriebsstätte im Zeitpunkt des Abschlusses der Investitionen nicht in einem Gebiet, das im jeweils gültigen Rahmenplan nach dem Gesetz über die Gemeinschaftsaufgabe „Verbesserung der regionalen Wirtschaftsstruktur" vom 6. Oktober 1969 (BGBl. I S. 1861) ausgewiesen ist, tritt in § 5 Abs. 3 Nr. 1 an die Stelle der Zahl von 250 Arbeitnehmern die Zahl von 50 Arbeitnehmern.

II
Gewährung von Investitionszulagen nach der Investitionszulagenverordnung und nach dem Investitionszulagengesetz 1991

BMF vom 28. 8. 1991 (BStBl I S. 768)

IV B 3 – InvZ 1010 – 13/91

Das Investitionszulagengesetz 1991 (InvZulG 1991) in der Fassung der Bekanntmachung vom 24. Juni 1991 (BGBl. I S. 1322, 1333, BStBl I S. 665, 676) ist mit Wirkung vom 1. Januar 1991 an die Stelle der Investitionszulagenverordnung vom 4. Juli 1990 getreten (vgl. § 11 Abs. 1 InvZulG 1991). Beide Gesetze sehen die Gewährung von Investitionszulagen in einem Fördergebiet vor.

Fördergebiet sind mit Wirkung vom 1. Juli 1990 die Gebiete der Länder Brandenburg, Mecklenburg-Vorpommern, Sachsen, Sachsen-Anhalt und Thüringen sowie der Teil des Landes Berlin, in dem das Grundgesetz bis zum 3. Oktober 1990 nicht gegolten hat. Zum Fördergebiet gehört auch das Drei-Seemeilen-Gebiet vor der Küste des Landes Mecklenburg-Vorpommern. Die Investitionszulagenverordnung ist bei Investitionen anzuwenden, die im Fördergebiet vor dem 1. Januar 1991 abgeschlossen worden sind. Das Investitionszulagengesetz 1991 ist bei Investitionen anzuwenden, die im Fördergebiet nach dem 31. Dezember 1990 abgeschlossen werden. Mit Wirkung vom 1. Januar 1991 gehört das gesamte Land Berlin zum Fördergebiet. Investitionen im ehemaligen Gebiet von Berlin (West) sind aber nur begünstigt, wenn sie der Anspruchsberechtigte nach dem 30. Juni 1991 begonnen hat (§ 11 Abs. 2 InvZulG 1991).

Die Investitionszulagenverordnung und das Investitionszulagengesetz 1991 sind Steuergesetze. Die darin verwendeten Begriffe sind grundsätzlich nach den für die Einkommensbesteuerung maßgebenden Grundsätzen auszulegen (BFH-Urteile vom 25. Januar 1985 – BStBl II S. 309 und vom 15. November 1985 – BStBl 1986 II S. 367). Soweit die Gesetze mit Vorschriften früherer Fassungen des Investitionszulagengesetzes und mit § 19 BerlinFG übereinstimmen, sind höchstrichterliche Entscheidungen grundsätzlich auch für beide Gesetze anzuwenden.

Unter Bezugnahme auf das Ergebnis der Erörterungen mit den obersten Finanzbehörden der Länder gelten bei der Anwendung der Investitionszulagenverordnung und des Investitionszulagengesetzes 1991 die folgenden Grundsätze:

Erster Teil
Materiellrechtliche Vorschriften
I. Anspruchsberechtigter

1. Allgemeines

1 Zur Inanspruchnahme von Investitionszulagen sind unbeschränkt und beschränkt Steuerpflichtige im Sinne des Einkommensteuergesetzes und des Körperschaftsteuergesetzes sowie Gesellschaften im Sinne des § 15 Abs. 1 Satz 1 Nr. 2 oder Abs. 3 EStG berechtigt, die bestimmte betriebliche Investitionen im Fördergebiet vornehmen.

2. Steuerpflichtige im Sinne des Einkommensteuergesetzes und des Körperschaftsteuergesetzes

(1) Die Anspruchsberechtigung setzt nicht voraus, daß der Steuerpflichtige mit einem Betrag oder überhaupt zur Einkommensteuer oder Körperschaftsteuer veranlagt wird. Von der Körperschaftsteuer befreite Körperschaften, Personenvereinigungen und Vermögensmassen sowie juristische Personen des öffentlichen Rechts sind ebenfalls zur Inanspruchnahme der Investitionszulage berechtigt, soweit sie die Voraussetzungen (vgl. z. B. Tz. 24 und 25) erfüllen. 2

(2) Anspruchsberechtigt nach § 1 Investitionszulagenverordnung sind auch landwirtschaftliche und gärtnerische Produktionsgenossenschaften sowie Fischereigenossenschaften. 3

(3) Bei Organschaftsverhältnissen im Sinne der §§ 14 bis 19 KStG ist anspruchsberechtigt entweder der Organträger oder die Organgesellschaft, je nachdem, wer die Voraussetzungen für die Gewährung der Investitionszulage in seiner Person erfüllt. 4

3. Personengesellschaften und Gemeinschaften

(1) Die Regelung über die Anspruchsberechtigung von Gesellschaften im Sinne des § 15 Abs. 1 Satz 1 Nr. 2 EStG gilt entsprechend für Gesellschaften, deren Gewinn aus Land- und Forstwirtschaft oder selbständiger Arbeit mehreren Beteiligten zuzurechnen ist (vgl. § 13 Abs. 5 und § 18 Abs. 4 EStG). 5

(2) Zu den anspruchsberechtigten Gesellschaften im Sinne des § 15 Abs. 1 Satz 1 Nr. 2 EStG gehören auch Innengesellschaften, die Mitunternehmerschaften sind, z. B. atypische stille Gesellschaften. 6

(3) Bei Wirtschaftsgütern, die zum Sonderbetriebsvermögen eines oder mehrerer Gesellschafter gehören, ist die Personengesellschaft anspruchsberechtigt. 7

(4) Arbeitsgemeinschaften sind bei der Investitionszulage auch dann selbständig anspruchsberechtigt, wenn bei ihnen eine gesonderte Feststellung der einkommensteuerpflichtigen und 8

körperschaftsteuerpflichtigen Einkünfte nicht vorzunehmen ist (§ 180 Abs. 4 AO und § 2 a GewStG). Wird bei Gesellschaften und Gemeinschaften ohne Gewinnerzielungsabsicht, z. B. bei Labor- und Maschinengemeinschaften im Sinne der Verordnung zu § 180 Abs. 2 AO, ein Wirtschaftsgut von einem oder mehreren Anspruchsberechtigten für die betrieblichen Zwecke der Miteigentümer angeschafft oder hergestellt, so ist jeder Miteigentümer anteilig zur Inanspruchnahme der Investitionszulage berechtigt.

4. Rechtsnachfolge

9 (1) In den Fällen der Gesamtrechtsnachfolge (z. B. Erbfall, Vermögensübergang im Sinne des Umwandlungsgesetzes) tritt der Rechtsnachfolger hinsichtlich der Anspruchsberechtigung in die Stellung seines Rechtsvorgängers ein. Das gilt auch dann, wenn ein Betrieb oder Teilbetrieb unentgeltlich übertragen (§ 7 Abs. 1 EStDV) oder nach § 20 oder § 24 UmwStG in eine Kapital- oder eine Personengesellschaft eingebracht wird; in diesen Fällen hat der Rechtsnachfolger Anspruch auf die Investitionszulage, soweit sie nicht der Rechtsvorgänger zulässigerweise beantragt hat. Der Rechtsnachfolger kann die Investitionszulage auch dann beanspruchen, wenn die Voraussetzungen teilweise von ihm und teilweise von seinem Rechtsvorgänger erfüllt sind.

10 (2) Die Grundsätze der Tz. 9 gelten auch in den Fällen der Rechtsnachfolge nach § 1 Abs. 5, § 4 Abs. 3 in Verbindung mit § 50 Abs. 1 D-Markbilanzgesetz in der Fassung vom 18. April 1991 (BGBl. 1991 I S. 971) und im Sinne des Spaltungsgesetzes vom 5. Juli 1991 (BGBl. I S. 854).

II. Begünstigte Investitionen
1. Allgemeines

11 (1) Als begünstigte Investitionen kommen nur in Betracht:
- die Anschaffung oder Herstellung (Tz. 13 bis 19)
- abnutzbarer beweglicher Wirtschaftsgüter (Tz. 17 und 18) des Anlagevermögens (Tz. 22 bis 29),
- die keine geringwertigen Wirtschaftsgüter sind (Tz. 30 und 31) und
- für die bei Anschaffung oder Herstellung vor dem 1. Januar 1991 keine Sonderabschreibungen vorgenommen worden sind (Tz. 32),
- die neu sind (Tz. 33 bis 35),
- die keine Personenkraftwagen (Tz. 36 bis 38) und keine Luftfahrzeuge im Sinne der Tz. 39 sind und
- die mindestens drei Jahre bestimmte Zugehörigkeits-, Verbleibens- und Verwendungsvoraussetzungen erfüllen (Tz. 40), nämlich

- zum Anlagevermögen eines Betriebs oder einer Betriebsstätte im Fördergebiet gehören (Tz. 41 bis 45),
- in einer Betriebsstätte im Fördergebiet verbleiben (Tz. 46 bis 51),
- zu nicht mehr als 10 v. H. privat genutzt werden (Tz. 52 bis 54) und
- innerhalb bestimmter Investitionszeiträume angeschafft oder hergestellt (Tz. 55) und ggf. bestellt oder herzustellen begonnen werden (Tz. 56 bis 62).

12 (2) Die Gewährung einer Investitionszulage wird nicht dadurch ausgeschlossen, daß das Wirtschaftsgut im Ausland hergestellt worden ist.

2. Begriff und Zeitpunkt der Anschaffung oder Herstellung

13 (1) Anschaffung ist der entgeltliche Erwerb eines Wirtschaftsguts durch Lieferung (Übergang der wirtschaftlichen Verfügungsmacht). Die Verschaffung der wirtschaftlichen Verfügungsmacht über ein Wirtschaftsgut ist ein Vorgang vorwiegend tatsächlicher Art, der zwar in aller Regel mit dem bürgerlich-rechtlichen Eigentumsübergang verbunden ist, aber nicht notwendigerweise verbunden sein muß. Für die Zurechnung ist die Begründung des wirtschaftlichen Eigentums maßgebend (§ 39 Abs. 2 Nr. 1 AO). Ein Wirtschaftsgut ist deshalb z. B. bereits dann angeschafft worden, wenn es unter Eigentumsvorbehalt verkauft und übergeben worden ist. Auch in den Fällen der Nutzungsüberlassung kann eine Anschaffung durch den Nutzenden in Betracht kommen. Fälle dieser Art sind Leasingverträge, bei denen der Leasinggegenstand dem Leasingnehmer zuzurechnen ist (vgl. z. B. BMF-Schreiben vom 19. April 1971 – BStBl I S. 264). Entsprechendes gilt bei Mietkaufverträgen, bei denen der Mietgegenstand dem Mieter zuzurechnen ist, z. B. weil er ihm für eine unkündbare Dauer überlassen wird, wobei dem Mieter sämtliche Gefahren auferlegt und die Mietzahlungen auf den späteren Kaufpreis angerechnet werden.

14 (2) Die Überführung eines Wirtschaftsguts aus dem Umlaufvermögen oder aus dem Privatvermögen in das Anlagevermögen ist keine Anschaffung (BFH-Urteil vom 29. Juli 1966 – BStBl 1967 III S. 62). Die Anschaffung oder Herstellung eines Wirtschaftsguts kann jedoch dann angenommen werden, wenn ein für das Umlaufvermögen angeschafftes oder hergestelltes Wirtschaftsgut eindeutig noch vor Ablauf desselben Kalender- bzw. Wirtschaftsjahrs in das Anlagevermögen überführt wird (BFH-Urteil vom 11. Dezember 1970 – BStBl 1971 II S. 198).

15 (3) Zeitpunkt der Anschaffung ist der Zeitpunkt der Lieferung (§ 9 a EStDV). Danach ist ein Wirtschaftsgut in dem Zeitpunkt angeschafft, in dem der Erwerber nach dem Willen der Vertragspartei-

en darüber wirtschaftlich verfügen kann. Das ist in der Regel der Fall, wenn Eigenbesitz, Gefahr, Nutzen und Lasten auf den Erwerber übergehen (vgl. BFH-Urteil vom 28. April 1977 – BStBl II S. 553). Investitionszulagenrechtlich ist ein Wirtschaftsgut aber erst dann angeschafft, wenn der Anspruchsberechtigte in der Lage ist, es in seinem Betrieb einzusetzen (BFH-Urteile vom 2. September 1988 – BStBl II S. 1009, und vom 7. Dezember 1990 – BStBl 1991 II S. 377). Sind für die Nutzbarkeit eines Wirtschaftsguts zunächst noch Montagearbeiten im Betrieb des Anspruchsberechtigten erforderlich, so ist das Wirtschaftsgut erst in dem Zeitpunkt angeschafft, in dem es nach Beendigung der Montagearbeiten betriebsbereit ist. Ein vom Veräußerer zur Abholung bereitgestelltes Wirtschaftsgut ist erst im Zeitpunkt der Abholung durch den Anspruchsberechtigten angeschafft. Wirtschaftsgüter, deren Einsatz einer behördlichen Genehmigung (z. B. Kraftfahrzeug-Zulassung oder TÜV-Abnahme) bedarf, sind in dem Zeitpunkt angeschafft, in dem die Genehmigung erteilt ist.

16 (4) Herstellung ist die Schaffung eines bisher noch nicht vorhandenen Wirtschaftsguts. Werden Wirtschaftsgüter mit der Bestimmung angeschafft, mit anderen Wirtschaftsgütern zur Herstellung eines Wirtschaftsguts vermischt oder verbunden zu werden, so liegt insgesamt ein Herstellungsvorgang vor (vgl. BFH-Urteile vom 20. März 1981 – BStBl II S. 785, vom 27. November 1981 – BStBl 1982 II S. 176 und vom 9. November 1990 – BStBl 1991 II S. 425).

17 (5) Die Herstellung eines Wirtschaftsguts ist in dem Zeitpunkt abgeschlossen, in dem es fertiggestellt ist (§ 9 a EStDV). Ein Wirtschaftsgut ist fertiggestellt, sobald es seiner Zweckbestimmung entsprechend genutzt werden kann.

18 (6) Ein Tier ist fertiggestellt, wenn es ausgewachsen ist. Als Zeitpunkt der Fertigstellung gilt bei männlichen Zuchttieren der Zeitpunkt, in dem sie zur Zucht eingesetzt werden können, bei weiblichen Zuchttieren die Vollendung der ersten Geburt (BFH-Urteil vom 9. Dezember 1988 – BStBl II 1989 S. 244) und bei Gebrauchstieren die erste Ingebrauchnahme, z. B. bei Reitpferden der Beginn des Zureitens.

19 (7) Eine Dauerkultur ist bei Beginn ihrer Ertragsreife fertiggestellt. Die Ertragsreife tritt in der Regel ein

– bei Rosen

   im Wirtschaftsjahr der Anpflanzung,

– bei Stauden, bei Beerenobst, bei Äpfeln und Birnen in Dichtpflanzung (über 1.600 Stück/ha Bodenfläche)

   im ersten Wirtschaftsjahr,

– bei Hopfen und bei Spargel

   im zweiten Wirtschaftsjahr und

– bei Weinbau, bei den übrigen Obstgehölzen, bei Ziergehölzen (einschließlich Schnitt- und Bindegrün) und bei Mutterpflanzen aller Arten

   im dritten Wirtschaftsjahr

nach dem Wirtschaftsjahr der Anpflanzung.

3. Begünstigte abnutzbare bewegliche Wirtschaftsgüter

a) Abnutzbare bewegliche Wirtschaftsgüter

20 (1) Ein Wirtschaftsgut ist abnutzbar, wenn sich sein Wert durch Zeitablauf infolge technischer oder wirtschaftlicher Abnutzung verzehrt. Zu den abnutzbaren beweglichen Wirtschaftsgütern gehören Sachen (§ 90 BGB), Tiere (§ 90 a BGB), Betriebsvorrichtungen und Scheinbestandteile. Vgl. im einzelnen Abschnitt 42 Abs. 2 bis 4 EStR 1990. Zur Abgrenzung zu Gebäuden vgl. Abschnitt 42 Abs. 7 EStR 1990.

21 (2) Der Begriff des Wirtschaftsguts setzt voraus, daß das Wirtschaftsgut selbständig bewertungsfähig ist. Wird ein bewegliches Wirtschaftsgut angeschafft oder hergestellt, das bestimmungsgemäß mit einem anderen Wirtschaftsgut vermischt oder verbunden werden soll, so kann die Anschaffung oder Herstellung eines solchen Wirtschaftsguts nur begünstigt sein, wenn das Wirtschaftsgut trotz des Vermischens oder Verbindens seine Eigenschaft als selbständiges bewegliches Wirtschaftsgut behält. Für die Selbständigkeit ist nicht allein die Funktion entscheidend, in der eine Sache nach ihrer Verbindung steht, sondern die Festigkeit der Verbindung (§ 93 BGB), die Zeitdauer, auf die die Verbindung angelegt ist, sowie das äußere Erscheinungsbild vor und nach der Verbindung. Die selbständige Bewertungsfähigkeit einer verbundenen Sache geht regelmäßig verloren, wenn die Hauptsache ohne die Verbindung unvollständig erscheint oder gar ein negatives Gepräge erhält (BFH-Urteil vom 28. September 1990 – BStBl 1991 II S. 187). Wird das Wirtschaftsgut durch das Vermischen oder Verbinden unselbständiger Teil eines anderen Wirtschaftsguts, so kommt eine Begünstigung für die Anschaffungs- oder Herstellungskosten für das andere begünstigte Wirtschaftsgut in Betracht (BFH-Urteile vom 20. März 1981 – BStBl II S. 785, vom 27. November 1981 – BStBl 1982 II S. 176 und vom 4. Dezember 1981 – BStBl 1984 II S. 630).

b) Anlagevermögen

22 (1) Zum Anlagevermögen gehören nur solche Wirtschaftsgüter, die dazu bestimmt sind, einem Betrieb dauernd zu dienen. Hierfür sind die Verhältnisse im Zeitpunkt der Anschaffung oder Herstellung nach den ertragsteuerrechtlichen Grundsätzen maßgebend. Ist die Zweckbestimmung eines Wirtschaftsguts nicht eindeutig feststellbar, so begründet die Bilanzierung eine Vermutung. Vgl. Abschnitt 32 EStR 1990.

23 (2) Wirtschaftsgüter dienen nicht einem Betrieb, wenn sie zur Erzielung von Einkünften aus Vermietung und Verpachtung oder aus Kapitalvermögen eingesetzt werden. Kein Anlagevermögen ist daher das Sondervermögen von Kapitalanlagegesellschaften (§ 1 des Gesetzes über Kapitalanlagegesellschaften in der Fassung der Bekanntmachung vom 14. Januar 1970 (BGBl. I S. 127, BStBl I S. 187), zuletzt geändert durch Artikel 2 des Steueränderungsgesetzes 1991 vom 24. Juni 1991 (BGBl. I S. 1322, 1325)). Bei Personengesellschaften mit gewerblicher Tätigkeit und bei Kapitalgesellschaften gilt stets deren gesamte Tätigkeit als einheitlicher Gewerbebetrieb (vgl. § 15 Abs. 3 Nr. 1 EStG und § 2 Abs. 2 GewStG).

24 (3) Bei Körperschaften, Personenvereinigungen und Vermögensmassen im Sinne des § 1 Abs. 1 Nr. 3 bis 5 KStG kann Anlagevermögen nur vorliegen, wenn dieses im wirtschaftlichen Zusammenhang mit Einkünften im Sinne des § 2 Abs. 1 Nr. 1 bis 3 EStG steht. Juristische Personen des öffentlichen Rechts können Anlagevermögen nur in ihren Betrieben gewerblicher Art (§ 1 Abs. 1 Nr. 6, § 4 KStG, Abschnitt 5 KStR 1990) haben, soweit diese steuerpflichtig sind.

25 (4) Von der Körperschaftsteuer befreite Körperschaften, Personenvereinigungen und Vermögensmassen sind zur Inanspruchnahme der Investitionszulage nur berechtigt, soweit sie einen steuerpflichtigen wirtschaftlichen Geschäftsbetrieb mit Einkünften im Sinne des § 2 Abs. 1 Nr. 1 bis 3 EStG unterhalten. Voraussetzung für die Inanspruchnahme der Investitionszulage ist daher, daß das Anlagevermögen diesem Geschäftsbetrieb zuzurechnen ist.

26[1]) (5) Zum Anlagevermögen gehören z. B. die technischen Anlagen und Maschinen sowie die Betriebs- und Geschäftsausstattung, aber auch die Erstausstattung von Zusatzgeräten einer maschinellen Anlage sowie die Erstausstattung an Ersatz- oder Reserveteilen, die bei der Lieferung oder Herstellung der Anlage mitgeliefert oder mithergestellt worden sind. Im übrigen gehören Reparaturmaterialien und Ersatzteile nicht zum Anlagevermögen.

27 (6) Tiere gehören nur dann zum Anlagevermögen, wenn sie der Anspruchsberechtigte nach Beendigung der Aufzucht nicht verkaufen, sondern selbst auf Dauer in seinem Betrieb nutzen will (z. B. Zucht- oder Gebrauchstiere). Zum Verkauf bestimmte Tiere, zu denen auch alle Masttiere gehören, sind Umlaufvermögen.

28 (7) Eine Pflanzenanlage gehört zum Anlagevermögen, wenn sie während einer Reihe von Jahren regelmäßig Erträge durch ihre zum Verkauf bestimmten Früchte oder Pflanzenteile liefert (Dauerkultur). Dauerkulturen in diesem Sinne sind z. B. Obst-, Reb-, Beeren-, Hopfen-, Spargel-, Stauden- und Gehölzanlagen. Eine Pflanzenanlage, bei der die einzelnen Pflanzen zum Verkauf bestimmt sind (z. B. in einer Baumschule), gehört zum Umlaufvermögen.

29 (8) Wirtschaftsgüter, die vor dem Beginn der betrieblichen Tätigkeit angeschafft oder hergestellt werden, gehören vom Zeitpunkt der Anschaffung oder Herstellung an zum Anlagevermögen, wenn sie bei ihrer Lieferung oder Fertigstellung dazu bestimmt sind, dem Betrieb dauernd zu dienen (vgl. BFH-Urteile vom 30. September 1960 – BStBl III S. 489 und vom 3. November 1961 – BStBl 1962 III S. 123). Diese Voraussetzung kann als erfüllt angesehen werden, wenn die betriebliche Tätigkeit innerhalb eines Jahres nach der Lieferung oder Fertigstellung des Wirtschaftsguts begonnen wird.

c) Geringwertige Wirtschaftsgüter, Sonderabschreibungen

30 (1) Für geringwertige Wirtschaftsgüter im Sinne des § 6 Abs. 2 EStG wird eine Investitionszulage auch dann nicht gewährt, wenn die Bewertungsfreiheit nicht in Anspruch genommen wird. Wegen des Begriffs des geringwertigen Wirtschaftsguts vgl. Abschnitt 40 EStR 1990.

31 (2) Die Gewährung einer Investitionszulage wird nicht deshalb ausgeschlossen, weil die Nutzungsdauer eines Wirtschaftsguts nicht mehr als ein Jahr beträgt (BFH-Urteil vom 13. März 1979 – BStBl II S. 578) oder weil das Wirtschaftsgut im Jahr der Anschaffung oder Herstellung gemäß § 6 Abs. 1 Nr. 1 EStG auf einen Erinnerungswert (Teilwert) von 1 DM abgeschrieben werden kann (BFH-Urteil vom 28. Oktober 1977 – BStBl 1978 II S. 115).

32 (3) Ist ein Wirtschaftsgut vor dem 1. Januar 1991 angeschafft oder hergestellt worden, kommt eine Investitionszulage nicht in Betracht, wenn dafür Sonderabschreibungen vorgenommen werden.

d) Neue Wirtschaftsgüter

33 (1) Ein Wirtschaftsgut ist für den Anspruchsberechtigten neu, wenn er es im ungebrauchten Zustand erworben hat und beim Hersteller die Voraussetzungen vorliegen, die für die Annahme eines neuen Wirtschaftsguts bei der Selbstherstellung erforderlich sind (fabrikneu). Ein Wirtschaftsgut, das der Anspruchsberechtigte selbst hergestellt hat, ist stets als neu anzusehen, wenn der Teilwert der bei der Herstellung verwendeten gebrauchten Wirtschaftsgüter 10 v. H. des Teilwerts des hergestellten Wirtschaftsguts nicht übersteigt (BFH-Urteil vom 4. August 1983 – BStBl 1984 II S. 631) oder bei der Herstellung eine neue Idee verwirklicht wird. Vgl. im einzelnen Abschnitt 83 Abs. 4 EStR 1990.

---

[1]) → Hinweis auf BFH vom 6. 10. 1995 (III R 101/93); Tz. 26; an der Aussage in Tz. 26 kann nicht mehr uneingeschränkt festgehalten werden.

34 (2) Ein Wirtschaftsgut ist für den Erwerber neu, wenn es der Veräußerer im neuen Zustand zum Zweck der Veräußerung angeschafft oder hergestellt und bis zur Veräußerung nicht genutzt hat. Bei Erwerb eines Kraftfahrzeugs gilt dies auch dann, wenn der Veräußerer das Kraftfahrzeug zunächst auf seinen Namen zugelassen und nachweislich ungenutzt an den Anspruchsberechtigten im Fördergebiet veräußert hat. Allein die Überführung des Kraftfahrzeugs zum neuen Standort im Fördergebiet ist keine schädliche Nutzung. Ein Wirtschaftsgut ist nicht mehr neu, wenn es beim Veräußerer zum Anlagevermögen gehört hat und von diesem im Sinne von Tz. 15 und 16 angeschafft oder hergestellt worden war.

35 (3) Angeschaffte Tiere sind nur im unmittelbaren Anschluß an die „Fertigstellung" neue Wirtschaftsgüter (Tz. 18).

e) Ausschluß von Personenkraftwagen

36 (1) Die Investitionszulage wird nicht für Personenkraftwagen gewährt. Der Begriff des Personenkraftwagens richtet sich – wie bei der Anwendung des Kraftfahrzeugsteuergesetzes – nach den verkehrsrechtlichen Vorschriften. Für die Abgrenzung der Personenkraftwagens von anderen Kraftfahrzeugen gilt vorbehaltlich Tz. 37 und 38 die erste Eintragung im Kraftfahrzeugbrief. Personenkraftwagen sind danach Kraftfahrzeuge, die nach ihrer Bauart und Ausstattung zur Beförderung von nicht mehr als neun Personen (einschließlich Führer) geeignet und bestimmt sind (§ 4 Abs. 4 Nr. 1 des Personenbeförderungsgesetzes in der Fassung vom 8. August 1990 – BGBl. I S. 1690). Zu den Personenkraftwagen gehören z. B. auch Schwimmwagen. Nicht zu den Personenkraftwagen gehören z. B. Zugmaschinen, Anhänger jeder Art, Kranken-, Rettungs-, Leichen-, Sparkassen- und Bürowagen. Als Personenkraftwagen sind nach § 23 Abs. 1 StVZO auch Kraftfahrzeuge mit einem zulässigen Gesamtgewicht von nicht mehr als 2,8 t anzusehen, die nach ihrer Bauart und Einrichtung geeignet und bestimmt sind, wahlweise vorwiegend der Beförderung von Personen oder vorwiegend der Beförderung von Gütern zu dienen und die außer dem Führersitz Plätze für nicht mehr als acht Personen haben (Kombinationswagen). Ein Kraftfahrzeug ist wahlweise zur Beförderung von Personen oder Gütern geeignet und bestimmt, wenn sein technischer Zustand im Zeitpunkt der Zulassung es erlaubt, eine Änderung der Eignung und Zweckbestimmung mit bordseitigen Werkzeugen herbeizuführen. Ein vom Kraftfahrzeughalter zur Güterbeförderung genutztes Kraftfahrzeug ist deshalb ein Personenkraftwagen, wenn es ohne größeren Aufwand durch Herausnahme der Trennwand und Einbau von Sitzbänken in die vorhandenen Halterungen umgerüstet werden kann.

37 (2) Abweichend von der Eintragung im Kraftfahrzeugbrief gehören zu den Personenkraftwagen auch Wohnmobile mit einem zulässigen Gesamtgewicht von nicht mehr als 2,8 t (BFH-Urteil vom 22. Juni 1983 – BStBl II S. 747).

38 (3) Wird ein Kraftfahrzeug nach seiner Erstzulassung auf Dauer umgestaltet, so wird bei Gewährung der Investitionszulage die Umgestaltung zu einer anderen als der bisherigen Fahrzeugart nur dann berücksichtigt, wenn sie im zeitlichen Zusammenhang mit der Anschaffung vorgenommen und die Änderung im Kraftfahrzeugbrief eingetragen ist.

f) Ausschluß von Luftfahrzeugen

39 Für Luftfahrzeuge, die vor dem 5. Juli 1990 und nach dem 31. Oktober 1990 vom Anspruchsberechtigten bestellt worden sind, wird eine Investitionszulage nicht gewährt. Im übrigen kommt eine Investitionszulage nur in Betracht, wenn insbesondere die Verbleibensvoraussetzungen erfüllt sind (vgl. Tz. 48).

4. Zugehörigkeit, Verbleibens- und Nutzungsvoraussetzungen

a) Dreijahreszeitraum

40 Zu den Voraussetzungen für die Gewährung der Investitionszulage gehört, daß die Wirtschaftsgüter mindestens drei Jahre nach ihrer Anschaffung oder Herstellung

1. zum Anlagevermögen eines Betriebs oder einer Betriebsstätte im Fördergebiet gehören (vgl. Tz. 41 bis 45),
2. in einer Betriebsstätte im Fördergebiet verbleiben (vgl. Tz. 46 bis 51) und
3. in jedem Jahr zu nicht mehr als 10 v. H. privat genutzt werden (vgl. Tz. 52 bis 54).

Der Dreijahreszeitraum beginnt im Zeitpunkt der Anschaffung oder Herstellung des Wirtschaftsguts.

Soweit die Investitionszulagenvoraussetzungen nach den vorstehenden Nummern 1 bis 3 infolge Veräußerung oder Nutzungsüberlassung nicht im Betrieb des Anspruchsberechtigten vorliegen müssen, ist der Anspruchsberechtigte verpflichtet, die Einhaltung der Voraussetzungen in geeigneter Weise nachzuweisen oder glaubhaft zu machen.

b) Zugehörigkeit zum Anlagevermögen eines Betriebs oder einer Betriebsstätte im Fördergebiet

41 (1) Die Voraussetzung der Zugehörigkeit zum Anlagevermögen eines Betriebs oder einer Betriebsstätte im Fördergebiet erfordert, daß das Wirtschaftsgut mindestens drei Jahre zum Anlagevermögen irgendeiner Betriebsstätte im Fördergebiet gehört. Wegen des Begriffs des Betriebs vgl. § 15 Abs. 2 EStG in Verbindung mit § 13 Abs. 5 und § 18 Abs. 4 EStG. Für den Begriff der

Betriebsstätte ist § 12 AO maßgebend (vgl. auch Abschnitt 24 GewStR 1990).

42 (2) Hat ein Anspruchsberechtigter Betriebsstätten innerhalb und außerhalb des Fördergebiets, so setzt die Zuordnung von Wirtschaftsgütern zu einer Betriebsstätte im Fördergebiet voraus, daß diese Wirtschaftsgüter dieser Betriebsstätte zu dienen bestimmt sind. Dazu gehören insbesondere die Wirtschaftsgüter, die dieser Betriebsstätte körperlich und räumlich zugeordnet werden können. Ein Wirtschaftsgut, das außerhalb des Fördergebiets mit der Zweckbestimmung angeschafft oder hergestellt worden ist, einer Betriebsstätte des Anspruchsberechtigten im Fördergebiet zu dienen, und erstmals dort genutzt wird, ist bereits im Zeitpunkt der Anschaffung oder Herstellung Anlagevermögen dieser Betriebsstätte. Allein die Zulassung eines Kraftfahrzeugs außerhalb des Fördergebiets schließt die Zugehörigkeit dieses Kraftfahrzeugs zum Anlagevermögen einer Betriebsstätte im Fördergebiet nicht aus.

43 (3) Soweit Wirtschaftsgüter nicht körperlich in einer Betriebsstätte des Anspruchsberechtigten im Fördergebiet bleiben, z. B. Transportmittel, Baugeräte oder Wirtschaftsgüter, die anderen zur Nutzung überlassen werden, können diese Wirtschaftsgüter nur dann dem Anlagevermögen einer solchen Betriebsstätte zugeordnet werden, wenn die Erträge aus diesen Wirtschaftsgütern durch diese Betriebsstätte erwirtschaftet werden. In den Fällen der Nutzungsüberlassung ist diese Voraussetzung in der Regel erfüllt, wenn Mitarbeiter dieser Betriebsstätte die Werbung, Akquisition einschließlich Preis- und Vertragsverhandlungen, Vorbereitung des Vertrages und Einholung der Unterschrift des Vertragsnehmers durchführen (Vertragsvorbereitung) sowie den Vertrag – insbesondere den Zahlungsverkehr – abwickeln und die Kunden später betreuen. Dabei ist die Mitwirkung der Hauptniederlassung bei einzelnen Tätigkeiten, z. B. die Verwendung einer zentralen EDV-Anlage zur Durchführung des Zahlungsverkehrs, unschädlich, wenn die übrigen Tätigkeiten von Mitarbeitern der Betriebsstätte im Fördergebiet ausgeübt werden. Wirtschaftsgüter, für die der Nutzungsüberlassungsvertrag vor dem 1. Juni 1991 abgeschlossen worden ist und bei denen die Mitarbeiter der Betriebsstätte im Fördergebiet nur die Vertragsvorbereitung vorgenommen haben, gehören zum Anlagevermögen dieser Betriebsstätten, wenn bei den nach dem 31. Mai 1991 abgeschlossenen Verträgen alle in Satz 2 und 3 genannten Voraussetzungen erfüllt sind.

44 (4) Der Anspruch auf Investitionszulage entfällt nicht, wenn der Anspruchsberechtigte ein begünstigtes Wirtschaftsgut an einen anderen Steuerpflichtigen veräußert, bei dem es ebenfalls Anlagevermögen eines Betriebs oder einer Betriebsstätte im Fördergebiet wird (vgl. BFH-Urteil vom 18. Februar 1965 – BStBl III S. 362). Der Anspruch auf Investitionszulage entfällt aber, wenn das Wirtschaftsgut innerhalb des Dreijahreszeitraums z. B. in das Anlagevermögen einer Betriebsstätte außerhalb des Fördergebiets, in das Umlaufvermögen, in das Privatvermögen oder in den hoheitlichen oder ideellen Bereich überführt wird.

45 (5) Unschädlich ist das vorzeitige Ausscheiden eines Wirtschaftsguts aus dem Anlagevermögen nur dann, wenn dies infolge einer kürzeren als dreijährigen Nutzungsdauer (vgl. BFH-Urteil vom 9. März 1967 – BStBl III S. 238), infolge höherer Gewalt wie Brand, Diebstahl oder Unfall, infolge wirtschaftlichen Verbrauchs (BFH-Urteil vom 15. Oktober 1976 – BStBl 1977 II S. 59) oder infolge eines Totalschadens (vgl. BFH-Urteil vom 1. Juli 1977 – BStBl II S. 793) geschieht, oder wenn das Wirtschaftsgut wegen Mangelhaftigkeit gegen ein anderes Wirtschaftsgut gleicher oder auch besserer Qualität umgetauscht wird (vgl. BFH-Urteil vom 8. März 1968 – BStBl II S. 430).

c) Verbleiben in einer Betriebsstätte im Fördergebiet

46 (1) Die Voraussetzung des Verbleibens erfordert, daß das Wirtschaftsgut mindestens drei Jahre in irgendeiner Betriebsstätte im Fördergebiet verbleibt. Das ist z. B. auch dann der Fall, wenn die Wirtschaftsgüter im Fördergebiet in einem Betrieb gewerblicher Art, soweit dieser steuerpflichtig ist, nicht hingegen, wenn sie in einem Hoheitsbetrieb oder in einem Zweckbetrieb verbleiben. Wirtschaftsgüter, die einem anderen zur Nutzung überlassen werden, verbleiben in der Betriebsstätte desjenigen, der die Nutzung überläßt, wenn die Nutzungsüberlassung kurzfristig ist, das heißt, nicht länger als jeweils drei Monate dauert (vgl. BFH-Urteil vom 23. Mai 1986 – BStBl II S. 916) oder im Rahmen eines Dienstverhältnisses erfolgt (vgl. BFH-Urteil vom 23. Mai 1986 – BStBl II S. 919). Wirtschaftsgüter, die einem anderen langfristig zur Nutzung überlassen werden, z. B. in Leasingfällen, verbleiben dagegen beim Nutzungsberechtigten (vgl. BFH-Urteil vom 13. Oktober 1989 – BStBl 1990 II S. 84). In diesen Fällen ist zu prüfen, ob die Wirtschaftsgüter beim Nutzungsberechtigten im Fördergebiet in einer Betriebsstätte verbleiben. Werden Wirtschaftsgüter des Anlagevermögens eines Betriebs oder einer Betriebsstätte im Fördergebiet an eine Betriebsstätte im Fördergebiet vermietet, so ist eine Zwischenvermietung auch dann unschädlich, wenn der Zwischenmieter seinen Betrieb oder seine Betriebsstätte außerhalb des Fördergebiets hat.

47 (2) Die Verbleibensvoraussetzung setzt eine dauerhafte räumliche Beziehung des Wirtschaftsguts zu einer Betriebsstätte im Fördergebiet voraus. Nicht erforderlich ist, daß das Wirtschaftsgut im räumlich abgegrenzten Bereich einer Betriebs-

Anhang 18
Investitionszulage II

stätte bleiben muß (vgl. BFH-Urteil vom 23. Mai 1986 – BStBl II S. 916). Bei Wirtschaftsgütern, die ihrer Art nach nicht dazu bestimmt und geeignet sind, im räumlich abgegrenzten Bereich einer Betriebsstätte eingesetzt zu werden, gelten für die Anwendung der Verbleibensregelung die Tz. 48 bis 50. Bei anderen als den in den Tz. 48 bis 50 bezeichneten Wirtschaftsgütern ist auch ein nur kurzfristiger Einsatz außerhalb des Fördergebiets schädlich (vgl. BFH-Urteil vom 23. Mai 1990 – BStBl II S. 1013). Im übrigen gilt Tz. 45 entsprechend.

48 (3) Bei Transportmitteln ist die Voraussetzung des Verbleibens erfüllt, wenn sie in jedem Jahr des Dreijahreszeitraums überwiegend und regelmäßig im Fördergebietsverkehr eingesetzt werden. Transportmittel sind insbesondere Kraftfahrzeuge, Kraftfahrzeuganhänger sowie See- und Binnenschiffe (vgl. BFH-Urteile vom 11. Mai 1983 – BStBl II S. 581, und vom 23. Mai 1990 – BStBl II S. 1013). Als Transportmittel in diesem Sinne gelten außerdem Container und Wechselaufbauten. Als Einsatz im Fördergebietsverkehr sind Fahrten anzusehen, die innerhalb des Fördergebiets sowie von einem Ort im Fördergebiet zu einem Ort außerhalb des Fördergebiets und umgekehrt durchgeführt werden. Fahrten zwischen Orten außerhalb des Fördergebiets gehören auch dann nicht zum Fördergebietsverkehr, wenn sie im Zusammenhang mit Fahrten von und nach dem Fördergebiet, z. B. zur Aufnahme von Zwischenfrachten, durchgeführt werden. Transportmittel werden *überwiegend* im Fördergebietsverkehr eingesetzt, wenn sie in jedem Jahr des Dreijahreszeitraums in mehr als der Hälfte der Betriebstage für diese Fahrten eingesetzt werden. Aus Vereinfachungsgründen ist davon auszugehen, daß Transportmittel in einem Jahr überwiegend im Fördergebietsverkehr eingesetzt werden, wenn sie mindestens 183 Tage im Fördergebietsverkehr eingesetzt werden. Transportmittel werden *regelmäßig* im Fördergebietsverkehr eingesetzt, wenn sie ohne größere zeitliche Unterbrechung für diese Fahrten eingesetzt werden. Eine größere zeitliche Unterbrechung liegt nicht vor, wenn der Zeitraum zwischen der Ausfahrt aus dem Fördergebiet und der Wiedereinfahrt in dieses Gebiet nicht mehr als 14 Tage beträgt (vgl. BFH-Urteil vom 14. Januar 1986 – BStBl II S. 494).

49 (4) Bei Baugeräten ist die Voraussetzung des Verbleibens erfüllt, wenn sie innerhalb des Fördergebiets oder nur kurzfristig außerhalb des Fördergebiets eingesetzt werden. Zu den Baugeräten in diesem Sinne gehören insbesondere Baumaschinen, Baubaracken und Baufahrzeuge, z. B. Bagger, Radlader, Betonmischfahrzeuge, Kräne, Teleskopkranwagen, Betonpumpen u. ä. Ein kurzfristiger Einsatz in diesem Sinne liegt vor, wenn die Baugeräte in jedem Jahr des Dreijahreszeitraums nicht länger als insgesamt fünf Monate außerhalb des Fördergebiets eingesetzt werden und nicht einer Betriebsstätte außerhalb des Fördergebiets zuzurechnen sind.

50 (5) Bei anderen Wirtschaftsgütern, die ihrer Art nach nicht dazu bestimmt und geeignet sind, im räumlich abgegrenzten Bereich einer Betriebsstätte eingesetzt zu werden, ist die Voraussetzung des Verbleibens erfüllt, wenn sie innerhalb des Fördergebiets oder nur kurzfristig außerhalb des Fördergebiets eingesetzt werden. Wirtschaftsgüter dieser Art sind z. B. Messestände, Geräte von Schaustellern, Meßgeräte sowie Film- und Fernsehkameras. Ein kurzfristiger Einsatz in diesem Sinne liegt vor, wenn diese Wirtschaftsgüter in jedem Jahr des Dreijahreszeitraums nicht länger als einen Monat außerhalb des Fördergebiets eingesetzt werden.

51 (6) Die Tz. 48 bis 50 gelten auch, wenn die Wirtschaftsgüter von einem Erwerber oder von einem Nutzungsberechtigten eingesetzt werden.

d) Private Nutzung von nicht mehr als 10 v. H.

52 (1) Die Nutzungsvoraussetzung muß in jedem Jahr des Dreijahreszeitraums erfüllt sein. Bei Körperschaften tritt an die Stelle der privaten Nutzung die Nutzung für außerbetriebliche Zwecke (vgl. BFH-Urteil vom 6. April 1990 – BStBl II S. 752), insbesondere auch im hoheitlichen oder ideellen Bereich.

53 (2) Ist ein Wirtschaftsgut einem anderen zur Nutzung überlassen worden, so sind Art und Umfang der Nutzung aus der Sicht desjenigen zu beurteilen, bei dem das Wirtschaftsgut verblieben ist (vgl. BFH-Urteile vom 23. Mai 1986 – BStBl II S. 916 und 919, und vom 14. Juli 1989 – BStBl II S. 903). Ist das Wirtschaftsgut in einer Betriebsstätte des Anspruchsberechtigten verblieben und beruht die Nutzungsüberlassung eines Wirtschaftsguts nicht auf privaten Erwägungen, so liegt in der Nutzungsüberlassung eine betriebliche Nutzung. In diesen Fällen ist es unerheblich, wie das Wirtschaftsgut durch den Nutzungsberechtigten genutzt wird. Die private Nutzung von kurzfristig vermieteten Kraftfahrzeugen oder Freizeitgegenständen ist deshalb unschädlich. Das gleiche gilt, wenn ein Wirtschaftsgut an einen Arbeitnehmer des eigenen Betriebs zur Nutzung überlassen wird. In diesen Fällen ist es aber erforderlich, daß die Nutzungsüberlassung aufgrund eines Dienst- oder Mietvertrags und außerhalb eines gesellschaftsrechtlichen Verhältnisses erfolgt (BFH-Urteil vom 6. April 1990 – BStBl II S. 752).

54 (3) Ist das Wirtschaftsgut nicht Anlagevermögen des Anspruchsberechtigten geblieben (vgl. Tz. 44) oder nicht in seiner Betriebsstätte verblieben (vgl. Tz. 46), so ist die Nutzungsvoraussetzung vom Erwerber oder vom Nutzungsberechtigten zu erfüllen.

5. Investitionsabschluß und Investitionsbeginn

a) Investitionsabschluß

55 Die Investitionszulage kommt nur für Investitionen in Betracht, die nach dem 30. Juni 1990 und vor dem 1. Januar 1995 abgeschlossen werden. Investitionen sind zu dem Zeitpunkt abgeschlossen, in dem die Wirtschaftsgüter angeschafft oder hergestellt worden sind. Wegen des Zeitpunkts der Anschaffung und der Herstellung vgl. Tz. 15 und 17 bis 19.

b) Investitionsbeginn

56 (1) Der Investitionsbeginn ist insbesondere bei Luftfahrzeugen, bei Investitionen in Berlin (West) und für die Investitionszulage von 8 v. H. von Bedeutung (vgl. § 2 Satz 2 Nr. 2, § 11 Abs. 2 und § 3 Satz 2 InvZulG 1991). Investitionen sind in dem Zeitpunkt begonnen, in dem die Wirtschaftsgüter bestellt worden sind oder mit ihrer Herstellung begonnen worden ist.

57 (2) Der Begriff der Bestellung ist nach steuerrechtlichen und nicht nach zivilrechtlichen Grundsätzen auszulegen (BFH-Urteil vom 12. November 1982 – BStBl 1983 II S. 29). Unter Bestellung ist sowohl das Angebot des Bestellers zum Abschluß eines Vertrages auf Lieferung eines Wirtschaftsguts als auch die Annahme eines ihm vom Lieferer gemachten Angebots zu verstehen. Ein Wirtschaftsgut ist jedenfalls dann bestellt, wenn ein rechtswirksamer Vertrag über die Lieferung des Wirtschaftsguts abgeschlossen worden ist (BFH-Urteile vom 1. Juni 1979 – BStBl II S. 580 und 638). Das gilt auch, wenn der Vertrag unter einem Rücktrittsvorbehalt oder einer Bedingung abgeschlossen worden ist, auf dessen oder deren Eintritt der Anspruchsberechtigte keinen Einfluß hat (BFH-Urteile vom 1.Juni 1979 – BStBl II S. 580, und vom 9. November 1990 – BStBl 1991 II S. 425).

58 (3) Eine Bestellung ist in dem Zeitpunkt vorgenommen worden, in dem das Auftragsschreiben an den Lieferanten nachweislich zur Post gegeben worden ist (BFH-Urteil vom 6. Juni 1986 – BStBl 1987 II S. 37). Hat der Verkäufer einen Vertragsantrag abgelehnt und der Anspruchsberechtigte daraufhin ein Gegenangebot des Verkäufers angenommen, ist der Zeitpunkt der neuen Bestellung maßgebend. Bei einer Änderung der Bestellung ist grundsätzlich der Zeitpunkt der geänderten Bestellung maßgebend (BFH-Urteil vom 14. März 1980 – BStBl II S. 476). Tritt ein Anspruchsberechtigter in einen Vertrag über die Anschaffung eines Wirtschaftsguts ein, so ist als Investitionsbeginn nicht der Zeitpunkt des ursprünglichen Vertragsabschlusses, sondern der Zeitpunkt des Eintritts in den Vertrag maßgebend.

59 (4) Das bestellte und das gelieferte Wirtschaftsgut müssen identisch sein. Das gilt insbesondere bei einer Änderung der Bestellung (vgl. BFH-Urteil vom 12. November 1982 – BStBl 1983 II S. 29). Ein Wechsel des Lieferanten führt grundsätzlich dazu, daß das bestellte und das gelieferte Wirtschaftsgut nicht mehr identisch sind und daß daher als Beginn der Investition der Zeitpunkt der Bestellung beim neuen Lieferanten anzusehen ist. Wird jedoch ein Lieferantenwechsel aus Gründen notwendig, die ausschließlich außerhalb des Einflußbereichs des Investors liegen und von ihm nicht zu vertreten sind, so kann in Ausnahmefällen vom Zeitpunkt der ursprünglichen Bestellung ausgegangen werden. Den Anspruchsberechtigten trifft die Darlegungs- und Beweislast für die Gründe zum Lieferantenwechsel (BFH-Urteil vom 22. April 1982 – BStBl II S. 571). Entsprechendes gilt, wenn das zunächst bestellte Wirtschaftsgut vom gleichen Lieferanten aus Gründen, die vom Anspruchsberechtigten nicht zu vertreten sind, nicht mehr geliefert werden kann.

60 (5) Die Herstellung eines Wirtschaftsguts beginnt grundsätzlich an dem Tage, an dem mit den eigentlichen Herstellungsarbeiten begonnen wird. Als Beginn der Herstellung kann jedoch ein früherer Zeitpunkt in Betracht kommen, wenn der Anspruchsberechtigte Material, das er für die Herstellung des Wirtschaftsguts benötigt, bestellt (BFH-Urteile vom 13. Juli 1990 – BStBl II S. 923, und vom 9. November 1990 – BStBl 1991 II S. 425), oder wenn er einen Dritten mit der Herstellung des Wirtschaftsguts beauftragt. Planungsarbeiten sind, gleichgültig, ob der Anspruchsberechtigte sie in seiner Betriebsstätte ausführt oder ob er damit einen Dritten beauftragt, nicht als Beginn der Herstellung eines Wirtschaftsguts anzusehen. Wird ein Generalunternehmer beauftragt, im eigenen Namen und für eigene Rechnung eine Anlage herzustellen, die aus mehreren Wirtschaftsgütern besteht, so ist für alle Wirtschaftsgüter, die Gegenstand des Auftrags sind, grundsätzlich der Zeitpunkt der Bestellung bei dem Generalunternehmer maßgebend. Der Auftrag muß so genau beschrieben sein, daß der Anspruchsberechtigte nach Fertigstellung der gesamten Anlage den Zusammenhang zwischen den angeschafften oder hergestellten Wirtschaftsgütern und dem Auftrag nachweisen kann.

61 (6) Bei Tieren ist als Beginn der Herstellung der Zeitpunkt der Geburt anzusehen. Ist in ein der Aufzucht befindliches Tier erworben worden, so ist der Zeitpunkt der Bestellung dieses Tieres maßgebend.

62 (7) Bei Dauerkulturen ist Beginn der Herstellung der Beginn der Bodenarbeiten für die neue Pflanzung. Ist die Bestellung der Pflanzen oder des für die Bepflanzung erforderlichen Materials (z. B. Pfähle, Draht) zu einem früheren Zeitpunkt vorgenommen worden, so ist dieser Zeitpunkt maßgebend. Arbeiten, die zur Beseitigung der Vorkultur erforderlich sind, z. B. Rodung usw., sind noch nicht als Beginn der Herstellung anzusehen.

Zweiter Teil
Bemessung der Investitionszulage
1. Bemessungsgrundlage
a) Allgemeines

63 (1) Die Investitionszulage wird für die begünstigten Investitionen eines Wirtschaftsjahrs gewährt. Bemessungsgrundlage ist die Summe aus den Anschaffungs- oder Herstellungskosten für begünstigte Wirtschaftsgüter, die im Wirtschaftsjahr geliefert oder fertiggestellt worden sind. In die Bemessungsgrundlage können außerdem die im Wirtschaftsjahr geleisteten Anzahlungen auf Anschaffungskosten und entstandenen Teilherstellungskosten für begünstigte Wirtschaftsgüter einbezogen werden. In diesen Fällen gehören im Wirtschaftsjahr der Lieferung oder Fertigstellung der Wirtschaftsgüter nur die um die Anzahlungen oder Teilherstellungskosten verminderten Anschaffungs- oder Herstellungskosten zur Bemessungsgrundlage.

64 (2) Werden Wirtschaftsgüter zulässigerweise mit einem Festwert angesetzt, so sind bei der Ermittlung der Bemessungsgrundlage die Anschaffungs- oder Herstellungskosten dieser Wirtschaftsgüter und nicht der Festwert zu berücksichtigen (vgl. BFH-Urteil vom 29. Juli 1966 – BStBl 1967 III S. 151).

65 (3) Die Vorschrift des § 4 Abs. 5 Nr. 7 EStG ist bei der Ermittlung der Bemessungsgrundlage zu berücksichtigen (BFH-Urteil vom 19. Juni 1975 – BStBl 1976 II S. 97). Das bedeutet, daß bei der Investitionszulage der Teil der Anschaffungs- oder Herstellungskosten eines die Lebensführung berührenden Wirtschaftsguts in die Bemessungsgrundlage nicht einbezogen werden darf, der nach der allgemeinen Verkehrsauffassung als unangemessen anzusehen und deshalb nach § 4 Abs. 5 Nr. 7 EStG nicht abzugsfähige Betriebsausgabe ist. Auf die BFH-Urteile vom 2. Februar 1979 (BStBl II S. 387) und vom 2. Februar 1980 (BStBl II S. 340) wird hingewiesen.

66 (4) Die Anschaffungs- und Herstellungskosten sowie die Anzahlungen auf Anschaffungskosten und die Teilherstellungskosten werden durch Zuschüsse aus öffentlichen oder privaten Mitteln (vgl. Abschnitt 34 EStR 1990) und durch die Übertragung aufgedeckter stiller Reserven (z. B. auf Grund des § 6 b EStG oder des Abschnitts 35 EStR 1990) nicht gemindert.

67 (5) Für die Frage, ob die Umsatzsteuer zu den Anschaffungs- oder Herstellungskosten gehört, ist § 9 b EStG zu beachten.

b) Anschaffungskosten

68 (1) Anschaffungskosten sind nach Abschnitt 32 a EStR 1990 alle Aufwendungen, die geleistet werden, um ein Wirtschaftsgut zu erwerben und es in einen betriebsbereiten Zustand zu versetzen. Dazu gehören der Anschaffungspreis und die Nebenkosten der Anschaffung, soweit sie dem Wirtschaftsgut einzeln zugeordnet werden können. Nicht zu den Anschaffungskosten gehören die Finanzierungs-(Geldbeschaffungs-)kosten, wie z. B. Kreditkosten und Teilzahlungszuschläge (vgl. BFH-Urteil vom 24. Mai 1968 – BStBl II S. 574).

69 (2) Anschaffungskosten für ein Wirtschaftsgut, die nach Ablauf des Wirtschaftsjahrs seiner Lieferung entstehen, sind grundsätzlich bei der Bemessung der Investitionszulage für das Wirtschaftsjahr der Lieferung zu berücksichtigen. Es ist jedoch nicht zu beanstanden, wenn solche Anschaffungskosten erst für das Wirtschaftsjahr ihrer Entstehung geltend gemacht werden.

70 (3) Die Anschaffungskosten werden durch Preisnachlässe (Skonti, Rabatte oder ähnliches) gemindert (BFH-Urteil vom 13. August 1957 – BStBl III S. 349). Freiwillig zurückgewährte Preisnachlässe erhöhen nicht die Anschaffungskosten (BFH-Urteil vom 12. März 1976 – BStBl II S. 527).

c) Herstellungskosten

71 (1) Wegen des Begriffs der Herstellungskosten wird auf Abschnitt 33 EStR 1990 hingewiesen. Herstellungskosten sind danach alle Aufwendungen, die durch den Verbrauch von Gütern und die Inanspruchnahme von Diensten für die Herstellung eines Wirtschaftsguts entstehen. Zu den Herstellungskosten eines Wirtschaftsguts gehören deshalb auch die Anschaffungskosten beweglicher Wirtschaftsgüter, soweit sie bestimmungsgemäß zur Herstellung eines Wirtschaftsguts angeschafft werden (BFH-Urteil vom 20. März 1981 – BStBl II S. 785). Soweit in die Herstellungskosten vor dem 1. Juli 1990 entstandene Teilherstellungskosten einzubeziehen sind, sind diese nach den §§ 7 und 10 D-Markbilanzgesetz zu bewerten.

72 (2) Aufwendungen, die nach Abschnitt 33 EStR 1990 zu den Herstellungskosten gerechnet werden können, aber nicht müssen, gehören für die Bemessung der Investitionszulage zu den Herstellungskosten, wenn sie vom Anspruchsberechtigten bei der Einkommensbesteuerung als Teil der Herstellungskosten behandelt worden sind. Das Wahlrecht, ob Aufwendungen in die Herstellungskosten eines Wirtschaftsguts einbezogen oder nicht einbezogen werden sollen, kann für die Investitionszulage und für die Ertragsbesteuerung mithin nur einheitlich ausgeübt werden.

73 (3) Unter Herstellungskosten ist bei Tieren die Summe der Aufwendungen zu verstehen, die dem Anspruchsberechtigten bis zu ihrer Fertigstellung entstanden ist. Hat der Anspruchsberechtigte ein in der Aufzucht befindliches Tier angeschafft, so gehören zu den Herstellungskosten die Anschaffungskosten für das Jungtier und die Summe der nach der Anschaffung bis zur Fertigstellung entstandenen Aufzuchtkosten. Zu den Herstellungskosten einer Dauerkultur gehören

alle Aufwendungen, die dem Anspruchsberechtigten bis zu ihrer Fertigstellung entstanden sind. Die Herstellungskosten sind grundsätzlich nachzuweisen. Ist der Nachweis nicht möglich, sind die Herstellungskosten zu schätzen. Dabei sind, soweit es sich um die Herstellungskosten von Tieren und von Dauerkulturen handelt, die in der Anlage aufgeführten Erfahrungswerte zugrunde zu legen. Bei der Anschaffung noch nicht fertiggestellter Tiere sind neben den Anschaffungskosten nur die nach der Anschaffung angefallenen Herstellungskosten zu berücksichtigen.

d) Anzahlungen

74 Wegen des Begriffs der Anzahlungen auf Anschaffungskosten und wegen des Zeitpunkts, in dem eine Anzahlung geleistet worden ist, wird auf Abschnitt 45 Abs. 5 EStR 1990 und auf § 7 a Abs. 2 Satz 3 bis 5 EStG hingewiesen. Die Höhe der Anzahlungen auf Anschaffungskosten wird durch die Höhe der tatsächlichen Anschaffungskosten begrenzt.

e) Teilherstellungskosten

75 Wegen des Begriffs der Teilherstellungskosten wird auf Abschnitt 45 Abs. 6 EStR 1990 hingewiesen.

2. Höhe der Investitionszulage

76 Die Investitionszulage wird für jedes Wirtschaftsjahr gesondert bemessen. Die Höhe der Investitionszulage richtet sich nach der Summe der Anschaffungs- und Herstellungskosten des abgelaufenen Wirtschaftsjahrs. Soweit Anzahlungen auf Anschaffungskosten oder Teilherstellungskosten in die Bemessungsgrundlage einbezogen worden sind, richtet sich die Höhe der Investitionszulage nach der Summe der Anzahlungen und Teilherstellungskosten und dem voraussichtlichen Zeitpunkt des Investitionsabschlusses. Anzahlungen auf Anschaffungskosten und Teilherstellungskosten sind deshalb immer nur in der Höhe begünstigt, in der die Anschaffungs- und Herstellungskosten der Wirtschaftsgüter im Zeitpunkt der künftigen Lieferung oder Fertigstellung begünstigt sein werden (vgl. Tz. 87).

Dritter Teil
Verfahrensrechtliche Vorschriften

I. Antragstellung
1. Antragsfrist

77 Der Antrag auf Investitionszulage kann nur bis zum Ablauf von neun Monaten nach Ende des Kalenderjahrs gestellt werden, in dem das Wirtschaftsjahr der Anschaffung oder Herstellung begünstigter Wirtschaftsgüter oder der begünstigten Anzahlungen auf Anschaffungskosten oder der begünstigten Teilherstellungskosten endet. Für begünstigte Investitionen, die bereits vor Betriebseröffnung vorgenommen worden sind, ist der Antrag innerhalb von neun Monaten nach Ablauf des Kalenderjahrs zu stellen, in dem die Investitionen abgeschlossen worden sind (vgl. BFH-Urteil vom 11. März 1988 – BStBl II S. 636). Die Antragsfrist kann nicht verlängert werden. Ihre Versäumung führt zum Verlust des Antragsrechts, es sei denn, daß gemäß § 110 AO Wiedereinsetzung in den vorigen Stand zu gewähren ist (vgl. BFH-Urteil vom 7. November 1975 – BStBl 1976 II S. 225). Der Antrag kann rechtswirksam auch schon vor Ablauf des maßgebenden Kalenderjahrs gestellt werden (BFH-Urteil vom 23. Juli 1976 – BStBl II S. 759). Vgl. jedoch Tz. 86.

2. Zuständiges Finanzamt

78 Der Antrag auf Investitionszulage ist bis zum Ablauf der Antragsfrist an das für die Gewährung der Investitionszulage zuständige Finanzamt (vgl. Tz. 82 und 83) zu richten (BFH-Urteil vom 10. Juni 1975 – BStBl II S. 762).

3. Form und Inhalt des Antrags

79 (1) Der Antrag auf Investitionszulage ist nach amtlich vorgeschriebenem Vordruck zu stellen. In dem Antrag müssen innerhalb der Antragsfrist die Wirtschaftsgüter, für die eine Investitionszulage beansprucht wird, so genau bezeichnet werden, daß ihre Feststellung bei einer Nachprüfung möglich ist. Das gilt auch für den Fall, daß eine Investitionszulage für Anzahlungen auf Anschaffungskosten oder für Teilherstellungskosten beantragt wird (BFH-Urteil vom 30. März 1979 – BStBl II S. 450). Der Antrag ist nur wirksam, wenn er vom Anspruchsberechtigten oder seinem Vertreter innerhalb der Antragsfrist unterschrieben worden ist. Ein innerhalb der Antragsfrist vom Vertreter des Anspruchsberechtigten unterschriebener Antrag ist vor Erlaß des Investitionszulagenbescheids um die eigenhändige Unterschrift des Anspruchsberechtigten zu ergänzen. Auf diese eigenhändige Unterschrift kann nicht verzichtet werden, da die im Antragsvordruck geforderten Absichtserklärungen (z. B. hinsichtlich der weiteren zeitlichen Bindung von Wirtschaftsgütern an eine Betriebsstätte oder an einen Betrieb) und die Erklärungen mit strafrechtlicher Bedeutung für den Anspruchsberechtigten nur von ihm selbst abgegeben werden können.

80 (2) Sind in dem Antrag auf Investitionszulage Wirtschaftsgüter des Wirtschaftsjahres nicht aufgeführt, so kann deren Bezeichnung innerhalb der Antragsfrist nachgeholt werden. Das gilt jedoch nur, solange für das Wirtschaftsjahr ein Bescheid über die Investitionszulage noch nicht erteilt ist oder nach den verfahrensrechtlichen Vorschriften noch geändert werden kann (vgl. BFH-Urteil vom 19. Oktober 1984 – BStBl 1985 II S. 63).

81 (3) In dem Antrag sind außerdem alle weiteren Anspruchsvoraussetzungen, insbesondere die

Anschaffungskosten, Herstellungskosten, Anzahlungen auf Anschaffungskosten und Teilherstellungskosten der begünstigten Investitionen anzugeben, für die die Investitionszulage beantragt wird. Diese Angaben können auch noch nach Ablauf der Antragsfrist nachgeholt, ergänzt oder berichtigt werden, solange für das Wirtschaftsjahr ein Investitionszulagebescheid noch nicht erteilt ist oder nach den verfahrensrechtlichen Vorschriften noch geändert werden kann.

II. Gewährung der Investitionszulage
1. Zuständiges Finanzamt

82 (1) Zuständiges Finanzamt für die Gewährung der Investitionszulage ist
1. bei Steuerpflichtigen im Sinne des Einkommensteuergesetzes und des Körperschaftsteuergesetzes

   das für die Besteuerung nach dem Einkommen zuständige Finanzamt (§§ 19, 20 AO),
2. bei Gesellschaften im Sinne des § 15 Abs. 1 Satz 1 Nr. 2 und Abs. 3 EStG und bei Gesellschaften, deren Gewinne aus Land- und Forstwirtschaft oder selbständiger Arbeit mehreren Beteiligten zuzurechnen sind,

   das für die gesonderte Feststellung der Einkünfte zuständige Finanzamt (§ 18 Abs. 1 Nr. 1 bis 3 in Verbindung mit § 180 Abs. 1 Nr. 2 Buchstabe a AO).

Satz 1 Nr. 1 gilt auch bei Anspruchsberechtigten, deren Einkünfte aus Land- und Forstwirtschaft, Gewerbebetrieb oder selbständiger Arbeit nach § 180 Abs. 1 Nr. 2 Buchstabe b AO gesondert festzustellen sind; das Betriebsfinanzamt soll im Wege der Amtshilfe beteiligt werden.

Satz 1 Nr. 2 gilt auch, wenn die Investitionszulage für Wirtschaftsgüter beantragt wird, die Sonderbetriebsvermögen sind (vgl. Tz. 7).

83 (2) Arbeitsgemeinschaften, bei denen keine gesonderten Feststellungen vorzunehmen sind (vgl. Tz. 8), ist die Investitionszulage von dem für die Umsatzbesteuerung der Gemeinschaft zuständigen Finanzamt (§ 21 AO) zu gewähren. Den für die Beteiligten zuständigen Finanzämtern ist die Gewährung der Investitionszulage mitzuteilen.

84 (3) Für die vor dem 1. Januar 1991 entstandenen Investitionszulagen sind ausschließlich die Finanzämter im Fördergebiet örtlich zuständig. Insoweit bleibt diese Zuständigkeit auch nach dem 31. Dezember 1990 bestehen (Artikel 97 a § 1 EGAO). Hat eine natürliche Person weder einen Wohnsitz noch ihren gewöhnlichen Aufenthalt bzw. eine juristische Person weder ihre Geschäftsleitung noch ihren Sitz im Fördergebiet, so ist für die Investitionszulage 1990 das Finanzamt im Fördergebiet örtlich zuständig, in dessen Bezirk sich das Vermögen der steuerpflichtigen Person befindet; trifft dies für mehrere Finanzämter zu, so ist das Finanzamt zuständig, in dessen Bezirk sich der wertvollste Teil des Vermögens befindet (§ 6 Abs. 2 der Verordnung in Verbindung mit § 19 Abs. 2 und § 20 Abs. 3 AO). Bei Gesellschaften im Sinne des § 15 EStG ohne Geschäftsleitung im Fördergebiet ist das Finanzamt örtlich zuständig, in dessen Bezirk eine Betriebsstätte – bei mehreren Betriebsstätten die wirtschaftlich bedeutendste – unterhalten wird (§ 6 Abs. 2 der Verordnung in Verbindung mit § 18 Abs. 1 Nr. 2 AO).

2. Investitionszulagebescheid

85 (1) Die für die Steuerfestsetzung geltenden Vorschriften der Abgabenordnung sind sinngemäß anzuwenden.

86 (2) Eine Investitionszulage darf nicht vor Ablauf des maßgeblichen Wirtschaftsjahres festgesetzt werden. Wirtschaftsgüter, die der Anspruchsberechtigte nicht genau bezeichnet hat oder für die der Anspruchsberechtigte das Vorliegen der weiteren für die Begünstigung erforderlichen Voraussetzungen nicht nachweist oder glaubhaft macht, sind bei der Bemessung der Investitionszulage nicht zu berücksichtigen. Für das Jahr 1990 ist die Investitionszulage für Anschaffungskosten und Herstellungskosten nach § 4 Satz 1 in Verbindung mit § 5 Nr. 1 InvZulVO und für Anzahlungen und Teilherstellungskosten nach § 4 Satz 2 in Verbindung mit § 5 Nr. 1 und 2 InvZulG 1991 in einem einheitlichen Bescheid festzusetzen. Im Bescheid ist auf die Rechtsgrundlagen hinzuweisen.

87 (3) Sind bei der Ermittlung der Bemessungsgrundlage Anzahlungen auf Anschaffungskosten oder Teilherstellungskosten berücksichtigt worden, ist die Investitionszulage insoweit nach § 165 AO vorläufig festzusetzen. In diesen Fällen ist zu überwachen, ob die Wirtschaftsgüter auch geliefert oder fertiggestellt werden. Wird festgestellt, daß Anzahlungen auf Anschaffungskosten oder Teilherstellungskosten ganz oder teilweise zu Unrecht berücksichtigt worden sind, z. B. weil die entsprechenden Wirtschaftsgüter nicht oder nicht fristgerecht geliefert oder fertiggestellt worden sind, ist der Investitionszulagebescheid zu ändern oder aufzuheben (§ 165 Abs. 2 AO).

88 (4) In den Fällen, in denen das Vorliegen der Voraussetzungen über die Gewährung der Investitionszulage nicht abschließend geprüft werden kann, ist die Investitionszulage nach § 164 AO unter dem Vorbehalt der Nachprüfung festzusetzen.

89 (5) Bei Gesellschaften oder Gemeinschaften ohne Gewinnerzielungsabsicht (z. B. Labor- und Maschinengemeinschaften) können die für die Gewährung der Investitionszulage bei den Beteiligten maßgebenden Grundlagen nach § 1 Abs. 1 Satz 1 Nr. 1 der Verordnung zu § 180 Abs. 2 AO gesondert festgestellt werden. Diese sollte insbesondere dann erfolgen, wenn auch die Betriebseinnahmen und -ausgaben der Beteiligten geson-

dert festgestellt werden (vgl. Tz. 1 Buchstabe b des BMF-Schreibens vom 5. Dezember 1990 – BStBl I S. 764). Die Durchführung des Feststellungsverfahrens steht im pflichtgemäßen Ermessen des Finanzamts (§ 4 der Verordnung zu § 180 Abs. 2 AO).

90 (6) Bei der atypischen stillen Gesellschaft ist abweichend von der Anspruchsberechtigung (Tz. 6) der Inhaber des Handelsgeschäfts antragsberechtigt, so daß dem Inhaber auch der Bescheid bekanntzugeben ist (vgl. BFH-Urteil vom 20. Mai 1988 – BStBl II S. 961). Der Anspruchsberechtigte ist im Bescheid anzugeben.

3. Aufhebung und Änderung des Investitionszulagebescheids

91 (1) Die Rückforderung der Investitionszulage setzt die Aufhebung oder eine Änderung des Investitionszulagebescheids, die zu einer Herabsetzung der festgesetzten Investitionszulage führt, voraus (BFH-Urteil vom 16. Januar 1986 – BStBl II S. 467). Die für die Berichtigung, Aufhebung und Änderung von Steuerbescheiden geltenden Vorschriften der §§ 129 und 172 bis 177 AO sind entsprechend anzuwenden. Ein Investitionszulagebescheid ist insbesondere aufzuheben oder zu ändern, wenn Wirtschaftsgüter die Zugehörigkeits-, Verbleibens- und Nutzungsvoraussetzungen im Sinne der Tz. 40 nicht erfüllen. Ist der Bescheid in diesen Fällen bereits bestandskräftig, ist er nach § 175 Abs. 1 Satz 1 Nr. 2 in Verbindung mit Abs. 2 AO aufzuheben oder zu ändern.

92 (2) Ein Investitionszulagenbescheid, der unter dem Vorbehalt der Nachprüfung erlassen worden ist, kann ohne Einschränkung aufgehoben oder geändert werden, solange der Vorbehalt wirksam ist (§ 164 AO) und soweit § 176 AO der Aufhebung oder Änderung nicht entgegensteht. Entsprechendes gilt, wenn ein Investitionszulagebescheid als vorläufiger Bescheid erlassen worden ist, soweit und solange die Vorläufigkeit reicht (§ 165 AO). Der Bescheid ist in diesen Fällen von Amts wegen zu ändern, wenn aufgrund des § 3 Nr. 1 in Verbindung mit § 5 Nr. 1 InvZulG 1991 für Anzahlungen auf Anschaffungskosten oder für Teilherstellungskosten des Jahres 1990 anstelle einer Investitionszulage von 8 v. H. eine Investitionszulage von 12 v. H. beansprucht werden kann.

93 (3) Der Anspruch auf Investitionszulage entsteht mit Ablauf des Wirtschaftsjahrs, in dem die begünstigten Investitionen vorgenommen, die Anzahlungen geleistet oder die Teilherstellungskosten entstanden sind. Die Festsetzungsfrist beginnt mit Ablauf des Kalenderjahrs, in dem der Anspruch entstanden ist (§ 170 Abs. 1 AO). Die Festsetzungsfrist beträgt vier Jahre (§ 169 Abs. 2 AO). Die Festsetzungsfrist läuft nicht ab, bevor über den Antrag unanfechtbar entschieden worden ist (§ 171 Abs. 3 AO). Die Frist für die Aufhebung oder Änderung der Festsetzung der Investitionszulage beginnt nicht vor Ablauf der Kalenderjahrs, in dem der Antrag gestellt wurde (§ 170 Abs. 3 AO).

III. Weitere Verfahrensvorschriften

1. Zulässigkeit von Billigkeitsmaßnahmen

94 Eine entsprechende Anwendung des § 163 AO auf die Investitionszulage ist nicht zulässig. Das bedeutet, daß eine Investitionszulage aus Billigkeitsgründen nicht gewährt und nicht höher festgesetzt werden darf, als dies aus Rechtsgründen möglich ist (BFH-Urteil vom 2. Dezember 1977 – BStBl 1978 II S. 272). Dagegen sind die Vorschriften über Stundung und Erlaß (§§ 222, 227 AO) auf die Investitionszulage entsprechend anwendbar. Hieraus folgt, daß im Einzelfall aus Billigkeitsgründen bei Ansprüchen auf Rückzahlung einer Investitionszulage Stundung gewährt oder auf die Rückzahlung ganz oder teilweise verzichtet werden kann. Aus Vereinfachungsgründen kann auf die Rückzahlung auch in der Weise verzichtet werden, daß von der Änderung eines Investitionszulagebescheids zum Zwecke der Herabsetzung der Investitionszulage abgesehen wird (vgl. BFH-Urteil vom 10. Juni 1975 – BStBl II S. 789).

2. Stundung fälliger Steuern im Hinblick auf später fällig werdende Investitionszulagenansprüche

95 Eine Aufrechnung durch den Steuerpflichtigen mit noch nicht festgesetzter Investitionszulage gegen fällige Steuern kommt nicht in Betracht (§ 226 Abs. 3 AO). Dagegen können im Hinblick auf eine zu erwartende Investitionszulage fällige Steuern auf Antrag nach § 222 AO gestundet werden. Voraussetzung hierfür ist, daß ein fristgerecht gestellter Antrag auf Investitionszulage und alle für die Festsetzung der Investitionszulage erforderlichen Angaben und Unterlagen (vgl. Tz. 79 bis 81) vorliegen. In diesen Fällen soll gemäß § 234 Abs. 2 AO auch auf die Festsetzung von Stundungszinsen verzichtet werden. Eine Stundung aus sachlichen Billigkeitsgründen vor Ablauf des nach Tz. 77 maßgebenden Wirtschaftsjahrs ist auch dann nicht möglich, wenn der Investitionszulageantrag vor diesem Zeitpunkt gestellt worden ist.

3. Abtretung, Pfändung und Verpfändung von Ansprüchen auf Investitionszulage

96 Ein Anspruch auf Investitionszulage kann nach Maßgabe des § 46 AO abgetreten, verpfändet und gepfändet werden, sobald er entstanden ist (vgl. Tz. 93 Satz 2).

4. Zinsen und Säumniszuschläge

97 (1) Für die Rückzahlung einer Investitionszulage ist in der Regel eine Frist von einem Monat nach Bekanntgabe des Aufhebungs- oder Änderungsbescheids zu bestimmen. Der Rückforderungsanspruch ist zu verzinsen. Der Zinslauf beginnt am Tag der Auszahlung der Investitions-

zulage, in den Fällen einer Verletzung der Zugehörigkeits-, Verbleibens- oder Nutzungsvoraussetzungen am Tag des Eintritts dieses Ereignisses. Der Zinslauf endet mit Ablauf des Fälligkeitstages. Wird vor dem Fälligkeitstag gezahlt, endet der Zinslauf mit dem Tag der Zahlung. Die Zinsen betragen für jeden vollen Monat 0,5 v. H. des auf volle hundert Deutsche Mark abgerundeten Rückzahlungsbetrages (§ 238 AO). Sie sind auf volle DM-Beträge abgerundet festzusetzen (§ 8 Abs. 1 Satz 1 KBV); Beträge unter 20 DM werden nicht festgesetzt (§ 239 Abs. 2 AO).

(2) Wird die Investitionszulage nicht bis zum Ablauf des Fälligkeitstages zurückgezahlt, sind Säumniszuschläge verwirkt (§ 240 AO). Bei Stundung des Rückzahlungsanspruchs werden Stundungszinsen nach § 234 AO erhoben. Im Falle der Aussetzung der Vollziehung richtet sich die Zinspflicht nach § 237 AO. Wird durch eine rechtskräftige gerichtliche Entscheidung eine Investitionszulage gewährt oder ein Aufhebungs- oder Änderungsbescheid zugunsten des Anspruchsberechtigten aufgehoben oder geändert, so ist die zu gewährende Investitionszulage bzw. der wieder auszuzahlende Betrag nach § 236 AO zu verzinsen.

5. Verfolgung von Straftaten

Unrichtige oder unvollständige Angaben in bezug auf die Gewährung einer Investitionszulage können als Subventionsbetrug nach § 264 StGB in der Fassung des Ersten Gesetzes zur Bekämpfung der Wirtschaftskriminalität vom 29. Juli 1976 (BGBl. I S. 2034, BStBl I S. 433) strafbar sein. Insoweit ist das Finanzamt Strafverfolgungsbehörde; im übrigen gelten die Vorschriften der Abgabenordnung über die Verfolgung von Steuerstraftaten entsprechend.

6. EG-Vorbehalt

Bei Gewährung der Investitionszulage sind der Gemeinschaftsrahmen für staatliche Beihilfen an die Kfz-Industrie (vgl. mein Schreiben vom 13. Dezember 1990 – BStBl I S. 889) und die Rahmenregelung für bestimmte, nicht unter den EGKS-Vertrag fallende Stahlbereiche (vgl. mein Schreiben vom 13. Dezember 1990 – BStBl 1991 I S. 13) zu beachten.

Dieses Schreiben tritt an die Stelle meiner Schreiben vom 27. Dezember 1990 (BStBl I S. 906) und vom 31. Mai 1991 (BStBl I S. 531).

Anhang 18

II Investitionszulage

Anlage **Herstellungskosten für Dauerkulturen und Tiere im Begünstigungszeitraum 1991 (Erfahrungswerte)**

a) Dauerkulturen

	Hangneigung	Erziehungsart	Zeilenbreite in cm ca.	Herstellungskosten in DM je Hektar*)
Rebanlagen	Flach- und Hanglage	normale Drahtrahmenerziehung	160	30.000
			200	26.600
			250	23.600
		Pfahlerziehung	160	33.000
	Steillage (Seilzugl.)	normale Drahtrahmenerziehung	160	34.000
Äpfel	– Normalpflanzung	Pflanzabstand ca. 4 x 2,5 m		8.600
	– Dichtpflanzung	Pflanzabstand ca. 3,75 x 1,5 m		13.500
Birnen	– Normalpflanzung	Pflanzabstand ca. 4 x 2,5 m		9.600
Johannisbeeren				
– Rote, Busch		Pflanzabstand ca. 3 x 1,25 m		6.900
– Rote, Hecke		Pflanzabstand ca. 2,5 x 1 m		9.800
– Schwarze, Busch		Pflanzabstand ca. 2,5 x 2 m		5.500
Stachelbeeren		Pflanzabstand ca. 2 x 1 m		19.000
Himbeeren, Drahtrahmenerziehung (ca. 12.000 Pflanzen)				16.800
Brombeeren, Drahtrahmenerziehung (ca. 1.300 Pflanzen)				13.300
Sauerkirschen		Pflanzabstand ca. 4,5 x 4 m		5.100
Süßkirschen				4.600
Pflaumen/Zwetschen Mirabellen		Pflanzabstand nach Sorte und Unterlage verschieden		5.400
Pfirsiche				5.300
Hopfen	– Hallertauer Gerüst – jede 5. Reihe Säulen			37.800
	– Hallertauer Gerüst – jede 6. Reihe Säulen			34.300
	– Weitspannanlage			26.800
Spargel				9.850
Rhabarber				3.500

b) Tiere (Kühe und Pferde)**)

		Herstellungskosten je Lebensmonat in DM/Stück
Weibliche Zuchtrinder	im 1. Lebensjahr	70
	ab 2. Lebensjahr	60
Pferde	ab 2. Lebensjahr	100

---

*) Vorstehende Werte sind die Herstellungskosten **ohne** Lohnkosten; angefallene Fremdlohnkosten sind gesondert zu berücksichtigen.

**) Die Herstellungskosten für alle nichtgenannten Tiere (insbesondere wertvolle Zuchttiere) sind im Einzelfall besonders zu schätzen, sofern es sich nicht um geringwertige Wirtschaftsgüter handelt.

III
Gewährung von Investitionszulagen nach der Investitionszulagenverordnung und nach dem Investitionszulagengesetz 1991

BMF vom 31. 3. 1992 (BStBl I S. 236)

IV B 3 – InvZ 1010 – 10/92

Bezug: BMF vom 28. 8. 1991 (BStBl I S. 768)

Unter Bezugnahme auf das Ergebnis der Erörterungen mit den obersten Finanzbehörden der Länder und in Ergänzung zu dem o. a. Schreiben gilt bei Anwendung der Investitionszulagenverordnung und des Investitionszulagengesetzes 1991 folgendes:

1. **Steuerpflichtige im Sinne des Körperschaftsteuergesetzes**

   Steuerpflichtige im Sinne des Körperschaftsteuergesetzes sind nach der durch Artikel 9 des Steueränderungsgesetzes 1992 geänderten Fassung des § 1 InvZulG 1991 nur anspruchsberechtigt, soweit sie nicht nach § 5 KStG von der Körperschaftsteuer befreit sind. Diese Fassung des § 1 InvZulG 1991 ist klarstellender Art und entspricht hinsichtlich der steuerbefreiten inländischen Körperschaften der bisherigen Rechtslage (vgl. Tz. 25 des Bezugsschreibens). Ausländische Körperschaften, die inländische Betriebsstätten unterhalten, sind hingegen auch dann anspruchsberechtigt, wenn die Betriebsstätten nicht als Betriebsstätten im Sinne eines Doppelbesteuerungsabkommens gelten und die Körperschaften deshalb nicht der deutschen Körperschaftsteuer unterliegen. Die Anspruchsberechtigung setzt in diesen Fällen jedoch voraus, daß die ausländischen Körperschaften inländische Einkünfte im Sinne des § 49 EStG erzielen.

2. **Neue Wirtschaftsgüter**

   Nach Tz. 33 des Bezugsschreibens ist ein Wirtschaftsgut als neu anzusehen, wenn der Teilwert der bei der Herstellung verwendeten gebrauchten Wirtschaftsgüter 10 v. H. des Teilwerts des hergestellten Wirtschaftsguts nicht übersteigt. Dies gilt auch bei einem erworbenen Wirtschaftsgut (Tz. 34 des Bezugsschreibens). Nicht als gebrauchte Wirtschaftsgüter im Sinne dieser 10-v. H.-Regelung gelten neuwertige Bauteile, die vom Hersteller neben gleichartigen neuen Bauteilen in einem Produktionsprozeß wiederverwendet werden, wenn der Verkaufspreis des hergestellten Wirtschaftsguts unabhängig vom Anteil der zur Herstellung verwendeten neuen und neuwertigen Bauteile ist. Neuwertig sind gebrauchte Bauteile, die dem Standard neuer Bauteile entsprechen oder verschleißfrei sind und die nach Fertigstellung des Wirtschaftsguts nicht von neuen Bauteilen unterschieden werden können.

3. **Begriff des Personenkraftwagens**

   Für die Abgrenzung der Personenkraftwagen von den begünstigten Kraftfahrzeugen gilt nach Tz. 36 des Bezugsschreibens grundsätzlich die erste Eintragung im Kraftfahrzeugbrief. Eine geänderte Eintragung ist – außer in den Fällen der Tz. 38 des Bezugsschreibens – unbeachtlich, es sei denn, der Anspruchsberechtigte legt dar, daß die Änderung vorgenommen worden ist, weil die Eintragung im Kraftfahrzeugbrief unrichtig gewesen ist oder weil ein Wahlrecht hinsichtlich der Eintragung als Personen- oder Lastkraftwagen bestanden hat.

4. **Betriebsstätte im Fördergebiet**

   (1) Zu den Betriebsstätten im Sinne des § 12 AO gehören u. a. auch Verkaufs-, Spiel- und Fotoautomaten. Soweit diese Automaten im Fördergebiet aufgestellt werden, stellen sie zugleich Wirtschaftsgüter des Anlagevermögens einer Betriebsstätte im Fördergebiet dar.

   (2) Anlagen oder Einrichtungen, die in räumlicher, organisatorischer, technischer und wirtschaftlicher Hinsicht ein einheitliches Ganzes bilden, sind eine einheitliche Betriebsstätte. Fehlt es bei einer Anlage oder Einrichtung an einem dieser vier Merkmale, so handelt es sich jeweils um eine selbständige Betriebsstätte. Das ist insbesondere der Fall, wenn die Verbindung einer Anlage mit anderen Anlagen nur über öffentliche Straßen gewährleistet ist (BFH-Urteil vom 25. September 1968 – BStBl II S. 827).

   (3) Zu den Anlagen und Einrichtungen eines Landwirts gehören die Hofstelle sowie die von ihm bewirtschafteten Flächen. Soweit Hofstelle und bewirtschaftete Flächen eine einheitliche Betriebsstätte darstellen, ist diese Betriebsstätte eine Betriebsstätte im Fördergebiet, wenn die Gesamtheit der Flächen überwiegend im Fördergebiet liegt. Selbständige Betriebsstätten sind nur dann Betriebsstätten im Fördergebiet, wenn sie selbst überwiegend im Fördergebiet liegen.

5. **Anlagevermögen eines Betriebs im Fördergebiet bei Betriebsaufspaltung**

   Bei einer Betriebsaufspaltung sind Besitzunternehmen und Betriebsunternehmen jeweils rechtlich selbständige Unternehmen (BFH-Beschluß vom 8. November 1971 – BStBl 1972 II S. 24). Die personelle und sachliche Verflechtung dieser Unternehmen führt nicht dazu, daß Wirtschaftsgüter und für die Besteuerung maßgebliche Verhältnisse des einen Unternehmens dem an der Betriebsaufspaltung beteiligten anderen Unternehmen zuzurechnen sind (vgl. BFH-Urteil vom 17. Juli 1991 – BStBl 1992 II S. 246). Für Wirtschaftsgüter des Anlagevermögens eines Besitzunternehmens kommt deshalb eine Investitionszulage nur in Betracht, wenn sie einem Betrieb oder einer Betriebsstätte des Besitzunternehmens im Fördergebiet zuzurechnen ist.

6. Transportmittel, Baugeräte und vergleichbare Wirtschaftsgüter

(1) Transportmittel im Sinne der Tz. 48 des Bezugsschreibens sind Wirtschaftsgüter, deren Hauptzweck die Beförderung von Personen oder Gütern ist. Hierzu gehören auch Traktoren und landwirtschaftliche Anhänger. Nicht dazu gehören die nach § 3 Nr. 1 KfzStG steuerbefreiten Fahrzeuge, die vom Bundesminister für Verkehr als selbstfahrende Arbeitsmittel im Sinne des § 18 Abs. 2 Nr. 1 StVZO anerkannt sind, wie z. B. Bagger, Straßenwalzen, Straßenkehrmaschinen und Maschinen, die für land- und forstwirtschaftliche Arbeiten bestimmt sind.

(2) Zu den anderen Wirtschaftsgütern, die ihrer Art nach nicht dazu bestimmt und geeignet sind, im räumlich abgegrenzten Bereich einer Betriebsstätte eingesetzt zu werden (Tz. 50 des Bezugsschreibens), gehören auch Wirtschaftsgüter, deren Hauptzweck die Freizeitbeschäftigung ist, wie z. B. Segel-, Ruder-, Paddel- und Motorboote sowie Hochseeyachten.

(3) Landwirtschaftliche Fahrzeuge und Arbeitsgeräte, die ihrer Art nach nicht dazu bestimmt und geeignet sind, außerhalb der Betriebsstätte des Landwirts (Hofstelle und bewirtschaftete Flächen) eingesetzt zu werden (z. B. Mähdreschmaschinen, Zuckerrüben- und Kartoffelrodemaschinen), gehören nicht zu den Wirtschaftsgütern im Sinne der Tz. 48 bis 50 des Bezugsschreibens. Auch ein nur kurzfristiger Einsatz dieser landwirtschaftlichen Fahrzeuge und Arbeitsgeräte außerhalb des Fördergebiets ist deshalb unschädlich (vgl. Tz. 47 vorletzter Satz des Bezugsschreibens).

7. Einsatz im Fördergebiet

(1) Als Einsatz im Fördergebietsverkehr sind nach Tz. 48 des Bezugsschreibens Fahrten anzusehen, die innerhalb des Fördergebiets sowie von einem Ort im Fördergebiet zu einem Ort außerhalb des Fördergebiets und umgekehrt durchgeführt werden. Fahrten, die an einem Ort außerhalb des Fördergebiets beginnen und an einem Ort außerhalb des Fördergebiets enden, gehören auch dann nicht zu den Fördergebietsfahrten, wenn sie durch das Fördergebiet führen.

(2) Zu den Tagen des Einsatzes gehören nur die tatsächlichen Betriebstage des Transportmittels. Zeiten, in denen ein Transportmittel, z. B. wegen fehlender Aufträge oder für Wartungs- und Reparaturzwecke, ruht (Standtage), sind bei der Berechnung der Betriebstage nicht zu berücksichtigen. Wird ein Transportmittel zu nicht mehr als der Hälfte der Betriebstage im Fördergebietsverkehr eingesetzt, so sind die Verbleibensvoraussetzungen auch dann nicht erfüllt, wenn die Betriebstage im Fördergebietsverkehr und die Standtage im Fördergebiet zusammen in jedem Jahr des Verbleibenszeitraums überwiegen (vgl. BFH-Urteil vom 11. April 1990 – BStBl II S. 783). Zu den Betriebstagen gehören auch die Tage, an denen eine Fahrt beginnt oder endet und an denen das Transportmittel beladen oder entladen wird.

(3) Bei Baugeräten (Tz. 49 des Bezugsschreibens) und bei vergleichbaren Wirtschaftsgütern (Tz. 50 des Bezugsschreibens) gehören zu den Tagen des Einsatzes außerhalb des Fördergebiets auch die Tage, an denen die Beförderung dieser Wirtschaftsgüter begonnen oder beendet wird.

8. Eigenhändige Unterschrift

(1) Nach Tz. 79 Satz 4 des Bezugsschreibens ist der Antrag auf Investitionszulage nur wirksam, wenn er vom Anspruchsberechtigten oder seinem Vertreter innerhalb der Antragsfrist unterschrieben worden ist. Vertreter in diesem Sinne ist nur der gesetzliche Vertreter. Ein nur vom Bevollmächtigten des Anspruchsberechtigten unterschriebener Antrag ist deshalb innerhalb der Antragsfrist um die eigenhändige Unterschrift des Anspruchsberechtigten oder des gesetzlichen Vertreters zu ergänzen.

(2) Ist der Antrag für das Kalenderjahr 1990 innerhalb der Antragsfrist nur vom Bevollmächtigten unterschrieben worden, bestehen im Hinblick auf Tz. 79 Satz 5 des Bezugsschreibens keine Bedenken, wenn er auch noch nach Ablauf der Antragsfrist um die eigenhändige Unterschrift des Anspruchsberechtigten oder des gesetzlichen Vertreters ergänzt wird.

IV
Gewährung von Investitionszulagen bei Schiffen, deren Hauptzweck die Freizeitbeschäftigung ist; hier: Verbleibensvoraussetzung

BMF vom 28. 12. 1992 (BStBl 1993 I S. 20)

IV B 3 – InvZ 1260 – 166/92

Bezug: BMF vom 31. 3. 1992 (BStBl I S. 236)[1])

Unter Bezugnahme auf das Ergebnis der Erörterungen mit den obersten Finanzbehörden der Länder gilt hinsichtlich der Verbleibensvoraussetzung bei Schiffen, deren Hauptzweck die Freizeitbeschäftigung ist, insbesondere bei Hochseejachten, folgendes:

Diese Schiffe verbleiben nach Tz. 50 meines Schreibens vom 28. August 1991 (BStBl I S. 768) in Verbindung mit Nummer 6 meines Schreibens vom 31. März 1992 (BStBl I S. 236) nur dann im Fördergebiet, wenn sie in jedem Jahr des Dreijahreszeitraums nicht länger als einen Monat außerhalb des Fördergebiets eingesetzt werden. Hiervon abweichend können diese Schiffe als Transportmittel angesehen werden, wenn sie vom Anspruchsberechtigten vor dem 14. April 1992 bestellt worden sind. Das bedeutet, daß ein Einsatz dieser Schiffe außerhalb des Fördergebiets unschädlich ist, wenn in jedem Jahr des Dreijahreszeitraums weniger als die Hälfte der Betriebstage auf Fahrten außerhalb des Fördergebiets entfallen und die Schiffe regelmäßig in den Heimathafen im Fördergebiet zurückkehren (vgl. Tz. 48 meines o. a. Schreibens vom 28. August 1991 in Verbindung mit Nummer 7 meines o. a. Schreibens vom 31. März 1992).

Ich weise darauf hin, daß bei den genannten Schiffen stets zu prüfen ist, ob sie im Rahmen einer betrieblichen Tätigkeit genutzt werden und ob der Anteil der privaten Nutzung in jedem Jahr des Dreijahreszeitraums 10 v. H. der gesamten Nutzung nicht übersteigt.

---

[1]) → Anhang 18 III.

V
Zweifelsfragen bei der Anwendung des Investitionszulagengesetzes 1993
(BGBl. I S. 1650, BStBl 1993 I S. 856)

BMF vom 28. 10. 1993 (BStBl I S. 904)
IV B 3 – InvZ 1010 – 8/93

Bezug: BMF vom 28. 8. 1991 (BStBl I S. 768)[1]) und
vom 31. 3. 1992 (BStBl I S. 236)[2])

Für Investitionen in Betriebsstätten der Kreditinstitute, des Versicherungsgewerbes – ausgenommen der Versicherungsvertreter und Versicherungsmakler –, der Elektrizitätsversorgung, der Gasversorgung und des Handels, die nach dem 31. Dezember 1992 begonnen worden sind, besteht kein Anspruch auf Investitionszulage (§ 3 Satz 2 InvZulG 1993). Für Investitionen bestimmter Betriebe des verarbeitenden Gewerbes und von Handwerksbetrieben, die nach dem 31. Dezember 1992 begonnen worden sind, kommt eine auf 20 v. H. erhöhte Investitionszulage in Betracht (§ 5 Abs. 2 InvZulG 1993). Für Investitionen in Berlin (West) ist die Investitionszulage eingeschränkt (§ 11 Abs. 2 InvZulG 1993). Unter Bezugnahme auf das Ergebnis der Erörterungen mit den obersten Finanzbehörden der Länder und in Ergänzung zu den o. a. Schreiben gilt hierzu folgendes:

I. Abgrenzung der Gewerbezweige
1. Abgrenzungsmerkmale
a) Systematik der Wirtschaftszweige

1 (1) Die Abgrenzung des Versicherungsgewerbes, der Versicherungsvertreter und Versicherungsmakler, der Elektrizitätsversorgung, der Gasversorgung, des Handels und des verarbeitenden Gewerbes von den übrigen Wirtschaftszweigen ist entsprechend der Einordnung nach der Systematik der Wirtschaftszweige[3]) vorzunehmen (vgl. z. B. BFH-Urteil vom 30. Juni 1989, BStBl II S. 809).

In der Systematik der Wirtschaftszweige sind aufgeführt

– das Versicherungsgewerbe in Abteilung 6, davon die Versicherungsvertreter und -makler in Nrn. 657 01 und 657 05,
– die Elektrizitätsversorgung in Abteilung 1 Gruppe 101 und die Gasversorgung in Abteilung 1 Gruppe 103,
– der Handel in Abteilung 4 und
– das verarbeitende Gewerbe in Abteilung 2.

---
[1]) → Anhang 18 II.
[2]) → Anhang 18 III.
[3]) Herausgegeben vom Statistischen Bundesamt im Verlag Metzler-Poeschel Stuttgart.

(2) Die Entscheidung über die Einordnung trifft das Finanzamt. Hierfür sind die Abgrenzungsmerkmale maßgebend, die in der Systematik der Wirtschaftszweige, insbesondere in den Allgemeinen Vorbemerkungen und in den Vorbemerkungen der Abteilungen 2 und 4, genannt sind. Die in dem BFH-Urteil vom 23. Juli 1976 (BStBl II S. 705) genannten Merkmale sind nicht mehr maßgebend. Ohne Bedeutung sind die Rechtsform des Unternehmens und die Einkunftsart (vgl. BFH-Urteil vom 23. Februar 1979, BStBl II S. 455). 2

(3) Bei einer gemischten Tätigkeit ist die Einordnung in die Systematik der Wirtschaftszweige grundsätzlich nach dem Schwerpunkt der wirtschaftlichen Tätigkeit vorzunehmen, d. h. nach der Tätigkeit, auf die der größte Teil der entstandenen Wertschöpfung entfällt. Werden mehrere Tätigkeiten ausgeübt und sind diese verschiedenen Abteilungen zuzuordnen, so ist für die Einordnung des Betriebs bzw. der Betriebsstätte (vgl. Tz. 8 und 10) die Abteilung maßgebend, auf die der höchste Anteil der Wertschöpfung entfällt. Entfallen z. B. 40 v. H. der Wertschöpfung auf das verarbeitende Gewerbe, 30 v. H. auf den Handel und 30 v. H. auf Dienstleistungen, ist der Betrieb oder die Betriebsstätte in die Abteilung „verarbeitendes Gewerbe" einzuordnen. 3

Anhaltspunkt für die Wertschöpfungsanteile der verschiedenen Tätigkeiten ist der jeweilige steuerbare Umsatz nach § 1 Abs. 1 Nr. 1 bis 3 UStG. Der Steuerpflichtige kann die Wertschöpfungsanteile jedoch auch berechnen. Sie sind dann wie folgt zu ermitteln:

Umsätze nach § 1 Abs. 1 Nr. 1 bis 3 UStG

+	nicht steuerbare Lieferungen und sonstige Leistungen
+/–	Veränderungen des Bestands an fertigen und unfertigen Erzeugnissen
+	selbsterstellte Anlagen zu Herstellungskosten
–	Vorleistungen (Roh-, Hilfs- und Betriebsstoffe, Fremdleistungen – nicht jedoch Löhne und Gehälter, Mieten und Pachten, Fremdkapitalzinsen)
–	lineare und degressive AfA
=	Wertschöpfung

4 (4) In der Systematik der Wirtschaftszweige gehören zu der Abteilung „Verarbeitendes Gewerbe" alle Institutionen, deren wirtschaftliche Tätigkeit überwiegend darin besteht, Erzeugnisse, gleich welcher Art, zu be- oder verarbeiten, und zwar in der Regel mit dem Ziel, dabei andere Produkte herzustellen. Die Tätigkeit kann jedoch auch darin bestehen, bestimmte Erzeugnisse lediglich zu veredeln, zu montieren oder zu reparieren. Das verarbeitende Gewerbe umfaßt daneben auch die Institutionen, deren überwiegende Tätigkeit in der Gewinnung von Steinen und Erden besteht. Für die Zuordnung zum verarbeitenden Gewerbe ist es ohne Bedeutung, ob die be- oder verarbeiteten Produkte in das Eigentum des Be- oder Verarbeiters übergehen; es sind also auch Institutionen einbezogen, die lediglich Lohnarbeiten ausführen. Nicht zum verarbeitenden Gewerbe gehört das Baugewerbe, das in der Abteilung 3 dargestellt ist.

5 (5) Zur Abteilung „Handel" gehören alle Institutionen, deren wirtschaftliche Tätigkeit überwiegend darin besteht, bewegliche Sachgüter zu beziehen und ohne mehr als handelsübliche Be- oder Verarbeitung weiter zu veräußern (Handelswaren) und/oder zwischen Verkäufern und Käufern von Waren zu vermitteln. Für die Zuordnung zum Handel ist es ohne Bedeutung, ob die Waren in eigenem Namen für eigene Rechnung oder für fremde Rechnung (Kommissionsgeschäft) im engeren Wortsinn „gehandelt" oder ob sie nur vermittelt – d. h. in fremdem Namen für fremde Rechnung abgesetzt – werden.

Zu der handelsüblichen Be- oder Verarbeitung, die den Charakter einer Ware als Handelsware nicht berührt, gehören außer dem Sortieren, Verteilen, Mischen, Verpacken usw. auch einige geringfügige Bearbeitungsvorgänge, z. B. das „Anarbeiten" von Stahl, das u. a. das Biegen, Lochen, Bohren, Anschweißen, Verformen, Abkanten, Gewindeschneiden und Sandstrahlen von Stahl umfaßt. Hierzu sind ferner Leistungen zu rechnen, die üblicherweise eng mit dem Absatz bestimmter Waren verbunden sind, z. B. das Anschließen eines elektrischen Geräts durch den Händler an eine vorhandene Leitung. In Wirtschaftszweigen des Großhandels ist die handelsübliche Be- oder Verarbeitung von erheblicher Bedeutung. So ist es z. B. im Großhandel mit Altmaterial unerläßlich, das Material im Betrieb zu sortieren, u. U. zu zerkleinern, zu reinigen und zu handelsüblichen, für den Transport geeigneten Ballen zu pressen und zu packen. Obgleich hierfür zum Teil beträchtliche maschinelle Vorrichtungen erforderlich sind, wird dies als handelsüblich angesehen. Zu der handelsüblichen Be- oder Verarbeitung gehört z. B. auch das Herrichten von Fleisch beim Einzelhandel mit Fleisch.

Unter Handel ist die Veräußerung fremdbezogener Waren zu verstehen. Werden selbsthergestellte Waren veräußert, so handelt es sich um „Vertrieb"; ohne Bedeutung ist, ob die Waren innerhalb oder außerhalb des Fördergebiets selbst hergestellt wurden.

b) Gesetz über das Kreditwesen

Die Kreditinstitute sind nach der Begriffsbestimmung im Gesetz über das Kreditwesen in der Fassung der Bekanntmachung vom 11. Juli 1985 (BGBl. I S. 1472), zuletzt geändert durch Artikel 1 des Gesetzes vom 21. Dezember 1992 (BGBl. I S. 2211), abzugrenzen. Danach gehören z. B. Leasing-Unternehmen nicht zu den Kreditinstituten. 6

c) Handwerksrolle und Verzeichnis handwerksähnlicher Betriebe

Bei Gewerbetreibenden, die in die Handwerksrolle oder das Verzeichnis handwerksähnlicher Betriebe eingetragen sind, kommt die erhöhte Investitionszulage unabhängig von der Einordnung in die Systematik der Wirtschaftszweige in Betracht (vgl. Tz. 11). Die Eintragung hat die Wirkung eines Grundlagenbescheids im Sinne des § 171 Abs. 10 AO. Stellt das Finanzamt fest, daß die Voraussetzungen für die Eintragung offensichtlich ganz oder teilweise nicht erfüllt sind, hat es die zuständige Handwerkskammer zu veranlassen, die Eintragung zu überprüfen. 7

2. Ausschluß von Investitionen in bestimmten Betriebsstätten

(1) Der Ausschluß bestimmter Gewerbezweige nach § 3 Satz 2 InvZulG 1993 bezieht sich auf die einzelne Betriebsstätte. Für den Begriff der Betriebsstätte ist die Begriffsbestimmung des § 12 AO maßgeblich. Besteht ein Betrieb aus mehreren Betriebsstätten, ist vorbehaltlich der Tz. 9 entscheidend, wie die einzelne Betriebsstätte in die Systematik der Wirtschaftszweige einzuordnen wäre (vgl. Tz. 2 und 3), wenn sie einen selbständigen Betrieb darstellen würde; die Einordnung des gesamten Betriebs ist ohne Bedeutung. Daher sind z. B. Investitionen in Betriebsstätten des Handels oder der Elektrizitätsversorgung auch dann von der Investitionszulage ausgeschlossen, wenn der gesamte Betrieb nicht in die Abteilung 4 „Handel" oder nicht in die Abteilung 1 unter Nr. 101 „Elektrizitätsversorgung" eingeordnet ist. Andererseits kommt z. B. für Investitionen in Betriebsstätten der Abteilung 7 „Dienstleistungen" eine Investitionszulage auch dann in Betracht, wenn der gesamte Betrieb in die Abteilung 4 „Handel" eingeordnet ist. 8

(2) Bei Investitionen in Betriebsstätten, in denen überwiegend Dienstleistungen erbracht werden und die der Steuerpflichtige als Teil seines Unternehmens betreibt (z. B. Erholungs- und Ferienheime, Wohnheime, Kinderkrippen u. ä., Kantinen sowie Schulen der beruflichen Aus- und Fortbildung), ist die Einordnung des gesamten Betriebs maßgebend. Diese Betriebsstätten sind 9

nicht der Abteilung 7, sondern der Abteilung zuzuordnen, in die der gesamte Betrieb eingeordnet wird. Für Investitionen in solchen Betriebsstätten ist daher keine Investitionszulage zu gewähren, wenn der gesamte Betrieb zu einem ausgeschlossenen Gewerbezweig gehört.

3. Erhöhte Investitionszulage bei Investitionen bestimmter Betriebe

10 (1) Die auf 20 v. H. erhöhte Investitionszulage nach § 5 Abs. 2 InvZulG 1993 bezieht sich bei Betrieben des verarbeitenden Gewerbes auf den gesamten Betrieb. Daher sind bei der Einordnung in die Systematik der Wirtschaftszweige die Tätigkeiten aller Betriebsstätten im Fördergebiet zu berücksichtigen, d. h. auch der Betriebsstätten, die von der Investitionszulage ausgeschlossen oder in Berlin (West) belegen sind. Betriebsstätten außerhalb des Fördergebiets bleiben außer Betracht (§ 5 Abs. 2 letzter Satz InvZulG 1993). Deshalb kann die Gesamtheit aller Betriebsstätten im Fördergebiet einen Betrieb des verarbeitenden Gewerbes darstellen, auch wenn der gesamte Betrieb einschließlich der Betriebsstätten außerhalb des Fördergebiets nicht zum verarbeitenden Gewerbe gehört. Bei Betrieben des verarbeitenden Gewerbes kommt die erhöhte Investitionszulage auch für Investitionen in Betriebsstätten in Betracht, die für sich betrachtet nicht zum verarbeitenden Gewerbe gehören würden. Das gilt jedoch nicht für Betriebsstätten, die nach § 3 Satz 2 InvZulG 1993 von der Investitionszulage ausgeschlossen sind.

11 (2) Wird ein Handwerk oder ein handwerksähnliches Gewerbe betrieben, kommt die erhöhte Investitionszulage für die Wirtschaftsgüter in Betracht, die überwiegend den in die Handwerksrolle oder das Verzeichnis handwerksähnlicher Betriebe eingetragenen Gewerken dienen. Das gilt auch, wenn das Handwerk oder handwerksähnliche Gewerbe in einer Betriebsstätte betrieben wird, die nach § 3 Satz 2 InvZulG 1993 von der Investitionszulage ausgeschlossen ist.

4. Zeitpunkt der Abgrenzung

12 (1) Investitionen sind von der Investitionszulage ausgeschlossen, wenn die Betriebsstätte im Zeitpunkt des Investitionsabschlusses zu einem ausgeschlossenen Gewerbezweig gehört. Daher ist die spätere Zugehörigkeit einer Betriebsstätte zu einem ausgeschlossenen Gewerbezweig für die vorher abgeschlossenen Investitionen grundsätzlich ohne Bedeutung. Befindet sich eine Betriebsstätte jedoch in einem Strukturwandel, ist die geänderte Einordnung in die Systematik der Wirtschaftszweige auch für die Investitionen maßgebend, die im Wirtschaftsjahr der Beendigung des Strukturwandels und im vorhergehenden Wirtschaftsjahr abgeschlossen werden und den Strukturwandel bewirken.

13 (2) Voraussetzung für die erhöhte Investitionszulage ist, daß im Zeitpunkt des Investitionsabschlusses der Betrieb zum verarbeitenden Gewerbe gehört oder der Gewerbetreibende in der Handwerksrolle oder das Verzeichnis handwerksähnlicher Betriebe eingetragen ist (vgl. BFH-Urteil vom 30. Juni 1989, BStBl II S. 809). Befindet sich ein Betrieb in einem Strukturwandel zu einem erhöht begünstigten Betrieb, kommt die erhöhte Investitionszulage jedoch auch für die Investitionen in Betracht, die im Wirtschaftsjahr der Beendigung des Strukturwandels und im vorhergehenden Wirtschaftsjahr abgeschlossen werden und den Strukturwandel bewirken. Wegen des Wegfalls der Voraussetzungen für die erhöhte Investitionszulage vgl. Tz. 20.

14 (3) Bei Wirtschaftsgütern, die vor dem Beginn der betrieblichen Tätigkeit angeschafft oder hergestellt werden, ist die Abgrenzung in dem Jahr nach Beginn der betrieblichen Tätigkeit maßgebend. Für die erhöhte Investitionszulage ist zusätzlich erforderlich, daß der Betrieb des verarbeitenden Gewerbes oder der Handwerksbetrieb innerhalb des Wirtschaftsjahrs der Anschaffung oder Herstellung des Wirtschaftsguts zur Entstehung gelangt (vgl. BFH-Urteil vom 3. April 1973, BStBl II S. 578).

II. Mehrheitsbeteiligung bei der erhöhten Investitionszulage

15 (1) Anspruch auf die erhöhte Investitionszulage haben
1. Steuerpflichtige im Sinne des Einkommensteuergesetzes, die am 9. November 1989 ihren Haupt- oder Familienwohnsitz oder ihren gewöhnlichen Aufenthalt im Beitrittsgebiet hatten,
2. Gesellschaften im Sinne des § 15 Abs. 1 Satz 1 Nr. 2 und Abs. 3 EStG, bei denen mehr als die Hälfte der Anteile unmittelbar Steuerpflichtigen im Sinne der Nummer 1 zuzurechnen sind, und
3. Steuerpflichtige im Sinne des Körperschaftsteuergesetzes, an deren Kapital zu mehr als der Hälfte unmittelbar Steuerpflichtige im Sinne der Nummer 1 beteiligt sind.

16 (2) In den Fällen der Tz. 15 Nrn. 2 und 3 wird auf die unmittelbare Beteiligung durch natürliche Personen abgestellt. Die Beteiligung einer anderen Gesellschaft ist deshalb auch nicht zu berücksichtigen, soweit an der anderen Gesellschaft natürliche Personen im Sinne der Tz. 15 Nr. 1 beteiligt sind.

17 (3) Maßgebend ist bei Personengesellschaften die gesellschaftsvertraglich vereinbarte Einlage, bei Kapitalgesellschaften der Anteil am Grund- oder Stammkapital.

18 (4) In den Fällen der Tz. 15 Nrn. 2 und 3 muß die überwiegende unmittelbare Beteiligung natür-

licher Personen im Sinne der Tz. 15 Nr. 1 im Zeitpunkt des Investitionsabschlusses vorliegen. Vorbehaltlich des § 42 AO ist es ohne Bedeutung, wenn sich beim Anspruchsberechtigten die Beteiligungsverhältnisse nach Abschluß der Investition ändern. Unschädlich ist es auch, wenn Wirtschaftsgüter durch Erbfall auf einen anderen übergehen, der nicht die Voraussetzungen der Tz. 15 erfüllt. Das gilt bei einem Vermögensübergang im Sinne des Umwandlungssteuergesetzes nur dann, wenn die übergegangenen oder eingebrachten Wirtschaftsgüter nicht als angeschafft gelten (§ 14 Abs. 2 und § 23 Abs. 1 und 2 UmwStG).

III. Zugehörigkeits- und Verbleibensvoraussetzungen

1. Grundzulage (8 v. H. oder 5 v. H.)

19 Die Überführung eines Wirtschaftsguts in eine von der Investitionszulage ausgeschlossene Betriebsstätte des Anspruchsberechtigten ist vorbehaltlich des § 42 AO ohne Bedeutung.

Bei einer Veräußerung, Nutzungsüberlassung und in den Fällen des Vermögensübergangs im Sinne des Umwandlungssteuergesetzes, in denen die übergegangenen oder eingebrachten Wirtschaftsgüter als angeschafft gelten (§ 5 Abs. 2, § 15 Abs. 4 und § 23 Abs. 3 UmwStG), innerhalb von drei Jahren nach der Anschaffung oder Herstellung des Wirtschaftsguts hängt der Anspruch auf die Investitionszulage davon ab, ob und in welcher Höhe der Erwerber, Nutzende oder Übernehmende Investitionszulage erhalten würde, wenn er an Stelle des Anspruchsberechtigten die Investition vorgenommen hätte (vgl. BFH-Urteil vom 2. März 1990, BStBl II S. 370). Das bedeutet z. B., daß der Anspruch auf die Investitionszulage entfällt, wenn das Wirtschaftsgut im Anschluß an die Veräußerung, Nutzungsüberlassung oder den Vermögensübergang in einer von der Investitionszulage ausgeschlossenen Betriebsstätte verwendet wird. Schädlich ist daher z. B. die Nutzungsüberlassung einer Ladeneinrichtung durch ein Leasing-Unternehmen an eine Betriebsstätte des Handels.

2. Erhöhte Investitionszulage

20 (1) Die erhöhte Investitionszulage setzt nach § 5 Abs. 2 Nr. 2 InvZulG 1993 voraus, daß das Wirtschaftsgut mindestens drei Jahre nach seiner Anschaffung oder Herstellung zum Anlagevermögen eines Betriebs des verarbeitenden Gewerbes oder eines Handwerksbetriebs gehört und in einem solchen Betrieb verbleibt. Die Überführung eines erhöht begünstigten Wirtschaftsguts in eine von der Investitionszulage ausgeschlossene Betriebsstätte des Anspruchsberechtigten ist vorhaltlich des § 42 AO unschädlich, wenn die Betriebsstätte zu einem Betrieb des verarbeitenden Gewerbes oder einem Handwerksbetrieb gehört.

Verliert der Betrieb des Anspruchsberechtigten vor Ablauf des Dreijahreszeitraums die Zugehörigkeit zum verarbeitenden Gewerbe oder wird er in der Handwerksrolle oder dem Verzeichnis handwerksähnlicher Betriebe gelöscht, ist die erhöhte Investitionszulage auf die Grundzulage zu mindern. Das gilt auch bei dem Strukturwandel eines Betriebs des verarbeitenden Gewerbes zu einem ausgeschlossenen Gewerbezweig. Wandelt jedoch innerhalb eines Betriebs des verarbeitenden Gewerbes nur eine Betriebsstätte ihre Struktur zu einem ausgeschlossenen Gewerbezweig, bleibt für die dort durchgeführten Investitionen der Anspruch auf die erhöhte Investitionszulage erhalten.

21 (2) Bei einer Veräußerung, Nutzungsüberlassung und in den Fällen des Vermögensübergangs im Sinne des Umwandlungssteuergesetzes, in denen die übergegangenen oder eingebrachten Wirtschaftsgüter als angeschafft gelten (§ 5 Abs. 2, § 15 Abs. 4, § 23 Abs. 3 UmwStG), innerhalb von drei Jahren nach der Anschaffung oder Herstellung des Wirtschaftsguts ergeben sich die Auswirkungen auf die Investitionszulage danach, ob und in welcher Höhe der Erwerber, Nutzende oder Übernehmende Investitionszulage erhalten würde, wenn er an Stelle des Anspruchsberechtigten die Investition vorgenommen hätte (vgl. BFH-Urteil vom 2. März 1990, BStBl II S. 750). Das bedeutet z. B., daß der Anspruch auf die erhöhte Investitionszulage vorbehaltlich des letzten Satzes nur erhalten bleibt, wenn das Wirtschaftsgut während des Dreijahreszeitraums als Anlagevermögen in einem Betrieb des verarbeitenden Gewerbes oder einem Handwerksbetrieb verbleibt und der Erwerber, Nutzende oder Übernehmende im Zeitpunkt des Erwerbs, der Nutzungsüberlassung oder des Vermögensübergangs die Voraussetzung der Tz. 15 erfüllt. Ist eine dieser Voraussetzungen nicht erfüllt, ist die erhöhte Investitionszulage auf die Grundzulage zu mindern. Wird das Wirtschaftsgut im Anschluß an die Veräußerung, Nutzungsüberlassung oder den Vermögensübergang in einer von der Investitionszulage ausgeschlossenen Betriebsstätte verwendet, entfällt der Anspruch auf die gesamte Investitionszulage.

IV. Einschränkung in Berlin (West)

22 (1) Für Wirtschaftsgüter, die im Zeitpunkt der Anschaffung oder Herstellung zum Anlagevermögen einer Betriebsstätte in Berlin (West) gehören, wird nach § 11 Abs. 2 InvZulG 1993 eine Investitionszulage nur gewährt, wenn die Wirtschaftsgüter

1. vor dem 1. Januar 1993 angeschafft oder hergestellt worden sind, oder
2. nach dem 31. Dezember 1992 und vor dem 1. Januar 1995 angeschafft oder hergestellt

worden sind, soweit vor dem 1. Januar 1993 Anzahlungen auf Anschaffungskosten geleistet worden oder Teilherstellungskosten entstanden sind.

Berlin (West) gehört jedoch weiterhin zum Fördergebiet im Sinne des § 1 Abs. 2 InvZulG 1993.

23 (2) Die Überführung eines Wirtschaftsguts, das im Zeitpunkt der Anschaffung oder Herstellung nicht zum Anlagevermögen einer Betriebsstätte in Berlin (West) gehört, in eine Betriebsstätte des Anspruchsberechtigten in Berlin (West) ist vorbehaltlich des § 42 AO ohne Bedeutung.

Bei einer Veräußerung, Nutzungsüberlassung und in den Fällen des Vermögensübergangs im Sinne des Umwandlungssteuergesetzes, in denen die übergegangenen oder eingebrachten Wirtschaftsgüter als angeschafft gelten (§ 5 Abs. 2, § 15 Abs. 4, § 23 Abs. 3 UmwStG), innerhalb von drei Jahren nach der Anschaffung oder Herstellung des Wirtschaftsguts ergeben sich die Auswirkungen auf die Investitionszulage danach, ob und in welcher Höhe der Erwerber, Nutzende oder Übernehmende Investitionszulage erhalten würde, wenn er an Stelle des Anspruchsberechtigten die Investition vorgenommen hätte (vgl. BFH-Urteil vom 2. März 1990, BStBl II S. 750). Das bedeutet z. B., daß bei einem Wirtschaftsgut, das im Anschluß an die Veräußerung, Nutzungsüberlassung oder den Vermögensübergang in einer Betriebsstätte in Berlin (West) verwendet wird,

– die Investitionszulage auf den Betrag nach § 11 Abs. 2 InvZulG 1993 zu mindern ist, wenn das Wirtschaftsgut die Voraussetzungen der Tz. 22 erfüllt,

– der Anspruch auf Investitionszulage entfällt, wenn das Wirtschaftsgut nicht die Voraussetzungen der Tz. 22 erfüllt.

VI
Investitionszulage für Personenkraftwagen;
hier: Anwendung des BFH-Urteils vom 16. 7. 1993 (BStBl 1994 II S. 304)

BMF vom 6. 3. 1994 (BStBl I S. 230)

IV B 3 – InvZ 1260 – 19/94

Bezug: Tz. 36 und 38 des BMF-Schreibens vom 28. 8. 1991 (BStBl I S. 768) und Nummer 3 des BMF-Schreibens vom 31. 3. 1992 (BStBl I S. 236)[1])

Das geltende Investitionszulagenrecht schließt Personenkraftwagen von der Investitionszulage aus. Bei der Entscheidung über die Gewährung von Investitionszulagen ist für die Abgrenzung des Personenkraftwagens von anderen Kraftfahrzeugen nach den o. a. BMF-Schreiben grundsätzlich die Eintragung im Kraftfahrzeugbrief maßgebend. Das o. a. BFH-Urteil stellt für den Begriff des Personenkraftwagens dagegen unabhängig von der Eintragung im Kraftfahrzeugbrief ausschließlich darauf ab, ob das Kraftfahrzeug objektiv nach Bauart und Einrichtung dazu geeignet und bestimmt ist, bei Privatfahrten Personen zu befördern.

Unter Bezugnahme auf das Ergebnis der Erörterungen mit den obersten Finanzbehörden der Länder ist bei der Entscheidung, ob ein Kraftfahrzeug ein Personenkraftwagen im Sinne des § 2 Nr. 4 InvZV oder des § 2 Nr. 3 InvZulG ist, nach folgenden Grundsätzen zu verfahren:

Im Regelfall können die Finanzbehörden den tatsächlichen Feststellungen und der rechtlichen Würdigung durch die Zulassungsbehörden folgen. Die Finanzbehörden sind jedoch nicht an die Entscheidungen der Zulassungsbehörden, insbesondere an die Eintragung im Kraftfahrzeugbrief, gebunden.

Unabhängig von der Eintragung im Kraftfahrzeugbrief handelt es sich z. B. dann um ein begünstigtes Kraftfahrzeug, wenn der Laderaum aufgrund seiner Beschaffenheit (z. B. unzureichende Beleuchtung, fehlende Belüftung und Beheizbarkeit) und seiner Einrichtung (Fehlen von Vorrichtungen zum Einbau von Sitzgelegenheiten und Sicherheitsgurten) nicht zum Personentransport geeignet und eine Umrüstung hierzu nur unter erschwerten Bedingungen möglich ist.

Soweit sich aus den im Bezug genannten BMF-Schreiben etwas anderes ergibt, wird daran nicht mehr festgehalten.

Die Grundsätze dieses Schreibens sind in allen noch offenen Fällen anzuwenden.

---

[1]) → Anhänge 18 II und III.

VII
Zweifelsfragen bei der Anwendung des Investitionszulagengesetzes;

1. **Verbleibensvoraussetzung bei Transportmitteln,**
2. **Abgrenzung der Gewerbezweige nach der Klassifikation der Wirtschaftszweige, Ausgabe 1993,**
3. **Anzahl der Arbeitnehmer bei der auf 10 v. H. erhöhten Investitionszulage nach § 5 Abs. 3 InvZulG 1993,**
4. **Erhöhte Investitionszulage nach § 5 Abs. 2 oder 3 InvZulG 1993 bei Betriebsaufspaltung**

BMF vom 30. 12. 1994 (BStBl 1995 I S. 18)

IV B 3 – InvZ 1010 – 13/94

Bezug: BMF-Schreiben vom 28. August 1991 (BStBl I S. 768), vom 31. März 1992 (BStBl I S. 236) und vom 28. Oktober 1993 (BStBl I S. 904)[1])

Unter Bezugnahme auf das Ergebnis der Erörterungen mit den obersten Finanzbehörden der Länder und in Ergänzung zu den o. g. Schreiben gilt bei Anwendung des Investitionszulagengesetzes folgendes:

I. Verbleibensvoraussetzung bei Transportmitteln

1. Leerfahrten von Transportmitteln

1 Als Einsatz im Fördergebietsverkehr sind nach Tz. 48 des BMF-Schreibens vom 28. August 1991 unter anderem Fahrten anzusehen, die von einem Ort im Fördergebiet zu einem Ort außerhalb des Fördergebiets und umgekehrt durchgeführt werden. Befördert das Transportmittel auf einer derartigen Fahrt keine Güter oder Personen (Leerfahrt), so handelt es sich dabei nur dann um eine Fördergebietsfahrt, wenn die nächste Fahrt, bei der Güter oder Personen befördert werden, eine Fördergebietsfahrt ist.

2. Mehrtägige Omnibusreisen zu Orten außerhalb des Fördergebiets

2 Wird ein Omnibus für eine Fahrt von einem Ort im Fördergebiet zu einem Ort außerhalb des Fördergebiets und zurück (Bring- und Abholfahrt) oder für eine Rundreise von einem Ort im Fördergebiet zu verschiedenen Orten außerhalb des Fördergebiets und zurück ins Fördergebiet eingesetzt, so stellt die gesamte Reise einen einheitlichen Einsatz im Fördergebietsverkehr dar, wenn die Bring- und Abholfahrt oder die Rundreise in dem Reisevertrag vereinbart sind und hieran dieselben Personen teilnehmen. Zu den Betriebstagen im Fördergebietsverkehr gehören auch die Tage zwischen der Bring- und Abholfahrt bzw. während der Rundreise, an denen der Omnibus ruht oder für Ausflüge der Reiseteilnehmer außerhalb des Fördergebiets eingesetzt wird. Das gilt auch für Ausflüge, die gegen zusätzliches Entgelt angeboten werden.

3. Zeitraum zwischen der Ausfahrt aus dem Fördergebiet und der Wiedereinfahrt

3 Nach Tz. 48 des BMF-Schreibens vom 28. August 1991 setzt die Verbleibensvoraussetzung neben dem überwiegenden Einsatz einen regelmäßigen Einsatz des Transportmittels im Fördergebietsverkehr voraus. Transportmittel werden regelmäßig im Fördergebietsverkehr eingesetzt, wenn sie ohne größere zeitliche Unterbrechung für diese Fahrten eingesetzt werden. Eine größere zeitliche Unterbrechung liegt nicht vor, wenn der Zeitraum zwischen der Ausfahrt aus dem Fördergebiet und der Wiedereinfahrt in dieses Gebiet nicht mehr als 14 Tage beträgt. Eine größere zeitliche Unterbrechung liegt deshalb stets vor, wenn dieser Zeitraum mehr als 14 Tage beträgt.

II. Abgrenzung der Gewerbezweige nach der Klassifikation der Wirtschaftszweige

1. Abgrenzungsmerkmale

4 (1) Die Abgrenzung des Versicherungsgewerbes, der Versicherungsvertreter und Versicherungsmakler, der Elektrizitätsversorgung, der Gasversorgung, des Handels und des verarbeitenden Gewerbes von den übrigen Wirtschaftszweigen ist nach Tz. 1 des BMF-Schreibens vom 28. Oktober 1993 entsprechend der Einordnung nach der Systematik der

Wirtschaftszweige, Ausgabe 1979, vorzunehmen. Die Systematik der Wirtschaftszweige wird durch die Klassifikation der Wirtschaftszweige, Ausgabe 1993[2]), ersetzt, und zwar grundsätzlich bei den Investitionen, die nach

---

[1]) → Anhänge 18 II, III, V.

[2]) Herausgegeben vom Statistischen Bundesamt im Verlag Metzler-Poeschel, Stuttgart.

dem 31. Dezember 1994 begonnen werden (vgl. Tz. 9 und 10).

In der Klassifikation der Wirtschaftszweige sind aufgeführt

- das Versicherungsgewerbe in Abschnitt J Unterabschnitt JA Abteilung 66, die Versicherungsvertreter und -makler in Abschnitt J Unterabschnitt JA Abteilung 67 Unterklassen 67. 20. 1 und 67. 20. 2,
- die Elektrizitätsversorgung in Abschnitt E Unterabschnitt EA Abteilung 40 Gruppe 40. 1 und die Gasversorgung in Abschnitt E Unterabschnitt EA Abteilung 40 Gruppe 40. 2,
- der Handel in Abschnitt G Unterabschnitt GA Abteilungen 50 bis 52; zum Handel gehören jedoch nicht die Instandhaltung und Reparatur von Kraftwagen, Gebrauchsgütern und Krafträdern, die in den Gruppen 50. 2 und 52. 7 und der Unterklasse 50. 40. 4 aufgeführt sind, und
- das verarbeitende Gewerbe in Abschnitt D Unterabschnitte DA bis DN Abteilungen 15 bis 37.

Wegen der aus investitionszulagenrechtlicher Sicht wesentlichen Änderungen zwischen der Einordnung nach der Systematik der Wirtschaftszweige und der Einordnung nach der Klassifikation der Wirtschaftszweige vgl. die beiliegende Übersicht.

(2) Für die Einordnung sind die Abgrenzungsmerkmale maßgebend, die in der Klassifikation der Wirtschaftszweige, insbesondere in den Vorbemerkungen unter 2. 3, 3. 1 und 3. 3 bis 3. 5, genannt sind. Tz. 3 des BMF-Schreibens vom 28. Oktober 1993, die die Regelungen zur Einordnung bei einer gemischten Tätigkeit enthält, bleibt unberührt.

(3) Tz. 4 und 5 des BMF-Schreibens vom 28. Oktober 1993, die die in der Systematik der Wirtschaftszweige genannten Merkmale zur Abgrenzung des verarbeitenden Gewerbes und des Handels enthalten, sind durch die Klassifikation der Wirtschaftszweige überholt und nicht mehr maßgebend.

(4) In der Klassifikation der Wirtschaftszweige gehören zu der Abteilung „Handel" alle Einheiten, deren wirtschaftliche Haupttätigkeit im Erwerb (im allgemeinen Kauf) beweglicher Waren und ihrem Weiterverkauf und/oder in der Vermittlung zwischen Verkäufern und Käufern von Waren besteht. An der Einordnung als Handel ändert sich nichts, wenn die Waren nicht mehr als im Handel üblich verändert werden. Zur handelsüblichen Veränderung, die die wesentliche Beschaffenheit der Ware nicht beeinträchtigt, zählen z. B. das Sortieren, Trennen, Zusammenstellen und Verpacken sowie Dienstleistungen im Zusammenhang mit dem Verkauf der Waren, wie z. B. Anlieferung und Installation elektrischer Geräte durch den Einzelhändler. Im Großhandel gibt es eine Reihe von Wirtschaftszweigen, in denen die handelsübliche Veränderung von großer Bedeutung ist. Ein typisches Beispiel ist die Umverpackung von Waren vor der Auslieferung an den Einzelhandel.

Einheiten, die zwar fremdbezogene Waren oder Dienstleistungen in eigenem Namen verkaufen, jedoch erheblichen Einfluß auf die Gestaltung und Entwicklung des Produkts nehmen (z. B. Design) und das Produktionsrisiko tragen (z. B. wenn sie Eigentümer des Materials sind, aus dem die Waren hergestellt werden), gehören nicht zum Handel, sondern werden so eingeordnet, als stellten sie die Waren selbst her.

Werden selbsthergestellte Waren veräußert, so handelt es sich um „Vertrieb"; ohne Bedeutung ist, ob die Waren innerhalb oder außerhalb des Fördergebiets selbst hergestellt wurden.

(5) Tz. 9 des BMF-Schreibens vom 28. Oktober 1993 ist durch die Klassifikation der Wirtschaftszweige überholt und nicht mehr anzuwenden.

2. **Zeitlicher Anwendungsbereich**

a) **Änderungen zuungunsten des Anspruchsberechtigten aufgrund der Einordnung nach der Klassifikation der Wirtschaftszweige**

Die Einordnung des Betriebs bzw. der Betriebsstätte nach der Klassifikation der Wirtschaftszweige (Tz. 4 bis 7) ist abweichend von Tz. 12 und 13 des BMF-Schreibens vom 28. Oktober 1993 grundsätzlich für die Investitionen maßgebend, die nach dem 31. Dezember 1994 begonnen werden. Bei Investitionen, die nach dem 31. Dezember 1992 und vor dem 1. Januar 1995 begonnen worden sind, hat der Übergang von der Systematik der Wirtschaftszweige auf die Klassifikation der Wirtschaftszweige allein keine Auswirkungen auf die Zugehörigkeits- und Verbleibensvoraussetzungen:

- Gehört eine Betriebsstätte allein aufgrund des Übergangs auf die Klassifikation der Wirtschaftszweige zu einem von der Investitionszulage ausgeschlossenen Gewerbezweig, ist dies für die Grundzulage ohne Bedeutung.

- Gehört ein Betrieb allein aufgrund des Übergangs auf die Klassifikation der Wirtschaftszweige nicht mehr zum verarbeitenden Gewerbe, ist abweichend von Tz. 20 des BMF-Schreibens vom 28. Oktober 1993 aus Vertrauensschutzgründen die erhöhte Investitionszulage nicht auf die Grundzulage zu mindern.

Beispiel:

Ein Tonstudio oder ein fotografisches Laboratorium gehört nach der Systematik der Wirtschaftszweige zum verarbeitenden Gewerbe und nach der Klassifikation der Wirtschaftszweige zu einem Wirtschaftszweig, für den nur die Grundzulage in Betracht kommt. Für die nach dem 31. Dezember 1992 und vor dem 1. Januar 1995 begonnenen Investitionen kommt die erhöhte Investitionszulage von 20 v. H. oder 10 v. H. in Betracht, und zwar auch dann, wenn die Investitionen nach dem 31. Dezember 1994 abgeschlossen werden. Für die nach dem 31. Dezember 1994 begonnenen Investitionen kommt eine Investitionszulage von 5 v. H. in Betracht.

b) **Änderungen zugunsten des Anspruchsberechtigten aufgrund der Einordnung nach der Klassifikation der Wirtschaftszweige**

10   Gehört allein aufgrund des Übergangs von der Systematik der Wirtschaftszweige auf die Klassifikation der Wirtschaftszweige eine Betriebsstätte nicht mehr zu einem von der Investitionszulage ausgeschlossenen Gewerbezweig oder ein Betrieb zum verarbeitenden Gewerbe, ist abweichend von Tz. 12 und 13 des BMF-Schreibens vom 28. Oktober 1993 in allen noch offenen Fällen die Einordnung nach der Klassifikation der Wirtschaftszweige auch für die Investitionen maßgebend, die nach dem 31. Dezember 1992 und vor dem 1. Januar 1995 begonnen worden sind (vgl. BFH-Urteil vom 30. Juni 1989, BStBl II S. 809).

Beispiel:

Das Recyceln von Schrott, Altmaterialien oder Reststoffen gehört nach der Systematik der Wirtschaftszweige zum Handel und nach der Klassifikation der Wirtschaftszweige zum verarbeitenden Gewerbe. Die erhöhte Investitionszulage kommt nicht nur für die nach dem 31. Dezember 1994 begonnenen Investitionen in Betracht (vgl. Tz. 9), sondern in noch offenen Fällen auch für die nach dem 31. Dezember 1992 und vor dem 1. Januar 1995 begonnenen Investitionen. Das gilt auch dann, wenn die Investitionen vor dem 1. Januar 1995 abgeschlossen worden sind.

III. **Anzahl der Arbeitnehmer bei der auf 10 v. H. erhöhten Investitionszulage nach § 5 Abs. 3 InvZulG 1993**

11   Die im Bundesgesetzblatt 1994 I S. 1395, 1399 verkündete Fassung von Artikel 3 Nr. 2 des Grenzpendlergesetzes (§ 5 Abs. 3 Nr. 2 InvZulG) weicht aufgrund eines redaktionellen Versehens bei der Abfassung der Urschrift dieses Gesetzes von der Fassung ab, die die gesetzgebenden Körperschaften beschlossen haben. Aus Gründen der Rechtsklarheit ist die im Bundesgesetzblatt verkündete Fassung der beschlossenen Fassung angepaßt worden (vgl. Berichtigung vom 8. Dezember 1994, BGBl. I S. 3856, BStBl 1995 I S. 76).

Danach gehört zu den Voraussetzungen für die auf 10 v. H. erhöhte Investitionszulage, daß der Betrieb zu Beginn des Wirtschaftsjahrs, in dem die Investitionen vorgenommen werden, nicht mehr als 250 Arbeitnehmer in einem gegenwärtigen Dienstverhältnis beschäftigt, die Arbeitslohn, Kurzarbeitergeld oder Schlechtwettergeld beziehen. Die Anzahl der Arbeitnehmer bezieht sich auf den gesamten Betrieb. Daher sind auch die Arbeitnehmer zu berücksichtigen, die in Betriebsstätten außerhalb des Fördergebiets oder in Betriebsstätten beschäftigt sind, die von der Investitionszulage ausgeschlossen oder in Berlin (West) belegen sind.

Für die Entscheidung, ob ein Betrieb des verarbeitenden Gewerbes vorliegt, bleiben jedoch wie bisher die Betriebsstätten außerhalb des Fördergebiets außer Betracht (Tz. 10 des BMF-Schreibens vom 28. Oktober 1993).

IV. **Erhöhte Investitionszulage nach § 5 Abs. 2 oder 3 InvZulG 1993 bei Betriebsaufspaltung**

12   Die auf 20 v. H. erhöhte Investitionszulage setzt nach § 5 Abs. 2 Nr. 2 InvZulG 1993 voraus, daß das Wirtschaftsgut mindestens drei Jahre nach seiner Anschaffung oder Herstellung zum Anlagevermögen eines Betriebs des verarbeitenden Gewerbes oder eines Handwerksbetriebs gehört und in einem solchen Betrieb verbleibt. Die auf 10 v. H. erhöhte Investitionszulage setzt nach § 5 Abs. 3 Nr. 2 InvZulG 1993 voraus, daß das Wirtschaftsgut mindestens drei Jahre nach seiner Anschaffung oder Herstellung zum Anlagevermögen eines Betriebs des verarbeitenden Gewerbes des Anspruchsberechtigten oder eines Handwerksbetriebs des Anspruchsberechtigten gehört und in einem solchen Betrieb des Anspruchsberechtigten verbleibt.

Bei einer Betriebsaufspaltung sind Besitzunternehmen und Betriebsunternehmen jeweils rechtlich selbständige Unternehmen. Die personelle und sachliche Verflechtung dieser Unternehmen führt nicht dazu, daß Wirtschaftsgüter und für die Besteuerung maßgebliche Verhältnisse des einen Unternehmens dem an der Betriebsaufspaltung beteiligten anderen Unternehmen zuzurechnen sind (Nr. 5 des BMF-Schreibens vom 31. März 1992). Für Wirtschaftsgüter des Anlagevermögens eines Besitzunternehmens kommt deshalb die auf 20 v. H. oder 10 v. H. erhöhte Investitionszulage regelmäßig nicht in Betracht, weil das Besitzunternehmen kein Betrieb des verarbeitenden Gewerbes sein kann und nur in Ausnahmefällen in die Handwerksrolle oder das Verzeichnis handwerksähnlicher Betriebe eingetragen ist.

Ist das Besitzunternehmen in die Handwerksrolle oder das Verzeichnis handwerksähnlicher Betriebe eingetragen, hat das Finanzamt die zuständige Handwerkskammer zu einer Überprüfung der Eintragung zu veranlassen.

Ist das Besitzunternehmen ein Handwerksbetrieb, ist es bei der auf 10 v. H. erhöhten Investitionszulage für die Voraussetzung des Verbleibens unschädlich, wenn Wirtschaftsgüter des Besitzunternehmens in einer Betriebsstätte des Betriebsunternehmens verwendet werden. Sowohl bei der auf 20 v. H. erhöhten Investitionszulage als auch bei der auf 10 v. H. erhöhten Investitionszulage ist jedoch Voraussetzung, daß das Betriebsunternehmen, das die Wirtschaftsgüter verwendet, entweder ein Handwerksbetrieb ist und die Wirtschaftsgüter überwiegend den in die Handwerksrolle oder das Verzeichnis handwerksähnlicher Betriebe eingetragenen Gewerken dienen (vgl. Tz. 11 des BMF-Schreibens vom 28. Oktober 1993), oder zum verarbeitenden Gewerbe gehört.

Entsprechendes gilt bei der Übertragung von Wirtschaftsgütern zwischen Besitz- und Betriebsunternehmen.

Anlage

Wesentliche Änderungen zwischen der Einordnung nach der Systematik der Wirtschaftszweige und der Einordnung nach der Klassifikation der Wirtschaftszweige

Durch den Übergang von der Systematik der Wirtschaftszweige auf die Klassifikation der Wirtschaftszweige ergeben sich aus investitionszulagenrechtlicher Sicht insbesondere die folgenden wesentlichen Änderungen bei der Einordnung von Betrieben bzw. Betriebsstätten (vgl. Anhang 3 zur Klassifikation der Wirtschaftszweige „Umsteigeschlüssel von der Systematik der Wirtschaftszweige, Ausgabe 1979, zur Klassifikation der Wirtschaftszweige, Ausgabe 1993"); dabei sind jeweils die Gewerbekennzahlen angegeben. Gehört ein Betrieb nach der Klassifikation der Wirtschaftszweige nicht zum verarbeitenden Gewerbe, kann die erhöhte Investitionszulage dennoch in Betracht kommen, wenn der Gewerbetreibende in die Handwerksrolle oder das Verzeichnis handwerksähnlicher Betriebe eingetragen ist.

Systematik der Wirtschaftszweige	Klassifikation der Wirtschaftszweige
Wirtschaftszweig außerhalb des verarbeitenden Gewerbes, der nicht von der Investitionszulage ausgeschlossen ist	Verarbeitendes Gewerbe
110 15	23. 10. 0 Herstellung von Steinkohlenkoks
111 00	23. 10. 0 Herstellung von Braunkohlenkoks und Braunkohlenrohteer (ohne Torfkoks)
118 50	23. 10. 0 Herstellung von Torfkoks
	26. 82. 0 Herstellung von Waren aus Torf
300 55	20. 30. 0 Herstellung von Fertighäusern aus Holz
300 56	20. 30. 0 Herstellung von sonstigen Fertigbauteilen aus Holz im Hochbau
760 11	22. 11. 1 Buchverlag (ohne Adreßbuchverlag)
760 15	22. 11. 2 Adreßbuchverlag
760 30	22. 11. 3 Musikverlag
	22. 14. 0 Verlag von bespielten Tonträgern
760 51	22. 13. 1 Verlag von Fachzeitschriften (ohne Mode- und Sportzeitschriftenverlag)
	22. 13. 2 Verlag von Mode- und Sportzeitschriften
760 55	22. 11. 1 Verlag von Kinderbüchern und Malbüchern

Anhang 18

VII   Investitionszulage

Systematik der Wirtschaftszweige	Klassifikation der Wirtschaftszweige	
	22. 13. 2	Verlag von allgemeinen Zeitschriften (ohne Verlag von Kinder- und Malbüchern)
760 59	22. 12. 2	Verlag von Anzeigenblättern
	22. 13. 2	Verlag von Rätselzeitschriften
	22. 13. 3	Verlag von sonstigen Zeitschriften
760 71	22. 12. 1	Verlag von Tageszeitungen
760 75	22. 12. 2	Verlag von Wochen- und Sonntagszeitungen
760 91	22. 15. 0	Verlag von Bildern, Gravierungen, Postkarten
760 99	22. 11. 1	Verlag von Atlanten, Landkarten und Globen
	22. 15. 0	Verlag von Fahrplänen, Kursbüchern, Formularen und Mikroveröffentlichungen
900 01	15. 11. 0	Schlachten durch kommunale Schlachthöfe (ohne Geflügel)
	15. 12. 0	Schlachten von Geflügel durch kommunale Schlachthöfe
Von der Investitionszulage ausgeschlossener Gewerbezweig	**Verarbeitendes Gewerbe**	
408 31	37. 10. 1	Recycling von Eisen- und Stahlschrott
408 35	37. 10. 2	Recycling von NE-Metallschrott
408 71	37. 20. 1	Recycling von textilen Altmaterialien und Reststoffen
	37. 20. 2	Recycling von Altmaterialien und Reststoffen aus Papier, Karton und Pappe
	37. 20. 3	Recycling von Altmaterialien und Reststoffen aus Glas
	37. 20. 4	Recycling von Altmaterialien und Reststoffen aus Kunststoff
	37. 20. 5	Recycling von sonstigen Altmaterialien und Reststoffen
408 74	37. 20. 1	Recycling von textilen Altmaterialien und Reststoffen
408 77	37. 20. 2	Recycling von Altmaterialien und Reststoffen aus Papier, Karton und Pappe
408 79	37. 20. 3	Recycling von Altmaterialien und Reststoffen aus Glas
	37. 20. 4	Recycling von Altmaterialien und Reststoffen aus Kunststoff
	37. 20. 5	Recycling von sonstigen Altmaterialien und Reststoffen
Verarbeitendes Gewerbe	**Wirtschaftszweig außerhalb des verarbeitenden Gewerbes, der nicht von der Investitionszulage ausgeschlossen ist**	
216 00	50. 20. 1	Reparatur von Bereifungen
221 10	14. 11. 0	Gewinnung von Naturwerksteinen und Natursteinen
	14. 21. 0	Brechen und Mahlen von Steinen

Anhang 18

Investitionszulage VII

Systematik der Wirtschaftszweige	Klassifikation der Wirtschaftszweige	
221 20	14. 21. 0	Gewinnung von Sand, Kies
221 31	14. 12. 0	Gewinnung von Kalkstein
221 35	14. 12. 0	Gewinnung von Kreide, Gips- und Anhydritstein
221 41	14. 13. 0	Gewinnung von Schiefer
221 45	14. 22. 0	Gewinnung von Ton und Kaolin
221 51	14. 12. 0	Gewinnung von Dolomit
221 54	14. 50. 0	Gewinnung von Bims
221 57	14. 30. 0	Gewinnung von Farberden
	14. 50. 0	Gewinnung von Feldspat, Kieselgur, Glimmer, Talk, Schmucksteinen, Steinen und Erden a. n. g.
243 50	72. 50. 0	Instandhaltung und Reparatur von Büromaschinen, Datenverarbeitungsgeräten und -einrichtungen
249 11	50. 20. 1	Reparatur von Kraftwagen (ohne Elektrik) einschl. Umbauten an Kraftwagen und deren Motoren und Fahrgestellen; Rostschutzbehandlung
	50. 20. 2	Reparatur von Kraftwagenelektrik
249 14	50. 40. 4	Instandhaltung und Reparatur von Krafträdern
	52. 74. 1	Reparatur von Fahrrädern
249 17	50. 20. 3	Lackierung von Kraftwagen
249 50	52. 74. 2	Reparatur von Haushaltsnäh- und -schreibmaschinen
250 75	92. 32. 4	Tonstudios
250 80	45. 31. 0	Montage von nachrichtentechnischen Geräten und Einrichtungen, Lautsprecheranlagen, Lichtreklame
	45. 34. 0	Montage von Antennen-Großanlagen; Installation von Beleuchtungs- und Signalanlagen für Straßen, Flughäfen und Häfen; Montage von Fahrleitungen, Freileitungen, Installation von Kabeln (auch verbunden mit Verlegen)
257 75	74. 81. 2	Fotografische Laboratorien
259 10	52. 72. 0	Reparatur von elektrischen Haushaltsgeräten sowie Rundfunk-, Fernseh- und phonotechnischen Geräten
259 40	52. 73. 0	Reparatur von Uhren und Schmuck
259 70	52. 74. 2	Reparatur von sonstigen Gebrauchsgütern aus der Unterabteilung 25 „Herstellung von Gummi- und Kunststoffwaren"
269 00	52. 74. 2	Reparatur von Gebrauchsgütern aus Holz u. ä.

Anhang 18
VII   Investitionszulage

Systematik der Wirtschaftszweige	Klassifikation der Wirtschaftszweige	
276 12	52. 74. 2	Reparatur von Herren- und Knabenoberbekleidung
	93. 01. 1	Mit dem Waschen verbundenes Ausbessern und geringfügiges Ändern von Herrenoberbekleidung
	93. 01. 3	Mit der Reinigung verbundenes Ausbessern und geringfügiges Ändern von Herrenoberbekleidung
276 16	93. 01. 1	Mit dem Waschen verbundenes Ausbessern und geringfügiges Ändern von Damen- und Kinderoberbekleidung
	93. 01. 3	Mit der Reinigung verbundenes Ausbessern und geringfügiges Ändern von Damen- und Kinderoberbekleidung
276 22	52. 74. 2	Reparatur von gewebter Wäsche (ohne Miederwaren)
	93. 01. 1	Mit dem Waschen verbundenes Ausbessern und geringfügiges Ändern von Herren-, Damen- und Kinderwäsche
	93. 01. 3	Mit der Reinigung verbundenes Ausbessern und geringfügiges Ändern von Damen-, Herren- und Kinderwäsche
276 28	52. 74. 2	Reparatur von Miederwaren
	93. 01. 1	Mit dem Waschen verbundenes Ausbessern und geringfügiges Ändern von Miederwaren
	93. 01. 3	Mit der Reinigung verbundenes Ausbessern und geringfügiges Ändern von Miederwaren
276 44	52. 74. 2	Reparatur von Kopfbedeckungen
276 50	74. 84. 4	Ateliers für Textil-Design
276 81	93. 01. 1	Mit dem Waschen verbundenes Ausbessern und geringfügiges Ändern von Haus-, Bett- und Tischwäsche
	93. 01. 3	Mit der Reinigung verbundenes Ausbessern und geringfügiges Ändern von Haus-, Bett- und Tischwäsche
276 91	45. 43. 6	Textile Raumausstattung
279 10	52. 71. 0	Reparatur von Schuhen und Lederwaren
279 50	52. 74. 2	Reparatur von Schirmen
Verarbeitendes Gewerbe	**Von der Investitionszulage ausgeschlossener Gewerbezweig**	
252 15	52. 48. 4	Augenoptiker

VIII
Zweifelsfragen zu den Änderungen des Investitionszulagengesetzes 1993 durch Artikel 18 des Jahressteuergesetzes 1996

BMF vom 12. 2. 1996 (BStBl I S. 111)

IV B 3 – InvZ 1010 – 3/96

BMF-Schreiben vom 28. August 1991 (BStBl I S. 768), vom 31. März 1992 (BStBl I S. 236), vom 28. Oktober 1993 (BStBl I S. 904) und vom 30. Dezember 1994 (BStBl 1995 I S. 18)

Das Investitionszulagengesetz 1993 ist durch Artikel 18 des Jahressteuergesetzes 1996 vom 11. Oktober 1995 (BGBl. I S. 1250, 1390; BStBl I S. 438, 578) geändert worden. Insbesondere sind eine auf 10 v. h. erhöhte Investitionszulage für bestimmte Investitionen des Groß- und Einzelhandels eingeführt (§ 3 Satz 1 Nr. 4 i. V. m. § 5 Abs. 4 InvZulG) sowie die Investitionszulage von 5 v. H. (Grundzulage) für das verarbeitende Gewerbe (§ 3 Satz 1 Nr. 4 i. V. m. § 5 Abs. 1 Nr. 3 InvZulG) und die auf 10 v. H. erhöhte Investitionszulage für das verarbeitende Gewerbe und das Handwerk verlängert worden (§ 3 Satz 1 Nr. 4 i.V.m. § 5 Abs. 3 InvZulG).

Unter Bezugnahme auf das Ergebnis der Erörterungen mit den obersten Finanzbehörden der Länder und in Ergänzung zu den o.a. Schreiben gilt hierzu folgendes:

I. Erhöhte Investitionszulage für Betriebe des Groß- oder Einzelhandels

1. Arbeitnehmerzahl

1 Zu den Voraussetzungen für die erhöhte Investitionszulage gehört, daß der Betrieb zu Beginn des Wirtschaftsjahrs, in dem die Investitionen vorgenommen werden, nicht mehr als 50 Arbeitnehmer in einem gegenwärtigen Dienstverhältnis beschäftigt, die Arbeitslohn, Kurzarbeitergeld, Schlechtwettergeld oder Winterausfallgeld beziehen (§ 5 Abs. 4 Satz 1 Nr. 1 InvZulG). Die Anzahl der Arbeitnehmer bezieht sich auf den gesamten Betrieb. Daher sind z.B. auch die Arbeitnehmer zu berücksichtigen, die in Betriebsstätten außerhalb des Fördergebiets oder in Betriebsstätten in Berlin (West) beschäftigt sind.

Der zeitliche Umfang der Beschäftigung ist ohne Bedeutung. Deshalb zählen z. B. Teilzeitbeschäftigte und Kurzarbeiter ebenso wie vollbeschäftigte Arbeitnehmer.

2. Abgrenzung des Groß- und des Einzelhandels

2 Zum Groß- und Einzelhandel gehören die Wirtschaftszweige, die in Abschnitt G der Klassifikation der Wirtschaftszweige, Ausgabe 1993, als „Einzelhandel (mit...)" oder „Großhandel (mit...)" bezeichnet sind. Zum Groß- und Einzelhandel gehören deshalb nicht die folgenden in Abschnitt G genannten Wirtschaftszweige:

- Handelsvermittlung von Kraftwagen (Unterklasse 50.10.1),
- Instandhaltung und Reparatur von Kraftwagen (Gruppe 50.2),
- Handelsvermittlung von Kraftwagenteilen und Zubehör (Unterklasse 50.30.1),
- Handelsvermittlung von Krafträdern, Teilen und Zubehör (Unterklasse 50.40.4),
- Instandhaltung und Reparatur von Krafträdern (Unterklasse 50.40.4),
- Tankstellen mit Absatz in fremden Namen (Agenturtankstellen; Unterklasse 50.50.1),
- Handelsvermittlung (Gruppe 51.1) und
- Reparatur von Gebrauchsgütern (Gruppe 52.7).

Die erhöhte Investitionszulage bezieht sich auf den gesamten Betrieb. Bei der Einordnung in die Klassifikation der Wirtschaftszweige sind daher die Tätigkeiten aller Betriebsstätten zu berücksichtigen, d. h. auch der Betriebsstätten, die außerhalb des Fördergebiets belegen sind. Die erhöhte Investitionszulage kommt jedoch nur für Investitionen in den Betriebsstätten in Betracht, die auch für sich betrachtet zum Groß- oder Einzelhandel gehören (§ 5 Abs. 4 Satz 1 Nr. 2 Buchstabe b InvZulG).

3. Zugehörigkeits- und Verbleibensvoraussetzung

(1) Die erhöhte Investitionszulage setzt nach § 5 Abs. 4 Satz 1 Nr. 2 Buchstabe a InvZulG voraus, daß das Wirtschaftsgut mindestens drei Jahre nach seiner Anschaffung oder Herstellung zum Anlagevermögen eines Betriebs des Groß- oder Einzelhandels des Anspruchsberechtigten gehört. Die Veräußerung eines Wirtschaftsgutes oder ein Vermögensübergang im Sinne des Umwandlungssteuergesetzes, bei dem die übergegangenen Wirtschaftsgüter als angeschafft gelten, innerhalb des Dreijahreszeitraums ist deshalb schädlich. Bei einer Betriebsaufspaltung kommt die erhöhte Investitionszulage für Wirtschaftsgüter des Anlagevermögens des Besitzunternehmens nur in Betracht, wenn das Besitzunternehmen ein Betrieb des Groß- oder Einzelhandels ist.

(2) Die erhöhte Investitionszulage setzt nach § 5 Abs. 4 Satz 1 Nr. 2 Buchstabe b InvZulG voraus, daß das Wirtschaftsgut mindestens drei Jahre nach seiner Anschaffung oder Herstellung in

Anhang 18

einer Betriebsstätte des Groß- oder Einzelhandels des Anspruchsberechtigten verbleibt. Schädlich sind deshalb

- die langfristige Nutzungsüberlassung (länger als drei Monate), und zwar auch dann, wenn das Wirtschaftsgut in einer Betriebsstätte des Groß- oder Einzelhandels verwendet wird, und
- die Überführung in eine Betriebsstätte des Anspruchsberechtigten, die nicht zum Groß- oder Einzelhandel gehört.

Unschädlich ist es jedoch, wenn bei einer Betriebsaufspaltung Wirtschaftsgüter des Anlagevermögens des Besitzunternehmens, das ein Betrieb des Groß- oder Einzelhandels ist, in einer Betriebsstätte des Groß- oder Einzelhandels des Betriebsunternehmens verwendet werden.

4. Bescheinigungsverfahren

(1) Voraussetzung für die erhöhte Investitionszulage ist, daß die Betriebsstätte im Zeitpunkt des Abschlusses der jeweiligen Investition nicht in einem der in § 5 Abs. 4 Satz 1 Nr. 3 InvZulG genannten Gebiete liegt. Diese bauplanungsrechtliche Voraussetzung ist durch eine Bescheinigung der zuständigen Gemeindebehörde nachzuweisen. Bei Streitigkeiten im Bescheinigungsverfahren ist der Verwaltungsrechtsweg gegeben.

(2) Die Bescheinigung ist materiellrechtliche Voraussetzung für die Gewährung der Investitionszulage und Grundlagenbescheid im Sinne des § 171 Abs. 10 AO. Sie ist für die Finanzbehörden und Finanzgerichte bindend, soweit sie außersteuerliche Feststellungen enthält, nicht hingegen, soweit darin spezifisch steuerrechtliche Fragen beurteilt werden oder eine bestimmte Beurteilung solcher Fragen vorausgesetzt wird, z.B. der Zeitpunkt des Investitionsabschlusses (vgl. BFH-Urteile vom 19. März 1981, BStBl II S. 538, und vom 29. August 1986, BStBl II S. 920). Stellt das Finanzamt fest, daß die in der Bescheinigung bezeichneten bauplanungsrechtlichen Voraussetzungen offensichtlich nicht vorliegen, hat es die zuständige Gemeindebehörde zu veranlassen, die Bescheinigung zu überprüfen.

5. Höchstbemessungsgrundlage

Die Höchstbemessungsgrundlage für die Investitionszulage nach § 5 Abs. 4 InvZulG beträgt im Wirtschaftsjahr 250.000 DM. Für den übersteigenden Betrag wird keine Investitionszulage gewährt (§ 3 Satz 3 InvZulG).

6. Verhältnis zur erhöhten Investitionszulage nach § 5 Abs. 3 InvZulG

Die erhöhte Investitionszulage nach § 5 Abs. 4 InvZulG wird nicht für Investitionen gewährt, bei denen die Voraussetzungen von § 5 Abs. 3 InvZulG vorliegen (§ 5 Abs. 4 Satz 2 InvZulG). Diese Regelung hat Bedeutung bei Betrieben, die nach der Klassifikation der Wirtschaftszweige zum Groß- oder Einzelhandel gehören und gleichzeitig in die Handwerksrolle oder das Verzeichnis handwerksähnlicher Betriebe eingetragen sind. Für die Wirtschaftsgüter, die überwiegend den eingetragenen Gewerken dienen, kommt deshalb die Investitionszulage nach § 5 Abs. 3 InvZulG in Betracht mit der Folge, daß die Höchstbemessungsgrundlage im Wirtschaftsjahr 250.000 DM übersteigen kann.

Beispiel:

Ein Betrieb verkauft und repariert Kraftfahrzeuge. Hinsichtlich des Kfz-Mechaniker- und Kfz-Elektrikerhandwerks besteht eine Eintragung in die Handwerksrolle. Der größte Teil der entstandenen Wertschöpfung entfällt auf den Handel, so daß der Betrieb in den „Einzelhandel mit Kraftwagen" (Unterklasse 50.10.3) eingeordnet wird. Im Kalenderjahr 1996 betragen die Anschaffungskosten

- von Wirtschaftsgütern, die
  überwiegend den eingetragenen
  Gewerken dienen (a)   300.000 DM
- anderer Wirtschaftsgüter (b)   280.000 DM

Die Investitionszulage für das Kalenderjahr 1996 beträgt:

10 v. H. von 300.000 DM
nach § 5 Abs. 3 InvZulG (a)   30.000 DM

10 v. H. von 250.000 DM
nach § 5 Abs. 4 InvZulG (b)   <u>25.000 DM</u>

insgesamt   55.000 DM

Für den Teil der Anschaffungskosten der „anderen Wirtschaftsgüter", der 250.000 DM übersteigt (30.000 DM aus b), wird keine Investitionszulage gewährt (siehe Tz. 7).

7. Berlin (West)

Die Investitionszulage nach § 5 Abs. 4 InvZulG wird nicht für Investitionen in Berlin (West) gewährt (§ 11 Abs. 2 InvZulG).

II. Verlängerung der Investitionszulage von 5 v. H. (Grundzulage)

(1) Bei nach dem 31. Dezember 1996 abgeschlossenen Investitionen kommt die Grundzulage nur noch in Betracht, wenn es sich um Investitionen in Betrieben des verarbeitenden Gewerbes handelt. Gehört ein Betrieb nach der Klassifikation der Wirtschaftszweige zum verarbeitenden Gewerbe, kommt die Grundzulage auch für Investitionen in Betriebsstätten in Betracht, die für sich betrachtet nicht zum verarbeitenden Gewerbe gehören würden. Ausgeschlossen sind jedoch Investitionen in den in § 3 Satz 3 InvZulG genannten Betriebsstätten (vgl. Tz. 10 des BMF-Schreibens vom 28. Oktober 1993). Das gilt bei Investitionen in Betriebsstätten des Handels auch dann, wenn ein Teil der Voraussetzungen des § 5 Abs. 4 InvZulG erfüllt ist.

Beispiel:

Ein Betrieb, der insgesamt 30 Arbeitnehmer beschäftigt, stellt in Plauen Damenoberbekleidung her, die er teilweise in einem Einzelhandelsgeschäft in der Innenstadt von Leipzig verkauft. Dort wird auch Kleidung anderer Hersteller verkauft. Die Wertschöpfung der Betriebsstätte in Leipzig entfällt zu 45 v. H. auf den Verkauf selbsthergestellter Kleidung („Vertrieb"; vgl. Tz. 7 des BMF-Schreibens vom 30. Dezember 1994) und zu 55 v. H. auf den Verkauf fremdbezogener Kleidung, so daß die Betriebsstätte zum Einzelhandel gehört (Unterklasse 52.42.3). Die Wertschöpfung des gesamten Betriebs entfällt überwiegend auf die Herstellung von Bekleidung und deren Vertrieb, so daß der Betrieb zum verarbeitenden Gewerbe gehört (Unterklasse 18.22.2).

Für Investitionen in Leipzig kann die Grundzulage nicht gewährt werden, weil die Betriebsstätte zum Handel gehört. Die erhöhte Investitionszulage nach § 5 Abs. 4 InvZulG ist ausgeschlossen, weil die Wirtschaftsgüter nicht Anlagevermögen eines Betriebs des Groß- oder Einzelhandels, sondern eines Betriebs des verarbeitenden Gewerbes sind. Dabei ist ohne Bedeutung, daß der Betrieb nicht mehr als 50 Arbeitnehmer beschäftigt, die Betriebsstätte zum Einzelhandel gehört und nicht in einem der in § 5 Abs. 4 Satz 1 Nr. 3 InvZulG genannten Gebiete liegt.

Für Investitionen in Plauen kommen die Grundzulage von 5 v. H. und die auf 10 v. H. erhöhte Investitionszulage nach § 5 Abs. 3 InvZulG in Betracht.

11 (2) Anders als bei der erhöhten Investitionszulage nach § 5 Abs. 3 InvZulG ist nicht erforderlich, daß das Wirtschaftsgut zum Anlagevermögen eines Betriebs des verarbeitenden Gewerbes gehört. Wird ein Wirtschaftsgut innerhalb von drei Jahren nach seiner Anschaffung oder Herstellung zur Nutzung überlassen oder veräußert oder findet in diesem Zeitraum ein Vermögensübergang im Sinne des Umwandlungssteuergesetzes statt, bei dem die übergegangenen Wirtschaftsgüter als angeschafft gelten, hängt der Anspruch auf die Grundzulage davon ab, ob der Nutzende, Erwerber oder Übernehmende die Grundzulage erhalten würde, wenn er an Stelle des Anspruchsberechtigten die Investition vorgenommen hätte (vgl. BFH-Urteil vom 2. März 1990, BStBl II S. 750). Die Grundzulage kommt deshalb z.B. auch dann in Betracht, wenn ein Leasing-Unternehmen ein Wirtschaftsgut einem Betrieb des verarbeitenden Gewerbes zur Nutzung überläßt. Schädlich ist jedoch z.B., wenn ein Betrieb des verarbeitenden Gewerbes ein Wirtschaftsgut einem Betrieb zur Nutzung überläßt, der nicht zum verarbeitenden Gewerbe gehört.

12 (3) Handwerksbetrieben im Sinne des § 5 Abs. 3 InvZulG, die nicht gleichzeitig Betriebe des verarbeitenden Gewerbes sind, kann für den Teil der Bemessungsgrundlage, der im Wirtschaftsjahr 5 Mio. DM übersteigt und auf nach dem 31. Dezember 1996 abgeschlossene Investitionen entfällt, keine Investitionszulage mehr gewährt werden. Bei Betrieben mit einem vom Kalenderjahr abweichenden Wirtschaftsjahr ist im Wirtschaftsjahr 1996/1997 die Investitionszulage von 10 v. H. zuerst für die nach dem 31. Dezember 1996 abgeschlossenen Investitionen zu gewähren.

Anhang 19

I Investmentgesetze

Übersicht
I Gesetz über Kapitalanlagegesellschaften (KAGG – Auszug)
II Gesetz über den Vertrieb ausländischer Investmentanteile und über die Besteuerung der Erträge aus ausländischen Investmentanteilen (Auslandinvestment-Gesetz – AuslInvestmG – Auszug)

I
Gesetz
über Kapitalanlagegesellschaften
(KAGG)

in der Fassung der Bekanntmachung vom 14. 1. 1970
(BGBl. I S. 127, BStBl I S. 187)
zuletzt geändert durch Artikel 3 des Gesetzes vom 26. 7. 1994
(BGBl. I S. 1749, BStBl I S. 586)[1]

– Auszug –

Erster Abschnitt
Allgemeine Vorschriften

§ 1

(1) Kapitalanlagegesellschaften sind Unternehmen, deren Geschäftsbereich darauf gerichtet ist, bei ihnen eingelegtes Geld im eigenen Namen für gemeinschaftliche Rechnung der Einleger (Anteilinhaber) nach dem Grundsatz der Risikomischung in den nach diesem Gesetz zugelassenen Vermögensgegenständen gesondert vom eigenen Vermögen in Form von Geldmarkt-, Wertpapier-, Beteiligungs- oder Grundstücks-Sondervermögen anzulegen und über die hieraus sich ergebenden Rechte der Anteilinhaber Urkunden (Anteilscheine) auszustellen.

(2) Spezialfonds im Sinne dieses Gesetzes sind Sondervermögen, deren Anteilscheine aufgrund schriftlicher Vereinbarungen mit der Kapitalanlagegesellschaft jeweils von nicht mehr als zehn Anteilinhabern, die nicht natürliche Personen sind, gehalten werden. Die Kapitalanlagegesellschaft hat in der Vereinbarung mit den Anteilinhabern sicherzustellen, daß die Anteilscheine nur mit Zustimmung der Kapitalanlagegesellschaft von den Anteilinhabern übertragen werden dürfen.

(3) Kapitalanlagegesellschaften dürfen nur in der Rechtsform der Aktiengesellschaft oder der Gesellschaft mit beschränkter Haftung betrieben werden.

(4) Die Aktien einer in der Rechtsform der Aktiengesellschaft betriebenen Kapitalanlagegesellschaft müssen auf Namen lauten. Diese Aktien können nicht durch Blankoindossament übertragen werden; ein Blankoindossament wird auch durch nachträgliche Ausfüllung nicht wirksam. Als rechtmäßiger Inhaber einer solchen Aktie gilt abweichend von Artikel 16 Abs. 1 Satz 1 des Wechselgesetzes, wer die Aktie in Händen hat, sofern er sein Recht durch eine ununterbrochene Reihe von Indossamenten nachweist, die nicht Blankoindossamente sind, und zwar auch dann, wenn ein Indossament der Reihe ein erst nachträglich ausgefülltes Blankoindossament ist. Artikel 16 Abs. 1 Satz 3 des Wechselgesetzes findet keine Anwendung.

(5) Die Übertragung von Aktien (Geschäftsanteilen) einer Kapitalanlagegesellschaft bedarf der Zustimmung der Gesellschaft. Die Zustimmung erteilt der Vorstand (Geschäftsführer); bei Gesellschaften mit beschränkter Haftung kann der Gesellschaftsvertrag etwas anderes bestimmen.

Sechster Abschnitt
Steuerrechtliche Vorschriften

1. Titel

Geldmarkt-Sondervermögen

§ 37 a

Für das Geldmarkt-Sondervermögen, für die Ausschüttungen auf Anteilscheine an einem Geldmarkt-Sondervermögen, für die von einem Geldmarkt-Sondervermögen nicht zur Kostendeckung oder Ausschüttung verwendeten Einnahmen im Sinne des § 20 des Einkommensteuergesetzes und für Zwischengewinne im Sinne des § 39 Abs. 1 a gelten die §§ 38 bis 42 entsprechend.

§ 37 b

§ 37 a ist wie folgt anzuwenden:
1. § 38 ist erstmals auf Einnahmen anzuwenden, die dem Geldmarkt-Sondervermögen nach dem 31. Juli 1994 zufließen.

---

[1] Geändert durch Artikel 45 des Einführungsgesetzes zur Insolvenzordnung (EGInsO) vom 5. 10. 1994 (BGBl. I S. 2911) mit Wirkung ab 1. 1. 1999.

2. Die §§ 38 b bis 42 sind erstmals
   a) auf Ausschüttungen auf Anteilscheine an einem Geldmarkt-Sondervermögen und Zwischengewinne anzuwenden, die nach dem 31. Juli 1994 zufließen,
   b) auf die nicht zur Kostendeckung oder Ausschüttung verwendeten Einnahmen des Geldmarkt-Sondervermögens anzuwenden, die in dem Geschäftsjahr als zugeflossen gelten, das nach dem 31. Juli 1994 endet.

2. Titel
Wertpapier-Sondervermögen

§ 38

(1) Das Wertpapier-Sondervermögen (§ 8) gilt als Zweckvermögen im Sinne des § 1 Abs. 1 Nr. 5 des Körperschaftsteuergesetzes und des § 1 Abs. 1 Nr. 2 Buchstabe e des Vermögensteuergesetzes. Das Wertpapier-Sondervermögen ist vorbehaltlich des § 38 a von der Körperschaftsteuer, der Gewerbesteuer und der Vermögensteuer befreit.

(2) Gehören zu einem Wertpapier-Sondervermögen Anteile an einer unbeschränkt steuerpflichtigen Kapitalgesellschaft, so wird die anrechenbare Körperschaftsteuer an die Depotbank auf Antrag vergütet. Die Vorschriften des Einkommensteuergesetzes über die Vergütung von Körperschaftsteuer an unbeschränkt einkommensteuerpflichtige Anteilseigner sind sinngemäß anzuwenden. An die Stelle der in § 36 b Abs. 2 des Einkommensteuergesetzes bezeichneten Bescheinigung tritt eine Bescheinigung des für das Wertpapier-Sondervermögen zuständigen Finanzamts, in der bestätigt wird, daß ein Zweckvermögen im Sinne des Absatzes 1 vorliegt. Die anrechenbare Körperschaftsteuer wird auch vergütet, wenn die Ausschüttung an das Wertpapier-Sondervermögen nicht von der Vorlage eines Dividendenscheins abhängig ist.

(3) Die von Kapitalerträgen des Wertpapier-Sondervermögens einbehaltene und abgeführte Kapitalertragsteuer wird auf Antrag an die Depotbank erstattet, soweit nicht nach § 44 a des Einkommensteuergesetzes vom Steuerabzug Abstand zu nehmen ist; dies gilt auch für den als Zuschlag zur Kapitalertragsteuer einbehaltenen und abgeführten Solidaritätszuschlag. Für die Erstattung ist bei Kapitalerträgen im Sinne des § 43 Abs. 1 Nr. 1 und 2 des Einkommensteuergesetzes das Bundesamt für Finanzen und bei den übrigen Kapitalerträgen das Finanzamt zuständig, an das die Kapitalertragsteuer abgeführt worden ist. Im übrigen sind die Vorschriften des Einkommensteuergesetzes über die Abstandnahme vom Steuerabzug und über die Erstattung von Kapitalertragsteuer bei unbeschränkt einkommensteuerpflichtigen Anteilseignern sinngemäß anzuwenden. Absatz 2 Satz 3 gilt abweichend von § 44 b Abs. 1 Satz 1 des Einkommensteuergesetzes entsprechend.

§ 38 a

(1) Für den Teil der Ausschüttungen auf Anteilscheine an einem Wertpapier-Sondervermögen, der nach § 39 a Abs. 1 zur Anrechnung oder Vergütung von Körperschaftsteuer berechtigt, ist die Ausschüttungsbelastung mit Körperschaftsteuer nach § 27 des Körperschaftsteuergesetzes herzustellen. Die Körperschaftsteuer entsteht in dem Zeitpunkt, in dem die Ausschüttungen den Anteilscheininhabern zufließen. § 44 Abs. 2 des Einkommensteuergesetzes ist entsprechend anzuwenden. Die Körperschaftsteuer ist innerhalb eines Monats nach der Entstehung zu entrichten. Die Kapitalanlagegesellschaft hat bis zu diesem Zeitpunkt eine Steuererklärung nach amtlich vorgeschriebenem Vordruck abzugeben und darin die Steuer selbst zu berechnen.

(2) Für den Teil der nicht zur Ausschüttung oder Kostendeckung verwendeten Einnahmen des Wertpapier-Sondervermögens im Sinne des § 39 Abs. 1 Satz 2, der nach § 39 a Abs. 2 zur Anrechnung oder Vergütung von Körperschaftsteuer berechtigt, gilt Absatz 1 entsprechend.

§ 38 b

(1) Von dem Teil der Einnahmen eines Wertpapier-Sondervermögens, der zur Ausschüttung auf Anteilscheine an dem Sondervermögen verwendet wird, wird eine Kapitalertragsteuer von dem ausgeschütteten Betrag erhoben, soweit darin enthalten sind

1. Erträge des Sondervermögens, bei denen nach § 38 Abs. 3 in Verbindung mit § 44 a des Einkommensteuergesetzes vom Steuerabzug Abstand zu nehmen ist, sowie der hierauf entfallende Teil des Ausgabepreises für ausgegebene Anteilscheine,

2. Erträge des Sondervermögens im Sinne des § 43 Abs. 1 Satz 1 Nr. 2 des Einkommensteuergesetzes, bei denen die Kapitalertragsteuer nach § 38 Abs. 3 erstattet wird, sowie der hierauf entfallende Teil des Ausgabepreises für ausgegebene Anteilscheine,

3. ausländische Erträge des Sondervermögens im Sinne des § 43 Abs. 1 Satz 1 Nr. 7 und 8 sowie Satz 2 des Einkommensteuergesetzes,

4. aber nicht Gewinne aus der Veräußerung von Wertpapieren und die hierauf entfallenden Teile des Ausgabepreises für ausgegebene Anteilscheine.

Die für den Steuerabzug von Kapitalerträgen im Sinne des § 43 Abs. 1 Satz 1 Nr. 7 und 8 sowie Satz 2 des Einkommensteuergesetzes geltenden

Vorschriften des Einkommensteuergesetzes sind entsprechend anzuwenden. In der nach § 45 a des Einkommensteuergesetzes zu erteilenden Bescheinigung ist der zur Anrechnung oder Erstattung von Kapitalertragsteuer berechtigende Teil der Ausschüttung gesondert anzugeben.

(2) Für den Teil der nicht zur Ausschüttung oder Kostendeckung verwendeten Einnahmen des Sondervermögens im Sinne des § 39 Abs. 1 Satz 2 gilt Absatz 1 entsprechend. Die darauf zu erhebende Kapitalertragsteuer ist von dem ausgeschütteten Betrag einzubehalten.

(3) Werden die Einnahmen des Sondervermögens im Sinne des § 39 Abs. 1 Satz 2 nicht zur Ausschüttung oder Kostendeckung verwendet, hat die Kapitalanlagegesellschaft den Steuerabzug vorzunehmen. §§ 44 a und 45 a Abs. 2 des Einkommensteuergesetzes sind nicht anzuwenden. Im übrigen gilt Absatz 1 entsprechend. Die Kapitalertragsteuer ist innerhalb eines Monats nach der Entstehung zu entrichten. Die Kapitalanlagegesellschaft hat bis zu diesem Zeitpunkt eine Steuererklärung nach amtlich vorgeschriebenem Vordruck abzugeben und darin die Steuer zu berechnen.

(4) Die Kapitalertragsteuer wird auch von Zwischengewinnen (§ 39 Abs. 1 a) erhoben. Absatz 1 Satz 2 und 3 gilt entsprechend.

§ 39

(1) Die Ausschüttungen auf Anteilscheine an einem Wertpapier-Sondervermögen sowie die von einem Wertpapier-Sondervermögen nicht zur Kostendeckung oder Ausschüttung verwendeten Einnahmen im Sinne des § 38 des Einkommensteuergesetzes gehören zu den Einkünften aus Kapitalvermögen im Sinne des § 20 Abs. 1 Nr. 1 des Einkommensteuergesetzes, wenn sie nicht Betriebseinnahmen des Steuerpflichtigen sind. Die nicht zur Kostendeckung oder Ausschüttung verwendeten Einnahmen im Sinne des § 20 des Einkommensteuergesetzes gelten mit dem Ablauf des Geschäftsjahres, in dem sie vereinnahmt worden sind, als zugeflossen.

(1 a) Zu den Einkünften im Sinne des Absatzes 1 Satz 1 gehört auch der Zwischengewinn. Zwischengewinn ist das Entgelt für die dem Anteilscheininhaber noch nicht zugeflossenen oder als zugeflossen geltenden Einnahmen des Wertpapier-Sondervermögens im Sinne des § 20 Abs. 1 Nr. 7 und Abs. 2 mit Ausnahme der Nummer 2 Buchstabe a des Einkommensteuergesetzes sowie für die angewachsenen Ansprüche des Wertpapier-Sondervermögens auf derartige Einnahmen. Die Ansprüche sind auf der Grundlage des § 20 Abs. 2 des Einkommensteuergesetzes und des § 21 Abs. 2 und 3 zu bewerten. Der Zwischengewinn gilt als in den Einnahmen aus der Rückgabe oder Veräußerung von Anteilscheinen an einem Wertpapier-Sondervermögen oder aus der Abtretung der in den Anteilscheinen verbrieften Ansprüche enthalten.

(2) Von Kapitalerträgen im Sinne des § 38 a wird kein Steuerabzug vorgenommen.

§ 39 a

(1) Für Ausschüttungen auf Anteilscheine an einem Wertpapier-Sondervermögen wird die Körperschaftsteuer nur angerechnet oder vergütet, soweit darin enthalten sind

1. Erträge des Sondervermögens, die nach § 38 Abs. 2 zur Vergütung von Körperschaftsteuer an die Depotbank berechtigen,

2. der auf Erträge im Sinne der Nummer 1 entfallende Teil des Ausgabepreises für ausgegebene Anteilscheine.

Für die Ermittlung des Teils der Ausschüttung, der zur Anrechnung oder Vergütung von Körperschaftsteuer berechtigt, ist die nach § 38 a zu entrichtende Körperschaftsteuer von den in den Nummern 1 und 2 bezeichneten Beträgen abzuziehen. § 45 des Körperschaftsteuergesetzes gilt entsprechend. In der hiernach zu erteilenden Bescheinigung ist der zur Anrechnung oder Vergütung berechtigende Teil der Ausschüttung gesondert anzugeben.

(2) Gelten die nicht zur Ausschüttung oder Kostendeckung verwendeten Einnahmen des Wertpapier-Sondervermögens nach § 39 Abs. 1 Satz 2 als zugeflossen, so ist Absatz 1 Satz 1 und 2 entsprechend anzuwenden. An die Stelle der in § 45 des Körperschaftsteuergesetzes bezeichneten Bescheinigung tritt eine Bescheinigung im Sinne der Sätze 3 bis 5. Die Bescheinigung darf nur durch das Kreditinstitut erteilt werden, das im Zeitpunkt des Zufließens der Einnahmen ein auf den Namen des Empfängers der Bescheinigung lautendes Wertpapierdepot führt, in dem der Anteilschein verzeichnet ist. In der Bescheinigung sind die Zahl und die Bezeichnung der Anteile sowie der Name und die Anschrift des Anteilscheininhabers anzugeben. Für die Bescheinigung gelten im übrigen die Vorschriften des § 45 des Körperschaftsteuergesetzes sinngemäß. Der Steuererklärung und dem Antrag auf Vergütung von Körperschaftsteuer ist ein Abdruck der Bekanntmachung im Sinne des § 42 beizufügen. Wird der Anteilschein aus dem Wertpapierdepot entnommen und ausgehändigt, so hat ihn das Kreditinstitut unter Hinweis auf die zuletzt ausgestellte Bescheinigung zu kennzeichnen.

(3) Sind die in Absatz 2 bezeichneten Voraussetzungen für die Erteilung der Bescheinigung durch ein Kreditinstitut nicht erfüllt, so wird die Körperschaftsteuer nur angerechnet, wenn der Steuerpflichtige Tatsachen glaubhaft macht, aus denen sich ergibt, daß ihm die Einnahmen zuzurechnen sind. Absatz 2 Satz 6 gilt sinngemäß.

§ 39 b

(1) Bei Kapitalerträgen im Sinne des § 38 b Abs. 3, die einem unbeschränkt einkommensteuerpflichtigen oder einem von der Körperschaftsteuer befreiten Gläubiger als zugeflossen gelten, wird auf Antrag die einbehaltene Kapitalertragsteuer unter den Voraussetzungen des § 44 b Abs. 1 Satz 1 des Einkommensteuergesetzes und in dem dort bestimmten Umfang von der Kapitalanlagegesellschaft erstattet. Im übrigen sind die für die Anrechnung und die Erstattung der Kapitalertragsteuer geltenden Vorschriften des Einkommensteuergesetzes entsprechend anzuwenden.

(2) Die Kapitalanlagegesellschaft erstattet die einbehaltene Kapitalertragsteuer auf Antrag auch in Fällen, in denen die Kapitalerträge im Sinne des § 38 b Abs. 3 einem Gläubiger ohne Wohnsitz oder gewöhnlichen Aufenthalt im Inland als zugeflossen gelten. Sie hat sich zuvor Gewißheit über die Person des Gläubigers der Kapitalerträge zu verschaffen; § 154 der Abgabenordnung ist entsprechend anzuwenden. Wird der Antrag in Vertretung des Gläubigers der Kapitalerträge durch ein Kreditinstitut gestellt, das die Anteilscheine im Zeitpunkt des Zufließens der Einnahmen in einem auf den Namen des Gläubigers der Kapitalerträge lautenden Wertpapierdepot verwahrt, hat die Kapitalanlagegesellschaft sich von dem Kreditinstitut versichern zu lassen, daß der Gläubiger der Kapitalerträge nach den Depotunterlagen weder Wohnsitz noch gewöhnlichen Aufenthalt im Inland hat.

(3) Für die Anrechnung der einbehaltenen und abgeführten Kapitalertragsteuer nach § 36 Abs. 2 des Einkommensteuergesetzes oder deren Erstattung nach § 50 d des Einkommensteuergesetzes gilt § 39 a Abs. 3 entsprechend. § 36 b Abs. 4 und 5, § 36 c Abs. 1 und 5 des Einkommensteuergesetzes gelten sinngemäß.

§ 40

(1) Die Ausschüttungen auf Anteilscheine an einem Wertpapier-Sondervermögen sind insoweit steuerfrei, als Gewinne aus der Veräußerung von Wertpapieren und Bezugsrechten auf Anteile an Kapitalgesellschaften enthalten, es sei denn, daß die Ausschüttungen Betriebseinnahmen des Steuerpflichtigen sind. Enthalten die Ausschüttungen Erträge aus der Veräußerung von Bezugsrechten auf Freianteile an Kapitalgesellschaften, so kommt die Steuerfreiheit insoweit nicht in Betracht, als die Erträge Kapitalerträge im Sinne des § 20 des Einkommensteuergesetzes sind.

(2) Die Ausschüttungen auf Anteilscheine an einem Wertpapier-Sondervermögen sind insoweit, als sie Zinsen im Sinne des § 43 Abs. 1 Nr. 5 des Einkommensteuergesetzes enthalten, bei der Einkommensteuer oder Körperschaftsteuer mit 30 vom Hundert dieses Teils der Ausschüttungen zu besteuern. Auf den so besteuerten Teil der Ausschüttungen ist § 9 Ziffer 6 des Gewerbesteuergesetzes entsprechend anzuwenden.

(3) Die Ausschüttungen auf Anteilscheine an einem Wertpapier-Sondervermögen sind bei der Veranlagung der Einkommensteuer oder Körperschaftsteuer insoweit außer Betracht zu lassen, als sie aus einem ausländischen Staat stammende Einkünfte enthalten, für die die Bundesrepublik Deutschland auf Grund eines Abkommens zur Vermeidung der Doppelbesteuerung auf die Ausübung des Besteuerungsrechts verzichtet hat. Die Einkommensteuer oder Körperschaftsteuer wird jedoch nach dem Satz erhoben, der für die Bemessungsgrundlage vor Anwendung des Satzes 1 (Gesamteinkommen) in Betracht kommt, wenn in dem Abkommen zur Vermeidung der Doppelbesteuerung ein entsprechender Progressionsvorbehalt vorgesehen ist.

(4) Sind in den Ausschüttungen auf Anteilscheine an einem Wertpapier-Sondervermögen aus einem ausländischen Staat stammende Einkünfte enthalten, die in diesem Staat zu einer nach § 34 c Abs. 1 des Einkommensteuergesetzes oder § 26 Abs. 1 des Körperschaftsteuergesetzes oder nach einem Abkommen zur Vermeidung der Doppelbesteuerung auf die Einkommensteuer oder Körperschaftsteuer anrechenbaren Steuer herangezogen werden, so ist bei unbeschränkt steuerpflichtigen Anteilscheininhabern die festgesetzte und gezahlte und keinem Ermäßigungsanspruch unterliegende ausländische Steuer auf den Teil der Einkommensteuer oder Körperschaftsteuer anzurechnen, der auf diese ausländischen, um die anteilige ausländische Steuer erhöhten Einkünfte entfällt. Dieser Teil ist in der Weise zu ermitteln, daß die sich bei der Veranlagung des zu versteuernden Einkommens – einschließlich der ausländischen Einkünfte – nach den §§ 32 a, 32 b, 32 c, 34 und 34 b des Einkommensteuergesetzes ergebende Einkommensteuer oder nach § 23 des Körperschaftsteuergesetzes ergebende Körperschaftsteuer im Verhältnis dieser ausländischen Einkünfte zur Summe der Einkünfte aufgeteilt wird. Der Höchstbetrag der anrechenbaren ausländischen Steuern ist für die Ausschüttungen aus jedem einzelnen Wertpapier-Sondervermögen zusammengefaßt zu berechnen. Bei der Anwendung der Sätze 1 und 2 ist für die Berechnung der auf die ausländischen Einkünfte entfallenden inländischen Körperschaftsteuer die Körperschaftsteuer zugrunde zu legen, die sich vor Anwendung der Vorschriften des Vierten Teils des Körperschaftsteuergesetzes für das zu versteuernde Einkommen ergibt. § 34 c Abs. 2 und 3 des Einkommensteuergesetzes ist sinngemäß anzuwenden.

(5) Den in den Ausschüttungen enthaltenen Beträgen im Sinne der Absätze 1 bis 4 stehen die

hierauf entfallenden Teile des Ausgabepreises für ausgegebene Anteilscheine gleich.

§ 41

(1) Die Kapitalanlagegesellschaft hat den Anteilscheininhabern bei jeder Ausschüttung bezogen auf einen Anteilschein an dem Wertpapier-Sondervermögen bekanntzumachen
1. den Betrag der Ausschüttung;
2. die in der Ausschüttung enthaltenen Beträge an
   a) Zinsen im Sinne des § 43 Abs. 1 Nr. 5 des Einkommensteuergesetzes (§ 40 Abs. 2),
   b) Veräußerungsgewinnen im Sinne des § 40 Abs. 1 Satz 1,
   c) Erträgen im Sinne des § 40 Abs. 1 Satz 2, soweit die Erträge nicht Kapitalerträge im Sinne des § 20 des Einkommensteuergesetzes sind,
   d) Einkünften im Sinne des § 40 Abs. 3,
   e) Einkünften im Sinne des § 40 Abs. 4;
3. den zur Anrechnung oder Vergütung von Körperschaftsteuer berechtigenden Teil der Ausschüttung;
4. den Betrag der anzurechnenden oder zu vergütenden Körperschaftsteuer;
5. den zur Anrechnung oder Erstattung von Kapitalertragsteuer berechtigenden Teil der Ausschüttung;
6. den Betrag der anzurechnenden oder zu erstattenden Kapitalertragsteuer;
7. den Betrag der nach § 34 c Abs. 1 des Einkommensteuergesetzes anrechenbaren und nach § 34 c Abs. 3 des Einkommensteuergesetzes abziehbaren ausländischen Steuern, der auf die in den Ausschüttungen enthaltenen Einkünfte im Sinne des § 40 Abs. 4 entfällt.

(2) Die Kapitalanlagegesellschaft hat auf Anforderung des für ihre Besteuerung nach dem Einkommen zuständigen Finanzamts den Nachweis über die Höhe der ausländischen Einkünfte und über die Festsetzung und Zahlung der ausländischen Steuern durch Vorlage entsprechender Urkunden, z. B. Steuerbescheid, Quittung über die Zahlung, zu führen. Sind diese Urkunden in einer fremden Sprache abgefaßt, so kann eine beglaubigte Übersetzung in die deutsche Sprache verlangt werden.

(3) Wird der Betrag einer anrechenbaren Steuer nach der Bekanntmachung im Sinne des Absatzes 1 erstmalig festgesetzt, nachträglich erhöht oder ermäßigt oder hat die Kapitalanlagegesellschaft einen solchen Betrag in unzutreffender Höhe bekanntgemacht, so hat die Kapitalanlagegesellschaft die Unterschiedsbeträge bei der im Zusammenhang mit der nächsten Ausschüttung vorzunehmenden Ermittlung der anrechenbaren Steuerbeträge auszugleichen.

(4) Die Kapitalanlagegesellschaft hat börsentäglich den Zwischengewinn (§ 39 Abs. 1 a) zu ermitteln; sie hat ihn mit dem Rücknahmepreis zu veröffentlichen.

§ 42

Die Vorschriften des § 40 Abs. 2 bis 5 und des § 41 mit Ausnahme des Absatzes 1 Nr. 2 Buchstaben b und c gelten sinngemäß für die in § 38 b Abs. 2 und 3, § 39 Abs. 1 Satz 2, § 39 a Abs. 2 und § 39 b bezeichneten Einnahmen des Wertpapier-Sondervermögens, die nicht zur Kostendeckung oder Ausschüttung verwendet werden. Die Angaben im Sinne des § 41 Abs. 1 sind spätestens drei Monate nach Ablauf des Geschäftsjahres bekanntzumachen.

§ 43

(1) Die Vorschriften des § 38 und des § 38 a sind erstmals für den Veranlagungszeitraum 1977 anzuwenden. Bei der Vergütung von Körperschaftsteuer und bei der Erstattung von Kapitalertragsteuer an die Depotbank ist die Vorschrift des § 38 erstmals auf Einnahmen anzuwenden, die dem Wertpapier-Sondervermögen nach dem 31. Dezember 1976 zufließen. Beruhen die Einnahmen auf einem den gesellschaftsrechtlichen Vorschriften entsprechenden Gewinnverteilungsbeschluß, gilt Satz 2 mit der Maßgabe, daß die Vorschrift erstmals anzuwenden ist, soweit sich der Beschluß auf die Gewinnverteilung für ein Wirtschaftsjahr bezieht, das nach dem 31. Dezember 1976 abgelaufen ist.

(2) Die Vorschrift des § 39 ist erstmals für Ausschüttungen auf Anteilscheine an einem Wertpapier-Sondervermögen anzuwenden, die nach dem 31. Dezember 1969 zufließen.

(3) Die Vorschriften der §§ 39 a bis 41 sind erstmals für Ausschüttungen auf Anteilscheine an einem Wertpapier-Sondervermögen anzuwenden, die nach dem 31. Dezember 1976 zufließen.

(4) Die Vorschriften der §§ 39 a und 42 sind für die nicht zur Kostendeckung oder Ausschüttung verwendeten Einnahmen des Wertpapier-Sondervermögens erstmals für das Geschäftsjahr anzuwenden, das nach dem 31. Dezember 1976 endet.

(5) Die Vorschriften des § 40 Abs. 4 sind erstmals anzuwenden für Ausschüttungen auf Anteilscheine an einem Wertpapier-Sondervermögen, die nach dem 31. Dezember 1979 zufließen, und für die nicht zur Kostendeckung oder Ausschüttung verwendeten Einnahmen des Wertpapier-Sondervermögens erstmals für das Geschäftsjahr, das nach dem 31. Dezember 1979 endet.

Anhang 19

Investmentgesetze

(6) Von den Vorschriften in der Fassung des Artikels 9 Nr. 1 bis 9 des Steuerreformgesetzes 1990 vom 25. Juli 1988 (BGBl. I S. 1093) sind

1. § 38 Abs. 3 für Einnahmen anzuwenden, die dem Wertpapier-Sondervermögen nach dem 31. Dezember 1988 und vor dem 1. Juli 1989 zufließen,
2. die §§ 38 b, 39, 39 b, 40 Abs. 2 und § 41 Abs. 1 für Ausschüttungen auf Anteilscheine an einem Wertpapier-Sondervermögen anzuwenden, die nach dem 31. Dezember 1988 und vor dem 1. Juli 1989 zufließen,
3. § 38 a Abs. 2, §§ 38 b, 39, 39 a Abs. 2, §§ 39 b, 40 Abs. 2, § 41 Abs. 1 und § 42 für die nicht zur Kostendeckung oder Ausschüttung verwendeten Einnahmen des Wertpapier-Sondervermögens für das Geschäftsjahr anzuwenden, das nach dem 31. Dezember 1988 und vor dem 1. Juli 1989 endet,
4. § 38 b auch anzuwenden, soweit in Ausschüttungen, die nach dem 31. Dezember 1988 und vor dem 1. Juli 1989 zufließen, Einnahmen des Wertpapier-Sondervermögens enthalten sind, bei denen vor dem 1. Januar 1989 Kapitalertragsteuer nicht zu erheben war. Dies gilt auch für die nicht zur Kostendeckung oder Ausschüttung verwendeten Einnahmen des Wertpapier-Sondervermögens, die in dem Geschäftsjahr als zugeflossen gelten, das nach dem 31. Dezember 1988 und vor dem 1. Juli 1989 endet.

(7) Bei der Erstattung des Solidaritätszuschlages an die Depotbank ist die Vorschrift des § 38 erstmals für Einnahmen anzuwenden, die dem Wertpapier-Sondervermögen nach dem 30. Juni 1991 zufließen.

(8) Von den Vorschriften in der Fassung des Artikels 2 des Zinsabschlaggesetzes vom 9. 11. 1992 (BGBl. I S. 1853) sind

1. § 38 b Abs. 3 erstmals für Einnahmen anzuwenden, die dem Wertpapier-Sondervermögen nach dem 31. Dezember 1992 zufließen,
2. die §§ 38 b, 39 Abs. 2, § 40 Abs. 1 und § 41 Abs. 1 erstmals für Ausschüttungen auf Anteilscheine an einem Wertpapier- Sondervermögen anzuwenden, die nach dem 31. Dezember 1992 zufließen,
3. § 38 b Abs. 2 und 3, § 39 Abs. 2, §§ 39 b, 40 Abs. 1, § 41 Abs. 1 und § 42 für die nicht zur Kostendeckung oder Ausschüttung verwendeten Einnahmen des Wertpapier-Sondervermögens erstmals für das Geschäftsjahr anzuwenden, das nach dem 31. Dezember 1992 endet,
4. § 38 b auch anzuwenden, soweit in Ausschüttungen, die nach dem 31. Dezember 1992 zufließen, Einnahmen des Wertpapier-Sondervermögens enthalten sind, bei denen vor dem 1. Januar 1993 Kapitalertragsteuer nicht zu erheben war. Dies gilt auch für die nicht zur Kostendeckung oder Ausschüttung verwendeten Einnahmen des Wertpapier-Sondervermögens, die in dem Geschäftsjahr als zugeflossen gelten, das nach dem 31. Dezember 1992 endet.

(9) § 40 Abs. 4 in der Fassung des Artikels 16 des Gesetzes vom 13. September 1993 (BGBl. I S. 1569) sowie § 38 b Abs. 1 und § 41 Abs. 1 in der Fassung des Gesetzes vom 21. Dezember 1993 (BGBl. I S. 2310) sind erstmals für Ausschüttungen auf Anteilscheine an einem Wertpapier-Sondervermögen anzuwenden, die nach dem 31. Dezember 1993 zufließen. § 38 b Abs. 4, § 39 Abs. 1 a, § 41 Abs. 4 und § 43 a in der Fassung des Gesetzes vom 21. Dezember 1993 (BGBl. I S. 2310) sind erstmals auf Zwischengewinne anzuwenden, die nach dem 31. Dezember 1993 zufließen. Ist in der Zeit vom 1. Januar bis 31. März 1994 der Zwischengewinn nicht ermittelt und veröffentlicht worden (§ 41 Abs. 4), bemißt sich der Steuerabzug vom Kapitalertrag nach 20 vom Hundert des Rücknahmepreises. Dieser Betrag ist auch bei der Veranlagung zur Einkommensteuer anzusetzen; weist der Steuerpflichtige den Zwischengewinn nach, ist dieser anzusetzen.

3. Titel
Beteiligungs-Sondervermögen

§ 43 a

Für das Beteiligungs-Sondervermögen, für die Ausschüttungen auf Anteilscheine an einem Beteiligungs-Sondervermögen, für die von einem Beteiligungs-Sondervermögen nicht zur Kostendeckung oder Ausschüttung verwendeten Einnahmen im Sinne des § 20 des Einkommensteuergesetzes einschließlich der Einnahmen aus einer stillen Beteiligung und für Erträge im Sinne des § 39 Abs. 1 a gelten vorbehaltlich des Satzes 3 die §§ 38 bis 42 sinngemäß. Die Steuerbefreiung des Beteiligungs-Sondervermögens wird nicht dadurch ausgeschlossen, daß eine stille Beteiligung steuerrechtlich als Mitunternehmerschaft (§ 15 Abs. 1 Nr. 2 des Einkommensteuergesetzes) zu beurteilen ist. Auf Ausschüttungen auf Anteilscheine, die auf eine stille Beteiligung im Sinne des Satzes 2 entfallen, sowie auf die nicht zur Kostendeckung oder Ausschüttung verwendeten Einnahmen aus einer solchen Beteiligung ist § 39 a nicht anzuwenden.

§ 43 b

§ 43 a ist wie folgt anzuwenden:

1. Die Vorschriften der §§ 38 und 38 a sind erstmals für den Veranlagungszeitraum 1987 anzuwenden.

2. Die Vorschriften der §§ 39 bis 41 sind erstmals für Ausschüttungen auf Anteilscheine an einem Beteiligungs-Sondervermögen anzuwenden, die nach dem 31. Dezember 1986 zufließen.
3. Die Vorschriften der §§ 39, 39 a und 42 sind für die nicht zur Kostendeckung oder Ausschüttung verwendeten Einnahmen des Sondervermögens für das Geschäftsjahr anzuwenden, das nach dem 31. Dezember 1986 endet.
4. Für die Anwendung der §§ 38 bis 42 gilt § 43 Abs. 6 bis 9 sinngemäß.

4. Titel
Grundstücks-Sondervermögen

§ 44

Für das Grundstücks-Sondervermögen (§ 27) gilt § 38 sinngemäß. Von Kapitalerträgen im Sinne des § 45 wird eine Kapitalertragsteuer erhoben. Im übrigen gelten die §§ 38 b und 39 b sinngemäß. Sind in den Ausschüttungen Gewinne aus der Veräußerung von Gegenständen im Sinne des § 27 enthalten, wird der Steuerabzug nur vorgenommen, wenn der Zeitraum zwischen Anschaffung und Veräußerung der Gegenstände nicht mehr als zwei Jahre betragen hat.

§ 45

(1) Die Ausschüttungen auf Anteilscheine an einem Grundstücks-Sondervermögen sowie die von einem Grundstücks-Sondervermögen vereinnahmten nicht zur Kostendeckung oder Ausschüttung verwendeten Erträge aus der Vermietung und Verpachtung der in § 27 bezeichneten Gegenstände gehören zu den Einkünften aus Kapitalvermögen im Sinne des § 20 Abs. 1 Nr. 1 des Einkommensteuergesetzes, wenn sie nicht Betriebseinnahmen des Steuerpflichtigen sind. Zu den Kosten gehören auch Absetzungen für Abnutzung oder Substanzverringerung, soweit diese die nach § 7 des Einkommensteuergesetzes zulässigen Beträge nicht übersteigen. Die vereinnahmten nicht zur Kostendeckung oder Ausschüttung verwendeten Erträge gelten mit dem Ablauf des Geschäftsjahres, in dem sie vereinnahmt worden sind, als zugeflossen.

(2) § 39 Abs. 2 gilt sinngemäß.

§ 45 a

(aufgehoben)

§ 46

(1) Die Ausschüttungen auf Anteilscheine an einem Grundstücks-Sondervermögen sind insoweit steuerfrei, als sie Gewinne aus der Veräußerung von Gegenständen im Sinne des § 27 enthalten, es sei denn, daß es sich um Veräußerungsgeschäfte handelt, bei denen der Zeitraum zwischen Anschaffung und Veräußerung nicht mehr als zwei Jahre betragen hat (§ 23 des Einkommensteuergesetzes) oder daß die Ausschüttungen Betriebseinnahmen des Steuerpflichtigen sind.

(2) Sind in den Ausschüttungen auf Anteilscheine an einem Grundstücks-Sondervermögen aus einem ausländischen Staat stammende Einkünfte enthalten, gilt § 40 Abs. 3 und 4 sinngemäß.

(3) Den in den Ausschüttungen enthaltenen Beträgen im Sinne der Absätze 1 und 2 stehen die hierauf entfallenden Teile des Ausgabepreises für ausgegebene Anteilscheine gleich.

§ 47

(1) Die Kapitalanlagegesellschaft hat den Anteilscheininhabern bei jeder Ausschüttung bezogen auf einen Anteilschein an dem Grundstücks-Sondervermögen bekanntzumachen

1. den Betrag der Ausschüttung;
2. die in der Ausschüttung enthaltenen Beträge an
   a) Veräußerungsgewinnen im Sinne des § 46 Abs. 1,
   b) Einkünften im Sinne des § 46 Abs. 2;
3. den Betrag der anzurechnenden oder zu erstattenden Kapitalertragsteuer;
4. den Betrag an anrechenbaren ausländischen Steuern, der auf die in den Ausschüttungen enthaltenen Einkünfte im Sinne des § 46 Abs. 2 entfällt, auf die § 40 Abs. 4 anzuwenden ist.

(2) § 41 Abs. 2 und 3 gilt sinngemäß.

§ 48

Die Vorschriften des § 40 Abs. 3 und 4, §§ 44, 45 und 47 mit Ausnahme des Absatzes 1 Nr. 2 Buchstabe a gelten sinngemäß für die von dem Grundstücks-Sondervermögen vereinnahmten nicht zur Kostendeckung oder Ausschüttung verwendeten Erträge aus der Vermietung und Verpachtung der in § 27 bezeichneten Gegenstände (§ 45 Abs. 1). Die Angaben im Sinne des § 47 Abs. 1 sind spätestens drei Monate nach Ablauf des Geschäftsjahres bekanntzumachen.

§ 49

Werden Guthaben oder Wertpapiere im Sinne des § 35 unterhalten, gelten die §§ 38 bis 42 sinngemäß.

§ 50

(1) Die Vorschriften der §§ 45 bis 47 und des § 49 sind erstmals auf Ausschüttungen auf Anteilscheine an einem Grundstücks-Sondervermögen anzuwenden, die nach dem 31. Oktober 1969 zufließen.

(2) Die Vorschriften der §§ 45, 48 und 49 gelten für nicht zur Kostendeckung oder Ausschüttung verwendete Erträge erstmals für das Geschäftsjahr, das nach dem 31. Oktober 1969 endet.

(3) Für die Anwendung der §§ 45, 45 a, 47 Abs. 1, § 48 in der Fassung des Artikels 9 Nr. 13 bis 16 des Steuerreformgesetzes 1990 vom 25. Juli 1988 (BGBl. I S. 1093) gilt § 43 Abs. 6 sinngemäß.

(4) Werden Wertpapiere im Sinne des § 35 Satz 3 gehalten, ist § 43 Abs. 7 entsprechend anzuwenden.

(5) Für die Anwendung der §§ 44, 47 Abs. 1 und § 48 gilt § 43 Abs. 8 und 9 sinngemäß.

II
Gesetz
über den Vertrieb ausländischer Investmentanteile und über die Besteuerung der Erträge aus ausländischen Investmentanteilen
(Auslandinvestment-Gesetz – AuslInvestmG)

vom 28. 7. 1969
(BGBl. I S. 986, BStBl I S. 435)

zuletzt geändert durch Artikel 12 des Gesetzes vom 11. 10. 1995
(BGBl. I S. 1250, BStBl I S. 438)

– Auszug –

Dritter Abschnitt
Steuerrechtliche Vorschriften

§ 16

Der Repräsentant (§ 2 Nr. 1) oder der Vertreter (§ 17 Abs. 3 Nr. 1 Buchstabe b, § 18 Abs. 2) einer ausländischen Investmentgesellschaft gilt nicht als ständiger Vertreter im Sinne des § 49 Abs. 1 Ziff. 2 Buchstabe a des Einkommensteuergesetzes, des § 13 der Abgabenordnung und des § 121 Abs. 2 Nr. 3 des Bewertungsgesetzes, soweit er die ausländische Investmentgesellschaft gerichtlich oder außergerichtlich vertritt und er hierbei weder über die Anlage des eingelegten Geldes bestimmt noch bei dem Vertrieb der ausländischen Investmentanteile tätig wird.

§ 17

(1) Die Ausschüttungen auf ausländische Investmentanteile sowie die von einem Vermögen im Sinne des § 1 Abs. 1 (ausländisches Investmentvermögen) vereinnahmten nicht zur Kostendeckung oder Ausschüttung verwendeten Zinsen, Dividenden, Erträge aus der Vermietung und Verpachtung von Grundstücken und grundstücksgleichen Rechten sowie sonstigen Erträge (ausschüttungsgleiche Erträge) gehören zu den Einkünften aus Kapitalvermögen im Sinne des § 20 Abs. 1 Ziff. 1 des Einkommensteuergesetzes, wenn sie nicht Betriebseinnahmen des Steuerpflichtigen sind. Zu den Kosten gehören auch Absetzungen für Abnutzung oder Substanzverringerung, soweit diese die nach § 7 des Einkommensteuergesetzes zulässigen Beträge nicht übersteigen. Die ausschüttungsgleichen Erträge gelten mit dem Ablauf des Geschäftsjahres, in dem sie vereinnahmt worden sind, als zugeflossen.

(2) Die Ausschüttungen auf ausländische Investmentanteile sind insoweit steuerfrei,

1. als sie Gewinne aus der Veräußerung von Wertpapieren und Bezugsrechten auf Anteile an Kapitalgesellschaften enthalten, es sei denn, daß die Ausschüttungen Betriebseinnahmen des Steuerpflichtigen sind. Enthalten die Ausschüttungen Erträge aus der Veräußerung von Bezugsrechten auf Freianteile an Kapitalgesellschaften, so kommt die Steuerfreiheit insoweit nicht in Betracht, als die Erträge Kapitalerträge im Sinne des § 20 des Einkommensteuergesetzes sind,

2. als sie Gewinne aus der Veräußerung von Grundstücken und grundstücksgleichen Rechten enthalten, es sei denn, daß es sich um Veräußerungsgeschäfte handelt, bei denen der Zeitraum zwischen Anschaffung und Veräußerung nicht mehr als zwei Jahre betragen hat (§ 23 des Einkommensteuergesetzes) oder daß die Ausschüttungen Betriebseinnahmen des Steuerpflichtigen sind.

Den in den Ausschüttungen enthaltenen Gewinnen im Sinne der Nummern 1 und 2 stehen die hierauf entfallenden Teile des Ausgabepreises für ausgegebene Anteilscheine gleich.

(2 a) Zu den Einkünften im Sinne des Absatzes 1 Satz 1 gehört auch der Zwischengewinn. Zwischengewinn ist das Entgelt für die dem Inhaber der ausländischen Investmentanteile noch nicht zugeflossenen oder als zugeflossen geltenden Einnahmen des ausländischen Investmentvermögens im Sinne des § 20 Abs. 1 Nr. 7 und Abs. 2 mit Ausnahme der Nummer 2 Buchstabe a des Einkommensteuergesetzes sowie für die angewachsenen Ansprüche des ausländischen Investmentvermögens auf derartige Einnahmen. Die Ansprüche sind auf der Grundlage des § 20 Abs. 2 des Einkommensteuergesetzes zu bewerten. Der Zwischengewinn gilt als in den Einnahmen aus der Rückgabe oder Veräußerung von ausländischen Investmentanteilen oder aus der Abtretung der Ansprüche aus den Anteilen enthalten.

(3) Die Absätze 1 bis 2 a sind nur anzuwenden,

1. a) wenn die ausländische Investmentgesellschaft ihre Absicht, ausländische Investmentanteile im Geltungsbereich dieses Gesetzes im Wege des öffentlichen An-

bietens, der öffentlichen Werbung oder in ähnlicher Weise zu vertreiben, der Behörde angezeigt hat (§ 7), seit dem Eingang der vollständigen Anzeige zwei Monate verstrichen sind und die Behörde den Vertrieb im Zeitpunkt der Ausschüttung, bei ausschüttungsgleichen Erträgen im Zeitpunkt des Ablaufs des Geschäftsjahres, in dem sie als zugeflossen gelten, nicht untersagt hat (§§ 8, 10 Abs. 2), oder

b) wenn ausländische Investmentanteile, die an einer deutschen Börse zum amtlichen Handel oder zum geregelten Markt zugelassen sind, mit Ausnahme der von der Börse vorgeschriebenen Bekanntmachungen, nicht im Wege des öffentlichen Anbietens, der öffentlichen Werbung oder in ähnlicher Weise vertrieben werden (§ 1 Abs. 2), und wenn die ausländische Investmentgesellschaft einen Vertreter mit Sitz oder Wohnsitz im Geltungsbereich dieses Gesetzes bestellt hat, der sie gegenüber den Finanzbehörden und vor den Gerichten der Finanzgerichtsbarkeit vertreten kann, und

2. wenn die ausländische Investmentgesellschaft den Inhabern der ausländischen Investmentanteile bei jeder Ausschüttung, bei ausschüttungsgleichen Erträgen spätestens drei Monate nach Ablauf des Geschäftsjahres, in dem sie als zugeflossen gelten, bezogen auf einen ausländischen Investmentanteil in deutscher Sprache bekanntmacht

a) den Betrag der Ausschüttung und der ausschüttungsgleichen Erträge,

b) die in der Ausschüttung enthaltenen Beträge an

aa) Veräußerungsgewinnen im Sinne des Absatzes 2 Nr. 1 Satz 1,

bb) Erträgen im Sinne des Absatzes 2 Nr. 1 Satz 2, soweit die Erträge nicht Kapitalerträge im Sinne des § 20 des Einkommensteuergesetzes sind,

cc) Veräußerungsgewinnen im Sinne des Absatzes 2 Nr. 2, es sei denn, daß es sich um Veräußerungsgeschäfte handelt, bei denen der Zeitraum zwischen Anschaffung und Veräußerung nicht mehr als zwei Jahre betragen hat,

dd) zur Anrechnung oder Erstattung von Kapitalertragsteuer berechtigenden Teilen der Ausschüttung,

ee) anzurechnender oder zu erstattender Kapitalertragsteuer und

3. wenn die ausländische Investmentgesellschaft den Zwischengewinn und die Summe der nach dem 31. Dezember 1993 dem Inhaber der ausländischen Investmentanteile als zugeflossen geltenden, noch nicht dem Steuerabzug unterworfenen Erträge börsentäglich ermittelt und mit dem Rücknahmepreis veröffentlicht, und die Richtigkeit dieser Angaben auf Anforderung nachweist.

§ 18

(1) Sind die Voraussetzungen des § 17 nicht erfüllt, so gehören Ausschüttungen auf ausländische Investmentanteile sowie die von dem ausländischen Investmentvermögen vereinnahmten nicht zur Kostendeckung oder Ausschüttung verwendeten Zinsen, Dividenden, Erträge aus der Vermietung und Verpachtung von Grundstücken und grundstücksgleichen Rechten, sonstigen Erträge und Veräußerungsgewinne (als ausgeschüttet zu behandelnde Erträge) sowie Zwischengewinne im Sinne des § 17 Abs. 2 a zu den Einkünften aus Kapitalvermögen im Sinne des § 20 Abs. 1 Ziff. 1 des Einkommensteuergesetzes, wenn sie nicht Betriebseinnahmen des Steuerpflichtigen sind. Zu den Kosten gehören auch Absetzungen für Abnutzung oder Substanzverringerung, soweit diese die nach § 7 des Einkommensteuergesetzes zulässigen Beträge nicht übersteigen. Die als ausgeschüttet zu behandelnden Erträge gelten mit Ablauf des Geschäftsjahres, in dem sie vereinnahmt worden sind, als ausgeschüttet und zugeflossen.

(2) Die in Absatz 1 genannten Besteuerungsgrundlagen sind nachzuweisen. Dem Nachweis dienende Unterlagen sind in deutscher Sprache abzufassen oder mit einer deutschen Übersetzung zu versehen. Die ausländische Investmentgesellschaft hat einen Vertreter mit Sitz oder Wohnsitz im Geltungsbereich dieses Gesetzes zu bestellen, der sie gegenüber den Finanzbehörden und vor den Gerichten der Finanzgerichtsbarkeit vertreten kann.

(3) Wird der Nachweis nicht einwandfrei erbracht oder kein Vertreter bestellt, sind beim Empfänger die Ausschüttungen auf ausländische Investmentanteile sowie 90 vom Hundert des Mehrbetrags anzusetzen, der sich zwischen dem ersten im Kalenderjahr festgesetzten Rücknahmepreis und dem letzten im Kalenderjahr festgesetzten Rücknahmepreis eines ausländischen Investmentanteils ergibt; mindestens sind 10 vom Hundert des letzten im Kalenderjahr festgesetzten Rücknahmepreises anzusetzen. Wird ein Rücknahmepreis nicht festgesetzt, so tritt an seine Stelle der Börsen- oder Marktpreis. Der nach Satz 1 anzusetzende Teil des Mehrbetrages gilt mit Ablauf des jeweiligen Kalenderjahres als ausgeschüttet und zugeflossen. Im Falle der Rückgabe oder Veräußerung von ausländischen Investmentanteilen oder der Abtretung der Ansprüche aus den Anteilen sind 20 vom Hundert des Ent-

gelts für die Rückgabe, Veräußerung oder Abtretung anzusetzen.

§ 18 a

(1) Ein Steuerabzug vom Kapitalertrag wird erhoben von

1. Ausschüttungen im Sinne des § 17, soweit sie nicht enthalten
   a) Gewinne aus der Veräußerung von Wertpapieren und Bezugsrechten auf Anteile an Kapitalgesellschaften,
   b) Gewinne aus der Veräußerung von Grundstücken und grundstücksgleichen Rechten, wenn der Zeitraum zwischen der Anschaffung und der Veräußerung mehr als zwei Jahre beträgt,
   c) die auf diese Gewinne entfallenden Teile des Ausgabepreises der Anteilscheine;
2. Ausschüttungen im Sinne des § 18;
3. Zwischengewinnen im Sinne des § 17 Abs. 2 a und des § 18 Abs. 1 sowie Erträgen im Sinne des § 18 Abs. 3 Satz 4 zuzüglich der nach dem 31. Dezember 1993 einem Inhaber der ausländischen Investmentanteile als zugeflossen geltenden, noch nicht dem Steuerabzug unterworfenen Erträge. Hat die die Kapitalerträge auszahlende Stelle den Anteilschein für den Gläubiger erworben oder an ihn veräußert und seitdem verwahrt, hat sie den Steuerabzug nur von dem im Zeitraum der Verwahrung als zugeflossen geltenden, noch nicht dem Steuerabzug unterworfenen Erträgen vorzunehmen.

(1 a) Für den Teil der Einnahmen des Sondervermögens im Sinne der §§ 17 und 18, der nicht zur Ausschüttung oder Kostendeckung verwendet wird, gilt Absatz 1 Nr. 1 und 2 entsprechend; dies gilt in den Fällen des § 18 Abs. 3 Satz 1 bis 3 entsprechend.

(2) Die für den Steuerabzug von Kapitalerträgen im Sinne des § 43 Abs. 1 Nr. 7 und 8 sowie Satz 2 des Einkommensteuergesetzes geltenden Vorschriften des Einkommensteuergesetzes und § 38 b Abs. 2 des Gesetzes über Kapitalanlagegesellschaften sind entsprechend anzuwenden.

§ 19

(1) Wird auf Ausschüttungen auf ausländische Investmentanteile im Sinne der §§ 17 und 18 in dem Staat, in dem das ausschüttende ausländische Investmentvermögen ansässig ist, eine Abzugsteuer erhoben, die nach § 34 c Abs. 1 des Einkommensteuergesetzes oder § 26 Abs. 1 des Körperschaftsteuergesetzes oder nach einem Abkommen zur Vermeidung der Doppelbesteuerung auf die Einkommensteuer oder Körperschaftsteuer anrechenbar ist, so ist bei unbeschränkt steuerpflichtigen Inhabern der ausländischen Investmentanteile die einbehaltene und keinem Ermäßigungsanspruch unterliegende ausländische Steuer auf den Teil der Einkommensteuer oder Körperschaftsteuer anzurechnen, der auf die Einkünfte aus diesen ausländischen Investmentanteilen einschließlich der Abzugsteuer entfällt. Dieser Teil ist in der Weise zu ermitteln, daß die sich bei der Veranlagung des zu versteuernden Einkommens – einschließlich der ausländischen Einkünfte – nach den §§ 32 a, 32 b, 32 c, 34 und 34 b des Einkommensteuergesetzes ergebende Einkommensteuer oder nach § 23 des Körperschaftsteuergesetzes ergebende Körperschaftsteuer im Verhältnis dieser ausländischen Einkünfte zur Summe der Einkünfte aufgeteilt wird. Bei der Anwendung der Sätze 1 und 2 ist der Berechnung der auf die ausländischen Einkünfte entfallenden inländischen Körperschaftsteuer die Körperschaftsteuer zugrunde zu legen, die sich vor Anwendung der Vorschriften des Vierten Teils des Körperschaftsteuergesetzes für das zu versteuernde Einkommen ergibt. Auf Abzugsteuern im Sinne des Satzes 1 ist § 34 c Abs. 2 des Einkommensteuergesetzes sinngemäß anzuwenden.

(3) Ist die ausländische Abzugsteuer, die von Ausschüttungen auf ausländische Investmentanteile erhoben wurde, um Steuern ermäßigt worden, die beim Zufluß der von dem Investmentvermögen vereinnahmten Erträge angefallen sind, so ist bei der Anrechnung nach Absatz 1 in den Fällen des § 17 Abs. 1 und 3 die ausländische Abzugsteuer zugrunde zu legen, die sich vor Abzug der beim Zufluß erhobenen Steuern ergibt.

(4) Der Inhaber der ausländischen Investmentanteile hat den Nachweis über die Höhe der ausländischen Einkünfte und über die ausländischen Abzugsteuern im Sinne des Absatzes 1 und Zuflußsteuern im Sinne des Absatzes 3 durch Vorlage entsprechender Unterlagen zu führen. Sind diese Unterlagen in einer fremden Sprache abgefaßt, so kann eine beglaubigte Übersetzung in die deutsche Sprache verlangt werden.

(5) (weggefallen)[1]

§ 19 a

(1) § 17 Abs. 3 Nr. 2 Buchstabe b Doppelbuchstabe dd und ee sowie § 18 a in der Fassung des Artikels 20 des Gesetzes vom 23. Juni 1993 (BGBl. I S. 944, 970) sind erstmals auf Ausschüttungen anzuwenden, die nach dem 30. Juni 1993 zufließen.

(2) § 19 Abs. 1 in der Fassung des Artikels 17 des Gesetzes vom 13. September 1993 (BGBl. I S. 1596) ist erstmals auf Ausschüttungen anzu-

---

[1] Absatz 5 wurde durch Artikel 12 des JStG 1996 aufgehoben.

wenden, die nach dem 31. Dezember 1993 zufließen.

(3) § 17 Abs. 2 a und 3, § 18 Abs. 1 und 3 und § 18 a in der Fassung des Gesetzes vom 21. Dezember 1993 (BGBl. I S. 2310) sind erstmals auf Zwischengewinne anzuwenden, die nach dem 31. Dezember 1993 zufließen sowie auf die nach dem 31. Dezember 1993 dem Inhaber der ausländischen Investmentanteile als zugeflossen geltenden, noch nicht dem Steuerabzug unterworfenen Erträge. Ist in der Zeit vom 1. Januar bis 31. März 1994 der Zwischengewinn nicht ermittelt und veröffentlicht (§ 17 Abs. 3 Nr. 3) oder nicht nachgewiesen (§ 18 Abs. 2) worden, bemißt sich der Steuerabzug vom Kapitalertrag nach 20 vom Hundert des Rücknahmepreises. Dieser Betrag ist auch bei der Veranlagung zur Einkommensteuer anzusetzen; weist der Steuerpflichtige den Zwischengewinn nach, ist dieser anzusetzen.

(4)[1] Die §§ 17 bis 18 a sind auf Ausschüttungen aus Anteilen an Vermögen aus Forderungen aus Gelddarlehen oder Vermögen aus Einlagen nur anzuwenden, soweit sie Einnahmen enthalten, die in Geschäftsjahren vereinnahmt worden sind, die nach dem 31. Juli 1994 enden; dies gilt auch für Zwischengewinne.

§ 20

Die Vorschriften der §§ 16 bis 19 a sind auf die im Zweiten Abschnitt geregelten EG-Investmentanteile sinngemäß anzuwenden.

---

[1] Absatz 4 wurde durch Artikel 12 des JStG 1996 angefügt.

Anhang 19 a

I Kapitalvermögen

Übersicht

I Steuerliche Behandlung der rechnungsmäßigen und außerrechnungsmäßigen Zinsen aus Lebensversicherungen
II Ermittlung des einkommensteuerpflichtigen Kapitalertrags aus Zero Coupon Bonds, die zu einem Privatvermögen gehören
III Zu Fragen der einkommensteuerrechtlichen Behandlung von
  a) Emissionsdisagio, Emissionsdiskont und umlaufbedingtem Unterschiedsbetrag zwischen Marktpreis und höherem Nennwert bei festverzinslichen Wertpapieren,
  b) unverzinslichen Schatzanweisungen, die zu einem Privatvermögen gehören
IV Steuerrechtliche Behandlung von Einnahmen aus partiarischen Darlehen nach den deutschen Doppelbesteuerungsabkommen;
hier: Abgrenzung zu Einnahmen aus stillen Beteiligungen
V Steuerliche Behandlung verschiedener Formen von Kapitalanlagen
VI Einkommensteuerrechtliche Behandlung von Options- und Finanztermingeschäften an der Deutschen Terminbörse (DTB) und von anderen als Optionsscheine bezeichneten Finanzinstrumenten im Bereich der privaten Vermögensverwaltung
VII Zurechnung von Kapitalerträgen aus Anderkonten
VIII Berechnung des steuerpflichtigen Ertrags nach der Marktrendite bei Anlageinstrumenten in Fremdwährung

I
Steuerliche Behandlung der rechnungsmäßigen und außerrechnungsmäßigen Zinsen aus Lebensversicherungen

BMF vom 31. 8. 1979 (BStBl I S. 592)

IV B 4 – S 2252 – 77/79

Außerrechnungsmäßige und rechnungsmäßige Zinsen aus Lebensversicherungen gehören unter bestimmten Voraussetzungen zu den Einkünften aus Kapitalvermögen (§ 20 Abs. 1 Nr. 6 EStG). Die Zinsen unterliegen der Kapitalertragsteuer (§ 43 Abs. 1 Nr. 4 EStG). Zur Anwendung dieser Vorschriften wird unter Bezugnahme auf das Ergebnis der Erörterungen mit den obersten Finanzbehörden der Länder wie folgt Stellung genommen.

1 Art der Versicherung

1.1 Zu den Einnahmen aus Kapitalvermögen rechnen nach § 20 Abs. 1 Nr. 6 EStG außerrechnungsmäßige und rechnungsmäßige Zinsen aus den Sparanteilen, die in den Beiträgen zu Versicherungen auf den Erlebens- oder Todesfall enthalten sind. Zu den Einnahmen aus Kapitalvermögen gehören stets Zinsen aus

  a) Kapitalversicherungen gegen Einmalbeitrag,
  b) Rentenversicherungen mit Kapitalwahlrecht gegen Einmalbeitrag,
  c) Rentenversicherungen mit Kapitalwahlrecht gegen laufende Beitragsleistung, bei denen die Auszahlung des Kapitals zu einem Zeitpunkt vor Ablauf von 12 Jahren seit Vertragsabschluß verlangt werden kann,
  d) Kapitalversicherungen gegen laufende Beitragsleistung, wenn der Vertrag nicht für die Dauer von mindestens 12 Jahren abgeschlossen ist.

1.2 Zinsen aus Versicherungen im Sinne des § 10 Abs. 1 Nr. 2 Buchst. b EStG rechnen grundsätzlich nicht zu den steuerpflichtigen Einnahmen (§ 20 Abs. 1 Nr. 6 Satz 2 EStG). Dazu gehören folgende Versicherungen auf den Erlebens- oder Todesfall:

  a) Risikoversicherungen, die nur für den Todesfall eine Leistung vorsehen,
  b) Rentenversicherungen ohne Kapitalwahlrecht,
  c) Rentenversicherungen mit Kapitalwahlrecht gegen laufende Beitragsleistung, bei denen die Auszahlung des Kapitals nicht zu einem Zeitpunkt vor Ablauf von 12 Jahren seit Vertragsabschluß verlangt werden kann,
  d) Kapitalversicherungen gegen laufende Beitragsleistung, wenn der Vertrag für die Dauer von mindestens 12 Jahren abgeschlossen worden ist.

1.3 Die Zinsen gehören bei den unter 1.2 genannten Versicherungsverträgen nicht zu den Einnahmen aus Kapitalvermögen, soweit sie

 – mit Beiträgen desselben Versicherungsvertrages oder gleichartiger Verträge bei

Anhang 19 a

Kapitalvermögen

demselben Versicherungsunternehmen verrechnet oder

- im Versicherungsfall – auch vor Ablauf von 12 Jahren seit dem Vertragsabschluß – ausgezahlt oder
- im Fall des Rückkaufs oder der Auflösung des Vertrages nach Ablauf von 12 Jahren seit dem Vertragsabschluß ausgezahlt

werden.

Die Zinsen gehören bei diesen Verträgen jedoch zu den Einnahmen aus Kapitalvermögen, soweit diese

- zu dem laufenden Vertrag oder
- im Fall des Rückkaufs des Vertrages vor Ablauf von 12 Jahren seit dem Vertragsabschluß mit dem Rückkaufswert

ausgezahlt werden.

2 Sparanteil

Der von den Lebensversicherungsunternehmen zu Versicherungen mit Sparanteil erhobene Versicherungsbeitrag, dessen Höhe sich nach dem Eintrittsalter des Versicherten, der Dauer der Versicherung und der Höhe der Versicherungsleistungen richtet, setzt sich zusammen aus dem

- Kostenanteil (Beitragsteil insbesondere für Verwaltungsausgaben des Unternehmens),
- Risikoanteil (Beitragsteil für vorzeitige Leistungen z. B. in Todesfällen),
- Sparanteil.

Die Finanzierung der vertraglich festgelegten Versicherungsleistung wird durch die Sparanteile ermöglicht, die einschließlich ihrer rechnungsmäßigen Verzinsung die Versicherungssumme im Erlebensfall ergeben. Die verzinsliche Ansammlung der Sparanteile während der Vertragsdauer bildet das Deckungskapital der einzelnen Versicherung.

3 Rechnungsmäßige Zinsen

3.1 Das Deckungskapital wird verzinst. Der Zinssatz ist geschäftsplanmäßig festgelegt und bedarf der Genehmigung durch die Aufsichtsbehörde. Er beträgt z. Z. für alle Lebensversicherungen einheitlich 3 v. H. Es handelt sich hierbei um die sog. rechnungsmäßigen Zinsen.

3.2 Zu den Einnahmen aus Kapitalvermögen gehören nur die Zinsen aus den Sparanteilen. Gewinne aus dem Kostenanteil oder dem Risikoanteil sowie Erträge aus der Anlage des Eigenkapitals des Versicherungsunternehmens gehören nicht dazu.

4 Außerrechnungsmäßige Zinsen

Die Versicherungsunternehmen erzielen aus ihren Kapitalanlagen in der Regel einen höheren Ertrag, als es dem rechnungsmäßigen Zins entspricht. Der Mehrertrag wird als außerrechnungsmäßiger oder überrechnungsmäßiger Zins bezeichnet. Er ist nach § 20 Abs. 1 Nr. 6 EStG insoweit steuerpflichtig, als er auf Grund des Geschäftsberichts des Lebensversicherungsunternehmens an den Versicherungsnehmer auszuschütten ist.

5 Ermittlung der Zinserträge
5.1 ...¹)
5.2 ...
5.3 ...
5.4 ...

6 Zufluß

Die rechnungsmäßigen und außerrechnungsmäßigen Zinsen fließen dem Steuerpflichtigen in dem Zeitpunkt zu, in dem sie ihm in bar oder durch Überweisung

- ausgezahlt oder
- mit Beiträgen verrechnet oder
- im Fall des Rückkaufs des Vertrages mit dem Rückkaufswert ausgezahlt oder
- im Versicherungsfall mit der Versicherungssumme ausgezahlt

werden.

7 Vertragsänderungen

7.1 Allgemeines

7.1.1 Lebensversicherungsverträge haben in der Regel eine längere Laufzeit. Während dieser Laufzeit können sich die wirtschaftlichen Umstände oder die Erfordernisse des Versicherungsnehmers ändern.

7.1.2 Anpassungen an die neuen Erfordernisse verlangen mitunter Vertragsänderungen (z. B. Verkürzung oder Verlängerung der Vertragslaufzeit, Erhöhung oder Minderung der Versicherungssumme). Soweit die Beiträge auch nach der Vertragsänderung für Lebensversicherungen im Sinne des § 10 Abs. 1 Nr. 2 Buchst. b EStG geleistet werden, gehören die rechnungsmäßigen und außerrechnungsmäßigen Zinsen grundsätzlich nicht zu den Einnahmen aus Kapitalvermögen. Die Ausführungen in Tz. 1.2 und 1.3 gelten sinngemäß.

7.2 Zuzahlungen

7.2.1 Die Ausführungen zu Tz. 7.1.2 gelten auch für Zuzahlungen zur Aufstockung der Versicherungssumme oder zur Abkürzung der

---

¹) Überholt durch BMF vom 13. 11. 1985 (BStBl I S. 661); Abdruck siehe folgende Seiten.

Anhang 19 a
I Kapitalvermögen

Vertragslaufzeit; diese Zuzahlungen können von vornherein oder nachträglich vereinbart werden.

7.2.2 Die rechnungsmäßigen und außerrechnungsmäßigen Zinsen gehören auch bei Versicherungen im Sinne des § 10 Abs. 1 Nr. 2 Buchst. b EStG in voller Höhe zu den Einnahmen aus Kapitalvermögen, wenn der Vertrag vor Ablauf der Mindestvertragsdauer von 12 Jahren zurückgekauft wird. Ist die ursprüngliche Mindestvertragsdauer von 12 Jahren bei Rückkauf des Vertrages bereits abgelaufen und gilt für die Zuzahlung eine neue Mindestvertragsdauer von 12 Jahren, die bei Rückkauf des Vertrages noch nicht abgelaufen ist, so gehören die Zinsen, die auf die Zuzahlungen entfallen, ebenfalls zu den Einnahmen aus Kapitalvermögen.

7.3 **Zusammenfassung von Verträgen**

7.3.1 Die Lebensversicherungsunternehmen fassen aus Verwaltungsvereinfachungsgründen gelegentlich mehrere kleinere Lebensversicherungen zusammen.

7.3.2 Zinsen aus zusammengefaßten Verträgen gehören beim Vorliegen der übrigen Voraussetzungen nicht zu den Einnahmen aus Kapitalvermögen, wenn das versicherte Risiko bei allen Verträgen identisch war, alle Verträge die Voraussetzungen des § 10 Abs. 1 Nr. 2 Buchst. b EStG erfüllen und die ursprüngliche Mindestvertragsdauer bei jedem der früheren Einzelverträge auch nach der Zusammenfassung eingehalten wird. Geringe Aufrundungen der Versicherungssumme, der Beiträge oder der Laufzeit des Vertrages, die gelegentlich der Zusammenfassung zur Verwaltungsvereinfachung vorgenommen werden, sind unbedenklich.

8 **Gewährung eines Policendarlehens**

8.1 Der Versicherungsnehmer kann beim Lebensversicherungsunternehmen in der Regel ein Darlehen bis zur Höhe der Deckungsrückstellung seiner Lebensversicherung (Policendarlehen) beantragen.

8.2 Die Darlehenszinsen des Policendarlehens sind nicht als Beiträge zu einer Lebensversicherung anzusehen (vgl. BFH-Urteile vom 19. 12. 1973 – BStBl 1974 II S. 237 und vom 1. 3. 1974 – BStBl II S. 382). Außerrechnungsmäßige Zinsen, die mit Darlehenszinsen verrechnet werden, gehören daher zu den Einnahmen aus Kapitalvermögen. Eine Ausnahme besteht lediglich für die außerrechnungsmäßigen Zinsen aus Versicherungen i. S. des § 10 Abs. 1 Nr. 2 Buchst. b EStG (vgl. Tz. 1.2 und 1.3), die im Versicherungsfall oder im Fall des Rückkaufs des Vertrages nach Ablauf von 12 Jahren seit dem Vertragsabschluß mit Darlehenszinsen verrechnet werden (§ 20 Abs. 1 Nr. 6 Satz 2 EStG).

9 **Vermögensbildungsversicherung**

Für die vermögensbildende Lebensversicherung ist gesetzlich festgelegt, daß der Rückkaufswert die Hälfte der gezahlten Beiträge nicht unterschreiten darf (§ 2 Abs. 1 Buchst. e Ziff. 3 des 3. VermBG). Ist die Hälfte der gezahlten Beiträge höher als die Deckungsrückstellung, so wird in der Bilanz der Garantiewert (Hälfte der gezahlten Beiträge) passiviert.

Solange das Deckungskapital nicht höher ist als dieser Garantiewert, gehören die Zinsen nicht zu den Einnahmen aus Kapitalvermögen.

10 **Rentenversicherungen**

10.1 Wird bei einer Rentenversicherung mit Kapitalwahlrecht von dem Kapitalwahlrecht kein Gebrauch gemacht oder besteht kein Wahlrecht, so daß ausschließlich Renten zu zahlen sind, so sind diese nach § 22 EStG als sonstige Einkünfte mit dem Ertragsanteil zu versteuern.

10.2 Wird bei einer Rentenversicherung mit Kapitalwahlrecht durch Ausübung des Kapitalwahlrechts anstelle der vorgesehenen Rente ein Kapital zur Zahlung fällig, so sind die damit zur Auszahlung gelangenden rechnungsmäßigen und außerrechnungsmäßigen Zinsen nach den gleichen Grundsätzen zu ermitteln, wie dies bei der Kapitalversicherung auf den Erlebens- oder Todesfall zu erfolgen hat.

11 **Fondsgebundene Lebensversicherungen**

11.1 Fondsgebundene Lebensversicherungen sind Kapitalversicherungen auf den Todes- und Erlebensfall. Sie unterscheiden sich von konventionellen Lebensversicherungen dadurch, daß der Teil des Beitrags, der nicht zur Deckung des versicherungstechnischen Risikos und der Verwaltungskosten bestimmt ist, nicht in Werten jeder Art, sondern in Wertpapieren (z. B. in Aktien und Investmentanteilen) angelegt wird. Diese werden gesondert vom übrigen Vermögen innerhalb einer selbständigen Abteilung des Deckungsstocks (Anlagestock) geführt. Die Erträge des Anlagestocks (Dividenden, Zinsen, Kursgewinne u. ä.) verbleiben im Anlagestock und erhöhen ihn damit. Die Versicherungsleistung besteht aus dem Deckungskapital, zu dem im Todesfall noch eine DM-Summe (Risikosumme) hinzukommt. Das Deckungskapital wird in Wertpapieren erbracht, der Berechtigte kann jedoch eine Geldleistung in Höhe des

Anhang 19 a

Kapitalvermögen I

DM-Wertes der Wertpapiere verlangen. Wegen der einzelnen Modelle bei der fondsgebundenen Lebensversicherung vgl. BMF-Schreiben vom 19. 8. 1974 – IV B 3 – S 2221 – 33/74.

11.2 Die Kapitalerträge aus fondsgebundenen Lebensversicherungen gehören unter den gleichen Voraussetzungen zu den Einnahmen aus Kapitalvermögen wie die rechnungsmäßigen und außerrechnungsmäßigen Zinsen aus konventionellen Lebensversicherungen. Die Vorschriften über die Erfassung der rechnungsmäßigen und außerrechnungsmäßigen Zinsen sind entsprechend anzuwenden (§ 20 Abs. 1 Nr. 6 Satz 3 EStG). Das Näherungsverfahren (vgl. Tz. 5) ist nicht anzuwenden.

12 **Pensionskassen**

12.1 Diese Bestimmungen gelten sinngemäß für Versicherungsverhältnisse der in Tz. 1.1 bis 1.3 genannten Art, die mit Pensionskassen bestehen und bei denen ein Rückkaufswert gewährt wird, jedoch mit folgender Änderung:

Die nach den Formeln der Tz. 5.1 und 5.2 ermittelten Werte werden mit 0,83 multipliziert.

12.2 Für den Fall, daß nur rechnungsmäßige Zinsen zu erfassen sind, werden die nach den Formeln der Tz. 5.3 und 5.4 ermittelten Werte mit 1,17 multipliziert.

12.3 In besonders gelagerten Fällen – z. B. bei abweichendem rechnungsmäßigen Zinssatz –, in denen die o. g. Verfahren zu unzutreffenden Ergebnissen führen, kann ein anderes, diesen besonderen Verhältnissen angepaßtes Verfahren vom Steuerpflichtigen angewendet oder vom Finanzamt für künftige Berechnungen verlangt werden.

13 **Kapitalertragsteuer**

13.1 ...

13.2 ...

13.3 ...

13.4 ...

14 **Anwendungsvorschriften**

...

Steuerliche Behandlung der rechnungsmäßigen und außerrechnungsmäßigen Zinsen aus Lebensversicherungen

BMF vom 13. 11. 1985 (BStBl I S. 661)

Nach Tz. 5.1 des BMF-Schreibens vom 31. 8. 1979 (BStBl I S. 592) ist zugelassen worden, rechnungsmäßige und außerrechnungsmäßige Zinsen aus Lebensversicherungen durch ein Näherungsverfahren mit der Formel $(3{,}2 \cdot m - 0{,}1 \cdot n - 4{,}5) \cdot RW : 100$ zu ermitteln.

Dieses Näherungsverfahren geht von einem in der Vergangenheit üblichen Zinsgewinnanteilsatz für außerrechnungsmäßige Zinsen von 3 v. H. aus.

Nachdem die Lebensversicherungsunternehmen die Zinsgewinnanteile erhöht haben, ist eine Anpassung des Näherungsverfahrens durch Erweiterung der Formel um den Faktor F erforderlich:

$[1{,}4 \cdot m - 0{,}1 \cdot n + 1{,}5 + F(1{,}8\,m - 6)] \cdot RW : 100$.

Dieser Faktor F drückt das Verhältnis zwischen dem arithmetischen Mittel der tatsächlichen Gewinnanteilsätze und dem bisher unterstellten einheitlichen Gewinnanteilsatz von 3 v. H. aus.

Beispiel:

Vertragskündigung nach 10 Jahren. Die Zinsen für die ersten 3 Jahre bleiben außer Betracht, da keine oder nur geringe außerrechnungsmäßige Zinsen ausgeschüttet werden. In den 4 folgenden Jahren gilt der bisherige Satz von 3 %. Ab dem 8. bis 10. Jahr erhöht sich der Ausschüttungssatz auf 3,5 %. Dann ist der Durchschnittszinssatz:

4 Jahre à 3 % = 12 %
+ 3 Jahre à 3,5 % = 10,5 %

22,5 % dividiert durch

7 = 3,2143 %

Daraus folgt: $F = \dfrac{\text{Durchschnittszinssatz}}{\text{bisheriger Zinssatz}}$

$= \dfrac{3{,}2143\ \%}{3{,}000\ \%} = 1{,}0714$

d. h., es ergeben sich um 7,14 % höhere außerrechnungsmäßige Zinsen im Vergleich zu der bisherigen Berechnung.

Auf Grund des Ergebnisses der Erörterung mit den obersten Finanzbehörden der Länder ist die erweiterte Formel zur Ermittlung von nach dem 31. 12. 1985 zugeflossenen steuerpflichtigen rechnungsmäßigen und außerrechnungsmäßigen Zinsen mit der Maßgabe anzuwenden, daß für vor dem 1. 1. 1984 endende Wirtschaftsjahre der bisherige einheitliche Zinsgewinnanteilsatz von 3 v. H. und für nach dem 31. 12. 1983 endende Wirtschaftsjahre der unternehmensindividuelle Zinsanteilsatz zugrunde gelegt werden kann.

II
Ermittlung des einkommensteuerpflichtigen Kapitalertrags aus Zero Coupon Bonds, die zu einem Privatvermögen gehören[1]

BMF vom 24. 1. 1985 (BStBl I S. 77)
IV B 4 – S 2252 – 4/85

Auf Grund des Ergebnisses der Erörterung mit den obersten Finanzbehörden der Länder bitte ich, den einkommensteuerpflichtigen Kapitalertrag aus Zero Coupon Bonds, die zu einem Privatvermögen gehören, nach folgenden Regeln zu ermitteln:

1. **Rechnungsgrundlage**

Der einkommensteuerpflichtige Kapitalertrag aus Zero Coupon Bonds, die zu einem Privatvermögen gehören, wird nach folgenden Grundsätzen zur Einkommensteuer herangezogen:

a) Zero Coupon Bonds sind ihrer Natur nach festverzinsliche Wertpapiere, bei denen die Zinsen nicht wie gewöhnlich zu bestimmten Terminen in festen Beträgen an den Inhaber geleistet werden, sondern in dem Unterschiedsbetrag zwischen Emissionspreis und Einlösungspreis (Diskont) liegen. Dieser Kapitalertrag fließt dem Inhaber bei der Einlösung am Ende der Laufzeit zu; er ist nach § 20 Abs. 1 Nr. 8 EStG zu versteuern.

b)[1] Veräußert ein Steuerpflichtiger ein Zero Coupon Bond während der Laufzeit, ist der Zinsertrag bei ihm mit dem Betrag der Einkommensteuer zu unterwerfen, der rechnerisch auf die Zeit entfällt, in der er das Wertpapier innehatte. Erzielt der Veräußerer einen Preis von geringerer Höhe, als es dem Emissionspreis zuzüglich der rechnerisch bis zum Veräußerungszeitpunkt ermittelten Zinsen entspricht, sind gleichwohl die rechnerisch ermittelten Zinsen der Besteuerung zugrunde zu legen, während der Verlust dem auf der einkommensteuerrechtlich unbeachtlichen Vermögensebene befindlichen Kapitalstamm zugerechnet wird. Dasselbe gilt für den Teil eines Veräußerungserlöses, der den Emissionspreis zuzüglich der rechnerisch bis zum Veräußerungszeitpunkt ermittelten Zinsen übersteigt.

Beim Erwerber sind die Zinsen dementsprechend ab dem Erwerbszeitpunkt rechnerisch zu ermitteln und der Einkommensteuer zugrunde zu legen, wenn er entweder das Zero Coupon Bond vor dem Ende der Laufzeit weiterveräußert oder das Wertpapier am Ende der Laufzeit einlöst.

2. **Berechnung des Kapitalertrags**

Bei der Berechnung des Kapitalertrags ist von den rechnerisch ermittelten Anschaffungs- und Veräußerungskursen der Zero Coupon Bonds auszugehen. Sie sind mit einem aus der Emissionsrendite abgeleiteten und vom Emissionsdatum ausgehenden Aufzinsungsfaktor auf den Übertragungszeitpunkt (Tag der Anschaffung und Tag der Veräußerung) aufzuzinsen. Dazu dient folgende Gleichung:

Rechnerischer Anschaffungs-/Veräußerungskurs = Emissionskurs ‹ x › Aufzinsungsfaktor F.

Der Aufzinsungsfaktor F wird nach folgender Formel näherungsweise ermittelt:

$$F = q^{nx} \left(\frac{R \times T}{360 \times 100} + 1 \right)$$

Dabei ist q^n = Aufzinsungsfaktor für volle n Jahre: $(1 + \frac{R}{100})^n$

R = Emissionsrendite

T = Jahresbruchteile in Tagen (Monate und Tage)

Der Unterschiedsbetrag zwischen dem Anschaffungskurs und dem Veräußerungskurs (oder Einlösungskurs am Ende der Laufzeit) stellt den steuerpflichtigen Ertrag dar. Die Umrechnung dieses in ausländischer Währung ermittelten Ertrags in Deutsche Mark erfolgt zum amtlichen Mittelkurs der ausländischen Währung am Tage des Verkaufs oder der Einlösung des Wertpapiers.

Beim Fehlen von Angaben über die Emissionsrendite R oder in Fällen der Nachprüfung von R kann die Emissionsrendite aus der Formel

$$(1 + \frac{R}{100})^n = \frac{K_n}{K_o}$$

errechnet werden.

Hierbei gilt:

K_o = Emissionswert des Wertpapiers

K_n = Rücknahmewert des Wertpapiers nach Beendigung der Gesamtlaufzeit

n = Gesamtlaufzeit des Wertpapiers

---

[1] Vgl. hierzu BMF vom 1. 3. 1991 (BStBl I S. 422) und BFH-Urteil vom 8. 10. 1991 (BStBl 1992 II S. 174).

Anhang 19 a

Kapitalvermögen II

3. **Beispiel**

			Kauf /Verkauf
Emissionsdatum:	1. 2. 1982	Ersterwerber	10. 2. 1982/ 4. 1. 1983
Emissionskurs:	19,94 v. H.	1. Nacherwerber	4. 1. 1983/10. 8. 1987
Emissionsrendite:	14,3 v. H.	2. Nacherwerber	10. 8. 1987/11. 2. 1994 (Einlösung)

Zur Ermittlung des jeweils einkommensteuerpflichtigen Ertrags werden folgende Teilschritte erforderlich:

a) Ermittlung der Laufzeiten vom Emissionsdatum bis zum Kauf oder Verkauf

	bis Kauf			bis Verkauf		
	Jahre	Monate	Tage	Jahre	Monate	Tage
Ersterwerber	0	0	9	0	11	3
1. Nacherwerber	0	11	3	5	6	9
2. Nacherwerber	5	6	9	Einlösung zu 100 v. H.		

b) Aufzinsungsfaktor q^n für volle Jahre zur Ermittlung des Aufzinsungsfaktors F und Jahresbruchteile in Tagen (T)

	bis Kauf		bis Verkauf	
	q^n	T	q^n	T
Ersterwerber	–	9	–	333
1. Nacherwerber	–	333	$1{,}143^5$	189
2. Nacherwerber	$1{,}143^5$	189	Einlösung zu 100 v. H.	

c) Ermittlung des Aufzinsungsfaktors F (vgl. Formel in Nr. 2)

	Kauf		Verkauf
Ersterwerber	$\dfrac{14{,}3 \times 9}{360 \times 100} + 1 =$	1,003575	$\dfrac{14{,}3 \times 333}{360 \times 100} + 1 = 1{,}132275$
1. Nacherwerber		1,132275	$1{,}143^5 \times \left(\dfrac{14{,}3 \times 189}{360 \times 100} + 1\right) = 2{,}097345$
2. Nacherwerber		2,097345	Einlösung zu 100 v. H.

d) Ermittlung der rechnerischen Anschaffungs- und Veräußerungskurse durch Aufzinsung des Emissionskurses (hier: 19,94 v. H.) mit dem Aufzinsungsfaktor F sowie des einkommensteuerpflichtigen Ertrags (angenommene Währungskurse bezogen auf einen Einlösungsbetrag von nominell 100 000 US-$).

	Kauf		Verkauf		
	Steuerkurs v. H.	Währung nominell	Steuerkurs v. H.	Währung nominell	Kurs US-$
Ersterwerber	20,1	20 100	22,57	22 570	2,38
1. Nacherwerber	22,6	22 600	41,82	41 820	2,25
2. Nacherwerber	41,9	41 900	100	100 000	2,40

Währungsertrag in US-$/steuerpflichtiger Ertrag in DM

Ersterwerber	2 470 US-$	5 878 DM
1. Nacherwerber	19 220 US-$	43 245 DM
2. Nacherwerber	58 100 US-$	139 440 DM

Anhang 19 a

II Kapitalvermögen

Dabei ist zu berücksichtigen, daß durch die Rückbeziehung der Laufzeit jeweils auf den ersten Tag des Begebungsmonats (Laufzeitstreckung) für Zwecke der Renditeermittlung sowie durch Abrundung der Emissionsrendite auf eine Stelle hinter dem Komma im Ergebnis erreicht wird, daß sich etwaige Unterschiede bei der Ermittlung des einkommensteuerpflichtigen Ertrages für verschiedene Inhaber eines Zero Coupon Bonds nicht auswirken und mögliche Unterschiede bei der rechnerischen Ermittlung des Kapitalertrags durch Rundungsdifferenzen nicht zu Lasten des Steuerpflichtigen wirken. Dies bedingt, daß der rechnerische Kaufkurs eines Nacherwerbers zur Vermeidung von Nachteilen auf eine Stelle hinter dem Komma aufgerundet werden muß, um die Abrundungswirkung aus der Laufzeitstreckung und aus der Abrundung der Emissionsrendite auszugleichen.

4. **Verzeichnis der Zero Coupon Bonds**

Nachstehendes Verzeichnis der Zero Coupon Bonds, das von den Verbänden des Kreditgewerbes zusammengestellt wurde, enthält nur diejenigen Papiere, die aus dem EuroBereich stammen und nach den Feststellungen der Kreditinstitute in inländischen Depots verzeichnet sind. Bei nicht in dem Verzeichnis aufgeführten Zero Coupon Bonds wird dem Steuerpflichtigen empfohlen, im Einzelfall die notwendigen Daten (Emissionsdatum, -kurs und -rendite) bei dem Kreditinstitut zu erfragen, bei dem er die Zero Coupon Bonds erworben hat.

5. Dieses Schreiben tritt an die Stelle des BMF-Schreibens vom 14. 1. 1983 – IV B 4 – S 2252 – 2/83.

Ermittlung des einkommensteuerpflichtigen Kapitalertrags aus Zero Coupon Bonds (Nullkuponanleihen), die zu einem Privatvermögen gehören

BMF vom 1. 3. 1991 (BStBl I S. 422)
Bezug: BMF vom 24. 1. 1985 – BStBl I S. 77

Im Nachgang zu dem Bezugsschreiben wird nachfolgend die bisherige Anlage als neue Anlage 1[1]) mit aktualisiertem Inhalt veröffentlicht. Ergänzend wird aufgrund der Erörterung mit den obersten Finanzbehörden der Länder wegen der Erträge aus sog. stripped bonds auf folgendes hingewiesen:

Bei sog. stripped bonds handelt es sich um Zero Coupon Bonds, denen bestimmte US-amerikanische oder kanadische Staatsanleihen zugrunde liegen. Sie entstehen durch Trennung von Stammrecht und Zinsscheinen dieser Staatsanleihen und verbriefen entweder den Anspruch auf Zahlung des Nominalwerts der jeweiligen Staatsanleihe bei deren Fälligkeit oder den Anspruch auf Zahlung der Zinsen entsprechend der Fälligkeit der Zinsscheine der jeweiligen Anleihe.

Wie bei anderen Daueremissionen kann bei diesen aus der Trennung von Stammrecht und Zinsscheinen entstandenen Zero Coupon Bonds der Fall eintreten, daß sich die Plazierung der einzelnen Emissionen über einen längeren Zeitraum erstreckt, wobei der Emissionskurs (unter Umständen täglich) entsprechend der Entwicklung des Kapitalmarktzinses angepaßt wird. Von den für die Ermittlung der Kapitalerträge maßgeblichen Daten liegen in diesen Fällen der Rückzahlungszeitpunkt und der Rückzahlungsbetrag fest. Festzulegen ist jedoch in diesen Fällen der maßgebliche Emissionskurs und -zeitpunkt.

Bei der Berechnung der Emissionsrendite ist jeweils für Wertpapiere mit derselben Wertpapier-Kennummer einheitlich der erste Ausgabekurs und das erste Plazierungsdatum entsprechend den Emissionsunterlagen (z. B. Verkaufsprospekten) zugrunde zu legen. Läßt sich die Emissionsrendite der ersten Ausgabe eines stripped bond nicht feststellen, sind die monatlichen Durchschnittsrenditen für US-amerikanische oder kanadische Bundesanleihen zugrunde zu legen. Die entsprechenden Angaben sind in den neuen Anlagen 2 und 3[1]) enthalten.

---

[1]) Hier nicht abgedruckt; → BStBl 1991 I S. 423–448.

III
Zu Fragen der einkommensteuerrechtlichen Behandlung von
a) Emissionsdisagio, Emissionsdiskont und umlaufbedingtem Unterschiedsbetrag zwischen Marktpreis und höherem Nennwert bei festverzinslichen Wertpapieren,
b) unverzinslichen Schatzanweisungen, die zu einem Privatvermögen gehören

BMF vom 24. 11. 1986 (BStBl I S. 539)

Unter Bezug auf die Erörterungen mit den obersten Finanzbehörden der Länder vertrete ich zur einkommensteuerrechtlichen Behandlung von Emissionsdisagio, Emissionsdiskont und umlaufbedingtem Unterschiedsbetrag zwischen Marktpreis und höherem Nennwert bei festverzinslichen Wertpapieren, die zu einem Privatvermögen gehören, sowie zu unverzinslichen Schatzanweisungen, die zu einem Privatvermögen gehören, folgende Auffassung:

1. Ein bei der Emission eines festverzinslichen Wertpapiers gewährtes Disagio stellt einen Abschlag vom Nennwert dar, mit dem der Emittent vornehmlich auf eine Erhöhung des Kapitalmarktzinses in der Zeit zwischen dem Antrag auf Genehmigung der Emission und der Ausgabe der Emission auf dem Kapitalmarkt reagiert (sog. Feineinstellung des Zinses).

   Davon zu unterscheiden ist der Emissionsdiskont. Dieser Abschlag vom Nennwert beinhaltet wirtschaftlich ganz oder teilweise (wenn daneben ein deutlich unter dem Kapitalmarktzins für Wertpapiere gleicher Laufzeit liegender laufender Zins gewährt wird) den Ertrag des Wertpapiers, wenn dieses am Ende seiner Laufzeit zum Nennwert eingelöst wird (sog. Abzinsungspapier).

   Vom Emissionsdisagio und Emissionsdiskont ist der umlaufbedingte Unterschiedsbetrag zwischen Marktpreis und höherem Nennwert eines festverzinslichen Wertpapiers zu unterscheiden, der sich dadurch ergeben kann, daß der Kapitalmarktzins während der Laufzeit eines Wertpapiers steigt; in diesen Fällen sinkt der Kurs aller festverzinslichen Wertpapiere mit einer Verzinsung unter dem Kapitalmarktzins unter den Nennwert ab.

2. Für die einkommensteuerrechtliche Behandlung der genannten Abschläge und Unterschiedsbeträge bei den Einkünften aus Kapitalvermögen gilt bei festverzinslichen Wertpapieren, die zu einem Privatvermögen gehören, folgendes:[1]

   a) Auf Grund seiner Funktion als Feineinstellung des Zinses stellt ein Emissionsdisagio grundsätzlich einen der Einkommensteuer zu unterwerfenden Kapitalertrag dar. Ebenso stellt ein Emissionsdiskont, da er wirtschaftlich ganz oder teilweise den Ertrag des Wertpapiers beinhaltet, grundsätzlich einen der Einkommensteuer zu unterwerfenden Kapitalertrag dar. Aus Vereinfachungsgründen wird ein Emissionsdisagio oder ein Emissionsdiskont jedoch steuerlich nicht erfaßt, wenn diese folgende Vomhundertsätze des Nennwerts in Abhängigkeit von der Laufzeit nicht übersteigen:

   Laufzeit   Disagio in v. H.
   bis unter 2 Jahre 1
   2 Jahre bis unter 4 Jahre 2
   4 Jahre bis unter 6 Jahre 3
   6 Jahre bis unter 8 Jahre 4
   8 Jahre bis unter 10 Jahre 5
   ab 10 Jahre 6

   Dies gilt auch für außerhalb des Anwendungsbereichs der §§ 795, 808 a BGB begebene Wertpapiere, nicht jedoch für Schuldscheindarlehen und Darlehen nach § 17 Abs. 2 BerlinFG. Bei Daueremissionen ist für die Ermittlung des Emissionsdisagios von dem im Genehmigungsantrag bezeichneten Emissionskurs auszugehen; ist im Genehmigungsantrag ein Emissionskurs nicht bezeichnet oder handelt es sich um nicht genehmigungspflichtige Schuldverschreibungen, ist der erste Verkaufskurs maßgebend.

   Werden die obengenannten Vomhundertsätze überschritten, ist zur Berechnung des Kapitalertrags das BMF-Schreiben vom 24. 1. 1985 (BStBl I S. 77) während der gesamten Laufzeit der Emission anzuwenden. Das gilt auch, wenn nach den Emissionsbedingungen ein Agio zum Nennwert, das bei der Rückzahlung des Kapitals gewährt wird, allein oder zusammen mit einem Emissionsdisagio die oben in Abhängigkeit von der Laufzeit genannten Vomhundertsätze überschreitet.

   Wird bei der Emission von festverzinslichen Wertpapieren dem Erwerber ein Abschlag vom Emissionskurs deshalb eingeräumt, weil er eine größere Menge von Wertpapieren erwirbt, handelt es sich insoweit stets um einen steuerpflichtigen besonderen Vorteil im Sinne des § 20 Abs. 2 Nr. 1 EStG.

---
[1] Auf das bestätigende BFH-Urteil vom 13. 10. 1987 (BStBl 1988 I S. 252) wird hingewiesen.

Anhang 19 a

III Kapitalvermögen

b) Demgegenüber stellt der umlaufbedingte Unterschiedsbetrag zwischen Marktpreis und höherem Nennwert wirtschaftlich eine Abwertung des Kapitalstamms dar, der in der Regel durch eine seit dem Zeitpunkt der Emission eines festverzinslichen Wertpapiers eingetretene Steigerung des Kapitalmarktzinses bedingt ist. Der Unterschiedsbetrag gehört deshalb im Falle der Veräußerung oder bei Einlösung des Wertpapiers nicht zum Kapitalertrag, sondern zur einkommensteuerrechtlich unbeachtlichen Vermögensebene; dasselbe gilt für den Fall, daß der Marktpreis eines festverzinslichen Wertpapiers umlaufbedingt den Nennwert infolge einer seit dem Zeitpunkt der Emission eingetretenen Senkung des Kapitalmarktzinses übersteigt.

3. Werden unverzinsliche Schatzanweisungen vor Einlösung durch die Bundesbank an einen Dritten veräußert, gehört der Diskont, der rechnerisch auf die Zeit entfällt, während der der Veräußerer die Titel gehalten hat, bei diesem zu den Einkünften aus Kapitalvermögen im Sinne des § 20 Abs. 1 Nr. 7 EStG. Veräußerungserlöse, die den rechnerisch auf die Zeit der Innehabung entfallenden Betrag über- oder unterschreiten, bleiben als der Vermögensebene zugehörige Beträge außer Ansatz.

Für die Berechnung des steuerpflichtigen Kapitalertrags ist das BMF-Schreiben vom 24. 1. 1985 – IV B 4 – S 2252 – 4/85 – (BStBl I S. 77) anzuwenden. Das BMF-Schreiben vom 29. 6. 1973 – IV B 4 – S 2252 – 76/73 – und die entsprechenden Erlasse der obersten Finanzbehörden der Länder sind damit überholt.

IV
Steuerrechtliche Behandlung von Einnahmen aus partiarischen Darlehen nach den deutschen Doppelbesteuerungsabkommen; hier: Abgrenzung zu Einnahmen aus stillen Beteiligungen

BMF vom 16. 11. 1987 (BStBl I S. 740)

Unter Bezugnahme auf das Ergebnis der Erörterungen mit den Vertretern der obersten Finanzbehörden der Länder gilt für die Behandlung der Einnahmen aus partiarischen Darlehen nach den von der Bundesrepublik Deutschland abgeschlossenen Doppelbesteuerungsabkommen folgendes:

In § 20 Abs. 1 Nr. 4 EStG sind Einnahmen aus partiarischen Darlehen den Einnahmen aus stillen Beteiligungen gleichgestellt. Diese Gleichstellung gilt jedoch nicht für Abkommenszwecke. Die Einnahmen aus partiarischen Darlehen können nach dem einzelnen Doppelbesteuerungsabkommen als Zinsen oder – wie Einnahmen aus stillen Beteiligungen, die meist den Dividenden zugeordnet sind – als Dividenden zu behandeln sein. In Einzelfällen (z. B. Artikel 10 Abs. 6 DBA-Schweiz) sind die Einnahmen aus partiarischen Darlehen ausdrücklich den Dividenden zugeordnet. Sind sie nicht ausdrücklich zugeordnet, so sind die in dem einzelnen Abkommen enthaltenen Begriffsbestimmungen anzuwenden.

Wenn das Abkommen die Zinsen allgemein als Einnahmen aus Forderungen (Schuldverpflichtungen) bestimmt (z. B. Artikel VII Abs. 2 Buchstabe a DBA-Großbritannien, Artikel VII Abs. 1 DBA-USA), sind Einnahmen aus partiarischen Darlehen abkommensrechtlich den Zinsen zuzuordnen. Voraussetzung ist aber, daß es sich im Einzelfall tatsächlich um eine Darlehensgewährung handelt. Andernfalls sind die Einnahmen auch nach dem Abkommen als Einnahmen aus stillen Beteiligungen zu behandeln und ggf. den Dividenden zuzuordnen.

Die Frage, ob im Einzelfall ein Darlehensverhältnis oder ein stilles Gesellschaftsverhältnis vorliegt, ist nicht allein nach der Bezeichnung des Vertragsverhältnisses durch die Vertragsparteien, sondern unter umfassender Berücksichtigung des Vertragszwecks, der wirtschaftlichen Ziele der Vertragsparteien, ihrer bisherigen wirtschaftlichen und persönlichen Beziehungen, der geplanten Dauer des Vertragsverhältnisses und der Risikobereitschaft des Geldgebers zu beurteilen (vgl. BFH-Urteile vom 21. 6. 1983 – BStBl II S. 563 und vom 8. 3. 1984 – BStBl II S. 623).

Wesentliches Merkmal einer stillen Gesellschaft ist der Wille der Beteiligten, sich zur Erreichung eines gemeinsamen Zwecks zu verbinden, so daß die schuldrechtlichen Beziehungen gleichzeitig ein gesellschaftsrechtliches Element in sich tragen. Bei einem partiarischen Darlehen steht dagegen nicht die gemeinsame Verfolgung eines Unternehmenszwecks, sondern das Geldgeberinteresse im Vordergrund.

Für die Beurteilung, ob ein Darlehensverhältnis oder ein stilles Gesellschaftsverhältnis vorliegt, können auch außerhalb des Wortlauts des Vertrags liegende Umstände von Bedeutung sein. So kann z. B. der Umstand, daß es sich um ein Vertragsverhältnis zwischen einer Kapitalgesellschaft und ihrem beherrschenden Gesellschafter handelt, wegen der besonderen Einwirkungsmöglichkeiten dieses Gesellschafters und der gemeinsamen wirtschaftlichen Interessen ein wichtiges Anzeichen dafür sein, daß das Vertragsverhältnis ein gesellschaftsrechtliches Element in sich trägt und es sich nicht um eine bloße Darlehensgewährung handelt. Anders kann dies bei kurzfristigen Geldhingaben des beherrschenden Gesellschafters oder bei Verträgen zu beurteilen sein, die hinsichtlich Laufzeit, Zinssatz, Sicherheiten u. a. wie übliche Darlehensverträge ausgestattet sind. Die Beherrschung einer Gesellschaft durch einen Gesellschafter reicht für sich allein nicht aus, Fremdkapital-Zuführungen durch diesen Gesellschafter als stille Beteiligungen und nicht als bloße Darlehensgewährungen zu behandeln.

V
Steuerliche Behandlung verschiedener Formen von Kapitalanlagen

BMF vom 30. 4. 1993 (BStBl I S. 343)

IV B 4 – S 2252 – 480/93

Im Zusammenhang mit dem ab 1. Januar 1993 eingeführten Zinsabschlag werden vermehrt neue Kapitalanlagemodelle angeboten. Zu der Frage, ob und in welchem Umfang aus diesen Kapitalanlagen Einkünfte aus Kapitalvermögen im Sinne des § 20 Abs. 1 Nr. 7 und Abs. 2 EStG erzielt werden, nehme ich aufgrund der Erörterung mit den obersten Finanzbehörden der Länder wie folgt Stellung:

Zu den Einkünften aus Kapitalvermögen gehören Zinsen, Entgelte und Vorteile, die unabhängig von ihrer Bezeichnung und der zivilrechtlichen Gestaltung bei wirtschaftlicher Betrachtung für die Überlassung von Kapitalvermögen zur Nutzung erzielt werden.

Dies bedeutet im einzelnen:

1. Bei der Kapitalüberlassung zur Nutzung ist für das Vorliegen von Kapitalertrag entscheidend, daß bei Ausgabe des Papiers von vornherein eine Rendite versprochen wird, die bei Einlösung mit Sicherheit erzielt werden kann (Emissionsrendite). Diese schlägt sich im Kurs des Papiers und damit bei Zwischenveräußerungen im Kaufpreis nieder. Lediglich marktzinsbedingte Kursschwankungen während der Laufzeit sind der Vermögenssphäre zuzuordnen, so daß bei Zwischenveräußerung bzw. -erwerb nur die besitzzeitanteilige Emissionsrendite als Kapitalertrag anzusehen ist.

2. Bei Kapitalforderungen mit feststehenden, unterschiedlich hohen Kapitalerträgen (z. B. Kombizins-Anleihen, Gleitzins-Anleihen, Festzins-Anleihen mit getrennt handelbaren Zinsscheinen) sind die Zinsen bei Zufluß zu versteuern (§ 20 Abs. 1 Nr. 7 EStG). Wird das Wertpapier über die gesamte Laufzeit gehalten, ergeben sich keine Besonderheiten.

   Ist die Besitzzeit dagegen kürzer als die Laufzeit des Wertpapiers, wäre die Summe der insgesamt in der Besitzzeit zufließenden Zinsen je nach Ausgestaltung des Modells höher oder niedriger als die nach der Emissionsrendite errechneten besitzzeitanteiligen Zinsen. Diese Differenz muß bei Veräußerung und Einlösung des Wertpapiers durch entsprechende Hinzurechnungen oder Abzüge ausgeglichen werden. Infolgedessen sind im Zeitpunkt der Veräußerung/Einlösung die in dem betreffenden Veranlagungszeitraum zugeflossenen Zinsen um die Differenz zwischen der Summe aller in der Besitzzeit zugeflossenen Zinsen und den nach der Emissionsrendite errechneten besitzzeitanteiligen Zinsen zu erhöhen oder zu kürzen (§ 20 Abs. 2 Nr. 3 und 4 EStG).

3. Ist bei als Optionsgeschäften bezeichneten Modellen (z. B. Capped warrants, range warrants) ähnlich wie bei einem festverzinslichen Wertpapier die Rückzahlung des eingesetzten Kapitals garantiert und mit der Zahlung eines festbezifferten zusätzlichen Betrages zu rechnen, dann ist dieser Betrag wirtschaftlich betrachtet der Zins für das überlassene Kapital und folglich Kapitalertrag. Bei Zwischenveräußerung während der Laufzeit wird dieser Betrag besitzzeitanteilig auf die jeweiligen Inhaber aufgeteilt (§ 20 Abs. 2 Nr. 4 EStG).

4. Wird nur die Rückzahlung des eingesetzten Kapitals garantiert (z. B. Grois, Giros und Saros), sind zusätzlich geleistete Beträge ebenfalls Kapitalertrag.

   Bei einer Veräußerung des Papiers ist der Unterschiedsbetrag zwischen Kaufpreis und Verkaufspreis Kapitalertrag. Dies gilt bei Veräußerung durch einen Ersterwerber nur hinsichtlich positiver Kapitalerträge.

   Diese Regelung gilt auch für Papiere, bei denen neben der Rückzahlung des eingesetzten Kapitals nur ein Mindestertrag garantiert wird (z. B. Mega-Zertifikate).

5. Der Erwerb eines Papiers ohne Zinsscheine oder von Zinsscheinen ohne Papier zu einem abgezinsten Preis steht wirtschaftlich betrachtet dem Erwerb einer abgezinsten Forderung (Zero-Bond) gleich. Infolgedessen erzielt der erste Erwerber eines solchen Papiers oder Zinsscheins bei der Einlösung Ertrag nach § 20 Abs. 1 Nr. 7 EStG, jeder weitere Erwerber bei Einlösung besitzzeitanteiligen Kapitalertrag nach § 20 Abs. 1 Nr. 7 EStG. Die Veräußerung führt bei allen diesen Personen zu besitzzeitanteiligem Kapitalertrag nach § 20 Abs. 2 Nr. 4 EStG.

   Dies gilt auch für Wertpapiere, bei denen der Ertrag – anders als bei Zinsscheinen – von vornherein nicht gesondert verbrieft ist (wie z. B. bei den Optionsmodellen).

VI
Einkommensteuerrechtliche Behandlung von Options- und Finanztermingeschäften an der Deutschen Terminbörse (DTB) und von anderen als Optionsscheine bezeichneten Finanzinstrumenten im Bereich der privaten Vermögensverwaltung

BMF vom 10. 11. 1994 (BStBl I S. 816)

IV B 3 – S 2256 – 34/94

Unter Bezugnahme auf das Ergebnis der Erörterungen mit den obersten Finanzbehörden der Länder nehme ich zur einkommensteuerrechtlichen Behandlung von Options- und Finanztermingeschäften an der Deutschen Terminbörse (DTB) und von anderen als Optionsscheine bezeichneten Finanzinstrumenten im Bereich der privaten Vermögensverwaltung (zur Abgrenzung vom gewerblichen Wertpapierhandel vgl. BFH-Urteil vom 31. Juli 1990 – BStBl 1991 II S. 66) wie folgt Stellung:

I. Begriffsbestimmungen
1 Optionsgeschäfte

1 Beim Optionsgeschäft erwirbt der Käufer der Option (Optionsnehmer) vom Verkäufer der Option (Optionsgeber oder sog. Stillhalter) gegen Bezahlung einer Optionsprämie das Recht, eine bestimmte Anzahl zum Optionshandel zugelassener Basiswerte (z. B. Aktien) am Ende der Laufzeit oder jederzeit innerhalb der Laufzeit die Option (so möglich bei DTB-Optionen) zum vereinbarten Basispreis entweder vom Verkäufer der Option zu kaufen (Kaufoption oder „call") oder an ihn zu verkaufen (Verkaufsoption oder „put"). Diesem Recht des Optionskäufers steht die entsprechende Verpflichtung des Verkäufers der Option gegenüber, die Basiswerte zu liefern oder abzunehmen, wenn der Optionskäufer sein Optionsrecht ausübt. Ist die effektive Abnahme oder Lieferung des Basiswertes aufgrund der Natur der Sache (z. B. bei Indices) oder aufgrund von Handelsbedingungen (z. B. bei DTB-Optionen auf Namensaktien) ausgeschlossen, besteht die Verpflichtung des Optionsgebers bei Ausübung der Option durch den Optionskäufer in der Zahlung der Differenz zwischen vereinbartem Basispreis und Tageskurs des Basiswerts (Barausgleich oder „Cash-Settlement").

2 Die Option erlischt
– mit Ablauf der Optionsfrist durch Verfall,
– durch Ausübung der Option oder
– an der DTB auch durch sog. Glattstellung.

Bei Glattstellung tätigt der Anleger ein Gegengeschäft, d. h. z. B. der Inhaber einer Kaufoption oder Verkaufsoption verkauft eine Option der gleichen Serie, aus der er zuvor gekauft hat. Kennzeichnet er das Geschäft als Glattstellungs- oder Closinggeschäft, bringt er damit Rechte und Pflichten aus beiden Geschäften zum Erlöschen.

Umgekehrt kann sich auch der Optionsverkäufer (Stillhalter) vor Ablauf der Optionsfrist durch Kauf einer Option der gleichen Serie aus seiner Verpflichtung lösen. An der DTB ist es einem Anleger nicht möglich, die erworbene Option auf einen Dritten zu übertragen.

Anleger können vier Grundpositionen mit Optionskontrakten eingehen:
– Kauf einer Kaufoption („long call")
– Kauf einer Verkaufsoption („long put")
– Verkauf einer Kaufoption („short call")
– Verkauf einer Verkaufsoption („short put").

Darüber hinaus ist an der DTB auch der standardisierte Abschluß von sog. Kombinationsgeschäften, d. h. die Kombination von jeweils zwei Grundgeschäften in einem Abschluß möglich. Zu unterscheiden sind:

– „Spreads":
Gleichzeitiger Kauf und Verkauf von Optionen der gleichen Serie, aber mit unterschiedlichem Basispreis und/oder Verfalldatum
– „Straddles":
Gleichzeitiger Kauf einer Kauf- und einer Verkaufsoption mit gleichem Basiswert, Basispreis und Verfalldatum
– „Strangles":
Gleichzeitiger Kauf einer Kauf- und einer Verkaufsoption mit gleichem Basiswert und Verfalldatum, aber unterschiedlichem Basispreis.

2 Finanztermingeschäfte (Financial Futures)

Financial Futures stellen im Gegensatz zu Optionen für Käufer und Verkäufer die feste Verpflichtung dar, nach Ablauf einer Frist einen bestimmten Basiswert (z. B. Anleihen) zu standardisierten Bedingungen und zum vereinbarten Preis zu erwerben bzw. zu liefern. Bei physisch nicht lieferbaren Basiswerten (z. B. Aktienindex) wandelt sich die Verpflichtung auf Lieferung oder Abnahme in einen Barausgleich in Höhe der Differenz zwischen Kaufpreis des Kontrakts und dem Wert des Basisobjekts am letzten Handelstag.

II. Einkommensteuerrechtliche Behandlung von Optionsgeschäften an der DTB im Bereich der privaten Vermögensverwaltung

1 Kauf einer Kaufoption auf Aktien
1.1 Kauf einer Kaufoption

Die gezahlten Optionsprämien sind Anschaffungskosten für das in der Person des Käufers ent-

Anhang 19 a
VI Kapitalvermögen

standene Wirtschaftsgut „Optionsrecht". Beim Erwerb der Kaufoption anfallende Bankspesen, Provisionen und andere Transaktionskosten sind Anschaffungsnebenkosten.

1.2 Ausübung einer Kaufoption

6 Übt der Käufer die Kaufoption aus und veräußert er die erworbenen Aktien innerhalb eines Zeitraumes von sechs Monaten nach Anschaffung der Aktien, liegt ein steuerpflichtiges Spekulationsgeschäft vor (§ 23 Abs. 1 Satz 1 Nr. 1 Buchstabe b EStG). Zu den Anschaffungskosten der Aktien gehören auch die gezahlte Optionsprämie und die bei Erwerb der Option angefallenen Nebenkosten.

1.3 Verfall einer Kaufoption

7 Läßt der Inhaber der Kaufoption diese verfallen, kann die gezahlte Optionsprämie steuerlich keine Berücksichtigung finden.

1.4 Glattstellung einer Kaufoption durch ein Gegengeschäft

8 Verkauft der Inhaber einer Kaufoption eine Kaufoption der gleichen Serie mit Closing-Vermerk (glattstellender Abschluß eines Stillhaltergeschäfts, vgl. Rz. 2), stellt dieser Vorgang ein Veräußerungsgeschäft dar. Die Differenz zwischen der gezahlten und der aus dem glattstellenden Abschluß des Stillhaltergeschäfts erzielten Optionsprämie ist unter den weiteren Voraussetzungen des § 23 EStG als Spekulationsgewinn oder -verlust anzusehen.

Beispiel:

Privatkunde K erwirbt Anfang Juli über seine Bank DTB-Kaufoptionen über 500 Aktien der X-AG zum Basispreis von 340 DM, weil er für die nächsten Monate mit einem Kursanstieg der Aktie rechnet (Kurs der X-AG-Aktie Anfang Juli 320 DM). Verfallmonat der Kaufoptionen ist der September. K entrichtet eine Optionsprämie von 500 × 20 DM = 10 000 DM zuzüglich 210 DM Spesen. Anfang August ist der Kurs der X-AG-Aktie auf 380 DM gestiegen. Das Recht, die X-AG-Aktien zu einem Basispreis von 340 DM zu kaufen, ist jetzt 55 DM wert (innerer Wert der Option: 40 DM; Zeitwert der Option: 15 DM). K beschließt daher, seine Position durch ein Gegengeschäft glattzustellen, d. h., er verkauft über seine Bank DTB-Kaufoptionen über 500 Aktien der X-AG zum Basispreis von 340 DM (Verfallmonat September) mit Closing-Vermerk. K vereinnahmt hierfür eine Optionsprämie von 500 × 55 DM = 27 500 DM abzüglich 395 DM Spesen. K hat einen steuerpflichtigen Spekulationsgewinn in Höhe von 16 895 DM erzielt.

2 Kauf einer Verkaufsoption auf Aktien

2.1 Kauf einer Verkaufsoption

9 Die Zahlung einer Optionsprämie für den Erwerb einer Verkaufsoption stellt einen steuerlich unbeachtlichen Vorgang auf der Vermögensebene dar.

2.2 Ausübung einer Verkaufsoption

10 Hat der Optionsinhaber die durch Ausübung der Option verkauften Aktien innerhalb eines Zeitraums von sechs Monaten vor Optionsausübung angeschafft, liegt ein Spekulationsgeschäft i. S. des § 23 Abs. 1 Satz 1 Nr. 1 Buchstabe b EStG vor. Die gezahlte Optionsprämie sowie angefallene Nebenkosten für den Optionserwerb dürfen bei der Ermittlung des Spekulationsgewinns nach § 23 Abs. 4 Satz 1 EStG als Werbungskosten (Veräußerungskosten) abgezogen werden.

2.3 Verfall einer Verkaufsoption

11 Läßt der Inhaber der Verkaufsoption diese verfallen, dürfen die gezahlte Optionsprämie sowie die für den Erwerb der nichtausgeübten Option aufgewandten Nebenkosten nicht als Werbungskosten i. S. des § 23 Abs. 4 Satz 1 EStG abgezogen werden.

2.4 Glattstellung einer Verkaufsoption durch ein Gegengeschäft

12 Verkauft der Inhaber einer Verkaufsoption eine Verkaufsoption der gleichen Serie mit Closing-Vermerk, ist die Differenz zwischen der gezahlten und der aus dem glattstellenden Abschluß des Stillhaltergeschäfts erzielten Optionsprämie unter den weiteren Voraussetzungen des § 23 EStG als Spekulationsgewinn oder -verlust anzusehen.

3 Verkauf einer Kaufoption auf Aktien

3.1 Verkauf

13 Der Verkäufer der Kaufoption (sog. Stillhalter in Wertpapieren) erhält die Optionsprämie als Vergütung für seine Bindung und die Risiken, die er durch die Einräumung des Optionsrechts während der Optionsfrist eingeht. Die Optionsprämie stellt demnach ein Entgelt für eine sonstige Leistung i. S. des § 22 Nr. 3 EStG dar (vgl. BFH-Urteil vom 28. November 1990 – BStBl 1991 II S. 300).

3.2 Ausübung der Kaufoption durch den Käufer

14 Übt der Inhaber der Kaufoption diese aus und veräußert ihm der Stillhalter Aktien, die er selbst erst noch erwerben muß oder innerhalb von sechs Monaten vor Optionsausübung erworben hat, liegt beim Stillhalter ein Spekulationsgeschäft i. S. des § 23 Abs. 1 Satz 1 Nr. 1 Buchstabe b EStG vor. Die vereinnahmte Optionsprämie, die nach § 22 Nr. 3 EStG zu versteuern ist, bleibt bei der Ermittlung des Spekulationsgewinns außer Ansatz. Ebenso kann der Stillhalter Verluste aus dem Ausführungsgeschäft nicht als Werbungskosten bei seinen Einkünften aus § 22 Nr. 3 EStG abziehen (BFH-Urteil vom 28. November 1990, a. a. O.).

3.3 Glattstellung der Kaufoption durch ein Gegengeschäft

15 Kauft der Verkäufer einer Kaufoption eine Kaufoption der gleichen Serie unter Closing-Vermerk (Glattstellung der Stillhalterposition), handelt es sich bei der gezahlten Optionsprämie wirtschaftlich betrachtet um Aufwendungen zur Befreiung von der zuvor eingegangenen Stillhalterbindung und damit um Aufwendungen zur Sicherung der vereinnahmten Optionsprämie. Die für den glattstellenden Kauf einer Kaufoption vom Stillhalter gezahlte Optionsprämie einschließlich der Nebenkosten dürfen daher als Werbungskosten bei seinen Einkünften aus § 22 Nr. 3 EStG abgezogen werden.

Beispiel:

K verkauft Anfang Juli über seine Bank DTB-Kaufoptionen über 500 Aktien der Y-AG zum Basispreis von 300 DM (Kurs der Y-Aktie zum Verkaufszeitpunkt 300 DM; Verfallmonat der Optionen September), weil er mit einem stagnierenden Kurs rechnet. Er erzielt eine Optionsprämie von 500×15 DM $= 7\,500$ DM abzüglich 200 DM Spesen. Bis Anfang August hat sich der Kurs der Aktie nicht bewegt, K erwartet jedoch nunmehr einen Kursanstieg. Er beschließt, sich aus seiner Stillhalterposition zu lösen und kauft DTB-Kaufoptionen über 500 Aktien der Y-AG zum Basispreis von 300 DM (Verfallmonat September) mit Closing-Vermerk. Er zahlt hierfür eine Optionsprämie in Höhe von 500×10 DM zuzüglich 150 DM Spesen. K erzielt steuerpflichtige Einkünfte im Sinne des § 22 Nr. 3 EStG in Höhe von 2 150 DM.

4 Verkauf einer Verkaufsoption auf Aktien

16 Für den Verkäufer einer Verkaufsoption (sog. Stillhalter in Geld) gelten die Ausführungen zu Rzn. 13 bis 15 entsprechend.

5 Optionen auf Namensaktien und den Deutschen Aktienindex (DAX)

5.1 Kauf von Kauf- oder Verkaufsoptionen

17 Da eine Option auf Namensaktien oder den DAX dem Inhaber bei Ausübung der Option lediglich einen Anspruch auf Barausgleich gewährt, kommt ein steuerpflichtiges Spekulationsgeschäft nicht in Betracht (vgl. BFH-Urteile vom 8. Dezember 1981 – BStBl 1982 II S. 618 und 25. August 1987 – BStBl 1988 II S. 248).

Bei Glattstellung solcher Optionsgeschäfte durch ein Gegengeschäft gelten die Ausführungen zu Rzn. 8 und 12 entsprechend.

5.2 Verkauf von Kauf- oder Verkaufsoptionen

18 Es gelten die Ausführungen zu Rzn. 13, 15 und 16 entsprechend.

6 Sog. Kombinationsgeschäfte

19 Da jedes sog. Kombinationsgeschäft (vgl. Rz. 3) aus zwei rechtlich selbständigen Grundgeschäften besteht, gelten für ihre einkommensteuerliche Behandlung die Regelungen für die Grundgeschäfte entsprechend.

III. Einkommensteuerrechtliche Behandlung von Finanztermingeschäften (Financial Futures) im Bereich der privaten Vermögensverwaltung

1 Bund-Futures

20 Bei den Bund-Futures der DTB kauft oder verkauft der Anleger eine idealtypische Bundesanleihe mit sechs Prozent Nominalverzinsung und einer Restlaufzeit von 8,5 bis 10 Jahren (langfristig) oder 3,5 bis 5 Jahren (mittelfristig, sog. Bobl-Future) per Termin. Im Regelfall ist es Ziel des Käufers oder Verkäufers eines Future-Kontraktes, durch ein glattstellendes Gegengeschäft einen Differenzgewinn aus Eröffnungs- und Gegengeschäft zu erzielen. In diesen Fällen kommt daher regelmäßig ein steuerpflichtiges Spekulationsgeschäft nicht in Betracht. Kommt es entgegen der ursprünglichen Differenzerzielungsabsicht ausnahmsweise zu einer Lieferung von Bundesanleihen, kann für den Verkäufer eines Future-Kontraktes ein Spekulationsgeschäft nach § 23 Abs. 1 Satz 1 Nr. 2 EStG, für den Käufer im Fall der Veräußerung der erworbenen Bundesanleihen innerhalb von sechs Monaten ein Spekulationsgeschäft nach § 23 Abs. 1 Satz 1 Nr. 1 Buchstabe b EStG vorliegen.

2 DAX-Futures

21 Da bei DAX-Futures das Basisprojekt nicht lieferbar ist (vgl. Rz. 4), sind Gewinne oder Verluste aus der Glattstellung oder aus dem zu erbringenden Barausgleich steuerlich unbeachtlich.

IV. Einkommensteuerrechtliche Behandlung anderer als Optionsscheine bezeichneter Finanzinstrumente im Bereich der privaten Vermögensverwaltung

1 Capped warrants (gekappte „Optionsscheine")

22 Bei den capped warrants handelt es sich um eine Kombination einer Kaufoption und einer Verkaufsoption zumeist auf Indices (z. B. DAX). Gegen Zahlung einer Optionsprämie erwirbt der Käufer der capped warrants das Recht, am Verfalltag durch Ausübung der Option vom Emittenten eine Zahlung zu verlangen. Ein Recht auf Abnahme oder Lieferung von Wertpapieren besteht bei den capped warrants nicht. Kauf- und Verkaufsoption lauten auf unterschiedlich hohe Basispreise und sind mit Preisbegrenzungen (sog. caps) ausgestattet, die jeweils mit dem Basispreis der anderen Option übereinstimmen. Durch diese Kombination beider Optionen sichert sich der Käufer, der bis zur Ausübung am Verfalltag so-

Anhang 19 a
VI Kapitalvermögen

wohl Kauf- als auch Verkaufsoption innehat, einen im voraus bestimmbaren Ertrag, der nach § 20 Abs. 1 Nr. 7 EStG steuerpflichtig ist. Verkauft er beide „Optionsscheine" zusammen, erzielt er Kapitalertrag nach § 20 Abs. 2 EStG. Dies gilt unabhängig davon, ob der Anleger Kauf- und Verkaufsoption von dem Emittenten gemeinsam oder getrennt erworben hat. Erwirbt der Anleger dagegen nur die Kaufoption oder nur die Verkaufsoption und erhält er durch Ausübung der Option am Verfalltag einen Barausgleich, ist diese Ausgleichszahlung nicht steuerbar (vgl. BFH-Urteile vom 8. Dezember 1981 – BStBl 1982 II S. 618 und 25. August 1987 – BStBl 1988 II S. 248). Werden Kauf- oder Verkaufsoption innerhalb von sechs Monaten nach Anschaffung getrennt veräußert, liegt hinsichtlich des Optionsrechts ein Spekulationsgeschäft nach § 23 Abs. 1 Satz 1 Nr. 1 Buchstabe b EStG vor.

2 Range warrants („Bandbreiten-Optionsscheine")

23 Bei range warrants handelt es sich um ein Paket von „Optionsscheinen", die meist auf Indices (z. B. den Kurs einer bestimmten Aktie) lauten. Befindet sich der betreffende Wert am Fälligkeitstag („Ausübungstag") innerhalb der vereinbarten Bandbreite eines der „Optionsscheine", hat dessen Inhaber das Recht, von dem Emittenten neben der Rückzahlung des überlassenen Kapitalvermögens die Zahlung eines zusätzlichen Betrags („Ausübungsbetrag") zu verlangen; aus den übrigen „Optionsscheinen" erhält der Anleger lediglich das überlassene Kapitalvermögen zurück. Da in jedem Fall die Rückzahlung des Kapitalvermögens zugesagt wird, handelt es sich bei dem „Ausübungsbetrag" um Einkünfte aus Kapitalvermögen (§ 20 Abs. 1 Nr. 7 EStG).

Der Veräußerer des gesamten Pakets oder einzelner „Bandbreiten-Optionsscheine" erzielt Kapitalertrag nach § 20 Abs. 2 Satz 1 Nr. 4 EStG. Entsprechendes gilt für den Fall der Einlösung eines getrennten „Bandbreiten-Optionsscheins" (§ 20 Abs. 2 Satz 1 Nr. 4 Satz 4 EStG).

V. Erstmalige Anwendung

24 Die vorstehenden Regelungen sind in allen noch offenen Fällen anzuwenden.

VII
Zurechnung von Kapitalerträgen aus Anderkonten

BMF vom 6. 6. 1995

IV B 4 – S 2252 – 186/95

Zur Frage der Zurechnung von Kapitalerträgen aus noch nicht abgeschlossenen Anderkonten nehme ich im Einvernehmen mit den obersten Finanzbehörden der Länder wie folgt Stellung:

Auf dem Anderkonto eines Notars anfallende Guthabenzinsen sind dem Treugeber zuzurechnen. Wer Treugeber ist, ergibt sich grundsätzlich aus der Hinterlegungsvereinbarung der Vertragsparteien.

Nach dem Urteil des BFH vom 30. 1. 1986 (BStBl II S. 404) fließen auf dem Anderkonto anfallende Zinsen dem Treugeber im Zeitpunkt der Gutschrift zu. Dies gilt auch dann, wenn der Vollzug des Kaufvertrags (noch) nicht garantiert ist. Eine Vereinbarung der Vertragsparteien, daß neben dem Kaufpreis auch die Zinsen gesperrt bleiben sollen, steht dem Zufluß nicht entgegen (BFH vom 23. 4. 1980 – BStBl II S. 643).

Kommt der Kaufvertrag endgültig nicht zustande und wird der hinterlegte Kaufpreis einschließlich der Hinterziehungszinsen an den Käufer zurückgezahlt, erzielt dieser Einnahmen aus Kapitalvermögen. Bei dem Veräußerer entstehen im gleichen Zeitpunkt in Höhe der ausgekehrten Hinterlegungszinsen negative Einnahmen (BFH vom 13. 12. 1963 – BStBl 1964 III S. 184).

VIII
Berechnung des steuerpflichtigen Ertrags nach der Marktrendite bei Anlageinstrumenten in Fremdwährung

BMF vom 24. 10. 1995

IV B 4 – S 2252 – 289/95

Zu der Frage, wie in den Fällen des § 20 Abs. 2 Nr. 4 EStG der Unterschied zwischen dem Entgelt für den Erwerb und den Einnahmen aus der Veräußerung, Abtretung oder Einlösung von Wertpapieren und Kapitalforderungen zu ermitteln ist, wenn die Kapitalanlage nicht auf Deutsche Mark lautet, wird im Einvernehmen mit den obersten Finanzbehörden der Länder folgende Auffassung vertreten:

Das Entgelt für den Erwerb von Wertpapieren und Kapitalforderungen einerseits sowie die Einnahmen aus der Veräußerung, Abtretung oder Einlösung andererseits sind nach dem Wechselkurs in Deutsche Mark umzurechnen, der im Zeitpunkt des jeweiligen Vorgangs maßgebend ist. Der Unterschied der so ermittelten Beträge in Deutsche Mark ergibt den Kapitalertrag im Sinne des § 20 Abs. 2 Nr. 4 Satz 2 EStG.

Anhang 20

Land- und Forstwirtschaft

Übersicht

I Gesetz zum Ausgleich von Auswirkungen besonderer Schadensereignisse in der Forstwirtschaft (Forstschäden-Ausgleichsgesetz)

I a Gesetz zur Förderung der Einstellung der landwirtschaftlichen Erwerbstätigkeit (FELEG) – Auszug

I b Erlaß betr. Abgrenzung der Rotfäule als Kalamität

I c Bewertung von Nebenbetrieben der Land- und Forstwirtschaft nach § 42 BewG 1965

II Abgrenzung der Land- und Forstwirtschaft vom Gewerbe

I
Gesetz zum Ausgleich von Auswirkungen besonderer Schadensereignisse in der Forstwirtschaft
(Forstschäden-Ausgleichsgesetz)

vom 26. 8. 1985
(BGBl. I S. 1757, BStBl I S. 592)

zuletzt geändert durch Zweites Gesetz zur Änderung des Forstschäden-Ausgleichsgesetzes vom 7. 11. 1991
(BGBl. I S. 2062)

§ 1
Beschränkung des ordentlichen Holzeinschlags

(1) Der Bundesminister für Ernährung, Landwirtschaft und Forsten wird ermächtigt, im Einvernehmen mit dem Bundesminister für Wirtschaft durch Rechtsverordnung mit Zustimmung des Bundesrates den ordentlichen Holzeinschlag der Forstwirtschaft für einzelne Holzartengruppen (Fichte, Kiefer, Buche, Eiche) oder Holzsorten zu beschränken, wenn und soweit dies erforderlich ist, um erhebliche und überregionale Störungen des Rohholzmarktes durch außerordentliche Holznutzungen zu vermeiden, die infolge eines oder mehrerer besonderer Schadensereignisse, insbesondere Windwurf und Windbruch, Schnee- und Eisbruch, Pilzbefall, Insektenfraß oder sonstige Schädigungen auch unbekannter Ursache (Kalamitätsnutzungen), erforderlich werden.

(2) Eine erhebliche und überregionale Marktstörung durch Kalamitätsnutzungen im Sinne des Absatzes 1 ist in der Regel zu erwarten, wenn die Höhe der Kalamitätsnutzung

1. im Bundesgebiet bei allen Holzartengruppen voraussichtlich mindestens 25 vom Hundert oder bei einer Holzartengruppe voraussichtlich mindestens 40 vom Hundert des ungekürzten Einschlagungsprogramms des Bundesgebietes oder

2. a) in einem Land bei allen Holzartengruppen voraussichtlich mindestens 45 vom Hundert oder bei einer Holzartengruppe voraussichtlich mindestens 75 vom Hundert des ungekürzten Einschlagsprogramms dieses Landes und

b) im Bundesgebiet bei allen Holzartengruppen voraussichtlich mindestens 20 vom Hundert oder bei der betreffenden Holzartengruppe voraussichtlich mindestens 30 vom Hundert des ungekürzten Einschlagsprogramms des Bundesgebietes erreicht.

(3) Die Einschlagsbeschränkung kann für das Forstwirtschaftsjahr (1. Oktober bis 30. September), in dem die Kalamitätsnutzungen erforderlich werden, sowie für das darauf folgende Forstwirtschaftsjahr angeordnet werden. Eine Verlängerung um ein weiteres Forstwirtschaftsjahr ist zulässig, falls die Voraussetzungen der Absätze 1 und 2 weiterhin vorliegen.

(4) Der Gesamteinschlag eines Forstbetriebes darf durch eine Einschlagsbeschränkung nach Absatz 1 höchstens auf 70 vom Hundert des Nutzungssatzes im Sinne des § 34 b Abs. 4 Nr. 1 des Einkommensteuergesetzes (Hiebsatz) beschränkt werden.

(5) Forstwirte, die nicht zur Buchführung verpflichtet sind, können in der Rechtsverordnung von der Einschlagsbeschränkung ausgenommen werden, wenn das Holzaufkommen dieser Betriebe die Marktstörung nur unerheblich beeinflußt. Die zuständige Landesbehörde kann auf Antrag einzelner Forstbetriebe von der Einschlagsbeschränkung befreien, wenn diese zu einer wirtschaftlich unbilligen Härte führen würde.

§ 2
Beschränkung der Holzeinfuhr

Die Einfuhr von Holz und Holzerzeugnissen der ersten Bearbeitungsstufe kann, soweit es mit dem

Recht der Europäischen Wirtschaftsgemeinschaft vereinbar ist, auf Grund des Außenwirtschaftsgesetzes auch zur Wahrnehmung der durch § 1 Abs. 1 geschützten Belange beschränkt werden, wenn der Erfolg einer Einschlagsbeschränkung ohne die Einfuhrbeschränkung erheblich gefährdet würde und eine solche Gefährdung im Interesse der Allgemeinheit abgewendet werden muß oder wenn nach einem bundesweiten Großschaden eine Einschlagsbeschränkung angesichts der Schwere der Störung auf dem Rohholzmarkt wirkungslos wäre.

§ 3
Steuerfreie Rücklage für die Bildung eines betrieblichen Ausgleichsfonds

(1) Steuerpflichtige, die Einkünfte aus dem Betrieb von Forstwirtschaft im Sinne des § 13 des Einkommensteuergesetzes beziehen und bei denen der nach § 4 Abs. 1 des Einkommensteuergesetzes ermittelte Gewinn der Besteuerung zugrunde gelegt wird, können unter den Voraussetzungen des Absatzes 2 eine den steuerlichen Gewinn mindernde Rücklage bilden. Satz 1 gilt entsprechend für natürliche Personen, Körperschaften, Personenvereinigungen und Vermögensmassen, bei denen Einkünfte aus dem Betrieb von Forstwirtschaft steuerlich als Einkünfte aus dem Gewerbebetrieb zu behandeln sind. Die Rücklage darf 100 vom Hundert, die jährliche Zuführung zur Rücklage 25 vom Hundert der im Durchschnitt der vorangegangenen drei Wirtschaftsjahre erzielten nutzungssatzmäßigen Einnahmen nicht übersteigen. Sinkt in den Folgejahren die nutzungssatzmäßige Einnahme ab, so bleibt dies ohne Wirkung auf die zulässige Höhe einer bereits gebildeten Rücklage.

(2) Eine Rücklage nach Absatz 1 ist nur zulässig, wenn mindestens in gleicher Höhe ein betrieblicher Ausgleichsfonds gebildet wird. Die Gelder für den Fonds müssen auf ein besonderes Konto bei einem Kreditinstitut eingezahlt worden sein. Sie können auch für den Erwerb festverzinslichen Schuldverschreibungen und Rentenschuldverschreibungen, die vom Bund, von den Ländern und Gemeinden oder von anderen Körperschaften des öffentlichen Rechts oder von Kreditinstituten mit Sitz und Geschäftsleitung im Geltungsbereich dieses Gesetzes ausgegeben oder mit staatlicher Genehmigung in Verkehr gebracht werden, verwendet werden, wenn diese Wertpapiere in das Depot eines Kreditinstituts gegeben werden.

(3) Der Ausgleichsfonds darf nur in Anspruch genommen werden
1. zur Ergänzung der durch eine Einschlagsbeschränkung geminderten Erlöse;
2. für vorbeugende oder akute Forstschutzmaßnahmen;
3. für Maßnahmen zur Konservierung oder Lagerung von Holz;
4. für die Wiederaufforstung oder Nachbesserung von Schadensflächen und die nachfolgende Waldpflege;
5. für die Beseitigung der unmittelbar oder mittelbar durch höhere Gewalt verursachten Schäden an Wegen und sonstigen Betriebsvorrichtungen.

(4) Die Rücklage ist in Höhe der in Anspruch genommenen Fondsmittel zum Ende des Wirtschaftsjahres der Inanspruchnahme gewinnerhöhend aufzulösen. Wird der Fonds ganz oder zum Teil zu anderen als den in Absatz 3 bezeichneten Zwecken in Anspruch genommen, so wird außerdem ein Zuschlag zur Einkommensteuer oder Körperschaftsteuer in Höhe von 10 vom Hundert des Teils der aufgelösten Rücklage erhoben, der nicht auf die in Absatz 3 bezeichneten Zwecke entfällt.

(5) Die Rücklage nach Absatz 1 ist bei der Berechnung der in § 141 Abs. 1 Nr. 5 der Abgabenordnung bezeichneten Grenze nicht zu berücksichtigen.

§ 4
Pauschsatz für Betriebsausgaben

(1) Steuerpflichtige, die Einkünfte aus dem Betrieb von Forstwirtschaft im Sinne des § 13 des Einkommensteuergesetzes beziehen und die nicht zur Buchführung verpflichtet sind und den Gewinn nicht nach § 4 Abs. 1 des Einkommensteuergesetzes ermitteln, können im Wirtschaftsjahr einer Einschlagsbeschränkung nach § 1 zur Abgeltung der Betriebsausgaben einen Pauschsatz von 90 vom Hundert der Einnahmen aus den Holznutzungen absetzen. Der Pauschsatz zur Abgeltung der Betriebsausgaben beträgt 65 vom Hundert, soweit das Holz auf dem Stamm verkauft wird.

(2) Absatz 1 gilt auch, wenn diese Forstwirte nach § 1 Abs. 5 von der Einschlagsbeschränkung ausgenommen sind, jedoch freiwillig die Einschlagsbeschränkung befolgen.

§ 4 a
Bewertung von Holzvorräten aus Kalamitätsnutzungen bei der Forstwirtschaft

Steuerpflichtige, die Einkünfte aus dem Betrieb von Forstwirtschaft im Sinne des § 13 des Einkommensteuergesetzes beziehen und bei denen der nach § 4 Abs. 1 des Einkommensteuergesetzes ermittelte Gewinn der Besteuerung zugrunde gelegt wird, können von einer Aktivierung eingeschlagenen und unverkauften Kalamitätsholzes ganz oder teilweise absehen.

§ 5
Sonstige steuerliche Maßnahmen

(1) Im Wirtschaftsjahr einer Einschlagsbeschränkung gilt für jegliche Kalamitätsnutzung einheitlich der Steuersatz nach § 34 b Abs. 3 Nr. 3 Buchstabe c des Einkommensteuergesetzes.

(2) Kalamitätsnutzungen, die in Folgejahren gezogen werden und im ursächlichen Zusammenhang mit einer Kalamitätsnutzung stehen, welche in der Zeit einer Einschlagsbeschränkung angefallen ist, können einkommensteuerlich so behandelt werden, als wären sie im Jahr der Einschlagsbeschränkung mit der ersten Mitteilung des Schadensfalles angefallen.

§ 6
(weggefallen)

§ 7
Übervorräte bei der Holzwirtschaft

(1) Steuerpflichtige, die den Gewinn nach § 5 des Einkommensteuergesetzes ermitteln, können den Mehrbestand an

1. Holz im Sinne der Nr. 44.01 und 44.03 des Zolltarifs,
2. Holzhalbwaren im Sinne der Nr. 44.05, 44.07, 44.11, 44.13, 44.15 und 44.18 des Zolltarifs und
3. Halbstoffen aus Holz im Sinne der Nr. 47.01 des Zolltarifs

an Bilanzstichtagen, die in einen Zeitraum fallen, für den eine Einschlagsbeschränkung im Sinne des § 1 angeordnet ist, statt mit dem sich nach § 6 Abs. 1 Nr. 2 des Einkommensteuergesetzes ergebenden Wert mit einem um 50 vom Hundert niedrigeren Wert ansetzen. Anstelle eines Bilanzstichtages innerhalb des Zeitraums einer Einschlagsbeschränkung kann Satz 1 auch auf den ersten Bilanzstichtag nach Ablauf der Einschlagsbeschränkung angewendet werden. Der niedrigere Wertansatz ist nur zulässig für Wirtschaftsgüter, die aus im Inland erzeugtem Holz bestehen.

(2) Mehrbestand ist die mengenmäßige Erhöhung der Bestände an Holz oder Holzwaren im Sinne des Absatzes 1 gegenüber den durchschnittlichen Beständen an diesen Waren an den letzten drei vorangegangenen Bilanzstichtagen, die nach Abzug etwaiger bei diesen Wirtschaftsgütern eingetretener mengenmäßiger Bestandsminderungen verbleibt. Die mengenmäßigen Bestandsänderungen an Bilanzstichtagen gegenüber den durchschnittlichen Beständen an den letzten drei vorangegangen Bilanzstichtagen sind dabei für die in Absatz 1 Satz 1 Nr. 1, 2 und 3 genannten Wirtschaftsgüter getrennt zu ermitteln. Der Abzug der Bestandsminderungen ist in der Weise durchzuführen, daß bei den Bestandserhöhungen die Mengen abzusetzen sind, die dem Wert der Bestandsminderungen entsprechen; dabei sind die Wirtschaftsgüter mit dem Wiederbeschaffungspreis am Bilanzstichtag zu bewerten.

§ 8
(weggefallen)

§ 9
Durchführungsvorschriften

(1) Die zuständigen Behörden haben die Durchführung dieses Gesetzes und der auf Grund dieses Gesetzes erlassenen Rechtsverordnungen zu überwachen.

(2) Die zuständigen Behörden können zur Durchführung der ihnen durch dieses Gesetz oder auf Grund dieses Gesetzes übertragenen Aufgaben von natürlichen und juristischen Personen und nicht rechtsfähigen Personenvereinigungen die erforderlichen Auskünfte verlangen.

(3) Die von den zuständigen Behörden mit der Einholung von Auskünften beauftragten Personen sind im Rahmen des Absatzes 2 befugt, Grundstücke und Geschäftsräume des Auskunftspflichtigen während der Geschäfts- und Betriebszeiten zu betreten und die geschäftlichen Unterlagen einzusehen. Der Auskunftspflichtige hat die Maßnahmen nach Satz 1 zu dulden.

(4) Der zur Auskunft Verpflichtete kann die Auskunft auf solche Fragen verweigern, deren Beantwortung ihn selbst oder einen der in § 383 Abs. 1 Nr. 1 bis 3 der Zivilprozeßordnung bezeichneten Angehörigen der Gefahr strafgerichtlicher Verfolgung oder eines Verfahrens nach dem Gesetz über Ordnungswidrigkeiten aussetzen würde.

§ 10
(weggefallen)

§ 11
Bußgeldvorschriften

(1) Ordnungswidrig handelt, wer vorsätzlich oder fahrlässig

1. einer Rechtsverordnung nach § 1 Abs. 1 Satz 1 zuwiderhandelt, soweit sie für einen bestimmten Tatbestand auf diese Bußgeldvorschrift verweist,
2. entgegen § 9 Abs. 2 eine Auskunft nicht, nicht richtig oder nicht vollständig erteilt oder entgegen § 9 Abs. 3 den Zutritt zu Grundstücken oder Geschäftsräumen oder die Einsichtnahme in geschäftliche Unterlagen nicht zuläßt.

(2) Die Ordnungswidrigkeit kann im Falle des Absatzes 1 Nr. 1 mit einer Geldbuße bis zu fünfzigtausend Deutsche Mark, im Falle des Absatzes 1 Nr. 2 mit einer Geldbuße bis zu fünftausend Deutsche Mark geahndet werden.

§ 11 a
Übergangsvorschrift

Die §§ 3 bis 7 sind in ihrer vom 1. September 1985 an geltenden Fassung erstmals für Wirtschaftsjahre anzuwenden, die nach dem 31. Dezember 1984 enden.

§ 12
Geltung in Berlin

(gegenstandslos)

§ 13
(Inkrafttreten)

I a
Gesetz zur Förderung der Einstellung der landwirtschaftlichen Erwerbstätigkeit (FELEG)

vom 21. 2. 1989 (BGBl. I S. 233)
zuletzt geändert durch Art. 2 des Gesetzes vom 15. 12. 1995 (BGBl. I S. 1814)

– Auszug –

§ 1
Berechtigter Personenkreis

(1) Eine Leistung wegen Einstellung der landwirtschaftlichen Erwerbstätigkeit (Produktionsaufgabenrente) erhalten Landwirte im Sinne des § 1 Abs. 2 des Gesetzes über die Alterssicherung der Landwirte, die

1. a) das 55. Lebensjahr vollendet haben oder
   b) das 53. Lebensjahr vollendet haben und berufsunfähig im Sinne der gesetzlichen Rentenversicherung sind,
2. für mindestens 15 Jahre Beiträge als Landwirt an die landwirtschaftliche Alterskasse gezahlt haben, davon ununterbrochen für mindestens fünf Jahre unmittelbar vor der Antragstellung; Zeiten der Versicherung nach § 1 Abs. 3 des Gesetzes über die Alterssicherung der Landwirte bleiben unberücksichtigt,
3. die Flächen stillgelegt oder abgegeben haben, die von ihnen unmittelbar vor der Antragstellung genutzt worden sind, wobei als Nutzung auch die Stillegung von Flächen für einen Zeitraum von bis zu 5 Jahren nach Maßgabe EWG-rechtlicher Vorschriften gilt,
4. den Wirtschaftswert im Sinne des Gesetzes über die Alterssicherung der Landwirte der von ihnen vor der Antragstellung bewirtschafteten Unternehmen durch Verringerung der Flächen in den letzten fünf Jahren, frühestens vom 1. Januar 1986 an, um nicht mehr als 10 vom Hundert vermindert haben, es sei denn, die Verminderung erfolgte auf Grund einer Maßnahme, die die Voraussetzungen der §§ 2 oder 3 erfüllt und
5. ein Unternehmen der Landwirtschaft betrieben haben, welches ohne die in § 1 Abs. 4 Satz 4 des Gesetzes über die Alterssicherung der Landwirte aufgeführten Unternehmenszweige die Mindestgröße (§ 1 Abs. 5 Satz 1 des Gesetzes über die Alterssicherung der Landwirte) erreicht.

Den Beiträgen als Landwirt stehen Beiträge gleich, die für die Zeit vom 1. Juli 1990 bis zum 31. Dezember 1994 wegen einer selbständigen Tätigkeit als Landwirt im Sinne des § 2 Abs. 1 Nr. 1 des Zeiten Gesetzes über die Krankenversicherung der Landwirte im Beitrittsgebiet an die landwirtschaftliche Alterskasse gezahlt worden sind.

(2) Leistungsberechtigt ist nicht, wer Leistungen nach Maßgabe der Verordnung (EWG) Nr. 1094/88 des Rates vom 25. April 1988 zur Änderung der Verordnungen (EWG) Nr. 797/85 und Nr. 1760/87 hinsichtlich der Stillegung von Ackerflächen und der Extensivierung und Umstellung der Erzeugung (ABl. EG Nr. L 106 S. 28) erhält.

§ 2
Flächenstillegung

(1) Eine Fläche gilt als stillgelegt, wenn

1. die landwirtschaftliche Nutzung ruht und eine Abgabe im Sinne des § 21 Abs. 1, 2 und 8 des Gesetzes über die Alterssicherung der Landwirte nicht vorliegt; Maßnahmen zur umweltgerechten Pflege der stillgelegten Fläche sind zulässig,
2. sie erstmals unter den Voraussetzungen des § 21 Abs. 5 des Gesetzes über die Alterssicherung der Landwirte aufgeforstet wird.

(2) Eine Stillegung liegt nicht vor, wenn der Wirtschaftswert des nicht abgegebenen Teils des Unternehmens im Sinne des Gesetzes über die Alterssicherung der Landwirte einschließlich erstaufgeforsteter Flächen das Einfache der Mindestgröße (§ 1 Abs. 5 des Gesetzes über die Alterssicherung der Landwirte) erreicht.

(3) Die Fläche muß bis zu dem Zeitpunkt, von dem an Altersrente nach dem Gesetz über die Alterssicherung der Landwirte beansprucht werden kann, mindestens aber für fünf Jahre, stillgelegt werden. Die Zeit einer Stillegung von Flächen, mit denen der Leistungsberechtigte an einem Verfahren nach dem Flurbereinigungsgesetz beteiligt war, oder die Zeit einer Stillegung nach Maßgabe der Verordnung (EWG) Nr. 1094/88 des Rates vom 25. April 1988 zur Änderung der Verordnungen (EWG) Nr. 797/85 und Nr. 1760/87 hinsichtlich der Stillegung von Ackerflächen und der Extensivierung und Umstellung der Erzeugung (ABl. EG Nr. L 106 S. 28) durch Brachlegen ohne Wechselwirtschaft oder durch Erstaufforstung steht hinsichtlich der Mindeststillegungsdauer der Stillegung nach diesem Gesetz gleich.

(4) Das Bundesministerium für Arbeit und Sozialordnung kann im Einvernehmen mit dem Bundesministerium für Ernährung, Landwirtschaft und Forsten Näheres über die Voraussetzungen, unter denen eine Fläche als stillgelegt

gilt, insbesondere auch über zulässige Pflegemaßnahmen durch Rechtsverordnung mit Zustimmung des Bundesrates bestimmen. Dabei sind die Belange des Umwelt- und Naturschutzes, der Landschaftspflege und der Raumordnung zu beachten.

§ 3
Abgabe von Flächen

(1) Für die Abgabe der genutzten Flächen gilt § 21 Abs. 1, 2, 3, 7 und 8 des Gesetzes über die Alterssicherung der Landwirte entsprechend mit der Maßgabe, daß der Zeitraum nach § 21 Abs. 2 Satz 3 mit dem Abschluß des Vertrages, jedoch nicht vor Vollendung des 55. Lebensjahres in den Fällen des § 1 Satz 1 Nr. 1 Buchstabe a und nicht vor Vollendung des 53. Lebensjahres und vor Eintritt der Berufsunfähigkeit in den Fällen des § 1 Satz 1 Nr. 1 Buchstabe b beginnt. Eine Abgabe im Sinne von Satz 1 liegt aber nur dann vor, wenn

1. a) die Nutzung an ein Unternehmen übergeht, das seit mindestens fünf Jahren als Unternehmen der Landwirtschaft im Sinne des § 1 Abs. 2 des Gesetzes über die Alterssicherung der Landwirte geführt worden ist und
   b) für wenigstens eine Person, die in dem Unternehmen tätig ist, durch eine entsprechende Berufsbildung nachgewiesen wird, daß sie befähigt ist, einen landwirtschaftlichen Betrieb ordnungsgemäß zu bewirtschaften; ist diese Person vor dem 1. Januar 1954 geboren, gilt der Nachweis auch als erbracht, wenn sie seit mindestens fünf Jahren ein Unternehmen der Landwirtschaft im Sinne des § 1 Abs. 2 des Gesetzes über die Alterssicherung der Landwirte geführt hat,

2. die Nutzung zu Bedingungen, die nicht um mehr als 20 vom Hundert günstiger sind, als sie bei einer Abgabe zu landwirtschaftlicher Nutzung ortsüblich sind, übergeht
   a) auf Erwerber, die die Flächen der landwirtschaftlichen Nutzung dauernd entziehen, sofern der Nutzungsübergang Zwecken des Umwelt- und Naturschutzes sowie der Landschaftspflege oder der Verbesserung der Infra- oder Wirtschaftsstruktur dient, oder
   b) auf eine juristische Person des privaten oder öffentlichen Rechts, die sich satzungsgemäß mit Aufgaben der Strukturverbesserung befaßt, eine Teilnehmergemeinschaft oder einen Verband der Teilnehmergemeinschaften nach dem Flurbereinigungsgesetz, eine Gebietskörperschaft, einen Gemeindeverband oder einen kommunalen Zweckverband, sofern die aufgenommenen Flächen für Zwecke der Erholung und Volksgesundheit oder zu anderen öffentlichen Zwecken verwendet werden, und sie dadurch dauernd der landwirtschaftlichen Nutzung entzogen werden, und sofern die Nutzung der aufgenommenen Flächen an ein Unternehmen übergeht, das die Voraussetzungen der Nummer 1 erfüllt, oder

3. bei einer anderweitigen Flächenveräußerung der Veräußerungspreis nach Abzug der Veräußerungskosten den Betrag nicht mehr als geringfügig überschreitet, der zur Tilgung von Schulden, die zu dem Unternehmen der Landwirtschaft gehören und vor der Antragstellung bestanden haben, erforderlich ist.

(2) Eine Abgabe liegt nicht vor, wenn

1. der Übernehmende oder sein Ehegatte mit dem Abgebenden oder seinem Ehegatten in gerader Linie verwandt ist oder der Übernehmende die übernommene Fläche an einen in gerader Linie mit dem Abgebenden oder seinem Ehegatten Verwandten weitergibt; dies gilt nicht bei Abgabe von forstwirtschaftlich genutzten Flächen, wenn der Anteil dieser Flächen am Wirtschaftswert des Unternehmens unmittelbar vor der Antragstellung nicht mehr als 30 vom Hundert beträgt,

2. der Übernehmende mit dem Abgebenden verheiratet ist oder der Übernehmende die übernommene Fläche an den Ehegatten des Abgebenden weitergibt,

3. ein Landpachtvertrag nach § 4 des Landpachtverkehrsgesetzes unanfechtbar beanstandet worden ist oder

4. das Unternehmen oder Teile davon an einen oder mehrere Mitunternehmer abgegeben wird.

(3) Die Rückgabe von Flächen, die auf Grund eines Pacht- oder sonstigen Nutzungsverhältnisses bewirtschaftet werden, an den Eigentümer gilt nur dann als Abgabe, wenn der Eigentümer einer Stillegung oder Abgabe im Sinne dieses Gesetzes an andere Landwirte schriftlich widerspricht.

§ 5
Leistungen an Hinterbliebene

Witwen oder Witwer von Landwirten nach § 1 Abs. 1 erhalten eine Produktionsaufgabenrente, wenn

1. sie nicht wieder geheiratet haben,

2. die Voraussetzungen des § 14 Abs. 1 Satz 1 Nr. 4 des Gesetzes über die Alterssicherung der Landwirte erfüllt sind; § 14 Abs. 1 Satz 2 und 3 des Gesetzes über die Alterssicherung der Landwirte gilt,

3. sie nicht Landwirte im Sinne des Gesetzes über die Alterssicherung der Landwirte sind und
4. der verstorbene Ehegatte
   a) im Zeitpunkt des Todes Anspruch auf die Leistung hatte oder
   b) die Voraussetzungen des § 1 Abs. 1 erfüllt hatte, wobei an die Stelle der Antragstellung in § 1 Abs. 1 Nr. 2 der Zeitpunkt des Todes des verstorbenen Ehegatten tritt und die Voraussetzungen des § 1 Abs. 1 Nr. 3 und 4 auch von der Witwe oder dem Witwer erfüllt werden können.

§ 14 Abs. 2 des Gesetzes über die Alterssicherung der Landwirte gilt entsprechend.

§ 6
Höhe der Leistung

(1) Als Produktionsaufgaberente wird ein Grundbetrag und bei Stillegung von Flächen ein Zuschlag (Flächenzuschlag) gezahlt.

(2) Der Grundbetrag einer Produktionsaufgaberente nach § 1 wird wie eine Altersrente vom 65. Lebensjahr an nach dem Gesetz über die Alterssicherung der Landwirte ermittelt oder bei bereits am 31. Dezember 1994 laufenden Renten weitergezahlt. Entsteht der Anspruch auf den Grundbetrag nach dem 30. Juni 1995, wird bei der Ermittlung des Grundbetrages der wie eine Altersrente nach § 23 des Gesetzes über die Alterssicherung der Landwirte berechnete Betrag für verheiratete Berechtigte mit 1,5 vervielfältigt, es sei denn, der Ehegatte des Berechtigten bezieht eine Rente nach dem Gesetz über die Alterssicherung der Landwirte. Der Grundbetrag einer Produktionsaufgaberente nach § 5 wird wie eine Witwenrente oder Witwerrente nach dem Gesetz über die Alterssicherung der Landwirte berechnet oder bei bereits am 31. Dezember 1994 laufenden Renten weitergezahlt. Der Grundbetrag wird zum 1. Juli eines jeden Jahres wie die Renten nach dem Gesetz über die Alterssicherung der Landwirte angepaßt.

(3) Der Flächenzuschlag beträgt jährlich 150 Deutsche Mark je Hektar bis zu einer durchschnittlichen Ertragsmeßzahl der jeweiligen Parzelle von 25, für jede zusätzliche durchschnittliche Ertragsmeßzahl 10 Deutsche Mark, höchstens jedoch 600 Deutsche Mark je Hektar stillgelegte Fläche. Ist die Ertragsmeßzahl der Flurstücke nicht im Liegenschaftskataster eingetragen oder werden die gesamten Flächen des Betriebes stillgelegt, kann der Flächenzuschlag auf der Grundlage der im Einheitswertbescheid ausgewiesenen Ertragsmeßzahlen des Betriebes berechnet werden. Bei Wein- und Gartenbau beträgt der Flächenzuschlag jährlich 600 Deutsche Mark je Hektar. Bei einer Aufforstung nach § 2 Abs. 1 Nr. 2 wird ein doppelter Flächenzuschlag, jedoch jährlich höchstens 600 Deutsche Mark je Hektar, gewährt. Es wird ein halber Flächenzuschlag gewährt, wenn die dem Leistungsberechtigten nach den Vorschriften der Verordnung (EWG) Nr. 804/68 des Rates vom 27. Juni 1968 (ABl. EG Nr. L 148 S. 13) und der Milch-Garantiemengen-Verordnung vom 25. Mai 1984 (BGBl. I S. 720) zugewiesene Referenzmenge gemäß Artikel 7 Abs. 1 erster Unterabsatz der Verordnung (EWG) Nr. 1096/88 vom 25. April 1988 (ABl. EG Nr. L 110 S. 1) ausgesetzt wird.

Zweiter Abschnitt
Landwirtschaftliche Arbeitnehmer und mitarbeitende Familienangehörige

§ 9
Berechtigter Personenkreis

(1) Arbeitnehmer, die in der gesetzlichen Rentenversicherung versichert sind, und nach dem Gesetz über eine Alterssicherung der Landwirte versicherungspflichtig mitarbeitende Familienangehörige erhalten ein Ausgleichsgeld, wenn

1. ihre Beschäftigung in einem Unternehmen der Landwirtschaft im Sinne des § 1 Abs. 2 des Gesetzes über die Alterssicherung der Landwirte auf Grund dessen Stillegung (§ 2) oder Abgabe (§ 3) endet und
2. sie in den letzten 120 Kalendermonaten vor der Antragstellung mindestens 90 Kalendermonate in einem Unternehmen der Landwirtschaft im Sinne des § 1 Abs. 2 des Gesetzes über die Alterssicherung der Landwirte, davon in den letzten 48 Kalendermonaten vor der Stillegung oder Abgabe des landwirtschaftlichen Unternehmens mindestens 24 Kalendermonate in diesem Unternehmen hauptberuflich tätig gewesen sind.

Leistungen werden frühestens gewährt ab Vollendung

1. des 55. Lebensjahres,
2. des 53. Lebensjahres, wenn der Berechtigte berufsunfähig im Sinne der gesetzlichen Rentenversicherung ist;

das maßgebende Lebensjahr muß vor dem 1. Januar 1997 vollendet sein.

(2) Witwen oder Witwer der in Absatz 1 genannten Personen erhalten ein Ausgleichsgeld, wenn

1. sie nicht wieder geheiratet haben,
2. die Voraussetzungen des § 14 Abs. 1 Satz 1 Nr. 4 des Gesetzes über die Alterssicherung der Landwirte erfüllt sind; § 14 Abs. 1 Satz 2 und 3 des Gesetzes über die Alterssicherung der Landwirte gilt,

3. sie nicht Landwirte im Sinne des Gesetzes über die Alterssicherung der Landwirte sind und
4. der verstorbene Ehegatte im Zeitpunkt des Todes Anspruch auf die Leistung hatte.

§ 14 Abs. 2 des Gesetzes über die Alterssicherung der Landwirte gilt entsprechend.

§ 10
Höhe der Leistung

(1) Das Ausgleichsgeld beträgt 65 vom Hundert des Bruttoarbeitsentgelts. Witwen oder Witwer der Leistungsberechtigten erhalten 60 vom Hundert des in Satz 1 genannten Betrages.

(2) Bruttoarbeitsentgelt im Sinne des Absatzes 1 ist

1. bei Arbeitnehmern das Arbeitsentgelt, das der ausgeschiedene Arbeitnehmer vor Beendigung der Beschäftigung im Unternehmen der Landwirtschaft zuletzt durchschnittlich im Monat erzielt hat, soweit es die Beitragsbemessungsgrenze in der Rentenversicherung der Arbeiter und der Angestellten nicht überschreitet,
2. bei mitarbeitenden Familienangehörigen, die nicht rentenversicherungspflichtig beschäftigt sind, der Bruttowert der Sachbezüge zuzüglich der Barleistungen vor der Stillegung oder Abgabe des Betriebes; der Bruttowert der vom früheren Unternehmer weitergewährten Sachbezüge oder Barleistungen ist von diesem Bruttoarbeitsentgelt abzuziehen.

(3) Das Ausgleichsgeld erhöht sich jeweils zum 1. Juli eines jeden Jahres um den Vomhundertsatz, um den die Renten der gesetzlichen Rentenversicherung zu diesem Zeitpunkt angepaßt werden.

§ 13
Beendigung einer Beschäftigung wegen Flächenstillegung, Extensivierung, Aufgabe von Rebflächen und Apfelbaumrodung

(1) Die §§ 9 bis 12 gelten entsprechend für Arbeitnehmer und mitarbeitende Familienangehörige, deren Beschäftigung in einem Unternehmen der Landwirtschaft auf Grund einer Maßnahme nach Maßgabe

1. der Verordnung (EWG) Nr. 1094/88 des Rates vom 25. April 1988 zur Änderung der Verordnungen (EWG) Nr. 797/85 und Nr. 1760/87 hinsichtlich der Stillegung von Ackerflächen und der Extensivierung und Umstellung der Erzeugung (ABl. EG Nr. L 106 S. 28) durch Stillegung von Ackerflächen oder Extensivierung der Erzeugung,
2. der Verordnung (EWG) Nr. 1442/88 des Rates vom 24. Mai 1988 über die Gewährung von Prämien zur endgültigen Aufgabe von Rebflächen in den Weinwirtschaftsjahren 1988/89 bis 1995/96 (ABl. EG Nr. L 132 S. 3),
3. der Verordnung (EWG) Nr. 1200/90 des Rates vom 7. Mai 1990 zur Sanierung der gemeinschaftlichen Apfelerzeugung (ABl. EG Nr. L 119 S. 63),
4. der Verordnung (EWG) Nr. 2176/90 des Rates vom 24. Juli 1990 zur Änderung der Verordnung (EWG) Nr. 797/85 hinsichtlich der Flächenstillegung zur Produktion zu Nichtnahrungsmittelzwecken (ABl. EG Nr. L 198 S. 6),
5. der Verordnung (EWG) Nr. 1703/91 des Rates vom 13. Juni 1991 hinsichtlich einer Sonderregelung für eine 1jährige Flächenstillegung (ABl. EG Nr. L 162 S. 1),
6. sonstiger EWG-rechtlicher Vorschriften hinsichtlich einer Stillegung oder Extensivierung landwirtschaftlicher Nutzflächen

endet.

(2) Die Berechtigung eines Arbeitnehmers zur Inanspruchnahme von Ausgleichsgeld gilt nicht als eine die Kündigung des Arbeitsverhältnisses durch den Arbeitgeber begründende Tatsache im Sinne des § 1 Abs. 2 Satz 1 des Kündigungsschutzgesetzes; sie kann auch nicht bei der sozialen Auswahl nach § 1 Abs. 3 Satz 1 des Kündigungsschutzgesetzes zum Nachteil des Arbeitnehmers berücksichtigt werden.

Dritter Abschnitt
Ergänzende Sicherung der Bezieher von Produktionsaufgaberente oder Ausgleichsgeld

§ 14
Alterssicherung der Landwirte, landwirtschaftliche Unfallversicherung, Krankenversicherung der Landwirte, soziale Pflegeversicherung

(1) Der Bund trägt die Beiträge zur landwirtschaftlichen Unfallversicherung, soweit sie für nach § 2 stillgelegte Flächen zu entrichten sind, die vom Leistungsberechtigten gepflegt werden und für die ein Flächenzuschlag gezahlt wird. Sie werden vom Bund an den Gesamtverband der landwirtschaftlichen Alterskassen gezahlt.

(2) Bestand am 31. Dezember 1994 Anspruch auf den Grundbetrag der Produktionsaufgaberente und hat der Bund am 31. Dezember 1994 die Beiträge zur Altershilfe für Landwirte getragen, gelten für die Zeit des Bezugs von Produktionsaufgaberente ab 1. Januar 1995 Beiträge in der Alterssicherung der Landwirte als entrichtet, solange

1. der Leistungsberechtigte das 60. Lebensjahr noch nicht vollendet hat oder

2. nach Vollendung des 60. Lebensjahres die Wartezeit für eine Altersrente noch nicht erfüllt ist.

Besteht Versicherungspflicht nach § 84 Abs. 2 des Gesetzes über die Alterssicherung der Landwirte, sind hieraus Beiträge nicht zu entrichten.

(3) Solange ein rentenversicherungspflichtiges Beschäftigungsverhältnis nicht besteht, gilt bei mitarbeitenden Familienangehörigen die Zeit des Bezuges von Ausgleichsgeld als Beitragszeit in der Alterssicherung der Landwirte.

(4) Landwirte, die eine Produktionsaufgaberente erhalten sowie mitarbeitende Familienangehörige, die Ausgleichsgeld erhalten, sind während des Bezuges dieser Leistungen nach § 2 Abs. 1 Nr. 4 des Zweiten Gesetzes über die Krankenversicherung der Landwirte und § 20 Abs. 1 Satz 2 Nr. 3 des Elften Buches Sozialgesetzbuch versichert, wenn sie unmittelbar vor dem Leistungsbezug in der landwirtschaftlichen Krankenversicherung versichert waren und weder versicherungspflichtig beschäftigt sind noch Krankengeld beziehen. Der Bezug des Grundbetrages der Produktionsaufgaberente sowie des Ausgleichsgeldes gilt als Bezug einer Rente wegen Erwerbsunfähigkeit nach dem Gesetz über die Alterssicherung der Landwirte. § 29 Abs. 4 und die §§ 30 und 31 des Zweiten Gesetzes über die Krankenversicherung der Landwirte gelten entsprechend. Soweit Bezieher einer Produktionsaufgaberente nicht in der gesetzlichen Krankenversicherung pflichtversichert sind, sind die §§ 35 a und 35 b des Gesetzes über die Alterssicherung der Landwirte entsprechend anzuwenden.

(5) Für Landwirte gilt § 1 Abs. 2 entsprechend.

§ 15
Gesetzliche Rentenversicherung und Krankenversicherung, soziale Pflegeversicherung, Zusatzversorgung für landwirtschaftliche Arbeitnehmer

(1) Die Zeit des Bezuges von Ausgleichsgeld für landwirtschaftliche Arbeitnehmer gilt in der gesetzlichen Rentenversicherung als rentenversicherungspflichtige Beschäftigung; die Zuständigkeit der bisherigen Träger der gesetzlichen Rentenversicherung bleibt unberührt. Beitragsbemessungsgrundlage in der gesetzlichen Rentenversicherung ist das der Berechnung des Ausgleichsgeldes zugrunde liegende Bruttoarbeitsentgelt. Die Beitragsbemessungsgrundlage erhöht sich zum 1. Juli eines jeden Jahres entsprechend der Anpassung der Ausgleichsgelder. Der Bund trägt die Beiträge und führt sie an den Gesamtverband der landwirtschaftlichen Alterskassen ab. Der Verband oder die landwirtschaftlichen Alterskassen leiten die Beiträge unverzüglich an die Träger der Rentenversicherung weiter. Das Nähere über Zahlung und Abrechnung können die landwirtschaftlichen Alterskassen und die Träger der gesetzlichen Rentenversicherung durch Vereinbarung regeln.

(2) Soweit die Vorschriften der gesetzlichen Rentenversicherung Pflichten für Arbeitgeber vorsehen, gelten diese für die Zahlung des Ausgleichsgeldes Verpflichteten entsprechend. § 70 Abs. 4 und § 194 des Sechsten Buches Sozialgesetzbuch gelten entsprechend.

(3) Während des Bezuges von Ausgleichsgeld sind Arbeitnehmer in der gesetzlichen Krankenversicherung nach § 5 Abs. 1 Nr. 1 des Fünften Buches Sozialgesetzbuch versichert, wenn sie unmittelbar vor dem Leistungsbezug in der gesetzlichen Krankenversicherung versichert waren und weder versicherungspflichtig beschäftigt sind noch Krankengeld beziehen. Der Bezug des Ausgleichsgeldes gilt als Bezug von Arbeitsentgelt. Der Bund trägt die Arbeitgeberanteile an den Krankenversicherungsbeiträgen und führt sie an den Gesamtverband der landwirtschaftlichen Alterskassen ab. Der Verband oder die landwirtschaftlichen Alterskassen leiten die Arbeitgeberanteile zusammen mit den Arbeitnehmeranteilen an die Träger der gesetzlichen Krankenversicherung weiter. Soweit das Fünfte Buch Sozialgesetzbuch Pflichten für Arbeitgeber vorsieht, gelten diese für die zur Zahlung des Ausgleichsgeldes Verpflichteten entsprechend.

(4) Während des Bezuges von Ausgleichsgeld sind Arbeitnehmer in der sozialen Pflegeversicherung nach § 20 Abs. 1 Satz 2 Nr. 1 des Elften Buches Sozialgesetzbuch versichert, wenn sie unmittelbar vor dem Leistungsbezug in der gesetzlichen Pflegeversicherung versichert waren und weder versicherungspflichtig beschäftigt sind noch Krankengeld beziehen. Absatz 3 Satz 2 bis 4 gilt entsprechend. Soweit das Elfte Buch Sozialgesetzbuch Pflichten für Arbeitgeber vorsieht, gelten diese für die zur Zahlung des Ausgleichsgeldes Verpflichteten entsprechend.

(5) Die Zeit des Bezuges von Ausgleichsgeld für landwirtschaftliche Arbeitnehmer steht der Zeit einer Beschäftigung als landwirtschaftlicher Arbeitnehmer nach § 12 Abs. 1 des Gesetzes über die Errichtung einer Zusatzversorgungskasse für Arbeitnehmer in der Land- und Forstwirtschaft gleich.

§ 16
Beendigung einer Beschäftigung wegen Flächenstillegung, Extensivierung, Aufgabe von Rebflächen und Apfelbaumrodung

§ 14 Abs. 3 bis 4 sowie § 15 gelten entsprechend für mitarbeitende Familienangehörige und Arbeitnehmer, deren Beschäftigung in einem Un-

Anhang 20
I a Land- und Forstwirtschaft

ternehmen der Landwirtschaft auf Grund einer Maßnahme nach Maßgabe

1. der Verordnung (EWG) Nr. 1094/88 des Rates vom 25. April 1988 zur Änderung der Verordnungen (EWG) Nr. 797/85 und Nr. 1760/87 hinsichtlich der Stillegung von Ackerflächen und der Extensivierung und Umstellung der Erzeugung (ABl. EG Nr. L 106 S. 28) durch Stillegung von Ackerflächen oder Extensivierung der Erzeugung;
2. der Verordnung (EWG) Nr. 1442/88 des Rates vom 24. Mai 1988 über die Gewährung von Prämien zur endgültigen Aufgabe von Rebflächen in den Weinwirtschaftsjahren 1988/89 bis 1995/96 (ABl. EG Nr. L 132 S. 3),
3. der Verordnung (EWG) Nr. 1200/90 des Rates vom 7. Mai 1990 zur Sanierung der gemeinschaftlichen Apfelerzeugung (ABl. EG Nr. L 119 S. 63),
4. der Verordnung (EWG) Nr. 2176/90 des Rates vom 24. Juli 1990 zur Änderung der Verordnung (EWG) Nr. 797/85 hinsichtlich der Flächenstillegung zur Produktion zu Nichtnahrungsmittelzwecken (ABl. EG Nr. L 198 S. 6),
5. der Verordnung (EWG) Nr. 1703/91 des Rates vom 13. Juni 1991 hinsichtlich einer Sonderregelung für eine 1jährige Flächenstillegung (ABl. EG Nr. L 162 S. 1),
6. sonstiger EWG-rechtlicher Vorschriften hinsichtlich einer Stillegung oder Extensivierung landwirtschaftlicher Nutzflächen

endet. § 9 Abs. 1 Satz 2 gilt entsprechend.

I b
Erlaß betr. Abgrenzung der Rotfäule als Kalamität

Finanzministerium Baden-Württemberg vom 15. 6. 1967 (BStBl 1967 II S. 197)
S 2291 – 1/67

Die Rotfäule ist eine durch holzzerstörende Pilze verursachte und fast nur an der Fichte auftretende Baumkrankheit. Sie kann in den gesunden Baum sowohl von der Wurzel her (Wurzelfäule) als auch durch Wunden in der Baumrinde (Wundfäule) eindringen. Die Rotfäule ist äußerlich nicht oder nur schwer erkennbar. In der Regel ist sie erst nach dem Fällen des Baumes mit Sicherheit festzustellen. Es kann deshalb für die Frage, ob der Holzeinschlag des erkrankten Stammes als Kalamitätsnutzung anzuerkennen ist, in der Regel nicht ausschlaggebend sein, ob er gerade wegen der Rotfäule oder aus anderen Gründen erfolgt.

Nach dem BFH-Urteil vom 10. Oktober 1963 – IV 422/60 S (BStBl 1964 III S. 119) **kann** die Rotfäule nur **insoweit** zu einer Holznutzung infolge höherer Gewalt (§ 34 Abs. 3 EStG, § 34 b EStG) führen, als sie einen Schaden verursacht, der die Summe der im forstwirtschaftlichen Betrieb des Steuerpflichtigen regelmäßig und üblich anfallenden Schäden mengenmäßig **in erheblichem Umfang** übersteigt. Dabei will das BFH-Urteil, wie sich aus der Begründung ergibt, die Rotfäule mit ihren im jeweiligen Betrieb regelmäßig und üblich anfallenden Schäden in die Totalität mit einbeziehen. Bei der Frage, was regelmäßig und üblich anfallende Schäden sind, müssen die individuellen Verhältnisse und Erfahrungen während einer Reihe von Jahren im einzelnen Betrieb angemessen berücksichtigt werden. Ist der sich danach ergebende normale Rotfäulebefall bekannt, so ist eine Holznutzung infolge höherer Gewalt nur dann anzuerkennen, wenn der tatsächliche Rotfäulebefall **erheblich** darüber hinausgeht.

Da aus der Vergangenheit in der Regel nur in wenigen Betrieben Aufzeichnungen über den Rotfäulebefall vorhanden sind, können zumindest für einige Jahre die individuellen Verhältnisse der Betriebe nicht als Abgrenzungsmaßstab dienen. Ich bitte deshalb, wie folgt zu verfahren:

1. Beträgt an einem Hiebsort die Anzahl der rotfäulebefallenen Stämme bei der Durchforstung oder beim Kahlschlag eines Bestandes nicht mehr als 30 v. H. der gesamten geschlagenen Stämme, so ist dieser Rotfäuleanteil als regelmäßig und daher nicht als Kalamität anzusehen.

2. Beträgt an einem Hiebsort die Anzahl der rotfäulebefallenen Stämme bei der Durchforstung oder beim Kahlschlag des Bestandes mehr als 30 v. H. der gesamten geschlagenen Stämme, so ist von der gesamten eingeschlagenen Holzmenge der Teil als Kalamität anzuerkennen, der dem 30 v. H. übersteigenden v. H.-Satz der rotfaulen Stämme entspricht.

3. Bei Mischbeständen sind der v. H.-Satz und die anteilige Holzmenge im Sinne der Ziffern 1 oder 2 nur auf den Nadelholzanteil zu beziehen.

4. Beim Kahlschlag noch nicht hiebsreifer Bestände kann, abweichend von Ziffer 2, die gesamte eingeschlagene Holzmenge als Kalamität anerkannt werden, wenn mehr als zwei Drittel der Stämme von Rotfäule befallen sind. Nicht hiebsreif sind Bestände, die 20 oder mehr Jahre unter dem betriebsplanmäßigen Abtriebsalter liegen (u – 20 Jahre und jünger).

Dieser Erlaß ergeht im Einvernehmen mit dem Bundesminister der Finanzen und den Finanzministern (Finanzsenatoren) der anderen Bundesländer. Es wird gebeten, die Finanzämter entsprechend zu unterrichten.

I c
Bewertung von Nebenbetrieben der Land- und Forstwirtschaft nach § 42 BewG 1965

Gleichlautende Erlasse der obersten Finanzbehörden der Länder vom 15. 6. 1971 (BStBl I S. 324) und vom 25. 4. 1972 (BStBl I S. 352);

Abschnitt G eingefügt durch gleichlautende Erlasse vom 6. 12. 1989 (BStBl I S. 462). Vgl. auch BStBl 1991 I S. 496

– Auszug –

I. Gegenstand der Bewertung

(1) Gegenstand der Bewertung sind Nebenbetriebe, die einem Hauptbetrieb der Land- und Forstwirtschaft zu dienen bestimmt sind und nicht einen selbständigen Gewerbebetrieb darstellen (§ 42 BewG). Ihre Aufgabe ist die Be- oder Verarbeitung land- und forstwirtschaftlicher Erzeugnisse.

(2) Der Absatz von Eigenerzeugnissen über einen eigenen Einzel- oder Großhandelsbetrieb sowie die Ausführung von Dienstleistungen sind nicht als Nebenbetrieb anzusehen.

II. Abgrenzung

(1) Be- oder Verarbeitung land- und forstwirtschaftlicher Erzeugnisse gilt dann als Nebenbetrieb der Land- und Forstwirtschaft, wenn

a) die eingesetzte Rohstoffmenge überwiegend im eigenen Hauptbetrieb erzeugt wird und

b) die be- oder verarbeiteten Produkte überwiegend für den Verkauf bestimmt sind.

(2) Be- oder Verarbeitung land- und forstwirtschaftlicher Erzeugnisse ist integrierter Bestandteil einer land- und forstwirtschaftlichen Nutzung, eines Nutzungsteils oder einer Art der sonstigen land- und forstwirtschaftlichen Nutzung, wenn das be- oder verarbeitete Produkt überwiegend im eigenen Betrieb der Land- und Forstwirtschaft verwendet wird. Auf eine Ermittlung des Anteils zugekaufter Rohstoffe kann hierbei verzichtet werden.

(3) Be- oder Verarbeitung land- und forstwirtschaftlicher Erzeugnisse ist gewerbliche Tätigkeit, wenn

a) die eingesetzte Rohstoffmenge überwiegend zugekauft wird und

b) das be- oder verarbeitete Produkt überwiegend für den Verkauf bestimmt ist.

(4) Im Werklohn für fremde Unternehmer be- oder verarbeitete land- und forstwirtschaftliche Erzeugnisse sind wie zugekaufte Erzeugnisse zu behandeln.

III. Allgemeine Bewertungsgrundsätze

(1) Nebenbetriebe der Land- und Forstwirtschaft sind gesondert mit dem Einzelertragswert zu bewerten (§ 42 Abs. 2 BewG).

(2) Dem Einzelertragswert liegt nur der Ertrag zugrunde, der nicht bereits bei der Bewertung des Hauptbetriebs berücksichtigt ist (Abschnitt 1. 18 Abs. 3 BewRL).

(3) Einzelertragswert ist das Achtzehnfache des nachhaltig erzielbaren Reinertrags; er ist in Anpassung an die Ertragswerte des § 40 Abs. 2 BewG zu halbieren (vgl. Abschnitt 1. 18 Abs. 2 BewRL). Diese Halbierung ist bei den in diesem Erlaß enthaltenen Ausgangswerten bzw. Einzelertragswerten bereits vorgenommen worden.

(4) Mit dem Einzelertragswert sind alle Wirtschaftsgüter erfaßt, die dem Nebenbetrieb zu dienen bestimmt sind (Betriebsgebäude, Betriebseinrichtungen und ein normaler Bestand an umlaufenden Betriebsmitteln). § 33 Abs. 3 Nrn. 1 bis 3 BewG ist entsprechend anzuwenden.

(5) Für die Berücksichtigung der Grundsteuerbelastung gilt Abschnitt 2. 17 Abs. 1 BewRL entsprechend. Die Höhe der Ab- oder Zurechnungen für Grundsteuerbelastung ergibt sich aus der nachfolgenden Tabelle.

Abschnitt A – Kornbrennereien . . .

Abschnitt B – Abfindungsbrennereien . . .

Abschnitt C – Forellenräuchereien . . .

Abschnitt D – Brütereien . . .

Abschnitt E – Sägewerke . . .

Abschnitt F – Kartoffelbrennereien . . .

Abschnitt G – Herstellung von Winzersekt . . .

II
Abgrenzung der Land- und Forstwirtschaft vom Gewerbe

BMF vom 31. 10. 1995 (BStBl I S. 703)

IV B 4 – S 2230 – 47/95

Unter Bezugnahme auf das Ergebnis der Erörterung mit den obersten Finanzbehörden der Länder nehme ich zu Fragen der Abgrenzung der Land- und Forstwirtschaft vom Gewerbe wie folgt Stellung:

Allgemeine Grundsätze

(1) [1]Land- und Forstwirtschaft ist die planmäßige Nutzung der natürlichen Kräfte des Bodens zur Erzeugung von Pflanzen und Tieren sowie die Verwertung der dadurch selbstgewonnenen Erzeugnisse. [2]Als Boden im Sinne des Satzes 1 gelten auch Substrate und Wasser. [3]Ob eine land- und forstwirtschaftliche Tätigkeit vorliegt, ist jeweils nach dem Gesamtbild der Verhältnisse zu entscheiden. [4]Liegt eine teils gewerbliche und teils land- und forstwirtschaftliche Betätigung vor, so sind beide Betriebe selbst dann getrennt zu beurteilen, wenn eine zufällige, vorübergehende wirtschaftliche Verbindung zwischen ihnen besteht, die ohne Nachteil für diese Betriebe gelöst werden kann. [5]Nur eine über dieses Maß hinausgehende wirtschaftliche Beziehung zwischen beiden Betrieben, d. h. eine planmäßig im Interesse des Hauptbetriebs gewollte Verbindung, kann eine einheitliche Beurteilung verschiedenartiger Betätigungen rechtfertigen. [6]Sie führt zur Annahme eines einheitlichen land- und forstwirtschaftlichen Betriebs, wenn die Land- und Forstwirtschaft dem Unternehmen das Gepräge verleiht, und zur Annahme eines einheitlichen Gewerbebetriebs, wenn das Gewerbe im Vordergrund steht und die land- und forstwirtschaftliche Betätigung nur die untergeordnete Bedeutung einer Hilfstätigkeit hat. [7]Bei in Mitunternehmerschaft (vgl. R 138 Abs. 5 EStR 1993) geführten Betrieben ist § 15 Abs. 3 Nr. 1 EStG anzuwenden; Tätigkeiten, die die Voraussetzungen der folgenden Vereinfachungsregelungen erfüllen, gelten dabei als land- und forstwirtschaftlich.

Strukturwandel

(2) [1]Bei einem Strukturwandel vom land- und forstwirtschaftlichen Betrieb zum Gewerbebetrieb beginnt der Gewerbebetrieb in dem Zeitpunkt, in dem die Tätigkeit des land- und forstwirtschaftlichen Betriebs dauerhaft umstrukturiert wird. [2]Hiervon ist z. B. auszugehen, wenn dem bisherigen Charakter des Betriebs nicht mehr entsprechende Investitionen vorgenommen, vertragliche Verpflichtungen eingegangen oder Wirtschaftsgüter angeschafft werden, die jeweils dauerhaft dazu führen, daß die in den folgenden Absätzen genannten Grenzen erheblich überschritten werden. [3]In allen übrigen Fällen liegt nach Ablauf eines Zeitraums von drei Jahren ein Gewerbebetrieb vor. [4]Der Dreijahreszeitraum ist objektbezogen und beginnt beim Wechsel des Betriebsinhabers nicht neu. [5]Die vorstehenden Grundsätze gelten für den Strukturwandel vom Gewerbebetrieb zum land- und forstwirtschaftlichen Betrieb entsprechend.

Nebenbetrieb

(3) [1]Ein Nebenbetrieb der Land- und Forstwirtschaft liegt vor, wenn

1. überwiegend im eigenen Hauptbetrieb erzeugte Rohstoffe be- oder verarbeitet werden und die dabei gewonnenen Erzeugnisse überwiegend für den Verkauf bestimmt sind
   oder
2. ein Land- und Forstwirt Umsätze aus der Übernahme von Rohstoffen (z. B. organische Abfälle) erzielt, diese be- oder verarbeitet und die dabei gewonnenen Erzeugnisse nahezu ausschließlich im eigenen Betrieb der Land- und Forstwirtschaft verwendet

und

die Erzeugnisse im Rahmen einer ersten Stufe der Be- oder Verarbeitung, die noch dem land- und forstwirtschaftlichen Bereich zuzuordnen ist, hergestellt werden. [2]Die Regelung gilt aus Vereinfachungsgründen auch für Produkte der zweiten (gewerblichen) Verarbeitungsstufe, wenn diese zur Angebotsabrundung im Rahmen der Direktvermarktung eigener land- und forstwirtschaftlicher Produkte abgegeben werden und der Umsatz daraus nicht mehr als 20.000 DM im Wirtschaftsjahr beträgt. [3]Nebenbetriebe sind auch Substanzbetriebe (Abbauland im Sinne des § 43 BewG), z. B. Sandgruben, Kiesgruben, Torfstiche, wenn die gewonnene Substanz überwiegend im eigenen land- und forstwirtschaftlichen Betrieb verwendet wird. [4]Der Absatz von Eigenerzeugnissen über einen eigenständigen Einzel- oder Großhandelsbetrieb (Absatz 6), die Ausführung von Dienstleistungen (Absätze 7 und 9) und die Ausführung von besonderen Leistungen (Absatz 8) sind kein Nebenbetrieb.

Unmittelbare Verwertung organischer Abfälle

(4) [1]Sofern die Entsorgung organischer Abfälle (z. B. Klärschlamm) im selbstbewirtschafteten land- und forstwirtschaftlichen Betrieb nicht im Rahmen eines Nebenbetriebs im Sinne des Absat-

zes 3 geschieht, ist sie nur dann der Land- und Forstwirtschaft zuzurechnen, wenn dabei die in Absatz 1 Satz 1 genannten Voraussetzungen im Vordergrund stehen. [2]Das Einsammeln, Abfahren und Sortieren organischer Abfälle, das mit der Ausbringung auf Flächen oder der Verfütterung an Tierbestände des selbstbewirtschafteten land- und forstwirtschaftlichen Betriebs in unmittelbarem sachlichem Zusammenhang steht, ist land- und forstwirtschaftliche Tätigkeit. [3]Andernfalls gilt Absatz 9.

Zukauf fremder Erzeugnisse

(5) [1]Fremde Erzeugnisse sind nicht solche Erzeugnisse, die im Rahmen des Erzeugungsprozesses im eigenen Betrieb verwendet werden (z. B. Saatgut, Jungpflanzen oder Jungtiere). [2]Als fremde Erzeugnisse gelten solche für die Weiterveräußerung zugekauften betriebstypischen Erzeugnisse, die nicht im eigenen Betrieb im Wege des Erzeugungsprozesses bearbeitet werden, und die nach der Verkehrsauffassung noch als land- und forstwirtschaftliche Produkte zu qualifizieren sind. [3]Dazu gehören auch Handelswaren zur Vervollständigung einer für die Art des Erzeugungsbetriebs üblichen Produktpalette, wie z. B. Töpfe und Erden in einer Gärtnerei, sofern der hieraus erzielte Umsatz von untergeordneter Bedeutung ist. [4]Beträgt der Zukauf fremder Erzeugnisse, aus Vereinfachungsgründen gemessen an deren Einkaufswert, bis zu 30 v. H. des Umsatzes, so ist grundsätzlich ein Betrieb der Land- und Forstwirtschaft anzuerkennen. [5]Die vorstehende Vereinfachungsregelung findet nur Anwendung, wenn der Umsatzanteil, der auf die Veräußerung der Fremderzeugnisse entfällt, nicht erkennbar überwiegt.

Handelsgeschäft

(6) [1]Werden selbstgewonnene land- und forstwirtschaftliche Erzeugnisse – ohne Be- und Verarbeitung in einem Nebenbetrieb – über ein eigenständiges Handelsgeschäft, z. B. Einzelhandelsbetrieb, Ladengeschäft, Großhandelsbetrieb, abgesetzt, so ist zu prüfen, ob Erzeugerbetrieb und Handelsgeschäft einen einheitlichen Betrieb oder zwei selbständige Betriebe darstellen. [2]Erzeugerbetrieb und Handelsgeschäft bilden einen einheitlichen Betrieb, wenn
1. die eigenen Erzeugnisse des Betriebs zu mehr als 40 v. H. über das Handelsgeschäft abgesetzt werden
oder
2. die eigenen Erzeugnisse des Betriebs zwar nicht zu mehr als 40 v. H. über das Handelsgeschäft abgesetzt werden, der Wert des Zukaufs fremder Erzeugnisse aber 30 v. H. des Umsatzes des Handelsgeschäfts nicht übersteigt.

[3]Für die Zuordnung zur Land- und Forstwirtschaft oder zum Gewerbe gelten die Grenzen des Absatzes 5.
[4]Ein Handelsgeschäft ist selbständiger Gewerbebetrieb, wenn
1. die eigenen Erzeugnisse des Betriebs der Land- und Forstwirtschaft zu nicht mehr als 40 v. H. über das Handelsgeschäft abgesetzt werden, der Wert des Zukaufs fremder Erzeugnisse aber 30 v. H. des Umsatzes des Handelsgeschäftes übersteigt
oder
2. die eigenen Erzeugnisse des Betriebs der Land- und Forstwirtschaft zu mehr als 40 v. H. über das Handelsgeschäft abgesetzt werden, diese jedoch im Verhältnis zur gesamten Absatzmenge des Handelsgeschäftes nur von untergeordneter Bedeutung sind; in diesem Fall ist für die Annahme von zwei selbständigen Betrieben ferner Voraussetzung, daß die Betriebsführung des Erzeugerbetriebs von dem Handelsgeschäft unabhängig ist und beide Betriebe auch nach der Verkehrsauffassung als zwei selbständige Betriebe nach außen auftreten.

[5]Bei Abgabe eigener Erzeugnisse des Betriebs der Land- und Forstwirtschaft an das Handelsgeschäft sind diese mit dem Abgabepreis des Erzeugerbetriebs an Wiederverkäufer anzusetzen.

Absatz eigener Erzeugnisse in Verbindung mit Dienstleistungen

(7) [1]Bei Dienstleistungen (z. B. Grabpflege, Gartengestaltung) im Zusammenhang mit dem Absatz eigener land- und forstwirtschaftlicher Erzeugnisse handelt es sich grundsätzlich um eine gewerbliche Tätigkeit. [2]Soweit im Zusammenhang mit diesen Dienstleistungen überwiegend selbstgewonnene land- und forstwirtschaftliche Erzeugnisse abgesetzt werden und der Umsatz aus diesen Dienstleistungen 50 v. H. des Gesamtumsatzes des Betriebs nicht übersteigt, können diese Dienstleistungen aus Vereinfachungsgründen der Land- und Forstwirtschaft zugerechnet werden. [3]Liegt eine gewerbliche Tätigkeit vor, ist zu prüfen, ob Erzeugerbetrieb und Dienstleistungsbetrieb einen einheitlichen Betrieb oder zwei selbständige Betriebe darstellen. [4]Von einem einheitlichen Gewerbebetrieb ist auszugehen, wenn der Umsatz aus Dienstleistungen mehr als 50 v. H. des Gesamtumsatzes beträgt.

Absatz selbsterzeugter Getränke in Verbindung mit besonderen Leistungen

(8) [1]Der Ausschank von selbsterzeugten Getränken, z. B. Wein, stellt keine Dienstleistung im Sinne des Absatzes 7 Satz 1, sondern lediglich eine Form der Vermarktung dar. [2]Werden daneben jedoch Speisen und zugekaufte Getränke

verabreicht, z. B. in einer Besen- oder Straußwirtschaft, liegt insoweit eine besondere Leistung und damit grundsätzlich eine gewerbliche Tätigkeit vor. ³Übersteigt der Umsatz aus diesen Leistungen jedoch nicht 50 v. H. des Umsatzes der Besen- oder Straußwirtschaft und nicht 100.000 DM im Wirtschaftsjahr, sind die besonderen Leistungen aus Vereinfachungsgründen der Land- und Forstwirtschaft zuzurechnen. ⁴Absatz 7 Sätze 3 und 4 gilt entsprechend.

Verwendung von Wirtschaftsgütern außerhalb des Betriebs

(9) ¹Wenn ein Land- und Forstwirt Wirtschaftsgüter außerbetrieblich verwendet, die er eigens zu diesem Zweck angeschafft hat, liegt ohne weiteres von Anfang an ein Gewerbebetrieb vor. ²Verwendet ein Land- und Forstwirt Wirtschaftsgüter auch außerhalb seines Betriebs, indem er sie Dritten entgeltlich überläßt oder mit ihnen für Dritte Dienstleistungen verrichtet, so stellt diese Betätigung entweder eine land- und forstwirtschaftliche oder eine gewerbliche Tätigkeit dar. ³Die Frage, ob eine gewerbliche Tätigkeit vorliegt, ist aus Vereinfachungsgründen nicht zu prüfen, wenn die Wirtschaftsgüter neben der eigenbetrieblichen Nutzung ausschließlich für andere Betriebe der Land- und Forstwirtschaft verwendet werden und die Umsätze daraus nicht mehr als ein Drittel des Gesamtumsatzes und nicht mehr als 100.000 DM im Wirtschaftsjahr betragen. ⁴Diese Regelung gilt auch bei Nutzungsüberlassungen oder Dienstleistungen, die nicht für andere Betriebe der Land- und Forstwirtschaft erbracht werden, unter der zusätzlichen Voraussetzung, daß die Umsätze daraus insgesamt nicht mehr als 20.000 DM im Wirtschaftsjahr betragen. ⁵Als andere Betriebe der Land- und Forstwirtschaft im Sinne des Satzes 3 gelten auch Körperschaften, Vermögensmassen und Personenvereinigungen sowie deren Teilbetriebe, sofern sich deren Betätigung auf die Land- und Forstwirtschaft beschränkt. ⁶Die Vereinfachungsregelungen der Sätze 3 bis 5 finden bei Wirtschaftsgütern, die Nebenbetrieben zuzurechnen sind, und bei der Beherbergung von Fremden keine Anwendung.

Energieerzeugung

(10) ¹Bei der Erzeugung von Energie, z. B. durch Wind-, Solar- oder Wasserkraft, handelt es sich nicht um die planmäßige Nutzung der natürlichen Kräfte des Bodens im Sinne des Absatzes 1. ²Ein Nebenbetrieb der Land- und Forstwirtschaft ist nicht anzunehmen, weil keine Be- und Verarbeitung von Rohstoffen und damit auch nicht eine nahezu ausschließliche Verwendung der dabei gewonnenen Erzeugnisse im eigenen Betrieb der Land- und Forstwirtschaft erfolgt. ³Sind Energieerzeugungsanlagen an ein Versorgungsnetz angeschlossen, sind sie einem gewerblichen Betrieb zuzuordnen, wenn die Erzeugung für den eigenen Betrieb nicht überwiegt. ⁴Die Erzeugung von Biogas stellt keine Energieerzeugung im Sinne des Satzes 1; sie kann unter den Voraussetzungen des Absatzes 3 einen Nebenbetrieb darstellen.

Beherbergung von Fremden

(11) ¹Die Abgrenzung des Gewerbebetriebs gegenüber der Land- und Forstwirtschaft richtet sich bei der Beherbergung von Fremden nach den Grundsätzen von R 137 Absätze 2 und 3 EStR 1993. ²Aus Vereinfachungsgründen ist keine gewerbliche Tätigkeit anzunehmen, wenn weniger als vier Zimmer oder weniger als sechs Betten zur Beherbergung von Fremden bereitgehalten werden und keine Hauptmahlzeit gewährt wird.

Zeitliche Anwendung

(12) ¹Die vorstehenden Regelungen sind auf Wirtschaftsjahre anzuwenden, die nach dem 31. Dezember 1995 beginnen. ²Auf Antrag sind die Regelungen in allen noch offenen Veranlagungsfällen anzuwenden.

Anhang 21
I Leasing

Übersicht

I   Ertragsteuerliche Behandlung von Leasing-Verträgen über bewegliche Wirtschaftsgüter

II Ertragsteuerliche Behandlung von Finanzierungs-Leasing-Verträgen über unbewegliche Wirtschaftsgüter

III Steuerrechtliche Zurechnung des Leasing-Gegenstandes beim Leasing-Geber

IV Ertragsteuerliche Behandlung von Teilamortisations-Leasing-Verträgen über unbewegliche Wirtschaftsgüter

V   Bilanz- und gewerbesteuerrechtliche Behandlung der Forfaitierung von Forderungen

I
Ertragsteuerliche Behandlung von Leasing-Verträgen über bewegliche Wirtschaftsgüter

BMF vom 19. 4. 1971 (BStBl I S. 264)
IV B/2 – S 2170 – 31/71

Unter Bezugnahme auf das Ergebnis der Erörterungen mit den obersten Finanzbehörden der Länder wird zu der Frage der steuerlichen Behandlung von Leasing-Verträgen über bewegliche Wirtschaftsgüter wie folgt Stellung genommen:

I. Allgemeines

Der Bundesfinanzhof hat mit Urteil vom 26. Januar 1970 (BStBl 1970 II S. 264) zur steuerlichen Behandlung von sogenannten Finanzierungs-Leasing-Verträgen über bewegliche Wirtschaftsgüter Stellung genommen.

Um eine einheitliche Rechtsanwendung durch die Finanzverwaltung zu gewährleisten, kann bei vor dem 24. April 1970 abgeschlossenen Leasing-Verträgen aus Vereinfachungsgründen von dem wirtschaftlichen Eigentum des Leasing-Gebers am Leasing-Gut und einer Vermietung oder Verpachtung an den Leasing-Nehmer ausgegangen werden, wenn die Vertragsparteien in der Vergangenheit übereinstimmend eine derartige Zurechnung zugrunde gelegt haben und auch in Zukunft daran festhalten. Das gilt auch, wenn die Vertragslaufzeit über den genannten Stichtag hinausreicht (vgl. Schreiben vom 21. Juli 1970

$$-\frac{\text{IV B/2} - \text{S 2170} - 52/70}{\text{IV A/1} - \text{S 7471} - 10/70} - \text{BStBl 1970 I S. 913}).$$

Für die steuerliche Behandlung von nach dem 23. April 1970 abgeschlossenen Leasing-Verträgen über bewegliche Wirtschaftsgüter sind die folgenden Grundsätze zu beachten. Dabei ist als betriebsgewöhnliche Nutzungsdauer der in den amtlichen AfA-Tabellen angegebene Zeitraum zugrunde zu legen.

II. Begriff und Abgrenzung des Finanzierungs-Leasing-Vertrages bei beweglichen Wirtschaftsgütern

1. Finanzierungs-Leasing im Sinne dieses Schreibens ist nur dann anzunehmen, wenn

   a) der Vertrag über eine bestimmte Zeit abgeschlossen wird, während der der Vertrag bei vertragsgemäßer Erfüllung von beiden Vertragsparteien nicht gekündigt werden kann (Grundmietzeit),
   und

   b) der Leasing-Nehmer mit den in der Grundmietzeit zu entrichtenden Raten mindestens die Anschaffungs- oder Herstellungskosten sowie alle Nebenkosten einschließlich der Finanzierungskosten des Leasing-Gebers deckt.

2. Beim Finanzierungs-Leasing von beweglichen Wirtschaftsgütern sind im wesentlichen folgende Vertragstypen festzustellen:

   a) Leasing-Verträge ohne Kauf- oder Verlängerungsoption

      Bei diesem Vertragstyp sind zwei Fälle zu unterscheiden:

      Die Grundmietzeit

      aa) deckt sich mit der betriebsgewöhnlichen Nutzungsdauer des Leasing-Gegenstandes,

      bb) ist geringer als die betriebsgewöhnliche Nutzungsdauer des Leasing-Gegenstandes.

      Der Leasing-Nehmer hat nicht das Recht, nach Ablauf der Grundmietzeit den Leasing-Gegenstand zu erwerben oder den Leasing-Vertrag zu verlängern.

b) Leasing-Verträge mit Kaufoption

Der Leasing-Nehmer hat das Recht, nach Ablauf der Grundmietzeit, die regelmäßig kürzer ist als die betriebsgewöhnliche Nutzungsdauer des Leasing-Gegenstandes, den Leasing-Gegenstand zu erwerben.

c) Leasing-Verträge mit Mietverlängerungsoption

Der Leasing-Nehmer hat das Recht, nach Ablauf der Grundmietzeit, die regelmäßig kürzer ist als die betriebsgewöhnliche Nutzungsdauer des Leasing-Gegenstandes, das Vertragsverhältnis auf bestimmte oder unbestimmte Zeit zu verlängern.

Leasing-Verträge ohne Mietverlängerungsoption, bei denen nach Ablauf der Grundmietzeit eine Vertragsverlängerung für den Fall vorgesehen ist, daß der Mietvertrag nicht von einer der Vertragsparteien gekündigt wird, sind steuerlich grundsätzlich ebenso wie Leasing-Verträge mit Mietverlängerungsoption zu behandeln. Etwas anderes gilt nur dann, wenn nachgewiesen wird, daß der Leasing-Geber bei Verträgen über gleiche Wirtschaftsgüter innerhalb eines Zeitraums von neun Zehnteln der betriebsgewöhnlichen Nutzungsdauer in einer Vielzahl von Fällen das Vertragsverhältnis auf Grund seines Kündigungsrechts beendet.

d) Verträge über Spezial-Leasing

Es handelt sich hierbei um Verträge über Leasing-Gegenstände, die speziell auf die Verhältnisse des Leasing-Nehmers zugeschnitten und nach Ablauf der Grundmietzeit regelmäßig nur noch beim Leasing-Nehmer wirtschaftlich sinnvoll verwendbar sind. Die Verträge kommen mit oder ohne Optionsklausel vor.

III. Steuerliche Zurechnung des Leasing-Gegenstandes

Die Zurechnung des Leasing-Gegenstandes ist von der von den Parteien gewählten Vertragsgestaltung und deren tatsächlicher Durchführung abhängig. Unter Würdigung der gesamten Umstände ist im Einzelfall zu entscheiden, wem der Leasing-Gegenstand steuerlich zuzurechnen ist. Bei den unter II.2. genannten Grundvertragstypen gilt für die Zurechnung das Folgende:

1. Leasing-Verträge ohne Kauf- oder Verlängerungsoption

   Bei Leasing-Verträgen ohne Optionsrecht ist der Leasing-Gegenstand regelmäßig zuzurechnen

   a) dem Leasing-Geber,

   wenn die Grundmietzeit mindestens 40 v. H. und höchstens 90 v. H. der betriebsgewöhnlichen Nutzungsdauer des Leasing-Gegenstandes beträgt,

   b) dem Leasing-Nehmer,

   wenn die Grundmietzeit weniger als 40 v. H. oder mehr als 90 v. H. der betriebsgewöhnlichen Nutzungsdauer beträgt.

2. Leasing-Verträge mit Kaufoption

   Bei Leasing-Verträgen mit Kaufoption ist der Leasing-Gegenstand regelmäßig zuzurechnen

   a) dem Leasing-Geber,

   wenn die Grundmietzeit mindestens 40 v. H. und höchstens 90 v. H. der betriebsgewöhnlichen Nutzungsdauer des Leasing-Gegenstandes beträgt

   und der für den Fall der Ausübung des Optionsrechts vorgesehene Kaufpreis nicht niedriger ist als der unter Anwendung der linearen AfA nach der amtlichen AfA-Tabelle ermittelte Buchwert oder der niedrigere gemeine Wert im Zeitpunkt der Veräußerung,

   b) dem Leasing-Nehmer,

   aa) wenn die Grundmietzeit weniger als 40 v. H. oder mehr als 90 v. H. der betriebsgewöhnlichen Nutzungsdauer beträgt oder

   bb) wenn bei einer Grundmietzeit von mindestens 40 v. H. und höchstens 90 v. H. der betriebsgewöhnlichen Nutzungsdauer der für den Fall der Ausübung des Optionsrechts vorgesehene Kaufpreis niedriger ist als der unter Anwendung der linearen AfA nach der amtlichen AfA-Tabelle ermittelte Buchwert oder der niedrigere gemeine Wert im Zeitpunkt der Veräußerung.

   Wird die Höhe des Kaufpreises für den Fall der Ausübung des Optionsrechts während oder nach Ablauf der Grundmietzeit festgelegt oder verändert, so gilt Entsprechendes. Die Veranlagungen sind gegebenenfalls zu berichtigen.

3. Leasing-Verträge mit Mietverlängerungsoption

   Bei Leasing-Verträgen mit Mietverlängerungsoption ist der Leasing-Gegenstand regelmäßig zuzurechnen

   a) dem Leasing-Geber,

   wenn die Grundmietzeit mindestens 40 v. H. und höchstens 90 v. H. der betriebsgewöhnlichen Nutzungsdauer des Leasing-Gegenstandes beträgt

Anhang 21
I Leasing

und die Anschlußmiete so bemessen ist, daß sie den Wertverzehr für den Leasing-Gegenstand deckt, der sich auf der Basis des unter Berücksichtigung der linearen Absetzung für Abnutzung nach der amtlichen AfA-Tabelle ermittelten Buchwerts oder des niedrigeren gemeinen Werts und der Restnutzungsdauer lt. AfA-Tabelle ergibt.

b) dem Leasing-Nehmer,

aa) wenn die Grundmietzeit weniger als 40 v. H. oder mehr als 90 v. H. der betriebsgewöhnlichen Nutzungsdauer des Leasing-Gegenstandes beträgt oder

bb) wenn bei einer Grundmietzeit von mindestens 40 v. H. und höchstens 90 v. H. der betriebsgewöhnlichen Nutzungsdauer die Anschlußmiete so bemessen ist, daß sie den Wertverzehr für den Leasing-Gegenstand nicht deckt, der sich auf der Basis des unter Berücksichtigung der linearen AfA nach der amtlichen AfA-Tabelle ermittelten Buchwerts oder des niedrigeren gemeinen Werts und der Restnutzungsdauer lt. AfA-Tabelle ergibt.

Wird die Höhe der Leasing-Raten für den Verlängerungszeitraum während oder nach Ablauf der Grundmietzeit festgelegt oder verändert, so gilt entsprechendes. Abschnitt II Nr. 2 Buchstabe c Sätze 2 und 3 sind zu beachten.

4. Verträge über Spezial-Leasing

Bei Spezial-Leasing-Verträgen ist der Leasing-Gegenstand regelmäßig dem Leasing-Nehmer ohne Rücksicht auf das Verhältnis von Grundmietzeit und Nutzungsdauer und auf Optionsklauseln zuzurechnen.

IV. Bilanzmäßige Darstellung von Leasing-Verträgen bei Zurechnung des Leasing-Gegenstandes beim Leasing-Geber

1. Beim Leasing-Geber

Der Leasing-Geber hat den Leasing-Gegenstand mit seinen Anschaffungs- oder Herstellungskosten zu aktivieren. Die Absetzung für Abnutzung ist nach der betriebsgewöhnlichen Nutzungsdauer vorzunehmen.

Die Leasing-Raten sind Betriebseinnahmen.

2. Beim Leasing-Nehmer

Die Leasing-Raten sind Betriebsausgaben.

V. Bilanzmäßige Darstellung von Leasing-Verträgen bei Zurechnung des Leasing-Gegenstandes beim Leasing-Nehmer

1. Beim Leasing-Nehmer

Der Leasing-Nehmer hat den Leasing-Gegenstand mit seinen Anschaffungs- oder Herstellungskosten zu aktivieren. Als Anschaffungs- oder Herstellungskosten gelten die Anschaffungs- oder Herstellungskosten des Leasing-Gebers, die der Berechnung der Leasing-Raten zugrunde gelegt worden sind, zuzüglich etwaiger weiterer Anschaffungs- oder Herstellungskosten, die nicht in den Leasing-Raten enthalten sind (vgl. Schreiben vom 5. Mai 1970 – IV B/2 – S 2170 – 4/70 –).

Dem Leasing-Nehmer steht die AfA nach der betriebsgewöhnlichen Nutzungsdauer des Leasing-Gegenstandes zu.

In Höhe der aktivierten Anschaffungs- oder Herstellungskosten mit Ausnahme der nicht in den Leasing-Raten berücksichtigten Anschaffungs- oder Herstellungskosten des Leasing-Nehmers ist eine Verbindlichkeit gegenüber dem Leasing-Geber zu passivieren.

Die Leasing-Raten sind in einen Zins- und Kostenanteil sowie einen Tilgungsanteil aufzuteilen. Bei der Aufteilung ist zu berücksichtigen, daß sich infolge der laufenden Tilgung der Zinsanteil verringert und der Tilgungsanteil entsprechend erhöht.

Der Zins- und Kostenanteil stellt eine sofort abzugsfähige Betriebsausgabe dar, während der andere Teil der Leasing-Rate als Tilgung der Kaufpreisschuld erfolgsneutral zu behandeln ist.

2. Beim Leasing-Geber

Der Leasing-Geber aktiviert eine Kaufpreisforderung an den Leasing-Nehmer in Höhe der den Leasing-Raten zugrunde gelegten Anschaffungs- oder Herstellungskosten. Dieser Betrag ist grundsätzlich mit der vom Leasing-Nehmer ausgewiesenen Verbindlichkeit identisch.

Die Leasing-Raten sind in einem Zins- und Kostenanteil sowie in einen Anteil Tilgung der Kaufpreisforderung aufzuteilen. Wegen der Aufteilung der Leasing-Raten und deren steuerlicher Behandlung gelten die Ausführungen unter V.1. entsprechend.

VI. Die vorstehenden Grundsätze gelten entsprechend auch für Verträge mit Leasing-Nehmern, die ihren Gewinn nicht durch Bestandsvergleich ermitteln.

II
Ertragsteuerliche Behandlung von Finanzierungs-Leasing-Verträgen über unbewegliche Wirtschaftsgüter

BMWF vom 21. 3. 1972 (BStBl I S. 188)

F/IV B 2 – S 2170 – 11/72

Unter Bezugnahme auf das Ergebnis der Erörterungen mit den obersten Finanzbehörden der Länder wird zu der Frage der ertragsteuerlichen Behandlung von Finanzierungs-Leasing-Verträgen über unbewegliche Wirtschaftsgüter wie folgt Stellung genommen:

I. Finanzierungs-Leasing-Verträge
1. Allgemeines

a) In meinem Schreiben vom 19. April 1971 – IV B/2 – S 2170 – 31/71 – habe ich unter Berücksichtigung des BFH-Urteils vom 26. 1. 1970 (BStBl II S. 264) zur steuerlichen Behandlung von Finanzierungs-Leasing-Verträgen über bewegliche Wirtschaftsgüter Stellung genommen. Die in Abschnitt II dieses Schreibens enthaltenen Ausführungen über den Begriff und die Abgrenzung des Finanzierungs-Leasing-Vertrages bei beweglichen Wirtschaftsgütern gelten entsprechend für Finanzierungs-Leasing-Verträge über unbewegliche Wirtschaftsgüter.

b) Ebenso wie bei den Finanzierungs-Leasing-Verträgen über bewegliche Wirtschaftsgüter kann bei vor dem 24. April 1970 abgeschlossenen Finanzierungs-Leasing-Verträgen über unbewegliche Wirtschaftsgüter zur Gewährleistung einer einheitlichen Rechtsanwendung und aus Vereinfachungsgründen von dem wirtschaftlichen Eigentum des Leasing-Gebers am Leasing-Gegenstand, einer Vermietung oder Verpachtung an den Leasing-Nehmer und von der bisherigen steuerlichen Behandlung ausgegangen werden, wenn die Vertragsparteien in der Vergangenheit übereinstimmend eine derartige Zurechnung zugrunde gelegt haben und auch in Zukunft daran festhalten. Das gilt auch, wenn die Vertragslaufzeit über den genannten Stichtag hinausreicht.

c) Für die steuerliche Zurechnung von unbeweglichen Wirtschaftsgütern bei Finanzierungs-Leasing-Verträgen, die nach dem 23. April 1970 abgeschlossen wurden, gelten unter Berücksichtigung der in Abschnitt III meines Schreibens vom 19. 4. 1971 aufgestellten Grundsätze und des BFH-Urteils vom 18. 11. 1970 (BStBl 1971 II S. 133) über Mietkaufverträge bei unbeweglichen Wirtschaftsgütern die in Nummer 2 aufgeführten Kriterien.

d) Die Grundsätze für die Behandlung von unbeweglichen Wirtschaftsgütern gelten nicht für Betriebsvorrichtungen, auch wenn sie wesentliche Bestandteile eines Grundstücks sind (§ 50 Abs. 1 Satz 2 BewG a. F.). Die Zurechnung von Betriebsvorrichtungen, die Gegenstand eines Finanzierungs-Leasing-Vertrages sind, ist vielmehr nach den Grundsätzen für die ertragsteuerliche Behandlung von beweglichen Wirtschaftsgütern zu beurteilen. Für die Abgrenzung der Betriebsvorrichtungen von den Gebäuden sind die Anweisungen in dem übereinstimmenden Ländererlaß über die Abgrenzung der Betriebsvorrichtungen vom Grundvermögen vom 28. 3. 1960 (BStBl 1960 II S. 93) maßgebend.

2. Steuerliche Zurechnung unbeweglicher Leasing-Gegenstände

a) Die Zurechnung des unbeweglichen Leasing-Gegenstandes ist von der von den Parteien gewählten Vertragsgestaltung und deren tatsächlicher Durchführung abhängig. Unter Würdigung der gesamten Umstände ist im Einzelfall zu entscheiden, wem der Leasing-Gegenstand zuzurechnen ist.

Die Zurechnungs-Kriterien sind dabei für Gebäude und Grund und Boden getrennt zu prüfen.

b) Bei Finanzierungs-Leasing-Verträgen ohne Kauf- oder Verlängerungsoption und Finanzierungs-Leasing-Verträgen mit Mietverlängerungsoption ist der Grund und Boden grundsätzlich dem Leasing-Geber zuzurechnen, bei Finanzierungs-Leasing-Verträgen mit Kaufoption dagegen regelmäßig dem Leasing-Nehmer, wenn nach Buchstabe c auch das Gebäude dem Leasing-Nehmer zugerechnet wird. Für die Zurechnung des Grund und Bodens in Fällen des Spezial-Leasings ist entsprechend zu verfahren.

c) Für die Zurechnung der Gebäude gilt im einzelnen das Folgende:

aa) Ist die Grundmietzeit kürzer als 40 v. H. oder länger als 90 v. H. der betriebsgewöhnlichen Nutzungsdauer des Gebäudes, so ist das Gebäude regelmäßig dem Leasing-Nehmer zuzurechnen. Wird die Absetzung für Abnutzung des Gebäudes nach § 7 Abs. 4 Satz 1 oder Abs. 5 EStG bemessen, so gilt als betriebsgewöhnliche Nutzungsdauer ein Zeitraum von 50 Jahren. Hat der Leasing-Nehmer dem Leasing-Geber an dem Grundstück, das Gegenstand des Finanzierungs-Leasing-Vertrages ist, ein Erbbaurecht eingeräumt und ist der Erbbaurechtszeitraum kürzer als die betriebsgewöhnliche Nutzungsdauer des Gebäudes, so tritt bei Anwendung des vorstehenden Satzes an die Stelle der betriebsgewöhnlichen Nutzungsdauer des Gebäudes der kürzere Erbbaurechtszeitraum.

bb) Beträgt die Grundmietzeit mindestens 40 v. H. und höchstens 90 v. H. der betriebsgewöhnlichen Nutzungsdauer, so gilt unter Berücksichtigung der Sätze 2 und 3 des vorstehenden Doppelbuchstabens aa folgendes:

Bei Finanzierungs-Leasing-Verträgen ohne Kauf- oder Mietverlängerungsoption ist das Gebäude regelmäßig dem Leasing-Geber zuzurechnen.

Bei Finanzierungs-Leasing-Verträgen mit Kaufoption kann das Gebäude regelmäßig nur dann dem Leasing-Geber zugerechnet werden, wenn der für den Fall der Ausübung des Optionsrechtes vorgesehene Gesamtkaufpreis nicht niedriger ist als der unter Anwendung der linearen AfA ermittelte Buchwert des Gebäudes zuzüglich des Buchwertes für den Grund und Boden oder der niedrigere gemeine Wert des Grundstücks im Zeitpunkt der Veräußerung. Wird die Höhe des Kaufpreises für den Fall der Ausübung des Optionsrechtes während oder nach Ablauf der Grundmietzeit festgelegt oder verändert, so gilt entsprechendes. Die Veranlagungen sind ggf. zu berichtigen.

Bei Finanzierungs-Leasing-Verträgen mit Mietverlängerungsoption kann das Gebäude regelmäßig nur dann dem Leasing-Geber zugerechnet werden, wenn die Anschlußmiete mehr als 75 v. H. des Mietentgeltes beträgt, das für ein nach Art, Lage und Ausstattung vergleichbares Grundstück üblicherweise gezahlt wird. Wird die Höhe der Leasing-Raten für den Verlängerungszeitraum während oder nach Ablauf der Grundmietzeit festgelegt oder verändert, so gilt Entsprechendes. Die Veranlagungen sind ggf. zu berichtigen.

Verträge ohne Mietverlängerungsoption, bei denen nach Ablauf der Grundmietzeit eine Vertragsverlängerung für den Fall vorgesehen ist, daß der Mietvertrag nicht von einer der Vertragsparteien gekündigt wird, sind steuerlich grundsätzlich ebenso wie Finanzierungs-Leasing-Verträge

mit Mietverlängerungsoption zu behandeln.

d) Bei Spezial-Leasing-Verträgen ist das Gebäude stets dem Leasing-Nehmer zuzurechnen.

II. Bilanzmäßige Darstellung

1. Zurechnung des Leasing-Gegenstandes beim Leasing-Geber

a) Darstellung beim Leasing-Geber

Der Leasing-Geber hat den Leasing-Gegenstand mit seinen Anschaffungs- oder Herstellungskosten zu aktivieren.

Die Leasing-Raten sind Betriebseinnahmen.

b) Darstellung beim Leasing-Nehmer

Die Leasing-Raten sind grundsätzlich Betriebsausgaben.

2. Zurechnung des Leasing-Gegenstandes beim Leasing-Nehmer

a) Bilanzierung beim Leasing-Nehmer

Der Leasing-Nehmer hat den Leasing-Gegenstand mit seinen Anschaffungs- oder Herstellungskosten zu aktivieren. Als Anschaffungs- oder Herstellungskosten gelten die Anschaffungs- oder Herstellungskosten des Leasing-Gebers, die der Berechnung der Leasing-Raten zugrunde gelegt worden sind, zuzüglich etwaiger weiterer Anschaffungs- oder Herstellungskosten, die nicht in den Leasing-Raten enthalten sind (vgl. Schreiben vom 5. Mai 1970 – IV B/2 – S 2170 – 4/70 –).

In Höhe der aktivierten Anschaffungs- oder Herstellungskosten mit Ausnahme der nicht in den Leasing-Raten berücksichtigten Anschaffungs- oder Herstellungskosten des Leasing-Nehmers ist eine Verbindlichkeit gegenüber dem Leasing-Geber zu passivieren.

Die Leasing-Raten sind in einen Zins- und Kostenanteil sowie einen Tilgungsanteil aufzuteilen. Bei der Aufteilung ist zu berücksichtigen, daß sich infolge der laufenden Tilgung der Zinsanteil verringert und der Tilgungsanteil entsprechend erhöht.

Der Zins- und Kostenanteil stellt eine sofort abzugsfähige Betriebsausgabe dar, während der andere Teil der Leasing-Rate als Tilgung der Kaufpreisschuld erfolgsneutral zu behandeln ist.

b) Bilanzierung beim Leasing-Geber

Der Leasing-Geber aktiviert eine Kaufpreisforderung an den Leasing-Nehmer in Höhe der den Leasing-Raten zugrunde gelegten Anschaffungs- oder Herstellungskosten. Dieser Betrag ist grundsätzlich mit der vom Leasing-Nehmer ausgewiesenen Verbindlichkeit identisch.

Die Leasing-Raten sind in einen Zins- und Kostenanteil sowie in einen Anteil Tilgung der

Kaufpreisforderung aufzuteilen. Wegen der Aufteilung der Leasing-Raten und deren steuerlicher Behandlung gelten die Ausführungen unter a entsprechend.

III. Andere Verträge

Erfüllen Verträge über unbewegliche Wirtschaftsgüter nicht die Merkmale, die als Voraussetzung für den Begriff des Finanzierungs-Leasings in Abschnitt II meines Schreibens vom 19. 4. 1971 aufgeführt sind, so ist nach allgemeinen Grundsätzen, insbesondere auch nach den von der Rechtsprechung aufgestellten Grundsätzen über Mietkaufverträge zu entscheiden, wem der Leasing- oder Mietgegenstand zuzurechnen ist (vgl. hierzu insbesondere BFH-Urteile vom 5. 11. 1957 – BStBl 1957 III S. 445 –, 25. 10. 1963 – BStBl 1964 III S. 44 –, 2. 8. 1966 – BStBl 1967 III S. 63 – und 18. 11. 1970 – BStBl 1971 II S. 133).

III
Steuerrechtliche Zurechnung des Leasing-Gegenstandes beim Leasing-Geber

BMF vom 22. 12. 1975

IV B 2 – S 2170 – 161/75

Unter Bezugnahme auf das Ergebnis der Erörterung mit den obersten Finanzbehörden der Länder hat der Bundesminister der Finanzen zu einem Schreiben des Deutschen Leasing-Verbandes vom 24. 7. 1975 wie folgt Stellung genommen:

1. Gemeinsames Merkmal der in dem Schreiben des Deutschen Leasing-Verbandes dargestellten Vertragsmodelle ist, daß eine unkündbare Grundmietzeit vereinbart wird, die mehr als 40 v. H., jedoch nicht mehr als 90 v. H. der betriebsgewöhnlichen Nutzungsdauer des Leasing-Gegenstandes beträgt und daß die Anschaffungs- oder Herstellungskosten des Leasing-Gebers sowie alle Nebenkosten einschließlich der Finanzierungskosten des Leasing-Gebers in der Grundmietzeit durch die Leasing-Raten nur zum Teil gedeckt werden. Da mithin Finanzierungs-Leasing im Sinne des BdF-Schreibens über die ertragsteuerrechtliche Behandlung von Leasing-Verträgen über bewegliche Wirtschaftsgüter vom 19. 4. 1971 (BStBl I S. 264) nicht vorliegt, ist die Frage, wem der Leasing-Gegenstand zuzurechnen ist, nach den allgemeinen Grundsätzen zu entscheiden.

2. Die Prüfung der Zurechnungsfrage hat folgendes ergeben:

a) *Vertragsmodell mit Andienungsrecht des Leasing-Gebers, jedoch ohne Optionsrecht des Leasing-Nehmers*

Bei diesem Vertragsmodell hat der Leasing-Geber ein Andienungsrecht. Danach ist der Leasing-Nehmer, sofern ein Verlängerungsvertrag nicht zustande kommt, auf Verlangen des Leasing-Gebers verpflichtet, den Leasing-Gegenstand zu einem Preis zu kaufen, der bereits bei Abschluß des Leasing-Vertrags fest vereinbart wird. Der Leasing-Nehmer hat kein Recht den Leasing-Gegenstand zu erwerben.

Der Leasing-Nehmer trägt bei dieser Vertragsgestaltung das Risiko der Wertminderung, weil er auf Verlangen des Leasing-Gebers den Leasing-Gegenstand auch dann zum vereinbarten Preis kaufen muß, wenn der Wiederbeschaffungspreis für ein gleichwertiges Wirtschaftsgut geringer als der vereinbarte Preis ist. Der Leasing-Geber hat jedoch die Chance der Wertsteigerung, weil er sein Andienungsrecht nicht ausüben muß, sondern das Wirtschaftsgut zu einem über dem Andienungspreis liegenden Preis verkaufen kann, wenn ein über dem Andienungspreis liegender Preis am Markt erzielt werden kann.

Der Leasing-Nehmer kann unter diesen Umständen nicht als wirtschaftlicher Eigentümer des Leasing-Gegenstandes angesehen werden.

b) *Vertragsmodell mit Aufteilung des Mehrerlöses*

Nach Ablauf der Grundmietzeit wird der Leasing-Gegenstand durch den Leasing-Geber veräußert. Ist der Veräußerungserlös niedriger als die Differenz zwischen den Gesamtkosten des Leasing-Gebers und den in der Grundmietzeit entrichteten Leasing-Raten (Restamortisation), so muß der Leasing-Nehmer eine Abschlußzahlung in Höhe der Differenz zwischen Restamortisation und Veräußerungserlös zahlen. Ist der Veräußerungserlös hingegen höher als die Restamortisation, so erhält der Leasing-Geber 25 v. H., der Leasing-Nehmer 75 v. H. des die Restamortisation übersteigenden Teils des Veräußerungserlöses.

Durch die Vereinbarung, daß der Leasing-Geber 25 v. H. des die Restamortisation übersteigenden Teils des Veräußerungserlöses erhält, wird bewirkt, daß der Leasing-Geber noch in einem wirtschaftlich ins Gewicht fallenden Umfang an etwaigen Wertsteigerungen des Leasing-Gegenstandes beteiligt ist. Der Leasing-Gegenstand ist daher dem Leasing-Geber zuzurechnen.

Eine ins Gewicht fallende Beteiligung des Leasing-Gebers an Wertsteigerungen des Leasing-Gegenstandes ist hingegen nicht mehr gegeben, wenn der Leasing-Geber weniger als 25 v. H. des die Restamortisation übersteigenden Teils des Veräußerungserlöses erhält. Der Leasing-Gegenstand ist in solchen Fällen dem Leasing-Nehmer zuzurechnen.

c) *Kündbarer Mietvertrag mit Anrechnung des Veräußerungserlöses auf die vom Leasing-Nehmer zu leistende Schlußzahlung*

Der Leasing-Nehmer kann den Leasing-Vertrag frühestens nach Ablauf einer Grundmietzeit, die 40 v. H. der betriebsgewöhnlichen Nutzungsdauer beträgt, kündigen. Bei Kündigung ist eine Abschlußzahlung in Höhe der durch die Leasing-Raten nicht gedeckten Gesamtkosten des Leasing-Gebers zu entrichten. Auf die Abschlußzahlung werden 90 v. H. des vom Leasing-Geber erzielten Veräußerungserlöses angerechnet. Ist der anzurechnende Teil des Veräußerungserlöses zuzüglich der vom Leasing-Nehmer bis zur Veräußerung entrichteten Leasing-Raten niedriger als die Gesamtkosten des Leasing-Gebers, so muß der Leasing-Nehmer in Höhe der Differenz eine Abschlußzahlung leisten. Ist jedoch der Veräußerungserlös höher als die Differenz zwischen Gesamtkosten des Leasing-Gebers und den bis zur

Anhang 21

Leasing III

Veräußerung entrichteten Leasing-Raten, so behält der Leasing-Geber diesen Differenzbetrag in vollem Umfang.

Bei diesem Vertragsmodell kommt eine während der Mietzeit eingetretene Wertsteigerung in vollem Umfang dem Leasing-Geber zugute. Der Leasing-Geber ist daher nicht nur rechtlicher, sondern auch wirtschaftlicher Eigentümer des Leasing-Gegenstandes.

Die vorstehenden Ausführungen gelten nur grundsätzlich, d. h. nur insoweit, wie besondere Regelungen in Einzelverträgen nicht zu einer anderen Beurteilung zwingen.

1223

IV
Ertragsteuerliche Behandlung von Teilamortisations-Leasing-Verträgen über unbewegliche Wirtschaftsgüter

BMF vom 23. 12. 1991 (BStBl 1992 I S. 13)

IV B 2 – S 2170 – 115/91

1   In meinem Schreiben vom 21. März 1972 (BStBl I S. 188) habe ich zur ertragsteuerlichen Behandlung von Finanzierungs-Leasing-Verträgen über unbewegliche Wirtschaftsgüter Stellung genommen. Dabei ist unter Finanzierungs-Leasing das Vollamortisations-Leasing verstanden worden. Zu der Frage der ertragsteuerlichen Behandlung von Teilamortisations-Leasing-Verträgen über unbewegliche Wirtschaftsgüter wird unter Bezugnahme auf das Ergebnis der Erörterung mit den obersten Finanzbehörden der Länder wie folgt Stellung genommen:

I. Begriff und Abgrenzung des Teilamortisations-Leasing-Vertrages bei unbeweglichen Wirtschaftsgütern

2   1. Teilamortisations-Leasing im Sinne dieses Schreibens ist nur dann anzunehmen, wenn

a) der Vertrag über eine bestimmte Zeit abgeschlossen wird, während der er bei vertragsgemäßer Erfüllung von beiden Vertragsparteien nur aus wichtigem Grund gekündigt werden kann (Grundmietzeit),

und

3   b) der Leasing-Nehmer mit den in der Grundmietzeit zu entrichtenden Raten die Anschaffungs- oder Herstellungskosten sowie alle Nebenkosten einschließlich der Finanzierungskosten des Leasing-Gebers nur zum Teil deckt.

4   2. Wegen der möglichen Vertragstypen weise ich auf Abschnitt II Ziffer 2 meines Schreibens vom 19. April 1971 (BStBl I S. 264) hin. Die dortigen Ausführungen gelten beim Teilamortisations-Leasing von unbeweglichen Wirtschaftsgütern entsprechend.

II. Steuerrechtliche Zurechnung des Leasing-Gegenstandes

5   1. Die Zurechnung des unbeweglichen Leasing-Gegenstandes hängt von der Vertragsgestaltung und deren tatsächlicher Durchführung ab. Unter Würdigung der gesamten Umstände ist im Einzelfall zu entscheiden, wem der Leasing-Gegenstand zuzurechnen ist. Dabei ist zwischen Gebäude sowie Grund und Boden zu unterscheiden.

2. Für die Zurechnung der **Gebäude** gilt im einzelnen folgendes:

a) Der Leasing-Gegenstand ist – vorbehaltlich der nachfolgenden Ausführungen – grundsätzlich dem **Leasing-Geber** zuzurechnen.   6

b) Der Leasing-Gegenstand ist in den nachfolgenden Fällen ausnahmsweise dem **Leasing-Nehmer** zuzurechnen:

aa) Verträge über Spezial-Leasing   7

Bei Spezial-Leasing-Verträgen ist der Leasing-Gegenstand regelmäßig dem Leasing-Nehmer ohne Rücksicht auf das Verhältnis von Grundmietzeit und Nutzungsdauer und auf etwaige Optionsklauseln zuzurechnen.

bb) Verträge mit Kaufoption   8

Bei Leasing-Verträgen mit Kaufoption ist der Leasing-Gegenstand regelmäßig dem Leasing-Nehmer zuzurechnen,

wenn die Grundmietzeit mehr als 90 v. H. der betriebsgewöhnlichen Nutzungsdauer beträgt oder der vorgesehene Kaufpreis geringer ist als der Restbuchwert des Leasing-Gegenstandes unter Berücksichtigung der AfA gemäß § 7 Abs. 4 EStG nach Ablauf der Grundmietzeit.

Die betriebsgewöhnliche Nutzungsdauer berechnet sich nach der Zeitspanne, für die AfA nach § 7 Abs. 4 Satz 1 EStG vorzunehmen ist, in den Fällen des § 7 Abs. 4 Satz 2 EStG nach der tatsächlichen Nutzungsdauer.   9

cc) Verträge mit Mietverlängerungsoption   10

Bei Leasing-Verträgen mit Mietverlängerungsoption ist der Leasing-Gegenstand regelmäßig dem Leasing-Nehmer zuzurechnen,

wenn die Grundmietzeit mehr als 90 v. H. der betriebsgewöhnlichen Nutzungsdauer des Leasing-Gegenstandes beträgt oder die Anschlußmiete nicht mindestens 75 v. H. des Mietentgelts beträgt, das für ein nach Art, Lage und Ausstattung vergleichbares Grundstück üblicherweise gezahlt wird.

Wegen der Berechnung der betriebsgewöhnlichen Nutzungsdauer vgl. unter Tz. 9.

11 dd) Verträge mit Kauf- oder Mietverlängerungsoption und besonderen Verpflichtungen

Der Leasing-Gegenstand ist bei Verträgen mit Kauf- oder Mietverlängerungsoption dem Leasing-Nehmer stets zuzurechnen, wenn ihm eine der nachfolgenden Verpflichtungen auferlegt wird:

12 – Der Leasing-Nehmer trägt die Gefahr des zufälligen ganzen oder teilweisen Untergangs des Leasing-Gegenstandes. Die Leistungspflicht aus dem Mietvertrag mindert sich in diesen Fällen nicht.

13 – Der Leasing-Nehmer ist bei ganzer oder teilweiser Zerstörung des Leasing-Gegenstandes, die nicht von ihm zu vertreten ist, dennoch auf Verlangen des Leasing-Gebers zur Wiederherstellung bzw. zum Wiederaufbau auf seine Kosten verpflichtet oder die Leistungspflicht aus dem Mietvertrag mindert sich trotz der Zerstörung nicht.

14 – Für den Leasing-Nehmer mindert sich die Leistungspflicht aus dem Mietvertrag nicht, wenn die Nutzung des Leasing-Gegenstandes aufgrund eines nicht von ihm zu vertretenden Umstands langfristig ausgeschlossen ist.

15 – Der Leasing-Nehmer hat dem Leasing-Geber die bisher nicht gedeckten Kosten ggf. auch einschließlich einer Pauschalgebühr zur Abgeltung von Verwaltungskosten zu erstatten, wenn es zu einer vorzeitigen Vertragsbeendigung kommt, die der Leasing-Nehmer nicht zu vertreten hat.

16 – Der Leasing-Nehmer stellt den Leasing-Geber von sämtlichen Ansprüchen Dritter frei, die diese hinsichtlich des Leasing-Gegenstandes gegenüber dem Leasing-Geber geltend machen, es sei denn, daß der Anspruch des Dritten von dem Leasing-Nehmer verursacht worden ist.

17 – Der Leasing-Nehmer als Eigentümer des Grund und Bodens, auf dem der Leasing-Geber als Erbbauberechtigter den Leasing-Gegenstand errichtet, ist aufgrund des Erbbaurechtsvertrags unter wirtschaftlichen Gesichtspunkten gezwungen, den Leasing-Gegenstand nach Ablauf der Grundmietzeit zu erwerben.

18 3. Der **Grund und Boden** ist grundsätzlich demjenigen zuzurechnen, dem nach den Ausführungen unter Tz. 6 bis 17 das Gebäude zugerechnet wird.

III. Bilanzmäßige Darstellung

19 Die bilanzmäßige Darstellung erfolgt nach den Grundsätzen unter Abschnitt II meines Schreibens vom 21. März 1972 (BStBl I S. 188).

IV. Übergangsregelung

20 Soweit die vorstehend aufgeführten Grundsätze zu einer Änderung der bisherigen Verwaltungspraxis für die Zurechnung des Leasing-Gegenstandes bei Teilamortisations-Leasing-Verträgen über unbewegliche Wirtschaftsgüter führen, sind sie nur auf Leasing-Verträge anzuwenden, die nach dem 31. Januar 1992 abgeschlossen werden.

V
Bilanz- und gewerbesteuerrechtliche Behandlung der Forfaitierung von Forderungen

BMF vom 9. 1. 1996 (BStBl I S. 9)
IV B 2 – S 2170 – 135/95

Forfaitiert der Leasing-Geber künftige Forderungen auf Leasing-Raten, die vom Leasing-Nehmer zu entrichten sind, oder forfaitiert er den künftigen Anspruch auf den Erlös aus der nach Ablauf der Grundmietzeit anstehenden Verwertung des Leasing-Gegenstands an eine Bank, so hat dies nach dem Ergebnis einer Erörterung mit den obersten Finanzbehörden der Länder folgende Auswirkungen:

I. Allgemeine Rechtsfolgen der Forfaitierung einer Forderung

Der Abtretung der künftigen Forderungen aus Leasing-Verträgen liegt in schuldrechtlicher Hinsicht eine Forfaitierung zugrunde. Es handelt sich um einen Kaufvertrag zwischen einem Forderungsverkäufer (Forfaitist) und einer Bank oder einem Spezialinstitut als Forderungskäufer (Forfaiteur). Aufgrund der Forfaitierung gehen alle Rechte aus der Forderung, aber auch das Risiko der Zahlungsunfähigkeit des Schuldners auf den Forderungskäufer über. Der Forderungsverkäufer trägt bei einer Forfaitierung lediglich das Risiko des rechtlichen Bestands der Forderung.

II. Zurechnung des Leasing-Gegenstands

Die Forfaitierung der künftigen Forderungen auf Leasing-Raten beeinflußt die Zurechnung des Leasing-Gegenstands nicht. Entsprechendes gilt grundsätzlich auch dann, wenn der künftige Anspruch auf den Erlös aus der Verwertung des Leasing-Gegenstands nach Ablauf der Grundmietzeit forfaitiert wird.

III. Bilanzierung des Erlöses

1. Übernimmt der Leasing-Geber auch die Haftung für die Zahlungsunfähigkeit des Leasing-Nehmers oder verpflichtet er sich zum Rückkauf der Forderung im Fall der Uneinbringlichkeit, so ist dieser Vorgang als Darlehensgewährung der Bank an den Leasing-Geber zu beurteilen. Der Leasing-Geber hat die erhaltenen Erlöse als Darlehensschuld zu passivieren. Dies gilt auch, wenn der Vorgang als Forfaitierung der künftigen Forderungen auf Leasing-Raten oder als Forfaitierung des künftigen Anspruchs auf den Erlös aus der Verwertung des Leasing-Gegenstands bezeichnet wird.

2. Steht der Leasing-Geber nur für den rechtlichen Bestand der Forderung und für die Freiheit von Einreden im Zeitpunkt des Verkaufs bzw. bis zum Ablauf der Grundmietzeit ein, so ist diese Forderung forfaitiert und daher wie folgt zu bilanzieren:

a) im Falle der Forfaitierung der künftigen Forderung auf Leasing-Raten erhält der Leasing-Geber von dem Forderungskäufer den Betrag der Leasing-Raten als Forfaitierungserlös. Wegen seiner Verpflichtung zur Nutzungsüberlassung gegenüber dem Leasing-Nehmer hat der Leasing-Geber den Forfaitierungserlös in einen passiven Rechnungsabgrenzungsposten einzustellen und diesen verteilt auf die restliche Grundmietzeit linear gewinnerhöhend aufzulösen;

b) im Falle der Forfaitierung des künftigen Anspruchs auf den Erlös aus der Verwertung des Leasing-Gegenstands (Restwertforfaitierung) hat der Leasing-Geber den Forfaitierungserlös wie eine Anzahlung zu passivieren, und zwar wegen seiner künftigen Verpflichtung zur Verschaffung des Eigentums an dem Leasing-Gegenstand. Der Passivposten ist verteilt über die Zeitspanne bis zum Ablauf der Grundmietzeit linear auf den Wert aufzustokken, der Grundlage für die Festlegung des Forfaitierungserlöses war. Dies ist grundsätzlich der im Leasing-Vertrag vereinbarte Andienungspreis. Nach Ablauf der Grundmietzeit ist der Passivposten gewinnerhöhend aufzulösen.

IV. Gewerbesteuerrechtliche Behandlung

Der Passivposten aus der Forfaitierung des Anspruchs auf die Leasing-Raten (vgl. unter III. 2. Buchst. a) ist nicht als Dauerschuld gemäß § 12 Abs. 2 Nr. 1 GewStG zu behandeln. Dagegen handelt es sich bei der unter III. 1. beschriebenen Darlehensgewährung sowie bei dem Passivposten aus der Restwertforfaitierung für die Verpflichtung zur Verschaffung des Eigentums an dem Leasing-Gegenstand (vgl. unter III. 2. Buchst. b) um eine Dauerschuld. Das für die Darlehensgewährung vereinbarte Entgelt sowie der dem jährlichen Aufstockungsbetrag unter III. 2. Buchst. b entsprechende Aufwand sind als Entgelt für eine Dauerschuld im Sinne des § 8 Nr. 1 GewStG anzusehen.

Anhang 22

Lebensversicherungen

Übersicht

I Verlängerung der Laufzeit von Versicherungsverträgen im Sinne des § 10 Abs. 1 Nr. 2 Buchstabe b Doppelbuchstaben cc und dd EStG bei Bürgern der ehemaligen DDR und von Berlin (Ost)

II Anwendung des § 10 Abs. 2 Satz 2 und des § 52 Abs. 13 a Satz 4 EStG in der Fassung des Steueränderungsgesetzes 1992 vom 25. 2. 1992 (BGBl. I S. 297, BStBl I S. 146)

III Anwendung des § 10 Abs. 2 Satz 2 und des § 52 Abs. 13 a Satz 4 EStG in der Fassung des Steueränderungsgesetzes 1992 vom 25. 2. 1992 (BGBl. I S. 297, BStBl I S. 146); hier: Verlängerung der Frist zur Bereinigung des steuerschädlichen Einsatzes von Lebensversicherungen

IV Anwendung des § 10 Abs. 2 Satz 2 und des § 52 Abs. 13 a Satz 4 EStG in der Fassung des Steueränderungsgesetzes 1992 vom 25. 2. 1992 (BGBl. I S. 297, BStBl I S. 146)

V Anwendung des § 10 Abs. 2 Satz 2 und des § 52 Abs. 13 a Satz 4 EStG in der Fassung des Steueränderungsgesetzes 1992 vom 25. 2. 1992 (BGBl. I S. 297, BStBl I S. 146); hier: Einräumung eines unwiderruflichen Bezugsrechts für den Todesfall

VI Anwendung des § 10 Abs. 2 Satz 2 und des § 52 Abs. 13 a Satz 4 EStG in der Fassung des Steueränderungsgesetzes 1992 vom 25. 2. 1992 (BGBl. I S. 297, BStBl I S. 146)

VII Gesonderte Feststellung der Steuerpflicht von Zinsen aus einer Lebensversicherung nach § 9 der Verordnung zu § 180 Abs. 2 AO

VIII Einkommensteuerrechtliche Behandlung von Lebensversicherungen nach Inkrafttreten des Dritten Durchführungsgesetzes/EWG zum VAG vom 21. Juli. 1994 (BGBl. I S. 1630); Abgrenzung zwischen kapitalbildenden Lebensversicherungen und Sparverträgen

I
Verlängerung der Laufzeit von Versicherungsverträgen im Sinne des § 10 Abs. 1 Nr. 2 Buchstabe b Doppelbuchstaben cc und dd EStG bei Bürgern der ehemaligen DDR und von Berlin (Ost)

BMF vom 22. 2. 1991 (BStBl I S. 330)

IV B 1 – S 2221 – 20/91

Unter Bezugnahme auf das Ergebnis der Erörterung mit den obersten Finanzbehörden der Länder gilt bei der Verlängerung der Laufzeit der o. g. Versicherungsverträge für Bürger der ehemaligen DDR und von Berlin (Ost) folgende Übergangsregelung:

Bei Steuerpflichtigen, die am 31. Dezember 1990 einen Wohnsitz oder ihren gewöhnlichen Aufenthalt in dem in Artikel 3 des Einigungsvertrages genannten Gebiet und vor dem 1. Januar 1991 keinen Wohnsitz oder gewöhnlichen Aufenthalt im bisherigen Geltungsbereich des Einkommensteuergesetzes hatten, sind aus der Verlängerung eines vor dem 1. Juli 1990 abgeschlossenen Lebensversicherungsvertrages auf die Mindestvertragsdauer von 12 Jahren nach § 10 Abs. 1 Nr. 2 Buchstabe b Doppelbuchstaben cc und dd EStG für den Sonderausgabenabzug der Beiträge und die Steuerfreiheit der außerrechnungsmäßigen und rechnungsmäßigen Zinsen aus Billigkeitsgründen keine nachteiligen Folgerungen zu ziehen, wenn der im Verhältnis 2 : 1 (Mark der DDR : Deutsche Mark) umgestellte Beitrag nicht erhöht wird und die Vertragsverlängerung vor dem 1. Januar 1992 erfolgt. Hat der Steuerpflichtige zur Zeit der Vertragsverlängerung das 47. Lebensjahr vollendet, ist eine Verlängerung des Lebensversicherungsvertrages auch dann steuerlich unschädlich, wenn die bisher abgelaufene Vertragslaufzeit zusammen mit der nach § 10 Abs. 1 Nr. 2 Buchstabe b vorletzter und letzter Satz EStG für den Abschluß eines neuen Lebensversicherungsvertrages geforderten Mindestvertragsdauer weniger als 12 Jahre beträgt.

Beispiele zur Berechnung der Vertragsverlängerung

1. A hat das 49. Lebensjahr vollendet;

die bisher abgelaufene Vertragslaufzeit beträgt	2 Jahre
Vertragsverlängerung:	
Mindestvertragsdauer abzgl. bisher abgelaufene Vertragslaufzeit (12–2 =)	10 Jahre
Verkürzte Mindestvertragsdauer nach § 10 Abs. 1 Nr. 2 Buchst. b vorletzter und letzter Satz EStG (12–3 =)	9 Jahre
die niedrigere Zahl ist anzusetzen	<u>9 Jahre</u>
steuerunschädliche Gesamtlaufzeit des Vertrages	<u>11 Jahre</u>

1227

Anhang 22
I Lebensversicherungen

2. Wie Beispiel 1, jedoch beträgt die bisher abgelaufene Vertragslaufzeit: **5 Jahre**

   Vertragsverlängerung:
   Mindestvertragsdauer abzgl. bisher abgelaufene Vertragslaufzeit (12–5 =): **7 Jahre**

   Verkürzte Mindestvertragsdauer nach § 10 Abs. 1 Nr. 2 Buchst. b vorletzter und letzter Satz EStG (12–3 =): **9 Jahre**

   die niedrigere Zahl ist anzusetzen: **7 Jahre**

   Gesamtlaufzeit des Vertrages: **12 Jahre**

II
Anwendung des § 10 Abs. 2 Satz 2 und des § 52 Abs. 13 a Satz 4[1]) EStG in der Fassung des Steueränderungsgesetzes 1992 vom 25. 2. 1992 (BGBl. I S. 297, BStBl I S. 146)

BMF vom 19. 5. 1993 (BStBl I S. 406)

IV B 1 – S 2221 – 166/93
IV B 2 – S 2134 – 88/93

Bezug: BMF vom 21. 12. 1992 (BStBl 1993 I S. 10)

Im Einvernehmen mit den obersten Finanzbehörden der Länder gilt für die Anwendung des § 10 Abs. 2 Satz 2 und des § 52 Abs. 13 a Satz 4[1]) EStG folgendes:

I. Abzugsverbot für bestimmte Beiträge an Lebensversicherungen als Sonderausgaben (§ 10 Abs. 2 Satz 2 EStG)

1 Durch das Steueränderungsgesetz 1992 ist der Sonderausgabenabzug von Beiträgen zu Lebensversicherungen im Sinne des § 10 Abs. 1 Nr. 2 Buchstabe b Doppelbuchstaben bb bis dd EStG von der weiteren Voraussetzung abhängig gemacht worden, daß die Ansprüche aus diesen Versicherungsverträgen während deren Dauer im Erlebensfall nicht der Tilgung oder Sicherung eines Darlehens dienen, dessen Finanzierungskosten Betriebsausgaben oder Werbungskosten sind. Liegt diese Voraussetzung nicht vor, sind grundsätzlich der Sonderausgabenabzug der Lebensversicherungsbeiträge nach § 10 Abs. 2 Satz 2 EStG und die Steuerfreiheit der Erträge aus der Lebensversicherung nach § 20 Abs. 1 Nr. 6 EStG zu versagen und ggf. eine Nachversteuerung (§ 10 Abs. 5 Nr. 1 EStG) durchzuführen. Ansprüche aus Versicherungsverträgen, die **nur** für den Todesfall der Tilgung oder Sicherung eines Darlehens dienen, fallen nicht unter die Einschränkungen des § 10 Abs. 2 Satz 2 EStG und des § 20 Abs. 1 Nr. 6 Satz 3 EStG.

Policendarlehen sind Darlehen im Sinne des § 10 Abs. 2 Satz 2 EStG; vgl. BFH-Urteile vom 29. April 1966 (BStBl III, 421) und vom 19. Dezember 1973 (BStBl 1974 II, 237).

2 Die **Ansprüche aus Versicherungsverträgen** umfassen nicht nur die Ansprüche des Versicherungsnehmers auf die Versicherungssumme, sondern alle Ansprüche aus Versicherungsverträgen an das Versicherungsunternehmen (Versicherungsleistung).

3 Ansprüche aus Versicherungsverträgen **dienen während deren Dauer im Erlebensfall der Tilgung oder Sicherung eines Darlehens,** wenn sie gepfändet werden oder vor ihrer Fälligkeit eine Tilgungs-/Sicherungsabrede zwischen Darlehnsgeber und -nehmer getroffen worden ist. Diese kann zum Inhalt haben, daß die Ansprüche aus Versicherungsverträgen zur Tilgung eingesetzt oder abgetreten, verpfändet oder die Versicherungspolicen zur Sicherheit hinterlegt werden. Steuerlich unschädlich ist, wenn

a) **nach** Fälligkeit der Versicherung im Erlebensfall die Versicherungsleistung zur Darlehnstilgung verwendet wird, **ohne** daß **vorher** eine Tilgungs-/Sicherungsabrede getroffen worden ist,

b) **nach** Eintritt des Versicherungsfalles durch Tod der versicherten Person die Versicherungsleistung zur Darlehnstilgung verwendet wird, **ohne** daß eine Sicherungsabrede für den Erlebensfall getroffen worden ist.

4 Das Abzugsverbot greift nur, wenn die **Finanzierungskosten Betriebsausgaben oder Werbungskosten** sind. Die Finanzierung eines Wirtschaftsgutes, das nicht zur Erzielung von Einkünften im Sinne des § 2 EStG eingesetzt wird (= persönliche Zwecke), fällt somit nicht unter dieses Verbot. Wegen sog. Mischfälle siehe Rz. 5 ff., insbesondere Rz. 25.

II. Ausnahme vom Abzugsverbot bei Anschaffung oder Herstellung bestimmter Wirtschaftsgüter (§ 10 Abs. 2 Satz 2 Buchstabe a EStG)

1. Begünstigtes Wirtschaftsgut

5 Begünstigt ist die Anschaffung oder Herstellung eines **Wirtschaftsgutes, das dauernd zur Erzielung von Einkünften bestimmt und keine Forderung** ist. Dazu können auch immaterielle Wirtschaftsgüter gehören, nicht jedoch sogenannte negative Wirtschaftsgüter, z. B. Verbindlichkeiten.

6 Bei einem **Anteil** oder einer **Beteiligung** an einer Personengesellschaft handelt es sich nicht um ein Wirtschaftsgut im steuerlichen Sinn; wegen der Möglichkeit eines steuerunschädlichen Erwerbs unter Einsatz von Lebensversicherungsansprüchen siehe Rz. 11.

7 **Forderungen** gehören nicht zu den begünstigten Wirtschaftsgütern, selbst wenn sie dauernd zur Erzielung von Einkünften bestimmt sind. Davon zu unterscheiden sind andere Kapitalanlagen, die dauernd zur Erzielung von Einkünften

---

[1]) jetzt: § 52 Abs. 12 Satz 3

bestimmt sind (z. B. Aktien, GmbH-Anteile). Bei der Hingabe von Darlehen, partiarischen Darlehen, Anleihen, Rentenstammrechten u. ä. handelt es sich um die Begründung oder den Erwerb von Forderungen; das gilt auch, wenn die Forderung durch ein Wertpapier verbrieft ist. Eine Steuerbegünstigung ist daher bei deren Anschaffung oder Begründung unter Einsatz von Lebensversicherungsansprüchen ausgeschlossen.

2. Anschaffungs- oder Herstellungskosten

8   Der Begriff der Anschaffungs- oder Herstellungskosten ergibt sich aus § 255 HGB i. V. m. den Abschnitten 32 a, 33 und 33 a EStR sowie aus § 9 b EStG.

Nicht zu den Anschaffungs- oder Herstellungskosten gehören danach grundsätzlich Finanzierungskosten wie Zinsen, Schätzgebühren, Bereitstellungszinsen, Darlehnsauf- und -abgelder (Agio, Disagio, Damnum). Werden mit einem Darlehen auch solche Aufwendungen, die steuerlich nicht zu den Anschaffungs- oder Herstellungskosten gehören, finanziert, dient das Darlehen nicht mehr ausschließlich der Finanzierung von Anschaffungs- oder Herstellungskosten, sondern zusätzlich der Finanzierung von Finanzierungskosten und ähnlichen Aufwendungen. Aus Vereinfachungsgründen ist es bei der erstmaligen Finanzierung begünstigter Anschaffungs- oder Herstellungskosten jedoch nicht zu beanstanden, wenn das Darlehen auch **bankübliche einmalige Finanzierungskosten** einschließlich Bereitstellungszinsen und Teilvalutierungszuschläge umfaßt und die Versicherungsansprüche vereinbarungsgemäß höchstens bis zur Höhe der mit dem Darlehen finanzierten Anschaffungs- oder Herstellungskosten der Tilgung oder Sicherung des Darlehens dienen.

Beispiel:
Zur Finanzierung der Herstellungskosten einer Fabrikhalle i. H. von 500.000 DM benötigt ein Steuerpflichtiger ein Darlehen. Die Bank gewährt das Darlehen unter Einbehaltung eines Disagios i. H. von 5 v. H. wie folgt:

Darlehnssumme	526.315 DM
– 5 v. H. Disagio	26.315 DM
ausgezahlte Darlehnssumme	500.000 DM.

Zur Sicherheit kann der Steuerpflichtige Ansprüche aus Lebensversicherungen bis zu 500.000 DM an die Bank steuerunschädlich abtreten.

9   Verringern sich die Anschaffungs- oder Herstellungskosten nachträglich, z. B.
– durch einen Preisnachlaß (Skonti, Rabatte),
– durch Erhalt eines Zuschusses (Abschnitt 34 Abs. 3 EStR 1990),

werden daraus keine nachteiligen Folgerungen gezogen, wenn innerhalb von drei Monaten nach Verringerung der Anschaffungs- oder Herstellungskosten das Darlehen sowie die Höhe der diesem Darlehen zur Sicherheit oder Tilgung dienenden Lebensversicherungsansprüche angepaßt werden. Rz. 12 ist zu beachten.

Sind die übrigen Voraussetzungen des § 10 Abs. 2 Satz 2 Buchstabe a EStG erfüllt, führt die teilweise Finanzierung eines Gesamtkaufpreises bis zur Höhe der begünstigten Anschaffungs- oder Herstellungskosten unter Einsatz von Lebensversicherungsansprüchen nicht deshalb zur Steuerschädlichkeit, weil in dem Gesamtkaufpreis auch Aufwendungen enthalten sind, die nicht steuerbegünstigt finanziert werden können (z. B. Umsatzsteuer eines vorsteuerabzugsberechtigten Unternehmers). 10

Wird ein **Betrieb** oder ein **Anteil an einer Personengesellschaft** (Rz. 6) erworben, kann unter Einsatz von Lebensversicherungsansprüchen nur der Teil des Kaufpreises steuerunschädlich finanziert werden, der nach dem Verhältnis der durch den Kaufpreis realisierten Teilwerte/Verkehrswerte auf erworbene Wirtschaftsgüter, die dauernd zur Erzielung von Einkünften bestimmt sind, ohne Forderungen, entfällt. 11

3. Verwendete Ansprüche aus Versicherungsverträgen

Sind die zur Sicherung oder Tilgung des Darlehens verwendeten Ansprüche aus Versicherungsverträgen (Rz. 2) nicht auf die mit dem Darlehen finanzierten Anschaffungs- oder Herstellungskosten und auf die Darlehnshöhe, ggf. abzüglich der banküblichen einmaligen Finanzierungskosten i. S. der Rz. 8, **begrenzt,** führt dies zur vollen Steuerschädlichkeit. Diese Begrenzung muß in der Abtretungs- oder Verpfändungserklärung oder bei der Hinterlegung vorgenommen werden. Die Einschränkung durch eine Sicherungsabrede reicht als Begrenzung **nicht** aus. 12

Beispiel:
– wie Rz. 8 –

Tritt der Steuerpflichtige von vornherein die Ansprüche nur in Höhe von 500.000 DM an die Bank ab, ist dies steuerunschädlich. Tritt er hingegen zunächst die Ansprüche unbegrenzt ab und vereinbart er anschließend mit der Bank in der Sicherungsabrede die Einschränkung auf 500.000 DM, führt dies zur vollen Steuerschädlichkeit.

Wurden vor dem 14. Februar 1992 Ansprüche aus Lebensversicherungsverträgen begrenzt oder unbegrenzt auch für künftige Forderungen des Gläubigers gegen den Schuldner abgetreten oder dienen Ansprüche aus Lebensversicherungsverträgen nicht mehr ausschließlich der Sicherung oder Tilgung des nämlichen Darlehens (z. B. freigewordene Sicherheiten nach teilweiser Tilgung) und soll sich die Abtretung nicht auf Forderungen des Gläubigers erstrecken, die nach dieser Abtretung entstanden sind, reicht die Einschränkung durch eine Sicherungsabrede allein nicht aus. Erforderlich ist zusätzlich, daß die Einschränkung vor Entstehung der weiteren Forderung getroffen worden ist und der Sicherungsnehmer unverzüglich gegenüber dem Lebensversicherer darauf verzichtet, die abgetretenen Ansprüche aus Lebensversicherungsverträgen geltend zu machen, soweit sie über die Ansprüche aus dem nämlichen Darlehen hinausgehen. Dies gilt entsprechend, wenn die Abtretung sich nicht auf bestimmte (Darlehns-) Konten, z. B. Kontokorrentkonten, erstrecken soll.

4. Umschuldung in Neufällen

13 Ein Neufall ist gegeben, wenn
- das Darlehen vor dem 14. Februar 1992 valutiert worden ist, aber erst nach dem 13. Februar 1992 die Verpflichtung eingegangen wurde, Ansprüche aus Lebensversicherungsverträgen zu seiner Tilgung oder Sicherung einzusetzen, oder
- das Darlehen nach dem 13. Februar 1992 valutiert worden ist, unabhängig davon, wann die Verpflichtung eingegangen wurde, die Ansprüche aus Lebensversicherungsverträgen zu seiner Tilgung oder Sicherung einzusetzen.

Wird ein Darlehen, zu dessen Tilgung oder Sicherung Ansprüche aus Lebensversicherungsverträgen nach dem 13. Februar 1992 eingesetzt wurden und das nach § 10 Abs. 2 Satz 2 EStG steuerlich unschädlich ist, mittels eines zweiten oder weiteren Darlehens (Ablösungsdarlehen) umgeschuldet, dient auch das Ablösungsdarlehen einer steuerlich unschädlichen Finanzierung, wenn die Darlehnssumme dieses Darlehens die Restvaluta des umzuschuldenden Darlehens zum Zeitpunkt der Umschuldung nicht übersteigt. Entsprechendes gilt bei Prolongation.

14 Wird ein nach Rz. 8 steuerunschädliches Darlehen, das auch Finanzierungskosten umfaßt, umgeschuldet oder prolongiert, ist auch das Ablösungsdarlehen steuerunschädlich, wenn der Tilgung oder Sicherung dieses Darlehens dienenden Ansprüche aus Lebensversicherungen auf den Teil begrenzt werden, der beim umzuschuldenden oder zu prolongierenden Finanzierung begünstigter Anschaffungs- oder Herstellungskosten verwendet worden war. Wurde das umzuschuldende oder zu prolongierende Darlehen teilweise getilgt, sind aus Vereinfachungsgründen die Tilgungsbeträge zunächst auf die mitfinanzierten Finanzierungskosten anzurechnen. Werden mit dem Ablösungsdarlehen zusammenhängende Finanzierungskosten mitfinanziert, führt das zur Steuerschädlichkeit.

15 Darlehen, die ganz oder teilweise der Finanzierung von Anschaffungs- oder Herstellungskosten eines begünstigten Wirtschaftsgutes i. S. des § 10 Abs. 2 Satz 2 Buchstabe a EStG dienen und für die bisher im Erlebensfall der versicherten Person Ansprüche aus Lebensversicherungsverträgen weder zur Sicherheit noch zur Tilgung eingesetzt wurden, können auch nach dem 13. Februar 1992 unter Einsatz solcher Ansprüche steuerunschädlich umgeschuldet werden, wenn das Ablösungsdarlehen weder die Restvaluta des Darlehens noch die mit diesem Darlehen finanzierten begünstigten Anschaffungs- oder Herstellungskosten übersteigt. Wurde das Darlehen teilweise getilgt, kann nur anteilig im Verhältnis von begünstigten Anschaffungs- oder Herstellungskosten zu anderen mitfinanzierten Aufwendungen der auf die begünstigten Anschaffungs- oder Herstellungskosten entfallende Teil der Restvaluta unter Einsatz von Lebensversicherungsansprüchen steuerunschädlich umgeschuldet werden.

Wegen der Umschuldung in Altfällen vgl. 16 Rz. 27.

5. Umwidmung des begünstigt angeschafften oder hergestellten Wirtschaftsgutes

Wird ein mittels eines steuerlich unschädlichen 17 Darlehens angeschafftes oder hergestelltes Wirtschaftsgut einem anderen Zweck zugeführt (Umwidmung), handelt es sich immer dann um einen zur vollen Steuerschädlichkeit führenden Vorgang, wenn der Einsatzzweck des Wirtschaftsgutes nach der Umwidmung als ursprünglicher Zweck zur Steuerschädlichkeit geführt hätte. Danach sind **Veräußerung** und **Untergang** in der Regel steuerschädlich. Eine **Veräußerung** ist jedoch steuerschädlich, wenn der Veräußerungserlös nicht unverzüglich zur Ablösung des Darlehens oder zur Beschaffung eines begünstigten Wirtschaftsgutes verwendet wird, sondern statt dessen z. B. Umlaufvermögen finanziert wird; Rz. 22 ist anzuwenden. Eine **Umwidmung zu Umlaufvermögen** führt stets zur vollen Steuerschädlichkeit. In Fällen der **Entnahme** kommt es auf den weiteren Verwendungszweck an. Dient das Wirtschaftsgut danach z. B. ausschließlich persönlichen Zwecken (Rz. 4), liegt weiterhin Steuerschädlichkeit vor, da in diesem Fall die Zinsen für das Darlehen weder Betriebsausgaben noch Werbungskosten sind. Dient es verschiedenen steuerlichen Zwecken, gilt Rz. 25 entsprechend.

Wird ein zunächst ausschließlich zu persön- 18 lichen Zwecken (Rz. 4) angeschafftes oder hergestelltes Wirtschaftsgut zur Erzielung von Einkünften eingesetzt und werden die Finanzierungskosten, die für das unter Einsatz von Lebensversicherungsansprüchen aufgenommene Anschaffungs- oder Herstellungsdarlehen zu zahlen sind, Betriebsausgaben oder Werbungskosten, bleibt die Steuerunschädlichkeit nur dann erhalten, wenn das ursprüngliche Anschaffungs- oder Herstellungsdarlehen und die diesem Darlehen dienenden Versicherungsansprüche ab dem Zeitpunkt des (teilweisen) Einsatzes zur Erzielung von Einkünften die Voraussetzungen des § 10 Abs. 2 Satz 2 Buchstabe a EStG erfüllen.

6. Vorschaltdarlehen

19 Werden während einer **längeren Investitionsphase** (z. B. der Herstellung eines Gebäudes oder der Einrichtung einer Arztpraxis) Aufwendungen, die nur auf diese Investition bezogen sein dürfen, über ein gesondertes, eigens hierfür eingerichtetes Vorschaltkonto (z. B. Baukonto) unter Beachtung des in Rzn. 22 bis 24 beschriebenen Zahlungsweges bezahlt, sind die Voraussetzungen für die Steuerunschädlichkeit erst für das Darlehen zu prüfen, das unter Einsatz von Lebensversicherungsansprüchen zur Endfinanzierung des angeschafften oder hergestellten Wirtschaftsgutes eingesetzt wird. Die Voraussetzungen sind erfüllt, wenn dieses Darlehen **bis zu drei Monate** nach Fertigstellung oder Lieferung des Wirtschaftsgutes aufgenommen wurde und sowohl das Darlehen als auch der Teil der Ansprüche aus Lebensversicherungen, der zu seiner Tilgung oder Sicherung eingesetzt wird, die Anschaffungs- oder Herstellungskosten des finanzierten Wirtschaftsgutes nicht übersteigen. Das der Endfinanzierung dienende Darlehen gilt als Erstdarlehen i. S. der Rz. 8.

20 Für Zwischendarlehen, die keine Vorschaltdarlehen sind, gelten Rzn. 13 bis 15 entsprechend.

21 Sind die Voraussetzungen nach Rz. 19 Satz 2 nicht erfüllt, führt dies rückwirkend auch für die Laufzeit des Vorschaltdarlehens zur Steuerschädlichkeit. Handelt es sich um ein betriebliches Darlehen, ist die Laufzeit ggf. auf die Drei-Jahres-Frist des § 10 Abs. 2 Satz 2 Buchstabe c EStG anzurechnen.

7. Zahlungsweg

22 Werden die Darlehnsmittel i. S. des § 10 Abs. 2 Satz 2 Buchst. a EStG zunächst auf ein Konto (z. B. Kontokorrentkonto, Sparkonto) des Darlehnsnehmers überwiesen, von dem sodann die Anschaffungs- oder Herstellungskosten des begünstigten Wirtschaftsgutes bezahlt werden, ist dies nur dann steuerlich unschädlich, wenn zwischen der Überweisung der Darlehnsmittel auf das Konto und der Abbuchung zur Bezahlung der Anschaffungs- oder Herstellungskosten ein Zeitraum von nicht mehr als 30 Tagen liegt.

23 Darlehen, die aufgenommen werden, um Anschaffungs- oder Herstellungskosten eines begünstigten Wirtschaftsgutes, die zunächst durch Eigenmittel bezahlt wurden, zu refinanzieren, dienen nicht der Finanzierung dieser Anschaffungs- oder Herstellungskosten i. S. des § 10 Abs. 2 Satz 2 Buchstabe a EStG. Die steuerrechtliche Würdigung dieser Darlehnsmittel richtet sich nach ihrer tatsächlichen Verwendung; vgl. BFH-Beschluß vom 4. Juli 1990, BStBl II, 817.

24 Werden Darlehnsmittel i. S. des § 10 Abs. 2 Satz 2 Buchstabe a EStG auf ein Anderkonto (z. B. Notar-, Anwalts- oder Steuerberater-Anderkonto) überwiesen, weil der Kaufpreis bereits fällig ist, aber z. B. bei einem Grundstückskauf die Auflassung noch nicht erfolgt ist, werden daraus auch dann keine steuerlichen Nachteile gezogen, wenn das Anderkonto als Festgeldkonto geführt wird. Erhält der Darlehnsnehmer die Darlehnsmittel zurück, richtet sich die Beurteilung der Steuerschädlichkeit nach der weiteren Verwendung der Darlehnsmittel.

8. Finanzierung von Wirtschaftsgütern, die unterschiedlichen Zwecken dienen sollen

25 Die Finanzierung eines Wirtschaftsgutes, das unterschiedlichen Zwecken dienen soll (z. B. gemischtgenutztes Grundstück), mit einem **Gesamtdarlehen** unter Einsatz von Lebensversicherungen ist steuerunschädlich, wenn jeder einzelne Einsatzzweck des Wirtschaftsgutes steuerunschädlich ist und die übrigen Voraussetzungen des § 10 Abs. 2 Satz 2 Buchstabe a EStG insgesamt erfüllt sind. Das gilt auch für Fälle, in denen ein Arbeitszimmer im selbstgenutzten Wohneigentum mitfinanziert wird und die anteiligen Finanzierungskosten Betriebsausgaben oder Werbungskosten sind.

III. Zeitliche Anwendung (§ 52 Abs. 13 a Satz 4[1]) EStG)

26 § 10 Abs. 2 Satz 2 EStG ist nicht anzuwenden, wenn die Darlehnsschuld vor dem 14. Februar 1992 entstanden ist und der Steuerpflichtige sich vor diesem Zeitpunkt verpflichtet hatte, die Ansprüche aus dem Versicherungsvertrag zur Tilgung oder Sicherung dieses Darlehens einzusetzen. Eine Darlehnsschuld ist nach § 607 Abs. 1 BGB mit der Hingabe der Darlehnsmittel (Valutierung) entstanden.

27 Wird bei einem vor dem 14. Februar 1992 vereinbarten **Finanzierungskonzept mit Policendarlehen** nach dem 13. Februar 1992 eine Zinsverpflichtung mit einem Policendarlehen getilgt, ist dies steuerschädlich, wenn das Policendarlehen nach dem 13. Februar 1992 entstanden ist. Werden dagegen die vor dem 14. Februar 1992 entstandenen Darlehen (Restschuld einschließlich etwaiger Policendarlehen) durch eine bis zu diesem Zeitpunkt zur Tilgung oder Sicherung dieser Darlehen eingesetzte Lebensversicherung getilgt oder durch ein neues Darlehen abgelöst (Umschuldung in Altfällen), das auch mit einer Lebensversicherung besichert sein kann, ist dies steuerlich unschädlich, wenn das Ablösungsdarlehen die Restvaluta des umgeschuldeten Darlehens nicht übersteigt und die Versicherungsansprüche vereinbarungsgemäß nur bis zu dieser

---
[1]) jetzt: § 52 Abs. 12 Satz 3

28 Höhe der Sicherung oder Tilgung des Ablösungsdarlehens dienen.

28 Bei **Teilvalutierung** eines Darlehens (z. B. bei Inanspruchnahme eines vereinbarten Darlehens nach Baufortschritt, vgl. Rz. 19), zu dessen Tilgung oder Sicherung eine Lebensversicherung dient, reicht es für die Beurteilung des Gesamtdarlehens als steuerunschädlich nicht aus, wenn eine Teilvalutierung vor dem 14. Februar 1992 erfolgt ist. Dies gilt auch für Teilvalutierungen vor dem 14. Februar 1992, wenn nach dem 13. Februar 1992 Teilvalutierungen steuerschädlich erfolgen.

29 Wird nach dem 13. Februar 1992 eine Lebensversicherung zur Tilgung oder Sicherung eines Darlehens verwendet, das im wirtschaftlichen Zusammenhang mit der Finanzierung von Anschaffungs- oder Herstellungskosten eines Wirtschaftsgutes steht, ohne daß die vorgenannten Begrenzungen eingehalten worden sind, werden daraus für den Sonderausgabenabzug der Lebensversicherungsbeiträge und für die Steuerfreiheit der Erträge aus der Lebensversicherung keine nachteiligen Folgerungen gezogen, wenn vor dem 1. Juli 1993[1]) der steuerschädliche Einsatz der Lebensversicherung beseitigt wird. Die Beseitigung der Steuerschädlichkeit kann entweder durch Tilgung in Höhe des steuerschädlich verwendeten Teils des Darlehens und gleichzeitige Rückabtretung in Höhe der steuerschädlichen Besicherung oder nur durch Rückabtretung in Höhe der Besicherung oder nur durch Rückabtretung in Höhe der steuerschädlichen Besicherung erfolgen. Sie kann auch durch eine Änderung/Ergänzung der bisherigen Vereinbarung über Abtretung, Verpfändung oder Hinterlegung einschließlich der Sicherungsabrede erreicht werden, mit der Folge, daß die Ansprüche aus Lebensversicherungen nur im Todesfall der Tilgung von Darlehen dienen. Vereinbarungen nach Rz. 12 Abs. 2, die vor dem 1. Juli 1993[1]) getroffen werden, werden rückwirkend anerkannt.

30 Bei einem mit einer Lebensversicherung gesicherten **Kontokorrentkredit** gilt folgendes: Hat sich der Schuldenstand des Kontokorrentkontos nach dem 13. Februar 1992 erhöht und liegen die Ausnahmetatbestände des § 10 Abs. 2 Satz 2 EStG nicht vor, werden daraus für den Sonderausgabenabzug der Lebensversicherungsbeiträge und für die Steuerfreiheit der Erträge aus der Lebensversicherung aus Billigkeitsgründen keine nachteiligen Folgerungen gezogen, wenn vor dem 1. Juli 1993[1]) die Besicherung des Kontokorrentkontos mit einer Lebensversicherung rückgängig gemacht worden ist. Rz. 29 vorletzter und letzter Satz gelten entsprechend.

Dieses Schreiben ersetzt das BMF-Schreiben vom 21. Dezember 1992, BStBl 1993 I S. 10.

---

[1]) Im Einvernehmen mit den Einkommensteuer-Referatsleitern der obersten Finanzbehörden des Bundes und der Länder bis einschließlich 31. Dezember 1993 verlängert; → Anhang 22 III.

III

**Anwendung des § 10 Abs. 2 Satz 2 und des § 52 Abs. 13 a Satz 4[1]) EStG
in der Fassung des Steueränderungsgesetzes 1992 vom 25. 2. 1992
(BGBl. I S. 297, BStBl I S. 146);**

**hier: Verlängerung der Frist zur Bereinigung des steuerschädlichen Einsatzes
von Lebensversicherungen**

BMF vom 14. 6. 1993 (BStBl I S. 484)

IV B 2 – S 2134 – 148/93

Bezug: Meine Schreiben vom 12. 3. 1993 – IV B 1 – S 2221 – 50/93 –
(BStBl I S. 277)

und vom 19. 5. 1993 $-\dfrac{\text{IV B 1} - \text{S 2221} - 166/93}{\text{IV B 2} - \text{S 2134} - 88/93}-$ (BStBl I S. 406)

Unter Bezugnahme auf die Entscheidung der für Einkommensteuer zuständigen Vertreter der obersten Finanzbehörden des Bundes und der Länder werden bei steuerschädlicher Verwendung einer Lebensversicherung in den Fällen der Randziffern 29 und 30 des BMF-Schreibens vom 19. Mai 1993 nachteilige Folgerungen nicht gezogen, wenn der steuerschädliche Einsatz der Lebensversicherung vor dem 1. Januar 1994 beseitigt wird. Dieses Schreiben ersetzt das BMF-Schreiben vom 12. März 1993 sowie das BMF-Schreiben vom 19. Mai 1993, soweit dort für die Beseitigung des steuerschädlichen Einsatzes von Lebensversicherungen eine Frist bis zum 1. Juli 1993 bestimmt ist.

---

[1]) Jetzt: § 52 Abs. 12 Satz 3.

IV
Anwendung des § 10 Abs. 2 Satz 2 und des § 52 Abs. 13 a Satz 4[1]) EStG in der Fassung des Steueränderungsgesetzes 1992 vom 25. 2. 1992 (BGBl. I S. 297, BStBl I S. 146)

BMF vom 2. 11. 1993 (BStBl I S. 901)

IV B 2 – S 2134 – 290/93

Bezug: BMF-Schreiben vom 19. 5. 1993 (BStBl I S. 406) und vom 14. Juni 1993 (BStBl I S. 484)

Im Einvernehmen mit den obersten Finanzbehörden der Länder gilt in Ergänzung des BMF-Schreibens vom 19. Mai 1993 (a. a. O.) für die Anwendung des § 10 Abs. 2 Satz 2 und des § 52 Abs. 13 a Satz 4[1]) EStG folgendes:

I. Zu Randziffer 3 des BMF-Schreibens vom 19. Mai 1993:

1 In der Regel weist das Versicherungsunternehmen den Versicherungsnehmer oder die bezugsberechtigte Person vor Ablauf des Versicherungsvertrags auf den bevorstehenden Vertragsablauf hin und kündigt die Auszahlung der Versicherungsleistung an. Der Versicherungsnehmer oder die bezugsberechtigte Person wird um eine Mitteilung gebeten, auf welches Konto die Versicherungsleistung zu überweisen ist. Bei einer derartigen Mitteilung handelt es sich um eine **Vorausverfügung** über die Versicherungsleistung. Auch wenn das Geld auf ein Konto überwiesen werden soll, das einen Negativsaldo aufweist oder ein Darlehnskonto ist, handelt es sich bei dem geschilderten Sachverhalt grundsätzlich nicht um eine Sicherungs- oder Tilgungsvereinbarung. Trifft der Versicherungsnehmer oder die bezugsberechtigte Person jedoch mit dem Kreditinstitut eine Sicherungsabrede, oder wird eine Tilgungsaussetzung mit Blick auf die zu erwartende Versicherungsleistung vereinbart, oder wird vor Fälligkeit der Versicherungsleistung eine Vereinbarung getroffen, einen langfristig abgeschlossenen Festkredit vorzeitig abzulösen, sind bei einer Vorausverfügung die Grundsätze des § 10 Abs. 2 Satz 2 EStG und des BMF-Schreibens vom 19. Mai 1993 zu beachten. Die Vereinbarung kann auch durch eine Negativklausel zustande kommen, z. B. durch das Eingehen der Verpflichtung im Darlehnsvertrag, über die Lebensversicherungsmittel nicht anderweitig zu verfügen. Randziffer 3 des BMF-Schreibens vom 19. Mai 1993 zählt nur beispielhaft auf, unter welchen Voraussetzungen Lebensversicherungsansprüche zur Sicherung oder Tilgung eines Darlehens dienen.

II. Zu Randziffern 5, 7 und 11 des BMF-Schreibens vom 19. Mai 1993:

2 Die Finanzierung der Anschaffung oder Herstellung **mehrerer Wirtschaftsgüter mit einem Gesamtdarlehen** unter Einsatz von Lebensversicherungsansprüchen ist steuerunschädlich, wenn der Einsatzzweck jedes Wirtschaftsguts steuerunschädlich ist und die übrigen Voraussetzungen des § 10 Abs. 2 Satz 2 Buchstabe a EStG insgesamt erfüllt sind. Randziffer 25 des BMF-Schreibens vom 19. Mai 1993 ist sinngemäß anzuwenden.

3 Anteile an einem **offenen Aktien- oder Immobilienfonds** sind keine begünstigten Wirtschaftsgüter im Sinne des § 10 Abs. 2 Satz 2 Buchstabe a EStG. Mit dem Erwerb eines Anteils an einem offenen Aktien- oder Immobilienfonds wird zwar ein Anteil am Sondervermögen einer Kapitalanlagegesellschaft (§ 6 KAGG) erworben. Da jedoch das zulässige Wertpapiersondervermögen eines **offenen Aktienfonds** nach § 8 KAGG neben Aktien- und GmbH-Anteilen auch Kapitalforderungen umfassen darf, ist der Anteilserwerb unter Einsatz einer Lebensversicherung insgesamt steuerschädlich.

Das Grundstücks-Sondervermögen eines **offenen Immobilienfonds** kann gemäß § 27 KAGG aus Grundstücken, Erbbaurechten sowie aus Gegenständen, die zur Bewirtschaftung der Gegenstände des Grundstücks-Sondervermögens erforderlich sind, bestehen. Die Gegenstände des Grundstücks-Sondervermögens dürfen nach § 30 KAGG nur im Eigentum der Kapitalanlagegesellschaft stehen. Der Käufer eines Anteils an einem offenen Immobilienfonds (im Gegensatz zum Erwerber eines Anteils an einem geschlossenen Immobilienfonds) erwirbt daher nicht unmittelbar einen Anteil an einem (oder mehreren) Grundstück(en). Darüber hinaus hat die Kapitalanlagegesellschaft nach § 35 KAGG von jedem Grundstücks-Sondervermögen einen Betrag, der mindestens 5 v. H. des Wertes des Sondervermögens entspricht, in längerfristig kündbaren Guthaben anzulegen. Damit ist auch der Erwerb von Anteilen an einem offenen Immobilienfonds unter Einsatz von Lebensversicherungsansprüchen insgesamt schädlich.

---

[1]) Jetzt: § 52 Abs. 12 Satz 3.

4   Die Regelungen zum Erwerb von Anteilen/Beteiligungen an Personengesellschaften (vgl. Randziffer 11 des BMF-Schreibens vom 19. Mai 1993) sind auf offene Aktien- oder Immobilienfonds nicht entsprechend anwendbar.

III. Zu Randziffer 8 des BMF-Schreibens vom 19. Mai 1993:

5   Werden im Zusammenhang mit dem Erwerb eines nach § 10 Abs. 2 Satz 2 Buchstabe a EStG begünstigten Wirtschaftsguts durch den Käufer Verbindlichkeiten des Veräußerers übernommen, handelt es sich bei der **Schuldübernahme** nicht um den steuerschädlichen Erwerb von negativen Wirtschaftsgütern. Vielmehr ist dieser Vorgang einheitlich als Anschaffungs- und Veräußerungsvorgang zu werten mit der Folge, daß die übernommenen Verbindlichkeiten steuerunschädlich unter Einsatz von Lebensversicherungsansprüchen finanziert (besichert) werden können. Handelt es sich um einen teilentgeltlichen Erwerb, können die übernommenen Verbindlichkeiten unter Einsatz von Lebensversicherungsansprüchen nur steuerunschädlich finanziert werden, soweit die Schuldübernahme einkommensteuerrechtlich als Entgelt für das erworbene Wirtschaftsgut zu behandeln ist. Soweit die Schuldübernahme in einen Bereich fällt, in dem keine steuerlich relevanten Einkünfte erzielt werden, führt die Finanzierung dieser Verbindlichkeiten nicht zum Verlust des Sonderausgabenabzugs der Lebensversicherungsbeiträge und nicht zur Steuerpflicht der Lebensversicherungserträge, weil die Finanzierungskosten für die Verbindlichkeiten weder Betriebsausgaben noch Werbungskosten sind. Verbindlichkeiten, die auf den Gesamtrechtsnachfolger übergehen, können von diesem unter Einsatz von Lebensversicherungsansprüchen steuerunschädlich getilgt oder besichert werden, soweit auch beim Erblasser eine Tilgung oder Sicherung steuerunschädlich gewesen wäre.

6   Entsprechendes gilt bei **Erwerb eines Betriebs, Teilbetriebs oder eines Anteils an einer Personengesellschaft.** Erhöht die Schuldübernahme das steuerliche Entgelt, können die übernommenen Verbindlichkeiten steuerunschädlich unter Einsatz von Lebensversicherungsansprüchen finanziert werden, soweit sie auf die durch den gesamten Kaufpreis realisierten Teilwerte/Verkehrswerte für erworbene Wirtschaftsgüter entfallen, die dauernd zur Erzielung von Einkünften bestimmt sind (außer Forderungen).

7   Bei Übertragung eines Betriebs, Teilbetriebs oder Anteils an einer Personengesellschaft im Wege der **vorweggenommenen Erbfolge** gilt folgendes: Waren für Darlehen des Übertragenden, die vor dem 14. Februar 1992 valutiert wurden, bereits vor dem 14. Februar 1992 Lebensversicherungsansprüche im Erlebensfall zur Sicherung oder Tilgung eingesetzt, werden diese Darlehen durch die Übertragung nicht zu Neufällen. Randziffer 5 letzter Satz gilt entsprechend.

IV. Zu Randziffer 9 des BMF-Schreibens vom 19. Mai 1993:

8   Randziffer 9 des BMF-Schreibens vom 19. Mai 1993 ist entsprechend anzuwenden in Fällen, in denen das Darlehen nach Abschluß des Darlehnsvertrages und nach erfolgter Besicherung durch Lebensversicherungsansprüche nicht vollständig in Anspruch genommen wird, z. B. wenn die Anschaffungs- oder Herstellungskosten niedriger sind als geplant oder wenn bei der geplanten Investition Eigenmittel eingesetzt werden.

V. Zu Randziffer 12 des BMF-Schreibens vom 19. Mai 1993:

9   Werden **mehrere Darlehen zur Finanzierung eines oder mehrerer Wirtschaftsgüter** i. S. des § 10 Abs. 2 Satz 2 Buchstabe a EStG aufgenommen, und erfüllen sowohl jedes dieser Darlehen als auch die Darlehen insgesamt die Voraussetzungen des § 10 Abs. 2 Satz 2 EStG i. V. m. dem BMF-Schreiben vom 19. Mai 1993, ist es ausreichend, wenn die Abtretung, Verpfändung oder Hinterlegung der Ansprüche aus Lebensversicherungsverträgen **in einer Urkunde** vereinbart wird. Es ist nicht erforderlich, für jedes Darlehen eine gesonderte Abtretung, Verpfändung oder Hinterlegung zu vereinbaren. **Mehrere Darlehen** (Alt- und Neudarlehen) können durch Lebensversicherungsansprüche **aus einem Vertrag** besichert werden, wenn die Darlehen insgesamt die Voraussetzungen der §§ 10 Abs. 2 Satz 2 Buchstabe a und 52 Abs. 13 a Satz 4[1]) EStG erfüllen. In den geschilderten Fällen ist es ausreichend, wenn die **Zuordnung** der Sicherheit zum jeweiligen Darlehen in der **Sicherungszweckerklärung** erfolgt.

10 Die **Verzichtserklärung** nach Randziffer 12 Absatz 2 des BMF-Schreibens vom 19. Mai 1993 kann in der Weise abgegeben werden, daß der Sicherungsnehmer die einschränkende schuldrechtliche Sicherungsabrede dem Versicherungsunternehmen unmittelbar oder mittelbar über den Sicherungsgeber (Versicherungsnehmer) zuleitet und gleichzeitig folgende verbindliche Erklärung abgibt:

„Soweit Ihnen zu unseren Gunsten die Abtretung von Ansprüchen aus Lebensversicherungsverträgen angezeigt worden ist, verzichten wir darauf, die abgetretenen Ansprüche aus den Lebensversicherungsverträgen geltend zu machen, soweit sie über die durch den Sicherungsvertrag abgesicherten Ansprüche hinausgehen."

Die Verzichtserklärung wird erst wirksam mit dem **Eingang beim Versicherungsunternehmen.**

---

[1]) Jetzt: § 52 Abs. 12 Satz 3.

Ist die Sicherungszweckerklärung vor dem 1. Januar 1994 i. S. der Randziffer 12 Absatz 2 des BMF-Schreibens vom 19. Mai 1993 eingeschränkt worden, reicht es für die Bereinigung nach Randziffern 29 und 30 des BMF-Schreibens aus, wenn die Verzichtserklärung vor dem **1. April 1994** beim Versicherungsunternehmen eingeht.

VI. Zu Randziffern 13 bis 15 und 27 des BMF-Schreibens vom 19. Mai 1993:

11 **Mehrere Darlehen,** die nach Randziffern 13 bis 15 und 27 des BMF-Schreibens vom 19. Mai 1993 unter Einsatz von Lebensversicherungsansprüchen umgeschuldet werden sollen, können durch **ein Darlehen umgeschuldet** werden. Sollen ein umzuschuldendes Darlehen prolongiert und ein oder weitere Darlehen umgeschuldet werden, kann das zu prolongierende Darlehen um das oder die umzuschuldenden Darlehen aufgestockt werden.

12 Erfüllte ein Erstdarlehen die Voraussetzungen der Randziffer 8 des BMF-Schreibens vom 19. Mai 1993, ist bei Umschuldung oder Prolongation dieses Darlehens unter erstmaligem Einsatz von Lebensversicherungsansprüchen Randziffer 14 des BMF-Schreibens vom 19. Mai 1993 entsprechend anzuwenden.

VII. Zu Randziffer 17 Satz 3 des BMF-Schreibens vom 19. Mai 1993:

13 Ist das veräußerte Wirtschaftsgut nur **teilweise** unter Einsatz von Lebensversicherungsansprüchen finanziert worden, bleibt die Steuerunschädlichkeit auch dann erhalten, wenn der Veräußerungserlös nur entsprechend dem zuvor finanzierten und besicherten Anteil zur Tilgung des Darlehens oder zur Beschaffung eines anderen begünstigten Wirtschaftsgutes eingesetzt wird.

VIII. Zu Randziffern 22 und 23 des BMF-Schreibens vom 19. Mai 1993:

14 Die Regelung der Randziffer 22 des BMF-Schreibens vom 19. Mai 1993 ist auf **Umschuldungsdarlehen** entsprechend anzuwenden mit der Folge, daß das valutierte Umschuldungsdarlehen zunächst auf ein Konto (z. B. Kontokorrentkonto, Sparkonto) des Darlehensnehmers überwiesen werden kann, von dem aus dieser sodann die Umschuldung veranlaßt.

15 Die Regelung der Randziffer 22 des BMF-Schreibens vom 19. Mai 1993 ist für **Personengesellschaften** entsprechend anzuwenden mit der Maßgabe, daß zwischen der Darlehnsaufnahme beim Gesellschafter (Valutierung) und der Bezahlung der begünstigten Anschaffungs- oder Herstellungskosten oder der Überweisung der Geldmittel für Umschuldungszwecke durch die Personengesellschaft ein Zeitraum von nicht mehr als 30 Tagen liegen darf. Daraus folgt auch, daß der Gesellschafter die aufgenommenen Darlehnsmittel zunächst auf ein Konto der Personengesellschaft überweisen kann, die sodann die Mittel dem begünstigten Zweck zuführt.

16 Die Regelung der Randziffer 23 des BMF-Schreibens vom 19. Mai 1993 ist für **Personengesellschaften** mit der Maßgabe anzuwenden, daß die Darlehnsmittel, die ein Gesellschafter aufnimmt, um seinen Anteil an begünstigten Anschaffungs- oder Herstellungskosten zu finanzieren, steuerrechtlich nach ihrer tatsächlichen Verwendung zu würdigen sind. Aufwendungen, die bereits von der Personengesellschaft bezahlt worden sind, können demnach nicht noch einmal durch den bereits beteiligten Gesellschafter unter Einsatz von Lebensversicherungsansprüchen steuerunschädlich (re)finanziert werden, auch nicht in Höhe seines Anteils. Auf Randziffern 19 und 20 wird ergänzend hingewiesen.

IX. Zu Randziffer 27 des BMF-Schreibens vom 19. Mai 1993:

17 Die Regelungen zur **Umschuldung in Altfällen** gelten entsprechend für **Teilumschuldungen in Altfällen.** Daraus folgt, daß ein Darlehen, für das die Regelung des § 10 Abs. 2 Satz 2 i. V. m. § 52 Abs. 13 a Satz 4 EStG noch nicht anzuwenden ist, auch teilweise unter Einsatz von Lebensversicherungsansprüchen umgeschuldet werden kann, wenn das Teil-Umschuldungsdarlehen die Restvaluta des umzuschuldenden Darlehens nicht übersteigt und die Versicherungsansprüche vereinbarungsgemäß nur bis zur Höhe des Teil-Umschuldungsdarlehens der Sicherung oder Tilgung dieses Darlehens dienen.

Randziffer 27 des BMF-Schreibens vom 19. Mai 1993 ist bei **Prolongationen** entsprechend anzuwenden.

X. Zu Randziffer 28 des BMF-Schreibens vom 19. Mai 1993:

18 Eine **Teilvalutierung** im Sinne der Randziffer 28 des BMF-Schreibens vom 19. Mai 1993 liegt auch vor, wenn der Darlehnsumfang nach Valutierung des ursprünglichen Darlehens zusätzlich erhöht wird (z. B. durch Ansammlung der laufend anfallenden Schuldzinsen auf dem Darlehnskonto).

XI. Zu Randziffer 29 des BMF-Schreibens vom 19. Mai 1993:

19 Sind Darlehnsmittel, bevor sie zur Bezahlung von Anschaffungs- oder Herstellungskosten eines nach § 10 Abs. 2 Satz 2 Buchstabe a EStG begünstigten Wirtschaftsguts verwendet werden, vorübergehend auf **Festgeldkonten** angelegt worden, ist eine Bereinigung nach Randziffer 29 des BMF-Schreibens vom 19. Mai 1993 möglich. Soweit die Darlehnsmittel vor Ablauf der Bereinigungsfrist für begünstigte Anschaffungs- oder Herstellungskosten verwendet worden sind, ist durch diese Verwendung der gesetzliche Ausnahmetatbestand nachträglich erfüllt; im übrigen gel-

XII. Hinweise zu Personengesellschaften:

20   Die Regelungen des BMF-Schreibens vom 19. Mai 1993 sind entsprechend den Regelungen für Einzelpersonen auch auf **Personengesellschaften** anzuwenden. Die Ausnahmeregelung des § 10 Abs. 2 Satz 2 Buchstabe a EStG stellt nicht darauf ab, ob ein begünstigtes Wirtschaftsgut von einem oder von mehreren Steuerpflichtigen angeschafft oder hergestellt wird. Da es auf die Person des Versicherungsnehmers oder auf die versicherte Person nicht ankommt, kann auch eine Personengesellschaft ein begünstigtes Wirtschaftsgut unter Einsatz von Lebensversicherungsansprüchen steuerbegünstigt finanzieren, wenn die Voraussetzungen des § 10 Abs. 2 Satz 2 Buchstabe a EStG nach dem BMF-Schreiben vom 19. Mai 1993 erfüllt sind. Finanzieren nur einzelne Mitglieder der Personengesellschaft ihren jeweils auf sie entfallenden Anteil an den begünstigten Anschaffungs- oder Herstellungskosten unter Einsatz von Lebensversicherungsansprüchen, muß sichergestellt sein, daß die aufgenommenen Darlehnsmittel unmittelbar und ausschließlich der Finanzierung dieser Kosten dienen. Entsprechendes gilt für Bargründungsfälle, wenn der Gesellschafter zunächst nur seine Einlage leistet.

21   Der Nachweis, daß bei der Finanzierung unter Einsatz von Lebensversicherungsansprüchen der auf den einzelnen Gesellschafter entfallende Anteil am finanzierten Wirtschaftsgut nicht überschritten ist und daß auch die anderen Begrenzungen, wie z. B. die 30-Tage-Frist nach Randziffer 22 des BMF-Schreibens vom 19. Mai 1993, eingehalten wurden, ist sowohl auf der Ebene der Personengesellschaft als auch auf der des einzelnen Gesellschafters zu führen. Er muß sich leicht und einwandfrei für jede nach § 10 Abs. 2 Satz 2 Buchstabe a EStG begünstigte Investition nachvollziehen lassen. Als Nachweis genügt es z. B. nicht, wenn ein geschlossener Immobilienfonds auf ein vorgegebenes Volumen für eine geplante Investition verweist. Wegen der rechtlichen Einordnung der im Rahmen eines geschlossenen Immobilienfonds aufzubringenden Kosten sind im übrigen das BMF-Schreiben vom 31. August 1990 (BStBl I S. 366) sowie die entsprechenden Erlasse der obersten Finanzbehörden der Länder zu beachten.

V
Anwendung des § 10 Abs. 2 Satz 2 und des § 52 Abs. 13 a Satz 4[1]) EStG in der Fassung des Steueränderungsgesetzes 1992 vom 25. 2. 1992 (BGBl. I S. 297, BStBl I S. 146);
hier: Einräumung eines unwiderruflichen Bezugsrechts für den Todesfall

BMF vom 6. 5. 1994 (BStBl I S. 311)[2])

IV B 2 – S 2134 – 56/94

Nach § 10 Abs. 2 Satz 2 EStG können Beiträge zu bestimmten Lebensversicherungen nicht mehr als Sonderausgaben abgezogen werden, wenn die Ansprüche aus Versicherungsverträgen während deren Dauer im Erlebensfall der Tilgung oder Sicherung „schädlicher" Darlehen dienen. Daraus folgt, daß es steuerlich unschädlich ist, wenn

a) nach Fälligkeit der Versicherung im Erlebensfall die Versicherungsleistung zur Darlehnstilgung verwendet wird, ohne daß vorher eine Tilgungs-/Sicherungsabrede getroffen worden ist,

b) nach Eintritt des Versicherungsfalls durch Tod der versicherten Person die Versicherungsleistung zur Darlehnstilgung verwendet wird, ohne daß eine Sicherungsabrede für den Erlebensfall getroffen worden ist (Randziffer 3 des BMF-Schreibens vom 19. Mai 1993, BStBl I S. 406).

Es ist gefragt worden, welche steuerlichen Folgen sich ergeben, wenn der Versicherungsnehmer und Darlehnsschuldner für den Fall seines Todes dem Darlehnsgläubiger ein unwiderrufliches Bezugsrecht einräumt. Im Einvernehmen mit den obersten Finanzbehörden der Länder gilt dazu folgendes:

Bei einer Lebensversicherung mit geteilter Begünstigung für den Todes- und Erlebensfall steht der Anspruch auf den Rückkaufwert dem für den Todesfall unwiderruflich Bezugsberechtigten bis zum Eintritt des Erlebensfalls zu, d. h. im Erlebensfall nicht mehr zu (vgl. BGH-Urteil vom 17. Februar 1966, BGHZ 45, 162). Ein Widerruf oder eine Änderung der Bezugsberechtigung ist ohne die Zustimmung des Bezugsberechtigten nicht möglich. Ein zur Auszahlung gelangender Rückkaufwert steht daher dem Bezugsberechtigten der Todesfallversicherung zu, solange dessen Recht auf die Versicherungsleistung besteht, also bis (ausschließlich) zum Eintritt des Erlebensfalls.

Das Kündigungsrecht verbleibt grundsätzlich beim Versicherungsnehmer, solange dieser es nicht an den unwiderruflich Bezugsberechtigten abtritt. Eine Pfändung der Versicherungsansprüche beim Versicherungsnehmer durch Dritte wäre aber erfolglos, weil der unwiderruflich Bezugsberechtigte insoweit ein begründetes Widerspruchsrecht hat. Auch könnte der Versicherungsnehmer die Versicherungsansprüche nicht für den Erlebensfall an einen weiteren Gläubiger abtreten oder verpfänden (vgl. auch Prölls/Martin VVG, ALB § 15, Anm. 3). Daraus folgt, daß die Ansprüche aus dem Lebensversicherungsvertrag im Erlebensfall nicht anderweitig zur Sicherung eingesetzt werden können, wenn ein unwiderrufliches Bezugsrecht besteht. Jede Kündigung, sei es durch den Versicherungsnehmer oder den Sicherungsnehmer (z. B. bei Eintritt des Sicherungsfalls), würde auch im Erlebensfall dazu führen, daß der bis dahin angesparte Rückkaufwert an den für den Todesfall unwiderruflich Bezugsberechtigten auszuzahlen wäre. Da die Lebensversicherungsansprüche – trotz der Beschränkung des unwiderruflichen Bezugsrechts auf den Todesfall – im Erlebensfall nicht anderweitig zu Sicherungszwecken eingesetzt werden können, liegt in der unwiderruflichen Bezugsberechtigung, die der Versicherungsnehmer und Darlehnsschuldner für den Todesfall dem Darlehnsgläubiger einräumt, ein Dienen der Versicherungsansprüche auch im Erlebensfall. Das hat zur Folge, daß der Sonderausgabenabzug für die Lebensversicherungs-Beiträge sowie die Steuerfreiheit der Versicherungserträge zu versagen sind, es sei denn, einer der Ausnahmetatbestände nach § 10 Abs. 2 Satz 2 Buchstaben a bis c EStG ist erfüllt.

---

[1]) Jetzt: § 52 Abs. 12 Satz 3.
[2]) Erstmals auf Fälle anzuwenden, in denen ein unwiderrufliches Bezugsrecht für den Todesfall zur Besicherung von Darlehen nach dem 30. 6. 1994 eingeräumt worden ist (→ BMF vom 22. 7. 1994 – BStBl I S. 509).

VI
Anwendung des § 10 Abs. 2 Satz 2 und des § 52 Abs. 13 a Satz 4[1]) EStG in der Fassung des Steueränderungsgesetzes 1992 vom 25. 2. 1992 (BGBl. I S. 297, BStBl I S. 146)

BMF vom 26. 9. 1994 (BStBl I S. 749)
IV B 2 – S 2134 – 109/94

Zur Anwendung des § 10 Abs. 2 Satz 2 und des § 52 Abs. 13 a Satz 4[1]) EStG (in der Fassung des Steueränderungsgesetzes 1992 vom 25. Februar 1992, a. a. O.) sind weitere Fragen gestellt worden. Auf der Grundlage der BMF-Schreiben vom 19. Mai 1993 (BStBl I S. 406) und vom 2. November 1993 (BStBl I S. 901) werden diese im Einvernehmen mit den obersten Finanzbehörden der Länder wie folgt beantwortet:

1. Überweisung auf ein Notaranderkonto

Nach Rz. 24 des BMF-Schreibens vom 19. Mai 1993 (a. a. O.) ist es steuerunschädlich, wenn Darlehnsmittel i. S. des § 10 Abs. 2 Satz 2 Buchstabe a EStG auf ein Anderkonto überwiesen werden, weil der Kaufpreis bereits fällig ist, die tatsächliche Zahlung an den Gläubiger aber aus bestimmten Gründen noch nicht erfolgt. Als Beispiel wird die noch nicht erfolgte Auflassung bei einem Grundstückskauf genannt. Die in Rz. 24 getroffene Regelung steht im Zusammenhang mit Rz. 22, wonach die Darlehnsmittel innerhalb von 30 Tagen dem begünstigten Zweck zuzuführen sind. Daraus folgt, daß die Darlehnsmittel bis 30 Tage vor Fälligkeit der Kaufpreisschuld steuerunschädlich auf ein Anderkonto überwiesen werden können.

2. Umschuldung von Kontokorrentsalden in Altfällen

Bei einem Kontokorrentkonto ist zwischen dem eingeräumten Kreditrahmen und dem tatsächlich in Anspruch genommenen Kredit zu unterscheiden. Da es sich bei einem Kontokorrentkredit in Höhe des jeweils neu in Anspruch genommenen (Kredit-)Betrages um ein neu aufgenommenes Darlehen handelt, liegt nur in Höhe des am 13. Februar 1992 tatsächlich in Anspruch genommenen Kredits ein Altfall i. S. des § 52 Abs. 13 a Satz 4[1]) EStG vor.

Bei Altfall-Umschuldungen treten daher folgende steuerliche Wirkungen ein:
- Hat sich der Schuldenstand nach dem 13. Februar 1992 ohne zwischenzeitliche Tilgung weiter erhöht, ist eine Altfall-Umschuldung in Höhe des Schuldenstandes am 13. Februar 1992 steuerunschädlich möglich.
- Wurde ein Teil der Schulden zwischenzeitlich getilgt, und hat sich der Schuldenstand ggf. zwischenzeitlich wieder erhöht, ist eine steuer-

unschädliche Altfall-Umschuldung nur in Höhe des seit dem 14. Februar 1992 niedrigsten Schuldsaldos, bezogen auf den jeweiligen Tagessaldo, möglich. Die Überprüfung der Salden zu den jeweiligen vierteljährlichen Abrechnungsstichtagen reicht insoweit nicht aus, weil in der täglichen Inanspruchnahme des Kontokorrentkredites jeweils eine Darlehnsaufnahme liegt. War das Konto vorübergehend ausgeglichen oder wies es ein Guthaben aus, ist eine steuerschädliche Umschuldung i. S. der Altfall-Regelung nicht mehr möglich.

3. Fälligkeit der Lebensversicherung vor Abschluß der Bereinigungsfrist

Ist eine steuerschädlich eingesetzte Lebensversicherung vor Ablauf der Bereinigungsfrist fällig oder wegen Eintritts des Sicherungsfalls gekündigt worden, ist eine Bereinigung nicht mehr möglich. Eine „Selbstheilung" kann nicht unterstellt werden, da es Fälle gibt, in denen eine schädliche Sicherungs- oder Tilgungsvereinbarung zur Wahrung der Belange des Darlehnsgläubigers bewußt bestehen bleiben sollte, z. B. weil andere Sicherungs- oder Tilgungsmöglichkeiten nicht vorhanden waren. Eine Regelung im Sinne einer „Selbstheilung" würde den vom Gesetzgeber bestimmten Anwendungszeitpunkt der Neuregelung vom 14. Februar 1992 auf den 1. Januar 1994 verlegen. Den insoweit möglichen Härtefällen kann nur durch Billigkeitsentscheidung im Einzelfall abgeholfen werden.

Billigkeitsentscheidungen kommen insbesondere in Betracht für Lebensversicherungen, die vor dem 1. Januar 1994 fällig wurden, wenn der Sicherungszweck entsprechend Rz. 12 Abs. 2 des BMF-Schreibens vom 19. Mai 1993 (a. a. O.) schuldrechtlich eingeschränkt worden ist, die erforderliche Verzichtserklärung gegenüber dem Lebensversicherungsunternehmen jedoch wegen Fälligkeit der Lebensversicherung nicht mehr abgegeben werden konnte.

4. Zinsen und Kontoführungsgebühren bei Darlehen

Die steuerlichen Folgen des § 10 Abs. 2 Satz 2 EStG treten nur ein, wenn die Lebensversicherungs-Ansprüche im Erlebensfall zur Tilgung oder Sicherung eines **Darlehens** eingesetzt werden, dessen Finanzierungskosten Betriebsausgaben oder Werbungskosten sind. Die Belastung eines Darlehnskontos mit fälligen Zinsen, Konto-

---
[1]) Jetzt: § 52 Abs. 12 Satz 3.

führungsgebühren oder, z. B. bei Bausparkassen, den Kosten für die Hauszeitschrift ist nicht allgemein als neue Darlehnsaufnahme zu beurteilen. Es kommt darauf an, ob das Darlehnskonto in der Form eines Fest-Kredites oder eines Kontokorrentkredites geführt wird.

Wird das Konto in der Form eines Kontokorrentkredites geführt, so stellt jede Belastung mit Zinsen, Kontoführungsgebühren, Gebühren für die Hauszeitschrift usw. die Neuaufnahme eines Darlehens (s. o. Nr. 2 Abs. 1) bzw. eine Darlehns-Teilvalutierung dar, die nach dem 13. Februar 1992 bei Absicherung oder Tilgungsvereinbarung durch Lebensversicherungsansprüche für den Erlebensfall grundsätzlich zur Steuerschädlichkeit führen würde.

Wird das Darlehnskonto in Form eines Fest-Kredits geführt, kommt es darauf an, wie die Zinsen, Gebühren und Kosten gezahlt werden. Werden die Zahlungen mit den laufenden Tilgungsraten in der Weise geleistet, daß die Rate zunächst für diese Aufwendungen verwendet wird, hat sich das Darlehen insoweit nicht erhöht. Der Vorgang ist nicht steuerschädlich.

Erhöhen hingegen die Gebühren und Kosten das Darlehen, ist dies steuerschädlich. Zu einer steuerschädlichen Darlehnserhöhung kann es auch kommen, wenn der Darlehnsnehmer seiner Zahlungsverpflichtung nicht nachkommt und z. B. eine Rate gestundet wird. Aus Vereinfachungsgründen ist es bei vereinbarter laufender Zahlung der Zinsen, Gebühren und Kosten jedoch nicht zu beanstanden, wenn der Darlehnsvaluta aus technischen Abwicklungsgründen zunächst Gebühren, Kosten und Zinsen zugerechnet, diese aber sodann mit der nächstfälligen Zahlung ausgeglichen werden.

Entsprechendes gilt bei sog. Abwicklungskonten, bei denen vereinbarungsgemäß die fälligen Zinsen auf dem Darlehnskonto belastet und rechnerisch der Darlehnsvaluta hinzugerechnet werden, wenn der entsprechende Zinsbetrag unverzüglich bezahlt wird und ein zusätzlicher Kreditrahmen nicht eingeräumt wird.

5. AGB-Pfandrecht

In Rz. 3 des BMF-Schreibens vom 19. Mai 1993 (a. a. O.) sind beispielhaft Fälle aufgeführt, in denen die Finanzverwaltung ein „Dienen" der Ansprüche aus Lebensversicherungsverträgen zur Sicherung oder Tilgung von Darlehen im Erlebensfall annimmt. Danach liegt ein „Dienen" u. a. vor, wenn die Ansprüche **gepfändet** werden. Eine „schädliche" Verwendung der Ansprüche aus Lebensversicherungsverträgen kann daher auch dann vorliegen, wenn ein Gläubiger von seinem Pfandrecht Gebrauch macht, ohne daß vorher eine entsprechende Sicherungs- oder Tilgungsvereinbarung getroffen worden ist.

Im Gegensatz zur Pfändung im Vollstreckungsverfahren, bei der ein „Dienen" i. S. des § 10 Abs. 2 Satz 2 EStG erst mit der tatsächlich durchgeführten Pfändung vorliegen kann, ist das AGB-Pfandrecht rechtsgeschäftlich vereinbart. Das AGB-Pfandrecht muß daher rechtswirksam ausgeschlossen sein, um die Steuerschädlichkeit des Einsatzes von Ansprüchen aus Lebensversicherungsverträgen in solchen Fällen zu vermeiden.

6. Vertrauensschutzregelung für Altfälle; hier: Austausch der Lebensversicherung

Die Vorschrift des § 52 Abs. 13 a Satz 4[1]) EStG besagt ausdrücklich, daß § 10 Abs. 2 Satz 2 EStG erstmals anzuwenden ist, „wenn die Ansprüche aus dem Versicherungsvertrag nach dem 13. Februar 1992 zur Tilgung oder Sicherung eines Darlehens dienen, es sei denn, der Steuerpflichtige weist nach, daß bis zu diesem Zeitpunkt die Darlehnsschuld entstanden war und er sich verpflichtet hatte, die Ansprüche aus dem Versicherungsvertrag zur Tilgung oder Sicherung dieses Darlehens einzusetzen". Handelt es sich nach diesen Grundsätzen um einen Altfall, ist nicht weiter zu prüfen, für welchen Zweck die Darlehnsmittel eingesetzt worden sind. Sie sind also unschädlich eingesetzt. Aus diesem Grunde wird es auch zugelassen, solche Darlehen nach dem 13. Februar 1992 unter Einsatz von Ansprüchen aus Lebensversicherungsverträgen steuerunschädlich ganz oder teilweise umzuschulden. In der Umschuldung liegt an sich eine Darlehnsaufnahme nach dem 13. Februar 1992. Um Darlehnsnehmer und Darlehnsgeber die Möglichkeit zu geben, andere Vertragspartner zu wählen, wird in den genannten Fällen und unter den Voraussetzungen der Rz. 27 des BMF-Schreibens vom 19. Mai 1993 (a. a. O.) und der Rz. 17 des BMF-Schreibens vom 2. November 1993 (a. a. O.) die Altfall-Umschuldung nicht als ein Darlehns-Neufall angesehen.

Handelt es sich dem Grunde nach um einen Altfall i. S. des § 52 Abs. 13 a Satz 4[2]) EStG und sind die Ansprüche aus Lebensversicherungsverträgen somit steuerunschädlich eingesetzt, kann es nicht zur Steuerschädlichkeit führen, wenn zur Sicherung oder Tilgung vereinbarungsgemäß Ansprüche aus anderen Lebensversicherungsverträgen eingesetzt werden. Voraussetzung ist allerdings, daß die übrigen Voraussetzungen der Steuerunschädlichkeit eingehalten werden. So darf z. B. bei einer Umschuldung der abgetretene Betrag nicht höher sein als das Umschuldungsdarlehen, das seinerseits nicht höher sein darf als die Restvaluta des umzuschuldenden Darlehens.

---

[1]) jetzt: § 52 Abs. 12 Satz 3
[2]) jetzt: § 52 Abs. 12 Satz 3

7. Gesonderte Kreditierung eines Damnums

Wurde ab dem Anwendungszeitpunkt des § 10 Abs. 2 Satz 2 EStG (14. Februar 1992) und vor Veröffentlichung des BMF-Schreibens vom 21. Dezember 1992 (BStBl 1993 I S. 10) ein gesondertes Darlehen zur Finanzierung eines Damnums aufgenommen, um für die zur Besicherung des Darlehens zur Finanzierung von Anschaffungs- oder Herstellungskosten (Investitionsdarlehen) eingesetzten Ansprüche aus Lebensversicherungsverträgen die Steuerunschädlichkeit zu erhalten, können die mit dem Investitionsdarlehen verbundenen Finanzierungskosten – unabhängig von der Höhe der Tilgungsrate im Jahr der Aufnahme des Darlehens zur Finanzierung des Damnums – zur Wahrung des Grundsatzes der Gleichbehandlung in voller Höhe als Betriebsausgaben oder Werbungskosten abgezogen werden, wenn die übrigen Voraussetzungen für den Abzug erfüllt sind.

8. Anwendung auf vor dem 1. Januar 1974 abgeschlossene Versicherungsverträge

Nach § 52 Abs. 20 Satz 2 EStG ist § 10 Abs. 2 Satz 2 EStG auch auf vor dem 1. Januar 1974 abgeschlossene Versicherungsverträge anzuwenden.

9. Vorweggenommene Teil-Endfinanzierung bei Einrichtung eines Vorschaltkontos

Die Erleichterungen der Rz. 19 des BMF-Schreibens vom 19. Mai 1993 (a. a. O.) sind auch zu gewähren, wenn ein Vorschaltkonto vor Abschluß der Investition durch Fest-Darlehen teilweise abgelöst wird und die Inanspruchnahme der Fest-Darlehen nicht über die zunächst im Rahmen der insgesamt über das Vorschaltkonto finanzierten Aufwendungen hinausgeht (doppelstöckiges Vorschaltkonto). Die (Teil-)Fest-Darlehen können wie das Vorschaltkonto mit Lebensversicherungsansprüchen besichert sein. Voraussetzung für den Erhalt der Steuerunschädlichkeit ist auch in diesem Fall, daß die Beschränkung nach Rz. 19 Satz 2 des BMF-Schreibens vom 19. Mai 1993 (a. a. O.) auf die finanzierten Anschaffungs- oder Herstellungskosten innerhalb von drei Monaten nach Fertigstellung oder Lieferung des finanzierten Wirtschaftsguts (Abschluß der Investition) vorgenommen wird.

VII
Gesonderte Feststellung der Steuerpflicht von Zinsen aus einer Lebensversicherung nach § 9 der Verordnung zu § 180 Abs. 2 AO

BMF vom 27. 7. 1995 (BStBl I S. 371)

IV A 4 – S 0361 – 10/95

Unter Bezugnahme auf das Ergebnis der Erörterungen mit den obersten Finanzbehörden der Länder gilt für gesonderte Feststellungen nach § 9 der Verordnung zu § 180 Abs. 2 AO folgendes:

I. Allgemeines

Setzt ein Steuerpflichtiger Ansprüche aus einer Lebensversicherung i. S. d. § 10 Abs. 1 Nr. 2 Buchst. b Doppelbuchstaben bb, cc und dd EStG während der Dauer der Versicherung im Erlebensfall zur Tilgung oder Sicherung von Darlehen ein, deren Finanzierungskosten Betriebsausgaben oder Werbungskosten sind, können die Versicherungsbeiträge grundsätzlich nicht als Sonderausgaben abgezogen werden (§ 10 Abs. 2 Satz 2 EStG). Gegebenenfalls ist eine Nachversteuerung durchzuführen (§ 30 Abs. 2 EStDV). Soweit die Voraussetzungen für den Sonderausgabenabzug nicht erfüllt sind, gehören die Zinsen aus den in den Beiträgen enthaltenen Sparanteilen zu den Einkünften aus Kapitalvermögen (§ 20 Abs. 1 Nr. 6 Satz 3 EStG). In diesen Fällen muß das Versicherungsunternehmen bei Verrechnung oder Auszahlung von Zinsen (z. B. bei Fälligkeit der Versicherung) Kapitalertragsteuer einbehalten (§ 43 Abs. 1 Nr. 4 EStG). Nach § 29 EStDV haben der Versicherungsnehmer, das Versicherungsunternehmen und der Versicherungsnehmer dem zuständigen Finanzamt unverzüglich die Fälle anzuzeigen, in denen Ansprüche aus Versicherungsverträgen nach dem 13. Februar 1992 zur Tilgung oder Sicherung von Darlehen eingesetzt werden.

II. Gesonderte Feststellung der Steuerpflicht der Zinsen

Nach § 9 der Verordnung über die gesonderte Feststellung von Besteuerungsgrundlagen nach § 180 Abs. 2 der Abgabenordnung (V zu § 180 Abs. 2 AO) ist die Steuerpflicht der außerrechnungsmäßigen und rechnungsmäßigen Zinsen aus den in den Versicherungsbeiträgen enthaltenen Sparanteilen gesondert festzustellen. Der Feststellungsbescheid ergeht gegenüber dem Versicherungsnehmer als Steuerschuldner. Außerdem ergeht an das Versicherungsunternehmen eine Mitteilung über die Verpflichtung zur Einbehaltung und Abführung von Kapitalertragsteuer. Mit Eintritt der Unanfechtbarkeit des Feststellungsbescheids ist die Entscheidung über die künftige Steuerpflicht der Zinserträge für den Steuerpflichtigen, das Versicherungsunternehmen und die Finanzbehörden verbindlich. Dies gilt nicht nur für die Einbehaltung und Abführung der Kapitalertragsteuer, sondern auch für die spätere Festsetzung der Einkommensteuer. Eine Korrektur des Feststellungsbescheides ist nur nach Maßgabe der §§ 129, 164, 165, 172–175 AO zulässig.

Die Bindungswirkung des Feststellungsbescheids erstreckt sich nur auf die künftige Steuerpflicht der Zinserträge, nicht auch auf die Berücksichtigung der Versicherungsbeiträge als Sonderausgaben. Für die im Falle der steuerschädlichen Verwendung durchzuführende Nachversteuerung (§ 30 Abs. 2 EStDV) ist daher der Feststellungsbescheid nicht Grundlagenbescheid i. S. des § 171 Abs. 10 AO. Hieraus folgt auch, daß bei den noch offenen Steuerfestsetzungen der Sonderausgabenabzug anzuerkennen ist, wenn sich nach Eintritt der Unanfechtbarkeit des Feststellungsbescheids aufgrund späterer Rechtserkenntnisse herausstellt, daß die Verwendung der Ansprüche aus einer Lebensversicherung zu Finanzierungszwecken steuerlich unschädlich ist.

III. Regelungsinhalt des Feststellungsbescheids

Gegenstand der gesonderten Feststellung nach § 9 der V zu § 180 Abs. 2 AO ist die verbindliche Entscheidung über die aus einer bestimmten Verwendung der Ansprüche aus der Lebensversicherung sich ergebenden steuerlichen Folgen hinsichtlich der rechnungsmäßigen und außerrechnungsmäßigen Zinsen aus den in den Versicherungsbeiträgen enthaltenen Sparanteilen.

Die Steuerpflicht umfaßt grundsätzlich sämtliche Zinsen für die gesamte Vertragslaufzeit. In diesem Fall ergeht nur ein Feststellungsbescheid, der die uneingeschränkte Steuerpflicht aller Zinsen feststellt.

In den Fällen des § 10 Abs. 2 Satz 2 Buchst. c EStG sind nur die anteiligen Zinsen für bestimmte Kalenderjahre steuerpflichtig. Insoweit ist die Regelung des Feststellungsbescheids auf die Feststellung der Steuerpflicht der anteiligen Zinsen für das betroffene Kalenderjahr beschränkt. Deshalb können bei „partieller" Steuerpflicht mehrere Feststellungsbescheide, jeweils bezogen auf die anteiligen Zinsen für die im einzelnen benannten Kalenderjahre, ergehen.

IV. Gesonderte Feststellung bei steuerunschädlicher Verwendung

Soweit die Zinsen aufgrund einer bestimmten Verwendung der Ansprüche aus der Lebensversicherung nicht steuerpflichtig sind, liegen die Voraussetzungen für eine gesonderte Feststellung nach § 9 der V zu § 180 Abs. 2 AO nicht vor. Da aber der Steuerpflichtige im Regelfall ein berechtigtes Interesse daran hat, das Ergebnis der Prüfung durch das Finanzamt zu erfahren, ist in diesen Fällen grundsätzlich ein negativer Feststellungsbescheid zu erteilen. Das Finanzamt ist bei der späteren Einkommensteuerveranlagung an die Entscheidung im negativen Feststellungsbescheid gebunden. Seine Bindungswirkung wird nur eingeschränkt, wenn er nach §§ 129, 164, 165 oder 172 ff. AO berichtigt, aufgehoben oder geändert wird und ein Feststellungsbescheid über die steuerschädliche Verwendung ergeht oder wenn aufgrund einer anderen, steuerschädlichen Verwendung ein Feststellungsbescheid ergeht. Hat der Steuerpflichtige einen Feststellungsbescheid erfolgreich angefochten oder wurde er aus anderen Gründen aufgehoben, steht der Aufhebungsbescheid einem negativen Feststellungsbescheid gleich.

V. Änderung der Verwendung nach zunächst steuerunschädlicher Verwendung

Bei zunächst steuerunschädlicher Verwendung kann sich aus einer späteren anderweitigen Verfügung (z. B. erneute Beleihung oder Umwidmung des begünstigt angeschafften oder hergestellten Wirtschaftsgutes) eine erstmalige partielle oder umfassende Steuerpflicht der Zinsen ergeben. In diesem Fall ist der negative Feststellungsbescheid bzw. der entsprechende Aufhebungsbescheid im Hinblick auf die Rückwirkung der materiell-rechtlichen Folgen des neu hinzugetretenen Sachverhaltes nach § 175 Abs. 1 Satz 1 Nr. 2 AO aufzuheben und zugleich ein (neuer) Feststellungsbescheid zu erlassen.

VI. Überschreitung des Drei-Jahres-Zeitraums

Überschreitet die Verwendung der Ansprüche aus der Lebensversicherung den Drei-Jahres-Zeitraum nach § 10 Abs. 2 Satz 2 Buchst. c EStG, führt dies zur umfassenden Steuerpflicht aller Zinsen für die gesamte Laufzeit des Versicherungsvertrages. In diesem Fall sind die bisher ergangenen Feststellungsbescheide über die partielle Steuerpflicht nach § 175 Abs. 1 Satz 1 Nr. 2 AO aufzuheben und ein Feststellungsbescheid über die umfassende Steuerpflicht zu erteilen.

VII. Unterschreitung des Drei-Jahres-Zeitraums

Ist ein Feststellungsbescheid über die umfassende Steuerpflicht der Zinsen ergangen, weil der Einsatz der Ansprüche aus der Lebensversicherung zur Sicherung eines Betriebsmittelkredits zunächst für einen Zeitraum von mehr als drei Jahren (z. B. unbefristet) vereinbart war, kann die vorzeitige Beendigung dieses Einsatzes (z. B. bei Kündigung des Darlehensvertrages oder bei Sicherheitentausch innerhalb des Drei-Jahres-Zeitraums) zu einer rückwirkenden Änderung des Umfangs der Steuerpflicht der Zinsen führen. In diesem Fall sind der Feststellungsbescheid über die umfassende Steuerpflicht nach § 175 Abs. 1 Satz 1 Nr. 2 AO aufzuheben und zugleich neue Feststellungsbescheide über die partielle Steuerpflicht zu erlassen.

VIII. Örtliche Zuständigkeit

Die gesonderte Feststellung nach § 9 der V zu § 180 Abs. 2 AO obliegt dem für die Einkommensbesteuerung des Versicherungsnehmers örtlich zuständigen Finanzamt. Dies gilt auch für den Erlaß eines negativen Feststellungsbescheides.

IX. Schlußbestimmungen

Die Zweite Verordnung zur Änderung der Verordnung über die gesonderte Feststellung von Besteuerungsgrundlagen nach § 180 Abs. 2 der Abgabenordnung ist am 24. Dezember 1994 in Kraft getreten. § 9 der Verordnung zu § 180 Abs. 2 AO ist ab diesem Zeitpunkt auch in allen anhängigen Verfahren anzuwenden. Deshalb kann ein Feststellungsbescheid über die künftige Steuerpflicht der Zinsen aus einem Lebensversicherungsvertrag auch dann ergehen, wenn die zugrundeliegende Verwendung vor dem 24. Dezember 1994 erfolgte.

VIII
Einkommensteuerrechtliche Behandlung von Lebensversicherungen nach Inkrafttreten des Dritten Durchführungsgesetzes/EWG zum VAG vom 21. Juli 1994 (BGBl. I S. 1630); Abgrenzung zwischen kapitalbildenden Lebensversicherungen und Sparverträgen

BMF vom 22. 1. 1996 (BStBl I S. 36)
IV B 1 – S 2221 – 11/96

Unter Bezugnahme auf die Erörterung mit den obersten Finanzbehörden der Länder nehme ich zur einkommensteuerrechtlichen Behandlung von Lebensversicherungen wie folgt Stellung:

Kapitalbildende Lebensversicherungen im Sinne des § 10 Abs. 1 Nr. 2 Buchst. b und des § 20 Abs. 1 Nr. 6 EStG sind solche Versicherungen, bei denen der Todesfallschutz während der gesamten Laufzeit des Versicherungsvertrages mindestens 60 v. H. der Summe der nach dem Versicherungsvertrag für die gesamte Vertragsdauer zu zahlenden Beiträge beträgt. Der Nachweis für die Einhaltung des Mindesttodesfallschutzes ist durch Selbstauskunft des Versicherers auf jeder – jährlich mindestens einmal zu erstellenden – Beitragsrechnung zu erbringen.

Die vorstehende Regelung gilt für alle nach dem 12. Februar 1996[1]) abgeschlossenen Versicherungsverträge.

Für vor dem 29. Juli 1994 abgeschlossene Versicherungsverträge bestehen gegen die weitere Behandlung entsprechend der bisherigen Verwaltungspraxis keine Bedenken, wenn der Versicherungsvertrag seit dem 29. Juli 1994 unverändert geblieben ist.

Für Versicherungsverträge, die in der Zeit vom 29. Juli 1994 bis zum 12. Februar 1996[1]) abgeschlossen worden sind, gilt folgendes:

a) Bei Versicherungstarifen, die aufgrund eines vor dem 29. Juli 1994 gestellten Antrags vom Bundesaufsichtsamt für das Versicherungswesen genehmigt worden sind, ist die Neuregelung nicht anzuwenden, es sei denn, der Versicherungsvertrag wurde nach dem 28. Juli 1994 geändert;

b) in den anderen Fällen gilt für die Anpassung von Versicherungsverträgen an die Neuregelung eine Frist bis zum 31. Dezember 1996; die Vertragslaufzeit wird durch die Anpassung nicht berührt.

Wegen des Mindesttodesfallschutzes bei Direktversicherungen im Sinne des § 40 b EStG wird auf Abschnitt 129 Abs. 3 a LStR 1996 verwiesen.

---

[1]) Der Anwendungszeitpunkt wurde durch BMF auf den 31. 3. 1996 verschoben.

Lohnsteuer-Richtlinien 1993
(LStR 1993)

vom 7. 10. 1992

(BStBl I Sondernummer 3/1992)

– Auszug –

69. Dienstverhältnisse von Ehegatten

Dienstverhältnisse bei demselben Arbeitgeber

(1) ¹Werden Ehegatten bei demselben Arbeitgeber tätig, so ist steuerlich grundsätzlich ein eigenes Dienstverhältnis jedes Ehegatten gegenüber dem Arbeitgeber anzunehmen. ²Wird für die Tätigkeit beider Ehegatten eine einheitliche Vergütung gewährt, so ist diese für die Berechnung der Lohnsteuer erforderlichenfalls im Wege der Schätzung auf die Ehegatten aufzuteilen.

Dienstverhältnisse zwischen Ehegatten

(2) ¹Wegen der zwischen Ehegatten bestehenden Lebens- und Wirtschaftsgemeinschaft kann ein Ehegatte in dem Unternehmen des anderen Ehegatten auf familienrechtlicher, aber auch gesellschaftsrechtlicher Grundlage oder im Rahmen eines Dienstverhältnisses mitarbeiten. ²Nur soweit ein Dienstverhältnis ernsthaft vereinbart und dementsprechend tatsächlich durchgeführt wird, kann der mitarbeitende Ehegatte Arbeitnehmer sein mit der Folge, daß eine Vergütung für ihn Arbeitslohn und für den Arbeitgeber-Ehegatten Betriebsausgabe ist. ³Die vertragliche Gestaltung und ihre Durchführung muß auch unter Dritten üblich sein (BFH-Urteil vom 17. 7. 1984 – BStBl 1986 II S. 48). ⁴Der Arbeitsvertrag ist nicht durchführbar, wenn sich Ehegatten, die beide einen Betrieb unterhalten, wechselseitig verpflichten, mit ihrer vollen Arbeitskraft jeweils im Betrieb des anderen tätig zu sein (BFH-Urteil vom 26. 2. 1969 – BStBl II S. 315). ⁵Demgegenüber können wechselseitige Teilzeitarbeitsverträge anerkannt werden, wenn die Vertragsgestaltungen insgesamt einem Fremdvergleich standhalten (BFH-Urteil vom 12. 10. 1988 – BStBl 1989 II S. 354). ⁶Erforderlich ist eine eindeutige Vereinbarung und klare Trennung der für sich für die Ehegatten aus der Ehe ergebenden Einkommens- und Vermögensverhältnisse von den sich aus dem Arbeitsvertrag ergebenden Rechtsbeziehungen. ⁷Mehrere Jahre vor der Ehe abgeschlossene ernsthafte Arbeitsverträge zwischen den Ehegatten sind steuerlich in der Regel auch nach der Eheschließung anzuerkennen, wenn sich mit der Eheschließung in der Tätigkeit des im Betrieb beschäftigten Ehegatten nichts ändert und auch die Auszahlung des Arbeitslohns vor und nach der Heirat in gleicher Weise vollzogen wird (BFH-Urteil vom 21. 10. 1966 – BStBl 1967 III S. 22). ⁸Im übrigen gilt folgendes:

1. ¹Aus dem Arbeitsverhältnis müssen alle Folgerungen gezogen werden, insbesondere muß der Arbeitslohn tatsächlich ausgezahlt werden und aus dem Vermögen des Arbeitgeber-Ehegatten in das Vermögen des Arbeitnehmer-Ehegatten gelangen; bei der Auszahlung des Arbeitslohns müssen Lohnsteuer und Sozialversicherungsbeiträge, soweit Sozialversicherungspflicht besteht, einbehalten und abgeführt werden. ²Fehlt es an einer Vereinbarung über die Höhe des Arbeitslohns, so kann ein wirksamer Vertrag nicht angenommen werden (BFH-Urteil vom 8. 3. 1962 – BStBl III S. 218). ³Der Anerkennung eines Arbeitsverhältnisses zwischen Ehegatten steht es nicht entgegen, daß der vereinbarte Arbeitslohn unüblich niedrig ist, es sei denn, der Arbeitslohn ist so niedrig bemessen, daß er nicht mehr als Gegenleistung für eine begrenzte Tätigkeit des Arbeitnehmer-Ehegatten angesehen werden kann und deshalb angenommen werden muß, die Ehegatten wollten sich rechtsgeschäftlich nicht binden (BFH-Urteil vom 28. 7. 1983 – BStBl 1984 II S. 60). ⁴Bei einem voll im Betrieb mitarbeitenden Ehegatten kann deshalb ein Arbeitsverhältnis steuerrechtlich nur anerkannt werden, wenn der Arbeitslohn den für versicherungsfreie Nebentätigkeiten geltenden Betrag übersteigt. ⁵Nach den BFH-Urteilen vom 5. 12. 1963 (BStBl 1964 III S. 131), vom 26. 9. 1968 (BStBl 1969 II S. 102) und vom 16. 10. 1981 (BStBl 1982 II S. 119) besteht ein ernsthaftes Arbeitsverhältnis zwischen Ehegatten in der Regel nur dann, wenn der vereinbarte Arbeitslohn jeweils zum üblichen Zahlungszeitpunkt tatsächlich gezahlt wird (**vgl. auch BFH-Urteil vom 25. 7. 1991 – BStBl II S. 842**). ⁶Der steuerrechtlichen Anerkennung eines Arbeitsverhältnisses steht entgegen, wenn

a) die Bezüge des mitarbeitenden Ehegatten auf ein privates Konto des Arbeitgeber-Ehegatten überwiesen werden, über das dem Arbeitnehmer-Ehegatten nur ein Mitverfügungsrecht zusteht, oder einem Unterkonto des Kapitalkontos des Arbeitgeber-Ehegatten gutgeschrieben werden (vgl. BFH-Urteile vom 9. 4. 1968 – BStBl II S. 524 und vom 15. 1. 1980 – BStBl II S. 350),

b) die Bezüge auf ein Konto **überwiesen werden,** über das **jeder der beiden** Ehegatten **allein verfügungsberechtigt ist** – sogenanntes Oder-Konto (BFH-Beschluß vom 27. 11. 1989 – BStBl 1990 II S. 160 – und BFH-Urteil vom 10. 4. 1990 – BStBl II S. 741)[1]),

c) der Arbeitnehmer-Ehegatte vom betrieblichen Bankkonto des Arbeitgeber-Ehegatten monatlich einen größeren Geldbetrag abhebt und ihn erst selbst in das benötigte Haushaltsgeld und den ihm zustehenden monatlichen Arbeitslohn aufteilt (BFH-Urteil vom 20. 4. 1989 – BStBl II S. 655),

d) der Arbeitslohn des Arbeitnehmer-Ehegatten wechselnd bar ausgezahlt und auf ein gemeinschaftliches Konto der Ehegatten überwiesen wird; für die Zeiträume der Barauszahlung kann ein Arbeitsverhältnis anerkannt werden, wenn diese Zeiträume zusammenhängen und davon ausgegangen werden kann, daß während dieser Zeit die Einkommens- und Vermögenssphären der Eheleute klar und eindeutig getrennt sind (BFH-Urteil vom 16. 5. 1990 – BStBl II S. 908).

[7]Der steuerrechtlichen Anerkennung steht nicht entgegen, wenn

a) Teile des Arbeitslohns als vermögenswirksame Leistungen nach dem Vermögensbildungsgesetz auf Verlangen des Arbeitnehmer-Ehegatten auf ein Konto des Arbeitgeber-Ehegatten oder auf ein gemeinschaftliches Konto beider Ehegatten überwiesen werden (BFH-Urteil vom 19. 9. 1975 – BStBl 1976 II S. 81),

b) Arbeitslohn des **Arbeitnehmer**-Ehegatten auf dessen eigenes Bankkonto überwiesen wird, der Arbeitgeber-Ehegatte jedoch unbeschränkt Verfügungsvollmacht über dieses Konto besitzt (BFH-Urteil vom 16. 1. 1974 – BStBl II S. 294).

2. [1]Darlehnsvereinbarungen stehen der steuerrechtlichen Anerkennung von Arbeitsverhältnissen grundsätzlich nicht entgegen. [2]Sind die wechselseitigen Verpflichtungen aus einem ordnungsgemäß vereinbarten und tatsächlich durchgeführten Arbeitsverhältnis erfüllt, wird durch eine anschließende Darlehnsvereinbarung die Anerkennung des Arbeitsverhältnisses nicht berührt. [3]Das ist auch der Fall, wenn der Arbeitnehmer-Ehegatte jeweils im Fälligkeitszeitpunkt über den an ihn auszuzahlenden Netto-Arbeitslohn ausdrücklich dadurch verfügt, daß er den Auszahlungsanspruch in eine Darlehnsforderung umwandelt (BFH-Urteil vom 17. 7. 1984 – BStBl 1986 II S. 48). [4]Werden jedoch Arbeits- und Darlehnsvereinbarungen von den Ehegatten in einer Weise miteinander verknüpft, daß auch der Arbeitslohn ganz oder teilweise bereits als Darlehen behandelt wird, bevor er in die Verfügungsmacht des Arbeitnehmer-Ehegatten gelangt ist, so ist zur Anerkennung des Arbeitsverhältnisses erforderlich, daß auch der Darlehnsvertrag wie ein unter Fremden üblicher Vertrag mit eindeutigen Zins- und Rückzahlungsvereinbarungen abgeschlossen und durchgeführt wird (BFH-Urteil vom 23. 4. 1975 – BStBl II S. 579). [5]Die Verwendung erhaltenen Lohnes durch die schenkweise Übertragung auf den Arbeitgeber-Ehegatten berührt die steuerrechtliche Anerkennung eines ernsthaft vereinbarten und vollzogenen Arbeitsverhältnisses nicht, wenn die Schenkung nicht im engen zeitlichen Zusammenhang mit der Lohnzahlung steht (BFH-Urteil vom 4. 11. 1986 – BStBl 1987 II S. 336).

3. [1]Die Vergütung für ein steuerrechtlich anzuerkennendes Arbeitsverhältnis kann nur insoweit als Arbeitslohn behandelt werden, als sie angemessen ist und nicht den Betrag übersteigt, den ein fremder Arbeitnehmer für eine gleichartige Tätigkeit erhalten würde. [2]Heirats- und Geburtsbeihilfen, Unterstützungen, Aufwendungen für die Zukunftssicherung, die Gewährung freier Unterkunft und Verpflegung, soweit sie ausnahmsweise zum tariflich oder vertraglich vereinbarten angemessenen Gehalt gehört, und ähnliche Zuwendungen an den Arbeitnehmer-Ehegatten können nur berücksichtigt werden, wenn die Zuwendung in dem Betrieb des Unternehmens üblich ist (vgl. BFH-Urteil vom 26. 2. 1988 – BStBl II S. 606 betr. Weihnachtsgratifikationen). [3]Wegen der Voraussetzungen für die Anerkennung von Maßnahmen zur Zukunftssicherung bei Ehegatten-Arbeitsverhältnissen vgl. Abschnitt 41 Abs. 11 EStR.

---

[1]) S. jedoch Beschluß des Bundesverfassungsgerichts vom 7. 11. 1995, BStBl 1996 II S. ..., wonach einem Arbeitsverhältnis zwischen Ehegatten seine steuerrechtliche Anerkennung nicht allein deswegen versagt werden darf, weil das Entgelt auf ein Konto geflossen ist, über das jeder der Ehegatten allein verfügen darf („Oder-Konto").

Anhang 24

Mitunternehmer

Übersicht

Besteuerung der Mitunternehmer von Personengesellschaften

II Zu Fragen der schenkweise als Kommandisten in eine Kommanditgesellschaft aufgenommenen miderjährigen Kinder als Mitunternehmer (Anwendung des BFH-Urteils vom 10. 11. 1987 – BStBl 1989 II S. 758)

Besteuerung der Mitunternehmer von Personengesellschaften

BMF vom 20. 12. 1977 (BStBl 1978 I S. 8)
IV B 2 – S 2241 – 231/77

Inhaltsübersicht

	Tz.
I. Allgemeines	1–3
II. Steuerliches Betriebsvermögen	4–20
1. Allgemeines	4
2. Gesamthandsvermögen	5–9
a) Begriff	5–6
b) Wirtschaftsgüter, die unmittelbar dem Betrieb dienen oder zu dienen bestimmt sind	7
c) Wirtschaftsgüter, die nicht unmittelbar dem Betrieb dienen oder zu dienen bestimmt sind	8
d) Wirtschaftsgüter, die nicht Betriebsvermögen der Personengesellschaft sein können	9
3. Sonderbetriebsvermögen	10–17
a) Begriff	10–12
b) Notwendiges Sonderbetriebsvermögen	13–14
c) Gewillkürtes Sonderbetriebsvermögen	15–16
d) Betriebseinnahmen und Betriebsausgaben bei zum Sonderbetriebsvermögen gehörenden Wirtschaftsgütern	17
4. Einzelfragen	18–20
a) Einheitliche Gewinnermittlungsart	18
b) Buchführungsgrenzen	19
c) Verlustklausel	20
III. Übertragung eines Wirtschaftsguts aus Sonderbetriebsvermögen in Gesamthandsvermögen, aus Gesamthandsvermögen in Sonderbetriebsvermögen und aus einem Sonderbetriebsvermögen in ein anderes Sonderbetriebsvermögen	21–39
1. Übertragung aus einem Sonderbetriebsvermögen in das Gesamthandsvermögen	21–28
a) Überblick	21
b) Entgeltliche Veräußerung	22–23
c) Übertragung gegen Gewährung von Gesellschaftsrechten	24–27
d) Übertragung gegen Gewährung von Gesellschaftsrechten und sonstiges Entgelt	28
2. Übertragung aus dem Gesamthandsvermögen in ein Sonderbetriebsvermögen	29–35
a) Überblick	29
b) Entgeltliche Veräußerung	30–31
c) Übertragung gegen Minderung von Gesellschaftsrechten	32–34

		Tz.
d)	Übertragung gegen Minderung von Gesellschaftsrechten und sonstiges Entgelt	35
3.	Übertragung aus einem Sonderbetriebsvermögen in ein anderes Sonderbetriebsvermögen	36–39
a)	Überblick	36
b)	Entgeltliche Veräußerung	37
c)	Unentgeltliche Übertragung	38
d)	Teilweise unentgeltliche Übertragung	39

IV. Übertragung eines Wirtschaftsguts in das Privatvermögen eines Mitunternehmers — 40–44

1. Übertragung aus dem Gesamthandsvermögen in das Privatvermögen — 40–43
   - a) Überblick — 40
   - b) Entgeltliche Veräußerung — 41
   - c) Unentgeltliche Übertragung — 42–43
2. Überführung aus dem Sonderbetriebsvermögen in das Privatvermögen — 44

V. Übertragung eines Wirtschaftsguts aus dem Privatvermögen eines Mitunternehmers in das Betriebsvermögen der Personengesellschaft — 45–50

1. Überblick — 45
2. Übertragung in das Gesamthandsvermögen — 46–49
   - a) Überblick — 46
   - b) Entgeltliche Veräußerung — 47–48
   - c) Übertragung gegen Gewährung von Gesellschaftsrechten — 49
3. Einlage in das Sonderbetriebsvermögen — 50

VI. Übertragung eines Wirtschaftsguts aus einem anderen Betrieb eines Mitunternehmers in das Betriebsvermögen der Personengesellschaft sowie sonstige Leistungen des anderen Betriebs für die Personengesellschaft — 51–74

1. Überblick — 51
2. Entgeltliche Veräußerung — 52–55
3. Übertragung gegen Gewährung von Gesellschaftsrechten — 56–65
   - a) Begriff — 56
   - b) Wahlrecht der Personengesellschaft — 57–63
   - c) Einbringung in eine Gesellschaft, die nichtgewerbliche Einkünfte bezieht — 64
   - d) Überführung in eine ausländische Betriebstätte — 65
4. Übertragung gegen Gewährung von Gesellschaftsrechten und sonstiges Entgelt — 66
5. Überführung in das Sonderbetriebsvermögen — 67
6. Sonstige Leistungen des anderen Betriebs für die Personengesellschaft — 68–74
   - a) Leistungen im Rahmen eines inländischen gewerblichen Betriebs — 68–72
   - b) Leistungen im Rahmen eines Betriebs, der kein inländischer Gewerbebetrieb ist — 73–74

VII. Übertragung eines Wirtschaftsguts aus dem Betriebsvermögen der Personengesellschaft in ein anderes Betriebsvermögen eines Mitunternehmers sowie sonstige Leistungen der Personengesellschaft für den Betrieb des Mitunternehmers — 75–80

1. Überblick — 75
2. Entgeltliche Veräußerung eines Wirtschaftsguts — 76
3. Übertragung gegen Minderung der Gesellschaftsrechte — 77
4. Übertragung gegen Minderung von Gesellschaftsrechten und sonstiges Entgelt — 78
5. Überführung aus dem Sonderbetriebsvermögen in ein anderes Betriebsvermögen — 79
6. Sonstige Leistungen der Personengesellschaft für den anderen Betrieb — 80

Anhang 24

Mitunternehmer

	Tz.
VIII. Vergütungen für Tätigkeiten im Dienste der Gesellschaft, für Hingabe von Darlehen und für Überlassung von Wirtschaftsgütern	81–88
1. Grundsatz	81–82
2. Vergütungen, die Betriebseinnahmen in einem der inländischen Besteuerung unterliegenden Gewerbebetrieb sind	83
3. Vergütungen für von einem Mitunternehmer erbrachte Leistungen	84
4. Behandlung von Pensionsrückstellungen und Pensionszahlungen in Fällen, in denen ein Arbeitnehmer Mitunternehmer wird	85
5. Veräußerung eines Wirtschaftsguts an die Gesellschaft	86–87
6. Leistungen im Rahmen des gewöhnlichen Geschäftsbetriebs	88

Unter Bezugnahme auf das Ergebnis der Erörterung mit den obersten Finanzbehörden der Länder nehme ich zu einzelnen Rechtsfragen der Besteuerung der Mitunternehmer von Personengesellschaften wie folgt Stellung:

I. Allgemeines

1 Der Bundesfinanzhof hat in jüngerer Zeit in einer Reihe von Urteilen zu Rechtsfragen der Besteuerung der Mitunternehmer von Personengesellschaften Stellung genommen, insbesondere zu Fragen der Abgrenzung der in den Betriebsvermögensvergleich einzubeziehenden Wirtschaftsgüter (vgl. z. B. die BFH-Urteile vom 24. 4. 1975 – BStBl II S. 580, vom 22. 5. 1975 – BStBl II S. 804, vom 23. 7. 1975 – BStBl 1976 II S. 180, vom 21. 10. 1976 – BStBl 1977 II S. 160) sowie zur steuerrechtlichen Beurteilung von Rechtsgeschäften zwischen Gesellschaft und Gesellschafter (vgl. z. B. die BFH-Urteile vom 28. 1. 1976 – BStBl II S. 744, vom 15. 7. 1976 – BStBl II S. 748, vom 21. 10. 1976 – BStBl 1977 II S. 145, vom 31. 3. 1977 – BStBl II S. 415). Diese Entscheidungen und die ihnen zugrunde liegenden Erwägungen geben Veranlassung, die in den genannten Bereichen geltenden Rechtsgrundsätze zusammenfassend darzustellen.

2 Für die Entscheidung ist in Zweifelsfällen von Bedeutung, daß nicht die Personengesellschaft als solche, sondern die Gesellschafter mit ihren Gewinnanteilen der Einkommen- oder Körperschaftsteuer unterliegen. Der Gesellschafter einer Personengesellschaft steht deshalb für die ertragsteuerliche Behandlung grundsätzlich nicht dem Gesellschafter einer Kapitalgesellschaft, sondern dem Einzelunternehmer gleich. Das bedeutet, daß im Zweifel dem Ergebnis der Vorzug zu geben ist, das bei wirtschaftlich vergleichbaren Sachverhalten zu einer gleichmäßigen Besteuerung von Einzelunternehmern und Mitunternehmern führt.

3 Der Grundsatz in Tz. 2 schließt es nicht aus, in bestimmten Fällen auch Rechtsbeziehungen zwischen der Gesellschaft und ihren Gesellschaftern anzuerkennen und dem Gedanken der Einheit der Gesellschaft Vorrang gegenüber dem Gedanken der Vielheit der Gesellschafter einzuräumen.

II. Steuerliches Betriebsvermögen

1. Allgemeines

4 Zum Betriebsvermögen der Personengesellschaft (§ 4 Abs. 1, § 5 EStG) gehören grundsätzlich die Wirtschaftsgüter, die gemeinschaftliches Eigentum der Gesellschafter sind oder ihnen nach den für die Zurechnung wirtschaftlichen Eigentums geltenden Grundsätzen zuzurechnen sind (Gesamthandsvermögen). Zum Betriebsvermögen der Personengesellschaft gehören ferner die Wirtschaftsgüter, die zwar nicht Gesamthandsvermögen sind, aber einem, mehreren oder allen Mitunternehmern zuzurechnen sind und nach den allgemein für die Abgrenzung des Privatvermögens vom Betriebsvermögen geltenden Grundsätzen dem Bereich der gewerblichen Betätigung des Mitunternehmers im Rahmen der Personengesellschaft zuzurechnen sind (Sonderbetriebsvermögen).

2. Gesamthandsvermögen

a) Begriff

5 Gesamthandsvermögen sind die Beiträge der Gesellschafter, die durch die Geschäftsführung für die Gesellschaft erworbenen Gegenstände und das, was auf Grund eines zu dem Gesellschaftsvermögen gehörenden Rechtes oder als Ersatz für die Zerstörung, Beschädigung oder Entziehung eines zu dem Gesellschaftsvermögen gehörenden Gegenstandes erworben wird (§ 718 BGB).

6 Zum Gesamthandsvermögen gehören auch Wirtschaftsgüter, die zwar nicht im bürgerlich-rechtlichen, aber im wirtschaftlichen Eigentum der Personengesellschaft stehen.

b) Wirtschaftsgüter, die unmittelbar dem Betrieb dienen oder zu dienen bestimmt sind

7 Zum notwendigen Betriebsvermögen der Personengesellschaft rechnen die Wirtschaftsgüter des Gesamthandsvermögens, die unmittelbar dem Betrieb der Personengesellschaft dienen oder zu dienen bestimmt sind.

c) Wirtschaftsgüter, die nicht unmittelbar dem Betrieb dienen oder zu dienen bestimmt sind

8   Wirtschaftsgüter, die zum Gesamthandsvermögen gehören, dem Betrieb der Personengesellschaft jedoch nicht unmittelbar dienen oder zu dienen bestimmt sind, gehören vorbehaltlich der Regelung in Tz. 9 solange zum Betriebsvermögen der Personengesellschaft, bis sie aus dem Gesamthandsvermögen ausgeschieden sind. Das ergibt sich aus dem Grundsatz der Maßgeblichkeit der Handelsbilanz für die Steuerbilanz.

d) Wirtschaftsgüter, die nicht Betriebsvermögen der Personengesellschaft sein können

9   Der Umstand, daß ein Wirtschaftsgut zivilrechtlich zum Gesellschaftsvermögen i. S. des § 718 BGB (Gesamthandsvermögen) gehört, reicht nach dem BFH-Urteil vom 22. 5. 1975 (BStBl II S. 804) nicht aus, es zum Betriebsvermögen zu rechnen. Fehlt aus der Sicht der Personengesellschaft jeglicher betrieblicher Anlaß für den Erwerb des Wirtschaftsguts, so kann es nicht in deren Betriebsvermögen einbezogen werden. Der Grundsatz der Maßgeblichkeit der Handelsbilanz für die Steuerbilanz wird insoweit durch die steuerrechtlichen Vorschriften über das Betriebsvermögen (§ 4 Abs. 1 EStG) und über die Betriebsausgaben (§ 4 Abs. 4 EStG) durchbrochen (vgl. das BFH-Urteil vom 22. 5. 1975, a. a. O.). Deshalb kann z. B. eine Personengesellschaft die zum Gesamthandsvermögen gehörigen, aus außerbetrieblichen Erwägungen erworbenen Anteile an einer gemeinnützigen Wohnungsbaugesellschaft nicht als gewillkürtes Betriebsvermögen behandeln (BFH-Urteil vom 2. 3. 1967 – BStBl III S. 391). Das gleiche gilt, wenn der Veräußerer des Wirtschaftsguts Gesellschafter der Personengesellschaft ist oder einem dieser Gesellschafter nahesteht und er nach Lage des Falles als ausgeschlossen angesehen werden muß, daß die Personengesellschaft das Wirtschaftsgut auch von einem Fremden erworben hätte (BFH-Urteil vom 22. 5. 1975, a. a. O.). Ein zum Gesamthandsvermögen gehörendes Wirtschaftsgut kann unter Berücksichtigung dieser Grundsätze auch dann nicht zum Betriebsvermögen gezogen werden, wenn es ausschließlich oder fast ausschließlich der privaten Lebensführung eines, mehrerer oder aller Mitunternehmer der Gesellschaft dient. Deshalb gehört z. B. ein zum Gesamthandsvermögen gehörendes Einfamilienhaus, das von einem Gesellschafter für eigene Wohnzwecke genutzt wird, nicht zum steuerlichen Betriebsvermögen der Personengesellschaft; soweit in Abschnitt 14 Abs. 9 EStR unter Hinweis auf das BFH-Urteil vom 29. 11. 1960 (BStBl 1961 III S. 183) etwas anderes angeordnet ist, kann hieran nicht festgehalten werden.

3. Sonderbetriebsvermögen

a) Begriff

10   Zum Sonderbetriebsvermögen gehören die Wirtschaftsgüter, die zwar nicht zum Gesamthandsvermögen gehören, gleichwohl aber in den Betriebsvermögensvergleich einbezogen werden (vgl. Tz. 4). Das Sonderbetriebsvermögen kann notwendiges und gewillkürtes Betriebsvermögen enthalten.

11   Zum Sonderbetriebsvermögen können gehören

– Wirtschaftsgüter, die einem Mitunternehmer allein gehören,

– Wirtschaftsgüter, die einer Bruchteilsgemeinschaft gehören, an der ein Gesellschafter oder mehrere Gesellschafter oder alle Gesellschafter beteiligt sind,

– Wirtschaftsgüter, die einer neben der Personengesellschaft bestehenden Gesamthandsgemeinschaft gehören, an der ein Gesellschafter oder mehrere Gesellschafter oder alle Gesellschafter beteiligt sind.

12   Sind an der Bruchteilsgemeinschaft oder an der Gesamthandsgemeinschaft auch Personen beteiligt, die nicht Mitunternehmer der Personengesellschaft sind, so kann das Wirtschaftsgut nur insoweit Sonderbetriebsvermögen sein, als es anteilig auf die Beteiligten entfällt, die auch Mitunternehmer sind (vgl. BFH-Urteil vom 18. 3. 1958 – BStBl III S. 262).

b) Notwendiges Sonderbetriebsvermögen

13[1])   Das Wirtschaftsgut ist notwendiges Sonderbetriebsvermögen, wenn es unmittelbar für betriebliche Zwecke der Personengesellschaft genutzt wird. Das gilt unabhängig davon, ob das Wirtschaftsgut der Gesellschaft auf Grund einer im Gesellschaftsverhältnis begründeten Beitragspflicht oder auf Grund eines neben dem Gesellschaftsvertrag bestehenden Mietvertrags, Pachtvertrags, Leihvertrags oder anderen Rechtsverhältnisses zur Nutzung überlassen wird. Gehört das zur Nutzung überlassene Wirtschaftsgut jedoch zum Betriebsvermögen eines inländischen Gewerbebetriebs des Mitunternehmers, so bleibt es Betriebsvermögen dieses Betriebs, es sei denn, es ist in diesem Betrieb nicht notwendiges Betriebsvermögen und der Mitunternehmer erklärt, das Wirtschaftsgut solle künftig Sonderbetriebsvermögen im Rahmen des Betriebs der Personengesellschaft sein (vgl. auch Tz. 83).

14[1])   Notwendiges Sonderbetriebsvermögen sind auch Wirtschaftsgüter, die nicht unmittelbar für betriebliche Zwecke der Personengesellschaft genutzt werden (Tz. 13), aber in einem unmittelbaren wirtschaftlichen Zusammenhang mit der Beteiligung eines Mitunternehmers an der Perso-

---

[1]) Teilweise überholt, → BMF vom 10. 12. 1979 (BStBl I S. 683).

nengesellschaft stehen (vgl. BFH-Urteil vom 24. 9. 1976 – BStBl 1977 II S. 69). Wegen der Beteiligung eines Kommanditisten an der Komplementär-GmbH einer GmbH & Co KG wird auf die BFH-Urteile vom 15. 11. 1967 (BStBl 1968 II S. 152), vom 5. 7. 1972 (BStBl II S. 928), vom 13. 10. 1972 (BStBl 1973 II S. 116) und vom 15. 10. 1975 (BStBl 1976 II S. 188) hingewiesen. Der unmittelbare Zusammenhang besteht z. B. bei einem Darlehen, das zum Erwerb oder zur Aufstockung der Beteiligung aufgenommen wird. Tz. 13 Satz 3 gilt sinngemäß.

c) **Gewillkürtes Sonderbetriebsvermögen**

15 Gewillkürtes Sonderbetriebsvermögen können grundsätzlich alle Wirtschaftsgüter sein, die auch ein Alleinunternehmer zu gewillkürtem Betriebsvermögen machen kann (vgl. BFH-Urteile vom 23. 7. 1975 – BStBl 1976 II S. 180 und vom 21. 10. 1976 – BStBl 1977 II S. 150).

16 Die Behandlung als gewillkürtes Betriebsvermögen setzt voraus, daß das Wirtschaftsgut in der Steuerbilanz ausgewiesen wird.

d) **Betriebseinnahmen und Betriebsausgaben bei zum Sonderbetriebsvermögen gehörenden Wirtschaftsgütern**

17 Einnahmen und Ausgaben im Zusammenhang mit dem Erwerb, der Nutzung oder der Veräußerung von Wirtschaftsgütern des Sonderbetriebsvermögens sind Betriebseinnahmen bzw. Betriebsausgaben, die im Rahmen der gesonderten Gewinnfeststellung (§§ 179, 180 AO) zu erfassen sind. Ob sie dem bürgerlich-rechtlichen Eigentümer bei der Gewinnverteilung vorab zuzurechnen sind, hängt von den Verhältnissen des Einzelfalls ab.

4. **Einzelfragen**

a) **Einheitliche Gewinnermittlungsart**

18 Die zum (betrieblichen) Gesamthandsvermögen (Tz. 5–8) und die zum Sonderbetriebsvermögen (Tz. 10–16) gehörenden Wirtschaftsgüter bilden eine Einheit in dem Sinne, daß das Betriebsergebnis nur einheitlich durch Betriebsvermögensvergleich (§§ 4, 5 EStG) oder durch Überschußrechnung (§ 4 Abs. 3 EStG) ermittelt werden kann.

b) **Buchführungsgrenzen**

19[1]) Bei Prüfung der Buchführungspflicht bezieht sich der Betrag von 24.000 DM (§ 141 Abs. 1 Nr. 4 AO) auf das gesamte Betriebsergebnis einschließlich des Sonderbetriebsvermögens.

c) **Verlustklausel**

20 Bei Anwendung der Verlustklausel (§ 7 a Abs. 6 EStG) ist auf das gesamte Betriebsergebnis einschließlich des Sonderbetriebsvermögens abzu-

---

[1]) Jetzt 48.000 DM.

stellen. Sonderabschreibungen oder erhöhte Absetzungen auf ein Wirtschaftsgut des Sonderbetriebsvermögens sind infolgedessen auch dann unzulässig, wenn ein Verlust zwar nicht im Sonderbetriebsvermögen, wohl aber in der wirtschaftlichen Einheit des Gesamthandsvermögens und der Sonderbetriebsvermögen aller Gesellschafter entstehen würde. Andererseits sind erhöhte Absetzungen und Sonderabschreibungen auf Wirtschaftsgüter des Sonderbetriebsvermögens zulässig, wenn dadurch zwar ein Verlust in der Handelsbilanz der Personengesellschaft entsteht, insgesamt aber in der wirtschaftlichen Einheit des Gesamthandsvermögens und der Sonderbetriebsvermögen kein Verlust entsteht.

III. **Übertragung eines Wirtschaftsguts aus Sonderbetriebsvermögen in Gesamthandsvermögen, aus Gesamthandsvermögen in Sonderbetriebsvermögen und aus einem Sonderbetriebsvermögen in ein anderes Sonderbetriebsvermögen**

1. **Übertragung aus einem Sonderbetriebsvermögen in das Gesamthandsvermögen**

a) **Überblick**

21 Ein Wirtschaftsgut, das bisher Sonderbetriebsvermögen eines Mitunternehmers war, kann Gesamthandsvermögen insbesondere dadurch werden, daß

– der Mitunternehmer das Eigentum an dem Wirtschaftsgut auf Grund eines Kaufvertrags oder eines sonstigen schuldrechtlichen Vertrags gegen Entgelt auf die Gesellschaft überträgt (entgeltliche Veräußerung) oder

– das Wirtschaftsgut gegen Gewährung von Gesellschaftsrechten des Mitunternehmers von diesem in die Gesellschaft eingebracht wird (Übertragung gegen Gewährung von Gesellschaftsrechten).

In beiden Fällen bleibt das Wirtschaftsgut Betriebsvermögen der Personengesellschaft.

b) **Entgeltliche Veräußerung**

22 Nach dem BFH-Urteil vom 31. 3. 1977 (BStBl II S. 415) tritt in vollem Umfang Gewinnrealisierung ein, wenn ein Mitunternehmer einer Personengesellschaft ein Wirtschaftsgut, das zu seinem Sonderbetriebsvermögen gehört, an die Gesellschaft zu Bedingungen veräußert, die denen der Veräußerung des Wirtschaftsguts an einen fremden Dritten entsprechen. Dabei kommt es auf die Höhe der Beteiligung des veräußernden Mitunternehmers nicht an. Ein in vollem Umfang zur Gewinnrealisierung bei dem veräußernden Mitunternehmer führendes Veräußerungsgeschäft und ein entgeltlicher Erwerbsvorgang i. S. des § 6 Abs. 1 Nr. 1 EStG bei der Personengesellschaft liegt also z. B. auch dann vor, wenn der ver-

äußernde Mitunternehmer an der Personengesellschaft zu mehr als 50 v. H. beteiligt ist.

23   Übersteigt das vereinbarte Entgelt den Preis, den die Personengesellschaft einem fremden Dritten zahlen würde, so liegt hinsichtlich des Mehrbetrages eine Entnahme des Mitunternehmers vor. Zur Behandlung von Fällen, in denen der vereinbarte Preis unter dem bei Erwerb von einem fremden Dritten zu zahlenden Preis liegt und dem Veräußerer zusätzliche Gesellschaftsrechte eingeräumt werden, wird auf Tz. 28 verwiesen.

c) Übertragung gegen Gewährung von Gesellschaftsrechten

24   Eine Übertragung gegen Gewährung von Gesellschaftsrechten (Einbringung) liegt vor, wenn die durch die Übertragung eintretende Erhöhung des Vermögens der Gesellschaft dem Kapitalkonto des einbringenden Gesellschafters gutgeschrieben wird, das für seine Beteiligung am Gesellschaftsvermögen maßgebend ist.

25   Die Übertragung eines Wirtschaftsguts aus einem Sonderbetriebsvermögen in das Gesamthandsvermögen ist steuerlich anders als eine Übertragung aus dem Privatvermögen ins Gesamthandsvermögen als tauschähnlicher Vorgang anzusehen. Die Grundsätze des BFH-Urteils vom 15. 7. 1976 (BStBl II S. 748), das zur Einbringung eines Wirtschaftsguts aus einem anderen Betriebsvermögen ergangen ist, sind deshalb entsprechend anzuwenden. Auf die Höhe der Beteiligung des übertragenden Mitunternehmers an der Personengesellschaft kommt es nicht an.

26   Die Personengesellschaft kann das Wirtschaftsgut in ihrer Bilanz einschließlich der Ergänzungsbilanzen für ihre Gesellschafter mit seinem Buchwert oder mit einem höheren Wert, höchstens jedoch mit dem Teilwert ansetzen. Die Anweisungen in Tz. 57 ff. gelten sinngemäß.

27   In Höhe der Differenz zwischen dem von der Personengesellschaft angesetzten Wert (Tz. 26) und dem Buchwert, den das Wirtschaftsgut im Zeitpunkt der Übertragung im Sonderbetriebsvermögen hatte, entsteht Gewinn im Sonderbetriebsvermögen des übertragenden Mitunternehmers.

d) Übertragung gegen Gewährung von Gesellschaftsrechten und sonstiges Entgelt

28   Wird ein Wirtschaftsgut gegen Gewährung von Gesellschaftsrechten und gegen sonstiges Entgelt übertragen, so kann die Personengesellschaft es insoweit, als es gegen Gewährung von Gesellschaftsrechten übertragen wird, mit dem anteiligen Buchwert, dem anteiligen Teilwert oder einem Zwischenwert ansetzen. Vgl. auch Tz. 35 und Tz. 66.

2. Übertragung aus dem Gesamthandsvermögen in ein Sonderbetriebsvermögen

a) Überblick

Ein Wirtschaftsgut, das bisher zum Gesamthandsvermögen gehört hat, kann Sonderbetriebsvermögen eines oder mehrerer Mitunternehmer insbesondere dadurch werden, daß

– die Gesellschaft das Wirtschaftsgut entgeltlich an den bzw. an die Mitunternehmer veräußert (vgl. Tz. 21) oder

– das Wirtschaftsgut gegen eine Minderung von Gesellschaftsrechten des erwerbenden Mitunternehmers auf diesen übertragen wird (Übertragung gegen Minderung der Gesellschaftsrechte).

In beiden Fällen bleibt das Wirtschaftsgut als Sonderbetriebsvermögen Betriebsvermögen der Personengesellschaft.

b) Entgeltliche Veräußerung

Die Grundsätze des BFH-Urteils vom 31. 3. 1977 (s. Tz. 22) gelten auch, wenn die Personengesellschaft ein Wirtschaftsgut, das zum Gesamthandsvermögen gehört, an einen oder mehrere Mitunternehmer veräußert, bei denen es Sonderbetriebsvermögen wird. Auch in diesen Fällen tritt daher durch die Veräußerung in vollem Umfange Gewinnrealisierung ein, wenn die Veräußerung zu Bedingungen erfolgt, die denen bei einer Veräußerung des Wirtschaftsguts an einen fremden Dritten entsprechen. Die Ausführungen in Tz. 22 gelten sinngemäß.

Übersteigt das vereinbarte Entgelt den Preis, den der Mitunternehmer einem fremden Dritten zahlen würde, so liegt hinsichtlich des Mehrbetrags eine Einlage des Mitunternehmers vor. Zur Behandlung von Fällen, in denen der vereinbarte Preis unter dem bei Erwerb von einem fremden Dritten zu zahlenden Preis liegt und die Gesellschaftsrechte des erwerbenden Mitunternehmers gemindert werden, wird auf Tz. 35 verwiesen.

c) Übertragung gegen Minderung von Gesellschaftsrechten

Eine Übertragung gegen Minderung von Gesellschaftsrechten liegt vor, wenn die durch die Übertragung eintretende Minderung des Vermögens der Gesellschaft dem Kapitalkonto (vgl. Tz. 24) des Gesellschafters belastet wird, in dessen Sonderbetriebsvermögen das Wirtschaftsgut übertragen wird.

Der erwerbende Mitunternehmer kann das Wirtschaftsgut im Sonderbetriebsvermögen mit dem bisherigen Buchwert oder mit einem höheren Wert, höchstens jedoch mit dem Teilwert ansetzen.

In Höhe der Differenz zwischen dem im Sonderbetriebsvermögen angesetzten Wert und dem Buchwert, den das Wirtschaftsgut im Zeitpunkt der Übertragung im Gesamthandsvermögen hatte, entsteht Gewinn der Personengesellschaft.

d) Übertragung gegen Minderung von Gesellschaftsrechten und sonstiges Entgelt

35 Erwirbt ein Mitunternehmer ein Wirtschaftsgut gegen Minderung seiner Gesellschaftsrechte und gegen sonstiges Entgelt, so kann er das Wirtschaftsgut insoweit, als es gegen Minderung der Gesellschaftsrechte übertragen worden ist, mit dem anteiligen Buchwert, dem anteiligen Teilwert oder einem Zwischenwert ansetzen. Vgl. auch Tz. 28 und Tz. 66.

3. Übertragung aus einem Sonderbetriebsvermögen in ein anderes Sonderbetriebsvermögen

a) Überblick

36 Überträgt ein Mitunternehmer ein Wirtschaftsgut seines Sonderbetriebsvermögens auf einen Mitunternehmer, der das Wirtschaftsgut ebenfalls der Gesellschaft zur Nutzung überläßt oder bei dem das Wirtschaftsgut ebenfalls der Beteiligung dient, so bleibt das Wirtschaftsgut Betriebsvermögen der Personengesellschaft, wird aber steuerlich nicht mehr dem Veräußerer, sondern dem Erwerber zugerechnet.

b) Entgeltliche Veräußerung

37 Veräußert ein Mitunternehmer ein Wirtschaftsgut seines Sonderbetriebsvermögens entgeltlich an einen anderen Mitunternehmer, bei dem das Wirtschaftsgut ebenfalls zum Sonderbetriebsvermögen derselben Personengesellschaft gehört, so erzielt der veräußernde Gesellschafter einen Gewinn in Höhe des Unterschieds zwischen dem Veräußerungserlös und dem Buchwert des Wirtschaftsguts. Das Wirtschaftsgut muß nach der Veräußerung mit den Anschaffungskosten des erwerbenden Mitunternehmers ausgewiesen werden. Bei der Ermittlung der Anschaffungskosten ist als Anschaffungspreis der Kaufpreis anzusetzen.

c) Unentgeltliche Übertragung

38 Wird das Wirtschaftsgut unentgeltlich auf einen Mitunternehmer übertragen, der es der Personengesellschaft weiterhin zur Nutzung überläßt, so liegt eine zur Gewinnrealisierung führende Entnahme nicht vor; vgl. die BFH-Urteile vom 13. 5. 1966 (BStBl III S. 505) und vom 28. 8. 1974 (BStBl 1975 II S. 166).

d) Teilweise unentgeltliche Übertragung

39 Wird das Wirtschaftsgut teilweise unentgeltlich auf einen Mitunternehmer übertragen, der es der Personengesellschaft weiterhin zur Nutzung überläßt, so entsteht beim veräußernden Gesellschafter ein Gewinn in Höhe der Differenz zwischen dem Veräußerungspreis und dem anteilig auf den Veräußerungspreis entfallenden Buchwert des Wirtschaftsguts. Der Erwerber hat das Wirtschaftsgut mit dem Erwerbspreis zuzüglich des Buchwerts des Veräußerers anzusetzen, der anteilig auf den unentgeltlich erworbenen Teil des Wirtschaftsguts entfällt.

IV. Übertragung eines Wirtschaftsguts in das Privatvermögen eines Mitunternehmers

1. Übertragung aus dem Gesamthandsvermögen in das Privatvermögen

a) Überblick

40 Die Übertragung eines Wirtschaftsguts aus dem Gesamthandsvermögen in das Privatvermögen eines Mitunternehmers kann ebenso wie die Übertragung in das Sonderbetriebsvermögen eines Mitunternehmers (vgl. Tz. 30) insbesondere durch entgeltliche Veräußerung an den Mitunternehmer oder durch Übertragung gegen Minderung von Gesellschaftsrechten erfolgen.

b) Entgeltliche Veräußerung

41[1]) Bei Mitunternehmern sind Wertbewegungen zwischen der betrieblichen und der privaten Sphäre grundsätzlich auch dann nach den für Entnahmen und Einlagen geltenden Grundsätzen zu behandeln, wenn ihnen ein gegenseitiger Vertrag mit der Personengesellschaft zugrundeliegt. Veräußert die Personengesellschaft ein Wirtschaftsgut an einen oder mehrere ihrer Mitunternehmer, bei dem oder bei denen das Wirtschaftsgut zum Privatvermögen gehört, zu Bedingungen, die denen der Veräußerung des Wirtschaftsguts an einen Fremden entsprechen, so kann hiernach das Rechtsgeschäft ertragsteuerlich nur insoweit als Veräußerung angesehen werden, als das Wirtschaftsgut vor dem Verkauf anteilig (vgl. § 39 Abs. 2 Nr. 2 AO) den anderen Gesellschaftern zuzurechnen war. Aus dem Veräußerungsgeschäft entsteht Gewinn in Höhe der Differenz zwischen anteiligem Kaufpreis und anteiligem Buchwert. Soweit das Wirtschaftsgut schon vor dem Verkauf dem erwerbenden Gesellschafter gehört, liegt eine Entnahme vor. Für die Bewertung der Entnahme gilt § 6 Abs. 1 Nr. 4 EStG. Die Vorschrift des § 6 b EStG kann nur auf einen durch die Veräußerung, nicht hingegen auf einen durch die Entnahme entstandenen Gewinn angewendet werden. Erfolgt die Veräußerung zu einem unter dem Teilwert liegenden Preis, so liegt auch in Höhe der Differenz zwischen dem Teilwert und dem vereinbarten Preis eine Entnahme des Erwerbers vor.

c) Unentgeltliche Übertragung

42 Überträgt die Personengesellschaft ein Wirtschaftsgut an einen oder mehrere ihrer Mitunternehmer, bei dem oder bei denen das Wirtschaftsgut Privatvermögen wird, unentgeltlich, so liegt eine Entnahme vor. Der Umstand, daß der Erwerb mit einer Minderung der Gesellschaftsrechte des

---

[1]) Überholt, → BMF vom 6. 2. 1981 (BStBl I S. 76).

43 Erwerbers verbunden ist, rechtfertigt es nicht, einen tauschähnlichen Vorgang anzunehmen.

43 Eine Entnahme, die nach § 6 Abs. 1 Nr. 4 EStG mit dem Teilwert zu bewerten ist, liegt auch vor, wenn die Personengesellschaft durch die unentgeltliche Übertragung eine gegenüber dem erwerbenden Mitunternehmer bestehende rechtliche Verpflichtung erfüllt. Das BFH-Urteil vom 31. 3. 1977 (BStBl II S. 823) betrifft einen besonders gelagerten Einzelfall, aus dem keine über diesen Einzelfall hinausreichenden Schlußfolgerungen gezogen werden können.

2. Überführung aus dem Sonderbetriebsvermögen in das Privatvermögen

44 Ein Wirtschaftsgut des Sonderbetriebsvermögens wird insbesondere dadurch Privatvermögen, daß der Gesellschafter das Wirtschaftsgut nicht mehr der Personengesellschaft zur Nutzung überläßt oder (vgl. BFH-Urteil vom 24. 4. 1975 – BStBl II S. 580) die Stellung als Mitunternehmer der Personengesellschaft verliert. In diesen Fällen liegt eine Entnahme oder ein Vorgang nach § 16 EStG vor.

V. Übertragung eines Wirtschaftsguts aus dem Privatvermögen eines Mitunternehmers in das Betriebsvermögen der Personengesellschaft

1. Überblick

45 Ein Wirtschaftsgut, das bisher Privatvermögen war, kann Betriebsvermögen dadurch werden, daß es durch entgeltliche Veräußerung an die Gesellschaft oder durch Einlage Gesamthandsvermögen wird. Es kann auch dadurch Betriebsvermögen (Sonderbetriebsvermögen) werden, daß der Mitunternehmer es der Gesellschaft zur Nutzung überläßt oder daß es der Beteiligung dient.

2. Übertragung in das Gesamthandsvermögen

a) Überblick

46 Die Übertragung aus dem Privatvermögen in das Gesamthandsvermögen kann durch entgeltliche Veräußerung an die Gesellschaft und durch Einbringung gegen Gewährung oder Erhöhung von Gesellschaftsrechten erfolgen.

b) Entgeltliche Veräußerung

47[1]) Veräußert ein Mitunternehmer ein Wirtschaftsgut seines Privatvermögens zu Bedingungen, die denen der Veräußerung an einen Fremden entsprechen, so ist das Rechtsgeschäft insoweit, als das Wirtschaftsgut nach der Veräußerung anteilig (vgl. § 39 Abs. 2 Nr. 2 AO) den anderen Gesellschaftern zuzurechnen ist, bei der Gesellschaft ein Anschaffungsgeschäft und beim Gesellschafter ein Veräußerungsgeschäft. Soweit das Wirtschaftsgut nach wie vor der Veräußerung dem bisherigen Alleineigentümer zuzurechnen ist, liegt eine Einlage vor, für deren Bewertung ausschließlich § 6 Abs. 1 Nr. 5 EStG gilt. Das von der Gesellschaft gezahlte Entgelt ist insoweit, als es anteilig auf die Einlage entfällt, eine Entnahme.

48[1]) Das BFH-Urteil vom 21. 10. 1976 (BStBl 1977 II S. 145), nach dem in Fällen dieser Art das gesamte Geschäft einheitlich als Veräußerungsgeschäft zu behandeln ist, ist über den entschiedenen Einzelfall hinaus nicht anzuwenden (vgl. BMF-Schreiben vom 7. 3. 1977 – BStBl I S. 89).

c) Übertragung gegen Gewährung von Gesellschaftsrechten

49 Überträgt der Mitunternehmer ein bisher zu seinem Privatvermögen gehörendes Wirtschaftsgut gegen Gewährung von Gesellschaftsrechten auf die Personengesellschaft, so liegt eine Einlage vor. Für die Bewertung der Einlage gilt § 6 Abs. 1 Nr. 5 EStG.

3. Einlage in das Sonderbetriebsvermögen

50 Wird ein bisher zum Privatvermögen gehörendes Wirtschaftsgut dadurch, daß es der Gesellschaft zur Nutzung überlassen wird oder der Beteiligung dient, Sonderbetriebsvermögen, so liegt eine Einlage vor. Für die Bewertung der Einlage gilt § 6 Abs. 1 Nr. 5 EStG.

VI. Übertragung eines Wirtschaftsguts aus einem anderen Betrieb eines Mitunternehmers in das Betriebsvermögen der Personengesellschaft sowie sonstige Leistungen des anderen Betriebs für die Personengesellschaft

1. Überblick

51 Ein Wirtschaftsgut, das bisher Betriebsvermögen in einem anderen Betrieb des Mitunternehmers war, kann Betriebsvermögen der Personengesellschaft insbesondere durch

– entgeltliche Veräußerung an die Gesellschaft,
– Einbringung in das Gesamthandsvermögen gegen Gewährung von Gesellschaftsrechten oder
– Überführung in das Sonderbetriebsvermögen des Mitunternehmers

werden.

Sonstige Leistungen für die Personengesellschaft können insbesondere gegen Zahlung des üblichen Entgelts oder auf gesellschaftsrechtlicher Grundlage erfolgen.

2. Entgeltliche Veräußerung

52 Veräußert ein Mitunternehmer zu Bedingungen, die denen der Veräußerung an einen Fremden entsprechen, ein Wirtschaftsgut seines Betriebsvermögens an die Personengesellschaft, so ist der Besteuerung sowohl bei Ermittlung des Veräußerungserlöses im Betrieb des veräußernden Mitunternehmers als auch bei Ermittlung der Anschaffungskosten der Personengesellschaft grundsätzlich der vereinbarte Preis zugrundezu-

---

[1]) Überholt, → BMF vom 6. 2. 1981 (BStBl I S. 76).

Anhang 24
Mitunternehmer

legen (vgl. das zum Fall der Veräußerung durch die Personengesellschaft ergangene BFH-Urteil vom 28. 1. 1976 – BStBl II S. 744).

53 Übersteigt das vereinbarte Entgelt den Preis, den die Personengesellschaft einem fremden Dritten zahlen würde, so liegt hinsichtlich des Mehrbetrags eine Entnahme des Veräußerers vor. Zur Behandlung von Fällen, in denen der vereinbarte Preis unter dem bei Erwerb von einem fremden Dritten zu zahlenden Preis liegt und dem Veräußerer als zusätzliches Entgelt Gesellschaftsrechte eingeräumt werden, wird auf Tz. 66 verwiesen.

54[1]) Erzielt die Gesellschaft, an die das Wirtschaftsgut veräußert wird, Einkünfte aus Land- und Forstwirtschaft oder aus selbständiger Arbeit, während das abgebende Unternehmen ein Gewerbebetrieb ist, so liegt in Fällen, in denen der vereinbarte Preis niedriger als der Teilwert des Wirtschaftsguts im abgebenden Gewerbebetrieb ist, in Höhe der Differenz zwischen Teilwert und Veräußerungspreis eine Entnahme aus dem Gewerbebetrieb vor. Diese steuerliche Behandlung ist erforderlich, weil anderenfalls stille Reserven der Erfassung durch die Gewerbesteuer entzogen würden und weil infolgedessen der weite Betriebsbegriff nicht anwendbar ist (vgl. Abschnitt 13 a Abs. 1 EStR).

55[2]) Wird das veräußerte Wirtschaftsgut in einer Betriebsstätte der Personengesellschaft in einem Land eingesetzt, mit dem ein Doppelbesteuerungsabkommen besteht, auf Grund dessen Gewinne aus dieser Betriebsstätte nicht der deutschen Besteuerung unterliegen, so liegt aus den in Tz. 54 genannten Gründen in Fällen, in denen der vereinbarte Veräußerungspreis niedriger als der Teilwert des Wirtschaftsguts im abgebenden Unternehmen ist, in Höhe der Differenz zwischen Teilwert und Veräußerungspreis eine Entnahme aus dem abgebenden Unternehmen vor.

3. Übertragung gegen Gewährung von Gesellschaftsrechten

a) Begriff

56 Auf Tz. 24 wird Bezug genommen.

b) Wahlrecht der Personengesellschaft

57 Die Übertragung eines Wirtschaftsguts aus einem anderen Betriebsvermögen in das Gesamthandsvermögen der Mitunternehmer der Personengesellschaft ist ebenso wie die Übertragung aus dem Sonderbetriebsvermögen in das Gesamthandsvermögen (vgl. Tz. 25 ff.) als tauschähnlicher Vorgang anzusehen. Die Personengesellschaft kann das Wirtschaftsgut in ihrer Bilanz einschließlich der **Ergänzungsbilanzen** für ihre Gesellschafter mit seinem Buchwert oder mit einem höheren Wert, höchstens jedoch mit dem Teilwert ansetzen (vgl. BFH-Urteil vom 15. 7. 1976 – BStBl II S. 748).

58 Das Wahlrecht besteht unabhängig davon, ob die Beteiligung an der Personengesellschaft zum Betriebsvermögen des Unternehmens gehört, aus dem das Wirtschaftsgut eingebracht wird. Auf die Höhe der Beteiligung des Einbringenden an der Personengesellschaft kommt es nicht an. Das Wahlrecht gilt nicht nur für Einbringungen in Zusammenhang mit der Gründung einer Personengesellschaft, sondern auch für Einbringungen in eine bereits seit längerer Zeit bestehende Personengesellschaft.

59 In Höhe der Differenz zwischen dem von der Personengesellschaft angesetzten Wert und dem Buchwert, den das Wirtschaftsgut im Zeitpunkt der Übertragung in dem anderen Betriebsvermögen hatte, entsteht in diesem Betriebsvermögen ein Gewinn des übertragenden Mitunternehmers; der durch die Übertragung des Wirtschaftsguts eingetretenen Minderung dieses Betriebsvermögens steht eine Erhöhung des Bilanzwerts der Beteiligung an der Personengesellschaft oder, sofern die Beteiligung nicht zum Betriebsvermögen des anderen Betriebs gehört, eine Entnahme gegenüber.

60 Das Wahlrecht (Tz. 57) wird in der Bilanz der Personengesellschaft einschließlich der Ergänzungsbilanzen für ihre Gesellschafter ausgeübt. § 4 Abs. 2 Satz 2 EStG (Bilanzänderung) ist nicht anwendbar (vgl. BFH-Urteil vom 15. 7. 1976 – BStBl II S. 748, 750). An den von der Personengesellschaft angesetzten Wert ist der Einbringende gebunden.

61 Das eingebrachte Wirtschaftsgut darf höchstens mit dem Teilwert im Zeitpunkt der Einbringung angesetzt werden. Maßgebend sind die Verhältnisse bei der Personengesellschaft. Bei Ansatz des Teilwerts gilt das eingebrachte Wirtschaftsgut als im Zeitpunkt der Einbringung von der Personengesellschaft zum Teilwert angeschafft.

62 Das eingebrachte Wirtschaftsgut muß mindestens mit dem Buchwert angesetzt werden, den es im Zeitpunkt der Einbringung im Betrieb des Einbringenden hat. Wegen des Begriffs „Buchwert" wird auf Abschnitt 41 a Abs. 9 EStR Bezug genommen. Bei Ansatz des Buchwerts gilt § 24 Abs. 4 i. V. m. § 5 Abs. 2 Satz 2 und § 15 Abs. 3 UmwStG sinngemäß.

63 Das eingebrachte Wirtschaftsgut kann statt mit dem Teilwert (Tz. 61) oder dem Buchwert (Tz. 62) auch mit einem Zwischenwert angesetzt werden. Zwischenwert ist jeder Wert, der unter dem Teilwert und über dem Buchwert liegt. Bei Ansatz eines Zwischenwerts gilt § 24 Abs. 4 i. V. m. § 23 Abs. 2 UmwStG sinngemäß.

---
[1]) Überholt, → R 14 Abs. 2.
[2]) → BMF vom 12. 2. 1990 (BStBl I S. 72).

c) **Einbringung in eine Gesellschaft, die nichtgewerbliche Einkünfte bezieht**

64[1]) Erzielt die Gesellschaft, in die das Wirtschaftsgut eingebracht wird, Einkünfte aus Land- und Forstwirtschaft oder aus selbständiger Arbeit, während das abgebende Unternehmen ein Gewerbebetrieb ist, so ist die Einbringung aus den in Tz. 54 dargelegten Gründen als mit dem Teilwert zu bewertende Entnahme anzusehen.

d) **Überführung in eine ausländische Betriebstätte**

65[2]) Wird das eingebrachte Wirtschaftsgut in einer Betriebstätte der Personengesellschaft in einem Land eingesetzt, mit dem ein Doppelbesteuerungsabkommen besteht, auf Grund dessen Gewinne aus dieser Betriebstätte nicht der deutschen Besteuerung unterliegen, so ist die Einbringung als mit dem Teilwert zu bewertende Entnahme anzusehen (vgl. Abschn. 13 a Abs. 1 Satz 3 EStR und Tz. 55).

4. Übertragung gegen Gewährung von Gesellschaftsrechten und sonstiges Entgelt

66 Wird ein Wirtschaftsgut gegen Gewährung von Gesellschaftsrechten und gegen sonstiges Entgelt übertragen, so kann die Personengesellschaft es insoweit, als es gegen Gewährung von Gesellschaftsrechten übertragen wird, mit dem anteiligen Buchwert, dem anteiligen Teilwert oder einem Zwischenwert ansetzen. Vgl. auch Tz. 28 und Tz. 35.

5. Überführung in das Sonderbetriebsvermögen

67 Bei der Überführung des Wirtschaftsguts aus einem anderen gewerblichen Betrieb des Mitunternehmers in sein Sonderbetriebsvermögen handelt es sich um einen tauschähnlichen Vorgang. Es sind die Grundsätze anzuwenden, die für die Überführung von Wirtschaftsgütern aus einem Betrieb in einen anderen Betrieb des Steuerpflichtigen gelten (vgl. Abschnitt 13 a EStR).

6. Sonstige Leistungen des anderen Betriebs für die Personengesellschaft

a) **Leistungen im Rahmen eines inländischen gewerblichen Betriebs**

68 Die Grundsätze in Tz. 52 bis 55 gelten sinngemäß, wenn ein Mitunternehmer im Rahmen seines inländischen gewerblichen Betriebs für die Personengesellschaft Leistungen erbringt, bei denen es sich nicht um die Übereignung von Wirtschaftsgütern handelt, sondern um die Herstellung eines Wirtschaftsguts für die Personengesellschaft oder um Dienst- oder Werkleistungen, die bei der Personengesellschaft nicht zur Aktivierung eines Wirtschaftsguts führen. § 15 Abs. 1

---

[3]) Überholt, → R 14 Abs. 2.
[4]) → BMF vom 12. 2. 1990 (BStBl I S. 72).

Nr. 2 EStG ist auf ein von der Personengesellschaft für Leistungen dieser Art gezahltes Entgelt nicht anzuwenden (vgl. auch Tz. 83).

69 Wird die Leistung nicht gegen das übliche Entgelt, sondern auf gesellschaftsrechtlicher Grundlage erbracht, so kann die Personengesellschaft in entsprechender Anwendung der Grundsätze des BFH-Urteils vom 15. 7. 1976 (BStBl II S. 748) die Leistung in ihrer Bilanz einschließlich der Ergänzungsbilanzen für ihre Gesellschafter mit dem Buchwert (Tz. 70) oder mit einem höheren Wert, höchstens jedoch mit dem Teilwert (Tz. 71) ansetzen. Die Weisungen in Tzn. 57 bis 66 gelten sinngemäß.

70 Buchwert (Tz. 69) sind die im Betrieb des Mitunternehmers in Zusammenhang mit der Leistung angefallenen Aufwendungen.

71 Teilwert (Tz. 69) ist der Betrag, den die Personengesellschaft einem fremden Dritten für dieselbe Leistung zahlen müßte.

72 In Höhe der Differenz zwischen dem von der Personengesellschaft angesetzten Wert (Tz. 69) und den im Betrieb des leistenden Mitunternehmers angefallenen Aufwendungen entsteht ein Gewinn im Betrieb des leistenden Mitunternehmers.

b) **Leistungen im Rahmen eines Betriebs, der kein inländischer Gewerbebetrieb ist**

73 Werden Leistungen im Sinne der Tz. 68 im Rahmen eines Betriebs, der kein inländischer Gewerbebetrieb ist, für eine gewerblich tätige Personengesellschaft gegen Zahlung des üblichen Entgelts erbracht, so ist das Entgelt gem. § 15 Abs. 1 Nr. 2 EStG dem Gewinnanteil des leistenden Mitunternehmers zuzurechnen (vgl. Tz. 81). Der zuzurechnende Betrag mindert sich um die Betriebsausgaben, die im Betrieb des leistenden Mitunternehmers angefallen sind.

74 Wird die Leistung nicht gegen Zahlung der üblichen Vergütung, sondern auf gesellschaftsrechtlicher Grundlage erbracht, so handelt es sich bei den Ausgaben, die in Zusammenhang mit der Leistung anfallen, um Betriebsausgaben, die den Anteil des leistenden Mitunternehmers am Gewinn der Personengesellschaft mindern.

VII. Übertragung eines Wirtschaftsguts aus dem Betriebsvermögen der Gesellschaft in ein anderes Betriebsvermögen eines Mitunternehmers sowie sonstige Leistungen der Personengesellschaft für den Betrieb des Mitunternehmers

1. Überblick

75 Ein Wirtschaftsgut, das bisher Betriebsvermögen der Personengesellschaft war, kann Betriebsvermögen eines anderen Betriebs eines Mitunternehmers insbesondere durch

– entgeltliche Veräußerung an den Mitunternehmer,

- Übertragung aus dem Gesamthandsvermögen gegen Minderung der Gesellschaftsrechte des Mitunternehmers und
- Überführung aus dem Sonderbetriebsvermögen in das Betriebsvermögen des anderen Betriebs

werden.

Sonstige Leistungen kann die Personengesellschaft insbesondere gegen Zahlung des üblichen Entgelts oder auf gesellschaftsrechtlicher Grundlage erbringen.

2. Entgeltliche Veräußerung eines Wirtschaftsguts

76 Die Ausführungen in Tz. 52 bis 55 gelten sinngemäß.

3. Übertragung gegen Minderung der Gesellschaftsrechte

77 Die Ausführungen in Tz. 57 bis 65 gelten sinngemäß.

4. Übertragung gegen Minderung von Gesellschaftsrechten und sonstiges Entgelt

78 Die Ausführungen in Tz. 66 gelten sinngemäß.

5. Überführung aus dem Sonderbetriebsvermögen in ein anderes Betriebsvermögen

79[1])[2]) Die Überführung eines Wirtschaftsguts aus dem Sonderbetriebsvermögen in ein anderes Betriebsvermögen liegt vor, wenn die Nutzung des Wirtschaftsguts durch die Personengesellschaft beendet wird oder das Wirtschaftsgut nicht mehr der Beteiligung an der Personengesellschaft dient und gleichzeitig das Wirtschaftsgut als notwendiges oder gewillkürtes Betriebsvermögen einem anderen Betrieb des Mitunternehmers gewidmet wird. In diesen Fällen liegt eine zur Gewinnrealisierung führende Entnahme vor, wenn das Wirtschaftsgut in einer ausländischen Betriebsstätte des anderen Betriebs in einem Land eingesetzt wird, mit dem ein Doppelbesteuerungsabkommen besteht, auf Grund dessen Gewinne aus dieser Betriebsstätte nicht der deutschen Besteuerung unterliegen (vgl. auch Tz. 65). Eine zur Gewinnrealisierung führende Entnahme liegt ferner vor, wenn die Personengesellschaft Einkünfte aus Gewerbebetrieb, der andere Betrieb nichtgewerbliche Einkünfte hat (vgl. Abschn. 13 a Abs. 1 Satz 5 und 6 EStR). Bei Überführung aus einer nichtgewerblich tätigen Personengesellschaft in einen gewerblichen Betrieb gilt Abschn. 13 a Abs. 1 Satz 6 EStR.

6. Sonstige Leistungen der Personengesellschaft für den anderen Betrieb

80 Die Ausführungen in Tz. 68–72 gelten sinngemäß. Wird eine Leistung von einer gewerblich tätigen Personengesellschaft für einen nichtgewerblichen Betrieb eines Mitunternehmers erbracht und wird dafür eine Gegenleistung vereinbart, die niedriger als der Teilwert der Leistung ist, so ist die Differenz zwischen Teilwert und vereinbarter Gegenleistung bei der Personengesellschaft als Entnahme des Mitunternehmers zu erfassen.

VIII. Vergütungen für Tätigkeiten im Dienst der Gesellschaft, für Hingabe von Darlehen und für Überlassung von Wirtschaftsgütern

1. Grundsatz

81[3])[4]) Nach § 15 Abs. 1 Nr. 2 EStG gehören zu den Einkünften aus Gewerbebetrieb auch die Vergütungen, die der Gesellschafter von der Gesellschaft für seine Tätigkeit im Dienst der Gesellschaft oder für die Hingabe von Darlehen oder für die Überlassung von Wirtschaftsgütern bezogen hat. Für die Anwendung der Vorschrift ist es vorbehaltlich der Regelung in Tz. 83 grundsätzlich ohne Bedeutung, ob die Leistung des Gesellschafters auf einer gesellschaftsrechtlichen Beitragspflicht im Sinne der §§ 705 bis 707 BGB oder auf einer anderen Rechtsgrundlage beruht. Sie ist also z. B. auch dann anzuwenden, wenn der Gesellschafter für die Gesellschaft im Rahmen seines freien Berufs von Fall zu Fall gegen das übliche Honorar tätig wird und seine Tätigkeit nicht auf gesellschaftsrechtlichen Vereinbarungen beruht (BFH-Urteil vom 18. 9. 1969 – BStBl 1970 II S. 43). Auf Vergütungen für Arbeitsleistungen ist § 15 Abs. 1 Nr. 2 EStG auch anzuwenden, wenn der Dienstleistende an der Gesellschaft nur geringfügig beteiligt ist, die Tätigkeitsvergütung den Tariflohn eines vergleichbaren Arbeitnehmers nicht übersteigt und die geleisteten Dienste von untergeordneter Bedeutung sind (vgl. hierzu die BFH-Urteile vom 29. 9. 1959 – DB 1959 S. 1422, vom 19. 11. 1964 – StRK R. 571 zu § 15 EStG und den Beschluß des Großen Senats vom 19. 10. 1970 – BStBl 1971 II S. 177).

82 Entstehen dem Gesellschafter im Zusammenhang mit der Dienstleistung (Tz. 81) Aufwendungen, so mindern diese Aufwendungen als Sonderbetriebsausgaben den Gewinnanteil des Gesellschafters. Sind die Aufwendungen in einem anderen Betrieb angefallen, so liegt vorbehaltlich der Regelung in Tz. 83 in Höhe der bei der Personengesellschaft berücksichtigten Sonderbetriebsausgaben eine Entnahme aus dem anderen Betrieb vor.

2. Vergütungen, die Betriebseinnahmen in einem der inländischen Besteuerung unterliegenden Gewerbebetrieb sind

83[5]) Durch § 15 Abs. 1 Nr. 2 EStG soll die Verlagerung von Einkünften in einen nichtgewerblichen

---
[1]) → BMF vom 12. 2. 1990 (BStBl I S. 72).
[2]) → R 14 Abs. 2.
[3]) → BMF vom 5. 12. 1979 (BStBl I S. 698).
[4]) → BMF vom 19. 3. 1982 (BStBl I S. 384).
[5]) Überholt, → BMF vom 10. 12. 1979 (BStBl I S. 683).

Bereich verhindert werden. Deshalb werden Vergütungen, die die Gesellschaft einem Mitunternehmer für die Leistung von Diensten, für die Überlassung von Kapital und für die Überlassung sonstiger Wirtschaftsgüter zahlt, als Einkünfte aus Gewerbebetrieb qualifiziert. Die Qualifikationsnorm des § 15 Abs. 1 Nr. 2 EStG bezieht sich nur auf Vergütungen, die – gäbe es die Qualifikationsnorm nicht – nicht als inländische gewerbliche Einkünfte anzusehen wären. Fallen die Vergütungen hingegen im Rahmen eines inländischen Gewerbebetriebs an, so sind sie als Betriebseinnahme im Rahmen dieses Betriebs ohnehin Einkünfte aus Gewerbebetrieb, so daß § 15 Abs. 1 Nr. 2 EStG auf sie nicht anwendbar ist. Unerheblich ist, ob die Vergütung bei der Gesellschaft als Anschaffungs- oder Herstellungskosten eines Wirtschaftsguts zu aktivieren oder sofort abziehbare Betriebsausgabe ist. Unerheblich ist ferner, ob es sich um eine Vergütung im Rahmen des laufenden Geschäfts handelt.

3. Vergütungen für von einem Mitunternehmer erbrachte Leistungen

84 § 15 Abs. 1 Nr. 2 EStG gilt nur für Vergütungen, die der Gesellschafter von der Gesellschaft für seine Tätigkeit im Dienst der Gesellschaft oder für die Hingabe von Darlehen oder für die Überlassung von Wirtschaftsgütern bezogen hat. Bei Dauerschuldverhältnissen, z. B. bei Arbeitsverträgen, Mietverträgen, fallen nur solche Vergütungen unter § 15 Abs. 1 Nr. 2 EStG, welche auf einen Zeitraum entfallen, in dem der Leistende Mitunternehmer der Gesellschaft ist. Auf die Fälligkeit und den Zeitpunkt der Zahlung kommt es nicht an.

4. Behandlung von Pensionsrückstellungen und Pensionszahlungen in Fällen, in denen ein Arbeitnehmer Mitunternehmer wird

85 Wegen der Behandlung von Pensionsrückstellungen in Fällen, in denen ein Arbeitnehmer Mitunternehmer wird, vgl. das BFH-Urteil vom 8. 1. 1975 (BStBl II S. 437). Danach muß eine Personengesellschaft die Pensionsrückstellung, die sie für die Verpflichtung aus einer Pensionszusage gegenüber einem Arbeitnehmer zulässigerweise gebildet hat, nicht gewinnerhöhend auflösen, wenn dieser Arbeitnehmer Gesellschafter der Personengesellschaft wird. Die bisher gebildete Pensionsrückstellung stellt keine Vergütung für die Tätigkeit eines Gesellschafters im Dienst der Gesellschaft im Sinne von § 15 Abs. 1 Nr. 2 EStG, sondern eine Vergütung für die Tätigkeit als Arbeitnehmer dar. Der neue Gesellschafter mit einer Anwartschaft auf Ruhegehalt überläßt der Gesellschaft auch kein Kapital zur Nutzung. Die Pensionsrückstellung bleibt deshalb auch in der Steuerbilanz der Gesellschaft bestehen und teilt das Schicksal jeder anderen Pensionsrückstellung.

Da das Dienstverhältnis endet, wenn der Arbeitnehmer Gesellschafter wird, darf bei aufrechterhaltener Pensionsanwartschaft die Pensionsrückstellung höchstens mit dem Barwert der künftigen Pensionsleistungen (Anwartschaftsbarwert) gebildet werden (§ 6 a Abs. 3 Nr. 2 EStG). Bei der Berechnung des Anwartschaftsbarwerts am Schluß des Wirtschaftsjahrs, in dem der Arbeitnehmer Gesellschafter geworden ist, sowie jeweils am Schluß der folgenden Wirtschaftsjahre ist wie bei ausgeschiedenen Arbeitnehmern der in der Zeit der Arbeitnehmereigenschaft ratierlich erdiente Pensionsanspruch zugrundezulegen (vgl. § 2 Abs. 1 Satz 1 BetrAVG). Dabei ist es unerheblich, ob die in § 1 Abs. 1 Satz 1 BetrAVG festgesetzten Fristen für die Unverfallbarkeit der Anwartschaft erfüllt sind. Die Zuführungen zur Rückstellung auf Grund der Fortentwicklung des Anwartschaftsbarwerts sind als Nachwirkung der früheren Arbeitnehmereigenschaft nicht nach § 15 Abs. 1 Nr. 2 EStG dem Gewinn der Gesellschaft zuzurechnen.

5. Veräußerung eines Wirtschaftsguts an die Gesellschaft

86 Die Veräußerung eines Wirtschaftsguts durch den Gesellschafter an die Gesellschaft fällt nicht unter § 15 Abs. 1 Nr. 2 EStG. Das gilt sowohl für Lieferungen im Rahmen des gewöhnlichen Geschäftsverkehrs als auch für Veräußerungen außerhalb des gewöhnlichen Geschäftsverkehrs. Für die Veräußerung und den Erwerb von Wirtschaftsgütern gelten die Grundsätze in Tz. 45 ff. und Tz. 51 ff.

87 Wird der Kaufpreis gestundet oder ist er in Raten zu zahlen, so sind Stundungszinsen sowie in den Kaufpreisraten enthaltene Zinsanteile Vergütungen für die Überlassung von Kapital.

6. Leistungen im Rahmen des gewöhnlichen Geschäftsbetriebs

88 § 15 Abs. 1 Nr. 2 EStG gilt auch für Leistungen, die der Mitunternehmer im Rahmen des gewöhnlichen Geschäftsbetriebs eines anderen Betriebs erbringt (vgl. Tz. 81), es sei denn (vgl. Tz. 83), die Gegenleistung ist Betriebseinnahme in einem der Besteuerung im Inland unterliegenden Gewerbebetrieb. Auf die Veräußerung von Wirtschaftsgütern (Lieferung, Werklieferung) findet § 15 Abs. 1 Nr. 2 EStG keine Anwendung (Tz. 86).

II
Zu Fragen der schenkweise als Kommanditisten in eine Kommanditgesellschaft aufgenommenen minderjährigen Kinder als Mitunternehmer
(Anwendung des BFH-Urteils vom 10. 11. 1987 - BStBl 1989 II S. 758)

BMF vom 5. 10. 1989 (BStBl I S. 378)

Der BFH hat in seinem Urteil vom 10. 11. 1987 (BStBl 1989 II S. 758) schenkweise als Kommanditisten in einer KG aufgenommene minderjährige Kinder als Mitunternehmer anerkannt, obwohl in dem Entscheidungsfall das Widerspruchsrecht der Kommanditisten nach § 164 HGB ausgeschlossen, das Gewinnentnahmerecht der Kommanditisten weitgehend beschränkt und das Kündigungsrecht für die Kommanditisten langfristig abbedungen war und die Kommanditisten für den Fall ihres vorzeitigen Ausscheidens auf Grund eigener Kündigung zum Buchwert abgefunden werden sollten. Der BFH sieht darin keine nennenswerten und nicht auch zwischen Fremden üblichen Abweichungen vom Regelstatut des HGB. Dabei macht es für den BFH keinen Unterschied, ob die besonderen Bedingungen einzeln oder zusammen vorliegen.

Zu der Frage, welche Folgerungen aus diesem Urteil für die steuerliche Anerkennung von schenkweise als Kommanditisten in eine KG aufgenommenen minderjährigen Kindern als Mitunternehmer zu ziehen sind, wird unter Bezugnahme auf das Ergebnis der Erörterungen mit den Vertretern der obersten Finanzbehörden der Länder wie folgt Stellung genommen:

Die Frage, ob eine Mitunternehmerschaft minderjähriger Kinder gegeben ist, muß nach dem Gesamtbild der Verhältnisse entschieden werden (Beschluß des Großen Senats des BFH vom 25. 6. 1984 - BStBl II S. 751, 769). Dabei sind alle Umstände des Einzelfalles in ihrer Gesamtheit zu würdigen. Das minderjährige Kind eines Gesellschafters einer Personengesellschaft kann nur als Mitunternehmer anerkannt werden, wenn es Mitunternehmerinitiative entfalten kann und Mitunternehmerrisiko trägt. Es kommt deshalb darauf an, ob dem minderjährigen Kommanditisten nach dem Gesellschaftsvertrag wenigstens annäherungsweise diejenigen Rechte eingeräumt werden, die einem Kommanditisten nach dem HGB zustehen. Maßstab ist das nach dem HGB für den Kommanditisten vorgesehene Regelstatut. Dazu gehören auch die gesetzlichen Regelungen, die im Gesellschaftsvertrag abbedungen werden können.

Wie der Große Senat des BFH im Beschluß vom 25. 6. 1984 (BStBl II S. 751, 769) ausgeführt hat, können Mitunternehmerinitiative und Mitunternehmerrisiko im Einzelfall mehr oder weniger ausgeprägt sein. Beide Merkmale müssen jedoch gemeinsam vorliegen. Ein Kommanditist ist beispielsweise dann mangels Mitunternehmerinitiative kein Mitunternehmer, wenn sowohl sein Stimmrecht als auch sein Widerspruchsrecht durch Gesellschaftsvertrag faktisch ausgeschlossen sind (BFH-Urteil vom 11. 10. 1988 - BStBl 1989 II S. 762).

Besondere Bedeutung kommt, wie auch vom BFH im Urteil vom 10. 11. 1987 (BStBl 1989 II S. 758) ausgeführt wird, der Frage zu, ob die minderjährigen Kommanditisten durch Kündigung oder Änderung des Gesellschaftsvertrags gegen ihren Willen aus der KG verdrängt werden können. Ist der Komplementär nach dem Gesellschaftsvertrag berechtigt, nach freiem Ermessen weitere Kommanditisten in die KG aufzunehmen und kann er dadurch die für eine Änderung des Gesellschaftsvertrags im Einzelfall erforderlichen Mehrheitsverhältnisse (z. B. Erfordernis einer $^2/_3$-Mehrheit) zu seinen Gunsten so verändern, daß die als Kommanditisten in die KG aufgenommenen minderjährigen Kinder gegen ihren Willen aus der KG verdrängt werden können, so spricht dies gegen eine Mitunternehmerstellung der Kinder. Das gilt auch dann, wenn der Komplementär tatsächlich noch keine weiteren Kommanditisten in die KG aufgenommen hat.

Der BFH hat in dem Urteil vom 10. 11. 1987 (BStBl 1989 II S. 758) allein die Tatsache, daß der Komplementär derzeit nicht die im Einzelfall erforderliche Stimmrechtsmehrheit bezüglich der Änderung des Gesellschaftsvertrags und der Auflösung der Gesellschaft hat, für ausreichend gehalten, um die Mitunternehmerinitiative der Kommanditisten – und zwar auch bei Ausschluß des Widerspruchsrechts nach § 164 HGB – zu bejahen. Ich bitte, die Grundsätze dieses BFH-Urteils insoweit nicht über den entschiedenen Einzelfall hinaus anzuwenden.

Anhang 25

Nutzungswertbesteuerung

Übersicht

I Neuregelung der steuerrechtlichen Förderung des selbstgenutzten Wohneigentums (Wohneigentumsförderungsgesetz);
hier: Übergangsregelungen nach § 52 Abs. 21 EStG bei Wohnungen im Privatvermögen

II Neuregelung der steuerrechtlichen Förderung des selbstgenutzten Wohneigentums (Wohneigentumsförderungsgesetz);
hier: Übergangsregelungen nach § 52 Abs. 15 und 21 EStG bei Wohnungen im Betriebsvermögen

I
Neuregelung der steuerrechtlichen Förderung des selbstgenutzten Wohneigentums (Wohneigentumsförderungsgesetz); hier: Übergangsregelungen nach § 52 Abs. 21 EStG bei Wohnungen im Privatvermögen

BMF vom 19. 9. 1986 (BStBl I S. 480)

IV B 1 – S 2225 a – 27/86

Unter Bezugnahme auf das Ergebnis der Erörterungen mit den obersten Finanzbehörden der Länder gilt zur Anwendung des § 52 Abs. 21 EStG 1986, geändert durch das Wohneigentumsförderungsgesetz vom 15. Mai 1986 (BGBl. I S. 730, BStBl I S. 278), folgendes:

I. Wegfall der Nutzungswertbesteuerung

Ab dem Veranlagungszeitraum 1987 fällt die Besteuerung des Nutzungswerts einer Wohnung nach § 21 Abs. 2 EStG grundsätzlich fort. Für vor dem 1. Januar 1987 fertiggestellte oder angeschaffte Wohnungen gilt eine Übergangsregelung (§ 52 Abs. 21 EStG).

Zu den Begriffen der Fertigstellung und der Anschaffung wird auf Abschnitt 57 EStR hingewiesen. In Anschaffungsfällen ist somit nicht das Datum des notariellen Kaufvertrags maßgebend. Ist die Wohnung vor dem 1. Januar 1987 fertiggestellt oder angeschafft worden, beginnt die Nutzung zu eigenen Wohnzwecken jedoch erst nach dem 31. Dezember 1986, kommt weder die Übergangsregelung mit Ausnahme des Abschnitts II Nr. 4 Satz 6 noch die Anwendung des § 10 e Abs. 1 bis 5 EStG in Betracht (§ 52 Abs. 14 EStG).

II. Übergangsregelung in Fällen der Ermittlung des Nutzungswerts als Überschuß des Mietwerts über die Werbungskosten

1. Der Nutzungswert einer Wohnung, die vor dem 1. Januar 1987 fertiggestellt oder angeschafft worden ist, wird ab dem Veranlagungszeitraum 1987 für den Zeitraum der Selbstnutzung als Überschuß des Mietwerts über die Werbungskosten ermittelt, wenn die folgenden Voraussetzungen vorliegen:

   a) Im Veranlagungszeitraum 1986 muß dem Steuerpflichtigen der Nutzungswert der Wohnung im eigenen Haus nach § 21 Abs. 2 EStG als Überschuß des Mietwerts über die Werbungskosten zuzurechnen sein. Dies setzt voraus, daß die Wohnung in diesem Veranlagungszeitraum, wenn auch nur für kurze Zeit,

   – vom Steuerpflichtigen zu eigenen Wohnzwecken genutzt worden ist oder

   – vom Steuerpflichtigen unentgeltlich einem anderen ohne gesicherte Rechtsposition zu Wohnzwecken überlassen worden ist oder

   – vom Steuerpflichtigen auf Grund eines vorbehaltenen oder auf Grund eines durch Vermächtnis eingeräumten dinglichen Rechts zu eigenen Wohnzwecken genutzt worden ist oder

   – auf Grund eines Nutzungsrechts zu eigenen Wohnzwecken genutzt worden ist, das durch Baumaßnahmen des Nutzungsberechtigten entstanden ist (vgl. BMF-Schreiben vom 4. Juni 1986, BStBl I S. 318).

   b) In dem jeweils in Betracht kommenden Veranlagungszeitraum, der auf den Veranlagungszeitraum 1986 folgt, müssen, wenn auch nur für kurze Zeit, die Voraussetzungen für die Ermittlung des Nutzungswerts als Überschuß des Mietwerts über die Werbungskosten vorliegen. Diese Einkunftsermittlung bleibt auch möglich, wenn zwischenzeitlich die Voraussetzungen für die Ermittlung des

Nutzungswerts als Überschuß des Mietwerts über die Werbungskosten, z. B. bei zwischenzeitlicher Vermietung oder bei Nutzung des ganzen Hauses zu eigenen Wohnzwecken, nicht vorgelegen haben.

2. Hat der Steuerpflichtige im Veranlagungszeitraum 1986 z. B. ein Zweifamilienhaus fertiggestellt oder angeschafft und eine Wohnung selbst genutzt, wird der Nutzungswert dieser Wohnung für diesen Veranlagungszeitraum auch dann durch Überschuß des Mietwerts über die Werbungskosten ermittelt, wenn die andere Wohnung innerhalb von sechs Monaten nach Fertigstellung oder Anschaffung des Hauses erst im Veranlagungszeitraum 1987 vermietet wird. Entsprechendes gilt, wenn ein Einfamilienhaus vor dem 1. Januar 1987 zu einem Zweifamilienhaus ausgebaut oder erweitert worden ist und eine Wohnung innerhalb von sechs Monaten nach Beendigung des Ausbaus oder der Erweiterung vermietet wird.

Bei einem in einem Zug errichteten Zweifamilienhaus (vgl. Abschnitt 57 Sätze 6 bis 8 EStR) wird der Nutzungswert ebenfalls durch Überschuß des Mietwerts über die Werbungskosten ermittelt, wenn im Veranlagungszeitraum 1986 erst eine Wohnung fertiggestellt und zu eigenen Wohnzwecken genutzt und die andere Wohnung vor Ablauf von sechs Monaten nach ihrer Fertigstellung vermietet wird.

3. Ein Wechsel der selbstgenutzten Wohnungen durch den Steuerpflichtigen nach dem 31. Dezember 1986 schließt die weitere Ermittlung des Nutzungswerts als Überschuß des Mietwerts über die Werbungskosten aus, wenn nicht beim Steuerpflichtigen bei der im jeweiligen Veranlagungszeitraum nach dem 31. Dezember 1986 selbstgenutzten Wohnung auch schon im Veranlagungszeitraum 1986 die Voraussetzungen für diese Einkunftsermittlung vorgelegen haben.

4. Der Steuerpflichtige kann für einen Veranlagungszeitraum, der auf den Veranlagungszeitraum 1986 folgt und in dem die Voraussetzungen für die Nutzungswertbesteuerung vorliegen, bis zur Bestandskraft der Steuerfestsetzung unwiderruflich beantragen, daß ab diesem Veranlagungszeitraum der Nutzungswert bei ihm nicht mehr besteuert wird (§ 52 Abs. 21 Satz 3 EStG). Der Antrag ist, unbeschadet der Geltendmachung im Lohnsteuerermäßigungs- oder Vorauszahlungsverfahren, im Veranlagungsverfahren zu stellen. Ist dem Steuerpflichtigen im Veranlagungszeitraum 1986 der Nutzungswert von mehreren Wohnungen im eigenen Haus als Überschuß des Mietwerts über die Werbungskosten zugerechnet worden und liegen bei diesen Wohnungen die Voraussetzungen der Nummer 1 vor, kann er den Antrag auf Wegfall der Nutzungswertbesteuerung für jede Wohnung gesondert stellen. Wird kein Antrag gestellt, ist der Nutzungswert letztmals im Veranlagungszeitraum 1998 zu besteuern.

Hat der Steuerpflichtige größeren Erhaltungsaufwand nach § 82 b, § 82 h oder § 82 k EStDV verteilt abgezogen, kann er den noch nicht abgezogenen Aufwand in einem Betrag in dem Veranlagungszeitraum abziehen, für den letztmals der Nutzungswert anzusetzen ist.

Haben für den Veranlagungszeitraum 1986 die Voraussetzungen für die Inanspruchnahme erhöhter Absetzungen vorgelegen, können ab dem auf das Ende der Nutzungswertbesteuerung folgenden Veranlagungszeitraum bis einschließlich des Veranlagungszeitraums, für den die erhöhten Absetzungen letztmals hätten in Anspruch genommen werden können, die diesen entsprechenden Beträge wie Sonderausgaben vom Gesamtbetrag der Einkünfte abgezogen werden (§ 52 Abs. 21 Satz 4 EStG).

5. Der Nutzungswert der zu eigenen Wohnzwecken genutzten Wohnung wird ab dem Veranlagungszeitraum 1987 nicht mehr besteuert, wenn im Veranlagungszeitraum 1987 beispielsweise

– der Eigentümer erstmals eine Wohnung seines bisher vermieteten Hauses oder eines im Veranlagungszeitraum 1986 leerstehenden Hauses zu eigenen Wohnzwecken nutzt oder

– erstmals eine Wohnung eines bisher in vollem Umfang zu eigenen Wohnzwecken genutzten und nach § 21 a EStG pauschaliert besteuerten Hauses vermietet wird oder

– das Haus Ende 1986 fertiggestellt oder angeschafft worden ist, aber eine Wohnung erst nach dem 31. Dezember 1986 zu eigenen Wohnzwecken genutzt wird oder

– der Eigentümer im Veranlagungszeitraum 1986 ein Zweifamilienhaus fertiggestellt oder angeschafft und eine Wohnung selbst genutzt hat, die andere Wohnung aber erst nach Ablauf von sechs Monaten nach Fertigstellung

oder Anschaffung des Hauses im Veranlagungszeitraum 1987 vermietet hat oder
- bei einem in einem Zug errichteten Zweifamilienhaus (vgl. Abschnitt 57 Sätze 6 bis 8 EStR) im Veranlagungszeitraum 1986 erst eine Wohnung fertiggestellt und zu eigenen Wohnzwecken genutzt wird, die andere Wohnung aber erst nach Ablauf von sechs Monaten nach ihrer Fertigstellung vermietet wird.

Für den Abzug erhöhter Absetzungen wie Sonderausgaben in diesen Fällen gilt Nummer 4 Satz 6 entsprechend.

6. Ist dem Steuerpflichtigen unentgeltlich auf Grund gesicherter Rechtsposition (z. B. auf Grund unentgeltlichen Zuwendungsnießbrauchs) eine Wohnung zu eigenen Wohnzwecken überlassen worden, ist ab dem Veranlagungszeitraum 1987 der Nutzungswert der Wohnung nicht mehr anzusetzen. Entsprechendes gilt bei teilweise unentgeltlicher Überlassung der Wohnung.

7. Wird nach dem 31. Dezember 1986 eine Wohnung im Wege der Erbfolge erworben und haben bei dem Rechtsvorgänger im Veranlagungszeitraum 1986 die Voraussetzungen für die Ermittlung des Nutzungswerts als Überschuß des Mietwerts über die Werbungskosten vorgelegen, wird diese Einkunftsermittlungsart bei dem Gesamtrechtsnachfolger für die Veranlagungszeiträume fortgeführt, in denen dieser die Wohnung zu eigenen Wohnzwecken nutzt oder sie ohne gesicherte Rechtsposition unentgeltlich überläßt. Die Ausführungen unter Nummer 4 gelten entsprechend.

III. Übergangsregelung in Fällen, in denen der Nutzungswert nicht als Überschuß des Mietwerts über die Werbungskosten ermittelt wird

1. Der Nutzungswert einer Wohnung in einem vor dem 1. Januar 1987 fertiggestellten oder angeschafften eigenen Haus, der im Veranlagungszeitraum 1986 für die gesamte Dauer der Selbstnutzung nach § 21 a EStG pauschaliert zu besteuern war, ist ab dem Veranlagungszeitraum 1987 nicht mehr anzusetzen. In anderen Fällen der Selbstnutzung vgl. Abschnitt II Nr. 1.

   a) Haben für den Veranlagungszeitraum 1986 bei der Wohnung die Voraussetzungen für die Inanspruchnahme von erhöhten Absetzungen vorgelegen, können ab dem Veranlagungszeitraum 1987 bis einschließlich des Veranlagungszeitraums, in dem die erhöhten Absetzungen letztmals hätten in Anspruch genommen werden können, die diesen entsprechenden Beträge wie Sonderausgaben vom Gesamtbetrag der Einkünfte abgezogen werden (§ 52 Abs. 21 Satz 4 EStG). Diese Regelung gilt entsprechend für nach § 82 a Abs. 3 EStDV auf zehn Jahre verteilten Erhaltungsaufwand (§ 52 Abs. 21 Satz 5 EStG).

   b) Steht dem Steuerpflichtigen der erweiterte Abzug der mit der Nutzung des Grundstücks zu Wohnzwecken in wirtschaftlichem Zusammenhang stehenden Schuldzinsen nach § 21 a Abs. 4 EStG für den Veranlagungszeitraum 1986 zu, kann er ab dem Veranlagungszeitraum 1987 die Schuldzinsen für den restlichen Begünstigungszeitraum (ggf. mit Nachholung) im Umfang nach § 21 a Abs. 4 EStG wie Sonderausgaben vom Gesamtbetrag der Einkünfte abziehen. Eine vorherige Verrechnung mit einem Grundbetrag kommt nicht mehr in Betracht.

   c) Hat bei vorangegangener Vermietung der Steuerpflichtige die Verteilung größeren Erhaltungsaufwands nach § 82 b, § 82 h oder § 82 k EStDV nach Eintritt und Beibehaltung der Selbstnutzung während des Verteilungszeitraums entsprechend der Regelung in Abschnitt 157 Abs. 2 Sätze 6, 9 und 10 EStR fortgesetzt, kann er den noch nicht abgezogenen Aufwand in einem Betrag im Veranlagungszeitraum 1986 abziehen.

2. Wird nach dem 31. Dezember 1986 eine Wohnung im Wege der Erbfolge erworben und haben bei dem Rechtsvorgänger die Voraussetzungen für die Anwendung der Nummer 1 vorgelegen, kann der Gesamtrechtsnachfolger den danach möglichen Sonderausgabenabzug vornehmen.

IV. Abzug von Aufwendungen vor Fertigstellung der Wohnung

Wird eine Wohnung, mit deren Errichtung vor dem 1. Januar 1987 begonnen worden ist, nach dem 31. Dezember 1986 fertiggestellt und selbst genutzt, können die Aufwendungen, die mit der Herstellung der Wohnung zusammenhängen und nicht zu den Herstellungskosten des Gebäudes oder den Anschaffungskosten des Grund und Bodens gehören, soweit sie im Veranlagungszeitraum 1986 entstanden sind, unter den Voraussetz-

Anhang 25

I Nutzungswertbesteuerung

zungen des § 11 Abs. 2 EStG als Werbungskosten bei den Einkünften aus Vermietung und Verpachtung abgezogen werden. Soweit die Aufwendungen vor dem 1. Januar 1987 entstanden und die Zahlungen erst nach dem 31. Dezember 1986 geleistet worden sind, können die Aufwendungen unter den Voraussetzungen des § 10 e Abs. 6 EStG wie Sonderausgaben abgezogen werden. Diese Regelung gilt in Anschaffungsfällen entsprechend.

II
Neuregelung der steuerrechtlichen Förderung des selbstgenutzten Wohneigentums (Wohneigentumsförderungsgesetz); hier: Übergangsregelungen nach § 52 Abs. 15 und 21 EStG bei Wohnungen im Betriebsvermögen

BMF vom 12. 11. 1986 (BStBl I S. 528)

IV B 4 – S 2236 – 15/86

Unter Bezugnahme auf das Ergebnis der Erörterungen mit den obersten Finanzbehörden der Länder gilt für die Anwendung des § 52 Abs. 15 und 21 EStG 1986, geändert durch das Wohneigentumsförderungsgesetz vom 15. Mai 1986 (BGBl. I S. 730, BStBl I S. 278), folgendes:

A. Wohnungen im Betriebsvermögen von Land- und Forstwirten

I. Wegfall der Nutzungswertbesteuerung

Ab dem Veranlagungszeitraum 1987 fällt die Besteuerung des Nutzungswerts der Wohnung des Land- und Forstwirts grundsätzlich fort (§ 52 Abs. 15 Satz 1 EStG). Für Wohnungen, die im Veranlagungszeitraum 1986 der Nutzungswertbesteuerung unterliegen oder sich im Bau befanden, gilt unter bestimmten Voraussetzungen eine Übergangsregelung (siehe zu II.)

II. Fortsetzung der Nutzungswertbesteuerung

1. Gehörte der Nutzungswert einer Wohnung des Land- und Forstwirts im Veranlagungszeitraum 1986, wenn auch nur für kurze Zeit, zu den Einkünften aus Land- und Forstwirtschaft, gilt dies weiterhin, wenn diese Wohnung in dem betreffenden Veranlagungszeitraum nach dem Veranlagungszeitraum 1986 wenigstens zeitweise für eigene Wohnzwecke oder für Wohnzwecke eines Altenteilers genutzt wird (§ 52 Abs. 15 Satz 2 EStG). Dies gilt auch dann, wenn eine solche Wohnung zwischenzeitlich in anderer Weise, z. B. durch Vermietung, genutzt wird.

2. Die Übergangsregelung nach Nummer 1 ist auch anzuwenden, wenn der Nutzungswert der Wohnung bei dem Land- und Forstwirt auf Grund einer Nutzungsberechtigung am gesamten Betrieb, z. B. eines Pachtvertrages, Wirtschaftsüberlassungsvertrages, Nießbrauchsrechts, zu den Einkünften aus Land- und Forstwirtschaft gehört (siehe aber Nr. 4).

3. Ist nicht ein gesamter Betrieb, sondern nur eine Wohnung, die zu einem land- und forstwirtschaftlichen Betriebsvermögen gehört, einem Dritten unentgeltlich zu eigenen Wohnzwecken überlassen – also nicht in Fällen der Nutzung auf Grund vorbehaltenen dinglichen Rechts –, ist zu unterscheiden:

   a) Ist der Nutzungswert der Wohnung im Veranlagungszeitraum 1986 dem Nutzenden zuzurechnen, wird er ab dem Veranlagungszeitraum 1987 nicht mehr besteuert (vgl. Abschn. II Nr. 6 des BMF-Schreibens vom 19. September 1986, BStBl I S. 480).

   b) Gehört der Nutzungswert der Wohnung im Veranlagungszeitraum 1986 wenigstens zeitweise zu den Einkünften aus Land- und Forstwirtschaft des Überlassenden, fällt die Wohnung unter die Übergangsregelung nach Nummer 1 (§ 52 Abs. 15 Satz 9 EStG).

4. Eine Wohnung, die im Veranlagungszeitraum 1986 zeitweise vom Eigentümer, einem Altenteiler oder einem am gesamten Betrieb Nutzungsberechtigten zu eigenen Wohnzwecken und zeitweise unentgeltlich von einem Dritten mit gesicherter Rechtsposition (siehe vorstehend zu 3.a) genutzt worden ist, fällt unter die Übergangsregelung. Dabei ist die Art der Nutzung am 31. Dezember 1986 maßgebend. Wird die Wohnung zu diesem Zeitpunkt vom Eigentümer, einem Altenteiler oder am gesamten Betrieb Nutzungsberechtigten zu eigenen Wohnzwecken genutzt, richtet sich die Übergangsregelung nach § 52 Abs. 15 Satz 2 EStG. Im Falle der unentgeltlichen Überlassung an einen Dritten mit gesicherter Rechtsposition am 31. Dezember 1986 fällt die Wohnung bei Wiederaufnahme der Nutzung zu eigenen Wohnzwecken unter die Übergangsregelung nach § 52 Abs. 21 Satz 2 EStG, weil sie nach § 52 Abs. 15 Satz 9 EStG vom 31. Dezember 1986 an nicht mehr zum Betriebsvermögen gehört.

5. Ebenfalls der Nutzungswertbesteuerung unterliegt eine Wohnung, die von einem Land- und Forstwirt auf einem Betriebsgrundstück zu eigenen Wohnzwecken oder als Altenteilerwohnung errichtet und nach dem 31. Dezember 1986 fertiggestellt wird. Voraussetzungen sind, daß der Antrag auf Baugenehmigung vor dem 1. März 1986 gestellt worden ist und daß die Wohnung im Jahr der Fertigstellung zu Wohnzwecken des Steuerpflichtigen oder des Altenteilers genutzt wird (§ 52 Abs. 15 Satz 3 EStG).

6. Der Steuerpflichtige kann für einen Veranlagungszeitraum, der auf den Veranlagungszeitraum 1986 folgt und in dem die Voraussetzungen für die Nutzungswertbesteuerung vorliegen, bis zur Bestandskraft der Steuerfestsetzung unwiderruflich beantragen, daß ab diesem Veranlagungszeitraum der Nutzungswert bei ihm nicht mehr besteuert wird (§ 52 Abs. 15 Satz 4 EStG).

Im Falle der Betriebsüberlassung kann der Antrag von dem Nutzungsberechtigten gestellt werden, bei dem der Nutzungswert der Wohnung zu besteuern ist. Der Nutzungsberechtigte kann den Antrag auf Wegfall der Nutzungswertbesteuerung unabhängig davon stellen, ob die Wohnung und der dazugehörende Grund und Boden noch zum Betriebsvermögen des Eigentümers gehören oder von diesem bereits entnommen oder veräußert worden sind.

Gehört eine Wohnung, deren Nutzungswert bei der Gewinnermittlung anzusetzen ist, zum Gesamthandsvermögen einer Mitunternehmerschaft, kann der Antrag auf Wegfall der Nutzungswertbesteuerung nur von den Mitunternehmern gemeinschaftlich gestellt werden. Die Rechtsfolgen des Antrags treten einheitlich bei der Gesamthandsgemeinschaft ein.

Der Antrag ist, unbeschadet der Geltendmachung im Lohnsteuerermäßigungs- oder Vorauszahlungsverfahren, im Veranlagungsverfahren – bei Wohnungen im Gesamthandsvermögen einer Mitunternehmerschaft im Feststellungsverfahren – zu stellen. Ist dem Steuerpflichtigen im Veranlagungszeitraum 1986 der Nutzungswert mehrerer selbstgenutzter Wohnungen oder Altenteilerwohnungen zuzurechnen, kann er den Antrag auf Wegfall der Nutzungswertbesteuerung für jede Wohnung gesondert stellen. Wird kein Antrag gestellt, ist der Nutzungswert letztmals im Veranlagungszeitraum 1998 zu besteuern.

7. Wird nach dem 31. Dezember 1986 im Wege der Erbfolge oder im Rahmen einer unentgeltlichen Betriebsübertragung nach § 7 Abs. 1 EStDV eine Wohnung erworben, deren Nutzungswert bei dem Rechtsvorgänger im Veranlagungszeitraum 1986 oder im Falle des § 52 Abs. 15 Satz 3 EStG im Veranlagungszeitraum der Fertigstellung zu den Einkünften aus Land- und Forstwirtschaft gehörte, fällt die Wohnung auch bei dem Rechtsnachfolger unter die Übergangsregelung nach den Nummern 1 bis 6.

8. Nach dem Wegfall der Nutzungswertbesteuerung können die auf die Wohnung entfallenden Aufwendungen nicht mehr als Betriebsausgaben abgezogen werden. Handelt es sich um eine z. B. im Rahmen eines Betriebspachtvertrages gemietete Wohnung, ist daher auch das Pachtentgelt entsprechend aufzuteilen.

Haben für den Veranlagungszeitraum 1986 die Voraussetzungen für die Inanspruchnahme erhöhter Absetzungen oder von Sonderabschreibungen vorgelegen, können ab dem auf das Ende der Nutzungswertbesteuerung folgenden Veranlagungszeitraum bis einschließlich des Veranlagungszeitraums, für den die erhöhten Absetzungen oder die Sonderabschreibungen letztmals hätten in Anspruch genommen werden können, die diesen entsprechenden Beträge wie Sonderausgaben vom Gesamtbetrag der Einkünfte abgezogen werden (§ 52 Abs. 15 Satz 5 in Verbindung mit Abs. 21 Satz 4 EStG).

9. Wird eine Wohnung, mit deren Errichtung vor dem 1. Januar 1987 begonnen worden ist, nach dem 31. Dezember 1986 fertiggestellt und selbst genutzt, ohne daß sie nach § 52 Abs. 15 Satz 3 EStG der Nutzungswertbesteuerung unterworfen wird, können die Aufwendungen, die mit der Herstellung der Wohnung zusammenhängen und nicht zu den Herstellungskosten des Gebäudes oder den Anschaffungskosten des Grund und Bodens gehören, als Betriebsausgaben abgezogen werden, soweit sie nach allgemeinen Grundsätzen bis zum 31. Dezember 1986 im Rahmen der jeweiligen Gewinnermittlungsart zu berücksichtigen sind. Soweit diese Aufwendungen vor dem 1. Januar 1987 entstanden sind, aber erst nach dem 31. Dezember 1986 bei der Gewinnermittlung zu berücksichtigen wären, können sie unter den Voraussetzungen des § 10 e Abs. 6 EStG wie Sonderausgaben abgezogen werden. Das kommt z. B. in Betracht, wenn bei der Gewinnermittlung nach § 4 Abs. 1 EStG Rechnungsabgrenzungsposten zu bilden wären oder bei Gewinnermittlung nach § 4 Abs. 3 EStG Zahlungen erst nach dem 31. Dezember 1986 geleistet werden.

Diese Regelung gilt in Anschaffungsfällen entsprechend.

III. Entnahme

1. Mit dem Wegfall der Nutzungswertbesteuerung beim Betriebseigentümer endet die Zugehörigkeit der Wohnung und des dazugehörenden Grund und Bodens zum Betriebsvermögen. Die Wohnung gilt mit dem dazugehörenden Grund und Boden zu dem Zeitpunkt als entnommen, bis zu dem der Nutzungswert letztmals besteuert wird. Dies bedeutet im einzelnen:

   a) Bei einer Wohnung, deren Nutzungswert im Veranlagungszeitraum 1986 (§ 52 Abs. 15 Satz 2 EStG) oder im Veranlagungszeitraum der Fertigstellung nach dem 31. Dezember 1986 (§ 52 Abs. 15 Satz 3 EStG) zu den Einkünften aus Land- und Forstwirtschaft gehört, ist der Entnahmezeitpunkt das Ende des Veranlagungszeitraums, für den auf Grund eines Antrags auf Wegfall der Nutzungswertbesteuerung der Nutzungswert letztmals angesetzt wird, frühestens also der 31. Dezember 1986 (§ 52 Abs. 15 Sätze 4 und 6 EStG). Unter diese Regelung fällt auch eine zum Betriebsvermögen gehörende Wohnung, die im Veranlagungszeitraum 1986 einem Dritten unentgeltlich überlassen ist und deren Nutzungswert dem Überlassenden zugerechnet wird (§ 52 Abs. 15 Satz 9 1. Halbsatz EStG).

Wird nach einer Selbstnutzung im Veranlagungszeitraum 1986 im Anschluß an eine zwischenzeitliche andere Nutzung die Wohnung wieder selbst genutzt und für den Veranlagungszeitraum der Wiederaufnahme der Selbstnutzung ein Antrag auf Wegfall der Nutzungswertbesteuerung gestellt, gilt die Wohnung mit der Wiederaufnahme der Selbstnutzung als entnommen.

b) Wird der Antrag auf Wegfall der Nutzungswertbesteuerung nicht vom Eigentümer, sondern von einem am gesamten Betrieb Nutzungsberechtigten gestellt (siehe oben zu II Nr. 2 und Nr. 6 Satz 2), hat dies keinen Einfluß auf die Zugehörigkeit der Wohnung und des dazugehörenden Grund und Bodens zum Betriebsvermögen.

Wird der Nutzungsberechtigte jedoch im Laufe des Übergangszeitraums durch Erbfall oder durch unentgeltliche Betriebsübertragung nach § 7 Abs. 1 EStDV Eigentümer der Wohnung, hat sein früher gestellter Antrag die Wirkung, daß die Wohnung im Zeitpunkt des Eigentumsübergangs als entnommen gilt.

c) Sind die Voraussetzungen für die Nutzungswertbesteuerung beim Eigentümer am 31. Dezember 1998 gegeben und wurde ein Antrag auf Wegfall der Nutzungswertbesteuerung nicht gestellt, wird die Entnahme zum Ende des Veranlagungszeitraums 1998 angenommen (§ 52 Abs. 15 Sätze 2 und 6 EStG).

d) Ist nicht ein gesamter Betrieb, sondern nur eine zum Betriebsvermögen gehörende Wohnung im Veranlagungszeitraum 1986 einem Dritten unentgeltlich überlassen – also nicht in Fällen der Nutzung auf Grund vorbehaltenen dinglichen Rechts – und wird ihr Nutzungswert dem Nutzenden am 31. Dezember 1986 zugerechnet,

so gilt die Wohnung mit dem Wegfall der Nutzungswertbesteuerung nach II. Nr. 3 a), d. h. zum 31. Dezember 1986 als entnommen (§ 52 Abs. 15 Satz 9 2. Halbsatz EStG).

2. Darüber hinaus endet unabhängig vom Wegfall der Nutzungswertbesteuerung die Zugehörigkeit einer Wohnung und des dazugehörenden Grund und Bodens zum Betriebsvermögen in folgenden Fällen ohne Besteuerung eines Entnahme- oder Veräußerungsgewinns:

a) Eine Wohnung wird vor dem 1. Januar 1999 entnommen oder veräußert, die im Veranlagungszeitraum 1986 und im Zeitpunkt der Entnahme oder Veräußerung der Nutzungswertbesteuerung unterliegt, weil kein Antrag auf deren Wegfall gestellt worden ist (§ 52 Abs. 15 Satz 8 Nr. 1 EStG).

Steht die Wohnung am Ende des Veranlagungszeitraums 1986 und danach bis zur Entnahme oder Veräußerung leer, ist die letzte Nutzung im Veranlagungszeitraum 1986 für die Entnahmemöglichkeit nach § 52 Abs. 15 Satz 8 Nr. 1 EStG maßgebend.

b) Eine Wohnung, die am 31. Dezember 1986 einem Dritten entgeltlich zur Wohnnutzung überlassen ist und im Veranlagungszeitraum 1986 nicht der Nutzungswertbesteuerung unterliegt, wird vor dem 1. Januar 1999 für eigene Wohnzwecke oder für Wohnzwecke eines Altenteilers entnommen (§ 52 Abs. 15 Satz 8 Nr. 2 EStG).

Nach dieser Regelung können Wohnungen für Wohnzwecke des Betriebseigentümers und des oder der Altenteiler nur steuerfrei entnommen werden, soweit für diese Personen nicht Wohnungen vorhanden waren, für die die Möglichkeit zur steuerfreien Entnahme nach den allgemeinen Regeln des Abs. 15 Satz 6 EStG bestand oder besteht (siehe oben zu 1 a) und c)) oder die nach § 52 Abs. 15 Satz 8 Nr. 1 EStG (siehe vorstehend zu a)) steuerfrei entnommen oder veräußert worden sind.

So kann beispielsweise, falls die übrigen Voraussetzungen gegeben sind,

– eine weitere Altenteilerwohnung steuerfrei entnommen werden, wenn im Veranlagungszeitraum 1986 der Betriebseigentümer und ein Altenteiler in zum Betriebsvermögen gehörenden Wohnungen wohnten und erstmals nach dem Veranlagungszeitraum 1986 drei Generationen in getrennten Wohnungen auf dem Hof leben;

- eine Betriebsleiterwohnung, die nach 1986 vom Betriebseigentümer bezogen wird, steuerfrei entnommen werden, obwohl bereits zwei Altenteilerwohnungen nach § 52 Abs. 15 Satz 6 EStG steuerfrei entnommen worden sind oder noch entnommen werden können.

Steht eine Altenteilerwohnung im gesamten Veranlagungszeitraum 1986 leer und wird sie nach dem 31. Dezember 1986 für Wohnzwecke eines Altenteilers genutzt, ist § 52 Abs. 15 Satz 8 Nr. 2 EStG entsprechend anzuwenden.

Wohnungen, die nach § 52 Abs. 15 Satz 9 EStG steuerfrei entnommen worden sind oder entnommen werden können, zählen bei der Objektbegrenzung nicht mit.

3. Die Steuerfreiheit des Entnahme- oder Veräußerungsgewinns setzt – außer in den Fällen des § 52 Abs. 15 Satz 8 Nr. 1 beim Leerstehen der Wohnung (siehe vorstehend zu 2 a)), des § 52 Abs. 15 Satz 8 Nr. 2 und Satz 9 EStG mit Zurechnung beim Nutzenden – voraus, daß dem Eigentümer zum Zeitpunkt der Entnahme oder Veräußerung der Nutzungswert der Wohnung zuzurechnen ist.

Eine steuerfreie Entnahme oder Veräußerung ist deshalb beispielsweise in folgenden Fällen nicht möglich:

– Eine im Jahre 1986 selbstgenutzte Wohnung wird ab Herbst 1986 über das Jahr 1998 hinaus an Landarbeiter vermietet.

Da zum 31. Dezember 1998 dem Eigentümer kein Nutzungswert der Wohnung zuzurechnen ist, liegt kein „anderer Fall" im Sinne des § 52 Abs. 15 Satz 6 EStG vor.

– Eine im Jahre 1986 vom Eigentümer selbstgenutzte Wohnung wird ab Herbst 1986 über das Jahr 1998 hinaus von einem Pächter/Wirtschaftsüberlassungsberechtigten zu eigenen Wohnzwecken genutzt.

Auch hier liegt mangels Nutzungswertbesteuerung beim Eigentümer im Jahr 1998 kein „anderer Fall" im Sinne des § 52 Abs. 15 Satz 6 EStG vor.

– Eine im Jahre 1986 selbstgenutzte Wohnung wird ab dem 1. Januar 1987 zur Lagerung von Vorräten verwendet. Im Jahre 1992 wird sie mit dem Betrieb veräußert.

Da im Jahre 1992 dem Eigentümer kein Nutzungswert der Wohnung zuzurechnen ist, ist der Veräußerungsgewinn der Wohnung nicht nach § 52 Abs. 15 Satz 8 Nr. 1 EStG steuerfrei.

4. Ist § 52 Abs. 15 Satz 3 EStG auf eine am 31. Dezember 1986 im Bau befindliche Wohnung nicht anzuwenden, weil der Bauantrag nach dem 28. Februar 1986 gestellt worden ist, gelten die Wohnung und der dazugehörende Grund und Boden mit dem Ablauf des Jahres 1986 als entnommen. Der Entnahmegewinn unterliegt der Besteuerung.

5. Bei der Entnahme einer Wohnung, die zum Gesamthandsvermögen einer Mitunternehmerschaft gehört, wird unabhängig vom Anteil des sie nutzenden Mitunternehmers am Gesamthandsvermögen die gesamte Wohnung ins Privatvermögen überführt.

6. Wegen des Begriffs „dazugehörender Grund und Boden" wird auf Abschnitt 133 a Abs. 4 Sätze 2 und 3 EStR verwiesen.

Werden bei gemischt genutzten Grundstücken oder Zwei-/Mehrfamilienhäusern nur einzelne Wohnungen entnommen, so kann auch nur der entsprechende Anteil des zum Gebäude gehörenden Grund und Bodens steuerfrei entnommen werden. Bleiben einzelne Räume einer entnommenen Wohnung notwendiges Betriebsvermögen, bleibt auch der entsprechende Anteil des Grund und Bodens Betriebsvermögen.

Der Maßstab für die Aufteilung bestimmt sich nach den allgemeinen Grundsätzen. Ein Hausgarten bis zur Größe von 1.000 qm ist in der Regel allein dem Wohnteil zuzuordnen.

7. Der Entnahmegewinn bleibt nach § 52 Abs. 15 Satz 7 EStG außer Ansatz. Dies gilt auch, soweit er z. B. auf einem zulässigen Abzug nach den §§ 6 b/6 c EStG oder nach Abschnitt 35 EStR beruht oder wenn Zuschüsse nach Abschnitt 34 EStR die AfA-Bemessungsgrundlage gemindert haben.

Ein Entnahmeverlust bleibt berücksichtigungsfähig.

8. Wird eine fremdfinanzierte Wohnung entnommen, werden die mit der Wohnung zusammenhängenden Betriebsschulden zu Privatschulden (BFH-Urteile vom 10. Mai 1972 – BStBl II S. 620 –, vom 17. April 1985 und vom 5. Juni 1985 – BStBl II S. 510 und 619 –). Die Schuldzinsen können nicht mehr als Betriebsausgaben abgezogen werden.

9. Nach § 52 Abs. 15 EStG entnommene Wohnungen dürfen nicht wieder in das Betriebsvermögen eingelegt werden, solange sie eigenen Wohnzwecken oder Wohnzwecken eines Altenteilers dienen oder unentgeltlich überlassen werden.

B. Wohnungen, die zu einem gewerblichen oder der selbständigen Arbeit dienenden Betriebsvermögen gehören

I. Wegfall der Nutzungswertbesteuerung

Mit dem Wegfall der Besteuerung des Nutzungswerts einer Wohnung nach § 21 Abs. 2 EStG entfällt auch die Möglichkeit der Zuordnung des

Nutzungswerts einer Wohnung zu einer betrieblichen Einkunftsart gemäß § 21 Abs. 3 EStG. Ab dem Veranlagungszeitraum 1987 darf deshalb der Nutzungswert einer Wohnung bei der Ermittlung der Einkünfte aus Gewerbebetrieb oder aus selbständiger Arbeit nicht angesetzt und die Wohnung infolgedessen nicht als Betriebsvermögen behandelt werden. Abschnitt 14 Abs. 4 EStR ist auf diese Wohnungen nicht anzuwenden. Sätze 2 und 3 gelten nicht, wenn diese Wohnungen unter die Übergangsregelung des § 52 Abs. 21 Satz 2 EStG fallen.

II. Fortsetzung der Nutzungswertbesteuerung

Die Übergangsregelung des § 52 Abs. 21 EStG gilt auch für die Besteuerung des Nutzungswerts von Wohnungen, die im Veranlagungszeitraum 1986 zu einem gewerblichen oder der selbständigen Arbeit dienenden Betriebsvermögen gehören und deren Nutzungswert im Veranlagungszeitraum 1986 deshalb als Überschuß des Mietwerts über die Betriebsausgaben zu erfassen ist. Abschnitt II des BMF-Schreibens vom 19. September 1986 (BStBl I S. 480) ist entsprechend anzuwenden.

Bei Erwerb einer Wohnung im Rahmen einer unentgeltlichen Betriebsübertragung nach § 7 Abs. 1 EStDV gilt die Übergangsregelung wie im Fall der Gesamtrechtsnachfolge (vgl. Abschnitt II Nr. 7 des o. a. BMF-Schreibens).

Wegen der Antragsberechtigung in den Fällen der Mitunternehmerschaft wird auf Abschnitt A II. Nr. 6 verwiesen.

III. Entnahme

Nach § 52 Abs. 15 Satz 10 EStG gelten die Sätze 6 bis 9 sinngemäß für Wohnungen und den dazugehörenden Grund und Boden, die zu einem gewerblichen oder der selbständigen Arbeit dienenden Betriebsvermögen gehören. Die Ausführungen unter Abschnitt A III. sind deshalb sinngemäß anzuwenden.

IV. Am 31. Dezember 1986 noch nicht fertiggestellte Wohnungen

Die für land- und forstwirtschaftliches Betriebsvermögen geltende Übergangsregelung für eine am 31. Dezember 1986 noch nicht fertiggestellte Wohnung (§ 52 Abs. 15 Satz 3 EStG) ist auf Grundstücke, die zu einem gewerblichen oder der selbständigen Arbeit dienenden Betriebsvermögen gehören, nicht anzuwenden. In diesen Fällen gelten die im Bau befindliche Wohnung und der dazugehörende Grund und Boden mit Ablauf des Jahres 1986 als entnommen, wenn sie nicht bereits nach allgemeinen Entnahmegrundsätzen entnommen worden sind. Der Entnahmegewinn unterliegt der Besteuerung.

Wegen der Berücksichtigung von Aufwendungen, die mit der Herstellung der Wohnung zusammenhängen und nicht zu den Herstellungskosten des Gebäudes oder den Anschaffungskosten des Grund und Bodens gehören, vgl. Abschnitt A II. Nr. 9. Dies gilt in Anschaffungsfällen entsprechend.

Anhang 25 a

I   Öffentlich-rechtliche Religionsgemeinschaften

Übersicht über Religions- und Weltanschauungsgemeinschaften mit dem Status einer Körperschaft des öffentlichen Rechts

I Bayern
II Brandenburg
III Bremen
IV Hessen
V Mecklenburg-Vorpommern
VI Nordrhein-Westfalen
VII Rheinland-Pfalz
VIII Saarland
IX Sachsen
X Schleswig-Holstein
XI Thüringen

I
Religionsgemeinschaften mit dem Status einer Körperschaft des öffentlichen Rechts

Bayern

1. die Katholische Kirche,
2. die Evangelisch-Lutherische Kirche,
3. die Evangelisch-Reformierte Kirche,
4. die Alt-Katholische Kirche,
5. die Evangelisch-methodistische Kirche,
6. die Vereinigung Bayerischer Mennonitengemeinden,
7. die Russisch-Orthodoxe Kirche im Ausland,
8. der Landesverband der Israelitischen Kultusgemeinden,
9. der Bund für Geistesfreiheit Bayern,
10. die Christian Science in Bayern,
11. die Neuapostolische Kirche in Bayern,
12. die Gemeinschaft der Siebenten-Tags-Adventisten, Bayerische Vereinigung,
13. die Christengemeinschaft in Bayern,
14. die Griechisch-Orthodoxe Metropolie von Deutschland,
15. der Bund Evangelisch-Freikirchlicher Gemeinden in Deutschland,
16. der Bund Freikirchlicher Pfingstgemeinden.

Anhang 25 a

Öffentlich-rechtliche Religionsgemeinschaften II

II
Religionsgemeinschaften mit dem Status einer Körperschaft des öffentlichen Rechts

Brandenburg

1. Evangelische Kirche
   - Evangelische Kirche in Brandenburg,
   - Evangelische Kirche der Kirchenprovinz Sachsen,
   - Evangelische Kirche der Schlesischen Oberlausitz,
   - Pommersche Evangelische Kirche,
   - Evangelisch-Lutherische Landeskirche Mecklenburg,
   - Evangelisch-Lutherische Landeskirche Sachsen,
2. Katholische Kirche
   - Erzbistum Berlin,
   - Bistum Magdeburg,
   - Bistum Görlitz,
3. Jüdische Gemeinde
   - Jüdische Gemeinde Potsdam.

III
Religionsgemeinschaften mit dem Status einer Körperschaft des öffentlichen Rechts

Bremen

1. Bremische Evangelische Kirche,
2. Gemeinden der Evangelisch-Lutherischen Landeskirche Hannover,
3. Gemeinden der Evang.-reformierten Kirche (Synode ev.-ref. Kirchen in Bayern und Norddeutschland),
4. Römisch-kath. Gemeindeverband und röm.-kath. Gemeinden des Bistums Osnabrück,
5. Röm.-kath. Kirchengemeindeverbände und Gemeinden des Bistums Hildesheim,
6. Evang.-method. Kirche in der Freien Hansestadt Bremen,
7. Israelistische Kirche in Bremen,
8. Neuapostolische Kirche in Bremen,
9. Gemeinschaft der Siebenten-Tag-Adventisten in Bremen,
10. Die Christengemeinschaft in der Freien Hansestadt Bremen,
11. Gemeinden der Selbständigen Evang.-luth. Kirche,
12. Bund Freikirchlicher Pfingstgemeinden KdöR mit Sitz in 64390 Erzhausen,
13. Griechisch-Orthodoxe Metropolie von Deutschland.

IV
Religions- und Weltanschauungsgemeinschaften mit dem Status einer Körperschaft des öffentlichen Rechts

Hessen

1. Landesverband der Jüdischen Gemeinden in Hessen,
2. Jüdische Gemeinden,
3. Evangelisch-Freikirchliche Gemeinden,
4. Selbständige Evangelisch-Lutherische Gemeinden,
5. Freireligiöse Landesgemeinde Hessen,
6. Freireligiöse Gemeinde,
7. Selbständige Evangelisch-Lutherische Kirche „Kirchenbezirk Hessen-Süd",
8. Selbständige Evangelisch-Lutherische Kirche „Kirchenbezirk Hessen-Nord",
9. Bund Freikirchlicher Pfingstgemeinden,
10. Bund Evangelischer Freikirchlicher Gemeinden in Deutschland,
11. Bund Freier Evangelischer Gemeinden in Deutschland,
12. Evangelisch-Lutherische Freikirche in Hessen,
13. Christengemeinschaft in Hessen,
14. Deutsche Unitarier Religionsgemeinschaft – Landesgemeinde Hessen –,
15. Evangelisch-Methodistische Kirche, Frankfurt am Main,
16. Gemeinschaft der Siebenten-Tags-Adventisten, Frankfurt am Main,
17. Heilsarmee Köln,
18. Kirche Jesu Christi der Heiligen der Letzten Tage, Frankfurt am Main,
19. Katholisches Bistum der Alt-Katholiken in Deutschland, Bonn,
20. Neuapostolische Kirche in Hessen, Wiesbaden-Biebrich,
21. Russisch-Orthodoxe Kirche in Deutschland,
22. Unitarische Freie Religionsgemeinde Frankfurt am Main,
23. Vereinigung der Deutschen Mennonitengemeinden in Hessen,
24. Wallonisch-Niederländische Gemeinde, Hanau,
25. Evangelisch-Methodistische Kirche, Distrikt Frankfurt am Main,
26. Griechisch-Orthodoxe Metropolie von Deutschland.

Anhang 25 a
V Öffentlich-rechtliche Religionsgemeinschaften

V
Religionsgemeinschaften mit dem Status einer Körperschaft des öffentlichen Rechts
Mecklenburg-Vorpommern

1. – Bischöfliches Amt Schwerin
     (für Mecklenburg)
     Katholisches Büro Schwerin,
   – Erzbistum Berlin
     (für Vorpommern)
     Der Erzbischof von Berlin,
2. Evangelisch-Lutherische
   Landeskirche Mecklenburgs,
3. Evangelisch-reformierte Kirche
   in Mecklenburg,
4. Landesverband der Jüdischen Gemeinden in Mecklenburg-Vorpommern
   (seit 2. Juni 1994 in Rechtsnachfolge der Jüdischen Landesgemeinde Mecklenburg-Vorpommern),
5. Neuapostolische Kirche Mecklenburg-Vorpommern,
6. Pommersche Evangelische Kirche,
7. Gemeinschaft der Siebenten-Tags-Adventisten.

VI
Religions- und Weltanschauungsgemeinschaften mit dem Rechtsstatus einer Körperschaft des öffentlichen Rechts

Nordrhein-Westfalen

1. Die (Erz)Diözesen der Römisch-Katholischen Kirche, ihre Kirchengemeinden und Kirchenverbände,
2. Die Evangelische Kirche im Rheinland, die Evangelische Kirche von Westfalen und die Lippische Landeskirche, ihre Kirchengemeinden, Kirchenkreise und Verbände,
3. Das Katholische Bistum der Alt-Katholiken in Deutschland,
4. Der Bund Evangelisch-Freikirchlicher Gemeinden in Deutschland (früher Bund der Baptistengemeinden in Deutschland),
5. Die Russisch-Orthodoxe Diözese des Orthodoxen-Bischofs von Berlin und Deutschland,
6. Die Jüdischen Kultusgemeinden (Synagogengemeinden), die Landesverbände der jüdischen Kultusgemeinden von Nordrhein und Westfalen, der Zentralrat der Juden in Deutschland,
7. Die Neuapostolische Kirche im Lande Nordrhein-Westfalen,
8. Der Bund Freier evangelischer Gemeinden in Deutschland,
9. Die Freireligiöse Landesgemeinde Nordrhein-Westfalen,
10. Die Gemeinschaft der Siebenten-Tags-Adventisten in Nordrhein-Westfalen,
11. Die Mennonitengemeinde zu Krefeld,
12. Die Heilsarmee in Deutschland,
13. Kirchenbezirke und Kirchengemeinden der Selbständigen Evangelisch-Lutherischen Kirche in Nordrhein-Westfalen,
14. Griechisch-Orthodoxe Metropolie von Deutschland,
15. Die Christengemeinschaft in Nordrhein-Westfalen,
16. Evangelisch-methodistische Kirche in Nordwestdeutschland,
17. Evangelisch-Freikirchliche Gemeinde (Baptistengemeinde) Bochum-Immanuelskirche und Evangelisch-Freikirchliche Gemeinde Gelsenkirchen-Erlöserkirche,
18. Bund Freikirchlicher Pfingstgemeinden,
19. Evangelisch-Freikirchliche Gemeinde (Baptistengemeinde) Wetter-Grundschöttel,
20. Herrnhuter Brüdergemeinde in Nordrhein-Westfalen.

Anhang 25 a

VII
Religions- und Weltanschauungsgemeinschaften mit dem Status einer Körperschaft des öffentlichen Rechts

Rheinland-Pfalz

1. Römisch-Katholische Kirche,
2. Evangelische Landeskirchen,
3. Alt-Katholische Kirche,
4. Orthodoxe Kirchen,
   - Russisch-Orthodoxe Kirche,
   - Griechisch-Orthodoxe Metropolie von Deutschland,
5. Jüdische Verbände und Kultusgemeinden,
   - Zentralverband der Juden in Deutschland,
   - Landesverband der jüdischen Gemeinden von Rheinland-Pfalz,
   - Jüdische Kultusgemeinde Koblenz,
   - Jüdische Kultusgemeinde Mainz,
   - Jüdische Kultusgemeinde der Rheinpfalz,
   - Jüdische Kultusgemeinde Trier,
6. Gemeinschaft der Siebenten-Tags-Adventisten in Rheinland-Pfalz,
7. Neuapostolische Kirche in Rheinland-Pfalz,
8. Unitarische Religionsgemeinschaft Freie Protestanten,
9. Freie Religionsgemeinschaft Rheinland,
10. Freireligiöse Gemeinde Mainz,
11. Freie Religionsgemeinschaft Idar-Oberstein (Freireligiöse Gemeinde),
12. Freireligiöse Landesgemeinde Pfalz,
13. Evangelisch-Methodistische Kirche,
14. Bund Evangelisch Freikirchlicher Gemeinden in Deutschland,
15. Selbständige Evangelisch-Lutherische Kirche (SELK),
16. Kirchenbezirk Hessen-Süd der SELK,
17. Evangelisch-Lutherische Kirchengemeinde der SELK,
18. Evangelisch-Lutherische Kirchengemeinde St. Michaelis der SELK,
19. Evangelische Brüdergemeinde Neuwied,
20. Mennonitengemeinden,
21. Arbeitsgemeinschaft Mennonitischer Gemeinden in Deutschland (AMG).

VIII
Religionsgemeinschaften mit dem Status einer Körperschaft des öffentlichen Rechts

Saarland

1. Katholische Bistümer Trier und Speyer,
2. Evangelische Kirche im Rheinland,
3. Evangelische Kirche der Pfalz (Protestantische Landeskirche),
4. Katholisches Bistum der Alt-Katholiken in Deutschland,
5. Evangelisch-Methodistische Kirche, seit 1968 Nachfolgerin der „Evang. Gemeinschaft" und „Bischöflichen Methodistenkirche", die beide den Körperschaftsstatus zwischen 1929 und 1935 erworben hatten,
6. Russisch-Orthodoxe Kirche, Gesamtgemeinde Saarbrücken, zur russ.-orthod. Diözese von Berlin und Deutschland gehörend (Auslandskirche, nicht Moskauer Patriarchat),
7. Synagogengemeinde Saar,
8. Neuapostolische Kirche,
9. Siebenten-Tags-Adventisten.

Anhang 25 a

IX
Religions- und Weltanschauungsgemeinschaften mit dem Status einer Körperschaft des öffentlichen Rechts

Sachsen

1. im Bereich der Evangelischen Kirche:
   a) Evangelisch-Lutherische Landeskirche Sachsens,
   b) Evangelische Kirche der Kirchenprovinz Sachsens,
   c) Evangelische Kirche der schlesischen Oberlausitz,
   d) Evangelische Kirche in Berlin-Brandenburg,
   e) Evangelische-Lutherische Kirche in Thüringen,
2. im Bereich der Katholischen Kirche:
   a) Bistum Dresden-Meißen,
   b) Bistum Görlitz,
   c) Bistum Magdeburg,
3. Jüdische Kultusgemeinden,
4. Gemeinschaft der Siebenten-Tags-Adventisten in Sachsen,
5. Christengemeinschaft in Ostdeutschland,
6. Neuapostolische Kirche Sachsen-Thüringen,
7. Evangelisch-methodistische Kirche in Ostdeutschland,
8. Evangelisch-lutherische Freikirche,
9. Evangelisch-reformierte Gemeinde Dresden.

Anhang 25 a

X
Religions- und Weltanschauungsgemeinschaften mit dem Rechtstatus einer Körperschaft des öffentlichen Rechts

Schleswig-Holstein

1. Katholisches Bistum der Alt-Katholiken in Deutschland,
2. Neuapostolische Kirche in Schleswig-Holstein,
3. Russisch-Orthodoxe Kirche in Deutschland,
4. Evang.-Luth. Landeskirche Schleswig-Holstein,
5. Evang.-Luth. Kirche in Lübeck,
6. Evang.-Luth. Landeskirche Eutin (4–6 seit 1977 Nordelbische Evang.-Luth. Kirche),
7. Katholische Kirche, Diözese Osnabrück,
8. Evang. Reformierte Kirche Nordwestdeutschland,
9. Remonstrantisch-Reformierte Kirchengemeinde Friedrichstadt,
10. Bund Evang.-Freikirchlicher Gemeinden – Baptisten-Vereinigung Norddeutschland –,
11. Mennoniten-Gemeinde Hamburg-Altona Bischöfliche Methodistenkirche seit 1968 Evang. Methodistische Kirche,
12. Gemeinschaft der Siebenten-Tags-Adventisten in Schleswig-Holstein,
13. Westdeutscher Verband der Siebenten-Tags-Adventisten,
14. Evang.-Freikirchliche Gemeinde in Lübeck,
15. Gemeinschaft der Siebenten-Tags-Adventisten in Deutschland,
16. Deutsche Unitarier-Religionsgemeinschaft – Landesgemeinde Schleswig-Holstein –,
17. Evang.-Freikirchliche Gemeinde Rendsburg,
18. Evang.-Freikirchliche Gemeinde in Kiel,
19. Evang.-Methodistische Kirche in Nordwestdeutschland,
20. Christengemeinschaft in Schleswig-Holstein,
21. Kirchenbezirk Niedersachsen-Ost der Selbständigen Evang.-Luth. Kirche Niedersachsen,
22. Jüdische Gemeinde Hamburg,
23. Griechisch-Orthodoxe Metropolie von Deutschland,
24. Heilsarmee in Deutschland,
25. Bund Freikirchl. Pfingstgemeinden.

XI
Religions- und Weltanschauungsgemeinschaften mit dem Rechtsstatus einer Körperschaft des öffentlichen Rechts

Thüringen

1. **Evangelische Kirche**

   Evangelisch-Lutherische Kirche in Thüringen,

   Evangelische Kirche der Kirchenprovinz Sachsen,

   Evangelische Kirche von Kurhessen-Waldeck,

   Evangelisch-Lutherische Landeskirche Sachsens,

2. **Katholische Kirche**
   - Bistum Dresden – Meißen,
   - Bistum Erfurt,
   - Bistum Fulda,

3. Jüdische Landesgemeinde Thüringen,

4. Gemeinschaft der Siebenten-Tags-Adventisten.

Anhang 26

Übersicht

0 a Steuerliche Behandlung ausländischer Kulturvereinigungen

0 b Steuerliche Behandlung von Arbeitnehmereinkünften bei Auslandstätigkeiten (Auslandstätigkeitserlaß)

Pauschalierung der Einkommensteuer und Körperschaftsteuer für ausländische Einkünfte gemäß § 34 c Abs. 5 EStG und § 26 Abs. 6 KStG

II Einkommensteuerrechtliche Behandlung der nicht im Inland ansässigen Korrespondenten inländischer Rundfunk- und Fernsehanstalten sowie inländischer Zeitungsunternehmen

0 a
Steuerliche Behandlung ausländischer Kulturvereinigungen

BMF vom 20. 7. 1983 (BStBl I S. 382) und vom 30. 5. 1995 (BStBl I S. 336)
IV B 4 – S 2303 – 34/83 und 63/95

Auf Grund der Erörterungen mit den Vertretern der obersten Finanzbehörden der Länder wird zur steuerlichen Behandlung ausländischer Kulturvereinigungen folgende Auffassung vertreten:

1. Ausländische Kulturvereinigungen sind, soweit eine Freistellung im Inland nicht schon nach den Vorschriften eines Abkommens zur Vermeidung der Doppelbesteuerung zu erfolgen hat, von der inländischen Einkommensteuer nach § 50 Abs. 7 EStG freizustellen, wenn ihr Auftritt im Inland wesentlich aus inländischen oder ausländischen öffentlichen Mitteln gefördert wird.

1.1 Als Kulturvereinigung ist ohne Rücksicht auf ihre Rechtsform jede Gruppierung zu verstehen, die eine künstlerische Gemeinschaftsleistung darbietet (z. B. Theater, Musik, Tanz), sofern es sich nicht um Solisten (vgl. Tz. 4) handelt.

1.2 Eine wesentliche Förderung aus inländischen oder ausländischen öffentlichen Mitteln ist dann anzunehmen, wenn sie ein Drittel der Kosten des Auftritts im Inland deckt. Der Umfang der Förderung aus öffentlichen Mitteln ist durch eine Bescheinigung nachzuweisen, die im Fall inländischer öffentlicher Mittel von der inländischen Förderungsbehörde (z. B. Auswärtiges Amt, Kultusbehörde) und im Fall ausländischer öffentlicher Mittel von der ausländischen Förderungsbehörde oder von der diplomatischen Vertretung des Herkunftslandes der Kulturvereinigung ausgestellt wird. Eine Bescheinigung ist von jeder Stelle auszustellen, die eine unmittelbare öffentliche Förderung gewährt hat. Als öffentliche Mittel sind alle Leistungen aus öffentlichen Kassen (Bar- und Sachleistungen) zu behandeln, die unmittelbar für einen Auftritt oder mehrere Auftritte einer ausländischen Kulturvereinigung im Inland gewährt werden. Keine öffentlichen Mittel sind dagegen Beiträge, die aus einem öffentlichen Haushalt z. B. an eine gemeinnützige Körperschaft geleistet werden, die diese ihrerseits an eine Kulturvereinigung weiterleitet.

Zu den Kosten des Auftritts gehören alle Aufwendungen, die in unmittelbarem wirtschaftlichem Zusammenhang mit der Gastspielreise stehen (z. B. Kosten für Reise, Werbung, Beschäftigung zusätzlichen Personals, Raummiete), nicht dagegen Löhne und Gehälter des Personals der Kulturvereinigung selbst.

Werden öffentliche Mittel nur für einen Teil der Auftritte im Inland gewährt, kommt eine Freistellung von der inländischen Einkommensteuer nach § 50 Abs. 7 EStG nur für diesen Teil der Auftritte in Betracht. Auch in derartigen Fällen ist durch entsprechende Bescheinigungen nachzuweisen, daß die öffentlichen Mittel mindestens ein Drittel der Kosten dieses Teils der Auftritte decken.

1.3 Die Bescheinigung über die Freistellung vom Steuerabzug nach § 50 a EStG wird von dem Finanzamt ausgestellt, das für den ersten Vergütungsschuldner (ersten Veranstalter) gemäß § 50 a Abs. 5 EStG, § 73 e EStDV zuständig ist; soweit die Freistellung auf Grund von Vorschriften eines Abkommens zur Vermeidung der Doppelbesteuerung vorzunehmen ist, wird die Bescheinigung vom Bundesamt für Finanzen ausgestellt. Dies gilt auch, wenn die Gastspielreise nur einen Auftritt beinhaltet.

Werden alle Auftritte im Rahmen einer Gastspielreise in dem nach Tz. 1.2 erforderlichen Umfang aus öffentlichen Mitteln gefördert, gilt die Bescheinigung nach Satz 1 für die gesamte Gastspielreise. Für Vergütungen für einzelne Auftritte, die nicht nach Tz. 1. 2 ge-

Anhang 26
0 a Pauschalierung

fördert werden, gelten die allgemeinen Grundsätze.

2. Bei angestellten Mitgliedern ausländischer Kulturvereinigungen (z. B. bei Personen, die im Rahmen eines ausländischen Symphonieorchesters angestellt und besoldet sind) ist bei Auftritten im Inland nach § 50 Abs. 7 EStG vom Steuerabzug nach § 50 a Abs. 4 EStG abzusehen. Der Steuerabzug ist vorzunehmen, soweit von einem inländischen Veranstalter Vergütungen unmittelbar an alle oder einzelne Mitglieder der Kulturvereinigung gezahlt werden.

3. Für Künstler, die im Inland als Angestellte einer in einem Niedrigsteuerland im Sinne des § 8 Außensteuergesetz ansässigen Basisgesellschaft auftreten, kommt eine Freistellung vom Steuerabzug nicht in Betracht.

4. Bei ausländischen Solisten kommt eine Freistellung vom Steuerabzug im Sinne des § 50 a Abs. 4 EStG nach § 50 Abs. 7 EStG selbst dann nicht in Betracht, wenn ihr Auftritt aus öffentlichen Mitteln gefördert wird. Solisten im Sinne dieser Regelung sind Künstler, die einzeln oder in solistisch besetzten Ensembles (z. B. Duo, Trio, Quartett) auftreten.

0 b
Steuerliche Behandlung von Arbeitnehmereinkünften bei Auslandstätigkeiten (Auslandstätigkeitserlaß)

BMF vom 31. 10. 1983 (BStBl I S. 470)

Im Einvernehmen mit den obersten Finanzbehörden der Länder gilt auf Grund des § 34 c Abs. 5 und des § 50 Abs. 7 EStG folgendes:

Bei Arbeitnehmern eines inländischen Arbeitgebers (Abschnitt 72 LStR) wird von der Besteuerung des Arbeitslohns abgesehen, den der Arbeitnehmer auf Grund eines gegenwärtigen Dienstverhältnisses für eine begünstigte Tätigkeit im Ausland erhält.

I.
Begünstigte Tätigkeit

Begünstigt ist die Auslandstätigkeit für einen inländischen Lieferanten, Hersteller, Auftragnehmer oder Inhaber ausländischer Mineralaufsuchungs- oder -gewinnungsrechte im Zusammenhang mit

1. der Planung, Errichtung, Einrichtung, Inbetriebnahme, Erweiterung, Instandsetzung, Modernisierung, Überwachung oder Wartung von Fabriken, Bauwerken, ortsgebundenen großen Maschinen oder ähnlichen Anlagen sowie dem Einbau, der Aufstellung oder der Instandsetzung sonstiger Wirtschaftsgüter; außerdem ist das Betreiben der Anlagen bis zur Übergabe an den Auftraggeber begünstigt,
2. dem Aufsuchen oder der Gewinnung von Bodenschätzen,
3. der Beratung (Consulting) ausländischer Auftraggeber oder Organisationen im Hinblick auf Vorhaben im Sinne der Nummern 1 oder 2 oder
4. der deutschen öffentlichen Entwicklungshilfe im Rahmen der technischen oder finanziellen Zusammenarbeit.

Nicht begünstigt sind die Tätigkeit des Bordpersonals auf Seeschiffen und die Tätigkeit von Leiharbeitnehmern, für deren Arbeitgeber die Arbeitnehmerüberlassung Unternehmenszweck ist, sowie die finanzielle Beratung mit Ausnahme der Nummer 4. Nicht begünstigt ist ferner das Einholen von Aufträgen (Akquisition), ausgenommen die Beteiligung an Ausschreibungen.

II.
Dauer der begünstigten Tätigkeit

Die Auslandstätigkeit muß mindestens drei Monate ununterbrochen in Staaten ausgeübt werden, mit denen kein Abkommen zur Vermeidung der Doppelbesteuerung besteht, in das Einkünfte aus nichtselbständiger Arbeit einbezogen sind.

Sie beginnt mit Antritt der Reise ins Ausland und endet mit der endgültigen Rückkehr ins Inland. Eine vorübergehende Rückkehr ins Inland oder ein kurzer Aufenthalt in einem Staat, mit dem ein Abkommen zur Vermeidung der Doppelbesteuerung besteht, in das Einkünfte aus nichtselbständiger Arbeit einbezogen sind, gelten bis zu einer Gesamtaufenthaltsdauer von zehn vollen Kalendertagen innerhalb der Mindestfrist nicht als Unterbrechung der Auslandstätigkeit, wenn sie zur weiteren Durchführung oder Vorbereitung eines begünstigten Vorhabens notwendig sind. Dies gilt bei längeren Auslandstätigkeiten entsprechend für die jeweils letzten drei Monate.

Eine Unterbrechung der Tätigkeit im Falle eines Urlaubs oder einer Krankheit ist unschädlich, unabhängig davon, wo sich der Arbeitnehmer während der Unterbrechung aufhält. Zeiten der unschädlichen Unterbrechung sind bei der Dreimonatsfrist nicht mitzurechnen.

III.
Begünstigter Arbeitslohn

Zum begünstigten Arbeitslohn gehören auch folgende steuerpflichtige Einnahmen, soweit sie für eine begünstigte Auslandstätigkeit gezahlt werden:

1. Zulagen, Prämien oder Zuschüsse des Arbeitgebers für Aufwendungen des Arbeitnehmers, die durch eine begünstigte Auslandstätigkeit veranlaßt sind, oder die entsprechende unentgeltliche Ausstattung oder Bereitstellung durch den Arbeitgeber,
2. Weihnachtszuwendungen, Erfolgsprämien oder Tantiemen,
3. Arbeitslohn, der auf den Urlaub – einschließlich eines angemessenen Sonderurlaubs auf Grund einer begünstigten Tätigkeit – entfällt, Urlaubsgeld oder Urlaubsabgeltung,
4. Lohnfortzahlung auf Grund einer Erkrankung während einer begünstigten Auslandstätigkeit bis zur Wiederaufnahme dieser oder einer anderen begünstigten Tätigkeit oder bis zur endgültigen Rückkehr ins Inland.

Werden solche Zuwendungen nicht gesondert für die begünstigte Tätigkeit geleistet, so sind sie im Verhältnis der Kalendertage aufzuteilen.

Der begünstigte Arbeitslohn ist steuerfrei im Sinne der §§ 3 c, 10 Abs. 2 Nr. 2 EStG und des § 28 Abs. 2 BerlinFG.

IV.
Progressionsvorbehalt für unbeschränkt steuerpflichtige Arbeitnehmer

Auf das nach § 32 a Abs. 1 EStG zu versteuernde Einkommen ist der Steuersatz anzuwenden, der sich ergibt, wenn die begünstigten Einkünfte aus nichtselbständiger Arbeit bei der Berechnung der Einkommensteuer einbezogen werden. Bei der Ermittlung der begünstigten Einkünfte ist der Arbeitslohn um die Freibeträge nach § 19 Abs. 3 und 4 EStG und um den Werbungskosten-Pauschbetrag nach § 9 a Nr. 1 EStG zu kürzen, soweit sie nicht bei der Ermittlung der Einkünfte aus nicht begünstigter nichtselbständiger Arbeit berücksichtigt worden sind.

V.
Nichtanwendung

Diese Regelung gilt nicht, wenn

1. der Arbeitslohn aus inländischen öffentlichen Kassen – einschließlich der Kassen der Deutschen Bundesbahn und der Deutschen Bundesbank – gezahlt wird,
2. die Tätigkeit in einem Staat ausgeübt wird, mit dem ein Abkommen zur Vermeidung der Doppelbesteuerung besteht, in das Einkünfte aus nichtselbständiger Arbeit einbezogen sind; ist ein Abkommen für die Zeit vor seinem Inkrafttreten anzuwenden, so verbleibt es bis zum Zeitpunkt des Inkrafttretens bei den vorstehenden Regelungen, soweit sie für den Arbeitnehmer günstiger sind, oder
3. es sich um eine Tätigkeit in der Deutschen Demokratischen Republik oder Berlin (Ost) handelt.

VI.
Verfahrensvorschriften

1. Der Verzicht auf die Besteuerung im Steuerabzugsverfahren (Freistellungsbescheinigung) ist vom Arbeitgeber oder Arbeitnehmer beim Betriebsstättenfinanzamt zu beantragen. Ein Nachweis, daß von dem Arbeitslohn in dem Staat, in dem die Tätigkeit ausgeübt wird, eine der deutschen Lohnsteuer (Einkommensteuer) entsprechende Steuer erhoben wird, ist nicht erforderlich.

   Ist glaubhaft gemacht worden, daß die in Abschnitt I und II bezeichneten Voraussetzungen vorliegen, so kann die Freistellungsbescheinigung erteilt werden, solange dem Arbeitgeber eine Änderung des Lohnsteuerabzugs möglich ist (§ 41 c EStG). Außerdem muß sich der Arbeitgeber verpflichten, das folgende Verfahren einzuhalten:

   a) Der begünstigte Arbeitslohn ist im Lohnkonto, auf der Lohnsteuerkarte, der besonderen Lohnsteuerbescheinigung sowie dem Lohnzettel getrennt von dem übrigen Arbeitslohn anzugeben.

   b) Die Freistellungsbescheinigung ist als Beleg zum Lohnkonto des Arbeitnehmers zu nehmen.

   c) Für Arbeitnehmer, die während des Kalenderjahrs begünstigten Arbeitslohn bezogen haben, darf der Arbeitgeber weder die Lohnsteuer noch den voraussichtlichen Jahresarbeitslohn (sog. permanenter Jahresausgleich) ermitteln noch einen Lohnsteuer-Jahresausgleich durchführen.

   Der Arbeitgeber ist bis zur Ausschreibung der Lohnsteuerbescheinigung sowie des Lohnzettels berechtigt, bei der jeweils nächstfolgenden Lohnzahlung bisher noch nicht erhobene Lohnsteuer nachträglich einzubehalten, wenn er erkennt, daß die Voraussetzungen für den Verzicht auf die Besteuerung nicht vorgelegen haben. Macht er von dieser Berechtigung keinen Gebrauch oder kann die Lohnsteuer nicht nachträglich einbehalten werden, so ist er zu einer Anzeige an das Betriebsstättenfinanzamt verpflichtet.

2. Soweit nicht bereits vom Steuerabzug abgesehen worden ist, hat der Arbeitgeber den Verzicht auf die Besteuerung bei seinem Wohnsitzfinanzamt zu beantragen.

VII.
Anwendungszeitraum, Übergangsregelung

Diese Regelung gilt ab 1. Januar 1984. Sie ersetzt die bisher hierzu ergangenen Verwaltungsbestimmungen.

Eine vor dem 1. Januar 1984 geleistete und nach den vorstehenden Bestimmungen begünstigte Tätigkeit ist bei der Dreimonatsfrist mitzurechnen.

Pauschalierung der Einkommensteuer und Körperschaftsteuer für ausländische Einkünfte gemäß § 34 c Abs. 5 EStG und § 26 Abs. 6 KStG

BMF vom 10. 4. 1984 (BStBl I S. 252)
IV C 6 – S 2293 – 11/84

1 Allgemeiner Grundsatz

Die auf ausländische Einkünfte entfallende Einkommen- bzw. Körperschaftsteuer kann nach § 34 c Abs. 5 EStG (§ 26 Abs. 6 KStG) im Einzelfall ganz oder zum Teil erlassen oder in einem Pauschbetrag festgesetzt werden, wenn es aus volkswirtschaftlichen Gründen zweckmäßig oder die Anrechnung ausländischer Steuer nach § 34 c Abs. 1 EStG besonders schwierig ist. Zur Erzielung einer einheitlichen Beurteilung solcher volkswirtschaftlicher Gründe gelten unter Bezugnahme auf das Ergebnis der Erörterungen mit den obersten Finanzbehörden der Länder für die Anwendung dieser Vorschrift nachstehende Grundsätze. Liegen die darin beschriebenen Voraussetzungen vor, gilt die nach § 34 c Abs. 5 EStG erforderliche Zustimmung des Bundesministers der Finanzen als erteilt. Die Finanzämter sind in diesen Fällen ermächtigt, über die pauschale Steuerfestsetzung in eigener Zuständigkeit zu entscheiden.

2 Erfordernis der Antragstellung

Die pauschale Festsetzung der Einkommen- bzw. Körperschaftsteuer wird auf Antrag vorgenommen. Bezüglich des Antragsrechts gelten die allgemeinen Grundsätze, die auch sonst für Erklärungen des Steuerpflichtigen im Besteuerungsverfahren anzuwenden sind, wenn von bestimmten in den Steuergesetzen vorgesehenen Wahlmöglichkeiten Gebrauch gemacht werden kann. Der Antrag kann gestellt werden, solange die Steuerfestsetzung noch nicht unanfechtbar ist oder unter dem Vorbehalt der Nachprüfung steht. Er ist für jeden Veranlagungszeitraum neu zu stellen.

3 Pauschal zu besteuernde Einkünfte

3.1 Die Einkommen- bzw. Körperschaftsteuer von unbeschränkt steuerpflichtigen natürlichen Personen, Körperschaften, Personenvereinigungen und Vermögensmassen, die ihren Gewinn durch Betriebsvermögensvergleich ermitteln, kann pauschal festgesetzt werden

3.1.1 für Einkünfte aus Gewerbebetrieb, die durch die Tätigkeit einer in einem ausländischen Staat befindlichen Betriebsstätte (§ 12 AO, BFH-Urteil vom 7. 3. 1979 – BStBl I S. 527) erzielt werden, wenn die ausländische Betriebsstätte von dem inländischen Teil des Gesamtunternehmens durch organisatorische Maßnahmen, z. B. in der Buchführung oder durch eine Kostenträgerrechnung, so getrennt ist, daß die Ausgliederung des Teils der Einkünfte sichergestellt ist, für den die pauschale Besteuerung beantragt wird,

3.1.2 für Einkünfte aus der Beteiligung an einer ausländischen Personengesellschaft, bei der der Gesellschafter als Unternehmer (Mitunternehmer) anzusehen ist, wenn die Beteiligung zum Betriebsvermögen eines inländischen gewerblichen Unternehmens gehört,

3.1.3 für Einkünfte aus selbständiger Arbeit, wenn diese Einkünfte auf der technischen Beratung, Planung und Überwachung bei Anlagenerrichtung beruhen und in einer in einem ausländischen Staat unterhaltenen Betriebsstätte (festen Einrichtung) erzielt werden. Die Ausführungen in Tz. 3.1.1 zur Möglichkeit der Ausgliederung der pauschal zu besteuernden Einkünfte gelten entsprechend.

3.2 Die Körperschaftsteuer von unbeschränkt steuerpflichtigen Körperschaften, Personenvereinigungen und Vermögensmassen (Muttergesellschaft) kann für Einkünfte aus einer zu ihrem inländischen Betriebsvermögen gehörenden Beteiligung an einer Kapitalgesellschaft mit Geschäftsleitung und Sitz im Ausland (Tochtergesellschaft) pauschal festgesetzt werden, wenn die Muttergesellschaft nachweislich seit mindestens 12 Monaten vor dem Ende des Veranlagungszeitraums oder des davon abweichenden Gewinnermittlungszeitraums mindestens zu einem Zehntel unmittelbar am Nennkapital der Tochtergesellschaft beteiligt ist. Bei der Ermittlung dieser Einkünfte ist Abschnitt 76 Abs. 15 Satz 3 KStR[1]) zu beachten.

4 Veräußerungsgewinne

Tz. 3 gilt nicht für Einkünfte aus der Veräußerung der Betriebsstätte und von Anteilen an einer Personengesellschaft oder an einer Tochtergesellschaft.

5 Tätigkeitsmerkmale

In den Fällen der Tz. 3.1.1, 3.1.2 und 3.2 setzt die pauschale Besteuerung voraus, daß die ausländische Betriebsstätte, Personengesellschaft oder Tochtergesellschaft, aus der die Einkünfte bezogen werden, jeweils ausschließlich oder fast ausschließlich (vgl. Abschn. 76 Abs. 9 Satz 1 und 2 KStR) die Herstellung oder Lieferung von Waren außer Waffen, die Gewinnung von Bodenschätzen oder die Bewirkung gewerblicher Leistungen zum Gegenstand hat, soweit diese nicht in der Errichtung oder dem Betrieb von Anlagen, die dem Fremdenverkehr dienen, oder in der Vermietung und Verpachtung von Wirtschaftsgütern ein-

---
[1]) KStR 1995 → Abschnitt 76 Abs. 15 Satz 4.

schließlich der Überlassung von Rechten, Plänen, Verfahren, Erfahrungen und Kenntnissen oder im Betrieb von Handelsschiffen im internationalen Verkehr bestehen.

6 Verluste

Bezieht der Steuerpflichtige aus einem ausländischen Staat Einkünfte i. S. der Tz. 3 aus mehreren Einkunftsquellen, so ist auf das Gesamtergebnis abzustellen. Die Steuer kann also nur für den Betrag der in Tz. 3 genannten Einkünfte pauschal festgesetzt werden, der sich nach Ausgleich mit den im selben Veranlagungszeitraum erzielten negativen Einkünften ergibt. Ein negatives Gesamtergebnis mindert pauschal zu besteuernde Einkünfte der folgenden Veranlagungszeiträume nicht.

7 Umfang der pauschal zu besteuernden Einkünfte

7.1 Stammen Einkünfte im Sinne dieser Grundsätze aus mehreren ausländischen Staaten, so kann der Steuerpflichtige den Antrag auf Pauschalierung auf die Einkünfte aus einem oder mehreren dieser Staaten beschränken.

7.2 Der Antrag auf pauschale Besteuerung kann nicht auf einen beliebigen Teilbetrag der Einkünfte, für die die pauschale Besteuerung in Betracht kommt, begrenzt werden, um z. B. durch die Inanspruchnahme der in den Steuertabellen enthaltenen Freibeträge insgesamt einen Steuersatz zu erreichen, der unter 25 vom Hundert liegt.

7.3 In den Antrag auf pauschale Besteuerung brauchen jedoch Einkünfte der in § 26 Abs. 3 KStG genannten Art nicht einbezogen zu werden.

7.4 **Gesonderte Feststellung der Einkünfte**

7.4.1 Sind pauschal zu besteuernde Einkünfte im Rahmen einer gesonderten Gewinnfeststellung (§ 180 AO) zu berücksichtigen, so hat das Betriebsfinanzamt auf Antrag die für die pauschale Besteuerung erforderlichen Feststellungen zu treffen und dem Wohnsitzfinanzamt mitzuteilen.

7.4.2 Ein Mitunternehmer kann unter Beachtung der Tz. 6 die pauschale Besteuerung für seinen Anteil an den ausländischen Einkünften beantragen. Es ist nicht erforderlich, daß die übrigen Mitunternehmer einen entsprechenden Antrag gestellt haben.

Steuerberechnung 8

Die Einkommen- bzw. Körperschaftsteuer auf die pauschal zu besteuernden Einkünfte beträgt 25 vom Hundert der Einkünfte, höchstens 25 vom Hundert des zu versteuernden Einkommens. Wird die Steuer pauschal festgesetzt, so kann eine auf diese Einkünfte ggf. entfallende ausländische Steuer vom Einkommen weder auf die deutsche Einkommen- bzw. Körperschaftsteuer angerechnet noch bei der Ermittlung des Gesamtbetrags der Einkünfte[1]) abgezogen werden. Die pauschale Besteuerung schließt aber weder die Anrechnung noch den Abzug ausländischer Steuern aus demselben Staat aus, die auf andere als die pauschal besteuerten Einkünfte erhoben worden sind. Die pauschal besteuerten Einkünfte sind bei der Ermittlung der auf die übrigen Einkünfte anzuwendenden Steuersätze nicht zu berücksichtigen. Kommt im selben Veranlagungsfall neben der pauschalen Besteuerung die Anrechnung ausländischer Steuern nach § 34 c Abs. 1 EStG in Betracht, so sind vor der Berechnung des Anrechnungshöchstbetrags der Betrag der pauschal zu besteuernden Einkünfte aus dem Gesamtbetrag der Einkünfte[2]) und die Pauschsteuer aus dem aufzuteilenden Steuerbetrag herauszurechnen.

Organschaft 9

Werden Einkünfte i. S. der Tz. 3 von einer unbeschränkt steuerpflichtigen Kapitalgesellschaft (Organgesellschaft) bezogen, deren Einkünfte nach den §§ 14 bis 18 KStG einem inländischen gewerblichen Unternehmen (Organträger) zuzurechnen sind, so kann der Organträger die pauschale Steuerfestsetzung beantragen. Dabei sind alle dem Organträger zuzurechnenden begünstigungsfähigen Einkünfte aus einem Staat zusammenzufassen.

Verhältnis zu Doppelbesteuerungsabkommen 10

Die vorstehenden Grundsätze gelten nicht für Einkünfte aus einem Staat, mit dem ein Doppelbesteuerungsabkommen besteht.

Nach diesen Grundsätzen ist ab Veranlagungszeitraum 1984 zu verfahren. 11

---

[1]) Ab VZ 1992: bei der Ermittlung der Einkünfte.
[2]) Ab VZ 1992: Summe der Einkünfte.

II
Einkommensteuerrechtliche Behandlung der nicht im Inland ansässigen Korrespondenten inländischer Rundfunk- und Fernsehanstalten sowie inländischer Zeitungsunternehmen

BMF vom 1. 12. 1992 (BStBl I S. 730) und vom 12. 1. 1993 (BStBl I S. 109)[1]
IV B 4 – S 2303 – 45/92 und 54/92

Durch Verwaltungsanweisungen der obersten Finanzbehörden der Länder ist seinerzeit „zur Erleichterung der schwierigen wirtschaftlichen Verhältnisse" der beschränkt steuerpflichtigen Korrespondenten im Ausland zugelassen worden, vom Steuerabzug abzusehen (vgl. Sitzung der Einkommensteuerreferenten vom 6./7. November 1951 – TOP 11 c und vom 3. bis 5. April 1952 – TOP 18; BMF-Schreiben vom 24. November 1951 – IV – S 2108 – 40/51 –). Seither haben sich die wirtschaftlichen Verhältnisse grundlegend gewandelt. Aufgrund der Erörterungen mit den obersten Finanzbehörden der Länder zur einkommensteuerrechtlichen Behandlung der nicht im Inland ansässigen Korrespondenten inländischer Rundfunk- und Fernsehanstalten sowie inländischer Zeitungsunternehmen gilt nunmehr folgendes:

I. Allgemeines
1. **Persönlicher Anwendungsbereich**

Nicht im Inland ansässige Korrespondenten im Sinne der nachfolgenden Regelungen sind Journalisten, die im Inland weder einen Wohnsitz noch ihren gewöhnlichen Aufenthalt haben und die ihre journalistische Tätigkeit hauptberuflich ausüben, für Presseorgane mit Sitz im Inland tätig sind und überwiegend über ihr Gastland oder Drittländer berichten. Hauptberuflich als Journalist ist tätig, wer seine Einkünfte überwiegend aus journalistischer Tätigkeit erzielt. Als Presseorgane gelten inländische Rundfunk- und Fernsehanstalten sowie inländische Zeitungsunternehmen.

Wie Korrespondenten im Sinne dieser Begriffsbestimmung werden Personen mit Wohnsitz im Ausland behandelt, die zwar laufend oder gelegentlich inländischen Presseorganen Beiträge – gleich welcher Art – anbieten oder liefern, hauptberuflich aber eine andere als die journalistische Tätigkeit ausüben. Auf die Einkünfte dieser Personen aus Beiträgen für die genannten inländischen Presseorgane sind die Grundsätze der Nummern II und III ebenfalls anzuwenden.

2. **Steuerpflicht**

Der nicht im Inland ansässige Korrespondent ist in der Regel beschränkt steuerpflichtig, wenn nicht ein Fall der Nummer 3 vorliegt. Die Vergütungen, die von den genannten inländischen Presseorganen an ihn gezahlt werden, unterliegen dem Steuerabzug nach § 50 a EStG. Dabei macht es keinen Unterschied, ob der Korrespondent selbständig oder nichtselbständig tätig ist. Der Steuerabzug beträgt grundsätzlich 25 v. H. der Einnahmen; soweit die Tätigkeit außerhalb des Wohnsitzstaates stattfindet, beträgt der Steuerabzug 15 v. H. der Einnahmen. Die Einnahmen dürfen nicht um Beträge im Sinne des § 3 Nrn. 13, 16 und 64 EStG gemindert werden. Von dem Steuerabzug wird abgesehen, wenn

a) zwischen der Bundesrepublik Deutschland und dem Wohnsitzstaat ein Abkommen zur Vermeidung der Doppelbesteuerung besteht, das das Besteuerungsrecht dem anderen Staat zuweist,

oder

b) in anderen Fällen, wenn nachgewiesen wird, daß von diesen Einkünften in dem Staat, in dem die Tätigkeit ausgeübt worden ist, eine der deutschen Einkommensteuer entsprechende Steuer tatsächlich erhoben wird.

In diesen Fällen darf der Schuldner den Steuerabzug nur unterlassen, wenn ihm eine Freistellungsbescheinigung des Bundesamtes für Finanzen (vgl. nachstehend Nummer II) bzw. des Finanzamtes (vgl. nachstehend Nummer III) vorliegt.

3. **Sonderfälle**

Korrespondenten im Sinne der Nummer I 1. gelten ausnahmsweise als unbeschränkt einkommensteuerpflichtig, wenn sie die deutsche Staatsangehörigkeit besitzen und zu einer inländischen Person des öffentlichen Rechts (hier: Rundfunk- oder Fernsehanstalt) in einem Dienstverhältnis stehen und dafür Arbeitslohn aus einer inländischen öffentlichen Kasse beziehen. Die unbeschränkte Steuerpflicht gilt auch für den nicht dauernd getrennt lebenden Ehegatten. Voraussetzung ist, daß der Steuerpflichtige allein oder zusammen mit seinem Ehegatten im Ausland

---
[1] Für Bezüge, die nach dem 31. 12. 1995 zufließen, ersetzt durch BMF vom 23. 1. 1996 (IV B 4 – S 2303 – 15/96; BStBl I S. 100).

einkommensteuerpflichtige Einnahmen von nicht mehr als 5 000 DM im Veranlagungszeitraum bezieht, vgl. § 1 Abs. 3 EStG. In diesen Fällen unterliegen die Korrespondenten dem Lohnsteuerabzug. § 3 Nr. 64 EStG ist anzuwenden.

II. Einkünfte aus Staaten, mit denen ein Abkommen zur Vermeidung der Doppelbesteuerung (DBA) besteht

1. Einkünfte aus nichtselbständiger Arbeit

a) Grundsatz:

Für Vergütungen, die als Einkünfte aus nichtselbständiger Arbeit anzusehen sind, steht der Bundesrepublik Deutschland in der Regel ein Besteuerungsrecht nicht zu, wenn die Tätigkeit außerhalb des Geltungsbereiches des Einkommensteuergesetzes ausgeübt wird, und zwar unabhängig davon, ob die Vergütungen von einer ausländischen Betriebsstätte getragen werden. Werden die Einkünfte im Rahmen eines Aufenthaltes in der Bundesrepublik Deutschland erzielt, so steht insoweit der Bundesrepublik Deutschland stets das Besteuerungsrecht zu.

b) Ausnahmen:

Folgende Abkommen enthalten für Korrespondenten bei Tätigkeit außerhalb des Geltungsbereiches des Einkommensteuergesetzes Ausnahmeregelungen:

Werden die Vergütungen von einer juristischen Person des öffentlichen Rechts (hier: Rundfunk- oder Fernsehanstalt) geleistet, so behält die Bundesrepublik Deutschland nach dem gegenwärtigen Rechtsstand das Besteuerungsrecht für Zahlungen an Korrespondenten in folgenden Ländern:

aa) Dänemark
(Art. 10 DBA – BStBl 1963 I S. 757)

Marokko
(Art. 18 DBA – BStBl 1974 I S. 60)

Österreich
(Art. 10 DBA – BStBl 1955 I S. 370)

Spanien
(Art. 18 DBA – BStBl 1968 I S. 297)

ohne Rücksicht auf die Staatsangehörigkeit des Zahlungsempfängers;

bb) Belgien
(Art. 19 DBA – BStBl 1969 I S. 39)

Frankreich
(Art. 14 DBA – BStBl 1970 I S. 902)

Luxemburg
(Art. 11 DBA – BStBl 1978 I S. 72)

Niederlande
(Art. 11 DBA – BStBl 1980 I S. 647)

Norwegen
(Art. 10 DBA – BStBl 1959 I S. 1034)[1]

Schweden
(Art. 13 DBA – BStBl 1980 I S. 397)[2]

Schweiz
(Art. 19 DBA – BStBl 1972 I S. 528)

wenn der Zahlungsempfänger nicht Staatsangehöriger des Wohnsitzstaates ist oder wenn er Staatsangehöriger des Wohnsitzstaates ist und zugleich die deutsche Staatsangehörigkeit besitzt.

cc) Italien[3]

...

In den vorstehend genannten Fällen unterliegen die Auslandskorrespondenten dem Lohnsteuerabzug, sofern die Voraussetzungen des § 1 Abs. 3 EStG erfüllt sind (vgl. vorstehend Abschnitt I Nr. 3). Andernfalls ist in diesen Fällen der Steuerabzug nach § 50 a Abs. 4 EStG vorzunehmen.

2. Einkünfte aus selbständiger Tätigkeit

a) Grundsatz:

Für Vergütungen, die als Einkünfte aus selbständiger Tätigkeit anzusehen sind, steht der Bundesrepublik Deutschland in der Regel ein Besteuerungsrecht nur dann zu, wenn diese Einkünfte in einer hier gelegenen festen Einrichtung erzielt werden.

b) Ausnahmen:

Es gibt neuere Abkommen mit Entwicklungsländern, die der Bundesrepublik Deutschland auch dann ein Besteuerungsrecht einräumen, wenn die Einkünfte ohne hier gelegene feste Einrichtung erzielt werden.

aa) Besteuerungsrecht, wenn die Vergütung für die Tätigkeit durch eine inländische Betriebsstätte oder eine im Inland ansässige Gesellschaft getragen wird

Brasilien – Art. 14 Abs. 1

bb) Besteuerungsrecht bei Tätigkeiten für inländische Personen/Unternehmen – unabhängig von einer festen Einrichtung – auch bei kurzfristigen Inlandsaufenthalten

Indien – Art. XII Abs. 1 + 2
Korea (Süd) – Art. 14 Abs. 1 + 2

---

[1] Normalfassung (vgl. Buchst. a) im Entwurf des Revisionsabkommens (Art. 19)
[2] Art. 19 des Entwurfs des Revisionsabkommens
[3] entfallen; → BMF vom 12. 1. 1993 (BStBl I S. 109)

Anhang 26

Pauschalierung II

Malaysia – Art. 14 Abs. 1 + 2
Pakistan – Art. XI Abs. 1 + 2
Singapur – Art. 14 Abs. 1 + 2
Thailand – Art. 14 Abs. 1 + 2

cc) Bei Tätigkeitsausübung im Inland innerhalb eines bestimmten Zeitraumes (von 12 Monaten bzw. des betreffenden Kalenderjahres) an mehr als 29 bis 120 Tagen:

DBA Ägypten 1987
– Art. 14 Abs. 1 Buchst. b   (* 90 Tage)
Indonesien 1990
– Art. 14 Abs. 1   (* 120 Tage)
Jamaika
– Art. 14 Abs. 1 DBA   (* 29 Tage)
– wenn die Vergütung durch inländische Personen/Unternehmen getragen wird –
Philippinen
– Art. 14 Abs. 1 Buchst. b   (* 120 Tage)
Trinidad und Tobago
– Art. 14 Abs. 2 DBA   (* 30 Tage)

In den DBA mit Jamaika und Trinidad und Tobago begründet die feste Einrichtung im Gegensatz zu den DBA mit Ägypten, Indonesien und den Philippinen keinen selbständigen Besteuerungstatbestand.

dd) Besteuerungsrecht bei Tätigkeitsausübung im Inland von mehr als 180 bzw. 183 Tagen während des Kalender-/Steuerjahres:

China
(Art. 14 Abs. 1 Buchst. b),
Ecuador
(Art. 14 Abs. 1),
Elfenbeinküste
(Art. 14 Abs. 1 Buchst. b),
Jugoslawien
(Art. 15 Abs. 1 Buchst. b),
Kenia
(Art. 14 Buchst. b),
Marokko
(Art. 14 Abs. 1 Nr. 2),
Portugal
(Art. 14 Abs. 1 Buchst. b),
Sambia
(Art. 14 Abs. 1 Buchst. b),
Tunesien
(Art. 14 Abs. 1 Buchst. b),
Uruguay
(Art. 14 Abs. 1).

In den vorstehenden DBA (Ausnahme: Equador und Uruguay) begründet neben dem Zeitkriterium auch die feste Einrichtung einen Besteuerungstatbestand.

3. **Einkünfte aus der Überlassung von (Verwertungs-)Rechten**

Die an einen nicht im Inland ansässigen Korrespondenten – insbesondere bei Fehlen einer festen Anstellung beim inländischen Presseorgan – gezahlten Vergütungen können aber auch Einkünfte aus der zeitlich begrenzten Überlassung von Rechten sein. In diesem Fall ist die Regelung über die Besteuerung von Lizenzgebühren im Quellenstaat nach dem jeweiligen DBA maßgebend, d. h., das deutsche Besteuerungsrecht für diese Vergütungen ist durch das Abkommen entweder ganz ausgeschlossen oder auf einen bestimmten Vomhundertsatz der gezahlten Bruttobeträge begrenzt.

4. **Abkommensvorbehalte**

Enthält das DBA eine sogenannte Remittance-Klausel (= Überweisungsklausel) oder ähnliche Klausel, so bleibt das innerstaatliche Besteuerungsrecht aufrechterhalten – s. Nummern I und III –, wenn oder soweit wegen der Klauseln die Abkommensnormen, welche die Besteuerung der in Nummern 1 bis 3 genannten Einkünfte regeln, nicht zur Anwendung kommen. Folgende Abkommen enthalten derartige Klauseln:

Großbritannien, Irland, Israel, Jamaika, Kenia, Kuwait (keine Abkommensbegünstigung natürlicher Personen), Malaysia, Malta, Marokko (Nachweis marokkanischer Besteuerung), Sambia, Singapur, Südafrika (Besteuerungsvorbehalt bei selbständiger Arbeit), Trinidad und Tobago, Zypern.

5. **Entlastungsverfahren**

Nach § 50 d Abs. 3 EStG darf der Schuldner aufgrund eines Abkommens zur Vermeidung der Doppelbesteuerung den Steuerabzug nur unterlassen oder nach einem niedrigeren Steuersatz vornehmen, wenn das Bundesamt für Finanzen entweder bescheinigt hat, daß die Voraussetzungen für die Nichterhebung der Abzugsteuer oder die Erhebung der Abzugsteuer nach einem niedrigeren Steuersatz vorliegen, oder den Schuldner unter bestimmten Auflagen allgemein ermächtigt hat, den Steuerabzug zu unterlassen oder nach dem niedrigeren Steuersatz vorzunehmen.

III. Einkünfte aus Staaten, mit denen kein Abkommen zur Vermeidung der Doppelbesteuerung besteht

a) Grundsatz:

Nichtselbständig oder selbständig tätige Korrespondenten im Sinne der Nummer I 1. sind mit ihren Einkünften aus ihrer Korrespondententätigkeit im Inland beschränkt einkommensteuerpflichtig, wenn die Tätigkeit im Inland ausgeübt oder verwertet wird und es sich nicht um einen Fall der Nummer I 3. handelt. Verwertung liegt vor, wenn das Ergebnis einer außerhalb des Geltungsbereichs des Einkommensteuergesetzes ausgeübten Tätigkeit im Inland dem Arbeitgeber oder Auftraggeber zugeführt wird. Von der Vergütung wird die Einkommensteuer auch dann nach Maßgabe des § 50 a Abs. 4 und 5 EStG erhoben, wenn die Korrespondenten ihre Tätigkeit im Rahmen eines Dienstverhältnisses (nichtselbständige Arbeit) ausüben.

b) Ausnahme:
Diese Einkünfte bleiben bei der Besteuerung außer Ansatz, wenn nachgewiesen wird, daß davon in dem Staat, in dem die Tätigkeit ausgeübt worden ist, eine der deutschen Einkommensteuer entsprechende Steuer tatsächlich erhoben wird. Der Nachweis über die Erhebung der Steuer ist durch Vorlage geeigneter Unterlagen, z. B. eines ausländischen Steuerbescheids, zu führen. Bleiben Einkünfte bei der Besteuerung außer Ansatz, ist § 50 d EStG entsprechend anzuwenden. Das Verfahren und die Zuständigkeit bestimmen sich nach § 73 e EStDV.

IV. Anwendungsregelung

Die vorstehenden Regelungen sind auf Bezüge anzuwenden, die nach dem 31. Dezember 1992 zufließen.

Die weitergehenden Regelungen des BMF-Schreibens vom 24. November 1951 – IV – S 2108 – 40/51 – und der entsprechenden Erlasse der obersten Finanzbehörden der Länder sind ab diesem Zeitpunkt nicht mehr anzuwenden.

Anhang 27
Reisekosten I

Übersicht

I Steuerliche Behandlung von Reisekosten und Reisekostenvergütungen bei Auslandsdienstreisen und -geschäftsreisen ab 1. Januar 1994

II Steuerliche Behandlung von Reisekosten und Reisekostenvergütungen bei Auslandsdienstreisen und -geschäftsreisen innerhalb der Europäischen Union für die Zeit vom 28. Juni bis 31. Dezember 1995

III Steuerliche Behandlung von Reisekosten und Reisekostenvergütungen bei Auslandsdienstreisen und -geschäftsreisen ab 1. Januar 1996

I
Steuerliche Behandlung von Reisekosten und Reisekostenvergütungen bei Auslandsdienstreisen und -geschäftsreisen ab 1. Januar 1994

BMF vom 9. 3. 1994 (BStBl I S. 212)

$$\frac{\text{IV B 6} - \text{S 2353} - 296/94}{\text{IV B 1} - \text{S 2228} - 1/94}$$

Bezug: BMF-Schreiben vom 7. Dezember 1993

$$-\frac{\text{IV B 6} - \text{S 2353} - 55/93}{\text{IV B 1} - \text{S 2228} - 4/93} - (\text{BStBl I S. 998})$$

Mit dem Bezugsschreiben sind u. a. neue Pauschbeträge für Verpflegungsmehraufwendungen bei Auslandsreisen in Höhe der vom Bundesministerium des Innern bestimmten Auslandstagegelder bekanntgemacht worden. Inzwischen hat sich gezeigt, daß diese Pauschbeträge ihre Vereinfachungsfunktion, nämlich den Einzelnachweis der Verpflegungsmehraufwendungen in der Mehrzahl der Fälle entbehrlich zu machen, nicht erfüllen können. Bis zu einer grundlegenden Neuregelung wird deshalb zugelassen, daß die Verpflegungsmehraufwendungen bei mehrtägigen Auslandsreisen pauschal bis zu den Höchstbeträgen berücksichtigt werden können, die ohnehin beim Einzelnachweis der Verpflegungsmehraufwendungen zu beachten sind.

Für Verpflegungsmehraufwendungen und Übernachtungskosten bei Auslandsreisen innerhalb der Europäischen Union werden teilweise neue Pausch- und Höchstbeträge auf der Grundlage der Beträge festgesetzt, die nach Feststellungen des Bundesministeriums des Innern zu bestimmen wären, wenn es keine haushaltsrechtliche Einschränkung gäbe.

Im Einvernehmen mit den obersten Finanzbehörden der Länder wird das Bezugsschreiben hiermit aufgehoben. Es werden die in der beigefügten Übersicht ausgewiesenen Höchst- und Pauschbeträge für Verpflegungsmehraufwendungen sowie Pauschbeträge für Übernachtungskosten bei Auslandsdienstreisen und -geschäftsreisen bekanntgemacht. Diese Höchst- und Pauschbeträge gelten für Reisetage nach dem 31. Dezember 1993. Soweit für Reisetage vor dem 1. April 1994 die vor dem 1. Januar 1994 geltenden Höchst- und Pauschbeträge oder die durch das Bezugsschreiben bekanntgemachten Höchst- und Pauschbeträge angesetzt worden sind, ist dies nicht zu beanstanden.

Anhang 27

I Reisekosten

Übersicht
über die ab 1. Januar 1994 geltenden Höchst- und Pauschbeträge für Verpflegungsmehraufwendungen sowie Pauschbeträge für Übernachtungskosten

Land	Verpflegungsmehraufwendungen		Übernachtungskosten
	Höchstbetrag bei mehrtägigen Reisen zugleich **Pauschbetrag** DM	**Pauschbetrag** bei eintägigen Reisen DM	**Pauschbetrag** DM
Ägypten	65	46	50
Äquatorialguinea	69	49	50
Äthiopien	80	57	70
Afghanistan	69	49	50
Albanien	94	67	40
Algerien	65	46	70
Andorra	73	52	100
Angola	157	112	40
Argentinien	83	59	50
Armenien	69	49	80
Aserbaidschan	69	49	80
Australien	91	65	100
Bahamas	69	49	50
Bahrain	86	61	60
Bangladesch	65	46	70
Barbados	69	49	50
Belgien	70	50	70
– Brüssel	80	57	70
Benin	89	63	70
Bolivien	65	46	40
Bosnien-Herzegowina	65	46	60
Botsuana	65	46	60
Brasilien	76	54	60
Brunei (Darussalam)	73	52	90
Bulgarien	86	61	70
Burkina Faso	121	86	70
Burundi	103	73	60
Chile	65	46	60
China	77	55	60
(China) Taiwan	69	49	50
Costa Rica	65	46	80
Côte d'Ivoire	103	73	70
Dänemark	103	73	90
Dominikanische Republik	65	46	70
Dschibuti	69	49	50
Ecuador	40	29	50
El Salvador	65	46	40
Eritrea	80	57	70
Estland	69	49	80
Fidschi	65	46	70
Finnland	90	64	90
Frankreich	65	46	50
– Paris	89	63	80
Gabun	110	78	80
Gambia	65	46	70
Georgien	69	49	80
Ghana	90	64	70

Anhang 27

Reisekosten

Land	Verpflegungsmehraufwendungen		Übernachtungs-kosten
	Höchstbetrag	Pauschbetrag	Pauschbetrag
	bei mehrtägigen Reisen zugleich Pauschbetrag DM	bei eintägigen Reisen DM	DM
Griechenland	65	46	39
Guatemala	56	40	90
Guinea	83	59	70
Guinea-Bissau	65	46	50
Guyana	69	49	50
Haiti	65	46	50
Honduras	65	46	60
Hongkong	101	72	100
Indien	40	28	80
– New Delhi	48	34	100
Indonesien	93	66	90
Irak	69	49	50
Iran, Islamische Republik	164	117	100
Irland	91	65	60
Island	178	127	100
Israel	98	70	60
Italien	65	46	40
– Rom	103	73	80
Jamaika	69	49	70
Japan	103	73	100
Jemen	91	65	60
Jordanien	86	61	60
Jugoslawien	65	46	60
Kambodscha	77	55	90
Kamerun	96	68	60
Kanada	70	50	60
– Ottawa	72	51	60
Kap Verde	65	46	40
Kasachstan	69	49	80
Katar	79	56	60
Kenia	65	46	60
Kirgistan	69	49	80
Kolumbien	58	42	60
Komoren	80	57	50
Kongo	114	81	60
Korea, Demokratische Republik	96	68	50
Korea, Republik	111	79	100
Kroatien	65	46	60
Kuba	75	53	40
Kuwait	154	110	100
Laotische Demokratische Volksrepublik	65	46	40
Lesotho	65	46	40
Lettland	65	46	80
Libanon	117	83	100
Liberia	69	49	50
Libysch-Arabische Dschamahirija	147	105	60
Liechtenstein	97	69	80
Litauen	66	47	80
Luxemburg	69	49	50
Madagaskar	65	46	60
Makedonien	65	46	60

Anhang 27

I   Reisekosten

Land	Verpflegungsmehraufwendungen		Übernachtungs-kosten
	Höchstbetrag bei mehrtägigen Reisen zugleich **Pauschbetrag** DM	**Pauschbetrag** bei eintägigen Reisen DM	**Pauschbetrag** DM
Malawi	65	46	50
Malaysia	65	46	80
Malediven	110	78	80
Mali	119	85	60
Malta	104	74	70
Marokko	80	57	60
Mauretanien	83	59	40
Mauritius	65	46	70
Mexiko	73	52	90
Moldauische Republik	69	49	80
Monaco	65	46	50
Mongolei	65	46	60
Mosambik	80	57	60
Myanmar (früher Burma)	70	50	40
Namibia	60	43	40
Nepal	39	28	50
Neuseeland	73	52	70
Nicaragua	68	48	60
Niederlande	76	54	70
Niger	98	70	70
Nigeria	73	52	80
Norwegen	104	74	70
Österreich	61	43	50
– Wien	68	48	70
Oman	119	85	70
Pakistan	65	46	60
Panama	98	70	70
Papua-Neuguinea	93	66	100
Paraguay	57	41	50
Peru	122	87	50
Philippinen	84	60	80
Polen	51	37	50
Portugal	68	48	70
Ruanda	73	52	40
Rumänien	53	38	60
Russische Föderation	103	73	80
Sambia	65	46	40
Samoa	65	46	70
San Marino	65	46	40
Sao Tomé und Principe	69	49	50
Saudi-Arabien	86	61	60
Schweden	161	115	100
Schweiz	97	69	80
Senegal	83	59	50
Sierra Leone	65	46	70
Simbabwe	61	44	40
Singapur	89	63	90
Slowakei	65	46	90
Slowenien	65	46	60
Somalia	69	49	50
Spanien	73	52	100
Sri Lanka	65	46	50

Anhang 27

Reisekosten

Land	Verpflegungsmehraufwendungen		Übernachtungs-kosten
	Höchstbetrag	**Pauschbetrag**	**Pauschbetrag**
	bei mehrtägigen Reisen zugleich **Pauschbetrag** DM	bei eintägigen Reisen DM	DM
Sudan	188	134	100
Südafrika	45	32	40
– Pretoria	45	32	50
Swasiland	69	49	50
Syrien, Arabische Republik	157	112	100
Tadschikistan	69	49	80
Tansania, Vereinigte Republik	65	46	60
Thailand	70	50	90
Togo	89	63	70
Tonga	65	46	40
Trinidad und Tobago	89	63	70
Tschad	108	77	70
Tschechische Republik	65	46	90
Türkei	66	47	60
Tunesien	65	46	40
Turkmenistan	69	49	80
Uganda	44	32	70
Ukraine	83	59	80
Ungarn	51	37	60
Uruguay	65	46	50
Usbekistan	69	49	80
Vatikanstadt	103	73	80
Venezuela	83	59	60
Vereinigte Arabische Emirate	86	61	80
Vereinigte Staaten	75	53	60
– New York	101	72	100
– Washington	105	75	90
Vereinigtes Königreich	72	51	80
Vietnam	65	46	50
Weißrußland	72	51	80
Zaire	149	106	100
Zentralafrikanische Republik	128	91	70
Zypern	65	46	50

Anhang 27
II Reisekosten

II
Steuerliche Behandlung von Reisekosten und Reisekostenvergütungen bei Auslandsdienstreisen und -geschäftsreisen innerhalb der Europäischen Union für die Zeit vom 28. Juni bis 31. Dezember 1995

BMF vom 12. 7. 1995 (BStBl I S. 380)

IV B 6 – S 2353 – 115/95
IV B 1 – S 2228 – 1/95

Nach Abschnitt 39 Abs. 4 Satz 1 und Abschnitt 40 Abs. 2 Satz 6 LStR werden im Einvernehmen mit den obersten Finanzbehörden der Länder für Auslandsdienstreisen innerhalb der Europäischen Union die in der anliegenden Übersicht ausgewiesenen Höchst- und Pauschbeträge für Verpflegungsmehraufwendungen sowie Pauschbeträge für Übernachtungskosten bekanntgemacht. Diese Höchst- und Pauschbeträge gelten für Reisetage nach dem 27. Juni 1995 und vor dem 1. Januar 1996. Es wird nicht beanstandet, wenn für Finnland, Rom Vatikanstadt und Schweden die mit Schreiben vom 9. März 1994 – $\frac{\text{IV B 6} - \text{S 2353} - 296/94}{\text{IV B 1} - \text{S 2228} - 1/94}$ – (BStBl I S. 212) bekanntgemachten Höchst- und Pauschbeträge bis zum 31. August 1995 weiter angesetzt werden. Für die Länder außerhalb der Europäischen Union werden demnächst ebenfalls neue Höchst- und Pauschbeträge bekanntgemacht.

Dieses Schreiben gilt entsprechend für Auslandsgeschäftsreisen innerhalb der Europäischen Union.

Übersicht
über die ab 28. Juni 1995 bis zum 31. Dezember 1995 geltenden Höchst- und Pauschbeträge für Verpflegungsmehraufwendungen sowie Pauschbeträge für Übernachtungskosten innerhalb der Europäischen Union

Land	Verpflegungsmehraufwendungen			Übernachtungskosten
	Pauschbetrag	Pauschbetrag	Höchstbetrag	Pauschbetrag
	bei eintägigen Reisen	bei mehrtägigen Reisen	für den Einzelnachweis bei ein- und mehrtägigen Reisen	
	DM	DM	DM	DM
Andorra	55	73	77	60
Belgien	62	70	86	55
– Brüssel	62	80	86	55
Dänemark	80	103	112	50
Finnland	60	84	84	60
Frankreich	65	65	91	50
– Paris	80	89	112	60
Griechenland	50	65	70	50
Irland	75	91	105	60
Italien	65	65	91	60
– Rom	65	91	91	60
Luxemburg	62	69	86	60
Monaco	65	65	91	50
Niederlande	70	76	98	60
Österreich	60	61	84	55
– Wien	60	68	84	60
Portugal	50	68	70	60
San Marino	65	65	91	60
Schweden	70	98	98	60
Spanien	55	73	77	60
Vatikanstadt	65	91	91	60
Vereinigtes Königreich	60	72	84	50
– London	75	75	105	60

III
Steuerliche Behandlung von Reisekosten und Reisekostenvergütungen bei Auslandsdienstreisen und -geschäftsreisen ab 1. Januar 1996

BMF vom 29. 11. 1995 (BStBl I S. 822)
IV B 6 – S 2353 – 218/95
IV B 1 – S 2228 – 5/95

Auf Grund des § 4 Abs. 5 Satz 1 Nr. 5 EStG in der vom Deutschen Bundestag am 24. November 1995 beschlossenen Fassung, die noch der Zustimmung des Bundesrates bedarf, werden im Einvernehmen mit den obersten Finanzbehörden der Länder die in der anliegenden Übersicht ausgewiesenen Pauschbeträge für Verpflegungsmehraufwendungen und Übernachtungskosten für Auslandsdienstreisen bekanntgemacht. Diese Pauschbeträge gelten für Reisetage ab dem 1. Januar 1996. Bei Dienstreisen vom Inland in das Ausland bestimmt sich der Pauschbetrag nach dem Ort, den der Steuerpflichtige vor 24.00 Uhr Ortszeit zuletzt erreicht hat. Für eintägige Reisen ins Ausland und für Rückreisetage aus dem Ausland in das Inland ist der Pauschbetrag des letzten Tätigkeitsorts im Ausland maßgebend.

Übersicht
über die ab 1. Januar 1996 geltenden Pauschbeträge
für Verpflegungsmehraufwendungen und Übernachtungskosten

Land	Pauschbeträge für Verpflegungsmehraufwendungen bei einer Abwesenheitsdauer je Kalendertag von			Pauschbetrag für Übernachtungskosten
	mindestens 24 Stunden	weniger als 24 Stunden, aber mindestens 14 Stunden	weniger als 14 Stunden, aber mindestens 10 Stunden	
	DM	DM	DM	DM
Ägypten	48	32	16	100
– Kairo	48	32	16	140
Äquatorialguinea	74	50	25	130
Äthiopien	54	36	18	130
Afghanistan	74	50	25	140
Albanien	54	36	18	130
Algerien	72	48	24	90
Andorra	66	44	22	140
Angola	90	60	30	200
Argentinien	96	64	32	200
Armenien	60	40	20	70
Aserbaidschan	48	32	16	100
Australien	66	44	22	120
Bahamas	74	50	25	130
Bahrain	78	52	26	130
Bangladesch	60	40	20	260
Barbados	74	50	25	130
Belgien	74	50	25	110
Benin	54	36	18	80
Bolivien	42	28	14	100
Bosnien-Herzegowina	72	48	24	110
Botsuana	60	40	20	120
Brasilien	66	44	22	120
Brunei (Darussalam)	96	64	32	140
Bulgarien	42	28	14	150
Burkina Faso	54	36	18	80
Burundi	72	48	24	100
Chile	60	40	20	140
China	78	52	26	140
– Shanghai	78	52	26	220
(China) Taiwan	84	56	28	200

Anhang 27

Reisekosten

Land	Pauschbeträge für Verpflegungsmehraufwendungen bei einer Abwesenheitsdauer je Kalendertag von			Pauschbetrag für Übernachtungskosten
	mindestens 24 Stunden DM	weniger als 24 Stunden, aber mindestens 14 Stunden DM	weniger als 14 Stunden, aber mindestens 10 Stunden DM	DM
Costa Rica	54	36	18	130
Côte d'Ivoire	60	40	20	100
Dänemark	96	64	32	100
– Kopenhagen	96	64	32	150
Dominikanische Republik	72	48	24	160
Dschibuti	74	50	25	130
Ecuador	54	36	18	120
El Salvador	48	32	16	120
Eritrea	54	36	18	140
Estland	42	28	14	110
Fidschi	60	40	20	110
Finnland	72	48	24	130
Frankreich	78	52	26	100
– Paris*)	96	64	32	160
Gabun	72	48	24	140
Gambia	74	50	25	130
Georgien	84	56	28	250
Ghana	60	40	20	150
Griechenland	60	40	20	100
Guatemala	72	48	24	120
Guinea	66	44	22	120
Guinea-Bissau	54	36	18	120
Guyana	74	50	25	130
Haiti	74	50	25	130
Honduras	42	28	14	100
Hongkong	78	52	26	240
Indien	48	32	16	120
– New Dehli	48	32	16	160
– Bombay	48	32	16	230
Indonesien	84	56	28	180
Irak	74	50	25	130
Iran, Islamische Republik	42	28	14	180
Irland	90	60	30	150
Island	96	64	32	200
Israel	72	48	24	150
Italien	78	52	26	140
Jamaika	66	44	22	160
Japan	132	88	44	220
Jemen	96	64	32	200
Jordanien	60	40	20	100
Jugoslawien	72	48	24	110
Kambodscha	72	48	24	160
Kamerun	60	40	20	80
Kanada	66	44	22	130
Kap Verde	74	50	25	130
Kasachstan	48	32	16	120
Katar	60	40	20	120
Kenia	60	40	20	150
Kirgisistan	36	24	12	120
Kolumbien	60	40	20	120

*) Einschl. der Departements Haute-Seine, Seine-Saint Denis und Val-de-Marne.

Anhang 27

Reisekosten III

Land	Pauschbeträge für Verpflegungsmehraufwendungen bei einer Abwesenheitsdauer je Kalendertag von			Pauschbetrag für Übernachtungskosten
	mindestens 24 Stunden DM	weniger als 24 Stunden, aber mindestens 14 Stunden DM	weniger als 14 Stunden, aber mindestens 10 Stunden DM	DM
Komoren	74	50	25	130
Kongo	66	44	22	120
Korea, Demokratische Republik	96	64	32	130
Korea, Republik	108	72	36	220
Kroatien	78	52	26	120
Kuba	54	36	18	120
Kuwait	78	52	26	240
Laotische Demokr. Volksrepublik	54	36	18	90
Lesotho	48	32	16	110
Lettland	54	36	18	140
Libanon	72	48	24	180
Liberia	74	50	25	130
Libysch-Arabische Dschamahirija	120	80	40	200
Liechtenstein	84	56	28	160
Litauen	36	24	12	100
Luxemburg	74	50	25	130
Madagaskar	42	28	14	150
Malawi	48	32	16	120
Malaysia	60	40	20	120
Malediven	60	40	20	160
Mali	60	40	20	150
Malta	54	36	18	100
Marokko	72	48	24	110
Mauretanien	72	48	24	140
Mauritius	74	50	25	130
Mazedonien	42	28	14	110
Mexiko	48	32	16	140
Moldau, Republik	36	24	12	170
Monaco	78	52	26	100
Mongolei	48	32	16	100
Mosambik	66	44	22	150
Myanmar (früher Burma)	48	32	16	110
Namibia	48	32	16	90
Nepal	48	32	16	130
Neuseeland	72	48	24	140
Nicaragua	60	40	20	110
Niederlande	84	56	28	140
Niger	42	28	14	70
Nigeria	84	56	28	180
Norwegen	84	56	28	170
Österreich	72	48	24	110
– Wien	72	48	24	150
Oman	84	56	28	120
Pakistan	48	32	16	140
Panama	60	40	20	110
Papua-Neuguinea	72	48	24	170
Paraguay	48	32	16	120
Peru	72	48	24	140
Philippinen	72	48	24	150
Polen	48	32	16	100
– Warschau	60	40	20	190
Portugal	60	40	20	130

Anhang 27

III Reisekosten

Land	Pauschbeträge für Verpflegungsmehraufwendungen bei einer Abwesenheitsdauer je Kalendertag von			Pauschbetrag für Übernachtungskosten
	mindestens 24 Stunden DM	weniger als 24 Stunden, aber mindestens 14 Stunden DM	weniger als 14 Stunden, aber mindestens 10 Stunden DM	DM
Ruanda	74	50	25	130
Rumänien	48	32	16	200
Russische Föderation	108	72	36	250
– Moskau	108	72	36	350
Sambia	42	28	14	120
Samoa	54	36	18	110
San Marino	78	52	26	140
Sao Tomé und Principe	74	50	25	130
Saudi-Arabien	78	52	26	130
Schweden	84	56	28	170
Schweiz	84	56	28	150
Senegal	54	36	18	80
Sierra Leone	66	44	22	150
Simbabwe	36	24	12	100
Singapur	84	56	28	200
Slowakei	42	28	14	100
Slowenien	60	40	20	110
Somalia	74	50	25	130
Spanien	66	44	22	140
Sri Lanka	42	28	14	140
Sudan	84	56	28	210
Südafrika	48	32	16	100
Swasiland	74	50	25	130
Syrien, Arabische Republik	60	40	20	180
Tadschikistan	42	28	14	90
Tansania, Vereinigte Republik	66	44	22	120
Thailand	48	32	16	150
Togo	60	40	20	100
Tonga	72	48	24	70
Trinidad und Tobago	72	48	24	130
Tschad	66	44	22	120
Tschechische Republik	42	28	14	220
Türkei	48	32	16	120
– asiatischer Teil	48	32	16	100
Tunesien	54	36	18	120
Turkmenistan	60	40	20	160
Uganda	60	40	20	140
Ukraine	42	28	14	180
Ungarn	48	32	16	140
Uruguay	66	44	22	90
Usbekistan	60	40	20	100
Vatikanstadt	78	52	26	140
Venezuela	48	32	16	120
Vereinigte Arabische Emirate	84	56	28	180
Vereinigte Staaten	78	52	26	150
– New York	102	68	34	150
– Washington*)	96	64	32	150
Vereinigtes Königreich	72	48	24	100
– London	90	60	30	160
Vietnam	60	40	20	120
Weißrußland	36	24	12	80
Zaire	102	68	34	220
Zentralafrikanische Republik	54	36	18	100
Zypern	72	48	24	100

*) Einschl. Alexandria/Virginia und Arlington/Virginia.

Anhang 27 a

Solidaritätszuschlag

Übersicht

I Solidaritätszuschlaggesetz 1995

II Berechnungsschema zur Ermittlung des Solidaritätszuschlags

I
Solidaritätszuschlaggesetz 1995

in der Fassung vom 23. 6. 1993 (BGBl. I S. 944, BStBl I S. 510)
unter Berücksichtigung der Änderungen durch
– Art. 21 des Gesetzes zur Bekämpfung des Mißbrauchs und zur Bereinigung des Steuerrechts (Mißbrauchsbekämpfungs- und Steuerbereinigungsgesetz – StMBG –) vom 21. 12. 1993 (BGBl. I S. 2310, BStBl 1994 I S. 50)
– Art. 3 des Gesetzes zur Ergänzung des Jahressteuergesetzes 1996 und zur Änderung anderer Gesetze – Jahressteuer-Ergänzungsgesetz (JStErgG) 1996 vom 18. 12. 1995 (BGBl. I S. 1959, BStBl I S. 786).
Auf die Änderungen durch Art. 4 des Jahressteuergesetzes 1996 vom 11. 10. 1995 (BGBl. I S. 1250, BStBl I S. 438) wird in Fußnoten hingewiesen.

§ 1
Erhebung eines Solidaritätszuschlags

Zur Einkommensteuer und zur Körperschaftsteuer wird ein Solidaritätszuschlag als Ergänzungsabgabe erhoben.

§ 2
Abgabepflicht

Abgabepflichtig sind

1. natürliche Personen, die nach § 1 des Einkommensteuergesetzes einkommensteuerpflichtig sind,
2. natürliche Personen, die nach § 2 Außensteuergesetz erweitert beschränkt steuerpflichtig sind,
3. Körperschaften, Personenvereinigungen und Vermögensmassen, die nach § 1 oder § 2 des Körperschaftsteuergesetzes körperschaftsteuerpflichtig sind.

§ 3
Bemessungsgrundlage und zeitliche Anwendung

(1) Der Solidaritätszuschlag bemißt sich vorbehaltlich der Absätze 2 bis 5,[1])

1. soweit eine Veranlagung zur Einkommensteuer oder Körperschaftsteuer vorzunehmen ist:

    nach der für die Veranlagungszeiträume ab 1995 festgesetzten Einkommensteuer oder Körperschaftsteuer, vermindert um die anzurechnende oder vergütete Körperschaftsteuer, wenn ein positiver Betrag verbleibt;[1])

2. soweit Vorauszahlungen zur Einkommensteuer oder Körperschaftsteuer zu leisten sind:

    nach den Vorauszahlungen auf die Steuer für Veranlagungszeiträume ab 1995;

3. soweit Lohnsteuer zu erheben ist:[1])

    nach der Lohnsteuer, die

    a) vom laufenden Arbeitslohn zu erheben ist, der für einen nach dem 31. Dezember 1994 endenden Lohnzahlungszeitraum gezahlt wird,

    b) von sonstigen Bezügen zu erheben ist, die nach dem 31. Dezember 1994 zufließen;

4. soweit ein Lohnsteuer-Jahresausgleich durchzuführen ist, nach der Jahreslohnsteuer für Ausgleichsjahre ab 1995;[1])

5. soweit Kapitalertragsteuer oder Zinsabschlag zu erheben ist außer in den Fällen des § 44 d des Einkommensteuergesetzes:

    nach der ab 1. Januar 1995 zu erhebenden Kapitalertragsteuer oder dem ab diesem Zeitpunkt zu erhebenden Zinsabschlag;

6. soweit bei beschränkt Steuerpflichtigen ein Steuerabzugsbetrag nach § 50 a des Einkommensteuergesetzes zu erheben ist:

---

[1]) § 3 wurde durch Art. 4 des JStG 1996 mit Wirkung ab VZ 1996 wie folgt geändert:
– in Absatz 1 wurden im Einleitungssatz die Worte „Absätze 2 bis 5" durch die Worte „Absätze 3 bis 5" ersetzt;
– in Absatz 1 Nr. 1 wurden die Worte „für die Veranlagungszeiträume ab 1995 festgesetzten Einkommensteuer oder" durch die Worte „nach § 51 a Abs. 2 des Einkommensteuergesetzes berechneten Einkommensteuer oder der festgesetzten" ersetzt;
– Absatz 1 Nr. 3 wurde wie folgt gefaßt:
„3. soweit Lohnsteuer zu erheben oder ein

Lohnsteuer-Jahresausgleich durchzuführen ist, nach § 51 a Abs. 2 a des Einkommensteuergesetzes";
– Absatz 1 Nr. 4 wurde gestrichen;

1301

Anhang 27 a
I Solidaritätszuschlag

nach dem ab 1. Januar 1995 zu erhebenden Steuerabzugsbetrag.

[1])(2) § 51 a Abs. 2 des Einkommensteuergesetzes ist nicht anzuwenden.

(3) Der Solidaritätszuschlag ist von einkommensteuerpflichtigen Personen nur zu erheben, wenn die Bemessungsgrundlage nach Absatz 1

1. in den Fällen des § 32 a Abs. 5 oder 6 des Einkommensteuergesetzes 2 664 Deutsche Mark,
2. in anderen Fällen 1 332 Deutsche Mark

übersteigt.

[1])(4) [1]Beim Abzug vom Arbeitslohn ist der Solidaritätszuschlag nur zu erheben, wenn die Bemessungsgrundlage nach Absatz 1 Nr. 3 im jeweiligen Lohnzahlungszeitraum

1. bei monatlicher Lohnzahlung
   a) in der Steuerklasse III mehr als 222 Deutsche Mark und
   b) in den Steuerklassen I, II, IV bis VI mehr als 111 Deutsche Mark,
2. bei wöchentlicher Lohnzahlung
   a) in der Steuerklasse III mehr als 51,80 Deutsche Mark und
   b) in den Steuerklassen I, II, IV bis VI mehr als 25,90 Deutsche Mark,
3. bei täglicher Lohnzahlung
   a) in der Steuerklasse III mehr als 7,40 Deutsche Mark und
   b) in den Steuerklassen I, II, IV bis VI mehr als 3,70 Deutsche Mark

beträgt.

[2]§ 39 b Abs. 4 des Einkommensteuergesetzes ist sinngemäß anzuwenden.

(5) Beim Lohnsteuer-Jahresausgleich ist der Solidaritätszuschlag nur zu ermitteln, wenn die Bemessungsgrundlage nach Absatz 1 Nr. 4 in Steuerklasse III mehr als 2 664 Deutsche Mark und in den Steuerklassen I, II oder IV mehr als 1 332 Deutsche Mark beträgt. [1])

§ 4
Zuschlagsatz

[1]Der Solidaritätszuschlag beträgt 7,5 vom Hundert der Bemessungsgrundlage. [2]Er beträgt nicht mehr als 20 vom Hundert des Unterschiedsbetrags zwischen der Bemessungsgrundlage und der nach § 3 Abs. 3 bis 5 jeweils maßgebenden Freigrenze. [3]Bruchteile eines Pfennigs bleiben außer Ansatz.

§ 5
Doppelbesteuerungsabkommen

Werden auf Grund eines Abkommens zur Vermeidung der Doppelbesteuerung im Geltungsbereich dieses Gesetzes erhobene Steuern vom Einkommen ermäßigt, so ist diese Ermäßigung zuerst auf den Solidaritätszuschlag zu beziehen.

§ 6
Anwendungsvorschrift

(1) § 2 in der Fassung des Gesetzes vom 18. Dezember 1995 (BGBl. I S. 1959) ist ab dem Veranlagungszeitraum 1995 anzuwenden.

(2) ...[2])

---

[1]) § 3 wurde durch Art. 4 des JStG 1996 mit Wirkung ab VZ 1996 wie folgt geändert:
- Absatz 2 wurde aufgehoben;
- in Absatz 4 wurde der erste Satzteil des Satzes 1 wie folgt gefaßt:
  „Beim Abzug vom laufenden Arbeitslohn ist der Solidaritätszuschlag nur zu erheben, wenn die Bemessungsgrundlage im jeweiligen Lohnzahlungszeitraum";
- in Absatz 5 wurden die Worte „nach Absatz 1 Nr. 4" gestrichen.

[2]) § 6 wurde durch das JStG 1996 neu angefügt und durch das JStErgG 1996 geändert. Absatz 2 lautet danach wie folgt:
„Das Gesetz in der Fassung des Gesetzes vom 11. Oktober 1995 (BGBl. I S. 1250) ist erstmals für den Veranlagungszeitraum 1996 anzuwenden."

Anhang 27 a

II
Berechnungsschema zur Ermittlung des Solidaritätszuschlags

	DM	DM	Pf	Zeile
Festgesetzte Einkommensteuer				1
abzüglich: Anzurechnende Körperschaftsteuer	–			2
Vergütete Körperschaftsteuer	–			3
Bemessungsgrundlage	=			4
Festzusetzender Solidaritätszuschlag				
Bemessungsgrundlage				
☐ bis 1 332 DM bei Anwendung der Grundtabelle = 0 DM ⟶		–		5
☐ bis 2 664 DM bei Anwendung der Splittingtabelle = 0 DM ⟶		–		6
in den anderen Fällen:	DM	Pf		
☐ 7,5 % des Betrags lt. Zeile 4				7
höchstens Bemessungsgrundlage lt. Zeile 4				8
abzüglich: 1 332 DM bei Grundtabelle				
2 664 DM bei Splittingtabelle	–			9
Unterschiedsbetrag	=			10
davon 20 %				11
Niedrigerer Betrag lt. Zeilen 7 oder 11				12
Erstattung des auf die Einkommensteuer nach § 11 Abs. 2 und 3 AStG entfallenden Solidaritätszuschlags		–		13
Anrechnung der einbehaltenen Solidaritätszuschläge	DM	Pf		
zur Lohnsteuer				14
zur Kapitalertragsteuer/zum Zinsabschlag	+			15
zu den Steuerabzugsbeträgen i. S. d. § 50 a EStG	+	▶ –		16
Verbleibender Solidaritätszuschlag				17

Anhang 27 b
I Steuerabzug

Übersicht

I Steuerbezug von Vergütungen im Sinne des § 50 a Abs. 4 EStG, die beschränkt Steuerpflichtigen zufließen; hier: Entlastung von den deutschen Abzugsteuern aufgrund von Doppelbesteuerungsabkommen – DBA – nach einem vereinfachten Verfahren („Kontrollmeldeverfahren")

II Merkblatt; Entlastung von deutscher Abzugsteuer gemäß § 50 a Abs. 4 EStG aufgrund von Doppelbesteuerungsabkommen (DBA)

III Merkblatt; Entlastung von deutscher Kapitalertragsteuer von Dividenden und bestimmten anderen Kapitalerträgen gemäß § 44 d EStG, den Doppelbesteuerungsabkommen (DBA) oder sonstigen zwischenstaatlichen Abkommen

IV Abzugsteuer bei künstlerischen, sportlichen, artistischen oder ähnlichen Darbietungen gemäß § 50 a Abs. 4 EStG

V Merkblatt; Entlastung von der Abzugsteuer im Sinne von § 50 a Abs. 4 Einkommensteuergesetz (EStG) auf Grund von Doppelbesteuerungsabkommen (DBA) (Stand: Juni 1995)

VI Merkblatt über die Entlastung vom Steuerabzug aufgrund von DBA bei Honoraren, die an Künstler oder Sportler mit Wohnsitz außerhalb der Bundesrepublik Deutschland für die Ausübung einer Tätigkeit im Inland gezahlt werden (Stand: 1995)

VII Merkblatt über die Entlastung vom Steuerabzug aufgrund von DBA bei Honoraren, die an Künstler oder Sportler mit Wohnsitz außerhalb der Bundesrepublik Deutschland für die Ausübung einer Tätigkeit im Inland gezahlt werden (Stand: 1996)

VIII Muster und Merkblatt für die Anmeldung über den Steuerabzug bei Vergütungen an beschränkt Steuerpflichtige

I
Steuerabzug von Vergütungen im Sinne des § 50 a Abs. 4 EStG, die beschränkt Steuerpflichtigen zufließen; hier: Entlastung von den deutschen Abzugsteuern aufgrund von Doppelbesteuerungsabkommen – DBA – nach einem vereinfachten Verfahren („Kontrollmeldeverfahren")

BMF vom 21. 12. 1993 (BStBl 1994 I S. 4)
IV C 5 – S 1300 – 191/93   Anlage

Anlg.: – 1 –

Unter Bezugnahme auf das Ergebnis der Erörterungen mit den obersten Finanzbehörden der Länder übersende ich den in der Anlage beigefügten Erlaß an das Bundesamt für Finanzen, mit dem die Voraussetzungen für die Teilnahme am Kontrollmeldeverfahren (§ 50 d Abs. 3 S. 2 EStG) neu geregelt werden. Der Erlaß gilt für Zahlungen, die von dem Schuldner ab dem 1. Januar 1994 geleistet werden.

Er tritt an die Stelle der Erlasse des BMF vom 26. März 1976 – IV C 5 – S 1300 – 107/76 – (BStBl I S. 279) und vom 30. Januar 1978 – IV C 5 – S 1300 – 16/78 – (sog. Kleindarsteller-Regelung).

I. Kontrollmeldeverfahren

1. Gemäß § 50 d Abs. 3 S. 2 ff. EStG kann das Bundesamt für Finanzen auf Antrag den deutschen Schuldner von Vergütungen i. S. des § 50 a Abs. 4 EStG ermächtigen, in Fällen von geringer steuerlicher Bedeutung ein vereinfachtes Verfahren (Kontrollmeldeverfahren) anzuwenden. Die Ermächtigung kann mit Auflagen verbunden werden. Im Kontrollmeldeverfahren unterlassen die deutschen Schuldner von sich aus bei Gläubigern, die in einem ausländischen Staat ansässig sind, mit dem ein entsprechendes DBA besteht, den Steuerabzug oder nehmen diesen nur nach dem gemäß dem DBA höchstens zulässigen Satz vor. Nach Ablauf des Kalenderjahres haben die Schuldner für jeden Gläubiger dem Bundesamt für Finanzen eine „Jahreskontrollmeldung" zu übersenden.

II. Ermächtigung zur Anwendung des Kontrollmeldeverfahrens

2. Ein deutscher Schuldner von Vergütungen im Sinne des § 50 a Abs. 4 EStG kann das Kontrollmeldeverfahren nur anwenden, wenn er auf seinen formlosen Antrag hin dazu vom Bundesamt für Finanzen ermächtigt worden ist. In dem Antrag hat sich der Schuldner zu verpflichten,

a) die Jahreskontrollmeldung (Tz. 10) bis zum Ablauf des Monats April jeden Jahres für das vorhergehende Kalenderjahr zu übersenden;
b) den Ermächtigungsbescheid (Tz. 3) und je einen Abdruck der Jahreskontrollmeldung (Tz. 10) als Belege zu seinen Unterlagen zu nehmen;
c) dem Gläubiger die in Tz. 8 bezeichnete Mitteilung zu machen.

Der Schuldner hat außerdem anzuerkennen, daß die Ermächtigung zum Kontrollmeldeverfahren die Haftung nach § 50 a Abs. 5 EStG unberührt läßt.

3. Die Ermächtigung, dieses Verfahren anzuwenden, wird vom Bundesamt für Finanzen durch Bescheid erteilt, und zwar im allgemeinen unbefristet, jedoch unter dem Vorbehalt jederzeitigen Widerrufs; eine Abschrift des Ermächtigungsbescheides erhält das für den Schuldner der Vergütungen nach § 73 e Satz 1 EStDV örtlich zuständige Finanzamt. In dem Ermächtigungsbescheid weist das Bundesamt für Finanzen auf die nach Tz. 2 zu übernehmenden Verpflichtungen ausdrücklich hin. Die Ermächtigung zur Anwendung des Kontrollmeldeverfahrens darf bis zum Beginn des laufenden Kalenderjahres rückwirkend erteilt werden.

III. Anwendungsbereich des Kontrollmeldeverfahrens

4. Das Kontrollmeldeverfahren kann nur auf Vergütungen im Sinne des § 50 a Abs. 4 EStG und die in Abschnitt 227 b der Einkommensteuer-Richtlinien angeführten Vergütungen angewendet werden. Das Bundesamt für Finanzen kann es auf Zahlungen aus einer bestimmten (z. B. im Inland lediglich verwerteten) Tätigkeit und auf bestimmte Personen oder Personengruppen beschränken sowie Abweichungen zulassen.

5. Das Kontrollmeldeverfahren kann nur bei Gläubigern zugelassen werden, bei denen
 – die jeweilige Zahlung (Einzelzahlung) den Bruttobetrag von 10 000 DM und
 – die während eines Kalenderjahres geleisteten gesamten Zahlungen den Bruttobetrag von 70 000 DM
 nicht übersteigen.

6. Hat der Schuldner Personen in das Kontrollmeldeverfahren einbezogen, bei denen diese Höchstbeträge überschritten werden, so ist für diese Personen zu dem Zeitpunkt eine Freistellungsbescheinigung zu beantragen, in dem eine Einzelzahlung von mehr als 10 000 DM geleistet wird oder die gesamten Zahlungen den Betrag von 70 000 DM überschreiten. Die Jahreskontrollmeldung (Tz. 10) hat jedoch alle an diese Personen geleisteten Zahlungen zu umfassen. Wird die Höchstgrenze im Laufe eines Jahres überschritten und weigert sich der Gläubiger, einen Freistellungsbescheid zu beantragen, so hat der Schuldner gemäß § 50 a Abs. 5 EStG in Verbindung mit § 50 Abs. 1 EStG von der die Jahreshöchstgrenze überschreitenden Vergütung die gesetzliche Steuer einzubehalten und an das Finanzamt abzuführen.

7. Für die obengenannten Höchstbeträge sind Vorschuss-, Teil-, Abschlags- und Abschlußzahlungen sowie Kostenerstattungen (Fahrkosten, Mehraufwand für Verpflegung, Übernachtung u. ä.) mit zu berücksichtigen und alle während eines Kalenderjahres geleisteten Zahlungen zusammenzurechnen, die sich auf dieselbe Tätigkeit oder Leistung des Gläubigers beziehen.

Bei der Berechnung der Höchstbeträge und der Ermittlung der Bemessungsgrundlage für die Abzugsteuer ist die Umsatzsteuer auch dann zu berücksichtigen, wenn der deutsche Schuldner nicht gem. § 52 Abs. 2 UStDV verpflichtet ist, die Umsatzsteuer für den Gläubiger einzubehalten und abzuführen (Nullregelung).

8. Ein deutscher Schuldner, der seine Zahlungen an einen bestimmten Gläubiger in das Kontrollmeldeverfahren einbezieht und daher keine oder nur eine reduzierte Abzugsteuer einbehält, hat dies so früh wie möglich, spätestens bei der ersten so geleisteten Zahlung, dem Gläubiger mit dem Bemerken mitzuteilen, daß die Steuerverwaltung seines Heimatstaates von dieser und allen künftigen Zahlungen durch die deutsche Finanzverwaltung Mitteilung erhalten kann.

9. Bei den einzelnen Gläubigern kann das Verfahren innerhalb desselben Kalendervierteljahres, für das die einzubehaltende Abzugsteuer abzuführen ist (§ 73 e EStDV), auch rückwirkend angewendet werden. Die nach dem einschlägigen DBA zuviel einbehaltene, aber noch nicht an das zuständige Finanzamt abgeführte Abzugsteuer ist dann gesondert oder zusammen mit weiteren Zahlungen an den betreffenden Gläubiger auszuzahlen. Der Schuldner hat das in seinen Unterlagen zu vermerken. Soweit die Abzugsteuer bereits an das zuständige Finanzamt abgeführt worden ist, kann das Kontrollmeldeverfahren nicht rückwirkend angewendet werden.

IV. Jahreskontrollmeldungen

10. Von den deutschen Schuldnern ist für jeden Gläubiger bis zum 30. April jeden Kalenderjahres für das vorhergehende Kalenderjahr eine Jahreskontrollmeldung beim Bundesamt für Finanzen einzureichen und als „Meldung

Anhang 27 b
I Steuerabzug

über die im Jahr... gezahlten Lizenzgebühren und/oder Vergütungen für eine in der Bundesrepublik Deutschland ausgeübte persönliche Tätigkeit" zu bezeichnen. Sie muß mindestens folgende Angaben enthalten:

- Name, Vorname sowie Wohnort oder Geschäftsleitung des Schuldners;
- Name, Vorname sowie Staat und Ort des Wohnsitzes oder der Geschäftsleitung des Gläubigers (einschließlich Postleitzahl, Straße, Hausnummer). Die Angabe eines Postfaches oder einer c/o-Anschrift ist nicht ausreichend;
- bei Zahlungen an Empfänger mit Wohnsitz oder Sitz in den Vereinigten Staaten ist deren „Social Security Number", „Employer's Identification Number" oder „Taxpayer Identification Number" anzugeben;
- Bruttobetrag (einschließlich gesondert ausgewiesener etwaiger Umsatzsteuer) und Art der Vergütungen, ausgedrückt durch genaue Angabe der Vorschrift des § 50 a Abs. 4 Nr. 1, 2 oder 3 EStG;
- von den Vergütungen einbehaltener Steuerbetrag.

Das Bundesamt für Finanzen kann die Übersendung der Jahreskontrollmeldung auf Magnetband oder einem anderen Datenträger nach einem von ihm vorgegebenen Datensatz zulassen.

Die Einreichung der Jahreskontrollmeldung läßt die Meldeverpflichtung nach § 73 e EStDV unberührt.

11. Dem für den Schuldner der Vergütungen zuständigen Betriebsfinanzamt obliegt es, im Rahmen von Prüfungen nach § 73 d Abs. 2 EStDV die ordnungsmäßige Abwicklung des Verfahrens zu prüfen.

12. Das Bundesamt für Finanzen wird nach Weisung des BMF aufgrund der bestehenden Regelungen über den Austausch von Auskünften zur Durchführung der DBA Daten aus den Jahreskontrollmeldungen den zuständigen Finanzbehörden der in Betracht kommenden Staaten übermitteln. Mit dem Antrag auf Teilnahme am Kontrollmeldeverfahren gilt die Zustimmung des Gläubigers und des Schuldners zur Weiterleitung der Angaben des Schuldners an den Wohnsitz- oder Sitzstaat des Gläubigers als erteilt (§ 50 d Abs. 3 S. 6 EStG).

13. Filmproduzenten kann die Abgabe einer Jahreskontrollmeldung für Vergütungen an Kleindarsteller (Komparsen, Statisten) erlassen werden, sofern die gesamten Vergütungen für die Mitwirkung an einem bestimmten Film je Kleindarsteller nicht mehr als 200,– DM betragen. Voraussetzung für die Anwendung dieser Vereinfachung ist, daß der Produzent nach den Umständen annehmen konnte, daß der Kleindarsteller Anspruch auf die Anwendung des DBA hat. In diesem Fall entfällt auch die Unterrichtung nach Tz. 8. Davon unberührt bleiben die Meldeverpflichtungen nach § 73 e EStDV und die für den Betriebsausgabenabzug bestehende Verpflichtung der Benennung von Zahlungsempfängern gem. § 160 AO.

V. Haftung

14. Die Ermächtigung zur Anwendung des Kontrollmeldeverfahrens läßt die Haftung im Sinne des § 50 a Abs. 5 EStG unberührt. Hat der Schuldner der Vergütungen das Kontrollmeldeverfahren nicht ordnungsgemäß angewendet, so wird eine nicht oder zu wenig einbehaltene oder abgeführte Steuer durch Haftungsbescheid nach § 73 g EStDV nacherhoben. Von der Geltendmachung der Haftung wird abgesehen, wenn die nicht ordnungsgemäße Anwendung des Kontrollmeldeverfahrens darauf beruht, daß der Schuldner der Vergütungen vom Gläubiger hinsichtlich seiner Person oder seines Wohnsitzes getäuscht worden ist, sofern sich dem Schuldner der Vergütungen nicht nach den Umständen des Falles Zweifel an der Richtigkeit der Angaben des Gläubigers hätten aufdrängen müssen.

15. Der Haftungsbescheid wird von dem für den Schuldner der Vergütungen nach § 73 e EStDV örtlich zuständigen Finanzamt erlassen; dieses wird aufgrund eigener Feststellungen (vgl. Tz. 11) oder auf Ersuchen des Bundesamtes für Finanzen tätig.

II
Merkblatt
Entlastung von deutscher Abzugsteuer gemäß § 50 a Abs. 4 EStG aufgrund von Doppelbesteuerungsabkommen (DBA)

BMF vom 1. 3. 1994 (BStBl I S. 201)
IV C 5 – S 1300 – 41/94

Inhaltsübersicht

1 Allgemeines
1.1 Grundlagen des Entlastungsverfahrens
1.2 Persönliche Abkommensberechtigung und ihr Nachweis
1.3 Verfahrensarten
1.3.1 Freistellungsverfahren
1.3.2 Erstattungsverfahren
1.3.3 Kontrollmeldeverfahren
1.4 Gemeinsame Bestimmungen
1.4.1 Antragsberechtigter
1.4.2 Antragsfrist
1.4.3 Antragstellung und Vordrucke
1.4.4 Mißbrauch
1.4.5 Informationsaustausch
2 Freistellungsverfahren
2.1 Anwendungsbereich
2.2 Freistellungsbescheid
2.3 Zeitraum
2.4 Nachweise
2.5 Nachträgliche Antragstellung
3 Erstattungsverfahren
3.1 Anwendungsbereich
3.2 Erstattungsanspruch
3.3 Zusammenfassung von Anträgen
3.4 Nachweise
4 Kontrollmeldeverfahren
5 Sonderfälle
5.1 Gläubiger in den Vereinigten Staaten
5.2 Zwischenschaltung von Gesellschaften zur Wahrung von Schutzrechten
6 Merkblätter des Bundesamtes für Finanzen

Die Entlastung von deutscher Abzugsteuer nach § 50 a Abs. 4 EStG durch das Bundesamt für Finanzen (§ 5 Abs. 1 Nr. 2 FVG) ist nach folgendem Verfahren durchzuführen:

1 Allgemeines

1.1 Grundlagen des Entlastungsverfahrens

Bei Einkünften im Sinne des § 50 a Abs. 4 EStG wird Abzugsteuer in der Regel zum Satz von 25 v. H. oder 15 v. H. erhoben. Ausländische Empfänger (Gläubiger) derartiger Einkünfte sind nach Maßgabe der DBA von dieser Abzugsteuer zu entlasten (Steuerbefreiung oder Steuerermäßigung). Rechtsgrundlage des Verfahrens ist § 50 d EStG.

1.2 Persönliche Abkommensberechtigung und ihr Nachweis

Abkommensberechtigt ist, wer im Abkommensstaat ansässig ist. Die Ansässigkeit richtet sich nach den Vorschriften des einzelnen DBA. Für die Frage, wem die Einkünfte zuzurechnen sind, ist das deutsche Recht maßgebend, sofern das betreffende DBA keine Sonderbestimmungen enthält.

Bei der Ansässigkeit handelt es sich um ein steuerrechtliches Merkmal, über dessen Voraussetzungen allein der Wohnsitzstaat verläßlich Auskunft geben kann. Die Ansässigkeit ist daher regelmäßig durch eine Bescheinigung der für den Gläubiger der Einkünfte nach § 50 a Abs. 4 EStG zuständigen ausländischen Steuerbehörde auf dem Antragsvordruck nachzuweisen. Hierbei sowie beim Nachweis der sonstigen Voraussetzungen für die Abkommensberechtigung ist § 90 Abs. 2 AO zu beachten.

Der im anderen Vertragsstaat ansässige Gläubiger der Einkünfte nach § 50 a Abs. 4 EStG hat keinen Anspruch auf Entlastung nach den Abkommen, wenn diese Einkünfte seiner im Inland gelegenen Betriebsstätte oder festen Einrichtung zuzurechnen sind.

Einige DBA verlangen zusätzlich, daß die Einkünfte im Ansässigkeitsstaat steuerpflichtig sind und/oder dorthin überwiesen werden.

1.3 Verfahrensarten

1.3.1 Freistellungsverfahren (vgl. Tz. 2)

Bei diesem Verfahren wird durch das Bundesamt für Finanzen vor der Auszahlung der Vergütungen im Sinne des § 50 a Abs. 4 EStG bescheinigt, daß die Abkommensvoraussetzungen vorliegen (Freistellungsbescheid); der inländische Zahlungsverpflichtete (Vergütungsschuldner) darf aufgrund einer Bescheinigung des Bundesamtes für Finanzen den Steuerabzug ganz oder teilweise unterlassen.

1.3.2 Erstattungsverfahren (vgl. Tz. 3)

Bei diesem Verfahren wird die Abzugsteuer zunächst vom Vergütungsschuldner einbehalten und an das für ihn zuständige Finanzamt abgeführt. Das Bundesamt für Finanzen erstattet die zuviel gezahlte Steuer auf Antrag des Gläubigers.

1.3.3 Kontrollmeldeverfahren (vgl. Tz. 4)

Bei diesem Verfahren kann ein Vergütungsschuldner von sich aus den Steuerabzug ganz oder teilweise unterlassen. Voraussetzung ist, daß der Vergütungsschuldner vom Bundesamt für Finanzen zur Anwendung des Kontrollmeldeverfahrens ermächtigt wurde und die Zahlungen die in Tz. 4 genannten Höchstbeträge nicht übersteigen. Der Vergütungsschuldner muß die Beträge dem Bundesamt für Finanzen jährlich mitteilen; dieses kann die für den Gläubiger zuständige ausländische Steuerbehörde über die Zahlungen unterrichten.

1.4 Gemeinsame Bestimmungen

1.4.1 Antragsberechtigter

Der Antrag auf Erstattung oder Freistellung ist vom Gläubiger zu stellen. Er kann vom Vergütungsschuldner oder von einem Dritten gestellt werden, wenn der Gläubiger hierzu Vollmacht erteilt hat. Eine Vollmacht zur Stellung des Antrags kann vermutet werden, wenn der Vergütungsschuldner oder der Dritte einen mit der amtlichen Ansässigkeitsbescheinigung versehenen Antrag vorlegt. Falls der Vergütungsschuldner oder ein Dritter die Erstattung der Abzugsteuer auf ein anderes Konto als das des Gläubigers beantragt, ist eine ausdrückliche schriftliche Vollmacht des Gläubigers notwendig. Bei Gläubigern in den Vereinten Staaten gilt Tz. 5. 1 entsprechend.

Der Antrag auf Teilnahme am Kontrollmeldeverfahren ist vom Vergütungsschuldner zu stellen.

1.4.2 Antragsfrist

Der Antrag auf Freistellung (vgl. Tz. 2) oder Erstattung (vgl. Tz. 3) ist innerhalb von vier Jahren zu stellen (vgl. § 169 Abs. 2 Nr. 2 AO). Dies gilt auch, wenn ein DBA eine kürzere Frist vorsieht. Die Antragsfrist beginnt mit Ablauf des Kalenderjahres, in dem die Vergütung dem Gläubiger zugeflossen ist (vgl. § 170 Abs. 1 AO).

1.4.3 Antragstellung und Vordrucke

Anträge im Entlastungsverfahren sind beim Bundesamt für Finanzen, 53221 Bonn, nach amtlichem Muster zu stellen. Antragsvordrucke sind beim Bundesamt für Finanzen erhältlich.

1.4.4 Mißbrauch

Die Entlastung erfolgt nicht, wenn das DBA mißbräuchlich in Anspruch genommen wird (vgl. § 50 d Abs. 1 a EStG).

1.4.5 Informationsaustausch

Im Rahmen der internationalen Amtshilfe können Kontrollmitteilungen an den ausländischen Wohnsitz- oder Sitzstaat des Gläubigers übersandt werden.

2 Freistellungsverfahren

2.1 Anwendungsbereich

Das Freistellungsverfahren kann grundsätzlich in allen Fällen des § 50 a Abs. 4 EStG angewendet werden (§ 50 d Abs. 3 EStG).

2.2 Freistellungsbescheid

Dem Vergütungsgläubiger wird auf förmlichen Antrag ein Freistellungsbescheid für einen bestimmten Vergütungsschuldner erteilt. Der inländische Vergütungsschuldner wird vom Bundesamt für Finanzen durch eine Ausfertigung dieses Freistellungsbescheids ermächtigt, den Steuerabzug zu unterlassen oder nach einem niedrigeren Satz vorzunehmen. Die Ausfertigung ist von ihm als Beleg sechs Jahre aufzubewahren. Die Aufbewahrungsfrist beginnt mit Ablauf des Kalenderjahrs ihrer erstmaligen Gültigkeit und endet nicht vor Ablauf des sechsten Kalenderjahrs nach dem Jahr ihrer letztmaligen Anwendung.

2.3 Zeitraum

Die Freistellung kann für eine einzelne Zahlung (Einmalfreistellung) oder für mehrere Zahlungen (Dauerfreistellung), die der Gläubiger von demselben Vergütungsschuldner erhält, beantragt werden. Die Dauerfreistellung wird für einen Zeitraum von höchstens drei Jahren ab Antragstellung erteilt.

2.4 Nachweise

Der Freistellungsantrag muß mit der Ansässigkeitsbescheinigung der für den Gläubiger zuständigen ausländischen Steuerbehörde versehen sein. Außerdem sind Angaben über den Rechtsgrund der Zahlung zu machen und zu belegen, ggf. durch Vorlage der Verträge.

2.5 Nachträgliche Antragstellung

Wurde die Abzugsteuer in gesetzlicher Höhe abgeführt und anschließend ein Freistellungsbescheid erteilt, so erstattet das Bundesamt für Finanzen auf Antrag des Gläubigers den zuviel gezahlten Steuerbetrag. Ist bereits ein Freistellungsbescheid erteilt und trotzdem Abzugsteuer in voller Höhe an das Finanzamt abgeführt worden, so ist die zuviel gezahlte Steuer vom Finanzamt zu erstatten.

3 Erstattungsverfahren

3.1 Anwendungsbereich

Hat der Vergütungsschuldner Abzugsteuer in gesetzlicher Höhe einbehalten und abgeführt, kann der Gläubiger nach Erteilung des Freistellungsbescheids beim Bundesamt für Finanzen die Erstattung der zuviel gezahlten Steuer beantragen.

Für Erstattungen, die nicht auf einem DBA beruhen (z. B. bei irrtümlicher oder doppelter Abführung der Abzugsteuer), ist das Finanzamt zuständig, an das die Abzugsteuer abgeführt worden ist.

3.2 Erstattungsanspruch

Im Erstattungsverfahren wird der Unterschiedsbetrag zwischen der Steuer, die der Bundesrepublik Deutschland nach dem jeweiligen DBA zusteht, und der einbehaltenen und abgeführten deutschen Abzugsteuer ermittelt und ein Bescheid erteilt. Der Erstattungsbetrag wird an den Gläubiger überwiesen.

3.3 Zusammenfassung von Anträgen

Der Gläubiger kann in einen Antrag die Erstattung mehrerer Abzugsbeträge für unterschiedliche Vergütungen einbeziehen.

3.4 Nachweise

Tz. 2. 4 gilt entsprechend.

4 Kontrollmeldeverfahren

Das Kontrollmeldeverfahren kann auf Antrag des Vergütungsschuldners angewendet werden bei Einkünften im Sinne von § 50 a Abs. 4 EStG, sofern bestimmte Betragsgrenzen nicht überschritten werden.[1]

5 Sonderfälle

5.1 Gläubiger in den Vereinigten Staaten

Anstelle des Nachweises durch die Ansässigkeitsbescheinigung der amerikanischen Steuerbehörde kann der Gläubiger das Formblatt „Certification of Filing a Tax Return" unter Angabe seiner „Social Security Number" (S. S. N.), seiner „Employer's Identification Number" (E. I. N.) oder seiner „Taxpayer Identification Number" (T. I. N.) einreichen.

5.2 Zwischenschaltung von Gesellschaften zur Wahrung von Schutzrechten (Verwertungsgesellschaften)

Werden von den ausländischen Vergütungsgläubigern Verwertungsgesellschaften (z. B. die GEMA) zwischengeschaltet, so sind diese Vergütungsschuldner, wenn die in § 73 f EStDV genannten Voraussetzungen vorliegen.

Ausländische Verwertungsgesellschaften sind nur insoweit abkommensberechtigt, als sie im eigenen Namen als Nutzungsberechtigte über die überlassenen Rechte verfügen.

6 Merkblätter des Bundesamtes für Finanzen

Beim Bundesamt für Finanzen sind jährlich aktualisierte Merkblätter mit zusätzlichen Informationen (Übersicht über die DBA-Regelungen, Behandlung von Künstlern/Sportlern, Behandlung von Film- und Fernsehfilmschaffenden) erhältlich.

---

[1] Zur Zeit gelten folgende Betragsgrenzen: die jeweilige Zahlung (Einzelzahlung) darf den Bruttobetrag von 10 000 DM und die während eines Kalenderjahrs geleisteten gesamten Zahlungen dürfen den Bruttobetrag von 70 000 DM je Gläubiger nicht übersteigen. Einzelheiten des Verfahrens ergeben sich aus dem BMF-Schreiben vom 21. Dezember 1993, BStBl 1994 I S. 4.

III
Merkblatt

Entlastung von deutscher Kapitalertragsteuer von Dividenden und bestimmten anderen Kapitalerträgen gemäß § 44 d EStG, den Doppelbesteuerungsabkommen (DBA) oder sonstigen zwischenstaatlichen Abkommen

BMF vom 1. 3. 1994 (BStBl I S. 203)

IV C 5 – S 1300 – 49/94

Inhaltsübersicht

1 **Allgemeines**
1.1 Grundlagen des Entlastungsverfahrens
1.2 Persönliche Abkommensberechtigung und ihr Nachweis
1.3 Verfahrensarten
1.3.1 Erstattungsverfahren
1.3.2 Freistellungsverfahren
1.4 Gemeinsame Bestimmungen
1.4.1 Antragsberechtigter
1.4.2 Antragsfrist
1.4.3 Antragstellung und Vordrucke
1.4.4 Mißbrauch
1.4.5 Informationsaustausch
2 **Erstattungsverfahren**
2.1 Anwendungsbereich
2.2 Erstattungsanspruch
2.3 Zusammenfassung von Anträgen
2.4 Nachweise
2.5 Antragsfrist
3 **Freistellungsverfahren**
3.1 Anwendungsbereich
3.2 Freistellungsbescheid
3.3 Zeitraum
3.4 Nachweise
3.5 Nachträgliche Antragstellung
4 **Sonderfälle**
4.1 Gläubiger in den Vereinigten Staaten
4.2 Internationale Organisationen
5 **Anwendungsregelung**

Die Entlastung von deutscher Kapitalertragsteuer durch das Bundesamt für Finanzen (§ 5 Abs. 1 Nr. 2 FVG) bei Dividenden und bestimmten anderen Kapitalerträgen ist nach folgendem Verfahren durchzuführen:

1 Allgemeines
1.1 Grundlagen des Entlastungsverfahrens

Bei Dividenden und bestimmten anderen Kapitalerträgen (z. B. Erträgen aus Wandelanleihen, Gewinnobligationen, Genußrechten, typischen stillen Beteiligungen, partiarischen Darlehen) wird Kapitalertragsteuer in der Regel zum Satz von 25 v. H. oder 35 v. H. erhoben (§§ 43 und 43 a EStG). Ausländische Empfänger (Gläubiger) derartiger Kapitalerträge sind nach Maßgabe der DBA oder gemäß § 44 d EStG von dieser Abzugsteuer zu entlasten (Steuerbefreiung oder Steuerermäßigung). Rechtsgrundlage des Verfahrens ist § 50 d EStG.

1.2 Persönliche Abkommensberechtigung und ihr Nachweis

Abkommensberechtigt ist, wer im Abkommensstaat ansässig ist. Die Ansässigkeit richtet sich nach den Vorschriften des einzelnen DBA. Für die Frage, wem die Kapitalerträge zuzurechnen sind, ist das deutsche Recht maßgebend, sofern das betreffende DBA keine Sonderbestimmungen enthält. Anspruch auf Entlastung hat auch eine in einem anderen EG-Staat ansässige Muttergesellschaft i. S. von § 44 d Abs. 2 EStG.

Bei der Ansässigkeit handelt es sich um ein steuerrechtliches Merkmal, über dessen Voraussetzungen allein der Wohnsitzstaat verläßlich Auskunft geben kann. Die Ansässigkeit ist daher regelmäßig durch eine Bescheinigung der für den Gläubiger der Kapitalerträge zuständigen ausländischen Steuerbehörde auf dem Antragsvordruck nachzuweisen. Hierbei sowie beim Nachweis der sonstigen Voraussetzungen für die Abkommensberechtigung ist § 90 Abs. 2 AO zu beachten.

Der im Ausland ansässige Gläubiger der Kapitalerträge hat keinen Anspruch auf Entlastung nach dem Abkommen, wenn diese Erträge seiner im Inland gelegenen Betriebsstätte oder festen Einrichtung zuzurechnen sind.

Einige DBA verlangen zusätzlich, daß die Einkünfte im Ansässigkeitsstaat steuerpflichtig sind und/oder dorthin überwiesen werden.

1.3 Verfahrensarten
1.3.1 Erstattungsverfahren (vgl. Tz. 2)

Bei diesem Verfahren wird die Kapitalertragsteuer zunächst vom inländischen Zahlungsverpflichteten (Schuldner) einbehalten und an das für ihn zuständige Finanzamt abgeführt. Das Bundesamt für Finanzen erstattet die zuviel gezahlte Steuer auf Antrag des Gläubigers. Für Erstattungen, die nicht auf einem DBA oder § 44 d EStG beruhen (z. B. Erstattung der Zinsabschlagsteuer, die trotz Ansässigkeit des Empfängers im Ausland einbehalten wurde), ist das Finanzamt zuständig, an das die Kapitalertragsteuer abgeführt worden ist.

Das Erstattungsverfahren ist stets zulässig, auch wenn ein anderes Verfahren (Freistellungsverfahren) möglich gewesen wäre. Bei Dividenden aus Streubesitz ist nur das Erstattungsverfahren möglich (vgl. im einzelnen Tz. 2), da hier in der Regel der Schuldner den Gläubiger nicht kennt.

1.3.2 Freistellungsverfahren (vgl. Tz. 3)

Bei diesem Verfahren darf der Schuldner unter bestimmten Voraussetzungen den Steuerabzug ganz oder teilweise unterlassen.

1.4 Gemeinsame Bestimmungen

1.4.1 Antragsberechtigter

Der Antrag auf Erstattung oder Freistellung ist vom Gläubiger zu stellen. Er kann vom Schuldner oder von einem Dritten gestellt werden, wenn der Gläubiger hierzu Vollmacht erteilt hat. Eine Vollmacht zur Stellung des Antrags kann vermutet werden, wenn der Schuldner oder der Dritte einen mit der amtlichen Ansässigkeitsbescheinigung versehenen Antrag vorlegt. Falls der Vergütungsschuldner oder ein Dritter die Erstattung der Kapitalertragsteuer auf ein anderes Konto als das des Gläubigers beantragt, ist eine ausdrückliche schriftliche Vollmacht des Gläubigers notwendig. Bei Gläubigern in den Vereinigten Staaten gilt Tz. 4.1 entsprechend.

1.4.2 Antragsfrist

Der Antrag ist innerhalb von vier Jahren zu stellen (vgl. § 169 Abs. 2 Nr. 2 AO). Dies gilt auch, wenn ein DBA eine kürzere Frist vorsieht. Die Antragsfrist beginnt mit Ablauf des Kalenderjahrs, in dem der Kapitalertrag dem Gläubiger zugeflossen ist (vgl. § 170 Abs. 1 AO).

1.4.3 Antragstellung und Vordrucke

Anträge im Entlastungsverfahren sind beim Bundesamt für Finanzen, 53221 Bonn, nach amtlichem Muster zu stellen. Antragsvordrucke sind beim Bundesamt für Finanzen erhältlich.

1.4.4 Mißbrauch

Die Entlastung erfolgt nicht, wenn das DBA mißbräuchlich in Anspruch genommen wird (vgl. § 50 d Abs. 1 a EStG).

1.4.5 Informationsaustausch

Im Rahmen der internationalen Amtshilfe können Kontrollmitteilungen an den ausländischen Wohnsitz- oder Sitzstaat des Gläubigers übersandt werden.

2 Erstattungsverfahren

2.1 Anwendungsbereich

Bei Dividenden und bestimmten anderen Kapitalerträgen, die nach deutschem Recht der Kapitalertragsteuer unterliegen und nach Maßgabe des § 44 d EStG oder eines DBA zu entlasten sind, ist das Erstattungsverfahren möglich.

2.2 Erstattungsanspruch

Im Erstattungsverfahren wird der Unterschiedsbetrag zwischen der Steuer, die der Bundesrepublik Deutschland nach dem jeweiligen Abkommen oder § 44 d EStG zusteht, und der in gesetzlicher Höhe einbehaltenen und abgeführten deutschen Kapitalertragsteuer einschließlich etwaiger Zuschläge ermittelt und ein Bescheid erteilt. Der Erstattungsanspruch wird an den Gläubiger überwiesen.

2.3 Zusammenfassung von Anträgen

Der Gläubiger kann in einen Antrag die Erstattung mehrerer Abzugsbeträge für unterschiedliche Kapitalerträge einbeziehen; dies gilt auch dann, wenn die Kapitalertragsteuer zu unterschiedlichen Sätzen und von verschiedenen Schuldnern einbehalten wurde oder wenn die Kapitalerträge in verschiedenen Jahren zugeflossen sind.

Ein gemeinsamer Bevollmächtigter kann die einzelnen Anträge für verschiedene Gläubiger gesammelt einreichen und erhält dann einen Bescheid, in dem die Gläubiger mit ihren Erstattungsbeträgen einzeln aufgeführt sind. Der Erstattungsbetrag wird sodann in einer Summe überwiesen. Im Interesse einer zügigen Antragsbearbeitung sollten nicht mehr als 50 Anträge zusammengefaßt werden.

2.4 Nachweise

Der Erstattungsantrag muß mit der Ansässigkeitsbescheinigung der für den Gläubiger zuständigen ausländischen Steuerbehörde versehen sein. Dem Antrag sind Belege beizufügen, aus denen sich Art, Höhe und Tag jedes Zuflusses der Kapitalerträge sowie die einbehaltene Kapitalertragsteuer ergeben, z. B. Kapitalertragsteuerbescheinigung, Quittung der Finanzkasse, Depotbescheinigung, Gutschriftenanzeige, Unterlagen über Erwerb und Veräußerung von Wertpapieren.

Das Bundesamt für Finanzen kann im Einzelfall weitere Nachweise verlangen.

3 Freistellungsverfahren

3.1 Anwendungsbereich

Das Freistellungsverfahren kann grundsätzlich angewendet werden bei Kapitalerträgen, die bei wesentlichen zwischengesellschaftlichen Beteiligungen nach Maßgabe eines DBA oder gemäß § 44 d EStG von der deutschen Kapitalertragsteuer zu entlasten sind.

3.2 Freistellungsbescheid

Dem Gläubiger wird auf förmlichen Antrag ein Freistellungsbescheid für einen bestimmten Schuldner erteilt. Der Schuldner wird vom Bundesamt für Finanzen durch eine Ausfertigung dieses Freistellungsbescheids ermächtigt, den Steuerabzug zu unterlassen oder nach einem niedrigeren Satz vorzunehmen.

Die Ausfertigung ist von ihm als Beleg sechs Jahre aufzubewahren. Die Aufbewahrungsfrist endet nicht vor Ablauf des sechsten Kalenderjahrs nach dem Ablauf ihrer Gültigkeit.

3.3 Zeitraum

Die Freistellung wird in der Regel für einen Zeitraum von höchstens drei Jahren erteilt. Sie darf nicht weiter rückwirkend als bis zum ersten des Monats, in dem der Antrag beim Bundesamt für Finanzen eingeht, erteilt werden. Zur Fristwahrung reicht bereits ein formloser Antrag aus.

3.4 Nachweise

Der Freistellungsantrag muß mit der Ansässigkeitsbescheinigung der für den Gläubiger zuständigen ausländischen Steuerbehörde versehen sein. Außerdem sind Angaben über den Rechtsgrund der Zahlung zu machen und zu belegen.

3.5 Nachträgliche Antragstellung

Wurde die Kapitalertragsteuer in gesetzlicher Höhe abgeführt und anschließend ein Freistellungsbescheid erteilt, so erstattet das Bundesamt für Finanzen auf Antrag des Gläubigers den zuviel gezahlten Steuerbetrag. Ist bereits ein Freistellungsbescheid erteilt und trotzdem Kapitalertragsteuer in voller Höhe an das Finanzamt abgeführt worden, so ist die zuviel gezahlte Steuer vom Finanzamt zu erstatten.

4 Sonderfälle

4.1 Gläubiger in den Vereinigten Staaten

Anstelle des Nachweises durch die Ansässigkeitsbescheinigung der amerikanischen Steuerbehörde kann der Gläubiger das Formblatt „Certification of Filing a Tax Return" unter Angabe seiner „Social Security Number" (S. S. N.), seiner „Employer's Identification Number" (E. I. N.) oder seiner „Taxpayer Identification Number" (T. I. N.) einreichen.

4.2 Internationale Organisationen

Soweit internationale Organisationen aufgrund sonstiger zwischenstaatlicher Abkommen mit den Erträgen, die sie aus der Bundesrepublik Deutschland beziehen, hier steuerfrei sind, gilt – soweit nicht bereits nach innerstaatlichem Recht der Steuerabzug unterbleibt – grundsätzlich das Erstattungsverfahren. Eine Ansässigkeitsbescheinigung ist aus Vereinfachungsgründen nicht erforderlich.

5 Anwendungsregelung

Dieses Merkblatt tritt an die Stelle des „Vorläufigen Merkblattes" vom Dezember 1988 – IV C 5 – S 1300 – 239/88 – BStBl 1988 I S. 492 ff.

Anhang 27 b
Steuerabzug IV

IV
Abzugsteuer bei künstlerischen, sportlichen, artistischen oder ähnlichen Darbietungen gemäß § 50 a Abs. 4 EStG

BMF vom 30. 5. 1995 (BStBl I S. 337)
IV B 4 – S 2303 – 64/95

Inhaltsübersicht

1 **Allgemeines**
1.1 Steuerpflicht nach dem EStG
1.2 Steuerabzug
1.3 Einschränkungen des Besteuerungsrechts aufgrund von Doppelbesteuerungsabkommen (DBA)
1.4 Einschränkungen des Besteuerungsrechts nach § 50 Abs. 7 EStG

2 **Tatbestandsvoraussetzungen der abzugspflichtigen Einkünfte gemäß § 50 a Abs. 4 Satz 1 i. V. m. § 49 Abs. 1 EStG**
2.1 Allgemeines
2.2 Gewerbliche Einkünfte aus Darbietungen (§ 50 a Abs. 4 Satz 1 Nr. 1 i. V. m. § 49 Abs. 1 Nr. 2 Buchst. d EStG)
2.2.1 Darbietung im Inland
2.2.2 Verwertung der Darbietung im Inland
2.2.3 Mit Darbietungen oder deren Verwertung zusammenhängende Leistungen
2.2.3.1 Ausrüstungsverträge, Werbeverträge und andere Leistungen
2.2.3.2 Nebenleistungen
2.3 Einkünfte aus der Ausübung oder Verwertung einer Tätigkeit als Künstler oder Berufssportler (§ 50 a Abs. 4 Satz 1 Nr. 2 i. V. m. § 49 Abs. 1 Nr. 2 bis 4 EStG)
2.4 Einkünfte aus Vergütungen für die Nutzung von Rechten (§ 50 a Abs. 4 Satz 1 Nr. 3 i. V. m. § 49 Abs. 1 Nr. 6 EStG)
2.5 Besteuerung bei verschiedenen hintereinander geschalteten beschränkt Steuerpflichtigen
2.6 Verhältnis zum Lohnsteuerabzug

3 **Steuerabzug**
3.1 Abzugsverpflichteter (§ 50 a Abs. 5 Satz 2 EStG)
3.2 Bemessungsgrundlage für den Steuerabzug (§ 50 a Abs. 4 Sätze 5 und 6 EStG)
3.3 Höhe des Steuersatzes (§ 50 a Abs. 4 Sätze 2 bis 4 EStG)

4 **Zuständigkeit, Verfahren**
4.1 Zuständigkeit
4.2 Verfahren

5 **Entlastung aufgrund von Doppelbesteuerungsabkommen (DBA)**
5.1 Verhältnis der DBA zum innerstaatlichen Recht
5.2 Begriff der Künstler und Sportler im Sinne der DBA
5.3 Einkünfte aus künstlerischer oder sportlicher Tätigkeit im Sinne der DBA
5.4 Abgrenzung zwischen Tätigkeitsvergütungen und Lizenzgebühren

6 **Beispiele**

Unter Bezugnahme auf das Ergebnis der Erörterung mit den obersten Finanzbehörden der Länder nehme ich zu Fragen der Abzugsteuer bei künstlerischen, sportlichen, artistischen oder ähnlichen Darbietungen gemäß § 50 a Abs. 4 EStG wie folgt Stellung:

1 Allgemeines

1.1 Steuerpflicht nach dem EStG

Natürliche Personen, die im Inland weder einen Wohnsitz noch ihren gewöhnlichen Aufenthalt haben, unterliegen ebenso wie Körperschaften, Personenvereinigungen und Vermögensmassen, die im Inland weder ihre Geschäftsleitung noch ihren Sitz haben, mit ihren inländischen Einkünften im Sinne des § 49 EStG der beschränkten Steuerpflicht (§ 1 Abs. 4 EStG bzw. § 2 Nr. 1 KStG).

Bei bestimmten, in § 50 a Abs. 4 Satz 1 EStG aufgezählten Einkünften beschränkt Steuerpflichtiger wird die Einkommensteuer oder Körperschaftsteuer im Wege des Steuerabzugs erhoben. Es handelt sich um folgende Einkünfte:

1. Einkünfte, die durch künstlerische, sportliche, artistische oder ähnliche Darbietungen im Inland oder durch deren Verwertung im Inland erzielt werden, einschließlich der Einkünfte aus anderen, mit diesen Leistungen zusammenhängenden Leistungen, unabhängig davon, wem die Einnahmen zufließen (§ 49 Abs. 1 Nr. 2 Buchst. d EStG),

2. Einkünfte aus der Ausübung oder Verwertung einer Tätigkeit als Künstler, Berufssportler, Schriftsteller, Journalist oder Bildberichterstatter einschließlich solcher Tätigkeiten für den Rundfunk oder Fernsehfunk (§ 49 Abs. 1 Nr. 2 bis 4 EStG),

3. Einkünfte, die aus Vergütungen für die Nutzung beweglicher Sachen im Inland oder für die Überlassung der Nutzung oder des Rechts

1313

auf Nutzung von Rechten, insbesondere von Urheberrechten und gewerblichen Schutzrechten, von gewerblichen, technischen, wissenschaftlichen und ähnlichen Erfahrungen, Kenntnissen und Fertigkeiten, z. B. Plänen, Mustern und Verfahren, herrühren (§ 49 Abs. 1 Nr. 2, 3, 6 und 9 EStG).

1.2 Steuerabzug

Der Steuerabzug beträgt 25 v. H. der **Einnahmen.** Soweit die Tätigkeit im Sinne der Tz. 1. 1 Nr. 1 und 2 im Inland ausgeübt wird oder worden ist, beträgt der Steuerabzug 15 v. H. der Einnahmen (§ 50 a Abs. 4 Sätze 2 und 3 EStG).

Dem Steuerabzug unterliegt der volle Betrag der Einnahmen. Abzüge (z. B. für Betriebsausgaben, Werbungskosten, Sonderausgaben und Steuern) sind nicht zulässig (§ 50 a Abs. 4 Sätze 5 und 6 EStG).

Der Schuldner der Vergütungen im Sinne des § 50 a. 4 EStG hat den Steuerabzug für Rechnung des beschränkt steuerpflichtigen Gläubigers (Steuerschuldner) vorzunehmen, die Steuer bei dem für ihn zuständigen Finanzamt anzumelden und sie dorthin abzuführen (§ 50 a Abs. 5 EStG, § 73 e EStDV; siehe Tz. 4. 1 und 4. 2). Ist es zweifelhaft, ob der Gläubiger beschränkt oder unbeschränkt steuerpflichtig ist, so darf der Schuldner die Einbehaltung der Steuer nur dann unterlassen, wenn der Gläubiger durch eine Bescheinigung des nach den abgabenrechtlichen Vorschriften für die Besteuerung seines Einkommens zuständigen Finanzamts nachweist, daß er unbeschränkt steuerpflichtig ist (§ 73 e Satz 5 EStDV).

1.3 Einschränkungen des Besteuerungsrechts aufgrund von Doppelbesteuerungsabkommen (DBA)

Der Steuerabzug nach § 50 a Abs. 4 EStG ist grundsätzlich ungeachtet eines DBA in voller Höhe vorzunehmen (§ 50 d Abs. 1 Satz 1 EStG).

Ist in einem DBA festgelegt, daß die abzugspflichtigen Vergütungen nicht oder nur nach einem vom EStG abweichenden niedrigeren Steuersatz besteuert werden können, so darf der Schuldner der Vergütungen den Steuerabzug unterlassen oder nach dem niedrigeren Steuersatz vornehmen, wenn das Bundesamt für Finanzen, 53221 Bonn, eine entsprechende Bescheinigung erteilt hat (Freistellungsbescheinigung, § 50 d EStG); auch in diesem Fall hat er dem Finanzamt eine Steueranmeldung zu übersenden (§ 73 e Satz 3 EStDV). Wegen Einzelheiten hierzu vgl. das BMF-Merkblatt zur Entlastung von deutscher Abzugsteuer gemäß § 50 a Abs. 4 EStG aufgrund von Doppelbesteuerungsabkommen (BMF-Schreiben vom 1. März 1994, BStBl I S. 201) und Tz. 5.

Beim Bundesamt für Finanzen sind jährlich aktualisierte Merkblätter mit zusätzlichen Informationen (Übersicht über die DBA-Regelungen, Behandlung von Künstlern/Sportlern, Behandlung von Film- und Fernsehschaffenden) erhältlich.

1.4 Einschränkungen des Besteuerungsrechts nach § 50 Abs. 7 EStG

Die obersten Finanzbehörden der Länder oder die von ihnen beauftragten Finanzbehörden können mit Zustimmung des Bundesministeriums der Finanzen die Einkommensteuer bei beschränkt Steuerpflichtigen ganz oder zum Teil erlassen oder in einem Pauschbetrag festsetzen, wenn es aus volkswirtschaftlichen Gründen zweckmäßig ist oder eine gesonderte Berechnung der Einkünfte besonders schwierig ist.

Ausländische Kulturvereinigungen, die nicht bereits aufgrund der Vorschriften eines DBA vom Steuerabzug nach § 50 a Abs. 4 EStG freizustellen sind, können unter bestimmten Voraussetzungen nach § 50 Abs. 7 EStG von der inländischen Einkommensteuer befreit werden. Zuständig für diese Freistellung ist nicht das Bundesamt für Finanzen, sondern das Finanzamt. Weitere Einzelheiten hierzu sind den BMF-Schreiben vom 20. Juli 1983, BStBl I S. 382, und vom 30. Mai 1995, BStBl I S. 336, zu entnehmen.

2 Tatbestandsvoraussetzungen der abzugspflichtigen Einkünfte gemäß § 50 a Abs. 4 Satz 1 i. V. m. § 49 Abs. 1 EStG

2.1 Allgemeines

Bei der Besteuerung nach einem der Tatbestände des § 49 Abs. 1 EStG sind in erster Linie die im Inland entfalteten Aktivitäten maßgebend. Ausländische Besteuerungsgrundlagen sind insoweit unbeachtlich, als ihre Berücksichtigung eine nach den Verhältnissen im Inland begründete Steuerpflicht ausschließen würde (§ 49 Abs. 2 EStG).

Hinweis auf Tz. 6, Beispiel 1.

2.2 Gewerbliche Einkünfte aus Darbietungen (§ 50 a Abs. 4 Satz 1 Nr. 1 i. V. m. § 49 Abs. 1 Nr. 2 Buchst. d EStG)

Die Regelung findet in erster Linie Anwendung in Fällen, in denen ausländische Unternehmen die Künstler usw. dem inländischen Veranstalter nicht im Wege der Vermittlung, sondern im eigenen Namen und für eigene Rechnung zur Verfügung stellen, und der Veranstalter die Vergütung an diese Unternehmen zahlt. Die Regelung ist aber auch Grundlage für die Besteuerung gewerblich tätiger Berufssportler, Artisten, Entertainer oder ähnliches sowie allgemein für die Besteuerung der mit der künstlerischen usw. Darbietung zusammenhängenden Einkünfte.

Hinweis auf Tz. 6, Beispiele 3, 3 a, 4 a.

2.2.1 Darbietung im Inland

Darbietungen liegen vor, wenn etwas aufgeführt, gezeigt oder vorgeführt wird, z. B. Ausstellungen, Konzerte, Theateraufführungen, Shows, Turniere, Wettkämpfe. Der Begriff ist weit zu verstehen; auch nichtöffentliche Auftritte und Studioaufnahmen für Film, Funk, Fernsehen und zur Herstellung von Tonträgern fallen hierunter. Zu den Darbietungen, die den künstlerischen, sportlichen oder artistischen Darbietungen ähnlich sind, gehören Darbietungen mit vergleichbarem Unterhaltungscharakter wie beispielsweise Talkshows und Quizsendungen; auch Modeschauen können hierunter fallen. Nicht hierzu zählen z. B. wissenschaftliche Vorträge und Seminare.

Die Darbietung findet im Inland statt, wenn die künstlerische, sportliche, artistische oder ähnliche Tätigkeit tatsächlich im Inland ausgeübt wird. Ort der Darbietung ist bei Filmaufnahmen der Ort der Dreharbeiten, bei Schallplattenaufnahmen der tatsächliche Aufnahmeort. Live-Übertragungen im Hör- und Fernsehfunk von einer Darbietung im Inland sind unabhängig davon, wer die Leistung anbietet, nicht zur Verwertung, sondern zur Darbietung zu rechnen.

2.2.2 Verwertung der Darbietung im Inland

Unter Verwerten ist der Vorgang zu verstehen, durch den der Inhaber der Nutzungsrechte an einer Darbietung sich das Ergebnis der Darbietung durch eine zusätzliche Handlung nutzbar macht, insbesondere durch Übertragung der Nutzungsrechte. Verwerten kann auch ein Dritter, der die Leistung nicht selbst erbracht hat.

Sowohl inländische als auch ausländische Darbietungen können im Inland verwertet werden. Live-Übertragungen im Hör- und Fernsehfunk von einer Darbietung im Ausland sind Teil der Verwertung.

Findet die Darbietung im Inland statt, ist auch bei Einkünften aus der Verwertung der Darbietung der ermäßigte Steuersatz von 15 v. H. anzuwenden (siehe Tz. 3. 3).

Hinweis auf Tz. 6, Beispiel 10.

2.2.3 Mit Darbietungen oder deren Verwertung zusammenhängende Leistungen

2.2.3.1 Ausrüstungsverträge, Werbeverträge und andere Leistungen

Einkünfte aus Ausrüstungsverträgen (Sponsoring), Werbeverträgen, Vergütungen für Autogrammstunden, Interviews, Auftritten in Talkshows usw. gehören zu den Einkünften aus mit den Darbietungen oder deren Verwertung zusammenhängenden Leistungen, soweit diese Leistungen in sachlichem Zusammenhang mit der jeweiligen Darbietung stehen. Gesamtvergütungen sind ggf. aufzuteilen.

Einkünfte aus Verträgen über die Einräumung von Rechten zur rundfunk- und fernsehmäßigen Verwertung von Sportveranstaltungen gehören ebenfalls zu den Einkünften aus mit den Darbietungen oder deren Verwertung zusammenhängenden Leistungen. Das gilt auch für die Erbringung von hiermit zusammenhängenden weiteren Leistungen wie die Erstellung des Bildsignals.

Hinweis auf Tz. 6, Beispiele 3, 10, 11.

2.2.3.2 Nebenleistungen

Zu den Leistungen, die mit den Darbietungen zusammenhängen, zählen auch **technische Nebenleistungen** wie Bühnenbild, Beleuchtung, Tontechnik, Kostüme usw. und Vermittlungsleistungen, soweit sie Teil der Gesamtleistung sind. Voraussetzung für die Einbeziehung dieser Nebenleistungen ist, daß sie auf Grund des bestehenden Vertragsverhältnisses Teil einer von dem beschränkt Steuerpflichtigen erbrachten Gesamtleistung sind, für die eine Gesamtvergütung gezahlt wird. Werden diese Nebenleistungen dagegen auf der Grundlage besonderer Verträge, die der inländische Veranstalter mit **Dritten** abgeschlossen hat, von einem anderen als dem Darbieter oder dem die Darbietungen Verwertenden erbracht, so sind die dafür gezahlten Entgelte nicht in die Bemessungsgrundlage für die Abzugsteuer einzubeziehen (siehe R 222 Abs. 3 und R 227 b EStR 1993).

Hinweis auf Tz. 6, Beispiel 4 b.

2.3 Einkünfte aus der Ausübung oder Verwertung einer Tätigkeit als Künstler oder Berufssportler (§ 50 a Abs. 4 Satz 1 Nr. 2 i. V. m. § 49 Abs. 1 Nr. 2 bis 4 EStG)

Für den Steuerabzug ist es unerheblich, ob es sich um eine selbständig oder nichtselbständig ausgeübte Tätigkeit handelt. Die Tätigkeit wird dort ausgeübt, wo der Steuerpflichtige persönlich tätig wird (siehe auch Tz. 2.2.1).

Die Tätigkeit wird im Inland verwertet, wenn das Ergebnis einer im Ausland ausgeübten Tätigkeit im Inland genutzt wird. Unter Verwerten ist der Vorgang zu verstehen, durch den der Inhaber der Nutzungsrechte sich das Ergebnis der Tätigkeit als Künstler oder Berufssportler durch eine zusätzliche Handlung nutzbar macht. Unter die Regelung fällt nur die Verwertung durch denjenigen, der selbst die Leistung erbracht hat. Ausübenden Künstlern, die bei der Herstellung eines Filmwerkes mitwirken, stehen hinsichtlich der Verwertung des Filmwerkes im Regelfall keine Urheberrechte zu (§ 92 UrHG), so daß der Verwertungstatbestand meist nicht erfüllt ist. Auch bei Live-Fernsehsendungen wird die Gage der Künstler üblicherweise nicht für die Übertragung der Urheberrechte, sondern für die künstlerische Tätigkeit gezahlt.

Stammen die Einkünfte aus einer Tätigkeit, die im Inland sowohl ausgeübt als auch verwertet wird oder worden ist, bleibt für den Verwertungstatbestand kein Raum, da die Ausübung als Grundtatbestand Vorrang hat. Dies hat zur Folge, daß der Steuersatz stets in Höhe von 15 v. H. anzuwenden ist (siehe Tz. 3. 3). Dabei ist unerheblich, ob die Art der Verwertung im Zeitpunkt der Ausübung bereits vorhersehbar war und ob zwischen der Tätigkeit und der wirtschaftlichen Nutzung ein größerer Zeitraum liegt.

Hinweis auf Tz. 6, Beispiele 3, 6, 6 a, 7, 8, 9, 9 b.

2.4 Einkünfte aus Vergütungen für die Nutzung von Urheberrechten (§ 50 a Abs. 4 Satz 1 Nr. 3 i. V. m. § 49 Abs. 1 Nr. 2, 3, 6 und 9 EStG)

Bei der Übertragung von Urheberrechten **im Rahmen von gewerblichen oder selbständigen Einkünften** gem. § 49 Abs. 1 Nr. 2 Buchst. a oder d oder Nr. 3 EStG kommt es nicht darauf an, ob die Urheberrechte zeitlich begrenzt oder unbegrenzt (Rechtekauf) übertragen werden (siehe R 227 a Abs. 2 EStR 1993). Liegen Einkünfte nach § 49 Abs. 1 Nr. 2 Buchst. a oder Nr. 3 EStG vor, ist der Steuerabzug nach § 50 a Abs. 4 Satz 1 Nr. 2 oder 3 EStG vorzunehmen. Liegen Einkünfte gem. § 49 Abs. 1 Nr. 2 Buchst. d EStG vor, ist der Steuerabzug nach § 50 a Abs. 4 Satz 1 Nr. 1 EStG vorzunehmen.

Bei der Übertragung von Urheberrechten **außerhalb gewerblicher oder selbständiger Einkünfte** liegen Einkünfte gem. § 49 Abs. 1 Nr. 6 i. V. m. § 21 Abs. 1 Nr. 3 EStG nur bei der zeitlich begrenzten Übertragung vor. Der Steuerabzug ist gemäß § 50 a Abs. 4 Satz 1 Nr. 3 EStG vorzunehmen. Bei einem Rechtekauf hingegen ist in diesen Fällen ein Besteuerungstatbestand nach § 49 EStG nicht gegeben.

Die Erlaubnis des Veranstalters zur rundfunkmäßigen Verwertung einer Sportveranstaltung ist im Rechtsinn keine Übertragung von Rechten, sondern eine Einwilligung in Eingriffe, die der Veranstalter aufgrund seiner Rechtsposition (insbes. aus § 823 Abs. 1 BGB, § 1 UWG und seinem Hausrecht nach §§ 858, 1004 BGB) verbieten könnte. Die an den ausländischen Ausrichter einer im Ausland stattfindenden Sportveranstaltung gezahlten Vergütungen für die Rundfunk- oder Fernsehübertragung der Sportveranstaltung ins Inland sind bei dem Vergütungsgläubiger daher keine Einkünfte aus der Übertragung von Urheberrechten; sie gehören aber zu den gewerblichen Einkünften aus Darbietungen, siehe Tz. 2.2.3.1. Die Fernsehübertragung hingegen ist urheberrechtlich geschützt (Laufbilder gem. § 95 UrhG), so daß Einkünfte aus der Weitergabe der Fernsehbilder unter die Regelung fallen können.

Hinweis auf Tz. 6, Beispiele 6, 10, 11.

2.5 Besteuerung bei verschiedenen hintereinander geschalteten beschränkt Steuerpflichtigen

Wird die Vergütung für die Darbietung eines Künstlers usw. nicht diesem unmittelbar, sondern einem beschränkt steuerpflichtigen Dritten, z. B. einer ausländischen Künstlerverleihgesellschaft oder einem ausländischen darbietenden Unternehmen gezahlt, so ist sowohl die an den Dritten gezahlte Vergütung als auch die von dem Dritten an den Künstler weitergeleitete Vergütung gemäß § 49 Abs. 1 Nr. 2 d, Nr. 3 oder Nr. 4 i. V. m. § 50 a Abs. 4 Satz 1 Nr. 1 oder Nr. 2 EStG zu besteuern. Das gilt auch für den Fall eines ausländischen Veranstalters. Zu Billigkeitsmaßnahmen siehe Tz. 4.2.

Hinweis auf Tz. 6, Beispiele 3 a, 4 a, 5, 11.

2.6 Verhältnis zum Lohnsteuerabzug

Der Steuerabzug nach § 50 a Abs. 4 EStG geht dem Lohnsteuerabzug als speziellere gesetzliche Regelung vor (Abschn. 125 Abs. 5 LStR 1993). Beschränkt steuerpflichtige nichtselbständige Artisten unterliegen nicht dem Steuerabzug nach § 50 a Abs. 4 EStG. Aus Vereinfachungsgründen wird die Lohnsteuer mit einem Pauschsteuersatz von 15 v. H. des Arbeitslohnes erhoben (Abschn. 125 Abs. 6 LStR 1993).

Hinweis auf Tz. 6, Beispiele 9, 9 a.

3 Steuerabzug

3.1 Abzugsverpflichteter (§ 50 a Abs. 5 Satz 2 EStG)

Der Vergütungsschuldner (in der Regel der Veranstalter) hat den Steuerabzug für Rechnung des beschränkt steuerpflichtigen Gläubigers vorzunehmen. Vergütungsschuldner ist, wer zivilrechtlich die Vergütungen schuldet, die die Tatbestände der dem Steuerabzug unterliegenden beschränkten Einkommensteuerpflicht erfüllen. Veranstalter ist, wer in organisatorischer und finanzieller Hinsicht für die Veranstaltung verantwortlich ist, wer deren Vorbereitung und Durchführung übernimmt und dabei das unternehmerische Risiko trägt. Entsprechend § 38 Abs. 1 EStG ist derjenige Vergütungsschuldner zum Steuerabzug verpflichtet, der im Inland seinen Wohnsitz, seinen gewöhnlichen Aufenthalt, seine Geschäftsleitung, seinen Sitz, eine Betriebsstätte oder einen ständigen Vertreter im Sinne der §§ 8 bis 13 der AO hat. Darüber hinaus ist auch der Vergütungsschuldner zum Steuerabzug verpflichtet, der nicht die Voraussetzungen des § 38 Abs. 1 EStG erfüllt, wenn ein **Inlandsbezug** gegeben ist. Dies ist z. B. bei einer ausländischen Künstlerverleih- oder Verwertungsgesellschaft, die einen Künstler ins Inland verleiht, oder bei einer Veranstaltung im Inland mit ausländischem Veranstalter stets der Fall.

Nach § 50 Abs. 5 Satz 1 EStG ist bei beschränkt Steuerpflichtigen die Einkommensteuer für Einkünfte, die dem Steuerabzug nach § 50 a Abs. 4 EStG unterliegen, grundsätzlich durch den Steuerabzug abgegolten. Solche Einkünfte dürfen – vorbehaltlich der Regelung in § 50 Abs. 5 Satz 3 EStG – nicht in die Veranlagung zur Einkommen-/Körperschaftsteuer einbezogen werden, und zwar auch dann nicht, wenn der an sich gebotene Steuerabzug unterblieben ist. Der Vergütungsschuldner **haftet** aber für die Einbehaltung und Abführung der Steuer gem. § 50 a Abs. 5 Satz 5 EStG. Der beschränkt Steuerpflichtige ist gem. § 50 a Abs. 5 Satz 6 EStG durch **Nachforderungsbescheid** in Anspruch zu nehmen. Soweit die Haftung des Vergütungsschuldners reicht, sind der Vergütungsschuldner und der Vergütungsgläubiger Gesamtschuldner. Die Steuer- oder Haftungsschuld kann vom zuständigen Finanzamt nach pflichtgemäßem Ermessen gegenüber jedem Gesamtschuldner geltend gemacht werden. Muß ein gegen den Steuerschuldner zu richtender Nachforderungsbescheid im Ausland vollstreckt werden, so rechtfertigt dieser Umstand im Rahmen der Ermessensausübung die Inanspruchnahme eines inländischen Haftungsschuldners, ohne daß dies einer weiteren Begründung bedarf.

Organisiert ein beschränkt steuerpflichtiger Künstler usw. im Inland eine Veranstaltung selbst (Eigenveranstalter), so sind die Voraussetzungen für den Steuerabzug nach § 50 a Abs. 4 EStG dem Grunde nach erfüllt. Dasselbe gilt für den Fall, daß eine Darbietung durch einen ausländischen Veranstalter ausgerichtet wird. Vergütungsschuldner wären hiernach – bei öffentlichen Veranstaltungen – die Eintrittskartenkäufer. Aus tatsächlichen Gründen wird jedoch in diesen Fällen weder der Steuerabzug für die Eintrittsgelder einbehalten, noch kann der einzelne Eintrittskartenkäufer als Haftungsschuldner in Anspruch genommen werden. In diesen Fällen ist die Steuer durch Nachforderungsbescheid vom ausländischen Künstler usw. oder Veranstalter als Vergütungsgläubiger zu erheben. Soweit der ausländische Veranstalter Vergütungen an Künstler usw. weiterleitet, ist er seinerseits als Vergütungsschuldner zum Steuerabzug verpflichtet, siehe Tz. 2.5.

Die Abgeltungswirkung nach § 50 Abs. 5 Satz 1 EStG tritt unabhängig davon ein, ob die Steuer nach § 50 a Abs. 4 EStG einbehalten oder über einen Haftungs- oder Nachforderungsbescheid erhoben wurde.

Hinweis auf Tz. 6, Beispiele 2 a, 3, 4, 4 a, 11.

3.2 Bemessungsgrundlage für den Steuerabzug (§ 50 a Abs. 4 Sätze 5 und 6 EStG)

Dem Steuerabzug unterliegt der volle Betrag der Einnahmen einschließlich der Beträge im Sinne des § 3 Nr. 13 und 16 EStG. Damit sind auch an beschränkt Steuerpflichtige erstattete Fahrtkosten in nachgewiesener Höhe sowie Tage- und Übernachtungsgelder nach § 50 a Abs. 4 EStG zu unterwerfen (siehe auch BMF-Schreiben vom 25. Februar 1992, BStBl I S. 187). Die §§ 8 und 11 EStG sind unabhängig von der Einkunftsart anzuwenden. Werden Amateuren (Amateurmannschaften, Amateurmusikern, Laienschauspielern) ausschließlich Kosten erstattet bzw. übernimmt der Veranstalter die Kosten, ist aus Billigkeitsgründen kein Steuerabzug nach § 50 a Abs. 4 EStG vorzunehmen.

Hinweis auf Tz. 6, Beispiele 1, 2.

3.3 Höhe des Steuersatzes (§ 50 a Abs. 4 Sätze 2 und 3 EStG)

Soweit die Tätigkeit nach Tz. 2. 2 oder 2. 3 im Inland ausgeübt wird oder worden ist, beträgt der Steuersatz 15 v. H. Dies gilt auch für die Verwertung dieser Tätigkeiten sowie der damit zusammenhängenden Leistungen. Der Steuersatz von 25 v. H. findet daher nur Anwendung bei der Verwertung ausländischer Darbietungen im Inland und bei Einkünften gemäß § 50 a Abs. 4 Satz 1 Nr. 3 EStG (siehe Tz. 2.4).

Die maßgeblichen Berechnungssätze auch unter Berücksichtigung der Umsatzsteuer mit und ohne Übernahme der Abzugsteuern nach § 50 a Abs. 4 EStG und des Solidaritätszuschlages durch den Schuldner der Vergütung können der nachfolgenden Tabelle entnommen werden und sind auf die jeweilige Netto-Vergütung anzuwenden. Die Berechnungssätze gelten unverändert auch bei Anwendung der umsatzsteuerlichen Null-Regelung gem. § 52 Abs. 2 Umsatzsteuer-Durchführungsverordnung.

Steuersätze in v. H.			Berechnungssätze in v. H. ohne Übernahme von Abzugsteuern u. SolZ			Berechnungssätze in v. H. mit Übernahme von Abzugsteuern u. SolZ		
§ 50 a EStG	SolZ*)	USt	§ 50 a EStG	SolZ	USt	§ 50 a EStG	SolZ	USt
15	7,5	–	15	1,12	–	17,88	1,34	–
15	7,5	7	16,05	1,20	7	19,40	1,45	8,4
15	7,5	15	17,25	1,29	15	21,18	1,59	18,41
25	7,5	–	25	1,87	–	34,19	2,56	–
25	7,5	7	26,75	2,01	7	37,55	2,82	9,83
25	7,5	15	28,75	2,16	15	41,61	3,12	21,71

*) SolZ = Solidaritätszuschlag nach dem Solidaritätszuschlaggesetz 1995. Der Solidaritätszuschlag bemißt sich nach § 3 Abs. 1 Nr. 6 SolZG – soweit bei beschränkt Steuerpflichtigen ein Steuerabzug nach § 50 a EStG einzubehalten ist – nach dem ab 1. Januar 1995 zu erhebenden Steuerabzugsbetrag.

Beispiel:
Die Netto-Vergütung, die im Juni 1995 ausgezahlt wird, unterliegt dem Steuerabzug nach § 50 a Abs. 4 Satz 2 EStG i. H. v. 15 v. H. Darüber hinaus wird Umsatzsteuer i. H. v. 15 v. H. geschuldet.

Ausgezahlte Netto-Vergütung	1 000,00 DM
41,61 v. H. nach § 50 a Abs. 4 EStG	416,10 DM
	1 416,10 DM
3,12 v. H. nach § 3 Abs. 1 SolZG	31,20 DM
	1 447,30 DM
21,71 v. H. nach § 12 USt G	217,10 DM
Brutto-Vergütung	1 664,40 DM

Danach ergeben sich als:

ESt/KSt nach § 50 a Abs. 4 EStG:	25 v. H. von 1 664,40 DM = 416,10 DM
SolZ nach § 3 Abs. 1 SolZG:	7,5 v. H. von 416,10 DM = 31,20 DM
USt nach § 12 UStG:	15 v. H. von 1 447,30 DM = 217,10 DM

4 Zuständigkeit, Verfahren

4.1 Zuständigkeit

Die nach § 50 a Abs. 4 EStG einbehaltene Steuer ist an das für den Vergütungsschuldner zuständige Finanzamt anzumelden und abzuführen (§ 73 e EStDV). Ist der Vergütungsschuldner keine Körperschaft und stimmen Betriebs- und Wohnsitzfinanzamt nicht überein, ist die einbehaltene Steuer an das Betriebsfinanzamt abzuführen.

Ist für den Vergütungsschuldner kein Finanzamt nach § 73 e EStDV zuständig, ist die Steuer an das Finanzamt anzumelden und abzuführen, in dessen Bezirk der Anlaß für die Amtshandlung hervortritt (§ 24 AO). Bei einer Tournee mit ausländischem Veranstalter ist daher das Finanzamt zuständig, in dessen Bezirk die Tournee beginnt. Bei mehrfacher örtlicher Zuständigkeit ist die Zuständigkeit nach § 25 AO zu bestimmen.

Für Haftungs- und Nachforderungsbescheide ist das Finanzamt zuständig, an das der Steuerabzug nach § 50 a Abs. 4 EStG durch den Vergütungsschuldner hätte abgeführt werden müssen, vgl. BFH-Urteil vom 18. Mai 1994, BStBl II S. 697. Entsprechendes gilt für Anträge auf Billigkeitsmaßnahmen nach §§ 163, 227 AO (siehe Tz. 4.2) und nach § 50 Abs. 7 EStG.

In einzelnen Ländern können abweichende Zuständigkeitsbestimmungen aufgrund landesrechtlicher Vorschriften gelten.

4.2 Verfahren

Der Vergütungsschuldner hat die innerhalb eines Kalendervierteljahrs einbehaltene Steuer von Vergütungen im Sinne des § 50 a Abs. 4 EStG bis zum 10. des Kalendervierteljahr folgenden Monats bei dem zuständigen Finanzamt anzumelden und abzuführen. Die Steueranmeldung hat die Wirkung einer Steuerfestsetzung (§ 168 AO). Sie greift in die Rechte des Vergütungsgläubigers und des Vergütungsschuldners ein. Jeder von ihnen kann sie daher mit dem Rechtsbehelf des Einspruchs anfechten (§ 348 AO). Aus dem Anfechtungsrecht folgt das Recht, Aussetzung der Vollziehung der Steueranmeldung zu beantragen. Ein Anspruch auf Steuerbefreiung nach einem DBA kann nicht im Rahmen der Steueranmeldung, sondern nur in einem besonderen Erstattungsverfahren gem. § 50 d Abs. 1 Satz 2 EStG gegenüber dem Bundesamt für Finanzen geltend gemacht werden.

Gegen einen Haftungs- oder Nachforderungsbescheid besteht als Rechtsmittel der Einspruch.

In Fällen der Tz. 2.5 (verschiedene hintereinander geschaltete beschränkt Steuerpflichtige) kann es in Ausnahmefällen zu einer Übersteuerung kommen. In diesen Fällen kommt im Einzelfall eine Billigkeitsmaßnahme in Betracht.

5 Entlastung aufgrund von Doppelbesteuerungsabkommen (DBA)

5.1 Verhältnis der DBA zum innerstaatlichen Recht

Der Steuerabzug nach § 50 a Abs. 4 EStG ist ungeachtet eines DBA in voller Höhe vorzunehmen (§ 50 d Abs. 1 Satz 1 EStG).

Der Vergütungsschuldner kann den Steuerabzug nach § 50 a Abs. 4 EStG unterlassen oder nach einem niedrigeren Steuersatz vornehmen, wenn das Bundesamt für Finanzen auf Antrag bescheinigt, daß die Voraussetzungen dafür nach einem DBA vorliegen (Freistellungsverfahren nach § 50 d EStG, siehe Tz. 1.3). Das Freistellungsverfahren ist in den Fällen des § 50 a Abs. 4 EStG auch anzuwenden, wenn das Bundesamt für Finanzen den Schuldner auf Antrag hierzu allgemein ermächtigt (Kontrollmeldeverfahren), § 50 d Abs. 3 EStG.

Auch Haftungsbescheide gem. § 50 a Abs. 5 Satz 5 EStG (siehe Tz. 3.1) sind zunächst ungeachtet eines DBA von den zuständigen Finanzämtern zu erlassen; das Freistellungsverfahren nach § 50 d EStG ist anzuwenden.

Wurde der Steuerabzug nicht oder nicht ordnungsgemäß durchgeführt, kann die Steuer auch gegenüber dem beschränkt steuerpflichtigen Vergütungsgläubiger (Steuerschuldner) nachgefordert werden. In diesen Fällen ist das Verfahren nach § 50 d EStG nicht einzuhalten. Das zuständige Finanzamt darf einen Nachforderungsbescheid nur erlassen, wenn nach dem DBA ein Steueranspruch besteht. Erforderlichenfalls erteilt das Bundesamt für Finanzen dem zuständigen Finanzamt im Wege der Amtshilfe Auskunft über die abkommensrechtliche Rechtslage.

Vorbehaltlich des § 50 d EStG gehen die Regelungen der DBA dem inländischen Steuerrecht als Sonderregelungen vor (§ 2 AO). Deshalb besteht nach den DBA für die Einkünfte eines ausländischen Unternehmens ohne Betriebsstätte im Sinne der DBA im Inland aus künstlerischen, sportlichen, artistischen oder ähnlichen Darbietungen oder deren Verwertung im Inland nur ein inländisches Besteuerungsrecht, wenn die Abkommensbestimmungen über die Besteuerung von Künstlern und Sportlern (vgl. Artikel 17 OECD-Musterabkommen 1992 – OECD-MA) dies zulassen. In diesen Fällen kann eine Freistellungsbescheinigung nach § 50 d Abs. 3 EStG vom Bundesamt für Finanzen nicht erteilt werden.

5.2 Begriff der Künstler und Sportler im Sinne der DBA

Die Definition der unter Art. 17 Abs. 1 OECD-MA fallenden Personen ist enger gefaßt als der Begriff der künstlerischen, sportlichen, artistischen oder ähnlichen Darbietungen und des Künstlers i. S. des § 50 a Abs. 4 Satz 1 Nr. 1 und 2 EStG.

So muß die Tätigkeit als Künstler, Musiker oder Sportler i. S. des Art. 17 Abs. 1 OECD-MA im Inland **persönlich ausgeübt** werden (z. B. bei öffentlichen Veranstaltungen). Unter den Begriff „Künstler" fallen nur vortragende Künstler, nicht jedoch Kunstausübungen, die in der Herstellung eines Werkes bestehen (z. B. Maler, Bildhauer, Komponisten, Regisseure, Bühnenbildner, Choreographen). Auf diese nicht vortragenden Künstler sind Art. 14 oder Art. 15 OECD-MA anzuwenden.

5.3 Einkünfte aus künstlerischer oder sportlicher Tätigkeit im Sinne der DBA

Zu den Einkünften des individuellen Auftritts des Künstlers oder Sportlers gehören auch die Einkünfte aus Werbe-, Ausrüstungs- und ähnlichen Verträgen, soweit sie unmittelbar oder mittelbar mit dem Auftritt im Inland zusammenhängen (siehe Tz. 9 des Kommentars zu Art. 17 OECD-MA). Insoweit ist eine Freistellung nach § 50 d EStG nicht möglich.

Unter Art. 17 Abs. 1 OECD-MA fallen jedoch **nicht** die Einkünfte

– aus Werbeverträgen von Sportlern/Künstlern, die zwar das Image und den Namen des Sportlers/Künstlers verwerten, aber nicht in Zusammenhang mit einer sportlichen/künstlerischen Darbietung stehen (sog. sportfremde Werbung),

– aus Vermittlungstätigkeit und

– aus der Verwertung einer im Ausland ausgeübten Tätigkeit im Inland.

Art. 17 Abs. 2 OECD-MA erweitert das Besteuerungsrecht des Staates, in dem der Künstler oder Sportler seine Tätigkeit ausübt, auf die Fälle, in denen die Einkünfte nicht dem Künstler oder Sportler, sondern einer abkommensberechtigten dritten Person zufließen.

Enthält das DBA eine dem Artikel 17 Abs. 2 des OECD-MA entsprechende Vorschrift, bleibt die Besteuerung nach §§ 49 Abs. 1 Nr. 2 Buchst. d, 50 a Abs. 4 Nr. 1 EStG aufrechterhalten, abgesehen von Einkünften aus Nebenleistungen, die auf mit Dritten abgeschlossenen Verträgen beruhen, und Einkünften aus der inländischen Verwertung einer im Ausland stattfindenden Darbietung. Eine Freistellungsbescheinigung kann in der Regel nicht erteilt werden.

5.4 Abgrenzung zwischen Tätigkeitsvergütungen und Lizenzgebühren

Art. 12 OECD-MA enthält eine eigenständige Begriffsbestimmung der Lizenzgebühren und Regelung zu der Besteuerung der Einkünfte aus Lizenzen. Unter Art. 12 des OECD-MA – Lizenzgebühren – fallen insbesondere Einkünfte aus der Überlassung von Urheberrechten zur Nutzung, auch wenn sie nicht nach § 50 a Abs. 4 Nr. 3, sondern nach Nr. 1 oder 2 EStG zu besteuern sind (siehe Tz. 2.4).

Bei Entscheidung der Frage, ob und inwieweit Vergütungen, die an Künstler gezahlt werden, als Tätigkeitsvergütungen oder Lizenzgebühren im Sinne der DBA zu behandeln sind, ist folgendes zu beachten:

a) Das Entgelt ist eine Lizenzgebühr, wenn es für eine nichtöffentliche Studioaufnahme auf Bild- und Tonträgern gezahlt wird (Übertragung von Verwertungsrechten).

b) Das Entgelt ist aufzuteilen, wenn es für einen öffentlichen Auftritt und für die Verwertung auf Bild- und Tonträgern gezahlt wird. Aufgeteilt wird nach dem Verhältnis ein Drittel persönliche Tätigkeit und zwei Drittel Verwertung, falls keine Anhaltspunkte für eine anderweitige Aufteilung vorliegen (z. B. Dienstleistungs- und Verwertungsvertrag wird mit verschiedenen Vertragspartnern abgeschlossen).

c) Vergütungen an Filmschauspieler werden für – in der Regel nichtselbständige – künstlerische Tätigkeit gezahlt.

Die DBA weisen das Besteuerungsrecht an Lizenzgebühren grundsätzlich dem Staat zu, in dem der nutzungsberechtigte Lizenzgeber ansässig ist. In diesen Fällen kann eine Freistellungsbescheinigung erteilt werden. Allerdings gibt es auch DBA, die Deutschland ein der Höhe nach begrenztes Besteuerungsrecht einräumen. Eine Freistellungsbescheinigung zur teilweisen Unterlassung des Steuerabzugs kann dann nur erteilt werden, wenn der Steuerabzug nach § 50 a Abs. 4 EStG höher ist als nach dem DBA zulässig.

Beim Bundesamt für Finanzen ist ein jährlich aktualisiertes Merkblatt mit einer Übersicht, ob und ggf. inwieweit die verschiedenen deutschen DBA von Artikel 17 Abs. 1 und 2 OECD-MA abweichen, erhältlich.

Hinweis auf Tz. 6, alle Beispiele.

6 Beispiele

Bei den nachfolgenden Beispielen ist zu beachten, daß sich die Entlastung aufgrund von DBA ausschließlich nach den Regelungen des jeweiligen DBA richtet, die vom OECD-MA abweichen können.

Soweit im folgenden die Begriffe inländisch oder ausländisch in Verbindung mit Personen verwendet werden, sind sie im Sinne von unbeschränkter oder beschränkter Einkommen-/Körperschaftsteuerpflicht zu verstehen.

Beispiel 1: zu Tz. 2.1, 3.2

Ein ausländischer Amateurfußballverein, dessen Rechtsform einem e. V. entspricht, erhält über die Erstattung der Reisekosten hinaus eine Vergütung für ein Gastspiel bei einem deutschen Fuß-

ballverein. *Die Vergütung wird nicht an die einzelnen Spieler weitergegeben.*

Der inländische Sachverhalt erfüllt regelmäßig die Voraussetzungen einer gewerblichen Tätigkeit nach § 49 Abs. 1 Nr. 2 Buchst. d EStG; allerdings wäre ggf. die gesamte Inlandstätigkeit zu betrachten. Unbeachtlich ist, ob der Verein einen Totalgewinn in der Zeit der Gründung bis zur Veräußerung/Aufgabe anstrebt. Außerdem bleiben nach § 49 Abs. 2 EStG ausländische Besteuerungsmerkmale, die z. B. zu einer steuerlichen Freistellung des Vereins im Ausland führen würden, außer Betracht. Der Verein ist mit den gesamten Einnahmen steuerpflichtig, die er für das Gastspiel erhält. Die Einnahmen unterliegen einer Abzugsteuer in Höhe von 15 v. H. gemäß § 50 a Abs. 4 Satz 1 Nr. 1 und Satz 3 i. V. m. § 49 Abs. 1 Nr. 2 Buchst. d EStG. Werden dagegen nur Reisekosten erstattet, ist aus Billigkeitsgründen kein Steuerabzug nach § 50 a Abs. 4 EStG vorzunehmen, siehe Tz. 3.2.

Enthält das DBA keine dem Art. 17 Abs. 2 OECD-MA entsprechende Vorschrift, kann eine Freistellungsbescheinigung nach § 50 d EStG erteilt werden.

Beispiel 2: zu Tz. 3.2

Ein inländischer Sportverein führt einen international besetzten Marathonlauf durch. Hierbei treten aufgrund mündlicher Absprachen auch ausländische Läufer an, die ein Startgeld und die Erstattung von Reise- und Übernachtungskosten erhalten. Einige der ausländischen Läufer erhalten als Siegprämien von einem Sponsor bereitgestellte Sachpreise.

a) *Die Sachpreise werden vom Sponsor zunächst dem Veranstalter übereignet.*

b) *Die Sachpreise werden vom Sponsor unmittelbar dem ausländischen Sportler übereignet.*

Nach den Statuten des internationalen Sport-Verbandes gelten die ausländischen Läufer als Amateur-Sportler.

a) Sportler, die bei Sportveranstaltungen Startgelder und Siegprämien erhalten, erzielen gem. § 15 Abs. 2 EStG Einkünfte aus Gewerbebetrieb. Die ausländischen Sportler sind mit ihren ausländischen Einkünften gem. § 49 Abs. 1 Nr. 2 Buchst. d EStG beschränkt steuerpflichtig. Der sog. „Amateur"-Status nach den Grundsätzen des internationalen Sport-Verbandes ist steuerlich ohne Bedeutung. Gemäß § 50 a Abs. 4 Satz 1 Nr. 1 EStG wird die Einkommensteuer im Wege des Steuerabzugs mit 15 v. H. der Einnahmen erhoben. Dem Steuerabzug unterliegt gemäß § 50 a Abs. 4 Satz 5 EStG der volle Betrag der Einnahmen. Der Begriff der Einnahmen bestimmt sich unabhängig von der Einkunftsart nach § 8 EStG. Einnahmen sind danach alle Güter, die in Geld oder Geldeswert bestehen; Einnahmen, die nicht in Geld bestehen, sind mit den üblichen Endpreisen am Abgabeort anzusetzen. Zur Bemessungsgrundlage gehört deshalb auch der Betrag der erstatteten Reise- und Übernachtungskosten sowie der Wert des Sachpreises. Der Steuerabzug ist gemäß § 50 a Abs. 5 Sätze 2 u. 3 EStG vom Leichtathletik e. V. als Schuldner der Vergütung vorzunehmen und an das für ihn zuständige Finanzamt abzuführen.

Art. 17 Abs. 1 OECD-MA teilt das Besteuerungsrecht Deutschland zu, da hier die sportliche Tätigkeit ausgeübt wird.

b) Lobt ein Unternehmen einen Sachpreis für den Gewinner einer Sportveranstaltung aus, ohne den Sachpreis zunächst dem Veranstalter zu übereignen, ist das Unternehmen der Vergütungsschuldner. Es hat daher auch insoweit den Steuerabzug gemäß § 50 a Abs. 4 Satz 1 Nr. 1 EStG in Höhe von 15 v. H. vorzunehmen. Der Veranstalter hat nur für die von ihm unmittelbar gezahlten Vergütungen den entsprechenden Steuerabzug vorzunehmen.

Beispiel 2 a: zu Tz. 3.1

Wie Beispiel 2, aber mit dem Unterschied, daß der jährliche Marathonlauf von einer Gesellschaft bürgerlichen Rechts (GbR), deren Gesellschafter drei Leichtathletikvereine e. V. sind, durchgeführt wird. Die Gesellschaft verfügt über ein Organisationsbüro und tritt als Vertragspartner und Veranstalter auf.

Ob bei einer GbR die Abzugsverpflichtung gem. § 50 a Abs. 5 EStG von der Gesellschaft oder dem einzelnen Gesellschafter zu erfüllen ist, hängt davon ab, wer nach außen als Vertragspartner auftritt. Dies ist hier die GbR selbst. Der Steuerabzug gem. § 50 a Absatz 5 Sätze 2 u. 3 EStG ist von der GbR als Schuldnerin der Vergütung vorzunehmen und an das für sie zuständige Finanzamt abzuführen.

Beispiel 3: zu Tz. 2.2, 2.2.3.1, 2.3, 3.1

Ein ausländischer Berufstennisspieler nimmt an einem Tennisturnier im Inland teil. Er hat einen langfristigen Ausrüstungsvertrag mit einem inländischen Sportartikelhersteller, der ihn verpflichtet, bei allen sportlichen Veranstaltungen dessen Ausrüstung zu tragen. Weiterhin hat er einen langfristigen Werbevertrag mit einem ausländischen Bankhaus, der die Bank zur Verwendung von Namen und Bild des Sportlers berechtigt. Anläßlich des Turniers gibt der Sportler bezahlte Interviews für inländische und ausländische Zeitungen und Rundfunkanstalten und tritt in einer Fernseh-Talkshow auf.

Bei dem **Preisgeld** aus dem Tennisturnier handelt es sich um Einkünfte aus der Ausübung einer Tätigkeit als Berufssportler nach § 49 Abs. 1 Nr. 2 Buchst. d i. V. m. § 50 a Abs. 4 Satz 1 Nr. 2 EStG.

Das Besteuerungsrecht steht nach Art. 17 Abs. 1 OECD-MA Deutschland zu.

Die Einkünfte aus dem **Ausrüstungsvertrag** stehen anteilig im Zusammenhang mit dem Tennisturnier; der Ausrüster hat als Vergütungsschuldner von der Gesamtvergütung einen auf die inländische Darbietung entfallenden Teilbetrag der Abzugsteuer nach § 49 Abs. 1 Nr. 2 Buchst. d i. V. m. § 50 a Abs. 4 Satz 1 Nr. 1 EStG zu unterwerfen.

Das Besteuerungsrecht steht nach Art. 17 Abs. 1 OECD-MA Deutschland zu.

Die Vergütungen aus dem **Werbevertrag** stehen in keinem ausreichenden sachlichen Zusammenhang mit der sportlichen Darbietung. Mangels inländischer Betriebsstätte oder ständigen Vertreters liegen keine inländischen Einkünfte gemäß § 49 Abs. 1 EStG vor.

Die Vergütungen für die **Interviews** und die **Talkshow** sind Einkünfte aus mit sportlichen Darbietungen zusammenhängenden Leistungen und unterliegen der Abzugsteuer nach § 49 Abs. 1 Nr. 2 Buchst. d i. V. m. § 50 a Abs. 4 Satz 1 Nr. 1 und Satz 3 EStG in Höhe von 15 v. H., die die Vergütungsschuldner (hier: in- und ausländische Zeitungen, Rundfunkanstalten) anmelden und abführen müssen.

Das Besteuerungsrecht steht nach Art. 17 Abs. 1 OECD-MA Deutschland zu.

Beispiel 3 a: zu Tz. 2.2, 2.5

*Wie **Beispiel 3**; der Berufstennisspieler hat jedoch alle Rechte einer ausländischen Gesellschaft übertragen, die Vergütungsgläubigerin hinsichtlich aller Leistungen ist.*

Besteuerung der Gesellschaft

Die Gesellschaft erzielt Einkünfte aus § 50 a Abs. 4 Satz 1 Nr. 1 i. V. m. § 49 Abs. 1 Nr. 2 Buchst. d EStG hinsichtlich aller nach Beispiel 3 steuerpflichtigen Vergütungen (Preisgeld, Ausrüstungsvertrag, Interviews und Talk-Shows. Die Abzugsteuer beträgt 15 v. H.

Enthält das DBA keine dem Art. 17 Abs. 2 OECD-MA entsprechende Vorschrift, kann eine Freistellungsbescheinigung erteilt werden.

Besteuerung des Tennisspielers

Hinsichtlich der Steuerpflicht der Einkünfte wie Beispiel 3. Allerdings ist die ausländische Gesellschaft Vergütungsschuldnerin i. S. des § 50 a Abs. 5 EStG, da sie mit Inlandsbezug tätig wird. Ggf. ist gegen die ausländische Gesellschaft ein Haftungsbescheid und/oder gegen den Tennisspieler ein Nachforderungsbescheid zu erlassen.

Beispiel 4: zu Tz. 3.1

Eine inländische Musik-Veranstaltungs-GmbH engagiert für Konzerte in Deutschland ein aus ausländischen Künstlern zusammengesetztes Quartett. Der Zusammenschluß der Künstler ist einer deutschen GbR vergleichbar. Die Konzerte werden örtlich von „Konzert-Veranstaltern" organisiert, die im Auftrag der GmbH gegen eine prozentuale Beteiligung an den Einnahmen tätig werden.

Die ausländischen Musiker sind mit ihren inländischen Einkünften gem. § 49 Abs. 1 Nr. 3 EStG beschränkt steuerpflichtig. Die Einkommensteuer wird im Wege des Steuerabzugs gem. § 50 a Abs. 4 Satz 1 Nr. 2, Satz 3 EStG mit 15 v. H. erhoben. § 50 a Abs. 4 EStG erfaßt auch gesamthänderisch erzielte Einkünfte.

Der Steuerabzug ist gem. § 50 Abs. 5 Sätze 2 und 3 EStG von der GmbH als Schuldnerin der Vergütungen vorzunehmen und an das zuständige Finanzamt abzuführen. Vergütungsschuldner ist, wer zivilrechtlich die Vergütungen schuldet. Soweit keine selbständigen Vergütungsverpflichtungen gegenüber den ausländischen Künstlern übernommen werden, ist ohne Belang, wer die Konzerte jeweils örtlich organisiert und z. B. in der Werbung als „Veranstalter" des Konzerts am betreffenden Ort auftritt.

Art. 17 Abs. 1 OECD-MA teilt das Besteuerungsrecht Deutschland zu, weil hier die künstlerische Tätigkeit ausgeübt wird.

Beispiel 4 a: zu Tz. 2.2, 2.5, 3.1

*Wie **Beispiel 4**, jedoch mit dem Unterschied, daß die inländische Musik-Veranstaltungs-GmbH das **Quartett** durch Vertrag mit einer **ausländischen Künstlerverleihgesellschaft** engagiert (die Verleihgesellschaft entspricht einer deutschen Kapitalgesellschaft); zwischen dem **Quartett** und der inländischen Musik-Veranstaltungs-GmbH bestehen keine vertraglichen Beziehungen.*

Besteuerung der Künstlerverleihgesellschaft

Sie ist mit inländischen Einkünften aus Gewerbebetrieb gem. § 2 Nr. 1 KStG i. V. m. § 49 Abs. 1 Nr. 2 Buchst. d EStG beschränkt körperschaftsteuerpflichtig. Die Körperschaftsteuer wird gem. § 49 KStG i. V. m. § 50 a Abs. 4 Satz 1 Nr. 1 und Satz 3 EStG im Wege des Steuerabzugs mit 15 v. H. der Einnahmen erhoben. Bemessungsgrundlage sind alle Einnahmen i. S. d. § 8 EStG, die die Künstlerverleihgesellschaft für die künstlerische Darbietung des Quartetts erhält.

Der Steuerabzug ist gem. § 50 Abs. 5 Sätze 2 und 3 EStG von der Musik-Veranstaltungs-GmbH als Schuldnerin der Vergütungen vorzunehmen und an das zuständige Finanzamt abzuführen.

Enthält das DBA keine dem Art. 17 Abs. 2 OECD-MA entsprechende Regelung, kann eine Freistellungsbescheinigung erteilt werden.

Besteuerung des Quartetts

Die ausländischen Musiker sind mit ihren inländischen Einkünften gem. § 1 Abs. 4, § 49 Abs. 1 Nr. 3 EStG beschränkt einkommensteuerpflichtig. Die Einkommensteuer wird gem. § 50 a Abs. 4

Satz 1 Nr. 2, Satz 3 EStG im Wege des Steuerabzugs erhoben. Bemessungsgrundlage sind alle Einnahmen i. S. d. § 8 EStG, die den ausländischen Musikern für die im Inland ausgeübte selbständige Tätigkeit zufließen.

Die Künstlerverleihgesellschaft ist als Vergütungsschuldnerin zum Steuerabzug verpflichtet, da sie mit Inlandsbezug tätig wird. Wird der Steuerabzug nicht ordnungsgemäß vorgenommen, haftet sie gem. § 50 a Abs. 5 Satz 5 EStG. Ferner können gegenüber den Vergütungsgläubigern (jeder einzelne ausländische Musiker) gem. § 50 a Abs. 5 Satz 6 EStG Nachforderungsbescheide erlassen werden. Die Einkommensteuer ist in Höhe des Steuerabzugsbetrages gegen die ausländischen Künstler festzusetzen.

Art. 17 Abs. 1 OECD-MA teilt das Besteuerungsrecht Deutschland zu, weil hier die künstlerische Tätigkeit ausgeführt worden ist.

Beispiel 4 b: zu Tz. 2.2, 3.2

Wie Beispiel 4, das Quartett wird jedoch durch eine ausländische Künstleragentur vermittelt. Die Künstleragentur erhält von der inländischen Musik-Veranstaltungs-GmbH nur für ihre Vermittlungsleistung eine Vergütung.

Die Einkünfte der ausländischen Künstleragentur aus der Vermittlungstätigkeit sind Einkünfte aus Gewerbebetrieb. Gleichwohl wären die Voraussetzungen des § 49 Abs. 1 Nr. 2 EStG nur erfüllt, wenn eine Betriebsstätte oder ständiger Vertreter im Inland i. S. von § 49 Abs. 1 Nr. 2 Buchst. a EStG vorhanden wäre. Es handelt sich nicht um Einkünfte nach § 49 Abs. 1 Nr. 2 Buchst. d EStG, da kein Zusammenhang mit einer künstlerischen Darbietung der Künstleragentur oder einer Verwertung einer solchen Darbietung besteht.

Zur Besteuerung des Quartetts wird auf Beispiel 4 verwiesen.

Beispiel 5: zu Tz. 2.5

Ein ausländisches Orchester mit ausländischen Musikern wird für ein Konzert im Inland von einem inländischen Unternehmen engagiert. Das Orchester ist nach deutschem Rechtsverständnis einem rechtsfähigen Verein vergleichbar.

Besteuerung des Orchesters

Das ausländische Orchester erzielt Einkünfte nach § 18 Abs. 1 Nr. 1 i. V. m. § 49 Abs. 1 Nr. 3 EStG. Körperschaftsteuerpflichtige Personen, die nicht zur Führung von Büchern verpflichtet sind, können grundsätzlich Bezieher sämtlicher Einkünfte i. S. von § 2 Abs. 1 EStG sein (siehe Abschn. 26 Abs. 2 KStR 1991).

Die Einkünfte unterliegen dem Steuerabzug nach § 50 a Abs. 4 Satz 1 Nr. 2 EStG. Der Steuersatz beträgt 15 v. H., § 50 a Abs. 4 Satz 3 EStG.

Enthält das DBA keine dem Art. 17 Abs. 2 OECD-MA entsprechende Vorschrift, kann für das Orchester eine Freistellungsbescheinigung erteilt werden.

Besteuerung der Musiker

Die einzelnen Musiker des Orchesters sind mit ihren Einkünften aus der Darbietung gem. § 49 Abs. 1 Nr. 3 oder 4 i. V. m. § 50 a Abs. 4 Satz 1 Nr. 2 EStG im Wege des Steuerabzugs zu besteuern, da es sich um eine inländische künstlerische Darbietung handelt. Den Steuerabzug hat der Vergütungsschuldner (das Orchester) anzumelden und abzuführen. Wird der Steuerabzug nicht ordnungsgemäß durchgeführt, haftet der Vergütungsschuldner (und zwar unabhängig davon, ob der Verein selbst gemäß Art. 17 Abs. 2 OECD-MA im Inland besteuert wird); gegenüber den einzelnen Musikern des Orchesters kann die Einkommensteuer durch einen Nachforderungsbescheid in Höhe des Steuerabzuges nach § 50 a Abs. 4 EStG festgesetzt werden.

Art. 17 Abs. 1 OECD-MA teilt das Besteuerungsrecht Deutschland zu, weil hier die künstlerische Tätigkeit ausgeübt wird.

Beispiel 6: zu Tz. 2.3, 2.4

Ein ausländischer Künstler dirigiert im Inland ein öffentliches Konzert. Gegen eine zusätzliche Vergütung überträgt er das zeitlich begrenzte Recht, diese Produktion

a) live für Fernsehzwecke

b) als Aufzeichnung für Fernseh- und Videozwecke

zu nutzen, auf ein inländisches Unternehmen.

Die Vergütungen, die der ausländische Künstler für die Verwertung seiner Leistungsschutzrechte erzielt, sind – sowohl bei a) als auch bei b) – als Einkünfte aus der Ausübung einer Tätigkeit als Künstler anzusehen. Die Abzugsteuer beträgt gemäß § 50 a Abs. 4 Satz 1 Nr. 2 und Satz 3 i. V. m. § 49 Abs. 1 Nr. 3 EStG 15 v. H.

Im Falle a) ist Art. 17 Abs. 1 OECD-MA anwendbar. Die Einkünfte aus der Live-Übertragung stammen aus der persönlich ausgeübten Tätigkeit des Künstlers, da sie unmittelbar mit dem Auftritt im Inland zusammenhängen. Das Besteuerungsrecht steht nach Art. 17 Abs. 1 OECD-MA Deutschland zu.

Im Falle b) fallen die Vergütungen für die Verwertung von Urheberrechten nicht unter Art. 17 OECD-MA. Es handelt sich um eine zeitlich begrenzte Rechteübertragung, die unter Art. 12 OECD-MA (Lizenzgebühren) fällt. Die Erteilung der Freistellungsbescheinigung hängt vom Inhalt der Lizenzgebührenregelung des jeweiligen DBA ab.

Werden die Rechte nach a) und b) gegen ein Gesamtentgelt übertragen, wird regelmäßig im Verhältnis ein Drittel (persönlich ausgeübte Tätigkeit) zu zwei Drittel (Lizenzgebühr) aufgeteilt.

Beispiel 6 a: zu Tz. 2.3

Wie Beispiel 6, das Konzert findet jedoch im Ausland statt.

Der Steuersatz beträgt hier abweichend von Beispiel 6 25 v. H. der Einnahmen, da die künstlerische Tätigkeit nicht im Inland ausgeübt worden ist, § 50 a Abs. 4 Satz 2 EStG.

Im Falle a) steht Deutschland das Besteuerungsrecht nicht zu, da Einkünfte aus der Verwertung einer im Ausland ausgeübten Tätigkeit im Inland nicht unter Art. 17 Abs. 1 OECD-MA fallen. Eine Freistellungsbescheinigung kann nach jedem DBA erteilt werden.

Im Falle b) handelt es sich um eine zeitlich begrenzte Rechteübertragung, die unter Art. 12 OECD-MA (Lizenzgebühren) fällt. Die Erteilung der Freistellungsbescheinigung hängt vom Inhalt der Lizenzgebührenregelung des jeweiligen DBA ab.

Beispiel 7: zu Tz. 2.3

Ein im Ausland ansässiger Produzent nimmt im Ausland von einem ausländischen Künstler einen Tonträger auf. Ein inländischer Musikverlag erwirbt die Tonträger und die damit verbundenen

a) zeitlich begrenzten

b) zeitlich unbegrenzten

Rechte zur Verbreitung, Vervielfältigung und Wiedergabe.

Da die Rechtsübertragung im Rahmen des Gewerbebetriebs des im Ausland ansässigen Produzenten erfolgt, ist der Verwertungstatbestand des § 49 Abs. 1 Nr. 2 Buchst. d EStG gegeben. Auf die Unterscheidung zwischen a) und b) kommt es nicht an (siehe Tz. 2.4). Die Abzugsteuer beträgt 25 v. H.

Im Falle a) fällt die zeitlich begrenzte Rechteübertragung unter Art. 12 OECD-MA (Lizenzgebühren). Die Erteilung der Freistellungsbescheinigung hängt vom Inhalt der Lizenzgebührenregelung des jeweiligen DBA ab.

Im Falle b) kann eine Freistellungsbescheinigung hinsichtlich der zeitlich unbegrenzten Nutzungsrechte (Rechtekauf) mangels inländischer Betriebsstätte (Art. 7 OECD-MA) nach jedem DBA erteilt werden; Art. 12 OECD-MA ist nicht einschlägig.

Beispiel 8: zu Tz. 2.3

*Ein ausländischer Filmschauspieler wirkt für einen inländischen Produzenten **im Ausland** an Dreharbeiten an einem Film mit, der im Inland zur Aufführung kommt.*

Der Filmschauspieler, der seine Tätigkeit regelmäßig im Rahmen eines Arbeitsverhältnisses erbringt, wird ausschließlich im Ausland tätig. Da er im Gegensatz z. B. zum Regisseur nach § 92 UrhG regelmäßig kein Urheberrecht an dem Filmwerk erwirbt und deshalb ein solches Recht nicht übertragen kann, erfolgt regelmäßig keine Verwertung im Inland. Demnach liegen keine Inlandseinkünfte nach § 49 Abs. 1 Nr. 4 EStG vor. Ein Steuerabzug nach § 50 a Abs. 4 Nr. 2 EStG kommt nicht in Betracht.

Beispiel 9: zu Tz. 2.3, 2.6

Ein inländischer privater Fernsehsender produziert im Ausland eine Unterhaltungssendung mit angestellten ausländischen Künstlern zur unmittelbaren Ausstrahlung nach Deutschland.

Die Künstler sind mit ihren Einkünften aus nichtselbständiger Arbeit regelmäßig nicht nach § 49 Abs. 1 Nr. 4 EStG beschränkt steuerpflichtig. Die Tätigkeit wird nicht im Inland verwertet, da bei Vergütungen für Auftritte in Live-Sendungen die künstlerische Tätigkeit im Vordergrund steht.

Beispiel 9 a: zu Tz. 2.6

Wie Beispiel 9; es handelt sich jedoch um eine öffentlich-rechtliche Rundfunkanstalt. Der Produktionsort liegt nicht im Wohnsitzstaat der Künstler.

Die Künstler sind mit ihren Einkünften gem. § 49 Abs. 1 Nr. 4 EStG beschränkt steuerpflichtig, weil sie Einkünfte aus einer inländischen öffentlichen Kasse beziehen. Die Abzugsteuer beträgt 15 v. H. (§ 50 a Abs. 4 Satz 4 EStG).

Da die Voraussetzungen des Art. 17 Abs. 1 OECD-MA (Ausübung im Inland) nicht erfüllt sind und die Kassenklausel des Art. 19 Abs. 1 a OECD-MA nur für öffentliche Kassen des Vertragsstaates und seiner Gebietskörperschaften anzuwenden ist, kann eine Freistellungsbescheinigung grundsätzlich erteilt werden. Einige DBA beziehen jedoch in die sog. „große Kassenstaatsklausel" auch öffentlich-rechtliche Rundfunkanstalten ein.

Beispiel 9 b: zu Tz. 2.3

*Wie **Beispiel 9**, es handelt sich jedoch um selbständig tätige Künstler.*

Die Künstler sind mit ihren Einkünften aus selbständiger Arbeit nicht nach § 49 Abs. 1 Nr. 3 EStG beschränkt steuerpflichtig. Die Tätigkeit wird nicht im Inland verwertet, da bei Vergütungen für Auftritte in Live-Sendungen die künstlerische Tätigkeit im Vordergrund steht.

Beispiel 10: zu Tz. 2.2.2, 2.2.3.1, 2.4

Ein inländischer Fernsehsender erwirbt von einem ausländischen Fußballverein die Live-Ausstrahlungsrechte für ein im Ausland stattfindendes Europacupspiel. Ein ausländischer Fernsehsender überläßt dem inländischen Sender gegen Entgelt das Bildsignal.

Die Vergütung, die der Fußballverein erhält, unterliegt dem Steuerabzug nach § 50 a Abs. 4 Satz 1 Nr. 1 i. V. m. § 49 Abs. 1 Nr. 2 Buchst. d EStG in Höhe von 25 v. H.; der Steuerabzug ist vom inländischen Fernsehsender als Vergütungsschuldner vorzunehmen.

Das Entgelt für die Leistung des ausländischen Senders unterliegt gleichfalls dem Steuerabzug nach § 50 a Abs. 4 Satz 1 Nr. 1 i. V. m. § 49 Abs. 1 Nr. 2 Buchst. d EStG in Höhe von 25 v. H.; der Steuerabzug ist vom inländischen Fernsehsender vorzunehmen. Die Erstellung des Bildsignals durch den ausländischen Sender ist eine technische Leistung, ohne die die inländische Rundfunkanstalt live nicht ausstrahlen könnte. Sie ist daher eine mit der Verwertung im Inland zusammenhängende Leistung und damit gem. § 49 Abs. 1 Nr. 2 Buchst. d EStG beschränkt steuerpflichtig.

Die Vergütungen des ausländischen Senders und des ausländischen Fußballvereins für die Rechteerwerbe unterfallen grundsätzlich Art. 17 Abs. 2 OECD-MA. Weil die sportliche Tätigkeit nicht im Inland ausgeübt wird, sind dessen Voraussetzungen aber nicht erfüllt. Eine Freistellungsbescheinigung kann nach jedem DBA erteilt werden.

Beispiel 11: zu Tz. 2.2.3.1, 2.4, 2.5, 3.1

Entsprechend dem für alle Mitgliedsverbände verbindlichen Reglement eines europäischen Dach-Sportverbandes mit Sitz im Ausland findet eine Europameisterschaft statt. Der Dachverband betraut den deutschen Landesverband mit der Organisation der Endrunde im Inland. Als Einnahmen sind im Reglement die Erlöse aus **Kartenverkauf**, *aus* **Werbung** *und aus dem Verkauf von Maskottchen und Fan-Artikeln (im Reglement als* **Merchandising** *bezeichnet) aufgeführt. Der Landesverband hat seine Erlöse aus Kartenverkauf, Werbung und Merchandising abzüglich eines Selbstbehalts an den Dachverband abzuführen. Nach Beendigung der Endrunde wird der* **Überschuß** *entsprechend dem Reglement auf die in der Endrunde verbliebenen ausländischen Landesverbände sowie auf den deutschen Landesverband verteilt. Das Recht zur Vergabe der* **Fernsehrechte** *steht nach dem Reglement dem Dachverband zu. Der Dachverband hat die Fernsehrechte durch langfristigen Vertrag an eine ausländische Verwertungsgesellschaft übertragen.*

Als Veranstalter der Europameisterschaft kommen

- *der deutsche Landesverband*
- *der europäische Dachverband*
- *beide gemeinsam*

in Betracht (siehe Tz. 3.1).

a) **Einnahmen des Dachverbands aus Kartenverkauf, Werbung und Merchandising**

Der Dachverband stellt den sportrechtlichen Rahmen für die Durchführung der sportlichen Veranstaltung bereit. Diese Leistung ist ein untrennbarer Bestandteil der Veranstaltung. Es spielt keine Rolle, wer durch die in dem Reglement vorgesehene Aufgaben- und Risikoverteilung zwischen Dach- und Landesverband als Veranstalter der Europameisterschaft zu betrachten ist. Die Einnahmen des Dachverbands aus Kartenverkauf, Werbung und Merchandising sind Einkünfte aus sportlichen Darbietungen gem. § 50 a Abs. 4 Satz 1 Nr. 1 i. V. m. § 49 Abs. 1 Nr. 2 Buchst. d EStG, die dem Steuerabzug von 15 v. H. unterliegen.

Soweit der Landesverband als Vergütungsschuldner anzusehen ist, hat er die Steuer anzumelden und die einbehaltene Steuer abzuführen.

Soweit der Dachverband selbst die Leistungen (Eintrittskarten, Werberechte, Merchandising) an andere inländische Personen erbringt, sind diese zum Steuerabzug verpflichtet. Soweit er in unmittelbare Rechtsbeziehungen zum Publikum tritt und daher die Einbehaltung der Abzugsteuer faktisch unmöglich ist, ist die Steuer gegenüber dem Dachverband im Wege eines Nachforderungsbescheides zu erheben.

Enthält das DBA keine dem Art. 17 Abs. 2 OECD-MA entsprechende Vorschrift, kann eine Freistellungsbescheinigung erteilt werden.

b) **Verteilung des Überschusses an teilnehmende Landesverbände**

Der vom Dachverband ausgezahlte Überschuß aus der Endrunde an die **ausländischen** Landesverbände, die teilgenommen haben, stellt eine Vergütung für eine sportliche Darbietung im Inland im Sinne des § 49 Abs. 1 Nr. 2 Buchst. d EStG dar, die dem Steuerabzug nach § 50 a Abs. 4 Satz 1 Nr. 1 EStG unterliegt. Soweit der Dachverband als Vergütungsschuldner den Steuerabzug nicht ordnungsgemäß vornimmt, haftet er gem. § 50 a Abs. 5 Satz 5 EStG. Gegenüber den Vergütungsgläubigern kann ein Nachforderungsbescheid gem. § 50 a Abs. 5 Satz 6 EStG erlassen werden.

Enthält das jeweilige DBA keine dem Art. 17 Abs. 2 OECD-MA entsprechende Vorschrift, kann eine Freistellungsbescheinigung erteilt werden.

c) **Fernsehrechte**

Originärer Inhaber der Fernsehübertragungsrechte an der Europameisterschafts-Endrunde ist der Veranstalter (siehe Tz. 2.4). Falls der deutsche Landesverband nach dem Reglement als Allein- oder Mitveranstalter anzusehen ist, hat er seine Fernsehübertragungsrechte bzw. seinen Anteil hieran dem Dachverband zur Verfügung gestellt. Diese Leistung des Landesverbandes ist nur im Rahmen dessen unbeschränkter Steuerpflicht zu berücksichtigen. Für die Besteuerung der

Einnahmen aus der Übertragung der Fernsehrechte ist entsprechend dem Reglement davon auszugehen, daß der Dachverband Alleininhaber der Fernsehrechte (geworden) ist. Bei den Fernsehrechten handelt es sich – unabhängig von der Person des Inhabers – nicht um Urheberrechte, sondern um eine Einwilligung in Eingriffe, die der Veranstalter aufgrund seiner Rechtsposition verbieten könnte.

Der Dachverband erzielt durch die Veräußerung der Fernsehrechte (Live-Ausstrahlungsrechte und Aufzeichnungsrechte) an die ausländische Verwertungsgesellschaft Einkünfte durch eine sportliche Darbietung im Inland bzw. durch deren Verwertung nach § 49 Abs. 1 Nr. 2 Buchst. d EStG. Der ermäßigte Abzugsteuersatz von 15 v. H. findet gemäß § 50 a Abs. 4 Satz 1 Nr. 1 i. V. m. Satz 3 EStG Anwendung.

Das Gesamtentgelt, das der Dachverband für die langfristige Vergabe aller Fernsehrechte erzielt, ist aufzuteilen. Von der Gesamtvergütung unterliegt der auf die inländische Darbietung entfallende Teilbetrag der Abzugsteuer. Die ausländische Verwertungsgesellschaft ist, da sie mit Inlandsbezug tätig wird, zum Steuerabzug verpflichtet. Ggf. ist gegen den Dachverband ein Nachforderungsbescheid und/oder gegen die Verwertungsgesellschaft ein Haftungsbescheid zu erlassen.

Vergütungen für Live-Übertragungen fallen unter Art. 17 OECD-MA. Enthält das DBA keine dem Art. 17 Abs. 2 OECD-MA entsprechende Vorschrift, kann eine Freistellungsbescheinigung erteilt werden.

Vergütungen für Aufzeichnungsrechte fallen nicht unter Art. 17 Abs. 2 OECD-MA, sondern Art. 12 OECD-MA. Die Erteilung der Freistellungsbescheinigung hängt vom Inhalt der Lizenzgebührenregelung des jeweiligen DBA ab.

V
Merkblatt

Entlastung von der Abzugsteuer im Sinne von § 50 a Abs. 4 Einkommensteuergesetz (EStG) auf Grund von Doppelbesteuerungsabkommen (DBA)

Bundesamt für Finanzen
St 4 – S 1300 – 32/91

Stand: Juni 1995

Vorbemerkung

1. **Steuerpflicht nach dem EStG**

   Natürliche Personen, die im Inland weder einen Wohnsitz noch ihren gewöhnlichen Aufenthalt haben, unterliegen ebenso wie Körperschaften, Personenvereinigungen und Vermögensmassen, die im Inland weder ihre Geschäftsleitung noch ihren Sitz haben, mit ihren inländischen Einkünften im Sinne des § 49 EStG der beschränkten Steuerpflicht (§ 1 Abs. 4 EStG bzw. § 2 Nr. 1 des Körperschaftsteuergesetzes).

   Bei bestimmten, in § 50 a Abs. 4 EStG aufgezählten Einkünften beschränkt Steuerpflichtiger wird die Einkommensteuer im Wege des Steuerabzugs erhoben. Es handelt sich um folgende Einkünfte:

   1. Einkünfte, die durch künstlerische, sportliche, artistische o. ä. Darbietungen im Inland oder durch deren Verwertung im Inland erzielt werden, einschließlich der Einkünfte aus anderen, mit diesen Leistungen zusammenhängenden Leistungen, unabhängig davon, wem die Einnahmen zufließen (§ 49 Abs. 1 Nr. 2 Buchst. d EStG),
   2. Einkünfte aus der Ausübung oder Verwertung einer Tätigkeit als Künstler, Berufssportler, Schriftsteller, Journalist oder Bildberichterstatter einschließlich solcher Tätigkeiten für den Rundfunk oder Fernsehfunk (§ 49 Abs. 1 Nr. 2 bis 4 EStG),
   3. Einkünfte, die aus Vergütungen für die Nutzung beweglicher Sachen im Inland oder für die Überlassung der Nutzung oder des Rechts auf Nutzung von Rechten, insbesondere von Urheberrechten und gewerblichen Schutzrechten, von gewerblichen, technischen, wissenschaftlichen und ähnlichen Erfahrungen, Kenntnissen und Fertigkeiten, z. B. Plänen, Mustern und Verfahren, herrühren (§ 49 Abs. 1 Nr. 2, 3, 6 und 9 EStG).

2. **Einschränkungen des Besteuerungsrechts aufgrund von DBA**[1]

2.1 **Allgemeines**

Für die Beurteilung der Frage, ob die dem Steuerabzug unterliegenden Einkünfte auch nach Maßgabe des ggf. zu beachtenden DBA im Inland besteuert werden dürfen, sind die einschlägigen Vorschriften zu beachten. Insbesondere sind die Einzelregelungen der DBA über

– Künstler und Sportler
– Lizenzgebühren
– selbständige Arbeit und
– unselbständige Arbeit einschlägig.

Im Rahmen dieses Merkblattes können nur allgemeine Grundsätze erläutert werden, Abweichungen hiervon sind möglich. Im Einzelfall ist jeweils der Text des jeweiligen DBA zu lesen.

Ist in einem DBA mit einem Staat, in dem der beschränkt Steuerpflichtige ansässig ist, festgelegt, daß die abzugspflichtigen Vergütungen nicht oder nur nach einem vom EStG abweichenden niedrigeren Steuersatz besteuert werden können, so darf der Schuldner der Vergütungen den Steuerabzug nur unterlassen oder nach dem niedrigeren Steuersatz vornehmen, wenn das Bundesamt für Finanzen (BfF) eine entsprechende Bescheinigung erteilt hat (§ 50 d EStG). Wegen Einzelheiten hierzu vgl. Tz. 3 dieses Merkblatts.

2.2 **Einkünfte ausländischer Künstler und Berufssportler**

Die DBA der Bundesrepublik Deutschland weisen das Besteuerungsrecht für Einkünfte, die berufsmäßige Künstler/Berufssportler aus ihrer in dieser Eigenschaft im Inland persönlich ausgeübten Tätigkeit (z. B. öffentliche Veranstaltungen) beziehen, grundsätzlich der Bundesrepublik Deutschland zu. Dabei ist es unerheblich, ob es sich um eine selbständig oder unselbständig ausgeübte Tätigkeit handelt. Bei einer selbständig ausgeübten Tätigkeit kommt es in diesen Fällen nicht auf das Vorhandensein einer „festen Einrichtung" an. Eine Freistellungsbescheinigung kann in der Regel **nicht** erteilt werden.

In den DBA mit den nachfolgend genannten Staaten hat die Bundesrepublik Deutschland

---

[1] Eine Übersicht über die derzeit geltenden Doppelbesteuerungsabkommen ist als **Anlage 2** beigefügt.

jedoch unter bestimmten Voraussetzungen auf ihr Besteuerungsrecht für diese Einkünfte verzichtet:

Ägypten	Art. 17 Abs. 2
Argentinien	Art. 17 Abs. 2
Bulgarien	Art. 16 Abs. 3
Bangladesch	Art. 17 Abs. 3
Bolivien	Art. 17 Abs. 2
China	Art. 17 Abs. 1
Ecuador	Art. 17 Abs. 2
Elfenbeinküste	Art. 17 Abs. 4
Indonesien	Art. 17 Abs. 3
Italien	Art. 17 Abs. 3
Jugoslawien	Art. 18 Abs. 3
Kenia	Art. 17 Abs. 3
Korea	Art. 16 Abs. 2
Kuwait	Art. 17 Abs. 2
Malaysia	Art. 15 Abs. 3
Marokko	Art. 17 Abs. 2
Mauritius	Art. 17 Abs. 2
Mexiko	Art. 17 Abs. 3
Norwegen	Art. 17 Abs. 3
Philippinen	Art. 17 Abs. 2
Polen	Art. 16 Abs. 2
Rumänien	Art. 15 Abs. 2
Sambia	Art. 17 Abs. 3
Schweden	Art. 17 Abs. 2
Schweiz	Art. 17 Abs. 2
Singapur	Art. 17 Abs. 2
Sri Lanka	Art. 17 Abs. 2
Thailand	Art. 15 Abs. 1
Tschechoslowakei	Art. 17 Abs. 3
Türkei	Art. 17 Abs. 2
Tunesien	Art. 17 Abs. 3
Ungarn	Art. 17 Abs. 2
Uruguay	Art. 17 Abs. 2
UdSSR	Art. 16 Abs. 2
USA	Art. 17 Abs. 3

In diesem Rahmen kann eine Freistellungsbescheinigung erteilt werden (s. hierzu auch das besondere Merkblatt des Bundesamtes für Finanzen für die Besteuerung beschränkt steuerpflichtiger **Künstler** – St 4 – S 1300 – 33/91[1])).

Kulturorchester und Kulturvereinigungen

Soweit eine Freistellung vom Steuerabzug nach den Vorschriften eines DBA nicht möglich ist, sowie in den Fällen, in denen mit einem Staat ein DBA nicht geschlossen ist, können ausländische Kulturorchester und Kulturvereinigungen nach Maßgabe der Schreiben des Bundesministers der Finanzen vom 20. Juli 1983, BStBl I S. 382 und vom 30. Mai 1995, BStBl I S. 336 vom Steuerabzug freigestellt werden, wenn ihr Auftritt in der Bundesrepublik Deutschland wesentlich aus inländischen oder ausländischen öffentlichen Mitteln gefördert wird.

Eine wesentliche Förderung aus inländischen oder ausländischen öffentlichen Mitteln ist dann anzunehmen, wenn sie ein Drittel der Kosten des Auftritts im Inland deckt. Die Bescheinigung für die Freistellung vom Steuerabzug wird in diesem Fall von dem **Finanzamt** erteilt, das für den ersten Vergütungsschuldner (ersten Veranstalter) zuständig ist. Der entsprechende Freistellungsantrag ist deshalb an dieses Finanzamt und nicht an das Bundesamt für Finanzen zu richten. Die Bescheinigung gilt für die gesamte Gastspielreise.

2.3 Besteuerungsrecht für Lizenzgebühren

Lizenzgebühren und ähnlich bezeichnete Einkünfte werden als Gegenleistung für die Überlassung der Ausübung oder der Verwertung von Rechten gezahlt.

In Anlehnung an Art. 12 Abs. 2 des OECD-Musterabkommens definieren viele DBA Lizenzgebühren wie folgt:

Vergütungen jeder Art, die für die Benutzung oder für das Recht auf Benutzung von Urheberrechten an literarischen, künstlerischen oder wissenschaftlichen Werken, einschließlich kinematographischer Filme, von Patenten, Warenzeichen, Mustern oder Modellen, Plänen, geheimen Formeln oder Verfahren oder für die Benutzung oder das Recht auf Benutzung gewerblicher, kaufmännischer oder wissenschaftlicher Ausrüstungen oder für die Mitteilung gewerblicher, kaufmännischer oder wissenschaftlicher Erfahrungen gezahlt werden.

Die DBA weisen das Besteuerungsrecht an Lizenzgebühren grundsätzlich dem Staat zu, in dem der Lizenzgeber ansässig ist. Allerdings gibt es auch DBA, die der Bundesrepublik Deutschland ein der Höhe nach begrenztes Besteuerungsrecht einräumen (vgl. nachfolgende Übersicht).

Übersicht über die Besteuerung von Lizenzgebühren mit Staaten, mit denen Deutschland ein Doppelbesteuerungsabkommen (DBA) geschlossen hat.

Die Übersicht gibt einen ersten Anhalt für die Frage, in welcher Höhe ein deutscher Quellensteuerabzug vorzunehmen ist. Aufgrund der unterschiedlichsten Ausgestaltungen der Regelungen zu den Lizenzen in den DBA ist stets ergänzend der jeweilige vollständige DBA-Text zu Rate zu ziehen.

Die Übersicht gilt nicht für die Fälle, in denen die Lizenzgebühren einer inländischen Betriebsstätte oder festen Einrichtung des ausländischen Nutzungsberechtigten zuzurechnen sind.

---

[1]) → Anhang 27 b VI, VII.

Anhang 27 b
V Steuerabzug

DBA-Staat und Artikel	Quellensteuersatz	Anmerkungen
Ägypten 12 (2) b)	15 %*	
12 (2) a)	25 %*	bei Lizenzgebühren für die Benutzung oder das Recht auf Benutzung von Warenzeichen anzuwenden für Zahlungen ab 1992
Argentinien 12 (1)	unbeschränkt	grundsätzlich z. B. bei Überlassung von Filmen oder Tonbandaufnahmen
12 (2) a)	15 %	bei Lizenzgebühren für die Benutzung oder das Recht auf Benutzung von Urheberrechten an literarischen, künstlerischen oder wissenschaftlichen Werken, wenn es sich bei dem Empfänger um den Autor oder dessen Erben handelt
12 (2) b)	15 %	bei Lizenzgebühren für die Benutzung oder das Recht auf Benutzung von Patenten, Warenzeichen, Mustern oder Modellen, Plänen, geheimen Formeln oder Verfahren oder die Mitteilung gewerblicher kaufmännischer oder wissenschaftlicher Erfahrungen
Australien 12 (1)	10 %*	
Bangladesch 12 (2)	10 %	
Belgien 12 (1)	0 %	
Bolivien 12 (1)	15 %	
Brasilien 12 (2) b)	15 %	
12 (2) a)	25 %	bei Lizenzgebühren für die Benutzung oder das Recht auf Benutzung von Warenzeichen
Bulgarien 11 (2)	5 %*	
China 12 (2)	10 %*	
Protokoll-Notiz 5	7 %*	bei Lizenzgebühren für die Benutzung oder das Recht auf Benutzung gewerblicher kaufmännischer oder wissenschaftlicher Ausrüstungen
Côte d'Ivoire		siehe Elfenbeinküste
Dänemark 14 (1)	0 %	
Ecuador 12 (1)	15 %	
Elfenbeinküste 12 (2)	10 %*	
Finnland 12 Nr. 2	5 %	bei Lizenzgebühren für die Benutzung oder das Recht auf Benutzung von Patenten, Warenzeichen, Mustern oder Modellen, Plänen, geheimen Formeln oder Verfahren oder gewerblicher, kaufmännischer oder wissenschaftlicher Erfahrungen
	0 %	Urheberrechte einschließlich Film- und Hörfunklizenzen
Frankreich 15 (1)	0 %	
Griechenland VIII (1)	0 %	
Großbritannien VII (1)	0 %	
	unbeschränkt	wenn Empfänger der Lizenzgebühren mit diesen Einnahmen in Großbritannien nicht steuerpflichtig ist (z. B. charity)
GUS-Staaten 9 (1) – Russische Föderation – Ukraine – Republik Weißrußland	0 %	Das mit der Union der Sozialistischen Sowjetrepubliken abgeschlossene Abkommen zur Vermeidung der Doppelbesteuerung von Einkommen und Vermögen vom 24. November 1991

* Wenn der Empfänger der Lizenzvergütungen der Nutzungsberechtigte ist.

Anhang 27 b

Steuerabzug V

DBA-Staat und Artikel	Quellensteuersatz	Anmerkungen
– Republik Armenien – Rep. Aserbaidschan – Turkmenistan – Republik Usbekistan – Republik Moldau – Republik Kirgistan – Rep. Tadschikistan – Republik Georgien		gilt bis auf weiteres auch für die Russische Föderation, die Ukraine, die Republik Weißrußland, die Republik Armenien, die Republik Aserbaidschan, Turkmenistan, die Republik Usbekistan, die Republik Moldau, die Republik Kirgistan, die Republik Tadschikistan und die Republik Georgien. Im Verhältnis zu den baltischen Staaten (Republik Estland, Republik Lettland und Republik Litauen) besteht bis zu dem – mit diesen Staaten geplanten – Abschluß neuer Abkommen zur Zeit ein abkommensloser Zustand.
Indien VIIIa (1)	unbeschränkt 20 %	grundsätzlich bei Gebühren für technische Dienstleistungen
Indonesien 12 (1) a DBA 1990	15 %	Lizenzgebühren für die Benutzung oder für das Recht auf Benutzung von Urheberrechten an literarischen, künstlerischen oder wissenschaftlichen Werken (einschließlich kinematographischer Filme und Filme oder Bandaufnahmen für Hörfunk oder Fernsehen), von Patenten, Warenzeichen, Mustern oder Modellen, Plänen, geheimen Formeln oder Verfahren
12 (1) b	10 %	Lizenzgebühren für die Benutzung oder das Recht auf Benutzung gewerblicher, kaufmännischer oder wissenschaftlicher Ausrüstungen oder für die Mitteilung gewerblicher, kaufmännischer oder wissenschaftlicher Erfahrungen
12 (1) c	7,5 %	Gebühren für technische Dienstleistungen für Zahlungen ab 1992
Iran 12 (2)	10 %	
Irland VIII (1)	0 %	
Island 12 (1)	0 %	
Israel 14 (1) 14 (2)	0 % 5 %	grundsätzlich Lizenzgebühren für die Benutzung oder das Recht auf Benutzung von Patenten, Warenzeichen, Mustern oder Modellen, Plänen, geheimen Verfahren oder Formeln oder für kinematographische Filme oder im Fernsehen verwendete Filme
14 (3)	5 %	Vergütungen für die Benutzung oder das Recht auf Benutzung gewerblichen, kaufmännischen oder wissenschaftlichen Geräts und für die Erteilung von Auskünften über gewerbliche, kaufmännische und wissenschaftliche Erfahrungen
Italien 12 (2) anzuwenden ab 01. 01. 1993	5 %* 0 %	grundsätzlich Lizenzgebühren für Urheberrechte und andere ähnliche Zahlungen für die Schaffung oder die Vervielfältigung literarischer, dramatischer, musikalischer oder künstlerischer Werke, einschließlich kinematographischer Filme und Filme oder Bandaufnahmen für Rundfunk oder Fernsehen
Jamaika 12 (2)	10 %	

* Wenn der Empfänger der Lizenzvergütungen der Nutzungsberechtigte ist.

Anhang 27 b
V Steuerabzug

DBA-Staat und Artikel	Quellensteuersatz	Anmerkungen
Japan 12 (2)	10 %	
Jugoslawien 13 (2)	10 %	Das am 26. März 1987 mit der Sozialistischen Föderativen Republik Jugoslawien abgeschlossene Abkommen zur Vermeidung der Doppelbesteuerung auf dem Gebiet der Steuern vom Einkommen und vom Vermögen gilt bis auf weiteres im Verhältnis zu Kroatien, Slowenien, Bosnien-Herzegowina und dem ehemaligen Jugoslawien fort.
Kanada 12 (2)	10 % *	Lizenzgebühren für die Benutzung oder das Recht auf Benutzung von Patenten, Warenzeichen, Mustern oder Modellen, Plänen, geheimen Formeln oder Verfahren oder gewerblicher, kaufmännischer oder wissenschaftlicher Ausrüstungen oder die Mitteilung gewerblicher, kaufmännischer oder wissenschaftlicher Erfahrungen, einschließlich Vergütungen jeder Art für kinematographische Filme sowie Filme und Bildbandaufzeichnungen von Werken für das Fernsehen
12 (1) und (3)	0 %	Lizenzgebühren für Urheberrechte und andere ähnliche Zahlungen für die Schaffung oder die Vervielfältigung literarischer, dramaturgischer, musikalischer oder künstlerischer Werke
Kenia 12 (2)	15 %	
Korea 12 (2) b	15 %	grundsätzlich
12 (2) a	10 %	Lizenzgebühren im Fall von gewerblichen Investitionen (Lizenzgebühren für die Benutzung oder das Recht auf Benutzung von Patenten, Mustern, Modellen, Plänen, geheimen Formeln oder Verfahren für gewerbliche Zwecke oder für die Mitteilung gewerblicher oder wissenschaftlicher Erfahrungen)
Kuwait 12 (2)	10 % *	
Liberia 12 (2) a	20 %	Lizenzgebühren für die Benutzung oder das Recht auf Benutzung von Urheberrechten – ohne kinematographische Bandaufnahmen für Fernsehen oder Rundfunk – oder Warenzeichen
12 (2) b	10 %	alle anderen Lizenzgebühren
Luxemburg 15 (3)	5 %	
Schlußprotokoll Nr. 1	unbeschränkt	wenn Empfängerin eine Holdinggesellschaft ist
Malaysia 12 (1)	10 %	grundsätzlich
12 (3)	unbeschränkt	Lizenzgebühren für die Benutzung oder das Recht auf Benutzung von Urheberrechten an literarischen, künstlerischen oder wissenschaftlichen Werken, kinematographischen Filmen oder Bandaufnahmen für Fernsehen oder Rundfunk
Malta 12 (2)	0 %	grundsätzlich
	10 %	Lizenzgebühren für die Benutzung oder das Recht auf Benutzung von Patenten, Warenzeichen, Mustern, Modellen, Plänen, geheimen Formeln oder Verfahren, Ausrüstungen oder für

* Wenn der Empfänger der Lizenzvergütungen der Nutzungsberechtigte ist.

Anhang 27 b

Steuerabzug V

DBA-Staat und Artikel	Quellensteuersatz	Anmerkungen
		die Mitteilung gewerblicher, kaufmännischer oder wissenschaftlicher Erfahrungen
Marokko 12 (2)	10 %	
Mauritius 12 (2)	15 %	
Mexiko 12 (2)	10 %	
Neuseeland 12 (2)	10 %*	
Niederlande 15 (1)	0 %	
Norwegen 12 (1)	0 %	
Österreich 12 (1)	0 %	
Pakistan VIII (1)	0 %	
Philippinen 12 (2)	15 %	Lizenzgebühren für die Benutzung oder das Recht auf Benutzung von Urheberrechten an literarischen, künstlerischen oder wissenschaftlichen Werken, kinematographischen Filmen oder Bandaufnahmen für Fernsehen oder Rundfunk
	10 %	andere Lizenzgebühren
Polen 12 (1)	0 %	
Portugal 12 (2)	10 %*	
Rumänien 11 (2)	10 %	
Sambia 12 (2)	10 %	
Schweden 11 (1)	0 %	
Schweiz 12 (1)	0 %	
Simbabwe 12 (2)	7,5 %*	
Singapur 12 (2)	0 %	grundsätzlich
	unbeschränkt	Lizenzgebühren für die Benutzung oder das Recht auf Benutzung von Urheberrechten an literarischen, künstlerischen oder wissenschaftlichen Werken, kinematographischen Filmen oder Bandaufnahmen für Fernsehen oder Rundfunk
Slowakei	5 %	S. auch Tschechei
Spanien 12 (2)	5 %	
Sri Lanka 12 (2)	10 %*	
Südafrika 9 (1)	0 %	wenn die Lizenzen in Südafrika der Besteuerung unterliegen
Thailand 12 (2)	15 %	Lizenzgebühren für die Benutzung oder das Recht auf Benutzung von Patenten, Warenzeichen, Mustern, Modellen, Plänen, geheimen Formeln oder Verfahren, Ausrüstungen oder für die Mitteilung gewerblicher, kaufmännischer oder wissenschaftlicher Erfahrungen
	5 %	Lizenzgebühren für die Benutzung oder das Recht auf Benutzung von Urheberrechten an literarischen, künstlerischen oder wissenschaftlichen Werken

* Wenn der Empfänger der Lizenzvergütungen der Nutzungsberechtigte ist.

Anhang 27 b
V Steuerabzug

DBA-Staat und Artikel	Quellensteuersatz	Anmerkungen
Trinidad u. Tobago 12 (2)	10 %	grundsätzlich
	0 %	Lizenzgebühren für die Benutzung oder das Recht auf Benutzung von Urheberrechten (außer kinematographischen Filmen oder Bandaufnahmen für Fernsehen oder Rundfunk)
Tschechei (2)	5 %	Das am 19. 12. 1980 mit der Tschechoslowakischen Sozialistischen Republik abgeschlossene Abkommen zur Vermeidung der Doppelbesteuerung auf dem Gebiet der Steuern vom Einkommen und vom Vermögen gilt auch nach der erweiterten Verselbständigung der beiden Teilstaaten als Tschechische Republik und Slowakische Republik über den 31. 12. 1992 hinaus fort.
Türkei 12 (2)	10 %	

von der Protokoll-Nr. 5 sind erfaßt: Erbringung von Dienstleistungen, wie dies namentlich für Beratungen, Gutachtenerstellungen und Ingenieurleistungen gilt. Diese gelten nicht als Lizenzen.

Tunesien 12 (2)	15 %	Lizenzgebühren, die für die Gewährung von Lizenzen zur Benutzung von Patenten, Mustern oder Modellen, Plänen, geheimen Formeln oder Verfahren, Warenzeichen oder die Vermietung des Rechts auf Benutzung von kinematographischen Filmen oder Fernsehfilmen gezahlt werden
	10 %	Lizenzgebühren, die für die Benutzung oder das Recht auf Benutzung von Urheberrechten an literarischen, künstlerischen oder wissenschaftlichen Werken mit Ausnahme kinematographischer Filme und Fernsehfilme und für die Mitteilung landwirtschaftlicher, gewerblicher, kaufmännischer oder wissenschaftlicher Erfahrungen oder als Vergütungen für wirtschaftliche oder technische Studien gezahlt werden
Ungarn 12 (1)	0 %	
Uruguay 12 (1)	15 %	Lizenzgebühren für die Benutzung oder Nutzung oder für das Recht auf Benutzung von Urheberrechten an literarischen, künstlerischen oder wissenschließlich Werken, einschließlich kinematographischer Filme oder Bandaufnahmen für Fernsehen oder Rundfunk, von Patenten, Warenzeichen, Mustern oder Modellen, Plänen, geheimen Formeln oder Verfahren oder für die Benutzung oder das Recht auf Benutzung gewerblicher, kaufmännischer oder wissenschaftlicher Ausrüstungen oder für die Mitteilung gewerblicher, kaufmännischer oder wissenschaftlicher Erfahrungen
	10 %	Vergütungen für technische Dienstleistungen
USA 12 (1)	0 % *	
Zypern 12 (2)	5 %	Lizenzgebühren für die Benutzung oder das Recht auf Benutzung kinematographischer Filme einschließlich Filme und Bandaufnahmen für das Fernsehen
	0 %	übrige Lizenzgebühren

---

* Wenn der Empfänger der Lizenzvergütungen der Nutzungsberechtigte ist.

Anhang 27 b

Steuerabzug

2.4 Besteuerungsrecht für selbständige Tätigkeiten

Schriftsteller, Journalisten, Bildberichterstatter (bei Einkünften aus selbständiger Arbeit):

Übt ein freiberuflich tätiger Schriftsteller, Journalist oder Bildberichterstatter seine Tätigkeit im Inland aus, hat die Bundesrepublik Deutschland das Besteuerungsrecht für diese Vergütungen im allgemeinen nur dann, wenn er seine Tätigkeit unter Benutzung einer ihm in der Bundesrepublik Deutschland regelmäßig zur Verfügung stehenden „festen Einrichtung" verrichtet. Als „feste Einrichtung" ist eine körperliche Anlage zu verstehen, die der Ausübung der selbständigen Tätigkeit dient und die in der Verfügungsmacht des Gläubigers der Vergütungen steht.

Verfügt der Gläubiger der Vergütungen nicht über eine solche „feste Einrichtung" im Inland, kann in der Regel auf Antrag eine Freistellungsbescheinigung erteilt werden.

3. Freistellungsverfahren

3.1 Freistellungsantrag

Auf Antrag wird die volle oder teilweise Freistellung vom Steuerabzug nach § 50 a Abs. 4 EStG bescheinigt.

Das Verfahren zur Erlangung einer Freistellungsbescheinigung ist in § 50 d EStG geregelt.

Welche Einzelheiten bei der Antragstellung zu beachten und welche Unterlagen beizufügen sind, ergibt sich aus den Erläuterungen zum Antragsvordruck. Auf folgendes wird besonders hingewiesen:

- Die Freistellungsbescheinigung wird nur auf schriftlichen Antrag unter Verwendung der **beim BfF erhältlichen Antragsvordrucke** erteilt (s. Anlage 1).

- Der Antrag ist grundsätzlich vom **Gläubiger der Vergütungen** zu stellen. Er kann auch von einem Dritten (z. B. vom Vergütungsschuldner) gestellt werden, wenn der Gläubiger ihn hierzu schriftlich bevollmächtigt hat und die Vollmacht dem BfF vorgelegt wird. Der Antrag soll spätestens drei Monate vor Beginn des beantragten Freistellungszeitraums und nicht früher als ein Jahr vor diesem gestellt werden.

- Der Antrag ist von der zuständigen **Steuerbehörde** des Staates, in dem der beschränkt steuerpflichtige Vergütungsgläubiger ansässig ist, zu **bestätigen**. Um sicherzustellen, daß die Steuerbehörde des Wohnsitzstaates des Vergütungsgläubigers von dem Antrag und den darin erklärten Einkünften aus der Bundesrepublik Deutschland Kenntnis erlangt, hat die Bestätigung auf der Rückseite des Antragsvordrucks zu erfolgen. Bescheinigungen auf einem besonderen Blatt oder solche einer Stadt- bzw. Gemeindeverwaltung (Einwohnermeldeamt, Stadt- bzw. Gemeindekasse) können nicht anerkannt werden (§ 50 d Abs. 2 EStG).

- Bei erstmaliger Antragstellung für Einkünfte gem. Tz. 2.3 ist dem Antrag eine Kopie des Lizenzvertrages beizufügen.

Ausnahme:

In den USA ansässige Antragsteller brauchen nur ihre „social security number" (natürliche Personen) oder ihre „employers identification number" (Unternehmen) und die Steuerbehörde (District Director of Internal Revenue) anzugeben, bei der die letzte amerikanische Einkommensteuer-Erklärung eingereicht wurde. Als Nachweis ist das certification of filing a tax return (Form 6166) beizufügen.

3.2 Vereinfachtes Verfahren („Kontrollmeldeverfahren")

Ist der inländische Schuldner der Vergütungen nach Maßgabe des Erlasses des Bundesministers der Finanzen vom 21. Dezember 1993 – IV C 5 – S 1300 – 191/93[1]) – zur Teilnahme am Kontrollmeldeverfahren ermächtigt, braucht ein Freistellungsantrag nicht gestellt zu werden, wenn **je Vergütungsgläubiger**

- die Einzelzahlung den Betrag von 10 000 DM

und

- die während eines Kalenderjahres geleisteten gesamten Zahlungen 70 000 DM

nicht übersteigen.

3.3 Zuständigkeit

Das Bundesamt für Finanzen ist für die Entlastung von deutschen Abzugsteuern im Sinne des § 50 a Abs. 4 EStG (Erstattungen und Freistellungen) auf Grund von Doppelbesteuerungsabkommen zuständig (§ 5 Abs. 1 Nr. 2 des Finanzverwaltungsgesetzes – FVG). Für die Entlastung vom **Lohnsteuerabzug** sind die Finanzämter zuständig.

4. Erstattung abgeführter Steuerabzugsbeträge auf Grund eines DBA

4.1 Allgemeines

Die von dem Schuldner der Vergütungen einbehaltene und abgeführte Steuer kann nur erstattet werden, wenn für diese Vergütungen eine Freistellungsbescheinigung erteilt worden ist.

---
[1]) → Anhang 27 b I.

4.2 Antrag

Der Erstattungsantrag kann zugleich mit dem Freistellungsantrag verbunden werden. Der amtliche Vordruck für die Beantragung einer Freistellungsbescheinigung ist in diesem Falle um den zu erstattenden Steuerbetrag und um die Angabe des Bank- oder Postgirokontos, auf das der Erstattungsbetrag überwiesen werden soll, zu ergänzen. Die Erstattung kann allerdings auch nachträglich in einem formlosen Schreiben beantragt werden, wobei das Schreiben die beiden genannten Angaben (Erstattungsbetrag und Bank- oder Postgirokonto) enthalten muß.

4.3 Frist zur Antragstellung

Die volle oder teilweise Freistellung einer Steuer ist ,eine Steuerfestsetzung; die Entscheidung hierüber ist gemäß § 155 Abs. 1 AO ein Steuer-(Freistellungs-)bescheid. Dies bedeutet, daß der beschränkt steuerpflichtige ausländische Vergütungsgläubiger nur innerhalb der vierjährigen Festsetzungsfrist den Antrag auf Freistellung vom Steuerabzug stellen kann.

Die Festsetzungsfrist beträgt gem. § 169 Abs. 2 Nr. 2 der AO 4 Jahre. Die Festsetzungsfrist beginnt mit Ablauf des Kalenderjahres, in dem die Steuer entstanden ist (§ 170 Abs. 1 der AO). Die Abzugsteuer entsteht im Zeitpunkt des Zufließens der Lizenzvergütungen.

Eine Anlaufhemmung im Sinne des § 170 Abs. 2 AO kommt nicht in Betracht, da der Steuerschuldner selbst weder zur Abgabe einer Steuererklärung noch zu einer -anmeldung verpflichtet ist. Ebensowenig kann im Falle einer Außenprüfung beim Schuldner der Vergütungen eine Ablaufhemmung im Sinne des § 171 Abs. 4 AO gegenüber dem Steuerschuldner wirksam werden.

4.4 Zuständigkeit

Für die Erstattung auf Grund von DBA ist das Bundesamt für Finanzen zuständig (§ 5 Abs. 1 Nr. 2 FVG). Dessen Zuständigkeit ist jedoch dann nicht gegeben, wenn es auf entsprechenden Antrag hin die Freistellung ausgesprochen hat und erst nach diesem Zeitpunkt die Abzugsteuer versehentlich angemeldet und abgeführt worden ist. In diesem Fall wird die Wirkung des Freistellungsbescheids durch die nachfolgende Steuerfestsetzung (Anmeldung) aufgehoben, so daß die Freistellungsbescheinigung nicht Grundlage i. S. des § 218 AO für die Erstattung der Steuer sein kann. Die abgeführten Beträge können nur erstattet werden, wenn die unrichtige Steueranmeldung wieder aufgehoben (ggf. geändert) worden ist (§ 164 Abs. 2 AO). Hierfür ist das Finanzamt und nicht das Bundesamt für Finanzen zuständig.

Anlage 1
zum Merkblatt des Bundesamtes für Finanzen
Stand: Juni 1995

Übersicht über die beim Bundesamt für Finanzen erhältlichen Antragsvordrucke für Freistellungsbescheinigungen für Lizenzgebühren oder ähnliche Vergütungen.

Für im **Ausland ansässige Vergütungsgläubiger** sind z. Zt. Antragsvordrucke in deutscher, englischer, französischer, italienischer, niederländischer und spanischer Sprachfassung vorrätig.

Die Verwendung nachstehender Sprachfassungen hat sich für folgende Länder als zweckmäßig erwiesen:

a) deutsche Sprachfassung für

Dänemark, Finnland, Norwegen, Österreich, Polen, Rumänien, Schweden, Ungarn, GUS-Staaten, Tschechei, Slowakei

b) englische Sprachfassung für

Ägypten, Australien, China, Griechenland, Großbritannien, Indien, Indonesien, Iran, Irland, Island, Israel, Jamaica, Japan, Kanada, Kenia, Korea, Liberia, Malaysia, Malta, Mauritius, Neuseeland, Pakistan, Philippinen, Portugal, Sambia, Singapur, Sri Lanka (Ceylon), Südafrika, Thailand, Trinidad und Tobago, GUS-Staaten, Zypern

c) französische Sprachfassung für

Belgien (Landesteil Wallonien), Elfenbeinküste, Frankreich, Luxemburg, Marokko, Tunesien

d) niederländische Sprachfassung für

Belgien (Landesteil Flandern), Niederlande

e) spanische Sprachfassung für

Spanien, Argentinien, Ecuador (für Argentinien und Ecuador in abgewandelter Form)

Außerdem sind **besondere** Antragsvordrucke für Vergütungsgläubiger erhältlich, die in **Brasilien, Italien, USA** oder in der **Schweiz** ansässig sind sowie für beschränkt steuerpflichtige **Künstler, Auslandskorrespondenten** und **Pferdebesitzer.**

Sofern Antragsvordrucke für in der **Schweiz** ansässige Vergütungsgläubiger gewünscht werden, ist anzugeben, ob sie für natürliche Personen oder für Gesellschaften benötigt werden.

Anlage 2[1])
zum Merkblatt des Bundesamtes für Finanzen

...

---
[1]) Hier nicht abgedruckt; entspricht Anhang 12.

VI
Merkblatt
über die Entlastung vom Steuerabzug aufgrund von DBA bei Honoraren, die an Künstler oder Sportler mit Wohnsitz außerhalb der Bundesrepublik Deutschland für die Ausübung einer Tätigkeit im Inland gezahlt werden

Bundesamt für Finanzen

– St II 4 – S 1300 – 15/94 –
Stand: 1995

1. Allgemeines

Ausländische Künstler und Sportler sind mit den Einkünften aus ihrer im Inland ausgeübten künstlerischen bzw. sportlichen Tätigkeit beschränkt steuerpflichtig (§ 1 Abs. 4 i. V. m. § 49 Abs. 1 Nr. 2 d und Nr. 3 Einkommensteuergesetz (EStG)). Die Einkommensteuer wird im Wege des Steuerabzugs erhoben; der Steuerabzug beträgt 15 v. H. der Einnahmen (§ 50 a Abs. 4 Satz 3 EStG).

Dem Steuerabzug unterliegt der volle Betrag der Einnahmen. Abzüge (z. B. für Betriebsausgaben, Werbungskosten, Sonderausgaben und Steuern) sind nicht zulässig (§ 50 a Abs. 4 Satz 5 und 6 EStG).

Der inländische Schuldner der Vergütungen im Sinne des § 50 a Abs. 4 EStG hat den Steuerabzug für Rechnung des beschränkt steuerpflichtigen Künstlers/Sportlers (Steuerschuldner) vorzunehmen. Die Steuer hat er an das für ihn zuständige Finanzamt abzuführen (§ 50 a Abs. 5 EStG, § 73 e Einkommensteuer-Durchführungsverordnung (EStDV)).

2. Einschränkung des Besteuerungsrechts aufgrund von Doppelbesteuerungsabkommen (DBA) (Übersicht: Anlage 1¹))

Ist in einem DBA mit einem Staat, in dem der beschränkt steuerpflichtige Künstler/Sportler ansässig ist, festgelegt, daß die abzugspflichtigen Vergütungen nicht in der Bundesrepublik Deutschland besteuert werden können, so darf der Schuldner der Vergütungen den Steuerabzug nur unterlassen, wenn das Bundesamt für Finanzen eine entsprechende Bescheinigung erteilt hat (§ 50 d EStG).

2.1 Zuweisung des Besteuerungsrechts an die Bundesrepublik Deutschland

Grundsätzlich weisen alle der zur Zeit gültigen DBA das Besteuerungsrecht für Gagen ausländischer Künstler oder Sportler, die in der Bundesrepublik Deutschland auftreten, Deutschland zu.

In diesen Fällen wird kein Freistellungsbescheid vom Bundesamt für Finanzen erteilt.

---
¹) Hier nicht abgedruckt; entspricht Anhang 12.

Damit es jedoch nicht zu einer Doppelbesteuerung der Einkünfte des Künstlers/Sportlers kommt, besteuert der Wohnsitzstaat des Künstlers die ausländischen Gagen nicht (Freistellungsmethode) oder rechnet die in Deutschland gezahlte Steuer an (Anrechnungsmethode). Welche Methode jeweils zur Anwendung kommt, richtet sich nach dem innerstaatlichen Recht des Wohnsitzstaates des Künstlers/Sportlers.

2.2 Zuweisung des Besteuerungsrechtes an den Wohnsitzstaat

In einigen DBA hat die Bundesrepublik Deutschland jedoch unter bestimmten Voraussetzungen auf ihr Besteuerungsrecht für diese Einkünfte verzichtet:

Die Voraussetzungen, unter denen die Bundesrepublik auf ihr Besteuerungsrecht verzichtet hat, lassen sich grob in 2 Kategorien einteilen

a) Kulturaustausch

Die Besteuerung der Einkünfte der Künstler und Sportler verbleibt beim Wohnsitzstaat, wenn die Künstler/Sportler im Rahmen des von den Vertragsstaaten gebilligten offiziellen Kulturaustausches auftreten. Diese Klausel wurde in folgenden DBA vereinbart:

Bulgarien	Polen	Slowakei
China	Rumänien	Ungarn
Jugoslawien	Tschechien	

b) Subventionierung aus öffentlichen Mitteln

Das Besteuerungsrecht verbleibt ebenfalls beim Wohnsitzstaat, wenn der Auftritt des ausländischen Künstlers oder Sportlers wesentlich aus öffentlichen Mitteln subventioniert wird. Diese Unterstützung muß einen bestimmten Umfang erreichen; nach den meisten Abkommen muß der Aufenthalt des Künstlers/Sportlers ganz oder in wesentlichem Umfang von dem Entsendestaat getragen werden. Die oben beschriebene Klausel ist in folgenden DBA zu finden:

Ägypten	Mexiko
Argentinien	Norwegen
Bangladesch	Philippinen
Bolivien	Sambia
Bulgarien	Schweden
Ecuador	Schweiz
Elfenbeinküste	Singapur
Indonesien	Sri Lanka
Italien	Thailand
Kenia	Türkei
Korea	Ungarn
Kuwait	Uruguay
Malaysia	GUS-Staaten
Mauritius	USA

Es wird darauf hingewiesen, daß es sich bei dieser Einteilung lediglich um ein grobes Schema handelt, im Einzelfall ist der Text des jeweiligen DBA zu lesen.

2.3 Nachweis der Förderung aus öffentlichen Mitteln und Nachweis des Kulturaustausches

Der Umfang der Förderung aus öffentlichen Mitteln ist durch eine **Bescheinigung** der Förderungsbehörde oder der diplomatischen oder einer konsularischen Vertretung des Herkunftslandes des Künstlers/Sportlers nachzuweisen. Eine wesentliche Förderung aus öffentlichen Mitteln ist gegeben, wenn **ein Drittel** der Kosten des Auftritts im Inland deckt. Zum Nachweis darüber, daß der Auftritt im Rahmen des Kulturaustausches stattfindet, bedarf es einer Bescheinigung durch eine staatliche Institution oder durch eine diplomatische oder konsularische Vertretung.

3. Freistellungsverfahren
Freistellungsantrag

Das Verfahren zur Erlangung einer Freistellungsbescheinigung bei Auftritten ausländischer Künstler/Sportler entspricht dem allgemeinen Freistellungsverfahren, das in § 50 d EStG geregelt ist (siehe auch Merkblatt des BfF St II 4 – S 1300 – 32/91[1])).

Auf folgendes wird hier nochmals besonders hingewiesen:
- Die Freistellungsbescheinigung wird nur auf schriftlichen Antrag unter Verwendung der **beim BfF erhältlichen besonderen Antragsvordrucke für Künstler/Sportler** erteilt (s. Anlage 2). Diese Vordrucke sind in deutscher, englischer und italienischer Sprachfassung erhältlich. Für Künstler aus den Vereinigten Staaten hält das Bundesamt für Finanzen einen besonderen Vordruck bereit.
- Der Antrag ist grundsätzlich vom **ausländischen Künstler/Sportler** zu stellen. Er kann auch von einem Dritten (z. B. vom Vergütungsschuldner) gestellt werden, wenn der Künstler/Sportler ihn hierzu schriftlich bevollmächtigt hat und die Vollmacht dem BfF vorgelegt wird.
- Die für den ausländischen Künstler/Sportler zuständige **Steuerbehörde** seines Wohnsitzstaates hat auf dem Antrag den Wohnsitz des Künstlers/Sportlers zu **bestätigen.** Um sicherzustellen, daß die Steuerbehörde des Wohnsitzstaates des Künstlers/Sportlers von dem Antrag und den darin erklärten Einkünften aus der Bundesrepublik Deutschland Kenntnis erlangt, hat die Bestätigung unter Ziff. 11 des Antragsvordrucks zu erfolgen. Bescheinigungen auf einem besonderen Blatt oder solche einer Stadt- bzw. Gemeindeverwaltung (Einwohnermeldeamt, Stadt- bzw. Gemeindekasse) können grundsätzlich nicht anerkannt werden.

Russische Künstler erhalten die Wohnsitzbestätigung **nur** von der Abteilung Steuerreformen des Ministeriums der Finanzen der Russischen Föderation (BStBl I 94, 130). Bescheinigungen, die von anderen Behörden ausgestellt werden, haben keine Gültigkeit.

4. Kulturorchester und Kulturvereinigungen

Ausländische Kulturvereinigungen, die nicht aufgrund der Vorschriften eines DBA vom Steuerabzug nach § 50 a Abs. 4 EStG freizustellen sind, können unter bestimmten Voraussetzungen nach § 50 Abs. 7 EStG von der inländischen Einkommensteuer befreit werden. Zuständig für diese Freistellung ist jedoch nicht das Bundesamt für Finanzen, sondern das **Finanzamt,** das für den ersten Vergütungsschuldner (ersten Veranstalter) zuständig ist. Weitere Einzelheiten hierzu sind dem beigefügten BMF-Schreiben vom 20. Juli 1983, BStBl I S. 382 und vom 30. Mai 1995, BStBl I S. 336, zu entnehmen (Anlage 3[2])).

5. Rechtsfragen zur Besteuerung ausländischer Künstler und Sportler

Das Bundesministerium der Finanzen hat zu vielen Rechtsfragen, die sich in Zusammenhang mit der Besteuerung ausländischer Künstler und Sportler in Deutschland ergeben, in einem Schreiben Stellung genommen. U. a. wird auf die Problematik ausländischer Künstlerverleihgesellschaften und auf Werbeverträge ausländischer Künstler und Sportler eingegangen. Das Schreiben ist abgedruckt in BStBl I 95, S. 337[3]). (Das Bundessteuerblatt kann beim Stollfuß Verlag Bonn GmbH & Co. KG, Postfach 24 28, 53014 Bonn gegen Entgelt bestellt werden).

---

[1]) → Anhang 27 b V
[2]) Hier nicht abgedruckt; entspricht Anhang 16 0a.
[3]) → Anhang 27 b IV

Anhang 27 b

Steuerabzug VI

Anlage 2

An das
Bundesamt für Finanzen
D–53221 Bonn

Antrag auf Erteilung einer Freistellungsbescheinigung für Vergütungen für eine künstlerische, sportliche, artistische oder ähnliche Darbietung im Inland aufgrund des Doppelbesteuerungsabkommens der Bundesrepublik Deutschland mit ....

Hinweis nach § 13 des Bundesdatenschutzgesetzes: Die Daten werden aufgrund der §§ 149 ff. der Abgabenordnung erhoben.

1. Gläubiger der Vergütungen (Künstler, Sportler oder andere Person, z. B. Künstler-/Sportlerverleihgesellschaft)
   Name: ....
   Rechtsform: ....
   Straße und Hausnummer: ....
   Wohnsitz/Sitz: ....
2. Schuldner der Vergütungen; Name und Anschrift: ....
   ....
3. Art der Tätigkeit (z. B. Sänger, Tänzer, Sportler): ....
4. Ort und Dauer der unter Nr. 3 genannten Tätigkeit: ....
5. Höhe der (Brutto-)Vergütungen: ....
   – Zu den Angaben in Ziffer 1–5 bitte die Vertragsunterlagen beifügen –
6. Antragsgrund
   Die näheren Angaben zur Begründung des Freistellungsantrages sind auf der Rückseite ausführlich darzulegen!
7. a) Ich bitte zu bescheinigen, daß die Voraussetzungen für die Nichterhebung der Abzugsteuer hinsichtlich der unter Nr. 5 genannten Vergütungen vorliegen.
7. b) Falls bereits Steuern vom Vergütungsschuldner einbehalten **und** an das deutsche Finanzamt abgeführt worden sind
   Ich beantrage die Erstattung der Steuerabzugsbeträge in Höhe von DM ....
   Ich bitte um Erstattung auf mein Konto Nr. .... bei folgender Bank:
   ....
8. Ich erkläre, daß
   a) ich die Erträge nicht durch eine in der Bundesrepublik Deutschland gelegenen Betriebsstätte im Sinne des oben angegebenen Doppelbesteuerungsabkommens erzielt habe.
   b) die Erträge in vollem Umfang der Steuer des oben genannten Staates unterliegen.
9. Ich bitte, den Bescheid über diesen Antrag an folgenden Empfangsbevollmächtigten zu übersenden:
   a) an den Schuldner der Vergütungen laut Ziffer 2
   b) an folgende Person: ....
   (Nichtzutreffendes bitte streichen!)
10. Ich versichere, daß meine Angaben vollständig und richtig sind.
    Künftig eintretende Änderungen werde ich dem Bundesamt für Finanzen umgehend mitteilen.

....
(Ort)   (Datum)   (Unterschrift des Antragstellers laut Ziffer 1)

11. Bestätigung der Steuerbehörde des Wohnsitzstaates des Antragstellers
    Der in Nr. 1 Angegebene hat seinen Wohnsitz im Sinn des Doppelbesteuerungsabkommens an dem unter Nr. 1 angegebenen Ort.
    Die Angaben unter Nr. 8 Buchstabe b) treffen zu; die Besteuerung der Erträge wird überwacht.

....
(Ort)   (Datum)   (Siegel)   (Unterschrift)

Anhang 27 b

Steuerabzug

Bitte kreuzen Sie nachstehend an, aufgrund welcher Voraussetzungen die Freistellung begehrt wird (A, B oder C) und beantworten Sie die hierzu gestellten Fragen.

Unter folgenden Gesichtspunkten kommt eine Freistellung in Betracht:

(A) – der Auftritt wird wesentlich aus öffentlichen Mitteln des Wohnsitzstaates gefördert, oder

(B) – der Auftritt der Künstler/Sportler/Artisten erfolgt im Rahmen des von den Vertragsstaaten gebilligten offiziellen Kulturaustausches, oder

(C) – die Einkünfte werden nicht vom Künstler/Sportler/Artisten erzielt, sondern von einer unabhängigen Verleihgesellschaft.

A Freistellung wird beantragt, da der Auftritt wesentlich aus öffentlichen Mitteln unterstützt wird.

A. 1. Der Auftritt in der Bundesrepublik Deutschland wird in wesentlichem Umfang mittelbar oder unmittelbar aus öffentlichen Kassen des Wohnsitzstaates gefördert.

Kosten für die Auftritte: ....

Umfang der öffentlichen Förderung: ....

A. 2. Als Nachweis ist eine Bescheinigung der Förderungsbehörde oder der diplomatischen oder konsularischen Vertretung beizufügen.

B Freistellung wird beantragt, da der Auftritt des Künstlers/Sportlers/Artisten im Rahmen des von den Vertragsstaaten gebilligten offiziellen Kulturaustausches erfolgt.

Als Nachweis ist eine Bescheinigung einer staatlichen Institution, der diplomatischen oder konsularischen Vertretung des Herkunftslandes des Künstlers/Sportlers/Artisten beizufügen.

C Freistellung wird beantragt, da die Vergütungen für die Tätigkeit des Künstlers/Sportlers/Artisten von einer unabhängigen Verleihgesellschaft erzielt werden.

C. 1. Wer ist Gesellschafter der Verleihgesellschaft?

Bitte geben Sie Namen und Anschriften der Gesellschafter an; falls Anteile treuhänderisch gehalten werden, bitte auch den/die Namen der begünstigten Treugeber eintragen.

....

....

....

C. 2. In welcher Höhe ist der Künstler/Sportler/Artist oder eine ihm nahestehende Person an den Gewinnen der Verleihgesellschaft beteiligt?

C. 3. Der Vertrag zwischen Künstler/Sportler/Artist und Verleihgesellschaft ist beizufügen.

VII
Merkblatt
über die Entlastung vom Steuerabzug aufgrund von DBA bei Honoraren, die an Künstler oder Sportler mit Wohnsitz außerhalb der Bundesrepublik Deutschland für die Ausübung einer Tätigkeit im Inland gezahlt werden

Bundesamt für Finanzen
– St II 4 – S 1300 – 15/94 –
Stand: 1996

1. Allgemeines

Ausländische Künstler und Sportler sind mit den Einkünften aus ihrer im Inland ausgeübten künstlerischen bzw. sportlichen Tätigkeit beschränkt steuerpflichtig (§ 1 Abs. 4 i. V. m. § 49 Abs. 1 Nr. 2 d und Nr. 3 Einkommensteuergesetz (EStG)).

Die Einkommensteuer wird bei selbständigen oder gewerblich tätigen ausländischen Künstlern/Sportlern durch Steuerabzug nach § 50 a EStG, bei nichtselbständigen Künstlern/Sportlern durch Lohnsteuerabzug erhoben.

a) Steuerabzug nach § 50 a EStG

Falls die Einkommensteuer im Wege des Steuerabzugs erhoben wird, beträgt der Steuerabzug 25 v. H. der Einnahmen (§ 50 a Abs. 4 Satz 2 EStG).

Dem Steuerabzug unterliegt der volle Betrag der Einnahmen. Abzüge (z. B. für Betriebsausgaben, Werbungskosten, Sonderausgaben und Steuern) sind nicht zulässig (§ 50 a Abs. 4 EStG).

Der inländische Schuldner der Vergütungen im Sinne des § 50 a Abs. 4 EStG hat den Steuerabzug für Rechnung des beschränkt steuerpflichtigen Künstlers/Sportlers (Steuerschuldner) vorzunehmen. Die Steuer hat er an das für ihn zuständige Finanzamt abzuführen (§ 50 a Abs. 5 EStG, § 73 e Einkommensteuer-Durchführungsverordnung).

b) Lohnsteuerabzug

Beschränkt steuerpflichtige Künstler und Berufssportler, die als Arbeitnehmer tätig sind, unterliegen grundsätzlich nicht mehr dem Steuerabzug nach § 50 a Abs. 4 EStG, sondern – wie alle anderen beschränkt steuerpflichtigen Arbeitnehmer – dem Lohnsteuerabzug gemäß § 39 d EStG.

Kann der Lohnsteuerabzug nicht erhoben werden, weil kein inländischer Arbeitgeber vorhanden ist, hat wie bisher der ausländische Vergütungsschuldner den Steuerabzug nach § 50 a Abs. 4 Nr. 2 EStG vorzunehmen.

2. Einschränkung des Besteuerungsrechts aufgrund von Doppelbesteuerungsabkommen (DBA) (Übersicht: Anlage 1[1]))

Das Besteuerungsrecht Deutschlands für Gagen ausländischer Künstler und Sportler, die hier auftreten, kann durch DBA eingeschränkt werden (mehr dazu unter 2.1).

Ist in einem DBA mit einem Staat, in dem der beschränkt steuerpflichtige Künstler/Sportler ansässig ist, festgelegt, daß die abzugspflichtigen Vergütungen nicht in der Bundesrepublik Deutschland besteuert werden können, so darf der Schuldner der Vergütungen den Steuerabzug nur unterlassen, wenn das Bundesamt für Finanzen eine entsprechende Bescheinigung erteilt hat (§ 50 d EStG).

2.1 Zuweisung des Besteuerungsrechts an die Bundesrepublik Deutschland

Grundsätzlich weisen alle der zur Zeit gültigen DBA das Besteuerungsrecht für Gagen sog. **vortragender** ausländischer Künstler oder Sportler, die in der Bundesrepublik Deutschland auftreten, Deutschland zu (Art. 17 OECD-MA; Beispiele sog. **vortragender ausländischer** Künstler sind unter Punkt 2. 4 erläutert).

In diesen Fällen wird kein Freistellungsbescheid vom Bundesamt für Finanzen erteilt.

Damit es jedoch nicht zu einer Doppelbesteuerung der Einkünfte des Künstlers/Sportlers kommt, besteuert der Wohnsitzstaat des Künstlers die ausländischen Gagen nicht (Freistellungsmethode) oder rechnet die in Deutschland gezahlte Steuer an (Anrechnungsmethode). Welche Methode jeweils zur Anwendung kommt, richtet sich nach dem innerstaatlichen Recht des Wohnsitzstaates des Künstlers/Sportlers.

2.2 Zuweisung des Besteuerungsrechtes an den Wohnsitzstaat

In einigen DBA hat die Bundesrepublik Deutschland jedoch unter bestimmten Voraussetzungen auf ihr Besteuerungsrecht für diese Einkünfte verzichtet:

Die Voraussetzungen, unter denen die Bundesrepublik auf ihr Besteuerungsrecht verzichtet hat, lassen sich grob in 2 Kategorien einteilen.

a) Kulturaustausch

Die Besteuerung der Einkünfte der Künstler und Sportler verbleibt beim Wohnsitzstaat, wenn die Künstler/Sportler im Rahmen des von den Vertragsstaaten gebilligten offiziel-

---

[1]) Hier nicht abgedruckt; entspricht Anhang 12.

Anhang 27 b
VII   Steuerabzug

len Kulturaustausches auftreten. Diese Klausel wurde in folgenden DBA vereinbart:

Bulgarien	Polen	Slowakei
China	Rumänien	Ungarn
Jugoslawien	Tschechien	

b) Subventionierung aus öffentlichen Mitteln

Das Besteuerungsrecht verbleibt ebenfalls beim Wohnsitzstaat, wenn der Auftritt des ausländischen Künstlers oder Sportlers wesentlich aus öffentlichen Mitteln subventioniert wird. Diese Unterstützung muß einen bestimmten Umfang erreichen; nach den meisten Abkommen muß der Aufenthalt des Künstlers/Sportlers ganz oder in wesentlichem Umfang von dem Entsendestaat getragen werden. Die oben beschriebene Klausel ist in folgenden DBA zu finden:

Ägypten	Mexiko
Argentinien	Norwegen
Bangladesch	Philippinen
Bolivien	Sambia
Bulgarien	Schweden
Ecuador	Schweiz
Elfenbeinküste	Singapur
Indonesien	Sri Lanka
Italien	Thailand
Kenia	Türkei
Korea	Ungarn
Kuwait	Uruguay
Malaysia	GUS-Staaten
Mauritius	USA

Es wird darauf hingewiesen, daß es sich bei dieser Einteilung lediglich um ein grobes Schema handelt, im Einzelfall ist der Text des jeweiligen DBA zu lesen.

2.3 Nachweis der Förderung aus öffentlichen Mitteln und Nachweis des Kulturaustausches

Der Umfang der Förderung aus öffentlichen Mitteln ist durch eine **Bescheinigung** der Förderungsbehörde oder der diplomatischen oder einer konsularischen Vertretung des Herkunftslandes des Künstlers/Sportlers nachzuweisen. Eine wesentliche Förderung aus öffentlichen Mitteln ist gegeben, wenn sie **ein Drittel** der Kosten des Auftritts im Inland deckt. Zum Nachweis darüber, daß der Auftritt im Rahmen des Kulturaustausches stattfindet, bedarf es einer Bescheinigung durch eine staatliche Institution oder durch eine diplomatische oder konsularische Vertretung.

2.4 Vortragende Künstler

a) Die Ausführungen unter Punkt 2.1–2.3 gelten für sog. vortragende Künstler, also Künstler, die unmittelbar oder mittelbar über Medien in der Öffentlichkeit auftreten.

Dies sind z. B. Bühnen- und Filmschauspieler, Sänger, Tänzer, Dirigenten, Musiker etc.

b) Für Personen, die Kunst in anderer Form ausüben, wie z. B. Komponisten, Regisseure, Choreographen, Bühnenbildner oder Lightdesigner gilt nicht Art. 17 OECD-Musterabkommen, sondern es sind die Zuweisungsvorschriften der DBA über selbständige bzw. nichtselbständige Arbeit zu prüfen [Ausnahmen gelten aber auch leider hier!].

Änderung der Zuständigkeit

Ist nach einem Abkommen zur Vermeidung der Doppelbesteuerung der von einem inländischen Arbeitgeber gezahlte Arbeitslohn von der Lohnsteuer freizustellen, so erteilt das Betriebsstättenfinanzamt auf Antrag des Arbeitnehmers oder des Arbeitgebers eine entsprechende Bescheinigung.

Bitte beachten Sie, daß das **Bundesamt für Finanzen** für Freistellungsanträge lohnsteuerpflichtiger ausländischer Arbeitnehmer, die als Künstler/Sportler tätig sind, ab 01. 01. 1996 **nicht mehr zuständig ist.**

Falls Sie Fragen haben, die dieses Merkblatt nicht beantworten kann, wenden Sie sich bitte an die zuständigen Sachbearbeiter des Referates St II 4 im Bundesamt für Finanzen (Tel.: 02 28/4 06–0).

3. **Freistellungsverfahren**

Freistellungsantrag

Das Verfahren zur Erlangung einer Freistellungsbescheinigung bei Auftritten ausländischer Künstler/Sportler entspricht dem allgemeinen Freistellungsverfahren, das in § 50 d EStG geregelt ist (siehe auch Merkblatt des BfF St II 4 – S 1300 – 32/91[1])).

Auf folgendes wird hier nochmals besonders hingewiesen:

– Die Freistellungsbescheinigung wird nur auf schriftlichen Antrag unter Verwendung der **beim BfF erhältlichen besonderen Antragsvordrucke für Künstler/Sportler** erteilt (s. Anlage 2). Diese Vordrucke sind in deutscher, englischer und italienischer Sprachfassung erhältlich. Für Künstler aus den Vereinigten Staaten hält das Bundesamt für Finanzen einen besonderen Vordruck bereit.

– Der Antrag ist grundsätzlich vom **ausländischen Künstler/Sportler** zu stellen. Er kann auch von einem Dritten (z. B. vom Vergüt-

---
[1]) → Anhang 27 b V

ungsschuldner) gestellt werden, wenn der Künstler/Sportler ihn hierzu schriftlich bevollmächtigt hat und die Vollmacht dem BfF vorgelegt wird.

- Steuerbehörde seines Wohnsitzstaates hat auf dem Antrag den Wohnsitz des Künstlers/Sportlers zu **bestätigen.** Um sicherzustellen, daß die Steuerbehörde des Wohnsitzstaates des Künstlers/Sportlers von dem Antrag und den darin erklärten Einkünften aus der Bundesrepublik Deutschland Kenntnis erlangt, hat die Bestätigung unter Ziff. 11 des Antragsvordrucks zu erfolgen. Bescheinigungen auf einem besonderen Blatt oder solche einer Stadt- bzw. Gemeindeverwaltung (Einwohnermeldeamt, Stadtbzw. Gemeindekasse) können grundsätzlich nicht anerkannt werden.

Russische Künstler erhalten die Wohnsitzbestätigung **nur** von der Abteilung Steuerreformen des Ministeriums der Finanzen der Russischen Föderation (BStBl I 94, 130).

Bescheinigungen, die von anderen Behörden ausgestellt werden, haben keine Gültigkeit.

4. **Kulturorchester und Kulturvereinigungen**

Ausländische Kulturvereinigungen, die nicht aufgrund der Vorschriften eines DBA vom Steuerabzug nach § 50 a Abs. 4 EStG freizustellen sind, können unter bestimmten Voraussetzungen nach § 50 Abs. 7 EStG von der inländischen Einkommensteuer befreit werden. Zuständig für diese Freistellung ist jedoch nicht das Bundesamt für Finanzen, sondern das **Finanzamt,** das für den ersten Vergütungsschuldner (ersten Veranstalter) zuständig ist. Weitere Einzelheiten hierzu sind dem beigefügten BMF-Schreiben vom 20. Juli 1983, BStBl I S. 382 und vom 30. Mai 1995, BStBl I S. 336, zu entnehmen (Anlage 3[1])).

5. **Rechtsfragen zur Besteuerung ausländischer Künstler und Sportler**

Das Bundesministerium der Finanzen hat zu vielen Rechtsfragen, die sich in Zusammenhang mit der Besteuerung ausländischer Künstler und Sportler in Deutschland ergeben, in einem Schreiben Stellung genommen. U. a. wird auf die Problematik ausländischer Künstlerverleihgesellschaften und auf Werbeverträge ausländischer Künstler und Sportler eingegangen. Das Schreiben ist abgedruckt in BStBl I 95, S. 337[2]). (Das Bundessteuerblatt kann beim Stollfuß Verlag Bonn GmbH & Co. KG, Postfach 24 28, 53014 Bonn gegen Entgelt bestellt werden).

---

[1]) Hier nicht abgedruckt; entspricht Anhang 26 0a.
[2]) → Anhang 27 b IV

Anhang 27 b
VII Steuerabzug

Anlage 2

An das
Bundesamt für Finanzen
D–53221 Bonn

Antrag auf Erteilung einer Freistellungsbescheinigung für Vergütungen für eine künstlerische, sportliche, artistische oder ähnliche Darbietung im Inland aufgrund des Doppelbesteuerungsabkommens der Bundesrepublik Deutschland mit ....

Hinweis nach § 13 des Bundesdatenschutzgesetzes: Die Daten werden aufgrund der §§ 149 ff. der Abgabenordnung erhoben.

1. Gläubiger der Vergütungen (Künstler, Sportler oder andere Person, z. B. Künstler-/Sportlerverleihgesellschaft)
   Name: ....
   Rechtsform: ....
   Straße und Hausnummer: ....
   Wohnsitz/Sitz: ....
2. Schuldner der Vergütungen; Name und Anschrift: ....
   ....
3. Art der Tätigkeit (z. B. Sänger, Tänzer, Sportler): ....
4. Ort und Dauer der unter Nr. 3 genannten Tätigkeit: ....
5. Höhe der (Brutto-)Vergütungen: ....
– Zu den Angaben in Ziffer 1–5 bitte die Vertragsunterlagen beifügen –
6. Antragsgrund
   Die näheren Angaben zur Begründung des Freistellungsantrages sind auf der Rückseite ausführlich darzulegen!
7. a) Ich bitte zu bescheinigen, daß die Voraussetzungen für die Nichterhebung der Abzugsteuer hinsichtlich der unter Nr. 5 genannten Vergütungen vorliegen.
7. b) Falls bereits Steuern vom Vergütungsschuldner einbehalten **und** an das deutsche Finanzamt abgeführt worden sind
   Ich beantrage die Erstattung der Steuerabzugsbeträge in Höhe von DM ....
   Ich bitte um Erstattung auf mein Konto Nr. .... bei folgender Bank:
   ....
8. Ich erkläre, daß
   a) ich die Erträge nicht durch eine in der Bundesrepublik Deutschland gelegenen Betriebsstätte im Sinne des oben angegebenen Doppelbesteuerungsabkommens erzielt habe.
   b) die Erträge in vollem Umfang der Steuer des oben genannten Staates unterliegen.
9. Ich bitte, den Bescheid über diesen Antrag an folgenden Empfangsbevollmächtigten zu übersenden:
   a) an den Schuldner der Vergütungen laut Ziffer 2
   b) an folgende Person: ....
   (Nichtzutreffendes bitte streichen!)
10. Ich versichere, daß meine Angaben vollständig und richtig sind.
    Künftig eintretende Änderungen werde ich dem Bundesamt für Finanzen umgehend mitteilen.

.............................., ...
(Ort)   (Datum)   (Unterschrift des Antragstellers laut Ziffer 1)

11. Bestätigung der Steuerbehörde des Wohnsitzstaates des Antragstellers
    Der in Nr. 1 Angegebene hat seinen Wohnsitz im Sinn des Doppelbesteuerungsabkommens an dem unter Nr. 1 angegebenen Ort.
    Die Angaben unter Nr. 8 Buchstabe b) treffen zu; die Besteuerung der Erträge wird überwacht.

.............................., ...   (Siegel)   ....
(Ort)   (Datum)   (Unterschrift)

Bitte kreuzen Sie nachstehend an, aufgrund welcher Voraussetzungen die Freistellung begehrt wird (A, B oder C) und beantworten Sie die hierzu gestellten Fragen.

Unter folgenden Gesichtspunkten kommt eine Freistellung in Betracht:

(A) – der Auftritt wird wesentlich aus öffentlichen Mitteln des Wohnsitzstaates gefördert, oder

(B) – der Auftritt der Künstler/Sportler/Artisten erfolgt im Rahmen des von den Vertragsstaaten gebilligten offiziellen Kulturaustausches, oder

(C) – die Einkünfte werden nicht vom Künstler/Sportler/Artisten erzielt, sondern von einer unabhängigen Verleihgesellschaft.

A   Freistellung wird beantragt, da der Auftritt wesentlich aus öffentlichen Mitteln unterstützt wird.

A. 1. Der Auftritt in der Bundesrepublik Deutschland wird in wesentlichem Umfang mittelbar oder unmittelbar aus öffentlichen Kassen des Wohnsitzstaates gefördert.

Kosten für die Auftritte: ....

Umfang der öffentlichen Förderung: ....

A. 2. Als Nachweis ist eine Bescheinigung der Förderungsbehörde oder der diplomatischen oder konsularischen Vertretung beizufügen.

B   Freistellung wird beantragt, da der Auftritt des Künstlers/Sportlers/Artisten im Rahmen des von den Vertragsstaaten gebilligten offiziellen Kulturaustausches erfolgt.

Als Nachweis ist eine Bescheinigung einer staatlichen Institution, der diplomatischen oder konsularischen Vertretung des Herkunftslandes des Künstlers/Sportlers/Artisten beizufügen.

C   Freistellung wird beantragt, da die Vergütungen für die Tätigkeit des Künstlers/Sportlers/Artisten von einer unabhängigen Verleihgesellschaft erzielt werden.

C. 1. Wer ist Gesellschafter der Verleihgesellschaft?

Bitte geben Sie Namen und Anschriften der Gesellschafter an; falls Anteile treuhänderisch gehalten werden, bitte auch den/die Namen der begünstigten Treugeber eintragen.

....
....
....
....

C. 2. In welcher Höhe ist der Künstler/Sportler/Artist oder eine ihm nahestehende Person an den Gewinnen der Verleihgesellschaft beteiligt?

C. 3. Der Vertrag zwischen Künstler/Sportler/Artist und Verleihgesellschaft ist beizufügen.

Anhang 27 b

VIII Steuerabzug

Finanzamt	Anmeldung über den Steuerabzug bei Vergütungen an beschränkt Steuerpflichtige **1996**
Steuernummer für den Steuerabzug	

Finanzamt

Eingangsstempel des Finanzamts

Schuldner der Einnahmen / Vergütungen (Anschrift):

Geänderte Anmeldung für

4196	I. Kalendervierteljahr	
4296	II. Kalendervierteljahr	
4396	III. Kalendervierteljahr	
4496	IV. Kalendervierteljahr	

Zeile		Einnahmen / Vergütungen		Steuerabzug		Solidaritätszuschlag	
1	Inländische Einkünfte aus						
2	künstlerischen, sportlichen, artistischen oder ähnlichen Darbietungen oder deren Verwertung (§ 50 a Abs. 4 Nr. 1 EStG)	DM		DM	Pf	DM	Pf
3	der Tätigkeit oder deren Verwertung als Künstler, Berufssportler, Schriftsteller, Journalist, Bildberichterstatter (§ 50 a Abs. 4 Nr. 2 EStG)						
4	der Nutzung beweglicher Sachen oder der Nutzungsüberlassung von Rechten (§ 50 a Abs. 4 Nr. 3 EStG)						
5	der Tätigkeit als Aufsichtsrats- / Verwaltungsratsmitglied (§ 50 a Abs. 1, 2 EStG)						
6	Angeordneter Steuerabzug zur Sicherstellung des Steueranspruchs (§ 50 a Abs. 7 EStG)						
7	Steuerabzug und Solidaritätszuschlag	insgesamt					
8	**Insgesamt abzuführende Abzugsbeträge** (Steuerabzug einschl. Solidaritätszuschlag)					DM	Pf

Unterschrift

9 Die mit der Steueranmeldung angeforderten Daten werden auf Grund der §§ 149 ff. der Abgabenordnung und des § 50 a Abs. 5 des Einkommensteuergesetzes erhoben.

10

11 Ich versichere, daß ich die Angaben in dieser Steueranmeldung wahrheitsgemäß nach bestem Wissen und Gewissen gemacht habe.

12

13 Datum, Unterschrift des zum Steuerabzug Verpflichteten oder des gesetzlichen Vertreters

Bei der Anfertigung dieser Steueranmeldung hat mitgewirkt:

1. Finanzkasse   **Verfügung** – Nur vom Finanzamt auszufüllen –
   a) Kontierung und Datenerfassung

St. Nr.	1				
Abg.	Zeitraum	Fälligkeit	BT	DM	Pf
2	3	4	5	6	

Erfassungsstempel

Erledigt _____ (Datum und Namenszeichen)   Erledigt _____ (Datum und Namenszeichen)

b) Prüfung durch die Kassenaufsicht . . . _____   3. ☐ Verspätungszuschlag festsetzen . . . _____

2. Geprüft ☐ ohne ☐ mit Beanstandung _____   4. Z. d. A.   I. A.

SGL _____ Bearb. _____

StAb (96) – Steuerabzug-Anmeldung nach § 50 a EStG – Okt. 95

Anhang 27 b

Steuerabzug VIII

Zeile	Empfänger der Einnahmen / Vergütungen natürliche Person = „nP" juristische Person = „jP" (Name, Anschrift)	bei Aufsichtsrats- (Verwaltungsrats-) vergütungen Zuflußtag	Einnahmen / Vergütungen DM	Art der Einnahmen / Vergütungen (Zeile Nr. von Seite 1)	Steuersatz nach § 50 a EStG	Entlastung aufgrund DBA bei Vergütungen i.S. des § 50 a Abs. 4 EStG			Einbehaltener Steuerabzug		Einbehaltener Solidaritätszuschlag	
						Ausländischer Staat	Steuersatz nach DBA	Freistellungs- bescheini- gung erteilt	DM	Pf	DM	Pf
	1	2	3	4	5	6	7	8	9		10	
14												
15												
16												
17												
18												
19												
20												
21												
22												
23												
24												
25												
26												
27												
28												
29												
30												
31												
32												
33												

Merkblatt
für die Anmeldung über den Steuerabzug bei Vergütungen an beschränkt steuerpflichtige Personen

1. Steuerabzugspflicht

1.1 Steuerabzug nach § 50 a Abs. 4 EStG (ggf. in Verbindung mit § 8 Abs. 1 KStG)

(Zeilen 2 bis 4, 14 bis 33 der Anmeldung)

Bei beschränkt Einkommensteuer- bzw. Körperschaftsteuerpflichtigen unterliegen Vergütungen dem Steuerabzug, wenn diese zu den folgenden Einkünften gehören:

- Einkünfte, die durch künstlerische, sportliche, artistische oder ähnliche Darbietungen im Inland oder durch deren Verwertung im Inland erzielt werden, einschließlich der Einkünfte aus anderen mit diesen Leistungen zusammenhängenden Leistungen, unabhängig davon, wem die Einnahmen zufließen (§ 50 a Abs. 4 Nr. 1 EStG – Zeile 2 der Anmeldung);

- Einkünfte, die aus der Ausübung oder Verwertung einer Tätigkeit als Künstler, Berufssportler, Schriftsteller, Journalist oder Bildberichterstatter einschließlich solcher Tätigkeiten für den Rundfunk oder das Fernsehen herrühren, es sei denn, es handelt sich um Einkünfte aus nichtselbständiger Arbeit, die dem Steuerabzug vom Arbeitslohn unterliegen (§ 50 a Abs. 4 Nr. 2 EStG – Zeile 3 der Anmeldung);

- Einkünfte, die aus Vergütungen für die Nutzung beweglicher Sachen oder für die Überlassung der Nutzung oder des Rechts auf Nutzung von Rechten, insbesondere von Urheberrechten und gewerblichen Schutzrechten, von gewerblichen, technischen, wissenschaftlichen und ähnlichen Erfahrungen, Kenntnissen und Fertigkeiten, z.B. Plänen, Mustern und Verfahren herrühren (§ 50 a Abs. 4 Nr. 3 EStG – Zeile 4 der Anmeldung).

Urheberrechte im Sinne des § 50 a Abs. 4 Nr. 3 EStG sind Rechte, die nach Maßgabe des Urheberrechtsgesetzes vom 9. 9. 1965 (Bundesgesetzblatt I S. 1273) geschützt sind (§ 73 a Abs. 2 EStDV).

Gewerbliche Schutzrechte im Sinne des § 50 a Abs. 4 Nr. 3 EStG sind Rechte, die nach Maßgabe des Geschmacksmustergesetzes in der im Bundesgesetzblatt III, Gliederungsnummer 442-1, veröffentlichten bereinigten Fassung, des Patentgesetzes in der Fassung der Bekanntmachung vom 2. 1. 1968 (Bundesgesetzblatt I S. 1, 2), des Gebrauchsmustergesetzes in der Fassung der Bekanntmachung vom 2. 1. 1968 (Bundesgesetzblatt I S. 1, 24) und des Markengesetzes vom 25. 10. 1994 (Bundesgesetzblatt I S. 3082) geschützt sind (§ 73 a Abs. 3 EStDV).

Grundlagen und Einzelheiten der Abzugsbesteuerung sind in dem Schreiben des Bundesministeriums der Finanzen zur „Abzugsteuer bei künstlerischen, sportlichen, artistischen oder ähnlichen Darbietungen gemäß § 50 a Abs. 4 EStG" vom 30. 5. 1995 (Bundessteuerblatt I S. 337 ff.) dargestellt.

1.2 Steuerabzug bei beschränkt steuerpflichtigen Aufsichtsratsmitgliedern nach § 50 a Abs. 1 und 2 EStG

(Zeilen 5, 14 bis 33 der Anmeldung)

Bei beschränkt steuerpflichtigen Mitgliedern des Aufsichtsrats (Verwaltungsrats) von inländischen Aktiengesellschaften, Kommanditgesellschaften auf Aktien, Berggewerkschaften, Gesellschaften mit beschränkter Haftung und sonstigen Kapitalgesellschaften, Genossenschaften und Personenvereinigungen des privaten und öffentlichen Rechts, bei denen die Gesellschafter nicht als Unternehmer (Mitunternehmer) anzusehen sind, unterliegen die Vergütungen jeder Art, die ihnen von den genannten Unternehmen für die Überwachung der Geschäftsführung gewährt werden (Aufsichtsratsvergütungen), dem Steuerabzug (Aufsichtsratsteuer – § 50 a Abs. 1 EStG).

1.3 Steuerabzug nach § 50 a Abs. 7 EStG

(Zeilen 6, 14 bis 33 der Anmeldung)

Das Finanzamt kann anordnen, daß der Schuldner von Vergütungen an eine beschränkt steuerpflichtige Person, deren Vergütungen nicht bereits aufgrund anderer Vorschriften dem Steuerabzug unterliegen, eine Steuer im Abzugswege einzubehalten und abzuführen hat, wenn dies zur Sicherstellung des Steueranspruchs zweckmäßig ist. Der Steuerabzug beträgt 25 % der gesamten Einnahmen, solange die beschränkt steuerpflichtige Person nicht glaubhaft macht, daß die voraussichtlich geschuldete Steuer niedriger ist. Die Verpflichtung zum Steuerabzug entfällt erst, wenn das Finanzamt die Anordnung aufhebt.

2. Einbehaltung, Abführung und Anmeldung der Steuer

Die Steuer entsteht in dem Zeitpunkt, in dem die Vergütungen im Sinne des § 50 a Abs. 4 EStG, die Aufsichtsratsvergütungen oder die Vergütungen, für die ein Steuerabzug nach § 50 a Abs. 7 EStG angeordnet ist, dem Gläubiger zufließen (vgl. Anmerkung 3). In diesem Zeitpunkt hat der Schuldner der Vergütungen den Steuerabzug für Rechnung des beschränkt steuerpflichtigen Gläubigers (Steuerschuldners) vorzunehmen (§ 50 a Abs. 5 EStG). Er hat grundsätzlich die innerhalb eines Kalendervierteljahres einbehaltene Steuer von Vergütungen im Sinne des § 50 a Abs. 4 oder 7 EStG oder die Aufsichtsratsteuer unter Angabe des Verwendungszwecks jeweils bis zum 10. des dem Kalendervierteljahr folgenden Monats an das für seine Besteuerung nach dem Einkommen zuständige Finanzamt (Finanzkasse) abzuführen. Ist der Schuldner keine Körperschaft und stimmen Betriebs- und Wohnsitzfinanzamt nicht überein, so ist die einbehaltene Steuer an das Betriebsfinanzamt abzuführen. In den Fällen des § 50 a Abs. 7 EStG ist die Steuer an das Finanzamt abzuführen, das den Steuerabzug angeordnet hat. Bis zum gleichen Zeitpunkt hat der Schuldner dem danach zuständigen Finanzamt eine Steueranmeldung über Empfänger, Höhe der Vergütungen im Sinne des § 50 a Abs. 4 oder 7 EStG oder der Aufsichtsratsvergütungen sowie die Höhe des Steuerabzugs zu übersenden.

Sind für die Entgegennahme der Anmeldung des Steuerabzugs lt. den Zeilen 2 bis 6 der Anmeldung verschiedene Finanzämter zuständig, so ist jeweils eine gesonderte Anmeldung einzureichen.

Die Anmeldung muß vom Schuldner oder von einem zu seiner Vertretung Berechtigten unterschrieben sein. Ist es zweifelhaft, ob der Empfänger beschränkt oder unbeschränkt steuerpflichtig ist, so darf der Schuldner die Einbehaltung der Steuer nur unterlassen, wenn der Empfänger durch eine Bescheinigung des für die Besteuerung seines Einkommens zuständigen Finanzamts nachweist, daß er unbeschränkt steuerpflichtig ist (vgl. § 73 e EStDV).

Die Verpflichtung zur Einbehaltung, Anmeldung und Abführung der Abzugsteuer geht nach § 73 f EStDV auf die „Gesellschaft für musikalische Aufführungs- und mechanische Vervielfältigungsrechte (Gema)" oder auf einen anderen Rechtsträger über, wenn der Schuldner aufgrund eines Übereinkommens Vergütungen für die Nutzung oder das Recht auf Nutzung von Urheberrechten im Sinne des § 50 a Abs. 4 Nr. 3 EStG an die Gema (oder einen anderen Rechtsträger) und nicht an den beschränkt steuerpflichtigen Gläubiger abführt und aus diesem Grunde von der Vornahme des Steuerabzugs absieht.

Das Finanzamt kann bei verspäteter Abgabe der Anmeldung einen Zuschlag bis zu 10 % auferlegen; bei verspäteter Zahlung entstehen Säumniszuschläge.

3. Zeitpunkt des Zufließens

Die Vergütungen im Sinne des § 50 a Abs. 4 oder 7 EStG oder die Aufsichtsratsvergütungen fließen dem Empfänger nach § 73 c EStDV zu:

- im Fall der Zahlung, Verrechnung oder Gutschrift sowie bei Hinausschiebung der Zahlung wegen vorübergehender Zahlungsunfähigkeit des Schuldners: bei Zahlung, Verrechnung oder Gutschrift;

- im Fall der Gewährung von Vorschüssen: bei Zahlung, Verrechnung oder Gutschrift der Vorschüsse.

4. Aufzeichnungen des Schuldners

Der Schuldner der Vergütungen im Sinne des § 50 a Abs. 4 oder 7 EStG oder der Aufsichtsratsvergütungen hat besondere Aufzeichnungen zu führen. Aus diesen müssen ersichtlich sein:

- Name und Wohnung des beschränkt steuerpflichtigen Empfängers (Steuerschuldners),
- Höhe der Vergütungen in Deutsche Mark,
- Tag, an dem die Vergütungen dem Empfänger zugeflossen sind,
- Höhe und Zeitpunkt der Abführung der einbehaltenen Steuer.

Die ordnungsmäßige Einbehaltung und Abführung der Steuer unterliegen der Steueraufsicht (§ 73 d EStDV).

5. Haftung

Ist die Steuer nicht ordnungsmäßig einbehalten oder abgeführt worden, so kann sie das Finanzamt vom Schuldner der Vergütung durch Haftungsbescheid anfordern.

6. Bemessungsgrundlage

Dem Steuerabzug unterliegt der volle Betrag der Einnahmen, also einschließlich der Beträge im Sinne des § 3 Nr. 13 und 16 EStG sowie der Abzugsteuer und ggf. der Umsatzsteuer. Abzüge, z.B. für Betriebsausgaben, Werbungskosten, Sonderausgaben und Steuern, sind nicht zulässig. Die Umsatzsteuer darf auch dann nicht abgezogen werden, wenn sie dem Schuldner gesondert in Rechnung gestellt wird. Sie ist auch bei Anwendung der sogenannten Null-Regelung nach § 52 Abs. 2 UStDV (vgl. Anmerkung 8) Bestandteil der Bemessungsgrundlage. Zu den Aufsichtsratsvergütungen gehören besonders gewährte Reisekosten (Tagegelder und Fahrtauslagen) nur insoweit, als sie die tatsächlichen Auslagen übersteigen.

7. Höhe des Steuerabzugs

Der auf die Bemessungsgrundlage anzuwendende Steuersatz beträgt, wenn der beschränkt Steuerpflichtige die Abzugsteuer trägt, bei Vergütungen im Sinne des § 50 a Abs. 4 oder 7 EStG 25 %; in den Fällen des § 50 a Abs. 7 EStG kann das Finanzamt einen davon abweichenden Steuersatz anordnen. Die Aufsichtsratsteuer beträgt 30 % der Bemessungsgrundlage.

Übernimmt der Schuldner der Vergütung die Abzugsteuer, so kann von einer Berechnungsgrundlage, die gleich der um die Abzugsteuer verminderten Vergütung ist, ausgegangen werden. Der hierauf anzuwendende Berechnungssatz beträgt bei einem Steuersatz von 30 % = 42,85 %. Übernimmt der Vergütungsschuldner auch den Solidaritätszuschlag (SolZ, vgl. Anmerkung 9), so sind folgende Berechnungssätze anzuwenden:

Steuersatz (%)	Berechnungssatz (%)	
	für die Abzugsteuer	für den SolZ
25	34,19	2,56
30	44,28	3,32

Die maßgeblichen Berechnungssätze bei Anwendung der umsatzsteuerlichen Null-Regelung (**ohne** Übernahme der Abzugsteuer und des SolZ) sowie bei Anwendung der Null-Regelung **und** Übernahme der Abzugsteuer und des SolZ durch den Schuldner der Vergütung können der folgenden Tabelle entnommen werden:

Steuersätze (%)		Berechnungssätze (%) bei Anwendung der Null-Regelung					
§ 50 a EStG	USt	ohne Übernahme von Abzugsteuer und SolZ			und Übernahme von Abzugsteuer und SolZ		
		Abzugsteuer	SolZ	kalkul. USt	Abzugsteuer	SolZ	kalkul. USt
25	7	26,75	2,01	7	37,55	2,82	9,83
	15	28,75	2,16	15	41,61	3,12	21,71
30	15	34,50	2,59	15	54,84	4,11	23,83

Die selben Berechnungssätze gelten, wenn bei der Umsatzsteuer (USt) nicht die Null-Regelung angewendet wird, sondern die Umsatzsteuer von dem Schuldner der Vergütungen getragen wird (Nettovereinbarung).

Beispiel: Die Netto-Vergütung, die im Juni 1996 ausgezahlt wird, unterliegt dem Steuerabzug nach § 50 a Abs. 4 Satz 2 EStG in Höhe von 25 %. Bei der Umsatzsteuer (Steuersatz = 15 %) wird die Null-Regelung angewendet.

Ausgezahlte Netto-Vergütung	1 000,— DM
41,61 % Abzugsteuer	416,10 DM
3,12 % SolZ	31,20 DM
Brutto-Vergütung	1 447,30 DM
21,71 % nicht erhobene Umsatzsteuer	217,10 DM
	1 664,40 DM

Danach ergeben sich als Einkommen-/Körperschaftsteuer nach § 50 a Abs. 4 EStG 25 % von 1664,40 DM . = 416,10 DM
SolZ 7,5 % von 416,10 DM . . . . = 31,20 DM
nicht erhobene Umsatzsteuer
= 15 % von 1 447,30 DM . . . . = 217,10 DM

8. Umsatzsteuer-Abzugsverfahren

Grundsätzlich hat der Leistungsempfänger (Schuldner der Vergütung) auch die Umsatzsteuer einzubehalten (Umsatzsteuer-Abzugsverfahren nach § 18 Abs. 8 UStG in Verbindung mit §§ 51 bis 56 UStDV).

Die einbehaltene Umsatzsteuer hat der Leistungsempfänger bei dem **für ihn** zuständigen Finanzamt bei der Voranmeldung anzumelden und abzuführen, in dem das Entgelt ganz oder zum Teil gezahlt wurde (§ 54 Abs. 1 UStDV). Für die Anmeldung ist die Umsatzsteuer-Voranmeldung (Vordruck USt 1 A) zu verwenden.

Aufgrund der **Null-Regelung** des § 52 Abs. 2 UStDV ist der Leistungsempfänger nicht zur Einbehaltung und Abführung der Umsatzsteuer verpflichtet, wenn der Leistungsempfänger voll zum Vorsteuerabzug berechtigt ist, aber keine Rechnung (bzw. Gutschrift) mit gesondertem Umsatzsteuerausweis erteilt wird, so daß der Leistungsempfänger keinen Vorsteuerabzug geltend machen kann. Die Anwendung der Null-Regelung hat der Leistungsempfänger in der Umsatzsteuer-Voranmeldung anzugeben und dem leistenden Unternehmer zu bescheinigen (§ 52 Abs. 4 UStDV).

9. Solidaritätszuschlag

Nach dem Solidaritätszuschlaggesetz (Bundessteuerblatt 1993 I S. 523) ist bei beschränkt Steuerpflichtigen zu Steuerabzugsbeträgen nach § 50 a EStG ein Solidaritätszuschlag in Höhe von 7,5 % des Steuerabzugsbetrags zu erheben.

Wird der Steuerabzug aufgrund von Doppelbesteuerungsabkommen ermäßigt (vgl. Anmerkung 10), so ist diese Ermäßigung zuerst auf den Solidaritätszuschlag zu beziehen.

10. Entlastung aufgrund von Doppelbesteuerungsabkommen

Die Vorschriften über die Einbehaltung, Abführung und Anmeldung der Steuer sind auch dann anzuwenden, wenn die Vergütung aufgrund eines Doppelbesteuerungsabkommens freigestellt oder der Steuerabzug nach einem niedrigeren Steuersatz vorzunehmen ist (§ 50 d Abs. 1 EStG). Unberührt bleibt der Anspruch des Gläubigers der Vergütung auf völlige oder teilweise Erstattung der einbehaltenen Steuer; für die Erstattung ist das **Bundesamt für Finanzen, Friedhofstr. 1, 53225 Bonn,** zuständig.

Bei Vergütungen im Sinne des § 50 a Abs. 4 EStG darf der Schuldner den Steuerabzug nur unterlassen oder nach einem niedrigeren Steuersatz vornehmen, wenn das Bundesamt für Finanzen entweder auf Antrag nachweist, daß die Voraussetzungen dafür vorliegen (Freistellungsverfahren) oder den Schuldner auf Antrag hierzu allgemein ermächtigt (Kontrollmeldeverfahren).

Grundlagen und Einzelheiten des Freistellungsverfahrens sind in dem vom Bundesministerium der Finanzen herausgegebenen Merkblatt „Entlastung von der Abzugsteuer gemäß § 50 a EStG aufgrund von Doppelbesteuerungsabkommen (DBA)" vom 1. 3. 1994 (Bundessteuerblatt I S. 201 ff.) dargestellt.

In Fällen von geringer Bedeutung kann das Bundesamt für Finanzen dem deutschen Schuldner von Vergütungen im Sinne des § 50 a Abs. 4 EStG ermächtigen, zur Entlastung von den deutschen Abzugsteuern ein vereinfachtes Verfahren (Kontrollmeldeverfahren) anzuwenden. In diesem Kontrollmeldeverfahren kann der deutsche Schuldner von sich aus bei Vergütungsgläubigern, die in einem ausländischen Staat ansässig sind, mit dem ein entsprechendes DBA besteht, den Steuerabzug unterlassen oder diesen nur nach dem jeweils im DBA höchstens zulässigen Satz vornehmen (vgl. Schreiben des Bundesministeriums der Finanzen vom 21. 12. 1993, Bundessteuerblatt 1994 I S.4).

Die Bescheinigung oder die Ermächtigung ist als Beleg bei den Aufzeichnungen (vgl. Anmerkung 4) zur nehmen. Die Anmeldeverpflichtung bleibt jedoch unberührt, so daß eine Steueranmeldung auch dann abzugeben ist, wenn ein Steuerabzug nicht oder nicht in voller Höhe vorzunehmen ist (§ 50 d Abs. 3 EStG).

Übersicht

I Umwandlungssteuergesetz (UmwStG)

II Gesetz über steuerliche Maßnahmen bei Änderung der Unternehmensform (UmwStG 1977); hier: Zweifelsfragen zum Sechsten und Siebenten Teil des Gesetzes

III Erstmalige Anwendung des neuen Umwandlungssteuergesetzes

I
Umwandlungssteuergesetz (UmwStG)

vom 28. 10. 1994 (BGBl. I S. 3267, BStBl I S. 839)
zuletzt geändert durch Artikel 10 des Jahressteuer-Ergänzungsgesetzes 1996
vom 18. 12. 1995 (BGBl. I S. 1959, BStBl I S. 786)

Erster Teil
Allgemeine Vorschriften zu dem zweiten bis siebten Teil

§ 1
Anwendungsbereich des zweiten bis siebten Teils

(1) Der zweite bis siebte Teil gilt nur für Umwandlungen im Sinne des § 1 des Umwandlungsgesetzes von Kapitalgesellschaften, eingetragenen Genossenschaften, eingetragenen Vereinen (§ 21 des Bürgerlichen Gesetzbuchs), wirtschaftlichen Vereinen (§ 22 des Bürgerlichen Gesetzbuchs), genossenschaftlichen Prüfungsverbänden, Versicherungsvereinen auf Gegenseitigkeit sowie Körperschaften und Anstalten des öffentlichen Rechts. Diese Teile gelten nicht für die Ausgliederung.

(2) Für die Verschmelzung im Sinne des § 2 des Umwandlungsgesetzes gelten der zweite, dritte sowie der sechste und siebte Teil, für die Vermögensübertragung (Vollübertragung) im Sinne des § 174 Abs. 1 des Umwandlungsgesetzes der dritte und sechste Teil sowie § 19.

(3) Für den Formwechsel einer Kapitalgesellschaft in eine Personengesellschaft im Sinne des § 190 Abs. 1 des Umwandlungsgesetzes und den Formwechsel einer eingetragenen Genossenschaft in eine Personengesellschaft im Sinne des § 38 a des Landwirtschaftsanpassungsgesetzes gelten die §§ 14, 17 und 18.

(4) Für die Aufspaltung und die Abspaltung im Sinne des § 123 Abs. 1 und 2 des Umwandlungsgesetzes gelten der fünfte bis siebte Teil, für die der Aufspaltung und der Abspaltung entsprechenden Vorgänge der Vermögensübertragung (Teilübertragung) im Sinne des § 174 Abs. 2 Nr. 1 und 2 des Umwandlungsgesetzes die §§ 15, 17 und 19.

(5) Die Absätze 1 bis 4 gelten nur für Körperschaften, die nach § 1 des Körperschaftsteuergesetzes unbeschränkt steuerpflichtig sind.

§ 2
Steuerliche Rückwirkung

(1) Das Einkommen und das Vermögen der übertragenden Körperschaft sowie der Übernehmerin sind so zu ermitteln, als ob das Vermögen der Körperschaft mit Ablauf des Stichtages der Bilanz, die dem Vermögensübergang zugrunde liegt (steuerlicher Übertragungsstichtag), ganz oder teilweise auf die Übernehmerin übergegangen wäre. Das gleiche gilt für die Ermittlung der Bemessungsgrundlagen bei der Gewerbesteuer.

(2) Ist die Übernehmerin eine Personengesellschaft, so gilt Absatz 1 Satz 1 für das Einkommen und das Vermögen der Gesellschafter.

(3) Soweit die Regelung des Absatzes 1 an dem auf den steuerlichen Übertragungsstichtag folgenden Feststellungszeitpunkt (§§ 21 bis 23 des Bewertungsgesetzes) oder Veranlagungszeitpunkt (§§ 15 bis 17 des Vermögensteuergesetzes) zu einem höheren Einheitswert des Betriebsvermögens oder des land- und forstwirtschaftlichen Vermögens oder zu einem höheren Gesamtvermögen führt, ist bei der Feststellung des Einheitswerts des Betriebsvermögens oder des land- und forstwirtschaftlichen Vermögens oder bei der Ermittlung des Gesamtvermögens ein entsprechender Betrag abzuziehen.

Zweiter Teil
Vermögensübergang auf eine Personengesellschaft oder auf eine natürliche Person

§ 3
Wertansätze in der steuerlichen Schlußbilanz der übertragenden Körperschaft

Wird das Vermögen der übertragenden Körperschaft Betriebsvermögen der übernehmenden Personengesellschaft oder der übernehmenden natürlichen Person, können die Wirtschaftsgüter in der steuerlichen Schlußbilanz mit dem Buchwert oder einem höheren Wert angesetzt werden.

Der Ansatz mit dem Buchwert ist auch zulässig, wenn in der Handelsbilanz das eingebrachte Betriebsvermögen nach handelsrechtlichen Vorschriften mit einem höheren Wert angesetzt werden muß. Buchwert ist der Wert, der sich nach den steuerrechtlichen Vorschriften über die Gewinnermittlung ergibt. Die Teilwerte der einzelnen Wirtschaftsgüter dürfen nicht überschritten werden.

§ 4
Auswirkungen auf den Gewinn der übernehmenden Personengesellschaft

(1) Die Personengesellschaft hat die auf sie übergegangenen Wirtschaftsgüter mit dem in der steuerlichen Schlußbilanz der übertragenden Körperschaft enthaltenen Wert zu übernehmen.

(2) Die übernehmende Personengesellschaft tritt bezüglich der Absetzungen für Abnutzung, der erhöhten Absetzungen, der Sonderabschreibungen, der Inanspruchnahme einer Bewertungsfreiheit oder eines Bewertungsabschlags, der den steuerlichen Gewinn mindernden Rücklagen sowie der Anwendung des § 6 Abs. 1 Nr. 2 Satz 2 und 3 des Einkommensteuergesetzes in die Rechtsstellung der übertragenden Körperschaft ein. Das gilt nicht für einen verbleibenden Verlustabzug im Sinne des § 10 d Abs. 3 Satz 2 des Einkommensteuergesetzes. Ist die Dauer der Zugehörigkeit eines Wirtschaftsguts zum Betriebsvermögen für die Besteuerung bedeutsam, so ist der Zeitraum seiner Zugehörigkeit zum Betriebsvermögen der übertragenden Körperschaft der übernehmenden Personengesellschaft anzurechnen.

(3) Sind die übergegangenen Wirtschaftsgüter in der steuerlichen Schlußbilanz der übertragenden Körperschaft mit einem über dem Buchwert liegenden Wert angesetzt, sind die Absetzungen für Abnutzung bei der übernehmenden Personengesellschaft in den Fällen des § 7 Abs. 4 Satz 1 und Abs. 5 des Einkommensteuergesetzes nach der bisherigen Bemessungsgrundlage, in allen anderen Fällen nach dem Buchwert, jeweils vermehrt um den Unterschiedsbetrag zwischen dem Buchwert der einzelnen Wirtschaftsgüter und dem Wert, mit dem die Körperschaft die Wirtschaftsgüter in der steuerlichen Schlußbilanz angesetzt hat, zu bemessen.

(4) Infolge des Vermögensübergangs ergibt sich ein Übernahmegewinn oder Übernahmeverlust in Höhe des Unterschiedsbetrags zwischen dem Wert, mit dem die übergegangenen Wirtschaftsgüter zu übernehmen sind, und dem Buchwert der Anteile an der übertragenden Körperschaft. Der Buchwert ist der Wert, mit dem die Anteile nach den steuerrechtlichen Vorschriften über die Gewinnermittlung in einer für den steuerlichen Übertragungsstichtag aufzustellenden Steuerbilanz anzusetzen sind oder anzusetzen wären. Bei der Ermittlung des Übernahmegewinns oder des Übernahmeverlustes bleibt der Wert der übergegangenen Wirtschaftsgüter außer Ansatz, soweit er auf Anteile an der übertragenden Körperschaft entfällt, die am steuerlichen Übergangsstichtag nicht zum Betriebsvermögen der übernehmenden Personengesellschaft gehören.

(5) Ein Übernahmegewinn erhöht sich und ein Übernahmeverlust verringert sich um die nach § 10 Abs. 1 anzurechnende Körperschaftsteuer und um einen Sperrbetrag im Sinne des § 50 c des Einkommensteuergesetzes, soweit die Anteile an der übertragenden Körperschaft am steuerlichen Übertragungsstichtag zum Betriebsvermögen der übernehmenden Personengesellschaft gehören.

(6) Verbleibt nach Anwendung des Absatzes 5 ein Übernahmeverlust, so sind die Wertansätze der übergegangenen Wirtschaftsgüter nach Absatz 1 in der Bilanz der Personengesellschaft einschließlich der Ergänzungsbilanzen für ihre Gesellschafter bis zu den Teilwerten der Wirtschaftsgüter aufzustocken. Ein darüber hinausgehender Betrag mindert den Gewinn, soweit er nicht als Anschaffungskosten der übernommenen immateriellen Wirtschaftsgüter einschließlich eines Geschäfts- oder Firmenwerts zu aktivieren ist. Für die Bemessung der Absetzungen für Abnutzung gilt Absatz 3 entsprechend.

§ 5
Auswirkungen auf den Gewinn der übernehmenden Personengesellschaft in Sonderfällen

(1) Hat die übernehmende Personengesellschaft Anteile an der übertragenden Körperschaft nach dem steuerlichen Übertragungsstichtag angeschafft oder findet sie einen Anteilseigner ab, so ist ihr Gewinn so zu ermitteln, als hätte sie die Anteile an diesem Stichtag angeschafft.

(2) Anteile an der übertragenden Körperschaft im Sinne des § 17 des Einkommensteuergesetzes, die an dem steuerlichen Übertragungsstichtag nicht zu einem Betriebsvermögen eines unbeschränkt steuerpflichtigen Gesellschafters der übernehmenden Personengesellschaft gehören, gelten für die Ermittlung des Gewinns als an diesem Stichtag in das Betriebsvermögen der Personengesellschaft mit den Anschaffungskosten eingelegt.

(3) Gehören an dem steuerlichen Übertragungsstichtag Anteile an der übertragenden Körperschaft zum inländischen Betriebsvermögen eines Gesellschafters der übernehmenden Personengesellschaft, so ist der Gewinn so zu ermitteln, als seien die Anteile an diesem Stichtag zum Buchwert in das Betriebsvermögen der Personengesellschaft überführt worden. Unterschreiten die Anschaffungskosten den Buchwert, so sind die

Anschaffungskosten anzusetzen, wenn die Anteile innerhalb der letzten fünf Jahre vor dem steuerlichen Übertragungsstichtag in ein inländisches Betriebsvermögen eines Gesellschafters der übernehmenden Personengesellschaft eingelegt worden sind. Anteile an der übertragenden Körperschaft, die innerhalb der letzten fünf Jahre vor dem steuerlichen Übertragungsstichtag in das Betriebsvermögen der übernehmenden Personengesellschaft eingelegt worden sind, sind ebenfalls mit den Anschaffungskosten anzusetzen, wenn die Anschaffungskosten den Buchwert unterschreiten.

(4) Einbringungsgeborene Anteile an einer Kapitalgesellschaft im Sinne des § 21 gelten als an dem steuerlichen Übertragungsstichtag in das Betriebsvermögen der Personengesellschaft mit den Anschaffungskosten eingelegt.

§ 6
Gewinnerhöhung durch Vereinigung von Forderungen und Verbindlichkeiten

(1) Erhöht sich der Gewinn der übernehmenden Personengesellschaft dadurch, daß der Vermögensübergang zum Erlöschen von Forderungen und Verbindlichkeiten zwischen der übertragenden Körperschaft und der Personengesellschaft oder zur Auflösung von Rückstellungen führt, so darf die Personengesellschaft insoweit eine den steuerlichen Gewinn mindernde Rücklage bilden.

(2) Vorbehaltlich des Absatzes 3 ist die Rücklage in den auf ihre Bildung folgenden drei Wirtschaftsjahren mit mindestens je einem Drittel gewinnerhöhend aufzulösen.

(3) Ist die Rücklage auf Grund der Vereinigung einer vor dem 1. Januar 1955 entstandenen Darlehnsforderung im Sinne des § 7 c des Einkommensteuergesetzes mit der Darlehnsschuld gebildet worden, so ist die Rücklage in den auf ihre Bildung folgenden Wirtschaftsjahren mindestens in Höhe der Tilgungsbeträge gewinnerhöhend aufzulösen, die ohne den Vermögensübergang nach dem Darlehnsvertrag in dem jeweiligen Wirtschaftsjahr zu erbringen gewesen wären. Der aufzulösende Betrag darf 10 vom Hundert der Rücklage nicht unterschreiten. Satz 1 gilt entsprechend, wenn die Rücklage auf Grund der Vereinigung einer Darlehnsforderung im Sinne der bis zum 31. Dezember 1954 anzuwendenden Fassung des § 7 d Abs. 2 des Einkommensteuergesetzes in der Fassung der Bekanntmachung vom 28. Dezember 1950 (BGBl. 1951 I S. 1), zuletzt geändert durch das Gesetz zur Änderung steuerrechtlicher Vorschriften und zur Sicherung der Haushaltsführung zu vom 24. Juni 1953 (BGBl. I S. 413), mit der Darlehnsschuld gebildet worden ist.

(4) Vereinigt sich infolge des Vermögensübergangs eine nach dem 31. Dezember 1954 entstandene Darlehnsforderung im Sinne des § 7 c des Einkommensteuergesetzes mit der Darlehnsschuld, so ist § 7 c Abs. 5 des Einkommensteuergesetzes nicht anzuwenden.

(5) Vereinigt sich infolge des Vermögensübergangs eine Darlehnsforderung im Sinne des § 17 des Berlinförderungsgesetzes 1990 mit der Darlehnsschuld, so ist Absatz 3 Satz 3 dieser Vorschrift mit der Maßgabe anzuwenden, daß die Steuerermäßigung mit soviel Zehnteln unberührt bleibt, als seit der Hingabe des Darlehns bis zum steuerlichen Übertragungsstichtag volle Jahre verstrichen sind. Satz 1 gilt entsprechend für Darlehnsforderungen im Sinne des § 16 des Berlinförderungsgesetzes 1990 mit der Maßgabe, daß bei Darlehen, die vor dem 1. Januar 1970 gegeben worden sind, an die Stelle von einem Zehntel ein Sechstel, bei Darlehen, die nach dem 31. Dezember 1969 gegeben worden sind, an die Stelle von einem Zehntel ein Achtel tritt.

(6) Die Absätze 1 bis 5 gelten entsprechend, wenn sich der Gewinn eines Gesellschafters der übernehmenden Personengesellschaft dadurch erhöht, daß eine Forderung oder Verbindlichkeit der übertragenden Körperschaft auf die Personengesellschaft übergeht oder daß infolge des Vermögensübergangs eine Rückstellung aufzulösen ist. Satz 1 gilt nur für Gesellschafter, die im Zeitpunkt der Eintragung des Umwandlungsbeschlusses in das Handelsregister an der Personengesellschaft beteiligt sind.

§ 7
Ermittlung der Einkünfte nicht wesentlich beteiligter Anteilseigner

Haben Anteile an der übertragenden Körperschaft im Zeitpunkt des Vermögensübergangs zum Privatvermögen eines Gesellschafters der übernehmenden Personengesellschaft gehört, der nicht wesentlich im Sinne des § 17 des Einkommensteuergesetzes beteiligt war, so sind ihm

1. der Teil des für Ausschüttungen verwendbaren Eigenkapitals der übertragenden Körperschaft mit Ausnahme des Teilbetrags im Sinne des § 30 Abs. 2 Nr. 4 des Körperschaftsteuergesetzes, der dem Verhältnis des Nennbetrags der Anteile zur Summe der Nennbeträge aller Anteile an der übertragenden Körperschaft entspricht, und

2. die nach § 10 Abs. 1 anzurechnende Körperschaftsteuer

als Einkünfte aus Kapitalvermögen zuzurechnen.

§ 8
Vermögensübergang auf eine Personengesellschaft ohne Betriebsvermögen

(1) Wird das übergehende Vermögen nicht Betriebsvermögen der übernehmenden Personen-

gesellschaft, so sind die infolge des Vermögensübergangs entstehenden Einkünfte bei den Gesellschaftern der Personengesellschaft zu ermitteln. § 4 Abs. 2 und 3, § 5 Abs. 1 und § 7 gelten entsprechend.

(2) In den Fällen des Absatzes 1 sind § 17 Abs. 3, § 22 Nr. 2 und § 34 Abs. 1 des Einkommensteuergesetzes nicht anzuwenden. Ein Veräußerungsgewinn im Sinne des § 17 Abs. 4 des Einkommensteuergesetzes erhöht sich um die nach § 10 Abs. 1 anzurechnende Körperschaftsteuer.

§ 9
Entsprechende Anwendung von Vorschriften beim Vermögensübergang auf eine natürliche Person

(1) Wird das Vermögen der übertragenden Körperschaft Betriebsvermögen einer natürlichen Person, so sind die §§ 4 bis 6 Abs. 5 entsprechend anzuwenden.

(2) Wird das Vermögen der übertragenden Körperschaft Privatvermögen einer natürlichen Person, so sind § 4 Abs. 2 Satz 1 und 2 und Abs. 3 sowie § 5 Abs. 1 und § 8 Abs. 2 sinngemäß anzuwenden.

§ 10
Körperschaftsteueranrechnung

(1) Die Körperschaftsteuer, die auf den Teilbeträgen des für Ausschüttungen verwendbaren Eigenkapitals der übertragenden Körperschaft im Sinne des § 30 Abs. 1 Nr. 1 und 2 des Körperschaftsteuergesetzes lastet, ist vorbehaltlich des Absatzes 2 auf die Einkommensteuer oder Körperschaftsteuer der Gesellschafter der übernehmenden Personengesellschaft oder auf die Einkommensteuer der übernehmenden natürlichen Person anzurechnen.

(2) Die Anrechnung von Körperschaftsteuer ist bei Anteilseignern ausgeschlossen, bei denen der anteilige Übernahmegewinn oder die Einkünfte im Sinne des § 7, 8 oder 9 Abs. 2 nicht der Einkommensteuer oder der Körperschaftsteuer unterliegen.

Dritter Teil
Verschmelzung oder Vermögensübertragung (Vollübertragung) auf eine andere Körperschaft

§ 11
Auswirkungen auf den Gewinn der übertragenden Körperschaft

(1) In der steuerlichen Schlußbilanz für das letzte Wirtschaftsjahr der übertragenden Körperschaft können die übergegangenen Wirtschaftsgüter insgesamt mit dem Wert angesetzt werden, der sich nach den steuerrechtlichen Vorschriften über die Gewinnermittlung ergibt, soweit

1. sichergestellt ist, daß die in dem übergegangenen Vermögen enthaltenen stillen Reserven später bei der übernehmenden Körperschaft der Körperschaftsteuer unterliegen und

2. eine Gegenleistung nicht gewährt wird oder in Gesellschaftsrechten besteht.

Der Ansatz eines höheren Wertes ist zulässig. Die Teilwerte der einzelnen Wirtschaftsgüter dürfen nicht überschritten werden.

(2) Liegen die in Absatz 1 genannten Voraussetzungen nicht vor, sind die übergegangenen Wirtschaftsgüter mit dem Wert der für die Übertragung gewährten Gegenleistung anzusetzen. Wird eine Gegenleistung nicht gewährt, sind die Wirtschaftsgüter mit dem Teilwert anzusetzen.

§ 12
Auswirkungen auf den Gewinn der übernehmenden Körperschaft

(1) Für die Übernahme der übergegangenen Wirtschaftsgüter gilt § 4 Abs. 1 entsprechend. Beim Vermögensübergang von einer steuerfreien auf eine steuerpflichtige Körperschaft sind die übergegangenen Wirtschaftsgüter abweichend von § 4 Abs. 1 mit dem Teilwert anzusetzen.

(2) Bei der Ermittlung des Gewinns der übernehmenden Körperschaft bleibt ein Gewinn oder ein Verlust in Höhe des Unterschieds zwischen dem Buchwert der Anteile (§ 4 Abs. 4 Satz 2) und dem Wert, mit dem die übergegangenen Wirtschaftsgüter zu übernehmen sind, außer Ansatz. Übersteigen die tatsächlichen Anschaffungskosten den Buchwert der Anteile an der übertragenden Körperschaft, so ist der Unterschiedsbetrag dem Gewinn der übernehmenden Körperschaft hinzuzurechnen; die Zuwendungen an Unterstützungskassen rechnen zu den tatsächlichen Anschaffungskosten. Die Hinzurechnung unterbleibt, soweit eine Gewinnminderung, die sich durch den Ansatz der Anteile mit dem niedrigeren Teilwert ergeben hat, nach § 50 c des Einkommensteuergesetzes nicht anerkannt worden ist. Die Hinzurechnung darf den nach § 11 Abs. 2 ermittelten Wert des übernommenen Vermögens, vermindert um den Buchwert der Anteile, nicht übersteigen. Sind die übernehmenden Körperschaft am steuerlichen Übertragungsstichtag nicht alle Anteile an der übertragenden Körperschaft zuzurechnen, so tritt bei der Anwendung des Satzes 3 an die Stelle des Werts des übernommenen Vermögens der Teil dieses Werts, der dem Verhältnis des Nennbetrags der Anteile der übernehmenden Körperschaft zu dem Nennbetrag al-

ler Anteile an der übertragenden Körperschaft entspricht.

(3) Die übernehmende Körperschaft tritt bezüglich der Absetzungen für Abnutzung, der erhöhten Absetzungen, der Sonderabschreibungen, der Inanspruchnahme einer Bewertungsfreiheit oder eines Bewertungsabschlags, der den steuerlichen Gewinn mindernden Rücklagen sowie der Anwendung der Vorschriften des § 6 Abs. 1 Nr. 2 Satz 2 und 3 des Einkommensteuergesetzes sowie der Frist im Sinne des § 5 Abs. 2 des Gesetzes über steuerliche Maßnahmen bei Erhöhung des Nennkapitals aus Gesellschaftsmitteln in die Rechtsstellung der übertragenden Körperschaft ein. Das gilt auch für einen verbleibenden Verlustabzug im Sinne des § 10 d Abs. 3 Satz 2 des Einkommensteuergesetzes unter der Voraussetzung, daß die übertragende Körperschaft ihren Geschäftsbetrieb im Zeitpunkt der Eintragung des Vermögensübergangs im Handelsregister noch nicht eingestellt hatte.

(4) § 4 Abs. 2 Satz 3 und Abs. 3 sowie § 5 Abs. 1 gelten entsprechend. § 6 Abs. 1 bis 5 gilt sinngemäß für den Teil des Gewinns aus der Vereinigung von Forderungen und Verbindlichkeiten, der der Beteiligung der übernehmenden Körperschaft am Kapital der übertragenden Körperschaft entspricht.

(5) Im Falle des Vermögensübergangs von einer Kapitalgesellschaft auf eine Körperschaft, deren Leistungen bei den Empfängern nicht zu den Einnahmen im Sinne des § 20 Abs. 1 Nr. 1 oder 2 des Einkommensteuergesetzes gehören, ist der Körperschaft der Teil des für Ausschüttungen verwendbaren Eigenkapitals der übertragenden Kapitalgesellschaft mit Ausnahme des Teilbetrags im Sinne des § 30 Abs. 2 Nr. 4 des Körperschaftsteuergesetzes, der dem Verhältnis des Nennbetrags der Anteile zur Summe der Nennbeträge aller Anteile an der übertragenden Kapitalgesellschaft entspricht, und die nach § 10 Abs. 1 anzurechnende Körperschaftsteuer als Einkünfte zuzurechnen. § 10 gilt entsprechend. Absatz 3 gilt in diesem Fall nicht für einen verbleibenden Verlustabzug im Sinne des § 10 d Abs. 3 Satz 2 des Einkommensteuergesetzes.

§ 13
Besteuerung der Gesellschafter der übertragenden Körperschaft

(1) Die Anteile an der übertragenden Kapitalgesellschaft, die zu einem Betriebsvermögen gehören, gelten als zum Buchwert veräußert und die an ihre Stelle tretenden Anteile als mit diesem Wert angeschafft. Satz 1 gilt entsprechend für Anteile an sonstigen Körperschaften im Sinne des § 43 des Körperschaftsteuergesetzes.

(2) Gehören Anteile an der übertragenden Körperschaft nicht zu einem Betriebsvermögen und sind die Voraussetzungen des § 17 oder des § 23 des Einkommensteuergesetzes erfüllt, treten an die Stelle des Buchwerts die Anschaffungskosten. Die im Zuge des Vermögensübergangs gewährten Anteile gelten als Anteile im Sinne des § 17 des Einkommensteuergesetzes. Werden aus Anteilen, die die Voraussetzungen des § 17 des Einkommensteuergesetzes nicht erfüllen, Anteile im Sinne des § 17 des Einkommensteuergesetzes, gilt für diese Anteile der gemeine Wert am steuerlichen Übertragungsstichtag als Anschaffungskosten.

(3) Für einbringungsgeborene Anteile im Sinne des § 21 gilt Absatz 1 entsprechend. Die erworbenen Anteile treten an die Stelle der hingegebenen Anteile.

(4) In den Fällen der Absätze 1 und 3 ist § 50 c des Einkommensteuergesetzes auch auf die Anteile anzuwenden, die an die Stelle der Anteile an der übertragenden Kapitalgesellschaft treten.

Vierter Teil
Formwechsel einer Kapitalgesellschaft und einer Genossenschaft in eine Personengesellschaft

§ 14
Entsprechende Anwendung von Vorschriften, Eröffnungsbilanz

Im Falle des Formwechsels einer Kapitalgesellschaft in eine Personengesellschaft sind die §§ 3 bis 8 und 10 entsprechend anzuwenden. Die Kapitalgesellschaft hat für steuerliche Zwecke auf den Zeitpunkt, in dem der Formwechsel wirksam wird, eine Übertragungsbilanz, die Personengesellschaft eine Eröffnungsbilanz aufzustellen. Die Bilanzen nach Satz 2 können auch für einen Stichtag aufgestellt werden, der höchstens acht Monate vor der Anmeldung des Formwechsels zur Eintragung in das Handelsregister liegt (Umwandlungsstichtag). Die Sätze 1 bis 3 gelten auch für den Formwechsel einer eingetragenen Genossenschaft in eine Personengesellschaft im Sinne des § 38 a des Landwirtschaftsanpassungsgesetzes.

Fünfter Teil
Aufspaltung, Abspaltung und Vermögensübertragung (Teilübertragung)

§ 15
Aufspaltung, Abspaltung und Teilübertragung auf andere Körperschaften

(1) Geht Vermögen einer Körperschaft durch Aufspaltung oder Abspaltung oder durch Teil-

übertragung auf andere Körperschaften über, gelten die §§ 11 bis 13 vorbehaltlich des § 16 entsprechend, wenn auf die Übernehmerinnen ein Teilbetrieb übertragen wird. Im Falle der Abspaltung oder Teilübertragung muß das der übertragenden Körperschaft verbleibende Vermögen ebenfalls zu einem Teilbetrieb gehören. Als Teilbetrieb gilt auch ein Mitunternehmeranteil oder die Beteiligung an einer Kapitalgesellschaft, die das gesamte Nennkapital der Gesellschaft umfaßt.

(2) Die übertragende Körperschaft hat eine Steuerbilanz auf den steuerlichen Übertragungsstichtag aufzustellen.

(3) § 11 Abs. 1 ist auf Mitunternehmeranteile und Beteiligungen im Sinne des Absatzes 1 nicht anzuwenden, wenn sie innerhalb eines Zeitraums von drei Jahren vor dem steuerlichen Übertragungsstichtag durch Übertragung von Wirtschaftsgütern, die kein Teilbetrieb sind, erworben oder aufgestockt worden sind. § 11 Abs. 1 ist ebenfalls nicht anzuwenden, wenn durch die Spaltung die Veräußerung an außenstehende Personen vollzogen wird. Das gleiche gilt, wenn durch die Spaltung die Voraussetzungen für eine Veräußerung geschaffen werden. Davon ist auszugehen, wenn innerhalb von fünf Jahren nach dem steuerlichen Übertragungsstichtag Anteile an einer an der Spaltung beteiligten Körperschaft, die mehr als 20 vom Hundert der vor Wirksamwerden der Spaltung an der Körperschaft bestehenden Anteile ausmachen, veräußert werden. Bei der Trennung von Gesellschafterstämmen setzt die Anwendung des § 11 Abs. 1 außerdem voraus, daß die Beteiligungen an der übertragenden Körperschaft mindestens fünf Jahre vor dem steuerlichen Übertragungsstichtag bestanden haben.

(4) Ein verbleibender Verlustabzug im Sinne des § 10 d Abs. 3 Satz 2 des Einkommensteuergesetzes ist vorbehaltlich des § 16 im Verhältnis der übergehenden Vermögensteile zu dem bei der übertragenden Körperschaft vor der Spaltung bestehenden Vermögen aufzuteilen, wie es in der Regel in den Angaben zum Umtauschverhältnis der Anteile im Spaltungs- und Übernahmevertrag oder im Spaltungsplan (§ 126 Abs. 1 Nr. 3, § 136 des Umwandlungsgesetzes) zum Ausdruck kommt. Entspricht das Umtauschverhältnis der Anteile nicht dem Verhältnis der übergehenden Vermögensteile zu dem bei der übertragenden Körperschaft vor der Spaltung bestehenden Vermögen, ist das Verhältnis der gemeinen Werte der übergehenden Vermögensteile zu dem vor der Spaltung vorhandenen Vermögen maßgebend. Satz 2 ist ebenfalls anzuwenden, wenn im Rahmen der Spaltung keine Anteile, sondern Mitgliedschaften an der übernehmenden Körperschaft erworben werden.

§ 16
Aufspaltung oder Abspaltung auf eine Personengesellschaft

Soweit Vermögen einer Körperschaft durch Aufspaltung oder Abspaltung auf eine Personengesellschaft übergeht, gelten die §§ 3 bis 8, 10 und 15 entsprechend. Die Anwendung des § 10 gilt für den Teil der Teilbeträge des für Ausschüttungen verwendbaren Eigenkapitals, die nach § 38 a Abs. 1 Satz 3 des Körperschaftsteuergesetzes die Eigenkapitalteile der übertragenden Kapitalgesellschaft mindern. Ein verbleibender Verlustabzug der übertragenden Kapitalgesellschaft mindert sich in dem Verhältnis, in dem das Vermögen auf eine Personengesellschaft übergeht.

Sechster Teil
Barabfindung des Minderheitsgesellschafters

§ 17
Anwendung des § 6 b des Einkommensteuergesetzes

Wird ein Anteilseigner ganz oder teilweise in bar abgefunden und erhöht sich dadurch sein Gewinn, so ist auf Antrag § 6 b des Einkommensteuergesetzes mit der Maßgabe anzuwenden, daß die Sechsjahresfrist gemäß Absatz 4 Nr. 2 dieser Vorschrift entfällt.

Siebter Teil
Gewerbesteuer

§ 18
Gewerbesteuer bei Vermögensübergang auf eine Personengesellschaft oder auf eine natürliche Person sowie bei Formwechsel in eine Personengesellschaft

(1) Die §§ 3 bis 9, 14, 16 und 17 gelten bei Vermögensübergang auf eine Personengesellschaft oder auf eine natürliche Person sowie bei Formwechsel in eine Personengesellschaft vorbehaltlich des Absatzes 2 auch für die Ermittlung des Gewerbeertrags. Der maßgebende Gewerbeertrag der übernehmenden Personengesellschaft oder natürlichen Person kann nicht um die vortragsfähigen Fehlbeträge der übertragenden Körperschaft im Sinne des § 10 a des Gewerbesteuergesetzes gekürzt werden.

(2) Ein Übernahmegewinn ist nicht zu erfassen.

(3) Auf übergegangene Renten und dauernde Lasten finden § 8 Nr. 2 und § 12 Abs. 2 Nr. 1 des Gewerbesteuergesetzes keine Anwendung. Satz 1 gilt nicht, wenn die Voraussetzungen für die Hinzurechnung nach den bezeichneten Vor-

schriften bereits bei der Körperschaft erfüllt waren.

(4) Wird der Betrieb der Personengesellschaft oder der natürlichen Person innerhalb von fünf Jahren nach dem Vermögensübergang aufgegeben oder veräußert, unterliegt ein Auflösungs- oder Veräußerungsgewinn der Gewerbesteuer.

§ 19
Gewerbesteuer bei Vermögensübergang auf eine andere Körperschaft

(1) Geht das Vermögen der übertragenden Körperschaft auf eine andere Körperschaft über, so gelten die §§ 11 bis 13, 15 und 17 auch für die Ermittlung des Gewerbeertrags. § 18 Abs. 3 ist entsprechend anzuwenden.

(2) In Höhe der vortragsfähigen Fehlbeträge der übertragenden Körperschaft im Sinne des § 10 a des Gewerbesteuergesetzes wird der maßgebende Gewerbeertrag der übernehmenden Körperschaft gekürzt. Voraussetzung ist, daß die übertragende Körperschaft ihren Geschäftsbetrieb noch nicht eingestellt hatte. Die vortragsfähigen Fehlbeträge der übertragenden Kapitalgesellschaft mindern sich in dem Verhältnis, in dem das Vermögen auf eine Personengesellschaft übergeht.

Achter Teil
Einbringung eines Betriebs, Teilbetriebs oder Mitunternehmeranteils in eine Kapitalgesellschaft gegen Gewährung von Gesellschaftsanteilen

§ 20
Bewertung des eingebrachten Betriebsvermögens und der Gesellschaftsanteile

(1) Wird ein Betrieb oder Teilbetrieb oder ein Mitunternehmeranteil in eine unbeschränkt körperschaftsteuerpflichtige Kapitalgesellschaft (§ 1 Abs. 1 Nr. 1 des Körperschaftsteuergesetzes) eingebracht und erhält der Einbringende dafür neue Anteile an der Gesellschaft (Sacheinlage), so gelten für die Bewertung des eingebrachten Betriebsvermögens und der neuen Gesellschaftsanteile die nachfolgenden Absätze. Satz 1 ist auch auf die Einbringung von Anteilen an einer Kapitalgesellschaft anzuwenden, wenn die übernehmende Kapitalgesellschaft auf Grund ihrer Beteiligung einschließlich der übernommenen Anteile nachweisbar unmittelbar die Mehrheit der Stimmrechte an der Gesellschaft hat, deren Anteile eingebracht werden.

(2) Die Kapitalgesellschaft darf das eingebrachte Betriebsvermögen mit seinem Buchwert oder mit einem höheren Wert ansetzen. Der Ansatz mit dem Buchwert ist auch zulässig, wenn in der Handelsbilanz das eingebrachte Betriebsvermögen nach handelsrechtlichen Vorschriften mit einem höheren Wert angesetzt werden muß. Der Buchwert ist der Wert, mit dem der Einbringende das eingebrachte Betriebsvermögen im Zeitpunkt der Sacheinlage nach den steuerrechtlichen Vorschriften über die Gewinnermittlung anzusetzen hat. Übersteigen die Passivposten des eingebrachten Betriebsvermögens ohne das Eigenkapital die Aktivposten, so hat die Kapitalgesellschaft das eingebrachte Betriebsvermögen mindestens so anzusetzen, daß sich die Aktivposten und die Passivposten ausgleichen; dabei ist das Eigenkapital nicht zu berücksichtigen. Erhält der Einbringende neben den Gesellschaftsanteilen auch andere Wirtschaftsgüter, deren gemeiner Wert den Buchwert des eingebrachten Betriebsvermögens übersteigt, so hat die Kapitalgesellschaft das eingebrachte Betriebsvermögen mindestens mit dem gemeinen Wert der anderen Wirtschaftsgüter anzusetzen. Bei dem Ansatz des eingebrachten Betriebsvermögens dürfen die Teilwerte der einzelnen Wirtschaftsgüter nicht überschritten werden.

(3) Die Kapitalgesellschaft hat das eingebrachte Betriebsvermögen mit seinem Teilwert anzusetzen, wenn das Besteuerungsrecht der Bundesrepublik Deutschland hinsichtlich des Gewinns aus einer Veräußerung der dem Einbringenden gewährten Gesellschaftsanteile im Zeitpunkt der Sacheinlage ausgeschlossen ist.

(4) Der Wert, mit dem die Kapitalgesellschaft das eingebrachte Betriebsvermögen ansetzt, gilt für den Einbringenden als Veräußerungspreis und als Anschaffungskosten der Gesellschaftsanteile. Soweit neben den Gesellschaftsanteilen auch andere Wirtschaftsgüter gewährt werden, ist deren gemeiner Wert bei der Bemessung der Anschaffungskosten der Gesellschaftsanteile von dem sich nach Satz 1 ergebenden Wert abzuziehen.

(5) Auf einen bei der Sacheinlage entstehenden Veräußerungsgewinn ist § 34 Abs. 1 des Einkommensteuergesetzes anzuwenden, wenn der Einbringende eine natürliche Person ist. § 16 Abs. 4 oder § 17 Abs. 3 des Einkommensteuergesetzes sind in diesem Fall nur anzuwenden, wenn die Kapitalgesellschaft das eingebrachte Betriebsvermögen oder die eingebrachte wesentliche Beteiligung mit dem Teilwert ansetzt. In den Fällen des Absatzes 1 Satz 2 gelten die Sätze 1 und 2 jedoch nicht, wenn eine im Betriebsvermögen gehaltene Beteiligung an einer Kapitalgesellschaft eingebracht wird, die nicht das gesamte Nennkapital der Gesellschaft umfaßt.

(6) In den Fällen des Absatzes 3 gilt für die Stundung der anfallenden Einkommensteuer oder Körperschaftsteuer § 21 Abs. 2 Satz 3 bis 6 entsprechend.

(7) Das Einkommen und das Vermögen des Einbringenden und der übernehmenden Kapitalgesellschaft sind auf Antrag so zu ermitteln, als ob das eingebrachte Betriebsvermögen mit Ablauf des steuerlichen Übertragungsstichtags (Absatz 8) auf die Übernehmerin übergegangen wäre. Dies gilt hinsichtlich des Einkommens und des Gewerbeertrags nicht für Entnahmen und Einlagen, die nach dem steuerlichen Übertragungsstichtag erfolgen. Die Anschaffungskosten der Gesellschaftsanteile (Absatz 4) sind um den Buchwert der Entnahmen zu vermindern und um den sich nach § 6 Abs. 1 Nr. 5 des Einkommensteuergesetzes ergebenden Wert der Einlagen zu erhöhen.

(8) Als steuerlicher Übertragungsstichtag darf in den Fällen der Sacheinlage durch Verschmelzung im Sinne des § 2 des Umwandlungsgesetzes der Stichtag angesehen werden, für den die Schlußbilanz jedes der übertragenden Unternehmen im Sinne des § 17 Abs. 2 des Umwandlungsgesetzes aufgestellt ist; dieser Stichtag darf höchstens acht Monate vor der Anmeldung der Verschmelzung zur Eintragung in das Handelsregister liegen. Entsprechendes gilt, wenn Vermögen im Wege der Sacheinlage durch Aufspaltung, Abspaltung oder Ausgliederung nach § 123 des Umwandlungsgesetzes auf eine Kapitalgesellschaft übergeht. In anderen Fällen der Sacheinlage darf die Einbringung auf einen Tag zurückbezogen werden, der höchstens acht Monate vor dem Tag des Abschlusses des Einbringungsvertrages liegt und höchstens acht Monate vor dem Zeitpunkt liegt, an dem das eingebrachte Betriebsvermögen auf die Kapitalgesellschaft übergeht.

§ 21
Besteuerung des Anteilseigners

(1) Werden Anteile an einer Kapitalgesellschaft veräußert, die der Veräußerer oder bei unentgeltlichem Erwerb der Anteile der Rechtsvorgänger durch eine Sacheinlage (§ 20 Abs. 1 und § 23 Abs. 1 bis 4) unter dem Teilwert erworben hat (einbringungsgeborene Anteile), so gilt der Betrag, um den der Veräußerungspreis nach Abzug der Veräußerungskosten die Anschaffungskosten (§ 20 Abs. 4) übersteigt, als Veräußerungsgewinn im Sinne des § 16 des Einkommensteuergesetzes. § 34 Abs. 1 des Einkommensteuergesetzes ist anzuwenden, wenn der Veräußerer eine natürliche Person ist. Sind bei einer Sacheinlage nach § 20 Abs. 1 Satz 2 oder § 23 Abs. 4 aus einem Betriebsvermögen nicht alle Anteile der Kapitalgesellschaft eingebracht worden, so sind § 16 Abs. 4 und § 34 Abs. 1 des Einkommensteuergesetzes nicht anzuwenden. Führt der Tausch von Anteilen im Sinne des Satzes 1 wegen Nämlichkeit der hingegebenen und der erworbenen Anteile nicht zur Gewinnverwirklichung, so treten die erworbenen Anteile für die Anwendung der Sätze 1 bis 4 an die Stelle der hingegebenen Anteile.

(2) Die Rechtsfolgen des Absatzes 1 treten auch ohne Veräußerung der Anteile ein, wenn

1. der Anteilseigner dies beantragt oder

2. das Besteuerungsrecht der Bundesrepublik Deutschland hinsichtlich des Gewinns aus der Veräußerung der Anteile ausgeschlossen wird oder

3. die Kapitalgesellschaft, an der die Anteile bestehen, aufgelöst und abgewickelt wird oder das Kapital dieser Gesellschaft herabgesetzt und an die Anteilseigner zurückgezahlt wird, soweit die Rückzahlung nicht als Gewinnanteil gilt oder

4. der Anteilseigner die Anteile verdeckt in eine Kapitalgesellschaft einlegt.

Dabei tritt an die Stelle des Veräußerungspreises der Anteile ihr gemeiner Wert. In den Fällen des Satzes 1 Nr. 1, 2 und 4 kann die auf den Veräußerungsgewinn entfallende Einkommen- oder Körperschaftsteuer in jährlichen Teilbeträgen von mindestens je einem Fünftel entrichtet werden, wenn die Entrichtung der Teilbeträge sichergestellt ist. Stundungszinsen werden nicht erhoben. Bei einer Veräußerung von Anteilen während des Stundungszeitraums endet die Stundung mit dem Zeitpunkt der Veräußerung. Satz 5 gilt entsprechend, wenn während des Stundungszeitraums die Kapitalgesellschaft, an der die Anteile bestehen, aufgelöst und abgewickelt wird oder das Kapital dieser Gesellschaft herabgesetzt und an die Anteilseigner zurückgezahlt wird.

(3) Ist der Veräußerer oder Eigner von Anteilen im Sinne des Absatzes 1 Satz 1

1. eine juristische Person des öffentlichen Rechts, so gilt der Veräußerungsgewinn als Gewinn aus einem Betrieb gewerblicher Art dieser Körperschaft,

2. persönlich von der Körperschaftsteuer befreit, so gilt diese Steuerbefreiung nicht für den Veräußerungsgewinn.

(4) Werden Anteile an einer Kapitalgesellschaft im Sinne des Absatzes 1 in ein Betriebsvermögen eingelegt, so sind sie mit ihren Anschaffungskosten (§ 20 Abs. 4) anzusetzen. Ist der Teilwert im Zeitpunkt der Einlage niedriger, so ist dieser anzusetzen; der Unterschiedsbetrag zwischen den Anschaffungskosten und dem niedrigeren Teilwert ist außerhalb der Bilanz vom Gewinn abzusetzen.

(5) Bei Anteilen, die durch Sacheinlage nach § 20 Abs. 1 erworben worden sind, treten den Einbringenden die Rechtsfolgen des § 102 des Bewertungsgesetzes auch ein, wenn die zeitlichen Voraussetzungen dieser Vorschrift nicht erfüllt sind.

§ 22
Auswirkungen bei der übernehmenden Kapitalgesellschaft

(1) Setzt die Kapitalgesellschaft das eingebrachte Betriebsvermögen mit dem Buchwert (§ 20 Abs. 2 Satz 2) an, so gelten § 4 Abs. 2 Satz 3 und § 12 Abs. 3 Satz 1 entsprechend.

(2) Setzt die Kapitalgesellschaft das eingebrachte Betriebsvermögen mit einem über dem Buchwert, aber unter dem Teilwert liegenden Wert an, so gilt § 12 Abs. 3 Satz 1 entsprechend mit der folgenden Maßgabe:
1. Die Absetzungen für Abnutzung oder Substanzverringerung nach § 7 Abs. 1, 4, 5 und 6 des Einkommensteuergesetzes sind vom Zeitpunkt der Einbringung an nach den Anschaffungs- oder Herstellungskosten des Einbringenden, vermehrt um den Unterschiedsbetrag zwischen dem Buchwert der einzelnen Wirtschaftsgüter und dem Wert, mit dem die Kapitalgesellschaft die Wirtschaftsgüter ansetzt, zu bemessen.
2. Bei den Absetzungen für Abnutzung nach § 7 Abs. 2 des Einkommensteuergesetzes tritt im Zeitpunkt der Einbringung an die Stelle des Buchwerts der einzelnen Wirtschaftsgüter der Wert, mit dem die Kapitalgesellschaft die Wirtschaftsgüter ansetzt.

(3) Setzt die Kapitalgesellschaft das eingebrachte Betriebsvermögen mit dem Teilwert an, so gelten die eingebrachten Wirtschaftsgüter als im Zeitpunkt der Einbringung von der Kapitalgesellschaft angeschafft, wenn die Einbringung des Betriebsvermögens im Wege der Einzelrechtsnachfolge erfolgt; erfolgt die Einbringung des Betriebsvermögens im Wege der Gesamtrechtsnachfolge nach den Vorschriften des Umwandlungsgesetzes, so gilt Absatz 2 entsprechend.

(4) Der maßgebende Gewerbeertrag der übernehmenden Kapitalgesellschaft kann nicht um die vortragsfähigen Fehlbeträge des Einbringenden im Sinne des § 10 a des Gewerbesteuergesetzes gekürzt werden.

(5) § 6 Abs. 1 bis 5 und § 18 Abs. 3 gelten entsprechend.

§ 23
Einbringung in der Europäischen Union

(1) Bringt eine unbeschränkt körperschaftsteuerpflichtige Kapitalgesellschaft (§ 1 Abs. 1 Nr. 1 des Körperschaftsteuergesetzes) einen Betrieb oder Teilbetrieb in eine inländische Betriebsstätte einer Kapitalgesellschaft ein, die die Voraussetzungen des Artikels 3 der Richtlinie 90/434/EWG des Rates vom 23. Juli 1990 (ABl. EG Nr. L 225 S. 1) erfüllt (EU-Kapitalgesellschaft) und beschränkt körperschaftsteuerpflichtig ist, und erhält die einbringende Kapitalgesellschaft dafür neue Anteile an der übernehmenden Kapitalgesellschaft, so gelten für die Bewertung des eingebrachten Betriebsvermögens in der Betriebsstätte der übernehmenden Kapitalgesellschaft und der neuen Anteile bei der einbringenden Kapitalgesellschaft § 20 Abs. 2 Satz 1 bis 4 und 6, Abs. 4 Satz 1, Abs. 5 Satz 2, Abs. 7 und 8 entsprechend. Satz 1 gilt auch, wenn die einbringende Kapitalgesellschaft nur steuerpflichtig ist, soweit sie einen wirtschaftlichen Geschäftsbetrieb unterhält, oder wenn die inländische Betriebsstätte der übernehmenden Kapitalgesellschaft erst durch die Einbringung des Betriebs oder Teilbetriebs entsteht.

(2) Bringt eine beschränkt körperschaftsteuerpflichtige EU-Kapitalgesellschaft ihre inländische Betriebsstätte im Rahmen der Einbringung eines Betriebs oder Teilbetriebs in eine unbeschränkt oder beschränkt körperschaftsteuerpflichtige EU-Kapitalgesellschaft ein, so gilt für die Bewertung des eingebrachten Betriebsvermögens § 20 Abs. 2 Satz 1 bis 4 und 6, Abs. 4 Satz 1, Abs. 5 Satz 2, Abs. 7 und 8 entsprechend.

(3) Bringt eine unbeschränkt körperschaftsteuerpflichtige Kapitalgesellschaft im Rahmen der Einbringung eines Betriebs oder Teilbetriebs eine in einem anderen Mitgliedstaat der Europäischen Union belegene Betriebsstätte in eine beschränkt körperschaftsteuerpflichtige EU-Kapitalgesellschaft ein, so gilt für den Wertansatz der neuen Anteile § 20 Abs. 4 Satz 1, Abs. 7 und 8 entsprechend.

(4) Werden Anteile im Sinne des § 20 Abs. 1 Satz 2 an einer EU-Kapitalgesellschaft in eine andere EU-Kapitalgesellschaft eingebracht, so gilt für die Bewertung der Anteile, die die übernehmende Kapitalgesellschaft erhält, § 20 Abs. 2 Satz 1 bis 4 und 6 und für die Bewertung der neuen Anteile, die der Einbringende von der übernehmenden Kapitalgesellschaft erhält, § 20 Abs. 4 Satz 1 entsprechend. Abweichend von § 20 Abs. 4 Satz 1 gilt für den Einbringenden der Teilwert der eingebrachten Anteile als Veräußerungspreis, wenn das Besteuerungsrecht der Bundesrepublik Deutschland hinsichtlich des Gewinns aus einer Veräußerung der dem Einbringenden gewährten Gesellschaftsanteile im Zeitpunkt der Sacheinlage ausgeschlossen ist. Der Anwendung des Satzes 1 steht nicht entgegen, daß die übernehmende Kapitalgesellschaft dem Einbringenden neben den neuen Anteilen eine zusätzliche Gegenleistung gewährt, wenn diese 10 vom Hundert des Nennwerts oder eines an dessen Stelle tretenden rechnerischen Werts der gewährten Anteile nicht überschreitet. In den Fällen des Satzes 3 ist für die Bewertung der Anteile, die die übernehmende Kapitalgesellschaft erhält, auch § 20 Abs. 2 Satz 5 und für die Bewertung der Anteile, die der Einbringende erhält, auch § 20 Abs. 4

Satz 2 entsprechend anzuwenden. § 20 Abs. 5 gilt entsprechend.

Neunter Teil

Einbringung eines Betriebs, Teilbetriebs oder Mitunternehmeranteils in eine Personengesellschaft

§ 24
Einbringung von Betriebsvermögen in eine Personengesellschaft

(1) Wird ein Betrieb oder Teilbetrieb oder ein Mitunternehmeranteil in eine Personengesellschaft eingebracht und wird der Einbringende Mitunternehmer der Gesellschaft, so gelten für die Bewertung des eingebrachten Betriebsvermögens die Absätze 2 bis 4.

(2) Die Personengesellschaft darf das eingebrachte Betriebsvermögen in ihrer Bilanz einschließlich der Ergänzungsbilanzen für ihre Gesellschafter mit seinem Buchwert oder mit einem höheren Wert ansetzen. Buchwert ist der Wert, mit dem der Einbringende das eingebrachte Betriebsvermögen im Zeitpunkt der Einbringung nach den steuerrechtlichen Vorschriften über die Gewinnermittlung anzusetzen hat. Bei dem Ansatz des eingebrachten Betriebsvermögens dürfen die Teilwerte der einzelnen Wirtschaftsgüter nicht überschritten werden.

(3) Der Wert, mit dem das eingebrachte Betriebsvermögen in der Bilanz der Personengesellschaft einschließlich der Ergänzungsbilanzen für ihre Gesellschafter angesetzt wird, gilt für den Einbringenden als Veräußerungspreis. § 16 Abs. 4 und § 34 Abs. 1 des Einkommensteuergesetzes sind nur anzuwenden, wenn das eingebrachte Betriebsvermögen mit seinem Teilwert angesetzt wird. In den Fällen des Satzes 2 gilt § 16 Abs. 2 Satz 3 des Einkommensteuergesetzes entsprechend.

(4) § 22 Abs. 1 bis 3 und 5 gilt entsprechend; in den Fällen der Einbringung in eine Personengesellschaft im Wege der Gesamtrechtsnachfolge gilt auch § 20 Abs. 7 und 8 entsprechend.

Zehnter Teil

Formwechsel einer Personenhandelsgesellschaft in eine Kapitalgesellschaft

§ 25
Entsprechende Anwendung des achten Teils

Der achte Teil gilt in den Fällen des Formwechsels einer Personenhandelsgesellschaft in eine Kapitalgesellschaft im Sinne des § 190 des Umwandlungsgesetzes entsprechend. Die übertragende Gesellschaft hat eine Steuerbilanz auf den steuerlichen Übertragungsstichtag aufzustellen.

Elfter Teil

Verhinderung von Mißbräuchen

§ 26
Wegfall von Steuererleichterungen

(1) Die Anwendbarkeit des § 6 entfällt rückwirkend, wenn die Übernehmerin den auf sie übergegangenen Betrieb innerhalb von fünf Jahren nach dem steuerlichen Übertragungsstichtag in eine Kapitalgesellschaft einbringt oder ohne triftigen Grund veräußert oder aufgibt. Bereits erteilte Steuerbescheide, Steuermeßbescheide, Freistellungsbescheide oder Feststellungsbescheide sind zu ändern, soweit sie auf der Anwendung der in Satz 1 bezeichneten Vorschrift beruhen.

(2) § 23 Abs. 4 ist nicht anzuwenden, wenn die übernehmende Kapitalgesellschaft die erhaltenen Anteile innerhalb eines Zeitraums von sieben Jahren nach der Einbringung veräußert, es sei denn, der Steuerpflichtige weist nach, daß die erhaltenen Anteile Gegenstand einer weiteren Sacheinlage zu Buchwerten auf Grund von Rechtsvorschriften eines anderen Mitgliedstaates der Europäischen Union sind, die § 23 Abs. 4 entsprechen. § 23 Abs. 4 ist nicht anzuwenden, wenn die einbringende Kapitalgesellschaft die erhaltenen Anteile innerhalb eines Zeitraums von sieben Jahren nach der Einbringung veräußert, es sei denn, der Steuerpflichtige weist nach, daß die erhaltenen Anteile Gegenstand einer weiteren Sacheinlage zu Buchwerten auf Grund von Rechtsvorschriften eines anderen Mitgliedstaates der Europäischen Union sind, die § 23 Abs. 4 entsprechen. § 23 Abs. 1 bis 3 ist außerdem nicht anzuwenden, soweit Gewinne aus dem Betrieb von Seeschiffen oder Luftfahrzeugen im internationalen Verkehr oder von Schiffen, die der Binnenschiffahrt dienen, nach einem Abkommen zur Vermeidung der Doppelbesteuerung in der Bundesrepublik Deutschland nicht besteuert werden können.

Zwölfter Teil

Übergangs- und Schlußvorschriften

§ 27
Anwendungsvorschriften

(1) Dieses Gesetz ist erstmals auf den Übergang von Vermögen anzuwenden, der auf Rechtsakten beruht, die nach dem 31. Dezember 1994 wirksam werden.

(2) Das Gesetz über steuerliche Maßnahmen bei Änderung der Unternehmensform vom 6. September 1976 (BGBl. I S. 2641), zuletzt geändert durch Artikel 11 des Gesetzes vom 21. Dezember 1993 (BGBl. I S. 2310), ist letztmals auf den Übergang von Vermögen anzuwenden, der auf Rechtsakten beruht, die vor dem 1. Januar 1995 wirksam werden.

(3) § 21 Abs. 1 in der Fassung des Artikels 15 des Gesetzes vom 11. Oktober 1995 (BGBl. I S. 1250) ist erstmals auf Einbringungen anzuwenden, die nach dem 31. Dezember 1995 erfolgen.

Anlage (zu § 23)

Kapitalgesellschaften im Sinne des Artikels 3 der Richtlinie 90/434/EWG des Rates vom 23. Juli 1990 über das gemeinsame Steuersystem für Fusionen, Spaltungen, die Einbringung von Unternehmensteilen und den Austausch von Anteilen, die Gesellschaften verschiedener Mitgliedstaaten betreffen (ABl. EG Nr. L 225 S. 1), ergänzt durch die Akte über die Bedingungen des Beitritts der Republik Österreich, der Republik Finnland und des Königreichs Schweden und die Anpassung der die Europäische Union begründenden Verträge vom 24. Juni 1994 (BGBl. II S. 2031)

Kapitalgesellschaft im Sinne des Artikels 3 der genannten Richtlinie ist jede Gesellschaft, die

1. eine der aufgeführten Formen aufweist:
   - Gesellschaften belgischen Rechts mit der Bezeichnung:

     naamloze vennootschap/société anonyme, commanditaire vennootschap op aandelen/société en commandite par actions, besloten vennootschap met beperkte aansprakelijkheid/société privée à responsabilité limitée sowie öffentlich-rechtliche Körperschaften, deren Tätigkeit unter das Privatrecht fällt;

   - Gesellschaften dänischen Rechts mit der Bezeichnung:

     aktieselskab, anpartsselskab;

   - Gesellschaften deutschen Rechts mit der Bezeichnung:

     Aktiengesellschaft, Kommanditgesellschaft auf Aktien, Gesellschaft mit beschränkter Haftung, bergrechtliche Gewerkschaft;

   - Gesellschaften finnischen Rechts mit der Bezeichnung:

     osakeyhtiö/aktiebolag, osuuskunta/andelslag, säästöpankki/sparbank and vakuutushtiö/försäkringsbolag;

   - Gesellschaften griechischen Rechts mit der Bezeichnung:

     Ανώνυμη Εταιρία;

   - Gesellschaften spanischen Rechts mit der Bezeichnung:

     sociedad anonima, sociedad comanditaria por acciones, sociedad de responsabilidad limitada sowie öffentlich-rechtliche Körperschaften, deren Tätigkeit unter das Privatrecht fällt;

   - Gesellschaften französischen Rechts mit der Bezeichnung:

     société anonyme, société en commandite par actions, société à responsabilité limitée sowie die staatlichen Industrie- und Handelsbetriebe und -unternehmen;

   - Gesellschaften irischen Rechts mit der Bezeichnung:

     public companies limited by shares or by guarantee, private companies limited by shares or by guarantee, gemäß den Industrial and Provident Societies Acts eingetragene Einrichtungen oder gemäß den Building Societies Acts eingetragene „building societies";

   - Gesellschaften italienischen Rechts mit der Bezeichnung:

     società per azioni, società in accomandita per azioni, società a responsabilità limitata sowie die staatlichen und privaten Industrie- und Handelsunternehmen;

   - Gesellschaften luxemburgischen Rechts mit der Bezeichnung:

     société anonyme, société en commandite par actions, société à responsabilité limitée;

   - Gesellschaften niederländischen Rechts mit der Bezeichnung:

     naamloze vennootschap, besloten vennootschap met beperkte aansprakelijkheid;

   - Gesellschaften österreichischen Rechts mit der Bezeichnung:

     Aktiengesellschaft, Gesellschaft mit beschränkter Haftung;

   - Gesellschaften portugiesischen Rechts in Form von Handelsgesellschaften, zivilrechtlichen Handelsgesellschaften oder Genossenschaften sowie die öffentlichen Unternehmen;

   - Gesellschaften schwedischen Rechts mit der Bezeichnung:

     aktiebolag, bankaktiebolag, försäkringsaktiebolag;

   - nach dem Recht des Vereinigten Königreichs gegründete Gesellschaften,

2. nach dem Steuerrecht eines Mitgliedstaats in bezug auf den steuerlichen Wohnsitz als in diesem Staat ansässig und aufgrund eines mit einem dritten Staat geschlossenen Doppelbe-

steuerungsabkommens in bezug auf den steuerlichen Wohnsitz nicht als außerhalb der Gemeinschaft ansässig betrachtet wird und

3. ohne Wahlmöglichkeit einer der nachstehenden Steuern
   - vennootschapsbelasting/impôt des sociétés in Belgien,
   - selskabsskat in Dänemark,
   - Körperschaftsteuer in Deutschland,
   - Yhteisöjen tulovero/inkomstskatten för samfund in Finnland,
   - φόρος εισοδήματος νομικών προσώπων κερδοσκοπικού χαρακτήρα in Griechenland,
   - impuesto sobre sociedades in Spanien,
   - impôt sur les sociétés in Frankreich,
   - corporation tax in Irland,
   - imposta sul reddito delle persone giuridiche in Italien,
   - impôt sur le revenu des collectivités in Luxemburg,
   - vennootschapsbelasting in den Niederlanden,
   - Körperschaftsteuer in Österreich,
   - imposto sobre o rendimento das pessoas colectivas in Portugal,
   - Statlig inkomstskatt in Schweden,
   - Corporation tax im Vereinigten Königreich

oder irgendeiner Steuer, die eine dieser Steuern ersetzt, unterliegt, ohne davon befreit zu sein.

Anhang 28

Umwandlungssteuerrecht

II
Gesetz über steuerliche Maßnahmen bei Änderung der Unternehmensform (UmwStG 1977); hier: Zweifelsfragen zum Sechsten und Siebenten Teil des Gesetzes

BMF vom 16. 6. 1978 (BStBl I S. 235)

IV B 2 – S 1909 – 8/78

Zur Zeit befindet sich ein BMF-Schreiben zu der in Anhang 28 I abgedruckten Fassung des UmwStG in Vorbereitung.

Für den Geltungsbereich des UmwStG 1977 wird auf das EStH 1994 (Anhang 27 I) verwiesen.

III
Erstmalige Anwendung des neuen Umwandlungssteuergesetzes

BMF vom 19. 12. 1994 (BStBl 1995 I S. 42)
IV B 7 – S 1978 – 101/94

Unter Bezugnahme auf die Erörterungen mit den obersten Finanzbehörden der Länder nehme ich zur Anwendung des Umwandlungssteuergesetzes – UmwStG – in der Fassung des Gesetzes zur Änderung des Umwandlungssteuerrechts vom 28. Oktober 1994 (BGBl. I 1994 S. 3267) wie folgt Stellung:

1. **Erstmalige Anwendung**
Das UmwStG ist nach seinem § 27 Abs. 1 erstmals auf den Übergang von Vermögen anzuwenden, der auf Rechtsakten beruht, die nach dem 31. Dezember 1994 wirksam werden. Ebenso wie das handelsrechtliche Umwandlungsgesetz (vgl. § 318 UmwG i. d. F. des Gesetzes zur Bereinigung des Umwandlungsrechts – UmwBerG – vom 28. Oktober 1994, BGBl. I 1994 S. 3210) ist das UmwStG noch nicht auf solche Umwandlungen anzuwenden, zu deren Vorbereitung bereits vor dem 1. Januar 1995 ein Vertrag oder eine Erklärung beurkundet oder notariell beglaubigt oder eine Versammlung der Anteilsinhaber einberufen worden ist.

2. **Steuerliche Rückwirkung**
Bei Umwandlungen, auf die das neue UmwStG anzuwenden ist, kann dem Vermögensübergang eine Bilanz auf einen höchstens acht Monate vor der Anmeldung der Umwandlung zur Eintragung in das maßgebliche Register liegenden Stichtag zugrunde gelegt werden (§§ 2 Abs. 1 und 20 Abs. 8 UmwStG, § 17 Abs. 2 UmwG).

Anhang 29
0 Verluste bei beschränkter Haftung

Übersicht

0 Zweifelsfragen zur Anwendung des § 15 a EStG

I Begriff des Kapitalkontos i. S. des § 15 a EStG und Begriff der nicht unwahrscheinlichen Vermögensminderung i. S. des § 15 a EStG; hier: Anwendung der BFH-Urteile vom 14. 5. 1991 – VIII R 31/88 – und – VIII R 111/86 –

II § 15 a EStG; hier: Umfang des Kapitalkontos i. S. des § 15 a Abs. 1 Satz 1 EStG

III Zweifelsfragen zu § 15 a EStG; hier: Saldierung von Gewinnen und Verlusten aus dem Gesellschaftsvermögen mit Gewinnen und Verlusten aus dem Sonderbetriebsvermögen

0
Zweifelsfragen zur Anwendung des § 15 a EStG[1])

BMF vom 8. 5. 1981 (BStBl I S. 308)
– Auszug –

Unter Bezugnahme auf das Ergebnis der Erörterung mit den obersten Finanzbehörden der Länder vertritt der BMF zu Zweifelsfragen zur Anwendung des § 15 a EStG folgende Auffassung:

I. Zweifelsfragen zur Anwendung des § 15 a EStG
1. Prüfung der Frage der Mitunternehmerschaft ...
2. Begriff und Umfang des Kapitalkontos im Sinne des § 15 a Abs. 1 Satz 1 EStG ...
3. Zurechnung von Verlustanteilen ...
4. Außenhaftung des Kommanditisten nach § 15 a Abs. 1 Satz 2 und 3 EStG

Nach § 15 a Abs. 1 Satz 2 EStG können in Fällen, in denen der Kommanditist am Bilanzstichtag den Gläubigern der Gesellschaft auf Grund des § 171 Abs. 31 des Handelsgesetzbuches haftet, abweichend von der Grundsatzregelung in § 15 a Abs. 1 Satz 1 EStG Verlustanteile des Kommanditisten bis zur Höhe des Betrags, um den die im Handelsregister eingetragene Einlage des Kommanditisten seine geleistete Einlage übersteigt, auch ausgeglichen oder abgezogen werden, soweit durch den Verlust ein negatives Kapitalkonto entsteht oder sich erhöht. Die weiteren Voraussetzungen des § 15 a Abs. 1 Satz 3 EStG müssen erfüllt sein. Danach muß derjenige, dem der Anteil zuzurechnen ist, im Handelsregister eingetragen sein, das Bestehen der Haftung nachgewiesen werden und eine Vermögensminderung auf Grund der Haftung nicht durch Vertrag ausgeschlossen oder nach Art und Weise des Geschäftsbetriebs unwahrscheinlich sein. Ob diese Voraussetzungen vorliegen, kann nur nach den Umständen des Einzelfalles unter Berücksichtigung nachstehender Grundsätze entschieden werden:

a) Eintragung in das Handelsregister
aa) Zeitpunkt der Eintragung

Voraussetzung für den erweiterten Verlustausgleich bzw. Verlustabzug im Jahr der Entstehung des Verlusts bei der KG ist, daß derjenige, dem der Anteil zuzurechnen ist und der deshalb den Verlustanteil bei seiner persönlichen Steuerveranlagung ausgleichen oder abziehen will, am Bilanzstichtag namentlich im Handelsregister eingetragen ist. Die Anmeldung zur Eintragung im Handelsregister kann nicht als ausreichend angesehen werden. Dies gilt auch, wenn die Eintragung z. B. nur wegen Überlastung des Handelsregistergerichts oder wegen firmenrechtlicher Bedenken des Gerichts noch nicht vollzogen ist.

bb) Eintragung eines Treuhänders oder Hauptbeteiligten

Bei Treuhandverhältnissen im Sinne des § 39 AO und bei Unterbeteiligungen, in denen ein beschränkt haftender Unternehmer einem Dritten an seinem Gesellschaftsanteil einräumt, reicht für die Frage, ob der Verlustanteil im Jahre der Entstehung des Verlusts bei der KG vom Kommanditisten ausgeglichen oder abgezogen werden darf, die Eintragung des Treuhänders oder des Hauptbeteiligten im Handelsregister nicht aus. Bei Treuhändereintragung und bei alleiniger Eintragung des Hauptbeteiligten bleibt es folglich bei der Grundsatzregelung, daß der zum negativen Kapitalkonto führende bzw. dieses erhöhende Verlust gemäß § 15 a Abs. 2 EStG nur mit späteren Gewinnanteilen des Treugebers oder des Unterbeteiligten aus der Beteiligung verrechnet werden kann.

---

[1]) Tzn. 2 und 7 bis 10 überholt durch BMF vom 20. 2. 1992 (BStBl I S. 123); → Anhang 29 I.

1362

b) Unwahrscheinlichkeit der Inanspruchnahme nach Art und Weise des Geschäftsbetriebs

Die Anwendung des § 15 a Abs. 1 Satz 2 EStG setzt voraus, daß eine Vermögensminderung auf Grund der Haftung nicht nach Art und Weise des Geschäftsbetriebs unwahrscheinlich ist. Dies bedeutet, daß die durch Handelsregistereintragung begründete Haftung mit einem wirtschaftlich ins Gewicht fallenden Risiko verbunden sein muß. Dabei ist auf die Verhältnisse am Bilanzstichtag abzustellen. Demnach müssen die tatsächlich geleistete Einlage (Einlage), die Pflichteinlage gemäß Gesellschaftsvertrag (Pflichteinlage) und die Hafteinlage gemäß Handelsregistereintragung (Hafteinlage) in ihrem Verhältnis zueinander und im Verhältnis zum insgesamt benötigten Finanzbedarf gewertet werden. Ist der insgesamt benötigte und wirtschaftlich begründete Finanzbedarf bei einem Projekt, für das bei der Anlegerwerbung eine in sich geschlossene Finanzierungskonzeption vorgelegt wird, durch Eigenkapital und Fremdkapital gedeckt, so begründet die höhere Hafteinlage nach den Verhältnissen am Bilanzstichtag keine Gefahr einer Inanspruchnahme aus der Haftung, es sei denn, am Bilanzstichtag ist für den einzelnen Kommanditisten konkret erkennbar, daß er wegen einer Verbindlichkeit der Gesellschaft in Anspruch genommen werden soll, weil die Gesellschaft die Verbindlichkeit nicht erfüllt.

Die Frage, ob eine Inanspruchnahme aus der Haftung nicht unwahrscheinlich ist, wenn eine Differenz zwischen Pflichteinlage und (tatsächlich geleisteter) Einlage besteht und die Pflichteinlage in das Handelsregister eingetragen ist, ist ebenfalls nach den Verhältnissen am Bilanzstichtag zu entscheiden. Am Bilanzstichtag steht fest, daß die Gesellschaft im Rahmen ihres Investitionsplanes, der im Rahmen der Anlegerwerbung in den Beitrittsunterlagen im einzelnen beschrieben und teilweise sogar Bestandteil des Gesellschaftsvertrages ist, bestimmte Investitionen getätigt hat, die aus den bis zum Bilanzstichtag anteilig abgerufenen Eigenmitteln (anteilig geleistete Pflichteinlage) und Fremdmitteln gemäß Finanzierungsplan finanziert wurden. Der noch nicht abgerufene Teil der Eigenmittel und der Fremdmittel betrifft Aufwendungen späterer Wirtschaftsjahre. Die Tatsache, daß z. B. eine Bank oder ein anderer Kreditgeber der Gesellschaft im Rahmen des abgestimmten und festliegenden Finanzierungsplans die bis zum Bilanzstichtag getätigten Investitionen teilweise finanziert hat, führt somit – da im allgemeinen davon auszugehen ist, daß der Gesellschaftszweck planmäßig verwirklicht wird – nicht zu einer Erhöhung des Verlustausgleichsvolumens in den Wirtschaftsjahren, in denen entsprechend den getroffenen Vereinbarungen Teile der Pflichteinlage noch nicht geleistet sind. In diesen Fällen sind deshalb Verlustanteile nur nach Maßgabe der tatsächlich geleisteten Einlage ausgleichsfähig, es sei denn, am Bilanzstichtag ist für den einzelnen Kommanditisten konkret erkennbar, daß er wegen einer Verbindlichkeit der Gesellschaft in Anspruch genommen werden soll, weil die Gesellschaft die Verbindlichkeit nicht erfüllt. Besondere Bedeutung kommt dieser Auslegung in Fällen zu, in denen die Pflichteinlage ratenweise in mehreren Wirtschaftsjahren zu erbringen ist.

Hat der Kommanditist die durch Gesellschaftsvertrag bedungene Einlage ganz oder teilweise nicht erbracht und hat die KG ihren Anspruch auf Einzahlung der Kommanditeinlage z. B. an eine Bank abgetreten, so führt dieser Umstand ebenfalls nicht zu einer Außenhaftung im Sinne des § 15 a Abs. 1 Satz 2 und 3 EStG. Auch in diesen Fällen sind Verlustanteile nur nach Maßgabe der tatsächlich geleisteten Einlage ausgleichsfähig, es sei denn, am Bilanzstichtag ist für den einzelnen Kommanditisten konkret erkennbar, daß er wegen einer Verbindlichkeit der Gesellschaft in Anspruch genommen werden soll, weil die Gesellschaft die Verbindlichkeit nicht erfüllt. Das gleiche gilt in Fällen der Bürgschaftsübernahme eines Dritten für den Fall der Nichteinzahlung der Kommanditeinlage.

c) Bestehen der Außenhaftung am Bilanzstichtag

Für Zwecke des § 15 a Abs. 1 EStG kann nur eine am Bilanzstichtag bestehende Außenhaftung berücksichtigt werden. Auch die übrigen Voraussetzungen müssen nach den Verhältnissen des Bilanzstichtags beurteilt werden.

5. Eröffnung des Betriebs im Sinne des § 52 Abs. 20 a EStG . . .

6. Verlustzurechnung nach § 52 Abs. 20 a Satz 5 EStG beim Ausscheiden von Kommanditisten . . .

II. Letztmalige Anwendung der Verlustklauseln . . .

III. Ausländische Verluste . . .

I
Begriff des Kapitalkontos i. S. des § 15 a EStG und Begriff der nicht unwahrscheinlichen Vermögensminderung i. S. des § 15 a EStG; hier: Anwendung der BFH-Urteile vom 14. 5. 1991 – VIII R 31/88 – und – VIII R 111/86 –

BMF vom 20. 2. 1992 (BStBl I S. 123)
IV B 2 – S 2241 a – 8/92

Der Bundesfinanzhof (BFH) hat mit Urteil vom 14. Mai 1991 – VIII R 31/88 – (BStBl II 1992 S. 167) zum Begriff des Kapitalkontos i. S. des § 15 a EStG und mit Urteil vom gleichen Tage – VIII R 111/86 – (BStBl II 1992 S. 164) zum Begriff der nicht unwahrscheinlichen Vermögensminderung i. S. des § 15 a EStG entschieden. Zu der Frage, welche Folgerungen aus den vorgenannten BFH-Urteilen zu ziehen sind, wird unter Bezugnahme auf das Ergebnis der Erörterungen mit den obersten Finanzbehörden der Länder wie folgt Stellung genommen:

1 Kapitalkonto i. S. des § 15 a EStG
1.1 Keine Einbeziehung des Sonderbetriebsvermögens

Mit Urteil vom 14. Mai 1991 – VIII R 31/88 – (BStBl II 1992 S. 167) hat der BFH entschieden, daß bei der Ermittlung des Kapitalkontos i. S. des § 15 a EStG das positive und negative – Sonderbetriebsvermögen des Kommanditisten außer Betracht zu lassen ist. Nach dem BFH-Urteil ist für die Anwendung des § 15 a EStG das Kapitalkonto nach der Steuerbilanz der KG unter Berücksichtigung etwaiger Ergänzungsbilanzen maßgeblich. Die bisherige Verwaltungsauffassung, wonach auch das Sonderbetriebsvermögen des Kommanditisten in die Ermittlung des Kapitalkontos i. S. des § 15 a EStG einzubeziehen war (vgl. Abschnitt 138 d Abs. 2 EStR 1990), ist überholt.

1.2 Anwendungsregelung
1.2.1 Negatives Sonderbetriebsvermögen

Die Grundsätze des BFH-Urteils vom 14. Mai 1991 – VIII R 31/88 – (BStBl II 1992 S. 167) sind auf negatives Sonderbetriebsvermögen in allen Fällen anzuwenden, in denen ein bestandskräftiger Feststellungsbescheid noch nicht vorliegt. Bei der erstmaligen Anwendung der Grundsätze dieses BFH-Urteils ist bereits in die Ermittlung des Kapitalkontos i. S. des § 15 a EStG zu Beginn des Wirtschaftsjahres ein etwaiges Sonderbetriebsvermögen des Kommanditisten nicht mehr einzubeziehen.

1.2.2 Positives Sonderbetriebsvermögen

Soweit einem Kommanditisten ein positives Sonderbetriebsvermögen zugerechnet wird, ist es nicht zu beanstanden, wenn die bisherige Verwaltungsauffassung, nach der das positive Sonderbetriebsvermögen in die Ermittlung des Kapitalkontos i. S. des § 15 a EStG einzubeziehen ist, für eine Übergangszeit weiter angewendet wird, jedoch begrenzt auf die Höhe des am 31. Dezember 1991 vorhandenen positiven Sonderbetriebsvermögens. Spätestens zu Beginn des letzten im Jahre 1993 endenden Wirtschaftsjahres der KG ist auch das positive Sonderbetriebsvermögen bei der Ermittlung des Kapitalkontos i. S. des § 15 a EStG außer Betracht zu lassen.

2 Nicht unwahrscheinliche Vermögensminderung i. S. des § 15 a EStG
2.1 Vermutung der Wahrscheinlichkeit einer Vermögensminderung

Mit Urteil vom 14. Mai 1991 – VIII R 111/86 – (BStBl II 1992 S. 164) hat der BFH auch zum Begriff der nicht unwahrscheinlichen Vermögensminderung i. S. des § 15 a EStG Stellung genommen. Mit der Eintragung der Haftsumme in das Handelsregister ist danach in der Regel ein echtes wirtschaftliches Risiko für den Kommanditisten verbunden. Eine Vermögensminderung für ihn ist nur dann unwahrscheinlich, wenn die finanzielle Ausstattung der KG und deren gegenwärtige sowie zu erwartende Liquidität im Verhältnis zu dem vertraglich festgelegten Gesellschaftszweck und dessen Umfang so außergewöhnlich günstig ist, daß die finanzielle Inanspruchnahme des zu beurteilenden Kommanditisten nicht zu erwarten ist. Bei der Wertung dieser Voraussetzungen ist nicht allein auf die Verhältnisse am Bilanzstichtag, sondern auch auf die voraussichtliche zukünftige Entwicklung des Unternehmens abzustellen.

Damit ist die von dieser Gesetzesauslegung abweichende bisherige Verwaltungsauffassung überholt, wonach nur in Ausnahmefällen davon auszugehen war, daß eine Vermögensminderung bei dem Kommanditisten aufgrund seiner im Handelsregister eingetragenen, aber noch nicht geleisteten Hafteinlage wahrscheinlich ist. Das gilt auch für die bisherige Verwaltungsauffassung, nach der allein auf die Verhältnisse am Bilanzstichtag abzustellen war. Vgl. hierzu Abschnitt 138 d Abs. 3 Sätze 8 bis 11 EStR 1990 und das BMF-Schreiben vom 8. Mai 1981 – BStBl I S. 308 (Tzn. 7 bis 10).

2.2 Anwendungsregelung

Die Grundsätze des BFH-Urteils vom 14. Mai 1991 – VIII R 111/86 – (BStBl II 1992 S. 164) sind in allen Fällen anzuwenden, in denen ein bestands-

Anhang 29
Verluste bei beschränkter Haftung

kräftiger Feststellungsbescheid noch nicht vorliegt.

3 Bisherige Verwaltungsanweisungen

Soweit die bisherigen Verwaltungsanweisungen in Abschnitt 138 d Abs. 2 und Abs. 3 Sätze 8 bis 11 EStR und in den BMF-Schreiben vom 8. Mai 1981 – BStBl I S. 308 (Tzn. 2 und 7 bis 10), vom 9. Februar 1981 (BStBl I S. 75), vom 14. September 1981 (BStBl I S. 620) und vom 22. Dezember 1989 (BStBl I S. 484) diesem Schreiben entgegenstehen, tritt es an deren Stelle.

II
§ 15 a EStG;
hier: Umfang des Kapitalkontos i. S. des § 15 a Abs. 1 Satz 1 EStG

BMF vom 24. 11. 1993 (BStBl I S. 934)
IV B 2 – S 2241 a – 51/93

Mit Urteil vom 14. Mai 1991 (BStBl 1992 II S. 167) hat der BFH entschieden, daß bei der Ermittlung des Kapitalkontos i. S. des § 15 a EStG das – positive und negative – Sonderbetriebsvermögen des Kommanditisten außer Betracht zu lassen ist. Nach dem Urteil ist für die Anwendung des § 15 a EStG das Kapitalkonto nach der Steuerbilanz der KG unter Berücksichtigung etwaiger Ergänzungsbilanzen maßgeblich. Die bisherige Verwaltungsauffassung, wonach auch das Sonderbetriebsvermögen des Kommanditisten in die Ermittlung des Kapitalkontos i. S. des § 15 a EStG einzubeziehen war (vgl. Abschnitt 138 d Abs. 2 EStR 1990), ist überholt (vgl. BMF-Schreiben vom 20. Februar 1992, BStBl I S. 123 – nebst der darin getroffenen Übergangsregelung).

Zu der Frage, wie der Umfang des Kapitalkontos i. S. des § 15 a Abs. 1 Satz 1 EStG unter Zugrundelegung dieser Rechtsprechung zu bestimmen ist, nehme ich unter Bezugnahme auf das Ergebnis der Erörterungen mit den obersten Finanzbehörden der Länder wie folgt Stellung:

Das Kapitalkonto i. S. des § 15 a Abs. 1 Satz 1 EStG setzt sich aus dem Kapitalkonto des Gesellschafters in der Steuerbilanz der Gesellschaft und dem Mehr- oder Minderkapital aus einer etwaigen positiven oder negativen Ergänzungsbilanz des Gesellschafters (BFH-Urteil vom 30. März 1993, BStBl II S. 706) zusammen. Bei der Ermittlung des Kapitalkontos sind im einzelnen folgende Positionen zu berücksichtigen:

1. Geleistete Einlagen; hierzu rechnen insbesondere erbrachte Haft- und Pflichteinlagen, aber auch z. B. verlorene Zuschüsse zum Ausgleich von Verlusten. Pflichteinlagen gehören auch dann zum Kapitalkonto i. S. des § 15 a Abs. 1 Satz 1 EStG, wenn sie unabhängig von der Gewinn- oder Verlustsituation verzinst werden.

2. In der Bilanz ausgewiesene Kapitalrücklagen. Wenn eine KG zur Abdeckung etwaiger Bilanzverluste ihr Eigenkapital vorübergehend durch Kapitalzuführung von außen im Wege der Bildung einer Kapitalrücklage erhöht, so verstärkt sich das steuerliche Eigenkapital eines jeden Kommanditisten nach Maßgabe seiner Beteiligung an der Kapitalrücklage.

3. In der Bilanz ausgewiesene Gewinnrücklagen. Haben die Gesellschafter einer KG durch Einbehaltung von Gewinnen Gewinnrücklagen in der vom Gesellschaftsvertrag hierfür vorgesehenen Weise gebildet, so verstärkt sich das steuerliche Eigenkapital eines jeden Kommanditisten nach Maßgabe seiner Beteiligung an der Gewinnrücklage.

Der Umstand, daß durch die Bildung von Kapital- (siehe Nr. 2) und Gewinnrücklagen das steuerliche Eigenkapital der KG nur vorübergehend verstärkt wird und die Haftung im Außenverhältnis nicht nachhaltig verbessert wird, ist für die Zugehörigkeit ausgewiesener Kapital- und Gewinnrücklagen zum Kapitalkonto i. S. des § 15 a Abs. 1 Satz 1 EStG ohne Bedeutung.

4. Beteiligungskonto in Abgrenzung zu einem Forderungskonto (Darlehenskonto)

Nach § 167 Abs. 2 HGB wird der Gewinnanteil des Kommanditisten seinem Kapitalanteil nur so lange gutgeschrieben, wie dieser die Höhe der vereinbarten Pflichteinlage nicht erreicht. Nach § 169 HGB sind nicht abgerufene Gewinnanteile des Kommanditisten, soweit sie seine Einlage übersteigen, außerhalb seines Kapitalanteils gutzuschreiben. In diesem Fall sind die auf einem weiteren Konto (Forderungskonto oder Darlehenskonto) ausgewiesenen Gewinnanteile dem Sonderbetriebsvermögen des Kommanditisten zuzuordnen, weil sie ein selbständiges Forderungsrecht des Kommanditisten gegenüber der Gesellschaft begründen.

§ 169 HGB kann jedoch durch Gesellschaftsvertrag abbedungen werden. Die Vertragspraxis hat daher ein System kombinierter Kapitalanteile mit geteilten Kapitalkonten entwickelt. Die Kapitalbeteiligung, das Stimmrecht und die Gewinn- bzw. Verlustbeteiligung richten sich regelmäßig nach dem Verhältnis der festen Kapitalanteile, wie sie auf dem sog. Kapitalkonto I ausgewiesen werden. Auf diesem Konto wird in der Regel die ursprünglich vereinbarte Pflichteinlage gebucht. Daneben wird ein zweites variables Gesellschafterkonto geführt, das eine Bezeichnung wie Kapitalkonto II, Darlehenskonto, Kontokorrentkonto o. a. zu tragen pflegt. Dieses Konto dient dazu, über das Kapitalkonto I hinausgehende Einlagen, Entnahmen oder Gewinn- und Verlustanteile auszuweisen. Es kann aber auch Gesellschafterdarlehen aufnehmen (BFH-Urteil vom 3. Februar 1988 – BStBl II S. 551). Soweit deshalb ein Gesellschaftsvertrag die Führung mehrerer Gesellschafterkonten vorschreibt, kann nicht mehr die Rechtslage nach dem HGB zugrunde gelegt werden. Vielmehr ist entscheidend darauf abzustellen, welche Rechtsnatur das Guthaben auf dem gesellschaftsvertraglich vereinbarten zweiten Gesellschafterkonto hat (BFH-Urteil vom 3. Februar 1988, a. a. O.).

Werden auch Verluste auf dem separat geführten Gesellschafterkonto verrechnet, so spricht dies grundsätzlich für die Annahme eines im Gesellschaftsvermögen gesamthänderisch gebundenen Guthabens. Denn nach § 120 Abs. 2 HGB besteht der Kapitalanteil begrifflich aus der ursprünglichen Einlage und den späteren Gewinnen, vermindert um Verluste sowie Entnahmen. Damit werden stehengelassene Gewinne wie eine Einlage behandelt, soweit vertraglich nicht etwas anderes vereinbart ist; sie begründen keine Forderung des Gesellschafters gegen die Gesellschaft. Verluste mindern die Einlage und mindern nicht eine Forderung des Gesellschafters gegen die Gesellschaft. Insoweit fehlt es an den Voraussetzungen der §§ 362 bis 397 BGB. Die Einlage einschließlich der stehengelassenen Gewinne und abzüglich der Verluste und der Entnahmen stellt damit für die Gesellschaft Eigen- und nicht Fremdkapital dar. Deshalb läßt sich die Verrechnung von Verlusten auf dem separat geführten Gesellschafterkonto mit der Annahme einer individualisierten Gesellschafterforderung nur vereinbaren, wenn der Gesellschaftsvertrag dahin verstanden werden kann, daß die Gesellschafter im Verlustfall eine Nachschußpflicht trifft und die nachzuschießenden Beträge durch Aufrechnung mit Gesellschafterforderungen zu erbringen sind (BFH-Urteil vom 3. Februar 1988, a. a. O.).

Sieht der Gesellschaftsvertrag eine Verzinsung der separat geführten Gesellschafterkonten im Rahmen der Gewinnverteilung vor, so spricht dies weder für noch gegen die Annahme individualisierter Gesellschafterforderungen, weil eine Verzinsung von Fremdkapital (§ 110, § 111 HGB) und eine Verzinsung der Kapitalanteile im Rahmen der Gewinnverteilung (§ 121 Abs. 1 und 2, § 168 Abs. 1 HGB) gleichermaßen üblich und typisch sind. Sieht der Gesellschaftsvertrag eine Ermäßigung der Verzinsung entsprechend der Regelung in § 121 Abs. 1 Satz 2 HGB vor, so spricht dies allerdings für die Annahme eines noch zum Gesellschaftsvermögen gehörenden Guthabens (BFH-Urteil vom 3. Februar 1988, a. a. O.).

Ob ein Gesellschafterdarlehen zum steuerlichen Kapital der Gesellschaft oder zum steuerlichen Sonderbetriebsvermögen des Gesellschafters gehört, läßt sich danach nur anhand der Prüfung der Gesamtumstände des Einzelfalls anhand der vom BFH aufgezeigten Kriterien entscheiden. Die Abgrenzung eines Beteiligungskontos von einem Forderungskonto ist danach vorzunehmen, ob – nach der gesellschaftsvertraglichen Vereinbarung – auf dem jeweiligen Kapitalkonto auch Verluste verbucht werden.

5. Verlustvortrag in Abgrenzung zu Darlehen der Gesellschaft an den Gesellschafter

Nach § 167 Abs. 3 HGB nimmt der Kommanditist an dem Verlust nur bis zum Betrag seines Kapitalanteils und seiner noch rückständigen Einlage teil. Getrennt geführte Verlustvortragskonten mindern regelmäßig das Kapitalkonto des Kommanditisten i. S. des § 15 a Abs. 1 Satz 1 EStG. Dies gilt jedoch nicht, wenn die Regelung des § 167 Abs. 3 HGB von den Gesellschaftern abbedungen wird, so daß den Gesellschafter eine Nachschußpflicht trifft. Ist nach den Ausführungen zu Ziffer 4, die hier entsprechend gelten, eine selbständige Forderung der Gesellschaft gegen den Gesellschafter anzunehmen, mindert ein Verlustvortrag das Kapitalkonto i. S. des § 15 a Abs. 1 Satz 1 EStG nicht.

6. Außer Betracht zu lassen sind kapitalersetzende Darlehen. Handels- und steuerrechtlich sind eigenkapitalersetzende Darlehen als Fremdkapital zu behandeln; eine Gleichbehandlung mit Eigenkapital ist nicht möglich (BFH-Urteil vom 5. Februar 1992 – BStBl II S. 532).

III
Zweifelsfragen zu § 15 a EStG;
hier: Saldierung von Gewinnen und Verlusten aus dem Gesellschaftsvermögen mit Gewinnen und Verlusten aus dem Sonderbetriebsvermögen

BMF vom 15. 12. 1993 (BStBl I S. 976)
IV B 2 – S 2241 a – 57/93

Zur Frage der Saldierung von Gewinnen und Verlusten aus dem Gesellschaftsvermögen mit Gewinnen und Verlusten aus dem Sonderbetriebsvermögen wird unter Bezugnahme auf das Ergebnis der Erörterungen mit den obersten Finanzbehörden der Länder wie folgt Stellung genommen:

Nach dem Urteil des Bundesfinanzhofs vom 14. Mai 1991 (BStBl 1992 II S. 167) sind das Gesellschaftsvermögen laut Gesellschaftsbilanz einschließlich einer etwaigen Ergänzungsbilanz und das Sonderbetriebsvermögen für die Anwendung des § 15 a EStG zu trennen. Deshalb ist das Sonderbetriebsvermögen eines Kommanditisten nicht in die Ermittlung seines Kapitalkontos im Sinne des § 15 a EStG einzubeziehen (vgl. BMF-Schreiben vom 20. Februar 1992 – BStBl I S. 123).

Aus der Trennung der beiden Vermögensbereiche folgt, daß

– in die Ermittlung der ausgleichs- und abzugsfähigen Verluste nach § 15 a Abs. 1 EStG nur die Verluste aus dem Gesellschaftsvermögen einschließlich einer etwaigen Ergänzungsbilanz ohne vorherige Saldierung mit Gewinnen aus dem Sonderbetriebsvermögen einbezogen werden können; nur ein nach Anwendung des § 15 a Abs. 1 EStG verbleibender ausgleichs- und abzugsfähiger Verlust ist mit Gewinnen aus dem Sonderbetriebsvermögen zu saldieren,

– Gewinne späterer Jahre aus dem Gesellschaftsvermögen einschließlich einer etwaigen Ergänzungsbilanz mit verrechenbaren Verlusten der Vorjahre verrechnet werden müssen (§ 15 a Abs. 2 EStG) und Verluste aus dem Sonderbetriebsvermögen nur mit einem danach verbleibenden Gewinn aus dem Gesellschaftsvermögen einschließlich einer etwaigen Ergänzungsbilanz ausgeglichen werden können.

Die Abgrenzung zwischen dem Anteil am Gewinn oder Verlust der KG und dem Sonderbilanzgewinn bzw. -verlust richtet sich nach der Abgrenzung zwischen Gesellschafts- und Sonderbetriebsvermögen. Dem Kommanditisten gutgeschriebene Tätigkeitsvergütungen beruhen im Hinblick auf § 164 HGB mangels anderweitiger Vereinbarungen im Zweifel auf schuldrechtlicher Basis und sind damit als Sondervergütungen zu behandeln. Sie zählen hingegen zum Gewinnanteil aus der Personengesellschaft, wenn die Tätigkeit auf gesellschaftsrechtlicher Basis geleistet wird (vgl. BFH-Urteile vom 14. November 1985 – BStBl 1986 II S. 58, vom 7. April 1987 – BStBl II S. 707 und vom 10. Juni 1987 – BStBl II S. 816).

Solange für einen Kommanditisten aufgrund der Übergangsregelung in dem BMF-Schreiben vom 20. Februar 1992 (BStBl I S. 123) das positive Sonderbetriebsvermögen in die Ermittlung des Kapitalkontos i. S. des § 15 a EStG einbezogen wird, können weiterhin Verluste aus dem Gesellschaftsvermögen unter Einbeziehung einer etwaigen Ergänzungsbilanz mit Gewinnen des Kommanditisten aus dem Sonderbetriebsvermögen verrechnet werden, so daß nur der verbleibende Verlust der Beschränkung des § 15 a Abs. 1 EStG unterliegt. In diesen Fällen können Gewinne aus dem Sonderbetriebsvermögen auch mit verrechenbaren Verlusten der Vorjahre verrechnet werden (§ 15 a Abs. 2 EStG).

Für Entnahmen aus dem Sonderbetriebsvermögen während der Anwendung der Übergangsregelung in dem BMF-Schreiben vom 20. Februar 1992 (BStBl I S. 123) kommt auch eine Gewinnzurechnung aufgrund von Einlageminderungen unter den Voraussetzungen des § 15 a Abs. 3 EStG in Betracht.

Anhang 30

Vermietung und Verpachtung   0 a

Übersicht

0 a Zur sinngemäßen Anwendung des § 15 a EStG bei den Einkünften aus Vermietung und Verpachtung (§ 21 Abs. 1 Satz 2 EStG)
0 b Einkommensteuerrechtliche Behandlung von Bausparzinsen und Schuldzinsen bei selbstgenutztem Wohneigentum
   I Negative Einkünfte aus der Vermietung und Verpachtung im Rahmen von sog. Bauherrenmodellen und vergleichbaren Modellen sowie geschlossenen Immobilienfonds
 I a Verfahren bei der Geltendmachung von negativen Einkünften aus der Beteiligung an Verlustzuweisungsgesellschaften und vergleichbaren Modellen
  II Einkunftserzielung bei den Einkünften aus Vermietung und Verpachtung
 III Einkunftsermittlung bei im Betriebsvermögen gehaltenen Beteiligungen an vermögensverwaltenden Personengesellschaften
III a Abgrenzung der Eigen- und Fremdnutzung bei Ferienwohnungen
III b Sinngemäße Anwendung des § 15 a Abs. 5 Nr. 2 2. Alt. EStG bei den Einkünften aus Vermietung und Verpachtung von Gesellschaften des bürgerlichen Rechts; hier: Anwendung der BFH-Urteile vom 17. 12. 1992 und vom 30. 11. 1993 (BStBl 1994 II S. 490, 492, 496)
III c Zurechnung von Einkünften aus Vermietung und Verpachtung bei Treuhandverhältnissen; BFH-Urteil vom 27. 1. 1993 (BStBl 1994 II S. 615)
  IV Ertragsteuerliche Beurteilung von Aufwendungen eines geschlossenen Immobilienfonds im Zusammenhang mit dem Erwerb eines Grundstücks; rechtliche Einordnung der aufzubringenden Eigenkapitalvermittlungsprovision; Anwendung des BFH-Urteils vom 11. Januar 1994 – (BStBl II 1995 S. 166)

0 a
Zur sinngemäßen Anwendung des § 15 a EStG bei den Einkünften aus Vermietung und Verpachtung (§ 21 Abs. 1 Satz 2 EStG)

BMF vom 14. 9. 1981 (BStBl I S. 620)

– Auszug –

Unter Bezugnahme auf das Ergebnis der Erörterungen mit den obersten Finanzbehörden der Länder gilt folgendes:

1. Nach § 21 Abs. 1 Satz 2 EStG ist § 15 a EStG sinngemäß bei Kommanditisten anzuwenden, die aus ihrer Gesellschaftsbeteiligung Einkünfte aus Vermietung und Verpachtung erzielen.

  § 21 Abs. 1 Satz 2 EStG bestimmt, in welchem Umfang der Kommanditist seinen Anteil an den negativen Einkünften aus Vermietung und Verpachtung aus der Gesellschaftsbeteiligung mit anderen Einkünften ausgleichen kann. Die Vorschrift bezweckt, negative Einkünfte aus Vermietung und Verpachtung aus der Beteiligung an vermögensverwaltenden Gesellschaften hinsichtlich der Ausgleichsmöglichkeit mit anderen positiven Einkünften soweit wie möglich Verlusten aus der Beteiligung an gewerblich tätigen Kommanditgesellschaften gleichzustellen.

2. Für die Ermittlung des Betrags, bis zu dessen Höhe der Kommanditist seinen Anteil an den negativen Einkünften aus Vermietung und Verpachtung aus der Kommanditgesellschaft mit anderen Einkünften ausgleichen oder nach § 10 d EStG abziehen kann (Ausgleichsvolumen), ist von der tatsächlich geleisteten Einlage auszugehen. Das Ausgleichsvolumen ist für jeden Kommanditisten gesondert zu ermitteln. Dabei sind die folgenden Erhöhungen und Minderungen zu berücksichtigen:

...

3. § 15 a Abs. 1 Satz 2 und 3 EStG (Außenhaftung des Kommanditisten) ist ebenfalls sinngemäß anzuwenden. Hierzu wird auf Tz. 4 bis 10 des BMF-Schreibens vom 8. 5. 1981 (BStBl I S. 308) und die entsprechenden Erlasse der obersten Finanzbehörden der Länder hingewiesen.

4. Anteile an den negativen Einkünften aus Vermietung und Verpachtung aus der Beteiligung, die im VZ vom Kommanditisten in sinngemäßer Anwendung des § 15 a Abs. 1 EStG nicht ausgeglichen oder nach § 10 d EStG abgezogen werden können, werden ab VZ 1980

nicht mehr dem persönlich haftenden Gesellschafter zugerechnet. Sie mindern in sinngemäßer Anwendung des § 15 a Abs. 2 EStG die positiven Einkünfte aus Vermietung und Verpachtung, die der Kommanditist aus seiner Beteiligung an der Gesellschaft in späteren VZ erzielt.

Anteile an positiven Einkünften aus Vermietung und Verpachtung sind den Gesellschaftern ab VZ 1980 entsprechend den gesellschaftsrechtlichen Vereinbarungen auch dann zuzurechnen, wenn den persönlichen haftenden Gesellschaftern entsprechend dem BMF-Schreiben vom 2. 1. 1975 – IV B 2 – S 2241 – 27/74 u. IV B 4 – S 2253 – 172/74 – und den entsprechenden Erlassen der obersten Finanzbehörden der Länder in den vor dem 1. 1. 1980 abgelaufenen VZ von den gesellschaftsrechtlichen Vereinbarungen abweichende höhere Anteile an den negativen Einkünften aus Vermietung und Verpachtung zugerechnet worden sind.

5. Bei der sinngemäßen Anwendung des § 15 a Abs. 3 EStG (Einlageminderung) sind anteilige Vermögensabflüsse und an den Kommanditisten vorgenommene Auszahlungen aus der Kommanditgesellschaft zu berücksichtigen.

Der Betrag der Einlageminderung darf nur insoweit als positive Einkünfte aus Vermietung und Verpachtung zugerechnet werden, als er die Anteile an den negativen Einkünften aus Vermietung und Verpachtung nicht übersteigt, die im Jahr der Einlageminderung und in den zehn davorliegenden Jahren bei dem Kommanditisten ausgleichs- oder abzugsfähig gewesen sind. Dabei sind nur negative Einkünfte aus der Beteiligung nach dem 31. 12. 1979 zu berücksichtigen.

6. Bei entgeltlichem Erwerb eines Anteils an der Kommanditgesellschaft ist zur Ermittlung des Ausgleichsvolumens beim neu eintretenden Gesellschafter von dem tatsächlich gezahlten Betrag einschließlich eines etwaigen Agios auszugehen. Von dem Erwerber übernommene Haftungsverpflichtungen aus der Beteiligung sind nicht einzubeziehen.

Bei unentgeltlichem Erwerb eines Kommanditanteils hat der Erwerber den Wert fortzuführen, der für den Rechtsvorgänger im Zeitpunkt seines Ausscheidens bestand.

7. § 21 Abs. 1 Satz 2 EStG ist auch bei Steuerpflichtigen anzuwenden, die Einkünfte aus Vermietung und Verpachtung aus der Beteiligung an Gesellschaften anderer Rechtsformen als der einer Kommanditgesellschaft erzielen, wenn ihre Haftung der eines Kommanditisten vergleichbar ist (§ 15 a Abs. 5 EStG).

8. § 21 Abs. 1 Satz 2 EStG gilt erstmals für den VZ 1980 (§ 52 Abs. 21 b EStG).

Bei Anteilsfinanzierung für vor dem 1. 1. 1981 erworbene Kommanditbeteiligungen durch Kredit sind das BMF-Schreiben vom 9. 2. 1981 (BStBl I S. 75) und die entsprechenden Erlasse der obersten Finanzbehörden der Länder zu beachten.

0 b
Einkommensteuerrechtliche Behandlung von Bausparzinsen und Schuldzinsen bei selbstgenutztem Wohneigentum

BMF vom 28. 2. 1990 (BStBl I S. 124)

Um die Wartezeit bis zur Zuteilungsreife eines Bausparvertrags zu überbrücken oder abzukürzen, lassen sich Bausparer häufig einen Zwischenkredit oder einen Auffüllungskredit geben. Bis zur Zuteilung des Bauspardarlehns fallen sowohl Zinsen auf das Bausparguthaben als auch Schuldzinsen für den Zwischenkredit oder den Auffüllungskredit an. Zur einkommensteuerrechtlichen Behandlung dieser Zinsen vertrete ich auf Grund der Erörterungen mit den obersten Finanzbehörden der Länder in Fällen des selbstgenutzten Wohneigentums ab dem Veranlagungszeitraum 1987 folgende Auffassung:

1 Guthabenzinsen

1.1 Zinsen auf Bausparguthaben gehören zu den Einnahmen aus Vermietung und Verpachtung, wenn sie mit dieser Einkunftsart in wirtschaftlichem Zusammenhang stehen (§ 20 Abs. 3 EStG; BFH-Urteile vom 9. 11. 1982 – BStBl 1983 II S. 172 – und vom 8. 2. 1983 – BStBl II S. 355). Der Vorrang der Einkunftsart Vermietung und Verpachtung vor der Einkunftsart Kapitalvermögen gilt auch für Veranlagungszeiträume nach 1986, sofern der Nutzungswert der Wohnung im eigenen Haus nach § 52 Abs. 21 Satz 2 EStG weiterhin als Überschuß des Mietwerts über die Werbungskosten ermittelt wird.

1.2 Fallen die Guthabenzinsen dagegen im Rahmen der Finanzierung von Wohneigentum an, das in Veranlagungszeiträumen nach 1986 nicht oder nicht mehr der Nutzungswertbesteuerung unterliegt, so besteht grundsätzlich kein wirtschaftlicher Zusammenhang mit einer anderen Einkunftsart. In diesen Fällen ist § 20 Abs. 3 EStG nicht mehr anwendbar. Die Zinsen aus dem Bausparguthaben sind daher – vorbehaltlich der Regelung in Tz. 2. 2. 2 – als Einnahmen aus Kapitalvermögen im Sinne des § 20 Abs. 1 Nr. 7 EStG zu behandeln.

2 Schuldzinsen

2.1 In den Fällen der fortgeführten Nutzungswertbesteuerung (vgl. Tz. 1. 1) sind die Schuldzinsen für einen Zwischen- oder Auffüllungskredit weiterhin als Werbungskosten bei den Einkünften aus Vermietung und Verpachtung abziehbar (§ 9 Abs. 1 Nr. 1 EStG).

2.2 In den übrigen Fällen (vgl. Tz. 1.2) hängt die einkommensteuerrechtliche Behandlung davon ab, ob es sich um Schuldzinsen für ein Bau- oder Anschaffungsdarlehen oder um Schuldzinsen für einen Auffüllungskredit handelt.

2.2.1 Schuldzinsen für Bau- oder Anschaffungsdarlehen (Zwischen- oder Vorfinanzierungskredite) werden weder unmittelbar noch mittelbar zur Erwerbung, Sicherung oder Erhaltung von Zinsen aus einem Bausparguthaben aufgewendet. Solche Schuldzinsen können deshalb nicht bei den Einkünften aus Kapitalvermögen abgezogen werden. Bis zum Beginn der erstmaligen Nutzung des Wohneigentums zu eigenen Wohnzwecken sind sie jedoch nach § 10 e Abs. 6 EStG wie Sonderausgaben abziehbar.

2.2.2 Schuldzinsen für einen Auffüllungskredit sind dagegen dem Grunde nach Werbungskosten bei den Einkünften aus Kapitalvermögen. Regelmäßig werden die Schuldzinsen jedoch die Zinsen aus dem Bausparguthaben auf Dauer übersteigen, so daß das Tatbestandsmerkmal der Einkunftserzielungsabsicht insoweit nicht erfüllt ist (vgl. Abschnitt 153 Abs. 1 Satz 4 EStR). Unter diesen Voraussetzungen sind weder die Guthabenzinsen noch die Schuldzinsen den Einkünften aus Kapitalvermögen zuzuordnen. In diesen Fällen kann jedoch der übersteigende Aufwand (Schuldzinsen abzüglich Guthabenzinsen) bis zum Beginn der erstmaligen Nutzung des Wohneigentums zu eigenen Wohnzwecken nach § 10 e Abs. 6 EStG wie Sonderausgaben abgezogen werden.

Die vorstehenden Regelungen gelten auch für Ausbau- oder Erweiterungsmaßnahmen an einem zu eigenen Wohnzwecken genutzten Wohneigentum (§ 10 e Abs. 2 EStG).

I
Negative Einkünfte aus der Vermietung und Verpachtung im Rahmen von sog. Bauherrenmodellen und vergleichbaren Modellen sowie geschlossenen Immobilienfonds

BMF vom 31. 8. 1990 (BStBl I S. 366)

IV B 3 – S 2253 a – 49/90

Unter Bezugnahme auf das Ergebnis der Erörterungen mit den obersten Finanzbehörden der Länder wird zu der Frage der einkommensteuerrechtlichen Behandlung von Einkünften aus der Vermietung und Verpachtung aufgrund der Errichtung, Sanierung, Modernisierung oder des Erwerbs von Gebäuden und Eigentumswohnungen im Rahmen von Gesamtobjekten (§ 1 Abs. 1 Nr. 2 der Verordnung zu § 180 Abs. 2 AO), von vergleichbaren Modellen mit nur einem Kapitalanleger sowie von sog. geschlossenen Immobilienfonds wie folgt Stellung genommen:

I. Gesamtobjekte und vergleichbare Modelle mit nur einem Kapitalanleger

1 Abgrenzung des Bauherrn zum Erwerber

1.1 Der Anleger, der sich aufgrund eines von den Projektanbietern vorformulierten Vertragswerks beteiligt und sich bei den damit zusammenhängenden Rechtsgeschäften durch die Projektanbieter oder von ihnen eingeschalteten sonstigen Personen (z. B. Treuhänder, Geschäftsbesorger, Betreuer) umfassend vertreten läßt, ist regelmäßig nicht Bauherr, sondern Erwerber des bebauten und gegebenenfalls sanierten oder modernisierten Grundstücks (BFH-Urteil vom 14. 11. 1989, BStBl 1990 II S. 299, m. w. N.). Das gilt auch, wenn der Anleger unter Verzicht auf eine dazu bevollmächtigte Person die Verträge selbst unterzeichnet, falls die Verträge vorher vom Projektanbieter bereits ausgehandelt bzw. vorformuliert worden sind, oder wenn die vertraglichen Vereinbarungen vorsehen, daß einzelne der in dem Vertragswerk angebotenen Leistungen abgewählt werden können.

1.2 Der Anleger ist nur Bauherr, wenn er auf eigene Rechnung und Gefahr ein Gebäude baut oder bauen läßt und das Baugeschehen beherrscht (BFH-Urteil vom 14. 11. 1989, a. a. O., vgl. auch BFH-Urteil vom 13. 9. 1989, BStBl II S. 986). Der Bauherr muß das umfassend zu verstehende Bauherrenwagnis, d. h. wirtschaftlich das für die Durchführung des Bauvorhabens auf seinem Grundstück typische Risiko, tragen, sowie rechtlich und tatsächlich die Planung und Ausführung in der Hand haben. Das ist regelmäßig nicht der Fall, wenn eine Vielzahl von Wohnungen oder gleichförmig ausgestalteten Wohngebäuden nach einem bereits vor Beitritt des einzelnen Anlegers ausgearbeiteten Vertragswerk errichtet werden und der einzelne Anleger demzufolge weder die Vertragsgestaltung noch die Vertragsdurchführung wesentlich beeinflussen kann.

1.3 Die Entscheidung darüber, ob die Voraussetzungen für die Erwerber- oder Bauherreneigenschaft vorliegen, ist nach dem Gesamtbild unter Berücksichtigung aller Umstände des Einzelfalls zu treffen, und zwar unabhängig von den in den Verträgen gewählten Bezeichnungen nach dem wirklichen Gehalt der von den Beteiligten getroffenen Vereinbarungen und deren tatsächlicher Durchführung.

1.4 Wird für den Gesamtaufwand (einschließlich der bis zur Fertigstellung des Bauobjekts angefallenen Finanzierungskosten) ein Höchstpreis vereinbart, über den nach Abschluß der Bauarbeiten nicht gegenüber dem Beteiligten selbst detailliert Rechnung gelegt zu werden braucht, ist der Beteiligte ebenfalls Erwerber. Das gilt auch, wenn die tatsächlichen Baukosten zwar abgerechnet werden, der Unterschiedsbetrag zu dem vereinbarten Höchstpreis jedoch als Gebühr für die Höchstpreisgarantie beansprucht wird.

2 Allgemeines zur rechtlichen Einordnung der aufzubringenden Kosten

2.1 Die mit der Errichtung und dem Vertrieb der Objekte befaßten Personen sind regelmäßig bestrebt, möglichst hohe Werbungskosten auszuweisen. Hierzu wird der Gesamtaufwand durch eine Vielzahl von Verträgen und durch Einschaltung zahlreicher, zum Teil finanziell und personell verbundener Unternehmen aufgespalten. Die geltend gemachten Aufwendungen können, auch wenn sie im Einzelfall nach dem Wortlaut der Vereinbarungen Werbungskosten sind, nicht als solche anerkannt werden, wenn sie in Wirklichkeit für andere als die in den Verträgen bezeichneten Leistungen gezahlt werden, die nicht zu Werbungskosten führen können. Die vereinbarten Kosten sind deshalb nicht nach der vertraglichen Bezeichnung, sondern nach dem tatsächlichen wirtschaftlichen Gehalt der erbrachten Leistungen zu beurteilen (vgl. BFH-Urteil vom 29. 10. 1985, BStBl 1986 II S. 217).

Diese Beurteilung ist auch vorzunehmen, wenn Leistungen, die zu Anschaffungs- oder Herstellungskosten führen, nicht oder zu niedrig berechnet werden. Erfahrungsgemäß erfolgt in diesen Fällen ein Ausgleich, der dem tatsächlichen wirtschaftlichen Gehalt der Leistungen entspricht.

Die Beurteilung nach dem tatsächlichen wirtschaftlichen Gehalt ist auch dann maßgebend, wenn für den Teil der Aufwendungen, der den Werbungskosten zuzurechnen ist, im folgenden Vom-Hundert-Sätze oder Bruchteile angegeben werden.

2.2 Der Anleger muß im einzelnen nachweisen, welche tatsächlichen Leistungen an ihn erbracht worden sind und welches Entgelt er dafür leisten mußte.

2.3 Soweit für Werbungskosten nachfolgend Vom-Hundert-Sätze oder Bruchteile angegeben sind, handelt es sich um Nettobeträge (ohne Umsatzsteuer).

3 Rechtliche Einordnung der vom Erwerber aufzubringenden Kosten

3.1 Die Kosten, die der Erwerber im Zusammenhang mit der Errichtung, Sanierung oder Modernisierung des Gebäudes oder der Eigentumswohnung aufzubringen hat, können Anschaffungskosten des Grund und Bodens, Anschaffungskosten des Gebäudes oder der Eigentumswohnung oder sofort abziehbare Werbungskosten sein.

Zu den einzelnen Aufwendungen gilt folgendes:

3.2 Anschaffungskosten

3.2.1 Zu den Anschaffungskosten gehören grundsätzlich alle auf Grund des vorformulierten Vertragswerks an die Anbieterseite geleisteten Aufwendungen, die auf den Erwerb des Grundstücks mit dem bezugsfertigen Gebäude gerichtet sind, insbesondere die Baukosten für die Errichtung des Gebäudes, die Baubetreuungsgebühren, Treuhandgebühren, Finanzierungsvermittlungsgebühren, Zinsfreistellungsgebühren, Gebühren für die Vermittlung des Objekts oder Eigenkapitals und des Treuhandauftrags, Abschlußgebühren, Courtage, Agio, Beratungs- und Bearbeitungsgebühren, Plazierungsgarantiegebühren, Kosten für die Ausarbeitung der technischen, wirtschaftlichen und steuerlichen Grundkonzeption, für die Werbung der Bauinteressenten, für die Prospektprüfung und sonstige Vorbereitungskosten sowie Gebühren für die Übernahme von Garantien und Bürgschaften (vgl. BFH-Urteil vom 14. 11. 1989, a. a. O.).

Eine Aufspaltung dieser Aufwendungen in sofort abziehbare Werbungskosten und Anschaffungskosten danach, ob sie auf die Finanzierung, die steuerliche Beratung oder die Errichtung des Gebäudes entfallen, kommt nicht in Betracht (vgl. BFH-Urteil vom 14. 11. 1989, a. a. O.).

3.2.2 Besonderheit bei Baumaßnahmen i. S. der §§ 7 h und 7 i EStG

Der Gesamtaufwand ist, soweit das eindeutig möglich ist, unmittelbar dem Grund und Boden, der Altbausubstanz des Gebäudes, den bescheinigten Baumaßnahmen i. S. der §§ 7 h, 7 i EStG, den übrigen Baumaßnahmen und den sofort abziehbaren Werbungskosten zuzuordnen. Aufwendungen, die sich nicht eindeutig zuordnen lassen, sind auf die Kostenarten, mit denen sie zusammenhängen, aufzuteilen. Die Aufteilung erfolgt im Verhältnis der auf diese Kostenarten eindeutig entfallenden Kosten. Die eindeutig den bescheinigten Baumaßnahmen i. S. der §§ 7 h, 7 i EStG zuzuordnenden Aufwendungen zuzüglich der nach den vorstehenden Grundsätzen ermittelten Anteile der nicht eindeutig zuzuordnenden Anschaffungskosten, die den Aufwendungen für bescheinigte Baumaßnahmen i. S. der §§ 7 h, 7 i EStG zuzurechnen sind, ergeben die begünstigten Anschaffungskosten i. S. der §§ 7 h, 7 i EStG.

Ist der Erwerber dem Gesamtobjekt erst nach Beginn der begünstigten Baumaßnahmen i. S. der §§ 7 h, 7 i EStG beigetreten, gehören die Aufwendungen für Baumaßnahmen, soweit sie bis zu seinem Beitritt durchgeführt worden sind, zu den nicht begünstigten Anschaffungskosten.

Der Erwerber hat die Aufteilung darzulegen. Ist er später beigetreten, hat er darzulegen, inwieweit die anteilig den Baumaßnahmen i. S. der §§ 7 h, 7 i EStG zuzurechnenden Aufwendungen auf Maßnahmen entfallen, die nach dem rechtswirksamen Abschluß des obligatorischen Erwerbsvertrags oder eines gleichstehenden Rechtsakts durchgeführt worden sind.

3.3 Werbungskosten

Aufwendungen, die nicht auf den Erwerb des Grundstücks mit dem bezugsfertigen Gebäude gerichtet sind und die auch der Erwerber eines bebauten Grundstücks außerhalb eines Gesamtobjekts als Werbungskosten abziehen könnte, sind nicht den Anschaffungskosten des Objekts zuzurechnen.

Werden sie an die Anbieterseite geleistet, sind sie unter den nachfolgenden Voraussetzungen Werbungskosten (vgl. BFH-Urteil vom 14. 11. 1989, a. a. O.):

a) Bereits vor der Zahlung müssen klare Vereinbarungen über den Grund und die Höhe dieser Aufwendungen bestehen.

b) Die vereinbarten Leistungen und das jeweils zugehörige Entgelt müssen den tatsächlichen Gegebenheiten entsprechen; der Rechtsgedanke des § 42 AO darf dem Werbungskostenabzug in der begehrten Höhe nicht entgegenstehen.

c) Die Aufwendungen müssen von den übrigen Aufwendungen, die mit der Anschaffung des Erwerbsgegenstandes in Zusammenhang stehen, einwandfrei abgrenzbar sein.

d) Die Vergütung darf nur dann zu zahlen sein, wenn der Anleger die Gegenleistung in Anspruch nimmt.

e) Die rechtliche und tatsächliche Abwahlmöglichkeit der Leistung und die dann eintretende Ermäßigung des Gesamtpreises muß in dem Vertrag klar und eindeutig zum Ausdruck kommen.

3.3.1 Zinsen der Zwischen- und Endfinanzierung

Zinsen und Bearbeitungskosten des Kreditinstituts sind, wenn der Anleger sie aufgrund eigener Verpflichtung gegenüber dem Darlehensgeber zahlt, Entgelt für die Überlassung des Kredits und damit Werbungskosten.

Eine andere Beurteilung ist jedoch z. B. dann geboten, wenn hinsichtlich der Bauzeitzinsen eine Vereinbarung mit der Anbieterseite besteht, nach der eine bestimmte Zinsbelastung garantiert wird, und hierbei höhere Zinsen vom Garantiegeber getragen, niedrigere Zinsen jedoch dem Erwerber nicht erstattet werden. In einem derartigen Fall stellen die vom Darlehensnehmer zu zahlenden Zinsen und die Gebühr für die Zinsgarantie lediglich einen Kalkulationsbestandteil des Gesamtpreises und damit Anschaffungskosten dar.

3.3.2 Vorauszahlung von Schuldzinsen

Zinsen sind im Regelfall spätestens am Ende des jeweiligen Jahres zu entrichten. Bei einer Vorauszahlung liegt ein Zahlungsabfluß nur vor, wenn für die Vorauszahlung ein wirtschaftlich vernünftiger Grund maßgebend ist. Hiervon kann ausgegangen werden, wenn Schuldzinsen für einen Zeitraum von nicht mehr als zwölf Monaten vorausgezahlt werden. Bei einer Vorauszahlung für einen Zeitraum von mehr als zwölf Monaten ist der wirtschaftlich vernünftige Grund vom Steuerpflichtigen im Einzelfall darzulegen. Bestehen für die Vorauszahlung von Schuldzinsen für einen Zeitraum von mehr als einem Jahr keine vernünftigen wirtschaftlichen Gründe, sind die vorausgezahlten Schuldzinsen anteilig in den Jahren als Werbungskosten abziehbar, zu denen sie wirtschaftlich gehören.

3.3.3 Zinsfreistellungsgebühren

Vereinbarungen, nach denen der Anleger für mehrere Jahre von Zinszahlungsverpflichtungen gegenüber dem Darlehensgläubiger gegen Entrichtung von Gebühren an diesen freigestellt wird, haben den Charakter eines zusätzlichen Darlehens. Die gezahlten Gebühren sind deshalb anteilig in den Jahren als Werbungskosten abziehbar, für die der Anleger von Zinszahlungsverpflichtungen freigestellt worden ist.

3.3.4 Damnum, Disagio, Bearbeitungs- und Auszahlungsgebühren

Diese Aufwendungen sind in Höhe des vom jeweiligen Darlehensnehmer an das Kreditinstitut gezahlten Betrags als Werbungskosten abziehbar, soweit unter Berücksichtigung der jährlichen Zinsbelastung die marktüblichen Beträge nicht überschritten werden. Der über die marktüblichen Beträge hinausgehende Teil ist auf den Zinsfestschreibungszeitraum bzw. bei dessen Fehlen auf die Laufzeit des Darlehens zu verteilen. Eine Zinsvorauszahlung ist regelmäßig anzunehmen, wenn der Nominalzins ungewöhnlich niedrig und das Damnum entsprechend hoch bemessen sind.

Aus Vereinfachungsgründen kann von der Marktüblichkeit ausgegangen werden, wenn für ein Darlehen mit einem Zinsfestschreibungszeitraum von mindestens fünf Jahren ein Damnum in Höhe von bis zu 10 v. H. vereinbart worden ist. Ist ein Damnum nicht mehr als drei Monate vor Auszahlung der Darlehensvaluta oder einer ins Gewicht fallenden Teilauszahlung des Darlehens geleistet worden, kann davon ausgegangen werden, daß ein wirtschaftlich vernünftiger Grund besteht (BFH-Urteil vom 3. 2. 1987, BStBl II S. 492).

3.3.5 Kosten der Darlehenssicherung

Die anteiligen Notariats- und Grundbuchkosten für die Darlehenssicherung sind in der Höhe sofort abziehbare Werbungskosten, in der sie an den Notar und das Grundbuchamt abgeführt worden sind.

3.3.6 Gebühren für die Übernahme von Garantien und Bürgschaften im Zusammenhang mit der Vermietung

Die Anerkennung von Gebühren für die Übernahme von Garantien und Bürgschaften als Werbungskosten setzt stets voraus, daß das vom Garantiegeber oder Bürgen getragene Risiko im Verhältnis zu der dafür erhobenen Gebühr als eine wirtschaftlich ernsthafte Gegenleistung anzusehen ist. Außerdem muß der Garantiegeber oder Bürge wirtschaftlich (einkommens- und vermögensmäßig) in der Lage sein, die Garantieverpflichtung zu erfüllen. Alle diese Voraussetzungen sind vom Anleger darzulegen.

Gebühren für die erstmalige Vermietung des Objekts sind Werbungskosten, soweit sie die ortsübliche Maklerprovision nicht überschreiten. Im allgemeinen kann eine Gebühr in Höhe von bis zu zwei Monatsmieten als angemessen angesehen werden.

An einer wirtschaftlich ernsthaften Gegenleistung fehlt es, wenn z. B. das Objekt schon von der Planung her für einen ganz bestimmten Mieter errichtet werden soll oder wenn bereits zum Beitrittszeitpunkt des Anlegers ein Mietvertrag oder eine entsprechende Vorvereinbarung mit dem Mieter bestand. Eine Mietervermittlungsgebühr ist auch nicht anzuerkennen, wenn der Vermittler mit dem Mieter identisch oder wirtschaftlich verflochten ist, der Anleger das Objekt selbst bezieht oder aus anderen Gründen die angebotenen Leistungen nicht in Anspruch nimmt. In diesen Fällen stellen die erhobenen Gebühren anteilig Anschaffungskosten des Grund und Bodens und des Gebäudes oder der Eigentumswohnung dar.

Gebühren für die Mietgarantie sind Werbungskosten, wenn tatsächlich ein Mietausfallwagnis besteht. Bei dem üblicherweise vereinbarten Garantiezeitraum von fünf Jahren kann das wirtschaftliche Risiko durch eine Gebühr bis zur Höhe von vier Monatsmieten als abgedeckt angesehen werden. War das Objekt im Zeitpunkt des Vertragsabschlusses bereits vermietet, muß das Risiko entsprechend geringer bewertet werden; es ist regelmäßig mit einer Gebühr in Höhe von bis zu zwei Monatsmieten angemessen abgegolten.

3.3.7 Gebühren im Zusammenhang mit der Endfinanzierung

Geldbeschaffungskosten, Bürgschafts- und Garantiegebühren für die Endfinanzierung sind unter den Voraussetzungen der Tz. 3.3.6 Abs. 1 sowie der Tzn. 4.1.1 und 4.1.6 als Werbungskosten abzuziehen. Die Tzn. 4.1.1 und 4.1.6 sind für die Bestimmung der Höhe des abziehbaren Betrags entsprechend anzuwenden.

3.3.8 Vergütungen an Steuer- und Rechtsberater

Beratungskosten im Zusammenhang mit der Anschaffung des Grund und Bodens oder der Errichtung des Gebäudes oder der Eigentumswohnung sind den jeweiligen Anschaffungskosten zuzurechnen. Soweit auch der Erwerber eines bebauten Grundstücks außerhalb eines Gesamtobjekts die Gebühren sofort als Werbungskosten abziehen könnte, können sie, insbesondere, soweit die Leistungen den Zeitraum nach Bezugsfertigkeit betreffen (z. B. Abgabe von Feststellungserklärungen, Rechtsbehelfsverfahren), als Werbungskosten berücksichtigt werden. Ist der Steuer- und Rechtsberater zugleich Vermittler, Initiator oder Treuhänder, ist bei vereinbarter gesonderter Berechnung der Gebühren zu prüfen, ob die Gebühren dem jeweiligen Leistungsumfang angemessen sind. Ist für die Vermittler-, Initiatoren- oder Treuhandtätigkeit und die Steuer- und Rechtsberatungstätigkeit ein Gesamthonorar vereinbart, gehören die Gebühren zu den Anschaffungskosten. Das gilt auch, wenn ein pauschales Steuer- und Rechtsberatungshonorar, das die Zeit vor und nach Bezugsfertigkeit umfaßt, vereinbart worden ist und die Tätigkeit vor Bezugsfertigkeit mit der Anschaffung des bebauten Grundstücks wirtschaftlich zusammenhängt.

3.3.9 Beiträge zu Sach- und Haftpflichtversicherungen

Beiträge zu den Sach- und Haftpflichtversicherungen für während der Bauzeit eintretende Schäden sind Werbungskosten, soweit sie der Erwerber als Versicherungsnehmer gezahlt hat.

4 **Rechtliche Einordnung der vom Bauherrn aufzubringenden Kosten**

4.1 Die Kosten, die der Bauherr im Zusammenhang mit der Errichtung des Gebäudes oder der Eigentumswohnung aufzubringen hat, können Anschaffungskosten des Grund und Bodens und – bei Beitritt nach Baubeginn – des bereits erstellten Teils des Gebäudes oder der Eigentumswohnung, Herstellungskosten des Gebäudes oder der Eigentumswohnung oder sofort abziehbare Werbungskosten sein.

Zu den nachstehenden Aufwendungen gilt folgendes:

4.1.1 Gebühren für die Vermittlung und die damit verbundene Bearbeitung der Zwischen- und Endfinanzierung

Diese Geldbeschaffungskosten sind in Höhe der marktüblichen Konditionen als Werbungskosten abziehbar. Erfahrungsgemäß betragen sie insgesamt 2 v. H. des jeweils vermittelten Darlehens. Der darüber hinausgehende Teil ist den Herstellungskosten des Gebäudes oder der Eigentumswohnung und den Anschaffungskosten anteilig hinzuzurechnen. Hat der Bauinteressent derartige Gebühren gezahlt, obwohl er die Finanzierung selbst beschafft, sind diese in vollem Umfang wie vorstehend aufzuteilen.

4.1.2 Gebühren für die Vermittlung des Objekts oder Eigenkapitals und des Treuhandauftrags, Abschlußgebühren, Courtage, Agio, Beratungs- und Bearbeitungsgebühren sowie Plazierungsgarantiegebühren

Diese Kosten sollen Leistungen des Anlageberaters an den Bauherrn abgelten. Sie sind auf die Erlangung des Bauobjekts gerichtet und gehören deshalb anteilig zu den Herstellungskosten des Gebäudes oder der Eigentumswohnung und zu den Anschaffungskosten (vgl. BFH-Urteil vom 13. 10. 1983, BStBl 1984 II S. 101).

4.1.3 Kosten für die Ausarbeitung der technischen, wirtschaftlichen und steuerlichen Grundkonzeption, für die Werbung der Bauinteressenten, für die Prospektprüfung und sonstige Vorbereitungskosten

Diese Kosten decken regelmäßig Kosten der Initiatoren des Bauvorhabens ab. Werden solche Aufwendungen vom Bauherrn übernommen, gehören sie anteilig zu den Herstellungskosten des Gebäudes oder der Eigentumswohnung und zu den Anschaffungskosten.

4.1.4 Treuhandgebühren

Die Leistungen des Treuhänders betreffen zum Teil die Geldbeschaffung und die spätere Vermietung. Die hierauf entfallenden Teile der Treuhandgebühren können als Werbungskosten abgezogen werden. Zum Teil betreffen die Leistungen des Treuhänders die Anschaffung des Grund und Bodens. Deshalb gehört z. B. das Entgelt für die Mitwirkung beim Abschluß des Grundstückskaufvertrags oder für die Bewirkung der Grundbuchumschreibung bezüglich des Grunderwerbs im Namen des Bauherrn zu den Anschaffungskosten des Grund und Bodens. Zum Teil stehen die Leistungen des Treuhänders mit der Herstellung des Gebäudes oder der Eigentumswohnung im Zusammenhang. Die darauf entfallenden Teile der Treuhandgebühren gehören deshalb zu den Anschaffungs- oder Herstellungskosten des Gebäudes oder der Eigentumswohnung. Hierzu rechnen z. B. Entgeltsanteile für

a) die Vergabe der Gebäudeplanung durch den Treuhänder im Namen des Bauherrn,

b) die Vertretung des Bauherrn gegenüber Baubehörden,

c) die sachliche und zeitliche Koordination aller für die Durchführung des Bauvorhabens erforderlichen Leistungen,

d) die Stellung des Antrags auf Baugenehmigung für den Bauherrn oder für die Abgabe der zur Begründung des Wohnungseigentums von den künftigen Eigentümern erforderlichen Erklärungen,

e) die Entgegennahme und Verwaltung der Geldmittel,

f) die Beaufsichtigung des Baubetreuers.

Erfahrungsgemäß betrifft die Tätigkeit des Treuhänders überwiegend den Herstellungsbereich, während auf den Finanzierungsbereich und den Bereich der späteren Vermietung nur ein geringer Teil seiner gesamten Tätigkeit entfällt. Deshalb kann ein Viertel der Kosten für die Leistungen des Treuhänders, in aller Regel jedoch nicht mehr als 0,5 v. H. der Gesamtaufwendungen abzüglich der in den Tzn. 3.3.4 und 4.1.2 genannten Aufwendungen den Werbungskosten zugeordnet werden.

4.1.5 Baubetreuungskosten

Im Rahmen der Baubetreuung ist eine Vielzahl von unterschiedlichen Leistungen zu erbringen. Auch hierbei ist stets zu prüfen, ob die Aufwendungen des Bauherrn zu den Herstellungskosten des Gebäudes oder der Eigentumswohnung, den Anschaffungskosten oder den sofort abziehbaren Werbungskosten gehören.

Anschaffungskosten des Grund und Bodens sind z. B. Kosten für die Regelung der eigentums- und bauplanungsrechtlichen Verhältnisse am Grundstück, z. B. betreffend Abtretung von Straßenland, Vorbereitung und Abschluß von Erschließungs- und Versorgungsverträgen sowie für Maßnahmen bei Vermessung und Erschließung des Grundstücks.

Im wesentlichen betreffen die Leistungen die Herstellung des Gebäudes oder der Eigentumswohnung.

Zu den Herstellungskosten gehören z. B. Entgeltsanteile für

a) die Vertretung des Bauherrn gegenüber Baubehörden, den an der Baudurchführung beteiligten Architekten, Ingenieuren und bauausführenden Unternehmen,

b) die Aufstellung eines Baufristenplans,

c) die Aufstellung eines Geldbedarfs- und Zahlungsplans in Koordination mit dem Baufristenplan,

d) die Führung eines Baugeld-Sonderkontos für den Bauherrn,

e) die Vornahme des gesamten das Bauobjekt betreffenden Zahlungsverkehrs,

f) die laufende Unterrichtung des Treuhänders,

g) die Übersendung von Auszügen des Baukontos,

h) die Erstellung der Schlußabrechnung und die Erteilung der dazu erforderlichen Informationen an den Treuhänder,

i) die sachliche und zeitliche Koordination aller für die Durchführung des Bauvorhabens erforderlichen Leistungen,

j) eine Wirtschaftlichkeitsberechnung, die zur Beurteilung der Wirtschaftlichkeit des Herstellungsvorgangs für den Bauherrn erstellt worden ist.

Zu den sofort abziehbaren Werbungskosten gehören z. B. Entgeltsanteile für

k) eine Wirtschaftlichkeitsberechnung, die Finanzierungszwecken des Bauherrn zu dienen bestimmt ist,

l) Leistungen, die den Vermietungsbereich betreffen,

m) Leistungen, die den Betreuungsbereich nach Fertigstellung des Objekts (z. B. Abschluß von Wartungsverträgen) betreffen.

Nach allgemeiner Erfahrung können den Werbungskosten ein Achtel der Baubetreuungskosten, in aller Regel jedoch nicht mehr als 0,5 v. H. des Gesamtaufwands abzüglich der in den Tzn. 3.3.4 und 4.1.2 genannten Aufwendungen zugeordnet werden.

4.1.6 Bürgschaftsgebühren für die Zwischen- und Endfinanzierung, Ausbietungsgarantie

Neben den Voraussetzungen der Tz. 3.3.6 Abs. 1 ist eine weitere vom Anleger darzulegende Voraussetzung für die Anerkennung der im Zusammenhang mit der Finanzierung stehenden Gebühren, daß die selbstschuldnerische Garantie oder Bürgschaft vom Darlehensgläubiger nachweislich gefordert und bei diesem auch hinterlegt worden ist.

Gebühren für die Übernahme von Bürgschaftsverpflichtungen gegenüber dem Kreditgeber zur Sicherstellung der Zwischenfinanzierung können unabhängig von der Zahl der Bürgen in Höhe einer banküblichen Avalprovision (insgesamt 2 v. H. jährlich des verbürgten und zugesagten Betrags) den Werbungskosten zugerechnet werden.

Mit Rücksicht auf die übrigen bestehenden Sicherungen können Gebühren für die Übernahme der Bürgschaft für die Endfinanzierung und der Ausbietungsgarantie einmalig, d. h. für den gesamten Zeitraum und unabhängig von der Zahl der Bürgen und Garantiegeber, in Höhe von insgesamt 0,5 v. H. der in Anspruch genommenen Darlehensmittel den Werbungskosten zugerechnet werden.

4.1.7 Gebühren für die Preissteigerungs-, Kosten-, Vertragsdurchführungs-(Fertigstellungs-)Garantie

Vergütungen für die Übernahme solcher Garantien gegenüber dem Bauherrn sind keine sofort abziehbaren Werbungskosten. Sie sind den Herstellungskosten des Gebäudes oder der Eigentumswohnung zuzurechnen. Gebühren für die Vertragsdurchführungsgarantie gehören in den Fällen, in denen die Garantie z. B. auf die Werbung von Bauinteressenten gerichtet ist, anteilig zu den Herstellungskosten des Gebäudes oder der Eigentumswohnung und den Anschaffungskosten.

Bezieht sich bei der Herstellung von Eigentumswohnungen die Garantie auf die Finanzierung des gesamten Bauvorhabens, handelt es sich in der Regel um eine Vertragsdurchführungsgarantie, so daß die Kosten hierfür anteilig zu den Herstellungskosten des Gebäudes oder der Eigentumswohnung und den Anschaffungskosten gehören.

4.2 Als Werbungskosten kommen darüber hinaus Aufwendungen in Betracht, die nach den Grundsätzen der Tzn. 3.3.1 bis 3.3.9 sofort abziehbar sind.

II. Geschlossene Immobilienfonds

5 **Einkunftserzielung**

Erfüllt ein geschlossener Immobilienfonds in der Rechtsform der KG oder Gesellschaft bürgerlichen Rechts in der gesellschaftsrechtlichen Verbundenheit seiner Gesellschafter den Tatbestand der Einkunftserzielung, ist auf der Ebene der Gesellschaft zu entscheiden, ob Aufwendungen, die die Gesellschaft trägt, Herstellungskosten, Anschaffungskosten oder Werbungskosten sind. Der auf der Ebene der Gesellschaft ermittelte Überschuß der Einnahmen über die Werbungskosten ist den einzelnen Gesellschaftern zuzurechnen (vgl. BFH-Beschluß vom 19. 8. 1986, BStBl 1987 II S. 212 m. w. N.).

6 **Abgrenzung des Bauherrn zum Erwerber**

Die Fondsgesellschaft kann Bauherr i. S. der Tz. 1.2 sein, wenn das der Errichtung des Fondsobjekts zugrundeliegende konkrete Vertragswerk von einem Gesellschafter der Fondsgesellschaft in seiner Eigenschaft als Gesellschafter entwickelt worden ist. Dieser Gesellschafter darf nicht nur aus steuerlichen Gründen Gesellschafter der Fondsgesellschaft sein (§ 42 AO). Lediglich steuerliche Gründe sind anzunehmen, wenn er hinsichtlich der Kündigung und der gesellschaftsrechtlichen Mindestbeteiligung nicht den gleichen Bedingungen wie die übrigen vergleichbaren Gesellschafter unterliegt. Wird der Fondsgesellschaft ein Vertragsbündel angeboten und von ihr angenommen, ist sie Erwerberin (vgl. Tz. 1.1). In diesem Fall sind die Tzn. 3 und 7.1 entsprechend anzuwenden.

7 Rechtliche Einordnung der von dem als Bauherrn anzusehenden Immobilienfonds aufzubringenden Kosten[1])

Tzn. 2 und 4 gelten, soweit im nachfolgenden keine abweichende Regelung getroffen ist, entsprechend.

Ferner können insbesondere folgende Aufwendungen sofort abziehbare Werbungskosten sein:

7.1 Eigenkapitalvermittlungsprovisionen

Provisionen, die die Fondsgesellschaft für die Vermittlung des Eintritts von Gesellschaftern zahlt, sind in der Regel Werbungskosten (BFH-Urteil vom 24. 2. 1987, BStBl II S. 810). Bemessungsgrundlage ist das jeweils vermittelte Eigenkapital. Hierzu gehören neben der Einlage des Gesellschafters auch ein an die Gesellschaft zu leistendes Agio sowie ein Gesellschafterdarlehen, wenn es eigenkapitalähnlichen Charakter hat. Das ist grundsätzlich der Fall, wenn das Darlehen derselben zeitlichen Bindung wie die Gesellschaftereinlage unterliegt und zur Erreichung des Gesellschaftszwecks notwendig ist. Ist bei Refinanzierung der Einlage des Gesellschafterdarlehens das Refinanzierungsdarlehen durch Gesellschaftsvermögen gesichert, gehören die Beträge nur zum Eigenkapital, soweit das Refinanzierungsdarlehen gleichzeitig durch Vermögen des Gesellschafters tatsächlich gesichert ist. Provisionen von bis zu insgesamt höchstens 6 v. H. des vermittelten Eigenkapitals können den Werbungskosten zugerechnet werden. Damit sind sämtliche Vertriebsleistungen Dritter, die auf die Werbung von Gesellschaftern gerichtet und nicht den Anschaffungs- oder Herstellungskosten zuzurechnen sind, abgegolten. Hierzu gehören insbesondere die Aufwendungen für die Prospekterstellung, Prospektprüfung und Übernahme der Prospekthaftung, für den Außenvertrieb, für Werbung und für Marketing.

7.2 Haftungsvergütungen und Geschäftsführungsgebühren für Komplementäre

Vergütungen, die der Komplementär für die Übernahme der Haftung oder Geschäftsführung aufgrund gesellschaftsrechtlich wirksamer Vereinbarung erhält, mindern, soweit sie nicht unangemessen sind, die Ergebnisanteile der übrigen Gesellschafter (vgl. BFH-Urteil vom 7. 4. 1987, BStBl II S. 707). Die Haftungsvergütungen können wie Bürgschaftsgebühren entsprechend Tz. 4.1.6 behandelt werden, soweit die in dieser Tz. genannten Höchstbeträge noch nicht ausgeschöpft sind.

7.3 Geschäftsführungsgebühren bei schuldrechtlichem Leistungsaustausch

Vergütungen, die ein Gesellschafter für die Übernahme der Geschäftsführung erhält, können wie entsprechende Leistungen an einen Nichtgesellschafter auf einem schuldrechtlichen Leistungsaustausch beruhen. In diesem Fall kommt ein Werbungskostenabzug auf der Gesellschaftsebene in Betracht.

Die Geschäftsführung während der Investitionsphase betrifft im wesentlichen die Tätigkeiten i. S. der Tzn. 4.1.4 und 4.1.5. Hierzu zählen z. B. auch die „Verwaltung" der Gesellschaft, die Mittelverwaltung und die „Buchführung", die Unterrichtung der Beteiligten über den Fortgang des Projekts und die Einberufung von Gesellschafterversammlungen (Gesellschafterbetreuung). Diese Tätigkeiten sind untrennbar mit der Erstellung des Fondsobjekts verbunden. Die während der Investitionsphase geleisteten Geschäftsführungsgebühren einschließlich der auf die Zeit nach Abschluß der Investition entfallenden Beträge sind in dem Verhältnis aufzuteilen, in dem die Geschäftsführungstätigkeit die Baubetreuung und die Treuhandtätigkeit im Sinne der Tzn. 4.1.4 und 4.1.5 betrifft. Die jeweiligen Anteile sind gegebenenfalls mit weiteren für die Baubetreuung oder Treuhandtätigkeit gezahlten Gebühren zusammenzufassen und nach den Grundsätzen der Tzn. 4.1.4 und 4.1.5 zu behandeln.

7.4 Vergütungen für Treuhandkommanditisten

Vergütungen von Treugebern an Treuhandkommanditisten für die Wahrnehmung ihrer Interessen in der Gesellschaft sind Sonderwerbungskosten der Treugeber, soweit sie die Verwaltung der treuhänderisch gehaltenen Gesellschaftsanteile betreffen (z. B.

---

[1]) → BMF vom 1. 3. 1995 (BStBl I S. 167); Anhang 30 IV

Vertretung in der Gesellschafterversammlung). Werden diese Vergütungen von der Gesellschaft gezahlt, ist nicht zu beanstanden, wenn sie als Werbungskosten der Gesellschaft behandelt werden, soweit sie ausschließlich den jeweiligen Treugebern zugerechnet werden.

7.5 Zinsen und Gebühren für die Vermittlung und die damit verbundene Bearbeitung der Zwischen- und Endfinanzierung

Zinsen sowie Vermittlungs- und Bearbeitungsgebühren, die bei der Einkunftsermittlung auf der Ebene der Gesellschaft Werbungskosten sind, stellen auch für den Gesellschafter Werbungskosten dar.

7.6 Konzeptionsgebühren und Plazierungsgarantiegebühren gehören nicht zu den Werbungskosten (vgl. Tzn. 4.1.2 und 4.1.3 sowie BFH-Beschluß vom 19. 8. 1986, a. a. O.).

7.7 Späterer Beitritt von Gesellschaftern

Aufwendungen, die vor dem Beitritt eines Gesellschafters zu einer Fondsgesellschaft rechtlich entstanden und gezahlt worden sind, gehören bei dem Gesellschafter zu den Anschaffungskosten.

Rechtlich entstandene Aufwendungen, die nach dem Beitritt eines Gesellschafters von der Gesellschaft gezahlt werden und bei der Ermittlung der Einkünfte auf der Ebene der Gesellschaft den Werbungskosten zuzurechnen sind, sind bei dem neu eintretenden Gesellschafter Werbungskosten, wenn er mit ihnen belastet wird (vgl. BFH-Beschluß vom 19. 8. 1986, a. a. O.).

7.8 Bei geschlossenen Immobilienfonds in der Rechtsform der GmbH & Co. KG sind die Tzn. 5 bis 7.6 sinngemäß anzuwenden.

III. Erstmalige Anwendung

Dieses BMF-Schreiben ist in allen Fällen anzuwenden, in denen ein bestandskräftiger Steuerbescheid noch nicht vorliegt. Soweit die Anwendung dieser Regelungen zu einer Verschärfung der Besteuerung gegenüber der bisher geltenden Verwaltungspraxis führt, ist dieses Schreiben nicht anzuwenden, wenn

a) vor dem 1. Juni 1990 der Steuerpflichtige dem Bauherrenmodell oder dem vergleichbaren Modell beigetreten ist, das Modell insgesamt übernommen oder der Außenvertrieb der Anteile eines geschlossenen Immobilienfonds begonnen hat oder

b) der Antrag auf Baugenehmigung vor dem 1. Juni 1990 gestellt worden ist und vor dem 1. August 1990 einer der in Buchstabe a genannten Tatbestände verwirklicht worden ist.

Soweit die Anwendung der Tz. 7.1 zu einer Verschärfung der Besteuerung gegenüber der bisher geltenden Verwaltungspraxis führt, ist die Tz. 7.1 erstmals auf geschlossene Immobilienfonds anzuwenden, für deren Anteile der Außenvertrieb nach dem 31. Dezember 1990 begonnen hat.

Dieses BMF-Schreiben tritt an die Stelle des BMF-Schreibens vom 13. August 1981 (BStBl I S. 604).

… Anhang 30
I a   Vermietung und Verpachtung

I a
Verfahren bei der Geltendmachung von negativen Einkünften aus der Beteiligung an Verlustzuweisungsgesellschaften und vergleichbaren Modellen

BMF vom 13. 7. 1992 (BStBl I S. 404)
IV A 5 – S 0361 – 19/92

BMF vom 28. 6. 1994 (BStBl I S. 420)
IV A 4 – S 0361 – 14/94

Unter Bezugnahme auf das Ergebnis der Erörterungen mit den obersten Finanzbehörden der Länder gilt für die gesonderte Feststellung und zur ertragsteuerlichen Berücksichtigung von negativen Einkünften aus der Beteiligung an Verlustzuweisungsgesellschaften und vergleichbaren Modellen folgendes:

1 Anwendungsbereich

1.1 Die nachstehenden Verfahrensgrundsätze gelten insbesondere für Beteiligungen an Verlustzuweisungsgesellschaften und an Gesamtobjekten i. S. d. § 1 Abs. 1 Satz 1 Nr. 2 und Satz 2 der Verordnung über die gesonderte Feststellung von Besteuerungsgrundlagen nach § 180 Abs. 2 AO (V zu § 180 Abs. 2 AO) sowie für vergleichbare Modelle mit nur einem Kapitalanleger.

1.2 Verlustzuweisungsgesellschaften

1.2.1 Es handelt sich hierbei um Personenzusammenschlüsse in gesellschafts- oder gemeinschaftsrechtlicher Form, deren Gegenstand insbesondere die Herstellung oder die Anschaffung eines Anlageobjekts und dessen Nutzungsüberlassung ist und an der eine Beteiligung in der Absicht erworben wird, Verluste aus den Einkunftsarten des § 2 Abs. 1 Nr. 1–3 EStG oder negative Einkünfte i. S. des § 20 Abs. 1 Nr. 4 oder des § 21 EStG zu erzielen. Die Kapitalanleger werden dadurch zum Beitritt zur Verlustzuweisungsgesellschaft bewogen, daß sie auf der Basis eines im voraus gefertigten Konzepts zwecks Erzielung steuerlicher Vorteile – zumindest für eine gewisse Zeit – an den von der Gesellschaft erzielten negativen Einkünften beteiligt werden sollen. Verlustzuweisungsgesellschaften in diesem Sinne sind daher insbesondere sog. gewerbliche Abschreibungsgesellschaften sowie vermögensverwaltende Gesellschaften, wenn von den Initiatoren mit negativen Einkünften geworben wird.

1.2.2 Die im Rahmen einer mit Einkünfteerzielungsabsicht betriebenen Verlustzuweisungsgesellschaft erzielten negativen Einkünfte sind nach § 180 Abs. 1 Nr. 2 Buchstabe a oder Abs. 5 AO gesondert und einheitlich festzustellen. Ist eine Einkünfteerzielungsabsicht nicht anzunehmen, ist ein negativer Feststellungsbescheid nach § 181 Abs. 1 Satz 1 i. V. m. § 155 Abs. 1 Satz 3 AO zu erlassen.

1.3 **Gesamtobjekte**

Es handelt sich hierbei insbesondere um Beteiligungen an Bauherrenmodellen und Erwerbermodellen, einschließlich der Bauträger- und Sanierungsmodelle (vgl. hierzu BMF-Schreiben vom 31. August 1990 – IV B 3 – S 2253 a – 49/90 –, BStBl I S. 366 und vom 5. Dezember 1990 – IV A 5 – S 0361 – 20/90 –, BStBl I S. 764). Gesondert und einheitlich festgestellt werden nur die auf den gleichartigen Rechtsbeziehungen und Verhältnissen beruhenden Besteuerungsgrundlagen. Soweit im folgenden die Behandlung von Einkünften geregelt ist, gilt dies für die nach der V zu § 180 Abs. 2 AO festzustellenden Besteuerungsgrundlagen entsprechend.

1.4 **Modelle mit nur einem Kapitalanleger**

Sind die Einkünfte eines vergleichbaren Modells nur einem Steuerpflichtigen zuzurechnen, kommt nur in den Fällen des § 180 Abs. 1 Nr. 2 Buchstabe b AO (Einkünfte aus Land- und Forstwirtschaft, Gewerbebetrieb oder freiberuflicher Tätigkeit) eine gesonderte Feststellung in Betracht. In den übrigen Fällen – insbesondere bei Einkünften aus Vermietung und Verpachtung – obliegt die Ermittlungskompetenz allein dem für den Erlaß des Einkommensteuerbescheides zuständigen Finanzamt.

2 Allgemeines

2.1 Rechtsfragen, die im Zusammenhang mit der Beteiligung an einem Modell i. S. der Tz. 1 gestellt werden, dürfen nur im Rahmen des nachfolgend dargestellten Prüfungs- oder Feststellungsverfahrens beantwortet werden.

2.2 Eine verbindliche Auskunft aufgrund des BMF-Schreibens vom 24. Juni 1987

– IV A 5 – S 0430 – 9/87 – (BStBl I S. 474) kommt bei diesen Modellen nicht in Betracht.

2.3 Die Bezeichnung „Betriebsfinanzamt" wird im folgenden zur Kennzeichnung des für die gesonderte Feststellung der Einkünfte zuständigen Finanzamts verwendet.

Die Bezeichnung „Wohnsitzfinanzamt" gilt für jedes Finanzamt, das die Mitteilung über die Einkünfte des Beteiligten auszuwerten hat.

2.4 Die Beteiligten haben bei der Ermittlung des Sachverhaltes, unbeschadet der Untersuchungspflicht der Finanzbehörde, mitzuwirken (§ 90 Abs. 1 AO). Wird die Mitwirkungspflicht verletzt, sind gegebenenfalls die Besteuerungsgrundlagen zu schätzen (§ 162 AO). Bei Auslandsinvestitionen besteht eine gesteigerte Mitwirkungsverpflichtung. Hier haben die Beteiligten Beweisvorsorge zu treffen, unter Ausschöpfung aller bestehenden rechtlichen und tatsächlichen Möglichkeiten selbst den Sachverhalt aufzuklären und Beweismittel nicht nur zu benennen, sondern auch zu beschaffen (§ 90 Abs. 2 AO). Werden diese Pflichten nicht oder nicht ausreichend erfüllt und bleiben deshalb Unklarheiten im Sachverhalt, gehen diese zu Lasten der Beteiligten.

2.5 Bei Gesamtobjekten sind auch die Verfahrensregelungen des BMF-Schreibens vom 5. Dezember 1990 – IV A 5 – S 0361 – 20/90 – (BStBl I S. 764) zu beachten.

3 Verfahren beim Betriebsfinanzamt

3.1 Geltendmachung von negativen Einkünften für Zwecke des Vorauszahlungsverfahrens/der Lohnsteuerermäßigung

3.1.1 Wird beim Betriebsfinanzamt zum Zwecke der Herabsetzung der Vorauszahlungen oder zur Eintragung eines Freibetrags auf der Lohnsteuerkarte der Beteiligten an einem Modell i. S. der Tz. 1 geltend gemacht, daß negative Einkünfte eintreten werden, so ermittelt das Betriebsfinanzamt im Wege der Amtshilfe (§§ 111–115 AO) für die Wohnsitzfinanzämter die Höhe der voraussichtlichen negativen Einkünfte der Beteiligten (Vorprüfung).

3.1.2 Ein Vorprüfungsverfahren findet nicht statt, soweit negative Einkünfte aus Vermietung und Verpachtung bei der Festsetzung der Einkommensteuervorauszahlungen oder im Lohnsteuerermäßigungsverfahren nicht berücksichtigt werden dürfen (§ 37 Abs. 3 Sätze 6 ff. und § 39 a Abs. 1 Nr. 5 EStG). Wird gleichwohl ein Antrag i. S. d. Tz. 3.1.1 beim Betriebsfinanzamt gestellt, so sind die Wohnsitzfinanzämter hierüber zu unterrichten.

3.1.3 Das Betriebsfinanzamt beginnt mit der Vorprüfung erst, wenn nachgewiesen ist, daß die Planung des Investitionsvorhabens abgeschlossen und durch konkrete Maßnahmen bereits mit ihrer Umsetzung begonnen worden ist (z. B. Beginn der Bau- oder Herstellungsmaßnahmen).

Bei Verlustzuweisungsgesellschaften (Tz. 1.2) ist zusätzlich Voraussetzung, daß mindestens 75 v. H. des von den Beteiligten selbst aufzubringenden Kapitals rechtsverbindlich gezeichnet sind; der Beitritt eines Treuhänders für noch zu werbende Treugeber reicht nicht aus.

3.1.4 Weitere Voraussetzung ist, daß sämtliche Unterlagen vorgelegt werden, die für die Beurteilung der geltend gemachten voraussichtlichen negativen Einkünfte dem Grunde und der Höhe nach sowie hinsichtlich ihrer Ausgleichsfähigkeit erforderlich sind. In einer Fremdsprache abgefaßte Verträge und Unterlagen sind ggf. in beglaubigter deutscher Übersetzung vorzulegen (vgl. § 87 AO).

3.1.5 Zu diesen Unterlagen gehören insbesondere

a) Prospekte, Objektbeschreibungen und Unterlagen für den Vertrieb (z. B. Baubeschreibungen, Musterverträge);

b) alle von den Projektanbietern und sonstigen Personen abgeschlossenen Verträge mit den Beteiligten (z. B. Beitrittserklärungen und Nebenabreden über Zahlungen), mit den an der Planung und Ausführung des Investitionsobjekts beteiligten Unternehmen, mit den in die Finanzierung eingeschalteten Firmen und ggf. mit den Personen, die das Investitionsobjekt nutzen;

c) ein spezifizierter Finanzierungsplan (mit Kreditzusagen und Kreditverträgen) über den Gesamtfinanzierungsaufwand und den voraussichtlichen Einsatz der Finanzierungsmittel (Objektkalkulation);

d) Angaben über den Projektstand (z. B. Baugenehmigung, Baubeginnanzeige, Baufortschrittsanzeige, Teilungserklärung);

e) eine voraussichtliche Gewinn- und Verlustrechnung / Einnahmen-Überschußrechnung, aus der sich die Betriebsausgaben / Werbungskosten im einzelnen ergeben, bei Gesamtobjekten (Tz. 1.3) eine entsprechende Aufstellung über die voraussichtlich Besteuerungsgrundlagen aus den gleichgelagerten Sachverhalten;

f) eine Darstellung des angestrebten Totalgewinns/-überschusses;

g) ein Verzeichnis der Beteiligten mit Anschrift, Angabe des zuständigen Finanzamtes und der Steuernummer.

Die Antragsteller haben schriftlich zu versichern, daß die Unterlagen vollständig sind und daneben keine weiteren Vereinbarungen getroffen worden sind.

3.1.6 Das Betriebsfinanzamt kann von den Projektanbietern, der Verlustzuweisungsgesellschaft, den Verfahrensbeteiligten i. S. der V zu § 180 Abs. 2 AO oder sonstigen Personen (ggf. auf der Grundlage des § 93 AO) auch Erklärungen verlangen, wonach bestimmte Verträge nicht abgeschlossen oder bestimmte Unterlagen nicht vorhanden sind (Negativ-Erklärungen).

3.1.7 Soweit es sich bei den Projektanbietern und den von ihnen zur Ausführung oder Finanzierung des Investitionsvorhabens sowie zur Nutzung des Investitionsobjekts beauftragten Unternehmen um nahestehende Personen i. S. des § 1 Abs. 2 AStG handelt, sind diese Beziehungen bekanntzugeben.

3.1.8 Innerhalb eines Zeitraums von sechs Monaten nach Vorlage aller erforderlichen prüfungsfähigen Unterlagen (Tzn. 3.1.3–3.1.7) sollen die Vorprüfung der geltend gemachten negativen Einkünfte vorgenommen und das Ergebnis den Wohnsitzfinanzämtern mitgeteilt werden. Hierbei ist auch mitzuteilen, ob eine gesonderte und einheitliche Feststellung nach § 180 Abs. 1 Nr. 2 Buchstabe a AO oder nach § 1 Abs. 1 Satz 1 Nr. 2 und Satz 2 V zu § 180 Abs. 2 AO durchgeführt wird. Sind Sachverhalte vor Ort zu ermitteln, soll das Betriebsfinanzamt einen Betriebsprüfer hiermit beauftragen, sobald alle erforderlichen Unterlagen vorliegen.

3.1.9 Werden die geltend gemachten negativen Einkünfte ganz oder teilweise nicht anerkannt, so soll die Mitteilung eine für das Wohnsitzfinanzamt in einem etwaigen Rechtsbehelfsverfahren verwertbare Begründung und eine Aussage darüber enthalten, ob und ggf. in welcher Höhe eine Aussetzung der Vollziehung in Betracht kommt. Die Entscheidung über einen Antrag auf Aussetzung der Vollziehung obliegt dem Wohnsitzfinanzamt.

3.1.10 Kann eine Vorprüfung nicht innerhalb von sechs Monaten nach Vorlage sämtlicher Unterlagen (Tzn. 3.1.3–3.1.7) abgeschlossen werden und liegen auch die Voraussetzungen der Tz. 3.1.12 nicht vor, teilt das Betriebsfinanzamt den Wohnsitzfinanzämtern nach Ablauf dieser Frist mit, ob und in welchem Umfang nach dem gegenwärtigen Stand der Prüfung die geltend gemachten negativen Einkünfte anerkannt werden können. Die Mitteilung soll eine im Rechtsbehelfsverfahren verwertbare Begründung enthalten (= begründeter Schätzungsvorschlag).

3.1.11 Eingehende Anfragen der Wohnsitzfinanzämter (Tz. 4.1.1) sind vom Betriebsfinanzamt unverzüglich nach dem gegenwärtigen Verfahrensstand zu beantworten. Hierbei ist der Ablauf der Sechsmonatsfrist mitzuteilen sowie anzugeben, ob die prüfungsfähigen Unterlagen vorliegen. Hierbei ist auch mitzuteilen, ob eine gesonderte und einheitliche Feststellung nach § 180 Abs. 1 Nr. 2 Buchstabe a AO oder nach § 1 Abs. 1 Satz 1 Nr. 2 und Satz 2 V zu § 180 Abs. 2 AO durchgeführt wird.

3.1.12 Das Betriebsfinanzamt kann auf die Vorprüfung verzichten und dem Wohnsitzfinanzamt die Höhe der voraussichtlichen negativen Einkünfte des Steuerpflichtigen mitteilen, wenn es keine ernstlichen Zweifel hinsichtlich der Entstehung und der Höhe der geltend gemachten negativen Einkünfte hat, weil es sich

a) um ein Projekt handelt, das in tatsächlicher und rechtlicher Hinsicht mit vom Betriebsfinanzamt bereits überprüften anderen Projekten derselben Projektanbieter vergleichbar ist und die negativen Einkünfte ohne wesentliche Beanstandung anerkannt worden sind, oder

b) um negative Einkünfte aus einem Projekt handelt, für das bereits für Vorjahre negative Einkünfte überprüft und ohne wesentliche Beanstandung anerkannt worden sind.

3.2 **Gesonderte Feststellung der negativen Einkünfte durch das Betriebsfinanzamt**

3.2.1 Das Betriebsfinanzamt soll die gesonderte Feststellung der Einkünfte bei Modellen i. S. der Tz. 1 beschleunigt durchführen.

3.2.2 Im Rahmen der Feststellungserklärung sind grundsätzlich die gleichen Angaben zu machen und die gleichen Unterlagen vorzulegen wie im Vorauszahlungsverfahren (vgl. Tzn. 3.1.4–3.1.7). Soweit einzelne nach der Konzeption vorgesehene Verträge noch nicht abgeschlossen sind oder bestimmte Angaben nicht oder noch

Anhang 30
Vermietung und Verpachtung
I a

nicht gemacht werden können, ist hierauf besonders hinzuweisen.

3.2.3 Die Fristen für die Abgabe der Erklärungen zur gesonderten Feststellung der Einkünfte sind in der Regel nicht zu verlängern.

3.2.4 Wird die Erklärung trotz Erinnerung nicht abgegeben oder werden die nach den Tzn. 3.1.3–3.1.7 vorzulegenden Unterlagen und Angaben trotz ergänzender Rückfragen nicht eingereicht, sollen die negativen Einkünfte im Feststellungsverfahren geschätzt werden (ggf. auf 0 DM). Gleiches gilt bei Auslandssachverhalten, wenn die Beteiligten ihrer erhöhten Mitwirkungspflicht nicht nachkommen (vgl. Tz. 2.4).

3.2.5 Für die Bearbeitung und Prüfung vorliegender Feststellungserklärungen und für die Beantwortung von Anfragen der Wohnsitzfinanzämter gelten die für das Vorprüfungsverfahren getroffenen Regelungen (vgl. Tzn. 3.1.8 und 3.1.10 bis 3.1.12) entsprechend. Ist innerhalb der Sechsmonatsfrist eine abschließende Überprüfung des Sachverhalts nicht möglich, kann aufgrund einer vorläufigen Beurteilung ein unter dem Vorbehalt der Nachprüfung (§ 164 AO) stehender Feststellungsbescheid erlassen werden. Unsicherheiten bei der Ermittlung der festzustellenden Einkünfte, die die Beteiligten (z. B. wegen ausstehender Unterlagen oder Angaben i. S. d. Tzn. 3.1.3–3.1.7) zu vertreten haben, sind zu deren Lasten bei der vorläufigen Beurteilung zu berücksichtigen. Die abschließende Prüfung der festzustellenden Einkünfte ist rechtzeitig vor Eintritt der Feststellungsverjährung nachzuholen.

3.2.6 Bei Feststellungen nach der V zu § 180 Abs. 2 AO ist der sachliche und zeitliche Umfang der Feststellung im Feststellungsbescheid und in der Feststellungsmitteilung zu erläutern (vgl. BMF-Schreiben vom 5. Dezember 1990 – IV A 5 – S 0361 – 20/90 –, BStBl I S. 764). Wird eine gesonderte Feststellung abgelehnt, kann das Betriebsfinanzamt im Wege der Amtshilfe Ermittlungen für das Wohnsitzfinanzamt vornehmen.

3.2.7 Ist bei einer Verlustzuweisungsgesellschaft keine Einkünfteerzielungsabsicht anzunehmen, dürfen negative Einkünfte nicht gesondert und einheitlich festgestellt werden (vgl. Tz. 1.2.2). Beantragen die Beteiligten oder die Gesellschaft die Durchführung einer Vorprüfung, ist dies abzulehnen. Wird eine gesonderte und einheitliche Feststellung beantragt, ist ein negativer Feststellungsbescheid zu erlassen. Die Wohnsitzfinanzämter sind hierüber zu unterrichten.

3.2.8 Sind bei Modellen mit nur einem Kapitalanleger (Tz. 1.4) die Voraussetzungen für eine gesonderte Feststellung nach § 180 Abs. 1 Nr. 2 Buchstabe b AO nicht erfüllt, kann bei Einkünften aus Vermietung und Verpachtung das Betriebsfinanzamt bei der Festsetzung der Vorauszahlungen und der Jahressteuer zu berücksichtigende Besteuerungsgrundlagen im Wege der Amtshilfe für das Wohnsitzfinanzamt ermitteln. Die Regelungen der Tzn. 3.1 bis 3.2.5 gelten sinngemäß. Die Entscheidungskompetenz hinsichtlich der zu berücksichtigenden Besteuerungsgrundlagen hat allein das Wohnsitzfinanzamt. Als Betriebsfinanzamt gilt hierbei das Finanzamt, von dessen Bezirk die Verwaltung der Einkünfte aus Vermietung und Verpachtung ausgeht.

3.2.9 Hat ein Wohnsitzfinanzamt eine Anfrage an das Betriebsfinanzamt nach Tz. 4.2.1 gerichtet und stellt dieses fest, daß die Voraussetzungen für eine gesonderte Feststellung nach § 180 Abs. 1 Nr. 2 Buchstabe a AO nicht erfüllt sind, so muß das Betriebsfinanzamt einen negativen Feststellungsbescheid erlassen. Gleiches gilt, wenn das Betriebsfinanzamt nach § 4 der V zu § 180 Abs. 2 AO auf die Durchführung eines Feststellungsverfahrens verzichtet. Die Wohnsitzfinanzämter sind hierüber zu unterrichten.

4 Verfahren beim Wohnsitzfinanzamt

4.1 Geltendmachung von negativen Einkünften für Zwecke des Vorauszahlungsverfahrens/der Lohnsteuerermäßigung

4.1.1 Beantragt ein Beteiligter unter Hinweis auf seine voraussichtlichen negativen Einkünfte Vorauszahlungen herabzusetzen, hat das Wohnsitzfinanzamt im Rahmen seiner Pflicht zur Ermittlung der voraussichtlichen Jahreseinkommensteuer unverzüglich eine Anfrage an das Betriebsfinanzamt zu richten.

4.1.2 Legt der Beteiligte Unterlagen vor, die den Schluß zulassen, daß das Betriebsfinanzamt noch nicht eingeschaltet ist, so leitet das Wohnsitzfinanzamt eine Ausfertigung dieser Unterlagen mit seiner Anfrage dem Betriebsfinanzamt zu.

4.1.3 Während der dem Betriebsfinanzamt zur Verfügung stehenden Bearbeitungszeit von sechs Monaten (Tz. 3.1.8) soll das Wohnsitzfinanzamt in der Regel von weiteren Rückfragen nach dem Stand der Bearbeitung absehen.

1383

4.1.4 Eine Anfrage an das Betriebsfinanzamt unterbleibt, wenn die Prüfung des Wohnsitzfinanzamts ergibt, daß eine Herabsetzung der Vorauszahlungen oder eine Lohnsteuerermäßigung aus Rechtsgründen nicht in Betracht kommt (vgl. Tz. 3.1.2). Bei der Einkunftsart Vermietung und Verpachtung ist eine Herabsetzung der Vorauszahlungen danach erstmals für Jahre möglich, die dem Jahr der Fertigstellung oder Anschaffung des Objekts folgen. Bei Inanspruchnahme erhöhter Absetzungen nach §§ 14 a, 14 c oder 14 d BerlinFG oder Sonderabschreibungen nach § 4 Fördergebietsgesetz kommt eine Herabsetzung der Vorauszahlungen bereits für das Jahr der Fertigstellung/Anschaffung oder für das Jahr, in dem Teilherstellungskosten/Anzahlungen auf Anschaffungskosten als Bemessungsgrundlage geltend gemacht werden, in Betracht.

4.1.5 Nach Eingang des Antrags auf Herabsetzung der Vorauszahlungen kann das Wohnsitzfinanzamt zwischenzeitlich fällig werdende Vorauszahlungen so lange stunden, bis das Betriebsfinanzamt verwertbare Angaben mitgeteilt hat, längstens jedoch für sechs Monate. Die Stundung kann über diesen Zeitraum hinaus gewährt werden, wenn die Gründe für die Verlängerung nicht von den Beteiligten zu vertreten sind. Die gestundeten Steuerbeträge sind nicht zu verzinsen, soweit der Herabsetzungsantrag Erfolg hat.

4.1.6 Teilt das Betriebsfinanzamt die Höhe der voraussichtlichen negativen Einkünfte mit, so berücksichtigt das Wohnsitzfinanzamt diese Mitteilung bei der Entscheidung über den Antrag auf Herabsetzung der Vorauszahlungen.

4.1.7 Teilt das Betriebsfinanzamt mit, daß ihm die nach Tzn. 3.1.3–3.1.7 erforderlichen Unterlagen und Angaben nicht oder nicht vollständig vorliegen, und hat sie auch der Beteiligte selbst nicht beigebracht, ist der Antrag auf Herabsetzung der Vorauszahlungen abzulehnen. Das gilt auch, wenn die Voraussetzungen der Tz. 3.1.3 nicht vorliegen. § 30 AO steht entsprechenden begründenden Erläuterungen nicht entgegen.

4.1.8 Liegt dem Wohnsitzfinanzamt – entgegen den in Tz. 3.1.10 vorgesehenen Regelungen – nach Ablauf der dem Betriebsfinanzamt eingeräumten Sechsmonatsfrist keine Mitteilung über die Höhe der voraussichtlichen negativen Einkünfte vor und kommt eine Verlängerung der Stundung nach Tz. 4.1.5 nicht in Betracht, entscheidet das Wohnsitzfinanzamt aufgrund überschlägiger Prüfung, in welcher – ggf. geschätzten – Höhe die negativen Einkünfte des Beteiligten als glaubhaft gemacht anzusehen sind (BFH-Beschluß vom 26.10. 1978, BStBl 1979 II S. 46).

4.1.9 Die bei einer Veranlagung berücksichtigten negativen Einkünfte dürfen nicht ungeprüft bei der Festsetzung der Vorauszahlungen für Folgejahre übernommen werden.

4.1.10 Die vorstehenden Grundsätze gelten entsprechend, wenn ein Steuerpflichtiger im Hinblick auf negative Einkünfte aus der Beteiligung an einem Modell i. S. der Tz. 1 die Eintragung eines Freibetrags auf der Lohnsteuerkarte beantragt (§ 39 a EStG). Das Wohnsitzfinanzamt kann einen Freibetrag – ggf. in geschätzter Höhe – bereits dann eintragen, wenn die Voraussetzungen vorliegen, unter denen nach Tz. 4.1.5 Vorauszahlungen gestundet werden können. Teilt das Betriebsfinanzamt die Höhe der voraussichtlichen Einkünfte mit, sind nach Maßgabe des § 37 EStG Vorauszahlungen festzusetzen, wenn die negativen Einkünfte aus der Beteiligung bei Bemessung des Freibetrags zu hoch angesetzt worden sind.

4.2 **Veranlagungsverfahren beim Wohnsitzfinanzamt**

4.2.1 Liegt dem Wohnsitzfinanzamt bei der Bearbeitung der Steuererklärung des Beteiligten weder eine Feststellungs-Mitteilung noch eine sonstige – vorläufige – Mitteilung für Veranlagungszwecke vor, ist unverzüglich eine entsprechende Anfrage an das Betriebsfinanzamt zu richten; Tzn. 4.1.1 und 4.1.2 gelten entsprechend.

4.2.2 Teilt das Betriebsfinanzamt mit, daß es die Besteuerungsgrundlagen innerhalb der ihm nach Tz. 3.2.5 eingeräumten Bearbeitungsfrist von 6 Monaten nicht (auch nicht vorläufig) ermitteln kann, oder äußert sich das Betriebsfinanzamt entgegen der in Tzn. 3.1.10 und 3.1.11 getroffenen Regelung nach Ablauf dieser Frist nicht, hat das Wohnsitzfinanzamt die Höhe des Anteils an den negativen Einkünften bei der Veranlagung des Beteiligten – ggf. aufgrund einer überschlägigen Überprüfung – selbst zu schätzen (§ 162 Abs. 3 AO). Ein noch ausstehender Grundlagenbescheid hindert den Erlaß eines Folgebescheides nicht (§ 155 Abs. 2 AO). Von dem Beteiligten sind geeignete Unterlagen (z. B. unterschriebene Bilanz, Einnahme-Überschußrechnung, Angaben über das Beteiligungsverhältnis usw.; vgl. Tz. 3.1.5) anzufordern, die es ermöglichen, den erklärten Anteil an den negativen Einkünften dem Grunde und der Höhe nach zu beurteilen.

4.2.3 Veranlagungen mit voraussichtlich hoher Abschlußzahlung sollen nicht wegen noch fehlender Grundlagenbescheide zurückgestellt werden. Die geltend gemachten negativen Einkünfte können – trotz noch ausstehender Mitteilung des Betriebsfinanzamts – in geschätzter Höhe berücksichtigt werden.

4.2.4 Hat das Betriebsfinanzamt bereits im Vorauszahlungsverfahren für denselben Veranlagungszeitraum eine Mitteilung über die Höhe des Anteils an den negativen Einkünften übersandt, soll regelmäßig bei der Schätzung dieser Anteil an den negativen Einkünften angesetzt werden, höchstens aber die in der Steuererklärung angegebenen negativen Einkünfte. In diesen Fällen kann die Veranlagung auch vor Ablauf der Sechsmonatsfrist durchgeführt werden.

4.2.5 Beruht die zu erwartende gesonderte Feststellung auf § 1 Abs. 1 Satz 1 Nr. 2 und Satz 2 V zu § 180 Abs. 2 AO, ist die Einkommensteuer hinsichtlich der negativen Einkünfte aus der Beteiligung vorläufig festzusetzen (§ 165 AO), damit nach der späteren, ggf. nur einen Teil des Veranlagungszeitraums oder nur einen Teil der negativen Einkünfte betreffenden gesonderten Feststellung auch die durch sie nicht erfaßten Aufwendungen (z. B. Sonderwerbungskosten, als Werbungskosten abziehbare Vorsteuerbeträge) bei der Änderung der Einkommensteuerfestsetzung noch berücksichtigt werden können.

4.2.6 Nach Eingang der Feststellungsmitteilung wertet das Wohnsitzfinanzamt das Ergebnis der gesonderten Feststellung der negativen Einkünfte durch das Betriebsfinanzamt möglichst umgehend aus. Liegt bereits ein Steuerbescheid vor, so kann die Auswertung bei nur geringfügigen steuerlichen Auswirkungen bis zu einer aus anderen Gründen erforderlichen Änderung der Einkommensteuerfestsetzung zurückgestellt werden. Die Anpassung des Folgebescheides muß rechtzeitig vor Eintritt der Festsetzungsverjährung nachgeholt werden.

4.2.7 Hat das Betriebsfinanzamt einen negativen Feststellungsbescheid erlassen (Tzn. 3.2.7 oder 3.2.9), muß das Wohnsitzfinanzamt die betreffenden Einkünfte des Beteiligten selbst ermitteln und diese im Steuerbescheid oder ggf. in einem nach § 175 Abs. 1 Satz 1 Nr. 1 AO zu erlassenden Änderungsbescheid berücksichtigen (BFH-Urteil vom 11. Mai 1993, BStBl II S. 820). Hat das Betriebsfinanzamt die Durchführung eines Feststellungsverfahrens wegen fehlender Einkünfteerzielungsabsicht abgelehnt, ist dieser Entscheidung auch im Veranlagungsverfahren zu folgen.

4.2.8 Kann bei einem Modell mit nur einem Kapitalanleger (Tz. 1.4) aus formellen Gründen keine gesonderte Feststellung durchgeführt werden und leistet das Betriebsfinanzamt nach Tz. 3.2.8 Amtshilfe, gelten die Regelungen der Tzn. 4.1 bis 4.2.4 sinngemäß. Dabei ist zu beachten, daß der Mitteilung des Betriebsfinanzamts keine Bindungswirkung i. S. des § 171 Abs. 10 und des § 175 Abs. 1 Satz 1 Nr. 1 AO zukommt. Daher ist sicherzustellen, daß Steuerbescheide des Kapitalanlegers vor Abschluß der Ermittlungen des Betriebsfinanzamts unter dem Vorbehalt der Nachprüfung (§ 164 AO) ergehen und die endgültige Überprüfung vor Eintritt der Festsetzungsverjährung und Wegfall des Vorbehalts der Nachprüfung erfolgt.

5 **Schlußbestimmung**

Dieses Schreiben tritt an die Stelle des BMF-Schreibens vom 14. Mai 1982 – IV A 7 – S 0353 – 9/82 –, BStBl 1982 I S. 550. Es wird in die AO-Kartei aufgenommen.

II
Einkunftserzielung bei den Einkünften aus Vermietung und Verpachtung

BMF vom 23. 7. 1992 (BStBl I S. 434)
IV B 3 – S 2253 – 29/92

Unter Bezugnahme auf das Ergebnis der Erörterungen mit den obersten Finanzbehörden der Länder nehme ich zur Frage der Einkunftserzielung bei Einkünften aus Vermietung und Verpachtung wie folgt Stellung:

Nach dem Beschluß des Großen Senats vom 25. Juni 1984 (BStBl 1984 II S. 751) setzt eine einkommensteuerrechtliche Betätigung oder Vermögensnutzung im Bereich der Überschußeinkünfte die Absicht voraus, auf Dauer gesehen nachhaltig Überschüsse zu erzielen (vgl. auch BFH-Urteil vom 21. Juli 1981, BStBl II S. 37, vom 23. März 1982, BStBl II S. 463 und vom 21. Oktober 1980, BStBl II S. 452). Dabei ist nicht auf das Ergebnis der Vermögensnutzung eines oder weniger Jahre, sondern auf das positive Gesamtergebnis der voraussichtlichen Vermögensnutzung durch den Steuerpflichtigen und seinen Gesamtrechtsnachfolger oder seinen voll unentgeltlichen Einzelrechtsnachfolger abzustellen. Steuerfreie Veräußerungsgewinne sind in diese Betrachtung nicht einzubeziehen (BFH-Urteil vom 23. März 1982, BStBl II S. 463). Für die Dauer der voraussichtlichen Vermögensnutzung ist bei Gebäuden grundsätzlich von einer tatsächlichen Nutzungsdauer von 100 Jahren auszugehen. Grundsätzlich spricht bei den Einkünften aus Vermietung und Verpachtung der Beweis des ersten Anscheins für das Vorliegen der Einkunftserzielungsabsicht.

Der Beweis des ersten Anscheins für das Vorliegen der Einkunftserzielungsabsicht ist entkräftet, wenn aufgrund objektiver Beweisanzeichen festgestellt werden kann, daß der Steuerpflichtige das Gebäude in der Absicht angeschafft oder hergestellt hat, die Steuervorteile in Anspruch zu nehmen und es kurze Zeit danach zu veräußern (z. B. bei sogenannten Mietkauf-Modellen, BFH-Urteil vom 31. März 1987, BStBl 1987 II S. 668 und 774). Solche Beweisanzeichen können zum Beispiel der Abschluß eines entsprechenden Zeitmietvertrages, einer entsprechenden kurzen Fremdfinanzierung oder die Suche nach einem Käufer schon kurze Zeit nach Anschaffung oder Herstellung des Gebäudes sein. Die Inanspruchnahme von Sonderabschreibungen oder erhöhten Absetzungen bei Gebäuden reicht zur Widerlegung der Einkunftserzielungsabsicht allein nicht aus.

Auch bei Grundstücksverwaltungsgesellschaften oder -gemeinschaften mit Einkünften aus Vermietung und Verpachtung von Grundstücken spricht der Beweis des ersten Anscheins für das Vorliegen der Einkunftserzielungsabsicht. Entsprechendes gilt bei geschlossenen Immobilienfonds in den Fällen des § 15 Abs. 3 Nr. 2 EStG. Aus der rechtlichen Gestaltung des Vertragswerkes und der tatsächlichen Durchführung im Einzelfall kann sich aber ergeben, daß die Beteiligten nicht eine auf Dauer angelegte Investition anstreben, sondern im Vordergrund ihrer Entscheidung die Minderung ihrer Steuerbelastung steht. Nur in einem solchen Fall sind die Grundsätze des BFH-Urteils vom 21. August 1990 (BStBl 1991 II S. 564) anzuwenden. Bei einem Gesellschafter oder Gemeinschafter genügt allein die rechtliche oder tatsächliche Möglichkeit, die Beteiligung an der Gesellschaft oder Gemeinschaft kurzfristig aufzugeben, nicht zu einer Entkräftung des Beweises des ersten Anscheins für das Vorliegen einer Einkunftserzielungsabsicht. Etwas anderes gilt, wenn die Aufgabe der Beteiligung zu einem künftigen Zeitpunkt, in dem ein Überschuß der Einnahmen über die Werbungskosten eindeutig noch nicht erreicht sein wird, feststeht oder nach dem mutmaßlichen Geschehensablauf sicher zu erwarten ist.

III
Einkunftsermittlung bei im Betriebsvermögen gehaltenen Beteiligungen an vermögensverwaltenden Personengesellschaften

BMF vom 29. 4. 1994 (BStBl I S. 282)

IV B 2 – S 2241 – 9/94
IV A 4 – S 0361 – 11/94

Unter Bezugnahme auf das Ergebnis der Erörterungen mit den obersten Finanzbehörden der Länder gilt für die Ermittlung von Einkünften aus Beteiligungen an vermögensverwaltenden Personengesellschaften, die im Betriebsvermögen gehalten werden, folgendes:

1. Allgemeines

Eine vermögensverwaltende Personengesellschaft, die die Voraussetzungen des § 15 Abs. 3 Nr. 2 EStG nicht erfüllt (nicht gewerblich geprägte Personengesellschaft), erzielt Einkünfte aus Vermietung und Verpachtung oder Kapitalvermögen, die als Überschuß der Einnahmen über die Werbungskosten (§ 2 Abs. 2 Nr. 2 EStG) ermittelt werden.

Schwierigkeiten ergeben sich, wenn Anteile an einer vermögensverwaltenden, nicht gewerblich geprägten Personengesellschaft von einem oder mehreren Gesellschaftern im Betriebsvermögen gehalten werden. Nach der BFH-Rechtsprechung (BFH-Beschlüsse vom 25. Juni 1984, BStBl II S. 751 und vom 19. August 1986, BStBl 1987 II S. 212 sowie BFH-Urteil vom 20. November 1990, BStBl 1991 II S. 345) ist den betrieblich beteiligten Gesellschaftern ein Anteil an den Einkünften aus Vermietung und Verpachtung oder Kapitalvermögen zuzurechnen und anschließend auf der Ebene des Gesellschafters in betriebliche Einkünfte umzuqualifizieren.[1)]

2. Gesonderte und einheitliche Feststellung

Die Einkünfte aller Beteiligten werden auf der Ebene der Gesellschaft als Überschuß der Einnahmen über die Werbungskosten ermittelt. Die Einkünfte aus Vermietung und Verpachtung oder aus Kapitalvermögen werden gesondert und einheitlich festgestellt. Gewinne aus der Veräußerung von Wirtschaftsgütern des Gesellschaftsvermögens sind nur dann im Rahmen der gesonderten und einheitlichen Feststellung zu berücksichtigen, wenn ein Fall des § 17 EStG (Veräußerung einer wesentlichen Beteiligung) oder des § 23 EStG (Spekulationsgeschäft) vorliegt. Gewinne aus der Veräußerung der Beteiligung selbst bleiben bei der gesonderten und einheitlichen Feststellung unberücksichtigt, auch wenn diese Veräußerung ein Spekulati-

---
[1)] Dagegen → BFH vom 18. 5. 1995 (BFHE 178, 63).

onsgeschäft i. S. des § 23 EStG darstellt (vgl. BFH-Urteil vom 13. Oktober 1993 – BStBl 1994 II S. 86).

Die vorstehenden Grundsätze gelten unabhängig davon, ob die Beteiligung im Privat- oder Betriebsvermögen gehalten wird. Sie gelten auch für den Fall, daß sämtliche Beteiligungen im Betriebsvermögen gehalten werden, es sei denn, daß die vermögensverwaltende Personengesellschaft von sich aus betriebliche Einkünfte erklärt und durch Betriebsvermögensvergleich ermittelt hat.

3. Folgebescheid

Gehören die Gesellschaftsanteile zum Betriebsvermögen des Gesellschafters, sind die gesondert und einheitlich festgestellten Überschußeinkünfte im Folgebescheid wie folgt zu behandeln:

a) Der Gesellschafter hat grundsätzlich alle Wirtschaftsgüter der Personengesellschaft anteilig im Rahmen seines eigenen Buchführungswerks zu erfassen und den Gewinnanteil, der sich für ihn aus den einzelnen Geschäftsvorfällen der Personengesellschaft ergibt, nach den Grundsätzen der Gewinnermittlung zu berechnen und anzusetzen. Diese Verfahrensweise ist vor allem im Hinblick darauf geboten, daß der Anteil an der Personengesellschaft steuerlich kein selbständiges Wirtschaftsgut ist (vgl. BFH-Beschluß vom 25. Juni 1984, BStBl II S. 751 [763]). Hinsichtlich der anteiligen Berücksichtigung von AfA, erhöhten Absetzungen und Sonderabschreibungen gilt § 7 a Abs. 7 EStG (vgl. auch Abschnitt 44 Abs. 7 EStR).

b) Ermittelt die Personengesellschaft freiwillig ergänzend zur Überschußrechnung den Gewinnanteil des Gesellschafters nach § 4 Abs. 1, § 5 EStG, so bestehen keine Bedenken dagegen, den in der Feststellungserklärung angegebenen Anteil am Gewinn oder Verlust dem für den Erlaß des Folgebescheids zuständigen Finanzamt als nachrichtlichen Hinweis zu übermitteln und die Angabe dort bei der Veranlagung zu Einkommen- oder Körperschaftsteuer auszuwerten. Weist der Steuerpflichtige den übermittelten Anteil am Gewinn oder Verlust gesondert in seinem Jahresabschluß aus, so kann aus Vereinfachungsgründen auf die Einzelberechnung nach Randnummer 5 verzichtet werden, wenn der angegebene Betrag nicht offensichtlich unzutreffend ist.

7 c) Ist der Steuerpflichtige an der Gesellschaft zu weniger als 10 v. H. beteiligt, so ist regelmäßig davon auszugehen, daß er die zur Durchführung der Gewinnermittlung nach § 4 Abs. 1, § 5 EStG erforderlichen Angaben von der Gesellschaft nur unter unverhältnismäßigem Aufwand erlangen kann. Außerdem ist bei einer Beteiligung von weniger als 10 v. H. die in Tz. 15 des BMF-Schreibens vom 20. Dezember 1990, BStBl I S. 884, für den gewerblichen Grundstückshandel bestimmte Beteiligungsgrenze nicht erreicht. Vor diesem Hintergrund bestehen keine Bedenken dagegen, in einem solchen Fall den Anteil am Gewinn oder Verlust aus Vereinfachungsgründen in Höhe des Ergebnisanteils zu schätzen, der vom Betriebsfinanzamt nach den Grundsätzen der Überschußrechnung gesondert und einheitlich festgestellt worden ist. Der geschätzte Anteil am Gewinn oder Verlust ist auf einem „Beteiligungs"-Konto erfolgswirksam zu buchen. Auf dem Konto sind außerdem alle Vermögenszuführungen des Beteiligten in die Personengesellschaft und alle Vermögensauskehrungen an den Beteiligten zu erfassen.

8 Wird der Anteil an der Personengesellschaft veräußert, so ist als Gewinn der Unterschied zwischen dem Veräußerungserlös (nach Abzug von Veräußerungskosten) und dem bis dahin fortentwickelten Buchwert der „Beteiligung" anzusetzen. Auf diese Weise werden Gewinne aus der Veräußerung von Wirtschaftsgütern der Personengesellschaft spätestens im Zeitpunkt der Veräußerung der Beteiligung versteuert. Der Gewinn aus der Veräußerung des Anteils an der vermögensverwaltenden Personengesellschaft ist als laufender Gewinn aus Gewerbebetrieb zu behandeln. Diese Ausführungen gelten für den Fall der Entnahme des Gesellschaftsanteils, der Beendigung der Gesellschaft oder in anderen gleichzustellenden Fällen sinngemäß.

9 Voraussetzung für die dargestellte Verfahrensweise ist ein entsprechender Antrag des Steuerpflichtigen und die im Benehmen mit dem Betriebsfinanzamt zu erteilende Zustimmung des Wohnsitzfinanzamts, die im Fall des Drohens ungerechtfertigter Steuervorteile versagt bzw.

mit Wirkung für den nächsten Veranlagungszeitraum widerrufen werden kann.

Ein ungerechtfertigter Steuervorteil droht vor allem dann, wenn

– die Vermögensauskehrungen von der Gesellschaft an den Gesellschafter zu einem Negativsaldo auf dem Beteiligungskonto führen bzw. einen bereits vorhandenen Negativsaldo erhöhen, oder

– die aus der Veräußerung von Wirtschaftsgütern des Gesellschaftsvermögens stammenden Gewinne offenkundig so hoch sind, daß ein Aufschub ihrer Besteuerung unvertretbar erscheint.

10 Der gesondert und einheitlich festgestellte Anteil an den Überschußeinkünften der Personengesellschaft, die Entwicklung des Kontos „Beteiligung" sowie der Gewinn aus einer etwaigen Veräußerung des Anteils an der Personengesellschaft sind im Jahresabschluß des Gesellschafters gesondert auszuweisen. Ein Wechsel zu der Ermittlungsmethode nach Randnummer 5 oder 6 ist nur einmal möglich; durch Ansatz eines entsprechenden Übergangsgewinns oder -verlusts ist beim Wechsel sicherzustellen, daß der Totalgewinn zutreffend erfaßt wird.

Beispiel: 11

An der vermögensverwaltenden X-KG ist die Y-GmbH seit dem 1. Januar 01 als Kommanditistin mit einer Einlage von 25.000 DM beteiligt. Der Anteil der Y-GmbH an den Werbungskostenüberschüssen der Jahre 01–03 beträgt – 5.000, – 4.000 und – 3.000 DM. Im Jahr 02 veräußert die X-KG außerhalb der Spekulationsfrist ein unbebautes Grundstück. Der Erlös wird an die Gesellschafter ausgekehrt; auf die Y-GmbH entfallen 1.500 DM. Zum 31. Dezember 03 veräußert die Y-GmbH ihre Beteiligung für 40 000 DM.

Der Buchwert des „Beteiligungs"-Kontos im Zeitpunkt der Beteiligungsveräußerung ist wie folgt zu ermitteln:

	DM
Kapitaleinlage 01	25.000
Verlustanteil 01	– 5.000
Verlustanteil 02	– 4.000
Anteil an Auskehrung 02	– 1.500
Verlustanteil 03	– 3.000
Buchwert	11.500

Die Y-GmbH hat die Verlustanteile 01 und 02 in den entsprechenden Jahren je-

weils mit positiven Einkünften aus ihrer übrigen Tätigkeit ausgeglichen.
Bei der Körperschaftsteuer-Veranlagung der Y-GmbH für das Jahr 03 sind anzusetzen:

	DM
Verlustanteil 03	–3.000
+ Veräußerungserlös	40.000
– Buchwert	–11.500
Einkünfte aus Gewerbebetrieb	25.500

d) Ermittelt der Gesellschafter seinen Gewinn nach § 4 Abs. 3 EStG, so kann sinngemäß nach den oben dargestellten Regelungen verfahren werden. Dabei ist ein dem Konto „Beteiligung" entsprechender Posten im Anlageverzeichnis des Gesellschafters zu führen und fortzuentwickeln.

III a
Abgrenzung der Eigen- und Fremdnutzung bei Ferienwohnungen

BMF vom 4. 5. 1994 (BStBl I S. 285)
IV B 3 – S 2253 – 34/94

Zur einkommensteuerrechtlichen Behandlung einer zeitweise leerstehenden und zeitweise vermieteten Ferienwohnung vertrete ich nach Erörterung mit den obersten Finanzbehörden der Länder folgende Auffassung:

1 Aufteilung von Aufwendungen auf Zeiten der Eigen- und Fremdnutzung

Werden Ferienwohnungen zeitweise eigengenutzt und zeitweise vermietet, dürfen Aufwendungen als Werbungskosten bei der Ermittlung der Einkünfte aus Vermietung und Verpachtung nur abgezogen werden, soweit sie mit der Vermietung zusammenhängen.

Aufwendungen, die ausschließlich durch die Vermietung verursacht sind, sind in voller Höhe Werbungskosten. Aufwendungen, die sowohl durch die Vermietung als auch durch die Eigennutzung verursacht sind – z. B. für Instandhaltungsmaßnahmen oder die Anschaffung von Wirtschaftsgütern, die nicht ausschließlich der Vermietung dienen –, sind auf die Zeit der Eigennutzung und die Zeit der Vermietung aufzuteilen. Aufteilungsmaßstab ist das Verhältnis der Zeiträume der unterschiedlichen Nutzung in dem jeweiligen Veranlagungszeitraum.

2 Abgrenzung der Zeiten der Eigen- und Fremdnutzung

2.1 Grundsatz

Eigennutzung ist die Nutzung durch den Steuerpflichtigen selbst sowie die unentgeltliche Überlassung. Als Zeiten der Eigennutzung sind grundsätzlich auch die Zeiträume zu behandeln, in denen die Wohnung zwar leersteht, aber vom Steuerpflichtigen jederzeit genutzt werden kann. Dies ist anzunehmen, wenn der Steuerpflichtige jeweils darüber entscheiden kann, ob er die Ferienwohnung vermietet oder selbst nutzt (BFH-Urteile vom 25. Juni 1991 – BStBl 1992 II S. 24 und vom 30. Juli 1991 – BStBl 1992 II S. 27).

2.2 Bereithalten zur ausschließlichen Vermietung

Leerstandszeiten sind nicht der Eigennutzung, sondern der Vermietung zuzurechnen, wenn der Steuerpflichtige Umstände vorträgt, die eine Eigennutzung ausgeschlossen erscheinen lassen, und die Wohnung ausschließlich zur Vermietung bereitgehalten wird.

2.2.1 Einschalten eines Vermittlers

Ein ausschließliches Bereithalten zur Vermietung ist anzunehmen, wenn der Steuerpflichtige die Entscheidung über die Vermietung der Ferienwohnung während des Zeitraums, in dem er die Wohnung nicht selbst nutzt oder unentgeltlich überläßt, einem ihm nicht nahestehenden Vermittler (z. B. einem überregionalem Reiseveranstalter) überträgt und eine Eigennutzung vertraglich ausschließt. Wird der Vertrag nicht für den gesamten Veranlagungszeitraum geschlossen, sind die Leerstandszeiten, in denen der Steuerpflichtige über die Vermietung selbst entscheiden konnte, als Zeiten der Eigennutzung zu behandeln.

2.2.2 Sonderfälle

Auch bei Eigenvermietung durch den Steuerpflichtigen sind die Zeiten des Leerstands ausnahmsweise nicht der Eigennutzung zuzurechnen, wenn der Steuerpflichtige die Ferienwohnung im jeweiligen Veranlagungszeitraum weder selbst nutzt noch unentgeltlich überläßt, und er glaubhaft macht, während der Leerstandszeit die Vermietung beabsichtigt zu haben. Das kann insbesondere der Fall sein, wenn

– die Ferienwohnung in der (regional unterschiedlichen) Saison mit Ausnahme eines kurzzeitigen Leerstands nahezu durchgängig vermietet wird und die tatsächliche Vermietungsdauer mindestens 100 Tage beträgt;

– der Steuerpflichtige an demselben Ort mehr als eine Ferienwohnung hat und nur eine dieser Ferienwohnungen für eigene Wohnzwecke oder in Form der unentgeltlichen Überlassung nutzt. Hiervon kann ausgegangen werden, wenn beispielsweise Ausstattung und Größe einer der Wohnungen auf die besonderen Verhältnisse des Steuerpflichtigen zugeschnitten sind. Die Leerstandszeiten der anderen Ferienwohnung(en) sind in einem solchen Fall nicht als Eigennutzung zu werten.

III b
Sinngemäße Anwendung des § 15 a Abs. 5 Nr. 2 2. Alt. EStG bei den Einkünften aus Vermietung und Verpachtung von Gesellschaften des bürgerlichen Rechts; hier: Anwendung der BFH-Urteile vom 17. 12. 1992 und vom 30. 11. 1993 (BStBl 1994 II S. 490, 492, 496)

BMF vom 30. 6. 1994 (BStBl I S. 355)
IV B 3 – S 2253 b – 12/94

Die sinngemäße Anwendung des § 15 a Abs. 5 EStG bei Gesellschaftern einer Gesellschaft bürgerlichen Rechts mit Einkünften aus Vermietung und Verpachtung (§ 21 Abs. 1 Satz 2 EStG) setzt voraus, daß ihre Haftung nach der gewählten tatsächlichen und rechtlichen Gestaltung der eines Kommanditisten vergleichbar ist. Liegt diese Voraussetzung vor, ist der Ausgleich und Abzug von negativen Einkünften aus Vermietung und Verpachtung über den Betrag der Einlage des jeweiligen Gesellschafters hinaus ausgeschlossen, soweit die Inanspruchnahme des Gesellschafters für Schulden der Gesellschaft im Zusammenhang mit dem Betrieb nach Art und Weise des Geschäftsbetriebs unwahrscheinlich ist. Der BFH hat mit Urteilen vom 17. 12. 1992 (BStBl 1994 II S. 490 und 492) und vom 30. 11. 1993 (BStBl 1994 II S. 496) entschieden, daß eine Inanspruchnahme der Gesellschafter einer Gesellschaft bürgerlichen Rechts unwahrscheinlich i. S. des § 15 a Abs. 5 Nr. 2 2. Alt. EStG ist, wenn der kalkulierte Gesamtaufwand durch Eigenkapital und im wesentlichen dinglich gesichertes Fremdkapital gedeckt und eine Kostenerhöhung bei normalem Verlauf der Dinge nicht zu erwarten ist. Der Gesellschafter habe persönliche Haftungsrisiken, die konkret bestehen, darzulegen, die nicht aus dem Gesellschaftsvermögen – unter Umständen sogar nach Zuführung von weiterem Eigenkapital durch Einlagenerhöhung oder durch Aufnahme neuer Gesellschafter oder von zusätzlichem Fremdkapital – gedeckt werden können.

Unter Bezugnahme auf das Ergebnis der Erörterungen mit den obersten Finanzbehörden der Länder sind die BFH-Urteile vom 17. 12. 1992 (BStBl 1994 II S. 490 und S. 492) und vom 30. 11. 1993 (BStBl 1994 II S. 496) mit folgender Maßgabe anzuwenden:

Bei der Auslegung des Begriffs der nicht unwahrscheinlichen Inanspruchnahme nach § 15 a Abs. 5 Nr. 2 2. Alt. EStG ist an die Auslegung des Begriffs der nicht unwahrscheinlichen Vermögensminderung nach § 15 a Abs. 1 Satz 3 EStG anzuknüpfen. Eine Vermögensminderung nach § 15 a Abs. 1 Satz 3 EStG ist bei gegenüber der Pflichteinlage höherer Hafteinlage nur dann unwahrscheinlich, wenn die finanzielle Ausstattung der KG und deren gegenwärtige sowie zu erwartende Liquidität im Verhältnis zu dem vertraglich festgelegten Gesellschaftszweck und dessen Umfang so außergewöhnlich günstig ist, daß die finanzielle Inanspruchnahme des zu beurteilenden Kommanditisten nicht zu erwarten ist (BFH-Urteil vom 14. 5. 1991, BStBl 1992 II S. 164; BMF-Schreiben vom 20. 2. 1992, BStBl I S. 123). Nach der Systematik der Regelung ist die Möglichkeit des Verlustausgleichs bzw. Verlustabzugs nicht an die Wahrscheinlichkeit der Inanspruchnahme geknüpft, sondern der Verlustausgleich und der Verlustabzug wird nur ausgeschlossen, wenn festgestellt wird, daß die Inanspruchnahme unwahrscheinlich ist. Der Regeltatbestand geht demnach vom Risiko der Inanspruchnahme nach Art und Weise des Geschäftsbetriebs aus.

Die Haftung eines Gesellschafters einer Gesellschaft bürgerlichen Rechts kann nicht anders beurteilt werden als die eines Kommanditisten, dessen eingetragene Haftsumme die geleistete Einlage übersteigt. Kann nicht festgestellt werden, ob das Risiko der Inanspruchnahme des Gesellschafters einer Gesellschaft bürgerlichen Rechts für Gesellschaftsschulden unwahrscheinlich ist, ist von der Wahrscheinlichkeit der Inanspruchnahme auszugehen.

Die Wahrscheinlichkeit der Inanspruchnahme ist nicht deswegen ausgeschlossen, weil

– die Haftung des Gesellschafters der Gesellschaft bürgerlichen Rechts quotal beschränkt ist,

– das dem Immobilienfonds zugrundeliegende Vertragswerk ein geschlossenes Finanzierungskonzept vorsieht, wonach der voraussichtliche Finanzbedarf durch Eigenkapital und die Aufnahme von dinglich gesichertem Fremdkapital gedeckt ist,

– Einnahmen und Ausgaben so kalkuliert sind, daß nach Beendigung der Bauphase kein Ausgabenüberschuß entsteht.

Die Inanspruchnahme ist jedoch unwahrscheinlich, wenn durch entsprechende vertragliche Gestaltungen ein wirtschaftlich ins Gewicht fallendes Haftungsrisiko des Gesellschafters nicht mehr verbleibt, d. h. die Gesamtkosten einschließlich der Kosten der Finanzierung durch Garantie- und vergleichbare Verträge abgedeckt sind oder die Haftung des Gesellschafters auf einen bestimmten Höchstbetrag begrenzt wird. Dabei ist nicht auf den Inhalt des einzelnen Vertrags, sondern auf die Gesamtheit der Vereinbarungen abzustellen. Neben Garantieverträgen sind auch Versicherungsverträge in die Prüfung mit einzubeziehen. Die Unwahrscheinlichkeit der Inanspruchnahme kann bei folgenden Vereinbarungen in Betracht kommen:

- Übernahme der Verkehrssicherungspflichten durch den Bauunternehmer;
- Höchstzinsgarantien während und nach der Bausphase;
- Mietgarantien, sonstige Garantieverträge und vergleichbare Verträge, soweit die Haftung des Gesellschafters auf einen bestimmten Höchstbetrag begrenzt wird;

- Ausschluß einer Nachschußpflicht sowie Bindung des Geschäftsbesorgers, den Gesellschafter nur bis zu einer bestimmten Höhe in Anspruch zu nehmen;

- Schuldübernahme durch einen Dritten, soweit ein Rückgriffsanspruch gegen den Gesellschafter ausgeschlossen ist.

Bürgschaften eines Dritten mindern dagegen die Haftung der Gesellschafter nicht, soweit wegen des Rückgriffsanspruchs des Bürgen die Gesellschafter belastet bleiben.

III c
Zurechnung von Einkünften aus Vermietung und Verpachtung bei Treuhandverhältnissen; BFH-Urteil vom 27. 1. 1993 (BStBl 1994 II S. 615)

BMF vom 1. 9. 1994 (BStBl I S. 604)
IV B 3 – S 2253 a – 15/94

Mit o. a. Urteil hat der BFH entschieden, daß einem Treugeber Einkünfte aus Vermietung und Verpachtung zuzurechnen sind, wenn für ihn ein Treuhänder den Mietvertrag im eigenen Namen abschließt, der Treuhänder dabei ausschließlich auf Rechnung und Gefahr des Treugebers handelt und der Treugeber nach der Ausgestaltung des Treuhandverhältnisses und nach den sonstigen Umständen gegenüber dem Treuhänder eine derart beherrschende Stellung einnimmt, daß er wirtschaftlich die Rechte und Pflichten aus dem Mietverhältnis trägt. Zu der Frage, was eine Zurechnung von Einkünften aus Vermietung und Verpachtung beim Treugeber danach im einzelnen voraussetzt, nehme ich nach Erörterung mit den obersten Finanzbehörden der Länder wie folgt Stellung:

1 Nachstehende Grundsätze gelten, soweit sie im einzelnen nicht auf bestimmte Fälle beschränkt sind, für alle Treuhandgestaltungen, gleichgültig ob die Anleger sich zu einer Gesellschaft zusammenschließen und die Gesellschaft (Treugeber) ein Treuhandverhältnis mit einem Dritten (Treuhänder) eingeht oder ob die Anleger jeder für sich ein Treuhandverhältnis mit einem Dritten (Treuhänder) begründen. Dabei kann Treugut sowohl ein Grundstück oder Erbbaurecht (Fall der sog. vorgeschalteten Treuhand) als auch ein Gesellschaftsanteil (Fall des Treuhandkommanditisten oder Beteiligungstreuhänders) sein.

1. Voraussetzungen für die steuerrechtliche Anerkennung des Treuhandverhältnisses

2 Das Treuhandverhältnis ist steuerrechtlich anzuerkennen, wenn
– dem Treugeber im Innenverhältnis die Rechte an und aus dem Treugut zustehen und
– der Treugeber das Marktgeschehen jederzeit beherrscht und wirtschaftlich die Rechte und Pflichten aus dem Mietverhältnis trägt.

Bei einer treuhänderischen Gesellschaftsbeteiligung ist das der Fall, wenn der Treugeber durch das Treuhandverhältnis so gestellt ist wie ein unmittelbar beteiligter Gesellschafter.

1.1 Bestimmung des Treuguts

3 Ist Gegenstand des Treuhandverhältnisses ein Grundstück oder ein Erbbaurecht, muß der Treugeber das Treugut dem Treuhänder übertragen oder die Auswahl des Treuguts mitbestimmen können. Hat der Treuhänder bereits bei Begründung des Treuhandverhältnisses das Grundstück oder Erbbaurecht erworben, ist diese Voraussetzung dadurch erfüllt, daß der Treugeber mit dem Abschluß des Treuhandvertrags seine Zustimmung zur Auswahl des Treuguts erklärt. Ist Gegenstand des Treuhandverhältnisses die Beteiligung an einer KG oder Gesellschaft bürgerlichen Rechts (GbR), wird das Treugut mit Begründung des Treuhandverhältnisses bestimmt.

1.2 Einfluß auf die Gestaltung des Treuhandvertrags

4 Hat der Treuhänder den Treuhandvertrag vorformuliert, schließt dieser Umstand die Rechte des Treugebers an und aus dem Treugut und seine wirtschaftliche Stellung als Vermieter nicht aus. Ein Treuhandverhältnis ist hingegen steuerlich nicht oder nicht mehr anzuerkennen, wenn der Treugeber bereits mit Abschluß des Treuhandvertrags oder zu einem späteren Zeitpunkt seine Weisungs- und Mitwirkungsrechte – ganz oder teilweise – unwiderruflich überträgt. Derartige Einschränkungen der Rechte des Treugebers zugunsten des Treuhänders können sich aus dem Treuhandvertrag selbst und aus den den Vertrag ergänzenden Vereinbarungen ergeben und sind auch dann anzunehmen, wenn die Rechte unter Ausschluß des Treugebers, z. B. durch einen Beirat, ausgeübt werden sollen, der nicht seinen Weisungen unterliegt. Verpflichtungen der Treugeber-Gesellschafter untereinander, die ohne Zustimmung des Treuhänders geändert werden können, berühren das Treuhandverhältnis grundsätzlich nicht.

Stimmt der Treugeber bereits abgeschlossenen Verträgen, z. B. über die Bebauung eines Grundstücks, zu, bewirkt dies allein keinen Verzicht auf die Treugeberrechte. Entsprechendes gilt für die unwiderrufliche Ermächtigung zu Rechtshandlungen, die zur Erreichung des Gesellschaftszwecks unabdingbar sind (z. B. wenn zu erwarten ist, daß die Baugenehmigung für das zu errichtende Gebäude nur mit der Maßgabe erteilt wird, daß ein bestimmter Grundstücksteil zur öffentlichen Nutzung abgetreten wird, und der Treugeber schon mit Abschluß des Treuhandvertrages den Treuhänder unwiderruflich zu einer entsprechenden Abtretung ermächtigt).

1.3 Kündbarkeit des Treuhandvertrags

5 Der steuerrechtlichen Anerkennung eines Treuhandverhältnisses steht es nicht entgegen, wenn die Kündbarkeit des Treuhandvertrags für nicht länger als ein Jahr vertraglich ausgeschlossen ist und die Kündigungsfrist ebenfalls nicht

länger als ein Jahr beträgt. Dagegen sind Vereinbarungen schädlich, nach denen
- bei Kündigung des Treuhandverhältnisses die Pflicht zur Bestellung eines neuen Treuhänders besteht oder
- im Fall der vorgeschalteten Treuhand die Kündigung nur bei Auflösung der Fondsgesellschaft möglich ist oder
- die mögliche Kündigung des Treuhandverhältnisses die Auflösung der Fondsgesellschaft zur Folge hat.

6 Ist der Treuhänder gleichzeitig Geschäftsführer der KG oder der GbR, an der die Treugeber unmittelbar oder mittelbar über den Treuhänder beteiligt sind, muß er durch Beschluß der Gesellschafter zum Ablauf des Treuhandvertrags abberufen werden können.

Erbringt der Treuhänder darüber hinaus sonstige Dienstleistungen wie z. B. Baubetreuung oder Architektenleistungen und ist die Kündbarkeit dieser Verträge für die Bauphase ausgeschlossen, hindert dies die steuerrechtliche Anerkennung des Treuhandverhältnisses dagegen nicht.

1.4 Herausgabe des Treuguts nach Beendigung des Treuhandverhältnisses

7 Der Treugeber muß die Möglichkeit haben, das Treuhandverhältnis ohne erhebliche wirtschaftliche Nachteile zu beenden. Eine bei Beendigung des Treuhandverhältnisses an den Treuhänder möglicherweise zu leistende Entschädigung darf nicht so bemessen sein, daß die Entschädigungspflicht eine nach dem Treuhandvertrag zulässige Beendigung des Treuhandverhältnisses praktisch verhindert. Der im Treuhandvertrag vereinbarte Auslagenersatz und die Freistellung des Treuhänders von den für Rechnung des Treugebers eingegangenen Verbindlichkeiten durch den Treugeber gehören nicht zu dieser Entschädigung.

8 Nach Beendigung des Treuhandverhältnisses muß der Treugeber über das Treugut (vgl. Rz. 1) frei verfügen können. Dabei ist ohne Bedeutung, ob der Treugeber die Verfügungsbefugnis zum bürgerlich-rechtlichen Erwerb des Treuguts, zu dessen Veräußerung – auch an den Treuhänder – oder zur Begründung eines neuen Treuhandverhältnisses nutzt.

1.5 Weisungsbefugnis für Begründung und Ausgestaltung von Mietverhältnissen

9 Treugeber, deren Beteiligungen an einer vermietenden GbR von einem Beteiligungstreuhänder oder bei einer vermietenden KG von einem Treuhandkommanditisten treuhänderisch gehalten werden, entfalten Vermieterinitiative, wenn ihnen durch das Treuhandverhältnis die Mitwirkungs- und Kontrollrechte eines unmittelbar Beteiligten (im Falle von Beteiligungstreugebern die Rechte nach § 716 BGB, im Falle von Treugeberkommanditisten die Rechte nach § 166 HGB) zustehen. Es reicht aus, wenn die Treugeber die jeweiligen Rechte rechtlich und tatsächlich wahrnehmen können, ohne sie auch auszuüben.

10 Treuhandverhältnisse, bei denen der Treuhänder nach außen als Vermieter auftritt (sog. vorgeschaltete Treuhand), sind unter dem Gesichtspunkt der Vermietungsinitiative steuerrechtlich anzuerkennen, wenn der Treugeber im Innenverhältnis dem Treuhänder kraft des Treuhandvertrags konkrete Weisungen für Beginn, Ausgestaltung und Beendigung der Mietverhältnisse geben kann; dabei ist unschädlich, daß der Treugeber mit Begründung des Treuhandverhältnisses bereits abgeschlossenen Mietverträgen zustimmt.

2. Tätigkeit des Treuhänders auf fremde Rechnung und Gefahr

11 Ein Treugeber kann Einkünfte aus Vermietung und Verpachtung erzielen, ohne selbst als Vermieter nach außen aufzutreten, wenn der Treuhänder im eigenen Namen, aber auf Rechnung und Gefahr des Treugebers tätig ist. Ist der Treugeber eine Personengesellschaft, werden die von den Gesellschaftern in ihrer gesamthänderischen Verbundenheit erzielten Einkünfte aus Vermietung und Verpachtung den Gesellschaftern zugerechnet.

12 2.1 Der Treuhänder ist für Rechnung des Treugebers tätig, wenn die Einnahmen aus Vermietung und Verpachtung im Innenverhältnis ausschließlich dem Treugeber zustehen und er alle im Zusammenhang mit dem Vermietungsobjekt stehenden Aufwendungen zu tragen hat. Das an den Treuhänder für seine Treuhändertätigkeit oder sonstige Dienstleistungen zu entrichtende Entgelt schließt die Zurechnung der Vermietungstätigkeit an den Treugeber nicht aus.

13 2.2 Der Treuhänder ist auf Gefahr des Treugebers tätig, wenn er seine Auslagen laufend ersetzt erhält und – spätestens bei Beendigung des Treuhandverhältnisses – einen Anspruch auf Befreiung von den auf Rechnung des Treugebers eingegangenen Verbindlichkeiten hat. Ist ein Gesellschaftsanteil Gegenstand des Treuhandverhältnisses, trägt der Treugeber wirtschaftlich die Risiken, wenn ihn außerdem nach dem Treuhandvertrag eine für einen entsprechenden Gesellschafter bestehende Nachschußpflicht – gegebenenfalls begrenzt auf eine seinem Beteiligungsverhältnis entsprechende Quote – trifft.

3. Zeitliche Anwendung

14 Soweit die Anwendung der Regelungen zu einer Verschärfung der Besteuerung gegenüber der bisher geltenden Verwaltungspraxis führt, ist dieses Schreiben erstmals auf Immobilienfonds anzuwenden, für deren Anteile der Außenvertrieb nach dem 30. November 1994 begonnen hat.

IV
Ertragsteuerliche Beurteilung von Aufwendungen eines geschlossenen Immobilienfonds im Zusammenhang mit dem Erwerb eines Grundstücks; rechtliche Einordnung der aufzubringenden Eigenkapitalvermittlungsprovision; Anwendung des BFH-Urteils vom 11. Januar 1994 – (BStBl 1995 II S. 166)

BMF vom 1. 3. 1995 (BStBl I S. 167)
IV B 3 – S 2253 a – 6/95

Der BFH vertritt im Urteil vom 11. Januar 1994 (BStBl II 1995 S. 166) die Auffassung, sämtliche Gebühren und Provisionen, die ein Immobilienfonds gegenüber dem Grundstücksveräußerer oder gegenüber Dritten erbringt, seien einheitlich als Anschaffungskosten des bebauten Grundstücks zu beurteilen. Dies gelte entgegen der Regelung in Tz. 6 und 7. 1 des BMF-Schreibens vom 31. August 1990 – BStBl I S. 366 – auch für die von der Fondsgesellschaft zu leistende Provision zur Vermittlung des Eigenkapitals, weil auch dieser Aufwand bei wirtschaftlicher Betrachtungsweise auf den Erwerb des Grundstücks entfalle.

Der BFH begründet seine Auffassung mit der entsprechenden Anwendung der im BFH-Urteil vom 14. November 1989 – (BStBl II 1990 S. 299) entwickelten Grundsätze über die einkommensteuerrechtliche Beurteilung von modellbedingten Provisionen und Gebühren bei Bauherrenmodellen.

Unter Bezugnahme auf das Ergebnis der Erörterungen mit den obersten Finanzbehörden der Länder nehme ich zur Anwendung der Rechtsgrundsätze des BFH-Urteils vom 11. Januar 1994 (BStBl II 1995 S. 166) wie folgt Stellung:

Die Gesellschafter eines Immobilienfonds verwirklichen den Tatbestand der Einkünfteerzielung anders als die einzelnen Beteiligten an einem Bauherrenmodell in ihrer gesamthänderischen Verbundenheit als Personengesellschaft (BFH-Beschluß vom 25. Juni 1984, BStBl II S. 751, 762). Die einkommensteuerrechtliche Einordnung der von der Personengesellschaft geleisteten Zahlungen unter die Begriffe der Anschaffungskosten des Grund und Bodens, Anschaffungskosten des Gebäudes, Herstellungskosten oder sofort abzugsfähigen Werbungskosten ist demnach auf der Ebene der Fondsgesellschaft vorzunehmen.

Provisionszahlungen der Fondsgesellschaft für die Vermittlung des Eintritts von Gesellschaftern in die Fondsgesellschaft (Eigenkapitalvermittlungsprovisionen) stellen bei der Fondsgesellschaft ihrem wirtschaftlichen Gehalt nach Kosten für die Beschaffung von Eigenkapital dar. Sie gehören im Regelfall ebenso wie die Kosten für die Beschaffung von Fremdkapital nicht zu den Anschaffungs- oder Herstellungskosten des bebauten Grundstücks, sondern zu den sofort abzugsfähigen Aufwendungen (BFH-Urteile vom 23. Oktober 1986, BStBl II 1988 S. 128, und vom 24. Februar 1987, BStBl II S. 810).

Die Rechtsgrundsätze des Urteils des BFH vom 11. Januar 1994 – a. a. O. – sind deshalb über den entschiedenen Einzelfall hinaus nicht anzuwenden. Die rechtliche Einordnung der Kosten, die von der Fondsgesellschaft aufzubringen sind, richtet sich weiterhin nach dem BMF-Schreiben vom 31. August 1990 (BStBl I S. 366, Tz. 6 und 7).

Anhang 31

Vermögensbildung

Übersicht

Fünftes Gesetz zur Förderung der Vermögensbildung der Arbeitnehmer
(Fünftes Vermögensbildungsgesetz – 5. VermBG)

II Verordnung zur Durchführung des Fünften Vermögensbildungsgesetzes (VermBDV 1994)

Fünftes Gesetz
zur Förderung der Vermögensbildung der Arbeitnehmer
(Fünftes Vermögensbildungsgesetz – 5. VermBG)

in der Fassung der Bekanntmachung vom 4. 3. 1994
(BGBl. I S. 406),

zuletzt geändert durch Artikel 7 des Gesetzes vom 21. 7. 1994
(BGBl. I S. 1630)

(Stand: 1. 1. 1994)

§ 1
Persönlicher Geltungsbereich

(1) Die Vermögensbildung der Arbeitnehmer durch vereinbarte vermögenswirksame Leistungen der Arbeitgeber wird nach den Vorschriften dieses Gesetzes gefördert.

(2) Arbeitnehmer im Sinne dieses Gesetzes sind Arbeiter und Angestellte einschließlich der zu ihrer Berufsausbildung Beschäftigten. Als Arbeitnehmer gelten auch die in Heimarbeit Beschäftigten.

(3) Die Vorschriften dieses Gesetzes gelten nicht
1. für vermögenswirksame Leistungen juristischer Personen an Mitglieder des Organs, das zur gesetzlichen Vertretung der juristischen Person berufen ist,
2. für vermögenswirksame Leistungen von Personengesamtheiten an die durch Gesetz, Satzung oder Gesellschaftsvertrag zur Vertretung der Personengesamtheit berufenen Personen.

(4) Für Beamte, Richter, Berufssoldaten und Soldaten auf Zeit sowie berufsmäßige Angehörige und Angehörige auf Zeit des Zivilschutzkorps gelten die nachstehenden Vorschriften dieses Gesetzes entsprechend.

§ 2
Vermögenswirksame Leistungen, Anlageformen

(1) Vermögenswirksame Leistungen sind Geldleistungen, die der Arbeitgeber für den Arbeitnehmer anlegt
1. als Sparbeiträge des Arbeitnehmers auf Grund eines Sparvertrags über Wertpapiere oder andere Vermögensbeteiligungen (§ 4)

a) zum Erwerb von Aktien, die vom Arbeitgeber ausgegeben werden oder an einer deutschen Börse zum amtlichen Handel oder zum geregelten Markt zugelassen oder in den Freiverkehr einbezogen sind,

b) zum Erwerb von Wandelschuldverschreibungen, die vom Arbeitgeber ausgegeben werden oder an einer deutschen Börse zum amtlichen Handel oder zum geregelten Markt zugelassen oder in den Freiverkehr einbezogen sind, sowie von Gewinnschuldverschreibungen, die vom Arbeitgeber ausgegeben werden, zum Erwerb von Namensschuldverschreibungen des Arbeitgebers jedoch nur dann, wenn auf dessen Kosten die Ansprüche des Arbeitnehmers aus der Schuldverschreibung durch ein Kreditinstitut verbürgt oder durch ein Versicherungsunternehmen privatrechtlich gesichert sind und das Kreditinstitut oder Versicherungsunternehmen im Geltungsbereich dieses Gesetzes zum Geschäftsbetrieb befugt ist,

c) zum Erwerb von Anteilscheinen an einem Wertpapier-Sondervermögen, die von Kapitalanlagegesellschaften im Sinne des Gesetzes über Kapitalanlagegesellschaften ausgegeben werden, wenn nach dem Rechenschaftsbericht für das vorletzte Geschäftsjahr, das dem Kalenderjahr des Abschlusses des Vertrags im Sinne des § 4 oder des § 5 vorausgeht, der Wert der Aktien in diesem Wertpapier-Sondervermögen 70 vom Hundert des Werts der in diesem Sondervermögen befindlichen Wertpapiere nicht unterschreitet; für neu aufgelegte Wertpapier-Sondervermögen

Anhang 31
Vermögensbildung

ist für das erste und zweite Geschäftsjahr der erste Rechenschaftsbericht oder der erste Halbjahresbericht nach Auflegung des Sondervermögens maßgebend,

d) zum Erwerb von Anteilscheinen an einem Beteiligungs-Sondervermögen, die von Kapitalanlagegesellschaften im Sinne des Gesetzes über Kapitalanlagegesellschaften ausgegeben werden, wenn nach dem Rechenschaftsbericht für das vorletzte Geschäftsjahr, das dem Kalenderjahr des Abschlusses des Vertrags im Sinne des § 4 oder des § 5 vorausgeht, der Wert der Aktien und stillen Beteiligungen in diesem Beteiligungs-Sondervermögen 70 vom Hundert des Werts der in diesem Sondervermögen befindlichen Wertpapiere und stillen Beteiligungen nicht unterschreitet; für neu aufgelegte Beteiligungs-Sondervermögen ist für das erste und zweite Geschäftsjahr der erste Rechenschaftsbericht oder der erste Halbjahresbericht nach Auflegung des Sondervermögens maßgebend,

e) zum Erwerb von Anteilscheinen an einem ausländischen Recht unterstehenden Vermögen aus Wertpapieren, wenn die Anteilscheine nach dem Auslandinvestment-Gesetz im Wege des öffentlichen Anbietens, der öffentlichen Werbung oder in ähnlicher Weise vertrieben werden dürfen und nach dem gemäß § 4 Abs. 1 Nr. 1 oder § 15 b Satz 1 des Auslandinvestment-Gesetzes veröffentlichten Rechenschaftsbericht für das vorletzte Geschäftsjahr, das dem Kalenderjahr des Abschlusses des Vertrags im Sinne des § 4 oder des § 5 vorausgeht, der Wert der Aktien in diesem Vermögen 70 vom Hundert des Werts der in diesem Vermögen befindlichen Wertpapiere nicht unterschreitet; beim Erwerb verbriefter EG-Investmentanteile gemäß § 15 des Auslandinvestment-Gesetzes ist für neu aufgelegte Vermögen aus Wertpapieren für das erste und zweite Geschäftsjahr der erste Rechenschaftsbericht oder der erste Halbjahresbericht nach Auflegung des Vermögens maßgebend,

f) zum Erwerb von Genußscheinen, die vom Arbeitgeber als Wertpapiere ausgegeben werden oder an einer deutschen Börse zum amtlichen Handel oder zum geregelten Markt zugelassen oder in den Freiverkehr einbezogen sind und von Unternehmen mit Sitz und Geschäftsleitung im Geltungsbereich dieses Gesetzes, die keine Kreditinstitute sind, ausgegeben werden, wenn mit den Genußscheinen das Recht am Gewinn eines Unternehmens verbunden ist und der Arbeitnehmer nicht als Mitunternehmer im Sinne des § 15 Abs. 1 Nr. 2 des Einkommensteuergesetzes anzusehen ist,

g) zur Begründung oder zum Erwerb eines Geschäftsguthabens bei einer Genossenschaft mit Sitz und Geschäftsleitung im Geltungsbereich dieses Gesetzes; ist die Genossenschaft nicht der Arbeitgeber, so setzt die Anlage vermögenswirksamer Leistungen voraus, daß die Genossenschaft entweder ein Kreditinstitut oder eine Bau- oder Wohnungsgenossenschaft im Sinne des § 2 Abs. 1 Nr. 2 des Wohnungsbau-Prämiengesetzes ist, zum Zeitpunkt der Begründung oder des Erwerbs des Geschäftsguthabens seit mindestens drei Jahren im Genossenschaftsregister ohne wesentliche Änderung ihres Unternehmensgegenstandes eingetragen und nicht aufgelöst ist oder Sitz und Geschäftsleitung in dem in Artikel 3 des Einigungsvertrages genannten Gebiet hat und dort entweder am 1. Juli 1990 als Arbeiterwohnungsbaugenossenschaft, Gemeinnützige Wohnungsgenossenschaft oder sonstige Wohnungsbaugenossenschaft bestanden oder einen nicht unwesentlichen Teil von Wohnungen aus dem Bestand einer solchen Bau- oder Wohnungsgenossenschaft erworben hat,

h) zur Übernahme einer Stammeinlage oder zum Erwerb eines Geschäftsanteils an einer Gesellschaft mit beschränkter Haftung mit Sitz und Geschäftsleitung im Geltungsbereich dieses Gesetzes, wenn die Gesellschaft das Unternehmen des Arbeitgebers ist,

i) zur Begründung oder zum Erwerb einer Beteiligung als stiller Gesellschafter im Sinne des § 230 des Handelsgesetzbuchs am Unternehmen des Arbeitgebers mit Sitz und Geschäftsleitung im Geltungsbereich dieses Gesetzes, wenn der Arbeitnehmer nicht als Mitunternehmer im Sinne des § 15 Abs. 1 Nr. 2 des Einkommensteuergesetzes anzusehen ist,

k) zur Begründung oder zum Erwerb einer Darlehensforderung gegen den Arbeitgeber, wenn auf dessen Kosten die Ansprüche des Arbeitnehmers aus dem Darlehensvertrag durch ein Kreditinstitut verbürgt oder durch ein Versicherungsunternehmen privatrechtlich gesichert sind und das Kreditinstitut oder Versicherungsunternehmen im Geltungsbereich dieses Gesetzes zum Geschäftsbetrieb befugt ist,

l) zur Begründung oder zum Erwerb eines Genußrechts am Unternehmen des

1397

Arbeitgebers mit Sitz und Geschäftsleitung im Geltungsbereich dieses Gesetzes, wenn damit das Recht am Gewinn dieses Unternehmens verbunden ist, der Arbeitnehmer nicht als Mitunternehmer im Sinne des § 15 Abs. 1 Nr. 2 des Einkommensteuergesetzes anzusehen ist und über das Genußrecht kein Genußschein im Sinne des Buchstaben f ausgegeben wird,

2. als Aufwendungen des Arbeitnehmers auf Grund eines Wertpapier-Kaufvertrags (§ 5),
3. als Aufwendungen des Arbeitnehmers auf Grund eines Beteiligungs-Vertrags (§ 6) oder eines Beteiligungs-Kaufvertrags (§ 7),
4. als Aufwendungen des Arbeitnehmers nach den Vorschriften des Wohnungsbau-Prämiengesetzes; die Voraussetzungen für die Gewährung einer Prämie nach dem Wohnungsbau-Prämiengesetz brauchen nicht vorzuliegen; die Anlage vermögenswirksamer Leistungen als Aufwendungen nach § 2 Abs. 1 Nr. 2 des Wohnungsbau-Prämiengesetzes für den ersten Erwerb von Anteilen an Bau- und Wohnungsgenossenschaften setzt voraus, daß die Voraussetzungen der Nummer 1 Buchstabe g zweiter Halbsatz erfüllt sind,
5. als Aufwendungen des Arbeitnehmers
   a) zum Bau, zum Erwerb, zum Ausbau oder zur Erweiterung eines im Inland belegenen Wohngebäudes oder einer im Inland belegenen Eigentumswohnung,
   b) zum Erwerb eines Dauerwohnrechts im Sinne des Wohnungseigentumsgesetzes an einer im Inland belegenen Wohnung,
   c) zum Erwerb eines im Inland belegenen Grundstücks zum Zwecke des Wohnungsbaus oder
   d) zur Erfüllung von Verpflichtungen, die im Zusammenhang mit den in den Buchstaben a bis c bezeichneten Vorhaben eingegangen sind;
   die Förderung der Aufwendungen nach den Buchstaben a bis c setzt voraus, daß sie unmittelbar für die dort bezeichneten Vorhaben verwendet werden,
6. als Sparbeiträge des Arbeitnehmers auf Grund eines Sparvertrags (§ 8),
7. als Beiträge des Arbeitnehmers auf Grund eines Kapitalversicherungsvertrags (§ 9),
8. als Aufwendungen des Arbeitnehmers, der nach § 18 Abs. 2 oder 3 die Mitgliedschaft in einer Genossenschaft oder Gesellschaft mit beschränkter Haftung gekündigt hat, zur Erfüllung von Verpflichtungen aus der Mitgliedschaft, die nach dem 31. Dezember 1994 fortbestehen oder entstehen.

(2) Aktien, Wandelschuldverschreibungen, Gewinnschuldverschreibungen oder Genußscheine eines Unternehmens, das im Sinne des § 18 Abs. 1 des Aktiengesetzes als herrschendes Unternehmen mit dem Unternehmen des Arbeitgebers verbunden ist, stehen Aktien, Wandelschuldverschreibungen, Gewinnschuldverschreibungen oder Genußscheinen im Sinne des Absatzes 1 Nr. 1 Buchstabe a, b oder f gleich, die vom Arbeitgeber ausgegeben werden. Ein Geschäftsguthaben bei einer Genossenschaft mit Sitz und Geschäftsleitung im Geltungsbereich dieses Gesetzes, die im Sinne des § 18 Abs. 1 des Aktiengesetzes als herrschendes Unternehmen mit dem Unternehmen des Arbeitgebers verbunden ist, steht einem Geschäftsguthaben im Sinne des Absatzes 1 Nr. 1 Buchstabe g bei einer Genossenschaft, die das Unternehmen des Arbeitgebers ist, gleich. Eine Stammeinlage oder ein Geschäftsanteil an einer Gesellschaft mit beschränkter Haftung mit Sitz und Geschäftsleitung im Geltungsbereich dieses Gesetzes, die im Sinne des § 18 Abs. 1 des Aktiengesetzes als herrschendes Unternehmen mit dem Unternehmen des Arbeitgebers verbunden ist, stehen einer Stammeinlage oder einem Geschäftsanteil im Sinne des Absatzes 1 Nr. 1 Buchstabe h an einer Gesellschaft, die das Unternehmen des Arbeitgebers ist, gleich. Eine Beteiligung als stiller Gesellschafter an einem Unternehmen mit Sitz und Geschäftsleitung im Geltungsbereich dieses Gesetzes, das im Sinne des § 18 Abs. 1 des Aktiengesetzes als herrschendes Unternehmen mit dem Unternehmen des Arbeitgebers verbunden ist oder das auf Grund eines Vertrags mit dem Arbeitgeber an dessen Unternehmen gesellschaftsrechtlich beteiligt ist, steht einer Beteiligung als stiller Gesellschafter im Sinne des Absatzes 1 Nr. 1 Buchstabe i gleich. Eine Darlehensforderung gegen ein Unternehmen mit Sitz und Geschäftsleitung im Geltungsbereich dieses Gesetzes, das im Sinne des § 18 Abs. 1 des Aktiengesetzes als herrschendes Unternehmen mit dem Unternehmen des Arbeitgebers verbunden ist, oder ein Genußrecht an einem solchen Unternehmen stehen einer Darlehensforderung oder einem Genußrecht im Sinne des Absatzes 1 Nr. 1 Buchstabe k oder l gleich.

(3) Die Anlage vermögenswirksamer Leistungen in Gewinnschuldverschreibungen im Sinne des Absatzes 1 Nr. 1 Buchstabe b und des Absatzes 2 Satz 1, in denen neben der gewinnabhängigen Verzinsung eine gewinnunabhängige Mindestverzinsung zugesagt ist, setzt voraus, daß

1. der Aussteller in der Gewinnschuldverschreibung erklärt, die gewinnunabhängige Mindestverzinsung werde im Regelfall die Hälfte der Gesamtverzinsung nicht überschreiten, oder
2. die gewinnunabhängige Mindestverzinsung zum Zeitpunkt der Ausgabe der Gewinn-

schuldverschreibung die Hälfte der Emissionsrendite festverzinslicher Wertpapiere nicht überschreitet, die in den Monatsberichten der Deutschen Bundesbank für den viertletzten Kalendermonat ausgewiesen wird, der dem Kalendermonat der Ausgabe vorausgeht.

(4) Die Anlage vermögenswirksamer Leistungen in Genußscheinen und Genußrechten im Sinne des Absatzes 1 Nr. 1 Buchstabe f und l und des Absatzes 2 Satz 1 und 5 setzt voraus, daß eine Rückzahlung zum Nennwert nicht zugesagt ist; ist neben dem Recht am Gewinn eine gewinnunabhängige Mindestverzinsung zugesagt, gilt Absatz 3 entsprechend.

(5) Der Anlage vermögenswirksamer Leistungen nach Absatz 1 Nr. 1 Buchstabe f, i bis l, Absatz 2 Satz 1, 4 und 5 sowie Absatz 4 in einer Genossenschaft mit Sitz und Geschäftsleitung im Geltungsbereich dieses Gesetzes stehen § 19 und eine Festsetzung durch Statut gemäß § 20 des Gesetzes betreffend die Erwerbs- und Wirtschaftsgenossenschaften nicht entgegen.

(6) Vermögenswirksame Leistungen sind steuerpflichtige Einnahmen im Sinne des Einkommensteuergesetzes und Einkommen, Verdienst oder Entgelt (Arbeitsentgelt) im Sinne der Sozialversicherung und des Arbeitsförderungsgesetzes. Reicht der nach Abzug der vermögenswirksamen Leistung verbleibende Arbeitslohn zur Deckung der einzubehaltenden Steuern, Sozialversicherungsbeiträge und Beiträge zur Bundesanstalt für Arbeit nicht aus, so hat der Arbeitnehmer dem Arbeitgeber den zur Deckung erforderlichen Betrag zu zahlen.

(7) Vermögenswirksame Leistungen sind arbeitsrechtlich Bestandteil des Lohns oder Gehalts. Der Anspruch auf die vermögenswirksame Leistung ist nicht übertragbar.

§ 3
Vermögenswirksame Leistungen für Angehörige, Überweisung durch den Arbeitgeber, Kennzeichnungs-, Bestätigungs- und Mitteilungspflichten

(1) Vermögenswirksame Leistungen können auch angelegt werden
1. zugunsten des Ehegatten des Arbeitnehmers (§ 26 Abs. 1 des Einkommensteuergesetzes),
2. zugunsten der in § 32 Abs. 1 des Einkommensteuergesetzes bezeichneten Kinder, die zu Beginn des maßgebenden Kalenderjahrs das 17. Lebensjahr noch nicht vollendet hatten oder die in diesem Kalenderjahr lebend geboren wurden oder
3. zugunsten der Eltern oder eines Elternteils des Arbeitnehmers, wenn der Arbeitnehmer als Kind die Voraussetzungen der Nummer 2 erfüllt.

Dies gilt nicht für die Anlage vermögenswirksamer Leistungen auf Grund von Verträgen nach den §§ 5 bis 7.

(2) Der Arbeitgeber hat die vermögenswirksamen Leistungen für den Arbeitnehmer unmittelbar an das Unternehmen oder Institut zu überweisen, bei dem sie angelegt werden sollen. Er hat dabei gegenüber dem Unternehmen oder Institut die vermögenswirksamen Leistungen zu kennzeichnen. Das Unternehmen oder Institut hat die nach § 2 Abs. 1 Nr. 1 bis 5, Abs. 2 bis 4 angelegten vermögenswirksamen Leistungen und die Art ihrer Anlage zu kennzeichnen. Kann eine vermögenswirksame Leistung nicht oder nicht mehr die Voraussetzungen des § 2 Abs. 1 bis 4 erfüllen, so hat das Unternehmen oder Institut dies dem Arbeitgeber unverzüglich schriftlich mitzuteilen. Die Sätze 1 bis 4 gelten nicht für die Anlage vermögenswirksamer Leistungen auf Grund von Verträgen nach den §§ 5, 6 Abs. 1 und § 7 Abs. 1 mit dem Arbeitgeber.

(3) Für eine vom Arbeitnehmer gewählte Anlage nach § 2 Abs. 1 Nr. 5 hat der Arbeitgeber auf Verlangen des Arbeitnehmers die vermögenswirksamen Leistungen an den Arbeitnehmer zu überweisen, wenn dieser dem Arbeitgeber eine schriftliche Bestätigung seines Gläubigers vorgelegt hat, daß die Anlage bei ihm die Voraussetzungen des § 2 Abs. 1 Nr. 5 erfüllt; Absatz 2 gilt in diesem Falle nicht. Der Arbeitgeber hat die Richtigkeit der Bestätigung nicht zu prüfen.

§ 4
Sparvertrag über Wertpapiere oder andere Vermögensbeteiligungen

(1) Ein Sparvertrag über Wertpapiere oder andere Vermögensbeteiligungen im Sinne des § 2 Abs. 1 Nr. 1 ist ein Sparvertrag mit einem Kreditinstitut, in dem sich der Arbeitnehmer verpflichtet, als Sparbeiträge zum Erwerb von Wertpapieren im Sinne des § 2 Abs. 1 Nr. 1 Buchstabe a bis f, Abs. 2 Satz 1, Abs. 3 und 4 oder zur Begründung oder zum Erwerb von Rechten im Sinne des § 2 Abs. 1 Nr. 1 Buchstabe g bis l, Abs. 2 Satz 2 bis 5 und Abs. 4 einmalig oder für die Dauer von sechs Jahren seit Vertragsabschluß laufend vermögenswirksame Leistungen einzahlen zu lassen oder andere Beträge einzuzahlen.

(2) Die Förderung der auf Grund eines Vertrags nach Absatz 1 angelegten vermögenswirksamen Leistungen setzt voraus, daß
1. die Leistungen eines Kalenderjahrs, vorbehaltlich des Absatzes 3, spätestens bis zum Ablauf des folgenden Kalenderjahrs zum Erwerb der Wertpapiere oder zu Begründung oder zum Erwerb der Rechte verwendet und bis zur Verwendung festgelegt werden und

2. die mit den Leistungen erworbenen Wertpapiere unverzüglich nach ihrem Erwerb bis zum Ablauf einer Frist von sieben Jahren (Sperrfrist) festgelegt werden und über die Wertpapiere oder die mit den Leistungen begründeten oder erworbenen Rechte bis zum Ablauf der Sperrfrist nicht durch Rückzahlung, Abtretung, Beleihung oder in anderer Weise verfügt wird.

Die Sperrfrist gilt für alle auf Grund des Vertrags angelegten vermögenswirksamen Leistungen und beginnt am 1. Januar des Kalenderjahrs, in dem der Vertrag abgeschlossen worden ist. Als Zeitpunkt des Vertragsabschlusses gilt der Tag, an dem die vermögenswirksame Leistung, bei Verträgen über laufende Einzahlungen die erste vermögenswirksame Leistung, beim Kreditinstitut eingeht.

(3) Vermögenswirksame Leistungen, die nicht bis zum Ablauf der Frist nach Absatz 2 Nr. 1 verwendet worden sind, gelten als rechtzeitig verwendet, wenn sie am Ende eines Kalenderjahrs insgesamt 300 Deutsche Mark nicht übersteigen und bis zum Ablauf der Sperrfrist nach Absatz 2 verwendet oder festgelegt werden.

(4) Eine vorzeitige Verfügung ist abweichend von Absatz 2 unschädlich, wenn

1. der Arbeitnehmer oder sein von ihm nicht dauernd getrennt lebender Ehegatte (§ 26 Abs. 1 Satz 1 des Einkommensteuergesetzes) nach Vertragsabschluß gestorben oder völlig erwerbsunfähig geworden ist,

2. der Arbeitnehmer nach Vertragsabschluß, aber vor der vorzeitigen Verfügung geheiratet hat und im Zeitpunkt der vorzeitigen Verfügung mindestens zwei Jahre seit Beginn der Sperrfrist vergangen sind,

3. der Arbeitnehmer nach Vertragsabschluß arbeitslos geworden ist und die Arbeitslosigkeit mindestens ein Jahr lang ununterbrochen bestanden hat und im Zeitpunkt der vorzeitigen Verfügung noch besteht,

4. (weggefallen)

5. der Arbeitnehmer nach Vertragsabschluß unter Aufgabe der nichtselbständigen Arbeit eine Erwerbstätigkeit, die nach § 138 Abs. 1 der Abgabenordnung der Gemeinde mitzuteilen ist, aufgenommen hat oder

6. festgelegte Wertpapiere veräußert werden und der Erlös bis zum Ablauf des Kalendermonats, der dem Kalendermonat der Veräußerung folgt, zum Erwerb von in Absatz 1 bezeichneten Wertpapieren wiederverwendet wird; der bis zum Ablauf des der Veräußerung folgenden Kalendermonats nicht wiederverwendete Erlös gilt als rechtzeitig wiederverwendet, wenn er am Ende eines Kalendermonats insgesamt 300 Deutsche Mark nicht übersteigt.

(5) Unschädlich ist auch, wenn in die Rechte und Pflichten des Kreditinstituts aus dem Sparvertrag an seine Stelle ein anderes Kreditinstitut während der Laufzeit des Vertrags durch Rechtsgeschäft eintritt.

(6) Werden auf einen Vertrag über laufend einzuzahlende vermögenswirksame Leistungen oder andere Beträge in einem Kalenderjahr, das dem Kalenderjahr des Vertragsabschlusses folgt, weder vermögenswirksame Leistungen noch andere Beträge eingezahlt, so ist der Vertrag unterbrochen und kann nicht fortgeführt werden. Das gleiche gilt, wenn mindestens alle Einzahlungen eines Kalenderjahrs zurückgezahlt oder die Rückzahlungsansprüche aus dem Vertrag abgetreten oder beliehen werden.

§ 5
Wertpapier-Kaufvertrag

(1) Ein Wertpapier-Kaufvertrag im Sinne des § 2 Abs. 1 Nr. 2 ist ein Kaufvertrag zwischen dem Arbeitnehmer und dem Arbeitgeber zum Erwerb von Wertpapieren im Sinne des § 2 Abs. 1 Nr. 1 Buchstaben a bis f, Abs. 2 Satz 1, Abs. 3 und 4 durch den Arbeitnehmer mit der Vereinbarung, den vom Arbeitnehmer geschuldeten Kaufpreis mit vermögenswirksamen Leistungen zu verrechnen oder mit anderen Beträgen zu zahlen.

(2) Die Förderung der auf Grund des Vertrags nach Absatz 1 angelegten vermögenswirksamen Leistungen setzt voraus, daß

1. mit den Leistungen eines Kalenderjahrs spätestens bis zum Ablauf des folgenden Kalenderjahrs die Wertpapiere erworben werden und

2. die mit den Leistungen erworbenen Wertpapiere unverzüglich nach ihrem Erwerb bis zum Ablauf einer Frist von sechs Jahren (Sperrfrist) festgelegt werden und über die Wertpapiere bis zum Ablauf der Sperrfrist nicht durch Rückzahlung, Abtretung, Beleihung oder in anderer Weise verfügt wird; die Sperrfrist beginnt am 1. Januar des Kalenderjahrs, in dem das Wertpapier erworben worden ist; § 4 Abs. 4 Nr. 1 bis 5 gilt entsprechend.

§ 6
Beteiligungs-Vertrag

(1) Ein Beteiligungs-Vertrag im Sinne des § 2 Abs. 1 Nr. 3 ist ein Vertrag zwischen dem Arbeitnehmer und dem Arbeitgeber über die Begründung von Rechten im Sinne des § 2 Abs. 1 Nr. 1 Buchstaben g bis l und Abs. 4 für den Arbeitnehmer am Unternehmen des Arbeitgebers mit der Vereinbarung, die vom Arbeitnehmer für die Begründung geschuldete Geldsumme mit vermö-

genswirksamen Leistungen zu verrechnen oder mit anderen Beträgen zu zahlen.

(2) Ein Beteiligungs-Vertrag im Sinne des § 2 Abs. 1 Nr. 3 ist auch ein Vertrag zwischen dem Arbeitnehmer und

1. einem Unternehmen, das nach § 2 Abs. 2 Satz 2 bis 5 mit dem Unternehmen des Arbeitgebers verbunden oder nach § 2 Abs. 2 Satz 4 an diesem Unternehmen beteiligt ist, über die Begründung von Rechten im Sinne des § 2 Abs. 1 Nr. 1 Buchstabe g bis l, Abs. 2 Satz 2 bis 5 und Abs. 4 für den Arbeitnehmer an diesem Unternehmen oder

2. einer Genossenschaft mit Sitz und Geschäftsleitung im Geltungsbereich dieses Gesetzes, die ein Kreditinstitut oder eine Bau- oder Wohnungsgenossenschaft ist, die die Voraussetzungen des § 2 Abs. 1 Nr. 1 Buchstabe g zweiter Halbsatz erfüllt, über die Begründung eines Geschäftsguthabens für den Arbeitnehmer bei dieser Genossenschaft

mit der Vereinbarung, die vom Arbeitnehmer für die Begründung der Rechte oder des Geschäftsguthabens geschuldete Geldsumme mit vermögenswirksamen Leistungen zahlen zu lassen oder mit anderen Beträgen zu zahlen.

(3) Die Förderung der auf Grund eines Vertrags nach Absatz 1 oder 2 angelegten vermögenswirksamen Leistungen setzt voraus, daß

1. mit den Leistungen eines Kalenderjahrs spätestens bis zum Ablauf des folgenden Kalenderjahrs die Rechte begründet werden und

2. über die mit den Leistungen begründeten Rechte bis zum Ablauf einer Frist von sechs Jahren (Sperrfrist) nicht durch Rückzahlung, Abtretung, Beleihung oder in anderer Weise verfügt wird; die Sperrfrist beginnt am 1. Januar des Kalenderjahrs, in dem das Recht begründet worden ist; § 4 Abs. 4 Nr. 1 bis 5 gilt entsprechend.

§ 7
Beteiligungs-Kaufvertrag

(1) Ein Beteiligungs-Kaufvertrag im Sinne des § 2 Abs. 1 Nr. 3 ist ein Kaufvertrag zwischen dem Arbeitnehmer und dem Arbeitgeber zum Erwerb von Rechten im Sinne des § 2 Abs. 1 Nr. 1 Buchstabe g bis l, Abs. 2 Satz 2 bis 5 und Abs. 4 durch den Arbeitnehmer mit der Vereinbarung, den vom Arbeitnehmer geschuldeten Kaufpreis mit vermögenswirksamen Leistungen zu verrechnen oder mit anderen Beträgen zu zahlen.

(2) Ein Beteiligungs-Kaufvertrag im Sinne des § 2 Abs. 1 Nr. 3 ist auch ein Kaufvertrag zwischen dem Arbeitnehmer und einer Gesellschaft mit beschränkter Haftung, die nach § 2 Abs. 2 Satz 3 mit dem Unternehmen des Arbeitgebers verbunden ist, zum Erwerb eines Geschäftsanteils im Sinne des § 2 Abs. 1 Nr. 1 Buchstabe h an dieser Gesellschaft durch den Arbeitnehmer mit der Vereinbarung, den vom Arbeitnehmer geschuldeten Kaufpreis mit vermögenswirksamen Leistungen zahlen zu lassen oder mit anderen Beträgen zu zahlen.

(3) Für die Förderung der auf Grund eines Vertrags nach Absatz 1 oder 2 angelegten vermögenswirksamen Leistungen gilt § 6 Abs. 3 entsprechend.

§ 8
Sparvertrag

(1) Ein Sparvertrag im Sinne des § 2 Abs. 1 Nr. 6 ist ein Sparvertrag zwischen dem Arbeitnehmer und einem Kreditinstitut, in dem die in den Absätzen 2 bis 5 bezeichneten Vereinbarungen, mindestens aber die in den Absätzen 2 und 3 bezeichneten Vereinbarungen, getroffen sind.

(2) Der Arbeitnehmer ist verpflichtet,

1. einmalig oder für die Dauer von sechs Jahren seit Vertragsabschluß laufend, mindestens aber einmal im Kalenderjahr, als Sparbeiträge vermögenswirksame Leistungen einzahlen zu lassen oder andere Beträge einzuzahlen und

2. bis zum Ablauf einer Frist von sieben Jahren (Sperrfrist) die eingezahlten vermögenswirksamen Leistungen bei dem Kreditinstitut festzulegen und die Rückzahlungsansprüche aus dem Vertrag weder abzutreten noch zu beleihen.

Der Zeitpunkt des Vertragsabschlusses und der Beginn der Sperrfrist bestimmen sich nach den Regelungen des § 4 Abs. 2 Satz 2 und 3.

(3) Der Arbeitnehmer ist abweichend von der in Absatz 2 Satz 1 Nr. 2 bezeichneten Vereinbarung zu vorzeitiger Verfügung berechtigt, wenn eine der in § 4 Abs. 4 Nr. 1 bis 5 bezeichneten Voraussetzungen erfüllt ist.

(4) Der Arbeitnehmer ist abweichend von der in Absatz 2 Satz 1 Nr. 2 bezeichneten Vereinbarung auch berechtigt, vor Ablauf der Sperrfrist mit eingezahlten vermögenswirksamen Leistungen zu erwerben

1. Wertpapiere im Sinne des § 2 Abs. 1 Nr. 1 Buchstabe a bis f, Abs. 2 Satz 1, Abs. 3 und 4,

2. Schuldverschreibungen, die vom Bund, von den Ländern, von den Gemeinden, von anderen Körperschaften des öffentlichen Rechts, vom Arbeitgeber, von einem im Sinne des § 18 Abs. 1 des Aktiengesetzes als herrschendes Unternehmen mit dem Unternehmen des Arbeitgebers verbundenen Unternehmen oder einem Kreditinstitut mit Sitz und Geschäftsleitung im Geltungsbereich dieses Gesetzes ausgegeben werden, Namensschuldverschreibungen des Arbeitgebers jedoch nur

dann, wenn auf dessen Kosten die Ansprüche des Arbeitnehmers aus der Schuldverschreibung durch ein Kreditinstitut verbürgt oder durch ein Versicherungsunternehmen privatrechtlich gesichert sind und das Kreditinstitut oder Versicherungsunternehmen im Geltungsbereich dieses Gesetzes zum Geschäftsbetrieb befugt ist,

3. Genußscheine, die von einem Kreditinstitut mit Sitz und Geschäftsleitung im Geltungsbereich dieses Gesetzes, das nicht der Arbeitgeber ist, als Wertpapiere ausgegeben werden, wenn mit den Genußscheinen das Recht am Gewinn des Kreditinstituts verbunden ist, der Arbeitnehmer nicht als Mitunternehmer im Sinne des § 15 Abs. 1 Nr. 2 des Einkommensteuergesetzes anzusehen ist und die Voraussetzungen des § 2 Abs. 4 erfüllt sind,

4. Anleiheforderungen, die in ein Schuldbuch des Bundes oder eines Landes eingetragen werden,

5. Anteilscheine an einem Sondervermögen, die von Kapitalanlagegesellschaften im Sinne des Gesetzes über Kapitalanlagegesellschaften ausgegeben werden und nicht unter § 2 Abs. 1 Nr. 1 Buchstabe c oder d fallen, oder

6. ausländische Investmentanteile, die nach dem Gesetz über den Vertrieb ausländischer Investmentanteile und über die Besteuerung der Erträge aus ausländischen Investmentanteilen im Wege des öffentlichen Anbietens, der öffentlichen Werbung oder in ähnlicher Weise vertrieben werden dürfen und nicht unter § 2 Abs. 1 Nr. 1 Buchstabe e fallen.

Der Arbeitnehmer ist verpflichtet, bis zum Ablauf der Sperrfrist die nach Satz 1 erworbenen Wertpapiere bei dem Kreditinstitut, mit dem der Sparvertrag abgeschlossen ist, festzulegen und über die Wertpapiere nicht zu verfügen; diese Verpflichtung besteht nicht, wenn eine der in § 4 Abs. 4 Nr. 1 bis 5 bezeichneten Voraussetzungen erfüllt ist.

(5) Der Arbeitnehmer ist abweichend von der in Absatz 2 Satz 1 Nr. 2 bezeichneten Vereinbarung auch berechtigt, vor Ablauf der Sperrfrist die Überweisung eingezahlter vermögenswirksamer Leistungen auf einen von ihm oder seinem Ehegatten (§ 26 Abs. 1 des Einkommensteuergesetzes) abgeschlossenen Bausparvertrag zu verlangen, wenn weder mit der Auszahlung der Bausparsumme begonnen worden ist noch die überwiesenen Beträge vor Ablauf der Sperrfrist ganz oder zum Teil zurückgezahlt, noch Ansprüche aus dem Bausparvertrag abgetreten oder beliehen werden oder wenn eine solche vorzeitige Verfügung nach § 2 Abs. 2 Satz 2 Nr. 1 und 2 des Wohnungsbau-Prämiengesetzes unschädlich ist.

§ 9
Kapitalversicherungsvertrag

(1) Ein Kapitalversicherungsvertrag im Sinne des § 2 Abs. 1 Nr. 7 ist ein Vertrag über eine Kapitalversicherung auf den Erlebens- und Todesfall gegen laufenden Beitrag, der für die Dauer von mindestens zwölf Jahren und mit den in den Absätzen 2 bis 5 bezeichneten Vereinbarungen zwischen dem Arbeitnehmer und einem Versicherungsunternehmen abgeschlossen ist, das im Geltungsbereich dieses Gesetzes zum Geschäftsbetrieb befugt ist.

(2) Der Arbeitnehmer ist verpflichtet, als Versicherungsbeiträge vermögenswirksame Leistungen einzahlen zu lassen oder andere Beträge einzuzahlen.

(3) Die Versicherungsbeiträge enthalten keine Anteile für Zusatzleistungen wie für Unfall, Invalidität oder Krankheit.

(4) Der Versicherungsvertrag sieht vor, daß bereits ab Vertragsbeginn ein kürzbarer Anteil von mindestens 50 vom Hundert des gezahlten Beitrags als Rückkaufswert (§ 176 des Versicherungsvertragsgesetzes) erstattet oder der Berechnung der prämienfreien Versicherungsleistung (§ 174 des Versicherungsvertragsgesetzes) zugrunde gelegt wird.

(5) Die Gewinnanteile werden verwendet
1. zur Erhöhung der Versicherungsleistung oder
2. auf Verlangen des Arbeitnehmers zur Verrechnung mit fälligen Beiträgen, wenn er nach Vertragsabschluß arbeitslos geworden ist und die Arbeitslosigkeit mindestens ein Jahr lang ununterbrochen bestanden hat und im Zeitpunkt der Verrechnung noch besteht.

§ 10
Vereinbarung zusätzlicher vermögenswirksamer Leistungen

(1) Vermögenswirksame Leistungen können in Verträgen mit Arbeitnehmern, in Betriebsvereinbarungen, in Tarifverträgen oder in bindenden Festsetzungen (§ 19 des Heimarbeitsgesetzes) vereinbart werden.

(2) Vermögenswirksame Leistungen, die in Tarifverträgen vereinbart werden, werden nur dann nach den Vorschriften dieses Gesetzes gefördert, wenn die Tarifverträge nicht die Möglichkeit vorsehen, daß statt einer vermögenswirksamen Leistung eine andere Leistung, insbesondere eine Barleistung, erbracht wird.

(3) Der Anspruch des Arbeitnehmers gegen den Arbeitgeber auf die in einem Tarifvertrag vereinbarte vermögenswirksame Leistung erlischt nicht, wenn der Arbeitnehmer statt der vermögenswirksamen Leistung eine andere Leistung, insbesondere eine Barleistung, annimmt. Der Arbeitneh-

mer ist nicht verpflichtet, die andere Leistung an den Arbeitgeber herauszugeben.

(4) Absatz 3 gilt entsprechend für einen nichttarifgebundenen Arbeitnehmer, wenn der Arbeitgeber ihm statt der den tarifgebundenen Arbeitnehmern auf Grund eines Tarifvertrags gezahlten vermögenswirksamen Leistungen eine andere Leistung, insbesondere eine Barleistung, erbringt.

(5) Der Arbeitgeber kann auf tarifvertraglich vereinbarte vermögenswirksame Leistungen die betrieblichen Sozialleistungen anrechnen, die dem Arbeitnehmer in dem Kalenderjahr bisher schon als vermögenswirksame Leistungen erbracht worden sind. Das gilt nicht, soweit der Arbeitnehmer bei den betrieblichen Sozialleistungen zwischen einer vermögenswirksamen Leistung und einer anderen Leistung, insbesondere einer Barleistung, wählen konnte.

§ 11
Vermögenswirksame Anlage von Teilen des Arbeitslohns

(1) Der Arbeitgeber hat auf schriftliches Verlangen des Arbeitnehmers einen Vertrag über die vermögenswirksame Anlage von Teilen des Arbeitslohns abzuschließen.

(2) Auch vermögenswirksam angelegte Teile des Arbeitslohns sind vermögenswirksame Leistungen im Sinne dieses Gesetzes.

(3) Zum Abschluß eines Vertrags nach Absatz 1, wonach die Lohnteile nicht zusammen mit anderen vermögenswirksamen Leistungen für den Arbeitnehmer angelegt und überwiesen werden sollen, ist der Arbeitgeber nur dann verpflichtet, wenn der Arbeitnehmer die Anlage von Teilen des Arbeitslohns in monatlichen der Höhe nach gleichbleibenden Beträgen von mindestens 25 Deutsche Mark oder in vierteljährlichen der Höhe nach gleichbleibenden Beträgen von mindestens 75 Deutsche Mark oder nur einmal im Kalenderjahr in Höhe eines Betrags von mindestens 75 Deutsche Mark verlangt. Der Arbeitnehmer kann bei der Anlage in monatlichen Beträgen während des Kalenderjahrs die Art der vermögenswirksamen Anlage und das Unternehmen oder Institut, bei dem sie erfolgen soll, nur mit Zustimmung des Arbeitgebers wechseln.

(4) Der Arbeitgeber kann einen Termin im Kalenderjahr bestimmen, zu dem die Arbeitnehmer des Betriebs oder Betriebsteils die einmalige Anlage von Teilen des Arbeitslohns nach Absatz 3 verlangen können. Die Bestimmung dieses Termins unterliegt der Mitbestimmung des Betriebsrats oder der zuständigen Personalvertretung; das für die Mitbestimmung in sozialen Angelegenheiten vorgeschriebene Verfahren ist einzuhalten. Der nach Satz 1 bestimmte Termin ist den Arbeitnehmern in jedem Kalenderjahr erneut in geeigneter Form bekanntzugeben. Zu einem anderen als dem nach Satz 1 bestimmten Termin kann der Arbeitnehmer eine einmalige Anlage nach Absatz 3 nur verlangen

1. von Teilen des Arbeitslohns, den er im letzten Lohnzahlungszeitraum des Kalenderjahrs erzielt, oder
2. von Teilen besonderer Zuwendungen, die im Zusammenhang mit dem Weihnachtsfest oder Jahresende gezahlt werden.

(5) Der Arbeitnehmer kann jeweils einmal im Kalenderjahr von dem Arbeitgeber schriftlich verlangen, daß der Vertrag über die vermögenswirksame Anlage von Teilen des Arbeitslohns aufgehoben, eingeschränkt oder erweitert wird. Im Fall der Aufhebung ist der Arbeitgeber nicht verpflichtet, in demselben Kalenderjahr einen neuen Vertrag über die vermögenswirksame Anlage von Teilen des Arbeitslohns abzuschließen.

(6) In Tarifverträgen oder Betriebsvereinbarungen kann von den Absätzen 3 bis 5 abgewichen werden.

§ 12
Freie Wahl der Anlage

Vermögenswirksame Leistungen werden nur dann nach den Vorschriften dieses Gesetzes gefördert, wenn der Arbeitnehmer die Art der vermögenswirksamen Anlage und das Unternehmen oder Institut, bei dem sie erfolgen soll, frei wählen kann. Eine Anlage im Unternehmen des Arbeitgebers nach § 2 Abs. 1 Nr. 1 Buchstabe g bis l und Abs. 4 ist nur mit Zustimmung des Arbeitgebers zulässig.

§ 13
Anspruch auf Arbeitnehmer-Sparzulage

(1) Der Arbeitnehmer, der Einkünfte aus nichtselbständiger Arbeit im Sinne des § 19 Abs. 1 des Einkommensteuergesetzes bezieht, hat für die nach § 2 Abs. 1 Nr. 1 bis 5, Abs. 2 bis 4 angelegten vermögenswirksamen Leistungen, soweit sie insgesamt 936 Deutsche Mark im Kalenderjahr nicht übersteigen, Anspruch auf eine Arbeitnehmer-Sparzulage nach diesem Gesetz, wenn das zu versteuernde Einkommen (§ 2 Abs. 5 des Einkommensteuergesetzes) in dem Kalenderjahr, in dem die vermögenswirksamen Leistungen angelegt worden sind, 27.000 Deutsche Mark oder bei einer Zusammenveranlagung von Ehegatten nach § 26 b des Einkommensteuergesetzes 54.000 Deutsche Mark nicht übersteigt.

(2) Die Arbeitnehmer-Sparzulage beträgt 10 vom Hundert der vermögenswirksamen Leistungen, die nach § 2 Abs. 1 Nr. 1 bis 5, Abs. 2 bis 4 angelegt werden.

(3) Die Arbeitnehmer-Sparzulage gilt weder als steuerpflichtige Einnahme im Sinne des Einkom-

mensteuergesetzes noch als Einkommen, Verdienst oder Entgelt (Arbeitsentgelt) im Sinne der Sozialversicherung und des Arbeitsförderungsgesetzes; sie gilt arbeitsrechtlich nicht als Bestandteil des Lohns oder Gehalts. Der Anspruch auf Arbeitnehmer-Sparzulage ist nicht übertragbar.

(4) Der Anspruch auf Arbeitnehmer-Sparzulage entsteht mit Ablauf des Kalenderjahrs, in dem die vermögenswirksamen Leistungen angelegt worden sind.

(5) Der Anspruch auf Arbeitnehmer-Sparzulage entfällt mit Wirkung für die Vergangenheit, soweit die in den §§ 4 bis 7 genannten Fristen oder bei einer Anlage nach § 2 Abs. 1 Nr. 4 die in § 2 Abs. 1 Nr. 3 und 4 und Abs. 2 Satz 1 des Wohnungsbau-Prämiengesetzes vorgesehenen Voraussetzungen nicht eingehalten werden. Der Anspruch entfällt nicht, wenn die Sperrfrist nicht eingehalten wird, weil

1. der Arbeitnehmer das Umtausch- oder Abfindungsangebot eines Wertpapier-Emittenten angenommen hat oder Wertpapiere dem Aussteller nach Auslosung oder Kündigung durch den Aussteller zur Einlösung vorgelegt worden sind oder

2. die mit den vermögenswirksamen Leistungen erworbenen oder begründeten Wertpapiere oder Rechte im Sinne des § 2 Abs. 1 Nr. 1, Abs. 2 bis 4 ohne Mitwirkung des Arbeitnehmers wertlos geworden sind.

§ 14
Festsetzung der Arbeitnehmer-Sparzulage, Anwendung der Abgabenordnung, Verordnungsermächtigung, Rechtsweg

(1) Die Verwaltung der Arbeitnehmer-Sparzulage obliegt den Finanzämtern. Die Arbeitnehmer-Sparzulage wird aus den Einnahmen an Lohnsteuer gezahlt.

(2) Auf die Arbeitnehmer-Sparzulage sind die für Steuervergütungen geltenden Vorschriften der Abgabenordnung entsprechend anzuwenden. Dies gilt nicht für § 163 der Abgabenordnung.

(3) Für die Arbeitnehmer-Sparzulage gelten die Strafvorschriften des § 370 Abs. 1 bis 4, der §§ 371, 375 Abs. 1 und des § 376 sowie die Bußgeldvorschriften der §§ 378, 379 Abs. 1 und 4 und der §§ 383 und 384 der Abgabenordnung entsprechend. Für das Strafverfahren wegen einer Straftat nach Satz 1 sowie der Begünstigung einer Person, die eine solche Tat begangen hat, gelten die §§ 385 bis 408, für das Bußgeldverfahren wegen einer Ordnungswidrigkeit nach Satz 1 die §§ 409 bis 412 der Abgabenordnung entsprechend.

(4) Die Arbeitnehmer-Sparzulage wird auf Antrag durch das für die Besteuerung des Arbeitnehmers nach dem Einkommen zuständige Finanzamt festgesetzt. Der Arbeitnehmer hat den Antrag nach amtlich vorgeschriebenem Vordruck spätestens bis zum Ablauf des zweiten Kalenderjahrs nach dem Kalenderjahr zu stellen, in dem die vermögenswirksamen Leistungen nach § 2 Abs. 1 Nr. 1 bis 5, Abs. 2 bis 4 angelegt worden sind. Der Arbeitnehmer hat die vermögenswirksamen Leistungen durch die Bescheinigung nach § 15 Abs. 1 nachzuweisen. Die Arbeitnehmer-Sparzulage wird fällig

a) mit Ablauf der für die Anlageform vorgeschriebenen Sperrfrist nach diesem Gesetz,

b) mit Ablauf der im Wohnungsbau-Prämiengesetz oder in der Verordnung zur Durchführung des Wohnungsbau-Prämiengesetzes genannten Sperr- und Rückzahlungsfristen,

c) mit Zuteilung des Bausparvertrags oder

d) in den Fällen unschädlicher Verfügung.

(5) Die Bundesregierung wird ermächtigt, durch Rechtsverordnung mit Zustimmung des Bundesrates das Verfahren bei der Festsetzung und der Auszahlung der Arbeitnehmer-Sparzulage näher zu regeln, soweit dies zur Vereinfachung des Verfahrens erforderlich ist. Dabei kann auch bestimmt werden, daß der Arbeitgeber, das Unternehmen, das Institut oder der in § 3 Abs. 3 genannte Gläubiger bei der Antragstellung mitwirkt und ihnen die Arbeitnehmer-Sparzulage zugunsten des Arbeitnehmers überwiesen wird.

(6) In öffentlich-rechtlichen Streitigkeiten über die auf Grund dieses Gesetzes ergehenden Verwaltungsakte der Finanzbehörden ist der Finanzrechtsweg gegeben.

§ 15
Bescheinigungspflichten, Haftung, Verordnungsermächtigung, Anrufungsauskunft

(1) Das Unternehmen, das Institut oder der in § 3 Abs. 3 genannte Gläubiger hat dem Arbeitnehmer auf Verlangen eine Bescheinigung auszustellen über

1. den jeweiligen Jahresbetrag der nach § 2 Abs. 1 Nr. 1 bis 5, Abs. 2 bis 4 angelegten vermögenswirksamen Leistungen sowie die Art ihrer Anlage,

2. das Kalenderjahr, dem diese vermögenswirksamen Leistungen zuzuordnen sind, und

3. entweder das Ende der für die Anlageform vorgeschriebenen Sperrfrist nach diesem Gesetz oder bei einer Anlage nach § 2 Abs. 1 Nr. 4 das Ende der im Wohnungsbau-Prämiengesetz oder in der Verordnung zur Durchführung des Wohnungsbau-Prämiengesetzes genannten Sperr- und Rückzahlungsfristen.

(2) Die Bundesregierung wird ermächtigt, durch Rechtsverordnung mit Zustimmung des

Bundesrates weitere Vorschriften zu erlassen über

1. Aufzeichnungs- und Mitteilungspflichten des Arbeitgebers und des Unternehmens oder Instituts, bei dem die vermögenswirksamen Leistungen angelegt sind, und
2. die Festlegung von Wertpapieren und die Art der Festlegung, soweit dies erforderlich ist, damit nicht die Arbeitnehmer-Sparzulage zu Unrecht gezahlt, versagt, nicht zurückgefordert oder nicht einbehalten wird.

(3) Haben der Arbeitgeber, das Unternehmen, das Institut oder der in § 3 Abs. 3 genannte Gläubiger ihre Pflichten nach diesem Gesetz oder nach einer auf Grund dieses Gesetzes erlassenen Rechtsverordnung verletzt, so haften sie für die Arbeitnehmer-Sparzulage, die wegen ihrer Pflichtverletzung zu Unrecht gezahlt, nicht zurückgefordert oder nicht einbehalten worden ist.

(4) Das Finanzamt, das für die Besteuerung der in Absatz 3 Genannten zuständig ist, hat auf deren Anfrage Auskunft darüber zu erteilen, wie im einzelnen Fall die Vorschriften über vermögenswirksame Leistungen anzuwenden sind, die nach § 2 Abs. 1 Nr. 1 bis 5, Abs. 2 bis 4 angelegt werden.

(5) Das für die Lohnsteuer-Außenprüfung zuständige Finanzamt kann bei den in Absatz 3 Genannten eine Außenprüfung durchführen, um festzustellen, ob sie ihre Pflichten nach diesem Gesetz oder nach einer auf Grund dieses Gesetzes erlassenen Rechtsverordnung, soweit diese mit der Anlage vermögenswirksamer Leistungen nach § 2 Abs. 1 Nr. 1 bis 5, Abs. 2 bis 4 zusammenhängen, erfüllt haben. Die §§ 195 bis 202 der Abgabenordnung gelten entsprechend.

§ 16
Berlin-Klausel

(Gegenstandslos)

§ 17
Anwendungsvorschriften

(1) Die vorstehenden Vorschriften dieses Gesetzes gelten für vermögenswirksame Leistungen, die nach dem 31. Dezember 1993 angelegt werden, soweit die Absätze 3 und 4 nichts anderes bestimmen.

(2) Für vermögenswirksame Leistungen, die vor dem 1. Januar 1994 angelegt werden, gilt, soweit Absatz 5 nichts anderes bestimmt, § 17 des Fünften Vermögensbildungsgesetzes in der Fassung der Bekanntmachung vom 19. Januar 1989 (BGBl. I S. 137) – Fünftes Vermögensbildungsgesetz 1989 –, unter Berücksichtigung der Änderung durch Artikel 2 Nr. 1 des Gesetzes vom 13. Dezember 1990 (BGBl. I S. 2749).

(3) Für vermögenswirksame Leistungen, die im Jahr 1994 angelegt werden auf Grund eines vor dem 1. Januar 1994 abgeschlossenen Vertrags

1. nach § 4 Abs. 1 oder § 5 Abs. 1 des Fünften Vermögensbildungsgesetzes 1989 zum Erwerb von Aktien oder Wandelschuldverschreibungen, die keine Aktien oder Wandelschuldverschreibungen im Sinne des vorstehenden § 2 Abs. 1 Nr. 1 Buchstabe a oder b, Abs. 2 Satz 1 sind, oder
2. nach § 6 Abs. 2 des Fünften Vermögensbildungsgesetzes 1989 über die Begründung eines Geschäftsguthabens bei einer Genossenschaft, die keine Genossenschaft im Sinne des vorstehenden § 2 Abs. 1 Nr. 1 Buchstabe g, Abs. 2 Satz 2 ist, oder
3. nach § 6 Abs. 2 oder § 7 Abs. 2 des Fünften Vermögensbildungsgesetzes 1989 über die Übernahme einer Stammeinlage oder zum Erwerb eines Geschäftsanteils an einer Gesellschaft mit beschränkter Haftung, die keine Gesellschaft im Sinne des vorstehenden § 2 Abs. 1 Nr. 1 Buchstabe h, Abs. 2 Satz 3 ist,

gelten statt der vorstehenden §§ 2, 4, 6 und 7 die §§ 2, 4, 6 und 7 des Fünften Vermögensbildungsgesetzes 1989.

(4) Für vermögenswirksame Leistungen, die nach dem 31. Dezember 1993 auf Grund eines Vertrags im Sinne des § 17 Abs. 5 Satz 1 des Fünften Vermögensbildungsgesetzes1989 angelegt werden, gilt § 17 Abs. 5 und 6 des Fünften Vermögensbildungsgesetzes 1989.

(5) Für vermögenswirksame Leistungen, die vor dem 1. Januar 1994 auf Grund eines Vertrags im Sinne des Absatzes 3 angelegt worden sind, gelten § 4 Abs. 2 bis 5, § 5 Abs. 2, § 6 Abs. 3 und § 7 Abs. 3 des Fünften Vermögensbildungsgesetzes 1989 über Fristen für die Verwendung vermögenswirksamer Leistungen und über Sperrfristen nach dem 31. Dezember 1993 nicht mehr. Für vermögenswirksame Leistungen, die vor dem 1. Januar 1990 auf Grund eines Vertrags im Sinne des § 17 Abs. 2 des Fünften Vermögensbildungsgesetzes 1989 über die Begründung einer oder mehrerer Beteiligungen als stiller Gesellschafter angelegt worden sind, gilt § 7 Abs. 3 des Fünften Vermögensbildungsgesetzes in der Fassung der Bekanntmachung vom 19. Februar 1987 (BGBl. I S. 630) über die Sperrfrist nach dem 31. Dezember 1993 nicht mehr.

§ 18
Kündigung eines vor 1994 abgeschlossenen Anlagevertrags und der Mitgliedschaft in einer Genossenschaft oder Gesellschaft mit beschränkter Haftung

(1) Hat sich der Arbeitnehmer in einem Vertrag im Sinne des § 17 Abs. 3 verpflichtet, auch nach dem 31. Dezember 1994 vermögenswirksame Lei-

stungen überweisen zu lassen oder andere Beträge zu zahlen, so kann er den Vertrag bis zum 30. September 1994 auf den 31. Dezember 1994 mit der Wirkung schriftlich kündigen, daß auf Grund dieses Vertrags vermögenswirksame Leistungen oder andere Beträge nach dem 31. Dezember 1994 nicht mehr zu zahlen sind.

(2) Ist der Arbeitnehmer im Zusammenhang mit dem Abschluß eines Vertrags im Sinne des § 17 Abs. 3 Nr. 2 Mitglied in einer Genossenschaft geworden, so kann er die Mitgliedschaft bis zum 30. September 1994 auf den 31. Dezember 1994 mit der Wirkung schriftlich kündigen, daß nach diesem Zeitpunkt die Verpflichtung, Einzahlungen auf einen Geschäftsanteil zu leisten und ein Eintrittsgeld zu zahlen, entfällt. Weitergehende Rechte des Arbeitnehmers nach dem Statut der Genossenschaft bleiben unberührt. Der ausgeschiedene Arbeitnehmer kann die Auszahlung des Auseinandersetzungsguthabens, die Genossenschaft kann die Zahlung eines den ausgeschiedenen Arbeitnehmer treffenden Anteils an einem Fehlbetrag zum 1. Januar 1998 verlangen.

(3) Ist der Arbeitnehmer im Zusammenhang mit dem Abschluß eines Vertrags im Sinne des § 17 Abs. 3 Nr. 3 Gesellschafter einer Gesellschaft mit beschränkter Haftung geworden, so kann er die Mitgliedschaft bis zum 30. September 1994 auf den 31. Dezember 1994 schriftlich kündigen. Weitergehende Rechte des Arbeitnehmers nach dem Gesellschaftsvertrag bleiben unberührt. Der zum Austritt berechtigte Arbeitnehmer kann von der Gesellschaft als Abfindung den Verkehrswert seines Geschäftsanteils verlangen; maßgebend ist der Verkehrswert im Zeitpunkt des Zugangs der Kündigungserklärung. Der Arbeitnehmer kann die Abfindung nur verlangen, wenn die Gesellschaft sie ohne Verstoß gegen § 30 Abs. 1 des Gesetzes betreffend die Gesellschaften mit beschränkter Haftung zahlen kann. Hat die Gesellschaft die Abfindung bezahlt, so stehen dem Arbeitnehmer aus seinem Geschäftsanteil keine Rechte mehr zu. Kann die Gesellschaft bis zum 31. Dezember 1996 die Abfindung nicht gemäß Satz 4 zahlen, so ist sie auf Antrag des zum Austritt berechtigten Arbeitnehmers aufzulösen. § 61 Abs. 1, Abs. 2 Satz 1 und Abs. 3 des Gesetzes betreffend die Gesellschaften mit beschränkter Haftung gilt im übrigen entsprechend.

(4) Werden auf Grund der Kündigung nach Absatz 1, 2 oder 3 Leistungen nicht erbracht, so hat der Arbeitnehmer dies nicht zu vertreten.

(5) Hat der Arbeitnehmer nach Absatz 1 einen Vertrag im Sinne des § 17 Abs. 3 Nr. 2 oder nach Absatz 2 die Mitgliedschaft in einer Genossenschaft gekündigt, so gelten beide Kündigungen als erklärt, wenn der Arbeitnehmer dies nicht ausdrücklich ausgeschlossen hat. Entsprechendes gilt, wenn der Arbeitnehmer nach Absatz 1 einen Vertrag im Sinne des § 17 Abs. 3 Nr. 3 oder nach Absatz 3 die Mitgliedschaft in einer Gesellschaft mit beschränkter Haftung gekündigt hat.

(6) Macht der Arbeitnehmer von seinem Kündigungsrecht nach Absatz 1 keinen Gebrauch, so gilt die Verpflichtung, vermögenswirksame Leistungen überweisen zu lassen, nach dem 31. Dezember 1994 als Verpflichtung, andere Beträge in entsprechender Höhe zu zahlen.

II
Verordnung zur Durchführung des Fünften Vermögensbildungsgesetzes (VermBDV 1994)

Vom 20. Dezember 1994
(BGBl. I S. 3904)

§ 1
Verfahren

Auf das Verfahren bei der Festsetzung, Auszahlung und Rückzahlung der Arbeitnehmer-Sparzulage sind neben den in § 14 Abs. 2 des Gesetzes bezeichneten Vorschriften die für die Einkommensteuer und Lohnsteuer geltenden Regelungen sinngemäß anzuwenden, soweit sich aus den nachstehenden Vorschriften nichts anderes ergibt.

§ 2
Mitteilungspflichten des Arbeitgebers, des Kreditinstituts oder des Unternehmens

(1) Der Arbeitgeber hat bei Überweisung vermögenswirksamer Leistungen im Dezember und Januar eines Kalenderjahres dem Kreditinstitut oder dem Unternehmen, bei dem die vermögenswirksamen Leistungen angelegt werden, das Kalenderjahr mitzuteilen, dem die vermögenswirksamen Leistungen zuzuordnen sind.

(2) Werden bei einer Anlage nach § 2 Abs. 1 Nr. 4 des Gesetzes oder § 17 Abs. 5 Satz 1 Nr. 1 des Fünften Vermögensbildungsgesetzes in der Fassung der Bekanntmachung vom 19. Januar 1989 (BGBl. I S. 137)

1. Wohnbau-Sparverträge in Baufinanzierungsverträge umgewandelt (§ 12 Abs. 1 Nr. 2 der Verordnung zur Durchführung des Wohnungsbau-Prämiengesetzes in der Fassung der Bekanntmachung vom 29. Juni 1994, BGBl. I S. 1446),

2. Baufinanzierungsverträge in Wohnbau-Sparverträge umgewandelt (§ 18 Abs. 1 Nr. 2 der Verordnung zur Durchführung des Wohnungsbau-Prämiengesetzes in der Fassung der Bekanntmachung vom 29. Juni 1994, BGBl. I S. 1446) oder

3. Sparbeiträge auf einen von dem Arbeitnehmer oder seinem Ehegatten abgeschlossenen Bausparvertrag überwiesen (§ 4 Abs. 3 Nr. 7 des Fünften Vermögensbildungsgesetzes in der Fassung der Bekanntmachung vom 19. Februar 1987, BGBl. I S. 630),

so hat das Kreditinstitut oder Unternehmen, bei dem die vermögenswirksamen Leistungen angelegt worden sind, dem neuen Kreditinstitut oder Unternehmen den Betrag der vermögenswirksamen Leistungen, das Kalenderjahr, dem sie zuzuordnen sind, das Ende der Sperrfrist, seinen Institutsschlüssel (§ 5 Abs. 2) und die bisherige Vertragsnummer des Arbeitnehmers unverzüglich schriftlich mitzuteilen. Das neue Kreditinstitut oder Unternehmen hat die Angaben aufzuzeichnen.

(3) Das Kreditinstitut, bei dem vermögenswirksame Leistungen auf Grund eines Vertrags im Sinne des § 4 des Gesetzes angelegt werden, hat

1. dem Arbeitgeber, der mit den vermögenswirksamen Leistungen erworbene Wertpapiere verwahrt oder an dessen Unternehmen eine nichtverbriefte Vermögensbeteiligung im Sinne des § 2 Abs. 1 Nr. 1 Buchstabe g bis l des Gesetzes mit den vermögenswirksamen Leistungen begründet oder erworben wird, oder

2. dem Unternehmen, an dem eine nichtverbriefte Vermögensbeteiligung im Sinne des § 2 Abs. 1 Nr. 1 Buchstabe g bis l des Gesetzes mit den vermögenswirksamen Leistungen begründet oder erworben wird,

das Ende der für die vermögenswirksamen Leistungen geltenden Sperrfrist unverzüglich schriftlich mitzuteilen. Wenn über die verbrieften oder nichtverbrieften Vermögensbeteiligungen vor Ablauf der Sperrfrist verfügt worden ist, hat dies der Arbeitgeber oder das Unternehmen dem Kreditinstitut unverzüglich mitzuteilen.

(4) Der Arbeitgeber, bei dem vermögenswirksame Leistungen auf Grund eines Vertrags im Sinne des § 5 des Gesetzes angelegt werden, hat dem vom Arbeitnehmer benannten Kreditinstitut, das die erworbenen Wertpapiere verwahrt, das Ende der für die vermögenswirksamen Leistungen geltenden Sperrfrist unverzüglich schriftlich mitzuteilen. Wenn über die Wertpapiere vor Ablauf der Sperrfrist verfügt worden ist, hat dies das Kreditinstitut dem Arbeitgeber unverzüglich mitzuteilen.

§ 3
Aufzeichnungspflichten des Beteiligungsunternehmens

(1) Das Unternehmen, an eine nichtverbriefte Vermögensbeteiligung im Sinne des § 2 Abs. 1 Nr. 1 Buchstabe g bis l des Gesetzes auf Grund eines Vertrags im Sinne des § 6 Abs. 2 oder des § 7 Abs. 2 des Gesetzes mit vermögenswirksamen Leistungen begründet oder erworben wird, hat den Betrag der vermögenswirksamen Leistungen und das Kalenderjahr, dem sie zuzuordnen sind, sowie das Ende der Sperrfrist aufzuzeich-

nen. Bei Verträgen im Sinne des § 4 des Gesetzes genügt die Aufzeichnung des Endes der Sperrfrist.

(2) Zu den Aufzeichnungen nach Absatz 1 Satz 1 ist auch der Arbeitgeber verpflichtet, an dessen Unternehmen eine nichtverbriefte Vermögensbeteiligung im Sinne des § 2 Abs. 1 Nr. 1 Buchstabe g bis l des Gesetzes auf Grund eines Vertrags im Sinne des § 6 Abs. 1 oder des § 7 Abs. 1 des Gesetzes mit vermögenswirksamen Leistungen begründet oder erworben wird.

§ 4
Festlegung von Wertpapieren

(1) Wertpapiere, die auf Grund eines Vertrags im Sinne des § 4 des Gesetzes mit vermögenswirksamen Leistungen erworben werden, sind auf den Namen des Arbeitnehmers dadurch festzulegen, daß sie für die Dauer der Sperrfrist wie folgt in Verwahrung gegeben werden:

1. Erwirbt der Arbeitnehmer Einzelurkunden, so müssen diese in das Depot bei dem Kreditinstitut gegeben werden, mit dem er den Sparvertrag abgeschlossen hat. Das Kreditinstitut muß in den Depotbüchern einen Sperrvermerk für die Dauer der Sperrfrist anbringen. Bei Drittverwahrung genügt ein Sperrvermerk im Kundenkonto beim erstverwahrenden Kreditinstitut.

2. Erwirbt der Arbeitnehmer Anteile an einem Sammelbestand von Wertpapieren oder werden Wertpapiere bei einer Wertpapiersammelbank in Sammelverwahrung gegeben, so muß das Kreditinstitut einen Sperrvermerk in das Depotkonto eintragen.

(2) Wertpapiere nach Absatz 1 Satz 1

1. die eine Vermögensbeteiligung an Unternehmen des Arbeitgebers oder eine gleichgestellte Vermögensbeteiligung (§ 2 Abs. 2 Satz 1 des Gesetzes) verbriefen oder

2. die der Arbeitnehmer vom Arbeitgeber erwirbt,

können auch vom Arbeitgeber verwahrt werden. Der Arbeitgeber hat die Verwahrung sowie das Ende der Sperrfrist aufzuzeichnen.

(3) Wertpapiere, die auf Grund eines Vertrags im Sinne des § 5 des Gesetzes erworben werden, sind festzulegen durch Verwahrung

1. beim Arbeitgeber oder
2. im Auftrag des Arbeitgebers bei einem Dritten oder
3. bei einem vom Arbeitnehmer benannten inländischen Kreditinstitut.

In den Fällen der Nummern 1 und 2 hat der Arbeitgeber die Verwahrung, den Betrag der vermögenswirksamen Leistungen, das Kalenderjahr, dem sie zuzuordnen sind, und das Ende der Sperrfrist aufzuzeichnen. Im Falle der Nummer 3 hat das Kreditinstitut das Ende der Sperrfrist aufzuzeichnen.

(4) Bei einer Verwahrung durch ein Kreditinstitut hat der Arbeitnehmer innerhalb von drei Monaten nach dem Erwerb der Wertpapiere dem Arbeitgeber eine Bescheinigung des Kreditinstituts darüber vorzulegen, daß die Wertpapiere entsprechend Absatz 1 in Verwahrung genommen worden sind.

§ 5
Bescheinigung vermögenswirksamer Leistungen

(1) Die Bescheinigung nach § 15 Abs. 1 des Gesetzes ist nach amtlich vorgeschriebenem Vordruck zu erteilen. Vermögenswirksame Leistungen, die nach dem 31. Dezember 1994 angelegt werden, sind nach amtlich vorgeschriebenem datenerfassungsgerechtem Vordruck zu bescheinigen.

(2) Das Kreditinstitut, das Unternehmen oder der Arbeitgeber, bei dem vermögenswirksame Leistungen nach § 2 Abs. 1 Nr. 1 bis 4, Abs. 2 bis 4 des Gesetzes oder nach § 17 Abs. 5 Satz 1 des Fünften Vermögensbildungsgesetzes in der am 19. Januar 1989 geltenden Fassung (BGBl. I S. 137) angelegt werden, hat in der Bescheinigung seinen Institutsschlüssel und die Vertragsnummer des Arbeitnehmers anzugeben; dies gilt nicht für Anlagen nach § 2 Abs. 1 Nr. 4 des Gesetzes in Verbindung mit § 2 Abs. 1 Nr. 2 des Wohnungsbau-Prämiengesetzes. Der Institutsschlüssel ist bei der Zentralstelle der Länder[1]) anzufordern. Bei der Anforderung sind anzugeben

1. Name und Anschrift des anfordernden Kreditinstituts, Unternehmens oder Arbeitgebers,
2. Bankverbindung für die Überweisung der Arbeitgeber-Sparzulagen,
3. Lieferanschrift für die Übersendung von Datenträgern.

Die Vertragsnummer darf keine Sonderzeichen enthalten.

(3) Der Arbeitgeber oder das Unternehmen, bei dem vermögenswirksame Leistungen nach § 2 Abs. 1 Nr. 2 und 3, Abs. 2 bis 4 des Gesetzes angelegt werden, hat in der Bescheinigung für vermögenswirksame Leistungen, die noch nicht zum Erwerb von Wertpapieren oder zur Begründung von Rechten verwendet worden sind, als Ende der Sperrfrist den 31. Dezember des sechsten Kalenderjahres nach dem Kalenderjahr anzugeben, dem die vermögenswirksamen Leistungen zuzuordnen sind.

---

[1]) **Anschrift:** Oberfinanzdirektion Berlin,
　　　　　　Außenstelle, Sonnenallee 223 a,
　　　　　　12059 Berlin

(4) In der Bescheinigung über vermögenswirksame Leistungen, die nach § 2 Abs. 1 Nr. 1 oder 4 des Gesetzes oder nach § 17 Abs. 5 Satz 1 des Fünften Vermögensbildungsgesetzes in der am 19. Januar 1989 geltenden Fassung (BGBl. I S. 137) bei Kreditinstituten oder Versicherungsunternehmen angelegt worden sind, ist bei einer unschädlichen vorzeitigen Verfügung als Ende der Sperrfrist der Zeitpunkt dieser Verfügung anzugeben. Dies gilt bei Zuteilung eines Bausparvertrags entsprechend.

(5) Bei einer schädlichen vorzeitigen Verfügung über vermögenswirksame Leistungen, die nach § 2 Abs. 1 Nr. 1 oder 4 des Gesetzes oder nach § 17 Abs. 5 Satz 1 des Fünften Vermögensbildungsgesetzes in der am 19. Januar 1989 geltenden Fassung (BGBl. I S. 137) bei Kreditinstituten oder Versicherungsunternehmen angelegt worden sind, darf eine Bescheinigung nicht erteilt werden.

§ 6
Festsetzung der Arbeitnehmer-Sparzulage, Mitteilungspflichten der Finanzämter

(1) Die Festsetzung der Arbeitnehmer-Sparzulage ist regelmäßig mit der Einkommensteuererklärung zu beantragen. Die festzusetzende Arbeitnehmer-Sparzulage ist auf den nächsten vollen Deutsche-Mark-Betrag aufzurunden. Sind für den Arbeitnehmer die vermögenswirksamen Leistungen eines Kalenderjahres auf mehr als einem der in § 2 Abs. 1 Nr. 1 bis 5 des Gesetzes und der in § 17 Abs. 5 Satz 1 des Fünften Vermögensbildungsgesetzes in der am 19. Januar 1989 geltenden Fassung (BGBl. I S. 137) bezeichneten Anlageverträge angelegt worden, so gilt die Aufrundung für jeden Vertrag.

(2) Festgesetzte, noch nicht fällige Arbeitnehmer-Sparzulagen sind der Zentralstelle der Länder zur Aufzeichnung der für ihre Auszahlung notwendigen Daten mitzuteilen. Das gilt auch für die Änderung festgesetzter Arbeitnehmer-Sparzulage sowie in den Fällen, in denen festgesetzte Arbeitnehmer-Sparzulagen nach Auswertung einer Anzeige über die teilweise schädliche vorzeitige Verfügung (§ 8 Abs. 4 Satz 2) unberührt bleiben.

(3) Werden bei einer Anlage nach § 2 Abs. 1 Nr. 1 bis 4, Abs. 2 bis 4 des Gesetzes oder nach § 17 Abs. 5 Satz 1 des Fünften Vermögensbildungsgesetzes in der am 19. Januar 1989 geltenden Fassung (BGBl. I S. 137) vor Ablauf der Sperrfrist teilweise Beträge zurückgezahlt, Ansprüche aus dem Vertrag abgetreten oder beliehen, die Bauspar- oder Versicherungssumme ausgezahlt, die Festlegung aufgehoben oder Spitzenbeträge nach § 4 Abs. 3 des Gesetzes oder des § 5 Abs. 3 des Fünften Vermögensbildungsgesetzes in der am 19. Februar 1987 geltenden Fassung (BGBl. I S. 630) von mehr als 300 Deutsche Mark nicht rechtzeitig verwendet, so gelten für die Festsetzung oder Neufestsetzung der Arbeitnehmer-Sparzulage die Beträge in folgender Reihenfolge als zurückgezahlt:

1. Beträge, die keine vermögenswirksamen Leistungen sind,
2. vermögenswirksame Leistungen, für die keine Arbeitnehmer-Sparzulage festgesetzt worden ist,
3. vermögenswirksame Leistungen, für die eine Arbeitnehmer-Sparzulage festgesetzt worden ist.

(4) In den Fällen des § 4 Abs. 4 Nr. 6 des Gesetzes oder des § 5 Abs. 4 des Fünften Vermögensbildungsgesetzes in der am 19. Februar 1987 geltenden Fassung (BGBl. I S. 630) gilt für die Festsetzung oder Neufestsetzung der Arbeitnehmer-Sparzulage der nicht wiederverwendete Erlös, wenn er 300 Deutsche Mark übersteigt, in folgender Reihenfolge als zurückgezahlt:

1. Beträge, die vermögenswirksamen Leistungen sind,
2. vermögenswirksame Leistungen, für die keine Arbeitnehmer-Sparzulage festgesetzt worden ist,
3. vermögenswirksame Leistungen, für die eine Arbeitnehmer-Sparzulage festgesetzt worden ist.

Maßgebend sind die bis zum Ablauf des Kalenderjahres, das dem Kalenderjahr der Veräußerung vorausgeht, angelegten Beträge.

§ 7
Auszahlung der Arbeitnehmer-Sparzulage

(1) Die festgesetzte Arbeitnehmer-Sparzulage ist vom Finanzamt an den Arbeitnehmer auszuzahlen.

1. bei einer Anlage nach § 2 Abs. 1 Nr. 4 des Gesetzes in Verbindung mit § 2 Abs. 1 Nr. 2 des Wohnungsbau-Prämiengesetzes sowie bei einer Anlage nach § 2 Abs. 1 Nr. 5 des Gesetzes;
2. bei einer Anlage nach § 2 Abs. 1 Nr. 1 bis 4, Abs. 2 bis 4 des Gesetzes oder nach § 17 Abs. 5 Satz 1 des Fünften Vermögensbildungsgesetzes in der am 19. Januar 1989 geltenden Fassung (BGBl. I S. 137), wenn im Zeitpunkt der Bekanntgabe des Bescheids über die Festsetzung der Arbeitnehmer-Sparzulage die für die Anlageform vorgeschriebene Sperrfrist oder die im Wohnungsbau-Prämiengesetz oder in der Verordnung zur Durchführung des Wohnungsbau-Prämiengesetzes in der Fassung der Bekanntmachung vom 29. Juni 1994 (BGBl. I S. 1446) genannten

Sperr- und Rückzahlungsfristen abgelaufen sind;
3. in den Fällen des § 5 Abs. 4;
4. bei einer Anlage nach § 2 Abs. 1 Nr. 2 und 3 des Gesetzes, wenn eine unschädliche vorzeitige Verfügung vorliegt.

(2) Die bei der Zentralstelle der Länder aufgezeichneten Arbeitnehmer-Sparzulagen für Anlagen nach § 2 Abs. 1 Nr. 1 bis 4, Abs. 2 bis 4 des Gesetzes oder nach § 17 Abs. 5 Satz 1 des Fünften Vermögensbildungsgesetzes in der am 19. Januar 1989 geltenden Fassung (BGBl. I S. 137) sind dem Kreditinstitut, dem Unternehmen oder dem Arbeitgeber, bei dem die vermögenswirksamen Leistungen angelegt worden sind, zugunsten des Arbeitnehmers zu überweisen. Die Überweisung ist in den Fällen des § 14 Abs. 4 Satz 4 Buchstabe c und d des Gesetzes bis zum Ende des Kalendermonats vorzunehmen, der auf den Kalendermonat folgt, in dem die Zuteilung oder die unschädliche vorzeitige Verfügung angezeigt worden ist.

§ 8
Anzeigepflichten des Kreditinstituts, des Unternehmens oder des Arbeitgebers

(1) Der Zentralstelle der Länder ist anzuzeigen,
1. von dem Kreditinstitut oder Versicherungsunternehmen, das bei ihm nach § 2 Abs. 1 Nr. 1 oder 4 des Gesetzes oder § 17 Abs. 5 Satz 1 des Fünften Vermögensbildungsgesetzes in der am 19. Januar 1989 geltenden Fassung (BGBl. I S. 137) angelegte vermögenswirksame Leistungen nach § 15 Abs. 1 des Gesetzes bescheinigt hat, wenn vor Ablauf der Sperrfrist
   a) vermögenswirksame Leistungen zurückgezahlt werden,
   b) über Ansprüche aus einem Vertrag im Sinne des § 4 des Gesetzes, einem Bausparvertrag oder einem Vertrag nach § 17 Abs. 5 Satz 1 des Fünften Vermögensbildungsgesetzes in der am 19. Januar 1989 geltenden Fassung (BGBl. I S. 137) durch Rückzahlung, Abtretung, Beleihung oder in anderer Weise verfügt wird,
   c) die Festlegung erworbener Wertpapiere aufgehoben oder über solche Wertpapiere verfügt wird,
   d) der Bausparvertrag zugeteilt oder die Bausparsumme ausgezahlt wird oder
   e) die Versicherungssumme ausgezahlt oder der Versicherungsvertrag in einen Vertrag umgewandelt wird, der die Voraussetzungen des in § 17 Abs. 5 Satz 1 Nr. 3 des Fünften Vermögensbildungsgesetzes in der am 19. Januar 1989 geltenden Fassung (BGBl. I S. 137) bezeichneten Vertrags nicht erfüllt;

2. von dem Kreditinstitut, bei dem vermögenswirksame Leistungen nach § 4 des Gesetzes oder § 17 Abs. 5 Satz 1 Nr. 2 des Fünften Vermögensbildungsgesetzes in der am 19. Januar 1989 geltenden Fassung (BGBl. I S. 137) angelegt worden sind, wenn Spitzenbeträge nach § 4 Abs. 3 oder Abs. 4 Nr. 6 des Gesetzes oder § 5 Abs. 3 oder 4 des Fünften Vermögensbildungsgesetzes in der am 19. Februar 1987 geltenden Fassung (BGBl. I S. 630) von mehr als 300 Deutsche Mark nicht rechtzeitig verwendet oder wiederverwendet worden sind;

3. von dem Kreditinstitut, dem nach § 2 Abs. 3 Satz 2 mitgeteilt worden ist, daß über verbriefte oder nichtverbriefte Vermögensbeteiligungen vor Ablauf der Sperrfrist verfügt worden ist;

4. von dem Unternehmen oder Arbeitgeber, bei dem eine nichtverbriefte Vermögensbeteiligung nach § 2 Abs. 1 Nr. 1 Buchstabe g bis l des Gesetzes auf Grund eines Vertrags nach § 6 oder § 7 des Gesetzes mit vermögenswirksamen Leistungen begründet oder erworben worden ist, wenn vor Ablauf der Sperrfrist über die Vermögensbeteiligung verfügt wird oder wenn der Arbeitnehmer die Vermögensbeteiligung nicht bis zum Ablauf des Kalenderjahres erhalten hat, das auf das Kalenderjahr der vermögenswirksamen Leistungen folgt;

5. von dem Arbeitgeber, der Wertpapiere nach § 4 Abs. 3 Satz 1 Nr. 1 oder 2 verwahrt oder bei einem Dritten verwahren läßt, wenn vor Ablauf der Sperrfrist die Festlegung von Wertpapieren aufgehoben oder über Wertpapiere verfügt wird oder wenn bei einer Verwahrung nach § 4 Abs. 3 Satz 1 Nr. 3 der Arbeitnehmer die Verwahrungsbescheinigung nach § 4 Abs. 4 nicht rechtzeitig vorlegt;

6. von dem Arbeitgeber, bei dem vermögenswirksame Leistungen auf Grund eines Vertrags im Sinne des § 5 des Gesetzes angelegt werden, wenn ihm die Mitteilung des Kreditinstituts nach § 2 Abs. 4 Satz 2 zugegangen ist oder wenn der Arbeitnehmer mit den vermögenswirksamen Leistungen eines Kalenderjahres nicht bis zum Ablauf des folgenden Kalenderjahres die Wertpapiere erworben hat.

(2) Das Kreditinstitut oder Versicherungsunternehmen hat in den Anzeigen nach Absatz 1 Nr. 1 bis 3 zu kennzeichnen, ob eine unschädliche, vollständig schädliche oder teilweise schädliche vorzeitige Verfügung vorliegt. Der Betrag, über den schädlich vorzeitig verfügt worden ist, sowie in den einzelnen Kalenderjahren jeweils angelegten vermögenswirksamen Leistungen sind nur in Anzeigen über teilweise schädliche vorzeitige Verfügungen anzugeben.

(3) Die Anzeigen nach Absatz 1 sind nach amtlich vorgeschriebenem Vordruck oder nach amtlich vorgeschriebenem Datenschutz durch Datenübermittlung auf amtlich vorgeschriebenen maschinell verwertbaren Datenträgern für die innerhalb eines Kalendermonats bekannt gewordenen vorzeitigen Verfügungen der Zentralstelle der Länder jeweils bis zum 15. Tag des folgenden Kalendermonats zuzuleiten.

(4) Sind bei der Zentralstelle der Länder Arbeitnehmer-Sparzulagen für Fälle aufgezeichnet,

1. die nach Absatz 1 Nr. 4 bis 6 angezeigt werden oder
2. die nach Absatz 1 Nr. 1 bis 3 angezeigt werden, wenn die Anzeige als vollständig oder teilweise schädliche vorzeitige Verfügung gekennzeichnet sind,

so hat die Zentralstelle die Auszahlung der aufgezeichneten Arbeitnehmer-Sparzulagen zu sperren. Die Zentralstelle hat die Anzeigen um ihre Aufzeichnungen zu ergänzen und zur Auswertung dem Finanzamt zu übermitteln, das nach Kenntnis der Zentralstelle zuletzt eine Arbeitnehmer-Sparzulage für den Arbeitnehmer festgesetzt hat.

§ 9
Rückforderung der Arbeitnehmer-Sparzulage durch das Finanzamt

Das für die Besteuerung des Arbeitnehmers nach dem Einkommen zuständige Finanzamt (§ 19 der Abgabenordnung) hat eine zu Unrecht gezahlte Arbeitnehmer-Sparzulage vom Arbeitnehmer zurückzufordern. Die Rückforderung unterbleibt, wenn der zurückzufordernde Betrag fünf Deutsche Mark nicht übersteigt.

§ 10
Anwendungszeitraum

§ 8 dieser Verordnung ist auf vermögenswirksame Leistungen, über die nach dem 31. Dezember 1994 vorzeitig verfügt worden ist, anzuwenden. Im übrigen ist diese Verordnung auf vermögenswirksame Leistungen, die nach dem 31. Dezember 1993 angelegt werden, anzuwenden.

§ 11
Inkrafttreten, weiter anzuwendende Vorschriften

(1) Diese Verordnung tritt mit Wirkung vom 1. Januar 1994 in Kraft.

(2) Die Verordnung zur Durchführung des Fünften Vermögensbildungsgesetzes vom 4. Dezember 1991 (BGBl. I S. 1556), geändert durch Artikel 4 des Gesetzes vom 21. Dezember 1993 (BGBl. I S. 2310), tritt am Tage nach der Verkündung dieser Verordnung außer Kraft. Sie ist auf vermögenswirksame Leistungen, die vor dem 1. Januar 1994 angelegt worden sind, weiter anzuwenden; § 7 ist auch auf vermögenswirksame Leistungen, über die vor dem 1. Januar 1995 vorzeitig verfügt worden ist, weiter anzuwenden. Im übrigen ist die Verordnung zur Durchführung des Fünften Vermögensbildungsgesetzes vom 4. Dezember 1991 auf vermögenswirksame Leistungen, die nach dem 31. Dezember 1993 angelegt worden sind, nicht mehr anzuwenden.

Anhang 32

Versicherungen

I.
Verzeichnis der ausländischen Versicherungsunternehmen, denen die Erlaubnis zum Betrieb eines nach § 10 Abs. 1 Nr. 2 EStG begünstigten Versicherungszweigs im Inland erteilt ist

Stand: 30. 10. 1995

Lfd. Nr.	Name des Versicherungsunternehmens	Sitz	Steuerbegünstigte Versicherungszweige	Zulassungsgebiet[1]	Hauptbevollmächtigter der Niederlassung
1	2	3	4	5	6
1	BASELER Lebens-Versicherungs-Gesellschaft	Basel	Leben	A	Dr. Fritz Becker Baseler Straße 4 61325 Bad Homburg v. d. H.
2	Baseler Versicherungsgesellschaft	Basel	Unfall, Haftpflicht, Kraftfahrt-Unfall, Kraftfahrt-Haftpflicht	A	Dir. F. R. Stein Baseler Straße 4 61325 Bad Homburg v. d. H.
3	ELVIA Reiseversicherungs-Gesellschaft AG	Zürich	Unfall, Haftpflicht	A	Dr. Alois Weber Ludmillastraße 26 81543 München
4	HELVETIA Schweizerische Versicherungs-Gesellschaft	St. Gallen	Unfall, Haftpflicht, Kraftfahrt-Unfall, Kraftfahrt-Haftpflicht	A	Prof. Dr. Wolfram Wrabetz Berliner Straße 56–58 60311 Frankfurt
5	„Schweiz" Allgemeine Versicherungs-Aktiengesellschaft	Zürich	Unfall, Haftpflicht	A	Dieter Ernst Meierhofer Fritz-Schäffer-Straße 9 81737 München
6	Schweizerische Lebensversicherungs- und Rentenanstalt	Zürich	Leben	A	Dipl.-Math. Jürgen Strauß Leopoldstraße 8–10 80802 München
7	The Continental Insurance Comp. Concord	New Hampshire/USA	Unfall, Haftpflicht	A	Lutz Blume Karlstraße 10 80333 München
8	The Home Insurance Company, New York	Manchester, New Hampshire/USA	Unfall, Haftpflicht	A	Jürgen Herrmann Rennbahnstraße 72 60528 Frankfurt
9	The Yasuda Fire and Marine Ins. Comp. Lim.	Tokio	Unfall, Haftpflicht	A	Dr. Klaus Flemming Gereonstraße 43–65 50670 Köln
10	United Services Automobile[2] Association	San Antonio, Texas/USA	Kraftfahrt-Haftpflicht	A	Rolf E. Metzen Bockenheimer Landstraße 94–96 60323 Frankfurt
11	Vereinigte Versicherungsgesellschaft von Amerika Zweigniederlassung der COMBINED INSURANCE COMPANY OF AMERIKA	Chicago, Illinois/USA	Unfall	A	Ishral H. Khan Friedrich-Bergius-Straße 5 65203 Wiesbaden

---

[1] A = Geltungsbereich des Einkommensteuergesetzes.
[2] Das Unternehmen ist lediglich im Rahmen des Zusatzabkommens zu dem Abkommen zwischen den Partnern des Nordatlantikvertrags über die Rechtsstellung ihrer Truppen hinsichtlich der in der Bundesrepublik Deutschland stationierten ausländischen Truppen (BGBl. 1961 II S. 1218 II.) tätig.

Anhang 32
Versicherungen

Lfd. Nr.	Name des Versicherungsunternehmens	Sitz	Steuerbegünstigte Versicherungszweige	Zulassungsgebiet[1]	Hauptbevollmächtigter der Niederlassung
1	2	3	4	5	6
12	WL Niederlassung Deutschland der „Winterthur" Lebensversicherungs-Gesellschaft	Winterthur	Leben	A	Dr. Walter Wupperfeld Leopoldstraße 204 80804 München
13	WV Niederlassung Deutschland der „Winterthur" Schweizerische Versicherungs-Gesellschaft	Winterthur	Unfall	A	Dr. Walter Wupperfeld Leopoldstraße 204 80804 München
14	Zürich Lebensversicherungs-Gesellschaft	Zürich	Leben	A	Generaldir. Dr. Heinrich Focke Zürich-Haus am Opernplatz 60313 Frankfurt
15	„Zürich" Versicherungs-Gesellschaft	Zürich	Unfall, Haftpflicht, Kraftfahrt-Unfall, Kraftfahrt-Haftpflicht	A	Generaldir. Dr. Heinrich Focke Zürich-Haus am Opernplatz 60313 Frankfurt

[1]) A = Geltungsbereich des Einkommensteuergesetzes.

II.

Nach Inkrafttreten des Dritten Durchführungsgesetzes/EWG zum VAG am 29. Juli 1994 bedürfen Versicherungsunternehmen mit Sitz oder Geschäftsleitung in einem Mitgliedstaat der Europäischen Union (EU) nicht mehr der Erlaubnis zum Geschäftsbetrieb im Inland. Es genügt vielmehr eine Anmeldung der Aufsichtsbehörde des jeweiligen Sitzlandes (Herkunftslandes) der Versicherung beim inländischen Bundesaufsichtsamt für das Versicherungswesen (BAV). Werden Versicherungsbeiträge an ein in einem EU-Mitgliedstaat ansässigen Versicherungsunternehmen als Vorsorgeaufwendungen geltend gemacht, kann regelmäßig davon ausgegangen werden, daß eine solche Anmeldung erstattet worden ist. Das BAV führt über die Anmeldungen fortlaufend ein Register.

Versicherungsunternehmen mit Sitz oder Geschäftsleitung in Island sind wie Versicherungsunternehmen mit Sitz oder Geschäftsleitung in einem EU-Mitgliedstaat zu behandeln, da Island als EWR-Vertragsstaat die Dritte Richtlinie Lebensversicherung der EU in nationales Recht umgesetzt hat. Entsprechendes gilt bei Versicherungsunternehmen mit Sitz oder Geschäftsleitung in Norwegen und Liechtenstein, sobald diese Länder die Dritte Richtlinie Lebensversicherung ebenfalls in nationales Recht umgesetzt haben.

Erstes Gesetz zur Reform des Ehe- und Familienrechts; hier: Einkommensteuerrechtliche Behandlung des Versorgungsausgleichs

BMF vom 20. 7. 1981 (BStBl I S. 567)

IV B 1 – S 1900 – 25/80

Unter Bezugnahme auf das Ergebnis der Erörterungen mit den obersten Finanzbehörden der Länder gilt zur einkommensteuerrechtlichen Behandlung des Versorgungsausgleichs folgendes:

I. Öffentlich-rechtlicher Versorgungsausgleich

1. Die **Übertragung** von Anwartschaften in einer gesetzlichen Rentenversicherung (sog. Rentensplitting) – § 1587 b Abs. 1 BGB – zugunsten des Ausgleichsberechtigten vollzieht sich in der Vermögensspähre und hat keine einkommensteuerrechtlichen Auswirkungen.

   Gleicht der Ausgleichsverpflichtete die Minderung seiner Rentenanwartschaft durch zusätzliche Beiträge an den Versicherungsträger aus, kann er diese im Rahmen der Höchstbeträge des § 10 Abs. 3 EStG als Sonderausgaben abziehen.

   Die dem Ausgleichsverpflichteten und dem Ausgleichsberechtigten (später) zufließenden Renten aus der gesetzlichen Rentenversicherung sind als Leibrenten nach § 22 Nr. 1 Buchstabe a EStG zu versteuern.

2. Die Begründung von Anwartschaften in einer gesetzlichen Rentenversicherung zugunsten des Ausgleichsberechtigten im Falle der Scheidung eines Steuerpflichtigen mit einer Versorgung oder Versorgungsanwartschaft aus einem Dienst- oder Arbeitsverhältnis mit Anspruch auf Versorgung nach beamtenrechtlichen Vorschriften oder Grundsätzen (§ 1587 b Abs. 2 BGB) vollzieht sich in der Vermögensebene und ist einkommensteuerrechtlich ohne Auswirkung.

   Etwaige Zahlungen eines Ausgleichsverpflichteten an den Dienstherrn bzw. Arbeitgeber zur Abwendung der Pensionskürzung können als Werbungskosten abgezogen werden, weil sie den ungeschmälerten Zufluß der nachträglichen Einnahmen aus nichtselbständiger Arbeit sicherstellen sollen.

   Die dem Ausgleichsberechtigten (später) zufließende Rente aus der gesetzlichen Rentenversicherung ist als Leibrente nach § 22 Nr. 1 Buchstabe a EStG zu versteuern.

   Das dem Ausgleichsverpflichteten (später) gezahlte Ruhegehalt gehört zu den Einkünften aus nichtselbständiger Arbeit (§ 19 Abs. 1 Nr. 2 EStG).

3. Zur **Begründung** von Anwartschaften in einer gesetzlichen Rentenversicherung in den Fällen, in denen keine gesetzliche Rentenversicherung oder keine Versorgung nach beamtenrechtlichen Vorschriften oder Grundsätzen besteht oder in denen neben diesen zusätzliche Anwartschaften auf Altersversorgung vorhanden sind (§ 1587 b Abs. 3 BGB), hat der Ausgleichsverpflichtete zugunsten des Berechtigten einen Kapitalbetrag in die gesetzliche Rentenversicherung einzuzahlen. Kann er den Betrag nicht in einer Summe aufbringen, können gerichtlich Ratenzahlungen angeordnet werden.

   a) Der Verpflichtete kann die einmalige Zahlung und die Ratenzahlungen nicht steuerlich geltend machen. Die Ratenzahlungen sind nicht dem Ausgleichsberechtigten als wiederkehrende Bezüge im Sinne des § 22 Nr. 1 EStG zuzurechnen.

   Die Zahlungen sind keine Versicherungsbeiträge im Sinne des § 10 Abs. 1 Nr. 2 EStG, weil darunter nur solche Beiträge verstanden werden, die der Steuerpflichtige als vertraglicher oder gesetzlicher Schuldner der Versicherung leistet. Der Ausgleichsverpflichtete schuldet aber die Beitragsleistung nicht gegenüber der gesetzlichen Rentenversicherung.

   Die Zahlungen können als Vorgang, der dem Vermögensbereich angehört, auch nicht zu einer Steuerermäßigung wegen außergewöhnlicher Belastung nach § 33 EStG führen.

   b) Die (späteren) Rentenzahlungen aus der gesetzlichen Rentenversicherung an den Ausgleichsberechtigten sind bei ihm als Leibrenten nach § 22 Nr. 1 Buchstabe a EStG zu versteuern.

   Die Besteuerung der dem Ausgleichsverpflichteten (später) zufließenden Versorgungsleistungen richtet sich nach der Rechtsnatur dieser Leistungen.

II. Schuldrechtlicher Versorgungsausgleich

1. Wird der schuldrechtliche Versorgungsausgleich durch Zahlung einer **Geldrente** bewirkt (§ 1587 g BGB; Rente auf Lebenszeit des Berechtigten, § 1587 k Abs. 2 BGB), kann der Ausgleichsverpflichtete die Zahlungen wegen der Abänderbarkeit nach § 1587 g Abs. 3 BGB nach § 10 Abs. 1 Nr. 1 a EStG als dauernde Last in voller Höhe abziehen.

   Der Ausgleichsberechtigte hat die Zahlungen als wiederkehrende Bezüge nach § 22 Nr. 1 Satz 1 EStG zu versteuern.

2. Verlangt der Berechtigte statt Rentenzahlung die **Abtretung** von Versorgungsansprüchen (§ 1587 i BGB), sind die Versorgungsleistungen beim Ausgleichsverpflichteten auch insoweit steuerlich zu erfassen, als sie wegen der Abtretung nicht ihm, sondern dem Ausgleichsberechtigten zufließen. Der Ausgleichsverpflichtete kann jedoch den jeweils abgetretenen Teil der Versorgungsleistungen als dauernde Last in voller Höhe abziehen. Der Ausgleichsberechtigte hat die anteiligen Versorgungsbezüge als wiederkehrende Bezüge nach § 22 Nr. 1 Satz 1 EStG zu versteuern.

3. Verlangt der Ausgleichsberechtigte statt Rentenzahlung oder Abtretung eine **Abfindung,** die nur in Form von Zahlungen an eine gesetzliche Renten- oder private Lebensversicherung erfolgen kann (§ 1587 l BGB), gelten die Ausführungen unter I.3 entsprechend.

Anhang 34
I Wohneigentumsförderung

Übersicht

I Steuerbegünstigung der zu eigenen Wohnzwecken genutzten Wohnung im eigenen Haus nach § 10 e EStG

II Eigenheimzulagengesetz (EigZulG)

III Muster des Antrags auf Eigenheimzulage

I
Steuerbegünstigung der zu eigenen Wohnzwecken genutzten Wohnung im eigenen Haus nach § 10 e EStG

BMF vom 31. 12. 1994 (BStBl I S. 887)
IV B 3 – S 2225 a – 294/94

		Tz.
I.	Steuerbegünstigung der zu eigenen Wohnzwecken genutzten Wohnung im eigenen Haus nach § 10 e Abs. 1 bis 5 a EStG	
1.	Vorrang des Betriebsausgaben- und Werbungskostenabzugs	1
2.	Begünstigter Personenkreis	2
2.1	Bürgerlich-rechtlicher Eigentümer	3–4
2.2	Wirtschaftlicher Eigentümer	5–6
3.	Begünstigtes Objekt	7
3.1	Wohnung	8–9
3.2	Ausbauten und Erweiterungen	10
3.3	Nutzung zu eigenen Wohnzwecken	11–12
4.	Herstellung oder Anschaffung	13
4.1	Herstellung einer Wohnung	14–15
4.2	Zeitpunkt der Herstellung	16
4.3	Anschaffung einer Wohnung	17
4.4	Zeitpunkt der Anschaffung	18
5.	Ausschluß der Steuerbegünstigung	
5.1	Bauten ohne Baugenehmigung	19
5.2	Ferien- oder Wochenendwohnungen	20
5.3	Anschaffung vom Ehegatten	21
5.4	Überschreiten der Einkunftsgrenze nach § 10 e Abs. 5 a EStG	22
5.5	Objektverbrauch	23–24
5.5.1	Erweiterte Objektverbrauchsregelung bei Zuzug in das Beitrittsgebiet nach § 10 e Abs. 4 Satz 8 bis 10 EStG	25
5.5.2	Objektverbrauch bei Ehegatten	26–27
5.5.3	Räumlicher Zusammenhang	28
5.5.4	Objektverbrauch bei Miteigentum	29
5.5.5	Objektverbrauch bei Hinzuerwerb von Miteigentum	30–32
5.5.6	Objekt im Sinne des § 10 e Abs. 2 EStG	33
5.5.7	Objektverbrauch nach § 7 b EStG und § 15 Abs. 1 bis 4 und § 15 b BerlinFG	34
6.	Bemessungsgrundlage	35–36
6.1	Herstellungskosten und Anschaffungskosten	37–39
6.1.1	Herstellungskosten im Beitrittsgebiet	40
6.1.2	Zuschüsse	41
6.1.3	Bauten auf fremdem Grund und Boden	42
6.1.4	Teilentgeltlicher Erwerb/Erwerb im Rahmen einer vorweggenommenen Erbfolge	43
6.2	Anschaffungskosten des Grund und Bodens	44–47

Anhang 34
Wohneigentumsförderung

		Tz.
6.3	Aufteilung der Anschaffungskosten eines bebauten Grundstücks	48
6.4	Einbeziehung von Altbausubstanz in die Bemessungsgrundlage	49–51
6.5	Wohnung im Zweifamilienhaus/Mehrfamilienhaus/gemischtgenutzten Grundstück	52
6.6	Fertigstellung von Teilen eines Gebäudes zu verschiedenen Zeitpunkten	53
6.7	Gemischte Nutzung einer Wohnung	54
6.8	Ermittlung der Bemessungsgrundlage bei Überlassung von Teilen einer Wohnung	55
7.	Abzugszeitraum	56
8.	Abzugsbeträge	57–58
8.1	Erbfall	59
8.2	Miteigentümer	60
8.2.1	Miteigentum bei Zwei- oder Mehrfamilienhäusern	61–63
8.3	Behandlung der Erbengemeinschaft und ihrer Auseinandersetzung	64–66
9.	Nachholung von Abzugsbeträgen	67–69
10.	Nachträgliche Herstellungs- oder Anschaffungskosten	70–71
11.	Folgeobjekt	72–82
II.	**Abzug von Aufwendungen vor der erstmaligen Nutzung zu eigenen Wohnzwecken nach § 10 e Abs. 6 EStG**	
1.	Begünstigter Personenkreis	83–84
2.	Begünstigtes Objekt	85
3.	Begünstigte Aufwendungen	86–87
3.1	Keine Herstellungs- oder Anschaffungskosten	88
3.2	Entstehen vor Beginn der erstmaligen Selbstnutzung	89
3.2.1	Beginn der erstmaligen Nutzung	90
4.	Einzelfälle	
4.1	Finanzierungskosten	91
4.2	Damnum	92
4.3	Aufwendungen für ein Erbbaurecht	93
4.4	Gebühren für einen Bausparvertrag	94
4.5	Laufende Grundstückskosten	95
4.6	Erhaltungsaufwendungen	96–97
4.7	„Vergebliche" Herstellungsaufwendungen	98
5.	Erstattung von Aufwendungen	99
6.	Zuordnung und Aufteilungsmaßstab	100–101
7.	Verfahrensvorschriften	102
8.	Kosten vor Bezug bei Ausbauten und Erweiterungen	103
III.	**Schuldzinsenabzug nach § 10 e Abs. 6 a EStG**	104–106
1.	Wirtschaftlich mit einem § 10 e-Objekt zusammenhängende Schuldzinsen	107–109
2.	Schuldzinsenabzug beim Folgeobjekt	110
3.	Nachholung des Schuldzinsenabzugs	111
3.1	Nachholung beim Folgeobjekt	112
4.	Teilweise Nutzung der Wohnung zu anderen als eigenen Wohnzwecken	113
5.	Erbfall	114
6.	Miteigentümer	115–116
IV.	**Gesonderte und einheitliche Feststellung bei Miteigentümern nach § 10 e Abs. 7 EStG**	117
V.	**Anwendungsregelung**	118–119

1417

Unter Bezugnahme auf das Ergebnis der Erörterung mit den obersten Finanzbehörden der Länder nehme ich zur Anwendung des § 10 e EStG wie folgt Stellung:

I. Steuerbegünstigung der zu eigenen Wohnzwecken genutzten Wohnung im eigenen Haus nach § 10 e Abs. 1 bis 5 a EStG

1. Vorrang des Betriebsausgaben- und Werbungskostenabzugs

1 ¹Die Inanspruchnahme des § 10 e Abs. 1 bis 5 EStG scheidet wegen des Vorrangs des Betriebsausgaben- und Werbungskostenabzugs aus, solange der Steuerpflichtige mit dem zu eigenen Wohnzwecken genutzten Objekt der Nutzungswertbesteuerung unterliegt, z. B. im Rahmen der Übergangsregelung nach § 52 Abs. 15 Satz 3 oder Abs. 21 Satz 2 EStG (BFH vom 25. 03. 1992 – BStBl II S. 801 und vom 05. 08. 1992 – BStBl 1993 II S. 30). ²Der Vorrang besteht auch, wenn Aufwendungen für eine doppelte Haushaltsführung als Werbungskosten oder Betriebsausgaben geltend gemacht werden (vgl. BMF-Schreiben vom 10. 05. 1989 – BStBl I S. 165, und die entsprechenden Erlasse der obersten Finanzbehörden der Länder).

2. Begünstigter Personenkreis

2 ¹Anspruchsberechtigt ist der bürgerlich-rechtliche Eigentümer oder der wirtschaftliche Eigentümer (§ 39 Abs. 2 Nr. 1 AO), der die Herstellungs- oder die Anschaffungskosten getragen hat, und dessen Erbe (vgl. zur Erbengemeinschaft Tz. 64 ff.). ²Die Herstellungs- oder die Anschaffungskosten hat auch der Eigentümer getragen, der Geld geschenkt erhalten und damit ein Objekt im Sinne des § 10 e EStG angeschafft oder hergestellt hat. ³Der unentgeltliche Einzelrechtsnachfolger ist nicht anspruchsberechtigt (BFH vom 04. 12. 1991 – BStBl 1992 II S. 295). ⁴Dies gilt auch im Falle einer mittelbaren Grundstücksschenkung (vgl. BFH vom 08. 06. 1994 – BStBl II S. 779). ⁵Eine mittelbare Grundstücksschenkung liegt vor, wenn im voraus eine klare und eindeutige Schenkungsabrede dahingehend getroffen ist, daß der Gegenstand der Schenkung ein ganz bestimmtes Grundstück und nicht etwa ein Geldbetrag sein soll (vgl. BFH vom 15. 05. 1990 – BStBl 1992 II S. 67; zur Abgrenzung zwischen Grundstücks- und Geldschenkung vgl. auch die gleichlautenden Erlasse der obersten Finanzbehörden der Länder vom 02. 11. 1989 – BStBl I S. 443).

2.1 Bürgerlich-rechtlicher Eigentümer

3 ¹Bürgerlich-rechtliches Eigentum am Gebäude kann auch nach § 95 Abs. 1 BGB bei Herstellung eines Gebäudes in Ausübung eines dinglichen Rechts (beispielsweise eines Nießbrauchs oder Erbbaurechts) an einem unbebauten Grundstück erlangt werden.

4 ¹Anspruchsberechtigt ist auch derjenige, der eine Wohnung auf einem Grundstück nach dem 31. 12. 1990 hergestellt hat, an dem ihm ein Nutzungsrecht nach den §§ 287 oder 291 des Zivilgesetzbuches DDR vor dem Wirksamwerden des Beitritts verliehen worden ist (vgl. dazu auch Tz. 46).

2.2 Wirtschaftlicher Eigentümer

5 ¹Wirtschaftliches Eigentum wird durch dinglich oder schuldrechtlich begründete Nutzungsrechte an der Wohnung in der Regel nicht vermittelt. ²Dies gilt auch, wenn die Wohnung aufgrund eines vorbehaltenen Nießbrauchs genutzt wird (BFH vom 05. 05. 1983 – BStBl II S. 631 und vom 08. 12. 1983 – BStBl 1984 II S. 202) oder das Nutzungsrecht durch Baumaßnahmen des Nutzungsberechtigten auf fremdem Grund und Boden entstanden ist (BMF-Schreiben vom 04. 06. 1986 – BStBl I S. 318, und die entsprechenden Erlasse der obersten Finanzbehörden der Länder; BFH vom 21. 05. 1992 – BStBl II S. 944).

6 ¹Der Dauerwohnberechtigte im Sinne der §§ 31 ff. Wohnungseigentumsgesetz ist nur dann als wirtschaftlicher Eigentümer der Wohnung anzusehen, wenn seine Rechte und Pflichten bei wirtschaftlicher Betrachtungsweise den Rechten und Pflichten eines Eigentümers der Wohnung entsprechen und wenn er aufgrund des Dauerwohnrechtsvertrags bei Beendigung des Dauerwohnrechts eine angemessene Entschädigung erhält. ²Ob dies zutrifft, richtet sich nach den Verhältnissen des Einzelfalls (BFH vom 11. 09. 1964 – BStBl 1965 III S. 8 und vom 22. 10. 1985 – BStBl 1986 II S. 258). ³Entspricht der Dauerwohnrechtsvertrag dem Mustervertrag über die Bestellung eines eigentumsähnlichen Dauerwohnrechts (Bundesbaublatt 1956, S. 615), so kann ohne weitere Prüfung anerkannt werden, daß der Dauerwohnberechtigte wirtschaftlicher Eigentümer der Wohnung ist.

3. Begünstigtes Objekt

7 ¹Die Abzugsbeträge nach § 10 e EStG kommen in Betracht bei einer im Inland belegenen Wohnung (vgl. Tz. 8 und 9) im eigenen Haus oder einer im Inland belegenen eigenen Eigentumswohnung (Wohnung), die der Steuerpflichtige zu eigenen Wohnzwecken nutzt (vgl. Tz. 11). ²Begünstigt sind auch die zu eigenen Wohnzwecken genutzten Ausbauten und Erweiterungen an einer solchen Wohnung (vgl. Tz. 10 und 12).

3.1 Wohnung

8 ¹Für den Begriff der Wohnung gelten die bewertungsrechtlichen Abgrenzungsmerkmale, die nach der neueren Rechtsprechung des Bundesfinanzhofs, insbesondere zur Abgeschlossenheit und zum eigenen Zugang, maßgebend sind (vgl. gleichlautende Erlasse der obersten Finanzbehörden der Länder vom 15. 05. 1985 – BStBl I S. 201). ²Der bewertungsrechtlich im Beitrittsge-

biet maßgebende Wohnungsbegriff für Wohngrundstücke, die vor dem 01. 01. 1994 errichtet worden sind (vgl. gleichlautende Erlasse der obersten Finanzbehörden der Länder Berlin, Brandenburg, Mecklenburg-Vorpommern, Sachsen-Anhalt, Sachsen und Thüringen vom 06. 11. 1991 – BStBl I S. 968), ist nicht anzuwenden. ³Auf die Art des Gebäudes, in dem sich die Wohnung befindet, kommt es nicht an.

9 ¹Zu der begünstigten Wohnung gehören auch
1. die zur räumlichen Ausstattung der Wohnung gehörenden Räume, wie z. B. Bodenräume, Waschküchen, Kellerräume, Trockenräume, und
2. zur Wohnung gehörende Garagen, unabhängig von der Zahl der Einstellplätze; dazu können auch Garagen gehören, die sich auf einem anderen Grundstück des Steuerpflichtigen in geringer Entfernung von der Wohnung befinden (BFH vom 27. 11. 1962 – BStBl 1963 III S. 144, vom 09. 10. 1964 – BStBl 1965 III S. 13 und vom 28. 06. 1983 – BStBl 1984 II S. 196).

3.2 Ausbauten und Erweiterungen

10 ¹Wegen der Begriffe Ausbauten und Erweiterungen wird auf § 17 Abs. 1 und 2 des Zweiten Wohnungsbaugesetzes (Wohnungsbau- und Familiengesetz – II. WoBauG –; im Saarland: § 11 Abs. 1 und 2 des Wohnungsbaugesetzes für das Saarland) hingewiesen. ²Begünstigt sind Erweiterungen nur, wenn durch die Baumaßnahmen neuer, bisher nicht vorhandener Wohnraum im Sinne des Baurechts geschaffen wird (BFH vom 27. 01. 1993 – BStBl II S. 601). ³Ein begünstigter Ausbau ist das Schaffen von Wohnraum durch Ausbau des Dachgeschosses oder durch eine unter wesentlichem Bauaufwand durchgeführte Umwandlung von Räumen, die nach ihrer baulichen Anlage und Ausstattung bisher anderen als Wohnzwecken dienten (z. B. Ausbau von Kellerräumen zu Wohnräumen). ⁴Als Ausbau gilt es auch, wenn Wohnungen, die infolge Änderung der Wohngewohnheiten nicht mehr für Wohnzwecke geeignet sind, zur Anpassung an die veränderten Wohngewohnheiten unter wesentlichem Bauaufwand umgebaut werden. ⁵Wesentlicher Bauaufwand liegt vor, wenn die Baukosten mindestens ⅓ der Kosten eines vergleichbaren Neubaus – bezogen auf die umgebauten Räume – ausmachen (BFH vom 28. 04. 1992 – BStBl II S. 823 und vom 16. 02. 1993 – BStBl II S. 659). ⁶Der Wert von Eigenleistungen ist dabei zu berücksichtigen (§ 9 II. BV – BStBl 1990 I S. 735). ⁷Mangels tatsächlicher Aufwendungen gehören die Eigenleistungen jedoch nicht zu den Herstellungskosten i. S. d. § 10 e Abs. 2 EStG. ⁸Als Ausbau oder Erweiterung kann auch die nachträgliche Erstellung von Garagen angesehen werden, nicht hingegen die nachträgliche Erstellung von Carports, da diesen bereits eine räumliche Umschließung als Schutz gegen äußere Einflüsse fehlt. ⁹Der Anbau eines Wintergartens kann als Erweiterung begünstigt sein, wenn der Wintergarten nach seiner baulichen Gestaltung (insbesondere Raumhöhe, Belüftung, Beheizung und Beleuchtung) zum dauernden Aufenthalt von Menschen – auch in den Wintermonaten – objektiv geeignet ist.

3.3 Nutzung zu eigenen Wohnzwecken

11 ¹Eine Wohnung wird auch dann zu eigenen Wohnzwecken genutzt, wenn sie an ein einkommensteuerlich zu berücksichtigendes Kind i. S. d. § 32 Abs. 1 bis 5 EStG unentgeltlich überlassen wird (vgl. BFH vom 26. 01. 1994 – BStBl II S. 544). ²Ferner kann die Steuerbegünstigung in Anspruch genommen werden, wenn nur Teile einer ansonsten zu eigenen Wohnzwecken genutzten Wohnung unentgeltlich überlassen werden (vgl. auch Tz. 55). ³Im Bereithalten einer leerstehenden oder möblierten Wohnung liegt dagegen keine Nutzung zu eigenen Wohnzwecken.

12 ¹Wird an einer Wohnung ein Ausbau oder eine Erweiterung vorgenommen, reicht es aus, wenn die ausgebaute oder erweiterte Wohnung vom Steuerpflichtigen erst nach Fertigstellung des Ausbaus oder der Erweiterung bezogen wird.

4. Herstellung oder Anschaffung

13 ¹Die Wohnung muß nach dem 31. 12. 1986 hergestellt oder angeschafft, der Ausbau oder die Erweiterung nach diesem Zeitpunkt fertiggestellt worden sein. ²Ist bei der Errichtung eines Hauses in einem Zug (vgl. Abschnitt 57 EStR 1987) das Haus nach dem 31. 12. 1986 hergestellt worden, können Abzugsbeträge auch dann in Anspruch genommen werden, wenn eine Wohnung bereits vor dem 01. 01. 1987 fertiggestellt und zu eigenen Wohnzwecken genutzt worden ist. ³Im Beitrittsgebiet muß die Wohnung nach dem 31. 12. 1990 hergestellt oder angeschafft oder der Ausbau oder die Erweiterung nach diesem Zeitpunkt fertiggestellt worden sein (vgl. § 57 Abs. 1 EStG).

4.1 Herstellung einer Wohnung

14 ¹Eine Wohnung kann auch durch Baumaßnahmen an einem bereits bestehenden Gebäude hergestellt werden. ²Dies ist nur dann der Fall, wenn durch die Baumaßnahmen erstmals eine Wohnung im bewertungsrechtlichen Sinne entsteht (vgl. Tz. 8) und die Voraussetzungen der Tz. 15 vorliegen. ³Entstehen bei Aufteilung einer Wohnung, z. B. bei Umwandlung eines Zweifamilienhauses nach der Rechtsprechung des BFH zum alten Wohnungsbegriff in ein Zweifamilienhaus nach der neueren Rechtsprechung des BFH) mehrere kleinere Wohnungen, kann der Steuerpflichtige bestimmen, welche Wohnung an die Stelle der bisherigen tritt und welche Wohnung neu entstanden ist.

⁴Eine Wohnung entsteht nicht bei
- Umwidmung einer Wohnung (z. B. einer bisher fremdvermieteten oder einer als Praxis genutzten Wohnung in eine eigengenutzte Wohnung),
- Instandsetzung einer leerstehenden Wohnung,
- Verkleinerung oder Vergrößerung einer Wohnung oder
- der Verbindung von Wohnungen.

15 ¹Die Wohnung ist nur dann hergestellt, wenn die verwendete Gebäudesubstanz so tiefgreifend umgestaltet oder in einem solchen Ausmaß erweitert wird, daß die eingefügten Teile der entstandenen Wohnungen das Gepräge geben und die verwendeten Altteile wertmäßig untergeordnet erscheinen. ²Aus Vereinfachungsgründen kann hiervon ausgegangen werden, wenn der im zeitlichen und wirtschaftlichen Zusammenhang mit der Entstehung der Wohnung angefallene Bauaufwand zuzüglich des Werts der Eigenleistung nach überschlägiger Berechnung den Wert der Altbausubstanz (Verkehrswert) übersteigt.

4.2 Zeitpunkt der Herstellung

16 ¹Eine Wohnung ist hergestellt oder der Ausbau oder die Erweiterung ist fertiggestellt, sobald die Wohnung oder der Ausbau oder die Erweiterung nach Abschluß der wesentlichen Bauarbeiten bewohnbar ist (vgl. BFH vom 11. 03. 1975 – BStBl II S. 659, und vom 23. 01. 1980 – BStBl II S. 365). ²Der Zeitpunkt der Bauabnahme ist nicht entscheidend.

4.3 Anschaffung einer Wohnung

17 ¹Eine Wohnung ist in der Regel auch dann angeschafft, wenn sie durch Baumaßnahmen des Nutzungsberechtigten auf fremdem Grund und Boden entstanden ist und dieser das Eigentum an dem Objekt gegen Aufgabe eines Aufwendungsersatzanspruchs erwirbt (vgl. Tz. 5, 18 und 42). ²Die Aufgabe des Aufwendungsersatzanspruchs bedarf nicht der schriftlichen Vereinbarung. ³Erwirbt der Nutzungsberechtigte das Eigentum als Erbe, stellt der Eigentumserwerb keine Anschaffung dar. ⁴Wird ein im Miteigentum stehendes Gebäude in Eigentumswohnungen umgewandelt, an denen die bisherigen Miteigentümer jeweils Alleineigentum erwerben, liegt ebenfalls keine Anschaffung im Sinne des § 10 e EStG vor.

4.4 Zeitpunkt der Anschaffung

18 ¹Eine Wohnung ist angeschafft, wenn der Erwerber das wirtschaftliche Eigentum an dem Objekt erlangt; das ist regelmäßig der Zeitpunkt, zu dem Besitz, Nutzungen, Lasten und Gefahr auf ihn übergehen. ²Der Zeitpunkt des Abschlusses des notariellen Kaufvertrags oder der Eintragung im Grundbuch ist unerheblich. ³In den Fällen der Tz. 17 Satz 4 bleibt der Zeitpunkt der Herstellung oder Anschaffung des Gebäudes durch die Miteigentümer maßgebend.

5. Ausschluß der Steuerbegünstigung

5.1 Bauten ohne Baugenehmigung

19 ¹Eine Wohnung, ein Ausbau und eine Erweiterung sind nicht begünstigt, wenn sie entgegen den baurechtlichen Vorschriften ohne Baugenehmigung errichtet worden sind. ²Wird die Baugenehmigung nachträglich erteilt, können die Abzugsbeträge nach § 10 e Abs. 1 oder 2 EStG – erst nach Vorlage der Genehmigung – durch Nachholung im Rahmen des § 10 e Abs. 3 Satz 1 EStG in Anspruch genommen werden. ³Ist für das Objekt keine Baugenehmigung vorgeschrieben, ist davon auszugehen, daß es den baurechtlichen Vorschriften entspricht.

5.2 Ferien- oder Wochenendwohnungen

20 ¹Nicht begünstigt sind Ferien- oder Wochenendwohnungen; das sind Wohnungen, die baurechtlich nicht ganzjährig bewohnt werden dürfen oder die sich aufgrund ihrer Bauweise nicht zum dauernden Bewohnen eignen (BFH vom 28. 03. 1990 – BStBl II S. 815). ²Baurechtlich nicht ganzjährig bewohnt werden dürfen Wohnungen, die in einem ausgewiesenen Sondergebiet für Ferien- oder Wochenendhäuser liegen, soweit nicht ausnahmsweise ein Dauerwohnen in diesem Gebiet baurechtlich ausdrücklich zugelassen ist. ³Die stillschweigende Zustimmung der Gemeinde (z. B. durch Anmeldung mit erstem Wohnsitz) reicht nicht aus.

5.3 Anschaffung vom Ehegatten

21 ¹Nach § 10 e Abs. 1 Satz 8 EStG ist die Inanspruchnahme von Abzugsbeträgen ausgeschlossen, wenn der Steuerpflichtige eine Wohnung oder einen Anteil daran von seinem Ehegatten anschafft und im Zeitpunkt der Anschaffung die Ehegatten unbeschränkt einkommensteuerpflichtig sind sowie nicht dauernd getrennt leben (vgl. aber Tz. 30). ²Der Erwerb einer dem Ehegatten gehörenden Wohnung durch Zuschlag in der Zwangsversteigerung stellt keine Anschaffung „vom" Ehegatten dar (BFH vom 23. 09. 1992 – BStBl 1993 II S. 152).

5.4 Überschreiten der Einkunftsgrenze nach § 10 e Abs. 5 a EStG

22 ¹Die Abzugsbeträge nach § 10 e Abs. 1 oder 2 EStG können nicht für Veranlagungszeiträume beansprucht werden, in denen der Gesamtbetrag der Einkünfte 120.000 DM, bei nach § 26 b EStG zusammenveranlagten Ehegatten 240.000 DM übersteigt (Einkunftsgrenze). ²Die Einkunftsgrenze ist erstmals bei Objekten im Sinne des § 10 Abs. 1 oder 2 EStG anzuwenden, für die der Steuerpflichtige nach dem 31. 12. 1991 einen Bauantrag gestellt hat oder, falls ein solcher nicht erforderlich ist, mit deren Herstellung er nach diesem Zeitpunkt begonnen hat. ³In Anschaffungsfällen ist die Einkunftsgrenze erstmals bei solchen Objekten anzuwenden, die der Steuerpflichtige

aufgrund eines nach dem 31. 12. 1991 abgeschlossenen obligatorischen Vertrags oder gleichstehenden Rechtsakts angeschafft hat. ⁴Zur Nachholung von Abzugsbeträgen und Behandlung der nachträglichen Herstellungskosten in diesen Fällen vgl. Tz. 67 und 70.

5.5 Objektverbrauch

23 ¹Die Abzugsbeträge nach § 10 e Abs. 1 und 2 EStG dürfen von jedem Steuerpflichtigen nur für ein Objekt – bei zusammenlebenden, unbeschränkt einkommensteuerpflichtigen Ehegatten für zwei, jedoch nicht gleichzeitig für zwei in räumlichem Zusammenhang belegene Objekte – in Anspruch genommen werden.

24 ¹Objektverbrauch tritt ein, wenn sich die Abzugsbeträge nach § 10 e Abs. 1 oder 2 EStG ausgewirkt haben. ²Zur Ausnutzung von Abzugsbeträgen vgl. Tz. 69, 105 und R 213 a Abs. 2 Satz 4 EStR 1993. ³Für den Objektverbrauch kommt es nicht darauf an, ob die Bemessungsgrundlage den maßgebenden Höchstbetrag (§ 10 e Abs. 1 Sätze 1 bis 6 EStG) erreicht. ⁴Unerheblich ist auch, ob der Steuerpflichtige Abzugsbeträge für den gesamten Abzugszeitraum, nur für einzelne Jahre des Abzugszeitraums oder zu Unrecht in Anspruch genommen hat.

5.5.1 Erweiterte Objektverbrauchsregelung bei Zuzug in das Beitrittsgebiet nach § 10 e Abs. 4 Satz 8 bis 10 EStG

25 ¹Ist bereits Objektverbrauch eingetreten, kann der Steuerpflichtige die Abzugsbeträge noch für ein weiteres Objekt – zusammenlebende, unbeschränkt einkommensteuerpflichtige Ehegatten für zwei weitere Objekte – in Anspruch nehmen, wenn dieses Objekt im Beitrittsgebiet liegt und vor dem 01. 01. 1995 hergestellt oder angeschafft oder der Ausbau oder die Erweiterung vor diesem Zeitpunkt fertiggestellt worden ist. ²Zudem muß der Steuerpflichtige im Beitrittsgebiet zugezogen sein und entweder

- dort seinen ausschließlichen Wohnsitz zu Beginn des Veranlagungszeitraums haben oder im Laufe des Veranlagungszeitraums begründet haben oder
- bei mehrfachem Wohnsitz einen Wohnsitz im Beitrittsgebiet haben und sich dort überwiegend aufhalten.

³Ein überwiegender Aufenthalt in der nach § 10 e EStG geförderten Wohnung ist nicht erforderlich. ⁴Ausreichend ist auch, wenn diese Voraussetzungen bei zusammenlebenden unbeschränkt einkommensteuerpflichtigen Ehegatten von einem Ehegatten erfüllt werden.

5.5.2 Objektverbrauch bei Ehegatten

26 ¹Sind beide Objekte einem Ehegatten zuzurechnen, ist nach Wegfall der Voraussetzungen des § 26 Abs. 1 EStG für die Feststellung, ob für ihn Objektverbrauch eingetreten ist, nur das erste Objekt maßgebend (vgl. BFH vom 03. 05. 1983 – BStBl II S. 457). ²Für den anderen Ehegatten ergibt sich nach Wegfall der Voraussetzungen des § 26 Abs. 1 EStG kein Objektverbrauch aus den Objekten, die ihm nicht zuzurechnen waren.

27 ¹Heiraten Steuerpflichtige, nachdem für beide Objektverbrauch eingetreten ist, stehen ihnen, wenn kein Folgeobjekt vorliegt, Abzugsbeträge für ein weiteres Objekt nicht zu (Ausnahme: vgl. Tz. 25 und 29 Satz 3). ²Heiraten Steuerpflichtige, nachdem für einen von ihnen Objektverbrauch eingetreten ist, können sie die Abzugsbeträge für ein zweites Objekt in Anspruch nehmen, unabhängig davon, wer von ihnen Eigentümer ist. ³Das gilt auch, wenn für das zweite Objekt vor der Eheschließung wegen Objektverbrauchs keine Abzugsbeträge in Anspruch genommen werden konnten. ⁴Die Abzugsbeträge stehen in diesem Fall den Steuerpflichtigen nur für die verbliebenen Jahre des Abzugszeitraums zu.

Beispiel:

A hat in den Jahren 1984 bis einschließlich 1991 erhöhte Absetzungen nach § 7 b EStG in Anspruch genommen. 1992 kauft er eine Eigentumswohnung, die er zu eigenen Wohnzwecken nutzt. 1993 heiratet er. Seine Ehefrau hat bisher weder erhöhte Absetzungen nach § 7 b EStG noch Abzugsbeträge nach § 10 e EStG in Anspruch genommen. Die Eheleute können für die Eigentumswohnung des A Abzugsbeträge für die Jahre 1993 bis einschließlich 1999 in Anspruch nehmen.

5.5.3 Räumlicher Zusammenhang

28 ¹Ein räumlicher Zusammenhang ist auch schädlich, wenn es sich bei dem einen Objekt um ein Objekt im Sinne des § 7 b EStG handelt, für das die den erhöhten Absetzungen entsprechenden Beträge nach § 52 Abs. 21 Satz 4 EStG wie Sonderausgaben abgezogen werden (BFH vom 04. 10. 1990 – BStBl 1991 II S. 221). ²Von einem räumlichen Zusammenhang ist z. B. auszugehen, wenn die beiden Objekte durch geringfügige Baumaßnahmen zu einer Einheit verbunden werden können. ³Das ist z. B. bei den beiden Wohnungen eines Zweifamilienhauses, aber auch bei zwei neben- oder übereinanderliegenden Eigentumswohnungen oder nebeneinanderliegenden Reihenhäusern der Fall. ⁴Dagegen ist ein räumlicher Zusammenhang im Sinne des § 10 Abs. 4 Satz 2 EStG nicht gegeben, wenn ein Miteigentümer oder sein Ehegatte einen Anteil an der zu eigenen Wohnzwecken genutzten Wohnung von einem Dritten hinzu erwirbt. ⁵Die Einschränkung des räumlichen Zusammenhangs gilt nur, wenn zu dem Zeitpunkt, in dem die beiden Objekte fertiggestellt oder angeschafft worden sind, bei den Ehegatten die Voraussetzungen des § 26 Abs. 1 EStG vorgelegen haben. ⁶Steuerpflichtige, die die Voraussetzungen des § 26 Abs. 1 EStG erfüllen

und die zwei in räumlichem Zusammenhang belegene Objekte innerhalb des Abzugszeitraums für das erste Objekt nacheinander hergestellt oder angeschafft haben, können jedoch auf die weitere Förderung des ersten Objekts zugunsten der Förderung des zweiten Objekts – mit der Folge des Objektverbrauchs – verzichten.

5.5.4 Objektverbrauch bei Miteigentum

29 ¹Sind mehrere Steuerpflichtige Eigentümer einer Wohnung, ist jeder Anteil an dieser Wohnung ein Objekt. ²Abweichend von Satz 1 werden die Anteile von Ehegatten an einer Wohnung nicht als selbständige Objekte, sondern als ein Objekt behandelt, solange bei den Ehegatten die Voraussetzungen des § 26 Abs. 1 EStG vorliegen, und zwar auch dann, wenn außer den Ehegatten noch weitere Personen Eigentümer der Wohnung sind. ³Als ein Objekt werden die Anteile von Ehegatten auch behandelt, wenn die Ehegatten vor Eintritt der Voraussetzungen des § 26 Abs. 1 EStG Abzugsbeträge in Anspruch genommen haben und die Voraussetzungen des § 26 Abs. 1 EStG im Laufe des Abzugszeitraums oder später eingetreten sind. ⁴Fallen bei Ehegatten die Voraussetzungen des § 26 Abs. 1 EStG fort, sind deren Anteile an der Wohnung wieder als selbständige Objekte zu behandeln (vgl. Tz. 30 und 31).

5.5.5 Objektverbrauch bei Hinzuerwerb von Miteigentum

30 ¹Handelt es sich um ein Objekt im Sinne der Tz. 29 Sätze 2 und 3 und wird im Falle des Todes eines Ehegatten der überlebende Ehegatte durch Gesamtrechtsnachfolge infolge Erbfalls Alleineigentümer dieses Objekts oder erwirbt er einen Miteigentumsanteil hinzu, ist der bisherige Miteigentumsanteil des überlebenden Ehegatten zusammen mit dem hinzuerworbenen Anteil als ein Objekt zu behandeln, wenn bis zum Tod des einen Ehegatten die Voraussetzungen des § 26 Abs. 1 EStG vorgelegen haben. ²Entsprechendes gilt, wenn während des Abzugszeitraums die Voraussetzungen des § 26 Abs. 1 EStG aus anderen Gründen wegfallen und ein Ehegatte den Anteil des anderen Ehegatten an der Wohnung erwirbt. ³Er braucht hierdurch nicht Alleineigentümer zu werden. ⁴In diesen Fällen kann der hinzuerwerbende Ehegatte die auf diesen Anteil entfallenden Abzugsbeträge nach § 10 e Abs. 1 und 2 EStG weiterhin in der bisherigen Höhe abziehen, wenn bei ihm noch kein Objektverbrauch eingetreten ist.

31 ¹Überträgt in den Fällen der Tz. 30 Satz 2 ein Ehegatte seinen Miteigentumsanteil entgeltlich oder unentgeltlich auf den anderen Ehegatten in einem Veranlagungszeitraum, in dem die Voraussetzungen des § 26 Abs. 1 EStG vorliegen, tritt für den übertragenden Ehegatten kein Objektverbrauch ein. ²Dabei kommt es nicht darauf an, ob der Miteigentumsanteil während oder nach Ablauf des Abzugszeitraums übertragen wird.

32 ¹Der unentgeltlich im Rahmen einer Gesamtrechtsnachfolge erworbene Miteigentumsanteil stellt ein Objekt dar, wenn der Erbe die Abzugsbeträge fortführt. ²Erwirbt ein Miteigentümer bis zum Ende des Veranlagungszeitraums, in dem der Abzugszeitraum für den ursprünglichen Anteil beginnt, einen oder mehrere Miteigentumsanteile hinzu, stellen ursprünglicher und hinzuerworbener Miteigentumsanteil ein einheitliches Objekt dar (vgl. BFH vom 28. 07. 1993 – BStBl 1994 II S. 921). ³Erwirbt ein Miteigentümer dagegen den oder die Miteigentumsanteile erst in einem späteren Veranlagungszeitraum, handelt es sich bei den oder den hinzuerworbenen Anteilen um selbständige Objekte im Sinne des § 10 e Abs. 5 Satz 1 EStG; das gilt auch dann, wenn der Anteilserwerber Alleineigentümer der Wohnung geworden ist (vgl. BFH vom 20. 07. 1982 – BStBl II S. 735).

5.5.6 Objekt im Sinne des § 10 e Abs. 2 EStG

33 ¹Ein Objekt im Sinne des § 10 e Abs. 4 Satz 1 EStG kann mehrere Ausbau- und/oder Erweiterungsmaßnahmen (§ 10 e Abs. 2 EStG) umfassen, wenn diese Maßnahmen in Zusammenhang stehen und getrennt von der Herstellung des Gebäudes als einheitliche Baumaßnahme durchgeführt werden.

5.5.7 Objektverbrauch nach § 7 b EStG und § 15 Abs. 1 bis 4 und § 15 b BerlinFG

34 ¹Unter die Objektbeschränkung fallen auch Einfamilienhäuser, Zweifamilienhäuser, Eigentumswohnungen sowie Zubauten, Ausbauten und Umbauten, für die der Steuerpflichtige erhöhte Absetzungen nach § 7 b EStG in der jeweiligen Fassung ab Inkrafttreten des Gesetzes zur Neuregelung der Absetzungen für Abnutzung bei Gebäuden vom 16. 06. 1964 (BStBl I S. 384) in Anspruch genommen hat; das gleiche gilt für Objekte, für die dem Steuerpflichtigen erhöhte Absetzungen nach § 15 Abs. 1 bis 4 BerlinFG in der jeweiligen Fassung ab Inkrafttreten des Gesetzes vom 11. 07. 1977 (BStBl I S. 360) oder Abzugsbeträge nach § 15 b Abs. 1 bis 4 BerlinFG gewährt wurden.

6. Bemessungsgrundlage

35 ¹Bemessungsgrundlage für die Abzugsbeträge nach § 10 e Abs. 1 EStG sind die Herstellungs- oder Anschaffungskosten einschließlich der den Herstellungskosten zuzurechnenden anschaffungsnahen Aufwendungen (vgl. R 157 Abs. 5 EStR 1993), die auf die zu eigenen Wohnzwecken genutzte Wohnung entfallen, sowie die Hälfte der zu dieser Wohnung gehörenden Anschaffungskosten des Grund und Bodens. ²Die Anschaffungs- oder Herstellungskosten sind auch dann maßgebend, wenn der Grund und Boden

bzw. die Wohnung aus einem Betriebsvermögen entnommen wird.

36 ¹Für jedes Jahr des Abzugszeitraums ist gesondert zu prüfen, in welcher Höhe Herstellungs- oder Anschaffungskosten für die zu eigenen Wohnzwecken genutzte Wohnung einzubeziehen sind. ²Wird durch Umbaumaßnahmen lediglich eine bereits zu eigenen Wohnzwecken genutzte Wohnung vergrößert oder verkleinert (vgl. Tz. 14 Satz 3), ist die Bemessungsgrundlage daher entsprechend dem jeweiligen Umfang der Wohnung zu erhöhen oder zu vermindern.

Beispiel:
Der Steuerpflichtige erwirbt 1991 ein Zweifamilienhaus für 250.000 DM (hierin enthaltene Anschaffungskosten Grund und Boden 100.000 DM). Eine Wohnung (50 m²) nutzt er zu eigenen Wohnzwecken, die andere (150 m²) als Praxisräume. 1994 lagert er seine Praxis aus und verbindet die beiden Wohnungen zu einer, die er jetzt weiterhin zu eigenen Wohnzwecken nutzt. 1991 bis 1993 beträgt die Bemessungsgrundlage nach § 10 e EStG für die Wohnung ein Viertel von 200.000 DM = 50.000 DM. Ab 1994 erhöht sich die Bemessungsgrundlage auf 200.000 DM. Die Nachholung der auf die Praxisräume entfallenden/Abzugsbeträge für die Jahre 1991–1993 ist nicht möglich.

6.1 Herstellungskosten und Anschaffungskosten

37 ¹Der Begriff der Herstellungskosten und Anschaffungskosten im Sinne des § 10 e EStG unterscheidet sich grundsätzlich nicht von den allgemeinen Begriffen (vgl. R 32 a bis 33 a EStR).

38 ¹Nicht zu den Herstellungskosten und damit auch nicht zu den Anschaffungskosten gehören jedoch, auch soweit es sich um wesentliche Bestandteile des Gebäudes handelt, die Aufwendungen

1. für besondere Anlagen und Einrichtungen, soweit sie nicht üblich sind, wie z. B. für Schwimmbecken innerhalb und außerhalb des Gebäudes, für eine Sauna, für eine Bar oder für eine Kegelbahn (BFH vom 27. 11. 1962 – BStBl 1963 III S. 115, und vom 11. 12. 1973 – BStBl 1974 II S. 478),

2. für Einbaumöbel, wenn diese nicht bei vermieteten Wohnungen üblicherweise vom Vermieter gestellt werden (vgl. BFH vom 13. 03. 1990 – BStBl II S. 514); das gilt auch für eine Schranktrennwand mit der Funktion eines Raumteilers (BFH vom 11. 12. 1973 – BStBl 1974 II S. 476 und 477).

39 ¹Zu den Anschaffungskosten einer Eigentumswohnung gehört nicht der Teil des Kaufpreises, der auf die Übernahme der Instandhaltungsrückstellung nach § 21 Abs. 5 Nr. 4 WEG entfällt (vgl. BFH-Urteil vom 09. 10. 1991 – BStBl 1992 II S. 152).

6.1.1 Herstellungskosten im Beitrittsgebiet

40 ¹Bei Herstellung einer Wohnung im Beitrittsgebiet ist in entsprechender Anwendung des § 52 Abs. 1 Satz 1 i. V. m. §§ 7, 10 D-Markbilanz-Gesetz eine am 01. 07. 1990 vorhandene Bausubstanz mit ihren Wiederherstellungskosten oder Wiederbeschaffungskosten zum 01. 07. 1990 anzusetzen (vgl. dazu BMF-Schreiben vom 21. 07. 1994 – BStBl I S. 599 und die entsprechenden Erlasse der obersten Finanzbehörden der Länder). ²In diesem Fall bleiben Zahlungen auf die am 01. 07. 1990 vorhandene Substanz, auch wenn sie nach dem 30. 06. 1990 geleistet worden sind, bei der Ermittlung der Bemessungsgrundlage außer Ansatz. ³Soweit Herstellungsarbeiten nach dem 30. 06. 1990 durchgeführt, die Zahlungen dafür aber vor dem 01. 07. 1990 geleistet worden sind, sind die Aufwendungen im Verhältnis zwei zu eins in Deutsche Mark umzurechnen und in die Bemessungsgrundlage einzubeziehen.

6.1.2 Zuschüsse

41 ¹Zuschüsse zu den Aufwendungen für die Errichtung oder den Erwerb eines Objekts mindern die Herstellungs- oder Anschaffungskosten (vgl. R 163 Abs. 1 EStR).

6.1.3 Bauten auf fremdem Grund und Boden

42 ¹Erwirbt ein Nutzungsberechtigter unter Verzicht auf den Aufwendungsersatzanspruch nach § 951 i. V. m. § 812 BGB das Eigentum an einer Wohnung, die durch von ihm durchgeführte Baumaßnahmen auf fremdem Grund und Boden entstanden ist (vgl. Tz. 5), liegen Anschaffungskosten der Wohnung in Höhe des aufgegebenen Ersatzanspruchs vor (vgl. Tz. 17). ²Es kann davon ausgegangen werden, daß die geschätzte Höhe des Aufwendungsersatzanspruchs dem Betrag der vom Steuerpflichtigen getragenen Herstellungskosten entspricht (vgl. Tz. 48).

6.1.4 Teilentgeltlicher Erwerb/Erwerb im Rahmen einer vorweggenommenen Erbfolge

43 ¹Bei einem teilentgeltlichen Erwerb sind ausschließlich die Anschaffungskosten des Erwerbers zu berücksichtigen. ²Bei Erwerb einer Wohnung im Rahmen einer vorweggenommenen Erbfolge sind die in dem BMF-Schreiben vom 13. 01. 1993 (BStBl I S. 80 und in den entsprechenden Erlassen der obersten Finanzbehörden der Länder) dargelegten Grundsätze entsprechend anzuwenden. ³Die Höchstbeträge nach § 10 e Abs. 1 EStG werden in diesen Fällen nicht gekürzt (vgl. BFH vom 21. 03. 1989 – BStBl II S. 778). ⁴Zu den nachträglichen Herstellungskosten und Vorkosten bei teilentgeltlichem Erwerb vgl. Tz. 71 und 84.

6.2 Anschaffungskosten des Grund und Bodens

44 ¹Bei Ausbauten und Erweiterungen nach § 10 e Abs. 2 EStG werden die Anschaffungskosten des

Anhang 34

I Wohneigentumsförderung

Grund und Bodens nicht in die Bemessungsgrundlage einbezogen.

45 ¹In dem Gebiet, in dem das Grundgesetz schon vor dem 03. 10. 1990 gegolten hat, sind Anschaffungskosten für den Grund und Boden auch dann zur Hälfte in die Bemessungsgrundlage einzubeziehen, wenn der Grund und Boden vor dem 01. 01. 1987 angeschafft worden ist. ²Ist der Grund und Boden vor dem 21. 06. 1948 angeschafft worden, ist der am 21. 06. 1948 maßgebende Einheitswert des Grundstücks, soweit er auf den Grund und Boden entfällt, zuzüglich der nach dem 20. 06. 1948 für den Grund und Boden entstandenen nachträglichen Anschaffungskosten zur Hälfte anzusetzen. ³An die Stelle der vorgenannten Daten treten in dem Teil des Landes Berlin, in dem das Grundgesetz schon vor dem 03. 10. 1990 gegolten hat, der 01. 04. 1949 und der 31. 03. 1949. ⁴Im Saarland ist der letzte in Reichsmark festgelegte Einheitswert und der 19. 11. 1947 maßgebend; für Anschaffung nach dem 19. 11. 1947 und vor dem 06. 07. 1959 gelten die in Franken aufgewendeten Anschaffungskosten, umgerechnet mit dem für die D-Markeröffnungsbilanz amtlichen Umrechnungskurs (100 frs = 0,8507 DM).

46 ¹Im Beitrittsgebiet sind Anschaffungskosten für den Grund und Boden auch dann zur Hälfte in die Bemessungsgrundlage einzubeziehen, wenn der Grund und Boden vor dem 01. 01. 1991 angeschafft worden ist. ²Eine Begünstigung der Anschaffungskosten des nach dem 31. 12. 1990 erworbenen Grund und Bodens ist nicht möglich, wenn die Wohnung bereits vor dem 01. 01. 1991 angeschafft oder hergestellt worden ist (vgl. Tz. 4). ³Ist der Grund und Boden im Beitrittsgebiet vor dem 23. 06. 1948 angeschafft worden, ist der zum 01. 01. 1935 festgestellte bzw. noch festzustellende Einheitswert des Grundstücks, soweit er auf den Grund und Boden entfällt, zuzüglich der Anschaffungskosten für den Grund und Boden, die nach dem 22. 06. 1948 entstanden sind, zur Hälfte in die Bemessungsgrundlage einzubeziehen. ⁴Die nachträglichen Anschaffungskosten sind im Verhältnis zwei Mark der Währung der SBZ bzw. DDR gleich eine Deutsche Mark umzurechnen. ⁵Bei nach dem 22. 06. 1948 und vor dem 01. 07. 1990 angeschafftem Grund und Boden gelten die in der Währung der SBZ bzw. DDR aufgewendeten Anschaffungskosten, umgerechnet im Verhältnis zwei zu eins. ⁶Vorauszahlungen auf Anschaffungskosten des nach dem 30. 06. 1990 angeschafften Grund und Bodens sind ebenfalls in diesem Verhältnis umzurechnen.

47 ¹Bei unentgeltlichem Erwerb eines unbebauten Grundstücks sind die Anschaffungskosten des Grund und Bodens des Rechtsvorgängers nur in die Bemessungsgrundlage einzubeziehen, wenn das Grundstück infolge Erbfalls erworben wird (vgl. auch Tz. 2).

6.3 **Aufteilung der Anschaffungskosten eines bebauten Grundstücks**

48 ¹Die Anschaffungskosten einer Wohnung (vgl. dazu auch Tz. 39) sind nach dem Verhältnis der Verkehrswerte auf Grund und Boden und auf Gebäude oder Gebäudeteil aufzuteilen (vgl. BFH vom 15. 01. 1985 – BStBl II S. 252). ²Im Fall der Tz. 42 entfallen die Anschaffungskosten in vollem Umfang auf die Wohnung ohne den dazugehörenden Grund und Boden.

6.4 **Einbeziehung von Altbausubstanz in die Bemessungsgrundlage**

49 ¹Wird durch Baumaßnahmen an einem bereits bestehenden Gebäude oder Gebäudeteil eine neue Wohnung im Sinne des § 10 e Abs. 1 EStG hergestellt (vgl. Tz. 14 und 15), so ist die zur Herstellung der Wohnung verwendete Altbausubstanz mit ihrem anteiligen Restwert in die Bemessungsgrundlage nach § 10 e EStG einzubeziehen. ²Ein Restwert ist nicht einzubeziehen, soweit die Altbausubstanz im Wege der unentgeltlichen Einzelrechtsnachfolge erworben wurde. ³Der auf die neue Wohnung entfallende Restwert des Altgebäudes berechnet sich nach dem Verhältnis der Nutzfläche des gesamten Gebäudes zur Nutzfläche der in die neue Wohnung einbezogenen Räume des Altgebäudes vor Durchführung der Baumaßnahme. ⁴Die in die Bemessungsgrundlage nach § 10 e Abs. 1 EStG einzubeziehenden Anschaffungskosten des Grund und Bodens berechnen sich nach dem Verhältnis der Nutzfläche des gesamten Gebäudes zur Nutzfläche der eigengenutzten Wohnung nach Durchführung der Baumaßnahme. ⁵Zur Ermittlung der Nutzfläche vgl. Tz. 52 Satz 2.

50 ¹Bei der Ermittlung des Restwerts sind die vom Steuerpflichtigen in Anspruch genommenen AfA, erhöhten Absetzungen und Sonderabschreibungen abzuziehen. ²Ist für das Gebäude AfA in Anspruch genommen worden, sind für Zeiträume, in denen die Altbausubstanz nicht der Einkunftserzielung gedient hat, die der gewählten AfA-Methode entsprechenden Beträge abzuziehen. ³Für Jahre, in denen die den erhöhten Absetzungen nach § 7 b EStG entsprechenden Beträge nach § 52 Abs. 21 Satz 4 EStG wie Sonderausgaben abgezogen worden sind, ist ein AfA-Verbrauch nach § 7 Abs. 4 EStG zu berücksichtigen. ⁴Ist für die Altbausubstanz noch nie AfA vorgenommen worden, ist ebenfalls ein AfA-Verbrauch nach § 7 Abs. 4 EStG zu berücksichtigen, so z. B. wenn der Steuerpflichtige Abzugsbeträge nach § 10 e EStG geltend gemacht hat.

Beispiel:
Die Eheleute EM nahmen für ein im Januar 1986 für 250.000 DM hergestelltes und im selben Monat bezogenes Einfamilienhaus (Erstobjekt) mit einer Nutzfläche von 100 qm erhöhte Absetzungen nach § 7 b EStG bzw.

Anhang 34
Wohneigentumsförderung

diesen entsprechende Abzugsbeträge nach § 52 Abs. 21 Satz 4 EStG in Anspruch. Die Anschaffungskosten des Grund und Bodens betrugen 50.000 DM. Zum 01. 01. 1995 wird in einem Anbau eine neue Wohnung im Sinne des § 10 e Abs. 1 EStG hergestellt und von den Eheleuten EM bezogen. Die bisherige Wohnung der Eheleute wird ab 01. 01. 1995 vermietet. Zur Errichtung der eigengenutzten Wohnung haben EM 120.000 DM aufgewendet. Die Wohnung hat unter Einbeziehung von 20 qm Nutzfläche des Einfamilienhauses eine Nutzfläche von insgesamt 60 qm.

Bemessungsgrundlage nach § 10 e Abs. 1 EStG:

	– anteiliger Wert der Altbausubstanz Herstellungskosten 1986	250.000 DM
./.	Erhöhte Absetzungen nach § 7 b EStG für 1986: 5 v. H. von 200.000 DM	10.000 DM
./.	AfA nach § 7 Abs. 4 EStG für 1986: $^{1}/_{12}$ von 2 v. H. von 50.000 $^{11}/_{12}$ von 2 v. H. von 250.000	83 DM 4.583 DM
./.	AfA nach § 7 Abs. 4 EStG für 1987–1993: 14 v. H. von 250.000 DM	35.000 DM
./.	Restwert-AfA nach § 7 b Abs. 1 EStG für 1994: 2,5 v. H. von 200.344 DM	5.008 DM
	Restwert	195.336 DM
	davon entfallen auf die neue Wohnung	$\dfrac{195.336 \text{ DM} \times 20 \text{ m}^2}{100 \text{ m}^2} = 39.065$ DM
	– zuzüglich Kosten der Baumaßnahme	120.000 DM
	– zuzüglich anteiligem Wert des Grund und Bodens hälftige Anschaffungskosten 1986	25.000 DM
	davon entfallen auf die neue Wohnung	$\dfrac{25.000 \times 60 \text{ m}^2}{140 \text{ m}^2} = 10.714$ DM
	– Bemessungsgrundlage nach § 10 e Abs. 1 EStG	169.779 DM

51 ¹In den Fällen des § 10 e Abs. 2 EStG bilden allein die nachträglichen Herstellungskosten des Ausbaus oder der Erweiterung die Bemessungsgrundlage im Sinne des § 10 e EStG. ²Die anteilige Altbausubstanz ist nicht einzubeziehen.

6.5 Wohnung im Zweifamilienhaus/Mehrfamilienhaus/gemischtgenutzten Grundstück

52 ¹Wird eine Wohnung in einem Gebäude zu eigenen Wohnzwecken genutzt, das mehr als eine Wohnung enthält, sind die Herstellungs- oder Anschaffungskosten des Gebäudes und die Anschaffungskosten des Grund und Bodens nach dem Verhältnis der Nutzfläche der eigengenutzten Wohnung zur Nutzfläche des gesamten Gebäudes aufzuteilen. ²Die Nutzfläche ist in sinngemäßer Anwendung der §§ 43 und 44 der II. Berechnungsverordnung zu ermitteln. ³Dieser Aufteilungsmaßstab ist auch bei einem Einfamilienhaus anzuwenden, bei dem gewerblichen/beruflichen oder öffentlichen Zwecken dienende Räume außerhalb der Wohnung liegen. ⁴Besteht an einer Wohnung ein Wohnrecht zugunsten eines Dritten, ist die Bemessungsgrundlage entsprechend dem Beispiel in Tz. 55 zu ermitteln.

6.6 Fertigstellung von Teilen eines Gebäudes zu verschiedenen Zeitpunkten

53 ¹Wird bei der Errichtung eines gemischtgenutzten Gebäudes zunächst die zu eigenen Wohnzwecken genutzte Wohnung fertiggestellt und werden erst danach die Teile des Gebäudes, die vermietet oder eigenbetrieblich genutzt werden sollen, fertiggestellt, sind die auf die noch nicht fertiggestellten Teile des Gebäudes entfallenden Kosten nicht in die Bemessungsgrundlage nach § 10 e Abs. 1 EStG einzubeziehen. ²Anschaffungskosten des Grund und Bodens können in die Bemessungsgrundlage einbezogen werden, soweit sie unter Berücksichtigung der Gebäudeplanung auf die zu eigenen Wohnzwecken genutzte Wohnung entfallen. ³Wird zunächst ein vermieteter oder eigenbetrieblich genutzter Gebäudeteil und danach erst die zu eigenen Wohnzwecken genutzte Wohnung fertiggestellt, sind nach Fertigstellung der eigengenutzten Wohnung die gesamten Herstellungskosten des Gebäudes und die Anschaffungskosten des Grund und Bodens auf die Gebäudeteile aufzuteilen. ⁴Die Bemessungsgrundlage wird nicht um die in Anspruch genommenen Abschreibungen gemindert, die auf die in die AfA-Bemessungsgrundlage einbezogenen

Herstellungskosten der noch nicht fertiggestellten eigengenutzten Wohnung entfielen.

6.7 Gemischte Nutzung einer Wohnung

54 ¹Werden Teile der Wohnung nicht zu eigenen Wohnzwecken genutzt (z. B. Arbeitszimmer, andere gewerblich/beruflich genutzte oder vermietete Räume), ist die Bemessungsgrundlage – nicht aber der Höchstbetrag – um den auf den nicht zu eigenen Wohnzwecken entfallenden Teil zu kürzen. ²Aufwendungen, die ausschließlich auf einen Teil der Wohnung entfallen, sind nur diesem Teil zuzuordnen. ³Dient eine Garage der Unterbringung eines Personenkraftwagens, der sowohl gewerblich/beruflich als auch privat genutzt wird, ist aus Vereinfachungsgründen von einer Kürzung der Bemessungsgrundlage abzusehen. ⁴Die Bemessungsgrundlage ist grundsätzlich nach dem Verhältnis der Grundfläche der gewerblichen oder beruflichen Zwecken dienenden Räume zur gesamten Nutzfläche der Wohnung aufzuteilen. ⁵Zur Ermittlung der Nutzfläche vgl. Tz. 52 Satz 2. ⁶Der auf ein häusliches Arbeitszimmer entfallende Anteil der Bemessungsgrundlage bestimmt sich nach dem Verhältnis der nach den §§ 42 bis 44 der II. Berechnungsverordnung zu ermittelnden Wohnfläche der gesamten Wohnung einschließlich Arbeitszimmer zur Grundfläche des häuslichen Arbeitszimmers (BFH vom 18. 10. 1983 – BStBl 1984 II S. 112 und vom 10. 04. 1987 – BStBl II S. 500). ⁷Steht eine Wohnung im Miteigentum von Ehegatten, sind in den Fällen der Zusammenveranlagung nach § 26 b EStG oder bis einschließlich Veranlagungszeitraum 1989 auch bei der getrennten Veranlagung nach § 26 a EStG die Anschaffungs- und Herstellungskosten beider Ehegatten abzüglich der Anschaffungs- oder Herstellungskosten, die auf das Arbeitszimmer entfallen, bei der Ermittlung der Bemessungsgrundlage zugrunde zu legen (vgl. BFH vom 12. 02. 1988 – BStBl II S. 764). ⁸Zur Ermittlung des Abzugsbetrags bei getrennter Veranlagung ab Veranlagungszeitraum 1990 vgl. Tz. 60 und H 174 a (Abzüge) EStH 1993.

6.8 Ermittlung der Bemessungsgrundlage bei Überlassung von Teilen einer Wohnung

55 ¹Die Bemessungsgrundlage ist nicht zu kürzen, wenn Teile einer ansonsten zu eigenen Wohnzwecken genutzten Wohnung unentgeltlich zu Wohnzwecken überlassen werden. ²Eine unentgeltliche Überlassung liegt auch vor, wenn an einem Teil der zu eigenen Wohnzwecken genutzten Wohnung ein obligatorisches oder dingliches Zuwendungs- oder Vermächtniswohnrecht zugunsten einer dritten Person besteht. ³Wird ein Teil der Wohnung aufgrund eines vorbehaltenen obligatorischen oder dinglichen Wohnrechts genutzt, handelt es sich dagegen nicht um eine unentgeltliche Überlassung. ⁴In diesen Fällen ist die Bemessungsgrundlage um den auf den wohnrechtsbelasteten Teil der Wohnung entfallenden Teil zu mindern. ⁵Dieser Anteil ermittelt sich wie folgt: Der Verkehrswert der gesamten Wohnung (ohne den dazu gehörenden Grund und Boden) ist auf den zu eigenen Wohnzwecken genutzten und den wohnrechtsbelasteten Teil im Verhältnis ihrer Nutzflächen aufzuteilen. ⁶Vom Verkehrswert des wohnrechtsbelasteten Teils ist der Kapitalwert des Wohnrechts abzuziehen. ⁷Das Verhältnis des hiernach verbleibenden Saldos zum Verkehrswert der gesamten Wohnung abzüglich des Kapitalwerts des Wohnrechts entspricht dem Anteil der auf den wohnrechtsbelasteten Teil entfallenden Anschaffungskosten. ⁸Die Anschaffungskosten sind nach dem Verhältnis der Verkehrswerte auf Grund und Boden und Gebäude oder Gebäudeteil aufzuteilen. ⁹Da sich das Wohnrecht nicht auf den Grund und Boden bezieht, ist der Verkehrswert des Gebäudes oder Gebäudeteils um den Kapitalwert des Nutzungsrechts zu mindern. ¹⁰Die Anschaffungskosten des Grund und Bodens sind nach dem Verhältnis der Nutzfläche des eigengenutzten Teils zur Nutzfläche der gesamten Wohnung aufzuteilen (vgl. BFH-Urteil vom 07. 06. 1994 – BStBl II S. 927).

Beispiel:

V überträgt im Rahmen der vorweggenommenen Erbfolge sein Einfamilienhaus an T. Dabei behält er sich an zwei Räumen sowie einer Küche und einem Bad im gegenüber den restlichen Räumen nicht abgeschlossenen Dachgeschoß, die bezogen auf das Gesamtgebäude einen Nutzflächenanteil von ein Viertel haben, ein lebenslängliches Wohnrecht (Kapitalwert des Wohnrechts im Erwerbszeitpunkt: 60.000 DM) vor. Die restlichen Räume (drei Viertel des Einfamilienhauses) bezieht T. T bezahlt zum Ausgleich für das Haus an ihre Geschwister 300.000 DM. Die Verkehrswerte betragen ohne Berücksichtigung des Vorbehaltswohnrechts für das Gebäude 400.000 DM und für den Grund und Boden 100.000 DM.

Die auf den eigengenutzten Teil der Wohnung entfallende Bemessungsgrundlage nach § 10 e EStG ermittelt sich wie folgt:

Anhang 34

Wohneigentumsförderung

Anschaffungskosten der eigengenutzten Räume:	
Von dem Verkehrswert der gesamten Wohnung entfallen nach dem Nutzflächenverhältnis auf den wohnrechtsbelastenden Teil (25 v. H. von 400.000 DM)	100.000 DM
abzüglich Kapitalwert des Wohnrechts	60.000 DM
Verkehrswert wohnrechtsbelasteter Teil	40.000 DM

Dies entspricht 11,76 v. H. des Verkehrswerts der gesamten Wohnung abzüglich des Kapitalwerts des Wohnrechts

$$\frac{40.000 \times 100}{(400.000 - 60.000)} = 11,76 \text{ v. H.})$$

Von den Anschaffungskosten der gesamten Wohnung ohne Grund und Boden	
$300.000 \times \dfrac{(400.000 - 60.000)}{(500.000 - 60.000)}$	231.819 DM
entfallen auf wohnrechtsbelasteten Teil (11,76 v. H.)	27.261 DM
Anschaffungskosten der eigengenutzten Räume	204.558 DM
Anschaffungskosten Grund und Boden:	
nach dem Nutzflächenverhältnis auf den eigengenutzten Teil entfallende Anschaffungskosten des Grund und Bodens	
75 v. H. von $300.000 \times \dfrac{100.000}{(500.000 - 60.000)} =$	51.136 DM
davon die Hälfte	25.568 DM
Bemessungsgrundlage nach § 10 e Abs. 1 EStG	230.126 DM

7. Abzugszeitraum

56 ¹Der achtjährige Abzugszeitraum beginnt mit dem Jahr der Fertigstellung oder Anschaffung der Wohnung bzw. mit dem Jahr der Fertigstellung des Ausbaus oder der Erweiterung der Wohnung. ²Er endet mit dem siebenten auf dieses Jahr folgenden Kalenderjahr. ³Dies gilt unabhängig von dem Beginn der Nutzung zu eigenen Wohnzwecken (BFH vom 13. 08. 1990 – BStBl II S. 977). ⁴In den Fällen der Tz. 13 Satz 2 gilt als Beginn des Abzugszeitraums der 01. 01. 1987.

8. Abzugsbeträge

57 ¹Für nach dem 31. 12. 1986 und vor dem 01. 01. 1991 hergestellte oder angeschaffte Wohnungen sowie in diesem Zeitraum fertiggestellte Ausbauten oder Erweiterungen in dem Gebiet, in dem das Grundgesetz schon vor dem 03. 10. 1990 gegolten hat, kann der Steuerpflichtige in jedem Jahr des Abzugszeitraums jeweils bis zu 5 v. H. der Bemessungsgrundlage, höchstens 15.000 DM, wie Sonderausgaben abziehen. ²Für nach dem 31. 12. 1990 hergestellte oder angeschaffte Wohnungen, sowie nach diesem Zeitpunkt fertiggestellte Ausbauten oder Erweiterungen erhöht sich der höchstzulässige Abzugsbetrag auf jährlich 16.500 DM. ³Hat der Steuerpflichtige im Fall der Herstellung nach dem 30. 09. 1991 den Bauantrag gestellt oder mit der Herstellung des Objekts nach § 10 e Abs. 1 oder 2 EStG begonnen, kann er in den ersten vier Jahren des Abzugszeitraums Abzugsbeträge von jeweils bis zu 6 v. H. der Bemessungsgrundlage, höchstens 19.800 DM in Anspruch nehmen. ⁴In den Fällen der Anschaffung gelten diese Abzugsbeträge, wenn der Steuerpflichtige die Wohnung aufgrund eines nach dem 30. 09. 1991 rechtswirksam abgeschlossenen obligatorischen Vertrags oder gleichstehenden Rechtsakts angeschafft hat oder mit der Herstellung des Objekts nach diesem Zeitpunkt begonnen worden ist. ⁵Für ein Objekt, das der Steuerpflichtige aufgrund eines nach dem 31. 12. 1993 rechtswirksam abgeschlossenen obligatorischen Vertrags oder gleichstehenden Rechtsakts nicht bis zum Ende des zweiten auf das Jahr der Fertigstellung folgenden Jahres angeschafft hat, kann er in den ersten vier Jahren höchstens jeweils 9.000 DM und in den darauffolgenden vier Jahren höchstens jeweils 7.500 DM abziehen.

Beispiel:

A hat noch im Dezember 1993 einen notariellen Kaufvertrag über eine 10 Jahre alte Eigentumswohnung abgeschlossen. Hierin ist bestimmt, daß Besitz, Nutzungen, Lasten und Gefahr am 01. 04. 1994 auf ihn übergehen. A bezieht die Wohnung noch im selben Jahr. Er kann die Förderung nach § 10 e Abs. 1 EStG für die Jahre 1994 bis 2001 noch bis zur Höchstbemessungsgrundlage von 330.000 DM in Anspruch nehmen.

Anhang 34

I Wohneigentumsförderung

Geltungsbereich	Abzugssatz (Jahre × %)	jährlicher Höchstbetrag
Für den „Bauherrn"		
nach dem 31. 12. 1986 aber noch vor dem 01. 01. 1991 hergestellte Objekte	8 × 5 %	15.000 DM[1])
nach dem 31. 12. 1990 hergestellte Objekte		
– Bauantrag und Baubeginn vor dem 01. 10. 1991	8 × 5 %	16.500 DM[2])
– Bauantrag oder Baubeginn nach dem 30. 09. 1991	4 × 6 %	19.800 DM[2])
	4 × 5 %	16.500 DM[2])
Für den Erwerber einer Neubauwohnung		
nach dem 31. 12. 1986 aber noch vor dem 01. 01. 1991 angeschaffte Objekte	8 × 5 %	15.000 DM[1])
nach dem 31. 12. 1990 angeschaffte Objekte		
– Kaufvertrag und Baubeginn vor dem 01. 10.1991	8 × 5 %	16.500 DM[2])
– Kaufvertrag oder Baubeginn nach dem 30. 09. 1991	4 × 6 %	19.800 DM[2])
	4 × 5 %	16.500 DM
Für den Erwerber einer „Altbauwohnung"		
nach dem 31. 12. 1986 aber noch vor dem 01. 01. 1991 angeschaffte Objekte	8 × 5 %	15.000 DM[1])
nach dem 31. 12. 1991 angeschaffte Objekte		
– Kaufvertrag vor dem 01. 10. 1991	8 × 5 %	16.500 DM[2])
– Kaufvertrag nach dem 30. 09. 1991 aber noch vor dem 01. 01. 1994	4 × 6 %	19.800 DM[2])
	4 × 5 %	16.500 DM
– Kaufvertrag nach dem 31.12.1993	4 × 6 %	9.000 DM[3])
	4 × 5 %	7.500 DM

Dem Höchstabzugsbetrag liegt eine Höchstbemessungsgrundlage von

1) 300.000 DM,
2) 330.000 DM,
3) 150.000 DM zugrunde.

58 [1]Die Abzugsbeträge können nur für die Veranlagungszeiträume des Abzugszeitraums in Anspruch genommen werden, in denen der Steuerpflichtige die Wohnung zu eigenen Wohnzwecken nutzt. [2]Der Abzugsbetrag steht dem Steuerpflichtigen auch dann in vollem Umfang zu, wenn er die Wohnung nur während eines Teils des Veranlagungszeitraums zu eigenen Wohnzwecken genutzt hat (z. B. wegen zeitweiser Vermietung). [3]Hieraus folgt u. a., daß im Jahr der Anschaffung sowohl der Veräußerer als auch der Erwerber die Möglichkeit haben, die Steuerbegünstigung des § 10 e EStG jeweils im höchstzulässigen Umfang in Anspruch zu nehmen.

8.1 Erbfall

59 [1]Geht eine Wohnung im Wege der Gesamtrechtsnachfolge auf einen Erben über, kann der Gesamtrechtsnachfolger die Steuerbegünstigung nach § 10 e EStG bis zum Ende des Abzugszeitraums in Anspruch nehmen, wenn in seiner Person die Voraussetzungen hierfür erfüllt sind. [2]Dies gilt auch dann, wenn beim Erblasser eine Inanspruchnahme wegen der Objektbeschränkung im Sinne des § 10 e Abs. 4 Sätze 1 bis 3 EStG ausgeschlossen war (vgl. BFH vom 04. 09. 1990 – BStBl 1992 II S. 69). [3]Zur Nachholung nicht ausgenutzter Abzugsbeträge des Erblassers durch den Erben vgl. Tz. 67 Satz 3. [4]Erfüllen für den Veranlagungszeitraum des Erbfalls der Erblasser und der Erbe die Voraussetzungen für die Inanspruchnahme des § 10 e EStG, kann der Erbe wählen, in welchem Umfang der Abzugsbetrag für dieses Jahr beim Erblasser und bei ihm zu berücksichtigen ist.

8.2 Miteigentümer

60 [1]Miteigentümer eines Einfamilienhauses oder einer Eigentumswohnung – mit Ausnahme von zusammen zur Einkommensteuer veranlagten Ehegatten, die für die Ermittlung des Abzugsbetrags eine Einheit bilden (§ 26 b EStG) – können die Abzugsbeträge bei Vorliegen der übrigen Voraussetzungen höchstens im Verhältnis ihrer Miteigentumsanteile in Anspruch nehmen (§ 10 e Abs. 1 Satz 6 EStG). [2]Eine abweichende Vereinbarung der Miteigentümer ist einkommensteuerrechtlich unbeachtlich (vgl. BFH vom 25. 08. 1992 – BStBl 1993 II S. 105 und vom 01. 06. 1994 – BStBl II S. 752). [3]Die Aufteilung ist unabhängig davon, ob alle Miteigentümer das Objekt zu eigenen Wohnzwecken nutzen.

8.2.1 Miteigentum bei Zwei- oder Mehrfamilienhäusern

61 [1]Bewohnen Miteigentümer eines Zwei- oder Mehrfamilienhauses – mit Ausnahme von zusammenveranlagten Ehegatten – eine Wohnung ge-

meinsam ist § 10 e Abs. 1 Satz 6 EStG anzuwenden.

62 ¹Bewohnt ein Miteigentümer eines Zwei- oder Mehrfamilienhauses eine Wohnung alleine, kann er die Abzugsbeträge nach § 10 e EStG in Anspruch nehmen, soweit der Wert des Miteigentumsanteils den Wert der zu eigenen Wohnzwecken genutzten Wohnung einschließlich des dazugehörenden Grund und Bodens nicht übersteigt. ²Der Wert einer Wohnung einschließlich des dazugehörenden Grund und Bodens entspricht in der Regel dem Wert des Miteigentumsanteils, wenn der Nutzflächenanteil der Wohnung am Gesamtgebäude dem Miteigentumsanteil entspricht. ³Weicht der Anteil der Nutzfläche vom Miteigentumsanteil ab, spricht eine widerlegbare Vermutung dafür, daß der Wert der Wohnung dem Miteigentumsanteil entspricht, wenn keine Ausgleichszahlung vereinbart ist. ⁴Sind die Miteigentümer Angehörige, gilt dies nur, wenn auch Fremde auf Ausgleichszahlungen verzichten würden.

Beispiel 1:

A hat gemeinsam mit B im Veranlagungszeitraum 1993 ein Zweifamilienhaus (Miteigentumsanteile je 50 v. H.) mit zwei gleich großen Wohnungen, von denen A eine zu eigenen Wohnzwecken nutzt, errichtet. Die Gesamtherstellungskosten zuzüglich der Hälfte der Anschaffungskosten für den dazugehörenden Grund und Boden haben 800.000 DM betragen. Hiervon entfallen auf A entsprechend seinem Miteigentumsanteil an dem Haus 400.000 DM. Da dieser Betrag dem Wert der zu eigenen Wohnzwecken genutzten Wohnung einschließlich der Hälfte des dazu gehörenden Grund und Bodens entspricht, ist der Abzugsbetrag, den A in Anspruch nehmen kann, wie folgt zu berechnen:

1993 bis 1996 6 v. H. der
Bemessungsgrundlage
von 400.000 DM   24.000 DM,
höchstens jedoch   19.800 DM,

1997 bis 2000 5 v. H. der
Bemessungsgrundlage
von 400.000 DM   20.000 DM,
höchstens jedoch   16.500 DM.

Beispiel 2:

Wie Beispiel 1. Die von A zu eigenen Wohnzwecken genutzte Wohnung ist 120 m², die von B zu eigenen Wohnzwecken genutzte Wohnung ist 80 m² groß. Das Wertverhältnis der Wohnungen entspricht der jeweiligen m²-Zahl. A zahlt an B eine Ausgleichszahlung.

Von den Gesamtherstellungskosten zuzüglich der Hälfte der Anschaffungskosten für den Grund und Boden sind A entsprechend seinem Miteigentumsanteil 400.000 DM zuzu- rechnen. Auf die von ihm genutzte Wohnung entfallen 480.000 DM. Er nutzt demnach seine Wohnung zu ⁵/₆ (400.000 DM : 480.000 DM) kraft eigenen Rechts. A kann nur Abzugsbeträge in Höhe von ⁵/₆ der auf ihn entfallenden Herstellungs- bzw. Anschaffungskosten, höchstens aber aus ⁵/₆ von 330.000 DM (= 1993 bis 1996 6 v. H. von 275.000 DM = 16.500 DM, 1997 bis 2000 5 v. H. von 275.000 DM = 13.750 DM) geltend machen.

Auf B entfallen entsprechend seinem Miteigentumsanteil 400.000 DM, auf die von ihm eigengenutzte Wohnung 320.000 DM. B erhält die Förderung nach § 10 e EStG aus 320.000 DM.

Beispiel 3:

Wie Beispiel 1: Die von A und B zu eigenen Wohnzwecken genutzten Wohnungen sind 125 und 75 qm groß. Bei der von B genutzten 75 qm großen Wohnung handelt es sich um eine luxuriös ausgestattete Dachgeschoßwohnung. Ausgleichszahlungen zwischen den nicht verwandten A und B sind nicht vereinbart worden.

Es ist davon auszugehen, daß der Wert der Miteigentumsanteile dem Wert der jeweiligen Wohnungen entspricht. A kann daher Abzugsbeträge wie in Beispiel 1 in Anspruch nehmen.

63 ¹Die zulässigen Abzugsbeträge können von den Miteigentümern, die die Voraussetzungen des § 10 e EStG erfüllen, dem Grunde (Objektwahl) und der Höhe (z. B. Nachholung) nach unterschiedlich geltend gemacht werden.

8.3 Behandlung der Erbengemeinschaft und ihrer Auseinandersetzung

64 ¹Zur Behandlung der Erbengemeinschaft und ihrer Auseinandersetzung sind die im BMF-Schreiben vom 11. 01. 1993 (BStBl I S. 62) und in den entsprechenden Erlassen der obersten Finanzbehörden der Länder dargelegten Grundsätze anzuwenden. ²Hieraus ergeben sich für § 10 e EStG folgende Rechtsfolgen:

Steht die Wohnung im Gesamthandseigentum einer Erbengemeinschaft, kann ein Miterbe bis zur Auseinandersetzung der Erbengemeinschaft, längstens jedoch bis zum Ende des Abzugszeitraums, die Steuerbegünstigung nach § 10 e EStG in Anspruch nehmen, wenn in seiner Person die Voraussetzungen hierfür erfüllt sind (vgl. Tz. 59 bis 63).

65 ¹Erhält ein Miterbe nach Auseinandersetzung der Erbengemeinschaft durch Realteilung eine Wohnung, deren Wert dem Wert seines Anteils am Nachlaß entspricht, kann er die Steuerbegünstigung nach § 10 e EStG bis zum Ende des Abzugszeitraums für die ganze Wohnung in Anspruch nehmen, wenn in seiner Person die Voraussetzungen hierfür erfüllt sind. ²Dies gilt unabhängig da-

von, ob die Wohnung dem Miterben bereits während des Bestehens der Erbengemeinschaft zur Nutzung überlassen worden ist. ³Ist dem Miterben die Wohnung bereits während des Bestehens der Erbengemeinschaft überlassen worden, so kann er auch für die Zeit des Bestehens der Erbengemeinschaft die Steuerbegünstigung nach § 10 e EStG für die ganze Wohnung in Anspruch nehmen. ⁴Voraussetzung dafür ist, daß die Miterben innerhalb von sechs Monaten nach dem Erbfall eine Auseinandersetzungsvereinbarung treffen. Tz. 8 und 9 des BMF-Schreibens vom 11. 01. 1993, a. a. O., gelten entsprechend.

Beispiel 1:

A und B sind Miterben zu je ½ nach dem am 01. 08. 1992 verstorbenen V. Zum Nachlaß gehören Wertpapiere im Wert von 380.000 DM und ein von V am 1. 7. 1991 zum' Preis von 380.000 DM erworbenes Einfamilienhaus (Anschaffungskosten Haus: 280.000 DM, Grund und Boden: 100.000 DM). V war wegen Objektverbrauchs an der Inanspruchnahme der Steuerbegünstigung nach § 10 e EStG gehindert. Seit dem Erbfall bewohnt A das Einfamilienhaus. Im Januar 1993 vereinbaren A und B die Auseinandersetzung, wonach A das Einfamilienhaus und B die Wertpapiere erhält. A kann 1992 bis 1998 die Steuerbegünstigung nach § 10 e EStG mit jährlich 16.500 DM in Anspruch nehmen.

Beispiel 2:

Wie Beispiel 1, nur A und B setzen sich in 1994 auseinander. A kann für 1992 und 1993 als Miteigentümer die Steuerbegünstigung nach § 10 e EStG zur Hälfte in Anspruch nehmen. 1994 bis 1998 kann er als Alleineigentümer Abzugsbeträge i. H. von 16.500 DM jährlich geltend machen.

66 ¹Erhält ein Miterbe wertmäßig mehr, als ihm nach seiner Erbquote zusteht und zahlt er dafür an die anderen Miterben eine Abfindung, so handelt es sich insoweit um ein Anschaffungsgeschäft, das zur Inanspruchnahme der Steuerbegünstigung nach § 10 e EStG berechtigt. ²Soweit er die Wohnung seiner Erbquote entsprechend unentgeltlich erwirbt, kann er die Steuerbegünstigung nach § 10 e EStG des Erblassers fortführen, wenn in seiner Person die Voraussetzungen hierfür erfüllt sind. ³Zum Objektverbrauch vgl. Tz. 32.

Beispiel 3:

A und B sind Miterben zu je ½ nach dem am 01. 06. 1992 verstorbenen V. Zum Nachlaß gehört ein Einfamilienhaus (Wert 800.000 DM), das V am 01. 07. 1991 erworben hatte (Bemessungsgrundlage 600.000 DM). V war wegen Objektverbrauchs an der Inanspruchnahme der Steuerbegünstigung nach § 10 e EStG gehindert. Nach Erbauseinandersetzung in 1993 erhält der verheiratete A das Einfamilienhaus,

das er bereits seit dem Erbfall bewohnt und zahlt an B eine Abfindung i. H. von 400.000 DM (Anteil Grund und Boden 50.000 DM). Weder A noch sein Ehegatte haben bisher erhöhte Absetzungen nach § 7 b EStG oder Abzugsbeträge nach § 10 e EStG in Anspruch genommen.

A kann folgende Abzugsbeträge in Anspruch nehmen:

– als Gesamtrechtsnachfolger von V

   1992–1998 5 % v. 300.000 = 15.000 DM

   höchstens   8.250 DM

– als Erwerber des Miteigentumsanteils von B

   1993–1996 6 % v. 375.000 = 22.500 DM

   höchstens   9.900 DM

und

   1997–2000 5 % v. 375.000 = 18.750 DM

   höchstens   8.250 DM

9. Nachholung von Abzugsbeträgen

67 ¹Der Steuerpflichtige kann Abzugsbeträge, die er in einem Jahr nicht ausgenutzt hat, nach § 10 e Abs. 3 Satz 1 EStG in späteren Kalenderjahren nachholen. ²Die Nachholung von Abzugsbeträgen ist nur in Veranlagungszeiträumen und nur für Veranlagungszeiträume möglich, in denen der Steuerpflichtige die Wohnung zu eigenen Wohnzwecken genutzt hat. ³Der Erbe kann nicht ausgenutzte Abzugsbeträge des Erblassers nur dann nach § 10 e Abs. 3 EStG nachholen, wenn dem Erblasser die Nachholung zugestanden hätte. ⁴Bei Objekten i. S. der Tz. 22 ist eine Nachholung nur für Veranlagungszeiträume möglich, in denen der Gesamtbetrag der Einkünfte 120.000/240.000 DM nicht überstiegen hat. ⁵Dies gilt unabhängig davon, ob im Nachholungsjahr die Einkunftsgrenze überschritten ist.

68 ¹Für Objekte, für die der Steuerpflichtige in den ersten vier Jahren Abzugsbeträge von jeweils bis zu 6 v. H. der Bemessungsgrundlage in Anspruch nehmen kann (vgl. Tz. 57 Satz 3 bis 5), kann er nicht ausgenutzte Abzugsbeträge bis zum Ende des Abzugszeitraum nachholen. ²Für die übrigen Objekte (vgl. Tz. 57 Satz 1 und 2) kann der Steuerpflichtige Abzugsbeträge, die er im Jahr der Fertigstellung oder Anschaffung und in den zwei folgenden Jahren nicht ausgenutzt hat, bis zum Ende des dritten auf das Jahr der Fertigstellung oder Anschaffung folgenden Jahres nachholen.

69 ¹Abzugsbeträge – auch die, die nach § 10 e Abs. 7 EStG festgestellt werden – sind erst dann und nur insoweit ausgenutzt, als sie in einem bestandskräftigen Steuerbescheid berücksichtigt wurden und zu einer Ermäßigung der Einkommensteuer oder aufgrund der außersteuerlichen Bindungswirkung des Steuerbescheids zu einem Kindergeldzuschlag nach § 11 a BKGG geführt haben.

²In diesen Fällen kann der Steuerpflichtige die Abzugsbeträge auch nicht nachträglich gegen bisher nicht geltend gemachte Werbungskosten oder Sonderausgaben austauschen, um sie in einem Folgejahr nachzuholen (BFH vom 25. 02. 1992 – BStBl II S. 621).

10. Nachträgliche Herstellungs- oder Anschaffungskosten

70 ¹Nachträgliche Herstellungs- oder Anschaffungskosten, die bis zum Ende des Abzugszeitraums entstehen, können vom Jahr ihrer Entstehung an so behandelt werden, als wären sie bereits im Jahr der Fertigstellung oder Anschaffung entstanden. ²Für Objekte i. S. der Tz. 57 Satz 3 bis 5 kann der Steuerpflichtige die auf die nachträglichen Herstellungs- oder Anschaffungskosten entfallenden Abzugsbeträge bis zum Ende des Abzugszeitraums nachholen. ³Entstehen nach den ersten drei Jahren des Abzugszeitraums nachträgliche Herstellungs- oder Anschaffungskosten, sind für die übrigen Objekte (vgl. Tz. 57 Satz 1 und 2) die darauf entfallenden Abzugsbeträge für die Vorjahre im Jahr der Entstehung abzuziehen. ⁴Abzugsbeträge für nachträgliche Herstellungs- oder Anschaffungskosten können nur in Veranlagungszeiträumen und nur für Veranlagungszeiträume geltend gemacht werden, in denen der Steuerpflichtige die Wohnung zu eigenen Wohnzwecken genutzt hat. ⁵Bei Objekten i. S. der Tz. 22 können Abzugsbeträge für nachträgliche Herstellungs- oder Anschaffungskosten nach § 10 e Abs. 5 a Satz 2 EStG nur für Veranlagungszeiträume in Anspruch genommen werden, in denen der Gesamtbetrag der Einkünfte 120.000/ 240.000 DM nicht überstiegen hat. ⁶Dies gilt unabhängig davon, ob im Nachholungsjahr die Einkunftsgrenze überschritten ist.

71 ¹Wird eine Wohnung teilentgeltlich erworben, sind Aufwendungen für nachträgliche Herstellungsarbeiten in die Bemessungsgrundlage nach § 10 e Abs. 1 EStG einzubeziehen, soweit sie auf den entgeltlich erworbenen Teil der Wohnung entfallen. ²Die Aufwendungen sind daher im Verhältnis des Entgelts (ohne Anschaffungsnebenkosten) zu dem Verkehrswert der Wohnung aufzuteilen.

11. Folgeobjekt

72 ¹Der Steuerpflichtige kann bei einer weiteren eigenen Wohnung oder bei einem Ausbau oder einer Erweiterung einer eigenen Wohnung (Folgeobjekt) Abzugsbeträge in Anspruch nehmen, wenn er beim Erstobjekt die Abzugsbeträge deshalb nicht weiter in Anspruch nehmen konnte, weil er es nicht bis zum Ablauf des Abzugszeitraums zu eigenen Wohnzwecken genutzt hat.

73 ¹Das Folgeobjekt stellt ein eigenständiges Objekt im Sinne des § 10 e Abs. 1 oder 2 EStG dar. ²Es ist daher § 10 e EStG in der jeweils für das Folgeobjekt gültigen Fassung maßgebend.

Beispiel:
Der Steuerpflichtige veräußert sein zum 01. 07. 1991 hergestelltes, zu eigenen Wohnzwecken genutztes Einfamilienhaus in 1993. Für 1991 bis 1993 hat er Abzugsbeträge nach § 10 e Abs. 1 EStG jeweils bis zu 5 v. H. der Bemessungsgrundlage, höchstens bis zu 16.500 DM, in Anspruch genommen. Ab 01. 01. 1994 (Übergang Nutzen und Lasten) bewohnt er ein Folgeobjekt (Kaufvertrag vom 15. 12. 1993). Der Abzugszeitraum beim Folgeobjekt ist um drei Jahre (1991 bis 1993) zu kürzen. Von der Bemessungsgrundlage des Folgeobjekts kann der Steuerpflichtige

– 1994 bis zu 6 v. H., höchstens 19.800 DM,

sowie

– 1995 bis 1998 bis zu 5 v. H., höchstens jeweils bis zu 16.500 DM

abziehen.

74 ¹Voraussetzung für die Inanspruchnahme der Abzugsbeträge bei einem Folgeobjekt ist, daß der Steuerpflichtige das zu eigenen Wohnzwecken genutzte Folgeobjekt, bei dem er Abzugsbeträge in Anspruch nehmen will, innerhalb eines Zeitraums von drei Jahren nach und zwei Jahren vor dem Ende des Kalenderjahres angeschafft oder hergestellt hat, in dem er das Erstobjekt letztmals zu eigenen Wohnzwecken genutzt hat.

Beispiel:
Der Steuerpflichtige veräußert oder vermietet sein 1992 hergestelltes, zu eigenen Wohnzwecken genutztes Einfamilienhaus am 01. 06. 1995. Für 1992 bis 1995 hat er die Abzugsbeträge nach § 10 e EStG in Anspruch genommen. Bei einem weiteren Objekt kann er Abzugsbeträge in Anspruch nehmen, wenn er dieses

– nach dem 31. 12. 1993 und

– vor dem 01. 01. 1999

hergestellt oder angeschafft und in dem jeweils in Betracht kommenden Jahr des Abzugszeitraums zu eigenen Wohnzwecken genutzt hat.

75 ¹Erstobjekte können sowohl Objekte nach § 10 e EStG und § 15 b Abs. 1 BerlinFG als auch solche nach § 7 b EStG und § 15 Abs. 1 BerlinFG sein.

76 ¹Hat der Steuerpflichtige für das Erstobjekt erhöhte Absetzungen nach § 7 b EStG oder § 15 Abs. 1 BerlinFG bzw. diesen entsprechende Beträge nach § 52 Abs. 21 Satz 4 EStG in Anspruch genommen, kann er Abzugsbeträge nach § 10 e EStG für ein Folgeobjekt nur geltend machen, wenn ihm das Erstobjekt nicht bis zum Ablauf des Zeitraums zuzurechnen war, für den erhöhte Absetzungen oder diesen entsprechende Beträge zulässig sind. ²Ein Verzicht auf die weitere Geltend-

77 ¹Bemessungsgrundlage für die Abzugsbeträge beim Folgeobjekt nach § 10 e Abs. 1 EStG sind dessen Herstellungs- oder Anschaffungskosten zuzüglich der Hälfte der Anschaffungskosten des dazugehörenden Grund und Bodens, in den Fällen des § 10 e Abs. 2 EStG nur dessen Herstellungskosten. ²Der Steuerpflichtige hat beim Folgeobjekt die Nachhol- und Rückbeziehungsmöglichkeit nach § 10 e Abs. 3 EStG mit der Besonderheit, daß abweichend von § 10 e Abs. 1 Satz 1 EStG bei dem Folgeobjekt der Abzugszeitraum frühestens mit Ablauf des Veranlagungszeitraums beginnt, in dem der Steuerpflichtige das Erstobjekt letztmals zu eigenen Wohnzwecken genutzt hat (§ 10 e Abs. 4 Satz 5 zweiter Halbsatz EStG).

Beispiel:

Der Steuerpflichtige hat für sein 1991 hergestelltes und am 01. 06. 1993 veräußertes Einfamilienhaus (Bemessungsgrundlage 240.000 DM) Abzugsbeträge für die Veranlagungszeiträume 1991 bis 1993 in Anspruch genommen. 1992 hat er ein weiteres Objekt angeschafft (Bemessungsgrundlage 400.000 DM), das er ab 01. 06. 1993 zu eigenen Wohnzwecken nutzt. Bei diesem beginnt der Abzugszeitraum erst 1994. Der Steuerpflichtige kann, wenn er das Folgeobjekt in dem jeweiligen Jahr des Abzugszeitraums zu eigenen Wohnzwecken nutzt, Abzugsbeträge von einer Bemessungsgrundlage von 330.000 DM für 1994 bis einschließlich 1998 in Anspruch nehmen. Dabei hat er die Möglichkeit, nicht ausgenutzte Abzugsbeträge für 1994 bis 1997 bis zum Ende des Abzugszeitraums nachzuholen (vgl. Tz. 68).

78 ¹Abzugsbeträge, die der Steuerpflichtige beim Erstobjekt nicht in Anspruch genommen hat, kann er beim Folgeobjekt nicht nachholen.

79 ¹Der Abzugszeitraum nach § 10 e Abs. 1 EStG ist um die Anzahl der Veranlagungszeiträume zu kürzen, in denen der Steuerpflichtige für das Erstobjekt Abzugsbeträge hätte in Anspruch nehmen können. ²In die Kürzung sind auch die Veranlagungszeiträume einzubeziehen, in denen die Einkunftsgrenze überschritten wird oder der Steuerpflichtige Abzugsbeträge für das Erstobjekt wegen fehlender Nutzung zu eigenen Wohnzwecken nicht abziehen konnte; das gilt jedoch nicht für die Veranlagungszeiträume, die auf den Veranlagungszeitraum der letztmaligen Nutzung zu eigenen Wohnzwecken folgen.

Beispiel:

Der Steuerpflichtige hat für ein Einfamilienhaus, das er im November 1991 angeschafft und nur 1992 und 1993 zu eigenen Wohnzwecken genutzt hat, für 1992 und 1993 Abzugsbeträge nach § 10 e Abs. 1 EStG in Anspruch genommen. Ab 01. 01. 1996 bewohnt er ein Folgeobjekt. Der Abzugszeitraum bei diesem Objekt ist um drei Jahre (1991 bis 1993) zu kürzen.

80 ¹Kommen für das Folgeobjekt Abzugsbeträge von jeweils bis zu 6 v. H. der Bemessungsgrundlage in Betracht (vgl. Tz. 57 Satz 3 bis 5), kann der Steuerpflichtige diese erhöhten Abzugsbeträge nur noch für die vom Erstobjekt verbliebenen Jahre geltend machen.

Beispiel:

Der Steuerpflichtige veräußert sein zum 01. 07. 1991 hergestelltes, zu eigenen Wohnzwecken genutztes Einfamilienhaus am 01. 06. 1992. 1991 und 1992 hat er Abzugsbeträge nach § 10 e Abs. 1 EStG in Höhe von 16.500 DM, in Anspruch genommen. Ab 01. 08. 1994 (Übergang Nutzen und Lasten) bewohnt er ein vor 20 Jahren errichtetes Folgeobjekt (Kaufvertrag vom 15. 07. 1994). Der Abzugszeitraum beim Folgeobjekt ist um zwei Jahre (1991 und 1992) zu kürzen. Von der Bemessungsgrundlage des Folgeobjekts kann der Steuerpflichtige 1994 und 1995 bis zu 6 v. H., höchstens bis zu 9.000 DM, 1996 bis 1999 bis zu 5 v. H., höchstens bis zu 7.500 DM abziehen.

81 ¹Hat der Steuerpflichtige auch das Folgeobjekt nicht bis zum Ablauf des Abzugszeitraums zu eigenen Wohnzwecken genutzt, ist die Inanspruchnahme der Abzugsbeträge bei einem dritten Objekt nicht zulässig. ²Ein drittes Objekt liegt auch vor, wenn das Erstobjekt wieder zu eigenen Wohnzwecken genutzt wird.

82 ¹Ehegatten, bei denen die Voraussetzungen des § 26 Abs. 1 EStG vorliegen und die bisher nur bei einem Objekt Abzugsbeträge nach § 10 e EStG in Anspruch genommen haben, können wählen, ob ein innerhalb des in § 10 e Abs. 4 Satz 4 EStG bezeichneten Zeitraums hergestelltes oder angeschafftes Objekt als Folgeobjekt im Sinne des § 10 e Abs. 4 Satz 4 EStG oder als zweites Objekt im Sinne des § 10 e Abs. 4 Satz 2 EStG gelten soll.

II. Abzug von Aufwendungen vor der erstmaligen Nutzung zu eigenen Wohnzwecken nach § 10 e Abs. 6 EStG

1. Begünstigter Personenkreis

83 ¹Aufwendungen nach § 10 e Abs. 6 EStG können nur vom Eigentümer, der Herstellungs- und/oder Anschaffungskosten getragen hat, abgezogen werden. ²Der Erbe kann in dem Umfang, in dem auch beim Erblasser ein Vorkostenabzug

möglich gewesen wäre, Aufwendungen nach § 10 e Abs. 6 EStG abziehen.

Beispiel:
A ist Erbe nach dem am 01. 02. 1993 verstorbenen V. Zum Nachlaß gehört ein Einfamilienhaus, das V im Jahr 1987 angeschafft und seitdem vermietet hat. Die Vermietung endet am 30. 09. 1993.
A zieht am 01. 12. 1993 in das Haus ein. Für den Zeitraum vom 01. 10. bis 01. 12. 1993 sind laufende Grundstückskosten und Schuldzinsen entstanden. Die laufenden Grundstückskosten sind nicht nach § 10 e Abs. 6 EStG abziehbar, weil das Haus vermietet war (vgl. Tz. 95 Satz 2). Die Schuldzinsen sind nach Tz. 91 Satz 2 zu berücksichtigen. Hat V das Haus zu eigenen Wohnzwecken genutzt, ist auch der Schuldzinsenabzug nicht zulässig, weil keine erstmalige Nutzung zu eigenen Wohnzwecken vorliegt. A muß sich die Nutzung durch den Rechtsvorgänger zurechnen lassen.

³Der unentgeltliche Einzelrechtsnachfolger kann Aufwendungen nach § 10 e Abs. 6 EStG nicht geltend machen (BFH vom 13. 01. 1993 – BStBl II S. 346).

84 ¹Wird eine Wohnung teilentgeltlich erworben, können die vor Bezug entstandenen Aufwendungen nach § 10 e Abs. 6 EStG abgezogen werden, soweit sie auf den entgeltlich erworbenen Teil der Wohnung entfallen. ²Die Aufwendungen sind daher, soweit sie nicht eindeutig dem entgeltlichen – wie z. B. Schuldzinsen – oder unentgeltlichen Teil zugeordnet werden können, im Verhältnis des Entgelts (ohne Anschaffungsnebenkosten) zu dem Verkehrswert der Wohnung aufzuteilen (BFH vom 24. 03. 1993 – BStBl II S. 704).

2. Begünstigtes Objekt

85 ¹Aufwendungen im Sinne des § 10 e Abs. 6 können für eine Wohnung abgezogen werden, für die der Steuerpflichtige die Abzugsbeträge nach § 10 e Abs. 1 EStG in Anspruch nimmt oder nehmen könnte oder für die er Abzugsbeträge wegen Objektverbrauchs, räumlichen Zusammenhangs im Sinne des § 10 e Abs. 4 EStG oder Überschreitens der Einkunftsgrenze nach § 10 e Abs. 5 a EStG nicht geltend machen kann. ²Aufwendungen, die im Zusammenhang stehen mit der Herstellung oder Anschaffung von Objekten ohne die erforderliche Baugenehmigung (vgl. Tz. 19), von Ferien- oder Wochenendwohnungen im Sinne von Tz. 20 sowie von Objekten, die vom Ehegatten (vgl. Tz. 21) oder unentgeltlich (vgl. Tz. 83 Satz 3) erworben worden sind, können nicht abgezogen werden. ³Aufwendungen im Sinne des § 10 e Abs. 6 EStG können für Objekte im Beitrittsgebiet erstmals im Veranlagungszeitraum 1991 abgezogen werden.

3. Begünstigte Aufwendungen

86 ¹Nach § 10 e Abs. 6 EStG können solche Aufwendungen wie Sonderausgaben abgezogen werden, die dem Steuerpflichtigen vor der erstmaligen Nutzung der eigenen Wohnung zu eigenen Wohnzwecken entstanden sind und die in einem engen wirtschaftlichen Zusammenhang mit der Herstellung oder Anschaffung stehen. ²Dazu können bei einer Anschaffung auch Aufwendungen gehören, die nach Beendigung einer Vermietung bis zum Beginn der erstmaligen Nutzung zu eigenen Wohnzwecken entstehen (vgl. aber Tz. 95 Satz 2 und 3 und Tz. 96 Satz 2). ³Ein Mieter, der seine bisher gemietete Wohnung kauft, oder ein Nutzungsberechtigter (vgl. Tz. 5 Satz 2) kann entsprechende, vor Übergang des Eigentums entstandene Aufwendungen ebenfalls abziehen (vgl. Tz. 90 Satz 3).

87 ¹Aufwendungen, die im Zusammenhang mit nicht realisierten Bauvorhaben, nicht erworbenen Objekten oder entgegen ursprünglicher Planung nicht zu eigenen Wohnzwecken genutzten Objekte anfallen, z. B. Planungskosten, Fahrtkosten, Kosten für Fachliteratur, Finanzierungskosten für ein unbebautes Grundstück, oder Vorauszahlungen für ein Bauvorhaben, für die wegen des Konkurses des Bauunternehmers keine Herstellungsleistungen erbracht worden sind (vgl. dazu aber auch Tz. 98), stehen nicht in einem engen wirtschaftlichen Zusammenhang mit der Herstellung oder Anschaffung der zu eigenen Wohnzwecken genutzten Wohnung; sie können daher nicht nach § 10 e Abs. 6 EStG abgezogen werden.

3.1 Keine Herstellungs- oder Anschaffungskosten

88 ¹Der Abzug hängt davon ab, daß die Aufwendungen im Fall der Vermietung Werbungskosten wären. ²Die Aufwendungen dürfen nicht zu den Herstellungs- oder Anschaffungskosten der Wohnung, zu den Anschaffungskosten des Grund und Bodens oder zu Betriebsausgaben oder Werbungskosten gehören. ³Als abziehbare Aufwendungen kommen z. B. Finanzierungs- und Reparaturkosten sowie Abstandszahlungen in Betracht, die ein Steuerpflichtiger an den Mieter der von ihm gekauften Wohnung geleistet hat, um das Mietverhältnis im Interesse der Eigennutzung zu beenden. ⁴Zu den „vergeblichen" Herstellungsaufwendungen vgl. Tz. 98.

3.2 Entstehen vor Beginn der erstmaligen Selbstnutzung

89 ¹Vorauszahlte Aufwendungen können grundsätzlich nur bis zu der Höhe abgezogen werden, in der sie auf den Zeitraum bis zur erstmaligen Nutzung der Wohnung zu eigenen Wohnzwecken entfallen (vgl. BFH vom 08. 06. 1994 – BStBl II S. 893).

3.2.1 Beginn der erstmaligen Nutzung

90 ¹Es können diejenigen Aufwendungen abgezogen werden, die bis einschließlich des Tages der erstmaligen Nutzung entstanden sind. ²Unter Beginn der erstmaligen Nutzung ist der tatsächliche Einzugszeitpunkt des Eigentümers zu verstehen. ³War der Eigentümer bisher Mieter oder Nutzungsberechtigter (vgl. Tz. 5 Satz 2) der Wohnung, ist der Zeitpunkt maßgebend, in dem das wirtschaftliche Eigentum auf ihn übergeht (vgl. Tz. 18).

4. Einzelfälle
4.1 Finanzierungskosten

91 ¹Finanzierungskosten stehen stets im engen wirtschaftlichen Zusammenhang mit der Herstellung oder Anschaffung der Wohnung. ²Deshalb können die Finanzierungskosten auch dann abgezogen werden, wenn die Wohnung zunächst vermietet war. ³Unerheblich ist, ob der Steuerpflichtige in ein Mietverhältnis eingetreten ist oder die Wohnung selbst vermietet hat. ⁴Schuldzinsen, die auf die Zeit vor der erstmaligen Nutzung der eigenen Wohnung zu eigenen Wohnzwecken entfallen, können im Veranlagungszeitraum der Zahlung – ggf. nach Kürzung um Zuschüsse – wie Sonderausgaben abgezogen werden. ⁵Schuldzinsen, die auf die Zeit nach Beginn der erstmaligen Nutzung der eigenen Wohnung zu eigenen Wohnzwecken entfallen, können auch dann nicht wie Sonderausgaben abgezogen werden, wenn sie vor der erstmaligen Nutzung geleistet worden sind (vgl. BFH vom 08. 06. 1994 – BStBl II S. 893). ⁶Wie Schuldzinsen sind Geldbeschaffungskosten (z. B. Schätzungsgebühren, Gebühren für Hypothekenvermittlung, Bürgschaftsgebühren, Bereitstellungszinsen für Bankkredite, Notariatsgebühren, Aufwendungen für Fahrten zur Einholung von Kreditangeboten zur Finanzierung der Wohnung) zu behandeln. ⁷Die vorstehenden Grundsätze gelten entsprechend für Bauzeitzinsen, die für den Erwerber Finanzierungskosten sind. ⁸Erstattet dagegen der Erwerber dem Veräußerer ein bei dessen Darlehensaufnahme einbehaltenes Disagio, gehört der Erstattungsbetrag zu den Anschaffungskosten des Erwerbers (BFH-Urteil vom 17. 02. 1981, BStBl II S. 466). ⁹Voraussetzung für den Abzug der Finanzierungskosten eines Nutzungsberechtigten (vgl. Tz. 5 Satz 2) oder Mieters ist, daß sie mit der Anschaffung der Wohnung zusammenhängen. ¹⁰Diese Finanzierungskosten sind ab dem Zeitpunkt abziehbar, an dem Maßnahmen eingeleitet worden sind, die zum Eigentumserwerb geführt haben.

4.2 Damnum

92 ¹Ein vor Beginn der erstmaligen Nutzung der eigenen Wohnung zu eigenen Wohnzwecken geleistetes Damnum, das in einem engen wirtschaftlichen Zusammenhang mit der Herstellung oder Anschaffung steht, ist im Veranlagungszeitraum der Zahlung in voller Höhe wie Sonderausgaben abzuziehen (vgl. BFH vom 08. 06. 1994 – BStBl II S. 930).¹⁾ ²Wird das Damnum der vertraglichen Vereinbarung entsprechend bereits vor Auszahlung des Darlehens entrichtet, ist dieser Zahlungszeitpunkt nur dann steuerlich anzuerkennen, wenn die Vorausleistung des Damnums wirtschaftlich sinnvoll ist. ³Ist ein Damnum nicht mehr als drei Monate vor Auszahlung der Darlehensvaluta oder einer ins Gewicht fallenden Teilauszahlung des Darlehens geleistet worden, kann davon ausgegangen werden, daß ein wirtschaftlich sinnvoller Grund besteht (vgl. BFH-Urteil vom 03. 02. 1987 – BStBl II S. 492). ⁴Wird das Damnum nach dem Beginn der erstmaligen Nutzung der eigenen Wohnung zu eigenen Wohnzwecken geleistet, entfällt es jedoch teilweise auf die Zeit vor der erstmaligen Nutzung, kann der Teilbetrag in entsprechender Anwendung des BFH-Urteil vom 25. 11. 1954 (BStBl 1955 III S. 26) in dem Veranlagungszeitraum, in dem es gezahlt wird, wie Sonderausgaben abgezogen werden. ⁵Soweit für das Damnum ein Tilgungsstreckungsdarlehen aufgenommen wird, fließt das Damnum mit den Tilgungsraten des Tilgungsstreckungsdarlehens ab (BFH vom 26. 11. 1974 – BStBl 1975 II S. 330 und vom 21. 01. 1975 – BStBl II S. 503).

4.3 Aufwendungen für ein Erbbaurecht

93 ¹Vor Bezug entstandene Aufwendungen für ein Erbbaurecht, z. B. zeitanteilige Anschaffungskosten des Erbbaurechts, Erbbauzinsen, können nach § 10 e Abs. 6 EStG abgezogen werden. ²Für die Erbbauzinsen gilt Tz. 91 sinngemäß. ³Zu den Anschaffungskosten des Erbbaurechts gehören auch die vom Erbbauberechtigten übernommenen Erschließungskosten (vgl. dazu BMF-Schreiben vom 16. 12. 1991 – BStBl I S. 1011 und entsprechende Erlasse der obersten Finanzbehörden der Länder, BFH vom 27. 07. 1994 – BStBl II S. 934 und Tz. 119).

4.4 Gebühren für einen Bausparvertrag

94 ¹Vor Bezug entstandene Vertragsabschlußgebühren und Kontoführungsgebühren für einen Bausparvertrag können abgezogen werden, wenn ein enger wirtschaftlicher Zusammenhang zwischen dem Abschluß des Bausparvertrags und der Herstellung oder Anschaffung der Wohnung oder des dazugehörigen Grund und Bodens besteht und die Gebühren nicht ausnahmsweise als Werbungskosten oder Betriebsausgaben abzuziehen sind. ²Der enge wirtschaftliche Zusammenhang muß aus äußeren Tatsachen erkennbar und die Verwendung der erstrebten Kreditmittel zur Er-

---

¹⁾ Im Hinblick auf das BFH-Urteil vom 08. 06. 1994 – X R 24/92 – wird die Frage, ob das Disagio künftig auf die Laufzeit des Darlehens gleichmäßig zu verteilen ist, zwischen den obersten Finanzbehörden des Bundes und der Länder noch erörtert.

richtung oder zum Erwerb einer eigengenutzten Wohnung oder des dazugehörigen Grund und Bodens alleiniger Grund des Vertragsabschlusses sein (vgl. BFH vom 24. 07. 1990 – BStBl II S. 975).

4.5 Laufende Grundstückskosten

95 ¹Laufende Grundstückskosten, wie z. B. Grundsteuer und Gebäudeversicherungsprämien, sind auch abziehbar, soweit sie auf die Zeit entfallen, in der die Wohnung zwischen Herstellung oder Anschaffung und Nutzung zu eigenen Wohnzwecken weder vermietet noch vom Steuerpflichtigen unentgeltlich überlassen war (BFH vom 24. 03. 1993 – BStBl II S. 704). ²Sie stehen nicht in einem engen wirtschaftlichen Zusammenhang mit der Herstellung oder Anschaffung, wenn der Steuerpflichtige die Wohnung zwischen Erwerb oder Herstellung und Selbstnutzung vermietet hatte. ³Dagegen kann dieser Zusammenhang unter Berücksichtigung der Verhältnisse des Einzelfalls vorliegen, wenn der Steuerpflichtige durch den Kauf einer vermieteten Wohnung in ein Mietverhältnis eingetreten ist, um dessen Beendigung er sich im Interesse der Eigennutzung umgehend bemüht hat.

4.6 Erhaltungsaufwendungen

96 ¹Erhaltungsaufwendungen z. B. für Reparaturen, die in einem engen wirtschaftlichen Zusammenhang mit der Anschaffung der Wohnung stehen und vor deren erstmaliger Nutzung zu eigenen Wohnzwecken ausgeführt wurden, sind – sofern es sich nicht um den Herstellungskosten zuzurechnende anschaffungsnahe Aufwendungen (R 157 Abs. 5 EStR 1993; BFH vom 23. 09. 1992 – BStBl 1993 II S. 338) handelt – im Veranlagungszeitraum der Zahlung wie Sonderausgaben abziehbar. ²Das gilt auch für nach Beendigung einer Vermietung und vor der erstmaligen Nutzung zu eigenen Wohnzwecken entstandene Reparaturaufwendungen, wenn der Steuerpflichtige eine vermietete Wohnung gekauft und sich im Interesse der Eigennutzung umgehend um die Beendigung des Mietverhältnisses bemüht hat. ³War der Steuerpflichtige bisher Mieter oder Nutzungsberechtigter (vgl. Tz. 5 Satz 2) der Wohnung, sind Erhaltungsaufwendungen ab dem Zeitpunkt abziehbar, an dem Maßnahmen eingeleitet worden sind, die zum Eigentumserwerb geführt haben. ⁴§ 82 b EStDV ist nicht anwendbar.

97 ¹Hat der Steuerpflichtige das Objekt aufgrund eines nach dem 31. 12. 1993 rechtswirksam abgeschlossenen obligatorischen Vertrags oder gleichstehenden Rechtsakts angeschafft, dürfen Erhaltungsaufwendungen insgesamt nur bis zu 15 v. H. der Anschaffungskosten des Gebäudes oder der Eigentumswohnung, höchstens aber bis zu 22.500 DM abgezogen werden (zum zeitlichen Anwendungsbereich vgl. auch das Beispiel in Tz. 57). ²Bei Erwerb eines Miteigentumsanteils ist eine dem Anteil entsprechende Kürzung des Höchstbetrags von 22.500 DM vorzunehmen. ³Tzn. 60 bis 62 sind entsprechend anzuwenden. ⁴Werden Teile der Wohnung nicht zu eigenen Wohnzwecken genutzt (z. B. Arbeitszimmer, andere gewerblich/beruflich genutzte oder vermietete Räume), sind die mit der Wohnung in Zusammenhang stehenden Erhaltungsaufwendungen – nicht aber der Höchstbetrag von 22.500 DM – insoweit zu kürzen, als sie auf den nicht zu eigenen Wohnzwecken genutzten Teil entfallen (zu den Aufteilungsmaßstäben vgl. Tz. 52 und 54).

4.7 „Vergebliche" Herstellungsaufwendungen

98 ¹Vorauszahlungen, für die keine Herstellungsleistungen erbracht worden sind (z. B. wegen Konkurses des Bauunternehmers) können nach § 10 e Abs. 6 EStG abgezogen werden (vgl. BFH vom 04. 07. 1990 – BStBl II S. 830), wenn das Bauvorhaben realisiert worden ist, und das Objekt entsprechend der ursprünglichen Planung zu eigenen Wohnzwecken genutzt wird (vgl. BFH vom 17. 07. 1991 – BStBl II S. 916). ²Eine „vergebliche" Vorauszahlung kann erst in dem Veranlagungszeitraum als Sonderausgaben abgezogen werden, in dem deutlich wird, daß sie ohne Gegenleistung bleibt und eine Rückzahlung nicht zu erwarten ist (vgl. BFH vom 31. 03. 1992 – BStBl II S. 805). ³Für den Entstehungszeitpunkt ist hingegen maßgeblich, wann die Leistung hätte erbracht werden sollen. ⁴Bei Herstellungsleistungen kann regelmäßig davon ausgegangen werden, daß diese vor Bezug hätten erbracht werden sollen.

5. Erstattung von Aufwendungen

99 ¹Werden Aufwendungen, die im Zeitpunkt ihrer Verausgabung nach § 10 e Abs. 6 EStG abgezogen worden sind, später rückerstattet, kommt im Veranlagungszeitraum der Erstattung nur eine Verrechnung mit abzugsfähigen Aufwendungen nach § 10 e Abs. 6 EStG in Betracht. ²Erstattete Schuldzinsen müssen zudem mit nach § 10 e Abs. 6 a EStG abzugsfähigen Schuldzinsen verrechnet werden.

6. Zuordnung und Aufteilungsmaßstab

100 ¹Aufwendungen, die nur zum Teil im Rahmen des § 10 e Abs. 6 EStG zu berücksichtigen sind, z. B. weil sie auf mehrere Wohnungen entfallen oder in den Fällen der Tz. 52 und 54, sind den verschiedenen Teilen des Grundstücks, des Gebäudes oder der Wohnung zuzuordnen. ²Soweit sich die Aufwendungen nach objektiven Merkmalen und Unterlagen nicht leicht und einwandfrei einem Teil des Grundstücks, des Gebäudes oder der Wohnung eindeutig zuordnen lassen, sind sie aufzuteilen (zu den Aufteilungsmaßstäben vgl. Tz. 52 und 54).

101 ¹Die Zuordnungsgrundsätze der Tz. 100 gelten auch bei Wohnungen, die im Miteigentum stehen. ²Ein Miteigentümer, der eine Wohnung aufgrund seiner Eigentümerstellung zu eigenen Wohn-

Anhang 34
I Wohneigentumsförderung

zwecken nutzt (vgl. Tz. 62 Beispiel 1 und 3), kann die Aufwendungen im Sinne des § 10 e Abs. 6 EStG, die auf diese Wohnung entfallen, daher in vollem Umfang (vgl. aber § 10 e Abs. 6 Satz 3 EStG) abziehen. ³Nutzt ein Miteigentümer die zu eigenen Wohnzwecken genutzte Wohnung teilweise aufgrund einer Nutzungsüberlassung (vgl. Tz. 62 Beispiel 2), sind die anteiligen Aufwendungen, die auf diesen Teil der Wohnung entfallen, nicht abziehbar. ⁴Sie stehen nicht in einem engen wirtschaftlichen Zusammenhang mit der Anschaffung oder Herstellung des Miteigentumsanteils durch den Steuerpflichtigen.

7. Verfahrensvorschriften

102 ¹Werden Aufwendungen in einem Veranlagungszeitraum abgezogen, in dem die Nutzung der Wohnung zu eigenen Wohnzwecken noch nicht begonnen hat, ist die Veranlagung insoweit vorläufig durchzuführen (§ 165 Abs. 1 Satz 1 AO).

8. Kosten vor Bezug bei Ausbauten und Erweiterungen

103 ¹Die Tz. 83 bis 102 gelten mit Ausnahme der Tzn. 96 und 97 entsprechend bei zu eigenen Wohnzwecken genutzten Ausbauten und Erweiterungen, die der Steuerpflichtige an einer Wohnung hergestellt hat, die er spätestens nach Abschluß der Maßnahme zu eigenen Wohnzwecken nutzt.

III. Schuldzinsenabzug nach § 10 e Abs. 6 a EStG

104 ¹Der Schuldzinsenabzug nach § 10 e Abs. 6 a EStG kann nur für Objekte in Anspruch genommen werden,
– die der Eigentümer als Bauherr aufgrund eines nach dem 30. September 1991 gestellten Bauantrags hergestellt hat
oder
– die der Eigentümer in Erwerbsfällen aufgrund eines nach dem 30. September 1991 rechtswirksam abgeschlossenen Kaufvertrags angeschafft hat oder
– mit deren Herstellung durch den Bauherrn oder Veräußerer nach dem 30. September 1991 begonnen worden ist.

²Der Steuerpflichtige kann den Schuldzinsenabzug vornehmen, wenn er
– Abzugsbeträge für ein Objekt im Sinne des § 10 e Abs. 1 oder 2 EStG, das er vor dem 01. 01. 1995 hergestellt oder vor diesem Zeitpunkt bis zum Ende des Jahres der Fertigstellung angeschafft hat, in Anspruch nimmt
oder
– an der Inanspruchnahme von Abzugsbeträgen für ein solches Objekt allein wegen Überschreitens der Einkunftsgrenze (vgl. Tz. 22) nach § 10 e Abs. 5 a EStG gehindert ist.

³Für eine Wohnung, die zwar vor dem 01. 01. 1995 angeschafft, aber erst zu einem späteren Zeitpunkt fertiggestellt wird, können Schuldzinsen nicht abgezogen werden. ⁴Ein unentgeltlicher Erwerb im Rahmen der Einzelrechtsnachfolge berechtigt nicht zur Inanspruchnahme des Schuldzinsenabzugs.

105 ¹Der Schuldzinsenabzug ist auch dann zulässig, wenn im Veranlagungszeitraum der Abzugsbetrag nach § 10 e Abs. 1 oder Abs. 2 EStG wegen der Nachholungsmöglichkeit nach § 10 e Abs. 3 Satz 1 EStG nicht geltend gemacht wird. ²In der Geltendmachung des Schuldzinsenabzugs kommt in diesem Fall die Inanspruchnahme der Steuerbegünstigung nach § 10 e Abs. 1 bis 5 EStG zum Ausdruck.

106 ¹Ist die Einkunftsgrenze nach § 10 e Abs. 5 a EStG überschritten, tritt bei Inanspruchnahme des Schuldzinsenabzugs kein Objektverbrauch nach § 10 e Abs. 4 EStG ein.

1. Wirtschaftlich mit einem § 10 e-Objekt zusammenhängende Schuldzinsen

107 ¹Nach § 10 e Abs. 6 a EStG können Schuldzinsen abgezogen werden, die mit einem Objekt im Sinne des § 10 e Abs. 1 oder 2 EStG in wirtschaftlichem Zusammenhang stehen. ²Schuldzinsen können auch dann abgezogen werden, wenn sie mit der Finanzierung eines vor dem 01. 10. 1991 angeschafften unbebauten Grundstücks zusammenhängen. ³Wird durch Baumaßnahmen an einem bereits bestehenden Gebäude oder Gebäudeteil eine Wohnung im Sinne des § 10 e Abs. 1 EStG hergestellt (vgl. Tz. 14 und 15), können Schuldzinsen auch abgezogen werden, soweit sie mit der zur Herstellung der Wohnung verwendeten Altbausubstanz wirtschaftlich zusammenhängen.

108 ¹In den Fällen des § 10 e Abs. 2 EStG sind allein die mit dem Ausbau oder der Erweiterung in wirtschaftlichem Zusammenhang stehenden Schuldzinsen nach § 10 e Abs. 6 a EStG begünstigt.

109 ¹Zu den Schuldzinsen im Sinne des § 10 e Abs. 6 a EStG gehören neben den laufenden Schuldzinsen auch die Erbbauzinsen, das Damnum und die Geldbeschaffungskosten (z. B. Schätzungsgebühren, Gebühren für die Hypothekenvermittlung, Bürgschaftsgebühren, Bereitstellungszinsen für Bankkredite, Notariatsgebühren), soweit sie nicht bereits nach § 10 e Abs. 6 EStG abgezogen werden können (vgl. Tz. 91 und 92).

2. Schuldzinsenabzug beim Folgeobjekt

110 ¹Bei einem Folgeobjekt (§ 10 e Abs. 4 Satz 4 EStG) kann der Steuerpflichtige den Schuldzinsenabzug nur für die vom Erstobjekt verbliebenen Jahre des Abzugszeitraums nach § 10 e Abs. 1 EStG geltend machen.

Beispiel:
Der Steuerpflichtige hat für ein 1988 hergestelltes Einfamilienhaus die Abzugsbeträge nach § 10 e EStG für die Jahre 1988 bis 1994 in Anspruch genommen. Ab 01. 06. 1994 bewohnt er ein im selben Jahr hergestelltes Folgeobjekt. Da der Steuerpflichtige wegen § 10 e Abs. 4 Satz 5, 2. Halbsatz EStG für das Folgeobjekt den Abzugsbetrag nach § 10 e Abs. 1 EStG nur für 1995 abziehen kann, kann er den Schuldzinsenabzug auch nur für 1995 in Anspruch nehmen.

3. Nachholung des Schuldzinsenabzugs

111 ¹Soweit der Schuldzinsenabzug nicht in vollem Umfang im Jahr der Herstellung oder Anschaffung in Anspruch genommen werden kann, kann er nach § 10 e Abs. 6 a Satz 2 EStG im dritten auf das Jahr der Herstellung oder Anschaffung folgenden Jahr nachgeholt werden. ²Die Nachholung ist nur in Veranlagungszeiträumen und nur für Veranlagungszeiträume möglich, in denen der Steuerpflichtige die Wohnung zu eigenen Wohnzwecken genutzt hat. ³Eine Nachholung ist bis zur Höhe der im Nachholungsjahr gezahlten Schuldzinsen möglich. ⁴Sie ist nicht zulässig, soweit sich der Schuldzinsenabzug im Jahr der Herstellung oder Anschaffung mangels ausreichend hohem zu versteuerndem Einkommen nicht steuermindernd ausgewirkt oder der Steuerpflichtige auf die Inanspruchnahme verzichtet hat.

Beispiel 1:
Der Steuerpflichtige bezieht sein neu errichtetes Einfamilienhaus am 31. 10. 1992. Seine monatlichen Schuldzinsen betragen 1.200 DM. Er kann die im November und Dezember 1992 entstandenen und gezahlten Schuldzinsen von insgesamt 2.400 DM nach § 10 e Abs. 6 a EStG abziehen. In Höhe von (12.000 DM − 2.400 DM =) 9.600 DM kann er den Schuldzinsenabzug nicht in Anspruch nehmen. Im Jahre 1995 zahlt der Steuerpflichtige Schuldzinsen in Höhe von 10.000 DM. Der Steuerpflichtige kann für das Jahr 1995 Schuldzinsen in Höhe von 9.600 DM abziehen.

Beispiel 2:
Der Steuerpflichtige bezieht sein im Dezember 1994 fertiggestelltes Einfamilienhaus im Februar 1995. Für 1994 kommt ein Schuldzinsenabzug nach § 10 e Abs. 6 a EStG wegen fehlender Eigennutzung nicht in Betracht. Der Schuldzinsenabzug nach § 10 e Abs. 6 a EStG beschränkt sich auf die Jahre 1995 und 1996.

3.1 Nachholung beim Folgeobjekt

112 ¹Macht der Steuerpflichtige den Schuldzinsenabzug für ein Folgeobjekt (§ 10 e Abs. 4 EStG) geltend, hat er die Nachholungsmöglichkeit auch dann nicht, wenn er im Jahr der Herstellung oder Anschaffung des Folgeobjekts nur wegen § 10 e Abs. 4 Satz 5, 2. Halbsatz EStG noch nicht zur Inanspruchnahme von Abzugsbeträgen nach § 10 e Abs. 1 oder 2 EStG berechtigt war.

4. Teilweise Nutzung der Wohnung zu anderen als eigenen Wohnzwecken

113 ¹Werden Teile der Wohnung nicht zu eigenen Wohnzwecken genutzt (z. B. Arbeitszimmer, andere gewerblich/beruflich genutzte oder vermietete Räume), sind die mit der Wohnung in wirtschaftlichem Zusammenhang stehenden Schuldzinsen − nicht aber der Höchstbetrag − insoweit zu kürzen, als sie auf den nicht zu eigenen Wohnzwecken genutzten Teil entfallen (zu den Aufteilungsmaßstäben vgl. Tz. 52 und 54). ²Sie sind nicht zu kürzen, wenn Teile einer ansonsten zu eigenen Wohnzwecken genutzten Wohnung unentgeltlich zu Wohnzwecken überlassen werden (vgl. Tz. 55).

5. Erbfall

114 ¹Geht eine zu einem Nachlaß gehörende Wohnung auf einen Erben über, kann dieser bis zum Ende des Abzugszeitraums nach § 10 e Abs. 6 a EStG den Schuldzinsenabzug in Anspruch nehmen, wenn in seiner Person die Voraussetzungen hierfür erfüllt sind (vgl. Tz. 59). ²Der Erbe kann den nicht ausgenutzten Schuldzinsenabzug des Erblassers nach § 10 e Abs. 6 a Satz 2 EStG nachholen, soweit die Nachholung dem Erblasser zugestanden hätte. ³Erfüllen für den Veranlagungszeitraum des Erbfalls der Erblasser und der Erbe die Voraussetzungen für die Inanspruchnahme des § 10 e Abs. 6 a EStG, können die Schuldzinsen beim Erblasser bzw. beim Erben jeweils bis zu der Höhe berücksichtigt werden, in der sie ihnen entstanden und von ihnen gezahlt worden sind. ⁴Übersteigen die Schuldzinsen insgesamt den Höchstbetrag von 12.000 DM, kann der Erbe wählen, in welchem Umfang die Schuldzinsen für dieses Jahr beim Erblasser und bei ihm abzuziehen sind.

6. Miteigentümer

115 ¹Die Tz. 60 bis 62 sind entsprechend anzuwenden.

116 ¹Steht das Objekt im Miteigentum von Ehegatten und erwirbt ein Ehegatte infolge Erbfalls einen Miteigentumsanteil vom anderen Ehegatten hinzu, kann der hinzuerwerbende Ehegatte die auf diesen Anteil entfallenden Schuldzinsen nach § 10 e Abs. 6 a EStG − unter Beachtung des Höchstbetrags − weiterhin abziehen, wenn bis zum Tod des anderen Ehegatten die Voraussetzungen des § 26 Abs. 1 EStG vorgelegen haben und bei ihm noch kein Objektverbrauch eingetreten ist. ²Entsprechendes gilt, wenn während des Abzugszeitraums die Voraussetzungen des § 26 Abs. 1 EStG aus anderen Gründen wegfallen und

ein Ehegatte den Anteil des anderen Ehegatten an der Wohnung erwirbt.

IV. Gesonderte und einheitliche Feststellung bei Miteigentümern nach § 10 e Abs. 7 EStG

117 ¹Eine gesonderte und einheitliche Feststellung nach § 10 e Abs. 7 EStG ist nur durchzuführen, wenn mehrere Miteigentümer einen anteiligen Abzugsbetrag für die von ihnen gemeinschaftlich genutzte Wohnung in Anspruch nehmen. ²Sie ist nicht erforderlich, wenn die Wohnung im Miteigentum von nach § 26 b EStG zusammen zur Einkommensteuer veranlagten Ehegatten steht oder nur durch einen der Miteigentümer bewohnt wird oder ein Zwei- oder Mehrfamilienhaus im Miteigentum mehrerer Steuerpflichtiger steht und die Wohnungen jeweils von den einzelnen Miteigentümern bewohnt werden (vgl. Tz. 62). ³Eine gesonderte und einheitliche Feststellung ist entsprechend § 180 Abs. 3 Nr. 2 AO nicht durchzuführen, wenn es sich um einen Fall von geringer Bedeutung handelt, insbesondere weil die Höhe der Abzugsbeträge und die Aufteilung feststehen.

V. Anwendungsregelung

118 ¹Soweit die Anwendung dieser Regelungen zu einer günstigeren Besteuerung gegenüber der bisherigen Verwaltungspraxis führt, können Abzugsbeträge, die in Veranlagungszeiträumen mit bestandskräftigem Steuerbescheid nicht ausgenutzt worden sind, nach Maßgabe des § 10 e Abs. 3 EStG nachgeholt werden.

119 ¹Soweit die Anwendung der Regelungen in Tz. 71 zu einer Verschärfung der Besteuerung gegenüber der bisher geltenden Verwaltungspraxis führt, ist dieses Schreiben nicht anzuwenden, wenn der Steuerpflichtige das Objekt aufgrund eines Kaufvertrags angeschafft hat, der vor dem 01. 02. 1995 rechtswirksam abgeschlossen worden ist. ²Soweit die Anwendung der Regelungen zu Tz. 84 zu einer Verschärfung der Besteuerung führt, ist dieses Schreiben nicht anzuwenden, wenn der Steuerpflichtige das Objekt aufgrund eines Kaufvertrags angeschafft hat, der vor dem 1. 12. 1993 rechtswirksam abgeschlossen worden ist. ³Soweit die Anwendung der Tz. 93 Satz 3 zu einer Verschärfung der Besteuerung führt, können vor dem Beginn der erstmaligen Selbstnutzung gezahlte Erschließungskosten in voller Höhe nach § 10 e Abs. 6 EStG abgezogen werden, wenn der rechtswirksame Abschluß eines Erbbaurechtsvertrags oder eines auf die Übertragung eines Erbbaurechts gerichteten Vertrags vor dem 01. 01. 1992 liegt.

⁴Die BMF-Schreiben vom 25. 10. 1990 (BStBl I S. 626) und vom 22. 10. 1993 (BStBl I S. 827) werden aufgehoben.

II
Eigenheimzulagengesetz (EigZulG)

vom 30. 1. 1996 (BGBl. I S. 113, BStBl I S. 81),

§ 1
Anspruchberechtigter

Unbeschränkt Steuerpflichtige im Sinne des Einkommensteuergesetzes haben Anspruch auf eine Eigenheimzulage nach Maßgabe der folgenden Vorschriften.

§ 2
Begünstigtes Objekt

(1) Begünstigt ist die Herstellung oder Anschaffung einer Wohnung in einem im Inland belegenen eigenen Haus oder einer im Inland belegenen eigenen Eigentumswohnung. Nicht begünstigt ist eine Ferien- oder Wochenendwohnung oder eine Wohnung, für die Absetzungen für Abnutzung als Betriebsausgaben oder Werbungskosten im Rahmen der doppelten Haushaltsführung abgezogen werden oder § 52 Abs. 15 Satz 2 oder 3 oder Abs. 21 Satz 2 des Einkommensteuergesetzes gilt. Nicht begünstigt sind auch eine Wohnung oder ein Anteil daran, die der Anspruchberechtigte von seinem Ehegatten anschafft, wenn bei den Ehegatten im Zeitpunkt der Anschaffung die Voraussetzungen des § 26 Abs. 1 des Einkommensteuergesetzes vorliegen.

(2) Ausbauten und Erweiterungen an einer Wohnung in einem im Inland belegenen eigenen Haus oder einer im Inland belegenen eigenen Eigentumswohnung stehen der Herstellung einer Wohnung im Sinne des Absatzes 1 gleich.

§ 3
Förderzeitraum

Der Anspruchsberechtigte kann die Eigenheimzulage im Jahr der Fertigstellung oder Anschaffung und in den sieben folgenden Jahren (Förderzeitraum) in Anspruch nehmen.

§ 4
Nutzung zu eigenen Wohnzwecken

Der Anspruch besteht nur für Kalenderjahre, in denen der Anspruchsberechtigte die Wohnung zu eigenen Wohnzwecken nutzt. Eine Nutzung zu eigenen Wohnzwecken liegt auch vor, soweit eine Wohnung unentgeltlich an einen Angehörigen im Sinne des § 15 der Abgabenordnung zu Wohnzwecken überlassen wird.

§ 5
Einkunftsgrenze

Der Anspruchsberechtigte kann die Eigenheimzulage ab dem Jahr in Anspruch nehmen (Erstjahr), in dem der Gesamtbetrag der Einkünfte nach § 2 Abs. 3 des Einkommensteuergesetzes des Erstjahrs zuzüglich des Gesamtbetrags der Einkünfte des vorangegangenen Jahres (Vorjahr) 240.000 Deutsche Mark nicht übersteigt. Bei Ehegatten, die im Erstjahr nach § 26 b des Einkommensteuergesetzes zusammenveranlagt werden oder die nicht zur Einkommensteuer veranlagt werden und die Voraussetzungen des § 26 Abs. 1 des Einkommensteuergesetzes erfüllen, tritt an die Stelle des Betrags von 240.000 Deutsche Mark der Betrag von 480.000 Deutsche Mark. Ist in den Fällen des Satzes 1 im Vorjahr für den Anspruchsberechtigten eine Zusammenveranlagung nach § 26 b des Einkommensteuergesetzes durchgeführt worden oder ist er nicht zur Einkommensteuer veranlagt worden und waren die Voraussetzungen des § 26 Abs. 1 des Einkommensteuergesetzes erfüllt, ist der auf den Anspruchsberechtigten entfallende Anteil am Gesamtbetrag der Einkünfte des Vorjahrs zu berücksichtigen. Liegen in den Fällen des Satzes 2 im Vorjahr die dort genannten Voraussetzungen nicht vor, ist der Gesamtbetrag der Einkünfte des Vorjahres beider Ehegatten zu berücksichtigen.

§ 6
Objektbeschränkung

(1) Der Anspruchsberechtigte kann die Eigenheimzulage nur für eine Wohnung oder einen Ausbau oder eine Erweiterung (Objekt) in Anspruch nehmen. Ehegatten, bei denen die Voraussetzungen des § 26 Abs. 1 des Einkommensteuergesetzes vorliegen, können die Eigenheimzulage für insgesamt zwei Objekte beanspruchen, jedoch nicht gleichzeitig für zwei in räumlichem Zusammenhang belegene Objekte, wenn bei den Ehegatten im Zeitpunkt der Fertigstellung oder Anschaffung der Objekte die Voraussetzungen des § 26 Abs. 1 des Einkommensteuergesetzes vorliegen.

(2) Sind mehrere Anspruchsberechtigte Eigentümer einer Wohnung, steht jeder Anteil an dieser Wohnung einer Wohnung gleich; Entsprechendes gilt bei dem Ausbau oder der Erweiterung der Wohnung. Satz 1 ist nicht anzuwenden, wenn Ehegatten Eigentümer der Wohnung sind und bei den Ehegatten die Voraussetzungen des § 26 Abs. 1 des Einkommensteuergesetzes vorliegen.

Erwirbt im Fall des Satzes 2 ein Ehegatte infolge Erbfalls einen Miteigentumsanteil an der Wohnung hinzu, so kann er den auf diesen Anteil entfallenden Fördergrundbetrag nach § 9 Abs. 2 bis 4 weiter in der bisherigen Höhe in Anspruch nehmen; Entsprechendes gilt, wenn im Fall des Satzes 2 während des Förderzeitraums die Voraussetzungen des § 26 Abs. 1 des Einkommensteuergesetzes wegfallen und ein Ehegatte den Anteil des anderen Ehegatten an der Wohnung erwirbt.

(3) Der Eigenheimzulage stehen die erhöhten Absetzungen nach § 7 b des Einkommensteuergesetzes in der jeweiligen Fassung ab Inkrafttreten des Gesetzes vom 16. Juni 1964 (BGBl. I S. 353) und nach § 15 Abs. 1 bis 4 des Berlinförderungsgesetzes in der jeweiligen Fassung ab Inkrafttreten des Gesetzes vom 11. Juli 1977 (BGBl. I S. 1213) sowie die Abzugsbeträge nach § 10 e des Einkommensteuergesetzes und nach § 15 b des Berlinförderungsgesetzes in der jeweiligen Fassung ab Inkrafttreten des Gesetzes vom 15. Mai 1986 (BGBl. I S. 730) gleich.

§ 7
Folgeobjekt

Nutzt der Anspruchsberechtigte die Wohnung (Erstobjekt) nicht bis zum Ablauf des Förderzeitraums zu eigenen Wohnzwecken und kann er deshalb die Eigenheimzulage nicht mehr in Anspruch nehmen, kann er die Eigenheimzulage für ein weiteres Objekt (Folgeobjekt) beanspruchen. Das Folgeobjekt ist ein eigenständiges Objekt im Sinne des § 2. Der Förderzeitraum für das Folgeobjekt ist um die Kalenderjahre zu kürzen, in denen der Anspruchsberechtigte die Eigenheimzulage für das Erstobjekt in Anspruch hätte nehmen können; hat der Anspruchsberechtigte das Folgeobjekt in einem Jahr, in dem er das Erstobjekt noch zu eigenen Wohnzwecken genutzt hat, hergestellt, angeschafft, ausgebaut oder erweitert, so beginnt der Förderzeitraum für das Folgeobjekt mit Ablauf des Jahres, in dem der Anspruchsberechtigte das Erstobjekt letztmals zu eigenen Wohnzwecken genutzt hat. Dem Erstobjekt im Sinne des Satzes 1 steht ein Erstobjekt im Sinne der §§ 7 b Abs. 5 Satz 4 und 10 e Abs. 4 Satz 4 des Einkommensteuergesetzes sowie § 15 Abs. 1 und § 15 b Abs. 1 des Berlinförderungsgesetzes gleich.

§ 8
Bemessungsgrundlage

Bemessungsgrundlage für den Fördergrundbetrag nach § 9 Abs. 2 sind die Herstellungskosten oder Anschaffungskosten der Wohnung zuzüglich der Anschaffungskosten für den dazugehörenden Grund und Boden. Bei Ausbauten oder Erweiterungen nach § 2 Abs. 2 sind Bemessungsgrundlage die Herstellungskosten. Werden Teile der Wohnung nicht zu eigenen Wohnzwecken genutzt, ist die Bemessungsgrundlage um den hierauf entfallenden Teil zu kürzen.

§ 9
Höhe der Eigenheimzulage

(1) Die Eigenheimzulage umfaßt den Fördergrundbetrag nach Absatz 2 bis 4 und die Kinderzulage nach Absatz 5.

(2) Der Fördergrundbetrag beträgt jährlich 5 vom Hundert der Bemessungsgrundlage, höchstens 5.000 Deutsche Mark. Hat der Anspruchsberechtigte die Wohnung nicht bis zum Ende des zweiten auf das Jahr der Fertigstellung folgenden Jahres angeschafft, beträgt der Fördergrundbetrag jährlich 2,5 vom Hundert der Bemessungsgrundlage, höchstens 2.500 Deutsche Mark. Sind mehrere Anspruchsberechtigte Eigentümer einer Wohnung, kann der Anspruchsberechtigte den Fördergrundbetrag entsprechend seinem Miteigentumsanteil in Anspruch nehmen. Der Fördergrundbetrag für die Herstellung oder Anschaffung einer Wohnung mindert sich jeweils um den Betrag, den der Anspruchsberechtigte im jeweiligen Kalenderjahr des Förderzeitraums für die Anschaffung von Genossenschaftsanteilen nach § 17 in Anspruch genommen hat.

(3) Der Fördergrundbetrag nach Absatz 2 erhöht sich jährlich um 2 vom Hundert der Bemessungsgrundlage nach Satz 3, höchstens um 500 Deutsche Mark. Dies gilt nicht bei Ausbauten und Erweiterungen nach § 2 Abs. 2. Bemessungsgrundlage sind

1. die Aufwendungen für den Einbau einer verbrennungsmotorisch oder thermisch angetriebenen Wärmepumpenanlage mit einer Leistungszahl von mindestens 1,3 einer Elektro-Wärmepumpenanlage mit einer Leistungszahl von mindestens 3,5, einer Solaranlage oder einer Anlage zur Wärmerückgewinnung einschließlich der Anbindung an das Heizsystem, wenn der Anspruchsberechtigte die Maßnahme vor Beginn der Nutzung der Wohnung zu eigenen Wohnzwecken und vor dem 1. Januar 1999 abgeschlossen hat, oder

2. die Anschaffungskosten einer Wohnung, die der Anspruchsberechtigte bis zum Ende des zweiten auf das Jahr der Fertigstellung folgenden Jahres und vor dem 1. Januar 1999 angeschafft hat, soweit sie auf die in Nummer 1 genannten Maßnahmen entfallen.

(4) Der Fördergrundbetrag nach Absatz 2 erhöht sich um jährlich 400 Deutsche Mark, wenn

1. die Wohnung in einem Gebäude belegen ist, dessen Jahres-Heizwärmebedarf den für dieses Gebäude geforderten Wert nach der Wär-

meschutzverordnung vom 16. August 1994 (BGBl. I S. 2121) um mindestens 25 vom Hundert unterschreitet, und

2. der Anspruchsberechtigte die Wohnung vor dem 1. Januar 1999 fertiggestellt oder vor diesem Zeitpunkt bis zum Ende des Jahres der Fertigstellung angeschafft hat.

Dies gilt nicht bei Ausbauten und Erweiterungen nach § 2 Abs. 2. Der Anspruchsberechtigte kann den Betrag nach Satz 1 nur in Anspruch nehmen, wenn er durch einen Wärmebedarfsausweis im Sinne des § 12 der Wärmeschutzverordnung nachweist, daß die Voraussetzungen des Satzes 1 Nr. 1 vorliegen.

(5) Die Kinderzulage beträgt jährlich für jedes Kind, für das der Anspruchsberechtigte oder sein Ehegatte im jeweiligen Kalenderjahr des Förderzeitraums einen Kinderfreibetrag oder Kindergeld erhält, 1.500 Deutsche Mark. Voraussetzung ist, daß das Kind im Förderzeitraum zum inländischen Haushalt des Anspruchsberechtigten gehört oder gehört hat. Sind mehrere Anspruchsberechtigte Eigentümer einer Wohnung, und haben sie zugleich für ein Kind Anspruch auf die Kinderzulage, ist bei jedem die Kinderzulage zur Hälfte anzusetzen. Der Anspruchsberechtigte kann die Kinderzulage im Kalenderjahr nur für eine Wohnung in Anspruch nehmen. Der Kinderzulage steht die Steuerermäßigung nach § 34 f des Einkommensteuergesetzes gleich. Absatz 2 Satz 4 ist entsprechend anzuwenden.

(6) Die Summe der Fördergrundbeträge nach Absatz 2 und der Kinderzulagen nach Absatz 5 darf die Bemessungsgrundlage nach § 8 nicht überschreiten. Sind mehrere Anspruchsberechtigte Eigentümer der Wohnung, darf die Summe der Beträge nach Satz 1 die auf den Anspruchsberechtigten entfallende Bemessungsgrundlage nicht überschreiten.

§ 10
Entstehung des Anspruchs auf Eigenheimzulage

Der Anspruch auf Eigenheimzulage entsteht mit Beginn der Nutzung der hergestellten oder angeschafften Wohnung zu eigenen Wohnzwecken, für jedes weitere Jahr des Förderzeitraums mit Beginn des Kalenderjahres, für das eine Eigenheimzulage festzusetzen ist.

§ 11
Festsetzung der Eigenheimzulage

(1) Die Eigenheimzulage wird für das Jahr, in dem erstmals die Voraussetzungen für die Inanspruchnahme der Eigenheimzulage vorliegen, und die folgenden Jahre des Förderzeitraums von dem für die Besteuerung des Anspruchsberechtigten nach dem Einkommen zuständigen Finanzamt festgesetzt. Für die Höhe des Fördergrundbetrags nach § 9 Abs. 2 und die Zahl der Kinder nach § 9 Abs. 5 Satz 1 und 2 sind die Verhältnisse bei Beginn der Nutzung der hergestellten oder angeschafften Wohnung zu eigenen Wohnzwecken maßgeblich. Liegen die Voraussetzungen für die Inanspruchnahme der Eigenheimzulage erst zu einem späteren Zeitpunkt vor, sind die Verhältnisse zu diesem Zeitpunkt maßgeblich. Die Festsetzungsfrist für die Eigenheimzulage endet nicht vor Ablauf der Festsetzungsfrist für die Einkommensteuer der nach § 5 maßgebenden Jahre. Ist der Ablauf der Festsetzungsfrist nach Satz 4 hinausgeschoben, verlängert sich die Festsetzungsfrist für die folgenden Jahre des Förderzeitraums um die gleiche Zeit.

(2) Haben sich die Verhältnisse für die Höhe des Fördergrundbetrags nach § 9 Abs. 2 oder die Zahl der Kinder nach § 9 Abs. 5 Satz 1 und 2, die bei der zuletzt festgesetzten Eigenheimzulage zugrunde gelegt worden sind, geändert, ist die Eigenheimzulage neu festzusetzen (Neufestsetzung). Neu festgesetzt wird mit Wirkung ab dem Kalenderjahr, für das sich die Abweichung bei der Eigenheimzulage ergibt.

(3) Entfallen die Voraussetzungen nach den §§ 1, 2, 4 und 6 während eines Jahres des Förderzeitraums und kann der Anspruchsberechtigte die Eigenheimzulage nicht mehr in Anspruch nehmen, ist die Festsetzung mit Wirkung ab dem folgenden Kalenderjahr aufzuheben. Liegen die Voraussetzungen für die Inanspruchnahme erneut vor, ist Absatz 1 entsprechend anzuwenden.

(4) Der Bescheid über die Festsetzung der Eigenheimzulage ist aufzuheben oder zu ändern, wenn nachträglich bekannt wird, daß der Gesamtbetrag der Einkünfte in den nach § 5 maßgebenden Jahren insgesamt die Einkunftsgrenze über- oder unterschreitet.

(5) Materielle Fehler der letzten Festsetzung können durch Neufestsetzung oder durch Aufhebung der Festsetzung beseitigt werden. Neu festgesetzt wird mit Wirkung ab dem Kalenderjahr, in dem der Fehler dem Finanzamt bekannt wird, bei einer Aufhebung oder einer Neufestsetzung zuungunsten des Anspruchsberechtigten jedoch frühestens mit Wirkung ab dem Kalenderjahr, in dem das Finanzamt aufhebt oder neu festsetzt. Bei der Neufestsetzung oder Aufhebung der Festsetzung nach Satz 1 ist § 176 der Abgabenordnung entsprechend anzuwenden; dies gilt nicht für ein Kalenderjahr, das nach der Verkündung der maßgeblichen Entscheidung eines obersten Gerichts des Bundes beginnt.

(6) Sind mehrere Anspruchsberechtigte Eigentümer einer Wohnung, kann die Bemessungsgrundlage nach § 8 und § 9 Abs. 3 gesondert und einheitlich festgestellt werden. Die für die gesonderte Feststellung von Einkünften nach § 180 Abs. 1 Nr. 2 Buchstabe a der Abgabenordnung geltenden Vorschriften sind entsprechend anzu-

wenden. Bei Ehegatten, die gemeinsam Eigentümer einer Wohnung sind, ist die Festsetzung der Zulage für Jahre des Förderzeitraums, in denen die Voraussetzungen des § 26 Abs. 1 des Einkommensteuergesetzes vorliegen, zusammen durchzuführen. Die Eigenheimzulage ist neu festzusetzen, wenn die Voraussetzungen des § 26 Abs. 1 des Einkommensteuergesetzes während des Förderzeitraums entfallen oder eintreten.

§ 12
Antrag auf Eigenheimzulage

(1) Der Antrag auf Eigenheimzulage ist nach amtlichem Vordruck zu stellen und eigenhändig zu unterschreiben.

(2) Der Anspruchsberechtigte ist verpflichtet, dem zuständigen Finanzamt unverzüglich eine Änderung der Verhältnisse mitzuteilen, die zu einer Minderung oder dem Wegfall der Eigenheimzulage führen.

§ 13
Auszahlung

(1) Für das Jahr der Bekanntgabe des Bescheids und die vorangegangenen Jahre ist die Eigenheimzulage innerhalb eines Monats nach Bekanntgabe des Bescheids, für jedes weitere Jahr des Förderzeitraums am 15. März auszuzahlen. Ergibt sich auf Grund der Neufestsetzung eine Erhöhung der Eigenheimzulage, ist der Unterschiedsbetrag innerhalb eines Monats nach Bekanntgabe des Bescheids auszuzahlen. Ist die Eigenheimzulage nach § 11 Abs. 6 Satz 3 für beide Ehegatten zusammen festgesetzt worden, wirkt die Auszahlung der Eigenheimzulage an einen Ehegatten auch für und gegen den anderen Ehegatten; dies gilt auch, wenn die Eigenheimzulage nach der Auszahlung nach § 11 Abs. 6 Satz 4 neu festgesetzt wird.

(2) Die Eigenheimzulage ist aus den Einnahmen an Einkommensteuer auszuzahlen.

§ 14
Rückforderung

Ergibt sich auf Grund der Neufestsetzung eine Minderung der Eigenheimzulage oder wird die Festsetzung aufgehoben, sind überzahlte Beträge innerhalb eines Monats nach Bekanntgabe des Bescheids zurückzuzahlen.

§ 15
Anwendung der Abgabenordnung

(1) Die für Steuervergütungen geltenden Vorschriften der Abgabenordnung sind entsprechend anzuwenden. Dies gilt nicht für § 163 der Abgabenordnung. In öffentlich-rechtlichen Streitigkeiten über die auf Grund dieses Gesetzes ergehenden Verwaltungsakte der Finanzbehörden ist der Finanzrechtsweg gegeben.

(2) Für die Verfolgung einer Straftat nach § 264 des Strafgesetzbuches, die sich auf die Eigenheimzulage bezieht, sowie die Begünstigung einer Person, die eine solche Straftat begangen hat, gelten die Vorschriften der Abgabenordnung über die Verfolgung von Steuerstraftaten entsprechend.

§ 16
Ertragsteuerliche Behandlung der Eigenheimzulage

Die Eigenheimzulage gehört nicht zu den Einkünften im Sinne des Einkommensteuergesetzes. Sie mindert nicht die steuerlichen Herstellungs- und Anschaffungskosten.

§ 17
Eigenheimzulage bei Anschaffung von Genossenschaftsanteilen

Der Anspruchsberechtigte kann die Eigenheimzulage einmal für die Anschaffung von Geschäftsanteilen in Höhe von mindestens 10.000 Deutsche Mark an einer nach dem 1. Januar 1995 in das Genossenschaftsregister eingetragenen Genossenschaft (Genossenschaftsanteile) in Anspruch nehmen. Voraussetzung ist, daß die Satzung der Genossenschaft unwiderruflich den Genossenschaftsmitgliedern, die Förderung erhalten, das vererbliche Recht auf Erwerb des Eigentums an der von ihnen zu Wohnzwecken genutzten Wohnung für den Fall einräumt, daß die Mehrheit der in einem Objekt wohnenden Genossenschaftsmitgliedern der Begründung von Wohnungseigentum und Veräußerung der Wohnungen schriftlich zugestimmt hat. Bemessungsgrundlage ist die geleistete Einlage. Der Fördergrundbetrag beträgt jährlich 3 vom Hundert der Bemessungsgrundlage, höchstens 2.400 Deutsche Mark für jedes Jahr, in dem der Anspruchsberechtigte die Genossenschaftsanteile inne hat. Die Kinderzulage nach § 9 Abs. 5 Satz 1 beträgt jährlich 500 Deutsche Mark. Die Summe der Fördergrundbeträge und der Kinderzulage darf die Bemessungsgrundlage nicht überschreiten. Der Anspruch auf Eigenheimzulage entsteht mit dem Jahr der Anschaffung der Genossenschaftsanteile. Im übrigen sind die §§ 1, 3, 5, 7, 10 bis 16 entsprechend anzuwenden.

§ 18
Ermächtigung

Das Bundesministerium der Finanzen wird ermächtigt, den Wortlaut dieses Gesetzes in der jeweils geltenden Fassung satzweise numeriert mit neuem Datum, unter neuer Überschrift und in neuer Paragraphenfolge bekanntzumachen und dabei Unstimmigkeiten des Wortlauts zu beseitigen; und im Einvernehmen mit den obersten Finanzbehörden der Länder den Vordruck für den nach § 12 Abs. 1 vorgesehenen Antrag zu bestimmen.

§ 19
Anwendungsbereich

(1) Dieses Gesetz ist erstmals anzuwenden, wenn der Anspruchsberechtigte im Fall der Herstellung nach dem 31. Dezember 1995 mit der Herstellung des Objekts begonnen oder im Fall der Anschaffung die Wohnung oder die Genossenschaftsanteile nach dem 31. Dezember 1995 auf Grund eines nach diesem Zeitpunkt rechtswirksam abgeschlossenen obligatorischen Vertrags oder gleichstehenden Rechtsakts angeschafft hat.

(2) Das Gesetz kann auf Antrag des Anspruchsberechtigten auch angewandt werden, wenn der Anspruchsberechtigte

1. die Wohnung als Mieter auf Grund einer Veräußerungspflicht des Wohnungsunternehmens nach § 5 des Altschuldenhilfe-Gesetzes anschafft, und der Zeitpunkt des zugrundeliegenden rechtswirksam abgeschlossenen obligatorischen Vertrags oder gleichstehenden Rechtsakts nach dem 28. Juni 1995 liegt, oder

2. im Fall der Herstellung nach dem 26. Oktober 1995 mit der Herstellung des Objekts begonnen oder im Fall der Anschaffung die Wohnung nach dem 26. Oktober 1995 auf Grund eines nach diesem Zeitpunkt rechtswirksam abgeschlossenen obligatorischen Vertrags oder gleichstehenden Rechtsakts angeschafft hat.

Stellt der Anspruchsberechtigte den Antrag nach Satz 1, finden die §§ 10 e, 10 h und 34 f des Einkommensteuergesetzes keine Anwendung. Der Antrag ist unwiderruflich. Er ist ausgeschlossen, wenn der Anspruchsberechtigte für das Objekt in einem Jahr Abzugsbeträge nach § 10 e Abs. 1 bis 5 oder § 10 h des Einkommensteuergesetzes, die Steuerermäßigung nach § 34 f des Einkommensteuergesetzes in Anspruch genommen oder für Veranlagungszeiträume nach dem Veranlagungszeitraum 1994 Aufwendungen nach § 10 e Abs. 6 oder § 10 h Satz 3 des Einkommensteuergesetzes abgezogen hat.

(3) Als Beginn der Herstellung gilt bei Objekten, für die eine Baugenehmigung nicht erforderlich ist, der Zeitpunkt, in dem der Bauantrag gestellt wird; bei baugenehmigungsfreien Objekten, für die Bauunterlagen einzureichen sind, der Zeitpunkt, in dem die Bauunterlagen eingereicht werden.

Anhang 34
III — Wohneigentumsförderung

Antrag auf Eigenheimzulage ab dem Jahr

An das Finanzamt

Steuernummer

Anspruchsberechtigte
bei gemeinschaftlichem Eigentum von Ehegatten: Ehemann

Telefonische Rückfragen tagsüber unter Nr.

Zeile			
1	11	Name	Anschrift
2	13	Vorname	Titel d. Ansprb./Ehemanns — Titel d. Ehefrau
3	72	Geburtsdatum (Tag Monat Jahr) — Zur Einkommensteuer veranlagt? Ja Nein	Anrede — Ansprb. Person — Postempfänger
4		Bei Wohnsitzwechsel: bisheriges Finanzamt/Steuernummer	
5	22	Straße und Hausnummer	
6	20	Postleitzahl, derzeitiger Wohnort	
7			
8	15	Vorname des Ehegatten	
9	16	ggf. von Zeile 2 abweichender Name	
10	73	Geburtsdatum (Tag Monat Jahr) — Zur Einkommensteuer veranlagt? Ja Nein	
11		Bei Wohnsitzwechsel: bisheriges Finanzamt/Steuernummer	Art der Bescheid-Kennzeichnung
12		Straße und Hausnummer, Postleitzahl, derzeitiger Wohnort (falls von Zeilen 5 und 6 abweichend)	Art der Zulagenfestsetzung
13		Verheiratet seit dem — Verwitwet seit dem — Geschieden seit dem — Dauernd getrennt lebend seit dem	Ablehnungsbescheid
14			Angaben zur Erstattung
15			Bescheid ohne Anschrift Ja = 1

Bankverbindung — Bitte stets angeben!
Die angegebene Bankverbindung gilt auch für andere Auszahlungen des Finanzamts, z.B. für Einkommensteuererstattungen

Zahl d. zusätzlichen Bescheide

Zeile			
16		Nummer des Bankkontos, Postgirokontos, Sparbuchs, Postsparbuchs — Bankleitzahl	
17	31		30
18	34	Geldinstitut (Zweigstelle) und Ort	
19		Kontoinhaber Name (im Fall der Abtretung bitte amtlichen Abtretungsvordruck beifügen) lt. Zeilen 1 u. 2 oder: 32	

Empfangsvollmacht
Der Bescheid soll nicht mir/uns zugesandt werden, sondern:

Zeile		
22	41	Name
23	42	Vorname
24	43	Straße und Hausnummer oder Postfach
25	45	Postleitzahl, Wohnort

EZ 1 A – Antrag auf Eigenheimzulage – Nov. 95

Anhang 34
Wohneigentumsförderung III

Zeile						
	Begünstigte Wohnung Lage der Wohnung (falls vom derzeitigen Wohnsitz lt. Zeile 5 und 6 abweichend)				Im Ferien- oder Wochenendgebiet belegen	Zum Dauerwohnen baurechtlich zugelassen
27	22 Straße und Hausnummer					
28	20 Postleitzahl, Ort					
29	Eigentümer — Name				Miteigentumsanteil %	
30	Name				Miteigentumsanteil %	
32	99 20 Die Eigenheimzulage wird beantragt als	Erwerber 20 / Bauherr (auch bei Ausbau/Erweiterung) 25	Kaufvertrag vom / Bauantrag gestellt am 26	Übergang von Besitz, Nutzen und Lasten am 21 / Baubeginn am	Baujahr 22 / Jahr d. Fertigstellung 27	
33	Eigengenutzt / unentgeltlich an Angehörige zu Wohnzwecken überlassen seit 30					
34	Bei unentgeltlicher Nutzungsüberlassung — Name des Nutzenden, Verwandtschaftsverhältnis					
35	Für folgende Objekte wurden bereits erhöhte Absetzungen (z.B. n. § 7 b EStG) / Abzugsbeträge (z.B. n. § 10 e EStG) / Eigenheimzulage beansprucht (bei Ehegatten: auch Name d. Eigentümers):					
36						
37	Die Eigenheimzulage wird für ein Folgeobjekt beantragt — Lage des Erstobjekts, Begünstigungszeitraum					

Zeile					
38	**Anschaffungskosten / Herstellungskosten**				Anspruchsberechtigter 1 = männlich, 2 = weiblich, 3 = Ehegatten
39	Angeschafft / hergestellt wurde				10
40	☐ Einfamilienhaus ☐ Eigentumswohnung einschließlich Anschaffungskosten des Grund und Bodens			DM	Miteigentum 11 %
41	☐ Ausbau / Erweiterung einer eigengenutzten Wohnung ohne Anschaffungskosten des Grund und Bodens			DM	Ausbau /Erweiterung 32 Ja = 1
42	☐ Anderes Haus (einschl. Anschaffungskosten Grund u. Boden)	Anzahl der Wohnungen	Nutzfläche m² = 100 % =	DM	Letztes Begünstigungsjahr 31
43	Auf die Nutzfläche der eigengenutzten / unentgeltlich an Angehörige zu Wohnzwecken überlassenen Wohnung entfallen		m² = % =	DM	
44	Werden Teile der Wohnung nicht zu eigenen Wohnzwecken genutzt:				
45	Wohnfläche der Wohnung		m² = 100 %		
46	davon entfallen auf eigenbetrieblich / beruflich genutzte, vermietete oder an Nicht-Angehörige überlassene Räume		m² = % = –	DM	
47	Bemessungsgrundlage			40	40
48	Bei Miteigentum: Anteil an der Bemessungsgrundlage			46	46
49	Nur bei gesonderter und einheitlicher Feststellung: Festgestellter Anteil an der Bemessungsgrundlage	Finanzamt, Steuernummer		41	41

Zeile				
50	**Ökologische Zusatzförderung**			
51				
52	☐ Für Wärmepumpenanlagen, Solaranlagen, Anlagen zur Wärmerückgewinnung			
53	Bei Selbsteinbau: Aufwendungen für vor Bezug – und vor dem 1.1.1999 – eingebaute Anlagen (auch wenn in Zeile 47 enthalten)		42	42
54	Bei Anschaffung einer Neubauwohnung vor dem 1.1.1999: Von den Anschaffungskosten entfallen auf diese Anlage (in Zeile 47 enthalten)		43	43
55	Bei Miteigentum: Anteil an den Beträgen in Zeile 53 oder 54		47	47
56	Nur bei gesonderter und einheitlicher Feststellung: Festgestellter Anteil an den Aufwendungen	Finanzamt, Steuernummer	44	44
57	Für vor dem 1.1.1999 fertiggestellte oder im Jahr der Fertigstellung angeschaffte Niedrigenergiehäuser: Der Jahres-Heizwärmebedarf unterschreitet um mindestens 25% den nach der Wärmeschutzverordnung geforderten Wert (Wärmebedarfsausweis ist beigefügt)		45	Ja = 1

1445

Anhang 34

III Wohneigentumsförderung

99 15 Begünstigte Genossenschaftsanteile (Satzung der Genossenschaft und Registerauszug bitte beifügen)

Zeile 58 | 50 | Name der nach dem 1.1.1995 in das Genossenschaftsregister eingetragenen Genossenschaft

99 20

Zeile			51	DM
	Höhe der Geschäftsanteile			
60	Einzahlung auf die Geschäftsanteile	Datum 53	52	DM
61	Beitrittszulassung vom	50		
62				

99 16 Angaben für die Kinderzulage

Zeile	Vorname des haushaltszugehörigen Kindes (ggf. auch abweichender Familienname)	Geboren am	Für das Kind erhält der Anspruchsberechtigte oder sein Ehegatte Kindergeld/ einen Kinderfreibetrag	Der andere Elternteil ist Miteigentümer der Wohnung (ausgenommen Ehegatten)	Kinderzulage 1 = 1, 2 = ½ 3 = 0
64					
65	1	31			51
66	2	32			52
67	3	33			53
68	4	34			54

69

Einkunftsgrenze

70

71 / 72 ☐ Der Gesamtbetrag der Einkünfte des Jahres, für das erstmals dieser Antrag gestellt wird, wird zusammen mit dem Gesamtbetrag der Einkünfte des vorangegangenen Jahres 240 000 DM, bei Ehegatten 480 000 DM voraussichtlich nicht übersteigen.

73

Zusätzliche Angaben

74

75 Bewilligte Zuschüsse aus öffentlichen Mitteln (Bitte Bewilligungsbescheid beifügen) — DM

76 ☐ Die Eigenheimzulage wurde bereits für den Erwerb von Genossenschaftsanteilen in Anspruch genommen

77 in den Jahren | Finanzamt / Steuernummer

78

79 ☐ Für das begünstigte Objekt wurde für ein Kalenderjahr nach 1994 keine Steuerbegünstigung nach §§ 10 e, 10 h EStG (insbesondere für Aufwendungen vor Bezug der Wohnung) in Anspruch genommen.

80

81

Unterschrift Bei der Anfertigung dieses Antrags hat mitgewirkt:

82 Ich versichere, daß ich die Angaben wahrheitsgemäß nach bestem Wissen und Gewissen gemacht habe.

83 Ich werde dem Finanzamt unverzüglich Änderungen der Verhältnisse mitteilen, die zu einer Minderung oder dem Wegfall der Eigenheimzulage führen, insbesondere wenn in einem Jahr des Förderzeitraums
84 – die Eigennutzung oder die unentgeltliche Nutzungsüberlassung endet, weil die Wohnung z.B. vermietet, veräußert oder verschenkt wird;
85 – für ein Kind, für das die Kinderzulage gewährt wird, das Kindergeld / der Kinderfreibetrag wegfällt.

86 Mir ist **bekannt**, daß die von mir in diesem Antrag angegebenen Tatsachen sowie die Tatsachen, die ich unverzüglich anzuzeigen habe, **subventionserhebliche Tatsachen** im Sinne des § 264 des Strafgesetzbuches sind.

87

,88

89 Datum, Unterschrift(en); der Antrag ist eigenhändig, bei gemeinschaftlichem Eigentum von Ehegatten von beiden zu unterschreiben

Anhang 35
Wohnungsbau — 0 a

Übersicht

0a Sonderausgabenabzug und Prämienbegünstigung von Bausparbeiträgen; hier: Verwendung von Bausparmitteln zur Wohnungsmodernisierung durch Mieter

0b Gesetz über eine Wiedereingliederungshilfe im Wohnungsbau für rückkehrende Ausländer – Auszug –

I Anwendung der §§ 7 c und 7 k EStG und der §§ 14 c und 14 d BerlinFG sowie des § 7 b Abs. 8 EStG

II Maßgeblichkeit des Bauantrags in den Fällen des § 7 Abs. 5 Nr. 1 und 2 EStG

0 a
Sonderausgabenabzug und Prämienbegünstigung von Bausparbeiträgen; hier: Verwendung von Bausparmitteln zur Wohnungsmodernisierung durch Mieter

BMF vom 24. 11. 1982 (BStBl I S. 868)

IV B 3 – S 2221 – 117/82

Als Wohnungsbau, zu dem Bausparmittel vor Ablauf der Festlegungsfristen unschädlich verwendet werden können, gelten auch bauliche Maßnahmen des Mieters zur Modernisierung seiner Wohnung (§ 10 Abs. 6 Nr. 2 EStG, § 2 Abs. 2 WoPG in der durch das 2. HStruktG vom 22. 12. 1981 – BGBl. I S. 1523 – geänderten Fassungen).

Unter Bezugnahme auf das Ergebnis der Erörterung mit den obersten Finanzbehörden der Länder wird zur Anwendung dieser Vorschrift wie folgt Stellung genommen:

1. Begriff „Mieter"

   Nach dem Gesetzeswortlaut gilt die erweiterte Verwendungsmöglichkeit nur für Mieter. Im Hinblick auf den Sinn und Zweck dieser Regelung bestehen jedoch keine Bedenken, sie auf alle Personen auszudehnen, die – ohne Eigentümer zu sein – zur Nutzung einer Wohnung berechtigt sind (z. B. auf Grund eines Nießbrauchs oder eines Wohnrechts).

2. Begriffe „bauliche" Maßnahme und „Modernisierung"

   Als „baulich" sind Modernisierungsmaßnahmen anzusehen, die in die Substanz des Gebäudes eingreifen oder Sachen betreffen, die in das Gebäude eingefügt sind oder eingefügt werden; dabei kann es sich sowohl um Herstellungsaufwand als auch um Erhaltungsaufwand handeln. Das bloße Aufstellen oder Anbringen von Einrichtungsgegenständen (z. B. Waschmaschine, Küchenherd) ist keine bauliche Maßnahme in diesem Sinne.

   Die in §§ 3, 4 des Modernisierungs- und Energieeinsparungsgesetzes – ModEnG – (BGBl. 1978 I S. 993) bezeichneten Maßnahmen gelten auch steuerlich und prämienrechtlich als „Modernisierung", soweit sie die Wohnung des Mieters oder zu seiner Wohnung gehörende Gemeinschaftsanlagen betreffen. Der Modernisierungsbegriff schließt bauliche Maßnahmen ein, die nachhaltig Einsparungen von Heizenergie bewirken (§ 4 Abs. 3 ModEnG); vgl. dazu den in der Verwaltungsvereinbarung vom 12. 7. 1978 enthaltenen Katalog der begünstigten energiesparenden Maßnahmen (BAnz. Nr. 157 S. 3). Die für eine Modernisierungsmaßnahme aufgewendeten Kosten sind auch dann in voller Höhe begünstigt, wenn dabei bauliche Teile ersetzt werden, die instandsetzungsbedürftig waren (z. B. Ersatz von schadhaften Fenstern mit Einfachverglasung durch mehrfachverglaste Fenster mit besserer Wärmedämmung).

   Maßnahmen zur Instandsetzung sind, auch wenn sie zu einer wesentlichen Verbesserung des Zustandes der Wohnung führen, für sich allein gesehen keine Modernisierung. Instandsetzungen sind jedoch einbezogen, wenn sie durch eine Modernisierungsmaßnahme verursacht werden (§ 3 Abs. 3 ModEnG), z. B. Behebung von Schäden an Putz und Tapeten, die durch den Einbau einer Warmwasserversorgung entstanden sind. Das gleiche gilt für notwendige Instandsetzungen, soweit der Modernisierungszweck auf andere Weise nicht zu erreichen ist (§ 10 Abs. 3 ModEnG), z. B. Instandsetzung des Daches bei Modernisierung einer Dachgeschoßwohnung.

   Als Modernisierung gelten auch der Bau einer der Wohnung zugeordneten Garage, der Ausbau eines zur Wohnung gehörenden Kellerraumes (z. B. Hobbyraum) sowie alle Maßnahmen zur Vergrößerung einer Wohnung (z. B. Anbau, Umbau oder Hinzunahme von angrenzenden Räumen). Maßnahmen, durch die eine neue Wohnung geschaffen wird (z. B. durch Ausbau des Dachgeschosses), sind dagegen nicht als Modernisierung anzusehen.

1447

3. Verwendung der Bausparmittel

Die vorzeitige Auszahlung der Bausparsumme oder die vorzeitige Beleihung von Ansprüchen aus dem Bausparvertrag ist unschädlich, wenn der Mieter die empfangenen Beträge zur Modernisierung seiner Wohnung oder zur Ablösung von Schulden, die er zur Finanzierung einer solchen Maßnahme aufgenommen hat, verwendet. Abstandszahlungen, die der Nachmieter an den Vormieter für eine von diesem finanzierte Modernisierungsmaßnahme leistet, sind nicht einbezogen. Im übrigen gelten die Bestimmungen der Abschnitte 92 und 94 der Einkommensteuer-Richtlinien (EStR), soweit sie bei Modernisierungsmaßnahmen (Nummer 2) in Betracht kommen können, entsprechend. Danach kann der Bausparer die Bausparmittel auch zur Beteiligung an der Finanzierung einer Modernisierungsmaßnahme verwenden, die der Vermieter in seiner Wohnung durchführt (vgl. Abschnitt 92 Abs. 2 Nr. 1 Satz 1 EStR), oder die Bausparmittel einem Angehörigen überlassen, der sie seinerseits zur Wohnungsmodernisierung verwendet (vgl. Abschnitt 94 Abs. 2 Satz 2 EStR).

4. Abtretung

Die Gleichstellung der Wohnungsmodernisierung durch Mieter mit den Zwecken des Wohnungsbaus hat weiter zur Folge, daß auch die Vorschriften über die Abtretung der Ansprüche aus einem Bausparvertrag entsprechend anzuwenden sind. Der Bausparer kann also z. B. die Ansprüche aus dem Bausparvertrag unschädlich an den Eigentümer seiner Mietwohnung abtreten, soweit dieser die Bausparsumme oder die auf Grund einer Beleihung empfangenen Mittel zur Modernisierung dieser Wohnung verwendet (vgl. Abschnitt 94 Abs. 3 EStR).

5. Erstmalige Anwendung

Die Vorschriften über die begünstigte Verwendung von Bausparmitteln zur Wohnungsmodernisierung durch Mieter gelten erstmals für 1982 (§ 10 Abs. 1 WoPG 1982; § 52 Abs. 1 EStG 1981, geändert durch Artikel 26 Nr. 27 Buchstabe a des 2. HStruktG). Maßgebend ist dabei der Zeitpunkt der Verwendung der Bausparmittel (z. B. Bezahlung der Handwerkerrechnung, Tilgung des Darlehens). Das gilt auch dann, wenn die Modernisierungsmaßnahme vor dem 1. 1. 1982 durchgeführt oder die Bausparmittel vor diesem Zeitpunkt ausgezahlt worden sind.

Zu Fragen der einkommensteuerrechtlichen Behandlung von Aufwendungen des Mieters zur Modernisierung seiner Wohnung wird in einem gesonderten Schreiben Stellung genommen werden.

0 b
Gesetz
über eine Wiedereingliederungshilfe im Wohnungsbau für rückkehrende Ausländer

vom 18. 2 1986
(BGBl. I S. 280, BStBl I S. 123)

– Auszug –

§ 1
Berechtigter

Ein ausländischer Bausparer kann ein Bauspardarlehen für wohnungswirtschaftliche Maßnahmen in dem Staat verwenden, dessen Staatsangehörigkeit er besitzt, wenn er

1. ein nicht mit einem Deutschen verheirateter Staatsangehöriger eines Staates ist, mit dem die Bundesregierung Vereinbarungen über Anwerbung und Beschäftigung von Arbeitnehmern abgeschlossen hat und der nicht Mitglied der Europäischen Gemeinschaften ist,
2. ein Arbeitnehmer, Arbeitsloser oder selbständig Erwerbstätiger mit Wohnsitz im Geltungsbereich dieses Gesetzes ist,
3. im Zeitpunkt des Beginns der Auszahlung der Bausparsumme oder eines Gelddarlehens zur Zwischenfinanzierung nach § 6 Abs. 2 im Besitz einer gültigen Aufenthaltserlaubnis oder Aufenthaltsberechtigung ist und
4. eine Rückkehrverpflichtung nach § 3 eingegangen ist.

§ 2
Höhe der Bausparsumme

Die nach § 1 verwendete Bausparsumme darf für den Bausparer insgesamt 60.000 Deutsche Mark nicht übersteigen.

§ 3
Rückkehrverpflichtung

(1) Der Bausparer hat sich zu verpflichten, den Geltungsbereich dieses Gesetzes innerhalb von vier Jahren nach Beginn der Auszahlung der Bausparsumme auf Dauer zu verlassen und in den Staat zurückzukehren, dessen Staatsangehörigkeit er besitzt und in dem das Bauspardarlehen verwendet werden soll.

(2) Absatz 1 gilt auch im Falle der Zwischenfinanzierung nach § 6 Abs. 2. Ist mit der Auszahlung der Bausparsumme bis zum Ablauf der Frist nach § 6 Abs. 1 noch nicht begonnen worden, tritt an die Stelle des Beginns der Auszahlung der 31. Dezember 1993.

§ 4
Unverzügliche Rückzahlung des Bauspardarlehens

Das Bauspardarlehen oder ein Gelddarlehen zur Zwischenfinanzierung nach § 6 Abs. 2 ist unverzüglich zurückzuzahlen, wenn der Bausparer nicht spätestens vier Jahre und drei Monate nach Beginn der Auszahlung der Bausparsumme den Geltungsbereich dieses Gesetzes auf Dauer verläßt. Im Falle der Aufnahme eines Gelddarlehens zur Zwischenfinanzierung gilt § 3 Abs. 2 Satz 2 entsprechend. Außerdem hat der Bausparer der Bausparkasse den Unterschiedsbetrag zwischen dem Zinssatz für das Bauspardarlehen und dem bei Beginn der Auszahlung der Bausparsumme geltenden durchschnittlichen Zinssatz für Hypothekarkredite auf Wohngrundstücke mit einer festen Verzinsung für zehn Jahre für die tatsächliche Laufzeit des Bauspardarlehens zu zahlen. Der Unterschiedsbetrag ist für die Zuteilungsmasse zu verwenden.

§ 5
Verfahren

(1) Die Verpflichtungserklärung nach § 3 ist gegenüber der Bausparkasse abzugeben. Die Bausparkasse hat den Bausparer über die Rechtsfolgen nach diesem Gesetz ausdrücklich und schriftlich zu belehren und ihm die Abgabe dieser Erklärung schriftlich zu bestätigen.

(2) Die Bausparkasse hat dem Bausparer unverzüglich den nach § 3 zu bestimmenden Zeitpunkt, bis zu dem er den Geltungsbereich dieses Gesetzes spätestens auf Dauer zu verlassen hat, schriftlich mitzuteilen. Hierüber unterrichtet sie die Ausländerbehörde.

(3) Der Bausparer hat das Verlassen des Geltungsbereichs dieses Gesetzes der Bausparkasse nachzuweisen. Die Bausparkasse unterrichtet die Ausländerbehörde und das Arbeitsamt, in dessen Bezirk der Bausparer seinen Wohnsitz hatte, über die Ausreise.

§ 6
Befristung

(1) Die Vorschriften der §§ 1 bis 5 gelten nur für Bausparverträge, mit deren Auszahlung bis zum 31. Dezember 1993 begonnen worden ist.

(2) Die Frist nach Absatz 1 gilt auch dann als gewahrt, wenn mit der Auszahlung eines Darlehens zur Zwischenfinanzierung nach Einzahlung der vertraglichen Mindestsparsumme und Ablauf der Mindestwartezeit begonnen worden ist.

§ 10
Inkrafttreten

Dieses Gesetz tritt mit Wirkung vom 1. Januar 1986 in Kraft.

I
Anwendung der §§ 7 c und 7 k EStG und der §§ 14 c und 14 d BerlinFG sowie des § 7 b Abs. 8 EStG

BMF vom 17. 2. 1992 (BStBl I S. 115)

$$\text{IV B 3} - \frac{\text{S 2197 a} - 1/92}{\text{S 2197 b} - 1/92}$$

Unter Bezugnahme auf das Ergebnis der Erörterungen mit den obersten Finanzbehörden der Länder wird zur Anwendung der §§ 7 c und 7 k EStG und der §§ 14 c und 14 d BerlinFG sowie des § 7 b Abs. 8 EStG wie folgt Stellung genommen:

A. Erhöhte Absetzungen für Baumaßnahmen an Gebäuden zur Schaffung neuer Mietwohnungen (§ 7 c EStG)

I. Begünstigtes Objekt

1. Begriff der Wohnung

1 Für den Begriff der Wohnung gelten die bewertungsrechtlichen Abgrenzungsmerkmale, die nach der neuen Rechtsprechung des Bundesfinanzhofs maßgebend sind (vgl. gleichlautende Erlasse der obersten Finanzbehörden der Länder vom 15. Mai 1985, BStBl I S. 201).

Eine Wohnung ist danach eine Zusammenfassung von Räumen, die Wohnzwecken dienen oder zu dienen bestimmt sind, und eine von anderen Räumen, insbesondere Wohnräumen, baulich getrennte in sich abgeschlossene Wohneinheit bilden. Die Wohnfläche muß grundsätzlich mindestens 23 m² betragen (vgl. BFH-Urteile vom 4. Juli 1990 – BStBl 1991 II S. 131 –, vom 17. Mai 1990 – BStBl II S. 705 – und vom 30. September 1992 – BStBl II S. 671 –). Die Räume müssen einen eigenen Zugang haben, der nicht durch einen anderen Wohnbereich führt. Außerdem müssen die notwendigen Nebenräume wie Küche, zumindest ein Raum mit Kochgelegenheit, ein Bad oder eine Dusche und eine Toilette vorhanden sein. Nicht erforderlich ist, daß in den Räumen tatsächlich ein selbständiger Haushalt geführt wird oder der Küchenraum als Küche eingerichtet und als solche genutzt wird. Es genügt, wenn in dem Küchenraum die Anschlüsse für Einrichtungsgegenstände vorhanden sind, die für die Führung eines selbständigen Haushalts erforderlich sind.

Der bewertungsrechtlich im Beitrittsgebiet maßgebende Wohnungsbegriff für Wohngrundstücke, die vor dem 1. Januar 1994 errichtet worden sind (vgl. gleichlautende Erlasse der obersten Finanzbehörden der Länder Berlin, Brandenburg, Mecklenburg-Vorpommern, Sachsen, Sachsen-Anhalt und Thüringen vom 6. November 1991, BStBl I S. 968), ist nicht anzuwenden.

2. Begünstigte Baumaßnahmen

(1) Nach § 7 c EStG sind nur Baumaßnahmen an bestehenden Gebäuden im Inland begünstigt. Als begünstigte Baumaßnahmen kommen insbesondere Umbauten, Ausbauten, Anbauten und Aufstockungen in Betracht. Durch die Baumaßnahme darf kein neues Gebäude hergestellt werden. Der Umbau eines Gebäudes ist daher nur begünstigt, wenn mindestens die tragenden Teile und die Fundamente des bisherigen Gebäudes Verwendung finden (vgl. BFH-Urteil vom 28. Juni 1977 – BStBl II S. 725).

Ein Anbau an ein Gebäude stellt nur dann eine begünstigte Baumaßnahme dar, wenn er mit dem Gebäude verbunden ist (z. B. in Fällen der Verschachtelung; vgl. Abschnitte 13 b Abs. 2 und 43 Abs. 5 EStR 1990). Baumaßnahmen, die im Rahmen der Errichtung eines Neubaus durchgeführt werden, sind nicht begünstigt. Hiervon ist z. B. auszugehen, wenn vor Fertigstellung des Gebäudes die ursprüngliche Bauplanung erweitert und deshalb ein neuer (erweiterter oder geänderter) Bauantrag erforderlich wird.

(2) Durch die Baumaßnahme müssen neue Wohnungen geschaffen werden. Nicht begünstigt sind daher die Umwidmung einer bisher eigengenutzten Wohnung in eine Mietwohnung, die Instandsetzung einer leerstehenden Wohnung oder die Vergrößerung einer Wohnung (z. B. durch Anbau eines Raumes). Dagegen kann die Umwandlung von Kellerräumen und sonstigen Zubehörräumen sowie von Räumen, die land- und forstwirtschaftlichen, gewerblichen oder freiberuflichen Zwecken dienten, in Wohnungen und die Aufteilung von Großwohnungen in mehrere kleine Wohnungen begünstigt sein. Entsprechendes gilt, wenn ein Zweifamilienhaus nach der Rechtsprechung des BFH zum alten Wohnungsbegriff in ein Zweifamilienhaus nach neuer Rechtsprechung des BFH umgewandelt wird (insbesondere durch Schaffung eines Wohnungsabschlusses) oder wenn in den neuen Bundesländern eine Wohnung den Anforderungen des dort ab dem 1. Januar 1994 anzuwendenden Wohnungsbegriffs (vgl. Tz. 1) entsprechend umgebaut wird. Begünstigt sind jedoch nur die zusätzlich geschaffenen Wohnungen. Bei der Aufteilung einer Wohnung in kleinere Wohnungen kann der Steuerpflichtige bestimmen, welche Wohnung an

3. Zeitliche Voraussetzungen

4 (1) Nach § 7 c Abs. 2 Nr. 1 EStG sind nur Wohnungen begünstigt, für die der Bauantrag nach dem 2. Oktober 1989 gestellt worden ist. Ist ein Bauantrag nicht erforderlich, muß mit der Herstellung nach diesem Zeitpunkt begonnen worden sein. Zum Begriff und zum Zeitpunkt der Stellung des Bauantrages vgl. Abschnitt 42 a Abs. 5 EStR 1990. Vor dem 3. Oktober 1989 begonnene Baumaßnahmen, für die nach dem 2. Oktober 1989 nachträglich ein Bauantrag gestellt wird, z. B. „Schwarzbauten", sind nicht nach § 7 c EStG begünstigt. Dagegen schließt es die Inanspruchnahme der erhöhten Absetzungen nach § 7 c EStG nicht aus, wenn ein baurechtlich nicht erforderlicher Bauantrag vor dem 3. Oktober 1989 gestellt worden ist und mit der Herstellung der Wohnung tatsächlich erst nach dem 2. Oktober 1989 begonnen worden ist.

5 (2) Beginn der Herstellung der Wohnung ist der Zeitpunkt, in dem mit den Ausschachtungsarbeiten begonnen oder ein spezifizierter Bauauftrag an den Bauunternehmer erteilt worden ist (vgl. BFH-Urteile vom 28. September 1979 – BStBl 1980 II S. 56 und 57 –) oder nicht unbedeutende Mengen von Baumaterial auf dem Bauplatz ausgefahren worden sind. Vor diesem Zeitpunkt im Zusammenhang mit der Baumaßnahme durchgeführte Arbeiten, z. B. Planungsarbeiten, sind noch nicht als Beginn der Herstellung der Wohnung anzusehen. Das gilt auch für Arbeiten zum Abbruch von Teilen des bestehenden Gebäudes (vgl. BFH-Urteil vom 7. März 1980 – BStBl II S. 411 –) es sei denn, daß unmittelbar nach dem Abbruch mit der Baumaßnahme begonnen wird (vgl. BFH-Beschluß vom 12. Juni 1978 – BStBl II S. 620 –).

6 (3) Die erhöhten Absetzungen nach § 7 c EStG kommen nur für Wohnungen in Betracht, die vor dem 1. Januar 1993 fertiggestellt werden. Zum Begriff der Fertigstellung vgl. Abschnitt 44 Abs. 1 Sätze 4 und 5 EStR 1990. Werden durch eine Baumaßnahme mehrere Wohnungen fertiggestellt, ist nicht erforderlich, daß alle Wohnungen vor diesem Zeitpunkt fertiggestellt worden sind. Die erhöhten Absetzungen können nur bei den Wohnungen in Anspruch genommen werden, die vor dem 1. Januar 1993 fertiggestellt werden.

7 (4) Bei Wohnungen, die im Beitrittsgebiet belegen sind, ist § 7 c EStG nur anzuwenden, wenn sie nach dem 31. Dezember 1990 fertiggestellt worden sind (§ 57 Abs. 1 EStG).

4. Mittel aus öffentlichen Haushalten

8 (1) Nach § 7 c Abs. 2 Nr. 3 EStG können die erhöhten Absetzungen nicht beansprucht werden, wenn für die Wohnung unmittelbar oder mittelbar Mittel aus öffentlichen Haushalten gewährt werden.

9 (2) Mittel aus öffentlichen Haushalten sind Mittel, die in einem öffentlichen Haushalt als Haushaltsansatz ausgewiesen werden, z. B. Zinsverbilligungen nach dem Förderprogramm der Kreditanstalt für Wiederaufbau, Aufwendungszuschüsse des Landes zur Senkung der laufenden Betriebskosten, Mittel zum Kauf von Belegungsrechten durch die öffentliche Hand. Keine Mittel aus öffentlichen Haushalten sind Einnahmeminderungen, z. B. durch verbilligte Überlassung von Bauland durch die Kommunen, das Land oder die Sparkassen. Das gleiche gilt für die verbilligte Gewährung von Darlehen durch Sparkassen, soweit die Gewährträger hierfür keinen Ausgleich an die Sparkassen leisten müssen.

10 (3) Können wegen der Gewährung von Mitteln aus öffentlichen Haushalten die erhöhten Absetzungen nach § 7 c EStG nicht beansprucht werden, schließt dies nicht die Anwendung des § 7 b Abs. 8 EStG aus, wenn die Voraussetzungen des § 7 c EStG im übrigen vorliegen.

5. Verwendungsvoraussetzung

11 (1) Die erhöhten Absetzungen können nur in Anspruch genommen werden, wenn die Wohnung im Jahr der Fertigstellung und in den folgenden vier Jahren (Begünstigungszeitraum) fremden Wohnzwecken dient (§ 7 c Abs. 4 EStG). Dient die Wohnung nicht während des gesamten Begünstigungszeitraums fremden Wohnzwecken, entfallen bereits in Anspruch genommene erhöhte Absetzungen rückwirkend. Bereits ergangene Steuerbescheide sind nach § 175 Abs. 1 Nr. 2 AO zu berichtigen.

12 (2) Für die Abgrenzung des Begriffs Wohnzwecke ist Abschnitt 42 a Abs. 2 bis 4 EStR 1990 maßgebend. Eine Wohnung dient fremden Wohnzwecken, wenn sie nicht eigenen Wohnzwecken des Steuerpflichtigen dient, der die erhöhten Absetzungen in Anspruch nimmt. Fremden Wohnzwecken dient daher auch eine teilentgeltlich oder unentgeltlich überlassene Wohnung sowie eine vorübergehend leerstehende Wohnung, wenn sie zur Vermietung bereitgehalten wird. Auch eine noch so geringe Nutzung zu eigenen Wohnzwecken oder zu betrieblichen Zwecken führt zum (rückwirkenden) Wegfall der erhöhten Absetzungen.

13 (3) Wird eine begünstigte Wohnung entgeltlich oder unentgeltlich übertragen, so dient sie aus der Sicht des Übertragenden weiter fremden Wohnzwecken, wenn sie vom Rechtsnachfolger ebenfalls zu Wohnzwecken, ggf. auch zu dessen eigenen Wohnzwecken, genutzt wird. Die vom Übertragenden in Anspruch genommenen erhöhten Absetzungen entfallen in diesen Fällen nicht rückwirkend. Der unentgeltliche Rechtsnachfolger kann die erhöhten Absetzungen jedoch nur in

Anspruch nehmen, wenn die Wohnung auch ihm zu fremden Wohnzwecken dient. Das gilt auch für den unentgeltlichen Übergang der Wohnung im Wege der Gesamtrechtsnachfolge.

14 (4) Bei einer teilentgeltlichen Überlassung der Wohnung ist § 21 Abs. 2 Satz 2 EStG zu beachten. Für Zeiträume der unentgeltlichen Überlassung können keine Absetzungen für Abnutzung vorgenommen werden.

II. Bemessung der Abschreibungen

1. Bemessungsgrundlage der erhöhten Absetzungen

15 (1) Bemessungsgrundlage für die erhöhten Absetzungen sind die auf die einzelne Wohnung entfallenden Aufwendungen, die unmittelbar durch die Baumaßnahme entstanden sind, höchstens jedoch 60.000 DM je Wohnung (§ 7 c Abs. 3 EStG). Das können z. B. beim Ausbau eines Dachgeschosses die Aufwendungen sein für:
– das Einziehen von Decken und Zwischenwänden,
– die Beseitigung von durch die Dachkonstruktion bedingten Schrägen,
– die Ausstattung mit einer Küche, Toilette und Dusche,
– den Einbau von Heizkörpern und deren Anschluß an die bestehende Heizungsanlage sowie
– der Einbau einer Wohnungstür, die die neue Wohnung im Dachgeschoß von den bereits bestehenden Räumen abgrenzt.

Nicht erforderlich ist, daß die Arbeiten in räumlichem Zusammenhang mit der neuen Wohnung durchgeführt werden. Aufwendungen für Baumaßnahmen außerhalb der neuen Wohnung sind begünstigt, wenn die Arbeiten zu ihrer Herstellung erforderlich sind. Das sind z. B. Aufwendungen für eine Verstärkung der Strom- oder Gasleitungen oder die wegen der Herstellung der neuen Wohnung notwendige Umgestaltung der bereits bestehenden Räume.

16 (2) In die Bemessungsgrundlage der erhöhten Absetzungen kann die anteilige Altbausubstanz nicht einbezogen werden. Zur Einbeziehung der anteiligen Altbausubstanz in die AfA-Bemessungsgrundlage der neuen Wohnung vgl. Tz. 19 ff. Das gleiche gilt für Aufwendungen, die zwar in zeitlichem, aber nur mittelbaren sachlichen Zusammenhang mit einer begünstigten Baumaßnahme entstanden sind, z. B. für einen Anbau an der selbstgenutzten Wohnung, der gleichzeitig mit dem vermieteten Ausbau des Dachgeschosses errichtet wird.

17 (3) Werden durch eine Baumaßnahme mehrere Wohnungen hergestellt, sind die entstandenen Aufwendungen nach dem Verhältnis der Nutzflächen auf die einzelnen Wohnungen aufzuteilen, soweit eine direkte Zuordnung nicht möglich ist (vgl. Abschnitt 13 b Abs. 4 EStR 1990). Der Höchstbetrag der begünstigten Aufwendungen von 60.000 DM ist für jede Wohnung gesondert zu prüfen; eine Übertragung des für einzelne Wohnungen nicht ausgeschöpften Höchstbetrages auf andere Wohnungen ist nicht zulässig.

2. Höhe der erhöhten Absetzungen

18 Nach § 7 c Abs. 1 EStG können im Jahr der Fertigstellung und in den folgenden vier Jahren erhöhte Absetzungen von jeweils bis zu 20 v. H. der Bemessungsgrundlage (Tz. 15 bis 17) vorgenommen werden.

3. Abschreibungen der nicht nach § 7 c EStG begünstigten Herstellungskosten

19 (1) Entsteht durch die Baumaßnahme ein selbständiges Wirtschaftsgut im Sinne von Abschnitt 13 b EStR 1990, ist der auf die neue Wohnung entfallende Restwert des Altgebäudes oder Altgebäudeteils zuzüglich der 60.000 DM je Wohnung übersteigenden Aufwendungen für die Baumaßnahme nach § 7 Abs. 4 EStG oder nach § 7 b EStG abzuschreiben (§ 7 c Abs. 3 Satz 2 EStG und Abschnitt 43 Abs. 5 EStR 1990); die Inanspruchnahme der degressiven AfA nach § 7 Abs. 5 EStG ist nicht zulässig. Der auf die neue Wohnung entfallende Restwert des Altgebäudes berechnet sich nach dem Verhältnis der Nutzflächen des gesamten Gebäudes zur Nutzfläche der in die neue Wohnung einbezogenen Räume des Altgebäudes vor Durchführung der Baumaßnahme. Die Nutzfläche ist in sinngemäßer Anwendung der §§ 43 und 44 der II. Berechnungsverordnung zu ermitteln. Soweit das Altgebäude nicht der Einkunftserzielung gedient hat, ist bei der Berechnung des Restwerts ein AfA-Verbrauch nach Abschnitt 44 Abs. 12 Nr. 2 Satz 4 EStR 1990 zu berücksichtigen (vgl. das Beispiel in Tz. 21).

Beispiel 1:

Ein im Jahr 1988 für 300.000 DM hergestelltes Bürogebäude mit einer Nutzfläche von 200 m² wird degressiv nach § 7 Abs. 5 Nr. 1 EStG abgeschrieben. Am 1. Juli 1991 wird in einem Anbau eine Wohnung von insgesamt 80 m² Nutzfläche fertiggestellt, in die 20 m² Nutzfläche des Bürogebäudes einbezogen worden sind. Die durch die Baumaßnahme entstandenen Aufwendungen betragen 80.000 DM. Die Wohnung wird als gewillkürtes Betriebsvermögen behandelt.

Anhang 35
I Wohnungsbau

Lösung:

a) AfA für das Bürogebäude

1988–1990: je 10 v. H. von 300.000 DM =		30.000 DM
1991: ⁶/₁₂ von 10 v. H. von 300.000 DM =		15.000 DM
Die AfA-Bemessungsgrundlage ab 1. Juli 1991 berechnet sich wie folgt:		
Herstellungskosten 1988	300.000 DM	
Anteil der neuen Wohnung ($20\ m^2 : 200\ m^2 \times 300.000$ DM)	<u>30.000 DM</u> <u>270.000 DM</u>	
⁶/₁₂ von 10 v. H. von 270.000 DM =		13.500 DM
ab 1992: 5 v. H. von 270.000 DM =		13.500 DM

b) Abschreibung der neuen Wohnung
Erhöhte Absetzungen nach § 7 c EStG:

1991–1995: je 20 v. H. von 60.000 DM =		12.000 DM
AfA nach § 7 Abs. 4 EStG: Die Bemessungsgrundlage berechnet sich wie folgt:		
Herstellungskosten des Bürogebäudes 1988	300.000 DM	
– AfA bis 30. Juni 1991 (3½ Jahre × 10 v. H.)	<u>105.000 DM</u>	
= Restwert	<u>195.000 DM</u>	
Anteil der neuen Wohnung ($20\ m^2 : 200\ m^2 \times 195.000$ DM)	19.500 DM	
+ nicht nach § 7 c EStG begünstigte Aufwendungen	<u>20.000 DM</u> <u>39.500 DM</u>	
⁶/₁₂ von 2 v. H. von 39.500 DM =		395 DM
ab 1992: je 2 v. H. von 39.500 DM =		790 DM

20 (2) Entsteht durch die Baumaßnahme kein selbständiges Wirtschaftsgut im Sinne von Abschnitt 13 b EStR 1990, sondern handelt es sich um nachträgliche Herstellungsarbeiten, bemißt sich die weitere AfA des Gebäudes oder Gebäudeteils nach der bisherigen Bemessungsgrundlage zuzüglich der Aufwendungen für die Baumaßnahme, soweit sie 60.000 DM je Wohnung übersteigen, und dem nach Beendigung der Baumaßnahme maßgebenden Vomhundertsatz. Abschnitt 44 Abs. 12 EStR 1990 ist zu beachten; die 60.000 DM je Wohnung übersteigenden Aufwendungen können in diesen Fällen aus Vereinfachungsgründen in die Bemessungsgrundlage der für den Steuerpflichtigen günstigsten Absetzungsmethode einbezogen werden.

Beispiel 2:

Ein im Jahr 1988 für 600.000 DM hergestelltes, zum Betriebsvermögen gehörendes Gebäude mit einer Nutzfläche von 300 m² enthält eigenbetrieblich genutzte Büroräume und eine fremdvermietete Wohnung mit je 150 m² Nutzfläche. Hierin ist die Nutzfläche des Dachgeschosses von 60 m² enthalten, das jeweils zur Hälfte eigenbetrieblich und zu fremden Wohnzwecken genutzt wird. Der eigenbetrieblich genutzte Gebäudeteil wird degressiv nach § 7 Abs. 5 Nr. 1 EStG, der fremden Wohnzwecken dienende Gebäudeteil degressiv nach § 7 Abs. 5 Nr. 2 EStG abgeschrieben. Am 1. Januar 1991 wird das Dachgeschoß zu einer Wohnung ausgebaut (Nutzfläche weiterhin 60 m²). Die durch die Baumaßnahme entstandenen Aufwendungen betragen 100.000 DM.

Lösung:

a) AfA für den eigenbetrieblich genutzten Gebäudeteil
 1988–1990: je 10 v. H. von 300.000 DM =   30.000 DM
 Die AfA-Bemessungsgrundlage ab 1991
 berechnet sich wie folgt:
 ($120\ m^2 : 300\ m^2 \times 600.000\ DM$) =   240.000 DM
 1991: 10 v. H. von 240.000 DM =   24.000 DM

b) AfA für den fremden Wohnzwecken dienenden Gebäudeteil
 1988–1990: 5 v. H. von 300.000 DM =   je 15.000 DM
 Die AfA ab 1991 berechnet sich wie folgt:
 AfA-Bemessungsgrundlage nach § 7 Abs. 5 EStG:
 Bisherige AfA-Bemessungsgrundlage
 ($150\ m^2 : 300\ m^2 \times 600.000\ DM$) =   300.000 DM
 + nicht nach § 7 c EStG
 begünstigte Aufwendungen   <u>40.000 DM</u>
                                              <u>340.000 DM</u>
 1991: 5 v. H. von 340.000 DM =   17.000 DM
 AfA-Bemessungsgrundlage nach § 7
 Abs. 4 EStG (Abschnitt 44 Abs. 12
 Satz 2 EStR 1990)
 ($30\ m^2 : 300\ m^2 \times 600.000\ DM$) =   <u>60.000 DM</u>
 1991: 2 v. H. von 60.000 DM =   1.200 DM

c) Erhöhte Absetzungen nach § 7 c EStG für die neue Wohnung
 1991–1995:
 je 20 v. H. von 60.000 DM =   12.000 DM

4. Behandlung des Altgebäudes

21 (1) Wird der auf die neue Wohnung entfallende Restwert des Altgebäudes nach Tz. 19 den Herstellungskosten einer Wohnung im Sinne des § 7 c EStG zugerechnet, ist die AfA-Bemessungsgrundlage und der Restwert des Altgebäudes entsprechend zu kürzen. Ist das Altgebäude ein nach § 10 e EStG begünstigtes Objekt, ist die Bemessungsgrundlage auch um den auf die neue Wohnung entfallenden Anteil am Grund und Boden zu kürzen. Die in die Bemessungsgrundlage nach § 10 e Abs. 1 EStG einzubeziehenden Anschaffungskosten des Grund und Bodens berechnen sich nach dem Verhältnis der Nutzfläche des gesamten Gebäudes zur Nutzfläche der eigengenutzten Wohnung **nach** Durchführung der Baumaßnahme.

Beispiel 3:

Ein am 1. Januar 1988 für 280.000 DM hergestelltes eigengenutztes Einfamilienhaus hat eine Nutzfläche von 200 m². Die Anschaffungskosten des Grund und Bodens haben 100.000 DM betragen. Seit 1988 werden die Abzugsbeträge nach § 10 e EStG in Anspruch genommen. Am 1. Juli 1991 wird in einem Anbau eine Wohnung von insgesamt 80 m² Nutzfläche fertiggestellt, in die 20 m² Nutzfläche des Einfamilienhauses einbezogen worden sind. Die durch die Baumaßnahme entstandenen Aufwendungen betragen 80.000 DM.

Lösung:

a) Abzugsbeträge nach § 10 e EStG
 1988–1991: je 5 v. H. von 330.000 DM =
 16.500 DM, höchstens   15.000 DM
 Die Bemessungsgrundlage der Abzugsbeträge nach § 10 e EStG ab 1. Januar 1992 berechnet sich wie folgt:
 Auf die eigengenutzte Wohnung entfallende Herstellungskosten:
 ($180\ m^2 : 200\ m^2 \times 280.000\ DM$) =   252.000 DM
 Auf die eigengenutzte Wohnung entfallende Anschaffungskosten des Grund und Bodens:
 ($180\ m^2 : 260\ m^2 \times 100.000\ DM$) =   69.231 DM
 davon 50 v. H.   <u>34.616 DM</u>
                                                  <u>286.616 DM</u>
 ab 1992: 5 v. H. von 286.616 DM =   14.331 DM

Anhang 35

I Wohnungsbau

b) AfA nach § 7 Abs. 4 EStG für die neue Wohnung

Die Bemessungsgrundlage der AfA berechnet sich wie folgt:

Herstellungskosten des Einfamilienhauses 1988	280.000 DM
AfA bis 30. Juni 1991 (3½ Jahre × 2 v. H.)	19.600 DM
= Restwert	260.400 DM
Anteil der neuen Wohnung (20 m² : 200 m² × 260.400 DM)	26.040 DM
+ nicht nach § 7 c EStG begünstigte Aufwendungen	20.000 DM
	46.040 DM
1991: ⁶/₁₂ von 2 v. H. von 46.040 DM =	461 DM
ab 1992: je 2 v. H. von 46.040 DM =	921 DM

c) Erhöhte Absetzungen nach § 7 c EStG für die neue Wohnung

1991–1995: je 20 v. H. von 60.000 DM =   12.000 DM

22 (2) Ist das Altgebäude ein Objekt im Sinne des § 7 b EStG, so ändert sich durch seine Umgestaltung (z. B. zu einem Zweifamilienhaus) nicht die Höchstbemessungsgrundlage für die erhöhten Absetzungen nach § 7 b EStG oder den Abzug wie Sonderausgaben nach § 52 Abs. 21 Satz 4 EStG (vgl. BFH-Urteil vom 10. Oktober 1989 – BStBl 1990 II S. 881).

5. Kumulationsverbot

23 (1) Wird eine einheitliche Baumaßnahme (z. B. die Errichtung einer Wohnung) durchgeführt, bei der die Voraussetzungen für die Inanspruchnahme erhöhter Absetzungen nach §§ 7 h, 7 i, 7 k EStG (§§ 82 g, 82 i EStDV), § 14 a BerlinFG und nach § 7 c EStG vorliegen, können nach § 7 a Abs. 5 EStG die erhöhten Absetzungen nur nach einer dieser Vorschriften vorgenommen werden. Der Steuerpflichtige kann wählen, welche Abschreibungsvergünstigung er in Anspruch nehmen will (vgl. Abschnitt 45 Abs. 7 EStR 1990). Wird durch eine einheitliche Baumaßnahme an einem bestehenden Gebäude eine Wohnung im Sinne des § 7 c EStG geschaffen, die ein selbständiges Wirtschaftsgut im Sinne des Abschnitts 13 b EStR 1990 ist, können die Aufwendungen, die 60.000 DM übersteigen, nicht nach anderen Vorschriften erhöht abgeschrieben werden (vgl. jedoch Tz. 19 Satz 1). Wird kein selbständiges Wirtschaftsgut geschaffen, erhöhen die Aufwendungen, die 60.000 DM übersteigen, als nachträgliche Herstellungskosten die Bemessungsgrundlage der erhöhten Absetzungen nach anderen Vorschriften. Von einer einheitlichen Baumaßnahme ist regelmäßig auszugehen, wenn mehrere Baumaßnahmen in räumlichem Zusammenhang oder auf Grund eines einheitlichen Bauantrages durchgeführt werden.

24 (2) Werden durch eine einheitliche Baumaßnahme mehrere Wohnungen hergestellt, bei denen die Voraussetzungen für die Inanspruchnahme der erhöhten Absetzungen nach § 7 c oder § 7 k EStG erfüllt sind, kann der Steuerpflichtige bei jeder einzelnen Wohnung wählen, welche Abschreibungsvergünstigung er in Anspruch nehmen will.

25 (3) Werden mehrere Baumaßnahmen durchgeführt, die keine einheitlichen Baumaßnahmen darstellen und die nach objektiven Anhaltspunkten eindeutig und einwandfrei voneinander abgrenzbar sind, können für die jeweiligen Aufwendungen erhöhte Absetzungen nach verschiedenen Vorschriften vorgenommen werden.

6. Besonderheiten bei § 14 c BerlinFG

26 (1) Werden durch eine einheitliche Baumaßnahme an einem in Berlin (West) belegenen Mehrfamilienhaus neben einer Wohnung im Sinne des § 14 c BerlinFG nicht Wohnzwecken dienende Räume geschaffen, können die Aufwendungen, die auf den nicht Wohnzwecken dienenden Teil der Baumaßnahme entfallen oder die den Beträgen nach § 14 c Nr. 2 oder Nr. 3 BerlinFG übersteigen, nicht als selbständig begünstigte Maßnahme nach § 14 a Abs. 2 oder Abs. 5 BerlinFG erhöht abgeschrieben werden. Sie können aber als nachträgliche Herstellungskosten die Bemessungsgrundlage einer erhöhten Absetzung nach § 14 a BerlinFG erhöhen (vgl. Tz. 23).

27 (2) Wird durch die Baumaßnahme kein selbständiges Wirtschaftsgut im Sinne des Abschnitts 13 b EStR 1990 geschaffen, sind die erhöhten Absetzungen nach § 14 c BerlinFG auch dann nicht ausgeschlossen, wenn für das Altgebäude erhöhte Absetzungen nach § 14 a BerlinFG in Anspruch genommen werden. Die nicht auf die Wohnung im Sinne des § 14 c BerlinFG entfallenden Aufwendungen erhöhen als nachträgliche Herstellungskosten die Bemessungsgrundlage der erhöhten Absetzungen nach § 14 a BerlinFG. Das gleiche gilt für die die Höchstbeträge des § 14 c BerlinFG übersteigenden Aufwendungen (vgl. Tz. 23).

28 (3) Werden durch eine einheitliche Baumaßnahme mehrere Wohnungen geschaffen, gelten die Ausführungen in den Tz. 26 und 27 entsprechend.

B. Erhöhte Absetzungen für Wohnungen mit Sozialbindung (§ 7 k EStG)

I. Begünstigtes Objekt

1. Begriff der Wohnung

29 Zur Auslegung des Wohnungsbegriffs vgl. Tz. 1.

2. Zeitliche Voraussetzungen

30 (1) Nach § 7 k Abs. 2 Nr. 1 EStG sind nur im Inland belegene Wohnungen begünstigt, für die der Bauantrag nach dem 28. Februar 1989 gestellt worden ist. In Anschaffungsfällen muß die Wohnung auf Grund eines nach dem 28. Februar 1989 abgeschlossenen obligatorischen Vertrages bis zum Ende des Jahres der Fertigstellung angeschafft worden sein.

31 (2) Zum Begriff und zum Zeitpunkt der Stellung des Bauantrages vgl. Abschnitt 42 a Abs. 5 EStR 1990; zum Zeitpunkt des Abschlusses des obligatorischen Vertrags vgl. Abschnitt 42 a Abs. 6 EStR 1990. Ist baurechtlich für die Herstellung der Wohnung kein Bauantrag erforderlich, ist der Zeitpunkt des Beginns der Herstellung der Wohnung maßgebend (vgl. Tz. 5).

32 (3) Wird durch einen nach dem 28. Februar 1989 abgeschlossenen Kaufvertrag ein Grundstück oder ein teilfertiges Gebäude erworben, für das der Veräußerer bereits vor dem 1. März 1989 einen Bauantrag gestellt hat, und errichtet der Erwerber auf Grund dieses Bauantrags ein Gebäude oder stellt er das teilfertige Gebäude fertig, ist für die Anwendung des § 7 k EStG der Zeitpunkt des rechtswirksamen Abschlusses des obligatorischen Vertrags maßgebend (vgl. BFH-Urteil vom 24. April 1990 – BStBl II S. 889).

33 (4) Die Anschaffung einer Wohnung von einem Zwischenerwerber schließt die Inanspruchnahme der erhöhten Absetzungen nach § 7 k EStG nicht aus, wenn weder der Hersteller noch der Zwischenerwerber Absetzungen nach § 7 Abs. 5 EStG, erhöhte Absetzungen oder Sonderabschreibungen in Anspruch genommen haben und die Wohnung bis zum Ende des Jahres der Fertigstellung angeschafft worden ist.

34 (5) Die erhöhten Absetzungen nach § 7 k EStG kommen nur für Wohnungen in Betracht, die vor dem 1. Januar 1996 fertiggestellt werden. Zur Herstellung mehrerer Wohnungen durch eine einheitliche Baumaßnahme vgl. Tz. 6.

35 (6) Bei Wohnungen, die im Beitrittsgebiet belegen sind, ist § 7 k EStG nur anzuwenden, wenn sie nach dem 31. Dezember 1990 hergestellt oder angeschafft worden sind (§ 57 Abs. 1 EStG).

3. Mittel aus öffentlichen Haushalten

36 Nach § 7 k Abs. 2 Nr. 3 EStG können die erhöhten Absetzungen nicht beansprucht werden, wenn für die Wohnung unmittelbar oder mittelbar Mittel aus öffentlichen Haushalten gewährt werden. Zum Begriff „Mittel aus öffentlichen Haushalten" vgl. Tz. 9.

4. Verwendungsvoraussetzung

37 (1) Die Inanspruchnahme der erhöhten Absetzungen setzt nach § 7 k Abs. 2 Nr. 4 EStG voraus, daß die Wohnung im Jahr der Anschaffung oder Herstellung und in den folgenden neun Jahren (Verwendungszeitraum) dem Steuerpflichtigen zu fremden Wohnzwecken dient. Diese Voraussetzung ist nicht erfüllt, wenn eine Wohnung während des Verwendungszeitraums entgeltlich oder unentgeltlich im Wege der Einzelrechtsnachfolge übertragen oder z. B. an eine Gemeinde zwischenvermietet wird. Dies gilt auch dann, wenn die Wohnungen an den begünstigten Personenkreis weitervermietet werden. Dient die Wohnung nicht während des gesamten Verwendungszeitraums fremden Wohnzwecken, entfallen bereits in Anspruch genommene erhöhte Absetzungen rückwirkend. Bereits ergangene Steuerbescheide sind nach § 175 Abs. 1 Nr. 2 AO zu berichtigen. Zum Begriff der Wohnzwecke vgl. Tz. 12.

38 (2) Wird die Wohnung ganz oder teilweise unentgeltlich überlassen, ist § 21 Abs. 2 Satz 2 EStG zu beachten. Hierbei gilt die von der jeweiligen Landesregierung festgesetzte Höchstmiete nach § 7 k Abs. 3 Nr. 2 EStG als ortsübliche Vergleichsmiete, wenn die tatsächliche Marktmiete die Höchstmiete nicht unterschreitet.

5. Nachweis der wohnungsrechtlichen Voraussetzungen

39 (1) Die erhöhten Absetzungen nach § 7 k EStG können nur für Wohnungen in Anspruch genommen werden, für die der Steuerpflichtige für jedes Jahr des Verwendungszeitraums, in dem er die Wohnungen vermietet hat, durch eine Bescheinigung nachweist, daß die in § 7 k Abs. 3 EStG genannten Voraussetzungen erfüllt sind. Die Bescheinigung ist dem Vermieter von der für das Wohnungswesen zuständigen Behörde nach Ablauf jeden Jahres des Begünstigungszeitraums zu erteilen.

40 (2) Die zuständige Behörde hat zu prüfen, ob
1. die Wohnung durch den Steuerpflichtigen an Personen vermietet wird, für die
   a) eine Bescheinigung über die Wohnberechtigung nach § 5 des Wohnungsbindungsgesetzes, im Saarland eine Mietanerkennung im Sinne des § 14 Wohnungsbaugesetzes für das Saarland, ausgestellt worden ist,
   oder

b) eine Bescheinigung ausgestellt worden ist, daß die Voraussetzungen des § 88 a Abs. 1 Buchstabe b des Zweiten Wohnungsbaugesetzes, im Saarland des § 51 b Abs. 1 Buchstabe b des Wohnungsbaugesetzes für das Saarland, erfüllt sind

und

die Größe der Wohnung die in der Bescheinigung angegebene Größe nicht übersteigt

oder

2. der Steuerpflichtige keinen Mieter im Sinne der vorstehenden Voraussetzungen gefunden und ihm die zuständige Stelle nicht innerhalb von sechs Wochen nach seiner Anforderung einen solchen Mieter nachgewiesen hat

und

die Miete für die Wohnung die von der zuständigen Landesregierung festgesetzte Höchstmiete nicht übersteigt (vgl. Anlage).

41 (3) Für die Prüfung der persönlichen Voraussetzungen des Mieters sind die Verhältnisse zu Beginn des jeweiligen Mietverhältnisses maßgebend. Der spätere Wegfall dieser Voraussetzungen, z. B. wegen eines gestiegenen Einkommens des Mieters oder des Auszugs von Familienangehörigen, ist daher unbeachtlich.

42 (4) Die Bescheinigung unterliegt weder in rechtlicher noch in tatsächlicher Hinsicht der Nachprüfung durch die Finanzbehörden. Bei Zweifeln an der Richtigkeit der Bescheinigung hat die Finanzbehörde die ausstellende Behörde zu einer Prüfung zu veranlassen.

43 (5) Die Finanzbehörden haben zu prüfen, ob
– die vorgelegte Bescheinigung von der zuständigen Behörde ausgestellt worden ist,
– die Wohnung fremden Wohnzwecken gedient hat,
– für die Wohnung unmittelbar oder mittelbar Mittel aus öffentlichen Haushalten gewährt worden sind und
– die sonstigen steuerrechtlichen Tatbestandsmerkmale des § 7 k Abs. 1 und Abs. 2 EStG erfüllt sind.

II. Bemessung der Abschreibungen
1. Bemessungsgrundlage

44 (1) Bemessungsgrundlage für die erhöhten Absetzungen sind die Herstellungs- oder Anschaffungskosten der einzelnen Wohnung. Werden durch eine Baumaßnahme mehrere Wohnungen hergestellt, sind die entstandenen Aufwendungen nach dem Verhältnis der Nutzflächen auf die einzelnen Wohnungen aufzuteilen, soweit eine direkte Zuordnung nicht möglich ist (vgl. Abschnitt 13 b Abs. 4 EStR 1990).

45 (2) Entsteht eine Wohnung im Sinne des § 7 k EStG durch eine Baumaßnahme an einem bestehenden Gebäude, ist der anteilig auf die neue Wohnung entfallende Restwert des Altgebäudes mit in die Bemessungsgrundlage der erhöhten Absetzungen nach § 7 k EStG einzubeziehen, und zwar auch dann, wenn die neue Wohnung kein selbständiges Wirtschaftsgut im Sinne des Abschnitts 13 b EStR 1990 ist. Zur Berechnung der anteiligen Altbausubstanz vgl. Tz. 19.

2. Höhe der erhöhten Absetzungen

46 Nach § 7 k Abs. 1 EStG können im Jahr der Fertigstellung und in den folgenden vier Jahren jeweils bis zu 10 v. H. und in den folgenden fünf Jahren jeweils bis zu 7 v. H. der Bemessungsgrundlage (vgl. Tz. 44 und 45) erhöht abgeschrieben werden. Ein nach Ablauf von zehn Jahren verbleibender Restwert ist mit $3^{1}/_{3}$ v. H. des Restwerts weiter abzuschreiben.

3. Kumulationsverbot

47 (1) Zur Kumulierung der erhöhten Absetzungen nach § 7 k EStG mit den erhöhten Absetzungen auf Grund anderer Vorschriften gelten die Tz. 23 bis 25 entsprechend. Die Inanspruchnahme von erhöhten Absetzungen nach § 7 k EStG schließt die Anwendung des § 7 b Abs. 8 EStG nicht aus, wenn die tatbestandlichen Voraussetzungen des § 7 c EStG vorliegen.

48 (2) Die erhöhten Absetzungen nach § 7 k EStG können auch von den Herstellungskosten für Wohnungen in Anspruch genommen werden, die durch Baumaßnahmen an bestehenden Gebäuden entstanden sind. Der Steuerpflichtige kann für jede einzelne Wohnung zwischen den erhöhten Absetzungen nach § 7 c und nach § 7 k EStG wählen.

4. Besonderheiten bei § 14 d BerlinFG

49 (1) Zur Kumulierung der erhöhten Absetzungen nach § 14 d BerlinFG mit anderen erhöhten Absetzungen gelten die Tz. 26 bis 28 entsprechend. Werden durch eine einheitliche Baumaßnahme an einem in Berlin (West) belegenen Gebäude mehrere Wohnungen geschaffen, von denen nur bei einigen die Voraussetzungen zur Inanspruchnahme der erhöhten Absetzungen nach § 14 d BerlinFG vorliegen, oder werden zusätzlich zu den Wohnungen auch nicht Wohnzwecken dienende Räume geschaffen, können die Aufwendungen, die auf die nicht begünstigten Wohnungen oder auf die nicht Wohnzwecken dienenden Räume entfallen, nicht nach § 14 a Abs. 2 oder Abs. 5 BerlinFG als selbständig begünstigte Maßnahme erhöht abgeschrieben werden. Sie können aber als nachträgliche Herstellungskosten die Bemessungsgrundlage für erhöhten Absetzung nach § 14 a BerlinFG erhöhen (vgl. Tz. 23).

50 (2) Wird durch die Baumaßnahme kein selbständiges Wirtschaftsgut im Sinne des Abschnitts 13 b EStR 1990 geschaffen, sind die erhöhten Absetzungen nach § 14 d BerlinFG auch dann nicht

ausgeschlossen, wenn für das Altgebäude erhöhte Absetzungen nach § 14 a BerlinFG in Anspruch genommen werden. Die nicht auf die Wohnung im Sinne des § 14 d BerlinFG entfallenden Aufwendungen erhöhen als nachträgliche Herstellungskosten die Bemessungsgrundlage der erhöhten Absetzungen nach § 14 a BerlinFG (vgl. Tz. 23).

Höchstmietenverordnung der Bundesländer
§ 7 k Abs. 3 Nr. 2 EStG
Anlage

Baden-Württemberg
Verordnung der Landesregierung über die Höchstmiete nach § 7 k des Einkommensteuergesetzes (Höchstmiete-Verordnung) vom 5. März 1990 (Gesetzblatt Baden-Württemberg 1990 Seite 90), geändert durch die Verordnung der Landesregierung zur Änderung der Höchstmiete-Verordnung vom 17. Dezember 1990 (Gesetzblatt Baden-Württemberg 1991 Seite 2).

Bayern
Verordnung über die Höchstmiete für steuerlich begünstigte Wohnungen mit Sozialbindung (Höchstmietenverordnung – HMV) vom 3. April 1990 (Bayerisches Gesetz- und Verordnungsblatt 1990 Seite 78).

Berlin
Verordnung über die Festsetzung von Höchstmieten nach § 7 k des Einkommensteuergesetzes (Höchstmietenverordnung – HöchstMietVO) vom 26. Oktober 1990 (Gesetz- und Verordnungsblatt für Berlin 1990 Seite 2235).

Brandenburg

Bremen
Verordnung über die Höchstmiete nach § 7 k des Einkommensteuergesetzes 1990 vom 15. Januar 1991 (Gesetzblatt der Freien und Hansestadt Bremen 1991 Seite 59).

Hamburg
Verordnung über die Höchstmiete nach § 7 k des Einkommensteuergesetzes vom 24. April 1990 (Hamburgisches Gesetz- und Verordnungsblatt 1990 Seite 83).

Hessen
Verordnung über die Festsetzung von Höchstmieten nach § 7 k Abs. 3 Nr. 2 EStG des Einkommensteuergesetzes vom 14. Mai 1990 (Gesetz- und Verordnungsblatt für das Land Hessen 1990 Seite 161).

Mecklenburg-Vorpommern

Niedersachsen
Verordnung zur Durchführung der einkommensteuerrechtlichen Vorschriften über erhöhte Absetzungen für Wohnungen mit Sozialbindung (DV-§ 7 k EStG) vom 5. Februar 1991 (Niedersächsisches Gesetz- und Verordnungsblatt 1991 Seite 135).

Nordrhein-Westfalen
Verordnung zur Festsetzung von Höchstmieten für Wohnungen nach § 7 k Einkommensteuergesetz (HMietVO) vom 30. März 1990 (Gesetz- und Verordnungsblatt für das Land Nordrhein-Westfalen 1990 Seite 224).

Rheinland-Pfalz
Landesverordnung über die Höchstmiete nach § 7 k des Einkommensteuergesetzes (Höchstmiete-Verordnung) vom 15. Mai 1990 (Gesetz- und Verordnungsblatt für das Land Rheinland-Pfalz 1990 Seite 123).

Saarland
Höchstmietenverordnung nach § 7 k des Einkommensteuergesetzes vom 16. April 1991 (Amtsblatt des Saarlandes 1991 Seite 766).

Sachsen

Sachsen-Anhalt

Schleswig-Holstein
Landesverordnung über die Festsetzung der Höchstmiete nach § 7 k des Einkommensteuergesetzes (Höchstmietverordnung) vom 5. Juli 1990 (Gesetz- und Verordnungsblatt für Schleswig-Holstein 1990 Seite 444).

Thüringen

II
Maßgeblichkeit des Bauantrags in den Fällen des § 7 Abs. 5 Nr. 1 und 2 EStG

BMF vom 8. 12. 1994 (BStBl I S. 882)
IV B 3 – S 2196 – 111/94

Nach § 7 Abs. 5 Satz 1 Nr. 1 und 2 EStG ist die degressive AfA in den Fällen der Herstellung eines Gebäudes nur zulässig, wenn der Bauantrag vor dem 1. Januar 1994 bzw. 1. Januar 1995 gestellt worden ist.

Unter Bezugnahme auf das Ergebnis der Erörterung mit den obersten Finanzbehörden der Länder ist es in diesen Fällen unerheblich, wer den Bauantrag gestellt hat. Ist deshalb für ein Gebäude der Bauantrag vor dem maßgeblichen Zeitpunkt gestellt worden, kann der Erwerber eines unbebauten Grundstücks oder der Erwerber eines teilfertigen Gebäudes die degressive AfA auch dann vornehmen, wenn er das unbebaute Grundstück oder das teilfertige Gebäude nach dem 31. Dezember 1993 bzw. 31. Dezember 1994 erworben hat und das Gebäude aufgrund des gestellten Bauantrags fertigstellt. Das gilt auch, wenn der Bauantrag vor dem maßgeblichen Zeitpunkt von einer Personengesellschaft oder einer Gemeinschaft gestellt worden ist und nach dem 31. Dezember 1993 bzw. 31. Dezember 1994, bevor das Gebäude fertiggestellt ist, weitere Personen der Gesellschaft oder Gemeinschaft beitreten.

Zu den nach § 7 Abs. 5 Satz 1 Nr. 1 und 2 EStG begünstigten Herstellungskosten gehören in diesen Fällen die (anteiligen) Anschaffungskosten des teilfertigen Gebäudes und die (anteiligen) Herstellungskosten zur Fertigstellung des Gebäudes. Aus dem BFH-Urteil vom 19. Februar 1974 (BStBl II S. 704) kann eine andere Rechtsauffassung nicht hergeleitet werden, weil dieses Urteil zu einer Fassung des § 7 Abs. 5 EStG ergangen ist, nach der die degressive AfA nur vom Bauherrn in Anspruch genommen werden konnte.

Die Grundsätze dieses Schreibens sind in allen noch offenen Fällen anzuwenden.

Gesetz
über die Steuerberechtigung und die Zerlegung bei der Einkommensteuer und der Körperschaftsteuer
(Zerlegungsgesetz)

in der Fassung der Bekanntmachung vom 25. 2. 1971
(BGBl. I S. 145)

zuletzt geändert durch Artikel 8 des Gesetzes vom 9. 11. 1992
(BGBl. I S. 1853, BStBl I S. 682)

– Auszug –

§ 1
Unmittelbare Steuerberechtigung

(1) Der Anspruch auf die Einkommensteuer oder die Körperschaftsteuer für ein Kalenderjahr steht unmittelbar dem Lande zu, in dem der Steuerpflichtige am 10. Oktober dieses Jahres oder an dem in dieses Kalenderjahr fallenden Stichtag der Personenstandsaufnahme seinen Wohnsitz oder den Ort der Leitung hat. § 19 Abs. 1, 2 und § 20 der Abgabenordnung gelten sinngemäß.

(2) Wird eine unanfechtbar gewordene Steuerfestsetzung berichtigt, so steht ein zusätzlicher Zahlungsanspruch, der sich aus der Berichtigung ergibt, abweichend von Absatz 1 dem Lande zu, dessen Finanzamt die Berichtigung vorgenommen hat. Entsprechendes gilt für eine Erstattungsverpflichtung.

(3) Die Vorschriften der Abgabenordnung über die örtliche Zuständigkeit für die Besteuerung bleiben unberührt. Ist ein Steuerbetrag einem Lande zugeflossen, dem der Steueranspruch nach den Vorschriften dieses Gesetzes nicht zusteht, so ist er an das steuerberechtigte Land zu überweisen; die Überweisung unterbleibt, wenn der für ein Kalenderjahr zu überweisende Betrag 50.000 Deutsche Mark nicht übersteigt.

(4) Die Vorschriften über die Zerlegung der Körperschaftsteuer (§§ 2 bis 4) und über die Zerlegung der Lohnsteuer (§ 5) bleiben unberührt.

§ 5
Zerlegung der Lohnsteuer

(1) Die von einem Land vereinnahmte Lohnsteuer wird insoweit zerlegt, als sie von den Bezügen der in den anderen Ländern ansässigen unbeschränkt steuerpflichtigen Arbeitnehmer insgesamt einbehalten worden ist. Die Zerlegungsanteile der einzelnen Länder bemessen sich nach Hundertsätzen der vereinnahmten Lohnsteuer. Die Hundertsätze sind nach den Verhältnissen im Feststellungszeitraum festzusetzen. Feststellungszeitraum ist jeweils das Kalenderjahr, für das nach dem Gesetz über Steuerstatistiken eine Lohnsteuerstatistik durchgeführt wird.

(2) Der Festsetzung der Hundertsätze sind die Verhältnisse zugrunde zu legen, die sich aus den Eintragungen auf den Lohnsteuerkarten ergeben. Dabei gilt ein Arbeitnehmer, der für den Feststellungszeitraum zur Einkommensteuer zu veranlagen ist oder für den ein Lohnsteuer-Jahresausgleich durchgeführt wird, als in dem Land ansässig, in dem das für die Einkommensteuerveranlagung oder den Lohnsteuer-Jahresausgleich örtlich zuständige Finanzamt belegen ist (Wohnsitzland); in den übrigen Fällen gilt als Wohnsitzland das Land, in dem die Lohnsteuerkarte des Arbeitnehmers ausgestellt worden ist. Die nach den Eintragungen der Arbeitgeber auf der Lohnsteuerkarte einbehaltene Lohnsteuer gilt als von dem Land vereinnahmt, zu dem das Finanzamt gehört, an das die Lohnsteuer nach der letzten Eintragung abgeführt worden ist (Einnahmeland).

(3) Für die Ermittlung der Verhältnisse im Feststellungszeitraum sind die Lohnsteuerkarten für den Feststellungszeitraum oder die bei Durchführung des maschinellen Lohnsteuer-Jahresausgleichs und der maschinellen Veranlagung zur Einkommensteuer für den Feststellungszeitraum erstellten maschinell verwertbaren Datenträger, auf denen die in Absatz 2 genannten Eintragungen auf den Lohnsteuerkarten gespeichert sind, an das Statistische Landesamt des Wohnsitzlandes zu leiten. Das Statistische Landesamt des Wohnsitzlandes hat anhand der ihm zugeleiteten Lohnsteuerkarten und maschinellen Datenträger die Lohnsteuer, die nicht vom Wohnsitzland vereinnahmt worden ist, zu ermitteln, die hiervon auf die einzelnen Einnahmeländer entfallenden Beträge festzustellen und diese bis zum 31. Dezember des zweiten Kalenderjahrs, das dem Feststellungszeitraum folgt, den obersten Finanzbehörden der Einnahmeländer mitzuteilen. Die auf den Lohnsteuerkarten eingetragenen Pfennigbeträge der Lohnsteuer sind nicht zu berücksichtigen.

(4) Die obersten Finanzbehörden der Einnahmeländer stellen nach den von den Statistischen Landesämtern der Wohnsitzländer mitgeteilten Beträgen fest, an welchem Verhältnis – ausgedrückt in Hundertsätzen – jeder der Beträge zu

Anhang 35 a
Zerlegung

der im Feststellungszeitraum von ihnen insgesamt vereinnahmten Lohnsteuer steht. Die Hundertsätze sind auf 3 Stellen hinter dem Komma zu runden und den obersten Finanzbehörden der anderen Länder sowie dem Bundesminister der Finanzen bis zum 31. März des dritten Kalenderjahrs, das dem Feststellungszeitraum folgt, mitzuteilen.

(5) Die Hundertsätze gelten für die Zerlegung der Lohnsteuer im dritten, vierten und fünften Kalenderjahr, die dem Feststellungszeitraum folgen.

(6) Auf Grund der nach Absatz 4 festgestellten Hundertsätze haben die obersten Finanzbehörden der Einnahmeländer für jedes Kalendervierteljahr der Kalenderjahre, für die die Hundertsätze gelten (Absatz 5), die Zerlegungsanteile der Wohnsitzländer an der von ihnen in diesem Kalendervierteljahr vereinnahmten Lohnsteuer zu ermitteln und bis zum Ende des auf das Kalendervierteljahr folgenden Monats an die obersten Finanzbehörden der Wohnsitzländer zu überweisen.

(7) Die Vorschriften der §§ 185 bis 189 der Abgabenordnung sind auf das Verfahren bei der Zerlegung der Lohnsteuer nicht anzuwenden.

§ 5 a
Zerlegung des Zinsabschlags

(1) Der Länder- und Gemeindeanteil am Aufkommen des Zinsabschlags wird wie folgt zerlegt:
1. Auf die nicht in Artikel 3 des Einigungsvertrages genannten Länder und Gebiete entfallen:
   a) im Jahr 1993 = 95 vom Hundert,
   b) im Jahr 1994 = 94 vom Hundert,
   c) im Jahr 1995 = 93 vom Hundert,
   d) im Jahr 1996 = 92 vom Hundert,
   e) im Jahr 1997 = 91 vom Hundert

   (Westanteil), auf die in Artikel 3 des Einigungsvertrages genannten Länder und Gebiete
   f) im Jahr 1993 = 5 vom Hundert,
   g) im Jahr 1994 = 6 vom Hundert,
   h) im Jahr 1995 = 7 vom Hundert,
   i) im Jahr 1996 = 8 vom Hundert,
   j) im Jahr 1997 = 9 vom Hundert

   (Ostanteil).
2. Der Westanteil wird auf die einzelnen Länder wie folgt verteilt:
   a) zu 70 vom Hundert entsprechend der Verteilung der Einkünfte aus Kapitalvermögen nach dem Ergebnis der letzten vorliegenden Einkommensteuer-Statistik. Eine neue Statistik ist erstmals in dem auf ihre Veröffentlichung folgenden Kalenderjahr maßgebend;
   b) zu 20 vom Hundert entsprechend der Verteilung des vorjährigen Körperschaftsteueraufkommens nach Zerlegung;
   c) zu 10 vom Hundert entsprechend der Verteilung des vorjährigen Aufkommens der veranlagten Einkommensteuer.
3. Für die Verteilung des Ostanteils auf die einzelnen Länder ist die vom Statistischen Bundesamt zum 30. Juni des Vorjahres festgestellte Einwohnerzahl maßgebend.

(2) Die obersten Finanzbehörden der Länder haben für jedes Kalendervierteljahr ihr Aufkommen an Zinsabschlag rechtzeitig dem Bundesminister der Finanzen mitzuteilen. Dieser stellt die Anteile der einzelnen Länder am Zinsabschlag nach Absatz 1 fest. Die sich ergebenden Ausgleichszahlungen sind von den zahlungspflichtigen Ländern bis zum Ende des auf das Kalendervierteljahr folgenden Monats an die obersten Finanzbehörden der empfangsberechtigten Länder zu überweisen.

§ 6
Erlöschen der Ansprüche

(1) Ansprüche nach den §§ 1, 5 und 5 a erlöschen, wenn sie nicht bis zum Ablauf des dritten auf die Vereinnahmung der Steuer folgenden Kalenderjahrs geltend gemacht werden.

(2) Der Anspruch auf einen Zerlegungsanteil an der Körperschaftsteuer erlischt, wenn er nicht bis zum Ablauf des dritten auf die endgültige Zerlegung (§ 3 Abs. 1) des strittigen Steuerbetrags folgenden Kalenderjahrs geltend gemacht wird.

§ 8
Beginn der Anwendung und Überleitungsvorschriften

(1) Die Körperschaftsteuerzerlegung ist erstmals für den Veranlagungszeitraum 1970 durchzuführen. Die Länder Brandenburg, Mecklenburg-Vorpommern, Sachsen, Sachsen-Anhalt und Thüringen nehmen an der Zuweisung der Einkommensteuerberechtigung und an der Zerlegung der Körperschaftsteuer erstmals für den Veranlagungszeitraum 1991 teil; das gleiche gilt im Land Berlin für den Teil, in dem das Grundgesetz bisher nicht galt.

(2) Die Lohnsteuerzerlegung ist erstmals für das Kalenderjahr 1970 nach den Verhältnissen im Kalenderjahr 1968 als erstem Feststellungsraum durchzuführen. Die Länder Brandenburg, Mecklenburg-Vorpommern, Sachsen, Sachsen-Anhalt und Thüringen nehmen an der Zerlegung der Lohnsteuer erstmals für das Kalenderjahr 1991 teil; das gleiche gilt im Land Berlin für den Teil, in dem das Grundgesetz bisher nicht galt. Für die Kalenderjahre 1991 bis 1994 wird die Lohnsteuer zwischen den Ländern Brandenburg, Mecklen-

burg-Vorpommern, Sachsen, Sachsen-Anhalt und Thüringen sowie dem Land Berlin für den Teil, in dem das Grundgesetz bisher nicht galt, einerseits und den übrigen Bundesländern mit Ausnahme des Landes Berlin für den Teil, in dem das Grundgesetz bisher schon galt, andererseits abweichend von § 5 Abs. 5 nach den Hundertsätzen zerlegt, die sich nach den Verhältnissen im Feststellungszeitraum 1992 ergeben. Auf Grund dieser Hundertsätze haben die obersten Finanzbehörden der Einnahmeländer die Zerlegungsanteile der Wohnsitzländer an der von ihnen in den Kalenderjahren 1991 bis 1994 vereinnahmten Lohnsteuer zu ermitteln und bis zum 30. Juni 1995 an die obersten Finanzbehörden der Wohnsitzländer zu überweisen. Die obersten Finanzbehörden der Länder sollen Vorauszahlungen auf die voraussichtlichen Zerlegungsanteile für 1991 bis 1994 vereinbaren; das Nähere wird durch Rechtsverordnung mit Zustimmung des Bundesrates bestimmt. Für die Zerlegung der Lohnsteuer zwischen den Ländern Brandenburg, Mecklenburg-Vorpommern, Sachsen, Sachsen-Anhalt und Thüringen sowie dem Land Berlin in den Kalenderjahren 1991 bis 1994 gelten die Sätze 3 bis 5 entsprechend. Ansprüche nach den Sätzen 4 bis 6 erlöschen, wenn sie nicht bis zum 31. Dezember 1998 geltend gemacht werden.

(3) Die Zerlegungsanteile für die Zeit vom 1. Januar bis zum 30. September 1970 sind abweichend von den §§ 4 und 5 zum 15. Dezember 1970 an die empfangsberechtigten Länder zu überweisen.

(4) Bei der Ermittlung der vorläufigen Bemessungsgrundlagen für den Finanzausgleich unter den Ländern nach § 13 des Gesetzes über den Finanzausgleich zwischen Bund und Ländern vom 28. August 1969 (Bundesgesetzbl. I S. 1432) sind für das Jahr 1971 $^4/_3$ der unter Absatz 3 genannten Zerlegungsanteile und für das Jahr 1972 die im Jahr 1971 überwiesenen Zerlegungsanteile in Ansatz zu bringen.

(5) Abweichend von § 5 Abs. 5 gelten die nach den Verhältnissen des Feststellungszeitraums 1977 festgestellten Hundertsätze für die Zerlegung der Lohnsteuer in den Kalenderjahren 1979, 1980, 1981 und 1982.

(6) § 3 Abs. 4 ist auch auf Veranlagungszeiträume vor 1984 anzuwenden, wenn die Erklärungen noch nicht abgegeben sind.

(7) Die vorstehende Fassung des § 5 Abs. 2 Satz 2 gilt erstmals für den Feststellungszeitraum 1980. § 5 Abs. 2 Satz 4 ist ab dem Feststellungszeitraum 1983 nicht mehr anzuwenden.

Anhang 36

I Zinsabschlag

Übersicht

I Freistellungsauftrag

II Einzelfragen zur Anwendung des Zinsabschlaggesetzes

III Zinsabschlaggesetz; hier: NV-Bescheinigungen und Freistellungsbescheide bei Körperschaften

III a Rechtsnatur der Bundestags-, Landtags-, Gemeinderats-, Stadtrats-, Bezirkstags- und Verbandsgemeinderatsfraktionen (Zinsabschlaggesetz)

IV Zinsabschlaggesetz; hier: Anwendung bei Personenzusammenschlüssen

V Erstattung des Zinsabschlags von Erträgen einer juristischen Person des öffentlichen Rechts aus Kapital auf Treuhandkonten

VI Erstattung einbehaltenen Zinsabschlags in Treuhandfällen bei Steuerausländern

VII Berücksichtigung von gezahlten Stückzinsen bei Personenverschiedenheit von Käufer und Depotinhaber

VIII Zinsen aus Mietkautionen

IX Zinsabschlag von Kapitalerträgen aus unverzinslichen Schatzanweisungen des Bundes einschließlich Bundesbank-Liquiditäts-U-Schätzen

X Steuerbescheinigungen nach § 45 a EStG

XI Einkommensteuerrechtliche Behandlung der Einnahmen aus festverzinslichen Anleihen und Schuldverschreibungen mit Vorschaltkupons

XII Muster und Merkblatt für den Antrag auf Ausstellung einer Bescheinigung gemäß § 44 a Abs. 4 und 5 EStG, § 44 c Abs. 1 und 2 EStG, § 38 Abs. 2 und 3 KAGG

I
Freistellungsauftrag

BMF vom 3. 9. 1992 (BStBl I S. 582)
an den Deutschen Sparkassen- und Giroverband e. V., Bonn

IV B 4 – S 2252 – 398/92

Sehr geehrte Damen und Herren!

Als Anlage übersende ich Ihnen das mit den obersten Finanzbehörden der Länder abgestimmte Muster des Freistellungsauftrags.

Für die Erstellung des nach § 44 a Abs. 2 Nr. 1 EStG vorgeschriebenen amtlichen Vordrucks bitte ich, von dem Muster nach Inhalt und Reihenfolge nicht abzuweichen. Dabei gehe ich davon aus, daß der Freistellungsauftrag maschinell lesbar gestaltet werden kann und dem Kunden eine Durchschrift oder Zweitausfertigung seines Auftrags zur Verfügung gestellt wird.

Freistellungsaufträge, die nach dem Muster der Anlage zum Gesetzentwurf der Bundesregierung bereits erteilt worden sind, bleiben unter der Voraussetzung steuerlich wirksam, daß abweichende Geburtsnamen des Antragstellers und seines Ehegatten noch in den Freistellungsauftrag aufgenommen werden.

Ich wäre Ihnen dankbar, wenn Sie die Ihnen angeschlossenen Verbände unterrichten würden.

Mit freundlichen Grüßen
im Auftrag

Weiß

Anhang 36

Zinsabschlag

Anlage

Muster
– Freistellungsauftrag für Kapitalerträge –

(Gilt nicht für Betriebseinnahmen und Einnahmen aus Vermietung und Verpachtung)

_____
(Name, abweichender Geburtsname, Vorname
Geburtsdatum des Gläubiger der Kapitalerträge)

_____
(Straße, Hausnummer)

_____
(ggf. Name, abweichender Geburtsname, Vorname,
Geburtsdatum des Ehegatten)

_____
(Postleitzahl, Ort)

_____
(Datum)

An

_____
(z.B. Kreditinstitut/Bausparkasse/Lebensversicherungsunternehmen/Bundes-/Landesschuldenverwaltung)

_____
(Straße, Hausnummer)

_____
(Postleitzahl, Ort)

Hiermit erteile ich/erteilen wir*) Ihnen den Auftrag, meine/unsere*) bei Ihrem Institut anfallenden Zinseinnahmen vom Steuerabzug freizustellen und/oder bei Dividenden und ähnlichen Kapitalerträgen die Erstattung von Kapitalertragsteuer und die Vergütung von Körperschaftsteuer beim Bundesamt für Finanzen zu beantragen, und zwar

☐ bis zu einem Betrag von .... DM (bei Verteilung des Freibetrags auf mehrere Kreditinstitute).

☐ bis zur Höhe des für mich/uns*) geltenden Sparer-Freibetrages und Werbungskosten-Pauschbetrags von insgesamt 6.100 DM/12.200 DM*).

Dieser Auftrag gilt ab dem ....

☐ so lange, bis Sie einen anderen Auftrag von mir/uns*) erhalten.

☐ bis zum ....

Dieser Auftrag steht den zuständigen Finanzbehörden zu Prüfungszwecken zur Verfügung.

Ich versichere/Wir versichern*), daß mein/unser*) Freistellungsauftrag zusammen mit Freistellungsaufträgen an andere Kreditinstitute, Bausparkassen, das Bundesamt für Finanzen usw. den für mich/uns*) geltenden Höchstbetrag von insgesamt 6.100/12.200 DM*) nicht übersteigt. Ich versichere/Wir versichern*) außerdem, daß ich/wir*) mit allen für das Kalenderjahr erteilten Freistellungsaufträgen für keine höheren Kapitalerträge als insgesamt 6.100/12.200 DM*) im Kalenderjahr die Freistellung oder Erstattung von Kapitalertragsteuer in Anspruch nehme(n)*).

Die mit dem Freistellungsauftrag angeforderten Daten werden auf Grund von § 36 b Abs. 2, § 44 a Abs. 2, § 44 b Abs. 1 und § 45 d Abs. 1 EStG erhoben.

_____
(Unterschrift)

_____
(ggf. Unterschrift Ehegatte, gesetzliche(r) Vertreter)

☐ Zutreffendes bitte ankreuzen
*) Nichtzutreffendes bitte streichen.

Der Höchstbetrag von 12.200 DM gilt nur bei Zusammenveranlagung. Der Freistellungsauftrag ist z.B. nach Auflösung der Ehe oder bei dauerndem Getrenntleben zu ändern.

II
Einzelfragen zur Anwendung des Zinsabschlaggesetzes

BMF vom 26. 10. 1992 (BStBl I S. 693)

IV B 4 – S 2000 – 252/92

Aufgrund der Erörterungen mit den obersten Finanzbehörden der Länder nehme ich zu Einzelfragen zur Anwendung des Zinsabschlaggesetzes ab 1. Januar 1993 wie folgt Stellung:

1 **Zufluß von Kapitalerträgen**

Zinsen fließen als regelmäßig wiederkehrende Einnahmen dem Steuerpflichtigen nach § 11 Abs. 1 Satz 2 EStG in dem Jahr zu, zu dem sie wirtschaftlich gehören. Die wirtschaftliche Zugehörigkeit bestimmt sich nach dem Jahr, in dem sie zahlbar, d. h. fällig sind, unabhängig davon, für welchen Zeitraum die Zinsen gezahlt werden oder wann die Gutschrift tatsächlich vorgenommen wird. Auch bei auf- und abgezinsten Kapitalforderungen ist für den Zufluß nicht der Zeitraum maßgebend, für den die Zinsen gezahlt werden, sondern der Zeitpunkt der Fälligkeit.

Das Jahr der wirtschaftlichen Zugehörigkeit ist bei allen Zinsen, die zu Beginn des Jahres 1993 fällig sind, das Jahr 1993, auch wenn diese Zinsen bereits im Jahr 1992 gutgeschrieben werden. Umgekehrt ist kein Steuerabzug von Zinsen vorzunehmen, die Ende 1992 fällig sind und erst in den ersten Tagen des Jahres 1993 gutgeschrieben werden.

Vor dem 1. Januar 1993 fällige Zinsen aus festverzinslichen Wertpapieren sind auch dann im Jahr 1992 dem Gläubiger zugeflossen, wenn der Zinsschein erst im Jahr 1993 oder später zur Einlösung vorgelegt wird. Nach § 44 Abs. 1 i. V. m. § 52 Abs. 28 EStG ist deshalb in diesen Fällen von den Zinsen der Zinsabschlag nicht einzubehalten.

2 **Auszahlende Stelle im Sinne des § 44 Abs. 1 EStG**

2.1 Mehrstufige Verwahrung von Wertpapieren

Wertpapiere werden vielfach nicht nur von dem Kreditinstitut verwahrt, bei dem der Steuerpflichtige sein Depot unterhält, sondern auch – z. B. im Falle der Girosammelverwahrung – bei der Wertpapiersammelbank (Deutscher Kassenverein). Auszahlende Stelle im Sinne des § 44 Abs. 1 EStG ist bei mehrstufiger Verwahrung das depotführende Kreditinstitut, das als letzte auszahlende Stelle die Wertpapiere verwahrt und allein die individuellen Verhältnisse des Steuerpflichtigen (z. B. Freistellungsauftrag, NV-Bescheinigung) berücksichtigen kann.

2.2 Einlösung von auf- oder abgezinsten Wertpapieren im Tafelgeschäft

Auf- und abgezinste Wertpapiere kennen keine Zinsscheine; Stammrecht und Zinsansprüche werden in einer Urkunde verkörpert. Der Zinsabschlag beträgt ab Veranlagungszeitraum 1993 bei Fälligkeit (Einlösung) in den Fällen des § 44 Abs. 1 Satz 4 Nr. 1 Buchstabe a Doppelbuchstabe aa EStG (Depotverwahrung) 30 v. H. und in den Fällen des § 44 Abs. 1 Satz 4 Nr. 1 Buchstabe a Doppelbuchstabe bb EStG (Tafelgeschäft) 35 v. H. (§ 43 a Abs. 1 Nr. 4 EStG).

Nur bei Veräußerung oder Abtretung von auf- oder abgezinsten Wertpapieren im Sinne des § 20 Abs. 2 Nr. 4 EStG vor Fälligkeit unterliegen die dabei vereinnahmten „Stückzinsen" erst ab 1. Januar 1994 dem Zinsabschlag (§ 52 Abs. 28 Satz 2 EStG).

2.3 Steuerliche Behandlung von Stückzinsen im Rahmen von Tafelgeschäften

Einnahmen aus der Veräußerung von Zinsscheinen (Stückzinsen) unterliegen unabhängig davon, ob sie mit (§ 20 Abs. 2 Nr. 3 EStG) oder ohne (§ 20 Abs. 2 Buchstabe b EStG) Stammrecht veräußert werden, nur dann erst ab 1. Januar 1994 dem Zinsabschlag (§ 52 Abs. 28 Satz 2 EStG), wenn sie vor Fälligkeit der Zinsscheine veräußert werden.

2.4 Gutschriften zugunsten von ausländischen Personengesellschaften

Gläubiger der Kapitalerträge bei einem auf den Namen einer Personengesellschaft geführten Konto sind die Gesellschafter. Vom Zinsabschlag kann deshalb nur dann abgesehen werden, wenn es sich bei allen Gesellschaftern um Steuerausländer handelt.

Wird dagegen im Inland ein auf den Namen einer Personenhandelsgesellschaft lautendes Konto geführt, die weder Sitz, Geschäftsleitung noch Betriebsstätte im Inland hat, ist der Zinsabschlag wegen der Ausländereigenschaft nicht vorzunehmen.

3 **Umfang und Zeitpunkt des Steuerabzugs**

3.1 Bundesschatzbriefe Typ B

Bei Bundesschatzbriefen Typ B fließen die Erträge dem Steuerpflichtigen in dem Zeitpunkt zu, in dem entweder die Endfälligkeit erreicht ist oder die Titel an die Bundesschuldenverwaltung zurückgegeben werden. Dem Zinsabschlag unterliegt demnach am Ende der Laufzeit oder bei Rückgabe des Titels der gesamte Kapitalertrag. Dem steht die Übergangsregelung des BMF-Schreibens vom 30. Oktober 1989 – IV B 4 – S 2252 – 310/89 – (BStBl I S. 428) nicht entgegen, nach der dem Steuerpflichtigen für vor dem 1. Januar

1989 erworbene Bundesschatzbriefe das Wahlrecht eingeräumt worden ist, bei der Veranlagung zur Einkommensteuer entsprechend der früheren Verwaltungsregelung weiter die jährliche Besteuerung zu wählen.

Bei Bundesschatzbriefen Typ B, bei denen der Zinslauf am 1. Januar beginnt, ist der Zinsabschlag ebenfalls bei Fälligkeit, d. h. am 1. Januar, abzuziehen. Auf Antrag kann der Steuerpflichtige jedoch im Rahmen der Veranlagung zur Einkommensteuer bei Erträgen aus vor dem 1. Januar 1993 erworbenen Bundesschatzbriefen Typ B mit Zinslauf ab 1. Januar die Besteuerung entsprechend der Verwaltungsregelung vom 9. Februar 1981 – IV B 4 – S 2252 – 6/81 – wählen. Danach kann in Verbindung mit der Verwaltungsregelung in Tz. 2.4 des BMF-Schreibens vom 20. Dezember 1988 (BStBl I S. 540) der Zufluß des gesamten Kapitalertrags bereits am 31. Dezember des siebten Kalenderjahres angenommen werden. In diesem Fall wird der im achten Kalenderjahr erhobene Zinsabschlag auf die Einkommensteuer des siebten Kalenderjahres angerechnet.

3.2 Höhe des steuerpflichtigen Ertrags bei Finanzierungsschätzen und unverzinslichen Schatzanweisungen

[1]) Dem Zinsabschlag ist der Brutto-Kapitalertrag zugrunde zu legen; er ist in der Steuerbescheinigung auszuweisen. Dies ist z. B. nicht möglich bei Finanzierungsschätzen und unverzinslichen Schatzanweisungen des Bundes, die bei einer Emission während einer gewissen Zeitdauer mit unterschiedlichen Ausgabepreisen begeben werden und deshalb beim Anleger entsprechend dem Kaufdatum zu einem unterschiedlichen Ertrag führen. In diesen Fällen muß deshalb für jede Emission eine einheitliche Bemessungsgrundlage für die Erhebung der Kapitalertragsteuer bestimmt werden.

Aus Vereinfachungsgründen ist es nicht zu beanstanden, wenn für die Erhebung des Zinsabschlags und die Ausstellung der Steuerbescheinigungen bei Erträgen aus Finanzierungs-schätzen der höchste Ausgabekurs (= der niedrigste Ausgabeabschlag) je Begebungsmonat und bei unverzinslichen Schatzanweisungen der höchste Ausgabekurs (= der niedrigste Ausgabeabschlag) je Emission zugrunde gelegt wird.

3.3 Vorschußzinsen nach § 22 Abs. 3 KWG

Nach § 22 Abs. 1 Satz 2 KWG können von Spareinlagen mit gesetzlicher Kündigungsfrist ohne Kündigung bis zu 2.000 DM für jedes Sparkonto innerhalb von 30 Zinstagen zurückgefordert werden. Werden darüber hinaus Spareinlagen ausnahmsweise vorzeitig zurückgezahlt, so ist nach § 22 Abs. 3 Satz 1 KWG der zurückgezahlte Betrag als Vorschuß zu verzinsen. In derartigen Fällen kann der Zinsabschlag von dem saldierten Zinsbetrag (Habenzinsen abzüglich Vorschußzinsen) erhoben werden, weil es sich bei der vorzeitigen Rückzahlung einer Spareinlage nicht um ein Darlehen des Kreditinstituts an den Sparer handelt. Das ergibt sich daraus, daß die Mindesthöhe der Vorschußzinsen in § 22 Abs. 3 Satz 2 KWG vorgeschrieben ist, daß die Vorschußzinsen nach einer seit 1972 vom Bundesaufsichtsamt für das Kreditwesen gebilligten Handhabung weder den Betrag der Habenzinsen übersteigen dürfen noch für einen längeren Zeitraum als 2 Jahre berechnet werden und daß die Spareinlage in jedem Fall unangetastet bleibt, weil von ihr keine Zinsbeträge abgezogen werden.

Zinsabschlag bei Zinsen aus Kontokorrentkonten 3.4

Bei Zinsen aus Kontokorrentkonten ist der Zinsabschlag nicht auf der Grundlage des Saldos am Ende des jeweiligen Abrechnungszeitraums, sondern von den einzelnen Habenzinsbeträgen vor der Saldierung zu erheben.

Umrechnung von Währungsbeträgen 3.5

Bei in Fremdwährung bezogenen Kapitalerträgen aus Fremdwährungsanleihen und Fremdwährungskonten ist sowohl für die Gutschrift als auch für den Zinsabschlag der Devisengeldkurs der jeweiligen Fremdwährung zugrunde zu legen, der am Tag des Zuflusses der Kapitalerträge gilt. Fließen derartige Kapitalerträge in Deutscher Mark zu, ist dieser Betrag Grundlage des Zinsabschlags.

Freistellungsauftrag/NV-Bescheinigung 4

Freistellungsvolumen 4.1

Für die Frage, in welchem Umfang vom Steuerabzug nach § 44 a Abs. 1 EStG Abstand genommen werden darf, sind auch Kapitalerträge im Sinne des § 43 Abs. 1 Nr. 2 EStG und solche, für die eine Vergütung von Körperschaftsteuer nach §§ 36 b oder 36 c EStG in Betracht kommt, in das Freistellungsvolumen einzubeziehen.

NV-Bescheinigung und Freistellungsauftrag 4.2

Von der Finanzverwaltung bereits nach geltendem Recht ausgestellte NV-Bescheinigungen sind von den Kreditinstituten auch im Hinblick auf den ab 1993 zu erhebenden Zinsabschlag zu berücksichtigen, solange ihre Geltungsdauer nicht abgelaufen ist oder sie nicht widerrufen worden sind.

Nach § 36 b Abs. 2 EStG ist die NV-Bescheinigung unter dem Vorbehalt des Widerrufs mit einer Geltungsdauer von höchstens drei Jahren auszustellen; sie muß am Schluß eines Kalenderjahres enden.

Der Widerruf einer NV-Bescheinigung dürfte in der Regel mit Wirkung ab Beginn des folgenden Kalenderjahres ausgesprochen werden. Sollte die

---
[1]) → aber BMF vom 12. 10. 1994 (BStBl I S. 815); Anhang 36 IX

Geltungsdauer in Widerrufsfällen ausnahmsweise während des Jahres enden und der Steuerpflichtige im Anschluß daran einen Freistellungsauftrag erteilen, muß im Hinblick auf das noch zur Verfügung stehende Freistellungsvolumen (Sparer-Freibetrag) berücksichtigt werden, in welcher Höhe zuvor während des Kalenderjahres der Zinsabschlag unterblieben ist und etwaige Anträge auf Erstattung von Kapitalertragsteuer und Vergütung von Körperschaftsteuer gestellt worden sind oder noch gestellt werden.

Wird dagegen neben einem Freistellungsauftrag oder nach dessen Widerruf eine NV-Bescheinigung vorgelegt, ist es unerheblich, in welchem Umfang zuvor eine Abstandnahme vom Zinsabschlag vorgenommen wurde und Anträge auf Erstattung/Vergütung gestellt worden sind.

4.3 Errichtung von Konten auf den Namen eines nicht verfügungsberechtigten Gläubigers

Nach § 44 a Abs. 6 EStG ist u. a. Voraussetzung für die Abstandnahme vom Steuerabzug, daß Einlagen und Guthaben beim Zufluß von Einnahmen unter dem Namen des Gläubigers der Kapitalerträge bei der auszahlenden Stelle verwaltet werden. Die Abstandnahme setzt also Identität von Gläubiger und Kontoinhaber voraus. Auf die Verfügungsberechtigung kommt es nicht an; denn Gläubiger von Kapitalerträgen kann auch sein, wer nicht verfügungsberechtigt ist.

4.4 Freistellungsaufträge für mehrere rechtlich selbständige Kreditinstitute

Bei Kreditinstituten ist es teilweise üblich, Geldkonten von Kunden bei den Ortsbanken zu führen, Depotkonten derselben Kunden aber aus Gründen der Rationalisierung bei anderen rechtlich selbständigen Einrichtungen (Zentralinstitute). In diesen Fällen muß jeder der beiden auszahlenden Stellen ein Freistellungsauftrag erteilt werden, um die Abstandnahme vom Steuerabzug zu erreichen.

4.5 Freistellungsauftrag bei Ehegatten

Ehegatten, die unbeschränkt einkommensteuerpflichtig sind und nicht dauernd getrennt leben, können nur gemeinsam Freistellungsaufträge erteilen. Der gemeinsame Freistellungsauftrag kann sowohl für Gemeinschaftskonten als auch für auf den Namen nur eines der Ehegatten geführte Konten oder Depots erteilt werden.

Die Kreditinstitute können bei Entgegennahme eines gemeinsamen Freistellungsauftrags von Ehegatten auf die Richtigkeit der gemachten Angaben grundsätzlich vertrauen, sofern ihnen nichts Gegenteiliges bekannt ist; bei grob fahrlässiger Unkenntnis ergeben sich Haftungsfolgen. Die Kreditinstitute müssen jedoch darauf achten, daß der Freistellungsauftrag korrekt ausgefüllt, insbesondere die Unterschrift des Ehegatten geleistet wird.

Freistellungsaufträge von Vereinen usw. 5

Unbeschränkt körperschaftsteuerpflichtigen Körperschaften, Personenvereinigungen und Vermögensmassen steht bei Einkünften aus Kapitalvermögen der Werbungskosten-Pauschbetrag von 100 DM (§ 9 a Nr. 2 EStG) und der Sparer-Freibetrag von 6.000 DM (§ 20 Abs. 4 EStG) zu. Sie können deshalb auf demselben Vordruck wie natürliche Personen einen Freistellungsauftrag erteilen, wenn das Konto auf ihren Namen lautet. Dies gilt u. a. auch für nichtrechtsfähige Vereine (§ 1 Abs. 1 Nr. 5 KStG), nicht aber für Gesellschaften des bürgerlichen Rechts.

Ein nichtrechtsfähiger Verein liegt vor, wenn die Personengruppe

– einen gemeinsamen Zweck verfolgt,
– einen Gesamtnamen führt,
– unabhängig davon bestehen soll, ob neue Mitglieder aufgenommen werden oder bisherige Mitglieder ausscheiden,
– einen für die Gesamtheit der Mitglieder handelnden Vorstand hat.

Das Kreditinstitut hat sich anhand einer Satzung der Personengruppe zu vergewissern, ob die genannten Wesensmerkmale gegeben sind.

Zinsen aus Mietkautionen 6

Mit der Vereinbarung im Mietvertrag, dem Vermieter für dessen etwaige nachvertraglichen Ansprüche eine Geldsumme als Sicherheit zu leisten, trifft der Mieter eine Vorausverfügung über die Zinsen, die ihm nach § 550 b Abs. 2 Satz 2 BGB zustehen und die Sicherheit erhöhen. Die Zinsen fließen dem Mieter deshalb zu dem Zeitpunkt zu, zu dem sie vom Kreditinstitut auf dem vom Vermieter für die Sicherheit eingerichteten Konto fällig werden, und sind vom Mieter zu versteuern.

Für das Verfahren zur Bescheinigung des von den Zinsen einbehaltenen Zinsabschlags gilt folgendes:

1. Hat der Vermieter ein für das Kreditinstitut als Treuhandkonto erkennbares Sparkonto eröffnet, wie es seinen Verpflichtungen nach § 550 b Abs. 2 BGB entspricht, und weiß das Kreditinstitut, wer der Treugeber ist, hat es die Steuerbescheinigung auf den Namen des Treugebers auszustellen. Der Vermieter hat dem Mieter die Steuerbescheinigung zur Verfügung zu stellen (§ 34 Abs. 1 und 3 AO), damit er die Zinsen versteuern und den einbehaltenen Zinsabschlag auf seine Einkommensteuer anrechnen lassen kann.

2. Hat das Kreditinstitut von dem Treuhandverhältnis Kenntnis, ohne zu wissen, ob der Kontoinhaber Anspruch auf die Zinsen hat, ist die Steuerbescheinigung auf den Namen des Kontoinhabers auszustellen und mit dem Vermerk „Treuhandkonto" zu versehen. Auch in

¹) 3. diesem Fall hat der Vermieter dem Mieter die Steuerbescheinigung zur Verfügung zu stellen.

¹) 3. Werden die Mietkautionen mehrerer Mieter auf demselben Konto angelegt, ohne daß dem Kreditinstitut die Treugeber (= Mieter) bekannt sind, ist die Steuerbescheinigung auf den Namen des Kontoinhabers (= Treuhänders) auszustellen und mit dem Vermerk „Treuhandkonto" zu versehen. Der Vermieter als Vermögensverwalter im Sinne des § 34 AO ist verpflichtet, gegenüber seinem Finanzamt eine Erklärung zur einheitlichen und gesonderten Feststellung der Einkünfte aus Kapitalvermögen der Mieter (§ 180 AO) abzugeben.

7 Zinsen aus der Anlage von Instandhaltungsrücklagen von Wohnungseigentümergemeinschaften

Die Beteiligten einer Wohnungseigentümergemeinschaft erzielen mit den Zinsen aus der Anlage der Instandhaltungsrücklage gemeinschaftliche Einnahmen aus Kapitalvermögen. Diese sind grundsätzlich nach § 180 Abs. 1 Nr. 2 Buchst. a AO einheitlich und gesondert festzustellen.

Der Verwalter ist aufgrund der Verpflichtungen, die ihm das Wohnungseigentumsgesetz auferlegt, als Vermögensverwalter i. S. des § 34 AO anzusehen. Die obersten Finanzbehörden halten es deshalb im allgemeinen für vertretbar, gem. § 180 Abs. 3 Satz 1 Nr. 2 AO von einer gesonderten Feststellung der von der Wohnungseigentümergesellschaft erzielten Zinsen aus der Anlage der Instandhaltungsrücklage abzusehen, es reicht vielmehr aus, daß der Verwalter die anteiligen Einnahmen aus Kapitalvermögen nach dem Verhältnis der Miteigentumsanteile aufteilt und dem einzelnen Wohnungseigentümer mitteilt.

Soweit Kapitalerträge erzielt wurden, von denen der Zinsabschlag einbehalten und abgeführt wurde, gilt folgendes:

Die Anrechnung des Zinsabschlags bei dem einzelnen Beteiligten ist nur möglich, wenn neben der Mitteilung des Verwalters über die Aufteilung der Einnahmen und des Zinsabschlags eine Ablichtung der Steuerbescheinigung des Kreditinstituts vorgelegt wird.

Bedeutet dieses Verfahren allerdings für die Wohnungseigentümer und den Verwalter keine beachtliche Erleichterung, so muß im Einzelfall in Erwägung gezogen werden, die Kapitalerträge nach § 180 Abs. 1 Nr. 2 a AO einheitlich und gesondert festzustellen. Dabei wird das für die gesonderte Feststellung zuständige Finanzamt auch den entrichteten und anzurechnenden Zinsabschlag ermitteln und den Wohnsitz-Finanz-ämtern die auf den einzelnen Wohnungseigentümer entfallenden Steuerbeträge mitteilen. In diesem Fall sind die Original-Steuerbescheinigungen dem Feststellungs-Finanzamt einzureichen; Ablichtungen der Steuerbescheinigungen für die Wohnungseigentümer sind nicht erforderlich.

Zinsabschlag bei Erträgen aus Notaranderkonten 8

Zu der Frage, ob die Bescheinigung über den Zinsabschlag bei Notaranderkonten auf den Namen des formell berechtigten Notars oder auf den Namen des materiell berechtigten Beteiligten ausgestellt werden soll und wie bei mehreren Berechtigten zu verfahren ist, gilt folgendes:

1. Für ab 1. Januar 1993 dem Zinsabschlag unterliegende Kapitalerträge aus Notaranderkonten ist die Steuerbescheinigung vom Kreditinstitut auf den Namen des Kontoinhabers auszustellen und durch den Hinweis „Anderkonto" zu kennzeichnen.

2. Der Notar leitet das Original dieser Steuerbescheinigung an den Berechtigten weiter. In den Fällen, in denen auf der Steuerbescheinigung des Kreditinstituts der Hinweis „Anderkonto" fehlt, erteilt der Notar dem Berechtigten zusätzlich eine Bestätigung darüber, daß er für ihn treuhänderisch tätig war. Der Berechtigte hat die Steuerbescheinigung und die Bestätigung dem für ihn zuständigen Finanzamt vorzulegen.

3. Wenn die auf dem Notaranderkonto erzielten zinsabschlagpflichtigen Zinsen zeitanteilig auf Verkäufer und Käufer entfallen, stellt der Notar eine der Anzahl der Beteiligten entsprechende Anzahl beglaubigter Abschriften der Originalbescheinigung her und vermerkt auf der an die jeweiligen Beteiligten auszuhändigenden Abschrift, in welcher Höhe er diesem Zinsen gutgeschrieben hat. Die Berechtigten haben diese beglaubigte Abschrift dem für sie zuständigen Finanzamt vorzulegen.

4. Wenn die auf einem Notaranderkonto erzielten zinsabschlagpflichtigen Zinsen an mehrere Beteiligte auszukehren sind, die nicht zusammen veranlagt werden, gilt folgendes:

   a) Sind dem Notar die Anteilsverhältnisse bekannt, teilt er die Kapitalerträge und den Zinsabschlag auf die Berechtigten auf; die Ausführungen unter Nr. 3 gelten entsprechend.

   b) Sind dem Notar die Anteilsverhältnisse nicht bekannt, sind die Kapitalerträge und der hierauf entfallende Zinsabschlag einheitlich und gesondert nach § 180 Abs. 1 Nr. 2 Buchstabe a AO festzustellen.

---

¹) Ersetzt durch BMF vom 9. 5. 1994 (BStBl I S. 312); Anhang 36 VIII.

9 Erstattung des Zinsabschlags in besonderen Fällen

Ist der Zinsabschlag bei Kapitalerträgen, die steuerbefreiten inländischen Körperschaften, Personenvereinigungen und Vermögensmassen oder inländischen juristischen Personen des öffentlichen Rechts zufließen, deswegen einbehalten worden, weil dem Schuldner der Kapitalerträge die Bescheinigung nach § 44 a Abs. 4 Satz 3 EStG nicht vorlag und der Schuldner von der Möglichkeit der Änderung der Steueranmeldung nach § 44 b Abs. 4 EStG keinen Gebrauch macht, gilt folgendes:

Bei den genannten Einrichtungen ist die Körperschaftsteuer grundsätzlich durch den Steuerabzug vom Kapitalertrag abgegolten (§ 50 Abs. 1 KStG). Eine Veranlagung findet nicht statt. Zur Vermeidung von sachlichen Härten wird der Zinsabschlag auf Antrag der betroffenen Organisation von dem für sie zuständigen Betriebstättenfinanzamt erstattet.

10 Ausgestaltung der Steuerbescheinigung bei der Gutschrift von Ausschüttungen auf inländische Investment-Anteilscheine

Bei Steuerbescheinigungen für Gutschriften von Investmenterträgen ist der Zinsabschlag nach demselben Rechenschema zu ermitteln und auszuweisen, das bereits für die nach bisher geltendem Recht anrechenbare Kapitalertragsteuer anzuwenden ist. Danach wird der veröffentlichte zinsabschlagpflichtige Teil der Ausschüttung je Anteilschein mit der Zahl der Anteilscheine vervielfacht, davon wird ein Betrag von 30 v. H. berechnet und dieser kaufmännisch gerundet.

III
Zinsabschlaggesetz;
hier: NV-Bescheinigungen und Freistellungsbescheide bei Körperschaften

BMF vom 27. 11. 1992 (BStBl I S. 772)
IV B 4 – S 2000 – 272/92
IV B 7 – S 2299 a – 25/92

Nach dem Ergebnis der Erörterungen mit den obersten Finanzbehörden der Länder und im Vorgriff auf eine Änderung des Abschnitts 74 Absatz 3 der Körperschaftsteuer-Richtlinien gilt zur Anwendung des Zinsabschlaggesetzes bei Körperschaften bis auf weiteres folgendes:

1. **NV-Bescheinigung bei nicht steuerbefreiten Körperschaften**

Unbeschränkt steuerpflichtige und nicht steuerbefreite Körperschaften, Personenvereinigungen und Vermögensmassen mit Einkünften aus Kapitalvermögen können einen Freistellungsauftrag erteilen, wenn die Kapitalerträge den Werbungskosten-Pauschbetrag von 100 DM und den Sparer-Freibetrag von 6.000 DM nicht übersteigen (vgl. BMF-Schreiben vom 26. Oktober 1992 – IV B 4 – S 2000 – 252/92 – zu Nr. 5).

Unbeschränkt steuerpflichtige und nicht steuerbefreite Körperschaften, Personenvereinigungen und Vermögensmassen, deren Kapitalerträge zwar 6.100 DM übersteigen, denen aber der Freibetrag nach § 24 KStG zusteht und deren Einkommen den Freibetrag von 7.500 DM nicht übersteigt, haben Anspruch auf Erteilung einer NV-Bescheinigung (Vordruck NV 3 B). Die Bescheinigung ist mit Vordruck NV 3 A zu beantragen.

2. **Abstandnahme von Zinsabschlag bei steuerbefreiten Körperschaften**

Bei den in § 44 a Abs. 4 Nr. 1 EStG genannten steuerbefreiten Körperschaften, Personenvereinigungen und Vermögensmassen ist der Zinsabschlag bei Kapitalerträgen im Sinne des § 43 Abs. 1 Satz 1 Nrn. 4 und 7 sowie Satz 2 EStG auch dann nicht vorzunehmen, wenn die genannten Einrichtungen der auszahlenden Stelle statt der Bescheinigung nach § 44 a Abs. 4 Satz 3 EStG (Vordruck NV 2 B) eine amtlich beglaubigte Kopie des zuletzt erteilten Freistellungsbescheids (z. B. Gem 2 für gemeinnützige Körperschaften, KStBer 3 für Berufsverbände, KStPart 3 für politische Parteien) überlassen, der für den fünften oder einen späteren Veranlagungszeitraum vor dem Veranlagungszeitraum des Zuflusses der Kapitalerträge erteilt worden ist.

Entsprechendes gilt, wenn eine amtlich beglaubigte Kopie der vorläufigen Bescheinigung des Finanzamts über die Gemeinnützigkeit überlassen wird, deren Gültigkeitsdauer im Veranlagungszeitraum des Zuflusses der Kapitalerträge oder später endet.

3. **Bescheinigung nach § 44 c EStG**

Bereits nach § 44 c EStG erteilte Bescheinigungen (NV 2 B-Bescheinigungen) sind auch als Bescheinigung nach § 44 a Abs. 4 EStG anzusehen, soweit deren Geltungsdauer noch nicht abgelaufen ist.

4. **Amtliche Beglaubigung von NV-Bescheinigungen**

Es bestehen keine Bedenken, neben dem Original der NV-Bescheinigung auch eine amtlich beglaubigte Ausfertigung für steuerliche Zwecke anzuerkennen.

III a
Rechtsnatur der Bundestags-, Landtags-, Gemeinderats-, Stadtrats-, Bezirkstags- und Verbandsgemeinderatsfraktionen
– Zinsabschlaggesetz –

BMF vom 1. 12. 1992
IV B 4 – S 2252 – 942/92

Zur Frage der Anwendung des § 44 a Abs. 4 EStG auf Bundestags-, Landtags-, Gemeinderats-, Stadtrats-, Bezirkstags- und Verbandsgemeinderatsfraktionen wird wie folgt Stellung genommen:

Die Bundestags-, Landtags-, Gemeinderats-, Stadtrats-, Bezirkstags- und Verbandsgemeinderatsfraktionen sind steuerlich wie juristische Personen des öffentlichen Rechts zu behandeln. Damit findet § 44 a Abs. 4 Nr. 2 EStG auf diese Fraktionen Anwendung, wonach der Steuerabzug bei Kapitalerträgen im Sinne des § 43 Abs. 1 Satz 1 Nr. 4 und 7 sowie Satz 2 EStG nicht vorzunehmen ist. Auf Antrag ist den Fraktionen eine Bescheinigung im Sinne des § 44 a Abs. 4 Satz 3 EStG (NV 2 B) auszustellen, die Voraussetzung für die Abstandnahme vom Steuerabzug (Zinsabschlag) ist.

IV
Zinsabschlaggesetz;
hier: Anwendung bei Personenzusammenschlüssen

BMF vom 18. 12. 1992 (BStBl 1993 I S. 58)

IV B 4 – S 2000 – 273/92

Im Einvernehmen mit den obersten Finanzbehörden der Länder wird zur Anwendung des Zinsabschlaggesetzes bei Personenzusammenschlüssen wie folgt Stellung genommen:

1. Körperschaftsteuerpflichtige Gebilde

   Unbeschränkt körperschaftsteuerpflichtigen und nicht von der Körperschaftsteuer befreiten Körperschaften, Personenvereinigungen und Vermögensmassen steht bei Einkünften aus Kapitalvermögen der Werbungskosten-Pauschbetrag von 100 DM (§ 9 a Nr. 2 EStG) und der Sparer-Freibetrag von 6.000 DM (§ 20 Abs. 4 EStG) zu. Sie können deshalb auf demselben Vordruck wie natürliche Personen einen Freistellungsauftrag erteilen, wenn das Konto auf ihren Namen lautet. Außerdem können diese Gebilde beim Finanzamt eine sogenannte Nichtveranlagungsbescheinigung beantragen, wenn ihr zu versteuerndes Einkommen nicht mehr als 7.500 DM beträgt. Durch Vorlage dieser Bescheinigung bei dem Kreditinstitut kann ebenfalls eine Abstandnahme vom Zinsabschlag erreicht werden.

   Diese Grundsätze gelten u. a. auch für nichtrechtsfähige Vereine (§ 1 Abs. 1 Nr. 5 KStG). Ein nichtrechtsfähiger Verein liegt vor, wenn die Personengruppe

   – einen gemeinsamen Zweck verfolgt,
   – einen Gesamtnamen führt,
   – eine Satzung hat,
   – unabhängig davon bestehen soll, ob neue Mitglieder aufgenommen werden oder bisherige Mitglieder ausscheiden,
   – einen für die Gesamtheit der Mitglieder handelnden Vorstand hat.

   Das Kreditinstitut hat sich anhand einer Satzung der Personengruppe zu vergewissern, ob die genannten Wesensmerkmale gegeben sind.

2. Nicht der Körperschaftsteuer unterliegende Zusammenschlüsse

   a) Grundsatz

   Ein nicht körperschaftsteuerpflichtiger Personenzusammenschluß (z. B. eine Gesellschaft bürgerlichen Rechts oder eine Personenvereinigung, die nicht die unter 1. beschriebenen Wesensmerkmale erfüllt) darf einen Freistellungsauftrag nicht erteilen. Die ihm zufließenden Kapitalerträge unterliegen dem Zinsabschlag nach den allgemeinen Grundsätzen.

   Die Einnahmen aus Kapitalvermögen, die Werbungskosten und die anzurechnenden Steuern (Körperschaft-, Kapitalertragsteuer und Zinsabschlag) sind grundsätzlich nach § 180 Abs. 1 Nr. 2 a AO gesondert und einheitlich festzustellen.

   Die Erklärung zur gesonderten und einheitlichen Feststellung ist vom Geschäftsführer bzw. vom Vermögensverwalter abzugeben. Soweit ein Geschäftsführer oder Vermögensverwalter nicht vorhanden ist, kann sich das Finanzamt an jedes Mitglied oder jeden Gesellschafter halten.

   Die gesondert und einheitlich festgestellten Besteuerungsgrundlagen werden bei der Einkommensteuerveranlagung des einzelnen Mitglieds oder Gesellschafters berücksichtigt. Dabei wird auch der Sparer-Freibetrag angesetzt.

   Von einer gesonderten und einheitlichen Feststellung der Besteuerungsgrundlagen kann gemäß § 180 Abs. 3 Satz 1 Nr. 2 AO abgesehen werden, wenn es sich um einen Fall von geringer Bedeutung handelt. In diesen Fällen reicht es aus, daß der Geschäftsführer bzw. Vermögensverwalter (Kontoinhaber) die anteiligen Einnahmen aus Kapitalvermögen auf die Mitglieder oder Gesellschafter aufteilt und sie den Beteiligten mitteilt. Die Anrechnung des Zinsabschlags bei den einzelnen Beteiligten ist nur möglich, wenn neben der Mitteilung des Geschäftsführers bzw. Vermögensverwalters über die Aufteilung der Einnahmen und des Zinsabschlags eine Ablichtung der Steuerbescheinigung des Kreditinstituts vorgelegt wird.

   b) Vereinfachungsregel

   Aus Vereinfachungsgründen ist es nicht zu beanstanden, wenn bei losen Personenzusammenschlüssen (z. B. Sparclubs, Schulklassen, Sportgruppen), die aus mindestens 7 Mitgliedern bestehen, wie folgt verfahren wird:

   Das Kreditinstitut kann vom Zinsabschlag Abstand nehmen, wenn

   – das Konto neben dem Namen des Kontoinhabers einen Zusatz enthält, der auf

den Personenzusammenschluß hinweist (z. B. Sparclub XX, Klassenkonto der Realschule YY, Klasse 5 A),
- die Kapitalerträge bei den einzelnen Guthaben des Personenzusammenschlusses im Kalenderjahr den Betrag von 20 Deutsche Mark, vervielfältigt mit der Anzahl der Mitglieder, höchstens 600 Deutsche Mark im Kalenderjahr, nicht übersteigen,
- der Kontoinhaber dem Kreditinstitut jeweils vor dem ersten Zufluß von Kapitalerträgen im Kalenderjahr eine Erklärung über die Anzahl der Mitglieder des Personenzusammenschlusses abgibt.

Das Kreditinstitut hat die Erklärung aufzubewahren.

Ein „loser Personenzusammenschluß" im Sinne dieser Vereinfachungsregel ist z. B. nicht gegeben bei
- Grundstücksgemeinschaften,
- Erbengemeinschaften,
- Wohnungseigentümergemeinschaften,
- Mietern im Hinblick auf gemeinschaftliche Mietkautionskonten.

V
Erstattung des Zinsabschlags von Erträgen einer juristischen Person des öffentlichen Rechts aus Kapital auf Treuhandkonten

BMF vom 1. 3. 1993 (BStBl I S. 276)
IV B 4 – S 2252 – 307/93

Bei Kapitalerträgen, die inländischen juristischen Personen des öffentlichen Rechts über einen Treuhänder zufließen, sieht das geltende Recht keine Abstandnahme vom Steuerabzug und keine Erstattung des einbehaltenen Zinsabschlags vor. Eine Veranlagung zur Körperschaftsteuer findet nicht statt; die Körperschaftsteuer ist durch den Steuerabzug vom Kapitalertrag abgegolten (§ 50 KStG).

Zur Vermeidung von sachlichen Härten wird im Einvernehmen mit den obersten Finanzbehörden der Länder zugelassen, daß der Zinsabschlag auf Antrag der betroffenen Körperschaft von dem für sie zuständigen Finanzamt erstattet wird.

VI
Erstattung einbehaltenen Zinsabschlags in Treuhandfällen bei Steuerausländern

BMF vom 18. 1. 1994 (BStBl I S. 139)

IV B 4 – S 2252 – 32/94

Bei Kapitalerträgen, die auf einem Treuhandkonto erzielt werden, ist mangels Identität von Gläubiger und Kontoinhaber eine Abstandnahme vom Zinsabschlag nicht möglich. Dies gilt auch, wenn der Gläubiger der Kapitalerträge ein Steuerausländer ist, der mit den Einkünften aus Kapitalvermögen nicht der beschränkten Steuerpflicht unterliegt. Da die Einkünfte mangels Steuerpflicht nicht in eine Veranlagung einbezogen werden können, kommt eine Anrechnung des Steuerabzugs im Rahmen einer Einkommensteuer-Veranlagung nicht in Betracht. Zu der Frage, auf welche Weise in solchen Fällen der Zinsabschlag erstattet werden kann, nehme ich im Einvernehmen mit den obersten Finanzbehörden der Länder wie folgt Stellung:

Eine Erstattung nach § 50 d Abs. 1 EStG ist nicht möglich, weil die Kapitalerträge nicht auf Grund des § 44 d EStG oder eines DBA vom Steuerabzug freizustellen sind. Der Steuerausländer hat vielmehr einen Erstattungsanspruch nach § 37 Abs. 2 AO. Der Antrag auf Erstattung des Zinsabschlags ist an das Betriebsstättenfinanzamt der Stelle zu richten, die die Kapitalertragsteuer abgeführt hat.

VII
Berücksichtigung von gezahlten Stückzinsen bei Personenverschiedenheit von Käufer und Depotinhaber

BMF vom 15. 3. 1994 (BStBl I S. 230)

IV B 4 – S 2252 – 173/94

Zu der Frage, ob und wie gezahlte Stückzinsen zu berücksichtigen sind, wenn Wertpapiere entgeltlich erworben und anschließend auf einen Dritten übertragen werden, nehme ich im Einvernehmen mit den obersten Finanzbehörden der Länder wie folgt Stellung:

Nach § 43 a Abs. 2 EStG in der Fassung des Mißbrauchsbekämpfungs- und Steuerbereinigungsgesetzes vom 21. Dezember 1993 (BGBl. I S. 2310) kann die auszahlende Stelle Stückzinsen, die ihr der Gläubiger gezahlt hat, von bestimmten, dem Zinsabschlag unterliegenden Kapitalerträgen abziehen.

Stückzinsen sind beim Kauf von Wertpapieren stets vom Käufer zu zahlen. Sie sind bei ihm allerdings steuerlich nur als negative Einnahmen zu berücksichtigen, soweit er die Absicht hat, aus den Wertpapieren Einkünfte zu erzielen; dies gilt unabhängig davon, ob der Käufer die Wertpapiere kurze Zeit vor dem Zinstermin erwirbt oder früher.

Bei dem Dritten, auf den die vom Käufer erworbenen Wertpapiere übertragen und für den sie verwahrt und verwaltet werden, sind insoweit keine Stückzinsen zu berücksichtigen.

VIII
Zinsen aus Mietkautionen

BMF vom 9. 5. 1994 (BStBl I S. 312)

IV B 4 – S 2252 – 276/94

Aufgrund der Erörterungen mit den obersten Finanzbehörden der Länder nehme ich zu der Frage der Pflichten des Vermieters und des Mieters wegen der Einkommensteuer auf Zinsen aus Mietkautionen wie folgt Stellung:

Werden die Mietkautionen mehrerer Mieter auf demselben Konto angelegt, ist der Vermieter als Vermögensverwalter im Sinne des § 34 AO verpflichtet, gegenüber dem für ihn zuständigen Finanzamt eine Erklärung zur einheitlichen und gesonderten Feststellung der Einkünfte aus Kapitalvermögen der Mieter (§ 180 AO) abzugeben. Sieht das Finanzamt nach § 180 Abs. 3 Satz 1 Nr. 2 AO von einer einheitlichen und gesonderten Feststellung der Einkünfte ab, kann es dies gegenüber dem Vermieter durch negativen Feststellungsbescheid feststellen. In diesem Fall hat der Vermieter dem Mieter eine Ablichtung des Bescheids und der Steuerbescheinigung des Kreditinstituts zur Verfügung zu stellen sowie den anteiligen Kapitalertrag und den anteiligen Zinsabschlag mitzuteilen. Diese Unterlagen hat der Mieter seiner Einkommensteuererklärung beizufügen.

Diese Regelung tritt an die Stelle des BMF-Schreibens vom 26. Oktober 1992 (BStBl I S. 693) zu Tz. 6 Nr. 3.

IX
Zinsabschlag von Kapitalerträgen aus unverzinslichen Schatzanweisungen des Bundes einschließlich Bundesbank-Liquiditäts-U-Schätzen

BMF vom 12. 10. 1994 (BStBl I S. 815)

IV B 4 – S 2400 – 130/94

Seit 1. Januar 1994 bemißt sich der Zinsabschlag von Kapitalerträgen aus unverzinslichen Schatzanweisungen des Bundes einschließlich Bundesbank-Liquiditäts-U-Schätzen grundsätzlich nach dem Unterschied zwischen dem Entgelt für den Erwerb und den Einnahmen aus der Veräußerung oder Einlösung der Wertpapiere und Kapitalforderungen (§ 43 a Abs. 2 Satz 2 EStG). In bestimmten Fällen bemißt sich der Steuerabzug nach 30 vom Hundert der Einnahmen aus der Veräußerung oder Einlösung der Wertpapiere und Kapitalforderungen (§ 43 a Abs. 2 Sätze 3 und 4 EStG).

Die Vereinfachungsregelung für die Erhebung des Zinsabschlags von Kapitalerträgen aus unverzinslichen Schatzanweisungen des Bundes in Tz. 3.2 des BMF-Schreibens vom 26. Oktober 1992 (BStBl I S. 693, 694), unter die auch Bundesbank-Liquiditäts-U-Schätze fallen, ist daher seit 1. Januar 1994 überholt und wird hiermit aufgehoben. Für den Zinsabschlag von Kapitalerträgen aus Finanzierungsschätzen des Bundes bleibt sie bestehen, weil sich der Steuerabzug bei diesen Schuldbuchforderungen wie bisher nach den vollen Kapitalerträgen ohne jeden Abzug bemißt (§ 43 a Abs. 2 Satz 6 i. V. m. Satz 1 EStG).

Anhang 36

X Zinsabschlag

X
Steuerbescheinigungen nach § 45 a EStG

BMF vom 17. 5. 1995 (BStBl I S. 280)

IV B 4 – S 2401 – 8/95

2 Anlagen

Unter Bezugnahme auf das Ergebnis der Sitzung ESt III/95 zu TOP 6 übersende ich zwei amtlich vorgeschriebene Muster für Steuerbescheinigungen gem. § 45 a Abs. 2 EStG, von denen nach Inhalt und Reihenfolge nicht abgewichen werden darf und die ab 1. Januar 1996 zu verwenden sind.

Anhang 36

Zinsabschlag X

.... **Anlage**

....

....
(Bezeichnung der auszahlenden Stelle/des Schuldners der Kapitalerträge)

Steuerbescheinigung
der auszahlenden Stelle/des Schuldners der Kapitalerträge (§ 45 a Abs. 2 EStG)

An ....
(Name und Anschrift des Gläubigers der Kapitalerträge)

....

wurden am .... für ....
(Zahlungstag) (Name und Anschrift des Schuldners der Kapitalerträge)

für den Zeitraum .... folgende .... gezahlt:
(Art der Kapitalerträge)

Höhe der Kapitalerträge **und/oder** .... DM

Ersatzbemessungsgrundlage gem. § 43 a Abs. 2 EStG .... DM

anrechenbare Kapitalertragsteuer .... DM

anrechenbarer Solidaritätszuschlag .... DM

Finanzamt, an das die Kapitalertragsteuer und der Solidaritätszuschlag
abgeführt worden sind ....

Steuernummer der auszahlenden Stelle/des Schuldners ....

Ich versichere, daß ich die Angaben in dieser Bescheinigung wahrheitsgemäß nach bestem Wissen und Gewissen gemacht habe.

....
(Ort, Datum, ggf. Firmenstempel) Bitte eigenhändig unterschreiben!

*** Kapitalerträge sind einkommensteuerpflichtig ***

Anhang 36
X Zinsabschlag

Bankhaus Irgendwo AG, A-Stadt **Anlage**

Zinsgutschrift und Steuerbescheinigung

Art der Kapitalerträge		WP-Kenn-nummer	Nominalwert/Kapital		Laufzeit	
Festgeld		xxxxxxxxx	200.000,– DM		01. 07. 94–30. 06. 95	

Zinssatz	Zinstermin	Zinsen	KapSt	Sol.-Zuschlag	Gutschriftsbetrag
7 %	30. 06. 95	14.000,– DM	2.370,– DM	177,75 DM	11.452,25 DM

Bankleitzahl	Kontonummer	Valuta
000 000 00	0000000000/01	30. 06. 95

Willi Musterkunde Zinsen per 30. 06. 95 **und/oder** 14.000,00 DM
Schoene Straße 1 Ersatzbemessungsgrundlage gem. § 43 a
60000 Frankfurt/M. Abs. 2 EStG 00,00 DM
  Anrechenbare Kapitalertragsteuer 2.370,00 DM
  Anrechenbarer Solidaritätszuschlag 177,75 DM
  Zahlungstag 30. 06. 1995
  KapSt und SolZ abgeführt an Finanzamt ....
  Steuernummer ....

Diese Bescheinigung ist maschinell erstellt und wird nicht unterschrieben
*** Kapitalerträge sind einkommensteuerpflichtig ***

XI
Einkommensteuerrechtliche Behandlung der Einnahmen aus festverzinslichen Anleihen und Schuldverschreibungen mit Vorschaltkupons

BMF vom 29. 5. 1995 (BStBl I S. 283)

IV B 4 – S 2252 – 162/95

Es ist gefragt worden, wie Kapitalerträge aus Anleihen, bei denen von mehreren Kupons einer – im Ausnahmefall auch zwei – mit einem kürzeren oder längeren Zinszahlungszeitraum als die übrigen verbrieft ist und Zinsen insoweit nur zeitanteilig gezahlt werden, einkommensteuerrechtlich zu behandeln sind. Hierzu vertrete ich im Einvernehmen mit den obersten Finanzbehörden der Länder folgende Auffassung:

Auf Erträge aus Schuldverschreibungen, Schuldbuchforderungen und sonstigen Kapitalforderungen mit Zinsscheinen oder Zinsforderungen, bei denen Zinsen in regelmäßigen Abständen gezahlt werden, ein Zinszahlungszeitraum von den übrigen abweicht, die Nominalverzinsung während der gesamten Laufzeit mit der Emissionsrendite übereinstimmt und die Stückzinsen besonders abgerechnet werden, ist § 20 Abs. 2 Nr. 4 Buchstabe d EStG – Besteuerung des Unterschieds zwischen dem Entgelt für den Erwerb und den Einnahmen aus der Veräußerung, Abtretung oder Einlösung der Wertpapiere und Kapitalforderungen als Kapitalertrag – nicht anzuwenden. Vielmehr ist die Besteuerung der Erträge in diesen Fällen nach § 20 Abs. 2 Nr. 3 EStG vorzunehmen; dabei ist der Unterschiedsbetrag zwischen der Emissionsrendite und der Nominalverzinsung aufgrund eines Disagios innerhalb der sogenannten Disagiostaffel nach den Grundsätzen des BMF-Schreibens vom 24. November 1986 (BStBl I S. 539) einkommensteuerlich nicht zu erfassen.

Anhang 36

Zinsabschlag

An das Finanzamt

ANTRAG
auf Ausstellung einer Bescheinigung gemäß

☐ § 44 a Abs. 4 des Einkommensteuergesetzes (EStG)

☐ § 44 a Abs. 5 EStG

☐ § 44 c Abs. 1 EStG

☐ § 44 c Abs. 2 EStG

☐ § 38 Abs. 2 und 3 des Gesetzes über Kapitalanlagegesellschaften (KAGG)

☐ § 40 Nr. 3 des Körperschaftsteuergesetzes (KStG)

☐ § 52 Abs. 2 Nr. 2 KStG

Weiße Felder bitte ausfüllen od. ankreuzen ☒
Bitte in Blockschrift oder mit Schreibmaschine ausfüllen.

A. Allgemeine Angaben

Zeile		
1	Bezeichnung der Körperschaft, Personenvereinigung oder Vermögensmasse	
2		
3	Straße, Hausnummer	Postleitzahl / Postfach
4	Postleitzahl / Ort	Telefonisch erreichbar unter Nr.
5	Geschäftsleitung	Sitz
6	Gesetzlicher Vertreter bzw. Vertretungsberechtigter (mit Anschrift)	
7		Telefonisch erreichbar unter Nr.
8	Gegenstand des Unternehmens oder Zweck der Körperschaft, Personenvereinigung oder Vermögensmasse	
9	Empfangsbevollmächtigter/Postempfänger (falls von Zeile 1 abweichend), Name und Anschrift	
10		
10a	Zustellungsvollmacht ☐ ist beigefügt. ☐ liegt dem Finanzamt vor.	
11	Eine Bescheinigung nach ☐ § 44 a Abs. 4 EStG, ☐ § 44 a Abs. 5 EStG, ☐ § 44 c Abs. 1 EStG, ☐ § 44 c Abs. 2 EStG, ☐ § 38 Abs. 2 und 3 KAGG, ☐ § 40 Nr. 3 KStG, ☐ § 52 Abs. 2 Nr. 2 KStG ist erteilt worden	
12	am / vom Finanzamt / unter der Ordnungs-Nummer	

B. Angaben zur körperschaftsteuerlichen Behandlung

13	Die Körperschaft, Personenvereinigung oder Vermögensmasse ist	☐ unbeschränkt körperschaftsteuerpflichtig im Sinne des § 1 Abs. 1 Nr. 1 bis 5 KStG
14		☐ eine juristische Person des öffentlichen Rechts
15	und wird	☐ zur Körperschaftsteuer veranlagt
16		beim Finanzamt
17		unter Steuernummer
18		☐ uneingeschränkt ☐ mit dem/den steuerpflichtigen wirtschaftlichen Geschäftsbetrieb(en)
19		☐ mit dem/den Betrieb(en) gewerblicher Art (§ 1 Abs. 1 Nr. 6 KStG)
20		☐ nicht zur Körperschaftsteuer veranlagt.
21		

NV 2 A
Juli 95 (3)

Zeile		
	Falls ein steuerpflichtiger wirtschaftlicher Geschäftsbetrieb einer von der Körperschaftsteuer befreiten Körperschaft, Personenvereinigung oder Vermögensmasse, ein Betrieb gewerblicher Art einer juristischen Person des öffentlichen Rechts vorliegt:	
22	☐ Die Kapitalerträge, für die dieser Antrag gestellt wird, entfallen **nicht** auf Anteile, die – in einem steuerpflichtigen wirtschaftlichen Geschäftsbetrieb, für den die Befreiung von der Körperschaftsteuer ausgeschlossen ist, oder – in einem steuerpflichtigen Betrieb gewerblicher Art einer juristischen Person des öffentlichen Rechts gehalten werden.	

C. Bei einem Antrag nach § 44 a Abs. 5 EStG

23	☐ Die Kapitalerträge sind Betriebseinnahmen. Die anzurechnende Kapitalertragsteuer und Körperschaftsteuer sind auf Dauer höher als die festzusetzende Körperschaftsteuer.	

D. Es werden folgende Bescheinigungen benötigt:

	Bescheinigung im Sinne des	Anzahl der benötigten Bescheinigungen
24	§ 44 a Abs. 4 EStG	
25	§ 44 a Abs. 5 EStG	
26	§ 44 c Abs. 1 EStG	
27	§ 44 c Abs. 2 EStG	
28	§ 38 Abs. 2 und 3 KAGG	
29	§ 40 Nr. 3 KStG	
30	§ 52 Abs. 2 Nr. 2 KStG	

Ich/Wir versichere(n), die Angaben in diesem Antrag wahrheitsgemäß nach bestem Wissen und Gewissen gemacht zu haben.

Ort, Datum

Bei der Anfertigung dieses Antrags hat mitgewirkt:
(Name, Anschrift, Telefon)

(Unterschrift)

Dieser Antrag muß von dem in Zeile 6 genannten Vertretungsberechtigten eigenhändig unterschrieben sein.

Hinweis nach den Datenschutzgesetzen: Die mit diesem Antrag angeforderten Daten werden auf Grund der §§ 149 ff. der Abgabenordnung in Verbindung mit § 44 a Abs. 4 u. 5 sowie § 44 c Abs. 1 u. 2 EStG, § 40 Nr. 3 u. § 52 Abs. 2 Nr. 2 KStG sowie § 38 Abs. 2 u. 3 KAGG verlangt.

Anhang 36
XII   Zinsabschlag

Merkblatt
zum Vordruck NV 2 A

Anlage zu NV 2 A

Vordrucke für die Erstattung von Kapitalertragsteuer
nach § 44 c EStG erhalten Sie beim Bundesamt für Finanzen,
53221 Bonn

Gesetzliche Grundlage für die Bescheinigung	Kreis der Gläubiger und Anteilseigner, für die die Ausstellung einer Bescheinigung in Betracht kommt *)	Wirkung der Bescheinigung, wenn auch die übrigen Voraussetzungen der jeweiligen Vorschrift erfüllt sind
§ 44 a Abs. 4 EStG	1. Von der Körperschaftsteuer befreite inländische Körperschaften, Personenvereinigungen oder Vermögensmassen 2. inländische juristische Personen des öffentlichen Rechts.	Bei Kapitalerträgen im Sinne des § 43 Abs. 1 Satz 1 Nr. 4 u. 7, 8 sowie Satz 2 EStG ist der Steuerabzug nicht vorzunehmen. Das gilt auch, wenn es sich bei den Kapitalerträgen um Gewinnanteile handelt, die der Gläubiger von einer von der Körperschaftsteuer befreiten Körperschaft bezieht.
§ 44 a Abs. 5 EStG	Die Kapitalerträge sind Betriebseinnahmen des Gläubigers. Die anzurechnende Kapitalertragsteuer und Körperschaftsteuer sind auf Dauer höher als die festzusetzende Körperschaftsteuer.	Bei Kapitalerträgen im Sinne des § 43 Abs. 1 Satz 1 Nr. 7, 8 sowie Satz 2 EStG ist der Steuerabzug nicht vorzunehmen. Bei Kapitalerträgen im Sinne des § 43 Abs. 1 Satz 1 Nr. 1 u. 2 EStG wird die Kapitalertragsteuer auf Antrag vom Bundesamt für Finanzen erstattet.
§ 44 c Abs. 1 EStG	1. Inländische Körperschaften, Personenvereinigungen oder Vermögensmassen im Sinne des § 5 Abs. 1 Nr. 9 KStG 2. inländische Stiftungen des öffentlichen Rechts, die ausschließlich und unmittelbar gemeinnützigen oder mildtätigen Zwecken dienen, 3. inländische juristische Personen des öffentlichen Rechts, die ausschließlich und unmittelbar kirchlichen Zwecken dienen.	Das Bundesamt für Finanzen erstattet – außer in den Fällen des § 44 a Abs. 4 EStG (s.o.) – auf Antrag des Gläubigers der Kapitalerträge die einbehaltene und abgeführte Kapitalertragsteuer.
§ 44 c Abs. 2 EStG	1. Körperschaften, Personenvereinigungen oder Vermögensmassen, die nach § 5 Abs. 1 (mit Ausnahme der Nr. 9) KStG oder nach anderen Gesetzen von der Körperschaftsteuer befreit sind, 2. inländische juristische Personen des öffentlichen Rechts, die nicht in § 44 c Abs. 1 EStG bezeichnet sind.	Das Bundesamt für Finanzen erstattet auf Antrag des Gläubigers der Kapitalerträge die Hälfte der auf Kapitalerträge im Sinne des § 43 Abs. 1 Satz 1 Nr. 1 EStG einbehaltenen und abgeführten Kapitalertragsteuer.
§ 38 Abs. 2 und 3 KAGG	Wertpapier-Sondervermögen im Sinne des § 8 des Gesetzes über Kapitalanlagegesellschaften (KAGG), Beteiligungs-Sondervermögen (§§ 43 a, 43 b KAGG), Geldmarkt-Sondervermögen (§§ 37 a, 37 b KAGG) und im Rahmen des § 49 KAGG Grundstücks-Sondervermögen.	Auf Antrag werden an die Depotbank gemäß § 38 Abs. 2 KAGG die anrechenbare Körperschaftsteuer vergütet und gemäß § 38 Abs. 3 KAGG die von den Kapitalerträgen des Sondervermögens einbehaltene und abgeführte Kapitalertragsteuer erstattet. Für die Vergütung sowie für die Erstattung bei Kapitalerträgen i.S. des § 43 Abs. 1 Satz 1 Nr. 1 u. 2 EStG ist das Bundesamt für Finanzen und für die Erstattung bei den übrigen Kapitalerträgen das Finanzamt zuständig, an das die Kapitalertragsteuer abgeführt worden ist.
§ 40 Nr. 3 KStG	Unbeschränkt steuerpflichtige, von der Körperschaftsteuer befreite Anteilseigner (außer juristische Personen des öffentlichen Rechts).	Die Körperschaftsteuer wird nicht nach § 27 KStG erhöht, soweit eine von der Körperschaftsteuer befreite Kapitalgesellschaft Gewinnausschüttungen an einen unbeschränkt steuerpflichtigen, von der Körperschaftsteuer befreiten Anteilseigner vornimmt.
§ 52 Abs. 2 Nr. 2 KStG	Unbeschränkt steuerpflichtige, von der Körperschaftsteuer befreite Anteilseigner (auch von der Körperschaftsteuer befreite Betriebe gewerblicher Art von juristischen Personen des öffentlichen Rechts).	Die nach § 51 KStG nicht anzurechnende Körperschaftsteuer wird auf Antrag vom Bundesamt für Finanzen vergütet, soweit sie sich nach § 27 KStG erhöht, weil Eigenkapital im Sinne des § 30 Abs. 2 Nr. 3 KStG als für die Ausschüttung oder für die sonstige Leistung verwendet gilt.

*) Außer im Fall des § 38 Abs. 2 und 3 KAGG und des § 44 a Abs. 5 EStG ist für die Erteilung der Bescheinigung Voraussetzung, daß die Kapitalerträge, für die die Bescheinigung Gültigkeit haben soll, auf Anteile entfallen, die weder in einem wirtschaftlichen Geschäftsbetrieb, für den die Befreiung von der Körperschaftsteuer ausgeschlossen ist, noch in einem nicht von der Körperschaftsteuer befreiten Betrieb gewerblicher Art von juristischen Personen des öffentlichen Rechts gehalten werden.

Anhang 37
Zonenrandförderung

Übersicht

I Gesetz zur Förderung des Zonenrandgebietes (Zonenrandförderungsgesetz – ZRFG – Auszug)

II Steuerliche Maßnahmen zur Förderung von Investitionen im Zonenrandgebiet nach § 3 des Zonenrandförderungsgesetzes (§ 3 ZRFG)

I
Gesetz
zur Förderung des Zonenrandgebietes
(Zonenrandförderungsgesetz – ZRFG)

vom 5. 8. 1971
(BGBl. I S. 1237, BStBl I S. 370)

zuletzt geändert durch Artikel 5 des Steueränderungsgesetzes 1991
vom 24. 6. 1991
(BGBl. I S. 1322, BStBl I S. 665)

– Auszug –

§ 3
Steuerliche Vorschriften

(1) Bei Steuerpflichtigen, die in einer Betriebsstätte im Zonenrandgebiet Investitionen vornehmen, kann im Hinblick auf die wirtschaftlichen Nachteile, die sich aus den besonderen Verhältnissen dieses Gebietes ergeben, auf Antrag zugelassen werden, daß bei den Steuern vom Einkommen einzelne Besteuerungsgrundlagen, soweit sie die Steuern mindern, schon zu einer früheren Zeit berücksichtigt werden.

(2) [1]Sonderabschreibungen auf Grund des Absatzes 1 dürfen gewährt werden bei beweglichen und unbeweglichen Wirtschaftsgütern des Anlagevermögens, die der Steuerpflichtige vor dem 1. Januar 1995 angeschafft oder hergestellt hat, bei Anzahlungen auf Anschaffungskosten, die vor dem 1. Januar 1995 geleistet worden sind, und bei Teilherstellungskosten, die vor diesem Zeitpunkt entstanden sind. [2]Die Sonderabschreibungen dürfen 50 vom Hundert der Anschaffungs- oder Herstellungskosten nicht übersteigen. [3]Sie können in Wirtschaftsjahr der Anschaffung oder Herstellung und in den vier folgenden Wirtschaftsjahren in Anspruch genommen werden, letztmals in dem Wirtschaftsjahr, das nach dem 30. Dezember 1994 endet. [4]Bei Wirtschaftsgütern, die der Steuerpflichtige nach dem 31. Dezember 1991 bestellt oder herzustellen begonnen hat, können Sonderabschreibungen im Wirtschaftsjahr höchstens bis zu insgesamt 20 Millionen Deutsche Mark in Anspruch genommen werden. [5]Der Höchstbetrag gilt auch für Gesellschaften im Sinne des § 15 Abs. 1 Satz 1 Nr. 2 und Abs. 3 des Einkommensteuergesetzes. [6]Als Beginn der Herstellung gilt bei Baumaßnahmen, die für einen Baugenehmigung erforderlich ist, der Zeitpunkt, in dem der Bauantrag gestellt wird.

(2 a) [1]Eine Rücklage auf Grund des Absatzes 1 darf 50 vom Hundert der Anschaffungs- oder Herstellungskosten beweglicher und unbeweglicher Wirtschaftsgüter des Anlagevermögens nicht übersteigen, die voraussichtlich

1. bis zum Ende des zweiten auf die Bildung der Rücklage folgenden Wirtschaftsjahrs und

2. vor dem 1. Januar 1997

angeschafft oder hergestellt werden; die in Nummer 1 genannte Frist verlängert sich für die Herstellung von Gebäuden auf 4 Jahre, wenn mit der Herstellung bis zum Ende des zweiten auf die Bildung der Rücklage folgenden Wirtschaftsjahrs begonnen worden ist. [2]Befindet sich die Betriebsstätte nicht in einem Gebiet, das im jeweils gültigen Rahmenplan nach dem Gesetz über die Gemeinschaftsaufgabe „Verbesserung der regionalen Wirtschaftsstruktur" vom 6. Oktober 1969 (BGBl. I S. 1861) ausgewiesen ist, darf in Wirtschaftsjahren, die nach dem 30. Dezember 1992 enden, die Rücklage nur in Höhe bis zu 25 vom Hundert gebildet werden. [3]In Wirtschaftsjahren, die nach dem 30. Dezember 1992 enden, darf eine Rücklage von höchstens jeweils 20 Millionen Deutsche Mark gebildet werden. [4]Der Höchstbetrag gilt auch für Gesellschaften im Sinne des § 15 Abs. 1 Satz 1 Nr. 2 und Abs. 3 des Einkommensteuergesetzes. [5]Eine Rücklagenbildung ist letztmals in dem Wirtschaftsjahr, das nach dem 30. Dezember 1994 endet, und in den Fällen des Satzes 2 in dem Wirtschaftsjahr, das nach dem 30. Dezember 1993 endet, zulässig. [6]Die Rücklage ist gewinnerhöhend aufzulösen, sobald und soweit Sonderabschreibungen nach Absatz 2 in Anspruch genommen werden können. [7]Ist eine Rücklage am Schluß des nach dem 30. Dezember 1994 endenden Wirtschaftsjahrs noch vorhanden, ist von den Anschaffungs- oder Herstellungskosten der vom Steuerpflichtigen vor dem 1. Januar 1997 angeschafften oder hergestellten Wirtschaftsgüter im Wirtschaftsjahr ihrer Anschaffung oder Herstellung ein Betrag bis zur Höhe der Rücklage, höchstens jedoch bis zu 50 vom Hundert der Anschaffungs- oder Herstellungskosten, abzuziehen. [8]Die Rücklage ist in Höhe des abgezogenen Betrags gewinnerhöhend aufzulösen. [9]Die Rücklage darf gewinnerhöhend nur aufgelöst werden, soweit ein Betrag nach Satz 7 abgezogen wird. [10]Ist eine Rücklage am Schluß des nach dem 30. Dezember 1996 endenden Wirtschaftsjahrs noch vorhanden, ist sie im Wirtschaftsjahr ihrer Bildung gewinnerhöhend aufzulösen. [11]Ist ein Betrag nach Satz 7 abgezogen worden, tritt für die Absetzungen für Abnutzung oder in den Fällen des § 6 Abs. 2 des Einkommensteuergesetzes im Wirtschaftsjahr des Abzugs der verbleibende Betrag an die Stelle der Anschaffungs- oder Herstellungskosten.

(3) Für Maßnahmen nach Absatz 1 gelten § 163 Abs. 1 Satz 3 und Abs. 2 Satz 1 und § 184 Abs. 2 Satz 2 der Abgabenordnung sinngemäß.

(4) [1]Die Vorschriften der Absätze 1 bis 3 sind erstmals bei Wirtschaftsgütern anzuwenden, die nach dem 31. Dezember 1977 angeschafft oder hergestellt werden. [2]Bei unbeweglichen Wirtschaftsgütern des Anlagevermögens, bei denen der Bauantrag vor dem 1. April 1985 gestellt worden ist, dürfen die Sonderabschreibungen abweichend von Absatz 2 Satz 2 insgesamt 40 vom Hundert der Herstellungskosten nicht übersteigen. [3]Soweit ein Bauantrag baurechtlich nicht erforderlich ist, tritt an dessen Stelle der Beginn der Bauarbeiten. [4]§ 3 Abs. 3 in der vor dem Inkrafttreten des Gesetzes zur Änderung des Einkommensteuergesetzes, des Körperschaftsteuergesetzes und anderer Gesetze vom 20. August 1980 (BGBl. I S. 1545) geltenden Fassung ist letztmals für das Wirtschaftsjahr anzuwenden, das dem Wirtschaftsjahr vorangeht, für das § 15 a des Einkommensteuergesetzes erstmals anzuwenden ist.

II
Steuerliche Maßnahmen zur Förderung von Investitionen im Zonenrandgebiet nach § 3 des Zonenrandförderungsgesetzes (§ 3 ZRFG)

BMF vom 27. 12. 1989 (BStBl I S. 518)
IV B 3 – S 1990 – 66/89

Nach § 3 ZRFG vom 5. August 1971 (BGBl. I S. 1237 – BStBl I S. 370), zuletzt geändert durch Artikel 11 des Gesetzes vom 20. Dezember 1988 (BGBl. I S. 2262 – BStBl 1989 I S. 19), können für betriebliche Investitionen im Zonenrandgebiet auf Antrag Sonderabschreibungen und Rücklagen zugelassen werden. Unter Bezugnahme auf das Ergebnis der Erörterungen mit den obersten Finanzbehörden der Länder gelten für die Bewilligung dieser Vergünstigungen die folgenden Grundsätze:

I. Begünstigte Investitionen
1. Betriebsstätte im Zonenrandgebiet

1 Die Vergünstigungen kommen für Investitionen in Betracht, die in einer land- und forstwirtschaftlichen, einer gewerblichen oder einer der selbständigen Arbeit dienenden Betriebsstätte des Steuerpflichtigen im Zonenrandgebiet vorgenommen werden. Der Begriff der Betriebsstätte bestimmt sich nach § 12 AO. Eine Betriebsstätte liegt auch dann im Zonenrandgebiet, wenn sie sich über dieses Gebiet teilweise hinaus erstreckt. Bei Schiffahrtsbetrieben, die keine Betriebsstätte im Sinne des § 12 AO haben, gilt eine Betriebsstätte im Zonenrandgebiet als vorhanden, wenn als Heimathafen (Heimatort) im Schiffsregister ein Ort im Zonenrandgebiet eingetragen ist (§ 6 GewStDV). Zum Zonenrandgebiet gehören die in der Anlage zu § 9 ZRFG genannten Gebiete. Wegen der derzeit gültigen Bezeichnungen der zum Zonenrandgebiet gehörenden Landkreise, Gebietsteile von Landkreisen, Stadtkreise und kreisfreien Städte vgl. die beiliegende Bekanntmachung vom 26. Februar 1981 (Bundesanzeiger Nr. 76 vom 23. April 1981).

2. Gewinnermittlung

2 Sonderabschreibungen dürfen nur bei Steuerpflichtigen zugelassen werden, die ihren Gewinn durch Betriebsvermögensvergleich oder nach § 4 Abs. 3 EStG ermitteln. Rücklagen kommen nur bei Steuerpflichtigen in Betracht, die ihren Gewinn durch Betriebsvermögensvergleich ermitteln.

3. Art der begünstigten Investitionen

3 (1) Als begünstigte Investitionen kommen in Betracht:

1. die Anschaffung und die Herstellung von abnutzbaren beweglichen und unbeweglichen Wirtschaftsgütern,
2. Ausbauten und Erweiterungen an Gebäuden und Gebäudeteilen im Sinne des § 7 Abs. 5 a EStG,
3. die Schaffung von Nutzungsrechten an Gebäuden durch Baumaßnahmen des Nutzungsberechtigten, die er wie materielle Wirtschaftsgüter mit den Herstellungskosten zu aktivieren hat (vgl. Abschnitt 42 Abs. 1 EStR).

4 (2) Für bewegliche Wirtschaftsgüter dürfen die Vergünstigungen nur zugelassen werden, wenn die Wirtschaftsgüter im Zeitpunkt der Anschaffung oder Herstellung neu sind (BFH-Urteile vom 27. Juli 1977 – BStBl II 1978 S. 10 und vom 28. Februar 1980 – BStBl II S. 528). Wegen des Begriffs des neuen beweglichen Wirtschaftsguts vgl. Abschnitt 83 EStR.

5 (3) Für die Anschaffung oder Herstellung von Seeschiffen und Luftfahrzeugen dürfen die Vergünstigungen nicht zugelassen werden.

4. Verbleibens- und Verwendungsvoraussetzungen

6 (1) Die Vergünstigungen werden unter den Voraussetzungen zugelassen, daß

1. die beweglichen und unbeweglichen Wirtschaftsgüter sowie die ausgebauten oder hergestellten Teile der Gebäude
   a) zum Anlagevermögen einer Betriebsstätte des Steuerpflichtigen im Zonenrandgebiet gehören,
   b) in jedem Jahr vom Steuerpflichtigen zu nicht mehr als 10 v. H. privat genutzt werden,
2. die beweglichen Wirtschaftsgüter in einer Betriebsstätte des Steuerpflichtigen im Zonenrandgebiet verbleiben,
3. die unbeweglichen Wirtschaftsgüter und die ausgebauten oder hergestellten Teile der Gebäude vom Steuerpflichtigen zu eigenbetrieblichen Zwecken verwendet werden (vgl. BFH-Urteile vom 21. April 1983 – BStBl II S. 529 und 532, vom 6. Juli 1983 – BStBl II S. 699, und vom 10. Februar 1988, BStBl II S. 653).

Diese Voraussetzungen müssen mindestens drei Jahre nach Anschaffung oder Herstellung der

Wirtschaftsgüter oder nach Beendigung der Ausbauten oder Erweiterungen vorliegen.

7 (2) Unter „Verbleiben" ist eine dauerhafte räumliche Beziehung des Wirtschaftsguts zu der Betriebsstätte zu verstehen. Diese erfordert jedoch nicht immer, daß das Wirtschaftsgut im räumlich abgegrenzten Bereich der Betriebsstätte bleiben muß. Die Vergünstigungen können deshalb auch für Wirtschaftsgüter in Betracht kommen, die ihrer Art nach nicht dazu bestimmt und geeignet sind, durch den Steuerpflichtigen im räumlich abgegrenzten Bereich seiner Betriebsstätte eingesetzt zu werden (vgl. Tz. 8 bis 10), sowie für Wirtschaftsgüter, die der Steuerpflichtige einem Dritten zur Nutzung überläßt (vgl. Tz. 11).

8 (3) Bei Transportmitteln, insbesondere bei Kraftfahrzeugen, Kraftfahrzeuganhängern und Binnenschiffen, ist die Voraussetzung des Verbleibens erfüllt, wenn sie der Steuerpflichtige in jedem Jahr des Dreijahreszeitraums überwiegend und regelmäßig, d. h. ohne größere zeitliche Unterbrechung, im Verkehr innerhalb des Zonenrandgebiets oder von und nach dem Zonenrandgebiet (Zonenrandgebiets-Fahrten) einsetzt (vgl. BFH-Urteile vom 17. Mai 1968 – BStBl II S. 570, und vom 11. Juni 1969 – BStBl II S. 516).

9 (4) Bei Kraftfahrzeugen kann stets davon ausgegangen werden, daß eine größere zeitliche Unterbrechung nicht vorliegt, wenn der Zeitraum zwischen der Ausfahrt aus dem Zonenrandgebiet und der Wiedereinfahrt in dieses Gebiet nicht mehr als 14 Tage beträgt. Entsprechendes gilt bei Containern und Wechselaufbauten. Bei der Überlassung von Transportmitteln an Dritte ist Tz. 11 anzuwenden. Binnenschiffe werden überwiegend und regelmäßig für Zonenrandgebiets-Fahrten eingesetzt, wenn sie der Steuerpflichtige in jedem Jahr des Dreijahreszeitraums zu mehr als der Hälfte der Betriebstage für diese Fahrten einsetzt. Hinsichtlich der Auslegung des Begriffs der Zonenrandgebiets-Fahrten gelten Tz. 180 bis 184 des BMF-Schreibens vom 31. Dezember 1986 – (BStBl 1987 I S. 51) und der entsprechenden Erlasse der obersten Finanzbehörden der Länder entsprechend. Aus Vereinfachungsgründen ist davon auszugehen, daß ein Binnenschiff in einem Jahr überwiegend und regelmäßig für Zonenrandgebiets-Fahrten eingesetzt worden ist, wenn es mindestens 136 Tage für diese Fahrten im Einsatz war.

10 (5) Bei anderen als den in Tz. 8 bezeichneten Wirtschaftsgütern, die ihrer Art nach nicht dazu bestimmt und geeignet sind, durch den Steuerpflichtigen im räumlich abgegrenzten Bereich seiner Betriebsstätte eingesetzt zu werden, ist die Voraussetzung des Verbleibens auch dann erfüllt, wenn sie der Steuerpflichtige innerhalb des Zonenrandgebiets oder nur kurzfristig außerhalb des Zonenrandgebiets einsetzt. Ein kurzfristiger Einsatz in diesem Sinne liegt vor, wenn der Steuerpflichtige in jedem Jahr des Dreijahreszeitraums

1. Baugeräte nicht länger als insgesamt 5 Monate,
2. andere Wirtschaftsgüter nicht länger als insgesamt 1 Monat

außerhalb des Zonenrandgebiets einsetzt.

11 (6) Wirtschaftsgüter, die der Steuerpflichtige einem Dritten zur Nutzung überläßt, verbleiben in seiner Betriebsstätte, wenn die Nutzungsüberlassung nicht länger als 3 Monate dauert (z. B. Mietwagen) oder im Rahmen eines Dienstverhältnisses erfolgt (vgl. BFH-Urteil vom 23. Mai 1986 – BStBl II S. 919).

12 (7) Unter einer Verwendung zu „eigenbetrieblichen Zwecken" ist eine im Gegensatz zu fremdbetrieblichen Zwecken, zu fremden Wohnzwecken oder zu eigenen Wohnzwecken stehende Verwendung zu verstehen (BFH-Urteile vom 21. April 1983 – BStBl II S. 532, und vom 6. Juli 1983, BStBl II S. 699). Wohnräume, die wegen Vermietung an Arbeitnehmer des Steuerpflichtigen notwendiges Betriebsvermögen sind, gehören zu den zu eigenbetrieblichen Zwecken verwendeten Gebäudeteilen (Abschnitt 13 b Abs. 2 EStR). Vermietete oder verpachtete Gebäude werden zu eigenbetrieblichen Zwecken verwendet, wenn die Vermietung oder Verpachtung über eine bloße Vermögensverwaltung hinausgeht (vgl. Abschnitt 137 Abs. 1 bis 4 EStR) und der Mieter oder Pächter in dem Gebäude selbst keine Betriebsstätte unterhält und auch keine gemeinnützige oder hoheitliche Tätigkeit ausübt. Daher ist z. B. die gewerbliche Vermietung von Ferienwohnungen, nicht hingegen die Vermietung von Gebäuden aufgrund eines Leasingvertrags, die Vermietung einer Lagerhalle für gewerbliche Zwecke des Mieters (BFH-Urteil vom 21. April 1983 – BStBl II S. 532), die Vermietung eines Ladengeschäfts, eines Restaurants oder eines Schnellimbisses durch den Betreiber eines Campingplatzes (BFH-Urteil vom 6. Juli 1983, BStBl II S. 699), die Verpachtung eines Gaststättengebäudes durch eine Brauerei (BFH-Urteil vom 10. Februar 1988 – BStBl II S. 653) oder die Vermietung eines Bürohauses an eine Körperschaft des öffentlichen Rechts (vgl. BFH-Urteil vom 21. Februar 1986 – BStBl II S. 493) oder an eine von der Steuer befreite Körperschaft zu gemeinnützigen Zwecken (vgl. BFH-Urteil vom 14. Juli 1989 – BStBl II S. 903).

13 (8) Bei der Ermittlung des Dreijahreszeitraums sind die Zeiträume der Zugehörigkeit eines Wirtschaftsguts zu der Betriebsstätte des Rechtsvorgängers und zu der Betriebsstätte des Rechtsnachfolgers in den folgenden Fällen zusammenzurechnen:

1. Gesamtrechtsnachfolge (z. B. Erbfall),
2. unentgeltliche Übertragung eines Betriebs, Teilbetriebs oder Mitunternehmeranteils (§ 7 Abs. 1 EStDV),
3. Einbringung eines Betriebs, Teilbetriebs oder Mitunternehmeranteils zu Buchwerten nach § 20 oder § 24 UmwStG (BFH-Urteil vom 10. April 1984 – BStBl II S. 734),
4. Übertragung von Wirtschaftsgütern zwischen Besitz- und Betriebsunternehmen (vgl. BMF-Schreiben vom 10. Dezember 1985, BStBl I S. 683, sowie die entsprechenden Erlasse der obersten Finanzbehörden der Länder).

14 (9) Die Verbleibens- und Verwendungsvoraussetzungen sind grundsätzlich nicht erfüllt, wenn Wirtschaftsgüter oder ausgebaute oder hergestellte Teile vor Ablauf des Dreijahreszeitraums aus der Betriebsstätte des Steuerpflichtigen durch folgende Vorgänge ausscheiden:
1. Veräußerung
   a) im Wege der Einzelveräußerung,
   b) im Rahmen der entgeltlichen Übertragung der Betriebsstätte,
2. Vermietung oder Verpachtung
   a) im Wege der Einzelvermietung oder -verpachtung (einschließlich Leasing), wenn diese länger als 3 Monate dauert (vgl. Tz. 11),
   b) im Rahmen der Vermietung oder Verpachtung der Betriebsstätte,
3. Überführung
   a) in eine Betriebsstätte des Steuerpflichtigen außerhalb des Zonenrandgebiets,
   b) in das Umlaufvermögen oder
   c) in das Privatvermögen.

15 (10) Eine schädliche Veräußerung im Sinne der Tz. 14 Nr. 1 liegt auch vor, soweit bei einer Personengesellschaft infolge des Ausscheidens eines Gesellschafters oder einer Änderung der Beteiligungsverhältnisse Wirtschaftsgüter anteilig von den Gesellschaftern veräußert werden; das gilt nicht in den Fällen des § 24 UmwStG.

16 (11) Eine schädliche Vermietung im Sinne der Tz. 14 Nr. 2 liegt nicht vor, wenn im Rahmen einer Betriebsaufspaltung Wirtschaftsgüter vom Besitzan das Betriebsunternehmen oder umgekehrt zur Nutzung überlassen werden.

17 (12) Unschädlich ist es, wenn ein Wirtschaftsgut wegen Ablaufs seiner Nutzungsdauer (vgl. BFH-Urteil vom 9. März 1967 – BStBl III S. 238), durch höhere Gewalt (z. B. durch Brand, Diebstahl usw.) oder durch wirtschaftlichen Verbrauch oder einen Totalschaden (BFH-Urteile vom 15. Oktober 1976 – BStBl 1977 II S. 59 und vom 1. Juli 1977 – BStBl II S. 793) innerhalb des Dreijahreszeitraums aus der Betriebsstätte ausscheidet. Das gleiche gilt bei einem beweglichen Wirtschaftsgut, das gegen ein anderes gleicher oder besserer Qualität umgetauscht wird, weil es mangelhaft ist und deshalb nicht im Betrieb verwendet werden kann (BFH-Urteil vom 8. März 1968 – BStBl II S. 430).

18 (13) Schädlich ist es aber, wenn ein Wirtschaftsgut vorzeitig aus der Betriebsstätte aus Gründen ausscheidet, die lediglich in der Betriebsstätte liegen. Das ist z. B. der Fall, wenn das Wirtschaftsgut wegen einer Betriebsumstellung veräußert wird, und zwar selbst dann, wenn die Betriebsumstellung auf einen Brand in den Betriebsräumen zurückzuführen ist (BFH-Urteil vom 2. Mai 1980 – BStBl II S. 758).

II. Abschreibungen

1. Sonderabschreibungen

a) Bemessungsgrundlage

19 (1) Die Sonderabschreibungen bemessen sich von
1. den Anschaffungs- oder Herstellungskosten der im Wirtschaftsjahr gelieferten oder fertiggestellten begünstigten Wirtschaftsgüter und
2. den Herstellungskosten der im Wirtschaftsjahr beendeten begünstigten Ausbauten und Erweiterungen.

Die Bemessungsgrundlage vermindert sich um Abzüge nach § 6 b Abs. 1 oder 3 EStG und nach Abschnitt 35 Abs. 2 Satz 3 und Abs. 5 Satz 3 EStR (vgl. BFH-Urteil vom 2. April 1980 – BStBl II S. 584) sowie um Zuschüsse, die der Steuerpflichtige nach Abschnitt 34 EStR erfolgsneutral behandelt hat.

20 (2) Die Sonderabschreibungen kommen auch schon für Anzahlungen auf Anschaffungskosten und für Teilherstellungskosten in Betracht.

b) Höhe der Sonderabschreibungen

21 (1) Sonderabschreibungen dürfen im Jahr der Anschaffung oder Herstellung und in den folgenden 4 Jahren (Begünstigungszeitraum) bis zur Höhe von insgesamt 50 v. H. der Bemessungsgrundlage in Anspruch genommen werden. Das gilt auch bei der Anschaffung unbeweglicher Wirtschaftsgüter, bei denen der Bauantrag vor dem 1. April 1985 gestellt worden ist.

22 (2) Bei Publikums-Kommanditgesellschaften in der Rechtsform der GmbH und Co. KG und vergleichbaren Rechtsformen sind Sonderabschreibungen auf Wirtschaftsgüter des Sonderbetriebsvermögens der Mitunternehmer unzulässig, soweit sie zur Entstehung oder Erhöhung eines Verlustes führen würden.

2. Restwertabschreibung

23 Nach Ablauf des Begünstigungszeitraums bemessen sich die AfA nach § 7 a Abs. 9 EStG (vgl. Abschnitt 45 Abs. 10 EStR). Bei Ausbauten und Erweiterungen ist dabei der Restwert den An-

schaffungs- oder Herstellungskosten des Gebäudes oder dem an deren Stelle tretenden Wert hinzuzurechnen. Die weiteren AfA sind einheitlich für das gesamte Gebäude nach dem sich hiernach ergebenden Betrag und dem für das Gebäude maßgebenden Vomhundertsatz zu bemessen.

III. Rücklagen

1. Voraussetzungen für die Zulassung einer Rücklage

24 (1) Die Rücklage ist zweckgebunden für bestimmte geplante Investitionen. Die Bildung einer Rücklage kommt deshalb nur in Betracht, wenn ein sachlicher und zeitlicher Zusammenhang mit geplanten Investitionen besteht, die die Voraussetzungen der Tz. 3 bis 18 erfüllen.

25 (2) Der sachliche Zusammenhang zwischen der Rücklage und den geplanten Investitionen ist vom Steuerpflichtigen darzulegen. Hierfür sind die Investitionen nach Zeitpunkt, Lage, Art und Umfang zu bezeichnen.

26 (3) Ein zeitlicher Zusammenhang zwischen Rücklage und begünstigten Investitionen besteht, wenn die geplanten Investitionen, deren Finanzierung durch die Rücklage erleichtert werden soll, bis zum Ende des zweiten auf die Bildung der Rücklage folgenden Wirtschaftsjahrs abgeschlossen werden. Diese Frist verlängert sich für die Herstellung von Gebäuden auf 4 Jahre, wenn mit der Herstellung bis zum Ende des zweiten auf die Bildung der Rücklage folgenden Wirtschaftsjahres begonnen worden ist. Als Beginn der Herstellung kommen die Einreichung des Bauantrags (vgl. BFH-Urteil vom 15. Oktober 1981 – BStBl 1982 II S. 63) oder der Beginn der Bauarbeiten in Betracht (vgl. Abschnitt 52 Abs. 2 und 3 EStR 1987). Die Sätze 1 bis 3 gelten auch dann, wenn die Rücklage über mehrere Jahre verteilt gebildet wird.

Beispiel 1:

Der Steuerpflichtige plant im Jahr 1990 die Errichtung eines Gebäudes, das im Jahr 1994 fertiggestellt werden soll und dessen Herstellungskosten voraussichtlich 800.000 DM betragen werden. Im Dezember 1990 stellt der Steuerpflichtige den Bauantrag. Der Steuerpflichtige hat die insgesamt zulässige Rücklage (vgl. Tz. 24) in folgenden Teilbeträgen gebildet:

	Fall 1	Fall 2
	DM	DM
1990	20.000	–
1991	180.000	200.000
1992	200.000	200.000
1993	–	–
insgesamt	400.000	400.000

Die Fertigstellungsfrist endet im Fall 1 mit Ablauf des Jahres 1994, im Fall 2 mit Ablauf des Jahres 1995.

27 (4) Die Fristen nach Tz. 26 können angemessen verlängert werden, wenn sich der bei Beantragung der Rücklage geplante Investitionsabschluß oder Herstellungsbeginn aus Gründen verzögert, die vom Steuerpflichtigen nicht zu vertreten sind. Vom Steuerpflichtigen nicht zu vertreten sind technische oder sonstige Gründe, die außerhalb des Einflußbereichs des Steuerpflichtigen liegen, insbesondere Verzögerungen bei staatlichen Genehmigungsverfahren, infolge behördlicher Auflagen, infolge von Widersprüchen Dritter, infolge nachträglicher Unmöglichkeit der Leistung des Schuldners (§§ 275, 323, 325 und 326 BGB) und infolge Schuldnerverzugs (§§ 284 bis 290 und 326 BGB). Nicht dazu gehören insbesondere Veränderungen wirtschaftlicher Umstände, z. B. die Verschlechterung der Absatzmöglichkeiten und die Erhöhung von Kosten.

2. Bildung und Auflösung der Rücklage

28 (1) Bemessungsgrundlage für die Rücklage sind die Anschaffungs- und Herstellungskosten, die voraussichtlich für die Anschaffung oder Herstellung begünstigter Wirtschaftsgüter und für begünstigte Ausbauten und Erweiterungen aufgewendet werden sollen (vgl. Tz. 3 bis 19). Die Rücklage darf bis zu der Höhe zugelassen werden, in der für die begünstigten Wirtschaftsgüter oder für die ausgebauten und hergestellten Teile des Gebäudes voraussichtlich Sonderabschreibungen nach § 3 ZRFG in Anspruch genommen werden. Tz. 22 gilt entsprechend.

29 (2) Bei Gewinnermittlung nach § 5 Abs. 1 EStG ist die Bildung einer Rücklage nur zulässig, wenn in der handelsrechtlichen Jahresbilanz ein entsprechender Passivposten gebildet wird.

30 (3) Die Rücklage ist gewinnerhöhend aufzulösen, sobald und soweit der Steuerpflichtige Sonderabschreibungen nach § 3 ZRFG in Anspruch nehmen kann.

31 (4) Die Rücklage ist in dem Wirtschaftsjahr gewinnerhöhend aufzulösen, in dem sie gebildet worden ist,

1. soweit die Investitionen nicht innerhalb der in Tz. 26 und 27 genannten Fristen abgeschlossen worden sind,
2. soweit der Betrag der Rücklage den Betrag der nach § 3 ZRFG zulässigen Sonderabschreibungen übersteigt,
3. soweit für die Investitionen degressive AfA, die Bewertungsfreiheit nach § 6 Abs. 2 EStG, erhöhte Absetzungen oder andere Sonderabschreibungen als nach § 3 ZRFG in Anspruch genommen werden, oder
4. wenn die Verbleibens- oder Verwendungsvoraussetzungen (vgl. Tz. 6 bis 18) nicht erfüllt werden.

Beispiel 2:
Der Steuerpflichtige beantragt im Jahr 1990 für folgende Investitionen, die im Jahr 1992 abgeschlossen werden sollen, die Bildung einer Rücklage:

Fabrikgebäude	300.000 DM
10 Maschinen	700.000 DM
Anschaffungs- und Herstellungskosten	1.000.000 DM

Es wird eine Rücklage von 500.000 DM bewilligt, die der Steuerpflichtige in der Bilanz zum 31. Dezember 1990 bildet.

Der Steuerpflichtige stellt fest bei Aufstellung der Bilanz zum

1. 31. Dezember 1991, daß bewegliche Wirtschaftsgüter mit Anschaffungskosten von 100.000 DM angeschafft wurden und für das Fabrikgebäude Teilherstellungskosten von 200.000 DM entstanden sind,

2. 31. Dezember 1992, daß bewegliche Wirtschaftsgüter mit Anschaffungskosten von 400.000 DM angeschafft wurden. Davon entfallen 20.000 DM auf Wirtschaftsgüter, für die die Bewertungsfreiheit nach § 6 Abs. 2 EStG in Anspruch genommen wird. Für das Fabrikgebäude, das erst 1993 fertiggestellt werden wird, sind Teilherstellungskosten von 150.000 DM entstanden,

3. 31. Dezember 1993, daß bewegliche Wirtschaftsgüter mit Anschaffungskosten von 200.000 DM angeschafft wurden und das Fabrikgebäude mit Restherstellungskosten von 100.000 DM fertiggestellt wurde,

4. 31. Dezember 1994, daß eine am 1. Oktober 1991 angeschaffte Maschine (Anschaffungskosten 20.000 DM) am 1. März 1994 veräußert worden ist.

Die Rücklage ist wie folgt aufzulösen:

1. zum 31. Dezember 1991 in Höhe der zulässigen Sonderabschreibungen von 150.000 DM,
2. zum 31. Dezember 1992 in Höhe der zulässigen Sonderabschreibungen von 265.000 DM,
3. zum 31. Dezember 1993 in Höhe der für das Fabrikgebäude zulässigen Sonderabschreibungen von 50.000 DM.

Die beweglichen Wirtschaftsgüter (Anschaffungskosten 200.000 DM) sind nicht innerhalb der in Tz. 26 und 27 genannten Fristen angeschafft worden und deshalb nicht zu berücksichtigen.

4. Der Rücklagenbetrag, der zum 31. Dezember 1990 aufzulösen ist, kann erst berechnet werden, nachdem das Fabrikgebäude fertiggestellt ist, d. h., die dafür entstanden Herstellungskosten feststehen.

Rücklagenbetrag 31. Dezember 1990	500.000 DM
Auflösungsbetrag zum	
– 31. Dez. 1991 150.000 DM	
– 31. Dez. 1992 + 265.000 DM	
– 31. Dez. 1993 + 50.000 DM	
	– 465.000 DM
zum 31. Dezember 1990 aufzulösen	35.000 DM

5. Nach Veräußerung der 1991 angeschafften Maschine in 1994 ist der Auflösungsbetrag der Rücklage
   a) zum 31. Dezember 1991 von 150.000 DM auf 140.000 DM zu mindern und
   b) zum 31. Dezember 1990 von 35.000 DM auf 45.000 DM zu erhöhen.

Beispiel 3:
Wie Beispiel 1 (Tz. 26) mit der Ergänzung, daß die Herstellungskosten des Gebäudes, mit dessen tatsächlicher Herstellung 1994 begonnen und das 1994 fertiggestellt wurde, nicht wie angenommen 800.000 DM, sondern 760.000 DM betragen.

Die Rücklage ist zum 31. Dezember 1994 in Höhe der zulässigen Sonderabschreibungen von 380.000 DM und zum 31. Dezember 1992 mit 20.000 DM (Gesamtbetrag der gebildeten Rücklage 400.000 DM abzüglich zulässige Sonderabschreibungen 380.000 DM) aufzulösen.

IV. Verfahren

1. Bewilligungsverfahren

(1) Der Antrag auf Bewilligung der Vergünstigungen ist nach amtlichem Vordruck bei dem für die Besteuerung nach dem Einkommen zuständigen Finanzamt (§§ 19 und 20 AO), in den Fällen des § 180 Abs. 1 Nr. 2 Buchstabe a AO bei dem für die gesonderte Feststellung zuständigen Finanzamt (§ 18 AO), zu stellen.

(2) Über die Bewilligung von Sonderabschreibungen und Rücklagen ist jeweils in einem besonderen Verfahren außerhalb des Steuerfestsetzungsverfahrens zu entscheiden; die Entscheidung kann mit der Steuerfestsetzung oder Gewinnfeststellung verbunden werden (BFH-Urteil vom 28. Februar 1980 – BStBl II S. 528). Die Rücklage ist ohne Bezugnahme auf die im Antrag angegebenen geplanten Investitionen als Gesamtbetrag zu bewilligen. Der Bewilligungsbescheid ist Grundlagenbescheid für die Steuerfestsetzung und für die Gewinnfeststellung. Er ist unter der auflösenden Bedingung zu erteilen, daß die Voraussetzungen der Tz. 3 bis 18 sowie der Tz. 24

bis 27 erfüllt werden. Werden bei der Steuerfestsetzung oder Gewinnfeststellung die beantragten Vergünstigungen berücksichtigt, obwohl über deren Bewilligung noch nicht entschieden worden ist, so ist im Steuerbescheid oder Feststellungsbescheid auf die noch ausstehende Bewilligung ausdrücklich hinzuweisen. Das gilt auch dann, wenn die Steuerfestsetzung oder Gewinnfeststellung unter dem Vorbehalt der Nachprüfung durchgeführt wird.

34 (3) Mit Eintritt der auflösenden Bedingung entfallen die Vergünstigungen rückwirkend, ohne daß es einer Rücknahme oder eines Widerrufs des Bewilligungsbescheids nach §§ 130, 131 AO bedarf. Aus Gründen der Rechtsklarheit ist jedoch in diesem Fall der Bewilligungsbescheid insoweit förmlich aufzuheben, als die auflösende Bedingung eingetreten ist. Ein Steuerbescheid oder Feststellungsbescheid ist nach § 175 Abs. 1 Satz 1 Nr. 1 AO der Aufhebung oder Änderung des Bewilligungsbescheids anzupassen.

35 (4) Die obersten Finanzbehörden der Länder werden bei der Bewilligung der Steuervergünstigungen die vorherige Zustimmung des Bundesministers der Finanzen einholen, wenn für ein Investitionsvorhaben Steuervergünstigungen im Gesamtbetrag von mehr als 10 Mio. DM bewilligt werden sollen.

2. Anschreibungen

36 Über die Bewilligung der Vergünstigungen aufgrund des § 3 ZRFG sind von den Finanzämtern Anschreibungen zu führen, aus denen sich jeweils getrennt für Sonderabschreibungen und Rücklagen die Zahl der Fälle und der Betrag der bewilligten Vergünstigungen für bewegliche Wirtschaftsgüter und für die übrigen Wirtschaftsgüter und Maßnahmen ergibt. Der Betrag der bewilligten Sonderabschreibungen ist dabei nicht mit dem Rücklagenbetrag zu saldieren. Die Anschreibungen sind jährlich zu Länderergebnissen zusammenzufassen und jeweils zum 10. März des Folgejahres dem Bundesminister der Finanzen mitzuteilen.

V. Zeitlicher Anwendungsbereich

37 Die Grundsätze nach den Abschnitten I und II sind erstmals anzuwenden bei Wirtschaftsgütern, die nach dem 31. Dezember 1988 angeschafft oder hergestellt werden, und bei ausgebauten oder hergestellten Teilen von Wirtschaftsgütern, deren Herstellung nach diesem Zeitpunkt beendet wird. Soweit gegenüber den bisherigen Verwaltungsanweisungen die Bewilligung der Vergünstigungen eingeschränkt wird (vgl. Tz. 4, Tz. 6 Nr. 1 Buchstabe b und Tz. 15), sind diese Grundsätze erstmals bei Wirtschaftsgütern anzuwenden, die nach dem 31. Dezember 1989 angeschafft oder hergestellt werden. Die Grundsätze nach Abschnitt III sind erstmals bei Rücklagen anzuwenden, die in einem Wirtschaftsjahr gebildet werden, das nach dem 31. Dezember 1989 beginnt. Abschnitt IV ist erstmals für den Veranlagungszeitraum 1990 anzuwenden.

Dieses Schreiben tritt an die Stelle meiner Schreiben vom 10. November 1978 (BStBl I S. 451), vom 28. Dezember 1979 (BStBl 1980 I S. 4), vom 16. Juni 1980 (BStBl I S. 289), vom 20. Januar 1984 (BStBl I S. 35), vom 24. Juni 1985 (BStBl I S. 306) und vom 6. Oktober 1986 (BStBl I S. 502).

Anlage

Aufstellung
der zum Zonenrandgebiet gehörenden Landkreise bzw. Gebietsteile von Landkreisen und Stadtkreise bzw. kreisfreie Städte

1. in Schleswig-Holstein[1]):

   Die kreisfreien Städte Flensburg, Kiel, Neumünster und Lübeck,

   die Kreise Schleswig-Flensburg, Rendsburg-Eckernförde, Plön, Ostholstein, Segeberg, Stormarn und Herzogtum Lauenburg;

2. in Niedersachsen[2]):

   Im Regierungsbezirk Braunschweig

   die kreisfreie Stadt Braunschweig

   die kreisfreie Stadt Salzgitter

   die kreisfreie Stadt Wolfsburg

   der Landkreis Gifhorn ohne Ortsteil Hahnenhorn der Gemeinde Müden/Aller, Gemeinde Ummern

   der Landkreis Göttingen vollständig

   der Landkreis Goslar vollständig

   der Landkreis Helmstedt vollständig

   der Landkreis Northeim vollständig

   der Landkreis Osterode vollständig

   der Landkreis Peine ohne Ortsteil Oelerse der Gemeinde Edemissen, Ortsteil Harber der Gemeinde Hohenhameln, Ortsteile Landwehr und Röhrse der Stadt Peine

   der Landkreis Wolfenbüttel vollständig.

   Im Regierungsbezirk Hannover

   vom Landkreis Hannover

   Ortsteile Gleidingen, Ingeln und Oesselse der Stadt Laatzen;

   Ortsteil Hämeler Wald der Stadt Lehrte, Forstflächen „Hämeler Wald" der Stadt Lehrte (Fluren 4 bis 12 der Gemarkung Hämeler Wald), Ortsteile Bolzum, Wehmingen und Wirringen der Gemeinde Sehnde

   Ortsteile Dedenhausen und Eltze der Gemeinde Uetze;

   der Landkreis Hildesheim ohne Ortsteil Breinum der Stadt Bad Salzdetfurth,

   Ortsteile Adensen, Burgstemmen, Halleburg, Heyersum, Mahlerten, Nordstemmen und Rössing der Gemeinde Nordstemmen,

   Ortsteil Schliekum der Stadt Sarstedt,

   ohne das Gebiet des ehemaligen Landkreises Alfeld (Leine) und ohne die Gemeinden Coppengrave, Duingen, Hoyershausen, Marienhagen und Weenzen;

   vom Landkreis Holzminden

   Ortsteile Ammensen, Delligsen (außer dem Wohnsitz Dörshelf), Kaierde und Varrigsen des Fleckens Delligsen;

   Ortsteil Silberborn der Stadt Holzminden,

   Ortsteil Lauenförde des Fleckens Lauenförde, gemeindefreies Gebiet Wenzen;

   Im Regierungsbezirk Lüneburg

   vom Landkreis Harburg

   Ortsteil Obermarschacht der Gemeinde Marschacht, Gemeinde Tespe,

   der Landkreis Lüchow-Dannenberg vollständig,

   der Landkreis Lüneburg ohne Gemeinde Handorf, Ortsteil Wetzen der Gemeinde Oldendorf (Luhe), Gemeinde Radbruch, Gemeinde Soderstorf, Gemeinde Wittorf,

   vom Landkreis Soltau-Fallingbostel

   Ortsteil Lopau der Stadt Münster

   der Landkreis Uelzen vollständig.

3. in Hessen

   Die kreisfreie Stadt Kassel,

   der Landkreis Kassel mit Ausnahme

   a) der Städte Naumburg, Wolfhagen und Zierenberg,

   b) der Gemeinden Breuna, Emstal und Habichtswald,

   c) des Gebietes der früheren Gemeinde Martinhagen der Gemeinde Schauenburg,

   der Werra-Meißner-Kreis,

   vom Schwalm-Eder-Kreis

   a) die Städte Felsberg, Melsungen und Spangenberg,

   b) die Gemeinden Guxhagen, Körle und Morschen,

   c) das Gebiet der früheren Gemeinde Deute der Stadt Gudensberg,

   d) die Gebiete der früheren Gemeinden Hausen, Lichtenhagen, Nausis, Nenterode und Rengshausen der Gemeinde Knüllwald,

   e) die Gemeinde Malsfeld mit Ausnahme der Gebiete der früheren Gemeinden Mosheim und Sipperhausen,

---
[1]) Stand der Gebietsreform 25. März 1974
[2]) Stand der Gebietsreform 1. Februar 1978

Anhang 37
Zonenrandförderung

f) die Gebiete der früheren Gemeinden Harle und Niedermöllrich der Gemeinde Wabern,

der Landkreis Hersfeld-Rotenburg mit Ausnahme

a) der Gemeinde Breitenbach a. Herzberg,
b) der Gebiete der früheren Gemeinden Mühlbach, Raboldshausen, Saasen und Salzberg der Gemeinde Neuenstein,

der Landkreis Fulda,

vom Vogelsbergkreis

a) die Städte Herbstein, Lauterbach und Schlitz,
b) die Gemeinden Grebenhain, Lautertal und Wartenberg,
c) die Gemeinden Freiensteinau mit Ausnahme des Gebietes der früheren Gemeinde Radmühl (ehemals Landkreis Gelnhausen),
d) der Stadt Ulrichstein mit Ausnahme der Gebiete der früheren Gemeinden Bobenhausen II, Helpershain, Ober-Seibertenrod, Unter-Seibertenrod und Wohnfeld,

vom Main-Kinzig-Kreis

a) die Städte Schlüchtern und Steinau,
b) die Gemeinde Sinntal,
c) die Stadt Bad Soden-Salmünster mit Ausnahme der Gebiete der früheren Gemeinden Katholisch-Willenroth und Mernes,
d) der Teil des Gutsbezirkes Spessart, der zum Landkreis Schlüchtern gehörte.

4. in Bayern[1]):

Im Regierungsbezirk Niederbayern

die kreisfreie Stadt Passau mit Ausnahme des Gebiets der früheren Gemeinde Kirchberg;

der Landkreis Deggendorf ohne die Gemeinden Aholming, Buchhofen, Künzing, Moos, Oberpöring, Osterhofen, St. Wallerfing

und ohne das Gebiet der früheren Gemeinde Lailling der Gemeinde Otzing

sowie ohne die Flurstücke Nummern 604, 605, 606 der Gemarkung Haunersdorf;

der Landkreis Freyung-Grafenau vollständig;

vom Landkreis Passau die Gemeinden Aicha vorm Wald mit Ausnahme der Gemeindeteile Niederham und Wiesing, Breitenberg, Büchlberg, Fürstenstein, Fürstenzell, Hauzenberg, St. Hutthurm, M., Neuburg a. Inn, Neuhaus a. Inn ohne das Gebiet der früheren Gemeinde Mittich, Neukirchen v. Wald, Obernzell, M.;

vom Markt Ortenburg das Gebiet der früheren Gemeinde Dorfbach sowie die Gemeindeteile der früheren Gemeinde Voglarn, Ruderting,

von der Gemeinde Ruhstorf a. d. Rott die Gebiete der früheren Gemeinden Eholfing und Sulzbach a. Inn, Salzweg, Sonnen, Thyrnau, Tiefenbach ohne das Gebiet der früheren Gemeinde Kirchberg, Tittling, M., Untergriesbach, M., von der Stadt Vilshofen die Gemeindeteile der früheren Gemeinde Sandbach, Wegscheid, M., Witzmannsberg;

der Landkreis Regen vollständig;

vom Landkreis Straubing-Bogen die Gemeinden Ascha, Bogen, St., ohne das Gebiet der früheren Gemeinde Agendorf, Falkenfels, Haibach, Haselbach, Hunderdorf, von der Gemeinde Kirchroth die Gemeindeteile Aufroth, Neumühl und Neuroth der früheren Gemeinde Saulburg, Konzell, Loitzendorf, Mariaposching, Mitterfels, M., Neukirchen, Niederwinkling, Perasdorf, Rattenberg, Rattiszell, Sankt Englmar, Schwarzach, M., Stallwang, Wiesenfelden ohne das Gebiet der früheren Gemeinde Höhenberg sowie des Gemeindeteils Heißenzell, Windberg.

Im Regierungsbezirk Oberpfalz

die kreisfreie Stadt Weiden i. d. Opf.;

vom Landkreis Amberg-Sulzbach

von der Stadt Hirschau die Flurabteilung Forst, die vom Markt Kohlberg (Gemarkung Röthenbach bei Kohlberg) in die frühere Gemeinde Massenricht eingegliedert worden war,

von der Stadt Schnaittenbach die Gebiete der früheren Gemeinden Kemnath a. Buchberg und Holzhammer, der zwischen dem gemeindefreien Gebiet Neudorfer Wald und der Landkreisgrenze gelegene Gebietsteil der früheren Gemeinde Neudorf b. Luhe, die im gemeindefreien Gebiet Neudorfer Wald liegenden Exklaven der früheren Gemeinde Neudorf b. Luhe, der zwischen dem gemeindefreien Gebiet Neunaigener Forst und der Landkreisgrenze gelegene Gebietsteil der früheren Gemeinde Neunaigen und die im gemeindefreien Gebiet Neunaigener Forst gelegenen Exklaven der früheren Gemeinde Neunaigen,

das gemeindefreie Gebiet Neudorfer Wald,

das gemeindefreie Gebiet Neunaigener Forst;

---

[1]) Stand der Gebietsreform 1. Mai 1978

der Landkreis Cham mit Ausnahme der Gemeinde Rettenbach;

der Landkreis Neustadt a. d. Waldnaab ohne die Gemeinden Eschenbach i. d. Opf., St., Grafenwöhr, St., mit Ausnahme der Gemeindeteile Grub und Hütten der früheren Gemeinde Hütten, Kirchenthumbach, M., Neustadt a. Kulm, St., mit Ausnahme des Gebiets der früheren Gemeinde Mockersdorf, Preißach, Pressath, St., mit Ausnahme der im gemeindefreien Gebiet Hessenreuther Forst gelegenen Exklaven und Gemeindeteile Hessenreuth, Stocklohe und Tyrol der früheren Gemeinde Hessenreuth sowie der Gemeindeteile Friedersreuth, Herzogspitz, Kohlhütte, Mühlberg, Waldmühle und Ziegelhütte der früheren Gemeinde Altenparkstein und des Gemeindeteils Pfaffenreuth der früheren Gemeinde Schwand, Schlammersdorf, Speinshart, Vorbach;

der Landkreis Schwandorf ohne die Gemeinden Burglengenfeld, St., Maxhütte-Haidhof, St., Schwandorf, GKSt., Steinberg, Teublitz, St., Wackersdorf mit Ausnahme des Gemeindeteils Rauberweiherhaus der früheren Gemeinde Sonnenried und des Gemeindeteils Meldau der früheren Gemeinde Altenschwand und ohne das Gebiet der früheren Gemeinde Wulkersdorf der Gemeinde Nittenau sowie ohne den aus der Gemeinde Ebermannsdorf (Lkr. Amberg-Sulzbach) ausgegliederten und in die Gemeinde Fensterbach eingegliederten Gemeindeteil Freihöls, ferner ohne die aus dem früheren gemeindefreien Gebiet „Kreither Forst" und aus der Gemeinde Ebermannsdorf (Lkr. Amberg-Sulzbach) in den Markt Schwarzenfeld eingegliederten Gebietsteile;

der Landkreis Tirschenreuth vollständig.

Im Regierungsbezirk Oberfranken

die kreisfreien Städte Bamberg, Bayreuth, Coburg und Hof;

der Landkreis Bamberg ohne die Gemeinden Heiligenstadt i. OFr., M., mit Ausnahme der Gebiete der früheren Gemeinden Herzogenreuth, Kalteneggolsfeld, Lindach, Oberngrub, Teuchatz und Tiefenpölz, Königsfeld, Pommersfelden, Schlüsselfeld, St., mit Ausnahme der Gebiete der früheren Gemeinde Aschbach, Ekkersbach, Reichsmannsdorf, Untermelsendorf und Ziegelsambach;

der Landkreis Bayreuth ohne die Gemeinden Ahorntal, Aufseß, Betzenstein, St., Creußen, St., mit Ausnahme der Gemeindeteile Eimersmühle, Neuenreuth und Ottmannsreuth der früheren Gemeinde Wolfsbach, Hollfeld, St., Pegnitz, St., Plankenfels, Plech, M., Pottenstein, St., Prebitz, Schnabelwaid, M., Waischenfeld, St., und ohne den Gemeindeteil Frankenberg der Gemeinde Speichersdorf sowie ohne das Gebiet der früheren Gemeinde Wohnsgehaig der Gemeinde Mistelgau;

der Landkreis Coburg vollständig;

vom Landkreis Forchheim das Gebiet der früheren Gemeinde Unterstürmig des Marktes Eggolsheim sowie das Gebiet der früheren Gemeinde Trailsdorf der Gemeinde Hallerndorf;

die Landkreise Hof und Kronach vollständig;

der Landkreis Kulmbach mit Ausnahme des Marktes Wonsees; vom Markt Wonsees liegen jedoch die Gebiete der früheren Gemeinden Sanspareil und Schirradorf im Zonenrandgebiet;

die Landkreise Lichtenfels und Wunsiedel i. Fichtelgebirge vollständig.

Im Regierungsbezirk Unterfranken

die kreisfreie Stadt Schweinfurt;

der Landkreis Bad Kissingen ohne die Gemeinden Aura a. d. Saale, Elfershausen, M., Euerdorf, M., Fuchsstadt, Hammelburg, St., Oberthulba, M., mit Ausnahme der Gebiete der früheren Gemeinden Hassenbach und Schlimpfhof, Ramsthal, Sulzthal, M., Wartmannsroth mit Ausnahme des Gebiets der früheren Gemeinde Heiligkreuz;

der Landkreis Haßberge ohne das Gebiet der früheren Gemeinde Wohnau der Gemeinde Knetzgau und ohne die Gebiete der früheren Gemeinden Geusfeld und Wustviel der Gemeinde Rauenebrach;

vom Landkreis Kitzingen das Gebiet der früheren Gemeinde Ilmenau des Marktes Geiselwind;

der Landkreis Rhön-Grabfeld vollständig;

der Landkreis Schweinfurt ohne die Gemeinden Dingolshausen, Donnersdorf, Frankenwinheim, Gerolzhofen, St., Kolitzheim, Lülsfeld, Michelau i. Steigerwald, Oberschwarzach, M., Sulzheim, Wasserlosen mit Ausnahme des Gebiets der früheren Gemeinde Brebersdorf,

und ohne das Gebiet der früheren Gemeinde Mühlhausen der Gemeinde Werneck.

Die Abkürzungen nach den Namen haben folgende Bedeutung:

GKSt. = Große Kreisstadt

St. = Stadt

M. = Markt

Anhang 38

Urteile und Schreiben

Verzeichnis der zitierten Urteile und Schreiben

Datum	Verfasser	Fundstelle	ESt/HA 95	Stichwort
11.12.1929	RFH	RStBl 1930 S. 214	R 212 (1)	
05.01.1938	RFH	RStBl 1938 S. 429	H 136	(Abgrenzung selbständige Arbeit/Gewerbebetrieb)
05.01.1938	RFH	RStBl 1938 S. 429	H 136	(Abgrenzung selbständige Arbeit/Gewerbebetrieb)
23.02.1938	RFH	RStBl 1938 S. 406	H 204	(Volkswirtschaftliche Gründe, Fußnote)
25.03.1938	RFH	RStBl 1938 S. 733	H 136	(Abgrenzung selbständige Arbeit/Gewerbebetrieb)
01.06.1938	RFH	RStBl 1938 S. 842	H 136	(Abgrenzung selbständige Arbeit/Gewerbebetrieb)
14.09.1938	RFH	RStBl 1939 S. 87	H 139 (2)	(Eröffnung eines neuen Betriebs)
14.09.1938	RFH	RStBl 1938 S. 1141	R 134 (4)	Fn.
07.12.1938	RFH	RStBl 1939 S. 215	H 136	(Abgrenzung selbständige Arbeit/Gewerbebetrieb)
22.02.1939	RFH	RStBl 1939 S. 576	H 136	(Abgrenzung selbständige Arbeit/Gewerbebetrieb)
08.03.1939	RFH	RStBl 1939 S. 577	H 136	(Rechts- und wirtschaftsberatende Berufe)
15.03.1939	RFH	RStBl 1939 S. 853	H 136	(Heilberufe)
23.08.1939	RFH	RStBl 1939 S. 1056	H 204	(Volkswirtschaftliche Gründe)
23.08.1939	RFH	RStBl 1939 S. 1056	H 204	(Volkswirtschaftliche Gründe, Fußnote)
23.08.1939	RFH	RStBl 1939 S. 1056	H 206	(Höhere Gewalt)
30.08.1939	RFH	RStBl 1940 S. 14	H 136	(Abgrenzung selbständige Arbeit/Gewerbebetrieb)
02.11.1940	RFH	RStBl 1941 S. 45	H 164a	(Abgrenzung Pacht-/Kaufvertrag)
15.07.1942	RFH	RStBl 1942 S. 989	H 136	(Abgrenzung selbständige Arbeit/Gewerbebetrieb)
17.11.1943	RFH	RStBl 1944 S. 50	H 212	(Entstehen von Einkünften aus Forstwirtschaft)
26.03.1947	OFH	MinBlFin 1949 S. 323	H 153	(Zusammenhang mit Kapitaleinnahmen)
31.01.1949	OFH	FMBl 1949 S. 129	R 134b (1)	Fn.
04.07.1950	BFH	BStBl III 1951 S. 237	H 169	(Anschaffung)
01.12.1950	BFH	BStBl III 1951 S. 10	R 36 (1)	
02.02.1951	BFH	BStBl III 1951 S. 65	R 135 (1)	
23.02.1951	BFH	BStBl III 1951 S. 75	R 29 (5)	
16.03.1951	BFH	BStBl III 1951 S. 97	H 136	(Abgrenzung selbständige Arbeit/Gewerbebetrieb)
22.08.1951	BFH	BStBl III 1951 S. 181	R 138a (1)	
12.09.1951	BFH	BStBl III 1951 S. 197	H 136	(Rechts- und wirtschaftsberatende Berufe)
16.01.1952	BFH	BStBl III 1952 S. 79	R 134 (2)	
24.01.1952	BFH	BStBl III 1952 S. 48	H 87	(Beihilfe zu Studienkosten)
29.01.1952	BFH	BStBl III 1952 S. 57	R 15 (3)	
29.01.1952	BFH	BStBl III 1952 S. 99	H 28	(Handelsregister)
28.08.1952	BFH	BStBl III 1952 S. 265	H 153	(Zusammenhang mit Kapitaleinnahmen)
20.11.1952	BFH	BStBl III 1953 S. 36	H 88	(Abzugsberechtigte Person)
21.11.1952	BFH	BStBl III 1953 S. 12	H 125	(Entnahmen)
10.04.1953	BFH	BStBl III 1953 S. 157	H 123	(Unterhaltsleistungen)
19.11.1953	BFH	BStBl III 1954 S. 18	H 40	(ABC: Beispiele für selbständig nutzungsfähige Wirtschaftsgüter)
14.01.1954	BFH	BStBl III 1954 S. 86	H 194	(Berufskrankheit)
25.03.1954	BFH	BStBl III 1954 S. 195	R 29 (2)	
08.04.1954	BFH	BStBl III 1954 S. 188	H 186	(Sittliche Pflicht)
08.04.1954	BFH	BStBl III 1954 S. 174	H 117	(Medizinisch-technische Hilfsmittel und Geräte) - Hörapparat
09.09.1954	BFH	BStBl III 1954 S. 317	R 138a (1)	
02.12.1954	BFH	BStBl III 1955 S. 43	H 186	(Verausgabung)
15.02.1955	BFH	BStBl III 1955 S. 172	R 31c (12)	
01.03.1955	BFH	BStBl III 1955 S. 144	R 36 (5)	
03.03.1955	BFH	BStBl III 1955 S. 222	R 36 (5)	
17.03.1955	BFH	BStBl III 1955 S. 141	H 42	(Betriebsvorrichtungen) Schaukästen
27.04.1955	BFH	BStBl III 1955 S. 223	H 135	(Grabpflege, Gartenanlagen)
16.08.1955	BFH	BStBl III 1955 S. 295	H 136	(Abgrenzung selbständige Arbeit/Gewerbebetrieb)
13.09.1955	BFH	BStBl III 1955 S. 325	H 136	(Abgrenzung selbständige Arbeit/Gewerbebetrieb)
17.11.1955	BFH	BStBl III 1956 S. 281	H 167	(Vertraglich vereinbarte Leistungen)

Anhang 38
Urteile und Schreiben

Datum	Verfasser	Fundstelle	ESt/HA 95	Stichwort
14.02.1956	BFH	BStBl III 1956 S. 103	H 28	(Handelsregister)
07.03.1956	BFH	BStBl III 1956 S. 248	R 31c (11)	
07.03.1956	BFH	BStBl III 1956 S. 250	R 15 (1)	
24.05.1956	BFH	BStBl III 1956 S. 205	R 147 (1)	
29.05.1956	BFH	BStBl III 1956 S. 246	H 126	(Familiengesellschaften/Gesellschaften bürgerlichen Rechts zwischen Eltern und Kindern)
17.07.1956	BFH	BStBl III 1956 S. 379	H 36	(Bewertung von stark im Preis schwankenden Waren) Text
25.07.1956	BFH	BStBl III 1956 S. 255	H 136	(Abgrenzung selbständige Arbeit/Gewerbebetrieb)
23.08.1956	BFH	BStBl III 1956 S. 302	H 92	(Vertragseintritt)
24.08.1956	BFH	BStBl III 1956 S. 310	H 174	(Allgemeines)
04.09.1956	BFH	BStBl III 1956 S. 332	R 35 (7)	
05.10.1956	BFH	BStBl III 1956 S. 376	H 40	(ABC: Beispiele für nicht selbständig nutzungsfähige Wirtschaftsgüter)
30.10.1956	BFH	BStBl III 1957 S. 7	H 40	(ABC: Beispiele für nicht selbständig nutzungsfähige Wirtschaftsgüter) - Zähler eines Versorgungsunternehmens
12.12.1956	BFH	BStBl III 1957 S. 51	H 169	(Identisches Wirtschaftsgut)
14.12.1956	BAG	BStBl I 1959 S. 258	R 41 (3)	
24.01.1957	BFH	BStBl III 1957 S. 106	H 136	(Abgrenzung selbständige Arbeit/Gewerbebetrieb)
25.01.1957	BFH	BStBl III 1957 S. 75	H 153	(Anschaffungs- und Veräußerungskosten)
01.02.1957	BFH	BStBl III 1957 S. 103	H 88	(Versicherungsbeiträge)
03.05.1957	BFH	BStBl III 1957 S. 227	H 212c	(Nachholung eines Antrags)
16.05.1957	BFH	BStBl III 1957 S. 342	H 34	(Verlorene Zuschüsse)
21.06.1957	BFH	BStBl III 1957 S. 300	H 174	(Allgemeines)
24.06.1957	BFH	BStBl III 1957 S. 400	H 154	(Freianteile)
03.09.1957	BFH	BStBl III 1957 S. 386	H 35 (5)	Mehrentschädigung
10.09.1957	BFH	BStBl III 1957 S. 414	R 139 (2)	
17.09.1957	BFH	BStBl III 1957 S. 401	H 154	(Freianteile)
14.11.1957	BFH	BStBl III 1958 S. 3	H 136	(Abgrenzung selbständige Arbeit/Gewerbebetrieb)
16.12.1957	BFH	BStBl III 1958 S. 568	H 40	(ABC: Beispiele für nicht selbständig nutzungsfähige Wirtschaftsgüter)
12.01.1958	BFH	BStBl III 1958 S. 186	R 41 (17)	
28.02.1958	BFH	BStBl III 1958 S. 169	H 200	(Nachzahlung von Versorgungsbezügen)
28.02.1958	BFH	BStBl III 1958 S. 169	H 200	(Versorgungsbezüge)
14.03.1958	BFH	BStBl III 1958 S. 255	H 146	(Prüfungstätigkeit)
18.03.1958	BFH	BStBl III 1958 S. 262	R 13 (12)	
28.03.1958	BFH	BStBl III 1958 S. 266 S. 267	H 86a	(Zukunftssicherungsleistungen)
02.04.1958	BFH	BStBl III 1958 S. 293	H 146	(Prüfungstätigkeit)
23.04.1958	BFH	BStBl III 1958 S. 277	H 167	(Kapitalabfindung)
23.04.1958	BFH	BStBl III 1958 S. 277	H 87	(Ablösung) - einer Versorgungsrente - einer dauernden Last
14.05.1958	BFH	BStBl III 1958 S. 316	H 136	(Schriftstellerische Tätigkeit)
25.07.1958	BFH	BStBl II 1958 S. 368	H 92	(Bausparbeiträge)
05.08.1958	BFH	BStBl III 1958 S. 392	R 33 (5)	
05.08.1958	BFH	BStBl III 1958 S. 392	R 33 (6)	
08.08.1958	BFH	BStBl III 1958 S. 378	H 189	(Lebensverhältnisse des Steuerpflichtigen)
14.08.1958	BFH	BStBl III 1958 S. 400	H 42	(Betriebsvorrichtungen)
07.10.1958	BFH	BStBl III 1959 S. 5	H 164a	(Abgrenzung Pacht-/Kaufvertrag)
16.12.1958	BFH	BStBl III 1959 S. 30	H 140	(Einbringung von Anteilen an Kapitalgesellschaften)
16.12.1958	BFH	BStBl III 1959 S. 30	R 140 (3)	
16.12.1958	BFH	BStBl III 1959 S. 30	R 41c (5)	
27.01.1959	BFH	BStBl III 1960 S. 65	R 165 (2)	Fn.
18.02.1959	BFH	BStBl III 1959 S. 263	H 174a	(Ehelicher Güterstand)
03.04.1959	BFH	BStBl III 1959 S. 220	H 85	(Einnahmen aus derselben Einkunftsart)

Anhang 38

Urteile und Schreiben

Datum	Verfasser	Fundstelle	ESt/HA 95	Stichwort
13.05.1959	BFH	BStBl III 1959 S. 294	H 164a	(Abgrenzung Pacht-/Kaufvertrag)
07.08.1959	BFH	BStBl III 1959 S. 463	H 167	(Allgemeines)
07.08.1959	BFH	BStBl III 1959 S. 463	H 167	(Leibrente, abgekürzt)
07.08.1959	BFH	BStBl III 1959 S. 462	H 6 Nr. 1	(Unfallversicherung)
07.08.1959	BFH	BStBl III 1959 S. 463	H 87	(Rente)
21.08.1959	BFH	BStBl III 1959 S. 448	H 92	(Vertragseintritt)
21.08.1959	BFH	BStBl III 1959 S. 448	H 94	(Abtretung der Ansprüche aus einem Bausparvertrag)
22.09.1959	BFH	BStBl III 1961 S. 1	H 35 (5)	Vorherige Anschaffung
24.09.1959	BFH	BStBl III 1959 S. 466	R 14 (5)	
24.09.1959	BFH	BStBl III 1959 S. 466	R 18 (1)	
17.12.1959	BFH	BStBl III 1960 S. 72	H 199	(Außerordentliche Einkünfte im Sinne des § 34 Abs. 1 EStG)
01.04.1960	BFH	BStBl III 1960 S. 231	H 111	(Leistungsaustausch)
29.04.1960	BFH	BStBl III 1960 S. 268	H 180b	(Dienste im Ausland)
11.07.1960	BFH	BStBl III 1960 S. 453	H 136	(Künstlerische Tätigkeit)
15.07.1960	BFH	BStBl III 1960 S. 484	R 13 (1)	
29.07.1960	BFH	BStBl III 1960 S. 404	H 171	(Rechtsnachfolger)
30.08.1960	BFH	BStBl III 1960 S. 460	R 135 (3)	
14.10.1960	BFH	BStBl III 1960 S. 493	H 157	(Räumlicher und zeitlicher Zusammenhang mit Herstellungsaufwand)
21.10.1960	BFH	BStBl III 1961 S. 45	H 164a	(Einnahmen aus Vermietung und Verpachtung)
22.11.1960	BFH	BStBl III 1961 S. 97	R 13 (9)	
01.12.1960	BFH	BStBl III 1961 S. 154	R 13 (9)	
02.12.1960	BFH	BStBl III 1961 S. 76	H 190	(Allgemeines zum Abzug von Unterhaltsaufwendungen)
24.01.1961	BFH	BStBl III 1961 S. 185	R 20 (1)	
31.01.1961	BFH	BStBl III 1961 S. 158	R 138a (5)	
10.02.1961	BFH	BStBl III 1961 S. 160	R 180 (1)	
10.02.1961	BFH	BStBl III 1961 S. 224	H 92	(Gemeinschaftlicher Bausparvertrag)
16.02.1961	BFH	BStBl III 1961 S. 210	H 136	(Gemischte Tätigkeit)
17.02.1961	BFH	BStBl III 1961 S. 230	H 115	(Verlustabzug) - Nachlaßkurs
28.02.1961	BFH	BStBl III 1961 S. 383	H 40	(ABC: Beispiele für nicht selbständig nutzungsfähige Wirtschaftsgüter) - Maschinenwerkzeuge und -verschleißteile
02.03.1961	BFH	BStBl III 1961 S. 458	H 157	(Anschaffungsnaher Aufwand)
11.04.1961	BFH	BStBl III 1961 S. 276	H 206	(Kalamitätsfolgehiebe)
27.04.1961	BFH	BStBl III 1961 S. 315	H 136	(Abgrenzung selbständige Arbeit/Gewerbebetrieb)
03.05.1961	BFH	BStBl III 1961 S. 296	H 213m	(Aufrechnung)
05.05.1961	BFH	BStBl III 1961 S. 385	H 169	(Anschaffung)
05.05.1961	BFH	BStBl III 1961 S. 385	H 169	(Spekulationsfrist)
14.07.1961	BFH	BStBl III 1961 S. 435	H 92	(Bausparvertrag)
27.07.1961	BFH	BStBl III 1961 S. 514	R 139 (6)	
10.08.1961	BFH	BStBl III 1961 S. 534	R 20 (3)	
29.08.1961	BFH	BStBl III 1961 S. 505	H 136	(Abgrenzung selbständige Arbeit/Gewerbebetrieb)
08.09.1961	BFH	BStBl III 1962 S. 31	H 188	(Bestattungskosten)
08.09.1961	BFH	BStBl III 1961 S. 535	H 123	(Gesetzlich unterhaltsberechtigt)
15.09.1961	BFH	BStBl III 1961 S. 547	H 153	(Anschaffungs- und Veräußerungskosten)
03.10.1961	BFH	BStBl III 1961 S. 565	R 17 (2)	
03.10.1961	BFH	BStBl III 1961 S. 567	R 134 (3)	
06.10.1961	BFH	BStBl III 1961 S. 549	H 192	(Angehörige)
06.10.1961	BFH	BStBl III 1961 S. 549	H 192	(Haushaltszugehörigkeit)
23.11.1961	BFH	BStBl III 1962 S. 199	R 16 (7)	
23.11.1961	BFH	BStBl III 1962 S. 199	R 17 (1)	
07.12.1961	BFH	BStBl III 1962 S. 149	R 134 (2)	
19.12.1961	BFH	BStBl III 1962 S. 64	R 20 (3)	

Anhang 38
Urteile und Schreiben

Datum	Verfasser	Fundstelle	ESt/HA 95	Stichwort
01.02.1962	BFH	BStBl III 1962 S. 272	H 44	(AfaA)
13.02.1962	BFH	BStBl III 1963 S. 84	R 138a (1)	
27.03.1962	BFH	BStBl III 1962 S. 273	R 15 (1)	
05.06.1962	BFH	BStBl III 1962 S. 416	R 41 (26)	
20.06.1962	BFH	BStBl III 1962 S. 385	H 136	(Abgrenzung selbständige Arbeit/Gewerbebetrieb)
22.06.1962	BFH	BStBl III 1962 S. 386	H 115	(Verlustabzug) - im Erbfall
29.06.1962	BFH	BStBl III 1962 S. 387	H 169	(Spekulationsabsicht)
24.08.1962	BFH	BStBl III 1962 S. 467	H 103	(Weiterbildung in einem nicht ausgeübten Beruf)
19.12.1962	BFH	BStBl III 1963 S. 357	H 212	(Anschaffungs- und Herstellungskosten)
17.01.1963	BFH	BStBl III 1963 S. 228	R 17 (2)	
24.01.1963	BFH	BStBl III 1963 S. 142	R 25(2)	
25.01.1963	BFH	BStBl III 1963 S. 141	H 101	(Willkürliche Zahlungen)
22.02.1963	Gl. Erl.	BStBl II 1963 S. 47	H 41 (26)	Vereinfachungsregelung bei der Aktivierung des Rückdeckungsanspruchs
29.05.1963	BFH	BStBl III 1963 S. 379	H 217	(Anwendung der §§ 34, 34b, 34c, 34f und 35 EStG)
10.06.1963	Gl. Erl.	BStBl II 1963 S. 89	H 29	(Belegablage)
25.07.1963	BFH	BStBl III 1964 S. 3	R 138a (5)	
27.09.1963	BFH	BStBl III 1963 S. 537	H 135	(Grabpflege, Gartenanlagen)
10.10.1963	BFH	BStBl III 1963 S. 584	H 165	(Wiederkehrende Bezüge)
10.10.1963	BFH	BStBl III 1963 S. 592	H 167	(Bezüge aus einer ehemaligen Tätigkeit)
10.10.1963	BFH	BStBl III 1963 S. 592	H 167	(Leibrente)
10.10.1963	BFH	BStBl III 1963 S. 592	H 167	(Vertraglich vereinbarte Leistungen)
10.10.1963	BFH	BStBl III 1963 S. 592	H 171	(Nachträgliche Einnahmen sind:)
10.10.1963	BFH	BStBl III 1963 S. 119	H 206	(Rotfäule)
10.10.1963	BFH	BStBl III 1963 S. 563	H 87	(Rente)
11.10.1963	BFH	BStBl III 1963 S. 594	H 167	(Vertraglich vereinbarte Leistungen)
24.10.1963	BFH	BStBl III 1963 S. 589	H 136	(Abgrenzung selbständige Arbeit/Gewerbebetrieb)
25.10.1963	BFH	BStBl III 1963 S. 595	H 136	(Gemischte Tätigkeit)
25.10.1963	BFH	BStBl III 1964 S. 122	R 6	
13.11.1963	BFH	BStBl III 1964 S. 124	H 137	(Beginn der Verpachtung)
13.11.1963	BFH	BStBl III 1964 S. 124	H 222	(Beschränkt steuerpflichtige inländische Einkünfte aus Gewerbebetrieb bei Verpachtung)
14.11.1963	BFH	BStBl III 1964 S. 139	R 134a	
05.12.1963	BFH	BStBl III 1964 S. 299	H 33	(Baumaterial aus Enttrümmerung)
13.12.1963	BFH	BStBl III 1964 S. 99	R 134c (2)	
13.12.1963	BFH	BStBl III 1964 S. 156	R 138a (7)	
22.01.1964	BFH	BStBl III 1964 S. 207	H 136	(Abgrenzung selbständige Arbeit/Gewerbebetrieb)
23.01.1964	BFH	BStBl III 1964 S. 239	R 139 (11)	
31.01.1964	BFH	BStBl III 1964 S. 300	R 180 (1)	
20.02.1964	BFH	BStBl II 1964 S. 329	H 116	(Arzthonorar)
28.02.1964	BFH	BStBl III 1964 S. 270	H 187	(Pflege Dritter)
28.02.1964	BFH	BStBl III 1964 S. 453	H 118	(Unfallkosten)
12.03.1964	BFH	BStBl III 1964 S. 364	R 137 (2)	
13.03.1964	BFH	BStBl III 1964 S. 455	R 13 (1)	
13.03.1964	BFH	BStBl III 1964 S. 455	R 16 (6)	
13.03.1964	BFH	BStBl III 1964 S. 455	R 40 (2)	
18.03.1964	BFH	BStBl III 1964 S. 367	R 137 (2)	
08.04.1964	BFH	BStBl III 1964 S. 431	H 103	(Führerschein)
24.04.1964	BFH	BStBl III 1964 S. 363	H 187	(Pflege Dritter)
27.05.1964	BFH	BStBl III 1964 S. 475	H 167	(Leibrente)
09.06.1964	BFH	BStBl III 1965 S. 48	R 15 (1)	
30.06.1964	BFH	BStBl III 1964 S. 630	H 136	(Unterrichtende und erzieherische Tätigkeit)
03.07.1964	BFH	BStBl III 1965 S. 83	R 38 (3)	
08.07.1964	BFH	BStBl III 1964 S. 561	R 32a (2)	

Anhang 38
Urteile und Schreiben

Datum	Verfasser	Fundstelle	ESt/HA 95	Stichwort
15.07.1964	BFH	BStBl III 1964 S. 551	H 212g	(Ausländische Einkünfte aus Gewerbebetrieb, die durch eine in einem ausländischen Staat belegene Betriebsstätte erzielt worden sind)
16.07.1964	BFH	BStBl III 1964 S. 622	H 171	(Nachträgliche Einnahmen sind:)
13.08.1964	BFH	BStBl III 1964 S. 502	R 13 (1)	
20.08.1964	BFH	BStBl III 1964 S. 504	R 35 (2)	
16.09.1964	BFH	BStBl III 1964 S. 654	H 29	(Belegablage)
28.10.1964	BFH	BStBl III 1965 S. 88	R 139 (3)	
06.11.1964	BFH	BStBl III 1965 S. 147	H 135	(Grabpflege, Gartenanlagen)
06.11.1964	BFH	BStBl III 1965 S. 52	H 138a	(Familienpersonengesellschaft)
12.11.1964	BFH	BStBl III 1965 S. 90	H 136	(Gemischte Tätigkeit)
12.11.1964	BFH	BStBl III 1965 S. 90	H 136	(Gemischte Tätigkeit)
12.11.1964	BFH	BStBl III 1965 S. 90	H 136	(Heilberufe)
17.11.1964	BFH	BStBl III 1965 S. 260	R 138a (1)	
26.11.1964	BFH	BStBl III 1965 S. 90	R 135 (3)	
27.11.1964	BFH	BStBl III 1965 S. 214	H 92	(Land- und Forstwirte)
27.11.1964	BFH	BStBl III 1965 S. 214	H 94	(Unschädliche Mittelverwendung)
03.12.1964	BFH	BStBl III 1965 S. 92	R 13 (12)	
10.12.1964	BFH	BStBl III 1965 S. 377	R 13 (9)	
06.01.1965	GlE	BStBl II 1965 S. 4	H 137	(Beginn der Verpachtung)
06.01.1965	GlE	BStBl II 1965 S. 4	R 139 (2)	
15.01.1965	BFH	BStBl III 1965 S. 226	H 33	(Hausanschlußkosten)
22.01.1965	BFH	BStBl III 1965 S. 313	H 168a	(Leistungen im Sinne des § 22 Nr. 3 EStG sind)
11.02.1965	BFH	BStBl III 1965 S. 407	H 187	(Pflege Dritter)
19.02.1965	BFH	BStBl III 1965 S. 284	H 187	(Pflege Dritter)
24.02.1965	BFH	BStBl III 1965 S. 263	H 136	(Abgrenzung selbständige Arbeit/Gewerbebetrieb)
11.03.1965	BFH	BStBl III 1965 S. 286	R 25 (4)	
18.03.1965	BFH	BStBl III 1965 S. 320	H 92	(Land- und Forstwirte)
26.03.1965	BFH	BStBl III 1965 S. 358	H 194	(Berufskrankheit)
29.03.1965	BFH	BStBl III 1965 S. 291	R 13 (3)	
06.04.1965	BFH	BStBl III 1965 S. 383	R 31c (13)	
09.04.1965	BFH	BStBl III 1965 S. 361	H 168a	(Leistungen im Sinne des § 22 Nr. 3 EStG sind)
23.04.1965	BFH	BStBl III 1965 S. 477	H 169	(Anschaffung)
23.04.1965	BFH	BStBl III 1965 S. 477	H 169	(Veräußerung)
23.04.1965	BFH	BStBl III 1965 S. 382	H 40	(ABC: Beispiele für selbständig nutzungsfähige Wirtschaftsgüter) - Gemälde
04.05.1965	BFH	BStBl III 1965 S. 511	H 95	(Erfolglose Anträge)
09.06.1965	BFH	BStBl III 1965 S. 590	H 184a	(Splitting-Verfahren im Fall der Auflösung der Ehe)
15.06.1965	BFH	BStBl III 1965 S. 556	H 136	(Abgrenzung selbständige Arbeit/Gewerbebetrieb)
22.06.1965	BFH	BStBl III 1965 S. 593	H 136	(Abgrenzung selbständige Arbeit/Gewerbebetrieb)
29.07.1965	BFH	BStBl III 1965 S. 648	R 36 (2)	
20.08.1965	BFH	BStBl III 1965 S. 706	H 167	(Vertraglich vereinbarte Leistungen)
07.10.1965	BFH	BStBl III 1965 S. 666	H 149	(Patentveräußerung gegen Leibrente)
09.10.1965	BFH	BStBl III 1965 S. 708	R 13 (11)	
15.10.1965	BFH	BStBl III 1966 S. 12	H 33	(Grünanlagen)
19.10.1965	BFH	BStBl III 1965 S. 692	H 136	(Abgrenzung selbständige Arbeit/Gewerbebetrieb)
04.11.1965	BFH	BStBl III 1966 S. 49	H 139 (8)	(Grundstücke)
04.11.1965	BFH	BStBl III 1966 S. 49	R 139 (5)	
25.11.1965	BFH	BStBl III 1966 S. 86	H 40	(ABC: Beispiele für selbständig nutzungsfähige Wirtschaftsgüter)
29.11.1965	BFH	BStBl III 1966 S. 142	R 15 (1)	
09.12.1965	BFH	BStBl III 1966 S. 191	H 33	(Ansiedlungsbeitrag)
16.12.1965	BFH	BStBl III 1966 S. 193	R 135 (3)	
17.12.1965	Gl. Erl.	BStBl II 1966 S. 29	H 131	(Verpachtung land- und forstwirtschaftlicher Betriebe) - Abdruck

Anhang 38
Urteile und Schreiben

Datum	Verfasser	Fundstelle	ESt/HA 95	Stichwort
09.01.1966	BMF	BStBl I 1966 S. 7	H 26	(Arbeitnehmer-Ehegatten)
13.01.1966	BFH	BStBl III 1966 S. 168	H 139 (3)	(Schiffe)
13.01.1966	BFH	BStBl III 1966 S. 189	R 20 (3)	
15.02.1966	BFH	BStBl III 1966 S. 468	R 33 (8)	
18.02.1966	BFH	BStBl III 1966 S. 496	R 29 (2)	
18.02.1966	BFH	BStBl III 1966 S. 496	R 29 (4)	
02.03.1966	BFH	BStBl III 1966 S. 364	H 164a	(Abgrenzung Pacht-/Kaufvertrag)
08.03.1966	BFH	BStBl III 1966 S. 324	H 157	(Herstellungsaufwand nach Fertigstellung)
17.03.1966	BFH	BStBl III 1966 S. 350	H 13 (1)	Wertpapiere
25.03.1966	BFH	BStBl II 1966 S. 487	H 29	(Inventurunterlagen) Text
28.03.1966	BFH	BStBl III 1966 S. 454	H 42a	(Bauantrag)
19.04.1966	BFH	BStBl III 1966 S. 459	H 139 (2)	(Handelsvertreter)
22.04.1966	BFH	BStBl III 1966 S. 395	H 161	(Einnahmen)
29.04.1966	BFH	BStBl III 1966 S. 421	R 26 (4)	
12.05.1966	BFH	BStBl III 1966 S. 371	R 29 (3)	
12.05.1966	BFH	BStBl III 1966 S. 371	R 29 (7)	
13.05.1966	BFH	BStBl III 1966 S. 489	H 136	(Gemischte Tätigkeit)
13.05.1966	BFH	BStBl III 1966 S. 489	H 136	(Gemischte Tätigkeit)
13.05.1966	BFH	BStBl III 1966 S. 489	H 136	(Sonstige selbständige Arbeit)
30.06.1966	BFH	BStBl III 1966 S. 541	H 157	(Kosten für die gärtnerische Gestaltung)
30.06.1966	BFH	BStBl III 1966 S. 541	H 33	(Einfriedungen und Außenanlagen)
30.06.1966	BFH	BStBl III 1966 S. 541	H 42	(Unbewegliche Wirtschaftsgüter, die keine Gebäude oder Gebäudeteile sind)
14.07.1966	BFH	BStBl III 1967 S. 20	R 233a (2)	
29.07.1966	BFH	BStBl III 1966 S. 544	H 197	(Betragsgrenze)
29.07.1966	BFH	BStBl III 1967 S. 61	H 40	(ABC: Beispiele für selbständig nutzungsfähige Wirtschaftsgüter)
03.08.1966	BFH	BStBl III 1967 S. 47	H 139 (3)	(Brauerei)
11.08.1966	BFH	BStBl III 1966 S. 601	R 137 (5)	
12.08.1966	BFH	BStBl III 1967 S. 364	H 188	(Trauerkleidung)
30.08.1966	BFH	BStBl III 1967 S. 69	H 168a	(Leistungen im Sinne des § 22 Nr. 3 EStG sind)
30.08.1966	BFH	BStBl III 1966 S. 545	H 200	(Außerordentliche Einkünfte im Sinne des § 34 Abs. 3 EStG)
16.09.1966	BFH	BStBl III 1967 S. 70	H 197	(Veräußerungsgewinne)
16.09.1966	BFH	BStBl III 1967 S. 2	H 200	(Außerordentliche Einkünfte im Sinne des § 34 Abs. 3 EStG)
16.09.1966	BFH	BStBl III 1967 S. 70	R 139 (2)	
16.09.1966	BFH	BStBl III 1967 S. 70	R 139 (2)	
16.09.1966	BFH	BStBl III 1967 S. 70	R 139 (3)	
23.09.1966	BFH	BStBl III 1967 S. 73	H 169	(Veräußerung)
23.09.1966	BFH	BStBl III 1967 S. 23	R 29 (2)	
23.09.1966	BFH	BStBl III 1967 S. 23	H 29	(Belegablage)
04.10.1966	BFH	BStBl III 1966 S. 685	H 136	(Abgrenzung selbständige Arbeit/Gewerbebetrieb)
04.10.1966	BFH	BStBl III 1966 S. 685	H 136	(Mithilfe anderer Personen)
05.10.1966	BFH	BStBl III 1967 S. 84	R 174 (1)	
05.10.1966	BFH	BStBl III 1967 S. 110	R 174 (1)	
06.10.1966	BFH	BStBl III 1966 S. 678	H 135	(Grabpflege, Gartenanlagen)
09.11.1966	BFH	BStBl III 1967 S. 111	H 25	(Zustimmungsbedürftige Umstellung des Wirtschaftsjahrs)
11.11.1966	BFH	BStBl III 1967 S. 113	R 30 (2)	
11.11.1966	BFH	BStBl III 1967 S. 116	H 111	(Ausland)
25.11.1966	BFH	BStBl III 1967 S. 226	H 164a	(Abgrenzung Pacht-/Kaufvertrag)
25.11.1966	BFH	BStBl III 1967 S. 178	H 167	(Leibrente)
30.11.1966	BFH	BStBl III 1967 S. 457	H 194	(Krankheitskosten)
02.12.1966	BFH	BStBl III 1967 S. 243	H 167	(Leibrente)
02.12.1966	BFH	BStBl III 1967 S. 179	H 167	(Wertsicherungsklausel)

Anhang 38
Urteile und Schreiben

Datum	Verfasser	Fundstelle	EStG/HA 95	Stichwort
14.12.1966	BFH	BStBl III 1967 S. 247	H 31	(Fehlende Bestandsaufnahme)
14.12.1966	BFH	BStBl III 1967 S. 247	H 40	(ABC: Beispiele für nicht selbständig nutzungsfähige Wirtschaftsgüter)
19.01.1967	BFH	BStBl III 1967 S. 288	R 16 (1)	
09.02.1967	BFH	BStBl III 1967 S. 310	R 16 (1)	
19.02.1967	BFH	BStBl III 1967 S. 310	R 149	Fn.
21.02.1967	BFH	BStBl III 1967 S. 386	H 44	(Unterlassene oder überhöhte AfA)
21.02.1967	BFH	BStBl III 1967 S. 460	H 44a	(Unterbliebene AfS)
22.02.1967	BFH	BStBl III 1967 S. 417	H 33	(Erschließungsbeitrag des Erbbauberechtigten)
09.03.1967	BFH	BStBl III 1967 S. 283	H 40	(ABC: Beispiele für nicht selbständig nutzungsfähige Wirtschaftsgüter)
09.03.1967	BFH	BStBl III 1967 S. 238	H 83	(Verbleibensvoraussetzung)
30.03.1967	BFH	BStBl III 1967 S. 302	H 40	(ABC: Beispiele für nicht selbständig nutzungsfähige Wirtschaftsgüter) - Formplatten
12.04.1967	BFH	BStBl III 1967 S. 419	R 139 (3)	
13.04.1967	BFH	BStBl III 1967 S. 398	R 134 (3)	
08.06.1967	BFH	BStBl III 1967 S. 618	H 136	(Abgrenzung selbständige Arbeit/Gewerbebetrieb)
14.06.1967	BFH	BStBl III 1967 S. 574	R 32a (2)	
15.06.1967	GlE	BStBl II 1967 S. 197	H 206	(Rotfäule)
30.06.1967	BFH	BStBl III 1967 S. 655	H 188	(Kur)
05.07.1967	BFH	BStBl III 1967 S. 654	H 224	(Unterschreitung des Mindeststeuersatzes)
21.07.1967	BFH	BStBl III 1967 S. 752	R 13 (8)	
29.07.1967	BFH	BStBl III 1967 S. 151	H 40	(ABC: Beispiele für nicht selbständig nutzungsfähige Wirtschaftsgüter) - Gerüst- und Schaltteile
31.07.1967	BFH	BStBl II 1968 S. 22	R 32a (1)	
03.08.1967	BFH	BStBl III 1967 S. 755	R 16 (7)	
07.08.1967	BFH	BStBl III 1967 S. 778	H 103	(Habilitation)
10.08.1967	BFH	BStBl III 1967 S. 750	H 83	(Verbleibensvoraussetzung)
11.08.1967	BFH	BStBl III 1967 S. 699	H 167	(Wertsicherungsklausel)
17.08.1967	BFH	BStBl II 1968 S. 75	R 139 (11)	
07.09.1967	BFH	BStBl III 1967 S. 777	H 103	(Promotion)
06.10.1967	BFH	BStBl II 1968 S. 90	H 41 (6)	Gewichtung des Widerrufsvorbehalts
30.10.1967	BFH	BStBl II 1968 S. 30	H 164a	(Abgrenzung Pacht-/Kaufvertrag)
23.11.1967	BFH	BStBl II 1968 S. 259	H 188	(Bestattungskosten)
24.11.1967	BFH	BStBl II 1968 S. 178	H 33	(Hausanschlußkosten)
30.11.1967	BFH	BStBl II 1968 S. 263	H 167	(Leibrente)
30.11.1967	BFH	BStBl II 1968 S. 262	H 167	(Wertsicherungsklausel)
30.11.1967	BFH	BStBl II 1968 S. 263	H 123	(Wert der Gegenleistung)
08.12.1967	BFH	BStBl II 1968 S. 149	H 40	(ABC: Beispiele für selbständig nutzungsfähige Wirtschaftsgüter)
08.03.1968	BFH	BStBl II 1968 S. 430	H 83	(Verbleibensvoraussetzung)
22.03.1968	BFH	BStBl II 1968 S. 512	H 92	(Verbesserung des Wohngebäudes)
04.04.1968	BFH	BStBl II 1968 S. 411	H 199	(Zufluß der Entschädigung in zwei aufeinanderfolgenden Kalenderjahren)
09.04.1968	BFH	BStBl II 1968 S. 603	H 21	(Ort des Betriebs)
25.04.1968	BFH	BStBl II 1968 S. 606	H 194	(Allgemeines und Nachweise)
17.05.1968	BFH	BStBl II 1968 S. 566	H 40	(ABC: Beispiele für selbständig nutzungsfähige Wirtschaftsgüter)
17.05.1968	BFH	BStBl II 1968 S. 571	H 40	(ABC: Beispiele für selbständig nutzungsfähige Wirtschaftsgüter)
17.05.1968	BFH	BStBl II 1968 S. 566	H 40	(ABC: Beispiele für selbständig nutzungsfähige Wirtschaftsgüter)
17.05.1968	BFH	BStBl II 1968 S. 567	H 40	(ABC: Beispiele für selbständig nutzungsfähige Wirtschaftsgüter)
17.05.1968	BFH	BStBl II 1968 S. 568	H 40	(ABC: Beispiele für selbständig nutzungsfähige Wirtschaftsgüter)
24.05.1968	BFH	BStBl II 1968 S. 574	R 33 (7)	

Anhang 38
Urteile und Schreiben

Datum	Verfasser	Fundstelle	ESt/HA 95	Stichwort
24.05.1968	BFH	BStBl II 1968 S. 471	H 83	(Neues Wirtschaftsgut) - Nutzung vor Erwerb
28.05.1968	BFH	BStBl II 1968 S. 650	R 17 (1)	
12.06.1968	BFH	BStBl II 1968 S. 653	R 139 (11)	
04.07.1968	BFH	BStBl II 1968 S. 718	H 134	(Selbständigkeit)
04.07.1968	BFH	BStBl II 1968 S. 671	R 138a (3)	
04.07.1968	BFH	BStBl II 1968 S. 671	R 138a (6)	
11.07.1968	BFH	BStBl II 1968 S. 775	R 137 (9)	
25.07.1968	BFH	BStBl II 1968 S. 662	H 136	(Abgrenzung selbständige Arbeit/Gewerbebetrieb)
01.08.1968	BFH	BStBl II 1968 S. 713	H 117	(Gesellschaftliche Veranstaltungen)
02.08.1968	BFH	BStBl II 1968 S. 777	H 180	(Rechtsprechung zur Berufsausbildung)
22.08.1968	BFH	BStBl II 1969 S. 34	H 25	(Zustimmungsbedürftige Umstellung des Wirtschaftsjahrs)
11.09.1968	BFH	BStBl II 1968 S. 820	H 136	(Mithilfe anderer Personen)
26.09.1968	BFH	BStBl II 1969 S. 70	H 136	(Abgrenzung selbständige Arbeit/Gewerbebetrieb)
26.09.1968	BFH	BStBl II 1968 S. 69	R 139 (1)	
26.09.1968	BFH	BStBl II 1969 S. 69	R 139 (3)	
02.10.1968	BFH	BStBl II 1969 S. 138	H 136	(Abgrenzung selbständige Arbeit/Gewerbebetrieb)
04.10.1968	BFH	BStBl II 1969 S. 179	H 188	(Kur)
28.11.1968	BFH	BStBl II 1969 S. 164	H 136	(Abgrenzung selbständige Arbeit/Gewerbebetrieb)
28.11.1968	BFH	BStBl II 1969 S. 164	H 136	(Abgrenzung selbständige Arbeit/Gewerbebetrieb)
29.11.1968	BFH	BStBl II 1969 S. 184	H 161	(Einnahmen)
05.12.1968	BFH	BStBl II 1969 S. 165	H 136	(Mithilfe anderer Personen)
05.12.1968	BFH	BStBl II 1969 S. 196	H 139 (9)	(Handelsvertreter)
05.12.1968	BFH	BStBl II 1969 S. 196	H 170	(Ausgleichszahlungen an Handelsvertreter)
05.12.1968	BFH	BStBl II 1969 S. 260	H 186	(Außergewöhnlich)
16.01.1969	BFH	BStBl II 1969 S. 375	R 32 (3)	
07.02.1969	BFH	BStBl II 1969 S. 337	H 25	(Rumpfwirtschaftsjahr)
27.03.1969	BFH	BStBl II 1969 S. 464	H 139 (3)	(Wohnungsbauunternehmen)
07.05.1969	BFH	BStBl II 1969 S. 464	H 44	(AfaA)
22.05.1969	BFH	BStBl II 1969 S. 489	H 88	(Krankentagegeldversicherung)
09.07.1969	BVerfG	BStBl II 1970 S. 156	H 169	(Spekulationsabsicht)
16.07.1969	BFH	BStBl II 1970 S. 56	H 212g	(Ausländische Einkünfte aus Gewerbebetrieb, die durch eine in einem ausländischen Staat belegene Betriebsstätte erzielt worden sind)
24.07.1969	BFH	BStBl II 1970 S. 86	H 136	(Künstlerische Tätigkeit)
29.08.1969	BFH	BStBl II 1969 S. 705	H 169	(Spekulationsabsicht)
04.09.1969	BFH	BStBl II 1969 S. 729	H 115	(Verlustabzug) - Konkursverfahren
12.09.1969	BFH	BStBl II 1969 S. 706	H 167	(Leibrente)
08.10.1969	BFH	BStBl II 1970 S. 44	R 16 (2)	
08.10.1969	BFH	BStBl II 1970 S. 85	H 25	(Zustimmungsbedürftige Umstellung des Wirtschaftsjahrs)
10.10.1969	BFH	BStBl II 1970 S. 9	R 167 (3)	
06.11.1969	BFH	BStBl II 1970 S. 214	H 136	(Mithilfe anderer Personen)
20.11.1969	BFH	BStBl II 1970 S. 209	H 37	(Konditionen)
05.12.1969	BFH	BStBl II 1970 S. 210	H 186	(Familienheimfahrten)
12.12.1969	BFH	BStBl II 1970 S. 210	H 164a	(Abgrenzung Pacht-/Kaufvertrag)
22.01.1970	BFH	BStBl II 1970 S. 416	R 138a (4)	
20.02.1970	BFH	BStBl II 1970 S. 314	H 88	(Beitragsminderungen)
27.02.1970	BFH	BStBl II 1970 S. 422	H 88	(Beitragsminderungen)
10.03.1970	BFH	BStBl II 1970 S. 453	H 116	(Damnum)
12.03.1970	BFH	BStBl II 1970 S. 518	R 6	
18.03.1970	BFH	BStBl II 1970 S. 455	H 136	(Abgrenzung selbständige Arbeit/Gewerbebetrieb)
15.04.1970	BFH	BStBl II 1970 S. 517	H 136	(Abgrenzung selbständige Arbeit/Gewerbebetrieb)
29.04.1970	BFH	BStBl II 1970 S. 754	H 13 (7) H 14 (2-5)	Wochenendhaus
29.04.1970	BFH	BStBl II 1970 S. 754	H 14	(Wochenendhaus)

Anhang 38

Urteile und Schreiben

Datum	Verfasser	Fundstelle	ESt/HA 95	Stichwort
14.05.1970	BFH	BStBl II 1970 S. 566	H 147	(Veräußerung)
25.05.1970	BFH	BStBl II 1970 S. 660	H 185	(Ausländische Verluste)
25.05.1970	BFH	BStBl II 1970 S. 755	H 185	(Ausländische Verluste)
11.06.1970	BFH	BStBl II 1970 S. 639	H 200	(Außerordentliche Einkünfte im Sinne des § 34 Abs. 3 EStG)
11.06.1970	BFH	BStBl II 1970 S. 639	H 200	(Vergütung für eine mehrjährige Tätigkeit)
25.06.1970	BFH	BStBl II 1970 S. 719	R 139 (9)	
16.07.1970	BFH	BStBl II 1970 S. 738	R 139 (3)	
17.07.1970	BFH	BStBl II 1970 S. 683	H 200	(Arbeitslohn für mehrere Jahre)
17.07.1970	BFH	BStBl II 1970 S. 683	H 200	(Außerordentliche Einkünfte im Sinne des § 34 Abs. 3 EStG)
22.07.1970	BVerfG	BStBl II 1970 S. 652	R 41 (11)	
23.07.1970	BFH	BStBl II 1970 S. 745	R 17 (3)	
07.08.1970	BFH	BStBl II 1970 S. 806	H 169	(Veräußerung)
16.09.1970	BFH	BStBl II 1971 S. 175	H 31a	(Kundenstamm)
24.09.1970	BFH	BStBl II 1971 S. 89	R 140 (2)	
19.10.1970	BFH	BStBl II 1971 S. 17	H 117	(Aufteilungs- und Abzugsverbot)
30.10.1970	BFH	BStBl II 1971 S. 95	H 33	(Waschmaschinen)
05.11.1970	BFH	BStBl II 1971 S. 319	H 136	(Abgrenzung selbständige Arbeit/Gewerbebetrieb)
20.11.1970	BFH	BStBl II 1971 S. 155	H 40	(ABC: Beispiele für nicht selbständig nutzungsfähige Wirtschaftsgüter) - Regalteile
24.11.1970	BFH	BStBl II 1971 S. 157	H 42	(Scheinbestandteile)
25.11.1970	BFH	BStBl II 1971 S. 142	H 43	(Nachträgliche Anschaffungs- oder Herstellungskosten)
25.11.1970	BFH	BStBl II 1971 S. 142	H 44	(Nachträgliche Anschaffungs- oder Herstellungskosten)
26.11.1970	BFH	BStBl II 1971 S. 249	H 136	(Abgrenzung selbständige Arbeit/Gewerbebetrieb)
26.11.1970	BFH	BStBl II 1971 S. 249	H 136	(Abgrenzung selbständige Arbeit/Gewerbebetrieb)
26.11.1970	BFH	BStBl II 1971 S. 249	H 136	(Heilberufe)
02.12.1970	BFH	BStBl II 1971 S. 233	H 136	(Abgrenzung selbständige Arbeit/Gewerbebetrieb)
04.12.1970	BFH	BStBl II 1971 S. 165	H 42	(Scheinbestandteile)
10.12.1970	BFH	BStBl II 1971 S. 199	R 20 (3)	
11.12.1970	BFH	BStBl II 1971 S. 137	H 199	(Außerordentliche Einkünfte im Sinne des § 34 Abs. 1 EStG)
11.12.1970	BFH	BStBl II 1971 S. 198	H 83	(Neues Wirtschaftsgut) - Veralten
21.01.1971	BFH	BStBl II 1971 S. 682	H 43	(Anschaffungskosten)
22.01.1971	BFH	BStBl II 1971 S. 324	H 190	(Allgemeines zum Abzug von Unterhaltsaufwendungen)
29.01.1971	BFH	BStBl II 1971 S. 327	H 117	(Tonbandgerät eines Richters)
08.02.1971	BFH	BStBl II 1971 S. 368	H 117	(Kulturelle Veranstaltungen) - Musiklehrerin
01.04.1971	BFH	BStBl II 1971 S. 526	R 17 (3)	
02.04.1971	BFH	BStBl II 1971 S. 620	R 137 (9)	
19.04.1971	BMF	BStBl I 1971 S. 264	H 13 (1)	Leasing
05.05.1971	BFH	BStBl II 1971 S. 624	H 161	(Einnahmen)
05.05.1971	BFH	BStBl II 1971 S. 624	H 116	(Wechsel)
19.05.1971	BFH	BStBl II 1972 S. 8	R 135 (3)	
26.05.1971	BFH	BStBl II 1971 S. 655	H 87	(Ablösung) - einer dauernden Last
02.06.1971	BFH	BStBl II 1971 S. 673	H 42	(Unbewegliche Wirtschaftsgüter, die keine Gebäude oder Gebäudeteile sind) - Außenanlagen
15.06.1971	GlE	BStBl I 1971 S. 324	H 135	(Nebenbetriebe)
22.06.1971	BFH	BStBl II 1971 S. 749	H 136	(Abgrenzung selbständige Arbeit/Gewerbebetrieb)
23.06.1971	BFH	BStBl II 1971 S. 730	H 174a	(Ehelicher Güterstand)
23.06.1971	BFH	BStBl II 1971 S. 709	R 30 (1)	
20.07.1971	BFH	BStBl II 1972 S. 170	H 165	(Wiederkehrende Bezüge)
22.07.1971	BFH	BStBl II 1971 S. 800	H 43	(Anschaffungskosten) - bei Schiffen
30.07.1971	BFH	BStBl II 1971 S. 802	H 200	(Vergütung für eine mehrjährige Tätigkeit)
04.08.1971	BFH	BStBl II 1972 S. 10	R 138a (3)	

Anhang 38
Urteile und Schreiben

Datum	Verfasser	Fundstelle	ESt/HA 95	Stichwort
11.08.1971	BFH	BStBl II 1972 S. 55	H 154	(Stückzinsen)
19.08.1971	BFH	BStBl II 1972 S. 172	R 19 (3)	
02.09.1971	BFH	BStBl II 1972 S. 334	H 16	(Darlehensverluste)
08.09.1971	BFH	BStBl II 1972 S. 118	H 139 (3)	(Fertigungsbetrieb)
07.10.1971	BFH	BStBl II 1972 S. 271	R 16 (3)	
19.10.1971	BFH	BStBl II 1972 S. 452	H 169	(Veräußerung)
22.10.1971	BFH	BStBl II 1972 S. 177	H 186	(Ersatz von dritter Seite)
22.10.1971	BFH	BStBl II 1972 S. 177	H 188	(Krankentagegeldversicherung)
22.10.1971	BFH	BStBl II 1972 S. 55	H 111	(Sachspenden)
22.10.1971	BFH	BStBl II 1972 S. 55	H 112	(Sachspenden)
02.11.1971	BFH	BStBl II 1972 S. 360	R 134a	
08.11.1971	BFH	BStBl II 1972 S. 63	R 137 (6)	
09.11.1971	BFH	BStBl II 1972 S. 147	H 103	(Berufsausbildung)
02.12.1971	BFH	BStBl II 1972 S. 278	H 217	(Abhängigkeit vom Härteausgleich)
02.12.1971	BFH	BStBl II 1972 S. 278	H 217	(Anwendung der §§ 34, 34b, 34c, 34f und 35 EStG)
07.12.1971	BFH	BStBl II 1972 S. 338	R 17 (3)	
10.12.1971	BFH	BStBl II 1972 S. 250	H 86a	(Abzugszeitpunkt)
10.12.1971	BFH	BStBl II 1972 S. 251	H 103	(Promotion)
10.12.1971	BFH	BStBl II 1972 S. 254	H 103	(Berufsausbildungskosten)
15.12.1971	BFH	BStBl II 1972 S. 291	H 136	(Gemischte Tätigkeit)
15.12.1971	BFH	BStBl II 1972 S. 291	H 136	(Gemischte Tätigkeit)
09.02.1972	BFH	BStBl II 1972 S. 455	H 139 (2)	(Strukturwandel)
10.02.1972	BFH	BStBl II 1972 S. 529	H 200	(Zusammenballung von Einkünften)
24.02.1972	BFH	BStBl II 1972 S. 422	R 32a (1)	
29.02.1972	BMWF	BStBl I 1972 S. 102	H 236	(Bodengewinnbesteuerung)
21.03.1972	BMF	BStBl I 1972 S. 188	H 13 (1)	Leasing
13.04.1972	BFH	BStBl II 1972 S. 728	H 144	(Versorgungskasse)
13.04.1972	BFH	BStBl II 1972 S. 728	H 88	(Versorgungsbeiträge Selbständiger)
18.04.1972	BFH	BStBl II 1972 S. 624	H 136	(Abgrenzung selbständige Arbeit/Gewerbebetrieb)
25.04.1972	GlE	BStBl I 1972 S. 352	H 135	(Nebenbetriebe)
04.05.1972	BFH	BStBl II 1972 S. 566	H 6 Nr. 11	(Erziehungs- und Ausbildungsbeihilfen)
05.05.1972	BFH	BStBl II 1972 S. 732	H 92	(Bausparbeiträge)
17.05.1972	BFH	BStBl II 1972 S. 621	H 115	(Verlustabzug) - im Erbfall
29.05.1972	BFH	BStBl II 1973 S. 5	R 138a (5)	
29.05.1972	BFH	BStBl II 1973 S. 5	R 138a (5)	
31.05.1972	BFH	BStBl II 1972 S. 899	H 170	(Ausgleichszahlungen an Handelsvertreter)
28.06.1972	BFH	BStBl II 1972 S. 785	H 222	(Ständiger Vertreter)
18.07.1972	BFH	BStBl II 1972 S. 877	H 227	(Veranlagung bei Wechsel der Steuerpflicht)
02.08.1972	BFH	BStBl II 1972 S. 796	R 137 (4)	
18.08.1972	BFH	BStBl II 1973 S. 90	H 95	(Erfolglose Anträge)
24.08.1972	BFH	BStBl II 1973 S. 55	H 31c (3)	Rückstellungen für öffentlich-rechtliche Verpflichtungen
31.08.1972	BFH	BStBl II 1973 S. 51	R 16 (4)	
07.09.1972	BFH	BStBl II 1972 S. 944	R 19 (3)	
19.10.1972	BFH	BStBl II 1973 S. 53	H 40	(ABC: Beispiele für nicht selbständig nutzungsfähige Wirtschaftsgüter) - Sägeblätter
03.11.1972	BFH	BStBl II 1973 S. 447	R 137 (6)	
08.11.1972	BFH	BStBl II 1973 S. 141	H 180	(Rechtsprechung zur Berufsausbildung)
14.11.1972	BFH	BStBl II 1973 S. 183	H 136	(Abgrenzung selbständige Arbeit/Gewerbebetrieb)
14.11.1972	BFH	BStBl II 1973 S. 289	H 13 (1)	Wertpapiere
23.11.1972	BFH	BStBl II 1973 S. 247	R 137 (6)	
06.12.1972	BFH	BStBl II 1973 S. 291	R 41a (7)	
19.12.1972	BFH	BStBl II 1973 S. 297	R 35 (3)	
19.12.1972	BFH	BStBl II 1973 S. 295	H 43	(Anschaffungskosten)
16.01.1973	BFH	BStBl II 1973 S. 445	H 169	(Spekulationsabsicht)
17.01.1973	BFH	BStBl II 1973 S. 320	R 31c (14)	

Anhang 38

Urteile und Schreiben

Datum	Verfasser	Fundstelle	ESt/HA 95	Stichwort
18.01.1973	BFH	BStBl II 1973 S. 561	R 137 (3)	
01.02.1973	BFH	BStBl II 1973 S. 221	R 138a (3)	
01.02.1973	BFH	BStBl II 1973 S. 307	R 138a (3)	
01.02.1973	BFH	BStBl II 1973 S. 526	R 138a (3)	
14.02.1973	BFH	BStBl II 1973 S. 395	R 138a (7)	
22.02.1973	BFH	BStBl II 1973 S. 483	H 157	(Anschaffungsnaher Aufwand)
28.02.1973	BFH	BStBl II 1973 S. 660	H 222a	(Beschränkt steuerpflichtige inländische Einkünfte eines im Ausland ansässigen Textdichters)
07.03.1973	BFH	BStBl II 1973 S.565	R 31b (2)	
08.03.1973	BFH	BStBl II 1973 S. 625	R 174 (3)	
09.03.1973	BFH	BStBl II 1973 S. 487	H 174	(Allgemeines)
28.03.1973	BFH	BStBl II 1974 S. 2	H 40	(ABC: Beispiele für selbständig nutzungsfähige Wirtschaftsgüter) - Straßenleuchten
29.03.1973	BFH	BStBl II 1973 S. 489	R 138a (5)	
29.03.1973	BFH	BStBl II 1973 S. 650	R 138a (5)	
29.03.1973	BFH	BStBl II 1973 S. 650	R 138a (7)	
29.03.1973	BFH	BStBl II 1973 S. 650	R 138a (7)	
10.04.1973	BFH	BStBl II 1973 S. 679	H 115	(Verlustabzug) - im Erbfall
18.04.1973	BFH	BStBl II 1973 S. 700	R 139 (9)	
15.05.1973	BFH	BStBl II 1973 S. 814	H 162	(Nutzungswert)
25.05.1973	BFH	BStBl II 1973 S. 585	H 95	(Erfolglose Anträge)
29.05.1973	BFH	BStBl II 1974 S. 447	H 136	(Abgrenzung selbständige Arbeit/Gewerbebetrieb)
30.05.1973	BFH	BStBl II 1973 S. 668	H 136	(Abgrenzung selbständige Arbeit/Gewerbebetrieb)
04.06.1973	BFH	BStBl II 1973 S. 866	R 138a (5)	
06.06.1973	BFH	BStBl II 1973 S. 727	H 168a	(Leistungen im Sinne des § 22 Nr. 3 EStG sind:)
06.06.1973	BFH	BStBl II 1973 S. 705	R 13 (11)	
15.06.1973	BFH	BStBl II 1973 S. 640	R 174 (1)	
15.06.1973	BFH	BStBl II 1973 S. 719	H 94	(Überlassung der durch Beleihung/Auszahlung der Bausparsumme empfangenen Beträge)
15.06.1973	BFH	BStBl II 1973 S. 737	H 94	(Unschädliche Mittelverwendung)
11.07.1973	BFH	BStBl II 1973 S. 806	H 154	(Zuflußzeitpunkt bei Gewinnausschüttungen)
11.07.1973	BFH	BStBl II 1973 S. 840	R 31b (2)	
24.07.1973	BFH	BStBl II 1973 S. 817	H 103	(Berufsausbildungskosten)
18.08.1973	BFH	BStBl II 1973 S. 99	H 95	(Prämienantrag)
27.09.1973	BFH	BStBl II 1974 S. 101	H 166	(Unterhaltszahlungen)
27.09.1973	BFH	BStBl II 1974 S. 103	H 167	(Vertraglich vereinbarte Leistungen)
27.09.1973	BFH	BStBl II 1974 S. 51	R 138a (5)	
05.10.1973	BFH	BStBl II 1974 S. 130	H 164a	(Einnahmen aus Vermietung und Verpachtung)
17.10.1973	BFH	BStBl II 1974 S. 186	H 119	(Außergewöhnliche Kosten)
31.10.1973	BFH	BStBl II 1974 S. 86	H 190	(Allgemeines zum Abzug von Unterhaltsaufwendungen)
31.10.1973	BFH	BStBl II 1974 S. 86	H 123	(Gesetzlich unterhaltsberechtigt)
26.11.1973	BFH	BStBl II 1974 S. 132	R 13 (3)	
26.11.1973	BFH	BStBl II 1974 S. 132	R 13 (4)	
26.11.1973	BFH	BStBl II 1974 S. 132	H 33	(Einbauten als unselbständige Gebäudeteile)
26.11.1973	BFH	BStBl II 1974 S. 132	H 42	(Gebäudeteile)
29.11.1973	BFH	BStBl II 1974 S. 126	H 92	(Begünstigte Zwecke)
29.11.1973	BFH	BStBl II 1974 S. 265	H 94	(Beleihung)
29.11.1973	BFH	BStBl II 1974 S. 126	H 94	(Unschädliche Mittelverwendung)
29.11.1973	BFH	BStBl II 1974 S. 227	H 94	(Unverzügliche Verwendung zum Wohnungsbau)
29.11.1973	BFH	BStBl II 1974 S. 202	H 94	(Vorzeitige Auszahlung der Bausparsumme)
12.12.1973	BFH	BStBl II 1974 S. 208	H 139 (5)	(Abgrenzung Betriebsverpachtung/ Betriebsaufgabe)
12.12.1973	BFH	BStBl II 1974 S. 207	H 21	(Veräußerung von Wirtschaftsgütern im Sinne des § 4 Abs. 5 EStG)
13.12.1973	BFH	BStBl II 1974 S. 213	H 136	(Mithilfe anderer Personen)

Anhang 38
Urteile und Schreiben

Datum	Verfasser	Fundstelle	ESt/HA 95	Stichwort
19.12.1973	BFH	BStBl II 1974 S. 237	R 26 (4)	
09.01.1974	BFH	BStBl II 1974 S. 238	R 25 (2)	
10.01.1974	BFH	BStBl II 1974 S. 211	R 22 (1)	
16.01.1974	BFH	BStBl II 1974 S. 293	H 136	(Abgrenzung selbständige Arbeit/Gewerbebetrieb)
16.01.1974	BFH	BStBl II 1974 S. 291	H 117a	(Sprachkurse im und Studienreisen ins Ausland)
17.01.1974	BFH	BStBl II 1975 S. 58	R 140 (6)	
17.01.1974	BFH	BStBl II 1974 S. 240	H 14	(Keine Entnahme von Grundstücken und Grundstücksteilen)
24.01.1974	BFH	BStBl II 1974 S. 295	H 170	(Ausgleichszahlungen an Handelsvertreter)
08.02.1974	BFH	BStBl II 1974 S. 299	H 191	(Rechtsprechung zur auswärtigen Unterbringung)
19.02.1974	BFH	BStBl II 1975 S. 20	H 42	(Betriebsvorrichtungen)
19.02.1974	BFH	BStBl II 1974 S. 704	H 44	(Teil des auf ein Jahr entfallenden AfA-Betrags)
20.02.1974	BFH	BStBl II 1974 S. 357	H 139 (3)	(Güternah- und Güterfernverkehr)
28.02.1974	BFH	BStBl II 1974 S. 481	R 14 (3)	
01.03.1974	BFH	BStBl II 1974 S. 374	H 92	(Ausland)
05.03.1974	BFH	BStBl II 1974 S. 353	H 40	(ABC: Beispiele für selbständig nutzungsfähige Wirtschaftsgüter) - Spezialbeleuchtungsanlagen
05.03.1974	BFH	BStBl II 1974 S. 353	H 40	(ABC: Beispiele für nicht selbständig nutzungsfähige Wirtschaftsgüter)
07.03.1974	BFH	BStBl II 1974 S. 383	H 136	(Gemischte Tätigkeit)
07.03.1974	BFH	BStBl II 1974 S. 429	H 42	(Betriebsvorrichtungen) Befeuchtungs- und Lüftungsanlagen zur Möbellagerung)
13.03.1974	BFH	BStBl II 1974 S. 359	H 37	(Umschuldung)
15.03.1974	BFH	BStBl II 1974 S. 513	H 86a	(Abzugszeitpunkt)
15.03.1974	BFH	BStBl II 1974 S. 513	H 103	(Tilgung)
23.03.1974	BFH	BStBl II 1974 S. 680	R 200 (4)	Fn.
28.03.1974	BFH	BStBl II 1974 S. 515	H 136	(Abgrenzung selbständige Arbeit/Gewerbebetrieb)
28.03.1974	BFH	BStBl II 1974 S. 515	H 136	(Abgrenzung selbständige Arbeit/Gewerbebetrieb)
25.04.1974	BFH	BStBl II 1974 S. 642	H 136	(Unterrichtende und erzieherische Tätigkeit)
30.04.1974	BFH	BStBl II 1974 S. 541	H 154	(Zuflußzeitpunkt bei Gewinnausschüttungen)
09.05.1974	BFH	BStBl II 1974 S. 633	H 88	(Vertragseintritt)
21.05.1974	BFH	BStBl II 1974 S. 613	R 137 (5)	
29.05.1974	BFH	BStBl II 1974 S. 636	H 103	(Berufsausbildungskosten)
18.07.1974	BFH	BStBl II 1974 S. 740	R 138a (3)	
02.08.1974	BFH	BStBl II 1975 S. 139	H 190	(Anrechnung eigener Einkünfte und Bezüge)
09.08.1974	BFH	BStBl II 1975 S. 342	H 43	(Nachträgliche Anschaffungs- oder Herstellungskosten) - mit Gebäude verschachtelter Anbau
09.08.1974	BFH	BStBl II 1975 S. 342	H 44	(Neubau)
14.08.1974	BFH	BStBl II 1975 S. 112	R 137 (6)	
21.08.1974	BFH	BStBl II 1975 S. 14	H 186	(Ersatz von dritter Seite)
21.08.1974	BFH	BStBl II 1975 S. 14	R 191 (4)	
22.08.1974	BFH	BStBl II 1975 S. 15	H 213n	(Erhöhung von Vorauszahlungen)
07.10.1974	BFH	BStBl II 1975 S. 168	R 14 (3)	
30.10.1974	BFH	BStBl II 1975 S. 232	R 139 (1)	
30.10.1974	BFH	BStBl II 1975 S. 232	R 139 (3)	
31.10.1974	BFH	BStBl II 1975 S. 115	H 134	(Freie Mitarbeit)
05.11.1974	BFH	BStBl II 1975 S. 118	R 135 (2)	
22.11.1974	BFH	BStBl II 1975 S. 350	H 86a	(Abzugshöhe)
22.11.1974	BFH	BStBl II 1975 S. 350	H 101	(Versehentlich festgesetzte Kirchensteuern)
25.11.1974	BFH	BStBl II 1975 S. 330	H 116	(Damnum) - Tilgungsstreckungsdarlehen
29.11.1974	BFH	BStBl II 1975 S. 339	H 119	(Verpflegungsmehraufwendungen)
03.12.1974	BFH	BStBl II 1975 S. 356	H 103	(Aufwendungen im Sinne des § 10 Abs. 1 Nr. 7 EStG) - Mehraufwand für Verpflegung
03.12.1974	BFH	BStBl II 1975 S. 446	H 103	(Berufsausbildungskosten)
05.12.1974	BFH	BStBl II 1975 S. 344	R 13 (4)	

Anhang 38

Urteile und Schreiben

Datum	Verfasser	Fundstelle	ESt/HA 95	Stichwort
08.01.1975	BFH	BStBl II 1975 S. 437	R 41 (8)	
20.02.1975	BFH	BStBl II 1975 S. 505	R 140 (2)	
20.02.1975	BFH	BStBl II 1975 S. 412	H 43	(Nachträgliche Anschaffungs- oder Herstellungskosten
20.02.1975	BFH	BStBl II 1975 S. 412	H 44	(Fertigstellung)
20.02.1975	BFH	BStBl II 1975 S. 412	H 44	(Nachträgliche Anschaffungs- oder Herstellungskosten
26.02.1975	BFH	BStBl II 1975 S. 443	R 31a (3)	
26.02.1975	BFH	BStBl II 1975 S. 443	H 31a	(Umbauten oder Einbauten des Mieters)
28.02.1975	BFH	BStBl II 1975 S. 482	H 186	(Umzug)
07.03.1975	BFH	BStBl II 1975 S. 629	H 190	(Zwangsläufigkeit dem Grunde nach)
07.03.1975	BFH	BStBl II 1975 S. 532	H 94	(Erhöhung der Bausparsumme)
11.03.1975	BFH	BStBl II 1975 S. 659	H 44	(Fertigstellung)
12.03.1975	BFH	BStBl II 1975 S. 485	H 199	(Außerordentliche Einkünfte im Sinne des § 34 Abs. 1 EStG)
14.03.1975	BFH	BStBl II 1975 S. 632	H 186	(Ersatz von dritter Seite)
14.03.1975	BFH	BStBl II 1975 S. 661	R 147 (1)	Fn.
20.03.1975	BFH	BStBl II 1975 S. 689	H 13 (5)	Unselbständige Gebäudeteile
21.03.1975	BFH	BStBl II 1975 S. 513	H 134	(Selbständigkeit)
09.04.1975	BFH	BStBl II 1975 S. 610	H 136	(Abgrenzung selbständige Arbeit/Gewerbebetrieb)
09.04.1975	BFH	BStBl II 1975 S. 577	H 6 Nr. 11	(Öffentliche Mittel)
15.05.1975	BFH	BStBl II 1975 S. 781	H 137	(Betriebsaufspaltung)
15.05.1975	BFH	BStBl II 1975 S. 692	R 35 (2)	
15.05.1975	BFH	BStBl II 1975 S. 781	R 137 (6)	
16.05.1975	BFH	BStBl II 1975 S. 536	H 188	(Kur)
16.05.1975	BFH	BStBl II 1975 S. 537	R 195 (2)	
22.05.1975	BFH	BStBl II 1975 S. 804	R 13 (11)	
22.05.1975	BFH	BStBl II 1975 S. 804	R 14 (1)	
04.06.1975	BFH	BStBl II 1975 S. 757	H 94	(Auszahlung des Bausparguthabens)
12.06.1975	BFH	BStBl II 1975 S. 96	H 83	(Neues Wirtschaftsgut) - Neue Idee
25.06.1975	BFH	BStBl II 1975 S. 848	R 139 (9)	
26.06.1975	BFH	BStBl II 1975 S. 885	H 139 (5)	(Abgrenzung Betriebsverpachtung/ Betriebsaufgabe)
26.06.1975	BFH	BStBl II 1975 S. 700	R 38 (1)	
26.06.1975	BFH	BStBl II 1975 S. 880	H 116	(Damnum)
04.07.1975	BFH	BStBl II 1975 S. 738	H 188	(Mittagsheimfahrt)
23.07.1975	BFH	BStBl II 1976 S. 180	R 13 (12)	
01.08.1975	BFH	BStBl II 1975 S. 881	H 167	(Vertraglich vereinbarte Leistungen)
01.08.1975	BFH	BStBl II 1975 S. 882	H 167	(Vertraglich vereinbarte Leistungen)
01.08.1975	BFH	BStBl II 1975 S. 825	H 188	(Fahrtkosten Behinderter)
26.08.1975	BFH	BStBl II 1976 S. 62	H 168a	(Leistungen im Sinne des § 22 Nr. 3 EStG sind:)
23.10.1975	BFH	BStBl II 1976 S. 152	H 136	(Gemischte Tätigkeit)
16.12.1975	BFH	BStBl II 1976 S. 360	H 139 (14)	(Sachliche Steuerbefreiung)
16.12.1975	BFH	BStBl II 1976 S. 360	H 133a	(Veräußerungsgewinn)
22.12.1975	BMF	IV B 2 - S 2170 - 161/75	H 13 (1)	Leasing
15.01.1976	BMF	BStBl I 1976 S. 66	H 31a	(Umbauten und Einbauten des Mieters)
15.01.1976	BMF	BStBl I 1976 S. 66	H 42	(Unbewegliche Wirtschaftsgüter, die keine Gebäude oder Gebäudeteile sind)
20.01.1976	BFH	BStBl II 1976 S. 305	R 174b (2)	
29.01.1976	BFH	BStBl II 1976 S. 324	R 138a (3)	
04.02.1976	BFH	BStBl II 1976 S. 423	R 135 (2)	
17.02.1976	BFH	BStBl II 1976 S. 414	H 44	(Wechsel der AfA-Methode bei Gebäuden)
19.02.1976	BFH	BStBl II 1976 S. 417	H 15	(Besonderheiten bei Land- und Forstwirten)
25.02.1976	BFH	BStBl II 1980 S. 294	H 33	(Bauzeitversicherung)
26.02.1976	BFH	BStBl II 1976 S. 492	H 135	(Grabpflege, Gartenanlagen)
26.02.1976	BFH	BStBl II 1976 S. 378	R 15 (2)	

Anhang 38
Urteile und Schreiben

Datum	Verfasser	Fundstelle	ESt/HA 95	Stichwort
04.03.1976	BFH	BStBl II 1977 S. 380	R 31b (2)	
11.03.1976	BFH	BStBl II 1976 S. 614	R 33 (9)	
11.03.1976	BFH	BStBl II 1976 S. 380	H 16	(Darlehensverluste)
11.03.1976	BFH	BStBl II 1976 S. 614	H 33	(PLanungskosten)
25.03.1976	BFH	BStBl II 1976 S. 487	H 171	(Rechtsnachfolger)
30.03.1976	BFH	BStBl II 1976 S. 464	H 136	(Abgrenzung selbständige Arbeit/Gewerbebetrieb)
02.04.1976	BFH	BStBl II 1976 S. 452	R 23 (2)	
06.04.1976	BFH	BStBl II 1976 S. 452	H 167	(Beginn der Rente)
07.04.1976	BFH	BStBl II 1976 S. 557	R 140 (2)	
13.04.1976	BFH	BStBl II 1976 S. 599	H 88	(Loss-of-Licence-Versicherung)
30.04.1976	BFH	BStBl II 1976 S. 527	H 42	(Betriebsvorrichtungen)
30.04.1976	BFH	BStBl II 1976 S. 527	H 42	(Unbewegliche Wirtschaftsgüter, die keine Gebäude oder Gebäudeteile sind)
11.05.1976	BFH	BStBl II 1976 S. 641	H 136	(Gemischte Tätigkeit)
19.05.1976	BFH	BStBl II 1977 S. 60	R 41a (3)	
24.05.1976	BFH	BStBl II 1973 S. 582	R 35 (1)	
26.05.1976	BFH	BStBl II 1976 S. 622	R 31c (3)	
26.05.1976	BFH	BStBl II 1976 S. 728	R 137 (3)	
23.06.1976	BFH	BStBl II 1976 S. 678	R 138a (3)	
24.06.1976	BFH	BStBl II 1976 S. 670	R 139 (2)	
24.06.1976	BFH	BStBl II 1976 S. 672	R 139 (2)	
24.06.1976	BFH	BStBl II 1976 S. 672	R 139 (8)	
07.07.1976	BFH	BStBl II 1976 S. 621	H 136	(Abgrenzung selbständige Arbeit/Gewerbebetrieb)
08.07.1976	BFH	BStBl II 1976 S. 778	H 23	(Betriebsstätte)
05.08.1976	BFH	BStBl II 1977 S. 27	H 168a	(Leistungen im Sinne des § 22 Nr. 3 EStG sind:)
05.08.1976	BFH	BStBl II 1977 S. 26	H 168a	(Leistungen im Sinne des § 22 Nr. 3 EStG sind:)
03.09.1976	BFH	BStBl II 1976 S. 712	H 189	(Urlaubsreise)
08.09.1976	BFH	BStBl II 1977 S. 66	R 139 (2)	
08.09.1976	BFH	BStBl II 1977 S. 66	R 139 (3)	
17.09.1976	BFH	BStBl II 1977 S. 68	H 6 Nr. 11	(Erziehungs- und Ausbildungsbeihilfen)
27.09.1976	BFH	BStBl II 1977 S. 33	H 213n	(Anpassung von Vorauszahlungen)
29.09.1976	BFH	BStBl II 1977 S. 259	R 139 (13)	
05.10.1976	BFH	BStBl II 1977 S. 42	H 137	(Teilbetrieb)
05.10.1976	BFH	BStBl II 1977 S. 198	R 140 (2)	
15.10.1976	BFH	BStBl II 1977 S. 59	H 83	(Verbleibensvoraussetzung)
21.10.1976	BFH	BStBl II 1977 S. 148	R 15 (2)	
21.10.1976	BFH	BStBl II 1977 S. 150	R 13 (12)	
29.10.1976	BFH	BStBl II 1977 S. 152	H 92	(Begünstigte Zwecke)
09.11.1976	BFH	BStBl II 1977 S. 207	H 6 Nr. 55	(Stipendien)
30.11.1976	BFH	BStBl II 1977 S. 384	H 169	(Identisches Wirtschaftsgut)
01.12.1976	BFH	BStBl II 1977 S. 315	H 13 (7)	Einfamilienhäuser, Zweifamilienhäuser, Eigentumswohnungen und Mietwohngrundstücke
07.12.1976	BFH	BStBl II 1977 S. 209	H 169	(Anschaffung)
09.12.1976	BFH	BStBl II 1977 S. 241	R 29 (2)	
14.12.1976	BFH	BStBl II 1977 S. 474	H 136	(Abgrenzung selbständige Arbeit/Gewerbebetrieb)
14.12.1976	BFH	BStBl II 1977 S. 115	H 154	(Nießbrauch)
16.12.1976	BFH	BStBl II 1977 S. 272	H 135	(Baumschulen)
19.01.1977	BFH	BStBl II 1977 S. 287	R 137 (9)	
27.01.1977	BFH	BStBl II 1977 S. 388	R 13 (7)	
27.01.1977	BFH	BStBl II 1977 S. 388	R 13 (9)	
27.01.1977	BFH	BStBl II 1977 S. 754	R 140 (2)	
27.01.1977	BFH	BStBl II 1977 S. 388	H 14 (2-5)	Entnahme von Grundstücken und Grundstücksteilen
10.02.1977	BFH	BStBl II 1977 S. 462	H 186	(Scheidung)
17.02.1977	BFH	BStBl II 1977 S. 543	R 23 (1)	
18.02.1977	BFH	BStBl II 1977 S. 390	H 103	(Berufsausbildungskosten)

Anhang 38

Urteile und Schreiben

Datum	Verfasser	Fundstelle	ESt/HA 95	Stichwort
01.03.1977	BFH	BStBl II 1977 S. 545	H 154	(Rückgängigmachung einer Gewinnausschüttung)
31.03.1977	BFH	BStBl II 1977 S. 609	H 213e	(Frühere Erbfälle)
31.03.1977	BFH	BStBl II 1977 S. 684	H 32	(Musterhäuser)
09.04.1977	BFH	BStBl II 1977 S. 601	H 116	(Aufrechnung)
19.04.1977	BFH	BStBl II 1977 S. 712	H 169	(Anschaffung)
26.04.1977	BFH	BStBl II 1977 S. 631	H 168a	(Leistungen im Sinne des § 22 Nr. 3 EStG sind:)
28.04.1977	BFH	BStBl II 1977 S. 728	H 134a	(Nachhaltigkeit)
28.04.1977	BFH	BStBl II 1977 S. 553	H 44	(Lieferung)
29.04.1977	BFH	BStBl II 1977 S. 716	H 117	(Nachschlagewerk)
04.05.1977	BFH	BStBl II 1977 S. 802	R 37 (1)	
04.05.1977	BFH	BStBl II 1977 S. 802	H 37	(Vermittlungsprovision)
06.05.1977	BFH	BStBl II 1977 S. 758	H 92	(Depositenkonto)
06.05.1977	BFH	BStBl II 1977 S. 633	H 94	(Unmittelbare Verwendung zum Wohnungsbau)
17.05.1977	BFH	BStBl II 1977 S. 605	R 174 (3)	
26.05.1977	BFH	BStBl II 1977 S. 879	H 136	(Heilberufe)
07.06.1977	BFH	BStBl II 1977 S. 606	H 44	(Nachträgliche Anschaffungs- oder Herstellungskosten)
22.06.1977	BFH	BStBl II 1977 S. 798	R 41 (9)	
23.06.1977	BFH	BStBl II 1977 S. 719	R 139 (5)	
28.06.1977	BFH	BStBl II 1978 S. 91	R 163 (3)	
28.06.1977	BFH	BStBl II 1977 S. 725	H 44	(Neubau)
13.07.1977	BFH	BStBl II 1978 S. 6	R 13 (4)	
21.07.1977	BFH	BStBl II 1978 S. 78	R 13 (4)	
04.08.1977	BFH	BStBl II 1977 S. 829	H 117a	(Ärztefortbildung) - Wintersportort
04.08.1977	BFH	BStBl II 1977 S. 829	H 117a	(Kongress) - Nachweis der Teilnahme
05.08.1977	BFH	BStBl II 1977 S. 832	H 190	(Anrechnung eigener Einkünfte und Bezüge)
05.08.1977	BFH	BStBl II 1977 S. 832	R 177 (3)	
05.08.1977	BFH	BStBl II 1977 S. 834	H 103	(Keine Berufsausbildung)
05.08.1977	BFH	BStBl II 1977 S. 834	H 103	(Ferien- und Freizeitjob)
05.08.1977	BFH	BStBl II 1977 S. 834	H 103	(Führerschein)
18.08.1977	BFH	BStBl II 1978 S. 46	H 43	(Nachträgliche Anschaffungs- oder Herstellungskosten) - mit Gebäude verschachtelter Anbau
18.08.1977	BFH	BStBl II 1978 S. 46	H 44	(Neubau)
18.08.1977	BFH	BStBl II 1977 S. 835	H 44	(Teil des auf ein Jahr entfallenden AfA-Betrags)
15.09.1977	BFH	BStBl II 1978 S. 123	R 13 (4)	
05.10.1977	BFH	BStBl II 1978 S. 50	H 1	(Schiffe)
06.10.1977	BFH	BStBl II 1978 S. 54	H 28	(Handelsregister)
07.10.1977	BFH	BStBl II 1978 S. 186	H 42	(Betriebsvorrichtungen) - Lastaufzüge
12.10.1977	BFH	BStBl II 1978 S. 191	R 15 (2)	
14.10.1977	BFH	BStBl II 1978 S. 204	H 83	(Verbleibensvoraussetzung)
25.10.1977	BVerfG	BStBl II 1978 S. 125	H 134	(Freie Mitarbeit)
26.10.1977	BFH	BStBl II 1978 S. 137	H 136	(Abgrenzung selbständige Arbeit/Gewerbebetrieb)
26.10.1977	BFH	BStBl II 1978 S. 367	H 157	(Verteilung des Erhaltungsaufwands nach § 82b EStDV)
26.10.1977	BFH	BStBl II 1978 S. 137	R 134 (3)	
27.10.1977	BFH	BStBl II 1978 S. 100	R 139 (12)	
08.11.1977	BFH	BStBl II 1978 S. 147	H 186	(Krankheit, Tod, Unfall, Unwetter, Erdbeben)
10.11.1977	BFH	BStBl II 1978 S. 15	H 134b	(Zeitliche Begrenzung der Beteiligung)
10.11.1977	BFH	BStBl II 1978 S. 15	R 138 (3)	
18.11.1977	BFH	BStBl II 1978 S. 147	H 186	(Krankheit, Tod, Unfall, Unwetter, Erdbeben)
18.11.1977	BFH	BStBl II 1978 S. 215	R 174 (3)	
28.11.1977	BFH	BStBl II 1978 S. 105	H 118	(Unfallkosten)
02.12.1977	BFH	BStBl II 1978 S. 164	H 42	(Wirtschaftliche oder technische Abnutzung) - Gemälde anerkannter Meister
09.12.1977	BFH	BStBl II 1978 S. 322	H 40	(ABC: Beispiele für selbständig nutzungsfähige Wirtschaftsgüter)

Anhang 38
Urteile und Schreiben

Datum	Verfasser	Fundstelle	ESt/HA 95	Stichwort
15.12.1977	BFH	BStBl II 1978 S. 210	H 157	(Kosten für die gärtnerische Gestaltung)
15.12.1977	BFH	BStBl II 1978 S. 210	H 13 (5)	Unselbständige Gebäudeteile
15.12.1977	BFH	BStBl II 1978 S. 210	H 33	(Einfriedungen und Außenanlagen)
15.12.1977	BFH	BStBl II 1978 S. 210	H 42	(Unbewegliche Wirtschaftsgüter, die keine Gebäude oder Gebäudeteile sind)
16.12.1977	BFH	BStBl II 1978 S. 233	R 32a (2)	
20.12.1977	BMF	BStBl I 1978 S. 8	H 138 (3)	(Mitunternehmererlaß)
20.12.1977	BMF	BStBl I 1978 S. 8	H 13 (2)	Gewillkürtes Sonderbetriebsvermögen
20.12.1977	BMF	BStBl I 1978 S. 8	H 14 (2-5)	Entnahme bei Personengesellschaften
20.12.1977	BMF	BStBl I 1978 S. 8	H 13 (9)	Gewillkürtes Sonderbetriebsvermögen von Mitunternehmern einer Personengesellschaft
17.01.1978	BFH	BStBl II 1978 335	R 35a (2)	
19.01.1978	BFH	BStBl II 1978 S. 262	R 37 (3)	
19.01.1978	BFH	BStBl II 1978 S. 295	R 139 (11)	
19.01.1978	BFH	BStBl II 1978 S. 262	H 37	(Bearbeitungsgebühren)
20.01.1978	BFH	BStBl II 1978 S. 340	R 190 (2)	
26.01.1978	BFH	BStBl II 1978 S. 299	R 13 (7)	
26.01.1978	BFH	BStBl II 1978 S. 280	H 43	(Nachträgliche Anschaffungs- oder Herstellungskosten) - Umbau einfacher Scheune in Pferdeklinik
26.01.1978	BFH	BStBl II 1978 S. 363	H 43	(Nachträgliche Anschaffungs- oder Herstellungskosten)
14.02.1978	BFH	BStBl II 1979 S. 99	H 139 (5)	(Geschäftswert)
21.02.1978	BFH	BStBl II 1978 S. 428	R 35 (2)	
22.02.1978	BFH	BStBl II 1978 S. 430	H 139 (1)	(Fehlende gewerbliche Tätigkeit)
22.02.1978	BFH	BStBl II 1978 S. 430	H 171	(Ermittlung der nachträglichen Einkünfte)
02.03.1978	BFH	BStBl II 1978 S. 431	H 142	(Buchführung)
02.03.1978	BFH	BStBl II 1978 S. 431	R 16 (1)	
02.03.1978	BFH	BStBl II 1978 S. 431	H 103	(Promotion)
03.03.1978	BFH	BStBl II 1978 S. 372	H 174	(Allgemeines)
17.03.1978	BFH	BStBl II 1978 S. 375	H 170	(Entschädigung im Sinne des § 24 Nr. 1 Buchstabe a EStG)
12.04.1978	BFH	BStBl II 1978 S. 494	H 222	(Beschränkt steuerpflichtige inländische Einkünfte aus Gewerbebetrieb bei Verpachtung)
27.04.1978	BFH	BStBl II 1978 S. 562	H 147	(Veräußerung)
28.04.1978	BFH	BStBl II 1978 S. 456	H 186	(Haushaltsgeräte)
08.05.1978	BMF	BStBl I 1978 S. 203	H 138 (2)	(Beteiligung an Personengesellschaften)
08.05.1978	BMF	BStBl I 1978 S. 203	R 138 (2)	
31.05.1978	BFH	BStBl II 1978 S. 564	R 23 (1)	
02.06.1978	BFH	BStBl II 1978 S. 475	H 45	(Anzahlungen auf Anschaffungskosten) - Begriff
12.06.1978	BFH	BStBl II 1978 S. 620	R 33a (2)	
16.06.1978	BMF	BStBl I 1978 S. 235	H 140	(Einbringungsgeborene Anteile)
23.06.1978	BFH	BStBl II 1978 S . 526	H 186	(Umzug)
27.06.1978	BFH	BStBl II 1979 S. 53	H 136	(Abgrenzung selbständige Arbeit/Gewerbebetrieb)
27.06.1978	BFH	BStBl II 1978 S. 672	H 139 (3)	(Güternah- und Güterfernverkehr)
28.06.1978	BFH	BStBl II 1978 S. 590	R 140 (2)	
05.07.1978	BFH	BStBl I 1978 S. 250	R 29 (8)	
05.07.1978	BMF	BStBl I 1978 S. 250	R 29 (8)	GoS (überholt durch BMF vom 7.11.1995 (BStBl I S. 738)
20.07.1978	BFH	BStBl II 1979 S. 9	H 170	(Entschädigung im Sinne des § 24 Nr. 1 Buchstabe a EStG)
27.07.1978	BFH	BStBl II 1978 S. 686	H 136	(Heilberufe)
27.07.1978	BFH	BStBl II 1979 S. 66	H 170	(Entschädigung im Sinne des § 24 Nr. 1 Buchstabe a EStG)
27.07.1978	BFH	BStBl II 1979 S. 69	H 170	(Entschädigung im Sinne des § 24 Nr. 1 Buchstabe a EStG)
27.07.1978	BFH	BStBl II 1979 S. 71	H 170	(Entschädigung im Sinne des § 24 Nr. 1 Buchstabe a EStG)
02.08.1978	BFH	BStBl II 1979 S. 15	H 139 (3)	(Handelsvertreter)

Anhang 38
Urteile und Schreiben

Datum	Verfasser	Fundstelle	ESt/HA 95	Stichwort
03.08.1978	BFH	BStBl II 1979 S. 131	H 136	(Abgrenzung selbständige Arbeit/Gewerbebetrieb)
10.08.1978	BFH	BStBl II 1979 S. 103	H 236	(Abschreibung auf den niedrigeren Teilwert)
14.09.1978	BFH	BStBl II 1979 S. 159	H 25	(Gesellschafterwechsel oder Ausscheiden einzelner Gesellschafter)
14.09.1978	BFH	BStBl II 1979 S. 159	H 25	(Rumpfwirtschaftsjahr)
10.10.1978	BFH	BStBl II 1979 S. 77	R 140 (4)	
12.10.1978	BFH	BStBl II 1981 S. 706	H 136	(Abgrenzung selbständige Arbeit/Gewerbebetrieb)
12.10.1978	BFH	BStBl II 1979 S. 64	H 212g	(Ausländische Einkünfte aus Gewerbebetrieb, die durch eine in einem ausländischen Staat belegene Betriebsstätte erzielt worden sind)
19.10.1978	BFH	BStBl II 1979 S. 133	H 165	(Wiederkehrende Bezüge)
20.10.1978	BFH	BStBl II 1979 S. 176	H 170	(Entschädigung im Sinne des § 24 Nr. 1 Buchstabe a EStG)
20.10.1978	BFH	BStBl II 1979 S. 176	H 170	(Entschädigung im Sinne des § 24 Nr. 1 Buchstabe a EStG)
31.10.1978	BFH	BStBl II 1979 S. 399	R 13 (7)	
14.11.1978	BFH	BStBl II 1979 S. 298	H 168a	(Keine Leistungen im Sinne des § 22 Nr. 3 EStG sind:)
16.11.1978	BFH	BStBl II 1979 S. 246	H 136	(Mithilfe anderer Personen)
17.11.1978	BFH	BStBl II 1979 S. 142	H 195	(Kinderbetreuungskosten)
17.11.1978	BFH	BStBl II 1979 S. 180	H 103	(Berufsausbildungskosten)
23.11.1978	BFH	BStBl II 1979 S. 109	H 143	(Geldgeschäfte)
23.11.1978	BFH	BStBl II 1979 S. 181	H 224	(Sonderfreibetrag im Sinne des § 50 Abs. 3 EStG)
23.11.1978	BFH	BStBl II 1979 S. 143	R 33 (9)	
23.11.1978	BFH	BStBl II 1979 S. 109	H 16	(Darlehensverluste)
23.11.1978	BFH	BStBl II 1979 S. 143	H 33	(Abraumvorrat)
27.11.1978	BFH	BStBl II 1979 S. 213	H 117a	(Auslandsgruppenreisen zu Informationszwecken) - Grundsatzbeschluß
27.11.1978	BFH	BStBl II 1979 S. 213	H 117a	(Betriebliche/berufliche Veranlassung von Studienreisen und Fachkongressen) - Grundsatzbeschluß zu Auslandsgruppenreisen
27.11.1978	BFH	BStBl II 1979 S. 213	H 117a	(Einzelaufwendungen)
30.11.1978	BFH	BStBl II 1979 S. 281	H 40	(ABC: Beispiele für nicht selbständige Wirtschaftsgüter) - Pflanzen von Dauerkulturen
01.12.1978	BFH	BStBl II 1979 S. 78	H 186	(Privatschule für behinderte Kinder)
14.12.1978	BFH	BStBl II 1979 S. 188	H 134	(Selbständigkeit)
14.12.1978	BFH	BStBl II 1979 S. 188	H 136	(Abgrenzung selbständige Arbeit/Gewerbebetrieb)
14.12.1978	BFH	BStBl II 1979 S. 300	R 139 (5)	
19.01.1979	BFH	BStBl II 1979 S. 326	H 192	(Hilfe im Haushalt)
19.01.1979	BFH	BStBl II 1979 S. 326	H 192	(Unternehmen)
01.02.1979	BFH	BStBl II 1979 S. 574	H 136	(Heilberufe)
06.02.1979	BFH	BStBl II 1979 S. 509	R 33a (2)	
08.02.1979	BFH	BStBl II 1979 S. 405	R 138 (1)	
08.02.1979	BFH	BStBl II 1979 S. 405	R 138a (2)	
13.02.1979	BFH	BStBl II 1979 S. 409	R 41a (4)	
06.03.1979	BFH	BStBl II 1979 S. 551	H 44	(AfaA)
09.03.1979	BFH	BStBl II 1979 S. 337	H 103	(Aufwendungen im Sinne des § 10 Abs. 1 Nr. 7 EStG) - Lehrgangs-, Schul- und Studiengebühren
13.03.1979	BFH	BStBl II 1979 S. 287	H 83	(Neues Wirtschaftsgut) - Nutzung vor Erwerb
29.03.1979	BFH	BStBl II 1979 S. 412	R 35 (2)	
29.03.1979	BFH	BStBl II 1979 S. 700	R 23 (1)	
29.03.1979	BFH	BStBl II 1979 S. 700	H 119	(Betriebsstätte) - mehrere Betriebsstätten
05.04.1979	BFH	BStBl II 1979 S. 554	R 139 (3)	
06.04.1979	BFH	BStBl II 1979 S. 620	R 138a (2)	
26.04.1979	BFH	BStBl II 1978 S. 732	H 139 (2)	(Strukturwandel)
26.04.1979	BFH	BStBl II 1979 S. 557	R 139 (3)	
26.04.1979	BFH	BStBl II 1979 S. 557	R 139 (8)	

Anhang 38
Urteile und Schreiben

Datum	Verfasser	Fundstelle	ESt/HA 95	Stichwort
03.05.1979	BFH	BStBl II 1979 S. 515	R 138a (1)	
03.05.1979	BFH	BStBl II 1979 S. 515	R 138a (2)	
22.05.1979	BFH	BStBl II 1979 S. 634	H 42	(Bewegliche Wirtschaftsgüter)
28.05.1979	BFH	BStBl II 1979 S. 734	H 31a	(Immaterielle Wirtschaftsgüter) - Nutzungsrechte
26.06.1979	BFH	BStBl II 1979 S. 625	R 31b (1)	
05.07.1979	BFH	BStBl II 1979 S. 670	R 138a (2)	
05.07.1979	BFH	BStBl II 1979 S. 670	R 138a (3)	
12.07.1979	BFH	BStBl II 1980 S. 5	R 13 (7)	
12.07.1979	BFH	BStBl II 1980 S. 5	R 13 (8)	
25.07.1979	BFH	BStBl II 1980 S. 43	R 41b (11)	
26.07.1979	BFH	BStBl II 1980 S. 176	H 40	(ABC: Beispiele für selbständig nutzungsfähige Wirtschaftsgüter
07.08.1979	BFH	BStBl II 1980 S. 633	H 135	(Nebenbetriebe)
07.08.1979	BFH	BStBl II 1980 S. 181	H 139 (8)	(Grundstücke)
07.08.1979	BFH	BStBl II 1980 S. 181	R 139 (5)	
07.08.1979	BFH	BStBl II 1980 S. 181	R 139 (6)	
08.08.1979	BFH	BStBl II 1979 S. 768	R 138a (1)	
23.08.1979	BFH	BStBl II 1980 S. 8	H 25	(Rumpfwirtschaftsjahr)
31.08.1979	BMF	BStBl I 1979 S. 592	H 154	(Zinsen aus Lebensversicherungen)
12.09.1979	BFH	BStBl II 1980 S. 51	H 139 (3)	(Filialen und Zweigniederlassungen)
25.09.1979	BFH	BStBl II 1980 S. 114	H 168a	(Leistungen im Sinne des § 22 Nr. 3 EStG sind:)
27.09.1979	BFH	BStBl II 1980 S. 94	H 25	(Betriebsaufspaltung)
11.10.1979	BFH	BStBl II 1980 S. 40	H 13 (12)	Angehörige eines Gesellschafters
24.10.1979	BFH	BStBl II 1980 S. 186	H 171	(Nachträgliche Einnahmen sind:)
08.11.1979	BFH	BStBl II 1980 S. 146	R 31a (5)	
08.11.1979	BFH	BStBl II 1980 S. 146	H 31a	(Kein entgeltlicher Erwerb)
13.11.1979	BFH	BStBl II 1980 S. 188	R 174 (3)	
15.11.1979	BFH	BStBl II 1980 S. 150	H 139 (9)	(Rückstellung und Rücklage)
15.01.1980	BFH	BStBl II 1980 S. 348	H 161	(Werbungskosten)
17.01.1980	BFH	BStBl II 1980 S. 336	H 136	(Gesellschaft)
22.01.1980	BFH	BStBl II 1980 S. 447	H 162	(Nutzungswert)
30.01.1980	BFH	BStBl II 1980 S. 327	R 36 (2)	
31.01.1980	BFH	BStBl II 1980 S. 491	R 37 (1)	
31.01.1980	BFH	BStBl II 1980 S. 491	R 32a (2)	
08.02.1980	BFH	BStBl II 1980 S. 341	H 83	(Neues Wirtschaftsgut) - Neue Idee
12.02.1980	BFH	BStBl II 1980 S. 494	R 140 (4)	
12.02.1980	BFH	BStBl II 1980 S. 494	R 140 (6)	
13.02.1980	BFH	BStBl II 1980 S. 498	H 139 (3)	(Tankstellen)
13.02.1980	BFH	BStBl II 1980 S. 386	H 117a	(Kongress) - Nachweis der Teilnahme
26.02.1980	BFH	BStBl II 1980 S. 687	H 31a	(Kein entgeltlicher Erwerb)
27.02.1980	BFH	BStBl II 1981 S. 210	R 138 (2)	
27.02.1980	BFH	BStBl II 1981 S. 210	R 138 (2)	
27.02.1980	BFH	BStBl II 1981 S. 210	R 138 (3)	
04.03.1980	BFH	BStBl II 1980 S. 389	R 137 (9)	
07.03.1980	BFH	BStBl II 1980 S. 411	H 42a	(Bauantrag)
11.03.1980	BFH	BStBl II 1980 S. 740	H 14	(Entnahme von Grundstücken und Grundstücksteilen)
13.03.1980	BFH	BStBl II 1980 S. 437	R 138a (5)	
18.03.1980	BFH	BStBl II 1980 S. 501	H 167	(Allgemeines)
20.03.1980	BFH	BStBl II 1980 S. 634	H 174a	(Ehelicher Güterstand)
20.03.1980	BFH	BStBl II 1980 S. 297	H 31c (3)	Rückstellungen für öffentlich-rechtliche Verpflichtungen
20.03.1980	BFH	BStBl II 1980 S. 439	H 13 (1)	Beteiligung eines Landwirts an einer landwirtschaftlichen Genossenschaft
16.04.1980	BFH	BStBl II 1980 S. 393	H 170	(Entschädigung im Sinne des § 24 Nr. 1 Buchstabe a EStG)

Anhang 38

Urteile und Schreiben

Datum	Verfasser	Fundstelle	ESt/HA 95	Stichwort
17.04.1980	BFH	BStBl II 1980 S. 639	H 186	(Krankheit, Tod, Unfall, Unwetter, Erdbeben)
17.04.1980	BFH	BStBl II 1980 S. 566	R 139 (13)	
17.04.1980	BFH	BStBl II 1980 S. 642	R 139 (13)	
17.04.1980	BFH	BStBl II 1980 S. 721	R 139 (13)	
18.04.1980	BFH	BStBl II 1980 S. 682	H 194	(Allgemeines und Nachweise)
22.04.1980	BFH	BStBl II 1980 S. 571	H 143	(Geldgeschäfte)
22.04.1980	BFH	BStBl II 1980 S. 571	H 13 (1)	Darlehensforderung eines Steuerberaters gegen seinen Mandanten
24.04.1980	BFH	BStBl II 1981 S. 50	H 25	(Steuerpause/mißbräuchliche Gestaltung)
02.05.1980	BFH	BStBl II 1980 S. 758	H 83	(Verbleibensvoraussetzung)
13.05.1980	BFH	BStBl II 1980 S. 692	H 171	(Nachträgliche Ausgaben)
13.05.1980	BFH	BStBl II 1980 S. 692	R 16 (7)	
12.06.1980	BFH	BStBl II 1980 S. 646	R 140 (2)	
12.06.1980	BFH	BStBl II 1981 S. 8	H 6 Nr. 66	(Sanierungsabsicht)
26.06.1980	BFH	BStBl II 1980 S. 506	H 38	(Weihnachtsgeld)
03.07.1980	BFH	BStBl II 1981 S. 255	H 44	(Unterlassene oder überhöhte AfA)
08.07.1980	BFH	BStBl II 1980 S. 744	H 157	(Anschaffungsnaher Aufwand)
08.07.1980	BFH	BStBl II 1980 S. 743	H 44	(AfaA)
08.07.1980	BFH	BStBl II 1980 S. 743	H 44	(Nutzungsdauer)
10.07.1980	BFH	BStBl II 1981 S. 84	R 41a (7)	
10.07.1980	BFH	BStBl II 1981 S. 84	R 41c (1)	
10.07.1980	BFH	BStBl II 1981 S. 90	R 41c (1)	
17.07.1980	BFH	BStBl II 1981 S. 11	R 140 (6)	
17.07.1980	BFH	BStBl II 1981 S. 14	H 119	(Studienreisen) - Übernachtungskosten
23.07.1980	BFH	BStBl II 1981 S. 62	H 31c (3)	Rückstellungen für öffentlich-rechtliche Verpflichtungen
24.07.1980	BFH	BStBl II 1981 S. 124	H 133a	(Fristbeginn)
30.07.1980	BFH	BStBl II 1981 S. 58	R 21 (1)	
31.07.1980	BFH	BStBl II 1980 S. 746	H 117a	(Sprachkurse im und Studienreisen ins Ausland)
19.08.1980	BFH	BStBl II 1980 S. 745	R 22 (1)	
22.08.1980	BFH	BStBl II 1981 S. 25	H 186	(Außergewöhnlich)
22.08.1980	BFH	BStBl II 1981 S. 23	H 187	(Haushaltsersparnis)
30.09.1980	BFH	BStBl II 1981 S. 210	H 135	(Hundezucht)
30.09.1980	BFH	BStBl II 1981 S. 155	H 167	(Beginn der Rente)
30.09.1980	BFH	BStBl II 1981 S. 301	R 12 (2)	
30.09.1980	BFH	BStBl II 1981 S. 301	R 16 (1)	
16.10.1980	BFH	BStBl II 1981 S. 228	H 42	(Betriebsvorrichtungen) - Schwimmbecken
17.10.1980	BFH	BStBl II 1981 S. 158	H 190	(Anrechnung eigener Einkünfte und Bezüge)
17.10.1980	BFH	BStBl II 1981 S. 158	H 190	(Leistungen des Steuerpflichtigen, die neben Unterhaltsleistungen aus einem anderen Rechtsgrund erbracht werden, als anrechenbare Einkünfte und Bezüge der unterhaltenen Person)
28.10.1980	BFH	BStBl II 1981 S. 161	R 163 (3)	
28.10.1980	BFH	BStBl II 1981 S. 161	H 34	(Geld- oder Bauleistungen)
30.10.1980	BFH	BStBl II 1981 S. 305	H 116	(Scheck, Scheckkarte, Kreditkarte)
10.11.1980	BFH	BStBl II 1981 S. 164	H 138 (3)	(Nachversteuerung des negativen Kapitalkontos)
10.11.1980	BFH	BStBl II 1981 S. 164	H 138d	(Allgemeines)
10.11.1980	BFH	BStBl II 1981 S. 164	R134b (3)	
11.11.1980	BFH	BStBl II 1980 S. 872	H 14 (2-5)	Keine Entnahme des Grundstücks oder Grundstücksteils
14.11.1980	BFH	BStBl II 1981 S. 130	H 186	(Freiwillige Ablösungen)
20.11.1980	BFH	BStBl II 1981 S. 398	R 31b (4)	
20.11.1980	BFH	BStBl II 1981 S. 398	R 31c (15)	
21.11.1980	BFH	BStBl II 1981 S. 214	H 199	(Außerordentliche Einkünfte im Sinne des § 34 Abs. 1 EStG)
21.11.1980	BFH	BStBl II 1981 S. 131	H 117	(Telefonanschluß in einer Wohnung)
21.11.1980	BFH	BStBl II 1981 S. 179	H 45	(Anzahlungen auf Anschaffungskosten) - Begriff

Anhang 38
Urteile und Schreiben

Datum	Verfasser	Fundstelle	ESt/HA 95	Stichwort
25.11.1980	BFH	BStBl II 1981 S. 358	H 165	(Wiederkehrende Bezüge)
26.11.1980	BFH	BStBl II 1981 S. 181	H 6	(Sanierungsabsicht)
26.11.1980	BFH	BStBl II 1981 S. 181	H 6 Nr. 66	(Sanierungsabsicht)
28.11.1980	BFH	BStBl II 1981 S. 286	H 45	(Anzahlungen auf Anschaffungskosten) - Begriff
28.11.1980	BFH	BStBl II 1981 S. 309	H 103	(Aufwendungen im Sinne des § 10 Abs. 1 Nr. 7 EStG) - Fachliteratur, - Fahrten zwischen Wohnung und Aus-/Weiterbildungsort, - Lehrgangs-, Schul- und Studiengebühren
02.12.1980	BFH	BStBl II 1981 S. 170	H 136	(Künstlerische Tätigkeit)
03.12.1980	BFH	BStBl II 1981 S. 184	H 213g	(Anrechnung in Fällen noch nicht gezahlter Dividenden)
05.12.1980	BFH	BStBl II 1981 S. 265	H 167	(Leibrente)
05.12.1980	BFH	BStBl II 1981 S. 265	H 167	(Wertsicherungsklausel)
11.12.1980	BFH	BStBl II 1981 S. 460	H 171	(Nachträgliche Ausgaben)
11.12.1980	BFH	BStBl II 1981 S. 461	H 171	(Nachträgliche Ausgaben)
11.12.1980	BFH	BStBl II 1981 S. 462	H 171	(Nachträgliche Ausgaben)
11.12.1980	BFH	BStBl II 1981 S. 463	H 171	(Nachträgliche Ausgaben)
11.12.1980	BFH	BStBl II 1981 S. 310	R 138 (2)	
11.12.1980	BFH	BStBl II 1981 S. 463	R 13 (15)	
22.01.1981	BFH	BStBl II 1981 S. 564	H 143	(Geldgeschäfte)
22.01.1981	BFH	BStBl II 1981 S. 564	H 13 (1)	Beteiligungen
28.01.1981	BFH	BStBl II 1981 S. 464	H 171	(Nachträgliche Ausgaben)
28.01.1981	BFH	BStBl II 1981 S. 430	R 41b (2)	
28.01.1981	BFH	BStBl II 1981 S. 430	R 41b (7)	
05.02.1981	BFH	BStBl II 1981 S. 359	R 138c (1)	
05.02.1981	BFH	BStBl II 1981 S. 376	R 137 (6)	
05.02.1981	BFH	BStBl II 1981 S. 432	R 35 (5)	
11.02.1981	BFH	BStBl II 1981 S. 465	H 154	(Stiller Gesellschafter)
17.02.1981	BFH	BStBl II 1981 S. 466	H 161	(Keine Werbungskosten)
19.02.1981	BFH	BStBl II 1981 S. 602	H 138 (3)	(Innengesellschaft)
19.02.1981	BFH	BStBl II 1981 S. 566	R 139 (6)	
24.02.1981	BFH	BStBl II 1981 S. 379	R 137 (6)	
05.03.1981	BFH	BStBl II 1981 S. 435	R 138a (3)	
19.03.1981	BFH	BStBl II 1981 S. 570	H 138d	(Allgemeines)
19.03.1981	BFH	BStBl II 1981 S. 527	H 28	(Handelsregister)
26.03.1981	BFH	BStBl II 1981 S. 572	H 138d	(Allgemeines)
27.03.1981	BFH	BStBl II 1981 S. 530	H 87a	(Nichtabziehbare Vorsorgeaufwendungen)
09.04.1981	BFH	BStBl II 1981 S. 620	R 15 (3)	
15.04.1981	BFH	BStBl II 1981 S. 618	R 13 (9)	
29.04.1981	BFH	BStBl II 1981 S. 663	R 138 (1)	
29.04.1981	BFH	BStBl II 1981 S. 663	R 138a (1)	
29.04.1981	BFH	BStBl II 1981 S. 663	R 138a (6)	
05.05.1981	BFH	BStBl II 1981 S. 574	H 138d	(Allgemeines)
19.05.1981	BFH	BStBl II 1981 S. 665	H 139 (14)	(Erbfolge)
26.05.1981	BFH	BStBl II 1981 S. 668	H 138d	(Allgemeines)
26.05.1981	BFH	BStBl II 1981 S. 795	H 138d	(Allgemeines)
27.05.1981	BFH	BStBl II 1982 S. 211	H 139 (4)	(Ermittlung des Veräußerungsgewinns)
27.05.1981	BFH	BStBl II 1982 S. 211	H 139 (9)	(Personengesellschaft)
23.06.1981	BFH	BStBl II 1982 S. 18	R 41a (7)	
25.06.1981	BFH	BStBl II 1982 S. 59	H 138 (3)	(Stille Gesellschaft)
25.06.1981	BFH	BStBl II 1982 S. 105	H 213n	(Erhöhung von Vorauszahlungen)
25.06.1981	BFH	BStBl II 1981 S. 779	R 138 (1)	
25.06.1981	BFH	BStBl II 1981 S. 779	R 138a (3)	
01.07.1981	BFH	BStBl II 1981 S. 780	R 17 (1)	

Anhang 38

Urteile und Schreiben

Datum	Verfasser	Fundstelle	ESt/HA 95	Stichwort
01.07.1981	BFH	BStBl II 1982 S. 246	H 40	(ABC: Beispiele für selbständig nutzungsfähige Wirtschaftsgüter)
02.07.1981	BFH	BStBl II 1981 S. 798	H 139 (9)	(Umlaufvermögen)
20.07.1981	BMF	BStBl I 1981 S. 567	H 87	(Versorgungsausgleich)
20.07.1981	BMF	BStBl I 1981 S. 567	H 88	(Versicherungsbeiträge beim ehelichen Versorgungsausgleich)
21.07.1981	BFH	BStBl II 1982 S. 36	H 153	(Schuldzinsen)
21.07.1981	BFH	BStBl II 1982 S. 37	H 153	(Schuldzinsen)
21.07.1981	BFH	BStBl II 1982 S. 40	H 153	(Schuldzinsen)
21.07.1981	BFH	BStBl II 1982 S. 41	H 167	(Schuldzinsen)
23.07.1981	BFH	BStBl II 1982 S. 60	R 137 (6)	
31.07.1981	BFH	BStBl II 1981 S. 805	H 190	(Anrechnung eigener Einkünfte und Bezüge)
18.08.1981	BFH	BStBl II 1982 S. 293	R 139 (14)	
28.08.1981	BFH	BStBl II 1982 S. 156	R 174 (3)	
02.10.1981	BFH	BStBl II 1982 S. 116	H 186	(Scheidung)
15.10.1981	BFH	BStBl II 1982 S. 63	R 41b (5)	
15.10.1981	BFH	BStBl II 1982 S. 342	R 138a (1)	
16.10.1981	BFH	BStBl II 1982 S. 67	H 117	(Nachschlagewerk)
21.10.1981	BFH	BStBl II 1982 S. 139	H 154	(Zuflußzeitpunkt bei Gewinnausschüttungen)
23.10.1981	BFH	BStBl II 1982 S. 69	H 117a	(Allgemeinbildende Reise)
23.10.1981	BFH	BStBl II 1982 S. 69	H 117a	(Auslandsgruppenreisen zu Informationszwecken)
23.10.1981	BFH	BStBl II 1982 S. 69	H 117a	(Auslandsgruppenreisen zu Informationszwecken) - Geographielehrer
28.10.1981	BFH	BStBl II 1982 S. 186	H 138 (3)	(Innengesellschaft)
29.10.1981	BFH	BStBl II 1982 S. 381	R 139 (2)	
29.10.1981	BFH	BStBl II 1982 S. 381	R 139 (2)	
17.11.1981	BFH	BStBl II 1982 S. 344	H 32	(Vorführ- und Dienstwagen)
25.11.1981	BFH	BStBl II 1982 S. 189	H 31a	(Kundenstamm)
04.12.1981	BFH	BStBl II 1984 S. 630	H 83	(Neues Wirtschaftsgut) - 10 v. H.- Regelung
08.12.1981	BFH	BStBl II 1982 S. 618	H 168a	(Keine Leistungen im Sinne des § 22 Nr. 3 EStG sind)
15.12.1981	BMF	BStBl I 1981 S. 878	H 12	(Buchführung)
15.12.1981	BFH	BStBl II 1982 S. 385	H 44	(Nutzungsdauer)
16.12.1981	BFH	BStBl II 1982 S. 387	R 138a (7)	
14.01.1982	BFH	BStBl II 1982 S. 345	H 143	(Geldgeschäfte)
19.01.1982	BFH	BStBl II 1982 S. 321	H 171	(Nachträgliche Ausgaben)
19.01.1982	BFH	BStBl II 1982 S. 526	R 13 (9)	
28.01.1982	BFH	BStBl II 1982 S. 479	H 137	(Personelle Verflechtung)
28.01.1982	BFH	BStBl II 1982 S. 389	H 138 (3)	(Stille Gesellschaft)
02.02.1982	BFH	BStBl II 1982 S. 390	H 42a	(Obligatorischer Vertrag)
04.02.1982	BFH	BStBl II 1982 S. 348	H 139 (1)	(Personengesellschaft)
04.02.1982	BFH	BStBl II 1982 S. 348	H 139 (9)	(Rückstellung und Rücklage)
04.02.1982	BFH	BStBl II 1982 S. 348	R 41b (11)	
10.02.1982	BFH	BStBl II 1982 S. 392	R 140 (2)	
18.02.1982	BFH	BStBl II 1982 S. 394	R 21 (2)	
18.02.1982	BFH	BStBl II 1982 S. 394	H 21	(Begriff des Geschenks)
19.02.1982	BFH	BStBl II 1982 S. 467	H 24	(Verfahrenskosten)
19.02.1982	BFH	BStBl II 1982 S. 467	H 120	(Kosten des Strafverfahrens/der Strafverteidigung)
25.02.1982	BFH	BStBl II 1982 S. 461	R 14 (1)	
02.03.1982	BFH	BStBl II 1984 S. 504	R 12 (2)	
02.03.1982	BFH	BStBl II 1984 S. 504	H 16	(Gewinnschätzung nach den Grundsätzen des § 4 Abs. 3 EStG)
10.03.1982	BFH	BStBl II 1982 S. 426	H 45	(Teilherstellungskosten)
11.03.1982	BFH	BStBl II 1982 S. 707	H 139 (9)	(Versicherungsleistungen)
17.03.1982	BFH	BStBl II 1982 S. 545	R 40 (5)	
23.03.1982	BFH	BStBl II 1982 S. 463	H 153	(Schuldzinsen)

Anhang 38
Urteile und Schreiben

Datum	Verfasser	Fundstelle	ESt/HA 95	Stichwort
30.03.1982	BFH	BStBl II 1982 S. 399	H 192	(Wäscherei)
01.04.1982	BFH	BStBl II 1982 S. 589	H 136	(Unterrichtende und erzieherische Tätigkeit)
22.04.1982	BFH	BStBl II 1982 S. 496	H 170	(Allgemeines)
29.04.1982	BFH	BStBl II 1985 S. 204	H 139 (14)	(Tod)
29.04.1982	BFH	BStBl II 1985 S. 204	H 147	(Veräußerung)
29.04.1982	BFH	BStBl II 1982 S. 593	R 16 (2)	
29.04.1982	BFH	BStBl II 1982 S. 591	H 34	(Betriebsunterbrechungsversicherung)
06.05.1982	BFH	BStBl II 1982 S. 691	R 139 (12)	
06.05.1982	BFH	BStBl II 1982 S. 691	R 139 (12)	
03.06.1982	BFH	BStBl II 1982 S. 749	H 186	(Schadensersatzleistungen)
15.06.1982	BMF	BStBl I 1982 S. 589	H 32	(Vorführ- und Dienstwagen)
16.06.1982	BFH	BStBl II 1982 S. 662	R 137 (6)	
24.06.1982	BFH	BStBl II 1982 S. 751	R 139 (3)	
29.06.1982	BFH	BStBl II 1982 S. 755	R 86 (4)	
08.07.1982	BFH	BStBl II 1982 S. 700	H 134a	(Nachhaltigkeit)
08.07.1982	BFH	BStBl II 1982 S. 700	H 138 (3)	(Stille Gesellschaft)
21.07.1982	BFH	BStBl II 1982 S. 758	R 35a (2)	
22.07.1982	BFH	BStBl II 1985 S. 655	H 31b	(Bestimmte Zeit nach dem Abschlußstichtag)
30.07.1982	BFH	BStBl II 1982 S. 744	H 186	(Verausgabung)
12.08.1982	BFH	BStBl II 1983 S. 36	R 138c (1)	
12.08.1982	BFH	BStBl II 1982 S. 782	H 13 (5)	Unselbständige Gebäudeteile
12.08.1982	BFH	BStBl II 1982 S. 896	H 31b	(Immobilien-Leasingvertrag mit degressiven Leasingraten beim Leasingnehmer)
12.08.1982	BFH	BStBl II 1982 S. 782	H 42	(Betriebsvorrichtungen)
19.08.1982	BFH	BStBl II 1983 S. 7	H 136	(Abgrenzung selbständige Arbeit/Gewerbebetrieb)
25.08.1982	BFH	BStBl II 1983 S. 38	H 31a	(Kein entgeltlicher Erwerb)
17.09.1982	BFH	BStBl II 1983 S. 9	H 182	(Abzug mit Zuordnung)
21.09.1982	BFH	BStBl II 1983 S. 201	H 168a	(Leistungen)
21.09.1982	BFH	BStBl II 1983 S. 289	H 168a	(Leistungen im Sinne des § 22 Nr. 3 EStG sind)
21.09.1982	BFH	BStBl II 1983 S. 289	H 170	(Allgemeines)
21.09.1982	BFH	BStBl II 1983 S. 289	R 140 (6)	
28.09.1982	BFH	BStBl II 1983 S. 146	H 42a	(Bauantrag)
06.10.1982	BFH	BStBl II 1983 S. 80	R 137 (3)	
07.10.1982	BFH	BStBl II 1983 S. 104	R 38 (1)	
26.10.1982	BFH	BStBl II 1983 S. 404	H 168a	(Leistungen im Sinne des § 22 Nr. 3 EStG sind)
28.10.1982	BFH	BStBl II 1983 S 106	H 13 (1)	Bodenschätze
03.11.1982	BFH	BStBl II 1983 S. 182	H 134	(Selbständigkeit)
05.11.1982	BFH	BStBl II 1983 S. 109	H 191	(Rechtsprechung zur auswärtigen Unterbringung)
09.11.1982	BFH	BStBl II 1983 S. 172	H 161	(Einnahmen)
09.11.1982	BFH	BStBl II 1983 S. 297	H 117	(Kinderbetreuungskosten)
10.11.1982	BFH	BStBl II 1983 S. 136	R 137 (6)	
11.11.1982	BFH	BStBl II 1983 S. 299	R 137 (6)	
16.11.1982	BFH	BStBl II 1983 S. 361	R 31c (11)	
24.11.1982	BFH	BStBl II 1983 S. 113	R 14 (4)	
24.11.1982	BFH	BStBl II 1983 S. 113	H 31a	(Immaterielle Wirtschaftsgüter)
24.11.1982	BFH	BStBl II 1983 S. 365	H 14	(Entnahme von Grundstücken und Grundstücksteilen)
24.11.1982	BMF	BStBl I 1982 S. 868	H 92	(Begünstigte Zwecke)
02.12.1982	BFH	BStBl II 1983 S. 215	R 13 (2)	
02.12.1982	BFH	BStBl II 1983 S. 215	R 13 (12)	
09.12.1982	BFH	BStBl II 1983 S. 371	R 35 (3)	
09.12.1982	BFH	BStBl II 1983 S. 371	R 35 (5)	
14.12.1982	BFH	BStBl II 1983 S. 303	R 15 (1)	
15.12.1982	BFH	BStBl II 1983 S. 409	H 117a	(Auslandsgruppenreisen zu Informationszwecken) - Gruppenreise von Gewerbetreibenden

Anhang 38
Urteile und Schreiben

Datum	Verfasser	Fundstelle	ESt/HA 95	Stichwort
15.12.1982	BFH	BStBl II 1983 S. 409	H 117a	(Auslandsgruppenreisen zu Informationszwecken) - Gruppenreise von Gewerbetreibenden
21.12.1982	BFH	BStBl II 1983 S. 373	H 171	(Nachträgliche Ausgaben)
12.01.1983	BFH	BStBl II 1983 S. 595	R 139 (10)	
12.01.1983	BFH	BStBl II 1983 S. 223	H 13 (5)	Unselbständige Gebäudeteile - Rolltreppen Kaufhaus
19.01.1983	BFH	BStBl II 1983 S. 312	R 139 (3)	
19.01.1983	BFH	BStBl II 1983 S. 312	R 139 (8)	
20.01.1983	BFH	BStBl II 1983 S. 375	H 31c (4)	Ausgleichsanspruch Handelsvertreter
27.01.1983	BFH	BStBl II 1983 S. 426	R 137 (3)	
01.02.1983	BFH	BStBl II 1984 S. 128	H 162a	(Steuerliche Anerkennung)
08.02.1983	BFH	BStBl II 1983 S. 554	H 161	(Werbungskosten)
08.02.1983	BFH	BStBl II 1983 S. 496	R 19 (1)	
09.02.1983	BFH	BStBl II 1983 S. 271	H 139 (9)	(Handelsvertreter)
09.02.1983	BFH	BStBl II 1983 S. 451	R 33a (2)	
09.02.1983	BFH	BStBl II 1983 S. 451	H 33	(Ablöse- und Abstandszahlungen)
17.02.1983	BFH	BStBl II 1983 S. 437	R 38 (4)	
04.03.1983	BFH	BStBl II 1983 S. 378	H 186	(Gegenwert)
04.03.1983	BFH	BStBl II 1983 S. 509	H 45	(Anzahlungen auf Anschaffungskosten) - Begriff
16.03.1983	BFH	BStBl II 1983 S. 459	R 13 (11)	
18.03.1983	BFH	BStBl II 1983 S. 475	H 114	(Steuerfreie Einnahmen)
24.03.1983	BFH	BStBl II 1983 S. 663	R 19 (2)	
24.03.1983	BFH	BStBl II 1983 S. 770	R 19 (2)	
29.03.1983	BFH	BStBl II 1983 S. 601	H 168b	(Werbungskosten)
03.05.1983	BFH	BStBl II 1983 S. 132	H 31b	(Bestimmte Zeit nach dem Abschlußstichtag)
03.05.1983	BFH	BStBl II 1983 S. 572	H 31b	(Bestimmte Zeit nach dem Abschlußstichtag)
05.05.1983	BFH	BStBl II 1983 S. 631	R 14 (3)	
15.06.1983	BFH	BStBl II 1983 S. 672	H 25	(Steuerpause/mißbräuchliche Gestaltung)
23.06.1983	BFH	BStBl II 1983 S. 725	R 13 (15)	
28.06.1983	BFH	BStBl II 1984 S. 196	H 13 (5)	Unselbständige Gebäudeteile
30.06.1983	BFH	BStBl II 1984 S. 263	R 31c (7)	
30.06.1983	BFH	BStBl II 1983 S. 636	H 126	(Mitunternehmerschaft ohne vorliegende Vereinbarungen über ein Gesellschaftsverhältnis)
01.07.1983	BFH	BStBl II 1983 S. 686	H 33	(Einfriedungen und Außenanlagen)
01.07.1983	BFH	BStBl II 1983 S. 686	H 42	(Unbewegliche Wirtschaftsgüter, die keine Gebäude oder Gebäudeteile sind) - Hof- und Platzbefestigungen
07.07.1983	BFH	BStBl II 1984 S. 53	R 138 (4)	
07.07.1983	BFH	BStBl II 1984 S. 53	R 138 (4)	
07.07.1983	BFH	BStBl II 1983 S. 753	H 38	(Gratifikation)
19.07.1983	BFH	BStBl II 1984 S. 26	H 169	(Identisches Wirtschaftsgut)
19.07.1983	BFH	BStBl II 1984 S. 56	R 38 (6)	
19.07.1983	BFH	BStBl II 1984 S. 56	R 31c (11)	
19.07.1983	BFH	BStBl II 1984 S. 56	R 31c (11)	
20.07.1983	BMF	BStBl I 1983 S. 382	H 227c	(Ausländische Kulturvereinigungen)
28.07.1983	BFH	BStBl II 1984 S. 97	H 130a	(Altenteilerwohnung)
02.08.1983	BFH	BStBl II 1983 S. 735	R 14 (3)	
02.08.1983	BMF	BStBl I 1983 S. 390		Hinweis zu § 6d EStG (Bescheinigungsverfahren)
09.08.1983	BFH	BStBl II 1984 S. 129	H 136	(Gemischte Tätigkeit)
09.08.1983	BFH	BStBl II 1984 S. 129	H 136	(Gemischte Tätigkeit)
09.08.1983	BFH	BStBl II 1984 S. 129	H 136	(Rechts- und wirtschaftsberatende Berufe)
09.08.1983	BFH	BStBl II 1984 S. 29	H 171	(Nachträgliche Ausgaben)
12.08.1983	BFH	BStBl II 1983 S. 718	H 6 Nr. 11	(Erziehungs- und Ausbildungsbeihilfen)
23.08.1983	BFH	BStBl II 1984 S. 97	H 130a	(Altenteilerwohnung)
25.08.1983	BFH	BStBl II 1984 S. 33	H 236	(Teilwert)
25.08.1983	BFH	BStBl II 1984 S. 33	R 35a (1)	

Anhang 38
Urteile und Schreiben

Datum	Verfasser	Fundstelle	ESt/HA 95	Stichwort
13.10.1983	BFH	BStBl II 1984 S. 101	R 32a (1)	
20.10.1983	BFH	BStBl II 1984 S. 298	R 19 (2)	
27.10.1983	BFH	BStBl II 1984 S. 35	R 36 (2)	
27.10.1983	BFH	BStBl II 1984 S. 35	R 36 (2)	
27.10.1983	BFH	BStBl II 1984 S. 35	R 36 (2)	
27.10.1983	BFH	BStBl II 1984 S. 35	R 32a (3)	
27.10.1983	BFH	BStBl II 1984 S. 35	R 35a (2)	
31.10.1983	BMF	BStBl I 1983 S. 470	H 1	(Auslandstätigkeitserlaß)
31.10.1983	BMF	BStBl I 1983 S. 470	H 87a	(Nichtabziehbare Vorsorgeaufwendungen)
09.11.1983	BFH	BStBl II 1984 S. 212	H 137	(Personelle Verflechtung)
10.11.1983	BFH	BStBl II 1984 S. 150	H 138 (3)	(Mitunternehmerstellung)
22.11.1983	BFH	BStBl II 1984 S. 472	R 6	
23.11.1983	BMF	BStBl I 1983 S. 508	H 154	(Nießbrauch)
23.11.1983	FinMin NW	ESt-Kartei NW	H 101	(Kirchengemeinden im Ausland)
24.11.1983	BFH	BStBl II 1984 S. 301	R 38 (5)	
24.11.1983	BFH	BStBl II 1984 S. 301	R 31c (6)	
29.11.1983	BFH	BStBl II 1984 S. 303	H 33	(Bauplanungskosten)
06.12.1983	BFH	BStBl II 1984 S. 132	H 168a	(Keine Leistungen im Sinne des § 22 Nr. 3 EStG sind)
06.12.1983	BFH	BStBl II 1984 S. 132	R 137 (9)	
06.12.1983	BFH	BStBl II 1984 S. 227	R 29 (2)	
08.12.1983	BFH	BStBl II 1984 S. 202	R 14 (3)	
13.12.1983	BFH	BStBl II 1984 S. 368	H 162	(Nutzungswert)
13.12.1983	BFH	BStBl II 1984 S. 311	H 169	(Veräußerung)
13.12.1983	BFH	BStBl II 1984 S. 474	R 139 (2)	
17.01.1984	BFH	BStBl II 1984 S. 522	R 190 (3)	
25.01.1984	BFH	BStBl II 1984 S. 422	R 32a (2)	
26.01.1984	BFH	BStBl II 1984 S. 347	H 170	(Abzugsfähige Aufwendungen)
01.02.1984	BMF	BStBl I 1984 S. 155	H 29	(Mikrofilmaufnahmen)
14.02.1984	BFH	BStBl II 1984 S. 580	H 154	(Stiller Gesellschafter)
14.02.1984	BFH	BStBl II 1984 S. 480	H 154	(Zuflußzeitpunkt bei Gewinnausschüttungen)
23.02.1984	BFH	BStBl II 1984 S. 516	R 16 (4)	
02.03.1984	BFH	BStBl II 1984 S. 484	R 188 (1)	
08.03.1984	BFH	BStBl II 1984 S. 623	R 138a (6)	
08.03.1984	BFH	BStBl II 1984 S. 702	H 33	(Ablöse- und Abstandszahlungen)
28.03.1984	BFH	BStBl II 1984 S. 664	H 149	(Patentveräußerung gegen Leibrente)
05.04.1984	BFH	BStBl II 1984 S. 518	H 147	(Einbringungsgewinn)
05.04.1984	BFH	BStBl II 1984 S. 518	R 147 (2)	
05.04.1984	BFH	BStBl II 1984 S. 552	H 31b	(Ertragszuschüsse)
06.04.1984	BFH	BStBl II 1984 S. 434	H 118	(Unfallkosten)
02.05.1984	BFH	BStBl II 1984 S. 695	R 15 (1)	
09.05.1984	BFH	BStBl II 1984 S. 560	H 117	(Kontoführungsgebühren)
18.05.1984	BFH	BStBl II 1984 S. 588	H 117	(Einbürgerungskosten)
23.05.1984	BFH	BStBl II 1984 S. 823	H 136	(Abgrenzung selbständige Arbeit/Gewerbebetrieb)
23.05.1984	BFH	BStBl II 1984 S. 823	H 136	(Sonstige selbständige Arbeit)
14.06.1984	BFH	BStBl II 1985 S. 15	H 136	(Abgrenzung selbständige Arbeit/Gewerbebetrieb)
25.06.1984	BFH	BStBl II 1984 S. 751	H 138 (3)	(Nachversteuerung des negativen Kapitalkontos)
25.06.1984	BFH	BStBl II 1984 S. 751	R 138 (1)	
25.06.1984	BFH	BStBl II 1984 S. 751	R 138 (3)	
25.06.1984	BFH	BStBl II 1984 S. 751	R 134b (1)	
25.06.1984	BFH	BStBl II 1984 S. 751	R 134b (3)	
25.06.1984	BFH	BStBl II 1984 S. 751	R 134b (1)	Fn.
25.06.1984	BFH	BStBl II 1984 S. 769	R 138 (3)	
28.06.1984	BFH	BStBl II 1984 S. 798	H 135	(Grundstücksverkäufe)
28.06.1984	BFH	BStBl II 1985 S. 211	R 137 (3)	

Anhang 38

Urteile und Schreiben

Datum	Verfasser	Fundstelle	ESt/HA 95	Stichwort
03.07.1984	BFH	BStBl II 1984 S. 709	H 44	(Unterlassene oder überhöhte AfA)
05.07.1984	BFH	BStBl II 1984 S. 711	R 139 (2)	
11.07.1984	BFH	BStBl II 1984 S. 722	R 137 (3)	
12.07.1984	BFH	BStBl II 1984 S. 713	R 139 (12)	
26.07.1984	BFH	BStBl II 1984 S. 714	R 137 (6)	
26.07.1984	BFH	BStBl II 1984 S. 786	R 139 (10)	
26.07.1984	BFH	BStBl II 1984 S. 829	R 139 (11)	
27.07.1984	BFH	BStBl II 1985 S. 8	H 182	(Meldung des Kindes)
01.08.1984	BFH	BStBl II 1985 S. 44	R 31c (5)	
09.08.1984	BFH	BStBl II 1985 S. 47	H 45	(Verzeichnis)
15.08.1984	BMF	BStBl I 1984 S. 461	H 139 (5)	(Geschäftswert)
22.08.1984	BFH	BStBl II 1985 S. 61	R 134b (1)	
22.08.1984	BFH	BStBl II 1985 S. 126	H 44	(Nutzungsdauer)
04.09.1984	BMF	BStBl I 1984 S. 495	H 26	(Arbeitnehmer-Ehegatten)
04.09.1984	BMF	BStBl I 1984 S. 495	H 41 (11)	Arbeitnehmer-Ehegatten
13.09.1984	BFH	BStBl II 1985 S. 49	H 157	(Erhaltungsaufwand)
18.09.1984	BFH	BStBl II 1985 S. 55	R 140 (2)	
28.09.1984	BFH	BStBl II 1985 S. 87	H 103	(Aufwendungen im Sinne des § 10 Abs. 1 Nr. 7 EStG) - Arbeitsmittel
28.09.1984	BFH	BStBl II 1985 S. 87	H 103	(Aufwendungen im Sinne des § 10 Abs. 1 Nr. 7 EStG) - Fachliteratur - Fahrten zwischen Wohnung und Aus-/Weiterbildungsort
28.09.1984	BFH	BStBl II 1985 S. 94	H 103	(Aufwendungen im Sinne des § 10 Abs. 1 Nr. 7 EStG) - Lehrgangs-, Schul- und Studiengebühren
28.09.1984	BFH	BStBl II 1985 S. 87	H 103	(Ausbildungsverhältnis)
28.09.1984	BFH	BStBl II 1985 S. 87	H 103	(Berufsausbildung)
28.09.1984	BFH	BStBl II 1985 S. 94	H 103	(Berufsausbildungskosten) - Diplom-Betriebswirt
28.09.1984	BFH	BStBl II 1985 S. 94	H 103	(Studium)
02.10.1984	BFH	BStBl II 1985 S. 320	R 140 (4)	
02.10.1984	BFH	BStBl II 1985 S. 428	R 140 (6)	
02.10.1984	BFH	BStBl II 1985 S. 320	H 32a	(Schuldübernahmen)
03.10.1984	BFH	BStBl II 1985 S. 131	R 139 (1)	
03.10.1984	BFH	BStBl II 1985 S. 131	R 139 (2)	
03.10.1984	BFH	BStBl II 1985 S. 245	R 139 (1)	
03.10.1984	BFH	BStBl II 1985 S. 245	R 139 (3)	
04.10.1984	BFH	BStBl II 1985 S. 51	H 146	(Beispiele für selbständige Nebentätigkeit)
11.10.1984	BFH	BStBl II 1985 S. 91	R 180 (1)	
16.10.1984	BMF	BStBl I 1984 S. 518	H 31c (3)	Vorruhestandsleistungen
08.11.1984	BFH	BStBl II 1985 S. 286	R 21 (2)	
08.11.1984	BFH	BStBl II 1985 S. 286	H 117	(Arbeitsessen mit Fachkollegen)
09.11.1984	BFH	BStBl II 1985 S. 135	H 186	(Studienplatz)
14.11.1984	BFH	BStBl II 1985 S. 216	H 213f	(Anrechnung)
15.11.1984	BFH	BStBl II 1985 S. 205	H 134b	(Abgrenzung der Gewinnerzielungsabsicht zur Liebhaberei)
15.11.1984	BFH	BStBl II 1984 S. 113	H 6 Nr. 11	(Öffentliche Mittel)
16.11.1984	BFH	BStBl II 1985 S. 136	H 116	(Belegschaftsaktien)
27.11.1984	BFH	BStBl II 1985 S. 323	H 171	(Nachträgliche Ausgaben)
28.11.1984	BFH	BStBl II 1985 S. 264	H 168a	(Leistungen)
28.11.1984	BFH	BStBl II 1985 S. 264	H 168a	(Leistungen im Sinne des § 22 Nr. 3 EStG sind:)
04.12.1984	BFH	BStBl II 1985 S. 208	R 33a (2)	
04.12.1984	BFH	BStBl II 1985 S. 208	H 44	(AfaA)
11.12.1984	BFH	BStBl II 1985 S. 250	R 35 (4)	
11.12.1984	BFH	BStBl II 1985 S. 250	R 41b (2)	
13.12.1984	BFH	BStBl II 1985 S. 455	H 134b	(Abgrenzung der Gewinnerzielungsabsicht zur Liebhaberei)

Anhang 38
Urteile und Schreiben

Datum	Verfasser	Fundstelle	ESt/HA 95	Stichwort
13.12.1984	BFH	BStBl II 1985 S. 657	H 137	(Personelle Verflechtung)
13.12.1984	BFH	BStBl II 1985 S. 325	H 117a	(Auslandsgruppenreisen zu Informationszwecken)
15.01.1985	BFH	BStBl II 1985 S. 252	H 43	(Anschaffungskosten)
22.01.1985	BFH	BStBl II 1986 S. 136	H 138d	(Allgemeines)
22.01.1985	BFH	BStBl II 1985 S. 308	R 15 (1)	
22.01.1985	BFH	BStBl II 1985 S. 501	R 6	
22.01.1985	BMF	BStBl I 1985 S. 97	H 14 (2-5)	Einbringung von Betriebsvermögen in eine Betriebs-/Kapitalgesellschaft
24.01.1985	BFH	BStBl II 1985 S. 676	H 136	(Abgrenzung selbständige Arbeit/Gewerbebetrieb)
24.01.1985	BFH	BStBl II 1985 S. 676	H 136	(Heilberufe)
24.01.1985	BMF	BStBl I 1985 S. 77	H 154	(Nullkupon-Anleihen und andere Kapitalanlageformen)
24.01.1985	BFH	BStBl II 1985 S. 255	R 17 (1)	
31.01.1985	BFH	BStBl II 1985 S. 365	R 6	
31.01.1985	BFH	BStBl II 1985 S. 395	R 14 (3)	
31.01.1985	BFH	BStBl II 1985 S. 365	H 6 Nr. 66	(Sanierungsabsicht)
07.02.1985	BFH	BStBl II 1985 S. 504	R 6	
26.02.1985	BFH	BStBl II 1985 S. 547	R 156 (1)	Fn.
27.02.1985	BFH	BStBl II 1985 S. 458	R 21 (12)	
14.03.1985	BFH	BStBl II 1985 S. 424	H 134b	(Abgrenzung der Gewinnerzielungsabsicht zur Liebhaberei)
14.03.1985	BFH	BStBl II 1985 S. 424	H 149	(Gewinnerzielungsabsicht)
14.03.1985	BFH	BStBl II 1985 S. 424	R 149	Fn.
21.03.1985	BVerfG	BStBl II 1985 S. 475	R 137 (7)	
21.03.1985	BFH	BStBl II 1985 S. 614	H 133a	(Betriebsaufgabe/-veräußerung)
28.03.1985	BFH	BStBl II 1985 S. 508	H 139 (1)	(Rückverpachtung)
28.03.1985	BFH	BStBl II 1985 S. 508	H 139 (8)	(Land- und Forstwirtschaft)
28.03.1985	BFH	BStBl II 1985 S. 508	H 197	(Betriebsveräußerung)
29.03.1985	BMF	BStBl I 1985 S. 121	H 137	(Personelle Verflechtung)
17.04.1985	BFH	BStBl II 1988 S. 126	R 40 (1)	
17.04.1985	BFH	BStBl II 1985 S. 617	H 31b	(Bestimmte Zeit nach dem Abschlußstichtag)
17.04.1985	BFH	BStBl II 1985 S. 126	H 40	(ABC: Beispiele für nicht selbständig nutzungsfähige Wirtschaftsgüter) - Kühlkanäle
25.04.1985	BFH	BStBl II 1985 S. 622	R 137 (4)	
03.05.1985	BMF	BStBl I 1985 S. 188	H 31a	(Nutzungsrechte) - Abdruck
23.05.1985	BFH	BStBl II 1985 S. 515	H 134b	(Abgrenzung der Gewinnerzielungsabsicht zur Liebhaberei)
23.05.1985	BFH	BStBl II 1985 S. 515	H 136	(Gewinnerzielungsabsicht)
23.05.1985	BFH	BStBl II 1985 S. 517	H 143	(Geldgeschäfte)
23.05.1985	BFH	BStBl II 1985 S. 695	H 147	(Gesellschafterbeitritt in bestehende freiberufliche Sozietät)
23.05.1985	BFH	BStBl II 1985 S. 515	R 134b (2)	
23.05.1985	BFH	BStBl II 1985 S. 517	H 13 (1)	Beteiligungen
31.05.1985	BMF	BStBl I 1985 S. 205	H 13 (5)	Unselbständige Gebäudeteile
11.06.1985	BFH	BStBl II 1985 S. 584	H 136	(Gesellschaft)
11.06.1985	BFH	BStBl II 1987 S. 33	H 138 (3)	(Mitunternehmerstellung)
04.07.1985	BFH	BStBl II 1985 S. 576	R 174b (2)	
30.07.1985	BFH	BStBl II 1986 S. 327	H 161	(Keine Werbungskosten)
30.07.1985	BFH	BStBl II 1986 S. 359	R 137 (7)	
08.08.1985	BFH	BStBl II 1986 S. 6	H 236	(Verlustausschlußklausel)
21.08.1985	BFH	BStBl II 1985 S. 250	R 19 (3)	
21.08.1985	BFH	BStBl II 1986 S. 88	R 134a	
21.08.1985	BFH	BStBl II 1986 S. 88	R 134a	
02.09.1985	BFH	BStBl II 1986 S. 10	R 138 (2)	
02.09.1985	BMF	BStBl I 1985 S. 568	H 31b	(Ertragszuschüsse) - Abdruck
12.09.1985	BFH	BStBl II 1986 S. 252	H 168a	(Keine Leistungen im Sinne des § 22 Nr. 3 EStG sind)

Anhang 38

Urteile und Schreiben

Datum	Verfasser	Fundstelle	ESt/HA 95	Stichwort
24.09.1985	BFH	BStBl II 1986 S. 287	H 162	(Nutzungswert)
24.09.1985	BFH	BStBl II 1986 S. 284	H 116	(Scheck, Scheckkarte, Kreditkarte)
03.10.1985	BFH	BStBl II 1986 S. 213	H 136	(Gemischte Tätigkeit)
08.10.1985	BFH	BStBl II 1986 S. 596	H 153	(Schuldzinsen)
10.10.1985	BFH	BStBl II 1986 S. 68	H 138 (3)	(Nachversteuerung des negativen Kapitalkontos)
10.10.1985	BFH	BStBl II 1986 S. 68	R 134b (1)	
25.10.1985	BFH	BStBl II 1986 S. 200	H 119	(Unzutreffende Besteuerung)
25.10.1985	FG München	BB 1986 S. 435	H 40	(Beispiele für selbständig nutzungsfähige Wirtschaftsgüter) - als Zimmerausstattung vermietete Fernsehgeräte/Hotels
29.10.1985	BFH	BStBl II 1986 S. 260	H 92	(Lebensversicherungsbeitrag)
05.11.1985	BFH	BStBl II 1986 S. 53	H 139 (1)	(Personengesellschaft)
07.11.1985	BFH	BStBl II 1986 S. 335	R 147 (1)	Fn.
07.11.1985	BFH	BStBl II 1986 S. 176	H 31a	(Geschäftswert/Praxiswert)
07.11.1985	BFH	BStBl II 1986 S. 176	H 31a	(Schwebende Arbeitsverträge)
12.11.1985	BFH	BStBl II 1986 S. 311	H 138 (3)	(Stille Gesellschaft)
12.11.1985	BFH	BStBl II 1986 S. 261	H 165	(Wiederkehrende Bezüge)
12.11.1985	BFH	BStBl II 1986 S. 890	H 168a	(Leistungen im Sinne des § 22 Nr. 3 EStG sind)
12.11.1985	BFH	BStBl II 1986 S. 296	R 137 (4)	
12.11.1985	BFH	BStBl II 1986 S. 296	R 137 (6)	
13.11.1985	BMF	BStBl I 1985 S. 661	H 154	(Zinsen aus Lebensversicherungen)
14.11.1985	BFH	BStBl II 1986 S. 182	H 143	(Betriebsvermögen)
15.11.1985	BFH	BStBl II 1986 S. 367	H 45	(Teilherstellungskosten)
19.11.1985	BFH	BStBl II 1986 S. 424	H 134	(Selbständigkeit)
19.11.1985	BFH	BStBl II 1986 S. 289	H 134b	(Abgrenzung der Gewinnerzielungsabsicht zur Liebhaberei)
05.12.1985	BFH	BStBl II 1986 S. 390	H 44	(AfaA)
06.12.1985	BFH	BStBl II 1986 S. 390	H 174	(Allgemeines)
10.12.1985	BFH	BStBl II 1986 S. 340	H 168a	(Leistungen im Sinne des § 22 Nr. 3 EStG sind)
10.12.1985	BFH	BStBl II 1986 S. 342	H 116	(Gesamtgläubiger)
12.12.1985	BFH	BStBl II 1986 S. 392	H 44	(AfA-Volumen)
13.12.1985	BFH	BStBl II 1986 S. 486	R 174 (1)	
20.12.1985	BFH	BStBl II 1986 S. 459	H 117	(Wehrdienst)
03.01.1986	BMF	BStBl I 1986 S. 52	H 111	(Listenverfahren) - Abdruck
09.01.1986	BMF	BStBl I 1986 S. 7	H 28	(Arbeitnehmer-Ehegatten)
09.01.1986	BMF	BStBl I 1986 S. 7	H 41 (11)	Arbeitnehmer-Ehegatten
16.01.1986	BFH	BStBl II 1986 S. 467	H 83	(Neues Wirtschaftsgut) - Nutzung vor Erwerb
23.01.1986	BFH	BStBl II 1986 S. 398	H 136	(Mithilfe anderer Personen)
28.01.1986	BFH	BStBl II 1986 S. 599	R 138 (2)	
30.01.1986	BFH	BStBl II 1986 S. 488	R 21 (7)	
31.01.1986	BFH	BStBl II 1986 S. 355	H 42	(Wirtschaftliche oder technische Abnutzung)
06.02.1986	BFH	BStBl II 1986 S. 457	H 130a	(Haushaltführende Person)
18.02.1986	BMF	BStBl I 1986 S. 123	H 92	(Ausland)
25.02.1986	BFH	BStBl II 1986 S. 465	R 31c (11)	
25.02.1986	BFH	BStBl II 1986 S. 788	R 38 (1)	
25.02.1986	BFH	BStBl II 1986 S. 788	R 31c (3)	
27.02.1986	BFH	BStBl II 1986 S. 552	R 41a (7)	
07.03.1986	BFH	BStBl II 1986 S. 554	R 191 (4)	
13.03.1986	BFH	BStBl II 1986 S. 601	R 139 (14)	
13.03.1986	BFH	BStBl II 1986 S. 711	R 35 (2)	
13.03.1986	BFH	BStBl II 1986 S. 711	R 41a (7)	
04.04.1986	BFH	BStBl II 1986 S. 852	R 190 (3)	
17.04.1986	BFH	BStBl II 1986 S. 607	H 143	(Golderwerb)
17.04.1986	BFH	BStBl II 1986 S. 607	H 13 (1)	Zahngold
17.04.1986	BFH	BStBl II 1986 S. 607	H 16	(Zahngold)

Anhang 38
Urteile und Schreiben

Datum	Verfasser	Fundstelle	ESt/HA 95	Stichwort
17.04.1986	BFH	BStBl II 1986 S. 607	H 16	(Tauschvorgänge in der Einnahmeüberschußrechnung)
24.04.1986	BFH	BStBl II 1986 S. 836	H 191	(Rechtsprechung zur auswärtigen Unterbringung)
24.04.1986	BFH	BStBl II 1986 S. 545	R 174 (3)	
24.04.1986	BFH	BStBl II 1986 S. 672	R 6	
24.04.1986	BFH	BStBl II 1986 S. 672	H 6	(Sanierung)
04.06.1986	BFH	BStBl II 1986 S. 839	R 162 (5)	
18.06.1986	BFH	BStBl II 1986 S. 767	H 42	(Gebäude) Baustellencontainer - kein Gebäude)
26.06.1986	BFH	BStBl II 1986 S. 741	H 127	(Neugründung)
03.07.1986	BFH	BStBl II 1986 S. 806	H 170	(Entschädigung im Sinne des § 24 Nr. 1 Buchstabe a EStG)
09.07.1986	BFH	BStBl II 1986 S. 851	R 134c (1)	
09.07.1986	BFH	BStBl II 1986 S. 851	R 134c (2)	
10.07.1986	BFH	BStBl II 1986 S. 811	H 139 (14)	(Teilentgeltliche Veräußerung)
10.07.1986	BFH	BStBl II 1986 S. 811	R 139 (7)	
10.07.1986	BFH	BStBl II 1986 S. 811	R 139 (13)	
15.07.1986	BFH	BStBl II 1986 S. 896	H 139 (6)	(Unentgeltliche Übertragung eines Kommanditanteils)
15.07.1986	BFH	BStBl II 1986 S. 744	R 23 (1)	
15.07.1986	BFH	BStBl II 1986 S. 896	R 138 (1)	
15.07.1986	BFH	BStBl II 1986 S. 896	R 139 (3)	
15.07.1986	BFH	BStBl II 1986 S. 896	R 139 (4)	
18.07.1986	BFH	BStBl II 1986 S. 745	H 186	(Rechtliche Pflicht)
18.07.1986	BFH	BStBl II 1986 S. 745	H 186	(Zivilprozeß)
23.07.1986	BFH	BStBl II 1987 S. 328	R 13 (15)	
24.07.1986	BFH	BStBl II 1987 S. 54	R 138a (2)	
24.07.1986	BFH	BStBl II 1987 S. 54	R 138a (5)	
24.07.1986	BFH	BStBl II 1987 S. 16	H 116	(Kurze Zeit)
24.07.1986	BFH	BStBl II 1987 S. 16	H 116	(Kassenärztliche Vereinigung)
24.07.1986	BFH	BStBl II 1986 S. 808	H 130a	(Liebhaberei)
07.08.1986	BFH	BStBl II 1986 S. 910	H 45	(Mehrere Beteiligte)
08.08.1986	BFH	BStBl II 1987 S. 106	H 170	(Entschädigungen im Sinne des § 24 Nr. 1 Buchstabe b EStG)
08.08.1986	BFH	BStBl II 1987 S. 106	H 170	(Entschädigungen im Sinne des § 24 Nr. 1 Buchstabe b EStG)
14.08.1986	BFH	BStBl II 1987 S. 60	H 138 (3)	(Mitunternehmerstellung)
14.08.1986	BFH	BStBl II 1987 S. 20	H 126	(Alleinunternehmerschaft)
14.08.1986	BFH	BStBl II 1987 S. 17	H 126	(Mitunternehmerschaft ohne vorliegende Vereinbarungen über ein Gesellschaftsverhältnis)
14.08.1986	BFH	BStBl II 1987 S. 23	H 126	(Mitunternehmerschaft ohne vorliegende Vereinbarungen über ein Gesellschaftsverhältnis)
20.08.1986	BFH	BStBl II 1986 S. 904	R 21 (12)	
20.08.1986	BFH	BStBl II 1987 S. 455	H 31a	(Immaterielle Wirtschaftsgüter des Anlagevermögens)
26.08.1986	BFH	BStBl II 1987 S. 164	R 92 (1)	
29.08.1986	BFH	BStBl II 1987 S. 167	H 195	(Kinderbetreuungskosten)
09.09.1986	BFH	BStBl II 1987 S. 28	R 137 (6)	
09.09.1986	BFH	BStBl II 1987 S. 28	R 137 (7)	
11.09.1986	BFH	BStBl II 1987 S. 111	R 138 (2)	
18.09.1986	BFH	BStBl II 1987 S. 25	H 170	(Allgemeines)
18.09.1986	BFH	BStBl II 1987 S. 25	H 170	(Entschädigung im Sinne des § 24 Nr. 1 Buchstabe a EStG)
19.09.1986	BMF	BStBl I 1986 S. 480	R 162 (1)	
19.09.1986	BMF	BStBl I 1986 S. 480	H 115a	(Neuregelung der steuerrechtlichen Förderung des selbstgenutzten Wohneigentums (Wohneigentumsförderungsgesetz))
01.10.1986	BFH	BStBl II 1987 S. 116	H 136	(Allgemeines)

Anhang 38
Urteile und Schreiben

Datum	Verfasser	Fundstelle	ESt/HA 95	Stichwort
01.10.1986	BFH	BStBl II 1987 S. 113	R 139 (8)	
02.10.1986	BMF	BStBl I 1986 S. 486	R 162 (2)	
07.10.1986	BFH	BStBl II 1987 S. 322	R 164 (1)	
09.10.1986	BFH	BStBl II 1987 S. 124	H 136	(Ähnliche Berufe)
09.10.1986	BFH	BStBl II 1987 S. 124	H 136	(Gesellschaft)
09.10.1986	BFH	BStBl II 1987 S. 124	H 138 (3)	(Innengesellschaft)
16.10.1986	BFH	BStBl II 1987 S. 208	H 117a	(Auslandsreise)
16.10.1986	BFH	BStBl II 1987 S. 208	H 117a	(Auslandsgruppenreisen zu Informationszwecken)
23.10.1986	BFH	BStBl II 1987 S. 120	R 138 (5)	
30.10.1986	BFH	BStBl II 1987 S. 137	H 45	(Anzahlungen auf Anschaffungskosten) - Zeitpunkt
04.11.1986	BFH	BStBl II 1987 S. 333	H 157	(Erhaltungsaufwand)
12.11.1986	BFH	BStBl II 1987 S. 372	H 222a	(Ausüben)
12.11.1986	BMF	BStBl I 1986 S. 528	R 13 (10)	
12.11.1986	BFH	BStBl II 1987 S. 377	H 1	(Schiffe)
12.11.1986	BMF	BStBl I 1986 S. 528	H 13 (3)	Entnahme
12.11.1986	BMF	BStBl I 1986 S. 528	H 13 (10)	(kein Betriebsvermögen) - Ausnahmen
12.11.1986	BMF	BStBl I 1986 S. 528	H 14 (2-5)	Entnahme in den Fällen, in denen selbstgenutztes Wohneigentum im VZ 1986 zulässigerweise als Betriebsvermögen behandelt worden ist
12.11.1986	BMF	BStBl I 1986 S. 528	H 18	(Mietwert der selbstgenutzten Wohnung)
12.11.1986	BMF	BStBl I 1986 S. 528	H 115a	(Neuregelung der steuerrechtlichen Förderung des selbstgenutzten Wohneigentums (Wohneigentumsförderungsgesetz))
12.11.1986	BMF	BStBl I 1986 S. 528	H 127	(Wohnungen im land- und forstwirtschaftlichen Betriebsvermögen, die unter § 52 Abs. 15 EStG fallen)
12.11.1986	BMF	BStBl I 1986 S. 528	H 130a	(Nutzungswert der Wohnung des Betriebsinhabers)
12.11.1986	BMF	BStBl I 1986 S. 528	H 131	(Wohnungen)
13.11.1986	BFH	BStBl II 1987 S. 121	R 19 (3)	
13.11.1986	BFH	BStBl II 1987 S. 121	R 19 (3)	
13.11.1986	BFH	BStBl II 1987 S. 374	H 86	(Nicht abziehbare Vorsteuerbeträge)
18.11.1986	BMF	BStBl I 1986 S. 537	H 137	(Personelle Verflechtung)
18.11.1986	BMF	BStBl I 1986 S. 537	R 137 (7)	
18.11.1986	BFH	BStBl II 1987 S. 261	H 14	(Entnahme von Grundstücken und Grundstücksteilen)
20.11.1986	BMF	BStBl I 1986 S. 532	H 44	(Nutzungsdauer)
24.11.1986	BMF	BStBl I 1986 S. 539	H 154	(Nullkupon-Anleihen und andere Kapitalanlageformen)
28.11.1986	BFH	BStBl II 1987 S. 296	R 21 (3)	
09.12.1986	BFH	BStBl II 1987 S. 342	H 139 (3)	(Teilbetriebsaufgabe)
11.12.1986	BFH	BStBl II 1987 S. 553	H 138 (3)	(Mitunternehmerstellung)
11.12.1986	BFH	BStBl II 1987 S. 553	R 138 (6)	
09.01.1987	BFH	BStBl I 1987 S. 171	H 154	(Einlagenrückgewähr)
09.01.1987	BMF	BStBl I 1987 S. 171	H 32a	(EK 04-Ausschüttung)
09.01.1987	BMF	BStBl I 1987 S. 171	H 32a	(Rückzahlung aus Kapitalherabsetzung) abgedruckt zu H 154
20.01.1987	BFH	BStBl II 1987 S. 491	H 43	(Nachträgliche Anschaffungs- oder Herstellungskosten)
20.01.1987	BFH	BStBl II 1987 S. 491	H 44	(Nachträgliche Anschaffungs- oder Herstellungskosten)
20.01.1987	BFH	BStBl II 1987 S. 491	H 44	(Unterlassene oder überhöhte AfA)
03.02.1987	BFH	BStBl II 1987 S. 492	H 45	(Willkürlich geleistete Zahlungen)
03.02.1987	BFH	BStBl II 1987 S. 492	H 116	(Damnum)
13.02.1987	BFH	BStBl II 1987 S. 386	H 170	(Entschädigungen im Sinne des § 24 Nr. 1 Buchstabe b EStG)
13.02.1987	BFH	BStBl II 1987 S. 341	H 190	(Allgemeines zum Abzug von Unterhaltsaufwendungen)

Anhang 38

Urteile und Schreiben

Datum	Verfasser	Fundstelle			ESt/HA 95	Stichwort
13.02.1987	BFH	BStBl II	1987	S. 386	H 200	(Vergütung für eine mehrjährige Tätigkeit)
19.02.1987	BFH	BStBl II	1987	S. 570	H 139 (9)	(Handelsvertreter)
19.02.1987	BFH	BStBl II	1987	S. 570	H 170	(Ausgleichszahlungen an Handelsvertreter)
10.03.1987	BFH	BStBl II	1987	S. 618	H 44	(Wechsel der AfA-Methode bei Gebäuden)
13.03.1987	BFH	BStBl II	1987	S. 495	H 186	(Adoption)
13.03.1987	BMF	BStBl I	1987	S. 365	H 41 (1)	Neuzusagen
17.03.1987	BFH	BStBl II	1987	S. 558	R 138 (4)	
20.03.1987	BFH	BStBl II	1987	S. 596	H 186	(Adoption)
24.03.1987	BFH	BStBl II	1987	S. 705	H 139 (1)	(Verdeckte Einlage)
24.03.1987	BFH	BStBl II	1987	S. 705	R 139 (1)	
24.03.1987	BFH	BStBl II	1987	S. 705	H 14 (1)	Verdeckte Einlage eines Geschäfts- oder Firmenwerts
24.03.1987	BFH	BStBl II	1987	S. 705	H 31a	(Geschäfts-/Praxiswert)
26.03.1987	BFH	BStBl II	1987	S. 597	H 143	(Leibrente)
07.05.1987	BFH	BStBl II	1987	S. 670	R 41a (2)	
19.05.1987	BFH	BStBl II	1988	S. 5	H 138d	(Allgemeines)
19.05.1987	BFH	BStBl II	1987	S. 848	R 15 (3)	
21.05.1987	BFH	BStBl II	1987	S. 710	H 143	(Geldgeschäfte)
22.05.1987	BFH	BStBl II	1987	S. 673	H 45	(Anzahlungen auf Anschaffungskosten) - Zeitpunkt
22.05.1987	BFH	BStBl II	1987	S. 673	H 116	(Überweisung)
03.06.1987	BFH	BStBl II	1987	S. 779	H 186	(Aussteuer)
16.06.1987	BMF	BStBl I	1987	S. 235	H 31a	(Geschäftswert/Firmenwert)
30.06.1987	BFH	BStBl II	1988	S. 418	H 14	(Entnahme von Grundstücken und Grundstücksteilen)
30.06.1987	BFH	BStBl II	1988	S. 418	H 14 (2-5)	Entnahme von Grundstücken oder Grundstücksteilen
01.07.1987	BFH	BStBl II	1987	S. 865	H 44a	(Bodenschatz)
03.07.1987	BFH	BStBl II	1987	S. 820	H 200	(Jubiläumszuwendungen)
03.07.1987	BFH	BStBl II	1987	S. 728	H 31a	(Immaterielle Wirtschaftsgüter)
24.07.1987	BFH	BStBl II	1987	S. 715	H 186	(Krankheit, Tod, Unfall, Unwetter, Erdbeben)
24.07.1987	BFH	BStBl II	1987	S. 715	H 186	(Rechtliche Pflicht)
24.07.1987	BFH	BStBl II	1987	S. 715	H 186	(Sittliche Pflicht)
27.07.1987	BMF	BStBl I	1987	S. 508	H 13 (15)	Finanzierung von Entnahmen
07.08.1987	BFH	BStBl II	1987	S. 780	H 103	(Promotion)
25.08.1987	BFH	BStBl II	1988	S. 248	H 168a	(Keine Leistungen im Sinne des § 22 Nr. 3 EStG sind)
25.08.1987	BFH	BStBl II	1988	S. 248	H 169	(Devisentermingeschäfte)
28.08.1987	BFH	BStBl II	1988	S. 10	H 134b	(Abgrenzung der Gewinnerzielungsabsicht zur Liebhaberei)
28.08.1987	BFH	BStBl II	1988	S. 10	R 134b (2)	
17.09.1987	BFH	BStBl II	1988	S. 130	H 188	(Bewirtung von Trauergästen)
17.09.1987	BFH	BStBl II	1988	S. 327	R 31b (1)	
17.09.1987	BFH	BStBl II	1988	S. 488	R 35a (3)	
18.09.1987	BFH	BStBl II	1988	S. 330	R 35 (2)	
22.09.1987	BFH	BStBl II	1988	S. 250	H 169	(Anschaffung)
24.09.1987	BMF	BStBl I	1987	S. 664	H 29	(Belegablage)
24.09.1987	BMF	BStBl I	1987	S. 664	H 28	(AO-Anwendungserlaß zu § 140)
08.10.1987	BFH	BStBl II	1987	S. 853	R 21 (12)	
08.10.1987	BFH	BStBl II	1988	S. 440	H 33a	(Kassettendecken)
15.10.1987	BFH	BStBl II	1988	S. 257	H 139 (5)	(Form und Inhalt der Betriebsaufgabeerklärung)
15.10.1987	BFH	BStBl II	1988	S. 260	H 139 (5)	(Form und Inhalt der Betriebsaufgabeerklärung)
15.10.1987	BFH	BStBl II	1988	S. 257	H 139 (5)	(Umgestaltung wesentlicher Betriebsgrundlagen)
15.10.1987	BFH	BStBl II	1988	S. 260	H 139 (5)	(Umgestaltung wesentlicher Betriebsgrundlagen)
15.10.1987	BFH	BStBl II	1988	S. 260	R 139 (5)	
15.10.1987	BFH	BStBl II	1988	S. 260	H 131	(Verpachtung)

Anhang 38

Urteile und Schreiben

Datum	Verfasser	Fundstelle	ESt/HA 95	Stichwort
26.10.1987	BFH	BStBl II 1988 S. 348	R 14 (1)	
26.10.1987	BFH	BStBl II 1988 S. 348	H 13 (1)	Nutzungsvorteile
26.10.1987	BFH	BStBl II 1988 S. 348	H 18	(Unentgeltliche Übertragung)
27.10.1987	BFH	BStBl II 1988 S. 132	H 88	(Lebensversicherung)
29.10.1987	BFH	BStBl II 1989 S. 96	H 137	(Personelle Verflechtung)
29.10.1987	BFH	BStBl II 1988 S. 264	H 138c	(Pelztierzucht)
29.10.1987	BFH	BStBl II 1988 S. 374	H 139 (9)	(Betriebseinbringung)
29.10.1987	BFH	BStBl II 1988 S. 374	R 139 (1)	
06.11.1987	BFH	BStBl II 1988 S. 138	H 191	(Rechtsprechung zur auswärtigen Unterbringung)
11.11.1987	BFH	BStBl II 1988 S. 424	H 13 (7)	Grundstück
11.11.1987	BFH	BStBl II 1988 S. 424	H 32a	(Zwangsversteigerung)
17.11.1987	BFH	BStBl II 1988 S. 430	R 31c (14)	
26.11.1987	BFH	BStBl II 1988 S. 490	H 133a	(Freibetrag)
01.12.1987	BFH	BStBl II 1988 S. 481	H 33	(Beseitigung von Baumängeln)
02.12.1987	BFH	BStBl II 1988 S. 502	H 32	(Rohstoff)
03.12.1987	BFH	BStBl II 1988 S. 266	H 168b	(Werbungskosten)
03.12.1987	BFH	BStBl II 1988 S. 269	R 25 (3)	
08.12.1987	BFH	BStBl II 1988 S. 433	H 168b	(Werbungskosten)
08.12.1987	BFH	BStBl II 1988 S. 435	H 168b	(Werbungskosten)
10.12.1987	BFH	BStBl II 1988 S. 273	H 136	(Abgrenzung selbständige Arbeit/Gewerbebetrieb)
11.12.1987	BFH	BStBl II 1988 S. 275	H 194	(Heilkur)
11.12.1987	BFH	BStBl II 1988 S. 493	R 13 (7)	
11.12.1987	BFH	BStBl II 1988 S. 300	H 42	(Betriebsvorrichtungen)
11.12.1987	BFH	BStBl II 1988 S. 335	H 44	(Unterlassene oder überhöhte AfA)
15.12.1987	BFH	BStBl II 1989 S. 16	H 153	(Verwalterentgelt)
16.12.1987	BFH	BStBl II 1988 S. 338	R 31c (11)	
18.12.1987	BFH	BStBl II 1988 S. 494	H 103	(Beruf)
18.12.1987	BFH	BStBl II 1988 S. 494	H 103	(Keine Berufsausbildung)
22.01.1988	BFH	BStBl II 1988 S. 497	H 136	(Abgrenzung selbständige Arbeit/Gewerbebetrieb)
22.01.1988	BFH	BStBl II 1988 S. 525	H 170	(Entschädigung im Sinne des § 24 Nr. 1 Buchstabe a EStG)
22.01.1988	BFH	BStBl II 1988 S. 535	R 22 (1)	
22.01.1988	BFH	BStBl II 1988 S. 535	R 22 (3)	
22.01.1988	BFH	BStBl II 1988 S. 537	R 137 (6)	
26.01.1988	BFH	BStBl II 1988 S. 577	H 161	(Werbungskosten)
26.01.1988	BFH	BStBl II 1988 S. 629	R 21 (12)	
28.01.1988	BFH	BStBl II 1988 S. 532	H 127	(Antrag nach § 13a (2) EStG)
05.02.1988	BFH	BStBl II 1988 S. 579	H 191	(Rechtsprechung zur auswärtigen Unterbringung)
05.02.1988	BFH	BStBl II 1988 S. 436	H 194	(Allgemeines und Nachweise)
05.02.1988	BFH	BStBl II 1988 S. 737	H 31a	(Keine immateriellen Wirtschaftsgüter) - Computerprogramme
11.02.1988	BFH	BStBl II 1988 S. 661	R 38 (6)	
11.02.1988	BFH	BStBl II 1988 S. 825	R 15 (1)	
12.02.1988	BFH	BStBl II 1988 S. 764	H 44	(Miteigentum von Ehegatten)
23.02.1988	BFH	BStBl II 1988 S. 604	H 162a	(Steuerliche Anerkennung)
23.02.1988	BFH	BStBl II 1988 S. 604	H 162a	(Mietverhältnis) - Steuerliche Anerkennung
25.02.1988	BFH	BStBl II 1988 S. 581	R 21 (8)	
25.02.1988	BFH	BStBl II 1988 S. 827	R 174b (1)	
25.02.1988	BFH	BStBl II 1988 S. 827	H 124	(Zusammenveranlagung)
26.02.1988	BFH	BStBl II 1988 S. 615	H 170	(Entschädigung im Sinne des § 24 Nr. 1 Buchstabe a EStG)
26.02.1988	BFH	BStBl II 1988 S. 613	R 22 (1)	
26.02.1988	BFH	BStBl II 1988 S. 606	H 19	(Weihnachtsgratifikationen im Rahmen eines Ehegatten-Arbeitsverhältnisses)
10.03.1988	BFH	BStBl II 1988 S. 832	H 213e	(Begünstigte Einkünfte)
10.03.1988	BFH	BStBl II 1988 S. 832	R 140 (3)	

Anhang 38
Urteile und Schreiben

Datum	Verfasser	Fundstelle	ESt/HA 95	Stichwort
10.03.1988	BFH	BStBl II 1988 S. 877	R 19 (3)	
17.03.1988	BFH	BStBl II 1988 S. 632	R 19 (3)	
17.03.1988	BFH	BStBl II 1988 S. 770	H 44	(AfA-Volumen)
17.03.1988	BFH	BStBl II 1988 S. 770	H 125	(Bewertungswahlrecht)
25.03.1988	BMF	BStBl I 1988 S. 136	H 212d	(Rückforderung von Steuergutschriften ("avoir fiscal") bei der französischen Finanzverwaltung im Rahmen des deutsch-französischen DBA)
25.03.1988	BFH	BStBl II 1988 S. 655	R 21 (7)	
25.03.1988	BFH	BStBl II 1988 S. 655	R 23 (3)	
13.04.1988	BFH	BStBl II 1988 S. 666	H 136	(Abgrenzung selbständige Arbeit/Gewerbebetrieb)
13.04.1988	BFH	BStBl II 1988 S. 892	R 32a (1)	
14.04.1988	BFH	BStBl II 1988 S. 670	R 19 (4)	
14.04.1988	BFH	BStBl II 1988 S. 670	R 162a	
14.04.1988	BFH	BStBl II 1988 S. 711	R 139 (13)	
14.04.1988	BFH	BStBl II 1988 S. 771	R 21 (5)	
14.04.1988	BFH	BStBl II 1988 S. 771	R 21 (12)	
14.04.1988	BFH	BStBl II 1988 S. 672	H 17	(Ansatz- oder Bewertungswahlrechte)
14.04.1988	BFH	BStBl II 1988 S. 771	H 21	(Bewirtungsaufwendungen)
14.04.1988	BFH	BStBl II 1988 S. 771	H 21	(Aufteilung von Bewirtungskosten)
14.04.1988	BFH	BStBl II 1988 S. 774	H 130a	(Eigenerzeugnisse)
14.04.1988	BFH	BStBl II 1988 S. 774	H 130a	(Körperliche Mitarbeit)
14.04.1988	BFH	BStBl II 1988 S. 774	H 130a	(Gewinnermittlung)
14.04.1988	BFH	BStBl II 1988 S. 672	H 125	(Bewertungswahlrecht)
21.04.1988	BFH	BStBl II 1989 S. 722	H 138 (3)	(Mitunternehmerstellung)
21.04.1988	BFH	BStBl II 1989 S. 722	R 37 (3)	
22.04.1988	BFH	BStBl II 1988 S. 901	H 32a	(Preisnachlaß oder Rabatt)
28.04.1988	BFH	BStBl II 1988 S. 829	H 139 (9)	(Betriebseinbringung)
28.04.1988	BFH	BStBl II 1988 S. 885	H 41b (7)	Realgemeinde
05.05.1988	BFH	BStBl II 1988 S. 778	H 134b	(Abgrenzung der Gewinnerzielungsabsicht zur Liebhaberei)
05.05.1988	BFH	BStBl II 1988 S. 778	R 134b (2)	
20.05.1988	BFH	BStBl II 1989 S. 269	R 35a (3)	
25.05.1988	BFH	BStBl II 1988 S. 720	R 41 (12)	
07.06.1988	BFH	BStBl II 1988 S. 886	R 31c (11)	
10.06.1988	BFH	BStBl II 1988 S. 814	H 186	(Darlehen)
14.06.1988	BFH	BStBl II 1989 S. 187	H 14 (2-5)	Überführung eines Wirtschaftsguts
18.06.1988	BFH	BStBl II 1988 S. 787	H 42	(Betriebsvorrichtungen) - Baustellencontainer
23.06.1988	BFH	BStBl II 1989 S. 41	H 139 (10)	(Kaufpreisabsetzung)
12.07.1988	BFH	BStBl II 1988 S. 942	H 169	(Anschaffung)
12.07.1988	BFH	BStBl II 1988 S. 942	H 169	(Anschaffung)
12.07.1988	BFH	BStBl II 1988 S. 942	H 169	(Spekulationsfrist)
14.07.1988	BFH	BStBl II 1989 S. 19	H 117a	(Kongress) - auf dem Schiff
14.07.1988	BFH	BStBl II 1989 S. 19	H 117a	(Private Interessen)
20.07.1988	BFH	BStBl II 1988 S. 936	H 199	(Vorabentschädigungen)
20.07.1988	BFH	BStBl II 1989 S. 87	H 222a	(Beschränkt steuerpflichtige inländische Einkünfte eines im Ausland ansässigen Textdichters)
22.07.1988	BFH	BStBl II 1988 S. 830	H 190	(Abgrenzung zu § 33 EStG)
22.07.1988	BFH	BStBl II 1988 S. 830	H 190	(Anrechnung eigener Einkünfte und Bezüge)
22.07.1988	BFH	BStBl II 1988 S. 939	H 190	(Anrechnung eigener Einkünfte und Bezüge)
22.07.1988	BFH	BStBl II 1988 S. 830	H 190	(Anrechnung eigener Einkünfte und Bezüge)
22.07.1988	BFH	BStBl II 1988 S. 939	H 190	(Anrechnung eigener Einkünfte und Bezüge)
22.07.1988	BFH	BStBl II 1988 S. 830	H 190	(Anrechnung eigener Einkünfte und Bezüge)
22.07.1988	BFH	BStBl II 1988 S. 939	H 190	(Anrechnung eigener Einkünfte und Bezüge)
22.07.1988	BFH	BStBl II 1988 S. 995	R 14 (4)	
22.07.1988	BFH	BStBl II 1988 S. 995	R 14 (5)	
22.07.1988	BFH	BStBl II 1988 S. 995	H 18	(Betriebseinnahmen)

Anhang 38

Urteile und Schreiben

Datum	Verfasser	Fundstelle	ESt/HA 95	Stichwort
03.08.1988	BFH	BStBl II 1989 S. 21	H 30	(Zeitliche Erfassung von Waren)
26.08.1988	BFH	BStBl II 1989 S. 91	H 117a	(Schulleiter-Lizenz)
02.09.1988	BFH	BStBl II 1989 S. 24	H 136	(Abgrenzung selbständige Arbeit/Gewerbebetrieb)
02.09.1988	BFH	BStBl II 1989 S. 160	H 31a	(Keine immateriellen Wirtschaftsgüter)
20.09.1988	BFH	BStBl II 1988 S. 1009	R 44 (1)	
23.09.1988	BFH	BStBl II 1989 S. 111	H 135	(Reitpferde)
23.09.1988	BFH	BStBl II 1989 S. 113	H 42	(Gebäude) Container
27.09.1988	BFH	BStBl II 1989 S. 225	R 174 (3)	
27.09.1988	BFH	BStBl II 1989 S. 229	R 174 (3)	
27.09.1988	BFH	BStBl II 1989 S. 414	R 134 (1)	
27.09.1988	BFH	BStBl II 1989 S. 229	H 115	(Änderung von Steuerbescheiden infolge Verlustabzug)
27.09.1988	BFH	BStBl II 1989 S. 225	H 115	(Änderung von Steuerbescheiden infolge Verlustabzug)
11.10.1988	BFH	BStBl II 1989 S. 284	R 135 (2)	
11.10.1988	BFH	BStBl II 1989 S. 762	R 138 (3)	
12.10.1988	BFH	BStBl II 1989 S. 152	R 137 (5)	
12.10.1988	BFH	BStBl II 1989 S. 152	R 137 (6)	
12.10.1988	BFH	BStBl II 1989 S. 152	R 137 (6)	
13.10.1988	BFH	BStBl II 1989 S. 39	R 137 (9)	
21.10.1988	BFH	BStBl II 1989 S. 356	H 117	(Konzertflügel einer Musiklehrerin)
25.10.1988	BFH	BStBl II 1989 S. 291	R 137 (2)	
25.10.1988	BFH	BStBl II 1989 S. 192	H 86b	(Widerruf der Zustimmung)
26.10.1988	BFH	BStBl II 1989 S. 155	R 137 (6)	
10.11.1988	BFH	BStBl II 1989 S. 198	H 136	(Abgrenzung selbständige Arbeit/Gewerbebetrieb)
11.11.1988	BFH	BStBl II 1989 S. 872	H 14 (2-5)	Entnahmegewinn bei Nutzungsentnahme
11.11.1988	BFH	BStBl II 1989 S. 872	H 14	(Keine Entnahme von Grundstücken und Grundstücksteilen)
11.11.1988	BFH	BStBl II 1989 S. 872	H 14	(Nutzungsentnahme)
11.11.1988	BFH	BStBl II 1989 S. 872	H 14 (2-5)	Nutzungsentnahme
22.11.1988	BFH	BStBl II 1989 S. 357	H 139 (3)	(Spediteur)
22.11.1988	BFH	BStBl II 1989 S. 359	R 31c (14)	
23.11.1988	BFH	BStBl II 1989 S. 376	H 139 (3)	(Vermietung von Ferienwohnungen)
23.11.1988	BFH	BStBl II 1989 S. 405	H 117a	(Auslandsgruppenreisen zu Informationszwecken)
29.11.1988	BFH	BStBl II 1989 S. 602	H 139 (9)	(Räumungsverkauf)
29.11.1988	BFH	BStBl II 1989 S. 281	R 19 (3)	
30.11.1988	BFH	BStBl II 1989 S. 183	R 35a (2)	
01.12.1988	BFH	BStBl II 1989 S. 368	H 139 (9)	(Selbsterzeugte Waren)
01.12.1988	BFH	BStBl II 1989 S. 234	H 130a	(Liebhaberei)
06.12.1988	BFH	BStBl II 1989 S. 705	R 138 (2)	
07.12.1988	BFH	BStBl II 1989 S. 421	R 23 (1)	
08.12.1988	BFH	BStBl II 1989 S. 407	R 15 (1)	
14.12.1988	BFH	BStBl II 1989 S. 323	H 31a	(Pensionszusagen)
15.12.1988	BFH	BStBl II 1989 S. 363	R 139 (2)	
16.12.1988	BFH	BStBl II 1989 S. 763	R 14 (1)	
16.12.1988	BFH	BStBl II 1989 S. 763	H 18	(Nießbrauchsbelastete Grundstücke)
16.12.1988	BFH	BStBl II 1989 S. 763	H 18	(Unentgeltliche Übertragung)
16.12.1988	BFH	BStBl II 1989 S. 203	H 44	(Fertigstellung)
21.12.1988	BFH	BStBl II 1989 S. 409	R 139 (11)	
31.12.1988	BMF	BStBl I 1988 S. 546	H 43	(Vorweggenommene Erbfolge, Erbauseinandersetzung)
17.01.1989	BFH	BStBl II 1989 S. 563	H 139 (12)	(Umsatzsteuer)
18.01.1989	BFH	BStBl II 1989 S. 546	H 31a	(Wirtschaftsgut "Vertreterrecht")
23.01.1989	BMF	BStBl I 1989 S. 39	H 137	(Personelle Verflechtung)
24.01.1989	BFH	BStBl II 1989 S. 416	H 135	(Reitpferde)
25.01.1989	BFH	BStBl II 1989 S. 453	R 19 (3)	

Anhang 38
Urteile und Schreiben

Datum	Verfasser	Fundstelle	ESt/HA 95	Stichwort
26.01.1989	BFH	BStBl II 1989 S. 456	H 139 (9)	(Verbindlichkeiten)
26.01.1989	BFH	BStBl II 1989 S. 455	R 137 (5)	
26.01.1989	BFH	BStBl II 1989 S. 455	R 137 (6)	
01.02.1989	BFH	BStBl II 1989 S. 458	H 139 (3)	(Teilbetriebe im Aufbau)
01.02.1989	BFH	BStBl II 1989 S. 458	R 139 (3)	
02.02.1989	BFH	BStBl II 1989 S. 504	H 126	(Mitunternehmerschaft ohne vorliegende Vereinbarungen über ein Gesellschaftsverhältnis)
10.02.1989	BFH	BStBl II 1989 S. 519	H 25	(Umwandlung)
10.02.1989	BFH	BStBl II 1989 S. 519	H 25	(Rumpfwirtschaftsjahr)
14.02.1989	BFH	BStBl II 1989 S. 922	H 44	(AfA-Volumen)
15.02.1989	BFH	BStBl II 1989 S. 604	R 33a (2)	
20.02.1989	BFH	BStBl II 1989 S. 433	H 103	(Führerschein)
22.02.1989	BFH	BStBl II 1989 S. 794	R 140 (7)	
23.02.1989	BFH	BStBl II 1989 S. 709	H 213	(Allgemeines)
23.02.1989	BFH	BStBl II 1989 S. 709	H 213	(Begünstigungsgrenze)
23.02.1989	BFH	BStBl II 1989 S. 709	H 213	(Berechnung der Steuerermäßigung)
28.02.1989	BFH	BStBl II 1989 S. 711	R 6	
28.02.1989	BFH	BStBl II 1989 S. 711	H 6	(Sanierungsabsicht)
28.02.1989	BFH	BStBl II 1989 S. 711	H 6 Nr. 66	(Sanierungsabsicht)
02.03.1989	BFH	BStBl II 1989 S. 506	H 82	(Krankenhaus)
08.03.1989	BFH	BStBl II 1989 S. 572	H 134	(Selbständigkeit)
08.03.1989	BFH	BStBl II 1989 S. 551	H 167	(Witwen- und Witwerrente)
09.03.1989	BFH	BStBl II 1989 S. 680	R 177 (2)	
14.03.1989	BFH	BStBl II 1989 S. 829	H 213a	(Begünstigte Objekte)
17.03.1989	BFH	BStBl II 1990 S. 6	H 13 (1)	Gewinnrealisierung bei Ausscheiden eines Nutzungsrechts am Miteigentumsanteil eines Angehörigen
29.03.1989	BFH	BStBl II 1989 S. 651	H 169	(Identisches Wirtschaftsgut)
30.03.1989	BFH	BStBl II 1989 S. 558	H 139 (9)	(Personengesellschaft)
30.03.1989	BFH	BStBl II 1989 S. 560	R 41b (3)	
04.04.1989	BFH	BStBl II 1989 S. 606	H 139 (5)	(Geschäftswert)
04.04.1989	BFH	BStBl II 1989 S. 779	H 87	(Dauernde Last)
07.04.1989	BFH	BStBl II 1989 S. 874	H 139 (9)	(Importwarenabschlag)
07.04.1989	BFH	BStBl II 1989 S. 608	H 116	(Belegschaftsaktien)
11.04.1989	BFH	BStBl II 1989 S. 621	H 134a	(Nachhaltigkeit)
12.04.1989	BFH	BStBl II 1989 S. 612	R 31c (14)	
12.04.1989	BFH	BStBl II 1989 S. 653	R 139 (6)	
19.04.1989	BFH	BStBl II 1989 S. 862	H 86a	(Abzugsberechtigter)
20.04.1989	BFH	BStBl II 1989 S. 727	H 136	(Gesellschaft)
20.04.1989	BFH	BStBl II 1989 S. 863	R 139 (5)	
10.05.1989	BMF	BStBl I 1989 S. 165	H 115a	(Doppelte Haushaltsführung) - Abdruck
16.05.1989	BFH	BStBl II 1989 S. 877	R 138a (3)	
23.05.1989	BFH	BStBl II 1989 S. 865	H 102	(Steuerfachliteratur)
23.05.1989	BFH	BStBl II 1989 S. 879	H 111	(Gebrauchte Kleidung als Sachspende)
23.05.1989	BFH	BStBl II 1989 S. 879	H 111	(Spendenbestätigung - § 48 (3) EStDV -)
24.05.1989	BFH	BStBl II 1990 S. 8	R 39 (1)	
24.05.1989	BFH	BStBl II 1990 S. 8	H 14 (2-5)	Entnahmegewinn bei Nutzungsentnahme - Abdruck
24.05.1989	BFH	BStBl II 1990 S. 8	H 39	(Selbstkosten) - Abdruck
24.05.1989	BFH	BStBl II 1990 S. 8	H 14	(Nutzungsentnahme)
24.05.1989	BFH	BStBl II 1990 S. 8	H 118	(Gesamtaufwendungen)
24.05.1989	BFH	BStBl II 1990 S. 8	H 118	(Unfallkosten)
31.05.1989	BFH	BStBl II 1989 S. 658	H 190	(Geschiedene oder dauernd getrennt lebende Ehegatten)
31.05.1989	BFH	BStBl II 1990 S. 10	R 138a (6)	

Anhang 38

Urteile und Schreiben

Datum	Verfasser	Fundstelle	ESt/HA 95	Stichwort
16.06.1989	BMF	BStBl I 1989 S. 239	H 213b	(Zuwendungen an unabhängige Wählervereinigungen)
21.06.1989	BFH	BStBl II 1989 S. 881	R 138 (7)	
27.06.1989	BFH	BStBl II 1989 S. 934	H 153	(Anschaffungs- und Veräußerungskosten)
06.07.1989	BFH	BStBl II 1989 S. 787	R 138c (3)	
06.07.1989	BFH	BStBl II 1989 S. 787	H 5	(Zusammenveranlagung)
06.07.1989	BFH	BStBl II 1990 S. 126	H 32a	(Flächenbeiträge)
06.07.1989	BFH	BStBl II 1990 S. 49	H 117	(Körperpflegemittel, Kosmetika)
12.07.1989	BFH	BStBl II 1989 S. 1012	R 167 (9)	
12.07.1989	BFH	BStBl II 1989 S. 957	H 86b	(Allgemeines)
12.07.1989	BFH	BStBl II 1990 S. 13	H 87	(Wiederkehrende Leistungen)
12.07.1989	BFH	BStBl II 1989 S. 967	H 102	(Beiträge zu Lohnsteuerhilfevereinen)
12.07.1989	BFH	BStBl II 1989 S. 967	H 102	(Fahrtkosten zum Steuerberater)
12.07.1989	BFH	BStBl II 1989 S. 967	H 102	(Unfallkosten auf der Fahrt zum Steuerberater)
12.07.1989	BFH	BStBl II 1989 S. 967	H 102	(Zuordnung der Steuerberatungskosten zu den Betriebsausgaben/Werbungskosten und Sonderausgaben)
13.07.1989	BFH	BStBl II 1990 S. 23	R 23 (1)	
14.07.1989	BFH	BStBl II 1989 S. 969	R 41 (11)	
21.07.1989	BFH	BStBl II 1989 S. 906	H 44	(Fertigstellung)
09.08.1989	BFH	BStBl II 1989 S. 973	R 139 (3)	
09.08.1989	BFH	BStBl II 1990 S. 128	R 14 (3)	
09.08.1989	BFH	BStBl II 1990 S. 195	H 15	(Zustimmung des Finanzamtes)
09.08.1989	BFH	BStBl II 1990 S. 50	H 42	(Wirtschaftliche oder technische Abnutzung) - Sammlungs- und Anschauungsobjekte
09.08.1989	BFH	BStBl II 1991 S. 132	H 43	(Fertigstellung von Teilen eines Gebäudes zu verschiedenen Zeitpunkten)
09.08.1989	BFH	BStBl II 1991 S. 132	H 44	(Fertigstellung)
10.08.1989	BFH	BStBl II 1990 S. 15	H 31a	(Immaterielle Wirtschaftsgüter)
11.08.1989	BFH	BStBl II 1989 S. 702	H 116	(Vorauszahlung von Werbungskosten)
24.08.1989	BFH	BStBl II 1990 S. 132	H 139 (9)	(Mitunternehmeranteil)
24.08.1989	BFH	BStBl II 1990 S. 17	H 143	(Betriebsvermögen)
24.08.1989	BFH	BStBl II 1990 S. 17	H 143	(Bürgschaft)
24.08.1989	BFH	BStBl II 1989 S. 1014	R 137 (5)	
24.08.1989	BFH	BStBl II 1989 S. 1016	R 41a (1)	
24.08.1989	BFH	BStBl II 1990 S. 55	R 139 (3)	
25.08.1989	BFH	BStBl II 1989 S. 893	R 31c (1)	
25.08.1989	BFH	BStBl II 1989 S. 893	R 31c (4)	
25.08.1989	BFH	BStBl II 1990 S. 82	H 40	(ABC: Beispiele für selbständig nutzungsfähige Wirtschaftsgüter)
29.08.1989	BFH	BStBl II 1990 S. 430	H 157	(Herstellungsaufwand nach Fertigstellung)
07.09.1989	BFH	BStBl II 1989 S. 975	H 213	(Allgemeines)
07.09.1989	BFH	BStBl II 1990 S. 19	H 117	(Tageszeitung)
13.09.1989	BFH	BStBl II 1990 S. 57	R 12 (4)	
14.09.1989	BFH	BStBl II 1990 S. 152	H 135	(Brüterei)
14.09.1989	BFH	BStBl II 1990 S. 152	H 138c	(Brüterei)
14.09.1989	Bay. Staatsmin. der Finanzen	ESt-Kartei Bayern § 13 EStG Karte 10.7	H 128	(Flächenstillegungsprämie)
20.09.1989	BFH	BStBl II 1990 S. 112	H 5	(Nachversteuerung)
20.09.1989	BFH	BStBl II 1990 S. 206	H 35a	(Unrentabler Betrieb)
20.09.1989	BFH	BStBl II 1990 S. 368	H 18	(Nießbrauchsbelastete Grundstücke)
20.09.1989	BFH	BStBl II 1990 S. 368	H 18	(Unentgeltliche Übertragung)
20.09.1989	BFH	BStBl II 1990 S. 20	H 102	(Steuerberatungskosten)
20.09.1989	BFH	BStBl II 1990 S. 20	H 102	(Steuerstrafverfahren)
21.09.1989	BFH	BStBl II 1990 S. 153	H 136	(Abgrenzung selbständige Arbeit/Gewerbebetrieb)

Anhang 38
Urteile und Schreiben

Datum	Verfasser	Fundstelle	ESt/HA 95	Stichwort
29.09.1989	BFH	BStBl II 1990 S. 418	H 187	(Haushaltsersparnis)
29.09.1989	BFH	BStBl II 1990 S. 418	H 190	(Personen in einem Altenheim oder Altenwohnheim)
29.09.1989	BFH	BStBl II 1990 S. 62	H 191	(Rechtsprechung zur auswärtigen Unterbringung)
05.10.1989	BFH	BStBl II 1989 S. 73	H 136	(Abgrenzung selbständige Arbeit/Gewerbebetrieb)
05.10.1989	BMF	BStBl I 1989 S. 378	H 138a	(Schenkweise aufgenommene Kinder)
05.10.1989	BFH	BStBl II 1990 S. 155	H 170	(Entschädigung im Sinne des § 24 Nr. 1 Buchstabe a EStG)
12.10.1989	BFH	BStBl II 1990 S. 64	H 136	(Ähnliche Berufe)
12.10.1989	BFH	BStBl II 1990 S. 64	R 134 (1)	
13.10.1989	BFH	BStBl II 1990 S. 287	R 16 (1)	
13.10.1989	BFH	BStBl II 1990 S. 287	R 16 (2)	
13.10.1989	BFH	BStBl II 1990 S. 287	H 116	(Allgemeines) - Verfügungsmacht
13.10.1989	BFH	BStBl II 1990 S. 287	H 116	(Provisionen)
18.10.1989	BFH	BStBl II 1990 S. 68	R 138a (6)	
19.10.1989	BFH	BStBl II 1990 S. 134	H 117a	(Ärztefortbildung) - Sportmedizin
19.10.1989	BFH	BStBl II 1990 S. 134	H 117a	(Auslandsgruppenreisen zu Informationszwecken)
25.10.1989	BFH	BStBl II 1990 S. 278	R 134b (2)	
26.10.1989	BFH	BStBl II 1990 S. 290	R 41b (5)	
26.10.1989	BFH	BStBl II 1990 S. 290	R 41b (6)	
26.10.1989	BFH	BStBl II 1988 S. 348	H 118	(Gesamtaufwendungen)
27.10.1989	BFH	BStBl II 1990 S. 294	H 186	(Sittliche Pflicht)
27.10.1989	BFH	BStBl II 1990 S. 294	H 190	(Zwangsläufigkeit dem Grunde nach)
27.10.1989	BFH	BStBl II 1990 S. 294	H 192	(Haushaltszugehörigkeit)
30.10.1989	BMF	BStBl I 1989 S. 428	H 116	(Bundesschatzbriefe Typ B)
07.11.1989	BFH	BStBl II 1990 S. 460	R 33 (7)	
08.11.1989	BFH	BStBl II 1990 S. 210	R 27a (14)	
16.11.1989	BFH	BStBl II 1990 S. 204	H 5	(Personengesellschaften)
21.11.1989	BFH	BStBl II 1990 S. 310	H 161	(Einnahmen)
21.11.1989	BFH	BStBl II 1990 S. 213	H 171	(Nachträgliche Ausgaben)
21.11.1989	BFH	BStBl II 1990 S. 216	H 213a	(Haushaltszugehörigkeit)
21.11.1989	BFH	BStBl II 1990 S. 216	H 213a	(Kinder)
21.11.1989	BFH	BStBl II 1990 S. 213	R 13 (15)	
21.11.1989	BFH	BStBl II 1990 S. 310	H 116	(Allgemeines) - Zufluß von Einnahmen, - Verfügungsmacht
28.11.1989	BFH	BStBl II 1990 S. 561	H 139 (9)	(Sachwertabfindung)
01.12.1989	BFH	BStBl II 1990 S. 500	H 137	(Personelle Verflechtung)
01.12.1989	BFH	BStBl II 1990 S. 1054	H 168a	(Keine Leistungen im Sinne des § 22 Nr. 3 EStG sind)
07.12.1989	BFH	BStBl II 1990 S. 337	H 136	(Abgrenzung selbständige Arbeit/Gewerbebetrieb)
07.12.1989	BFH	BStBl II 1990 S. 317	H 44a	(Bodenschatz)
11.12.1989	BMF	BStBl I 1989 S. 463	H 190	(Ländergruppeneinteilung)
11.12.1989	BMF	BStBl I 1989 S. 463	H 190	(Personen im Ausland)
11.12.1989	BMF	BStBl I 1989 S. 463	H 191	(Ländergruppeneinteilung)
11.12.1989	BMF	BStBl I 1989 S. 463	H 195	(Ländergruppeneinteilung)
19.12.1989	BFH	BStBl II 1990 S. 220	H 94	(Unschädliche Mittelverwendung)
27.12.1989	BMF	BStBl I 1989 S. 518	H 77	(Verwaltungsanweisungen zu § 3 ZRFG)
17.01.1990	BMF	BStBl I 1990 S. 71	H 35a	(Darlehensforderung gegenüber Betriebsangehörigen)
18.01.1990	BFH	BStBl II 1990 S. 372	H 130a	(Arbeitslosigkeit)
19.01.1990	BFH	BStBl II 1990 S. 383	H 137	(Ferienwohnung)
19.01.1990	BFH	BStBl II 1991 S. 234	H 111	(Auflagen)
23.01.1990	BFH	BStBl II 1990 S. 464	H 161	(Keine Werbungskosten)
23.01.1990	BFH	BStBl II 1990 S. 465	H 161	(Keine Werbungskosten)
24.01.1990	BFH	BStBl II 1990 S. 426	R 41b (3)	
01.02.1990	BFH	BStBl II 1990 S. 534	H 136	(Abgrenzung selbständige Arbeit/Gewerbebetrieb)

Anhang 38
Urteile und Schreiben

Datum	Verfasser	Fundstelle	ESt/HA 95	Stichwort
01.02.1990	BFH	BStBl II 1990 S. 507	H 136	(Mithilfe anderer Personen)
01.02.1990	BFH	BStBl II 1990 S. 534	H 136	(Rechts- und wirtschaftsberatende Berufe)
01.02.1990	BFH	BStBl II 1990 S. 495	H 213	(Begünstigungsgrenze)
01.02.1990	BFH	BStBl II 1991 S. 625	R 138c (1)	
01.02.1990	BFH	BStBl II 1990 S. 534	H 136	(Rechts- und wirtschaftsberatende Berufe)
07.02.1990	BMF	BStBl I 1990 S. 109	H 6 Nr. 11	(Pflege- und Erziehungsgeld)
12.02.1990	BMF	BStBl I 1990 S. 72	H 14 (2-5)	Überführung von Wirtschaftsgütern in eine ausländische Betriebsstätte - Abdruck
15.02.1990	BFH	BStBl II 1991 S. 11	R 41a (6)	
15.02.1990	BFH	BStBl II 1990 S. 409	H 42	(Betriebsvorrichtungen)
16.02.1990	BFH	BStBl II 1990 S. 575	R 21 (4)	
21.02.1990	BFH	BStBl II 1990 S. 578	R 13 (8)	
21.02.1990	BFH	BStBl II 1990 S. 578	H 18	(Nebenräume)
28.02.1990	BMF	BStBl I 1990 S. 124	H 161	(Einnahmen)
02.03.1990	BMF	BStBl I 1990 S. 141	H 154	(Zinsen auf Einlagen der Arbeitnehmer von Kreditinstituten)
08.03.1990	BFH	BStBl II 1994 S. 559	H 14 (2-5)	Keine Entnahme des Grundstücks oder Grundstücksteils
13.03.1990	BFH	BStBl II 1990 S. 514	H 33	(Spüle, Kochherd)
14.03.1990	BMF	BStBl I 1990 S. 147	H 192	(Haushaltszugehörigkeit)
14.03.1990	BFH	BStBl II 1990 S. 810	R 6	
14.03.1990	BFH	BStBl II 1990 S. 955	R 6	
14.03.1990	BFH	BStBl II 1990 S. 810	H 6 Nr. 66	(Sanierung)
15.03.1990	BFH	BStBl II 1990 S. 736	H 117a	(Ärztefortbildung) - Sportmedizin
22.03.1990	BFH	BStBl II 1990 S. 643	H 136	(Abgrenzung selbständige Arbeit/Gewerbebetrieb)
22.03.1990	BFH	BStBl II 1990 S. 776	H 130a	(Ausbildungsvertrag)
23.03.1990	BFH	BStBl II 1990 S. 751	H 42	(Betriebsvorrichtungen) - Schallschutzeinrichtungen
28.03.1990	BMF	BStBl I 1990 S. 148	H 36a	(Lifo-Methode in der Weinwirtschaft) - Abdruck
30.03.1990	BFH	BStBl II 1990 S. 854	H 6 Nr. 26	(Nebenberufliche Tätigkeit)
06.04.1990	BFH	BStBl II 1990 S. 958	H 186	(Zinsen)
06.04.1990	BFH	BStBl II 1990 S. 885	H 190	(Anrechnung eigener Einkünfte und Bezüge)
10.04.1990	BFH	BStBl II 1990 S. 741	R 19 (1)	
10.04.1990	BFH	BStBl II 1990 S. 741	R 19 (4)	
18.04.1990	BFH	BStBl II 1990 S. 962	H 188	(Auswärtige Unterbringung)
18.04.1990	BFH	BStBl II 1990 S. 886	H 190	(Zwangsläufigkeit dem Grunde nach)
25.04.1990	BMF	BStBl I 1990 S. 222	H 189	(Aussiedlung und Übersiedlung)
25.04.1990	BFH	BStBl II 1990 S. 905	H 15	(Verlust)
02.05.1990	BFH	BStBl II 1991 S. 448	H 157	(Erhaltungsaufwand)
11.05.1990	BFH	BStBl II 1990 S. 777	H 119	(Unzutreffende Besteuerung)
16.05.1990	BFH	BStBl II 1990 S. 1044	H 15	(Richtigstellung eines unrichtigen Bilanzansatzes)
17.05.1990	BFH	BStBl II 1991 S. 216	H 13 (12)	Mietwohngrundstück
22.05.1990	BFH	BStBl II 1990 S. 965	H 138 (4)	(Abweichung des Steuerbilanzgewinns vom Handelsbilanzgewinn)
22.05.1990	BFH	BStBl II 1990 S. 780	H 139 (5)	(Gemeinsames Eigentum von Pächter und Verpächter an wesentlichen Betriebsgrundlagen)
30.05.1990	BFH	BStBl II 1990 S. 906	H 185	(Besteuerungsgrundlage)
30.05.1990	BFH	BStBl II 1991 S. 235	H 227c	(Bemessungsgrundlage nach § 50a EStG bei Anwendung der sog. Null-Regelung nach § 52 Abs. 2 UStDV)
05.06.1990	BMF	BStBl I 1990 S. 239	H 35a	(Darlehensforderung gegenüber Betriebsangehörigen)
21.06.1990	BFH	BStBl II 1990 S. 804	H 136	(Abgrenzung selbständige Arbeit/Gewerbebetrieb)
21.06.1990	BFH	BStBl II 1990 S. 1020	H 170	(Entschädigung im Sinne des § 24 Nr. 1 Buchstabe a EStG)
22.06.1990	BFH	BStBl II 1990 S. 901	H 103	(Abzugsverbot)

Anhang 38
Urteile und Schreiben

Datum	Verfasser	Fundstelle	ESt/HA 95	Stichwort
22.06.1990	BFH	BStBl II 1990 S. 901	H 103	(Aufwendungen im Sinne des § 10 Abs. 1 Nr. 7 EStG) - häusliches Arbeitszimmer
22.06.1990	BFH	BStBl II 1990 S. 901	H 117	(Aufteilungs- und Abzugsverbot)
26.06.1990	BFH	BStBl II 1994 S. 645	H 138 (3)	(Wirtschaftliches Eigentum)
27.06.1990	BFH	BStBl II 1990 S. 903	R 21 (7)	
04.07.1990	BFH	BStBl II 1990 S. 817	R 13 (15)	
04.07.1990	BFH	BStBl II 1990 S. 830	R 33 (1)	
05.07.1990	BFH	BStBl II 1990 S. 837	H 138 (3)	(Mitunternehmerstellung)
05.07.1990	BFH	BStBl II 1990 S. 847	H 165	(Vorweggenommene Erbfolge)
09.07.1990	BMF	BStBl I 1990 S. 324	H 1	(Auslandslehrkräfte und andere nicht entsandte Arbeitnehmer) - Abdruck
11.07.1990	BFH	BStBl II 1991 S. 62	H 188	(Krankheitskosten für Unterhaltsberechtigte)
12.07.1990	BFH	BStBl II 1991 S. 64	H 138d	(Bürgschaft)
12.07.1990	BFH	BStBl II 1991 S. 13	H 143	(Golderwerb)
12.07.1990	BFH	BStBl II 1991 S. 13	H 16	(Aufgabe- oder Veräußerungsbilanz)
19.07.1990	BFH	BStBl II 1991 S. 333	H 134b	(Abgrenzung der Gewinnerzielungsabsicht zur Liebhaberei)
20.07.1990	BMF	BStBl I 1990 S. 324	H 88	(Beitragszahlungsdauer)
20.07.1990	BMF	BStBl I 1990 S. 324	H 88	(Einmalbetrag)
20.07.1990	BMF	BStBl I 1990 S. 324	H 88	(Zuzahlungen zur Abkürzung der Vertragslaufzeit bei gleichbleibender Versicherungssumme)
21.07.1990	BMF	BStBl I 1994 S. 599	H 43	(Beitrittsgebiet)
24.07.1990	BFH	BStBl II 1990 S. 975	H 153	(Abschlußgebühr)
25.07.1990	BFH	BStBl II 1991 S. 218	H 139 (9)	(Handelsvertreter)
25.07.1990	BFH	BStBl II 1991 S. 218	H 170	(Ausgleichszahlungen an Handelsvertreter)
25.07.1990	BFH	BStBl II 1991 S. 218	H 31a	(Wirtschaftsgut "Vertreterrecht")
25.07.1990	BFH	BStBl II 1990 S. 1022	H 86b	(Zustimmung)
31.07.1990	BFH	BStBl II 1991 S. 66	H 134a	(Wertpapiere)
31.07.1990	BFH	BStBl II 1991 S. 66	H 137	(Wertpapiere)
31.07.1990	BFH	BStBl II 1991 S. 66	R 134a	
31.07.1990	BFH	BStBl II 1991 S. 66	R 134c (2)	
07.08.1990	BFH	BStBl II 1991 S. 336	H 139 (8)	(Grundstücke)
07.08.1990	BFH	BStBl II 1991 S. 14	R 13 (15)	
07.08.1990	BFH	BStBl II 1991 S. 336	R 137 (5)	
09.08.1990	BFH	BStBl II 1990 S. 1026	H 168a	(Keine Leistungen im Sinne des § 22 Nr. 3 EStG sind)
09.08.1990	BFH	BStBl II 1990 S. 1026	H 170	(Entschädigung im Sinne des § 24 Nr. 1 Buchstabe a EStG)
21.08.1990	BFH	BStBl II 1991 S. 76	H 161	(Einnahmen)
21.08.1990	BFH	BStBl II 1991 S. 76	H 170	(Entschädigung im Sinne des § 24 Nr. 1 Buchstabe a EStG)
21.08.1990	BFH	BStBl II 1991 S. 126	R 137 (2)	
21.08.1990	BFH	BStBl II 1991 S. 564	R 134b (3)	
21.08.1990	BFH	BStBl II 1991 S. 126	H 5	(Betriebsstättenverluste bei DBA)
21.08.1990	BFH	BStBl II 1991 S. 126	H 5	(Einkunftsart im Sinne des § 2 a Abs. 1 EStG)
23.08.1990	BFH	BStBl II 1991 S. 172	H 138 (4)	(Außerbetrieblich veranlaßter Gewinn- und Verlustverteilungsschlüssel)
31.08.1990	BMF	BStBl I 1990 S. 366	H 161	(Bauherrenmodell)
31.08.1990	BMF	BStBl I 1990 S. 366	H 161	(Immobilienfonds, geschlossene)
31.08.1990	BMF	BStBl I 1990 S. 366	H 116	(Damnum)
05.09.1990	BFH	BStBl II 1991 S. 389	H 18	(Nebenräume)
05.09.1990	BFH	BStBl II 1990 S. 1059	H 117a	(Sprachkurse im und Studienreisen ins Ausland)
12.09.1990	BFH	BStBl II 1991 S. 258	R 111 (3)	
17.09.1990	BMF	BStBl I 1990 S. 420	H 44	(Fertigstellung) - Fertigstellung einer Dauerkultur - Abdruck
19.09.1990	BFH	BStBl II 1991 S. 97	R 23 (1)	
19.09.1990	BFH	BStBl II 1991 S. 208	R 23 (1)	

Anhang 38

Urteile und Schreiben

Datum	Verfasser	Fundstelle	ESt/HA 95	Stichwort
19.09.1990	BFH	BStBl II 1991 S. 97	H 23	(Fahrten zwischen Wohnung und ständig wechselnden Betriebsstätten)
19.09.1990	BFH	BStBl II 1991 S. 208	H 23	(Betriebsstätte)
19.09.1990	BFH	BStBl II 1991 S. 97	H 23	Betriebsstätte des Ausbeiners
20.09.1990	BFH	BStBl II 1991 S. 82	R 13 (7)	
20.09.1990	BFH	BStBl II 1991 S. 82	R 14 (1)	
28.09.1990	BFH	BStBl II 1991 S. 361	H 40	(Einlage)
28.09.1990	BFH	BStBl II 1991 S. 361	H 43	(Nachträgliche Anschaffungs- oder Herstellungskosten)
28.09.1990	BFH	BStBl II 1991 S. 361	H 83	(Neues Wirtschaftsgut) - 10 v. H.-Regelung
28.09.1990	BFH	BStBl II 1991 S. 27	H 117	(Medizinisch-technische Hilfsmittel und Geräte) - Bifokalbrille
02.10.1990	BFH	BStBl II 1991 S. 174	R 21 (7)	
04.10.1990	BFH	BStBl II 1991 S. 89	H 167	(Versorgungs- und Versicherungsrenten aus einer Zusatzversorgung)
04.10.1990	BFH	BStBl II 1992 S. 211	H 169	(Gesamthandsvermögen)
05.10.1990	BMF	BStBl I 1990 S. 638	H 134	(Selbständigkeit)
10.10.1990	BFH	BStBl II 1991 S. 59	H 42	(Unbewegliche Wirtschaftsgüter, die keine Gebäude oder Gebäudeteile sind) - bei Betriebsgrundstücken
17.10.1990	BFH	BStBl II 1991 S. 136	H 185	(Ausländische Verluste)
18.10.1990	BFH	BStBl II 1991 S. 92	H 117a	(Einzelaufwendungen)
19.10.1990	BFH	BStBl II 1991 S. 140	H 186	(Ersatz von dritter Seite)
23.10.1990	BFH	BStBl II 1991 S. 401	R 12 (3)	
23.10.1990	BFH	BStBl II 1991 S. 401	R 13 (2)	
23.10.1990	BFH	BStBl II 1991 S. 401	H 13 (2)	Wertpapiere
23.10.1990	BFH	BStBl II 1991 S. 401	H 28	(Buchführungspflicht einer Personengesellschaft)
24.10.1990	BFH	BStBl II 1991 S. 337	H 168a	(Keine Leistungen im Sinne des § 22 Nr. 3 EStG sind)
24.10.1990	BFH	BStBl II 1991 S. 337	H 170	(Entschädigung im Sinne des § 24 Nr. 1 Buchstabe a EStG)
24.10.1990	BFH	BStBl II 1991 S. 175	H 87	(Erbbauzinsen)
07.11.1990	BFH	BStBl II 1991 S. 177	H 154	(Einlagenrückgewähr)
07.11.1990	BFH	BStBl II 1991 S. 342	H 35a	(Beteiligung)
07.11.1990	BFH	BStBl II 1991 S. 547	H 111	(Spendenbestätigung - § 48 (3) EStDV -)
09.11.1990	BFH	BStBl II 1991 S. 189	R 26 (1)	
14.11.1990	BFH	BStBl II 1991 S. 222	R 35 (1)	
15.11.1990	BFH	BStBl II 1991 S. 226	R 13 (15)	
15.11.1990	BFH	BStBl II 1991 S. 228	R 37 (2)	
15.11.1990	BFH	BStBl II 1991 S. 238	R 13 (15)	
15.11.1990	BFH	BStBl II 1991 S. 228	H 16	(Fremdwährungsdarlehen)
20.11.1990	BFH	BStBl II 1991 S. 345	H 137	(Gewerblicher Grundstückshandel)
23.11.1990	BMF	BStBl I 1990 S. 770	H 139 (5)	(Eigenbewirtschaftung)
28.11.1990	BFH	BStBl II 1991 S. 313	H 154	(Stiller Gesellschafter)
28.11.1990	BFH	BStBl II 1991 S. 300	H 168a	(Leistungen im Sinne des § 22 Nr. 3 EStG sind:)
28.11.1990	BFH	BStBl II 1991 S. 300	H 168a	(Optionskombinationen)
30.11.1990	BFH	BStBl II 1991 S. 451	R 174 (3)	
06.12.1990	BFH	BStBl II 1991 S. 356	H 15	(Besonderheiten bei Land- und Forstwirten)
07.12.1990	BFH	BStBl II 1991 S. 350	H 213e	(Begünstigte Einkünfte)
07.12.1990	BFH	BStBl II 1991 S. 508	H 112	(Parteieneigenschaft)
10.12.1990	BMF	BStBl I 1990 S. 868	H 41 (16)	Näherungsverfahren
11.12.1990	BFH	BStBl II 1992 S. 232	R 14 (1)	
12.12.1990	BFH	BStBl II 1991 S. 485	R 38 (4)	
13.12.1990	BFH	BStBl II 1991 S. 452	H 134b	(Betriebszweige)
14.12.1990	BFH	BStBl II 1991 S. 305	H 19	(Ausbildungs-/Fortbildungsaufwendungen)
18.12.1990	BFH	BStBl II 1991 S. 512	H 139 (6)	(Verdeckte Einlage)
18.12.1990	BFH	BStBl II 1991 S. 232	R 6	

Anhang 38
Urteile und Schreiben

Datum	Verfasser	Fundstelle	ESt/HA 95	Stichwort
18.12.1990	BFH	BStBl II 1991 S. 512	R 139 (2)	
18.12.1990	BFH	BStBl II 1991 S. 784	R 6	
18.12.1990	BFH	BStBl II 1991 S. 232	H 6 Nr. 66	(Sanierung)
18.12.1990	BFH	BStBl II 1991 S. 354	H 87	(Altenteilsleistungen)
18.12.1990	BFH	BStBl II 1991 S. 784	H 6	(Sanierungsabsicht)
20.12.1990	BMF	BStBl I 1990 S. 884	H 137	(Gewerblicher Grundstückshandel)
09.01.1991	BMF	BStBl I 1991 S. 133	H 128	(Bewertung von Pflanzenbeständen in Baumschulbetrieben)
17.01.1991	BFH	BStBl II 1991 S. 566	H 131	(Teilbetrieb)
18.01.1991	BFH	BStBl II 1991 S. 409	R 134 (1)	
22.01.1991	BFH	BStBl II 1991 S. 686	H 167	(Rente wegen Berufs- oder Erwerbsunfähigkeit)
23.01.1991	BFH	BStBl II 1991 S. 519	H 137	(Gewerblicher Grundstückshandel)
23.01.1991	BFH	BStBl II 1991 S. 396	H 168b	(Werbungskosten)
23.01.1991	BFH	BStBl II 1991 S. 379	R 41 (10)	
23.01.1991	BFH	BStBl II 1991 S. 405	R 137 (5)	
23.01.1991	BFH	BStBl II 1991 S. 519	H 14	(Entnahme von Grundstücken und Grundstücksteilen)
28.01.1991	BFH	BStBl II 1992 S. 381	H 32a	(Wohnrechtsablösung)
30.01.1991	BFH	BStBl II 1991 S. 618	H 42	(Betriebsvorrichtungen)
31.01.1991	BFH	BStBl II 1991 S. 627	R 35a (1)	
07.02.1991	BMF	BStBl I 1991 S. 214	H 88	(Beitragszahlungsdauer)
07.02.1991	BMF	BStBl I 1991 S. 214	H 88	(Mindestvertragsdauer)
19.02.1991	BFH	BStBl II 1991 S. 789	R 13 (12)	
21.02.1991	BFH	BStBl II 1991 S. 514	R 13 (15)	
22.02.1991	BMF	BStBl I 1991 S. 330	H 88	(Mindestvertragsdauer)
22.02.1991	BMF	BStBl I 1991 S. 330	H 88	(Verlängerung der Laufzeit von Versicherungsverträgen bei Bürgern der ehemaligen DDR und von Berlin (Ost))
25.02.1991	BFH	BStBl II 1991 S. 691	H 138 (3)	(Mitunternehmerstellung)
27.02.1991	BFH	BStBl II 1991 S. 703	H 170	(Entschädigung im Sinne des § 24 Nr. 1 Buchstabe a EStG)
27.02.1991	BFH	BStBl II 1991 S. 456	H 32a	(Skonto)
28.02.1991	BMF	BStBl I 1991 S. 663	H 6 Nr. 9	(Vorruhestandsgelder)
01.03.1991	BMF	BStBl I 1991 S. 422	H 154	(Nullkupon-Anleihen und andere Kapitalanlageformen)
05.03.1991	BFH	BStBl II 1991 S. 630	H 140	(Veräußerung)
05.03.1991	BFH	BStBl II 1991 S. 516	R 13 (15)	
06.03.1991	BFH	BStBl II 1991 S. 631	H 134a	(Wertpapiere)
06.03.1991	BFH	BStBl II 1991 S. 631	H 137	(Wertpapiere)
06.03.1991	BFH	BStBl II 1991 S. 829	R 13 (7)	
13.03.1991	BFH	BStBl II 1991 S. 595	H 31a	(Geschäftswert/Praxiswert)
14.03.1991	BFH	BStBl II 1991 S. 769	H 136	(Ähnliche Berufe)
14.03.1991	BFH	BStBl II 1991 S. 769	H 136	(Ähnliche Berufe)
15.03.1991	BFH	BStBl II 1991 S. 682	R 40 (1)	
15.03.1991	BFH	BStBl II 1991 S. 682	H 40	(ABC: Beispiele für nicht selbständig nutzungsfähige Wirtschaftsgüter) - Lithographien
19.03.1991	BFH	BStBl II 1991 S. 635	R 139 (4)	
19.03.1991	BFH	BStBl II 1991 S. 633	H 6 Nr. 66	(Sanierungsabsicht)
26.03.1991	BFH	BStBl II 1992 S. 999	H 163	(Zuschüsse)
27.03.1991	BFH	BStBl II 1991 S. 637	H 103	(Promotion)
27.03.1991	BFH	BStBl II 1991 S. 575	H 117a	(Auslandsgruppenreisen zu Informationszwecken) - Gruppenreise Hochschulgeographen
27.03.1991	BFH	BStBl II 1991 S. 575	H 117a	(Auslandsgruppenreisen zu Informationszwecken)
30.03.1991	BFH	BStBl II 1991 S. 854	H 3 Nr. 26	(Nebenberufliche Tätigkeit)
12.04.1991	BFH	BStBl II 1991 S. 518	H 186	(Sittliche Pflicht)
12.04.1991	BFH	BStBl II 1991 S. 518	H 190	(Zwangsläufigkeit dem Grunde nach)

Anhang 38

Urteile und Schreiben

Datum	Verfasser	Fundstelle				ESt/HA 95	Stichwort
15.04.1991	BMF	BStBl I		1991	S. 497	H 130a	(Milchaufgabevergütung, Milchquotenleasing, Anlieferungs-Referenzmenge)
16.04.1991	BFH	BStBl II		1991	S. 832	H 137	(Betriebsaufspaltung)
16.04.1991	BFH	BStBl II		1991	S. 844	H 137	(Gewerblicher Grundstückshandel)
16.04.1991	BFH	BFH/NV		1992	S. 94	H 140	(Bürgschaften für Verbindlichkeiten einer GmbH)
16.04.1991	BFH	BStBl II		1991	S. 832	H 14	(Einbringung von Betriebsvermögen in eine Betriebs-Kapitalgesellschaft)
18.04.1991	BFH	BStBl II		1991	S. 833	H 139 (2)	(Landwirtschaft)
18.04.1991	BFH	BStBl II		1991	S. 751	H 117	(Kleidung und Schuhe)
18.04.1991	BFH	BStBl II		1991	S. 833	H 130a	(Veräußerung)
24.04.1991	BFH	BStBl II		1991	S. 713	R 137 (5)	
26.04.1991	BFH	BStBl II		1991	S. 755	H 189	(Asyl)
26.04.1991	BFH	BStBl II		1991	S. 716	H 190	(Anrechnung eigener Einkünfte und Bezüge)
26.04.1991	BFH	BStBl II		1991	S. 716	H 192a	(Allgemeines)
30.04.1991	BFH	BStBl II		1991	S. 873	H 5	(Nachversteuerung)
08.05.1991	BFH	BStBl II		1992	S. 437	H 139 (14)	(Sachliche Steuerbefreiung)
14.05.1991	BFH	BStBl II		1992	S. 164	R 138d (3)	
14.05.1991	BFH	BStBl II		1992	S. 167	R 138d (1)	
14.05.1991	BFH	BStBl II		1992	S. 167	R 138d (2)	
21.05.1991	BMF	BStBl I		1991	S. 536	H 119	(Beitrittsgebiet) - Abdruck
22.05.1991	BFH	BStBl II		1992	S. 94	H 185	(Ausländische Einkünfte)
22.05.1991	BFH	BStBl II		1992	S. 94	R 12 (4)	
23.05.1991	BFH	BStBl II		1991	S. 796	R 16 (4)	
23.05.1991	BFH	BStBl II		1991	S. 798	R 13 (16)	
23.05.1991	BFH	BStBl II		1991	S. 800	R 13 (12)	
24.05.1991	BFH	BStBl II		1992	S. 123	R 174 (3)	
28.05.1991	BFH	BStBl II		1991	S. 801	R 137 (6)	
04.06.1991	BFH	BStBl II		1991	S. 761	H 161	(Werbungskosten)
04.06.1991	BFH	BStBl II		1992	S. 187	H 212b	(Anrechnung)
04.06.1991	BFH	BStBl II		1992	S. 70	H 31a	(Erbbaurecht)
04.06.1991	BFH	BStBl II		1992	S. 70	H 32a	(Erbbaurecht)
04.06.1991	BFH	BStBl II		1991	S. 759	H 86	(Nicht abziehbare Vorsteuerbeträge)
12.06.1991	BFH	BStBl II		1991	S. 763	H 188	(Kur)
12.06.1991	BFH	BStBl II		1992	S. 20	R 177 (2)	
12.06.1991	BFH	BStBl II		1992	S. 20	R 177 (4)	
13.06.1991	BMF	BStBl I		1991	S. 746	H 7	(Steuerbefreiungen auf Grund zwischenstaatlicher Vereinbarungen)
19.06.1991	BFH	BStBl II		1992	S. 73	H 157	(Herstellungsaufwand nach Fertigstellung)
19.06.1991	BFH	BStBl II		1992	S. 75	H 162a	(Steuerliche Anerkennung)
19.06.1991	BFH	BStBl II		1991	S. 914	H 1	(Allgemeines)
25.06.1991	BFH	BStBl II		1992	S. 24	H 162	(Selbstnutzung)
26.06.1991	BFH	BStBl II		1991	S. 877	R 154 (2)	
03.07.1991	BFH	BStBl II		1991	S. 802	H 134a	(Nachhaltigkeit)
03.07.1991	BFH	BStBl II		1991	S. 802	H 139 (2)	(Zwangsweise Betriebsaufgabe)
03.07.1991	BFH	BStBl II		1991	S. 802	H 16	(Aufgabe- oder Veräußerungsgewinn)
10.07.1991	BFH	BStBl II		1991	S. 840	H 35a	(Einlage)
10.07.1991	BFH	BStBl II		1991	S. 840	H 39	(Teilwert)
11.07.1991	BFH	BStBl II		1991	S. 889	H 136	(Abgrenzung selbständige Arbeit/Gewerbebetrieb)
11.07.1991	BFH	BStBl II		1992	S. 353	H 136	(Abgrenzung selbständige Arbeit/Gewerbebetrieb)
11.07.1991	BFH	BStBl II		1991	S. 878	H 136	(Ähnliche Berufe)
11.07.1991	BFH	BStBl II		1992	S. 353	H 136	(Künstlerische Tätigkeit)
11.07.1991	BFH	BStBl II		1991	S. 889	H 136	(Künstlerische Tätigkeit)
12.07.1991	BFH	BStBl II		1992	S. 143	H 134a	(Nachhaltigkeit)
12.07.1991	BFH	BStBl II		1992	S. 143	H 137	(Gewerblicher Grundstückshandel)
12.07.1991	BFH	BStBl II		1992	S. 143	R 134a	
12.07.1991	BFH	BStBl II		1992	S. 143	R 134c (2)	

Anhang 38
Urteile und Schreiben

Datum	Verfasser	Fundstelle	ESt/HA 95	Stichwort
15.07.1991	BFH	BStBl II 1992 S. 78	H 165	(Vorweggenommene Erbfolge)
15.07.1991	BFH	BStBl II 1992 S. 78	H 167	(Vertraglich vereinbarte Leistungen)
15.07.1991	BFH	BStBl II 1992 S. 78	H 87	(Dauernde Last)
15.07.1991	BFH	BStBl II 1992 S. 78	H 87	(Vorweggenommene Erbfolge)
17.07.1991	BFH	BStBl II 1991 S. 916	H 169	(Werbungskosten)
17.07.1991	BFH	BStBl II 1992 S. 246	H 83	(Betriebsaufspaltung)
25.07.1991	BFH	BStBl II 1991 S. 842	R 19 (1)	
25.07.1991	BFH	BStBl II 1991 S. 842	H 19	(Nichtauszahlung von Lohn bei Ehegatten-Arbeitsverhältnissen über einen längeren Zeitraum)
26.07.1991	BFH	BStBl II 1992 S. 105	H 119	(Unzutreffende Besteuerung)
30.07.1991	BFH	BStBl II 1992 S. 28	H 157	(Anschaffungsnaher Aufwand)
30.07.1991	BFH	BStBl II 1991 S. 918	H 157	(Anschaffungsnaher Aufwand)
30.07.1991	BFH	BStBl II 1992 S. 30	H 157	(Anschaffungsnaher Aufwand)
30.07.1991	BFH	BStBl II 1992 S .940	H 157	(Anschaffungsnaher Aufwand)
30.07.1991	BFH	BStBl II 1992 S. 27	H 162	(Selbstnutzung)
30.07.1991	BFH	BStBl II 1991 S. 918	H 32a	(Renovierungskosten)
31.07.1991	BFH	BStBl II 1992 S. 375	R 138 (1)	
31.07.1991	BFH	BStBl II 1991 S. 922	H 212b	(Anrechnung)
31.07.1991	BFH	BStBl II 1992 S. 375	H 6 Nr. 66	(Sanierungsabsicht)
31.07.1991	BFH	BStBl II 1992 S. 85	H 24	(Ausländisches Gericht)
31.07.1991	BFH	BStBl II 1991 S. 922	H 212b	(Anrechnung)
28.08.1991	BMF	BStBl I 1991 S. 768	H 44	(Fertigstellung)
28.08.1991	BMF	BStBl I 1991 S. 768	H 44	(Lieferung)
28.08.1991	BFH	BStBl II 1991 S. 768	H 83	(Neues Wirtschaftsgut) - Tiere
28.08.1991	BFH	BStBl II 1991 S. 768	H 83	(Verwaltungsanweisungen zu § 2 Nr. 2 InvZulG)
05.09.1991	BFH	BStBl II 1992 S. 349	H 137	(Wesentliche Betriebsgrundlage)
10.09.1991	BFH	BStBl II 1992 S. 328	R 134b (3)	
12.09.1991	BFH	BStBl II 1992 S. 347	H 139 (8)	(Produktionsunternehmen)
12.09.1991	BFH	BStBl II 1992 S. 347	R 137 (5)	
12.09.1991	BFH	BStBl II 1992 S. 134	H 13 (7)	Erwerb eines langfristig verpachteten landwirtschaftlichen Betriebes
18.09.1991	BFH	BStBl II 1992 S. 135	H 137	(Gewerblicher Grundstückshandel)
18.09.1991	BFH	BStBl II 1992 S. 34	H 170	(Entschädigung im Sinne des § 24 Nr. 1 Buchstabe a EStG)
18.09.1991	BFH	BStBl II 1992 S. 90	R 23 (1)	
18.09.1991	BFH	BStBl II 1992 S. 34	H 6 Nr. 9	(Abfindungen wegen Auflösung des Dienstverhältnisses)
18.09.1991	BFH	BStBl II 1992 S. 90	H 21	(Verpflegungsmehraufwendungen)
18.09.1991	BFH	BStBl II 1992 S. 90	H 23	(Betriebsstätte)
18.09.1991	BFH	BStBl II 1992 S. 90	H 119	(Betriebsstätte) - wechselnde Märkte
18.09.1991	BFH	BStBl II 1992 S. 90	H 119	(Verpflegungsmehraufwendungen)
20.09.1991	BFH	BStBl II 1992 S. 137	H 186	(Ersatz von dritter Seite)
25.09.1991	BFH	BStBl II 1992 S. 406	H 139 (9)	(Betriebseinbringung)
25.09.1991	BFH	BStBl II 1992 S. 172	H 227c	(Bemessungsgrundlage nach § 50a EStG bei Anwendung der sog. Null-Regelung nach § 52 Abs. 2 UStDV)
27.09.1991	BFH	BStBl II 1992 S. 110	H 188	(Diätverpflegung)
27.09.1991	BFH	BStBl II 1992 S. 35	R 190 (3)	
27.09.1991	BFH	BStBl II 1992 S. 195	H 117	(Videorecorder eines Lehrers)
08.10.1991	BFH	BStBl II 1992 S. 174	H 154	(Zuflußzeitpunkt bei Gewinnausschüttungen)
08.10.1991	BFH	BStBl II 1992 S. 174	H 116	(Allgemeines) - Zufluß von Einnahmen
09.10.1991	BFH	BStBl II 1992 S. 152	H 43	(Anschaffungskosten)
17.10.1991	BFH	BStBl II 1992 S. 392	H 139 (2)	(Betriebsunterbrechung)
17.10.1991	BFH	BStBl II 1992 S. 392	R 139 (5)	
17.10.1991	BFH	BStBl II 1992 S. 392	R 139 (9)	
17.10.1991	BFH	BStBl II 1992 S. 176	H 6 Nr. 12	(Vergleichbare Tätigkeit)

Anhang 38

Urteile und Schreiben

Datum	Verfasser	Fundstelle	ESt/HA 95	Stichwort
22.10.1991	BFH	BStBl II 1992 S. 177	H 188	(Krankenhaustagegeldversicherung)
29.10.1991	BFH	BStBl II 1992 S. 285	H 157	(Anschaffungsnaher Aufwand)
29.10.1991	BFH	BStBl II 1992 S. 512	R 138 (5)	
29.10.1991	BFH	BStBl II 1992 S. 512	H 15	(Bilanzberichtigung)
31.10.1991	BFH	BStBl II 1992 S. 241	H 213a	(Begünstigte Objekte)
04.11.1991	BMF	BStBl I 1991 S. 1022	H 119	(Beitrittsgebiet) - Abdruck
06.11.1991	BFH	BStBl II 1992 S. 335	H 139 (4)	(Gesellschaftsrechtliche Befugnisse)
06.11.1991	BFH	BStBl II 1992 S. 415	R 137 (5)	
06.11.1991	BFH	BStBl II 1993 S. 391	R 14 (3)	
06.11.1991	BFH	BStBl II 1993 S. 391	H 14	(Keine Entnahme von Grundstücken und Grundstücksteilen)
07.11.1991	BFH	BStBl II 1993 S. 324	H 136	(Abgrenzung selbständige Arbeit/Gewerbebetrieb)
07.11.1991	BFH	BStBl II 1993 S. 324	H 136	(Abgrenzung selbständige Arbeit/Gewerbebetrieb)
07.11.1991	BFH	BStBl II 1992 S. 380	H 139 (1)	(Fehlende gewerbliche Tätigkeit)
07.11.1991	BFH	BStBl II 1992 S. 457	H 139 (11)	(Betriebsveräußerung gegen wiederkehrende Bezüge und festes Entgelt)
07.11.1991	BFH	BStBl II 1992 S. 457	H 147	(Veräußerung)
07.11.1991	BFH	BStBl II 1992 S. 398	R 41b (2)	
07.11.1991	BFH	BStBl II 1992 S. 457	R 147 (1)	
07.11.1991	BFH	BStBl II 1992 S. 141	H 13 (15)	Schulden auf Grund einheitlichen Kaufvertrags
07.11.1991	BFH	BStBl II 1992 S. 398	H 44	(Lieferung)
12.11.1991	BFH	BStBl II 1992 S. 289	H 161	(Keine nachträglichen Werbungskosten)
12.11.1991	BFH	BStBl II 1992 S. 289	H 171	(Nachträgliche Ausgaben)
13.11.1991	BFH	BStBl II 1992 S. 345	H 185	(Allgemeines)
13.11.1991	BFH	BStBl II 1992 S. 345	H 185	(Ausländische Verluste)
13.11.1991	BFH	BStBl II 1992 S. 177	R 31c (3)	
13.11.1991	BFH	BStBl II 1992 S. 336	H 31c (3)	Rückstellungen für öffentlich-rechtliche Verpflichtungen)
13.11.1991	BFH	BStBl II 1992 S. 519	H 38	(Gewährleistungsverpflichtung)
15.11.1991	BFH	BStBl II 1992 S. 245	H 190	(Unterhalt für mehrere Personen)
26.11.1991	BFH	BStBl II 1992 S. 521	H 131	(Verpachtung)
28.11.1991	BFH	BStBl II 1992 S. 521	H 139 (5)	(Parzellenweise Verpachtung)
28.11.1991	BFH	BStBl II 1992 S. 343	H 16	(Diebstahl)
29.11.1991	BFH	BStBl II 1992 S. 290	H 186	(Betriebsausgaben, Werbungskosten, Sonderausgaben)
29.11.1991	BFH	BStBl II 1992 S. 293	H 186	(Betriebsausgaben, Werbungskosten, Sonderausgaben)
29.11.1991	BFH	BStBl II 1992 S. 290	H 186	(Gegenwert)
29.11.1991	BFH	BStBl II 1992 S. 293	H 186	(Krankenversicherungsbeiträge)
03.12.1991	BFH	BStBl II 1993 S. 89	R 38 (2)	
03.12.1991	BFH	BStBl II 1993 S. 89	R 31c (10)	
04.12.1991	BFH	BStBl II 1992 S. 383	H 31a	(Güterfernverkehrskonzessionen)
06.12.1991	BFH	BStBl II 1992 S. 452	H 43	(Nachträgliche Anschaffungs- oder Herstellungskosten)
06.12.1991	BFH	BStBl II 1992 S. 452	H 83	(Neues Wirtschaftsgut)
10.12.1991	BFH	BStBl II 1992 S. 650	H 138d	(Auflösung des negativen Kapitalkontos)
10.12.1991	BFH	BStBl II 1992 S. 650	H 15	(Nachträgliche Auflösung der negativen Kapitalkontos eines Kommanditisten)
11.12.1991	BFH	BStBl II 1992 S. 278	H 42	(Betriebsvorrichtungen)
12.12.1991	BFH	BStBl II 1992 S. 600	R 31c (4)	
12.12.1991	BFH	BStBl II 1992 S. 524	H 117	(Bewirtungsaufwendungen)
18.12.1991	BFH	BStBl II 1992 S. 486	H 25	(Steuerpause/mißbräuchliche Gestaltung)
23.12.1991	BMF	BStBl I 1992 S. 13	H 13 (1)	Leasing
10.01.1992	BFH	BStBl I 1992 S. 720	H 172	(Härteregelung)
10.01.1992	BFH	BStBl II 1992 S. 297	R 174 (3)	
14.01.1992	BFH	BStBl II 1992 S. 549	H 162a	(Steuerliche Anerkennung)
14.01.1992	BFH	BStBl II 1992 S. 464	H 32a	(Säumniszuschläge zur Grunderwerbsteuer)

Anhang 38
Urteile und Schreiben

Datum	Verfasser	Fundstelle	ESt/HA 95	Stichwort
20.01.1992	BMF	DB 1992 S. 450	H 40	(ABC: Beispiele für selbständig nutzungsfähige Wirtschaftsgüter) - Software, Trivialprogramme
21.01.1992	BFH	BStBl II 1992 S. 958	H 15	(Zustimmung des Finanzamtes)
22.01.1992	BFH	BStBl II 1992 S. 552	H 165	(Wiederkehrende Bezüge)
22.01.1992	BFH	BStBl II 1992 S. 488	R 34 (2)	
22.01.1992	BFH	BStBl II 1992 S. 529	H 31a	(Güterfernverkehrskonzessionen)
22.01.1992	BFH	BStBl II 1992 S. 488	H 31b	(Bestimmte Zeit nach dem Abschlußstichtag)
23.01.1992	BFH	BStBl II 1992 S. 651	H 135	(Gewerbliche Tätigkeit)
23.01.1992	BFH	BStBl II 1993 S. 327	H 19	(Wirtschaftsüberlassungsvertrag)
23.01.1992	BFH	BStBl II 1993 S. 327	H 42	(Wirtschaftsüberlassungsvertrag)
28.01.1992	BFH	BStBl II 1992 S. 605	H 154	(Nießbrauch)
28.01.1992	BFH	BStBl II 1992 S. 881	H 15	(Fehlerkorrektur)
31.01.1992	BFH	BStBl II 1992 S. 401	H 119	(Außergewöhnliche Kosten) - sog. merkantiler Minderwert
05.02.1992	BFH	BStBl II 1992 S. 607	H 212a	(Festsetzung ausländischer Steuern)
06.02.1992	BFH	BStBl II 1992 S .528	R 23 (1)	
06.02.1992	BFH	BStBl II 1992 S. 528	H 23	(Keine Betriebsstätte im eigenen Wohnhaus)
06.02.1992	BFH	BStBl II 1992 S. 653	H 13 (1)	Ansprüche aus Lebensversicherungen
06.02.1992	BFH	BStBl II 1992 S. 653	H 13 (1)	Ansprüche aus Lebensversicherungsverträgen
07.02.1992	BFH	BStBl II 1992 S. 531	H 117a	(Klassenfahrt eines Berufsschülers)
14.02.1992	BFH	BStBl II 1992 S. 961	H 103	(Aufwendungen im Sinne des § 10 Abs. 1 Nr. 7 EStG) - Arbeitsmittel, - Fahrten zwischen Wohnung und Aus-/Weiterbildungsort)
14.02.1992	BFH	BStBl II 1992 S. 556	H 103	(Studium)
14.02.1992	BFH	BStBl II 1992 S. 961	H 103	(Studium)
14.02.1992	BFH	BStBl II 1992 S. 962	H 103	(Studium)
17.02.1992	BMF	BStBl I 1992 S. 115	H 52	(Zur Anwendung des § 7b Abs. 8 EStG)
17.02.1992	BMF	BStBl I 1992 S. 115	H 76	(Zur Anwendung des § 7c EStG)
25.02.1992	BMF	BStBl I 1992 S. 187	H 227c	(Reisekostenersatz)
26.02.1992	BFH	BStBl II 1992 S. 988	R 41c (6)	
27.02.1992	BFH	BStBl II 1992 S. 826	H 136	(Abgrenzung selbständige Arbeit/Gewerbebetrieb)
27.02.1992	BFH	BStBl II 1992 S. 826	H 136	(Wissenschaftliche Tätigkeit)
27.02.1992	BMF	BStBl I 1992 S. 125	H 169	(Gesamthandsvermögen)
27.02.1992	BFH	BStBl II 1992 S. 554	H 231	(Betriebsteile im Ausland)
28.02.1992	BFH	BStBl II 1992 S. 834	H 103	(Zuschlag bei Darlehensrückzahlung)
05.03.1992	BMF	BStBl I 1992 S. 187	H 31b	(Wirtschaftserschwernisse in der Landwirtschaft)
05.03.1992	BMF	BStBl I 1992 S. 187	H 130a	(Wirtschaftserschwernisse)
05.03.1992	BMF	BStBl I 1992 S. 187	H 131	(Wirtschaftserschwernisse)
06.03.1992	BFH	BStBl II 1992 S. 1044	H 42a	(Wohnzwecke)
06.03.1992	BFH	BStBl II 1992 S. 661	H 103	(Aufwendungen im Sinne des § 10 Abs. 1 Nr. 7 EStG) - Lehrgangs-, Schul- und Studiengebühren
06.03.1992	BFH	BStBl II 1992 S. 661	H 103	(Berufsausbildung)
06.03.1992	BFH	BStBl II 1992 S. 661	H 103	(Berufsausbildungskosten)
06.03.1992	BFH	BStBl II 1992 S. 661	H 103	(Umschulung)
11.03.1992	BFH	BStBl II 1992 S. 1007	H 137	(Gewerblicher Grundstückshandel)
11.03.1992	BFH	BStBl II 1992 S. 499	H 167	(Allgemeines)
11.03.1992	BFH	BStBl II 1992 S. 797	H 236	(Personenhandelsgesellschaften)
11.03.1992	BFH	BStBl II 1992 S. 797	R 12 (3)	
11.03.1992	BFH	BStBl II 1992 S. 797	H 28	(Buchführungspflicht einer Personengesellschaft) - Abdruck
11.03.1992	BFH	BStBl II 1992 S. 797	H 28	(Gewinnermittlung für Sonderbetriebsvermögen der Gesellschafter)
12.03.1992	BFH	BStBl II 1993 S. 36	H 136	(Verpachtung nach Erbfall)
12.03.1992	BFH	BStBl II 1993 S. 36	H 143	(Golderwerb)
12.03.1992	BFH	BStBl II 1993 S. 36	H 147	(Verpachtung)
12.03.1992	BFH	BStBl II 1993 S. 36	R 16 (2)	
12.03.1992	BFH	BStBl II 1993 S. 36	H 13 (1)	Zahngold

Anhang 38
Urteile und Schreiben

Datum	Verfasser	Fundstelle	ESt/HA 95	Stichwort
12.03.1992	BFH	BStBl II 1993 S. 36	H 16	(Aufgabe- oder Veräußerungsbilanz)
17.03.1992	BFH	BStBl II 1992 S. 1009	H 161	(Einnahmen)
20.03.1992	BFH	BStBl II 1992 S. 1033	H 103	(Auswärtige Unterbringung)
24.03.1992	BFH	BStBl II 1993 S. 93	R 41c (6)	
25.03.1992	BFH	BStBl II 1992 S. 1010	R 29 (3)	
25.03.1992	BFH	BStBl II 1992 S. 1010	R 31c (3)	
25.03.1992	BFH	BStBl II 1992 S. 1010	H 31c (3)	Rückstellungen für öffentlich-rechtliche Verpflichtungen
25.03.1992	BFH	BStBl II 1992 S. 1012	H 87	(Erhaltungs-/Instandhaltungsaufwendungen)
26.03.1992	BFH	BStBl II 1992 S. 830	R 137 (5)	
26.03.1992	BFH	BStBl II 1993 S. 20	H 6 Nr. 26	(Förderung gemeinnütziger Zwecke)
31.03.1992	BFH	BStBl II 1992 S. 890	H 164	(Abweichende Zurechnung)
31.03.1992	BFH	BStBl II 1992 S. 805	H 33	(Beseitigung von Baumängeln)
31.03.1992	BFH	BStBl II 1992 S. 805	H 44	(AfaA)
31.03.1992	BFH	BStBl II 1992 S. 808	H 44	(Neubau)
31.03.1992	BFH	BStBl II 1992 S. 236	H 83	(Verwaltungsanweisungen zu § 2 Nr. 2 InvZulG)
02.04.1992	BMF	BStBl I 1992 S. 267	H 194	(Pflege-Pauschbetrag)
07.04.1992	BFH	BStBl II 1992 S. 809	H 165	(Wiederkehrende Bezüge)
07.04.1992	BFH	BStBl II 1993 S. 21	H 14	(Keine Entnahme von Grundstücken und Grundstücksteilen)
10.04.1992	BFH	BStBl II 1992 S. 814	H 195	(Anrechnung der zumutbaren Belastung)
15.04.1992	BFH	BStBl II 1992 S. 896	H 195	(Berücksichtigung von Betreuungsaufwendungen für Auslandskinder)
15.04.1992	BFH	BStBl II 1992 S. 896	R 195 (5)	
15.04.1992	BFH	BStBl II 1992 S. 819	H 18	(Vorweggenommene Betriebsausgaben)
23.04.1992	BFH	BStBl II 1992 S. 1024	R 19 (4)	
23.04.1992	BFH	BStBl II 1992 S. 898	H 117a	(Einzelaufwendungen)
24.04.1992	BFH	BStBl II 1992 S. 666	H 103	(Berufsausbildungskosten)
24.04.1992	BFH	BStBl II 1992 S. 963	H 103	(Studium)
08.05.1992	BFH	BStBl II 1992 S. 965	H 103	(Studium)
13.05.1992	BMF	BStBl I 1992 S. 336	H 237	(Verlustabzug)
13.05.1992	BMF	BStBl I 1992 S. 336	H 115	(Verlustabzug) - Abdruck
19.05.1992	BFH	BStBl II 1992 S. 902	H 140	(Wesentliche Beteiligung)
21.05.1992	BFH	BStBl II 1992 S. 1015	H 117	(Bücher)
31.05.1992	BFH	BStBl II 1992 S. 696	H 32a	(Schuldübernahmen)
03.06.1992	BFH	BStBl II 1992 S. 1017	H 168a	(Werbungskosten)
03.06.1992	BFH	BStBl II 1992 S. 1017	H 169	(Werbungskosten)
03.06.1992	BFH	BStBl II 1993 S. 98	H 87	(Ablösung) - eines Nießbrauchs
03.06.1992	BFH	BStBl II 1993 S. 98	H 32a	(Wohnrechtsablösung)
04.06.1992	BFH	BStBl II 1993 S. 276	R 125 (4)	
04.06.1992	BFH	BStBl II 1993 S. 195	H 127	(Antrag nach § 13a (2) EStG)
26.06.1992	BFH	BStBl II 1993 S. 278	H 188	(Auswärtige Unterbringung)
26.06.1992	BFH	BStBl II 1993 S. 212	H 188	(Auswärtige Unterbringung)
26.06.1992	BFH	BStBl II 1993 S. 212	H 191	(Rechtsprechung zur auswärtigen Unterbringung)
26.06.1992	BFH	BStBl II 1993 S. 278	H 191	(Rechtsprechung zur auswärtigen Unterbringung)
01.07.1992	BFH	BStBl II 1993 S. 131	H 139 (1)	(Verdeckte Einlage)
02.07.1992	BFH	BStBl II 1992 S. 909	H 44	(Entnahme eines Gebäudes)
07.07.1992	BFH	BStBl II 1993 S. 331	H 140	(Wesentliche Beteiligung)
07.07.1992	BFH	BStBl II 1993 S. 328	R 13 (2)	
07.07.1992	BFH	BStBl II 1993 S. 331	R 140 (3)	
08.07.1992	BFH	BStBl II 1992 S. 946	H 139 (4)	(Tausch von Mitunternehmeranteilen)
09.07.1992	BFH	BStBl II 1993 S. 100	H 136	(Abgrenzung selbständige Arbeit/Gewerbebetrieb)
09.07.1992	BFH	BStBl II 1993 S. 100	H 136	(Ähnliche Berufe)
09.07.1992	BFH	BStBl II 1993 S. 27	H 170	(Entschädigung im Sinne des § 24 Nr. 1 Buchstabe a EStG)

Anhang 38
Urteile und Schreiben

Datum	Verfasser	Fundstelle	ESt/HA 95	Stichwort
09.07.1992	BFH	BStBl II 1993 S. 27	H 170	(Entschädigung im Sinne des § 24 Nr. 1 Buchstabe a EStG)
09.07.1992	BFH	BStBl II 1993 S. 27	H 170	(Entschädigungen im Sinne des § 24 Nr. 1 Buchstabe b EStG)
09.07.1992	BFH	BStBl II 1993 S. 27	H 199	(Entschädigung im Sinne des § 24 Nr. 1 EStG)
09.07.1992	BFH	BStBl II 1992 S. 948	R 13 (4)	
09.07.1992	BFH	BStBl II 1993 S. 50	H 6 Nr. 12	(Aufwandsentschädigung aus öffentlichen Kassen)
10.07.1992	BFH	BStBl II 1992 S. 966	H 103	(Studium)
13.07.1992	BMF	BStBl I 1992 S. 404	H 164	(Verfahren bei der Geltendmachung von negativen Einkünften aus der Beteiligung an Verlustzuweisungsgesellschaften und vergleichbaren Modellen)
13.07.1992	BMF	BStBl I 1992 S. 404	H 213n	(Verfahren bei der Geltendmachung von negativen Einkünften aus der Beteiligung an Verlustzuweisungsgesellschaften und vergleichbaren Modellen)
15.07.1992	BFH	BStBl II 1992 S. 1020	H 87	(Vermögensübergabe gegen Versorgungsleistungen)
23.07.1992	BMF	BStBl I 1992 S. 434	H 161	(Einkünfteerzielungsabsicht)
23.07.1992	BMF	BStBl I 1992 S. 434	R 134b (3)	Fn.
24.07.1992	BFH	BStBl II 1993 S. 155	H 134	(Freie Mitarbeit)
29.07.1992	BFH	BStBl II 1992 S. 180		Hinweise zu § 6d EStG - Betriebsgrundlage, wesentliche
05.08.1992	BFH	BStBl II 1993 S. 30	H 162	(Nutzungswert)
07.08.1992	BFH	BStBl II 1993 S. 103	H 180a	(Ernsthafte Bemühungen um einen Ausbildungsplatz)
07.08.1992	BMF	BStBl I 1992 S. 522	H 32a	(Schuldübernahmen)
07.08.1992	BMF	BStBl I 1992 S. 522	H 115a	(Übernahme von Verbindlichkeiten) - Abdruck
10.08.1992	BMF	BStBl I 1992 S. 448	H 23	(Betriebsstätte)
18.08.1992	BFH	BStBl II 1993 S. 34	H 140	(Veräußerung)
26.08.1992	BFH	BStBl II 1992 S. 977	H 31a	(Immaterielle Wirtschaftsgüter) - Spielerlaubnis nach Maßgabe des Lizenzspielerstatuts des Deutschen Fußballbundes
27.08.1992	BFH	BStBl II 1993 S. 225	R 41a (7)	
27.08.1992	BFH	BStBl II 1993 S. 336	H 130a	(Forderungsausfall)
02.09.1992	BFH	BStBl II 1993 S. 52	H 199	(Außerordentliche Einkünfte im Sinne des § 34 Abs. 1 EStG)
02.09.1992	BFH	BStBl II 1993 S. 831	H 199	(Zufluß der Entschädigung in zwei aufeinanderfolgenden Kalenderjahren)
02.09.1992	BFH	BStBl II 1993 S. 52	H 6 Nr. 9	(Abfindungen wegen Auflösung des Dienstverhältnisses)
03.09.1992	BMF	BStBl I 1992 S. 582	H 213o	(Freistellungsauftrag)
15.09.1992	BMF	BStBl I 1992 S. 542	H 174a	(Ehelicher Güterstand)
15.09.1992	BMF	BStBl I 1992 S. 542	H 19	(Eheliches Güterrecht im Beitrittsgebiet)
25.09.1992	BFH	BStBl II 1993 S. 106	H 192	(Mehrfachgewährung)
25.09.1992	BMF	BStBl I 1992 S. 545	H 195	(Anrechnung der zumutbaren Belastung)
01.10.1992	BFH	BStBl II 1993 S. 284	R 125 (1)	
01.10.1992	BFH	BStBl II 1993 S. 284	R 125 (4)	
01.10.1992	BFH	BStBl II 1993 S. 188	H 43	(Anschaffungskosten) - bei Milchkühen
02.10.1992	BFH	BStBl II 1993 S. 286	H 188	(Fahrtkosten Behinderter)
02.10.1992	BFH	BStBl II 1993 S. 153	R 31c (5)	
09.10.1992	BFH	BStBl II 1993 S. 115	H 103	(Promotion)
13.10.1992	BFH	BStBl II 1993 S. 477	H 140	(Veräußerung)
14.10.1992	BFH	BStBl II 1993 S. 189	H 32a	(Rückzahlung aus Kapitalherabsetzung)
21.10.1992	BFH	BStBl II 1993 S. 289	R 138a (6)	
21.10.1992	BFH	BStBl II 1993 S. 289	H 19	(Gewinnanteile aus geschenkter typisch stiller Beteiligung)
23.10.1992	BFH	BStBl II 1993 S. 193	H 117	(Medizinisch-technische Hilfsmittel und Geräte) - Sehbrille

Anhang 38
Urteile und Schreiben

Datum	Verfasser	Fundstelle	ESt/HA 95	Stichwort
26.10.1992	BMF	BStBl I 1992 S. 693	H 213o	(Zinsabschlag)
26.10.1992	BMF	BStBl I 1992 S. 693	H 116	(Bundesschatzbriefe Typ B)
26.10.1992	BMF	BStBl I 1992 S. 693	H 116	(Kapitalerträge)
27.10.1992	BFH	BStBl II 1993 S. 591	H 157	(Verteilung des Erhaltungsaufwands nach § 82b EStDV)
27.10.1992	BFH	BStBl II 1993 S. 589	H 157	(Verteilung des Erhaltungsaufwands nach § 82b EStDV)
29.10.1992	BFH	BStBl II 1993 S. 182	H 147	(Veräußerung)
29.10.1992	BFH	BStBl II 1993 S. 182	R 147 (1)	
30.10.1992	BFH	BStBl II 1992 S. 651	H 43	(Entnahme eines Wirtschaftsguts)
04.11.1992	BFH	BStBl II 1993 S. 245	R 137 (5)	
05.11.1992	BFH	BStBl II 1993 S. 185	H 27a (1)	Zuwendungen
09.11.1992	BMF	BStBl I 1992 S. 726	H 1	(Erweiterte unbeschränkte Steuerpflicht)
10.11.1992	BFH	BStBl II 1994 S. 222	H 140	(Kapitalerhöhung)
12.11.1992	BFH	BStBl II 1993 S. 430	H 14	(Keine Entnahme von Grundstücken und Grundstücksteilen)
12.11.1992	BFH	BStBl II 1993 S. 392	H 15	(Bilanzberichtigung nach Änderung der höchstrichterlichen Rechtsprechung)
24.11.1992	BFH	BStBl II 1993 S. 593	H 157	(Verteilung des Erhaltungsaufwands nach § 82b EStDV)
24.11.1992	BFH	BStBl II 1993 S. 296	H 164a	(Einnahmen aus Vermietung und Verpachtung)
24.11.1992	BFH	BStBl II 1993 S. 188	H 44	(Neubau)
26.11.1992	BFH	BStBl II 1993 S. 235	H 136	(Abgrenzung selbständige Arbeit/Gewerbebetrieb)
26.11.1992	BFH	BStBl II 1993 S. 876	H 137	(Personelle Verflechtung)
26.11.1992	BFH	BStBl II 1993 S. 298	H 165	(Wiederkehrende Bezüge)
26.11.1992	BFH	BStBl II 1993 S. 395	H 126	(Mitunternehmerschaft ohne vorliegende Vereinbarungen über ein Gesellschaftsverhältnis)
26.11.1992	BFH	BStBl II 1993 S. 395	H 126	(Wirtschaftsüberlassungsvertrag)
27.11.1992	BMF	BStBl I 1992 S. 772	H 213o	(Zinsabschlag)
01.12.1992	BFH	BStBl II 1994 S. 607	H 139 (2)	(Realteilung einer Personengesellschaft)
01.12.1992	BMF		H 213o	(Rechtsnatur der Bundestags-, Landtags-, Gemeinderats-, Stadtrats-, Bezirkstags- und Verbandsgemeinderatsfraktionen)
01.12.1992	BMF	BStBl I 1992 S. 730	H 227c	(Auslandskorrespondenten)
01.12.1992	BMF	BStBl I 1992 S. 730	H 1	(Auslandskorrespondenten)
01.12.1992	BMF	BStBl I 1992 S. 729	H 19	(Darlehensverhältnisse zwischen Angehörigen)
01.12.1992	BFH	BStBl II 1994 S. 11 S. 12	H 44	(AfaA)
03.12.1992	BMF	BStBl I 1992 S. 734	H 44	(Nutzungsdauer bei Pkw und Kombifahrzeugen)
08.12.1992	BFH	BStBl II 1993 S. 434	H 161	(Keine Werbungskosten)
10.12.1992	BFH	BStBl II 1993 S. 344	R 127 (6)	
10.12.1992	BFH	BStBl II 1993 S. 538	R 138 (4)	
10.12.1992	BFH	BStBl II 1993 S. 342	H 14	(Keine Entnahme von Grundstücken und Grundstücksteilen)
10.12.1992	BFH	BStBl II 1994 S. 158	H 31c (4)	Nachbetreuungsleistungen
10.12.1992	BFH	BStBl II 1993 S. 344	H 44	(AfA-Volumen)
11.12.1992	BFH	BStBl II 1993 S. 397	R 181 (1)	
15.12.1992	BFH	BStBl II 1994 S. 702	H 138 (3)	(Stille Gesellschaft)
16.12.1992	BFH	BStBl II 1993 S. 399	H 154	(Ferienwohnung)
16.12.1992	BFH	BStBl II 1993 S. 436	R 139 (7)	
16.12.1992	BFH	BStBl II 1993 S. 792	R 41 (8)	
16.12.1992	BFH	BStBl II 1993 S. 447	H 6 Nr. 9	(Abfindung wegen Auflösung des Dienstverhältnisses)
17.12.1992	BMF	BStBl I 1992 S. 115	H 83c	(Zur Anwendung des § 7k EStG)
18.12.1992	BMF	BStBl I 1993 S. 58	H 213o	(Zinsabschlag)
21.12.1992	BMF	BStBl I 1993 S. 107	H 174a	(Ehelicher Güterstand)
21.12.1992	BMF	BStBl I 1993 S. 107	H 19	(Eheliches Güterrecht im Beitrittsgebiet)

Anhang 38
Urteile und Schreiben

Datum	Verfasser	Fundstelle	ESt/HA 95	Stichwort
28.12.1992	BMF	BStBl I 1993 S. 20	Anh. 18	(Investitionszulage)
11.01.1993	BMF	BStBl I 1993 S. 62	H 136	(Erbauseinandersetzung)
11.01.1993	BMF	BStBl I 1993 S. 62	H 138 (3)	(Mitunternehmerstellung)
11.01.1993	BMF	BStBl I 1993 S. 62	H 139 (4)	(Erbauseinandersetzung)
11.01.1993	BMF	BStBl I 1993 S. 62	H 139 (6)	(Erbauseinandersetzung)
11.01.1993	BMF	BStBl I 1993 S. 62	H 169	(Anschaffung)
11.01.1993	BMF	BStBl I 1993 S. 18	H 169	(Anschaffung)
11.01.1993	BMF	BStBl I 1993 S. 18	H 170	(Allgemeines)
11.01.1993	BMF	BStBl I 1993 S. 62	R 140 (2)	
11.01.1993	BMF	BStBl I 1993 S. 62	H 14 (2-5)	Entnahme bei Erbauseinandersetzung und vorweggenommener Erbfolge
11.01.1993	BMF	BStBl I 1993 S. 62	H 32a	(Erbauseinandersetzung und vorweggenommene Erbfolge)
11.01.1993	BMF	BStBl I 1993 S. 62	H 41c	(Erbauseinandersetzung und vorweggenommene Erbfolge)
11.01.1993	BMF	BStBl I 1993 S. 62	H 43	(Vorweggenommene Erbfolge, Erbauseinandersetzung)
11.01.1993	BMF	BStBl I 1993 S. 62	H 133a	(Erbauseinandersetzung)
12.01.1993	BMF	BStBl I 1993 S. 109	H 227c	(Auslandskorrespondenten)
12.01.1993	BMF	BStBl I 1993 S. 109	H 1	(Auslandskorrespondenten)
13.01.1993	BMF	BStBl I 1993 S. 80	H 136	(Erbfolge, vorweggenommene)
13.01.1993	BMF	BStBl I 1993 S. 80	H 139 (6)	(Nießbrauch)
13.01.1993	BMF	BStBl I 1993 S. 80	H 165	(Vorweggenommene Erbfolge)
13.01.1993	BMF	BStBl I 1993 S. 80	H 169	(Anschaffung)
13.01.1993	BMF	BStBl I 1993 S. 80	R 139 (7)	
13.01.1993	BMF	BStBl I 1993 S. 80	H 14 (2-5)	Entnahme bei Erbauseinandersetzung und vorweggenommener Erbfolge
13.01.1993	BMF	BStBl I 1993 S. 80	H 31a	(Geschäftswert/Praxiswert)
13.01.1993	BMF	BStBl I 1993 S. 80	H 32a	(Erbauseinandersetzung und vorweggenommene Erbfolge)
13.01.1993	BMF	BStBl I 1993 S. 80	H 41c	(Erbauseinadersetzung/ vorweggenommene Erbfolge)
13.01.1993	BMF	BStBl I 1993 S. 80	H 43	(Vorweggenommene Erbfolge, Erbauseinandersetzung)
13.01.1993	BMF	BStBl I 1993 S. 80	H 87	(Vorweggenommene Erbfolge)
13.01.1993	BMF	BStBl I 1993 S. 80	H 133a	(Erbfolge, gesetzliche)
15.01.1993	BFH	BStBl II 1993 S. 348	H 117	(Computer)
19.01.1993	BFH	BStBl II 1993 S. 594	H 139 (2)	(Konkursverfahren)
22.01.1993	BFH	BStBl II 1993 S. 493	H 190	(Unterhalt für mehrere Personen)
27.01.1993	BFH	BStBl II 1993 S. 702	H 44	(AfaA)
03.02.1993	BFH	BStBl II 1993 S. 441	R 38 (6)	
03.02.1993	BFH	BStBl II 1993 S. 441	R 31c (11)	
03.02.1993	BFH	BStBl II 1993 S. 367	H 21	(Segel- oder Motorjacht) - Abdruck
03.02.1993	BFH	BStBl II 1993 S. 441	H 31c (11)	Ausbildungsverhältnisse
09.02.1993	BFH	BStBl II 1993 S. 543	H 37	(Verjährung)
09.02.1993	BFH	BStBl II 1993 S. 248	H 26	(Aktivierung)
09.02.1993	BFH	BStBl II 1993 S. 747	H 37	(Zahlungsunfähigkeit)
09.02.1993	BMF	BStBl I 1993 S. 241	H 130a	(Wirtschaftserschwernisse) - Beitrittsgebiet
16.02.1993	BFH	BStBl II 1993 S. 544	H 157	(Herstellungsaufwand nach Fertigstellung)
17.02.1993	BFH	BStBl II 1993 S. 437	R 38 (1)	
19.02.1993	BFH	BStBl II 1993 S. 495	H 190	(Unterhalt für mehrere Personen)
19.02.1993	BFH	BStBl II 1993 S. 551	H 85	(Arbeitnehmer-Pauschbetrag)
01.03.1993	BMF	BStBl I 1993 S. 276	H 213p	(Erstattung des Zinsabschlags)
04.03.1993	BFH	BStBl II 1993 S. 788	R 133b (1)	
08.03.1993	BMF	BStBl I 1993 S. 276	H 36	(Festwert)
10.03.1993	BFH	BStBl II 1993 S. 446	H 38	(Urlaubsverpflichtung)
12.03.1993	BFH	BStBl II 1993 S. 521	H 6 Nr. 52	(Jubiläumszuwendungen)

Anhang 38

Urteile und Schreiben

Datum	Verfasser	Fundstelle	ESt/HA 95	Stichwort
12.03.1993	BFH	BStBl II 1993 S. 506	H 117	(Kunstwerke)
16.03.1993	BFH	BStBl II 1993 S. 497	H 170	(Entschädigungen im Sinne des § 24 Nr. 1 Buchstabe b EStG)
16.03.1993	BFH	BStBl II 1993 S. 507	H 116	(Forderungsübergang)
18.03.1993	BFH	BStBl II 1993 S. 549	H 127	(Antrag nach § 13 a (2) EStG)
24.03.1993	BFH	BStBl II 1993 S. 499	H 16	(Zufluß von Betriebseinnahmen)
24.03.1993	BFH	BStBl II 1993 S. 499	H 116	(Provisionen)
26.03.1993	BFH	BStBl II 1993 S. 749	H 194	(Führerscheinkosten)
26.03.1993	BFH	BStBl II 1993 S. 723	H 83	(Verbleibensvoraussetzung)
29.03.1993	BMF	BStBl I 1993 S. 279	Anh. 15	(Fördergebiet)
30.03.1993	BFH	BStBl II 1993 S. 502	R 37 (1)	
30.03.1993	BFH	BStBl II 1993 S. 502	R 31c (4)	
20.04.1993	BFH	BStBl II 1993 S. 504	H 44	(AfaA)
28.04.1993	BFH	BStBl II 1993 S. 836	H 213f	(Anrechnung)
29.04.1993	BMF	BStBl I 1993 S. 337	H 42	(Wirtschaftsüberlassungsvertrag) - Abdruck
30.04.1993	BMF	BStBl I 1993 S. 343	H 154	(Kapitalanlagemodelle)
30.04.1993	BFH	BStBl II 1993 S. 674	H 117a	(Auslandsgruppenreisen zu Informationszwecken) - Wahrnehmung der Aufgaben eines Gruppenleiters
04.05.1993	BFH	BStBl II 1993 S. 661	H 44	(Unterlassene oder überhöhte AfA)
07.05.1993	BFH	BStBl II 1993 S. 676	H 103	(Aufwendungen im Sinne des § 10 Abs. 1 Nr. 7 EStG) - Arbeitsmittel
12.05.1993	BFH	BFHE 171 S. 182	H 137	(Betriebsaufspaltung)
12.05.1993	BFH	BStBl II 1993 S. 786	H 13 (1)	Zeitpunkt der Aktivierung von Forderungen - Abdruck
12.05.1993	BFH	BStBl II 1993 S. 786	H 13 (1)	Vorsteuer-Ansprüche - Abdruck
19.05.1993	BMF	BStBl I 1993 S. 406	H 154	(Zinsen aus Lebensversicherungen)
19.05.1993	BMF	BStBl I 1993 S. 406	R 154 (3)	
19.05.1993	BMF	BStBl I 1993 S. 406	H 88	(Lebensversicherung)
21.05.1993	BFH	BStBl II 1994 S. 93	H 116	(Damnum)
24.05.1993	BFH	BStBl II 1993 S. 634	H 117	(Bewirtungsaufwendungen) - Arbeitsessen/Fachkollegen
25.05.1993	BMF	BStBl I 1993 S. 410	H 19	(Darlehensverhältnisse zwischen Angehörigen)
26.05.1993	BFH	BStBl II 1993 S. 710	H 139 (2)	(Zeitraum für die Betriebsaufgabe)
26.05.1993	BFH	BStBl II 1993 S. 718	R 137 (5)	
26.05.1993	BFH	BStBl II 1993 S. 686	H 116	(Nutzungsrechte)
27.05.1993	BFH	BStBl II 1994 S. 700	H 138 (3)	(Mitunternehmerstellung)
28.05.1993	BFH	BStBl II 1993 S. 665	R 138d (3)	
28.05.1993	BMF	BStBl I 1993 S. 483	H 44	(Nutzungsdauer bei Pkw und Nutzfahrzeugen)
03.06.1993	BFH	BStBl II 1994 S. 162	H 140	(Auflösung und Kapitalherabsetzung)
14.06.1993	BMF	BStBl I 1993 S. 484	H 88	(Lebensversicherung)
25.06.1993	BFH	BStBl II 1993 S. 824	R 174 (3)	
02.07.1993	BFH	BStBl II 1993 S. 870	H 180	(Rechtsprechung zur Berufsausbildung)
02.07.1993	BFH	BStBl II 1993 S. 871	H 180	(Rechtsprechung zur Berufsausbildung)
02.07.1993	BFH	BStBl II 1994 S. 102	H 180	(Rechtsprechung zur Berufsausbildung)
02.07.1993	BFH	BStBl II 1994 S. 101	H 180	(Rechtsprechung zur Berufsausbildung)
13.07.1993	BFH	BStBl II 1994 S. 282	H 138 (2)	(Verdeckte Mitunternehmerschaft)
13.07.1993	BMF	BStBl I 1994 S. 243	H 77	(Zweckbindungsvoraussetzung)
14.07.1993	BFH	BStBl II 1994 S. 15	H 39	(Teilwert)
19.07.1993	BFH	BStBl II 1993 S. 894	R 139 (10)	
19.07.1993	BFH	BStBl II 1993 S. 897	R 139 (10)	
22.07.1993	BFH	BStBl II 1993 S. 787	H 117a	(Sprachkurse im und Studienreisen ins Ausland)
28.07.1993	BMF	BStBl I 1978 S. 345	H 13 (3)	Mietereinbauten - Abdruck
28.07.1993	BFH	BStBl II 1994 S. 164	H 13 (3)	Mietereinbauten - Abdruck
30.07.1993	BFH	BStBl II 1994 S. 442	H 190	(Zwangsläufigkeit dem Grunde nach)
03.08.1993	BFH	BStBl II 1994 S. 444	H 31a	(Belieferungsrechte aus Abonnentenverträgen)

Anhang 38
Urteile und Schreiben

Datum	Verfasser	Fundstelle			ESt/HA 95	Stichwort
03.08.1993	BFH	BStBl II	1994	S. 444	H 38	(Rückgriffsansprüche)
09.08.1993	BMF	BStBl I	1993	S. 678	H 13 (1)	Bodenschätze
09.08.1993	BMF	BStBl I	1993	S. 678	H 44a	(Bodenschatz)
23.08.1993	BMF	BStBl I	1993	S. 698	H 86	(Nicht abziehbare Vorsteuerbeträge) - Abdruck
26.08.1993	BFH	BStBl I	1993	S. 887	H 136	(Abgrenzung selbständige Arbeit/Gewerbebetrieb)
26.08.1993	BFH	BStBl II	1994	S. 627	H 138d	(Verlustausgleich)
26.08.1993	BFH	BStBl II	1994	S. 232	H 31	(Festwert)
26.08.1993	BFH	BStBl II	1994	S. 232	H 44	(Nutzungsdauer)
09.09.1993	BFH	BStBl II	1994	S. 250	H 13 (12)	Untervermietung
20.09.1993	BMF	BStBl I	1993	S. 803	H 83	(Verbleibensvoraussetzung)
21.09.1993	BFH	BStBl II	1994	S. 236	H 190	(Zwangsläufigkeit dem Grunde nach)
22.09.1993	BFH	BStBl II	1994	S. 107	H 165	(Vorweggenommene Erbfolge)
22.09.1993	BFH	BStBl II	1994	S. 26	H 213a	(Besondere Veranlagung)
28.09.1993	BFH	NV			H 153	(Zahlungen eines GmbH-Gesellschafters an Mitgesellschafter)
01.10.1993	BFH	BStBl II	1994	S. 179	H 16	(Zufluß von Betriebseinnahmen)
06.10.1993	BFH	BStBl II	1994	S. 287	H 139 (12)	(Veräußerungskosten)
14.10.1993	BMF	BStBl I	1993	S. 908	H 6 Nr. 50	(Autotelefon) - Abdruck
14.10.1993	BFH	BStBl II	1994	S. 427	H 42a	(Wohnzwecke)
19.10.1993	BFH	BStBl II	1994	S. 891	H 31c (5)	Einseitige Verbindlichkeiten
21.10.1993	BFH	BStBl II	1994	S. 176	H 33	(Bewertungswahlrecht)
22.10.1993	BFH	BStBl II	1995	S. 98	H 162	(Kostenmiete)
26.10.1993	BMF	BStBl I	1993	S. 895	H 185b	(Existenzminimum)
28.10.1993	BFH	BStBl II	1994	S. 463	H 137	(Gewerblicher Grundstückshandel)
28.10.1993	BMF	BStBl I	1993	S. 904	Anh. 18	(Investitionszulage)
29.10.1993	BMF	BStBl I	1993	S. 898	H 31c (4)	Jubiläumsrückstellung
29.10.1993	BMF	BStBl I	1993	S. 898	H 38	(Jubiläumsrückstellung)
02.11.1993	BMF	BStBl I	1993	S. 901	H 154	(Zinsen aus Lebensversicherungen)
02.11.1993	BMF	BStBl I	1993	S. 901	R 154 (3)	
02.11.1993	BMF	BStBl I	1993	S. 901	H 88	(Lebensversicherung)
08.11.1993	BFH	BStBl II	1995	S. 102	H 161	(Einkünfteerzielungsabsicht)
10.11.1993	BMF	BStBl I	1993	S. 930	H 13 (15)	Finanzierung von Entnahmen
10.11.1993	BMF	BStBl I	1993	S. 930	H 13 (15)	Kontokorrentschulden
10.11.1993	BMF	BStBl I	1993	S. 930	H 13 (15)	Umschuldung
10.11.1993	BMF	BStBl I	1993	S. 930	H 16	(Zinsaufwendungen für einen Kontokorrentkredit)
10.11.1993	BMF	BStBl I	1993	S. 930	H 130a	(Schuldzinsen)
11.11.1993	BFH	BStBl II	1994	S. 629	H 204	(Privatwirtschaftliche Gründe)
12.11.1993	BFH	BStBl II	1994	S. 731	H 190	(Unterhalt für mehrere Personen)
16.11.1993	BFH	BStBl II	1994	S. 632	H 116	(Zinsen)
24.11.1993	BMF	BStBl I	1993	S. 934	H 138d	(Abgrenzung Beteiligungskonto/Forderungskonto)
24.11.1993	BMF	BStBl I	1993	S. 934	H 138d	(Kapitalersetzende Darlehen)
24.11.1993	BFH	BStBl II	1994	S. 591	H 169	(Sammeldepot)
24.11.1993	BFH	BStBl II	1994	S. 683	H 111	(Allgemeines)
25.11.1993	BFH	BStBl II	1994	S. 350	H 21	(Ferienwohnung) - Abdruck
26.11.1993	BFH	BStBl II	1994	S. 293	H 13 (1)	Bodenschätze
26.11.1993	BFH	BStBl II	1994	S. 293	H 44a	(Bodenschatz)
01.12.1993	BFH	BStBl II	1994	S. 323	H 18	(Auflösung des Mietvertrags)
08.12.1993	FG Schleswig-Holstein	EFG	1994	S. 428	H 180d	(Außerstande sein, sich selbst zu unterhalten)
08.12.1993	BFH	BStBl II	1994	S. 296	H 13 (1)	Beteiligungen
09.12.1993	BFH	BStBl II	1995	S. 202	H 31b	(Bestimmte Zeit nach dem Abschlußstichtag)
09.12.1993	BFH	BStBl II	1994	S. 298	H 19	(Arbeitsverhältnis mit Kindern) - Abdruck
14.12.1993	BFH	BStBl II	1994	S. 922	H 136	(Verpachtung nach Erbfall)
14.12.1993	BFH	BStBl II	1994	S. 922	H 139 (5)	(Abgrenzung Betriebsverpachtung/ Betriebsaufgabe)

Anhang 38

Urteile und Schreiben

Datum	Verfasser	Fundstelle	ESt/HA 95	Stichwort
15.12.1993	BMF	BStBl I 1993 S. 976	H 138d	(Saldierung von Ergebnissen aus dem Gesellschaftsvermögen mit Ergebnissen aus dem Sonderbetriebsvermögen)
15.12.1993	BFH	BStBl II 1994 S. 687	H 169	(Veräußerung)
15.12.1993	BFH	BStBl II 1994 S. 687	H 169	(Veräußerungspreis)
21.12.1993	BFH	BStBl II 1994 S. 648	H 140	(Rücktrittsvereinbarung)
21.12.1993	BMF	BStBl I 1994 S. 4	H 227c	(Kontrollmeldeverfahren)
21.12.1993	BMF	BStBl I 1994 S. 4	H 227e	(Kontrollmeldeverfahren)
23.12.1993	BMF	BStBl I 1994 S. 17	H 128	(Vorschußzahlungen für Winterraps) - Abdruck
05.01.1994	BMF	BStBl I 1994 S. 11	H 1	(Arbeitslohn - Besteuerung nach den DBA) - Abdruck
07.01.1994	BMF	BStBl I 1994 S. 18	H 27a (4)	Ermittlungszeitpunkt - Abdruck
07.01.1994	BMF	BStBl I 1994 S. 17	H 41c	(Vorbesitzzeit) - Abdruck
10.01.1994	BMF	BStBl I 1994 S. 14	H 1	(Gastlehrkräfte - Besteuerung nach den DBA) - Abdruck
10.01.1994	BMF	BStBl I 1994 S. 98	H 35a	(Pauschalwertberichtigung bei Kreditinstituten)
13.01.1994	BFH	BStBl II 1994 S. 362	H 136	(Abgrenzung selbständige Arbeit/Gewerbebetrieb)
13.01.1994	BFH	BStBl II 1994 S. 362	H 136	(Unterrichtende und erzieherische Tätigkeit)
13.01.1994	BFH	BStBl II 1994 S. 454	H 39	(Bausparvertrag)
18.01.1994	BMF	BStBl I 1994 S. 139	H 213p	(Erstattung des Zinsabschlags)
21.01.1994	BMF	BStBl I 1994 S. 112	H 143	(Betriebsausgabenpauschale)
24.01.1994	BFH	BStBl II 1994 S. 139	H 113	(Abzugssatz, erhöhter) - Abduck
25.01.1994	BFH	BStBl II 1994 S. 455	H 138 (3)	(Witwenpensionen)
25.01.1994	BFH	BFH/NV 1994 S. 845	H 161	(Einnahmen)
26.01.1994	BFH	BStBl II 1994 S. 544	H 191	(Rechtsprechung zur auswärtigen Unterbringung)
26.01.1994	BFH	BStBl II 1994 S. 353	H 118	(Gesamtaufwendungen)
26.01.1994	BFH	BStBl II 1994 S. 544	H 115a	(Nutzung zu eigenen Wohnzwecken)
27.01.1994	BFH	BStBl II 1994 S. 635	H 138a	(Rückfallklausel)
27.01.1994	BFH	BStBl II 1994 S. 512	H 33	(Erdarbeiten)
27.01.1994	BFH	BStBl II 1994 S. 462	H 126	(Mitunternehmerschaft ohne vorliegende Vereinbarungen über ein Gesellschaftsverhältnis)
31.01.1994	BfF	BStBl I 1994 S. 141	H 154	(Investmentfonds)
02.02.1994	BFH	BStBl II 1994 S. 727	H 212b	(Anrechnung)
02.02.1994	BFH	BFH/NV 1994 S. 864	H 227c	(Quellensteuerabzug nach § 50a Abs. 4 Nr. 1, Abs. 5 EStG)
07.02.1994	BMF	BStBl I 1994 S. 140	H 31c (4)	Nachbetreuungsleistungen - Abdruck
09.02.1994	BFH	BStBl II 1995 S. 47	H 161	(Werbungskosten)
10.02.1994	BFH	BStBl II 1994 S. 564	H 139 (10)	(Schadensersatzleistung)
10.02.1994	BFH	BStBl II 1994 S. 564	H 13 (1)	Schadensersatzforderung
16.02.1994	BFH	BStBl II 1994 S. 468	H 23	(Keine Betriebsstätte im eigenen Wohnhaus) - Abdruck
22.02.1994	BFH	BFH/NV 1994 S. 709	H 161	(Keine Werbungskosten)
23.02.1994	BFH	BStBl II 1994 S. 694	H 162a	(Steuerliche Anerkennung)
23.02.1994	BFH	BStBl II 1994 S. 694	H 191	(Aufwendungen für die Berufsausbildung)
24.02.1994	BFH	BStBl II 1994 S. 514	H 35a	(Ersatzteile im Kfz-Handel) - Abdruck
24.02.1994	BFH	BStBl II 1994 S. 514	H 36	(Ersatzteile im Kfz-Handel)
24.02.1994	BFH	BStBl II 1994 S. 590	H 32	(Praxiswert)
01.03.1994	BFH	BStBl II 1994 S. 241	H 138 (3)	(Mitunternehmerstellung)
01.03.1994	BFH	BStBl II 1995 S. 241	H 138a	(Erbengemeinschaft)
01.03.1994	BMF	BStBl I 1994 S. 203	H 213q	(Merkblatt)
01.03.1994	BMF	BStBl I 1994 S. 201	H 227e	(Merkblatt)
01.03.1994	BMF	BStBl I 1994 S. 203	H 227e	(Merkblatt)
01.03.1994	BFH	BStBl II 1995 S. 241	H 14	(Keine Entnahme des Grundstücks oder Grundstücksteils)
01.03.1994	BFH	BStBl II 1995 S. 241	H 14 (2-5)	Nießbrauch
01.03.1994	BFH	BStBl II 1994 S. 569	H 35a	(Unrentabler Betrieb)
06.03.1994	BMF	BStBl I 1994 S. 230	Anh. 18	(Investitionszulage)

Anhang 38
Urteile und Schreiben

Datum	Verfasser	Fundstelle	ESt/HA 95	Stichwort
09.03.1994	BMF	BStBl I 1994 S. 212	H 119	(Höchst- und Pauschbeträge für Verpflegungsmehraufwendungen und Übernachtungskosten bei Auslandsgeschäftsreisen)
15.03.1994	BMF	BStBl I 1994 S. 230	H 154	(Stückzinsen)
15.03.1994	BFH	BStBl II 1994 S. 840	H 164a	(Entschädigungen)
15.03.1994	BFH	BStBl II 1994 S. 516	H 168a	(Leistungen im Sinne des § 22 Nr. 3 EStG sind:)
15.03.1994	BFH	BStBl II 1994 S. 840	H 18	(Entschädigungen)
16.03.1994	BFH	BStBl II 1994 S. 527	H 32a	(EK 04-Ausschüttung)
22.03.1994	BFH	BStBl II 1994 S. 842	H 157	(Erhaltungsaufwand)
22.03.1994	BFH	BFH/NV 1995 S. 16	H 164	(Abweichende Zurechnung)
22.03.1994	BFH	BStBl II 1994 S. 842	H 157	(nachträgliche Straßenbaukostenbeiträge)
29.03.1994	BFH	BStBl II 1994 S. 843	H 117	(Karnevalsveranstaltung)
30.03.1994	BFH	BStBl II 1994 S. 903	H 31a	(Geschäftswert/Praxiswert)
07.04.1994	BFH	BStBl II 1994 S. 740	H 37	(Rentenverpflichtungen)
07.04.1994	BFH	BStBl II 1994 S. 740	H 41 (21)	Ablösung der Rente
07.04.1994	BFH	BStBl II 1994 S. 740	H 41 (22)	Nachholverbot
11.04.1994	BMF	BStBl I 1994 S. 256	H 188	(Fahrtkosten Behinderter)
14.04.1994	BMF	BStBl I 1994 S. 257	H 140	(Kapitalersetzende Darlehen)
19.04.1994	BFH	BStBl II 1995 S. 705	H 139 (3)	(Liquidation einer Kapitalgesellschaft)
19.04.1994	BFH	BStBl II 1994 S. 640	H 170	(Entschädigung im Sinne des § 24 Nr. 1 Buchstabe a EStG)
19.04.1994	BFH	BStBl II 1994 S. 640	H 199	(Nutzungsvergütungen im Sinne des § 24 Nr. 3 EStG)
21.04.1994	BFH	BStBl II 1994 S. 650	H 136	(Gemischte Tätigkeit)
21.04.1994	BFH	BStBl II 1994 S. 745	H 32a	(Mitunternehmeranteil)
27.04.1994	BFH	BStBl II 1994 S. 653	H 6 Nr. 9	(Abfindungen wegen Auflösung des Dienstverhältnisses)
29.04.1994	BMF	BStBl I 1994 S. 282	H 137	(Einkunftsermittlung)
29.04.1994	BFH	BStBl II 1994 S. 282	H 137	(Vermögensverwaltende Personengesellschaft)
03.05.1994	BFH	BStBl II 1994 S. 749	H 43	(Entnahme eines Wirtschaftsguts)
04.05.1994	BMF	BStBl I 1994 S. 285	H 161	(Ferienwohnungen)
04.05.1994	BMF	BStBl I 1994 S. 285	H 161	(Keine Werbungskosten)
05.05.1994	BFH	BStBl II 1994 S. 654	H 217	(Härteausgleich)
05.05.1994	BFH	BStBl II 1994 S. 643	H 116	(Leasing-Sonderzahlung)
06.05.1994	BFH	BStBl II 1995 S. 104	H 186	(Ersatz von dritter Seite)
06.05.1994	BFH	BStBl II 1995 S. 104	H 186	(Gegenwert)
06.05.1994	BFH	BStBl II 1995 S. 104	H 186	(Vermögensebene)
06.05.1994	BFH	BStBl II 1995 S. 104	H 186	(Verschulden)
06.05.1994	BFH	BStBl II 1995 S. 104	H 186	(Versicherung)
06.05.1994	BMF	BStBl I 1994 S. 311	H 88	(Lebensversicherung)
09.05.1994	BMF	BStBl I 1994 S. 312	H 213o	(Zinsabschlag)
09.05.1994	BMF	BStBl I 1994 S. 312	H 35a	(Pauschalwertberichtigung)
10.05.1994	BMF	BStBl I 1994 S. 286	H 13 (1)	Unternehmensrückgabe
10.05.1994	BMF	BStBl I 1994 S. 286	H 16	(Unternehmensrückgabe)
18.05.1994	BFH	BStBl II 1994 S. 925	H 147	(Veräußerung)
18.05.1994	BFH	BStBl II 1994 S. 706	H 197	(Betragsgrenze)
18.05.1994	BFH	BStBl II 1994 S. 845	H 200	(Progressionsvorbehalt)
18.05.1994	BFH	BStBl II 1995 S. 54	H 13 (1)	Wertpapierfonds
20.05.1994	BFH	BStBl II 1994 S. 699	H 191	(Rechtsprechung zur auswärtigen Unterbringung)
26.05.1994	BFH	BStBl II 1994 S. 833	H 236	(Ausschlußfrist)
26.05.1994	BFH	BStBl II 1994 S. 750	H 16	(Aufgabe- oder Veräußerungsbilanz)
26.05.1994	BFH	BStBl II 1994 S. 891	H 127	(Neugründung)
28.05.1994	BMF	BStBl I 1994 S. 483	H 44	(Nutzungsdauer bei Pkw und Nutzfahrzeugen)
01.06.1994	BFH	BStBl II 1994 S. 849	H 94	(Auszahlung des Bausparguthabens)
07.06.1994	BFH	BStBl II 1994 S. 927	H 42a	(Wohnrecht)
07.06.1994	BFH	BStBl II 1994 S. 927	H 43	(Anschaffungskosten)

Anhang 38
Urteile und Schreiben

Datum	Verfasser	Fundstelle	ESt/HA 95	Stichwort
07.06.1994	BFH	BStBl II 1994 S. 927	H 43	(Wohnrecht)
14.06.1994	BFH	BStBl II 1995 S. 246	H 138d	(Übernahme des negativen Kapitalkontos)
15.06.1994	BFH	BStBl II 1995 S. 21	H 27a (2)	Lebenslänglich laufende Leistungen
16.06.1994	BFH	BStBl II 1994 S. 932	H 125a	(Gewinnermittlungsart, mehrfacher Wechsel)
17.06.1994	BFH	BStBl II 1994 S. 754	H 188	(Reisekosten für die Teilnahme an Bestattung)
28.06.1994	BMF	BStBl I 1994 S. 420	H 164	(Verfahren bei der Geltendmachung von negativen Einkünften aus der Beteiligung an Verlustzuweisungsgesellschaften und vergleichbaren Modellen)
28.06.1994	BMF	BStBl I 1994 S. 420	H 213n	(Verfahren bei der Geltendmachung von negativen Einkünften aus der Beteiligung an Verlustzuweisungsgesellschaften und vergleichbaren Modellen)
29.06.1994	BFH	BStBl II 1994 S. 249	H 82	(Wesentlicher Teil der stationären oder teilstationären Leistungen)
30.06.1994	BMF	BStBl I 1994 S. 355	H 138d	(Unwahrscheinlichkeit der Inanspruchnahme bei Gesellschaften mit Einkünften aus Vermietung und Verpachtung)
30.06.1994	BMF	BStBl I 1994 S. 355	H 161	(Haftung, Unwahrscheinlichkeit der Inanspruchnahme)
01.07.1994	OFD Frankfurt/Main	BStBl I 1994 S. 509	H 154	(Investmentfonds)
13.07.1994	BFH	BStBl II 1995 S. 129	H 227c	(Doppelbesteuerungsabkommen)
13.07.1994	BFH	BStBl II 1994 S. 894	H 21	(Bewirtungsaufwendungen)
14.07.1994	BMF	BStBl I 1995 S. 374	Anh. 15	(Fördergebiet)
15.07.1994	BMF	BStBl I 1994 S. 528	H 106	(Kürzung des Vorwegabzugs) - Abdruck
19.07.1994	BFH	BStBl II 1995 S. 362	H 154	(Einlagenrückgewähr)
19.07.1994	BFH	BStBl II 1995 S. 362	H 32a	(EK 04-Ausschüttung)
19.07.1994	BFH	BStBl II 1994 S. 846	H 13 (1)	Bodenschätze
19.07.1994	BFH	BStBl II 1994 S. 846	H 44a	(Bodenschatz)
19.07.1994	FG Niedersachsen	EFG 1995 S. 10	H 103	(Berufsausbildungskosten)
21.07.1994	BMF	BStBl I 1994 S. 599	H 33	(Beitrittsgebiet)
22.07.1994	BMF	BStBl I 1994 S. 509	H 88	(Lebensversicherung)
27.07.1994	BFH	BStBl II 1995 S. 27	H 35a	(Forderungsverzicht durch Gesellschafter)
27.07.1994	BFH	BStBl II 1994 S. 127	H 1	(Ausführungsgesetz Grenzgänger Niederlande)
28.07.1994	BFH	BStBl II 1994 S. 873	H 31a	(Immaterielle Wirtschaftsgüter)
02.08.1994	BFH	BStBl II 1995 S. 264	H 19	(Darlehnsverhältnisse zwischen Angehörigen)
04.08.1994	BFH	BStBl II 1994 S. 897	H 190	(Zwangsläufigkeit dem Grunde nach)
10.08.1994	BFH	BStBl II 1995 S. 171	H 138 (5)	(Atypisch stille Gesellschaft)
10.08.1994	BFH	BStBl II 1995 S. 57	H 168a	(Leistungen im Sinne des § 22 Nr. 3 EStG sind:)
10.08.1994	BFH	BStBl II 1995 S. 250	H 41 (12)	Betriebsübergang
11.08.1994	BFH	BStBl II 1994 S. 936	H 136	(Abgrenzung selbständige Arbeit/Gewerbebetrieb)
11.08.1994	BMF	BStBl I 1994 S. 601	H 139 (2)	(Realteilung einer Personengesellschaft)
11.08.1994	BMF	BStBl I 1994 S. 603	H 18	(Schuldzinsen)
11.08.1994	BMF	BStBl I 1994 S. 603	H 13 (15)	Sekundärfolgenrechtsprechung
17.08.1994	BMF	BStBl I 1994 S. 710	H 111	(Allgemeines)
23.08.1994	FG Niedersachsen	EFG 1995 S. 289	H 138d	(Nachträgliche Einlagen)
26.08.1994	BFH	BStBl II 1995 S. 71	H 33	(Erdarbeiten)
26.08.1994	BFH	BStBl II 1995 S. 71	H 33a	(Zu den Herstellungskosten eines Gebäudes rechnen u. a.)
30.08.1994	BFH	BStBl II 1995 S. 306	H 33	(Beseitigung von Baumängeln)
30.08.1994	BFH	BStBl II 1995 S. 306	H 44	(AfaA)
31.08.1994	BFH	BFHE 176 S. 333	H 167	(Mindestzeitrente)

Anhang 38
Urteile und Schreiben

Datum	Verfasser	Fundstelle	ESt/HA 95	Stichwort
31.08.1994	BFH	BFHE S. 19 176	H 167	(Versorgungs-"Zeitrente")
01.09.1994	BMF	BStBl I 1994 S. 604	H 161	(Treuhandverhältnisse)
08.09.1994	BFH	BStBl II 1995 S. 309	H 35a	(Vorzugspreise einer Gemeinde)
14.09.1994	BFH	BStBl II 1995 S. 407	H 147	(Veräußerung)
14.09.1994	BFH	BStBl II 1995 S. 116	H 161	(Einkünfteerzielungsabsicht)
16.09.1994	BFH	BStBl II 1995 S. 75	H 13 (2)	Anteile an Kapitalgesellschaften
22.09.1994	BFH	BStBl II 1995 S. 118	H 161	(Einnahmen)
22.09.1994	BFH	BStBl II 1995 S. 367	H 15	(Rücklage nach § 6 b EStG)
22.09.1994	BFH	BStBl II 1995 S. 367	H 41b (3)	Bilanzänderung
22.09.1994	BFH	BStBl II 1995 S. 371	133b	(Freibetrag)
26.09.1994	BMF	BStBl I 1994 S. 749	H 88	(Lebensversicherung)
29.09.1994	BFH	BStBl II 1995 S. 72	H 13 (4)	Teileigentum
04.10.1994	FG Münster	EFG 1995 S. 439	H 139 (10)	(Auflösung einer Rekultivierungsrückstellung)
05.10.1994	BMF	BStBl I 1994 S. 771	H 44	(Nutzungsdauer von Ladeneinbauten) - Abdruck
05.10.1994	BMF	BStBl I 1994 S. 771	H 44	(Nutzungsdauer)
12.10.1994	BMF	BStBl I 1994 S. 815	H 213o	(Zinsabschlag)
12.10.1994	BFH	BStBl II 1995 S. 119	H 106	(Kürzung des Vorwegabzugs bei Ehegatten)
13.10.1994	FG Saarland	EFG 1995 S. 430	H 103	(Berufsausbildungskosten)
17.10.1994	BMF	BStBl I 1994 S. 771	H 139 (5)	(Verpächterwahlrecht)
25.10.1994	BFH	BStBl II 1995 S. 121	H 165	(Wiederkehrende Bezüge)
25.10.1994	BFH	BStBl II 1995 S. 121	H 170	(Entschädigung im Sinne des § 24 Nr. 1 Buchstabe a EStG)
25.10.1994	BFH	BStBl II 1995 S. 312	H 31b	(Ausbeuteverträge)
27.10.1994	FG Hessen	EFG 1995 S. 438	H 138d	(Nachträgliche Einlagen)
27.10.1994	BFH	BStBl II 1995 S. 326	H 115	(Umwandlung)
28.10.1994	FG Hamburg	EFG 1995 S. 558	H 31c (3)	Rückstellungen für Prozeßkosten
04.11.1994	BMF	BStBl I 1994 S. 852	H 44	(Nutzungsdauer für Flugzeuge) - Abdruck
07.11.1994	FG Sachsen-Anhalt	EFG 1995 S. 676	H 213o	(Bescheinigung gem. § 44a Abs. 5 EStG)
08.11.1994	FG Münster	EFG 1995 S. 415	H 6 Nr. 26	(Korrekturassistent)
09.11.1994	BFH	BStBl II 1995 S. 255	H 213o	(NV-Bescheinigung im Konkursverfahren)
09.11.1994	BFH	BStBl II 1995 S. 258	H 115a	(Objektverbrauch)
09.11.1994	BFH	BStBl II 1995 S. 336	H 35a	(Retrograde Wertermittlung)
09.11.1994	BMF	BStBl I 1994 S. 868	H 119	(Beitrittsgebiet) - Abdruck
09.11.1994	FG Baden-Württemb.	EFG 1995 S. 433	H 103	(Promotion)
09.11.1994	FG Münster	EFG 1996 S. 20	H 115a	(Vorkostenabzug nach § 10e Abs. 6 EStG)
10.11.1994	BFH	BStBl II 1995 S. 452	H 137	(Betriebsaufspaltung)
10.11.1994	BMF	BStBl I 1994 S. 816	H 137	(Wertpapiere)
10.11.1994	FG Niedersachsen	EFG 1995 S. 810	H 139 (5)	(Betriebsverpachtung)
10.11.1994	BMF	BStBl I 1994 S. 816	H 154	(Options- und Finanztermingeschäfte)
10.11.1994	BMF	BStBl I 1994 S. 816	H 168a	(Optionskombinationen)
10.11.1994	BMF	BStBl I 1994 S. 816	H 169	(Options- und Finanztermingeschäfte)
10.11.1994	BFH	BStBl II 1995 S. 779	H 212	(Kahlschlag)
10.11.1994	BMF	BStBl I 1994 S. 853	H 1	(Auslandslehrkräfte und andere nicht entsandte Arbeitnehmer) - Abdruck
11.11.1994	BMF	BStBl I 1994 S. 854	H 41c	(Beitrittsgebiet)

Anhang 38
Urteile und Schreiben

Datum	Verfasser	Fundstelle			ESt/HA 95	Stichwort
11.11.1994	BMF	BStBl I	1994	S. 854	H 41c	(Vorbesitzzeit) - Abdruck
14.11.1994	BMF				H 111	(Durchlaufspendenverfahren)
15.11.1994	BFH	BStBl II	1995	S. 374	H 32a	(Erbbaurecht)
21.11.1994	BMF	BStBl I	1994	S. 855	H 191	(Rechtsprechung zur auswärtigen Unterbringung)
21.11.1994	BMF	BStBl I	1994	S. 855	H 213a	(Begünstigte Objekte)
21.11.1994	BMF	BStBl I	1994	S. 855	H 21	(Bewirtungsaufwendungen)
22.11.1994	BFH	BFHE 177		S. 28	H 138 (6)	(Vorrang der Rechtsfolgen aus § 15 Abs. 3 Nr. 2 EStG vor denen aus § 15 Abs. 1 Satz 1 Nr. 2 Halbsatz 2 EStG bei Grundstücksverpachtung durch eine GbR an teilweise gesellschafteridentische KG)
22.11.1994	FG Köln	EFG (Rev.)	1995	S. 419	H 19	(Keine Zuflußfiktion bei Angehörigenverträgen)
22.11.1994	FG Köln	EFG (Rev.)	1995	S. 419	H 116	(Keine Zuflußfiktion bei Angehörigenverträgen)
22.11.1994	FG Köln	EFG	1995	S. 510	H 103	(Promotion)
23.11.1994	FG Baden-Württemberg	EFG	1995	S. 612	H 157	(Erhaltungsaufwand)
23.11.1994	FG Rheinland-Pfalz	EFG	1995	S. 614	H 84	(Umwidmung eines Darlehens)
24.11.1994	BFH	BStBl II	1995	S. 527	H 190	(Anrechnung eigener Einkünfte und Bezüge)
24.11.1994	BFH	BStBl II	1995	S. 318	H 44	(AfaA)
30.11.1994	FG Baden-Württemberg	EFG	1995	S. 624	H 190	(Zwangsläufigkeit dem Grunde nach)
01.12.1994	FG Baden-Württemberg	EFG	1995	S. 619	H 136	(Gemischte Tätigkeit)
01.12.1994	FG Köln	EFG	1995	S. 718	H 188	(Sterilisation)
02.12.1994	BMF	BStBl I	1995	SoN1	H 140	(Beendigung der unbeschränkten Steuerpflicht)
02.12.1994	BFH	BStBl II	1995	S. 262	H 154	(Scheinrenditen)
02.12.1994	FG Hamburg	EFG	1995	S. 427	H 19	(Ehegatten-Unterarbeitsverhältnisse)
06.12.1994	BFH	BStBl II	1995	S. 322	H 162	(Nutzungswert)
08.12.1994	BFH	BStBl II	1995	S. 599	H 139 (9)	(Betriebseinbringung)
08.12.1994	BFH	BStBl II	1995	S. 376	H 213	(Mitunternehmerschaft)
08.12.1994	BMF	BStBl I	1994	S. 882	H 42a	(Bauantrag)
09.12.1994	BFH	BStBl II	1995	S. 408	H 194	(Kinder)
13.12.1994	BFH	BStBl II	1995	S. 457	H 120	(Kosten des Strafverfahrens/der Strafverteidigung)
14.12.1994	BFH	BStBl II	1995	S. 465	H 139 (10)	(Forderungsausfall)
14.12.1994	BMF	BStBl I	1995	S. 7	H 29	(Grundsätze ordnungsmäßiger Buchführung)
14.12.1994	BMF	BStBl I	1995	S. 7	H 29	(Grundsätze ordnungsmäßiger Buchführung (GoB))
15.12.1994	BMF	BStBl I	1994	S. 883	H 222	(Zweifelsfragen zur Besteuerung der Einkünfte aus der Veräußerung von Grundstücken durch beschränkt Steuerpflichtige nach § 49 Abs. 1 Nr. 2 Buchstabe f EStG)
15.12.1994	BMF	BStBl I	1994	S. 884	H 111	(Spendenbestätigung - § 48 (3) EStDV) - Abdruck
20.12.1994	BFH	BStBl II	1995	S. 534	H 161	(Keine Werbungskosten)
20.12.1994	BFH	BFH/NV	1995	S. 674	H 162a	(Steuerliche Anerkennung)
21.12.1994	BFH	BStBl II	1995	S. 321	H 213e	(Urheberrecht)
22.12.1994	BMF	BStBl I	1994	S. 928	H 190	(Opfergrenze)
22.12.1994	BMF	BStBl I	1994	S. 928	H 190	(Personen im Ausland)
30.12.1994	BMF	BStBl I	1995	S. 18	Anh. 18	(Investitionszulage)
31.12.1994	BMF	BStBl I	1994	S. 887	H 43	(Wohnrecht)

Anhang 38
Urteile und Schreiben

Datum	Verfasser	Fundstelle	ESt/HA 95	Stichwort
31.12.1994	BMF	BStBl I 1994 S. 887	H 115a	(Steuerbegünstigung der zu eigenen Wohnzwecken genutzten Wohnung im eigenen Haus nach § 10e EStG)
31.12.1994	BMF	BStBl I 1994 S. 887	H 115a	(Nachholung von Abzugsbeträgen nach § 10 e EStG)
31.12.1994	BMF	BStBl I 1994 S. 887	H 116	(Damnum)
05.01.1995	BfF	BStBl I 1995 S. 89	H 154	(Investmentfonds)
10.01.1995	BMF	BStBl I 1995 S. 133	H 6 Nr. 2	(Altersübergangs-Ausgleichsbetrag) - Abdruck
12.01.1995	BFH	BStBl II 1995 S. 632	H 157	(Erhaltungsaufwand)
12.01.1995	BFH	BStBl II 1995 S. 632	H 33a	(Erschließungsbeiträge bei Grundstückseigentum)
15.01.1995	BMF	BStBl I 1995 S. 14	H 33	(Beitrittsgebiet)
15.01.1995	BMF	BStBl I 1995 S. 14	H 43	(Beitrittsgebiet)
15.01.1995	BMF	BStBl I 1995 S. 14	H 32	(Geschäfts- und Firmenwert)
15.01.1995	BMF	BStBl I 1995 S. 14	H 44	(Nutzungsdauer)
17.01.1995	BFH	BStBl II 1995 S. 410	H 162	(Nutzungswert)
18.01.1995	BFH	BStBl II 1995 S. 742	H 31c (3)	Wesentlichkeit
18.01.1995	BFH	BStBl II 1995 S. 742	H 31c (3)	Abrechnungsverpflichtung
19.01.1995	FG Düsseldorf	EFG 1995 S. 618	H 134b	(Abgrenzung der Gewinnerzielungsabsicht zur Liebhaberei)
20.01.1995	BFH	BStBl II 1995 S. 582	H 177	(Obhuts- und Pflegeverhältnis)
24.01.1995	BFH	BStBl II 1995 S. 460	H 161	(Einkünfteerzielungsabsicht)
25.01.1995	BFH	BStBl II 1995 S. 388	H 139 (9)	(Gewerblicher Grundstückshandel)
25.01.1995	BFH	BStBl II 1995 S. 378	H 191	(Rechtsprechung zur auswärtigen Unterbringung)
25.01.1995	BFH	BStBl II 1995 S. 378	H 213a	(Begünstigte Objekte)
25.01.1995	BFH	BStBl II 1995 S. 586	H 115a	(Nachholung von Abzugsbeträgen nach § 10 e EStG)
26.01.1995	BFH	BStBl II 1995 S. 586	H 14 (2-5)	Gewinnverwendung
26.01.1995	BFH	BStBl II 1995 S. 586	H 18	(Verlustdeckung bei Schwester-Personengesellschaften)
26.01.1995	FG Sachsen-Anhalt	EFG 1995 S. 659	H 31a	(Geschäftswert/Firmenwert)
30.01.1995	BFH	BStBl II 1995 S. 281	H 18	(Eigenaufwand für ein fremdes Wirtschaftsgut)
30.01.1995	BFH	BStBl II 1995 S. 281	H 31a	(Drittaufwand, Nutzungsrechte, Nutzungsüberlassung von Grundstücken oder Grundstücksteilen)
30.01.1995	BFH	BStBl II 1995 S. 281	H 42	(Nutzungsrechte)
31.01.1995	FG Niedersachsen	EFG 1995 S. 832	H 6 Nr. 66	(Kommanditist mit negativem Kapitalkonto)
01.02.1995	FG München	EFG 1995 S. 556	H 18	(Wahlkampfkosten für ein Ehrenamt)
02.02.1995	BMF	BStBl I 1995 S. 148	H 130a	(Milchaufgabevergütung, Milchquotenleasing, Anlieferungsreferenzmenge)
07.02.1995	BFH	BStBl II 1995 S. 770	H 39	(Übertragung eines Kommanditanteils unter dem Buchwert des Anteils)
08.02.1995	BFH	BStBl II 1995 S. 692	H 212b	(Ausgleich von Verlusten aus dem Betrieb von Handelsschiffen im internationalen Verkehr)
08.02.1995	BFH	BStBl II 1995 S. 692	H 212b	(Gesonderte Feststellung)
08.02.1995	BFH	BStBl II 1995 S. 412	H 38	(Urlaubsverpflichtung)
09.02.1995	FG Baden-Württemberg	EFG 1995 S. 803	H 154	(Zurechnung von Zinszahlungen für minderjährige Kinder)
14.02.1995	BFH	BStBl II 1995 S. 462	H 161	(Einkünfteerzielungsabsicht)
14.02.1995	BFH	BStBl II 1995 S. 412	H 162	(Nutzungswert)
14.02.1995	BFH	BStBl II 1995 S. 535	H 162	(Nutzungswert)

Anhang 38
Urteile und Schreiben

Datum	Verfasser	Fundstelle	ESt/HA 95	Stichwort
14.02.1995	FG München	EFG 1995 S. 722	H 194	(Pflege-Pauschbetrag)
15.02.1995	BMF	BStBl I 1995 S. 149	H 140	(Einbringung von Anteilen an Kapitalgesellschaften)
15.02.1995	FG Baden-Württemberg, Außensenate Stuttgart	EFG 1995 S. 967	H 115a	(Ausbau im Sinne des § 10e Abs. 2 EStG)
16.02.1995	BFH	BStBl II 1995 S. 592	H 138a	(Gütergemeinschaft)
16.02.1995	FG Baden-Württemberg	EFG 1995 S. 892	H 186	(Regreßzahlungen)
16.02.1995	BFH	BStBl II 1995 S. 592	H 13 (12)	Gütergemeinschaft
16.02.1995	BFH	BStBl II 1995 S. 635	H 16	(Veräußerung von Anlagevermögen)
16.02.1995	BFH	BStBl II 1995 S. 635	H 16	(Zufluß von Betriebseinnahmen)
16.02.1995	FG Baden-Württemberg, Außensenate Freiburg	EFG 1995 S. 704	H 19	(Abfindung an den Arbeitnehmerehegatten)
17.02.1995	Hess. FG	EFG 1995 S. 557	H 13 (15)	Kontokorrentschulden
20.02.1995	BMF	BStBl I 1995 S. 150	H 162	(Kostenmiete)
21.02.1995	BFH	BStBl II 1995 S. 381	H 162	(Kostenmiete)
22.02.1995	FG Brandenburg	EFG 1995 S. 626	H 213o	(Bescheinigung gem. § 44a Abs. 5 EStG)
22.02.1995	BMF	BStBl I 1995 S. 179	H 125	(Bewertung von Tieren)
23.02.1995	FG München	EFG 1995 S. 716	H 180d	(Außerstande sein, sich selbst zu unterhalten)
01.03.1995	BMF	BStBl I 1995 S. 167	H 161	(Immobilienfonds, geschlossene)
06.03.1995	BMF	BStBl I 1995 S. 182	H 190	(Abgrenzung zu § 33 EStG)
06.03.1995	BFH	BStBl II 1995 S. 393	H 117a	(Psychologisches Seminar)
07.03.1995	BFH	BStBl II 1995 S. 693	H 140	(Rückkaufsrecht)
07.03.1995	BFH	BStBl II 1995	H 153	(Schuldzinsen)
07.03.1995	BFH	BFH/NV 1995 S. 961	H 170	(Entschädigung im Sinne des § 24 Nr. 1 Buchstabe a EStG)
08.03.1995	BMF	BStBl I 1995 S. 168	H 84	(Doppelte Haushaltsführung) - Abdruck zu H 103
08.03.1995	BMF	BStBl I 1995 S. 168	H 103	(Aufwendungen im Sinne des § 10 Abs. 1 Nr. 7 EStG) - Mehraufwand wegen doppelter Haushaltsführung - Abdruck
08.03.1995	BFH	BStBl II 1995 S. 637	H 88	(Abzugsberechtigte Person)
14.03.1995	FG Münster	EFG 1995 S. 885	H 169	(Options- und Finanztermingeschäfte)
15.03.1995	BFH	BStBl II 1995 S. 580	H 212d	(Anrechnung)
15.03.1995	BMF	BStBl I 1995 S. 183	H 31b	(Bestimmte Zeit nach dem Abschlußstichtag) - Abdruck
15.03.1995		BStBl II 1996 S. 51	H 21	(Empfängerbenennung)
17.03.1995	FG Rheinland-Pfalz	EFG 1995 S. 747	H 104	(Auslandsschulen)
20.03.1995	OFD Frankfurt	ESt-Kartei Hessen § 4 Fach 5 Karte 1	H 18	(Beiträge und Spenden an den Bund der Steuerzahler)
21.03.1995	BFH	BStBl II 1995 S. 732	H 136	(Mithilfe anderer Personen)

Anhang 38
Urteile und Schreiben

Datum	Verfasser	Fundstelle	ESt/HA 95	Stichwort
22.03.1995	FG Schleswig-Holstein	EFG 1995 S. 880	H 161	(Keine Werbungskosten)
22.03.1995	FG Münster	EFG 1995 S. 794	H 14 (2-5)	Entnahmegewinn beim Besitzgesellschafter
23.03.1995	BFH	BStBl II 1995 700	H 139 (2)	(Realteilung einer Personengesellschaft)
23.03.1995	BFH	BStBl II 1995 S. 700	H 139 (5)	(Realteilung)
23.03.1995	BFH	BStBl II 1995 S. 702	H 163	(Zuschüsse)
23.03.1995	BFH	BStBl II 1995 S. 637	H 14 (2-5)	Wettbewerbsverbot
23.03.1995	BFH	BStBl II 1995 S. 772	H 31b	(Garantiegebühr)
23.03.1995	BFH	BStBl II 1995 S. 772	H 31c (3)	Anschaffungs- und Herstellungskosten
24.03.1995	BMF	BStBl I 1995 S. 248	H 82	Krankenhaus
28.03.1995	BFH	BStBl II 1995 S. 704	H 161	(Einnahmen)
28.03.1995	BFH	BFHE 177 S. 416	H 162a	(Steuerliche Anerkennung)
28.03.1995	BFH	BStBl II 1996 S. 59	H 162a	(Steuerliche Anerkennung)
28.03.1995	BFH	BStBl II 1996 S. 59	H 19	(Vermietung an unterhaltsberechtigte Kinder)
29.03.1995	BFH	BFHE 177 S. 418	H 169	(Anschaffung)
29.03.1995	BFH	BStBl II 1995 S. 828	H 115a	(Anschaffungskosten des Grund und Bodens)
03.04.1995	FG Münster	EFG 1995 S. 804	H 161	(Werbungskosten)
05.04.1995	FG Köln	EFG 1995 S. 793	H 6 Nr. 66	(Verfassungsmäßigkeit des Sanierungsgewinns)
05.04.1995	FG Köln	EFG 1995 S. 828	H 13 (15, 16)	Zwei-Konten-Modell
10.04.1995	FinMin NW		H 35a	(Forderungsverzicht eines Gesellschafters) - Abdruck
15.04.1995	FG Baden-Württemberg	EFG 1995 S. 880	H 161	(Keine Werbungskosten)
19.04.1995	BMF		H 130a	(Gemeinsame Tierhaltung im Rahmen einer GbR gemäß § 51 BewG)
24.04.1995	FG Rheinland-Pfalz	EFG 1995 S. 829	H 103	(Berufsausbildungskosten)
24.04.1995	FG München	EFG 1996 S. 93	H 117	(Jahresessen)
25.04.1995	BMF	BStBl I 1995 S. 250	H 41 (13)	Betriebliche Teilrenten - Abdruck
27.04.1995	FG Köln	EFG 1995 S. 823	H 16	(Gewinnermittlung nach § 4 Abs. 1 EStG)
28.04.1995	BMF	BStBl I 1995 S. 251	H 6 Nr. 42	(Einnahmen für häusliche Pflegeleistungen) - Abdruck
02.05.1995	FG Münster	EFG 1995 S. 973	H 138c	(Nichtausgeglichene Verluste)
03.05.1995	BFH	BStBl II 1995 S. 758	H 185	(Anwendung auf Lohnersatzleistungen)
09.05.1995	BFH	BFHE 178 S. 40	H 157	(Anschaffungsnaher Aufwand)
09.05.1995	BFH	BFHE 177 S. 454	H 157	(Herstellungsaufwand nach Fertigstellung)
10.05.1995	BFH	BStBl II 1995 S. 713	H 33	(Fahrtkosten)
10.05.1995	BFH	BStBl II 1995 S. 713	H 33	(Eigene Arbeitsleistung)
10.05.1995	BFH	BStBl II 1995 S. 713	H 33a	(Zu den Herstellungskosten eines Gebäudes rechnen u. a.)
11.05.1995	BFH	BFHE 177 S. 466	H 138d	(Rechtsformwechsel)
11.05.1995	FG Baden-Württemberg	EFG 1995 S. 1024	H 140	(Nachträgliche Anschaffungskosten)
11.05.1995	FG Münster	EFG 1995 S. 795	H 13 (1)	Barrengold als gewillkürtes Betriebsvermögen
16.05.1995	BFH	BStBl II 1995	H 138 (3)	(Mitunternehmerstellung)
16.05.1995	BFH	BStBl II 1995	H 140	(Wesentliche Beteiligung)

Anhang 38

Urteile und Schreiben

Datum	Verfasser	Fundstelle	ESt/HA 95	Stichwort
16.05.1995	BFH	BStBl II 1995 S. 873	H 19	(Ehegatten-Arbeitsverhältnis - Direktversicherung bei Barlohnumwandlung)
16.05.1995	BFH	BStBl II 1995 S. 873	H 26	(Arbeitnehmer-Ehegatten)
17.05.1995	BFH	BStBl II 1995 S. 640	H 168a	(Keine Leistungen im Sinne des § 22 Nr. 3 EStG sind)
17.05.1995	BFH	BStBl II 1995 S. 640	H 174b	(Feststellung gemeinsamer Einkünfte)
17.05.1995		BFHE 178 S. 294	H 1	(Wohnsitz)
18.05.1995	BFH	BStBl II 1995 S. 718	H 136	(Unterrichtende und erzieherische Tätigkeit)
19.05.1995	BFH	BStBl II 1995 S. 774	H 186	(Außergewöhnlich)
19.05.1995	BFH	BStBl II 1995 S. 774	H 186	(Vergebliche Aufwendungen)
29.05.1995	BMF	BStBl I 1995 S. 283	H 154	(Festverzinsliche Anleihen und Schuldverschreibungen mit Vorschaltkupons)
30.05.1995	BMF	BStBl I 1995 S. 337	H 222	(Besteuerung beschränkt steuerpflichtiger Einkünfte nach § 49 Abs. 1 Nr. 2 Buchstabe d EStG)
30.05.1995	BMF	BStBl I 1995 S. 337	H 227c	(Abzugsteuer bei künstlerischen, sportlichen, artistischen oder ähnlichen Darbietungen gemäß § 50a Abs. 4 EStG)
30.05.1995	BMF	BStBl I 1995 S. 336	H 227c	(Ausländische Kulturvereinigungen)
30.05.1995	BMF	BStBl I 1995 337	H 227e	(Entlastung von deutscher Abzugsteuer gemäß § 50a Abs. 4 EStG)
31.05.1995	BFH	BStBl II 1995 S. 720	H 115a	(Ferien- und Wochenendwohnung)
31.05.1995	BFH	BStBl II 1995 S. 875	H 115	(Bauten ohne Baugenehmigung)
06.06.1995	BMF		H 154	(Anderkonten)
08.06.1995	FG Hamburg	EFG 1995 S. 1020	H 136	(Künstlerische Tätigkeit)
08.06.1995	FG Münster	EFG 1995 S. 1018	H 137	(Wertpapiere)
27.06.1995	FG Mecklenburg-Vorpommern	EFG 1995 S. 1049	H 117a	(Auslandsreise)
27.06.1995	FG Nürnberg	EFG 1995 S. 1014	H 109a	(Kürzung des Vorwegabzugs)
27.06.1995		BFHE 178 S. 155	H 115a	(Vorkostenabzug nach § 10e Abs. 6 EStG)
28.06.1995	BFH	BStBl II 1995 S. 877	H 13 (15)	Kontokorrentschulden
29.06.1995	BFH	BStBl II 1995 S. 722	H 140	(Wesentliche Beteiligung)
29.06.1995	BFH	BStBl II 1995 S. 722	H 32a	(Rückzahlung aus Kapitalherabsetzung)
29.06.1995	BFH	BStBl II 1996 S. 60	H 41a (7)	Tausch
29.06.1995	FG Rheinland-Pfalz	EFG 1995 S. 1017	H 115a	(Ferien- und Wochenendwohnung)
29.06.1995	FG Rheinland-Pfalz	EFG 1995 S. 1016	H 115a	(Nutzung zu eigenen Wohnzwecken)
30.06.1995	BFH	BStBl II 1995 S. 614	H 188	(Kur)
30.06.1995	BFH	BStBl II 1995 S. 598	H 42a	(Wohnzwecke)
03.07.1995	BFH	BStBl II 1995 S. 617	H 137	(Gewerblicher Grundstückshandel)
04.07.1995	FG Köln	EFG 1995 S. 1019	H 137	(Darlehen)
06.07.1995	BFH	BStBl II 1995	H 138a	(Unterbeteiligung)
06.07.1995	FG Saarland	EFG 1995	H 181a	(Wirksamkeit der Zustimmungs- und Widerrufserklärung zur Übertragung von Kinderfreibeträgen)
06.07.1995	BFH	BFHE 176, 178	H 35a	(Beteiligung)
06.07.1995	BFH	BFHE 176, 178	H 35a	(Unrentabler Betrieb)
06.07.1995	BFH	BFHE 178, 326	H 116	(Arzthonorar)
06.07.1995	BFH	IV R 72/94 - NV	H 116	(Arzthonorar)
07.07.1995	FinMin Niedersachsen	DB 1995 S. 2142	R 124a, Fn.	(VE-Umrechnungsschlüssel für Strauße)

Anhang 38

Urteile und Schreiben

Datum	Verfasser	Fundstelle	ESt/HA 95	Stichwort
10.07.1995	Hess. FG	13 K-1008/94 (BFH X R 112/95)	H 102	(Strafverfahren)
11.07.1995	BMF	BStBl I 1995 S. 363	H 31c (3)	Pfandrückstellungen - Abdruck
11.07.1995	BMF	BStBl I 1995 S. 363	H 32	(Leergut bei Getränkeindustrie)
11.07.1995	BMF	IV B 2 - S. 2134 a - 2/95	H 31a	(Bierlieferungsverträge - verlorene Zuschüsse)
12.07.1995	BMF	BStBl I 1995 S. 380	H 119	(Höchst- und Pauschbeträge für Verpflegungsmehraufwendungen und Übernachtungskosten bei Auslandsgeschäftsreisen)
17.07.1995	IV R 30/93	BStBl II 1996	H 35a	(Beteiligung)
17.07.1995	FG Baden-Württemberg, Außensenate Stuttgart	EFG 1996	H 131	(Aufgabe eines landwirtschaftlichen Betriebs)
19.07.1995	BFH	BStBl II 1995 S. 882	H 13 (15)	Kontokorrentschulden
19.07.1995	BFH	IR 56/94	H 35a; R 34 (2)	(Teilwertabschreibung)
25.07.1995	BFH	BStBl II 1995 S. 835	H 161	(Werbungskosten)
25.07.1995	BFH	BFHE 178 S. 418 StEd 1995 S. 788	H 40	(Wesentliche Beteiligung)
25.07.1995	BFH	BFHE 178 S. 331	H 41 (11)	(Arbeitnehmer-Ehegatte)
26.07.1995	BFH	BStBl II 1995 S. 836	H 87	(Wohnungsrecht)
26.07.1995	BFH	XR 113/93	H 130a	(Altenteilerwohnung)
27.07.1995	BMF	BStBl I 1995 S. 371	H 88	(Lebensversicherung)
27.07.1995	FG Brandenburg	EFG 1995 S. 977	H 6 Nr. 12	(Aufwandsentschädigungen für Tätigkeiten im Beitrittsgebiet - Vorlagebeschluß an BVerfG)
27.07.1995	FG Brandenburg	2 K 715/94 E (Rev. eingelegt)	H 115	(Verlustabzug)
28.07.1995	OFD Frankfurt/Main	BStBl I 1995 S. 679	H 154	(Investmentfonds)
04.08.1995	FG Berlin	EFG 1995 S. 1066	H 111	(Kloster des heiligen Bergs Athos)
14.08.1995	BMF	BStBl I 1995 S. 416		Anlage 10 (Fußnote)
21.08.1995	BFH	VI R 47/95	H 117a	(Allgemeinbildende Reise) (Betriebliche/berufliche Veranlassung von Studienreisen und Fachkongressen)
30.08.1995	I R 155/94	BFHE 178 S. 371	H 14 (2-5)	Wettbewerbsverbot
31.08.1995	BFH	BStBl II 1995 S. 890	H 139 (6)	(Mitunternehmeranteil)
31.08.1995	BFH	BStBl II 1996 S. 890	H 32a	(Mitunternehmeranteil)
06.09.1995	BFH	BStBl II 1995	H 199	(Außerordentliche Einkünfte im Sinne des § 34 Abs. 1 EStG)
08.09.1995	EFG Rheinland-Pfalz	EFG 1996 S. 53	H 133b	(Einheitlicher Vertrag von Hofübergabe und Abfindung weichender Erben)
08.09.1995	FG Baden-Württemberg, Außensenate Freiburg	EFG 1995 S. 1008	H 42	(Gebäudeteile)
12.09.1995	BFH	BStBl II 1995	H 137	(Gewerblicher Grundstückshandel)
12.09.1995	BFH	BFHE 178 S. 542	H 117a	(Ärztefortbildung)
14.09.1995	FG Rheinland-Pfalz	EFG 1996 S. 21	Hinweis zu § 10h	(Herstellung zusätzlichen Wohnraums)

Anhang 38

Urteile und Schreiben

Datum	Verfasser	Fundstelle	ESt/HA 95	Stichwort
14.09.1995	Sächs. FG	EFG 1995 S. 141	H 115a	(Beginn der Herstellung)
15.09.1995	BMF		H 41 (26)	Rückdeckung von Pensionsverpflichtungen
20.09.1995	BFH	StEd 1995 S. 786	H 31a	(Filme, hergestellte)
20.09.1995	BFH	BFHE 178 S. 434 StEd 1995 S. 786	H 37	(Filmkredit)
20.09.1995	BFH	BFHE 178 S. 429	H 115a	(Wohnungen von zivilrechtlichen oder wirtschaftlichen Eigentümern)
21.09.1995	BFH	BStBl II 1995 S. 893	H 139 (14)	(Erbfolge)
22.09.1995	BFH	VI R 13/93	H 103	(Keine Berufsausbildung) (Berufsausbildungskosten)
04.10.1995	BMF	BStBl I 1995 S. 629	H 139 (3)	(Liquidation einer Kapitalgesellschaft)
04.10.1995	FG Hamburg	V 186/93	H 117a	(Scientology-Fortbildungskurse)
06.10.1995	BFH	III R 101/93	H 40	(ABC- Beispiele für nicht selbständig nutzungsfähige Wirtschaftsgüter)
24.10.1995	BMF		H 154	(Berechnung des steuerpflichtigen Ertrags nach der Marktrendite bei Anlageinstrumenten in Fremdwährung)
31.10.1995	BMF	BStBl I 1995 S. 703	H 135	(Abgrenzung)
03.11.1995	FinMin Niedersachsen	DStR 1995 S. 1906		Hinweis (Bescheinigungsverfahren zur Anwendung des § 10 g EStG) - Abdruck
07.11.1995	BMF	BStBl I 1995 S. 738	H 29	(Grundsätze ordnungsmäßiger DV-gestützter Steuerbuchführungssysteme (GoBS))
07.11.1995	BVerfG	BStBl II 1996 S. 34	H 19	(Oder-Konto bei Ehegatten-Arbeitsverhältnissen)
07.11.1995	BFH	IX R 54/94	H 33a	(Erschließungsbeiträge)
08.11.1995	BMF	BStBl I 1995 S. 705	H 165	(Wiederkehrende Bezüge)
09.11.1995	FG Baden-Württemberg, Außensenate Freiburg	EFG 1995 S. 433	H 103	(Promotion)
09.11.1995	FG Baden-Württemberg, Außensenate Freiburg	EFG 1995 S. 433	H 84	(Promotion)
09.11.1995	BFH	IV R 2/93	H 41 (12)	(Bemessung einer Pensionsrückstellung bei freiwillig gewährten Bezügen)
29.11.1995	BMF	BStBl I 1995 S. 822	H 119	(Höchst- und Pauschbeträge für Verpflegungsmehraufwendungen und Übernachtungskosten bei Auslandsgeschäftsreisen)
01.12.1995	BMF	IV B4 - S 2303 - 135/95	H 1	(Künstler)
06.12.1995	BMF	BStBl I 1995 S. 803	H 224	(Anwendung des § 50 Abs. 5 Satz 4 Nr. 2 EStG)
06.12.1995	BMF	BStBl I 1996 S. 803	H 1	(Beschränkte und unbeschränkte Steuerpflicht) - Abdruck zu H 224
06.12.1995	BFH	X R 116/91	H 115a	(Vorkostenabzug nach § 10e Abs. 6 EStG)
12.12.1995	BMF	BStBl I 1995 S. 805	H 88	(Direktversicherungen - neue Mindestvertragsdauer) - Abdruck
18.12.1995	BMF	BStBl I 1995 S. 805	H 3	(Familienleistungsausgleich ab VZ 1996)
18.12.1995	BMF	BStBl I 1995 S. 805	Anh. 14a	(Familienleistungsausgleich)
19.12.1995	BMF	BStBl I 1996 S. 809	R 119	Abs. 2 Nr. 2 EStR - Fußnote
19.12.1995	BVerfG	2 BVerfG 1791/92	H 19	(Oder-Konto bei Ehegattenarbeitsverhältnissen)
27.12.1995	BMF	BStBl I 1995 S. 809	H 45	(Anzahlungen auf Anschaffungskosten)

Anhang 38
Urteile und Schreiben

Datum	Verfasser	Fundstelle	ESt/HA 95	Stichwort
02.01.1996	BMF	BStBl I 1996 S. 2	§ 6b EStG	(befristete Erweiterung des § 6b EStG)
03.01.1996	BMF	BStBl I 1996 S. 20	H 3 Nr. 64	(Kaufkraftzuschläge)
09.01.1996	BMF	BStBl I 1996 S. 9	H 13 (1)	Leasing
09.01.1996	BVerfG	2 BvR 1451/90 und 2 BvR 1293/90	H 19	(Oder-Konto bei Ehegattenarbeitsverhältnissen)
09.01.1996	BMF	BStBl I 1996 S. 34	H 29	(Verzicht auf die Aufbewahrung von Kassenstreifen bei Einsatz elektrischer Registrierkassen)
10.01.1996	FinMin Brandenburg	34 - S 2225a - 3/96	Hinweis zu § 10i EStG	(Eigenheimzulagengesetz; Erwerb als Mieter nach § 5 Altschuldenhilfe-Gesetz)
15.01.1996	BMF	BStBl I 1996 S. 55	H 1	(Künstler)
22.01.1996	BMF	BStBl I 1996	H 162a	(Steuerliche Anerkennung)
22.01.1996	BMF	BStBl I 1996 S. 37	H 19	(Vermietung an unterhaltsberechtigte Kinder)
22.01.1996	BMF	BStBl I 1996 S. 36	H 88	(Lebensversicherung)
23.01.1996	BMF	B 4 - S 2302 14/96	H 1	(Auslandskorrespondenten)
30.01.1996	BMF	IV B 6 - S. 2334 - 24/96	Hinweis zu § 8 EStG	(Ermittlung geldwerten Vorteils)
12.02.1996	BMF	BStBl I 1996 S. 111	H 83	(Verwaltungsanweisungen zu § 2 (2) InvZulG)
22.02.1996	BMF	BStBl I 1996 S. 36	H 88	(Lebensversicherungen)

D.
Tabellen

Einkommensteuertarif 1990

Der seit 1990 geltende Einkommensteuertarif beruht auf § 32 a Abs. 1 EStG 1990; er ist wie folgt gestaltet:

Grundfreibetrag

Die Einkommenbesteuerung setzt erst von einer gewissen Höhe des Einkommens an ein. Von dem zu versteuernden Einkommen bleibt ein **Grundfreibetrag** – die sog. Null-Zone des Einkommensteuertarifs – steuerfrei. Der Grundfreibetrag beträgt bei **Ledigen 5 616 DM, in Splittingfällen** (z. B. **bei Zusammenveranlagten**) **11 232 DM.**

Proportionalzone und -steuersatz

Der Einkommensteuertarif ist ein **Mischtarif,** d. h. er zerfällt in eine Proportionalzone und in eine Progressionszone. In der Proportionalzone verändert sich die Steuerschuld proportional zum Einkommen (sog. untere Proportionalzone des Einkommensteuertarifs). In der unteren Proportionalzone, die **bis 8 153 DM für Ledige / 16 306 DM in Splittingfällen** (z. B. **für Zusammenveranlagte**) reicht, beträgt der Steuersatz **gleichbleibend 19 v. H.**

Progressive Besteuerung und Spitzensteuersatz

Der Einkommensteil, der auf den Bereich eines zu versteuernden Einkommens **von 8 154 DM bis 120 000 DM bei Ledigen** und **von 16 307 DM bis 240 000 DM in Splittingfällen** (z. B. **bei Zusammenveranlagten**) entfällt, wird einer **Tarifprogression** unterworfen. Diese Progression setzt nach Auslaufen der Proportionalzone bei einem zu versteuernden Einkommen von 8 000 DM für Ledige und 36 000 DM für Zusammenveranlagte ein.

Die **Tarifprogression endet bei** einem zu versteuernden Einkommen von **120 000 DM für Ledige** und **240 000 DM in Splittingfällen** (z. B. **für Zusammenveranlagte**). Der **Spitzensteuersatz** beträgt **53 v. H.** (obere Proportionalzone).

Ab 1. Januar 1995 ist ein Solidaritätszuschlag zur Lohn-, Einkommen- und Körperschaftsteuer zu zahlen. Der nach den gesetzlichen Vorschriften zu erhebende **Solidaritätszuschlag** ist rechts neben der Einkommensteuer ausgewiesen.

Wichtiger Hinweis

Die sich aus der folgenden Tabelle und unter Berücksichtigung von Steuerermäßigungen und Sonderberechnungen ergebende **festzusetzende Einkommensteuer** ist bei **niedrigem Erwerbseinkommen** nach Maßgabe des **§ 32 d EStG** und der dort bezeichneten Anlagen (Zusatztabellen) **zu mildern oder auf 0 DM herabzusetzen.**

Diese Zusatztabellen sind im Anschluß an die Steuertabellen abgedruckt.

Tabellen
Einkommensteuer-Tabelle 1995

EINKOMMEN 1,–

Zu versteuerndes Einkommen bis DM	Abzüge an Einkommensteuer Solidaritätszuschlag				Zu versteuerndes Einkommen bis DM	Abzüge an Einkommensteuer Solidaritätszuschlag				Zu versteuerndes Einkommen bis DM	Abzüge an Einkommensteuer Solidaritätszuschlag			
	Grundtabelle		Splittingtabelle			Grundtabelle		Splittingtabelle			Grundtabelle		Splittingtabelle	
	ESt	SolZ	ESt	SolZ		ESt	SolZ	ESt	SolZ		ESt	SolZ	ESt	SolZ
5 669	—	—	—	—	8 909	616	—	—	—	12 149	1 255	—	164	—
5 723	10	—	—	—	8 963	626	—	—	—	12 203	1 266	—	164	—
5 777	20	—	—	—	9 017	637	—	—	—	12 257	1 277	—	184	—
5 831	30	—	—	—	9 071	647	—	—	—	12 311	1 288	—	184	—
5 885	41	—	—	—	9 125	658	—	—	—	12 365	1 299	—	204	—
5 939	51	—	—	—	9 179	668	—	—	—	12 419	1 310	—	204	—
5 993	61	—	—	—	9 233	678	—	—	—	12 473	1 321	—	224	—
6 047	71	—	—	—	9 287	689	—	—	—	12 527	1 332	—	224	—
6 101	82	—	—	—	9 341	699	—	—	—	12 581	1 343	2,20	246	—
6 155	92	—	—	—	9 395	710	—	—	—	12 635	1 354	4,40	246	—
6 209	102	—	—	—	9 449	720	—	—	—	12 689	1 365	6,60	266	—
6 263	112	—	—	—	9 503	731	—	—	—	12 743	1 376	8,80	266	—
6 317	123	—	—	—	9 557	741	—	—	—	12 797	1 387	11,—	286	—
6 371	133	—	—	—	9 611	752	—	—	—	12 851	1 398	13,20	286	—
6 425	143	—	—	—	9 665	762	—	—	—	12 905	1 409	15,40	306	—
6 479	153	—	—	—	9 719	773	—	—	—	12 959	1 420	17,60	306	—
6 533	164	—	—	—	9 773	783	—	—	—	13 013	1 431	19,80	328	—
6 587	174	—	—	—	9 827	794	—	—	—	13 067	1 442	22,—	328	—
6 641	184	—	—	—	9 881	804	—	—	—	13 121	1 453	24,20	348	—
6 695	194	—	—	—	9 935	815	—	—	—	13 175	1 464	26,40	348	—
6 749	205	—	—	—	9 989	825	—	—	—	13 229	1 475	28,60	368	—
6 803	215	—	—	—	10 043	836	—	—	—	13 283	1 486	30,80	368	—
6 857	225	—	—	—	10 097	847	—	—	—	13 337	1 497	33,—	388	—
6 911	236	—	—	—	10 151	857	—	—	—	13 391	1 508	35,20	388	—
6 965	246	—	—	—	10 205	868	—	—	—	13 445	1 520	37,60	410	—
7 019	256	—	—	—	10 259	878	—	—	—	13 499	1 531	39,80	410	—
7 073	266	—	—	—	10 313	889	—	—	—	13 553	1 542	42,—	430	—
7 127	277	—	—	—	10 367	900	—	—	—	13 607	1 553	44,20	430	—
7 181	287	—	—	—	10 421	910	—	—	—	13 661	1 564	46,40	450	—
7 235	297	—	—	—	10 475	921	—	—	—	13 715	1 575	48,60	450	—
7 289	307	—	—	—	10 529	932	—	—	—	13 769	1 586	50,80	472	—
7 343	318	—	—	—	10 583	942	—	—	—	13 823	1 598	53,20	472	—
7 397	328	—	—	—	10 637	953	—	—	—	13 877	1 609	55,40	492	—
7 451	338	—	—	—	10 691	964	—	—	—	13 931	1 620	57,60	492	—
7 505	348	—	—	—	10 745	974	—	—	—	13 985	1 631	59,80	512	—
7 559	359	—	—	—	10 799	985	—	—	—	14 039	1 642	62,—	512	—
7 613	369	—	—	—	10 853	996	—	—	—	14 093	1 654	64,40	532	—
7 667	379	—	—	—	10 907	1 006	—	—	—	14 147	1 665	66,60	532	—
7 721	389	—	—	—	10 961	1 017	—	—	—	14 201	1 676	68,80	554	—
7 775	400	—	—	—	11 015	1 028	—	—	—	14 255	1 687	71,—	554	—
7 829	410	—	—	—	11 069	1 038	—	—	—	14 309	1 699	73,40	574	—
7 883	420	—	—	—	11 123	1 049	—	—	—	14 363	1 710	75,60	574	—
7 937	430	—	—	—	11 177	1 060	—	—	—	14 417	1 721	77,80	594	—
7 991	441	—	—	—	11 231	1 071	—	—	—	14 471	1 733	80,20	594	—
8 045	451	—	—	—	11 285	1 081	—	—	—	14 525	1 744	82,40	614	—
8 099	461	—	—	—	11 339	1 092	—	—	—	14 579	1 755	84,60	614	—
8 153	472	—	—	—	11 393	1 103	—	20	—	14 633	1 767	87,—	636	—
8 207	482	—	—	—	11 447	1 114	—	20	—	14 687	1 778	89,20	636	—
8 261	492	—	—	—	11 501	1 125	—	40	—	14 741	1 789	91,40	656	—
8 315	502	—	—	—	11 555	1 135	—	40	—	14 795	1 801	93,80	656	—
8 369	513	—	—	—	11 609	1 146	—	60	—	14 849	1 812	96,—	676	—
8 423	523	—	—	—	11 663	1 157	—	60	—	14 903	1 823	98,20	676	—
8 477	533	—	—	—	11 717	1 168	—	82	—	14 957	1 835	100,60	696	—
8 531	544	—	—	—	11 771	1 179	—	82	—	15 011	1 846	102,80	696	—
8 585	554	—	—	—	11 825	1 190	—	102	—	15 065	1 857	105,—	718	—
8 639	564	—	—	—	11 879	1 201	—	102	—	15 119	1 869	107,40	718	—
8 693	575	—	—	—	11 933	1 211	—	122	—	15 173	1 880	109,60	738	—
8 747	585	—	—	—	11 987	1 222	—	122	—	15 227	1 892	112,—	738	—
8 801	595	—	—	—	12 041	1 233	—	142	—	15 281	1 903	114,20	758	—
8 855	606	—	—	—	12 095	1 244	—	142	—	15 335	1 914	116,40	758	—

Tabellen

Einkommensteuer-Tabelle 1995

25 055,– EINKOMMEN

Zu versteuerndes Einkommen bis DM	Abzüge an Einkommensteuer Solidaritätszuschlag				Zu versteuerndes Einkommen bis DM	Abzüge an Einkommensteuer Solidaritätszuschlag				Zu versteuerndes Einkommen bis DM	Abzüge an Einkommensteuer Solidaritätszuschlag			
	Grundtabelle		Splittingtabelle			Grundtabelle		Splittingtabelle			Grundtabelle		Splittingtabelle	
	ESt	SolZ	ESt	SolZ		ESt	SolZ	ESt	SolZ		ESt	SolZ	ESt	SolZ
15 389	1 926	118,80	778	—	18 629	2 629	197,17	1 398	—	21 869	3 363	252,22	2 034	—
15 443	1 937	121,—	778	—	18 683	2 641	198,07	1 398	—	21 923	3 376	253,20	2 034	—
15 497	1 949	123,40	800	—	18 737	2 653	198,97	1 420	—	21 977	3 388	254,10	2 056	—
15 551	1 960	125,60	800	—	18 791	2 665	199,87	1 420	—	22 031	3 401	255,07	2 056	—
15 605	1 972	128,—	820	—	18 845	2 677	200,77	1 420	—	22 085	3 413	255,97	2 076	—
15 659	1 983	130,20	820	—	18 899	2 689	201,67	1 440	—	22 139	3 426	256,95	2 076	—
15 713	1 995	132,60	840	—	18 953	2 701	202,57	1 462	—	22 193	3 439	257,92	2 098	—
15 767	2 006	134,80	840	—	19 007	2 713	203,47	1 462	—	22 247	3 451	258,82	2 098	—
15 821	2 018	137,20	860	—	19 061	2 725	204,37	1 482	—	22 301	3 464	259,80	2 120	—
15 875	2 029	139,40	860	—	19 115	2 737	205,27	1 482	—	22 355	3 476	260,70	2 120	—
15 929	2 041	141,80	882	—	19 169	2 749	206,17	1 504	—	22 409	3 489	261,67	2 142	—
15 983	2 052	144,—	882	—	19 223	2 761	207,07	1 504	—	22 463	3 502	262,65	2 142	—
16 037	2 064	146,40	902	—	19 277	2 773	207,97	1 524	—	22 517	3 514	263,55	2 162	—
16 091	2 075	148,60	902	—	19 331	2 785	208,87	1 524	—	22 571	3 527	264,52	2 162	—
16 145	2 087	151,—	922	—	19 385	2 797	209,77	1 546	—	22 625	3 539	265,42	2 184	—
16 199	2 099	153,40	922	—	19 439	2 809	210,67	1 546	—	22 679	3 552	266,40	2 184	—
16 253	2 110	155,60	944	—	19 493	2 821	211,57	1 566	—	22 733	3 565	267,37	2 206	—
16 307	2 122	158,—	944	—	19 547	2 834	212,55	1 566	—	22 787	3 577	268,27	2 206	—
16 361	2 133	159,97	964	—	19 601	2 846	213,45	1 588	—	22 841	3 590	269,25	2 228	—
16 415	2 145	160,87	964	—	19 655	2 858	214,35	1 588	—	22 895	3 603	270,22	2 228	—
16 469	2 157	161,77	984	—	19 709	2 870	215,25	1 608	—	22 949	3 615	271,12	2 250	—
16 523	2 168	162,60	984	—	19 763	2 882	216,15	1 608	—	23 003	3 628	272,10	2 250	—
16 577	2 180	163,50	1 004	—	19 817	2 894	217,05	1 630	—	23 057	3 641	273,07	2 270	—
16 631	2 192	164,40	1 004	—	19 871	2 907	218,02	1 630	—	23 111	3 653	273,97	2 270	—
16 685	2 203	165,22	1 026	—	19 925	2 919	218,92	1 650	—	23 165	3 666	274,95	2 292	—
16 739	2 215	166,12	1 026	—	19 979	2 931	219,82	1 650	—	23 219	3 679	275,92	2 292	—
16 793	2 227	167,02	1 046	—	20 033	2 943	220,72	1 672	—	23 273	3 692	276,90	2 314	—
16 847	2 238	167,85	1 046	—	20 087	2 955	221,62	1 672	—	23 327	3 704	277,80	2 314	—
16 901	2 250	168,75	1 066	—	20 141	2 968	222,60	1 694	—	23 381	3 717	278,77	2 336	—
16 955	2 262	169,65	1 066	—	20 195	2 980	223,50	1 694	—	23 435	3 730	279,75	2 336	—
17 009	2 273	170,47	1 088	—	20 249	2 992	224,40	1 714	—	23 489	3 743	280,72	2 358	—
17 063	2 285	171,37	1 088	—	20 303	3 004	225,30	1 714	—	23 543	3 755	281,62	2 358	—
17 117	2 297	172,27	1 108	—	20 357	3 017	226,27	1 736	—	23 597	3 768	282,60	2 380	—
17 171	2 308	173,10	1 108	—	20 411	3 029	227,17	1 736	—	23 651	3 781	283,57	2 380	—
17 225	2 320	174,—	1 128	—	20 465	3 041	228,07	1 756	—	23 705	3 794	284,55	2 402	—
17 279	2 332	174,90	1 128	—	20 519	3 053	228,97	1 756	—	23 759	3 807	285,52	2 402	—
17 333	2 344	175,80	1 150	—	20 573	3 066	229,95	1 778	—	23 813	3 820	286,50	2 422	—
17 387	2 356	176,70	1 150	—	20 627	3 078	230,85	1 778	—	23 867	3 832	287,40	2 422	—
17 441	2 367	177,52	1 170	—	20 681	3 090	231,75	1 800	—	23 921	3 845	288,37	2 444	—
17 495	2 379	178,42	1 170	—	20 735	3 103	232,72	1 800	—	23 975	3 858	289,35	2 444	—
17 549	2 391	179,32	1 190	—	20 789	3 115	233,62	1 820	—	24 029	3 871	290,32	2 466	—
17 603	2 403	180,22	1 190	—	20 843	3 127	234,52	1 820	—	24 083	3 884	291,30	2 466	—
17 657	2 415	181,12	1 212	—	20 897	3 140	235,50	1 842	—	24 137	3 897	292,27	2 488	—
17 711	2 426	181,95	1 212	—	20 951	3 152	236,40	1 842	—	24 191	3 910	293,25	2 488	—
17 765	2 438	182,85	1 232	—	21 005	3 164	237,30	1 864	—	24 245	3 922	294,15	2 510	—
17 819	2 450	183,75	1 232	—	21 059	3 177	238,27	1 864	—	24 299	3 935	295,12	2 510	—
17 873	2 462	184,65	1 252	—	21 113	3 189	239,17	1 884	—	24 353	3 948	296,10	2 532	—
17 927	2 474	185,55	1 252	—	21 167	3 201	240,07	1 884	—	24 407	3 961	297,07	2 532	—
17 981	2 486	186,45	1 274	—	21 221	3 214	241,05	1 906	—	24 461	3 974	298,05	2 554	—
18 035	2 497	187,27	1 274	—	21 275	3 226	241,95	1 906	—	24 515	3 987	299,02	2 554	—
18 089	2 509	188,17	1 294	—	21 329	3 239	242,92	1 928	—	24 569	4 000	300,—	2 576	—
18 143	2 521	189,07	1 294	—	21 383	3 251	243,82	1 928	—	24 623	4 013	300,97	2 576	—
18 197	2 533	189,97	1 316	—	21 437	3 264	244,80	1 948	—	24 677	4 026	301,95	2 598	—
18 251	2 545	190,87	1 316	—	21 491	3 276	245,70	1 948	—	24 731	4 039	302,92	2 598	—
18 305	2 557	191,77	1 336	—	21 545	3 288	246,60	1 970	—	24 785	4 052	303,90	2 620	—
18 359	2 569	192,67	1 336	—	21 599	3 301	247,57	1 970	—	24 839	4 065	304,87	2 620	—
18 413	2 581	193,57	1 356	—	21 653	3 313	248,47	1 992	—	24 893	4 078	305,85	2 642	—
18 467	2 593	194,47	1 356	—	21 707	3 326	249,45	1 992	—	24 947	4 091	306,82	2 642	—
18 521	2 605	195,37	1 378	—	21 761	3 338	250,35	2 012	—	25 001	4 104	307,80	2 664	—
18 575	2 617	196,27	1 378	—	21 815	3 351	251,32	2 012	—	25 055	4 117	308,77	2 664	—

Tabellen

Einkommensteuer-Tabelle 1995

EINKOMMEN 25 056,–

Zu versteuerndes Einkommen bis DM	Abzüge an Einkommensteuer Solidaritätszuschlag				Zu versteuerndes Einkommen bis DM	Abzüge an Einkommensteuer Solidaritätszuschlag				Zu versteuerndes Einkommen bis DM	Abzüge an Einkommensteuer Solidaritätszuschlag			
	Grundtabelle		Splittingtabelle			Grundtabelle		Splittingtabelle			Grundtabelle		Splittingtabelle	
	ESt	SolZ	ESt	SolZ		ESt	SolZ	ESt	SolZ		ESt	SolZ	ESt	SolZ
25 109	4 130	309,75	2 686	4,40	28 349	4 928	369,60	3 352	137,60	31 589	5 759	431,92	4 036	274,40
25 163	4 143	310,72	2 686	4,40	28 403	4 942	370,65	3 352	137,60	31 643	5 773	432,97	4 036	274,40
25 217	4 156	311,70	2 708	8,80	28 457	4 956	371,70	3 374	142,—	31 697	5 787	434,02	4 058	278,80
25 271	4 169	312,67	2 708	8,80	28 511	4 969	372,67	3 374	142,—	31 751	5 801	435,07	4 058	278,80
25 325	4 182	313,65	2 730	13,20	28 565	4 983	373,72	3 398	146,80	31 805	5 815	436,12	4 082	283,60
25 379	4 195	314,62	2 730	13,20	28 619	4 996	374,70	3 398	146,80	31 859	5 830	437,25	4 082	283,60
25 433	4 208	315,60	2 752	17,60	28 673	5 010	375,75	3 420	151,20	31 913	5 844	438,30	4 104	288,—
25 487	4 221	316,57	2 752	17,60	28 727	5 024	376,80	3 420	151,20	31 967	5 858	439,35	4 104	288,—
25 541	4 235	317,62	2 774	22,—	28 781	5 037	377,77	3 442	155,60	32 021	5 872	440,40	4 128	292,80
25 595	4 248	318,60	2 774	22,—	28 835	5 051	378,82	3 442	155,60	32 075	5 886	441,45	4 128	292,80
25 649	4 261	319,57	2 796	26,40	28 889	5 065	379,87	3 466	160,40	32 129	5 900	442,50	4 150	297,20
25 703	4 274	320,55	2 796	26,40	28 943	5 078	380,85	3 466	160,40	32 183	5 915	443,62	4 150	297,20
25 757	4 287	321,52	2 818	30,80	28 997	5 092	381,90	3 488	164,80	32 237	5 929	444,67	4 174	302,—
25 811	4 300	322,50	2 818	30,80	29 051	5 106	382,95	3 488	164,80	32 291	5 943	445,72	4 174	302,—
25 865	4 313	323,47	2 840	35,20	29 105	5 119	383,92	3 510	169,20	32 345	5 957	446,77	4 198	306,80
25 919	4 327	324,52	2 840	35,20	29 159	5 133	384,97	3 510	169,20	32 399	5 971	447,82	4 198	306,80
25 973	4 340	325,50	2 862	39,60	29 213	5 147	386,02	3 534	174,—	32 453	5 986	448,95	4 220	311,20
26 027	4 353	326,47	2 862	39,60	29 267	5 161	387,07	3 534	174,—	32 507	6 000	450,—	4 220	311,20
26 081	4 366	327,45	2 884	44,—	29 321	5 174	388,05	3 556	178,40	32 561	6 014	451,05	4 244	316,—
26 135	4 379	328,42	2 884	44,—	29 375	5 188	389,10	3 556	178,40	32 615	6 028	452,10	4 244	316,—
26 189	4 393	329,47	2 906	48,40	29 429	5 202	390,15	3 578	182,80	32 669	6 043	453,22	4 266	319,95
26 243	4 406	330,45	2 906	48,40	29 483	5 215	391,12	3 578	182,80	32 723	6 057	454,27	4 266	319,95
26 297	4 419	331,42	2 928	52,80	29 537	5 229	392,17	3 602	187,60	32 777	6 071	455,32	4 290	321,75
26 351	4 432	332,40	2 928	52,80	29 591	5 243	393,22	3 602	187,60	32 831	6 086	456,45	4 290	321,75
26 405	4 446	333,45	2 950	57,20	29 645	5 257	394,27	3 624	192,—	32 885	6 100	457,50	4 314	323,55
26 459	4 459	334,42	2 950	57,20	29 699	5 271	395,32	3 624	192,—	32 939	6 114	458,55	4 314	323,55
26 513	4 472	335,40	2 972	61,60	29 753	5 284	396,30	3 646	196,40	32 993	6 129	459,67	4 336	325,20
26 567	4 485	336,37	2 972	61,60	29 807	5 298	397,35	3 646	196,40	33 047	6 143	460,72	4 336	325,20
26 621	4 499	337,42	2 994	66,—	29 861	5 312	398,40	3 670	201,20	33 101	6 157	461,77	4 360	327,—
26 675	4 512	338,40	2 994	66,—	29 915	5 326	399,45	3 670	201,20	33 155	6 172	462,90	4 360	327,—
26 729	4 525	339,37	3 016	70,40	29 969	5 340	400,50	3 692	205,60	33 209	6 186	463,95	4 384	328,80
26 783	4 539	340,42	3 016	70,40	30 023	5 354	401,55	3 692	205,60	33 263	6 200	465,—	4 384	328,80
26 837	4 552	341,40	3 040	75,20	30 077	5 367	402,52	3 714	210,—	33 317	6 215	466,12	4 406	330,45
26 891	4 565	342,37	3 040	75,20	30 131	5 381	403,57	3 714	210,—	33 371	6 229	467,17	4 406	330,45
26 945	4 579	343,42	3 062	79,60	30 185	5 395	404,62	3 738	214,80	33 425	6 244	468,30	4 430	332,25
26 999	4 592	344,40	3 062	79,60	30 239	5 409	405,67	3 738	214,80	33 479	6 258	469,35	4 430	332,25
27 053	4 605	345,37	3 084	84,—	30 293	5 423	406,72	3 760	219,20	33 533	6 272	470,40	4 454	334,05
27 107	4 619	346,42	3 084	84,—	30 347	5 437	407,77	3 760	219,20	33 587	6 287	471,52	4 454	334,05
27 161	4 632	347,40	3 106	88,40	30 401	5 451	408,82	3 784	224,—	33 641	6 301	472,57	4 476	335,70
27 215	4 645	348,37	3 106	88,40	30 455	5 465	409,87	3 784	224,—	33 695	6 316	473,70	4 476	335,70
27 269	4 659	349,42	3 128	92,80	30 509	5 479	410,92	3 806	228,40	33 749	6 330	474,75	4 500	337,50
27 323	4 672	350,40	3 128	92,80	30 563	5 492	411,90	3 806	228,40	33 803	6 345	475,87	4 500	337,50
27 377	4 686	351,45	3 150	97,20	30 617	5 506	412,95	3 828	232,80	33 857	6 359	476,92	4 524	339,30
27 431	4 699	352,42	3 150	97,20	30 671	5 520	414,—	3 828	232,80	33 911	6 374	478,05	4 524	339,30
27 485	4 712	353,40	3 172	101,60	30 725	5 534	415,05	3 852	237,60	33 965	6 388	479,10	4 546	340,95
27 539	4 726	354,45	3 172	101,60	30 779	5 548	416,10	3 852	237,60	34 019	6 403	480,22	4 546	340,95
27 593	4 739	355,42	3 196	106,40	30 833	5 562	417,15	3 874	242,—	34 073	6 417	481,27	4 570	342,75
27 647	4 753	356,47	3 196	106,40	30 887	5 576	418,20	3 874	242,—	34 127	6 432	482,40	4 570	342,75
27 701	4 766	357,45	3 218	110,80	30 941	5 590	419,25	3 898	246,80	34 181	6 446	483,45	4 594	344,55
27 755	4 780	358,50	3 218	110,80	30 995	5 604	420,30	3 898	246,80	34 235	6 461	484,57	4 594	344,55
27 809	4 793	359,47	3 240	115,20	31 049	5 618	421,35	3 920	251,20	34 289	6 475	485,62	4 616	346,20
27 863	4 807	360,52	3 240	115,20	31 103	5 632	422,40	3 920	251,20	34 343	6 490	486,75	4 616	346,20
27 917	4 820	361,50	3 262	119,60	31 157	5 646	423,45	3 944	256,—	34 397	6 504	487,80	4 640	348,—
27 971	4 834	362,55	3 262	119,60	31 211	5 660	424,50	3 944	256,—	34 451	6 519	488,92	4 640	348,—
28 025	4 847	363,52	3 284	124,—	31 265	5 674	425,55	3 966	260,40	34 505	6 533	489,97	4 664	349,80
28 079	4 861	364,57	3 284	124,—	31 319	5 688	426,60	3 966	260,40	34 559	6 548	491,10	4 664	349,80
28 133	4 874	365,55	3 308	128,80	31 373	5 703	427,72	3 990	265,20	34 613	6 563	492,22	4 688	351,60
28 187	4 888	366,60	3 308	128,80	31 427	5 717	428,77	3 990	265,20	34 667	6 577	493,27	4 688	351,60
28 241	4 901	367,57	3 330	133,20	31 481	5 731	429,82	4 012	269,60	34 721	6 592	494,40	4 712	353,40
28 295	4 915	368,62	3 330	133,20	31 535	5 745	430,87	4 012	269,60	34 775	6 607	495,52	4 712	353,40

Tabellen
Einkommensteuer-Tabelle 1995

44 495,– EINKOMMEN

Zu versteuerndes Einkommen bis DM	Grundtabelle ESt	Grundtabelle SolZ	Splittingtabelle ESt	Splittingtabelle SolZ	Zu versteuerndes Einkommen bis DM	Grundtabelle ESt	Grundtabelle SolZ	Splittingtabelle ESt	Splittingtabelle SolZ	Zu versteuerndes Einkommen bis DM	Grundtabelle ESt	Grundtabelle SolZ	Splittingtabelle ESt	Splittingtabelle SolZ
34 829	6 621	496,57	4 734	355,05	38 069	7 515	563,62	5 450	408,75	41 309	8 441	633,07	6 180	463,50
34 883	6 636	497,70	4 734	355,05	38 123	7 531	564,82	5 450	408,75	41 363	8 457	634,27	6 180	463,50
34 937	6 650	498,75	4 758	356,85	38 177	7 546	565,95	5 474	410,55	41 417	8 473	635,47	6 206	465,45
34 991	6 665	499,87	4 758	356,85	38 231	7 561	567,07	5 474	410,55	41 471	8 489	636,67	6 206	465,45
35 045	6 680	501,—	4 782	358,65	38 285	7 576	568,20	5 498	412,35	41 525	8 504	637,80	6 230	467,25
35 099	6 694	502,05	4 782	358,65	38 339	7 591	569,32	5 498	412,35	41 579	8 520	639,—	6 230	467,25
35 153	6 709	503,17	4 806	360,45	38 393	7 607	570,52	5 522	414,15	41 633	8 536	640,20	6 254	469,05
35 207	6 724	504,30	4 806	360,45	38 447	7 622	571,65	5 522	414,15	41 687	8 552	641,40	6 254	469,05
35 261	6 739	505,42	4 830	362,25	38 501	7 637	572,77	5 546	415,95	41 741	8 567	642,52	6 280	471,—
35 315	6 753	506,47	4 830	362,25	38 555	7 652	573,90	5 546	415,95	41 795	8 583	643,72	6 280	471,—
35 369	6 768	507,60	4 852	363,90	38 609	7 667	575,02	5 570	417,75	41 849	8 599	644,92	6 304	472,80
35 423	6 783	508,72	4 852	363,90	38 663	7 683	576,22	5 570	417,75	41 903	8 615	646,12	6 304	472,80
35 477	6 797	509,77	4 876	365,70	38 717	7 698	577,35	5 594	419,55	41 957	8 630	647,25	6 328	474,60
35 531	6 812	510,90	4 876	365,70	38 771	7 713	578,47	5 594	419,55	42 011	8 646	648,45	6 328	474,60
35 585	6 827	512,02	4 900	367,50	38 825	7 729	579,67	5 618	421,35	42 065	8 662	649,65	6 354	476,55
35 639	6 842	513,15	4 900	367,50	38 879	7 744	580,80	5 618	421,35	42 119	8 678	650,85	6 354	476,55
35 693	6 856	514,20	4 924	369,30	38 933	7 759	581,92	5 642	423,15	42 173	8 694	652,05	6 378	478,35
35 747	6 871	515,32	4 924	369,30	38 987	7 775	583,12	5 642	423,15	42 227	8 710	653,25	6 378	478,35
35 801	6 886	516,45	4 948	371,10	39 041	7 790	584,25	5 668	425,10	42 281	8 725	654,37	6 402	480,15
35 855	6 901	517,57	4 948	371,10	39 095	7 805	585,37	5 668	425,10	42 335	8 741	655,57	6 402	480,15
35 909	6 916	518,70	4 972	372,90	39 149	7 821	586,57	5 692	426,90	42 389	8 757	656,77	6 428	482,10
35 963	6 930	519,75	4 972	372,90	39 203	7 836	587,70	5 692	426,90	42 443	8 773	657,97	6 428	482,10
36 017	6 945	520,87	4 994	374,55	39 257	7 851	588,82	5 716	428,70	42 497	8 789	659,17	6 452	483,90
36 071	6 960	522,—	4 994	374,55	39 311	7 867	590,02	5 716	428,70	42 551	8 805	660,37	6 452	483,90
36 125	6 975	523,12	5 018	376,35	39 365	7 882	591,15	5 740	430,50	42 605	8 821	661,57	6 478	485,85
36 179	6 990	524,25	5 018	376,35	39 419	7 897	592,27	5 740	430,50	42 659	8 837	662,77	6 478	485,85
36 233	7 005	525,37	5 042	378,15	39 473	7 913	593,47	5 764	432,30	42 713	8 853	663,97	6 502	487,65
36 287	7 020	526,50	5 042	378,15	39 527	7 928	594,60	5 764	432,30	42 767	8 869	665,17	6 502	487,65
36 341	7 034	527,55	5 066	379,95	39 581	7 944	595,80	5 788	434,10	42 821	8 885	666,37	6 528	489,60
36 395	7 049	528,67	5 066	379,95	39 635	7 959	596,92	5 788	434,10	42 875	8 900	667,50	6 528	489,60
36 449	7 064	529,80	5 090	381,75	39 689	7 974	598,05	5 814	436,05	42 929	8 916	668,70	6 552	491,40
36 503	7 079	530,92	5 090	381,75	39 743	7 990	599,25	5 814	436,05	42 983	8 932	669,90	6 552	491,40
36 557	7 094	532,05	5 114	383,55	39 797	8 005	600,37	5 838	437,85	43 037	8 948	671,10	6 576	493,20
36 611	7 109	533,17	5 114	383,55	39 851	8 021	601,57	5 838	437,85	43 091	8 964	672,30	6 576	493,20
36 665	7 124	534,30	5 138	385,35	39 905	8 036	602,70	5 862	439,65	43 145	8 980	673,50	6 602	495,15
36 719	7 139	535,42	5 138	385,35	39 959	8 052	603,90	5 862	439,65	43 199	8 996	674,70	6 602	495,15
36 773	7 154	536,55	5 162	387,15	40 013	8 067	605,02	5 886	441,45	43 253	9 012	675,90	6 626	496,95
36 827	7 169	537,67	5 162	387,15	40 067	8 083	606,22	5 886	441,45	43 307	9 028	677,10	6 626	496,95
36 881	7 184	538,80	5 186	388,95	40 121	8 098	607,35	5 910	443,25	43 361	9 044	678,30	6 652	498,90
36 935	7 199	539,92	5 186	388,95	40 175	8 114	608,55	5 910	443,25	43 415	9 061	679,57	6 652	498,90
36 989	7 214	541,05	5 210	390,75	40 229	8 129	609,67	5 936	445,20	43 469	9 077	680,77	6 676	500,70
37 043	7 229	542,17	5 210	390,75	40 283	8 145	610,87	5 936	445,20	43 523	9 093	681,97	6 676	500,70
37 097	7 244	543,30	5 234	392,55	40 337	8 160	612,—	5 960	447,—	43 577	9 109	683,17	6 702	502,65
37 151	7 259	544,42	5 234	392,55	40 391	8 176	613,20	5 960	447,—	43 631	9 125	684,37	6 702	502,65
37 205	7 274	545,55	5 258	394,35	40 445	8 191	614,32	5 984	448,80	43 685	9 141	685,57	6 726	504,45
37 259	7 289	546,67	5 258	394,35	40 499	8 207	615,52	5 984	448,80	43 739	9 157	686,77	6 726	504,45
37 313	7 304	547,80	5 282	396,15	40 553	8 223	616,72	6 008	450,60	43 793	9 173	687,97	6 752	506,40
37 367	7 319	548,92	5 282	396,15	40 607	8 238	617,85	6 008	450,60	43 847	9 189	689,17	6 752	506,40
37 421	7 334	550,05	5 306	397,95	40 661	8 254	619,05	6 034	452,55	43 901	9 205	690,37	6 776	508,20
37 475	7 349	551,17	5 306	397,95	40 715	8 269	620,17	6 034	452,55	43 955	9 221	691,57	6 776	508,20
37 529	7 364	552,30	5 330	399,75	40 769	8 285	621,37	6 058	454,35	44 009	9 238	692,85	6 802	510,15
37 583	7 379	553,42	5 330	399,75	40 823	8 300	622,50	6 058	454,35	44 063	9 254	694,05	6 802	510,15
37 637	7 394	554,55	5 354	401,55	40 877	8 316	623,70	6 082	456,15	44 117	9 270	695,25	6 826	511,95
37 691	7 409	555,67	5 354	401,55	40 931	8 332	624,90	6 082	456,15	44 171	9 286	696,45	6 826	511,95
37 745	7 424	556,80	5 378	403,35	40 985	8 347	626,02	6 106	457,95	44 225	9 302	697,65	6 852	513,90
37 799	7 440	558,—	5 378	403,35	41 039	8 363	627,22	6 106	457,95	44 279	9 318	698,85	6 852	513,90
37 853	7 455	559,12	5 402	405,15	41 093	8 379	628,42	6 132	459,90	44 333	9 335	700,12	6 878	515,85
37 907	7 470	560,25	5 402	405,15	41 147	8 394	629,55	6 132	459,90	44 387	9 351	701,32	6 878	515,85
37 961	7 485	561,37	5 426	406,95	41 201	8 410	630,75	6 156	461,70	44 441	9 367	702,52	6 902	517,65
38 015	7 500	562,50	5 426	406,95	41 255	8 426	631,95	6 156	461,70	44 495	9 383	703,72	6 902	517,65

Tabellen

Einkommensteuer-Tabelle 1995

EINKOMMEN 44 496,–

Zu versteuerndes Einkommen bis DM	Abzüge an Einkommensteuer Solidaritätszuschlag				Zu versteuerndes Einkommen bis DM	Abzüge an Einkommensteuer Solidaritätszuschlag				Zu versteuerndes Einkommen bis DM	Abzüge an Einkommensteuer Solidaritätszuschlag			
	Grundtabelle		Splittingtabelle			Grundtabelle		Splittingtabelle			Grundtabelle		Splittingtabelle	
	ESt	SolZ	ESt	SolZ		ESt	SolZ	ESt	SolZ		ESt	SolZ	ESt	SolZ
44 549	9 399	704,92	6 928	519,60	47 789	10 389	779,17	7 690	576,75	51 029	11 411	855,82	8 470	635,25
44 603	9 416	706,20	6 928	519,60	47 843	10 406	780,45	7 690	576,75	51 083	11 428	857,10	8 470	635,25
44 657	9 432	707,40	6 952	521,40	47 897	10 423	781,72	7 716	578,70	51 137	11 446	858,45	8 496	637,20
44 711	9 448	708,60	6 952	521,40	47 951	10 440	783,—	7 716	578,70	51 191	11 463	859,72	8 496	637,20
44 765	9 464	709,80	6 978	523,35	48 005	10 456	784,20	7 742	580,65	51 245	11 480	861,—	8 522	639,15
44 819	9 481	711,07	6 978	523,35	48 059	10 473	785,47	7 742	580,65	51 299	11 498	862,35	8 522	639,15
44 873	9 497	712,27	7 004	525,30	48 113	10 490	786,75	7 768	582,60	51 353	11 515	863,62	8 548	641,10
44 927	9 513	713,47	7 004	525,30	48 167	10 507	788,02	7 768	582,60	51 407	11 532	864,90	8 548	641,10
44 981	9 530	714,75	7 028	527,10	48 221	10 524	789,30	7 794	584,55	51 461	11 550	866,25	8 574	643,05
45 035	9 546	715,95	7 028	527,10	48 275	10 541	790,57	7 794	584,55	51 515	11 567	867,52	8 574	643,05
45 089	9 562	717,15	7 054	529,05	48 329	10 557	791,77	7 820	586,50	51 569	11 585	868,87	8 600	645,—
45 143	9 579	718,42	7 054	529,05	48 383	10 574	793,05	7 820	586,50	51 623	11 602	870,15	8 600	645,—
45 197	9 595	719,62	7 078	530,85	48 437	10 591	794,32	7 844	588,30	51 677	11 619	871,42	8 626	646,95
45 251	9 611	720,82	7 078	530,85	48 491	10 608	795,60	7 844	588,30	51 731	11 637	872,77	8 626	646,95
45 305	9 628	722,10	7 104	532,80	48 545	10 625	796,87	7 870	590,25	51 785	11 654	874,05	8 654	649,05
45 359	9 644	723,30	7 104	532,80	48 599	10 642	798,15	7 870	590,25	51 839	11 672	875,40	8 654	649,05
45 413	9 660	724,50	7 130	534,75	48 653	10 659	799,42	7 896	592,20	51 893	11 689	876,67	8 680	651,—
45 467	9 677	725,77	7 130	534,75	48 707	10 676	800,70	7 896	592,20	51 947	11 706	877,95	8 680	651,—
45 521	9 693	726,97	7 154	536,55	48 761	10 693	801,97	7 922	594,15	52 001	11 724	879,30	8 706	652,95
45 575	9 709	728,17	7 154	536,55	48 815	10 709	803,17	7 922	594,15	52 055	11 741	880,57	8 706	652,95
45 629	9 726	729,45	7 180	538,50	48 869	10 726	804,45	7 948	596,10	52 109	11 759	881,92	8 732	654,90
45 683	9 742	730,65	7 180	538,50	48 923	10 743	805,72	7 948	596,10	52 163	11 776	883,20	8 732	654,90
45 737	9 759	731,92	7 206	540,45	48 977	10 760	807,—	7 974	598,05	52 217	11 794	884,55	8 758	656,85
45 791	9 775	733,12	7 206	540,45	49 031	10 777	808,27	7 974	598,05	52 271	11 811	885,82	8 758	656,85
45 845	9 792	734,40	7 230	542,25	49 085	10 794	809,55	8 000	600,—	52 325	11 829	887,17	8 786	658,95
45 899	9 808	735,60	7 230	542,25	49 139	10 811	810,82	8 000	600,—	52 379	11 846	888,45	8 786	658,95
45 953	9 824	736,80	7 256	544,20	49 193	10 828	812,10	8 026	601,95	52 433	11 864	889,80	8 812	660,90
46 007	9 841	738,07	7 256	544,20	49 247	10 845	813,37	8 026	601,95	52 487	11 881	891,07	8 812	660,90
46 061	9 857	739,27	7 282	546,15	49 301	10 862	814,65	8 052	603,90	52 541	11 899	892,42	8 838	662,85
46 115	9 874	740,55	7 282	546,15	49 355	10 879	815,92	8 052	603,90	52 595	11 916	893,70	8 838	662,85
46 169	9 890	741,75	7 306	547,95	49 409	10 896	817,20	8 078	605,85	52 649	11 934	895,05	8 864	664,80
46 223	9 907	743,02	7 306	547,95	49 463	10 913	818,47	8 078	605,85	52 703	11 952	896,40	8 864	664,80
46 277	9 923	744,22	7 332	549,90	49 517	10 930	819,75	8 104	607,80	52 757	11 969	897,67	8 892	666,90
46 331	9 940	745,50	7 332	549,90	49 571	10 947	821,02	8 104	607,80	52 811	11 987	899,02	8 892	666,90
46 385	9 956	746,70	7 358	551,85	49 625	10 964	822,30	8 130	609,75	52 865	12 004	900,30	8 918	668,85
46 439	9 973	747,97	7 358	551,85	49 679	10 982	823,65	8 130	609,75	52 919	12 022	901,65	8 918	668,85
46 493	9 990	749,25	7 384	553,80	49 733	10 999	824,92	8 156	611,70	52 973	12 040	903,—	8 944	670,80
46 547	10 006	750,45	7 384	553,80	49 787	11 016	826,20	8 156	611,70	53 027	12 057	904,27	8 944	670,80
46 601	10 023	751,72	7 408	555,60	49 841	11 033	827,47	8 182	613,65	53 081	12 075	905,62	8 970	672,75
46 655	10 039	752,92	7 408	555,60	49 895	11 050	828,75	8 182	613,65	53 135	12 092	906,90	8 970	672,75
46 709	10 056	754,20	7 434	557,55	49 949	11 067	830,02	8 208	615,60	53 189	12 110	908,25	8 998	674,85
46 763	10 072	755,40	7 434	557,55	50 003	11 084	831,30	8 208	615,60	53 243	12 128	909,60	8 998	674,85
46 817	10 089	756,67	7 460	559,50	50 057	11 101	832,57	8 234	617,55	53 297	12 145	910,87	9 024	676,80
46 871	10 106	757,95	7 460	559,50	50 111	11 118	833,85	8 234	617,55	53 351	12 163	912,22	9 024	676,80
46 925	10 122	759,15	7 486	561,45	50 165	11 136	835,20	8 260	619,50	53 405	12 181	913,57	9 050	678,75
46 979	10 139	760,42	7 486	561,45	50 219	11 153	836,47	8 260	619,50	53 459	12 198	914,85	9 050	678,75
47 033	10 156	761,70	7 510	563,25	50 273	11 170	837,75	8 286	621,45	53 513	12 216	916,20	9 078	680,85
47 087	10 172	762,90	7 510	563,25	50 327	11 187	839,02	8 286	621,45	53 567	12 234	917,55	9 078	680,85
47 141	10 189	764,17	7 536	565,20	50 381	11 204	840,30	8 312	623,40	53 621	12 252	918,90	9 104	682,80
47 195	10 205	765,37	7 536	565,20	50 435	11 221	841,57	8 312	623,40	53 675	12 269	920,17	9 104	682,80
47 249	10 222	766,65	7 562	567,15	50 489	11 239	842,92	8 338	625,35	53 729	12 287	921,52	9 130	684,75
47 303	10 239	767,92	7 562	567,15	50 543	11 256	844,20	8 338	625,35	53 783	12 305	922,87	9 130	684,75
47 357	10 256	769,20	7 588	569,10	50 597	11 273	845,47	8 364	627,30	53 837	12 322	924,15	9 158	686,85
47 411	10 272	770,40	7 588	569,10	50 651	11 290	846,75	8 364	627,30	53 891	12 340	925,50	9 158	686,85
47 465	10 289	771,67	7 614	571,05	50 705	11 308	848,10	8 390	629,25	53 945	12 358	926,85	9 184	688,80
47 519	10 306	772,95	7 614	571,05	50 759	11 325	849,37	8 390	629,25	53 999	12 375	928,12	9 184	688,80
47 573	10 322	774,15	7 640	573,—	50 813	11 342	850,65	8 416	631,20	54 053	12 394	929,55	9 210	690,75
47 627	10 339	775,42	7 640	573,—	50 867	11 359	851,92	8 416	631,20	54 107	12 411	930,82	9 210	690,75
47 681	10 356	776,70	7 664	574,80	50 921	11 377	853,27	8 442	633,15	54 161	12 429	932,17	9 238	692,85
47 735	10 373	777,97	7 664	574,80	50 975	11 394	854,55	8 442	633,15	54 215	12 447	933,52	9 238	692,85

Tabellen
Einkommensteuer-Tabelle 1995

63 935,– EINKOMMEN

Zu versteuerndes Einkommen bis DM	Abzüge an Einkommensteuer Solidaritätszuschlag Grundtabelle		Splittingtabelle		Zu versteuerndes Einkommen bis DM	Abzüge an Einkommensteuer Solidaritätszuschlag Grundtabelle		Splittingtabelle		Zu versteuerndes Einkommen bis DM	Abzüge an Einkommensteuer Solidaritätszuschlag Grundtabelle		Splittingtabelle	
	ESt	SolZ	ESt	SolZ		ESt	SolZ	ESt	SolZ		ESt	SolZ	ESt	SolZ
54 269	12 465	934,87	9 264	694,80	57 509	13 550	1 016,25	10 074	755,55	60 749	14 668	1 100,10	10 902	817,65
54 323	12 483	936,22	9 264	694,80	57 563	13 569	1 017,67	10 074	755,55	60 803	14 687	1 101,52	10 902	817,65
54 377	12 500	937,50	9 290	696,75	57 617	13 587	1 019,02	10 102	757,65	60 857	14 706	1 102,95	10 930	819,75
54 431	12 518	938,85	9 290	696,75	57 671	13 606	1 020,45	10 102	757,65	60 911	14 725	1 104,37	10 930	819,75
54 485	12 536	940,20	9 318	698,85	57 725	13 624	1 021,80	10 130	759,75	60 965	14 744	1 105,80	10 958	821,85
54 539	12 554	941,55	9 318	698,85	57 779	13 642	1 023,15	10 130	759,75	61 019	14 762	1 107,15	10 958	821,85
54 593	12 572	942,90	9 344	700,80	57 833	13 661	1 024,57	10 156	761,70	61 073	14 781	1 108,57	10 984	823,80
54 647	12 590	944,25	9 344	700,80	57 887	13 679	1 025,92	10 156	761,70	61 127	14 800	1 110,—	10 984	823,80
54 701	12 608	945,60	9 372	702,90	57 941	13 698	1 027,35	10 184	763,80	61 181	14 819	1 111,42	11 012	825,90
54 755	12 626	946,95	9 372	702,90	57 995	13 716	1 028,70	10 184	763,80	61 235	14 838	1 112,85	11 012	825,90
54 809	12 644	948,30	9 398	704,85	58 049	13 734	1 030,05	10 212	765,90	61 289	14 857	1 114,27	11 040	828,—
54 863	12 661	949,57	9 398	704,85	58 103	13 753	1 031,47	10 212	765,90	61 343	14 876	1 115,70	11 040	828,—
54 917	12 679	950,92	9 424	706,80	58 157	13 771	1 032,82	10 238	767,85	61 397	14 895	1 117,12	11 068	830,10
54 971	12 697	952,27	9 424	706,80	58 211	13 790	1 034,25	10 238	767,85	61 451	14 914	1 118,55	11 068	830,10
55 025	12 715	953,62	9 452	708,90	58 265	13 808	1 035,60	10 266	769,95	61 505	14 933	1 119,97	11 096	832,20
55 079	12 733	954,97	9 452	708,90	58 319	13 827	1 037,02	10 266	769,95	61 559	14 952	1 121,40	11 096	832,20
55 133	12 751	956,32	9 478	710,85	58 373	13 845	1 038,37	10 294	772,05	61 613	14 971	1 122,82	11 124	834,30
55 187	12 769	957,67	9 478	710,85	58 427	13 864	1 039,80	10 294	772,05	61 667	14 990	1 124,25	11 124	834,30
55 241	12 787	959,02	9 506	712,95	58 481	13 882	1 041,15	10 322	774,15	61 721	15 009	1 125,67	11 152	836,40
55 295	12 805	960,37	9 506	712,95	58 535	13 901	1 042,57	10 322	774,15	61 775	15 028	1 127,10	11 152	836,40
55 349	12 823	961,72	9 532	714,90	58 589	13 919	1 043,92	10 348	776,10	61 829	15 048	1 128,60	11 180	838,50
55 403	12 841	963,07	9 532	714,90	58 643	13 938	1 045,35	10 348	776,10	61 883	15 067	1 130,02	11 180	838,50
55 457	12 859	964,42	9 560	717,—	58 697	13 956	1 046,70	10 376	778,20	61 937	15 086	1 131,45	11 208	840,60
55 511	12 877	965,77	9 560	717,—	58 751	13 975	1 048,12	10 376	778,20	61 991	15 105	1 132,87	11 208	840,60
55 565	12 895	967,12	9 586	718,95	58 805	13 994	1 049,55	10 404	780,30	62 045	15 124	1 134,30	11 236	842,70
55 619	12 913	968,47	9 586	718,95	58 859	14 012	1 050,90	10 404	780,30	62 099	15 143	1 135,72	11 236	842,70
55 673	12 931	969,82	9 614	721,05	58 913	14 031	1 052,32	10 430	782,25	62 153	15 162	1 137,15	11 264	844,80
55 727	12 949	971,17	9 614	721,05	58 967	14 049	1 053,67	10 430	782,25	62 207	15 181	1 138,57	11 264	844,80
55 781	12 967	972,52	9 640	723,—	59 021	14 068	1 055,10	10 458	784,35	62 261	15 200	1 140,—	11 292	846,90
55 835	12 986	973,95	9 640	723,—	59 075	14 087	1 056,52	10 458	784,35	62 315	15 219	1 141,42	11 292	846,90
55 889	13 004	975,30	9 668	725,10	59 129	14 105	1 057,87	10 486	786,45	62 369	15 239	1 142,92	11 320	849,—
55 943	13 022	976,65	9 668	725,10	59 183	14 124	1 059,30	10 486	786,45	62 423	15 258	1 144,35	11 320	849,—
55 997	13 040	978,—	9 694	727,05	59 237	14 142	1 060,65	10 514	788,55	62 477	15 277	1 145,77	11 348	851,10
56 051	13 058	979,35	9 694	727,05	59 291	14 161	1 062,07	10 514	788,55	62 531	15 296	1 147,20	11 348	851,10
56 105	13 076	980,70	9 722	729,15	59 345	14 180	1 063,50	10 542	790,65	62 585	15 315	1 148,62	11 376	853,20
56 159	13 094	982,05	9 722	729,15	59 399	14 198	1 064,85	10 542	790,65	62 639	15 335	1 150,12	11 376	853,20
56 213	13 112	983,40	9 748	731,10	59 453	14 217	1 066,27	10 568	792,60	62 693	15 354	1 151,55	11 406	855,45
56 267	13 131	984,82	9 748	731,10	59 507	14 236	1 067,70	10 568	792,60	62 747	15 373	1 152,97	11 406	855,45
56 321	13 149	986,17	9 776	733,20	59 561	14 254	1 069,05	10 596	794,70	62 801	15 392	1 154,40	11 434	857,55
56 375	13 167	987,52	9 776	733,20	59 615	14 273	1 070,47	10 596	794,70	62 855	15 411	1 155,82	11 434	857,55
56 429	13 185	988,87	9 802	735,15	59 669	14 292	1 071,90	10 624	796,80	62 909	15 431	1 157,32	11 462	859,65
56 483	13 203	990,22	9 802	735,15	59 723	14 311	1 073,32	10 624	796,80	62 963	15 450	1 158,75	11 462	859,65
56 537	13 221	991,57	9 830	737,25	59 777	14 329	1 074,67	10 652	798,90	63 017	15 469	1 160,17	11 490	861,75
56 591	13 240	993,—	9 830	737,25	59 831	14 348	1 076,10	10 652	798,90	63 071	15 488	1 161,60	11 490	861,75
56 645	13 258	994,35	9 856	739,20	59 885	14 367	1 077,52	10 680	801,—	63 125	15 508	1 163,10	11 518	863,85
56 699	13 276	995,70	9 856	739,20	59 939	14 386	1 078,95	10 680	801,—	63 179	15 527	1 164,52	11 518	863,85
56 753	13 294	997,05	9 884	741,30	59 993	14 404	1 080,30	10 708	803,10	63 233	15 546	1 165,95	11 546	865,95
56 807	13 312	998,40	9 884	741,30	60 047	14 423	1 081,72	10 708	803,10	63 287	15 566	1 167,45	11 546	865,95
56 861	13 331	999,82	9 912	743,40	60 101	14 442	1 083,15	10 734	805,05	63 341	15 585	1 168,87	11 574	868,05
56 915	13 349	1 001,17	9 912	743,40	60 155	14 461	1 084,57	10 734	805,05	63 395	15 604	1 170,30	11 574	868,05
56 969	13 367	1 002,52	9 938	745,35	60 209	14 479	1 085,92	10 762	807,15	63 449	15 624	1 171,80	11 602	870,15
57 023	13 386	1 003,95	9 938	745,35	60 263	14 498	1 087,35	10 762	807,15	63 503	15 643	1 173,22	11 602	870,15
57 077	13 404	1 005,30	9 966	747,45	60 317	14 517	1 088,77	10 790	809,25	63 557	15 662	1 174,65	11 630	872,25
57 131	13 422	1 006,65	9 966	747,45	60 371	14 536	1 090,20	10 790	809,25	63 611	15 682	1 176,15	11 630	872,25
57 185	13 440	1 008,—	9 992	749,40	60 425	14 555	1 091,62	10 818	811,35	63 665	15 701	1 177,57	11 660	874,50
57 239	13 459	1 009,42	9 992	749,40	60 479	14 574	1 093,05	10 818	811,35	63 719	15 720	1 179,—	11 660	874,50
57 293	13 477	1 010,77	10 020	751,50	60 533	14 592	1 094,40	10 846	813,45	63 773	15 740	1 180,50	11 688	876,60
57 347	13 495	1 012,12	10 020	751,50	60 587	14 611	1 095,82	10 846	813,45	63 827	15 759	1 181,92	11 688	876,60
57 401	13 514	1 013,55	10 048	753,60	60 641	14 630	1 097,25	10 874	815,55	63 881	15 778	1 183,35	11 716	878,70
57 455	13 532	1 014,90	10 048	753,60	60 695	14 649	1 098,67	10 874	815,55	63 935	15 798	1 184,85	11 716	878,70

Tabellen

Einkommensteuer-Tabelle 1995

EINKOMMEN 63 936,–

Zu versteuerndes Einkommen bis DM	Abzüge an Einkommensteuer Solidaritätszuschlag				Zu versteuerndes Einkommen bis DM	Abzüge an Einkommensteuer Solidaritätszuschlag				Zu versteuerndes Einkommen bis DM	Abzüge an Einkommensteuer Solidaritätszuschlag			
	Grundtabelle		Splittingtabelle			Grundtabelle		Splittingtabelle			Grundtabelle		Splittingtabelle	
	ESt	SolZ	ESt	SolZ		ESt	SolZ	ESt	SolZ		ESt	SolZ	ESt	SolZ
63 989	15 817	1 186,27	11 744	880,80	67 229	16 999	1 274,92	12 602	945,15	70 469	18 212	1 365,90	13 478	1 010,85
64 043	15 837	1 187,77	11 744	880,80	67 283	17 019	1 276,42	12 602	945,15	70 523	18 232	1 367,40	13 478	1 010,85
64 097	15 856	1 189,20	11 772	882,90	67 337	17 039	1 277,92	12 632	947,40	70 577	18 253	1 368,97	13 506	1 012,95
64 151	15 876	1 190,70	11 772	882,90	67 391	17 059	1 279,42	12 632	947,40	70 631	18 273	1 370,47	13 506	1 012,95
64 205	15 895	1 192,12	11 800	885,–	67 445	17 078	1 280,85	12 660	949,50	70 685	18 294	1 372,05	13 536	1 015,20
64 259	15 915	1 193,62	11 800	885,–	67 499	17 098	1 282,35	12 660	949,50	70 739	18 314	1 373,55	13 536	1 015,20
64 313	15 934	1 195,05	11 830	887,25	67 553	17 118	1 283,85	12 690	951,75	70 793	18 335	1 375,12	13 566	1 017,45
64 367	15 953	1 196,47	11 830	887,25	67 607	17 139	1 285,42	12 690	951,75	70 847	18 355	1 376,62	13 566	1 017,45
64 421	15 973	1 197,97	11 858	889,35	67 661	17 159	1 286,92	12 718	953,85	70 901	18 376	1 378,20	13 594	1 019,55
64 475	15 992	1 199,40	11 858	889,35	67 715	17 179	1 288,42	12 718	953,85	70 955	18 397	1 379,77	13 594	1 019,55
64 529	16 012	1 200,90	11 886	891,45	67 769	17 199	1 289,92	12 748	956,10	71 009	18 417	1 381,27	13 624	1 021,80
64 583	16 031	1 202,32	11 886	891,45	67 823	17 219	1 291,42	12 748	956,10	71 063	18 438	1 382,85	13 624	1 021,80
64 637	16 051	1 203,82	11 914	893,55	67 877	17 239	1 292,92	12 776	958,20	71 117	18 458	1 384,35	13 654	1 024,05
64 691	16 071	1 205,32	11 914	893,55	67 931	17 259	1 294,42	12 776	958,20	71 171	18 479	1 385,92	13 654	1 024,05
64 745	16 090	1 206,75	11 942	895,65	67 985	17 279	1 295,92	12 806	960,45	71 225	18 499	1 387,42	13 684	1 026,30
64 799	16 110	1 208,25	11 942	895,65	68 039	17 299	1 297,42	12 806	960,45	71 279	18 520	1 389,–	13 684	1 026,30
64 853	16 129	1 209,67	11 972	897,90	68 093	17 319	1 298,92	12 834	962,55	71 333	18 541	1 390,57	13 712	1 028,40
64 907	16 149	1 211,17	11 972	897,90	68 147	17 339	1 300,42	12 834	962,55	71 387	18 561	1 392,07	13 712	1 028,40
64 961	16 168	1 212,60	12 000	900,–	68 201	17 359	1 301,92	12 864	964,80	71 441	18 582	1 393,65	13 742	1 030,65
65 015	16 188	1 214,10	12 000	900,–	68 255	17 379	1 303,42	12 864	964,80	71 495	18 603	1 395,22	13 742	1 030,65
65 069	16 208	1 215,60	12 028	902,10	68 309	17 399	1 304,92	12 892	966,90	71 549	18 623	1 396,72	13 772	1 032,90
65 123	16 227	1 217,02	12 028	902,10	68 363	17 420	1 306,50	12 892	966,90	71 603	18 644	1 398,30	13 772	1 032,90
65 177	16 247	1 218,52	12 056	904,20	68 417	17 440	1 308,–	12 922	969,15	71 657	18 665	1 399,87	13 802	1 035,15
65 231	16 266	1 219,95	12 056	904,20	68 471	17 460	1 309,50	12 922	969,15	71 711	18 685	1 401,37	13 802	1 035,15
65 285	16 286	1 221,45	12 086	906,45	68 525	17 480	1 311,–	12 950	971,25	71 765	18 706	1 402,95	13 832	1 037,40
65 339	16 306	1 222,95	12 086	906,45	68 579	17 500	1 312,50	12 950	971,25	71 819	18 727	1 404,52	13 832	1 037,40
65 393	16 325	1 224,37	12 114	908,55	68 633	17 520	1 314,–	12 980	973,50	71 873	18 747	1 406,02	13 860	1 039,50
65 447	16 345	1 225,87	12 114	908,55	68 687	17 541	1 315,57	12 980	973,50	71 927	18 768	1 407,60	13 860	1 039,50
65 501	16 365	1 227,37	12 142	910,65	68 741	17 561	1 317,07	13 008	975,60	71 981	18 789	1 409,17	13 890	1 041,75
65 555	16 384	1 228,80	12 142	910,65	68 795	17 581	1 318,57	13 008	975,60	72 035	18 810	1 410,75	13 890	1 041,75
65 609	16 404	1 230,30	12 172	912,90	68 849	17 601	1 320,07	13 038	977,85	72 089	18 830	1 412,25	13 920	1 044,–
65 663	16 424	1 231,80	12 172	912,90	68 903	17 621	1 321,57	13 038	977,85	72 143	18 851	1 413,82	13 920	1 044,–
65 717	16 443	1 233,22	12 200	915,–	68 957	17 642	1 323,15	13 066	979,95	72 197	18 872	1 415,40	13 950	1 046,25
65 771	16 463	1 234,72	12 200	915,–	69 011	17 662	1 324,65	13 066	979,95	72 251	18 893	1 416,97	13 950	1 046,25
65 825	16 483	1 236,22	12 228	917,10	69 065	17 682	1 326,15	13 096	982,20	72 305	18 913	1 418,47	13 980	1 048,50
65 879	16 503	1 237,72	12 228	917,10	69 119	17 702	1 327,65	13 096	982,20	72 359	18 934	1 420,05	13 980	1 048,50
65 933	16 522	1 239,15	12 258	919,35	69 173	17 723	1 329,22	13 126	984,45	72 413	18 955	1 421,62	14 010	1 050,75
65 987	16 542	1 240,65	12 258	919,35	69 227	17 743	1 330,72	13 126	984,45	72 467	18 976	1 423,20	14 010	1 050,75
66 041	16 562	1 242,15	12 286	921,45	69 281	17 763	1 332,22	13 154	986,55	72 521	18 997	1 424,77	14 040	1 053,–
66 095	16 582	1 243,65	12 286	921,45	69 335	17 784	1 333,80	13 154	986,55	72 575	19 017	1 426,27	14 040	1 053,–
66 149	16 601	1 245,07	12 314	923,55	69 389	17 804	1 335,30	13 184	988,80	72 629	19 038	1 427,85	14 068	1 055,10
66 203	16 621	1 246,57	12 314	923,55	69 443	17 824	1 336,80	13 184	988,80	72 683	19 059	1 429,42	14 068	1 055,10
66 257	16 641	1 248,07	12 344	925,80	69 497	17 844	1 338,30	13 214	991,05	72 737	19 080	1 431,–	14 098	1 057,35
66 311	16 661	1 249,57	12 344	925,80	69 551	17 865	1 339,87	13 214	991,05	72 791	19 101	1 432,57	14 098	1 057,35
66 365	16 680	1 251,–	12 372	927,90	69 605	17 885	1 341,37	13 242	993,15	72 845	19 122	1 434,15	14 128	1 059,60
66 419	16 700	1 252,50	12 372	927,90	69 659	17 906	1 342,95	13 242	993,15	72 899	19 143	1 435,72	14 128	1 059,60
66 473	16 720	1 254,–	12 400	930,–	69 713	17 926	1 344,45	13 272	995,40	72 953	19 164	1 437,30	14 158	1 061,85
66 527	16 740	1 255,50	12 400	930,–	69 767	17 946	1 345,95	13 272	995,40	73 007	19 184	1 438,80	14 158	1 061,85
66 581	16 760	1 257,–	12 430	932,25	69 821	17 967	1 347,52	13 300	997,50	73 061	19 205	1 440,37	14 188	1 064,10
66 635	16 780	1 258,50	12 430	932,25	69 875	17 987	1 349,02	13 300	997,50	73 115	19 226	1 441,95	14 188	1 064,10
66 689	16 800	1 260,–	12 458	934,35	69 929	18 007	1 350,52	13 330	999,75	73 169	19 247	1 443,52	14 218	1 066,35
66 743	16 819	1 261,42	12 458	934,35	69 983	18 028	1 352,10	13 330	999,75	73 223	19 268	1 445,10	14 218	1 066,35
66 797	16 839	1 262,92	12 488	936,60	70 037	18 048	1 353,60	13 360	1 002,–	73 277	19 289	1 446,67	14 248	1 068,60
66 851	16 859	1 264,42	12 488	936,60	70 091	18 069	1 355,17	13 360	1 002,–	73 331	19 310	1 448,25	14 248	1 068,60
66 905	16 879	1 265,92	12 516	938,70	70 145	18 089	1 356,67	13 388	1 004,10	73 385	19 331	1 449,82	14 278	1 070,85
66 959	16 899	1 267,42	12 516	938,70	70 199	18 109	1 358,17	13 388	1 004,10	73 439	19 352	1 451,40	14 278	1 070,85
67 013	16 919	1 268,92	12 544	940,80	70 253	18 130	1 359,75	13 418	1 006,35	73 493	19 373	1 452,97	14 308	1 073,10
67 067	16 939	1 270,42	12 544	940,80	70 307	18 150	1 361,25	13 418	1 006,35	73 547	19 394	1 454,55	14 308	1 073,10
67 121	16 959	1 271,92	12 574	943,05	70 361	18 171	1 362,82	13 448	1 008,60	73 601	19 415	1 456,12	14 338	1 075,35
67 175	16 979	1 273,42	12 574	943,05	70 415	18 191	1 364,32	13 448	1 008,60	73 655	19 436	1 457,70	14 338	1 075,35

Tabellen
Einkommensteuer-Tabelle 1995

83 375,– EINKOMMEN

Zu versteuerndes Einkommen bis DM	Abzüge an Einkommensteuer Solidaritätszuschlag				Zu versteuerndes Einkommen bis DM	Abzüge an Einkommensteuer Solidaritätszuschlag				Zu versteuerndes Einkommen bis DM	Abzüge an Einkommensteuer Solidaritätszuschlag			
	Grundtabelle		Splittingtabelle			Grundtabelle		Splittingtabelle			Grundtabelle		Splittingtabelle	
	ESt	SolZ	ESt	SolZ		ESt	SolZ	ESt	SolZ		ESt	SolZ	ESt	SolZ
73 709	19 457	1 459,27	14 368	1 077,60	76 949	20 734	1 555,05	15 274	1 145,55	80 189	22 043	1 653,22	16 196	1 214,70
73 763	19 478	1 460,85	14 368	1 077,60	77 003	20 755	1 556,62	15 274	1 145,55	80 243	22 065	1 654,87	16 196	1 214,70
73 817	19 499	1 462,42	14 398	1 079,85	77 057	20 777	1 558,27	15 304	1 147,80	80 297	22 087	1 656,52	16 228	1 217,10
73 871	19 520	1 464,—	14 398	1 079,85	77 111	20 799	1 559,92	15 304	1 147,80	80 351	22 109	1 658,17	16 228	1 217,10
73 925	19 541	1 465,57	14 428	1 082,10	77 165	20 820	1 561,50	15 334	1 150,05	80 405	22 131	1 659,82	16 258	1 219,35
73 979	19 562	1 467,15	14 428	1 082,10	77 219	20 842	1 563,15	15 334	1 150,05	80 459	22 153	1 661,47	16 258	1 219,35
74 033	19 583	1 468,72	14 458	1 084,35	77 273	20 863	1 564,72	15 366	1 152,45	80 513	22 175	1 663,12	16 290	1 221,75
74 087	19 604	1 470,30	14 458	1 084,35	77 327	20 885	1 566,37	15 366	1 152,45	80 567	22 198	1 664,85	16 290	1 221,75
74 141	19 625	1 471,87	14 488	1 086,60	77 381	20 907	1 568,02	15 396	1 154,70	80 621	22 220	1 666,50	16 320	1 224,—
74 195	19 646	1 473,45	14 488	1 086,60	77 435	20 928	1 569,60	15 396	1 154,70	80 675	22 242	1 668,15	16 320	1 224,—
74 249	19 668	1 475,10	14 518	1 088,85	77 489	20 950	1 571,25	15 426	1 156,95	80 729	22 264	1 669,80	16 352	1 226,40
74 303	19 689	1 476,67	14 518	1 088,85	77 543	20 971	1 572,82	15 426	1 156,95	80 783	22 286	1 671,45	16 352	1 226,40
74 357	19 710	1 478,25	14 548	1 091,10	77 597	20 993	1 574,47	15 458	1 159,35	80 837	22 308	1 673,10	16 382	1 228,65
74 411	19 731	1 479,82	14 548	1 091,10	77 651	21 015	1 576,12	15 458	1 159,35	80 891	22 331	1 674,82	16 382	1 228,65
74 465	19 752	1 481,40	14 578	1 093,35	77 705	21 036	1 577,70	15 488	1 161,60	80 945	22 353	1 676,47	16 414	1 231,05
74 519	19 773	1 482,97	14 578	1 093,35	77 759	21 058	1 579,35	15 488	1 161,60	80 999	22 375	1 678,12	16 414	1 231,05
74 573	19 794	1 484,55	14 608	1 095,60	77 813	21 080	1 581,—	15 518	1 163,85	81 053	22 397	1 679,77	16 446	1 233,45
74 627	19 815	1 486,12	14 608	1 095,60	77 867	21 102	1 582,65	15 518	1 163,85	81 107	22 419	1 681,42	16 446	1 233,45
74 681	19 837	1 487,77	14 638	1 097,85	77 921	21 123	1 584,22	15 550	1 166,25	81 161	22 442	1 683,15	16 476	1 235,70
74 735	19 858	1 489,35	14 638	1 097,85	77 975	21 145	1 585,87	15 550	1 166,25	81 215	22 464	1 684,80	16 476	1 235,70
74 789	19 879	1 490,92	14 668	1 100,10	78 029	21 167	1 587,52	15 580	1 168,50	81 269	22 486	1 686,45	16 508	1 238,10
74 843	19 900	1 492,50	14 668	1 100,10	78 083	21 188	1 589,10	15 580	1 168,50	81 323	22 508	1 688,10	16 508	1 238,10
74 897	19 921	1 494,07	14 698	1 102,35	78 137	21 210	1 590,75	15 610	1 170,75	81 377	22 531	1 689,82	16 538	1 240,35
74 951	19 943	1 495,72	14 698	1 102,35	78 191	21 232	1 592,40	15 610	1 170,75	81 431	22 553	1 691,47	16 538	1 240,35
75 005	19 964	1 497,30	14 728	1 104,60	78 245	21 254	1 594,05	15 642	1 173,15	81 485	22 575	1 693,12	16 570	1 242,75
75 059	19 985	1 498,87	14 728	1 104,60	78 299	21 275	1 595,62	15 642	1 173,15	81 539	22 598	1 694,85	16 570	1 242,75
75 113	20 006	1 500,45	14 758	1 106,85	78 353	21 297	1 597,27	15 672	1 175,40	81 593	22 620	1 696,50	16 600	1 245,—
75 167	20 028	1 502,10	14 758	1 106,85	78 407	21 319	1 598,92	15 672	1 175,40	81 647	22 642	1 698,15	16 600	1 245,—
75 221	20 049	1 503,67	14 788	1 109,10	78 461	21 341	1 600,57	15 702	1 177,65	81 701	22 665	1 699,87	16 632	1 247,40
75 275	20 070	1 505,25	14 788	1 109,10	78 515	21 363	1 602,22	15 702	1 177,65	81 755	22 687	1 701,52	16 632	1 247,40
75 329	20 091	1 506,82	14 818	1 111,35	78 569	21 384	1 603,80	15 734	1 180,05	81 809	22 709	1 703,17	16 664	1 249,80
75 383	20 113	1 508,47	14 818	1 111,35	78 623	21 406	1 605,45	15 734	1 180,05	81 863	22 732	1 704,90	16 664	1 249,80
75 437	20 134	1 510,05	14 848	1 113,60	78 677	21 428	1 607,10	15 764	1 182,30	81 917	22 754	1 706,55	16 694	1 252,05
75 491	20 155	1 511,62	14 848	1 113,60	78 731	21 450	1 608,75	15 764	1 182,30	81 971	22 776	1 708,20	16 694	1 252,05
75 545	20 177	1 513,27	14 880	1 116,—	78 785	21 472	1 610,40	15 794	1 184,55	82 025	22 799	1 709,92	16 726	1 254,45
75 599	20 198	1 514,85	14 880	1 116,—	78 839	21 494	1 612,05	15 794	1 184,55	82 079	22 821	1 711,57	16 726	1 254,45
75 653	20 219	1 516,42	14 910	1 118,25	78 893	21 515	1 613,62	15 826	1 186,95	82 133	22 843	1 713,22	16 758	1 256,85
75 707	20 241	1 518,07	14 910	1 118,25	78 947	21 537	1 615,27	15 826	1 186,95	82 187	22 866	1 714,95	16 758	1 256,85
75 761	20 262	1 519,65	14 940	1 120,50	79 001	21 559	1 616,92	15 856	1 189,20	82 241	22 888	1 716,60	16 788	1 259,10
75 815	20 283	1 521,22	14 940	1 120,50	79 055	21 581	1 618,57	15 856	1 189,20	82 295	22 911	1 718,32	16 788	1 259,10
75 869	20 305	1 522,87	14 970	1 122,75	79 109	21 603	1 620,22	15 888	1 191,60	82 349	22 933	1 719,97	16 820	1 261,50
75 923	20 326	1 524,45	14 970	1 122,75	79 163	21 625	1 621,87	15 888	1 191,60	82 403	22 956	1 721,70	16 820	1 261,50
75 977	20 347	1 526,02	15 000	1 125,—	79 217	21 647	1 623,52	15 918	1 193,85	82 457	22 978	1 723,35	16 852	1 263,90
76 031	20 369	1 527,67	15 000	1 125,—	79 271	21 669	1 625,17	15 918	1 193,85	82 511	23 000	1 725,—	16 852	1 263,90
76 085	20 390	1 529,25	15 030	1 127,25	79 325	21 691	1 626,82	15 948	1 196,10	82 565	23 023	1 726,72	16 882	1 266,15
76 139	20 412	1 530,90	15 030	1 127,25	79 379	21 713	1 628,47	15 948	1 196,10	82 619	23 045	1 728,37	16 882	1 266,15
76 193	20 433	1 532,47	15 062	1 129,65	79 433	21 735	1 630,12	15 980	1 198,50	82 673	23 068	1 730,10	16 914	1 268,55
76 247	20 455	1 534,12	15 062	1 129,65	79 487	21 756	1 631,70	15 980	1 198,50	82 727	23 090	1 731,75	16 914	1 268,55
76 301	20 476	1 535,70	15 092	1 131,90	79 541	21 778	1 633,35	16 010	1 200,75	82 781	23 113	1 733,47	16 946	1 270,95
76 355	20 497	1 537,27	15 092	1 131,90	79 595	21 800	1 635,—	16 010	1 200,75	82 835	23 135	1 735,12	16 946	1 270,95
76 409	20 519	1 538,92	15 122	1 134,15	79 649	21 822	1 636,65	16 042	1 203,15	82 889	23 158	1 736,85	16 978	1 273,35
76 463	20 540	1 540,50	15 122	1 134,15	79 703	21 844	1 638,30	16 042	1 203,15	82 943	23 180	1 738,50	16 978	1 273,35
76 517	20 562	1 542,15	15 152	1 136,40	79 757	21 866	1 639,95	16 072	1 205,40	82 997	23 203	1 740,22	17 008	1 275,60
76 571	20 583	1 543,72	15 152	1 136,40	79 811	21 888	1 641,60	16 072	1 205,40	83 051	23 226	1 741,95	17 008	1 275,60
76 625	20 605	1 545,37	15 182	1 138,65	79 865	21 910	1 643,25	16 104	1 207,80	83 105	23 248	1 743,60	17 040	1 278,—
76 679	20 626	1 546,95	15 182	1 138,65	79 919	21 932	1 644,90	16 104	1 207,80	83 159	23 271	1 745,32	17 040	1 278,—
76 733	20 648	1 548,60	15 214	1 141,05	79 973	21 955	1 646,62	16 134	1 210,05	83 213	23 293	1 746,97	17 072	1 280,40
76 787	20 669	1 550,17	15 214	1 141,05	80 027	21 977	1 648,27	16 134	1 210,05	83 267	23 316	1 748,70	17 072	1 280,40
76 841	20 691	1 551,82	15 244	1 143,30	80 081	21 999	1 649,92	16 166	1 212,45	83 321	23 338	1 750,35	17 104	1 282,80
76 895	20 712	1 553,40	15 244	1 143,30	80 135	22 021	1 651,57	16 166	1 212,45	83 375	23 361	1 752,07	17 104	1 282,80

Tabellen

Einkommensteuer-Tabelle 1995

EINKOMMEN 83 376,–

Zu versteuerndes Einkommen bis DM	Abzüge an Einkommensteuer Solidaritätszuschlag				Zu versteuerndes Einkommen bis DM	Abzüge an Einkommensteuer Solidaritätszuschlag				Zu versteuerndes Einkommen bis DM	Abzüge an Einkommensteuer Solidaritätszuschlag			
	Grundtabelle		Splittingtabelle			Grundtabelle		Splittingtabelle			Grundtabelle		Splittingtabelle	
	ESt	SolZ	ESt	SolZ		ESt	SolZ	ESt	SolZ		ESt	SolZ	ESt	SolZ
83 429	23 384	1 753,80	17 134	1 285,05	86 669	24 756	1 856,70	18 088	1 356,60	89 909	26 161	1 962,07	19 060	1 429,50
83 483	23 406	1 755,45	17 134	1 285,05	86 723	24 779	1 858,42	18 088	1 356,60	89 963	26 185	1 963,87	19 060	1 429,50
83 537	23 429	1 757,17	17 166	1 287,45	86 777	24 803	1 860,22	18 122	1 359,15	90 017	26 208	1 965,60	19 092	1 431,90
83 591	23 451	1 758,82	17 166	1 287,45	86 831	24 826	1 861,95	18 122	1 359,15	90 071	26 232	1 967,40	19 092	1 431,90
83 645	23 474	1 760,55	17 198	1 289,85	86 885	24 849	1 863,67	18 154	1 361,55	90 125	26 256	1 969,20	19 124	1 434,30
83 699	23 497	1 762,27	17 198	1 289,85	86 939	24 872	1 865,40	18 154	1 361,55	90 179	26 279	1 970,92	19 124	1 434,30
83 753	23 519	1 763,92	17 230	1 292,25	86 993	24 895	1 867,12	18 186	1 363,95	90 233	26 303	1 972,72	19 158	1 436,85
83 807	23 542	1 765,65	17 230	1 292,25	87 047	24 919	1 868,92	18 186	1 363,95	90 287	26 327	1 974,52	19 158	1 436,85
83 861	23 565	1 767,37	17 260	1 294,50	87 101	24 942	1 870,65	18 218	1 366,35	90 341	26 351	1 976,32	19 190	1 439,25
83 915	23 587	1 769,02	17 260	1 294,50	87 155	24 965	1 872,37	18 218	1 366,35	90 395	26 374	1 978,05	19 190	1 439,25
83 969	23 610	1 770,75	17 292	1 296,90	87 209	24 988	1 874,10	18 250	1 368,75	90 449	26 398	1 979,85	19 222	1 441,65
84 023	23 633	1 772,47	17 292	1 296,90	87 263	25 011	1 875,82	18 250	1 368,75	90 503	26 422	1 981,65	19 222	1 441,65
84 077	23 656	1 774,20	17 324	1 299,30	87 317	25 035	1 877,62	18 282	1 371,15	90 557	26 446	1 983,45	19 256	1 444,20
84 131	23 678	1 775,85	17 324	1 299,30	87 371	25 058	1 879,35	18 282	1 371,15	90 611	26 469	1 985,17	19 256	1 444,20
84 185	23 701	1 777,57	17 356	1 301,70	87 425	25 081	1 881,07	18 314	1 373,55	90 665	26 493	1 986,97	19 288	1 446,60
84 239	23 724	1 779,30	17 356	1 301,70	87 479	25 104	1 882,80	18 314	1 373,55	90 719	26 517	1 988,77	19 288	1 446,60
84 293	23 747	1 781,02	17 388	1 304,10	87 533	25 128	1 884,60	18 346	1 375,95	90 773	26 541	1 990,57	19 320	1 449,—
84 347	23 769	1 782,67	17 388	1 304,10	87 587	25 151	1 886,32	18 346	1 375,95	90 827	26 565	1 992,37	19 320	1 449,—
84 401	23 792	1 784,40	17 420	1 306,50	87 641	25 174	1 888,05	18 378	1 378,35	90 881	26 588	1 994,10	19 354	1 451,55
84 455	23 815	1 786,12	17 420	1 306,50	87 695	25 198	1 889,85	18 378	1 378,35	90 935	26 612	1 995,90	19 354	1 451,55
84 509	23 838	1 787,85	17 450	1 308,75	87 749	25 221	1 891,57	18 410	1 380,75	90 989	26 636	1 997,70	19 386	1 453,95
84 563	23 860	1 789,50	17 450	1 308,75	87 803	25 244	1 893,30	18 410	1 380,75	91 043	26 660	1 999,50	19 386	1 453,95
84 617	23 883	1 791,22	17 482	1 311,15	87 857	25 268	1 895,10	18 442	1 383,15	91 097	26 684	2 001,30	19 418	1 456,35
84 671	23 906	1 792,95	17 482	1 311,15	87 911	25 291	1 896,82	18 442	1 383,15	91 151	26 708	2 003,10	19 418	1 456,35
84 725	23 929	1 794,67	17 514	1 313,55	87 965	25 314	1 898,55	18 476	1 385,70	91 205	26 732	2 004,90	19 452	1 458,90
84 779	23 952	1 796,40	17 514	1 313,55	88 019	25 338	1 900,35	18 476	1 385,70	91 259	26 756	2 006,70	19 452	1 458,90
84 833	23 974	1 798,05	17 546	1 315,95	88 073	25 361	1 902,07	18 508	1 388,10	91 313	26 779	2 008,42	19 484	1 461,30
84 887	23 997	1 799,77	17 546	1 315,95	88 127	25 384	1 903,80	18 508	1 388,10	91 367	26 803	2 010,22	19 484	1 461,30
84 941	24 020	1 801,50	17 578	1 318,35	88 181	25 408	1 905,60	18 540	1 390,50	91 421	26 827	2 012,02	19 518	1 463,85
84 995	24 043	1 803,22	17 578	1 318,35	88 235	25 431	1 907,32	18 540	1 390,50	91 475	26 851	2 013,82	19 518	1 463,85
85 049	24 066	1 804,95	17 610	1 320,75	88 289	25 455	1 909,12	18 572	1 392,90	91 529	26 875	2 015,62	19 550	1 466,25
85 103	24 089	1 806,67	17 610	1 320,75	88 343	25 478	1 910,85	18 572	1 392,90	91 583	26 899	2 017,42	19 550	1 466,25
85 157	24 112	1 808,40	17 642	1 323,15	88 397	25 501	1 912,57	18 604	1 395,30	91 637	26 923	2 019,22	19 584	1 468,80
85 211	24 135	1 810,12	17 642	1 323,15	88 451	25 525	1 914,37	18 604	1 395,30	91 691	26 947	2 021,02	19 584	1 468,80
85 265	24 158	1 811,85	17 674	1 325,55	88 505	25 548	1 916,10	18 636	1 397,70	91 745	26 971	2 022,82	19 616	1 471,20
85 319	24 180	1 813,50	17 674	1 325,55	88 559	25 572	1 917,90	18 636	1 397,70	91 799	26 995	2 024,62	19 616	1 471,20
85 373	24 203	1 815,22	17 706	1 327,95	88 613	25 595	1 919,62	18 670	1 400,25	91 853	27 019	2 026,42	19 648	1 473,60
85 427	24 226	1 816,95	17 706	1 327,95	88 667	25 619	1 921,42	18 670	1 400,25	91 907	27 043	2 028,22	19 648	1 473,60
85 481	24 249	1 818,67	17 738	1 330,35	88 721	25 642	1 923,15	18 702	1 402,65	91 961	27 067	2 030,02	19 682	1 476,15
85 535	24 272	1 820,40	17 738	1 330,35	88 775	25 666	1 924,95	18 702	1 402,65	92 015	27 091	2 031,82	19 682	1 476,15
85 589	24 295	1 822,12	17 770	1 332,75	88 829	25 689	1 926,67	18 734	1 405,05	92 069	27 115	2 033,62	19 714	1 478,55
85 643	24 318	1 823,85	17 770	1 332,75	88 883	25 713	1 928,47	18 734	1 405,05	92 123	27 139	2 035,42	19 714	1 478,55
85 697	24 341	1 825,57	17 800	1 335,—	88 937	25 736	1 930,20	18 766	1 407,45	92 177	27 163	2 037,22	19 748	1 481,10
85 751	24 364	1 827,30	17 800	1 335,—	88 991	25 760	1 932,—	18 766	1 407,45	92 231	27 187	2 039,02	19 748	1 481,10
85 805	24 387	1 829,02	17 832	1 337,40	89 045	25 783	1 933,72	18 798	1 409,85	92 285	27 211	2 040,82	19 780	1 483,50
85 859	24 410	1 830,75	17 832	1 337,40	89 099	25 807	1 935,52	18 798	1 409,85	92 339	27 235	2 042,62	19 780	1 483,50
85 913	24 433	1 832,47	17 864	1 339,80	89 153	25 830	1 937,25	18 832	1 412,40	92 393	27 259	2 044,42	19 814	1 486,05
85 967	24 456	1 834,20	17 864	1 339,80	89 207	25 854	1 939,05	18 832	1 412,40	92 447	27 283	2 046,22	19 814	1 486,05
86 021	24 479	1 835,92	17 896	1 342,20	89 261	25 877	1 940,77	18 864	1 414,80	92 501	27 308	2 048,10	19 846	1 488,45
86 075	24 502	1 837,65	17 896	1 342,20	89 315	25 901	1 942,57	18 864	1 414,80	92 555	27 332	2 049,90	19 846	1 488,45
86 129	24 525	1 839,37	17 928	1 344,60	89 369	25 925	1 944,37	18 896	1 417,20	92 609	27 356	2 051,70	19 880	1 491,—
86 183	24 548	1 841,10	17 928	1 344,60	89 423	25 948	1 946,10	18 896	1 417,20	92 663	27 380	2 053,50	19 880	1 491,—
86 237	24 571	1 842,82	17 960	1 347,—	89 477	25 972	1 947,90	18 928	1 419,60	92 717	27 404	2 055,30	19 912	1 493,40
86 291	24 594	1 844,55	17 960	1 347,—	89 531	25 995	1 949,62	18 928	1 419,60	92 771	27 428	2 057,10	19 912	1 493,40
86 345	24 618	1 846,35	17 992	1 349,40	89 585	26 019	1 951,42	18 962	1 422,15	92 825	27 452	2 058,90	19 946	1 495,95
86 399	24 641	1 848,07	17 992	1 349,40	89 639	26 043	1 953,22	18 962	1 422,15	92 879	27 476	2 060,70	19 946	1 495,95
86 453	24 664	1 849,80	18 024	1 351,80	89 693	26 066	1 954,95	18 994	1 424,55	92 933	27 501	2 062,57	19 980	1 498,50
86 507	24 687	1 851,52	18 024	1 351,80	89 747	26 090	1 956,75	18 994	1 424,55	92 987	27 525	2 064,37	19 980	1 498,50
86 561	24 710	1 853,25	18 056	1 354,20	89 801	26 114	1 958,55	19 026	1 426,95	93 041	27 549	2 066,17	20 012	1 500,90
86 615	24 733	1 854,97	18 056	1 354,20	89 855	26 137	1 960,27	19 026	1 426,95	93 095	27 573	2 067,97	20 012	1 500,90

Tabellen

Einkommensteuer-Tabelle 1995

102 815,– EINKOMMEN

Zu versteuerndes Einkommen bis DM	Abzüge an Einkommensteuer Solidaritätszuschlag				Zu versteuerndes Einkommen bis DM	Abzüge an Einkommensteuer Solidaritätszuschlag				Zu versteuerndes Einkommen bis DM	Abzüge an Einkommensteuer Solidaritätszuschlag			
	Grundtabelle		Splittingtabelle			Grundtabelle		Splittingtabelle			Grundtabelle		Splittingtabelle	
	ESt	SolZ	ESt	SolZ		ESt	SolZ	ESt	SolZ		ESt	SolZ	ESt	SolZ
93 149	27 597	2 069,77	20 046	1 503,45	96 389	29 066	2 179,95	21 048	1 578,60	99 629	30 566	2 292,45	22 066	1 654,95
93 203	27 622	2 071,65	20 046	1 503,45	96 443	29 091	2 181,82	21 048	1 578,60	99 683	30 591	2 294,32	22 066	1 654,95
93 257	27 646	2 073,45	20 078	1 505,85	96 497	29 115	2 183,62	21 082	1 581,15	99 737	30 617	2 296,27	22 100	1 657,50
93 311	27 670	2 075,25	20 078	1 505,85	96 551	29 140	2 185,50	21 082	1 581,15	99 791	30 642	2 298,15	22 100	1 657,50
93 365	27 694	2 077,05	20 112	1 508,40	96 605	29 165	2 187,37	21 114	1 583,55	99 845	30 667	2 300,02	22 134	1 660,05
93 419	27 719	2 078,92	20 112	1 508,40	96 659	29 190	2 189,25	21 114	1 583,55	99 899	30 693	2 301,97	22 134	1 660,05
93 473	27 743	2 080,72	20 144	1 510,80	96 713	29 214	2 191,05	21 148	1 586,10	99 953	30 718	2 303,85	22 168	1 662,60
93 527	27 767	2 082,52	20 144	1 510,80	96 767	29 239	2 192,92	21 148	1 586,10	100 007	30 743	2 305,72	22 168	1 662,60
93 581	27 791	2 084,32	20 178	1 513,35	96 821	29 264	2 194,80	21 182	1 588,65	100 061	30 769	2 307,67	22 202	1 665,15
93 635	27 816	2 086,20	20 178	1 513,35	96 875	29 289	2 196,67	21 182	1 588,65	100 115	30 794	2 309,55	22 202	1 665,15
93 689	27 840	2 088,—	20 212	1 515,90	96 929	29 314	2 198,55	21 216	1 591,20	100 169	30 819	2 311,42	22 236	1 667,70
93 743	27 864	2 089,80	20 212	1 515,90	96 983	29 338	2 200,35	21 216	1 591,20	100 223	30 845	2 313,37	22 236	1 667,70
93 797	27 888	2 091,60	20 244	1 518,30	97 037	29 363	2 202,22	21 250	1 593,75	100 277	30 870	2 315,25	22 272	1 670,40
93 851	27 913	2 093,47	20 244	1 518,30	97 091	29 388	2 204,10	21 250	1 593,75	100 331	30 895	2 317,12	22 272	1 670,40
93 905	27 937	2 095,27	20 278	1 520,85	97 145	29 413	2 205,97	21 284	1 596,30	100 385	30 921	2 319,07	22 306	1 672,95
93 959	27 961	2 097,07	20 278	1 520,85	97 199	29 438	2 207,85	21 284	1 596,30	100 439	30 946	2 320,95	22 306	1 672,95
94 013	27 986	2 098,95	20 312	1 523,40	97 253	29 463	2 209,72	21 318	1 598,85	100 493	30 972	2 322,90	22 340	1 675,50
94 067	28 010	2 100,75	20 312	1 523,40	97 307	29 488	2 211,60	21 318	1 598,85	100 547	30 997	2 324,77	22 340	1 675,50
94 121	28 035	2 102,62	20 344	1 525,80	97 361	29 513	2 213,47	21 352	1 601,40	100 601	31 022	2 326,65	22 374	1 678,05
94 175	28 059	2 104,42	20 344	1 525,80	97 415	29 537	2 215,27	21 352	1 601,40	100 655	31 048	2 328,60	22 374	1 678,05
94 229	28 083	2 106,22	20 378	1 528,35	97 469	29 562	2 217,15	21 386	1 603,95	100 709	31 073	2 330,47	22 408	1 680,60
94 283	28 108	2 108,10	20 378	1 528,35	97 523	29 587	2 219,02	21 386	1 603,95	100 763	31 099	2 332,42	22 408	1 680,60
94 337	28 132	2 109,90	20 410	1 530,75	97 577	29 612	2 220,90	21 418	1 606,35	100 817	31 124	2 334,30	22 442	1 683,15
94 391	28 156	2 111,70	20 410	1 530,75	97 631	29 637	2 222,77	21 418	1 606,35	100 871	31 150	2 336,25	22 442	1 683,15
94 445	28 181	2 113,57	20 444	1 533,30	97 685	29 662	2 224,65	21 452	1 608,90	100 925	31 175	2 338,12	22 478	1 685,85
94 499	28 205	2 115,37	20 444	1 533,30	97 739	29 687	2 226,52	21 452	1 608,90	100 979	31 201	2 340,07	22 478	1 685,85
94 553	28 230	2 117,25	20 478	1 535,85	97 793	29 712	2 228,40	21 486	1 611,45	101 033	31 226	2 341,95	22 512	1 688,40
94 607	28 254	2 119,05	20 478	1 535,85	97 847	29 737	2 230,27	21 486	1 611,45	101 087	31 252	2 343,90	22 512	1 688,40
94 661	28 279	2 120,92	20 512	1 538,40	97 901	29 762	2 232,15	21 520	1 614,—	101 141	31 277	2 345,77	22 546	1 690,95
94 715	28 303	2 122,72	20 512	1 538,40	97 955	29 787	2 234,02	21 520	1 614,—	101 195	31 303	2 347,72	22 546	1 690,95
94 769	28 328	2 124,60	20 544	1 540,80	98 009	29 812	2 235,90	21 554	1 616,55	101 249	31 328	2 349,60	22 580	1 693,50
94 823	28 352	2 126,40	20 544	1 540,80	98 063	29 837	2 237,77	21 554	1 616,55	101 303	31 354	2 351,55	22 580	1 693,50
94 877	28 377	2 128,27	20 578	1 543,35	98 117	29 862	2 239,65	21 588	1 619,10	101 357	31 379	2 353,42	22 616	1 696,20
94 931	28 401	2 130,07	20 578	1 543,35	98 171	29 887	2 241,52	21 588	1 619,10	101 411	31 405	2 355,37	22 616	1 696,20
94 985	28 426	2 131,95	20 612	1 545,90	98 225	29 912	2 243,40	21 622	1 621,65	101 465	31 430	2 357,25	22 650	1 698,75
95 039	28 450	2 133,75	20 612	1 545,90	98 279	29 937	2 245,27	21 622	1 621,65	101 519	31 456	2 359,20	22 650	1 698,75
95 093	28 475	2 135,62	20 644	1 548,30	98 333	29 962	2 247,15	21 656	1 624,20	101 573	31 482	2 361,15	22 684	1 701,30
95 147	28 499	2 137,42	20 644	1 548,30	98 387	29 987	2 249,02	21 656	1 624,20	101 627	31 507	2 363,02	22 684	1 701,30
95 201	28 524	2 139,30	20 678	1 550,85	98 441	30 012	2 250,90	21 690	1 626,75	101 681	31 533	2 364,97	22 718	1 703,85
95 255	28 548	2 141,10	20 678	1 550,85	98 495	30 037	2 252,77	21 690	1 626,75	101 735	31 558	2 366,85	22 718	1 703,85
95 309	28 573	2 142,97	20 712	1 553,40	98 549	30 062	2 254,65	21 724	1 629,30	101 789	31 584	2 368,80	22 754	1 706,55
95 363	28 597	2 144,77	20 712	1 553,40	98 603	30 088	2 256,60	21 724	1 629,30	101 843	31 610	2 370,75	22 754	1 706,55
95 417	28 622	2 146,65	20 746	1 555,95	98 657	30 113	2 258,47	21 758	1 631,85	101 897	31 635	2 372,62	22 788	1 709,10
95 471	28 646	2 148,45	20 746	1 555,95	98 711	30 138	2 260,35	21 758	1 631,85	101 951	31 661	2 374,57	22 788	1 709,10
95 525	28 671	2 150,32	20 778	1 558,35	98 765	30 163	2 262,22	21 792	1 634,40	102 005	31 687	2 376,52	22 822	1 711,65
95 579	28 696	2 152,20	20 778	1 558,35	98 819	30 188	2 264,10	21 792	1 634,40	102 059	31 712	2 378,40	22 822	1 711,65
95 633	28 720	2 154,—	20 812	1 560,90	98 873	30 213	2 265,97	21 826	1 636,95	102 113	31 738	2 380,35	22 856	1 714,20
95 687	28 745	2 155,87	20 812	1 560,90	98 927	30 238	2 267,85	21 826	1 636,95	102 167	31 764	2 382,30	22 856	1 714,20
95 741	28 770	2 157,75	20 846	1 563,45	98 981	30 263	2 269,72	21 860	1 639,50	102 221	31 789	2 384,17	22 892	1 716,90
95 795	28 794	2 159,55	20 846	1 563,45	99 035	30 289	2 271,67	21 860	1 639,50	102 275	31 815	2 386,12	22 892	1 716,90
95 849	28 819	2 161,42	20 880	1 566,—	99 089	30 314	2 273,55	21 894	1 642,05	102 329	31 841	2 388,07	22 926	1 719,45
95 903	28 843	2 163,22	20 880	1 566,—	99 143	30 339	2 275,42	21 894	1 642,05	102 383	31 866	2 389,95	22 926	1 719,45
95 957	28 868	2 165,10	20 912	1 568,40	99 197	30 364	2 277,30	21 928	1 644,60	102 437	31 892	2 391,90	22 960	1 722,—
96 011	28 893	2 166,97	20 912	1 568,40	99 251	30 389	2 279,17	21 928	1 644,60	102 491	31 918	2 393,85	22 960	1 722,—
96 065	28 917	2 168,77	20 946	1 570,95	99 305	30 415	2 281,12	21 964	1 647,30	102 545	31 944	2 395,80	22 996	1 724,70
96 119	28 942	2 170,65	20 946	1 570,95	99 359	30 440	2 283,—	21 964	1 647,30	102 599	31 969	2 397,67	22 996	1 724,70
96 173	28 967	2 172,52	20 980	1 573,50	99 413	30 465	2 284,87	21 998	1 649,85	102 653	31 995	2 399,62	23 030	1 727,25
96 227	28 992	2 174,40	20 980	1 573,50	99 467	30 490	2 286,75	21 998	1 649,85	102 707	32 021	2 401,57	23 030	1 727,25
96 281	29 016	2 176,20	21 014	1 576,05	99 521	30 516	2 288,70	22 032	1 652,40	102 761	32 047	2 403,52	23 064	1 729,80
96 335	29 041	2 178,07	21 014	1 576,05	99 575	30 541	2 290,57	22 032	1 652,40	102 815	32 072	2 405,40	23 064	1 729,80

Achtung: Bei gewerblichen Einkünften Tabellen-Anhang beachten!

1571

Tabellen

Einkommensteuer-Tabelle 1995

EINKOMMEN 102 816,–

Zu versteuerndes Einkommen bis DM	Abzüge an Einkommensteuer Solidaritätszuschlag				Zu versteuerndes Einkommen bis DM	Abzüge an Einkommensteuer Solidaritätszuschlag				Zu versteuerndes Einkommen bis DM	Abzüge an Einkommensteuer Solidaritätszuschlag			
	Grundtabelle		Splittingtabelle			Grundtabelle		Splittingtabelle			Grundtabelle		Splittingtabelle	
	ESt	SolZ	ESt	SolZ		ESt	SolZ	ESt	SolZ		ESt	SolZ	ESt	SolZ
102 869	32 098	2 407,35	23 100	1 732,50	106 109	33 662	2 524,65	24 150	1 811,25	109 349	35 258	2 644,35	25 216	1 891,20
102 923	32 124	2 409,30	23 100	1 732,50	106 163	33 689	2 526,67	24 150	1 811,25	109 403	35 285	2 646,37	25 216	1 891,20
102 977	32 150	2 411,25	23 134	1 735,05	106 217	33 715	2 528,62	24 184	1 813,80	109 457	35 312	2 648,40	25 252	1 893,90
103 031	32 176	2 413,20	23 134	1 735,05	106 271	33 741	2 530,57	24 184	1 813,80	109 511	35 339	2 650,42	25 252	1 893,90
103 085	32 202	2 415,15	23 170	1 737,75	106 325	33 768	2 532,60	24 220	1 816,50	109 565	35 366	2 652,45	25 288	1 896,60
103 139	32 227	2 417,02	23 170	1 737,75	106 379	33 794	2 534,55	24 220	1 816,50	109 619	35 393	2 654,47	25 288	1 896,60
103 193	32 253	2 418,97	23 204	1 740,30	106 433	33 821	2 536,57	24 256	1 819,20	109 673	35 420	2 656,50	25 322	1 899,15
103 247	32 279	2 420,92	23 204	1 740,30	106 487	33 847	2 538,52	24 256	1 819,20	109 727	35 447	2 658,52	25 322	1 899,15
103 305	32 305	2 422,87	23 238	1 742,85	106 541	33 873	2 540,47	24 290	1 821,75	109 781	35 474	2 660,55	25 358	1 901,85
103 355	32 331	2 424,82	23 238	1 742,85	106 595	33 900	2 542,50	24 290	1 821,75	109 835	35 501	2 662,57	25 358	1 901,85
103 409	32 357	2 426,77	23 274	1 745,55	106 649	33 926	2 544,45	24 326	1 824,45	109 889	35 527	2 664,52	25 394	1 904,55
103 463	32 383	2 428,72	23 274	1 745,55	106 703	33 953	2 546,47	24 326	1 824,45	109 943	35 554	2 666,55	25 394	1 904,55
103 517	32 409	2 430,67	23 308	1 748,10	106 757	33 979	2 548,42	24 362	1 827,15	109 997	35 581	2 668,57	25 430	1 907,25
103 571	32 434	2 432,55	23 308	1 748,10	106 811	34 005	2 550,37	24 362	1 827,15	110 051	35 608	2 670,60	25 430	1 907,25
103 625	32 460	2 434,50	23 344	1 750,80	106 865	34 032	2 552,40	24 396	1 829,70	110 105	35 635	2 672,62	25 466	1 909,95
103 679	32 486	2 436,45	23 344	1 750,80	106 919	34 058	2 554,35	24 396	1 829,70	110 159	35 662	2 674,65	25 466	1 909,95
103 733	32 512	2 438,40	23 378	1 753,35	106 973	34 085	2 556,37	24 432	1 832,40	110 213	35 689	2 676,67	25 502	1 912,65
103 787	32 538	2 440,35	23 378	1 753,35	107 027	34 111	2 558,32	24 432	1 832,40	110 267	35 716	2 678,70	25 502	1 912,65
103 841	32 564	2 442,30	23 412	1 755,90	107 081	34 138	2 560,35	24 468	1 835,10	110 321	35 743	2 680,72	25 538	1 915,35
103 895	32 590	2 444,25	23 412	1 755,90	107 135	34 164	2 562,30	24 468	1 835,10	110 375	35 770	2 682,75	25 538	1 915,35
103 949	32 616	2 446,20	23 448	1 758,60	107 189	34 191	2 564,32	24 504	1 837,80	110 429	35 797	2 684,77	25 574	1 918,05
104 003	32 642	2 448,15	23 448	1 758,60	107 243	34 217	2 566,27	24 504	1 837,80	110 483	35 824	2 686,80	25 574	1 918,05
104 057	32 668	2 450,10	23 482	1 761,15	107 297	34 244	2 568,30	24 538	1 840,35	110 537	35 852	2 688,90	25 610	1 920,75
104 111	32 694	2 452,05	23 482	1 761,15	107 351	34 270	2 570,25	24 538	1 840,35	110 591	35 879	2 690,92	25 610	1 920,75
104 165	32 720	2 454,–	23 518	1 763,85	107 405	34 297	2 572,27	24 574	1 843,05	110 645	35 906	2 692,95	25 646	1 923,45
104 219	32 746	2 455,95	23 518	1 763,85	107 459	34 323	2 574,22	24 574	1 843,05	110 699	35 933	2 694,97	25 646	1 923,45
104 273	32 772	2 457,90	23 552	1 766,40	107 513	34 350	2 576,25	24 610	1 845,75	110 753	35 960	2 697,–	25 682	1 926,15
104 327	32 798	2 459,85	23 552	1 766,40	107 567	34 377	2 578,27	24 610	1 845,75	110 807	35 987	2 699,02	25 682	1 926,15
104 381	32 824	2 461,80	23 588	1 769,10	107 621	34 403	2 580,22	24 644	1 848,30	110 861	36 014	2 701,05	25 718	1 928,85
104 435	32 850	2 463,75	23 588	1 769,10	107 675	34 430	2 582,25	24 644	1 848,30	110 915	36 041	2 703,07	25 718	1 928,85
104 489	32 876	2 465,70	23 622	1 771,65	107 729	34 456	2 584,20	24 680	1 851,–	110 969	36 068	2 705,10	25 754	1 931,55
104 543	32 902	2 467,65	23 622	1 771,65	107 783	34 483	2 586,22	24 680	1 851,–	111 023	36 095	2 707,12	25 754	1 931,55
104 597	32 928	2 469,60	23 658	1 774,35	107 837	34 510	2 588,25	24 716	1 853,70	111 077	36 123	2 709,22	25 790	1 934,25
104 651	32 955	2 471,62	23 658	1 774,35	107 891	34 536	2 590,20	24 716	1 853,70	111 131	36 150	2 711,25	25 790	1 934,25
104 705	32 981	2 473,57	23 692	1 776,90	107 945	34 563	2 592,22	24 752	1 856,40	111 185	36 177	2 713,27	25 826	1 936,95
104 759	33 007	2 475,52	23 692	1 776,90	107 999	34 589	2 594,17	24 752	1 856,40	111 239	36 204	2 715,30	25 826	1 936,95
104 813	33 033	2 477,47	23 728	1 779,60	108 053	34 616	2 596,20	24 788	1 859,10	111 293	36 231	2 717,32	25 862	1 939,65
104 867	33 059	2 479,42	23 728	1 779,60	108 107	34 643	2 598,22	24 788	1 859,10	111 347	36 258	2 719,35	25 862	1 939,65
104 921	33 085	2 481,37	23 762	1 782,15	108 161	34 669	2 600,17	24 822	1 861,65	111 401	36 286	2 721,45	25 898	1 942,35
104 975	33 111	2 483,32	23 762	1 782,15	108 215	34 696	2 602,20	24 822	1 861,65	111 455	36 313	2 723,47	25 898	1 942,35
105 029	33 137	2 485,27	23 798	1 784,85	108 269	34 723	2 604,22	24 858	1 864,35	111 509	36 340	2 725,50	25 934	1 945,05
105 083	33 164	2 487,30	23 798	1 784,85	108 323	34 749	2 606,17	24 858	1 864,35	111 563	36 367	2 727,52	25 934	1 945,05
105 137	33 190	2 489,25	23 832	1 787,40	108 377	34 776	2 608,20	24 894	1 867,05	111 617	36 395	2 729,62	25 972	1 947,90
105 191	33 216	2 491,20	23 832	1 787,40	108 431	34 803	2 610,22	24 894	1 867,05	111 671	36 422	2 731,65	25 972	1 947,90
105 245	33 242	2 493,15	23 868	1 790,10	108 485	34 830	2 612,25	24 930	1 869,75	111 725	36 449	2 733,67	26 008	1 950,60
105 299	33 268	2 495,10	23 868	1 790,10	108 539	34 856	2 614,20	24 930	1 869,75	111 779	36 476	2 735,70	26 008	1 950,60
105 353	33 295	2 497,12	23 904	1 792,80	108 593	34 883	2 616,22	24 966	1 872,45	111 833	36 504	2 737,80	26 044	1 953,30
105 407	33 321	2 499,07	23 904	1 792,80	108 647	34 910	2 618,25	24 966	1 872,45	111 887	36 531	2 739,82	26 044	1 953,30
105 461	33 347	2 501,02	23 938	1 795,35	108 701	34 937	2 620,27	25 000	1 875,–	111 941	36 558	2 741,85	26 080	1 956,–
105 515	33 373	2 502,97	23 938	1 795,35	108 755	34 963	2 622,22	25 000	1 875,–	111 995	36 585	2 743,87	26 080	1 956,–
105 569	33 399	2 504,92	23 974	1 798,05	108 809	34 990	2 624,25	25 036	1 877,70	112 049	36 613	2 745,97	26 116	1 958,70
105 623	33 426	2 506,95	23 974	1 798,05	108 863	35 017	2 626,27	25 036	1 877,70	112 103	36 640	2 748,–	26 116	1 958,70
105 677	33 452	2 508,90	24 008	1 800,60	108 917	35 044	2 628,30	25 072	1 880,40	112 157	36 667	2 750,02	26 152	1 961,40
105 731	33 478	2 510,85	24 008	1 800,60	108 971	35 071	2 630,32	25 072	1 880,40	112 211	36 695	2 752,12	26 152	1 961,40
105 785	33 505	2 512,87	24 044	1 803,30	109 025	35 097	2 632,27	25 108	1 883,10	112 265	36 722	2 754,15	26 188	1 964,10
105 839	33 531	2 514,82	24 044	1 803,30	109 079	35 124	2 634,30	25 108	1 883,10	112 319	36 749	2 756,17	26 188	1 964,10
105 893	33 557	2 516,77	24 080	1 806,–	109 133	35 151	2 636,32	25 144	1 885,80	112 373	36 777	2 758,27	26 224	1 966,80
105 947	33 583	2 518,72	24 080	1 806,–	109 187	35 178	2 638,35	25 144	1 885,80	112 427	36 804	2 760,30	26 224	1 966,80
106 001	33 610	2 520,75	24 114	1 808,55	109 241	35 205	2 640,37	25 180	1 888,50	112 481	36 831	2 762,32	26 262	1 969,65
106 055	33 636	2 522,70	24 114	1 808,55	109 295	35 231	2 642,32	25 180	1 888,50	112 535	36 859	2 764,42	26 262	1 969,65

Achtung: Bei gewerblichen Einkünften Tabellen-Anhang beachten!

Tabellen

Einkommensteuer-Tabelle 1995

122 255,– EINKOMMEN

Zu versteuerndes Einkommen bis DM	Abzüge an Einkommensteuer Solidaritätszuschlag				Zu versteuerndes Einkommen bis DM	Abzüge an Einkommensteuer Solidaritätszuschlag				Zu versteuerndes Einkommen bis DM	Abzüge an Einkommensteuer Solidaritätszuschlag			
	Grundtabelle		Splittingtabelle			Grundtabelle		Splittingtabelle			Grundtabelle		Splittingtabelle	
	ESt	SolZ	ESt	SolZ		ESt	SolZ	ESt	SolZ		ESt	SolZ	ESt	SolZ
112 589	36 886	2 766,45	26 298	1 972,35	115 829	38 546	2 890,95	27 396	2 054,70	119 069	40 238	3 017,85	28 508	2 138,10
112 643	36 914	2 768,55	26 298	1 972,35	115 883	38 574	2 893,05	27 396	2 054,70	119 123	40 266	3 019,95	28 508	2 138,10
112 697	36 941	2 770,57	26 334	1 975,05	115 937	38 602	2 895,15	27 432	2 057,40	119 177	40 295	3 022,12	28 546	2 140,95
112 751	36 968	2 772,60	26 334	1 975,05	115 991	38 630	2 897,25	27 432	2 057,40	119 231	40 323	3 024,22	28 546	2 140,95
112 805	36 996	2 774,70	26 370	1 977,75	116 045	38 658	2 899,35	27 468	2 060,10	119 285	40 352	3 026,40	28 584	2 143,80
112 859	37 023	2 776,72	26 370	1 977,75	116 099	38 686	2 901,45	27 468	2 060,10	119 339	40 380	3 028,50	28 584	2 143,80
112 913	37 051	2 778,82	26 406	1 980,45	116 153	38 714	2 903,55	27 506	2 062,95	119 393	40 409	3 030,67	28 622	2 146,65
112 967	37 078	2 780,85	26 406	1 980,45	116 207	38 742	2 905,65	27 506	2 062,95	119 447	40 437	3 032,77	28 622	2 146,65
113 021	37 106	2 782,95	26 442	1 983,15	116 261	38 770	2 907,75	27 542	2 065,65	119 501	40 466	3 034,95	28 658	2 149,35
113 075	37 133	2 784,97	26 442	1 983,15	116 315	38 798	2 909,85	27 542	2 065,65	119 555	40 494	3 037,05	28 658	2 149,35
113 129	37 161	2 787,07	26 480	1 986,—	116 369	38 826	2 911,95	27 580	2 068,50	119 609	40 523	3 039,22	28 696	2 152,20
113 183	37 188	2 789,10	26 480	1 986,—	116 423	38 854	2 914,05	27 580	2 068,50	119 663	40 551	3 041,32	28 696	2 152,20
113 237	37 216	2 791,20	26 516	1 988,70	116 477	38 882	2 916,15	27 616	2 071,20	119 717	40 580	3 043,50	28 734	2 155,05
113 291	37 243	2 793,22	26 516	1 988,70	116 531	38 910	2 918,25	27 616	2 071,20	119 771	40 608	3 045,60	28 734	2 155,05
113 345	37 271	2 795,32	26 552	1 991,40	116 585	38 938	2 920,35	27 654	2 074,05	119 825	40 637	3 047,77	28 772	2 157,90
113 399	37 298	2 797,35	26 552	1 991,40	116 639	38 966	2 922,45	27 654	2 074,05	119 879	40 666	3 049,95	28 772	2 157,90
113 453	37 326	2 799,45	26 588	1 994,10	116 693	38 994	2 924,55	27 690	2 076,75	119 933	40 694	3 052,05	28 808	2 160,60
113 507	37 353	2 801,47	26 588	1 994,10	116 747	39 022	2 926,65	27 690	2 076,75	119 987	40 723	3 054,22	28 808	2 160,60
113 561	37 381	2 803,57	26 624	1 996,80	116 801	39 050	2 928,75	27 728	2 079,60	120 041	40 751	3 056,32	28 846	2 163,45
113 615	37 408	2 805,60	26 624	1 996,80	116 855	39 078	2 930,85	27 728	2 079,60	120 095	40 780	3 058,50	28 846	2 163,45
113 669	37 436	2 807,70	26 662	1 999,65	116 909	39 106	2 932,95	27 764	2 082,30	120 149	40 808	3 060,60	28 884	2 166,30
113 723	37 464	2 809,80	26 662	1 999,65	116 963	39 135	2 935,12	27 764	2 082,30	120 203	40 837	3 062,77	28 884	2 166,30
113 777	37 491	2 811,82	26 698	2 002,35	117 017	39 163	2 937,22	27 802	2 085,15	120 257	40 866	3 064,95	28 922	2 169,15
113 831	37 519	2 813,92	26 698	2 002,35	117 071	39 191	2 939,32	27 802	2 085,15	120 311	40 894	3 067,05	28 922	2 169,15
113 885	37 546	2 815,95	26 734	2 005,05	117 125	39 219	2 941,42	27 838	2 087,85	120 365	40 923	3 069,22	28 958	2 171,85
113 939	37 574	2 818,05	26 734	2 005,05	117 179	39 247	2 943,52	27 838	2 087,85	120 419	40 951	3 071,32	28 958	2 171,85
113 993	37 602	2 820,15	26 772	2 007,90	117 233	39 275	2 945,62	27 876	2 090,70	120 473	40 980	3 073,50	28 996	2 174,70
114 047	37 629	2 822,17	26 772	2 007,90	117 287	39 303	2 947,72	27 876	2 090,70	120 527	41 009	3 075,67	28 996	2 174,70
114 101	37 657	2 824,27	26 808	2 010,60	117 341	39 332	2 949,90	27 912	2 093,40	120 581	41 037	3 077,77	29 034	2 177,55
114 155	37 684	2 826,30	26 808	2 010,60	117 395	39 360	2 952,—	27 912	2 093,40	120 635	41 066	3 079,95	29 034	2 177,55
114 209	37 712	2 828,40	26 844	2 013,30	117 449	39 388	2 954,10	27 950	2 096,25	120 689	41 095	3 082,12	29 072	2 180,40
114 263	37 740	2 830,50	26 844	2 013,30	117 503	39 416	2 956,20	27 950	2 096,25	120 743	41 123	3 084,22	29 072	2 180,40
114 317	37 767	2 832,52	26 880	2 016,—	117 557	39 444	2 958,30	27 988	2 099,10	120 797	41 152	3 086,40	29 110	2 183,25
114 371	37 795	2 834,62	26 880	2 016,—	117 611	39 473	2 960,47	27 988	2 099,10	120 851	41 180	3 088,50	29 110	2 183,25
114 425	37 823	2 836,72	26 918	2 018,85	117 665	39 501	2 962,57	28 024	2 101,80	120 905	41 209	3 090,67	29 148	2 186,10
114 479	37 851	2 838,82	26 918	2 018,85	117 719	39 529	2 964,67	28 024	2 101,80	120 959	41 238	3 092,85	29 148	2 186,10
114 533	37 878	2 840,85	26 954	2 021,55	117 773	39 557	2 966,77	28 062	2 104,65	121 013	41 266	3 094,95	29 184	2 188,80
114 587	37 906	2 842,95	26 954	2 021,55	117 827	39 585	2 968,87	28 062	2 104,65	121 067	41 295	3 097,12	29 184	2 188,80
114 641	37 934	2 845,05	26 990	2 024,25	117 881	39 614	2 971,05	28 098	2 107,35	121 121	41 324	3 099,30	29 222	2 191,65
114 695	37 961	2 847,07	26 990	2 024,25	117 935	39 642	2 973,15	28 098	2 107,35	121 175	41 352	3 101,40	29 222	2 191,65
114 749	37 989	2 849,17	27 028	2 027,10	117 989	39 670	2 975,25	28 136	2 110,20	121 229	41 381	3 103,57	29 260	2 194,50
114 803	38 017	2 851,27	27 028	2 027,10	118 043	39 699	2 977,42	28 136	2 110,20	121 283	41 409	3 105,67	29 260	2 194,50
114 857	38 045	2 853,37	27 064	2 029,80	118 097	39 727	2 979,52	28 174	2 113,05	121 337	41 438	3 107,85	29 298	2 197,35
114 911	38 073	2 855,47	27 064	2 029,80	118 151	39 755	2 981,62	28 174	2 113,05	121 391	41 467	3 110,02	29 298	2 197,35
114 965	38 100	2 857,50	27 100	2 032,50	118 205	39 784	2 983,80	28 210	2 115,75	121 445	41 495	3 112,12	29 336	2 200,20
115 019	38 128	2 859,60	27 100	2 032,50	118 259	39 812	2 985,90	28 210	2 115,75	121 499	41 524	3 114,30	29 336	2 200,20
115 073	38 156	2 861,70	27 138	2 035,35	118 313	39 840	2 988,—	28 248	2 118,60	121 553	41 553	3 116,47	29 374	2 203,05
115 127	38 184	2 863,80	27 138	2 035,35	118 367	39 868	2 990,10	28 248	2 118,60	121 607	41 581	3 118,57	29 374	2 203,05
115 181	38 212	2 865,90	27 174	2 038,05	118 421	39 897	2 992,27	28 284	2 121,30	121 661	41 610	3 120,75	29 412	2 205,90
115 235	38 239	2 867,92	27 174	2 038,05	118 475	39 925	2 994,37	28 284	2 121,30	121 715	41 638	3 122,85	29 412	2 205,90
115 289	38 267	2 870,02	27 212	2 040,90	118 529	39 954	2 996,55	28 322	2 124,15	121 769	41 667	3 125,02	29 450	2 208,75
115 343	38 295	2 872,12	27 212	2 040,90	118 583	39 982	2 998,65	28 322	2 124,15	121 823	41 696	3 127,20	29 450	2 208,75
115 397	38 323	2 874,22	27 248	2 043,60	118 637	40 010	3 000,75	28 360	2 127,—	121 877	41 724	3 129,30	29 488	2 211,60
115 451	38 351	2 876,32	27 248	2 043,60	118 691	40 039	3 002,92	28 360	2 127,—	121 931	41 753	3 131,47	29 488	2 211,60
115 505	38 379	2 878,42	27 284	2 046,30	118 745	40 067	3 005,02	28 396	2 129,70	121 985	41 781	3 133,57	29 524	2 214,30
115 559	38 407	2 880,52	27 284	2 046,30	118 799	40 096	3 007,20	28 396	2 129,70	122 039	41 810	3 135,75	29 524	2 214,30
115 613	38 434	2 882,55	27 322	2 049,15	118 853	40 124	3 009,30	28 434	2 132,55	122 093	41 839	3 137,92	29 562	2 217,15
115 667	38 462	2 884,65	27 322	2 049,15	118 907	40 152	3 011,40	28 434	2 132,55	122 147	41 867	3 140,02	29 562	2 217,15
115 721	38 490	2 886,75	27 358	2 051,85	118 961	40 181	3 013,57	28 472	2 135,40	122 201	41 896	3 142,20	29 600	2 220,—
115 775	38 518	2 888,85	27 358	2 051,85	119 015	40 209	3 015,67	28 472	2 135,40	122 255	41 925	3 144,37	29 600	2 220,—

Achtung: Bei gewerblichen Einkünften Tabellen-Anhang beachten!

Tabellen
Einkommensteuer-Tabelle 1995

EINKOMMEN 122 256,–

Zu versteuerndes Einkommen bis DM	Abzüge an Einkommensteuer Solidaritätszuschlag Grundtabelle ESt	SolZ	Splittingtabelle ESt	SolZ	Zu versteuerndes Einkommen bis DM	Abzüge an Einkommensteuer Solidaritätszuschlag Grundtabelle ESt	SolZ	Splittingtabelle ESt	SolZ	Zu versteuerndes Einkommen bis DM	Abzüge an Einkommensteuer Solidaritätszuschlag Grundtabelle ESt	SolZ	Splittingtabelle ESt	SolZ
122 309	41 953	3 146,47	29 638	2 222,85	125 549	43 670	3 275,25	30 784	2 308,80	128 789	45 388	3 404,10	31 946	2 395,95
122 363	41 982	3 148,65	29 638	2 222,85	125 603	43 699	3 277,42	30 784	2 308,80	128 843	45 416	3 406,20	31 946	2 395,95
122 417	42 010	3 150,75	29 676	2 225,70	125 657	43 728	3 279,60	30 822	2 311,65	128 897	45 445	3 408,37	31 984	2 398,80
122 471	42 039	3 152,92	29 676	2 225,70	125 711	43 756	3 281,70	30 822	2 311,65	128 951	45 473	3 410,47	31 984	2 398,80
122 525	42 068	3 155,10	29 714	2 228,55	125 765	43 785	3 283,87	30 862	2 314,65	129 005	45 502	3 412,65	32 024	2 401,80
122 579	42 096	3 157,20	29 714	2 228,55	125 819	43 813	3 285,97	30 862	2 314,65	129 059	45 531	3 414,82	32 024	2 401,80
122 633	42 125	3 159,37	29 752	2 231,40	125 873	43 842	3 288,15	30 900	2 317,50	129 113	45 559	3 416,92	32 062	2 404,65
122 687	42 154	3 161,55	29 752	2 231,40	125 927	43 871	3 290,32	30 900	2 317,50	129 167	45 588	3 419,10	32 062	2 404,65
122 741	42 182	3 163,65	29 790	2 234,25	125 981	43 899	3 292,42	30 938	2 320,35	129 221	45 617	3 421,27	32 102	2 407,65
122 795	42 211	3 165,82	29 790	2 234,25	126 035	43 928	3 294,60	30 938	2 320,35	129 275	45 645	3 423,37	32 102	2 407,65
122 849	42 239	3 167,92	29 828	2 237,10	126 089	43 957	3 296,77	30 976	2 323,20	129 329	45 674	3 425,55	32 142	2 410,65
122 903	42 268	3 170,10	29 828	2 237,10	126 143	43 985	3 298,87	30 976	2 323,20	129 383	45 702	3 427,65	32 142	2 410,65
122 957	42 297	3 172,27	29 866	2 239,95	126 197	44 014	3 301,05	31 016	2 326,20	129 437	45 731	3 429,82	32 180	2 413,50
123 011	42 325	3 174,37	29 866	2 239,95	126 251	44 042	3 303,15	31 016	2 326,20	129 491	45 760	3 432,—	32 180	2 413,50
123 065	42 354	3 176,55	29 904	2 242,80	126 305	44 071	3 305,32	31 054	2 329,05	129 545	45 788	3 434,10	32 220	2 416,50
123 119	42 382	3 178,65	29 904	2 242,80	126 359	44 100	3 307,50	31 054	2 329,05	129 599	45 817	3 436,27	32 220	2 416,50
123 173	42 411	3 180,82	29 942	2 245,65	126 413	44 128	3 309,60	31 092	2 331,90	129 653	45 846	3 438,45	32 258	2 419,35
123 227	42 440	3 183,—	29 942	2 245,65	126 467	44 157	3 311,77	31 092	2 331,90	129 707	45 874	3 440,55	32 258	2 419,35
123 281	42 468	3 185,10	29 980	2 248,50	126 521	44 186	3 313,95	31 132	2 334,90	129 761	45 903	3 442,72	32 298	2 422,35
123 335	42 497	3 187,27	29 980	2 248,50	126 575	44 214	3 316,05	31 132	2 334,90	129 815	45 931	3 444,82	32 298	2 422,35
123 389	42 526	3 189,45	30 018	2 251,35	126 629	44 243	3 318,22	31 170	2 337,75	129 869	45 960	3 447,—	32 336	2 425,20
123 443	42 554	3 191,55	30 018	2 251,35	126 683	44 271	3 320,32	31 170	2 337,75	129 923	45 989	3 449,17	32 336	2 425,20
123 497	42 583	3 193,72	30 056	2 254,20	126 737	44 300	3 322,50	31 208	2 340,60	129 977	46 017	3 451,27	32 376	2 428,20
123 551	42 611	3 195,82	30 056	2 254,20	126 791	44 329	3 324,67	31 208	2 340,60	130 031	46 046	3 453,45	32 376	2 428,20
123 605	42 640	3 198,—	30 096	2 257,20	126 845	44 357	3 326,77	31 248	2 343,60	130 085	46 074	3 455,55	32 416	2 431,20
123 659	42 669	3 200,17	30 096	2 257,20	126 899	44 386	3 328,95	31 248	2 343,60	130 139	46 103	3 457,72	32 416	2 431,20
123 713	42 697	3 202,27	30 134	2 260,05	126 953	44 415	3 331,12	31 286	2 346,45	130 193	46 132	3 459,90	32 454	2 434,05
123 767	42 726	3 204,45	30 134	2 260,05	127 007	44 443	3 333,22	31 286	2 346,45	130 247	46 160	3 462,—	32 454	2 434,05
123 821	42 755	3 206,62	30 172	2 262,90	127 061	44 472	3 335,40	31 324	2 349,30	130 301	46 189	3 464,17	32 494	2 437,05
123 875	42 783	3 208,72	30 172	2 262,90	127 115	44 500	3 337,50	31 324	2 349,30	130 355	46 218	3 466,35	32 494	2 437,05
123 929	42 812	3 210,90	30 210	2 265,75	127 169	44 529	3 339,67	31 364	2 352,30	130 409	46 246	3 468,45	32 532	2 439,90
123 983	42 840	3 213,—	30 210	2 265,75	127 223	44 558	3 341,85	31 364	2 352,30	130 463	46 275	3 470,62	32 532	2 439,90
124 037	42 869	3 215,17	30 248	2 268,60	127 277	44 586	3 343,95	31 402	2 355,15	130 517	46 303	3 472,72	32 572	2 442,90
124 091	42 898	3 217,35	30 248	2 268,60	127 331	44 615	3 346,12	31 402	2 355,15	130 571	46 332	3 474,90	32 572	2 442,90
124 145	42 926	3 219,45	30 286	2 271,45	127 385	44 643	3 348,22	31 440	2 358,—	130 625	46 361	3 477,07	32 612	2 445,90
124 199	42 955	3 221,62	30 286	2 271,45	127 439	44 672	3 350,40	31 440	2 358,—	130 679	46 389	3 479,17	32 612	2 445,90
124 253	42 984	3 223,80	30 324	2 274,30	127 493	44 701	3 352,57	31 480	2 361,—	130 733	46 418	3 481,35	32 650	2 448,75
124 307	43 012	3 225,90	30 324	2 274,30	127 547	44 729	3 354,67	31 480	2 361,—	130 787	46 447	3 483,52	32 650	2 448,75
124 361	43 041	3 228,07	30 362	2 277,15	127 601	44 758	3 356,85	31 518	2 363,85	130 841	46 475	3 485,62	32 690	2 451,75
124 415	43 069	3 230,17	30 362	2 277,15	127 655	44 787	3 359,02	31 518	2 363,85	130 895	46 504	3 487,80	32 690	2 451,75
124 469	43 098	3 232,35	30 400	2 280,—	127 709	44 815	3 361,12	31 556	2 366,70	130 949	46 532	3 489,90	32 730	2 454,75
124 523	43 127	3 234,52	30 400	2 280,—	127 763	44 844	3 363,30	31 556	2 366,70	131 003	46 561	3 492,07	32 730	2 454,75
124 577	43 155	3 236,62	30 438	2 282,85	127 817	44 872	3 365,40	31 596	2 369,70	131 057	46 590	3 494,25	32 768	2 457,60
124 631	43 184	3 238,80	30 438	2 282,85	127 871	44 901	3 367,57	31 596	2 369,70	131 111	46 618	3 496,35	32 768	2 457,60
124 685	43 212	3 240,90	30 478	2 285,85	127 925	44 930	3 369,75	31 634	2 372,55	131 165	46 647	3 498,52	32 808	2 460,60
124 739	43 241	3 243,07	30 478	2 285,85	127 979	44 958	3 371,85	31 634	2 372,55	131 219	46 675	3 500,62	32 808	2 460,60
124 793	43 270	3 245,25	30 516	2 288,70	128 033	44 987	3 374,02	31 674	2 375,55	131 273	46 704	3 502,80	32 848	2 463,60
124 847	43 298	3 247,35	30 516	2 288,70	128 087	45 016	3 376,20	31 674	2 375,55	131 327	46 733	3 504,97	32 848	2 463,60
124 901	43 327	3 249,52	30 554	2 291,55	128 141	45 044	3 378,30	31 712	2 378,40	131 381	46 761	3 507,07	32 886	2 466,45
124 955	43 356	3 251,70	30 554	2 291,55	128 195	45 073	3 380,47	31 712	2 378,40	131 435	46 790	3 509,25	32 886	2 466,45
125 009	43 384	3 253,80	30 592	2 294,40	128 249	45 101	3 382,57	31 752	2 381,40	131 489	46 819	3 511,42	32 926	2 469,45
125 063	43 413	3 255,97	30 592	2 294,40	128 303	45 130	3 384,75	31 752	2 381,40	131 543	46 847	3 513,52	32 926	2 469,45
125 117	43 441	3 258,07	30 630	2 297,25	128 357	45 159	3 386,92	31 790	2 384,25	131 597	46 876	3 515,70	32 966	2 472,45
125 171	43 470	3 260,25	30 630	2 297,25	128 411	45 187	3 389,02	31 790	2 384,25	131 651	46 904	3 517,80	32 966	2 472,45
125 225	43 499	3 262,42	30 670	2 300,25	128 465	45 216	3 391,20	31 830	2 387,25	131 705	46 933	3 519,97	33 006	2 475,45
125 279	43 527	3 264,52	30 670	2 300,25	128 519	45 244	3 393,30	31 830	2 387,25	131 759	46 962	3 522,15	33 006	2 475,45
125 333	43 556	3 266,70	30 708	2 303,10	128 573	45 273	3 395,47	31 868	2 390,10	131 813	46 990	3 524,25	33 044	2 478,30
125 387	43 585	3 268,87	30 708	2 303,10	128 627	45 302	3 397,65	31 868	2 390,10	131 867	47 019	3 526,42	33 044	2 478,30
125 441	43 613	3 270,97	30 746	2 305,95	128 681	45 330	3 399,75	31 906	2 392,95	131 921	47 048	3 528,60	33 084	2 481,30
125 495	43 642	3 273,15	30 746	2 305,95	128 735	45 359	3 401,92	31 906	2 392,95	131 975	47 076	3 530,70	33 084	2 481,30

Achtung: Bei gewerblichen Einkünften Tabellen-Anhang beachten!

Tabellen
Einkommensteuer-Tabelle 1995

141 695,– EINKOMMEN

Zu versteuerndes Einkommen bis DM	Abzüge an Einkommensteuer Solidaritätszuschlag Grundtabelle		Splittingtabelle		Zu versteuerndes Einkommen bis DM	Abzüge an Einkommensteuer Solidaritätszuschlag Grundtabelle		Splittingtabelle		Zu versteuerndes Einkommen bis DM	Abzüge an Einkommensteuer Solidaritätszuschlag Grundtabelle		Splittingtabelle	
	ESt	SolZ	ESt	SolZ		ESt	SolZ	ESt	SolZ		ESt	SolZ	ESt	SolZ
132 029	47 105	3 532,87	33 124	2 484,30	135 269	48 822	3 661,65	34 318	2 573,85	138 509	50 539	3 790,42	35 526	2 664,45
132 083	47 133	3 534,97	33 124	2 484,30	135 323	48 851	3 663,82	34 318	2 573,85	138 563	50 568	3 792,60	35 526	2 664,45
132 137	47 162	3 537,15	33 164	2 487,30	135 377	48 879	3 665,92	34 358	2 576,85	138 617	50 596	3 794,70	35 568	2 667,60
132 191	47 191	3 539,32	33 164	2 487,30	135 431	48 908	3 668,10	34 358	2 576,85	138 671	50 625	3 796,87	35 568	2 667,60
132 245	47 219	3 541,42	33 202	2 490,15	135 485	48 936	3 670,20	34 398	2 579,85	138 725	50 654	3 799,05	35 608	2 670,60
132 299	47 248	3 543,60	33 202	2 490,15	135 539	48 965	3 672,37	34 398	2 579,85	138 779	50 682	3 801,15	35 608	2 670,60
132 353	47 277	3 545,77	33 242	2 493,15	135 593	48 994	3 674,55	34 438	2 582,85	138 833	50 711	3 803,32	35 648	2 673,60
132 407	47 305	3 547,87	33 242	2 493,15	135 647	49 022	3 676,65	34 438	2 582,85	138 887	50 740	3 805,50	35 648	2 673,60
132 461	47 334	3 550,05	33 282	2 496,15	135 701	49 051	3 678,82	34 478	2 585,85	138 941	50 768	3 807,60	35 688	2 676,60
132 515	47 362	3 552,15	33 282	2 496,15	135 755	49 080	3 681,–	34 478	2 585,85	138 995	50 797	3 809,77	35 688	2 676,60
132 569	47 391	3 554,32	33 322	2 499,15	135 809	49 108	3 683,10	34 518	2 588,85	139 049	50 825	3 811,87	35 730	2 679,75
132 623	47 420	3 556,50	33 322	2 499,15	135 863	49 137	3 685,27	34 518	2 588,85	139 103	50 854	3 814,05	35 730	2 679,75
132 677	47 448	3 558,60	33 360	2 502,–	135 917	49 165	3 687,37	34 558	2 591,85	139 157	50 883	3 816,22	35 770	2 682,75
132 731	47 477	3 560,77	33 360	2 502,–	135 971	49 194	3 689,55	34 558	2 591,85	139 211	50 911	3 818,32	35 770	2 682,75
132 785	47 505	3 562,87	33 400	2 505,–	136 025	49 223	3 691,72	34 598	2 594,85	139 265	50 940	3 820,50	35 812	2 685,90
132 839	47 534	3 565,05	33 400	2 505,–	136 079	49 251	3 693,82	34 598	2 594,85	139 319	50 968	3 822,60	35 812	2 685,90
132 893	47 563	3 567,22	33 440	2 508,–	136 133	49 280	3 696,–	34 638	2 597,85	139 373	50 997	3 824,77	35 852	2 688,90
132 947	47 591	3 569,32	33 440	2 508,–	136 187	49 309	3 698,17	34 638	2 597,85	139 427	51 026	3 826,95	35 852	2 688,90
133 001	47 620	3 571,50	33 480	2 511,–	136 241	49 337	3 700,27	34 678	2 600,85	139 481	51 054	3 829,05	35 892	2 691,90
133 055	47 649	3 573,67	33 480	2 511,–	136 295	49 366	3 702,45	34 678	2 600,85	139 535	51 083	3 831,22	35 892	2 691,90
133 109	47 677	3 575,77	33 520	2 514,–	136 349	49 394	3 704,55	34 718	2 603,85	139 589	51 112	3 833,40	35 934	2 695,05
133 163	47 706	3 577,95	33 520	2 514,–	136 403	49 423	3 706,72	34 718	2 603,85	139 643	51 140	3 835,50	35 934	2 695,05
133 217	47 734	3 580,05	33 560	2 517,–	136 457	49 452	3 708,90	34 758	2 606,85	139 697	51 169	3 837,67	35 974	2 698,05
133 271	47 763	3 582,22	33 560	2 517,–	136 511	49 480	3 711,–	34 758	2 606,85	139 751	51 197	3 839,77	35 974	2 698,05
133 325	47 792	3 584,40	33 600	2 520,–	136 565	49 509	3 713,17	34 798	2 609,85	139 805	51 226	3 841,95	36 014	2 701,05
133 379	47 820	3 586,50	33 600	2 520,–	136 619	49 537	3 715,27	34 798	2 609,85	139 859	51 255	3 844,12	36 014	2 701,05
133 433	47 849	3 588,67	33 638	2 522,85	136 673	49 566	3 717,45	34 840	2 613,–	139 913	51 283	3 846,22	36 056	2 704,20
133 487	47 878	3 590,85	33 638	2 522,85	136 727	49 595	3 719,62	34 840	2 613,–	139 967	51 312	3 848,40	36 056	2 704,20
133 541	47 906	3 592,95	33 678	2 525,85	136 781	49 623	3 721,72	34 880	2 616,–	140 021	51 341	3 850,57	36 096	2 707,20
133 595	47 935	3 595,12	33 678	2 525,85	136 835	49 652	3 723,90	34 880	2 616,–	140 075	51 369	3 852,67	36 096	2 707,20
133 649	47 963	3 597,22	33 718	2 528,85	136 889	49 681	3 726,07	34 920	2 619,–	140 129	51 398	3 854,85	36 138	2 710,35
133 703	47 992	3 599,40	33 718	2 528,85	136 943	49 709	3 728,17	34 920	2 619,–	140 183	51 426	3 856,95	36 138	2 710,35
133 757	48 021	3 601,57	33 758	2 531,85	136 997	49 738	3 730,35	34 960	2 622,–	140 237	51 455	3 859,12	36 178	2 713,35
133 811	48 049	3 603,67	33 758	2 531,85	137 051	49 766	3 732,45	34 960	2 622,–	140 291	51 484	3 861,30	36 178	2 713,35
133 865	48 078	3 605,85	33 798	2 534,85	137 105	49 795	3 734,62	35 000	2 625,–	140 345	51 512	3 863,40	36 218	2 716,35
133 919	48 106	3 607,95	33 798	2 534,85	137 159	49 824	3 736,80	35 000	2 625,–	140 399	51 541	3 865,57	36 218	2 716,35
133 973	48 135	3 610,12	33 838	2 537,85	137 213	49 852	3 738,90	35 040	2 628,–	140 453	51 570	3 867,75	36 260	2 719,50
134 027	48 164	3 612,30	33 838	2 537,85	137 267	49 881	3 741,07	35 040	2 628,–	140 507	51 598	3 869,85	36 260	2 719,50
134 081	48 192	3 614,40	33 878	2 540,85	137 321	49 910	3 743,25	35 082	2 631,15	140 561	51 627	3 872,02	36 300	2 722,50
134 135	48 221	3 616,57	33 878	2 540,85	137 375	49 938	3 745,35	35 082	2 631,15	140 615	51 655	3 874,12	36 300	2 722,50
134 189	48 250	3 618,75	33 918	2 543,85	137 429	49 967	3 747,52	35 122	2 634,15	140 669	51 684	3 876,30	36 342	2 725,65
134 243	48 278	3 620,85	33 918	2 543,85	137 483	49 995	3 749,62	35 122	2 634,15	140 723	51 713	3 878,47	36 342	2 725,65
134 297	48 307	3 623,02	33 958	2 546,85	137 537	50 024	3 751,80	35 162	2 637,15	140 777	51 741	3 880,57	36 382	2 728,65
134 351	48 335	3 625,12	33 958	2 546,85	137 591	50 053	3 753,97	35 162	2 637,15	140 831	51 770	3 882,75	36 382	2 728,65
134 405	48 364	3 627,30	33 998	2 549,85	137 645	50 081	3 756,07	35 202	2 640,15	140 885	51 798	3 884,85	36 424	2 731,80
134 459	48 393	3 629,47	33 998	2 549,85	137 699	50 110	3 758,25	35 202	2 640,15	140 939	51 827	3 887,02	36 424	2 731,80
134 513	48 421	3 631,57	34 038	2 552,85	137 753	50 139	3 760,42	35 242	2 643,15	140 993	51 856	3 889,20	36 464	2 734,80
134 567	48 450	3 633,75	34 038	2 552,85	137 807	50 167	3 762,52	35 242	2 643,15	141 047	51 884	3 891,30	36 464	2 734,80
134 621	48 479	3 635,92	34 078	2 555,85	137 861	50 196	3 764,70	35 284	2 646,30	141 101	51 913	3 893,47	36 506	2 737,95
134 675	48 507	3 638,02	34 078	2 555,85	137 915	50 224	3 766,80	35 284	2 646,30	141 155	51 942	3 895,65	36 506	2 737,95
134 729	48 536	3 640,20	34 118	2 558,85	137 969	50 253	3 768,97	35 324	2 649,30	141 209	51 970	3 897,75	36 546	2 740,95
134 783	48 564	3 642,30	34 118	2 558,85	138 023	50 282	3 771,15	35 324	2 649,30	141 263	51 999	3 899,92	36 546	2 740,95
134 837	48 593	3 644,47	34 156	2 561,70	138 077	50 310	3 773,25	35 364	2 652,30	141 317	52 027	3 902,02	36 588	2 744,10
134 891	48 622	3 646,65	34 156	2 561,70	138 131	50 339	3 775,42	35 364	2 652,30	141 371	52 056	3 904,20	36 588	2 744,10
134 945	48 650	3 648,75	34 196	2 564,70	138 185	50 367	3 777,52	35 404	2 655,30	141 425	52 085	3 906,37	36 628	2 747,10
134 999	48 679	3 650,92	34 196	2 564,70	138 239	50 396	3 779,70	35 404	2 655,30	141 479	52 113	3 908,47	36 628	2 747,10
135 053	48 708	3 653,10	34 236	2 567,70	138 293	50 425	3 781,87	35 446	2 658,45	141 533	52 142	3 910,65	36 670	2 750,25
135 107	48 736	3 655,20	34 236	2 567,70	138 347	50 453	3 783,97	35 446	2 658,45	141 587	52 171	3 912,82	36 670	2 750,25
135 161	48 765	3 657,37	34 278	2 570,85	138 401	50 482	3 786,15	35 486	2 661,45	141 641	52 199	3 914,92	36 710	2 753,25
135 215	48 793	3 659,55	34 278	2 570,85	138 455	50 511	3 788,32	35 486	2 661,45	141 695	52 228	3 917,10	36 710	2 753,25

Achtung: Bei gewerblichen Einkünften Tabellen-Anhang beachten !

Tabellen

Einkommensteuer-Tabelle 1995

EINKOMMEN 141 696,–

Zu versteuerndes Einkommen bis DM	Abzüge an Einkommensteuer Solidaritätszuschlag				Zu versteuerndes Einkommen bis DM	Abzüge an Einkommensteuer Solidaritätszuschlag				Zu versteuerndes Einkommen bis DM	Abzüge an Einkommensteuer Solidaritätszuschlag			
	Grundtabelle		Splittingtabelle			Grundtabelle		Splittingtabelle			Grundtabelle		Splittingtabelle	
	ESt	SolZ	ESt	SolZ		ESt	SolZ	ESt	SolZ		ESt	SolZ	ESt	SolZ
141 749	52 256	3 919,20	36 752	2 756,40	144 989	53 974	4 048,05	37 994	2 849,55	148 229	55 691	4 176,82	39 250	2 943,75
141 803	52 285	3 921,37	36 752	2 756,40	145 043	54 002	4 050,15	37 994	2 849,55	148 283	55 719	4 178,92	39 250	2 943,75
141 857	52 314	3 923,55	36 794	2 759,55	145 097	54 031	4 052,32	38 034	2 852,55	148 337	55 748	4 181,10	39 292	2 946,90
141 911	52 342	3 925,65	36 794	2 759,55	145 151	54 059	4 054,42	38 034	2 852,55	148 391	55 777	4 183,27	39 292	2 946,90
141 965	52 371	3 927,82	36 834	2 762,55	145 205	54 088	4 056,60	38 076	2 855,70	148 445	55 805	4 185,37	39 336	2 950,20
142 019	52 399	3 929,92	36 834	2 762,55	145 259	54 117	4 058,77	38 076	2 855,70	148 499	55 834	4 187,55	39 336	2 950,20
142 073	52 428	3 932,10	36 876	2 765,70	145 313	54 145	4 060,87	38 118	2 858,85	148 553	55 863	4 189,72	39 378	2 953,35
142 127	52 457	3 934,27	36 876	2 765,70	145 367	54 174	4 063,05	38 118	2 858,85	148 607	55 891	4 191,82	39 378	2 953,35
142 181	52 485	3 936,37	36 916	2 768,70	145 421	54 203	4 065,22	38 160	2 862,—	148 661	55 920	4 194,—	39 420	2 956,50
142 235	52 514	3 938,55	36 916	2 768,70	145 475	54 231	4 067,32	38 160	2 862,—	148 715	55 948	4 196,10	39 420	2 956,50
142 289	52 543	3 940,72	36 958	2 771,85	145 529	54 260	4 069,50	38 202	2 865,15	148 769	55 977	4 198,27	39 462	2 959,65
142 343	52 571	3 942,82	36 958	2 771,85	145 583	54 288	4 071,60	38 202	2 865,15	148 823	56 006	4 200,45	39 462	2 959,65
142 397	52 600	3 945,—	36 998	2 774,85	145 637	54 317	4 073,77	38 244	2 868,30	148 877	56 034	4 202,55	39 504	2 962,80
142 451	52 628	3 947,10	36 998	2 774,85	145 691	54 346	4 075,95	38 244	2 868,30	148 931	56 063	4 204,72	39 504	2 962,80
142 505	52 657	3 949,27	37 040	2 778,—	145 745	54 374	4 078,05	38 286	2 871,45	148 985	56 091	4 206,82	39 546	2 965,95
142 559	52 686	3 951,45	37 040	2 778,—	145 799	54 403	4 080,22	38 286	2 871,45	149 039	56 120	4 209,—	39 546	2 965,95
142 613	52 714	3 953,55	37 082	2 781,15	145 853	54 432	4 082,40	38 328	2 874,60	149 093	56 149	4 211,17	39 588	2 969,10
142 667	52 743	3 955,72	37 082	2 781,15	145 907	54 460	4 084,50	38 328	2 874,60	149 147	56 177	4 213,27	39 588	2 969,10
142 721	52 772	3 957,90	37 122	2 784,15	145 961	54 489	4 086,67	38 368	2 877,60	149 201	56 206	4 215,45	39 630	2 972,25
142 775	52 800	3 960,—	37 122	2 784,15	146 015	54 517	4 088,77	38 368	2 877,60	149 255	56 235	4 217,62	39 630	2 972,25
142 829	52 829	3 962,17	37 164	2 787,30	146 069	54 546	4 090,95	38 410	2 880,75	149 309	56 263	4 219,72	39 674	2 975,55
142 883	52 857	3 964,27	37 164	2 787,30	146 123	54 575	4 093,12	38 410	2 880,75	149 363	56 292	4 221,90	39 674	2 975,55
142 937	52 886	3 966,45	37 206	2 790,45	146 177	54 603	4 095,22	38 452	2 883,90	149 417	56 320	4 224,—	39 716	2 978,70
142 991	52 915	3 968,62	37 206	2 790,45	146 231	54 632	4 097,40	38 452	2 883,90	149 471	56 349	4 226,17	39 716	2 978,70
143 045	52 943	3 970,72	37 246	2 793,45	146 285	54 660	4 099,50	38 494	2 887,05	149 525	56 378	4 228,35	39 758	2 981,85
143 099	52 972	3 972,90	37 246	2 793,45	146 339	54 689	4 101,67	38 494	2 887,05	149 579	56 406	4 230,45	39 758	2 981,85
143 153	53 001	3 975,07	37 288	2 796,60	146 393	54 718	4 103,85	38 536	2 890,20	149 633	56 435	4 232,62	39 800	2 985,—
143 207	53 029	3 977,17	37 288	2 796,60	146 447	54 746	4 105,95	38 536	2 890,20	149 687	56 464	4 234,80	39 800	2 985,—
143 261	53 058	3 979,35	37 330	2 799,75	146 501	54 775	4 108,12	38 578	2 893,35	149 741	56 492	4 236,90	39 842	2 988,15
143 315	53 086	3 981,45	37 330	2 799,75	146 555	54 804	4 110,30	38 578	2 893,35	149 795	56 521	4 239,07	39 842	2 988,15
143 369	53 115	3 983,62	37 370	2 802,75	146 609	54 832	4 112,40	38 620	2 896,50	149 849	56 549	4 241,17	39 886	2 991,45
143 423	53 144	3 985,80	37 370	2 802,75	146 663	54 861	4 114,57	38 620	2 896,50	149 903	56 578	4 243,35	39 886	2 991,45
143 477	53 172	3 987,90	37 412	2 805,90	146 717	54 889	4 116,67	38 662	2 899,65	149 957	56 607	4 245,52	39 928	2 994,60
143 531	53 201	3 990,07	37 412	2 805,90	146 771	54 918	4 118,85	38 662	2 899,65	150 011	56 635	4 247,62	39 928	2 994,60
143 585	53 229	3 992,17	37 454	2 809,05	146 825	54 947	4 121,02	38 704	2 902,80	150 065	56 664	4 249,80	39 970	2 997,75
143 639	53 258	3 994,35	37 454	2 809,05	146 879	54 975	4 123,12	38 704	2 902,80	150 119	56 692	4 251,90	39 970	2 997,75
143 693	53 287	3 996,52	37 494	2 812,05	146 933	55 004	4 125,30	38 746	2 905,95	150 173	56 721	4 254,07	40 012	3 000,90
143 747	53 315	3 998,62	37 494	2 812,05	146 987	55 033	4 127,47	38 746	2 905,95	150 227	56 750	4 256,25	40 012	3 000,90
143 801	53 344	4 000,80	37 536	2 815,20	147 041	55 061	4 129,57	38 788	2 909,10	150 281	56 778	4 258,35	40 056	3 004,20
143 855	53 373	4 002,97	37 536	2 815,20	147 095	55 090	4 131,75	38 788	2 909,10	150 335	56 807	4 260,52	40 056	3 004,20
143 909	53 401	4 005,07	37 578	2 818,35	147 149	55 118	4 133,85	38 830	2 912,25	150 389	56 836	4 262,70	40 098	3 007,35
143 963	53 430	4 007,25	37 578	2 818,35	147 203	55 147	4 136,02	38 830	2 912,25	150 443	56 864	4 264,80	40 098	3 007,35
144 017	53 458	4 009,35	37 620	2 821,50	147 257	55 176	4 138,20	38 872	2 915,40	150 497	56 893	4 266,97	40 140	3 010,50
144 071	53 487	4 011,52	37 620	2 821,50	147 311	55 204	4 140,30	38 872	2 915,40	150 551	56 921	4 269,07	40 140	3 010,50
144 125	53 516	4 013,70	37 660	2 824,50	147 365	55 233	4 142,47	38 914	2 918,55	150 605	56 950	4 271,25	40 182	3 013,65
144 179	53 544	4 015,80	37 660	2 824,50	147 419	55 261	4 144,57	38 914	2 918,55	150 659	56 979	4 273,42	40 182	3 013,65
144 233	53 573	4 017,97	37 702	2 827,65	147 473	55 290	4 146,75	38 956	2 921,70	150 713	57 007	4 275,52	40 226	3 016,95
144 287	53 602	4 020,15	37 702	2 827,65	147 527	55 319	4 148,92	38 956	2 921,70	150 767	57 036	4 277,70	40 226	3 016,95
144 341	53 630	4 022,25	37 744	2 830,80	147 581	55 347	4 151,02	38 998	2 924,85	150 821	57 065	4 279,87	40 268	3 020,10
144 395	53 659	4 024,42	37 744	2 830,80	147 635	55 376	4 153,20	38 998	2 924,85	150 875	57 093	4 281,97	40 268	3 020,10
144 449	53 687	4 026,52	37 786	2 833,95	147 689	55 405	4 155,37	39 040	2 928,—	150 929	57 122	4 284,15	40 310	3 023,25
144 503	53 716	4 028,70	37 786	2 833,95	147 743	55 433	4 157,47	39 040	2 928,—	150 983	57 150	4 286,25	40 310	3 023,25
144 557	53 745	4 030,87	37 826	2 836,95	147 797	55 462	4 159,65	39 082	2 931,15	151 037	57 179	4 288,42	40 354	3 026,55
144 611	53 773	4 032,97	37 826	2 836,95	147 851	55 490	4 161,75	39 082	2 931,15	151 091	57 208	4 290,60	40 354	3 026,55
144 665	53 802	4 035,15	37 868	2 840,10	147 905	55 519	4 163,92	39 124	2 934,30	151 145	57 236	4 292,70	40 396	3 029,70
144 719	53 830	4 037,25	37 868	2 840,10	147 959	55 548	4 166,10	39 124	2 934,30	151 199	57 265	4 294,87	40 396	3 029,70
144 773	53 859	4 039,42	37 910	2 843,25	148 013	55 576	4 168,20	39 166	2 937,45	151 253	57 294	4 297,05	40 438	3 032,85
144 827	53 888	4 041,60	37 910	2 843,25	148 067	55 605	4 170,37	39 166	2 937,45	151 307	57 322	4 299,15	40 438	3 032,85
144 881	53 916	4 043,70	37 952	2 846,40	148 121	55 634	4 172,55	39 208	2 940,60	151 361	57 351	4 301,32	40 482	3 036,15
144 935	53 945	4 045,87	37 952	2 846,40	148 175	55 662	4 174,65	39 208	2 940,60	151 415	57 379	4 303,42	40 482	3 036,15

Achtung: Bei gewerblichen Einkünften Tabellen-Anhang beachten!

Einkommensteuer-Tabelle 1995

161 135,– EINKOMMEN

Zu versteuerndes Einkommen bis DM	Grundtabelle ESt	Grundtabelle SolZ	Splittingtabelle ESt	Splittingtabelle SolZ	Zu versteuerndes Einkommen bis DM	Grundtabelle ESt	Grundtabelle SolZ	Splittingtabelle ESt	Splittingtabelle SolZ	Zu versteuerndes Einkommen bis DM	Grundtabelle ESt	Grundtabelle SolZ	Splittingtabelle ESt	Splittingtabelle SolZ
151 469	57 408	4 305,60	40 524	3 039,30	154 709	59 125	4 434,37	41 814	3 136,05	157 949	60 842	4 563,15	43 118	3 233,85
151 523	57 437	4 307,77	40 524	3 039,30	154 763	59 154	4 436,55	41 814	3 136,05	158 003	60 871	4 565,32	43 118	3 233,85
151 577	57 465	4 309,87	40 566	3 042,45	154 817	59 182	4 438,65	41 856	3 139,20	158 057	60 900	4 567,50	43 162	3 237,15
151 631	57 494	4 312,05	40 566	3 042,45	154 871	59 211	4 440,82	41 856	3 139,20	158 111	60 928	4 569,60	43 162	3 237,15
151 685	57 522	4 314,15	40 610	3 045,75	154 925	59 240	4 443,—	41 900	3 142,50	158 165	60 957	4 571,77	43 206	3 240,45
151 739	57 551	4 316,32	40 610	3 045,75	154 979	59 268	4 445,10	41 900	3 142,50	158 219	60 985	4 573,87	43 206	3 240,45
151 793	57 580	4 318,50	40 652	3 048,90	155 033	59 297	4 447,27	41 942	3 145,65	158 273	61 014	4 576,05	43 250	3 243,75
151 847	57 608	4 320,60	40 652	3 048,90	155 087	59 326	4 449,45	41 942	3 145,65	158 327	61 043	4 578,22	43 250	3 243,75
151 901	57 637	4 322,77	40 694	3 052,05	155 141	59 354	4 451,55	41 986	3 148,95	158 381	61 071	4 580,32	43 294	3 247,05
151 955	57 666	4 324,95	40 694	3 052,05	155 195	59 383	4 453,72	41 986	3 148,95	158 435	61 100	4 582,50	43 294	3 247,05
152 009	57 694	4 327,05	40 738	3 055,35	155 249	59 411	4 455,82	42 030	3 152,25	158 489	61 129	4 584,67	43 338	3 250,35
152 063	57 723	4 329,22	40 738	3 055,35	155 303	59 440	4 458,—	42 030	3 152,25	158 543	61 157	4 586,77	43 338	3 250,35
152 117	57 751	4 331,32	40 780	3 058,50	155 357	59 469	4 460,17	42 072	3 155,40	158 597	61 186	4 588,95	43 382	3 253,65
152 171	57 780	4 333,50	40 780	3 058,50	155 411	59 497	4 462,27	42 072	3 155,40	158 651	61 214	4 591,05	43 382	3 253,65
152 225	57 809	4 335,67	40 824	3 061,80	155 465	59 526	4 464,45	42 116	3 158,70	158 705	61 243	4 593,22	43 426	3 256,95
152 279	57 837	4 337,77	40 824	3 061,80	155 519	59 554	4 466,55	42 116	3 158,70	158 759	61 272	4 595,40	43 426	3 256,95
152 333	57 866	4 339,95	40 866	3 064,95	155 573	59 583	4 468,72	42 160	3 162,—	158 813	61 300	4 597,50	43 470	3 260,25
152 387	57 895	4 342,12	40 866	3 064,95	155 627	59 612	4 470,90	42 160	3 162,—	158 867	61 329	4 599,67	43 470	3 260,25
152 441	57 923	4 344,22	40 910	3 068,25	155 681	59 640	4 473,—	42 204	3 165,30	158 921	61 358	4 601,85	43 512	3 263,40
152 495	57 952	4 346,40	40 910	3 068,25	155 735	59 669	4 475,17	42 204	3 165,30	158 975	61 386	4 603,95	43 512	3 263,40
152 549	57 980	4 348,50	40 952	3 071,40	155 789	59 698	4 477,35	42 246	3 168,45	159 029	61 415	4 606,12	43 556	3 266,70
152 603	58 009	4 350,67	40 952	3 071,40	155 843	59 726	4 479,45	42 246	3 168,45	159 083	61 443	4 608,22	43 556	3 266,70
152 657	58 038	4 352,85	40 994	3 074,55	155 897	59 755	4 481,62	42 290	3 171,75	159 137	61 472	4 610,40	43 600	3 270,—
152 711	58 066	4 354,95	40 994	3 074,55	155 951	59 783	4 483,72	42 290	3 171,75	159 191	61 501	4 612,57	43 600	3 270,—
152 765	58 095	4 357,12	41 038	3 077,85	156 005	59 812	4 485,90	42 334	3 175,05	159 245	61 529	4 614,67	43 644	3 273,30
152 819	58 123	4 359,22	41 038	3 077,85	156 059	59 841	4 488,07	42 334	3 175,05	159 299	61 558	4 616,85	43 644	3 273,30
152 873	58 152	4 361,40	41 080	3 081,—	156 113	59 869	4 490,17	42 376	3 178,20	159 353	61 587	4 619,02	43 688	3 276,60
152 927	58 181	4 363,57	41 080	3 081,—	156 167	59 898	4 492,35	42 376	3 178,20	159 407	61 615	4 621,12	43 688	3 276,60
152 981	58 209	4 365,67	41 124	3 084,30	156 221	59 927	4 494,52	42 420	3 181,50	159 461	61 644	4 623,30	43 732	3 279,90
153 035	58 238	4 367,85	41 124	3 084,30	156 275	59 955	4 496,62	42 420	3 181,50	159 515	61 672	4 625,40	43 732	3 279,90
153 089	58 267	4 370,02	41 166	3 087,45	156 329	59 984	4 498,80	42 464	3 184,80	159 569	61 701	4 627,57	43 776	3 283,20
153 143	58 295	4 372,12	41 166	3 087,45	156 383	60 012	4 500,90	42 464	3 184,80	159 623	61 730	4 629,75	43 776	3 283,20
153 197	58 324	4 374,30	41 210	3 090,75	156 437	60 041	4 503,07	42 508	3 188,10	159 677	61 758	4 631,85	43 820	3 286,50
153 251	58 352	4 376,40	41 210	3 090,75	156 491	60 070	4 505,25	42 508	3 188,10	159 731	61 787	4 634,02	43 820	3 286,50
153 305	58 381	4 378,57	41 252	3 093,90	156 545	60 098	4 507,35	42 550	3 191,25	159 785	61 815	4 636,12	43 864	3 289,80
153 359	58 410	4 380,75	41 252	3 093,90	156 599	60 127	4 509,52	42 550	3 191,25	159 839	61 844	4 638,30	43 864	3 289,80
153 413	58 438	4 382,85	41 296	3 097,20	156 653	60 156	4 511,70	42 594	3 194,55	159 893	61 873	4 640,47	43 910	3 293,25
153 467	58 467	4 385,02	41 296	3 097,20	156 707	60 184	4 513,80	42 594	3 194,55	159 947	61 901	4 642,57	43 910	3 293,25
153 521	58 496	4 387,20	41 338	3 100,35	156 761	60 213	4 515,97	42 638	3 197,85	160 001	61 930	4 644,75	43 954	3 296,55
153 575	58 524	4 389,30	41 338	3 100,35	156 815	60 241	4 518,07	42 638	3 197,85	160 055	61 959	4 646,92	43 954	3 296,55
153 629	58 553	4 391,47	41 382	3 103,65	156 869	60 270	4 520,25	42 682	3 201,15	160 109	61 987	4 649,02	43 998	3 299,85
153 683	58 581	4 393,57	41 382	3 103,65	156 923	60 299	4 522,42	42 682	3 201,15	160 163	62 016	4 651,20	43 998	3 299,85
153 737	58 610	4 395,75	41 424	3 106,80	156 977	60 327	4 524,52	42 726	3 204,45	160 217	62 044	4 653,30	44 042	3 303,15
153 791	58 639	4 397,92	41 424	3 106,80	157 031	60 356	4 526,70	42 726	3 204,45	160 271	62 073	4 655,47	44 042	3 303,15
153 845	58 667	4 400,02	41 468	3 110,10	157 085	60 384	4 528,80	42 768	3 207,60	160 325	62 102	4 657,65	44 086	3 306,45
153 899	58 696	4 402,20	41 468	3 110,10	157 139	60 413	4 530,97	42 768	3 207,60	160 379	62 130	4 659,75	44 086	3 306,45
153 953	58 725	4 404,37	41 510	3 113,25	157 193	60 442	4 533,15	42 812	3 210,90	160 433	62 159	4 661,92	44 130	3 309,75
154 007	58 753	4 406,47	41 510	3 113,25	157 247	60 470	4 535,25	42 812	3 210,90	160 487	62 188	4 664,10	44 130	3 309,75
154 061	58 782	4 408,65	41 554	3 116,55	157 301	60 499	4 537,42	42 856	3 214,20	160 541	62 216	4 666,20	44 174	3 313,05
154 115	58 810	4 410,75	41 554	3 116,55	157 355	60 528	4 539,60	42 856	3 214,20	160 595	62 245	4 668,37	44 174	3 313,05
154 169	58 839	4 412,92	41 598	3 119,85	157 409	60 556	4 541,70	42 900	3 217,50	160 649	62 273	4 670,47	44 218	3 316,35
154 223	58 868	4 415,10	41 598	3 119,85	157 463	60 585	4 543,87	42 900	3 217,50	160 703	62 302	4 672,65	44 218	3 316,35
154 277	58 896	4 417,20	41 640	3 123,—	157 517	60 613	4 545,97	42 944	3 220,80	160 757	62 331	4 674,82	44 262	3 319,65
154 331	58 925	4 419,37	41 640	3 123,—	157 571	60 642	4 548,15	42 944	3 220,80	160 811	62 359	4 676,92	44 262	3 319,65
154 385	58 953	4 421,47	41 684	3 126,30	157 625	60 671	4 550,32	42 988	3 224,10	160 865	62 388	4 679,10	44 306	3 322,95
154 439	58 982	4 423,65	41 684	3 126,30	157 679	60 699	4 552,42	42 988	3 224,10	160 919	62 416	4 681,20	44 306	3 322,95
154 493	59 011	4 425,82	41 726	3 129,45	157 733	60 728	4 554,60	43 030	3 227,25	160 973	62 445	4 683,37	44 350	3 326,25
154 547	59 039	4 427,92	41 726	3 129,45	157 787	60 757	4 556,77	43 030	3 227,25	161 027	62 474	4 685,55	44 350	3 326,25
154 601	59 068	4 430,10	41 770	3 132,75	157 841	60 785	4 558,87	43 074	3 230,55	161 081	62 502	4 687,65	44 396	3 329,70
154 655	59 097	4 432,27	41 770	3 132,75	157 895	60 814	4 561,05	43 074	3 230,55	161 135	62 531	4 689,82	44 396	3 329,70

Achtung: Bei gewerblichen Einkünften Tabellen-Anhang beachten!

Tabellen

Einkommensteuer-Tabelle 1995

EINKOMMEN 161 136,–

Zu versteuerndes Einkommen bis DM	Abzüge an Einkommensteuer Solidaritätszuschlag				Zu versteuerndes Einkommen bis DM	Abzüge an Einkommensteuer Solidaritätszuschlag				Zu versteuerndes Einkommen bis DM	Abzüge an Einkommensteuer Solidaritätszuschlag			
	Grundtabelle		Splittingtabelle			Grundtabelle		Splittingtabelle			Grundtabelle		Splittingtabelle	
	ESt	SolZ	ESt	SolZ		ESt	SolZ	ESt	SolZ		ESt	SolZ	ESt	SolZ
161 189	62 560	4 692,–	44 440	3 333,–	164 429	64 277	4 820,77	45 776	3 433,20	167 669	65 994	4 949,55	47 130	3 534,75
161 243	62 588	4 694,10	44 440	3 333,–	164 483	64 305	4 822,87	45 776	3 433,20	167 723	66 023	4 951,72	47 130	3 534,75
161 297	62 617	4 696,27	44 484	3 336,30	164 537	64 334	4 825,05	45 822	3 436,65	167 777	66 051	4 953,82	47 174	3 538,05
161 351	62 645	4 698,37	44 484	3 336,30	164 591	64 363	4 827,22	45 822	3 436,65	167 831	66 080	4 956,–	47 174	3 538,05
161 405	62 674	4 700,55	44 528	3 339,60	164 645	64 391	4 829,32	45 866	3 439,95	167 885	66 108	4 958,10	47 220	3 541,50
161 459	62 703	4 702,72	44 528	3 339,60	164 699	64 420	4 831,50	45 866	3 439,95	167 939	66 137	4 960,27	47 220	3 541,50
161 513	62 731	4 704,82	44 572	3 342,90	164 753	64 449	4 833,67	45 912	3 443,40	167 993	66 166	4 962,45	47 266	3 544,95
161 567	62 760	4 707,–	44 572	3 342,90	164 807	64 477	4 835,77	45 912	3 443,40	168 047	66 194	4 964,55	47 266	3 544,95
161 621	62 789	4 709,17	44 616	3 346,20	164 861	64 506	4 837,95	45 956	3 446,70	168 101	66 223	4 966,72	47 312	3 548,40
161 675	62 817	4 711,27	44 616	3 346,20	164 915	64 534	4 840,05	45 956	3 446,70	168 155	66 252	4 968,90	47 312	3 548,40
161 729	62 846	4 713,45	44 662	3 349,65	164 969	64 563	4 842,22	46 000	3 450,–	168 209	66 280	4 971,–	47 356	3 551,70
161 783	62 874	4 715,55	44 662	3 349,65	165 023	64 592	4 844,40	46 000	3 450,–	168 263	66 309	4 973,17	47 356	3 551,70
161 837	62 903	4 717,72	44 706	3 352,95	165 077	64 620	4 846,50	46 046	3 453,45	168 317	66 337	4 975,27	47 402	3 555,15
161 891	62 932	4 719,90	44 706	3 352,95	165 131	64 649	4 848,67	46 046	3 453,45	168 371	66 366	4 977,45	47 402	3 555,15
161 945	62 960	4 722,–	44 750	3 356,25	165 185	64 677	4 850,77	46 090	3 456,75	168 425	66 395	4 979,62	47 448	3 558,60
161 999	62 989	4 724,17	44 750	3 356,25	165 239	64 706	4 852,95	46 090	3 456,75	168 479	66 423	4 981,72	47 448	3 558,60
162 053	63 018	4 726,35	44 794	3 359,55	165 293	64 735	4 855,12	46 136	3 460,20	168 533	66 452	4 983,90	47 494	3 562,05
162 107	63 046	4 728,45	44 794	3 359,55	165 347	64 763	4 857,22	46 136	3 460,20	168 587	66 481	4 986,07	47 494	3 562,05
162 161	63 075	4 730,62	44 838	3 362,85	165 401	64 792	4 859,40	46 180	3 463,50	168 641	66 509	4 988,17	47 538	3 565,35
162 215	63 103	4 732,72	44 838	3 362,85	165 455	64 821	4 861,57	46 180	3 463,50	168 695	66 538	4 990,35	47 538	3 565,35
162 269	63 132	4 734,90	44 884	3 366,30	165 509	64 849	4 863,67	46 226	3 466,95	168 749	66 566	4 992,45	47 584	3 568,80
162 323	63 161	4 737,07	44 884	3 366,30	165 563	64 878	4 865,85	46 226	3 466,95	168 803	66 595	4 994,62	47 584	3 568,80
162 377	63 189	4 739,17	44 928	3 369,60	165 617	64 906	4 867,95	46 270	3 470,25	168 857	66 624	4 996,80	47 630	3 572,25
162 431	63 218	4 741,35	44 928	3 369,60	165 671	64 935	4 870,12	46 270	3 470,25	168 911	66 652	4 998,90	47 630	3 572,25
162 485	63 246	4 743,45	44 972	3 372,90	165 725	64 964	4 872,30	46 316	3 473,70	168 965	66 681	5 001,07	47 676	3 575,70
162 539	63 275	4 745,62	44 972	3 372,90	165 779	64 992	4 874,40	46 316	3 473,70	169 019	66 709	5 003,17	47 676	3 575,70
162 593	63 304	4 747,80	45 016	3 376,20	165 833	65 021	4 876,57	46 360	3 477,–	169 073	66 738	5 005,35	47 720	3 579,–
162 647	63 332	4 749,90	45 016	3 376,20	165 887	65 050	4 878,75	46 360	3 477,–	169 127	66 767	5 007,52	47 720	3 579,–
162 701	63 361	4 752,07	45 062	3 379,65	165 941	65 078	4 880,85	46 406	3 480,45	169 181	66 795	5 009,62	47 766	3 582,45
162 755	63 390	4 754,25	45 062	3 379,65	165 995	65 107	4 883,02	46 406	3 480,45	169 235	66 824	5 011,80	47 766	3 582,45
162 809	63 418	4 756,35	45 106	3 382,95	166 049	65 135	4 885,12	46 452	3 483,90	169 289	66 853	5 013,97	47 812	3 585,90
162 863	63 447	4 758,52	45 106	3 382,95	166 103	65 164	4 887,30	46 452	3 483,90	169 343	66 881	5 016,07	47 812	3 585,90
162 917	63 475	4 760,62	45 150	3 386,25	166 157	65 193	4 889,47	46 496	3 487,20	169 397	66 910	5 018,25	47 858	3 589,35
162 971	63 504	4 762,80	45 150	3 386,25	166 211	65 221	4 891,57	46 496	3 487,20	169 451	66 938	5 020,35	47 858	3 589,35
163 025	63 533	4 764,97	45 196	3 389,70	166 265	65 250	4 893,75	46 542	3 490,65	169 505	66 967	5 022,52	47 904	3 592,80
163 079	63 561	4 767,07	45 196	3 389,70	166 319	65 278	4 895,85	46 542	3 490,65	169 559	66 996	5 024,70	47 904	3 592,80
163 133	63 590	4 769,25	45 240	3 393,–	166 373	65 307	4 898,02	46 586	3 493,95	169 613	67 024	5 026,80	47 948	3 596,10
163 187	63 619	4 771,42	45 240	3 393,–	166 427	65 336	4 900,20	46 586	3 493,95	169 667	67 053	5 028,97	47 948	3 596,10
163 241	63 647	4 773,52	45 284	3 396,30	166 481	65 364	4 902,30	46 632	3 497,40	169 721	67 082	5 031,15	47 994	3 599,55
163 295	63 676	4 775,70	45 284	3 396,30	166 535	65 393	4 904,47	46 632	3 497,40	169 775	67 110	5 033,25	47 994	3 599,55
163 349	63 704	4 777,80	45 330	3 399,75	166 589	65 422	4 906,65	46 676	3 500,70	169 829	67 139	5 035,42	48 040	3 603,–
163 403	63 733	4 779,97	45 330	3 399,75	166 643	65 450	4 908,75	46 676	3 500,70	169 883	67 167	5 037,52	48 040	3 603,–
163 457	63 762	4 782,15	45 374	3 403,05	166 697	65 479	4 910,92	46 722	3 504,15	169 937	67 196	5 039,70	48 086	3 606,45
163 511	63 790	4 784,25	45 374	3 403,05	166 751	65 507	4 913,02	46 722	3 504,15	169 991	67 225	5 041,87	48 086	3 606,45
163 565	63 819	4 786,42	45 418	3 406,35	166 805	65 536	4 915,20	46 768	3 507,60	170 045	67 253	5 043,97	48 132	3 609,90
163 619	63 847	4 788,52	45 418	3 406,35	166 859	65 565	4 917,37	46 768	3 507,60	170 099	67 282	5 046,15	48 132	3 609,90
163 673	63 876	4 790,70	45 464	3 409,80	166 913	65 593	4 919,47	46 812	3 510,90	170 153	67 311	5 048,32	48 178	3 613,35
163 727	63 905	4 792,87	45 464	3 409,80	166 967	65 622	4 921,65	46 812	3 510,90	170 207	67 339	5 050,42	48 178	3 613,35
163 781	63 933	4 794,97	45 508	3 413,10	167 021	65 651	4 923,82	46 858	3 514,35	170 261	67 368	5 052,60	48 224	3 616,80
163 835	63 962	4 797,15	45 508	3 413,10	167 075	65 679	4 925,92	46 858	3 514,35	170 315	67 396	5 054,70	48 224	3 616,80
163 889	63 991	4 799,32	45 552	3 416,40	167 129	65 708	4 928,10	46 902	3 517,65	170 369	67 425	5 056,87	48 270	3 620,25
163 943	64 019	4 801,42	45 552	3 416,40	167 183	65 736	4 930,20	46 902	3 517,65	170 423	67 454	5 059,05	48 270	3 620,25
163 997	64 048	4 803,60	45 598	3 419,85	167 237	65 765	4 932,37	46 948	3 521,10	170 477	67 482	5 061,15	48 316	3 623,70
164 051	64 076	4 805,70	45 598	3 419,85	167 291	65 794	4 934,55	46 948	3 521,10	170 531	67 511	5 063,32	48 316	3 623,70
164 105	64 105	4 807,87	45 642	3 423,15	167 345	65 822	4 936,65	46 994	3 524,55	170 585	67 539	5 065,42	48 360	3 627,–
164 159	64 134	4 810,05	45 642	3 423,15	167 399	65 851	4 938,82	46 994	3 524,55	170 639	67 568	5 067,60	48 360	3 627,–
164 213	64 162	4 812,15	45 686	3 426,45	167 453	65 880	4 941,–	47 038	3 527,85	170 693	67 597	5 069,77	48 406	3 630,45
164 267	64 191	4 814,25	45 686	3 426,45	167 507	65 908	4 943,10	47 038	3 527,85	170 747	67 625	5 071,87	48 406	3 630,45
164 321	64 220	4 816,50	45 732	3 429,90	167 561	65 937	4 945,27	47 084	3 531,30	170 801	67 654	5 074,05	48 452	3 633,90
164 375	64 248	4 818,60	45 732	3 429,90	167 615	65 965	4 947,37	47 084	3 531,30	170 855	67 683	5 076,22	48 452	3 633,90

Achtung: Bei gewerblichen Einkünften Tabellen-Anhang beachten!

Tabellen
Einkommensteuer-Tabelle 1995

180 575,- EINKOMMEN

Zu versteuerndes Einkommen bis DM	Abzüge an Einkommensteuer Solidaritätszuschlag				Zu versteuerndes Einkommen bis DM	Abzüge an Einkommensteuer Solidaritätszuschlag				Zu versteuerndes Einkommen bis* DM	Abzüge an Einkommensteuer Solidaritätszuschlag			
	Grundtabelle		Splittingtabelle			Grundtabelle		Splittingtabelle			Grundtabelle		Splittingtabelle	
	ESt	SolZ	ESt	SolZ		ESt	SolZ	ESt	SolZ		ESt	SolZ	ESt	SolZ
170 909	67 711	5 078,32	48 498	3 637,35	174 149	69 428	5 207,10	49 884	3 741,30	177 389	71 146	5 335,95	51 284	3 846,30
170 963	67 740	5 080,50	48 498	3 637,35	174 203	69 457	5 209,27	49 884	3 741,30	177 443	71 174	5 338,05	51 284	3 846,30
171 017	67 768	5 082,60	48 544	3 640,80	174 257	69 486	5 211,45	49 930	3 744,75	177 497	71 203	5 340,22	51 332	3 849,90
171 071	67 797	5 084,77	48 544	3 640,80	174 311	69 514	5 213,55	49 930	3 744,75	177 551	71 231	5 342,32	51 332	3 849,90
171 125	67 826	5 086,95	48 590	3 644,25	174 365	69 543	5 215,72	49 976	3 748,20	177 605	71 260	5 344,50	51 378	3 853,35
171 179	67 854	5 089,05	48 590	3 644,25	174 419	69 571	5 217,82	49 976	3 748,20	177 659	71 289	5 346,67	51 378	3 853,35
171 233	67 883	5 091,22	48 636	3 647,70	174 473	69 600	5 220,—	50 022	3 751,65	177 713	71 317	5 348,77	51 426	3 856,95
171 287	67 912	5 093,40	48 636	3 647,70	174 527	69 629	5 222,17	50 022	3 751,65	177 767	71 346	5 350,95	51 426	3 856,95
171 341	67 940	5 095,50	48 682	3 651,15	174 581	69 657	5 224,27	50 070	3 755,25	177 821	71 375	5 353,12	51 472	3 860,40
171 395	67 969	5 097,67	48 682	3 651,15	174 635	69 686	5 226,45	50 070	3 755,25	177 875	71 403	5 355,22	51 472	3 860,40
171 449	67 997	5 099,77	48 728	3 654,60	174 689	69 715	5 228,62	50 116	3 758,70	177 929	71 432	5 357,40	51 520	3 864,—
171 503	68 026	5 101,95	48 728	3 654,60	174 743	69 743	5 230,72	50 116	3 758,70	177 983	71 460	5 359,50	51 520	3 864,—
171 557	68 055	5 104,12	48 774	3 658,05	174 797	69 772	5 232,90	50 162	3 762,15	178 037	71 489	5 361,67	51 566	3 867,45
171 611	68 083	5 106,22	48 774	3 658,05	174 851	69 800	5 235,—	50 162	3 762,15	178 091	71 518	5 363,85	51 566	3 867,45
171 665	68 112	5 108,40	48 820	3 661,50	174 905	69 829	5 237,17	50 208	3 765,60	178 145	71 546	5 365,95	51 614	3 871,05
171 719	68 140	5 110,50	48 820	3 661,50	174 959	69 858	5 239,35	50 208	3 765,60	178 199	71 575	5 368,12	51 614	3 871,05
171 773	68 169	5 112,67	48 866	3 664,95	175 013	69 886	5 241,45	50 256	3 769,20	178 253	71 604	5 370,30	51 660	3 874,50
171 827	68 198	5 114,85	48 866	3 664,95	175 067	69 915	5 243,62	50 256	3 769,20	178 307	71 632	5 372,40	51 660	3 874,50
171 881	68 226	5 116,95	48 912	3 668,40	175 121	69 944	5 245,80	50 302	3 772,65	178 361	71 661	5 374,57	51 708	3 878,10
171 935	68 255	5 119,12	48 912	3 668,40	175 175	69 972	5 247,90	50 302	3 772,65	178 415	71 689	5 376,67	51 708	3 878,10
171 989	68 284	5 121,30	48 958	3 671,85	175 229	70 001	5 250,07	50 348	3 776,10	178 469	71 718	5 378,85	51 754	3 881,55
172 043	68 312	5 123,40	48 958	3 671,85	175 283	70 029	5 252,17	50 348	3 776,10	178 523	71 747	5 381,02	51 754	3 881,55
172 097	68 341	5 125,57	49 004	3 675,30	175 337	70 058	5 254,35	50 396	3 779,70	178 577	71 775	5 383,12	51 802	3 885,15
172 151	68 369	5 127,67	49 004	3 675,30	175 391	70 087	5 256,52	50 396	3 779,70	178 631	71 804	5 385,30	51 802	3 885,15
172 205	68 398	5 129,85	49 050	3 678,75	175 445	70 115	5 258,62	50 442	3 783,15	178 685	71 832	5 387,40	51 850	3 888,75
172 259	68 427	5 132,02	49 050	3 678,75	175 499	70 144	5 260,80	50 442	3 783,15	178 739	71 861	5 389,57	51 850	3 888,75
172 313	68 455	5 134,12	49 096	3 682,20	175 553	70 173	5 262,97	50 488	3 786,60	178 793	71 890	5 391,75	51 896	3 892,20
172 367	68 484	5 136,30	49 096	3 682,20	175 607	70 201	5 265,07	50 488	3 786,60	178 847	71 918	5 393,85	51 896	3 892,20
172 421	68 513	5 138,47	49 142	3 685,65	175 661	70 230	5 267,25	50 536	3 790,20	178 901	71 947	5 396,02	51 944	3 895,80
172 475	68 541	5 140,57	49 142	3 685,65	175 715	70 258	5 269,35	50 536	3 790,20	178 955	71 976	5 398,20	51 944	3 895,80
172 529	68 570	5 142,75	49 188	3 689,10	175 769	70 287	5 271,52	50 582	3 793,65	179 009	72 004	5 400,30	51 990	3 899,25
172 583	68 598	5 144,85	49 188	3 689,10	175 823	70 316	5 273,70	50 582	3 793,65	179 063	72 033	5 402,47	51 990	3 899,25
172 637	68 627	5 147,02	49 236	3 692,70	175 877	70 344	5 275,80	50 628	3 797,10	179 117	72 061	5 404,57	52 038	3 902,85
172 691	68 656	5 149,20	49 236	3 692,70	175 931	70 373	5 277,97	50 628	3 797,10	179 171	72 090	5 406,75	52 038	3 902,85
172 745	68 684	5 151,30	49 282	3 696,15	175 985	70 401	5 280,07	50 676	3 800,70	179 225	72 119	5 408,92	52 086	3 906,45
172 799	68 713	5 153,47	49 282	3 696,15	176 039	70 430	5 282,25	50 676	3 800,70	179 279	72 147	5 411,02	52 086	3 906,45
172 853	68 742	5 155,65	49 328	3 699,60	176 093	70 459	5 284,42	50 722	3 804,15	179 333	72 176	5 413,20	52 132	3 909,90
172 907	68 770	5 157,75	49 328	3 699,60	176 147	70 487	5 286,52	50 722	3 804,15	179 387	72 205	5 415,37	52 132	3 909,90
172 961	68 799	5 159,92	49 374	3 703,05	176 201	70 516	5 288,70	50 768	3 807,60	179 441	72 233	5 417,47	52 180	3 913,50
173 015	68 827	5 162,02	49 374	3 703,05	176 255	70 545	5 290,87	50 768	3 807,60	179 495	72 262	5 419,65	52 180	3 913,50
173 069	68 856	5 164,20	49 420	3 706,50	176 309	70 573	5 292,97	50 816	3 811,20	179 549	72 290	5 421,75	52 228	3 917,10
173 123	68 885	5 166,37	49 420	3 706,50	176 363	70 602	5 295,15	50 816	3 811,20	179 603	72 319	5 423,92	52 228	3 917,10
173 177	68 913	5 168,47	49 466	3 709,95	176 419	70 630	5 297,25	50 862	3 814,65	179 657	72 348	5 426,10	52 274	3 920,55
173 231	68 942	5 170,65	49 466	3 709,95	176 471	70 659	5 299,42	50 862	3 814,65	179 711	72 376	5 428,20	52 274	3 920,55
173 285	68 970	5 172,75	49 512	3 713,40	176 525	70 688	5 301,60	50 910	3 818,25	179 765	72 405	5 430,37	52 322	3 924,15
173 339	68 999	5 174,92	49 512	3 713,40	176 579	70 716	5 303,70	50 910	3 818,25	179 819	72 433	5 432,47	52 322	3 924,15
173 393	69 028	5 177,10	49 558	3 716,85	176 633	70 745	5 305,87	50 956	3 821,70	179 873	72 462	5 434,65	52 370	3 927,75
173 447	69 056	5 179,20	49 558	3 716,85	176 687	70 774	5 308,05	50 956	3 821,70	179 927	72 491	5 436,82	52 370	3 927,75
173 501	69 085	5 181,37	49 606	3 720,45	176 741	70 802	5 310,15	51 002	3 825,15	179 981	72 519	5 438,92	52 416	3 931,20
173 555	69 114	5 183,55	49 606	3 720,45	176 795	70 831	5 312,32	51 002	3 825,15	180 035	72 548	5 441,10	52 416	3 931,20
173 609	69 142	5 185,65	49 652	3 723,90	176 849	70 859	5 314,42	51 050	3 828,75	180 089	72 577	5 443,27	52 464	3 934,80
173 663	69 171	5 187,82	49 652	3 723,90	176 903	70 888	5 316,60	51 050	3 828,75	180 143	72 605	5 445,37	52 464	3 934,80
173 717	69 199	5 189,92	49 698	3 727,35	176 957	70 917	5 318,77	51 096	3 832,20	180 197	72 634	5 447,55	52 512	3 938,40
173 771	69 228	5 192,10	49 698	3 727,35	177 011	70 945	5 320,87	51 096	3 832,20	180 251	72 662	5 449,65	52 512	3 938,40
173 825	69 257	5 194,27	49 744	3 730,80	177 065	70 974	5 323,05	51 144	3 835,80	180 305	72 691	5 451,82	52 558	3 941,85
173 879	69 285	5 196,37	49 744	3 730,80	177 119	71 002	5 325,15	51 144	3 835,80	180 359	72 720	5 454,—	52 558	3 941,85
173 933	69 314	5 198,55	49 790	3 734,25	177 173	71 031	5 327,32	51 190	3 839,25	180 413	72 748	5 456,10	52 606	3 945,45
173 987	69 343	5 200,72	49 790	3 734,25	177 227	71 060	5 329,50	51 190	3 839,25	180 467	72 777	5 458,27	52 606	3 945,45
174 041	69 371	5 202,82	49 838	3 737,85	177 281	71 088	5 331,60	51 238	3 842,85	180 521	72 806	5 460,45	52 654	3 949,05
174 095	69 400	5 205,—	49 838	3 737,85	177 335	71 117	5 333,77	51 238	3 842,85	180 575	72 834	5 462,55	52 654	3 949,05

Achtung: Bei gewerblichen Einkünften Tabellen-Anhang beachten !

Tabellen

Einkommensteuer-Tabelle 1995

EINKOMMEN 180 576,–

Zu versteuerndes Einkommen bis DM	Abzüge an Einkommensteuer Solidaritätszuschlag Grundtabelle		Splittingtabelle		Zu versteuerndes Einkommen bis DM	Abzüge an Einkommensteuer Solidaritätszuschlag Grundtabelle		Splittingtabelle		Zu versteuerndes Einkommen bis DM	Abzüge an Einkommensteuer Solidaritätszuschlag Grundtabelle		Splittingtabelle	
	ESt	SolZ	ESt	SolZ		ESt	SolZ	ESt	SolZ		ESt	SolZ	ESt	SolZ
180 629	72 863	5 464,72	52 702	3 952,65	183 869	74 580	5 593,50	54 134	4 060,05	187 109	76 297	5 722,27	55 582	4 168,65
180 683	72 891	5 466,82	52 702	3 952,65	183 923	74 609	5 595,67	54 134	4 060,05	187 163	76 326	5 724,45	55 582	4 168,65
180 737	72 920	5 469,–	52 748	3 956,10	183 977	74 637	5 597,77	54 182	4 063,65	187 217	76 354	5 726,55	55 632	4 172,40
180 791	72 949	5 471,17	52 748	3 956,10	184 031	74 666	5 599,95	54 182	4 063,65	187 271	76 383	5 728,72	55 632	4 172,40
180 845	72 977	5 473,27	52 796	3 959,70	184 085	74 694	5 602,05	54 230	4 067,25	187 325	76 412	5 730,90	55 680	4 176,–
180 899	73 006	5 475,45	52 796	3 959,70	184 139	74 723	5 604,22	54 230	4 067,25	187 379	76 440	5 733,–	55 680	4 176,–
180 953	73 035	5 477,62	52 844	3 963,30	184 193	74 752	5 606,40	54 278	4 070,85	187 433	76 469	5 735,17	55 728	4 179,60
181 007	73 063	5 479,72	52 844	3 963,30	184 247	74 780	5 608,50	54 278	4 070,85	187 487	76 498	5 737,35	55 728	4 179,60
181 061	73 092	5 481,90	52 892	3 966,90	184 301	74 809	5 610,67	54 326	4 074,45	187 541	76 526	5 739,45	55 776	4 183,20
181 115	73 120	5 484,–	52 892	3 966,90	184 355	74 838	5 612,85	54 326	4 074,45	187 595	76 555	5 741,62	55 776	4 183,20
181 169	73 149	5 486,17	52 938	3 970,35	184 409	74 866	5 614,95	54 374	4 078,05	187 649	76 583	5 743,72	55 826	4 186,95
181 223	73 178	5 488,35	52 938	3 970,35	184 463	74 895	5 617,12	54 374	4 078,05	187 703	76 612	5 745,90	55 826	4 186,95
181 277	73 206	5 490,45	52 986	3 973,95	184 517	74 923	5 619,22	54 422	4 081,65	187 757	76 641	5 748,07	55 874	4 190,55
181 331	73 235	5 492,62	52 986	3 973,95	184 571	74 952	5 621,40	54 422	4 081,65	187 811	76 669	5 750,17	55 874	4 190,55
181 385	73 263	5 494,72	53 034	3 977,55	184 625	74 981	5 623,57	54 470	4 085,25	187 865	76 698	5 752,35	55 922	4 194,15
181 439	73 292	5 496,90	53 034	3 977,55	184 679	75 009	5 625,67	54 470	4 085,25	187 919	76 726	5 754,45	55 922	4 194,15
181 493	73 321	5 499,07	53 082	3 981,15	184 733	75 038	5 627,85	54 518	4 088,85	187 973	76 755	5 756,62	55 972	4 197,90
181 547	73 349	5 501,17	53 082	3 981,15	184 787	75 067	5 630,02	54 518	4 088,85	188 027	76 784	5 758,80	55 972	4 197,90
181 601	73 378	5 503,35	53 130	3 984,75	184 841	75 095	5 632,12	54 566	4 092,45	188 081	76 812	5 760,90	56 020	4 201,50
181 655	73 407	5 505,52	53 130	3 984,75	184 895	75 124	5 634,30	54 566	4 092,45	188 135	76 841	5 763,07	56 020	4 201,50
181 709	73 435	5 507,62	53 176	3 988,20	184 949	75 152	5 636,40	54 616	4 096,20	188 189	76 870	5 765,25	56 070	4 205,25
181 763	73 464	5 509,80	53 176	3 988,20	185 003	75 181	5 638,57	54 616	4 096,20	188 243	76 898	5 767,35	56 070	4 205,25
181 817	73 492	5 511,90	53 224	3 991,80	185 057	75 210	5 640,75	54 664	4 099,80	188 297	76 927	5 769,52	56 118	4 208,85
181 871	73 521	5 514,07	53 224	3 991,80	185 111	75 238	5 642,85	54 664	4 099,80	188 351	76 955	5 771,62	56 118	4 208,85
181 925	73 550	5 516,25	53 272	3 995,40	185 165	75 267	5 645,02	54 712	4 103,40	188 405	76 984	5 773,80	56 166	4 212,45
181 979	73 578	5 518,35	53 272	3 995,40	185 219	75 295	5 647,12	54 712	4 103,40	188 459	77 013	5 775,97	56 166	4 212,45
182 033	73 607	5 520,52	53 320	3 999,–	185 273	75 324	5 649,30	54 760	4 107,–	188 513	77 041	5 778,07	56 216	4 216,20
182 087	73 636	5 522,70	53 320	3 999,–	185 327	75 353	5 651,47	54 760	4 107,–	188 567	77 070	5 780,25	56 216	4 216,20
182 141	73 664	5 524,80	53 368	4 002,60	185 381	75 381	5 653,57	54 808	4 110,60	188 621	77 099	5 782,42	56 264	4 219,80
182 195	73 693	5 526,97	53 368	4 002,60	185 435	75 410	5 655,75	54 808	4 110,60	188 675	77 127	5 784,52	56 264	4 219,80
182 249	73 721	5 529,07	53 416	4 006,20	185 489	75 439	5 657,92	54 856	4 114,20	188 729	77 156	5 786,70	56 312	4 223,40
182 303	73 750	5 531,25	53 416	4 006,20	185 543	75 467	5 660,02	54 856	4 114,20	188 783	77 184	5 788,80	56 312	4 223,40
182 357	73 779	5 533,42	53 464	4 009,80	185 597	75 496	5 662,20	54 904	4 117,80	188 837	77 213	5 790,97	56 362	4 227,15
182 411	73 807	5 535,52	53 464	4 009,80	185 651	75 524	5 664,30	54 904	4 117,80	188 891	77 242	5 793,15	56 362	4 227,15
182 465	73 836	5 537,70	53 512	4 013,40	185 705	75 553	5 666,47	54 952	4 121,40	188 945	77 270	5 795,25	56 410	4 230,75
182 519	73 864	5 539,80	53 512	4 013,40	185 759	75 582	5 668,65	54 952	4 121,40	188 999	77 299	5 797,42	56 410	4 230,75
182 573	73 893	5 541,97	53 558	4 016,85	185 813	75 610	5 670,75	55 002	4 125,15	189 053	77 328	5 799,60	56 460	4 234,50
182 627	73 922	5 544,15	53 558	4 016,85	185 867	75 639	5 672,92	55 002	4 125,15	189 107	77 356	5 801,70	56 460	4 234,50
182 681	73 950	5 546,25	53 606	4 020,45	185 921	75 668	5 675,10	55 050	4 128,75	189 161	77 385	5 803,87	56 508	4 238,10
182 735	73 979	5 548,42	53 606	4 020,45	185 975	75 696	5 677,20	55 050	4 128,75	189 215	77 413	5 805,97	56 508	4 238,10
182 789	74 008	5 550,60	53 654	4 024,05	186 029	75 725	5 679,37	55 098	4 132,35	189 269	77 442	5 808,15	56 558	4 241,85
182 843	74 036	5 552,70	53 654	4 024,05	186 083	75 753	5 681,47	55 098	4 132,35	189 323	77 471	5 810,32	56 558	4 241,85
182 897	74 065	5 554,87	53 702	4 027,65	186 137	75 782	5 683,65	55 146	4 135,95	189 377	77 499	5 812,42	56 606	4 245,45
182 951	74 093	5 556,97	53 702	4 027,65	186 191	75 811	5 685,82	55 146	4 135,95	189 431	77 528	5 814,60	56 606	4 245,45
183 005	74 122	5 559,15	53 750	4 031,25	186 245	75 839	5 687,92	55 194	4 139,55	189 485	77 556	5 816,70	56 656	4 249,20
183 059	74 151	5 561,32	53 750	4 031,25	186 299	75 868	5 690,10	55 194	4 139,55	189 539	77 585	5 818,87	56 656	4 249,20
183 113	74 179	5 563,42	53 798	4 034,85	186 353	75 897	5 692,27	55 244	4 143,30	189 593	77 614	5 821,05	56 704	4 252,80
183 167	74 208	5 565,60	53 798	4 034,85	186 407	75 925	5 694,37	55 244	4 143,30	189 647	77 642	5 823,15	56 704	4 252,80
183 221	74 237	5 567,77	53 846	4 038,45	186 461	75 954	5 696,55	55 292	4 146,90	189 701	77 671	5 825,32	56 754	4 256,55
183 275	74 265	5 569,87	53 846	4 038,45	186 515	75 982	5 698,65	55 292	4 146,90	189 755	77 700	5 827,50	56 754	4 256,55
183 329	74 294	5 572,05	53 894	4 042,05	186 569	76 011	5 700,82	55 340	4 150,50	189 809	77 728	5 829,60	56 802	4 260,15
183 383	74 322	5 574,15	53 894	4 042,05	186 623	76 040	5 703,–	55 340	4 150,50	189 863	77 757	5 831,77	56 802	4 260,15
183 437	74 351	5 576,32	53 942	4 045,65	186 677	76 068	5 705,10	55 388	4 154,10	189 917	77 785	5 833,87	56 852	4 263,90
183 491	74 380	5 578,50	53 942	4 045,65	186 731	76 097	5 707,27	55 388	4 154,10	189 971	77 814	5 836,05	56 852	4 263,90
183 545	74 408	5 580,60	53 990	4 049,25	186 785	76 125	5 709,37	55 438	4 157,85	190 025	77 843	5 838,22	56 900	4 267,50
183 599	74 437	5 582,77	53 990	4 049,25	186 839	76 154	5 711,55	55 438	4 157,85	190 079	77 871	5 840,32	56 900	4 267,50
183 653	74 466	5 584,95	54 038	4 052,85	186 893	76 183	5 713,72	55 486	4 161,45	190 133	77 900	5 842,50	56 950	4 271,25
183 707	74 494	5 587,05	54 038	4 052,85	186 947	76 211	5 715,82	55 486	4 161,45	190 187	77 929	5 844,67	56 950	4 271,25
183 761	74 523	5 589,22	54 086	4 056,45	187 001	76 240	5 718,–	55 534	4 165,05	190 241	77 957	5 846,77	56 998	4 274,85
183 815	74 551	5 591,32	54 086	4 056,45	187 055	76 269	5 720,17	55 534	4 165,05	190 295	77 986	5 848,95	56 998	4 274,85

Achtung: Bei gewerblichen Einkünften Tabellen-Anhang beachten!

Tabellen

Einkommensteuer-Tabelle 1995

200 015,- EINKOMMEN

Zu versteuerndes Einkommen bis DM	Abzüge an Einkommensteuer Solidaritätszuschlag Grundtabelle		Splittingtabelle		Zu versteuerndes Einkommen bis DM	Abzüge an Einkommensteuer Solidaritätszuschlag Grundtabelle		Splittingtabelle		Zu versteuerndes Einkommen bis DM	Abzüge an Einkommensteuer Solidaritätszuschlag Grundtabelle		Splittingtabelle	
	ESt	SolZ	ESt	SolZ		ESt	SolZ	ESt	SolZ		ESt	SolZ	ESt	SolZ
190 349	78 014	5 851,05	57 048	4 278,60	193 589	79 732	5 979,90	58 528	4 389,60	196 829	81 449	6 108,67	60 024	4 501,80
190 403	78 043	5 853,22	57 048	4 278,60	193 643	79 760	5 982,—	58 528	4 389,60	196 883	81 477	6 110,77	60 024	4 501,80
190 457	78 072	5 855,40	57 096	4 282,20	193 697	79 789	5 984,17	58 578	4 393,35	196 937	81 506	6 112,95	60 074	4 505,55
190 511	78 100	5 857,50	57 096	4 282,20	193 751	79 817	5 986,27	58 578	4 393,35	196 991	81 535	6 115,12	60 074	4 505,55
190 565	78 129	5 859,67	57 146	4 285,95	193 805	79 846	5 988,45	58 628	4 397,10	197 045	81 563	6 117,22	60 124	4 509,30
190 619	78 157	5 861,77	57 146	4 285,95	193 859	79 875	5 990,62	58 628	4 397,10	197 099	81 592	6 119,40	60 124	4 509,30
190 673	78 186	5 863,95	57 194	4 289,55	193 913	79 903	5 992,72	58 676	4 400,70	197 153	81 621	6 121,57	60 176	4 513,20
190 727	78 215	5 866,12	57 194	4 289,55	193 967	79 932	5 994,90	58 676	4 400,70	197 207	81 649	6 123,67	60 176	4 513,20
190 781	78 243	5 868,22	57 244	4 293,30	194 021	79 961	5 997,07	58 726	4 404,45	197 261	81 678	6 125,85	60 226	4 516,95
190 835	78 272	5 870,40	57 244	4 293,30	194 075	79 989	5 999,17	58 726	4 404,45	197 315	81 706	6 127,95	60 226	4 516,95
190 889	78 301	5 872,57	57 292	4 296,90	194 129	80 018	6 001,35	58 776	4 408,20	197 369	81 735	6 130,12	60 276	4 520,70
190 943	78 329	5 874,67	57 292	4 296,90	194 183	80 046	6 003,45	58 776	4 408,20	197 423	81 764	6 132,30	60 276	4 520,70
190 997	78 358	5 876,85	57 342	4 300,65	194 237	80 075	6 005,62	58 826	4 411,95	197 477	81 792	6 134,40	60 326	4 524,45
191 051	78 386	5 878,95	57 342	4 300,65	194 291	80 104	6 007,80	58 826	4 411,95	197 531	81 821	6 136,57	60 326	4 524,45
191 105	78 415	5 881,12	57 392	4 304,40	194 345	80 132	6 009,90	58 876	4 415,70	197 585	81 849	6 138,67	60 376	4 528,20
191 159	78 444	5 883,30	57 392	4 304,40	194 399	80 161	6 012,07	58 876	4 415,70	197 639	81 878	6 140,85	60 376	4 528,20
191 213	78 472	5 885,40	57 440	4 308,—	194 453	80 190	6 014,25	58 926	4 419,45	197 693	81 907	6 143,02	60 426	4 531,95
191 267	78 501	5 887,57	57 440	4 308,—	194 507	80 218	6 016,35	58 926	4 419,45	197 747	81 935	6 145,12	60 426	4 531,95
191 321	78 530	5 889,75	57 490	4 311,75	194 561	80 247	6 018,52	58 976	4 423,20	197 801	81 964	6 147,30	60 476	4 535,70
191 375	78 558	5 891,85	57 490	4 311,75	194 615	80 275	6 020,62	58 976	4 423,20	197 855	81 993	6 149,47	60 476	4 535,70
191 429	78 587	5 894,02	57 540	4 315,50	194 669	80 304	6 022,80	59 026	4 426,95	197 909	82 021	6 151,57	60 526	4 539,45
191 483	78 615	5 896,12	57 540	4 315,50	194 723	80 333	6 024,97	59 026	4 426,95	197 963	82 050	6 153,75	60 526	4 539,45
191 537	78 644	5 898,30	57 588	4 319,10	194 777	80 361	6 027,07	59 074	4 430,55	198 017	82 078	6 155,85	60 578	4 543,35
191 591	78 673	5 900,47	57 588	4 319,10	194 831	80 390	6 029,25	59 074	4 430,55	198 071	82 107	6 158,02	60 578	4 543,35
191 645	78 701	5 902,57	57 638	4 322,85	194 885	80 418	6 031,35	59 124	4 434,30	198 125	82 136	6 160,20	60 628	4 547,10
191 699	78 730	5 904,75	57 638	4 322,85	194 939	80 447	6 033,52	59 124	4 434,30	198 179	82 164	6 162,30	60 628	4 547,10
191 753	78 759	5 906,92	57 686	4 326,45	194 993	80 476	6 035,70	59 174	4 438,05	198 233	82 193	6 164,47	60 678	4 550,85
191 807	78 787	5 909,02	57 686	4 326,45	195 047	80 504	6 037,80	59 174	4 438,05	198 287	82 222	6 166,65	60 678	4 550,85
191 861	78 816	5 911,20	57 736	4 330,20	195 101	80 533	6 039,97	59 224	4 441,80	198 341	82 250	6 168,75	60 728	4 554,60
191 915	78 844	5 913,30	57 736	4 330,20	195 155	80 562	6 042,15	59 224	4 441,80	198 395	82 279	6 170,92	60 728	4 554,60
191 969	78 873	5 915,47	57 786	4 333,95	195 209	80 590	6 044,25	59 274	4 445,55	198 449	82 307	6 173,02	60 778	4 558,35
192 023	78 902	5 917,65	57 786	4 333,95	195 263	80 619	6 046,42	59 274	4 445,55	198 503	82 336	6 175,20	60 778	4 558,35
192 077	78 930	5 919,75	57 834	4 337,55	195 317	80 647	6 048,52	59 324	4 449,30	198 557	82 365	6 177,37	60 830	4 562,25
192 131	78 959	5 921,92	57 834	4 337,55	195 371	80 676	6 050,70	59 324	4 449,30	198 611	82 393	6 179,47	60 830	4 562,25
192 185	78 987	5 924,02	57 884	4 341,30	195 425	80 705	6 052,87	59 374	4 453,05	198 665	82 422	6 181,65	60 880	4 566,—
192 239	79 016	5 926,20	57 884	4 341,30	195 479	80 733	6 054,97	59 374	4 453,05	198 719	82 450	6 183,75	60 880	4 566,—
192 293	79 045	5 928,37	57 934	4 345,05	195 533	80 762	6 057,15	59 424	4 456,80	198 773	82 479	6 185,92	60 930	4 569,75
192 347	79 073	5 930,47	57 934	4 345,05	195 587	80 791	6 059,32	59 424	4 456,80	198 827	82 508	6 188,10	60 930	4 569,75
192 401	79 102	5 932,65	57 984	4 348,80	195 641	80 819	6 061,42	59 474	4 460,55	198 881	82 536	6 190,20	60 980	4 573,50
192 455	79 131	5 934,82	57 984	4 348,80	195 695	80 848	6 063,60	59 474	4 460,55	198 935	82 565	6 192,37	60 980	4 573,50
192 509	79 159	5 936,92	58 032	4 352,40	195 749	80 876	6 065,70	59 524	4 464,30	198 989	82 594	6 194,55	61 032	4 577,40
192 563	79 188	5 939,10	58 032	4 352,40	195 803	80 905	6 067,87	59 524	4 464,30	199 043	82 622	6 196,65	61 032	4 577,40
192 617	79 216	5 941,20	58 082	4 356,15	195 857	80 934	6 070,05	59 574	4 468,05	199 097	82 651	6 198,82	61 082	4 581,15
192 671	79 245	5 943,37	58 082	4 356,15	195 911	80 962	6 072,15	59 574	4 468,05	199 151	82 679	6 200,92	61 082	4 581,15
192 725	79 274	5 945,55	58 132	4 359,90	195 965	80 991	6 074,32	59 624	4 471,80	199 205	82 708	6 203,10	61 132	4 584,90
192 779	79 302	5 947,65	58 132	4 359,90	196 019	81 019	6 076,42	59 624	4 471,80	199 259	82 737	6 205,27	61 132	4 584,90
192 833	79 331	5 949,82	58 182	4 363,65	196 073	81 048	6 078,60	59 674	4 475,55	199 313	82 765	6 207,37	61 182	4 588,65
192 887	79 360	5 952,—	58 182	4 363,65	196 127	81 077	6 080,77	59 674	4 475,55	199 367	82 794	6 209,55	61 182	4 588,65
192 941	79 388	5 954,10	58 230	4 367,25	196 181	81 105	6 082,87	59 724	4 479,30	199 421	82 823	6 211,72	61 234	4 592,55
192 995	79 417	5 956,27	58 230	4 367,25	196 235	81 134	6 085,05	59 724	4 479,30	199 475	82 851	6 213,82	61 234	4 592,55
193 049	79 445	5 958,37	58 280	4 371,—	196 289	81 163	6 087,22	59 774	4 483,05	199 529	82 880	6 216,—	61 284	4 596,30
193 103	79 474	5 960,55	58 280	4 371,—	196 343	81 191	6 089,32	59 774	4 483,05	199 583	82 908	6 218,10	61 284	4 596,30
193 157	79 503	5 962,72	58 330	4 374,75	196 397	81 220	6 091,50	59 824	4 486,80	199 637	82 937	6 220,27	61 334	4 600,05
193 211	79 531	5 964,82	58 330	4 374,75	196 451	81 248	6 093,60	59 824	4 486,80	199 691	82 966	6 222,45	61 334	4 600,05
193 265	79 560	5 967,—	58 380	4 378,50	196 505	81 277	6 095,77	59 874	4 490,55	199 745	82 994	6 224,55	61 386	4 603,95
193 319	79 588	5 969,10	58 380	4 378,50	196 559	81 306	6 097,95	59 874	4 490,55	199 799	83 023	6 226,72	61 386	4 603,95
193 373	79 617	5 971,27	58 428	4 382,10	196 613	81 334	6 100,05	59 924	4 494,30	199 853	83 052	6 228,90	61 436	4 607,70
193 427	79 646	5 973,45	58 428	4 382,10	196 667	81 363	6 102,22	59 924	4 494,30	199 907	83 080	6 231,—	61 436	4 607,70
193 481	79 674	5 975,55	58 478	4 385,85	196 721	81 392	6 104,40	59 974	4 498,05	199 961	83 109	6 233,17	61 486	4 611,45
193 535	79 703	5 977,72	58 478	4 385,85	196 775	81 420	6 106,50	59 974	4 498,05	200 015	83 137	6 235,27	61 486	4 611,45

Achtung: Bei gewerblichen Einkünften Tabellen-Anhang beachten!

Tabellen

Einkommensteuer-Tabelle 1995

EINKOMMEN 200 016,–

Zu versteuerndes Einkommen bis DM	Abzüge an Einkommensteuer Solidaritätszuschlag				Zu versteuerndes Einkommen bis DM	Abzüge an Einkommensteuer Solidaritätszuschlag				Zu versteuerndes Einkommen bis DM	Abzüge an Einkommensteuer Solidaritätszuschlag			
	Grundtabelle		Splittingtabelle			Grundtabelle		Splittingtabelle			Grundtabelle		Splittingtabelle	
	ESt	SolZ	ESt	SolZ		ESt	SolZ	ESt	SolZ		ESt	SolZ	ESt	SolZ
200 069	83 166	6 237,45	61 538	4 615,35	203 309	84 883	6 366,22	63 066	4 729,95	206 549	86 600	6 495,—	64 610	4 845,75
200 123	83 195	6 239,62	61 538	4 615,35	203 363	84 912	6 368,40	63 066	4 729,95	206 603	86 629	6 497,17	64 610	4 845,75
200 177	83 223	6 241,72	61 588	4 619,10	203 417	84 940	6 370,50	63 116	4 733,70	206 657	86 658	6 499,35	64 662	4 849,65
200 231	83 252	6 243,90	61 588	4 619,10	203 471	84 969	6 372,67	63 116	4 733,70	206 711	86 686	6 501,45	64 662	4 849,65
200 285	83 280	6 246,—	61 638	4 622,85	203 525	84 998	6 374,85	63 168	4 737,60	206 765	86 715	6 503,62	64 714	4 853,55
200 339	83 309	6 248,17	61 638	4 622,85	203 579	85 026	6 376,95	63 168	4 737,60	206 819	86 743	6 505,72	64 714	4 853,55
200 393	83 338	6 250,35	61 690	4 626,75	203 633	85 055	6 379,12	63 220	4 741,50	206 873	86 772	6 507,90	64 766	4 857,45
200 447	83 366	6 252,45	61 690	4 626,75	203 687	85 084	6 381,30	63 220	4 741,50	206 927	86 801	6 510,07	64 766	4 857,45
200 501	83 395	6 254,62	61 740	4 630,50	203 741	85 112	6 383,40	63 270	4 745,25	206 981	86 829	6 512,17	64 818	4 861,35
200 555	83 424	6 256,80	61 740	4 630,50	203 795	85 141	6 385,57	63 270	4 745,25	207 035	86 858	6 514,35	64 818	4 861,35
200 609	83 452	6 258,90	61 790	4 634,25	203 849	85 169	6 387,67	63 322	4 749,15	207 089	86 887	6 516,52	64 868	4 865,10
200 663	83 481	6 261,07	61 790	4 634,25	203 903	85 198	6 389,85	63 322	4 749,15	207 143	86 915	6 518,62	64 868	4 865,10
200 717	83 509	6 263,17	61 842	4 638,15	203 957	85 227	6 392,02	63 374	4 753,05	207 197	86 944	6 520,80	64 920	4 869,—
200 771	83 538	6 265,35	61 842	4 638,15	204 011	85 255	6 394,12	63 374	4 753,05	207 251	86 972	6 522,90	64 920	4 869,—
200 825	83 567	6 267,52	61 892	4 641,90	204 065	85 284	6 396,30	63 424	4 756,80	207 305	87 001	6 525,07	64 972	4 872,90
200 879	83 595	6 269,62	61 892	4 641,90	204 119	85 312	6 398,40	63 424	4 756,80	207 359	87 030	6 527,25	64 972	4 872,90
200 933	83 624	6 271,80	61 944	4 645,80	204 173	85 341	6 400,57	63 476	4 760,70	207 413	87 058	6 529,35	65 024	4 876,80
200 987	83 653	6 273,97	61 944	4 645,80	204 227	85 370	6 402,75	63 476	4 760,70	207 467	87 087	6 531,52	65 024	4 876,80
201 041	83 681	6 276,07	61 994	4 649,55	204 281	85 398	6 404,85	63 528	4 764,60	207 521	87 116	6 533,70	65 076	4 880,70
201 095	83 710	6 278,25	61 994	4 649,55	204 335	85 427	6 407,02	63 528	4 764,60	207 575	87 144	6 535,80	65 076	4 880,70
201 149	83 738	6 280,35	62 044	4 653,30	204 389	85 456	6 409,20	63 578	4 768,35	207 629	87 173	6 537,97	65 128	4 884,60
201 203	83 767	6 282,52	62 044	4 653,30	204 443	85 484	6 411,30	63 578	4 768,35	207 683	87 201	6 540,07	65 128	4 884,60
201 257	83 796	6 284,70	62 096	4 657,20	204 497	85 513	6 413,47	63 630	4 772,25	207 737	87 230	6 542,25	65 180	4 888,50
201 311	83 824	6 286,80	62 096	4 657,20	204 551	85 541	6 415,57	63 630	4 772,25	207 791	87 259	6 544,42	65 180	4 888,50
201 365	83 853	6 288,97	62 146	4 660,95	204 605	85 570	6 417,75	63 682	4 776,15	207 845	87 287	6 546,52	65 232	4 892,40
201 419	83 881	6 291,07	62 146	4 660,95	204 659	85 599	6 419,92	63 682	4 776,15	207 899	87 316	6 548,70	65 232	4 892,40
201 473	83 910	6 293,25	62 198	4 664,85	204 713	85 627	6 422,02	63 732	4 779,90	207 953	87 345	6 550,87	65 284	4 896,30
201 527	83 939	6 295,42	62 198	4 664,85	204 767	85 656	6 424,20	63 732	4 779,90	208 007	87 373	6 552,97	65 284	4 896,30
201 581	83 967	6 297,52	62 248	4 668,60	204 821	85 685	6 426,37	63 784	4 783,80	208 061	87 402	6 555,15	65 336	4 900,20
201 635	83 996	6 299,70	62 248	4 668,60	204 875	85 713	6 428,47	63 784	4 783,80	208 115	87 430	6 557,25	65 336	4 900,20
201 689	84 025	6 301,87	62 300	4 672,50	204 929	85 742	6 430,65	63 836	4 787,70	208 169	87 459	6 559,42	65 388	4 904,10
201 743	84 053	6 303,97	62 300	4 672,50	204 983	85 770	6 432,75	63 836	4 787,70	208 223	87 488	6 561,60	65 388	4 904,10
201 797	84 082	6 306,15	62 350	4 676,25	205 037	85 799	6 434,92	63 888	4 791,60	208 277	87 516	6 563,70	65 440	4 908,—
201 851	84 110	6 308,25	62 350	4 676,25	205 091	85 828	6 437,10	63 888	4 791,60	208 331	87 545	6 565,87	65 440	4 908,—
201 905	84 139	6 310,42	62 402	4 680,15	205 145	85 856	6 439,20	63 938	4 795,35	208 385	87 573	6 567,97	65 492	4 911,90
201 959	84 168	6 312,60	62 402	4 680,15	205 199	85 885	6 441,37	63 938	4 795,35	208 439	87 602	6 570,15	65 492	4 911,90
202 013	84 196	6 314,70	62 452	4 683,90	205 253	85 914	6 443,55	63 990	4 799,25	208 493	87 631	6 572,32	65 544	4 915,80
202 067	84 225	6 316,87	62 452	4 683,90	205 307	85 942	6 445,65	63 990	4 799,25	208 547	87 659	6 574,42	65 544	4 915,80
202 121	84 254	6 319,05	62 504	4 687,80	205 361	85 971	6 447,82	64 042	4 803,15	208 601	87 688	6 576,60	65 596	4 919,70
202 175	84 282	6 321,15	62 504	4 687,80	205 415	85 999	6 449,92	64 042	4 803,15	208 655	87 717	6 578,77	65 596	4 919,70
202 229	84 311	6 323,32	62 554	4 691,55	205 469	86 028	6 452,10	64 094	4 807,05	208 709	87 745	6 580,87	65 648	4 923,60
202 283	84 339	6 325,42	62 554	4 691,55	205 523	86 057	6 454,27	64 094	4 807,05	208 763	87 774	6 583,05	65 648	4 923,60
202 337	84 368	6 327,60	62 606	4 695,45	205 577	86 085	6 456,37	64 144	4 810,80	208 817	87 802	6 585,15	65 700	4 927,50
202 391	84 397	6 329,77	62 606	4 695,45	205 631	86 114	6 458,55	64 144	4 810,80	208 871	87 831	6 587,32	65 700	4 927,50
202 445	84 425	6 331,87	62 656	4 699,20	205 685	86 142	6 460,65	64 196	4 814,70	208 925	87 860	6 589,50	65 752	4 931,40
202 499	84 454	6 334,05	62 656	4 699,20	205 739	86 171	6 462,82	64 196	4 814,70	208 979	87 888	6 591,60	65 752	4 931,40
202 553	84 483	6 336,22	62 708	4 703,10	205 793	86 200	6 465,—	64 248	4 818,60	209 033	87 917	6 593,77	65 804	4 935,30
202 607	84 511	6 338,32	62 708	4 703,10	205 847	86 228	6 467,10	64 248	4 818,60	209 087	87 946	6 595,95	65 804	4 935,30
202 661	84 540	6 340,50	62 758	4 706,85	205 901	86 257	6 469,27	64 300	4 822,50	209 141	87 974	6 598,05	65 856	4 939,20
202 715	84 568	6 342,60	62 758	4 706,85	205 955	86 286	6 471,45	64 300	4 822,50	209 195	88 003	6 600,22	65 856	4 939,20
202 769	84 597	6 344,77	62 810	4 710,75	206 009	86 314	6 473,55	64 352	4 826,40	209 249	88 031	6 602,32	65 910	4 943,25
202 823	84 626	6 346,95	62 810	4 710,75	206 063	86 343	6 475,72	64 352	4 826,40	209 303	88 060	6 604,50	65 910	4 943,25
202 877	84 654	6 349,05	62 860	4 714,50	206 117	86 371	6 477,82	64 404	4 830,30	209 357	88 089	6 606,67	65 962	4 947,15
202 931	84 683	6 351,22	62 860	4 714,50	206 171	86 400	6 480,—	64 404	4 830,30	209 411	88 117	6 608,77	65 962	4 947,15
202 985	84 711	6 353,32	62 912	4 718,40	206 225	86 429	6 482,17	64 454	4 834,05	209 465	88 146	6 610,95	66 014	4 951,05
203 039	84 740	6 355,50	62 912	4 718,40	206 279	86 457	6 484,27	64 454	4 834,05	209 519	88 174	6 613,05	66 014	4 951,05
203 093	84 769	6 357,67	62 964	4 722,30	206 333	86 486	6 486,45	64 506	4 837,95	209 573	88 203	6 615,22	66 066	4 954,95
203 147	84 797	6 359,77	62 964	4 722,30	206 387	86 515	6 488,62	64 506	4 837,95	209 627	88 232	6 617,40	66 066	4 954,95
203 201	84 826	6 361,95	63 014	4 726,05	206 441	86 543	6 490,72	64 558	4 841,85	209 681	88 260	6 619,50	66 118	4 958,85
203 255	84 855	6 364,12	63 014	4 726,05	206 495	86 572	6 492,90	64 558	4 841,85	209 735	88 289	6 621,67	66 118	4 958,85

Achtung: Bei gewerblichen Einkünften Tabellen-Anhang beachten!

Tabellen

Einkommensteuer-Tabelle 1995

238 895,– EINKOMMEN

Zu versteuerndes Einkommen bis DM	Abzüge an Einkommensteuer Solidaritätszuschlag				Zu versteuerndes Einkommen bis DM	Abzüge an Einkommensteuer Solidaritätszuschlag				Zu versteuerndes Einkommen bis DM	Abzüge an Einkommensteuer Solidaritätszuschlag			
	Grundtabelle		Splittingtabelle			Grundtabelle		Splittingtabelle			Grundtabelle		Splittingtabelle	
	ESt	SolZ	ESt	SolZ		ESt	SolZ	ESt	SolZ		ESt	SolZ	ESt	SolZ
229 229	98 621	7 396,57	75 868	5 690,10	232 469	100 338	7 525,35	77 540	5 815,50	235 709	102 055	7 654,12	79 228	5 942,10
229 283	98 649	7 398,67	75 868	5 690,10	232 523	100 367	7 527,52	77 540	5 815,50	235 763	102 084	7 656,30	79 228	5 942,10
229 337	98 678	7 400,85	75 922	5 694,15	232 577	100 395	7 529,62	77 596	5 819,70	235 817	102 112	7 658,40	79 284	5 946,30
229 391	98 707	7 403,02	75 922	5 694,15	232 631	100 424	7 531,80	77 596	5 819,70	235 871	102 141	7 660,57	79 284	5 946,30
229 445	98 735	7 405,12	75 978	5 698,35	232 685	100 452	7 533,90	77 652	5 823,90	235 925	102 170	7 662,75	79 340	5 950,50
229 499	98 764	7 407,30	75 978	5 698,35	232 739	100 481	7 536,07	77 652	5 823,90	235 979	102 198	7 664,85	79 340	5 950,50
229 553	98 793	7 409,47	76 034	5 702,55	232 793	100 510	7 538,25	77 708	5 828,10	236 033	102 227	7 667,02	79 398	5 954,85
229 607	98 821	7 411,57	76 034	5 702,55	232 847	100 538	7 540,35	77 708	5 828,10	236 087	102 256	7 669,20	79 398	5 954,85
229 661	98 850	7 413,75	76 090	5 706,75	232 901	100 567	7 542,52	77 764	5 832,30	236 141	102 284	7 671,30	79 454	5 959,05
229 715	98 878	7 415,85	76 090	5 706,75	232 955	100 596	7 544,70	77 764	5 832,30	236 195	102 313	7 673,47	79 454	5 959,05
229 769	98 907	7 418,02	76 146	5 710,95	233 009	100 624	7 546,80	77 820	5 836,50	236 249	102 341	7 675,57	79 510	5 963,25
229 823	98 936	7 420,20	76 146	5 710,95	233 063	100 653	7 548,97	77 820	5 836,50	236 303	102 370	7 677,75	79 510	5 963,25
229 877	98 964	7 422,30	76 200	5 715,–	233 117	100 681	7 551,07	77 876	5 840,70	236 357	102 399	7 679,92	79 568	5 967,60
229 931	98 993	7 424,47	76 200	5 715,–	233 171	100 710	7 553,25	77 876	5 840,70	236 411	102 427	7 682,02	79 568	5 967,60
229 985	99 021	7 426,57	76 256	5 719,20	233 225	100 739	7 555,42	77 932	5 844,90	236 465	102 456	7 684,20	79 624	5 971,80
230 039	99 050	7 428,75	76 256	5 719,20	233 279	100 767	7 557,52	77 932	5 844,90	236 519	102 484	7 686,30	79 624	5 971,80
230 093	99 079	7 430,92	76 312	5 723,40	233 333	100 796	7 559,70	77 988	5 849,10	236 573	102 513	7 688,47	79 680	5 976,–
230 147	99 107	7 433,02	76 312	5 723,40	233 387	100 825	7 561,87	77 988	5 849,10	236 627	102 542	7 690,65	79 680	5 976,–
230 201	99 136	7 435,20	76 368	5 727,60	233 441	100 853	7 563,97	78 044	5 853,30	236 681	102 570	7 692,75	79 736	5 980,20
230 255	99 165	7 437,37	76 368	5 727,60	233 495	100 882	7 566,15	78 044	5 853,30	236 735	102 599	7 694,92	79 736	5 980,20
230 309	99 193	7 439,47	76 424	5 731,80	233 549	100 910	7 568,25	78 100	5 857,50	236 789	102 628	7 697,10	79 794	5 984,55
230 363	99 222	7 441,65	76 424	5 731,80	233 603	100 939	7 570,42	78 100	5 857,50	236 843	102 656	7 699,20	79 794	5 984,55
230 417	99 250	7 443,75	76 478	5 735,85	233 657	100 968	7 572,60	78 156	5 861,70	236 897	102 685	7 701,37	79 850	5 988,75
230 471	99 279	7 445,92	76 478	5 735,85	233 711	100 996	7 574,70	78 156	5 861,70	236 951	102 713	7 703,47	79 850	5 988,75
230 525	99 308	7 448,10	76 534	5 740,05	233 765	101 025	7 576,87	78 212	5 865,90	237 005	102 742	7 705,65	79 908	5 993,10
230 579	99 336	7 450,20	76 534	5 740,05	233 819	101 053	7 578,97	78 212	5 865,90	237 059	102 771	7 707,82	79 908	5 993,10
230 633	99 365	7 452,37	76 590	5 744,25	233 873	101 082	7 581,15	78 270	5 870,25	237 113	102 799	7 709,92	79 964	5 997,30
230 687	99 394	7 454,55	76 590	5 744,25	233 927	101 111	7 583,32	78 270	5 870,25	237 167	102 828	7 712,10	79 964	5 997,30
230 741	99 422	7 456,65	76 646	5 748,45	233 981	101 139	7 585,42	78 326	5 874,45	237 221	102 857	7 714,27	80 020	6 001,50
230 795	99 451	7 458,82	76 646	5 748,45	234 035	101 168	7 587,60	78 326	5 874,45	237 275	102 885	7 716,37	80 020	6 001,50
230 849	99 479	7 460,92	76 702	5 752,65	234 089	101 197	7 589,77	78 382	5 878,65	237 329	102 914	7 718,55	80 078	6 005,85
230 903	99 508	7 463,10	76 702	5 752,65	234 143	101 225	7 591,87	78 382	5 878,65	237 383	102 942	7 720,65	80 078	6 005,85
230 957	99 537	7 465,27	76 758	5 756,85	234 197	101 254	7 594,05	78 438	5 882,85	237 437	102 971	7 722,82	80 134	6 010,05
231 011	99 565	7 467,37	76 758	5 756,85	234 251	101 282	7 596,15	78 438	5 882,85	237 491	103 000	7 725,–	80 134	6 010,05
231 065	99 594	7 469,55	76 814	5 761,05	234 305	101 311	7 598,32	78 494	5 887,05	237 545	103 028	7 727,10	80 192	6 014,40
231 119	99 622	7 471,65	76 814	5 761,05	234 359	101 340	7 600,50	78 494	5 887,05	237 599	103 057	7 729,27	80 192	6 014,40
231 173	99 651	7 473,82	76 868	5 765,10	234 413	101 368	7 602,60	78 550	5 891,25	237 653	103 086	7 731,45	80 248	6 018,60
231 227	99 680	7 476,–	76 868	5 765,10	234 467	101 397	7 604,77	78 550	5 891,25	237 707	103 114	7 733,55	80 248	6 018,60
231 281	99 708	7 478,10	76 924	5 769,30	234 521	101 426	7 606,95	78 606	5 895,45	237 761	103 143	7 735,72	80 304	6 022,80
231 335	99 737	7 480,27	76 924	5 769,30	234 575	101 454	7 609,05	78 606	5 895,45	237 815	103 171	7 737,82	80 304	6 022,80
231 389	99 766	7 482,45	76 980	5 773,50	234 629	101 483	7 611,22	78 664	5 899,80	237 869	103 200	7 740,–	80 362	6 027,15
231 443	99 794	7 484,55	76 980	5 773,50	234 683	101 511	7 613,32	78 664	5 899,80	237 923	103 229	7 742,17	80 362	6 027,15
231 497	99 823	7 486,72	77 036	5 777,70	234 737	101 540	7 615,50	78 720	5 904,–	237 977	103 257	7 744,27	80 418	6 031,35
231 551	99 851	7 488,82	77 036	5 777,70	234 791	101 569	7 617,67	78 720	5 904,–	238 031	103 286	7 746,45	80 418	6 031,35
231 605	99 880	7 491,–	77 092	5 781,90	234 845	101 597	7 619,77	78 776	5 908,20	238 085	103 314	7 748,55	80 476	6 035,70
231 659	99 909	7 493,17	77 092	5 781,90	234 899	101 626	7 621,95	78 776	5 908,20	238 139	103 343	7 750,72	80 476	6 035,70
231 713	99 937	7 495,27	77 148	5 786,10	234 953	101 655	7 624,12	78 832	5 912,40	238 193	103 372	7 752,90	80 532	6 039,90
231 767	99 966	7 497,45	77 148	5 786,10	235 007	101 683	7 626,22	78 832	5 912,40	238 247	103 400	7 755,–	80 532	6 039,90
231 821	99 995	7 499,62	77 204	5 790,30	235 061	101 712	7 628,40	78 888	5 916,60	238 301	103 429	7 757,17	80 590	6 044,25
231 875	100 023	7 501,72	77 204	5 790,30	235 115	101 740	7 630,50	78 888	5 916,60	238 355	103 458	7 759,35	80 590	6 044,25
231 929	100 052	7 503,90	77 260	5 794,50	235 169	101 769	7 632,67	78 946	5 920,95	238 409	103 486	7 761,45	80 646	6 048,45
231 983	100 080	7 506,–	77 260	5 794,50	235 223	101 798	7 634,85	78 946	5 920,95	238 463	103 515	7 763,62	80 646	6 048,45
232 037	100 109	7 508,17	77 316	5 798,70	235 277	101 826	7 636,95	79 002	5 925,15	238 517	103 543	7 765,72	80 704	6 052,80
232 091	100 138	7 510,35	77 316	5 798,70	235 331	101 855	7 639,12	79 002	5 925,15	238 571	103 572	7 767,90	80 704	6 052,80
232 145	100 166	7 512,45	77 372	5 802,90	235 385	101 883	7 641,22	79 058	5 929,35	238 625	103 601	7 770,07	80 760	6 057,–
232 199	100 195	7 514,62	77 372	5 802,90	235 439	101 912	7 643,40	79 058	5 929,35	238 679	103 629	7 772,17	80 760	6 057,–
232 253	100 224	7 516,80	77 428	5 807,10	235 493	101 941	7 645,57	79 114	5 933,55	238 733	103 658	7 774,35	80 818	6 061,35
232 307	100 252	7 518,90	77 428	5 807,10	235 547	101 969	7 647,67	79 114	5 933,55	238 787	103 687	7 776,52	80 818	6 061,35
232 361	100 281	7 521,07	77 484	5 811,30	235 601	101 998	7 649,85	79 170	5 937,75	238 841	103 715	7 778,62	80 874	6 065,55
232 415	100 309	7 523,17	77 484	5 811,30	235 655	102 027	7 652,02	79 170	5 937,75	238 895	103 744	7 780,80	80 874	6 065,55

Achtung: Bei gewerblichen Einkünften Tabellen-Anhang beachten!

Tabelle

Einkommensteuer-Tabelle 1995

EINKOMMEN 238 896,–

Zu versteuerndes Einkommen bis DM	Abzüge an Einkommensteuer Solidaritätszuschlag				Zu versteuerndes Einkommen bis DM	Abzüge an Einkommensteuer Solidaritätszuschlag				Zu versteuerndes Einkommen bis DM	Abzüge an Einkommensteuer Solidaritätszuschlag			
	Grundtabelle		Splittingtabelle			Grundtabelle		Splittingtabelle			Grundtabelle		Splittingtabelle	
	ESt	SolZ	ESt	SolZ		ESt	SolZ	ESt	SolZ		ESt	SolZ	ESt	SolZ
238 949	103 770	7 782,90	80 932	6 069,90	242 189	105 490	7 911,75	82 648	6 198,60	245 429	107 207	8 040,52	84 364	6 327,30
239 003	103 801	7 785,07	80 932	6 069,90	242 243	105 518	7 913,85	82 648	6 198,60	245 483	107 235	8 042,62	84 364	6 327,30
239 057	103 830	7 787,25	80 988	6 074,10	242 297	105 547	7 916,02	82 704	6 202,80	245 537	107 264	8 044,80	84 422	6 331,65
239 111	103 859	7 789,35	80 988	6 074,10	242 351	105 575	7 918,12	82 704	6 202,80	245 591	107 293	8 046,97	84 422	6 331,65
239 165	103 888	7 791,52	81 046	6 078,45	242 405	105 604	7 920,30	82 762	6 207,15	245 645	107 321	8 049,07	84 478	6 335,85
239 219	103 917	7 793,62	81 046	6 078,45	242 459	105 633	7 922,47	82 762	6 207,15	245 699	107 350	8 051,25	84 478	6 335,85
239 273	103 946	7 795,80	81 102	6 082,65	242 513	105 661	7 924,57	82 818	6 211,35	245 753	107 379	8 053,42	84 536	6 340,20
239 327	103 975	7 797,97	81 102	6 082,65	242 567	105 690	7 926,75	82 818	6 211,35	245 807	107 407	8 055,52	84 536	6 340,20
239 381	104 004	7 800,07	81 160	6 087,–	242 621	105 719	7 928,92	82 876	6 215,70	245 861	107 436	8 057,70	84 594	6 344,55
239 435	104 033	7 802,25	81 160	6 087,–	242 675	105 747	7 931,02	82 876	6 215,70	245 915	107 464	8 059,80	84 594	6 344,55
239 489	104 059	7 804,42	81 216	6 091,20	242 729	105 776	7 933,20	82 934	6 220,05	245 969	107 493	8 061,97	84 650	6 348,75
239 543	104 087	7 806,52	81 216	6 091,20	242 783	105 804	7 935,30	82 934	6 220,05	246 023	107 522	8 064,15	84 650	6 348,75
239 597	104 116	7 808,70	81 274	6 095,55	242 837	105 833	7 937,47	82 990	6 224,25	246 077	107 550	8 066,25	84 708	6 353,10
239 651	104 144	7 810,80	81 274	6 095,55	242 891	105 862	7 939,65	82 990	6 224,25	246 131	107 579	8 068,42	84 708	6 353,10
239 705	104 173	7 812,97	81 332	6 099,90	242 945	105 890	7 941,75	83 048	6 228,60	246 185	107 607	8 070,52	84 764	6 357,30
239 759	104 202	7 815,15	81 332	6 099,90	242 999	105 919	7 943,92	83 048	6 228,60	246 239	107 636	8 072,70	84 764	6 357,30
239 813	104 230	7 817,25	81 388	6 104,10	243 053	105 948	7 946,10	83 106	6 232,95	246 293	107 665	8 074,87	84 822	6 361,65
239 867	104 259	7 819,42	81 388	6 104,10	243 107	105 976	7 948,20	83 106	6 232,95	246 347	107 693	8 076,97	84 822	6 361,65
239 921	104 288	7 821,60	81 446	6 108,45	243 161	106 005	7 950,37	83 162	6 237,15	246 401	107 722	8 079,15	84 880	6 366,–
239 975	104 316	7 823,70	81 446	6 108,45	243 215	106 033	7 952,47	83 162	6 237,15	246 455	107 751	8 081,32	84 880	6 366,–
240 029	104 345	7 825,87	81 502	6 112,65	243 269	106 062	7 954,65	83 220	6 241,50	246 509	107 779	8 083,42	84 936	6 370,20
240 083	104 373	7 827,97	81 502	6 112,65	243 323	106 091	7 956,82	83 220	6 241,50	246 563	107 808	8 085,60	84 936	6 370,20
240 137	104 402	7 830,15	81 560	6 117,–	243 377	106 119	7 958,92	83 276	6 245,70	246 617	107 836	8 087,70	84 994	6 374,55
240 191	104 431	7 832,32	81 560	6 117,–	243 431	106 148	7 961,10	83 276	6 245,70	246 671	107 865	8 089,87	84 994	6 374,55
240 245	104 459	7 834,42	81 616	6 121,20	243 485	106 176	7 963,20	83 334	6 250,05	246 725	107 894	8 092,05	85 052	6 378,90
240 299	104 488	7 836,60	81 616	6 121,20	243 539	106 205	7 965,37	83 334	6 250,05	246 779	107 922	8 094,15	85 052	6 378,90
240 353	104 517	7 838,77	81 674	6 125,55	243 593	106 234	7 967,55	83 392	6 254,40	246 833	107 951	8 096,32	85 108	6 383,10
240 407	104 545	7 840,87	81 674	6 125,55	243 647	106 262	7 969,65	83 392	6 254,40	246 887	107 980	8 098,50	85 108	6 383,10
240 461	104 574	7 843,05	81 732	6 129,90	243 701	106 291	7 971,82	83 448	6 258,60	246 941	108 008	8 100,60	85 166	6 387,45
240 515	104 602	7 845,15	81 732	6 129,90	243 755	106 320	7 974,–	83 448	6 258,60	246 995	108 037	8 102,77	85 166	6 387,45
240 569	104 631	7 847,32	81 788	6 134,10	243 809	106 348	7 976,10	83 506	6 262,95	247 049	108 065	8 104,87	85 222	6 391,65
240 623	104 660	7 849,50	81 788	6 134,10	243 863	106 377	7 978,27	83 506	6 262,95	247 103	108 094	8 107,05	85 222	6 391,65
240 677	104 688	7 851,60	81 846	6 138,45	243 917	106 405	7 980,37	83 562	6 267,15	247 157	108 123	8 109,22	85 280	6 396,–
240 731	104 717	7 853,77	81 846	6 138,45	243 971	106 434	7 982,55	83 562	6 267,15	247 211	108 151	8 111,32	85 280	6 396,–
240 785	104 745	7 855,87	81 902	6 142,65	244 025	106 463	7 984,72	83 620	6 271,50	247 265	108 180	8 113,50	85 338	6 400,35
240 839	104 774	7 858,05	81 902	6 142,65	244 079	106 491	7 986,82	83 620	6 271,50	247 319	108 208	8 115,60	85 338	6 400,35
240 893	104 803	7 860,22	81 960	6 147,–	244 133	106 520	7 989,–	83 678	6 275,85	247 373	108 237	8 117,77	85 394	6 404,55
240 947	104 831	7 862,32	81 960	6 147,–	244 187	106 549	7 991,17	83 678	6 275,85	247 427	108 266	8 119,95	85 394	6 404,55
241 001	104 860	7 864,50	82 018	6 151,35	244 241	106 577	7 993,27	83 734	6 280,05	247 481	108 294	8 122,05	85 452	6 408,90
241 055	104 889	7 866,67	82 018	6 151,35	244 295	106 606	7 995,45	83 734	6 280,05	247 535	108 323	8 124,22	85 452	6 408,90
241 109	104 917	7 868,77	82 074	6 155,55	244 349	106 634	7 997,55	83 792	6 284,40	247 589	108 352	8 126,40	85 510	6 413,25
241 163	104 946	7 870,95	82 074	6 155,55	244 403	106 663	7 999,72	83 792	6 284,40	247 643	108 380	8 128,50	85 510	6 413,25
241 217	104 974	7 873,05	82 132	6 159,90	244 457	106 692	8 001,90	83 850	6 288,75	247 697	108 409	8 130,67	85 566	6 417,45
241 271	105 003	7 875,22	82 132	6 159,90	244 511	106 720	8 004,–	83 850	6 288,75	247 751	108 437	8 132,77	85 566	6 417,45
241 325	105 032	7 877,40	82 190	6 164,25	244 565	106 749	8 006,17	83 906	6 292,95	247 805	108 466	8 134,95	85 624	6 421,80
241 379	105 060	7 879,50	82 190	6 164,25	244 619	106 777	8 008,27	83 906	6 292,95	247 859	108 495	8 137,12	85 624	6 421,80
241 433	105 089	7 881,67	82 246	6 168,45	244 673	106 806	8 010,45	83 964	6 297,30	247 913	108 523	8 139,22	85 680	6 426,–
241 487	105 118	7 883,85	82 246	6 168,45	244 727	106 835	8 012,62	83 964	6 297,30	247 967	108 552	8 141,40	85 680	6 426,–
241 541	105 146	7 885,95	82 304	6 172,80	244 781	106 863	8 014,72	84 020	6 301,50	248 021	108 581	8 143,57	85 738	6 430,35
241 595	105 175	7 888,12	82 304	6 172,80	244 835	106 892	8 016,90	84 020	6 301,50	248 075	108 609	8 145,67	85 738	6 430,35
241 649	105 203	7 890,22	82 360	6 177,–	244 889	106 921	8 019,07	84 078	6 305,85	248 129	108 638	8 147,85	85 796	6 434,70
241 703	105 232	7 892,40	82 360	6 177,–	244 943	106 949	8 021,17	84 078	6 305,85	248 183	108 666	8 149,95	85 796	6 434,70
241 757	105 261	7 894,57	82 418	6 181,35	244 997	106 978	8 023,35	84 136	6 310,20	248 237	108 695	8 152,12	85 852	6 438,90
241 811	105 289	7 896,67	82 418	6 181,35	245 051	107 006	8 025,45	84 136	6 310,20	248 291	108 724	8 154,30	85 852	6 438,90
241 865	105 318	7 898,85	82 476	6 185,70	245 105	107 035	8 027,62	84 192	6 314,40	248 345	108 752	8 156,40	85 910	6 443,25
241 919	105 346	7 900,95	82 476	6 185,70	245 159	107 064	8 029,80	84 192	6 314,40	248 399	108 781	8 158,57	85 910	6 443,25
241 973	105 375	7 903,12	82 532	6 189,90	245 213	107 092	8 031,90	84 250	6 318,75	248 453	108 810	8 160,75	85 968	6 447,60
242 027	105 404	7 905,30	82 532	6 189,90	245 267	107 121	8 034,07	84 250	6 318,75	248 507	108 838	8 162,85	85 968	6 447,60
242 081	105 432	7 907,40	82 590	6 194,25	245 321	107 150	8 036,25	84 308	6 323,10	248 561	108 867	8 165,02	86 024	6 451,80
242 135	105 461	7 909,57	82 590	6 194,25	245 375	107 178	8 038,35	84 308	6 323,10	248 615	108 895	8 167,12	86 024	6 451,80

Achtung: Bei gewerblichen Einkünften Tabellen-Anhang beachten!

Tabellen

Einkommensteuer-Tabelle 1995

258 335,- EINKOMMEN

Zu versteuerndes Einkommen bis DM	Abzüge an Einkommensteuer Solidaritätszuschlag				Zu versteuerndes Einkommen bis DM	Abzüge an Einkommensteuer Solidaritätszuschlag				Zu versteuerndes Einkommen bis DM	Abzüge an Einkommensteuer Solidaritätszuschlag			
	Grundtabelle		Splittingtabelle			Grundtabelle		Splittingtabelle			Grundtabelle		Splittingtabelle	
	ESt	SolZ	ESt	SolZ		ESt	SolZ	ESt	SolZ		ESt	SolZ	ESt	SolZ
248 669	108 924	8 169,30	86 082	6 456,15	251 909	110 641	8 298,07	87 798	6 584,85	255 149	112 358	8 426,85	89 516	6 713,70
248 723	108 953	8 171,47	86 082	6 456,15	251 963	110 670	8 300,25	87 798	6 584,85	255 203	112 387	8 429,02	89 516	6 713,70
248 777	108 981	8 173,57	86 138	6 460,35	252 017	110 698	8 302,35	87 856	6 589,20	255 257	112 416	8 431,20	89 574	6 718,05
248 831	109 010	8 175,75	86 138	6 460,35	252 071	110 727	8 304,52	87 856	6 589,20	255 311	112 444	8 433,30	89 574	6 718,05
248 885	109 038	8 177,85	86 196	6 464,70	252 125	110 756	8 306,70	87 914	6 593,55	255 365	112 473	8 435,47	89 630	6 722,25
248 939	109 067	8 180,02	86 196	6 464,70	252 179	110 784	8 308,80	87 914	6 593,55	255 419	112 501	8 437,57	89 630	6 722,25
248 993	109 096	8 182,20	86 254	6 469,05	252 233	110 813	8 310,97	87 970	6 597,75	255 473	112 530	8 439,75	89 688	6 726,60
249 047	109 124	8 184,30	86 254	6 469,05	252 287	110 842	8 313,15	87 970	6 597,75	255 527	112 559	8 441,92	89 688	6 726,60
249 101	109 153	8 186,47	86 310	6 473,25	252 341	110 870	8 315,25	88 028	6 602,10	255 581	112 587	8 444,02	89 744	6 730,80
249 155	109 182	8 188,65	86 310	6 473,25	252 395	110 899	8 317,42	88 028	6 602,10	255 635	112 616	8 446,20	89 744	6 730,80
249 209	109 210	8 190,75	86 368	6 477,60	252 449	110 927	8 319,52	88 084	6 606,30	255 689	112 645	8 448,37	89 802	6 735,15
249 263	109 239	8 192,92	86 368	6 477,60	252 503	110 956	8 321,70	88 084	6 606,30	255 743	112 673	8 450,47	89 802	6 735,15
249 317	109 267	8 195,02	86 424	6 481,80	252 557	110 985	8 323,87	88 142	6 610,65	255 797	112 702	8 452,65	89 860	6 739,50
249 371	109 296	8 197,20	86 424	6 481,80	252 611	111 013	8 325,97	88 142	6 610,65	255 851	112 730	8 454,75	89 860	6 739,50
249 425	109 325	8 199,37	86 482	6 486,15	252 665	111 042	8 328,15	88 200	6 615,—	255 905	112 759	8 456,92	89 916	6 743,70
249 479	109 353	8 201,47	86 482	6 486,15	252 719	111 070	8 330,25	88 200	6 615,—	255 959	112 788	8 459,10	89 916	6 743,70
249 533	109 382	8 203,65	86 540	6 490,50	252 773	111 099	8 332,42	88 256	6 619,20	256 013	112 816	8 461,20	89 974	6 748,05
249 587	109 411	8 205,82	86 540	6 490,50	252 827	111 128	8 334,60	88 256	6 619,20	256 067	112 845	8 463,37	89 974	6 748,05
249 641	109 439	8 207,92	86 596	6 494,70	252 881	111 156	8 336,70	88 314	6 623,55	256 121	112 874	8 465,55	90 032	6 752,40
249 695	109 468	8 210,10	86 596	6 494,70	252 935	111 185	8 338,87	88 314	6 623,55	256 175	112 902	8 467,65	90 032	6 752,40
249 749	109 496	8 212,20	86 654	6 499,05	252 989	111 214	8 341,05	88 372	6 627,90	256 229	112 931	8 469,82	90 088	6 756,60
249 803	109 525	8 214,37	86 654	6 499,05	253 043	111 242	8 343,15	88 372	6 627,90	256 283	112 959	8 471,92	90 088	6 756,60
249 857	109 554	8 216,55	86 712	6 503,40	253 097	111 271	8 345,32	88 428	6 632,10	256 337	112 988	8 474,10	90 146	6 760,95
249 911	109 582	8 218,65	86 712	6 503,40	253 151	111 299	8 347,42	88 428	6 632,10	256 391	113 017	8 476,27	90 146	6 760,95
249 965	109 611	8 220,82	86 768	6 507,60	253 205	111 328	8 349,60	88 486	6 636,45	256 445	113 045	8 478,37	90 202	6 765,15
250 019	109 639	8 222,92	86 768	6 507,60	253 259	111 357	8 351,77	88 486	6 636,45	256 499	113 074	8 480,55	90 202	6 765,15
250 073	109 668	8 225,10	86 826	6 511,95	253 313	111 385	8 353,87	88 542	6 640,65	256 553	113 103	8 482,72	90 260	6 769,50
250 127	109 697	8 227,27	86 826	6 511,95	253 367	111 414	8 356,05	88 542	6 640,65	256 607	113 131	8 484,82	90 260	6 769,50
250 181	109 725	8 229,37	86 882	6 516,15	253 421	111 443	8 358,22	88 600	6 645,—	256 661	113 160	8 487,—	90 318	6 773,85
250 235	109 754	8 231,55	86 882	6 516,15	253 475	111 471	8 360,32	88 600	6 645,—	256 715	113 188	8 489,10	90 318	6 773,85
250 289	109 783	8 233,72	86 940	6 520,50	253 529	111 500	8 362,50	88 658	6 649,35	256 769	113 217	8 491,27	90 374	6 778,05
250 343	109 811	8 235,82	86 940	6 520,50	253 583	111 528	8 364,60	88 658	6 649,35	256 823	113 246	8 493,45	90 374	6 778,05
250 397	109 840	8 238,—	86 998	6 524,85	253 637	111 557	8 366,77	88 714	6 653,55	256 877	113 274	8 495,55	90 432	6 782,40
250 451	109 868	8 240,10	86 998	6 524,85	253 691	111 586	8 368,95	88 714	6 653,55	256 931	113 303	8 497,72	90 432	6 782,40
250 505	109 897	8 242,27	87 054	6 529,05	253 745	111 614	8 371,05	88 772	6 657,90	256 985	113 331	8 499,82	90 488	6 786,60
250 559	109 926	8 244,45	87 054	6 529,05	253 799	111 643	8 373,22	88 772	6 657,90	257 039	113 360	8 502,—	90 488	6 786,60
250 613	109 954	8 246,55	87 112	6 533,40	253 853	111 672	8 375,40	88 830	6 662,25	257 093	113 389	8 504,17	90 546	6 790,95
250 667	109 983	8 248,72	87 112	6 533,40	253 907	111 700	8 377,50	88 830	6 662,25	257 147	113 417	8 506,27	90 546	6 790,95
250 721	110 012	8 250,90	87 170	6 537,75	253 961	111 729	8 379,67	88 886	6 666,45	257 201	113 446	8 508,45	90 604	6 795,30
250 775	110 040	8 253,—	87 170	6 537,75	254 015	111 757	8 381,77	88 886	6 666,45	257 255	113 475	8 510,62	90 604	6 795,30
250 829	110 069	8 255,17	87 226	6 541,95	254 069	111 786	8 383,95	88 944	6 670,80	257 309	113 503	8 512,72	90 660	6 799,50
250 883	110 097	8 257,27	87 226	6 541,95	254 123	111 815	8 386,12	88 944	6 670,80	257 363	113 532	8 514,90	90 660	6 799,50
250 937	110 126	8 259,45	87 284	6 546,30	254 177	111 843	8 388,22	89 000	6 675,—	257 417	113 560	8 517,—	90 718	6 803,85
250 991	110 155	8 261,62	87 284	6 546,30	254 231	111 872	8 390,40	89 000	6 675,—	257 471	113 589	8 519,17	90 718	6 803,85
251 045	110 183	8 263,72	87 340	6 550,50	254 285	111 900	8 392,50	89 058	6 679,35	257 525	113 618	8 521,35	90 776	6 808,20
251 099	110 212	8 265,90	87 340	6 550,50	254 339	111 929	8 394,67	89 058	6 679,35	257 579	113 646	8 523,45	90 776	6 808,20
251 153	110 241	8 268,07	87 398	6 554,85	254 393	111 958	8 396,85	89 116	6 683,70	257 633	113 675	8 525,62	90 832	6 812,40
251 207	110 269	8 270,17	87 398	6 554,85	254 447	111 986	8 398,95	89 116	6 683,70	257 687	113 704	8 527,80	90 832	6 812,40
251 261	110 298	8 272,35	87 456	6 559,20	254 501	112 015	8 401,12	89 172	6 687,90	257 741	113 732	8 529,90	90 890	6 816,75
251 315	110 326	8 274,45	87 456	6 559,20	254 555	112 044	8 403,30	89 172	6 687,90	257 795	113 761	8 532,07	90 890	6 816,75
251 369	110 355	8 276,62	87 512	6 563,40	254 609	112 072	8 405,40	89 230	6 692,25	257 849	113 789	8 534,17	90 946	6 820,95
251 423	110 384	8 278,80	87 512	6 563,40	254 663	112 101	8 407,57	89 230	6 692,25	257 903	113 818	8 536,35	90 946	6 820,95
251 477	110 412	8 280,90	87 570	6 567,75	254 717	112 129	8 409,67	89 286	6 696,45	257 957	113 847	8 538,52	91 004	6 825,30
251 531	110 441	8 283,07	87 570	6 567,75	254 771	112 158	8 411,85	89 286	6 696,45	258 011	113 875	8 540,62	91 004	6 825,30
251 585	110 469	8 285,17	87 626	6 571,95	254 825	112 187	8 414,02	89 344	6 700,80	258 065	113 904	8 542,80	91 062	6 829,65
251 639	110 498	8 287,35	87 626	6 571,95	254 879	112 215	8 416,12	89 344	6 700,80	258 119	113 932	8 544,90	91 062	6 829,65
251 693	110 527	8 289,52	87 684	6 576,30	254 933	112 244	8 418,30	89 402	6 705,15	258 173	113 961	8 547,07	91 118	6 833,85
251 747	110 555	8 291,62	87 684	6 576,30	254 987	112 273	8 420,47	89 402	6 705,15	258 227	113 990	8 549,25	91 118	6 833,85
251 801	110 584	8 293,80	87 742	6 580,65	255 041	112 301	8 422,57	89 458	6 709,35	258 281	114 018	8 551,35	91 176	6 838,20
251 855	110 613	8 295,97	87 742	6 580,65	255 095	112 330	8 424,75	89 458	6 709,35	258 335	114 047	8 553,52	91 176	6 838,20

Achtung: Bei gewerblichen Einkünften Tabellen-Anhang beachten !

Tabellen

Einkommensteuer-Tabelle 1995

EINKOMMEN 258 336,–

Zu versteuerndes Einkommen bis DM	Abzüge an Einkommensteuer Solidaritätszuschlag				Zu versteuerndes Einkommen bis DM	Abzüge an Einkommensteuer Solidaritätszuschlag				Zu versteuerndes Einkommen bis DM	Abzüge an Einkommensteuer Solidaritätszuschlag			
	Grundtabelle		Splittingtabelle			Grundtabelle		Splittingtabelle			Grundtabelle		Splittingtabelle	
	ESt	SolZ	ESt	SolZ		ESt	SolZ	ESt	SolZ		ESt	SolZ	ESt	SolZ
258 389	114 076	8 555,70	91 234	6 842,55	261 629	115 793	8 684,47	92 950	6 971,25	264 869	117 510	8 813,25	94 668	7 100,10
258 443	114 104	8 557,80	91 234	6 842,55	261 683	115 821	8 686,57	92 950	6 971,25	264 923	117 539	8 815,42	94 668	7 100,10
258 497	114 133	8 559,97	91 290	6 846,75	261 737	115 850	8 688,75	93 008	6 975,60	264 977	117 567	8 817,52	94 724	7 104,30
258 551	114 161	8 562,07	91 290	6 846,75	261 791	115 879	8 690,92	93 008	6 975,60	265 031	117 596	8 819,70	94 724	7 104,30
258 605	114 190	8 564,25	91 348	6 851,10	261 845	115 907	8 693,02	93 064	6 979,80	265 085	117 624	8 821,80	94 782	7 108,65
258 659	114 219	8 566,42	91 348	6 851,10	261 899	115 936	8 695,20	93 064	6 979,80	265 139	117 653	8 823,97	94 782	7 108,65
258 713	114 247	8 568,52	91 404	6 855,30	261 953	115 965	8 697,37	93 122	6 984,15	265 193	117 682	8 826,15	94 840	7 113,–
258 767	114 276	8 570,70	91 404	6 855,30	262 007	115 993	8 699,47	93 122	6 984,15	265 247	117 710	8 828,25	94 840	7 113,–
258 821	114 305	8 572,87	91 462	6 859,65	262 061	116 022	8 701,65	93 180	6 988,50	265 301	117 739	8 830,42	94 896	7 117,20
258 875	114 333	8 574,97	91 462	6 859,65	262 115	116 050	8 703,75	93 180	6 988,50	265 355	117 768	8 832,60	94 896	7 117,20
258 929	114 362	8 577,15	91 520	6 864,–	262 169	116 079	8 705,92	93 236	6 992,70	265 409	117 796	8 834,70	94 954	7 121,55
258 983	114 390	8 579,25	91 520	6 864,–	262 223	116 108	8 708,10	93 236	6 992,70	265 463	117 825	8 836,87	94 954	7 121,55
259 037	114 419	8 581,42	91 576	6 868,20	262 277	116 136	8 710,20	93 294	6 997,05	265 517	117 853	8 838,97	95 010	7 125,75
259 091	114 448	8 583,60	91 576	6 868,20	262 331	116 165	8 712,37	93 294	6 997,05	265 571	117 882	8 841,15	95 010	7 125,75
259 145	114 476	8 585,70	91 634	6 872,55	262 385	116 193	8 714,47	93 350	7 001,25	265 625	117 911	8 843,32	95 068	7 130,10
259 199	114 505	8 587,87	91 634	6 872,55	262 439	116 222	8 716,65	93 350	7 001,25	265 679	117 939	8 845,42	95 068	7 130,10
259 253	114 534	8 590,05	91 692	6 876,90	262 493	116 251	8 718,82	93 408	7 005,60	265 733	117 968	8 847,60	95 126	7 134,45
259 307	114 562	8 592,15	91 692	6 876,90	262 547	116 279	8 720,92	93 408	7 005,60	265 787	117 997	8 849,77	95 126	7 134,45
259 361	114 591	8 594,32	91 748	6 881,10	262 601	116 308	8 723,10	93 466	7 009,95	265 841	118 025	8 851,87	95 182	7 138,65
259 415	114 619	8 596,42	91 748	6 881,10	262 655	116 337	8 725,27	93 466	7 009,95	265 895	118 054	8 854,05	95 182	7 138,65
259 469	114 648	8 598,60	91 806	6 885,45	262 709	116 365	8 727,37	93 522	7 014,15	265 949	118 082	8 856,15	95 240	7 143,–
259 523	114 677	8 600,77	91 806	6 885,45	262 763	116 394	8 729,55	93 522	7 014,15	266 003	118 111	8 858,32	95 240	7 143,–
259 577	114 705	8 602,87	91 862	6 889,65	262 817	116 422	8 731,65	93 580	7 018,50	266 057	118 140	8 860,50	95 298	7 147,35
259 631	114 734	8 605,05	91 862	6 889,65	262 871	116 451	8 733,82	93 580	7 018,50	266 111	118 168	8 862,60	95 298	7 147,35
259 685	114 762	8 607,15	91 920	6 894,–	262 925	116 480	8 736,–	93 638	7 022,85	266 165	118 197	8 864,77	95 354	7 151,55
259 739	114 791	8 609,32	91 920	6 894,–	262 979	116 508	8 738,10	93 638	7 022,85	266 219	118 225	8 866,87	95 354	7 151,55
259 793	114 820	8 611,50	91 978	6 898,35	263 033	116 537	8 740,27	93 694	7 027,05	266 273	118 254	8 869,05	95 412	7 155,90
259 847	114 848	8 613,60	91 978	6 898,35	263 087	116 566	8 742,45	93 694	7 027,05	266 327	118 283	8 871,22	95 412	7 155,90
259 901	114 877	8 615,77	92 034	6 902,55	263 141	116 594	8 744,55	93 752	7 031,40	266 381	118 311	8 873,32	95 468	7 160,10
259 955	114 906	8 617,95	92 034	6 902,55	263 195	116 623	8 746,72	93 752	7 031,40	266 435	118 340	8 875,50	95 468	7 160,10
260 009	114 934	8 620,05	92 092	6 906,90	263 249	116 651	8 748,82	93 808	7 035,60	266 489	118 368	8 877,60	95 526	7 164,45
260 063	114 963	8 622,22	92 092	6 906,90	263 303	116 680	8 751,–	93 808	7 035,60	266 543	118 397	8 879,77	95 526	7 164,45
260 117	114 991	8 624,32	92 148	6 911,10	263 357	116 709	8 753,17	93 866	7 039,95	266 597	118 426	8 881,95	95 584	7 168,80
260 171	115 020	8 626,50	92 148	6 911,10	263 411	116 737	8 755,27	93 866	7 039,95	266 651	118 454	8 884,05	95 584	7 168,80
260 225	115 049	8 628,67	92 206	6 915,45	263 465	116 766	8 757,45	93 924	7 044,30	266 705	118 483	8 886,22	95 640	7 173,–
260 279	115 077	8 630,77	92 206	6 915,45	263 519	116 794	8 759,55	93 924	7 044,30	266 759	118 512	8 888,40	95 640	7 173,–
260 333	115 106	8 632,95	92 264	6 919,80	263 573	116 823	8 761,72	93 980	7 048,50	266 813	118 540	8 890,50	95 698	7 177,35
260 387	115 135	8 635,12	92 264	6 919,80	263 627	116 852	8 763,90	93 980	7 048,50	266 867	118 569	8 892,67	95 698	7 177,35
260 441	115 163	8 637,22	92 320	6 924,–	263 681	116 880	8 766,–	94 038	7 052,85	266 921	118 598	8 894,85	95 756	7 181,70
260 495	115 192	8 639,40	92 320	6 924,–	263 735	116 909	8 768,17	94 038	7 052,85	266 975	118 626	8 896,95	95 756	7 181,70
260 549	115 220	8 641,50	92 378	6 928,35	263 789	116 938	8 770,35	94 096	7 057,20	267 029	118 655	8 899,12	95 812	7 185,90
260 603	115 249	8 643,67	92 378	6 928,35	263 843	116 966	8 772,45	94 096	7 057,20	267 083	118 683	8 901,22	95 812	7 185,90
260 657	115 278	8 645,85	92 436	6 932,70	263 897	116 995	8 774,62	94 152	7 061,40	267 137	118 712	8 903,40	95 870	7 190,25
260 711	115 306	8 647,95	92 436	6 932,70	263 951	117 023	8 776,72	94 152	7 061,40	267 191	118 741	8 905,57	95 870	7 190,25
260 765	115 335	8 650,12	92 492	6 936,90	264 005	117 052	8 778,90	94 210	7 065,75	267 245	118 769	8 907,67	95 926	7 194,45
260 819	115 363	8 652,22	92 492	6 936,90	264 059	117 081	8 781,07	94 210	7 065,75	267 299	118 798	8 909,85	95 926	7 194,45
260 873	115 392	8 654,40	92 550	6 941,25	264 113	117 109	8 783,17	94 266	7 069,95	267 353	118 827	8 912,02	95 984	7 198,80
260 927	115 421	8 656,57	92 550	6 941,25	264 167	117 138	8 785,35	94 266	7 069,95	267 407	118 855	8 914,12	95 984	7 198,80
260 981	115 449	8 658,67	92 606	6 945,45	264 221	117 167	8 787,52	94 324	7 074,30	267 461	118 884	8 916,30	96 042	7 203,15
261 035	115 478	8 660,85	92 606	6 945,45	264 275	117 195	8 789,62	94 324	7 074,30	267 515	118 912	8 918,40	96 042	7 203,15
261 089	115 507	8 663,02	92 664	6 949,80	264 329	117 224	8 791,80	94 382	7 078,65	267 569	118 941	8 920,57	96 098	7 207,35
261 143	115 535	8 665,12	92 664	6 949,80	264 383	117 252	8 793,90	94 382	7 078,65	267 623	118 970	8 922,75	96 098	7 207,35
261 197	115 564	8 667,30	92 722	6 954,15	264 437	117 281	8 796,07	94 438	7 082,85	267 677	118 998	8 924,85	96 156	7 211,70
261 251	115 592	8 669,40	92 722	6 954,15	264 491	117 310	8 798,25	94 438	7 082,85	267 731	119 027	8 927,02	96 156	7 211,70
261 305	115 621	8 671,57	92 778	6 958,35	264 545	117 338	8 800,35	94 496	7 087,20	267 785	119 055	8 929,12	96 212	7 215,90
261 359	115 650	8 673,75	92 778	6 958,35	264 599	117 367	8 802,52	94 496	7 087,20	267 839	119 084	8 931,30	96 212	7 215,90
261 413	115 678	8 675,85	92 836	6 962,70	264 653	117 396	8 804,70	94 554	7 091,55	267 893	119 113	8 933,47	96 270	7 220,25
261 467	115 707	8 678,02	92 836	6 962,70	264 707	117 424	8 806,80	94 554	7 091,55	267 947	119 141	8 935,57	96 270	7 220,25
261 521	115 736	8 680,20	92 894	6 967,05	264 761	117 453	8 808,97	94 610	7 095,75	268 001	119 170	8 937,75	96 328	7 224,60
261 575	115 764	8 682,30	92 894	6 967,05	264 815	117 481	8 811,07	94 610	7 095,75	268 055	119 199	8 939,92	96 328	7 224,60

Achtung: Bei gewerblichen Einkünften Tabellen-Anhang beachten!

Tabellen

Einkommensteuer-Tabelle 1995

277 775,- EINKOMMEN

Zu versteuerndes Einkommen bis DM	Abzüge an Einkommensteuer Solidaritätszuschlag				Zu versteuerndes Einkommen bis DM	Abzüge an Einkommensteuer Solidaritätszuschlag				Zu versteuerndes Einkommen bis DM	Abzüge an Einkommensteuer Solidaritätszuschlag			
	Grundtabelle		Splittingtabelle			Grundtabelle		Splittingtabelle			Grundtabelle		Splittingtabelle	
	ESt	SolZ	ESt	SolZ		ESt	SolZ	ESt	SolZ		ESt	SolZ	ESt	SolZ
268 109	119 227	8 942,02	96 384	7 228,80	271 349	120 944	9 070,80	98 102	7 357,65	274 589	122 662	9 199,65	99 820	7 486,50
268 163	119 256	8 944,20	96 384	7 228,80	271 403	120 973	9 072,97	98 102	7 357,65	274 643	122 690	9 201,75	99 820	7 486,50
268 217	119 284	8 946,30	96 442	7 233,15	271 457	121 002	9 075,15	98 160	7 362,—	274 697	122 719	9 203,92	99 876	7 490,70
268 271	119 313	8 948,47	96 442	7 233,15	271 511	121 030	9 077,25	98 160	7 362,—	274 751	122 747	9 206,02	99 876	7 490,70
268 325	119 342	8 950,65	96 500	7 237,50	271 565	121 059	9 079,42	98 216	7 366,20	274 805	122 776	9 208,20	99 934	7 495,05
268 379	119 370	8 952,75	96 500	7 237,50	271 619	121 087	9 081,52	98 216	7 366,20	274 859	122 805	9 210,37	99 934	7 495,05
268 433	119 399	8 954,92	96 556	7 241,70	271 673	121 116	9 083,70	98 274	7 370,55	274 913	122 833	9 212,47	99 990	7 499,25
268 487	119 428	8 957,10	96 556	7 241,70	271 727	121 145	9 085,87	98 274	7 370,55	274 967	122 862	9 214,65	99 990	7 499,25
268 541	119 456	8 959,20	96 614	7 246,05	271 781	121 173	9 087,97	98 330	7 374,75	275 021	122 891	9 216,82	100 048	7 503,60
268 595	119 485	8 961,37	96 614	7 246,05	271 835	121 202	9 090,15	98 330	7 374,75	275 075	122 919	9 218,92	100 048	7 503,60
268 649	119 513	8 963,47	96 670	7 250,25	271 889	121 231	9 092,32	98 388	7 379,10	275 129	122 948	9 221,10	100 106	7 507,95
268 703	119 542	8 965,65	96 670	7 250,25	271 943	121 259	9 094,42	98 388	7 379,10	275 183	122 976	9 223,20	100 106	7 507,95
268 757	119 571	8 967,82	96 728	7 254,60	271 997	121 288	9 096,60	98 446	7 383,45	275 237	123 005	9 225,37	100 162	7 512,15
268 811	119 599	8 969,92	96 728	7 254,60	272 051	121 316	9 098,70	98 446	7 383,45	275 291	123 034	9 227,55	100 162	7 512,15
268 865	119 628	8 972,10	96 786	7 258,95	272 105	121 345	9 100,87	98 502	7 387,65	275 345	123 062	9 229,65	100 220	7 516,50
268 919	119 656	8 974,20	96 786	7 258,95	272 159	121 374	9 103,05	98 502	7 387,65	275 399	123 091	9 231,82	100 220	7 516,50
268 973	119 685	8 976,37	96 842	7 263,15	272 213	121 402	9 105,15	98 560	7 392,—	275 453	123 120	9 234,—	100 278	7 520,85
269 027	119 714	8 978,55	96 842	7 263,15	272 267	121 431	9 107,32	98 560	7 392,—	275 507	123 148	9 236,10	100 278	7 520,85
269 081	119 742	8 980,65	96 900	7 267,50	272 321	121 460	9 109,50	98 618	7 396,35	275 561	123 177	9 238,27	100 334	7 525,05
269 135	119 771	8 982,82	96 900	7 267,50	272 375	121 488	9 111,60	98 618	7 396,35	275 615	123 205	9 240,37	100 334	7 525,05
269 189	119 800	8 985,—	96 958	7 271,85	272 429	121 517	9 113,77	98 674	7 400,55	275 669	123 234	9 242,55	100 392	7 529,40
269 243	119 828	8 987,10	96 958	7 271,85	272 483	121 545	9 115,87	98 674	7 400,55	275 723	123 263	9 244,72	100 392	7 529,40
269 297	119 857	8 989,27	97 014	7 276,05	272 537	121 574	9 118,05	98 732	7 404,90	275 777	123 291	9 246,82	100 448	7 533,60
269 351	119 885	8 991,37	97 014	7 276,05	272 591	121 603	9 120,22	98 732	7 404,90	275 831	123 320	9 249,—	100 448	7 533,60
269 405	119 914	8 993,55	97 072	7 280,40	272 645	121 631	9 122,32	98 788	7 409,10	275 885	123 348	9 251,10	100 506	7 537,95
269 459	119 943	8 995,72	97 072	7 280,40	272 699	121 660	9 124,50	98 788	7 409,10	275 939	123 377	9 253,27	100 506	7 537,95
269 513	119 971	8 997,82	97 128	7 284,60	272 753	121 689	9 126,67	98 846	7 413,45	275 993	123 406	9 255,45	100 564	7 542,30
269 567	120 000	9 000,—	97 128	7 284,60	272 807	121 717	9 128,77	98 846	7 413,45	276 047	123 434	9 257,55	100 564	7 542,30
269 621	120 029	9 002,17	97 186	7 288,95	272 861	121 746	9 130,95	98 904	7 417,80	276 101	123 463	9 259,72	100 620	7 546,50
269 675	120 057	9 004,27	97 186	7 288,95	272 915	121 774	9 133,05	98 904	7 417,80	276 155	123 492	9 261,90	100 620	7 546,50
269 729	120 086	9 006,45	97 244	7 293,30	272 969	121 803	9 135,22	98 960	7 422,—	276 209	123 520	9 264,—	100 678	7 550,85
269 783	120 114	9 008,55	97 244	7 293,30	273 023	121 832	9 137,40	98 960	7 422,—	276 263	123 549	9 266,17	100 678	7 550,85
269 837	120 143	9 010,72	97 300	7 297,50	273 077	121 860	9 139,50	99 018	7 426,35	276 317	123 577	9 268,27	100 734	7 555,05
269 891	120 172	9 012,90	97 300	7 297,50	273 131	121 889	9 141,67	99 018	7 426,35	276 371	123 606	9 270,45	100 734	7 555,05
269 945	120 200	9 015,—	97 358	7 301,85	273 185	121 917	9 143,77	99 074	7 430,55	276 425	123 635	9 272,62	100 792	7 559,40
269 999	120 229	9 017,17	97 358	7 301,85	273 239	121 946	9 145,95	99 074	7 430,55	276 479	123 663	9 274,72	100 792	7 559,40
270 053	120 258	9 019,35	97 416	7 306,20	273 293	121 975	9 148,12	99 132	7 434,90	276 533	123 692	9 276,90	100 850	7 563,75
270 107	120 286	9 021,45	97 416	7 306,20	273 347	122 003	9 150,22	99 132	7 434,90	276 587	123 721	9 279,07	100 850	7 563,75
270 161	120 315	9 023,62	97 472	7 310,40	273 401	122 032	9 152,40	99 190	7 439,25	276 641	123 749	9 281,17	100 906	7 567,95
270 215	120 343	9 025,72	97 472	7 310,40	273 455	122 061	9 154,57	99 190	7 439,25	276 695	123 778	9 283,35	100 906	7 567,95
270 269	120 372	9 027,90	97 530	7 314,75	273 509	122 089	9 156,67	99 246	7 443,45	276 749	123 806	9 285,45	100 964	7 572,30
270 323	120 401	9 030,07	97 530	7 314,75	273 563	122 118	9 158,85	99 246	7 443,45	276 803	123 835	9 287,62	100 964	7 572,30
270 377	120 429	9 032,17	97 586	7 318,95	273 617	122 146	9 160,95	99 304	7 447,80	276 857	123 864	9 289,80	101 022	7 576,65
270 431	120 458	9 034,35	97 586	7 318,95	273 671	122 175	9 163,12	99 304	7 447,80	276 911	123 892	9 291,90	101 022	7 576,65
270 485	120 486	9 036,45	97 644	7 323,30	273 725	122 204	9 165,30	99 362	7 452,15	276 965	123 921	9 294,07	101 078	7 580,85
270 539	120 515	9 038,62	97 644	7 323,30	273 779	122 232	9 167,40	99 362	7 452,15	277 019	123 949	9 296,17	101 078	7 580,85
270 593	120 544	9 040,80	97 702	7 327,65	273 833	122 261	9 169,57	99 418	7 456,35	277 073	123 978	9 298,35	101 136	7 585,20
270 647	120 572	9 042,90	97 702	7 327,65	273 887	122 290	9 171,75	99 418	7 456,35	277 127	124 007	9 300,52	101 136	7 585,20
270 701	120 601	9 045,07	97 758	7 331,85	273 941	122 318	9 173,85	99 476	7 460,70	277 181	124 035	9 302,62	101 192	7 589,40
270 755	120 630	9 047,25	97 758	7 331,85	273 995	122 347	9 176,02	99 476	7 460,70	277 235	124 064	9 304,80	101 192	7 589,40
270 809	120 658	9 049,35	97 816	7 336,20	274 049	122 375	9 178,12	99 532	7 464,90	277 289	124 093	9 306,97	101 250	7 593,75
270 863	120 687	9 051,52	97 816	7 336,20	274 103	122 404	9 180,30	99 532	7 464,90	277 343	124 121	9 309,07	101 250	7 593,75
270 917	120 715	9 053,62	97 872	7 340,40	274 157	122 433	9 182,47	99 590	7 469,25	277 397	124 150	9 311,25	101 308	7 598,10
270 971	120 744	9 055,80	97 872	7 340,40	274 211	122 461	9 184,57	99 590	7 469,25	277 451	124 178	9 313,35	101 308	7 598,10
271 025	120 773	9 057,97	97 930	7 344,75	274 265	122 490	9 186,75	99 648	7 473,60	277 505	124 207	9 315,52	101 364	7 602,30
271 079	120 801	9 060,07	97 930	7 344,75	274 319	122 518	9 188,85	99 648	7 473,60	277 559	124 236	9 317,70	101 364	7 602,30
271 133	120 830	9 062,25	97 988	7 349,10	274 373	122 547	9 191,02	99 704	7 477,80	277 613	124 264	9 319,80	101 422	7 606,65
271 187	120 859	9 064,42	97 988	7 349,10	274 427	122 576	9 193,20	99 704	7 477,80	277 667	124 293	9 321,97	101 422	7 606,65
271 241	120 887	9 066,52	98 044	7 353,30	274 481	122 604	9 195,30	99 762	7 482,15	277 721	124 322	9 324,15	101 480	7 611,—
271 295	120 916	9 068,70	98 044	7 353,30	274 535	122 633	9 197,47	99 762	7 482,15	277 775	124 350	9 326,25	101 480	7 611,—

Achtung: Bei gewerblichen Einkünften Tabellen-Anhang beachten!

1589

Tabellen

Einkommensteuer-Tabelle 1995

EINKOMMEN 277 776,–

Zu versteuerndes Einkommen bis DM	Abzüge an Einkommensteuer Solidaritätszuschlag				Zu versteuerndes Einkommen bis DM	Abzüge an Einkommensteuer Solidaritätszuschlag				Zu versteuerndes Einkommen bis DM	Abzüge an Einkommensteuer Solidaritätszuschlag			
	Grundtabelle		Splittingtabelle			Grundtabelle		Splittingtabelle			Grundtabelle		Splittingtabelle	
	ESt	SolZ	ESt	SolZ		ESt	SolZ	ESt	SolZ		ESt	SolZ	ESt	SolZ
277 829	124 379	9 328,42	101 536	7 615,20	281 069	126 096	9 457,20	103 254	7 744,05	284 309	127 813	9 585,97	104 970	7 872,75
277 883	124 407	9 330,52	101 536	7 615,20	281 123	126 125	9 459,37	103 254	7 744,05	284 363	127 842	9 588,15	104 970	7 872,75
277 937	124 436	9 332,70	101 594	7 619,55	281 177	126 153	9 461,47	103 310	7 748,25	284 417	127 870	9 590,25	105 028	7 877,10
277 991	124 465	9 334,87	101 594	7 619,55	281 231	126 182	9 463,65	103 310	7 748,25	284 471	127 899	9 592,42	105 028	7 877,10
278 045	124 493	9 336,97	101 650	7 623,75	281 285	126 210	9 465,75	103 368	7 752,60	284 525	127 928	9 594,60	105 086	7 881,45
278 099	124 522	9 339,15	101 650	7 623,75	281 339	126 239	9 467,92	103 368	7 752,60	284 579	127 956	9 596,70	105 086	7 881,45
278 153	124 551	9 341,32	101 708	7 628,10	281 393	126 268	9 470,10	103 426	7 756,95	284 633	127 985	9 598,87	105 142	7 885,65
278 207	124 579	9 343,42	101 708	7 628,10	281 447	126 296	9 472,20	103 426	7 756,95	284 687	128 014	9 601,05	105 142	7 885,65
278 261	124 608	9 345,60	101 766	7 632,45	281 501	126 325	9 474,37	103 482	7 761,15	284 741	128 042	9 603,15	105 200	7 890,—
278 315	124 636	9 347,70	101 766	7 632,45	281 555	126 354	9 476,55	103 482	7 761,15	284 795	128 071	9 605,32	105 200	7 890,—
278 369	124 665	9 349,87	101 822	7 636,65	281 609	126 382	9 478,65	103 540	7 765,50	284 849	128 099	9 607,42	105 256	7 894,20
278 423	124 694	9 352,05	101 822	7 636,65	281 663	126 411	9 480,82	103 540	7 765,50	284 903	128 128	9 609,60	105 256	7 894,20
278 477	124 722	9 354,15	101 880	7 641,—	281 717	126 439	9 482,92	103 596	7 769,70	284 957	128 157	9 611,77	105 314	7 898,55
278 531	124 751	9 356,32	101 880	7 641,—	281 771	126 468	9 485,10	103 596	7 769,70	285 011	128 185	9 613,87	105 314	7 898,55
278 585	124 779	9 358,42	101 936	7 645,20	281 825	126 497	9 487,27	103 654	7 774,05	285 065	128 214	9 616,05	105 372	7 902,90
278 639	124 808	9 360,60	101 936	7 645,20	281 879	126 525	9 489,37	103 654	7 774,05	285 119	128 242	9 618,15	105 372	7 902,90
278 693	124 837	9 362,77	101 994	7 649,55	281 933	126 554	9 491,55	103 712	7 778,40	285 173	128 271	9 620,32	105 428	7 907,10
278 747	124 865	9 364,87	101 994	7 649,55	281 987	126 583	9 493,72	103 712	7 778,40	285 227	128 300	9 622,50	105 428	7 907,10
278 801	124 894	9 367,05	102 052	7 653,90	282 041	126 611	9 495,82	103 768	7 782,60	285 281	128 328	9 624,60	105 486	7 911,45
278 855	124 923	9 369,22	102 052	7 653,90	282 095	126 640	9 498,—	103 768	7 782,60	285 335	128 357	9 626,77	105 486	7 911,45
278 909	124 951	9 371,32	102 108	7 658,10	282 149	126 668	9 500,10	103 826	7 786,95	285 389	128 386	9 628,95	105 544	7 915,80
278 963	124 980	9 373,50	102 108	7 658,10	282 203	126 697	9 502,27	103 826	7 786,95	285 443	128 414	9 631,05	105 544	7 915,80
279 017	125 008	9 375,60	102 166	7 662,45	282 257	126 726	9 504,45	103 884	7 791,30	285 497	128 443	9 633,22	105 600	7 920,—
279 071	125 037	9 377,77	102 166	7 662,45	282 311	126 754	9 506,55	103 884	7 791,30	285 551	128 471	9 635,32	105 600	7 920,—
279 125	125 066	9 379,95	102 224	7 666,80	282 365	126 783	9 508,72	103 940	7 795,50	285 605	128 500	9 637,50	105 658	7 924,35
279 179	125 094	9 382,05	102 224	7 666,80	282 419	126 811	9 510,82	103 940	7 795,50	285 659	128 529	9 639,67	105 658	7 924,35
279 233	125 123	9 384,22	102 280	7 671,—	282 473	126 840	9 513,—	103 998	7 799,85	285 713	128 557	9 641,77	105 714	7 928,55
279 287	125 152	9 386,40	102 280	7 671,—	282 527	126 869	9 515,17	103 998	7 799,85	285 767	128 586	9 643,95	105 714	7 928,55
279 341	125 180	9 388,50	102 338	7 675,35	282 581	126 897	9 517,27	104 054	7 804,05	285 821	128 615	9 646,12	105 772	7 932,90
279 395	125 209	9 390,67	102 338	7 675,35	282 635	126 926	9 519,45	104 054	7 804,05	285 875	128 643	9 648,22	105 772	7 932,90
279 449	125 237	9 392,77	102 394	7 679,55	282 689	126 955	9 521,62	104 112	7 808,40	285 929	128 672	9 650,40	105 830	7 937,25
279 503	125 266	9 394,95	102 394	7 679,55	282 743	126 983	9 523,72	104 112	7 808,40	285 983	128 700	9 652,50	105 830	7 937,25
279 557	125 295	9 397,12	102 452	7 683,90	282 797	127 012	9 525,90	104 170	7 812,75	286 037	128 729	9 654,67	105 886	7 941,45
279 611	125 323	9 399,22	102 452	7 683,90	282 851	127 040	9 528,—	104 170	7 812,75	286 091	128 758	9 656,85	105 886	7 941,45
279 665	125 352	9 401,40	102 510	7 688,25	282 905	127 069	9 530,17	104 226	7 816,95	286 145	128 786	9 658,95	105 944	7 945,80
279 719	125 380	9 403,50	102 510	7 688,25	282 959	127 098	9 532,35	104 226	7 816,95	286 199	128 815	9 661,12	105 944	7 945,80
279 773	125 409	9 405,67	102 566	7 692,45	283 013	127 126	9 534,45	104 284	7 821,30	286 253	128 844	9 663,30	106 002	7 950,15
279 827	125 438	9 407,85	102 566	7 692,45	283 067	127 155	9 536,62	104 284	7 821,30	286 307	128 872	9 665,40	106 002	7 950,15
279 881	125 466	9 409,95	102 624	7 696,80	283 121	127 184	9 538,80	104 342	7 825,65	286 361	128 901	9 667,57	106 058	7 954,35
279 935	125 495	9 412,12	102 624	7 696,80	283 175	127 212	9 540,90	104 342	7 825,65	286 415	128 929	9 669,67	106 058	7 954,35
279 989	125 524	9 414,30	102 682	7 701,15	283 229	127 241	9 543,07	104 398	7 829,85	286 469	128 958	9 671,85	106 116	7 958,70
280 043	125 552	9 416,40	102 682	7 701,15	283 283	127 269	9 545,17	104 398	7 829,85	286 523	128 987	9 674,02	106 116	7 958,70
280 097	125 581	9 418,57	102 738	7 705,35	283 337	127 298	9 547,35	104 456	7 834,20	286 577	129 015	9 676,12	106 172	7 962,90
280 151	125 609	9 420,67	102 738	7 705,35	283 391	127 327	9 549,52	104 456	7 834,20	286 631	129 044	9 678,30	106 172	7 962,90
280 205	125 638	9 422,85	102 796	7 709,70	283 445	127 355	9 551,62	104 512	7 838,40	286 685	129 072	9 680,40	106 230	7 967,25
280 259	125 667	9 425,02	102 796	7 709,70	283 499	127 384	9 553,80	104 512	7 838,40	286 739	129 101	9 682,57	106 230	7 967,25
280 313	125 695	9 427,12	102 852	7 713,90	283 553	127 413	9 555,97	104 570	7 842,75	286 793	129 130	9 684,75	106 288	7 971,60
280 367	125 724	9 429,30	102 852	7 713,90	283 607	127 441	9 558,07	104 570	7 842,75	286 847	129 158	9 686,85	106 288	7 971,60
280 421	125 753	9 431,47	102 910	7 718,25	283 661	127 470	9 560,25	104 628	7 847,10	286 901	129 187	9 689,02	106 344	7 975,80
280 475	125 781	9 433,57	102 910	7 718,25	283 715	127 498	9 562,35	104 628	7 847,10	286 955	129 216	9 691,20	106 344	7 975,80
280 529	125 810	9 435,75	102 968	7 722,60	283 769	127 527	9 564,52	104 684	7 851,30	287 009	129 244	9 693,30	106 402	7 980,15
280 583	125 838	9 437,85	102 968	7 722,60	283 823	127 556	9 566,70	104 684	7 851,30	287 063	129 273	9 695,47	106 402	7 980,15
280 637	125 867	9 440,02	103 024	7 726,80	283 877	127 584	9 568,80	104 742	7 855,65	287 117	129 301	9 697,57	106 458	7 984,35
280 691	125 896	9 442,20	103 024	7 726,80	283 931	127 613	9 570,97	104 742	7 855,65	287 171	129 330	9 699,75	106 458	7 984,35
280 745	125 924	9 444,30	103 082	7 731,15	283 985	127 641	9 573,07	104 798	7 859,85	287 225	129 359	9 701,92	106 516	7 988,70
280 799	125 953	9 446,47	103 082	7 731,15	284 039	127 670	9 575,25	104 798	7 859,85	287 279	129 387	9 704,02	106 516	7 988,70
280 853	125 982	9 448,65	103 140	7 735,50	284 093	127 699	9 577,42	104 856	7 864,20	287 333	129 416	9 706,20	106 574	7 993,05
280 907	126 010	9 450,75	103 140	7 735,50	284 147	127 727	9 579,52	104 856	7 864,20	287 387	129 445	9 708,37	106 574	7 993,05
280 961	126 039	9 452,92	103 196	7 739,70	284 201	127 756	9 581,70	104 914	7 868,55	287 441	129 473	9 710,47	106 630	7 997,25
281 015	126 067	9 455,02	103 196	7 739,70	284 255	127 785	9 583,87	104 914	7 868,55	287 495	129 502	9 712,65	106 630	7 997,25

Achtung: Bei gewerblichen Einkünften Tabellen-Anhang beachten!

Tabellen

Einkommensteuer-Tabelle 1995

297 215,- EINKOMMEN

Zu versteuerndes Einkommen bis DM	Abzüge an Einkommensteuer Solidaritätszuschlag Grundtabelle		Splittingtabelle		Zu versteuerndes Einkommen bis DM	Abzüge an Einkommensteuer Solidaritätszuschlag Grundtabelle		Splittingtabelle		Zu versteuerndes Einkommen bis DM	Abzüge an Einkommensteuer Solidaritätszuschlag Grundtabelle		Splittingtabelle	
	ESt	SolZ	ESt	SolZ		ESt	SolZ	ESt	SolZ		ESt	SolZ	ESt	SolZ
287 549	129 530	9 714,75	106 688	8 001,60	290 789	131 248	9 843,60	108 406	8 130,45	294 029	132 965	9 972,37	110 122	8 259,15
287 603	129 559	9 716,92	106 688	8 001,60	290 843	131 276	9 845,70	108 406	8 130,45	294 083	132 993	9 974,47	110 122	8 259,15
287 657	129 588	9 719,10	106 746	8 005,95	290 897	131 305	9 847,87	108 462	8 134,65	294 137	133 022	9 976,65	110 180	8 263,50
287 711	129 616	9 721,20	106 746	8 005,95	290 951	131 333	9 849,97	108 462	8 134,65	294 191	133 051	9 978,82	110 180	8 263,50
287 765	129 645	9 723,37	106 802	8 010,15	291 005	131 362	9 852,15	108 520	8 139,—	294 245	133 079	9 980,92	110 236	8 267,70
287 819	129 673	9 725,47	106 802	8 010,15	291 059	131 391	9 854,32	108 520	8 139,—	294 299	133 108	9 983,10	110 236	8 267,70
287 873	129 702	9 727,65	106 860	8 014,50	291 113	131 419	9 856,42	108 576	8 143,20	294 353	133 137	9 985,27	110 294	8 272,05
287 927	129 731	9 729,82	106 860	8 014,50	291 167	131 448	9 858,60	108 576	8 143,20	294 407	133 165	9 987,37	110 294	8 272,05
287 981	129 759	9 731,92	106 916	8 018,70	291 221	131 477	9 860,77	108 634	8 147,55	294 461	133 194	9 989,55	110 352	8 276,40
288 035	129 788	9 734,10	106 916	8 018,70	291 275	131 505	9 862,87	108 634	8 147,55	294 515	133 222	9 991,65	110 352	8 276,40
288 089	129 817	9 736,27	106 974	8 023,05	291 329	131 534	9 865,05	108 692	8 151,90	294 569	133 251	9 993,82	110 408	8 280,60
288 143	129 845	9 738,37	106 974	8 023,05	291 383	131 562	9 867,15	108 692	8 151,90	294 623	133 280	9 996,—	110 408	8 280,60
288 197	129 874	9 740,55	107 032	8 027,40	291 437	131 591	9 869,32	108 748	8 156,10	294 677	133 308	9 998,10	110 466	8 284,95
288 251	129 902	9 742,65	107 032	8 027,40	291 491	131 620	9 871,50	108 748	8 156,10	294 731	133 337	10 000,27	110 466	8 284,95
288 305	129 931	9 744,82	107 088	8 031,60	291 545	131 648	9 873,60	108 806	8 160,45	294 785	133 365	10 002,37	110 522	8 289,15
288 359	129 960	9 747,—	107 088	8 031,60	291 599	131 677	9 875,77	108 806	8 160,45	294 839	133 394	10 004,55	110 522	8 289,15
288 413	129 988	9 749,10	107 146	8 035,95	291 653	131 706	9 877,95	108 864	8 164,80	294 893	133 423	10 006,72	110 580	8 293,50
288 467	130 017	9 751,27	107 146	8 035,95	291 707	131 734	9 880,05	108 864	8 164,80	294 947	133 451	10 008,82	110 580	8 293,50
288 521	130 046	9 753,45	107 204	8 040,30	291 761	131 763	9 882,22	108 920	8 169,—	295 001	133 480	10 011,—	110 638	8 297,85
288 575	130 074	9 755,55	107 204	8 040,30	291 815	131 791	9 884,32	108 920	8 169,—	295 055	133 509	10 013,17	110 638	8 297,85
288 629	130 103	9 757,72	107 260	8 044,50	291 869	131 820	9 886,50	108 978	8 173,35	295 109	133 537	10 015,27	110 694	8 302,05
288 683	130 131	9 759,82	107 260	8 044,50	291 923	131 849	9 888,67	108 978	8 173,35	295 163	133 566	10 017,45	110 694	8 302,05
288 737	130 160	9 762,—	107 318	8 048,85	291 977	131 877	9 890,77	109 034	8 177,55	295 217	133 594	10 019,55	110 752	8 306,40
288 791	130 189	9 764,17	107 318	8 048,85	292 031	131 906	9 892,95	109 034	8 177,55	295 271	133 623	10 021,72	110 752	8 306,40
288 845	130 217	9 766,27	107 374	8 053,05	292 085	131 934	9 895,05	109 092	8 181,90	295 325	133 652	10 023,90	110 810	8 310,75
288 899	130 246	9 768,45	107 374	8 053,05	292 139	131 963	9 897,22	109 092	8 181,90	295 379	133 680	10 026,—	110 810	8 310,75
288 953	130 275	9 770,62	107 432	8 057,40	292 193	131 992	9 899,40	109 150	8 186,25	295 433	133 709	10 028,17	110 866	8 314,95
289 007	130 303	9 772,72	107 432	8 057,40	292 247	132 020	9 901,50	109 150	8 186,25	295 487	133 738	10 030,35	110 866	8 314,95
289 061	130 332	9 774,90	107 490	8 061,75	292 301	132 049	9 903,67	109 206	8 190,45	295 541	133 766	10 032,45	110 924	8 319,30
289 115	130 360	9 777,—	107 490	8 061,75	292 355	132 078	9 905,85	109 206	8 190,45	295 595	133 795	10 034,62	110 924	8 319,30
289 169	130 389	9 779,17	107 546	8 065,95	292 409	132 106	9 907,95	109 264	8 194,80	295 649	133 823	10 036,72	110 980	8 323,50
289 223	130 418	9 781,35	107 546	8 065,95	292 463	132 135	9 910,12	109 264	8 194,80	295 703	133 852	10 038,90	110 980	8 323,50
289 277	130 446	9 783,45	107 604	8 070,30	292 517	132 163	9 912,22	109 320	8 199,—	295 757	133 881	10 041,07	111 038	8 327,85
289 331	130 475	9 785,62	107 604	8 070,30	292 571	132 192	9 914,40	109 320	8 199,—	295 811	133 909	10 043,17	111 038	8 327,85
289 385	130 503	9 787,72	107 660	8 074,50	292 625	132 221	9 916,57	109 378	8 203,35	295 865	133 938	10 045,35	111 096	8 332,20
289 439	130 532	9 789,90	107 660	8 074,50	292 679	132 249	9 918,67	109 378	8 203,35	295 919	133 966	10 047,45	111 096	8 332,20
289 493	130 561	9 792,07	107 718	8 078,85	292 733	132 278	9 920,85	109 436	8 207,70	295 973	133 995	10 049,62	111 152	8 336,40
289 547	130 589	9 794,17	107 718	8 078,85	292 787	132 307	9 923,02	109 436	8 207,70	296 027	134 024	10 051,80	111 152	8 336,40
289 601	130 618	9 796,35	107 776	8 083,20	292 841	132 335	9 925,12	109 492	8 211,90	296 081	134 052	10 053,90	111 210	8 340,75
289 655	130 647	9 798,52	107 776	8 083,20	292 895	132 364	9 927,30	109 492	8 211,90	296 135	134 081	10 056,07	111 210	8 340,75
289 709	130 675	9 800,62	107 832	8 087,40	292 949	132 392	9 929,40	109 550	8 216,25	296 189	134 110	10 058,25	111 268	8 345,10
289 763	130 704	9 802,80	107 832	8 087,40	293 003	132 421	9 931,57	109 550	8 216,25	296 243	134 138	10 060,35	111 268	8 345,10
289 817	130 732	9 804,90	107 890	8 091,75	293 057	132 450	9 933,75	109 608	8 220,60	296 297	134 167	10 062,52	111 324	8 349,30
289 871	130 761	9 807,07	107 890	8 091,75	293 111	132 478	9 935,85	109 608	8 220,60	296 351	134 195	10 064,62	111 324	8 349,30
289 925	130 790	9 809,25	107 948	8 096,10	293 165	132 507	9 938,02	109 664	8 224,80	296 405	134 224	10 066,80	111 382	8 353,65
289 979	130 818	9 811,35	107 948	8 096,10	293 219	132 535	9 940,12	109 664	8 224,80	296 459	134 253	10 068,97	111 382	8 353,65
290 033	130 847	9 813,52	108 004	8 100,30	293 273	132 564	9 942,30	109 722	8 229,15	296 513	134 281	10 071,07	111 438	8 357,85
290 087	130 876	9 815,70	108 004	8 100,30	293 327	132 593	9 944,47	109 722	8 229,15	296 567	134 310	10 073,25	111 438	8 357,85
290 141	130 904	9 817,80	108 062	8 104,65	293 381	132 621	9 946,57	109 778	8 233,35	296 621	134 339	10 075,42	111 496	8 362,20
290 195	130 933	9 819,97	108 062	8 104,65	293 435	132 650	9 948,75	109 778	8 233,35	296 675	134 367	10 077,52	111 496	8 362,20
290 249	130 961	9 822,07	108 118	8 108,85	293 489	132 679	9 950,92	109 836	8 237,70	296 729	134 396	10 079,70	111 554	8 366,55
290 303	130 990	9 824,25	108 118	8 108,85	293 543	132 707	9 953,02	109 836	8 237,70	296 783	134 424	10 081,80	111 554	8 366,55
290 357	131 019	9 826,42	108 176	8 113,20	293 597	132 736	9 955,20	109 894	8 242,05	296 837	134 453	10 083,97	111 610	8 370,75
290 411	131 047	9 828,52	108 176	8 113,20	293 651	132 764	9 957,30	109 894	8 242,05	296 891	134 482	10 086,15	111 610	8 370,75
290 465	131 076	9 830,70	108 234	8 117,55	293 705	132 793	9 959,47	109 950	8 246,25	296 945	134 510	10 088,25	111 668	8 375,10
290 519	131 104	9 832,80	108 234	8 117,55	293 759	132 822	9 961,65	109 950	8 246,25	296 999	134 539	10 090,42	111 668	8 375,10
290 573	131 133	9 834,97	108 290	8 121,75	293 813	132 850	9 963,75	110 008	8 250,60	297 053	134 568	10 092,60	111 726	8 379,45
290 627	131 162	9 837,15	108 290	8 121,75	293 867	132 879	9 965,92	110 008	8 250,60	297 107	134 596	10 094,70	111 726	8 379,45
290 681	131 190	9 839,25	108 348	8 126,10	293 921	132 908	9 968,10	110 066	8 254,95	297 161	134 625	10 096,87	111 782	8 383,65
290 735	131 219	9 841,42	108 348	8 126,10	293 975	132 936	9 970,20	110 066	8 254,95	297 215	134 653	10 098,97	111 782	8 383,65

Achtung: Bei gewerblichen Einkünften Tabellen-Anhang beachten !

Tabellen

Einkommensteuer-Tabelle 1995

EINKOMMEN 297 216,–

Zu versteuerndes Einkommen bis DM	Abzüge an Einkommensteuer Solidaritätszuschlag Grundtabelle ESt	SolZ	Splittingtabelle ESt	SolZ	Zu versteuerndes Einkommen bis DM	Abzüge an Einkommensteuer Solidaritätszuschlag Grundtabelle ESt	SolZ	Splittingtabelle ESt	SolZ	Zu versteuerndes Einkommen bis DM	Abzüge an Einkommensteuer Solidaritätszuschlag Grundtabelle ESt	SolZ	Splittingtabelle ESt	SolZ
297 269	134 682	10 101,15	111 840	8 388,–	300 509	136 399	10 229,92	113 556	8 516,70	303 749	138 116	10 358,70	115 274	8 645,55
297 323	134 711	10 103,32	111 840	8 388,–	300 563	136 428	10 232,10	113 556	8 516,70	303 803	138 145	10 360,87	115 274	8 645,55
297 377	134 739	10 105,42	111 896	8 392,20	300 617	136 456	10 234,20	113 614	8 521,05	303 857	138 174	10 363,05	115 332	8 649,90
297 431	134 768	10 107,60	111 896	8 392,20	300 671	136 485	10 236,37	113 614	8 521,05	303 911	138 202	10 365,15	115 332	8 649,90
297 485	134 796	10 109,70	111 954	8 396,55	300 725	136 514	10 238,55	113 672	8 525,40	303 965	138 231	10 367,32	115 388	8 654,10
297 539	134 825	10 111,87	111 954	8 396,55	300 779	136 542	10 240,65	113 672	8 525,40	304 019	138 259	10 369,42	115 388	8 654,10
297 593	134 854	10 114,05	112 012	8 400,90	300 833	136 571	10 242,82	113 728	8 529,60	304 073	138 288	10 371,60	115 446	8 658,45
297 647	134 882	10 116,15	112 012	8 400,90	300 887	136 600	10 245,–	113 728	8 529,60	304 127	138 317	10 373,77	115 446	8 658,45
297 701	134 911	10 118,32	112 068	8 405,10	300 941	136 628	10 247,17	113 786	8 533,95	304 181	138 345	10 375,87	115 502	8 662,65
297 755	134 940	10 120,50	112 068	8 405,10	300 995	136 657	10 249,27	113 786	8 533,95	304 235	138 374	10 378,05	115 502	8 662,65
297 809	134 968	10 122,60	112 126	8 409,45	301 049	136 685	10 251,37	113 842	8 538,15	304 289	138 403	10 380,22	115 560	8 667,–
297 863	134 997	10 124,77	112 126	8 409,45	301 103	136 714	10 253,55	113 842	8 538,15	304 343	138 431	10 382,32	115 560	8 667,–
297 917	135 025	10 126,87	112 182	8 413,65	301 157	136 743	10 255,72	113 900	8 542,50	304 397	138 460	10 384,50	115 618	8 671,35
297 971	135 054	10 129,05	112 182	8 413,65	301 211	136 771	10 257,82	113 900	8 542,50	304 451	138 488	10 386,60	115 618	8 671,35
298 025	135 083	10 131,22	112 240	8 418,–	301 265	136 800	10 260,–	113 958	8 546,85	304 505	138 517	10 388,77	115 674	8 675,55
298 079	135 111	10 133,32	112 240	8 418,–	301 319	136 828	10 262,10	113 958	8 546,85	304 559	138 546	10 390,95	115 674	8 675,55
298 133	135 140	10 135,50	112 298	8 422,35	301 373	136 857	10 264,27	114 014	8 551,05	304 613	138 574	10 393,05	115 732	8 679,90
298 187	135 169	10 137,67	112 298	8 422,35	301 427	136 886	10 266,45	114 014	8 551,05	304 667	138 603	10 395,22	115 732	8 679,90
298 241	135 197	10 139,77	112 354	8 426,55	301 481	136 914	10 268,55	114 072	8 555,40	304 721	138 632	10 397,40	115 790	8 684,25
298 295	135 226	10 141,95	112 354	8 426,55	301 535	136 943	10 270,72	114 072	8 555,40	304 775	138 660	10 399,50	115 790	8 684,25
298 349	135 254	10 144,05	112 412	8 430,90	301 589	136 972	10 272,90	114 130	8 559,75	304 829	138 689	10 401,67	115 846	8 688,45
298 403	135 283	10 146,22	112 412	8 430,90	301 643	137 000	10 275,–	114 130	8 559,75	304 883	138 717	10 403,77	115 846	8 688,45
298 457	135 312	10 148,40	112 470	8 435,25	301 697	137 029	10 277,17	114 186	8 563,95	304 937	138 746	10 405,95	115 904	8 692,80
298 511	135 340	10 150,50	112 470	8 435,25	301 751	137 057	10 279,27	114 186	8 563,95	304 991	138 775	10 408,12	115 904	8 692,80
298 565	135 369	10 152,67	112 526	8 439,45	301 805	137 086	10 281,45	114 244	8 568,30	305 045	138 803	10 410,22	115 960	8 697,–
298 619	135 397	10 154,77	112 526	8 439,45	301 859	137 115	10 283,62	114 244	8 568,30	305 099	138 832	10 412,40	115 960	8 697,–
298 673	135 426	10 156,95	112 584	8 443,80	301 913	137 143	10 285,72	114 300	8 572,50	305 153	138 861	10 414,57	116 018	8 701,35
298 727	135 455	10 159,12	112 584	8 443,80	301 967	137 172	10 287,90	114 300	8 572,50	305 207	138 889	10 416,67	116 018	8 701,35
298 781	135 483	10 161,22	112 640	8 448,–	302 021	137 201	10 290,07	114 358	8 576,85	305 261	138 918	10 418,85	116 076	8 705,70
298 835	135 512	10 163,40	112 640	8 448,–	302 075	137 229	10 292,17	114 358	8 576,85	305 315	138 946	10 420,95	116 076	8 705,70
298 889	135 541	10 165,57	112 698	8 452,35	302 129	137 258	10 294,35	114 416	8 581,20	305 369	138 975	10 423,12	116 132	8 709,90
298 943	135 569	10 167,67	112 698	8 452,35	302 183	137 286	10 296,45	114 416	8 581,20	305 423	139 004	10 425,30	116 132	8 709,90
298 997	135 598	10 169,85	112 756	8 456,70	302 237	137 315	10 298,62	114 472	8 585,40	305 477	139 032	10 427,40	116 190	8 714,25
299 051	135 626	10 171,95	112 756	8 456,70	302 291	137 344	10 300,80	114 472	8 585,40	305 531	139 061	10 429,57	116 190	8 714,25
299 105	135 655	10 174,12	112 812	8 460,90	302 345	137 372	10 302,90	114 530	8 589,75	305 585	139 089	10 431,67	116 246	8 718,45
299 159	135 684	10 176,30	112 812	8 460,90	302 399	137 401	10 305,07	114 530	8 589,75	305 639	139 118	10 433,85	116 246	8 718,45
299 213	135 712	10 178,40	112 870	8 465,25	302 453	137 430	10 307,25	114 588	8 594,10	305 693	139 147	10 436,02	116 304	8 722,80
299 267	135 741	10 180,57	112 870	8 465,25	302 507	137 458	10 309,35	114 588	8 594,10	305 747	139 175	10 438,12	116 304	8 722,80
299 321	135 770	10 182,75	112 928	8 469,60	302 561	137 487	10 311,52	114 644	8 598,30	305 801	139 204	10 440,30	116 362	8 727,15
299 375	135 798	10 184,85	112 928	8 469,60	302 615	137 515	10 313,62	114 644	8 598,30	305 855	139 233	10 442,47	116 362	8 727,15
299 429	135 827	10 187,02	112 984	8 473,80	302 669	137 544	10 315,80	114 702	8 602,65	305 909	139 261	10 444,57	116 418	8 731,35
299 483	135 855	10 189,12	112 984	8 473,80	302 723	137 573	10 317,97	114 702	8 602,65	305 963	139 290	10 446,75	116 418	8 731,35
299 537	135 884	10 191,30	113 042	8 478,15	302 777	137 601	10 320,07	114 758	8 606,85	306 017	139 318	10 448,85	116 476	8 735,70
299 591	135 913	10 193,47	113 042	8 478,15	302 831	137 630	10 322,25	114 758	8 606,85	306 071	139 347	10 451,02	116 476	8 735,70
299 645	135 941	10 195,57	113 098	8 482,35	302 885	137 658	10 324,35	114 816	8 611,20	306 125	139 376	10 453,20	116 534	8 740,05
299 699	135 970	10 197,75	113 098	8 482,35	302 939	137 687	10 326,52	114 816	8 611,20	306 179	139 404	10 455,30	116 534	8 740,05
299 753	135 999	10 199,92	113 156	8 486,70	302 993	137 716	10 328,70	114 874	8 615,55	306 233	139 433	10 457,47	116 590	8 744,25
299 807	136 027	10 202,02	113 156	8 486,70	303 047	137 744	10 330,80	114 874	8 615,55	306 287	139 462	10 459,65	116 590	8 744,25
299 861	136 056	10 204,20	113 214	8 491,05	303 101	137 773	10 332,97	114 930	8 619,75	306 341	139 490	10 461,75	116 648	8 748,60
299 915	136 084	10 206,30	113 214	8 491,05	303 155	137 802	10 335,15	114 930	8 619,75	306 395	139 519	10 463,85	116 648	8 748,60
299 969	136 113	10 208,47	113 270	8 495,25	303 209	137 830	10 337,25	114 988	8 624,10	306 449	139 547	10 466,02	116 704	8 752,80
300 023	136 142	10 210,65	113 270	8 495,25	303 263	137 859	10 339,42	114 988	8 624,10	306 503	139 576	10 468,20	116 704	8 752,80
300 077	136 170	10 212,75	113 328	8 499,60	303 317	137 887	10 341,52	115 044	8 628,30	306 557	139 605	10 470,37	116 762	8 757,15
300 131	136 199	10 214,92	113 328	8 499,60	303 371	137 916	10 343,70	115 044	8 628,30	306 611	139 633	10 472,47	116 762	8 757,15
300 185	136 227	10 217,02	113 384	8 503,80	303 425	137 945	10 345,87	115 102	8 632,65	306 665	139 662	10 474,65	116 820	8 761,50
300 239	136 256	10 219,20	113 384	8 503,80	303 479	137 973	10 347,97	115 102	8 632,65	306 719	139 690	10 476,75	116 820	8 761,50
300 293	136 285	10 221,37	113 442	8 508,15	303 533	138 002	10 350,15	115 160	8 637,–	306 773	139 719	10 478,92	116 876	8 765,70
300 347	136 313	10 223,47	113 442	8 508,15	303 587	138 031	10 352,32	115 160	8 637,–	306 827	139 748	10 481,10	116 876	8 765,70
300 401	136 342	10 225,65	113 500	8 512,50	303 641	138 059	10 354,42	115 216	8 641,20	306 881	139 776	10 483,20	116 934	8 770,05
300 455	136 371	10 227,82	113 500	8 512,50	303 695	138 088	10 356,60	115 216	8 641,20	306 935	139 805	10 485,37	116 934	8 770,05

Achtung: Bei gewerblichen Einkünften Tabellen-Anhang beachten !

Tabellen

Einkommensteuer-Tabelle 1995

Bei höheren Einkommen ist die Einkommensteuer wie folgt zu berechnen:

A. Grundtabelle
1. Das Einkommen ist auf den nächsten durch 54 teilbaren vollen Betrag abzurunden.
2. Von diesem Betrag sind 53 v. H. zu errechnen und davon 22 842,– DM abzuziehen. Der sich hieraus ergebende Betrag ist auf den nächsten vollen DM-Betrag abzurunden.

B. Splittingtabelle
1. Das Einkommen ist auf den nächsten durch 108 teilbaren vollen Betrag abzurunden.
2. Von diesem Betrag sind 53 v. H. zu errechnen und davon 45 684,– DM abzuziehen. Der sich hieraus ergebende Betrag ist auf den nächsten vollen DM-Betrag abzurunden.

Für höhere Einkommensteuerbeträge ist der **Solidaritätszuschlag** mit 7,5 % des Steuerbetrages zu berechnen. Bruchteile eines Pfennigs, die sich bei dieser Berechnung ergeben, bleiben außer Ansatz.

Tabellen

Einkommensteuer-Tabelle 1995

Anlagen 4 bis 5b zum Einkommensteuergesetz
(zu § 32d Abs. 1 und § 52 Abs. 21f EStG)

Zusammengefaßte Zusatztabellen für 1993 – 1995

zur Einkommensteuer-**Splittingtabelle** 1990   zur Einkommensteuer-**Grundtabelle** 1990

Erwerbsbezüge in DM von – bis	gemilderte Einkommensteuer 1993 DM	gemilderte Einkommensteuer 1994 DM	gemilderte Einkommensteuer 1995 DM	Erwerbsbezüge in DM von – bis	gemilderte Einkommensteuer 1993 DM	gemilderte Einkommensteuer 1994 DM	gemilderte Einkommensteuer 1995 DM
0 – 21 059	0			0 – 10 529	0		
21 060 – 21 167	60			10 530 – 10 583	30		
21 168 – 21 275	126			10 584 – 10 637	63		
21 276 – 21 383	192			10 638 – 10 691	96		
21 384 – 21 491	252			10 692 – 10 745	126		
21 492 – 21 599	318			10 746 – 10 799	159		
21 600 – 21 707	384			10 800 – 10 853	192		
21 708 – 21 815	444			10 854 – 10 907	222		
21 816 – 21 923	510			10 908 – 10 961	255		
21 924 – 22 031	576			10 962 – 11 015	288		
22 032 – 22 139	636	0		11 016 – 11 069	318	0	
22 140 – 22 247	702	66		11 070 – 11 123	351	33	
22 248 – 22 355	768	132		11 124 – 11 177	384	66	
22 356 – 22 463	834	198		11 178 – 11 231	417	99	
22 464 – 22 571	894	258		11 232 – 11 285	447	129	
22 572 – 22 679	960	324		11 286 – 11 339	480	162	
22 680 – 22 787	1 026	390		11 340 – 11 393	513	195	
22 788 – 22 895	1 092	456		11 394 – 11 447	546	228	
22 896 – 23 003	1 158	522		11 448 – 11 501	579	261	
23 004 – 23 111	1 218	582	0	11 502 – 11 555	609	291	0
23 112 – 23 219	1 284	648	54	11 556 – 11 609	642	324	27
23 220 – 23 327	1 350	714	110	11 610 – 11 663	675	357	55
23 328 – 23 435	1 416	780	164	11 664 – 11 717	708	390	82
23 436 – 23 543	1 482	846	220	11 718 – 11 771	741	423	110
23 544 – 23 651	1 548	912	274	11 772 – 11 825	774	456	137
23 652 – 23 759	1 614	978	330	11 826 – 11 879	807	489	165
23 760 – 23 867	1 674	1 038	380	11 880 – 11 933	837	519	190
23 868 – 23 975	1 740	1 104	434	11 934 – 11 987	870	552	217
23 976 – 24 083	1 806	1 170	490	11 988 – 12 041	903	585	245
24 084 – 24 191	1 872	1 236	544	12 042 – 12 095	936	618	272
24 192 – 24 299	1 938	1 302	600	12 096 – 12 149	969	651	300
24 300 – 24 407	2 004	1 368	654	12 150 – 12 203	1 002	684	327
24 408 – 24 515	2 070	1 434	710	12 204 – 12 257	1 035	717	355
24 516 – 24 623	2 136	1 500	764	12 258 – 12 311	1 068	750	382
24 624 – 24 731	2 202	1 566	820	12 312 – 12 365	1 101	783	410
24 732 – 24 839	2 268	1 632	874	12 366 – 12 419	1 134	816	437
24 840 – 24 947	2 334	1 698	930	12 420 – 12 473	1 167	849	465
24 948 – 25 055	2 400	1 764	984	12 474 – 12 527	1 200	882	492
25 056 – 25 163	2 466	1 830	1 040	12 528 – 12 581	1 233	915	520
25 164 – 25 271	2 532	1 896	1 094	12 582 – 12 635	1 266	948	547
25 272 – 25 379	2 598	1 962	1 150	12 636 – 12 689	1 299	981	575
25 380 – 25 487	2 664	2 028	1 204	12 690 – 12 743	1 332	1 014	602
25 488 – 25 595	2 730	2 094	1 260	12 744 – 12 797	1 365	1 047	630
25 596 – 25 703		2 160	1 314	12 798 – 12 851		1 080	657
25 704 – 25 811		2 226	1 370	12 852 – 12 905		1 113	685
25 812 – 25 919		2 292	1 424	12 906 – 12 959		1 146	712
25 920 – 26 027		2 358	1 480	12 960 – 13 013		1 179	740
26 028 – 26 135		2 424	1 534	13 014 – 13 067		1 212	767
26 136 – 26 243		2 490	1 590	13 068 – 13 121		1 245	795
26 244 – 26 351		2 556	1 644	13 122 – 13 175		1 278	822
26 352 – 26 459		2 622	1 700	13 176 – 13 229		1 311	850
26 460 – 26 567		2 688	1 754	13 230 – 13 283		1 344	877
26 568 – 26 675		2 754	1 810	13 284 – 13 337		1 377	905
26 676 – 26 783		2 820	1 864	13 338 – 13 391		1 410	932
26 784 – 26 891		2 892	1 924	13 392 – 13 445		1 446	962
26 892 – 26 999		2 958	1 980	13 446 – 13 499		1 479	990
27 000 – 27 107		3 024	2 034	13 500 – 13 553		1 512	1 017
27 108 – 27 215		3 090	2 090	13 554 – 13 607		1 545	1 045
27 216 – 27 323			2 144	13 608 – 13 661			1 072
27 324 – 27 431			2 200	13 662 – 13 715			1 100

Tabellen

Einkommensteuer-Tabelle 1995

Erwerbsbezüge in DM von – bis	gemilderte Einkommensteuer 1993 DM	gemilderte Einkommensteuer 1994 DM	gemilderte Einkommensteuer 1995 DM	Erwerbsbezüge in DM von – bis	gemilderte Einkommensteuer 1993 DM	gemilderte Einkommensteuer 1994 DM	gemilderte Einkommensteuer 1995 DM
27 432 – 27 539			2 254	13 716 – 13 769			1 127
27 540 – 27 647			2 314	13 770 – 13 823			1 157
27 648 – 27 755			2 370	13 824 – 13 877			1 185
27 756 – 27 863			2 424	13 878 – 13 931			1 212
27 864 – 27 971			2 480	13 932 – 13 985			1 240
27 972 – 28 079			2 534	13 986 – 14 039			1 267
28 080 – 28 187			2 594	14 040 – 14 093			1 297
28 188 – 28 295			2 650	14 094 – 14 147			1 325
28 296 – 28 403			2 704	14 148 – 14 201			1 352
28 404 – 28 511			2 760	14 202 – 14 255			1 380
28 512 – 28 619			2 820	14 256 – 14 309			1 410
28 620 – 28 727			2 874	14 310 – 14 363			1 437
28 728 – 28 835			2 930	14 364 – 14 417			1 465
28 836 – 28 943			2 990	14 418 – 14 471			1 495
28 944 – 29 051			3 044	14 472 – 14 525			1 522
29 052 – 29 159			3 100	14 526 – 14 579			1 550
29 160 – 29 267			3 160	14 580 – 14 633			1 580
29 268 – 29 375			3 214	14 634 – 14 687			1 607
29 376 – 29 483			3 270	14 688 – 14 741			1 635
29 484 – 29 591			3 330	14 742 – 14 795			1 665
29 592 – 29 699			3 384	14 796 – 14 849			1 692
29 700 – 29 807			3 440	14 850 – 14 903			1 720
29 808 – 29 915			3 500	14 904 – 14 957			1 750
29 916 – 30 023			3 554	14 958 – 15 011			1 777
30 024 – 30 131			3 610	15 012 – 15 065			1 805
30 132 – 30 239			3 670	15 066 – 15 119			1 835
30 240 – 30 347			3 724	15 120 – 15 173			1 862

Tabellen

Tabellen-Anhang

Tarifbegrenzung für gewerbliche Einkünfte (§ 32 c EStG)

Für Personenunternehmen wird die Grenzsteuerbelastung für gewerbliche Einkünfte auf 47 v. H. begrenzt (§ 32 c EStG).

Nach dem geltenden Einkommensteuertarif (§ 32 a EStG) übersteigt ab einem abgerundeten zu versteuernden Einkommen von 100 278/200 556 DM (Grund-/Splittingtabelle) die Grenzsteuerbelastung den Satz von 47 v. H. Die Tarifbegrenzung wirkt sich nur für solche Steuerpflichtige aus, bei denen der gewerbliche Anteil am zu versteuernden Einkommen diesen Betrag überschreitet.

Die Tarifbegrenzung erfolgt technisch durch den Abzug eines Entlastungsbetrags für gewerbliche Einkünfte von der nach dem unveränderten Einkommensteuertarif (§ 32 a EStG) ermittelten Einkommensteuer.

Die tarifbegünstigte Einkommensteuer – nach Abzug des Entlastungsbetrags – ist die Bemessungsgrundlage für die Kirchensteuer und auch für den Solidaritätszuschlag.

Die Tarifbegrenzung gilt grundsätzlich nur für Einkünfte aus Gewerbebetrieb (§ 15 EStG), die auch der Gewerbesteuer unterliegen. Deshalb werden Einkünfte, die zwar aus einem Gewerbebetrieb im Sinne des § 15 EStG stammen, aber nicht mit Gewerbesteuer belastet sind, von der Tarifbegrenzung ausdrücklich ausgenommen (§ 32 c Abs. 2 EStG). Dabei werden aus Gründen einer einfachen steuerlichen Handhabung allerdings nur die wichtigsten Bereiche ausgespart, nämlich

– Gewinne aus ausländischen Betriebsstätten
– Gewinne aus einer Betriebsverpachtung, die keine Betriebsaufspaltung ist,
– Gewinne aus Schachtelbeteiligung und
– Gewinne, die einer ermäßigten Besteuerung nach § 34 EStG unterliegen.

Gewerblicher Anteil

Die Ermittlung des Entlastungsbetrags erfordert zunächst die Errechnung des gewerblichen Anteils am zu versteuernden Einkommen auf der Grundlage von § 32 c Abs. 3 EStG:

Der gewerbliche Anteil, also der auf gewerbliche Einkünfte entfallende Anteil am zu versteuernden Einkommen, bemißt sich nach dem Verhältnis der gewerblichen Einkünfte – vermindert um die nach § 32 c Abs. 2 EStG ausgenommenen Teile – zur Summe der Einkünfte aus allen Einkunftsarten.

Bei zusammen veranlagten Ehegatten ist dabei von der Summe der gewerblichen Einkünfte beider Ehegatten im Verhältnis zur Summe der Einkünfte aus allen Einkunftsarten beider Ehegatten auszugehen.

Falls die gewerblichen Einkünfte die Summe der Einkünfte aus den Einkunftsarten infolge übriger insgesamt negativer Einkünfte übersteigen, wird zur Vermeidung komplizierter Aufteilungsregelungen das zu versteuernde Einkommen ausschließlich den begünstigten gewerblichen Einkünften zugerechnet.

Entlastungsbetrag

Der Entlastungsbetrag für den gewerblichen Anteil am zu versteuernden Einkommen ist wie folgt zu ermitteln:

a) Zunächst wird für den abgerundeten gewerblichen Anteil am zu versteuernden Einkommen die tarifliche Einkommensteuer nach der unveränderten Formel des § 32 a EStG errechnet.
b) Dann wird für den gewerblichen Anteil die tarifliche Einkommensteuer bei Beschränkung der Grenzsteuerbelastung auf 47 v. H. rechnerisch in zwei Schritten ermittelt. Bis 100 224/200 448 DM (Grenzsteuerbelastung unter 47 v. H.) gilt die Steuerbelastung nach dem unveränderten Einkommensteuertarif (§ 32 a EStG). Die darüber hinausgehenden gewerblichen Einkünfte werden mit einem nicht weiter steigenden Satz von 47 v. H. belastet.
c) Der Entlastungsbetrag ist der Unterschied der zu a) und b) errechneten Steuerbeträge.

Bei Steuerpflichtigen, die nach der Splittingtabelle besteuert werden, beträgt der Entlastungsbetrag das Zweifache des Entlastungsbetrags, der sich für die Hälfte des gemeinsam zu versteuernden Einkommens ergibt.

Tabellen

Tabellen-Anhang

Anwendung der Tabellen zum Entlastungsbetrag

Die komplizierten Berechnungen zur Ermittlung des Entlastungsbetrags erübrigen sich durch die Anwendung der Tabelle im Anhang.

Den gewerblichen Anteil müssen Sie zunächst selbst ermitteln. Eine Abrundung erübrigt sich, da sie durch Einstufen in den aufzusuchenden Betrag erfolgt. Der gewerbliche Anteil ist nicht gleich den gewerblichen Einkünften.

Zu jedem gewerblichen Anteil ist der zugehörige Entlastungsbetrag im Anhang unmittelbar ablesbar.

Die zusätzliche Entlastung beim Solidaritätszuschlag beträgt 7,5 v. H. des im Anhang ausgewiesenen ESt-Entlastungsbetrags.

Kirchensteuerberechnung

Grund- und Splittingtabelle

Bei Berücksichtigung von Kindern sind von der Einkommensteuer vor Anwendung des maßgebenden Vom-Hundert-Satzes die Kinderkürzungsbeträge abzuziehen.

Einkommensteuertabelle mit Kirchensteuer

Es ist die Kirchensteuer für die tarifliche Einkommensteuer ohne Tarifermäßigung (Entlastungsbetrag) unter Berücksichtigung der Kinderfreibetragszahl aufzusuchen.

Davon ist die Kirchensteuer für den Entlastungsbetrag ohne Berücksichtigung von Kinderkürzungsbeträgen abzuziehen.

Tabellen

Tabellen-Anhang

ANHANG 1,–

Gewerblicher Anteil am zu versteuernden Einkommen bis DM	ESt-Entlastungsbetrag (§ 32 c EStG) Gr	Sp	Gewerblicher Anteil am zu versteuernden Einkommen bis DM	ESt-Entlastungsbetrag (§ 32 c EStG) Gr	Sp	Gewerblicher Anteil am zu versteuernden Einkommen bis DM	ESt-Entlastungsbetrag (§ 32 c EStG) Gr	Sp	Gewerblicher Anteil am zu versteuernden Einkommen bis DM	ESt-Entlastungsbetrag (§ 32 c EStG) Gr	Sp	Gewerblicher Anteil am zu versteuernden Einkommen bis DM	ESt-Entlastungsbetrag (§ 32 c EStG) Gr	Sp
100 331	—	—	104 111	23	—	107 891	88	—	111 671	197	—	115 451	350	—
100 385	1	—	104 165	23	—	107 945	90	—	111 725	199	—	115 505	352	—
100 439	0	—	104 219	24	—	107 999	90	—	111 779	201	—	115 559	355	—
100 493	1	—	104 273	24	—	108 053	92	—	111 833	203	—	115 613	357	—
100 547	1	—	104 327	25	—	108 107	93	—	111 887	205	—	115 667	359	—
100 601	0	—	104 381	26	—	108 161	94	—	111 941	206	—	115 721	362	—
100 655	1	—	104 435	26	—	108 215	96	—	111 995	208	—	115 775	364	—
100 709	0	—	104 489	27	—	108 269	97	—	112 049	211	—	115 829	367	—
100 763	1	—	104 543	27	—	108 323	98	—	112 103	212	—	115 883	370	—
100 817	1	—	104 597	28	—	108 377	99	—	112 157	214	—	115 937	372	—
100 871	1	—	104 651	30	—	108 431	101	—	112 211	217	—	115 991	375	—
100 925	1	—	104 705	30	—	108 485	103	—	112 265	218	—	116 045	378	—
100 979	2	—	104 759	31	—	108 539	103	—	112 319	220	—	116 099	380	—
101 033	1	—	104 813	32	—	108 593	105	—	112 373	222	—	116 153	383	—
101 087	2	—	104 867	32	—	108 647	107	—	112 427	224	—	116 207	385	—
101 141	1	—	104 921	33	—	108 701	108	—	112 481	226	—	116 261	388	—
101 195	2	—	104 975	33	—	108 755	109	—	112 535	228	—	116 315	391	—
101 249	2	—	105 029	34	—	108 809	110	—	112 589	230	—	116 369	393	—
101 303	2	—	105 083	36	—	108 863	112	—	112 643	232	—	116 423	396	—
101 357	2	—	105 137	36	—	108 917	114	—	112 697	234	—	116 477	398	—
101 411	3	—	105 191	37	—	108 971	115	—	112 751	236	—	116 531	401	—
101 465	2	—	105 245	38	—	109 025	116	—	112 805	238	—	116 585	404	—
101 519	3	—	105 299	38	—	109 079	118	—	112 859	240	—	116 639	406	—
101 573	3	—	105 353	40	—	109 133	119	—	112 913	243	—	116 693	409	—
101 627	3	—	105 407	40	—	109 187	121	—	112 967	244	—	116 747	412	—
101 681	4	—	105 461	41	—	109 241	122	—	113 021	247	—	116 801	414	—
101 735	3	—	105 515	42	—	109 295	123	—	113 075	248	—	116 855	417	—
101 789	4	—	105 569	42	—	109 349	125	—	113 129	251	—	116 909	419	—
101 843	4	—	105 623	44	—	109 403	126	—	113 183	253	—	116 963	423	—
101 897	4	—	105 677	44	—	109 457	128	—	113 237	255	—	117 017	426	—
101 951	5	—	105 731	45	—	109 511	130	—	113 291	257	—	117 071	428	—
102 005	5	—	105 785	47	—	109 565	131	—	113 345	260	—	117 125	431	—
102 059	5	—	105 839	47	—	109 619	133	—	113 399	261	—	117 179	434	—
102 113	6	—	105 893	48	—	109 673	134	—	113 453	264	—	117 233	436	—
102 167	6	—	105 947	49	—	109 727	136	—	113 507	265	—	117 287	439	—
102 221	6	—	106 001	50	—	109 781	138	—	113 561	268	—	117 341	442	—
102 275	6	—	106 055	51	—	109 835	139	—	113 615	270	—	117 395	445	—
102 329	7	—	106 109	51	—	109 889	140	—	113 669	272	—	117 449	448	—
102 383	7	—	106 163	53	—	109 943	141	—	113 723	275	—	117 503	450	—
102 437	7	—	106 217	54	—	109 997	143	—	113 777	276	—	117 557	453	—
102 491	8	—	106 271	54	—	110 051	145	—	113 831	279	—	117 611	457	—
102 545	9	—	106 325	56	—	110 105	146	—	113 885	281	—	117 665	459	—
102 599	8	—	106 379	57	—	110 159	148	—	113 939	283	—	117 719	462	—
102 653	9	—	106 433	58	—	110 213	150	—	113 993	286	—	117 773	464	—
102 707	9	—	106 487	58	—	110 267	151	—	114 047	288	—	117 827	467	—
102 761	10	—	106 541	59	—	110 321	153	—	114 101	290	—	117 881	471	—
102 815	10	—	106 595	61	—	110 375	154	—	114 155	292	—	117 935	473	—
102 869	10	—	106 649	62	—	110 429	156	—	114 209	294	—	117 989	476	—
102 923	11	—	106 703	63	—	110 483	158	—	114 263	297	—	118 043	479	—
102 977	11	—	106 757	64	—	110 537	160	—	114 317	299	—	118 097	482	—
103 031	12	—	106 811	65	—	110 591	162	—	114 371	301	—	118 151	485	—
103 085	13	—	106 865	66	—	110 645	164	—	114 425	304	—	118 205	488	—
103 139	12	—	106 919	67	—	110 699	165	—	114 479	307	—	118 259	491	—
103 193	13	—	106 973	68	—	110 753	167	—	114 533	308	—	118 313	494	—
103 247	14	—	107 027	69	—	110 807	168	—	114 587	311	—	118 367	496	—
103 301	14	—	107 081	71	—	110 861	170	—	114 641	313	—	118 421	500	—
103 355	15	—	107 135	71	—	110 915	172	—	114 695	315	—	118 475	502	—
103 409	15	—	107 189	73	—	110 969	173	—	114 749	318	—	118 529	506	—
103 463	16	—	107 243	73	—	111 023	175	—	114 803	320	—	118 583	509	—
103 517	17	—	107 297	75	—	111 077	177	—	114 857	323	—	118 637	511	—
103 571	16	—	107 351	76	—	111 131	179	—	114 911	326	—	118 691	515	—
103 625	17	—	107 405	77	—	111 185	181	—	114 965	327	—	118 745	518	—
103 679	18	—	107 459	78	—	111 239	182	—	115 019	330	—	118 799	521	—
103 733	18	—	107 513	80	—	111 293	184	—	115 073	332	—	118 853	524	—
103 787	19	—	107 567	81	—	111 347	186	—	115 127	335	—	118 907	526	—
103 841	19	—	107 621	82	—	111 401	188	—	115 181	338	—	118 961	530	—
103 895	20	—	107 675	83	—	111 455	190	—	115 235	339	—	119 015	533	—
103 949	21	—	107 729	84	—	111 509	191	—	115 289	342	—	119 069	536	—
104 003	21	—	107 783	86	—	111 563	193	—	115 343	344	—	119 123	539	—
104 057	22	—	107 837	87	—	111 617	196	—	115 397	347	—	119 177	542	—

Tabellen

Tabellen-Anhang

138 077,– ANHANG

Gewerblicher Anteil am zu versteuernden Einkommen bis DM	ESt-Entlastungsbetrag (§ 32 c EStG) Gr	Sp	Gewerblicher Anteil am zu versteuernden Einkommen bis DM	ESt-Entlastungsbetrag (§ 32 c EStG) Gr	Sp	Gewerblicher Anteil am zu versteuernden Einkommen bis DM	ESt-Entlastungsbetrag (§ 32 c EStG) Gr	Sp	Gewerblicher Anteil am zu versteuernden Einkommen bis DM	ESt-Entlastungsbetrag (§ 32 c EStG) Gr	Sp	Gewerblicher Anteil am zu versteuernden Einkommen bis DM	ESt-Entlastungsbetrag (§ 32 c EStG) Gr	Sp
119 231	545	—	123 011	771	—	126 791	998	—	130 571	1 224	—	134 351	1 451	—
119 285	549	—	123 065	774	—	126 845	1 001	—	130 625	1 228	—	134 405	1 454	—
119 339	551	—	123 119	777	—	126 899	1 004	—	130 679	1 231	—	134 459	1 458	—
119 393	555	—	123 173	780	—	126 953	1 008	—	130 733	1 234	—	134 513	1 461	—
119 447	558	—	123 227	784	—	127 007	1 010	—	130 787	1 238	—	134 567	1 464	—
119 501	561	—	123 281	787	—	127 061	1 014	—	130 841	1 240	—	134 621	1 468	—
119 555	564	—	123 335	790	—	127 115	1 017	—	130 895	1 244	—	134 675	1 470	—
119 609	567	—	123 389	794	—	127 169	1 020	—	130 949	1 247	—	134 729	1 474	—
119 663	570	—	123 443	796	—	127 223	1 024	—	131 003	1 250	—	134 783	1 477	—
119 717	574	—	123 497	800	—	127 277	1 026	—	131 057	1 254	—	134 837	1 480	—
119 771	576	—	123 551	803	—	127 331	1 030	—	131 111	1 257	—	134 891	1 484	—
119 825	580	—	123 605	806	—	127 385	1 033	—	131 165	1 260	—	134 945	1 487	—
119 879	584	—	123 659	810	—	127 439	1 036	—	131 219	1 263	—	134 999	1 490	—
119 933	586	—	123 713	813	—	127 493	1 040	—	131 273	1 266	—	135 053	1 494	—
119 987	590	—	123 767	816	—	127 547	1 043	—	131 327	1 270	—	135 107	1 496	—
120 041	592	—	123 821	820	—	127 601	1 046	—	131 381	1 273	—	135 161	1 500	—
120 095	596	—	123 875	822	—	127 655	1 050	—	131 435	1 276	—	135 215	1 503	—
120 149	599	—	123 929	826	—	127 709	1 052	—	131 489	1 280	—	135 269	1 506	—
120 203	602	—	123 983	829	—	127 763	1 056	—	131 543	1 282	—	135 323	1 510	—
120 257	606	—	124 037	832	—	127 817	1 059	—	131 597	1 286	—	135 377	1 512	—
120 311	609	—	124 091	836	—	127 871	1 062	—	131 651	1 289	—	135 431	1 516	—
120 365	612	—	124 145	839	—	127 925	1 066	—	131 705	1 292	—	135 485	1 519	—
120 419	615	—	124 199	842	—	127 979	1 069	—	131 759	1 296	—	135 539	1 522	—
120 473	618	—	124 253	846	—	128 033	1 072	—	131 813	1 299	—	135 593	1 526	—
120 527	622	—	124 307	848	—	128 087	1 076	—	131 867	1 302	—	135 647	1 529	—
120 581	625	—	124 361	852	—	128 141	1 078	—	131 921	1 306	—	135 701	1 532	—
120 635	628	—	124 415	855	—	128 195	1 082	—	131 975	1 308	—	135 755	1 536	—
120 689	632	—	124 469	858	—	128 249	1 085	—	132 029	1 312	—	135 809	1 538	—
120 743	634	—	124 523	862	—	128 303	1 088	—	132 083	1 315	—	135 863	1 542	—
120 797	638	—	124 577	864	—	128 357	1 092	—	132 137	1 318	—	135 917	1 545	—
120 851	641	—	124 631	868	—	128 411	1 095	—	132 191	1 322	—	135 971	1 548	—
120 905	644	—	124 685	871	—	128 465	1 098	—	132 245	1 325	—	136 025	1 552	—
120 959	648	—	124 739	874	—	128 519	1 101	—	132 299	1 328	—	136 079	1 555	—
121 013	651	—	124 793	878	—	128 573	1 104	—	132 353	1 332	—	136 133	1 558	—
121 067	654	—	124 847	881	—	128 627	1 108	—	132 407	1 334	—	136 187	1 562	—
121 121	658	—	124 901	884	—	128 681	1 111	—	132 461	1 338	—	136 241	1 564	—
121 175	660	—	124 955	888	—	128 735	1 114	—	132 515	1 341	—	136 295	1 568	—
121 229	664	—	125 009	890	—	128 789	1 118	—	132 569	1 344	—	136 349	1 571	—
121 283	667	—	125 063	894	—	128 843	1 120	—	132 623	1 348	—	136 403	1 574	—
121 337	670	—	125 117	897	—	128 897	1 124	—	132 677	1 350	—	136 457	1 578	—
121 391	674	—	125 171	900	—	128 951	1 127	—	132 731	1 354	—	136 511	1 581	—
121 445	677	—	125 225	904	—	129 005	1 130	—	132 785	1 357	—	136 565	1 584	—
121 499	680	—	125 279	907	—	129 059	1 134	—	132 839	1 360	—	136 619	1 587	—
121 553	684	—	125 333	910	—	129 113	1 137	—	132 893	1 364	—	136 673	1 590	—
121 607	686	—	125 387	914	—	129 167	1 140	—	132 947	1 367	—	136 727	1 594	—
121 661	690	—	125 441	916	—	129 221	1 144	—	133 001	1 370	—	136 781	1 597	—
121 715	693	—	125 495	920	—	129 275	1 146	—	133 055	1 374	—	136 835	1 600	—
121 769	696	—	125 549	923	—	129 329	1 150	—	133 109	1 376	—	136 889	1 604	—
121 823	700	—	125 603	926	—	129 383	1 153	—	133 163	1 380	—	136 943	1 606	—
121 877	702	—	125 657	930	—	129 437	1 156	—	133 217	1 383	—	136 997	1 610	—
121 931	706	—	125 711	933	—	129 491	1 160	—	133 271	1 386	—	137 051	1 613	—
121 985	709	—	125 765	936	—	129 545	1 163	—	133 325	1 390	—	137 105	1 616	—
122 039	712	—	125 819	939	—	129 599	1 166	—	133 379	1 393	—	137 159	1 620	—
122 093	716	—	125 873	942	—	129 653	1 170	—	133 433	1 396	—	137 213	1 623	—
122 147	719	—	125 927	946	—	129 707	1 172	—	133 487	1 400	—	137 267	1 626	—
122 201	722	—	125 981	949	—	129 761	1 176	—	133 541	1 402	—	137 321	1 630	—
122 255	726	—	126 035	952	—	129 815	1 179	—	133 595	1 406	—	137 375	1 632	—
122 309	728	—	126 089	956	—	129 869	1 182	—	133 649	1 409	—	137 429	1 636	—
122 363	732	—	126 143	958	—	129 923	1 186	—	133 703	1 412	—	137 483	1 639	—
122 417	735	—	126 197	962	—	129 977	1 188	—	133 757	1 416	—	137 537	1 642	—
122 471	738	—	126 251	965	—	130 031	1 192	—	133 811	1 419	—	137 591	1 646	—
122 525	742	—	126 305	968	—	130 085	1 195	—	133 865	1 422	—	137 645	1 649	—
122 579	745	—	126 359	972	—	130 139	1 198	—	133 919	1 425	—	137 699	1 652	—
122 633	748	—	126 413	975	—	130 193	1 202	—	133 973	1 428	—	137 753	1 656	—
122 687	752	—	126 467	978	—	130 247	1 205	—	134 027	1 432	—	137 807	1 658	—
122 521	754	—	126 521	982	—	130 301	1 208	—	134 081	1 435	—	137 861	1 662	—
122 795	758	—	126 575	984	—	130 355	1 212	—	134 135	1 438	—	137 915	1 665	—
122 849	761	—	126 629	988	—	130 409	1 214	—	134 189	1 442	—	137 969	1 668	—
122 903	764	—	126 683	991	—	130 463	1 218	—	134 243	1 444	—	138 023	1 672	—
122 957	768	—	126 737	994	—	130 517	1 221	—	134 297	1 448	—	138 077	1 674	—

Tabellen

Tabellen-Anhang

ANHANG 138 078,–

Gewerblicher Anteil am zu versteuernden Einkommen bis DM	ESt-Entlastungsbetrag (§ 32 c EStG)		Gewerblicher Anteil am zu versteuernden Einkommen bis DM	ESt-Entlastungsbetrag (§ 32 c EStG)		Gewerblicher Anteil am zu versteuernden Einkommen bis DM	ESt-Entlastungsbetrag (§ 32 c EStG)		Gewerblicher Anteil am zu versteuernden Einkommen bis DM	ESt-Entlastungsbetrag (§ 32 c EStG)		Gewerblicher Anteil am zu versteuernden Einkommen bis DM	ESt-Entlastungsbetrag (§ 32 c EStG)	
	Gr	Sp		Gr	Sp		Gr	Sp		Gr	Sp		Gr	Sp
138 131	1 678	—	141 911	1 905	—	145 691	2 132	—	149 471	2 358	—	153 251	2 585	—
138 185	1 681	—	141 965	1 908	—	145 745	2 135	—	149 525	2 362	—	153 305	2 588	—
138 239	1 684	—	142 019	1 911	—	145 799	2 138	—	149 579	2 365	—	153 359	2 592	—
138 293	1 688	—	142 073	1 914	—	145 853	2 142	—	149 633	2 368	—	153 413	2 595	—
138 347	1 691	—	142 127	1 918	—	145 907	2 144	—	149 687	2 372	—	153 467	2 598	—
138 401	1 694	—	142 181	1 921	—	145 961	2 148	—	149 741	2 374	—	153 521	2 602	—
138 455	1 698	—	142 235	1 924	—	146 015	2 151	—	149 795	2 378	—	153 575	2 604	—
138 509	1 700	—	142 289	1 928	—	146 069	2 154	—	149 849	2 381	—	153 629	2 608	—
138 563	1 704	—	142 343	1 930	—	146 123	2 158	—	149 903	2 384	—	153 683	2 611	—
138 617	1 707	—	142 397	1 934	—	146 177	2 160	—	149 957	2 388	—	153 737	2 614	—
138 671	1 710	—	142 451	1 937	—	146 231	2 164	—	150 011	2 391	—	153 791	2 618	—
138 725	1 714	—	142 505	1 940	—	146 285	2 167	—	150 065	2 394	—	153 845	2 621	—
138 779	1 717	—	142 559	1 944	—	146 339	2 170	—	150 119	2 397	—	153 899	2 624	—
138 833	1 720	—	142 613	1 947	—	146 393	2 174	—	150 173	2 400	—	153 953	2 628	—
138 887	1 724	—	142 667	1 950	—	146 447	2 177	—	150 227	2 404	—	154 007	2 630	—
138 941	1 726	—	142 721	1 954	—	146 501	2 180	—	150 281	2 407	—	154 061	2 634	—
138 995	1 730	—	142 775	1 956	—	146 555	2 184	—	150 335	2 410	—	154 115	2 637	—
139 049	1 733	—	142 829	1 960	—	146 609	2 186	—	150 389	2 414	—	154 169	2 640	—
139 103	1 736	—	142 883	1 963	—	146 663	2 190	—	150 443	2 416	—	154 223	2 644	—
139 157	1 740	—	142 937	1 966	—	146 717	2 193	—	150 497	2 420	—	154 277	2 646	—
139 211	1 743	—	142 991	1 970	—	146 771	2 196	—	150 551	2 423	—	154 331	2 650	—
139 265	1 746	—	143 045	1 973	—	146 825	2 200	—	150 605	2 426	—	154 385	2 653	—
139 319	1 749	—	143 099	1 976	—	146 879	2 203	—	150 659	2 430	—	154 439	2 656	—
139 373	1 752	—	143 153	1 980	—	146 933	2 206	—	150 713	2 433	—	154 493	2 660	—
139 427	1 756	—	143 207	1 982	—	146 987	2 210	—	150 767	2 436	—	154 547	2 663	—
139 481	1 759	—	143 261	1 986	—	147 041	2 212	—	150 821	2 440	—	154 601	2 666	—
139 535	1 762	—	143 315	1 989	—	147 095	2 216	—	150 875	2 442	—	154 655	2 670	—
139 589	1 766	—	143 369	1 992	—	147 149	2 219	—	150 929	2 446	—	154 709	2 672	—
139 643	1 768	—	143 423	1 996	—	147 203	2 222	—	150 983	2 449	—	154 763	2 676	—
139 697	1 772	—	143 477	1 998	—	147 257	2 226	—	151 037	2 452	—	154 817	2 679	—
139 751	1 775	—	143 531	2 002	—	147 311	2 229	—	151 091	2 456	—	154 871	2 682	—
139 805	1 778	—	143 585	2 005	—	147 365	2 232	—	151 145	2 459	—	154 925	2 686	—
139 859	1 782	—	143 639	2 008	—	147 419	2 235	—	151 199	2 462	—	154 979	2 689	—
139 913	1 785	—	143 693	2 012	—	147 473	2 238	—	151 253	2 466	—	155 033	2 692	—
139 967	1 788	—	143 747	2 015	—	147 527	2 242	—	151 307	2 468	—	155 087	2 696	—
140 021	1 792	—	143 801	2 018	—	147 581	2 245	—	151 361	2 472	—	155 141	2 698	—
140 075	1 794	—	143 855	2 022	—	147 635	2 248	—	151 415	2 475	—	155 195	2 702	—
140 129	1 798	—	143 909	2 024	—	147 689	2 252	—	151 469	2 478	—	155 249	2 705	—
140 183	1 801	—	143 963	2 028	—	147 743	2 254	—	151 523	2 482	—	155 303	2 708	—
140 237	1 804	—	144 017	2 031	—	147 797	2 258	—	151 577	2 484	—	155 357	2 712	—
140 291	1 808	—	144 071	2 034	—	147 851	2 261	—	151 631	2 488	—	155 411	2 715	—
140 345	1 811	—	144 125	2 038	—	147 905	2 264	—	151 685	2 491	—	155 465	2 718	—
140 399	1 814	—	144 179	2 041	—	147 959	2 268	—	151 739	2 494	—	155 519	2 721	—
140 453	1 818	—	144 233	2 044	—	148 013	2 271	—	151 793	2 498	—	155 573	2 724	—
140 507	1 820	—	144 287	2 048	—	148 067	2 274	—	151 847	2 501	—	155 627	2 728	—
140 561	1 824	—	144 341	2 050	—	148 121	2 278	—	151 901	2 504	—	155 681	2 731	—
140 615	1 827	—	144 395	2 054	—	148 175	2 280	—	151 955	2 508	—	155 735	2 734	—
140 669	1 830	—	144 449	2 057	—	148 229	2 284	—	152 009	2 510	—	155 789	2 738	—
140 723	1 834	—	144 503	2 060	—	148 283	2 287	—	152 063	2 514	—	155 843	2 740	—
140 777	1 836	—	144 557	2 064	—	148 337	2 290	—	152 117	2 517	—	155 897	2 744	—
140 831	1 840	—	144 611	2 067	—	148 391	2 294	—	152 171	2 520	—	155 951	2 747	—
140 885	1 843	—	144 665	2 070	—	148 445	2 297	—	152 225	2 524	—	156 005	2 750	—
140 939	1 846	—	144 719	2 073	—	148 499	2 300	—	152 279	2 527	—	156 059	2 754	—
140 993	1 850	—	144 773	2 076	—	148 553	2 304	—	152 333	2 530	—	156 113	2 757	—
141 047	1 853	—	144 827	2 080	—	148 607	2 306	—	152 387	2 534	—	156 167	2 760	—
141 101	1 856	—	144 881	2 083	—	148 661	2 310	—	152 441	2 536	—	156 221	2 764	—
141 155	1 860	—	144 935	2 086	—	148 715	2 313	—	152 495	2 540	—	156 275	2 766	—
141 209	1 862	—	144 989	2 090	—	148 769	2 316	—	152 549	2 543	—	156 329	2 770	—
141 263	1 866	—	145 043	2 092	—	148 823	2 320	—	152 603	2 546	—	156 383	2 773	—
141 317	1 869	—	145 097	2 096	—	148 877	2 322	—	152 657	2 550	—	156 437	2 776	—
141 371	1 872	—	145 151	2 099	—	148 931	2 326	—	152 711	2 553	—	156 491	2 780	—
141 425	1 876	—	145 205	2 102	—	148 985	2 329	—	152 765	2 556	—	156 545	2 783	—
141 479	1 879	—	145 259	2 106	—	149 039	2 332	—	152 819	2 559	—	156 599	2 786	—
141 533	1 882	—	145 313	2 109	—	149 093	2 336	—	152 873	2 562	—	156 653	2 790	—
141 587	1 886	—	145 367	2 112	—	149 147	2 339	—	152 927	2 566	—	156 707	2 792	—
141 641	1 888	—	145 421	2 116	—	149 201	2 342	—	152 981	2 569	—	156 761	2 796	—
141 695	1 892	—	145 475	2 118	—	149 255	2 346	—	153 035	2 572	—	156 815	2 799	—
141 749	1 895	—	145 529	2 122	—	149 309	2 348	—	153 089	2 576	—	156 869	2 802	—
141 803	1 898	—	145 583	2 125	—	149 363	2 352	—	153 143	2 578	—	156 923	2 806	—
141 857	1 902	—	145 637	2 128	—	149 417	2 355	—	153 197	2 582	—	156 977	2 808	—

Tabellen
Tabellen-Anhang

175 877,– ANHANG

Gewerblicher Anteil am zu versteuernden Einkommen bis DM	ESt-Entlastungsbetrag (§ 32 c EStG) Gr	Sp	Gewerblicher Anteil am zu versteuernden Einkommen bis DM	ESt-Entlastungsbetrag (§ 32 c EStG) Gr	Sp	Gewerblicher Anteil am zu versteuernden Einkommen bis DM	ESt-Entlastungsbetrag (§ 32 c EStG) Gr	Sp	Gewerblicher Anteil am zu versteuernden Einkommen bis DM	ESt-Entlastungsbetrag (§ 32 c EStG) Gr	Sp	Gewerblicher Anteil am zu versteuernden Einkommen bis DM	ESt-Entlastungsbetrag (§ 32 c EStG) Gr	Sp
157 031	2 812	—	160 811	3 039	—	164 591	3 266	—	168 371	3 492	—	172 151	3 719	—
157 085	2 815	—	160 865	3 042	—	164 645	3 269	—	168 425	3 496	—	172 205	3 722	—
157 139	2 818	—	160 919	3 045	—	164 699	3 272	—	168 479	3 499	—	172 259	3 726	—
157 193	2 822	—	160 973	3 048	—	164 753	3 276	—	168 533	3 502	—	172 313	3 729	—
157 247	2 825	—	161 027	3 052	—	164 807	3 278	—	168 587	3 506	—	172 367	3 732	—
157 301	2 828	—	161 081	3 055	—	164 861	3 282	—	168 641	3 508	—	172 421	3 736	—
157 355	2 832	—	161 135	3 058	—	164 915	3 285	—	168 695	3 512	—	172 475	3 738	—
157 409	2 834	—	161 189	3 062	—	164 969	3 288	—	168 749	3 515	—	172 529	3 742	—
157 463	2 838	—	161 243	3 064	—	165 023	3 292	—	168 803	3 518	—	172 583	3 745	—
157 517	2 841	—	161 297	3 068	—	165 077	3 294	—	168 857	3 522	—	172 637	3 748	—
157 571	2 844	—	161 351	3 071	—	165 131	3 298	—	168 911	3 525	—	172 691	3 752	—
157 625	2 848	—	161 405	3 074	—	165 185	3 301	—	168 965	3 528	—	172 745	3 755	—
157 679	2 851	—	161 459	3 078	—	165 239	3 304	—	169 019	3 531	—	172 799	3 758	—
157 733	2 854	—	161 513	3 081	—	165 293	3 308	—	169 073	3 534	—	172 853	3 762	—
157 787	2 858	—	161 567	3 084	—	165 347	3 311	—	169 127	3 538	—	172 907	3 764	—
157 841	2 860	—	161 621	3 088	—	165 401	3 314	—	169 181	3 541	—	172 961	3 768	—
157 895	2 864	—	161 675	3 090	—	165 455	3 318	—	169 235	3 544	—	173 015	3 771	—
157 949	2 867	—	161 729	3 094	—	165 509	3 320	—	169 289	3 548	—	173 069	3 774	—
158 003	2 870	—	161 783	3 097	—	165 563	3 324	—	169 343	3 550	—	173 123	3 778	—
158 057	2 874	—	161 837	3 100	—	165 617	3 327	—	169 397	3 554	—	173 177	3 780	—
158 111	2 877	—	161 891	3 104	—	165 671	3 330	—	169 451	3 557	—	173 231	3 784	—
158 165	2 880	—	161 945	3 107	—	165 725	3 334	—	169 505	3 560	—	173 285	3 787	—
158 219	2 883	—	161 999	3 110	—	165 779	3 337	—	169 559	3 564	—	173 339	3 790	—
158 273	2 886	—	162 053	3 114	—	165 833	3 340	—	169 613	3 567	—	173 393	3 794	—
158 327	2 890	—	162 107	3 116	—	165 887	3 344	—	169 667	3 570	—	173 447	3 797	—
158 381	2 893	—	162 161	3 120	—	165 941	3 346	—	169 721	3 574	—	173 501	3 800	—
158 435	2 896	—	162 215	3 123	—	165 995	3 350	—	169 775	3 576	—	173 555	3 804	—
158 489	2 900	—	162 269	3 126	—	166 049	3 353	—	169 829	3 580	—	173 609	3 806	—
158 543	2 902	—	162 323	3 130	—	166 103	3 356	—	169 883	3 583	—	173 663	3 810	—
158 597	2 906	—	162 377	3 132	—	166 157	3 360	—	169 937	3 586	—	173 717	3 813	—
158 651	2 909	—	162 431	3 136	—	166 211	3 363	—	169 991	3 590	—	173 771	3 816	—
158 705	2 912	—	162 485	3 139	—	166 265	3 366	—	170 045	3 593	—	173 825	3 820	—
158 759	2 916	—	162 539	3 142	—	166 319	3 369	—	170 099	3 596	—	173 879	3 823	—
158 813	2 919	—	162 593	3 146	—	166 373	3 372	—	170 153	3 600	—	173 933	3 826	—
158 867	2 922	—	162 647	3 149	—	166 427	3 376	—	170 207	3 602	—	173 987	3 830	—
158 921	2 926	—	162 701	3 152	—	166 481	3 379	—	170 261	3 606	—	174 041	3 832	—
158 975	2 928	—	162 755	3 156	—	166 535	3 382	—	170 315	3 609	—	174 095	3 836	—
159 029	2 932	—	162 809	3 158	—	166 589	3 386	—	170 369	3 612	—	174 149	3 839	—
159 083	2 935	—	162 863	3 162	—	166 643	3 388	—	170 423	3 616	—	174 203	3 842	—
159 137	2 938	—	162 917	3 165	—	166 697	3 392	—	170 477	3 618	—	174 257	3 846	—
159 191	2 942	—	162 971	3 168	—	166 751	3 395	—	170 531	3 622	—	174 311	3 849	—
159 245	2 945	—	163 025	3 172	—	166 805	3 398	—	170 585	3 625	—	174 365	3 852	—
159 299	2 948	—	163 079	3 175	—	166 859	3 402	—	170 639	3 628	—	174 419	3 855	—
159 353	2 952	—	163 133	3 178	—	166 913	3 405	—	170 693	3 632	—	174 473	3 858	—
159 407	2 954	—	163 187	3 182	—	166 967	3 408	—	170 747	3 635	—	174 527	3 862	—
159 461	2 958	—	163 241	3 184	—	167 021	3 412	—	170 801	3 638	—	174 581	3 865	—
159 515	2 961	—	163 295	3 188	—	167 075	3 414	—	170 855	3 642	—	174 635	3 868	—
159 569	2 964	—	163 349	3 191	—	167 129	3 418	—	170 909	3 644	—	174 689	3 872	—
159 623	2 968	—	163 403	3 194	—	167 183	3 421	—	170 963	3 648	—	174 743	3 874	—
159 677	2 970	—	163 457	3 198	—	167 237	3 424	—	171 017	3 651	—	174 797	3 878	—
159 731	2 974	—	163 511	3 201	—	167 291	3 428	—	171 071	3 654	—	174 851	3 881	—
159 785	2 977	—	163 565	3 204	—	167 345	3 431	—	171 125	3 658	—	174 905	3 884	—
159 839	2 980	—	163 619	3 207	—	167 399	3 434	—	171 179	3 661	—	174 959	3 888	—
159 893	2 984	—	163 673	3 210	—	167 453	3 438	—	171 233	3 664	—	175 013	3 891	—
159 947	2 987	—	163 727	3 214	—	167 507	3 440	—	171 287	3 668	—	175 067	3 894	—
160 001	2 990	—	163 781	3 217	—	167 561	3 444	—	171 341	3 670	—	175 121	3 898	—
160 055	2 994	—	163 835	3 220	—	167 615	3 447	—	171 395	3 674	—	175 175	3 900	—
160 109	2 996	—	163 889	3 224	—	167 669	3 450	—	171 449	3 677	—	175 229	3 904	—
160 163	3 000	—	163 943	3 226	—	167 723	3 454	—	171 503	3 680	—	175 283	3 907	—
160 217	3 003	—	163 997	3 230	—	167 777	3 456	—	171 557	3 684	—	175 337	3 910	—
160 271	3 006	—	164 051	3 233	—	167 831	3 460	—	171 611	3 687	—	175 391	3 914	—
160 325	3 010	—	164 105	3 236	—	167 885	3 463	—	171 665	3 690	—	175 445	3 917	—
160 379	3 013	—	164 159	3 240	—	167 939	3 466	—	171 719	3 693	—	175 499	3 920	—
160 433	3 016	—	164 213	3 243	—	167 993	3 470	—	171 773	3 696	—	175 553	3 924	—
160 487	3 020	—	164 267	3 246	—	168 047	3 473	—	171 827	3 700	—	175 607	3 926	—
160 541	3 022	—	164 321	3 250	—	168 101	3 476	—	171 881	3 703	—	175 661	3 930	—
160 595	3 026	—	164 375	3 252	—	168 155	3 480	—	171 935	3 706	—	175 715	3 933	—
160 649	3 029	—	164 429	3 256	—	168 209	3 482	—	171 989	3 710	—	175 769	3 936	—
160 703	3 032	—	164 483	3 259	—	168 263	3 486	—	172 043	3 712	—	175 823	3 940	—
160 757	3 036	—	164 537	3 262	—	168 317	3 489	—	172 097	3 716	—	175 877	3 942	—

Tabellen

Tabellen-Anhang

ANHANG 175 878,–

Gewerblicher Anteil am zu versteuernden Einkommen bis DM	ESt-Entlastungsbetrag (§ 32 c EStG) Gr	Sp	Gewerblicher Anteil am zu versteuernden Einkommen bis DM	ESt-Entlastungsbetrag (§ 32 c EStG) Gr	Sp	Gewerblicher Anteil am zu versteuernden Einkommen bis DM	ESt-Entlastungsbetrag (§ 32 c EStG) Gr	Sp	Gewerblicher Anteil am zu versteuernden Einkommen bis DM	ESt-Entlastungsbetrag (§ 32 c EStG) Gr	Sp	Gewerblicher Anteil am zu versteuernden Einkommen bis DM	ESt-Entlastungsbetrag (§ 32 c EStG) Gr	Sp
175 931	3 946	–	179 711	4 173	–	183 491	4 400	–	187 271	4 626	–	191 051	4 853	–
175 985	3 949	–	179 765	4 176	–	183 545	4 403	–	187 325	4 629	–	191 105	4 856	–
176 039	3 952	–	179 819	4 179	–	183 599	4 406	–	187 379	4 633	–	191 159	4 860	–
176 093	3 956	–	179 873	4 182	–	183 653	4 410	–	187 433	4 636	–	191 213	4 863	–
176 147	3 959	–	179 927	4 186	–	183 707	4 412	–	187 487	4 640	–	191 267	4 866	–
176 201	3 962	–	179 981	4 189	–	183 761	4 416	–	187 541	4 642	–	191 321	4 870	–
176 255	3 966	–	180 035	4 192	–	183 815	4 419	–	187 595	4 646	–	191 375	4 872	–
176 309	3 968	–	180 089	4 196	–	183 869	4 422	–	187 649	4 649	–	191 429	4 876	–
176 363	3 972	–	180 143	4 198	–	183 923	4 426	–	187 703	4 652	–	191 483	4 879	–
176 417	3 975	–	180 197	4 202	–	183 977	4 428	–	187 757	4 656	–	191 537	4 882	–
176 471	3 978	–	180 251	4 205	–	184 031	4 432	–	187 811	4 659	–	191 591	4 886	–
176 525	3 982	–	180 305	4 208	–	184 085	4 435	–	187 865	4 662	–	191 645	4 889	–
176 579	3 985	–	180 359	4 212	–	184 139	4 438	–	187 919	4 665	–	191 699	4 892	–
176 633	3 988	–	180 413	4 215	–	184 193	4 442	–	187 973	4 668	–	191 753	4 896	–
176 687	3 992	–	180 467	4 218	–	184 247	4 445	–	188 027	4 672	–	191 807	4 898	–
176 741	3 994	–	180 521	4 222	–	184 301	4 448	–	188 081	4 675	–	191 861	4 902	–
176 795	3 998	–	180 575	4 224	–	184 355	4 452	–	188 135	4 678	–	191 915	4 905	–
176 849	4 001	–	180 629	4 228	–	184 409	4 454	–	188 189	4 682	–	191 969	4 908	–
176 903	4 004	–	180 683	4 231	–	184 463	4 458	–	188 243	4 684	–	192 023	4 912	–
176 957	4 008	–	180 737	4 234	–	184 517	4 461	–	188 297	4 688	–	192 077	4 914	–
177 011	4 011	–	180 791	4 238	–	184 571	4 464	–	188 351	4 691	–	192 131	4 918	–
177 065	4 014	–	180 845	4 241	–	184 625	4 468	–	188 405	4 694	–	192 185	4 921	–
177 119	4 017	–	180 899	4 244	–	184 679	4 471	–	188 459	4 698	–	192 239	4 924	–
177 173	4 020	–	180 953	4 248	–	184 733	4 474	–	188 513	4 701	–	192 293	4 928	–
177 227	4 024	–	181 007	4 250	–	184 787	4 478	–	188 567	4 704	–	192 347	4 931	–
177 281	4 027	–	181 061	4 254	–	184 841	4 480	–	188 621	4 708	–	192 401	4 934	–
177 335	4 030	–	181 115	4 257	–	184 895	4 484	–	188 675	4 710	–	192 455	4 938	–
177 389	4 034	–	181 169	4 260	–	184 949	4 487	–	188 729	4 714	–	192 509	4 940	–
177 443	4 036	–	181 223	4 264	–	185 003	4 490	–	188 783	4 717	–	192 563	4 944	–
177 497	4 040	–	181 277	4 266	–	185 057	4 494	–	188 837	4 720	–	192 617	4 947	–
177 551	4 043	–	181 331	4 270	–	185 111	4 497	–	188 891	4 724	–	192 671	4 950	–
177 605	4 046	–	181 385	4 273	–	185 165	4 500	–	188 945	4 727	–	192 725	4 954	–
177 659	4 050	–	181 439	4 276	–	185 219	4 503	–	188 999	4 730	–	192 779	4 957	–
177 713	4 053	–	181 493	4 280	–	185 273	4 506	–	189 053	4 734	–	192 833	4 960	–
177 767	4 056	–	181 547	4 283	–	185 327	4 510	–	189 107	4 736	–	192 887	4 964	–
177 821	4 060	–	181 601	4 286	–	185 381	4 513	–	189 161	4 740	–	192 941	4 966	–
177 875	4 062	–	181 655	4 290	–	185 435	4 516	–	189 215	4 743	–	192 995	4 970	–
177 929	4 066	–	181 709	4 292	–	185 489	4 520	–	189 269	4 746	–	193 049	4 973	–
177 983	4 069	–	181 763	4 296	–	185 543	4 522	–	189 323	4 750	–	193 103	4 976	–
178 037	4 072	–	181 817	4 299	–	185 597	4 526	–	189 377	4 752	–	193 157	4 980	–
178 091	4 076	–	181 871	4 302	–	185 651	4 529	–	189 431	4 756	–	193 211	4 983	–
178 145	4 079	–	181 925	4 306	–	185 705	4 532	–	189 485	4 759	–	193 265	4 986	–
178 199	4 082	–	181 979	4 309	–	185 759	4 536	–	189 539	4 762	–	193 319	4 989	–
178 253	4 086	–	182 033	4 312	–	185 813	4 539	–	189 593	4 766	–	193 373	4 992	–
178 307	4 088	–	182 087	4 316	–	185 867	4 542	–	189 647	4 769	–	193 427	4 996	–
178 361	4 092	–	182 141	4 318	–	185 921	4 546	–	189 701	4 772	–	193 481	4 999	–
178 415	4 095	–	182 195	4 322	–	185 975	4 548	–	189 755	4 776	–	193 535	5 002	–
178 469	4 098	–	182 249	4 325	–	186 029	4 552	–	189 809	4 778	–	193 589	5 006	–
178 523	4 102	–	182 303	4 328	–	186 083	4 555	–	189 863	4 782	–	193 643	5 008	–
178 577	4 104	–	182 357	4 332	–	186 137	4 558	–	189 917	4 785	–	193 697	5 012	–
178 631	4 108	–	182 411	4 335	–	186 191	4 562	–	189 971	4 788	–	193 751	5 015	–
178 685	4 111	–	182 465	4 338	–	186 245	4 565	–	190 025	4 792	–	193 805	5 018	–
178 739	4 114	–	182 519	4 341	–	186 299	4 568	–	190 079	4 795	–	193 859	5 022	–
178 793	4 118	–	182 573	4 344	–	186 353	4 572	–	190 133	4 798	–	193 913	5 025	–
178 847	4 121	–	182 627	4 348	–	186 407	4 574	–	190 187	4 802	–	193 967	5 028	–
178 901	4 124	–	182 681	4 351	–	186 461	4 578	–	190 241	4 804	–	194 021	5 032	–
178 955	4 128	–	182 735	4 354	–	186 515	4 581	–	190 295	4 808	–	194 075	5 034	–
179 009	4 130	–	182 789	4 358	–	186 569	4 584	–	190 349	4 811	–	194 129	5 038	–
179 063	4 134	–	182 843	4 360	–	186 623	4 588	–	190 403	4 814	–	194 183	5 041	–
179 117	4 137	–	182 897	4 364	–	186 677	4 590	–	190 457	4 818	–	194 237	5 044	–
179 171	4 140	–	182 951	4 367	–	186 731	4 594	–	190 511	4 821	–	194 291	5 048	–
179 225	4 144	–	183 005	4 370	–	186 785	4 597	–	190 565	4 824	–	194 345	5 051	–
179 279	4 147	–	183 059	4 374	–	186 839	4 600	–	190 619	4 827	–	194 399	5 054	–
179 333	4 150	–	183 113	4 377	–	186 893	4 604	–	190 673	4 830	–	194 453	5 058	–
179 387	4 154	–	183 167	4 380	–	186 947	4 607	–	190 727	4 834	–	194 507	5 060	–
179 441	4 156	–	183 221	4 384	–	187 001	4 610	–	190 781	4 837	–	194 561	5 064	–
179 495	4 160	–	183 275	4 386	–	187 055	4 614	–	190 835	4 840	–	194 615	5 067	–
179 549	4 163	–	183 329	4 390	–	187 109	4 616	–	190 889	4 844	–	194 669	5 070	–
179 603	4 166	–	183 383	4 393	–	187 163	4 620	–	190 943	4 846	–	194 723	5 074	–
179 657	4 170	–	183 437	4 396	–	187 217	4 623	–	190 997	4 850	–	194 777	5 076	–

Tabellen

Tabellen-Anhang

213 677,– ANHANG

Gewerblicher Anteil am zu versteuernden Einkommen bis DM	ESt-Entlastungsbetrag (§ 32 c EStG) Gr	Sp	Gewerblicher Anteil am zu versteuernden Einkommen bis DM	ESt-Entlastungsbetrag (§ 32 c EStG) Gr	Sp	Gewerblicher Anteil am zu versteuernden Einkommen bis DM	ESt-Entlastungsbetrag (§ 32 c EStG) Gr	Sp	Gewerblicher Anteil am zu versteuernden Einkommen bis DM	ESt-Entlastungsbetrag (§ 32 c EStG) Gr	Sp	Gewerblicher Anteil am zu versteuernden Einkommen bis DM	ESt-Entlastungsbetrag (§ 32 c EStG) Gr	Sp
194 831	5 080	—	198 611	5 307	—	202 391	5 534	4	206 171	5 760	26	209 951	5 987	66
194 885	5 083	—	198 665	5 310	—	202 445	5 537	4	206 225	5 764	24	210 005	5 990	68
194 939	5 086	—	198 719	5 313	—	202 499	5 540	4	206 279	5 767	24	210 059	5 994	68
194 993	5 090	—	198 773	5 316	—	202 553	5 544	4	206 333	5 770	26	210 113	5 997	72
195 047	5 093	—	198 827	5 320	—	202 607	5 546	4	206 387	5 774	26	210 167	6 000	72
195 101	5 096	—	198 881	5 323	—	202 661	5 550	4	206 441	5 776	28	210 221	6 004	72
195 155	5 100	—	198 935	5 326	—	202 715	5 553	4	206 495	5 780	28	210 275	6 006	72
195 209	5 102	—	198 989	5 330	—	202 769	5 556	6	206 549	5 783	28	210 329	6 010	74
195 263	5 106	—	199 043	5 332	—	202 823	5 560	6	206 603	5 786	28	210 383	6 013	74
195 317	5 109	—	199 097	5 336	—	202 877	5 562	4	206 657	5 790	30	210 437	6 016	76
195 371	5 112	—	199 151	5 339	—	202 931	5 566	4	206 711	5 793	30	210 491	6 020	76
195 425	5 116	—	199 205	5 342	—	202 985	5 569	6	206 765	5 796	30	210 545	6 023	76
195 479	5 119	—	199 259	5 346	—	203 039	5 572	6	206 819	5 799	30	210 599	6 026	76
195 533	5 122	—	199 313	5 349	—	203 093	5 576	6	206 873	5 802	32	210 653	6 030	80
195 587	5 126	—	199 367	5 352	—	203 147	5 579	6	206 927	5 806	32	210 707	6 032	80
195 641	5 128	—	199 421	5 356	—	203 201	5 582	6	206 981	5 809	34	210 761	6 036	80
195 695	5 132	—	199 475	5 358	—	203 255	5 586	6	207 035	5 812	34	210 815	6 039	80
195 749	5 135	—	199 529	5 362	—	203 309	5 588	8	207 089	5 816	32	210 869	6 042	82
195 803	5 138	—	199 583	5 365	—	203 363	5 592	8	207 143	5 818	32	210 923	6 046	82
195 857	5 142	—	199 637	5 368	—	203 417	5 595	6	207 197	5 822	34	210 977	6 048	84
195 911	5 145	—	199 691	5 372	—	203 471	5 598	6	207 251	5 825	34	211 031	6 052	84
195 965	5 148	—	199 745	5 375	—	203 525	5 602	8	207 305	5 828	36	211 085	6 055	84
196 019	5 151	—	199 799	5 378	—	203 579	5 605	8	207 359	5 832	36	211 139	6 058	84
196 073	5 154	—	199 853	5 382	—	203 633	5 608	8	207 413	5 835	36	211 193	6 062	88
196 127	5 158	—	199 907	5 384	—	203 687	5 612	8	207 467	5 838	36	211 247	6 065	88
196 181	5 161	—	199 961	5 388	—	203 741	5 614	8	207 521	5 842	38	211 301	6 068	88
196 235	5 164	—	200 015	5 391	—	203 795	5 618	8	207 575	5 844	38	211 355	6 072	88
196 289	5 168	—	200 069	5 394	—	203 849	5 621	10	207 629	5 848	38	211 409	6 074	90
196 343	5 170	—	200 123	5 398	—	203 903	5 624	10	207 683	5 851	38	211 463	6 078	90
196 397	5 174	—	200 177	5 400	—	203 957	5 628	10	207 737	5 854	40	211 517	6 081	94
196 451	5 177	—	200 231	5 404	—	204 011	5 631	10	207 791	5 858	40	211 571	6 084	94
196 505	5 180	—	200 285	5 407	—	204 065	5 634	10	207 845	5 861	42	211 625	6 088	94
196 559	5 184	—	200 339	5 410	—	204 119	5 637	10	207 899	5 864	42	211 679	6 091	94
196 613	5 187	—	200 393	5 414	—	204 173	5 640	12	207 953	5 868	42	211 733	6 094	96
196 667	5 190	—	200 447	5 417	—	204 227	5 644	12	208 007	5 870	42	211 787	6 098	96
196 721	5 194	—	200 501	5 420	—	204 281	5 647	12	208 061	5 874	44	211 841	6 100	98
196 775	5 196	—	200 555	5 424	—	204 335	5 650	12	208 115	5 877	44	211 895	6 104	98
196 829	5 200	—	200 609	5 426	—	204 389	5 654	12	208 169	5 880	46	211 949	6 107	100
196 883	5 203	—	200 663	5 430	—	204 443	5 656	12	208 223	5 884	46	212 003	6 110	100
196 937	5 206	—	200 717	5 433	2	204 497	5 660	12	208 277	5 886	46	212 057	6 114	102
196 991	5 210	—	200 771	5 436	2	204 551	5 663	12	208 331	5 890	46	212 111	6 117	102
197 045	5 213	—	200 825	5 440	0	204 605	5 666	14	208 385	5 893	48	212 165	6 120	102
197 099	5 216	—	200 879	5 443	2	204 659	5 670	14	208 439	5 896	48	212 219	6 123	102
197 153	5 220	—	200 933	5 446	2	204 713	5 673	14	208 493	5 900	48	212 273	6 126	106
197 207	5 222	—	200 987	5 450	2	204 767	5 676	14	208 547	5 903	48	212 327	6 130	106
197 261	5 226	—	201 041	5 452	2	204 821	5 680	14	208 601	5 906	50	212 381	6 133	108
197 315	5 229	—	201 095	5 456	2	204 875	5 682	14	208 655	5 910	50	212 435	6 136	108
197 369	5 232	—	201 149	5 459	2	204 929	5 686	16	208 709	5 912	52	212 489	6 140	108
197 423	5 236	—	201 203	5 462	0	204 983	5 689	16	208 763	5 916	52	212 543	6 142	108
197 477	5 238	—	201 257	5 466	2	205 037	5 692	18	208 817	5 919	52	212 597	6 146	112
197 531	5 242	—	201 311	5 469	2	205 091	5 696	18	208 871	5 922	52	212 651	6 149	112
197 585	5 245	—	201 365	5 472	0	205 145	5 699	16	208 925	5 926	54	212 705	6 152	114
197 639	5 248	—	201 419	5 475	0	205 199	5 702	16	208 979	5 929	54	212 759	6 156	114
197 693	5 252	—	201 473	5 478	2	205 253	5 706	18	209 033	5 932	54	212 813	6 159	116
197 747	5 255	—	201 527	5 482	2	205 307	5 708	18	209 087	5 936	54	212 867	6 162	116
197 801	5 258	—	201 581	5 485	2	205 361	5 712	18	209 141	5 938	56	212 921	6 166	118
197 855	5 262	—	201 635	5 488	2	205 415	5 715	18	209 195	5 942	56	212 975	6 168	118
197 909	5 264	—	201 689	5 492	2	205 469	5 718	20	209 249	5 945	60	213 029	6 172	118
197 963	5 268	—	201 743	5 494	2	205 523	5 722	20	209 303	5 948	60	213 083	6 175	118
198 017	5 271	—	201 797	5 498	2	205 577	5 724	20	209 357	5 952	60	213 137	6 178	122
198 071	5 274	—	201 851	5 501	2	205 631	5 728	20	209 411	5 955	60	213 191	6 182	122
198 125	5 278	—	201 905	5 504	4	205 685	5 731	20	209 465	5 958	62	213 245	6 185	124
198 179	5 281	—	201 959	5 508	4	205 739	5 734	20	209 519	5 961	62	213 299	6 188	124
198 233	5 284	—	202 013	5 511	2	205 793	5 738	22	209 573	5 964	64	213 353	6 192	126
198 287	5 288	—	202 067	5 514	2	205 847	5 741	22	209 627	5 968	64	213 407	6 194	126
198 341	5 290	—	202 121	5 518	2	205 901	5 744	22	209 681	5 971	64	213 461	6 198	128
198 395	5 294	—	202 175	5 520	4	205 955	5 748	22	209 735	5 974	64	213 515	6 201	128
198 449	5 297	—	202 229	5 524	2	206 009	5 750	24	209 789	5 978	66	213 569	6 204	130
198 503	5 300	—	202 283	5 527	2	206 063	5 754	24	209 843	5 980	66	213 623	6 208	130
198 557	5 304	—	202 337	5 530	4	206 117	5 757	26	209 897	5 984	66	213 677	6 210	132

Tabellen

Tabellen-Anhang

ANHANG 213 678,–

Gewerblicher Anteil am zu versteuernden Einkommen bis DM	ESt-Entlastungsbetrag (§ 32 c EStG) Gr	Sp	Gewerblicher Anteil am zu versteuernden Einkommen bis DM	ESt-Entlastungsbetrag (§ 32 c EStG) Gr	Sp	Gewerblicher Anteil am zu versteuernden Einkommen bis DM	ESt-Entlastungsbetrag (§ 32 c EStG) Gr	Sp	Gewerblicher Anteil am zu versteuernden Einkommen bis DM	ESt-Entlastungsbetrag (§ 32 c EStG) Gr	Sp	Gewerblicher Anteil am zu versteuernden Einkommen bis DM	ESt-Entlastungsbetrag (§ 32 c EStG) Gr	Sp
213 731	6 214	132	217 511	6 441	218	221 291	6 668	328	225 071	6 894	456	228 851	7 121	608
213 785	6 217	134	217 565	6 444	220	221 345	6 671	330	225 125	6 898	460	228 905	7 124	614
213 839	6 220	134	217 619	6 447	220	221 399	6 674	330	225 179	6 901	460	228 959	7 128	614
213 893	6 224	136	217 673	6 450	224	221 453	6 678	334	225 233	6 904	464	229 013	7 131	616
213 947	6 227	136	217 727	6 454	224	221 507	6 680	334	225 287	6 908	464	229 067	7 134	616
214 001	6 230	138	217 781	6 457	228	221 561	6 684	336	225 341	6 910	468	229 121	7 138	622
214 055	6 234	138	217 835	6 460	228	221 615	6 687	336	225 395	6 914	468	229 175	7 140	622
214 109	6 236	142	217 889	6 464	230	221 669	6 690	340	225 449	6 917	472	229 229	7 144	626
214 163	6 240	142	217 943	6 466	230	221 723	6 694	340	225 503	6 920	472	229 283	7 147	626
214 217	6 243	142	217 997	6 470	232	221 777	6 696	344	225 557	6 924	476	229 337	7 150	630
214 271	6 246	142	218 051	6 473	232	221 831	6 700	344	225 611	6 927	476	229 391	7 154	630
214 325	6 250	146	218 105	6 476	236	221 885	6 703	346	225 665	6 930	480	229 445	7 157	636
214 379	6 253	146	218 159	6 480	236	221 939	6 706	346	225 719	6 933	480	229 499	7 160	636
214 433	6 256	146	218 213	6 483	238	221 993	6 710	350	225 773	6 936	486	229 553	7 164	640
214 487	6 260	146	218 267	6 486	238	222 047	6 713	350	225 827	6 940	486	229 607	7 166	640
214 541	6 262	150	218 321	6 490	242	222 101	6 716	354	225 881	6 943	488	229 661	7 170	646
214 595	6 266	150	218 375	6 492	242	222 155	6 720	354	225 935	6 946	488	229 715	7 173	646
214 649	6 269	152	218 429	6 496	244	222 209	6 722	358	225 989	6 950	494	229 769	7 176	652
214 703	6 272	152	218 483	6 499	244	222 263	6 726	358	226 043	6 952	494	229 823	7 180	652
214 757	6 276	154	218 537	6 502	246	222 317	6 729	362	226 097	6 956	496	229 877	7 182	654
214 811	6 279	154	218 591	6 506	246	222 371	6 732	362	226 151	6 959	496	229 931	7 186	654
214 865	6 282	156	218 645	6 509	250	222 425	6 736	364	226 205	6 962	502	229 985	7 189	660
214 919	6 285	156	218 699	6 512	250	222 479	6 739	364	226 259	6 966	502	230 039	7 192	660
214 973	6 288	160	218 753	6 516	252	222 533	6 742	368	226 313	6 969	506	230 093	7 196	664
215 027	6 292	160	218 807	6 518	252	222 587	6 746	368	226 367	6 972	506	230 147	7 199	664
215 081	6 295	162	218 861	6 522	256	222 641	6 748	372	226 421	6 976	510	230 201	7 202	670
215 135	6 298	162	218 915	6 525	256	222 695	6 752	372	226 475	6 978	510	230 255	7 206	670
215 189	6 302	164	218 969	6 528	260	222 749	6 755	376	226 529	6 982	514	230 309	7 208	676
215 243	6 304	164	219 023	6 532	260	222 803	6 758	376	226 583	6 985	514	230 363	7 212	676
215 297	6 308	166	219 077	6 534	262	222 857	6 762	380	226 637	6 988	520	230 417	7 215	678
215 351	6 311	166	219 131	6 538	262	222 911	6 765	380	226 691	6 992	520	230 471	7 218	678
215 405	6 314	168	219 185	6 541	266	222 965	6 768	382	226 745	6 995	522	230 525	7 222	684
215 459	6 318	168	219 239	6 544	266	223 019	6 771	382	226 799	6 998	522	230 579	7 225	684
215 513	6 321	172	219 293	6 548	268	223 073	6 774	386	226 853	7 002	528	230 633	7 228	688
215 567	6 324	172	219 347	6 551	268	223 127	6 778	386	226 907	7 004	528	230 687	7 232	688
215 621	6 328	174	219 401	6 554	272	223 181	6 781	392	226 961	7 008	530	230 741	7 234	694
215 675	6 330	174	219 455	6 558	272	223 235	6 784	392	227 015	7 011	530	230 795	7 238	694
215 729	6 334	176	219 509	6 560	276	223 289	6 788	394	227 069	7 014	536	230 849	7 241	700
215 783	6 337	176	219 563	6 564	276	223 343	6 790	394	227 123	7 018	536	230 903	7 244	700
215 837	6 340	180	219 617	6 567	278	223 397	6 794	398	227 177	7 020	540	230 957	7 248	704
215 891	6 344	180	219 671	6 570	278	223 451	6 797	398	227 231	7 024	540	231 011	7 251	704
215 945	6 347	180	219 725	6 574	280	223 505	6 800	402	227 285	7 027	544	231 065	7 254	710
215 999	6 350	180	219 779	6 577	280	223 559	6 804	402	227 339	7 030	544	231 119	7 257	710
216 053	6 354	184	219 833	6 580	282	223 613	6 807	406	227 393	7 034	550	231 173	7 260	714
216 107	6 356	184	219 887	6 584	282	223 667	6 810	406	227 447	7 037	550	231 227	7 264	714
216 161	6 360	186	219 941	6 586	286	223 721	6 814	410	227 501	7 040	552	231 281	7 267	718
216 215	6 363	186	219 995	6 590	286	223 775	6 816	410	227 555	7 044	552	231 335	7 270	718
216 269	6 366	188	220 049	6 593	290	223 829	6 820	412	227 609	7 046	558	231 389	7 274	724
216 323	6 370	188	220 103	6 596	290	223 883	6 823	412	227 663	7 050	558	231 443	7 276	724
216 377	6 372	192	220 157	6 600	292	223 937	6 826	416	227 717	7 053	562	231 497	7 280	728
216 431	6 376	192	220 211	6 603	292	223 991	6 830	416	227 771	7 056	562	231 551	7 283	728
216 485	6 379	194	220 265	6 606	296	224 045	6 833	422	227 825	7 060	566	231 605	7 286	734
216 539	6 382	194	220 319	6 609	296	224 099	6 836	422	227 879	7 063	566	231 659	7 290	734
216 593	6 386	196	220 373	6 612	300	224 153	6 840	424	227 933	7 066	572	231 713	7 293	740
216 647	6 389	196	220 427	6 616	300	224 207	6 842	424	227 987	7 070	572	231 767	7 296	740
216 701	6 392	198	220 481	6 619	302	224 261	6 846	428	228 041	7 072	576	231 821	7 300	744
216 755	6 396	198	220 535	6 622	302	224 315	6 849	428	228 095	7 076	576	231 875	7 302	744
216 809	6 398	202	220 589	6 626	306	224 369	6 852	434	228 149	7 079	580	231 929	7 306	750
216 863	6 402	202	220 643	6 628	306	224 423	6 856	434	228 203	7 082	580	231 983	7 309	750
216 917	6 405	206	220 697	6 632	308	224 477	6 858	436	228 257	7 086	584	232 037	7 312	756
216 971	6 408	206	220 751	6 635	308	224 531	6 862	436	228 311	7 089	584	232 091	7 316	756
217 025	6 412	206	220 805	6 638	312	224 585	6 865	440	228 365	7 092	588	232 145	7 319	760
217 079	6 415	206	220 859	6 642	312	224 639	6 868	440	228 419	7 095	588	232 199	7 322	760
217 133	6 418	210	220 913	6 645	316	224 693	6 872	444	228 473	7 098	594	232 253	7 326	766
217 187	6 422	210	220 967	6 648	316	224 747	6 875	444	228 527	7 102	594	232 307	7 328	766
217 241	6 424	214	221 021	6 652	320	224 801	6 878	448	228 581	7 105	598	232 361	7 332	770
217 295	6 428	214	221 075	6 654	320	224 855	6 882	448	228 635	7 108	598	232 415	7 335	770
217 349	6 431	216	221 129	6 658	324	224 909	6 884	452	228 689	7 112	602	232 469	7 338	776
217 403	6 434	216	221 183	6 661	324	224 963	6 888	452	228 743	7 114	602	232 523	7 342	776
217 457	6 438	218	221 237	6 664	328	225 017	6 891	456	228 797	7 118	608	232 577	7 344	782

Tabellen-Anhang

289 277,– ANHANG

Gewerblicher Anteil am zu versteuernden Einkommen bis DM	ESt-Entlastungsbetrag (§ 32 c EStG)		Gewerblicher Anteil am zu versteuernden Einkommen bis DM	ESt-Entlastungsbetrag (§ 32 c EStG)		Gewerblicher Anteil am zu versteuernden Einkommen bis DM	ESt-Entlastungsbetrag (§ 32 c EStG)		Gewerblicher Anteil am zu versteuernden Einkommen bis DM	ESt-Entlastungsbetrag (§ 32 c EStG)		Gewerblicher Anteil am zu versteuernden Einkommen bis DM	ESt-Entlastungsbetrag (§ 32 c EStG)	
	Gr	Sp		Gr	Sp		Gr	Sp		Gr	Sp		Gr	Sp
270 431	9 616	3 006	274 211	9 843	3 232	277 991	10 070	3 460	281 771	10 296	3 686	285 551	10 523	3 912
270 485	9 619	3 012	274 265	9 846	3 240	278 045	10 073	3 466	281 825	10 300	3 692	285 605	10 526	3 920
270 539	9 622	3 012	274 319	9 849	3 240	278 099	10 076	3 466	281 879	10 303	3 692	285 659	10 530	3 920
270 593	9 626	3 020	274 373	9 852	3 246	278 153	10 080	3 472	281 933	10 306	3 700	285 713	10 533	3 926
270 647	9 629	3 020	274 427	9 856	3 246	278 207	10 082	3 472	281 987	10 310	3 700	285 767	10 536	3 926
270 701	9 632	3 024	274 481	9 859	3 252	278 261	10 086	3 480	282 041	10 312	3 706	285 821	10 540	3 932
270 755	9 636	3 024	274 535	9 862	3 252	278 315	10 089	3 480	282 095	10 316	3 706	285 875	10 542	3 932
270 809	9 638	3 032	274 589	9 866	3 260	278 369	10 092	3 486	282 149	10 319	3 712	285 929	10 546	3 940
270 863	9 642	3 032	274 643	9 868	3 260	278 423	10 096	3 486	282 203	10 322	3 712	285 983	10 549	3 940
270 917	9 645	3 038	274 697	9 872	3 264	278 477	10 098	3 492	282 257	10 326	3 720	286 037	10 552	3 946
270 971	9 648	3 038	274 751	9 875	3 264	278 531	10 102	3 492	282 311	10 329	3 720	286 091	10 556	3 946
271 025	9 652	3 044	274 805	9 878	3 272	278 585	10 105	3 498	282 365	10 332	3 724	286 145	10 559	3 952
271 079	9 655	3 044	274 859	9 882	3 272	278 639	10 108	3 498	282 419	10 335	3 724	286 199	10 562	3 952
271 133	9 658	3 052	274 913	9 885	3 278	278 693	10 112	3 504	282 473	10 338	3 732	286 253	10 566	3 960
271 187	9 662	3 052	274 967	9 888	3 278	278 747	10 115	3 504	282 527	10 342	3 732	286 307	10 568	3 960
271 241	9 664	3 058	275 021	9 892	3 284	278 801	10 118	3 512	282 581	10 345	3 738	286 361	10 572	3 964
271 295	9 668	3 058	275 075	9 894	3 284	278 855	10 122	3 512	282 635	10 348	3 738	286 415	10 575	3 964
271 349	9 671	3 064	275 129	9 898	3 292	278 909	10 124	3 518	282 689	10 352	3 744	286 469	10 578	3 972
271 403	9 674	3 064	275 183	9 901	3 292	278 963	10 128	3 518	282 743	10 354	3 744	286 523	10 582	3 972
271 457	9 678	3 072	275 237	9 904	3 298	279 017	10 131	3 524	282 797	10 358	3 752	286 577	10 584	3 978
271 511	9 681	3 072	275 291	9 908	3 298	279 071	10 134	3 524	282 851	10 361	3 752	286 631	10 588	3 978
271 565	9 684	3 076	275 345	9 911	3 304	279 125	10 138	3 532	282 905	10 364	3 758	286 685	10 591	3 984
271 619	9 687	3 076	275 399	9 914	3 304	279 179	10 141	3 532	282 959	10 368	3 758	286 739	10 594	3 984
271 673	9 690	3 084	275 453	9 918	3 312	279 233	10 144	3 536	283 013	10 371	3 764	286 793	10 598	3 992
271 727	9 694	3 084	275 507	9 920	3 312	279 287	10 148	3 536	283 067	10 374	3 764	286 847	10 601	3 992
271 781	9 697	3 090	275 561	9 924	3 316	279 341	10 150	3 544	283 121	10 378	3 772	286 901	10 604	3 996
271 835	9 700	3 090	275 615	9 927	3 316	279 395	10 154	3 544	283 175	10 380	3 772	286 955	10 608	3 996
271 889	9 704	3 096	275 669	9 930	3 324	279 449	10 157	3 550	283 229	10 384	3 776	287 009	10 610	4 004
271 943	9 706	3 096	275 723	9 934	3 324	279 503	10 160	3 550	283 283	10 387	3 776	287 063	10 614	4 004
271 997	9 710	3 104	275 777	9 936	3 330	279 557	10 164	3 556	283 337	10 390	3 784	287 117	10 617	4 010
272 051	9 713	3 104	275 831	9 940	3 330	279 611	10 167	3 556	283 391	10 394	3 784	287 171	10 620	4 010
272 105	9 716	3 110	275 885	9 943	3 336	279 665	10 170	3 564	283 445	10 397	3 790	287 225	10 624	4 016
272 159	9 720	3 110	275 939	9 946	3 336	279 719	10 173	3 564	283 499	10 400	3 790	287 279	10 627	4 016
272 213	9 723	3 116	275 993	9 950	3 344	279 773	10 176	3 570	283 553	10 404	3 796	287 333	10 630	4 024
272 267	9 726	3 116	276 047	9 953	3 344	279 827	10 180	3 570	283 607	10 406	3 796	287 387	10 634	4 024
272 321	9 730	3 124	276 101	9 956	3 348	279 881	10 183	3 576	283 661	10 410	3 804	287 441	10 636	4 030
272 375	9 732	3 124	276 155	9 960	3 348	279 935	10 186	3 576	283 715	10 413	3 804	287 495	10 640	4 030
272 429	9 736	3 128	276 209	9 962	3 356	279 989	10 190	3 584	283 769	10 416	3 810	287 549	10 643	4 036
272 483	9 739	3 128	276 263	9 966	3 356	280 043	10 192	3 584	283 823	10 420	3 810	287 603	10 646	4 036
272 537	9 742	3 136	276 317	9 969	3 362	280 097	10 196	3 588	283 877	10 422	3 816	287 657	10 650	4 044
272 591	9 746	3 136	276 371	9 972	3 362	280 151	10 199	3 588	283 931	10 426	3 816	287 711	10 653	4 044
272 645	9 749	3 142	276 425	9 976	3 368	280 205	10 202	3 596	283 985	10 429	3 822	287 765	10 656	4 048
272 699	9 752	3 142	276 479	9 979	3 368	280 259	10 206	3 596	284 039	10 432	3 822	287 819	10 659	4 048
272 753	9 756	3 148	276 533	9 982	3 376	280 313	10 209	3 602	284 093	10 436	3 828	287 873	10 662	4 056
272 807	9 758	3 148	276 587	9 986	3 376	280 367	10 212	3 602	284 147	10 439	3 828	287 927	10 666	4 056
272 861	9 762	3 156	276 641	9 988	3 382	280 421	10 216	3 608	284 201	10 442	3 836	287 981	10 669	4 062
272 915	9 765	3 156	276 695	9 992	3 382	280 475	10 218	3 608	284 255	10 446	3 836	288 035	10 672	4 062
272 969	9 768	3 162	276 749	9 995	3 388	280 529	10 222	3 616	284 309	10 448	3 842	288 089	10 676	4 068
273 023	9 772	3 162	276 803	9 998	3 388	280 583	10 225	3 616	284 363	10 452	3 842	288 143	10 678	4 068
273 077	9 774	3 168	276 857	10 002	3 396	280 637	10 228	3 622	284 417	10 455	3 848	288 197	10 682	4 076
273 131	9 778	3 168	276 911	10 005	3 396	280 691	10 232	3 622	284 471	10 458	3 848	288 251	10 685	4 076
273 185	9 781	3 174	276 965	10 008	3 400	280 745	10 235	3 628	284 525	10 462	3 856	288 305	10 688	4 082
273 239	9 784	3 174	277 019	10 011	3 400	280 799	10 238	3 628	284 579	10 465	3 856	288 359	10 692	4 082
273 293	9 788	3 180	277 073	10 014	3 408	280 853	10 242	3 636	284 633	10 468	3 860	288 413	10 695	4 088
273 347	9 791	3 180	277 127	10 018	3 408	280 907	10 244	3 636	284 687	10 472	3 860	288 467	10 698	4 088
273 401	9 794	3 188	277 181	10 021	3 414	280 961	10 248	3 640	284 741	10 474	3 868	288 521	10 702	4 096
273 455	9 798	3 188	277 235	10 024	3 414	281 015	10 251	3 640	284 795	10 478	3 868	288 575	10 704	4 096
273 509	9 800	3 194	277 289	10 028	3 420	281 069	10 254	3 648	284 849	10 481	3 874	288 629	10 708	4 100
273 563	9 804	3 194	277 343	10 030	3 420	281 123	10 258	3 648	284 903	10 484	3 874	288 683	10 711	4 100
273 617	9 807	3 200	277 397	10 034	3 428	281 177	10 260	3 654	284 957	10 488	3 880	288 737	10 714	4 108
273 671	9 810	3 200	277 451	10 037	3 428	281 231	10 264	3 654	285 011	10 491	3 880	288 791	10 718	4 108
273 725	9 814	3 208	277 505	10 040	3 434	281 285	10 267	3 660	285 065	10 494	3 888	288 845	10 721	4 114
273 779	9 817	3 208	277 559	10 044	3 434	281 339	10 270	3 660	285 119	10 497	3 888	288 899	10 724	4 114
273 833	9 820	3 212	277 613	10 047	3 440	281 393	10 274	3 668	285 173	10 500	3 894	288 953	10 728	4 120
273 887	9 824	3 212	277 667	10 050	3 440	281 447	10 277	3 668	285 227	10 504	3 894	289 007	10 730	4 120
273 941	9 826	3 220	277 721	10 054	3 448	281 501	10 280	3 672	285 281	10 507	3 900	289 061	10 734	4 128
273 995	9 830	3 220	277 775	10 056	3 448	281 555	10 284	3 672	285 335	10 510	3 900	289 115	10 737	4 128
274 049	9 833	3 226	277 829	10 060	3 452	281 609	10 286	3 680	285 389	10 514	3 908	289 169	10 740	4 134
274 103	9 836	3 226	277 883	10 063	3 452	281 663	10 290	3 680	285 443	10 516	3 908	289 223	10 744	4 134
274 157	9 840	3 232	277 937	10 066	3 460	281 717	10 293	3 686	285 497	10 520	3 912	289 277	10 746	4 140

ANHANG 289 278,–

Gewerblicher Anteil am zu versteuernden Einkommen bis DM	ESt-Entlastungsbetrag (§ 32 c EStG)		Gewerblicher Anteil am zu versteuernden Einkommen bis DM	ESt-Entlastungsbetrag (§ 32 c EStG)		Gewerblicher Anteil am zu versteuernden Einkommen bis DM	ESt-Entlastungsbetrag (§ 32 c EStG)		Gewerblicher Anteil am zu versteuernden Einkommen bis DM	ESt-Entlastungsbetrag (§ 32 c EStG)		Gewerblicher Anteil am zu versteuernden Einkommen bis DM	ESt-Entlastungsbetrag (§ 32 c EStG)	
	Gr	Sp		Gr	Sp		Gr	Sp		Gr	Sp		Gr	Sp
289 331	10 750	4 140	**293 111**	10 977	4 368	**296 891**	11 204	4 594	**300 671**	11 430	4 820	**304 451**	11 657	5 048
289 385	10 753	4 146	**293 165**	10 980	4 372	**296 945**	11 207	4 600	**300 725**	11 434	4 828	**304 505**	11 660	5 054
289 439	10 756	4 146	**293 219**	10 983	4 372	**296 999**	11 210	4 600	**300 779**	11 437	4 828	**304 559**	11 664	5 054
289 493	10 760	4 152	**293 273**	10 986	4 380	**297 053**	11 214	4 608	**300 833**	11 440	4 832	**304 613**	11 667	5 060
289 547	10 763	4 152	**293 327**	10 990	4 380	**297 107**	11 216	4 608	**300 887**	11 444	4 832	**304 667**	11 670	5 060
289 601	10 766	4 160	**293 381**	10 993	4 386	**297 161**	11 220	4 612	**300 941**	11 446	4 840	**304 721**	11 674	5 068
289 655	10 770	4 160	**293 435**	10 996	4 386	**297 215**	11 223	4 612	**300 995**	11 450	4 840	**304 775**	11 676	5 068
289 709	10 772	4 166	**293 489**	11 000	4 392	**297 269**	11 226	4 620	**301 049**	11 453	4 846	**304 829**	11 680	5 072
289 763	10 776	4 166	**293 543**	11 002	4 392	**297 323**	11 230	4 620	**301 103**	11 456	4 846	**304 883**	11 683	5 072
289 817	10 779	4 172	**293 597**	11 006	4 400	**297 377**	11 232	4 626	**301 157**	11 460	4 852	**304 937**	11 686	5 080
289 871	10 782	4 172	**293 651**	11 009	4 400	**297 431**	11 236	4 626	**301 211**	11 463	4 852	**304 991**	11 690	5 080
289 925	10 786	4 180	**293 705**	11 012	4 406	**297 485**	11 239	4 632	**301 265**	11 466	4 860	**305 045**	11 693	5 086
289 979	10 789	4 180	**293 759**	11 016	4 406	**297 539**	11 242	4 632	**301 319**	11 469	4 860	**305 099**	11 696	5 086
290 033	10 792	4 184	**293 813**	11 019	4 412	**297 593**	11 246	4 640	**301 373**	11 472	4 866	**305 153**	11 700	5 092
290 087	10 796	4 184	**293 867**	11 022	4 412	**297 647**	11 249	4 640	**301 427**	11 476	4 866	**305 207**	11 702	5 092
290 141	10 798	4 192	**293 921**	11 026	4 420	**297 701**	11 252	4 644	**301 481**	11 479	4 872	**305 261**	11 706	5 100
290 195	10 802	4 192	**293 975**	11 028	4 420	**297 755**	11 256	4 644	**301 535**	11 482	4 872	**305 315**	11 709	5 100
290 249	10 806	4 198	**294 029**	11 032	4 424	**297 809**	11 258	4 652	**301 589**	11 486	4 880	**305 369**	11 712	5 106
290 303	10 808	4 198	**294 083**	11 035	4 424	**297 863**	11 262	4 652	**301 643**	11 488	4 880	**305 423**	11 716	5 106
290 357	10 812	4 204	**294 137**	11 038	4 432	**297 917**	11 265	4 658	**301 697**	11 492	4 884	**305 477**	11 718	5 112
290 411	10 815	4 204	**294 191**	11 042	4 432	**297 971**	11 268	4 658	**301 751**	11 495	4 884	**305 531**	11 722	5 112
290 465	10 818	4 212	**294 245**	11 045	4 438	**298 025**	11 272	4 664	**301 805**	11 498	4 892	**305 585**	11 725	5 118
290 519	10 821	4 212	**294 299**	11 048	4 438	**298 079**	11 275	4 664	**301 859**	11 502	4 892	**305 639**	11 728	5 118
290 573	10 824	4 218	**294 353**	11 052	4 444	**298 133**	11 278	4 672	**301 913**	11 505	4 898	**305 693**	11 732	5 124
290 627	10 828	4 218	**294 407**	11 054	4 444	**298 187**	11 282	4 672	**301 967**	11 508	4 898	**305 747**	11 735	5 124
290 681	10 831	4 224	**294 461**	11 058	4 452	**298 241**	11 284	4 678	**302 021**	11 512	4 904	**305 801**	11 738	5 132
290 735	10 834	4 224	**294 515**	11 061	4 452	**298 295**	11 288	4 678	**302 075**	11 514	4 904	**305 855**	11 742	5 132
290 789	10 838	4 232	**294 569**	11 064	4 458	**298 349**	11 291	4 684	**302 129**	11 518	4 912	**305 909**	11 744	5 138
290 843	10 840	4 232	**294 623**	11 068	4 458	**298 403**	11 294	4 684	**302 183**	11 521	4 912	**305 963**	11 748	5 138
290 897	10 844	4 236	**294 677**	11 070	4 464	**298 457**	11 298	4 692	**302 237**	11 524	4 918	**306 017**	11 751	5 144
290 951	10 847	4 236	**294 731**	11 074	4 464	**298 511**	11 301	4 692	**302 291**	11 528	4 918	**306 071**	11 754	5 144
291 005	10 850	4 244	**294 785**	11 077	4 470	**298 565**	11 304	4 696	**302 345**	11 531	4 924	**306 125**	11 758	5 152
291 059	10 854	4 244	**294 839**	11 080	4 470	**298 619**	11 307	4 696	**302 399**	11 534	4 924	**306 179**	11 761	5 152
291 113	10 857	4 250	**294 893**	11 084	4 476	**298 673**	11 310	4 704	**302 453**	11 538	4 932	**306 233**	11 764	5 156
291 167	10 860	4 250	**294 947**	11 087	4 476	**298 727**	11 314	4 704	**302 507**	11 540	4 932	**306 287**	11 768	5 156
291 221	10 864	4 256	**295 001**	11 090	4 484	**298 781**	11 317	4 710	**302 561**	11 544	4 936	**306 341**	11 770	5 164
291 275	10 866	4 256	**295 055**	11 094	4 484	**298 835**	11 320	4 710	**302 615**	11 547	4 936	**306 395**	11 774	5 164
291 329	10 870	4 264	**295 109**	11 096	4 490	**298 889**	11 324	4 716	**302 669**	11 550	4 944	**306 449**	11 777	5 170
291 383	10 873	4 264	**295 163**	11 100	4 490	**298 943**	11 326	4 716	**302 723**	11 554	4 944	**306 503**	11 780	5 170
291 437	10 876	4 270	**295 217**	11 103	4 496	**298 997**	11 330	4 724	**302 777**	11 556	4 950	**306 557**	11 784	5 176
291 491	10 880	4 270	**295 271**	11 106	4 496	**299 051**	11 333	4 724	**302 831**	11 560	4 950	**306 611**	11 787	5 176
291 545	10 883	4 276	**295 325**	11 110	4 504	**299 105**	11 336	4 730	**302 885**	11 563	4 956	**306 665**	11 790	5 184
291 599	10 886	4 276	**295 379**	11 113	4 504	**299 159**	11 340	4 730	**302 939**	11 566	4 956	**306 719**	11 793	5 184
291 653	10 890	4 284	**295 433**	11 116	4 508	**299 213**	11 343	4 736	**302 993**	11 570	4 964	**306 773**	11 796	5 190
291 707	10 892	4 284	**295 487**	11 120	4 508	**299 267**	11 346	4 736	**303 047**	11 573	4 964	**306 827**	11 800	5 190
291 761	10 896	4 288	**295 541**	11 122	4 516	**299 321**	11 350	4 744	**303 101**	11 576	4 968	**306 881**	11 803	5 196
291 815	10 899	4 288	**295 595**	11 126	4 516	**299 375**	11 352	4 744	**303 155**	11 580	4 968	**306 935**	11 806	5 196
291 869	10 902	4 296	**295 649**	11 129	4 522	**299 429**	11 356	4 748	**303 209**	11 582	4 976	**306 989**	11 810	5 204
291 923	10 906	4 296	**295 703**	11 132	4 522	**299 483**	11 359	4 748	**303 263**	11 586	4 976	**307 043**	11 812	5 204
291 977	10 908	4 302	**295 757**	11 136	4 528	**299 537**	11 362	4 756	**303 317**	11 589	4 982	**307 097**	11 816	5 208
292 031	10 912	4 302	**295 811**	11 139	4 528	**299 591**	11 366	4 756	**303 371**	11 592	4 982	**307 151**	11 819	5 208
292 085	10 915	4 308	**295 865**	11 142	4 536	**299 645**	11 369	4 762	**303 425**	11 596	4 988	**307 205**	11 822	5 216
292 139	10 918	4 308	**295 919**	11 145	4 536	**299 699**	11 372	4 762	**303 479**	11 599	4 988	**307 259**	11 826	5 216
292 193	10 922	4 316	**295 973**	11 148	4 542	**299 753**	11 376	4 768	**303 533**	11 602	4 996	**307 313**	11 829	5 222
292 247	10 925	4 316	**296 027**	11 152	4 542	**299 807**	11 378	4 768	**303 587**	11 606	4 996	**307 367**	11 832	5 222
292 301	10 928	4 320	**296 081**	11 155	4 548	**299 861**	11 382	4 776	**303 641**	11 608	5 002	**307 421**	11 836	5 228
292 355	10 932	4 320	**296 135**	11 158	4 548	**299 915**	11 385	4 776	**303 695**	11 612	5 002	**307 475**	11 838	5 228
292 409	10 934	4 328	**296 189**	11 162	4 556	**299 969**	11 388	4 782	**303 749**	11 615	5 008	**307 529**	11 842	5 236
292 463	10 938	4 328	**296 243**	11 164	4 556	**300 023**	11 392	4 782	**303 803**	11 618	5 008	**307 583**	11 845	5 236
292 517	10 941	4 334	**296 297**	11 168	4 560	**300 077**	11 394	4 788	**303 857**	11 622	5 016	**307 637**	11 848	5 242
292 571	10 944	4 334	**296 351**	11 171	4 560	**300 131**	11 398	4 788	**303 911**	11 625	5 016	**307 691**	11 852	5 242
292 625	10 948	4 340	**296 405**	11 174	4 568	**300 185**	11 401	4 794	**303 965**	11 628	5 020	**307 745**	11 855	5 248
292 679	10 951	4 340	**296 459**	11 178	4 568	**300 239**	11 404	4 794	**304 019**	11 631	5 020	**307 799**	11 858	5 248
292 733	10 954	4 348	**296 513**	11 181	4 574	**300 293**	11 408	4 800	**304 073**	11 634	5 028	**307 853**	11 862	5 256
292 787	10 958	4 348	**296 567**	11 184	4 574	**300 347**	11 411	4 800	**304 127**	11 638	5 028	**307 907**	11 864	5 256
292 841	10 960	4 354	**296 621**	11 188	4 580	**300 401**	11 414	4 808	**304 181**	11 641	5 034	**307 961**	11 868	5 260
292 895	10 964	4 354	**296 675**	11 190	4 580	**300 455**	11 418	4 808	**304 235**	11 644	5 034	**308 015**	11 871	5 260
292 949	10 967	4 360	**296 729**	11 194	4 588	**300 509**	11 420	4 814	**304 289**	11 648	5 040	**308 069**	11 874	5 268
293 003	10 970	4 360	**296 783**	11 197	4 588	**300 563**	11 424	4 814	**304 343**	11 650	5 040	**308 123**	11 878	5 268
293 057	10 974	4 368	**296 837**	11 200	4 594	**300 617**	11 427	4 820	**304 397**	11 654	5 048	**308 177**	11 880	5 274

Bei höherem gewerblichen Anteil kann der Entlastungsbetrag entsprechend den vorangestellten Erläuterungen berechnet werden.

E.
Stichwortverzeichnis

Es bezeichnen:
halbfette Zahlen	= die Paragraphen des EStG
halbfett kursive Zahlen	= die Paragraphen der EStDV
R	= die EStR
Anl.	= die laufende Nummer der Anlagen zu den EStR
H	= die Hinweise
Anh.	= die laufende Nummer der Anhänge
eingeklammerte Zahlen	= die Absätze der Paragraphen, Richtlinien oder Hinweise

A

Abbauland 13 a (4, 8), 55 (2), R 124 a, H 124 a, R 130 a

Abbruchkosten eines Gebäudes R 33 a (2), R 44 (13), R 44, R 157 (1)

Abendkurse zur Berufsausbildung H 103, R 180

Abfindungen
– steuerfreie – an Arbeitnehmer nach dem Mühlengesetz H 7
– steuerfreie – wegen Auflösung eines Dienstverhältnisses H 6 Nr. 3, Nr. 9, H 170
– weichender Erben **14 a (4),** R 133 b, H 133 b, Anh. 13
– an Pächter R 139 (12)
– für Wohnungsaufgabe H 168 a

Abfließen von Ausgaben **11 (2),** R 16 (2), H 16, R 113 (2), H 116

Abführen von Mehrerlösen R 24, H 120

Abgeltung der Steuer durch Steuerabzug **46 (4), 50 (5)**

Abgeordnetengesetz 22, R 168 b

Abladevorrichtungen H 42

Ablösung
– von Kosten der Anstaltsunterbringung H 186
– von Verpflichtungen durch Bausparmittel H 92
– einer Versorgungsrente H 87
– eines Wohnrechts durch Miterben H 32 a

Abnutzungsentschädigung
– Steuerfreiheit der – für Dienstbekleidung **3**

Abraumbeseitigung
– Rückstellung für – R 31 c (12), H 31 c

Abraumvorrat R 33

Abrechnungen bei Wechsel in der Gewinnermittlungsart R 16, R 17, Anl. 1

Abschlußgebühren bei einem Bausparvertrag H 92, H 153

Abschlußzahlung
– Entrichtung der – **36 (4)**

Absetzungen für Abnutzung s. AfA

Absetzungen für außergewöhnliche technische oder wirtschaftliche Abnutzung **7 (1), 11 c (2),** R 44 (12, 13), H 119, R 157

Absetzungen, erhöhte
– Abzug – vom Grundbetrag **21 a (3)**
– Abzug – wie Sonderausgaben **10 e, 26 a (2), 52 (21),** H 174 a, Anl. 3
– von Anschlußkosten für Fernwärmeversorgung **82 a,** R 157
– auf Anzahlungen und Teilherstellungskosten **7 a (2),** R 45, H 45
– Ausschluß von – bei Gewährung von InvZul **82 a (2)**
– innerhalb des Begünstigungszeitraums **7 a, 7 b (3),** R 45, H 45, R 52, Anl. 3
– Bemessungsgrundlage für – R 43, H 43, R 163
– Berücksichtigung von – für Buchführungsgrenzen **7 a (3)**
– bei mehreren Beteiligten **7 a (7), 7 b (6),** H 45, R 213 a
– bei Biogasanlagen **82 a**
– von Einbaukosten für Wärmepumpen-, Solar-, Windkraft- u. Biogasanlagen **82 a**
– für Einzelöfen **82 a (3)**
– bei einem Folgeobjekt **7 b (5)**
– bei Gebäuden in Sanierungs- u. Entwicklungsgebieten **7 h,** R 83 a, Anh. 35
– gemeinsame Vorschriften für – **7 a,** R 45, H 45
– von Heizungs- und Warmwasseranlagen **82 a (1)**
– von Herstellungskosten bei Baudenkmalen **7 i, 82 i,** R 83 b, Anh. 35
– von Herstellungskosten bei bestimmten Baumaßnahmen i. S. d. Baugesetzbuchs **7 h, 82 g,** R 83 a, Anh. 35
– Höchstgrenzen für – Anl. 3
– Kumulationsverbot bei – **7 a (5),** R 45 (7)
– bei neugeschaffenen Mietwohnungen **7 c,** H 76, Anh. 35

Stichwortverzeichnis

- Nachholung nicht ausgenutzter – **7 b (3),
7 d (1),** R 83 a
- nach Wegfall der Nutzungswertbesteuerung
52 (21), Anh. 25
- Objektbeschränkungen bei – **7 b (5)**
- bei dem Umweltschutz dienenden Wirtschaftsgütern **7 d,** R 77, H 77
- bei unentgeltlich erworbenen Wirtschaftsgütern **11 d (1),** R 43 (3)
- Verlustklausel bei – R 45 (8)
- nach Wegfall der Nutzungswertbesteuerung
52 (21), Anh. 25
- bei Windkraftanlagen **82 a,**
- für Wohngebäude **7 b, 34 f, 15, 52,** R 163, Anl. 3
- für Wohnungen mit Sozialbindung **7 k,** R 83 c, Anh. 35

Absetzungen für Substanzverringerung **5 (6),**
R 16 (3), R 44 a, H 44 a

Abstandszahlungen zur Ablösung von Nutzungsrechten R 33 a (1), H 87, H 161, H 170

Abtretung
- von Ansprüchen auf Anrechnung von Steuerabzugsbeträgen H 213 f
- von Ansprüchen aus einem Bausparvertrag
10 (5), 31, R 94, H 94
- von Ansprüchen aus einem Versicherungsvertrag **10 (5), 30,** H 13, R 26, H 94
- von Rückkaufrechten an Grundstücken H 168 a

Abwärme, Anlagen zur Verwertung von – **82 a**

Abwässerableitungen H 33 a, H 157

Abzugsbetrag
- für Land- und Forstwirte **13 (3),** R 3
- für Wohneigentum **10 e,** R 3, H 174 a, R 213 a, Anh. 34
- nach § 10 e Abs. 3 – Nachholung H 115 a

Abzugsteuer
- bei künstlerischen, sportlichen, artistischen oder ähnlichen Darbietungen H 227 c
- Entlastung von deutscher – H 227 e
- Freistellung von deutschen – n auf Grund DBA
R 2

Abzugszeitpunkt für Sonderausgaben H 86 a

Abzugszeitraum bei Wohneigentumsförderung
10 e (1), H 115 a, Anl. 3, Anh. 25, Anh. 34

Adoptionskosten H 186

AfA
- nach Ablauf des Begünstigungszeitraums **7 c, 7 h,** R 45, H 45
- bei abnutzbaren Anlagegütern **7,** R 16 (3), R 33, R 41 a (8), R 43, H 43, R 83
- bei Ausbauten und Erweiterungen an Gebäuden R 43, H 43, R 44, H 44
- für außergewöhnliche technische oder wirtschaftliche Abnutzung (AfaA) R 44 (13), H 44
- im Anschluß an erhöhte Absetzungen/Sonderabschreibungen **7 a (9), 7 b (2),** R 44 (12),
R 45 (9)
- Beginn der – R 44 (1), H 44, R 45
- Bemessung der – **5 (6),** R 42 a, R 43, H 43, R 44, H 44, R 163
- Bemessung der – bei nachträglichen Anschaffungs- und Herstellungskosten R 34 (3), R 43, H 43, R 44 (11), H 44, R 45, H 45
- bei Außenanlagen H 42
- bei Betriebsvorrichtungen R 42, H 42
- beweglicher Anlagegüter **7 (2),** R 42, H 42, R 43
- bei der Bewertung von Vieh R 125
- von Bodenbefestigungen R 42 (6), H 42
- degressive – **7 (2),** R 42 a, R 44, H 44, Anl. 2
- bei Eigentumswohnungen **7 (5 a), 11,** R 43, H 44
- bei Einbauten in Gebäuden R 42 (6), H 42
- nach Einlage/Entnahme H 18, R 39, R 43,
R 44 (12)
- Ende der – R 44 (9)
- bei Ermittlung der Herstellungskosten R 33,
R 163
- von Fahrstuhl-, Heizungs-, Be- und Entlüftungsanlagen H 42
- vom Firmenwert u. ä. **7 (1),** H 31 a, Anh. 9
- von Garagen R 42 a (3)
- bei Gebäuden **7 (4–5 a), 7 e, 10 bis 11 c,** R 42, R 42 a, R 44 (6), Anl. 3
- bei Gebäudeteilen **7 (5),** R 42, H 42, R 42 a, R 43, H 43, H 44
- einheitliche – bei Gebäuden und Gebäudeteilen H 42, R 43, H 43
- bei gemischtgenutzten Grundstücken R 42 a,
R 44 (6)
- bei Gewinnermittlung nach § 4 Abs. 3 EStG
7 (3), 10, R 16
- Höhe der – R 44
- bei immateriellen Wirtschaftsgütern R 31 a (4),
R 42, H 42
- im Jahr der Anschaffung, Fertigstellung, Herstellung R 44, H 44
- von Kfz R 23, Anh. 9
- bei Ladeneinbauten und -umbauten R 42 (6)
- nach Maßgabe der Leistung **7 (1),** R 44 (5)
- lineare – **7 (1)**
- Methode R 44, H 44
- bei Mietereinbauten R 42, H 42, R 163
- bei Miteigentum R 42
- bei Miteigentum von Ehegatten H 44, R 164,
H 164
- Nachholung von – R 44 (10), R 83 a
- bei vom oder ins Privatvermögen übergeführten Gebäuden R 43 (6), H 43
- Sätze **7,** R 44, Anl. 3
- bei Schiffen R 41 a, R 42
- bei im Teileigentum stehenden Räumen **7 (5 a),**
R 44 (7), H 44
- nach Ansatz des Teilwerts **11 c (2)**
- bei Tieren R 42 (2)
- bei Übertragung einer stillen Rücklage R 35,
H 35

Stichwortverzeichnis

- bei unbeweglichen Wirtschaftsgütern R 42, H 42
- bei unentgeltlich erworbenen Wirtschaftsgütern **7, 11 d,** R 43 (3)
- unterlassene/überhöhte – R 44 (10), H 44
- Wahl der – Methode R 44 (5–7)
- Wechsel der – Verfahren **7 (3),** R 44 (8), H 44
- als Werbungskosten **9 (1)**
- von Wirtschaftsgebäuden bei Sonderabschreibungen R 42 a, R 45, H 45, R 83
- bei Wirtschaftsgütern bis zur Einlage R 39, H 39, R 44 (2)
- bei vor dem 21. 6. 1948 angeschafften oder hergestellten nicht betrieblichen Wirtschaftsgütern **10 a**
- bei Wirtschaftsüberlassungsvertrag H 42
- zeitanteilige – R 44, H 44
- Zuschüsse bei der Bemessung der – R 34, R 43 (4), R 163, H 163

Agentenlohn H 120

Agio R 37 (3), H 140

AIG R 3, H 5

Akkumulationsrücklage R 3

Aktien R 140, H 154, R 213 k
- Überlassung von – an Arbeitnehmer **19 a,** R 140 (8)

Aktiengesetz 6 d, 20 (1), 36 c (2)

Aktivierung
- von Forderungen H 13, H 31 b
- des Rückdeckungsanspruchs R 26, H 41, Anh. 7
- unentgeltlich erworbener immaterieller Wirtschaftsgüter H 17, R 31 a (2), H 31 a

Alleingesellschafter H 139, H 154

Alleinstehende, Kinderbetreuungskosten **33 c,** H 174 c, R 195, H 195

Allgemeines Kriegsfolgengesetz 3 Nr. 21

Almen R 124 a (3)

Altenheim R 42 a (2), H 42 a, H 92
- Aufwendungen für Unterbringung in – R 187, H 190, H 192

Altenteilerwohnung H 13, H 14, H 130 a

Altenteilsleistungen H 87, H 165

Altersentlastungsbetrag 2 (3), 10 c, 24 a, R 3, H 114, R 171 a, H 171 a, H 185, H 212 b

Altershilfe
- Gesetz über eine – für Landwirte **3**

Altersruhegeld (auch flexibles, vorgezogenes –; Rente wegen Alters) R 167, H 167

Altersteilzeitgesetz 3 Nr. 28, 41 (1), 41 b (1), 42 b (1), H 6 Nr. 28, Anh. 7

Altersübergangs-Ausgleichsbetrag H 3 Nr. 2

Altersübergangsgeld 32 b (1)

Altersversorgung
- betriebliche - R 41, H 41, Anh. 7

Altschuldenhilfe-Gesetz, § 19 EigZulG Hinweis zu § 10 i

Altzusagen bei Pensionsverpflichtungen R 41 (1)

Amtszulagen auf Grund des Abgeordnetengesetzes **22**

Anbau H 13, R 41 c (3), H 43, H 157

Anbauverzeichnis H 127, R 128

Änderung
- der Bilanz **4 (2),** R 15 (2), H 15, R 20, H 35
- der Gewinnverteilung R 15, R 138 (4)
- des Steuerbescheids **10 d,** R 77 (2), R 83 (5), H 115, H 139, R 174 (3), R 174 a (2), R 181 (4), H 194, R 213 g (2)
- der Veranlagung wegen schädlicher Abtretung von Ansprüchen aus einem Bausparvertrag R 94 (7), H 94

Angehörige, Rechtsverhältnisse zwischen – H 13 (12), R 19, H 19, H 87, R 126, R 138 a, H 138 a, R 162 a, H 162 a, H 164, Anh. 9

Angestelltenversicherungsgesetz 3, 32 b, H 6 Nr. 14

Anlageberater H 136

Anlagegüter, s. Wirtschaftsgüter

Anlagen im Grund und Boden **6 b, 6 c,** R 41 a (2), R 41 b, R 41 d (1), H 41 d, R 131 (2)

Anlagenkartei
- Bestandsverzeichnis in Form einer – R 31 (1)

Anlagevermögen
- Begriff R 32, H 32
- bestandsmäßige Erfassung des beweglichen – R 31, H 31
- Bewertungsfreiheit für geringwertige Anlagegüter **6 (2),** R 40, H 40
- das der Forschung oder Entwicklung dient R 234
- Grundsätze R 32, H 32
- immaterielle Wirtschaftsgüter des – R 31 a, H 31 a
- von privaten Krankenhäusern **7 f,** R 82, H 82
- Bewertung von Wirtschaftsgütern des – **6 (1),** R 16, R 35 a
- Dauer der Zugehörigkeit von Wirtschaftsgütern zum – **6 b (4),** R 32, R 44
- das dem Umweltschutz dient **7 d,** R 77, H 77
- zum – gehörendes Vieh R 125, R 125 a

Anleihen
- festverzinsliche – H 154, Anh. 36

Anlieferungsreferenzmenge H 130a, Anh. 9

1611

Stichwortverzeichnis

Anrechnung
- ausländische Steuer (DBA) – H 212 d
- der zumutbaren Belastung H 195
- eigener Einkünfte und Bezüge R 180 d, H 190, R 191, H 191
- von Vorauszahlungen, Steuerabzugsbeträgen und Körperschaftsteuer auf die ESt **36, 36 a, 37 (3),** R 140, H 140, R 154, R 213 f, H 213 f, R 213 g, H 213 g, R 213 h, H 213 h

Anschaffung
- von Gebäuden und Schiffen (Gleichstellung mit Erweiterung, Ausbau und Umbau) **6 b (1),** R 41 b
- von Haushaltsgeräten H 186
- Jahr der – R 44, H 44
- Zeitpunkt der – R 44 (1), H 44

Anschaffungsgeschäfte, wechselseitige – **7 b (1)**

Anschaffungskosten
- Allgemeines R 32 a, H 32 a
- Abzug des Gewinns aus der Veräußerung bestimmter Anlagegüter bei den – anderer Wirtschaftsgüter **6 b,** R 41 b, H 41 b
- AfA von – R 43 (1), H 43
- bestimmter Anteile an Kapitalgesellschaften **53,** R 140 (5, 6, 7)
- Aufteilung der – auf Grund und Boden sowie Gebäude R 43 (1), H 43
- Berücksichtigung von Zuschüssen bei – R 34, R 43 (4)
- Bewertung mit den – **6 (1), 7,** R 34, R 35 a, H 35 a, R 36, H 36, R 37, R 39, H 39
- bei Einlage von Wirtschaftsgütern H 35 a, R 39
- bei Erwerb gegen Leibrente R 16 (4)
- bei wohnrechtsbelasteten Gebäuden H 43
- des Grund und Bodens **§ 10 e** H 115 a
- des Grund und Bodens bei Veräußerung nach einer Verpachtung R 139 (5), H 139
- erhöhte Absetzungen von – eines Wohngebäudes **7 b, 15 (2)**
- Minderung der – R 45 (4, 5), H 45
- nachträgliche – R 43 (4, 5), R 44 (11), H 44, R 45, H 45, R 140 (4, 6)
- innerhalb und nach Ablauf des Begünstigungszeitraums für Sonderabschreibungen **7 a,** R 45, H 45
- bei unentgeltlichem Erwerb **7, 11 d (1),** R 43 (3)
- von Verbindlichkeiten R 32 a (2), R 37, H 37, R 38
- von Vieh R 125, R 125 a
- eines Waldes R 128 a, R 212 (1), H 212
- eines Wirtschaftsguts bei Abzug des Gewinns aus der Veräußerung eines anderen Wirtschaftsguts (Rücklage) **6 b (5),** R 41 b
- Zurechnung von Umsatzsteuer zu den – **9 b,** R 86, H 86
- im Zwangsversteigerungsverfahren H 32 a

Anschaffungsnahe Aufwendungen R 157 (5), H 157

Anschlußkosten (Gebühren), Kanal-, Gas-, Strom-, Wasser- H 33 a

Ansiedlungsbeiträge H 33 a

Anteile
- einbringungsgeborene – H 140
- an Kapitalgesellschaften, Gewinne aus der Veräußerung von – **6 b, 16, 17,** R 139 (3), R 140, H 140
- Veräußerung von – an Kapitalgesellschaften als Spekulationsgeschäft H 169
- Wertminderung von – durch Gewinnausschüttungen **50 c,** R 227 d, H 227 d

Anteilseigner 20 (2 a), 36 (2), 36 a, 36 b, 36 c, 36 d, 50 c, R 213 g, H 213 g, R 213 h, H 213 h, R 213 i, H 213 i, R 213 k, H 213 k, R 213 l, H 213 l, R 213 m, R 227 d, H 227 d

Antizipative Posten R 31 b (3)

Antrag
- auf Steuerermäßigung **34 f (1), 35,** R 213 a (6)
- auf Veranlagung **46 (2)**
- auf Vergütung von Körperschaftsteuer **36 b, 36 c, 36 d,** R 213 f, H 213 f, R 213 j, R 213 k, R 213 l, R 213 m, H 213 m

Anzahlungen
- auf Anschaffungskosten R 45 (5), H 45, H 116, R 213 n
- Leistung von – durch Hingabe von Wechsel oder Scheck **7 a (2),** H 45, H 116
- Sonderabschreibungen auf – **7 a (2), 7 f (3), 81 (4), 82 f (4)**

Anzeigen, Pflicht der Versicherungsunternehmen und Bausparkassen zu – **29,** R 92 (2)

Apotheken
- Inventurbüros H 136
- Rezeptabrechner H 136

Arbeiterwohnheim R 137 (3)

Arbeitnehmererfindungen 42 b (2), R 149, H 149

Arbeitnehmer-Pauschbetrag 9 a, 32 b (2), R 200 (4)

Arbeitnehmer-Sparzulage
- als anzurechnende eigene Bezüge unterstützter Personen H 190

Arbeitnehmerüberlassungsgesetz 42 d (6)

Arbeitsessen H 117

Arbeitsförderungsgesetz 3 Nr. 2, 32 b, H 6 Nr. 2, R 94 (4), R 103 (3), H 191

Arbeitsleistung
- Wert der eigenen – keine Herstellungskosten R 33 a (1)
- Wert der körperlichen – in der Landwirtschaft **13 a (5),** R 130 a, H 130 a

Stichwortverzeichnis

Arbeitslohn
- Auslandstätigkeitserlaß H 1, Anh. 26
- Besteuerung nach den DBA H 1, Anh. 12

Arbeitslosengeld 3, 32 b, R 94 (4)

Arbeitslosenhilfe 3, 32 b, R 94 (4)

Arbeitslosigkeit
- Verfügung über Bausparmittel bei – **10 (5),** R 94 (4), H 94, H 130 a

Arbeitsplatzschutzgesetz 3 Nr. 47, R 41 (12), H 87 a

Arbeitsmittel, Aufwendungen für – **9 (1),** H 84, R 103, H 103, H 117

Arbeitsort, Wechsel des – **34 f,** H 213 a

Arbeitssicherstellungsgesetz H 7

Arbeitsstätte
- Fahrten zwischen Wohnung und – **9 (1),** H 23, H 84, R 118, H 118

Arbeits- und Kulturtische in Gewächshäusern **76, 78**

Arbeitsverhältnisse mit Kindern R 19

Arbeitsverträge mit Ehegatten R 19, R 41 (11), H 174

Arbeitszimmer
- häusliches – R 42 a (4), H 42a, H 44, H 84, H 103, H 174 a
- nicht Wohnzwecken dienend H 42 a

Architekt 18 (1), H 103, H 136, R 137 (2), H 143

Artisten H 136, R 222, R 227 b

Arzneimittel R 188 (1), H 188

Ärzte
- Facharzt für Laboratoriumsmedizin H 136
- freiberufliche Tätigkeit der – **18 (1),** H 136
- Gemeinschaft von – H 136
- Propagandisten H 136

Ärztemuster R 36 (2)

Asyl H 189

Aufbewahrungspflicht für Buchführungsunterlagen etc. R 29, H 29, H 127, Anh. 10

Aufenthalt
- gewöhnlicher – **1,** H 1, H 140, H 181, R 227 a

Auffüllen abgebauter Hohlräume R 38 (2)

Aufgabe
- eines Betriebs **14, 14 a (3), 16 (3), 6 (2),** R 131, H 131, R 133 a, H 133 b, R 139, H 139
- der selbständigen Tätigkeit **18 (3),** H 136, R 147, H 147

Aufgeld
- steuerfreies – für Darlehen zugunsten Ausgleichsfonds **3**

Aufhebung einer Ehe **10 (1) Nr. 1,** R 174 (1), H 174, H 184 b

Auflagenbuchführung R 16 (1)

Aufrechnung H 116

Aufrundung anzurechnender Vorauszahlungen und Steuerabzugsbeträge **36 (3)**

Aufsichtsratsvergütungen 18 (1), 50 a, **73 c, 73 d, 73 e,** R 227 c

Aufstockungsbeträge nach dem Altersteilzeitgesetz **32 b**

Aufteilung
- der außergewöhnlichen Belastungen auf Ehegatten **26 a (2), 46 (2),** R 3, R 174 a (2), H 191, R 194, H 194
- von Gebäuden in Eigentumswohnungen R 32 (2)
- des Gewinns des Wj. auf Kj. **4 a (2)**
- von Großwohnungen H 157

Aufwandsentschädigungen
- steuerfreie – aus öffentlichen Kassen **3,** H 6 Nr. 12, R 168 b, H 186 b
- für nebenberufliche Tätigkeiten als Übungsleiter, Ausbilder, Erzieher u. a. **3,** H 6 Nr. 26

Aufwandsrückstellungen R 31 c (3)

Aufwartefrau H 192

Aufwendungen
- für eigene Berufsausbildung oder Weiterbildung **10 (1),** R 103, H 103
- für Fahrten zwischen Wohnung und Betrieb R 23, H 23
- zur Förderung staatspolitischer Zwecke **4 (6), 10 b, 34 g,** R 112, H 112, R 213 b
- auf Grund und Boden keine Gebäude-Anschaffungskosten H 15
- für eigenbetrieblich genutzte Grundstücksteile R 18 (2)
- für doppelte Haushaltsführung R 23, H 23
- für auswärtige Unterbringung R 103, H 103

Aufwendungszuschüsse 3, H 6 Nr. 68

Aufwuchs auf Grund und Boden **6 b, 6 c,** R 41 (2), R 41 d (1), H 41 d

Aufzeichnungen
- durch Angehörige freier Berufe H 142
- bei Aufsichtsratsvergütungen **73 d**
- getrennte – der Aufwendungen i. S. d. § 4 Abs. 5 EStG **4 (6),** R 21, R 22
- der Geschäftsvorfälle R 29, H 29
- im Inland **50 (1), 73**
- über Ergebnis der Inventur R 30

Ausbau
- von Gebäuden und Schiffen **6 b (1),** R 41 a (3)
- von unbeweglichen Wirtschaftsgütern in der Land- und Forstwirtschaft **76, 78**

1613

Stichwortverzeichnis

- von Wohngebäuden **7 b, 15 (2),** R 52, R 157, H 157, Anl. 3

Ausbilder H 6 Nr. 26

Ausbildungsbeihilfen H 6 Nr. 10

Ausbildungsfreibetrag 33 a (2), R 191, H 191, R 192 a, H 192 a, R 195

Ausbildungsstipendium H 6 Nr. 44

Ausbildunghilfen aus öffentlichen Mitteln **33 a (2),** H 6 Nr. 11

Ausbildungszuschüsse (Ausbildungsgelder) R 6, R 191 (4), H 191

Auseinandersetzung von Mitunternehmern H 171

Ausfertigungsgebühr bei Versicherungsverträgen H 88

Ausgaben
- in Zusammenhang mit steuerfreien Einnahmen 3 c
- zur Förderung mildtätiger, kirchlicher, religiöser, wissenschaftlicher und der als besonders förderungswürdig anerkannten gemeinnützigen Zwecke sowie Beiträge/Spenden an politische Parteien **10 b, 34 g, 48, 50,** R 4, R 111, H 111, R 112, H 112, R 113, H 113, R 213 b, H 213 b
- Umsatzsteuer als – **9 b,** R 86 (4)

Ausgangswert 13 a, R 130 a

Ausgleichsanspruch eines Handelsvertreters **10 (3), 24,** H 31 c, R 41 (18), H 139, H 170, H 199

Ausgleichsbetrag in bestimmten Veranlagungsfällen **46 (3), 70**

Ausgleichsgeld nach dem FELEG 3

Ausgleichsleistungen nach dem LAG 3, R 6

Ausgleichszahlungen in den Fällen der §§ 14, 17 und 18 KStG an Anteilseigner **4 (5)**

Auslagenersatz, steuerfreier – eines Arbeitgebers 3, H 6 Nr. 50

Ausland
- ins – entsandte deutsche Staatsangehörige **1 (2, 3),** R 1
- Wohngrundstück im – R 162 (3)

Ausländische
- Anrechnung und Abzug – Steuern **34 c, 68 a bis 68 c,** R 3, R 4, R 212 a, H 212 a, H 212 b, R 212 c, R 212 d, R 224
- Einkünfte **2 a, 32 b, 34 c, 34 d, 68 a bis 68 c,** H 185, R 212 a, H 212 a, R 212 b, H 212 b, R 212 c, R 212 d, H 212 g
- Kapitalgesellschaften R 140 (7)
- Kulturvereinigungen H 227 c

- Steuer vom Einkommen **34 c, 68 b, 68 c,** R 3, R 212 a, H 212 a, R 212 b, H 212 b, R 212 c, R 212 d, R 224, Anl. 8
- Verbindlichkeiten R 32 a (2), R 37 (2)
- Verluste **2 a,** R 138 d (4)

Auslandinvestment-Gesetz Anh. 19

Auslandsinvestitionsgesetz R 3, H 5

Auslandskorrespondent H 1, H 227 c, Anh. 26

Auslandsreisen
- Aufwendungen bei – H 117 a, R 119, H 119

Auslandsschulen R 104
- Lehrkräfte an – H 1

Auslandstätigkeitserlaß H 87 a, Anh. 26

Ausscheiden
- von Anlagegütern durch höhere Gewalt R 35, R 41 a (7), R 41 c (5), H 83, H 206
- eines Miterben Anh. 13
- von Wirtschaftsgütern aus Betriebsvermögen bei Wechsel der Gewinnermittlungsart, bei Änderung der tatsächlichen Beziehungen, bei Strukturänderungen R 14 (2)

Aussetzungszinsen 10 (1), H 121

Ausschluß der Anrechnung von Körperschaftsteuer **36 a**

Ausschüttung von Eigenkapital **20 (1),** R 154 (1), H 154

Außenanlagen
- AfA bei – H 42
- zu einem Gebäude H 33 a, H 42
- sonderausgabenbegünstigte – H 92

Außensteuergesetz H 1, R 4, R 213 h, R 222 (4), Anh. 2

Außergewöhnliche Belastung 33 bis 33 c, R 3, R 186, H 186, R 187, H 187, R 188, H 188, R 191, H 191, R 192, H 192, R 192 a, H 192 a, R 194, H 194, R 195, H 195
- durch Betreuung eines Kindes **33 c,** R 195, H 195
- bei Ehegatten **26 a (2), 61,** R 174 a (2)
- in Einzelfällen R 188, H 188, R 189, H 189, R 190, H 190
- durch Aufwendungen für eine Hilfe im Haushalt **33 a (3),** R 192, H 192, R 195 (5), H 195
- infolge Behinderung **33 b,** R 194, H 194
- durch Aufwendungen für auswärtige Unterbringung eines Kindes in Berufsausbildung **33 a (2),** R 191, H 191
- durch Aufwendungen wegen Pflegebedürftigkeit **33 a (3),** R 187, H 190, R 192 (2), H 194
- durch Aufwendungen für Unterhalt und Berufsausbildung bestimmter Personen **33 a,** R 190, H 190
- grundsätzliche Voraussetzungen R 186, H 186

Stichwortverzeichnis

– Berücksichtigung von – bei Bemessung der Vorauszahlungen **37 (3),** R 213 n
– wegen Wiederbeschaffung von Hausrat oder Kleidung **52 (25),** R 189, H 189, R 190

Außerordentliche Einkünfte 34, R 197, H 197, R 198, H 198, R 199, H 199, R 200, H 200
– Berechnungsbeispiele – ermäßigter Steuersatz H 198, H 200

Aussteueraufwendungen H 186

Aussteuerversicherung, Beiträge zu H 88

Auswärtige Unterbringung s. Unterbringung

Auszahlung
– der Bausparsumme **10 (6),** H 92, H 94
– einer Steuerüberzahlung an Ehegatten **36 (4)**

Autoaufzüge H 42

Autotelefon H 6 Nr. 50

B

Bademeister, medizinische – H 136

Baderäume R 42 a (3)

Baggerprähme R 41 a

Barrengold H 13 (1)

Barwert
– einer Leibrentenverpflichtung R 16 (4), R 32 a (2), R 37 (1), H 139
– von Pensionsleistungen H 41
– einer Rückstellung R 38 (2)

Bauantrag R 41 b (5), R 42 a, H 42 a

Bauanzeige 21 a (7)

Baubetreuer (Bauberater) H 136

Baudarlehen, Begriff des – R 92, H 92

Baudenkmale 7 i, 10 f, 11 b, 51 (1), *82 i,* R 3, R 83 b, R 115 b, R 116 b

Baugenehmigung
– Bedeutung der – **21 a (4, 7),** R 33 a, R 42 a, Anl. 3

Baugesetzbuch 6 b (8), 7 h, 11 a, H 32 a, Anh. 4

Bauherr 7 b

Bauherrenerlaß Anh. 30

Bauherrenmodelle Anh. 30
– negative Einkünfte bei – H 13, H 136

Baukindergeld 34 f, R 213 a, H 213 a

Baukostenzuschüsse R 163

Baulandumlegung R 35, R 41 a

Baumaßnahmen
– bestimmten – an Baudenkmalen R 83 b
– des Nutzungsberechtigten H 31 a, R 42 (5), R 44 (3)

Baumängel H 33 a

Baumschule 13 (1), 55 (2), R 41 a (1), H 126, R 128, R 130 a (1), H 135
– Bewertung von Pflanzenbeständen H 128, Anh. 9

Bauplan
– Aufwendungen für – H 33 a, R 42 a

Bausparbeiträge 10 (1), R 92 bis R 95, H 92 bis H 95, H 109 a

Bausparguthaben
– unschädliche oder schädliche Verwendung von – H 92, H 94

Bausparkassen
– Beiträge an – zur Erlangung eines Baudarlehens **10 (1), 31, 32,** R 92 bis R 95, H 109 a
– mit Erlaubnis zum Geschäftsbetrieb im Inland **10 (2),** Anh. 32
– Übertragung von Bausparverträgen auf andere – **32**

Bausparsammelverträge H 92

Bausparsumme
– Begriff der – H 94
– Erhöhung der – H 94
– Überlassung der – H 94
– vorzeitige Auszahlung der – **10 (5),** H 94

Bauzeitversicherung, Beiträge an – H 33 a

Beaufsichtigung oder Betreuung eines Kindes 33 c, R 195

Beerdigungskosten, s. Bestattungskosten

Begünstigungszeitraum
– für erhöhte Absetzungen, Sonderabschreibungen (Sonderausgaben) **7 a, 7 b (3, 5), 34 f, 45,** R 45, H 45, R 83, R 83 b, R 157, R 213 a
– für Bewertungsfreiheit für Fabrikgebäude usw. **7 e (3)**

Beherbergung
– von Geschäftsfreunden **4 (5),** R 21 (3, 10, 11, 22)
– von Personen – R 42 a (2)

Behinderte
– Aufwendungen von – R 118, R 192 (2), H 192
– Kraftfahrzeugkosten bei – **9 (2),** R 23, R 188 (4), H 188, Anh. 3
– Pauschbeträge für – **33 b, 65,** R 174 a, R 187, R 188, R 194, H 194

Behinderung
– von Kindern **32 (4, 5),** H 7, H 167, R 177, H 178, R 180, R 180 d, H 180 d, R 181 a, R 186, R 187, R 188, H 188, R 191, R 192, H 192, R 194 (1), H 194, R 195
– schwere – **33 a (3),** R 82, R 180, R 180 d, R 192, H 194

1615

Stichwortverzeichnis

Beihilfen
- Anrechnung von – auf außergewöhnliche Belastungen H 186
- an Arbeitnehmer H 6
- zur Berufsausbildung H 6, R 103, H 191
- für die Fertigung einer Habilitationsschrift H 6
- zur Förderung der Erziehung, Ausbildung, Kunst und Wissenschaft R 3, H 6
- Geburts- H 6
- als Herstellungskosten R 33 (5)
- zu Krankheitskosten H 186, R 188
- zu Studienkosten H 87

Beiträge
- der Ärzte zu Versorgungseinrichtungen H 144
- an Bausparkassen **10 (1)**, R 92 bis R 95, R 109 a, H 109 a
- an Berufsstände und Berufsverbände **9 (1)**
- an Bund der Steuerzahler e. V. H 18, H 111
- an Lohnsteuerhilfevereine H 102
- an politische Parteien **10 b, 34 g**, R 4, R 112, H 112, H 168 b, H 213 b
- an religiöse Gemeinschaften R 101, H 101
- des Trägers der Insolvenzsicherung R 6
- an Versicherungen **10 (1)**, R 19, R 26, H 86 a, H 86 b, H 87 a, R 88, H 88, R 89, R 95, R 109 a, H 109 a, R 154, R 186, H 190

Beitragsbemessungsgrenze in der gesetzlichen Angestellten-Rentenversicherung H 41

Beitrittsgebiet R 17, R 19, R 25, R 29, R 31, H 31, R 41 c, H 41c, H 115, R 130 a, H 130 a, R 131, R 174 a, R 237, Anh. 6

Belastung
- zumutbare – **33 (1, 3)**, R 186 (2), H 195

Belegablage H 29

Belegschaftsaktien
- Zufluß des Vorteils H 116

Beleihung
- von Ansprüchen aus einem Versicherungsvertrag **10 (5), 30,** R 13, R 26 (4)
- von Ansprüchen aus einem Bausparvertrag **10 (5), 31,** H 92, H 94

Belieferungsrechte R 31 a, H 31 a

Bemessungsgrundlage
- für Abzugsbeträge nach § 10 e EStG R 174 a
- für die Abzugsteuer R 227 b, R 227 c, H 227 c
- für die AfA H 18, R 43, R 44, H 44, H 45, R 83, R 83 a, H 157, R 163
- der ausländischen Einkünfte H 212 b
- Einkünfte als – für das Kalenderjahr R 4
- für die (tarifliche) Einkommensteuer **2 (5),** R 3, R 224
- für Kindererziehungsleistungen H 6
- für Pensionsrückstellungen H 41
- für die Vorsorgepauschale R 114, H 114
- Zuwendungen an Unterstützungskassen H 27 a

Bereitstellungszinsen für Bankkredite H 92

Bergbauunternehmen 15 (1)

Bergmannsprämien 3

Berichtigung
- einer Buchung R 22
- einer Bilanz **4 (2),** R 15, H 15, R 20, R 86
- des Gewinns R 17, H 17
- der Schulden H 171
- der Veranlagung
  - bei Änderung ausländischer Steuern **68 c**
  - bei Nachversteuerung R 89
  - infolge Verlustabzug H 115
- des Verlustabzugs **10 d,** H 115

Berlin (Ost) H 88, H 189

BerlinFG 7 b (5), 37 (3), 39 a (1), R 4 (1), H 7, H 34, R 45 (9), H 174 a, R 190 (6), H 190, R 213 a, R 213 n

Berufsausbildung
- Abbruch/Abschluß der – H 180, H 181 a
- Aufwendungen für die eigene – **10 (1)**, R 103, H 103
- Begriff H 103, R 180
- von Kindern **32 (4), 33 a (2),** R 178, R 180, H 180, R 180 a, H 180 a, H 186, R 188, R 190, R 191, H 191, H 192, H 192 a
- Unterbrechung der – von Kindern **32 (4),** R 180 b, H 180 b
- als Voraussetzung für die Ausübung H 136
- als Werbungskosten H 103

Berufsbildungsgesetz R 180 (1)

Berufskleidung
- steuerfreie Überlassung von – **3**, H 6 Nr. 31

Berufskrankheit H 194

Berufssportler 50 a (4), H 134, H 136

Berufsunfähigkeit
- Aufgabe oder Veräußerung eines Betriebs wegen – **16 (4),** R 139 (14), H 147
- Begriff der dauernden – R 139 (14)
- bei Direktversicherung R 26 (1)
- bei Lebensversicherung H 88
- Rente wegen – (Rente wegen verminderter Erwerbsfähigkeit) R 94 (3), R 167 (7)

Berufsunfähigkeitsversicherung
- Beiträge zur – als Vorsorgeaufwendungen H 88

Besatzungssoldaten
- steuerfreie Zuwendungen von – **3**

Beschädigung von WG infolge höherer Gewalt u. ä. R 35

Beschäftigungsverhältnisse
- hauswirtschaftliche – **10 (1)**

Bescheinigung
- über Berufsausbildung R 180, H 180
- über Dividenden R 154
- für einkommensteuerpflichtige Einnahmen H 1

Stichwortverzeichnis

- über Erwerbsunfähigkeit R 139
- bei erhöhten Absetzungen für Umweltschutzinvestitionen **7 d (2)**
- bei bestimmten Baußmaßnahmen **7 h, 7 i, 82 g,** R 83 a, R 83 b
- der Denkmaleigenschaft 51 (1), *82 i (2)*
- über Erkrankung, Kur oder Arbeitslosigkeit R 94
- über Gefährdung eines Betriebs **6 d (3)**
- über (Grad der) Behinderung **65,** R 180 d, H 188, H 194, R 195
- über Krankheit/Kur R 188, R 195
- über ein soziales Jahr R 180 c
- über Spenden R 111
- über Steuer R 154, H 212 a, R 213 g, R 213 k, R 213 o
- über Nichtveranlagung R 213 k, R 213 m
- unbeschränkte Steuerpflicht **36 b (1), 36 c (1)**
- des volkswirtschaftlich förderungswürdigen Erwerbs **6 b (1)**
- zu § 3 Nr. 44 EStG H 6

Bescheinigungsrichtlinien Hinweis zu § 10 g

Bescheinigungsverfahren Hinweis zu § 6 d, Anh. 9

Bestandsaufnahme
- für Abschluß R 12
- des beweglichen Anlagevermögens R 31
- bei Festwerten des Vorratsvermögens R 36 (5)
- von Pensionsverpflichtungen R 41 (20)
- des Vorratsvermögens R 30

Bestandsvergleich R 131, R 212

Bestandsverzeichnis R 31, R 40 (3)

Bestätigungen des Empfängers von Zuwendungen (Spenden) **48,** R 111, H 112, Anl. 4, Anl. 5, Anl. 6

Bestattungskosten H 188

Bestechungsgelder H 120

Besteuerungsmerkmale im Ausland bei beschränkter Steuerpflicht **49 (2),** R 223

Besuch
- im Krankenhaus R 188
- von Privatschulen H 186, R 188 (2), H 194

Beteiligung
- am allgemeinen wirtschaftlichen Verkehr **15 (2),** R 134 c
- Bewertung einer – **6 (1)**
- an Personengesellschaften H 137, R 138 d
- an Kapitalgesellschaften H 139, H 140
- Veräußerung einer (wesentlichen) – H 139, R 140
- wesentliche – **17,** R 140

Betrachtungsweise
- isolierende – H 5, R 223 (1)

Betreuung
- eines Kindes **33 c,** H 117, H 174 c, R 177, R 186, R 195, H 195
- der Patienten R 82

Betrieb, Aufgabe, Eröffnung, Erwerb, Veräußerung eines – **14, 14 a, 16, 6,** R 131, H 131, R 133 a, H 133 a, R 139, H 139

Betriebsaufgabe 14 a (3), 16 (3), 6, R 127, H 131, H 133 b, H 136, R 138 d, H 139, H 147, H 171, H 197, R 213, H 222

Betriebsaufspaltung H 25, R 83 (2), H 83, R 137 (4), H 137, H 139

Betriebsausgaben
- Abfluß von – bei Überschußrechnung R 16 (2)
- pauschale Abgeltung der – in der Forstwirtschaft **51**
- Abgrenzung der – von Lebenshaltungskosten **12,** R 21, R 117
- Absetzung von Anschaffungs- und Herstellungskosten ausgeschiedener Wirtschaftsgüter als – R 35 (8)
- Aufwendungen für nicht abnutzbare Anlagegüter als – R 16 (3)
- Begriff der – **4 (4), 5 (6)**
- bei beschränkter Steuerpflicht **50 (1)**
- bei Betriebsgrundstücken R 18 (2), H 18
- bei eigenbetrieblich genutzten Grundstücksteilen R 14 (6)
- nachträgliche – R 16 (7)
- nicht/beschränkt abziehbare – **4 (5),** R 21, H 21, R 23, H 23, R 24, H 24, R 33 (6)
- bei Personengesellschaften H 16
- für teilweise betrieblich genutzte Wirtschaftsgüter R 16 (6), R 18
- bei Überschußrechnung R 16

Betriebsbesichtigungen R 21 (8)

Betriebseinbringung H 139 (9)

Betriebseinnahmen
- aus Betriebsgrundstücken R 18, H 18
- Entschädigungsleistungen als – R 35 (8)
- bei gemisch genutzten Wirtschaftsgütern R 18
- nachträgliche – H 139, R 213 c
- bei Überschußrechnung R 16, H 16
- zeitliche Erfassung von – R 16, H 16

Betriebseröffnung
- Bewertung von Wirtschaftsgütern bei – **6 (1),** H 39
- Gewinnermittlung bei – **6**

Betriebsgrundlage R 137 (5), H 137, R 139, H 139

Betriebsgutachten zur Festsetzung des Holz-Nutzungssatzes **68,** R 205 (4)

Betriebsstätte
- ausländische – **2 a,** R 5 (2), H 5, H 14, R 77, R 83 (5), H 212 g

1617

Stichwortverzeichnis

- Fahrten zwischen Wohnung und – (Arbeitsstätte) **4 (5), 9 (1),** R 23, H 23, H 119
- Finanzamt H 5
- Geschäftsreisen von der – aus R 119, H 119
- gewerbliche R 5, H 5
- inländische – **49,** R 12, R 41 a, R 41 c, R 83 (5), R 222, H 222, R 227 a, H 227 d
- für Lohnsteuerabzug maßgebende – **41 (2)**
- Prinzip R 5
- regelmäßige – R 119
- selbstgewählte – R 134 (4)
- Verlust R 5

Betriebsstoffe
- Bewertung der – R 32, R 36, R 38

Betriebsübertragung R 139 (6), R 139 (7)

Betriebsumstellung
- Gewinn aus Veräußerung von lebendem Inventar bei – in der Landwirtschaft **6 b,** R 41 a (6)

Betriebsunterbrechung H 139 (2)

Betriebsunterbrechungs-Versicherung H 34, R 35 (3)

Betriebsveräußerung 14, 14 a, 16, R 16, H 35, R 41 b (11), R 131, R 133 a, R 139, H 139, H 147, H 171, H 197, H 198

Betriebsverfassungsgesetz R 31 c (3)

Betriebsvermögen
- bei Aufgabe, Eröffnung, Erwerb, Veräußerung eines Betriebs **6**
- Ausweis von Grundstücken als – in Buchführung R 13
- Bewertungsfreiheit für Gebäude des landwirtschaftlichen – **7 e, 22,** R 78 a, H 236
- bei Einnahme-Überschuß R 13 (16), H 16 (6)
- Einheitswert des – **7 g,** R 83
- gewillkürtes – R 13, H 13, R 14
- Gewinnerzielungsabsicht R 134 b, H 138
- Grundstücke als – einer Personengesellschaft R 13 (11, 12)
- Grundstücke als – unbeschadet der Einheitsbewertung R 13 (13)
- Grundstücksteile von untergeordneter Bedeutung im – R 13 (8, 12)
- Lebensversicherungen als – H 13
- notwendiges – R 13, H 13, R 14
- bei Personengesellschaften R 13 (2), H 13, R 41 b (8)
- Sachspenden aus dem – R 111
- bei Sanierungsgewinn H 6 Nr. 66
- bei Selbständigkeit R 134, H 134
- Sonder- R 13 (2, 12), H 13, R 138 d
- Überführung von WG aus – oder in – H 169
- Übergang von – R 41 a, R 41 b, R 41 c (6)
- Wegfall der Voraussetzungen für – R 13 (8), R 14, R 41 a
- Wertpapiere als – H 13
- Wohnung im – H 115 a
- Wohnung eines Land- und Forstwirts als – **22 (5),** R 78 a, H 127
- Zahngold als – H 13
- Zugehörigkeit von Grundstücken zum – R 13
- Zugehörigkeit von Verbindlichkeiten zum – R 13 (15), H 13
- Zugehörigkeit von WG zum – R 13, R 14, R 41 a, R 41 c, R 42 a, R 43 (6), R 44, H 213 g, R 227 d

Betriebsvermögensvergleich R 12
- bei Angehörigen freier Berufe H 143
- bei gewerblichen Betrieben R 12 (2)
- bei Land- und Forstwirten 13 a (2), R 12 (1), R 127
- Wechsel zum/vom – R 17, R 127 (6)
- bei Personengesellschaften R 12 (3)

Betriebsverpachtung R 25 (4), R 127 (5), R 139 (5), H 139 (5), Anh. 8

Betriebsvorrichtungen
- Abgrenzung von – zu Gebäuden H 13, R 42 (3), H 42
- AfA bei – R 42, H 42

Betriebswerk zur Festsetzung des Holz-Nutzungssatzes **68,** R 205 (4)

Bewässerungsanlagen R 41 a (1, 2)

Bewertung
- mit Anschaffungs- und Herstellungskosten **5 (6), 6 (1)**
- Berücksichtigung von Zuschüssen bei der – R 34, H 34
- von Beteiligungen **6 (1)**
- Durchschnitts – R 36 (3), R 125
- von Edelmetall **51 (1)**
- von Einlagen 6 (1), R 39, H 39, R 33 a (4)
- von Entnahmen 6 (1), R 39, H 39, H 118, H 125
- von Grund und Boden **6 (1)**
- Gruppen – R 36 (4)
- von Rückstellungen R 38
- mit Teilwert **6 (1),** R 39, H 39
- des Umlaufvermögens **6 (1),** R 36
- nach unterstellten Verbrauchs- und Veräußerungsfolgen **6 (1),** R 36 a
- von Verbindlichkeiten **6 (1),** R 37
- von Vieh R 125, H 125, R 125 a
- des Vorratsvermögens R 36, H 36
- Wechsel der – Methode R 36 a (5)
- der Wirtschaftsgüter des Anlagevermögens **6**
- von Wirtschaftsgütern bei Betriebseröffnung **6 (1)**

Bewertungsabschlag für Importwaren 51 (1), **80,** R 30 (3), R 36 a (7), H 139

Bewertungsfreiheit
- für Anlagegüter zur Forschung und Entwicklung **51 (1),** R 234
- für bestimmte Anlagegüter im Kohlen- und Erzbergbau **51 (1),** *81*

Stichwortverzeichnis

- für Anschaffung oder Herstellung bestimmter Wirtschaftsgüter usw. in der Landwirtschaft **51 (1), *76, 78,*** H 231
- für Fabrikgebäude usw. **7 e, *22,*** R 78 a
- für Handelsschiffe, Fischereischiffe und Luftfahrzeuge **51 (1), *82 f***
- für abnutzbare Wirtschaftsgüter des Anlagevermögens privater Krankenhäuser **7 f,** R 82
- für geringwertige Wirtschaftsgüter **6 (2),** R 40, H 40, R 45, R 86 (5), R 134 b, H 142

Bewertungswahlrecht R 15 (3), H 15, H 17, H 125, R 131

Bewirtungsaufwendungen 4 (5), R 21, H 21, R 22, H 117, H 188, Anh. 16

Bezirksschornsteinfeger H 136

Bezüge
- im Sinne von § 22 Nr. 4 EStG R 168 b
- anzurechnende eigene – unterstützter Personen R 177, H 178, R 180 d, H 180 d, R 190, R 191, H 191, R 192 a, H 192 a
- bei Bemessungsgrundlage der Vorsorgepauschale H 114
- zur Förderung der Aus-/Weiterbildung R 103
- bei dauernder Last H 87
- auf Grund von Kapitalherabsetzung **20 (1),** R 154, H 227 d
- sonstige – von Arbeitnehmern **42 (4),** R 200, H 200
- steuerfreie – H 6
- wiederkehrende – **22,** H 139, R 165, H 165, R 166, H 166, H 167, R 168, R 171 a, H 171 a

Bezugsgrößen R 41 (19)

Bibliothek als GWG H 40

Bilanz
- Änderung der – **4 (2), 5 (6),** R 15 (3), H 15
- Anfangs- R 15 (1)
- Aufgabe/Veräußerungsbilanz H 16
- Anmerkungen zur – ***60***
- Ansatz R 15, H 15
- Berichtigung der – **4 (2),** R 15 (1), H 15
- und Betriebsvermögen R 13
- DM-Eröffnungs- H 31
- Einreichung der – ***60***
- Schluß- R 15 (1), H 15
- -stichtag R 30, R 31 c
- Unrichtigkeit der – R 15 (1)
- -Währung R 12 (4)
- Zusammenhang R 15 (1), H 15

Bilanzänderung 4 (2), R 15 (3)

Bilanzberichtigung 4 (2), R 15 (1)

Bilanzierungshilfe H 31 a

Bilanzierungswahlrecht H 15, R 25, H 25, R 27 a, R 31 c, R 33, R 34, R 41, R 41 b, R 43, R 44, R 83

Bilanzzusammenhang R 15 (1)

Bildberichterstatter 18 (1), 50 a (4)

Bildträger, Aufbewahrung der – R 29 (8)

Binnenfischerei 13 (1)

Binnenschiffe R 41 a (4)

Biogasanlagen 51 (1), *82 a,* H 135

Blinden
- Geld R 180 d
- Pauschbetrag **33 b (3),** R 194 (1), H 194
- Merkzeichen „Bl" H 194

Blumenbau 55 (2), R 130 a

Blumengeschenke R 21 (3)

Bodenbewirtschaftung, Einkünfte aus – **15 (1)**

Bodengewinnbesteuerung 55, H 236

Bodenschätze 2 (2), H 13, H 13 (1), R 41 a (1), R 44 a, H 44 a, H 164 a, Anh. 9

Bodenschätzungsgesetz 55 (2)

Börsenpreis, Ansatz von Wirtschaftsgütern mit dem – R 36 (2), H 233 a

Brand (als höhere Gewalt) R 35 (2, 3), H 44, H 83, H 139, R 189

Brennereien H 135

Bruchteilsgemeinschaft R 13 (12), R 44 (7), R 137 (6), R 138 (1)

Brücken R 41 a (2)

Bücher (Literatur) H 102, H 103, H 117

Buchführung
- AfA nach Übergang zur – R 44 (12)
- im Beitrittsgebiet H 31
- Beweiskraft der – H 29
- formelle und materielle Mängel der – R 29
- auf Datenträgern R 29 (8), H 29, Anh. 10
- bei Gartenbau-, Saatzuchtbetrieben, Baumschulen u. ä. R 128, Anh. 10
- bei Gewinnermittlung nach § 4 Abs. 1 EStG R 12
- im Inland **50 (1), *73***
- landwirtschaftliche – **8 c (3),** H 12, R 125, R 125 a, R 127, R 128, R 209, R 212, Anh. 10
- Mängel in der – R 12 (2), H 25, R 29 (6), R 30 (5), H 31
- ordnungsmäßige – nach handelsrechtlichen Grundsätzen **5 (1),** R 12 (4, 5), R 15 (1), R 20 (2), R 28, R 28, R 29, R 30, R 31 c, R 35, R 36 a, R 40
- Pflicht zur – bei Gewerbetreibenden **7 a (6),** R 12, R 28, H 28
- Pflicht zur – bei Land- und Forstwirten sowie Angehörigen freier Berufe **7 a (6), 13 a (1),** H 12, R 127, R 127, R 128, H 142
- Pflicht zur – bei Personengesellschaften R 12 (3)
- Übergang zur – in der Landwirtschaft R 125 (4)
- Verfolgung von Bildung und Auflösung einer Rücklage in der – **6 b (4),** R 41 b (4)

1619

Stichwortverzeichnis

- Vorschriften im HGB Anh. 10

Buchmacher H 136

Buchprüfer H 136

Buchwert 6 b (2), 7 (2), H 13, R 14, R 15, R 18, H 18, H 21, R 33 a, R 34, R 35, R 38, R 41 b, R 41 d, R 43, R 44, R 45, R 83, R 127, R 131, R 138, R 138 a, R 139, H 139, H 149, H 154, H 236
- Begriff des – R 41 a (8)
- fiktiver – bei Übergang zum Betriebs-vermögensvergleich R 17 (1)
- Fortführung des – R 41 c (6)

Bühnenvermittler H 136

Bund der Steuerzahler e. V.
- Beiträge und Spenden H 18, H 111

Bundesamt für Finanzen
- Zuständigkeit **36 b (3), 44 c (1),** H 2, R 213 j bis R 213 q, H 227 e
- Anzeige/Mitteilungen an – **36 c (3)**

Bundesausbildungsförderungsgesetz H 6 Nr. 11, H 191

Bundesbaugesetz *82 g,* H 32 a, Anh. 4

Bundesbesoldungsgesetz 3 Nr. 64

Bundeserziehungsgeldgesetz 3 Nr. 67, R 94 (5)

Bundesgrenzschutzgesetz R 180 b (1)

Bundeskindergeldgesetz Anh. 11
- Kindergeld nach dem – R 181 a
- Leistungen nach dem – **3 Nr. 24,** R 6, R 180 d, R 181 a, H 186, H 190

Bundespolizeibeamtengesetz H 6 Nr. 11

Bundespräsident, steuerfreie Zuwendungen des – an verdiente Personen **3**

Bundesschatzbriefe H 154
- Zuflußzeitpunkt H 116, Anh. 36

Bundes-Seuchengesetz 3 Nr. 25, 32 b, H 194

Bundessozialhilfegesetz H 6 Nr. 11, H 194

Bundesversorgungsgesetz 32 b, 33 b (4), 65, R 94 (5), R 180 d, H 194

Bundesvertriebenengesetz 7 e (1), 10 a (1), 13, H 6

Bürgschaftsprovisionen 34 d, H 168 a

Büroräume R 33 a, R 84 (1), R 163

Bußgeld R 24 (3), H 120

C

Campingplatz R 137 (3)

Chefzimmer R 21

Chelat-Therapie R 188

Computer
- Anschaffung H 117
- Programme R 31 a, H 31 a, H 40

D

Dachreparatur H 157

Damnum, s. Disagio

Darlehen
- Abfluß von – H 116
- Abgrenzung von Ausgaben bei – H 31 b
- an Arbeitnehmer **3,** H 6
- an Angehörige R 19 (4), H 19, R 138 a, H 154
- Ausbildungs- H 103
- als Betriebsvermögen R 13
- Bewertung von – R 37, H 37
- des Gesellschafters an die Gesellschaft **15 (1)**
- kapitalersetzende – H 138 d, Anh. 30
- Mieterzuschüsse R 163
- partiarisches – **2 a, 20 (1)**
- Rückzahlung von – als außergewöhnliche Belastung H 186
- bei Überschußrechnung R 16
- als Vermögensbeteiligung **19 a**
- Verrechnung von Zuschüssen auf – R 34
- Zinsen für Bau – R 92, H 92, H 161

Darlehensforderung gegenüber Betriebs-angehörigen H 35 a, Anh. 9

Darlehnsverhältnisse zwischen Angehörigen – . H 19, Anh. 9

Datenträger
- Aufbewahrung der – R 29 (8)

Datenverarbeitung
- Buchführung durch – R 29, Anh. 10

Datenverarbeitungs-Berater H 136

Dauerkulturen H 40, H 44, H 127

Dauernde Lasten, s. Lasten

Dauerwohnrecht
- Erwerb eines – H 92

DDR
- Besondere Anwendungsregeln aus Anlaß der Herstellung der Einheit Deutschlands **57**
- Laufzeit von Versicherungsverträgen H 88
- Übergang Einnahmeüberschußrechnung H 17
- Übersiedlung H 189

Deckungskapital 4 d, R 26, R 27 a, H 27 a, R 41

Denkmaleigenschaft von Gebäuden **51 (1), 7 i, 82 i (2)**

Depositenkonto
- Einzahlungen auf – einer Bausparkasse H 92

Detektive H 136

Stichwortverzeichnis

Devisentermingeschäfte R 137 (6), H 168 a, H 169

Diätverpflegung 33 (2), H 188

Diebstahl
– von Geld H 16
– als höhere Gewalt R 35, H 83

Dienstgeld nach dem Wehrsoldgesetz R 6

Dienstkleidung
– Steuerfreiheit des Geldwerts der – bei Uniformträgern **3**

Diplomatische Vertreter 3, R 1, H 1, H 6

Direktversicherung 4 b, R 26, H 26, R 33, R 41

Disagio R 37, R 139, H 154, H 161
– Zufluß, Abfluß H 116

Diskontbeträge von Wechseln **20 (1)**

Dividenden
– Anrechnung noch nicht gezahlter – H 213 g
– ausgezahlte oder gutgeschriebene – bei Versicherungen H 86 a, H 88
– Steuerpflicht der – **20 (1),** H 154

Doktorprüfung H 103

Dolmetscher 18 (1)
– Aufwendungen für die Ausbildung zum – H 103

Doppelbesteuerungsabkommen 1 (3), 2 a (3), 32 b, 34 c (2, 6), 36 (2), 41 b (2), 46 (2), 50 d, H 1, H 2, R 3, R 5, H 6, H 14, H 86 b, R 87, H 87 a, H 114, R 138 d, R 166, H 185, H 212 b, R 212 d, H 212 d, R 213 h, R 217, R 224, H 227c, R 227 e, H 227 e, Anh. 12
– Entlastung (Erstattung und Freistellung) von deutschen Abzugsteuern auf Grund von – H 2, H 227 e
– Progressionsvorbehalt bei – **32 b,** H 185
– Überführung von Wirtschaftsgütern in ausländische Betriebsstätte bei – H 14
– Unterhaltsleistungen H 14
– Verhältnis der – zur unbeschränkten Steuerpflicht H 1
– Verzeichnis der – Anh. 12

Doppelte Haushaltsführung 9 (1), R 22, R 23, H 23, H 84, H 103, H 213 a

Durchlaufspenden *48 (3),* R 111, H 111

Durchschnittssätze, Gewinnermittlung nach – **13 a,** *52,* R 16, H 35, H 41 b, R 41 d, R 43, H 44, R 125, R 127, R 130 a, R 130 b, R 131, H 231

Durchschnittsbewertung R 36, R 125, H 125, R 125 a

Durchschnittswerte für Sachbezüge **8 (2)**

Düsseldorfer Tabelle R 177, R 181 a, Anh. 12 a

E

EDV-Berater H 136

Ehe
– Aufhebung der – oder Scheidung der Ehegatten **10 (1),** H 174, H 184 b
– eheliches Güterrecht H 19 (4), Anh. 6
– Nichtigkeit der – **10 (1),** H 174, H 184 b
– Scheidungskosten und Folgekosten H 161, H 186
– Versorgungsausgleich Anh. 33

Ehegatten
– Arbeitsverhältnis – Direktversicherung H 19, H 26
– ausländischer Ehegatte H 1, H 174
– zu versteuerndes Einkommen bei zusammenveranlagten – H 3
– zu versteuerndes Einkommen bei getrennt veranlagten – H 3
– Einkommensteuerermittlung bei – **32 a (5),** H 184 a
– Miteigentum von – H 44
– Sonderausgaben und außergewöhnliche Belastungen bei – **10 (1), 26 a (2),** *61, 62 c, 62 d,* R 3, R 86 a, H 86 b, H 109 a, R 115, R 172, R 174 a (2), H 174 a
– Unterhaltsverträge zwischen geschiedenen – **10 (1),** R 86 b, H 86 b, H 161, H 167
– Verträge zwischen – **7 b (1),** R 19, H 19, R 41 (11), H 41 (11), R 138 a

Ehegesetz H 174

Ehrensold 3

Eigenheimzulagengesetz Anh. 34
– Muster des Antrags auf Eigenheimzulage Anh. 34

Eigenkapital
– verwendbares – **50 c (2),** H 227d

Eigensiedlungen
– erhöhte Absetzungen bei – **7 b,** *15,* R 52

Eigentum
– wirtschaftliches – R 41 a (7)

Eigentumswohnungen
– AfA bei – **7 (5 a),** H 43
– erhöhte Absetzungen bei – **7 b, 34 f,** *15, 52,* Anl. 3
– Nutzungswert der selbstgenutzten – **21 a,** R 164 b

Eigenverbrauch, Umsatzsteuer für den – **12**

Einbaumöbel und Gebäudeherstellungskosten H 33 a, H 92

Einbauten
– AfA von bestimmten – *82 a*
– als Herstellungskosten eines Gebäudes H 13, H 31 a, R 42, H 42

Stichwortverzeichnis

Einbringung i. S. des Umwandlungsteuergesetzes H 139, H 140, R 147, H 147, Anh. 28

Einfamilienhaus
- erhöhte Absetzungen bei – **7 b, 34 f, 15, 52,** Anl. 3
- Nutzungswert der selbstgenutzten Wohnung im eigenen – **21 a,** R 164 b

Einfriedungen bei Gebäuden H 33 a, H 42, H 157

Eingliederungsdarlehen H 6 Nr.7

Eingliederungsgeld 32 b

Eingriff
- behördlicher – R 35, H 35, R 41 a (7), R 41 c (5), R 132

Einheit von Räumen **21 a (1),** R 164 b

Einheitsbewertung
- Bedeutung der – für die Einkommensbesteuerung **7 g, 13 a, 55,** R 83 (2), R 130 a
- von Grundstücken ohne Bindung für die ESt R 13 (13)

Einigungsvertrag 56–58

Einkleidungsbeihilfen
- Steuerfreiheit der – 3

Einkommen
- Begriff des – **2 (4),** R 3
- zu versteuerndes – **2 (5),** R 3

Einkommensteuer
- Bemessungsgrundlage für die tarifliche – **2 (5),** R 3, R 4
- Erklärung **25 (3), 56**
- festzusetzende – **2 (6), 32 d,** R 4
- Festsetzungsgrundlage Kalenderjahr **2 (7)**
- als Jahressteuer **2 (7),** H 4
- tarifliche – **2 (5, 6), 32 a,** R 4

Einkommensteuererklärung 25 (3), 56

Einkommensteuerersparnis H 138

Einkommensteuertarif 32 a, H 184 a, H 184 b

Einkünfte
- Absicht zur Erzielung von – H 170, R 195, Anh. 30
- beschränkt steuerpflichtige – **49,** R 222, H 222, R 222 a, H 222 a, R 223
- Gesamtbetrag der – **2 (3), 10 d, 13 (3),** R 3, R 115, H 115
- aus Gewerbebetrieb **15, 15 a, 16, 17, 32 c, 34 d, 49,** R 134, H 134, R 140, H 140, R 212 g, R 222, H 222
- aus außerordentlichen Holznutzungen **34 b,** R 209, H 209
- im Kalenderjahr als Bemessungsgrundlage H 4
- aus Kapitalvermögen **20, 34 d, 49,** H 88, R 153, H 153, R 154, H 154, R 156
- aus Land- und Forstwirtschaft **2 a, 13, 13 a, 34 d, 34 e, 49, 51, 52,** R 124, H 124, R 124 a,

H 124 a, R 125, H 125, R 125 a, H 126, R 127, H 127, R 128, R 128 a, R 130 a, H 130 a, R 131, H 131, R 133 a, H 133 a
- nachträgliche – **15 (1),** R 171 (1), H 171, H 212 g, H 222
- negative – Anh. 30
- negative ausländische – **2 a,** R 115 (2), H 115, R 212 c
- negative – oder Vorauszahlungen **37 (3),** R 213 n
- aus nichtselbständiger Arbeit **19, 34, 34 d, 49,** R 150
- aus selbständiger Arbeit **18, 34 d, 49,** H 143, H 144, H 146, R 147, H 147, R 149, H 149
- sonstige – **22, 23, 49, 55,** R 165, H 165, R 166, H 166, R 167, H 167, R 168, R 168 a, H 168 a, R 168 b, H 168 b, R 169, H 169
- steuerbegünstigte außerordentliche – **34,** R 197, H 197, R 198 bis R 200, R 210
- Steuerermäßigung bei ausländischen – **34 c, 34 d, 68 a bis 68 c,** R 212, H 212 a, R 212 b, H 212 b, R 212 c, H 212 c, R 212 d, H 212 d, Anh. 26
- Summe der – **2 (3),** R 3, H 213 e
- aus Unterhaltsleistungen **22**
- aus Vermietung und Verpachtung **2 a, 21, 21 a, 34 d, 37 (3), 49, 82 a, 82 b, 82 g,** R 157, H 157, R 161, H 161, R 162, H 162, R 162 a, H 162 a, R 163, H 163, R 164, H 164, H 164 a, R 164 b

Einkünfteerzielungsabsicht Anh. 30

Einkunftsarten 2 (1), R 3

Einlageminderung 15 a

Einlagen
- Begriff der – **4 (1), 5 (6),** R 14 (1)
- Bewertung von – **6 (1),** R 39, R 43 (6)
- von Grund und Boden **55 (7)**
- von GWG R 39
- von Nutzungsrechten R 14 (1), R 39
- verdeckte – **17,** R 140 (4), H 227 d
- von Wertpapieren H 13
- von früher entnommenen Wirtschaftsgütern R 39
- von immateriellen Wirtschaftsgütern R 31 a (4)

Einlagenrückgewähr H 154

Einnahmen
- Begriff der – **8**
- aus Kapitalvermögen R 154, H 154, R 213 g
- Umsatzsteuer als – **9 b (2),** H 86
- aus Vermietung und Verpachtung R 161, H 161
- Zuschüsse als – aus Vermietung und Verpachtung R 163, H 163

Einnahmenüberschußrechnung 4(3), *7(3),* R 16, H 16, R 17, H 35, R 41d, R 127, R 212

Einrichtungsgegenstände R 16 (3)
- als GWG H 40

Stichwortverzeichnis

Einsatz von Lebensversicherungen zur Tilgung oder Sicherung von Darlehen – **10 (2),** H 88, Anh. 22

Einzelbewertung R 36 (3), R 38 (6)

Einzelhändler
- Aufzeichnung der Kasseneinnahmen bei – R 29
- Kreditgeschäfte der – R 29

Einzelöfen *82 a (3)*

Einziehung von Waren u. a. in einem Strafverfahren H 120

Eisbrecher R 41 a (4)

Elektro-Speicheröfen R 157

Emissionsdisagio/Emissionsdiskont festverzinslicher Wertpapiere H 154

Energiesparmaßnahmen *82 a*

Entlassungsgeld nach dem Wehrsoldgesetz H 6 Nr. 5

Entlastung
- von deutschen Abzugsteuern auf Grund von DBA H 2, H 227 e
- von deutscher Kapitalertragsteuer auf Grund der Mutter-/Tochter-Richtlinie **44 d, 50 d**
- bei niedrigen Erwerbseinkommen **32 d, 61,** H 185 b, Anh. 14

Entlastungsbetrag für gewerbliche Einkünfte **32 c**

Entlohnung für mehrjährige Tätigkeit **34 (3),** H 200

Entlüftungsanlagen H 13

Entnahmen
- AfA nach Entnahme H 43
- Begriff der – **4 (1), 46 *(5)*,** R 14 (2), R 15
- Bewertung der – **6 (1),** H 13, R 39, R 43
- bei Erbauseinandersetzung H 14
- degressive AfA bei Gebäuden R 44 (12), H 44
- Ermittlung der Ausgabenhöhe von Spenden im Falle der – **10 b (1)**
- keine Ersatzbeschaffungsrücklage bei – R 35
- bei privater PKW-Nutzung H 14
- von Grundstücken durch Nutzungsänderung R 14 (4), H 14
- von Grund und Boden bei Überschußrechnung R 18
- von landwirtschaftlichem Grund und Boden **13 a (8), 14 a (2, 4),** H 14, H 133 a
- Nachversteuerung von – **10 a (2), 46, 47 (2)**
- Umsatzsteuer für – **12**
- von Vieh R 125
- durch Wegfall der Nutzungswertbesteuerung H 13, H 14
- von immateriellen Wirtschaftsgütern R 14, R 31 a
- von Wirtschaftsgütern durch Wechsel der Gewinnermittlung **4 (1),** R 16 (6), R 139

Entnahmehandlung R 14 (3)

Entschädigungen
- auf Grund des Abgeordnetengesetzes 22
- für Aufgabe eines Betriebs R 131 (1, 2)
- Besteuerung bestimmter – **24, 34, 42 (4),** R 170, H 170, R 199
- steuerfreie – von Kriegsgefangenen **3**
- für den Verlust von Hausrat oder Kleidung R 189
- tarifbegünstige **34,** R 197, H 197, R 199, H 199
- steuerfreie – nach dem Wertpapierbereinigungsschlußgesetz **3**
- für Wirtschaftserschwernisse H 130 a, H 131
- für ausgeschiedene oder beschädigte Wirtschaftsgüter R 35

Entschädigungsrente nach dem LAG und RepG H 6 Nr. 7

Entstehung der Einkommensteuer **36**

Enttrümmerungsmaterial
- Wert des – als Herstellungskosten H 33 a

Entwässerungsanlagen R 41 a (1, 2)

Entwicklungshelfer-Gesetz 32 (4), R 94 (4), R 180 b, H 180 b
- steuerfreie Leistungen nach dem – **3 Nr. 61**
- Tätigkeit als Entwicklungshelfer i. S. d. – **32 (4),** R 180 b, H 180 b

Entwicklungsmaßnahmen
- **4 (8), 6 b (7, 8), 7 h, 10 f, 11 a,** *82 g*
- Bewertungsfreiheit bei – R 234

Erbauseinandersetzung H 14 (5), H 43, H 133 b, H 139, H 169, Anh. 13

Erbbaurecht
- Einkünfte aus – **20 (1), 23 (1)**
- auf Grund – errichtete Gebäude R 13, H 14, H 31 a, H 32 a, H 45

Erbe
- Abfindung weichender Erben **14 a (4),** H 133 b, H 167
- einer freiberuflich tätig gewesenen Person H 136

Erbengemeinschaft Anh. 13
- Grundstücke einer – R 13 (12), H 169

Erbensucher H 136

Erbfall
- Verpachtung nach – H 136

Erbfolge, vorweggenommene – H 136, Anh. 13

Erbschaft, unentgeltlicher Erwerb durch – H 169

Erbschaftsteuer
- als dauernde Last R 87 (2)
- als Entnahme **10 a (2)**
- nicht abziehbare Nebenleistung H 121
- Steuerermäßigung bei Belastung mit – **35,** R 4, H 213 e

1623

Stichwortverzeichnis

- Versicherung H 88

Erdgasversorgung H 157

Erfinder
- estl. Behandlung der – R 4, H 134 b, R 149, H 149, R 227 a

Erfindungen H 31 a, H 31 c, R 149

Erfüllungsrückstand R 31 c (10)

Ergänzungsbeiträge für Abwasserbeseitigung H 33 a, H 157

Ergänzungspfleger R 19

Ergebnisabführung R 115 (3)

Erhaltungsaufwand
- bei eigengenutzten Wohnungen **82 a (3)**
- bei Gebäuden R 157, H 157
- Sonderbehandlung für bestimmten – bei Baudenkmalen 4 (9), 10 f, 11 b, 51 (1), R 116 b
- Sonderbehandlung für bestimmten – in Sanierungsgebieten u. ä. 4 (8), 10 f, **11 a**, R 83 a, R 116 a, R 157 (2)
- Verteilung von größerem – bei Wohngebäuden **82 b**, R 157 (2), H 157
- Zuschüsse zur Finanzierung von – R 163

Erholungsurlaub
- Abgrenzung zur Kur H 186

Erlaß der auf ausländische Einkünfte entfallenden ESt **34 c (5)**

Ernährung, nicht abziehbare Aufwendungen für – 12, H 117

Eröffnung eines Betriebs **6 (1)**

Eröffnungsbilanz R 16, R 29, R 31, R 147

Ersatzleistungen einer Versicherung, Anrechnung von – auf außergewöhnliche Belastungen H 186

Ersatzwirtschaftsgut
- Übertragung einer Rücklage auf ein – R 35, R 41 c (5)

Ersatzwirtschaftswert R 130 a

Erschließungskosten H 31 b, H 33 a

Erstattung
- von als Betriebsausgaben abgesetzten Steuern R 20
- von Kapitalertragsteuer **44 b (1), 44 c**, H 213 f, R 213 j bis R 213 m, R 213 p
- von deutschen Abzugsteuern auf Grund von DBA – **50 d**

Erstaufforstung R 16 (3), R 131

Erstobjekt 7 b (5)

Ertragsanteil von Renten 22, **55**, R 167, H 167, R 169, R 171, H 190

Ertragszuschüsse H 31 b

Erweiterungen
- an Ein- oder Zweifamilienhaus oder Eigentumswohnung **7 b**, R 52
- von Gebäuden und Schiffen **6 b (1)**, R 41 a

Erwerb
- Abgrenzung entgeltlicher und unentgeltlicher – R 43
- entgeltlicher – eines Betriebs **6 (1), 6 (1)**
- entgeltlicher – eines immateriellen Wirtschaftsguts R 31 a, H 31 a, R 43 (1)
- unentgeltlicher – **11 d**, R 31 a, R 43, H 169
- eines unfertigen Gebäudes H 43

Erwerbsbezüge 32 d

Erwerbseinkommen 32 c, 61

Erwerbsfähigkeit, Minderung der – Grad der Behinderung 9 (4), 13 a (5), 33 b

Erwerbsgrundlage,
- Verlust der früheren – **7 e (1)**, 10 a, R 110

Erwerbstätigkeit
- Begriff der – R 195

Erwerbsunfähigkeit
- Rente wegen – (Rente wegen verminderter Erwerbsfähigkeit) R 94 (3), H 94, R 167 (6)
- völlige – **29 (6)**, R 94, R 180 d
- als Voraussetzung für die unschädliche vorzeitige Verwendung von Bausparmitteln 10 (5), **31**, R 94 (3)

Erzeugnisse, Bewertung halbfertiger und fertiger – R 36, R 38

Erzieher 3, H 6 Nr. 26, H 195

Erziehungsbeihilfen H 6 Nr. 11

Erziehungsgeld 3, H 6 Nr. 11, H 190

Europaabgeordnetengesetz 22, R 168 b

Existenzminimum 32 d, H 185 d, Anh. 14

F

Fabrikationsverfahren H 31 a

Fabrikgebäude
- Begriff der – **7 e (1)**
- Bewertungsfreiheit für – **7 e**, H 22, R 78 a

Fachkongresse R 117 a, H 117 a, H 119

Fahrkosten als Reisekosten R 119, H 119

Fahrschule H 136

Fahrstuhlanlagen
- AfA bei – H 42
- und Gebäudeherstellungskosten H 13, H 157

Fahrten zwischen Wohnung und
- Arbeits-, Betriebs-, Tätigkeitsstätte 4 (5), 9 (1, 2), R 23, H 23, R 84, H 84, R 118
- Ausbildungs-(Weiterbildungs-)stätte H 103

Stichwortverzeichnis

– Fahrtenbuch H 118

Falschbuchungen R 22 (1), H 29

Familienangehörige
– Arbeitsleistung von – in der Landwirtschaft **13 a (5)**, R 130 a, H 130 a
– als Mitunternehmer H 126, R 138 a
– als stille Gesellschafter R 138 a (1, 6)

Familienfideikommiß 22

Familiengesellschaften H 126, H 138, R 138 a

Familienheimfahrten 4 (5), 9 (1), R 23 (5), R 88
– verheirateter Wehrpflichtiger H 186

Familienleistungsausgleich ab VZ 1996 H 3, Anh. 14 a

Fassaden R 13 (3)

Fehlmaßnahme, wirtschaftliche – R 35 (2)

Feiertagsarbeit, Zuschläge für – **3 b**

Feldinventar R 41 a (1), R 131, H 131 c

FELEG R 124 a (3), Anh. 20

Ferienhäuser, Ferienwohnungen
– Nutzungswert der – H 162
– Vermietung von – R 137 (3), H 137, H 139, R 162
– Steuerbegünstigung – H 115a

Fernwärmeversorgung, Anschluß an – **82 a,** R 157 (1)

Fertigstellung
– einer Dauerkultur H 44
– Jahr der – **9 a,** H 44
– Zeitpunkt der – R 44 (1)

Fertigungskosten (Fertigungsgemeinkosten) R 33

Festlandsockel 1 (1)

Feststellung
– besondere – des nachzuversteuernden Betrags **10 a), 45 (3), 46, 47 (1)**
– von Besteuerungsgrundlagen **55 (5)**, R 41 b (11), R 133 a, R 139 (13), H 174 a, R 174 b (2)
– gesonderte – des Höchstbetrags der Steuerermäßigung bei Einkünften aus Land- und Forstwirtschaft **34 e (1)**
– gesonderte – von Verlusten nach § 34c Abs. 4 EStG H 212b
– gesonderte und einheitliche – in Fällen des § 14 a EStG R 133 a (2), R 133 c (3)
– bei Übergang zur Liebhaberei H 138, R 139
– von Verlusten **10 d (3), 15 a (4),** R 115 (3, 6, 7) H 115

Festwert
– für Gegenstände des beweglichen Anlagevermögens R 31 (3, 4), Anh. 9
– für Roh-, Hilfs- und Betriebsstoffe R 36 (5)

Feuerlöschanlagen H 13 (5), R 43 (3)

Fiktive ausländische Steuern 34 c (6), 52 (25 a)

Filialen
– Veräußerungen von – R 139 (3)

Finanz- und Kreditberater H 136

Finanzierungen unter Einsatz von Lebensversicherungsansprüchen – 10 (2), H 88, Anh. 22

Finanzierungskosten
– als Anschaffungs-/Herstellungskosten R 33 (7)
– als Werbungskosten abgezogene – H 161

Firmenwert 7 (1)
– Absetzung des – **7 (1)**, H 31 a, H 32, Anh. 9
– bei Entnahmen R 13 a (1), R 14 (4)
– verdeckte Einlage H 14 (1), H 31 a

Fischerei, Aufwendungen für – **4 (5),** H 22

Fischzucht 13 (1)

Flächenstillegungsprämie H 31 b, H 128

Flachpaletten als GWG R 40 (1), H 40

Flaggenrecht R 41 a (4)

Flaschen
– Einsammeln und Verwerten leerer – H 168 a
– selbständig nutzungsfähige Wirtschaftsgüter H 40

Flüchtlingshilfegesetz 3 Nr. 7, H 6 Nr. 7

Flugzeug, Aufwendungen für – R 21 (12)

Folgeobjekt 7 b (5), 10 e (4)

Fondsgebundene Lebensversicherung 10 (1)

Fördergebietsgesetz Anh. 15

Forderungsverzicht
– eines Gesellschafters H 35 a

Förderungswürdigkeit
– volkswirtschaftlich besondere – des Erwerbs (der Veräußerung) von Anteilen an Kapitalgesellschaften **6 b (1)**

Forschungsinvestitionen 51 (1), R 234

Forstschäden-Ausgleichsgesetz R 128 a, R 209 (3), R 212 (4), Anh. 20

Forstwirtschaft 2 a, 13, 13 a, 34 b, 34 d, *51, 68,* R 124 a (3), R 128 a, R 130 a, R 204 bis R 212

Fortbildungskongresse R 117 a, H 117 a

Fortbildungsstipendium H 6 Nr. 44

Fortführung der Buchwerte bei Überführung eines Wirtschaftsguts von einem Betrieb in einen anderen R 14 (2), H 14, R 15, R 41 c (6), R 127 (6)

Fotomodelle H 136

Freianteile H 154

Stichwortverzeichnis

Freiberufliche Tätigkeit 18 (1), H 136, H 143, R 147, H 147, H 171

Freibetrag
- für Abfindung weichender Erben **14 a (4),** R 133 b, H 133 b
- für Land- und Forstwirte **13 (3),** R 3, R 124, H 124, R 133 b, H 133 b, R 133 c
- für Schuldentilgung in der Landwirtschaft **14 a (5),** R 133 c, H 133 c
- für Veräußerungsgewinne **14, 14 a, 16 (4), 17 (3),** R 133 a, H 133 a, R 139, H 139
- für Vertriebene u. a. nach § 33 a EStG 1953 **52 (25)**
- für weichende Erben in der Landwirtschaft R 133 b, H 133 b

Freibleibender Betrag bei veranlagten Einkünften aus nichtselbständiger Arbeit **46 (3), 70,** R 3, H 217

Freie Berufe
- Betriebsvermögensvergleich bei Angehörigen eines – H 142

Freigrenze für Geschenke R 22, R 86

Freigrenze bei der Besteuerung
- von Leistungen **22,** R 168 a
- von Spekulationsgeschäften **23,** R 169 (3)

Freistellung von deutschen Abzugsteuern auf Grund von DBA **50 d,** H 1, H 2, H 227 e
- von deutscher Kapitalertragsteuer auf Grund der Mutter-/Tochter-Richtlinie **44 d, 50 d,** H 227 e

Freistellungsauftrag 44 a (2), 44 b (1, 4), 45 d, 51 (4), R 213 k, R 213 l, R 213 o, Anh. 36

Freistellungsbescheid H 111

Freistellungsverfahren 44 d, 50 d, R 213 q, H 227 e

Freiveranlagung bei getrennter Veranlagung von Ehegatten R 172

Freiwilliges soziales Jahr 32 (4), R 180 c, H 180 c

Fremdenverkehr in ausl. Betriebsstätte **2 a (2)**

Fremdenzimmervermietung R 137 (3)

Fremdvergleich R 19, H 26, H 162 a

Friedhofsgärtnerei R 135

Frisch- oder Trockenzellenbehandlung R 188 (1)

Frist
- für den Antrag auf Veranlagung **46 (2)**
- für den Antrag auf Vergütung von Körperschaftsteuer **36 b (4), 36 c (4)**
- für die Auflösung einer Rücklage **6 b (3), 74 (5),** R 35 (6), R 41 d
- für die Zugehörigkeit von Wirtschaftsgütern zum Anlagevermögen **6 b (4),** R 41 c

Führerscheinkosten H 103

Fuhrleistungen R 135 (4)

Fulbright-Abkommen 3, H 6 Nr. 42

Fürsorgefonds der Ärztekammern R 144

Fußgängerzone H 33 a

Fußpfleger, medizinische – H 136

Futterbauanteil 8 c

G

Ganztagspflegestelle H 195

Garagen
- als Wohnzwecken dienende Räume **7 b (4), 82 b (1),** R 42 a (3)
- AfA von – R 42 a (2)

Garantierückstellungen H 31 c

Gartenanlagen H 135
- bei Wohngebäuden R 157

Gartenbau 13 (1), 13 a (4, 8), R 111, R 128, H 135

Gärtnerei mit Grabpflege H 135

Gästehäuser
- Aufwendungen für – **4 (5),** R 21, R 22, H 134 b

Gaststätte
- Begriff der – R 137
- Einbauten in – R 13
- Bewirtungskosten R 21, Anh. 16
- Kosten der Lebensführung H 117

Gebäude
- Abbruch von – R 33 a, R 41 b, H 44, R 157
- Abgrenzung von Betriebsvorrichtungen R 42, H 42
- AfA bei – **7, 7, 10, 10 a, 11 c,** R 42 a, R 44, R 45, Anl. 3
- Anbau, Aufstockung eines – H 13, R 41 c, H 43, H 44, H 157
- Ausbau eines – R 41 b
- Begriff des – R 42 (5)
- Erhaltungs- und Herstellungsaufwand bei – H 157
- Erweiterung eines – R 41 b, R 41 c
- Erwerb eines nicht fertiggestellten – R 43, H 44
- auf fremdem Grund und Boden R 42
- Herstellungskosten eines – H 33 a
- Umbau eines – R 41 b, R 41 c, H 42, H 43, H 44, H 157
- Veräußerung betrieblicher – **6 b, 6 c**

Gebäudeteile
- AfA von – **7 (5 a),** R 42, R 44
- als selbständige Wirtschaftsgüter H 13, R 42, H 44, R 157, H 157
- Aufteilung der Anschaffungs-/Herstellungskosten H 13

Gebrauchsmuster H 31 a

Stichwortverzeichnis

Gebrauchsmustergesetz *73 a (3)*

Geburtsbeihilfen
– Steuerfreiheit der – **3**, H 6

Gegenwert
– Berücksichtigung des – bei § 33, H 186

Gehalt
– steuerfreies – von diplomatischen und konsularischen Vertretern **3**, H 6

Geh- und Stehbehinderung H 188, Anh. 3

Geil und Gare R 131

Geldbeschaffungskosten R 33

Geldbußen 4 (5), R 24, H 120

Geldleistungen
– steuerfreie – nach RVO, AVG, Reichsknappschaftsgesetz, Gesetz über eine Altershilfe für Landwirte **3**

Geldstrafen 12, H 24, R 120

Gema *73 f*

Gemeiner Wert R 35
– von Vermögensbeteiligungen **19 a (6)**
– Ansatz von Wirtschaftsgütern mit dem – R 31 a, R 32 a, H 39, R 43, R 130 a
– von als Spenden zugewendeten Wirtschaftsgütern **10 b (1),** H 111
– von Wirtschaftsgütern bei Auseinandersetzung von Mitunternehmern **16 (3),** H 139

Gemeinkosten R 32 a, R 33, R 38, R 86

Gemeinnützige Zwecke 10 b, *48,* H 6, H 13, H 104, R 111, R 120, H 180, R 213 b, Anl. 7

Gemüsebau 13 (1), *55 (2),* R 130 a, R 213

Generalagent R 134

Generalüberholung
– Dauer der Zugehörigkeit eines Wirtschaftsguts zum Betriebsvermögen bei – R 41 c (2)
– Nutzungsdauer eines Wirtschaftsguts nach – R 41 a (3)

Genossenschaftsanteile R 16 (3), R 213 m

Genußscheine 19 a, 20 (1)

Geringstland 13 a (4), *55 (2),* R 124 a (3), R 130 a

Geringwertige Wirtschaftsgüter
– Aufnahme von – in besonderes Verzeichnis **6 (2),** R 31 (1)
– Bewertungsfreiheit für – **6 (2),** R 40, H 40
– Umsatzsteuer und 800-DM-Grenze bei – R 86 (5)

Gerüst- und Schalungsteile H 40

Gesamtbetrag der Einkünfte 2 (3), 10 b, R 3, R 115, H 185, H 198, H 212 b, H 213, R 227

Gesamtgut H 174 a

Gesamthandsvermögen H 13, H 14, H 41 b, H 138, R 138 d, H 109

Geschäftsgang R 119 (1, 4)

Geschäftsreise, R 21, R 22, R 23
– Begriff der – R 119 (1)

Geschäftswert, s. Firmenwert

Geschenke R 21, R 22, R 33, R 86

Geschmacksmustergesetz *73 a (3)*

Gesellschaft, stille –
– eines Arbeitnehmers **19 a (3)**
– atypisch – H 138, R 138 a (5)
– Einkünfte aus – **2, 15 a (5), 20 (1),** H 154
– von Familienangehörigen R 138 a (5)
– als Mitunternehmer H 138
– typische R 138 a
– Zufluß H 116

Gesellschaften bürgerlichen Rechts
– zwischen Eltern und Kindern in der Land- und Forstwirtschaft H 126
– zwischen Familienangehörigen R 138 a
– zwischen Freiberuflern H 136
– Haftung von Gesellschaftern einer – **15 (5)**
– Verlustausgleich /-abzug R 138 d
– Wesentliche Beteiligung R 140

Gesellschafter-Geschäftsführer
– beherrschender Einfluß H 213
– Direktversicherung H 26
– Pensionszusage R 41, H 41
– selbständige Nebentätigkeit H 134

Gesellschaftsverträge zwischen Angehörigen H 126, R 138 a

Gesetz
– über die Ablösung öffentlicher Anleihen **3**
– über eine Altershilfe für Landwirte **3 Nr. 1, 17**
– über Bergmannsprämien **3 Nr. 46**
– über den Bundesgrenzschutz H 194
– über die Entschädigung ehemaliger deutscher Kriegsgefangener **3 Nr. 19**
– über die Entschädigung für Opfer von Gewalttaten H 194
– zur Förderung der Einstellung der landwirtschaftlichen Erwerbstätigkeit **3 Nr. 27, 13 (2)**
– über Hilfsmaßnahmen für Deutsche aus der sowjetischen Besatzungszone und Berlin (Ost) **3**
– zur wirtschaftlichen Sicherung der Krankenhäuser und zur Regelung der Krankenhauspflegesätze R 82
– über die Krankenversicherung der Landwirte **3 Nr. 1**
– zur Einführung eines Mutterschaftsurlaubs **3**
– über Ordnungswidrigkeiten R 24
– zur Regelung der Rechtsverhältnisse der unter Artikel 131 GG fallenden Personen H 194
– zur Einführung eines freiwilligen sozialen Jahres **32 (4),** R 180 c
– über Titel, Orden und Ehrenzeichen **3 Nr. 22**

1627

Stichwortverzeichnis

- über die Unterhaltsbeihilfe für Angehörige von Kriegsgefangenen H 194
- zur Verbesserung der betrieblichen Altersversorgung R 27, R 27 a, R 41
- über den Versicherungsvertrag R 26 (2)
- gegen Wettbewerbsbeschränkungen R 24
- über das Zivilschutzkorps H 194

Gesetzwidrige Geschäfte R 21

Getreideheber
- schwimmende – R 41 a (4)

Getrennte Veranlagung von Ehegatten 26, 26 a, *61, 62 c (1), 62 d (2),* H 115, H 133 a, R 172, R 174 (3), R 174 a, H 182

Getrenntleben
- dauerndes – von Ehegatten 26 (1), R 174, H 186

Gewerbebetrieb 2 (1), 2 a, **15, 34 d**
- Abgrenzung des – gegenüber der Land- und Forstwirtschaft R 135
- Abgrenzung des – gegenüber der nichtselbständigen Arbeit R 134
- Abgrenzung des – gegenüber der selbständigen Arbeit H 136
- Abgrenzung des – gegenüber der Vermögensverwaltung R 137, Anh. 17
- Tierzucht und Tierhaltung als – **15 (4),** R 20, R 33, R 124 a, R 138 a, R 138 c

Gewerbekapital, Maßgeblichkeit für Sonderabschreibungen **7 g,** R 83

Gewerbesteuer 32 c, H 15, R 20, R 33 (6), R 83, H 139

Gewerbetreibender R 12 (2), H 13, R 20, R 23, R 35, R 83, H 117 a, H 119, R 134, H 134, H 136, H 138 c, H 171, H 22

Gewillkürtes Betriebsvermögen, s. Betriebsvermögen

Gewinn
- aus Aufgabe oder Veräußerung eines Betriebs **14, 14 a, 16,** R 17, R 131, R 139, H 197, R 213, H 213, H 213 e
- Einkünfte **2 (2)**
- bei Entnahme eines Wirtschaftsguts H 14
- bei Erbfolgeregelungen Anh. 13
- Freibetrag für – aus Veräußerung **14, 14 a, 16 (4), 17 (3), 18 (3),** R 133 a, R 139, R 197
- nicht entnommener – **10 a, *45 bis 47,*** H 109 a, R 110
- aus der Veräußerung bestimmter betrieblicher Anlagegüter **6 b, 6 c,** R 41 a, R 41 d
- aus Veräußerung (Aufgabe) des der selbständigen Arbeit dienenden Vermögens **18 (3),** R 147, H 147
- Zuordnung von – bei abweichendem Wirtschaftsjahr **4 a,** H 4, H 25

Gewinnanteile
- ausgezahlte oder gutgeschriebene – bei Versicherungen H 88

Gewinnaufteilung bei vom Kj. abweichendem Wj. **4 a (2),** R 25, H 25

Gewinnausschüttungen
- verdeckte – **20 (1)**
- Wertminderung von Anteilen durch – **50 c,** R 227 d

Gewinnbegriff im allgemeinen **4**

Gewinnermittlung
- durch Betriebsvermögensvergleich **4 (1), 6 b (4), *6,*** R 12, R 13, H 13, R 16, R 17, H 31 c, R 35 (5), R 45 (4), R 110, R 127, H 138, H 139, H 212
- nach Durchschnittssätzen **13 a, *52, 78,*** R 16, H 35, H 41 b, R 41 d, R 43, H 44, R 125, R 127, R 130 a, R 131, R 231
- bei forstwirtschaftlichen Betrieben H 51, R 212
- bei Gewerbetreibenden R 12 (3), R 28
- in der Land- und Forstwirtschaft ***76 (1),*** R 127, R 212
- bei Neugründung in der Land- und Forstwirtschaft H 127
- bei beschränkt steuerpflichtigen Schiffahrt- und Luftfahrtunternehmen **49 (3)**
- durch Überschußrechnungen **4 (3), *7 (3),*** R 16, H 16, R 17, H 35, R 41 d, R 127, R 212
- bei Vollkaufleuten und bestimmten anderen Gewerbetreibenden **5 (1), 6 b (4),** R 12, R 28
- bei abweichendem Wirtschaftsjahr **4 a,** R 25

Gewinnermittlungsart
- Zugehörigkeit von Wirtschaftsgütern zum Betriebsvermögen bei Wechsel der – H 13, R 16 (6)
- Wechsel der – **4 (1),** R 12 (2), R 17, H 17, H 41 b, H 42 d, R 127, H 213, Anl. 1

Gewinnermittlungszeitraum 4 a (1)

Gewinnerzielungsabsicht 15 (2), R 134 b, H 134 b, R 134 c, H 136, R 137 (9), H 138, H 149

Gewinnschätzung R 12 (2), H 16, R 17, H 35, R 41 b, R 127

Gewinnverteilung bei Gesellschaften H 138, R 138 a (5)

Gewinnzuschlag 6 b (6), R 41 b (6)

Gleichstellungsleistungen Anh. 13

GmbH & Co. KG H 41

GoBS H 29, Anh. 10

GoS R 29

Grabpflege durch Gärtnerei H 135

Gratifikationen 19 (1), H 38

Grenzschutzdienstleistende R 180 b, H 194

Grünanlagen H 33 a, R 135, R 157 (6)

Grundbetrag 13 a, 21 a, R 130 a

Grundbuchaufzeichnungen R 29

Grundbuchordnung 55 (2)

Grundhöchstbetrag für Vorsorgeaufwendungen **10 (3)**

Grundlage
- wesentliche – eines Betriebs oder Teilbetriebs H 139

Grundlagenforschung 51 (1), R 234

Grund und Boden
- Anlagen im – R 41 a (2), R 41 d (1)
- Ansatz des – auf Grund Neuregelung der Bodengewinnbesteuerung **55,** R 16 (3)
- Anschaffungskosten des – R 33 a (3), H 33 a, H 43, R 45
- Aufwendungen für – bei Überschußrechnung R 17 (1)
- Aufwuchs auf – R 41 a (2), R 41 b (1), R 41 d (1)
- Begriff des – R 41 a (1)
- Bewertung von – **6 (1)**
- Einlage von – **55 (7)**
- Entnahme von – H 14
- Erfassung von Gebäude-Abbruchkosten beim – R 33 a (2)
- Gebäude auf fremdem – H 13, R 42
- bei Übergang zum Betriebsvermögensvergleich R 17 (1)
- Veräußerung von – des Betriebsvermögens **6 b, 13 a (8), 14 a (2, 4),** R 41 a, R 41 b, R 41 d, R 133 c
- zur Wohnung eines Land- und Forstwirts gehörender – H 133 a

Grundsteuer H 86 b, R 130 a, R 209

Grundstücke (Grundstücksteile)
- des Anlagevermögens R 32
- Ausweis von – in Buchführung R 13, H 13
- Betriebseinnahmen und Betriebsausgaben bei betrieblichen – R 18 (2)
- eigenbetrieblich genutzte – H 13, R 18
- Einheitsbewertung von – ohne Bindung für einkommensteuerliche Behandlung R 13
- Entnahme von – durch Nutzungsänderung H 14
- einer Erbengemeinschaft H 13
- Handel mit – R 134 a, H 137, H 139, Anh. 17
- Herstellungskosten bei – R 33 a
- als Kreditsicherungsgrundlage R 13 (1)
- als notwendiges Betriebsvermögen R 13
- Parzellierung von – R 32 (2)
- bei einer Personengesellschaft H 13
- Verkauf von – durch Landwirt H 135
- von untergeordnetem Wert H 13
- Zugehörigkeit von – zum Betriebsvermögen H 13
- Zugehörigkeit von – zum gewillkürten Betriebsvermögen H 13
- Zugehörigkeit von – zum Privatvermögen H 13

- Zugehörigkeit von – zum Sonderbetriebsvermögen H 13

Grundstücksgemeinschaft, gewerbliche Tätigkeit einer – R 138 (5)

Grundtabelle, Einkommensteuer – **32 a (4)**

Grundwehrdienst 32 (4), H 6 Nr. 5, R 180 b, R 191, H 192 a

Gruppenbewertung R 36 (4), R 125, R 125 a

Gutachter H 136

Güterfernverkehrkonzession H 31 a

Gütergemeinschaft H 13 (12), H 126, H 138, H 138a, H 174 a
- fortgesetzte – **28**
- Sonderbetriebsvermögen bei ehelicher – H 13 (12)

Güternah- und Güterfernverkehr als Teilbetriebe H 139

Güterstand
- ehelicher – H 174 a, H 186
- im Beitrittsgebiet H 19, H 174 a, Anh. 6

Gütertrennung H 174 a

Gutschrift R 14, H 16, H 27 a, H 38, H 88, R 138 a, H 153, R 233 a

H

Habilitation
- Aufwendungen für die Fertigung einer – Schrift H 103
- Beihilfen für die Fertigung einer – Schrift H 6 Nr. 11

Häftlingshilfegesetz H 194
- steuerfreie Leistungen nach dem – **3** Nr. 23

Haftpflichtversicherung
- Beiträge zur – als Vorsorgeaufwendungen **10 (1),** R 88

Haftung
- beschränkte – von Kommanditisten **15 a,** R 138 d
- für Lohnsteuer **42 d**
- des Sammelantragstellers H 213 m
- für übernommene Schulden R 139 (10)
- für Steuerabzugsbeträge **73 g**
- des Vertreters des Anteilseigners für die zurückzuzahlende Vergütung von Körperschaftsteuer **36 c (3)**

Haftungsminderung 15 a, R 138 d

Handelsbilanz
- Maßgeblichkeit der – **5 (1),** R 41 (1, 22)

Handelsbilanzgewinn
- Abweichung vom Steuerbilanzgewinn H 138

Stichwortverzeichnis

Handelschemiker 18 (1)

Handelsgesetzbuch, Anh. 10

Handelsrechtliche Grundsätze ordnungsmäßiger Buchführung R 29 (2)

Handelsrechtliche Rechnungslegungsvorschriften R 29 (1)

Handelsregister
- Eintragung von Gewerbetreibenden im – H 28
- Eintragung der Kommanditeinlage im – **15 a,** R 138 (6), R 138 d (3)
- Gewinnermittlung bei im – eingetragenen Gewerbetreibenden **4 a**

Handelsschiffe im internationalen Verkehr **34 c (4)**

Handelsvertreter
- Ausgleichsanspruch eines – **24,** H 31 c, R 41 (18), H 139 (9), H 170
- Betriebsaufgabe eines – H 139 (2)
- Pensionszusage an – R 41 (18)
- Selbständigkeit oder Unselbständigkeit eines – R 134 (2, 3), H 134
- als ständiger Vertreter eines ausländischen Unternehmens R 222 (1)

Handwerksmeister
- nebenberufliche Lehrtätigkeit eines – H 146

Hängeeinrichtungen 76, 78

Härteausgleich 46 (3, 5), **70,** R 3, H 217

Härtefonds
- Leistungen aus dem – H 6 Nr. 7

Hauptabschlußübersicht *60 (1)*

Hauptentschädigung nach dem LAG H 6

Hausgehilfin, s. Hilfe im Haushalt

Hausgewerbetreibende R 134 (4), H 134

Haushaltsersparnis
- bei Geschäftsreisen R 119 (2)
- bei Heimunterbringung R 187 (1), H 187
- bei Krankenhausunterbringung H 188
- bei Kuren R 188 (3)

Haushaltsfreibetrag 2 (5), 32 (7), R 3, H 174 c, H 181 a, R 182, H 182, R 197 (1)

Haushaltsführung
- doppelte – **3, 9 (1),** R 22 (1), R 23 (4), H 84, H 103, Anh. 1
- doppelte –, Anwendung § 10 e EStG H 115 a
- nicht abziehbare Aufwendungen für – **12**

Haushaltsgeräte, Aufwendungen für die Anschaffung von – H 186

Haushaltshilfe, s. Hilfe im Haushalt

Haushaltszugehörigkeit von Kindern **32 (7), 34 f,** R 177 (1), H 182, R 191 (3), H 191, R 195 (3), R 213 a (3), H 213 a

Hausrat, Wiederbeschaffung von – R 189, H 189

Hausratversicherung H 88

Hausverwalter H 136

Hauswirtschaftliche Beschäftigungsverhältnisse 10 (1)

Havariesachverständige H 136

Hebamme H 136

Hebeschiffe R 41 a (4)

Heilberufe H 136

Heileurhythmist H 136

Heilfürsorge, Steuerfreiheit der – **3**

Heilkur R 188 (1), H 194

Heilmasseur H 136

Heilpraktiker 18 (1), H 136
- Verordnungen eines – R 188 (1)

Heil- und Pflegeanstalt
- Aufwendungen für Unterbringung in – H 186, R 187, H 190

Heim H 192

Heimarbeiter H 84, R 134 (4), H 134

Heimarbeitsgesetz R 134 (4), H 134

Heimatvertriebene 7 e, 10 a, *13*

Heimgesetz H 92, H 192

Heimunterbringung 33 a (3), R 187, H 190

Heiratsbeihilfen
- Steuerfreiheit der – **3,** H 6 Nr. 15

Heizungsanlagen
- AfA von – *82 a*
- Anschluß, Ergänzung, Umstellung von – H 92, R 157 (1), H 157
- als Erhaltungsaufwand R 157 (1), H 157
- als Gebäudeteil H 13 (5)

Hektarwert 13 a (4), R 130 a (1)

Hellseher H 136

Herstellung
- Beginn der – von Gebäuden R 44 (1)
- von Gebäuden und Schiffen (Gleichstellung mit Erweiterung, Ausbau und Umbau) **6 b (1),** R 41 b (2), R 41 c (3)
- Zeitpunkt/Jahr der – *9 a,* R 31 (5), R 44 (1)

Herrschaftsgewalt R 41 a (7)

Herstellungskosten (Herstellungsaufwand) R 33
- Abzug des Gewinns aus Veräußerung bestimmter Anlagegüter bei den – anderer Wirtschaftsgüter **6 b, 6 c**
- Bemessung der AfA bei nachträglichen – R 45 (3)

Stichwortverzeichnis

- innerhalb und nach Ablauf des Begünstigungszeitraums für Sonderabschreibungen **7 a,** R 45 (9)
- Berücksichtigung von Zuschüssen – R 34, R 163
- Bewertung mit den – **6 (2),** R 33, R 34, R 36, R 39
- bei Einlage von Wirtschaftsgütern R 39
- bei Gebäuden R 33 a, H 33a, R 43, R 157
- Höchstbetrag der – für erhöhte Absetzungen bei Wohngebäuden **7 b**
- von Mineralprodukten H 33
- Minderung der – R 45 (4)
- nachträgliche – bei Gebäuden **7 b (3), 82 a,** R 43 (4), R 44 (11), R 45
- Steuern als – R 33 (6)
- von Vieh R 125, R 125 a
- eines Waldes R 128 a, R 212 (1)
- eines Wirtschaftsguts bei Abzug einer Rücklage **6 b (5), 6 c**
- Zurechnung von Umsatzsteuern zu den – **9 b,** R 86
- Zuschüsse zu – R 43 (4), R 45 (4)

Hilfe im Haushalt
- Aufwendungen für eine – **33 a (3),** H 186, R 192, H 192, H 192 a, H 194, H 195

Hilflosigkeit
- ständige – **10 (1), 33 b (6),** R 192 (2), H 194

Hilfsbedürftigkeit
- Begriff der – H 6 Nr. 11

Hilfsmittel, medizinisch-technische H 117, H 188

Hilfsstoffe
- Bewertung der – R 36
- Zuordnung zum Umlaufvermögen R 32 (3)

Hilfswerk für behinderte Kinder
- steuerfreie Leistungen nach dem Gesetz über Errichtung einer Stiftung – H 7

Hilfswert H 17, R 83 (1), H 83

Hinterbliebene R 3, H 6 Nr. 6
- Pauschbeträge für – **33 b (4), 65,** R 174 a (2), R 194, H 194

Hinterbliebenenbezüge 19 (2)

Hinterbliebenen-Pauschbetrag 33 b (4), 65, R 174 a (2), R 194, H 194

Hinterbliebenenrenten H 167

Hinterziehungszinsen H 121

Hinzurechnungsbetrag
- nach dem Auslandsinvestitionsgesetz R 3
- bei Wechsel der Gewinnermittlungsart R 17 (2), R 115 (4)

Höchstbetragsgemeinschaft 10 (4), R 95, H 95

Hochwasserschäden an Hausrat oder Kleidung R 189

Hofbefestigungen R 41 a (2), H 42

Höfeordnung H 133 b

Hofübergabeverträge R 133 b, H 133 b, H 167

Höhere Gewalt
- Ausscheiden eines Wirtschaftsguts infolge – R 35, R 41 a (7), R 41 c (5), H 83
- Holznutzungen infolge – **34 b,** R 205, R 206, H 206, R 208, H 208, R 209, H 209, R 211 (2), R 212

Hörapparat H 117

Holz
- stehendes – R 41 a (1), H 133 c
- Veräußerung von stehendem – R 131 (4)

Holznutzungen
- außerordentliche – **34 b, 68,** R 204 bis R 212, H 204, H 205, H 206, H 209
- nachgeholte – **34 b (1),** R 205, H 205
- infolge höherer Gewalt **34 b (1),** R 206, H 206
- Zusammentreffen verschiedener – R 208, H 208

Honorarforderungen
- Aktivierung von – R 31 a (3)
- Sicherung von – durch Darlehensgewährung H 13 (1), H 143
- Steuerermäßigung bei Belastung von – mit ErbSt **35,** H 213 e

Hopfenbau 55 (2), R 213 (6)

Hundezucht H 135

Hutungen R 124 a (3)

I

Immaterielle Wirtschaftsgüter 5 (2), R 14 (1, 4), H 14 (1), H 17, R 31 a, H 31 a, R 32 (1), R 42 (1), H 42

Immissionsschäden an Waldbeständen H 206

Immobilienfonds H 161, Anh. 30

Immobilien-Leasing H 31 b, Anh. 21

Importwaren, Bewertungsabschlag für – **51 (1), 80,** R 30 (3), R 36 a (7), H 139, R 233 a, H 233 a

Industriepropagandisten H 136

Ingenieur 18 (1), H 136

Inhaberklausel R 41 (6)

Inland 1, 7 (5), 7 b, 7 d (2), 7 f, 10 (2), 10 e, 49, R 1, H 6 Nr. 24, R 12 (4), R 23 (4), R 77, R 83 (5), H 87 a, H 92, R 94 (6), H 117 a, H 119 (2, 3), H 149, R 166, H 174, R 178, R 190 (3, 5), R 192 (1), H 212 b, R 213 h (2), R 222, H 222, R 222 a, H 222 a, R 223 (1), R 227 a, R 227 d (3), H 227 d

Insolvenzsicherung
- steuerfreie Beiträge zur – **3,** H 6 Nr. 65
- einer Pensionsverpflichtung R 41 (26)

1631

Stichwortverzeichnis

Instandhaltung, s. auch Erhaltungsaufwand
- Rückstellung für unterlassene – R 31 c (12)
- Zinsen aus Rücklagen für – R 161 (2)

Instandsetzung, s. Erhaltungsaufwand

Instrumentarium eines Arztes als GWG H 40

Internat H 136, R 195 (4)

Inventar
- Aufbewahrungsfrist R 29 (7)
- Aufstellung eines – am Bilanzstichtag R 30
- Veräußerung von lebendem Inventar bei Betriebsumstellung der Land- und Forstwirtschaft 6 b

Inventur R 30 (1), R 31 (4), R 41 (20)
- Büro H 136
- permanente – R 30 (2)
- zeitverschobene – R 30 (3)

Investitionszulage
- keine Minderung der Anschaffungs- und Herstellungskosten um – H 34
- Steuerfreiheit der – nach dem BerlinFG und InvZulG H 7

Investitionszulagengesetz H 7, R 34 (4), H 83, Anh. 18

Investmentgesetze Anh. 19

J

Jacht
- Aufwendungen für eine – 4 (5), H 21, R 22 (1)

Jagd
- Aufwendungen für eine – 4 (5), R 22 (1)
- Einkünfte aus – 13 (1)

Jahresabschluß
- Aufstellungsfrist R 29 (2)
- Kosten für – R 38 (5)

Jahresessen H 117

Journalisten 18 (1), 50 a (4), H 143

Jubiläumszuwendungen
- ermäßigter Steuersatz für steuerpflichtige – R 200 (2), H 200
- Rückstellung für – 5 (4), H 31 c, H 38, Anh. 9
- Steuerfreiheit der – H 6 Nr. 52

Jugendamt
- Erziehungsbeiträge des – an Pflegeeltern H 6 Nr. 11, R 177 (4)

Jugendgerichtsgesetz H 120

K

Kabelschiffe R 41 a (4)

Kahlschlag H 212

Kalamitätsfolgehiebe H 206

Kalamitätsnutzungen 34 b (1), R 206

Kanalbaubeiträge H 33 a

Kanalgebühren für Kanalanstich und Kanalanschluß H 31 b, H 33 a, H 157

Kanalisationsanlage, Anschluß an – H 31 b, H 33 a

Kapazitätsausnutzung
- Schwankungen in der – R 33 (8)

Kapitalabfindung
- einer Rente H 167
- Steuerfreiheit der – auf Grund gesetzl. Rentenversicherung, Knappschaftsversicherung, Beamten-Gesetze 3, H 6 Nr. 3
- von Unterhaltsverpflichtungen H 190

Kapitalbeteiligungen von Arbeitnehmern 19 a

Kapitalerhöhung H 154

Kapitalerträge bei beschränkter Steuerpflicht 49 (1)
- Zufluß H 116

Kapitalertragsteuer 36 (3), 43 bis 45 d, 50 b, H 121, R 154 (2), H 213 f, R 213 g, R 213 j, R 213 k
- Abstandnahme vom – Abzug 44 a, R 213 o
- Erstattung von – 44 b (1), 44 c, R 213 j bis R 213 m, H 213 m, H 213 p

Kapitalgesellschaft
- Anteile an – R 41 a (5)
- Anteile an – als Sonderbetriebsvermögen H 13 (2)
- Auflösung und Abwicklung einer – R 41 a (7), R 140, H 140, R 227 d, H 227 d
- Gewinn aus der Veräußerung von Anteilen an einer – 6 b, R 41 a (7), H 169, H 223
- Liquidation einer – H 139 (3)
- Veräußerung von Beteiligungen an – 16 (1), 17, R 139 (3), H 139, R 140
- Verlust von Beteiligungen an – H 16

Kapitalherabsetzung 50 c (2), R 140 (8), H 140, R 154 (1), R 227 d (4), H 227 d
- Rückzahlung aus – H 32 a

Kapitalkonto, negatives – 15 a, R 134 b (3), H 138, R 138 d, H 138 d, Anh. 29

Kapitalvermögen, Einkünfte aus – 2 (1), 20, 34 d, 49 (1), R 85, H 88, R 138 (7), R 153, H 153, R 154, H 154, R 156, H 156, R 161 (2), R 213 g (1)

Kapitalversicherung 10 (1), R 26 (1), H 26, R 154 (3)

Kassenärztliche Vereinigung, Zufluß Arzthonorar H 116

Kasseneinnahmen bei Einzelhändlern R 29 (3)

Kassettendecken H 33 a

Stichwortverzeichnis

Katalogberufe 18 (1) Nr. 1, R 136

Kaufangebot
– Entgelt für die Abgabe eines zeitlich befristeten
– H 168 a

Kaufeigenheime 7 b (7), 21 a (6), H 168 a, Anl. 3, Anh. 4

Kaufeigentumswohnungen 7 b (7), Anh. 4

Kaufkraftausgleich
– steuerfreier – **3,** H 6 Nr. 64

Kaufkraftzuschläge H 6 Nr. 64

Kaufpreisforderung, uneinbringliche – R 16 (5), R 139 (10)

Kaufpreisraten R 16 (5), R 139 (11), R 165 (1)

Kaufvertrag
– Maßgeblichkeit des Abschlusses des – **21 a (6)**

Kellerräume R 42 a (3)

Kennzeichnung von Werbeträgern R 21 (2)

Kiesgruben H 135

Kilometer-Pauschbeträge für Fahrten zwischen Wohnung und Betrieb R 23

Kinder
– ohne Ausbildungsplatz **32 (4),** R 180 a, H 180 a, R 190 (6)
– auswärtige Unterbringung von – **33 a (2),** H 188, R 191 (3)
– Begriff der – **32 (1–5),** H 176, R 178
– in Berufsausbildung **32 (4),** R 180 bis R 180 b, H 191
– deren Berufsausbildung durch bestimmte Dienste unterbrochen worden ist **32 (4),** R 180 b, R 180 c
– Betreuung von – **33 c,** H 174 c, R 186 (2), R 195, H 195
– die ein freiwilliges soziales Jahr leisten **32 (4),** R 180 c
– im ersten Grad verwandt H 176
– die zum Haushalt gehören **34 f,** R 213 a (6)
– Behinderung von – **32 (4, 5),** R 180 (2), H 180 d, H 194
– Mitarbeit von – im elterlichen Betrieb R 19 (3), H 19, H 126
– Voraussetzungen für die Berücksichtigung von – **32 (2, 3),** H 176, R 178
– Zuordnung der – bei Eltern **32 (7),** R 182

Kinderbetreuungskosten 33 c, H 117, H 174 c, R 186 (2), R 195, H 195

Kindererholungsheim H 136

Kindererziehungsleistungen R 6

Kindererziehungsleistungs-Gesetz 3 Nr. 67

Kindererziehungszuschlagsgesetz 3 Nr. 67

Kinderfreibetrag 2 (5), 32 (6), R 3, R 181, R 181 a, H 181 a, H 182, H 186, R 188 (5), R 190 (6), H 190, R 213 a (6), H 213 a

Kindergärten
– Spenden an – H 104 (Spendenabzug)

Kindergeld 3 Nr. 24, R 6, R 181 a (6, 7), R 180 d (4), H 186, R 190 (1)

Kinderkur, s. Kur

Kinderzuschüsse aus der gesetzlichen Rentenversicherung **3 Nr. 24,** R 6

Kirchensteuer als Sonderausgabe **10 (1),** H 86 a, R 101, H 101

Kirchgeld H 101

Kirchengemeinde
– im Ausland H 102
– Beiträge an – im Ausland H 102

Kirchliche Zwecke 10 b, *48, 50,* R 111

Kläranlage H 31 a, H 157

Kleidung
– Arbeits- und Berufs- H 6 Nr. 31
– nicht abziehbare Aufwendungen für – **12,** H 117, H 119
– als Sachspende H 111
– Trauer- H 188
– Wiederbeschaffung von – R 189, H 189, H 190

Klimaanlagen H 42

Know-how H 31 a, H 223 (2)

Kohlen- und Erzbergbau
– Bewertungsfreiheit für bestimmte Wirtschaftsgüter im – **51 (1), *81***

Kommanditanteil
– Übertragung unter dem Buchwert des Anteils H 39
– treuhänderische Verwaltung durch Testamentsvollstreckung H 138 (3)

Kommanditgesellschaft
– freie Berufstätigkeit im Rahmen einer – **15 (1),** H 138
– von Familienangehörigen R 138 a
– Verlustbeschränkung bei – **15 a,** R 138 d

Kompaßkompensierer H 136

Konkursausfallgeld 32 b

Konkursverfahren H 115, H 139

Konsulatsangehörige 3, H 1, H 6 Nr. 29

Kontaktlinsen
– Verkauf von – durch Ärzte H 136

Kontoführungsgebühren H 117

Kontokorrentbuch (-konto) R 29

Stichwortverzeichnis

Kontokorrentkonto als Betriebsvermögen R 133 c (2)

Kontokorrentschulden H 13, R 133 c (2)

Kontokorrentzins H 16, H 130 a, Anh. 16

Kontrollmeldeverfahren
- auf Grund von DBA H 227 e

Konzertflügel H 117

Konzessionen H 31 a

Korbweidenkulturen H 41 a (1)

Körperbehinderte s. Behinderte

Körperpflegemittel H 117

Körperschaftsteuer
- Anrechnung von – 36 (2), 36 a, 37 (3), H 140, R 154 (2), R 213 f, H 213 f, R 213 g, H 213 g, R 213 h, H 213 h, H 213 i
- Erstattung von 36 (2), R 213 g
- als Kapitaleinkünfte 20 (1)
- Vergütung von – 36 b bis 36 e, R 213 f, H 213 f, R 213 j bis R 213 m, H 213 m

Korrektivposten R 17

Korrekturassistent H 6 Nr. 26

Korrespondenten H 1, H 227 c

Kosmetika H 117

Kostenmiete R 162 (2), H 162

Kostkinder R 177 (1)

Kostpflanzen H 135

Kraftfahrzeug
- betriebliche/berufliche und private Benutzung eines – R 118
- Haftpflichtversicherung für – H 87 a, R 88
- Kosten eines – 4 (5), 9 (1), R 20 (1), R 23, H 23, R 88, H 103, H 118, H 188, R 190 (5), H 194
- Nutzungsüberlassung von – 3, 9 (1)
- Sachverständige H 136
- Versicherung R 88, H 118

Kraft-Wärme-Kopplung, Anlagen der – *82 a*

Krankengymnasten 18 (1), H 136

Krankenhaus
- eines Arztes H 136
- Begriff R 82 (1), H 82
- Bewertungsfreiheit für privates – 7 f, 51 (1), R 82
- Kosten der Unterbringung im – H 188

Krankenhausfinanzierungsgesetz (KHG) R 82 (1)

Krankenhaustagegeldversicherung H 186, H 188

Krankentagegeldversicherung H 88, H 186, H 188

Krankenversicherung
- Beiträge zur – 10 (1), H 87 a, H 88, H 186, H 190
- Ersatzleistungen einer – H 186

- steuerfreie Leistungen aus – 3, 22, H 6 Nr. 1
- Zuschüsse zur – der Rentner, 3, H 6 Nr. 14, H 87 a

Krankheitskosten als außergewöhnliche Belastung H 186, H 190

Kreditgeschäfte
- Erfassung der – R 29

Kriegsbeschädigte 3, H 6 Nr. 6

Kriegsgefangenenentschädigungsgesetz R 189

Kriegsschadenrente nach dem LAG und RepG H 6 Nr. 7

Kühleinrichtungen H 42

Kühlkanäle H 40

Kükensortierer H 136

Kulanzleistungen R 31 c (13)

Kulturelle Veranstaltungen H 117

Kulturelle Zwecke 10 b, R 113, Anl. 7

Kumulationsverbot für Sonderabschreibungen und Förderungsmaßnahmen auf Grund mehrerer Vorschriften 7 a (5), R 45 (7)

Kundenstamm, Erwerb eines – H 31 a

Kunsthandwerker H 136

Künstler 50 a (4), H 1, H 134, H 136, H 222, H 227c, H 227e

Künstleragenten H 136

Künstlerhilfe
- steuerfreie Zuwendungen der Deutschen – 3

Künstlerische Tätigkeit H 136

Künstlersozialkasse 3

Künstlersozialversicherungsgesetz 3 Nr. 57

Kur R 188 (1), R 188 (3), H 188

Kurheim R 42 a (2), H 42 a, H 136

Kursgarantie H 154

Kursmakler
- vereidigte – H 136

Kursverluste in ausländischer Währung R 37 (2)

Kurzarbeitergeld 3, 32 b, 41 (1), 41 b (2), 46 (2)

Kuxe 16 (1), 20 (1), R 139 (3)

L

Laborgemeinschaft H 136

Laden
- -einbauten und -umbauten als selbständige Gebäudeteile R 13 (3), R 42 (6)

Stichwortverzeichnis

- gewerbliche Wertpapiergeschäfte im eigenen – R 137 (9)
- Verkauf land- und forstwirtschaftlicher Erzeugnisse im eigenen – R 135 (3)

Lagenvergleichszahl 55 (2)

Lagerbücher und Lagerkarteien, Bestandsvergleich durch – R 30 (2)

Lagerhäuser
- Begriff der – **7 e (1)**
- Bewertungsfreiheit für – **7 e, 22**

Land- und Forstwirt
- Bausparbeiträge eines – H 92
- Betriebsvermögensvergleich bei – R 12 (1)
- Bewertungsfreiheit für die Anschaffung oder Herstellung bestimmter Wirtschaftsgüter eines – **51 (1), 76, 78,** H 231
- Gewinnermittlung nach Durchschnittssätzen bei – **13 a, 52,** R 35 (9), H 41 b, R 41 d, R 43 (6), H 44, R 127, H 130 a, R 131 (1)
- Wirtschaftsjahr bei – **4 a, 8 c,** H 15, R 25, H 25
- Wohnung des – als Betriebsvermögen **22 (5),** R 43, H 115 a, H 127, R 130 a (7, 9), H 130 a, H 131, H 133, R 164 b

Land- und Fortwirtschaft
- Abgrenzung der – gegenüber dem Gewerbebetrieb R 135, H 135, Anh. 20
- Bewertungsfreiheit für Betriebsgebäude der – **7 e, 22, 78**
- Einkünfte aus – **2 (1), 2 a, 13, 13 a, 14, 14 a, 34 d, 34 e, 49 (1), 51, 52,** R 124 bis R 133 c, H 124 bis H 133 c, R 213, H 213
- Freibetrag in der – **13 (3),** R 3
- Umstellung eines Betriebs der – **6 b**

Last
- alte – bei bestimmten Berufsgruppen H 88

Lasten, dauernde – Anh. 13
- Ablösung – H 87
- Abzug von – als Betriebsausgaben **13 a (3),** R 130 a (6)
- Abzug von – als Sonderausgaben **10 (1),** R 87
- Abzug von – als Werbungskosten **9 (1)**
- Begriff der – H 87
- Belastung von – mit ESt u. ErbSt H 213 e
- Jahreserbschaftsteuer als – R 87 (2)
- im Versorgungsausgleich H 87

Lastenaufzüge H 42

Lastenausgleichsgesetz 3 Nr. 7, 10 a (2), H 6 Nr. 7

Leasing
- degressive Leasingraten H 31 b, Anh. 21
- Forfaitierung von Forderungen H 31 b, Anh. 21
- Zurechnung des Leasing-Gegenstandes H 13 (1), Anh. 21

Lebensführungskosten 4 (5), 12, H 6 Nr. 44, R 13 (11), R 21, R 22, R 23, H 102, H 103, R 117,

H 117, H 117 a, R 118, R 119, H 120, R 122, R 134 b

Lebensgemeinschaft
- Verträge zwischen Partnern einer nichtehelichen – R 19 (4), R 162 a
- Unterhalt zwischen Partnern einer nichtehelichen – H 186, H 190

Lebensversicherung
- Ansprüche aus Lebensversicherungsverträgen – **10 (2),** H 13 (1), H 88, Anh. 22
- Beiträge zur fondsgebundenen – **10 (1)**
- Beiträge zur – als Vorsorgeaufwendungen **10 (1),** H 88, H 92

Leergut bei Getränkeindustrie H 32

Lehrtätigkeit
- als freier Beruf H 136
- nebenberufliche – von Handwerksmeistern und Lehrkräften H 146

Leibrente
- abgekürzte – **55 (2),** H 167, R 169 (5)
- Ansatz einer – mit Barwert R 16 (4), R 32 a (2)
- als anrechenbarer Bezug H 190
- Begriff der – H 87, R 167, H 167
- Besteuerung einer – **22, 55,** H 143, H 149, R 167, H 167, R 169 (5)
- als Betriebsausgabe R 16 (4)
- Betriebsveräußerung gegen – R 139 (11), R 147 (4), H 167
- aus Billigkeitsgründen R 167 (2)
- Ertragsanteil einer – H 167, R 171 a
- als Gegenleistung für anwaltliche Betreuung H 143
- auf Grund von Erbvertrag, Testament oder Vermächtnis H 167, Anh. 13
- Erhöhung und Herabsetzung einer – R 167 (3, 4)
- Erwerb von Anlage- und Umlaufvermögen gegen – R 16 (4)
- als Sonderausgabe **10 (1),** H 87
- Veräußerung einer wesentlichen Beteiligung gegen – R 140 (6)
- Veräußerung einer freiberuflichen Praxis gegen – R 147 (4), H 167
- Veräußerung eines Patentes gegen – H 149
- Waisenrente H 167
- als Werbungskosten **9 (1)**
- Wertsicherungsklausel bei – H 167
- Witwenrente H 167
- Zinsanteil einer – **22, 55,** R 16 (4)

Leistungen
- Belastung wiederkehrender – mit ESt und ErbSt R 213 e (2)
- Besteuerung von – **2 a (2), 22, 34 d,** R 168 a, H 168 a
- steuerfreie – **3,** H 6, H 7

Leuchtstoffröhren H 40

Lexikon, s. Nachschlagewerk

Stichwortverzeichnis

Liebhaberei H 130 a, H 134 b, R 139 (2), Anh. 30

Lifo-Methode R 36 a
– Lifo-Bewertung in der Weinwirtschaft H 36 a

Liquidation
– einer Kapitalgesellschaft **50 c (3)**, H 139
– Verluste bei – R 138 d (7)

Listenverfahren H 111

Lizenzen H 31 a, H 227 a

Lizenzgebühren R 33 (3), R 227 a

Lizenzspieler H 31 a

Lohnersatzleistungen 32 b, H 185

Lohnsteuer
– Abschluß des – Abzugs **41 b**
– Änderung des – Abzugs **41 c**
– Anmeldung und Abführung der – **41 a**
– Anrufungsauskunft **42 e**
– Aufzeichnungspflicht beim – Abzug **41**
– Außenprüfung **42 f**
– Durchführung des – Abzugs **39 b, 39 c, 39 d**
– Erhebung der – **38**
– Freibetrag beim – Abzug **39 a**
– Haftung des Arbeitgebers für – **42 d**
– Höhe der – **38 a**
– Karte **39**
– Klassen **38 b**
– Pauschalierung der – **40, 40 a, 40 b**
– als Personensteuer H 121
– Tabellen **38 c**
– unterbliebener – Abzug H 220
– Regelungen im Veranlagungsverfahren **4**

Lohnsteuerhilfeverein
– Beiträge zu – H 102
– Beratungsstellenleiter eines – H 136

Lohnsteuerkarte
– Ausstellung der – **39**

Loss-of-Licence-Versicherung H 88

Lotse 18 (1), R 23 (1)

Luftfahrzeuge 34 d, 49, 51 (1), *82 f*, R 222 (2), H 222

Lüftungsanlagen H 13, H 42

M

Makler H 134, H 136, R 222 (1)

Maklerprovision H 32 a, R 139 (12)

Maler H 136

Markenrechte H 31 a

Marktmiete R 162 (2)

Marktpreis R 35 a (2), R 36 (1, 2), H 130 a, H 154, R 233 a

Masseure H 136

Maßnahmen zur Energieeinsparung **51 (1)**, *82 a*, R 158

Maßstabsteuer, Einkommensteuer als – **51 a**

Materialkosten (Materialgemeinkosten) R 33

Mehrbedarfsrente H 165

Mehrentnahmen, Nachversteuerung von –
10 a (2), *46, 47,* R 110

Mehrentschädigung H 35

Mehrerlöse – R 24, H 154

Mehrjährige Tätigkeit, Entlohnung für – **34**, R 200, H 200

Mehrsteuern (Steuernachforderungen) R 20 (3)

Meßtechnische Anlagen
– Einbau von – R 157 (1)

Meisterfachschule H 19

Mietereinbauten R 13 (3), H 13 (3), H 42, Anh. 9

Mieterzuschüsse H 34, R 163

Mietverhältnisse, Beurteilung von – H 19, R 162 a, H 162 a, R 163

Mietvorauszahlungen H 31 b, R 163 (3)

Mietwert der Wohnung
– als Betriebseinnahme R 18, H 18
– im Betriebsgrundstück **13 (2)**
– im eigenen Haus **21 (2), 21 a,** R 162

Mietwohngrundstücke H 13 (7), R 13 (9), H 13 (12), H 161

Mietwohnungen 7 c

Mikrofilm R 29, H 29, Anh. 10

Milchaufgabevergütung H 130 a, Anh. 9

Milchquotenleasing H 130 a, Anh. 9
– Tierhaltung im Rahmen einer GbR gem. § 51 BewG H 130 a

Mildtätige Zwecke 10 b, *48, 50,* R 111, R 113, H 113

Mindeststeuer bei beschränkter Steuerpflicht **50 (3)**, R 224, H 224

Mineralgewinnung 21 (1), 23 (1), H 33, H 164 a

Mitarbeit von Kindern im elterlichen Betrieb R 19, H 19, H 126

Miteigentum an Grundbesitz R 164, H 164, R 164 b

Mitgliedsbeiträge zur Förderung mildtätiger, kirchlicher, religiöser, wissenschaftlicher, gemeinnütziger Zwecke oder an politische Parteien s. „Ausgaben"

1636

Stichwortverzeichnis

Mittagsheimfahrt keine außergewöhnliche Belastung H 188

Mitreeder 15 a (5)

Mitunternehmer
– Begriff des – R 138, H 138, R 138 a, H 138 a

Mitunternehmeranteil
– Veräußerung und Aufgabe eines – **14, 16,** R 138, H 138, R 139, H 139

Mitunternehmererlaß H 13 (2), H 13 (9), H 14 (2–5), H 138 (3), Anh. 24

Mitunternehmerschaft 13 (1), 15 (1), 15 a (5), R 138, H 138

Modernisierung
– Abgrenzung vom Neubau H 44
– bei Gebäuden *82 g,* H 157
– für eigene Wohnung **10 (5),** H 92
– Nachweis für – R 83 a

Modeschöpfer H 136

Motoren für Drehbänke, Webstühle H 40

Mühlengesetz, Abfindungen an Arbeitnehmer nach dem – H 7

Mühlenstrukturgesetz H 7, H 31 b

Müll-Verbrennung, Anlagen zur – *82 a*

Musiker H 136

Mutterschaftsgeld 3, 32 b, H 6

Mutterschutzgesetz 3 Nr. 1, 32 b, R 94 (5)

Mutter-/Tochter-Richtlinie 44 d

N

Nachbarschaftshilfe H 194

Nachbetreuungsleistungen, Hör- und Sehhilfen H 31 c (4)

Nachfolgeklauseln Anh. 13

Nachforderungszinsen 10 (1), H 121

Nachhaltige Tätigkeit 15 (2), R 134 a, H 134 a

Nachhilfestunden H 195

Nachkur, s. Kur

Nachschlagewerk H 117

Nachsteuer *30, 31,* R 4

Nachtarbeit, Zuschläge für – **3 b**

Nachtilgung H 92

Nachversteuerung
– nach ausländischen Verlusten H 5
– von Bausparbeiträgen **10 (5),** *31,* R 94, H 94, H 109 a

– von nicht entnommenem Gewinn **10 a,** *46, 47 (2),* R 3
– von Versicherungsbeiträgen **10 (5),** *30,* R 89, H 109 a

Nachweis
– von Ausgaben für steuerbegünstigte Zwecke (Spenden) *48,* R 111 (4–6), Anl. 4, Anl. 5, Anl. 6
– der Erwerbsunfähigkeit *29 (6),* R 139
– über die Höhe ausländischer Einkünfte und Steuern *68 b*
– für Krankheit/Grad der Behinderung *65,* R 180 d, R 187, R 188, H 194
– nach § 4 d EStG R 27 a (10)
– von Reise-/Fahrtkosten H 117 a, H 118
– der betrieblichen Veranlassung R 21 (7)
– der Vorbildung für selbständige Berufe H 136

Nachzahlung
– von Ruhegehaltsbezügen und Renten H 167, R 200, H 200
– von Zinsen und Nutzungsvergütungen R 199 (2), H 199

Näherungsverfahren bei Bewertung von Sozialversicherungsrenten H 41, H 41 (16), Anh. 9

Naturschätze des Meeresgrundes/Meeresuntergrundes **1 (1)**

Nebenberufliche Tätigkeit
– Aufwandsentschädigungen – **3,** H 6 Nr. 26

Nebenbetrieb
– land- und forstwirtschaftlicher – **13 (2), 13 a (4, 8), 15 (1),** R 130 a, R 135, H 135, R 138 c

Nebengebäude H 92

Nebenkosten R 21, R 32 a, R 38, R 119 (2), R 135, H 153, H 195

Nebentätigkeit R 134 (3), H 134, H 146

Negative Einkünfte Anh. 30
– ausländische – **2 a,** R 5, H 5

Nennwert
– Bewertung von Verbindlichkeiten mit – R 37 (1)

Neurodermitis H 188

Nicht entnommener Gewinn 10 a, *45 bis 47, 73,* R 3, R 110
– bei Ehegatten **26 a (3),** *57, 62 c,* H 174 a

Nichtselbständige Arbeit 2 (1), 19, 34 d
– Abgrenzung der – gegenüber dem Gewerbebetrieb R 134, H 134
– Abgrenzung gegenüber der selbständigen Arbeit H 146

Niederstwertprinzip R 36 (1)

Nießbrauch
– Ablösung eines – H 87
– Belastung des – ESt und ErbSt R 87 (2), H 213 e
– an betrieblichen Wirtschaftsgütern R 13

1637

Stichwortverzeichnis

- Entnahme bei Bestellung eines – R 14 (3)
- an Grundstücken H 18
- an einem Kapitalvermögen **20 (2), 45 (5),** H 154
- Vorbehalts- R 14 (1, 3), H 139

Notaranderkonto R 45 (5), Anh. 36

Notare 18 (1)

Notwendiges Betriebsvermögen R 13, H 13, R 14, H 14

Nullkupon-Anleihen H 154

Null-Regelung R 227 c (4), H 227 c

Numerus-clausus H 186

Nutzfläche
- Aufteilung nach – R 13 (6, 8), R 157 (8)
- ausreichende landwirtschaftliche – R 138 c (1)
- Ermittlung der – R 13 (6), R 164 b
- eines Gebäudes, Maßgeblichkeit für erhöhte Absetzungen u. dgl. R 13 (8), R 157 (8), R 234
- eines Grundstücks, Maßgeblichkeit für Betriebsvermögen R 13 (8)

Nutzung
- betriebliche R 13, R 14, R 18 (1), R 83 (6), R 117, H 117, R 118, H 118, R 119, H 119
- dauernde – H 42, H 164 b (6)
- eines Flugzeugs R 21
- einheitliche/unterschiedliche – von Gebäuden R 13, R 43 (2), H 43
- Holz- R 204 bis R 212, H 204 bis H 212
- landwirtschaftliche R 130 a, R 135 (1)
- private – von Wirtschaftsgütern R 18 (1), R 23, H 23, R 40 (2), R 117, H 117
- private – von Personenkraftwagen R 23, H 23, R 88, R 118, H 118, H 188
- private – von Wirtschaftsgütern R 18 (1), R 23, H 23, R 40 (2), R 118, H 118
- von Räumen zu beruflichen, gewerblichen und Wohnzwecken R 42 a (4), R 213 a (2), H 213 a
- selbständige – R 40, H 40
- Sonder- R 130 a (4)
- von Vermögen R 137 (1, 3)

Nutzungsänderung R 13 (16), H 13, R 14 (3), H 14 (2–5), R 16 (6), R 32 (2), R 44 (9, 12), H 44

Nutzungsdauer
- von Anlagevermögen privater Krankenhäuser 7 f
- betriebsgewöhnliche – **7, 11 c (1),** H 31 b, R 41 a (3), R 44 (3), H 44, H 45, R 83, R 125
- eines Firmenwerts **7 (1),** H 44, Anh. 9
- eines Flugzeugs R 44
- von Gebäuden **7,** R 44 (3)
- von Grünanlagen R 157 (6)
- mehrjährige – H 103
- von PKW und Kombifahrzeugen H 44, Anh. 9
- Rest- R 44 (11), H 44, R 45 (10)
- bei Scheinbestandteilen H 44
- Verlängerung der – durch nachträglichen Aufwand R 41 a (3), R 157 (5)

Nutzungsentnahme R 14 (5), H 14, R 18 (1), R 39 (1)

Nutzungsentschädigungen bei Gewinnermittlung nach Richtsätzen R 35 (9)

Nutzungsrecht H 31 a, H 116, H 126, R 127 (5), R 130 a, H 139
- Einlage von – R 39
- durch Baumaßnahmen eines Nutzungsberechtigten geschaffenes – H 31 a, R 44 (3)
- an Gebäuden R 42 (5), H 42

Nutzungssatz für einen Wald **34 b, 68,** H 204, R 205, H 205, R 207, R 208, H 208, R 209, H 209, R 212

Nutzungsüberlassung R 83 (5), H 83, H 86 b, H 87, H 126, R 137 (2, 3), H 154

Nutzungs- und Funktionszusammenhang R 13 b, R 40, R 42 (3), H 42

Nutzungsvergütungen 24, 34 (2), H 168 a, R 199, H 199, R 200, R 223 (2), R 227 a

Nutzungsvorteil H 13, H 31 a

Nutzungswert
- Besteuerung des – R 157 (6, 8), R 161 (1), R 162, H 162, H 162 a, R 163 (4, 5), Anh. 25
- erhöhter – R 157 (5)
- Ermittlung eines – R 164 b
- von Ferienhäusern/Ferienwohnungen R 164 b
- Steuerpflicht des – der Wohnung im eigenen Haus **21 (2),** R 162, H 162
- einer ganz oder teilweise unentgeltlich überlassenen Wohnung **21 (2),** H 86 b, R 162, H 162
- der Wohnung eines Land- und Forstwirts **13 (3, 7), 13 a (2), 52 (15),** H 127, R 130 a (7, 9), H 130 a
- Zurechnung des – einer Wohnung R 162, H 162

NV-Bescheinigung
- im Konkursverfahren H 213 o

O

Objekt
- -beschränkung **7 b (5), 10 e (4), 10 f (3)**
- Drei-Objekt-Grenze H 137

Objektverbrauch H 115 a

Obligatorischer Vertrag, Maßgeblichkeit des – **6 d, 7 h (1), 7 i (1), 21 a (7), 52 (18 a),** R 33 a (4), R 42 a, H 42 a, H 139, R 157 (5), H 168 a, R 169

Obstbau 13 (1), 55 (2), R 41 a (1), R 124 a (3), R 213 (6)

Ofenheizung R 157 (1)

Offene Handelsgesellschaft 15 (1, 3), R 13 (2), H 28, R 138, H 139, R 140, H 236
- freie Berufstätigkeit im Rahmen einer – H 28, H 136

Stichwortverzeichnis

– Buchführungspflicht/Gewinnermittlung einer – H 28
– mit Familienangehörigen R 138 a, H 138 a

Offene-Posten-Buchhaltung R 29 (7), H 29

Ölofen
– Umstellung/Ersatz von – R 157 (1)

Omnibus
– Betrieb als Teilbetrieb H 139
– Fahrerlaubnis H 103

Opfergrenze bei Unterhaltsleistungen R 190 (3)

Optionsrechte H 31 a

Options- und Finanztermingeschäfte H 154, H 168, H 168 a, H 169
– Optionskombinationen H 168 a

Orchestermusiker H 146

Ordnungsgelder 4 (5), R 24 (1, 4), H 120

Ordnungsmäßigkeit der Buchführung siehe Buchführung

Ordnungswidrigkeit R 24 (2)

Organschaft R 83 (2), H 113, R 115 (3), H 138, R 227 d (2)

Ostblockstaaten
– Spätaussiedler aus den – H 189

P

Pächter 13 a (4), H 13, H 25, R 42 (4), R 83 (5), R 127 (6), R 130 a (1), R 131 (2), H 131, R 139 (5), H 139, H 222

Pachtzins 13 a, H 19, R 31 c, R 127 (5), R 130 a (6), H 200

Parteien, Zuwendungen an politische – **10 b, 34 g,** R 4, R 112, H 112, R 168 b, R 213 b, H 213 b, Anl. 5

Parteiengesetz 10 b, R 112, H 112, R 213 b

Partner einer nichtehelichen Lebensgemeinschaft R 19 (4), R 162 a, H 186

Parzellenweise Verpachtung R 139 (5)

Parzellierung von Grundstücken R 32 (2), H 169

Passagen
– Einbau von – R 13 (3)

Patentanwälte 18 (1), R 24 (2)

Patentberichterstatter H 136

Patente H 31 a, R 31 c (8), H 149, H 222 a, R 227 a

Pauschalierung R 128 a, H 162 a, R 212 (1), R 213 (6), H 222
– nach § 34 c Abs. 5 EStG Anh. 26
– von Sachbezügen **8 (3)**

Pauschalwertberichtigung bei Kreditinstituten H 35 a, Anh. 9

Pauschbeträge
– für Arbeitnehmer H 185, H 192 a, R 200
– für Aufwendungen für Fahrten zwischen Wohnung und Arbeitsstätte und für Familienheimfahrten **9 (1),** R 88
– für Aufwendungen für Fahrten zwischen Wohnung und Betrieb und für Familienheimfahrten **4 (5),** R 22, R 23
– für Dienst-/Geschäftsreisen R 119 (2, 3), H 119, Anh. 27
– für Geschäftsgang R 119 (4)
– für Kinderbetreuungskosten **33 c,** R 186, H 195
– für Behinderte, Hinterbliebene und Pflegepersonen **33 b, 65,** R 174 a, R 181 a, R 187, R 188 (2, 5), H 188, R 194, H 194
– für Sonderausgaben und Vorsorgeaufwendungen **10 c,** R 114, H 114
– Steuerfestsetzung in – für ausländische Einkünfte **34 c (5),** Anh. 26
– Steuerfestsetzung in – bei beschränkter Steuerpflicht **50 (7)**
– für Verpflegungsmehraufwendungen R 22, H 117 a, R 119 (2, 3), H 119
– für Werbungskosten (für bestimmte Berufsgruppen) **9 a,** R 85, H 85, R 156, R 171 a, R 200

Pelztiere H 138 c

Pensionsanwartschaften 6 a, R 41

Pensionsgeschäfte mit Wertpapieren H 168 a

Pensionskassen
– Beiträge an – als Vorsorgeaufwendungen H 88
– Renten aus – H 167
– Zuwendungen an – **3, 4 c,** R 27, R 33 (5), R 41 (17)

Pensionsrückstellung 6 a, R 33 (5), R 41, H 41
– für betriebliche Teilrenten R 41 (13)

Pensionsstall H 135

Pensionszusagen 6 a, H 31 a, R 41, H 41
– bei Ehegatten R 41 (11)
– an Schwerbehinderte R 41 (10)

Personengesellschaft
– Betriebsvermögen bei – R 13 (2), H 13
– Einkunftsermittlung H 137, Anh. 29
– von Familienangehörigen R 138 a
– Grundstücke bei einer – R 13 (11, 12), H 13
– Übertragung stiller Rücklagen bei einer – R 41 b (8)
– Umwandlung einer – R 41 b
– vermögensverwaltende – H 137, Anh. 29

Pfandgläubiger 20 (2)

Pfandrückstellungen H 31 c (3)

Pflanzenbestände
– in Baumschulbetrieben H 128, Anh. 9, Anh. 20

1639

Stichwortverzeichnis

Pflege
– nebenberufliche – **3,** H 6 Nr. 26

Pflegebedürftigkeit, Aufwendungen wegen –
R 177 (3), H 186, R 187, H 187, H 190, H 194

Pflegeeltern
– Zuschüsse/Pflegegeld des Jugendamtes an –
H 6 Nr. 11, R 177 (4)

Pflegegeld 3 Nr. 36, R 177 (4), R 180 d (4), H 194
– Einnahmen für Pflegeleistungen H 5 Nr. 36
– häusliche Pflegeleistungen **3 Nr. 3,** H 5 Nr. 36
– aus öffentlichen Kassen H 6 Nr. 11

Pflegeheim R 82 (4), H 92, R 187, H 192

Pflegekinder 32 (1), H 174 c, R 177, R 178, H 191
– Obhuts- und Pflegeverhältnis H 177

Pflegekraft
– ambulante – **33 b (6),** R 187 (1), H 194

Pflegeleistungen 3 Nr. 36
– Einnahmen für häusliche Pflegeleistungen H 6 Nr. 35

Pflege-Pauschbetrag 33 b (6), H 187, R 194, H 194

Pflegeversicherung 3 Nr. 36, H 5 Nr. 36

Pflichtteilsberechtigte H 133 b, H 165, H 213 e
– Verzicht – H 165

Policendarlehen – 10 (2), H 88, Anh. 22

Pool-Abkommen 49 (1), R 222 (2)

Praxis, Aufgabe/Fortführung einer freiberuflichen – R 14 (2), H 136

Praxiseinbringung R 147 (2), H 147

Praxisveräußerung R 147, H 147

Praxisverpachtung H 136, R 147

Praxiswert R 16 (3), R 31 a (4), H 31 a, H 32, H 44, Anh. 9

Preise anläßlich Preisausschreiben R 21 (3)

Preissteigerung/Bewertung R 36 (5), R 38 (1)

Private Krankenhäuser 7 f, R 82, H 82

Private Nutzung siehe Nutzung

Privatschuld H 13

Privatschule H 136, H 186, R 188 (2), H 194

Privatvermögen
– Abbruch eines Gebäudes im – R 33 a (2)
– Erbauseinandersetzung über – H 43, Anh. 13
– Überführung von Wirtschaftsgütern aus – oder in – R 43 (6), H 43, R 77, R 83 (2, 5), H 83, R 139, H 139, H 149, H 169
– Zurechnung eines Grundstücks und anderer Wirtschaftsgüter zum – R 13, R 14, H 14, R 18 (1), R 35 (3), R 39, R 41 a (7), R 43 (2), H 44, H 115 a, R 140 (3), H 154, H 171

Probenehmer H 136

Produktionsaufgaberente 3, 13 (1), H 6 Nr. 26

Progressionsvorbehalt 32 b, R 4, R 12 (4), R 138 d (4), H 185, R 200 (5), H 200, H 213, R 217

Promotion H 84, H 103

Prozeßagenten H 136

Prozeßkosten H 33 a, H 186

Prüfungsrecht der Finanzbehörde bei Anrechnung, Vergütung, Erstattung von KSt u. KapSt **50 b**

Prüfungstätigkeit
– nebenberufliche – H 143, H 146

Psoriasis H 188

Psychologisches Seminar H 117 a

R

Rabattsparbücher R 32 a

Realgemeinden 13 (1), H 41 b

Realteilung R 41 b (10), H 139

Rebanlagen R 41 a (1)

Rechnungsabgrenzungsposten 4 d (2), 5 (4),
R 26 (3), R 31 b, R 31b, R 33 (6), R 37 (3), H 37, H 131
– bei zeitlich nicht begrenzten Dauerleistungen H 31 b
– Ertragszuschüsse H 31 b
– Flächenstillegungsprämien H 31 b, H 128
– Garantiegebühr H 31 b

Rechte R 31 a (1), H 31 a, R 31 c (8), R 33 a, R 41 c (4), R 87 (2), H 87, H 92, H 138, R 138 a (1, 2), R 140 (2), H 144, H 154, H 168 a, H 170, H 171, H 213 e, R 227 a
– grundstücksgleiche – R 41 a (1)
– Überlassung von – im Ausland **2 a (2)**
– siehe Bewertungswahlrechte
– siehe Bilanzierungswahlrechte
– siehe Nutzungsrechte

Rechtsanwälte
– freiberufliche Tätigkeit der – **18 (1)**
– Gemeinschaft von – H 136

Rechtsbeistände H 136

Rechtsnachfolger R 41 c (6), R 43 (3), R 133 c (1), R 139 (5), R 157 (2), H 171, R 227 d (5), H 227 d
– Bemessung der AfA beim – **11 d (1)**
– nachträgliche Einkünfte des – R 171 (2), H 171

Rechtsposition, gesicherte – R 162 (4), R 164 b

Rechtsschutzversicherungen H 88

Stichwortverzeichnis

Rechtsverhältnisse zwischen Angehörigen H 13, R 19, H 19, R 21 (6), R 27 (4), R 27 a (5), H 87, H 88, H 94, H 117 a, H 126, R 134 (4), R 138 a, H 154, R 162 a, H 162 a, R 164 (2), R 166, R 186, H 186, R 190, H 190, H 192, H 194, R 195 (4)

Registrierkassenstreifen R 29

Rehabilitierungsgesetz 3 Nr. 23

Reichsknappschaftsgesetz 3, 32 b, H 6 Nr. 14

Reichsversicherungsordnung 3, 32 b, H 6

Reinvestitionsfrist 6 b (3), R 35 (7), R 41 b (5)

Reisekosten R 119, H 119, Anh. 27
– Beitrittsgebiet H 117

Reisekostenvergütungen
– steuerfreie – aus öffentl. Kassen oder im privaten Dienst 3

Reisevertreter R 134 (2)

Reitunterricht H 135

Rekultivierung
– Verpflichtung zur – R 38 (2)

Religionsgemeinschaften
– öffentlich-rechtliche – Anh. 25 a

Religiöse Zwecke 10 b, *48*, *50*, H 101, R 111

Renten
– abgekürzte – R 167 (6), H 167
– Abzug von – als Sonderausgaben **10 (1)**, R 87, H 87
– Abzug von – als Werbungskosten **9 (1)**
– Begriff der – H 165, R 167, H 167
– Berufs-/Erwerbsunfähigkeitsrenten R 167 (7)
– Besteuerung von Leibrenten **22**, *55*, R 167, R 171 a (1)
– Ertragsanteil einer – H 167
– mit ESt und ErbSt belastete – R 87 (2), H 213 e
– Erhöhung und Herabsetzung von – R 167 (3, 4)
– Kindererziehungszeiten H 6 Nr. 67
– bei Berechnung einer Pensionsanwartschaft R 41, H 41
– Schadensersatzrente H 165
– Erhöhung auf Grund Wertsicherungsklausel R 16 (4)
– nach dem Umstellungsgesetz R 168
– Veräußerung gegen Leibrente R 16 (4, 5), R 139 (11), R 147 (4), H 149, H 167, R 169, H 171
– Witwen- und Waisen- R 167 (8), H 167
– Zeit- H 167
– Zinsen aus – R 154 (3)

Rentenverpflichtung
– Behandlung einer – bei Überschußrechnung R 16 (4, 5)
– Wert einer – R 32 a (2), R 37 (1)

Rentenversicherung
– Beiträge zur – als Vorsorgeaufwendungen **10 (1, 3)**, R 88, H 88

– als Direktversicherung R 26 (1)
– Kinderzuschüsse aus der gesetzlichen – **3**, H 6 Nr. 24
– Renten aus der gesetzlichen – R 167 (3)
– in der Unterstützungskasse R 27 a (2), H 27 a

Rentner
– technischer – R 41 (25)

Reparationsschädengesetz 3 Nr. **7**, H 6 Nr. 7

Reparaturkosten, s. Erhaltungsaufwand

Repräsentationskosten R 21 (1, 12)

Reserven, stille –
– bei Betriebsaufspaltung R 137 (5)
– und Betriebsschulden R 13 (15)
– bei Überführung von Wirtschaftsgütern von einem (Teil-)Betrieb in einen anderen R 14 (2), H 14, R 139 (3)
– im Erbfall H 213 e
– bei Gewinnverteilung R 138 (1), R 138 a (5)
– Übertragung aufgedeckter – R 35, H 35, R 41 a (2), R 41 b, R 43 (4)
– bei unentgeltlichem Erwerb R 43
– bei Veräußerung/Aufgabe eines gewerblichen (Teil-)Betriebs R 139 (3, 9), H 147
– Verringerung der – R 227 d (2)
– bei Zerstörung eines Wirtschaftsguts R 18 (1)

Restnutzungsdauer, s. Nutzungsdauer

Restwert 7 (2), 7 a (9), 7 b (**1, 2**), *82 a (1)*, R 43 (4, 5), H 43, H 44, R 45 (9, 10), H 45, R 157 (1)

Rezeptabrechner für Apotheken H 136

Richtigkeit
– sachliche – der Buchführung R 29 (1)

Richtsätze R 12 (2), R 17 (1), R 35 (9), R 127 (2)

Risikoversicherung **10 (1)**, R 26 (1), H 88

Rohstoff R 32 (3), H 32, R 36 (1, 5), H 135

Rolltreppe H 13

Rückdeckungsanspruch R 41 (11), H 41
– Vereinfachungsregelung bei der Aktivierung H 41 (26), Anh. 7

Rückdeckungsversicherung R 27 a (13), R 41 (3, 11, 26)

Rückkaufsrecht
– Abtretung von – H 168 a

Rückkaufswert R 41 (26), R 154 (3)

Rücklagen
– Akkumulations- *58*, R 3
– bei Betriebsveräußerungen R 41 b, R 139
– für Ersatzbeschaffung R 35, H 35, R 58 (3), R 139
– bei Erwerb gefährdeter Betriebe **6 d**
– nach dem Forstschäden-Ausgleichsgesetz R 209 (3)
– Gewinn- H 31 a

1641

Stichwortverzeichnis

- gewinnerhöhende Auflösung von – **6 b (3), 6 c,** R 35 (7), R 41 b (5, 6), R 41 d, R 139, H 171
- bei Gewinnermittlung nach § 4 Abs. 3 EStG R 35 (8, 9)
- gewinnmindernde – bei Veräußerung bestimmter Anlagegüter **6 b (3), 6 c,** R 41 b, R 41 d
- Instandhaltungs- R 161 (2), H 161
- für Preissteigerung **51 (1), 74,** R 139
- stille – R 35, R 41 b
- Verfolgung der Bildung und Auflösung in der Buchführung **6 b (4)**
- nach dem ZRFG R 45, Anh. 37
- bei gewährten Zuschüssen R 34 (4)

Rückstellungen R 31 c, H 139
- Auflösung von – R 31 c (14)
- für Ausgleichsanspruch Handelsvertreter H 131
- Bewertung von – R 38
- nach DMBilG H 17
- Garantie- R 31 c (7), H 38
- für Gewerbesteuer R 20
- für (unterlassene) Instandhaltung R 31 c (12), H 43
- für Jahresabschluß-Kosten H 31 c, R 38 (5), H 38
- für Jubiläumszuwendungen **5 (4),** H 31 c, H 38, Anh. 9
- für Nachbetreuungsleistungen an Hör- und Sehhilfen H 31 c (4)
- für Pensionsverpflichtungen, s. Pensionsrückstellung
- Pfandrückstellungen H 31 c (3)
- auf Grund eines Sozialplans R 31 c (3)
- für Steuerabschlußzahlungen und Mehrsteuern R 20
- für Steuererklärungskosten R 31 c (3, 6), R 38 (5)
- für ungewisse Verbindlichkeiten R 31 c
- wegen Verletzung fremder Rechte **5 (3),** R 31 c (8)
- für Verluste aus schwebenden Geschäften R 31 c (11)
- für Vorruhestandsleistungen H 31 c (3)
- für Wirtschaftserschwernisse H 131
- für Zuwendungen an Pensionskassen **4 c,** R 27 (5), R 27 a (1)
- für Zuwendungen an Unterstützungskassen **4 d (2),** R 27 a (1, 16)

Rückvergütung von Versicherungsbeiträgen H 86 a

Rückzahlung
- von Arbeitslohn H 26
- von Bausparbeiträgen **10 (5), 31,** R 94, H 94
- sbetrag R 37
- aus Kapitalherabsetzung H 32 a
- Kapital- R 140 (8)
- von Versicherungsbeiträgen **10 (5), 30**
- der Vorsteuererstattung H 86

Ruhegeld 19 (1, 2) R 94 (5), H 194

Rumpfwirtschaftsjahr *8 b*, H 25

Rundfunkermittler H 134, H 136

Rundfunk-, Tonband-, Fernsehgeräte H 117

Rundfunksprecher H 136

S

Saatzuchtbetrieb H 28, R 128, R 130 a (1), R 135 (1), H 190

Sachbezüge 8 (2), R 6, R 14, H 87

Sachinbegriffe 2 a, 21 (1), 34 d, 49 (1)

Sachleistungen R 14 (2), R 86 b, H 167, R 195 (4), H 195

Sachleistungen, steuerfreie
- nach dem Gesetz über eine Altershilfe für Landwirte **3,** H 6
- an Arbeitnehmer **8 (3)**
- aus der gesetzlichen Rentenversicherung **3,** H 6
- aus der Kranken- und Unfallversicherung **3,** H 6

Sachspenden 10 b (1), R 111 (1, 3), H 111, H 112

Sägewerk H 131, H 135

Saldierung
- Ergebnisse Gesellschafts-/Sonderbetriebsvermögen H 138 d, Anh. 29

Sammelanträge
- Vergütung von KSt auf Grund von – **36 c, 36 d,** R 213 j, R 213 l, R 213 m

Sammelantrags-Datenträger-Verordnung R 213 l (3)

Sammelbeförderung, unentgeltliche/verbilligte – von Arbeitnehmern **3,** H 6

Sanatorium R 42 a (2), H 42 a, H 136, H 188

Sandgrube H 135

Sanierungsgebiete
- Aufwendungen für Gebäude in – **4 (8), 7 h, 10 f, 11 a, 51, *82 g***

Sanierungsmaßnahmen 4 (8), 6 b (8), 7 h, 10 f, 11 a, *82 g*

Sanierungsgewinne, steuerfreie – **3,** R 6

Sanktionen, Abzugsverbot für – R 24

Säumniszuschläge H 121

Sauna H 92

Scientology-Fortbildungskurse H 117 a

Seeschiffe *82 f*, R 41 a (4)

Selbständige Arbeit
- Abgrenzung der – gegenüber dem Gewerbebetrieb H 136

Stichwortverzeichnis

- Abgrenzung der – gegenüber der nichtselbständigen Arbeit R 146
- Einkünfte aus – **2 (1), 18, 34 d,** H 142 bis H 149

Selbstkosten R 31 (11), R 36, R 39, H 118, R 134 b (1)

Seminar
- psychologisches – H 116 a

Skonto H 32

Solaranlagen, Einbau von – *82 a*

Soldat auf Zeit H 180, H 180 b

Soldatenversorgungsgesetz 3 Nr. 2 a, 32 b (1)

Sonderabschreibungen
- auf Anzahlungen und Teilherstellungskosten **7 a (2),** R 45 (5)
- und Begünstigungszeitraum **7 a,** R 45 (2, 9)
- Berücksichtigung von – für Buchführungsgrenzen **7 a (6)**
- bei mehreren Beteiligten **7 a (7),** R 45 (9)
- im Fördergebiet/Zonenrandgebiet Anh. 15, Anh. 37
- für Fabrikgebäude usw. **7 e, *22,*** R 78 a
- zur Förderung kleiner und mittlerer Betriebe **7 g,** R 83
- gemeinsame Vorschriften für – **7 a,** R 45
- für Krankenhäuser **7 f,** R 82
- Kumulationsverbot bei – **7 a (5),** R 45 (7)
- Verlustklausel bei – R 45 (8)

Sonderausgaben
- Abzug des nicht entnommenen Gewinns als – **10 a (1), *45,*** R 110
- Abzug erhöhter Absetzungen wie – **10 e, 52 (21)**
- Allgemeines zu – **10,** R 3, R 86 a, H 86 a, H 87
- Abzug von Aufwendungen für selbstbewohnte Baudenkmale und Gebäude in Sanierungsgebieten u. ä. wie – **10 f**
- Berücksichtigung von – bei Bemessung von Vorauszahlungen **37 (3)**
- von Ehegatten **10 (1), *61, 62 d,*** R 86 a, H 86 a, R 174 a (1), H 174 a
- Pauschbetrag **10 c,** R 114, H 114
- Vorsorgeaufwendungen als – **10 (1),** H 87 a bis H 95, H 144, R 154
- Zukunftssicherungsleistungen als – R 86 b

Sonderbetriebsvermögen R 12 (3), R 13 (3), H 13, H 13 (2), H 28, R 41 b (4), H 41 b, R 41 c, R 83 (2), R 137, R 138, H 138, R 138 a, R 138 d, H 138 d, R 139, H 139, H 236, Anh. 24, Anh. 29

Sonderfreibetrag bei beschränkter Steuerpflicht **50 (3),** R 224

Sonderkosten als Teil der Herstellungskosten R 33 (1)

Sonderkulturen 13 a (4, 8), R 130 a

Sonderleistungen für Wehrdienstpflichtige, Zivildienst- oder Grenzschutzdienstleistende keine Sonderausgaben H 87 a

Sonderunterstützung für im Familienhaushalt beschäftigte Frauen **3**

Sondervorschriften auf Grund Einigungsvertrags **56–58**

Sonntagsarbeit, Zuschläge für – **3 b**

Sonstige Einkünfte 2 (1), 22, 23, 34 d, R 165 bis R 169, H 165 bis H 169

Sowjetzonenflüchtlinge 7 e, 10 a, *13*

Sozialbindung, Wohnungen mit – **7 k**

Soziales Jahr, freiwilliges – **32 (4),** R 180 c, H 180 c

Sozialgesetzbuch 8 (2)

Sozialplan R 31 c (3)

Sparer-Freibetrag 20 (4), R 156, H 190, R 200 (4)

Spargelanlagen 55 (2)

Spargeschenkgutscheine von Kreditinstituten R 21 (3)

Sparzulage, s. Arbeitnehmer-Sparzulage

Spätaussiedler aus den Ostblockstaaten H 189

Speicherbuchführung
- DV-gestützte Speicherbuchführungssysteme (GoBS) H 29, Anh. 10
- Grundsätze der – R 29 (8)
- Mikrofilmaufnahmen H 29, Anh. 10

Speicherräume R 42 a (3)

Spekulationsgeschäfte 22, 23, 34 d, 49, R 169, H 169

Spenden, s. auch Ausgaben
- Allgemeines zu – R 111, H 111, R 113
- Berechnungsschema H 111
- als Lebensführungskosten R 122
- an politische Parteien **4 (6), 10 b, 34 g,** R 4, R 112, H 112, R 213 b, Anl. 5
- an gemeinnützige Schulvereine H 104
- an Wählervereinigungen **34 g,** H 213 b, Anl. 6

Spendenbestätigung 38 (3), H 111, H 112
- maschinell erstellte – R 111, H 111, H 112
- Muster Anl. 4, 5

Sperrbetrag 50 c (4), R 227 d, H 227 d

Sperrfrist
- für Bausparbeiträge **10 (5),** R 92, H 94
- für Vermögensbeteiligungen **19 a (1, 2)**

Sperrzeit bei erworbenen Anteilen R 227 d

Spezialagent R 134 (3)

Spinnkannen als GWG H 40

Stichwortverzeichnis

Splitting-Verfahren 32 a **(5, 6),** H 182 a, R 184 a, R 184 b, H 184 b, R 195 (1)

Sportler 50a **(4),** H 222, H 227c, H 227e

Sprachkurse (im Ausland) R 103, R 117 a, H 117 a

Substanzausbeuterechte H 164 a

Substanzbetriebe als land- und forstwirtschaftliche Nebenbetriebe H 135

Substanzverringerung, Absetzungen für – **7 (6),** 9 (1), **7 (3), 10 a, 11 d,** R 16 (3), R 44 a

Summe der Einkünfte 2 (3), 24 a, R 3

Summenzuwachs bei Versicherungsverträgen H 88

Synchronsprecher H 136

Sch

Schadensregulierer H 136

Schadensersatz
- -forderung H 13 (1)
- Leistungen H 186
- Renten H 165

Schadensersatzrenten H 161

Schadenswiedergutmachung R 24 (1)

Schäden an Wegen und Jungpflanzen R 211 (2)

Schalterhallen R 13 (3)

Schalungsteile H 40

Schattierungsanlagen *76, 78*

Schaufensteranlagen als selbständige Gebäudeteile R 13

Schaukästen H 42

Schatzanweisungen, unverzinsliche – H 154

Scheck
- Zeitpunkt der Leistung **7 a (2),** H 116

Scheidung/Kosten R 174 (1), H 174, H 186

Scheinbestandteile eines Gebäudes H 13, R 42 (4), H 42

Schenkung R 21 (2), R 138 a (3, 4), R 140 (6), H 169

Schiffe
- AfA bei – R 42 (2), R 43
- Bewertungsfreiheit für Handels- und Fischerei – 51 (1), *82 f*
- Einkünfte aus Vermietung von – **21 (1)**
- Gewinn aus der Veräußerung von – **6 b,** R 41 a (4)
- Gewinnermittlung bei beschränkter Steuerpflicht **49 (3)**
- Inlandsbegriff H 1
- Veräußerung eines – R 139

– im internationalen Verkehr 34 c **(4), 34 d**

Schiffseichaufnehmer H 136

Schiffstagegelder R 119 (3)

Schlechtwettergeld 3, 32 b, 41 (1), **41 b (2)**

Schlepper R 41 a (4)

Schloßbesichtigung H 135

Schmiergelder R 21 (2)

Schreibmaschinenkurs H 195

Schriftenminima als GWG H 40

Schriftstellerische Tätigkeit 50 a (4), H 136, H 143, R 222 a

Schularbeiten
- Beaufsichtigung bei häuslichen – R 195 (5)

Schulden, s. Verbindlichkeiten

Schuldentilgung
- Berechnung des Freibetrags gem. § 14 a Abs. 5, H 133 c

Schuldverschreibungen
- festverzinsliche – H 154, Anh. 37

Schuldzinsen, s. Zinsen

Schulgeld 10 (1), R 104, H 104, H 194

Schulvereine, Spenden an – H 104

Schutzrechte
- Begriff der gewerblichen – *73 a (3),* R 31 c (8)

Schwarzarbeiter H 134

Schwarzhandelsgeschäfte R 21

Schwebende Geschäfte/Verträge R 31 c (1, 9, 11), R 38 (6), R 233 a (2)

Schwerbehindertengesetz *29 (6), 65,* R 180 d (1), H 194

Schwimmbecken(-hallen) H 42

Schwimmkräne R 41 a (5)

St

Staatsangehörige, deutsche – im Ausland **1 (2, 3),** H 1

Städtebauförderung 7 h, 10 f, 11 a, 51 (1), *82 g, 82 h*

Stahlregalteile H 40

Stammrecht
- eines Kapitalvermögens R 153 (1)
- einer Leibrente R 167 (3), H 167
- Wertverluste am – R 153 (1)

Steinbrüche, Absetzungen für Substanzverringerung bei – **7 (6)**

1644

Stichwortverzeichnis

Stenografiekurs H 195

Sterbegelder auf Grund des Abgeordnetengesetzes 22

Sterbekassen
– Beiträge an – H 88

Steuerabzug bei beschränkter Steuerpflicht **50 a, 73 a bis 73 g,** R 227 a bis R 227 c, H 227 c

Steuerabzugsbeträge
– Anrechnung der – auf die ESt **36 (2),** R 213 f, H 213 f
– Berichtigung der Anrechnung von – H 213 f

Steuerbegünstigte Zwecke (Spenden) **10 b, 34 g, 48 bis 50,** R 111 bis R 113, H 111 bis H 113, R 213 b, H 213 b, Anl. 7

Steuerberater 18 (1), H 136

Steuerberatungskosten als Sonderausgaben **10 (1),** R 102, H 102

Steuerbescheinigung 36 (2), 36 b (1), 36 c (1), R 213 g, R 213 k, R 213 l

Steuerbilanz 60 (3), 74 (3), R 227 d (1), R 233 a, H 233 a

Steuererklärung
– Unterlagen zur – **60**

Steuererklärungspflicht 25 (3), 51 (1), 56

Steuerermäßigung
– bei ausländischen Einkünften **34 c, 34 d, 68 a bis 68 c,** R 212 a bis R 212 d, H 212 a bis H 212 d
– für außerordentliche Einkünfte **34, 34 b,** R 197 bis R 200, H 197 bis H 200, R 204 bis R 209, H 204 bis H 209, R 210 bis R 212, H 212
– bei Belastung mit ErbSt **35,** R 4, H 213 e
– für Einkünfte aus Berlin (West) R 4
– für Einkünfte aus Land- und Forstwirtschaft **34 e,** R 4, R 213, H 213
– in Fällen der §§ 7 b und 10 e EStG **34 f,** R 4, R 213 a, H 213 a, Anl. 9
– bei Handelsschiffen **34c (4),** H 212b
– bei Mitgliedsbeiträgen und Spenden an Parteien und Wählervereinigungen **34 g,** R 213 b, H 213 b
– nach dem VermBG Anh. 31
– für Veräußerungsgewinne **34 (1),** R 139 (13), R 197

Steuerfachliteratur H 102

Steuern
– abziehbare – **2 (3), 9 (1),** R 4, R 20, H 20, R 33 (6)
– Abzug ausländischer – **34 c (2, 3),** R 212 b, R 212 c
– Anrechnung ausländischer – **34 c (1),** R 4, R 212 b bis R 212 d
– ausländische – vom Einkommen **34 c, 68 b, 68 c,** R 3, R 212 a bis R 212 d, Anl. 8
– auf Grund Betriebsprüfung R 20

– hinterzogene – R 20
– nicht abziehbare – **12**

Steuerpause H 25

Steuerpflicht 1, 1a, 2 (1, 7), H 1
– beschränkte – **1 (4), 36 e, 49 bis 50 a, 73,** H 1, R 212 d, R 222 bis R 227 c
– erweiterte beschränkte – H 1, Anh. 2
– nur während eines Teils des VZ **25**
– unbeschränkte – auf Antrag H 1
– Wechsel zwischen unbeschränkter und beschränkter – R 227

Steuersätze
– bei außerordentlichen Einkünften **34,** R 197, H 197, R 198, H 198, R 199, H 199, R 200, H 200
– bei außerordentlichen Einkünften aus Forstwirtschaft **34 b, 68,** R 204 bis R 212
– bei beschränkter Steuerpflicht **50 (3)**

Steuerschuldner 36 (4)

Stiftung
– Begriff der öffentlichen – H 6
– „Deutsche Sporthilfe" R 111
– „Hilfswerk für behinderte Kinder" H 7

Stille Gesellschaft, s. Gesellschaft

Stillegung eines Betriebs als Betriebsaufgabe H 139

Stille Reserven, s. Reserven

Stipendien 3, R 6, H 6 Nr. 44, H 191, H 192 a

Strafaussetzung zur Bewährung H 120

Strafprozeßkosten H 120

Strafverteidigungskosten H 120

Straßenanliegerbeiträge H 33 a

Straßenausbaukosten, Zuschüsse zu – H 33 a

Straßenleuchten als GWG H 40

Straßenzufahrtkosten H 33 a

Strukturänderung (Wandel) eines Betriebs R 14 (2), R 17 (1), R 35 (1), R 135 (2), H 139

Stückzinsen 20 (2), H 154

Studienbeihilfen H 6, H 87

Studiendarlehen H 103

Studiengelder bei ausländischen Studenten und Schülern R 166

Studienkosten, Beihilfen und Zuschüsse zu – H 87

Studienreisen H 117 a

Studienzuschüsse als wiederkehrende Bezüge R 165 (1)

Stundungszinsen H 121

Stichwortverzeichnis

T

Tage- und Sitzungsgelder R 168 b

Tages-, Wochenmütter H 195

Tageszeitungen H 117

Tankschiffe *82 f (5)*, R 41 a (4)

Tankstellen als Teilbetriebe H 139

Tantiemen 19 (1), R 19 (3), H 200

Tanzkurs H 195

Tanzschule H 136

Tarifbegrenzung bei gewerblichen Einkünften 32 c

Tätigkeit
- aktive – **2 a (2)**, R 5 (3)
- Aufwandsentschädigungen für nebenberufliche – **3**, H 6
- der Gesellschafter für die Gesellschaft **15 (1)**
- Einkünfte aus einer ehemaligen – **24**, H 167, R 171
- Einkünfte aus freiberuflicher – **18**, H 136, H 143
- Einkünfte als Entlohnung für mehrjährige – **34 (3)**, R 200, H 200
- als Entwicklungshelfer R 180 b, H 180 b
- gemischte – H 136
- gewerbliche – H 135, H 136
- künstlerische – H 136
- wissenschaftliche – H 136

Tätigkeitsstätte R 84, R 119 (3)

Tausch
- von Beteiligungen R 140 (3)
- von Grundstücken R 35 (2)
- von Mitunternehmeranteilen H 139
- bei Überschußrechnung H 16
- von Wirtschaftsgütern R 15 (1), R 32 a (2), R 41 a (7), R 41 c (5)

Teichwirtschaft 13 (1)

Teilbetrieb
- Veräußerung eines land- und forstwirtschaftlichen – **14**, R 131, H 131, H 133 a
- Veräußerung eines gewerblichen – **16 (1)**, R 16 (7), R 139 (3), H 139
- Verpachtung eines gewerblichen – H 137, R 139 (5)

Teileigentum
- AfA bei – **7 (5 a)**
- an Grundstücken und Grundstücksteilen R 13 (14), H 13 (4)

Teilherstellungskosten, Abschreibungen auf – **7 a (2), 7 d (5), 51 (1), 81 (4), 82 f (4)**, R 45 (6), H 45, R 213 n (2)

Teilrenten
- betriebliche – H 41 (13)

Teilungsanordnung Anh. 13

Teilwert R 35 a
- Abschreibungen auf den – R 33 (4, 8), R 35 (5), R 36 a (6), H 227 d, H 236
- Ansatz des – beim Vorratsvermögen R 36
- Ansatz von Wirtschaftsgütern mit dem – **2 a (1), 6 (1)**, H 5, H 13, R 33 a (2), R 35 a, R 36 a (6)
- einer Beteiligung H 35 a
- bei der Bewertung von Vieh R 125, H 125
- bei Einlagen im Zusammenhang mit einer Betriebseröffnung H 39
- einer Pensionsverpflichtung R 41, H 41
- bei unverzinslichen und niedrig verzinslichen Darlehensforderungen gegenüber Betriebsangehörigen H 35 a, Anh. 9
- von Verbindlichkeiten R 37, R 38
- von stark im Preis schwankenden Waren H 36
- von entnommenen Wirtschaftsgütern bei späterer Einlage R 39

Teilzahlungen R 16 (2), H 199

Telefonanschluß in der Wohnung H 117

Telefonhilfe H 190

Termingeschäfte R 137 (9), H 168 a, H 169

Textdichter
- im Ausland ansässiger – mit inländischen Einkünften H 222 a

Tierhaltung (Tierzucht) 13 (1), 15 (4), R 124 a, H 135, R 138 c, H 138 c

Tilgung
- von Ausbildungs- und Studiendarlehen H 103
- eines Baudarlehens H 92
- von Darlehen R 16 (2), H 16, H 88
- der Einkommensteuer 36
- von Schulden die zu einem land- und forstwirtschaftlichen Betrieb gehören **14 a (5)**, R 133 c

Todeserklärung eines Ehegatten H 174

Todesfallkosten als außergewöhnliche Belastung H 186, R 188, H 188

Tonträger in der Schallplattenindustrie H 31 a

Torfstiche 15 (1), H 135

Trägerkleinsiedlungen 7 b (5), 21 a (6)

Trägerunternehmen 4 c, R 27, R 27 a, H 27 a

Transitorische Posten R 31 b (1)

Trauerkleidung, Ausgaben für – H 188

Trennungsgeld, steuerfreies – **3**, H 6

Trennwände R 13 (3)

Treuhandkonten, Zinsabschlag bei – Anh. 36

Trinkgelder, steuerfreie – ohne Rechtsanspruch **3**, R 6

Trivialprogramme R 31 a (1), H 40

Trockenräume R 42 a (3)

Stichwortverzeichnis

U

Überbrückungsgeld 32 b

Überführung
- von Wirtschaftsgütern von einem Betrieb (Betriebsstätte) in einen anderen R 14, H 14, R 41 a (7), R 83 (4), R 139, H 139
- von Wirtschaftsgütern aus Betriebsvermögen in Privatvermögen und umgekehrt R 43 (6), H 43, R 83 (5), H 83, H 139, H 169

Übergangsgelder (Übergangsbeihilfen)
- auf Grund des Abgeordnetengesetzes 22
- steuerfreie – 3, 32 b, H 6

Überlassung
- land- und forstwirtschaftlich genutzter Flächen H 42, R 130 a (1)
- von Wirtschaftsgütern des Gesellschafters an Gesellschaft 15 (1)
- einer Wohnung H 86 b, H 161, R 162, R 164 (2), H 164, R 213 a (2)
- der durch Beleihung/Auszahlung der Bausparsumme empfangenen Beträge H 94

Übernachtungsaufwendungen R 21 (12), H 117 a, R 119 (2, 3), H 119

Übernutzung R 205, H 205, R 208, H 208

Überschuß
- der Betriebseinnahmen über die Betriebsausgaben 4 (3), 13 a (2), R 16
- der Einnahmen über die Werbungskosten 2 (2)

Überschußanteile
- ausgezahlte oder gutgeschriebene – bei Versicherungen H 88

Übersetzer 18 (1)

Übersetzungsbüro H 136

Übertragung
- von Bausparverträgen auf eine andere Bausparkasse 32
- des Behinderten-Pauschbetrags R 188 (5), H 194
- teilentgeltliche – eines Betriebs R 139 (7)
- unentgeltliche – eines Betriebs, Teilbetriebs usw. **7,** R 17 (3), R 31 a (4), H 31 a, R 41 c (6), R 77 (2), R 83 (5), R 139 (6), H 139, Anh. 13
- des Kinderfreibetrags R 181 a, H 181 a
- aufgedeckter stiller Reserven **6 b (3), 6 c,** R 35, R 41 b, R 41 d, R 43 (2)
- der Verlustabzugsberechtigung R 115 (4)
- Vermögens – von Eltern auf Kinder H 87, R 133 b (1), R 138 a (3) H 165, Anh. 13
- von Wirtschaftsgütern zwischen Personengesellschaften und Gesellschaftern R 14 (2, 3), Anh. 13

Übungsleiter 3, H 6

Umbau
- von Gebäuden und Schiffen **6 b (1),** R 41 b (2), R 41 c (3), H 43, H 44
- von unbeweglichen Wirtschaftsgütern in der Land- und Forstwirtschaft **76, 78**
- von Wohngebäuden **7 b, 21 a (6),** Anl. 3

Umgestaltung
- eines Gebäudes R 43 (5), H 43, H 169
- wesentlicher Betriebsgrundlagen H 139

Umlaufvermögen
- Bewertung des – **6 (1),** R 14, R 35 a (2), R 36, H 36, R 86 (1)
- Bewertungsabschlag beim – **80,** R 233 a
- Erwerb von – gegen Leibrente R 16 (4)
- Grundsätze R 32
- zum – gehörendes Vieh R 125 (2), R 125 a
- wesentliche Betriebsgrundlagen R 139 (8), H 139

Umrechnung
- ausländischer Steuern R 212 a
- des Tierbestands in Vieheinheiten R 124 a

Umsatzsteuer
- als Teil der Anschaffungs- und Herstellungskosten **9 b,** R 21 (2), R 86
- auf Anzahlungen 5 (5)
- als Betriebsausgaben (Werbungskosten) **9 b (2),** R 86 (4), H 86
- als Betriebseinnahme **9 b,** R 16 (3), R 86 (4)
- für Eigenverbrauch und Entnahmen 12
- bei Sachspenden R 111 (1)
- und Steuerabzug nach § 50 a EStG R 227 c, H 227 c
- als Teil der Veräußerungskosten H 139
- als Vertriebskosten R 33 (6)

Umschreibegebühren bei einem Bausparvertrag H 92

Umschuldung H 13, H 37

Umschulung, Aufwendungen für die berufliche – H 103

Umstellung
- eines land- und forstwirtschaftlichen Betriebs **6 b,** R 41 a (6)
- des Wirtschaftsjahrs **4 a (1), 8 b,** R 25, H 25, R 130 a (9)

Umstellungsgesetz R 168

Umwandlung
- von Einzelunternehmen und Personengesellschaften H 25, H 31, H 31 a, R 41 b (10), R 138 d (6)
- von Renten R 167 (7)
- von Rücklagen H 227 d

Umwandlungssteuergesetz R 41 c (1), R 83 (5), H 139, H 140, R 147 (2), H 147, H 227 d, Anh. 28

1647

Stichwortverzeichnis

Umweltschutz
– erhöhte Absetzungen bei dem – dienenden Wirtschaftsgütern **7 d**, R 77

Umzäunung und Gebäudeherstellungskosten H 13, H 42, R 157 (6), H 157

Umzugskosten H 186

Umzugskostenvergütungen
– steuerfreie – aus öffentl. Kassen **3**, H 6
– steuerfreie – im privaten Dienst **3**

Unfallkosten H 14, H 102, H 118, H 186

Unfallversicherung
– Beiträge zur – **10 (1)**, R 26 (1)
– steuerfreie Leistungen aus – **3**, H 6

Unland 55 (2), R 124 a (3)

Unrichtigkeit eines Bilanzansatzes R 15 (1), H 15

Unterbeteiligungen R 138 (5), R 138 a (3), R 138 d (3), H 154

Unterbringung
– Aufwendungen für auswärtige – **33 a (2)**, R 103, H 103, R 188, R 191 (3), H 191, R 195 (4)
– in einem Heim oder dauernd zur Pflege **33 a (3)**, H 186, R 187, H 190, H 192, H 192 a
– Kosten der – von Geschäftsfreunden R 21 (10)
– Kosten der – als Reisekosten R 119

Unterhalt
– von Angehörigen **12**, R 87 (3), R 123, R 190 (2), H 190, R 192 a
– eines geschiedenen oder dauernd getrennt lebenden Ehegatten **10 (1)**, R 86 b, H 86 b, H 123, H 161, H 167, H 190, R 192 a
– von Kindern **33 a (1)**, R 181 a, R 190 (1), H 190
– von erwerbsunfähigen Kindern R 180 d
– mitarbeitender Kinder R 19 (3)
– von Personen, für die kein Anspruch auf Kinderfreibetrag besteht **33 a (1)**, R 190, R 192 a, H 192 a
– durch Sachleistungen H 86 b

Unterhaltsbeiträge des Sozialamts H 190

Unterhaltsberechtigte Personen, Zuwendungen an – **12**, R 87 (3), R 123, H 123, R 166, H 174 c

Unterhaltsgeld
– bei ausländischen Studenten und Schülern R 166
– Steuerfreiheit des – nach dem Arbeitsförderungsgesetz **3, 32 b**

Unterhaltshilfe nach dem LAG und RepG H 6

Unterhaltsleistungen, Anlage U H 86 b

Unterhaltspflicht
– gesetzliche – **12**, H 123, R 177 (6), R 181 a, H 190

Unterhaltssicherungsgesetz
– nach dem – überwiesene Versicherungsbeiträge H 87 a

– steuerfreie Leistungen nach dem – **3 Nr. 48, 32 b**

Unterhaltszahlungen 10 (1), 12, 33 a (1), R 123, H 123, R 166, H 166, R 167, H 167, R 181 a, R 190, H 190, R 191 (4)

Unterhaltszuschüsse an Beamte im Vorbereitungsdienst H 6

Unterhaltung von Geschäftsfreunden R 21, R 22 (1), R 119 (2)

Unternehmen
– Begriff des inländischen – **73 a (1)**

Unternehmensform
– Rücklage bei Änderung der – R 41 b (10)
– Geschäftswert bei Änderung der – H 31 a

Unternehmensstruktur, Verbesserung der – eines Wirtschaftszweiges **6 b (1)**

Unterrichtsanstalt H 136

Unterstützung
– von Angehörigen H 186
– von Arbeitnehmern H 6 Nr. 11

Unterstützungskassen
– Ermittlungszeitpunkt H 27 a (4)
– Zuwendungen an – **4 d**, R 27 a, H 27a (2, 4), R 33 (5), R 41 (17)

Untervermietung R 137 (3), R 161 (1)

Unwetterschäden als außergewöhnliche Belastung H 186, R 189

Urheberrechte
– Begriff der – **73 a (2)**
– Einkünfte aus Überlassung von – **21 (1)**, H 213e, R 222 a, R 227 a
– als immaterielle Wirtschaftsgüter H 31 a
– Rückstellungen wegen Verletzung von – R 31 c (8)

Urheberrechtsgesetz 73 a (2)

Urlaubskassen
– Rückgriffsansprüche H 38

V

VBL-Renten H 167

Veranlagung
– bei Bezug von Einkünften aus nichtselbständiger Arbeit **46**, H 70, R 150, R 215, R 217
– vorläufige – H 112, R 133 c, R 134 b, R 157
– bei Wechsel zwischen unbeschränkter und beschränkter Steuerpflicht R 227

Veranlagung von Ehegatten
– Allgemeines **26, 26 a, 26 b, 46 (2), 61, 62 c, 62 d**, R 85, H 115, R 172, R 174 bis R 174 c, H 174, R 215

1648

Stichwortverzeichnis

- besondere – für den VZ der Eheschließung **25 (3), 26 c, 46 (2), *56 (1),*** H 3, R 174 (4), R 174 c, H 174 c, H 184 a
- bei Bezug von Einkünften aus nichtselbständiger Arbeit **46, *70,*** R 215, R 217
- Ermittlung des zu versteuernden Einkommens bei – H 3
- getrennte – **26, 26 a, 46 (2), 61, *62 c (1), 62 d (1),*** R 172, R 174 (3), R 174 a, H 174 a, R 184 b
- Zusammen – **26, 26 b, *62 c (1), 62 d (2),*** R 85, R 174 (3), R 174 b, R 184 b

Veranlagungszeitraum 25

Veranstaltungen
- gesellschaftliche – H 117
- kulturelle – H 117
- Ausgaben bei – von Berufsverbänden H 84

Veräußerung
- bestimmter Anlagegüter des Betriebsvermögens **6 b, 6 c,** R 41 a, R 41 b, H 41 b, R 41 d, H 41 d, R 83 (5)
- von Anlagevermögen bei Gewinnermittlung nach Einnahmenüberschußrechnung R 16 (3, 5), H 16
- von Anlagevermögen – Zeitpunkt H 16
- Begriff der – R 41 a (7)
- einer Beteiligung an Kapitalgesellschaft **16 (1), 17,** R 139 (3), R 140, H 140, H 169, R 223
- eines Betriebs **6 (2)**
- des gewerblichen Betriebs (Teilbetriebs, Anteils) **16,** R 139, H 139, H 167
- von Dividendenscheinen **20 (2), 36 (3)**
- zwischen Gesellschaft und Gesellschafter H 14
- von Grund und Boden eines land- und forstwirtschaftlichen Betriebs **13 a (8), 14 a (4, 5),** R 133 c, H 133 c, H 135
- von Grund und Boden bei Überschußrechnung R 16 (3)
- von Hunden H 135
- von Schutzrechten R 227 a
- von Wirtschaftsgütern gegen Kaufpreisraten R 16 (5)
- eines land- und forstwirtschaftlichen Betriebs (Teilbetriebs) **14, 14 a,** R 131, H 131, R 133 a, H 133 b, H 167
- von land- und forstwirtschaftlichem Vermögen nach dem BVFG **3**
- von Wirtschaftsgütern gegen Rente R 16 (5)
- des der selbständigen Arbeit dienenden Vermögens **18 (3),** R 147, H 147
- von teils privat genutzten Wirtschaftsgütern R 13 (1), H 21
- auf Grund behördlichen Zwangs R 35 (2), R 41 a (8), R 41 c (6), R 132, H 169

Veräußerungsgewinn, s. Gewinn

Veräußerungskosten 6 b (2), 14 a (4), 16 (2), 17 (2), R 139 (12), R 140 (5)

Veräußerungspreis 6 b (2), 14 a (4), R 41 d, R 131, R 139 (10)

Verausgabung 11 (2), R 26 (3), H 116, H 186

Verbesserung der Unternehmensstruktur eines Wirtschaftszweigs durch Erwerb (Veräußerung) von Anteilen an Kapitalgesellschaften **6 b (1)**

Verbindlichkeiten
- Ablösung von – durch Bausparmittel H 92
- als Anschaffungskosten R 32 a (2)
- in ausländischer Währung R 37 (2)
- Bewertung eines Filmkredits H 37
- Bewertung von – **6 (1),** R 37, R 38
- Übernahme beim teilentgeltlichen Wettbewerb H 115 a
- eines § 10 e-Objekts/vorweggenommene Erbfolge H 115 a
- ungewisse – R 31 c (2 - 5)
- Zuordnung von – zum Betriebs-/Privatvermögen R 13 (15)

Verbrauchsteuern, Aktivierung von – **5 (5),** R 33 (6)

Vercharterung
- von Handelsschiffen **34 c (4),** R 222 (2)
- eines Motorbootes H 134 b

Verdienstausfallentschädigung nach dem USG **32 b**

Vereinbarungen, zwischenstaatliche
- und unbeschränkte Steuerpflicht H 1
- und Steuerbefreiungen H 7

Vereinnahmung 11 (1), H 116
- von Durchlaufspenden R 111 (3)

Verfahren, Überlassung von – im Ausland **2 a (2)**

Verfahrenskosten
- als Betriebsausgaben H 24
- der Ehescheidung als außergewöhnliche Belastung H 186

Verfolgte
- Steuervergünstigungen für – aus Gründen der Rasse, Religion usw. **7 e, 10 a, *13,*** R 78 a, R 189

Verfügung
- wirtschaftliche – bei Zahlung, Verrechnung, Gutschrift H 116
- vorzeitige – über Bausparbeiträge R 94

Verfügungsmacht H 30, R 41 a (7), H 116

Vergleichswert 13 a (4), R 130 a

Vergütung(en)
- an Gesellschafter **15 (1)**
- für mehrjährige Tätigkeit **34 (3),** R 200, H 200
- für die Nutzung beweglicher Sachen, Rechte usw. **50 a (4), *73 f,*** R 227 c
- für vertragswidrige Behandlung einer Miet- oder Pachtsache H 161
- von KSt **36 (2), 36 b, 50 b,** H 213 f, R 213 j, R 213 k, R 213 m
- von KSt auf Grund von Sammelanträgen **36 c, 36 d,** R 213 l

Stichwortverzeichnis

- von KSt an Vertreter des Anteilseigners **36 d,** R 213 m
- des KSt-Erhöhungsbetrags an beschränkt Einkommensteuerpflichtige **36 e**
- für die Rücknahme des Widerspruchs gegen Baumaßnahmen H 168 a

Verkaufsautomaten als Betriebsvorrichtung H 42

Verlagsrechte H 31 a

Verlagswert R 14 (4)

Verlegung
- des Wohnsitzes in das Ausland H 149, R 222 (4),
- des Wohnsitzes und Zuständigkeit bei der Besteuerung H 2

Verletztengeld 32 b

Verlustabzug 2 a, 10 d, 15 (4), 15 a, 50 (1), 57 (4), R 3, R 5, R 115, R 227, H 237
- bei Ehegatten **26 a (3), 62 d,** R 115 (7), H 115, H 174 a, R 174 b
- Feststellung des verbleibenden – **10 d (3),** R 115 (7)
- verbleibender – **10 d (3),** R 115 (7)
- in Verbindung mit § 57 Abs. 4 EStG H 115 a

Verlustausgleich 2 a, 10 d, 15 (4), 15 a, R 5, R 115, H 115, R 138 d
- im Sinne des § 34c Abs. 4 EStG H 212b

Verlustdeckung
- bei Schwester-Personengesellschaften H 18

Verluste
- im Ausland **2 a,** R 3, R 5, H 5, R 138 d (4), H 185
- bei beschränkter Haftung **13 (5), 15 a, 18 (4), 20 (1), 21 (1),** R 138 d, Anh. 29
- Bilanzänderung bei – H 15
- drohende – R 31 c
- aus Entnahme oder Veräußerung von Grundstücken **55 (6)**
- des Erblassers H 115
- gesonderte Feststellung von – nach § 34c Abs. 4 EStG H 212b
- aus gewerblicher Tierzucht (Tierhaltung) **15 (4),** R 138 c, H 138 c
- aus schwebenden Geschäften R 38 (6)
- aus Spekulationsgeschäften **23 (4)**
- verrechenbare – **15 a (4),** R 138 d
- bei Vorauszahlungen **37 (3)**

Verlustklausel bei Sonderabschreibungen R 45 (8)

Verlustrücktrag, s. Verlustabzug

Vermächtnisnehmer R 94 (8), R 136, R 147, H 167, H 213 e

Vermächtnisrenten H 167

Vermessungsingenieure 18 (1)

Vermietung und Verpachtung
- Einkünfte aus – **2 (1), 2 a, 21, 21 a, 34 d, 49 (1),** R 84, H 86, R 157, H 157, R 161 bis R 164 b, H 161 bis H 164 a, R 213 n (2)
- Abgrenzung Vermögensverwaltung und Gewerbebetrieb R 137, Anh. 17

Vermittlungen, gelegentliche – **22,** H 168 a

Vermittlungsprovisionen
- bei Darlehensaufnahme H 37

Vermögensbeteiligungen von Arbeitnehmern **19 a, 36 c (2), 36 d (2)**

Vermögensbildungsgesetz 10 (2, 5), H 7, R 19 (1), H 190, Anh. 32
- Verordnung zur Durchführung des Fünften -es Anh. 32

Vermögensrückgabe im Beitrittsgebiet Anh. 6

Vermögensteuer R 33 (6), H 121

Vermögensübersicht 4 (2), 60

Vermögensverwaltung, Abgrenzung der – gegenüber dem Gewerbebetrieb R 137, H 137, Anh. 17

Vermögenswirksame Leistungen 10 (2, 5), Anh. 31
- als anzurechnende Bezüge unterstützter Personen H 190
- an Arbeitnehmer-Ehegatten R 19 (1)

Vermögenszuwachs R 19 (2), R 222 (4)

Verpachtung
- eines Betriebs R 25 (4), R 83 (5), R 137 (1), H 137, R 139, H 139
- Betriebsaufgabe im Fall einer – R 131 (5)
- eines land- und forstwirtschaftlichen Betriebs R 131, H 131
- einer Praxis H 136, H 147

Verpächterwahlrecht H 135 (5), Anh. 8

Verpflegungsmehraufwendungen 3, 4 (5), 9 (1, 2), H 21, R 22 (1), R 23 (4), H 103, H 117 a, R 119, H 119, R 188 (3)

Verpflegungszuschüsse
- steuerfreie – **3**

Verpflichtung
- zur Abführung von Mehrerlösen R 24
- zur Aufbewahrung von Buchführungsunterlagen R 29
- zur Aufbewahrung der Inventurunterlagen R 30 (2)
- zur Aufstellung einer Aufgabe- oder Veräußerungsbilanz H 16
- zur Bestandsaufnahme R 30, R 31
- zur Buchführung R 12 (2), R 28, R 127 (3, 5), R 142

Verschmelzung von Kapitalgesellschaften R 41 c (6), H 154, H 227 d, Anh. 28

Stichwortverzeichnis

Verschollene R 174 (1), H 174, H 184 a

Verschulden
– bei Schäden an Vermögensgegenständen H 186

Versicherungen
– ausgezahlte oder gutgeschriebene Dividenden, Gewinn- oder Überschußanteile bei – H 88
– ausländische – H 87 a, Anh. 32
– Beiträge zu – als Vorsorgeaufwendungen (Sonderausgaben) **10 (1),** H 87 a, R 88
– rückvergütete Beiträge zu – H 86 a, H 88
– Unterlassen einer Versicherungsmöglichkeit H 186
– Zinsen aus – R 154

Versicherungsaufsichtsgesetz R 28

Versicherungsleistungen H 13, H 26, R 35, H 35, H 139

Versicherungsprovision
– Zufluß, wenn Gutschrift auf Kautionskonto H 116

Versicherungssteuer als Versicherungsbeitrag H 88

Versicherungsunternehmen mit Erlaubnis zum Geschäftsbetrieb im Inland **10 (2),** H 87 a, Anh. 32

Versicherungsvertreter R 134 (3), H 136

Versorgung
– der – dienende Zuwendungen **12,** R 123, H 167

Versorgungsabfindungen auf Grund des Abgeordnetengesetzes **22**

Versorgungsausgleich H 87, H 88, H 186

Versorgungsbeiträge bestimmter Berufsgruppen H 88, H 144

Versorgungsbezüge
– auf Grund des Abgeordnetengesetzes **22**
– Ablösung von – (Versorgungsrenten) H 87
– bei Bemessung der Vorsorgepauschale H 114
– als anzurechnende Bezüge unterstützter Personen H 190
– Nachzahlung von – **34 (3),** H 200
– Steuerfreiheit der – auf Grund gesetzlicher Vorschriften **3**
– Veranlagung bei – aus mehreren Dienstverhältnissen **46 (2)**

Versorgungseinrichtungen der Ärztekammern H 144

Versorgungs-Freibetrag 19 (2), 22, H 114, H 190, R 200 (4)

Versorgungskassen
– Beiträge an – als Vorsorgeaufwendungen H 88, H 144

Versorgungskrankengeld 32 b

Versorgungsrente H 167, H 171
– Ablösung einer – H 87

Versorgungszuschlag H 106

Verspätungszuschläge H 121

Versteckte Mängel
– Beseitigung – R 157 (5)

Versteigerer H 136

Verstorbene Personen
– Ermittlung der ESt bei – **32 a (6),** H 184 b
– Wahl der Veranlagungsart R 174 (3)

Verteilung
– von größerem Erhaltungsaufwand bei Gebäuden **82 b,** R 157 (2), H 157
– des Hinzurechnungsbetrags bei Wechsel der Gewinnermittlungsart R 17 (2), H 17, H 213

Verträge
– zwischen Angehörigen R 19 (1), H 19
– zwischen Ehegatten **7 b (1),** R 19 (1), H 19
– zwischen Schwester-Personengesellschaften H 18

Vertreterrecht H 31 a

Vertriebene
– Entschädigungen für Sparguthaben von – H 6
– Steuervergünstigungen für – **7 e, 10 a, 13**

Vertriebskosten R 33 (1), R 33 (6)

Verwalterentgelt H 153

Verwaltungskosten
– bei Bausparverträgen H 92
– bei Einkünften aus Vermietung und Verpachtung H 153
– als Herstellungskosten R 33

Verwarnungsgelder 4 (5), R 24 (1, 5), H 120

Verwendung
– von Bausparmitteln zum Wohnungsbau **10 (5), 31,** R 92, H 92, R 94, H 94
– von Spenden R 111, H 111

Verwitwete
– Ermittlung der ESt bei – **32 a (6),** H 184 a, H 184 b

Verzeichnis
– Anbau – H 127, R 128
– der betrieblichen Wirtschaftsgüter bei erhöhten Absetzungen und Sonderabschreibungen **7 a (8),** H 45, H 231
– der sofort abgesetzten GWG **6 (2),** R 31 (3), R 40 (3, 4)
– der Wirtschaftsgüter des Anlagevermögens **4 (3), 6 c (2),** R 17 (1), R 31, R 125 a

Videorecorder H 117

Vieh-Bewertung R 125, H 125, H 125 a

Vieheinheiten 13 (1), 13 a (1), R 124 a

1651

Stichwortverzeichnis

Volkshochschuldozenten H 146

Vollarbeitskräfte 13 a (5), R 130 a (4)

Voraustilgung H 92

Vorauszahlungen 37, H 92, H 101, R 213 n, H 213 n
- abweichende Zeitpunkte für – **37 (2)**
- Anrechnung der Einkommensteuer – **36 (2)**
- Anrechnung der KSt bei – auf die ESt **37 (3)**
- Bemessung der – **37 (3),** R 213 n
- Entstehung der – **37 (1)**

Vorbehalt der Nachprüfung R 15 (3), H 112

Vorbehaltsnießbrauch R 14

Vorbesitzzeit im Sinne des § 6 b Abs. 4 Nr. 2 EStG H 41 c

Vordienstzeiten R 41 (12)

Vordruckmuster 51 (4)

Vorfinanzierung einer Baumaßnahme H 94

Vorführwagen H 32, Anh. 9

Vorkaufsrecht
- Entgelt für die Einräumung eines – H 168 a

Vorkostenabzug nach § 10 e Abs. **6** H 115 a

Vormundschaftsgericht
- Genehmigung von Gesellschaftsverträgen mit minderjährigen Kindern durch – R 138 a (3)
- Begründung der Annahme als Kind durch – H 176

Vorratsvermögen
- Bestandsaufnahme des – R 30, H 30
- Bewertung des – **5 (3), 6 (1),** R 32 (3), H 32, R 36, H 36, R 36 a

Vorruhestandsgeld H 6 Nr. 9

Vorruhestandsleistungen
- Rückstellungen für – H 31 c (3)

Vorschüsse als Betriebseinnahmen oder Betriebsausgaben R 16 (2)

Vorschußzahlungen
- Winterraps H 127

Vorsorgeaufwendungen 10, 10 c, *29 bis 32*, H 87 a, R 88, H 88, R 89, H 89, R 92, H 92, R 94, H 94, R 95, H 95, H 109 a, R 114, H 114

Vorsorgekuren R 188 (1)

Vorsorgepauschale 10 c, R 114, H 114

Vorsteuer 6 (2), 9 b, H 13, R 21 (2), R 33 (6), R 40 (3), R 86, H 86
- nach § 15 a UStG zurückzuzahlende Vorsteuerbeträge H 86

Vorteil
- geldwerter – **19 a,** H 116

Vortragswerber H 136

Vorwegabzug von Versicherungsbeiträgen **10 (3),** H 106
- Kürzung bei Ehegatten H 106

Vorzugskurs
- Überlassung von Aktien an Arbeitnehmer zu – **19 a**

Vorzugsrenten auf Grund Gesetz über Ablösung öffentl. Anleihen **3**

W

Waffen
- Herstellung/Lieferung von – **2 a (2)**

Wählervereinigungen 34 g, R 4, H 213 b, Anl. 6

Wahlkampfkosten 22, H 168 b

Wahlkonsuln H 6

Wahlrecht
- für Abzug oder Anrechnung ausländischer Steuern R 212 d
- für Bausparbeiträge **10 (4),** R 95, H 95
- für die Behandlung von Zuschüssen R 34 (2), R 163 (3)
- für die Besteuerung des ermittelten Gewinns in der Land- und Forstwirtschaft R 127
- bei Realteilung H 139
- für Veranlagungsart **26,** H 115, R 174 (3, 4), H 184 b
- für die Versteuerung stiller Reserven bei Verpachtung R 139 (5)
- für die Versteuerung einer Veräußerungsrente R 139 (11), R 147 (4)
- zur Bestimmung des Wirtschaftsjahrs R 25 (2), H 25

Währungsausgleichsgesetz H 6

Währungsklauseln H 167

Waisenrenten R 27 a (2), R 41, H 167

Wald
- Anschaffungs- oder Herstellungskosten eines – R 128 a, R 212 (1), H 212
- Aufwendungen für – bei Überschußrechnung R 16 (3)

Wanderschäferei 13 (1)

Warenbewertung R 36, H 36

Wareneingangsbuch R 29 (5)

Warenzeichen, Entgelt für Verzicht auf – H 168 a

Warenzeichengesetz *73 a (3)*

Wartegelder 19 (1)

Waschküchen R 42 a (3)

Waschmaschinen H 33 a, H 186

Wechsel
- der AfA-Methode bei Gebäuden R 44 (8), H 44

Stichwortverzeichnis

- des Arbeitsortes **34 f**
- der Bewertungsmethoden R 36 a (5)
- der Gewinnermittlungsart R 12 (2), R 13 (16), H 13, R 16 (6), R 17, H 17, R 19, R 41 b (12), H 41 d, R 127 (6), H 130 a, Anl. 1
- zwischen unbeschränkter und beschränkter Steuerpflicht R 227, H 227
- Zeitpunkt der Leistung bei Hingabe von – **7 a (2)**, H 45
- Zufluß von Einnahmen bei Hingabe von – H 116

Wegebaukosten in der Forstwirtschaft H 209

Wehrdienstbeschädigte 3

Wehrpflichtgesetz R 180 b (1), H 180 b

Wehrpflichtige 32 (4), H 87 a, H 186, H 190

Wehrsoldgesetz 3 Nr. 5, H 6, H 192

Weinbau 13 (1), 13 a (4, 8), 55 (2), R 124 a (3), R 213 (6)

Weiterbildung, Aufwendungen für die – in einem nicht ausgeübten Beruf **10 (1)**, R 103, H 103

Werbeberater H 136

Werbungskosten
- Abfluß von – H 116
- Abgrenzung der – von den Lebensführungskosten **12**, R 117, H 117
- Begriff der – **9 (1)**
- bei beschränkter Steuerpflicht **50 (1)**
- bei Einkünften aus Kapitalvermögen R 153, H 153
- bei sonstigen Einkünften H 168 a, H 168 b, H 169
- bei Vermietung und Verpachtung R 84, H 86, H 157, R 161, H 161
- Pauschbeträge für – **9 a**, R 85, H 85, R 200 (4)

Werkzeuge für Werkzeugmaschinen H 40

Werkzeuggeld
- steuerfreies – **3 Nr. 30, 9 (1)**, H 6 Nr. 30

Wertaufhellende Umstände R 29 (2)

Wertminderungen
- von Anteilen durch Gewinnausschüttungen **50 c**, R 227 d, H 227 d
- des Vorratsvermögens R 36

Wertpapierdepot 36 c (1), H 153, R 213 k (1)

Wertpapiere
- auf-/abgezinste – H 154
- An- und Verkauf von – als gewerbliche Tätigkeit oder Vermögensverwaltung H 134 a, R 137 (9), H 137
- Emissionsdisagio festverzinslicher – H 154
- Pensionsgeschäfte mit – H 168 a
- Schuldzinsen im Zusammenhang mit Erwerb von – H 153
- Spekulationsgeschäfte mit – **23 (1)**

- Zugehörigkeit von – zum Betriebsvermögen R 13

Wertpapierfonds
- Anspruch auf Ausschüttungen H 13 (1)

Wertsicherungsklauseln R 16 (4), H 154, R 167 (3), H 167

Wertverzehr des Anlagevermögens als Teil der Herstellungskosten R 33 (1, 4)

Wettbewerbsverbot H 14 (2–5), R 140 (6), H 168 a, H 199

Wiederaufforstungskosten 51 (3)

Wiederbeschaffung von Hausrat oder Kleidung R 189, H 189, H 190

Wiederbeschaffungskosten R 31 c (11), R 35 a, R 36 (2), H 236

Wiedereingliederungshilfe im Wohnungsbau **10**, H 92, Anh. 36

Wiedergutmachungsleistungen 3 Nr. 8, H 6 Nr. 8

Wiederinstandsetzung von Hausrat R 189

Wiederkaufrecht R 35 (2)

Wiener Übereinkommen über diplomatische und konsularische Beziehungen H 6 Nr. 29

Windkraftanlagen 51 (1), 82 a

Winterraps
- ertragsteuerliche Behandlung H 127

Wirtschaftserschwernisse H 31 b, H 130 a, H 131
- Entschädigungen für – H 130 a, H 131

Wirtschaftsgebäude R 42 a, H 42 a, R 44

Wirtschaftsgüter
- abnutzbare – R 42
- des Anlagevermögens privater Krankenhäuser **7 f**, R 82
- des Anlage- oder Umlaufvermögens R 32, H 32
- Ausscheiden von – aus dem Betriebsvermögen infolge höherer Gewalt R 35, H 35
- bewegliche – R 42 (2), H 42
- Bewertung von – **6 (1)**, R 15 (3), R 35 a, R 36
- Bewertungsabschlag für bestimmte – R 233 a
- Einheitlichkeit eines – R 13 (3, 4), R 42 a (4)
- Einlage von – R 14 (1), H 14 (1), R 31 a (4)
- Entnahme von – R 14, H 43
- firmenwertähnliche – Anh. 9
- für Forschung oder Entwicklung R 234
- Gebäudeteile als – R 13, H 13 (4), R 42 (5), H 42
- geringwertige – **6 (2)**, R 40, H 40, R 86 (5)
- immaterielle – **5 (2)**, R 14 (4), H 14 (1), R 31 a, H 31 a, R 42, H 42
- neue – R 83 (4), H 83
- teilweise betrieblich genutzte – R 16 (6), R 18
- Überführung von – ins Ausland H 14
- Übertragung von – R 14 (2, 3), R 31 a (4)
- die dem Umweltschutz dienen **7 d**, R 77

1653

Stichwortverzeichnis

- unbewegliche – H 42
- unentgeltlich erworbene – **11 d (1)**, R 43 (3), H 169
- Veräußerung bestimmter betrieblicher – **6 b, 6 c,** R 41 a bis R 41 d, H 41 b bis H 41 d
- vertretbare – R 36 (3)
- wertlose – R 36 (1)
- Zugehörigkeit von – zum Betriebsvermögen R 13, H 13

Wirtschaftsjahr
- bei Betriebsverpachtung R 25 (4), H 25
- Gewinnermittlung bei abweichendem – H 4, R 25, H 25
- bei Land- und Forstwirten **4 a, 13 a, *8 c*,** H 15, R 25 (3), H 25
- Umstellung des – **4 a (1), 8 b,** R 25, H 25
- Zeitraum des – **4 a (1), 8 b**

Wirtschaftsprüfer 18 (1), H 136

Wirtschaftsstrafgesetz R 24 (1)

Wirtschaftsüberlassungsvertrag H 19, H 42, H 126

Wirtschaftswege R 41 a (2)

Wirtschaftswert 14 a (1), R 130 a (1, 2)

Wirtschaftswissenschaftler H 136

Wissenschaftliche Tätigkeit 18 (1), H 6, H 136

Wissenschaftliche Zwecke 10 b, *48, 50,* R 111, R 113

Witwen- und Waisengelder 19 (1, 2)

Witwen- und Witwerrente R 167 (8), H 167

Wochenendhaus
- Errichtung eines – auf betrieblichem Grundstück H 13, H 13 (7), H 14

Wohnbesitz im Sinne des WoBauG Anh. 4

Wohneigentumsförderung 10 e, 10 f, 10 h, 34 f, R 3, H 115 a, R 115 b, R 213 a, H 213 a, Anh. 34

Wohnflächenberechnung Anh. 4

Wohngebäude, erhöhte Absetzungen für – **7 b,** R 52, Anl. 3

Wohngeld, Steuerfreiheit von – **3 Nr. 58**

Wohngeldgesetz 3 Nr. 58

Wohnsitz 1, H 1
- Verlegung des – H 2, H 140, H 149

Wohnung
- im Ausland H 213 h
- Fahrten zwischen – und Arbeits-, Ausbildungs-, Betriebs-, Tätigkeits-, Weiterbildungsstätte **4 (5), 9 (1),** R 23, H 23, R 84, H 84, H 103, H 118
- eines Land- und Forstwirts **13 (3, 7), 13 a (2), 52 (15), *22 (5),*** R 14 (1), H 127, R 130 a (7), H 130 a, H 133 a, Anh. 25

- Mietwert der – im Betriebsgrundstück R 18 (2), H 18
- nichtabziehbare Aufwendungen für – **12**
- mit Sozialbindung **7 k,** H 83 c
- Steuerbegünstigung der zu eigenen Wohnzwecken genutzten – im eigenen Haus **10 e,** H 115 a, Anh. 25, 26
- als Tätigkeitsstätte R 84
- Überlassung einer – an geschiedenen Ehegatten H 86 b, H 161
- Überlassung an Unterhaltsberechtigte R 164 b
- Versteuerung des Nutzungswerts einer – **13 (2), 21 (2), 21 a,** R 162, H 162, R 164 b
- vorübergehende Vermietung einer – nach Ende der Nutzungswertbesteuerung R 161 (1)

Wohnungsbau
- Wiedereingliederungshilfe im – für Ausländer **10 (5),** Anh. 35

Wohnungsbaugesetz 10 (1), 51 (1), *15 (3),* Anh. 4

Wohnungsbauprämie H 92, R 95

Wohnungseigentumsgesetz R 13 (14)

Wohnungsrecht H 87a

Wohnzwecke 34 f, R 42 a (2–4), H 42 a, R 213 a
- keine – häusliches Arbeitszimmer H 42 a

Z

Zahngold
- Gewinnermittlung nach § 4 (3) – Zahnarzt H 16
- Golderwerb H 143
- notwendiges Betriebsvermögen H 13 (1)

Zahnpraktiker H 136

Zeitpunkt der Aufwendungen bei Anzahlungen, Hingabe von Schecks und Wechseln **7 a (2),** H 45, H 116

Zeitrenten R 139 (11), H 165, H 167

Zerlegungsgesetz H 2, Anh. 35 a

Zentralheizung *82 a,* R 157 (1)

Zero Coupon Bonds H 154

Zierpflanzenbau R 130 a

Zimmervermietung R 137 (3), R 161 (1)

Zinsabschlag 43 a, Anh. 36

Zinsanteil
- von Rentenzahlungen **9 (1),** R 16 (4)
- in unverzinslichen Geldleistungsverpflichtungen R 38 (3)

Zinsen
- nach den §§ 233 a, 234, 237 AO **10 (1)**
- Abziehbarkeit privater – H 13, R 16, H 16, H 121, H 161, H 186
- Abzug von – bei Pauschalierung des Nutzungswerts **21 a (3, 4)**

Stichwortverzeichnis

- Abzug von – als Werbungskosten **9 (1)**, H 153, R 163
- für Arbeitgeberdarlehen **3**, H 6
- für Ausbildungsdarlehen H 103
- als außergewöhnliche Belastung H 186
- für Baudarlehen H 92
- auf Bausparguthaben H 92, H 161
- beim beherrschenden Gesellschafter H 116
- besondere Behandlung von – **45 b**
- nach Betriebsveräußerung oder Betriebsaufgabe R 16 (7), H 171
- Ersparnis von – bei Arbeitgeberdarlehen H 6
- für Fremdkapital als Herstellungskosten R 33 (7)
- bei der Gewinnermittlung nach Durchschnittssätzen **13 a (3)**, R 130 a (6), H 130 a
- als Herstellungskosten R 33 (7)
- auf hinterzogene Steuern **4 (5)**
- kalkulatorische – für Eigenkapital R 33 (7)
- für Kontokorrentkredite H 16, Anh. 16
- als nachträgliche Betriebsausgaben R 16 (7), H 161, H 171
- Nachzahlung von – für mehr als 3 Jahre R 199 (2), H 199
- rechnungsmäßige und außerrechnungsmäßige – aus Sparanteilen von Versicherungsverträgen **20 (1), 43 (1), 49 (1)**, R 154, H 154
- Sonderausgabenabzug von – **10 (1)**, H 92
- steuerfreie – aus Schuldbuchforderungen **3**, H 7
- Steuerfreiheit bestimmter – H 154
- Steuerpflicht der – **20 (1), 43 (1), 49 (1)**, R 154, H 154
- Zufluß von – **11**, H 116
- Zuschüsse zu – **3**, H 6, R 163 (2)

Zivildienst 3, 32 (4), R 180 b, H 180 b, R 191

Zivildienstbeschädigte 3, H 6

Zivildienstgesetz 3 Nr. 5, H 6 Nr. 5, H 87 a, R 180 b (1), H 180 b, H 194

Zölle, Aktivierung der – **5 (4)**, R 33 (6)

Zonenrandförderungsgesetz R 45, R 77 (2), H 77, Anh. 37

Zubauten bei Wohngebäuden Anl. 3

Zufluß
- von Aufsichtsratsvergütungen und Vergütungen im Sinne des § 50 a EStG **73 c**
- von Betriebseinnahmen bei Überschußrechnung R 16 (2), H 16
- von Einnahmen **11 (1)**, H 116, R 140 (6), H 154
- von Entschädigungen H 199
- von Provisionszahlungen H 16

Zugabeverordnung R 21 (3)

Zugewinnausgleich H 161

Zugewinngemeinschaft H 174 a

Zukauf von fremden Erzeugnissen in der Land- und Forstwirtschaft R 135

Zukunftssicherungs-Ausgaben
- steuerfreie – des Arbeitgebers **3, 10 (3)**, H 6, H 86 a
- zugunsten des Arbeitnehmer-Ehegatten H 19, R 41 (11)

Zulage für Arbeitnehmer in Berlin (West) H 190

Zumutbare Belastung 33, R 186 (2), H 195

Zusammenrechnung von Ehegattenanteilen bei Betriebsaufspaltung R 137 (7, 8)

Zusammenveranlagung von Ehegatten
- Allgemeines **26, 26 b, 34 e (2), 62 c (2), 62 d (2)**, R 85 (1), H 124, R 174 b, H 184 b
- Ermittlung des zu versteuernden Einkommens bei – H 5, R 114, R 115 (7), R 138 c, R 156 (1), R 171 a, R 172, R 174 (3), R 174 b
- Feststellung gemeinsamer Einkünfte H 174 b
- Zusatztabellen **32d**, Tabellen

Zuschläge
- für Sonntags-, Feiertags- oder Nachtarbeit **3 b**

Zuschreibung 6 (3), R 34 (2), R 35 (5), R 41 b (2)

Zuschüsse
- bei der Bewertung von Anlagegütern R 34, H 34, R 40 (6), R 43 (4), R 45 (4)
- zu Ausbildungskosten R 191 (5), H 191, H 192 a
- zur Finanzierung der Anschaffung oder Herstellung bestimmter Wirtschaftsgüter in der Land- und Forstwirtschaft **76 (2), 78 (2)**
- zur Finanzierung von Baumaßnahmen R 83 a (4), R 83 b (2), R 163, H 163
- zur Finanzierung von Umweltschutzinvestitionen **7 d (7)**
- des Jugendamtes an Pflegeeltern H 6
- nach dem Gesetz über eine Altershilfe für Landwirte H 7
- zu Krankenversicherungsbeiträgen auf Grund des Abgeordnetengesetzes **22**
- zur Krankenversicherung der Rentner **3, 10 (3)**, H 6, H 87 a
- von Mineralölgesellschaften H 34
- steuerfreie – des Arbeitgebers **3, 10 (3)**, H 87 a
- zu Studienkosten H 87, H 192 a
- zu Studienreisen H 117 a
- verlorene – R 31 a (2), H 34
- wiederkehrende – R 165 (2)
- zu Zinsaufwendungen **3**, H 6, R 163
- Zusammenballung von Einkünften H 199, H 200

Zuständigkeit
- bei der Besteuerung H 2
- des Bundesamts für Finanzen **36 b (3)**, H 2, R 213 j bis R 213 m, R 213 p (1), H 213 q, H 227 e
- für die Erstattung von Kapitalertragsteuer **44 b (1), 44 c**, R 213 j bis R 213 m, H 213 p
- im Lohnsteuerverfahren **39 (2), 42 c**
- für die Vergütung von KSt **36 b (3), 36 d (3)**, R 213 j bis R 213 m (1)

Stichwortverzeichnis

Zustimmung
- zum Antrag auf Sonderausgabenabzug von Unterhaltsleistungen R 86 b, H 86 b
- zur Bilanzänderung **4 (2),** R 15 (3), H 15
- zur Lifo-Methode R 36 a (5)
- zur Übertragung des Kinderfreibetrags **32 (6),** H 182
- zur Umstellung des Wirtschaftsjahrs **4 a (1), *8 b*,** R 25 (2), H 25

Zuwendungen
- freiwillige – **12,** R 123
- aus öffentlichen Mitteln zur Schaffung von Ausbildungsplätzen **24 b (1)**
- auf Grund einer freiwillig begründeten Rechtspflicht **12,** R 123, H 123
- an kirchliche, öffentlich-rechtliche Körperschaften R 113, H 113
- an Pensionskassen **4 c,** R 27
- an politische Parteien R 213 b, H 213 b
- steuerbegünstigte – R 111, H 111, R 113, H 113
- unentgeltliche – R 21 (3)
- an unterhaltsberechtigte Personen **12,** R 87 (3), R 123, H 123, H 174 c
- an Unterstützungskassen **4 d,** R 27 a, H 27 a, R 33 (5), R 41 (17)
- an unabhängige Wählervereinigungen H 213 b, Anl. 6

Zuwendungsgesetz R 27 a (3)

Zwangsgelder R 24 (4), H 121

Zwangslage
- Veräußerung auf Grund behördlichen Zwangs R 35 (2), R 132, H 204
- Veräußerung in einer – R 41 a (7), H 169
- Veräußerung infolge wirtschaftlicher – R 35 (2)

Zwangsläufigkeit R 186, H 186, R 188 (1), R 190 (2, 3), H 190

Zwangsversteigerung R 32 a, R 41 a (7), H 13 (7), H 161, H 171

Zwangsverwalter H 136

Zweckbindung von Wirtschaftsgütern, die dem Umweltschutz dienen **7 d (6),** R 77 (2)

Zweifamilienhaus
- erhöhte Absetzungen bei – **7 b, 34 f, *15, 52***

Zweigunternehmen, Zweigniederlassung R 21 (10), R 139 (3), H 139

Zweitgaragen H 92

Zweitwohnsitz H 213 h

Zwischenbilanz R 29 (2)

Zwischenheimfahrten zur Einnahme von Mahlzeiten R 23 (2)

Zwischenkredit vor Zuteilung eines Baudarlehens H 92

Zwischenmeister R 26 (6), R 134 (4), H 134

Zwischenstaatliche Vereinbarungen
- Verhältnis zur unbeschränkten Steuerpflicht H 1, H 7